Hinz · Junker · v. Rechenberg · Sternel
Formularbuch des Fachanwalts Miet- und Wohnungseigentumsrecht
3. Auflage

Hinz · Junker · v. Rechenberg · Sternel

Formularbuch des Fachanwalts Miet- und Wohnungseigentumsrecht

Herausgegeben von

Dr. Werner Hinz
Vorsitzender Richter am Landgericht, Itzehoe

Walter Junker
Rechtsanwalt, Hamburg

Dr. Falk v. Rechenberg
Rechtsanwalt, Hamburg

Prof. Dr. Friedemann Sternel
Vorsitzender Richter am Landgericht a.D.,
Honorarprofessor an der Universität Leipzig

3. überarbeitete Auflage

Luchterhand Verlag 2016

Zitiervorschlag: *Autor*, in FormB FA MietR, Kap. Rn

Bibliografische Information der Deutschen Nationalbibliothek

Die Deutsche Nationalbibliothek verzeichnet diese Publikation in der Deutschen Nationalbibliografie; detaillierte bibliografische Daten sind im Internet über http://dnb.d-nb.de abrufbar.

ISBN 978-3-472-08507-2

www.wolterskluwer.de
www.luchterhand-fachverlag.de

Alle Rechte vorbehalten.
Luchterhand – eine Marke von Wolters Kluwer Deutschland GmbH.
© 2016 by Wolters Kluwer Deutschland GmbH, Luxemburger Str. 449, 50939 Köln

Das Werk einschließlich aller seiner Teile ist urheberrechtlich geschützt. Jede Verwertung außerhalb der engen Grenzen des Urheberrechtsgesetzes ist ohne Zustimmung des Verlages unzulässig und strafbar. Das gilt insbesondere für Vervielfältigungen, Übersetzungen, Mikroverfilmungen und die Einspeicherung und Verarbeitung in elektronischen Systemen.

Umschlagkonzeption: Martina Busch, Grafikdesign, Fürstenfeldbruck
Satz: WMTP Wendt-Media Text-Processing GmbH, Birkenau
Druck: Williams Lea & tag GmbH, München

Gedruckt auf säurefreiem, alterungsbeständigem und chlorfreiem Papier.

Vorwort

Die zahlreichen Gesetzesänderungen seit der 2. Auflage, namentlich die Neuregelung der mietrechtlichen Modernisierungsvorschriften im Jahre 2013 und die mit dem Mietrechtsnovellierungsgesetz am 01.06.2015 in Kraft getretene Mietpreisbremse, erforderten eine ebenso umfangreiche Überarbeitung wie die neue Rechtsprechung des BGH zum Mietrecht – insbesondere zu Schönheitsreparaturen und Betriebskosten – und im Wohnungseigentumsrecht.

Auch die 3. Auflage ist von dem Konzept getragen, in einem Werk Formulare/Mustertexte für das gesamte Fachgebiet des Fachanwalts für Miet- und Wohnungseigentumsrecht anzubieten. Die dem einzelnen Formular folgenden begleitenden Hinweise erläutern die durch den Mustertext aufgegebene materielle Rechtslage in der Art einer Kommentierung.

Die Mustertexte sind in der Regel nunmehr als anwaltliche Schreiben verfasst, folgen aber weiterhin keinem strengen, einheitlichen Schema.

Die Herausgeber danken allen Mitautoren für ihren Fleiß und ihr Engagement. Sie haben neben ihrer normalen beruflichen Tätigkeit viel Zeit für die Neubearbeitung aufgewandt. Manche mussten sich von liebgewonnenen Formularen verabschieden, aufgrund der berühmten Federstriche des Gesetzgebers oder der Rechtsprechung des BGH.

Der Verlag setzt mit diesem Buch die Reihe »Formularbuch des Fachanwalts« fort. Ihm, insbesondere Frau Bettina Haubert, danken die Autoren für ihre wiederum fördernde und geduldige Betreuung. Es erfordert stets besonderen Einsatz, die Manuskripte so vieler Autoren zu einem Ganzen zusammenzufügen. Frau Haubert hat diese Aufgabe exzellent gelöst.

Hamburg, im Dezember 2015

Werner Hinz
Walter Junker
Falk v. Rechenberg
Friedemann Sternel

Autorenverzeichnis

Henrike Butenberg
Rechtsanwältin und Fachanwältin für Miet- und Wohnungseigentumsrecht, München

Torsten Flomm
Geschäftsführer des Hamburger Grundeigentümerverbandes, Hamburg

Jürgen Herrlein
Rechtsanwalt, Frankfurt a.M.

Dr. Werner Hinz
Vorsitzender Richter am Landgericht, Itzehoe

Walter Junker
Rechtsanwalt und Fachanwalt für Miet- und Wohnungseigentumsrecht
sowie für Verwaltungsrecht, Hamburg

Dr. Patrick Kühnemund
Rechtsanwalt, Hamburg

Dr. Gerd-Hinrich Langhein
Notar, Hamburg

Nicola-Isabelle Mack
Rechtsanwältin und Fachanwältin für Miet- und Wohnungseigentumsrecht, Hamburg

Mathias Scheff
Rechtsanwalt, Hamburg

Wolfgang Schneider
Professor Hochschule für Wirtschaft und Recht, Berlin
School of Economics and Law Fachbereich Rechtspflege – Faculty of Law

Pitt Severin
Rechtsanwalt und Fachanwalt für Miet- und Wohnungseigentumsrecht
sowie für Bau- und Architektenrecht, Hamburg

Dr. Falk v. Rechenberg
Rechtsanwalt, Hamburg

Karen Wolbers
Rechtsanwältin, Norderstedt

Prof. Dr. Markus Würdinger
Universität des Saarlandes

Inhaltsübersicht

Teil 1 Mietrecht...	1
A. Die Ausfüllung von Mietvertragsformularen	3
B. Mietgebrauch..	53
C. Mietrechtliche Gewährleistung	157
D. Miete...	207
E. Mietänderung bei preisfreiem Wohnraum	260
F. Mietänderungen bei preisgebundenem Wohnraum	338
G. Mietänderung bei Gewerberaum	348
H. Beendigung des Mietverhältnisses..	357
I. Widerspruchsschreiben und Fortsetzungsverlangen	450
J. Mietnachfolger, Mietergemeinschaften, Vorkaufsrecht	459
K. Mietaufhebungsvereinbarung – Räumungsvergleich	485
L. Räumungsklagen	495
M. Abwicklung des Mietverhältnisses..	508
N. Zwangsvollstreckung, Räumungsschutz, Vollstreckungsabwehr- und Wiederaufnahmeklage	603
Teil 2 Wohnungseigentumsrecht	635
A. Aufteilung nach WEG	637
B. Der Verwalter..	707
C. Eigentümerversammlung	727
D. Beschlüsse im Einzelnen	755
E. Klagen	826
F. Verfahrensanträge	889
G. Wohnungseigentum und Insolvenz	895
Teil 3 Bauträgerrecht	899
A. Bauträgervertrag Wohnungseigentumseinheit	901
B. Klage auf Auflassung	910
C. Klage auf Rückabwicklung	916
D. Klage einer Wohnungseigentümergemeinschaft auf Vorschuss	920
E. Klage eines Erwerbers auf Minderung wegen Mängeln am Gemeinschaftseigentum ...	924
Teil 4 Maklerrecht	927
A. Käufer-Maklervertrag	929
B. Verkäufer-Maklervertrag	940
C. Verkäufer-Makleralleinauftrag	944
D. Mieter-Maklervertrag	949
E. Maklerklausel im notariellen Grundstückskaufvertrag	954
F. Reservierungsvereinbarung	956
G. Provisionsklage...	960

Inhaltsübersicht

Teil 5 Nachbarrecht 965

A. Beseitigungs- und Unterlassungsansprüche (Abwehransprüche) 967
B. Auf Geldleistung gerichtete Ansprüche 976
C. Sonstige nachbarrechtliche Ansprüche 979

Teil 6 Immobilienrecht 991

A. Wohnungsrecht 993
B. Nießbrauch 997
C. Erbbaurecht 1000

Teil 7 Verwaltungsrecht 1007

A. Widerspruch des Nachbarn gegen einen dem Bauherrn erteilten Baugenehmigungsbescheid 1009
B. Antrag des Nachbarn auf Aussetzung der Vollziehung eines dem Bauherrn erteilten Baugenehmigungsbescheides (§§ 80a Abs. 1 Nr. 2, 80 Abs. 4 VwGO) 1012
C. Antrag des Nachbarn an das Verwaltungsgericht, die aufschiebende Wirkung seines Widerspruches gegen einen dem Bauherrn erteilten Baugenehmigungsbescheid anzuordnen (§§ 80a Abs. 3, 80 Abs. 5 VwGO) 1014
D. Antrag des Bauherrn an das Verwaltungsgericht auf Abänderung einer im vorläufigen Rechtsschutz ergangenen gerichtlichen Entscheidung (§ 80 Abs. 7 VwGO) 1017
E. Widerspruch des Grundstückseigentümers gegen einen ihn belastenden behördlichen Verwaltungsakt (Eingriffsverfügung) 1019
F. Antrag an das Verwaltungsgericht, die aufschiebende Wirkung des Widerspruchs gegen einen belastenden Verwaltungsakt (Eingriffsverfügung) wiederherzustellen (§ 80 Abs. 5 VwGO) 1021
G. Klage bei Untätigkeit der Behörden (§ 75 VwGO) 1024

Teil 8 Immobiliarvollstreckung 1027

A. Zwangsversteigerung 1029
B. Wohnungseigentum und Zwangsverwaltung 1052
C. Wohnungseigentum und Zwangshypothek 1066

Teil 9 Steuerrecht 1081

A. Umsatzsteuer bei der Gewerberaummiete 1083
B. Haushaltsnahe Dienstleistungen bei der Wohnraummiete 1090

Stichwortverzeichnis 1095

Inhaltsverzeichnis

Vorwort V
Autorenverzeichnis VII
Abkürzungsverzeichnis XXV
Literaturverzeichnis XXIX

Teil 1 Mietrecht		1
A.	**Die Ausfüllung von Mietvertragsformularen**	3
I.	Wohnraum	6
	1. Bezeichnung der Vertragsparteien	6
	2. Bezeichnung des Mietobjekts	8
	3. Mietzeit	11
	a) Bedeutung	11
	b) Unbefristetes Mietverhältnis	11
	c) Zeitmietvertrag	11
	d) Kündigungsausschluss	11
	e) Auslegung unzulässiger Zeitmietabrede als Kündigungsverzichtsvereinbarung	12
	aa) Mietverhältnis auf unbestimmte Zeit	12
	bb) Zeitmietvertrag (§ 575 BGB)	15
	4. Miete ohne Index- und Staffelmiete	19
	5. Staffelmiete	23
	6. Indexmiete	25
	7. Mietsicherheit	26
	8. Widerrufsbelehrung bei Verbrauchervertrag	30
II.	Ausfüllen von Mietvertragsformularen bei Gewerberaum	34
	1. Bezeichnung der Vertragsparteien	38
	2. Mietgegenstand und Mietzweck	39
	3. Mietzeit, Kündigung, Option	40
	4. Miete Umsatzsteuer	42
	5. Staffelmiete, Leistungsvorbehalt, Wertsicherungsklausel	44
	6. Mietsicherheit	48
	7. Gebührenstreitwert und Rechtsanwaltsvergütung	51
B.	**Mietgebrauch**	53
I.	Gebrauchsüberlassungspflicht	53
	1. Grundsätzliches	53
	2. Zeitpunkt	53
	3. Zustand	53
II.	Erhaltungspflicht	53
III.	Abwehr und Beseitigung von Störungen	54
IV.	Inhalt und Umfang des Mietgebrauchs	54
	1. Übergabe des Mietobjekts	55
	a) Aufforderungsschreiben zur Überlassung der Mietsache	55
	b) Übergabeprotokoll	56
	c) Schadensersatzklage des Mieters wegen Nichtüberlassung des Mietobjekts	57
	d) Antrag des Mieters auf Wiedereinräumung des entzogenen Besitzes und Zurückschaffung von – vom Vermieter entfernter – Gegenstände im Wege der einstweiligen Verfügung	60
V.	Besichtigung des Mietobjekts	64
	1. Formen des Besichtigungsrechts	64
	2. Besichtigungsanlässe	64
	3. Ausübung	65
	4. Vereinbarungen	65

Inhaltsverzeichnis

	5.	Ankündigung einer Besichtigung durch den Vermieter	65
	6.	Antwortschreiben des Mieters	67
	7.	Duldungsklage des Vermieters	67
VI.	Bauliche Veränderungen		69
	1.	Erhaltungs- und Modernisierungsmaßnahmen	69
	2.	Modernisierungsvereinbarungen	69
	3.	Bauliche Veränderungen durch den Mieter	70
	4.	Anwaltliches Ankündigungsschreiben des Vermieters betreffend erforderliche Instandhaltungs- bzw. Instandsetzungsmaßnahmen der Mietsache (Erhaltungsmaßnahmen)	70
	5.	Anwaltliches Schreiben des Vermieters bei dem Vorliegen von dringenden Erhaltungsmaßnahmen bzw. einer unerheblichen Einwirkung auf die Mietsache	71
	6.	Antwortschreiben des Mieters auf Ankündigungsschreiben des Vermieters wegen der Durchführung von erforderlichen Instandhaltungs- oder Instandsetzungsmaßnahmen der Mietsache	73
	7.	Antrag des Vermieters auf Erlass einer einstweiligen Verfügung zur Duldung von Maßnahmen zur Erhaltung der Mietsache	73
	8.	Anwaltliches Ankündigungsschreiben des Vermieters zu beabsichtigten Modernisierungsmaßnahmen (§ 555c i.V.m. §§ 555b, 559 BGB)	75
	9.	Anwaltliches Ankündigungsschreiben des Vermieters bei gesetzlicher Verpflichtung zur Modernisierung veralteter Anlagen gemäß § 555b Nr. 6 BGB	84
	10.	Anwaltliches Widerspruchsschreiben des Mieters gegenüber vom Vermieter beabsichtigten Modernisierungsmaßnahmen/Duldungspflicht gem. § 555d Abs. 2 BGB/Härtefallklausel	86
	11.	Kündigung des Mieters bei Modernisierungsmaßnahmen	87
	12.	Klage des Vermieters auf Duldung baulicher Maßnahmen	88
	13.	Vereinbarung über Erhaltungs- oder Modernisierungsmaßnahmen gemäß § 555f BGB	90
	14.	Anwaltliches Schreiben des Mieters wegen Zustimmung des Vermieters zur Ausführung baulicher Änderungen	92
	15.	Anwaltliches Schreiben des Mieters wegen Zustimmung des Vermieters zu behindertengerechten Einrichtungen (§ 554a BGB – Barrierefreiheit)	95
	16.	Anwaltliches Antwortschreiben des Vermieters	98
	17.	Zustimmungsklage des Mieters bei von ihm beabsichtigten baulichen Änderungen	100
VII.	Untervermietung/Drittüberlassung		102
	1.	Anzeige zur Aufnahme einer Person in das Mietobjekt	102
	2.	Schreiben wegen Erteilung einer Erlaubnis zur Untervermietung eines Teils der Mieträume (Wohnraum)	105
	3.	Antwortschreiben zur Gestattung der Untervermietung eines Teils der Mieträume (Wohnraum)	107
	4.	Antwortschreiben zur Nichtgestattung der Untervermietung eines Teils der Mieträume (Wohnraum)	109
	5.	Schreiben wegen Erteilung einer Erlaubnis zur Untervermietung des gesamten Mietobjekts	110
	6.	Antwortschreiben zur Gestattung/Nichtgestattung einer Untervermietung des gesamten Mietobjekts	111
	7.	Klage des Mieters auf Zustimmung zur Untervermietung	112
	8.	Klageerwiderung des Vermieters gegenüber der Klage auf Zustimmung zur Untervermietung	114
VIII.	Tierhaltung		115
	1.	Schreiben des Mieters wegen Erteilung einer Erlaubnis zur Tierhaltung	115
	2.	Antwortschreiben des Vermieters zur Gestattung einer Tierhaltung	118
	3.	Antwortschreiben des Vermieters zur Nichtgestattung einer Tierhaltung	119
	4.	Klage des Vermieters auf Abschaffung eines Tieres und Unterlassung zukünftiger Tierhaltung	121
	5.	Klageerwiderung des Mieters gegenüber der Klage auf Abschaffung eines Tieres	122
IX.	Vertragswidriger Gebrauch – Abmahnungen des Vermieters		125
	1.	Grundsätzliches	125
	2.	Inhalt der Abmahnung	126
	3.	Abhilfefrist	126
	4.	Kein Rechtsschutz	126

		5. Abmahnung wegen unbefugter Untervermietung/Drittüberlassung eines Teils der Mieträume..	126
		6. Abmahnung wegen unbefugter Untervermietung/Drittüberlassung des gesamten Mietobjekts..	128
		7. Abmahnung wegen unerlaubter Tierhaltung...............................	129
		8. Abmahnung wegen Störungen des Hausfriedens.........................	131
		9. Abmahnung wegen Überbelegung des Mietobjekts.......................	132
		10. Abmahnung wegen unerlaubter gewerblicher Nutzung von Wohnraum....	134
		11. Abmahnung wegen unerlaubter Änderung des Geschäftscharakters bei Gewerberaum....	136
	X.	Betriebspflicht bei Gewerberäumen...	138
		1. Schreiben des Vermieters mit der Forderung auf Erfüllung einer mit dem Mieter vereinbarten Betriebspflicht...	138
		2. Klage des Vermieters von Gewerberaum auf Erfüllung einer mit dem Mieter vereinbarten Betriebspflicht...	139
		3. Klageerwiderung des Mieters gegenüber der Klage des Vermieters auf Einhaltung einer Betriebspflicht...	141
		4. Antrag des Vermieters zur Durchsetzung der Betriebspflicht durch einstweilige Verfügung...	143
		5. Antrag des Vermieters auf Erlass einer einstweiligen Verfügung zur Verhinderung einer Betriebseinstellung...	146
	XI.	Konkurrenzschutz bei Gewerberäumen..	149
		1. Schreiben des Mieters von Gewerberaum wegen Einhaltung von Konkurrenzschutz durch den Vermieter – Unterlassung der Vermietung an Mitbewerber (Vertrieb konkurrierender Waren)...	149
		2. Klage des Mieters von Gewerberaum auf Erfüllung von Konkurrenzschutz durch den Vermieter – Unterlassung der Vermietung an Mitbewerber (Vertrieb konkurrierender Waren).	151
		3. Klageerwiderung des Vermieters gegenüber der Konkurrenzschutz-Klage des Mieters......	152
		4. Antrag des Mieters auf Erlass einer einstweiligen Verfügung gegen den Vermieter zur Verhinderung der Überlassung von Gewerberäumen an einen Konkurrenten............	153
C.	**Mietrechtliche Gewährleistung**		157
	I.	Mangel...	157
	II.	Rechte des Mieters..	159
	III.	Erfüllungsanspruch/Zurückbehaltungsrecht....................................	159
	IV.	Gewährleistungsrechte/Ausschluss...	160
	V.	Ausschluss des Zurückbehaltungsrechts.......................................	160
	VI.	Vorbehaltlose Mietzahlung in Kenntnis des Mangels.........................	161
		1. Keine analoge Anwendung des § 536b BGB...............................	161
		2. Verwirkung...	162
		3. Verwirkung des Mietzahlungsanspruchs durch Hinnahme der Mietminderung..........	162
	VII.	Mängel des Mietobjekts und Beweissicherung.................................	163
		1. Mängelanzeige des Mieters nach § 536c BGB ohne Rücksicht darauf, ob die vorhandenen Mängel den Mietgebrauch beeinträchtigen....................................	163
		2. Antrag des Mieters auf Einleitung eines selbständigen gerichtlichen Beweisverfahrens (Einholung eines Sachverständigengutachtens) vor Mängelbeseitigung..............	164
		3. Antrag des Vermieters auf Einleitung eines selbständigen gerichtlichen Beweisverfahrens (Einholung eines Sachverständigengutachtens).................................	167
	VIII.	Inanspruchnahme des Vermieters oder Mieters auf Mängelbeseitigung.................	169
		1. Schreiben des Mieters an den Vermieter mit der Aufforderung zur Beseitigung von Mängeln der Mietsache...	169
		2. Leistungsklage des Mieters auf Beseitigung von Mängeln der Mietsache.............	171
		3. Klageerwiderung des Vermieters gegenüber der Mängelbeseitigungs-Klage des Mieters....	172
		4. Schreiben des Vermieters wegen Beseitigung von Mängeln, die der Mieter zu vertreten hat, bei bestehendem und ungekündigtem Mietverhältnis.......................	174
		5. Klage des Vermieters auf Beseitigung von Mängeln, die der Mieter zu vertreten hat, bei bestehendem und ungekündigtem Mietverhältnis.......................	176
		6. Klageerwiderung des Mieters gegenüber der Mängelbeseitigungs-Klage des Vermieters bei bestehendem und ungekündigtem Mietverhältnis.......................	178

Inhaltsverzeichnis

- IX. Minderung und Zurückbehaltung der Miete 179
  1. Schreiben des Mieters an den Vermieter wegen Gewährleistung vertragsgemäßer Nutzung mit Ankündigung der Minderung und Ausübung des Zurückbehaltungsrechts 179
  2. Schreiben des Vermieters an den Mieter nach Aufforderung zur Gewährleistung vertragsgemäßer Nutzung 182
  3. Schreiben des Mieters an den Vermieter nach erfolgloser Aufforderung zur Beseitigung von Mängeln an der Mietsache mit der Ankündigung der Mietminderung, Vorbehaltszahlung und der Ausübung eines Zurückbehaltungsrechts 183
  4. Antwortschreiben des Vermieters zur Ankündigung des Mieters von Mietminderung und Ausübung des Zurückbehaltungsrechts 186
  5. Klageerwiderung des Mieters gegenüber der Klage des Vermieters auf Zahlung der geminderten Miete 189
  6. Replik des Vermieters gegenüber der Klageerwiderung des Mieters wegen Minderung der Miete 191
- X. Mängelbeseitigung durch den Mieter bei Gewährleistungspflicht des Vermieters 193
  1. Schreiben des Mieters wegen Anforderung eines Vorschusses für die Beseitigung von Mängeln der Mietsache durch den Mieter mit Ankündigung der Aufrechnung gegen die Miete 193
  2. Leistungsklage des Mieters auf Zahlung eines Vorschusses zur Mängelbeseitigung 195
  3. Klageerwiderung des Vermieters gegenüber der Vorschussklage des Mieters 196
  4. Aufrechnungserklärung des Mieters mit einem Aufwendungsersatzanspruch gegen die Mietforderung des Vermieters 199
  5. Leistungsklage des Mieters auf Aufwendungsersatz nach Mängelbeseitigung 201
  6. Aufrechnungserklärung des Mieters mit einem Schadensersatzanspruch gegen die Mietforderung des Vermieters 203
  7. Aufrechnungserklärung des Mieters gegen die Mietforderung des Vermieters bei überzahlter Miete 205

D. Miete 207
- I. Begriffsinhalt 207
- II. Vermieterseite 207
- III. Mieterseite 207
- IV. Leistungsbestimmung 208
  1. Mehrere Mietforderungen 208
  2. Haupt- und Nebenforderung 208
  3. Formularvereinbarungen 208
- V. Mehrwertsteuer 209
- VI. Zahlungspflicht des Mieters 209
  1. Mahnung wegen rückständiger Miete 209
  2. Widerruf eines dem Vermieter erteilten SEPA-Lastschriftmandates 213
  3. Abmahnung wegen laufend verspäteter Mietzahlung mit Androhung fristloser, hilfsweise fristgemäßer Kündigung 214
  4. Klage auf Zahlung rückständiger Miete 215
  5. Klage auf Zahlung rückständiger Miete im Urkundenprozess 218
- VII. Abrechnung der Betriebskosten 222
  1. Betriebskostenabrechnung 222
  2. Klage des Mieters auf Erteilung einer Abrechnung 233
  3. Aufforderungsschreiben zur Vorlage von Rechnungsbelegen 237
  4. Klage des Vermieters auf Bezahlung einer Nachforderung aus der Betriebskostenabrechnung 241
  5. Einwendungsschreiben des Mieters gegen eine Betriebskostenabrechnung 243
  6. Die Betriebskostenabrechnung bei gemischt genutztem Gebäude (Vorerfassung von Gewerberaum) 250
  7. Einführung eines verbrauchs- oder verursachungsabhängigen Abrechnungsmaßstabes durch den Vermieter (§ 556a Abs. 2 BGB) 252
  8. Verwalterbescheinigung über Haushaltsnahe Dienstleistungen 255

E.	Mietänderung bei preisfreiem Wohnraum	260
I.	Einleitung	260
II.	Anwendungsbereich	260
III.	Ausschluss der Mieterhöhung	261
IV.	Einvernehmliche Mieterhöhung	261
V.	Übersicht über das Mieterhöhungsrecht	262
VI.	Anspruchsvoraussetzungen	262
VII.	Fristen	262
VIII.	Allgemeine Erhöhung auf das ortsübliche Niveau	263
	1. Erhöhung der Miete bis zur ortsüblichen Miete (§§ 558, 558a BGB)	263
	2. Antwortschreiben auf zulässiges Erhöhungsverlangen des Vermieters	271
	3. Antwortschreiben auf Erhöhungsverlangen des Vermieters, das die Kappungsgrenze überschreitet	274
	4. Antwortschreiben auf unzulässiges Erhöhungsverlangen des Vermieters	276
	5. Klage auf Zustimmung zur Mieterhöhung gemäß § 558b BGB	278
	6. Klagerwiderung gegenüber der Klage auf Zustimmung zur Mieterhöhung	281
	7. Erhöhung der Miete bis zur ortsüblichen Miete (§§ 558, 558a BGB) bei gemischt genutzten Räumen	283
	8. Erhöhung der Miete bis zur ortsüblichen Miete (§§ 558, 558a BGB) bei gemischt genutzten Räumen und Ausweisung getrennter Entgelte	286
	9. Prozessuales, nachgebessertes Mieterhöhungsverlangen (§ 558b Abs. 3 BGB)	289
IX.	Erhöhung nach Modernisierung	292
	1. Anwaltliches Schreiben zur Erhöhung der Miete nach baulichen Veränderungen (§ 559 BGB) ohne Inanspruchnahme öffentlicher Mittel	292
	2. Anwaltliches Widerspruchsschreiben des Mieters gegenüber der vom Vermieter beabsichtigten Mieterhöhung gem. § 559 Abs. 4 und 5 BGB i.V.m. § 555d Abs. 2 S. 2 BGB	298
	3. Anwaltliches Schreiben des Vermieters bei üblicher Instandsetzung bzw. nicht zu vertretender Modernisierungsmaßnahmen gem. § 559 Abs. 4 Nr. 1 und Nr. 2 BGB	299
	4. Antwortschreiben des Vermieters auf den Widerspruch des Mieters gegen Modernisierungsmieterhöhungsverlangen	300
	5. Erhöhung der Miete bei baulichen Veränderungen (§§ 559, 559a BGB) unter Inanspruchnahme öffentlicher Mittel	301
	6. Erhöhung der Miete bei baulichen Veränderungen (§§ 559, 559a BGB) bei Kostenbeteiligung des Mieters	305
	7. Erhöhung der Miete bis zur ortsüblichen Miete (§§ 558, 558a BGB) in Kombination mit gleichzeitiger Erhöhung der Miete nach Abschluss baulicher Veränderungen (§ 559 BGB) bei Vereinbarung einer Nettokaltmiete	308
X.	Änderungen bei Betriebskosten, Staffelmiete und Indizes	314
	1. Erhöhung der Betriebskostenvorauszahlungen durch den Vermieter	314
	2. Erhöhung der Miete wegen gestiegener Betriebskosten bei einer Betriebskostenpauschale	316
	3. Anforderung einer erhöhten Staffelmiete (§ 557a BGB)	320
	4. Erhöhung der Miete bei Vereinbarung einer Index-Klausel (§ 557b BGB)	321
XI.	Mietänderung wegen Vereinbarung einer preiswidrig überhöhten Miete, insbesondere »Mitpreisbremse«	323
	1. Grundsätzliches	323
	2. Mietwucher	323
	3. Mietpreisüberhöhung	323
	4. Mietpreisbremse	324
	a) Intention	324
	b) Betroffene Miete	324
	c) Angespannter Wohnungsmarkt	324
	d) Ortsübliche Vergleichsmiete	325
	e) Vormietenprivileg	325
	f) Modernisierungsprivileg	325
	g) Ausnahmetatbestände	326
	h) Rückzahlungsanspruch	326
	i) Auskunftsanspruch	326
	j) Bundesländer mit Mietpreisbegrenzung	327

Inhaltsverzeichnis

	5. Schreiben über Herabsetzung einer gemäß § 556d BGB überhöhten Miete	327
	6. Antwortschreiben auf ein Herabsetzungsverlangen der Miete gemäß § 556d BGB	329
	7. Klage auf Rückzahlung einer gemäß § 556d BGB überhöhten Miete	331
	8. Klagerwiderung auf eine Klage wegen Rückzahlung einer gemäß § 556d BGB angenommenen überhöhten Miete	335
F.	Mietänderungen bei preisgebundenem Wohnraum	338
I.	Erhöhung der Kostenmiete bei preisgebundenem Wohnraum	338
II.	Wirtschaftlichkeitsberechnung für öffentlich geförderte Wohnungen	343
G.	Mietänderung bei Gewerberaum	348
I.	Mieterhöhungsanforderung des Vermieters aufgrund einer Leistungsvorbehaltsklausel	348
II.	Nachtragsvereinbarung bei Wegfall bisheriger Preisindizes für bestehende Mietverhältnisse	350
III.	Mieterhöhungsanforderung des Vermieters aufgrund einer Gleitklausel	351
IV.	Umsatzmiete	355
H.	Beendigung des Mietverhältnisses	357
I.	Formen der Beendigung	357
II.	Vertragsbeendigung durch Kündigung	357
III.	Ordentliche Vermieter-Kündigung von Wohnraum	358
	1. Kündigungserklärung	358
	2. Schriftform	359
	3. Berechtigtes Interesse	360
	4. Ausnahmen vom Kündigungsschutz	360
	5. Begründungserfordernis	361
	6. Kündigungsfristen	362
	7. Widerruf/Umdeutung	362
	8. Kündigung aufgrund Generalklausel (§ 573 Abs. 1 S. 1 BGB)	363
	9. Kündigung wegen erheblicher Pflichtverletzungen des Mieters (§ 573 Abs. 1 Nr. 1 BGB)	367
	10. Kündigung wegen Eigenbedarfs (§ 573 Abs. 2 Nr. 2 BGB)	370
	11. Kündigung des Mietvertrages über eine Eigentumswohnung, an der erst nach Begründung des Mietverhältnisses Wohnungseigentum begründet wurde, wegen Eigenbedarfs (§§ 573 Abs. 2 Nr. 2, 577a BGB)	375
	12. Kündigung wegen Hinderung angemessener wirtschaftlicher Verwertung (§ 573 Abs. 2 Nr. 3 BGB)	379
	13. Kündigung eines bisher zu einer Wohnung gehörenden Bodenraumes (§ 573b BGB)	383
	14. Kündigung des Mietverhältnisses über eine Einliegerwohnung in einem Zweifamilienhaus (§ 573a BGB)	385
	15. Kündigung des Mietverhältnisses betreffend Wohnraum in einem Studentenwohnheim (§ 549 Abs. 3 BGB)	387
	16. Kündigung eines Mietverhältnisses betreffend Wohnraum, den eine juristische Person des öffentlichen Rechts im Rahmen der ihr durch Gesetz zugewiesenen Aufgaben zum Zwecke der Weitervermietung angemietet hat (§ 549 Abs. 2 Nr. 3 BGB)	389
	17. Kündigung des Mietverhältnisses über eine Werkmietwohnung nach Beendigung des Dienstverhältnisses (§ 576 Abs. 1 Nr. 1 BGB)	390
	18. Kündigung des Mietverhältnisses über eine funktionsgebundene Werkmietwohnung nach Beendigung des Dienstverhältnisses (§ 576 Abs. 1 Nr. 2 BGB)	392
	19. Kündigung des »Mietverhältnisses« bei Überlassung einer Werkdienstwohnung (§ 576b BGB)	394
IV.	Ordentliche Mieter-Kündigung von Wohnraum	396
	1. Kündigung bei unbefristetem Mietverhältnis (§ 573c BGB)	396
	2. Kündigung eines Mietverhältnisses mit befristetem Kündigungsausschluss (§ 573c BGB)	397
	3. Kündigung bei Staffelmietvereinbarung (§ 557a Abs. 3 BGB)	398
V.	Ordentliche Vermieter- und Mieter-Kündigung von Gewerberaum	400
	1. Kündigung eines unbefristeten Gewerberaum-Mietvertrages (§ 580a Abs. 1 BGB), eventuell als Änderungskündigung	400
	2. Kündigung eines befristeten Gewerberaum-Mietvertrages	401
VI.	Außerordentliche Vermieter-Kündigung mit gesetzlicher Frist	403
	1. Außerordentliche befristete Kündigung	403

	2. Außerordentliche Kündigung mit gesetzlicher Frist	403
	3. Kündigungsfrist	403
	4. Kündigungsschutz	404
	5. Kündigungserklärung/Hinweis auf Kündigungswiderspruch	404
	6. Fallgestaltungen	404
	7. Kündigung bei wichtigem Grund in der Person des in das Mietverhältnis eingetretenen Mieters (§ 563 Abs. 4 BGB)	405
	8. Kündigung des Vermieters von Wohnraum nach Tod des Mieters (§ 564 BGB)	408
	9. Kündigung des Vermieters von Geschäftsraum nach Tod des Mieters (§ 580 BGB)	409
	10. Kündigung eines Wohnraummietverhältnisses durch Ersteher (Vermieter) nach Zuschlag im Zwangsversteigerungsverfahren (§§ 57a ZVG, 573 BGB)	410
	11. Kündigung eines Geschäftsraummietvertrages nach Zuschlag im Zwangsversteigerungsverfahren (§ 57a ZVG)	412
VII.	Außerordentliche Mieter-Kündigung mit gesetzlich geregelter Frist	413
	1. Kündigung des Mieters wegen Versagung der Untermieterlaubnis (§ 540 Abs. 1 BGB)	413
	2. Kündigung des überlebenden Mieters bei Tod eines Mieters (§ 563a BGB)	415
	3. Kündigung durch den Erben des verstorbenen Mieters (§§ 564, 580 BGB)	417
	4. Kündigung nach einer Mieterhöhung gemäß §§ 558, 559 BGB (§ 561 BGB)	418
VIII.	Außerordentliche fristlose Vermieter-Kündigung	419
	1. Schriftform	419
	2. Zeitpunkt	419
	3. Abmahnerfordernis	419
	4. Kündigungsausspruch binnen angemessener Frist	420
	5. Begründungserfordernis	420
	6. Umdeutung	421
	7. Tatbestände	422
	8. Fristlose Kündigung aus wichtigem Grund – Generalklausel – (§ 543 Abs. 1 S. 2 BGB)	422
	9. Fristlose Kündigung wegen vertragswidrigen Gebrauchs (§ 543 Abs. 2 Nr. 2 BGB)	426
	10. Fristlose Kündigung wegen Zahlungsverzuges des Mieters (§ 543 Abs. 2 Satz 1 Nr. 3 BGB)	429
	11. Fristlose Kündigung von Wohnraum bei unzumutbarem Mietverhältnis – Störung des Hausfriedens (§ 569 Abs. 2 BGB)	434
	12. Fristlose Kündigung wegen Verzugs mit einer Sicherheitsleistung gemäß § 551 BGB (§ 569 Abs. 2a BGB)	436
	13. Fristlose Kündigung wegen ständig verspäteter Zahlung der Miete (§ 543 Abs. 1 S. 2 BGB)	437
IX.	Außerordentliche fristlose Mieter-Kündigung	440
	1. Fristlose Kündigung aus wichtigem Grund – Generalklausel – (§ 543 Abs. 1 S. 2 BGB)	440
	2. Fristlose Kündigung wegen Nichtgewährung des vertragsgemäßen Gebrauchs (§ 543 Abs. 2 Nr. 1 BGB)	443
	3. Fristlose Kündigung wegen Gesundheitsgefährdung (§ 569 Abs. 1 BGB)	446
	4. Fristlose Kündigung bei unzumutbarem Mietverhältnis – Störung des Hausfriedens – (§ 569 Abs. 2 BGB)	448
I.	**Widerspruchsschreiben und Fortsetzungsverlangen**	**450**
I.	Schreiben Mieter	450
	1. Personenmehrheiten	450
	2. Schriftform	450
	3. Kündigungswiderspruch und Fortsetzungsverlangen des Wohnraum-Mieters wegen nicht zu rechtfertigender Härte (Sozialklausel) (§§ 574 ff. BGB)	450
	4. Erklärung des Familienangehörigen oder Lebenspartners, dass er nicht in das Mietverhältnis nach dem Tod des Mieters eintritt (§ 563 Abs. 3 BGB)	454
	5. Verlängerungsverlangen beim Zeitmietvertrag (§ 575 Abs. 2 und 3 BGB)	456
II.	Widerspruch gegen Gebrauchsfortsetzung (§ 545 BGB)	457
J.	**Mietnachfolger, Mietergemeinschaften, Vorkaufsrecht**	**459**
I.	Schreiben des Mieters wegen Gestellung eines Mietnachfolgers bei Nachfolgeklausel	459

Inhaltsverzeichnis

II.	Schreiben des Mieters wegen vorzeitiger Beendigung des Mietverhältnisses bei Nachfolgeklausel, aber Rücknahmerecht des Vermieters...	461
III.	Schreiben des Mieters wegen vorzeitiger Entlassung aus einem befristeten Mietvertrag aus wichtigem Grunde bei Stellung eines Mietnachfolgers, wenn der Mietvertrag keine Nachfolgeklausel enthält...	463
IV.	Bitte des Mieters um vorzeitige Entlassung aus einem befristeten Mietverhältnis ohne wichtigen Grund und ohne Nachfolgeklausel bei Stellung eines Mietnachfolgers..........	465
V.	Antwortschreiben des Vermieters auf Schreiben des Mieters wegen eines Nachfolgemieters ohne vereinbarte Nachfolgeklausel...	467
VI.	Antwortschreiben des Vermieters auf Schreiben des Mieters wegen eines Nachfolgemieters bei vereinbarter Nachfolgeklausel..	469
VII.	»Einführung« eines neuen Zwischenmieters bzw. -vermieters durch den bisherigen Zwischenmieter bzw. -vermieter..	471
VIII.	Beendigung von Mieter-Gemeinschaftsverhältnissen..	472
	1. Kündigung des Gemeinschaftsverhältnisses..	472
	2. Klage eines Mitmieters gegen einen anderen Mitmieter auf Zustimmung zur Abgabe einer Kündigungserklärung gegenüber dem Vermieter.............................	475
IX.	Beendigung des Wohnraummietverhältnisses durch Ausübung des Vorkaufsrechts...........	477
	1. Gesetzliches Vorkaufsrecht..	477
	2. Anwendungsbereich..	477
	3. Ausschluss..	478
	4. Unabdingbarkeit...	478
	5. Umwandlung..	478
	6. Vorkaufsberechtigt...	478
	7. Vorkaufsverpflichtet..	478
	8. Sonderrechtsnachfolge...	478
	9. Mitteilung des Verkäufers/Vermieters an den Mieter über einen Verkauf der Wohnung (§ 577 Abs. 2 BGB)...	479
	10. Schreiben des Mieters zur Ausübung des ihm zustehenden Vorkaufsrechts (§§ 577, 464 BGB)...	481
	11. Antrag des Mieters auf Erlass einer einstweiligen Verfügung zur Eintragung einer Auflassungsvormerkung nach Ausübung des in § 577 BGB geregelten Vorkaufsrechts.......	482
K.	**Mietaufhebungsvereinbarung – Räumungsvergleich**.......................................	485
I.	Mietaufhebungsvereinbarung auf Veranlassung des Mieters.................................	485
II.	Mietaufhebungsvereinbarung auf Veranlassung des Vermieters.............................	487
III.	Mietaufhebungsvereinbarung auf Veranlassung des Vermieters in der Form eines vollstreckbaren Räumungsvergleichs vor einer dazu berechtigten behördlichen Stelle (z.B. der Öffentlichen Rechtsauskunfts- und Vergleichsstelle (ÖRA) in Hamburg)...................	490
IV.	Mietaufhebungsvereinbarung nach Erhebung einer Räumungsklage in der Form eines gerichtlichen Räumungsvergleichs...	492
L.	**Räumungsklagen**...	495
I.	Räumungsklage nach fristloser Kündigung des Mietverhältnisses wegen Zahlungsverzuges (§ 543 Abs. 2 Nr. 3 BGB)...	495
II.	Räumungsklage nach fristloser Kündigung des Mietverhältnisses über Wohnraum wegen Zahlungsverzuges gemäß § 543 Abs. 2 Nr. 3 BGB, nachdem bereits in den vorangegangenen zwei Jahren eine fristlose Kündigung wegen Zahlungsverzuges erfolgt ist (§ 569 Abs. 3 Nr. 2 BGB)..	500
III.	Kombinierte Räumungs- und Zahlungsklage nach fristloser Kündigung des Mietverhältnisses wegen Zahlungsverzuges..	502
IV.	Räumungsklage bei Beendigung des Mietverhältnisses aus sonstigen Gründen...............	504
V.	Räumung von Wohnraum durch einstweilige Verfügung (§ 940a ZPO).....................	505
M.	**Abwicklung des Mietverhältnisses**...	508
I.	Rückgabe des Mietobjekts und Einbauten des Mieters.....................................	508
	1. Besitzübergabe...	508
	2. Rückgabezeitpunkt...	508
	3. Mietermehrheit..	508

	4.	Veräußerung des Grundstücks	508
	5.	Zustand der Räume	509
	6.	Annahmeverzug	510
	7.	Das Abnahmeprotokoll	510
	8.	Anwaltliches Schreiben des Vermieters zur Übernahme von Einrichtungen/Einbauten, die der Mieter auf seine Kosten vornahm	515
	9.	Anwaltliches Schreiben des Vermieters mit der Aufforderung zur Beseitigung von Einrichtungen/Einbauten des Mieters	517
	10.	Anwaltliche Aufforderung zur Räumung gegenüber einem Untermieter (§ 546 Abs. 2 BGB)	519
II.	Schönheitsreparaturen		521
	1.	Anwaltliche Aufforderung des Vermieters zur Durchführung von Schönheitsreparaturen bei bestehendem Mietverhältnis	528
	2.	Anwaltliche Aufforderung des Vermieters zur Zahlung eines Vorschusses für Schönheitsreparaturen bei bestehendem Mietverhältnis	532
	3.	Klage des Vermieters auf Zahlung eines Vorschusses für Schönheitsreparaturen bei bestehendem Mietverhältnis	533
	4.	Klageerwiderung des Mieters gegenüber der Vorschuss-Zahlungsklage des Vermieters in Höhe der voraussichtlichen Kosten verlangter Schönheitsreparaturen	536
	5.	Anwaltliche Aufforderung des Vermieters zur Durchführung von Schönheitsreparaturen nach oder anlässlich bevorstehender Räumung des Mieters	540
	6.	Schadensersatzklage des Vermieters wegen vom Mieter nicht durchgeführter Schönheitsreparaturen	542
	7.	Klageerwiderung des Mieters gegenüber der Schadensersatzklage des Vermieters wegen nicht durchgeführter Schönheitsreparaturen	547
	8.	Anwaltliches Schreiben des Mieters bei unwirksamer Schönheitsreparaturklausel	552
	9.	Negative Feststellungsklage des Mieters bei unwirksamer Schönheitsreparaturklausel	555
	10.	Anwaltliches Schreiben des Vermieters zur einvernehmlichen Vertragsänderung bei unwirksamer Schönheitsreparaturklausel	557
	11.	Zusammenstellung wirksamer und unwirksamer Formularklauseln im Wohn- und Gewerberaummietvertrag	560
III.	Sonstige Ansprüche des Vermieters		567
	1.	Anwaltliches Schreiben des Vermieters wegen Ausübung des Vermieterpfandrechts	567
	2.	Schreiben des Vermieters über die Anforderung der ortsüblichen Nutzungsentschädigung bei Vorenthaltung des Mietobjekts und unstreitiger Beendigung des Mietverhältnisses	570
	3.	Schreiben des Vermieters über die Anforderung der ortsüblichen Nutzungsentschädigung bei Vorenthaltung des Mietobjekts und strittiger Beendigung des Mietverhältnisses u.a. in Kombination mit einem hilfsweisen Erhöhungsverlangen gemäß §§ 558, 558a BGB	572
	4.	Schreiben des Vermieters über die Abrechnung einer in Geld geleisteten Kaution	577
	5.	Schreiben des Vermieters über die Anforderung einer Nutzungsentschädigung vom Untermieter	579
IV.	Sonstige Ansprüche des Mieters		582
	1.	Schreiben des Mieters über die Anforderung einer Entschädigung für vom Vermieter übernommene Einrichtungen/Einbauten	582
	2.	Schreiben des Mieters über die Rückforderung einer in Geld geleisteten Kaution	585
	3.	Klage des Mieters auf Rückzahlung einer von ihm geleisteten Kaution	587
	4.	Schreiben des Mieters über die Geltendmachung von Schadensersatz wegen schuldhaft unberechtigter Kündigung des Vermieters	589
	5.	Schreiben des Untermieters über Geltendmachung von Schadensersatz gegenüber dem Untervermieter bei Beendigung des Hauptmietverhältnisses	592
V.	Verjährung von Ansprüchen		593
	1.	Verjährungsfristen	593
	2.	Vereinbarungen	594
	3.	Verjährungshemmung	594
	4.	Überleitungsvorschriften	595
	5.	Güteantrag des Vermieters oder Mieters bei einer Gütestelle der in § 794 Abs. 1 Nr. 1 ZPO bezeichneten Art (auch zur Verjährungshemmung)	596

Inhaltsverzeichnis

6.	Anwaltliches Schreiben des Vermieters oder Mieters auf Abgabe eines Anerkenntnisses, um den Neubeginn der Verjährung zu erreichen (§ 212 BGB)	600
7.	Anwaltliches Antwortschreiben des Vermieters oder Mieters auf die Einrede der Verjährung (§ 548 BGB)	600

N.	Zwangsvollstreckung, Räumungsschutz, Vollstreckungsabwehr- und Wiederaufnahmeklage	603
I.	Räumungsauftrag an den Gerichtsvollzieher aus einem vollstreckbaren Räumungstitel	603
II.	Antrag gemäß § 888 ZPO zur Erzwingung eines Urteils über die Verpflichtung zur Abschaffung eines Haustieres	607
III.	Antrag an das Gericht gemäß § 887 ZPO zur Zwangsvollstreckung eines Urteils auf Mängelbeseitigung bei vertretbarer Handlung	611
IV.	Antrag an das Gericht gemäß § 888 ZPO zur Zwangsvollstreckung eines Urteils bei unvertretbarer Handlung	612
V.	Antrag an das Gericht gemäß § 890 ZPO zur Erzwingung von Unterlassungen und Duldungen (Androhung)	613
VI.	Antrag an das Gericht gemäß § 890 ZPO zur Erzwingung von Unterlassungen und Duldungen (Verhängung von Ordnungsgeld/Ordnungshaft)	614
VII.	Antrag auf Gewährung einer Räumungsfrist bei Wohnraum (§ 721 ZPO)	615
VIII.	Antrag auf Vollstreckungsschutz (§ 765a ZPO)	621
IX.	Antrag auf Einstellung der Zwangsvollstreckung aus einem erstinstanzlichen Räumungsurteil im Berufungsverfahren (§ 719 ZPO)	626
X.	Vollstreckungsabwehrklage gegen Räumungsurteil (§ 767 ZPO)	629
XI.	Wiederaufnahmeklage gegen Räumungsurteil (§ 580 ZPO)	631

Teil 2 Wohnungseigentumsrecht ... 635

A.	Aufteilung nach WEG	637
I.	Teilungserklärung	637
	1. Kleinstaufteilung (§ 3 WEG)	637
	2. Quasi-Realteilung	640
	3. Großaufteilung	647
	a) Zinshaus (Bestand)	647
	b) Neubau Wohnungsanlage	672
	c) Umplanungen Neubau	675
	4. Anlagen mit Spezialcharakter	677
	a) Gemischtnutzung Wohnen/Gewerbe	677
	b) Ferienhausanlagen	678
	c) Betreutes Wohnen	679
II.	Aufhebung (§ 9 WEG)	681
III.	Wohnungserbbaurecht (§ 30 WEG)	682
IV.	Dauerwohnrecht	683
V.	Einzelfragen	685
	1. Sondernutzungsrechte	685
	a) Allgemein	685
	b) Flexible Zuordnung von Sondernutzungsflächen	686
	2. Bauabschnittsweise Errichtung	688
VI.	Hausordnung	690
VII.	Tiefgaragen	692
VIII.	Bildung von Untergemeinschaften	694
IX.	Öffnungsklausel	694
X.	Werdendes Wohnungseigentum	695
XI.	Haftung für Lasten	696
XII.	Aus- und Umbauten (Dachgeschoss)	697
XIII.	Interne und Externe Veränderungen	699
	1. Vereinigung	699
	2. Unterteilung	701

		3. Raumtausch (Keller)	703
		4. Änderungen von Teilungserklärung und Gemeinschaftsordnung	704
XIV.		Schiedsklausel	706

B. Der Verwalter
I.	Verwaltervertrag	707
II.	Vollmacht für die Eigentümerversammlung	718
III.	Verwalterzustimmung zur Veräußerung	720
IV.	Zustimmung des Verwalters zu baulicher Veränderung	723
V.	Löschungsbewilligung Zwangssicherungshypothek	724
VI.	Löschungsfähige Quittung durch den Verwalter	725

C. Eigentümerversammlung
I.	Einladung zur Eigentümerversammlung durch Verwalter	727
II.	Einladung zur Eigentümerversammlung durch Verwalter mit Eventualeinberufung	734
III.	Einladung zur Ersatzversammlung durch den Verwalter	735
IV.	Einberufung durch Vorsitzenden des Beirats	735
V.	Einberufung einer außerordentlichen Versammlung durch den Verwalter auf Antrag der Eigentümer	736
VI.	Einberufung durch einen vom Gericht ermächtigten Eigentümer	738
VII.	Geschäftsordnungsbeschluss Versammlungsleitung	739
VIII.	Geschäftsordnungsbeschluss Protokollführung	740
IX.	Geschäftsordnungsbeschluss Tagesordnung	741
X.	Geschäftsordnungsbeschluss Teilnahme Dritter	742
XI.	Eigentümerversammlung – Protokoll	744
XII.	Umlaufbeschluss	751
XIII.	Der Zweitbeschluss	753

D. Beschlüsse im Einzelnen
I.	Finanzverfassung	755
	1. Beschlussfassung: Wirtschaftsplan	755
	2. Sonderumlage	759
	3. Vorfälligkeit bei Verzug mit Hausgeldzahlungen	760
	4. Einführung des Lastschriftverfahrens	761
	5. Verzugszins bei Verzug mit Hausgeld	764
	6. Jahresabrechnung	764
	7. Änderung der Kostenverteilung mit Mehrheitsbeschluss	767
II.	Bauen, modernisieren und instandsetzen	769
	1. Instandsetzung	769
	2. Modernisierende Instandsetzung mit Kostenverteilung	771
	3. Zustimmung zu baulicher Veränderung	775
	4. Bauliche Veränderung mit Kostenverteilung	778
	5. Modernisierung	779
	6. Ansichziehen von Mängelgewährleistungsansprüchen hinsichtlich Gemeinschaftseigentum gegenüber Bauträger	782
	7. Geltendmachung von Mängelgewährleistungsansprüchen gegenüber Werkunternehmer	783
III.	Verwalter	785
	1. Wahl des Verwalters	785
	2. Verlängerung der Verwalterbestellung	788
	3. Abberufung eines Verwalters	789
	4. Beschluss über die Herausgabe von Unterlagen gegenüber Vorverwalter	791
	5. Schadensersatzansprüche gegenüber Verwalter	792
	6. Entlastung des Verwalters	794
IV.	Beirat	795
	1. Wahl des Beirats	795
	2. Wahl von Ersatzmitgliedern des Beirats	801
	3. Haftungsbeschränkung des Beirats	801
	4. Haftpflichtversicherung des Beirats	802
	5. Aufwandsentschädigung für den Beirat	803

		6. Abberufung des Beirates oder eines Beiratsmitglieds	803
		7. Entlastung des Beirates	804
	V.	Sonstiges	805
		1. Aufhebung Veräußerungszustimmung durch Verwalter	805
		2. Beseitigung einer baulichen Veränderung	807
		3. Bestellung Ersatzzustellungsvertreter und Kostenentschädigung mit abweichender Kostenverteilung	808
		4. Tierhaltung	812
		5. Nachträgliche Einräumung eines Sondernutzungsrechtes (Vereinbarung)	813
		6. Beauftragung eines Rechtsanwalts durch den Verwalter für Wohngeldansprüche	816
		7. Beschluss über die Entziehung des Wohnungseigentums	817
	VI.	Beschluss-Sammlung	820
E.	Klagen		826
	I.	Streitigkeiten über die Gültigkeit von Beschlüssen, § 43 Nr. 4 WEG	826
		1. Beschlussanfechtung mit Begründung (§ 43 Nr. 4 WEG)	826
		2. Beschlussanfechtung ohne Begründung (§ 43 Nr. 4 WEG)	837
		3. Beschlussanfechtung in Prozessstandschaft	838
		4. Beschlussanfechtung Jahresabrechnung (§ 43 Nr. 4 WEG)	840
		5. Beschlussanfechtung Wirtschaftsplan (§ 43 Nr. 4 WEG)	843
		6. Anfechtung Verwalterbestellung	846
		7. Anfechtung Negativbeschluss mit Verbindung positiver Feststellung (§ 43 Nr. 4 WEG)	848
		8. Nichtigkeit Beschluss (§ 43 Nr. 4 WEG)	851
	II.	Binnenstreitigkeiten (§ 43 Nr. 1 WEG)	853
		1. Beseitigung baulicher Veränderung (§ 43 Nr. 1 WEG)	853
		2. Unterlassung unzulässigen Gebrauches des Gemeinschaftseigentums (§ 43 Nr. 1 WEG)	856
		3. Unterlassung zweckwidriger Nutzung des Sondereigentums (§ 43 Nr. 1 WEG)	858
		4. Abänderung der Teilungserklärung nach § 10 Abs. 2 S. 3 WEG (§ 43 Nr. 1 WEG)	863
		5. Einberufungsermächtigung Eigentümerversammlung (§ 43 Nr. 1 WEG)	868
	III.	Verbandsstreitigkeiten	870
		1. Wohngeldrückstände (§ 43 Nr. 2 WEG)	870
		2. Eigentumsentziehung (§ 43 Nr. 2 WEG)	873
	IV.	Streitigkeiten über die Rechte und Pflichten des Verwalters, § 43 Nr. 3 WEG	875
		1. Veräußerungszustimmung Verwalter (§ 43 Nr. 3 WEG)	875
		2. Einsichtnahme in Beschluss-Sammlung (§ 43 Nr. 3 WEG)	877
		3. Herausgabe Verwaltungsunterlagen (§ 43 Nr. 3 WEG)	880
		4. Tagesordnungsergänzung (§ 43 Nr. 3 WEG)	882
		5. Protokollberichtigung gegen Verwalter u.a. (§ 43 Nr. 3 WEG)	884
		6. Klage gegen den Verwalter auf Erstellung der Jahresabrechnung (§ 43 Nr. 3 WEG)	886
F.	Verfahrensanträge		889
	I.	Einstweilige Verfügung – Durchführungsverbot Eigentümerversammlung	889
	II.	Berufung	891
G.	Wohnungseigentum und Insolvenz		895
	I.	Anschreiben an Insolvenzverwalter	895
	II.	Forderungsanmeldung im Insolvenzverfahren	897

Teil 3 Bauträgerrecht ... 899

A.	Bauträgervertrag Wohnungseigentumseinheit	901
B.	Klage auf Auflassung	910
C.	Klage auf Rückabwicklung	916
D.	Klage einer Wohnungseigentümergemeinschaft auf Vorschuss	920
E.	Klage eines Erwerbers auf Minderung wegen Mängeln am Gemeinschaftseigentum	924

Inhaltsverzeichnis

Teil 4 Maklerrecht 927

- A. Käufer-Maklervertrag... 929
- B. Verkäufer-Maklervertrag.. 940
- C. Verkäufer-Makleralleinauftrag.. 944
- D. Mieter-Maklervertrag... 949
- E. Maklerklausel im notariellen Grundstückskaufvertrag.................. 954
- F. Reservierungsvereinbarung.. 956
- G. Provisionsklage.. 960

Teil 5 Nachbarrecht 965

- A. Beseitigungs- und Unterlassungsansprüche (Abwehransprüche) 967
  - I. Abmahnung... 967
  - II. Schlichtungsantrag.. 968
  - III. Einstweilige Verfügung... 970
  - IV. Unterlassungsklage... 972
  - V. Beseitigungsklage... 973
- B. Auf Geldleistung gerichtete Ansprüche................................ 976
  - I. Klage auf nachbarrechtliche Entschädigung....................... 976
- C. Sonstige nachbarrechtliche Ansprüche................................. 979
  - I. Aufforderung zur Beseitigung von Überhang....................... 979
  - II. Klage auf Kostenerstattung nach Beseitigung von Überhang....... 980
  - III. Aufforderung zur Duldung eines Notwegs........................ 982
  - IV. Klage auf Duldung eines Notwegs................................ 983
  - V. Nachbarrechtliche Vereinbarung über Duldung und Folgen von Baumaßnahmen 985
  - VI. Hilfen zur Berechnung von Notwege- und Überbaurenten........... 988

Teil 6 Immobilienrecht 991

- A. Wohnungsrecht.. 993
- B. Nießbrauch... 997
- C. Erbbaurecht.. 1000

Teil 7 Verwaltungsrecht 1007

- A. Widerspruch des Nachbarn gegen einen dem Bauherrn erteilten Baugenehmigungsbescheid.. 1009
- B. Antrag des Nachbarn auf Aussetzung der Vollziehung eines dem Bauherrn erteilten Baugenehmigungsbescheides (§§ 80a Abs. 1 Nr. 2, 80 Abs. 4 VwGO) 1012
- C. Antrag des Nachbarn an das Verwaltungsgericht, die aufschiebende Wirkung seines Widerspruches gegen einen dem Bauherrn erteilten Baugenehmigungsbescheid anzuordnen (§§ 80a Abs. 3, 80 Abs. 5 VwGO) 1014
- D. Antrag des Bauherrn an das Verwaltungsgericht auf Abänderung einer im vorläufigen Rechtsschutz ergangenen gerichtlichen Entscheidung (§ 80 Abs. 7 VwGO).... 1017
- E. Widerspruch des Grundstückseigentümers gegen einen ihn belastenden behördlichen Verwaltungsakt (Eingriffsverfügung)........................ 1019

Inhaltsverzeichnis

F. Antrag an das Verwaltungsgericht, die aufschiebende Wirkung des Widerspruchs gegen einen belastenden Verwaltungsakt (Eingriffsverfügung) wiederherzustellen (§ 80 Abs. 5 VwGO) 1021
G. Klage bei Untätigkeit der Behörden (§ 75 VwGO) 1024

Teil 8 Immobiliarvollstreckung 1027

A. Zwangsversteigerung 1029
  I. Antrag auf Anordnung der Zwangsversteigerung wegen titulierter Hausgeldschulden 1029
  II. Antrag auf Beitritt zur Zwangsversteigerung wegen titulierter Hausgeldschulden 1040
  III. Anmeldung von Forderungen des »Verbandes Wohnungseigentümergemeinschaft« in der Zwangsversteigerung eines Wohnungseigentums 1043
  IV. Antrag auf Umschreibung einer Zwangsvollstreckungsklausel wegen titulierter Hausgeldschulden 1047

B. Wohnungseigentum und Zwangsverwaltung 1052
  I. Antrag auf Anordnung der Zwangsverwaltung wegen Hausgeldforderungen 1052

C. Wohnungseigentum und Zwangshypothek 1066
  I. Antrag auf Eintragung einer Zwangshypothek wegen Hausgeldzahlungen 1066
  II. Antrag auf Eintragung der Löschung einer Zwangshypothek wegen Hausgeldansprüchen mit entsprechender Löschungsbewilligung 1074
  III. Antrag auf Eintragung des Verzichts bei einer eingetragenen Zwangssicherungshypothek mit entsprechender Bewilligung 1077

Teil 9 Steuerrecht 1081

A. Umsatzsteuer bei der Gewerberaummiete 1083
  I. Miete 1083
  II. Umsatzsteueroption 1084
  III. Ausübung der Umsatzsteueroption 1087
  IV. Widerruf der Umsatzsteueroption 1088

B. Haushaltsnahe Dienstleistungen bei der Wohnraummiete 1090
  I. Nebenkostenabrechnung 1090
  II. Bescheinigung nach § 35a EStG 1090

Stichwortverzeichnis 1095

Abkürzungsverzeichnis

a.A.	anderer Ansicht
a.E.	am Ende
a.F.	alte Fassung
Abs.	Absatz
AG	Amtsgericht
AIM	AnwaltInfo Mietrecht
Alt.	Alternative
Anl.	Anlage
Anm.	Anmerkung
BAG	Bundesarbeitsgericht
BayObLG	Bayerisches Oberstes Landesgericht
BayVGH	Bayerischer Verwaltungsgerichtshof
BB	Betriebsberater
BetrKV	Betriebskostenverordnung
BetrVerfG	Betriebsverfassungsgesetz
BezG	Bezirksgericht
BGB	Bürgerliches Gesetzbuch
BGBl.	Bundesgesetzblatt
BGG	Bewährungs- und Gerichtshilfegesetz
BGH	Bundesgerichtshof
BGHZ	Entscheidungen des Bundesgerichtshofes in Zivilsachen
BT-Drucks.	Bundestags-Drucksache
Buchst.	Buchstabe
BVerfG	Bundesverfassungsgericht
bzw.	beziehungsweise
d.h.	das heißt
ders.	derselbe
DWW	Deutsche Wohnungswirtschaft (Zeitschrift)
e.V.	eingetragener Verein
EGBGB	Einführungsgesetz zum Bürgerlichen Gesetzbuche
ErbbauVO	Erbbauverordnung
f(f).	(fort-)folgend(e)
GbR	Gesellschaft bürgerlichen Rechts
GE	Grundeigentum (Zeitschrift)
gem.	gemäß
GG	Grundgesetz
ggf.	gegebenenfalls
GKG	Gerichtskostengesetz
GmbHG	Gesetz betreffend die Gesellschaft mit beschränkter Haftung
GuT	Gewerbemiete und Teileigentum (Zeitschrift)
GVG	Gerichtsverfassungsgesetz
Halbs.	Halbsatz
HeizKVO	Heizkostenverordnung
HGB	Handelsgesetzbuch
HmbGE	Hamburger Grundeigentum (Zeitschrift)
i.S.	im Sinne
i.V.m.	in Verbindung mit

Abkürzungsverzeichnis

II. BV	Zweite Berechnungsverordnung
II. WoBauG	Zweites Wohnungsbaugesetz
InsO	Insolvenzordnung
JuModG	Justizmodernisierungsgesetz
KG	Kammergericht
KostRModG	Kostenrechtsmodernisierungsgesetz
LG	Landgericht
LM	Lindenmeier/Möhring, Nachschlagewerk des Bundesgerichtshofes
LPartG	Lebenspartnerschaftsgesetz
m.w.N.	mit weiteren Nachweisen
MDR	Monatsschrift für Deutsches Recht (Zeitschrift)
MHG	Miethöhegesetz
MietRÄndG	Mietrechts-Änderungsgesetz
MietRB	Der Mietrechtsberater
MK	Mietrecht kompakt
MRRG	Mietrechtsreformgesetz
MüKo	Münchner Kommentar
MM	Mietermagazin (Zeitschrift)
ModEnG	Modernisierungs- und Energieeinsparungsgesetz
n.F.	neue Fassung
NJW	Neue Juristische Wochenschrift
NJW-RR	NJW-Rechtsprechungsreport
NMV	Neubaumietenverordnung
Nr.	Nummer
Nrn.	Nummern
NZM	Neue Zeitschrift für Miet- und Wohnungsrecht
OLG	Oberlandesgericht
OVG	Oberverwaltungsgericht
p.a.	per anno
PiG	Partner im Gespräch, Schriftenreihe des Evangelischen Siedlungswerkes in Deutschland e.V.
PrKV	Preisklauselverordnung
Rn.	Randnummer
RG	Reichsgericht
s.	siehe
S.	Satz/Seite
SchuModG	Schuldrechtsmodernisierungsgesetz
SchwbHG	Schwerbehindertengesetz
sog.	sogenannt
StGB	Strafgesetzbuch
StPO	Strafprozessordnung
u.ä.	und ähnliches
u.U.	unter Umständen
Verf.	Verfasser
VGH	Verwaltungsgerichtshof
vgl.	Vergleiche

WE	Zeitschrift für das Wohnungseigentum
WEG	Wohnungseigentumsgesetz
WHG	Wasserhaushaltsgesetz
WiStG	Wirtschaftsstrafgesetz
WoBauErlG	Wohnungsbauerleichterungsgesetz
WoBindG	Wohnungsbindungsgesetz
WoFG	Wohnbauförderungsgesetz
WoflV	Wohnflächenverordnung
WPM	Wertpapiermitteilungen
WuM	Wohnungswirtschaft und Mietrecht
z.B.	zum Beispiel
ZdW	Zeitschrift der Wohnungswirtschaft Bayern
Ziff.	Ziffer
ZIP	Zeitschrift für Wirtschaftsrecht
ZK	Zivilkammer
ZMR	Zeitschrift für Miet- und Raumrecht
ZPO	Zivilprozessordnung
ZVG	Zwangsversteigerungsgesetz

Literaturverzeichnis

I. Kommentare, Handbücher, Monographien

Abramenko	Das neue WEG in der anwaltlichen Praxis, 2007
Abramenko	Das neue Mietrecht in der anwaltlichen Praxis- Mietrechtsänderungsgesetz 2013, 2013
Bärmann	Wohnungseigentumsrecht, 12. Aufl. 2013 (zitiert: *Bearbeiter*, in Bärmann, Fundstelle)
Bärmann/Pick	Kommentar zum Wohnungseigentumsgesetz, 19. Aufl. 2010
Baumbach/Lauterbach/Albers/Hartmann	Zivilprozessordnung, 73. Aufl. 2014
BeckOK	WEG, Edition 9 (zitiert: *Bearbeiter*, in BeckOK WEG, Fundstelle)
BeckOK	WEG, Hrsg.: Michael Timme, 25. Edition, Stand: 01.10.2015 (zitiert: *Bearbeiter*, in: BeckOK-WEG, Fundstelle)
BeckOK	ZPO, Hrsg.: Volkert Vorwerk, Christian Wolf, Edition 10, Stand: 15.07.2013 (zitiert: BeckOK-ZPO/*Bearbeiter*
Beck'sches Formularbuch WEG	2007
Beck'sches Notarhandbuch	4. Aufl. 2006
Blank	Bauträgervertrag, 5. Aufl. 2014
Blank/Börstinghaus	Miete, Kommentar, 4. Aufl. 2014
Boeckh	Wohnungseigentumsrecht, 2007
Börstinghaus/Eisenschmid	Arbeitskommentar Neues Mietrecht, 2001
Böttcher/Keller	Kommentar zum ZVG, 5. Aufl. 2012
ders.	Zwangsvollstreckung im Grundbuch, 1997
Bub/Treier	Handbuch der Geschäfts- und Wohnraummiete, 4. Aufl. 2014
Dassler/Schiffbauer/Hintzen	Zwangsversteigerungsgesetz, 14. Aufl. 2013
Demharter	Grundbuchordnung, 29. Aufl. 2014
Eckert/Eckert/Ball	Handbuch des gewerblichen Miet-, Pacht- und Leasingrechts, 10. Aufl. 2009
Eickmann/Böttcher	Zwangsversteigerungs- und Zwangsverwaltungsrecht, 3. Aufl. 2013
Elzer/Fritsch/Meier	Wohnungseigentumsrecht, 2. Aufl. 2014
Emmerich/Sonnenschein	Miete – Handkommentar, 11. Aufl. 2014
Fabis	Vertragskommentar Wohnungseigentum, 3. Aufl. 2015
Fischer-Dieskau/Pergande/Schwender	Wohnungsbaurecht Loseblatt-Kommentar, Stand 12/2013
Fritz	Gewerberaummietrecht, 4. Aufl. 2005
Gerold/Schmidt	RVG-Kommentar 22. Aufl. 2015
Greiner	Wohnungseigentumsrecht, 3. Aufl. 2014
Haarmeyer/Wutzke/Förster/Hintzen	Zwangsverwaltung, 5. Aufl. 2011
Habermeyer	Die Zwangshypothek der ZPO, 1988
Häublein	Sondernutzungsrechte und ihre Begründung im Wohnungseigentumsrecht, 2003
Harz/Kääb/Riecke/Schmid	Handbuch des Fachanwalts Miet- und Wohnungseigentumsrecht, 5. Aufl. 2015
Herrlein/Kandelhard	Mietrecht, Kommentar, 4. Aufl. 2010

Literaturverzeichnis

Hintzen	Zwangsversteigerung von Immobilien, 4. Aufl. 2015
Hock/Bohner/Hilbert/Deimann	Immobiliarvollstreckung, 6. Aufl. 2015
Hogenschurz	Das Sondernutzungsrecht nach WEG, 2008
Horst	Rechtshandbuch Nachbarrecht, 2. Aufl. 2007
ders.	Praxis des Mietrechts, Wohnraum- und Geschäftsraummiete, 2009
Hügel/Elzer	Das neue WEG-Recht, 2007
Hügel/Scheel	Rechtshandbuch Wohnungseigentum, 3. Aufl. 2011
Jennißen	Kommentar zum Wohnungseigentumsgesetz, 4. Aufl. 2015
Kersten/Bühling	Formularbuch der freiwilligen Gerichtsbarkeit, 24. Aufl. 2014
Kinne/Schach/Bieber	Miet- und Mietprozessrecht, 7. Aufl. 2013
Klein-Blenkers/Heinemann/Ring	Miete/WEG/Nachbarschaft, 2016 (zitiert: *Bearbeiter*, in: Klein-Blenkers/Heinemann/Ring, Fundstelle) 3. Aufl. 2015
Kossmann	Handbuch der Wohnraummiete, 7. Aufl. 2014
Kreuzer	Gemeinschaftsordnung nach dem WEG, 2005
Kunze/Ertl/Herrmann/Eickmann (KEHE/*Bearbeiter*)	Grundbuchrecht, 6. Aufl. 2006
Kuffer/Wirth	Handbuch des Fachanwalts Bau und Architektenrecht, 4. Aufl. 2013
Lammel	AnwaltKommentar Wohnraummietrecht, 3. Aufl. 2007
ders.	Heizkostenverordnung Kommentar, 4. Aufl. 2015
Langenberg	Betriebskosten- und Heizkostenrecht, 7. Aufl. 2014
ders.	Betriebskostenrecht der Wohn- und Geschäftsraummiete, 4. Aufl. 2011
Leesmeister	Materielles Liegenschaftsrecht im Grundbuchverfahren, 3. Aufl. 2006
Limmer/Hertel/Frenz/Mayer	Würzburger Notarhandbuch, 4. Aufl. 2015
Lindner-Figura/Opree/Stellmann	Geschäftsraummiete, 3. Aufl. 2012
Lützenkirchen	Anwalts-Handbuch Mietrecht, 5. Aufl. 2015
Lützenkirchen	Mietrecht Kommentar 2. Aufl. 2015
Meikel/*Bearbeiter*	Grundbuchrecht, 11. Aufl. 2015
Mietprax	Mietrecht in der Praxis, Hrsg.: Ulf P. Börstinghaus, seit 1996, (Loseblattwerk)
Mohrbutter/Drischler/Radtke/Tiedemann	Die Zwangsversteigerungs- und Zwangsverwaltungspraxis, 7. Aufl. 1986 (Bd. 1) und 1990 (Bd. 2)
Müller	Praktische Fragen des Wohnungseigentumsrechts, 4. Aufl. 2004
MüKo/*Bearbeiter*	Münchener Kommentar zum Bürgerlichen Gesetzbuch, Band 1, 7. Aufl. 2015
MüKo/*Bearbeiter*	Münchener Kommentar zur Zivilprozessordnung, 4. Aufl. 2013
Musielak/Voit	Zivilprozessordnung, 12. Aufl. 2015
Munzig	Gemeinschaftsordnung im Wohnungseigentum, 1999
Muth	Zwangsversteigerungspraxis, 1989
Niedenführ/Kümmel/Vandenhouten	Kommentar und Handbuch zum WEG, 11. Aufl. 2015
Neuhaus	Handbuch der Geschäftsraummiete, 5. Aufl. 2014
Nomoskommentar	BGB, Schuldrecht, Band 1, Herausgeber: Barbara Dauner-Lieb, Werner Langen, 3. Aufl. 2016 (zitiert: NK-BGB/*Bearbeiter*)
Palandt	Bürgerliches Gesetzbuch (BGB), 74. Aufl. 2015
Prütting/Wegen/Weinreich	BGB Kommentar, 10. Aufl. 2015
Riecke	Schönheitsreparaturen, 3. Aufl. 2003

Riecke/Schmid	Fachanwaltskommentar Wohnungseigentumsrecht, 4. Aufl. 2014
Schmid	Handbuch der Mietnebenkosten, 14. Aufl. 2011
Schmidt-Futterer	Großkommentar des Wohn- und Gewerberaummietrechts, 12. Aufl. 2015
Schneider/Herget	Streitwertkommentar 14. Aufl. 2015
Schöner/Stöber	Grundbuchrecht, 15. Aufl. 2012
Schubart/Kohlenbach/Bohndick	Wohn- und Mietrecht, Kommentar zum sozialen Miet recht, Wohnungsbaurecht und WEG, Stand 2014
Seldeneck	Betriebskosten im Mietrecht, 1999
Schuschke/Walker	Vollstreckung und vorläufiger Rechtsschutz, 5. Aufl. 2011
Simon/Cors/Halaczinsky/Teß	Handbuch der Grundstückswertermittlung, 5. Aufl. 2003
Staudinger	Kommentar zum Bürgerlichen Gesetzbuch mit Einführungsgesetz und Nebengesetzen Buch 2 – Recht der Schuldverhältnisse §§ 535–562d; HeizkostenV; BetriebsKV (Mietrecht 1), Neubearbeitung 2011
Stein/Jonas	Zivilprozessordnung, 22. Aufl. 2002
Steiner	Zwangsversteigerung und Zwangsverwaltung, 9. Aufl. 1984 (Bd. 1) und 1986 (Bd. 2)
Sternel	Mietrecht aktuell, 4. Aufl. 2009
Stöber	Zwangsversteigerungsgesetz, 20. Aufl. 2006
ders.	Forderungspfändung, 16. Aufl. 2013
ders.	ZVG Handbuch, 8. Aufl. 2007
Storz	Praxis des Zwangsversteigerungsverfahrens, 10. Aufl. 2008
ders.	Praxis der Teilungsversteigerung, 3. Aufl. 2005
Thomas/Putzo	Zivilprozessordnung 36. Auflage 2015
Wall	Betriebskostenkommentar, 4. Aufl. 2015
Weitnauer	Wohnungseigentumsgesetz, 9. Aufl. 2005
Werner/Pastor	Der Bauprozess, 15. Aufl. 2015
Zöller	Zivilprozessordnung, 31. Aufl. 2013

Teil 1 Mietrecht

A. Die Ausfüllung von Mietvertragsformularen

Werden für den Abschluss des Mietvertrags Vertragsformulare verwendet und sollen Mietverhältnisse mit einer festen **Laufzeit von wenigstens einem Jahr** begründet werden, so muss darauf geachtet werden, dass die gesetzliche Schriftform (§ 126 BGB) eingehalten wird. Bei einem Formverstoß gilt das Mietverhältnis nur als auf unbestimmte Zeit abgeschlossen und kann dementsprechend gekündigt werden, frühestens allerdings zum Ablauf des ersten Jahres seit Überlassung des Mietobjekts (§ 550 BGB).

Der Mietvertrag wahrt die gesetzliche Schriftform, wenn sich alle **wesentlichen Vertragsbedingungen**, insbesondere der Mietgegenstand, die Miete, die Mietdauer sowie die Vertragsparteien aus der Vertragsurkunde ergeben (BGH NZM 2015, 662, 664; 2010, 319, 320 = ZMR 2010, 593; ZMR 2009, 273, 274). Hinsichtlich des **Mietgegenstandes** genügt es, wenn dieser so hinreichend bestimmbar bezeichnet ist, dass es einem Grundstückserwerber bei Abschluss des notariellen Kaufvertrages möglich ist, diesen zu identifizieren und seinem Umfang nach festzustellen. Etwa verbleibende Zweifel (etwa in der Lage des Mietobjekts innerhalb des Gebäudes) können im Wege der Auslegung (§§ 133, 157), die auch bei formbedürftigen Vertragsbestimmungen möglich ist, beseitigt werden (BGH NZM 2014, 471 = ZMR 2014, 717 Tz. 23). Zur Dokumentation der **Mietdauer** reicht es aus, wenn ein potenzieller Erwerber die für den Beginn und das Ende der Mietzeit maßgeblichen Umstände der Vertragsurkunde entnehmen kann (BGH NZM 2015, 662, 664 zur Verlängerungsoption).

Wird der Mietvertrag mit einer **Personenmehrheit** auf der Vermieter- oder Mieterseite abgeschlossen, müssen entweder sämtliche Vermieter bzw. Mieter unterschrieben oder die vorhandenen Unterschriften deutlich zum Ausdruck bringen, dass sie auch in Vertretung der nicht unterzeichnenden Vertragsparteien erfolgt sind. Anderenfalls lässt sich der Vertragsurkunde nicht entnehmen, ob noch Unterschriften fehlen, die Unterschriftenzeile bislang also unvollständig ist, oder ob die vorhandenen Unterschriften auch für die übrigen Personen der betreffenden Vertragsseite geleistet wurden (BGH NZM 2015, 490, 491; 662, 663). Es empfiehlt sich deshalb, mit dem Zusatz »i.V.« zu unterschreiben. Das gilt auch bei einem Mietvertragsabschluss mit **Eheleuten** oder Lebenspartnern (§ 1 Abs. 1 S. 1 LPartG).

Ist Vertragspartner eine **Gesellschaft bürgerlichen Rechts**, so ist bei Unterzeichnung durch einen Vertreter für die Wahrung der Schriftform erforderlich, dass das Vertretungsverhältnis **in der Vertragsurkunde selbst** hinreichend deutlich zum Ausdruck kommt (BGH NZM 2013, 271 = ZMR 2013, 955; ZMR 2004, 19 f. = NZM 2003, 801 f.; NZM 2002, 907, 909). Die Unterzeichnung sollte dann mit dem Zusatz: »als alleinvertretungsberechtigter Gesellschafter« versehen werden (ausf. dazu FA MietRWEG/*Hinz* Kap. 14 Rn. 103 f.). Allerdings genügt es, wenn der unterzeichnende Gesellschafter seiner Unterschrift einen (Firmen-)Stempel hinzusetzt; dieser weist ihn als unterschriftsberechtigt für die Gesellschaft aus (BGH NZM 2013, 271 = ZMR 2013, 955).

Bei Abschluss eines Mietvertrags mit einer **Kapitalgesellschaft** (GmbH, AG) ergibt es sich regelmäßig bereits aus den Umständen, dass die unterzeichnende Person als Vertreter fungieren will (BGH NZM 2005, 502; 2007, 837; 2015, 490, 491 Tz. 22). In diesem Fall bedarf es keines klarstellenden Zusatzes. Anders verhält es sich, wenn die Vertragsurkunde den Anschein erweckt, dass noch weitere Unterschriften erforderlich wären. Das wäre etwa der Fall, wenn die Kapitalgesellschaft durch ein **mehrgliedriges Organ** (z.B. die AG durch den Vorstand) vertreten wird und die Unterschrift des Unterzeichnenden nur in dessen Eigenschaft als Mitglied dieses Organs erfolgt ist (BGH NZM 2010, 82 = ZMR 2010, 280). Hingegen kann der Eindruck, die Vertragsurkunde sei hinsichtlich der Unterschriften noch unvollständig, nicht entstehen, wenn diese von einem Vorstandsmitglied und einem Prokuristen (mit dem Zusatz »ppa«) unterschrieben worden ist. Denn nach § 78 Abs. 3 AktG kann die Satzung der AG eine gemeinschaftliche Vertretung in dieser Besetzung zulassen (BGH NZM 2015, 490, 491 Tz. 22).

4 Auch bei anderen **Gesellschaften mit Registerpublizität** (OHG, KG) ist es ausreichend, wenn sich der Vertreterwille aus der Urkunde ergibt; denn hier kann dem Handelsregister entnommen werden, ob die betreffende Person Vertretungsmacht hat oder nicht (Emmerich/Sonnenschein/ *Emmerich* § 550 Rn. 9; *Lehmann-Richter* NZM 2007, 834; AG Pinneberg ZMR 2008, 468).

5 Für die Wahrung der Schriftform ist außer der Unterschrift der Vertragspartner der **Grundsatz der Einheitlichkeit der Urkunde** zu beachten. Grundsätzlich müssen alle wesentlichen vertraglichen Abreden in einer Urkunde enthalten sein, insbesondere der Mietgegenstand, die Miete sowie die Dauer und die Parteien des Mietverhältnisses (s.o. unter 2). Hierdurch soll ein etwaiger späterer **Grundstückerwerber** vor Überraschungen **geschützt** werden. Zur Reichweite des Schutzes s. BGH NZM 2015, 662, 663 Tz. 33 f.; NZM 2010, 319, 320 = ZMR 2010, 593 f. Allerdings kann das Schriftformerfordernis des § 550 BGB eine Information des Grundstückserwerbers über die Konditionen des bestehenden Mietvertrags nicht umfassend gewährleisten. So unterliegt die Ausübung einer **Verlängerungsoption** durch den Mieter nicht dem Formerfordernis; denn der Erwerber ist bereits durch die aus der Mietvertragsurkunde ersichtliche Verlängerungsoption hinreichend gewarnt; über die Ausübung der Option kann er sich bei seinem Veräußerer, dem Vermieter erkundigen (BGH NJW 2013, 3361 Tz. 25). Gleiches gilt hinsichtlich der Ausübung eines einseitigen **Anpassungsrechts** des Vermieters hinsichtlich der Nebenkostenvorauszahlungen (BGH NZM 2014, 308 = ZMR 2014, 530).

Im Übrigen soll § 550 BGB auch die **Beweisbarkeit** langfristiger Abreden und eine gewisse Warnfunktion sicherstellen; allerdings sind diese Normzwecke nachrangig (BGH NZM 2015, 662, 663 Tz. 33 a.E.; NZM 2008, 482 = GE 2008, 798).

6 Nach gefestigter Rechtsprechung des BGH zur gesetzlichen Schriftform (sog. **Auflockerungsrechtsprechung**) ist die erforderliche Einheit der Urkunde gewahrt, wenn die Zusammengehörigkeit einer aus mehreren Blättern bestehenden Urkunde entweder durch körperliche Verbindung oder sonst in geeigneter Weise erkennbar gemacht worden ist. Letzteres kann durch fortlaufende Seitenzahlen, fortlaufende Nummerierung der einzelnen Bestimmungen, einheitliche graphische Gestaltung, inhaltlichen Zusammenhang des Textes oder vergleichbare Merkmale geschehen, sofern sich hieraus die Zusammengehörigkeit der einzelnen Blätter zweifelsfrei ergibt (BGH NZM 2008, 484, 485 = ZMR 2008, 701, 702; ZMR 2003, 337; NJW 1998, 2591; NJW 2000, 907; NZM 1998, 25; NZM 1999, 761).

7 Dies gilt auch für **Anlagen** zum Mietvertrag. (z.B. Aufstellung von Betriebskosten, Grundrisse, Baubeschreibung des Mietobjekts), sofern sie nicht nur der bloßen Beschreibung des Mietobjekts dienen (BGH ZMR 1999, 961 = NZM 1999, 761). Werden wesentliche Bestandteile des Mietvertrags in Anlagen ausgelagert, auf die im Mietvertrag Bezug genommen wird, so müssen diese zur Wahrung der Schriftform im Mietvertrag so genau bezeichnet werden, dass eine zweifelsfreie Zuordnung möglich ist (BGH NZM 2008, 484, 485 = ZMR 2008, 701, 702; ZMR 2003, 337 = NZM 2003, 281; OLG Düsseldorf ZMR 1994, 213). So nimmt der BGH eine hinreichende Bezugnahme an, wenn die Vertragsparteien die Blätter der Anlage im Anschluss an die Blätter des Hauptvertrages fortlaufend paginieren und jedes einzelne Blatt der Anlage – in gleicher Weise wie die Blätter des Hauptvertrages – mit einer Paraphe abzeichnen bzw. unterschreiben (BGH ZMR 2000, 76, 81).

8 Bestimmt der Mietvertrag, dass die Verletzung der Hausordnung als Vertragsverletzung anzusehen ist, muss die Hausordnung von der Unterschrift mit umfasst sein (OLG Naumburg WuM 2000, 671). Die einfache Beifügung des **Betriebskostenkatalogs** genügt aber dann, wenn die Umlagefähigkeit und der Verteilungsmaßstab im Mietvertrag geregelt sind und die Anlage hiervon keine abweichenden Bestimmungen beinhaltet (BGH WuM 1999, 516 f.).

9 **Empfehlenswert** ist aber nach wie vor das Zusammenfügen der einzelnen Bestandteile der Mietvertragsurkunde durch Heftklammern oder in einem Schnellhefter.

A. Die Ausfüllung von Mietvertragsformularen

Achtung! Die Urkundeneinheit muss bei Vertragsabschluss hergestellt werden und dem Willen beider Parteien entsprechen. Stellt eine Partei nachträglich und einseitig die Urkundeneinheit her, so wird damit die Schriftform nicht gewahrt. 10

Der Grundsatz der Urkundeneinheit gilt auch für Vertragsänderungen. Trotzdem brauchen Hauptvertrag und **Nachtragsvereinbarung** dann nicht miteinander verbunden zu werden, wenn in der Nachtragsvereinbarung eindeutig auf den Hauptvertrag Bezug genommen wird und zum Ausdruck kommt, dass es unter Einbeziehung der Nachträge bei dem verbleiben soll, was früher formgültig niedergelegt war (BGH NZM 2015, 490, 491 Tz. 18; NJW-RR 2000, 744 f.). Das erfordert eine lückenlose Bezugnahme auf alle Schriftstücke, aus denen sich die wesentlichen vertraglichen Vereinbarungen der Parteien ergeben (BGH NZM 2008, 484, 485 = GE 2008, 805, 807). Andererseits genügt es, wenn sämtliche Schriftformvoraussetzungen in der Nachtragsvereinbarung gemeinsam mit der in Bezug genommenen ersten Vertragsurkunde erfüllt werden (BGH NZM 2009, 515, 516 = ZMR 2009, 750, 751). 11

Ob eine **Schriftformheilungsklausel** des Inhalts, dass die Vertragsparteien im Falle eines Schriftformmangels verpflichtet sind, die Schriftform herbeizuführen, die Parteien bindet (dafür OLG Frankfurt ZMR 2015, 710 mit Anm. *Wichert*), ist noch nicht abschließend geklärt. Jedenfalls handelt der in das Mietverhältnis nach § 566 Abs. 1 BGB eingetretene Erwerber nicht treuwidrig, wenn er dieses ungeachtet der Schriftformheilungsklausel im Mietvertrag wegen Schriftformmangels kündigt (BGH NZM 2014, 239 = ZMR 2014, 868; NZM 2014, 471 = ZMR 2014, 717 für den nach §§ 566 Abs. 1, § 567 S. 1 BGB eingetretenen Nießbrauchinhaber). Die Schriftformheilungsklausel entfaltet mithin keine Wirkung gegenüber dem Erwerber. Das gilt selbst im Falle einer individuell vereinbarten Klausel (BGH NZM 2014, 471 = ZMR 2014, 717 Tz. 29). 12

Die Berufung auf die fehlende Einhaltung der Schriftform kann im Einzelfall **rechtsmissbräuchlich** (§ 242 BGB) sein, wenn die Nichtanerkennung des Vertrags nicht nur zu einem harten, sondern zu einem schlechterdings untragbaren Ergebnis führt (BGH NZM 2006, 104, 105 = ZMR 2006, 116, 118; NZM 2007, 730; instr. *Armbrüster* NJW 2007, 3317). Als Beispiele kommen die Existenzgefährdung der anderen Vertragspartei oder eine schwere Treuepflichtverletzung ihr gegenüber in Betracht. 13

– Das LG Düsseldorf in einem Urteil aus dem Jahre 2008 (MietRB 2009, 71) eine **Existenzbedrohung** des Mieters angenommen, weil die Mieträume zum Betrieb einer Diskothek vermietet worden sind. Diese müssten besondere Voraussetzungen hinsichtlich der Aufteilung und des Schallschutzes erfüllen, die bei der überwiegenden Zahl der am Markt angebotenen Gewerbeobjekte nicht vorhanden seien. Deshalb könne der Mieter die Diskothek nach Vertragsbeendigung nicht ohne Weiteres an einer anderen Stelle fortführen.

– Ein treuwidriges Verhalten hat die Rechtsprechung in Fällen bejaht, in denen eine Mietpartei eine später getroffene Abrede, die **lediglich ihrem Vorteil** dient, allein wegen des Schriftformmangels zum Anlass nimmt, sich von einem ihr mittlerweile lästig gewordenen Mietvertrag zu lösen (vgl. BGHZ 65, 49, 55; OLG Bamberg GuT 2011, 50, 51). Allerdings lässt sich allein aus dem Umstand, dass beide Parteien ihrer Pflicht zur Vertragserfüllung über einen längeren Zeitraum nachgekommen sind, nicht auf die Treuwidrigkeit einer vorzeitigen Kündigung schließen (BGH GE 2004, 176 = NZM 2004, 97; OLG Frankfurt Urt. v. 02.01.2009 – 15 U 129/08).

– Von einem schlechterdings untragbaren Ergebnis geht die Rechtsprechung weiterhin aus, wenn sich eine Mietpartei nunmehr auf den Schriftformverstoß beruft und im Hinblick darauf ordentlich kündigt, obgleich sie den **Verstoß initiiert** und davon über einen längeren Zeitraum zumindest (mit)partizipiert hat, z.B. durch Ersparnis eigener Mietkosten (vgl. BGH NZM 2007, 730; OLG Naumburg NZM 2012, 808 = ZMR 2013, 36; OLG Hamm NZM 2011, 584, 587 = ZMR 2011, 632 mit Anm. *Späth*; s. auch OLG Köln GuT 2005, 153 f.).

14 Auf die sorgfältige Ausfüllung des Mietvertragsformulars ist zu achten. Werden nämlich **ausfüllungsbedürftige Klauseln** nicht vervollständigt, so gelten sie als nicht vereinbart. Das Gleiche gilt, wenn zwischen mehreren Gestaltungsmöglichkeiten durch Ankreuzen oder durch Streichungen gewählt werden kann, dies jedoch unterblieben ist.

15 Die Vertragsurkunde hat die **Vermutung der Vollständigkeit und Richtigkeit** für sich. Behauptet eine Partei später mündliche Nebenabreden, so muss sie beweisen, dass beide Vertragspartner diesen Punkt auch zum Zeitpunkt der Errichtung der Urkunde als Vertragsinhalt wollten (KG GE 2002, 930).

16 *Die in diesem Abschnitt verwendeten Formularbeispiele sind mit freundlicher Genehmigung des Grundeigentümer-Verbandes Hamburg von 1832 e.V. dem Hamburger Mietvertrag für Wohnraum (Ausgabe: Mai 2015) sowie dem Mietvertrag für Kontore, gewerbliche Räume und Grundstücke (Ausgabe: November 2014) entnommen.*

I. Wohnraum

1. Bezeichnung der Vertragsparteien

17 **Hamburger Mietvertrag für Wohnraum**

Dr. med. Justus v. Bülow, **1**

Ulrike v. Bülow und

Dr. med. Peter Bartels

in Gesellschaft bürgerlichen Rechts

oder:

Hanse Hausbaugesellschaft GbR, vertreten durch den geschäftsführenden Gesellschafter Oliver Müller **2** **als Vermieter**

vertreten durch Verwaltungsgesellschaft Marienthal GmbH, Hamburg **3**

und Jan-Christian Meyer   12.06.1968   Kaufmann
Vor- und Nachname   geb. am   Beruf

sowie Elisabeth Meyer   16.07.1973   Anwaltsgehilfin **4**
Vor- und Nachname   geb. am   Beruf

wohnhaft Kielmannseggstraße 8, 22043 Hamburg
Straße, Hausnummer, Ort

_____ **als Mieter**

schließen, vermittelt durch den Makler Hermann Schulz, Hamburg **5**

folgenden Mietvertrag: _____

(Unter Vermieter und Mieter werden im Folgenden die Vertragspartner auch dann verstanden, wenn sie aus mehreren Personen bestehen.)

A. Die Ausfüllung von Mietvertragsformularen

Erläuterungen

1. Vermieter. Die richtige Parteibezeichnung ist wichtig, damit rechtsgeschäftliche Erklärungen den richtigen Absender und den richtigen Empfänger erhalten. Der Vermieter soll so genau bezeichnet werden, dass der Mieter weiß, wer sein Vertragspartner ist. Besteht die Vermieterseite aus einer **Personenmehrheit**, sind die einzelnen Personen grundsätzlich zu benennen. So sollten z.B. bei einer Erbengemeinschaft sämtliche Miterben im Vertragsrubrum bezeichnet werden; s. dazu Muster und Hinweise zu Teil 1 Rdn. 201.

2. Gesellschaft bürgerlichen Rechts. Besonderheiten gelten bei der Gesellschaft bürgerlichen Rechts (GbR).
- Nach der Rechtsprechung des BGH (ZMR 2001, 338 = NJW 2002, 1205) ist diese rechtsfähig, wenn sie durch selbstständige Teilnahme am Rechtsverkehr eigene Rechte und Pflichten begründet (sog. **Außengesellschaft**).
- Die Gesellschafter können aber auch allein in ihrem Namen am Rechtsverkehr teilnehmen. Die gesellschaftsvertragliche Bindung betrifft dann nur das Innenverhältnis (sog. **Innengesellschaft**).

Eine GbR wird als Außengesellschaft Partei des Mietvertrages, wenn die vertretungsberechtigten Gesellschafter den Vertrag im Namen der Gesellschaft abschließen. In diesem Fall wird der Name der GbR (z.B. »Wiedestraße-Nr. 3-Bauherren-GbR« oder »Müller & Partner GbR«) im Kopf des Mietvertrags eingetragen. Darüber hinaus muss das **Vertretungsverhältnis** bezeichnet werden (»vertreten durch den geschäftsführenden Gesellschafter Heinrich Müller«). Der im Vertragsrubrum mitgeteilte Vertreter hat sodann den Vertrag zu unterzeichnen.

Dagegen werden grundsätzlich die **einzelnen Mitglieder** der Personengemeinschaft Partei des Mietvertrags, wenn diese im Rubrum aufgeführt werden und den Vertrag unterzeichnen. Der Zusatz GbR kann in solchen Fällen nur ein Indiz für eine Außengesellschaft bilden. Der Mietvertrag kann nur dann mit der GbR zustande kommen, wenn die im Rubrum genannten Personen bereits **vor Vertragsschluss** als Außengesellschaft am Rechtsverkehr teilgenommen haben. Anderenfalls werden die einzelnen Personen Vertragspartei (zur Problematik *Jacoby* ZMR 2001, 409 f.; *Weitemeyer* ZMR 2004, 153; *Streyl* NZM 2011, 377, 379 ff.).

Nach LG Berlin ZMR 2003, 264 reicht allein die Eintragung der Gesellschafter im Grundbuch mit dem Zusatz »in Gesellschaft bürgerlichen Rechts« zur Entstehung einer Außen-GbR nicht aus.

Im Vertragsmuster (Beispiel Teil 1 Rdn. 17) werden die im Rubrum bezeichneten Eheleute Bülow und Dr. Bartels Vermieter im Rahmen des Mietvertrags. Die Bezeichnung als GbR stellt nur ein Indiz für eine Außen-GbR dar; diese ist nur dann anzunehmen, wenn die genannten Personen schon vor Abschluss des konkreten Mietvertrags als Außen-GbR durch Teilnahme am Rechtsverkehr eigene Rechts und Pflichten begründet haben (tendenziell großzügiger *Streyl* NZM 2011, 377, 381).

Dagegen wird im alternativen Beispiel die Hanse Hausbaugesellschaft GbR, vertreten durch ihren Geschäftsführer, als Außen-GbR Vermieterin.

3. Verwaltungsgesellschaft. Wird eine Verwaltungsgesellschaft eingeschaltet, so muss sie erkennbar für den oder die Vermieter den Vertrag abschließen. Ergibt sich für den Mieter nicht – auch nicht aus den Umständen –, dass der Verwalter in fremdem Namen handelte, so wird er selbst Vermieter. Schließt der Verwalter für den Vermieter den Mietvertrag ab, so kann daraus zugleich auf dessen Vollmacht geschlossen werden, das Mietverhältnis zu kündigen oder Mieterhöhungen durchzuführen, so dass er derart einseitigen Erklärungen keine Originalvollmacht beifügen muss (s. § 174 S. 2 BGB sowie OLG Frankfurt/M. NJW-RR 1996, 10).

4. Mieter. Diese sollten so genau bezeichnet werden, dass sie auch im Falle von Nachfragen bei Behörden (etwa im Falle eines heimlichen Auszuges) identifiziert werden können. Daher empfiehlt sich die Aufnahme des Geburtsdatums in den Vertrag. Die Berufsangabe gibt nicht nur Aufschluss über die soziale Stellung, sondern kann auch die Bonität indizieren. Es sollte der bei Abschluss des Mietvertrages ausgeübte Beruf erfragt werden.

27 Sind im Kopf des Vertrags mehrere Personen als Mieter angegeben, wird der Vertrag aber nur von einem Mieter unterschrieben, so kann nicht ohne weiteres unterstellt werden, dass der unterschreibende Mieter den bzw. die anderen vertreten hat. Das gilt nach mittlerweile hM auch, wenn **Ehepartner** im Kopf des Vertrags als Mieter angegeben sind und nur einer von ihnen unterschreibt (OLG Saarbrücken OLGR 2007; 926 = MietRB 2007, 311; LG Itzehoe ZMR 2015, 715, 716; LG Osnabrück WuM 2001, 438; LG Marburg WuM 2000, 680; *Streyl* NZM 2011, 377, 378 f.; *Paschke* WuM 2008, 59). Die Gegenansicht will bei Ehegatten und (registrierten) gleichgeschlechtlichen **Lebenspartnern** (§ 1 Abs. 1 LPartG), eine Vermutung wechselseitiger Vertretung annehmen (OLG Düsseldorf WuM 1989, 363; OLG Oldenburg ZMR 1991, 268; OLG Schleswig WuM 1992, 674 = ZMR 1993, 268). Indes mag die Sichtweise gleichsam auf eine Fiktion hinauslaufen; allein der Umstand, dass der die Vertragsurkunde regelmäßig ausfüllende Vermieter beide Ehe-/Lebenspartner in den Kopf des Mietvertrag aufgenommen hat, lässt keinen Rückschluss auf eine Zustimmung des jeweils anderen zum Abschluss dergestalt weitreichender Rechtsgeschäfte zu (ähnlich *Streyl* NZM 2011, 377, 378).

28 Ist nur ein Ehegatte im Kopf des Mietvertrags genannt, wird der Vertrag aber von beiden unterschrieben, so kann in Betracht kommen, dass der nicht im Kopf aufgeführte Ehegatte lediglich als Mitschuldner oder als Bürge unterschreibt. Regelmäßig wird es aber der Interessenlage von Vermieter und Mieter entsprechen, dass auch in diesem Falle der unterzeichnende Ehegatte Vertragspartner wird (*Sternel* Mietrecht aktuell I Rn. 57; a.A. AG Charlottenburg, GE 2005, 1497). Gleiches gilt wiederum für den gleichgeschlechtlichen Lebenspartner im Sinne von § 1 Abs. 1 LPartG, nicht aber für den Lebensgefährten. Denn die **nichteheliche Lebensgemeinschaft** ist häufig gerade nicht auf Dauer angelegt; die Partner sehen von einer Eheschließung gerade deswegen ab, weil sie die feste Bindung nicht wünschen.

29 **5. Makler.** Die Angabe des vermittelnden Maklers kann die Maklertätigkeit indizieren. Sie löst aber für sich genommen noch keine Courtageverpflichtung des Mieters aus.

2. Bezeichnung des Mietobjekts

30 **Miträume**

1. Zur Benutzung als Wohnung [1]

werden im Hause Rodigallee 1, 22043 Hamburg
(Straße, Hausnummer, Ort)

vermietet: die Räume im 2. Obergeschoß rechts
(Geschoss Mitte/rechts/links)

bestehend aus 4 1/2 **Zimmern, Küche, Flur, Bad, WC,** 1 **Keller, Boden, Garten. Garage/Stellplatz sind in diesem Vertrag nicht mitvermietet.**

Die Wohnfläche beträgt ca. 120 m² . [2]

2. Der Mieter ist berechtigt, soweit vorhanden, Waschküche und Trockenboden sowie folgende Einrichtungen

(z.B. Waschmaschine) [3] Waschmaschine und Trockner im Gemeinschaftskeller

nach Maßgabe der Hausordnung oder der besonderen Benutzungsordnung mitzubenutzen.

3. Dem Mieter werden folgende Schlüssel ausgehändigt: _4 Haustür- und 4 Wohnungseingangstürschlüssel, 2 Keller- und Briefkastenschlüssel_

4. Der Vermieter ist verpflichtet, bei der Beschaffung nachweislich erforderlicher Schlüssel mitzuwirken. Die Kosten für die Schlüssel trägt der Mieter. ⁴

5. Der Mieter übernimmt die Wohnung in renovierungsbedürftigem/nicht renovierungsbedürftigem* Zustand.

*Nichtzutreffendes bitte streichen

Erläuterungen

1. Wohnraummiete. Sie liegt vor, wenn Räumlichkeiten aufgrund eines Vertrages entgeltlich zum Zwecke des privaten Aufenthalts des Mieters oder Angehöriger überlassen werden (Beispiele bei *Hinz* in MietPrax F 1 Rn. 11; *Bühler* ZMR 2010, 897 ff.). Maßgebend ist die **subjektive Zweckbestimmung** der Parteien, nicht hingegen die Art der Räumlichkeiten (BGH WuM 2014, 541, 542 = ZMR 2014, 871, 872 Tz. 21 m.w.N.). Nicht erforderlich ist, dass der Mieter selbst die Räumlichkeiten bezieht. Mietet er Räume zur Deckung der Wohnbedürfnisse seines getrennt lebenden oder geschiedenen Ehepartners an, so handelt es sich um einen Wohnraummietvertrag (Schmidt-Futterer/*Blank* Vor § 535 Rn. 96). Zur Gewerberaummiete s. die Hinweise zu Teil 1 Rdn. 199 f. 31

Wird die Wohnung nicht ausschließlich zu Wohnzwecken überlassen, so empfiehlt sich ein Zusatz, z.B. zur Benutzung als »Praxis«, »... zu Bürozwecken«. 32

Hat der Vermieter aus Gründen der Bewirtschaftung mehrere Gebäude zu einer Wirtschaftseinheit zusammengefasst, so sollte diese gekennzeichnet werden; denn anderenfalls kann der Mieter annehmen, dass die Betriebskosten gebäudebezogen abgerechnet werden. Die Teile, die nicht vermietet worden sind, sollen gestrichen oder sonst kenntlich gemacht werden. Das Gleiche gilt, wenn der Mieter selbst und auf eigene Kosten Gebäudeteile errichtet oder vom Mietvorgänger übernommen hat (z.B. Bad). 33

2. Wohnfläche. Die Angabe der Wohnfläche stellt regelmäßig keine unverbindliche Objektsbeschreibung, sondern eine **rechtsverbindliche Beschaffenheitsvereinbarung** dar (BGH WuM 2007, 450 = ZMR 2007, 681 f.). Eine solche liegt nicht nur dann vor, wenn die angegebene Wohnfläche ausdrücklich als vereinbart bezeichnet wird, sondern auch dann, wenn – wie dies in der Praxis meistens geschieht – der Mietvertrag in Verbindung mit einer Aufzählung der vermieteten Räume die Angabe enthält: »Wohnfläche: 120 qm« (BGH WuM 2007, 450 f.). Demgemäß liegt ein **Mangel der Mietsache** i.S.d. § 536 Abs. 1 BGB vor, wenn die gemietete Wohnung tatsächlich eine Wohnfläche aufweist, die mehr als 10 % unter der im Mietvertrag angegebenen Fläche liegt (BGH WuM 2004, 268, 336 f. = ZMR 2004, 495 ff. mit Anm. *Schul/Wichert*). Die 10 %-Grenze ist auch dann maßgebend, wenn neben den Räumen Gartenfläche mitvermietet wurde (BGH WuM 2009, 733). 34

Mit der Festlegung der Wesentlichkeitsgrenze auf 10 % steht einerseits fest, dass geringere Abweichungen eine unerhebliche Minderung der Tauglichkeit darstellen (vgl. § 536 Abs. 1 S. 3 BGB), größere Differenzen hingegen in jedem Fall als erheblich anzusehen sind. Nicht erforderlich ist die zusätzliche Darlegung des Mieters, dass infolge der Flächendifferenz die Tauglichkeit der Wohnung zum vertragsgemäßen Gebrauch gemindert ist. Nach Auffassung des BGH (ZMR 2004, 495 f. = WuM 2004, 336 f.) spricht bei einem erheblichen Flächenmangel bereits eine **tatsächliche Vermutung** für eine Beeinträchtigung der Gebrauchstauglichkeit. Denn die vereinbarte Fläche ist ein wesentliches Merkmal für den Nutzwert der angemieteten Wohnung. 35

An der Wesentlichkeitsgrenze von 10 % ist nach Auffassung des BGH auch dann festzuhalten, wenn die Fläche des Mietobjekts im Vertragsformular **mit »ca.« angeben** wird (BGH WuM 2010, 36

240 = ZMR 2010, 522; WuM 2004, 268 = ZMR 2004, 500). Zwar lässt diese Formulierung erkennen, dass es den Parteien nicht entscheidend auf die genaue Wohnungsgröße ankam, sondern durchaus Toleranzen hingenommen werden sollten. Auch für solche Toleranzen zieht der BGH aber dort die Grenze, wo die Unerheblichkeit einer Tauglichkeitsminderung i.S.d. § 536 Abs. 1 S. 3 BGB endet.

37 Aus Sicht des Vermieters könnte man daran denken, im Mietvertrag überhaupt keine Angabe zur Wohnungsgröße aufzunehmen. Dann dürfte es an einer Sollbeschaffenheit fehlen, so dass ein Mangel der Mietsache insoweit nicht in Betracht kommt (so *Beuermann* GE 2004, 663).

38 Anders verhält es sich, wenn der Mieter **vor Vertragsschluss** eine exakte Wohnflächenberechnung für jeden einzelnen Raum erhalten hat. Dann darf er davon ausgehen, dass die Wohnung die mitgeteilte Gesamtfläche aufweist (BGH WuM 2010, 480, 482). Ob dies auch bei der bloßen Angabe einer (ungefähren) Wohnungsgröße in einem Zeitungsinserat gilt (dagegen LG Mannheim DWW 2007, 21; AG Nienburg WuM 2009, 584), ist nicht abschließend geklärt. Insbesondere wenn der formularmäßige Vertragstext ein Leerfeld für die Angabe der Wohnfläche vorsieht und dieses nicht ausgefüllt worden ist, dürfte das Schweigen des schriftlichen Mietvertrags gegen einen Bindungswillen der Parteien hinsichtlich der Wohnungsgröße sprechen. § 434 Abs. 1 Satz 3 BGB ist als kaufrechtliche Sonderregelung nicht (auch nicht analog) anwendbar (*Börstinghaus* WuM 2007, 531).

39 Hinweis:

Nach dem Urteil des BGH vom 10.11.2010 (WuM 2011, 11) ergibt sich aus folgender (AGB-rechtlich unbedenklicher) Klausel, dass die Parteien keine Wohnflächenvereinbarung getroffen haben:

»*Vermietet werden ... folgende Räume: die Wohnung im Dachgeschoss rechts bestehend aus 2 Zimmer, 1 Küche, Bad, Diele zur Benutzung als Wohnraum, deren Größe ca. 54,78 qm beträgt. Diese Angabe dient wegen möglicher Messfehler nicht der Festlegung des Mietgegenstandes. Der räumliche Umfang der gemieteten Sache ergibt sich vielmehr aus Angabe der vermieteten Räume.*«

40 Für preisfreien Wohnraum gibt es keine gesetzliche Regelung der **Flächenberechnung**. Die zum 01.01.2004 in Kraft getretene WoFlV vom 25.11.2003 (BGBl. I, 2346) gilt unmittelbar nur, wenn die Wohnfläche nach dem WoFG berechnet wird (§ 1 Abs. 1 WoFlV). Nach der Rechtsprechung des BGH ist die Wohnfläche aber auch im Mietvertrag über preisfreien Wohnraum seit dem 01.01.2004 im Zweifel anhand der WoFlV (bei vorher abgeschlossenen Mietverträgen nach §§ 42 bis 44 der II. BV) auszulegen und zu ermitteln. Diese gilt auch nach dem Wegfall ihrer Ermächtigungsgrundlage zum 01.01.2007 infolge der Änderung des § 19 WoFG durch Art. 9 Nr. 3 des Föderalismusreformbegleitgesetzes (BGBl. I 2006, 2098, 2101) nach Art. 125a Abs. 1 GG unverändert fort, soweit nicht der nunmehr nach § 19 S. 2 WoFG ermächtigte Landesgesetzgeber Regelungen über die Wohnfläche trifft (s. NZM aktuell 10/2008, VI). Soweit ersichtlich hat bislang nach kein Bundesland von dieser Verordnungsermächtigung Gebrauch gemacht.

41 Im Übrigen ist es möglich, dass die Parteien dem Begriff der Wohnfläche im Einzelfall eine abweichende Bedeutung beimessen oder ein anderer Berechnungsmodus ortsüblich oder nach der Art der Wohnung näher liegende ist (s. BGH ZMR 2004, 501 ff.; WuM 2007, 441, 442).

42 **3. Gemeinschaftseinrichtungen.** Sind Gemeinschaftseinrichtungen im Hause vorhanden, ohne im Mietvertrag genannt zu sein, so wird es in der Regel der Verkehrssitte entsprechen, dass dem Mieter ein Mitbenutzungsrecht zusteht.

43 **4. Schlüssel.** Die Bezeichnung der dem Mieter ausgehändigten Schlüssel dient zugleich als Quittung.

44 Der Vermieter ist nicht berechtigt, ohne Wissen und Willen des Mieters einen Zweitschlüssel zu den Miträumen zu behalten.

Zur Dokumentation des Zustands des Mietobjekts bei Übergabe s. die Hinweise zu Teil 1 Rdn. 301.

3. Mietzeit

a) Bedeutung

Die Regelung der Mietzeit hat nicht nur Bedeutung für den Zeitraum, der die Gewährleistungspflicht des Vermieters und das Gebrauchsrecht des Mieters begrenzt, sondern wirkt sich auch auf den Kündigungsschutz aus. Es muss daher eindeutig geregelt werden, ob die Vertragsparteien ein Mietverhältnis auf unbestimmte Dauer oder auf bestimmte Zeit eingehen wollen. Das Nichtgewollte sollte aus Gründen der Klarstellung gestrichen werden.

§ 542 BGB unterscheidet zwischen
- Mietverhältnissen auf **unbestimmte** Zeit (Abs. 1) und
- Mietverhältnissen auf **bestimmte** Zeit (Abs. 2).

Achtung! Bei der Wohnraummiete ist der Abschluss eines Mietvertrags auf bestimmte Zeit (Zeitmietvertrag) nur unter den engen Voraussetzungen des § 575 BGB zulässig.

b) Unbefristetes Mietverhältnis

Der **Regelfall** in der Vertragspraxis ist der Mietvertrag auf unbestimmte Zeit. Hier haben die Parteien sich auf einen Anfangstermin für den Beginn des Mietverhältnisses geeinigt, ohne auch einen Endtermin festgelegt zu haben. Ein solcher Vertrag endet regelmäßig mit der Kündigung einer der beiden Vertragsparteien (§ 542 Abs. 1 BGB).

c) Zeitmietvertrag

Ein Mietverhältnis auf bestimmte Zeit ist in Betracht zu ziehen, wenn eine oder beiden Parteien für eine bestimmte Zeit an einer **Vertragskontinuität** gelegen ist. Zudem hat der Vermieter vielfach ein Interesse daran, sich an einen bestimmten Mieter nur für eine absehbare Zeit zu binden. Der Zeitmietvertrag endet regelmäßig mit Ablauf der vertraglich vereinbarten Mietzeit, sofern er nicht verlängert oder aber außerordentlich gekündigt wird (§ 542 Abs. 2 BGB).

d) Kündigungsausschluss

Eine weitere Möglichkeit zur Regelung der Mietdauer liegt in der Vereinbarung eines befristeten **Ausschlusses der ordentlichen Kündigung**. Der BGH hat dies grundsätzlich als zulässig erachtet (Grdl. BGH NZM 2004, 216 = WuM 2004, 157 = ZMR 2004, 251; zuletzt BGH WuM 2014, 148), und zwar auch in Gestalt einer Formularvereinbarung, sofern die Laufzeit vier Jahre nicht überschreitet (BGH WuM 2005, 346 = ZMR 2005, 443).

Unzulässig sind nach § 575 Abs. 4 BGB jedoch alle Abreden, nach denen das Mietverhältnis außerhalb der Fallgruppen des § 575 Abs. 1 S. 1 BGB allein durch Zeitablauf endet (ausf. dazu *Hinz* WuM 2009, 79, 81). Das sind namentlich befristete Mietverhältnisse ohne Befristungsgrund, so auch **einfache Zeitmietverträge** (Beispiel: »Das Mietverhältnis endet am 30.06.2008.« oder »Das Mietverhältnis wird auf die Dauer von fünf Jahren fest abgeschlossen.«). Gemäß § 575 Abs. 1 S. 2 BGB gelten solche Mietverhältnisse als auf unbestimmte Zeit abgeschlossen und können sonach mit gesetzlicher Frist (§ 573c BGB) gekündigt werden. Gleiches gilt für sog. **Kettenmietverträge**, d.h. zu Beginn des Mietverhältnisses abgeschlossene mehrfach hintereinandergeschaltete befristete Verträge (Schmidt-Futterer/*Blank* § 575 Rn. 75; *Hinz* WuM 2009, 79, 81). Hier endet schon der erste Vertrag der »Kette« nach dem Vertragswortlaut durch Zeitablauf und gilt mithin als auf unbestimmte Zeit abgeschlossen. Möglich ist die Vereinbarung einfacher Befristungen indes bei den »ungeschützten« Mietverhältnissen nach § 549 Abs. 2 und 3 BGB.

53 **Achtung:** Wird das ordentliche Kündigungsrecht des Vermieters durch Kündigungsverzichtsvereinbarung für länger als ein Jahr ausgeschlossen, ist die **Schriftform** gemäß § 550 BGB zu beachten (BGH WuM 2007, 272 = ZMR 2007, 531; ZMR 2008, 883).

54 Kommt der Schriftform neben dem Schutz des Grundstückserwerbers auch eine Beweis- und Warnfunktion zu, dürfte sie auch beim einseitigen **Kündigungsverzicht des Mieters** einschlägig sein (FachanwK-Mietrecht/*Schmidt* § 550 Rn. 4; a.A. Blank/Börstinghaus/*Blank* § 550 Rn. 16), sofern dieser überhaupt zulässig ist (s. dazu Teil 1 Rdn. 65, 66).

e) Auslegung unzulässiger Zeitmietabrede als Kündigungsverzichtsvereinbarung

55 Schließen die Parteien einen befristeten Wohnraummietvertrag, ohne die Voraussetzungen des § 575 Abs. 1 S. 1 BGB zu beachten, so kann dem Bindungswillen der Parteien dadurch Rechnung getragen werden kann, dass im Wege der **ergänzenden Vertragsauslegung** (§§ 133, 157 BGB) an die Stelle der unwirksamen Befristung ein beiderseitiger Kündigungsverzicht tritt (BGH NZM 2013, 646 = ZMR 2013, 952 mit Anm. *Niebling*). Dies kommt insbesondere in Betracht, wenn die Initiative zum Abschluss eines langfristigen Zeitmietvertrags vom Mieter ausgegangen ist, weil dieser im Hinblick auf die geplanten **Investitionen** in das Mietobjekt offensichtlich auf eine lange Mietzeit vertraut hat (BGH a.a.O.). Aber auch wenn sich die Parteien aus anderen Gründen binden wollen und die von ihnen gewählte Zeitabrede keine Wirksamkeit erlangt hat, kann diese als wechselseitiger Kündigungsausschluss interpretiert werden (BGH WuM 2014, 148).

56 Allerdings wird eine ergänzende Auslegung fehlgeschlagener **Formularzeitmietabreden** im Sinne eines befristeten Kündigungsausschluss wohl meist nicht in Betracht kommen. Voraussetzung dafür wäre, dass sich die Vertragslücke nicht durch dispositives Gesetzesrecht füllen ließe und dies zu einem Ergebnis führt, das den beiderseitigen Interessen nicht mehr gerecht wird, sondern das Vertragsgefüge völlig einseitig zugunsten des Mieters verschieben würde (vgl. nur BGH NJW 2014, 1877, 1878). Daran wird es im Zweifel fehlen, zumal der Vermieter es in der Hand hat, auf eine wirksame Befristung des Vertrags hinzuwirken (zur Problematik auch *Hinz* ZMR 2014, 501, 502 f.). Demgemäß tritt an die Stelle der unwirksamen Klausel die gesetzliche Regelung (§ 306 Abs. 2 BGB).

aa) Mietverhältnis auf unbestimmte Zeit

57 **Mietzeit**

Das Mietverhältnis beginnt am 01.11.2015 . **1**

1. Das Mietverhältnis läuft auf unbestimmte Zeit und endet mit Ablauf des Monats, zu dem der Vermieter oder der Mieter die Kündigung unter Einhaltung einer Frist von 3 Monaten ausspricht.

Für den Vermieter verlängert sich die Kündigungsfrist **2**

auf   6 Monate,

wenn seit der Überlassung des Wohnraums mehr als 5 Jahre verstrichen sind,

auf   9 Monate,

wenn seit der Überlassung des Wohnraums mehr als 8 Jahre verstrichen sind.

Die ordentliche Kündigung ist jedoch für beide Parteien frühestens zum ___31.10.2018___ zulässig. Die Möglichkeit zur außerordentlichen Kündigung bleibt unberührt (die ordentliche Kündigung kann höchstens für den Zeitraum von 4 Jahren ausgeschlossen werden. Maßgebend für die Berechnung der Frist ist das Datum des Vertragsabschlusses und nicht der Mietbeginn). ³

Für die Rechtzeitigkeit der Kündigung kommt es auf den Zugang des Kündigungsschreibens an. Die Kündigung des Mietverhältnisses bedarf der schriftlichen Form.

Erfolgt die Kündigung bis zum 3. Werktag des Kalendermonats, wird dieser Monat auf die Kündigungsfrist angerechnet.

Hinsichtlich des Kündigungsrechts des Vermieters gelten im Übrigen die gesetzlichen Bestimmungen.

Das Vorstehende gilt nicht, sofern Ziffer 2 ausgefüllt ist.

2. Das Mietverhältnis läuft auf bestimmte Zeit und endet am _____, ohne dass es einer Kündigung bedarf, nur wenn der Vermieter

a) die Räume für sich, seine Familienangehörigen oder Angehörige seines Haushalts nutzen will oder

b) in zulässiger Weise die Räume beseitigen oder so wesentlich verändern oder instand setzen will, dass die Maßnahmen durch eine Fortsetzung des Mietverhältnisses erheblich erschwert würden, oder

c) die Räume an einen zur Dienstleistung Verpflichteten vermieten will.

Grund der Befristung ist: [genau und umfassend angeben]

Der Mieter kann vom Vermieter frühestens vier Monate vor Ablauf der Befristung verlangen, dass dieser ihm binnen eines Monats mitteilt, ob der Befristungsgrund noch besteht. Erfolgt die Mitteilung später, so kann der Mieter eine Verlängerung des Mietverhältnisses um den Zeitraum der Verspätung verlangen.

Tritt der Grund der Befristung erst später ein, so kann der Mieter eine Verlängerung des Mietverhältnisses um einen entsprechenden Zeitraum verlangen. Entfällt der Grund, so kann der Mieter eine Verlängerung auf unbestimmte Zeit verlangen.

3. Setzt der Mieter den Gebrauch der Mietsache nach Ablauf der Mietzeit fort, so gilt das Mietverhältnis nicht als verlängert.

§ 545 BGB findet somit keine Anwendung. Fortsetzung oder Erneuerung des Mietverhältnisses nach seinem Ablauf müssen vereinbart werden.

Erläuterungen

1. Mietbeginn. Eine nur unbestimmte **Zeitangabe** für den Beginn des Mietverhältnisses ist zu vermeiden; denn das Auslegungsergebnis ist im Streitfall nicht vorhersehbar (OLG Düsseldorf DWW 1993, 197: Ist als Mietbeginn »spätestens Ende Sommer« vereinbart, so kommt der Vermieter nach dem 23. September kalendermäßig in Verzug). 58

Statt eines bestimmten Zeitpunkts für den Beginn des Mietverhältnisses kann auch der Eintritt eines Ereignisses vereinbart werden, z.B. die **Bezugsfertigkeit** oder das Freiwerden der Wohnung. Letzteres empfiehlt sich, wenn der Vermieter sich noch nicht auf einen Termin festlegen kann. Er ist in diesem Fall aber verpflichtet, alles ihm Mögliche zu tun, um den Eintritt des Ereignisses zu bewirken, z.B. einen Neubau voranzutreiben oder einen räumungsunwilligen Vormieter der Wohnung auf Räumung zu verklagen. 59

60 Der Vermieter haftet für die Rechtzeitigkeit der Übergabe und gerät ab dem vereinbarten Zeitpunkt in **Verzug**, wenn er sich zur Übergabe außerstande sieht. Der Mieter kann dann Schadensersatz verlangen und/oder gemäß § 543 Abs. 2 S. 1 Nr. 1 BGB das Mietverhältnis außerordentlich fristlos kündigen, nachdem er dem Vermieter eine angemessene Nachfrist zur Überlassung des Mietobjekts gesetzt oder das Unterbleiben der Übergabe erfolglos abgemahnt hat (§ 543 Abs. 3 BGB); s. Muster und Hinweise zu Teil 1 Rdn. 2075.

61 Ein formularmäßiger **Haftungsausschluss** oder eine Beschränkung der Haftung auf Vorsatz und grobe Fahrlässigkeit ist unzulässig (OLG Düsseldorf DWW 1993, 197; Blank/Börstinghaus/*Blank* § 543 Rn. 74).

62 Schon vor Beginn des Mietverhältnisses ist eine außerordentliche fristlose Kündigung möglich (BGH MDR 2005, 975; OLG Düsseldorf ZMR 1995, 465; a.A. Lützenkirchen/*Lützenkirchen* § 543 Rn. 176).

63 **2. Kündigungsfristen.** S. dazu die Hinweise zu Teil 1 Rdn. 1620.

64 **3. Kündigungsausschluss.** Es handelt sich um einen Ausschluss des ordentlichen Kündigungsrechts für beide Vertragsparteien. Klargestellt werden sollte, ob die Kündigung schon zum Ablauf der festen Vertragszeit oder erst nach deren Ablauf erklärt werden darf. Im Zweifel wird Ersteres gewollt sein.

65 Der BGH hat auch eine **formularvertragliche** Kündigungsausschlussvereinbarung grundsätzlich als zulässig erachtet, sofern sie eine Laufzeit von vier Jahren nicht überschreitet (BGH WuM 2005, 346; NZM 2013, 646, 647 = ZMR 2013, 952, 953). Dies gilt zumindest dann, wenn der Ausschluss **beide Vertragsparteien** betrifft (BGH WuM 2004, 542 f., 672). Darüber hinaus hat der BGH auch einen formularmäßig vereinbarten einseitigen Kündigungsausschluss zulasten des Mieters gebilligt, sofern er der Absicherung einer nach § 557a BGB zulässigen **Staffelmiete** dient (BGH WuM 2006, 152 = ZMR 2006, 270). In der Entscheidung vom 12.11.2008 erwägt der BGH, einen einseitigen **Kündigungsverzicht** des Mieters immer dann zuzulassen, wenn er durch einen **anderweitigen Vorteil** kompensiert wird (BGH NZM 2009, 153 = WuM 2009, 47).

66 **Achtung!** Im Einzelfall kann eine Beschränkung des mieterseitigen Kündigungsrechts der besonderen Vertragsgestaltung zuwiderlaufen. So hat der BGH einen formularmäßigen zweijährigen Kündigungsverzicht in einem Mietvertrag über ein **Studentenzimmer** wegen unangemessener Benachteiligung des Mieters nach § 307 Abs. 1 Satz 1 BGB für unwirksam erklärt (s. auch LG Kiel, Urt. v. 22.12.2010 – 1 S 210/10: Mietvertrag mit Auszubildenden; AG Hamburg WuM 2006, 668: möblierter Wohnraum; zur Problematik insgesamt *Hinz* ZMR 2010, 245 ff.).

67 Das Muster enthält hinsichtlich der Laufzeit eine **offene Stelle**. Gleichwohl liegt eine Allgemeine Geschäftsbedingung i.S. von § 305 Abs. 1 BGB vor, wenn der Vermieter als Verwender des Vertragsformulars dieses gegenüber einer Mehrzahl von Mietern in gleicher Weise ergänzt und den zu ergänzenden Text nicht zum Gegenstand der Verhandlungen bei Vertragsabschluss gemacht hat (BGH WuM 2010, 508, 509 f. = ZMR 2010, 935, 936; WuM 2005, 346, 347 f. = ZMR 2005, 443, 446; NZM 2003, 292). Die untere Grenze liegt bei drei bis fünf Verwendungen, wobei das Klauselrecht bereits für den ersten Verwendungsfall Geltung erlangt (BGH NJW 1998, 2286; 2002, 138).

68 Allerdings findet beim sog. Verbrauchervertrag eine Klauselkontrolle vorformulierter Vertragsbedingungen auch dann statt, wenn diese nur zur **einmaligen Verwendung** bestimmt sind, soweit der Mieter aufgrund der Vorformulierung auf ihren Inhalt keinen Einfluss nehmen konnte (§ 310 Abs. 3 Nr. 2 BGB, s. dazu *Stoffels* WuM 2011, 268, 272 f.). Beim Wohnraummietvertrag wird es sich zumeist um einen Verbrauchervertrag handeln. Der Mieter ist regelmäßig Verbraucher gemäß § 13 BGB, denn die Miete von Wohnraum erfolgt nicht zu gewerblichen oder beruflichen Zwecken. Ob die Verbrauchereigenschaft entfällt, wenn der Mieter sich bei Abschluss des Rechts-

geschäfts anwaltlich vertreten lässt, ist noch nicht abschließend geklärt (dafür *Mediger* NZM 2015, 186, 187; Lützenkirchen/*Lützenkirchen* § 535 Rn. 68 mit Hinweis auf BGH NJW 2008, 435; dagegen AG Hanau WuM 2015, 543, 544; *Hau* NZM 2015, 435, 330; *Pitz-Paal* GE 2015, 556, 557 mit Hinweis auf BGH WuM 2015, 373, 377). Der Vermieter ist Unternehmer i.S. von § 14 BGB, wenn er in Ausübung der Anlage und Verwaltung seines Vermögens seine Mietwohnungen auf dem freien Markt anbietet und somit am Wettbewerb teilnimmt (OLG Düsseldorf WuM 2003, 621, 623). Erforderlich ist ein **planmäßiger Geschäftsbetrieb**, wie z.B. die Unterhaltung eines Büros oder einer geschäftsmäßigen Organisation (vgl. BGH NJW 2002, 368, 369; OLG Düsseldorf GE 2010, 845 = MDR 2010, 858). Vereinzelt wird die Unternehmereigenschaft bereits bei der Vermietung einer einzelnen Wohnung bejaht (so *Pfeilschifter* WuM 2003, 543, 545); überwiegend wird sie jedoch verneint, wenn dem Vermieter nur wenige Wohnungen gehören (Schmidt-Futterer/*Blank* Vor § 535 Rn. 68; *Mediger* NZM 2015, 186, 187). Die Rechtsprechung lässt aber teilweise schon sechs Wohnungen genügen (so AG Köln WuM 2007, 123; AG Frankfurt/M. WuM 1998, 418; s. auch LG Görlitz WuM 2000, 542: 11 Wohnungen; AG Mülheim/Ruhr WuM 1995, 431: 13 Wohnungen). Grundsätzlich ist es Sache des Verbrauchers, zu beweisen, dass er nicht die Möglichkeit der Einflussnahme hatte (*Stoffels* WuM 2011, 268, 273). Hat der Vermieter aber – was regelmäßig der Fall ist – einen maschinell erstellten Text verwendet, kann sich der Mieter auf den **Beweis des ersten Anschein** berufen (OLG Düsseldorf WuM 2003, 621, 623; *Pfeilschifter* WuM 2003, 543, 545).

Eine **Individualvereinbarung** ist nach § 305 Abs. 1 S. 3 BGB nur dann anzunehmen, wenn der Vermieter dem Mieter bei Vertragsschluss die freie Wahl zwischen einem Kündigungsausschluss und einem unbefristeten Mietverhältnis belassen hat (vgl. OLG Rostock NZM 2010, 42, 43; *Börstinghaus* NJW 2005, 1900 f.; instr. *Kappus* NZM 2010, 529, 535 ff.). Das ist z.B. dann der Fall, wenn sich der Mieter mit dem unveränderten (Formular) Text nach gründlicher Erörterung ausdrücklich einverstanden erklärt oder der Formularvertrag den Parteien nur als Formulierungshilfe dient, die sie in ihren beiderseitigen Gestaltungswillen aufgenommen haben (BGH ZMR 1992, 292; OLG Rostock NZM 2010, 42, 43; LG Hamburg ZMR 2002, 670 f.). 69

Macht der Vermieter als Verwender des Vertragsformulars geltend, bestimmte Regelungen seien im Einzelnen ausgehandelt worden, so trifft ihn dafür die **Beweislast** (vgl. BGH NJW 1998, 2600). 70

Achtung! Wird ein formularmäßiger Ausschluss des ordentlichen Kündigungsrechts vereinbart, so sollte dieser deutlich ergeben, dass allein die ordentliche Kündigung betroffen ist. Die außerordentliche Kündigung des Mieters kann nicht ausgeschlossen werden; das gilt sowohl für die außerordentliche fristlose Kündigung aus wichtigem Grund (s. § 569 Abs. 5 BGB) als auch für die außerordentliche befristete Kündigung des Mieters (s. §§ 555e, 561 Abs. 2, 563a Abs. 3 BGB; zur Problematik Lützenkirchen/*Lützenkirchen* § 575 Rn 27). 71

bb) Zeitmietvertrag (§ 575 BGB)

Mietzeit 72

Das Mietverhältnis beginnt am 01.11.2015

1. Das Mietverhältnis läuft auf unbestimmte Zeit und endet mit Ablauf des Monats, zu dem der Vermieter oder der Mieter die Kündigung unter Einhaltung einer Frist von 3 Monaten ausspricht.

Für den Vermieter verlängert sich die Kündigungsfrist

    auf   **6 Monate,**

wenn seit der Überlassung des Wohnraums mehr als 5 Jahre verstrichen sind,

auf   9 Monate,

wenn seit der Überlassung des Wohnraums mehr als 8 Jahre verstrichen sind.

Die ordentliche Kündigung ist jedoch für beide Parteien frühestens zum _____ zulässig. Die Möglichkeit zur außerordentlichen Kündigung bleibt unberührt (die ordentliche Kündigung kann höchstens für den Zeitraum von 4 Jahren ausgeschlossen werden. Maßgebend für die Berechnung der Frist ist das Datum des Vertragsabschlusses und nicht der Mietbeginn).

Für die Rechtzeitigkeit der Kündigung kommt es auf den Zugang des Kündigungsschreibens an. Die Kündigung des Mietverhältnisses bedarf der schriftlichen Form.

Erfolgt die Kündigung bis zum 3. Werktag des Kalendermonats, wird dieser Monat auf die Kündigungsfrist angerechnet.

Hinsichtlich des Kündigungsrechts des Vermieters gelten im Übrigen die gesetzlichen Bestimmungen.

Das Vorstehende gilt nicht, sofern Ziffer 2 ausgefüllt ist.

2. Das Mietverhältnis läuft auf bestimmte Zeit und endet am [1, 2]

_31.10.2021_,

ohne dass es einer Kündigung bedarf, nur wenn der Vermieter

– die Räume für sich, seine Familienangehörigen oder Angehörige seines Haushalts nutzen will oder

– in zulässiger Weise die Räume beseitigen oder so wesentlich verändern oder instand setzen will, dass die Maßnahmen durch eine Fortsetzung des Mietverhältnisses erheblich erschwert würden, oder

– die Räume an einen zur Dienstleistung Verpflichteten vermieten will.

Grund der Befristung ist: [genau und umfassend angeben] [3]

Nach Ablauf der Mietzeit wird der Sohn des _Vermieters, Herr Falk. v. Bülow, das Mietobjekt als Wohnraum nutzen._ [4]

oder:

Nach Ablauf der Mietzeit wird das Gebäude, in dem das Mietobjekt gelegen ist, abgerissen und an gleicher Stelle ein Einkaufszentrum errichtet werden. [5]

Der Mieter kann vom Vermieter frühestens vier Monate vor Ablauf der Befristung verlangen, dass dieser ihm binnen eines Monats mitteilt, ob der Befristungsgrund noch besteht. Erfolgt die Mitteilung später, so kann der Mieter eine Verlängerung des Mietverhältnisses um den Zeitraum der Verspätung verlangen. [6]

Tritt der Grund der Befristung erst später ein, so kann der Mieter eine Verlängerung des Mietverhältnisses um einen entsprechenden Zeitraum verlangen. Entfällt der Grund, so kann der Mieter eine Verlängerung auf unbestimmte Zeit verlangen.

3. Setzt der Mieter den Gebrauch der Mietsache nach Ablauf der Mietzeit fort, so gilt das Mietverhältnis nicht als verlängert.

§ 545 BGB findet somit keine Anwendung. Fortsetzung oder Erneuerung des Mietverhältnisses nach seinem Ablauf müssen vereinbart werden. [7]

Erläuterungen

1. Qualifizierte Zeitabrede. Seit der Reform des Mietrechts ist bei der Wohnraummiete nur noch der qualifizierte Zeitmietvertrag zulässig (§ 575 Abs. 1 BGB); der einfache Zeitmietvertrag wurde abgeschafft. Erforderlich ist das Vorliegen eines der in § 575 Abs. 1 BGB genannten **Befristungsgründe**. 73

Der qualifizierte Zeitmietvertrag hat folgende Voraussetzungen: 74
- Absicht des Vermieters, die Wohnung nach Ablauf der Mietzeit zu einem der in § 575 Abs. 1 S. 2 BGB bezeichneten **Zwecke** zu verwenden, nämlich
    - Eigennutzung oder Nutzung durch Familien- oder Haushaltsangehörige,
    - wesentliche Veränderung (Abriss, Umbau, Instandsetzung), die durch Fortsetzung des Mietverhältnisses erheblich erschwert wird,
    - Vermietung an einen Dienstverpflichteten,
- Schriftliche Mitteilung dieser Absicht an den Mieter bei Vertragsschluss,
- Fortbestehen des Verwendungsinteresses bei Vertragsende.

Liegen diese Voraussetzungen vor, so kann der Mieter 75
- weder die Verlängerung des Mietverhältnisses verlangen (Ausnahmen: § 575 Abs. 2 S. 2, Abs. 3 S. 1 und 2 BGB),
- noch die Fortsetzung nach der Sozialklausel über den vertraglich bestimmten Beendigungszeitpunkt hinaus erreichen (§ 575a Abs. 2 BGB),
- noch im Falle eines Räumungsrechtsstreits nach Abschluss eines gerichtlichen Räumungsvergleichs eine über den vertraglich bestimmten Beendigungszeitpunkt hinausgehende Räumungsfrist beanspruchen (§§ 721 Abs. 7, 794a Abs. 5 S. 2 ZPO). Es erfolgt lediglich Vollstreckungsschutz nach § 765a ZPO.

2. Laufzeit. Im Schrifttum wird die Auffassung vertreten, dass bei der Wohnraummiete analog der BGH-Rechtsprechung zu Hausrats- und Unfallversicherungsverträgen jedenfalls **formularvertraglich** vereinbarte Laufzeiten von zehn und mehr Jahren unwirksam seien (Herrlein/*Kandelhard*, § 544 Rn. 19; *Kandelhard* WuM 2004, 129, 131 f.; im Ergebnis auch *Derleder* NZM 2001, 249, 255 f.). Allerdings führt der BGH im Urteil vom 22.12.2003 (WuM 2004, 157 = ZMR 2004, 251 f.) aus, dass § 575 den qualifizierten Zeitmietvertrag nunmehr (anders als § 564c Abs. 2 BGB) ohne zeitliche Beschränkung zulässt. Das könnte als Absage an die im Schrifttum erfolgten Konstruktionen einer Laufzeitbegrenzung verstanden werden. In dem Urteil vom 10.07.2013 hat der BGH immerhin einen beiderseitigen Kündigungsausschluss von 13 Jahren als unbedenklich erachtet (s. BGH NZM 2013, 646 = ZMR 2013, 952 mit Anm. *Niebling*). Die weitere Entwicklung bleibt abzuwarten. 76

Hinweis: Im Hinblick darauf, dass es sich bei Zeitabreden im Mietvertrag meist um Formularvereinbarungen handelt, bergen Laufzeiten von mehr als fünf Jahren ein gewisses Risiko. Äußerstenfalls mag der Vermieter dem Mieter eine längere Laufzeit ausdrücklich zur Verhandlung stellen. Die Einzelheiten der Verhandlung über die Vertragsdauer sollten dann im Abschnitt: Sonstige Vereinbarungen (§ 30 des Hamburger Mietvertrags für Wohnraum) sorgfältig dokumentiert werden. 77

3. Befristungsgrund. Die Verwendungsabsicht ist so genau zu bezeichnen, dass der Mieter seine Situation erkennen kann. Sie muss anhand von bestimmten Tatsachen derart **konkretisiert** werden, dass der zugrunde liegende Sachverhalt von anderen abgegrenzt werden kann. Die Wiederholung des Gesetzestextes reicht ebenso wenig wie bloße Schlagworte (AG Potsdam WuM 2004, 491; *Lützenkirchen* § 575 Rn 75 f). Der Vermieter kann mehrere Verwendungsabsichten nebeneinander oder gestaffelt angeben. 78

79 **4. Eigennutzung.** Diese erfordert keinen Eigenbedarf, bleibt also hinter diesem zurück. Auch die Nutzung als Zweitwohnung kann einen geeigneten Verwendungszweck abgeben, soweit diese Nutzung plausibel ist. Die **Bedarfsperson** muss so konkret benannt werden, dass ihre Zugehörigkeit zum privilegierten Personenkreis (§ 575 Abs. 1 S. 1 Nr. 1 BGB) erkennbar wird (AG Potsdam WuM 2004, 491; AG Düsseldorf NZM 2005, 702 f.).

80 **5. Umgestaltung.** Will der Vermieter die Räume beseitigen, sanieren/modernisieren/instand setzen, so müssen die **baulichen Maßnahmen** bauordnungsrechtlich zulässig sein. Eine Baugenehmigung braucht aber noch nicht vorzuliegen. Der Vermieter muss die geplanten Maßnahmen so genau angeben, dass der Mieter beurteilen kann, ob diese durch eine Fortsetzung des Mietverhältnisses erheblich erschwert würden und damit eine Befristung nach § 575 Abs. 1 S. 1 Nr. 2 Alt. 2 BGB rechtfertigen. Bei einem **Abriss** des Gebäudes, in dem sich die vermieteten Räume befinden, bedarf es demgegenüber keiner näheren Angaben; denn eine Beseitigung der Räume bedingt – anders als eine bloße Veränderung oder Instandsetzung – zwangsläufig den Auszug des Mieters, ohne dass es auf Einzelheiten der Baumaßnahme ankommt (BGH NZM 2007, 439 f. = WuM 2007, 319, 321 = ZMR 2007, 601, 604).

81 **Hinweis:** Liegt der bei Vertragsschluss schriftlich mitgeteilte Befristungsgrund bei Ablauf der vereinbarten Mietzeit nicht mehr vor, so ist der Vermieter nicht berechtigt, stattdessen einen anderen Befristungstatbestand geltend zu machen. Ein **Auswechseln der Befristungsgründe** ist unzulässig. Streitig ist, ob der Vermieter bei gleich bleibendem Befristungsgrund den Sachverhalt ändern darf, wenn z.B. anstelle der Tochter nunmehr sein Sohn die Wohnung nutzen will (dafür: *Lützenkirchen* § 575 Rn 66; *Kinne* in MietPrax F. 8 Rn. 445/2; dagegen: *Sternel* ZMR 2002, 1, 4; *Derleder* NZM 2001, 649, 656).

82 **6. Folgen der Zeitabrede.** Haben die Vertragsparteien eine Befristung wirksam vereinbart, so kann der Mieter vom Vermieter **frühestens vier Monate** vor Ablauf der Befristung Auskunft verlangen, ob der Befristungsgrund noch besteht (§ 575 Abs. 2 S. 1 BGB). Der Vermieter hat die Auskunft binnen eines Monats nach Zugang des Auskunftsverlangens zu erteilen.

83 Erteilt der Vermieter die Auskunft später, so kann der Mieter eine Verlängerung des Mietverhältnisses um den Zeitraum der Verspätung verlangen (§ 575 Abs. 2 S. 2 BGB). S. auch die Hinweise zu Teil 1 Rdn. 2142.

84 Erteilt der Vermieter die Auskunft fristgemäß und besteht der Befristungsgrund weiterhin, so endet das Mietverhältnis zu dem vertraglich bestimmten Zeitpunkt. Anderenfalls ist nach § 575 Abs. 3 BGB zu differenzieren:
- Soweit der Befristungsgrund **später** eintritt, kann der Mieter vom Vermieter eine Verlängerung des Mietverhältnisses um einen entsprechenden Zeitraum verlangen.
- **Entfällt** der Befristungsgrund gänzlich, kann der Mieter eine Verlängerung auf unbestimmte Zeit verlangen.

85 Die **Beweislast** für den Eintritt des Befristungsgrundes sowie für die Dauer der Verzögerung liegt beim Vermieter.

86 **Achtung!** Vergessen Sie nicht die **Streichung der Alternative:** Mietverhältnis auf unbestimmte Zeit. Anderenfalls ist aufgrund der Unklarheitsregelung gemäß § 305c Abs. 2 BGB im Zweifel von einem unbefristeten Mietvertrag auszugehen, der mit den (im Vertrag bezeichneten) gesetzlichen Fristen kündbar ist (s. LG Limburg WuM 2001, 349). Es wird allerdings auch die Ansicht vertreten, dass die Parteien mit dem Einsetzen des Endtermins im Mietvertrag klar zum Ausdruck gebracht hätten, dass ein fester Beendigungstermin gewollt sei (LG Koblenz ZMR 2001, 622).

4. Miete ohne Index- und Staffelmiete

§ 4 Miete [1] 87

Der Mieter zahlt dem Vermieter monatlich
als Nettomiete: EUR ___800___

als angemessene Vorauszahlung für: [2]
Betriebskosten i.S.v. § 2 Betriebskostenverordnung (BetrKV) [3, 4] EUR ___200___
Heizkosten i.S.v. § 2 BetrKV   EUR ___150___
Gesamtmiete   EUR _1.150,00_

Die Betriebskosten i.S.v. § 2 BetrKV sind im Anschluss an § 30 dieses Mietvertrags wiedergegeben [5, 6]

Als Sonstige Betriebskosten werden die Kosten der Dachrinnenreinigung, der Wartung der Rauchwarnmelder, der Feuerlöscher und der Blitzschutzanlagen umgelegt.

Erläuterungen

1. Mietstruktur. Eine gesetzliche Verpflichtung für den Mieter zur Zahlung der Betriebskosten gibt es nicht. Gemäß § 535 Abs. 1 S. 3 BGB hat der Vermieter die »auf der Mietsache ruhenden Lasten« zu tragen. Das gesetzliche Leitbild geht daher von einer Inklusivmiete (s.u.) als Mietstruktur aus. Gemäß § 556 Abs. 1 S. 1 BGB können die Vertragsparteien allerdings vereinbaren, dass der Mieter die Betriebskosten trägt. Die Vorschrift wurde neu gefasst. Der dort ursprünglich in Bezug genommene § 19 Abs. 2 WoFG ist seit dem 01.01.2007 weggefallen. Die Aufstellung der Betriebskosten findet sich seit dem 01.01.2004 in § 2 BetrKV vom 25.11.2003 (BGBl. I S. 2346 – s. dazu die Hinweise bei *Schmid* ZMR Sonderdruck 12/2003, 3 ff.; *Langenberg* NZM 2004, 44 ff.) weswegen der alte Wortlaut in doppelter Hinsicht überholt war. Inhaltliche Änderungen sind damit nicht verbunden. Die Neufassung des § 556 Abs. 1 BGB hat auch keine Auswirkung auf Mietverträge, die in der Zeit vom 01.09.2001 (Mietrechtsreform) bis zum 31.12.2006 abgeschlossen wurden und in denen zur Abwälzung der Betriebskosten auf den Mieter auf § 556 Abs. 1 BGB a.F. oder § 19 Abs. 2 WoFG a.F. verwiesen wird. Beide Bestimmungen verwiesen auf die seinerzeit noch zu erlassene BetrKV als maßgebliches Regelwerk für die umlegbaren Betriebskostenarten, die jetzt in § 556 Abs. 1 S. 3 BGB ausdrücklich benannt ist. 88

Hinweis: Über den 01.01.2007 hinaus sollte zur Vereinbarung des Betriebskostenkataloges nicht mehr auf die alten Vorschriften Bezug genommen werden. Die Abwälzung könnte als unwirksam angesehen werden, weil die gesetzlichen Vorschriften nicht mehr gelten und die Bezugnahme daher ins Leere läuft. 89

Die gesetzlich vorgeschriebene Mietstruktur ist abdingbar. Die Parteien können das Verhältnis von Grundmiete und Betriebskosten unterschiedlich ausgestalten. In der Praxis finden sich im Wesentlichen die nachfolgend aufgeführten Strukturen, wobei die Nettomiete in der Praxis üblich ist. 90

Nettomiete. Das reine Entgelt für die Raumüberlassung. Der Mieter zahlt daneben für alle in § 2 BetrKV aufgezählten Betriebskostenarten gesonderte Beträge, die entweder pauschal oder als monatliche Vorauszahlungen erhoben werden. Über die Vorauszahlungen ist jährlich abzurechnen. 91

Inklusivmiete. Der Mieter zahlt das gesamte Mietentgelt für die Überlassung der Wohnung in einem Betrag, inklusive aller Betriebskosten. 92

Teilinklusivmiete. Mindestens für eine Betriebskostenart leistet der Mieter abrechenbare Vorauszahlungen oder eine Pauschale. 93

94 **Bruttokaltmiete.** Der Mieter zahlt in einem Betrag die Grundmiete einschließlich der Betriebskosten und mit einem gesondert ausgewiesenen Betrag Vorauszahlungen auf die Heiz- und Warmwasserkosten.

95 **Hinweis:** Zumindest von der Vereinbarung einer Inklusivmiete sollte unbedingt abgesehen werden, da eine Erhöhung der in das Mietentgelt einbezogenen Betriebskosten nicht möglich ist (vgl. § 560 Abs. 1 BGB). Mit Ausnahme von Gebäuden mit nicht mehr als zwei Wohnungen, von denen eine der Vermieter selbst bewohnt (vgl. § 2 HeizkV) ist die Vereinbarung einer Inklusivmiete außerdem mit den Bestimmungen der Heizkostenverordnung nicht vereinbar. Die gesetzliche Verpflichtung zur verbrauchsabhängigen Abrechnung der Heiz- und Warmwasserkosten für den Gebäudeeigentümer geht rechtsgeschäftlichen Bestimmungen vor (BGH WuM 2006, 518 f.). Die vorrangige Anwendung der Heizkostenverordnung ist nach dieser Entscheidung auch nicht davon abhängig, dass eine Partei die verbrauchsabhängige Abrechnung erst verlangt. Mit dem Wortlaut unter § 2 HeizkV ist die rechtsgeschäftliche Gestaltungsfreiheit der Parteien vielmehr automatisch kraft Gesetzes eingeschränkt. Der Vermieter bleibt weiterhin verpflichtet, eine verbrauchsabhängige Heizkostenabrechnung zu erstellen.

96 **2. Vorauszahlungen.** Aus der Vereinbarung im Mietvertrag muss deutlich hervorgehen, dass eine Vorauszahlung und keine Pauschale gewollt ist. Unklare oder widersprüchliche Formulierungen gehen gemäß § 305c BGB zu Lasten des Verwenders des Vertragsformulars. Es sollte darauf geachtet werden, dass realistische Betriebskostenvorschüsse vereinbart werden. Nach BGH (ZMR 2004, 347) liegt bei zu niedrig angesetzten Vorauszahlungen durch den Vermieter zwar nur dann eine Pflichtverletzung vor, wenn besondere Umstände gegeben sind (vgl. dazu Hinweise Teil 1 Rdn. 1073); im Falle zu niedrig angesetzter Vorschüsse verlagert sich allerdings das Risiko des Zahlungsausfalls bei dem Mieter auf den Vermieter. Je kostendeckender die Vorauszahlung angesetzt ist, desto geringer ist außerdem das Nachforderungsverlustrisiko nach § 556 Abs. 3 S. 3 BGB (vgl. dazu Hinweise Teil 1 Rdn. 1090).

97 **3. Legaldefinition.** Betriebskosten sind nach der jetzt in § 556 Abs. 1 BGB aufgenommenen Legaldefinition die Kosten,
 – die dem Eigentümer oder Erbbauberechtigten
 – durch das Eigentum oder Erbbaurecht am Grundstück oder
 – durch den bestimmungsmäßigen Gebrauch des Gebäudes, der Nebengebäude, Anlagen, Einrichtungen und das Grundstück
 – laufend entstehen.

98 Betriebskosten müssen nach § 1 Abs. 1 S. 1 BetrKV »**laufend entstehen**«.

99 Das Entstehen setzt voraus, dass die Höhe der Kosten feststeht oder mit ihrem Entstehen sicher gerechnet werden kann. Die Kostenbelastung muss nicht jährlich anfallen (AG Köln WuM 1992, 630; Schmidt-Futterer/*Langenberg* § 556, Rn. 89 m.w.N.). Es muss sich lediglich um regelmäßig wiederkehrende Belastungen handeln, so dass jedenfalls noch ein Abstand von fünf bis sieben Jahren ausreichend ist (BGH WuM 2007, 198, 199). Auch die Öltankreinigung stellt eine umlagefähige Betriebskostenposition dar, ohne das von einem unüberschaubaren Intervall auszugehen ist (BGH NZM 2010, 79). Auch wenn die Position nur in größeren zeitlichen Abständen anfällt, ist eine Umlage im Entstehungszeitraum unschädlich (BGH a.a.O.; dazu *Drasdo* NJW-Spezial 2010, 194).

100 Zu den nicht umlagefähigen Kosten gehört die **Nutzerwechselgebühr** (BGH WuM 2008, 85 f.). Unter der Nutzerwechselgebühr sind die durch den Auszug eines Mieters innerhalb der laufenden Abrechnungsperiode veranlassten Kosten der Zwischenablesung verbrauchserfassender Geräte und die ggf. anfallenden Kosten der Bearbeitung des Nutzerwechsels zu verstehen. Bei dieser Gebühr sind die tatbestandlichen Voraussetzungen der »laufenden Kosten« nicht erfüllt. Die Nutzerwechselgebühr fällt nicht in wiederkehrenden, periodischen Zeiträumen an, sondern im Laufe eines Mietverhältnisses lediglich einmalig im Zusammenhang mit dem Auszug des Mieters. Die Kosten können aber mittels (formular-)vertraglicher Vereinbarung auf den Wohnraummieter ab-

A. Die Ausfüllung von Mietvertragsformularen

gewälzt werden (str. AG Frankfurt a.M. Urteil vom 29.11.2012 – 381 C 2388/12; AG HH-Harburg Urteil vom 01.07.20011 – 641 C 391/10; FA MietR/WEG/*Schmid* Kap. 5, Rn. 675).

Eigenleistungen. Als Ausnahme zu dem tatsächlichen Entstehen der Kosten gilt nach § 1 Abs. 1 S. 2 BetrKV, dass Sach- und Abeitsleistungen des Eigentümers, durch die Betriebskosten erspart werden, mit dem Betrag angesetzt werden dürfen, der für eine gleichwertige Leistung eines Dritten, insbesondere eines Unternehmers, angesetzt werden könnte. Dieser jedoch ohne Umsatzsteuer. Der BGH hat dazu entschieden, dass ein Eigentümer seine Eigenleistungen (dort für Gartenpflege und Hauswart) als fiktive Kosten in Höhe der Nettokosten einer vergleichbaren Unternehmerleistung ansetzen darf (BGH NZM 2013, 120). Der Nachweis ist durch das Angebot eines Drittunternehmers mit Leistungsbeschreibung zu erbringen. 101

Der **konkrete Nutzen** für einen Mieter an den Betriebskosten stellt keine Umlagevoraussetzung dar. So können beispielsweise die **Kosten der Gartenpflege** nach § 2 Nr. 10 BetrKV auch dann auf den Mieter umgelegt werden, wenn dieser nach dem Mietvertrag nicht berechtigt ist, den Garten zu nutzen und auch eine praktische Nutzungsmöglichkeit für ihn ausscheidet (BGH WuM 2004, 399). Etwas anderes soll nach der zitierten Entscheidung nur dann gelten, wenn eine bestimmte Gartenfläche dem Vermieter oder anderen Mietern zur alleinigen Nutzung überlassen ist. Eine Umlage kommt auch nicht in Betracht, wenn die Pflicht zur Gartenpflege individualvertraglich auf den Mieter umgelegt ist (BGH NZM 2009, 27). Auch die Umlage von **Aufzugskosten** auf einen Erdgeschossmieter stellt unabhängig vom konkreten Nutzen des Fahrstuhls für den Erdgeschossmieter keine unangemessene Benachteiligung für den Mieter i.S. von § 307 Abs. 1 S. 1 BGB dar (BGH WuM 2006, 613 ff.). Etwas anderes gilt, wenn der Aufzug den Mietern eines Gebäudes in dem Sinne nicht zur Verfügung steht, dass von dem Auszug aus kein Zugang zu den Wohnungen besteht (Aufzug im Vorderhaus BGH NZM 2009, 478). 102

4. Abgrenzungsfragen. Nicht zu den Betriebskosten gehören (vgl. § 1 Abs. 2 BetrKV): 103
– Verwaltungskosten,
– Instandhaltungs- und Instandsetzungskosten.

4.1 Instandhaltungs- und Instandsetzungskosten sind Kosten, die während der Nutzungsdauer zur Erhaltung des bestimmungsmäßigen Gebrauchs aufgewendet werden müssen, um die durch Abnutzung, Alterung und Witterungseinwirkung entstehenden baulichen oder sonstigen Mängel ordnungsgemäß zu beseitigen (§ 1 Abs. 2 Nr. 2 BetrKV). Die Vorschrift enthält jetzt eine gemeinsame Definition für den Begriff der Instandhaltungs- und Instandsetzungskosten. Es handelt sich weitgehend um inhaltsgleiche Begriffe. Eine Änderung der Rechtslage ist damit nicht verbunden. Die Begriffsbestimmung in § 1 Abs. 1 BetrKV soll nach der Begründung des Verordnungsgebers den Begriffsbestimmungen der vorherigen Regelung nach §§ 26 und 28 II. BV entsprechen (Begr.: BetrKV BR-DR 568/03, S. 29, zu § 1 Abs. 2 BetrKV). Die Abgrenzung zu den umlagefähigen Betriebskosten spielt eine wesentliche Rolle für die Frage, inwieweit *Sonstige Betriebskosten* **i.S. des § 2 Nr. 17 BetrKV** vorliegen, aber auch für den Abzug nicht umlagefähiger Leistungen etwa bei den Kostenarten Hauswart und Personen- oder Lastenaufzug. 104

Die Kosten der **Dachrinnenreinigung** sind nach Auffassung des BGH (ZMR 2004, 430, 431; WuM 2004, 292) als sonstige Betriebskosten zu bewerten, wenn die Arbeiten in regelmäßigen Abständen durchgeführt werden müssen, etwa weil das Gebäude von einem hohen Baumbestand umgeben ist. Dagegen soll es sich um Instandsetzungskosten handeln, wenn eine bereits eingetretene Verstopfung beseitigt werden soll. 105

Auch die Kosten für die Prüfung von Elektroanlagen, Gasgeräten, brandschutztechnischen Einrichtungen sowie weiterer installierter Haustechnik stellen Betriebskosten i.S. von § 2 Nr. 17 BetrKV dar und können auf den Mieter umgelegt werden (BGH WuM 2007, 198 f.). Es handelt sich um wiederkehrende Kosten aus vorbeugenden Maßnahmen, die dem Vermieter zur Überprüfung der Funktionsfähigkeit oder Betriebssicherheit einer technischen Anlage entstehen und nicht der Beseitigung von Mängeln dienen. Instandsetzungs- und Instandhaltungskosten betreffen nach den genannten Entscheidungen Mängel an der Substanz der Immobilie oder ihrer Teile. Vorbeu- 106

Wolbers

gende Arbeiten, die vordergründig nur der Unterstützung der Mietnutzung dienen, fallen nicht mehr unter diese Definition (vgl. zur Abgrenzung auch *Derckx* NZM 2005, 807 ff.; ZMR 2005, 86).

107 *4.2* Zu den nicht umlagefähigen **Verwaltungskosten** zählen auch die mit der Verwaltung zusammenhängenden Sachkosten, wie etwa die Erstellung der Lohnkostenabrechnung für den Hausmeister (LG Kiel WuM 1996, 632). Die Kosten eines Pförtner- und Sicherungsdienstes sollen dagegen bei entsprechend dargelegtem Bedarf als Sonstige Betriebskosten i.S.v. § 2 Nr. 17 BetrKV umlagefähig sein und insoweit nicht zu den Verwaltungskosten zählen (BGH WuM 2005, 336).

108 Bei **Gewerbemietverhältnissen** soll die Umlage einer Position Verwaltungskosten auch ohne Kostenbegrenzung weder überraschend i.S.v. § 305c Abs. 1 BGB sein noch gegen das Transparenzgebot gemäß § 307 Abs. 1 S. 2 BGB verstoßen (BGH ZMR 2010, 351; NJW-RR 2010, 739). S. dazu Hinweise unter Teil 1 Rdn. 195.

109 **5. Betriebskostenarten.** Die einzelnen Betriebskostenarten ergeben sich aus § 2 Nr 1–17 BetrKV. Die Aufzählung ist für Wohnraummietverhältnisse **abschließend**. Die gesonderte Abwälzung anderer Bewirtschaftungskosten und Lasten (z.B. Verwaltungskosten) ist bei Mietverhältnissen über Wohnraum nicht zulässig. Daran ändert der Auffangtatbestand nach § 2 Nr. 17 BetrKV nichts. Dies ergibt sich aus der Bezugnahme in Nr. 17 auf § 1 BetrKV. Die Bezugnahme weist darauf hin, dass es sich auch bei den sonstigen Betriebskosten um Kosten handeln muss, die der dort enthaltenen Definition entsprechen und nicht unter die Ausnahmetatbestände in § 1 Abs. 2 Nr. 1 und 2 BetrKV fallen dürfen.

Der Katalog in § 2 BetrKV enthält im Vergleich zu der Vorgängerregelung (Anlage 3 zu § 27 Abs. 1 II BV) neue Betriebskostenarten wie folgt:
– Müllkompressoren, Müllschlucker, Müllabsauganlagen, Müllmengenerfassungsanlagen sowie die Kosten der Berechnung und Aufteilung der bei der Müllmengenerfassung anfallenden Kosten,
– Elementarschadenversicherung,
– Gebühren für die Kabelerweiterung nach dem Urheberrechtsgesetz,
– Wartung von Gaseinzelfeuerstätten,
– Eichkosten.

Maßgeblich ist die bei Vertragsabschluss zugrunde gelegte Fassung auch dann, wenn der Katalog im Laufe der Zeit erweitert worden ist. Nimmt der Mietvertrag daher noch Bezug auf die alte Fassung der Anlage 3 zu § 27 II.BV, bleiben nur die darin aufgeführtenBetriebskostenpositionen umlagefähig (BGH NZM 2006, 595 für die Umlegung von Wärmelieferungskosten auf den Mieter).

110 **6. Umlagevereinbarung.** Aus der Umlagevereinbarung muss sich klar und eindeutig ergeben, welche Betriebskostenarten der Mieter neben der Grundmiete zu tragen hat (BGH NZM 2012, 608). Die Vereinbarung muss dem schuldrechtlichen Bestimmtheitsgrundsatz entsprechen und die nach dem Willen der Parteien abrechnungsfähigen Betriebskosten inhaltlich konkretisieren oder zumindest eindeutig bestimmbar bezeichnen. Die Kostenarten, die nicht ausdrücklich im Vertrag benannt sind, sind im Zweifel mit der Miete abgegolten und nicht gesondert umlegbar. Widersprüchliche oder unklare Formulierungen bei vorformulierten Klauseln können zur Unwirksamkeit der Vereinbarung führen. Nach BGH (ZMR 2004, 430, 432 = WuM 2004, 290, 291; NZM 2012, 608) reicht die Bezugnahme auf § 2 BetrKV für eine wirksame Umlagevereinbarung aus. Dies gilt auch dann, wenn der Text des § 2 BetrKV dem Mietvertrag nicht beigefügt ist (ebenso für preisgebundenen Wohnraum vgl. BGH NJW 2010, 1198). Der BGH stellt darauf ab, dass der Mieter hinreichend Klarheit darüber gewinnt, welche Kosten auf ihn zukommen können, weil Art und Umfang der Betriebskosten dort im Einzelnen aufgeführt sind. Etwas anderes gilt für die Sonstigen Betriebskosten nach § 2 Nr. 17 BetrKV (Beispiele bei Schmidt-Futterer/ *Langenberg* § 556 Rn. 210 ff.). Diese sind nur dann wirksam vereinbart und damit umlagefähig,

wenn sie im Vertrag im Einzelnen genau bezeichnet sind (BGH ZMR 2004, 430 = WuM 2004, 290).

Ob allein durch die Verwendung des Begriffs »Betriebskosten« eine wirksame Umlagevereinbarung zu Stande kommt wird offengelassen. Unter Berücksichtigung des Transparenzgebotes (§ 307 Abs. 1 S. 2 BGB) wird jedenfalls in der Literatur die Auffassung vertreten, dass letztlich der EUGH über die Wirksamkeit der Bezugnahme entscheiden wird (*Heinrichs* NZM 2003, 612; *Hinz* ZMR 2003, 77, 79). Um Risiken zu vermeiden, sollten die einzelnen Betriebskostenarten daher entweder in den Vertragstext selbst oder als Anlage zum Mietvertrag aufgenommen werden.

6.1 Bei vermieteten **Eigentumswohnungen** gilt nichts anderes. Bezieht sich der Mietvertrag nur pauschal auf Beschlüsse der Eigentümergemeinschaft oder auf die Verwalterabrechnung des WEG-Verwalters, liegt mangels der erforderlichen Bestimmtheit keine wirksame Betriebskostenumlagevereinbarung vor (vgl. OLG Düsseldorf ZMR 2003, 109; ausführlich *Drasdo*, ZMR 2008, 421 ff.). 111

6.2 **Schlüssige Umlagevereinbarung.** Siehe dazu ausführlich die Hinweise unter Teil 1 Rdn. 1123. 112

5. Staffelmiete

Staffelmiete 113
(nur für preisfreien Wohnraum)

Die in § 4 vereinbarte Nettomiete erhöht sich frühestens nach Ablauf jeweils eines Jahres, und zwar [1]

ab 01.11.2016 [2]	auf € 824,00	ab	auf €
ab 01.11.2017 [3]	auf € 849,00	ab	auf €
ab 01.11.2018 [4]	auf € 875,00	ab	auf €
ab 01.11.2019	auf € 901,00	ab	auf €
ab 01.11.2020	auf € 928,00	ab	auf €

Während der Laufzeit der Staffelmiete sind keine weiteren gesetzlichen Mieterhöhungen zulässig, ausgenommen Erhöhungen der Betriebskosten. [5]

Erläuterungen

1. Begriff/Form. *1.1* Bei der Staffelmiete wird die Miete »für bestimmte Zeiträume in unterschiedlicher Höhe schriftlich vereinbart« (§ 557a Abs. 1, 1. HS. BGB). Hierfür ist es ausreichend, dass sich die Miete während des vereinbarten Zeitraums lediglich einmal erhöht (BGH NZM 2006, 12, 14). 114

1.2 Die Vereinbarung einer Staffelmiete unterliegt unabhängig vom Formerfordernis des § 550 BGB **stets der Schriftform** gemäß § 126 BGB. Wird diese nicht beachtet, ist die Staffelmietvereinbarung nichtig. 115

2. Kündigungsausschluss. Die zeitliche Beschränkung einer Staffelmietvereinbarung ist in § 557a BGB nicht vorgesehen. Der Mieter kann das Mietverhältnis allerdings zum Ablauf von vier Jahren kündigen. Gemäß § 557a Abs. 3 BGB n.F. kann das Kündigungsrecht des Mieters **höchstens für vier Jahre** nach Abschluss der Staffelmietvereinbarung ausgeschlossen werden. Auch ein formularmäßiger einseitiger Kündigungsverzicht des Mieters ist im Zusammenhang mit einer 116

Staffelmietvereinbarung wirksam (BGH WuM 2006, 97 = ZMR 2006, 262; WuM 2009, 45 = ZMR 2009, 189). Überschreitet die formularmäßig vereinbarte Laufzeit das Limit von vier Jahren, so führt dies nach der Entscheidung des BGH vom 25.01.2006 (WuM 2006, 152 = ZMR 2006, 270) zur Unwirksamkeit der gesamten Klausel; eine Aufteilung in einen wirksamen und einen unwirksamen Teil kommt im Hinblick auf das Verbot der geltungserhaltenden Reduktion nicht in Betracht. Zum Kündigungsausschluss s. die Hinweise zu Teil 1 Rdn. 51.

117 **Achtung!** Die gesetzliche Höchstfrist von vier Jahren seit Abschluss des Staffelmietvertrags ist auch dann maßgebend, wenn ihr Ende auf einen Kalendertag vor dem Ende eines Monats fällt (BGH NZM 2006, 579 = WuM 2006, 383). Das hat zur Folge, dass der Vermieter angesichts der stets zum Monatsende ablaufenden Kündigungsfrist (vgl. § 573c Abs. 1 Satz 1 BGB) die Höchstfrist des § 557a Abs. 3 Satz 1 BGB nicht voll ausschöpfen kann, sondern in der entsprechenden Klausel des Mietvertrags mit dem Mieter vereinbaren muss, dass die Frist mit dem letzten Tag des vorausgehenden Monats endet.

118 **3. Geldbeträge.** Die Vereinbarung muss die jeweilige Miete oder die jeweilige Erhöhung in einem Geldbetrag ausweisen (§ 557a Abs. 2 BGB). Das bedeutet, dass die Erhöhung jeweils in einem bestimmten Euro-Betrag angegeben werden muss; die Vereinbarung von Steigerungsquoten (»Die Miete steigt ab ... um ... %«) ist unzulässig (BGH NZM 2012, 416 = ZMR 2012, 525; OLG Braunschweig NJW-RR 1986, 91).

119 **4. Mindestdauer der Staffeln.** Erforderlich ist weiterhin für die jeweiligen Staffeln eine Mindestdauer von einem Jahr (§ 557a Abs. 2 S. 1 BGB). Unterschreitet eine Staffel diese Mindestfrist, ist die Staffelmietvereinbarung **insgesamt unwirksam** (LG Berlin GE 2006, 453; 2000, 345; NZM 2002, 941; Anm. *Bottenberg* zu LG Hamburg ZMR 1999, 339). In diesem Fall ist die erste vereinbarte Mietstaffel maßgebend. In Einzelfällen kann es dem Mieter nach Treu und Glauben verwehrt sein, sich auf die Unwirksamkeit einer Staffelmietvereinbarung wegen eines Verstoßes gegen die Jahresfrist (§ 557a Abs. 2 S. 1, Abs. 4 BGB) zu berufen (LG Berlin GE 2006, 453 mit Hinweisverfügung BGH; Anm. *Bottenberg* zu LG Hamburg ZMR 1999, 339; zur Problematik auch Schmidt-Futterer/*Börstinghaus* § 557a Rn. 45).

120 Die Geltungsdauer der einzelnen Mietstaffeln muss nicht gleich lang bemessen sein. Jede Staffel muss aber die Voraussetzungen des § 557a Abs. 2 S. 1 BGB erfüllen.

121 **5. Andere Mieterhöhungen/Grenzen.**

122 Während der Laufzeit einer Staffelmietvereinbarung ist eine Erhöhung der Miete über §§ 558 bis 559b BGB ausgeschlossen. Die **Anpassung der Betriebskosten** (Pauschale und Vorauszahlung) nach § 560 BGB ist möglich.

123 Befindet sich die Wohnung im Einzugsbereich einer **Mietpreisbegrenzungsverordnung**, gelten die preisdämpfenden Vorschriften der §§ 556d bis 556g BGB nach § 557a Abs. 4 S. 1 BGB für jede einzelne Mietstaffel. Allerdings kommt dem Vermieter ein Bestandsschutz insoweit zugute, als ihm die Höhe der jeweils vorausgegangenen Mietstaffel verbleibt (s. § 557a Abs. 4 S. 3 BGB). Im Übrigen gilt das Vormietenprivileg des § 556e Abs. 1 BGB für die erste Mietstaffel.

Bei den weiteren Staffeln ist für die 110 %- Grenze des § 556d Abs. 1 BGB nicht auf den Zeitpunkt des Mietbeginns oder des Vertragsabschlusses, sondern auf den **Zeitpunkt der Fälligkeit** abzustellen. Das bedeutet, dass der Vermieter jede einzelne Staffel mit der zum Zeitpunkt ihres Wirksamwerdens höchstzulässigen Miete vergleichen muss (*Flatow* WuM 2015, 191, 202).

Im Übrigen gelten auch bei der Staffelmiete die Grenzen der §§ 5 WiStG, 291 StGB. Überschreitet nur eine Staffel die 20 %-Grenze des **§ 5 WiStG**, ist nur diese unwirksam; die übrigen, auch die folgenden Staffeln, bleiben unberührt. Jede Staffel ist gesondert im Hinblick auf die ortsübliche Vergleichsmiete und ihren Anfangstermin zu bewerten (OLG Hamburg WuM 2000, 111 = ZMR 2000, 216 = GE 2000, 277). Zu § 5 WiStG s. Teil 1 Rdn. 1450.

124 Zu § 291 StGB s. Teil 1 Rdn. 1451.

Die Vorschriften über die Staffelmiete in § 557a Abs. 1 bis 3 BGB sind **zwingend**; zum Nachteil des Mieters abweichende Vereinbarungen sind gemäß 557a Abs. 4 BGB unwirksam.

6. Indexmiete

Indexmiete
(Die nachstehende Klausel gilt nur für preisfreien Wohnraum und wenn sie ausgefüllt ist)

1. Die Parteien vereinbaren, dass die Miete durch den vom Statistischen Bundesamt ermittelten Verbraucherpreisindex für Deutschland bestimmt wird. Eine erste Änderung der Miete kann frühestens nach Ablauf eines Jahres, mithin zum 01.11.2016 vorgenommen werden. [1]

2. Jede Partei kann eine Anpassung der Nettomiete im gleichen prozentualen Verhältnis vornehmen, wie sich der vom Statistischen Bundesamt ermittelte Verbraucherpreisindex für Deutschland gegenüber der für den Monat des Beginns des Mietverhältnisses maßgeblichen bzw. der der jeweils letzten Mietänderung zugrunde gelegten Indexzahl verändert hat. Dabei ist zu beachten, dass die Miete, abgesehen von Erhöhungen nach den §§ 559 bis 560 BGB, bei weiteren Anpassungen mindestens ein Jahr unverändert bleiben muss. Die Anpassung der Miete aufgrund dieser Vereinbarung muss durch Erklärung in Textform geltend gemacht werden. In der Erklärung sind die eingetretene Änderung des Preisindexes sowie die jeweilige Miete oder der Änderungsbetrag anzugeben. Die geänderte Miete ist mit Beginn des übernächsten Monats nach dem Zugang der Erklärung zu entrichten. [2]

3. Bei Vereinbarung der Indexmiete sind Erhöhungen nach § 558 BGB ausgeschlossen. Eine Erhöhung nach § 559 BGB kann nur verlangt werden, wenn der Vermieter bauliche Maßnahmen aufgrund von Umständen durchgeführt hat, die er nicht zu vertreten hat. [3]

Erläuterungen

1. Begriff/Besonderheiten. Eine Indexmiete liegt vor, wenn die Vertragsparteien schriftlich vereinbaren, dass die Miete durch den vom **Statistischen Bundesamt** ermittelten Preisindex für die Lebenshaltungskosten aller privaten Haushalte in Deutschland bestimmt wird (§ 557b Abs. 1 BGB). Dies ist seit 2003 der Verbraucherpreisindex für Deutschland (VPI); die übrigen Verbraucherindices werden seit 2003 ohnehin nicht mehr von dem Statistischen Bundesamt ermittelt (s. zum Ganzen Schmidt-Futterer/*Börstinghaus*, § 557b Rn 12, 14).

Die Mindestlaufzeit von zehn Jahren wurde durch das MRRG abgeschafft. Indexmieten können somit auch im Rahmen von Mietverträgen auf unbestimmte Zeit oder mit kurzer Laufzeit vereinbart werden. Für Gewerberaummietverhältnisse gilt § 4 Preisklauselverordnung fort; s. dazu die Hinweise zu Teil 1 Rdn. 246.

Die Bestimmung des § 557a Abs. 3 BGB, nach der das **Kündigungsrecht** des Mieters höchstens für vier Jahre ausgeschlossen werden kann, findet bei der Indexmiete keine analoge Anwendung (Schmidt-Futterer/*Börstinghaus* § 557b Rn. 51).

2. Vereinbarung.

Erforderlich ist, dass die Vertragsparteien vereinbaren,
– welches Jahr für die Entwicklung des Mietpreises als Basisjahr dienen soll,
– in welchem **prozentualen Verhältnis** sich die Änderungen des Lebenshaltungskostenindexes auf die Miete auswirken sollen.

132 In aller Regel wird eine Änderung der Miete um den gleichen Prozentsatz vereinbart; s. Vertragsmuster.

133 Die Vereinbarung der Indexmiete hat zur Folge, dass beide Parteien einen **Anspruch auf Anpassung** der Miete für den Fall haben, dass sich der Preisindex für die Lebenshaltung aller privaten Haushalte in Deutschland ändert. Dem Vermieter steht somit ein Erhöhungsanspruch zu, wenn sich der Lebenshaltungskostenindex erhöht; dem Mieter steht ein Anspruch auf Senkung der Miete zu, wenn der Lebenshaltungskostenindex fällt. Die Anpassung erfolgt nicht automatisch. Die Partei, die eine Anpassung erstrebt, muss diese durch **Erklärung in Textform** geltend machen. Zur Erhöhungserklärung s. dazu die Hinweise zu Teil 1 Rdn. 1445.

134 **3. Andere Mieterhöhungen/Grenzen.**

135 Während der Laufzeit einer Indexmiete sind Mieterhöhungen nach § 558 BGB generell ausgeschlossen (vgl. § 557b Abs. 2 BGB). **Erhöhungen** nach § 559 BGB kann der Vermieter nur verlangen, soweit er bauliche Maßnahmen aufgrund von Umständen durchgeführt hat, die er nicht zu vertreten hat. Anpassungen von Betriebskosten können unter den Voraussetzungen des § 560 BGB jederzeit erfolgen.

136 Gemäß § 557b Abs. 2 S. 1 BGB muss die Miete – abgesehen von Erhöhungen nach § 559 ff. und § 560 BGB – für ein Jahr unverändert bleiben.

137 Die **mietpreisbegrenzenden Vorschriften** der §§ 556d bis 556g BGB gelten nach § 557b Abs. 4 BGB allein für die Ausgangsmiete; die weitere Preisentwicklung vollzieht sich allein nach dem Verbraucherpreisindex. Allerdings gelten auch bei der Indexmiete die Grenzen der §§ 5 WiStG, 291 StGB für jede geltend gemachte Mieterhöhung.

7. Mietsicherheit

138 **§ 12 Mietsicherheit**

1. Der Mieter leistet bei Abschluss des Mietvertrags eine Mietsicherheit in Höhe von 2.400,00 EUR, höchstens jedoch in der Höhe der dreifachen Monatsmiete. Als Vorauszahlung ausgewiesene Betriebskosten bleiben unberücksichtigt. Ist als Sicherheit eine Geldsumme bereitzustellen, so ist der Mieter zu drei gleichen monatlichen Teilzahlungen berechtigt. Die erste Teilzahlung ist zu Beginn des Mietverhältnisses fällig. [1, 2, 3]

2. Der Vermieter hat eine ihm als Sicherheit überlassene Geldsumme bei einem Kreditinstitut zu dem für Spareinlagen mit dreimonatiger Kündigungsfrist üblichen Zinssatz anzulegen. Die Anlage muss vom Vermögen des Vermieters getrennt erfolgen. Die Erträge stehen dem Mieter zu. Sie erhöhen die Sicherheit. [4]

3. Der Vermieter gibt dem Mieter nach Beendigung des Mietverhältnisses innerhalb angemessener Frist nach Räumung und Rückgabe der Wohnung die Mietsicherheit nebst Zinsen zurück, soweit gegen ihn keine Ansprüche aus dem Mietverhältnis bestehen oder zu erwarten sind.

4. Im öffentlich geförderten Wohnraum ist die Mietsicherheit nur dazu bestimmt, Ansprüche des Vermieters gegen den Mieter aus Schäden an der Wohnung oder unterlassenen Schönheitsreparaturen zu sichern. [5]

Erläuterungen

139 **1. Vereinbarung.** Die Mietkaution bedarf – abgesehen von dem in § 563b Abs. 3 BGB geregelten Sonderfall – einer Vereinbarung der Vertragsparteien. Der Vermieter sollte im Hinblick auf

sein Sicherungsbedürfnis, gerade bei Beendigung des Mietverhältnisses, unbedingt auf die Leistung einer Mietkaution dringen.

Formularvertragliche Vereinbarungen sind zulässig und üblich; es muss aber eine drucktechnisch deutliche Hervorhebung der Kautionsklausel erfolgen (*Kraemer* NZM 2001, 737, 738; *Derleder* WuM 2002, 239, 240). 140

Auch die **Art der Sicherheit** unterliegt der Parteivereinbarung. Neben den in § 232 BGB genannten Sicherheiten kommt insbes. eine dem Vermieter zu überlassende und von ihm nach Maßgabe des § 551 Abs. 3 BGB anzulegende **Barkaution** in Betracht. In der Praxis sind vor allem üblich: 141
– die Barkaution,
– die Verpfändung eines Sparkontos,
– die Sicherungsabtretung eines Sparguthabens sowie
– die Bürgschaft (bei der Wohnraummiete seltener).

Zu den Arten der Mietsicherheit s. FA MietRWEG/*Riecke* Kap. 7 Rn. 15; Schmidt-Futterer/*Blank* § 551 Rn. 12 ff.; MietPrax/*Hinz* F. 1 Rn. 538 ff. 142

Haben die Parteien in dem Mietvertrag eine bestimmte **Art der Sicherheitsleistung vereinbart**, ist der Mieter daran gebunden; er ist nicht berechtigt, einen abweichenden Kautionstyp zu stellen (AG Lichtenberg/LG Berlin GE 2015, 514, 515). 143

Ist die Art der zu erbringenden Sicherheit im Mietvertrag **nicht bestimmt** und auch nicht durch Auslegung zu ermitteln, so steht dem Mieter im Zweifel ein Wahlrecht nach § 262 BGB zu (vgl. BGH NJW 1983, 2701, 2703; FA MietRWEG/*Riecke* Kap. 6 Rn. 2). Allerdings wird eine Vertragsbestimmung, nach welcher »der Mieter eine Kaution in Höhe von … zu zahlen hat«, vielfach als Vereinbarung einer Barkaution ausgelegt (Schmidt-Futterer/*Blank* § 551 Rn. 52; *Kraemer* NZM 2001, 737, 738); der Mieter darf dann keine andere Sicherheit (z.B. durch Verpfändung eines Sparkontos) leisten.

Welche Ansprüche die Mietsicherheit sichern soll, ergibt sich ebenfalls aus der vertraglichen Abrede. Haben die Vertragsparteien keine einschränkende Vereinbarung getroffen, ist die Sicherungsabrede **im Zweifel weit auszulegen**; sie schließt alle gegenwärtigen und künftigen Forderungen aus dem Mietverhältnis ein (BGH NZM 2006, 343 = WuM 2006, 197 = ZMR 2006, 431). Insbesondere dient sie zur Sicherung der Mietzahlungsansprüche, Betriebskostenforderungen, Nutzungsentschädigungen und Schadensersatzansprüche. Auch die **Kosten der Rechtsverfolgung** sind mit umfasst, soweit der Mieter diese dem Vermieter aufgrund einer gerichtlichen Kostenentscheidung zu erstatten hat (LG Duisburg NZM 1998, 808; LG Itzehoe, Urt. v. 16.06.2011 – 10 O 47/10; einschr. LG Hamburg GE 2001, 991; a.A. LG Duisburg Urt. v. 18.05.2010, 13 S 58/10 – BeckRS 2010, 13985 = Info M 2010, 273). Ersatzansprüche des Vermieters nach § 109 Abs. 1 Satz 3 InsO im Falle der **Insolvenz des Mieters** werden ebenfalls vom Sicherungszweck umfasst. § 50 Abs. 2 InsO steht dem nicht entgegen; die Vorschrift gilt nur für das Vermieterpfandrecht und ist auf die Mietkaution nicht analog anwendbar (LG Hamburg ZMR 2008, 209; allgemein zur Kaution in der Mieterinsolvenz *Cymutta* WuM 2008, 441; *Beuermann* GE 2008, 371). 144

Der Vermieter hat auch **nach Beendigung** des Mietverhältnisses einen Anspruch auf Zahlung einer vereinbarten Mietkaution, wenn bei ihm noch ein Sicherungsinteresse vorhanden ist (BGH NZM 2012, 156 = WuM 2012, 97; WuM 1981, 106). Ein Sicherungsbedürfnis kann auch im Hinblick auf nach Vertragsbeendigung entstandene Ansprüche gegeben sein. Allerdings müssen die zu sichernden Forderungen im Zeitpunkt der Klageerhebung bestehen (OLG Düsseldorf NZM 2001, 380 = ZMR 2000, 211). Weist der Mieter nach, dass keine Forderungen aus dem Mietverhältnis mehr gegen ihn bestehen, kann er gegenüber dem Vermieter den Einwand der unzulässigen Rechtsausübung erheben (OLG Celle WuM 1983, 291; *Geldmacher* DWW 2005, 270, 277). Ist im Hinblick auf die geschuldete Kaution **Abrechnungsreife** eingetreten, so kann der Vermieter die Erbringung nicht mehr verlangen. 145

146 I.Ü. verjährt der Anspruch des Vermieters auf Stellung einer Mietsicherheit innerhalb der regelmäßigen **dreijährigen** Verjährungsfrist des § 195 BGB (KG ZMR 2008, 624; LG Darmstadt NZM 2007, 801; LG Duisburg NZM 2006, 774 = WuM 2006, 250 = ZMR 2006, 533). Der Erhebung der Verjährungseinrede steht nicht der Einwand des Rechtsmissbrauchs (§ 242 BGB) entgegen; allein die mangelnde Leistung der vertraglich geschuldeten Kaution genügt nicht, um dem Mieter dieses Verteidigungsmittel aus der Hand zu schlagen.

147 Der Vermieter ist berechtigt, das Mietobjekt bis zur Leistung der vereinbarten Sicherheit bzw. der nach § 551 Abs. 2 BGB geschuldeten ersten Kautionsrate gem. § 273 BGB **zurückzubehalten** (*Kraemer* NZM 2001, 737, 739). Bis zur Überlassung der Mietwohnung steht dem Vermieter bei Nichterbringung der Sicherheit bzw. der ersten Teilleistung ein **Rücktrittsrecht** gem. § 323 BGB zu. Voraussetzung ist aber, dass der Vermieter dem Mieter vorher eine angemessene Frist zur Leistung bestimmt hat. Zur Kündigung wg. Nichterbringung der Mietsicherheit s. Teil 1 Rdn. 1956.

148 **2. Höchstgrenze.** Bei Mietverhältnissen über **Wohnraum** ist die Mietkaution nach § 551 Abs. 1 BGB auf das Dreifache einer Monatsmiete ohne die als Pauschale oder Vorauszahlung ausgewiesenen Betriebskosten beschränkt. Das gilt für alle Arten der Mietsicherheit. Die Höchstgrenze von **drei Monatsmieten** darf auch bei einer Mehrheit von Sicherheiten – z.B. Barkaution und Bürgschaft – nicht überschritten werden (BGH ZMR 1989, 256).

149 Anderes gilt nach BGH ZMR 1990, 327 für den Fall, dass ein Dritter die Bürgschaft unaufgefordert und unter der Bedingung gibt, dass ein Wohnraummietvertrag zustande kommt. Voraussetzung ist allerdings, dass der Vermieter den Abschluss des Mietvertrages nicht von der Stellung der Bürgschaft abhängig macht er den Mietvertrag also auch ohne diese abgeschlossen hätte (vgl. BGH a.a.O., LG Berlin ZMR 2014, 790).

150 **Hinweis:** Macht der Vermieter einen Anspruch aus der Bürgschaft geltend, muss er den Beweis dafür erbringen, dass der Bürge ihm diese unaufgefordert angeboten hat (LG Mannheim ZMR 2010, 367).

151 Auch eine Bürgschaft, die dem Vermieter, der bereits eine Mietkaution erhalten hat, deswegen gewährt wird, damit er von einer außerordentlichen fristlosen Kündigung wegen Mietrückständen absieht, erachtet der BGH als wirksam (BGH WuM 2013, 357 = ZMR 2013, 621). Hier soll es sogar unschädlich sein, wenn der Vermieter von sich aus die Bürgschaft gefordert hat.

152 Auf Genossenschaftsanteile, die der genossenschaftliche Mieter bei Abschluss des Dauernutzungsvertrags zu zeichnen hat, ist die Höchstgrenzenregelung des § 551 Abs. 1 BGB nicht analog anwendbar (LG Regensburg ZMR 2010, 369; AG Kiel ZMR 2012, 201; *Geldmacher* DVV 2011, 170, 171 ff.; *Feßler/Roth* WuM 2010, 67 ff.).

153 Die Vereinbarung einer die Höchstgrenze überschreitenden Mietsicherheit ist nach § 551 Abs. 4 BGB unwirksam, allerdings nur insoweit, als sie über das nach § 551 Abs. 1 BGB zulässige Maß hinausgeht (BGH ZMR 2004, 666 = WuM 2004, 473). Der Mieter kann also nur den überhöhten Teil, nicht aber die komplette Sicherheit zurückverlangen.

154 **3. Teilzahlungsrecht.** Hat der Mieter eine Geldsumme als Sicherheit bereitzustellen, so ist er zu **drei gleichen Teilleistungen** berechtigt. Das gilt für alle Arten der Mietsicherheit, bei denen der Mieter faktisch einen Geldbetrag zur Verfügung stellen muss, also insbesondere bei der Barkaution sowie bei der Verpfändung eines Sparguthabens (BGH NZM 2003, 754 = ZMR 2003, 729 = WuM 2003, 495 m. Anm. *Wiek*). Dabei ist die erste Rate zu Beginn des Mietverhältnisses fällig.

155 Eine vom Teilzahlungsrecht des Mieter nach § 551 Abs. 2 BGB abweichende Vereinbarung ist unwirksam (§ 551 Abs. 4 BGB). Dies führt aber nicht zur Unwirksamkeit der gesamten Kautionsabrede, mit der Folge, dass der Mieter den geleisteten Kautionsbetrag zurückfordern könnte (BGH ZMR 2003, 729 = NZM 2003, 754 = WuM 2003, 495 mit Anm. *Wiek*; NZM 2004, 217 = WuM 2004, 147; ZMR 2004, 405 = WuM 2004, 269); die Abrede über die vom Mieter zu erbringende Sicherheitsleistung bleibt ohne die unwirksame Fälligkeitsregelung selbständig beste-

hen. Die Annahme einer **Teilunwirksamkeit** einer Kautionsvereinbarung ist nach Auffassung des BGH keine unzulässige geltungserhaltende Reduktion einer Allgemeinen Geschäftsbedingung. Es geht nicht darum, für eine unzulässige Klausel eine neue Fassung zu finden, die rechtlich gerade noch zulässig ist; vielmehr wird eine sprachlich und inhaltlich teilbare Formularbestimmung ohne ihre unzulässigen Bestandteile mit ihrem zulässigen Inhalt aufrechterhalten. Das ist nach dem Urteil des BGH vom 03.12.2003 (WuM 2004, 147 = NZM 2004, 217) auch bei einer **einheitlichen Kautionsklausel** möglich, sofern die restliche Bestimmung bei Wegfall des unwirksamen Teils noch eine sprachlich und inhaltlich selbständige Regelung enthält, die dem Vertragszweck dient.

4. Insolvenzfeste Anlage/Verzinsung. Der Vermieter ist bei Überlassung einer **Barkaution** verpflichtet, diese insolvenzfest, von seinem Vermögen getrennt (§ 551 Abs. 3 S. 1 BGB) bei einer Sparkasse oder Bank anzulegen, und zwar zu dem für Spareinlagen mit dreimonatiger Kündigungsfrist üblichen Zinssatz anzulegen. Dem Mieter steht in der Insolvenz des Vermieters nur dann ein **Aussonderungsrecht** nach § 47 InsO zu, wenn dieser sie von seinem Vermögen getrennt angelegt hat; anderenfalls ist der Rückforderungsanspruch lediglich eine Insolvenzforderung (BGH NZM 2008, 203 = WuM 2008, 149 = ZMR 2008, 280 = GE 2008, 326). Die insolvenzsichere Anlage erfordert ein **offenes Treuhandkonto**, das diesen Charakter eindeutig für jeden Gläubiger des Vermieters erkennen lässt, also ein offen ausgewiesenes Sonderkonto (»Mietkautionskonto« – s. BGH, WuM 2015, 549). Der Mieter darf die Zahlung des Kautionsbetrags von der Mitteilung eines insolvenzfesten Kontos abhängig machen (BGH WuM 2010, 752 = ZMR 2011, 193 mit Anm. *Schmid*).

156

Bei Wohnraummietverhältnissen darf die Verzinsung **nicht ausgeschlossen** werden (§ 551 Abs. 3 S. 1, Abs. 4 BGB). Das gilt aber dann nicht, wenn die Parteien die Verzinsung vor den 01.01.1983 durch Vertrag ausgeschlossen haben (Art. 229 § 3 Abs. 8 EGBGB). Vieles spricht dafür, dass die Regelung auch formularmäßige Ausschlussklauseln umfasst, da der Gesetzgeber offenbar in Kenntnis der bestehenden Kontroverse nicht zwischen individual- und formularvertraglichem Ausschluss entschieden hat (so wohl auch BGH WuM 2009, 289, 290 = ZMR 2009, 522, 523; s. ferner *Derleder* WuM 2002, 239).

157

Die Vertragsparteien können gemäß § 551 Abs. 3 S. 2 BGB auch **andere Anlageformen** vereinbaren, insbesondere auch spekulative Anlagen jeder Art, z.B. Fondsanteile, Aktien, Optionen bis hin zu Wertpapieren für Silberminen in fernen Ländern (*Derleder* WuM 2002, 239, 240; *Kandelhard* WuM 2002, 302). Allerdings bringen solche Anlageformen höhere Risiken mit sich, nicht nur hinsichtlich der Zinsen und Erträge, sondern auch bezüglich des Kapitalverlusts (zu den Einzelheiten *Kandelhard* WuM 2002, 302).

158

Hinweis: Von der Vereinbarung spekulativer Anlageformen bei der Mietkaution sollte unbedingt abgesehen werden. Dem Vermieter bringt die spekulative Anlage letztlich keine Vorteile, da er die Sicherheit nach Vertragsbeendigung ohnehin zurückgewähren muss; für den Mieter bedeutet sie ein hohes Risiko hinsichtlich des Kapitalverlusts.

159

5. Preisgebundener Wohnraum. Hier darf gemäß § 9 Abs. 5 WoBindG die Sicherheit jedoch nur dafür bestimmt werden, Ansprüche des Vermieters gegen den Mieter aus Schäden an der Wohnung sowie wegen unterlassener **Schönheitsreparaturen** zu sichern. Grund hierfür ist, dass durch die Kostenmiete bereits dass Mietausfallwagnis mitberücksichtigt ist. Auch nach Beendigung des Mietverhältnisses kann der Mieter nicht mit anderweitigen Forderungen gegen den Rückerstattungsanspruch aufrechnen (vgl. BGH WuM 2012, 502, 503 = ZMR 2012, 855). Soweit nach dem Mietvertrag andere als die in § 9 Abs. 5 WoBindG genannten Ansprüche gesichert werden sollen, ist die gesamte Sicherungsvereinbarung jedenfalls dann unwirksam, wenn eine sprachliche und inhaltliche Trennung dieser Bestimmung nicht möglich ist (LG Aachen WuM 2006, 101 f.; weitergehend AG Neukölln GE 2011, 891; zur Problematik der Teilbarkeit von Kautionsklauseln s. oben bei Teil 1 Rdn. 154). Der Vermieter ist in diesem Fall zur Kautionsrückzahlung verpflichtet.

160

Zur Behandlung von Kautionszahlungen in der Zwangsverwaltung s. Formular Teil 8 Rdn. 154.

161

8. Widerrufsbelehrung bei Verbrauchervertrag

162 | Bitte prüfen Sie, ob In Ihrem Fall eine Widerrufsbelehrung erforderlich ist. Dieses Muster ersetzt keine Rechtsberatung!!!

Muster für die Widerrufsbelehrung bei außerhalb von Geschäftsräumen geschlossenen Verträgen und bei Fernabsatzverträgen mit Ausnahme von Verträgen über Finanzdienstleistungen [1]

Widerrufsbelehrung [2]

Widerrufsrecht

Sie haben das Recht, binnen vierzehn Tagen ohne Angabe von Gründen diesen Vertrag zu widerrufen. [3]

Die Widerrufsfrist beträgt vierzehn Tage ab dem Tag des Vertragsabschlusses.

Um Ihr Widerrufsrecht auszuüben, müssen Sie uns (Fügen Sie Ihren Namen, Ihre Anschrift und, soweit verfügbar, Ihre Telefonnummer, Telefaxnummer und E-Mail-Adresse ein) mittels einer eindeutigen Erklärung (z.B. ein mit der Post versandter Brief, Telefax oder E-Mail) über Ihren Entschluss, diesen Vertrag zu widerrufen, informieren. Sie können dafür das beigefügte Muster-Widerrufsformular verwenden, das jedoch nicht vorgeschrieben ist.

Zur Wahrung der Widerrufsfrist reicht es aus, dass Sie die Mitteilung über die Ausübung des Widerrufsrechts vor Ablauf der Widerrufsfrist absenden. [3]

Folgen des Widerrufs [4]

Wenn Sie diesen Vertrag widerrufen sind die beiderseits empfangenen Leistungen unverzüglich zurückzugewähren. Sie müssen daher spätestens nach vierzehn Tagen ab dem Tag, an dem Sie den Widerruf abgesendet haben, aus der Wohnung ausziehen und diese an uns zurückgeben. Wir haben Ihnen alle Zahlungen, die wir von Ihnen erhalten haben, einschließlich der Lieferkosten (mit Ausnahme der zusätzlichen Kosten, die sich daraus ergeben, dass Sie eine andere Art der Lieferung als die von uns angebotene, günstigste Standardlieferung gewählt haben), unverzüglich und spätestens binnen vierzehn Tagen ab dem Tag zurückzuzahlen, an dem die Mitteilung über Ihren Widerruf dieses Vertrags bei uns eingegangen ist. Für diese Rückzahlung verwenden wir dasselbe Zahlungsmittel, das Sie bei der ursprünglichen Transaktion eingesetzt haben, es sei denn, mit Ihnen wurde ausdrücklich etwas anderes vereinbart; in keinem Fall werden Ihnen wegen dieser Rückzahlung Entgelte berechnet.

Haben Sie verlangt, dass die Dienstleistungen während der Widerrufsfrist beginnen sollen, so haben Sie uns einen angemessenen Betrag zu zahlen, der dem Anteil der bis zu dem Zeitpunkt, zu dem Sie uns von der Ausübung des Widerrufsrechts hinsichtlich dieses Vertrags unterrichten, bereits erbrachten Dienstleistungen im Vergleich zum Gesamtumfang der im Vertrag vorgesehenen Dienstleistungen entspricht. [5]

Ein Exemplar der vorstehenden Widerrufsbelehrung wurde mir/uns am _____ ausgehändigt. [6]

[Unterschrift aller Mieter]

Erläuterungen

1. Widerrufsbelehrung. Handelt es sich bei dem Mietvertrag um einen Verbrauchervertrag, der eine entgeltliche Leistung zum Gegenstand hat (§§ 310 Abs. 3, 312 Abs. 1 BGB), so steht dem Mieter, sofern der Vertrag außerhalb von Geschäftsräumen oder im Wege des Fernabsatzes geschlossen wurde (vgl. §§ 312b, 312c BGB), ein Widerrufsrecht nach §§ 312g Abs. 1, 355 BGB zu. Bei der Wohnraummiete gilt dies unter den einschränkenden Voraussetzungen des § 312 Abs. 4 BGB. 163

Der Vermieter muss den Mieter über das Widerrufsrecht informieren. Bei der Wohnraummiete folgt dies auch §§ 312 Abs. 4 S. 1, Abs. 3 Nr. 6, 312d Abs. 1 BGB i.V.m. Art. 246a § 1 Nr. 1 Abs. 2 und 3 EGBGB. Das **Muster** beinhaltet eine solche Widerrufsbelehrung, die Bestandteil des Hamburger Mietvertrags ist, in einem Punkt aber leicht abgewandelt wurde. Nach § 312d Abs. 1 S. 2 BGB wird die erteilte Widerrufsbelehrung Inhalt des Vertrags, sofern die Parteien Gegenteiliges nicht ausdrücklich vereinbaren. 164

2. Verbrauchervertrag. Der Mietvertrag ist nach § 310 Abs. 3 BGB als Verbrauchervertrag zu klassifizieren, wenn er zwischen einem Verbraucher und einem Unternehmer zustande kommt (vgl. § 310 Abs. 3 BGB). Eine **entgeltliche Leistung** zum Gegenstand hat er, wenn der Unternehmer »die für den Vertragstypus charakteristische Leistung, also die Lieferung einer Ware oder die Erbringung einer Dienstleistung« gegen Entgelt zu erbringen hat (BT-Drs. 17/13951, S. 72). Das ist bei Mietverträgen regelmäßig der Fall. 165

Der Vermieter ist **Unternehmer**, wenn er bei Abschluss des Vertrags in Ausübung seiner gewerblichen Tätigkeit handelt (vgl. § 14 BGB). Zur gewerblichen Tätigkeit bei einer nur geringen Anzahl von vermieteten Objekten s. die Hinweise zu Teil 1 Rdn. 68. 166

Der Mieter von Wohnraum ist grundsätzlich **Verbraucher** i.S.d. § 13 BGB, denn die Anmietung der Räumlichkeiten erfolgt nicht zu gewerblichen oder beruflichen Zwecken, sondern allein zur Deckung des privaten Wohnbedarfs. Die Verbrauchereigenschaft kann nur dann zweifelhaft sein, wenn sich der Mieter durch einen Rechtsanwalt oder einen sonst fachkundigen Berater vertreten lässt. Hier ist nach der Rechtsprechung des BGH (WuM 2015, 373, 380 = ZMR 2015, 563, 568 [Tz. 53]) zu differenzieren: 167
– Allein die **Vertretung** durch eine unternehmerisch organisierte Person bei Abschluss des Rechtsgeschäfts steht der Verbrauchereigenschaft nicht entgegen.
– Anders verhält es sich jedoch, wenn eine verbraucherschützende Vorschrift gerade an die Umstände des Vertragsschlusses anknüpft, also einen situativen Übereilungsschutz gewährleisten will. Und gerade das ist bei den Bestimmungen über Verträge, die außerhalb von Geschäftsräumen (§ 312b BGB) oder mit Fernkommunikationsmitteln (§ 312c BGB) geschlossen wurden, der Fall.

Beachten Sie! Auch der Mieter von Gewerberäumen kann Verbraucher sein, wenn er diese überwiegend zu privaten Zwecken gemietet hat. Das ist insbesondere bei der selbständigen Anmietung einer Garage der Fall. § 312 Abs. 4 BGB findet hier keine, auch keine entsprechende Anwendung (a.A. *Lindner* ZMR 2015, 261, 263). 168

Bei der **Wohnraummiete** gelten die Verbraucherschutzbestimmungen der §§ 312 ff. BGB nur unter den Voraussetzungen des § 312 Abs. 4 BGB. Satz 1 der Vorschrift verweist auf § 312 Abs. 3 BGB; anwendbar sind insbesondere 169
– die §§ 312b und 312c BGB über außerhalb von Geschäftsräumen geschlossene Verträge und Fernabsatzverträge (Situation des Vertragsschlusses),

- § 312d Abs. 1 BGB i.V.m. Art. 246a § 1 Abs. 2, 3 EGBGB über die Pflicht des Vermieters zur Widerrufsbelehrung,
- § 312g BGB über das Widerrufsrecht des Mieters.

Außerhalb von Geschäftsräumen geschlossen sind Verträge, die bei gleichzeitiger körperlicher Anwesenheit des Verbrauchers und des Unternehmers (oder seiner Hilfsperson) an einem Ort geschlossen werden, der nicht als Geschäftsraum dient (sog. **Außergeschäftsraumvertrag**). Bitte die Varianten des § 312b BGB genau beachten!

Als **Fernabsatzvertrag** definiert § 312c BGB Verträge, bei denen der Unternehmer (bzw. seine Hilfsperson) und der Verbraucher die Vertragsverhandlungen und den Vertragsschluss in körperlicher Abwesenheit ausschließlich mit Fernkommunikationsmitteln praktizieren, z.B. durch Briefwechsel, Telefonate, E-Mails, SMS oder Telemedien. Ausgenommen sind Verträge, die nicht im Rahmen eines für den Fernabsatz **organisierten Vertriebs- oder Dienstleistungssystems** abgeschlossen werden. Hierbei handelt es sich jedoch um eine restriktiv zu interpretierende Ausnahmevorschrift, deren Voraussetzungen der Unternehmer beweisen muss (vgl. *Hau* NZM 2015, 435, 439 f.; Palandt/*Grüneberg* § 312c Rn. 6).

170 Die übrigen in § 312 Abs. 3 aufgeführten Bestimmungen – nämlich § 312a Abs. 1, 3, 4 und 6 BGB – haben bei der Wohnraummiete keine allzu große Bedeutung.

171 Die Vorschriften über die Situation des Vertragsschlusses (§§ 312b, 312c BGB), die Pflicht zur Widerrufsbelehrung und den Widerruf finden allerdings nach § 312 Abs. 4 S. 2 BGB keine Anwendung auf die Begründung eines Wohnraummietverhältnisses, wenn der Mieter zuvor eine **Besichtigung** der Wohnung durchgeführt hat.

172 Die Besichtigung muss – das ergibt sich bereits aus dem Wortlaut der Vorschrift – vor Abschluss des Mietvertrags erfolgen. Im Übrigen wirft dieses Kriterium viele Fragen auf. Nach ganz überwiegender Ansicht muss sich die Besichtigung auf die gesamte Wohnung, also auf **sämtliche vorhandenen Räumlichkeiten** erstrecken (Schmidt-Futterer/*Blank* Vor § 535 Rn. 79; Lützenkirchen/*Lützenkirchen* § 535 Rn. 72c; a.A. *Mediger* NZM 2015, 166, 190: Besichtigung »wesentlicher Teile« der Wohnung genügt). Sind bei dem Besichtigungstermin einzelne Räumlichkeiten unzugänglich, z.B. durch Umzugskartons des Vormieters gänzlich verstellt, kann eine Besichtigung i.S.d. § 312 Abs. 4 S. 2 BGB nicht erfolgen. Unschädlich ist hingegen, dass die Wohnung noch bewohnt ist oder dass der Besichtigungstermin mit mehreren Mietaspiranten durchgeführt wird (Schmidt-Futterer/*Blank* Vor § 535 Rn. 79).

173 Fraglich ist, ob der Mietinteressent auch die außerhalb der Wohnung belegenen **Zusatzräume**, etwa den Keller, die Garage oder die Stellfläche in Augenschein nehmen muss. Der Wortlaut des § 312 Abs. 4 Satz 2 BGB könnte dagegen streiten, denn die Vorschrift spricht nur von einer Besichtigung der *Wohnung*. Gleichwohl wird die Auffassung vertreten, dass dem Mietinteressenten auf Verlangen auch diese Bereiche zugänglich zu machen sind (Schmidt-Futterer/*Blank* Vor § 535 Rn. 79). Dafür spricht, dass derartige Zusatzräume Gegenstand der mietvertraglichen Vereinbarung sind. Schon deswegen muss der Vermieter die Besichtigung auch darauf erstrecken. Hingegen braucht der Mieter – nach der hier vertretenen Ansicht – die Gemeinschaftsflächen (dazu *Flatow* NZM 2007, 432) nicht umfassend zu inspizieren.

174 Nicht ganz klar erscheint weiterhin, ob dem Mietinteressenten ein Widerrufsrecht zusteht, wenn er auf eine Besichtigung der Wohnung ganz oder teilweise **verzichtet** hat. Vieles spricht dafür, dass es ausreicht, wenn der Vermieter ihm die Möglichkeit einer vollständigen Besichtigung der Wohnung nebst Zubehörräumen und Stellflächen eingeräumt hat (Schmidt-Futterer/*Blank* Vor § 535 BGB Rn. 79; Lützenkirchen/*Lützenkirchen* § 535 Rn. 72d). Alles andere hätte zur Folge, dass dem Vermieter abgeraten werden muss, mit einem besichtigungsunwilligen Mieter überhaupt einen Vertrag abzuschließen.

175 Nach überwiegender Ansicht müssen **sämtliche (künftigen) Mieter** die Wohnung besichtigt haben. Ob ein Mieter die Besichtigung auch für seinen Mitmieter vornehmen kann, ist bislang ungeklärt.

Da es sich bei der Besichtigung nicht um eine Willenserklärung oder eine geschäftsähnliche Handlung, sondern um einen Realakt handelt, finden die Vorschriften über die Stellvertretung (§§ 164 ff. BGB) keine direkte Anwendung (s. aber Schmidt-Futterer/*Blank* Vor § 535 Rn. 79). Allerdings könnte man die Besichtigung gleichsam als Minus zum Vertragsabschluss betrachten. Sofern einer der Mieter von dem (oder den) anderen sogar zum Vertragsabschluss bevollmächtigt ist, darf er auch mit Wirkung für und gegen diesen (diese) die Besichtigung durchführen. Seine Kenntnis von der Beschaffenheit der Wohnung wird dem (oder den) Mitmieter(n) dann in entsprechender Anwendung des § 166 Abs. 1 BGB zugerechnet (Lützenkirchen/*Lützenkirchen* § 535 Rn. 72f).

Auch die Erteilung einer bloßen »**Besichtigungsvollmacht**« wird man als Minus zu einer auf den Vertragsabschluss gerichteten Vollmacht wohl zulassen können. Allerdings dürfte allein eine zwischen den Mietern bestehende Ehe oder Lebenspartnerschaft (§ 1 LPartG) für die Annahme einer solchen Besichtigungsvollmacht noch nicht genügen. 176

Hinweis: Der Vermieter sollte unbedingt darauf dringen, dass sämtliche künftigen Mieter an der Besichtigung teilnehmen; anderenfalls riskiert er einen Widerruf. 177

3. Widerrufsfrist. Diese beträgt zwei Wochen; zu ihrer Einhaltung genügt die rechtzeitige Absendung der Widerrufserklärung (vgl. § 355 Abs. 1 S. 4, Abs. 2 S. 1 BGB). 178

Für den **Beginn der Widerrufsfrist** gilt folgendes: 179
– Grundsätzlich beginnt sie mit Abschluss des Mietvertrags (vgl. § 355 Abs. 2 S. 2 BGB.
– Allerdings beginnt der Fristlauf nach § 356 Abs. 3 S. 1 BGB nicht, bevor der Vermieter den Mieter entsprechend den Anforderungen des Art. 246a § 1 Abs. 2 S. 1 Nr. 1 EGBGB belehrt hat.
– Das Widerrufsrecht erlischt jedoch spätestens nach Ablauf von zwölf Monaten und 14 Tagen seit dem Vertragsschluss (s. § 356 Abs. 3 S. 2 BGB).

Anders herum bedeutet dies, dass der Mieter im Falle einer nicht ordnungsgemäßen Belehrung den Mietvertrag **bis zum Ablauf von zwölf Monaten und 14 Tagen widerrufen** kann. 180

4. Rechtsfolgen. Der Widerruf erfolgt nach § 355 Abs. 1 S. 2 ff. BGB durch **Erklärung** gegenüber dem Unternehmer, aus der die Widerrufsabsicht eindeutig hervorgehen muss; einer Begründung bedarf es nicht. 181

Der form- und fristgerechte Widerruf **bewirkt** nach § 355 Abs. 1 S. 1 BGB, dass beide Parteien nicht mehr an ihre auf den Vertragsabschluss gerichteten Willenserklärungen gebunden sind. Dann ist der Vertrag nach §§ 355 Abs. 3 S. 2, 357 Abs. 1 BGB zurückabzuwickeln, das bedeutet: 182
– Der Mieter hat die Wohnung binnen 14 Tagen nach Absendung der Widerrufserklärung zu räumen und an den Vermieter herauszugeben.
– Der Vermieter hat die empfangenen Mietzahlungen binnen 14 Tagen nach Zugang der Widerrufserklärung vollständig an den Mieter zurückzuzahlen.

5. Nutzungsentschädigung? Der Mieter hat dem Vermieter eine Nutzungsentschädigung für die Zeit bis zum Widerruf nach § 357 Abs. 8 S. 1 BGB **nur dann**, wenn 183
– er ausdrücklich verlangt hat, dass der Vermieter diese bereits vor Ablauf der Widerrufsfrist zur Verfügung gestellt hat
– er bei Außergeschäftsraumverträgen dieses Verlangen auf einem dauerhaften Datenträger übermittelt hat und
– der Vermieter ihn nach Art. 246a § 1 Abs. 2 S. 1 Nr. 1 und 3 EGBGB ordnungsgemäß über sein Widerrufsrecht belehrt hat.

Weitergehende Ansprüche stehen dem Vermieter – wie sich aus § 361 Abs. 1 BGB ergibt – gegen den Mieter infolge des Widerspruchs nicht zu. 184

Das bedeutet: 185
– Sofern der Mieter nicht ordnungsgemäß über sein Widerrufsrecht belehrt worden ist, kann dieser den Vertrag noch bis zum Ablauf von einem Jahr und 14 Tagen widerrufen.

186 – In diesem Fall kann er vom Vermieter die gesamten für diesen Zeitraum erbrachten Mietzahlungen einschließlich der Zahlungen auf Nebenkosten zurückverlangen, ohne eine Nutzungsentschädigung zu schulden. Er darf sozusagen **kostenlos Wohnen**.

187 **6. Rechtzeitige Belehrung.** Die Information über das Widerrufsrecht muss vor Abschluss des Mietvertragsvertrags erfolgen. Wird der Vertrag außerhalb von Geschäftsräumen geschlossen (vgl. § 312b BGB), hat die Belehrung grundsätzlich in Papierform zu erfolgen; dies empfiehlt sich aber auch beim Vertragsabschluss im Wege der Fernkommunikation (vgl. § 312c BGB). Einzelheiten können dem Art. 246a § 4 EGBGB entnommen werden.

Der Vermieter sollte sich die Aushändigung einer schriftlichen Widerrufsbelehrung vor Vertragsschluss vom Mieter **schriftlich bestätigen** lassen.

II. Ausfüllen von Mietvertragsformularen bei Gewerberaum

188   **Miete**

1. Der Mieter zahlt dem Vermieter monatlich: [1]
als Nettomiete   EUR   4.500,00
als angemessene Vorauszahlung für:
Betriebskosten i.S.v. § 2 Betriebskostenverordnung (BetrKV) [2]   EUR   1.000,00
Heizkosten i.S.v. § 2 BetrKV   EUR   800,00
                                                                         EUR
Miete ohne Umsatzsteuer   EUR   6.300,00
zuzüglich Umsatzsteuer in der gesetzlichen Höhe von derzeit: 19 % soweit beide Parteien umsatzsteuerpflichtig sind [3]   EUR   1.197,00
Soweit die vorstehende Zeile nicht ausgefüllt ist, handelt es sich um eine umsatzsteuerfreie Vermietung.
Gesamtmiete   EUR   7.497,00

Die Betriebskosten i.S.v. § 2 BetrKV sind im Anschluss an § 23 dieses Mietvertrages wiedergegeben.

Als sonstige Betriebskosten gemäß § 2 Ziffer 17 BetrKV werden die Kosten der Dachrinnenreinigung, die Kosten der Wartung von Feuerlöschern, Rauchabzugsanlagen und Rauchwarnmeldern sowie die Kosten der Wartung und des Stroms von Lüftungsanlagen vereinbart [4, 5].

2. Der Vermieter rechnet über die Betriebskosten i.S.v. § 2 BetrKV unter Berücksichtigung der geleisteten Vorauszahlungen jährlich ab. Er ist nicht verpflichtet, bei Mieterwechsel eine Zwischenabrechnung zu erstellen. Der Vermieter ist berechtigt, im Rahmen ordnungsgemäßer Bewirtschaftung neu entstehende oder nachträglich anfallende Betriebskosten i.S.v. § 2 BetrKV auf die Mieter umzulegen und die Vorauszahlungen auf die Betriebskosten in angemessener Höhe neu festzusetzen. [6]

Sach- und Arbeitsleistungen des Vermieters, durch die Betriebskosten erspart werden, dürfen mit dem Betrag angesetzt werden, der für eine gleichwertige Leistung eines Dritten, insbesondere eines Unternehmers, angesetzt werden könnte. Soweit keine gesetzliche Verpflichtung besteht, darf Umsatzsteuer auf die Leistungen des Vermieters nicht erhoben werden. [7]

3. a) Der Mieter trägt von den Betriebskosten einen Anteil von _____ %. Sofern ein Prozentsatz nicht festgelegt ist, trägt er, einen Anteil nach dem Verhältnis der Nutzfläche seiner Gewerberäume zur Summe der Wohn- und Nutzflächen aller Wohn- und Gewerberäume der Wirtschaftseinheit. Führt dieser Verteilungsmaßstab zu grob unbilligen Ergebnissen, ist der Vermieter berechtigt und verpflichtet, den

Maßstab nach billigem Ermessen zu ändern, hinsichtlich der Heizkosten jedoch nur entsprechend den Bestimmungen der HeizkostenV. Wird der Mieter von Wohnraum grob unbillig mit Kosten belastet, die insbesondere durch die gewerbliche Nutzung des Grundstücks veranlasst werden, so ist der Vermieter verpflichtet, soweit dies möglich ist, die Betriebskosten, die nicht für Wohnraum entstanden sind, vorweg zu erfassen. Diese Kosten tragen die Mieter, auf deren Gewerberäume sie entfallen. Der Vermieter ist berechtigt, auch für einzelne Betriebskosten den Abrechnungszeitraum umzustellen.

b) Bei vermietetem Teileigentum trägt der Mieter denjenigen Anteil an den vereinbarten Betriebskosten gemäß § 2 Betriebskostenverordnung, den die Einzelberechnung des Wohnungseigentumsverwalters vorgibt, sofern der Mieter hierdurch nicht grob unbillig benachteiligt wird. Daneben trägt er die weiteren Betriebskosten, die außerhalb dieser Abrechnung unmittelbar auf das Teileigentum entfallen (z.B. Grundsteuer).

c) Die Verteilung der Heiz- und Warmwasserkosten erfolgt

– nach dem Verhältnis der Wohn-/Nutzflächen,

– bei Verwendung messtechnischer Ausstattungen zur Verbrauchserfassung nach dem vom Vermieter gemäß §§ 7 bis 10 HeizkostenV bestimmten Abrechnungsmaßstab.

Die Heizkosten können auch nach der Gradtagstabelle aufgeteilt werden.

d) Sofern das Mietobjekt mit Wasserzählern ausgestattet ist, werden die verbrauchsabhängigen Kosten der Wasserversorgung und der Entwässerung nach dem gemessenen Verbrauch aufgeteilt. Dies gilt auch für die verbrauchsunabhängigen Kosten, es sei denn, eine solche Kostenverteilung führt zu einer unbilligen Mehrbelastung des Mieters. Die Kosten der Niederschlagsentwässerung sind, soweit diese getrennt vom Schmutzwasser erhoben werden, nach dem in Ziff. 3. a) oder 3. b) vereinbarten Maßstab zu verteilen. Auf Verlangen des Vermieters hat der Mieter selbst einen Versorgungsvertrag mit dem Wasserlieferanten abzuschließen. Sind bei Vertragsabschluss keine Wasserzähler vorhanden, ist der Vermieter berechtigt, Wasserzähler für den Gewerbebetrieb des Mieters auf dessen Kosten einzubauen.

e) Bei Mieterwechsel trägt der ausziehende Mieter die Kosten der Zwischenablesung und die Nutzerwechselgebühren. [8]

f) Die Verteilung der Breitbandnutzungsgebühren erfolgt nach Einheiten.

g) Der Vermieter kann durch schriftliche Erklärung bestimmen, dass die Kosten der Müllabfuhr nach einem Maßstab ungelegt werden, der der unterschiedlichen Müllverursachung Rechnung trägt. Auf Verlangen des Vermieters hat der Mieter selbst einen Entsorgungsvertrag mit dem entsprechenden Unternehmen abzuschließen.

Bringt es der Gewerbebetrieb des Mieters mit sich, dass Verpackungsmaterialien oder anderes die Abfallgefäße besonders anfüllendes Material in größerem Umfang anfällt, so verpflichtet sich der Mieter, die Kosten für zusätzliche Abfallgefäße zu tragen, die der Vermieter anfordern wird.

Werden für die Abfallbeseitigung getrennte Behälter zur Verfügung gestellt, ist der Mieter verpflichtet, diese entsprechend zu benutzen.

4. Soweit der Gebäudeversicherer infolge der Benutzungsart der Räume durch den Mieter Zuschläge zum Versicherungsbeitrag erhebt, sind diese Zuschläge dem Vermieter zu vergüten. Der Mieter hat jede veränderte Einrichtung oder Benutzung

der Räume, durch die eine Änderung der Gefahreneinschätzung begründet wird, unverzüglich dem Vermieter schriftlich anzuzeigen.

5. Der Vermieter behält sich vor, die vom Mieter zu leistenden Zahlungen für Miete, Heiz- und Betriebskosten durch Verzicht auf die Steuerbefreiung gemäß § 9 Umsatzsteuergesetz der Umsatzbesteuerung zu unterwerfen. Der Mieter ist verpflichtet, dann neben der Miete und den sonstigen nach § 5 Ziffer 1 des Mietvertrages zu leistenden Zahlungen zusätzlich die Umsatzsteuer zu entrichten.

Erläuterungen

189 **1. Einführung.** Zur Vereinbarung von Miete, Betriebskosten und Vorauszahlungen s. Formular und Hinweise zu Teil 1 Rdn. 87 ff.

Eine Formularklausel, mit der Kosten für »Versicherungen« als Betriebskosten auf den gewerblichen Mieter umgelegt werden sollen, ist jedenfalls dann unwirksam, wenn ein Rückgriff auf die Definition in § 2 Nr. 13 BetrKV zur Auslegung des verwendeten Versicherungsbegriffes nicht möglich ist. Eine solche Klausel biete dem Mieter dann im Rahmen seiner wirtschaftlichen Kalkulation keine Anhaltspunkte dafür, Art und Höhe der auf ihn zukommenden Kosten abschätzen zu können (BGH WuM 2012, 662).

Klauseln zur Umlage von Nebenkosten verstoßen gegen das Transparenzgebot gem. § 307 Abs. 1 S. 2 BGB, wenn der Mieter nicht erkennen kann, welche Kosten auf ihn zukommen (BGH a.a.O.; BGH NJW 2006, 3057 betr. Beitritt Werbepool).

190 **2. Betriebskostenarten.** Anders als bei der Wohnraummiete können bei der Gewerbemiete auch über den Katalog des § 2 BetrKV hinausgehende Bewirtschaftungskosten als Umlage vereinbart werden (vgl. dazu Teil 1 Rdn. 192 und 195). Da § 556 Abs. 4 BGB für Gewerberaummietverhältnisse nicht gilt, können die Parteien auch weitergehende Regelungen zur Übertragung von Instandhaltungs- und Verwaltungskosten treffen. Die Formulierungen unterliegen dann der Inhaltskontrolle gemäß §§ 305c, 307 ff. BGB.

191 **3. Umsatzsteuer.** Zur Umsatzsteuer s. Formular Teil 1 Rdn. 226.

192 **4. Übertragung von Instandhaltungs-/Instandsetzungskosten**

▶ Beispiel:

193 Soweit es sich bei den unter Absatz … aufgeführten Betriebskosten um Instandhaltungs- und Instandsetzungskosten im Sinne von § 1 Abs. 2 Nr. 2 BetrKV handelt, die in denjenigen Räumen des Mietgegenstandes und Anlagen der gemeinschaftlichen Nutzung durch mehrere oder alle Mieter auftreten, ist die hierdurch entstehende Belastung des Mieters auf maximal 10 % der Nettokaltmiete eines Kalenderjahres begrenzt.

194 In der Rechtsprechung wird die Abwälzung von Instandhaltungs- und Instandsetzungskosten an Gegenständen, die nicht dem ausschließlichen Mietgebrauch des Mieters im Inneren der Räumlichkeiten unterliegen (Gemeinschaftsflächen), nur für zulässig erachtet, wenn die Klausel eine Begrenzung auf einen Höchstbetrag, insbesondere auch für diese Betriebskostenarten enthält (BGH NZM 2005, 863; BGH WuM 2012, 662).

195 **5. Übertragung von Verwaltungskosten.** Im Hinblick auf die Rechtsprechung des BGH zu den Anforderungen an die Übertragung von Instandhaltungskosten haben die Instanzgerichte in der Folgezeit zunächst streitig entschieden, ob eine formularmäßige Übertragung von Verwaltungskosten unter dem Gesichtspunkt des Transparenzgebotes nur dann wirksam ist, wenn die Kosten der Verwaltung hinsichtlich des Tätigkeitsinhaltes näher definiert werden und/oder eine

Kostenbeschränkung im Mietvertrag eingebaut ist. Das OLG Rostock hat mit Urteil vom 10.04.2008 – 3 U 158/06 (s. auch Urteil vom 13.12.2004, NZM 2005, 807) entschieden, dass ein Verstoß gegen das Transparenzgebot vorliegt, wenn der Begriff der »Verwaltungskosten« im Formularmietvertrag nicht näher umschrieben wird oder nicht mit einer höhenmäßigen Begrenzung der umlegbaren Kosten verbunden ist. Der BGH (NJW 2010, 2515; für die Kosten der kaufmännischen und technischen Hausverwaltung BGH ZMR 2010, 351; NJW-RR 2010, 739; NZM 2012, 83) hat die Entscheidung aufgehoben und hält die Umlage einer Position Verwaltungskosten ohne Kostenbegrenzung weder für überraschend i.S. von § 305c Abs. 1 BGB noch für einen Verstoß gegen das Transparenzgebot gemäß § 307 Abs. 1 S. 2 BGB. Die Entscheidung wird im Schrifttum immer noch heftig kritisiert (vgl. *Ludley* NZM 2006, 851; *Lehmann-Richter* ZMR 2012, 837). Es wird daher eine genaue Definition der Verwaltungskosten empfohlen. Formulierungsbeispiel:

▶ **Beispiel:**

Zu den Nebenkosten im Sinne dieses Mietvertrages zählen auch die Kosten der Verwaltung des Gesamtobjektes und der Mietgegenstände (genaue Definition). Für diese Kosten wird eine monatliche Vorauszahlung in Höhe von € … erhoben. Die Verwaltungskosten werden auch dann geschuldet, wenn die Verwaltung von dem Vermieter selbst durchgeführt wird. Die Kosten der Verwaltung sind auf einen Betrag in Höhe von € … im Jahr begrenzt.

196

Zur Vermeidung einer überraschenden Klausel i.S. von § 305c BGB sollte die Formulierung im Vertrag deutlich hervorgehoben und mit eigener Nummerierung bei der Regelung über Betriebskosten geregelt sein.

197

Eine Formularklausel, mit der die Umlage von Centermanagement-Kosten vereinbart wird, soll nicht ausreichend transparent sein, weil der Mieter daraus die inhaltlichen Kosten und Leistungen nicht erkennen kann (BGH ZMR 2011, 946; BGH NJW 2013, 41). Die Klausel sah in dem zu entscheidenden Sachverhalt auch die Umlage von Verwaltungskosten, Hausmeisterkosten und Raumkosten für Büro-, Verwaltungs- und Technikräume vor, so dass unklar war, welche weiteren Kosten noch unter den Begriff der Centermanagementkosten fallen könnten. Die Umlage der Verwaltungskosten blieb daneben wirksam. Die formularmäßige Umlage von nicht näher aufgeschlüsselten Hausmeisterkosten in einem Einkaufszentrum ist intransparent, wenn die vertragliche Gestaltung es ermöglicht, über die Umlage der Hausmeistervergütung auch einen Teil von Reparaturkosten für Gemeinschaftsflächen abzuwälzen (BGH a.a.O.). Zu den Kosten des »Managements« vgl. OLG Düsseldorf WuM 2012, 203.

6. Mehrbelastungsklausel. Zur Vermeidung von Streitigkeiten bei Einführung neuer Betriebskostenarten enthält das Formular eine Mehrbelastungsklausel. Es empfiehlt sich, eine zusätzliche Begrenzung der Kostenbelastung durch das Gebot der Wirtschaftlichkeit (§ 556 Abs. 3 BGB) aufzunehmen. Nach der Entscheidung des BGH vom 27.09.2006 (WuM 2006, 612) soll der Vermieter neu entstandene Betriebskosten, mit denen er die Mieter bisher noch nicht belastet hat, nur umlegen dürfen, wenn die betreffenden Kosten im Mietvertrag als umlegbar bezeichnet sind und der Mietvertrag eine Mehrbelastungsklausel enthält, die dem Vermieter das Recht einräumt, nachträglich entstehende Betriebskosten auf den Mieter umzulegen (ohne erforderliche Mehrbelastungsklausel noch BGH ZMR 2004, 430 = WuM 2004, 290 für die Position Hauswart).

198

7. Eigenleistungen. Siehe hierzu bereits die Hinweise unter Teil 1 Rdn. 101.

8. Nutzerwechselgebühr. Siehe hierzu bereits die Hinweise unter Teil 1 Rdn. 100.

1. Bezeichnung der Vertragsparteien

199 **Mietvertrag für Kontore, gewerbliche Räume und Grundstücke** [1]

Fritz Müller, Käthe Müller-Born und Isolde Bergmann in ungeteilter Erbengemeinschaft [2] **als Vermieter**

Rechnungs-Nr.: _____ **Vertrags-Nr.** _____ **Steuer-Nr.:*** _____

* Nur ausfüllen, wenn Vermieter umsatzsteuerpflichtig ist

vertreten durch Verwaltungsgesellschaft Marienthal GmbH, Hamburg

Anschrift Kielmanseggstraße 8, 22043 Hamburg

und die KG in Firma Hansa Bau, diese vertreten durch die Hansa Bau Verwaltungsgesellschaft mbH, diese vertreten durch ihren Geschäftsführer Peter Peters, Hamburg [3]

Anschrift Rodigallee 2, 22043 Hamburg **als Mieter schließen, vermittelt durch** den Makler Hermann Schulz, Hamburg [4] **folgenden Mietvertrag:**

Erläuterungen

200 **1. Gewerberaummiete.** Um **Gewerberaummiete** (= Geschäftsraummiete) handelt es sich bei allen Mietverhältnissen über Räume, die den Erwerbszwecken des Mieters dienen. Gewerblichkeit i.S. des § 1 HGB oder eine besondere Gewinnerzielungsabsicht des Mieters sind nicht erforderlich (Herrlein/Kandelhard/Kandelhard § 580a Rn. 6), die nicht als Wohnraum zu qualifizieren sind. Auch **Garagen** sind Gewerberäume, wenn sie gemietet werden, um darin gewerblich genutzte Fahrzeuge oder Waren abzustellen oder wenn sie zum Zwecke der Gewinnerzielung weitervermietet werden (Schmidt-Futterer/*Blank* § 580a BGB Rn. 14). Wird die Garage hingegen zur privaten Nutzung gemietet, so handelt es sich um ein Mietverhältnis über »Räume, die keine Geschäftsräume sind« (s. § 580a Abs. 1 BGB).

201 **2. Bezeichnung des Vermieters.** S. zunächst die Muster und Hinweise zu Teil 1 Rdn. 17. Die **Erbengemeinschaft** ist nicht rechtsfähig und kann als solche nicht Partei eines Mietvertrags sein. Der Vertrag kann nur mit den einzelnen Miterben zustande kommen (BGH ZMR 2002, 907 = WuM 2002, 601; WuM 2006, 695). Diese sind im Vertragsrubrum namentlich zu nennen und sollten grundsätzlich alle den Vertrag unterzeichnen. Zur Stellvertretung s. die Hinweise zu Teil 1 Rdn. 20.

202 Bei **Personengemeinschaften** empfiehlt sich die Angabe der Rechtsform (z.B. in ungeteilter Erbengemeinschaft, in Bruchteilsgemeinschaft). Die Mitglieder der Gemeinschaft müssen namentlich aufgelistet werden. Zur GbR s. die Hinweise zu Teil 1 Rdn. 19.

203 **3. Bezeichnung des Mieters.** Auf Mieterseite ist klarzustellen, ob eine natürliche Person (auch unter einer Firmenbezeichnung) oder eine Handelsgesellschaft Mietpartei werden soll. Es ist darauf zu achten, dass Mieter und unterzeichnende Person identisch sind, es sei denn, dass der Mietvertrag ausdrücklich in Vollmacht für den Mieter von einem Dritten abgeschlossen wird. In diesem Fall muss sich die Bevollmächtigung aus der Vertragsurkunde ergeben, sofern es sich um ein länger als ein Jahr dauerndes Mietverhältnis handelt. S. die Hinweise zu Teil 1 Rdn. 2.

204 Aufmerksamkeit ist insbesondere geboten bei Vertragsgestaltungen, an denen auf Mieterseite eine **GmbH** beteiligt ist. Ist die GmbH noch nicht ins Handelsregister eingetragen, so haftet der für sie Handelnde bis zur Eintragung (§ 11 Abs. 2 GmbHG). Soll er darüber hinaus in die Haftung einbezogen werden, so muss er entweder Vertragspartei werden oder die Mitschuldhaftung oder eine Bürgschaft übernehmen. Darauf ist insbesondere bei Einmann-Gesellschaften zu achten (OLG Düsseldorf ZMR 1997, 75)!

205 **4. Makler.** Zur Bezeichnung des Maklers s. die Hinweise zu Teil 1 Rdn. 29.

2. Mietgegenstand und Mietzweck

Mietgegenstand

1. Es wird auf dem Grundstück Raboisen 98, 20095 Hamburg **vermietet:** **1**

die Räume im 1. Obergeschoß rechts, bestehend aus 5 Zimmern, Flur, 2 Toiletten und 1 Küche gemäß diesem Vertrag beigefügten Lageplan und 2 Stellplätze (Nrn. 2+3) in der Tiefgarage

Die Nutzfläche beträgt: ca. 200 m²

2. Dem Mieter werden folgende Schlüssel ausgehändigt:

6 Hauseingangstürschlüssel, 6 Schlüssel für die Eingangstür zum Mietobjekt, 2 Briefkastenschlüssel, 2 Tiefgaragenschlüssel

3. Der Mieter übernimmt die Räume im gegenwärtigen Zustand.

Der Vermieter/~~Mieter~~* führt folgende Arbeiten in den Miträumen aus:

Installation einer Gasetagenheizung gemäß diesem Vertrag beigefügten Angebot; erforderliche dekorative Arbeiten führt der Mieter auf seine Kosten aus

4. Soweit vorhanden, ist dem Mieter die Benutzung des Aufzugs während der üblichen Geschäftszeiten gestattet. An Sonnabenden, Sonntagen und allgemeinen Feiertagen besteht kein Anspruch auf Betrieb des Aufzugs.

Mietzweck

1. Die Vermietung erfolgt zum Betrieb eines/~~einer~~ Büros für Grundstücksverwaltungen und Maklergeschäfte . **2**

2. Der Mieter verpflichtet sich, die Räume nur zu dem in Ziffer 1 genannten Zweck zu nutzen.

3. Jede Änderung der Art des Betriebs oder jede Ausweitung des Sortiments eines Verkaufsgeschäfts auf andere Hauptartikel bedarf der schriftlichen Genehmigung des Vermieters.

4. Der Vermieter gewährt dem Mieter keinen Konkurrenz- oder Sortimentsschutz. **3**

* Nichtzutreffendes bitte streichen

Erläuterungen

1. Bezeichnung des Mietgegenstands. S. zunächst die Muster und Hinweise zu Teil 1 Rdn. 30. Handelt es sich um ein Mietverhältnis mit einer Laufzeit von über einem Jahr, so sollten die Anlagen zum Mietvertrag – z.B. Lageplan – mit dem Hauptvertrag zu einer Urkunde verbunden werden. Das Zusammenfügen mittels einer Heftmaschine erscheint sachgerecht und reicht in jedem Fall aus.

Zur Wahrung der **Schriftform** des § 550 BGB s. die Hinweise zu Teil 1 Rdn. 1.

2. Mietzweck. Die Angabe des Mietzwecks grenzt den Mietgebrauch ein; hierin liegt noch nicht eine Bezeichnung des Mietgegenstands (OLG Hamburg ZMR 1990, 341; OLG Köln NZM 1998, 767 = ZMR 1998, 699). Dies ist wichtig, wenn es um die Herrichtungspflicht des Vermieters und um die Rückbaupflicht des Mieters bei Beendigung des Mietverhältnisses geht (s.

dazu Muster und Hinweise zu Teil 1 Rdn. 2430). Allerdings müssen die Mieträume zumindest generell geeignet sein, dem Mietzweck zu genügen.

210 Aus der Konkretisierung des Mietzwecks lassen sich auch die Grenzen für einen vertragsimmanenten Konkurrenzschutz bestimmen; s. dazu die Hinweise zu Teil 1 Rdn. 693.

211 **3. Ausschluss des Konkurrenzschutzes.** Der Konkurrenzschutz kann vertraglich – auch formularmäßig – ausgeschlossen werden (BGH ZMR 1987, 455; zu den Einzelheiten s. Schmidt-Futterer/*Eisenschmid* § 535 Rn. 623); s. die Hinweise zu Teil 1 Rdn. 708.

3. Mietzeit, Kündigung, Option

212 Mietzeit, Kündigung, Option

1. Das Mietverhältnis beginnt am 01.11.2015 **1**

2. Das Mietverhältnis läuft auf unbestimmte Zeit und endet mit dem Ablauf des Kalendervierteljahres, zu dem der Vermieter oder der Mieter die Kündigung unter Einhaltung einer Frist von ____6____ Monaten ausgesprochen hat. (Die gesetzlichen Kündigungsfristen gemäß § 580a BGB sollten nicht unterschritten werden).

Die Kündigung ist jedoch frühestens zum 31.10.2018 zulässig. Erfolgt die Kündigung bis zum 3. Werktag des Kalendermonats, wird dieser Monat auf die Kündigungsfrist angerechnet. **2**

Setzt der Mieter den Gebrauch der Mietsache nach Ablauf der Mietzeit fort, so gilt das Mietverhältnis nicht als verlängert.

§ 545 BGB findet keine Anwendung. Fortsetzung oder Erneuerung des Mietverhältnisses nach seinem Ablauf müssen schriftlich vereinbart werden.

Alternativ:

Die Regelungen in Ziffer 2 gelten nicht, wenn Ziffer 3 ausgefüllt ist.

3. Das Mietverhältnis läuft auf bestimmte Zeit und endet am 31.10.2023 , ohne dass es einer Kündigung bedarf.

(Option) Der Mieter kann das Mietverhältnis bis zum 31.10.2026 verlängern, indem er dem Vermieter diese Absicht sechs (--) Monate vor Ablauf der Vertragsdauer schriftlich mitteilt. **3**

Kündigung und Ausübung der Option bedürfen der schriftlichen Form.

Setzt der Mieter den Gebrauch der Mietsache nach Ablauf der Mietzeit fort, so gilt das Mietverhältnis als auf unbestimmte Zeit verlängert, sofern der Vermieter oder der Mieter binnen einer Frist von zwei Wochen nicht widerspricht.

4. Für die Rechtzeitigkeit von Kündigung und Optionsausübung kommt es auf deren Zugang beim Vertragspartner an.

Erläuterungen

213 **1. Mietzeit.** Zu den zum Beginn des Mietverhältnisses s. Muster und Hinweise zu Teil 1 Rdn. 57.

214 Die Frist für die ordentliche Kündigung von Mietverträgen über Geschäftsraum beträgt nach § 580a Abs. 2 BGB **sechs Monate jeweils zum Quartalsende** bei einer Karenzzeit von drei Tagen. Die Frist kann jedoch vertraglich verkürzt oder verlängert werden. Soweit in älteren Verträgen abweichende Kündigungsfristen vereinbart worden sind, verbleibt es dabei.

215 Zur ordentlichen Kündigung von Gewerberaum s. die Hinweise zu Teil 1 Rdn. 1824.

2. Kündigungsausschluss. Die Parteien können bei Mietverträgen über Gewerberaum auch bestimmen, dass der Mietvertrag vor Ablauf einer bestimmten Frist nicht gekündigt werden kann (wechselseitiger Kündigungsausschluss). Hierbei sollte klargestellt werden, ob die Kündigung schon zum Ablauf der festen Vertragszeit oder erst nach deren Ablauf erklärt werden darf. Im Zweifel wird Ersteres gewollt sein. 216

Auch die Vereinbarung eines **Endtermins** ist möglich. Dieser führt mit Ablauf der Mietzeit automatisch zu einer Beendigung des Mietverhältnisses, ohne dass eine Kündigung ausgesprochen zu werden braucht. Soll das Mietverhältnis länger als ein Jahr dauern, so bedarf der Mietvertrag der gesetzlichen Schriftform nach § 550 BGB. S. dazu die Hinweise zu Teil 1 Rdn. 1. 217

Weiterhin können die Parteien die Beendigung des Gewerberaummietverhältnisses auch an ein bestimmtes künftiges Ereignis knüpfen (z.B. bis zur Bezugsfertigkeit des Eigentums des Vermieters oder des Mieters). Hierbei handelt es sich in der Regel um eine **Bedingung**. Tritt sie ein, so endet das Mietverhältnis ebenfalls. Zum bedingten Mietverhältnis s. die Hinweise zu Teil 1 Rdn. 1585. 218

Die Parteien können auch vereinbaren, dass das Mietverhältnis sich einmal oder mehrere Male um einen bestimmten Zeitraum **verlängert**, wenn nicht eine Vertragspartei der Verlängerung widerspricht. 219

3. Optionsrecht. In der Praxis ist die Vereinbarung eines Optionsrechts zugunsten des Mieters von großer Bedeutung. Eine Option muss **schriftlich** vereinbart werden, wenn das Mietverhältnis für einen längeren Zeitraum als ein Jahr abgeschlossen wird (vgl. § 550 BGB). Es empfiehlt sich, eine Frist zu vereinbaren, bis zu der die Option spätestens auszuüben ist. Fehlt eine Regelung hierüber, so soll im Zweifel die im Vertrag geregelte Kündigungsfrist entsprechend gelten (OLG Düsseldorf ZMR 1992, 52). 220

Da die Option ein Gestaltungsrecht ist, muss sie bei einer **Personenmehrheit** auf Mieterseite von allen Mietern erklärt werden; jedoch ist eine Bevollmächtigung Einzelner zulässig. 221

Die Ausübung der Option unterliegt nach der Rechtsprechung des BGH nicht dem Schriftformerfordernis des § 550 BGB (s.BGH NZM 2014, 308, 309 = ZMR 2014, 530; NZM 2013, 759, 760). 222

Die Ausübung der Option führt nicht ohne weiteres dazu, dass der Vermieter für die weitere Vertragszeit eine **höhere Miete** verlangen kann; grundsätzlich muss dies vereinbart werden. Allerdings kann eine ergänzende Vertragsauslegung ergeben, dass der Mieter das Mietobjekt nach Ablauf der Mietzeit nur zu einer angemessenen Miete wieder mieten kann (BGH NJW-RR 1992, 517 f. = ZMR 1992, 237, 238 f.; OLG Düsseldorf ZMR 2000, 172). Ein solcher Fall ist nach OLG Düsseldorf ZMR 2000, 172 gegeben, wenn die von den Parteien getroffene Vereinbarung eine Verlängerungsmöglichkeit von insgesamt 14 Jahren vorsieht, ohne dass eine Anpassung der bei Vertragsbeginn ausgehandelten Miete auch nur in Erwägung gezogen wird. Bei vernünftiger Betrachtungsweise kann nämlich nicht angenommen werden, dass der zunächst maßgebende Betrag für die gesamte Vertragslaufzeit unverändert gelten soll, falls die in Betracht kommende Verlängerungsmöglichkeit in vollem Umfang ausgenutzt wird. 223

Ist vereinbart, dass der Mieter die Option nur wirksam ausüben kann, wenn sich die Parteien über die Miethöhe einigen, so ist das im Zweifel dahin zu verstehen, dass dem Vermieter ein **einseitiges Leistungsbestimmungsrecht** gemäß § 315 BGB zusteht, falls der Mieter optiert, ohne dass die Parteien sich über die Miethöhe einigen können. Das Ermessen des Vermieters bei der Leistungsbestimmung ist im Rahmen des § 315 Abs. 3 BGB überprüfbar. 224

Enthält ein Mietvertrag die Bestimmung, dass sich das Mietverhältnis, das zu einem festgelegten Zeitpunkt ende, jeweils um ein Jahr verlängere, wenn eine der Parteien dem **nicht (fristgerecht) widerspreche**, so wird der ursprüngliche Mietvertrag fortgesetzt, wenn ein solcher Widerspruch nicht erfolgt. Ein neuer Vertrag wird nicht geschlossen (BGH NZM 2015, 84, 86; 2002, 604 = GuT 2002, 110). 225

4. Miete Umsatzsteuer

226
Gewerberaum-Mietvertrag

zwischen

— Vermieter —

und

— Mieter —

§ _____ Miete und Nebenkosten ¹

(1) Der Vermieter hat für die Vermietung des Mietgegenstandes gemäß § 9 Abs. 2 UStG auf die Umsatzsteuerbefreiung nach § 4 Nr. 12a UStG verzichtet. ² Als Folge daraus ist der Mieter dazu verpflichtet, zuzüglich zur geschuldeten Miete und den aus diesem Vertrag resultierenden Nebenkosten die Umsatzsteuer jeweils in gesetzlicher Höhe zu zahlen. ³

(2) Der Mieter verpflichtet sich dazu, den Mietgegenstand ausschließlich für Zwecke zu nutzen, die den Vorsteuerabzug beim Vermieter nicht ausschließen. Ausschließlich in diesem Zusammenhang bedeutet eine Nutzung mindestens zu 95 % gemäß Artikel 148a Abs. 3 der Umsatzsteuerrichtlinien. Sollte sich die von den Steuerbehörden festgelegte Bagatellgrenze von zur Zeit 5 % ändern, so ist die neue Festlegung der Steuerbehörden maßgeblich. ⁴

(3) Der Mieter verpflichtet sich, dem Vermieter unverzüglich sämtliche Unterlagen zur Verfügung zu stellen, die der Vermieter für erforderlich erachtet, um seiner Nachweispflicht nach § 9 Abs. 2 UStG gegenüber den Finanzbehörden nachzukommen. Als erforderlich sind in diesem Zusammenhang solche Unterlagen anzusehen, deren Vorlage die Finanzbehörde vom Vermieter verlangt.

(4) Sofern sich im Rahmen einer steuerlichen Außenprüfung des Mieters oder ggf. eines Untermieters Umstände ergeben, die Auswirkungen auf die Zulässigkeit der Umsatzsteueroption des Vermieters haben können, ist der Mieter dazu verpflichtet, den Vermieter unverzüglich über solche Umstände oder Feststellungen zu informieren. ⁵

(5) Im Falle des Abschlusses eines Untermietverhältnisses ist der Mieter dazu verpflichtet, seinerseits zur umsatzsteuerpflichtigen Vermietung nach § 9 Abs. 2 UStG zu optieren. Der Mieter hat die sich aus den Ziffern 1) bis 4) ergebenen Verpflichtungen seinerseits dem Untermieter aufzuerlegen. Der Mieter steht dafür ein, dass der Vermieter seine aus den Ziffern 1) bis 4) folgenden Rechte unmittelbar gegen den Untermieter geltend machen kann. Der Mieter garantiert dem Vermieter die Einhaltung der sich aus den vorstehend genannten Punkten ergebenden Verpflichtungen durch den Untermieter.

(6) Für den Fall, dass der Mieter bzw. der Untermieter den unter den Ziffern 1) bis 5) genannten Verpflichtungen nicht nachkommt, haftet der Mieter dem Vermieter für den dadurch entstandenen Schaden und alle sonstigen Nachteile. Als Untervermietung gilt auch jede sonstige Gebrauchsüberlassung an Dritte sowie die Unterverpachtung.

Erläuterungen

227 **1. Einführung.** Die Vermietung von Grundstücken und Räumen ist, von einigen im Umsatzsteuergesetz (UStG) genannten Ausnahmen abgesehen, grundsätzlich umsatzsteuerfrei (§ 4

Nr. 12a UStG). Der Vermieter hat jedoch die Möglichkeit, gemäß § 9 Abs. 2 UStG auf die Steuerbefreiung zu verzichten und den Umsatz aus der Vermietung als steuerpflichtig zu behandeln. Der Vorteil für den Vermieter besteht dann darin, dass ihm die beim Bau, dem umsatzsteuerpflichtigen Erwerb oder aus laufenden Reparaturkosten anfallenden Vorsteuern erstattet werden können.

Der Verzicht auf die Steuerbefreiung wird gemeinhin als »Option zur Steuerpflicht« bezeichnet. In Mietverträgen über Geschäftsraum ist regelmäßig eine Formulierung enthalten, wonach der Vermieter berechtigt ist, »zur Umsatzsteuer zu optieren« und der Mieter für diesen Fall verpflichtet ist, die Miete (einschließlich der Betriebskostenvorauszahlung) zuzüglich Mehrwertsteuer zu entrichten. Der Verzicht auf die Steuerbefreiung durch den Vermieter geschieht dadurch, dass der Vermieter die Miete mit gesondertem Ausweisen der Umsatzsteuer abrechnet oder dass er den Umsatz in seiner Steuervoranmeldung als umsatzsteuerpflichtig behandelt (BFH Urteil vom 05.02.2004 BStBl.II 2004, 795). Mit dieser Vorgehensweise besteht gegenüber dem Finanzamt allein mit der Ausweisung und Rechnungstellung der Umsatzsteuer im Mietvertrag die Verpflichtung zur Abführung dieser Beträge, auch wenn die gesetzlichen Voraussetzungen für den Verzicht auf die Steuerbefreiung nicht erfüllt sind. Zur Miete und Umsatzsteuer vgl. auch *Schmid* NZM 1999, 292 ff. 228

Ob der Vermieter zur Umsatzsteuer optiert, unterliegt seiner freien Entscheidung, dies unabängig von den Interessen des Mieters (BGH ZMR 1981, 113; ZMR 1991, 171).

2. Anwendungsbereich. Voraussetzung für die Wirksamkeit der Option ist zunächst, dass an einen anderen Unternehmer für dessen Unternehmen vermietet wird (OLG Düsseldorf NZM 2006, 262). Wird daher aus Haftungsgründen neben dem Unternehmen noch eine Privatperson als Mietpartei aufgenommen, ist kein Verzicht auf die Umsatzsteuerfreiheit mehr möglich (BFH Urteil vom 07.11.2000, BFHE 194, 270). Gemäß § 9 Abs. 2 UStG kann der Vermieter im Vergleich zur alten Rechtslage (vgl. Änderung durch Artikel 20 Nr. 9 des Missbrauchsbekämpfungs- und Steuerbereinigungsgesetzes vom 21.12.1993, BGBl. I S. 2310) auf die Steuerbefreiung nur noch dann verzichten, »soweit der Leistungsempfänger das Grundstück ausschließlich für Umsätze verwendet oder zu verwenden beabsichtigt, die den Vorsteuerabzug nicht ausschließen«. Die Möglichkeit der Umsatzsteueroption für den Vermieter setzt demnach voraus, dass der Mieter (oder Untermieter) die Geschäftsräume ausschließlich zu umsatzsteuerpflichtigen Geschäften verwendet oder verwenden will. § 9 Abs. 2 UStG gilt gemäß § 27 Abs. 2 UStG für alle Gebäude, mit deren Erstellung nach dem 10.11.1993 begonnen wurde und für alle Gebäude, mit deren Erstellung zwar vor dem 11.11.1993 begonnen wurde, die aber erst am 01.01.1998 oder später fertiggestellt werden (zu den Begriffen »Fertigstellung« und »Beginn der Errichtung« vgl. BMF-Rundschreiben vom 30.12.1994, BStBl. 1994 I, S. 943). 229

3. Vereinbarung im Mietvertrag. Der Mieter ist zur Zahlung von Umsatzsteuer nur verpflichtet, wenn dies vereinbart ist (BGH NJW-RR 1991, 647; OLG Düsseldorf NJOZ 2011, 761). Eine formularvertragliche Regelung dazu ist nur zulässig, wenn der Mieter zum Vorsteuerabzug berechtigt ist (BGH NZM 2001, 952). Die Umsatzsteuer ist dann auch auf die abgerechneten Nebenkosten zu bezahlen (vgl. LG Hamburg ZMR 1998, 294; OLG Düsseldorf NJW-RR 1996, 1035; *Westphal* ZMR 1998, 262 ff.; zur Wirksamkeit vertraglicher Regelungen vgl. auch Lindner-Figura/*Bartholomäi* Kap. 10, Rn. 92 ff.).

4. Bagatellgrenze. Entgegen dem Gesetzeswortlaut nach § 9 Abs. 2 UStG sind die Finanzbehörden gemäß Artikel 148a Abs. 3 der Umsatzsteuerrichtlinien (vgl. BMF-Rundschreiben vom 30.12.1994 BStBl. 1994 I S. 943) angehalten, steuerfreie Umsätze des Mieters bis zu einer Bagatellgrenze von 5 % zu tolerieren. Trotzdem hat der Vermieter den Nachweis für die Voraussetzungen des Verzichts auf die Steuerbefreiung zu erbringen. Hierfür soll eine Bestätigung des Mieters genügen (BMF-Rundschreiben a.a.O., S. 943). Das Formular enthält daher eine entsprechende Verpflichtung des Mieters zur Vorlage der benötigten Bescheinigungen und eine Verpflichtung 230

231 **5. Rechtsfolgen.** Für den Vermieter ergibt sich gegenüber den Finanzbehörden die Gefahr, dass dort nur seine Erklärung steuerrechtliche Bedeutung hat. Stellt sich im Nachhinein heraus, dass der Mieter keine umsatzsteuerpflichtigen Geschäfte getätigt hat, hat der Vermieter die im entsprechenden Zeitraum durch Vorsteuererstattungen erhaltenen Beträge an das Finanzamt zurück zu zahlen. Dies unabhängig davon, ob er die Beträge beim Mieter geltend machen kann. Die Finanzbehörden haben insoweit gemäß § 15a UStG die Möglichkeit, den Vorsteuerabzug auch im Nachhinein zu berichtigen.

Unterliegt der Gewerberaummieter mit der von ihm ausgeübten Tätigkeit nicht der Umsatzsteuerpflicht, ist er nicht verpflichtet, auf den gewerblichen Mietzins Umsatzsteuer zu entrichten, auch wenn dies im Mietvertrag vereinbart ist (BGH NZM 2004, 785; KG Urteil vom 05.02.2004, Geschäftszeichen: 22 U 5/03). Der BGH hat in seiner Entscheidung lediglich offen gelassen, ob eine Zahlungspflicht des Mieters unter dem Gesichtspunkt der ergänzenden Vertragsauslegung oder des Wegfalls der Geschäftsgrundlage in Betracht kommt, wenn die Höhe der Miete unter Berücksichtigung der (später fehlgeschlagenen) Option der Vermieterin zur Steuerpflicht und der damit verbundenen Steuervorteile kalkuliert wurde.

Fehlt eine wirksame Vereinbarung im Vertrag, kann der Vermieter zwar zur Umsatzsteuer optieren, er kann sie aber nicht auf die Miete aufschlagen. Die Miete gilt dann als Bruttomiete, von der der Vermieter die Umsatzsteuer an das Finanzamt abführen muss (BGH NJW-RR 1991, 647; OLG Naumburg ZMR 2000, 291). Hat der Mieter Umsatzsteuer trotz unwirksamer Option an den Vermieter bezahlt, kann sich im Einzelfall ein Rückzahlungsanspruch gem. § 812 Abs. 1 S. 1 BGB ergeben (BGH NZM 2004, 785). Ausnahmsweise soll eine Zahlungsverpflichtung für den Mieter trotzdem bestehen, wenn die Auslegung des Mietvertrages ergibt, dass die Parteien einen Gesamtpreis, gänzlich unabhängig von der Wirksamkeit der Option, vereinbart haben (BGH ZMR 2009, 436).

5. Staffelmiete, Leistungsvorbehalt, Wertsicherungsklausel

232 § _____ **Staffelmiete, Leistungsvorbehalt, Wertsicherungsklauseln**

1. Die in § _____ vereinbarte Nettomiete erhöht sich zunächst [1]

ab [2] 01.11.2016 auf 4.635,00 EUR ab _____ auf _____ EUR

ab 01.11.2017 auf 4.774,05 EUR ab _____ auf _____ EUR

ab 01.11.2018 auf 4.917,27 EUR ab _____ auf _____ EUR

ab 01.11.2019 auf 5.064,79 EUR ab _____ auf _____ EUR

ab 01.11.2020 auf 5.216,76 EUR ab _____ auf _____ EUR

Nach Ende der Laufzeit der Staffelmiete richten sich weitere Mietanpassungen nach § __7__ Ziffer __2 bzw. 3__ des Vertrages.

2. Ist seit Beginn des Mietverhältnisse oder der letzten Änderung der Miete [3]

a) entweder ein Zeitraum von mehr als einem Jahr verstrichen oder

b) der vom Statistischen Bundesamt ermittelte Verbraucherpreisindex für Deutschland um mehr als 5 % gestiegen, soll die Angemessenheit der Miete überprüft und die Miethöhe neu vereinbart werden. [4] Die zuletzt geschuldete Miete ist in jedem Fall die Mindestmiete.

Kommt es zu keiner Einigung über die künftige Miethöhe oder sind seit dem schriftlichen Verlangen des Vermieters zwei Monate verstrichen, ohne dass es zu einer Einigung gekommen ist, soll ein von der Handelskammer Hamburg zu ernennender Sachverständiger als Schiedsgutachter die ortsübliche Miete nach billigem Ermessen feststellen [5]. Die festgestellte Miete gilt ab Beginn des Monats, der auf den Zeitpunkt folgt, zu dem der Vermieter das Verlangen auf Änderung der bisherigen Miete gestellt hat. Die Kosten des Gutachtens tragen die Parteien je zur Hälfte. [6]

3. Die nachstehende Klausel [6] gilt nur, sofern sie ausgefüllt ist, der Vermieter für die Dauer von mindestens zehn Jahren auf das Recht zur ordentlichen Kündigung verzichtet oder der Mieter das Recht hat, die Vertragsdauer auf mindestens zehn Jahre zu verlängern. In diesem Fall gilt Ziffer 2 nicht.

Steigt oder fällt der vom Statistischen Bundesamt ermittelte Verbraucherpreisindex für Deutschland gegenüber der letzten Vereinbarung oder Änderung der Miete um mehr als ___3___ %, ändert sich die Miete jeweils in dem gleichen prozentualen Verhältnis, und zwar vom Beginn des nächsten auf die Überschreitung des vereinbarten Prozentsatzes folgenden Kalendermonats an.

Erläuterungen

1. Einführung. Im Gegensatz zur Wohnraummiete sieht das Gesetz bei der Gewerberaummiete keine Mieterhöhungsmöglichkeiten vor. Vermieter sind deswegen darauf angewiesen, vertragliche Mieterhöhungsmöglichkeiten zu regeln. 233

Vereinbarungsfähig sind insbesondere: 234
– Leistungsvorbehalte,
– Staffelmieten,
– Gleitklauseln,
– Spannungsklauseln,
– Kostenelementeklauseln
und
– Umsatz- oder Gewinnbeteiligungsklauseln.

Unter den vorgenannten vertraglichen Mieterhöhungsmöglichkeiten finden Staffelmieten, Leistungsvorbehalte und Gleitklauseln in der Praxis am häufigsten Anwendung. 235

2. Staffelmiete. Nach der Legaldefinition in § 557a Abs. 1 BGB kann bei der Staffelmiete die Miete für bestimmte Zeiträume in unterschiedlicher Höhe schriftlich vereinbart werden. Die Mieterhöhungsschritte stehen für beide Vertragsparteien im Voraus fest. Die Vorteile liegen in der eindeutigen Kalkulierbarkeit der Miete und in der Vermeidung späterer Mieterhöhungserklärungen oder Unstimmigkeiten bei Neuverhandlungen. Die strengen Voraussetzungen und Beschränkungen an eine Staffelmietvereinbarung gemäß § 557a BGB gelten für Gewerberaummietverhältnisse nicht (§ 578 BGB). Die Staffel kann theoretisch auch in prozentualen Erhöhungen der Grundmiete ausgewiesen werden. Zur Vermeidung eines Streites über die Berechnungsmethode sollten die einzelnen Erhöhungsschritte allerdings betragsmäßig genau beziffert werden. Staffelmietvereinbarungen und Leistungsvorbehalte können grundsätzlich nebeneinander oder hintereinander vereinbart werden (zur Wirksamkeit von Staffelmiete und automatischer Gleitklausel vgl. *Schultz* NZM 2000, 1135, 1141). 236

3. Leistungsvorbehaltsklauseln (§ 1 Abs. 2 Nr. 1 PrKG). Wie unten Teil 1 Rdn. 247 ausgeführt, gilt das Preisklauselverbot für Leistungsvorbehaltsklauseln nicht. Im Gegensatz zu einer automatischen Mietzinsanpassung, die sowohl bei der Staffelmiete, als auch bei einer Gleitklausel eintritt, begründet der Leistungsvorbehalt zunächst nur einen Anspruch auf Neuverhandlung über die Miethöhe. Die Veränderung der Bezugsgröße stellt hier die Voraussetzung für die Mietzins- 237 änderung dar. Die Anpassung erfolgt nach einem entsprechenden Erhöhungsverlangen einer Vertragspartei im besten Fall durch eine Vereinbarung zwischen den Parteien, für die ein Ermessensspielraum verbleiben muss (BGHZ 63, 132; OLG Hamm NJW-RR 1996, 268).

238 Kommt eine Einigung nicht zustande, können die Vertragsparteien unterschiedliche Rechtsfolgen vereinbaren:
– Ein einseitiges Leistungsbestimmungsrecht durch den jeweiligen Gläubiger nach billigem Ermessen gemäß § 315 BGB, also durch den Vermieter auf Erhöhung, durch den Mieter auf Senkung der Miete je nach Entwicklung der Bezugsgröße.
– Eine Änderung durch einen Dritten gemäß § 317 BGB, regelmäßig durch einen Schiedsgutachter oder Sachverständigen, der seine Entscheidung nach billigem Ermessen zu treffen hat (s. Formular).

239 Der von der Handelskammer vorgeschlagene Schiedsgutachter kann nicht wegen Besorgnis der Befangenheit abgelehnt werden. Sein Gutachten ist nur darauf zu überprüfen, ob es offenbar unbillig oder unrichtig ist (§ 319 BGB). Das ist einerseits dann der Fall, wenn sich die Unrichtigkeit einem sachkundigen und unbefangenen Betrachter aufdrängt (so KG ZMR 1986, 194), andererseits auch dann, wenn die Ausführungen des Sachverständigen so lückenhaft sind, dass selbst ein Fachmann das Ergebnis aus dem Zusammenhang des Gutachtens nicht überprüfen kann (BGH MDR 1988, 381).

240 Weiterhin nicht unter das Preisklauselverbot fallen gemäß § 1 Abs. 2 Nr. 2 PrKG:
– Spannungsklauseln; das sind Klauseln, bei denen die ins Verhältnis gesetzten Leistungen (d.h. Bezugsgröße und Miete) im Wesentlichen gleichartig oder zumindest vergleichbar sind, z.B. durch Anknüpfung an die übliche Gewerbemiete.
– Kostenelementeklauseln gemäß § 1 Abs. 2 Nr. 3 PrKG, das sind Vereinbarungen, bei denen die Miete insoweit von der Entwicklung der Preise oder Werte für Güter oder Leistungen abhängig gemacht wird, als diese die Selbstkosten des Gläubigers bei der Erbringung der Gegenleistung unmittelbar beeinflussen.
– Umsatz- oder Gewinnbeteiligungsklauseln, entweder
  – durch Vereinbarung einer Umsatzmiete, deren Höhe an den Gewinn oder Umsatz des in den Mieträumen betriebenen Gewerbes gekoppelt ist oder
  – durch eine Umsatz oder Gewinnbeteilungsklausel, die eine Mieterhöhung zulässt, wenn bestimmte Umsatz- oder Gewinngrenzen überschritten sind (Einzelheiten dazu *Lützenkirchen* NZM 2001, 835; Schmidt-Futterer/Börstinghaus § 557b Rn. 18).

241 **4. Bezugsgröße.** Die Parteien können auch bei der Leistungsvorbehaltsklausel die Entwicklung der Lebenshaltungskosten als Bezugsgröße, d.h. als Voraussetzung für einen Anspruch auf Neuverhandlung festsetzen. Die Indexveränderung ist dann nur Anlass, nicht Maßstab für die Mieterhöhung.

242 **5. Bewertungsfaktor.** Die Parteien sollten eine klare Vereinbarung darüber treffen, ob die Miete angepasst oder neu vereinbart werden soll. Nur im letzten Fall (so auch das Formular) kommt es für die neue Miete auf die neue Marktmiete an (vgl. BGH NJW 1994, 1235 zur Mietanpassung; BGH MDR 1975, 838 zur Neuvereinbarung). Bei einer vereinbarten Neufestsetzung können Äquivalenzvorstellungen bei Mietvertragsabschluss keine Berücksichtigung mehr finden, es sei denn, diese ergeben sich eindeutig aus dem Vertrag. Unsicherheiten bei der Auslegung gemäß §§ 133, 157 BGB sollten die Parteien daher bei der Formulierung der Klausel durch die Angabe konkreter Bewertungsfaktoren entweder für eine Mietanpassung oder für die Neufestsetzung vermeiden.

▶ **Beispiel 1:**

243 Der Sachverständige muss auf dem Gebiet des Mietwesens tätig sein. Die Entscheidung soll sich an der Änderung der Lebenshaltungskosten und an der Entwicklung der Mietpreise für gewerblich genutzte Grundstücke orientieren.

▶ **Beispiel 2:**

Erhöht sich der vom StBA ermittelte Verbraucherpreisindex für Deutschland gegenüber dem Stand im Monat des Beginns des Mietverhältnisses, so kann der Vermieter zum …, eine Erhöhung des Mietzinses verlangen, wobei Erhöhungsmaßstab – unter Einbeziehung von Billigkeitserwägungen – die Indexveränderung sein soll. Die neue Miete ist jeweils ab dem 01.01. eines jeden Jahres zu zahlen, auch wenn das Änderungsverlangen später erfolgt.

Alternativ:

Erhöhungsmaßstab für die Neufestlegung der Miete ist die bei einer Neuvermietung zu erzielende Marktmiete vergleichbarer Objekte in vergleichbarer Lage.

Die Parteien können einen Anspruch auf Senkung der Miete dadurch ausschließen, dass sie die zuletzt geschuldete Miete als Mindestmiete festschreiben (s. Formular).

6. Wertsicherungsklauseln. Die Zulässigkeit von Wertsicherungsklauseln im Gewerberaummietrecht richtet sich seit dem 14.09.2007 nach dem Gesetz über das Verbot der Verwendung von Preisklauseln bei der Bestimmung von Geldschulden (**Preisklauselgesetz**, PrKG; BGBl. I 2007, 2246; zum Einwand der Verfassungswidrigkeit dieses Gesetzes vgl. MüKo/*Grundmann* § 245, Rn. 70; *Schultz* NZM 2008, 425, 426; a.A: *Schmidt-Ränsch* NJW 98, 3166 zur Vorgängerregelung). Das Gesetz hat das bisher anzuwendende Preisangaben- und Preisklauselgesetz (PaPKG) sowie die dazu erlassene Preisklauselverordnung (PrKV) vom 23.09.1998 außer Kraft gesetzt. Das neue Recht übernimmt ganz überwiegend die bisherigen Zulässigkeitsvoraussetzungen und die Bewertung der auch nach altem Recht erlaubten Klauseln. Mit dem Inkrafttreten des Preisklauselgesetzes geht der BGH für Wertsicherungsklauseln, die bis dahin weder genehmigungsfrei noch genehmigt waren und für die keine Genehmigung beantragt war, von einer mit Wirkung für die Zukunft auflösend bedingten Wirksamkeit aus (BGH NJW 2014, 52)

Die bisherige Systematik zwischen genehmigungsbedürftigen und nicht genehmigungsbedürftigen Klauseln ist allerdings weggefallen und wird nun durch gesetzlich geregelte Legalausnahmen definiert (vgl. zu allem *Gerber* NZM 2008, 152; *Schultz* NZM 2008, 425). Das Preisklauselverbot gilt gemäß § 1 Abs. 2 PrKG nicht für Leistungsvorbehalts-, Spannungs- und Kostenelementeklauseln. Diese sind ohne Einschränkung erlaubt.

6.1. Nach der **Übergangsvorschrift** in § 9 Abs. 2 PrKG gilt das neue Recht für sämtliche Preisklauseln, die bis zum 13.09.2007 vereinbart worden sind, wenn bis dahin beim Bundesamt für Wirtschaft und Ausfuhrkontrolle kein Genehmigungsantrag gestellt worden ist (so Palandt/*Heinrichs* zu § 245 BGB, Rn. 2; a.A. *Gerber* a.a.O.).

6.2. Im Gegensatz zum Leistungsvorbehalt (s. Hinweis Teil 1 Rdn. 237) kommt es bei der echten **Gleitklausel** (§ 2 Abs. 1, 3 Abs. 1 lit. 1e PrKG) zu einer automatischen Mietzinsanpassung, ohne das weitere Handlungen der Vertragsparteien hinzukommen müssen. Die Veränderung der vereinbarten Bezugsgröße (z.B. Lebenshaltungskostenindex) führt direkt zu einer Änderung der Miete. Solche Preisklauseln sind nach der oben zitierten Legaldefinition von dem Preisklauselverbot ausgenommen, wenn

– eine Koppelung an einen vom StBA oder einem statistischen Landesamt ermittelten Preisindex für die Gesamtlebenshaltung oder eines vom statistischen Amt der europäischen Gemeinschaft ermittelten Verbraucherpreisindexes erfolgt.

und

– eine zehnjährige Laufzeit, ein Verzicht des Vermieters auf die ordentliche Kündigung für diesen Zeitraum oder ein Recht des Mieters auf Verlängerung des Vertrages auf mindestens zehn Jahre (Option) eingeräumt ist.

– Ferner ist eine Klausel gem. § 2 Abs. 2, 3 PrKG nicht genehmigungsfähig und damit unzulässig, wenn sie eine unangemessene Benachteiligung für eine Vertragspartei darstellt. Dies wird angenommen, wenn nur eine Vertragspartei das Recht hat, die Anpassung zu verlangen, der geschuldete Betrag sich gegenüber der Entwicklung der Bezugsgröße überproportional ändern kann oder die Klausel nur eine einseitige Mieterhöhung bei einem Preisanstieg, nicht aber eine Ermäßigung beim Preis oder Wertrückgang vorsieht.

250 *6.3.* Bei einem Verstoß gegen das PrKG wird gem. § 8 PrKG eine **schwebende Wirksamkeit** von Wertsicherungsklauseln konstruiert. Die Unwirksamkeit tritt daher erst dann ein, wenn der Verstoß gegen das Preisklauselgesetz rechtskräftig festgestellt worden ist. Aus der Formulierung »soweit nicht eine frühere Unwirksamkeit vereinbart ist« ergibt sich, dass die Klausel abdingbar ist. Ist dies nicht geschehen, ergibt sich als Rechtsfolge für den Mieter, dass dieser verpflichtet ist, die in der Preisklausel vorgesehene Mieterhöhung zu bezahlen. Das rechtskräftige Urteil gilt nur für die Zukunft. Der bis dahin angefallene Mieterhöhungsbetrag steht endgültig dem Vermieter als Gläubiger des Zahlungsanspruches zu. Bisher war umstritten, ob diese Rechtsfolge auch vor Inkrafttreten des PrKG gilt. Der BGH hat inzwischen entschieden, das die Vorschrift auch auf Altverträge (vor dem 14.09.2007) Anwendung findet (BGH NZM 2014, 34)

Man unterscheidet zweierlei Arten von Gleitklauseln. Solche, die auf eine Veränderung der Punkte und solche, die auf eine Veränderung der Prozentzahl des entsprechenden Preisindexes abstellen. Bei der Formulierung der Gleitklausel ist auf die Unterscheidung zwischen Indexpunkten und Indexprozenten zu achten, um die Wirksamkeit der Klausel insgesamt nicht zu gefährden (unzulässige Indexpunkte = Indexprozente-Klausel vgl. *Neuhaus* Rn. 24). Das Formular enthält eine automatische Gleitklausel mit Bindung an den Verbraucherpreisindex für Deutschland als Bezugsgröße. Der Anpassungszeitpunkt wird durch eine Veränderung der **Prozentzahl** des entsprechenden Preisindexes definiert. Das StBA empfiehlt diese Vorgehensweise, um dadurch die Probleme bei der Umstellung auf ein neues Basisjahr zu vermeiden (Statistisches Bundesamt WuM 2003, 134, www.destatis.de <Merkblatt für Nutzer von Punkteregelungen in Wertsicherungsklauseln>). Bei einer Prozentregelung muss keine Umrechnung der Indizes auf ein früheres Basisjahr erfolgen. Es kann immer direkt mit den Indexständen des aktuellen Basisjahres gerechnet werden, selbst wenn im Vertrag ein früheres Basisjahr genannt ist. Da bei der Prozentregelung im Falle der Umstellung auf ein neues Basisjahr keine Umbasierung erfolgen muss, ist die Angabe eines Basisjahres überflüssig (*Schultz* NZM 2008, 428 m.w.N.; *Klingmüller/Wichert* ZMR 2003, 797).

6. Mietsicherheit

251 **Mietsicherheit**

1. Der Mieter leistet bei Abschluss des Mietvertrags 13.500,00 EUR als Mietsicherheit. [1]
Dazu errichtet er ein Sparkonto auf seinen Namen bei einem deutschen Kreditinstitut und verpfändet das Guthaben einschließlich der auflaufenden Zinsen dem Vermieter so, dass dieser jederzeit auf erstes Anfordern und ohne Nachweis der Pfandreife berechtigt ist, das gesamte verpfändete Guthaben abzufordern. Das Sparbuch/die Sparurkunde und die Verpfändungserklärung sind dem Vermieter auszuhändigen.

Die nachstehende Regelung gilt nur, sofern sie ausgefüllt ist.

2. Der Mieter kann die Mietsicherheit jederzeit durch eine unbefristete, unwiderrufliche, selbstschuldnerische Bürgschaft eines Kreditinstituts, welches im In-

land zum Geschäftsbetrieb befugt ist, über 13.500,00 EUR ersetzen, und zwar unter Verzicht des Bürgen auf die dem Hauptschuldner zustehenden Einreden, auf die Einreden der Anfechtbarkeit und der Aufrechenbarkeit sowie die Einrede der Vorausklage (§§ 768, 770, 771 BGB) wobei der Verzicht auf die Einreden dann ausgeschlossen ist, wenn die Gegenrechte des Mieters unbestritten oder rechtskräftig festgestellt sind. **2, 3, 4**

3. Der Vermieter gibt dem Mieter bei der Beendigung des Mietverhältnisses nach Räumung des Mietobjekts die Mietsicherheit zurück, soweit gegen den Mieter keinerlei Ansprüche aus dem Mietverhältnis bestehen oder zu erwarten sind.

Erläuterungen

1. **Kautionsvereinbarung.** S. zunächst die Hinweise Teil 1 Rdn. 139. 252

2. **Kautionsbürgschaft.** Diese ist bei der Gewerberaummiete häufiges Sicherungsmittel. Gemäß § 766 Abs. 1 Satz 1 BGB bedarf die Bürgschaftserklärung der **Schriftform** nach § 126 BGB. § 766 Abs. 1 Satz 2 BGB schließt die elektronische Form (§ 126a BGB) ausdrücklich aus. Dabei muss die Bürgschaftsurkunde neben dem Willen, für die fremde Schuld einzustehen, auch die Bezeichnung des Gläubigers, des Hauptschuldners sowie der gesicherten Forderung beinhalten (Schmidt-Futterer/*Blank* § 551 Rn. 20; s.a. *Geldmacher* DWW 2003, 214, 215). Ein Formmangel wird jedoch dadurch geheilt, dass der Bürge die gesicherte Forderung begleicht. Formfrei möglich ist die Bürgschaft eines Kaufmanns als **Handelsgeschäft** (§§ 350, 344, 343 HGB), somit auch die Bankbürgschaft. Allerdings empfiehlt sich schon aus Beweisgründen die Einhaltung der Schriftform (FachanwK-Mietrecht/*Riecke* § 551 Rn. 30). 253

Abzugrenzen ist die Bürgschaft insbesondere vom **Schuldbeitritt**. Ob eine Zahlungszusage als Schuldbeitritt oder als Bürgschaft zu verstehen ist, hängt zunächst davon ab, ob nach dem **verobjektivierten Parteiwillen** eine selbständige oder eine an die Hauptforderung angelehnte Schuld begründet werden soll; maßgebend sind auch hier die allgemeinen Auslegungsgrundsätze nach §§ 133, 157 BGB (OLG Düsseldorf ZMR 2008, 123, 124). Im ersten Fall liegt die Annahme eines Schuldbeitritts nahe, während im zweiten Fall i.d.R. eine Bürgschaft gewollt ist. Bleiben Zweifel, wie die Erklärung zu verstehen ist, ist eine Bürgschaft anzunehmen (BGH NJW 1986, 580; NZM 2011, 709 f.; OLG Düsseldorf ZMR 2001, 882, 883 = GE 2001, 488; *Geldmacher* DWW 2003, 214, 223 m.w.N.). Einen bürgschaftsähnlichen Charakter hat die (harte) **Patronatserklärung**, in der sich der Patron (regelmäßig ein Mutterunternehmen) verpflichtet, den Mieter (regelmäßig ein Tochterunternehmen) im Hinblick auf dessen Verpflichtungen gegenüber dem Vermieter finanziell auszustatten (Blank/Börstinghaus/*Blank* § 551 Rn 37; abw. Lützenkirchen/*Lützenkirchen* § 551 Rn 209: garantieähnlich). Die §§ 766 ff. BGB gelten hier entsprechend. 254

Die Vereinbarung einer **gesamtschuldnerischen Haftung** schließt eine Bürgschaft aus, denn Bürge und Hauptschuldner sind keine Gesamtschuldner (OLG Düsseldorf ZMR 2008, 123, 124). 255

Handelt es sich bei dem Bürgen um einen **Ehegatten**, nahen Angehörigen oder eine sonst emotional verbundene Person, so kann die Bürgschaftsübernahme sittenwidrig (§ 138 Abs. 1 BGB) sein, wenn sie eine **krasse finanzielle Überforderung** des Bürgen zur Folge hat. Nach dem Urteil des BGH vom 29.09.2004 (GuT 2005, 6) sind die vom BGH entwickelten Grundsätze zur Sittenwidrigkeit von Mithaftungsverträge zwischen Kreditinstituten und privaten Sicherungsgebern auch bei Gewerberaummietverhältnissen anzuwenden (s. aber auch LG Itzehoe/OLG Schleswig GuT 2011, 439; weitere Instanzrechtsprechung bei *Geldmacher* DWW 2007, 269, 270 ff.). 256

Bei der Mietbürgschaft sind im Wesentlichen **drei verschiedene Formen** denkbar: 257
– einfache Bürgschaft,
– selbstschuldnerische Bürgschaft und
– Bürgschaft auf erstes Anfordern.

258 Die Bürgschaft ist grds. **akzessorisch**, also vom Bestand einer Hauptforderung abhängig (§ 767 BGB). Der Bürge kann gem. § 768 BGB auch die Einwendungen und Einreden des Hauptschuldners, also des Mieters gegen die gesicherte Forderung geltend machen sowie nach § 770 BGB auf dessen Anfechtungs- und Aufrechnungsbefugnis verweisen. Die Bedeutung der Akzessorietät ist bei der einfachen Bürgschaft am größten und nimmt dann bei der selbstschuldnerischen Bürgschaft und der Bürgschaft auf erstes Anfordern immer weiter ab.

259 Die Bürgschaft sollte zweckmäßigerweise **selbstschuldnerisch** ausgestaltet sein, d.h. die Parteien sollten einen Verzicht des Bürgen auf die Einrede der Vorausklage (§ 771 BGB) vereinbaren. Anderenfalls müsste der Vermieter zunächst gerichtlich gegen den Mieter vorgehen und erfolglos die Zwangsvollstreckung gegen diesen betreiben, bevor er den Bürgen in Anspruch nehmen könnte.

260 Ein besonders effizientes Sicherungsmittel ist die **Bürgschaft auf erstes Anfordern**. Hier muss der Gläubiger, wenn er den Bürgen in Anspruch nehmen will, nicht die Schlüssigkeit der Hauptforderung darlegen, sondern lediglich die urkundlich vorgeschriebenen Voraussetzungen erfüllen. Der Bürge ist mit allen Einwendungen ausgeschlossen, die nicht offensichtlich oder liquide beweisbar begründet sind. Alle übrigen aus der Akzessorietät der Bürgschaft folgenden Einwendungen sind damit in den Rückforderungsprozess verlagert (BGH 2009, 3422, 3424; NJW 2003, 2231, 2233; 2002, 2388; 1997, 1435; 1996, 717; 1994, 380). Bei der Gewerberaummiete kann die Bürgschaft auf erstes Anfordern auch formularmäßig vereinbart werden (OLG Karlsruhe NZM 2004, 742 = MDR 2005, 85; KG GE 2004, 233 = DWW 2004, 85; anders bei der Wohnraummiete, s. LG Hamburg WuM 2003, 36; *G. Fischer* NZM 2003, 497 ff.; *Derleder* NZM 2006, 601, 603; zur Problematik MietPrax/*Hinz* F. 1 Rn. 598 f.). Teilweise wird gefordert, dass es sich bei dem Bürgen um ein Kreditinstitut, einen Versicherer oder ein sonstiges mit Rechtsgeschäften dieser Art vertrautes Unternehmen handelt (LG Hamburg WuM 2003, 36; *G. Fischer* NZM 2003, 497, 498; Blank/Börstinghaus/*Blank* § 551 Rn 28). Indes dürften die Vorschriften über den Verbrauchervertrag (§§ 310 Abs. 3, 312 ff. BGB) unerfahrenen Privatpersonen hinreichenden Schutz bieten.

261 **Achtung!** Die Bürgschaft stellt für den Vermieter regelmäßig eine geringere Sicherheit dar als die Barkaution. Ein Nachteil liegt z.B. darin, dass der Bürgschaftsbetrag nicht verzinslich angelegt wird und somit im Laufe der Mietzeit nicht anwächst (*Geldmacher* NZM 2003, 502).

262 **3. Keine Höchstgrenze.** Bei der Gewerbemiete ist die Höhe der Sicherheit – anders als bei der Wohnraummiete – grundsätzlich nicht begrenzt. Die Mietsicherheit darf den Betrag von drei Monatsmieten deutlich übersteigen (OLG Düsseldorf GE 2009, 1043, 1044). Eine Kautionsvereinbarung, die den Mieter auch **formularmäßig** verpflichtet, eine Kaution in Höhe von sechs Monatsmieten zu leisten, ist im Hinblick auf die Risiken, die den Vermieter insbesondere im Fall eines notleidend gewordenen Mietverhältnisses treffen können und deren Sicherung die Kaution – wie auch hier – im Regelfall dienen soll, grundsätzlich unbedenklich (OLG Düsseldorf a.a.O.; OLG Frankfurt OLGR 2005, 195). Eine Kautionsabrede kann jedoch auch hier unwirksam sein, wenn sie schikanös außerhalb eines nachvollziehbaren Sicherungsinteresses des Vermieters festgesetzt ist (OLG Brandenburg NZM 2007, 402 = ZMR 2006, 853 = GE 2006, 1402 = MDR 2007, 515: sieben Monatsmieten; s. auch *Horst* MDR 2007, 697, 698).

263 Eine gesetzliche Pflicht zur insolvenzfesten Anlage sowie zur der Mietsicherheit besteht bei Gewerberaum nicht. Gleiches gilt für die Verzinsung. Allerdings können die Parteien entsprechende Vereinbarungen treffen (vgl. BGH NZM 2008, 415, 416 = WuM 2008, 336, = ZMR 2008).

264 **4. Rückgewähr/Einreden.** Der Vermieter hat dem Mieter die von diesem gestellte Bürgschaftsurkunde nach Beendigung des Mietverhältnisses und nach Ablauf einer angemessenen Überlegungs- und Prüfungsfrist herauszugeben. Es gelten insoweit dieselben Grundsätze wie bei der Barkaution (OLG Hamm, NJW-RR 1992, 1036 unter Bezugnahme auf BGH WuM 1987, 966).

Gem. § 768 Abs. 1 BGB kann der Bürge die dem Hauptschuldner zustehenden Einreden geltend machen, somit auch die **Einrede der Verjährung** gem. § 214 Abs. 1 BGB. Ist also der Anspruch des Vermieters auf Schadensersatz aus §§ 280, 281 BGB nach § 548 Abs. 1 BGB verjährt, so kann die in Anspruch genommene Bank oder ein sonstiger Bürge das dem Mieter grds. gem. § 214 BGB zustehende Leistungsverweigerungsrecht geltend machen (BGH NZM 1998, 224). 265

Hinweis: Die Einrede der Verjährung ist nicht in entsprechender Anwendung des § 215 BGB oder des § 216 BGB ausgeschlossen (BGH NZM 1998, 224 = WuM 1998, 224 = ZMR 1998, 270). 266

Dem Bürgen ist die Berufung auf die Verjährung der Hauptforderung auch dann nicht verwehrt, wenn sie erst vollendet war, nachdem er aus der Bürgschaft gerichtlich in Anspruch genommen worden war (BGH NJW 1998, 2972). Eine **Klage gegen den Bürgen** hemmt grundsätzlich nicht die Verjährung des gesicherten Anspruchs gegen den Hauptschuldner. Anderes gilt nur dann, wenn der Hauptschuldner als Rechtsperson untergegangen ist; das ist bei der GmbH mit Löschung, nicht hingegen schon mit Auflösung der Fall (KG GE 2007, 1247; OLG München Beschl. v. 23.05.2005 – 5 W 1516/05 zit. nach juris). 267

Der Bürge kann die Verjährungseinrede sogar noch im Wege der **Vollstreckungsgegenklage** (§ 767 ZPO) geltend machen, wenn die Verjährungsfrist erst nach Schluss der letzten mündlichen Verhandlung vor dem Berufungsgericht abgelaufen ist (BGH NJW 1999, 278; 1993, 1131; dazu *Geldmacher* NZM 2003, 502, 503). 268

Die Parteien können aber vereinbaren, dass der Vermieter bezüglich verjährter Forderungen infolge der Bürgschaft keine Nachteile gegenüber einer Barkaution erleiden soll (s. *Durst* NZM 1999, 64, 66 mit Formulierungsvorschlag; Geldmacher NZM 2003, 502, 504). Individualvertraglich kann auch mit dem Bürgen die Vereinbarung getroffen werden, dass dieser **auf die Einrede der Verjährung verzichtet** (*Geldmacher* NZM 2003, 502, 504). Hingegen dürfte ein formularmäßiger Einredeverzicht unwirksam sein (vgl. BGH NJW 2003, 2231, 2233; 2001, 1857, 1858). Schließlich können die Parteien des Mietvertrags eine Verlängerung der sechsmonatigen Verjährungsfrist für die Ersatzansprüche des Vermieters (§ 548 Abs. 1 BGB) vereinbaren. Nach § 202 Abs. 2 BGB sind **verjährungserschwerende Vereinbarungen** grds. zulässig, soweit die Verlängerung der Verjährungsfrist nicht über 30 Jahre ab dem gesetzlichen Verjährungsbeginn hinausgeht. Nach überwiegender Auffassung kann die Frist des § 548 Abs. 1 BGB auch formularvertraglich auf bis zu ein Jahr angehoben werden (LG Detmold Urt. v. 01.06.2011 – 10 S 14/09 zit. nach juris; *Hau* NZM 2006, 566, 567; *Kandelhard* NJW 2002, 3291, 3292; *Geldmacher* NZM 2003, 502, 504; Schmidt-Futterer/*Streyl* § 548 Rn. 62); abschließend geklärt ist dies aber noch nicht (abl. insoweit LG Frankfurt/M NZM 2011, 546; *Mansel* NJW 2002, 89, 97; zweifelnd aber Emmerich/Sonnenschein/*Emmerich* § 548 Rn. 26). 269

7. Gebührenstreitwert und Rechtsanwaltsvergütung

Der Rechtsanwalt, der mit dem Entwurf eines unbefristeten Mietvertrages beauftragt wird, erhält hierfür eine Geschäftsgebühr gem. Nr. 2300 VV RVG. Der Rechtsanwalt kann seine Vergütung innerhalb eines Gebührenrahmens von 0,5 bis 2,5 nach den Kriterien des § 14 RVG bestimmen. Hierbei ist zu berücksichtigen, dass der Rechtsanwalt mehr als 1,3 nur fordern kann, wenn die Angelegenheit umfangreich oder schwierig war. 270

Der Gegenstandswert richtet sich für den Entwurf eines Mietvertrages nach § 23 Abs. 3 S. 1 RVG i.V.m. § 99 Abs. 1 GNotKG. Danach bestimmt sich der Gegenstandswert grundsätzlich nach dem Wert aller Leistungen des Mieters während der gesamten Vertragslaufzeit. 271

▸ Beispiel:

Der Rechtsanwalt erhält den Auftrag, einen Zeitmietvertrag (Vertragsdauer: 4 Jahre) zu entwerfen. Neben der monatlichen Miete in Höhe von 850,00 € sollen 150,00 € Nebenkosten so- 272 wie eine Kaution in Höhe von 3 Monatsmieten geleistet werden. Der Rechtsanwalt rechnet die Regelgebühr der Nr. 2300 VV RVG ab.

Gegenstandswert: 850 + 150 × 12 × 4 = 48.000,00 € zzgl. 2.550,00 € = 50.550,00 €	
1,3 Geschäftsgebühr, § 13 RVG Nr. 2300 VV RVG	1.622,40 €
Auslagenpauschale, Nr. 7002 VV RVG	20,00 €
Zwischensumme netto	1.642,40 €
Zzgl. 19 % USt., Nr. 7008 VV RVG	312,06 €
Summe	1.954,46 €

273 Bei Mietverträgen mit unbestimmter Dauer ist der Wert aller Leistungen des Mieters während dreier Jahre zugrunde zu legen. Auch hier sind neben der Miete auch alle sonstigen Leistungen des Mieters (Kaution, Heizung, Warmwasser, Versicherungen, Instandhaltungskosten, etc.) zu berücksichtigen. Wurde eine Staffelmiete vereinbart, so ist jeweils die höchste Staffel für die Berechnung des Gebührenstreitwertes ausschlaggebend (BGH NZM 2007, 935; BGH NZM 2005, 944).

▶ **Beispiel:**

274 Der Rechtsanwalt erhält den Auftrag, einen unbefristeten Mietvertrag zu entwerfen. Neben der monatlichen Miete in Höhe von 850,00 EUR sollen 150,00 EUR Nebenkosten sowie eine Kaution in Höhe von 3 Monatsmieten geleistet werden. Der Rechtsanwalt rechnet die Regelgebühr der Nr. 2300 VV RVG ab.

Gegenstandswert: 850 + 150 × 12 × 3 = 36.000,00 € zzgl. 2.550,00 € = 38.550,00 €	
1,3 Geschäftsgebühr, § 13 RVG, Nr. 2300 VV RVG	1.316,90 €
Auslagenpauschale, Nr. 7002 VV RVG	20,00 €
Zwischensumme netto	1.336,90 €
Zzgl. 19 % USt., Nr. 7008 VV RVG	254,01 €
Summe	1.590,91 €

275 Verträge, die auf unbestimmte Dauer geschlossen werden, das Kündigungsrecht des Mieters aber für eine bestimmte Zeit ausschließen, sind Mietverträge mit unbestimmter Dauer (*Hartmann*, Kostengesetze, § 25 KostO a.F., Rn. 6), so dass für den Entwurf eines solchen Vertrages zur Berechnung der Rechtsanwaltsgebühren der Dreijahreswert zugrunde zu legen ist. Gleiches gilt für Verträge auf Lebenszeit. Wurde das Kündigungsrecht des Mieters für einen längeren Zeitraum (z.B. vier Jahre) ausgeschlossen, so greift § 99 Abs. 1 S. 2, 2. Halbs. GNotKG mit der Folge, dass für die Berechnung des Gegenstandswertes der Wert für vier Jahre maßgeblich ist.

276 Der 20fache Jahresbetrag der einjährigen Leistung darf in keinem Fall überschritten werden (§ 99 Abs. 1 S. 3 GNotKG).

B. Mietgebrauch

I. Gebrauchsüberlassungspflicht

1. Grundsätzliches

Die Pflicht des Vermieters, den Mietgebrauch zu gewähren, hat zum Inhalt, dem Mieter das Mietobjekt in einem zum vertragsgemäßen Gebrauch geeigneten Zustand zu überlassen, es in diesem Zustand zu erhalten und Störungen des Gebrauchs fernzuhalten (§ 535 Abs. 1 S. 1, 2 BGB). 277

Der Vermieter erfüllt die Pflicht zur **Überlassung** in der Regel dadurch, dass er dem Mieter den unmittelbaren **Besitz** (= tatsächliche Sachherrschaft) verschafft. Hierzu gehört vor allem die Übergabe der erforderlichen Schlüssel. 278

Es empfiehlt sich aus Beweisgründen, ein Übergabeprotokoll (s. dazu Teil 1 Rdn. 300) zu erstellen. 279

2. Zeitpunkt

Die Überlassung muss zum vertraglich **vereinbarten Zeitpunkt** erfolgen. Wird dieser vom Vermieter nicht eingehalten, so gerät er ohne Mahnung in Verzug. Er kann seine Haftung formularmäßig nicht ausschließen, weil die Pflicht zur Überlassung eine Kardinalpflicht betrifft (vgl. OLG München WuM 1989, 129, 492). 280

Dagegen ist der Mieter nicht zur Übernahme der Räume verpflichtet; er gerät aber in Gläubigerverzug, wenn er die Übernahme ohne Gründe ablehnt, und schuldet die Zahlung der Miete (§ 537 Abs. 1 S. 1 BGB). 281

3. Zustand

Das Mietobjekt muss sich bei Übergabe in einem zum vertragsgemäßen Gebrauch **geeigneten Zustand** befinden. Maßgebend ist der vertraglich vereinbarte **Nutzzweck**. Werden z.B. Kellerräume zu Lagerzwecken für Waren vermietet, so müssen die Räume den Anforderungen an Lagerräume genügen (vgl. OLG Düsseldorf ZMR 1988, 222). 282

Den Vermieter trifft eine entsprechende Herrichtungspflicht. Es ist jedoch zulässig und insbesondere bei der Vermietung von Gewerberäumen verbreitet, diese durch Vertrag auf den Mieter abzuwälzen. **Formularklauseln** finden ihre Grenze an § 307 BGB. Die Klausel »Der Mieter hat auf seine Kosten die gesetzlichen Voraussetzungen für den Betrieb seines Gewerbes zu schaffen« ist unwirksam (BGH ZMR 1988, 376). 283

II. Erhaltungspflicht

Den Vermieter trifft außerdem die Pflicht, das Mietobjekt **instand zu halten** und instand zu setzen (§ 535 Abs. 1 S. 2 BGB). Das betrifft nach dem Gesetz auch die Durchführung der (laufenden) Schönheitsreparaturen und der sog. kleinen Reparaturen, sofern die Parteien nichts anderes vereinbart haben. Seine Pflicht beschränkt sich nicht auf die vermieteten Räumlichkeiten, sondern betrifft alle Teile, die dem Mietgebrauch unterliegen bzw. ihm dienen (z.B. Treppenhaus, Dach, Gemeinschaftsräume). Der Mieter hat einen entsprechenden Erfüllungsanspruch; andererseits steht dem Vermieter ein Anspruch darauf zu, das Mietobjekt zu betreten und zu besichtigen sowie die erforderlichen Reparaturen und zweckmäßige Modernisierungen durchzuführen, die der Mieter dulden muss (§ 554 BGB). 284

285 Die Instandhaltungs- und Instandsetzungspflichten können – jedenfalls zum Teil – durch Vereinbarung auf den Mieter übertragen werden. Für Formularklauseln ergeben sich Grenzen aus § 307 BGB. Das gilt auch für die Übertragung eines Übermaßes an laufenden Schönheitsreparaturen und von »kleinen Reparaturen« (BGH ZMR 2003, 653 f. = WuM 2003, 436 ff.; 1992, 372; 1989, 327).

III. Abwehr und Beseitigung von Störungen

286 Der Vermieter ist darüber hinaus verpflichtet sicherzustellen, dass der Mieter in der Lage ist, den vertragsgemäßen Gebrauch in den Mieträumen auszuüben. Die Pflicht beschränkt sich nicht auf die Erhaltung des baulichen Zustands, sondern bezieht sich auf die **Abwehr sonstiger Störungen**, die den Mietgebrauch beeinträchtigen (z.B. Lärm). Sie ist mithin an den Umfang des vertraglichen Gebrauchs geknüpft. Dieser ergibt sich aus dem vereinbarten **Vertragszweck**; ist ein solcher nicht ausdrücklich vereinbart, so lässt sich der Wille der Vertragspartner aus der Art des Mietobjekts schließen (z.B. Wohnung, Büro, Lagerraum).

287 Auch **öffentlich-rechtliche Hindernisse** können dem Vertragszweck entgegenstehen. Allerdings ist maßgebend, in wessen Risikobereich sie liegen. Auf personengebundene behördliche Genehmigungen (Gaststättenerlaubnis) hat der Vermieter keinen Einfluss; ihm obliegt es allein, dafür Sorge zu tragen, dass die Mieträume baubehördlich ordnungsgemäß sind (LG Mannheim NZM 1999, 406).

IV. Inhalt und Umfang des Mietgebrauchs

288 Ist Gegenstand des Mietvertrags eine Wohnung, so zählt zum vertragsgemäßen Gebrauch »Wohnen« alles, was zur Benutzung der Mieträume als existenziellem Lebensmittelpunkt des Mieters und seiner Familie gehört, also die **gesamte Lebensführung** in allen ihren Ausgestaltungen und allen ihren Bedürfnissen. Bei deren Verwirklichung kann sich der Mieter auch solcher Errungenschaften der Technik bedienen, die als wirtschaftliche Hilfsmittel aus dem gesamten Leben nicht mehr wegzudenken sind. Technische Neuerungen können folglich zu einer Ausweitung des vertragsgemäßen Gebrauchs führen, insbesondere dann, wenn sie für weite Schichten der Bevölkerung eine Selbstverständlichkeit geworden sind und zum allgemeinen Lebensstandard gehören (BayObLG ZMR 1982, 84).

289 Inhalt und Umfang des Mietgebrauchs werden auch durch die **Verkehrsanschauung** mitbestimmt (OLG Köln ZMR 1994, 111 für Mitvermietung des Gartens zu einem vermieteten Einfamilienhaus).

290 Ebenso wie der Mietgebrauch von den jeweiligen Zeitumständen und den Änderungen der sozialen Anschauungen abhängt (z.B. nichteheliche Lebensgemeinschaft als Mieter), unterliegt auch die Gebrauchsgewährpflicht des Vermieters Änderungen (z.B. Anpassung des Fernsehempfangs an Satellitenprogramme).

291 Außerdem kommt eine **Ausweitung** des Gebrauchs durch langjähriges widerspruchsloses Nutzen in Betracht (OLG Düsseldorf DWW 1992, 82).

292 Inhalt und Umfang des Mietgebrauchs können **vertraglich eingeschränkt**, insbesondere von der Erteilung der Vermietererlaubnis abhängig gemacht werden, so die Untervermietung und die Haltung eines Tieres.

1. Übergabe des Mietobjekts

a) Aufforderungsschreiben zur Überlassung der Mietsache

Aufforderungsschreiben zur Überlassung der Mietsache [1]

Ausweislich der im Original beigefügten Vollmacht zeige ich die Vertretung des Mieters

oder

der Mieter

des von Ihnen gemieteten Mietobjektes an.

Mit Vertrag vom _____ mietete meine Mandantschaft von Ihnen die im Hause _____ belegenen Räume. Bisher wurde die Mietsache nicht an meine Mandantschaft übergeben. [2]

Zur Überlassung der Mieträume an meine Mandantschaft habe ich Ihnen eine Frist bis zum _____ zu setzen. [3]

Sollte die Mietsache innerhalb dieser Frist nicht übergeben worden sein, behält sich meine Mandantschaft ausdrücklich vor, das Mietverhältnis Ihnen gegenüber fristlos zu kündigen. [4]

Ferner muss ich Sie für den Schaden verantwortlich machen, der meiner Partei durch die nicht oder nicht rechtzeitig erfolgte Gebrauchsüberlassung entsteht. [5]

Erläuterungen

1. Übergabeort. Die Übergabe hat **am Mietobjekt** zu erfolgen. Der Mieter ist also nicht verpflichtet, sich die Schlüssel beim Vermieter abzuholen. Der Vermieter braucht dem Mieter die Schlüssel nur am Mietobjekt zu übergeben.

2. Übergabetermin. Der Vermieter gerät mit Verstreichen des **Übergabetermins** automatisch in **Verzug**. Für ihn empfiehlt es sich, den Termin möglichst flexibel zu gestalten, um einen Schuldnerverzug zu vermeiden. Das kann etwa dadurch geschehen, dass zum Übergabetermin hinzugefügt wird: »frühestens …, jedoch nicht vor Bezugsfertigkeit/Auszug des Vormieters.« S. die Muster und Hinweise zu Teil 1 Rdn. 57.

Der Vermieter kann die Schlüsselübergabe und die Besitzeinräumung von der Zahl der ersten Miete sowie der ersten Kautionsrate (1/3 der vereinbarten Kaution, § 551 BGB) abhängig machen. Dies gilt auch bei Vereinbarung durch Formularklausel (LG Bonn ZMR 2009, 529).

3. Fristsetzung. Das Setzen einer angemessenen Frist zur Abhilfe (oder eine Abmahnung) ist grundsätzlich Voraussetzung für die fristlose Kündigung nach § 543 Abs. 2 Nr. 1 BGB (s. die Hinweise zu Teil 1 Rdn. 1957). Hiervon kann nur in den Fällen des § 543 Abs. 3 S. 2 Nrn. 1 und 2 BGB abgesehen werden, nämlich wenn
- die Frist oder Abmahnung offensichtlich keinen Erfolg verspricht oder
- eine sofortige Kündigung aus besonderen Gründen unter Abwägung der beiderseitigen Interessen gerechtfertigt ist, insbesondere die Erfüllung des Vertrages für den Mieter kein Interesse mehr hat.

4. Fristlose Kündigung. Zur außerordentlichen fristlosen Kündigung nach § 543 BGB s. Muster und Hinweise zu Teil 1 Rdn. 1954.

5. Schadensersatz. Grundlage für einen **Schadensersatzanspruch** des Mieters ist § 536a BGB. Den Vermieter trifft die verschuldensunabhängige **Garantiehaftung** für die rechtzeitige Übergabe, wenn ein bestimmter Einzugstermin vereinbart worden ist. Daneben bleibt das Recht zur fristlosen Kündigung nach § 543 Abs. 2 S. 1 Nr. 1 BGB.

299 Die verschuldensunabhängige Garantiehaftung des Vermieters kann bei Mietverhältnissen über Wohnraum wie über Gewerberaum abbedungen werden – auch durch Formularklausel (BGH NJW-RR 1991, 74 = ZMR 1992, 241; NZM 2002, 784).

b) Übergabeprotokoll

300 **Die Miethäume** _____ **sind heute dem Mieter vom Vermieter übergeben worden.** [1]

Der Mieter erklärt, dass der dekorative Zustand der ihm übergebenen Räume mängelfrei ist. [2]

oder

Der Mieter erklärt, dass der dekorative Zustand der ihm übergebenen Räume mit Ausnahme der unten bezeichneten Mängel einwandfrei ist.

Bei der Übergabe wurden folgende Mängel festgestellt (spezifizierte Aufstellung der einzelnen Mängel): [3]

Bezeichnung der Räume	Bezeichnung der Mängel

Der Vermieter wird vorbezeichnete Mängel auf seine Kosten bis zum _____ **beseitigen.** [4]

Dem Mieter werden folgende Schlüssel ausgehändigt (spezifizierte Aufzählung der einzelnen Schlüssel): [5]

Erläuterungen

301 **1. Beweislast.** Macht der Mieter geltend, dass ein Mangel schon bei Beginn des Mietverhältnisses vorhanden war, so muss der Vermieter den mangelfreien Zustand bei Übergabe beweisen. Haben die Parteien jedoch eine gemeinsame Wohnungsübergabe durchgeführt und den Zustand der Räume in einem von beiden unterzeichneten **Übergabeprotokoll** dokumentiert, so muss der Mieter darlegen und beweisen, dass ein nicht im Protokoll aufgeführter Mangel bereits im Zeitpunkt der Übergabe vorhanden war (OLG Düsseldorf NJW-RR 2004, 300 = GE 2003, 1080). Ist ein Mangel im Protokoll vermerkt, so gilt er damit aber nicht als vom Mieter »genehmigt«. In der

Unterzeichnung des Übergabeprotokolls durch den Mieter liegt somit kein negatives Schuldanerkenntnis i.S. des § 397 Abs. 2 BGB.

2. Formularmäßige Übergabeerklärungen. Sie sind nur wirksam, wenn sie gesondert vom Mietvertrag gehalten und unterschrieben worden sind und keine weiteren Erklärungen als die Empfangsbestätigung enthalten (§ 309 Nr. 12 BGB). 302

Formularklauseln innerhalb des Mietvertrags, in denen der Mieter bestätigt, dass sich die Wohnung im ordnungsmäßigen Zustand befindet oder »wie besichtigt« angemietet wird, sind unwirksam. 303

3. Bezeichnung der Mängel. Für den Vermieter empfiehlt es sich aus Gründen der Beweiserleichterung, ein Übergabeprotokoll sorgfältig zu erstellen und auf möglichst alle reparaturanfälligen Teile des Mietobjekts (Sanitärgegenstände) zu beziehen. 304

4. Herrichtungspflicht. Diese obliegt dem Vermieter aufgrund seiner Gebrauchsgewährpflicht kraft Gesetzes (§ 535 Abs. 1 S. 2 BGB). Sie gilt auch für die Behebung solcher Schäden, die im Übergabeprotokoll nicht festgehalten worden sind. Hier muss der Mieter aber beweisen, dass die Mängel schon bei Übergabe vorhanden waren (aber übersehen wurden) oder dass sie von ihm nicht zu vertreten sind, insbesondere dass es sich nur um Folgen des vertragsgemäßen Gebrauchs handelt (§ 535 Abs. 1 S. 3 BGB). 305

Auch muss der Vermieter Schutzvorkehrungen gegen drohende Schäden treffen (z.B. Einbau einer Hebeanlage bei Hochwassergefahr, Einbau zumindest eines Schnappschlosses in die Hauseingangstür, um Unbefugte am Zutritt und Aufenthalt im Treppenhaus zu hindern). 306

5. Schlüssel. Anzahl und Art der dem Mieter überlassenen Schlüssel sollten im Übergabeprotokoll genau vermerkt werden. 307

Der Mieter sollte ggf. darauf hingewiesen werden, wenn die Schlüssel zu einer Schließanlage gehören, die bei Verlust aus Sicherheitsgründen einen Austausch der gesamten Anlage erforderlich macht, falls eine missbräuchliche Verwendung durch Unbefugte zu befürchten ist (BGH, 05.03.2014, AZ VIII ZR 205/13).

c) Schadensersatzklage des Mieters wegen Nichtüberlassung des Mietobjekts

Namens und in Vollmacht des Klägers wird beantragt, den Beklagten zu verurteilen, an den Kläger 3.765,00 € zuzüglich Zinsen p.a. hierauf in Höhe von 5 Prozentpunkten über dem Basiszinssatz ab Zustellung dieser Klageschrift zu zahlen. [1] 308

Begründung:

Der Kläger mietete vom Beklagten auf der Grundlage des in Fotokopie als <u>Anlage K 1</u> überreichten Vertrages mit Wirkung ab (_____) das dort bezeichnete Mietobjekt. Eine Übergabe zum Mietvertragsbeginn erfolgte nicht. Auch wurde das Mietobjekt nicht später überlassen, obwohl der Beklagte dazu vom Kläger unter Fristsetzung bis zum _____ aufgefordert wurde. Somit kann der Kläger nunmehr Schadensersatz statt der Leistung verlangen. Einen berechtigten Grund zur Vorenthaltung des Mietobjektes oder Kündigung des Mietvertrags kann der beklagte Vermieter für sich nicht beanspruchen. Die Höhe des dem Kläger erwachsenen Schadens kann bislang wie folgt spezifiziert werden (es folgt eine detaillierte Darstellung zu den Schadensersatzpositionen unter Überreichung von Belegen und Beweisantritten): [2]

Teil 1 Mietrecht

Beispiel:	Angaben in €
Obwohl sich der Kläger sofort nach Ablauf der dem Beklagten gesetzten Nachfrist zur Überlassung des Mietobjektes um ein Ersatzobjekt bemühte und zu diesem Zweck das in Kopie als Anlage K 2 überreichte Inserat im Hamburger Abendblatt aufgab und auch den Makler Felix Gladigau beauftragte, konnten Ersatzräume erst mit Wirkung ab 01.01.2015 angemietet werden. [3]	
Beweis:	
1. Zeugnis des Maklers Felix Gladigau,	
2. Vorlage des Mietvertrags über das Ersatzobjekt in Fotokopie als Anlage K 3	
3.	
Ausweislich der in Fotokopie als Anlage K 4 beigefügten Rechnung des Hamburger Abendblatts vom _____ beliefen sich die Inseratskosten auf	150,00
Das Ersatzobjekt wurde von dem Makler Felix Gladigau vermittelt. Er berechnete vertragsgemäß dem Kläger eine Courtage in Höhe von _____. Zum Nachweis dieses Aufwandes wird in Kopie als Anlage K 6 die Rechnung des Maklers vom _____ beigefügt.	1.500,00
Die bisherigen Miträume des Klägers in der Schimmelmannstraße 24, 22043 Hamburg musste er spätestens zum 30. Nov. 2014 räumen und daher Möbel sowie diverse Einrichtungsgegenstände für einen Monat einlagern. Gemäß der in Fotokopie als Anlage K 7 überreichten Rechnung vom _____ sind dadurch zu Lasten des Klägers Einlagerungskosten in Höhe von _____ entstanden. [4]	378,00
Ferner hatte der Kläger für die vom Beklagten gemieteten Räume bereits eine maßgeschneiderte Einbauküche anfertigen lassen. Sie musste, damit sie in das neue Mietobjekt passte, umgebaut werden. [5]	
Beweis: Zeugnis des Tischlermeisters Werner Schmutlach, Anschrift wie aus der Anlage K 8 ersichtlich.	
Dessen Rechnung über die notwendigen Änderungen der Einbauküche vom _____ in Höhe von wird in Kopie als Anlage K 8 beigefügt.	537,00
Das vom Kläger angemietete Ersatzobjekt entspricht nach Art, Größe, Ausstattung, Beschaffenheit und Lage demjenigen Objekt, das vom Beklagten gemietet war. Gleichwohl verlangte der neue Vermieter eine um 200,00 € höhere monatliche Nettokaltmiete, die objektiv nicht überhöht ist. Im Hinblick auf den Zeitdruck, unter dem der Kläger naturgemäß stand und mangels anderer Alternativen blieb ihm nichts anderes übrig, als die ihm angebotenen Mietkonditionen für das Ersatzobjekt zu akzeptieren. Als Schaden des Klägers wird insoweit vorerst geltend gemacht die Mietdifferenz von 6 Monaten (01.01.2015 bis 30.06.2015) in Höhe von [6]	1.200,00
Vorläufiger Gesamtschaden:	3.765,00

Vergeblich wurde der Beklagte außergerichtlich zum Ausgleich dieses Betrages aufgefordert. Seine gerichtliche Inanspruchnahme ist daher erforderlich geworden. [7]

Erläuterungen

1. Zuständiges Gericht. Zur Zuständigkeit für die Klage s. die Hinweise zu Teil 1 Rdn. 2334. 309

2. Schadensersatz statt der Leistung. Der Vermieter ist nach § 535 Abs. 1 S. 1 BGB verpflichtet, dem Mieter die Mietsache zum vereinbarten Vertragsbeginn (s. dazu die Hinweise zu Teil 1 Rdn. 58) zu überlassen. Kommt der Vermieter dieser Pflicht nicht nach, so kann der Mieter gemäß §§ 280, 281 BGB Schadensersatz statt der Leistung verlangen. Voraussetzung ist aber, dass 310
– der Mieter den Vermieter aufgefordert hat, ihm nunmehr binnen einer bestimmten angemessenen Frist das Mietobjekt zu überlassen und
– die Frist erfolglos verstrichen ist.

Eine Fristsetzung ist aber nach § 281 Abs. 2 BGB nicht erforderlich, 311
– wenn der Vermieter die Übergabe der Mietsache ernsthaft und endgültig verweigert hat oder
– wenn besondere Umstände vorliegen, die unter Abwägung der beiderseitigen Interessen die sofortige Geltendmachung des Schadensersatzanspruchs rechtfertigen.

Hinweis: Im Zweifel sollte die Rechtsanwältin oder der Rechtsanwalt davon ausgehen, dass diese Voraussetzungen nicht vorliegen. 312

Nach altem Recht wandelt sich ein Erfüllungsanspruch nach Ablauf der gesetzten Frist automatisch in einen Schadensersatzanspruch um. Nach neuem Recht ist dies nicht mehr der Fall, die Ansprüche bleiben nebeneinander bestehen. Bei einem Anspruch auf Überlassung der Mietsache wird dies aber nur noch für die Zukunft maßgeblich sein, für die Vergangenheit wird der Mieter selbstverständlich Schadensersatz beanspruchen. 313

3. Schadensumfang. Der Anspruch ist auf Ersatz des durch die Nichterfüllung entstandenen Schadens gerichtet. Der Mieter muss so gestellt werden, wie er stehen würde, wenn der Vermieter den Vertrag ordnungsgemäß erfüllt hätte (sog. positives Interesse, vgl. BGH NJW 1998, 2901). Zu ersetzen sind sämtliche mit der Suche und Anmietung der Ersatzräume verbundenen Kosten, so insbesondere die Kosten für **Zeitungsannoncen** sowie eine aufgewendete **Maklercourtage** (vgl. AG Bad Oldesloe WuM 1995, 170). 314

Nach altem Recht war es einem einen Makler beauftragenden Vermieter möglich, dem Mieter die Courtageverpflichtung aufzuerlegen. Mit Einführung der Mietpreisbremse ist dies nicht mehr möglich, wenn der Vermieter den Makler beauftragt hat. Ein Anspruch des Maklers, seine Courtage vom Mieter zu verlangen, besteht aber gemäß § 2 Abs. 2a des Gesetzes zur Regelung der Wohnungsvermittlung, wenn der Mieter den Makler mit der Suche einer Wohnung beauftragt.

4. Mehrkosten. Ersatzfähig sind auch die Mehrkosten, die dadurch entstehen, dass der Mieter seine vormalige Wohnung zum vereinbarten Termin räumen muss und ihm im Anschluss daran, aufgrund der Nichtleistung des Vermieters, vorerst kein neuer Wohnraum zum Abstellen seines Mobiliars zur Verfügung steht. Hierdurch wird eine zeitweilige **Einlagerung** der Möbel erforderlich. 315

Darüber hinaus können in der Übergangszeit Kosten für die Miete eines Hotelzimmers entstehen. Allerdings trifft den Mieter gerade hier eine Obliegenheit, den Schaden möglichst gering zu halten (§ 254 Abs. 2 S. 1 BGB). Er muss nach Ablauf der gesetzten Frist alles tun, um schnellstmöglich angemessenen Ersatzwohnraum anzumieten. U.U. muss er sich auch – jedenfalls vorübergehend – mit einem Objekt begnügen, das nach Art, Größe, Beschaffenheit und Ausstattung nicht völlig dem Vertragsobjekt entspricht. 316

5. Umbaukosten. Zu ersetzen sind auch die Umbaukosten zur Anpassung der bereits angefertigten Einbauküche an die neuen Räumlichkeiten (vgl. AG Bad Oldesloe WuM 1995, 170). 317

6. Mietdifferenz. Muss der Mieter für die Ersatzwohnung eine höhere Miete zahlen als für das vertraglich geschuldete Objekt, so kann er die Mietdifferenz als Schadensersatz verlangen. Die Grundsätze der Vorteilsausgleichung und der Schadensminderungsobliegenheit gelten auch hier. 318

Ist das Ersatzobjekt höherwertiger als die ursprünglich gemietete (nicht überlassene) Wohnung, so ist der Differenzbetrag auf der Grundlage einer entsprechend reduzierten Neumiete zu berechnen. Ist das Ersatzobjekt geringwertiger, so ist die in die Differenzberechnung einzustellende Ausgangsmiete entsprechend zu reduzieren.

319 Der Mieter verletzt seine Schadensminderungspflicht, wenn er eine höherwertige Ersatzwohnung anmietet, obwohl gleichwertiger Wohnraum vorhanden war.

320 Die **Dauer der Ersatzpflicht** beläuft sich jedenfalls auf drei bis vier Jahre (vgl. LG Köln WuM 1992, 14; LG Darmstadt WuM 1995, 165). Man könnte auch von einem zeitlich unbegrenzten Schadensersatzanspruch ausgehen und dabei berücksichtigen, dass der in Anspruch genommene Erstvermieter bei Vollzug des Mietverhältnisses die Miete entsprechend der Marktentwicklung nach § 558 BGB hätte anheben können, so dass die Höhe des monatlichen Differenzschadens in angemessenen zeitlichen Abständen neu festzustellen sei.

321 Rückständige Differenzbeträge sind im Wege der Zahlungsklage in einer Summe geltend zu machen (s. Muster). Hingegen kann der Mieter Ersatz **künftiger Differenzschäden** nur in Raten jeweils bei Fälligkeit der Mieten des Ersatzmietverhältnisses verlangen (Schmidt-Futterer/*Blank* § 542 Rn. 118). Die prozessuale Durchsetzung erfolgt mit der Klage auf wiederkehrende Leistung gemäß §§ 257, 258 ZPO, da die Ersatzpflicht des Erstvermieters nicht von einer Gegenleistung abhängt. Änderungen der monatlichen Schadenshöhe kann dieser im Wege der Abänderungsklage geltend machen.

322 **7. Zahlungsaufforderung.** Die vorherige Zahlungsaufforderung an den Schuldner empfiehlt sich auch aus Gründen des Kostenrisikos. Reagiert der Schuldner auf eine vorprozessuale Zahlungsaufforderung nicht, so kann er sich im Prozess nicht darauf berufen, zur Klageerhebung keine Veranlassung gegeben zu haben (§ 93 ZPO).

323 **Beachten Sie!** Nach überwiegender Rechtsprechung kann der Mieter im Falle einer Doppelvermietung seinen Anspruch auf Besitzüberlassung gegenüber dem Vermieter nicht durch **einstweilige Verfügung** sichern (LG Hamburg, BeckRS 2008, 910789; KG NZM 2007, 518 = WuM 2007, 207 = ZMR 2007, 614; OLG Hamm NZM 2004, 192; OLG Schleswig MDR 2000, 1428; OLG Frankfurt/M. ZMR 1997, 22; a.A. OLG Düsseldorf NJW-RR 1991, 137; *Wichert* ZMR 1997, 16).

d) Antrag des Mieters auf Wiedereinräumung des entzogenen Besitzes und Zurückschaffung von – vom Vermieter entfernter – Gegenstände im Wege der einstweiligen Verfügung

324 Namens und in Vollmacht des Antragstellers wird beantragt, [1]

den Antragsgegner im Wege der einstweiligen Verfügung – der Dringlichkeit wegen ohne mündliche Verhandlung – zu verpflichten, [2]

dem Antragsteller den unmittelbaren Besitz an dem im _____ Geschoss des Hauses _____ belegenen Räume, bestehend aus _____ unter Aushändigung sämtlicher dazu gehörender Schlüssel einzuräumen; [3]

in die unter Ziff. 1. bezeichneten Räume folgende Gegenstände (möglichst genaue Bezeichnung der vom Vermieter entfernten Gegenstände), nämlich [4]

▶ Beispiel:

– 1 Schreibtisch Ahorn hell mit schwarzer integrierter Lederschiebeplatte;

– 1 Sidebord-Container, Ahorn hell mit 4 Schubladen;

- 5 Bücherregale aus Kiefernholz mit 2 messingfarbenen Beleuchtungskörpern;
- 1 Computer Fabrikat: Dell bestehend aus Monitor, Tastatur, PC, Drucker und Scanner;
- 1 Fernsehapparat;
- 1 Waschmaschine (Marke Bosch);
- 10 Stühle aus Stahlrohr mit Leder bezogen;
- 2 schwarze aus Plastik bestehende Papierkörbe;
- 10 schwarze Leitzordner nebst der darin eingehefteten Unterlagen

sowie alle sonstigen vom Antragsgegner aus dem Mietobjekt entfernten Gegenstände

▶ Beispiel:

wie diverses Bürozubehör, Bilder, Bücher und nicht in Aktenordner abgelegte Papiere

zurückzuschaffen und ggf. dort wieder fachgerecht aufzustellen oder einzubauen.

Begründung:

Der Antragsteller ist Mieter, der Antragsgegner Vermieter oben bezeichneter Mieträume aufgrund des als [5]

Anlage ASt 1
nur für das Gericht

in Ablichtung überreichten schriftlichen Mietvertrages. Durch verbotene Eigenmacht hat der Antragsgegner die Schlüssel des Mietobjektes ausgetauscht und zahlreiche dem Antragsteller gehörende Gegenstände aus dem Mietobjekt entfernt. Der Antragsteller hat z.Zt. keinen Zutritt zum Mietobjekt. Im Einzelnen ergibt sich die verbotene Eigenmacht aus nachstehenden Darlegungen:

▶ Beispiel:

Am 22. November 2015 fuhr der Antragsteller in den Urlaub. Am 13. Dezember 2015, 18.30 Uhr übersandte ihm der Antragsgegner folgende, auf dem Handy des Antragstellers gespeicherte SMS: [6]

»Hallo, nur zu deiner Information: die Schlösser in der Schimmelmannstraße 22 sind ausgewechselt und alle Räume leer. Wir können auf neutralem Boden unter Zeugen verhandeln. Gruß Felix«

Am 14. Dezember 2015, 15.00 Uhr kehrte der Antragsteller aus dem Urlaub nach Hamburg zurück. Er begab sich sofort zum Hause Schimmelmannstraße 22 und stellte fest, dass die Schlösser beider Eingangstüren tatsächlich offenbar ausgewechselt waren, da die im Besitze des Antragstellers befindlichen Schlüssel nicht mehr passten. Soweit er von außen in die Räumlichkeiten hineinsehen konnte, stellte er darüber hinaus fest, dass sie leer waren. Augenscheinlich hat also der Antragsgegner die Ankündigung in seiner SMS wahrgemacht.

> In dem Mietobjekt befanden sich zahlreiche, im Eigentum des Antragstellers stehende Gegenstände, die der Antragsteller, so gut es z.Zt. geht, nach seiner Erinnerung wie aus dem obigen Antrag ersichtlich aufgelistet hat.
>
> Noch am 14. Dezember 2015 suchte der Antragsteller um 16.00 Uhr Herrn RA Volker Hilfreich auf und schilderte ihm den Sachverhalt. Dieser verfasste daraufhin ein Schreiben, in dem der Antragsgegner, wie aus dem hier gestellten Antrag ersichtlich, aufgefordert wurde. Er fand sich indes nicht bereit, den Antragsteller wieder in den Besitz der fraglichen Räumlichkeiten zu setzen und die entfernten Gegenstände dorthin zurückzuschaffen.
>
> Zur weiteren Glaubhaftmachung wird als [7]
>
> Anlage ASt 2
>
> eine eidesstattliche Versicherung des Antragstellers über die Richtigkeit seines Sachvortrages abschließend beigefügt.

Erläuterungen

325 **1. Einstweilige Verfügung.** Hat der Vermieter dem Mieter den Besitz am Mietobjekt oder an den eingebrachten Sachen durch verbotene Eigenmacht entzogen, so kann der Mieter seine Ansprüche auf Wiedereinräumung des Besitzes sowie auf Herausgabe der entfernten Gegenstände nach §§ 858, 861 BGB im Wege einer einstweiligen Verfügung geltend machen. Eine besondere Dringlichkeit ist dazu nicht erforderlich (OLG Stuttgart NJW-RR 1996, 1516). Da die Besitzschutzansprüche (§§ 861, 862 BGB) darauf gerichtet sind, eine schnelle Wiederherstellung des durch verbotene Eigenmacht beeinträchtigten Besitzstandes zu ermöglichen, können sie ohne weiteres im Eilverfahren nach §§ 935 ff. ZPO geltend gemacht werden.

326 **2. Zuständiges Gericht.**

327 *2.1* Zur örtlichen und sachlichen Zuständigkeit s. zunächst die Hinweise zu Teil 1 Rdn. 2334.

328 *2.2* Für den Erlass der einstweiligen Verfügung ist das Gericht der Hauptsache zuständig (§ 937 Abs. 1 ZPO). Das ist grundsätzlich das Gericht des ersten Rechtszugs; wenn die Sache in der Berufungsinstanz anhängig ist, dann ist das Berufungsgericht als Gericht der Hauptsache anzusehen (§ 943 ZPO).

329 *2.3* **Örtlich** zuständig ist in Mietsachen regelmäßig das Gericht, in dessen Bezirk sich die herausverlangten Räume – gleichgültig, ob Wohn- oder Gewerberäume – liegen (§ 29a Abs. 1 ZPO). Eine Ausnahme gilt gemäß § 29 Abs. 2 ZPO lediglich nur für Mietverhältnisse nach § 549 Abs. 2 Nr. 1 bis 3 BGB (s. dazu Teil 1 Rdn. 1607); hier sind die allgemeinen Regelungen über die örtliche Zuständigkeit maßgebend, insbesondere die §§ 12 f., 29 ZPO.

330 *2.4* Bezieht sich der Antrag auf ein Wohnungsmietverhältnis, so ist für alle Rechtsstreitigkeiten stets das Amtsgericht **sachlich** ausschließlich zuständig (§ 23 Nr. 2a GVG).

331 *2.5* Betrifft der Antrag ein Gewerberaummietverhältnis, so richtet sich die sachliche Zuständigkeit nach dem **Streitwert** einer Klage in der Hauptsache. Bei Streitwerten bis zu 5000,00 € ist das Amtsgericht, bei höheren Streitwerten das Landgericht sachlich zuständig (§§ 23 Nr. 1, 71 Abs. 1 GVG). Maßgebend ist der sog. Zuständigkeitswert nach §§ 2 ff. ZPO. Bei Klagen um den Besitz von beweglichen Sachen oder Grundstücken kommt es auf den **Verkehrswert** der Sache an (§ 6 ZPO), nicht hingegen auf den Kaufpreis oder die subjektive Einschätzung des Klägers (Zöller/*Herget, ZPO*, § 3 Rn. 16 Stichwort: Herausgabeklagen). Maßgebend ist der Zeitpunkt der Klageeinreichung (§ 4 ZPO). Der Verkehrswert wird vom Gericht nach freiem Ermessen festgesetzt (§ 3 ZPO). Soweit das **Bestehen des Mietverhältnisses** streitig ist, bemisst sich der Zuständigkeitsstreitwert gemäß § 8 ZPO nach dem Betrag der auf die gesamte streitige Vertragszeit entfal-

lenden Miete. Bei einer bestimmten Vertragsdauer besteht eine Obergrenze bei dem 25-fachen Betrag des einjährigen Entgelts.

Daneben ist in dringenden Fällen das Amtsgericht, in dessen Bezirk sich die Mieträume befinden, sachlich zuständig (§ 942 ZPO); s. dazu Zöller/*Vollkommer*, ZPO § 942 Rn. 1 ff. 332

Schwebt bereits ein Rechtsstreit, bei dem es um die Wiedereinräumung des entzogenen Besitzes und die Zurückschaffung entfernter Gegenstände des Mieters geht, so ist dieses Gericht für den Erlass einer einstweiligen Verfügung zuständig, auch wenn es für die Hauptsache unzuständig ist (LG Hamburg MDR 1981, 1027). 333

3. Gerichtliche Entscheidung. Das Gericht kann über den Antrag ohne mündliche Verhandlung durch Beschluss oder aufgrund mündlicher Verhandlung durch Urteil entscheiden (§§ 921, 922, 936 ZPO). 334

Wird die einstweilige Verfügung durch Beschluss erlassen, so kann der Antragsgegner hiergegen **Widerspruch** einlegen. Über diesen wird in mündlicher Verhandlung entschieden (§§ 924, 936 ZPO). 335

Wird der Antrag im Beschlussverfahren zurückgewiesen, so steht dem Antragsteller der Beschwerdeweg offen. Wird über den Antrag durch Urteil entschieden, so kann hiergegen nach allgemeinen Vorschriften Berufung eingelegt werden. Jedoch muss die Berufungssumme über 600,00 € erreicht sein (§ 511 Abs. 2 Nr. 1 ZPO), es sei denn, das Gericht lässt die Berufung wegen der grundsätzlichen Bedeutung der Rechtssache oder zur Fortbildung des Rechts oder die Sicherung einer einheitlichen Rechtsprechung zu (§ 511 Abs. 2 Nr. 2, Abs. 4 ZPO). 336

4. Antrag. Die Bestimmtheit des Antrags (§ 253 Abs. 2 Nr. 2 ZPO) erfordert die genaue Bezeichnung der herausverlangten Sachen, so dass diese im Falle einer Zwangsvollstreckung identifizierbar sind. 337

5. Verbotene Eigenmacht. Wechselt der Vermieter ohne Zustimmung des Mieters die Schlösser der Mieträume aus, so liegt darin eine **verbotene Eigenmacht** i.S. des § 858 Abs. 1 BGB. Denn dem Mieter wird mit dem Austausch der Schlösser der Zugang zu den Räumen genommen, somit der unmittelbare Besitz daran ohne seinen Willen entzogen. Der Anspruch auf Wiedereinräumung des Besitzes ergibt sich aus § 862 Abs. 1 BGB. 338

Auch die **Wegnahme** der in den Räumen befindlichen Sachen stellt eine verbotene Eigenmacht dar. 339

Gegenüber dem Besitzschutzanspruch des Mieters aus § 861 Abs. 1 BGB kann der Vermieter keine **Einwände aus materiellem Recht** geltend machen (vgl. § 863 BGB). Insbesondere kann er nicht einwenden, das Mietverhältnis sei aufgrund einer außerordentlichen fristlosen Kündigung wegen Zahlungsverzugs (§ 543 Abs. 2 Nr. 3 BGB) beendet, so dass der Mieter ohnehin verpflichtet sei, das Mietobjekt zu räumen. Im Interesse einer schnellen Wiederherstellung des entzogenen bzw. beeinträchtigten Besitzes als eines von der Rechtsordnung geschützten Friedenszustands, ist der Störer auf folgende Verteidigungsmittel beschränkt: 340
– keine verbotene Eigenmacht, etwa wegen gesetzlicher Gestattung der Beeinträchtigung (z.B. § 859 BGB) oder eines Einverständnisses des Betroffenen,
– Erlöschen des Besitzschutzanspruchs (§ 864 BGB),
– Zurückbehaltungsrecht nach § 273 BGB (nicht hingegen nach § 320 BGB).

6. Vorgerichtliche Aufforderung. Eine vorgerichtliche Aufforderung gegenüber dem Schuldner auf Wiedereinräumung des Besitzes sowie auf Herausgabe der entfernten Gegenstände mag sinnvoll sein, wenn nach § 863 BGB (s. dazu Teil 1 Rdn. 340) erhebliche Einwände zu erwarten sind oder wenn die Möglichkeit besteht, den Schuldner doch noch zum Einlenken zu bewegen. Anderenfalls ist eine Aufforderung nicht erforderlich. Durch die verbotene Eigenmacht gibt der Schuldner regelmäßig Veranlassung zur Antragstellung nach §§ 935 ff. ZPO, so dass eine Kostentragung des Antragstellers (§ 93 ZPO) kaum zu besorgen ist. 341

342 **7. Glaubhaftmachung.** Das Vorbringen muss **glaubhaft** gemacht werden (s. §§ 920 Abs. 2, 936 ZPO). Hierfür genügt eine eidesstattliche Versicherung des Antragstellers (§ 294 Abs. 1 ZPO). Die eidesstattliche Versicherung muss konkret formuliert werden. Es reicht nicht aus, auf den Inhalt der Antragsschrift zu verweisen. Wird über den Antrag mündlich verhandelt, so können nur Zeugen gehört werden, die bei der Verhandlung bereits anwesend sind, d.h. in der Regel von der Partei selbst zum Termin gestellt werden.

343 **Achtung!**
– Die einstweilige Verfügung muss **innerhalb eines Monats** nach Zustellung des Beschlusses an den Antragsteller bzw. nach Verkündung des Urteils vollzogen werden (§§ 929 Abs. 2, 936 ZPO). Die fristwahrende Vollziehung muss im Regelfall durch Zustellung der Beschluss- oder Urteilsverfügung im Parteibetrieb erfolgen (Zöller/*Vollkommer*, ZPO § 929 Rn. 12), d.h. vom Antragsteller unter Einschaltung eines Gerichtsvollziehers selbst bewirkt werden (§§ 191 ff. ZPO).
– Die **Vollziehung** der einstweiligen Verfügung durch Vornahme von Vollstreckungsakten ist schon **vor Zustellung** des Titels an den Antragsgegner zulässig. Allerdings muss die Zustellung der einstweiligen Verfügung an den Antragsgegner gemäß §§ 929 Abs. 3 S. 2, 936 ZPO innerhalb einer Woche nach der Vollziehung und vor Ablauf der Monatsfrist des § 929 Abs. 2 ZPO erfolgen. Anderenfalls sind die Vollstreckungsakte unwirksam (s. Zöller/*Vollkommer*, ZPO § 929 Rn. 24).
Unterbleibt während der Vollziehungsfrist die Zustellung an den Antragsgegner, so führt dies bei der Beschlussverfügung nach Widerspruch (§ 924 ZPO) oder Aufhebungsantrag (§ 927 ZPO), bei der Urteilsverfügung nach Einlegung der Berufung (§§ 511 ff. ZPO) oder Aufhebungsantrag (§ 927 ZPO) zur Aufhebung der einstweiligen Verfügung (Zöller/*Vollkommer*, ZPO § 929 Rn. 21; OLG Düsseldorf NJW-RR 1999, 383).

V. Besichtigung des Mietobjekts

1. Formen des Besichtigungsrechts

344 Da der Mieter in den ihm überlassenen Räumen das Hausrecht auch gegenüber dem Vermieter genießt, steht diesem nur aus **besonderem Anlass** ein Recht zur Besichtigung und zum Betreten der Mieträume zu (LG Stuttgart ZMR 1985, 273; AG Hamburg NZM 2007, 211; AG Bonn NZM 2006, 897). Ein solcher ist insbesondere gegeben, um Schäden oder Gefährdungen aus konkretem Anlass festzustellen oder zu überprüfen.

345 Ob der Vermieter auch ohne solchen Anlass das Recht hat, in **regelmäßigen Abständen** eine allgemeine Besichtigung durchführen, war lange Zeit streitig. Der BGH hat dies in dem Urteil vom 04.06.2014 (WuM 2014, 495, 496 f. = ZMR 2014, 963, 964) abgelehnt. Ein periodisches Recht des Vermieters, ohne besonderen Anlass den Zustand der Wohnung zu kontrollieren, widerspricht nach Auffassung des BGH dem während der vertraglichen Laufzeit bestehenden uneingeschränkten Gebrauchsrecht des Mieters. Eine darauf gerichtete Formularklausel ist wegen unangemessener Benachteiligung des Mieters nach § 307 Abs. 1 S. 1 BGB unwirksam.

2. Besichtigungsanlässe

346 Soll das Mietobjekt **verkauft** werden, ist der Vermieter berechtigt, die Mieträume mit Kauf- oder Mietinteressenten zu besichtigen (AG Lüdenscheid WuM 1990, 489; s. auch *Schmid* WuM 2014, 316 ff.). Ist das Mietverhältnis gekündigt, so darf der Vermieter die Mieträume zwecks Abnahme besichtigen. Außerdem kann er die Mieträume betreten, um Messvorrichtungen (z.B. Heizkostenverteiler) abzulesen und zu kontrollieren.

3. Ausübung

Das Besichtigungsrecht ist schonend auszuüben; vermeidbare Belästigungen haben zu unterbleiben. Soweit der Vermieter zum Besichtigen und Betreten der Miträume befugt ist, kann er dieses Recht durch **Dritte** (z.B. Handwerker, Sachverständige, Messdienstbeauftragte) ausüben. Allerdings muss er die Person bei der Besichtigungsankündigung identifizierbar bezeichnen. Außerdem muss sich die besichtigende Person auf Verlangen des Mieters diesem gegenüber durch Vorlage eines geeigneten Ausweispapiers ausweisen.

347

Kommt es aus Anlass der Besichtigung zu Schäden oder Verschmutzungen, so kann der Mieter deren Beseitigung durch den Vermieter und bei Verschulden **Schadensersatz** verlangen.

348

4. Vereinbarungen

Eine **Formularklausel**, nach welcher der Mieter dem Vermieter jederzeit Zutritt zur Mietwohnung zu gewähren hat, ist gemäß § 307 Abs. 2 BGB i.V.m. Art. 13 GG unwirksam. Das Wesen des Mietvertrags liegt gerade in der Einräumung des uneingeschränkten Besitzes an den Mieter (LG München I WuM 1994, 370, 373). Zulässig soll dagegen eine Vereinbarung sein, wonach der Vermieter berechtigt ist, die Wohnung ohne besonderen Anlass in angemessenen Abstand – z.B. alle zwei Jahre zur Feststellung des allgemeinen Zustands – zu betreten (AG Hamburg, NJW-RR 2007, 592).

349

5. Ankündigung einer Besichtigung durch den Vermieter

Ausweislich der im Original beigefügten Vollmacht zeige ich die Vertretung des Vermieters

350

oder

der Vermieter

des von Ihnen gemieteten Mietobjektes im Hause _____ an.

Meine Mandantschaft möchte die an Sie vermieteten Räumlichkeiten am _____ besichtigen. Sorgen Sie bitte dafür, dass die Miträume zum genannten Termin zugänglich sind. [1]

Sollte eine Besichtigung zum obigen Zeitpunkt nicht möglich sein, kann diese auch am _____ oder _____ erfolgen. Können Sie den oben von mir zuerst genannten Termin nicht wahrnehmen, bitte ich Sie, mir bis zum _____ einen der beiden zur Auswahl gestellten Ersatztermine zu bestätigen. [2]

Die Besichtigung der Miträume soll aus folgenden Gründen vorgenommen werden (konkrete Nennung des Besichtigungszwecks): [3]

> ▶ Beispiel:
>
> Mein Mandant wird gemeinsam mit einem von ihm beauftragten Sachverständigen erscheinen, der zur Höhe der ortsüblichen Miete ein Gutachten erstellen soll. Das Gutachten soll ggf. Grundlage einer Erhöhung der Miete für die von Ihnen gemieteten Räume sein. [4]

> **Beispiel:**
>
> Das Mietobjekt steht zum Verkauf an. In Begleitung meiner Mandanten werden sich höchstens 4 Kaufinteressenten befinden, die alle Räumlichkeiten eingehend besichtigen möchten. Es ist mit einer Besichtigungsdauer von etwa 1–2 Stunden zu rechnen. [5]

Erläuterungen

351 **1. Ankündigung.** Der Vermieter muss die **Besichtigung** rechtzeitig ankündigen und nach Treu und Glauben auf die zeitlichen Belange des Mieters Rücksicht nehmen (z.B. Urlaub). Die **Ankündigungsfrist** richtet sich nach den Umständen des Einzelfalls. Bei Berufstätigen ist eine Vorlaufzeit von 7 bis 14 Tagen angemessen (Schmidt-Futterer/*Eisenschmid*, Mietrecht, § 535 Rn. 213). Bei Gefahr im Verzug muss der Mieter dem Vermieter aber eine kurzfristige Besichtigung gestatten. Im Normalfall ist eine Frist von 24 Stunden ausreichend (AG Köln, WuM 1986, 86). Im Übrigen steht dem Vermieter das Recht nur zu angemessener **Tageszeit** zu. Grundsätzlich muss der Vermieter die allgemeinen Besuchszeiten (montags bis freitags 10.00 bis 13.00 und 15.00 bis 18.00) einhalten.

352 Dem **Erwerber** einer Wohnung steht das Recht zum Betreten und zur Besichtigung erst zu, nachdem er Vermieter geworden ist (vgl. § 566 BGB). Will er die Wohnung vorher betreten, so muss er sich der Hilfe des Veräußerers bedienen oder das Einverständnis des Mieters einholen.

353 **2. Terminvorschlag.** Der Vermieter sollte alternativ Termine anbieten oder den Mieter um einen Terminvorschlag bitten. Die berufsbedingte Abwesenheit des Mieters ist kein Hinderungsgrund, auch wenn der Vermieter hierauf Rücksicht nehmen muss. In einem derartigen Fall muss der Mieter den Schlüssel bei einer Person seines Vertrauens oder dem Hausmeister hinterlegen. Der Mieter ist nach Treu und Glauben verpflichtet, sich auf die Vorschläge hin zu äußern und ggf. selbst einen Termin anzubieten. Verhält er sich schuldhaft passiv, so kann er sich dem Vermieter aus Pflichtverletzung gemäß § 280 Abs. 1 BGB schadensersatzpflichtig machen.

354 **3. Besichtigung.** Möglich ist nur eine Besichtigung aus besonderem Anlass. Ein periodisches anlassloses Besichtigungsrecht steht dem Vermieter nach dem Urteil des BGH vom 04.06.2014 (WuM 2014, 495, 496 f. = ZMR 2014, 963, 964) nicht zu.

355 **4. Dritte Personen.** Der Vermieter kann sich durch eine andere Person begleiten lassen, wenn hierfür – wie bei Einschaltung eines Sachverständigen oder eines Handwerkers – ein besonderer Grund gegeben ist. Er kann das Recht auch durch einen Dritten ausüben lassen, sofern dies sachgerecht ist. In einem solchen Fall kann der Mieter verlangen, dass der Dritte sich ausweist.

356 **5. Kaufinteressent.** Der **Kaufinteressent** ist grundsätzlich nicht berechtigt, ohne Begleitung des Vermieters die Wohnung zu betreten. Etwas anderes soll dann gelten, wenn der Vermieter den Interessenten rechtzeitig vorher namentlich benannt hat und dieser sich gegenüber dem Mieter ordnungsgemäß – durch Vorlage des Personalausweises – ausweist (LG Stuttgart WuM 1991, 578; LG Trier WuM 1993, 185; weitergehend AG München WuM 1994, 425). Die **Ankündigungsfrist** sollte mindestens eine Woche betragen.

357 Die Pflicht des Mieters, die Besichtigung zu dulden, besteht nur, wenn konkrete Kaufinteressenten vorhanden sind. In der Rechtsprechung ist das Besichtigungsrecht des Vermieters bei Verkaufsfällen auf einmal in der Woche beschränkt worden (LG Kiel WuM 1993, 52; noch enger: AG Hamburg WuM 1992, 540; LG Frankfurt, NZM 2002, 696: 3x im Monat nach Ankündigungsfrist von 3 Tagen zwischen 19 und 20 Uhr für 30 bis 45 Minuten).

6. Antwortschreiben des Mieters

Ausweislich der im Original beigefügten Vollmacht zeige ich die Vertretung des Mieters 358

oder

der Mieter an, für dessen

oder

deren

Mietobjekt Sie eine Besichtigung beanspruchen.

Gegen die von Ihnen geplante Besichtigung der Mieträume hat meine Mandantschaft keine Einwände. Die Besichtigung kann am _____ erfolgen. [1]

oder

Die geplante Besichtigung der Mieträume kann nicht in Betracht kommen, da der genannte Besichtigungszweck nach den getroffenen mietvertraglichen Vereinbarungen gegenwärtig eine Duldungspflicht nicht zu begründen vermag: [2]

▶ Beispiel:

Zweck der Besichtigung durch Sie und einen Sachverständigen soll nach Ihren Angaben die Erstellung eines Gutachtens zur Höhe der ortsüblichen Miete, das Gutachten soll ggf. Grundlage einer Mieterhöhung sein. Diese ist jedoch noch für einen Zeitraum von 3 Jahren ausgeschlossen, da bis dahin die Miete fest vereinbart ist. Meine Mandantschaft kann daher zurzeit ein berechtigtes Interesse an einer Besichtigung der Räume nicht erkennen. Anlässlich früherer Besichtigungen ist es bedauerlicherweise stets zu unerfreulichen Auseinandersetzungen mit Ihnen gekommen. Derartiges möchte die von mir vertretene Mietpartei nach Möglichkeit vermeiden.

Erläuterungen

1. Gestattung. Eine Pflicht, die Besichtigung zu gestatten, besteht nicht, wenn der Anlass vom Vermieter nicht konkret benannt wird. Lehnt der Mieter die Besichtigung zu Unrecht ab, so ist er dem Vermieter wegen **Pflichtverletzung** gemäß § 280 Abs. 1 BGB schadensersatzpflichtig. Allein der Umstand, dass es zwischen den Parteien bei früheren Besichtigungen zu Unstimmigkeiten gekommen ist, rechtfertigt eine Weigerung des Mieters nicht. 359

2. Besichtigungszweck. Verweigert der Mieter die Besichtigung der Wohnung, so steht dem Vermieter grundsätzlich kein Selbsthilferecht zu. Etwas anderes gilt gemäß § 229 BGB nur bei **Gefahr im Verzug** und wenn obrigkeitliche Hilfe nicht rechtzeitig zu erlangen ist. Vorrangig ist insoweit insbesondere der Antrag auf Erlass einer einstweiligen Verfügung, gerichtet auf Duldung der Besichtigung der Mieträume. S. dazu die Hinweise zu Teil 1 Rdn. 362. 360

7. Duldungsklage des Vermieters

Namens und in Vollmacht der klagenden Partei wird beantragt, [1] 361

den Beklagten – bei Vermeidung der gerichtlichen Festsetzung eines der Höhe nach in das Ermessen des Gerichts gestellten Ordnungsgeldes, ersatzweise einer Ordnungshaft oder einer Ordnungshaft bis zu 6 Monaten – zu verurteilen, eine Besichtigung der Mieträume ———————— durch den Kläger und/oder von ihm beauftragte Dritte zu ermöglichen und diese zu dulden.

Begründung:

Der Kläger ist Vermieter, der Beklagte Mieter der oben bezeichneten Mieträume aufgrund des als

– Anlage 1 –

– nur für das Gericht – in Ablichtung überreichten schriftlichen Mietvertrages.

Mit Schreiben vom ———————— ,

– Anlage 2 –

kündigte der Kläger eine Besichtigung der Mieträume unter Angabe des Besichtigungszwecks dem Beklagten gegenüber an. [2]

Ohne Angabe von Gründen verweigerte der Beklagte die geplante Besichtigung und erklärte, er werde auch zukünftig eine solche nicht ermöglichen und dulden. [3]

oder

Mit Schreiben vom ———————— ,

– Anlage 3 –

verweigerte der Beklagte aus den aus dem Schreiben ersichtlichen Gründen dem Kläger einen Zutritt zu den Mieträumen.

Der Beklagte ist jedoch zur Duldung einer Besichtigung verpflichtet. Das ergibt sich aus Folgendem (argumentative Auseinandersetzung mit den Ablehnungsgründen des Beklagten):

▶ Beispiel:

Der Einwand des Beklagten, eine Besichtigung der Mietwohnung durch einen Sachverständigen sei nicht erforderlich, da der Kläger zur Begründung eines evtl. Mieterhöhungsverlangens auf den Hamburger Mietenspiegel 2013 zurückgreifen könne, verfängt nicht. Auch wenn bisher im Streitfalle die Hamburger Gerichte in der Regel zur Bestimmung der ortsüblichen Miete für Wohnraum ausschließlich den jeweils geltenden Mietenspiegel als die nach ihrer Auffassung zuverlässigste Erkenntnisquelle anwenden, bleibt es dennoch der eigenverantwortlichen Entscheidung eines Vermieters überlassen, im Rahmen einer Mieterhöhungsanforderung auch auf ein anderes, gesetzlich zugelassenes Begründungsmittel, hier auf ein Sachverständigengutachten, zurückzugreifen. Diese Wahlfreiheit kann nicht durch Verhinderung einer Wohnungsbesichtigung unterlaufen werden. [4]

Erläuterungen

362 **1. Gerichtliche Geltendmachung.** *1.1* Grundsätzlich wird der Vermieter bei Weigerung des Mieters sein Besichtigungsanliegen im **Klagewege** durchsetzen müssen. Zur gerichtlichen Zuständigkeit s. die Hinweise zu Teil 1 Rdn. 2334.

363 *1.2* Eine **einstweilige Verfügung** (s. dazu Teil 1 Rdn. 324) wird in der Regel nicht zuzulassen sein, weil sie zu einer Erfüllung des Anspruchs und damit zu einer endgültigen Befriedigung des Vermieters führen würde. Ausnahmen können sich aber bei besonderer Dringlichkeit ergeben (LG

Duisburg NZM 2006, 897). Das ist z.B. der Fall, wenn der Vermieter die Wohnung zur Beseitigung einer **erheblichen Gefahr für Personen oder Sachen** betreten muss. Dabei dürfte eine Gefahr für das Mietobjekt, z.B. durch das Eindringen von Feuchtigkeit infolge eines Wasserrohrbruchs, ausreichen; es müssen jedoch konkrete Anhaltspunkte bestehen, dass ohne die Durchführung von Reparaturarbeiten ein erheblicher Sachschaden eintreten würde. Eine Besichtigung des Vermieters allein zur Überprüfung der Reparaturbedürftigkeit der Mietwohnung ohne besonderen Anlass reicht hingegen nicht aus (*Lützenkirchen* NJW 2007, 2152, 2156; *Hinz* NZM 2005, 841, 848 = WuM 2005, 615, 622).

1.3 Darüber hinaus wird ein Verfügungsgrund angenommen, wenn ein Betreten der Wohnung zum **Ablesen von Heizkostenverteilern** oder Wärmezählern erforderlich ist und der Mieter entweder den Zutritt verweigert oder zweimal unentschuldigt den angekündigten Ablesetermin versäumt hat (LG Hamburg DWW 1987, 169; Schmidt-Futterer/*Lammel* § 6 HeizKostV Rn. 8). Hingegen soll eine Besichtigung mit Kaufinteressenten nicht im Wege der einstweiligen Verfügung durchsetzbar sein (Lützenkirchen NJW 2007, 2152, 2156). Gleiches gilt für das ohnehin streitige Recht zur turnusmäßigen Besichtigung.   364

2. Besichtigungsankündigung. S. dazu die Hinweise zu Teil 1 Rdn. 351.   365

3. Weigerung des Mieters. S. dazu die Hinweise zu Teil 1 Rdn. 360.   366

4. Dritte Personen. Zur Besichtigung unter Beiziehung von Dritten s. die Hinweise zu Teil 1 Rdn. 347 und 355.   367

VI. Bauliche Veränderungen

1. Erhaltungs- und Modernisierungsmaßnahmen

Nach bisherigem Recht war ein Vermieter grundsätzlich nicht berechtigt, den Mietgegenstand gegen den Willen des Mieters zu verändern. Soweit dieser dennoch Arbeiten dulden musste, handelte es sich um **Ausnahmevorschriften**. Nunmehr ist mit den §§ 555a ff. BGB diese Thematik geändert worden. Danach muss der Mieter Maßnahmen, die zur Instandhaltung oder Instandsetzung der Mietsache erforderlich sind, dulden (§ 555a Abs. 1 BGB). Eine Abgrenzung zwischen Instandhaltung und Instandsetzung ist nun nicht mehr erforderlich. Zudem entfällt die Verpflichtung, eine Maßnahme anzukündigen, wenn die Einwirkungen auf die Mietsache nur unerheblich oder ihre sofortige Durchführung zwingend erforderlich ist (§ 555a Abs. 2 BGB). Siehe Muster und Hinweise unter Teil 1 Rdn. 374 und 377.   368

Die Vorschriften über die Duldung von Instandsetzungs- und Modernisierungsmaßnahmen gelten für **Wohnraum-** und für **Gewerberaummietverhältnisse** (vgl. § 578 Abs. 2 BGB).   369

2. Modernisierungsvereinbarungen

Die Parteien können auch eine Modernisierungsvereinbarung treffen, nach der sich der Vermieter oder der Mieter verpflichten, auf eigene Kosten bestimmte Maßnahmen durchzuführen. In einem solchen Fall sollte aber möglichst eine schriftliche Vereinbarung zwischen den Mietvertragsparteien getroffen werden, da es zum einen meist um nicht unerhebliche Eingriffe und Beträge geht und zum anderen gegebenenfalls bei einer Veräußerung des Gebäudes gemäß § 566 BGB ein Erwerber in die Vereinbarung eintritt, demgegenüber es sonst schwieriger ist, sich auf die Vereinbarung zu berufen (s. Muster und Hinweise unter Teil 1 Rdn. 431).   370

Vorteil der Modernisierungsvereinbarung: Der Duldungsanspruch des Vermieters nach § 555a Abs. 1 BGB und die Modernisierungsmieterhöhung (§ 559 BGB) erfordern keine formelle Modernisierungsankündigung.   371

3. Bauliche Veränderungen durch den Mieter

372 Schließlich kann es noch im Rahmen des **Mietgebrauchs** liegen, dass der Mieter gewisse bauliche Maßnahmen treffen darf und einen Anspruch auf Erteilung der Erlaubnis hierfür gegenüber dem Vermieter hat (s. dazu Teil 1 Rdn. 437, 452). Genehmigungsfrei sind Maßnahmen, die vor allem zur individuellen Einrichtung des Mieters gehören, keinen Eingriff in die **Bausubstanz** darstellen und den **optischen Gesamteindruck** des Hauses nach außen hin nicht verändern. Darüber hinaus hat die Rechtsprechung geringfügige bauliche Maßnahmen auch für zulässig erachtet, wie z.B. das Anbringen von Dübeln, wenn das übliche Maß nicht überschritten wird (LG Darmstadt NJW-RR 1988, 79; LG München I WuM 1989, 556). Nach AG Hamburg WuM 2007, 505 ist der Mieter grundsätzlich berechtigt, den Balkon der Wohnung mit einer Außensteckdose für Elektrizität zu versehen. Auch kann der Mieter einer Erdgeschosswohnung im Hinblick auf sein Sicherheitsbedürfnis Maßnahmen an den Fenstern der Wohnung vornehmen (z.B. **Außenrollläden**), wenn diese weder erhebliche Substanzschäden noch eine optische Beeinträchtigung erwarten lassen (LG Hamburg WuM 2007, 502).

373 Teilweise hat die Rechtsprechung sogar das Anlegen eines **Teichs** im Garten als zulässig angesehen, wenn dieser bei Beendigung des Mietvertrags ohne weitere Folgen beseitigt werden kann (LG Lübeck WuM 1993, 669). Das vermag jedoch angesichts der dadurch geschaffenen Gefahrenlage für kleine Kinder schwerlich zu überzeugen (tendenziell abl. auch LG Dortmund WuM 2001, 278). Zumindest wird der Vermieter eine Absicherung des Teichs durch eine ca. 1,20 m hohe Einzäunung oder durch ein unter der Wasseroberfläche zu installierendes stabiles Schutzgitter verlangen können. Da selbst diese Vorrichtungen das Ertrinken eines Kindes nicht völlig verhindern können, unterliegt nach der hier vertretenen Auffassung ein Gartenteich nicht dem allgemeinen Mietgebrauch (s. auch AG Münster WuM 1997, 486: Einfrieden des Teiches durch Mitmieter zum Schutz ihrer Kinder).

4. Anwaltliches Ankündigungsschreiben des Vermieters betreffend erforderliche Instandhaltungs- bzw. Instandsetzungsmaßnahmen der Mietsache (Erhaltungsmaßnahmen)

374 **Sehr geehrter Herr Mustermann,**

hiermit zeigen wir Ihnen an, dass uns Herr Beispielhaft mit der Wahrnehmung seiner rechtlichen Interessen in der vorbezeichneten Angelegenheit beauftragt hat. **Unsere Bevollmächtigung wird anwaltlich versichert.** [1]

Wie Ihnen bekannt ist, ist unser Mandant Vermieter Ihrer Wohnung in dem Objekt _____ in der _____. Auf Grund einer Ortsbesichtigung innerhalb Ihrer Miträume wurde festgestellt, dass folgende Bauarbeiten in Ihren Miträumen erforderlich sind, um diese in ordnungsgemäßem Zustand zu erhalten.

Diese stellen sich wie folgt dar:

▶ **Beispiel:**

Auf Grund einer Schimmelpilzbildung in der von Ihnen gemieteten Küche, welche auf der linken Wand der Tapete sichtbar geworden ist, muss das Mauerwerk aufgestemmt werden, sowie eine Trockenlegung des Wasserschadens erfolgen.

Im Anschluss sind dann die erforderlichen Dekorationsarbeiten vorzunehmen, bzw. hat eine Schimmelpilzsanierung zu erfolgen.

Die Erhaltungsmaßnahmen sind von Ihnen zu dulden und werden hiermit rechtzeitig angekündigt. [2.1, 2.2, 2.3]

Mögliche Aufwendungen, die Ihnen infolge der Erhaltungsmaßnahme entstehen, wollen Sie unserem Mandanten bitte aufgeben und werden von diesem in angemessenem Umfang ersetzt. [3]

In diesem Zusammenhang weisen wir darauf hin, dass ab Baubeginn am … die Küche geräumt von sämtlichen beweglichen Küchenmöbeln und Ihren persönlichen Gegenständen unserem Mandanten bzw. dem Handwerksfachbetrieb zur Verfügung gestellt werden muss.

Erläuterungen

1. Bevollmächtigung. Da es sich bei der Ankündigung nicht um eine rechtsgestaltende Willenserklärung handelt, ist es zunächst ausreichend, eine anwaltliche Bevollmächtigung zu versichern. Wenn der Adressat die Bevollmächtigung gem. § 174 S. 1 BGB zurückweist, führt dies nicht zur Unwirksamkeit der Klärung, die Bevollmächtigung kann nachgereicht werden. 375

2.1 Ankündigungsfrist. Gem. § 555a Abs. 2 BGB ist die Maßnahme rechtzeitig anzukündigen. In der Regel dürfte eine Frist von 2 Wochen ausreichend sein (*Harsch* WuM 2013, 514, 517). Ausnahmen gelten für den Fall einer unerheblichen Einwirkung, wobei eine solche nur dann gegeben sein dürfte, wenn die Maßnahme es nicht erfordert, die Wohnung selbst zu betreten. Eine unerhebliche Einwirkung ist jedoch gegeben, wenn Arbeiten beispielsweise außen an Fenstern oder Türen durchgeführt werden und keine Lärmbelästigung gegeben ist. Schließlich bedarf es ebenfalls keiner Ankündigungsfrist, wenn eine Notmaßnahme durchgeführt werden muss, beispielsweise für die Reparatur eines gebrochenen Wasserrohrs (§ 555a Abs. 2, 2. Alternative BGB).

2.2 Ankündigungsfrist. Das LG Hamburg (WuM 2005, 60) hat zum alten Recht entschieden, dass es einer konkreten Darlegung des voraussichtlichen Zeitplans bedarf. Vage Angaben zum Beginn wie beispielsweise »spätestens im April d.J.« sind unzureichend, weil sie dem Mieter nicht ermöglichen, die Drei-Monats-Frist zu überprüfen. Den Ablauf der einzelnen Gewerke muss der Vermieter nicht mitteilen (KG GE 2007, 907).

2.3 Ankündigungsfrist. Verzögert sich der Beginn der Maßnahme nicht nur unwesentlich, so muss die Ankündigung wiederholt werden. Verzögert der Vermieter die Durchführung der in Gang gesetzten Maßnahme schuldhaft, so kann der Mieter die weitere Duldung verweigern.

3. Aufwendungsersatz in angemessenem Umfang. Gem. § 555a BGB hat der Mieter einen Aufwendungsersatzanspruch in angemessenem Umfang. Aufwendungen, die er ersetzt verlangen kann, sind beispielsweise solche für den Auf- und Abbau von Einbauten oder die Durchführung von Schönheitsreparaturen am Ende der Maßnahme. Einzelfälle finden sich bei Schmidt-Futterer/*Eisenschmid* § 555a, Rn. 50 ff. 376

Dabei sind die Umstände des Einzelfalls zu betrachten, die Kosten müssen dabei in einem vernünftigen Verhältnis zwischen Verbesserungsmaßnahmen und Beeinträchtigung des Mieters stehen.

5. Anwaltliches Schreiben des Vermieters bei dem Vorliegen von dringenden Erhaltungsmaßnahmen bzw. einer unerheblichen Einwirkung auf die Mietsache

Sehr geehrter Herr Mustermann, 377

hiermit zeigen wir Ihnen an, dass uns Herr Beispielhaft mit der Wahrnehmung seiner rechtlichen Interessen in der vorbezeichneten Angelegenheit beauftragt hat.

Unsere Bevollmächtigung wird anwaltlich versichert. [1]

Anlässlich einer Ortsbesichtigung hat unser Mandant festgestellt, dass nachfolgende Bauarbeiten mit sofortiger Wirkung innerhalb Ihrer Miethäume durchgeführt werden müssen. Diese haben Sie daher zu dulden (es folgt eine spezifizierte Aufstellung der zu duldenden Maßnahmen):

▶ Beispiel:

Aufstemmen des Mauerwerks von Wand und Fußboden in Bad und Toilette im Bereich der im Mauerwerk verlaufenden Wasserrohre, Entfernung dieser Rohre und Installation neuer Kupferrohre.

Zur Erläuterung dürfen wir Ihnen mitteilen, dass es vor zwei Tagen wegen eines Wasserrohrbruchs in Ihren Miethäumen zum Austritt von Wasser in das darunter liegende Mietobjekt und dadurch zu einem erheblichen Sachschaden gekommen ist. Durch eine Notreparatur konnte der Wasseraustritt zunächst gestoppt werden.

Der von unserem Mandanten beauftragte Klempnermeister stellt jedoch fest, dass die alten Bleirohre völlig verrottet sind und jederzeit erneut platzen können.

Wir haben Sie daher zu bitten, unserem Mandanten bzw. der von ihm beauftragten Handwerksfirma unverzüglich Zugang zu Ihren Mieträumen zu gewähren. [2]

oder

Anlässlich einer Ortsbesichtigung hat unser Mandant festgestellt, dass innerhalb Ihrer Mieträume Erhaltungsmaßnahmen durchgeführt werden müssen, die jedoch keine erheblichen Einwirkungen auf Ihren Mietgebrauch haben werden. [3]

(Es folgt eine spezifizierte Aufstellung der unerheblichen Maßnahmen.):

▶ Beispiel:

In dem Flur Ihrer Mietwohnung hat sich eine Rigipsplatte gelockert, die wieder ordnungsgemäß installiert werden muss. Es ist dafür erforderlich, dass sich der zuständige Tischlermeister mit einer Leiter in den Flur Ihrer Mieträume begibt, um eine Installation vorzunehmen. Die Maßnahme wird weniger als 30 Minuten in Anspruch nehmen. [4]

Erläuterungen

378 **1. Bevollmächtigung.** Da es sich bei der Ankündigung nicht um eine rechtsgestaltende Willenserklärung handelt, ist es zunächst ausreichend, eine anwaltliche Bevollmächtigung zu versichern. Wenn der Adressat die Bevollmächtigung gem. § 174 S. 1 BGB zurückweist, führt dies nicht zur Unwirksamkeit der Klärung, die Bevollmächtigung kann nachgereicht werden.

379 **2. Duldungspflicht des Mieters.** Die Duldungspflicht des Mieters ist in § 555a Abs. 1 BGB normiert. Die Pflicht besteht jedoch nur, wenn eine rechtzeitige Ankündigung erfolgt. Dies gilt jedoch nicht für die in diesem Formular dargestellten Fälle.

380 **3. Dringlichkeit der Maßnahme.** Eine Maßnahme ist dringlich, bei der die Durchführung zwingend sofort erforderlich ist. Dies ist beispielsweise bei Leitungswasserschäden der Fall oder wenn auf andere Art und Weise die Gebäudesubstanz binnen kurzer Zeit beschädigt werden könnte.

4. Unerhebliche Einwirkung auf die Mieträume. Eine Ankündigung kann ebenfalls unterbleiben, wenn die Einwirkung unerheblich ist. Wenn die Mietsache betreten werden muss, wird der Vermieter jedoch nicht umhin kommen, zumindest einen Termin vorzugeben. Denkbar sind aber Fälle, wo beispielsweise die Mietsache von außen verändert wird.

6. Antwortschreiben des Mieters auf Ankündigungsschreiben des Vermieters wegen der Durchführung von erforderlichen Instandhaltungs- oder Instandsetzungsmaßnahmen der Mietsache

Den von Ihnen mit Schreiben vom _____ angekündigten Erhaltungsmaßnahmenstimme ich zu. Allerdings sind dafür von mir erhebliche Aufwendungen zu tätigen, sodass ich hiermit einen Vorschuss verlange: [1]

▶ Beispiel:

Auf Grund der geplanten Schimmelpilzsanierung bzw. Trockenlegung des Wasserschadens ist es erforderlich, dass sämtliche Möbel und meine persönlichen Gegenstände aus der Küche entfernt werden. Diese sind von einer Fachfirma abzutransportieren und müssen eingelagert werden, da ich diese in den restlichen Wohnräumen nicht unterstellen kann. Dies betrifft ebenso einen Einbauküchenschrank, der ebenfalls on einer Fachfirma abgebaut werden muss. [1]

Erläuterungen

1. Vorschusspflicht des Vermieters. Bei umfangreichen Baumaßnahmen werden möglicherweise beträchtliche Aufwendungen auf einen Mieter zukommen. Er kann daher in diesen Fällen gem. § 555a Abs. 3 S. 2 BGB einen Vorschuss für die zu erwartenden Aufwendungen geltend machen. Solange dieser Vorschuss nicht geleistet ist, steht dem Mieter ein Zurückbehaltungsrecht zu (Schmidt-Futterer/*Eisenschmid* § 555a, Rn. 113 m.w.N.).

7. Antrag des Vermieters auf Erlass einer einstweiligen Verfügung zur Duldung von Maßnahmen zur Erhaltung der Mietsache

Es wird beantragt, [1]

den Antragsgegner im Wege der einstweiligen Verfügung – der Dringlichkeit wegen ohne mündliche Verhandlung – bei Vermeidung der gerichtlichen Festsetzung eines der Höhe nach in das Ermessen des Gerichts gestellten Ordnungsgeldes, ersatzweise einer Ordnungshaft oder einer Ordnungshaft bis zu 6 Monaten – zu verpflichten, die Durchführung folgender Bauarbeiten in den Mieträumen _____ zu ermöglichen und diese zu dulden (es folgt eine spezifizierte Aufstellung der zu duldenden Maßnahmen): [2]

▶ Beispiel:

Aufstemmen des Mauerwerks von Wand und Fußboden in Bad und Toilette im Bereich der im Mauerwerk verlaufenden Wasserbleirohre, Entfernung dieser Rohre und Installation neuer Kupferrohre. [3]

Begründung:

Der Antragsteller ist Vermieter, der Antragsgegner Mieter der oben bezeichneten Mieträume aufgrund des als

Anlage ASt 1

– nur für das Gericht – in Ablichtung überreichten schriftlichen Mietvertrages. Die im obigen Antrag bezeichneten baulichen Maßnahmen sind zur Erhaltung der Mietsache erforderlich und müssen zur Abwendung unmittelbar drohender Gefahren umgehend durchgeführt werden. Das ergibt sich aus folgendem Tatbestand:

▶ Beispiel:

Vor 2 Tagen kam es wegen eines Wasserrohrbruches in den Mieträumen des Antragsgegners zum Austritt von Wasser in das darunterliegende Mietobjekt und dadurch zu einem erheblichen Sachschaden. Durch eine Notreparatur konnte der Wasseraustritt zunächst gestoppt werden. Der von dem Antragsteller beauftragte Klempnermeister stellte jedoch fest, dass die alten Bleirohre völlig verrottet sind und jederzeit erneut platzen können.

Der Antragsteller hat dem Antragsgegner zugesagt, dass diesem nach Durchführung der im Antrag genannten Baumaßnahmen die dem Antragsteller entstandenen Aufwendungen ersetzt werden

oder

bzw. dem Antragsgegner gemäß § 555a Abs. 3 S. 2 BGB die Zahlung eines Vorschusses in Höhe von _____ € angeboten, damit die voraussichtlichen Aufwendungen gedeckt sind. [4]

Dennoch weigert sich der Antragsgegner, die Durchführung der genannten Maßnahme zu gestatten; seine gerichtliche Inanspruchnahme ist daher erforderlich geworden. Zur weiteren Glaubhaftmachung wird als [5, 6]

Anlage ASt 2

eine eidesstattliche Versicherung des Antragstellers über die Richtigkeit seines Sachvortrages abschließend beigefügt.

Erläuterungen

385 **1. Zulässigkeit.** Der Erlass einer **einstweiligen Verfügung** auf Duldung von Reparaturmaßnahmen wird zugelassen, auch wenn damit die Entscheidung in der Hauptsache häufig vorweggenommen wird, soweit es sich um Maßnahmen handelt, die keinen Aufschub vertragen (OLG Rostock MDR 1996, 1183). Es wird also eine besondere Dringlichkeit vorausgesetzt, die durch Tatsachen, z.B. akute Gefährdung, begründet werden muss.

386 Zur einstweiligen Verfügung allgemein sowie zur gerichtlichen Zuständigkeit s. die Hinweise zu Teil 1 Rdn. 325.

387 **2. Androhung des Ordnungsmittels.** Die Androhung von Ordnungsgeld und Ordnungshaft beruht auf § 890 ZPO (s. dazu die Hinweise zu Teil 1 Rdn. 2891). Sie sollte sogleich mitbeantragt werden, damit das Gericht die Androhung des Ordnungsmittels schon in der einstweiligen Verfügung aussprechen kann. Anderenfalls bedarf es eines erneuten gerichtlichen Beschlusses (s. § 890 Abs. 2 ZPO), der erst nach Anhörung des Schuldners ergehen kann (§ 891 S. 2 ZPO).

388 **3. Duldungspflicht des Mieters.** Der Vermieter ist nach § 554 Abs. 1 BGB berechtigt, vom Mieter zu verlangen, dass er die zur Erhaltung der Mieträume oder des Gebäudes erforderlichen Maßnahmen duldet. Die Duldungspflicht bezieht sich auf alle **Einwirkungen im Sinne von § 906 BGB**, beschränkt sich aber auf die objektiv erforderlichen Arbeiten. Unter Umständen

Obwohl im Gesetz nicht ausdrücklich hervorgehoben, besteht der Anspruch des Vermieters nicht, sofern die Duldung dem Mieter nach strengen Maßstäben ausnahmsweise nicht **zuzumuten** ist (LG Kassel WuM 1981, 96). Soweit er zur Duldung verpflichtet ist, kann er wegen der damit verbundenen Beeinträchtigungen die Miete mindern. Schadensersatz kann er aber nur verlangen, wenn der Vermieter seiner Instandhaltungspflicht in der Vergangenheit nicht nachgekommen ist und es deshalb zu einem Reparaturstau gekommen ist, oder wenn Schäden bei der Durchführung der Maßnahmen vom Vermieter oder seinen Erfüllungsgehilfen schuldhaft herbeigeführt worden sind. 389

4. Vorschusspflicht des Vermieters. Siehe auch Vor-Formular 1.: Da der Mieter ein Zurückbehaltungsrecht im Hinblick auf die Duldung hat, sofern ihm kein Kostenvorschuss geleistet wird, sollte im Rahmen eines einstweiligen Verfahrens der Einwand des Vorschusses dadurch ausgeräumt werden, dass der Vorschuss zuvor bereits angeboten wird. Dieser Umstand muss dann auch von der eidesstattlichen Versicherung umfasst sein, die im Rahmen des einstweiligen Verfahrens vorzulegen ist. 390

5. Wiederherstellung der Mietsache. Zur Wiederherstellung auch des dekorativen Zustandes der Räume ist der Vermieter selbst dann verpflichtet, wenn der Mieter nach dem Mietvertrag bestimmte Renovierungs- und Instandsetzungspflichten übernommen hat (z.B. die laufenden **Schönheitsreparaturen**). Anders verhält es sich nur dann, wenn und soweit der Mieter ohnehin hätte renovieren müssen. 391

Verweigert oder verzögert der Mieter die Duldung, ohne hierzu berechtigt zu sein, so haftet er aus Pflichtverletzung gem. § 280 Abs. 1 BGB dem Vermieter auf Schadensersatz. 392

8. Anwaltliches Ankündigungsschreiben des Vermieters zu beabsichtigten Modernisierungsmaßnahmen (§ 555c i.V.m. §§ 555b, 559 BGB)

Sehr geehrter Herr Mustermann, 393

hiermit zeigen wir Ihnen an, dass uns Herr Beispielhaft mit der Wahrnehmung seiner rechtlichen Interessen in der vorbezeichneten Angelegenheit beauftragt hat. Unsere Bevollmächtigung wird anwaltlich versichert. [1]

▶ Beispiel:

Unser Mandant beabsichtigt, folgende Modernisierungen im Sinne von § 555b BGB im Hause _____ auszuführen (es folgt hier zunächst eine allgemeine Kennzeichnung der beabsichtigten Maßnahmen): [2]

Diese werden hiermit unter Einhaltung einer Frist von drei Monaten angekündigt. [3]

<u>Energetische Modernisierung (§ 555b Nr. 1 BGB)</u>

Unser Mandant plant eine energetische Modernisierung, d.h. eine bauliche Maßnahme, durch die in Bezug auf die Mietsache Endenergie nachhaltig eingespart wird. Es soll daher die gesamte Gebäudehülle des Mietobjekts mit einer hochwertigen Wärmedämmung versehen werden. Gleichzeitig sollen die bisher einfachverglasten Fenster durch neue isolierverglaste Fenster einschließlich neuer

Fensterrahmen ausgewechselt werden. Die beabsichtigten Maßnahmen werden zu einer nachhaltigen Einsparung von Heizenergie führen. [4.1, 4.2]

▶ Beispiel:

(1) Nach dem vorliegenden Angebot der Fachfirma _____ werden ausgetauscht: [11]

Pos.	Anzahl	Bezeichnung	E-Preis €	G-Preis €
1	1 ST	Fenster ca. 75 × 210 cm Straße	1 396,45	1 396,45
2	2 ST	Fenster ca. 65 × 210 cm Straße	1 306,75	2 613,50
3	1 ST	Fenster ca. 103 × 210 cm Straße	1 779,51	1 779,51
4	3 ST	vorhandene Doppelfenster zusätzlich ausbauen	151,52	454,56
5	1 ST	Fenster ca. 64 × 210 cm rechts	1 306,75	1 306,75
6	1 ST	Fenster ca. 195 × 212 cm Garten	3 630,77	3 630,77
		Gesamtpreis		11 181,54
		+ Mehrwertsteuer 19 %		1 789,05
		Gesamtbetrag		12 970,59

In dem anliegend beigefügten Grundriss zu Ihrer Wohnung sind die Positionen 16 (= Lage der auszutauschenden Fenster) eingezeichnet.

(2) Es werden Fenster in Dark Red Merantiholz mit einer Überschubzarge installiert. Für die Qualität des Holzes gilt die DIN 68 360, Teil 1. Die Fertigholzstärke für Zarge und Flügel beträgt 58 mm. Die neuen Fenster werden außen und innen mit einem deckenden weißen Anstrich versehen. Die Isolierverglasung (4-16-4 mm) wird innen und außen versiegelt. Es werden eine umlaufend eingenutete Flügeldichtung und Ecken geschweißt mitgeliefert. Alte Holzteile wie Zargen, Flügel, Pfosten, Kämpfer und Beschlagteile werden entfernt und abtransportiert. Zum Teil werden alte Zargen umlaufend vom Tischler beschnitten. Die alten Sohlbänke werden außen mit einem abgekanteten weißen Aluminiumblech (ca. 25/80/60 mm breit) abgedeckt und oben sowie seitlich elastisch mit versiegelt. Das Verzwicken der Fenster erfolgt durch Ausspritzen mit PU-Schaum.

(3) Die Fenster werden mit einer inneren und äußeren Deckleiste verleistet. Die neuen Fenster verbessern erheblich den Wärme- und Schallschutz, sie bieten vor allem eine Dichtigkeit im Flügelfalz, die durch die bisherigen Fenster nicht hätte erreicht werden können. Darüber hinaus sind die neuen Fenster infolge der verschiedenen Schließ-Zapfen im umlaufenden Flügelfalz einbruchshemmender. Nach der Montage können leichte Beschädigungen an alten Fensterbänken, Futtern, Bekleidungen und Putzlaibungen entstehen.

Die Beschädigungen werden selbstverständlich auf Kosten des Vermieters beseitigt werden.

Mit den Modernisierungsmaßnahmen soll am _____ begonnen werden, voraussichtlich können sie etwa am _____ abgeschlossen werden. [5]

Nach Abschluss der Modernisierung ist bei einem voraussichtlich auf Ihre Mieträume entfallenden Modernisierungsaufwand in Höhe von _____ und einer gesetzlich möglichen Erhöhung von jährlich 11 % der für Ihre Wohnung aufgewendeten Kosten mit einer monatlichen Mieterhöhung von _____ zu rechnen. [6.1, 6.2]

Ebenso werden Ihre Betriebskosten voraussichtlich anstatt von bislang € _____ im Sinne von § 2 BetrKV € _____ betragen. [7.1, 7.2, 7.3]

Betreffend die Energieeinsparung durch das Aufbringen einer hochwertigen Wärmedämmung wird auf die »Bekanntmachung der Regeln zur Datenaufnahme und Datenverwendung im Wohngebäudebestand« des Bundesministeriums für Verkehr-, Bau- und Stadtentwicklung vom 30.07.2009 verwiesen [8]

oder

wird Bezug genommen auf die allgemein anerkannten Regeln der Technik (vgl. § 23 EnEV).

Daraus ergibt sich Folgendes:

Bearbeiterhinweis: Hier muss noch einmal auf die Pauschalwerte im Einzelnen eingegangen werden, bzw. müssen diese dargestellt werden. Es sollte insofern Bezug genommen werden auf die Tabellen 1 bis 10 der Regeln zur Datenaufnahme und Datenverwendung im Wohngebäudebestand von 30.07.2009.

Fundstelle: Webseiten des Bundesinstitut für Bau-, Stadt- und Raumforschung (BBSR). www.bbsr-energieeinsparung.de

Abschließend verweisen wir auf den Härteeinwand des § 555d Abs. 3 S. 1 BGB. Ausweislich dessen sind Sie berechtigt, bis zum Ablauf des Monats, der auf den Zugang der Modernisierungsankündigung folgt, in Textform eine Härte mitzuteilen, die die Duldung der Modernisierungsmaßnahme oder die daraus resultierende Mieterhöhung für Sie bedeutet. Umstände, die für Sie eine Härte im Hinblick auf die Mieterhöhung begründen, sind nur zu berücksichtigen, wenn Sie diese spätestens bis zum Beginn der Modernisierungsmaßnahme mitgeteilt haben. [9.1, 9.2]

▶ Beispiel:

Unser Mandant beabsichtigt, folgende Modernisierungen im Sinne von § 555b Nr. 2 BGB im Hause _____ auszuführen (es folgt hier zunächst eine allgemeine Kennzeichnung der beabsichtigten Maßnahmen):

<u>Sonstige energiesparende und klimaschützende Maßnahmen (§ 555b Nr. 2 BGB)</u>

Das Dach des Hauses, in dem sich Ihre Mietwohnung befindet, soll mit einer Photovoltaikanlage versehen werden. Der damit gewonnene Strom wird in das allgemeine Netz eingespeist (vgl. § 16 ff., 32 f. 1 EEG). [10] Es handelt sich insofern um eine energieeinsparende und klimaschützende Maßnahme. Im Weiteren wird der Strom nicht vollständig in das allgemeine Netz eingespeist, sondern nach Maßgabe der §§ 33a Abs. 2 EEG Ihnen zur Verfügung gestellt, sodass der Direktbezuges des Stromes infolge einer Einsparung von Kosten und Gewinnen des Lieferanten zu einer Reduzierung der bezahlbaren Endenergie führt.

Mit den Modernisierungsmaßnahmen soll am _____ begonnen werden, voraussichtlich können sie etwa am _____ abgeschlossen werden. [11]

Im Einzelnen werden folgende Arbeiten nach dem vorliegenden Angebot der Fachfirma durchgeführt (Darstellung der Art und des voraussichtlichen Umfanges der Modernisierungsmaßnahmen in wesentlichen Zügen) [12]:

Auf Ihr bestehendes Dach werden Solarmodule aufgebracht sowie in Ihrem Haus ein Wechselrichter eingebracht. Bei Lichteinwirkung erzeugen die Solarmodule Gleichstrom, der vom Wechselrichter in 230 V Wechselstrom umgewandelt wird. Da in dem vorhandenen Zählerschrank um Hausanschlussraum der Wohnanlage kein freies Feld mehr vorhanden ist, kann der Wechselstromzähler für die Stromlieferung durch die Solaranlage dort nicht montiert werden. Es muss daher zu dem vorhandenen Zählerschrank ein weiterer Schrank für einen Zählerplatz montiert werden. Dieser wird durch das örtliche Versorgungsunternehmen (EVU) genehmigt. Dieser Schrank wird z.B. bei dem Hersteller Hager 32 cm breit erworben. Auf Grund des Einbaus sind umfangreiche Umbauarbeiten erforderlich. Gegebenenfalls muss der alte Zählerschrank gegen einen neuen, größeren ausgetauscht werden.

Bearbeiterhinweis: Gegebenenfalls wäre es sinnvoll, bereits einen Kostenvoranschlag einer Fachfirma beizufügen, die im Einzelnen die entstehenden Kosten ausweist.

Ihre voraussichtlichen künftigen Betriebskosten werden sich von derzeit € _____ im Sinne von § 2 BetrKV auf einen Betrag in Höhe von € _____ reduzieren. [13]

Betreffend die Energieeinsparung durch die Errichtung einer Photovoltaikanlage wird auf die »Bekanntmachung der Regeln zur Datenaufnahme und Datenversendung im Wohngebäudebestand« des Bundesministeriums für Verkehr-, Bau- und Stadtentwicklung vom 30.07.2009 verwiesen. [14]

Bearbeiterhinweis: Hier muss noch einmal auf die Pauschalwerte im Einzelnen eingegangen werden, bzw. müssen diese dargestellt werden. Es sollte insofern Bezug genommen werden auf die Tabellen 1 bis 10 der Regeln zur Datenaufnahme und Datenverwendung im Wohngebäudebestand von 30.07.2009.

Fundstelle: Webseiten des Bundesinstitut für Bau-, Stadt- und Raumforschung (BBSR). www.bbsr-energieeinsparung.de

oder

wird Bezug genommen auf die allgemein anerkannten Regeln der Technik (vgl. § 23 EnEV).

Zu Ihrer Information weisen wir Sie darauf hin, dass der Vermieter gemäß § 559 Abs. 1 BGB eine Erhöhung der Miete nicht fordern kann, sofern eine Maßnahme gemäß § 555b Nr. 2 BGB durchgeführt wird.

Abschließend verweisen wir auf den Härteeinwand des § 555d Abs. 3 S. 1 BGB. Ausweislich dessen sind Sie berechtigt, bis zum Ablauf des Monats, der auf den Zugang der Modernisierungsankündigung folgt, in Textform eine Härte mitzuteilen, die die Duldung der Modernisierungsmaßnahme oder die daraus resultierende Mieterhöhung für Sie bedeutet. Umstände, die für Sie eine Härte im Hinblick auf die Mieterhöhung begründen, sind nur zu berücksichtigen, wenn Sie diese spätestens bis zum Beginn der Modernisierungsmaßnahme mitgeteilt haben. [15]

▶ Beispiel:

Unser Mandant beabsichtigt eine Maßnahme zur Reduzierung des Wasserverbrauches gemäß § 555b Nr. 3 BGB durchzuführen (Es folgt hier zunächst eine allgemeine Kennzeichnung der beabsichtigten Maßnahme):

<u>Maßnahme zur Reduzierung des Wasserverbrauches (§ 555b Nr. 3 BGB)</u>

Sämtliche Wohnungen im Haus sollen mit je einem Wasserzähler ausgestattet werden. [16]

Darüber hinaus soll eine aufwändige Regenwassernutzungsanlage eingebaut werden. Das Wasser wird in einem Behälter gesammelt und anschließend gefiltert. Das so aufbereitete Wasser lässt sich für die Waschmaschine verwenden. Regenwasser enthält zudem weniger Kalk als Leitungswasser.

Mit den Modernisierungsmaßnahmen soll am _____ begonnen werden, voraussichtlich können sie etwa am _____ abgeschlossen werden. [17]

Im Einzelnen werden folgende Arbeiten durchgeführt (Darstellung der Art und des voraussichtlichen Umfanges der Modernisierungsmaßnahmen in wesentlichen Zügen) [18]:

Die Dachfläche der Wohnanlage in der sich Ihre Mietwohnung befindet, wird als Auffangfläche zu nutzen sein. Da diese sehr groß ist, ist dies ein erheblicher Faktor für die Wirtschaftlichkeit der Regenwassernutzung. Es wird dann ein Filtersammler bzw. ersatzweise ein Grobfilter oder Sieb aufgebracht. Dieser wird durch einen Speicher einschließlich Zu- und Überlauf ergänzt. Im Weiteren ist es erforderlich, ein separates Verteilsystem (Rohrleitungsnetz) mit Entnahmestelle zu installieren sowie eine Pumpe zur Druckerhöhung. Ebenso wird eine Trinkwassernachspeisung montiert, die bei Trockenheit für die notwendige Wasserversorgung dient.

Bearbeiterhinweis: Gegebenenfalls wäre es sinnvoll, bereits einen Kostenvoranschlag einer Fachfirma beizufügen, die im Einzelnen die entstehenden Kosten ausweist.

Nach Abschluss der Modernisierung werden sich Ihre voraussichtlichen künftigen Betriebskosten von derzeit € _____ im Sinne von § 2 BetrKV auf einen Betrag in Höhe von € _____ reduzieren/steigen. [19]

Betreffend die Energieeinsparung durch die Errichtung einer Regenwassernutzanlage wird auf die »Bekanntmachung der Regeln zur Datenaufnahme und Datenversendung im Wohngebäudebestand« des Bundesministeriums für Verkehr-, Bau- und Stadtentwicklung vom 30.07.2009 verwiesen [20]

oder

wird Bezug genommen auf die allgemein anerkannten Regeln der Technik (vgl. § 23 EnEV).

Nach Abschluss der Modernisierung ist bei einem voraussichtlich auf Ihre Mieträume entfallenden Modernisierungsaufwand in Höhe von _____ und einer gesetzlich möglichen Erhöhung von jährlich 11 % der für Ihre Wohnung aufgewendeten Kosten mit einer monatlichen Mieterhöhung von _____ zu rechnen. [21]

Abschließend verweisen wir auf den Härteeinwand des § 555d Abs. 3 S. 1 BGB. Ausweislich dessen sind Sie berechtigt, bis zum Ablauf des Monats, der auf den

Zugang der Modernisierungsankündigung folgt, in Textform eine Härte mitzuteilen, die die Duldung der Modernisierungsmaßnahme oder die daraus resultierende Mieterhöhung für Sie bedeutet. Umstände, die für Sie eine Härte im Hinblick auf die Mieterhöhung begründen, sind nur zu berücksichtigen, wenn Sie diese spätestens bis zum Beginn der Modernisierungsmaßnahme mitgeteilt haben. [22]

▶ Beispiel:

Unser Mandant plant eine Modernisierungsmaßnahme, die den Gebrauch der Mietsache nachhaltig erhöht gemäß § 555b Nr. 4 BGB durchzuführen (Es folgt hier zunächst eine allgemeine Kennzeichnung der beabsichtigten Maßnahme):

<u>Modernisierungsmaßnahmen, die den Gebrauch der Mietsache nachhaltig erhöhen oder zur Verbesserung der allgemeinen Wohnverhältnisse beitragen (§ 555b Nr. 4 und 5 BGB)</u>

In sämtlichen Wohnungen im Hause soll der Schallschutz verbesserwert werden. Ebenso sollen die sanitären Einrichtungen erneuert werden. Darüber hinaus soll in der Wohnanlage die Grünanlage erneuter und ein Kinderspielplatz errichtet werden. [23]

Mit den Modernisierungsmaßnahmen soll am _____ begonnen werden, voraussichtlich können sie etwa am _____ abgeschlossen werden. [24]

Im Einzelnen werden folgende Arbeiten durchgeführt (Darstellung der Art und des voraussichtlichen Umfanges der Modernisierungsmaßnahmen in wesentlichen Zügen):

Nach dem Angebot der Fachfirmen _____ werden folgende Arbeiten ausgeführt: [25]

1. Schallschutz

Entsprechend der DIN 4109 wird die gesamte Wohnanlage mit einem erhöhten Schallschutz versehen. Das heißt, der Baukörper, wie etwa die Decken, werden beschwert. Durch die Erhöhung des Eigengewichts werden mineralische Schüttungen erreicht. Darüber hinaus werden zur systematischen Schalldämpfung die Wände und Decken mit biegeweichen Materialien wie Gipskartonplatten beplankt.Ebenso werden innerhalb der Mietwohnungen Vorsatzschalen an den Decken aufgebracht, die die Wände nicht berühren. Insofern wird vermieden, dass sich Schallbrücken bilden.

Sofern Anschlüsse von vorgesetzten Bauteilen die Wand, Decke oder den Boden berühren, wird eine Entkopplung vorgenommen. Es werden insofern Dämmstreifen aus Mineralwolle, Fils oder Gummibänder unter die Profile geklebt.

2. Austausch sanitärer Einrichtungen

In Ihrer Mietwohnung befindet sich im Gäste-WC eine veraltete Anlage. Das heißt, der sichtbare Spülkasten wird entfernt und das veraltete WC-Becken durch ein spülrandloses Dircetflusch-WC mit innovativer CeramikPlus- und antibakterieller Oberfläche ersetzt.

3. Erneuerung Grünanlage und Errichtung eines Kinderspielplatzes

Die vor der Wohnanlage, in der sich Ihre Mietwohnung befindet, vorhandene Eibenhecke ist auf Grund des hartes Winters vertrocknet und wir durch eine Thujahecke ersetzt. Dadurch wird der Gesamteindruck der Wohnanlage wesentlich verbessert. Ebenso soll auf der Grünfläche, welche sich neben dem Mietobjekt befindet, ein Kinderspielplatz mit zwei Rutschen, drei Schaukeln und einem Kletterhaus errichtet werden. Ebenso soll ein Sandkasten mit einer Größe von 5 × 6 m installiert werden.

Bearbeiterhinweis: Gegebenenfalls wäre es sinnvoll, bereits einen Kostenvoranschlag einer Fachfirma beizufügen, die im Einzelnen die entstehenden Kosten ausweist.

Nach Abschluss der Modernisierung werden sich Ihre voraussichtlichen künftigen Betriebskosten von derzeit € _____ im Sinne von § 2 BetrKV auf einen Betrag in Höhe von € _____ reduzieren bzw. steigen. [26]

Ebenso ist nach Beendigung der Modernisierung bei einem voraussichtlich auf Ihre Miträume entfallenden Modernisierungsaufwand in Höhe von _____, und einer gesetzlich möglichen Erhöhung von jährlich 11 % der für Ihre Wohnung aufgewendeten Kosten, mit einer monatlichen Mieterhöhung von _____ zu rechnen. [27]

Abschließend verweisen wir auf den Härteeinwand des § 555d Abs. 3 S. 1 BGB. Ausweislich dessen sind Sie berechtigt, bis zum Ablauf des Monats, der auf den Zugang der Modernisierungsankündigung folgt, in Textform eine Härte mitzuteilen, die die Duldung der Modernisierungsmaßnahme oder die daraus resultierende Mieterhöhung für Sie bedeutet. Umstände, die für Sie eine Härte im Hinblick auf die Mieterhöhung begründen, sind nur zu berücksichtigen, wenn Sie diese spätestens bis zum Beginn der Modernisierungsmaßnahme mitgeteilt haben. [28]

Erläuterungen

1. Bevollmächtigung. Siehe Formular Teil 1 Rdn. 377.   394

Da der Mieter ein Zurückbehaltungsrecht im Hinblick auf die Duldung hat, sofern ihm kein Kostenvorschuss geleistet wird, sollte im Rahmen eines einstweiligen Verfahrens der Einwand des Vorschusses dadurch ausgeräumt werden, dass der Vorschuss zuvor bereits angeboten wird. Dieser Umstand muss dann auch von der eidesstattlichen Versicherung umfasst sein, die im Rahmen des einstweiligen Verfahrens vorzulegen ist.

2. Maßnahmenkatalog. § 555b BGB umfasst, anders als nach altem Recht, nunmehr einen Katalog von Maßnahmen, bei denen es sich um eine Modernisierung im Sinne des Gesetzes handelt. Geeignete Maßnahmen sind nicht nur Eingriffe in die bauliche Substanz, sondern auch Veränderungen der Anlagentechnik eines Gebäudes (BT-Drs. 17/10485, S. 18). Nicht mehr notwendig ist das Tatbestandsmerkmal einer Verbesserung der Mietsache oder sonstiger Gebäudeteile, bei den Ziffern 1. – 4. kommt hinzu, dass die Maßnahme nachhaltig sein muss. Gemeint ist, dass eine Dauerhaftigkeit gegeben ist (*Harsch* WuM 2013, 514, 520).   395

3. Ankündigungsfrist. Anders als bei § 555a BGB ist die Ankündigungsfrist gesetzlich geregelt und beträgt, wie zuvor, drei Monate, § 555c Abs. 1 S. 1 BGB. Der BGH hat in seiner Entscheidung zum Geschäftszeichen VIII ZR 242/10 die Anforderungen an die Ankündigung von Modernisierungsmaßnahmen definiert. Die Maßnahme muss nicht mehr bis ins Detail dargestellt werden, der Mieter muss aber in der Lage sein, die Maßnahme und das Ziel der Maßnahme zu   396 erkennen; insbesondere muss er darüber aufgeklärt werden, auf welche Art und Weise die Wohnung durch die Maßnahme verändert wird.

397 **4. Art und voraussichtlicher Umfang der Modernisierungsmaßnahmen in wesentlichen Zügen.** Gemäß § 555c Abs. 4 BGB entfällt die Pflicht zur Ankündigung von Modernisierungsmaßnahmen, wenn sie nur mit einer unerheblichen Einwirkung auf die Mietsache verbunden ist und entsprechend auch nur zu einer unerheblichen Mieterhöhung führt. Letztere ist dann gegeben, wenn sie unter 10,00 € Mieterhöhung monatlich liegt (AG Charlottenburg GE 1991, 255, wobei die Entscheidung bereits sehr alt ist. Der Wert wird aber weiterhin zugrunde zu legen sein).

398 **5. Vorauss. Beginn und Dauer der Maßnahme.** Gemäß § 555c BGB muss der Vermieter die Maßnahme spätestens drei Monate vor ihrem Beginn in Textform ankündigen. Dies ist eine Mindestfrist. Vor Ablauf dieser Mindestfrist wird jedoch der Duldungsanspruch durch den Mieter nicht fällig (Schmidt-Futterer/*Eisenschmid* § 555c, Rn. 14).

399 **6.1 Zu erwartende Mieterhöhung.** Die zu erwartende Mieterhöhung ergibt sich rechnerisch aus den Kosten der Maßnahme. Wie bisher sind solche Kosten abzusetzen, die entfallen, weil eine Instandhaltungsmaßnahme durch die Modernisierungsmaßnahmen nicht mehr durchgeführt werden muss.

400 **6.2 Zu erwartende Mieterhöhung.** Der Vermieter muss in der Modernisierungsankündigung auch die zu erwartende Mieterhöhung mitteilen (s. § 555c Abs. 1, 3. BGB). Sollen **mehrere bauliche Maßnahmen** durchgeführt werden, so muss der Aufwand für die daraus folgende Mieterhöhung für jede Maßnahme gesondert ausgewiesen werden. Fallen infolge einer Maßnahme Betriebskosten an (z.B. nach Einbau eines Fahrstuhls oder einer Sammelheizung), so muss auch deren voraussichtliche Höhe mitgeteilt werden.

401 **7.1 Vorauss. künftige Betriebskosten.** Bei Maßnahmen, bei denen zukünftig Energie- oder Wassereinsparungen zu erwarten sind, kann in der Natur der Sache liegend nicht exakt vorausgesagt werden, wie sich diese Betriebskosten – in der Regel – vermindern. Es bedarf daher einer Schätzung, beispielsweise aufgrund von Herstellerangaben.

402 **7.2 Vorauss. künftige Betriebskosten.** Wenn der Vermieter die künftigen Betriebskosten nicht mitteilt, so soll damit auch der Duldungsanspruch aus § 555d BGB entfallen (OLG München, WuM 1991, 481; *Sternel* Mietrecht aktuell, 4. Auflage 2009, VI Rn. 150). *Dickersbach* (WuM 2013, 577) meint, dass dann auch die Frist für die Geltendmachung von Härtegründen nicht in Lauf gesetzt wird (§ 555d Abs. 3 S. 2 BGB), was logisch ist. Umstritten ist, was gilt, wenn sich die Betriebskosten reduzieren. Es ließe sich einwenden, dass auch eine Reduzierung angegeben werden muss, da der Mieter in der Lage sein soll, sich ein Bild über die zukünftige Gesamtmiete zu machen, die sich möglicherweise aus einer erhöhten Kaltmiete und einer reduzierten Nebenkostenmiete zusammensetzt.

403 **7.3 Vorauss. künftige Betriebskosten.** Unerheblich indes ist die Angabe falscher künftiger Betriebskosten. Dies führt lediglich dazu, dass der Erhöhungszeitpunkt sich um drei Monate verschiebt (§ 559b Abs. 2 BGB).

404 **8. Bezugnahme auf Pauschalwerte.** Nach altem Recht war ein Vermieter verpflichtet, im Rahmen der Modernisierungsankündigung die Verbesserung nachzuweisen. Hierfür reichte es nach dem BGH aus, dass beispielsweise beim Austausch von Fenstern die Angabe der alten und neuen Wärmedurchgangskoeffizienten erfolgt (BGH, VIII ZR 47/05, ZMR 2006, 272). Da insbesondere für die alten Bauteile häufig keine Werte bekannt waren, während für die neuen Bauteile diese Informationen in der Regel mitgeliefert werden (*Hinz* ZMR 2012, 153, 156), ist die Darlegung nunmehr für den Vermieter deutlich erleichtert worden. Anerkannte Pauschalwerte können beispielsweise DIN-Werte aber auch andere allgemein anerkannte Regeln der Technik sein.

9.1 Hinweis auf Härteeinwand. Nach wie vor kann der Mieter, auch wenn er nach § 555d 405
Abs. 1 BGB eine Modernisierungsmaßnahme zu dulden hat, einen Härtefall einwenden. Neu ist,
dass der Härteeinwand gesplittet ist. Personelle Härten sind nur im Hinblick auf die Duldung zu
prüfen, wirtschaftliche Härten in Bezug auf die verlangte Mieterhöhung (§ 555d Abs. 2 S. 2 BGB
mit Verweis auf § 559 Abs. 4 und 5 BGB).

9.2 Hinweis auf Härteeinwand. Gemäß § 555d Abs. 5 BGB hat der Vermieter auf Form 406
und Frist des Härteeinwands hinzuweisen, da anderenfalls die Frist für die Einwände für die Duldung (bis zum Ablauf des Monats, der auf den Zugang der Ankündigung folgt) und Mieterhöhung (bis zum Beginn der Modernisierungsmaßnahme) nicht zu laufen beginnen.

10. Einsparung von Primärenergie oder Endenergie. Die Maßnahme muss entweder 407
nachhaltig Endenergie (§ 555b Ziffer 1. BGB) oder Primärenergie (§ 555b Ziffer 2. BGB) einsparen. Bei der Primärenergie muss es sich zudem um nicht erneuerbare Primärenergie handeln, mithin um fossile Brennstoffe. Diese werden beispielsweise durch eine Photovoltaikanlage eingespart. Würde diese Energie ausschließlich in das öffentliche Netz eingespart werden, so wäre zwar eine Maßnahme nach Nr. 2 gegeben, nicht jedoch nach Nr. 1. Dies wäre nur dann der Fall, wenn zumindest auch der Mieter die durch die Photovoltaikanlage produzierte Energie nutzen kann und die Stromkosten geringer sind, als die zuvor durch die herkömmliche Stromlieferung entstandenen Kosten.

11. Vorauss. Beginn u. Dauer der Maßnahme. Siehe 5.

12. Art und voraussichtlicher Umfang der Modernisierungsmaßnahmen in wesentlichen Zügen. Siehe 4.

13. Zu erwartende künftige Betriebskosten. Siehe 7.1, 7.2, 7.3.

14. Bezugnahme auf Pauschalwerte. Siehe 8.

15. Hinweis auf Härteeinwand. Siehe 9.1, 9.2.

16. Nachhaltige Reduktion des Wasserverbrauchs. Maßgebliches Kriterium ist ausschließlich, ob der tatsächliche (Gesamt-)Wasserverbrauch reduziert wird, ein Vorteil für den Mieter ist nicht erforderlich.

17. Vorauss. Beginn u. Dauer der Maßnahme. Siehe 5.

18. Art und voraussichtlicher Umfang der Modernisierungsmaßnahmen in wesentlichen Zügen. Siehe 4.

19. Zu erwartende künftige Betriebskosten. Siehe 7.1, 7.2, 7.3.

20. Bezugnahme auf Pauschalwerte. Siehe 8.

21. Zu erwartende Mieterhöhung. Siehe 6.1, 6.2.

22. Hinweis auf Härteeinwand. Siehe 9.1, 9.2.

23. Nachhaltige Verbesserung des Wohnwertes/Erhöhung des Gebrauchswertes. Dieses Tatbestandsmerkmal ist erfüllt, wenn in den für das Mietobjekt in Betracht kommenden Mieterkreisen der Maßnahme eine Wohnwerterhöhung beigemessen wird, sodass der Vermieter damit rechnen kann, dass die Wohnung nach Durchführung der Maßnahme von künftigen Mietinteressenten eher angemietet würde, als eine vergleichbare Wohnung, bei der diese Maßnahme nicht durchgeführt worden ist (BGH VIII ZR 105/07, NJW 2008, 1218). Nicht hiervon umfasst sind Luxusmodernisierungen (BGH VIII ZR 110/11).

24. Art und vorauss. Umfang der Modernisierungsmaßnahmen. Siehe 4.

25. Art und vorauss. Umfang der Modernisierungsarbeiten. Siehe 4.

26. zu erwartende künftige Betriebskosten. Siehe 7.1, 7.2, 7.3.

27. Zu erwartende Mieterhöhung. Siehe 6.1, 6.2.

28. Hinweis auf Härteeinwand. Siehe 9.1, 9.2.

9. Anwaltliches Ankündigungsschreiben des Vermieters bei gesetzlicher Verpflichtung zur Modernisierung veralteter Anlagen gemäß § 555b Nr. 6 BGB

408   Sehr geehrter Herr Mustermann,

hiermit zeigen wir Ihnen an, dass uns Herr Beispielhaft mit der Wahrnehmung einer rechtlichen Interessen in der vorbezeichneten Angelegenheit beauftragt hat. Unsere Bevollmächtigung wird anwaltlich versichert. [1]

Namens und in Vollmacht unseres Mandanten haben wir Ihnen mitzuteilen, dass dieser auf Grund gesetzlicher Bestimmungen oder behördlicher Anordnung verpflichtet ist, gesetzliche Nachrüstungsmaßnahmen nach §§ 10, 10a EnEV vorzunehmen. Darüber hinaus muss der nachträgliche Anschluss des Mietobjekts an die öffentliche Kanalisation durchgeführt werden.

<u>Maßnahmen auf Grund von seitens des Vermieters nicht zu vertretenden Umständen (§ 555b Nr. 6 BGB)</u>

Gemäß § 10 EnEV ist unser Mandant verpflichtet, die heizungstechnischen Anlagen, die bisher ungedämmt waren und sich in nicht beheizten Räumen befinden, nach Anlage 5 zur Begrenzung der Wärmeabgabe, zu dämmen. Dies betrifft die zugänglichen Wärmeverteilungs- und Warmwasserleitungen sowie die Armaturen. Ebenso ist unser Mandant verpflichtet, den Heizkessel durch einen modernen hochwertigen zu ersetzen, da der Heizkessel mit Öl beschickt wird und vor dem 1. Januar 1985 eingebaut worden ist. Er darf insofern ab 2015 nicht mehr betrieben werden (vgl. § 10 (1) EnEV). [2]

Mit den Modernisierungsmaßnahmen soll am _____ begonnen werden, voraussichtlich können sie etwa am _____ abgeschlossen werden. [3]

Im Einzelnen werden folgende Arbeiten durchgeführt (Darstellung der Art und des voraussichtlichen Umfanges der Modernisierungsmaßnahmen in wesentlichen Zügen):

Nach dem Angebot der Fachfirmen _____ werden folgende Arbeiten ausgeführt: [4] *Die zugänglichen Wärmeverteilungs- und Warmwasserleitungen sowie die Armaturen werden mit Dämmwolle isoliert und darüber mit alukaschierten Graphitdämmplatten verklebt.*

Darüber hinaus wird der vorhandene Idealstandardkessel, Baujahr 1965, Brenner Heizbösch durch einen modernen Heizkessel ausgetauscht.

Bearbeiterhinweis: Gegebenenfalls wäre es sinnvoll, bereits einen Kostenvoranschlag einer Fachfirma beizufügen, die im Einzelnen die entstehenden Kosten ausweist.

Nach Abschluss der Modernisierung werden sich Ihre voraussichtlichen künftigen Betriebskosten von derzeit € _____ im Sinne von § 2 BetrKV auf einen Betrag in Höhe von € _____ reduzieren/steigen. [5]

Betreffend die Energieeinsparung durch den Einbau einer modernen Heizungsanlage wird auf die »Bekanntmachung der Regeln zur Datenaufnahme und Datenversendung im Wohngebäudebestand« des Bundesministeriums für Verkehr-, Bau- und Stadtentwicklung vom 30.07.2009 verwiesen [6].

Bearbeiterhinweis: Hier muss noch einmal auf die Pauschalwerte im Einzelnen eingegangen werden, bzw. müssen diese dargestellt werden. Es sollte insofern Bezug genommen werden auf die Tabellen 1 bis 10 der Regeln zur Datenaufnahme und Datenverwendung im Wohngebäudebestand von 30.07.2009.

Fundstelle: Webseiten des Bundesinstitut für Bau-, Stadt- und Raumforschung (BBSR). www.bbsr-energieeinsparung.de

oder

wird Bezug genommen auf die allgemein anerkannten Regeln der Technik (vgl. § 23 EnEV).

Nach Abschluss der Modernisierung ist bei einem voraussichtlich auf Ihre Mieträume entfallenden Modernisierungsaufwand in Höhe von _____ und einer gesetzlich möglichen Erhöhung von jährlich 11 % der für Ihre Wohnung aufgewendeten Kosten mit einer monatlichen Mieterhöhung von _____ zu rechnen. [7]

Abschließend verweisen wir auf den Härteeinwand des § 555d Abs. 3 S. 1 BGB. Ausweislich dessen sind Sie berechtigt, bis zum Ablauf des Monats, der auf den Zugang der Modernisierungsankündigung folgt, in Textform eine Härte mitzuteilen, die die Duldung der Modernisierungsmaßnahme oder die daraus resultierende Mieterhöhung für Sie bedeutet. Umstände, die für Sie eine Härte im Hinblick auf die Mieterhöhung begründen, sind nur zu berücksichtigen, wenn Sie diese spätestens bis zum Beginn der Modernisierungsmaßnahme mitgeteilt haben. [8]

Erläuterungen

1. Bevollmächtigung. Siehe Formular Teil 1 Rdn. 377.

409

2. Modernisierung. Erfasst sind Maßnahmen, die aufgrund von gesetzlichen Bestimmungen, z.B. Nachrüstmaßnahmen nach §§ 10, 10a EnEV oder aufgrund von behördlichen Anordnungen, beispielsweise eines baurechtlichen Modernisierungsgebots nach § 177 BauGB (*Harsch* WuM 2013, 514).

3. Vorauss. Beginn u. Dauer der Maßnahme. Siehe Formular Teil 1 Rdn. 398.

4. Art und voraussichtlicher Umfang der Modernisierungsmaßnahmen in wesentlichen Zügen. Siehe Formular Teil 1 Rdn. 397.

5. Zu erwartende künftige Betriebskosten. Siehe Formular Teil 1 Rdn. 401.

6. Bezugnahme auf Pauschalwerte. Siehe Formular Teil 1 Rdn. 404.

7. Zu erwartende Mieterhöhung. Siehe Formular Teil 1 Rdn. 400.

8. Hinweis auf Härteeinwand. Nach altem Recht konnte ein Mieter keine Härte einwenden, wenn eine Maßnahme vom Vermieter nicht zu vertreten war. Dies ist nun der Fall, § 555d Abs. 2 BGB. Den Interessen des Mieters soll aber in aller Regel ein besonderes Gewicht zukommen (BT-Drs. 17/10485, S. 29, 71).

10. Anwaltliches Widerspruchsschreiben des Mieters gegenüber vom Vermieter beabsichtigten Modernisierungsmaßnahmen/Duldungspflicht gem. § 555d Abs. 2 BGB/Härtefallklausel

Sehr geehrter Herr Mustermann,

hiermit zeigen wir Ihnen an, dass uns Herr Beispielhaft mit der Wahrnehmung seiner rechtlichen Interessen in der vorbezeichneten Angelegenheit beauftragt hat. Unsere Bevollmächtigung wird anwaltlich versichert. [1]

Namens und in Vollmacht unseres Mandanten haben wir den in Ihrem Schreiben vom _____ angekündigten Maßnahmen zu widersprechen. Aus folgenden Gründen ist unser Mandant nicht verpflichtet, die geplanten Baumaßnahmen zu dulden: [2]

▶ Beispiel:

Die von Ihrem Mandanten geplante umfangreiche Sanierung der sanitären Anlagen innerhalb der Mieträume unseres Mandanten sowie der Austausch der veralteten Wasserleitungen bedeutet für diesen eine nicht hinnehmbare personale Härte, da unser Mandant bereits höheren Alters ist und in der Zeit der Baumaßnahmen nicht auf eine ordnungsgemäße Warmwasserversorgung verzichten kann. Ebenso bedarf unser Mandant der häuslichen Pflege, die jeweils zu unterschiedlichen Tageszeiten durchgeführt wird und auch das Baden und Waschen unseres Mandanten beinhaltet. Der mobile Pflegedienst kann sich nicht auf die geplanten Bauzeiten einstellen. [3.1, 3.2]

oder

▶ Beispiel:

Die Ehefrau unseres Mandanten hat vor drei Wochen ihr erstes Kind zur Welt gebracht. Die geplanten umfangreichen Modernisierungsmaßnahmen, insbesondere der Austausch der alten Heizungsanlage gegen eine neue Heizungsanlage sowie der Austausch einfach verglaster Fenster durch neue ISO-verglaste Fenster einschließlich neuer Fensterrahmen, werden nicht die notwendige durchgängige Mindestraumtemperatur von 16–18° C gewährleisten, ebenso wird eine erhebliche Dreck- und Staubentwicklung aufgrund der Modernisierungsmaßnahmen die Folge sein. Diese ist für unseren Mandanten und seine Familie wegen des Neugeborenen derzeit nicht zumutbar. [4]

Abschließend weisen wir darauf hin, dass unser Mandant mit dem vorliegenden Schreiben die einzuhaltende Frist gem. § 555d Abs. 3 BGB wahrt, da die Härtefallgründe bis zum Ablauf des Monats, der auf den Zugang Ihres Modernisierungsankündigungsschreibens folgt, vorgetragen werden. [5]

Zur rechtlichen Begründung des Widerspruchs unseres Mandanten nehmen wir Bezug auf § 555d Abs. 2 S. 2 BGB i.V.m. § 559 Abs. 4 BGB.

Erläuterungen

1. Bevollmächtigung. Siehe Formular Teil 1 Rdn. 377.

2. Widerspruchserklärung. Ausweislich der gesetzlichen Regelung, hat der Mieter seinen Widerspruch in Textform (§ 126b BGB) zu erklären.

3.1 Wirtschaftliche Härtegründe. Während nach altem Recht dem Begehren des Vermieters auch mit wirtschaftlichen Interessen entgegengetreten werden konnte, gilt dies nach neuem Recht nicht mehr. Wirtschaftliche Einwände können gemäß § 555d Abs. 2 S. 2 BGB erst gegenüber der Modernisierungsmieterhöhung nach § 559 Abs. 4 und 5 BGB geltend gemacht werden.

413

3.2 Personale Härtegründe. Bei der Abwägung gelten die Grundsätze zum alten Recht fort. Der Mieter braucht die Maßnahmen nicht zu dulden, wenn deren Durchführung oder Folgen für ihn, seine Familie oder Angehörige seines Haushalts eine **Härte** bedeuten würden, die auch unter Würdigung der berechtigten Belange des Vermieters an der Modernisierung oder Energieeinsparung nicht zu rechtfertigen wäre (§ 554 Abs. 2 S. 2 BGB). Eine solche Härte kann sich insbesondere aus den vorzunehmenden Arbeiten (z.B. bei erheblichen Lärm- und Schutzeinwirkungen über eine geraume Zeit), den baulichen Folgen (zur Grundrissänderung s. BGH NZM 2008, 283 = WuM 2008, 219 = Anm. *Scholz* bei ZMR 2008, 519), den vorausgegangenen Aufwendungen des Mieters sowie aus der zu erwartenden Mieterhöhung ergeben.

414

4. Familiäre Härtegründe. Wie bisher gilt ebenfalls weiter, dass der Mieter nicht nur eigene personale Härtegründe einwenden kann, sondern auch solche seiner Familienangehörigen. Hierzu gehören Lebenspartner gemäß § 1 LPartG wie auch nichteheliche Lebenspartner. Ferner sind vom Schutzzweck der Norm auch Angestellte wie beispielsweise Hauswirtschaftskräfte oder Pflegekräfte umfasst (Schmidt-Futterer/*Eisenschmid* § 555d, Rn. 48–50). Der Widerspruch muss in der vorgeschriebenen Form bis zum Ende des Monats beim Vermieter zugehen, der auf den Eingang der Ankündigung folgt.

415

5. Widerspruchsfrist. Umstände, die eine Härte begründen, sind nur zu berücksichtigen, wenn der Mieter sie nach § 555d Abs. 3 und 4 rechtzeitig mitgeteilt hat. Sie sind mithin bis zum Ablauf des Monats, der auf den Zugang der Modernisierungsankündigung folgt, mitzuteilen. Der Mieter kann sich jedoch nach § 559 Abs. 5 S. 2 auch nachträglich noch auf eine wirtschaftliche Härte berufen, wenn die tatsächliche Mieterhöhung die angekündigte um mehr als 10 % übersteigt. Denn in diesen Fällen konnte der Mieter vorab nicht beurteilen, inwieweit die Mieterhöhung eine unzumutbare wirtschaftliche Härte für ihn darstellt.

416

11. Kündigung des Mieters bei Modernisierungsmaßnahmen

Sehr geehrter Herr Mustermann,

417

hiermit zeigen wir Ihnen an, dass uns Frau und Herr Beispielhaft mit der Wahrnehmung ihrer rechtlichen Interessen in der vorbezeichneten Angelegenheit beauftragt haben. Eine uns legitimierende Vollmacht wird anliegend im Original überreicht. [1]

Unsere Mandantschaft hat mit Schreiben Ihres Mandanten vom _____ Kenntnis von den geplanten Modernisierungsmaßnahmen erhalten.

Unsere Mandantschaft kündigt daher das Mietverhältnis außerordentlich zum Ablauf des übernächsten Monats gemäß § 555e Abs. 1 BGB, d.h. mit Wirkung zum 31.10. [2.1, 2.2]

Unsere Mandantschaft hat die Modernisierungsankündigung am 01.08. erhalten, sodass deren Kündigung rechtzeitig erfolgt. [3.1, 3.2]

Erläuterungen

1. Bevollmächtigung. Bei der Kündigung handelt es sich um eine rechtsgestaltende, einseitige Willenserklärung. In diesem Falle reicht es nicht, eine ordnungsgemäße Bevollmächtigung zu versichern. Um die Rechtsfolgen des § 174 S. 1 BGB zu vermeiden, muss eine Original-Vollmacht

418

dem Kündigungsschreiben beigefügt werden. Anderenfalls könnte die Kündigung vom Vermieter zurückgewiesen werden, mit der Folge, dass es verfällt.

419 **2. Sonderkündigungsrecht.** Dem Mieter steht gemäß § 555e BGB ein Sonderkündigungsrecht zu, allerdings nur, wenn es sich nicht um eine Modernisierungsmaßnahme mit nur einer unerheblichen Einwirkung auf die Mietsache handelt, die nur zu einer unerheblichen Mieterhöhung führt (§ 555e Abs. 2 IVM, § 555c Abs. 4 BGB).

Wenn der Mieter sein Sonderkündigungsrecht ausgeübt hat, ist das Mietverhältnis beendet. Der Vermieter kann die Kündigung nicht dadurch unwirksam machen, dass er auf das Modernisierungsvorhaben verzichtet (*Hau* NZM 2014, 809).

420 **3. Kündigungsfrist.** Das Sonderkündigungsrecht ermöglicht es dem Mieter, nach Zugang der Modernisierungsankündigung das Mietverhältnis außerordentlich zum Ablauf des übernächsten Monats zu kündigen. Die Frist ist daher kürzer als die gesetzliche. Die Kündigungserklärung muss bis spätestens zum Ablauf des auf den Zugang der Modernisierungsankündigung folgenden Monats ausgeübt werden (§ 555e Abs. 1 S. 2 BGB).

Im Gewerberaum-Mietverhältnis kann das Sonderkündigungsrecht ausgeschlossen werden.

12. Klage des Vermieters auf Duldung baulicher Maßnahmen

421 **Es wird beantragt,** [1]

den Beklagten zu verurteilen – bei Vermeidung der gerichtlichen Festsetzung eines der Höhe nach in das Ermessen des Gerichts gestelltes Ordnungsgeld, ersatzweise einer Ordnungshaft oder einer Ordnungshaft bis zu 6 Monaten –, die Durchführung folgender Bauarbeiten in den Mieträumen _____ zu ermöglichen und zu dulden (genaue Kennzeichnung der zu duldenden Maßnahmen): [2, 3]

▶ Beispiel:

Austausch aller vorhandenen Fenster und Fensterrahmen gegen neue isolierverglaste Fenster einschließlich neuer Fensterrahmen. [4]

▶ Beispiel:

Installation von (näher zu bezeichnenden) Kabel- und Anschlussdosen an die Hausverteileranlage zum Zwecke des Anschlusses an das Breitbandkabelnetz Kabelfernsehen der Telekom in folgenden Bereichen: (bestimmte Bezeichnung des räumlichen Umfanges). [5]

▶ Beispiel:

a) Den Einbau eines Duschbades mit WC im bisherigen Abstellraum gegenüber der Küche, bestehend aus folgenden Elementen: Duschwanne einschließlich einer Duscholux-Duschwand mit Schiebetür, WC, Waschtisch mit Porzellanablage, Wandspiegel, Handtuchhalter, Badetuchhalter, WC-Papierhalter, Wandleuchte, Deckenleuchte, Waschmaschinenanschluss (alle Elemente in weiß bzw. das Zubehör verchromt), das Verlegen von weißen Fliesen (Fußboden und Wände bis zu einer Höhe von 2 m); [6]

b) den Umbau des jetzigen WC-Raumes in einen Abstellraum;

c) die Herstellung/Erweiterung/Erneuerung der gesamten Elektroanlage im neuen Bad und im neu geschaffenen Abstellraum und in der Küche, damit zusammenhängend die Entfernung der alten Sicherungskästen im Flur und Anbringung neuer Sicherungskästen im künftigen Abstellraum;

d) die für die vorbezeichneten Veränderungen notwendigen Bauarbeiten gemäß dem Angebot der Firma Hans-Jürgen Kunze Sanitärtechnik vom _____, wie Anlage 1 mit Ausnahme der dortigen Position 13, gemäß Kostenvoranschlag der Firma Helmut Schulz Baugeschäft GmbH vom _____, wie Anlage 2, gemäß Angebot der Firma Elektro-Krause Werner Köster GmbH vom _____, wie Anlage 3, und gemäß Grundrisszeichnung (»Grundriss Sanitärräume«) der Firma Hans-Jürgen Kunze vom _____, wie Anlage 4.

▶ Beispiel:

Reparatur des Schlafzimmerfensters und Erneuerung des Badezimmerfensters gemäß dem als Anlage 1 beigefügten Angebot des Tischlermeisters Werner Müller vom _____ . [7]

Begründung:

Der Kläger ist Vermieter, der Beklagte Mieter der im Antrag bezeichneten Räume. Es sollen diejenigen baulichen Maßnahmen durchgeführt werden, zu deren Duldung der Beklagte vorliegend in Anspruch genommen wird.

Es handelt sich um Modernisierungsmaßnahmen im Sinne von §§ 555a Abs. 1, 554 Abs. 2 BGB, bzw. um Modernisierungsmaßnahmen gemäß § 555b Nr. 1 BGB (beispielhaft), da sie eine Verbesserung der Mieträume und/oder eine Einsparung von Heizenergie bewirken (es folgen hier nähere Ausführungen zur Qualitätssteigerung bzw. zur Einsparung von Endenergie).

oder

Es handelt sich um Maßnahmen, die im Sinne von § 555b Nr. 4 BGB den Gebrauchswert der Mietsache nachhaltig erhöhen.

Beweis: Sachverständigengutachten.

Mit Schreiben vom _____

Anlage 1

hat der Kläger die in Rede stehenden baulichen Maßnahmen zur Erhaltung der Mietsache gemäß § 555c Abs. 1 BGB rechtzeitig mit einer Frist von drei Monaten vor ihrem Beginn angekündigt, Art und Umfang näher erläutert und die zu erwartende Mieterhöhung gemäß § 559 BGB dem Beklagten mitgeteilt. [8]

oder

Mit Schreiben vom _____

Anlage 1

hat der Kläger die in Rede stehenden baulichen Maßnahmen zur Erhaltung der Mietsache gemäß § 555c Abs. 1 BGB rechtzeitig mit einer Frist von 3 Monaten angekündigt.

Dieser weigert sich zu Unrecht, deren Durchführung zu dulden. Er kann sich – wie oben dargelegt – nicht darauf berufen, dass keine Modernisierung im Sinne des Gesetzes vorliegt. Auch bedeuten die Maßnahmen keine nicht zu rechtfertigende Härte für den Beklagten oder seine Familie. Es besteht daher die Verpflichtung, die Durchführung der im Antrag bezeichneten Baumaßnahmen zu dulden. [9]

oder

Dieser weigert sich zu Unrecht, deren Durchführung zu dulden. Er kann sich nicht darauf berufen, dass die beabsichtigten baulichen Maßnahmen nicht zur Erhaltung der Mietsache erforderlich wären. Die Notwendigkeit der Maßnahmen wird ggf. durch Sachverständigengutachten bestätigt werden.

Erläuterungen

422 **1. Zuständiges Gericht.** Zur Zuständigkeit für die Klage s. die Hinweise zu Teil 1 Rdn. 2334.

423 **2. Klageantrag.** Dieser ist so präzise zu fassen, dass er einen vollstreckungsfähigen Inhalt hat. Aus ihm muss ersichtlich sein, welche Arbeiten an welchen Teilen der Wohnung durchgeführt werden sollen. Es empfiehlt sich daher, der Klage eine Planskizze beizufügen, auf die Bezug genommen werden kann.

424 **3. Androhung des Ordnungsmittels.** Es empfiehlt sich, die Androhung von **Ordnungsgeld und/oder Ordnungshaft** schon mit der Klage zu beantragen, um im Zwangsvollstreckungsverfahren nach § 890 ZPO unmittelbar die Verhängung dieser Maßnahmen beantragen zu können (s. die Hinweise zu Teil 1 Rdn. 387 sowie Muster und Hinweise zu Teil 1 Rdn. 2890 und 2898).

425 **4. Fensteraustausch.** Zum Austausch vom Fenstern (nebst Rahmen) gegen isolierverglaste Fenster s. die Hinweise zu Teil 1 Rdn. 1332, 1338.

426 **5. Kabelanschluss.** Zum Anschluss an das Breitbandkabelnetz der Telekom s. die Hinweise zu Teil 1 Rdn. 1392.

427 **6. Wirtschaftliche Gesichtspunkte.** Der Grundsatz der Wirtschaftlichkeit steht dem Anspruch des Vermieters auf Duldung einer wohnwertverbessernden Maßnahme nicht entgegen (LG Berlin ZMR 2003, 488); s. dazu die Hinweise zu Teil 1 Rdn. 1335.

428 **7. Zusammentreffen von Instandsetzungs- und Modernisierungsmaßnahmen.** S. dazu die Hinweise zu Teil 1 Rdn. 369.

429 **8. Modernisierungsankündigung.** Nur wenn der Vermieter alle Tatbestandsmerkmale des § 555c BGB erfüllt hat, besteht der Duldungsanspruch.

430 **9. Einstweilige Verfügung.** Der Antrag auf Erlass einer einstweiligen Verfügung ist in der Regel unzulässig, weil damit die Entscheidung in der Hauptsache vorweggenommen werden würde und das Verfügungsverfahren nicht den geeigneten Rahmen bietet, um die wechselseitigen Interessen, die nach § 554 Abs. 2 S. 2, 3 BGB abzuwägen sind, hinreichend aufzuklären (ausf. dazu *Hinz* NZM 2005, 841, 849 = WuM 2005, 615, 623).

13. Vereinbarung über Erhaltungs- oder Modernisierungsmaßnahmen gemäß § 555f BGB

431 **Zwischen dem Vermieter _____ und dem Mieter _____ wird folgende Modernisierungsvereinbarung getroffen: 1**

Der Vermieter verpflichtet sich, auf seine Kosten nachfolgend bezeichnete Modernisierungsmaßnahmen in den Mieträumen/im Hause _____ bis spätestens zum _____ auszuführen (die zeitliche und technische Durchführung der Maßnahmen sind nach Art und Umfang nachfolgend genau – evtl. unter Bezugnahme auf eine baubeschreibende Anlage – zu bezeichnen):

▶ Beispiel:

Installation einer mit Fernwärme betriebenen Zentralheizungsanlage und Einbau eines Bades nach Maßgabe der dieser Vereinbarung als Anlage beigefügten Baubeschreibung. Die vorbezeichneten Arbeiten werden ca. einen Zeitraum von drei Monaten beanspruchen. Es wird insofern vereinbart, dass mit den Arbeiten ab dem _____ begonnen werden darf. [2]

Der Mieter verpflichtet sich, nach Durchführung der oben genannten Modernisierungsmaßnahmen einen die jetzige Miete um _____ € übersteigenden Betrag zusätzlich monatlich an den Vermieter zu zahlen. Die Mieterhöhung wirkt mit Beginn des-jenigen Monats, der der Fertigstellung der Modernisierungsmaßnahmen folgt. [3]

Der Vermieter verpflichtet sich, dem Mieter etwaige Aufwendungen, welche auf Grund der Maßnahmen entstehen, im Sinne von § 555f Nr. 2 BGB zu ersetzen. [4]

Im Weiteren verpflichtet sich der Mieter, infolge der Modernisierungsmaßnahmen notwendig gewordene Schönheitsreparaturen auf seine Kosten handwerksgerecht auszuführen. Zu den Schönheitsreparaturen gehören: Das Tapezieren/Anstreichen der Wände und der Decken, das Pflegen und Reinigen der Fußböden, das Streichen der Innentüren, der Fenster und Außentüren von Innen sowie das Streichen der Heizkörper und Versorgungsleitungen innerhalb der Miträume. [5]

Erläuterungen

1. Vereinbarung über Erhaltungs- u. Modernisierungsmaßnahmen (§ 555f BGB). Auch nach altem Recht konnten Vermieter und Mieter Vereinbarungen treffen. Der Gesetzgeber wollte mit der nunmehr erfolgten Normierung klarstellen, dass es neben dem – förmlichen – gesetzlichen Verfahren auch die Möglichkeit gibt, Modernisierungen mit den damit zusammenhängenden Belastungen in tatsächlicher und finanzieller Art einvernehmlich zu regeln. Dies betrifft sowohl Modernisierungen, die vermieterseits durchgeführt werden, als auch solche Maßnahmen, die durch den Mieter veranlasst werden.

2. Vereinbarung über technische u. zeitliche Umstände. Die Vereinbarung muss nach Abschluss des Mietvertrages erfolgen, kann aber unmittelbar nach Abschluss erfolgen und muss auch nicht beinhalten, dass die Arbeiten kurzfristig begonnen werden. Es kann auch vereinbart werden, dass Modernisierungen erst nach Ablauf mehrerer Jahre erfolgen. Insbesondere bedarf es nicht der Einhaltung der Drei-Monats-Frist des § 555c Abs. 1 S. 1 BGB. Anlass der Vereinbarung muss eine konkrete Erhaltungs- oder Modernisierungsmaßnahme sein. Eine bestimmte Form ist nicht einzuhalten.

3. Vereinbarung über die künftige Höhe der Miete. Die Parteien können auch die zukünftige Miete vereinbaren. Sie dürfen dabei auch die Grenzen des § 559 BGB überschreiten. Selbstverständlich kann auch eine Mietsenkung vereinbart werden.

4. Aufwendungsersatz. Gemeint sind solche Ansprüche nach § 555a Abs. 3 BGB i.V.m. § 555d Abs. 6 BGB.

5. Vereinbarung über Gewährleistungsrechte. Nach dem neuen Recht ist die Mietminderung bei der Durchführung von Modernisierungsmaßnahmen gemäß § 536 Abs. 1a BGB für die Dauer von drei Monaten ausgeschlossen, sofern es sich bei der Maßnahme um eine energetische Modernisierung gemäß § 555b Nr. 1 handelt. Nach überwiegender Meinung kann die Mietminderung auch darüber hinausgehend im Rahmen der Vereinbarung ausgeschlossen werden, wobei es in der Literatur auch Gegenmeinungen gibt. Zum Streitstand s. Schmidt-Futterer/*Eisenschmid* § 555f, Rn. 2 f. Auch Schadens- und Aufwendungsersatzansprüche gemäß § 536a

BGB können abbedungen werden, allerdings nur soweit es sich um vorhersehbare Schäden handelt. Solche Schäden, die außerhalb der üblichen Geschehensabläufe liegen, die beispielsweise im Rahmen des Baustellenunfalls auftreten, wären von einem Ausschluss nicht erfasst.

14. Anwaltliches Schreiben des Mieters wegen Zustimmung des Vermieters zur Ausführung baulicher Änderungen

437 Sehr geehrter Herr Mustermann,

hiermit zeigen wir Ihnen an, dass uns Herr Beispielhaft mit der Wahrnehmung seiner rechtlichen Interessen in der vorbezeichneten Angelegenheit beauftragt hat. Unsere Bevollmächtigung wird anwaltlich versichert. **1**

Namens und in Vollmacht unseres Mandanten dürfen wir Sie um Ihre Erlaubnis bitten, folgende bauliche Veränderungen im Bereich des Mietobjektes vornehmen zu dürfen (genaue und konkrete Darstellung der beabsichtigten Maßnahmen): **2**

▶ Beispiel:

Unser Mandant möchte auf eigene Kosten an der Außenwand des Hauses im Bereich des zu der Wohnung gehörenden Balkons eine Parabolantenne installieren lassen. Als ausländischer Mitbürger ist ihm besonders daran gelegen, auch die privaten Fernsehprogramme seines Heimatstaates zu empfangen und sehen zu können. Der Empfang dieser Programme über eine Parabolantenne (Satellitenempfang) ist möglich. Über den vorhandenen Breitbandkabelanschluss kann er leider nur das einseitig ausgerichtete, staatlich gelenkte Fernsehprogramm seines Heimatlandes empfangen. Selbstverständlich wird unser Mandant nur eine baurechtlich zulässige Antenne verwenden. Ihre Installation wird durch einen Fachmann an einer möglichst unauffälligen, für den Empfang der Satellitenprogramme aber tauglichen Stelle erfolgen. Von allen anfallenden Kosten und Gebühren wird unser Mandant Sie freistellen. **3**

▶ Beispiel:

Unser Mandant möchte einen Außenrollladen vor dem Fenster und der Tür der Loggia der von diesem gemieteten Erdgeschoßwohnung installieren. Unser Mandant hat große Angst vor einem Wohnungseinbruch, diese ist berechtigt, da in der Nachbarschaft in vergleichbaren Fällen Einbrüche stattgefunden haben oder versucht wurden. Der beabsichtigte Außenrollladen bietet einen geeigneten Einbruchschutz. Die Maßnahme wird selbstverständlich auf Kosten unseres Mandanten und durch eine Fachfirma ausgeführt. Die für den Einbau der Rollläden erforderlichen Bohrungen durch die Außenwand werden fachmännisch ausgeführt und zu keiner Schwächung des Mauerwerks führen. Eine optische Verschlechterung wird sich nicht ergeben, weil der Rollladen in der Tiefe der Loggia verschwinden wird. Darüber hinaus sind bereits im Hause entsprechende Rollläden installiert worden. Nach Beendigung des Mietverhältnisses wird unser Mandant die Rollläden nach Ihrer Wahl entschädigungslos angebracht lassen oder auf dessen Kosten unter Wiederherstellung des ursprünglichen Zustandes entfernen. **4, 5**

Unser Mandant wäre Ihnen dankbar, wenn Sie im Hinblick auf dessen Dispositionen Ihre Zustimmung zu den geplanten baulichen Veränderungen bis zum _____ mitteilen könnten. **6**

Erläuterungen

1. Bevollmächtigung. Siehe Formular Teil 1 Rdn. 377. 438

1a. Bauliche Veränderung. Der Mieter darf grundsätzlich die Mieträume baulich nicht verändern. Das gilt jedenfalls insoweit, als damit nicht nur ganz unerheblich in die Substanz eingegriffen und der optische Eindruck des Gebäudes betroffen werden würde. Ist dies der Fall, so überschreiten die Maßnahmen des Mieters die Grenzen des vertragsmäßigen Gebrauchs und sind **erlaubnispflichtig**. Der Vermieter darf dem Mieter aber nicht Einrichtungen versagen, die ihm das Leben in der Wohnung erheblich angenehmer gestalten können, durch die er als Vermieter nur unerheblich beeinträchtigt wird und durch die die Mietsache nicht verschlechtert wird (BayObLG ZMR 1982, 84). Er muss hierfür triftige, d.h. sachbezogene Gründe haben. 439

Als solche verdienen Beachtung: 440
– dass der Vermieter auf schutzwürdige Belange anderer Bewohner Rücksicht nehmen und von diesen Störungen fern halten muss,
– dass der für die baulichen Maßnahmen des Mieters beanspruchte Gebäudeteil nach seiner Beschaffenheit geeignet ist,
– dass das äußere Erscheinungsbild des Gebäudes nicht verunziert wird,
– dass die verschiedenen Mieter nicht unterschiedlich behandelt werden,
– dass die Maßnahme des Mieters baurechtlich zulässig ist und handwerksgerecht durchgeführt wird,
– dass der Mieter den Nachweis einer ausreichenden Schadenshaftpflichtversicherung erbringt.

2. Parabolantenne. 441

2.1 Grundsätzliches. Nach der Rechtsprechung des BVerfG ist das **Grundrecht des Mieters** auf Informationsfreiheit gem. Art. 5 Abs. 1 S. 1, 2. HS. GG auch in zivilgerichtlichen Streitigkeiten über die Anbringung von Parabolantennen zu berücksichtigen, allerdings nur in Konkordanz mit dem gleichrangigen Grundrecht des Vermieters als Eigentümer des betroffenen Gebäudes aus Art. 14 Abs. 1 S. 1 GG (BVerfG NJW 1994, 1147, 1149 = ZMR 1994, 203, 207; NZM 2005, 252 = WuM 2005, 235 = ZMR 2005, 932). Gleiches gilt, wenn sich der Mieter (ggf. zusätzlich) darauf beruft, dass durch die Versagung der Zustimmung zur Aufstellung einer Parabolantenne sein Grundrecht auf Glaubens- und Religionsfreiheit (Art. 4 GG) beeinträchtigt werde, weil ihm der Empfang von Sendern aus seinem Heimatland mit speziell religiösen Inhalten nicht möglich sei (BGH NZM 2008, 37 = WuM 2007, 648 = ZMR 2008, 187). Erforderlich ist stets eine **einzelfallbezogene Abwägung** der beiderseitigen verfassungsrechtlich geschützten Belange. Regelmäßig wird dem Recht des Mieters auf Teilhabe an einem breiten Medienangebot durch die Bereitstellung eines **Breitbandkabelanschlusses** hinreichend Rechnung getragen (BVerfG WuM 2007, 379). Im Rahmen der Interessenabwägung zwischen dem Recht des Mieters und dem des Vermieters kann der Vermieter die Zustimmung zum Aufstellen der Parabolantenne auch dann versagen, wenn dem Mieter durch Installation eines Decoders, einer D-Box und einer Set-Top-Box auf Programme seines Heimatlandes zugreifen kann, oder wenn dies über das Internet möglich ist (BGH WuM 2013, 476). 442

2.2 Ausländischer Mieter. Das gilt auch für den ausländischen Mieter, sofern er über den Kabelanschluss ausreichend Zugang zu Sendern in seiner Sprache und aus seinem Heimatland erhält. Nach dem Urteil des BGH vom 02.03.2005 (NZM 2005, 335 = WuM 2005, 237 = ZMR 2005, 436) genügt es, wenn er mit Hilfe eines selbst zu erwerbenden Decoders fünf entsprechende Sender über den Breitbandkabelanschluss empfangen kann. Führt allerdings die Anbringung oder Aufstellung der Parabolantenne weder zu einer Substanzverletzung noch zu einer nennenswerten ästhetischen Beeinträchtigung des Eigentums des Vermieters (z.B. bei einer **mobilen Parabolantenne** im hinteren Bereich des sichtgeschützten Balkons), so kann der Mieter ungeachtet des bestehenden Kabelanschlusses die Zustimmung zur Errichtung der Anlage verlangen (BGH NZM 2007, 597 = WuM 2007, 381). Anders verhält es sich, wenn die mobile Parabolantenne aufgrund 443 ihrer Größe und Lage eine dauerhafte Veränderung des Erscheinungsbildes des Gebäudes bewirkt (BGH NZM 2008, 37 f. = WuM 2007, 678, 680 = ZMR 2008, 187, 189).

444 Streitig war bislang, ob auch dem **eingebürgerten Ausländer** ein verfassungsrechtlich fundierter Anspruch auf Empfang von Heimatsendern zusteht. Das KG hat dies in dem Urteil vom 11.10.2008 (NZM 2007, 39 = ZMR 2008, 207) bejaht. Es bestehe kein sachlicher Grund dafür, ein die Anbringung einer Parabolantenne rechtfertigendes Informationsinteresse bis etwa einen Tag vor der Verleihung der deutschen Staatsbürgerschaft anzunehmen, ein solches aber am darauf folgenden Tag unter Hinweis auf den nunmehrigen Status als »Deutscher« zu verneinen. Mit der Erlangung der deutschen Staatsbürgerschaft entfalle die Beziehung des Mieters zum Heimatland nicht automatisch. In der Instanzrechtsprechung wird aber auch die gegenteilige Ansicht vertreten (AG Tempelhof-Kreuzberg GE 2006, 581; AG Wedding GE 2005, 1495; AG Frankfurt/M GE 2004, 1594 = ZMR 2005, 458).

445 Der Anspruch des ausländischen Mieters auf Zustimmung zur Errichtung einer Parabolantenne unterliegt nach den Rechtsentscheiden des OLG Frankfurt WuM 1992, 458 und des OLG Karlsruhe WuM 1993, 525 folgenden **Anforderungen** (vom BGH teilweise bestätigt, teilweise offengelassen, s. BGH WuM 2006, 28, 30 = ZMR 2006, 195, 197 f.): Die Anlage muss
- baurechtlich zulässig, möglichst unauffällig und technisch geeignet sein,
- von einem Fachmann installiert werden,
- die Installation muss an einem tauglichen Ort, an dem sie optisch am wenigsten stört, erfolgen und
- der Mieter muss den Vermieter von allen anfallenden Kosten und Gebühren freistellen.
- Der Mieter muss Sicherheit für die voraussichtlichen Kosten eines Rückbaus leisten (s. dazu die Hinweise unter Teil 1 Rdn. 448).

446 *2.3 Deutscher Mieter.* Der deutsche Mieter hat einen Anspruch auf Erlaubnis, eine Parabolantenne anzubringen,
- wenn das Haus weder über einen Breitbandkabelanschluss noch über eine Gemeinschafts-Parabolantenne verfügt und
- es ungewiss ist, ob und wann ein solcher Anschluss verlegt werden wird (OLG Frankfurt/M. ZMR 1992, 436).

447 Das wird heute nur noch selten der Fall sein. Ist dagegen ein Breitbandkabelanschluss vorhanden, so indiziert dies ein überwiegendes Interesse an der Verweigerung zur Installation einer eigenen Parabolantenne (VerfGH Berlin GE 2002, 254; LG Berlin GE 2002, 533). Ausnahmsweise kann aber auch der deutsche Mieter ein **gesteigertes berufliches oder persönliches Informationsbedürfnis** an weiteren Programmen haben. Dazu muss er allerdings darlegen, dass dieses Interesse anderweitig, z.B. über Programme mit Decoder oder durch das Internet, nicht zu verwirklichen ist (VerfGH Berlin GE 2002, 254; s. auch AG Reutlingen WuM 2006, 190: zum Islam konvertierter Deutscher).

448 **3. Zusätzliche Mietsicherheit.** Streitig ist, ob ein Anspruch auf Sicherheit wegen der **voraussichtlichen Rückbaukosten** auch dann besteht, wenn der Wohnungsmieter in den Grenzen des § 551 Abs. 1 BGB (s. dazu Teil 1 Rdn. 147 ff.) bereits eine Kaution geleistet hat. Die bislang h.M. (Schmid-Futterer/*Blank* § 551 Rn. 57; *Geldmacher* DWW 2001, 183; *Riecke* WE 2000, 239; wohl auch OLG Karlsruhe NJW 1993, 2815) räumte dem Vermieter das Recht ein, die Zustimmung zum Anbringen einer Parabolantenne von einer **gesonderten Sicherheit** für die Kosten des Rückbaus abhängig zu machen. Es fragt sich, ob diese Auffassung noch haltbar ist. Teilweise wird aus § 554a Abs. 2 BGB (s. dazu Teil 1 Rdn. 466) im Umkehrschluss entnommen, dass eine zusätzliche Mietsicherheit allein im Falle der behindertengerechten Ausstattung in Betracht kommt (*Lammel* § 551 Rn. 21). Allerdings wird es nicht die Intention des Gesetzgebers gewesen sein, allein Behinderten eine zusätzliche, über die Höchstgrenze des § 551 Abs. 1 BGB hinausgehende Belastung aufzubürden (vgl. *Kraemer* NZM 2001, 737 f.; *Hinz* in MietPrax F.1 Rn. 519).

4. Außenrollläden. Zum Beispielsfall s. LG Hamburg HmbGE 1995, 291. Der Nutzen und das Angewiesensein des Mieters auf die bauliche Maßnahme sind gegen das Interesse des Vermieters auf Erhalt des guten optischen Eindrucks des Gebäudes abzuwägen. Auch muss der Vermieter bei seiner Ermessensentscheidung den Grundsatz der Gleichbehandlung beachten. Ist in der betreffenden Wohngegend innerhalb des letzten Jahres mehrmals eingebrochen worden, wird dem Mieter einer Erdgeschosswohnung ein Anspruch auf Installation der Außenrollläden zuzubilligen sein.

449

Allerdings ist der Vermieter auch hier berechtigt, eine Mietsicherheit zur Sicherung der Rückbaupflicht zu verlangen (LG Berlin GE 1994, 112; AG Hamburg WuM 1996, 29; a.A. LG Hamburg HmbGE 1995, 291); s. oben Teil 1 Rdn. 448. Für die Erteilung der Erlaubnis gelten die Kriterien nach Teil 1 Rdn. 439.

450

5. Zustimmungserfordernis. Eine ohne Zustimmung des Vermieters vorgenommene bauliche Veränderung ist grundsätzlich vertragswidrig. Ein **Beseitigungsanspruch** gegen den Mieter ergibt sich allein aus § 541 BGB, nicht hingegen aus § 1004 BGB; anderenfalls würde das mieterschützende Erfordernis einer vorherigen Abmahnung in § 541 BGB umgangen werden (BGH NZM 2007, 481 = WuM 2007, 387). Jedoch kann der Vermieter hieraus dann keine Rechte ableiten, wenn der Mieter einen Anspruch auf Erteilung der Zustimmung hat (BGH WuM 2006, 28, 30 = ZMR 2006, 195, 197 für eine Parabolantenne an der Balkonbrüstung). Ein Entfernungsanspruch besteht sofort, wenn die bauliche Veränderung zugleich das Erscheinungsbild oder die Sicherheit des Gebäudes beeinträchtigt. Anderenfalls kann die Beseitigung regelmäßig erst bei Vertragsende verlangt werden (LG Detmold WuM 2002, 51 für den Einbau einer einbruchsicheren Tür; anders LG Bautzen WuM 2002, 116 für Verglasung der Loggia).

451

15. Anwaltliches Schreiben des Mieters wegen Zustimmung des Vermieters zu behindertengerechten Einrichtungen (§ 554a BGB – Barrierefreiheit)

Sehr geehrter Herr Mustermann,

452

hiermit zeigen wir Ihnen an, dass uns Herr Beispielhaft mit der Wahrnehmung seiner rechtlichen Interessen in der vorbezeichneten Angelegenheit beauftragt hat. Unsere Bevollmächtigung wird anwaltlich versichert. **1**

Gemäß § 554a Abs. 1 BGB kann der Mieter vom Vermieter die Zustimmung zu baulichen Veränderungen oder sonstigen Einrichtungen verlangen, die für eine behindertengerechte Nutzung der Mietsache oder den Zugang zu ihr erforderlich sind, wenn er ein berechtigtes Interesse daran hat. Unter Bezugnahme auf diese zwingende gesetzliche Regelung dürfen wir Sie hiermit um Ihre Erlaubnis bitten, folgende bauliche Veränderungen im Bereich des Mietobjektes auf Kosten unseres Mandanten vornehmen zu dürfen (genaue und konkrete Darstellung der beabsichtigten Maßnahmen): **2**

▶ Beispiel:

Unser Mandant möchte innerhalb der Mieträume eine behindertengerechte Nasszelle einbauen. Dazu ist es erforderlich, das Badezimmer um den daneben liegenden Abstellraum mittels eines Wanddurchbruches zu erweitern, alle bisherigen Sanitäreinrichtungen zu entfernen und durch behindertengerechte Einbauten zu ersetzen. Die Maßnahmen im Einzelnen ergeben sich aus dem anliegend beigefügten Grundrissplan sowie dem Angebot der Firma Sanierungskonzept GmbH vom _____, in dem die auszuführenden Werkleistungen detailliert bezeichnet sind. Eine Überprüfung eines von unserem Mandanten beauftragten Statikers hat ergeben, dass der vorgesehene Wanddurchbruch statisch unbedenklich ist, da es sich hier nicht um eine tragende Wand handelt. Sämtliche Arbeiten werden von einem Fachbetrieb ausgeführt. [3]

Da unser Mandant einen Rollstuhl benutzen muss, ist er auf ein behindertengerechtes Badezimmer einschließlich WC angewiesen. [4]

▶ Beispiel:

Unser Mandant möchte eine Auffahrtsrampe im Hauseingangsbereich errichten. Da dieser ständig auf Benutzung eines Rollstuhls angewiesen ist, kann unser Mandant bisher die sechs Eingangstreppenstufen zur Haustür nur mit fremder Hilfe überwinden. Wie Sie der anliegend beigefügten Architektenzeichnung entnehmen können, wird die Auffahrtsrampe linksseitig von der Straße aus betrachtet neben der Eingangstreppe errichtet werden, der bisherige Eingang mit den Treppenstufen bleibt im Wesentlichen bis auf den unmittelbaren Anschlussbereich der Auffahrtsrampe zum Eingangspodest vor der Haustür erhalten. [5]

Eine Baugenehmigung ist nicht erforderlich, die Maßnahme ist gegenüber der zuständigen Bauprüfabteilung nur anzeigepflichtig. Alle Maßnahmen werden durch einen Fachbetrieb den allgemein anerkannten Regeln der Technik entsprechend ausgeführt. [6]

Unser Mandant wäre Ihnen dankbar, wenn Sie ihm im Hinblick auf dessen Dispositionen Ihre Zustimmung zu den geplanten baulichen Veränderungen bis zum _____ mitteilen könnten.

Erläuterungen

453 **1. Behindertengerechte Nutzung.** § 554a BGB gewährt dem behinderten Mieter einen Anspruch auf Zustimmung zu baulichen Veränderungen oder sonstigen Einrichtungen, die ein **barrierefreies Wohnen** ermöglichen. Mit der Bestimmung wurden im Wesentlichen die vom BVerfG in der »Treppenliftentscheidung« (ZMR 2000, 435) aufgestellten Grundsätze kodifiziert. Was den Umfang des Zugangs anbelangt, kann § 4 des Behindertengleichstellungsgesetzes (BGG) vom 27.04.2002 (BGBl. 2002, 1467, Nr. 28) herangezogen werden. Danach ist eine bauliche Anlage barrierefrei, wenn sie für behinderte Menschen in der allgemein üblichen Weise ohne besondere Erschwernis und grundsätzlich ohne fremde Hilfe zugänglich und nutzbar ist.

454 Der Mieter hat gemäß § 554a Abs. 1 S. 1 BGB einen Anspruch gegen den Vermieter auf Zustimmung. Gemeint ist wohl die **Erlaubnis**, die der Mieter **vor Durchführung** der Maßnahme einzuholen hat (Blank/Börstinghaus/*Blank* 554a Rn. 5; Schmidt-Futterer/*Eisenschmid* § 554a Rn. 15; a.A. *Drasdo* WuM 2002, 123). Der Anspruch muss von allen Mietern gegen alle Vermieter geltend gemacht werden. Der behinderte Mieter kann von den Mitmietern die Mitwirkung an dem Verfahren nach § 554a BGB verlangen (*Rips* WuM 2003, 429 f.).

455 Der Mieter muss die beabsichtigten Maßnahmen **konkret nach Art und Umfang** darlegen. In Betracht kommen:
– **Bauliche Veränderungen**, also Umbauten innerhalb und außerhalb der Mietwohnung (BT-Drucks. 14/5663, 78; Schmidt-Futterer/*Eisenschmid* § 554a Rn. 21)
– **Sonstige Einrichtungen:** Der Begriff stellt ein Auffangmerkmal für Maßnahmen dar, die begrifflich nicht unbedingt unter eine bauliche Veränderung fallen, weil sie nicht massiv in die bauliche Substanz eingreifen (z.B. besondere Griffe an einer Badewanne).

456 Die Maßnahmen müssen für eine behindertengerechte Nutzung der Mietsache oder für den Zugang zu ihr erforderlich sein. Das bedeutet aber nicht, dass dem behinderten Mieter »das größtmögliche Opfer an Anstrengung« abverlangt werden darf, bevor er seinen Anspruch auf barrierefreies Wohnen umsetzen kann (LG Hamburg ZMR 2004, 914). Es genügt, dass die Maßnahme

der Behinderung des Mieters gerecht wird, um diesem die möglichst uneingeschränkte Teilhabe am gesellschaftlichen Leben zu ermöglichen (vgl. auch Schmidt-Futterer/*Eisenschmid* § 554a Rn. 27 ff.).

Der Mieter kann die baulichen Veränderungen für eine behindertengerechte Nutzung der Wohnung nur verlangen, wenn er ein **berechtigtes Interesse** daran hat. Der Vermieter kann gleichwohl gemäß § 554a Abs. 1 S. 2 BGB seine Zustimmung verweigern, wenn sein Interesse an der unveränderten Erhaltung der Mietsache oder des Gebäudes das Interesse des Mieters an einer behindertengerechten Nutzung der Mietsache überwiegt. Bei ausgeglichener Interessenslage ist er zur Erteilung der Zustimmung verpflichtet (*Drasdo* NJW-Spezial 2006, 433). Zur Interessenabwägung s. die Hinweise zu Teil 1 Rdn. 472. 457

Nach **Beendigung des Mietverhältnisses** hat der Mieter die bauliche Veränderung zu beseitigen, es sei denn, dass ein solventer Nachmieter zur Übernahme der Wohnung im vorhandenen Zustand bereit ist (*Langenberg* Schönheitsreparaturen III 30). Eine **Beseitigungspflicht** dürfte auch bestehen, wenn die Behinderung während des Mietverhältnisses wegfällt und der Vermieter ein berechtigtes Interesse an dem sofortigen Rückbau hat (*Drasdo* NJW-Spezial 2006, 433 f.). 458

2. Bauliche Veränderung innerhalb der Mietwohnung. Um eine solche handelt es sich bei der im Beispiel geforderten behindertengerechten Nasszelle. Es empfiehlt sich, dem Zustimmungsverlangen – wie im Beispiel – einen **Grundrissplan** sowie das Angebot eines Fachbetriebs beizufügen, damit sich der Vermieter genaue Vorstellungen über die beabsichtigten Umbauten machen kann. Sind umfangreiche Eingriffe in die Bausubstanz erforderlich (z.B. Wanddurchbruch), sollte der Mieter zuvor die Stellungnahme eines Statikers einholen und ggf. dem Zustimmungsverlangen beifügen. Dies gilt auch, um einer Ablehnung des Vermieters nach § 554a Abs. 1 S. 2, 3 BGB vorzubeugen. 459

3. Behindertenbegriff. Die Behinderung ist nicht im engen sozialrechtlichen Sinne (§ 3 SchwbHG; § 1 BGG) zu verstehen. § 554a BGB erfasst vielmehr jede erhebliche und dauerhafte Einschränkung der Bewegungsfähigkeit (BT-Drucks. 14/5663, 78; *Mersson* ZMR 2001, 956; *Drasdo* NJW-Spezial 2006, 433). Auf die amtliche Anerkennung der Behinderung kommt es nicht an. Auch der Entstehungsgrund der Behinderung ist unerheblich (Schmidt-Futterer/*Eisenschmid* § 554a Rn. 9 ff.). Ohne Bedeutung ist auch, ob die Behinderung bereits bei Mietbeginn vorhanden war oder erst später aufgetreten ist (*Rips* WuM 2003, 429 f.). 460

Aus dem Begriff der behindertengerechten Nutzung folgt, dass nicht allein auf die Behinderung des Mieters abzustellen ist. Umbauten sind auch dann zuzulassen, wenn in der Wohnung lebende **Angehörige**, der Lebensgefährte des Mieters oder andere von ihn rechtmäßig aufgenommene Personen behindert sind (Herrlein/Kandelhard/*Both* § 554a Rn. 14; *Drasdo* WuM 2002, 123 f.; *Mersson* ZMR 2001, 956 f.). 461

4. Bauliche Veränderung außerhalb der Mietwohnung. Um eine solche geht es in diesem Beispiel. Auch hier sollte der Mieter vor Geltendmachung des Zustimmungsanspruchs die technischen und baurechtlichen Gegebenheiten prüfen. 462

5. Durchführung durch den Mieter. Dieser muss die Arbeiten selbst und auf eigene Kosten vornehmen lassen. Eine Durchführung seitens des Vermieters kann er dagegen nicht verlangen (*Mersson* ZMR 2001, 956 f.). Zuweilen wird es vorkommen, dass der Vermieter zwar mit dem Ziel der baulichen Veränderungen einverstanden ist, aber Streit über die Zweckmäßigkeit der konkreten Maßnahme besteht. Sofern **mehrere Möglichkeiten** das Ziel des erleichterten Zugangs zur Wohnung erreichen, wird der behinderte Mieter sich auf die Maßnahme verweisen lassen müssen, die für die übrigen Bewohner am wenigsten störend ist, auch wenn sie für ihn u.U. geringfügig unbequemer ist (Einzelheiten bei *Mersson* ZMR 2001, 956 ff.; *Drasdo* NJW-Spezial 2006, 433 f.). 463

16. Anwaltliches Antwortschreiben des Vermieters

Sehr geehrter Herr Kollege ⎯⎯⎯⎯⎯⎯⎯⎯,

hiermit zeigen wir Ihnen an, dass uns Herr Mustermann mit der Wahrnehmungseiner rechtlichen Interessen in der vorbezeichneten Angelegenheit beauftragt hat. Unsere Bevollmächtigung wird anwaltlich versichert. **1**

Unser Mandant hat uns Ihr Schreiben vom ⎯⎯⎯⎯⎯⎯⎯⎯ vorgelegt.

Namens und in Vollmacht unseres Mandanten teilen wir mit, dass dieser den von Ihrem Mandanten gewünschten behindertengerechten Einrichtungen und baulichen Veränderungen zustimmt, da diese erforderlich sind. Den Baubeginn will Ihr Mandant bitte zwei Wochen vorher ankündigen. **2**

oder

Unser Mandant erkennt grundsätzlich an, dass die von Ihrem Mandanten gewünschten behindertengerechten Einrichtungen und baulichen Veränderungen erforderlich sind und erteilt Ihnen hiermit seine Zustimmung. Allerdings bitten wir Sie um Verständnis, dass unser Mandant dies von der Leistung einer angemessenen zusätzlichen Sicherheit für die Wiederherstellung des ursprünglichen Zustandes abhängig machen muss. Die Wiederherstellungskosten belaufen sich schätzungsweise auf einen Betrag von ⎯⎯⎯⎯⎯⎯⎯⎯ €. Diese Summe wollen Sie bitte auf das Konto unseres Mandanten überweisen. Unser Mandant wird die zusätzliche Sicherheit wie die bisher schon von Ihrem Mandanten geleistete Mietsicherheit vertragsgemäß und in Übereinstimmung mit gesetzlichen Vorschriften anlegen. **3**

oder

Unser Mandant sieht sich leider außerstande, den von Ihrem Mandanten gewünschten behindertengerechten Einrichtungen und baulichen Veränderungen zuzustimmen. Gemäß § 554 Abs. 1 Satz 2 BGB kann der Vermieter seine Zustimmung verweigern, wenn sein Interesse an der unveränderten Erhaltung der Mietsache oder des Gebäudes das Interesse des Mieters an einer behindertengerechten Nutzung der Mietsache überwiegt. Folgende Überlegungen veranlassen unseren Mandanten zu seiner Ablehnung: **4**

▶ Beispiel:
Ihr Mandant wünscht den Einbau eines bisher nicht vorhandenen Fahrstuhls vom Erdgeschoss bis zum 4. Obergeschoss (Endgeschoss), in dem seine Mieträume belegen sind. Die Umsetzung dieser Maßnahme erfordert einen erheblichen Eingriff in die vorhandene Bausubstanz und führt im Ergebnis zu einer grundlegenden Umgestaltung des Treppenhauses. Auch unter Berücksichtigung Ihrer Belange sieht sich unser Mandant nicht dazu verpflichtet, derart weitreichenden baulichen Veränderungen zuzustimmen. Hinzu kommt Folgendes: Dem gewünschten Fahrstuhleinbau werden nicht alle Eigentümer der hier bestehenden Wohnungseigentümergemeinschaft zustimmen, wie sich anlässlich einer Probeabstimmung bei der letzten Wohnungseigentümerversammlung herausstellte. Gemäß § 22 Abs. 1 WEG besteht auch keine Verpflichtung der Miteigentümer, einer solchen weitreichenden baulichen Veränderung zuzustimmen; vom Gesetz abweichende Vereinbarungen ergeben sich aus der für diese Wohnungseigentümergemeinschaft maßgeblichen Teilungserklärung nicht. **4**

Erläuterungen

1. Bevollmächtigung. s. Teil 1 Rdn. 377.   465

1.1 **Ankündigung des Baubeginns.** Stimmt der Vermieter den geforderten baulichen Veränderungen zu, so obliegt es dem Mieter, die Arbeiten rechtzeitig vor ihrer Durchführung anzukündigen. Eine Frist von zwei Wochen erscheint ausreichend.

2. Zusätzliche Mietsicherheit. Gemäß § 554a Abs. 2 BGB kann der Vermieter seine Zustimmung von der Leistung einer **zusätzlichen Sicherheit** abhängig machen. Sofern der Mieter die Sicherheit nicht erbringen kann, ist der Vermieter berechtigt, die Durchführung der Maßnahmen selbst dann zu verweigern, wenn der Mieter auf diese angewiesen ist (*Drasdo* WuM 2002, 123, 126; ders. NJW-Spezial 2006, 433 f.).   466

Die Sicherheit muss sowohl von der Höhe als auch von der Art her **angemessen** sein. Eine höhenmäßige Begrenzung ist aber nicht vorgesehen; § 554a Abs. 2 BGB verweist lediglich auf die Absätze 3 und 4 des § 551 BGB. Angemessen ist die Sicherheit, wenn sie die Rückbau- und Entsorgungskosten abdeckt (Blank/Börstinghaus/*Blank* § 554a Rn. 15). Der Vermieter kann die Höhe der Sicherheit durch Einholung eines Kostenvoranschlags oder eines Sachverständigengutachtens ermitteln lassen, aber auch – wie im Beispiel – schätzen.   467

Ob dem Vermieter unter engen Voraussetzungen gemäß § 242 BGB ein Anspruch auf **Aufstockung** der Sicherheit zuzubilligen ist, wenn diese nach einem langen Zeitraum wegen gestiegener Baukosten unzureichend geworden ist, wird kontrovers diskutiert (dafür *Mersson* ZMR 2001, 956, 958; *Drasdo* WuM 2002, 123, 127; ablehnend Herrlein/Kandelhard/*Both* § 554a Rn. 25; Schmidt-Futterer/*Eisenschmid* § 554a Rn. 61, anders in der 8. Aufl. 2003, § 554a Rn. 59).   468

Können sich die Parteien über die Angemessenheit der Sicherheitsleistung nicht einigen, trägt nach überwiegender Auffassung der Vermieter die **Beweislast** (LG Hamburg ZMR 2004, 914; Schmidt-Futterer/*Eisenschmid* § 554a BGB Rn. 62; *Mersson* ZMR 2001, 956, 958; a.A. *Drasdo* WuM 2002, 123, 127).   469

Die Sicherheitsleistung kann in unterschiedlicher **Form** erbracht werden, insbesondere durch Barkaution, Bürgschaft, Abtretung einer Sparbuchforderung sowie durch Verpflichtung eines öffentlichen Trägers zur Kostenübernahme. Treffen die Parteien keine ausdrückliche Vereinbarung, so liegt nach überwiegender Auffassung die Wahl grundsätzlich beim Mieter (*Blank* in: Blank/Börstinghaus § 554a Rn. 14; Schmidt-Futterer/*Eisenschmid* § 554a Rn. 56); nach der Gegenansicht soll bei Fehlen einer ausdrücklichen Vereinbarung regelmäßig die Barkaution die angemessene Sicherheit darstellen (so *Mersson* ZMR 2001, 956, 958; ähnlich *Hinz* MietPrax F. 1 Rn. 522).   470

Sofern die Parteien keine ausdrückliche Fälligkeitsvereinbarung treffen, ist die Kaution in einer Summe **vor Beginn der Baumaßnahmen** zu leisten (*Mersson* ZMR 2001, 956, 958); das Teilzahlungsrecht des Mieters (§ 551 Abs. 2 S. 1 BGB) findet im Rahmen des § 554a Abs. 2 S. 2 BGB keine Anwendung.   471

3. Interessenabwägung. Gemäß § 554a Abs. 1 S. 2 BGB kann der Vermieter seine Zustimmung zu der baulichen Veränderung auch dann verweigern, wenn sein Interesse an der unveränderten Erhaltung der Mietsache oder des Gebäudes das Interesse des Mieters an einer behindertengerechten Nutzung der Mietsache überwiegt. Bei **ausgeglichener Interessenlage** muss er die begehrte Zustimmung erteilen (*Drasdo* NJW-Spezial 2006, 433). Erforderlich ist also eine umfassende Interessenabwägung (*Mersson* ZMR 2001, 956 f.; *Drasdo* WuM 2002, 123 f.). Dabei muss der Vermieter auch die berechtigten Interessen anderer Mieter in dem Gebäude berücksichtigen (§ 554a Abs. 1 S. 3 BGB).   472

Im Rahmen der Abwägung sind **sämtliche Umstände des Einzelfalls** zu berücksichtigen (vgl. *Mersson* ZMR 2001, 956 f.; *Drasdo* WuM 2002, 123 f.; ders. NJW-Spezial 2006, 433), namentlich   473
– Art, Dauer und Schwere der Behinderung,
– Umfang und Erforderlichkeit der Maßnahme,

– Dauer der Bauzeit, die damit verbundenen Beeinträchtigungen der Mitmieter,
– die durch die Maßnahme selbst erfolgten Einschränkungen,
– die Möglichkeit des Rückbaus,
– etwaige Haftungsrisiken des Vermieters im Hinblick auf seine Verkehrssicherungspflichten,
– Belange des Denkmalschutzes.

474 **4. Unverhältnismäßiger Eingriff.** Im Beispiel wird der Vermieter dem **Einbau eines Fahrstuhls** bis zum vierten Obergeschoss auch bei Berücksichtigung der schweren Behinderung des Mieters nicht zustimmen müssen. In Betracht kommen weniger einschneidende Maßnahmen, so z.B. der Einbau eines Treppenlifts. Allerdings dürfte keine Verpflichtung des Vermieters bestehen, im Falle einer berechtigten Ablehnung der vom Mieter geforderten konkreten Maßnahme, eine Alternativlösung anzubieten.

475 Besondere Probleme können sich bei vermietetem **Wohnungseigentum** ergeben (dazu *Drasdo* WuM 2002, 123, 128 ff.). Die Veränderung des Gemeinschaftseigentums durch den Einbau eines Fahrstuhls (Beispiel) stellt eine bauliche Veränderung i.S. des § 22 Abs. 1 WEG dar. Diese erfordert die Zustimmung aller Wohnungseigentümer, die dadurch über das bei einem geordneten Zusammenleben unvermeidliche Maß hinaus (§ 14 Nr. 1 WEG) beeinträchtigt werden. Allerdings steht dem Wohnungseigentümer, der infolge einer Behinderung auf einen Umbau des Gemeinschaftseigentums angewiesen ist, ein Anspruch auf Durchführung der notwendigen Maßnahmen zu (*Drasdo* WuM 2002, 123, 128; AG Krefeld WuM 1999, 590). Grundsätzlich sind dem Mieter einer Eigentumswohnung gegenüber seinem Vermieter die gleichen Rechte zuzubilligen, wie anderen Mietern; die Anmietung von Wohnungseigentum darf sich nicht zu seinem Nachteil auswirken (Schmidt-Futterer/*Eisenschmid* § 554a Rn. 67). Verlangt der Mieter die Zustimmung zu Maßnahmen nach § 554a BGB, so ist der Vermieter verpflichtet, an den Verwalter heranzutreten und **auf eine Wohnungseigentümerversammlung hinzuwirken** (vgl. § 24 Abs. 2 und 3 WEG), damit diese über den Eingriff entscheiden kann.

476 Allerdings kann der Mieter von dem vermietenden Wohnungseigentümer nur so viele Rechte ableiten, wie diesem selbst zustehen (*Drasdo* WuM 2002, 123, 129). Fassen die Wohnungseigentümer in der Versammlung über die baulichen Maßnahmen einen ablehnenden Beschluss und wird dieser bestandskräftig, so steht auch dem Mieter kein Anspruch auf Zustimmung gemäß § 554a BGB zu. Der Vermieter muss aber prüfen, ob der ablehnende Beschluss zu Recht ergangen ist. Anderenfalls ist er gehalten, diesen gemäß § 43 Nr. 4 WEG anzufechten und seinen Rechtsanspruch gegen die übrigen Wohnungseigentümer auf Zustimmung zu der baulichen Veränderung (§§ 22 Abs. 1, 21 Abs. 4 WEG) gerichtlich geltend zu machen (vgl. BGH NZM 2005, 820 f. = WuM 2005, 713 f. = ZMR 2005, 935, 937 sowie Schmid/*Kahlen* § 22 Rn. 78 f.). Im Beispiel wird eine Ablehnung der umfangreichen Baumaßnahmen durch die Eigentümerversammlung wohnungseigentumsrechtlich nicht zu beanstanden sein.

477 **Hinweis!** Wird der Wohnungseigentümer von seinem Mieter auf Zustimmung nach Maßgabe des § 554a BGB in Anspruch genommen, sollte er den übrigen Mitgliedern der Gemeinschaft nach §§ 72 ff. ZPO den Streit verkünden. Dann entfaltet die Entscheidung ihnen gegenüber Bindungswirkung (§§ 68, 74 ZPO).

17. Zustimmungsklage des Mieters bei von ihm beabsichtigten baulichen Änderungen

478 **Es wird beantragt,** [1]

den Beklagten zu verurteilen, den nachfolgend im Einzelnen bezeichneten, auf Kosten des Klägers auszuführenden baulichen Veränderungen im Hause _____/in der Wohnung _____/in den Räumen _____ zuzustimmen (genaue und konkrete Bezeichnung der beabsichtigten baulichen Veränderungen): [2]

▶ Beispiel:

Installation einer baurechtlich zulässigen Parabolantenne mit einem Durchmesser der Schüssel von höchstens 70 cm an der Außenwand im Bereich des zur Mietwohnung des Klägers im 3. OG rechts gehörenden Balkons an der aus dem als Anlage K1 beigefügten Plan ersichtlichen Stelle einschließlich der erforderlichen Zuleitungen zum Wohnraum durch einen Fachmann, hilfsweise, dem Kläger einen geeigneten Platz zur Anbringung oben bezeichneter Parabolantenne zuzuweisen. [3]

Begründung:

Der Kläger ist Mieter, der Beklagte Vermieter des im obigen Klagantrages bezeichneten Mietobjekts. Der zwischen den Parteien geschlossene Mietvertrag wird in Ablichtung als Anlage K 2 beigefügt.

Mit dem weiter in Fotokopie als Anlage K 3 überreichten Schreiben vom _____ bat der Kläger den Beklagten um Zustimmung zu denjenigen Maßnahmen, die im Klageantrag bezeichnet sind. Der Beklagte hat seine Erlaubnis verweigert. [4]

Der Kläger hat indes einen Rechtsanspruch auf Zustimmung. Das ergibt sich aus Folgendem (es sind im Folgenden die wesentlichen Gründe für einen Rechtsanspruch darzulegen):

▶ Beispiel:

Als ausländischer Mitbürger hat der Kläger ein besonderes Interesse daran, auch die privaten Fernsehprogramme seines Heimatstaates empfangen zu können. Der Empfang dieser Programme ist jedoch nur über eine Parabolantenne möglich, deren Installation der Kläger anstrebt. Der Beklagte kann nicht mit Erfolg geltend machen, der Kläger könne über das vorhandene Breitbandkabelnetz auch genügend überörtliche Rundfunk- und Fernsehprogramme empfangen. Denn über das Kabelnetz kann der Kläger nur das sehr einseitig ausgerichtete, staatlich gelenkte Fernsehprogramm seines Heimatstaates sehen. Das genügt ihm als politisch interessiertem und engagiertem Bürger nicht. Mit Rücksicht auf die grundgesetzlich verbürgte Informationsfreiheit hat der Kläger daher einen Rechtsanspruch auf Satellitenempfang. Belange des Beklagten werden nicht beeinträchtigt. Der Kläger wird ihn von allen Kosten und Gebühren freistellen. Die Anbringung der Parabolantenne durch einen Fachmann gewährleistet, dass der Beklagte Schäden an seinem Eigentum nicht befürchten muss. Die Antenne wird an einem möglichst unauffälligen Ort installiert werden, so dass auch eine optische Beeinträchtigung nicht eintreten wird.

Im Hinblick auf das gewichtige Interesse des Klägers an einer Realisierung der beabsichtigten baulichen Veränderung wird das Gericht abschließend höflich gebeten, einen möglichst nahegelegenen Verhandlungstermin anzuberaumen. [5]

Erläuterungen

1. Zuständiges Gericht. Zur gerichtlichen Zuständigkeit s. die Hinweise zu Teil 1 Rdn. 2334.

2. Klageantrag. Der Antrag muss so genau gefasst werden, dass aus einem Urteil vollstreckt werden kann. Hierfür kann sich u.U. empfehlen, im Klageantrag auf eine beigefügte **Bau- oder Installationsskizze** Bezug zu nehmen. Durch einen Hilfsantrag können auch Alternativen berücksichtigt werden.

481 **3. Parabolantenne.** Auch wenn der Vermieter verpflichtet ist, die Erlaubnis zum Anbringen einer Parabolantenne zu erteilen, bleibt er gleichwohl berechtigt, den **geeigneten Platz** hierfür zu bestimmen. Eine eigenmächtig vom Mieter angebrachte Parabolantenne braucht er nicht hinzunehmen, wenn er dem Mieter einen anderen geeigneten Platz zuweist (BVerfG WuM 1996, 82 = ZMR 1996, 122; OLG Karlsruhe WuM 1993, 525; OLG Frankfurt WuM 1992, 458).

482 **4. Zustimmungsanspruch.** Zum Anspruch des ausländischen Mieters auf Erlaubnis zur Installation einer Parabolantenne s. die Hinweise zu Teil 1 Rdn. 443.

483 Nach Auffassung des BVerfG liegt ein **greifbares Interesse** des ausländischen Mieters an der Auswahl zwischen mehreren Heimatprogrammen auch ohne nähere Begründung auf der Hand (BVerfG WuM 1995, 693 = ZMR 1996, 12). In der unterschiedlichen Behandlung deutscher und ausländischer Mieter liegt kein Verstoß gegen den Gleichheitsgrundsatz (BVerfG WuM 1994, 251 = ZMR 1994, 203).

484 **5. Dringlichkeit.** Der Hinweis auf die besondere Dringlichkeit der Sache in der Klageschrift kann sinnvoll sein. Er sollte u.U. hervorgehoben werden, damit das Gericht ihn nicht übersieht. Im Interesse einer funktionsfähigen Justiz sollte aber ein inflationärer Gebrauch solcher Hinweise tunlichst unterbleiben.

VII. Untervermietung/Drittüberlassung

1. Anzeige zur Aufnahme einer Person in das Mietobjekt

485 **Ausweislich der im Original beigefügten Vollmacht zeige ich die Vertretung des Mieters**

oder

der Mieter an, an den

oder

die

Sie die im Hause _____ belegenen Räume vermietet haben.

Für meine Mandantschaft möchte ich Sie davon in Kenntnis setzen, dass diese

Herrn _____

oder

Frau _____

oder

die (Bezeichnung einer juristischen Person) Beispiel: die Treuhand GmbH, diese vertreten durch ihren Geschäftsführer _____ 1

in die von Ihnen gemieteten Räume auf dem Grundstück _____ mit aufgenommen hat. Die wesentlichen Gründe hierfür sind (genaue und konkrete Darlegung derjenigen Umstände, die eine Aufnahme rechtfertigen):

▶ Beispiel:

Bei der oben genannten Person handelt es sich um den nach den Bestimmungen des LPartG registrierten Lebenspartner meines Auftraggebers, der aus beruflichen Gründen von München nach Hamburg zurückgekehrt ist. Beide werden daher jetzt in der von Ihnen gemieteten 2-Zimmer-Wohnung zusammenleben. Der gleichgeschlechtliche Lebensgefährte meines Mandanten wird auch weiterhin, jetzt für einen in Hamburg ansässigen Verlag, beruflich als Journalist tätig sein. [2]

▶ Beispiel:

Nach einem vor wenigen Wochen erlittenen Schlaganfall, der leider auch zu nicht unerheblichen Lähmungserscheinungen geführt hat, ist mein Mandant auf ständige Betreuung und Pflege angewiesen. Auf Wunsch kann Ihnen hierüber ein ärztliches Attest zur Verfügung gestellt werden. Meinem Mandanten ist es gelungen, Frau _____ dafür zu gewinnen, die erforderliche Betreuung und Pflege in der von Ihnen gemieteten Wohnung zu übernehmen. [3]

Frau _____ ist am _____ geboren und gelernte Krankenpflegerin. Mein Mandant und die Pflegerin sind übereingekommen, dass ihr das nach Westen hin belegene Zimmer der Wohnung überlassen wird. Familienangehörige können die erforderlichen Pflegedienste nicht übernehmen.

▶ Beispiel:

Nach dem geschlossenen gewerblichen Mietvertrag steht meiner Mandantschaft vertraglich die Befugnis zu, einen Teil des Mietobjekts dritten Personen zum Gebrauch zu überlassen, sofern ein berechtigtes Interesse hierfür besteht. Bedauerlicherweise hat das Unternehmen meiner Mandantschaft insbesondere im Handel mit osteuropäischen Firmen in den letzten Monaten erhebliche Verluste hinnehmen müssen. Nur durch erhebliche Einsparungen und eine Beschränkung des Warenangebots auf gut eingeführte Produkte wird eine Sanierung möglich sein. Dadurch bedingt benötigt meine Mandantschaft nur noch einen Teil der Miete räume. Die zur Hofseite hin belegenen Räume in einer Größe von ca. 100 qm sind daher mit Wirkung ab Beginn des vergangenen Monats der Treuhand GmbH überlassen worden, einer Unternehmensberatungsgesellschaft. Schon im Hinblick auf die Art der Tätigkeit dieser Firma sind Störungen oder sonstige negative Auswirkungen zu Ihren Lasten absolut nicht zu erwarten. Im Übrigen gilt die Treuhand GmbH als zuverlässiges und seriöses Unternehmen. [4]

Erläuterungen

1. Überlassung an Dritte. Die Bestimmungen über die Gebrauchsüberlassung an Dritte und Untervermietung finden sich in **zwei Vorschriften**: 486
– § 540 BGB betreffend alle Mietverhältnisse
– § 553 BGB betreffend Mietverhältnisse über Wohnraum.

Der Mieter benötigt für die **Untervermietung** oder für jede andere Form der Drittüberlassung die Erlaubnis des Vermieters (§ 540 Abs. 1 S. 1 BGB). Verweigert der Vermieter die Erlaubnis, so kann der Mieter das Mietverhältnis außerordentlich mit der gesetzlichen Frist von drei Monaten kündigen, sofern nicht in der Person des vorgesehenen Untermieters oder des Aufzunehmenden ein wichtiger Grund vorliegt, der die Versagung rechtfertigt (§ 540 Abs. 1 S. 2 BGB). Das außerordentliche Kündigungsrecht kann formularvertraglich nicht ausgeschlossen werden, auch nicht bei Mietverhältnissen über Geschäfts- oder Gewerberaum (BGH NJW 1995, 2034 = ZMR 1995, 397; Lützenkirchen/*Lützenkirchen* § 540 Rn. 18). 487

Zur außerordentlichen befristeten Kündigung nach § 540 Abs. 1 S. 2 BGB s. die Hinweise zu Teil 1 Rdn. 1921. 488

Nur dem **Mieter von Wohnraum** steht ein Anspruch auf Erlaubnis zur Untervermietung eines Teils der Miete räume zu, wenn für ihn hieran nach Abschluss des Mietvertrags ein berechtigtes In- 489 teresse besteht. Dafür genügt es, dass das Interesse des Mieters unter Würdigung seiner persönlichen und wirtschaftlichen Verhältnisse vernünftig und einleuchtend ist (BGH WuM 2014, 489, 491 = ZMR 2014, 713).

490 Ein Anspruch auf Erlaubniserteilung besteht jedoch nicht, wenn in der Person des Dritten ein **wichtiger Grund** vorliegt, der Wohnraum übermäßig belegt würde oder sonst dem Vermieter die Überlassung nicht zugemutet werden kann (§ 553 Abs. 1 S. 2 BGB). Die aufzunehmende Person muss bezeichnet werden. Nur so kann der Vermieter prüfen und feststellen, ob der Mieter von ihm die Erlaubnis zur Untervermietung verlangen kann oder ob in der Person des Dritten ein wichtiger Grund vorliegt, der den Vermieter zur Verweigerung der Erlaubnis berechtigt. Ein Anspruch auf Erteilung einer generellen, nicht personenbezogenen Erlaubnis zur Untervermietung oder Drittüberlassung besteht nicht (BGH WuM 2012, 229).

491 **2. Nahe Personen.** Zur Aufnahme von **nächsten Familienangehörigen** bedarf der Mieter grundsätzlich keiner Erlaubnis des Vermieters. Diese Personen sind nicht Dritte i.S. des § 540 Abs. 1 S. 1 BGB (BGH WuM 2013, 485, 486 = ZMR 2013, 868, 869). Privilegiert sind insbesondere der Ehegatte sowie der **registrierte Lebenspartner** (§ 1 Abs. 1 S. 1 LPartG) des Mieters, darüber hinaus aber auch die minderjährigen Kinder des Ehegatten (OLG Hamm WuM 1997, 364), sowie die Eltern des Mieters (dazu BayObLG WuM 1997, 603 = ZMR 1998, 23), nicht aber lediglich verschwägerte Personen (Schmidt-Futterer/*Blank* § 540 Rn. 25; a.A. LG Berlin GE 1980, 660 für die Schwiegereltern).

492 Die **Aufnahme eines Lebensgefährten** in die Wohnung unterliegt dagegen der Erlaubnis des Vermieters (BGH WuM 2003, 688 = ZMR 2004, 100). Allerdings steht dem Mieter bei Vorliegen eines **berechtigten Interesses** an der Aufnahme des Lebensgefährten ein Anspruch auf Erlaubniserteilung zu. Der BGH betont, dass der Wunsch des Mieters, eine Lebensgemeinschaft zu bilden oder fortzusetzen, in aller Regel zur Darlegung des berechtigten Interesses ausreicht (BGH WuM 2003, 688, 690 = ZMR 2004, 100, 102 f.). Der Mieter muss also diesen Wunsch nicht näher begründen, weil er auf höchstpersönlichen Motiven beruht (vgl. auch *Wiek* WuM 2003, 690 f.; *Lützenkirchen* WuM 2004, 58, 69; *Hinz* WuM 2004, 380, 385). Insbesondere braucht der Mieter nicht die Einzelheiten der gemeinsamen Haushaltsführung darzulegen (vgl. auch LG Berlin NJW-RR 1992, 13).

493 Das Interesse des Mieters an der Aufnahme einer anderen Person in die Wohnung braucht nicht wirtschaftlicher Art zu sein. Es genügt jedes, auch höchstpersönliche Interesse von nicht ganz unerheblichem Gewicht, das mit der geltenden Rechts- und Sozialordnung im Einklang steht (BGH ZMR 1985, 50).

494 **Achtung!** Der Mieter kann gemäß § 553 Abs. 1 BGB lediglich die Erlaubnis zur Gebrauchsüberlassung (bzw. Untervermietung) **eines Teils** der Wohnung an Dritte verlangen. Es muss also sichergestellt sein, dass er auch in Zukunft die Sachherrschaft über die Wohnung noch ausüben kann (Schmidt-Futterer/*Blank* § 553 Rn. 7).

495 **3. Hilfs- und Pflegepersonen.** Der Mieter ist berechtigt, diese ohne Erlaubnis des Vermieters in die Wohnung aufzunehmen. Hier soll es regelmäßig schon an einer »Überlassung« fehlen, da diesem Personenkreis lediglich der Status eines Besitzdieners (§ 855 BGB) zukomme und die Ausübung des Gebrauchs allein den Interessen des Mieters diene (BGH NJW 1991, 1790, 1791; OLG Hamm NJW 1982, 2876 f. = ZMR 1983, 28).

496 **4. Gewerberaummiete.** Der Mieter eines gewerblichen Objekts hat – anders als der Mieter von Wohnraum – keinen Anspruch darauf, wenigstens einen Teil des Mietobjekts unterzuvermieten. Es kann jedoch **vereinbart** werden, dass der Vermieter die teilweise Untervermietung unter Erlaubnisvorbehalt stellt. Die Erteilung oder Versagung der Erlaubnis steht dann in seinem billigen Ermessen. Will er sie versagen, so muss er hierfür sachliche Gründe haben (KG GE 2003, 1490; OLG Hamburg WuM 1993, 737; Schmidt-Futterer/*Blank* § 540 Rn. 58; abw. Lützenkirchen/*Lützenkirchen* § 540 Rn. 57: freies Ermessen). Ob allein wirtschaftliche Gründe aus der

Sphäre des Mieters ausreichen, um den Vermieter nach billigem Ermessen zu verpflichten, die Erlaubnis zur Untervermietung zu erteilen, ist zweifelhaft, sofern nicht noch andere Gründe hinzukommen (vgl. OLG Hamburg WuM 1993, 737).

Auch wenn der Mieter von Gewerberaum, der als Einzelkaufmann ein Geschäft betreibt, einen Gesellschafter in die Mieträume aufnimmt, um mit ihm das Geschäft in Form einer GbR zu betreiben, liegt darin eine nach § 540 Abs. 1 BGB erlaubnispflichtige Drittüberlassung. Nach der Rechtsprechung des BGH (NZM 2001, 621 = ZMR 2001, 702) führen der **Eintritt eines Gesellschafters** in den Betrieb eines Einzelkaufmanns und die Fortführung des Geschäfts durch die neugegründete Gesellschaft nicht dazu, dass diese kraft Gesetzes (§§ 25, 28 HGB) Partei des von dem Einzelkaufmann abgeschlossenen Mietvertrags wird. Zu einem solchen Vertragsübergang sei die Mitwirkung des Vermieters erforderlich; die Regelung des § 540 Abs. 1 S. 1 BGB dürfe nicht unterlaufen werden (s. BGH NZM 2001, 621 = ZMR 2001, 702 f.). 497

Versagt der Vermieter die Erlaubnis, ohne dass in der Person des vorgeschlagenen Untermieters ein gewichtiger Grund liegt, so kann der Mieter das Mietverhältnis mit der gesetzlichen Frist kündigen (§ 540 Abs. 1 S. 2 BGB). S. dazu die Hinweise zu Teil 1 Rdn. 1921. 498

Hat der Mieter nach Mietvertrag oder Gesetz ein Recht zur Untervermietung und wird er hieran vom Vermieter gehindert, so steht ihm auch das Recht zur **außerordentlichen fristlosen Kündigung** nach § 543 Abs. 2 Nr. 1 BGB zu. Regelmäßig muss der Mieter dem Vermieter aber vorher eine Frist zur Erteilung der Erlaubnis setzen (§ 543 Abs. 3 S. 1 BGB). Einer Fristsetzung bedarf es jedoch nicht, wenn diese offensichtlich keinen Erfolg verspricht, insbesondere, wenn der Vermieter trotz entsprechenden Anspruchs des Mieters die Untervermietungserlaubnis ernsthaft und endgültig versagt hat (§ 543 Abs. 3 S. 2 Nr. 1 BGB). 499

2. Schreiben wegen Erteilung einer Erlaubnis zur Untervermietung eines Teils der Mieträume (Wohnraum)

Ausweislich der im Original beigefügten Vollmacht zeige ich die Vertretung des Mieters 500

oder

der Mieter an, an die

oder

den

Sie die im Hause _____ belege Wohnung vermietet haben.

Unter Bezugnahme auf die gesetzliche Regelung in § 553 Abs. 1 BGB bittet meine Mandantschaft um Ihre Erlaubnis, einen Teil der Mieträume, nämlich (genaue Bezeichnung der zur Untervermietung vorgesehenen Zimmer), unterzuvermieten. ¹

Als Untermieter ist vorgesehen _____ **, der in jeder Hinsicht als zuverlässig zu bezeichnen ist und Ihnen auf Wunsch nähere Angaben über seine wirtschaftlichen und persönlichen Verhältnisse machen kann. ²**

Das berechtigte Interesse an einer Untervermietung ergibt sich aus folgenden Umständen: ³

▶ Beispiel:

Mein Mandant und seine Ehefrau haben sich getrennt. Die Ehefrau hat gemeinsam mit den Kindern ein anderes Mietobjekt bezogen. Aufgrund seiner Behinderung ist mein Mandant einerseits auf die jetzigen Mieträume, insbesondere wegen ihrer unmittelbaren Nähe zum Arbeitsplatz angewiesen, benötigt aber auch im Haushalt Unterstützung, die der vorgesehene Untermieter übernehmen will.

Schließlich ist mein Mandant in seiner jetzigen Situation auch auf eine finanzielle Entlastung angewiesen. Denn nach Abzug des nunmehr zu leistenden Kindes- und Ehegattenunterhalts steht ihm lediglich noch ein monatliches Nettoeinkommen in Höhe von _____ € zur Verfügung.

▶ Beispiel:
Mein Mandant wird für zwei Jahre in Hannover an dem Institut _____ an einer Fortbildungsveranstaltung auf dem Gebiet der elektronischen Datenverarbeitung teilnehmen. Für diese Zeit hat er in Hannover unter der Anschrift _____ ein Zimmer unter gleichzeitiger gemeinschaftlicher Mitbenutzung eines Bades und einer Küche gemietet. Die Fortbildungsveranstaltung wird am _____ beginnen. An den Wochenenden, freien Tagen und in Ferien- bzw. Urlaubszeiten wird mein Mandant auch weiterhin häufiger sich in der von Ihnen gemieteten Wohnung aufhalten und beabsichtigt daher auch lediglich, 1 Zimmer der 3-Zimmer-Wohnung während der oben genannten zwei Jahre an einen Bekannten, nämlich Herrn _____, unterzuvermieten. Der vorgesehene Untermieter ist am _____ geboren und studiert an der Universität Hamburg Rechtswissenschaft. Meinem Mandanten ist einerseits daran gelegen, dass die Wohnung während seines Aufenthaltes in Hannover unter Aufsicht steht. Andererseits ist er wegen der nicht unerheblichen Kosten der eingangs benannten Fortbildungsveranstaltung auf eine finanzielle Entlastung angewiesen, die durch die meinem Mandanten zufließende Untermiete eintreten wird. **4**

Erläuterungen

501 **1. Erforderlichkeit.** Selbst wenn der Mieter einen Anspruch auf Erteilung der Untermieterlaubnis hat, ist eine Untervermietung ohne Erlaubnis grundsätzlich eine **Vertragswidrigkeit**. Sie kann u.U. eine ordentliche Kündigung wegen schuldhafter, nicht unerheblicher Pflichtverletzungen gemäß § 573 Abs. 2 Nr. 1 BGB rechtfertigen (s. BGH WuM 2011, 169 = ZMR 2011, 453). Es empfiehlt sich daher für den Mieter, die Erlaubnis zur Untervermietung auf jeden Fall vor der Drittüberlassung herbeizuführen, selbst wenn er davon ausgeht, ein berechtigtes Interesse i.S. von § 553 Abs. 1 S. 1 BGB zu haben.

Der Rechtsanwalt sollte dem Schreiben eine **Originalvollmacht** beifügen, da er anderenfalls eine Zurückweisung nach § 174 BGB riskiert; s. die Hinweise zu Teil 1 Rdn. 1630.

502 **2. Konkretisierung des Dritten.** Der Mieter hat keinen Anspruch auf Erteilung einer generellen, nicht personenbezogenen Erlaubnis zur Drittüberlassung (BGH WuM 2012, 229 = GE 2012, 825).

503 Die Angaben, die der Vermieter zur Person des Untermieters verlangen kann, richten sich nach seinem Informationsbedürfnis. Im Regelfall werden
– Name,
– Geburtsdatum und
– berufliche Tätigkeit

des zukünftigen Untermieters ausreichen (*Kern* NZM 2009, 344, 346); einen Einkommensnachweis kann er nicht verlangen (LG Hamburg WuM 1991, 585; vgl. aber auch LG Berlin GE 2002, 668).

Achtung! Bei der Untervermietung von **Gewerberaum** kann der Vermieter im Einzelfall allerdings deutlich weiter gehende Informationen über den Untermietinteressenten verlangen (BGH NZM 2007, 127 = ZMR 2007, 184; KG ZMR 2008, 128).

3. Berechtigtes Interesse. Sowohl die Aufnahme eines Dritten, um nicht mehr allein in der Wohnung leben zu müssen, als auch eine wirtschaftliche Entlastung durch die Untervermietung sind als berechtigte Interessen anerkannt worden. Eine **Interessenabwägung** mit den Belangen des Vermieters findet nicht statt; diese werden nur unter dem Gesichtspunkt der Zumutbarkeit (§ 553 Abs. 1 S. 2 BGB) berücksichtigt (BGH NZM 2004, 22, 24 = WuM 2003, 688, 690 = ZMR 2004, 100, 103).

4. Begrenzter Zeitraum. Ausnahmsweise kann der Wohnungsmieter einen Anspruch haben, für einen **begrenzten Zeitraum** die Wohnung zumindest überwiegend an einen Dritten zu überlassen, wenn er aus beruflichen oder ausbildungsbedingten Gründen eine Zeit lang ortsabwesend ist. Dabei ist nicht erforderlich, dass der Mieter seinen Lebensmittelpunkt in der Wohnung behält (BGH WuM 2014, 489, 491 = ZMR 2014, 713, 714; NZM 2006, 220 = WuM 2006, 147 = ZMR 2006, 261). Der Anspruch des Mieters auf Untervermietung besteht auch bei **längerem Auslandsaufenthalt**, wenn er weiterhin Mitgewahrsam ausübt, indem er etwa ein Zimmer für sich belegt, persönliche Gegenstände in der Wohnung belässt oder Schlüssel im Besitz behält (BGH a.a.O.). Ob es hingegen ausreicht, wenn der (Haupt-)Mieter sich die Möglichkeit vorbehält, die Wohnung während des Urlaubs selbst zu nutzen (so LG Berlin GE 2003, 880 f.), erscheint fraglich. S. auch die Hinweise zu Teil 1 Rdn. 525.

3. Antwortschreiben zur Gestattung der Untervermietung eines Teils der Mieträume (Wohnraum)

Ausweislich der im Original beigefügten Vollmacht zeige ich die Vertretung des Vermieters

oder

der Vermieter

der von Ihnen gemieteten Wohnung an.

Sie baten meine Mandantschaft mit Schreiben vom _____ um die Erlaubnis, einen Teil der an Sie vermieteten Wohnung unterzuvermieten.

Mit der von Ihnen beabsichtigten Untervermietung eines Teils der Mieträume an _____ ist meine Mandantschaft einverstanden. Sie haben plausibel und nachvollziehbar ein berechtigtes Interesse an der Untervermietung eines Teils der Mieträume in Ihrem Schreiben vom _____ dargelegt. [1]

oder

Mit der von Ihnen beabsichtigten Untervermietung eines Teils der Mieträume an _____ ist meine Mandantschaft unter der Voraussetzung einverstanden, dass Sie für die Zeit der Untervermietung an die Vermieterseite zusätzlich zur bisherigen Miete einen monatlichen Untermietzuschlag in Höhe von _____ € zahlen. Unter den gegebenen Umständen ist meiner Partei die Drittüberlassung des Wohnraums nur bei einer angemessenen Erhöhung der Miete zuzumuten. [2]

Erläuterungen

508 **1. Erlaubniserteilung.** Bei einer **Mehrheit von Vermietern** muss die Erlaubnis von allen erteilt werden, um wirksam zu sein. Auch wenn für die Erteilung die schriftliche Form vereinbart ist, ist eine nur mündlich erklärte Erlaubnis wirksam, weil die Schriftform im Zweifel nur bestätigenden Charakter hat. Bei einer Personenmehrheit auf der Mieterseite steht der Anspruch auf Erlaubniserteilung nicht dem Einzelnen, sondern nur allen Mietern gemeinschaftlich zu (vgl. LG Berlin NJW-RR 1992, 13).

Zur Vorlage der **Originalvollmacht** s. den Hinweis zu Teil 1 Rdn. 501.

509 Die Erlaubnis kann nur aus wichtigem Grund **widerrufen** werden, sofern es später zu Unzuträglichkeiten aus Anlass der Drittüberlassung gekommen ist (AG Halle MietRB 2013, 202; *Schmid* GE 2014, 224).

510 Ob der Vermieter die Erlaubnis zu erteilen hat, hängt nicht vom Ergebnis einer Interessenabwägung zwischen seinen Belangen und denjenigen des Mieters ab. Die Vermieterbelange werden nur unter dem Gesichtspunkt der Zumutbarkeit berücksichtigt (s. § 553 Abs. 1 S. 2 BGB sowie BGH NZM 2004, 22, 24 = WuM 2003, 688, 690 = ZMR 2004, 100, 103; AG Neukölln Urt. v. 26.03.2014 – 3 C 54/14 zit. nach juris). In Betracht kommt z.B., dass infolge der Untervermietung der Wohnraum überbelegt werden würde oder der konkrete Verdacht besteht, dass der vorgeschlagene Untermieter den Hausfrieden stören würde (vgl. Lützenkirchen/*Lützenkirchen* § 553 Rn. 30 ff.; NK-BGB/*Hinz* § 553 Rn. 13 ff.).

511 **2. Untermietzuschlag.** Ein Anspruch auf Untermietzuschlag besteht nur, wenn anderenfalls dem Vermieter die Erteilung der Erlaubnis nicht zuzumuten wäre (§ 553 Abs. 2 BGB). Das ist nur dann der Fall, wenn sich der Mietgebrauch durch die Untervermietung erweitert und dem Vermieter dadurch Nachteile erwachsen, z.B. durch eine erhöhte Abnutzung der Wohnung (AG Neukölln Urt. v. 26.03.2014 – 3 C 54/14 zit. nach juris; NK-BGB/*Hinz* § 553 Rn. 18; str.). Angemessen ist in solchen Fällen ein Untermietzuschlag in Höhe von 20 % des Untermietbetrags (AG Hamburg ZMR 2008, 213 f.).

512 Die Vertragsparteien können einen Untermietzuschlag ohne Rücksicht auf die **ortsübliche Vergleichsmiete** vereinbaren (BayObLG WuM 1986, 205; AG Hamburg ZMR 2008, 213 f.). Der Untermietzuschlag bleibt daher bei der Berechnung der Kappungsgrenze außer Betracht. Die Vereinbarung eines Untermietzuschlags bereits im Mietvertrag ist gemäß § 553 Abs. 3 BGB unwirksam, da sie zum Nachteil des Mieters die nach § 553 Abs. 2 BGB erforderliche Zumutbarkeitsprüfung vorwegnimmt (vgl. AG Hamburg-Altona WuM 1999, 600; Schmidt-Futterer/*Blank* § 553 Rn. 22).

513 Unterliegt die Mietwohnung der **Mietpreisbindung**, so ist der Untermietzuschlag auf 2,50 € bei Benutzung durch eine Person und auf 5,00 € bei Benutzung durch zwei oder mehrere Personen begrenzt (§ 26 Abs. 1 Nr. 2, Abs. 3 NMV).

514 **Achtung!** Der Vermieter hat hinsichtlich des Untermietzuschlags keinen gesetzlichen Anspruch auf Zustimmung zur Mieterhöhung. Er kann lediglich die Untermieterlaubnis verweigern, wenn der Mieter eine Mieterhöhung zu Unrecht ablehnt (Schmidt-Futterer/*Blank* § 553 Rn. 17).

515 Allerdings sollte der Vermieter beachten, dass in der Praxis die Voraussetzungen des Untermietzuschlags (§ 553 Abs. 2 BGB) **nur selten** vorliegen.

516 Der Vermieter von Wohnraum ist nicht berechtigt, die Erteilung der Erlaubnis von anderen **Bedingungen** (z.B. einer Vertragsänderung) abhängig zu machen (LG Hamburg WuM 1993, 737).

4. Antwortschreiben zur Nichtgestattung der Untervermietung eines Teils der Miethäume (Wohnraum)

Ausweislich der im Original beigefügten Vollmacht zeige ich die Vertretung des Vermieters

oder

der Vermieter

der von Ihnen gemieteten Wohnung an.

Sie baten meine Mandantschaft mit Schreiben vom _____ um die Erlaubnis, einen Teil der an Sie vermieteten Wohnung unterzuvermieten.

Die von Ihnen erbetene Zustimmung zur Untervermietung eines Teils der Mieträume an _____ kann meine Mandantschaft nicht erklären. Aus den in § 553 Abs. 1 Satz 2 BGB genannten Gründen ist meine Mandantschaft berechtigt, das Einverständnis zur Untervermietung zu verweigern, wie sich aus Folgendem ergibt: **1**

▶ Beispiel:

Entgegen Ihren Angaben kann der vorgesehene Untermieter nicht als zuverlässig angesehen werden. Dieser musste, wie in Erfahrung gebracht werden konnte, seine bisherige Wohnung aufgrund einer fristlosen Kündigung des Vermieters wegen fortgesetzter erheblicher Störungen des Hausfriedens aufgeben. Es ist zu befürchten, dass der vorgesehene Untermieter diese Störungen fortsetzt. **2**

▶ Beispiel:

Die von Ihnen für die Notwendigkeit einer Untervermietung vorgebrachten Gründe bestanden ersichtlich schon bei Abschluss des Mietvertrages. Unter dieser Voraussetzung ist die Vermieterseite nach dem Gesetz nicht verpflichtet, der von Ihnen gewünschten Untervermietung zuzustimmen. **3**

▶ Beispiel:

Es liegt auf der Hand, dass die Untervermietung eines Zimmers der lediglich 2 Zimmer umfassenden, 35 qm großen Wohnung an ein Ehepaar mit Kind zu einer Überbelegung führen würde. **4**

▶ Beispiel:

Sie haben bisher nicht mitgeteilt, welche Person konkret als Untermieter vorgesehen ist. Sie werden Verständnis dafür haben, dass meine Mandantschaft eine allgemeine, nicht personenbezogene Zustimmung zu einer Untervermietung nicht erteilen möchte, wobei hinzugefügt werden soll, dass meine Partei nicht von vornherein und generell eine Untervermietung ablehnt. **5**

Erläuterungen

1. Belange des Vermieters. Diese werden nur im Rahmen der Zumutbarkeit berücksichtigt (vgl. Hinweise zu Teil 1 Rdn. 510).

2. Wichtiger Grund gegen die Person des Untermieters. Hat der Vermieter Bedenken gegen die Zuverlässigkeit des ihm vorgeschlagenen Untermieters, so muss er diese konkret äußern und im Falle eines Rechtsstreits um die Erteilung der Erlaubnis beweisen. Bloße Antipathien sind unbeachtlich. Auf die Moralvorstellungen des Vermieters kommt es im Allgemeinen nicht an (vgl. OLG Hamm ZMR 1992, 20).

520 **3. Zeitpunkt des Überlassungsinteresses.** Nach § 553 Abs. 1 BGB werden zugunsten des Mieters nur solche Interessen berücksichtigt, die **nach Abschluss des Mietvertrags** entstanden sind.

521 **4. Überbelegung.** Der Fall der Überbelegung ist in § 553 Abs. 1 S. 2 BGB als Versagungsgrund ausdrücklich erwähnt. Die Wohnungsaufsichtsgesetze der Länder können für die Klärung der Frage, ob eine Überbelegung vorliegt, mit herangezogen werden (LG Berlin WuM 1987, 221).

522 **5. Konkreter Untermietinteressent.** Der Mieter hat keinen Anspruch auf Erteilung einer generellen, nicht personenbezogenen Untermieterlaubnis (OLG Koblenz ZMR 2001, 530, 532 = WuM 2001, 272, 274 = NZM 2001, 581 f.; KG ZMR 1992, 382; 2008, 128).

523 Zu den Angaben, die der Vermieter über die Person des Mieters verlangen kann, s. die Hinweise zu Teil 1 Rdn. 503.

5. Schreiben wegen Erteilung einer Erlaubnis zur Untervermietung des gesamten Mietobjekts

524 **Ausweislich der im Original beigefügten Vollmacht zeige ich die Vertretung des Mieters**

oder

der Mieter an, der

oder

die

eine Untervermietung des gesamten Mietobjektes beansprucht(en).

Mit Vertrag vom _____ mietete meine Mandantschaft von Ihnen die im Hause _____ belegenen Räume. Diese bittet um Ihre Erlaubnis, diese Räume insgesamt weitervermieten zu dürfen. Als Untermieter ist vorgesehen _____, der in jeder Hinsicht als zuverlässig zu bezeichnen ist und Ihnen auf Wunsch nähere Angaben über seine persönlichen und wirtschaftlichen Verhältnisse machen kann. Aus folgenden Gründen tritt meine Mandantschaft mit der Bitte an Sie heran, das gesamte Mietobjekt untervermieten zu dürfen. [1]

> ▶ Beispiel:
>
> Berufsbedingt wird mein Mandant mit Beginn des übernächsten Monats für 2 Jahre ins Ausland gehen. Für diese Zeit möchte er die Wohnung an eine Person seines Vertrauens untervermieten. Nach Beendigung seiner Tätigkeit im Ausland beabsichtigt er sodann, die Räumlichkeiten wieder selbst zu nutzen und das Untermietverhältnis zu beenden. [2]

Erläuterungen

525 **1. Gesamtes Mietobjekt.** Ein Recht des Mieters auf Untervermietung des gesamten Mietobjekts besteht nur, wenn der Vermieter die **Erlaubnis** hierzu erteilt. Verweigert er sie, so ist der Mieter berechtigt, das Mietverhältnis mit der gesetzlichen Frist zu kündigen (BGH WuM 2014, 489, 492 = ZMR 2014, 713, 715), es sei denn, dass der Vermieter die Erlaubnis versagt, weil in

der Person des Dritten ein wichtiger Grund vorliegt (§ 540 Abs. 1 S. 2 BGB). Das Kündigungsrecht des Mieters kann formularmäßig nicht ausgeschlossen werden; s. die Hinweise zu Teil 1 Rdn. 487.

Zur Vorlage der **Originalvollmacht** s. den Hinweis zu Teil 1 Rdn. 418.

2. Vorübergehende Ortsabwesenheit. Nicht erforderlich, dass der Mieter seinen Lebensmittelpunkt in der Wohnung behält. Allerdings darf der Mieter die Wohnung nicht vollständig zugunsten des Untermieters aufgeben, also die Sachherrschaft endgültig verlieren (BGH WuM 2014, 489, 491 = ZMR 2014, 713, 714). Er muss immer einen (wenn auch nur untergeordneten) Mitgewahrsam an den Räumlichkeiten oder – anders gewendet – »einen Fuß in der Tür« behalten. Das wäre z.B. der Fall, wenn er noch seine Möbel in der Wohnung belässt oder (Wohnungs-)Schlüssel im Besitz behält (s. BGH a.a.O.). S. ferner die Hinweise zu Teil 1 Rdn. 506. 526

6. Antwortschreiben zur Gestattung/Nichtgestattung einer Untervermietung des gesamten Mietobjekts

Ausweislich der im Original beigefügten Vollmacht zeige ich die Vertretung des Vermieters 527

oder

der Vermieter des von Ihnen gemieteten Mietobjektes an.

Sie baten mit Schreiben vom _____ um die Erlaubnis meiner Mandantschaft, das Mietobjekt insgesamt unterzuvermieten. Obwohl ein Rechtsanspruch nicht ersichtlich ist, ist meine Mandantschaft mit der von Ihnen erbetenen Untervermietung der gesamten an Sie vermieteten Mieträume einverstanden. Es soll jedoch ausdrücklich hinzugefügt werden, dass sich diese Gestattung nur bezieht auf den von Ihnen konkret genannten Untermieter. Es geht vorliegend also nicht um eine generelle Erlaubnis zur Untervermietung des gesamten Mietobjektes. [1]

oder

Aus grundsätzlichen Erwägungen heraus kann sich meine Mandantschaft mit einer Untervermietung der gesamten Mieträume nicht einverstanden erklären. Ein Rechtsanspruch auf Gestattung dieser Untervermietung ist nicht ersichtlich, in dem mit Ihnen geschlossenen Mietvertrag ist hierzu nichts weiter geregelt.

Meine Mandantschaft stellt Ihnen anheim, das Mietverhältnis fristgemäß zu kündigen. [2]

Erläuterungen

1. Freies Ermessen. *1.1* Die Entscheidung des Vermieters über die Gestattung einer Untervermietung des **gesamten Objekts** unterliegt grundsätzlich – s. aber die Hinweise zu Teil 1 Rdn. 525 – seinem freien Ermessen. 528

1.2 Eine Verpflichtung des Vermieters, die Erlaubnis zu erteilen, besteht allerdings, wenn sie im Mietvertrag geregelt ist. In diesem Falle hat der Mieter einen **klagbaren Anspruch** auf Erteilung der Erlaubnis. Verstößt der Vermieter gegen die Verpflichtung, so kann der Mieter unter den Voraussetzungen des § 543 Abs. 2 Nr. 1, Abs. 3 BGB zur außerordentlichen fristlosen Kündigung berechtigt sein; s. auch die Hinweise zu Teil 1 Rdn. 1921. 529

1.3 Ist in einem Mietvertrag über **Gewerberaum** dem Mieter allgemein die Erlaubnis zur Untervermietung erteilt, so ist er gleichwohl nicht berechtigt, die Räume zur Ausübung eines anderen Gewerbes unterzuvermieten, das ihm selbst nach dem Mietvertrag gestattet ist (BGH NJW 1984, 530

1031 = ZMR 1984, 275). Auch kann der Vermieter die Untervermietung verweigern, wenn mit dieser eine Änderung des vertraglich festgelegten Nutzungszwecks verbunden ist (KG GE 2003, 1490).

531 *1.4* Der Vermieter von Gewerberaum kann eine allgemein erteilte Erlaubnis zur Untervermietung im Einzelfall aus wichtigem Grund **widerrufen**, etwa wenn der Untermieter ein Gewerbe betreiben will, dessen Ausübung dem Mieter nicht gestattet wäre (BGH NJW 1984, 1031 = ZMR 1984, 275).

532 **2. Außerordentliches befristetes Kündigungsrecht.** Die Ablehnung der Untervermietungserlaubnis löst nur die (formularmäßig nicht abdingbare) Befugnis des Mieters aus, das Mietverhältnis unter Einhaltung der gesetzlichen Frist nach § 540 Abs. 1 S. 2 BGB zu kündigen. S. dazu die Hinweise zu Teil 1 Rdn. 1921.

7. Klage des Mieters auf Zustimmung zur Untervermietung

533 **Namens und in Vollmacht des Klägers wird beantragt,** [1]

den Beklagten zu verurteilen, einer Untervermietung des Mietobjekts ⎯⎯⎯⎯⎯⎯

insgesamt [2]

oder

eines Teils des Mietobjekts ⎯⎯⎯⎯⎯⎯**, nämlich (genaue Bezeichnung der zur Untervermietung vorgesehenen Räume)**

▶ Beispiel:

des nach Westen belegenen Zimmers oben genannter Wohnung unter Mitbenutzung von Bad und Küche [3]

an (genaue Bezeichnung der natürlichen oder juristischen Person, die als Untermieter vorgesehen ist) zuzustimmen.

Begründung:

Der Kläger ist Mieter, der Beklagte Vermieter des im Klageantrag bezeichneten Mietobjekts auf der Grundlage eines schriftlichen Mietvertrages, der in Ablichtung als <u>Anlage K1</u> **überreicht wird.**

Zur Möglichkeit einer Untervermietung wurden Vereinbarungen im Mietvertrag nicht getroffen.

oder

Zur Möglichkeit einer Untervermietung vereinbarten die Parteien im Mietvertrag Folgendes: [4]

▶ Beispiel:

»Der Vermieter wird eine Genehmigung zur Untervermietung nicht versagen, falls gegen die wirtschaftlichen und persönlichen Verhältnisse des Untermieters keine Bedenken erhoben werden können.«

Mit dem in Ablichtung als <u>Anlage K 2</u> **beigefügten Schreiben vom** ⎯⎯⎯⎯⎯⎯ **bat der Kläger den Beklagten um Erlaubnis zur Untervermietung in dem aus dem Klageantrag ersichtlichen Umfange. Sie wurde indes vom Beklagten nicht erteilt. Dieser ist aber verpflichtet, dem Wunsch des Klägers auf Untervermietung zu entspre-**

chen (es folgt eine Darstellung derjenigen Umstände in tatsächlicher oder rechtlicher Hinsicht, die einen Rechtsanspruch des Klägers auf Untervermietung begründen): [5]

▶ Beispiel:

Gemäß den mietvertraglichen Vereinbarungen kann der Beklagte die Zustimmung zu einer Untervermietung nur versagen, wenn objektiv Bedenken gegen die Person des vorgesehenen Untermieters vorgebracht werden können. Das ist hier jedoch nicht der Fall. Der Einwand des Beklagten, der Geschäftsführer und alleinige Gesellschafter der Treuhand GmbH, die als Untermieterin vorgesehen ist, sei mit einer früher von ihm geführten GmbH in die Insolvenz geraten, vermag dem Anspruch des Klägers nicht entgegenzustehen. Denn die früheren Vorgänge lassen einerseits keinen hinreichend sicheren Schluss auf eine wirtschaftliche Unzuverlässigkeit der Treuhand GmbH zu, deren Bonität im Übrigen durch eine von dem Kläger eingeholte Bankauskunft gegenwärtig nicht in Frage gestellt ist. Darüber hinaus trägt der Kläger das wirtschaftliche Risiko eines Mietausfalls in Bezug auf die Untermiete. [6]

Erläuterungen

1. Zuständiges Gericht. Zur gerichtlichen Zuständigkeit s. die Hinweise zu Teil 1 Rdn. 2334.   534

2. Klageantrag. Die Bestimmtheit des **Klageantrags** (§ 253 Abs. 2 Nr. 2 ZPO) erfordert, sowohl den unterzuvermietenden Teil des Mietobjekts als auch den künftigen Untermieter anzugeben.   535

3. Vertragsgestaltung. Die Parteien können im Mietvertrag Regelungen über die Untervermietung treffen. Durch Individualvereinbarung können sie – vorbehaltlich des § 553 Abs. 4 BGB – das Recht zur Untervermietung ausschließen. Ein **formularmäßiger Ausschluss** ist bei befristeten Mietverträgen wegen Verstoßes gegen § 307 BGB unwirksam; bei unbefristeten Mietverträgen ist er grundsätzlich zulässig (LG Bonn NZM 2003, 397; Schmidt-Futterer/*Blank* § 540 Rn. 63). Bei der Wohnraummiete wird er aber vielfach mit § 553 Abs. 4 BGB kollidieren.   536

Eine Formularklausel, nach der die Untervermietung der **schriftlichen Erlaubnis** des Vermieters bedarf, ist im Hinblick auf die Schriftlichkeit für unwirksam gehalten worden (BGH NJW 1991, 1750 = ZMR 1991, 290). Das ändert aber nichts an der gesetzlichen Erlaubnisbedürftigkeit gemäß § 540 Abs. 1 BGB.   537

4. Erlaubnisverpflichtung. Haben die Vertragsparteien vereinbart, dass der Vermieter die Untermieterlaubnis zu erteilen hat oder (s. Muster) nicht versagen wird, sofern bestimmte Voraussetzungen vorliegen, so ist er bei Vorliegen der Voraussetzungen zur Erlaubniserteilung verpflichtet. Ein Ermessen steht ihm in diesem Fall nicht zu. Der Mieter hat grundsätzlich **darzulegen**, dass die Voraussetzungen für die Erlaubniserteilung gegeben sind (Schmidt-Futterer/*Blank* § 540 Rn. 80).   538

Die Vertragsklausel im Muster stellt auf **Bedenken** gegen die wirtschaftlichen bzw. persönlichen Verhältnisse des Untermieters ab. Macht der Vermieter Bedenken geltend, so muss der Mieter deren mangelnde Erheblichkeit vortragen.   539

5. Erlaubnisverlangen. Zum Schreiben des Mieters wegen Erteilung der Erlaubnis zur Untervermietung eines Teils des Mietobjekts s. Muster und Hinweise zu Teil 1 Rdn. 500.   540

Zur Untervermietung des gesamten Objekts s. Muster und Hinweise zu Teil 1 Rdn. 524.   541

6. Solvenz des Untermieters. Auf die Einkommens- und Vermögensverhältnisse des Untermieters wird es in der Regel nicht ankommen, da der Mieter allein für die Miete haftet. Allerdings   542 kann bei Mietverhältnissen über Geschäfts- und **Gewerberäume** der Vermieter ein Interesse daran haben, dass der Untermieter auch wirtschaftlich in der Lage ist, in den Miträumen einen ordnungsmäßigen Geschäftsbetrieb zu führen (z.B. Untervermietung eines Ladens in einem Einkaufszentrum, Untervermietung einer Gaststätte, s. dazu BGH NZM 2007, 127 f. = ZMR 2007, 184, 186; KG ZMR 2008, 128).

8. Klageerwiderung des Vermieters gegenüber der Klage auf Zustimmung zur Untervermietung

543 **Namens und in Vollmacht des Beklagten wird beantragt,**

die Klage abzuweisen.

Eventuell:

Die Klage ist bereits unzulässig. [1]

Der Kläger verlangt, ohne konkrete Benennung eines Untermieters, die generelle Zustimmung zur Untervermietung. Der Beklagte ist indes nicht verpflichtet, eine personenunabhängige, allgemeine Erlaubnis zur Untervermietung zu erteilen.

Ein Anspruch auf Zustimmung zur Untervermietung steht dem Kläger nicht zu. Das ergibt sich aus Folgendem …: (es folgt eine Darlegung derjenigen Umstände in tatsächlicher und rechtlicher Hinsicht, die ergeben, dass ein Rechtsanspruch des Klägers nicht besteht):

▶ Beispiel:

Weder aufgrund vertraglicher Regelungen noch nach den gesetzlichen Vorschriften besteht ein Rechtsanspruch des Klägers darauf, dass der Beklagte einer Untervermietung der gesamten Wohnung an Dritte zustimmt. Dem Kläger muss anheimgegeben werden, das Mietverhältnis unter Einhaltung der gesetzlichen Frist zu kündigen. [2]

▶ Beispiel:

Das Zustimmungsverlangen des Klägers zur Untervermietung beschränkt sich zwar entsprechend seinem Klageantrag auf einen Teil der an ihn vermieteten Wohnung. Der Beklagte weiß jedoch zuverlässig, dass der Kläger beabsichtigt, die Wohnung insgesamt aufzugeben und sie dem im Klageantrag bezeichneten Untermieter ganz zu überlassen. Der Kläger hat nämlich gegenüber der hiermit als Zeugin benannten Mitbewohnerin im Hause, der Frau _____, berichtet, er werde jetzt aus beruflichen Gründen ganz nach Dresden übersiedeln und daher das hier fragliche Mietobjekt aufgeben. Er, der Kläger, wäre allerdings nicht so dumm, deshalb das Mietvertragsverhältnis gegenüber dem Beklagten zu kündigen. Vielmehr könne er eine Untermiete erzielen, die die von ihm zu zahlende Miete beträchtlich übersteige. Unter diesen Umständen ist das Zustimmungsverlangen des Klägers rechtsmissbräuchlich, da er in Wahrheit entgegen seinem Klageantrag etwas anderes beabsichtigt. [3]

Erläuterungen

544 **1. Konkreter Untermietinteressent.** Die Erlaubnis zur Untervermietung kann nur für eine bestimmte Person verlangt werden (BGH WuM 2012, 229 = GE 2012, 825).

2. Teil der Mietwohnung. Ein Anspruch auf Untervermietung des gesamten Mietobjekts besteht grundsätzlich nicht, kann aber in eng begrenzten Ausnahmefällen in Betracht kommen; s. Muster und Hinweise zu Teil 1 Rdn. 524. 545

3. Höhe der Untermiete. Die Höhe der vom Mieter erzielten Untermiete ist für sich genommen unerheblich, sofern sie nicht preisrechtlich überhöht ist. Der Vermieter kann grundsätzlich nicht Herausgabe von unzulässig erzielten Untermietbeträgen verlangen (BGH WuM 1996, 216 = ZMR 1996, 189). Anders verhält es sich allerdings nach Rechtshängigkeit des Rückgabeanspruchs aus § 546 Abs. 1 BGB; hier schuldet der Mieter im Rahmen der Herausgabe von **Nutzungen** nach §§ 292 Abs. 2, 987 Abs. 1, 99 Abs. 3 BGB auch die Auskehrung des durch die Untervermietung erzielten Mehrerlöses (BGH NZM 2009, 701 = ZMR 2010, 21). Darüber hinaus steht dem Vermieter Nutzungsersatz nach den Vorschriften des Eigentümer-Besitzer-Verhältnis (§§ 987, 988 BGB) zu (vgl. BGH NZM 2001, 1149; WuM 2014, 367 = ZMR 2014, 780). 546

VIII. Tierhaltung

1. Schreiben des Mieters wegen Erteilung einer Erlaubnis zur Tierhaltung

Ausweislich der im Original beigefügten Vollmacht zeige ich die Vertretung des Mieters 547

oder

der Mieter an,

an den

oder

an die Sie mit Vertrag vom _____ die im Hause _____ belegenen Räume vermietet haben.

Im Mietvertrag ist formularmäßig zur Tierhaltung in den Miträumen Folgendes vereinbart:

▶ Beispiel:

»Der Mieter darf Haustiere mit Ausnahme von Kleintieren (Ziervögel etc.) nur mit Zustimmung des Vermieters halten. Die Zustimmung ist zu versagen oder kann widerrufen werden, wenn durch die Tiere andere Hausbewohner oder Nachbarn belästigt werden oder eine Beeinträchtigung der Mieter oder des Grundstücks zu befürchten ist«.

oder

Im Mietvertrag finden sich keine Vereinbarungen über die Haltung von Tieren in den Miträumen.

Namens meiner Mandantschaft bitte um Ihre Erlaubnis, in den Miträumen ein Tier, nämlich _____, halten zu dürfen. Diese Bitte wird aus folgenden Gründen an Sie herangetragen:

▶ Beispiel:

Wie Sie möglicherweise schon erfahren haben, ist mein Mandant/meine Mandantin aufgrund eines Verkehrsunfalls fast vollständig erblindet. Mein Mandant/meine Mandantin ist daher auf einen Blindenhund angewiesen, dessen Anschaffung beabsichtigt wird. [3]

▶ **Beispiel:**

Nach dem Tod des Ehegattens meiner Partei leidet diese unter schweren Depressionen. Kontakte zu Familienangehörigen hat sie kaum noch. In dieser Situation besteht der Wunsch, dass meine Mandantschaft sich einen Hund anschafft, der ihr wieder eine Aufgabe und Lebensfreude vermitteln kann. Auch der behandelnde Arzt meiner Partei hat unter therapeutischen Gesichtspunkten sehr zur Anschaffung eines Tieres geraten. [4]

▶ **Beispiel:**

Das querschnittsgelähmte Kind meiner Mandanten wünscht sich seit einiger Zeit einen kleinen Hund. Fachleute haben ihnen bestätigt, dass die Anschaffung eines solchen Tieres entscheidend zur psychischen Stabilisierung des Kindes nach dem schweren Unfall im letzten Jahr beitragen wird. [5]

Belästigungen durch das Tier werden nicht zu erwarten sein. Es sind auch sonst keine gewichtigen Gründe zu erkennen, in diesem Einzelfall die erbetene Erlaubnis zur Tierhaltung zu versagen. Abschließend werden Sie gebeten, mir bis zum _____ zu bestätigen, dass die Erlaubnis zur Tierhaltung erklärt wird.

Erläuterungen

548 **1. Tierhaltung.** Die Berechtigung des Mieters, in der Wohnung ein Tier zu halten, wird allgemein bejaht, soweit die Tierhaltung keinen Einfluss auf die schuldrechtlichen Beziehungen der Vertragsparteien haben kann; weil Beeinträchtigungen der Mietsache oder Störungen Dritter davon nicht ausgehen können (BGH WuM 2008, 23 f. = ZMR 2008, 111, 113 mit Anm. *Schläger*). Dies ist aber nur bei **Kleintieren**, die in geschlossenen Behältnissen gehalten werden, der Fall (z.B. Fische im Aquarium, Kanarienvogel, Hamster oder Zwergkaninchen im Käfig). Insoweit gehört die Tierhaltung zum vertragsgemäßen Mietgebrauch i.S. des § 535 Abs. 1 BGB.

549 Bei **anderen Haustieren**, namentliche bei Hunden und Katzen, hängt die Frage, ob deren Haltung zum vertragsgemäßen Mietgebrauch gehört, von einer **umfassenden Abwägung der Interessen** des Vermieters und des Mieters sowie der weiteren Beteiligten im Einzelfall ab. Zu berücksichtigen sind insbesondere Art, Größe, Verhalten und Anzahl der Tiere, Art, Größe, Zustand und Lage der Wohnung sowie des Hauses, in dem sich die Wohnung befindet, Anzahl, persönliche Verhältnisse, namentlich Alter, und berechtigte Interessen der Mitbewohner und Nachbarn, Anzahl und Art anderer Tiere im Haus, bisherige Handhabung durch den Vermieter sowie besondere Bedürfnisse des Mieters (BGH WuM 2008, 23, 25 = ZMR 2008, 111, 114 mit Anm. *Schläger*; BGH WuM 2013, 295, 297 f. = ZMR 2013, 618, 619; WuM 2013, 220, 221).

550 Danach dürfte die **Hunde- und Katzenhaltung** in der Wohnung innerhalb eines städtischen Mehrfamilienhauses wegen der bei Hunden nie ganz auszuschließenden Möglichkeit einer Belästigung von Mitbewohnern in der Regel nicht mehr zum vertragsgemäßen Gebrauch gehören (Blank/Börstinghaus/*Blank* § 535 Rn. 565; a.A. *Apitz* WuM 2013, 127, 128). Die **Erlaubniserteilung** unterliegt nach § 315 Abs. 1 BGB dem billigen Ermessen des Vermieters, welches an überprüfbare Beurteilungsvoraussetzungen gebunden ist (vgl. BGH WuM 2013, 220, 221 zum nicht überprüfbaren »freien Ermessen«).

551 Mitunter wird aber das Halten von sehr kleinen Hunden, die dem Menschen unter keinem Gesichtspunkt gefährlich werden können, noch als vom vertragsgemäßen Mietgebrauch umfasst angesehen (so etwa LG Düsseldorf WuM 1993, 604 für Yorkshire-Terrier; a.A. AG Spandau ZMR 2011, 650).

Außerhalb städtischer Wohngebiete gehört das Halten von Hunden und Katzen grundsätzlich zum Mietgebrauch; das Halten anderer (größerer) Tiere stellt auch hier eine Sondernutzung dar (Kinne/Schach/Bieber/*Schach* § 535 Rn. 37b ff.), deren Erlaubnis im freien Ermessen des Vermieters steht.

2. Formularklauseln. Die im Musterschreiben angegebene Formularklausel zur Tierhaltung ist entnommen dem Hamburger Mietvertrag für Wohnraum, in der Fassung Mai 2015, herausgegeben vom Grundeigentümer-Verband Hamburg von 1832 e.V. Im Mietvertrag kann die Tierhaltung, insbesondere die Haltung von Hunden oder Katzen – auch formularmäßig – reglementiert werden. Allerdings ist eine **Formularklausel**, die ein generelles Tierhaltungsverbot ohne Rücksicht auf Art und Größe des Tieres beinhaltet, unwirksam (BGH WuM 1993, 109). Ebenfalls nach § 307 Abs. 1 BGB unwirksam ist eine Klausel, die eine Tierhaltung von der Zustimmung des Vermieters abhängig macht, ohne Ausnahmen für solche Haustiere vorzusehen, deren Haltung mangels Beeinträchtigung der Mietsache zum vertragsgemäßen Mietgebrauch gehört (BGH WuM 2008, 23 = ZMR 2008, 111 mit Anm. *Schläger*; BGH WuM 2013, 220). Entsprechendes gilt für eine Formularbestimmung, die eine Zustimmung zur Haustierhaltung in das *freie* Ermessen des Vermieters stellt, sodass es einer gerichtlichen Überprüfung entzogen ist.

Als unangemessene Benachteiligung des Mieters i.S.d. § 307 Abs. 1 S. 1 BGB wird schließlich ein generelles **Verbot der Hunde- und Katzenhaltung** betrachtet, weil ihm dadurch selbst das Halten eines Binden-, Behindertenbegleit- oder Therapiehundes untersagt wird (BGH WuM 2013, 295, 297 = ZMR 2013, 618, 619). Im Übrigen widerspricht es dem Grundgedanken der mietvertraglichen Gebrauchsgewährungspflicht (vgl. § 307 Abs. 2 Nr. 1 BGB sowie BGH a.a.O.).

Ein formularvertragliches **Verbot mit Erlaubnisvorbehalt** sollte die für die Erlaubniserteilung oder -versagung maßgeblichen Kriterien aufführen. Diese müssen sachlicher Natur sein und dürfen nur auf die Einhaltung des vertragsgemäßen Gebrauchs abzielen (BGH WuM 2013, 220, 221; LG Berlin GE 2013, 1340).

Eine formularmäßige Vertragsbestimmung, nach welcher der Mieter der schriftlichen Erlaubnis bedarf, ist wegen der **Schriftlichkeit** insgesamt unwirksam (BGH WuM 1991, 381 = ZMR 1991, 290; NJW 1995, 2034, 2035 für schriftlichen Erlaubnisvorbehalt bei Untervermietung; LG Mannheim ZMR 1992, 545; AG Konstanz WuM 2007, 315).

3. Blindenhund. Der Mieter ist zur Haltung eines Hundes – auch im städtischen Mehrfamilienhaus – berechtigt, wenn er aus zwingenden Gründen darauf angewiesen ist und dahinter die Belange des Vermieters und das Hausgemeinschaft deutlich zurückstehen. Das ist z.B. der Fall, wenn der Mieter einen Blindenhund benötigt (vgl. BGH WuM 2013, 295, 297 = ZMR 2013, 618, 619 Tz. 17). Ist die (Groß-)Haustierhaltung nach dem Mietvertrag von der Erlaubnis des Vermieters abhängig, so besteht in jeden Fall ein Anspruch auf Erlaubniserteilung.

4. Therapeutische Gründe. Eine Berechtigung des Mieters zur Hundehaltung besteht auch, wenn dieser aus gesundheitlich-psychischen oder therapeutischen Gründen auf die Haltung eines Hundes angewiesen ist (vgl. BGH WuM 2013, 295, 297 = ZMR 2013, 618, 619 Tz. 17 »Therapiehund«). Hier wird der Hausgemeinschaft abverlangt, gewisse Beeinträchtigungen durch Lärm (lautes Bellen im Hause) oder Hundehaare hinzunehmen.

5. Größe des Tieres. Auch in solchen Fällen besteht das Recht des Mieters zur Hundehaltung nur unter Berücksichtigung der **berechtigten Interessen des Vermieters** und der übrigen Hausbewohner. Diese müssen insbesondere bei der Frage nach der Art und Größe des Hundes Berücksichtigung finden. Allerdings soll die Frage der artgerechten Haltung des Hundes für die Frage des vertragsgemäßen Mietgebrauchs keine Rolle spielen (BGH WuM 2013, 251 = ZMR 2013, 425).

Nach der hier vertretenen Auffassung hat der Mieter auch dann, wenn die Tierhaltung zum vertragsgemäßen Mietgebrauch gehört, lediglich einen **Anspruch gegen den Vermieter** auf

Erlaubniserteilung. Etwas anderes gilt nur bei Kleintieren, die in Behältnissen gehalten werden; ihre Haltung ist wegen der insoweit eindeutigen Rechtslage erlaubnisfrei, soweit sie in der üblichen Anzahl stattfindet.

2. Antwortschreiben des Vermieters zur Gestattung einer Tierhaltung

559 Ausweislich der im Original beigefügten Vollmacht zeige ich die Vertretung des Vermieters

oder

der Vermieter

der von Ihnen gemieteten Wohnung an.

Sie sind mit der Bitte an meine Mandantschaft herangetreten, Ihnen zu gestatten, in den an Sie vermieteten Räumen ein bestimmtes Tier zu halten.

Im Mietvertrag finden sich keine Vereinbarungen über die Haltung von Tieren in den Mieträumen.

Unter Abwägung aller Gesichtspunkte, insbesondere auch unter Berücksichtigung der Interessen der Mitbewohner des Hauses, wird Ihnen die Erlaubnis erteilt, das gewünschte, von Ihnen im Einzelnen beschriebene Tier in den Mieträumen zu halten. [1]

oder

In dem Mietvertrag ist formularmäßig die Haltung von Haustieren nur mit Zustimmung meiner Mandantschaft möglich. Vorliegend wurde vereinbart:

▶ Beispiel:

»Der Mieter darf Haustiere mit Ausnahme von Kleintieren (Ziervögel etc.) nur mit Zustimmung des Vermieters halten. Die Zustimmung ist zu versagen oder kann widerrufen werden, wenn durch die Tiere andere Hausbewohner oder Nachbarn belästigt werden oder eine Beeinträchtigung der Mieter oder des Grundstücks zu befürchten ist«.

Unter Berücksichtigung der außergewöhnlichen Umstände dieses Einzelfalls ist meine Mandantschaft bereit, Ihnen sein Einverständnis zur Haltung des gewünschten, von Ihnen im Einzelnen beschriebenen Tieres zu geben, oder aus folgenden Gründen zu geben: [2]

▶ Beispiel:

Es ist einzusehen, dass Sie auf einen Blindenhund angewiesen sind. Selbst wenn gelegentliche Störungen (z.B. durch lautes Bellen im Hause) nicht ganz ausgeschlossen werden können, ist Ihr Interesse gegenüber den Belangen der Mitbewohner eindeutig vorzuziehen. [3]

Erläuterungen

560 **1. Erlaubniserteilung.** Soweit die Tierhaltung zum Mietgebrauch (§ 535 Abs. 1 BGB) gehört, hat der Mieter grundsätzlich einen **Anspruch** auf Erteilung der Erlaubnis. Kleintiere in Behältnissen darf der Mieter sogleich in die Wohnung verbringen; ihre Haltung in der üblichen Anzahl ist erlaubnisfrei.

Stellt die Tierhaltung dagegen eine Sondernutzung dar, so etwa die Haltung eines Krokodils, so hat der Vermieter ein **freies Ermessen; dieses ist lediglich** durch das Verbot der Schikane und des Rechtsmissbrauchs beschränkt. 561

Die Erlaubnis ist eine **rechtsgeschäftliche Erklärung**, die bei einer Personenmehrheit auf Vermieter- oder Mieterseite von allen gegenüber allen zu erklären ist. Bevollmächtigung auf Erklärer- oder Empfängerseite ist zulässig. Die Erlaubnis ist formfrei. Sie kann auch durch schlüssiges Verhalten erteilt werden. Eine vertraglich vorgesehene Schriftform hat nur rechtsbestätigende Bedeutung. Handelt es sich allerdings um eine Formularklausel, so ist der Erlaubnisvorbehalt insgesamt unwirksam; s. die Hinweise zu Teil 1 Rdn. 553. 562

Die Erlaubnis wirkt im Allgemeinen nicht über den **Tod des Tieres** hinaus, jedoch kann der Mieter einen Anspruch auf Haltung eines neuen gleichartigen Tieres haben, sofern nicht der Vermieter gewichtige Gründe für die Versagung hat. 563

2. Vertragliche Regelung. Hat der Mieter nach der vertraglichen Regelung keinen Anspruch auf Erteilung der Erlaubnis (s. die Hinweise zu Teil 1 Rdn. 548), kann der Vermieter sie gleichwohl, und zwar auch unter Bedingungen (z.B. Nachweis des Abschlusses einer Haftpflichtversicherung) oder widerruflich erteilen. Eine zusätzliche Mietsicherheit kann der Vermieter allerdings nicht verlangen (AG Aachen WuM 2006, 304; MietPrax/*Hinz* F 1). Auch wenn ein **Widerrufsvorbehalt** fehlt, kann der Vermieter die Erlaubnis aus zwingenden Gründen widerrufen und die Unterlassung der zunächst gestatteten Tierhaltung nach § 541 BGB fordern, sofern sie zum vertragswidrigen Gebrauch führt (z.B. erhebliche Ruhestörungen, Verschmutzungen, sonstige Belästigungen oder Gefährdungen von Bewohnern). 564

3. Blindenhund. S. dazu die Hinweise zu Teil 1 Rdn. 555. 565

3. Antwortschreiben des Vermieters zur Nichtgestattung einer Tierhaltung

Ausweislich der im Original beigefügten Vollmacht zeige ich die Vertretung des Vermieters 566

oder

der Vermieter

der von Ihnen gemieteten Wohnung an.

Sie sind mit dem Wunsch an meine Mandantschaft herangetreten, Ihnen zu gestatten, in den an Sie vermieteten Räumen ein bestimmtes Tier zu halten. [1]

Unter Abwägung aller Gesichtspunkte, insbesondere auch unter Berücksichtigung der Interessen der Mitbewohner des Hauses, kann Ihnen nicht die Erlaubnis erteilt werden, das gewünschte Tier in den Mieträumen zu halten. Diese negative Entscheidung beruht insbesondere auf folgenden Erwägungen:

▶ Beispiel:

Erfahrungsgemäß können ernsthafte Störungen bei der Haltung eines Hundes in einer Wohnanlage nicht ausgeschlossen werden. So besteht z.B. die Gefahr, dass Mitbewohner durch häufiges Bellen gestört werden und die zum Haus gehörende Grünanlage verunreinigt wird. Die Außenanlagen (gemeinschaftliche Gartennutzung aller Mieter) können auch von den Kindern zum Spielen benutzt werden. Gerade mit Rücksicht auf die Gesundheit der Kinder muss sichergestellt werden, dass die Spielflächen nicht durch Hundekot verunreinigt werden. Sie beabsichtigen, gleich 4 Schäferhunde in den an Sie vermieteten Räumen zu halten. Sie würden es nicht über das Herz bringen, diese von einer Hündin stammenden Tiere zu trennen. Bei dieser Anzahl von Hunden ist es sehr wahrscheinlich, dass es zu den oben aufgezeigten Störungen kommt. Weitere, besondere Gründe für die Anschaffung und Haltung von 4 Hunden haben Sie nicht genannt.

▶ Beispiel:

In der Presse sind immer wieder Berichte darüber zu lesen, dass Bullterrier Menschen angefallen und verletzt haben. Auch wenn Sie meiner Mandantschaft versichern, dass sich der von Ihnen zur Anschaffung vorgesehene Bullterrier in keiner Weise aggressiv verhält, besteht insbesondere für die Mitbewohner des Hauses letztlich doch eine potentielle Gefahr, die sich nun einmal aus den Eigenschaften dieser Hunderasse ergibt. [2]

Erläuterungen

567 **1. Erlaubnisversagung.** Ob die Haltung eines größeren Haustiers, namentlich eines Hundes oder einer Katze, zum vertragsgemäßen Mietgebrauch gehört, richtet sich nach den Umständen des Einzelfalls; dabei sind sämtliche Interessen des Vermieters und des Mieters sowie der weiteren Beteiligten gegeneinander abzuwägen. Insbesondere sind Art, Größe, Verhalten und Anzahl der Tiere, Art, Größe, Zustand und Lage der Wohnung sowie des Hauses, in dem sich die Wohnung befindet, Anzahl, persönliche Verhältnisse, namentlich Alter, und berechtigte Interessen der Mitbewohner und Nachbarn, Anzahl und Art anderer Tiere im Haus, bisherige Handhabung durch den Vermieter sowie besondere Bedürfnisse des Mieters zu berücksichtigen (BGH WuM 2008, 23, 25 = ZMR 2008, 111, 114 mit Anm. *Schläger*; BGH WuM 2013, 295, 297 f. = ZMR 2013, 618, 619; WuM 2013, 220, 221; s. auch die Hinweise Teil 1 Rdn. 548).

568 Die Wirksamkeit der Erlaubnis oder ihrer Versagung hängt nicht davon ab, dass der Vermieter seiner Erklärung Gründe beigibt. Tut er dies, so tritt hierdurch keine **Selbstbindung** ein, die es ausschließt, sich später auf andere Gründe zu berufen, die bei der Verweigerung der Erlaubnis bereits vorlagen oder die später entstanden sind. Allerdings kann zugunsten des Mieters ein Vertrauenstatbestand entstehen, wenn der Vermieter einen bestimmten Zustand lange Zeit ohne Beanstandungen hingenommen und dabei ein Verhalten an den Tag gelegt hat, aufgrund dessen der Mieter annehmen durfte, dieser Zustand werde hingenommen.

Der Vermieter muss den Grundsatz der **Gleichbehandlung** aller Mieter beachten; denn der BGH hat als Abwägungskriterium ausdrücklich auch die bisherige Handhabung durch den Vermieter genannt (s. oben Teil 1 Rdn. 549). Das schließt aber sachliche Differenzierungen im Einzelfall nicht aus. So kann der Vermieter das Halten von **Kampfhunden** der zu befürchtenden Gefährdung von Mitbewohnern oder Nachbarn im Mehr- wie im Einfamilienhaus verbieten. Dazu braucht er eine konkrete Gefährdung durch das Tier nicht darzulegen (AG Spandau GE 2002, 670; AG Pankow-Weißensee GE 2000, 65; Schmidt-Futterer/*Eisenschmid* § 535 Rn. 558).

569 **2. Vertragsverletzungen.** Der Vermieter kann die Erlaubnis jedenfalls versagen, wenn ernstlich zu befürchten ist, dass die Tierhaltung zu Vertragsverletzungen führen wird (z.B. erhebliche Ruhestörungen, Verschmutzungen, sonstige Belästigungen oder Gefährdungen von Bewohnern). Das ist bei der beabsichtigten Haltung von vier Schäferhunden in einer vermieteten Eigentumswohnung der Fall (vgl. OLG Zweibrücken ZMR 2009, 853). Dabei ist es nicht erforderlich, dass die Mitbewohner konkreten Geruchs- oder Geräuschbelästigungen ausgesetzt sind; es genügt bereits die **Besorgnis der Belästigung**.

4. Klage des Vermieters auf Abschaffung eines Tieres und Unterlassung zukünftiger Tierhaltung

Namens und in Vollmacht des Klägers wird beantragt, den Beklagten zu verurteilen, [1]

das von ihm in den Räumen (genaue Bezeichnung der Örtlichkeit) gehaltene Tier, nämlich

▶ Beispiel:

einen braunfarbenen Bullterrier

abzuschaffen

und es zukünftig unter Androhung der gerichtlichen Festsetzung eines Ordnungsgeldes, ersatzweise Ordnungshaft oder Ordnungshaft zu unterlassen, im Klageantrag benannten Räumen ein Tier oben bezeichneter Art zu halten.

Begründung:

Der Kläger ist Vermieter, der Beklagte Mieter der im Antrag bezeichneten Räumlichkeiten. Der von den Parteien geschlossene schriftliche Mietvertrag wird in Kopie als

Anlage K 1
(nur für das Gericht)

überreicht.

Formularmäßige Vereinbarungen zur Tierhaltung wurden unter § _____ des Mietvertrages getroffen. Darin heißt es: [2]

»Der Mieter darf Haustiere mit Ausnahme von Kleintieren (Ziervögel etc.) nur mit Zustimmung des Vermieters halten. Die Zustimmung ist zu versagen oder kann widerrufen werden, wenn durch die Tiere andere Hausbewohner oder Nachbarn belästigt werden oder eine Beeinträchtigung der Mieter oder des Grundstücks zu befürchten ist.«

oder

Vereinbarungen zur Tierhaltung wurden im Mietvertrag ausdrücklich nicht getroffen.

Es wurde festgestellt, dass der Beklagte

ohne Erlaubnis des Klägers [3]

den im Antrag bezeichneten Hund in den Miträumen hält.

Er wurde vergeblich mit Schreiben des Klägers vom _____ zur Abschaffung des Hundes aufgefordert.

Die Hundehaltung ist ohne Erlaubnis des Klägers unzulässig. Der Beklagte hat auch nicht ausnahmsweise einen Anspruch gegenüber dem Kläger auf Zustimmung zur Haltung des im Klageantrag zu 1. benannten Tieres. Das ergibt sich im Einzelnen aus folgenden Umständen (es folgt hier eine Darlegung der wesentlichen Gründe für eine Erlaubnisverweigerung):

▶ **Beispiel:**

Der Beklagte hält im Mietobjekt einen als gefährlich anzusehenden Kampfhund. Auch wenn er dem Kläger mehrfach versicherte, dass sich der von ihm angeschaffte Bullterrier in keiner Weise aggressiv verhält, besteht insbesondere für die Mitbewohner des Hauses letztlich doch eine potentielle Gefahr, die sich nun einmal aus den Eigenschaften dieser Hunderasse ergibt. In der Presse sind immer wieder Berichte darüber zu lesen, dass Bullterrier, Rottweiler, Steffordshire-Bullterrier und andere Kampfhunde Menschen angefallen und verletzt haben.

▶ **Beispiel:**

Ernsthafte Störungen bei der Haltung eines Hundes in der hier in Rede stehenden Wohnanlage können nicht ausgeschlossen werden. So besteht z.B. die Gefahr, dass Mitbewohner durch häufiges Bellen gestört werden und die zum Hause gehörende Grünanlage verunreinigt wird. Für alle Mieter im Hause gibt es eine gemeinschaftliche Gartennutzung. Hier sind auch Spielflächen für Kinder vorgesehen. Gerade mit Rücksicht auf die Gesundheit der Kinder muss sichergestellt werden, dass die Spielflächen nicht durch Hundekot verunreinigt werden. Der Beklagte hält nun gleich 4 Schäferhunde in der von ihm gemieteten Maisonette-Wohnung. Die Tiere fallen durch häufiges Bellen auf, wenn sie durch das Treppenhaus laufen oder wenn an der Wohnungstür des Beklagten eine Klingel betätigt wird. Auch wurden die Hunde bereits dabei beobachtet, dass sie ihr Geschäft im Garten erledigen. Hierzu wird im Einzelnen unter Beweisantritt wie folgt vorgetragen: … .

Erläuterungen

571 **1. Prozessuales.** Zur gerichtlichen Zuständigkeit s. die Hinweise zu Teil 1 Rdn. 2334. Zur Zwangsvollstreckung auf Abschaffung eines Tieres s. Muster Teil 1 Rdn. 2860.

572 Die Zwangsvollstreckung des Unterlassungsanspruchs folgt nach § 890 ZPO, s. hierzu die Muster 14.5 und 14.6. Zum Zwecke der Vollstreckung ist die genaue Bezeichnung des Tieres erforderlich.

573 **2. Vertragswidrigkeit der Tierhaltung.** S. dazu die Hinweise zu Teil 1 Rdn. 569 und Teil 1 Rdn. 607.

574 **3. Kündigungsandrohung.** Handelt der Mieter einem ausdrücklichen Verbot zuwider, so kann dies jedenfalls nach Abmahnung einen Grund für die ordentliche **Kündigung** nach § 573 Abs. 2 Nr. 1 BGB abgeben (LG Berlin GE 2012, 899; LG Hildesheim WuM 2006, 525).

575 Die nicht genehmigte Haltung eines Kampfhundes rechtfertigt nach erfolgloser Abmahnung eine außerordentliche fristlose Kündigung des Mietverhältnisses nach §§ 543 Abs. 1, 569 Abs. 2 BGB (AG Spandau GE 2002, 670). Zur Abmahnung s. Hinweise und Muster Teil 1 Rdn. 606.

5. Klageerwiderung des Mieters gegenüber der Klage auf Abschaffung eines Tieres

576 **Namens und in Vollmacht des Beklagten wird beantragt,**

die Klage abzuweisen.

Begründung:

Der Beklagte ist nicht verpflichtet, das von ihm in der Tat gehaltene Tier zu entfernen. Die hier konkret praktizierte Tierhaltung gehört zum vertragsgemäßen Ge-

brauch, zumal der zwischen den Parteien geschlossene Mietvertrag keine Aussage über eine Beschränkung der Tierhaltung trifft. [1]

Gewichtige sachliche Gründe für eine Ablehnung der Tierhaltung kann der Kläger nicht anführen:

▶ Beispiel:

Mit einer liebevollen und artgerechten Haltung von 2 Katzen sind typischerweise im Allgemeinen keine Störungen oder Belästigungen anderer Mitbewohner im Hause verbunden. Konkrete Störungstatbestände werden von dem Kläger auch nicht vorgetragen, seine allgemein geäußerten Bedenken gegen das Halten von 2 Katzen sind nicht geeignet, den vertragsgemäßen Gebrauch in Frage zu stellen. [2]

▶ Beispiel:

Bei der hier in Rede stehenden Hundehaltung in einem Einfamilienhaus können naturgemäß von vornherein andere Mieter des Klägers nicht gestört werden, da der Beklagte das gesamte Einfamilienhaus gemietet hat. Beschwerden von Grundstücksnachbarn sind nicht bekannt, werden vom Kläger auch nicht behauptet. [3]

oder

Begründung:

Die formularvertragliche Vereinbarung im Mietvertrag ist wegen unangemessener Benachteiligung der Beklagten unwirksam. Denn dort ist vereinbart:

▶ Beispiel:

»Der Mieter ist verpflichtet, keine Hunde und Katzen zu halten«.

Da sich der Kläger auf diese unwirksame Vereinbarung nicht berufen kann [4], ist eine umfassende Interessenabwägung vorzunehmen, die vorliegend ergibt, dass die praktizierte Tierhaltung nicht zu beanstanden ist, wenn Folgendes berücksichtigt wird:

▶ Beispiel:

Die Familie des Beklagten hält einen kleinen Hund (Shih Tzu-Malteser-Mischling mit einer Schulterhöhe von 20 cm), der auf ärztliches Anraten für den Sohn des Beklagten angeschafft wurde. Störungen durch den Hund, die das gewichtige Interesse des Beklagten in Frage stellen könnten, gibt es nicht und wurden von der klagenden Partei auch nicht vorgetragen. [5]

oder

Begründung:

Der Beklagte ist nicht verpflichtet, das von ihm im Mietobjekt gehaltene Tier zu entfernen. Zwar vereinbarten die Parteien in dem zugrundeliegenden Mietvertrag formularmäßig:

▶ Beispiel:

»Der Mieter darf Haustiere mit Ausnahme von Kleintieren (Ziervögel etc.) nur mit Zustimmung des Vermieters halten. Die Zustimmung ist zu versagen oder kann widerrufen werden, wenn durch die Tiere andere Hausbewohner oder

Nachbarn belästigt werden oder eine Beeinträchtigung der Mieter oder des Grundstücks zu befürchten ist«

Auch wenn unterstellt wird, dass vorbezeichnete Klausel im Mietvertrag wirksam ist [6], kann von dem Kläger die Zustimmung zu der praktizierten Tierhaltung nicht versagt werden. Bei sachgemäßer Ausübung des Erlaubnisvorbehaltes erweist sich die Ablehnung des Klägers bezüglich der hier in Rede stehenden Tierhaltung letztlich als rechtsmissbräuchlich, was sich im Einzelnen aus den folgenden Ausführungen ergibt:

▶ Beispiel:

Der Beklagte hat sein Sehvermögen seit nunmehr etwa 2 Monaten leider fast vollständig eingebüßt. Er ist daher auf einen Blindenhund angewiesen, der besonders gut ausgebildet ist. Das Tier ist weder gefährlich noch können von ihm nennenswerte Störungen ausgehen. [7]

▶ Beispiel:

Das querschnittgelähmte Kind des Beklagten wünscht sich seit einiger Zeit einen kleinen Hund. Fachleute haben bestätigt, dass die Anschaffung eines solchen Tieres entscheidend zur psychischen Stabilisierung des Kindes nach dem schweren Unfall im letzten Jahr beitragen wird. Angesichts dessen kann der Kläger nicht mit seinem Einwand gehört werden, er möchte aus grundsätzlichen Erwägungen einer Hundehaltung nicht zustimmen, da mit ihr erfahrungsgemäß mit Störungen und sonstigen Nachteilen für andere Mitbewohner des Hauses zu rechnen ist. [8]

▶ Beispiel:

Mit Kenntnis des Klägers hat der Beklagte jetzt schon seit mehr als 6 Jahren einen Pudel gehalten, ohne dass es zu irgendwelchen Störungen gekommen ist, die vom Kläger auch gar nicht behauptet werden. Das Ansinnen auf Abschaffung des Hundes ist augenscheinlich nur die Reaktion des Vermieters darauf, dass der Beklagte einem Mieterhöhungsverlangen des Klägers nicht zustimmte und außerdem Feuchtigkeitserscheinungen mit Schimmelpilz im Mietobjekt bemängelte. [9]

Erläuterungen

577 **1. Vertragsgemäßer Gebrauch.** Trifft der Mietvertrag keine Aussage über die Tierhaltung, so hängt die Befugnis des Mieters dazu von einer umfassenden Abwägung der Interessen aller Beteiligten ab (so hängt die Vertragswidrigkeit der Tierhaltung insbesondere auch von der Art des Tieres ab (s. BGH NZM 1998, 78, 80 f. = WuM 2008, 23, 25 = *Anm. Schläger* in ZMR 2008, 111, 114 sowie die Hinweise Teil 1 Rdn. 548 und Teil 1 Rdn. 567). Kleintiere, die in geschlossenen Behältnissen leben, darf der Mieter in dem üblichen Umfang in jedem Fall halten.

578 **2. Mehrfamilienhaus.** Sind Störungen oder Belästigungen der Mitbewohner praktisch ausgeschlossen – dies ist im Beispiel bei einer Haltung von **zwei Hauskatzen** der Fall – kann der Vermieter eine Entfernung nicht verlangen. Zur übermäßigen Tierhaltung auch LG Mainz WuM 2003, 624.

579 **3. Einfamilienhaus.** Hier gehört die Haltung von Haustieren grundsätzlich zum vertragsgemäßen Gebrauch. Etwas anderes kann sich nur dann ergeben, wenn Störungen oder Beeinträchtigungen der Nachbarn zu erwarten sind. Dies muss der Vermieter jedoch konkret darlegen. Indessen kann er dem Mieter die Haltung eines Kampfhundes auch bei einen vermieteten

Einfamilienhaus ohne besondere Begründung versagen (vgl. Schmidt-Futterer/*Eisenschmid* § 535 Rn. 558).

4. Formularvertraglicher Erlaubnisvorbehalt. Die im Beispiel genannte Klausel ist **unwirksam**. Das darin ausgesprochene generelle Verbot der Hunde- und Katzenhaltung verstößt gegen § 307 Abs. 1 S. 1 BGB, weil es auch die Haltung eines Binden-, Behindertenbegleit- oder Therapiehundes mit einschließt (BGH WuM 2013, 295, 297 = ZMR 2013, 618, 619). Eine geltungserhaltende Reduktion der Klausel kommt nicht in Betracht (vgl. nur BGH WuM 2015, 348, 349 f.). 580

5. Interessenabwägung. Ist das formularvertragliche Verbot der Hunde- und Katzenhaltung unwirksam, hat die nach § 535 Abs. 1 BGB gebotene umfassende Abwägung der im Einzelfall berührten Belange der Mietvertragsparteien sowie der anderer Hausbewohner und Nachbarn zu erfolgen. Diese führt angesichts des **therapeutischen Bedarfs** beim Sohn des Mieters und der nicht zu erwartenden Beeinträchtigungen der Mietsache oder Störungen der Mitbewohner dazu, dass die Hundehaltung hier zum vertragsgemäßen Mietgebrauch gehört. 581

Sofern man gleichwohl (formell) eine **Erlaubniserteilung** durch den Vermieter verlangt (s. dazu Teil 1 Rdn. 487), hat der Mieter auf diese jedenfalls einen Anspruch, den er dem vermieterseitigen Unterlassungsverlangen nach Treu und Glauben (§ 242 BGB) entgegenhalten könnte.

6. Weitere Formularklausel. Diese dürfte wirksam sein. Sie unterstellt die Haltung von Hunden und Katzen zwar einem Verbot mit Erlaubnisvorbehalt, nennt aber für die Versagung der Erlaubnis **sachliche Kriterien**, die allein auf die Einhaltung eines vertragsgemäßen Gebrauchs abzielen (BGH WuM 2013, 220, 221; LG Berlin GE 2013, 1340).

7. Blindenhund. Im Beispielsfall dürfte die Ablehnung schon nicht von den in Satz 2 der Klausel aufgeführten Voraussetzungen gedeckt sein, da die Haltung eines benötigten Blindenhundes zum vertragsgemäßen Mietgebrauch gehört und die Belange der übrigen Hausbewohner oder Nachbarn hier zurückstehen müssen (vgl. BGH WuM 2013, 295, 297 = ZMR 2013, 618, 619 Tz. 17). Jedenfalls ist die Versagung der Erlaubnis **rechtsmissbräuchlich**. S. auch die Hinweise zu Teil 1 Rdn. 555.

8. Therapeutische Gründe. S. dazu die Hinweise zu Teil 1 Rdn. 556. 582

9. Rechtsmissbrauch. Als rechtsmissbräuchlich und damit ermessensfehlerhaft ist das auf Abschaffung des Hundes gerichtete Verlangen des Vermieters auch dann anzusehen, wenn es sich offensichtlich nur als Reaktion auf andere Streitigkeiten im Rahmen des Mietverhältnisses darstellt. Hierfür trägt allerdings der Mieter die volle Darlegungs- und Beweislast. Ein Indiz für den Rechtsmissbrauch kann der Umstand sein, dass der Vermieter seit geraumer Zeit um die vertragswidrige Tierhaltung weiß, diese aber geduldet hat. 583

IX. Vertragswidriger Gebrauch – Abmahnungen des Vermieters

1. Grundsätzliches

Ob ein Gebrauch der Mietsache als vertragswidrig zu bewerten ist, bestimmt sich zuvörderst nach den **Vereinbarungen** der Vertragsparteien. Darüber hinaus kann eine Ausweitung des Mietgebrauchs durch langjährige Übung erfolgen. 584

Die **Abmahnung** des Vermieters ist eine rechtsgeschäftsähnliche Handlung, auf die die Regeln für formfreie und einseitige empfangsbedürftige Willenserklärungen entsprechend anwendbar sind (OLG München ZMR 1996, 376). Sie muss bei einer Personenmehrheit auf Mieterseite allen Mietern gegenüber erklärt werden. Wird sie durch einen Bevollmächtigten des Vermieters erklärt, so empfiehlt es sich, die Vollmacht (im Original!) beizufügen; anderenfalls kann sie vom Mieter 585 nach § 174 BGB zurückgewiesen werden (vgl. BGH NJW-RR 2011, 335, 336; OLG Celle MDR 1982, 410).

2. Inhalt der Abmahnung

586 Diese muss das beanstandete Verhalten des Mieters inhaltlich klar umreißen, so dass dieser in der Lage ist, die Beanstandung zu erkennen und sich danach zu richten (BGH NZM 2008, 277 = WuM 2008, 217 = ZMR 2008, 446, 447; BGH NZM 2000, 241, 242 f.; OLG Brandenburg, ZMR 2013, 624, 625; LG Berlin GE 2015, 323). Die Abmahnung braucht zwar keine ausdrückliche **Kündigungsandrohung** zu enthalten (BGH WuM 2007, 570 = ZMR 2007, 686), muss aber erkennen lassen, dass der Vermieter das beanstandete Verhalten nicht hinnehmen will und dies Folgen für den Bestand des Mietverhältnisses haben kann. Die Kündigungsandrohung ist aber zu empfehlen, um die Ernsthaftigkeit und Nachhaltigkeit der Abmahnung zu unterstreichen.

587 Handelt es sich um die Beseitigung von nicht genehmigten baulichen Maßnahmen, so wird für den Anspruch des Vermieters, den er während der Mietzeit durchsetzen will, ein besonderes Interesse verlangt (LG Berlin GE 1994, 53). Dieses ist ohne weiteres anzuerkennen, wenn die durchgeführten Arbeiten des Mieters nicht handwerksgerecht sind (vgl. LG Detmold WuM 2002, 51 für einbruchsichere Tür-Entfernung erst nach Mietende).

3. Abhilfefrist

588 Mit der Abmahnung ist in der Regel eine angemessene **Abhilfefrist** zu verbinden. Sie muss so lang sein, dass der Mieter in einer auch für den Vermieter zumutbaren Weise die Beanstandung nachhaltig beheben kann.

4. Kein Rechtsschutz

589 Gegen eine unberechtigte Abmahnung steht dem Mieter grundsätzlich kein Anspruch auf Beseitigung oder Unterlassung zu (BGH WuM 2008, 217 = ZMR 2008, 446). Die im Arbeitsrecht geltenden Grundsätze (vgl. nur BAG NZA 2002, 965 f.) sind nicht auf das Mietrecht übertragbar. Der Mieter kann die Abmahnung lediglich inzident nach erfolgter Kündigung im Rahmen des Rechtsstreits überprüfen lassen. Etwas anderes könnte allenfalls dann gelten, wenn der Vermieter den Mieter mit einer Vielzahl willkürlicher Abmahnungen belästigt (Schmidt-Futterer/*Blank* § 541 Rn. 10). Hier könnte ein Unterlassungsanspruch aus §§ 823, 1004 Abs. 1 S. 2 BGB wegen einer Verletzung des allgemeinen Persönlichkeitsrechts bestehen.

5. Abmahnung wegen unbefugter Untervermietung/Drittüberlassung eines Teils der Mieträume

590 **Ausweislich der im Original beigefügten Vollmacht zeige ich die Vertretung des Vermieters**

oder

der Vermieter

der an Sie mit Vertrag vom _____ vermieteten, im Hause _____ belegenen Räume an. Meine Mandantschaft musste nunmehr feststellen, dass Sie einen Teil der Mieträume ohne deren Einverständnis dritten Personen zum Gebrauch überlassen haben. Es ist insoweit Folgendes bekanntgeworden: [1]

▶ Beispiel:

Sie haben die beiden zur Straße hin belegenen Räume des hier fraglichen Gewerbeobjekts durch Setzen einer Zwischenwand abgetrennt und einem Steuerberater überlassen, der bereits ein Schild am Hauseingang installierte. Dieser erklärte auf Anfrage, er habe mit Ihnen einen zeitlich unbefristeten Untermietvertrag über die beiden abgetrennten Räume geschlossen und meine Mandantschaft hätte Ihnen angeblich, was indes nicht den Tatsachen entspricht, gestattet, diese Räume im Hinblick auf ihren rückläufigen Geschäftsbetrieb unterzuvermieten. [2]

▶ Beispiel:

Am vergangenen Wochenende konnte mein Mandant beobachten, dass eine junge Dame mit diversen Möbeln in die von Ihnen gemietete Wohnung einzog. Im Treppenhaus hierauf von ihm angesprochen erklärte sie, das kleine Zimmer der Wohnung unter Mitbenutzung von Toilette und Küche von Ihnen untergemietet zu haben. Auf weiteren Fragen unseres Mandanten danach, welche Gründe Sie denn veranlasst hätten, ein Zimmer der Wohnung unterzuvermieten, reagierte die junge Dame, deren Namen er bisher nicht kennt, in recht pampiger Art und Weise und meinte, dies ginge ihn als Vermieter überhaupt nichts an. [3]

Mein Mandant ist nicht bereit, dieser unbefugten Drittüberlassung des Mietobjekts nachträglich zuzustimmen. Weder vertraglich noch gesetzlich besteht ein Anspruch auf Erlaubnis zur Untervermietung. [4]

Sie werden hiermit aufgefordert, die unerlaubte Gebrauchsüberlassung an die genannte Person oder andere Personen bis spätestens zum _____ einzustellen. [5]

Sollten Sie dieser Aufforderung nicht entsprechen, vielmehr die unbefugte Gebrauchsüberlassung auch nach Ablauf der gesetzten Frist fortsetzen, müssen Sie nicht nur mit einer gerichtlichen Inanspruchnahme auf Unterlassung, sondern auch mit einer fristlosen – hilfsweise fristgemäßen – Kündigung des Mietvertrages wegen vertragswidrigen Gebrauchs rechnen. [6]

Erläuterungen

1. Unbefugte Drittüberlassung. Hat der Mieter es unterlassen, die erforderliche Erlaubnis zur Untervermietung einzuholen, so liegt allein hierin schon eine Vertragswidrigkeit. Hat der Mieter einen **Anspruch auf Erlaubnis** zur Untervermietung, so kann es allerdings rechtsmissbräuchlich sein, dass sich der Vermieter auf die fehlende Erlaubnis und die hieraus sich ergebenden Rechtsfolgen beruft. In solchen Fällen wird dem Vermieter kein Anspruch auf Unterlassung zugebilligt werden können. Auch steht ihm kein Recht zur außerordentlichen fristlosen Kündigung zu; § 543 Abs. 2 Nr. 2 BGB erfordert ausdrücklich eine »unbefugte« Gebrauchsüberlassung an Dritte, woran es im Falle eines materiell-rechtlichen Anspruchs des Mieters auf Erlaubniserteilung fehlt. Dagegen ist ein Recht zur **ordentlichen Kündigung** wegen schuldhafter Pflichtverletzung nicht von vornherein ausgeschlossen (vgl. BGH WuM 2011, 169 = ZMR 2011, 453).

Der ohne Erlaubnis abgeschlossene **Untermietvertrag** ist **wirksam** (BGH NZM 2008, 167).

2. Gewerberaum. Handelt es sich um ein Mietverhältnis über Geschäfts- oder Gewerberaum, so hat der Mieter nur dann einen Anspruch auf Erlaubnis zur Untervermietung eines Teils der Mieträume, wenn dies eindeutig vereinbart ist. Ist der Mieter ein Einzelkaufmann, so soll auch in der Aufnahme eines Gesellschafters unter Bildung einer Gesellschaft bürgerlichen Rechts eine unerlaubte Drittüberlassung liegen, wenn der aufgenommene Partner die Räume mitbenutzt (s. die

594 **3. Wohnraum.** Der Mieter von Wohnraum kann auch aus wirtschaftlichen Gründen ein **berechtigtes Interesse** an der Drittüberlassung und einen Anspruch auf Erlaubnis zur Untervermietung haben; es darf aber erst nach Vertragsabschluss entstanden sein (LG Hamburg WuM 1994, 203; AG Köln WuM 1995, 654). Letzteres gilt auch für sein Interesse, mit einem Partner (des gleichen oder des anderen Geschlechts) in der Mietwohnung zusammenzuleben. S. die Hinweise zu Teil 1 Rdn. 486 f., 491.

595 In jedem Fall hat der Vermieter gegenüber dem Mieter einen Anspruch darauf, dass ihm Name und Beruf des neuen Mitbewohners mitgeteilt wird. Dies empfiehlt sich für den Vermieter auch in vollstreckungsrechtlicher Hinsicht (s. dazu die Hinweise zu Teil 1 Rdn. 2849).

596 **4. Rechte des Vermieters.** Der Vermieter hat bei unbefugter Untervermietung folgende Rechte:
– Er kann Unterlassung verlangen (§ 541 BGB),
– er kann das Mietverhältnis kündigen,
– und zwar fristgemäß nach § 573 Abs. 2 Nr. 1 BGB
– oder fristlos nach § 543 Abs. 2 Nr. 2 BGB,
– er kann Schadensersatz wegen Pflichtverletzung nach § 280 Abs. 1 BGB verlangen, allerdings nicht Herausgabe des erzielten Untermieterlöses (BGH ZMR 1996, 189).

597 **5. Abhilfefrist.** Der Vermieter muss stets eine angemessene Frist zur **Abhilfe** setzen. Diese muss ausreichen, damit der Mieter in der Lage ist, den Dritten zum Auszug zu veranlassen (vgl. BGH WuM 2014, 27, 28 = ZMR 2014, 435, 436). Nach verbreiteter Auffassung muss dabei der Kündigungsfrist für das Untermietverhältnis Rechnung getragen werden (LG Mannheim WuM 1985, 262; Schmidt-Futterer/*Blank* § 543 Rn. 75).

598 **6. Fristlose Kündigung.** Die Berechtigung der außerordentlichen fristlosen Kündigung aus wichtigem Grund hängt davon ab, dass über die unerlaubte Drittüberlassung hinaus besondere Rechte des Vermieters in erheblichem Maße verletzt werden (§ 543 Abs. 2 Nr. 2 BGB).

6. Abmahnung wegen unbefugter Untervermietung/Drittüberlassung des gesamten Mietobjekts

599 **Ausweislich der im Original beigefügten Vollmacht zeige ich die Vertretung des Vermieters**

oder

der Vermieter

der an Sie mit Vertrag vom _____ vermieteten, im Hause _____ belegenen Räume an. Meine Mandantschaft musste nunmehr feststellen, dass Sie das gesamte Mietobjekt ohne ihr Einverständnis dritten Personen zum Gebrauch überlassen haben. Insoweit sind meiner Mandantschaft folgende Tatsachen bekanntgeworden: [1]

▶ Beispiel:

In die Ihnen überlassene Wohnung ist ein junger Mann eingezogen, der sich meinem Mandanten kürzlich namentlich vorstellte. Er berichtete unserem Mandanten, Sie seien ausgezogen und würden sich auf unbestimmte Dauer aus beruflichen Gründen in den USA aufhalten. [2]

Meine Mandantschaft ist nicht bereit, dieser unbefugten Gebrauchsüberlassung nachträglich zuzustimmen. Ein Rechtsanspruch auf Zustimmung zur Untervermietung des gesamten Mietobjekts besteht in keinem Falle. [3]

Meine Mandantschaft stellt Ihnen anheim, das Mietverhältnis fristgemäß zu kündigen. [4]

Gleichzeitig werden Sie hiermit aufgefordert, die unerlaubte Gebrauchsüberlassung/Untervermietung bis spätestens zum _____ einzustellen. [5]

Sollten Sie die unbefugte Gebrauchsüberlassung auch nach der gesetzten Frist fortsetzen, müssen Sie nicht nur mit einer gerichtlichen Inanspruchnahme auf Unterlassung, sondern auch mit einer fristlosen, hilfsweise fristgemäßen Kündigung des Mietvertrages wegen vertragswidrigen Gebrauchs rechnen. [6]

Erläuterungen

1. Überlassung des gesamten Mietobjekts. Der Mieter hat einen Anspruch auf Untervermietung des gesamten Mietobjektes nur, wenn dies im Mietvertrag eindeutig vereinbart ist.

2. Abwesenheit des Mieters. Im Falle der **vorübergehenden Abwesenheit** für einen absehbaren Zeitraum ist dem Mieter der Anspruch auf Erlaubnis zur Untervermietung des überwiegenden Teils der Wohnung zugebilligt worden, sofern er einen (wenn auch nur untergeordneten) Mitgewahrsam behält; s. die Hinweise zu Teil 1 Rdn. 506 und zu Teil 1 Rdn. 526.

3. Anspruch auf Erlaubniserteilung. Zum Rechtsanspruch des Wohnungsmieters auf Erlaubnis zur Untervermietung s. die Hinweise zu Teil 1 Rdn. 487 sowie zu Teil 1 Rdn. 527.

4. Außerordentliches befristetes Kündigungsrecht. Wird die Untermieterlaubnis versagt, ohne dass dafür in der Person des Untermieters ein Grund vorliegt, so kann der Mieter das Mietverhältnis **außerordentlich** mit einer Frist von drei Monaten kündigen (§ 540 Abs. 1 S. 2 BGB). Dieses Recht gilt auch bei Untervermietung bloß eines Teils der Mieträume. Es kann durch eine Formularklausel nicht abbedungen werden (s. BGH NJW 1995, 2034 = ZMR 1995, 397; Schmidt-Futterer/*Blank* § 540 Rn. 67). Zum Kündigungsrecht nach § 540 Abs. 1 S. 2 BGB s. die Hinweise zu Teil 1 Rdn. 1921.

5. Ausreichende Abhilfefrist. S. dazu die Hinweise zu Teil 1 Rdn. 597.

6. Rechtsfolgen. S. dazu die Hinweise zu Teil 1 Rdn. 596.

7. Abmahnung wegen unerlaubter Tierhaltung

Ausweislich der im Original beigefügten Vollmacht zeige ich die Vertretung des Vermieters

oder

der Vermieter

der an Sie mit Vertrag vom _____ vermieteten, im Hause _____ belegenen Räume an.

Meine Mandantschaft hat festgestellt, dass Sie in dem Mietobjekt ohne deren Erlaubnis

oder

ohne deren Erlaubnis, obwohl nach dem Mietvertrag formularmäßig die Haltung von Haustieren deren Zustimmung bedarf und zu versagen ist, wenn durch die Tiere andere Hausbewohner oder Nachbarn belästigt werden oder eine Beeinträchtigung der Mieter oder des Grundstücks zu befürchten ist **¹**

ein Tier, nämlich _____ , halten.

Namens und in Vollmacht meiner Mandantschaft habe ich Sie aufzufordern, diese Tierhaltung zukünftig zu unterlassen und das Tier bis spätestens zum _____ **wieder abzugeben. Für den Fall der Nichtbeachtung dieser Abmahnung müssen Sie damit rechnen, gerichtlich auf Abschaffung des Tieres und Unterlassung zukünftiger Tierhaltung von mir in Anspruch genommen zu werden. ²**

Notfalls sieht sich meine Mandantschaft gezwungen, das mit Ihnen bestehende Mietverhältnis fristlos, hilfsweise fristgemäß, insbesondere für den Fall zu kündigen, dass eine fortgesetzte Tierhaltung zu schwerwiegenden Störungen und Beeinträchtigungen Dritter führt. ³

Erläuterungen

607 **1. Tierhaltung.** Zur Tierhaltung in der Wohnung s. die Hinweise zu Teil 1 Rdn. 548.

608 Der Mieter hält ein Tier vertragswidrig, wenn dessen Haltung entweder (wirksam) vertraglich ausgeschlossen ist oder von einer Erlaubnis des Vermieters abhängt, die nicht erteilt worden ist und auf deren Erteilung der Mieter auch keinen Anspruch hat. Hat er dagegen einen **Anspruch auf Erlaubnis**, so kann die Tierhaltung folgenlos bleiben, wenn der Vermieter die Erteilung der Erlaubnis verweigert oder der Mieter sie gar nicht eingeholt hat. Hierauf kann er sich noch in einem späteren Rechtsstreit über die Abschaffung des Tieres berufen; die Geltendmachung eines Unterlassungsanspruchs durch den Vermieter wird sich in solchen Fällen regelmäßig als rechtsmissbräuchlich erweisen.

609 **2. Rechte des Vermieters.** Der Vermieter hat im Falle der vertragswidrigen Tierhaltung folgende Rechte:
– Anspruch auf Unterlassung der Tierhaltung = Abschaffung des Tieres (§ 541 BGB),
– Kündigung des Mietverhältnisses,
  – bei Wohnraummietverhältnissen auf unbestimmte Zeit nach § 573 Abs. 2 Nr. 1 BGB (ordentliche Kündigung),
  – in besonders schweren Fällen nach der Generalklausel des § 543 Abs. 1 S. 2 BGB (außerordentliche fristlose Kündigung).

610 Voraussetzung ist stets, dass der Vermieter den Mieter abgemahnt und ihm eine angemessene Frist zur Abschaffung des Tieres gesetzt hat.

611 **3. Kündigung.** Eine Kündigung wegen unerlaubter Tierhaltung wird nur als letztes Mittel in Betracht kommen (vgl. LG Berlin GE 2012, 899; LG Hildesheim WuM 2006, 525). Sie ist aber nicht von vornherein deswegen ausgeschlossen, weil der Mieter einen Anspruch auf Erteilung der Erlaubnis hat, sofern er sich hartnäckig über den erklärten Willen des Vermieters hinweggesetzt hat; s. auch die Hinweise zu Teil 1 Rdn. 574.

612 Für eine **außerordentliche fristlose Kündigung** aus wichtigem Grund muss hinzukommen, dass der Mieter die Rechte des Vermieters so erheblich verletzt, dass diesem die Fortsetzung des Mietverhältnisses bis zum Ablauf der Kündigungsfrist oder bis zur sonstigen regulären Beendigung des Mietverhältnisses nicht zuzumuten ist (§ 543 Abs. 1 S. 2 BGB); s. dazu AG Spandau GE 2002, 670.

8. Abmahnung wegen Störungen des Hausfriedens

Ausweislich der im Original beigefügten Vollmacht zeige ich die Vertretung des Vermieters

oder

der Vermieter

der an Sie mit Vertrag vom _____ vermieteten, im Hause _____ belegenen Räume an. Meine Mandantschaft hat feststellen müssen, dass es in letzter Zeit aus Ihren Mieträumen heraus zu nicht hinnehmbaren Störungen des Hausfriedens gekommen ist. [1]

Im Einzelnen sind meiner Mandantschaft folgende Vorfälle bekannt geworden:

▶ Beispiel:

01.08. 23.00 Uhr bis 1.00 Uhr: laute Radiomusik [2]

07.08. 0.00 Uhr bis 2.00 Uhr: wiederholtes lautes Schreien, lautes Schlagen von Türen, Getrampel auf dem Fußboden

12.08. ab 5.00 Uhr morgens: lautes Gepolter und laute Radiomusik

▶ Beispiel:

Mitbewohner des Hauses haben meinem Mandanten berichtet, dass Sie wiederholt in einem erheblich alkoholisierten Zustand nachts im Treppenhaus lautstark durch Gepolter und Rufen lärmten. Anschließend ist es in Ihrer Wohnung zu ebenfalls mit Krach und Lärm verbundenen Auseinandersetzungen mit Ihrer Ehefrau gekommen. Es hörte sich zeitweise so an, als ob die ganze Wohnungseinrichtung zertrümmert würde. Am vergangenen Samstag warfen Sie Kleidungsstücke sowie Bettzeug in das Treppenhaus und sperrten Ihre Ehefrau aus der Wohnung aus. Anlässlich zweier Vorfälle sahen sich Mitbewohner veranlasst, die Polizei um Hilfe zu rufen; erst nach deren Eintreffen kehrte wieder einigermaßen Ruhe ein. Die Vorfälle im Einzelnen sind von zwei Mitbewohnern des Hauses protokolliert worden; deren Angaben füge ich diesem Schreiben bei und nehme darauf Bezug.

Namens und in Vollmacht meiner Mandantschaft habe ich Sie hiermit dringend aufzufordern, sich zukünftig unter Beachtung der Hausordnung und der allgemein üblichen Regeln des Zusammenlebens in einer Gemeinschaft vertragsgemäß zu verhalten und insbesondere keinen störenden Lärm zu verursachen. [3]

Im Wiederholungsfalle müssen Sie nicht nur mit einer gerichtlichen Inanspruchnahme auf Unterlassung, sondern auch mit einer fristlosen, hilfsweise fristgemäßen Kündigung des Mietvertrages wegen vertragswidrigen Gebrauchs rechnen. [4]

Erläuterungen

1. Störung des Hausfriedens. Zu den Pflichten des Mieters gehört, im Rahmen des Mietgebrauchs den Hausfrieden zu wahren. Dazu zählt die **Rücksichtnahme** auf die Mitbewohner (s. BGH ZMR 2015, 376 f. = WuM 2015, 289, 290 mit Anm. *Pielsticker*), insbesondere, soweit es deren Ruhebedürfnis betrifft. Hier findet das Recht des Mieters, Tonübertragungsgeräte laufen zu lassen, zu musizieren, gelegentlich zu feiern o.ä. seine Grenze. Ein »Recht auf Lärm« ist auch bei besonderen Anlässen (Familienfeiern) nicht anzuerkennen. Strenge Maßstäbe gelten während der sog. Ruhezeiten, die sich an den Lärmschutzverordnungen der Länder orientieren (im Allgemeinen: Schutzzeiten von 20 bis 7 Uhr, von 13 bis 15 Uhr). Andererseits liegen normale **Wohngeräusche** im Rahmen des vertragsgemäßen Gebrauchs (z.B. Staubsaugen, Duschen), sofern sie nicht zur Unzeit – z.B. nachts – erzeugt werden; weitergehend OLG Düsseldorf ZMR 1991, 226 für nächtliches Duschen zwischen 22 und 6 Uhr, wenn die Dauer von 30 Minuten nicht überschritten wird.

615 Einer baualtersklassebedingten **Hellhörigkeit** des Gebäudes muss der Mieter Rechnung tragen. Nicht erforderlich ist ein Verschulden des Mieters; dieser hat auch für das Verhalten Dritter einzustehen, denen er die Nutzung überlassen hat.

616 **2. Konkretisierung der Vorwürfe.** Sowohl in der Abmahnung als auch in der späteren Klage ist unbedingt erforderlich, die Lärmstörungen nach **Zeit, Dauer und Intensität** möglichst genau darzustellen.

617 **3. Fristsetzung.** Eine Fristsetzung zur Abstellung des vertragswidrigen Gebrauchs in der Abmahnung ist nicht erforderlich (Schmidt-Futterer/*Blank* § 541 Rn. 5), aber manchmal zweckmäßig. Zur Fristsetzung s. die Hinweise zu Teil 1 Rdn. 588.

618 **4. Rechte des Vermieters.** Der Vermieter hat gegenüber dem störenden Mieter das Recht,
– Unterlassung zu verlangen (§ 541 BGB),
– bei Wohnraummietverhältnissen fristgemäß nach § 573 Abs. 2 Nr. 1 BGB zu kündigen,
– außerordentlich fristlos aus wichtigem Grund zu kündigen,
– bei Wohnraummietverhältnissen nach § 569 Abs. 2 BGB,
– bei Gewerberaum gemäß § 569 Abs. 2 i.V. mit § 578 Abs. 2 BGB,
– Schadensersatz wegen Pflichtverletzung gem. § 280 Abs. 1 BGB zu fordern, z.B. Ersatz der von anderen Mietern wegen des Lärms geminderten Mietbeträge.

619 Im Rahmen des **Schadensersatzanspruchs** gem. § 280 Abs. 1 BGB hat der Mieter für Familien- und Haushaltsangehörige, die in der Mietwohnung leben, nach § 280 Abs. 1 S. 2 i.V mit § 278 BGB einzustehen. Es ist Sache des Mieters, darzulegen und zu beweisen, dass er die Pflichtverletzung, ggf. auch die seines Erfüllungsgehilfen nicht zu vertreten hat (BGH NJW 1987, 1938). An den Entlastungsbeweis dürfen keine zu hohen Anforderungen gestellt werden (BGH NJW-RR 1990, 447).

620 Der **Vermieter** ist gegenüber dem gestörten Mieter **verpflichtet**, von seinen Rechten Gebrauch zu machen; denn dieser hat einen entsprechenden Erfüllungsanspruch und kann die Miete mindern sowie bei schuldhafter Säumigkeit des Vermieters Schadensersatz verlangen (LG Hamburg WuM 1987, 218; AG Bremen WuM 2011, 362). Der Vermieter ist nicht berechtigt, den Mieter auf etwaige Ansprüche gegen den störenden Mitbewohner zu verweisen.

9. Abmahnung wegen Überbelegung des Mietobjekts

621 **Ausweislich der im Original beigefügten Vollmacht zeige ich die Vertretung des Vermieters**

oder

der Vermieter

der an Sie mit Vertrag vom _____ vermieteten, im Hause _____ belegenen Räume an. Meine Mandantschaft hat feststellen müssen, dass die Ihnen überlassenen Miträume von zu vielen Personen ständig genutzt werden und somit überbelegt sind. Insoweit sind unserer Mandantschaft folgende Umstände bekanntgeworden: **[1]**

▶ Beispiel:

Die nur 49 qm große Wohnung wird gegenwärtig durch 2 Erwachsene und 5 Kinder belegt. Bei Beginn des Mietverhältnisses wurden die Mieträume von einer erwachsenen Person und einem Kind genutzt. [2]

Im Hinblick auf die konkrete Gefahr einer überdurchschnittlichen Abnutzung des Mietobjekts und Störungen Dritter ist meine Mandantschaft nicht bereit, die gegenwärtige Belegung hinzunehmen. Sie werden daher dringend aufgefodert, bis spätestens zum _____ die beanstandete Überbelegung des Mietobjekts zu beenden. Im Hinblick auf die meiner Partei bekannten Schwierigkeiten, zu für Sie tragbaren Bedingungen Ersatzmietobjekte zu finden, wird Ihnen bewusst eine weiträumige Frist zur Beendigung des jetzigen Zustandes gesetzt. [3]

Sollte meine Mandantschaft indes nach Ablauf der Frist feststellen, dass die Ihnen überlassenen Mieträume weiterhin überbelegt sind, sieht diese sich gehalten, das mit Ihnen bestehende Mietverhältnis fristlos, hilfsweise fristgemäß wegen vertragswidrigen Gebrauchs zu kündigen. [4]

Erläuterungen

1. Überbelegung. Anhaltspunkte dafür, ob eine Wohnung überbelegt ist, ergeben die Wohnungsaufsichtsgesetze der Länder. Die Überbelegung der Wohnung ist vertragswidrig auch dann, wenn dadurch die Rechte des Vermieters nicht erheblich beeinträchtigt werden. 622

2. Familienzuwachs. Zum Beispielsfall s. LG Mönchengladbach ZMR 1991, 110. Hier wird dem Vermieter ein berechtigtes Kündigungsinteresse (vgl. § 573 Abs. 1 S. 1 BGB) zugestanden, weil die Überbelegung zu Feuchtigkeitserscheinungen und Schimmelpilzbefall führen könne und wegen der erhöhten Abnutzung und Beeinträchtigung der Wohnung eine – wenn auch nicht unbedingt erhebliche – Vertragsverletzung darstelle. Habe sich die Familie des Mieters erst im Laufe eines längeren Zeitraums vergrößert, so habe es ihm oblegen, sich rechtzeitig langfristig nach einer größeren Wohnung umzusehen. 623

Eine Wohnung kann auch dadurch überbelegt werden, dass der Mieter **nahe Angehörige** aufnimmt. Das Recht, diese Personen aufzunehmen, findet seine Grenze an der Größe der Mietwohnung. Der Vermieter hat auf jeden Fall einen Anspruch gegenüber dem Mieter, dass ihm Namen, Alter und gegebenenfalls der Beruf des Aufgenommenen mitgeteilt wird. 624

3. Gefährdung der Mieträume. Auf eine erhebliche Verletzung der Rechte des Vermieters sowie eine konkrete Gefährdung der Mieträume kommt es erst an, wenn der Vermieter außerordentlich fristlos kündigen will (§ 543 Abs. 2 Nr. 2 BGB). Dabei ergibt sich die konkrete Gefährdung der Mietsache noch nicht ohne weiteres aus dem Tatbestand der Überbelegung, sondern erst aus besonderen, übermäßigen Abnutzungserscheinungen oder Störungen (vgl. BGH NJW 1993, 2528 = ZMR 1993, 508). 625

Die außerordentliche fristlose Kündigung ist grundsätzlich erst nach erfolglosem Ablauf einer zur Abhilfe gesetzten angemessenen Frist oder nach erfolgloser Abmahnung zulässig (§ 543 Abs. 3 BGB). In der Praxis empfiehlt es sich regelmäßig, eine **Abhilfefrist** zu setzen und nach fruchtlosem Fristablauf zu kündigen. 626

Die Frist muss so bemessen sein, dass der Mieter Abhilfe schaffen kann, indem er sich eine andere Wohnung sucht oder für eine anderweitige Unterbringung der Personen sorgt, durch deren Mitbenutzung die Mietwohnung überbelegt wird. 627

628 **4. Fristsetzung.** Weiterhin sollte mit der Fristsetzung zur Abhilfe aus Gründen der Klarstellung sogleich die **Androhung der Kündigung** erfolgen. Zwingend erforderlich ist dies aber nicht (vgl. Schmidt-Futterer/*Blank* § 543 Rn. 179).

629 Nur wenn
- die Fristsetzung offensichtlich keinen Erfolg verspricht oder
- eine sofortige Kündigung **aus besonderen Gründen** unter Abwägung der beiderseitigen Interessen gerechtfertigt ist,

kann der Vermieter die sofortige Kündigung aussprechen (§ 543 Abs. 3 S. 2 Nr. 1 und 2 BGB).

10. Abmahnung wegen unerlaubter gewerblicher Nutzung von Wohnraum

630 Ausweislich der im Original beigefügten Vollmacht zeige ich die Vertretung des Vermieters

oder

der Vermieter

der an Sie mit Vertrag vom _____ vermieteten, im Hause _____ belegenen Räume an. Diese sind ausdrücklich nur zu Wohnzwecken vermietet. Meine Mandantschaft hat nunmehr feststellen müssen, dass Sie die Ihnen überlassenen Räume auch gewerblich nutzen. [1]

Der Umfang dieser Nutzung geht über das Maß hinaus, das der Vermieter bei Überlassung von Wohnraum dulden muss, da eine Schädigung der Mietsache und/oder unzumutbare Belästigungen oder sonstige erhebliche Nachteile zu Lasten meiner Mandantschaft aufgrund folgender Umstände zu befürchten bzw. bereits eingetreten sind: [2]

▶ Beispiel:

Der häufige Besuch von Kunden stört die anderen Mitmieter erheblich. Die von Ihnen aufgestellten Druckmaschinen können den empfindlichen Fußboden der Wohnung beschädigen und verursachen darüber hinaus erheblich störende Geräusche. [3]

▶ Beispiel:

Über das Internetportal »Airbnb« bieten Sie regelmäßig die zeitweilige Überlassung der Wohnung an Touristen in Hamburg an. Entsprechende Ausdrucke für den Zeitraum _____ werden beigefügt. Auch der von meiner Mandantschaft beauftragte Hausmeister konnte beobachten, dass die überlassenen Räume von einem laufend wechselnden Personenkreis genutzt wird. Der Umfang der offensichtlich gewerblichen Überlassung der Wohnung an Touristen legt im Übrigen nahe, dass Sie selbst dieses Mietobjekt nicht mehr oder kaum noch nutzen. [4]

Die Überlassung von Wohnraum an wechselnde Nutzer zum Zwecke des nicht auf Dauer angelegten Gebrauchs und eine entsprechende Nutzung ist darüber hinaus eine unzulässige Zweckentfremdung von Wohnraum gemäß § 9 Abs. 2 Ziffer 2 des Hamburgischen Wohnraumschutzgesetzes – HmbWoSchG vom 08.03.1982. [5]

Namens und in Vollmacht meiner Mandantschaft habe ich Sie daher aufzufordern, die von Ihnen jetzt betriebene gewerbliche Nutzung des Mietobjekts bis spätestens zum _____ einzustellen. Sollten Sie dieser Aufforderung nicht nachkommen, müsste meine Partei Sie in jedem Falle gerichtlich auf Unterlassung in Anspruch nehmen, darüber hinaus aber auch eine fristlose, hilfsweise fristgemäße Kündigung des Mietvertrages wegen vertragswidrigen Gebrauchs der Mieträume in Erwägung ziehen. 6

Erläuterungen

1. Gewerbliche Nutzung. Der Mieter nutzt die Wohnung erst dann gewerblich, wenn er seine berufliche Tätigkeit ganz oder zum Teil planmäßig in die Wohnung verlegt. Gelegentliche Büroarbeiten, geschäftliche Besprechungen oder Durchführung kleinerer Reparaturen werden vom allgemeinen Wohngebrauch noch erfasst. 631

2. Zulässigkeit bei Wohnraummiete. Eine gewerbliche oder berufliche Tätigkeit in der Wohnung ist nur zulässig, wenn 632
– durch die Nutzung keine unzumutbaren Nachteile oder Belästigungen für den Vermieter oder Dritte, insbesondere für andere Mitmieter, entstehen,
– durch die Arbeiten eine Veränderung des Charakters und der Beschaffenheit der Wohnung nicht eintritt, die Tätigkeit also keine Außenwirkungen hat,
– die Gefahr einer Beschädigung der Wohnung oder des Mietgrundstücks nicht unzumutbar erhöht wird.

Ein vertragliches **Verbot** mit Erlaubnisvorbehalt ist wirksam. Dem Vermieter steht bei der Erteilung oder Versagung der Erlaubnis nur ein sog. gebundenes Ermessen (beschränkt auf obige Gesichtspunkte) zu. Ein Verbot ohne Erlaubnisvorbehalt ist nur wirksam, wenn es sich gegen gewerbliche Tätigkeiten richtet, die sich von einer Wohnnutzung deutlich abheben. Der Vermieter kann die Erlaubnis zur gewerblichen Nutzung der Wohnung von der Zahlung eines **Mietzuschlags** abhängig machen, die sich auch bei preisfreiem Wohnraum an § 26 NMV orientiert (vgl. OLG Hamburg WuM 1995, 650 für entsprechende Mietabschläge bei Mietschätzung durch einen Schiedsgutachter). 633

3. Indizien. Für eine vertragswidrige **gewerbliche Nutzung** sprechen folgende Indizien: 634
– Es besteht Laufkundschaft und/oder Warenan- oder -abholverkehr,
– es werden in der Wohnung Angestellte beschäftigt,
– am Gebäude oder im Außenbereich der Wohnung befinden sich deutliche Hinweise auf die gewerbliche Nutzung (Firmenschild) oder Reklamehinweise,
– es kommt zu Störungen der Mitbewohner durch Geräusche o.ä. aus den Mieträumen (s. LG Hamburg WuM 1993, 188 zum Betrieb eines astrologischen Beratungsgewerbes).

4. Überlassung der Mietwohnung an Touristen. Zum Beispielfall siehe LG Berlin WuM 2015, 156 = ZMR 2015, 303. Die entgeltliche Überlassung einer gemieteten Wohnung an Touristen oder das öffentliche Angebot hierzu ohne Erlaubnis des Vermieters stellt eine erhebliche Vertragspflichtverletzung dar. Das gilt insbesondere, wenn die Wohnung über den Anwendungsbereich des § 553 Abs. 1 BGB hinaus nicht nur teilweise, sondern sogar **vollständig überlassen oder zur Überlassung angeboten** wird. Jedenfalls nach einer erfolglosen Abmahnung berechtigt ein solches Fehlverhalten des Mieters den Vermieter im Regelfall zu einer außerordentlichen fristlosen Kündigung nach § 543 Abs. 1 S. 2 BGB. Nach LG Berlin WuM 2015, 17 soll dem Vermieter in solchen Fällen sogar ein Recht zur sofortigen fristlosen Kündigung ohne vorherige Abmahnung zustehen, da der Vertragsverstoß besonders schwerwiegend sei (vgl. § 543 Abs. 3 S. 2 Nr. 3 BGB). 635

Sicherer ist es aber, den Mieter vor Ausspruch einer fristlosen Kündigung zunächst **abzumahnen**. Diese sollte mit einer Fristsetzung zur Einstellung des vertragswidrigen Verhaltens verbunden wer- 636 den. Da der Mieter hier regelmäßig in der Lage ist, sein Fehlverhalten kurzfristig zu beenden, indem er von einer weiteren (meist tageweisen) Vermietung des Objekts als Ferienwohnung absieht und insbesondere die darauf gerichtete Werbung unverzüglich einstellt, dürfte die Bestimmung einer kurzen Abhilfefrist (etwa zwei Wochen) genügen (s. auch LG Berlin WuM 2015, 156 = ZMR 2015, 303).

637 Hinweis:

Dem Mieter vom Wohnraum steht regelmäßig auch kein Anspruch gegen den Vermieter auf Erteilung einer Erlaubnis zur tageweisen Untervermietung nach § 553 Abs. 1 BGB zu, vgl. BGH WuM 2014, 142 = ZMR 2014, 438.

638 **5. Zweckentfremdung.** Die gewerbsmäßige Überlassung von Wohnraum an Touristen kann darüber hinaus gegen ein in dem jeweiligen Bundesland bestehenden Zweckentfremdungsverbot verstoßen, sofern sie ohne behördliche Genehmigung erfolgt. Ein solches Zweckentfremdungsverbot besteht etwa in der Freien und Hansestadt Hamburg auf der Grundlage des § 9 des Hamburgischen Wohnraumschutzgesetzes vom 08.03.1982 (HmbWoSchG), zuletzt geändert am 21.05.2013 (HambGVBl. S. 244). Nach Absatz 2 Nr. 2 dieser Vorschrift stellt die die Überlassung von Wohnraum an **wechselnde Nutzer** zum Zwecke des nicht auf Dauer angelegten Gebrauchs eine Zweckentfremdung dar, die einer behördlichen Genehmigung bedarf (vgl. § 9 Abs. 1 HmbWoSchG). Auch im Hinblick auf den Verstoß gegen diese öffentlich-rechtlichen Normen stellt die Weitervermietung der Wohnung an Touristen ein schwerwiegendes Fehlverhalten dar, welches den Vermieter nach erfolgloser Abmahnung zur außerordentlichen fristlosen Kündigung nach § 543 Abs. 1 S. 2 BGB berechtigt.

639 **6. Rechte der Vermieters.** Dieser hat bei unerlaubter gewerblicher Nutzung folgende Rechte:
– den Unterlassungsanspruch nach § 541 BGB,
– bei Wohnraummietverhältnissen das Recht zur ordentlichen Kündigung nach § 573 Abs. 2 Nr. 1 BGB (s. dazu BGH NZM 2009, 658 = WuM 2009, 517; NZM 2013, 356 = ZMR 2013, 623; WuM 2013, 554),
– das Recht zur außerordentlichen fristlosen Kündigung aus wichtigem Grund nur unter den engen Voraussetzungen der § 569 Abs. 2 BGB bzw. nach der Generalklausel gemäß § 543 Abs. 1 S. 2 BGB.

640 Erleidet der Vermieter einen Schaden aus der unzulässigen gewerblichen Nutzung (auch Mietausfälle durch berechtigte Mietminderung anderer Mieter), so kann er vom störenden Mieter **Schadensersatz** wegen Pflichtverletzung gem. § 280 Abs. 1 BGB fordern. In allen Fällen sollte eine Abmahnung **mit Fristsetzung** erfolgen (s. dazu Teil 1 Rdn. 617). Die Frist muss so bemessen sein, dass der Mieter in die Lage versetzt wird, Abhilfe zu schaffen.

11. Abmahnung wegen unerlaubter Änderung des Geschäftscharakters bei Gewerberaum

641 **Ausweislich der im Original beigefügten Vollmacht zeige ich die Vertretung des Vermieters**

oder

der Vermieter

der von Ihnen gemieteten Gewerberäume an. Nach dem mit Ihnen bestehenden Gewerbemietvertrag wurde das unter der Anschrift _____ belegene Mietobjekt zum Betrieb (es folgt die Branchenbezeichnung gemäß Vertrag) [1]

▶ Beispiel:

eines Fleisch- und Wurstwarengeschäftes

vermietet. Ausdrücklich wurde vereinbart, dass eine Sortimentserweiterung nur mit Zustimmung meiner Mandantschaft zulässig ist.

Leider haben Sie sich über den vereinbarten Geschäftscharakter hinweggesetzt. Insoweit hat meine Mandantschaft folgende Umstände in Erfahrung gebracht:

▶ Beispiel:

Sie haben Ihr Sortiment kürzlich auf Fische ausgedehnt, ohne das Einverständnis meiner Mandantschaft hierzu einzuholen. Eine nachträgliche Genehmigung kann Ihnen nicht erteilt werden, da mein Mandant durch Absprache mit dem Mieter des nahegelegenen Fischgeschäftes gebunden ist. Dieser beruft sich auf Konkurrenzschutz und hat bereits eine empfindliche Minderung der Miete angedroht. [2]

Namens und in Vollmacht meiner Mandantschaft habe ich Sie hiermit aufzufordern, die von Ihnen einseitig vorgenommene Abänderung des Geschäftscharakters sofort einzustellen. Sollten Sie dieser Abmahnung nicht nachkommen, müssen Sie mit einer fristlosen, hilfsweise fristgemäßen Kündigung des mit Ihnen geschlossenen gewerblichen Mietvertrages über das eingangs bezeichnete Mietobjekt rechnen. [3]

Erläuterungen

1. Branchenbezeichnung. Die im Mietvertrag enthaltene Branchenbezeichnung stellt zugleich eine Eingrenzung des vertragsgemäßen Gebrauchs dar (OLG Hamburg WuM 1990, 390 = ZMR 1990, 341; KG GE 2011, 1083; *Sternel* Rn. VI 1). Je allgemeiner der **Vertragszweck** umschrieben wird, desto freier ist der Mieter, den Geschäftszweig auszugestalten und zu erweitern. Eine Formularklausel in einem Mietvertrag über einen Laden in einem Einkaufszentrum, nach der der Mieter sich verpflichtet, keine Waren zu führen, die bereits in einem anderen Geschäftslokal des Hauses geführt werden, ist wirksam (OLG Celle ZMR 1992, 449). Das gilt auch für die Vermietung zum Betrieb eines Supermarkts. 642

2. Ausdehnung des Sortiments. Bildet ein Ladengeschäft den Mietgegenstand, so kann der Mieter das Sortiment allenfalls durch Nebenartikel abrunden (s. dazu die Hinweise zu Teil 1 Rdn. 697). 643

3. Rechte des Vermieters. Diesem stehen folgende Rechte zur Seite: 644
– Er kann verlangen, dass der Mieter den Verkauf der konkurrierenden Ware unterlässt (§ 541 BGB),
– er kann Schadensersatz nach § 280 Abs. 1 BGB verlangen; insbesondere kann er den Schaden des betroffenen Mitbewerbers, mit dem er belastet worden ist, an den störenden Mieter weiterleiten,
– er kann nach Abmahnung (§ 543 Abs. 3 BGB) außerordentlich fristlos nach § 543 Abs. 1 BGB (Generalklausel) kündigen, muss allerdings einen besonderen Rechtsverlust darlegen.

X. Betriebspflicht bei Gewerberäumen

1. Schreiben des Vermieters mit der Forderung auf Erfüllung einer mit dem Mieter vereinbarten Betriebspflicht

645 **Ausweislich der im Original beigefügten Vollmacht zeige ich die Vertretung des Vermieters**

oder

der Vermieter

der an Sie mit Vertrag vom _____ vermieteten, im Hause _____ belegenen Räume an.

Vertraglich vorgesehen ist eine bestimmte gewerbliche Nutzung, und die Mietvertragsparteien vereinbaren ausdrücklich, dass innerhalb der im Vertrag genannten Zeiten der vorgesehene geschäftliche Betrieb in dem Mietobjekt auch tatsächlich stattzufinden hat. [1]

Meine Mandantschaft hat nunmehr aber feststellen müssen, dass Sie der vereinbarten Betriebspflicht in letzter Zeit in nicht unerheblichem Maße nicht nachgekommen sind. In jedem Falle muss meine Partei aus folgenden Gründen auf Einhaltung der vereinbarten Betriebspflicht bestehen: [2]

▶ **Beispiel:**

Der an Sie vermietete Laden ist Bestandteil einer im Eigentum meines Mandanten stehenden Ladenzeile innerhalb eines größeren Einkaufszentrums. Die teilweise Schließung Ihres Geschäftes innerhalb der üblichen Öffnungszeiten wirkt sich allgemein negativ auf das Ansehen und den Geschäftserfolg der zur Ladenzeile gehörenden Geschäfte aus. Damit kann auf Dauer die Vermietung dieser Gewerberäume gefährdet sein.

Sollten Sie dieser Aufforderung nicht entsprechen und auch weiterhin Ihren Betrieb während üblicher Geschäftszeiten geschlossen halten, müsste meine Mandantschaft auch eine fristlose, hilfsweise fristgemäße Kündigung des mit Ihnen bestehenden Mietvertrages in Erwägung ziehen. Darüber hinaus bleibt die Geltendmachung von Schadensersatzansprüchen ausdrücklich vorbehalten.

Erläuterungen

646 **1. Vereinbarung.** Der Mieter eines gewerblichen Objekts ist nicht ohne weiteres zum Betrieb des in den Räumen beabsichtigten Geschäfts verpflichtet. Das gilt selbst bei Vereinbarung einer Umsatzmiete (BGH ZMR 1979, 328). Eine Betriebspflicht muss vielmehr eindeutig vereinbart sein; eine entsprechende **Formularklausel** ist zulässig (BGH NJW-RR 1992, 1032; s. aber die Hinweise zu Teil 1 Rdn. 661). Die formularmäßige Vereinbarung einer Betriebs- und Offenhaltungspflicht ist im Regelfall nicht als eine im Sinne des § 307 Abs. 1 S. 1 BGB unangemessene Benachteiligung des Mieters zu werten (so für die Offenhaltungspflicht Senatsurteil vom 29.04.1992 – XI ZR 221/90). Nicht unangemessen ist – jedenfalls für sich genommen – nach wohl allgemeiner Auffassung auch eine formularmäßige Abrede, die den Mieter von Gewerberäumen an ein bestimmtes Sortiment bindet (Senatsbeschluss vom 16.02.2000 – XI ZR 279/97 – NJW 2000, 1714) oder den Vermieter von einer Verpflichtung zum Konkurrenzschutz freistellt (OLG Hamburg NJW-RR 1987, 403). Die Betriebspflicht kann sich aber auch unter Anwendung strenger Maßstäbe aus den Umständen ergeben. Letzteres gilt etwa bei der Verpachtung von Betrieben, die durch Schließung schnell ihren Geschäftswert einbüßen (z.B. Gaststätten), oder bei

der Vermietung von Läden in Einkaufszentren. Ob der Mieter sämtliche bei Vertragsbeginn vorhandenen Ein- und Ausgänge einer Ladenfläche offenhalten muss, ist im Wege der Vertragsauslegung zu ermitteln (OLG Dresden NZM 2008, 131; KG ZMR 2015, 707). Die Schließung eines von zwei vorher stets geöffneten Eingängen eines Ladens in einem Einkaufszentrum verstößt nicht gegen die vertraglich vereinbarte Betriebspflicht des Mieters. Die im formularmäßig gestaltetem Mietvertrag enthaltene Klausel, der Mieter habe Handlungen zu unterlassen, die die Interessen anderer Mieter des Centers verletzen und sich für das Center abträglich auswirken können, erfasst die Schließung eines Ladenzugangs auch dann nicht, wenn als Folge davon Kunden eine Etage des Einkaufszentrums im geringerem Umfang als vorher aufsuchen (OLG Dresden, a.a.O.).

2. Rechtsfolgen bei Verletzung. Ist eine Betriebspflicht vereinbart, so steht dem Vermieter zunächst ein **Erfüllungsanspruch** zu (*Jendrek* NZM 2000, 556, 558). Auf die Erfüllung kann er sich ausnahmsweise nicht berufen, wenn er seinerseits nicht alles getan hat, um einen rentierlichen Betrieb zu ermöglichen, z.B. die Vollfunktion einer Ladenpassage mangels Vermietung aller Läden nicht sicherzustellen vermag (OLG Koblenz NJW-RR 1989, 400). 647

Die Betriebspflicht entfällt nicht aufgrund einer **gesundheitlichen Beeinträchtigung** des Mieters. Dieser muss sich im Falle seiner Verhinderung einer Hilfskraft bedienen (OLG Celle NZM 2007, 838, 839; OLG Düsseldorf ZMR 2004, 508). Die Betriebspflicht entfällt auch dann nicht, wenn die Fortführung des Betriebs zur Folge hat, dass der Mieter nur Verluste erwirtschaftet. Die Geschäftsentwicklung sowie die Notwendigkeit der Inanspruchnahme einer Hilfskraft sind allein dem unternehmerischen Risiko des Mieters zuzuordnen (OLG Celle NZM 2007, 838; OLG Düsseldorf ZMR 2004, 508). 648

Allerdings entfällt die Betriebspflicht nach § 275 Abs. 1 BGB, wenn der Mieter zu ihrer Erfüllung nicht mehr in der Lage ist. Das soll auch dann der Fall sein, wenn er **zahlungsunfähig** ist und die Fortführung des Betriebs allenfalls durch Betrug gegenüber seinen Geschäftspartnern, nämlich durch Täuschung über seine wirtschaftliche Lage bewirken kann (OLG Karlsruhe GE 2007, 218; LG Köln NZM 2005, 621; zurückhaltender OLG Düsseldorf GuT 2007, 206, 207). 649

Darüber hinaus ist die Verletzung der Betriebspflicht eine **Vertragspflichtverletzung**. 650
– Sie kann einen Schadensersatzanspruch gemäß § 280 Abs. 1 BGB begründen (vgl. OLG Düsseldorf ZMR 1994, 402).
– Sie kann auch einen wichtigen Grund für eine **außerordentliche fristlose Kündigung** nach § 543 Abs. 1 BGB abgeben (vgl. BGH ZMR 1993, 57). Voraussetzung ist aber, dass sich die Vertragspflichtverletzung als so gravierend darstellt, dass dem Vermieter die Fortsetzung des Mietverhältnisses nicht zuzumuten ist. Der fristlosen Kündigung muss grundsätzlich eine Abmahnung vorangehen (vgl. § 543 Abs. 3 BGB), die mit einer Kündigungsandrohung verbunden werden sollte (s. die Hinweise zu Teil 1 Rdn. 584). Im Weiteren ist der Vermieter zur fristlosen Kündigung berechtigt, wenn der Mieter seine Geschäftsräume entgegen einer vertraglichen Verpflichtung nur an drei Tagen in der Woche öffnet (OLG Düsseldorf NJWE-MietR 1997, 177).
– Die Androhung, hilfsweise das Mietverhältnis ordentlich zu kündigen, kommt nur in Betracht, wenn das Mietverhältnis nicht befristet ist.

2. Klage des Vermieters von Gewerberaum auf Erfüllung einer mit dem Mieter vereinbarten Betriebspflicht

Namens und in Vollmacht des Klägers wird beantragt, [1] 651

den Beklagten zu verurteilen, das von ihm in den Räumen _____ betriebene Geschäft werktags von _____ bis _____ und samstags von _____ bis _____ geöffnet zu halten und zu betreiben.

Begründung: [2]

Der Kläger ist Vermieter, der Beklagte Mieter der im Antrag bezeichneten Räumlichkeiten aufgrund eines schriftlichen Mietvertrages, der als

Anlage 1

– nur für das Gericht – überreicht wird. Die Überlassung des Mietobjekts erfolgte zum Zwecke der im Vertrag näher bezeichneten gewerblichen Nutzung. Ausweislich des Mietvertrages hat der Beklagte sich verpflichtet, innerhalb der ortsüblichen Zeiten ein Geschäft in den Miеträumen auch tatsächlich zu betreiben und geöffnet zu halten. Der vereinbarten Betriebspflicht ist der Beklagte nicht nachgekommen:

▶ Beispiel:

Innerhalb der letzten beiden Monate war das Geschäft nur sporadisch geöffnet, teilweise ganze Tage lang geschlossen. Im Einzelnen war es an folgenden Tagen zu den jeweils angegebenen Uhrzeiten nicht geöffnet (es folgen spezifizierte Angaben zu den Nichtöffnungszeiten).

Der Kläger muss aus den nachfolgend mitgeteilten Gründen auf einer Einhaltung der vereinbarten Betriebspflicht unbedingt bestehen. [3]

▶ Beispiel:

Der an den Beklagten vermietete Laden gehört zu einer im Eigentum des Klägers stehenden Ladenzeile innerhalb eines größeren Einkaufszentrums. Die teilweise Schließung des Geschäftes innerhalb der üblichen Öffnungszeiten wirkt sich allgemein negativ auf das Ansehen und den Geschäftserfolg der Geschäfte der Ladenzeile aus. Dadurch besteht die Gefahr, dass auf Dauer eine Vermietung des klägerischen Gewerberaums unmöglich oder jedenfalls erheblich erschwert wird.

Mit Schreiben vom _____ wurde der Beklagte vergeblich aufgefordert, sein Geschäft im vereinbarten Umfange geöffnet zu halten und zu betreiben.

Erläuterungen

652 **1. Zuständiges Gericht.** Zur örtlichen und sachlichen gerichtlichen Zuständigkeit s. die Hinweise zu Teil 1 Rdn. 2334.

653 Ist die Vereinbarung einer Betriebspflicht nur bei Gewerberaummietverhältnissen möglich, so hängt die sachliche Zuständigkeit vom **Streitwert** ab. Bei Streitwerten bis zu 5000,00 € ist das Amtsgericht, bei höheren Streitwerten das Landgericht sachlich zuständig (§§ 23 Nr. 1, 71 Abs. 1 GVG). Maßgebend ist der sog. Zuständigkeitswert (§§ 2 ff. ZPO), den das Gericht nach freiem Ermessen festsetzt (§ 3 ZPO). Maßgebend ist das Interesse des Vermieters an der Erfüllung der Betriebspflicht durch den Mieter. Abzustellen wäre hier auf den Wertverlust, den die im Eigentum des Klägers stehende Ladenzeile durch das Nichtbetreiben des Geschäfts des Beklagten erfährt. Dieser wäre nach einem bestimmten Prozentsatz der Jahresmiete zu berechnen.

654 **2. Klageantrag.** Dieser ist auf Vornahme einer **unvertretbaren Handlung** zu richten. Die Vollstreckung erfolgt dann nach § 888 ZPO. Das entspricht der ganz überwiegenden Rechtsprechung (OLG Celle NZM 2007, 838; OLG Düsseldorf GuT 2004, 17; NJW-RR 1997, 648; OLG Frankfurt NJW-RR 1992, 171; a.A. OLG Naumburg NZM 1998, 575). Diese legt das Willens-

kriterium des § 888 Abs. 1 ZPO restriktiv aus; eine Vollstreckung nach dieser Vorschrift kommt nur dann nicht in Betracht, wenn der Schuldner die erforderliche Mitwirkung Dritter (Warenlieferanten, Arbeitnehmer) trotz zumutbarer Anstrengungen nicht erreichen kann (OLG Düsseldorf NJW-RR 1997, 648, 649; s. auch *Hinz* NZM 2005, 841, 852).

Ob die Betriebspflicht auch im Wege der Unterlassungsklage durchgesetzt werden kann, soweit es um die letzte Zeit vor Beendigung des Mietverhältnisses geht (so OLG Düsseldorf NJW-RR 1997, 648), ist streitig (abl. *Jendrek* NZM 2000, 526, 528; *Hinz* NZM 2005, 841, 852). Der Antrag müsste dann lauten: »den Beklagten zu verurteilen, es zu unterlassen, den Betrieb in den Räumen … werktags zwischen … Uhr und … Uhr … sowie samstags zwischen … Uhr und … Uhr zu schließen und nicht zu betreiben«. S. Muster Teil 1 Rdn. 677. 655

3. Vereinbarung. Zur Vereinbarung einer Betriebspflicht s. die Hinweise zu Teil 1 Rdn. 646. 656

4. Lage des Mietobjekts. Aus der Belegenheit der Mieträume in einem **Einkaufszentrum** kann u.U. auf eine Betriebspflicht geschlossen werden (OLG Köln NZM 2002, 345 = DWW 2001, 336; *Sternel* Mietrecht IV 273; anders LG Lübeck NJW-RR 1993, 78). So ist der Mieter, der einen Lebensmittel-Supermarkt in einem Einkaufszentrum betreibt, nicht berechtigt seinen Betrieb einzustellen, um ihn in ca. 400 Meter Entfernung erneut zu eröffnen (LG Hannover ZMR 1993, 280). Es kann jedoch rechtsmissbräuchlich sein, dass ein Vermieter sich auf die Betriebspflicht beruft, wenn er weder die vorausgesetzte Vollvermietung des Einkaufszentrums noch den vorgesehenen Branchenmix herbeigeführt hat. 657

3. Klageerwiderung des Mieters gegenüber der Klage des Vermieters auf Einhaltung einer Betriebspflicht

Namens und in Vollmacht des Beklagten wird beantragt, 658

die Klage abzuweisen.

Begründung:

Eine Betriebspflicht ist im Mietvertrag der Parteien ausdrücklich nicht bestimmt worden. Sie kann auch nicht als schlüssig vereinbart aus den Umständen abgeleitet werden, wie sich aus folgenden Überlegungen ergibt: [1]

▶ Beispiel:

Allein das Interesse des Klägers als Betreiber eines Shopping-Centers an einem umfassenden Warenangebot mit regem Betrieb zum Erhalt der Attraktivität und Kundenakzeptanz kann nicht zu der Annahme führen, die Parteien hätten stillschweigend eine Betriebspflicht des Beklagten vereinbart.

▶ Beispiel:

Entgegen der Auffassung des Klägers kann allein aus der zwischen den Parteien vereinbarten Umsatzmiete nicht eine stillschweigende Betriebspflicht hergeleitet werden.

oder

Begründung: [2]

Zwar haben die Parteien im Mietvertrag ausdrücklich eine Betriebspflicht während der gesetzlich erlaubten Ladenöffnungszeiten vereinbart, gleichwohl kann sich der Kläger hierauf aus folgenden Gründen nicht berufen:

▶ **Beispiel:**

> Die hier fragliche Formularklausel zur Betriebspflicht ist deshalb unwirksam, weil der Beklagte durch sie gehindert wird, eine vorübergehende Betriebseinstellung wegen Betriebsferien, branchenüblichen Ruhetagen, Inventur oder zur Durchführung erforderlicher Schönheitsreparaturen oder vertraglich vereinbarter Instandhaltungspflichten vorzunehmen.

Erläuterungen

659 **1. Schlüssige Vereinbarung.** Grundsätzlich kann eine Betriebspflicht bei Gewerberaum auch schlüssig vereinbart werden. Allerdings sind daran **strenge Anforderungen** zu stellen.

660 Das Interesse des Betreibers eines Einkaufszentrums an einem umfassenden Warenangebot zum Erhalt der Attraktivität und Kundenakzeptanz genügt der Annahme einer stillschweigend vereinbarten Betriebspflicht ebenso wenig wie die Vereinbarung einer Umsatzmiete (Schmidt-Futterer/*Eisenschmid* § 535 BGB Rn. 196).

661 **2. Formularklausel.** Eine Formularbestimmung, die dem Mieter das Recht nimmt, den Betrieb **vorübergehend**, etwa wegen Betriebsferien, branchenüblichen Ruhetagen, Inventur oder durchzuführenden Schönheitsreparaturen einzustellen, ist wegen unangemessener Benachteiligung des Mieters gemäß § 307 BGB unwirksam (vgl. *Hamann* ZMR 2001, 581, 582; Schmidt-Futterer/*Eisenschmid* § 535 BGB Rn. 197).

662 Demgegenüber soll nach einer Entscheidung des OLG Naumburg vom 15.07.2008 (9 U 18/08) eine Formularklausel, die einem Lebensmittel-Discounter in einem Einkaufszentrum zeitweilige Schließungen »wie Mittagspause, Ruhetage, Betriebsferien« untersagt, jedoch Unterbrechungen wegen Inventuren und Betriebsversammlungen gestattet, nicht gegen § 307 BGB verstoßen.

663 Ob eine Allgemeine Geschäftsbedingung, die dem Mieter eines Ladenlokals in einem Einkaufszentrum unter **Versagung jeglichen Konkurrenzschutzes** für die gesamte Mietzeit eine Betreibungspflicht und gleichzeitig eine Sortimentsbindung auferlegt, der Klauselkontrolle des § 307 BGB standhält, ist umstritten. Nach OLG Schleswig NZM 2000, 1008 liegt die unangemessene Benachteiligung darin, dass die Bestimmung dem Mieter von Geschäftsraum, der ohnehin das Rentabilitätsrisiko zu tragen hat, bei Verweigerung von jeglichem Konkurrenzschutz grundsätzlich die Möglichkeit nimmt, in eine andere Geschäftsausrichtung auszuweichen. Dadurch werde ihm eine u.U. Kosten sparende Geschäftsaufgabe schlechthin versagt. Anders hat jedoch das OLG Naumburg mit Urteil 15.07.2008 (9 U 18/08) entschieden.

664 Jedenfalls stellt die dem Mieter eines Gaststättenlokals formularmäßig auferlegte Betriebspflicht »während der gesetzlichen Öffnungszeiten« bei gleichzeitig ausgeschlossenem Konkurrenzschutz nach noch keine unangemessene Benachteiligung i.S.d. § 307 BGB dar (OLG Hamburg ZMR 2003, 254 = WuM 2003, 268; zur Problematik auch *Hamann* ZMR 2001, 581, 584; *Jendrek* NZM 2000, 526, 529 f.).

665 Eine Formularklausel, die den Umfang der Betriebspflicht des Mieters eines Ladenlokals in einem Einkaufszentrum danach bemisst, wie lange »die überwiegende Mehrzahl aller Mieter ihre Geschäfte offen hält«, erweckt den Anschein, dass eine Ausweitung dieser Pflicht nicht vom Willen des Vermieters, sondern allein von der Mehrheit der übrigen Mieter des Einkaufszentrums abhänge. Sie verstößt gegen das **Transparenzgebot** des § 307 Abs. 1 S. 2 BGB, wenn der Vermieter mit der Mehrzahl der Mieter Formularmietverträge abgeschlossen hat, nach denen die abschließende Festlegung der Ladenöffnungszeiten vorbehalten bleibt (BGH NZM 2007, 516 = GuT 2007, 205; BGH GE 2008, 1049).

3. Sortimentsbindung. Unwirksam ist auch eine Regelung im Formularmietvertrag, die dem 666
Mieter eines Ladenlokals in einem Einkaufszentrum unter Versagung jeglichen Konkurrenzschutzes für die gesamte Mietzeit eine Betreibungspflicht und gleichzeitig eine Sortimentsbindung auferlegt. Auch sie stellt einen Verstoß gegen § 307 BGB dar (OLG Scheswig NZM 2000, 1008; *Sternel* Mietrecht II 273). Die unangemessene Benachteiligung liegt darin, dass die Bestimmung dem Mieter von Geschäftsraum, der ohnehin das Rentabilitätsrisiko zu tragen hat, bei **Verweigerung von jeglichem Konkurrenzschutz** grundsätzlich die Möglichkeit nimmt, in eine andere Geschäftsausrichtung auszuweichen. Dadurch wird ihm eine u.U. Kosten sparende Geschäftsaufgabe schlechthin versagt (zur Problematik auch Schmidt-Futterer/*Eisenschmid* § 535 Rn. 198).

Dagegen stellt die dem Mieter eines Gaststättenlokals formularmäßig auferlegte Betriebspflicht 667
»während der gesetzlichen Öffnungszeiten« bei gleichzeitig ausgeschlossenem Konkurrenzschutz nach Auffassung des OLG Hamburg (ZMR 2003, 254 = WuM 2003, 268) noch keine unangemessene Benachteiligung (§ 307 BGB) dar (zur Problematik auch *Hamann* ZMR 2001, 581, 584; *Jendrek* NZM 2000, 526, 529 f.).

4. Antrag des Vermieters zur Durchsetzung der Betriebspflicht durch einstweilige Verfügung

Im Wege der einstweiligen Verfügung und der Dringlichkeit halber ohne vorherige 668
mündliche Verhandlung wird namens und in Vollmacht des Antragstellers beantragt [1],

der Antragsgegnerin unter Androhung der gerichtlichen Festsetzung eines der [2]

Höhe nach in das Ermessen des Gerichts gestelltes Ordnungsgeld bis zu € 250.000,00 ersatz- oder wahlweise einer Ordnungshaft bis zu 6 Monaten, aufzugeben, dass von ihr in den _____ Räumen auf dem Grundstück _____ betriebene Geschäft, nämlich [3]

▶ Beispiel:

die Verkaufsstelle für Modellautos und Autorennbahnen

wieder aufzunehmen und das Ladenlokal werktäglich in der Zeit von 11.00 bis 17.00 Uhr (einschließlich bis zu einer Stunde Mittagspause) zu betreiben.

Begründung:

Die Antragstellerin ist Vermieterin, die Antragsgegnerin Mieterin der im Antrag bezeichneten Räumlichkeiten auf der Grundlage eines schriftlichen Mietvertrages der in Fotokopie als

Anlage ASt 1
– nur für das Gericht –

überreicht wird. Die Überlassung des Mietobjekts erfolgte zum Zwecke der im Vertrag näher bezeichneten gewerblichen Nutzung. Ausweislich des Mietvertrages, dort § _____, hat sich die Antragsgegnerin verpflichtet, innerhalb der ortsüblichen Zeiten das Geschäft in den Miträumen auch tatsächlich zu betreiben und geöffnet zu halten. [4]

Gemäß § _____ des Mietvertrages haben die Parteien das Vertragsverhältnis für zehn Jahre fest abgeschlossen mit der anschließenden Kündigungsmöglichkeit innerhalb der gesetzlichen Frist. Die Antragsgegnerin hat somit das Mietverhältnis unter Einhaltung der ordentlichen Kündigungsfrist am _____ gekündigt und den Betrieb eingestellt. Sie hat jedoch nicht dargelegt, dass ihr die Fortsetzung des Mietverhältnisses bis zum Ablauf der Kündigungsfrist nicht zuzumuten sei (§ 543 Abs. 1 BGB).

Zum Verfügungsgrund: Es ist davon auszugehen, dass die Antragstellerin auf die sofortige Leistung der Antragsgegnerin dringend angewiesen ist. Nach den Vorbemerkungen zum Mietvertrag der Parteien handelt es sich um ein ehemaliges Straßenbahndepot, wobei das Konzept darauf gerichtet ist, Werkstätten um Oldtimer und Ähnliches an einem Ort zu versammeln sowie Vorstehendes mit all den Produkten und Dienstleistungen zu koppeln, die das Thema bereichern. Sinn der Betriebspflicht ist, dass angesprochene Konzept durch eine Vielfalt von Geschäften, welche diesen Themenbereich möglichst weit ausreichend abdecken, attraktiv zu halten. Unter diesen Umständen ist es überwiegend wahrscheinlich, dass die Betriebspflichtverletzung der Antragsgegnerin die Attraktivität des Ausstellungs- und Verkaufszentrums für Besucher, Eventveranstalter, vorhandene Mieter und Mietinteressenten mindert. [5]

Für den Fall der vorzeitigen Betriebseinstellung oder wesentlichen Einschränkung des Geschäftsbetriebs drohen daher der Antragstellerin schon nach kurzer Zeit erhebliche Nachteile, da insbesondere ein zunehmender Leerstand bei anderen Mietern zu Umsatzeinbrüchen führen kann und einen Anreiz ausübt, ihren Betrieb ebenfalls einzustellen. Wenn die Antragstellerin sich darauf verweisen lassen müsste, diese Gefahr bis zum Abschluss eines Hauptsacheverfahrens hinzunehmen, würde der Sinn der Vereinbarung einer Betriebspflicht unterlaufen.

Zur weiteren Glaubhaftmachung wird abschließend im Original als [6]

Anlage ASt 2

eine eidesstattliche Versicherung der Antragstellerin überreicht und auf deren Inhalt Bezug genommen.

Erläuterungen

669   **1. Gerichtliche Zuständigkeit.** Zur einstweiligen Verfügung allgemein sowie zur gerichtlichen Zuständigkeit s. die Hinweise zu Teil 1 Rdn. 325 ff.

670   Ist die Vereinbarung einer Betriebspflicht nur bei Gewerberaummietverhältnissen möglich, so hängt die **sachliche Zuständigkeit** vom Streitwert ab. Bei Streitwerten bis zu € 5.000,00 ist das Amtsgericht, bei höheren Streitwerten das Landgericht sachlich zuständig (§§ 23 Nr. 1, 71 Abs. 1 GVG). Ist für den Erlass der einstweiligen Verfügung grundsätzlich das Gericht der Hauptsache zuständig (§ 937 Abs. 1 ZPO), so ist auch für den Streitwert die Hauptsache maßgebend.

671   Der **Zuständigkeitsstreitwert** richtet sich nach §§ 2 ff. ZPO. Maßgebend ist das Interesse des Vermieters an der Erfüllung der Betriebspflicht durch den Mieter (vgl. § 3 ZPO). Abzustellen ist hier auf den Wertverlust, den die Einkaufspassage des Klägers durch das Nichtbetreiben des in ihrem Zentrum belegenen Lebensmittelsupermarkts erfährt. Dieser kann nach einem bestimmten Prozentsatz der Jahresmiete berechnet werden. In aller Regel wird in derartigen Fällen der Streitwert über € 5.000,00 betragen, so dass das Landgericht zuständig ist.

In **dringenden Fällen** ist auch das Amtsgericht, in dessen Bezirk sich die gemieteten Räumlichkeiten befinden, sachlich zuständig (§ 942 ZPO); s. dazu *Zöller/Vollkommer* § 942 Rn. 1 ff.

2. Antrag. Der Antrag bei Verletzung der vom Mieter übernommenen Betriebspflicht wird in der Regel dahin formuliert, dem Mieter aufzugeben, seinen Betrieb wieder aufzunehmen und das Ladenlokal werktäglich innerhalb bestimmter Zeiten zu betreiben, siehe Muster zu Teil 1 Rdn. 651.   672

3. Ordnungsmittel. Die Androhung des Ordnungsmittels sollte sogleich mit beantragt werden, damit das Gericht den Ausspruch schon in der einstweiligen Verfügung vornehmen kann (vgl. § 890 Abs. 2 ZPO); s. dazu die Hinweise zu Teil 1 Rdn. 387.   673

4. Verfügungsgegenstand. Der Anspruch ergibt sich bereits aus dem bestehenden Mietverhältnis bzw. aufgrund einer wirksamen formularmäßigen Betriebspflichtvereinbarung (zur Vereinbarung einer Betriebspflicht siehe die Hinweise zu Teil 1 Rdn. 646).   674

5. Verfügungsgrund. Dieser liegt darin, dass die begehrte Maßnahme zur Abwendung wesentlicher Nachteile erforderlich ist (OLG Celle NZM 2007, 838; OLG Düsseldorf NZM 2001, 131, 132; LG Bamberg ZMR 2004, 581). Die Nachteile für den Vermieter bestehen darin, dass bei Betriebseinstellung oder einer erheblichen Betriebseinschränkung seitens des Mieters nach kürzester Zeit mit erheblichen Umsatzeinbußen zu rechnen ist. Gerade Einkaufpassagen oder Flächen, auf denen sich verschieden ähnliche Geschäftsbetriebe befinden, die Leerstände oder geschlossene Geschäfte aufweisen, verlieren schnell an Anziehungskraft. Angesichts des starken Wettbewerbs können Kunden, die sich wegen des negativen Erscheinungsbildes einmal entschlossen haben, das Objekt nicht mehr aufzusuchen, kaum mehr zurück gewonnen werden. Schon kurzfristige Schließungen von Geschäften können die Attraktivität der Einkaufpassage oder -zentren für potenzielle Kunden nachhaltig verringern (LG Bamberg ZMR 2004, 581, 582). Wegen dieser besonderen Dringlichkeit ist es auch hinzunehmen, dass der Erlass der einstweiligen Verfügung die Entscheidung in der Hauptsache praktisch vorwegnimmt. Alles andere würde bedeuten, dass der Vermieter die durch eine Betriebseinstellung des Mieters eintretenden wirtschaftlichen Nachteile bis zur Entscheidung in der Hauptsache hinnehmen müsste (s. auch LG Bamberg ZMR 2004, 581, 582; KG Urteil vom 12. Sept. 2011, 8 U 141/11, openJur 2012, 15975).   675

6. Glaubhaftmachung. S. dazu die Hinweise zu Teil 1 Rdn. 342.   676

Achtung!
– Die einstweilige Verfügung muss **innerhalb eines Monats** nach Zustellung des Beschlusses an den Antragsgegner bzw. nach Verkündung des Urteils vollzogen werden (§§ 929 Abs. 2, 936 ZPO). Die fristwahrende Vollziehung muss im Regelfall durch Zustellung der Beschluss- oder Urteilsverfügung im Parteibetrieb erfolgen (*Zöller/Vollkommer* § 929 Rn. 12), d.h. vom Antragsteller unter Einschaltung eines Gerichtsvollziehers selbst bewirkt werden (§§ 191 ff. ZPO).
Die Vollziehung der einstweiligen Verfügung durch Vornahme von Vollstreckungsakten ist schon **vor Zustellung** des Titels an den Antragsgegner zulässig. Allerdings muss die Zustellung der einstweiligen Verfügung an den Antragsgegner gemäß §§ 929 Abs. 3 Satz 2, 936 ZPO innerhalb einer Woche nach der Vollziehung und vor Ablauf der Monatsfrist des § 929 Abs. 2 ZPO erfolgen. Anderenfalls sind die Vollstreckungsakte unwirksam (s. *Zöller/Vollkommer* § 929 Rn. 24).
– Unterbleibt während der Vollziehungsfrist die Zustellung an den Antragsgegner, so führt dies dies bei der Beschlussverfügung nach Widerspruch (§ 924 ZPO) oder Aufhebungsantrag (§ 927 ZPO), bei der Urteilsverfügung nach Einlegung der Berufung (§§ 511 ff. ZPO) oder Aufhebungsantrag (§ 927 ZPO) zur Aufhebung der einstweiligen Verfügung (s. *Zöller/Vollkommer* § 929 Rn. 21; OLG Düsseldorf NJW-RR 1999, 383).

5. Antrag des Vermieters auf Erlass einer einstweiligen Verfügung zur Verhinderung einer Betriebseinstellung

677 Im Wege der einstweiligen Verfügung und der Dringlichkeit halber ohne vorherige mündliche Verhandlung wird namens und in Vollmacht des Antragstellers beantragt, [1]

dem Antragsgegner unter Androhung der gerichtlichen Festsetzung eines der [2]

Höhe nach in das Ermessen des Gerichts gestelltes Ordnungsgeld bis zu € 250.000 ersatz- oder wahlweise einer Ordnungshaft bis zu 6 Monaten, zu untersagen, dass von ihm in den _____ Räumen auf dem Grundstück _____ betriebene Geschäft, nämlich [3]

▶ Beispiel:

den Lebensmittelsupermarkt »Treukauf«

zu schließen und den bezeichneten Geschäftsbetrieb einzustellen.

Begründung:

Der Antragsteller ist Vermieter, der Antragsgegner Mieter der im Antrag bezeichneten Räumlichkeiten auf der Grundlage eines schriftlichen Mietvertrages, der in Fotokopie als

Anlage ASt 1
– nur für das Gericht –

überreicht wird. Die Überlassung des Mietobjekts erfolgte zum Zwecke der im Vertrag näher bezeichneten gewerblichen Nutzung. Ausweislich des Mietvertrages, dort § _____, hat der Antragsgegner sich verpflichtet, innerhalb der ortsüblichen Zeiten das Geschäft in den Mieträumen auch tatsächlich zu betreiben und geöffnet zu halten. [4]

Ausweislich § _____ des Mietvertrages haben die Parteien das Vertragsverhältnis langfristig geschlossen, es kann ordentlich frühestens zum _____ gekündigt werden. Aufgrund der vertraglichen Vereinbarung in Verbindung mit § 541 BGB besteht ein Anspruch des Antragstellers darauf, dass der Antragsgegner seiner Verpflichtung zur Betriebsöffnung und dem tatsächlichen Betrieb des Geschäfts nachkommt.

Zum Verfügungsgrund: Aus dem Verhalten des Antragsgegners ergibt sich die Besorgnis, dass er eine Betriebseinstellung oder erhebliche Betriebseinschränkung vornehmen wird. Dazu ist im Einzelnen folgendes vorzutragen: [5]

▶ Beispiel:

Innerhalb der letzten 2 Monate ist der Antragsgegner wiederholt mit der Bitte an den Antragsteller herangetreten, einer vorzeitigen Beendigung des Mietvertrages zuzustimmen. Benachbarte Gewerbetreibende haben dem Antragsteller gestern berichtet, der Antragsgegner habe ihnen sowohl am _____ als auch am _____ mitgeteilt, er stehe kurz vor einer Betriebseinstellung.

Für den Fall einer Betriebseinstellung oder wesentlichen Einschränkung des Geschäftsbetriebes drohen dem Antragsteller schon nach kurzer Zeit erhebliche Nachteile, was sich aus Folgendem ergibt:

▶ Beispiel:

> Die dem Antragsgegner überlassenen Räumlichkeiten zum Betrieb des Lebensmittelsupermarktes »Treukauf« bilden das Zentrum einer größeren Einkaufspassage. Die Betriebseinstellung des Supermarktes würde sich schon nach kürzester Zeit negativ auf das Ansehen und den Geschäftserfolg aller Geschäfte in dem Einkaufszentrum auswirken. Unter diesen Umständen ist es dem Antragsteller nicht zuzumuten, erst nach einer Schließung des Supermarkts tätig werden zu können. Die dann aller Voraussicht nach abgesprungenen Kunden sowie beendeten Beziehungen zu Lieferanten, zum Personal u.a. würden eine Wiedereröffnung des Supermarkts zur Erfüllung der vereinbarten Betriebspflicht zumindest erheblich erschweren.

Zur weiteren Glaubhaftmachung wird abschließend im Original als [6]

Anlage ASt 2

eine eidesstattliche Versicherung des Antragstellers überreicht und auf deren Inhalt Bezug genommen.

Erläuterungen

1. Gerichtliche Zuständigkeit. Zur einstweiligen Verfügung allgemein sowie zur gerichtlichen Zuständigkeit s. die Hinweise zu Teil 1 Rdn. 325 ff. 678

Ist die Vereinbarung einer Betriebspflicht nur bei Gewerberaummietverhältnissen möglich, so hängt die **sachliche Zuständigkeit** vom Streitwert ab. Bei Streitwerten bis zu € 5000 ist das Amtsgericht, bei höheren Streitwerten das Landgericht sachlich zuständig (§§ 23 Nr. 1, 71 Abs. 1 GVG. Ist für den Erlass der einstweiligen Verfügung grundsätzlich das Gericht der Hauptsache zuständig (§ 937 Abs. 1 ZPO), so ist auch für den Streitwert die Hauptsache maßgebend. 679

Der **Zuständigkeitsstreitwert** richtet sich nach §§ 2 ff. ZPO. Maßgebend ist das Interesse des Vermieters an der Erfüllung der Betriebspflicht durch den Mieter (vgl. § 3 ZPO). Abzustellen ist hier auf den Wertverlust, den die Einkaufspassage des Klägers durch das Nichtbetreiben des in ihrem Zentrum belegenen Lebensmittelsupermarkts erfährt. Dieser kann nach einem bestimmten Prozentsatz der Jahresmiete berechnet werden. In aller Regel wird in derartigen Fällen der Streitwert über € 5000 betragen, so dass das Landgericht zuständig ist. 680

In **dringenden Fällen** ist auch das Amtsgericht, in dessen Bezirk sich die gemieteten Räumlichkeiten befinden, sachlich zuständig (§ 942 ZPO); s. dazu *Zöller/Vollkommer* § 942 Rn. 1 ff. 681

2. Antrag. Der Antrag bei Verletzung der vom Mieter übernommenen Betriebspflicht wird in der Regel dahin formuliert, den Mieter zu verurteilen, das (nach Lage und Gegenstand näher beschriebene) Ladenlokal an bestimmten Wochentagen von … bis … geöffnet zu halten und zu betreiben; s. Muster zu Teil 1 Rdn. 651. 682

Ein Unterlassungsantrag kommt hingegen in Betracht, wenn der Mieter das Geschäft noch betreibt, es aber abends vorzeitig schließt oder wenn eine alsbaldige Betriebseinstellung – etwa aufgrund von Ankündigungen des Mieters (s. Muster) – mit einiger Sicherheit zu erwarten ist (*Jendrek* NZM 2000, 526, 528). 683

3. Ordnungsmittel. Die Androhung des Ordnungsmittels sollte sogleich mit beantragt werden, damit das Gericht den Ausspruch schon in der einstweiligen Verfügung vornehmen kann (vgl. § 890 Abs. 2 ZPO); s. dazu die Hinweise zu Teil 1 Rdn. 387. 684

4. Verfügungsgegenstand. Dies ist der Anspruch des Vermieters auf Erfüllung der Betriebspflicht. Verletzt der Mieter die Betriebspflicht kann der Vermieter Aufnahme bzw. Wiederaufnahme des Betriebs in den Mieträumen verlangen. Der Anspruch ergibt sich wohl schon aus dem 685

Vertrag, teilweise wird er auch aus § 541 BGB hergeleitet, mit dem Argument, dass der vertragswidrige Nichtgebrauch dem vertragswidrigen Gebrauch gleichstehe (vgl. LG Lübeck NJW-RR 1993, 78, zur Problematik *Jendrek* NZM 2000, 526, 528).

686 Zur Vereinbarung einer Betriebspflicht s. die Hinweise zu Teil 1 Rdn. 646.

687 Ob bereits aus der Art der Belegenheit, hier innerhalb eines Ladenzentrums, auf eine Betriebspflicht des Mieters geschlossen werden kann, ist umstritten; s. dazu auch die Hinweise zu Teil 1 Rdn. 657.

688 **5. Verfügungsgrund.** Dieser liegt darin, dass die begehrte Maßnahme zur Abwendung wesentlicher Nachteile erforderlich ist (OLG Celle NZM 2007, 838; OLG Düsseldorf NZM 2001, 131, 132; LG Bamberg ZMR 2004, 581). Die Nachteile für den Vermieter bestehen darin, dass bei Betriebseinstellung oder einer erheblichen Betriebseinschränkung seitens des Mieters nach kürzester Zeit mit erheblichen Umsatzeinbußen innerhalb der Einkaufspassage zu rechnen ist. Gerade Einkaufpassagen, die Leerstände oder geschlossene Geschäfte aufweisen, verlieren schnell an Anziehungskraft. Angesichts des starken Wettbewerbs können Kunden, die sich wegen des negativen Erscheinungsbildes einmal entschlossen haben, das Objekt nicht mehr aufzusuchen, kaum mehr zurück gewonnen werden. Schon kurzfristige Schließungen von Geschäften können die Attraktivität der Einkaufspassage für potenzielle Kunden nachhaltig verringern (LG Bamberg ZMR 2004, 581, 582). Wegen dieser besonderen Dringlichkeit ist es auch hinzunehmen, dass der Erlass der einstweiligen Verfügung die Entscheidung in der Hauptsache praktisch vorwegnimmt. Alles andere würde bedeuten, dass der Vermieter die durch eine Betriebseinstellung des Mieters eintretenden wirtschaftlichen Nachteile bis zur Entscheidung in der Hauptsache hinnehmen müsste (s. auch LG Bamberg ZMR 2004, 581, 582).

689 Sehr viel strengere Anforderungen stellt indes das KG in einer Entscheidung aus dem Jahre 2004 (ZMR 2004, 47, 48). Danach ist eine einstweilige Verfügung zur Durchsetzung der Betriebspflicht wegen der damit verbundenen Vorwegnahme der Hauptsache nur ausnahmsweise gerechtfertigt. Der Antragsteller müsse darlegen und glaubhaft machen, so dringend auf die Erfüllung angewiesen zu sein, dass ihm anderenfalls erhebliche Nachteile drohten, so dass ihm ein Zuwarten oder die Verweisung auf Schadensersatzansprüche nicht zumutbar sei. Der Hinweis auf die Beeinträchtigung des Gesamtcharakters des betreffenden Einkaufszentrums, das von der Vielfalt seiner Angebote an Waren- und Dienstleistungen lebe, reiche ebenso wenig aus, wie die befürchtete Hervorrufung eines **Dominoeffekts** im Falle einer Nachahmung durch andere Mieter.

690 **6. Glaubhaftmachung.** S. dazu die Hinweise zu Teil 1 Rdn. 342.

691 **Achtung!**
– Die einstweilige Verfügung muss **innerhalb eines Monats** nach Zustellung des Beschlusses an den Antragsgegner bzw. nach Verkündung des Urteils vollzogen werden (§§ 929 Abs. 2, 936 ZPO). Die fristwahrende Vollziehung muss im Regelfall durch Zustellung der Beschluss- oder Urteilsverfügung im Parteibetrieb erfolgen (*Zöller/Vollkommer* § 929 Rn. 12), d.h. vom Antragsteller unter Einschaltung eines Gerichtsvollziehers selbst bewirkt werden (§§ 191 ff. ZPO).
Die Vollziehung der einstweiligen Verfügung durch Vornahme von Vollstreckungsakten ist schon **vor Zustellung** des Titels an den Antragsgegner zulässig. Allerdings muss die Zustellung der einstweiligen Verfügung an den Antragsgegner gemäß §§ 929 Abs. 3 Satz 2, 936 ZPO innerhalb einer Woche nach der Vollziehung und vor Ablauf der Monatsfrist des § 929 Abs. 2 ZPO erfolgen. Anderenfalls sind die Vollstreckungsakte unwirksam (s. *Zöller/Vollkommer* § 929 Rn. 24).
– Unterbleibt während der Vollziehungsfrist die Zustellung an den Antragsgegner, so führt dies dies bei der Beschlussverfügung nach Widerspruch (§ 924 ZPO) oder Aufhebungsantrag (§ 927 ZPO), bei der Urteilsverfügung nach Einlegung der Berufung (§§ 511 ff. ZPO) oder Aufhebungsantrag (§ 927 ZPO) zur Aufhebung der einstweiligen Verfügung (s. *Zöller/Vollkommer* § 929 Rn. 21; OLG Düsseldorf NJW-RR 1999, 383).

XI. Konkurrenzschutz bei Gewerberäumen

1. Schreiben des Mieters von Gewerberaum wegen Einhaltung von Konkurrenzschutz durch den Vermieter – Unterlassung der Vermietung an Mitbewerber (Vertrieb konkurrierender Waren)

Ausweislich der im Original beigefügten Vollmacht zeige ich die Vertretung des Mieters

oder

der Mieter an,

an den oder

an die Sie mit Vertrag vom _____ die im Hause _____ belegenen Räume zum Betrieb des im Vertrage näher bezeichneten Geschäfts vermieteten. **1**

Ausweislich des schriftlichen Mietvertrages vereinbarten die Mietvertragsparteien in dem aus den entsprechenden Regelungen ersichtlichen Umfange einen Konkurrenzschutz zu Gunsten meiner Mandantschaft. **2**

oder

Auch ohne ausdrückliche vertragliche Vereinbarung ist der Vermieter von Gewerberaum verpflichtet, einen Wettbewerb zu unterlassen und an Mitbewerber nicht zu vermieten.

Dieser Ihnen obliegenden Verpflichtung zur Wahrung von Konkurrenzschutz sind Sie leider nicht nachgekommen. Sie haben in unmittelbarer Nähe zum Geschäft meiner Mandantschaft an einen Mitbewerber die im Hause _____ belegenen Räume vermietet, dessen Geschäftszweig sich mit dem von meiner Partei betriebenen im Kernbereich überschneidet. In beiden Geschäften werden folgende Hauptartikel zum Verkauf angeboten: _____ . **3**

Namens und in Vollmacht meiner Mandantschaft habe ich Sie aufzufordern, umgehend, spätestens aber bis zum _____ , entweder das Vertragsverhältnis mit dem Mitbewerber zu lösen und diesen zur Räumung des Objektes zu veranlassen oder aber für eine wesentliche Änderung des Geschäftszweiges des Mitbewerbers dergestalt zu sorgen, dass eine unzulässige Konkurrenz nicht mehr vorliegt.

Anderenfalls wäre meine Mandantschaft gehalten, Sie gerichtlich auf Einhaltung des Konkurrenzschutzes in Anspruch zu nehmen. Die Geltendmachung von Schadensersatzansprüchen bleibt ausdrücklich vorbehalten.

Erläuterungen

1. Vertragsimmanenter Konkurrenzschutz. Der Vermieter von Geschäfts- und Gewerberäumen ist gegenüber dem Mieter verpflichtet, in anderen Räumen auf dem Mietgrundstück oder unmittelbar angrenzenden Grundstücken kein Konkurrenzunternehmen zuzulassen oder selbst in Konkurrenz zu dem Geschäftsbetrieb des Mieters zu treten. Die Verpflichtung zum vertragsimmanenten Konkurrenzschutz besteht als Teil der Gebrauchsgewährpflicht kraft Gesetzes (§ 535 Abs. 1 BGB); einer ausdrücklichen vertraglichen Bestimmung bedarf es nicht (BGH ZMR 1979, 311; KG NZM 2008, 241; OLG Rostock NZM 2006, 295; OLG Düsseldorf NZM 2001, 1033). Die Verpflichtung kann durch Vereinbarung aber erweitert, eingeschränkt oder – auch formularmäßig – ausgeschlossen werden (KG NZM 2008, 248; OLG Hamburg ZMR 2003, 254 sowie die Hinweise zu Teil 1 Rdn. 707). Auch freiberufliche Mieter (z.B. Ärzte, Rechtsanwälte) können sich gegenüber dem Vermieter auf Konkurrenzschutz berufen (vgl. OLG Düsseldorf ZMR 2007, 267). Verfügt ein Vermieter über mehrere Objekte und vermietet diese an zwei Mitkonkurrenten, ist damit nicht notwendiger Weise ein Verstoß gegen vertragsimmanenten Konkurrenzschutz zu sehen (OLG Brandenburg Urteil vom 26.05.2010 – 3 U 101/09).

694 **2. Umfang.** In **räumlicher Hinsicht** ist eine unmittelbare Nachbarschaft zwischen dem Mietobjekt und dem Konkurrenzbetrieb erforderlich. Das soll auch für die Konkurrenz auf besonders attraktiven Einkaufsstraßen gelten (OLG Frankfurt/M. NJW-RR 1988, 396). Hingegen erstreckt sich der vertragsimmanente Konkurrenzschutz nicht auf ein in der Nähe des Mietobjekts liegendes anderes Grundstück desselben Vermieters, das nicht unmittelbar angrenzt (OLG Rostock NZM 2006, 295).

695 **Gegenständlich** beschränkt sich der Konkurrenzschutz auf die Überschneidung der Geschäftsbereiche von Mieter und Konkurrent in ihren Kernbereichen, d.h. in der Regel in ihren **Hauptartikeln**. Dagegen reicht eine Überschneidung in Nebenartikeln nicht aus. Hierzu hat der BGH im Urteil vom 08.01.1957 (BB 1957, 167; LM BGB § 536 Nr. 3) ausgeführt:

696 »*Für die Abgrenzung zwischen Haupt- und Nebenartikeln ist nicht allein die Höhe des Umsatzes entscheidend. Als Hauptartikel stellt sich eine Ware dar, die den Stil des Geschäftes bestimmt und einem Geschäft das ihm eigentümliche Gepräge gibt. In diesem Zusammenhang ist auch das Ausmaß von Bedeutung, in dem eine Ware vertrieben wird, weil das Wesen des Nebenartikels auch dadurch gekennzeichnet wird, dass sein Umsatz im Vergleich zu dem Umsatz eines Hauptartikels im Rahmen des Gesamtbetriebes gering ist.*«

697 Ein Konkurrenzschutz auf **Nebenartikel** kommt nur in Betracht, wenn er ausdrücklich vereinbart ist (so BGH ZMR 1985, 374 für die Klausel »Der Vermieter verpflichtet sich, während der Mietdauer Verkaufsflächen nicht an ein Unternehmen zu vermieten, das den Betrieb von Waren zum Gegenstand hat, die vom Mieter geführt werden«).

698 **3. Rechtsfolgen bei Verletzung.** Der **Erfüllungsanspruch** des Mieters ist nur auf Herbeiführung des Erfolgs – Beseitigung der störenden Konkurrenz – gerichtet; es bleibt dem Vermieter überlassen, mit welchen Maßnahmen er dieses Ziel erreicht.

699 Der **Beseitigungsanspruch** des Mieters besteht grundsätzlich auch dann, wenn der Vermieter aus Rechtsgründen nicht in der Lage ist, den störenden Wettbewerb des Konkurrenten zu unterbinden (BGH WuM 1975, 163).

700 Außer dem Erfüllungsanspruch stehen dem Mieter die Gewährleistungsrechte, insbesondere die Mietminderung (BGHZ 195, 50; NJW 2013, 44; OLG Düsseldorf MDR 2013, 1027) und das Recht auf Schadensersatz sowie – nach Setzung einer Abhilfefrist oder Abmahnung – das Recht zur **außerordentlichen fristlosen Kündigung** nach § 543 Abs. 2 Nr. 1 BGB zu (vgl. OLG Karlsruhe ZMR 1990, 214). Auf die Umsatzeinbußen kommt es jedoch nicht an. Dennoch besteht für den Vermieter das Risiko, dass er wegen einer »gestörten Wettbewerbssituation« Mietminderungen in Kauf nehmen muss. Die Mieter werden die Umsatzeinbußen mit der gestörten Wettbewerbssituation begründen. Wurde allerdings ein bestimmtes Produkt z.B. vorher durch ein bestimmtes Geschäft vertrieben, liegt darin nicht notwendiger Weise eine Wettbewerbsbeeinträchtigung und damit ein Mangel (BGH Urteil vom 11.08.2012 – XII ZR 40/10).

Im Einzelfall stellt die Vermietung an einen Konkurrenten einen Verstoß gegen die Konkurrenzschutzpflicht dar, was einen Mangel des Mietgegenstandes zur Folge hat. Entsprechendes hat die Rechtsprechung bejaht, wenn der Vermieter Räume in demselben Haus an einen Konkurrenten des Mieters vermietet (KG Berlin, NZM 2007, 566).

2. Klage des Mieters von Gewerberaum auf Erfüllung von Konkurrenzschutz durch den Vermieter – Unterlassung der Vermietung an Mitbewerber (Vertrieb konkurrierender Waren)

Namens und in Vollmacht des Klägers wird beantragt, **1**

den Beklagten zu verurteilen, den Mitbewerber _____ – notfalls gerichtlich – dahin gehend in Anspruch zu nehmen, den Vertrieb der nachstehend bezeichneten Waren in den im Hause _____ belegenen Mieträumen zu unterlassen: (spezifizierte Aufstellung des beanstandeten Warensortiments).

Begründung:

Der Kläger ist Mieter, der Beklagte Vermieter gewerblich genutzter Räume aufgrund des als

Anlage 1

– nur für das Gericht – überreichten Mietvertrages. Die Vermietung erfolgte zum Zweck des Betriebes eines im Vertrage näher bezeichneten Geschäftes.

Der Beklagte ist

der vertraglich vereinbarten **2**

oder

der aus den gesetzlichen Vorschriften herzuleitenden

Konkurrenzschutzpflicht nicht nachgekommen. Nach Überlassung der Mieträume an den Kläger vermietete er die in unmittelbarer Nähe im Hause _____ belegenen Räume an den im Antrag genannten Mitbewerber. Dessen Geschäftszweig überschneidet sich im Kernbereich mit demjenigen des Klägers. In beiden Geschäften werden die im Antrag bezeichneten Waren zum Verkauf angeboten. Beide Geschäfte werden im Verkehr als im Wesentlichen gleich strukturiert angesehen.

Mit Schreiben vom _____ wurde der Beklagte vom Kläger vergeblich aufgefordert, seiner Verpflichtung zur Einhaltung von Konkurrenzschutz nachzukommen, indem er entweder das Vertragsverhältnis mit dem Mitbewerber löst und diesen zur Räumung des Objekts veranlasst oder aber jedenfalls für eine wesentliche Änderung des Geschäftszweiges des Mitbewerbers sorgt.

Erläuterungen

1. Prozessuales. Zur gerichtlichen Zuständigkeit s. die Hinweise zu Teil 1 Rdn. 2334.

Im Klageantrag müssen die einzelnen Warensortimente, deretwegen Konkurrenzschutz begehrt wird, aufgeführt werden.

Droht ein Verstoß gegen die Konkurrenzschutzpflicht, so ist eine **vorbeugende Unterlassungsklage** des Mieters zulässig (BGH ZMR 1989, 148). Die Zwangsvollstreckung erfolgt nach § 888 ZPO; s. dazu die Muster und Hinweise zu Teil 1 Rdn. 2860, 2890.

2. Konkurrenzschutz. Zum vereinbarten und zum vertragsimmanenten Konkurrenzschutz s. die Hinweise zu Teil 1 Rdn. 693 und 707.

3. Klagerwiderung des Vermieters gegenüber der Konkurrenzschutz-Klage des Mieters

706 Namens und in Vollmacht des Beklagten wird beantragt,

die Klage abzuweisen.

Begründung:

Der Kläger verkennt, dass vertraglich ein Konkurrenzschutz ausdrücklich ausgeschlossen wurde. Gemäß § _____ des Mietvertrages vereinbarten die Parteien nämlich Folgendes: [1]

▶ Beispiel:

Der Vermieter gewährt dem Mieter keinen Konkurrenz- oder Sortimentsschutz.

Diese Abrede ist auch formularmäßig zulässig.

oder

Begründung:

Auch wenn der Beklagte grundsätzlich gegenüber dem Kläger zum Konkurrenzschutz verpflichtet ist, ist die hier erhobene Konkurrenzschutz-Klage deswegen unbegründet, weil tatsächlich keine Konkurrenzsituation vorliegt, die der Beklagte zu unterlassen hätte, was sich aus dem Folgenden ergibt:

▶ Beispiel:

Die Mietfläche im Einkaufszentrum Quarree Hamburg-Wandsbek wurde dem Kläger überlassen zum Betrieb eines Einzelhandelsgeschäftes zum Verkauf von Textilien aller Art. [2, 3]

In dem jetzt eröffneten benachbarten Tchibo-Geschäft werden zwar auch gelegentlich Textilien zum Verkauf angeboten, indes liegt das Hauptgewicht dieses Geschäftes auf dem Verkauf von Kaffee und einem damit verbundenen Kaffeeausschank. Der Mieter muss aber im Allgemeinen dulden, dass der Vermieter Räume im gleichen Einkaufszentrum an einen Betrieb vermietet, der gleiche Waren als Nebenartikel führt. Es wird sich auf den Umsatz des klägerischen Betriebes nicht spürbar auswirken, wenn in dem benachbarten Kaffeegeschäft gelegentlich Hemden, Pullover, Schlafanzüge oder ähnliche Produkte verkauft werden. Dabei ist auch zu berücksichtigen, dass die Tchibo-Geschäfte ihre Angebotspalette im Bereich der Nebenartikel ständig wechseln.

Erläuterungen

707 **1. Vertragsimmanenter Konkurrenzschutz.** Die Verpflichtung des Vermieters, weitere Räumlichkeiten nicht an Konkurrenten zu vermieten, ist Ausfluss der Gebrauchgewährungspflicht gemäß § 535 Abs. 1 BGB; sie besteht auch ohne besondere vertragliche Vereinbarung.

708 Der Konkurrenzschutz kann aber **vertraglich** ausgeschlossen werden und zwar
– sowohl durch Individualvertrag
– als auch durch Formularklausel.

709 Ein **formularmäßiger Ausschluss** des Konkurrenzschutzes stellt grundsätzlich keine unangemessene Benachteiligung des Mieters i.S des § 307 BGB dar (vgl. OLG Düsseldorf ZMR 1992, 445; OLG Hamburg ZMR 1987).

2. Nebenartikel. Grundsätzlich muss der Mieter dulden, dass andere Räume auf dem Mietgrundstück an einen Betrieb vermietet werden, der die gleichen Waren als Nebenartikel führt. D.h. der vertragsimmanente Konkurrenzschutz erstreckt sich vorerst auf die Hauptartikel, (BGH ZMR 1985, 374). Für die **Abgrenzung** zwischen Haupt- und Nebenartikeln ist maßgebend, inwieweit die Ware den Stil des Geschäftes bestimmt und einem Geschäft das ihm eigentümliche Gepräge gibt (BGH ZMR 1985, 374; BB 1957, 167). Ist Letzteres der Fall, handelt es sich um einen Hauptartikel. Zur Abgrenzung s. auch die Hinweise zu Teil 1 Rdn. 696. Im Weiteren ist nach den Umständen des einzelnen Falles abzuwägen, inwieweit nach Treu und Glauben unter Berücksichtigung der Belange der Parteien die Vermeidung von Konkurrenzschutz geboten ist (OLG Karlsruhe ZMR 1990, 214). Der Mieter muss beispielsweise im Allgemeinen akzeptieren, dass der Vermieter Räume im gleichen Haus in einem Betrieb vermietet, der gleiche Waren als Nebenartikel führt (BGH ZMR 1977, 110), es sei denn, die Geschäftsräume würden dadurch nur noch in begrenztem Umfang brauchbar sein (OLG Frankfurt ZMR 1982, 208). Vgl. zum Ganzen Schmidt-Futterer/*Eisenschmid*, § 535 Rn. 604).

710

Wird ein Supermarkt so betrieben, dass er keine Differenzierung zwischen Haupt- und Nebenartikeln durchführt, genießt er keinen Konkurrenzschutz hinsichtlich des gesamten Warensortiments, da sonst der Wettbewerb übermäßig eingeschränkt würde (vgl. Schmidt-Futterer/*Eisenschmid*, § 535 Rn. 605). Das Verhältnis des Umsatzes des Nebenartikels zum Gesamtumsatz des Konkurrenzbetriebs kann dagegen lediglich ein Indiz bilden. Allerdings ist für den Betrieb eines **Supermarkts in einem Einkaufszentrum** im Verhältnis zu dort befindlichen Einzelhandelsgeschäften der Umsatz des Supermarktbetreibers bei den Konkurrenzartikeln kein entscheidendes Kriterium für das Bestehen einer Konkurrenzsituation (OLG Celle ZMR 1992, 448, 449). Sofern die Artikel des Supermarkts das Angebot eines Fachgeschäfts ganz oder jedenfalls zu einem erheblichen Teil mit abdecken, kann ein Umsatz des Supermarkts von 5 % für den Einzelhändler schon existenzbedrohend sein.

711

3. Schwerpunkt des Warenangebots. Im Beispielsfall unterscheidet sich der Schwerpunkt des Warenangebots des Konkurrenten sehr deutlich von dem des Klägers. Ein wichtiger Aspekt ist auch der **Wechsel der Angebotspalette** bei den Nebenartikeln. Das schließt jedenfalls eine Konkurrenzsituation über längere Zeit aus.

712

4. Antrag des Mieters auf Erlass einer einstweiligen Verfügung gegen den Vermieter zur Verhinderung der Überlassung von Gewerberäumen an einen Konkurrenten

Namens und in Vollmacht des Antragstellers wird beantragt, [1]

713

dem Antragsgegner unter Androhung der gerichtlichen Festsetzung eines der Höhe nach in das Ermessen des Gerichts gestellten Ordnungsgeldes, ersatzweise einer Ordnungshaft, oder einer Ordnungshaft bis zu 6 Monaten zu verbieten, die auf dem Grundstück _____ belegenen Räume an (Bezeichnung einer konkreten natürlichen oder juristischen Person) oder eine andere Person zum Zwecke des Betriebes (genaue Kennzeichnung)

▶ Beispiel:

einer Arztpraxis für Mund-, Kiefer- und Gesichtschirurgie

zu überlassen.

Begründung:

Der Antragsteller ist Mieter, der Antragsgegner Vermieter von Gewerberäumen aufgrund eines schriftlichen Mietvertrages, der in Ablichtung als [2]

Anlage ASt 1
(nur für das Gericht)

überreicht wird. Die Vermietung erfolgte gemäß Mietvertrag zum (Betriebszweck)

▶ Beispiel:

Betrieb einer Arztpraxis (Fachrichtungen: Chirurgie und Orthopädie).

Ausweislich § _____ des oben überreichten Mietvertrages vereinbaren die Parteien in dem aus den entsprechenden Regelungen ersichtlichen Umfange einen Konkurrenzschutz zugunsten des Antragstellers. Im Vertrag heißt es: [3]

▶ Beispiel:

Der Vermieter verpflichtet sich, im selben Gebäude keine weitere Arztpraxis mit einer der beiden Fachrichtungen Chirurgie/Orthopädie einzurichten bzw. durch einen Dritten einrichten und/oder ausüben zu lassen.

oder

Auch ohne ausdrückliche vertragliche Vereinbarung ist der Vermieter von Gewerberaum verpflichtet, einen Wettbewerb zu Lasten des Mieters zu unterlassen und dementsprechend an Mitbewerber nicht zu vermieten.

Der Antragsgegner vermietete an die im Klagantrag bezeichnete Person im gleichen Hause, in dem der Antragsteller auf der Grundlage des überreichten Mietvertrages sein Gewerbe ausübt, Räume zum Betrieb (genaue Kennzeichnung) [4]

▶ Beispiel:

einer Arztpraxis für Mund-, Kiefer- und Gesichtschirurgie.

Eventuell:

auch zugunsten des weiteren Mieters vereinbarte der Antragsgegner eine Konkurrenzschutzklausel für dessen Geschäftszweig.

Die derzeitige und künftig beabsichtigte Tätigkeit des Antragstellers überschneidet sich in wesentlichen Kernbereichen und nicht etwa nur in unwesentlichen Randbereichen mit der von dem zweiten Mieter geplanten Tätigkeit. Sollte der Antragsgegner diesem die in Rede stehenden Miträume überlassen, wird dem Antragsteller jedenfalls eine nachhaltig spürbare Konkurrenz erwachsen. Insoweit ist im Einzelnen auf folgende Umstände hinzuweisen (es folgen genaue Angaben zu der erwarteten Konkurrenzsituation). [5]

▶ Beispiel:

In seiner allgemeinchirurgischen Praxis ist der Antragsteller in erheblichem Umfang mit folgenden Operationen befasst, die in dem zur Ausbildungsordnung für Mund-, Kiefer- und Gesichtschirurgie gehörenden Operationsverzeichnis aufgeführt sind und folglich auch das Fachgebiet des zweiten Mieters betreffen: Extra- und intraorale Eröffnung von Abzessen und Phlegmonen, Speicheldrüsenextirpationen; chirurgische Behandlung von Gesichtsverbrennungen und Gesichtswunden sowie von Weichteilverletzungen; Eingriffe der präprothetischen Chirurgie, nämlich Operationen von Narben etc., Schleimhaut- und Hauttransplantationen sowie Knorpeltransplantationen; Tumoroperationen; Eingriffe der plastischen und Wiederherstellungs-Chirurgie; Fremdkörperentfernung. Auf diesen chirurgischen Feldern arbeitet der Antragsteller in seiner tagtäglichen Praxis. Der zweite Mieter kann bei weiterer Qualifizierung auch plastische Chirurgie durchführen und beabsichtigt dies auch. Es ist nicht auszuschließen, dass der Antragsteller künftig auch plastische Chirurgie betreiben wird. Zwischen einer Praxis für Allgemeinchirurgie und einer Praxis für Mund-, Kiefer- und Gesichtschirurgie besteht sowohl allgemein wie auch im vorliegenden Falle eine Konkurrenzsituation. In Großkliniken werden Unfallpatienten im Allgemeinen sofort der MKG-Chirurgie überstellt, wenn es um Kopfverletzungen geht. Wenn vorliegend noch die beiden Praxisschilder übereinander angebracht würden, wird der durchschnittliche Patient oft nicht wissen, welcher von beiden Fachärzten für ihn zuständig ist; wenn es um Kopfverletzungen und Ähnliches geht, wird der Patient in der Regel den MKG-Chirurgen als Spezialisten ansehen und ihn bevorzugt konsultieren. Von 76 Betriebsunfällen im Januar 2015, die der Antragsteller als Durchgangsarzt behandelte, betrafen 15 den Kopfbereich der Patienten; vom 01.01.2015 bis 21.03.2015 hat der Antragsteller 99 allgemeinchirurgische Operationen durchgeführt, davon 33 im Kopf- und Halsbereich …; auch diese 33 Operationen hätten von einem MKG-Chirurgen durchgeführt werden können.

Abschließend bezieht sich der Antragsteller zur weiteren Glaubhaftmachung seines Sachvortrages auf die in Ablichtung als [6]

Anlage ASt 2

beigefügte eidesstattliche Versicherung.

Erläuterungen

1. Prozessuales. Zur gerichtlichen Zuständigkeit s. die Hinweise zu Teil 1 Rdn. 325 und Teil 1 Rdn. 678. 714

Die **einstweilige Verfügung** nimmt die Entscheidung der Hauptsache nicht vorweg, sondern regelt nur vorläufig das Verhalten (OLG Hamm ZMR 1991, 295). 715

Im Antrag muss das Verbot genau bezeichnet werden. Zur Geltung des Konkurrenzschutzes auch für Freiberufler s. die Hinweise zu Teil 1 Rdn. 693.

2. Betriebszweck. Dieser grenzt nicht nur den Mietgebrauch ein, sondern umreißt auch die Schutzpflichten des Vermieters, um den Mietgebrauch zu gewähren. Es empfiehlt sich daher für beide Parteien, den Mietzweck konkret zu bezeichnen. 716

3. Konkurrenzschutz. Zum vereinbarten sowie zum vertragsimmanenten Konkurrenzschutz s. die Hinweise zu Teil 1 Rdn. 693 und Teil 1 Rdn. 707. 717

4. Darlegungslast. Die Konkurrenzlage muss begründet werden. Das gilt insbesondere bei der Konkurrenz von Warenverkäufen. Der Mieter muss darlegen, bezüglich welcher Artikel eine Konkurrenzsituation besteht. Sache des Vermieters ist es, geltend zu machen, dass der Störer die genannten Waren entweder gar nicht oder nur nebenher verkauft, es sich mithin nicht um Hauptartikel handelt. 718

Auch unter Ärzten, Rechtsanwälten und anderen **Freiberuflern** besteht ein ähnliches Konkurrenzverhältnis wie unter gewerbetreibenden Geschäftsleuten. Demgemäß bestehen auch bei der Vermietung einer Arztpraxis grundsätzlich Konkurrenzschutzpflichten des Vermieters, sei es im Wege ausdrücklicher vertraglicher Vereinbarung, sei es im Wege des vertragsimmanenten Konkurrenzschutzes (vgl. BGH NJW 1978, 585, 586; OLG Hamm ZMR 1991, 295, 297). 719

5. Konkurrenzschutzklausel. Im diesem Beispielfall (vgl. OLG Hamm ZMR 1991, 295) haben die Parteien in ihrem Mietvertrag eine Konkurrenzschutzklausel aufgenommen. Diese ist grundsätzlich weit auszulegen (OLG Hamm ZMR 1991, 295, 296; s. aber auch OLG Düsseldorf 720

ZMR 2007, 267). Der Vermieter muss die Bestimmung dahin verstehen, dass der Mieter keinen Chirurgen, der ihm Patienten »wegnehmen« könnte, im Ärztehaus haben wollte. Auch ein Mund-, Kiefer- und Gesichtschirurg (MKG-Chirurg) wird von der vorliegenden Konkurrenzschutzklausel, die auf die »Fachrichtung Chirurgie« abstellt, erfasst. Das ergibt sich schon daraus, dass ein Durchschnittspatient bei Betrachtung der Praxisschilder in der Regel zu der durchaus zutreffenden Annahme gelangt, auch der MKG-Chirurg sei chirurgisch tätig, allerdings im Unterschied zum »normalen« Chirurgen auf den Mund-, Kiefer- und Gesichtsbereich beschränkt. Auf den Umstand, dass die Ausbildungsordnung die MKG-Chirurgie nicht als einen Unterfall der allgemeinen Chirurgie, sondern offenbar als einen aus den Bereichen der Kieferorthopädie und der allgemeinen Chirurgie entwickelten Sonderbereich ansieht, kommt es nicht an. Die Vertragsparteien haben sich bei der Formulierung der Konkurrenzschutzklausel nicht an der Ausbildungsordnung, sondern daran orientiert, was allgemein unter Chirurgie zu verstehen ist.

721 Fehlt es an einer ausdrücklichen Konkurrenzschutzklausel, so ist der **vertragsimmanente Konkurrenzschutz** einschlägig. Dieser mag grundsätzlich eine engere Grenzziehung gebieten (offen gelassen bei OLG Hamm ZMR 1991, 295, 296). Im Beispielsfall ist jedoch wiederum auf den Horizont des Durchschnittspatienten abzustellen, der bei Betrachtung der Praxisschilder die Vorstellung gewinnt, dass auch der MKG-Chirurg chirurgisch tätig sei, allerdings im Gegensatz zum »normalen« Chirurgen auf den Mund-, Kiefer- und Gesichtsbereich beschränkt.

722 **6. Glaubhaftmachung.** Zur Glaubhaftmachung des Sachvortrags s. die Hinweise zu Teil 1 Rdn. 342.

C. Mietrechtliche Gewährleistung

I. Mangel

Der Begriff des Mangels (§ 536 Abs. 1 BGB) ist an der **Beeinträchtigung des vertragsgemäßen** 723
Gebrauchs ausgerichtet. Ein Mangel ist eine für den Mieter nachteilige Abweichung des tatsächlichen Zustands (der Ist-Beschaffenheit) der Mietsache vom vertraglich vorausgesetzten Zustand (der Soll-Beschaffenheit, vgl. BGH NZM 2015, 481, 482; 84 [Tz. 41]; 2014, 163; 2013, 184, 185). Der vertraglich geschuldete Zustand bestimmt sich in erster Linie nach der **Beschaffenheitsvereinbarung** der Vertragsparteien. Eine solche kann auch durch schlüssiges Verhalten erfolgen. Gegenstand einer Beschaffenheitsvereinbarung kann einerseits der Zustand der Sache selbst sein (s. dazu *Föller* WuM 2015, 485), andererseits aber auch das Bestehen oder Nichtbestehen von Umständen, die von außen auf die Mietsache einwirken (sog. **Umweltmangel**). Allerdings reicht es für eine schlüssige Beschaffenheitsvereinbarung nicht aus, dass der Mieter bei Vertragsabschluss einen bestimmten Zustand des Mietobjekts, etwa das Fehlen von Lärmimmissionen, als gegeben ansieht und sich dafür entscheidet, die Wohnung anzumieten. Erforderlich ist, dass der Vermieter hinsichtlich der Vorstellung des Mieters in irgendeiner Weise zustimmend reagiert (BGH NZM 2015, 481, 483). Im Allgemeinen kann der Mieter jedoch nicht erwarten, dass der Vermieter für das Fortbestehen der bei Vertragsabschluss vorhandenen Umweltbedingungen des Mietobjekts die Gewähr übernehmen will (BGH NZM 2015. 481, 482).

Fehlt es an einer Beschaffenheitsvereinbarung, bestimmt sich der zum vertragsgemäßen Mietgebrauch geeignete Zustand unter Berücksichtigung des **vereinbarten Nutzungszwecks** und des Grundsatzes von Treu und Glauben (§ 242 BGB) nach der Verkehrsanschauung (BGH NZM 2015, 481, 482 f.; 2013, 184, 185). Maßgebend ist, welche Regelung die Parteien bei sachgerechter Abwägung ihrer Interessen nach Treu und Glauben unter Berücksichtigung der Verkehrssitte getroffen hätten, wenn ihnen bei Vertragsschluss die künftige Veränderung des Mietobjekts bzw. seines Umfelds bewusst gewesen wäre. Das wäre nach Auffassung des BGH keineswegs in jedem Fall die uneingeschränkte Einstandspflicht des Vermieters (BGH NZM 2015, 481, 483). Diese besteht insbesondere nicht, wenn
– sich das Mietobjekt bei Vertragsschluss in einer Lage befunden hat, bei der jederzeit mit einer nachteiligen Änderung des Wohnumfeldes für eine längere Dauer zu rechnen war (BGH NZM 2013, 184 Tz. 12: Lärmimmissionen durch umfangreiche Straßenbauarbeiten bei Innenstadtlage)
– die geltenden technischen Normen zum Maß der Immissionsbelastung eingehalten sind (BGH NZM 2009, 855; WuM 2010, 482, 483) oder
– auch der Vermieter die Immission ohne eigene Abwehr- oder Entschädigungsmöglichkeit nach § 906 BGB als unwesentlich oder ortsüblich hinzunehmen hätte (BGH NZM 2015, 481, 484).

Bei den sog Umweltmängeln (s. oben bei (Teil 1 Rdn. 723) ist mitunter auch die Grenze zum 724
allgemeinen Lebensrisiko des Mieters problematisch. Der BGH stellt – um Ausuferungen des Fehlerbegriffs zu begegnen – auf die unmittelbare Beeinträchtigung der Tauglichkeit bzw. die unmittelbare Einwirkung auf die Gebrauchstauglichkeit der Mietsache ab. Demgegenüber sind Umstände, die die Eignung der Mietsache zum vertragsgemäßen Gebrauch nur mittelbar berühren, nicht als Mängel zu qualifizieren (BGH NZM 2013, 27; NZM 2009, 124 = ZMR 2009, 269; NZM 2000, 492, 494 m.w.Nachw.). Die Abgrenzung kann im Einzelfall Probleme bereiten (vgl. die bei Schmidt-Futterer/*Eisenschmid* § 536 Rn. 15 ff. dargestellte Kasuistik).

Schuldet der Vermieter in Ermangelung einer **Beschaffenheitsvereinbarung** lediglich die Einhaltung der maßgeblichen technischen Normen (BGH NZM 2009, 855; WuM 2010, 482, 483), ist nach der Verkehrsanschauung grundsätzlich der bei Errichtung des Gebäudes geltende Maßstab anzulegen. Nur wenn der Vermieter **bauliche Veränderungen** vorgenommen hat, die von der Intensität des Eingriffs in die Gebäudesubstanz her mit einem Neubau oder einer grundlegenden

Veränderung des Gebäudes vergleichbar sind, muss er Lärmschutzmaßnahmen treffen, die den Anforderungen der zur Zeit des Umbaus geltenden DIN-Normen genügen (BGH NJW 2013, 575 = WuM 2013, 481; WuM 2004, 715 = ZMR 2005, 108). Das gilt allerdings nicht für den bloßen Austausch des Fußbodenbelags in den über dem Mietobjekt belegenen Räumlichkeiten, und zwar selbst dann nicht, wenn sich dadurch der **Trittschallschutz** gegenüber dem Zustand bei Anmietung der Wohnung verschlechtert (BGH NZM 2009, 580 = WuM 2009, 457).

725 Es kommt nicht darauf an, ob der Vermieter den Mangel **verschuldet** hat oder in der Lage ist, ihn zu beseitigen (BGH NZM 2008, 609, 610). Denn nach § 535 Abs. 1 S. 2 BGB hat er die Mietsache während der Mietzeit in einem zum vertragsgemäßen Gebrauch geeigneten Zustand zu erhalten. Grundsätzlich obliegen somit ihm die Instandhaltung und die Instandsetzung des Mietobjekts. Sofern während der Mietzeit ein Mangel i.S. des § 536 BGB entsteht, schuldet der Vermieter dessen Beseitigung im Rahmen seiner Erfüllungspflicht aus § 535 Abs. 1 S. 2 BGB, unabhängig davon, ob die Mangelursache in seinem eigenen oder im **Gefahrenbereich** des Mieters zu suchen ist (BGH WuM 2015, 88, 91; 2008, 476).

Die Pflicht des Vermieters zur Wiederherstellung des vertragsgemäßen Zustands entfällt aber grundsätzlich dann, wenn der **Mieter** den Mangel der Mietsache **zu vertreten** hat (BGH WuM 2015, 88, 91; 1998, 96). In diesem Fall steht dem Vermieter gegen den Mieter wegen der Beschädigung der Mietsache ein Anspruch auf Schadensersatz, gerichtet auf Naturalrestitution oder Geldersatz zu (vgl. § 249 Abs. 1, 2 BGB).

Anderes gilt, wenn der Vermieter eine **Gebäudeversicherung** abgeschlossen hat, deren Kosten vom Mieter getragen werden und dieser den von der Versicherung umfassten Schaden leicht fahrlässig verursacht hat (BGH WuM 2015, 88, 92). Hier trifft den Vermieter in der Regel die mietvertragliche Nebenpflicht (§ 241 Abs. 2 BGB), wegen dieses Schadens nicht den Mieter, sondern die Versicherung in Anspruch zu nehmen. Hat nämlich der Mieter den Brandschaden durch einfache Fahrlässigkeit verursacht, wäre er vor einem Rückgriff des Gebäudeversicherers nach § 86 Abs. 1 VVG regelmäßig durch einen stillschweigenden – auf einer ergänzenden Auslegung des Gebäudeversicherungsvertrags basierendem – **Regressverzicht** geschützt (BGH NZM 2001, 108; 2005, 100). Damit wird der Mieter faktisch so gestellt, als habe er selbst die Gebäudeversicherung abgeschlossen. Nichts anderes kann jedoch gelten, wenn der Vermieter es unterlässt, den Schaden gegenüber seiner Gebäudeversicherung geltend zu machen und stattdessen den Mieter in Anspruch nimmt (BGH WuM 2015, 88, 92).

726 Sofern durch die Inanspruchnahme der Gebäudeversicherung eine erhebliche **Erhöhung der Versicherungsprämie** erfolgen würde, wäre es denkbar, allein den schadensverantwortlichen Mieter mit dem Erhöhungsbetrag zu belasten (BGH WuM 2015, 88, 92). Ein entsprechender Anspruch könnte aus § 280 Abs. 1 BGB resultieren (*Beuermann* GE 2014, 1568, 1569).

Nach ständiger Rechtsprechung des BGH (grdl. BGH NJW-RR 1991, 779 = WuM 1991, 544; bestätigt durch BGH NZM 2012, 109, 110 = WuM 2011, 700, 701; NJW-RR 2004, 1450, 1451 = WuM 2004, 531) braucht der Mieter, der sich gegenüber dem Zahlungsanspruch des Vermieters auf einen Mangel beruft und daraus eine Minderung der Miete herleitet, **nur konkrete Sachmängel** darzulegen, die die Tauglichkeit der Mietsache zum vertragsgemäßen Gebrauch beeinträchtigen. Das Maß der Gebrauchsbeeinträchtigung (oder einen bestimmten Minderungsbetrag) braucht er hingegen nicht vorzutragen. Auch ist von ihm nicht zu fordern, dass er über eine hinreichend genaue Beschreibung der Mangelerscheinungen (»**Mangelsymptome**«) hinaus die – ihm häufig nicht bekannte – Ursache dieser Symptome bezeichnet (BGH WuM 2011, 700, 701; ferner BGH WuM 2012, 269 = ZMR 2012, 536; WuM 2012, 508; ausf. zur Problematik *Schneider* WuM 2013, 209 ff.; *Streyl* WuM 2014, 668).

727 Dem Mangel der Mietsache gleichgestellt ist nach § 536 Abs. 2 BGB das Fehlen oder der spätere Wegfall einer **zugesicherten Eigenschaft**; hier ist – anders als beim Mangel – bereits die unerhebliche Minderung der Gebrauchstauglichkeit relevant. Unter einer Zusicherung ist eine vertraglich bindende Erklärung zu verstehen, die über die bloße Angabe des Verwendungszwecks hinausgeht

(BGH NJW 1980, 777). Der Vermieter muss deutlich machen, dass er für die Richtigkeit seiner Angabe einstehen will und somit das Vorhandensein der Eigenschaft garantiert (Herrlein/Kandelhard/*Both* § 536 Rn. 50; Blank/Börstinghaus/*Blank* § 536 Rn 209).

Wird der vertragsgemäße Gebrauch durch einen **Rechtsmangel** (dazu BGH NZM 2008, 644 = GuT 2008, 282 = ZMR 2008, 833; KG ZMR 2006, 283) behindert oder aufgehoben, gelten § 536 Abs. 1 und 2 BGB entsprechend (vgl. § 536 Abs. 3 BGB). 728

II. Rechte des Mieters

Bei Vorhandensein eines Mangels hat der Mieter folgende Rechte: 729

Erfüllungsanspruch: Der Mieter kann die Beseitigung des Mangels verlangen (§ 535 Abs. 1 S. 2 BGB). 730

Leistungsverweigerungsrecht: Als Druckmittel für die Durchsetzung des Erfüllungsanspruchs kann der Mieter einen Teil der Miete, u.U. auch das volle Entgelt zurückbehalten (§ 320 BGB). 731

Mietminderung: Kraft Gesetzes eintretende Kürzung der Miete im angemessenen Verhältnis zur Gebrauchsbeeinträchtigung (§ 536 BGB). 732

Schadensersatz (§ 536a Abs. 1 BGB): 733
– Garantiehaftung ohne Rücksicht auf Verschulden für Mängel, die schon bei Abschluss des Mietvertrags vorhanden waren,
– Verschuldenshaftung für Mängel, die nach Abschluss des Mietvertrags entstanden sind,
– Verzugshaftung für Mängel, mit deren Beseitigung der Vermieter in Verzug geraten ist.

Aufwendungsersatz für die Beseitigung des Mangels (§ 536a Abs. 2 BGB): 734
– wenn der Mieter den Vermieter damit zuvor in Verzug gesetzt hat oder
– wenn die umgehende Beseitigung des Mangels zur Erhaltung oder Wiederherstellung des Bestands der Mietsache notwendig ist (s. BGH WuM 2008, 147 = ZMR 2008, 281),

Außerordentliche fristlose Kündigung aus wichtigem Grund:
– wegen Nichtgewährung des vertragsgemäßen Gebrauchs nach § 543 Abs. 2 Nr. 1 BGB.
– bei gesundheitsgefährdender Beschaffenheit der Mieträume
  – nach § 569 Abs. 1 BGB für Wohnraum,
  – nach § 569 Abs. 1 i.V.m. § 578 Abs. 2 S. 2 BGB für Gewerberaum, wenn dieser zum Aufenthalt von Menschen bestimmt ist.

III. Erfüllungsanspruch/Zurückbehaltungsrecht

Neben der Minderung und den Rechten aus § 536a BGB (Schadensersatz- und Aufwendungsanspruch) behält der Mieter seinen Erfüllungsanspruch. Auch das Leistungsverweigerungsrecht besteht neben der kraft Gesetzes erfolgten Minderung der Miete (vgl. BGH ZMR 2006, 761 f.; 2007, 605 f.). Die daraus resultierende Verpflichtung endet an der **Opfergrenze** (BGH WuM 2010, 348 = ZMR 2010, 672; WuM 2005, 713 = ZMR 2005, 935). Wann diese überschritten ist, muss im Einzelfall unter Berücksichtigung der beiderseitigen Parteiinteressen wertend ermittelt werden. Allerdings darf kein krasses Missverhältnis zwischen dem Mängelbeseitigungsaufwand einerseits und dem Nutzen für den Mieter sowie dem Wert des Mietobjekts und den daraus zu ziehenden Einnahmen andererseits entstehen (BGH WuM 2010, 348, 350 = ZMR 2010, 520). Während der Mietzeit ist der Mangelbeseitigungsanspruch des Mieters **unverjährbar**. Es handelt sich bei diesem um eine vertragliche Dauerverpflichtung, die schon begrifflich nicht verjähren kann, weil sie während der Vertragszeit ständig neu entsteht, auch soweit sie darauf gerichtet ist, bereits aufgetretene Mängel zu beseitigen (BGH WuM 2010, 238, 239 f. = ZMR 2010, 520, 521). 735

736 Auch die **Einrede des nicht erfüllten Vertrags** gem. § 320 BGB (Leistungsverweigerungsrecht/Zurückhaltungsrecht) besteht neben der kraft Gesetzes erfolgten Minderung der Miete. Das Zurückbehaltungsrecht dient dazu, auf den Schuldner Druck zur Erfüllung der eigenen, im Gegenseitigkeitsverhältnis zur geltend gemachten Forderung stehenden Verbindlichkeit auszuüben (BGH WuM 2015, 568, 576 mit Anm. *Blank*; ZMR 2006, 761, 762). Diese Funktion kann es jedoch nicht erfüllen, solange der Mangel dem Vermieter noch gar nicht bekannt ist. Deshalb kommt es für einen Zeitraum, in dem der Mieter dem Vermieter den Mangel nicht angezeigt hat und der Mangel dem Vermieter auch sonst nicht bekannt gewesen ist, nicht in Betracht (BGH WuM 2011, 12 = ZMR 2011, 275).

Hinsichtlich des Umfangs des Leistungsverweigerungsrechts ist dem Mieter vielfach ein Einbehalt in Höhe des dreifachen, mitunter auch des drei- bis fünffachen des Minderungsbetrags zugebilligt worden (s. etwa BGH WuM 2003, 439 f. = ZMR 2003, 416 ff.; LG Saarbrücken NZM 1999, 757 f.). Indes hat der BGH mit Urteil vom 17.06.2015 (WuM 2015, 568, 576 f. mit Anm. *Blank*) entschieden, dass der **Umfang sowie die zeitliche Dauer** des Leistungsverweigerungsrechts vom Tatrichter im Rahmen seines Beurteilungsermessens aufgrund einer Gesamtwürdigung sämtlicher **Umstände des Einzelfalls** sowie unter Berücksichtigung des Grundsatzes von Treu und Glauben (§§ 320 Abs. 2, 242 BGB) zu bestimmen ist. Die Grenzen dieses Ermessens sind jedoch überschritten, wenn dem Mieter zeitlich unbegrenzt ein Einbehalt in einer Größenordnung gewährt wird, dass dieser – die gesetzliche Mietminderung (§ 536 Abs. 1 BGB) mit eingerechnet – im Ergebnis auf unabsehbare Zeit keine Miete zu entrichten brauchte (BGH WuM 2015, 568, 576 mit Anm. *Blank* Tz. 60). Im Übrigen muss der insgesamt einbehaltene Betrag in einer angemessenen **Relation zur Bedeutung des Mangels** stehen (BGH a.a.O. Tz. 64).

IV. Gewährleistungsrechte/Ausschluss

737 Die Gewährleistungsrechte des Mieters, nämlich
– die Minderung (536 BGB),
– die Ansprüche auf Schadensersatz und Aufwendungsersatz gemäß § 536a BGB sowie
– das Recht zur außerordentlichen fristlosen Kündigung nach § 543 Abs. 2 Nr. 1 BGB ist in folgenden gesetzlich ausdrücklich geregelten Fällen **ausgeschlossen:**
– Kenntnis des Mieters hinsichtlich des Mangels **bei Vertragsschluss** (§§ 536b S. 1, 543 Abs. 4 BGB – zur Abdingbarkeit s. OLG Düsseldorf ZMR 2009, 752),
– grob fahrlässige Unkenntnis hinsichtlich des Mangels bei Vertragsschluss, es sei denn, dass der Vermieter den Mangel arglistig verschwiegen hat (§§ 536b S. 2, 543 Abs. 4 BGB),
– Kenntnis des Mieters hinsichtlich des Mangels **bei Annahme** der Mietsache, soweit er sich seine Rechte in diesem Zeitpunkt nicht vorbehält (§§ 536b S. 3 BGB, 543 Abs. 4),
– bei Unterlassung einer unverzüglichen Anzeige durch den Mieter bei Mängeln, die **während der Mietzeit** aufgetreten sind (dazu OLG Düsseldorf ZMR 2009, 114; AG Pankow-Weißensee ZMR 2008, 975), sofern der Vermieter gerade infolge der unterlassenen Anzeige keine Abhilfe schaffen konnte (§ 536c Abs. 2 S. 2 BGB),

hier aber mit folgenden Ausnahmen:
– Der Aufwendungsersatzanspruch beim Selbsthilferecht gemäß § 536a Abs. 2 BGB, insbesondere in den Fällen der Notreparatur nach Nr. 2 bleibt bestehen.
– Das Recht zur außerordentlichen fristlosen Kündigung ist nur ausgeschlossen, wenn der Mieter nicht **vorher eine angemessene Frist zur Abhilfe** nach § 543 Abs. 3 S. 1 BGB bestimmt hat.

V. Ausschluss des Zurückbehaltungsrechts

738 Die §§ 536b, 536c BGB erfassen nicht den Erfüllungsanspruch und das **Zurückbehaltungsrecht** nach § 320 Abs. 1 BGB. Dieses ist nach dem Urteil des BGH vom 18.04.2007 nur dann aus-

geschlossen, wenn die Vertragsparteien einen bestimmten, bei Überlassung vorhandenen (schlechten) Zustand der Mietsache konkret als vertragsgemäß vereinbart haben. Dieser Schluss soll allerdings vielfach bereits gerechtfertigt sein, wenn der Mieter den Mietvertrag in positiver Kenntnis eines bestimmten Mangels abschließt, also die Mietsache so, wie sie ist, akzeptiert (BGH NZM 2007, 484 ff. = ZMR 2007, 605, 607).

Darüber hinaus fragt es sich, ob in Einzelfällen der Rückgriff auf die Grundsätze von **Treu und Glauben** (§ 242 BGB) zulässig ist. Der BGH hat die Frage in der vorstehenden Entscheidung nicht thematisiert. Jedoch werden an den Verlust des Erfüllungsanspruchs und damit auch des Leistungsverweigerungsrechts höhere Anforderungen gestellt als an den gesetzlichen Gewährleistungsausschluss (*Sternel* WuM 2002, 244, 251). Denn der Verlust des Erfüllungsanspruchs hat für den Mieter sehr viel weiter reichende Konsequenzen, da er faktisch zu einer Vertragsänderung führt. Hat der Mieter lediglich seine **Anzeigepflicht** verletzt, so behält er nach § 536c Abs. 2 S. 2 BGB seinen Anspruch auf Aufwendungsersatz. Das macht nur Sinn, wenn ihm auch der Erfüllungsanspruch sowie die Einrede nach § 320 Abs. 1 BGB verbleibt (*Sternel* WuM 2002, 244, 251).

739

VI. Vorbehaltlose Mietzahlung in Kenntnis des Mangels

1. Keine analoge Anwendung des § 536b BGB

Auf der Grundlage des bis zum 01.09.2001 geltenden Mietrechts hat die ganz h.M. § 539 BGB a.F. analog angewendet, wenn der Mangel **erst nach Übergabe** entstanden ist und der Mieter in Kenntnis dieses Mangels die Miete eine geraume Zeit – etwa sechs Monate – vorbehaltlos weiter entrichtet hat (BGH ZMR 1997, 505; 2000, 666; OLG Düsseldorf ZMR 1997, 354; LG Heidelberg WuM 1997, 42, 44). Diese Analogie ist nach Inkrafttreten des MRRG auf der Grundlage des geltenden § 536b BGB nicht mehr möglich (BGH NZM 2003, 679 = ZMR 2003, 667 betr. die Mietminderung; BGH WuM 2007, 72 = ZMR 2007, 98 betr. die fristlose Kündigung nach § 543 Abs. 2 S. 1 Nr. 1 BGB; BGH NZM 2015, 84 = MDR 2015, 201 für die vorbehaltlose Ausübung einer Verlängerungsoption). Es fehlt an einer planwidrigen Regelungslücke, da der Reformgesetzgeber das Problem erkannt und die von der Rechtsprechung hierzu entwickelten Grundsätze erwogen, sich aber dennoch bewusst gegen ihre Kodifizierung entschieden hat.

740

Demgemäß gelten folgende **Grundsätze**:
– Sofern der Mieter bei einem Altmietvertrag **vor Inkrafttreten** des MRRG zum 01.09.2001 sein Minderungsrecht analog § 539 BGB a.F. verloren hat, verbleibt es hinsichtlich der bis zu diesem Termin fällig gewordenen Mieten bei dem Rechtsverlust.
– Für die nach In-Kraft-Treten des MRRG fällig gewordenen Mieten kommt eine analoge Anwendung des § 536b BGB jedoch nicht mehr in Betracht. Ob und in welchem Umfang ein Mieter wegen eines Mangels die Miete mindern kann, beurteilt sich bei nachträglicher Mangelkenntnis **ausschließlich nach § 536c BGB**. Das gilt auch für vor dem 01.09.2001 geschlossene Mietverträge.
– Hat der Mieter über einen längeren Zeitraum und ohne Vorbehalt die Miete ungekürzt weiter gezahlt, kann er – soweit ihm das Minderungsrecht bekannt gewesen ist, was »im Regelfall beim Kenntnisstand der beteiligten Kreise anzunehmen« ist – die **Überzahlung** nach § 814 BGB nicht zurückfordern BGH NZM 2003, 679, 680 = ZMR 2003, 667, 669; AG Tempelhof-Kreuzberg GE 2015, 921; s. aber auch LG Darmstadt ZMR 2014, 208, 209).
– Ein Verlust des Minderungsrechts **für die Zukunft** ist ab dem 01.09.2001 nur noch unter den strengen Voraussetzungen des ausdrücklichen oder stillschweigenden Verzichts oder des § 242 BGB, insbesondere der Verwirkung möglich, wobei die Umstände des Einzelfalles sowie die Person des Mieters – Mieter von Wohnraum oder geschäftserfahrener Mieter von Gewerberaum – von Bedeutung sein können (s. BGH NZM 2003, 679, 681 = ZMR 2003, 667, 669).

741

742 Auch die vorbehaltlose Ausübung einer mietvertraglich vereinbarten **Verlängerungsoption** durch den Mieter führt weder in direkter noch in entsprechender Anwendung des § 536b BGB dazu, dass dieser für die Zukunft mit seinen Gewährleistungsrechten ausgeschlossen ist (BGH NZM 2015, 84, 85 f. = MDR 2015, 201, 202). Eine direkte Anwendung kommt schon deswegen nicht in Betracht, weil es sich bei der Verlängerungsoption um ein bereits im Ausgangsvertrag enthaltenes Gestaltungsrecht handelt, dessen Ausübung keine Neubegründung des Vertragsverhältnisses bewirkt. Für eine analoge Anwendung des § 536b BGB fehlt es an einer planwidrigen Regelungslücke. **Nachträgliche Änderungen der Miethöhe** sind ebenfalls nicht geeignet, eine entsprechende Anwendung des § 536b BGB zu rechtfertigen (BGH NZM 2015, 84 = MDR 2015, 201).

2. Verwirkung

743 Nunmehr stellt sich in zahlreichen Rechtsstreitigkeiten um die Auswirkungen vorbehaltloser Mietzahlungen über längere Zeit die Frage der **Verwirkung**. Ein Recht ist verwirkt, »wenn sich der Schuldner wegen der Untätigkeit seines Gläubigers über einen gewissen Zeitraum hin bei objektiver Beurteilung darauf einrichten darf und eingerichtet hat, dieser werde sein Recht nicht mehr geltend machen, so dass die verspätete Geltendmachung gegen Treu und Glauben verstößt« (BGH NJW 2011, 212 f.; WuM 2004, 198 f.). Zu dem Zeitablauf (**sog. Zeitmoment**) müssen also besondere, auf dem Verhalten des Berechtigten beruhende Umstände hinzutreten, die das Vertrauen des Verpflichteten rechtfertigen, der Berechtigte werde seinen Anspruch nicht mehr geltend machen (**sog. Umstandsmoment**).

744 Allein die vorhaltlose Zahlung des Mieters über einen Zeitraum von sechs Monaten seit Mangelkenntnis reicht für eine Verwirkung des Minderungsrechts sicher nicht aus. Dagegen verliert der Mieter sein Minderungsrecht, wenn er die Miete in Kenntnis des Mangels über **mehrere Jahre** hinweg uneingeschränkt entrichtet (vgl. Anm. *Otto* zu AG München WuM 2004, 90 für einen Zeitraum von nahezu acht Jahren). Dann kann der Vermieter darauf vertrauen, dass wegen dieses Mangels eine Minderung nicht mehr erfolgen wird. Nach LG Berlin (ZK 63) GE 2008, 268 soll bereits eine vorbehaltlose Zahlung der vollen Miete über einen Zeitraum von 11 Monaten genügen, um eine Verwirkung zu rechtfertigen. Andererseits hat die Rechtsprechung eine Verwirkung im Falle einer **Mängelanzeige** erst nach knapp neun Jahren seit Auftreten des Mangels verneint, sofern sich dieser erst infolge eines Mieterwechsels in der Nachbarwohnung bemerkbar machte (LG Berlin [ZK 67] WuM 2013, 741 = GE 213, 1517). Auch die vorbehaltlose Ausübung einer **Verlängerungsoption** stellt für sich genommen noch kein widersprüchliches Verhalten des Mieters dar, dass nach Treu und Glauben geeignet wäre, eine Verwirkung seiner Gewährleistungsrechte für die Zukunft zu begründen (BGH NZM 2015, 84 = MDR 2015, 201).

Hingegen kann eine nachträgliche **Änderung der Miethöhe** im Einzelfall zu einer Verwirkung der Gewährleistungsrechte führen (BGH NZM 2015, 84 = MDR 2015, 201 Tz. 38). S. auch die Anmerkungen zu Teil 1 Rdn. 885.

3. Verwirkung des Mietzahlungsanspruchs durch Hinnahme der Mietminderung

745 Auch der Vermieter kann durch die Hinnahme einer Minderung über einen langen Zeitraum unter bestimmten Umständen seinen Anspruch auf Mietzahlung in Höhe des Minderungsbetrags verwirken (s. BGH WuM 2004, 198 mit Anm. *Wiek*; NZM 2006, 58 = ZMR 2006, 107). Für das **Zeitmoment** soll ein Zeitablauf von zwei Jahren grundsätzlich ausreichen (BGH NZM 2006, 58 f. = ZMR 2006, 107, 109). Darüber hinaus setzt die Verwirkung das Vorliegen besonderer, ein Vertrauen des Verpflichteten begründender Umstände voraus (sog. **Umstandsmoment**). Zwischen diesen Umständen und dem erforderlichen Zeitablauf besteht eine Wechselwirkung insofern, als der Zeitablauf umso kürzer sein kann, je gravierender die sonstigen Umstände sind, und

dass umgekehrt an diese Umstände desto geringere Anforderungen gestellt werden, je länger der abgelaufene Zeitraum ist. Ob eine Verwirkung vorliegt, richtet sich nach Umständen des Einzelfalls. So fehlt es an dem erforderlichen Vertrauenstatbestand, wenn die Vermieterseite mit zwei Schreiben im Abstand von mehr als 13 Monaten der Minderung widersprochen hat (BGH WuM 2004, 198).

VII. Mängel des Mietobjekts und Beweissicherung

1. Mängelanzeige des Mieters nach § 536c BGB ohne Rücksicht darauf, ob die vorhandenen Mängel den Mietgebrauch beeinträchtigen

Herr Beispielhaft hat uns mit der Wahrnehmung seiner rechtlichen Interessen in der vorbezeichneten Angelegenheit beauftragt.

Unsere Bevollmächtigung wird anwaltlich versichert. [1]

Hiermit zeigen wir an, dass die von unserem Mandanten gemieteten Räume im Hause _____ folgende von diesem nicht zu vertretenden Mängel aufweisen: [2]

▶ Beispiel:

Der Wandputz an der Außenwand des Schlafzimmers hat sich in letzter Zeit gelöst. Er klingt hohl und zeigt erste Risserscheinungen. [3]

▶ Beispiel:

Beim letzten Sturm haben sich mehrere Dachpfannen am Dach über der Wohnung unserer Mandantin gelöst. Zu einem Regeneinbruch und Durchfeuchtungen ist es bisher nicht gekommen.

▶ Beispiel:

Der Zaun des Vorgartens ist teilweise umgefallen, nachdem die Pfosten verrottet sind.

▶ Beispiel:

Die Außenwand des Wohnzimmers ist durchfeuchtet, so dass sich die von unserem Mandanten kürzlich angebrachte Tapete großflächig gelöst hat. Da unser Mandant genügend heizt und lüftet, dürfte eine Durchfeuchtung von außen vorliegen. [4]

▶ Beispiel:

Die Heizkörper im Wohn- und Esszimmer werden nicht mehr warm. Dieser Zustand hält auch an, nachdem unser Mandant alle Heizkörper entlüftet hat. [5]

▶ Beispiel:

An der Decke der Küche ist eine Leckage, die sich beim letzten Regenfall deutlich vergrößert hat und jetzt etwa 1 m im Durchmesser beträgt. [6]

Erläuterungen

1. Anzeigepflicht. Die Anzeigepflicht des Mieters nach § 536c Abs. 1 BGB bezieht sich auf alle Mängel und Gefahrenquellen, die ihm bekannt sind oder deren Kenntnis sich ihm nahe liegend aufdrängt. Sie erstreckt sich auf die Miethäume und die Teile des Gebäudes und Grundstücks, die der Mitbenutzung unterliegen (OLG Hamburg WuM 1991, 328). Eine Prüfungspflicht des Mieters besteht allerdings nicht. Die Anzeigepflicht **entfällt**, wenn der Vermieter den Schaden kennt oder kennen muss (BGHZ 68, 281, 284 = NJW 1977, 1236; Lützenkirchen/*Lützenkirchen* § 536c Rn. 13).

748 Haben die vom Vermieter veranlassten Maßnahmen zur Mängelbeseitigung nicht zu einem dauerhaften Erfolg geführt, so trifft den Mieter eine **erneute Anzeigepflicht**, sofern dem Vermieter die fortbestehende Mangelhaftigkeit nicht ohnehin bekannt ist (BGH WuM 2007, 625 f.; OLG Düsseldorf ZMR 1991, 24). Allerdings erwächst dem Mieter nicht allein deshalb eine neuerliche Anzeigepflicht, weil sich der ursprünglich bereits angezeigte Mangel intensiviert hat (BGH WuM 2014, 278).

Hinweis: Da es sich bei der Mängelanzeige nicht um eine gestaltende Willenserklärung, sondern um eine bloße Tatsachenmitteilung handelt (s. Lützenkirchen/*Lützenkirchen* § 536c Rn. 20), reicht es aus, wenn der Rechtsanwalt seine Vollmacht anwaltlich versichert; im Bestreitensfalle kann er sie nachreichen.

749 **Unterlässt der Mieter schuldhaft die Anzeige**, so verliert er gemäß § 536c Abs. 2 BGB
- das Recht zur Minderung (§ 536 BGB),
- Schadensersatzansprüche wegen Nichterfüllung (§ 536a Abs. 1 BGB) und
- das Recht zur außerordentlichen fristlosen Kündigung **ohne vorherige Bestimmung einer angemessenen Frist zur Abhilfe** nach § 543 Abs. 3 S. 1 BGB

in dem Umfang, in dem der Vermieter bei rechtzeitiger Anzeige Abhilfe hätte schaffen können (vgl. BGH ZMR 1976, 279).

750 Sache des Vermieters ist es zu **beweisen**, dass eine Abhilfe ursprünglich möglich war, jedoch durch die verspätete Anzeige undurchführbar geworden ist (BGH ZMR 2003, 21, 22; 2005, 101, 104).

751 **2. Mietmängel.** Die Anzeige beschränkt sich auf die präzise **Angabe der Mängel**, so dass der Vermieter möglichst ersehen kann, in welcher Weise Abhilfe geschaffen werden muss. Dagegen braucht der Mieter keine Angaben über Ursache und erforderliche Abhilfemaßnahmen zu machen (s. BGH NZM 2012, 109, 110 = WuM 2011, 700, 701; WuM 2012, 269 = ZMR 2012, 536; WuM 2012, 508).

752 **3. Feuchtigkeitsschäden.** S. dazu BGH WuM 2005, 54 = ZMR 2005, 120; OLG Celle ZMR 1985, 11; LG Dessau-Roßlau ZMR 2009, 38, 39; zur Pflicht des Vermieters, sich um angezeigte Feuchtigkeitsschäden zu kümmern, s. AG Neuss WuM 1994, 382.

753 **4. Mängel an der Beheizung.** S. KG ZMR 2008, 790; LG Berlin MM 1993, 185: Vollständige Mietminderung bei Heizungsausfall ab Beginn der Heizperiode.

754 **5. Gefahrenlage.** Eine Anzeigepflicht besteht bereits bei einer sich abzeichnenden konkreten Gefahrenlage, sofern sie sich dem Mieter bei einem Mindestmaß an Sorgfalt aufdrängt.

2. Antrag des Mieters auf Einleitung eines selbständigen gerichtlichen Beweisverfahrens (Einholung eines Sachverständigengutachtens) vor Mängelbeseitigung

755 **Es wird beantragt, folgenden Beweisbeschluss [1]**

eventuell – wegen der bestehenden Dringlichkeit ohne mündliche Verhandlung –

zu erlassen:

Es soll das schriftliche Gutachten des Sachverständigen [namentliche Bezeichnung des Sachverständigen nebst dessen ladungsfähiger Anschrift]

oder

Es soll das schriftliche Gutachten eines von der Handwerkskammer/Industrie- und Handelskammer _____ [Ort] _____ vorzuschlagenden Sachverständigen

dazu eingeholt werden,

1. dass die im Hause _____ belegenen Miträume die nachstehend bezeichneten Mängel aufweisen:

    ▶ Beispiel:

    Durchfeuchtungserscheinungen und Putzausblühungen an den Kelleraußenwänden;

    ▶ Beispiel:

    Erheblicher Kondenswasseranfall auf dem Dachboden;

    ▶ Beispiel:

    Feuchtigkeit in den Kelleraußenwänden und dem Kellerfußboden, die nach innen durchschlägt;

    ▶ Beispiel:

    Den Grenzwert der Trinkwasserverordnung überschreitender Bleigehalt im Trinkwasser;

    ▶ Beispiel:

    Die Fliesen im Badezimmer sind in großem Umfang gerissen, sie liegen teilweise hohl und locker.

2. auf welche Ursachen im Einzelnen die von dem Sachverständigen festgestellten Mängel zurückzuführen sind;

3. mit welchen Maßnahmen im Einzelnen und mit welchem spezifizierten Kostenaufwand die festgestellten Mängel zu beseitigen sind.

Begründung: [2]

Der Antragsteller ist Mieter, der Antragsgegner Vermieter des im Antrag bezeichneten Mietobjekts aufgrund eines schriftlichen Mietvertrags, der in Ablichtung als

– Anlage ASt 1 –

beigefügt wird.

Der Antragsgegner ist als Vermieter verpflichtet, dem Antragsteller als Mieter den Gebrauch der vermieteten Räumlichkeiten während der Mietzeit zu gewähren und diese in einem zu dem vertragsgemäßen Gebrauch geeigneten Zustand zu erhalten.

Dieser Verpflichtung ist der Antragsgegner nicht nachgekommen, obwohl er mit Schreiben des Antragstellers vom _____ [3]

– Anlage ASt 2 –
(Fotokopie)

zur Behebung der oben bezeichneten Mängel der Mietsache aufgefordert wurde. Zu den im Antrag bezeichneten Mängeln ist aus Sicht des Antragstellers im Einzelnen vorzutragen (es folgt eine spezifizierte Darstellung über die bisherige Entwicklung):

> **Beispiel:**
>
> Nach Starkregenfällen im Herbst 2014 zeigten sich im Bereich der Kelleraußenwände bereits leichte dunkle Verfärbungen. Nach Ende der Frostperiode und Einsetzen des Tauwetters im Frühjahr 2015 wurden dann großflächige Durchfeuchtungen sichtbar und es kam zu Putzausblühungen.

Da sich der Antragsgegner bisher zur Mängelbeseitigung trotz Aufforderung nicht bereitfand, muss der Antragsteller eine Ersatzvornahme ins Auge fassen. Durch sie würde der gegenwärtige Zustand verändert werden und ein Beweismittel verlorengehen; die beantragte Beweissicherung kann auch der Vermeidung eines Rechtsstreits in der Hauptsache dienen. [4]

Abschließend wird zur Glaubhaftmachung des obigen Sachvortrages des Antragstellers auf dessen eidesstattliche Versicherung Bezug genommen, die im Original als [5]

– Anlage ASt 3 –

beigefügt wird. Eine beglaubigte Abschrift liegt für die Antragsgegnerpartei bei.

Erläuterungen

756 **1. Voraussetzungen.** Der **Antrag** ist nur zulässig, wenn der Gegner zustimmt oder wenn zu besorgen ist, dass ein Beweismittel verloren geht (§ 485 Abs. 1 ZPO). Ist ein Rechtsstreit noch nicht anhängig, so ist der Antrag auch zulässig, wenn die Einholung eines Sachverständigengutachtens dazu dienen kann, ein Prozessverfahren zu vermeiden (§ 485 Abs. 2 ZPO); diese Möglichkeit wird in der Regel zu bejahen sein.

757 Das **Gericht** ist an die Tatsachenbehauptung des Antragstellers **gebunden**; es hat weder die Beweisbedürfigkeit noch die Erheblichkeit des Beweismittels für den Hauptsacheprozess noch dessen Erfolgsaussicht zu beurteilen (BGH MDR 2000, 224; LG Chemnitz ZMR 2003, 116). Allerdings fehlt das erforderliche **rechtliche Interesse** des Antragstellers, wenn das Ergebnis des Beweisverfahrens in einem sich etwa anschließenden Prozess keine Bedeutung hat (OLG Hamm NJW 1998, 689). Gleiches gilt, wenn der Vermieter unstreitig zur Mängelbeseitigung bereit ist. Die bloße Vermutung des Mieters, der Vermieter werde diese mit unzureichenden Maßnahmen betreiben, begründet kein rechtliches Interesse an der Beweissicherung (LG Hamburg ZMR 2008, 210).

758 Die Zustellung des Antrags auf Durchführung des selbständigen Beweisverfahren bewirkt gemäß § 204 Abs. 1 Nr. 7 BGB die **Hemmung der Verjährung**. Nach § 167 ZPO ist der Eingang des Antrags maßgebend, wenn die Zustellung demnächst erfolgt. Der Antrag ist eingegangen, wenn er in die Verfügungsgewalt des zuständigen Gerichts gelangt (BGH NJW 1981, 1216; OLG Celle NJW 2013, 1971), etwa auf der Geschäftsstelle, einer hierfür eingerichteten Einlaufstelle (nicht beim Hausmeister) abgegeben wird oder in den Gerichtsbriefkasten eingeworfen wird (weitere Beispiele bei Zöller/*Greger* § 167 Rn. 6).

759 **Sachlich zuständig** ist das Prozessgericht, bei dem der Rechtsstreit anhängig ist. Ist ein Rechtsstreit noch nicht anhängig, so ist das Gericht zuständig, das nach dem Vortrag des Antragstellers zur Entscheidung in der Hauptsache berufen wäre.

760 Zur gerichtlichen Zuständigkeit in Mietsachen s. die Hinweise zu Teil 1 Rdn. 2334.

761 Ist **Gefahr im Verzug**, so ist das Amtsgericht, in dessen Bezirk die Beweisaufnahme durchgeführt werden soll oder sich die zu besichtigende bzw. zu begutachtende Sache befindet, zuständig (§ 486 ZPO).

Der Antrag bezieht sich in der Regel auf die Feststellung eines vorhandenen Zustands (BeckOK-ZPO/*Kratz* § 487 Rn. 3), meist also auf die Feststellung von Mängeln und deren Ursachen, ebenso wie auf die Beurteilung von Abhilfemaßnahmen und die hierfür erforderlichen Kosten (KG NZM 2000, 780; LG Saarbrücken WuM 1992, 144).

Hat im Beweisverfahren der Gegner eine mögliche und zumutbare Einwendung unterlassen, kann er damit im Hauptprozess wegen Verstoßes gegen die Prozessförderungspflicht nach §§ 411 Abs. 4 S. 2, 296 Abs. 1 ZPO ausgeschlossen werden (BGH NJW 2010, 273, 276). Eine Beweislastumkehr findet indes nicht statt (anders noch die Vorauflage mit Hinweis auf OLG Düsseldorf DWW 1989, 85).

Achtung! Ist ein Rechtsstreit noch nicht anhängig und kommt der Antragsteller der gerichtlichen Anordnung, binnen bestimmter Frist Klage zu erheben, nicht nach, so hat das Gericht auf Antrag zu beschließen, dass er die dem Antragsgegner entstandenen Kosten zu tragen hat (§ 494a ZPO).

2. Beweismittel. Diese müssen in dem Antrag benannt werden; das gilt auch für die Person eines Sachverständigen (§ 487 Abs. 1 Nr. 3 ZPO), was aus Gründen der Zeitersparnis zweckmäßig ist. Sachverständige können in der Regel bei der zuständigen Industrie- und Handelskammer bzw. Handwerkskammer erfragt werden. Die Auswahl kann aber auch dem Gericht überlassen werden.

3. Beseitigungsaufforderung. Zur Aufforderung des Mieters an den Vermieter, Mängel zu beheben, s. die Muster Teil 1 Rdn. 776.

4. Drohender Verlust eines Beweismittels. Dies ist im Rahmen von § 485 ZPO nicht Voraussetzung für ein selbständiges Beweisverfahren, unterstreicht aber die Dringlichkeit des Antrags.

5. Glaubhaftmachung. Die Tatsachen, welche die Zulässigkeit des selbständigen Beweisverfahrens und die Zuständigkeit des Gerichts begründen, sind glaubhaft zu machen (§ 487 Nr. 4 ZPO); s. dazu die Hinweise zu Teil 1 Rdn. 342.

3. Antrag des Vermieters auf Einleitung eines selbständigen gerichtlichen Beweisverfahrens (Einholung eines Sachverständigengutachtens)

Es wird beantragt, folgenden Beweisbeschluss evtl. – wegen der bestehenden Dringlichkeit ohne mündliche Verhandlung – zu erlassen: [1, 2]

Es soll das schriftliche Gutachten des Sachverständigen _____ [namentliche Bezeichnung des Sachverständigen nebst dessen ladungsfähiger Anschrift]

oder

es soll das schriftliche Gutachten eines von der Handwerkskammer/Industrie- und Handelskammer ____[Ort]____ **vorzuschlagenden Sachverständigen**

dazu eingeholt werden,

▶ Beispiel:
   a) ob in der im 1. OG links des Hauses _____ belegenen Wohnung im Schlafzimmer und im Wohnzimmer Schimmelpilzbefall vorhanden ist;
   b) auf welche Ursachen festgestellter Schimmelpilzbefall zurückzuführen ist und welche Maßnahmen im Einzelnen mit ggf. welchem spezifizierten Kostenaufwand zur Beseitigung von Schimmelpilzerscheinungen erforderlich sind.

Begründung:

Der Antragsteller ist Vermieter, der Antragsgegner Mieter des im Antrag bezeichneten Mietobjekts aufgrund eines schriftlichen Mietvertrages, der in Ablichtung als

Anlage ASt 1

beigefügt wird.

Die Parteien streiten über die Ursachen von im Mietobjekt aufgetretenem Schimmelpilzbefall. Hierzu ist im Einzelnen das Folgende vorzutragen (es folgt eine spezifizierte Darlegung des wesentlichen Sachverhalts):

▶ Beispiel:

Nachdem der Antragsgegner Schimmelpilzbefall im Schlafzimmer und im Wohnzimmer beanstandet hatte, beauftragte der Antragsteller den öffentlich-bestellten und vereidigten Sachverständigen für Bauleistungen und Bautenschutz, Maurermeister _____, mit der Abgabe einer gutachterlichen Stellungnahme. Das Gutachten des Sachverständigen _____ vom _____ wird in Kopie als [3]

Anlage _____

überreicht; eine Kopie des Gutachtens liegt dem Antragsgegner vor.

Der Sachverständige _____ kommt zu dem Ergebnis, dass der von ihm festgestellte Schimmelpilzbefall letztlich nutzungsbedingt ist, also auf dem Wohnverhalten des Antragsgegners beruht.

Der Mieterverein _____ hat nunmehr mit dem in Kopie als

Anlage _____

überreichten Schreiben vom _____ das Gutachten des Sachverständigen _____ in Frage gestellt und geltend gemacht, der Sachverständige habe mögliche Schadensursachen überhaupt nicht untersucht. Nach weiteren Ausführungen wird der Antragsteller in dem genannten Schreiben aufgefordert, bis zum _____ »die Ursache der Mängel und die Mängel selbst« fachgerecht zu beseitigen.

In Anbetracht dieser Sachlage hat sich der Antragsteller dazu entschlossen, nunmehr ein gerichtliches Beweisverfahren in die Wege zu leiten. Die Zulässigkeit des Antrages resultiert schon daraus, dass u.U. ein Hauptsacheverfahren vermieden werden kann. [4]

Abschließend wird zur weiteren Glaubhaftmachung des obigen Sachvortrages des Antragstellers auf dessen eidesstattliche Versicherung Bezug genommen, die im Original als [5]

Anlage _____

beigefügt wird, eine beglaubigte Abschrift liegt für die Antragsgegnerpartei bei.

Erläuterungen

1. Zweck. Das selbständige Beweisverfahren kann auch für den Vermieter wichtig sein und von ihm eingeleitet werden, z.B. um den Zustand des Mietobjekts bei der Rückgabe beweismäßig zu sichern.

770

2. Antrag. Zur Zulässigkeit des Antrags auf Einleitung eines selbständigen Beweisverfahrens s. die Hinweise zu Teil 1 Rdn. 756. Die für den Antrag des Mieters erfolgten Hinweise gelten auch hier.

771

3. Privatgutachten. Die Beweissicherung durch eine Vertragspartei kann auch durch Einholung eines Privatgutachtens erfolgen. Wird dieses in den Prozess oder das Verfahren eingeführt, stellt es aber keinen Sachverständigenbeweis (§ 402 ZPO), sondern lediglich einen **Urkundenbeweis** (§ 415 ff. ZPO) dar. Nach bestrittener Auffassung des BGH (NJW 1993, 2382 f.; a.A. Zöller/*Greger* § 402 Rn. 2) kann es aber als Sachverständigenbeweis verwertet werden, wenn die andere Partei dem zustimmt, was regelmäßig nicht der Fall ist. Das Gericht kann aber ein Privatgutachten als urkundlich belegten Parteivortrag verwerten, wenn es dieses im Rahmen seiner freien Beweiswürdigung (§ 286 ZPO) für ausreichend hält. Widerspricht der Gegner der Verwertung, so hat das Gericht diesen gemäß § 139 Abs. 2 ZPO darauf hinzuweisen, dass es das Privatgutachten für überzeugend hält und dieses zu verwerten beabsichtigt. Es ist dann Sache des Gegners, den Gegenbeweis anzutreten, entweder durch den Antrag auf Einholung eines neuen Gutachtens oder durch den Antrag auf Vernehmung des Privatgutachters als sachverständigen Zeugen zu den von ihm getroffenen Tatsachenfeststellungen (Zöller/*Greger* § 402 Rn. 2). Der bloße Widerspruch gegen die urkundenbeweisliche Verwertung des Gutachtens hindert diese nicht.

772

Der Gegner kann aber auch versuchen, die Feststellungen des Privatgutachters durch substantiiertes Gegenvorbringen zu erschüttern, um auf diese Weise beim Gericht Zweifel hinsichtlich der Verwertbarkeit des Gutachtens zu begründen.

773

4. Unzulänglichkeiten. Enthält das Privatgutachten Unzulänglichkeiten, so empfiehlt sich zur Beweissicherung der Antrag auf Einleitung des Beweisverfahrens nach § 485 ZPO.

774

5. Glaubhaftmachung. Die Tatsachen, welche die Zulässigkeit des selbständigen Beweisverfahrens und die Zuständigkeit des Gerichts begründen, sind glaubhaft zu machen (§ 487 Nr. 4 ZPO).

775

VIII. Inanspruchnahme des Vermieters oder Mieters auf Mängelbeseitigung

1. Schreiben des Mieters an den Vermieter mit der Aufforderung zur Beseitigung von Mängeln der Mietsache

Herr Beispielhaft hat uns mit der Wahrnehmung seiner rechtlichen Interessen in der vorbezeichneten Angelegenheit beauftragt.

776

Unsere Bevollmächtigung wird anwaltlich versichert. [1]

Hiermit zeigen wir an, dass die von unserem Mandanten gemieteten Räume im Hause _____ folgende von diesem nicht zu vertretende Mängel aufweisen: [2]

▶ Beispiel:

Beim letzten Sturm haben sich mehrere Dachpfannen am Dach über der Wohnung unseres Mandanten gelöst. Vermutlich deswegen ist es unterhalb des schadhaften Daches im nördlichen Teil des Dachbodenraumes schon zu leichten Durchfeuchtungen gekommen. **3**

▶ **Beispiel:**

Der Zaun des Vorgartens ist teilweise umgefallen, nachdem die Pfosten verrostet sind.

Durch diese Mängel wird die Tauglichkeit der Mietsache nicht unerheblich gemindert. **4**

Wir fordern Sie hiermit zur Behebung der angezeigten Mängel auf. Soweit durch die Mängel bzw. die erforderlichen Mängelbeseitigungsarbeiten Schäden verursacht werden, insbesondere an der Dekoration, wollen Sie diese gleichfalls auf Ihre Kosten beheben lassen. **5**

Zur Erledigung setzen wir Ihnen eine Frist bis zum _____. **6**

Erläuterungen

777 **1. Bevollmächtigung.** Bei der Mängelanzeige handelt es sich um eine formlose Tatsachenerklärung (Lützenkirchen/*Lützenkirchen* § 536c Rn 20), nicht jedoch um eine gestaltende Willenserklärung. Es ist vorerst ausreichend, die Vollmacht **anwaltlich zu versichern**. Sollte der Mieter die Bevollmächtigung bestreiten, muss eine Originalvollmacht nachgereicht werden.

778 **2. Mängelanzeige.** Diese ersetzt nicht die Aufforderung des Mieters gegenüber dem Vermieter, die Mängel zu beheben. Erst hierdurch werden Verzugsfolgen zum Nachteil des Vermieters ausgelöst.

779 **3. Konkrete Bezeichnung.** Die Mängel müssen so konkret bezeichnet werden, dass der Vermieter in die Lage versetzt wird, Abhilfe zu schaffen. Zum Substanziierungserfordernis s. BGH WuM 2012, 269 = ZMR 2012, 536; WuM 2012, 508, 509; *Schneider* WuM 2013, 209 ff.

780 **4. Opfergrenze.** Der Anspruch des Mieters auf Mängelbeseitigung bezieht sich auch auf die Behebung von sog. Bagatellschäden, deretwegen eine Mietminderung nach § 536 Abs. 1 S. 3 BGB ausgeschlossen ist. Er findet seine Grenze an der **wirtschaftlichen Unzumutbarkeit** (Opfergrenze), an die aber hohe Anforderungen gestellt werden (BGH WuM 2010, 348 = ZMR 2010, 672; WuM 2005, 713 = ZMR 2005, 935). Maßgebend sind die Umstände des Einzelfalls; es darf aber kein **krasses Missverhältnis** zwischen dem Reparaturaufwand einerseits und dem Nutzen der Reparatur für den Mieter sowie dem Wert des Mietobjekts und den aus ihm zu ziehenden Einnahmen andererseits entstehen (BGH WuM 2010, 348, 350 = ZMR 2010, 672, 673).

781 **5. Dekorationsschäden.** Ist ein Schaden eingetreten, den der Mieter nicht zu vertreten hat, so hat er einen Erfüllungsanspruch auch, wenn er im Mietvertrag die Instandhaltung und Instandsetzung – z.B. Schönheitsreparaturen – übernommen hat (BGH NJW-RR 1987, 906 = ZMR 1987, 257; *Eisenschmid* NZM 2002, 889 f.).

782 **6. Fristsetzung.** Diese ist geboten, damit der Mieter seine Rechte auf
– Schadensersatz wegen Verzugs mit der Mängelbeseitigung (§ 536a Abs. 1 BGB),
– Aufwendungsersatz bei Verzug mit der Mängelbeseitigung (§ 536a Abs. 2 Nr. 1 BGB) und
– zur außerordentlichen fristlosen Kündigung gemäß § 543 Abs. 2 Nr. 1 BGB
wahrt.

2. Leistungsklage des Mieters auf Beseitigung von Mängeln der Mietsache

Es wird beantragt, [1]

den Beklagten zur Beseitigung folgender Mängel einschließlich aller Mängelfolgen und Mängelbeseitigungsfolgen an dem Mietobjekt des Klägers im Hause _____ zu verurteilen (es folgt eine spezifizierte Aufzählung der einzelnen Mängel).

▶ Beispiel:

Beseitigung der Feuchtigkeit einschließlich Schimmelpilzbildung an der Außenwand des Elternschlafzimmers.

▶ Beispiel:

Ausbau des vollständig vermorschten Holzfensters im Kinderzimmer und Einbau eines neuen Fensters.

Begründung

Der Beklagte ist Vermieter der vom Kläger aufgrund des Mietvertrages vom _____ gemäß

Anlage _____

genutzten Mietobjekts. Der Beklagte ist als Vermieter verpflichtet, dem Mieter den Gebrauch des Mietobjekts während der Mietzeit zu gewähren und die Miträume in einem zu dem vertragsgemäßen Gebrauch geeigneten Zustand zu erhalten. Dieser Verpflichtung ist der Beklagte nicht nachgekommen.

Der Kläger hat den Beklagten mit Schreiben vom _____ gemäß [2]

Anlage _____

vergeblich zur Behebung der Mängel der Mietsache aufgefordert. Die Mängelsituation stellt sich jetzt wie folgt dar (es folgt eine spezifizierte, über die Anlage hinausgehende Darstellung):

▶ Beispiel:

An der Außenwand des Elternschlafzimmers insbesondere im Fensterbereich sind Durchfeuchtungen aufgetreten, die bereits zur Verspakung und Schimmelpilzbildung geführt haben. [3]

▶ Beispiel:

Alle Fenster im Wohnzimmer sind so undicht, dass diese bei Nordwind wackeln und im Wohnzimmer ein kalter Luftzug entsteht, so dass selbst bei vollem Heizbetrieb im Winter die Raumtemperatur nicht mehr als 15°C erreicht. Aus anliegend überreichter Aufstellung ergibt sich im Einzelnen, an welchen Tagen und zu welchen Tageszeiten welche Zimmertemperaturen erreicht worden sind.

Beweis: 1. Augenscheinseinnahme

2. Sachverständigengutachten

Diese Mängel waren bei Beginn des Mietverhältnisses noch nicht vorhanden. Sie sind auch nicht vom Kläger zu vertreten. Soweit die Dekoration der Mietsache durch die Entstehung der Mängel selbst und die Beseitigung derselben beeinträchtigt werden sollte, ist der Beklagte ebenfalls zur Schadensbeseitigung verpflichtet. 4

Erläuterungen

784 **1. Grundsätzliches.** Zur gerichtlichen Zuständigkeit s. die Hinweise zu Teil 1 Rdn. 2334.

785 Soweit die sachliche Zuständigkeit (bei Mietverhältnissen, die nicht Wohnraum betreffen) von der Höhe des Streitwerts abhängt, ist dieser nach dem 3 ½fachen Jahresbetrag desjenigen Mietanteils, um den die Miete gemindert werden könnte, nicht dagegen nach der Höhe etwaiger Mängelbeseitigungskosten zu bemessen (BGH NZM 2003, 152 = WuM 2003, 341).

786 Der **Klageantrag** ist so zu formulieren, dass der Titel einen nach § 887 ZPO vollstreckungsfähigen Inhalt erhält. Dafür sind die zu beseitigenden Mängel nach Art und Umfang sowie Lokalisierung innerhalb des Mietobjekts genau zu beschreiben.

787 In den Antrag gehören dagegen nicht die nach Auffassung des Mieters zur Beseitigung erforderlichen Maßnahmen.

788 **2. Beseitigungsaufforderung.** Zur Aufforderung des Mieters gegenüber dem Vermieter, die Mängel zu beseitigen, s. das Muster zu Teil 1 Rdn. 776.

789 **3. Darlegung des Mangels.** Es empfiehlt sich, zur Präzisierung der Mängel eine Lageskizze der Wohnung beizufügen. Auch eine Fotodokumentation kann Art und Umfang der Mängel verdeutlichen; s. auch die Hinweise zu Teil 1 Rdn. 872.

790 Zur **Darlegungslast** des Mieters bei Beheizungsmängeln s. BGH WuM 2011, 700; 702; *Schneider* WuM 2013, 209, 211: Rügt der Mieter die mangelhafte Heizleistung, so sollte aus Gründen anwaltlicher Vorsicht dargelegt werden, an welchen Tagen und zu welchen Tageszeiten welche Zimmertemperaturen erreicht worden sind. Zur Beweislast insbesondere bei Feuchtigkeitsschäden s. die Hinweise zu Teil 1 Rdn. 794.

791 **4. Umfang der Beseitigungspflicht.** Waren die Mängel schon bei **Beginn des Mietverhältnisses** vorhanden, so kann in Betracht kommen, dass der Mieter sie bei der Anmietung in Kauf genommen hat und sie deshalb keinen vertragswidrigen Zustand darstellen (vgl. BGH NZM 2007, 484 ff. = ZMR 2007, 605, 607).

792 Hat der Vermieter für die Behebung von Schäden einzustehen, so bezieht sich seine Pflicht auch auf die Teile, für die der Mieter die Instandsetzungspflicht vertraglich übernommen hat. Denn dessen Pflicht betrifft nur solche Schäden, die durch den Mietgebrauch verursacht worden sind, soweit nicht im Mietvertrag ausdrücklich eine weitergehende Überbürdung erfolgt ist; s. die Hinweise zu Teil 1 Rdn. 780.

3. Klageerwiderung des Vermieters gegenüber der Mängelbeseitigungs-Klage des Mieters

793 **Es wird beantragt,**

die Klage abzuweisen.

Der Beklagte ist zur Mängelbeseitigung nicht verpflichtet, da die streitgegenständlichen Mängel vom Kläger zu vertreten sind. Das ergibt sich im Einzelnen aus folgenden Umständen:

▶ Beispiel:

Die Verspakung und Schimmelpilzbildung an der Außenwand des Schlafzimmers ist nicht auf Außendurchfeuchtung zurückzuführen. Die Wand ist auch ausrei-

chend gegen Kälte isoliert. Der Schaden ist darauf zurückzuführen, dass der Kläger sein Schlafzimmer völlig unzureichend beheizt und belüftet. [1]

Beweis: Sachverständigengutachten.

Obwohl der Kläger gemäß Mietvertrag ausdrücklich darauf hingewiesen wurde, dass er bei der Möblierung die bauphysikalischen Probleme der Außenwände beachten müsse [2], hat er die gesamte Außenwand in dem betreffenden Raum mit einer großen Einbau-Schrankwand zugebaut, so dass keinerlei Luftzirkulation stattfinden kann.

Beweis: Augenscheinseinnahme.

Der Wunsch, in einem ungeheizten Raum zu schlafen, darf nicht dazu führen, dass das Zimmer überhaupt nicht beheizt wird. Das ist bauphysikalisch nicht zu verantworten.

▶ Beispiel:

Der Beklagte hat die Fenster erst kürzlich gemäß Rechnung vom _____, die als [3]

Anlage _____

überreicht wird, durch den Tischlermeister _____ ordnungsgemäß mit einer Gummidichtung versehen lassen. Die Farbe der Gummidichtung, die leider nur in schwarzer Ausführung erhältlich ist, passte dem Kläger nicht. Er hat sie daher eigenmächtig wieder entfernt, so dass er die Undichtigkeit selbst zu vertreten hat.

▶ Beispiel:

Der Kläger lüftet Tag und Nacht bei jedem Wind und Wetter. Dadurch sind die Fenster verzogen und schließen nicht mehr ordentlich, was allein der Kläger zu vertreten hat.

Erläuterungen

1. Feuchtigkeitsschäden. Nach allgemeinen **Beweislast**grundsätzen   794
- muss der Vermieter die Möglichkeit ausschließen, dass die Feuchtigkeitsschäden auf anderen Ursachen als auf einem fehlerhaften Heiz- oder Lüftungsverhalten des Mieters beruhen. Insbesondere muss er beweisen, dass keine Baumängel am Gebäude vorhanden sind (BGH WuM 2005, 54 = ZMR 2005, 120; LG Aachen WuM 2015, 547, 548; LG Bonn ZMR 2013, 534; LG Dessau-Roßlau ZMR 2009, 38, 39; AG Schöneberg GE 2015, 198; AG Reinbek WuM 2014, 604, 605 mit Anm. *Selk*).
- Erst dann ist es Sache des Mieters, sein Heiz- und **Lüftungsverhalten** im Einzelnen darzulegen (LG Aachen WuM 2015, 547, 548; LG Bonn ZMR 2013, 534; LG Dessau-Roßlau ZMR 2009, 38, 39).
- Bleibt offen, ob Feuchtigkeitsschäden in der Wohnung auf die Bausubstanz oder auf ein Wohnverhalten des Mieters zurückzuführen sind, so trägt der Vermieter die **Beweislast** (AG Bremen WuM 2015, 546; AG Lüdenscheid WuM 2007, 16; AG Königs Wusterhausen WuM 2007, 568).

Ist das Entstehen der Feuchtigkeitsschäden nur über den Umgang mit der Mietsache zu beeinflussen, so muss der Mieter sein **Wohnverhalten** auch auf die Beschaffenheit der Wohnung abstellen – allerdings nur in einem zumutbaren Umfang (OLG Celle ZMR 1985, 10 f.). Mehrmalige tägliche Stoßbelüftungen im Abstand von wenigen Stunden sind dem Mieter ebenso wenig zuzumu-   795 ten, wie ein ständiges Beheizen der Wohnung mit mehr als 20°C (LG Aachen WuM 2015, 547, 548; LG Lüneburg WM 2001, 465 f.; AG Siegburg WuM 2005, 55, 56 = ZMR 2005, 543 f.; AG Frankfurt/M WuM 2007, 569). Auch ist der Mieter einer Wohnung nicht gehalten, die Möbel in einer bestimmten Weise oder Anordnung zu plazieren; grundsätzlich darf er diese direkt an den Außenwänden aufstellen. Denn Mietwohnungen müssen so beschaffen sein, dass sich bei einem **Wandabstand** von nur wenigen Zentimetern Feuchtigkeitserscheinungen nicht bilden können (LG Lübeck WuM 2014, 389; LG Gießen WuM 2014, 331; LG Mannheim NZM 2007, 682; AG Bremen WuM 2015, 546; AG Osnabrück NZM 2006, 224).

796 **2. Hinweis auf besonderes Lüftungsverhalten.** Anders verhält es sich, wenn im Mietvertrag ein **deutlicher Hinweis** auf die Problematik erfolgt ist. Eine allgemeine Empfehlung zum richtigen Lüften und Aufstellen von Möbeln durch Übergabe einer Broschüre genügt allerdings nicht. Gleiches gilt für eine mietvertragliche Formularklausel, nach der im Einzelfall ein größerer Abstand der Möbel von den Außenwänden als vereinbart gilt, wenn dies erforderlich ist (LG Aachen WuM 2015, 547, 548 f.). Eine derartige Regelung wäre angesichts ihrer mangelnden Bestimmtheit selbst als Individualabrede problematisch.

797 **3. Fenster.** Nach Modernisierung der Fenster muss der Mieter den zu erwartenden Veränderungen des Taupunkts durch entsprechendes Lüftungsverhalten Rechnung tragen (LG Gießen WuM 2014, 331; LG Lübeck WuM 1990, 202). Der Vermieter muss aber den Mieter auf die neuen Anforderungen an sein **Heiz- und Lüftungsverhalten** im veränderten Raumklima auf das Wohnverhalten unter veränderten Umständen hinweisen (LG München II NZM 2007, 642; LG Berlin ZMR 2002, 48; LG Neubrandenburg WuM 2002, 309; AG Reinbek WuM 2014, 604, 605 mit Anm. *Selk*). Der Mieter ist nicht verpflichtet, selbständig Überlegungen zu einem veränderten Lüftungsverhalten anzustellen.

4. Schreiben des Vermieters wegen Beseitigung von Mängeln, die der Mieter zu vertreten hat, bei bestehendem und ungekündigtem Mietverhältnis

798 Unser Mandant hat bei einem Besuch in den von Ihnen gemieteten Räumlichkeiten am _____ festgestellt, dass Sie Ihre mietvertraglichen Verpflichtungen nicht eingehalten haben. Im Einzelnen ist auf Folgendes hinzuweisen:

▶ Beispiel:

Nach § _____ des Mietvertrages dürfen bauliche Veränderungen am Mietobjekt nur mit vorheriger Zustimmung Ihres Vermieters vorgenommen werden. Hiergegen haben Sie verstoßen, indem Sie die beiden großen Räume Ihrer Wohnung durch einen großen Wanddurchbruch miteinander verbunden haben. Dabei haben Sie nicht bedacht, dass es sich um eine tragende Wand handelt. Dieser schwere Eingriff in die Statik des Hauses hat dazu geführt, dass kürzlich in der Wohnung über Ihnen zahlreiche Risse aufgetreten sind, deren Ursache sich unser Mandant bisher nicht erklären konnte. [1]

Wir fordern Sie im Namen unseres Mandanten hiermit auf, den Wanddurchbruch unverzüglich wieder durch eine Fachfirma schließen zu lassen, wegen der Gefahr weiterer erheblicher Schäden kurzfristig bis zum _____. [2]

Die von Ihnen zu vertretenden weiteren Schäden im Haus wird unser Mandant anschließend handwerksgerecht beseitigen lassen und die Kosten hierfür von Ihnen verlangen.

oder

▶ Beispiel:

Nach § _____ des Mietvertrages haben Sie sich verpflichtet, die während des Mietverhältnisses erforderlich werdenden Renovierungsarbeiten in Ihrer Wohnung auf Ihre Kosten ausführen zu lassen. [3]

Bei der kürzlichen Besichtigung wurde festgestellt, dass Sie dieser Renovierungsverpflichtung seit Beginn des Mietverhältnisses nicht nachgekommen sind. Wir fordern Sie hiermit namens unseres Mandanten auf, bis zum _____ folgende Malerarbeiten im Wohnzimmer, Schlafzimmer und Flur Ihrer Wohnung handwerksgerecht auszuführen bzw. ausführen zu lassen: [4]

Abwaschen aller Decken- und Wandflächen

Aufbringen eines deckenden Binderfarbenanstrichs an Decken und Wänden

Entfernen loser Farbe und Anschleifen aller Fenster (von innen), der Zimmertüren und der Wohnungseingangstür von innen; anschließend sind diese Teile vorzustreichen und sodann zu lackieren.

Erläuterungen

1. Beschädigung der Mietsache. Verursacht der Mieter Schäden in den Miträumen, so schuldet er Schadensersatz wegen Pflichtverletzung gemäß § 280 Abs. 1 BGB. Er muss 799
– den früheren Zustand wieder herstellen (§ 249 Abs. 1 BGB) oder – falls ihm dies nicht möglich ist –
– Geldersatz leisten (§ 251 BGB).

Das gilt auch dann, wenn die Schäden im Zusammenhang mit baulichen Veränderungen aufgetreten sind, zu deren Durchführung er an sich berechtigt war. In diesem Falle kann der Vermieter schon während der Mietzeit den Rückbau beanspruchen. 800

2. Fristsetzung. Nach § 250 S. 1 BGB muss der Vermieter, bevor er den zur **Herstellung des ordnungsgemäßen Zustandes** erforderlichen Geldbetrag verlangt, dem Mieter zunächst zur Herstellung des Zustandes eine angemessen Frist mit der Erklärung bestimmen, dass er die Herstellung nach Ablauf der Frist ablehnt. 801

Hat der Mieter jedoch die Mietsache **beschädigt**, so kann der Vermieter ihn sofort auf Schadensersatz in Geld in Anspruch nehmen (§ 249 Abs. 2 S. 1 BGB); eine Fristsetzung mit Ablehnungsandrohung ist hier nicht erforderlich (str., vgl. *Langenberg/Zehelein* Schönheitsreparaturen II Rn. 114). 802

Allerdings ist gemäß §§ 280 Abs. 3, 281 Abs. 1 S. 1 BGB eine Fristsetzung zur Leistung bzw. Nacherfüllung erforderlich, wenn sich der Mieter zur Wiederherstellung der Mietsache in den ursprünglichen Zustand vertraglich verpflichtet hat (BGH WuM 1997, 217). Solche Abreden sind namentlich für die Gewerberaummiete bei Umbauten des Mietobjekts von Bedeutung (vgl. *Langenberg/Zehelein* Schönheitsreparaturen II Rn. 115; *Eisenschmid* WuM 1997, 494). 803

In **schweren Fällen** der Beschädigung des Mietobjekts kann der Vermieter berechtigt sein, 804
– das Mietverhältnis außerordentlich fristlos aus wichtigem Grund,
– hilfsweise ordentlich, zu kündigen (LG Lüneburg WuM 2013, 223 = ZMR 2013, 804; LG Berlin WuM 2012, 624; *Kinne* GE 2014, 844, 847).

3. Renovierungspflicht. Der Vermieter hat schon während der Mietzeit einen **Erfüllungsanspruch** gegenüber dem Mieter, etwa auf Durchführung der laufenden Schönheitsreparaturen, 805

sofern diese wirksam auf den Mieter übertragen sind (BGH WuM 1990, 494 = ZMR 1990, 450; *Langenberg/Zehelein* Schönheitsreparaturen I Rn. 459 ff.).

806 Er kann zunächst Erfüllung verlangen; s. dazu die Hinweise zu Teil 1 Rdn. 2494.

807 Befindet sich der Mieter im Verzug, so ist der Vermieter berechtigt, einen Vorschuss in Höhe der voraussichtlichen Renovierungskosten zu fordern (BGH NZM 2005, 450 = WuM 2005, 383 = ZMR 2005, 523); s. dazu die Hinweise zu Teil 1 Rdn. 2517.

808 **4. Dekorationsaufforderung.** Diese Aufforderung des Vermieters muss konkretisiert sein; dazu die Hinweise zu Teil 1 Rdn. 2509. Um den Mieter in Verzug zu setzen, empfiehlt es sich, ihm eine Frist zu setzen.

5. Klage des Vermieters auf Beseitigung von Mängeln, die der Mieter zu vertreten hat, bei bestehendem und ungekündigtem Mietverhältnis

809 **Es wird beantragt, den Beklagten zu verurteilen (genaue und konkrete Bezeichnung der auszuführenden Arbeiten), [1]**

▶ Beispiel:

… den Wanddurchbruch zwischen den beiden großen Zimmern seiner im Passivrubrum näher bezeichneten Wohnung durch eine Fachfirma handwerksgerecht schließen zu lassen und den ursprünglichen Zustand wieder herzustellen. [2]

Begründung:

Der Kläger ist Vermieter, der Beklagte Mieter des im Antrag/Rubrum bezeichneten Mietobjekts. Nach § _____ des Mietvertrages dürfen bauliche Veränderungen am Mietobjekt nur mit vorheriger Zustimmung des Vermieters vorgenommen werden. Der Beklagte hat unter Missachtung dieser Bestimmung ohne Befragung des Klägers und ohne sachkundige Beratung und Absicherung einen großen Wanddurchbruch zwischen Wohn- und Schlafzimmer vorgenommen. Dabei handelt es sich um eine tragende Wand. Die Folge ist, dass in der Wohnung darüber erhebliche Schäden aufgetreten sind. Es haben sich zahlreiche Risse gebildet. Die Standsicherheit des Hauses wurde durch die rechtswidrige bauliche Maßnahme offenbar beeinträchtigt.

Der Beklagte wurde zum Rückbau aufgefordert mit Schreiben des Klägers an den Beklagten gemäß Anlage _____. Der Beklagte hat darauf nicht reagiert, so dass Klage geboten ist.

Wegen der Gefahr der Entstehung weiterer unkalkulierbarer Schäden wird um baldige Terminierung gebeten.

oder:

▶ Beispiel:

… in seiner im Passivrubrum näher bezeichneten Wohnung, und zwar im Wohnzimmer, Schlafzimmer und Flur, folgende Malerarbeiten auszuführen bzw. ausführen zu lassen: [3]

Abwaschen aller Decken- und Wandflächen

Aufbringen eines deckenden Binderfarbenanstrichs an Decken und Wänden

Entfernen loser Farbe und Anschleifen aller Fenster (von innen), der Zimmertüren und der Wohnungseingangstür von innen; anschließend sind diese Teile vorzustreichen und sodann zu lackieren.

Begründung:

Der Kläger ist Eigentümer und Vermieter der vom Beklagten bewohnten Wohnung. Der Beklagte ist nach § _____ des Mietvertrages verpflichtet, die während des Mietverhältnisses fällig werdenden Renovierungsarbeiten in der Wohnung auf eigene Kosten handwerksgerecht auszuführen bzw. ausführen zu lassen. Obwohl das Mietverhältnis bereits mehr als 10 Jahre besteht und der Beklagte das Mietobjekt selbst und durch seine 3 kleinen Kinder sowie die im Haus lebenden Haustiere sehr intensiv genutzt hat, wurden erkennbar noch keinerlei Renovierungsarbeiten ausgeführt. Die Wände und Decken des Mietobjekts sind total abgenutzt, ohne jeglichen Farbanstrich und weitgehend verschmutzt. Die Farbe an den oben genannten Holzteilen ist vergilbt und blättert großflächig ab.

Beweis: Augenscheinseinnahme

Die im Klageantrag näher bezeichneten Malerarbeiten sind unbedingt zur Herstellung eines vertragsgemäßen Zustandes erforderlich.

Beweis: Sachverständigengutachten [4]

Der Beklagte wurde mit Schreiben des Klägers gemäß Anlage _____ vergeblich zur Durchführung der Arbeiten aufgefordert. Er hat dem Kläger mitgeteilt, dass er nicht beabsichtige, irgendetwas zu tun. Klage ist daher geboten.

Erläuterungen

1. Zuständiges Gericht. Zur örtlichen und sachlichen Zuständigkeit des Gerichts s. die Hinweise zu Teil 1 Rdn. 2334.

2. Klageantrag. Dieser ist so genau zu formulieren, dass er einen **vollstreckungsfähigen Inhalt** hat. Zur Vollstreckung im Wege der Ersatzvornahme s. Muster Teil 1 Rdn. 2875 ff.

Da der Mieter nur die Wiederherstellung eines vertragsgerechten Zustands schuldet, kann der Vermieter nicht die Durchführung bestimmter Maßnahmen, sondern nur die fachgerechte Wiederherstellung verlangen.

3. Schönheitsreparaturen.

Zum Anspruch des Vermieters, dass der Mieter schon während der Mietzeit **Schönheitsreparaturen** durchführt, s. die Hinweise zu Teil 1 Rdn. 2484 sowie Muster und Hinweise zu Teil 1 Rdn. 2493.

Kommen nur bestimmte Arbeiten in Frage, um einen vertragsgemäßen Zustand herzustellen, so kann der Vermieter im Klagewege die erforderlichen Maßnahmen spezifizieren. Im Übrigen obliegt es dem pflichtgemäßen Ermessen des Mieters, wie er den geschuldeten Erfolg fachgerecht herbeiführt. Hat er die angemessenen Renovierungsfristen, die üblicherweise für Wohnraum acht Jahre, für Nassräume fünf Jahre und für alle übrigen Räume zehn Jahre betragen, verstreichen lassen, so sind die laufenden **Schönheitsreparaturen** fällig, ohne dass der Vermieter den Zustand der Mieträume im Einzelnen darzulegen braucht. Sache des Mieters ist es alsdann zu beweisen, dass er zwischenzeitlich renoviert hat oder Renovierungsmaßnahmen wegen besonders geringer Abnutzung oder wegen besonders guter Qualität früherer Maßnahmen noch nicht erforderlich sind.

Zu Schönheitsreparaturen anlässlich der Beendigung des Mietverhältnisses s. Muster und Hinweise zu Teil 1 Rdn. 2546.

817 **4. Dekorationsaufforderung.** Zur Aufforderung des Mieters zur Durchführung von Schönheitsreparaturen bei laufendem Mietverhältnis s. Muster und Hinweise zu Teil 1 Rdn. 2493.

6. Klageerwiderung des Mieters gegenüber der Mängelbeseitigungs-Klage des Vermieters bei bestehendem und ungekündigtem Mietverhältnis

818 **Es wird beantragt,**

die Klage abzuweisen.

Begründung:

Die vom Kläger in seiner Klageschrift angeführten Mängel des Mietobjekts hat der Beklagte nicht zu vertreten. [1]

oder

Die vom Kläger in der Klageschrift beanstandeten baulichen Veränderungen sind unbedenklich und haben keinen mangelhaften Zustand hervorgerufen, sie überschreiten nicht den Rahmen eines vertragsgemäßen Gebrauches des Mietobjekts, den auszuüben der Beklagte berechtigt ist. [2]

Dazu ist im Einzelnen Folgendes vorzutragen (es folgt eine spezifizierte Darstellung der Argumente des beklagten Mieters für seinen Standpunkt):

▶ Beispiel:

Es ist richtig, dass der Beklagte eine nicht tragende Leichtbauwand zwischen der Küche des Mietobjektes und der angrenzenden Speisekammer zum Zwecke einer Erweiterung der Küche auf einer Länge von 1,50 m entfernt hat. Entgegen der Annahme des Klägers ist deren Entfernung statisch völlig unbedenklich. [4]

Beweis: Sachverständigengutachten

Die Umbauarbeiten hat der Beklagte durch einen Fachbetrieb ausführen lassen. Eine Gefährdung der Mietsache ist vollkommen ausgeschlossen. Selbstverständlich wird der Beklagte bei Ende des Mietvertrages, wenn dies von dem Kläger oder dessen Rechtsnachfolger gewünscht wird, einen Rückbau vornehmen und den ursprünglichen Zustand fachgerecht wiederherstellen.

▶ Beispiel:

Die von dem Beklagten vorgenommenen baulichen Veränderungen an der Dachterrasse durch Aufbringen von Waschbetonplatten auf einem Stelzlager sind entgegen der Auffassung des Klägers sowohl statisch unbedenklich, sie erhöhen auch nicht die Gefahr von Durchfeuchtungen des Daches. [5]

Beweis: Sachverständigengutachten

Erläuterungen

819 **1. Verantwortlichkeit.** Steht ein Mangel der Mietsache fest, so ist es zunächst Sache des Vermieters, der den Mieter auf Beseitigung in Anspruch nimmt, darzulegen und zu **beweisen**, dass die Schadensursache nicht aus seinem Verantwortungsbereich resultiert, sondern in der Sphäre des Mieters liegt. Ist dieser Beweis geführt, so muss der Mieter nachweisen, dass er den Mangel nicht zu vertreten hat.

2. Bauliche Veränderungen. Solche darf der Mieter grundsätzlich nicht am Mietobjekt vornehmen. Allerdings gehören Maßnahmen, die vor allem zur individuellen Einrichtung des Mieters gehören, keinen Eingriff in die Bausubstanz darstellen und den optischen Gesamteindruck des Hauses nach außen hin nicht verändern, zum Mietgebrauch und bedürfen keiner Genehmigung. S. dazu die Hinweise zu Teil 1 Rdn. 372.

3. Feuchtigkeitsschäden. Treten in der Mietwohnung Feuchtigkeitsschäden auf, so ist es zunächst Sache des Vermieters auszuschließen, dass diese auf anderen Ursachen als auf einem fehlerhaften Wohnverhalten des Mieters beruhen. Ihm obliegt der **Beweis**, dass keine Baumängel am Gebäude vorhanden sind (BGH WuM 2005, 54 = ZMR 2005, 120; LG Dessau-Roßlau ZMR 2009, 38, 39; AG Schöneberg GE 2015, 198; AG Reinbek WuM 2014, 604 mit Anm. *Selk*).

Zur Beweislast bei Feuchtigkeitsschäden s. die Hinweise zu Teil 1 Rdn. 794.

Hat allerdings der Mieter bauliche **Änderungen** an dem Mietobjekt vorgenommen und treten nach Durchführung der Arbeiten im räumlichen Umfeld Feuchtigkeitserscheinungen auf, so ist es grundsätzlich Sache des Mieters darzulegen und zu beweisen, dass die Schäden nicht auf die Veränderungen zurückzuführen sind.

4. Eingriffe in die Bausubstanz. Diese darf der Mieter nur mit Zustimmung des Vermieters durchführen. Sind die Maßnahmen zur Erreichung des Vertragszwecks erforderlich, so hat der Mieter unter bestimmten Voraussetzungen einen Anspruch gegen den Vermieter auf Erlaubniserteilung. Es könnten hier dieselben Grundsätze herangezogen werden, wie bei der Installation einer Parabolantenne (s. dazu die Hinweise zu Teil 1 Rdn. 441 ff.), nämlich:
– Die Arbeiten müssen baurechtlich zulässig, möglichst unauffällig und technisch geeignet sein,
– von einem Fachmann durchgeführt werden,
– der Mieter muss den Vermieter von allen anfallenden Kosten und Gebühren freistellen.

Sind diese Voraussetzungen gegeben, wäre ein Beseitigungsverlangen des Vermieters gegenüber dem Mieter, der die baulichen Maßnahmen **in den Mieträumen** ohne Erlaubnis durchgeführt hat, treuwidrig (§ 242 BGB).

Begründen die geplanten Maßnahmen allerdings ein besonderes Risiko für die Substanz des Mietobjekts, kann der Vermieter nach der hier vertretenen Auffassung eine **zusätzliche Mietsicherheit** in angemessener Höhe verlangen (s. dazu Teil 1 Rdn. 448).

5. Außenbereich. Für Veränderungen im Außenbereich des Mietobjekts gelten die unter Ziff. 2 erfolgten Hinweise entsprechend. Das Beispiel bezieht sich auf die Dachterrasse eines gemieteten Einfamilienhauses. Bei einem Mehrfamilienhaus darf der Mieter ohne Zustimmung des Vermieters grundsätzlich keine Veränderungen an der Außenanlage vornehmen, insbesondere nicht in den zur Nutzung durch die Gemeinschaft vorgesehenen Bereichen.

S. aber die Hinweise zu Teil 1 Rdn. 438 und Teil 1 Rdn. 453.

Genehmigungsfrei sind solche Maßnahmen, die vor allem zur individuellen Einrichtung des Mieters gehören, keinen Eingriff in die Bausubstanz darstellen und den optischen Gesamteindruck des Hauses nach außen hin nicht verändern.

IX. Minderung und Zurückbehaltung der Miete

1. Schreiben des Mieters an den Vermieter wegen Gewährleistung vertragsgemäßer Nutzung mit Ankündigung der Minderung und Ausübung des Zurückbehaltungsrechts

Hiermit zeigen wir Ihnen an, dass uns Herr Beispielhaft mit der Wahrnehmung seiner rechtlichen Interessen in der vorbezeichneten Angelegenheit beauftragt hat.

Unsere Bevollmächtigung wird anwaltlich versichert. [1]

Gemäß dem zwischen Ihnen und unserem Mandanten geschlossenen Mietvertrag vom _____ wurde das Mietobjekt in _____ gemietet, und zwar [2]

▶ Beispiel:

zu Wohnzwecken [3]

▶ Beispiel:

zum Betrieb eines Büros

▶ Beispiel:

zum Betrieb eines Einzelhandelsgeschäftes

▶ Beispiel:

zum Betrieb einer Gaststätte

Von der zuständigen Behörde ging unserem Mandanten jetzt das in Kopie beigefügte Schreiben vom _____ zu, woraus sich ergibt, dass die vereinbarte Nutzung aufgrund der Rechtslage unzulässig sein soll. [4]

Namens unseres Mandanten fordern wir Sie hiermit auf, bis zum _____ die Voraussetzungen für eine vertragsgemäße Nutzungsmöglichkeit zu schaffen. Ab sofort mindert unser Mandant die Miete wegen völliger Gebrauchsuntauglichkeit auf 0. [5]

Soweit eine Minderung auf 0 nicht zulässig sein sollte, [6]

macht unser Mandant von seinem nach dem Gesetz bestehenden Recht Gebrauch, die Mietzahlung bis zur vollständigen Beseitigung des Mangels zurückzubehalten. [7]

Nach fruchtlosem Ablauf der Frist behält sich unser Mandant vor, das Mietverhältnis fristlos zu kündigen. [8]

Erläuterungen

831 1. Bei der **Aufforderung** zur Herstellung eines vertragsgemäßen Zustands sowie der Ankündigung der Mietminderung und des Zurückbehaltungsrechts handelt es sich nicht um eine vertragsgestaltende Willenserklärung oder eine geschäftsähnliche Handlung. Deshalb ist vorerst ausreichend, die Vollmacht **anwaltlich zu versichern**. Sollte der Mieter die Bevollmächtigung bestreiten, muss eine Originalvollmacht nachgereicht werden.

832 2. **Grundsätzliches.** Die Mietminderung führt **kraft Gesetzes** automatisch zu einer Reduzierung der Miete in dem Umfang, in dem die tatsächliche Nutzungsmöglichkeit (Ist-Zustand) hinter der vertraglich vereinbarten (Soll-Zustand) zurückbleibt. Sofern sich der Mangel nur **periodisch** auf die Gebrauchstauglichkeit der Mietsache auswirkt, ist die Miete auch nur in diesem Zeitraum gemindert (BGH NZM 2011, 153). **Vereinbarungen**, durch welche die Minderungsbefugnis des Mieters eingeschränkt oder ausgeschlossen wird, sind bei der Wohnraummiete unzulässig (§ 536 Abs. 4 BGB). Bei der Geschäftsraummiete ist eine Formularklausel, die das Minderungsrecht des Mieters absolut, einschließlich etwaiger Rückerstattungsansprüche aus § 812 BGB ausschließt, wegen unangemessener Benachteiligung des Mieters nach § 307 BGB unwirksam (BGH NZM 2008, 522, 609; s. dazu *Streyl* Vortrag DMT 2015, abrufbar unter www.mietgerichtstag.de [Abdruck in der NZM vorgesehen]; NZM 2014, 668).

3. Vertragszweck. Fehlt es an einer Beschaffenheitsvereinbarung (s. dazu Teil 1 Rdn. 723), so hängt die Frage, ob ein Mangel des Mietobjekts vorliegt, der den Mietgebrauch beeinträchtigt und zu einer Minderung führt, von dem vereinbarten Vertragszweck ab. Maßgebend ist, welche Regelung die Parteien bei sachgerechter Abwägung der beiderseitigen Interessen nach Treu und Glauben unter Berücksichtigung der Verkehrssitte getroffen hätten, wenn ihnen bei Vertragsschluss die nicht bedachte Entwicklung – also der Eintritt des Mangels – bewusst gewesen wäre (vgl. BGH NZM 2015, 481, 483). Dabei ist insbesondere auf drei Kriterien abzustellen: 833

(1) Der Vermieter schuldet zunächst die **Einhaltung der maßgeblichen technischen Normen** (BGH NZM 2015, 481, 484; 2009, 855; instr. *Gsell* WuM 2011, 491 ff.).
- Dabei ist grundsätzlich der bei Errichtung des Gebäudes geltende Maßstab anzulegen. Nur wenn der Vermieter **bauliche Veränderungen** vorgenommen hat, die von der Intensität des Eingriffs in die Gebäudesubstanz her mit einem Neubau oder einer grundlegenden Veränderung des Gebäudes vergleichbar sind, muss er Lärmschutzmaßnahmen treffen, die den Anforderungen der zur Zeit des Umbaus geltenden DIN-Normen genügen (BGH NJW 2013, 575 = WuM 2013, 481; WuM 2004, 715 = ZMR 2005, 108).
- Ohne entsprechende vertragliche Vereinbarung hat der Vermieter regelmäßig keinen Anspruch auf einen gegenüber den Grenzwerten der zur Zeit der Errichtung des Gebäudes geltenden DIN-Normen **erhöhten Standard**. Das gilt auch dann, wenn die DIN-Norm – was oftmals der Fall ist – hinter der technischen Entwicklung und den wissenschaftlichen Erkenntnissen zurückbleibt (BGH WuM 2010, 482, 483).
- Andererseits ist ein **unter dem Mindeststandard** liegender Zustand nur dann vertragsgemäß, wenn er eindeutig vereinbart ist (BGH WuM 2010, 235).

(2) Eine zeitweilige **Änderung der Situation** des Grundstücks, mit der jederzeit zu rechnen ist (z.B. umfangreiche Straßenbauarbeiten bei Innenstadtlage), muss der Mieter hinnehmen.

(3) (Geräusch-)Immissionen durch Dritte, begründen jedenfalls dann keinen Mangel der Mietsache, wenn auch der Vermieter sie ohne eigene Abwehr- oder Entschädigungsmöglichkeit nach § 906 BGB als unwesentlich oder ortsübliche hinnehmen muss (s. BGHZ NZM 2015, 481).

Hinweis: Allein die Beeinträchtigung des subjektiven Wohlbefindens rechtfertigt noch keine Mietminderung (AG Stuttgart ZMR 2009, 458: Einzug eines Bestattungsinstituts im Erdgeschoss des Gebäudes).

4. Behördliches Verbot. Wirkt sich ein solches Verbot auf den Mietgebrauch aus, ist es als Sachmangel zu werten, sofern es auf der konkreten Beschaffenheit der Mietsache beruht und nicht in persönlichen oder betrieblichen Umständen des Mieters seine Ursache haben (BGH WuM 2011, 520; ZMR 1993, 7; ZMR 1994, 253: behördliches Nutzungsverbot; OLG Rostock NZM 2002, 701 = GuT 2002, 109: behördliche Untersagung des Verkaufs eines Teilsortiments; OLG Düsseldorf DWW 1991, 16; OLG München ZMR 1995, 402: Fehlen des behördlich geforderten Stellplatznachweises; LG Berlin GE 1994, 459: fehlende Zweckentfremdungsgenehmigung). 834

5. Geltendmachung. Von Gesetzes wegen ist es nicht erforderlich, dass der Mieter die Minderung ankündigt oder wie ein Gestaltungsrecht ausübt. Es genügt, dass er sich auf sie beruft. Eine **Ankündigung** der Minderung kann aber bei Mietverhältnissen über Geschäfts- oder Gewerberaum vereinbart werden. Im Übrigen kann die Mietminderung **unabhängig vom Verzug** des Vermieters mit der Mängelbeseitigung geltend gemacht werden. 835

Unterlässt der Mieter die Anzeige des Mangels, so ist er mit einer Mietminderung ausgeschlossen, soweit der Vermieter Abhilfe hätte schaffen können und dies infolge der unterbliebenen oder verspäteten Anzeige nicht mehr möglich ist, vgl. § 536c Abs. 2 BGB (BGH WuM 1987, 215; OLG Düsseldorf ZMR 2003, 21). Der **Ausschluss** gilt aber nur solange, wie der Vermieter aufgrund der nicht erfolgten Anzeige außer Stande war, für Abhilfe zu sorgen. Hat der Mieter den Mangel verspätet angezeigt und nimmt der Vermieter auch danach keine Beseitigung vor, so verliert der 836

Mieter seine Rechte nur bis zum Zeitpunkt der Anzeige. Für die Zeit danach kann er die Mietminderung uneingeschränkt geltend machen (Schmidt-Futterer/*Eisenschmid* § 536c Rn. 36).

837 **6. Mietminderung auf Null.** Eine solche kommt nur in Betracht, wenn die Gebrauchstauglichkeit zum vereinbarten Zweck vollständig aufgehoben ist, z.B. totaler Ausfall der Heizung bei strengem Frost (OLG Dresden ZMR 2003, 346; LG Wiesbaden WuM 1980, 17), Zugangshinderung zu einem Ladenlokal infolge Baumaßnahmen (KG GE 2008, 52), fehlende Zweckentfremdungsgenehmigung zur Nutzung von ehemaligem Wohnraum zu gewerblichen Zwecken (KG DWW 2004, 162 = MietRB 2004, 288); fehlende Nutzbarkeit eines Stellplatzes bei Regen (AG Steinfurt WuM 2009, 227 [zweifelhaft!]).

838 **7. Zurückbehaltungsrecht.** Die Mietminderung lässt den Erfüllungsanspruch des Mieters und ein hierauf bezogenes Zurückbehaltungsrecht nach § 320 BGB unberührt. Mietminderung und Zurückbehaltungsrecht können nebeneinander geltend gemacht werden (BGH WuM 2015, 568, 574 mit Anm. *Blank* Tz. 49). Zum Zurückbehaltungsrecht s. Teil 1 Rdn. 853 ff.

839 **8. Fristlose Kündigung.** Gemäß § 543 Abs. 3 S. 1 BGB ist für die Gewährleistungskündigung nach § 543 Abs. 2 Nr. 1 BGB grundsätzlich eine **Fristsetzung** zur Abhilfe oder eine Abmahnung erforderlich (s. Teil 1 Rdn. 2085). Sinnvoll ist hier eine Fristsetzung zur Abhilfe. Eine bloße Abmahnung provoziert u.U. Streit darüber, ab wann diese erfolglos ist.

2. Schreiben des Vermieters an den Mieter nach Aufforderung zur Gewährleistung vertragsgemäßer Nutzung

840 Die von Ihnen erwarteten Maßnahmen oder Handlungen fallen nicht in den Verantwortungsbereich unseres Mandanten, wie sich aus Folgendem ergibt: **1**

> ▶ Beispiel:
>
> Bei Abschluss des Mietvertrages wurde vereinbart, dass Sie die Voraussetzungen für die nach dem Vertrag beabsichtigte Nutzung schaffen. Daher gaben wir namens unseres Mandanten auch im Vorwege das Einverständnis für die Durchführung der baulichen Maßnahmen und Stellung der notwendigen Behördenanträge.

> ▶ Beispiel:
>
> Sie verpflichteten sich, auf eigene Kosten alle baulichen Maßnahmen durchzuführen, die zur vertragsgemäßen Nutzung und insbesondere zur Schaffung der Voraussetzungen für die Erlangung der notwendigen behördlichen Genehmigungen erforderlich sind. Es war Ihnen vor und bei Abschluss des Mietvertrages auch bekannt, dass im Mietobjekt aus rechtlichen Gründen nicht der von Ihnen beabsichtigte Verwendungszweck realisiert werden könnte. Sie wollten dennoch anmieten und übernahmen es, die erforderlichen behördlichen Genehmigungen einzuholen. Für den Fall, dass Ihnen dies nicht gelingt, wurde ein befristetes Rücktrittsrecht für Sie vereinbart. Von diesem Recht haben Sie keinen Gebrauch gemacht. Die vorstehend geschilderte Vereinbarung haben wir in der Vergangenheit noch mit keinem Mieter getroffen. Sie wurde mithin zwischen den Vertragsparteien ausgehandelt und von Ihnen in den Vertragsvordruck hineinformuliert. **2**

Unser Mandant verpflichtete sich lediglich zur Duldung von Baumaßnahmen und einer erforderlichen Mitwirkung bei der Beschaffung der notwendigen behördlichen Genehmigungen. Ein Minderungs- oder Zurückbehaltungsrecht steht Ihnen ebensowenig zu wie ein Recht zur fristlosen Kündigung. Unser Mandant ist seinen Verpflichtungen in jeder Hinsicht nachgekommen. **3**

C. Mietrechtliche Gewährleistung

Erläuterungen

1. Beschaffenheitsvereinbarung. Ob ein Mangel der Mietsache vorliegt, hängt in erster Linie 841 von den Vereinbarungen des Parteien ab (s. nur BGH NZM 2015, 481, 482). Insbesondere können die Parteien vereinbaren, dass ein bestimmter mangelhafter Zustand vom Mieter akzeptiert wird und damit das mangelbehaftete Gebäude »vertragsgerecht« ist (BGH NZM 2007, 484 ff. = ZMR 2007, 605, 607). In diesem Fall hat der Mieter weder Erfüllungs- noch Gewährleistungsansprüche. Er ist andererseits ohne besondere Verpflichtung nicht gehalten, seinerseits das Mietobjekt instand zu setzen.

2. Herrichtungsvereinbarung. Die Verpflichtung des Vermieters, die Räume zum vertraglich 842 vorgesehenen Gebrauch herzurichten, kann auf den Mieter übertragen werden. Das gilt jedoch nicht für Wohnraum, der der Mietpreisbindung unterliegt, d.h. der mit öffentlichen Mitteln gefördert worden ist.

Plant der Mieter, das Mietobjekt baulich zu verändern und hat er es gegenüber dem Vermieter 843 übernommen, die hierfür nötigen **behördlichen Genehmigungen** beizubringen, so kann er sich nicht darauf berufen, dass die Mieträume mangelhaft sind, weil die Behörde die Erlaubnis versagt hat, wenn er sich um diese nicht bemüht hat (OLG Düsseldorf ZMR 1993, 334). Eine **Formularklausel**, nach der der Mieter für den Betrieb des Mietobjekts die erforderlichen behördlichen Genehmigungen und Erlaubnisse auf seine Kosten und sein Risiko beizubringen hat, ist allerdings unzulässig (BGH ZMR 1988, 376; ZMR 1993, 320).

3. Gewährleistungsausschluss. Soweit die **Herrichtungspflicht** wirksam auf den Mieter über- 844 tragen worden ist, schuldet der Vermieter die Mieträume nur in ausbaugeeignetem Zustand.

Der Mieter hat regelmäßig keine Gewährleistungsansprüche, wenn die Mieträume durch eine 845 von ihm selbst gewünschte Veränderung ohne Verschulden des Vermieters mangelhaft werden. Anders verhält es sich, wenn es sich um vermieterseits zu schaffende Voraussetzungen handelt, damit die vom Mieter gewünschten Einrichtungen geschaffen werden können.

3. Schreiben des Mieters an den Vermieter nach erfolgloser Aufforderung zur Beseitigung von Mängeln an der Mietsache mit der Ankündigung der Mietminderung, Vorbehaltszahlung und der Ausübung eines Zurückbehaltungsrechts

Mit Schreiben vom _____ zeigten wir namens unseres Mandanten Mängel 846 an den Mieträumlichkeiten an und baten um unverzügliche Behebung. Nachdem Sie dieser Aufforderung nicht nachgekommen sind, befinden Sie sich im Verzug. Unser Mandant wird weiterhin die Miete entsprechend der Beeinträchtigung des Vertragszwecks bis zur Behebung der Mängel in Höhe eines monatlichen Betrages von _____ € mindern. Das entspricht _____ Prozent der Bruttomiete. [1, 2]

Eventuell:

Auf Grund der angezeigten Mängel zahlt unser Mandant die Miete fortan unter dem Vorbehalt der Rückforderung.

Eventuell:

Soweit die Miete im Voraus gezahlt ist, sind Sie um den anteiligen Minderungsbetrag ungerechtfertigt bereichert und schulden dessen Rückzahlung. Wir haben Sie demgemäß aufzufordern, den überzahlten Betrag in Höhe von _____ € bis zum _____ an unseren Mandanten auszukehren. [3]

Darüber hinaus wird unser Mandant die Miete in Zukunft in dem rechtlich zulässigen Umfang bis zur Behebung der Mängel aufgrund des gesetzlichen Zurückbehaltungsrechts zurückhalten. Wir halten einen zusätzlichen Einbehalt von _____ € monatlich insoweit für angemessen und begründen dies wie folgt: **4**

▶ **Beispiel:**

Sie hatten sich bei Vermietung zur Herstellung einer Mauer verpflichtet, insbesondere zur Diebstahlsicherung. Wir halten ein Zurückbehaltungsrecht in dreifacher Höhe der Herstellungskosten nicht für übersetzt, bis Sie die Mauer auf Ihre Kosten errichtet haben.

Erläuterungen

847 **1. Umfang.** *1.1* Die **Mietminderung** kann unabhängig vom Verzug des Vermieters mit der Mängelbeseitigung geltend gemacht werden. Der Mieter muss sich auf eine bestimmte Minderungsquote berufen.

848 *1.2* Nach § 536 Abs. 1 BGB ist der Mieter
– von der Entrichtung der Miete befreit, wenn die Gebrauchstauglichkeit der Mietsache infolge des Mangels vollständig aufgehoben ist (Mietminderung auf Null selten! s. dazu Teil 1 Rdn. 837),
– nur zur Entrichtung einer **angemessen herabgesetzten** Miete verpflichtet, wenn der Mangel die Gebrauchstauglichkeit der Mietsache lediglich mindert.

849 *1.3* Das Wesen der Minderung liegt darin, bei Störungen im Leistungsverhältnis den **Äquivalenzausgleich** zwischen Leistung und Gegenleistung zu schaffen. Das alte Recht verdeutlichte dies durch die Verweisung auf die Berechungsformel im Kaufrecht gemäß §§ 472, 473 BGB a.F. Im Zuge der Mietrechtsreform 2001 wurde diese Verweisung durch das Kriterium der angemessenen Herabsetzung der Miete ersetzt. In der Sache dürfte dies jedoch zu keiner Änderung führen. Nach wie vor ist allein auf die **objektive** Tauglichkeitsminderung der Mietsache abzustellen; maßgebend ist insbesondere die Schwere des Mangels sowie die Intensität und Dauer der Gebrauchsbeeinträchtigung (MüKo/*Häublein* § 536 Rn. 30). Demgegenüber sind subjektive Gesichtspunkte, wie ein besonders grobes Verschulden des Vermieters oder Begleitumstände, etwa die Abwesenheit des Mieters nicht von Belang (*Sternel* WuM 2002, 244 f.; Blank/Börstinghaus/*Blank* § 536 Rn 169; a.A. *Derleder* NZM 2002, 676 ff.). In der Praxis wird seit jeher mit prozentualen Schätzungen und Minderungstabellen gearbeitet (s. nur Schmidt-Futterer/*Eisenschmid* § 536 Rn. 398 ff.; *Selk*, in: Klein-Blenkers/Heinemann/Ring, Anhang zu §§ 536 bis 536d).

850 **2. Bemessung.** Ob die **Minderungsquote** nur nach der Nettokaltmiete oder unter Einrechnung der Betriebskostenanteile bzw. -vorauszahlungen zu berechnen ist, war lange Zeit streitig. Der BGH hat die Frage geklärt. Mit Urteil aus dem Jahre 2005 hat er entschieden, dass Bemessungsgrundlage der Minderung nach § 536 BGB die **Bruttomiete**, also die Miete einschließlich aller Nebenkosten ist (BGH NZM 2005, 455 = WuM 2005, 384 = ZMR 2005, 524). Daraus kann aber – wie der BGH in dem Urteil vom 13.04.2011 (WuM 2011, 284 = ZMR 2001, 625) klargestellt hat – nicht hergeleitet werden, dass ein monatlicher Minderungsbetrag anteilig auf die Nettomiete und die monatliche Betriebskostenvorauszahlung anzurechnen ist. Eine solche Aufteilung ist auch nicht zur Berechnung etwaiger Betriebskostennachforderungen bzw. -guthaben erforderlich, bei welchen die Mietminderung zu berücksichtigen ist. Eine Nachforderung des Vermieters lässt sich am einfachsten dadurch berechnen, dass die vom Mieter im Abrechnungsjahr insgesamt geleisteten Zahlungen der von ihm geschuldeten Gesamtjahresmiete (Jahresbetrag der Nettomiete zuzüglich der abgerechneten Betriebskosten abzüglich des in dem betreffenden Jahr insgesamt gerechtfertigten Minderungsbetrages) gegenübergestellt werden (BGH WuM 2011, 284, 285 = ZMR 2011, 625, 626; instr. dazu *Günter* WuM 2012, 299).

C. Mietrechtliche Gewährleistung

3. Rückforderung überzahlter Beträge. Hat der Mieter die Miete in vollem Umfang entrichtet, obwohl sie wegen Mängeln nach § 536 Abs. 1 S. 2 BGB gemindert war, so kann er überzahlte Mietbeträge nach § 812 Abs. 1 S. 1 Var. 1 BGB. zurückverlangen. Sofern ihm aber das Minderungsrecht bekannt gewesen ist, was nach der Rechtsprechung »im Regelfall beim Kenntnisstand der beteiligten Kreise anzunehmen« ist (BGH NZM 2003, 679, 680 = ZMR 2003, 667, 669; AG Tempelhof-Kreuzberg GE 2015, 921, s. aber auch LG Darmstadt ZMR 2014, 208, 209), steht einer bereicherungsrechtlichen Rückforderung § 814 BGB entgegen. 851

Hinweis: Sofern der Mieter trotz Kenntnis des Mangels die Miete bis auf Weiteres ungekürzt entrichten will, sollte er gegenüber dem Vermieter den **Vorhalt der Rückforderung** aussprechen. 852

4. Zurückbehaltungsrecht. Der Anteil der Miete, den der Mieter **zurückbehalten** darf, bestimmt sich nach den Umständen des Einzelfalls unter Berücksichtigung von Treu und Glauben (§§ 320 Abs. 2, 242 BGB). Dabei steht den Gerichten nach der Entscheidung des BGH vom 17.06.2015 (WuM 2015, 568, 575 mit Anm. *Blank*) ein weites Beurteilungsermessen zu. Allerdings darf der Mieter das Zurückbehaltungsrecht redlicherweise nur so lange ausüben, wie es noch seinen Zweck erfüllt, den Vermieter durch den dadurch ausgeübten Druck zur Mangelbeseitigung anzuhalten (BGH WuM 2015, 568, 576 mit Anm. *Blank* Tz. 63). Insbesondere sind die Grenzen gerichtlichen Beurteilungsermessens dann überschritten, wenn dem Mieter zeitlich unbegrenzt einen Einbehalt gewährt wird, der es ihm erlaubt, auf unabsehbare Zeit überhaupt keine Miete zu entrichten (BGH a.a.O. Tz. 59 f.). Das wäre etwa bei einem unbefristeten Zurückbehaltungsrecht in Höhe des vierfachen Minderungsbetrags der Fall, sofern die gesetzliche Minderung der Miete 20 % beträgt. Im Übrigen muss der insgesamt einbehaltene Betrag in einer angemessenen **Relation zur Bedeutung des Mangels** stehen (BGH a.a.O. Tz. 64). 853

Teilweise wird aus den vom BGH aufgestellten Grundsätzen der Schluss gezogen, dass der Mieter das Zurückbehaltungsrecht nur innerhalb des jeweiligen **Zeitabschnitts** geltend machen könne, dieses somit am Ende des laufenden Monats entfalle, dann aber für jeden neuen Monat, in dem der Vermieter den Mangel noch nicht beseitigt habe, neu entstehe (*Schach* GE 2015, 1058, 1059; schon bislang OLG Frankfurt NZM 2000, 181).

Gewiss wäre eine dergestalt **restriktive Handhabung** des Zurückbehaltungsrechts für den Mieter der sicherste Weg, um sich nicht in den Gefahrenbereich einer Verzugskündigung zu begeben. Doch scheint der BGH eine großzügigere Linie zu favorisieren. Bei Tz. 68 des Urteils vom 17.06.2015 (a.a.O.) merkt er an, dass jedenfalls ein Einbehalt, der etwa drei oder vier Monatsmieten deutlich übersteige, unverhältnismäßig und somit nicht gerechtfertigt sei. Daraus lässt sich als **Richtschnur** für die Praxis Folgendes ableiten: 854

- Bei **kleineren Mängeln** sollte der Einbehalt insgesamt die dreifache monatliche Bruttomiete nicht übersteigen. Zudem sollte der Mieter den monatlichen Abzug so bemessen, dass er – die Minderung bereits mit inbegriffen – er zumindest 50 % des vereinbarten Entgelts zu entrichten hat.
- Bei **schwerwiegenden Mängeln** sollte der Mieter jedenfalls nicht mehr als fünf Monatsentgelte zurückbehalten.

Jedenfalls dürfte die vor allem in der Instanzjudikatur favorisierte Ansicht, die Höhe des Zurückbehaltungsrechts auf das Drei- bis Fünffache des Minderungsbetrags zu begrenzen (so etwa LG Saarbrücken NZM 1999, 757 f.; AG Neukölln GE 2013, 1072, 1073), künftig nicht mehr haltbar sein. Auch eine Orientierung an den voraussichtlichen Mängelbeseitigungskosten (so etwa *Selk* NZM 2009, 142 unter Rückgriff auf § 641 Abs. 3 BGB) dürfte nicht mehr in Betracht können (dagegen auch *Schmidt* NZM 2013, 705, 715).

Achtung! Der Mieter kann das Zurückbehaltungsrecht erst ausüben, nachdem der dem Vermieter den Mangel angezeigt hat (BGH WuM 2011, 12 = ZMR 2011, 275). 855

Das Zurückbehaltungsrecht dient als **Druckmittel**, um den Vermieter zur Herstellung des vertragsgemäßen Zustands der Mietsache zu bewegen (vgl. BGH WuM 2011, 12, 13 = ZMR 2011, 275). 856

Hinz

Hat der Vermieter den Mangel beseitigt, muss der Mieter den zurückbehaltenen Betrag nachzahlen (§ 322 BGB). Für die Zeit, in welcher der Mangel bestanden hat, beläuft sich der Nachzahlungsbetrag aber nur auf die kraft Gesetzes geminderte Miete (§ 536 Abs. 1 BGB). Das Zurückbehaltungsrecht an der Miete entfällt mit der Beendigung des Mietverhältnisses, unabhängig davon, ob der Mangel beseitigt ist (BGH WuM 2015, 568, 576 mit Anm. *Blank* Tz. 61; BGH WuM 2011, 12 = ZMR 2011, 275 Tz. 13).

857 **Achtung!** Behält der Mieter über einen längeren Zeitraum Teile der Miete zurück, so sollte er unbedingt Rücklagen bilden.

858 Zur Kündigung wegen Zahlungsverzugs s. Teil 1 Rdn. 2003.

859 Sofern die Gefahr besteht, dass der einbehaltene Betrag die Minderungsquote übersteigt, sollte der Mieter den Abzug jedenfalls **hilfsweise** auf sein Zurückbehaltungsrecht nach § 320 Abs. 1 BGB stützen.

860 Formularmäßige Beschränkungen oder ein **Ausschluss des Zurückbehaltungsrechts** sind bei der Wohnraummiete unzulässig (§ 309 Nr. 2a BGB). Bei der Gewerberaummiete ist ein Ausschluss des Zurückbehaltungsrechts unter den Voraussetzungen der §§ 310 Abs. 1, 307 BGB unwirksam, wenn die zugrundeliegende Gegenforderung unbestritten oder rechtskräftig festgestellt ist (BGH NJW 1992, 575, 577; ZMR 1993, 320 f.) oder wenn sich der Vermieter grob vertragswidrig verhalten hat (LG Berlin NJW-RR 1992, 518).

4. Antwortschreiben des Vermieters zur Ankündigung des Mieters von Mietminderung und Ausübung des Zurückbehaltungsrechts

861 **Den von Ihnen mit Schreiben vom _____ angekündigten Maßnahmen wird hiermit ausdrücklich widersprochen, da Ihnen ein Recht zur Minderung ebenso wenig zusteht wie ein Zurückbehaltungsrecht. Das ergibt sich aus folgenden Umständen:**

▶ Beispiel:

Die von Ihnen mitgeteilten Mängel der Mietsache sind allein von Ihnen zu vertreten. Bei den Mängeln im Decken- und Außenwandbereich des Schlafzimmers handelt es sich nicht um Durchfeuchtungen von außen, sondern um Kondenswasserbildung durch unzureichende Beheizung und Belüftung. [1]

Außerdem wurden Sie beim kürzlichen Einbau der isolierverglasten Fenster durch unseren Mandanten ausdrücklich und detailliert aufgefordert, zukünftig mehr zu lüften zum Ausgleich dafür, dass der Wegfall der praktischen Dauerlüftung in der Form der alten Fenster diese Maßnahme erfordere. Sie haben diesen Hinweis nicht beachtet.

▶ Beispiel:

Der von Ihnen gerügte angeblich schlechte dekorative Zustand des Treppenhauses und der Außenfassade mindern die Gebrauchstauglichkeit der Mietsache nur unerheblich, wobei hinzu kommt, dass das Treppenhaus erst vor ca. 5 Jahren handwerksgerecht gestrichen wurde und der jetzige Zustand überwiegend von Ihren Kindern und durch das unerlaubte Abstellen von Fahrrädern verursacht wurde. [2]

▶ Beispiel:

Die von Ihnen geltend gemachte Mietminderung wegen Lärmbelästigung durch die Tanzschule/den angrenzenden Kindergarten steht Ihnen schon deshalb nicht zu, weil Ihnen dieser Umstand bei Abschluss des Mietvertrages bekannt war. Ein entsprechender Hinweis findet sich unter »Besondere Vereinbarungen« im Mietvertrag. Er gehört nicht zum Formulartext, wurde von unserem Mandanten handschriftlich dort eingesetzt. Dort wurden Sie ausdrücklich auf mögliche Störungen durch die Tanzschule/den angrenzenden Kindergarten hingewiesen. Sie äußerten sinngemäß, das sei Ihnen egal, zumal Sie im Allgemeinen nicht vor 22.00 Uhr nach Hause kämen. [3]

▶ Beispiel:

Die von Ihnen zur Begründung der Minderung angeführten Lärmbelästigungen resultieren aus der Ihnen mit Schreiben vom _____ angekündigten Aufbringung eines Wärmedämmverbundsystems auf der Außenfassade des Hauses. Da es sich hierbei um eine Maßnahme handelt, die der energetischen Modernisierung dient, ist eine Minderung für die Dauer von drei Monaten ausgeschlossen. [4]

Erläuterungen

1. Verantwortungsbereich des Mieters. Dem Mieter stehen Gewährleistungsansprüche nicht zu, wenn er den Mangel zu vertreten hat, etwa indem er seine **Obhutspflicht** durch unzureichendes Heizen oder Lüften schuldhaft verletzt hat. Grundsätzlich muss der Vermieter beweisen, dass Feuchtigkeitsschäden in den Verantwortungsbereich des Mieters fallen (vgl. Teil 1 Rdn. 794). Dafür reicht es aus, dass er mögliche Ursachen, die in seinen Verantwortungsbereich fallen, ausschließt (BGH WuM 2005, 54 = ZMR 2005, 120). Auch Feuchtigkeitsschäden infolge von Kondenswasserbildung können ganz oder zum Teil in den Verantwortungsbereich des Vermieters fallen, wenn z.B. Kältebrücken bestehen oder der Vermieter in die raumklimatischen Verhältnisse eingegriffen hat, z.B. durch Einbau isolierverglaster Fenster (LG Dessau-Roßlau ZMR 2009, 38, 39; LG Hamburg ZMR 2001, 113; LG Berlin ZMR 2002, 48; ferner LG Bochum WuM 1992, 431 für Innenbad und nicht ausreichende Zwangsentlüftung). Hat der Vermieter durch eigene bauliche Maßnahmen die raumklimatischen Bedingungen verändert, so muss er den Mieter gezielt und sachgerecht auf eine gebotene Änderung des Wohnverhaltens hinweisen (LG Hamburg NZM 1998, 571; LG Neubrandenburg WuM 2002, 309). 862

2. Unerhebliche Beeinträchtigungen. Wegen solcher kann der Mieter nicht mindern (§ 536 Abs. 1 S. 3 BGB). Ob ein nicht renoviertes Treppenhaus einen Mangel darstellt, hängt von den Umständen ab, insbesondere von der Ortssitte, dem Zweck und dem Preis der Mieträume bei der Anmietung (vgl. KG WuM 1984, 42; AG Köpenick GE 2007, 1321, 1323). Grundsätzlich dient das **Treppenhaus** auch der Repräsentation der Wohnung und damit gewissermaßen als »Aushängeschild«. Für eine durchschnittliche Wohnung kann der Mieter ein Treppenhaus mittlerer Art und Güte verlangen (AG Köln WuM 1997, 470; AG Hamburg-Altona WuM 1996, 535). Nach LG München I WuM 1993, 736 ist der Vermieter zur Ausbesserung beschädigter Putzflächen des Treppenhauses verpflichtet, wenn es dem Mieter nicht zuzumuten ist, die Wohnung durch das schadhafte und verschmutzte Treppenhaus zu betreten. Ein Fristenplan für die Renovierung des Treppenhauses oder der Außenfassade besteht nicht. **Graffitis** im Treppenhaus (ebenso an der Außenfassade) werden grundsätzlich als Mängel angesehen (AG Berlin-Charlottenburg NZM 2007, 484; Schmidt-Futterer/*Eisenschmid* § 536 Rn. 246). 863

3. Kenntnis vom Mangel. Hat der Mieter bei Abschluss des Vertrags Kenntnis vom Mangel schließt dies seine Gewährleistungsrechte aus (§ 536b S. 1 BGB). Gleiches gilt, wenn er den Mangel infolge grober Fahrlässigkeit nicht erkannt hat, soweit ihm der Vermieter diesen nicht arglistig verschwiegen hat (§ 536b S. 2 BGB), oder er die Mietsache trotz Kenntnis vom Mangel vorbehaltlos abgenommen hat (§ 536 S. 3 BGB). 864

Sein Erfüllungsanspruch und damit auch sein Leistungsverweigerungsrecht aus § 320 BGB bleiben hiervon aber unberührt. S. dazu die Hinweise zu Teil 1 Rdn. 735.

865 Vor der Anmietung der Mieträume in ihrem Ausmaß erkennbare Beeinträchtigungen, die von einem Nachbargrundstück ausgehen und den Mietgebrauch nachhaltig beeinträchtigen, rechtfertigen keine Minderung (KG GE 2003, 115; LG Lübeck WuM 1998, 690; LG Mannheim WuM 2000, 185 für Baumaßnahmen in einem Neubaugebiet; s. auch AG München NZM 2008, 320). Nach LG Berlin GE 2008, 268 soll es bereits genügen, wenn für den Mieter aufgrund einer Baulücke mit wildem Busch- und Strauchwerk erkennbar ist, dass auf dem Nachbargrundstück in absehbarer Zeit Baumaßnahmen erfolgen werden.

866 Andererseits werden von dem Ausschluss nur Beeinträchtigungen erfasst, mit denen üblicherweise gerechnet werden muss (vgl. LG Frankfurt/M. ZMR 2007, 698). Ist dem Mieter bei Vertragsabschluss bekannt, dass sich im Haus eine Gaststätte befindet, so folgt hieraus nicht der Schluss, dass er auch das Ausmaß des Gaststättenlärms kannte oder grob fahrlässig nicht kannte, der die Lärmschutzwerte überschreitet.

867 Ein **formularmäßiger Hinweis** auf den Mangel genügt nicht, um die Kenntnis des Mieters zu begründen, denn er ist unwirksam (§ 309 Nr. 12 BGB). Das Gleiche gilt für Klauseln, in denen der Mieter die Mangelfreiheit der Mieträume bestätigt.

4. Minderungsausschluss bei energetischer Modernisierung. Führt der Vermieter eine energetische Modernisierung iSd. § 555b Nr. 1 BGB durch, so ist sein Minderungsrecht wegen einer daraus resultierenden Beeinträchtigung der Gebrauchstauglichkeit des Mietobjekts nach § 536 Abs. 1a BGB für die Dauer von drei Monaten ausgeschlossen. Soweit die Gebrauchstauglichkeit der Mietsache durch die Arbeiten allerdings gänzlich aufgehoben wird (vgl. § 536 Abs. 1 S. 1 BGB), bleibt der Mieter von der Mietzahlungspflicht befreit, der Minderungsausschluss kommt nicht zum Tragen.

868 Eine **energetische Modernisierung** liegt nach § 555b Nr. 1 BGB nur vor, wenn durch die Maßnahme in Bezug auf die Mietsache Endenergie nachhaltig eingespart wird; eine Einsparung von Primärenergie genügt nicht.

Endenergie ist die Energiemenge, die eingesetzt werden muss, um die für den Endverbraucher erforderliche Nutzenergie zur Verfügung zu stellen (*Derleder* NZM 2013, 441, 443; *Neuhaus* ZMR 2013, 686, 687; *Harsch* WuM 2013, 514, 519; *Hinz* NZM 2013, 209, 211 f.), und zwar gemessen an der **Gebäudegrenze** gleichsam als Schnittstelle, an welcher der jeweilige Energieträger in Form von Heizöl, Erdgas, Holzpellets, Fernwärme oder Strom übergeben wird. Damit schließt der Begriff der Endenergie die hinter der Gebäudegrenze stattfindenden Verluste durch Anlagentechnik mit ein. Als **Primärenergie** wird indes die Energie bezeichnet, wie sie mit den natürlichen Energieformen zur Verfügung steht, namentlich den fossilen Energien wie Kohle, Erdöl und Erdgas, den nuklearen Energien (Kernenergien) wie Uran und Plutonium sowie den erneuerbaren Energien wie Wind, Wasser und Sonnenstrahlung (s. nur *Neuhaus* ZMR 2013, 686, 688; *Hinz* NZM 2013, 209, 211 f.).

869 Probleme können entstehen, wenn der Vermieter mit der energetischen Modernisierung zugleich eine **andere Modernisierungsmaßnahme** durchführt oder seiner fälligen Instandsetzungs- oder Instandhaltungspflicht nachkommt. Vieles spricht dafür, hier auf den Schwerpunkt der Maßnahme abzustellen. Liegt dieser der energetischen Modernisierung, sollte der Minderungsausschluss eingreifen.

▶ Beispiele:

Im Zuge der Einhüllung der Gebäudefassade mit einer Wärmedämmung wird sogleich das schadhafte Außenmauerwerk instandgesetzt.

Das zur Aufbringung der Wärmedämmplatten errichtete Gerüst wird gleichzeitig zur Reparatur von einigen schadhaften Dachziegeln genutzt.

Handelt es sich bei der energetischen Modernisierung indes um eine gegenüber den anderweitigen Modernisierungsarbeiten (etwa einer Modernisierung zur nachhaltigen Gebrauchswerterhöhung, § 555b Nr. 4 BGB) lediglich untergeordnete Maßnahme, so bleibt das Minderungsrecht des Mieters bestehen. 870

▶ Beispiel:

Im Zuge einer Änderung des Raumzuschnitts im Obergeschoss des Gebäudes zwecks Vergrößerung des Bades und der beiden Kinderzimmer wird eine Wärmedämmung im Bereich der Geschossdecke zum Dachboden installiert (s. LG Itzehoe ZMR 2012, 872).

Die Dreimonatsfrist beginnt mit der ersten eine Mietminderung rechtfertigenden Beeinträchtigung infolge der energetischen Modernisierungsmaßnahme (so Lützenkirchen/*Lützenkirchen* § 536 Rn. 327; *Zehelein* WuM 2013, 133 f.; *Neuhaus* ZMR 2013, 686, 693; *Hinz* NZM 2013, 209, 217), nach aA mit dem in der Modernisierungsmitteilung angekündigten Beginn der Arbeiten (Schmidt-Futterer/*Eisenschmid* § 536 Rn. 68). Die Frage ist noch nicht geklärt.

Unterschiedlich beantwortet wird auch, ob der Minderungsausschluss eine ordnungsgemäße Modernisierungsankündigung nach § 555c BGB erfordert (dafür *Hau* NZM 2014, 809, 814; dagegen *Neuhaus* ZMR 2013, 686, 692; *Hinz* NZM 2013, 209, 212).

5. Klageerwiderung des Mieters gegenüber der Klage des Vermieters auf Zahlung der geminderten Miete

Es wird beantragt, 871

den Kläger mit seiner Klage abzuweisen.

Begründung:

Der Beklagte hat die geltend gemachten Beträge zu Recht nicht gezahlt, weil ihm das Recht der Minderung zusteht. Das Mietobjekt ist mit Mängeln behaftet, die zu einer nicht unerheblichen Beeinträchtigung der Tauglichkeit führen und eine Minderung der Miete in dem vom Kläger dargestellten Umfang rechtfertigen.

Es handelt sich im Einzelnen um folgende Mängel:

▶ Beispiel:

Im Decken- und Außenwandbereich des Schlafzimmers sind im Anschluss an die starken Regenfälle im vergangenen Winter erhebliche Durchfeuchtungen aufgetreten, die der Kläger trotz sofortiger Anzeige bisher nicht beseitigt hat. Die Durchfeuchtungen vergrößern sich mit jedem starken Regen. [1]

▶ Beispiel:

Der Kläger hat nach Abschluss des Mietvertrages mit dem Beklagten die unter dem Mietobjekt des Beklagten befindlichen Räume an eine Tanzschule vermietet. Da die Lärmschutzmaßnahmen nicht ausreichen, wird der Beklagte nahezu täglich bis in die späte Nacht durch Tanzmusik und lautes Lachen etc. gestört. Die einzelnen Störungstatbestände sind nach Art und Dauer in der als

Anlage B 1

überreichten Liste, aufgegliedert nach Tagen, erfasst; hierauf nimmt der Beklagte für seinen Sachvortrag Bezug. In letzter Zeit hat die Tanzschule im angrenzenden Nachbarhaus Räume dazugemietet und in die Tanzschule einbezogen. Dadurch besuchen noch mehr Schüler die Tanzschule und es fällt zusätzlich Lärm an. [2]

> **Beispiel:**
>
> Nach dem Austausch der Heizkörper in der Wohnung ist diese nicht mehr ausreichend beheizbar. Wie sich aus der als
>
> Anlage B 1
>
> überreichten Liste, aufgegliedert nach Tagen und Uhrzeit, auf die der Beklagte für seinen Sachvortrag Bezug nimmt, ergibt, wurde die Mindestraumtemperatur von 20 °C an allen aufgezeichneten Tagen deutlich unterschritten, wobei die tiefste Temperatur etwa 16 °C betrug. Offensichtlich sind die eingebauten neuen Heizkörper unterdimensioniert. [3]

Die gerügten, oben im Einzelnen dargestellten Mängel lagen während des gesamten, hier streitgegenständlichen Minderungszeitraum vom _____ bis _____ vor.

Beweis:

1) Zeugnis der Nachbarin, (___[Name]___), zu laden über die Anschrift _____
2) Zeugnis der Tochter des Beklagten (___[Name]___), zu laden über die Anschrift

Erläuterungen

872   **1. Darlegungslast.** Der Mieter genügt seiner Darlegungslast, wenn er die **Mängel** in ihren Erscheinungen möglichst konkret beschreibt. An die Substanziierung stellen die Instanzgerichte unterschiedliche Anforderungen. Es empfiehlt sich, den jeweiligen Mangel nach Art, Umfang, Intensität und gegebenenfalls Zeit präzise zu beschreiben. Zur genauen örtlichen Darstellung empfiehlt sich die Beifügung einer Grundrissskizze der Miträume, in die die mängelbehafteten Stellen eingetragen sind oder eine Fotodokumentation. Zu den Ursachen braucht der Mieter nichts vorzutragen.

873   Nach der Rechtsprechung des BGH (BGH NZM 2012, 109, 110 = WuM 2011, 700, 701; ferner BGH WuM 2012, 269; 508; NJW-RR 1991, 779 = WuM 1991, 544) braucht der Mieter auch das Maß der **Gebrauchsbeeinträchtigung** durch den Mangel nicht darzulegen. Es soll für sein Vorbringen ausreichen, dass die Tauglichkeit zum Mietgebrauch nicht nur unerheblich beeinträchtigt worden ist. Das bedeutet aber nicht, dass geringere Anforderungen an die Darlegung der einzelnen Beeinträchtigungen (z.B. bei Lärm oder bei Heizungsausfall) gestellt werden.

874   **2. Lärmbelästigungen u.a.** Mindert der Mieter wegen **Lärmbelästigung**, sollte er diese im Einzelnen nach Zeit, Art und Intensität darlegen. Nach der Rechtsprechung genügt aber eine Beschreibung, aus der sich ergibt, um welche Art von Beeinträchtigungen (Partygeräusche, Musik, Lärm durch Putzkolonnen auf dem Flur o.ä.) es geht, zu welchen Tageszeiten, über welche Zeitdauer und in welcher Frequenz diese ungefähr auftreten; der Vorlage eines »Protokolls« bedarf es nicht (BGH WuM 2012, 269 = ZMR 2012, 536; s. auch *Schneider* WuM 2013, 209, 211).

Insbesondere bei **länger dauernden Belästigungen** durch umfangreiche Sanierungsmaßnahmen verlangt die Rechtsprechung nicht, dass der Mieter im Einzelnen darlegt, wann an welchem Tag zu welcher Stunde welches Geräusch aus welcher Richtung in welcher Lautstärke kam und welches Ausmaß die Verschmutzung täglich einnahm. Anderenfalls müsste der Mieter seine berufliche Tätigkeit aufgeben und sich im Wesentlichen der statistischen Erfassung der Mietbeeinträchtigung widmen (KG GE 2001, 620). Zur Lärmbelästigung als Mietmangel s. auch AG Neuruppin WuM 2005, 653; AG Suhl WuM 2005, 656.

875   **3. Mangelhafte Heizleistung.** Rügt der Anwalt des Mieters eine mangelhafte **Heizleistung**, so sollte er höchst vorsorglich darlegen, an welchen Tagen und zu welchen Tageszeiten welche Zimmertemperaturen in welchen Räumen erreicht worden sind. Der BGH stellt indes keine allzu

hohen Anforderungen an die Substanziierung der Mangelsymptome (BGH WuM 2011, 700, 701 f.; s. auch *Schneider* WuM 2013, 209, 210 f., s. auch die Hinweise zu Teil 1 Rdn. 789).

Zur Vorbereitung des prozessualen Schriftsatzes empfiehlt sich auf jeden Fall das Führen eines Lärm- bzw. Temperaturprotokolls (BGH WuM 2012, 269, 508 = ZMR 2012, 536; *Schneider* WuM 2013, 209 ff.).

Sofern sich der **Mangel** lediglich **periodisch** auf die Gebrauchstauglichkeit der Mietsache auswirkt, ist die Miete auch nur in diesem Zeitraum gemindert (BGH NZM 2011, 153; s. auch AG Brandenburg ZMR 2014, 44).

6. Replik des Vermieters gegenüber der Klageerwiderung des Mieters wegen Minderung der Miete

Dem Beklagten steht ein Recht zur Minderung nicht zu. Das ergibt sich aus folgendem Sachverhalt: [1]

▶ Beispiel:

Bei den Mängeln im Decken- und Außenwandbereich des Schlafzimmers handelt es sich nicht um Durchfeuchtungen von außen, sondern um Kondenswasserbildung durch unzureichende Beheizung und Belüftung. [2]

Beweis: Sachverständigengutachten

▶ Beispiel:

Eine gewisse Lärmbelästigung in den Räumen darunter, in denen damals ein Tanz- und Gymnastikstudio betrieben wurde, war dem Beklagten bei Abschluss des Mietvertrages bekannt. Hierauf wurde der Beklagte ausdrücklich vom Kläger, der bis dahin selbst in den Räumen gewohnt hatte, hingewiesen, was auch im Mietvertrag vermerkt ist. Der Beklagte wollte trotz der zu erwartenden Störungen das Objekt anmieten. Die spätere Vermietung an eine Tanzschule führt nicht zu stärkeren Lärmbelästigungen. [3]

▶ Beispiel:

Der Beklagte hat ein etwaiges Minderungsrecht verwirkt. Denn er hat in Kenntnis des von ihm gerügten Mangels über ein Jahr lang, nämlich von _____ bis _____, die Miete vorbehaltlos gezahlt und sogar während dieser Zeit einem Mieterhöhungsverlangen mit Wirkung ab _____ ohne Einschränkung zugestimmt. Auf eine Mängelbeseitigung konnte er nicht hoffen, da sie der Kläger von Anfang an ablehnte. [4]

Erläuterungen

1. Darlegungslast. Der Vermieter muss die Umstände darlegen, die zu einem Ausschluss der Gewährleistungsrechte des Mieters führen.

2. Schadensursache beim Mieter. Bei **Feuchtigkeitsschäden** muss der Vermieter beweisen, dass Schadensursachen, die ihren Grund im Gebäudezustand haben können, ausscheiden (OLG Karlsruhe ZMR 1984, 417). S. hierzu die Hinweise zu Teil 1 Rdn. 794.

Erst wenn dem Vermieter dieser Nachweis gelungen ist, muss der Mieter zu seinen Heiz- und Lüftungsgewohnheiten vortragen.

882 Der Mieter muss sein Heiz- und **Lüftungsverhalten** auf die Beschaffenheit der Mietwohnung abstellen, aber nur soweit ihm dies zuzumuten ist (vgl. OLG Celle ZMR 1985, 10, 11). Mehrmalige täglich Stoßbelüftung im Abstand von wenigen Stunden sind dem Mieter ebensowenig zuzumuten, wie ein ständiges Beheizen der Wohnung mit mehr als 20 Grad (LG Aachen WuM 2015, 547, 548; LG Lüneburg WuM 2001, 465; s. auch LG Mannheim NZM 2007, 682 sowie die Hinweise zu Teil 1 Rdn. 795 ff.

883 **3. Anfängliche Mangelkenntnis.** Gewährleistungsansprüche sind **ausgeschlossen**, wenn der Mieter den Mangel bei Vertragsabschluss kannte oder grob fahrlässig nicht kannte, d.h. wenn sich die Kenntnis förmlich geradezu aufdrängt (s. § 536b S. 1 und 2 BGB). Für die Kenntnis oder die grob fahrlässige Unkenntnis des Mieters trägt der Vermieter die Darlegungs- und Beweislast.

884 Die Kenntnis, dass ein bestimmter Betrieb im Hause oder in der Nachbarschaft vorhanden ist, betrifft nur die üblicherweise und zulässigerweise hiervon ausgehenden, nicht jedoch die darüber hinausgehenden Beeinträchtigungen (AG Bonn WuM 1990, 497 für die Anmietung einer Wohnung in einem Haus, in dem sich eine Gaststätte befindet). S. dazu auch die Hinweise zu Teil 1 Rdn. 723.

885 **4. Verwirkung.** Zur Frage der Verwirkung des Minderungsrechts, wenn der Mieter die Miete in Kenntnis des Mangels eine geraume Zeit vorbehaltlos weiter entrichtet hat, s. zunächst die Hinweise zu Teil 1 Rdn. 743.

886 Eine analoge Anwendung des § 536b BGB (vormals § 539 BGB) bei **nachträglicher Mangelkenntnis** kommt auf der Grundlage des zum 01.09.2001 reformierten Mietrechts nicht mehr in Betracht (BGH NZM 2003, 679 = ZMR 2003, 667; BGH NZM 2015, 84 = MDR 2015, 201). Ob und in welchem Umfang der Mieter in solchen Fallgestaltungen mindern kann, beurteilt sich zunächst nach § 536c BGB. Danach kann der Mieter bei Verletzung seiner Anzeigepflicht die Gewährleistungsrechte so lange nicht geltend machen, wie der Vermieter infolge der Unterlassung der Anzeige keine Abhilfe schaffen konnte. Hieraus folgt im Umkehrschluss, dass die Gewährleistung *nach* der Anzeige regelmäßig wieder auflebt. Ein Verlust des Minderungsrechts **für die Zukunft** ist seit dem 01.09.2001 nur noch unter den strengen Voraussetzungen des (ausdrücklichen oder stillschweigenden) Verzichts oder des § 242 BGB, insbesondere der Verwirkung möglich. Hierbei sind die Umstände des Einzelfalles sowie die Person des Mieter von Bedeutung (BGH NZM 2003, 679, 681 = ZMR 2003, 667, 670).

887 Die Verwirkung erfordert neben dem Ablauf einer gewissen Zeit (**Zeitmoment**) das Hinzutreten von Umständen, die auf dem Verhalten des Berechtigten beruhen und das Vertrauen des Verpflichteten begründen, dass der Berechtigte sein Recht nicht mehr geltend machen werde (**Umstandsmoment** – s. BGH NJW 2011, 212 f.; WuM 2004, 198, 199). Allein die vorhaltlose Zahlung der Miete über einen Zeitraum von sechs Monaten seit Mangelkenntnis reicht für eine Verwirkung des Minderungsrechts sicher nicht mehr aus. Dagegen verliert der Mieter sein Minderungsrecht, wenn er die Miete in Kenntnis des Mangels über mehrere Jahre hinweg uneingeschränkt entrichtet (vgl. *Anm. Otto* zu AG München WuM 2004, 90: für einen Zeitraum von nahezu acht Jahren). Dann kann der Vermieter darauf vertrauen, dass wegen dieses Mangels eine Minderung nicht mehr erfolgen wird. Anderes gilt, wenn der Vermieter die Beseitigung des Mangels zugesichert hat (AG Köln WuM 2005, 239).

888 Bei einem **Zeitraum von einem Jahr** (wie im Beispiel) dürfte eine Verwirkung nur dann eintreten, wenn weitere Umstände hinzugekommen sind. Ein solcher Umstand ist z.B. die ausdrückliche **Zustimmung zu einem Mieterhöhungsverlangen** nach § 558 BGB oder einer anderweitigen Mietanhebung (s. BGH NZM 2015, 84, 87 = MDR 2015, 201, 203 Tz. 38). Hat der Mieter die angeforderte Erklärung abgegeben und die ihm seit langem bekannten Mängel weder hierbei noch zu späterer Gelegenheit erwähnt, so darf der Vermieter bei entsprechendem Zeitablauf nach Treu und Glauben davon ausgehen, dass der Mieter die Wohnung mit dem Mangel zu dem entrichteten (erhöhten) Entgelt akzeptiert (großzügiger wohl LG Berlin GE 2008, 268).

X. Mängelbeseitigung durch den Mieter bei Gewährleistungspflicht des Vermieters

1. Schreiben des Mieters wegen Anforderung eines Vorschusses für die Beseitigung von Mängeln der Mietsache durch den Mieter mit Ankündigung der Aufrechnung gegen die Miete

Mit Schreiben vom _____ baten wir Sie namens unseres Mandanten um Beseitigung von Mängeln an den überlassenen Mieträumen. [1]

Nachdem die Ihnen gesetzte Frist verstrichen ist, wird unser Mandant von seinem Recht Gebrauch machen und die Mängel auf Ihre Kosten beseitigen lassen. Die notwendigen Maßnahmen erfordern gemäß anliegendem Angebot der Firma _____ einen Aufwand von _____ €. [2]

Wir fordern Sie auf, entsprechend Ihrer rechtlichen Verpflichtung den vorbezeichneten Betrag bis zum _____ auf auf eines unserer Konten zu überweisen. [3]

Sollte der Betrag binnen der gesetzten Frist nicht hier eingehen, werden wir unserem Mandanten empfehlen, den Betrag entweder gerichtlich Ihnen gegenüber geltend zu machen oder bei einer der nächsten Mietzahlungen zu verrechnen und von der Mietzahlung in Abzug zu bringen. Eine zulässige Aufrechnungsbeschränkung ergibt sich aus dem mit Ihnen geschlossenen Mietvertrag nicht. [4]

oder (bei Wohnraum):

Sollte der Betrag binnen der gesetzten Frist nicht hier eingehen, werden wir unserem Mandanten empfehlen, ihn entweder gerichtlich geltend zu machen oder bei einer der nächsten Mietzahlungen, die später als einen Monat nach Zugang dieses Schreibens fällig werden, zu verrechnen und von der Mietzahlung in Abzug zu bringen. Eine etwaige, darüber hinausgehende vertragliche Aufrechnungsbeschränkung wäre gemäß § 556b Abs. 2 BGB unbeachtlich. [5]

Erläuterungen

1. Beseitigungsaufforderung. Zur Aufforderung, Mängel zu beseitigen, s. die Hinweise zu Teil 1 Rdn. 777.

2. Aufwendungsersatz. Der Anspruch des Mieters auf Aufwendungsersatz nach § 536a Abs. 2 BGB setzt voraus,
– dass er den Vermieter mit der Behebung des Mangels in Verzug gesetzt hat oder
– die umgehende Beseitigung des Mangels zur Erhaltung oder Wiederherstellung des Bestands der Mietsache notwendig ist.

Grundsätzlich ist also erforderlich, dass der Mieter den Vermieter gemahnt hat (§ 286 Abs. 1 S. 1 BGB). Die Mahnung muss die Aufforderung enthalten, die Mängel zu beheben, wobei diese im Einzelnen zu beschreiben sind. Einer Fristsetzung bedarf es nach dem Gesetz nicht. Gleichwohl muss der Mieter nach Ausspruch der **Mahnung** eine gewisse Zeit zuwarten, um dem Vermieter Gelegenheit zur Mängelbeseitigung zu geben. Allerdings steht dem Mieter ein Aufwendungsersatzanspruch nach § 536a Abs. 2 Nr. 1 BGB auch dann zu, wenn der Vermieter ihn eine Woche vor der Selbstbeseitigung informiert, dass er den Mangel beseitigen wolle (LG Berlin ZMR 2003, 189). Die Ankündigung beendet den Verzug nicht; »allein durch die Information ist der Mangel nicht beseitigt«. Im Übrigen bedarf es nach § 286 Abs. 2 Nr. 4 BGB keiner Mahnung, wenn eine sofortige Mängelbeseitigung zur Abwendung einer konkreten **Leibes- oder Lebensgefahr** des Mieters erforderlich ist.

893 Gemäß § 536a Abs. 2 Nr. 2 BGB kann der Mieter im Falle einer **Notreparatur** Aufwendungsersatz auch ohne vorherige In-Verzug-Setzung verlangen. Dies gilt z.B., wenn eine sofortige Reparatur geboten und der Vermieter oder der Hausmeister nicht zu erreichen ist (AG Münster WuM 2009, 665 für Heizungsausfall im Winter; AG Hamburg WuM 1994, 609 für Leckage an den Heizkörpern) oder wenn der Vermieter auf einen ihm angezeigten Mangel, dessen Behebung deutlich erkennbar dringlich ist (Ausfall der Warmwasserversorgung), nicht reagiert (LG Heidelberg WuM 1997, 42; Lützenkirchen/*Lützenkirchen* § 536a Rn 204). Gleiches gilt, wenn eine akute Gefahr für **Leib und Leben** des Mieters und seiner Haushaltsangehörigen (AG Würzburg WuM 2014, 332: Wespennest hinter Rolladenkasten).

894 Beseitigt der Mieter **eigenmächtig** einen Mangel, ohne dass der Vermieter mit der Mängelbeseitigung in Verzug ist (§ 536a Abs. 2 Nr. 2 BGB) oder die Beseitigung des Mangels unter dem Gesichtspunkt der Notreparatur nach § 536a Abs. 2 Nr. 2 BGB gerechtfertigt ist, so kann er die Aufwendungen zur Mängelbeseitigung weder nach § 539 Abs. 1 BGB noch als Schadensersatz nach § 536a Abs. 1 BGB verlangen (BGH WuM 2008, 147 = ZMR 2008, 281).

895 **3. Vorschuss.** Ist der Mieter wegen Verzugs des Vermieters berechtigt, den Mangel der Mietsache selbst zu beseitigen (§ 536a Abs. 2 Nr. 1 BGB), kann er regelmäßig die Zahlung eines **Vorschusses** in Höhe der voraussichtlich zur Mängelbeseitigung erforderlichen Kosten verlangen (BGH NZM 2010, 507 = WuM 2010, 348 = ZMR 2010, 672; WuM 1984, 307). Der Vorschussanspruch ergibt sich nicht unmittelbar aus § 536a Abs. 2 BGB; nach der Rechtsprechung (vgl. BGH NJW 1977, 1336 = ZMR 1979, 21) stützt er sich auf die Grundsätze von Treu und Glauben (§ 242 BGB).

896 Der Vorschussanspruch besteht allerdings nur für solche Aufwendungen, die der Mieter bei Anwendung der im Verkehr erforderlichen Sorgfalt für angemessen halten darf. Darunter fallen lediglich solche Kosten, die nach vernünftiger wirtschaftlicher Betrachtungsweise nötig und zweckmäßig sind (BGH NZM 2010, 507, 508 = WuM 2010, 348, 350 = ZMR 2010, 672, 673). Erweist sich die angemahnte Reparatur als undurchführbar und ist eine Neubeschaffung erforderlich, so muss der Mieter den Vermieter erneut mahnen (LG Gießen NJW-RR 1995, 462; a.A. LG Itzehoe WuM 1988, 87).

897 **4. Aufrechnung/Beschränkung.** Der Mieter ist berechtigt, mit seinem Anspruch auf Vorschusszahlung gegenüber dem Anspruch des Vermieters auf Mietzahlung aufzurechnen (§ 387 BGB). Die **Aufrechnung** kann aber vertraglich ausgeschlossen oder beschränkt werden.

898 Allerdings ist eine Formularklausel, die dem Mieter die Befugnis nimmt, mit einer unbestrittenen oder rechtskräftig festgestellten Forderung aufzurechnen, nach § 309 Nr. 3 BGB unwirksam. Gemäß §§ 310 Abs. 1 S. 2, 307 Abs. 1 und 2 BGB gilt diese Wertung auch bei Verwendung der Klausel gegenüber einem Unternehmer im Rahmen eines **Gewerberaummietvertrags**. Als unbestritten im Sinne von § 309 Nr. 3 BGB gilt auch eine Gegenforderung, die der Vermieter nicht in erheblicher Weise bestritten hat oder über die ohne weitere Beweisaufnahme entschieden werden kann. Nach der Rechtsprechung (BGH NJW 1981, 2257; OLG Düsseldorf ZMR 1995, 392) soll eine Formularklausel, nach der die Aufrechnung mit »nicht anerkannten Gegenforderungen« ausgeschlossen ist, wirksam sein, da sich der Ausschluss nur auf bestrittene Forderungen bezieht. Andererseits ist eine Klausel, die neben der Aufrechnung mit rechtskräftig festgestellten Forderungen nur die Aufrechnung mit solchen Forderungen zulässt, »zu denen die Vermieterin im Einzelfall jeweils ihre Zustimmung erklärt« hat, unwirksam (BGH NZM 2007, 684 = ZMR 2007, 854). Bei derartigen Forderungen kann es sich dem Sinn nach nur um unbestrittene handeln, denn es ist nicht davon auszugehen, dass der Vermieter die Aufrechnung mit von ihm bestrittenen Forderungen zulassen wollte.

899 Eine individualvertragliche Abbedingung der Aufrechnungsbefugnis ist indes regelmäßig wirksam.

5. Erhalt des Aufrechnungsrechts. Bei der Wohnraummiete bleibt dem Mieter darüber hinaus – trotz eines wirksamen Aufrechnungsausschlusses – das Aufrechnungsrecht hinsichtlich
- Schadensersatzansprüchen wegen Mängeln (§ 536a BGB),
- Ansprüchen wegen Aufwendungen auf die Mietsache (§ 539 BGB) sowie
- Ansprüchen aus ungerechtfertigter Bereicherung wegen zuviel gezahlter Miete

erhalten, wenn er seine Aufrechnungsabsicht mindestens einen Monat vor Fälligkeit der Miete durch Erklärung in **Textform** (s. dazu Teil 1 Rdn. 1192) ankündigt. Der Mieter muss in der Ankündigung Grund und Höhe der Gegenforderung bezeichnen, um dem Vermieter rechtzeitige Dispositionen zu ermöglichen (Schmidt-Futterer/*Langenberg* § 556b Rn. 43).

Vereinbarungen zur Aufrechnung, die von § 556b Abs. 2 BGB abweichen, sind bei Wohnraummietverhältnissen nach § 556 Abs. 2 S. 2 BGB unzulässig. Ansonsten gilt das zu Teil 1 Rdn. 897 ff. Gesagte.

2. Leistungsklage des Mieters auf Zahlung eines Vorschusses zur Mängelbeseitigung

Es wird beantragt, [1]

den Beklagten zu verurteilen, an den Kläger _____ € nebst Zinsen in Höhe von 5 % p.a. über dem jeweiligen Basiszinssatz ab _____ zu zahlen.

Begründung:

Der Beklagte ist Vermieter der vom Kläger aufgrund Mietvertrages vom _____ genutzten Räumlichkeiten. Der Vertrag wird in Kopie als

Anlage K 1

überreicht.

Der Beklagte ist als Vermieter verpflichtet, dem Kläger als Mieter den Gebrauch der gemieteten Räume während der Mietzeit zu gewähren und das Mietobjekt in einem zu dem vertragsgemäßen Gebrauch geeigneten Zustand zu erhalten. Dieser Verpflichtung ist der Beklagte nicht nachgekommen,

obwohl der Kläger dem Beklagten mit Schreiben vom _____ [2]

Anlage K 2
– Fotokopie –

zur Behebung der Mängel aufgefordert hat; die dort im Einzelnen aufgeführten Mängel bestehen weiterhin.

Der Kläger ist daher gezwungen, die Mängel der Mietsache nach erfolgter Beweissicherung selbst beseitigen zu lassen. Gemäß dem als [3]

Anlage K 3

in Kopie beigefügtem Kostenangebot des Fachunternehmens Firma _____ werden für die Beseitigung der Mängel voraussichtlich Kosten in Höhe von _____ € anfallen.

Beweis:

1. Sachverständiges Zeugnis des Inhabers des aus dem Kostenangebot ersichtlichen Fachunternehmens,
2. Sachverständigengutachten.

Der Beklagte wurde vergeblich zur Mängelbeseitigung und Zahlung des Vorschusses aufgefordert gemäß Schreiben vom _____, das in Kopie als [4]

Anlage K 4

beigefügt wird.

Erläuterungen

903 1. **Voraussetzungen.** Zur gerichtlichen Zuständigkeit s. die Hinweise zu Teil 1 Rdn. 2334.

904 Statt der Klage auf Zahlung eines Vorschusses kann der Mieter auch **Klage auf Beseitigung** bestimmter Mängel erheben und im Wege der Vollstreckung nach § 887 ZPO (s. die Muster und Hinweise zu Teil 1 Rdn. 2875) die Verurteilung des Mieters zur Zahlung eines Kostenvorschusses anstreben.

905 2. **Beseitigungsaufforderung.** Zur Aufforderung, die Mängel zu beseitigen, s. Muster und Hinweise zu Teil 1 Rdn. 776 ff.

906 3. **Beweissicherung.** Zum **selbständigen Beweisverfahren** auf Antrag des Mieters s. die Hinweise zu Teil 1 Rdn. 756 ff.

907 Die Kosten des Beweisverfahrens zählen zu den Kosten des Rechtsstreits, soweit das Ergebnis dieses Verfahrens verwertet wird.

908 Erhebt der Antragsteller keine Klage, so kann ihn eine Kostenerstattungspflicht nach § 494a ZPO treffen. Auf Antrag des Antragsgegners ordnet das Gericht nach Beendigung des Beweisverfahrens an, dass der Antragsteller innerhalb einer zu bestimmenden Frist Klage zu erheben hat, sofern ein Hauptsacheprozess noch nicht anhängig ist (§ 494a Abs. 1 ZPO). Sofern der Beweisführer die Erhebung der Klage innerhalb gesetzter Frist unterlässt, sind ihm auf Antrag des Antragsgegners dessen Kosten aufzuerlegen (§ 494a Abs. 2 ZPO).

909 Ein Antrag auf **Fristsetzung zur Klageerhebung** ist unzulässig, wenn zwischen den Parteien ein Rechtsstreit mit umgekehrtem Rubrum anhängig ist und sich der Beweisführer nunmehr als Beklagter mit Tatsachen verteidigt, die Gegenstand des Beweisverfahrens waren (LG Köln ZMR 2003, 190, 191).

910 4. **Vorschussaufforderung.** S. Muster und Hinweise zu Teil 1 Rdn. 889 ff.

3. Klageerwiderung des Vermieters gegenüber der Vorschussklage des Mieters

911 **Es wird beantragt,**

die Klage abzuweisen.

Begründung:

Zahlung eines Vorschusses in Höhe der voraussichtlichen Mängelbeseitigungskosten kann der Kläger in seiner Eigenschaft als Mieter nicht beanspruchen. Der Beklagte als Vermieter hat nämlich für die vom Kläger gerügten Mängel nicht einzustehen, was sich aus Folgendem ergibt:

▶ **Beispiel:**

Die vom Kläger gerügte Schimmelpilzbildung/Feuchtigkeit ist ausschließlich nutzungs- nicht bausubstanzbedingt. [1]

Beweis: Sachverständigengutachten

Vor jetzt 4 Jahren hat der Beklagte vollständig wegen einer zu hohen Wasseraufnahmefähigkeit sämtliche Fugen des Außenmauerwerks erneuern lassen. In den ersten 3 Jahren danach zu Zeiten des Vormieters des Klägers ist es zu keinen Beanstandungen von inneren Feuchtigkeitserscheinungen oder Schimmelpilzbildungen gekommen. Derartige Mängel sind erstmals im Winter des Jahres 2014/2015 aufgetreten, nachdem der Kläger in das Mietobjekt eingezogen ist. Eine Überprüfung durch einen Sachverständigen hat ergeben, dass die jetzigen Feuchtigkeitserscheinungen mit Schimmelpilzbildungen ausschließlich auf Kondensatprozessen beruhen, die nur dadurch entstehen, dass der Kläger die entsprechenden Räumlichkeiten des Mietobjekts nur vollkommen unzulänglich belüftet und beheizt.

Beweis: Sachverständigengutachten

▶ Beispiel:

In dem geschlossenen Mietvertrag für Kontore, gewerbliche Räume und Grundstücke vereinbaren die Parteien formularmäßig unter § 11 Ziffern 2 und 3 folgendes: [2]

a) Der Vermieter verpflichtet sich während der Mietzeit zur konstruktiven Instandhaltung und Instandsetzung der Miträume sowie zur Instandhaltung und Instandsetzung der zentralen Heizungsanlage, Aufzüge und Versorgungsleitungen (Elektrizität, Gas, Wasser), soweit Letztere mit vermietet sind. Für den Geschäftsbetrieb des Mieters erforderliche Erweiterungen oder Verstärkungen der Versorgungsleitungen dürfen nur nach vorheriger schriftlicher Zustimmung des Vermieters vorgenommen werden.

b) Die laufende Instandhaltung und Instandsetzung im Inneren der Räume so wie die Vornahme der üblichen Schönheitsreparaturen ist Verpflichtung des Mieters.

Diese Abgrenzung der Pflichtenkreise ist in dieser Form auch formularmäßig zulässig. Sowohl die erforderliche Reparatur der Tür zwischen dem inneren Flur und dem zur Straße liegenden Büroraum als auch des zerbrochenen Glasausschnitts der Schwingtür zwischen der Küche der Kantine und des Kantinenraumes obliegt daher dem Kläger selbst.

oder

Zahlung eines Vorschusses in Höhe der voraussichtlichen Mängelbeseitigungskosten kann der Kläger als Mieter nicht beanspruchen. Zwar hat der Beklagte in seiner Eigenschaft als Vermieter für die von dem Kläger gerügten Mängel gesetzlich und aufgrund der mietvertraglichen Vereinbarungen einzustehen, indes befindet er sich entgegen dem Sachvortrag des Klägers mit der Beseitigung dieser Mängel nicht im Verzuge, was sich im Einzelnen aus folgenden Umständen ergibt: [3]

▶ Beispiel:

Innerhalb der gesetzten Frist zur Mängelbeseitigung wurde dem Kläger jeweils unter Ankündigung einer Frist von 1 Woche eine Beseitigung der Mängel durch die beauftragte Fachfirma _____ am _____ und _____ angeboten. Auf die erste Ankündigung reagierte der Kläger überhaupt nicht, nach der zweiten rief er das vom Beklagten beauftragte Fachunternehmen an und teilte dem Mitarbeiter _____ mit, eine Mängelbeseitigung sei wegen Urlaubs nicht möglich; er, der Kläger, würde sich zur Vereinbarung eines Termins wieder melden. Das ist jedoch nicht geschehen, stattdessen wird der Beklagte nunmehr mit einer Vorschussklage überzogen.

Selbstverständlich ist der Beklagte weiterhin bereit, die von dem Kläger zu Recht gerügten Mängel zu beseitigen.

evtl.

Die Klage ist jedenfalls der Höhe nach übersetzt, wenn Folgendes bedacht wird: **4**

▶ Beispiel:

Der Kläger räumt selbst ein, dass der von ihm befragte Privatsachverständige die erforderlichen Mängelbeseitigungskosten nur ganz grob geschätzt hat. Diese Schätzung entspricht aber nicht den gegenwärtigen Marktverhältnissen der Baubranche. Der Beklagte hat 2 Angebote von Fachfirmen eingeholt, die in Fotokopie als

Anlagen B 1 und B 2

überreicht werden. Danach belaufen sich die Mängelbeseitigungskosten nur auf die Hälfte des von dem Sachverständigen des Klägers genannten Betrags.

oder

Zwar befindet sich der Beklagte mit der Mängelbeseitigung im Verzuge, indes wird dem Kläger ausdrücklich angeboten, die Mängelbeseitigung auf der Grundlage des Angebots von Fachfirmen nunmehr vermieterseits ausführen zu lassen; wenn der Kläger auf dieses Angebot eingeht, kann nach erfolgter Mängelbeseitigung das vorliegende Verfahren in der Hauptsache für erledigt erklärt werden. **5**

Erläuterungen

912   **1. Beweislast.** Zur Beweislast bei Feuchtigkeitsschäden, s. die Hinweise Teil 1 Rdn. 794.

913   Im Beispielsfall ist es Sache des (beklagten) Vermieters auszuschließen, dass die Feuchtigkeitsschäden auf anderen Ursachen als auf einem fehlerhaften Heiz- oder Lüftungsverhalten des Mieters beruhen. Ihm obliegt insbesondere der Beweis, dass keine Baumängel am Gebäude vorhanden sind; s. dazu bei Teil 1 Rdn. 794. Dabei kann es ausreichen, wenn der Vermieter nachweist, dass das Mietobjekt während der **Nutzungszeit der Vormieter** mangelfrei war (LG Göttingen WuM 1986, 308).

914   Sind in der Vergangenheit Mängel vorhanden gewesen, hat der Vermieter substanziiert darzulegen, welche **konkreten Beseitigungsmaßnahmen** er getroffen hat und welchen Erfolg diese gehabt haben. Dementsprechend führt er im Beispiel aus, dass in den ersten drei Jahren nach Durchführung der Arbeiten keine Feuchtigkeitserscheinungen mehr aufgetreten sind.

915   **2. Instandsetzungsklausel.** Bei Mietverträgen über Gewerberaum darf der Vermieter neben den Schönheitsreparaturen in weitem Umfang auch die laufenden **Instandhaltungs- und Instandsetzungsarbeiten** auf den Mieter übertragen. Liegt eine wirksame Abwälzung vor, ist der Vermieter insoweit von seiner Pflicht zur Erhaltung des Objekts in einem vertragsgemäßen Zustand (§ 535 Abs. 1 S. 2 BGB) befreit.

916   Auch eine **formularmäßige Abwälzung** ist grundsätzlich zulässig. Instandsetzungsklauseln dürfen aber keine Haftung des Mieters für anfängliche Mängel oder für Schäden begründen, die durch Dritte verursacht wurden und nicht auf dem Mietgebrauch beruhen (vgl. zum Ganzen BGH NZM 2005, 863; ZMR 1987, 257; OLG Koblenz WuM 1990, 16; Schmidt/Futterer/*Langenberg* § 538 Rn. 29 ff.).

Insbesondere kann die laufende Instandhaltung und Instandsetzung im **Inneren der Mieträume** 917
auf den Mieter abgewälzt werden. Gerade hier handelt es regelmäßig um Abnutzungen durch den
Mietgebrauch.

3. Verzug. Der Vorschussanspruch setzt voraus, dass der Vermieter sich mit der Mängelbeseiti- 918
gung im Verzug befindet (vgl. BGH NZM 2010, 507, 508 = WuM 2010, 348, 349 f. = ZMR
2010, 672; KG WuM 1988, 142 f. = ZMR 1988, 219; Schmidt-Futterer/*Eisenschmid* § 536a
Rn. 145). Eine Fristsetzung ist nicht erforderlich. Hat der Mieter dem Vermieter aber mit der
Leistungsaufforderung eine Frist gesetzt, so beginnt der Verzug erst mit Fristablauf (sog. befristete
Mahnung).

Ein Verzug tritt nicht ein, wenn der Vermieter dem Mieter innerhalb der gesetzten Frist die Besei- 919
tigung der Mängel konkret unter Nennung eines Termins durch eine Fachfirma angeboten hat
und der Mieter hierauf nicht reagiert. Dann hat der Vermieter das Unterbleiben der geschuldeten
Leistung jedenfalls **nicht zu vertreten** (§ 286 Abs. 4 BGB). Die Ankündigung muss allerdings mit
angemessener Frist vor dem avisierten Termin erfolgen. Eine Woche – wie im Beispiel – erscheint
ausreichend. Ist dem Mieter die Einhaltung des vom Handwerker angebotenen Termins nicht
möglich, ist er nach Treu und Glauben (§ 242 BGB) gehalten, seinerseits einen passenden Termin, etwa nach Rückkehr aus dem Urlaub zu nennen.

4. Höhe des Vorschusses. Der Kostenvorschuss bemisst sich nach der Höhe der **voraussicht-** 920
lichen Kosten für die Mängelbeseitigung. Der Mieter kann sich hinsichtlich der Höhe auf den
Kostenvoranschlag einer Fachfirma stützen. Er kann diese aber auch schätzen, wenn dafür eine
nachvollziehbare Grundlage vorhanden ist, wie im Beispiel die Auskunft eines privaten Sachverständigen. In diesem Fall kann der (beklagte) Vermieter seinerseits durch Vorlage eines (oder
mehrerer) Kostenvoranschläge darlegen, dass die Schätzung unrichtig ist.

5. Selbstvornahme. Darüber hinaus kann der Vermieter, sofern ihm die vom Mieter in der 921
Vorschussklage mitgeteilte Art der Mängelbeseitigung nicht zusagt oder zu teuer ist, die Beseitigung selbst vornehmen und dadurch den Verzug beenden (KG WuM 1988, 142 f. = ZMR 1988,
219). Zur **Beendigung des Verzugs** ist jedoch ein tatsächliches Angebot (§ 294 BGB) der Mängelbeseitigung erforderlich; ein wörtliches Angebot (§ 295 BGB) genügt nicht. Das bedeutet, dass
der Vermieter die geschuldete Leistung, so wie sie zu bewirken ist, tatsächlich anbietet (sog. An-
leistung), so dass der Mieter nur noch zuzugreifen und die Leistung anzunehmen braucht. Ein
solches Angebot wird erst dann anzunehmen sein, wenn die vom Vermieter beauftragten Handwerker zu dem vereinbarten Termin vor der Tür stehen.

Ist der Verzug beendet, sind die Voraussetzungen für den Vorschussanspruch nicht mehr gegeben. 922
Wenn der Mieter bereits Klage erhoben hat, wird er den **Rechtsstreit** für **erledigt** erklären müssen. Schließt sich der (beklagte) Vermieter der Erledigungserklärung an, hat das Gericht gemäß
§ 91a ZPO über die Kosten des Rechtsstreits nach billigem Ermessen unter Berücksichtigung des
bisherigen Sach- und Streitstandes zu entscheiden. Dabei stellt das Gericht üblicherweise auf den
ohne das erledigende Ereignis – hier die Vornahme der Mängelbeseitigung – zu erwartenden Ver-
fahrensausgang ab (Einzelheiten dazu bei Zöller/*Vollkommer* § 91a Rn. 24).

4. Aufrechnungserklärung des Mieters mit einem Aufwendungsersatzanspruch gegen die Mietforderung des Vermieters

Mit Schreiben vom _____ **1** 923

zeigten wir namens unseres Mandanten Ihnen Mängel an dem von ihm genutzten
Mietobjekt an und forderten Sie zur Behebung der Mängel auf. Nachdem wir die
Beseitigung der Mängel nochmals mit Schreiben vom _____ unter Fristset-
zung angemahnt hatten und wiederum nichts geschah, hat unser Mandant die
Mängel

Eventuell:

nach Sicherung des Beweises durch die Firma _____

beseitigen lassen. Den Rechnungsbetrag von _____ € gemäß anliegender Rechnung der Firma _____ hat er verauslagt. Sie schulden Erstattung dieses Betrages.

Wir erklären namens unseres Mandanten hiermit die Aufrechnung mit dem Erstattungsanspruch gegen die an Sie zu zahlende Miete. Unser Mandant wird demgemäß ab dem kommenden Monat folgende Zahlungen leisten [2]

▶ Beispiel:

April 2015 = 0,00 €

Mai 2015 = restliche 471,58 €

Damit sind die Aufwendungen unseres Mandanten abgegolten. Zulässige vertragliche Aufrechnungsbeschränkungen stehen nicht entgegen.

Oder (bei Wohnraum):

Wir erklären hiermit namens unseres Mandanten die Aufrechnung mit dem Erstattungsanspruch gegenüber den zu zahlenden Mietbeträgen, die später als einen Monat nach Zugang dieses Schreibens fällig werden. Demgemäß wird unser Mandant folgende Beträge zahlen:

▶ Beispiel:

Mai 2015 = 0,00 €

Juni 2015 = 0,00 €

Juli 2015 = restliche 573,17 €

Damit sind die Aufwendungen unseres Mandanten abgegolten. Eine etwaige darüber hinaus gehende vertragliche Aufrechnungsbeschränkung wäre gemäß § 556b Abs. 2 BGB unbeachtlich.

Erläuterungen

924 **1. Aufwendungsersatzanspruch.** Anspruchsgrundlage ist zunächst § 536a Abs. 2 BGB; s. dazu die Hinweise zu Teil 1 Rdn. 891.

925 Sind die Aufwendungen nicht nach § 536a Abs. 2 BGB erstattungsfähig, so steht dem Mieter ein Anspruch auf Aufwendungsersatz nach §§ 539 Abs. 1, 677 ff., 812 BGB zu. Der Anspruch besteht aber nur unter den zusätzlichen Voraussetzungen der **Geschäftsführung ohne Auftrag**. Das setzt aber voraus, dass es sich um nützliche bauliche Veränderungen, Reparaturen oder Renovierungen handelt, die dem wirklichen oder mutmaßlichen Willen des Vermieters entsprechen (§§ 683, 670 BGB) oder durch die ein Wertzuwachs, insbesondere eine Erhöhung des Verkehrswerts des Gebäudes, herbeigeführt worden ist (§§ 684, 812, 818 Abs. 2 BGB).

926 **2. Aufrechnung.** Zur Zulässigkeit der **Aufrechnung** s. zunächst die Hinweise zu Teil 1 Rdn. 897 und 900.

927 § 556b Abs. 2 BGB erhält dem Mieter von Wohnraum das Aufrechnungsrecht (sowie das Zurückbehaltungsrecht) bei:
– Schadensersatzansprüchen wegen Mängel (§ 536a BGB),

– Ansprüchen wegen Aufwendungen auf die Mietsache (§ 539 BGB) sowie
– Ansprüchen aus ungerechtfertigter Bereicherung wegen zu viel gezahlter Miete.

Der Aufrechnungserhalt bei Ansprüchen aus ungerechtfertigter Bereicherung betrifft auch Rückforderungen wegen preiswidrig (§ 5 WiStG) oder wucherisch (§ 138 Abs. 2 BGB) überhöhter Miete. Gleiches gilt für Ansprüche wegen überzahlter Betriebskosten. 928

Die Hauptforderung (= Forderung gegen die aufgerechnet wird, im Beispiel die Mietforderung) muss lediglich erfüllbar sein; eine Fälligkeit ist nicht erforderlich. 929

Eine Befugnis des Vermieters, gegen den Vorschussanspruch des Mieters aufzurechnen, wird im Hinblick auf die Zweckbestimmung des Aufwendungsersatzanspruchs verneint (vgl. Schmidt-Futterer/*Eisenschmid* § 536a Rn. 148; Lützenkirchen/*Lützenkirchen* § 536a Rn 181). 930

5. Leistungsklage des Mieters auf Aufwendungsersatz nach Mängelbeseitigung

Es wird beantragt, [1] 931

den Beklagten zu verurteilen, an den Kläger _____ € nebst Zinsen in Höhe von 5 Prozentpunkten über dem Basiszinssatz p.a. zu zahlen.

Begründung:

Der Beklagte ist Vermieter der vom Kläger aufgrund Mietvertrags vom _____ genutzten Räumlichkeiten. Der Vertrag wird in Kopie als

Anlage K 1

überreicht. Der Beklagte ist als Vermieter verpflichtet, dem Kläger als Mieter den Gebrauch der gemieteten Räume während der Mietzeit zu gewähren und das Mietobjekt in einem zu dem vertragsgemäßen Gebrauch geeigneten Zustand zu erhalten. Dieser Verpflichtung ist der Beklagte nicht nachgekommen,

obwohl der Kläger den Beklagten mit Schreiben vom _____ [2]

Anlage K 2
Fotokopie

zur Behebung der Mängel der Mietsache aufgefordert und die Mängelbeseitigung nochmals mit Schreiben vom _____

Anlage K 3
Fotokopie

unter Fristsetzung angemahnt hatte.

Der Kläger hat sich daher gezwungen gesehen, die Mängel der Mietsache selbst beseitigen zu lassen, nachdem vorher eine Beweissicherung erfolgt war. [3]

Der Kläger hat beim _____ gericht _____ zum Aktenzeichen _____ ein selbständiges Beweisverfahren durchführen lassen. Es wird beantragt, den Vorgang zu Beweiszwecken beizuziehen. [4]

oder

Der Kläger hat die Mängel vor ihrer Besichtigung fotografiert und überreicht 36 Fotografien als

Anlagenkonvolut K 3a

im Original für das Gericht, in Kopie für die beklagte Partei.

oder

Der Kläger hat die Mängel vor Behebung eingehend untersuchen und besichtigen lassen durch die hiermit als Zeugen benannten [Namen und ladungsfähige Anschriften].

oder

Die Mängelbeseitigung erfolgte durch den hiermit als Zeugen benannten Handwerksmeister _____, wohnhaft _____ Straße, Nr. in _____.

Im Einzelnen bestanden folgende Mängel der Mietsache (es folgt eine spezifizierte Darlegung der beseitigten Mängel): _____

Der Kläger zahlte entsprechend Rechnung vom _____

Anlage K 4
Fotokopie

im Rahmen der Mängelbeseitigung _____ €.

Der Aufwand war notwendig.

Beweis: 1. sachverständiges Zeugnis des vorgenannten Handwerkers
        2. Sachverständigengutachten.

Der Kläger hat den Beklagten mit Schreiben vom _____, das in Kopie als [5]

Anlage K 5

überreicht wird, vergeblich zur Erstattung der aufgewendeten Beträge aufgefordert, so dass Klage geboten ist.

Erläuterungen

932 **1. Voraussetzungen.** Zur gerichtlichen Zuständigkeit s. die Hinweise zu Teil 1 Rdn. 2334.

933 Bei einer **Personenmehrheit** auf Mieterseite müssen grundsätzlich alle Mieter klagen.

934 Zum Anspruch auf Aufwendungsersatz nach Mängelbeseitigung s. zu Teil 1 Rdn. 891.

935 **2. Beseitigungsaufforderung.** Zur Aufforderung, die Mängel zu beseitigen, s. Muster und Hinweise zu Teil 1 Rdn. 776.

936 Grundsätzlich gerät der Vermieter erst durch eine **Mahnung** in Verzug (§ 286 Abs. 1 S. 1 BGB). Hiervon kann jedoch abgesehen werden, wenn er es endgültig abgelehnt hat, die Mängel zu beseitigen (vgl. § 286 Abs. 2 Nr. 3 BGB).

937 **3. Ersatzvornahme.** S. dazu die Hinweise zu Teil 1 Rdn. 904, 2875.

938 **4. Beweissicherung.** Zum Antrag des Mieters auf Einleitung des **selbständigen Beweisverfahrens** s. die Hinweise zu Teil 1 Rdn. 756.

939 Der Vorteil des selbständigen Beweisverfahrens liegt darin, dass sein Ergebnis – meist ein Sachverständigengutachten – wie eine vor dem Prozessgericht durchgeführte Beweisaufnahme zu behandeln ist (§ 493 ZPO). Sein Nachteil ist aber darin zu sehen, dass es mit nicht unerheblichen Kosten verbunden und zeitaufwendig ist. Daher kann es zweckmäßig sein, den Beweis auf andere Weise zu sichern. Eine **Fotodokumentation** dient häufig als Unterstützung einer Zeugenaussage. Ein Fachhandwerker kommt auch als sachverständiger Zeuge in Betracht, um die Schwere der Mängel und die Kosten zu ihrer Behebung zu bekunden.

5. Vorherige Zahlungsaufforderung. Die vorherige Zahlungsaufforderung an den Schuldner empfiehlt sich auch aus Gründen des **Kostenrisikos**. Reagiert der Schuldner auf eine vorprozessuale Zahlungsaufforderung nicht, so kann er sich im Prozess nicht darauf berufen, zur Klageerhebung keine Veranlassung gegeben zu haben (§ 93 ZPO).

6. Aufrechnungserklärung des Mieters mit einem Schadensersatzanspruch gegen die Mietforderung des Vermieters

Mit Schreiben vom _____ zeigten wir Ihnen namens unserer Mandantin die dort im Einzelnen bezeichneten Mängel an dem Mietobjekt an und forderten Sie zur Behebung dieser Mängel auf. Nachdem wir die Beseitigung der Mängel nochmals mit Schreiben vom _____ unter Fristsetzung dringlich angemahnt hatten und wiederum nichts geschah, kann unser Mandant nunmehr von Ihnen gemäß § 536a Abs. 1 BGB Schadensersatz beanspruchen. Diesen begründen und beziffern wir vorläufig wie folgt (im Folgenden sind die Schadenspositionen zu spezifizieren und genau zu begründen): [1]

▶ Beispiel:

Gemäß dem in Kopie beigefügten Angebot der Firma _____ vom _____ werden sich die Mängelbeseitigungskosten zur Beseitigung der gerügten Dachleckagen auf einen Betrag von _____ € inklusive Mehrwertsteuer belaufen. [2]

Mit der Ausführung der Dacharbeiten gemäß dem vorliegenden Angebot hat unsere Mandantin die genannte Firma bereits beauftragt. Aufgrund der Dachleckagen wurden die Miträume größtenteils stark durchfeuchtet. Sie wissen, dass die hochwertigen Produkte unserer Mandantin vollkommen trockene Produktionsräume voraussetzen. Schon aufgrund der erhöhten Luftfeuchtigkeit infolge der Durchfeuchtungen musste unsere Mandantin die Produktion vorläufig einstellen; die Betriebsunterbrechung wird zumindest einen Zeitraum von zwei Monaten umfassen. [3]

Die Beseitigung der dekorativen Schäden infolge der Feuchtigkeitseinwirkungen wird gemäß dem in Kopie beigefügten Angebot des Malermeisters _____ vom _____ mit einem Betrag in Höhe von _____ € inklusive Mehrwertsteuer verbunden sein. Da die Schadensbeseitigung insoweit durch Mitarbeiter unserer Mandantin erfolgen wird, beansprucht diese als Schadensersatz nur den Nettobetrag aus diesem Angebot mit einem Betrag in Höhe von _____ €. [4]

Ausweislich der in Kopie beigefügten Bescheinigung des Steuerberaters unserer Mandantin ist zumindest von einem entgangenen Gewinn pro Monat in Höhe von _____ € auszugehen, somit ergibt sich ein weiterer Schadensersatzanspruch in Höhe von _____ €. [5]

Somit ergibt sich vorläufig ein Schadensersatzanspruch zu Gunsten unserer Mandantin in Höhe eines Betrages von _____ €.

Hiermit erklären wir namens unserer Mandantin die Aufrechnung mit dem bestehenden Schadensersatzanspruch gegen die an Sie zu zahlende Miete. Unsere Mandantin wird demgemäß ab dem kommenden Monat folgende Zahlungen leisten: [6]

▶ **Beispiel:**

Bei einem Schadensersatzanspruch in Höhe von 22.440,00 € und einer monatlichen Gesamtmiete von 6.000,00 € ergibt sich folgendes Bild:

April 2015	0,00 €
Mai 2015	0,00 €
Juni 2015	0,00 €
Juli 2015	restliche 1.560,00 €

Damit ist der Schadensersatzanspruch unserer Mandantin in oben bezifferter Höhe abgegolten. Zulässige vertragliche Aufrechnungsbeschränkungen stehen der erklärten Aufrechnung nicht entgegen.

oder (bei Wohnraum)

Wir erklären hiermit namens unserer Mandantin die Aufrechnung mit dem bestehenden Schadensersatzanspruch gegenüber den zu zahlenden Mietbeträgen, die später als einen Monat nach Zugang dieses Schreibens fällig werden. Demgemäß wird unsere Mandantin folgende Beträge zahlen:

▶ **Beispiel:**

Bei einer monatlichen Gesamtmiete von 600,00 € sowie einem Schadensersatzanspruch von 1.226,83 € ergibt sich folgendes Bild:

Mai 2015	0,00 €
Juni 2015	0,00 €
Juli 2015	restliche 573,17 €.

Damit ist der Schadensersatzanspruch unserer Mandantin in oben bezifferter Höhe abgegolten. Eine etwaige, darüber hinausgehende vertragliche Aufrechnungsbeschränkung wäre gemäß § 556b Abs. 2 BGB unbeachtlich.

Erläuterungen

942 **1. Umfang.** Der Schadensersatzanspruch nach § 536a BGB geht auf Ersatz des **positives Interesses**. Der Mieter muss so gestellt werden, wie er stehen würde, wenn ordnungsgemäß erfüllt worden wäre. Anzustellen ist ein Vergleich der durch die mangelhafte Leistung eingetretenen Vermögenslage mit der hypothetischen Vermögenslage bei ordnungsgemäßer Erfüllung (Schmidt-Futterer/*Eisenschmid* § 536a Rn. 79). Vom Schaden umfasst sind insbesondere der Minderwert des Mietobjekts, die Mängelbeseitigungskosten, die Mangelfolgeschäden sowie der entgangene Gewinn.

943 **2. Mängelbeseitigungskosten.** Insbesondere diese sind zu ersetzen. Zur Spezifizierung kann auf ein Angebot oder einen Kostenvoranschlag eines Fachunternehmens Bezug genommen werden, sofern die einzelnen Kostenpositionen darin genau aufgeführt sind.

944 **3. Mangelfolgeschäden.** Der nach § 536a Abs. 1 BGB geschuldete Schadensersatz umfasst auch die Mangelfolgeschäden sowie sämtliche Begleitschäden (BGH NJW 1975, 645; Schmidt-Futterer/*Eisenschmid* § 536a Rn. 80). Sind infolge der Dachleckage Anstriche und Tapeten (sog. Dekoration) in den Mieträumen beschädigt worden, so kann der Mieter Erstattung der notwendigen Malerkosten verlangen.

945 Der Mieter muss sich nicht darauf verweisen lassen, dass er nach dem Mietvertrag für die Durchführung der **Schönheitsreparaturen** zuständig ist. Diese betreffen nur solche Veränderungen und Verschlechterungen der Dekoration, die auf den Mietgebrauch zurückzuführen sind (s. dazu Teil 1 Rdn. 2500). Liegt die Ursache der Dekorationsschäden dagegen außerhalb des Miet-

gebrauchs, so etwa – wie im Beispiel – in einer Dachleckage, so ist es Aufgabe des Vermieters, den vertragsgemäßen Zustand wiederherzustellen (BGH ZMR 1987, 257; OLG Koblenz WuM 1990, 16; *Pfeilschifter* WuM 2003, 543, 551; differenzierend *Langenberg/Zehelein* Schönheitsreparaturen I Rn 481 ff.).

4. Mehrwertsteuer. Dem Geschädigten steht es grundsätzlich frei, ob er das Mietobjekt instandsetzen, also die Mängel beseitigen lässt oder den dazu erforderlichen Geldbetrag anderweitig verwendet (BGH NJW 1997, 520). Allerdings kann er eine Erstattung der Mehrwertsteuer nur verlangen, wenn und soweit diese tatsächlich angefallen ist (§ 249 Abs. 2 S. 2 BGB). Wird Schadensersatz auf der Grundlage eines Angebots oder eines Kostenvoranschlags geltend gemacht, ist noch keine Mehrwertsteuer angefallen. 946

5. Entgangener Gewinn. Zum ersatzfähigen Schaden gehört auch der entgangene Gewinn (§ 252 BGB), der dem Mieter durch die Mängelbeseitigungsmaßnahmen des Vermieters, zu denen dieser gemäß § 535 Abs. 1 S. 2 BGB verpflichtet ist, entstanden ist (BGH NJW 1987, 432 f.; OLG München ZMR 1996, 322 f.). Als entgangen gilt gemäß § 252 S. 2 BGB der Gewinn, der nach dem gewöhnlichen Verlauf der Dinge oder nach den besonderen Umständen, insbesondere nach den getroffenen Anstalten und Vorkehrungen erwartet werden konnte. Die Regelung enthält eine Beweiserleichterung zugunsten des Geschädigten. Dieser braucht nur die Umstände darzulegen und in den Grenzen des § 287 ZPO zu beweisen, aus denen sich nach dem gewöhnlichen Verlauf der Dinge oder den Gegebenheiten des Einzelfalls die Wahrscheinlichkeit des Gewinneintritts ergibt (BGH NJW 2012, 2266). Allzu strenge Anforderungen werden nicht gestellt (BGH NJW 2004, 1868, 1870; BGH NJW 1993, 1990). Es genügt, wenn der Geschädigte Ausgangs- und **Anknüpfungstatsachen für eine Schätzung** (§ 287 ZPO) vorträgt (BGH 2012, 2266). Im Beispiel nimmt der Mieter auf die Bescheinigung des Steuerberaters Bezug. Enthält diese eine nachvollziehbare Prognose für den im laufenden Geschäftsjahr zu erwartenden Gewinn, so reicht dies als Schätzungsgrundlage aus. Zur Schätzung eines Mindestschadens s. BGH WuM 2010, 578, 580 = ZMR 2011, 23, 24; NJW 2013, 2584, 2585. 947

6. Bestimmungsrecht. Stehen der Gegenforderung (= Forderung, mit der aufgerechnet wird), im Beispiel der Schadensersatzforderung mehrere Hauptforderungen (= Forderungen gegen die aufgerechnet wird), hier mehrere Mietforderungen gegenüber, so kann der Aufrechnende die gegeneinander aufzurechnenden Forderungen bestimmen (§ 396 Abs. 1 BGB). Eine solche **Bestimmung** ist jedoch nicht Voraussetzung für die Wirksamkeit der Aufrechnung. Trifft der Aufrechnende keine Bestimmung, gilt § 366 Abs. 2 BGB entsprechend und zwar sowohl für die Aufrechnung mit mehreren Gegenforderungen als auch für die Aufrechnung gegen mehrere Hauptforderungen (vgl. MüKo/*Schlüter* § 396 Rn. 2). 948

Der Gläubiger hat die Möglichkeit, der Aufrechnungsbestimmung des Schuldners unverzüglich, dass heißt ohne schuldhaftes Zögern (§ 121 Abs. 1 S. 1 BGB) zu **widersprechen**. Dies führt ebenfalls zur Anwendung des § 366 Abs. 2 BGB. 949

Schuldet der Aufrechnende neben der Hauptforderung noch Zinsen und Kosten, so ist die Gegenforderung gemäß §§ 396, 367 BGB erst auf die Kosten, dann auf die Zinsen und zuletzt auf die Hauptforderungen anzurechnen (Einzelheiten bei MüKo/*Schlüter* § 396 Rn. 5). 950

Zu den möglichen vertraglichen Beschränkungen der Aufrechnung s. die Hinweise zu Teil 1 Rdn. 897 und 900. 951

7. Aufrechnungserklärung des Mieters gegen die Mietforderung des Vermieters bei überzahlter Miete

Mit Schreiben vom _____ zeigten wir namens unseres Mandanten Ihnen die dort im Einzelnen bezeichneten Mängel an dem Mietobjekt an und forderten Sie zur Behebung dieser Mängel auf. Zu diesem Zeitpunkt war die im Voraus fällige 952

Miete für den Monat _____ bereits an Sie überwiesen, aber wegen der angezeigten Mängel gemindert. **1**

Unter Berücksichtigung des Zeitpunktes, zu dem die Mängel auftraten, und der durch sie hervorgerufenen Beeinträchtigung des Gebrauchs der Mietsache halten wir einen Minderungsbetrag in Höhe von _____ € während des o.g. Monats für angemessen. **2**

In Höhe dieses Betrages liegt eine Überzahlung an Sie vor. Wir erklären namens und in Vollmacht unseres Mandanten hiermit die Aufrechnung mit dem entsprechenden Anspruch aus ungerechtfertigter Bereicherung gegen die an Sie zu zahlende Miete. Demgemäß wird unser Mandant die Miete für den kommenden Monat um den überzahlten Betrag kürzen. Zulässige vertragliche Aufrechnungsbeschränkungen stehen nicht entgegen. **3**

oder (bei Wohnraum)

Wir erklären hiermit namens unseres Mandanten die Aufrechnung mit dem entsprechenden Anspruch aus ungerechtfertigter Bereicherung gegenüber derjenigen Miete, die einen Monat nach Zugang dieses Schreibens fällig wird. Das wird die Miete für den Monat _____ sein. Unser Mandant wird diese um den überzahlten Betrag kürzen.

Eine etwaige, darüber hinausgehende vertragliche Aufrechnungsbeschränkung wäre gemäß § 556b Abs. 2 BGB unbeachtlich.

Erläuterungen

953 **1. Aufrechnung.** S. dazu die Hinweise zu Teil 1 Rdn. 926.

954 **2. Rückforderung überzahlter Mietbeträge.**

955 *2.1* Hat der Mieter die Miete zu Beginn des Monats gezahlt, wie § 556b Abs. 1 BGB (s. dazu die Hinweise zu Teil 1 Rdn. 975) dies vorsieht, und zeigt sich sodann im Laufe des Monats ein erheblicher Mangel i.S. des § 536 Abs. 1 BGB, so kann der Mieter das Geleistete teilweise nach den Grundsätzen der **ungerechtfertigten Bereicherung** (§ 812 BGB) zurückverlangen. Da die Minderung der Miete kraft Gesetzes automatisch eintritt, ist eine Überzahlung erfolgt. Der Rückzahlungsanspruch geht auf den Differenzbetrag zwischen der gezahlten und infolge der Minderung reduzierten Miete.

956 *2.2* Rückzahlungsansprüche aus ungerechtfertigter Bereicherung können sich auch wegen **überzahlter Betriebskosten** oder wegen § 5 WistG überzahlter Miete ergeben.

957 **3. Aufrechnungsbeschränkungen.** Zu den möglichen vertraglichen Beschränkungen der Aufrechnung s. die Hinweise zu Teil 1 Rdn. 897 und 900.

D. Miete

I. Begriffsinhalt

Die Miete besteht in der Regel in einer Geldleistung. Sie kann aber auch in anderer Gestalt (z.B. als Dienstleistung) vereinbart werden (s. BGH WuM 1994, 460 = ZMR 1994, 457). In diesem Falle sollte der Wert der Gegenleistung in Geld ausgedrückt werden, um im Falle einer Minder- oder Nichtleistung einen Maßstab für die Rechte des Mieters zu haben. 958

II. Vermieterseite

Besteht die Vermieterseite aus einer **Personenmehrheit**, so sind die Vermieter Gläubiger zur gesamten Hand. Keiner von ihnen kann für sich über die Mietforderung oder seinen Anteil hieran selbständig verfügen. Ausnahmsweise kann jedoch der Einzelne Leistung an die Gemeinschaft verlangen (vgl. § 432 Abs. 1 S. 1 BGB, dazu *Streyl* NZM 2011, 377, 384 f.). Bilden die Vermieter eine Außen-GbR (s. dazu Teil 1 Rdn. 19) und tritt ein Wechsel der Mitglieder ein, so rückt der Eintretende in die Vermieterstellung ein. Denn der Wechsel im Mitgliederbestand hat keinen Einfluss auf den Fortbestand der mit der Außen-GBR bestehenden Rechtsverhältnisse (OLG Düsseldorf NZM 2003, 237 = ZMR 2003, 424; KG NZM 2001, 520). 959

Der **Käufer** eines Grundstücks erwirbt Mietzahlungsansprüche aus eigenem Recht erst mit seiner Eintragung ins Grundbuch (s. § 566 Abs. 1 BGB). Eine Verrechnungsklausel im Kaufvertrag kann nicht als Abtretung der Mietzahlungsansprüche gewertet werden (BGH NZM 2003, 716 = ZMR 2003, 732, 733). 960

Überträgt der Vermieter als Alleineigentümer des Grundstücks einen Miteigentumsanteil (§ 1008 BGB) auf seinen **Ehepartner**, so tritt dieser in das bestehende Mietverhältnis ein. § 566 BGB findet also auch bei Übertragung von ideellen Miteigentumsanteilen Anwendung (LG Marburg NZM 2003, 394; AG Pinneberg ZMR 2002, 835, 836; *Beuermann* WuM 1995, 5, 6). Veräußerung i.S. dieser Vorschrift bedeutet jede rechtsgeschäftliche Änderung eines dinglichen Rechts, durch die der bisherige Eigentümer die alleinige Verfügungsbefugnis verliert (*Beuermann* WuM 1995, 5, 6). Ein Veräußerungsgeschäft i.S. des § 566 BGB ist auch die Einbringung des Mietobjekts in eine Gesellschaft bürgerlichen Rechts (LG Berlin ZMR 1998, 704), nicht aber der Eintritt eines neuen Gesellschafters in eine Außen-GbR (s.o). 961

III. Mieterseite

Mehrere Mieter haften gemäß § 427 BGB als **Gesamtschuldner**. Bezüglich etwaiger Forderungen aus dem Mietverhältnis sind sie aber Gesamthandgläubiger (§ 428 BGB), so dass z.B. nicht ein Einzelner mit Ansprüchen der Mietergemeinschaft gegenüber dem Mietzahlungsanspruch des Vermieters aufrechnen kann. 962

Zahlt der Mieter die Miete unter »**Vorbehalt der Rückforderung**«, so liegt darin im Zweifel eine Erfüllung; es werden nur die Wirkungen des § 814 BGB ausgeschlossen. Anders verhält es sich, wenn der Mieter in der Weise unter Vorbehalt leistet, dass den Vermieter für einen späteren Rückforderungsstreit die Beweislast für das Bestehen des Anspruchs treffen soll; dann fehlt es an einer Erfüllungswirkung (BGH NJW 1999, 494, 496). 963

IV. Leistungsbestimmung

1. Mehrere Mietforderungen

964 Das Recht zu bestimmen, welche von mehreren Mietschulden durch die Leistung getilgt wird, steht kraft Gesetzes (vgl. § 366 Abs. 1 BGB) stets dem Schuldner, d.h. dem Mieter, nie dem Gläubiger, d.h. dem Vermieter, zu (vgl. OLG Brandenburg WuM 2007, 142). Eine Leistungsbestimmung kann auch **stillschweigend** erfolgen, wenn der Mieter den nach seiner Ansicht geschuldeten Betrag zum vereinbarten Termin zahlt. Leistet der Mieter regelmäßig die volle Miete, so ist im Zweifel davon auszugehen, dass der gerade fällige Mietzahlungsanspruch des Vermieters erfüllt werden soll (vgl. BGH WuM 2010, 353, 354 f. *Junker* MietRB 2004, 150, 151; FA MietRWEG/*Hinz* Kap. 15 Rn. 284). Allerdings soll nach einer Entscheidung des OLG Düsseldorf (WuM 2000, 209) bei Zahlung der am dritten Werktag fälligen Miete erst am Elften des Monats keine konkludente Tilgungsbestimmung auf die Miete für den laufenden Monat anzunehmen sein. Insbesondere bei unregelmäßiger Zahlung lässt sich kein auf eine bestimmte Tilgungsreihenfolge gerichteter Wille des Mieters feststellen.

965 Bei Fehlen einer Leistungsbestimmung richtet sich die Tilgungsreihenfolge nach § 366 Abs. 2 BGB. Die Verrechnung erfolgt
– zunächst auf die fällige Verbindlichkeit,
– bei mehreren fälligen auf die Verbindlichkeit, die dem **Gläubiger** geringere Sicherheit bietet,
– bei mehreren gleich sicheren auf die dem **Schuldner** lästigere Verbindlichkeit,
– bei mehreren gleich lästigen auf die ältere Verbindlichkeit,
– bei gleichem Alter auf jede Verbindlichkeit verhältnismäßig.

2. Haupt- und Nebenforderung

966 Hat der Schuldner außer der Hauptleistung **Kosten und Zinsen** zu zahlen und reicht das Gezahlte nicht zur Tilgung der ganzen Schuld, so erfolgt die Verrechnung gemäß § 367 Abs. 1 BGB
– erst auf die Kosten,
– dann auf die Zinsen,
– zuletzt auf die Hauptforderung.

967 Bestimmt der Mieter eine andere Anrechnung, so ist der Vermieter berechtigt, die Annahme der Leistung abzulehnen (§ 367 Abs. 2 BGB).

3. Formularvereinbarungen

968 Abweichende Formularregelungen, durch die ein Leistungsbestimmungsrecht des Vermieters als Gläubiger begründet werden soll, sind nur zulässig, wenn auch die Belange des Mieters als Schuldner in angemessener Weise berücksichtigt werden (BGH NJW 1984, 2404 = ZMR 1984, 370; OLG Celle WuM 1990, 103). Eine Formularklausel, nach welcher beim Zahlungsrückstand des Mieters eingehende Zahlungen zunächst auf die Kosten, dann auf die Zinsen und zuletzt auf die Hauptschuld zu verrechnen sind, ist wegen Verstoßes gegen § 307 Abs. 1 und 2 Nr. 1 BGB unwirksam (OLG Celle WuM 1990, 109).

969 Der »Hamburger Mietvertrag für Wohnraum« enthält in § 11 Ziff. 7 folgende Bestimmung: »*Befindet sich der Mieter mit der Zahlung der Miete in Verzug, so sind Zahlungen, sofern der Mieter sie nicht anders bestimmt, zunächst auf etwaige Kosten, dann auf die Zinsen, sodann auf die Mietsicherheit und zuletzt auf die Hauptschuld, und zwar zunächst auf die ältere Schuld, anzurechnen.*«

970 Die Klausel belässt dem Mieter zwar sein Leistungsbestimmungsrecht nach § 366 Abs. 1 BGB, ordnet aber eine von §§ 366, 367 BGB abweichende Tilgungsreihenfolge an. Die Verwendung

dieser Klausel ist nicht gesichert (s. *Junker* in: Lützenkirchen Anwalts-Handbuch D 70; ders. MietRB 2004, 150, 153 f.).

V. Mehrwertsteuer

Der Vermieter von Gewerberaum kann die Mehrwertsteuer, die infolge der Vermietung anfällt (§§ 4 Nr. 12, 9 Abs. 2, 27 Abs. 4 UStG), nur dann an den Mieter weitergeben, wenn dies vereinbart ist. Enthält der Mietvertrag diesbezüglich keine ausdrückliche Regelung, ist in der Miete die gesetzlich anfallende Mehrwertsteuer bereits enthalten (OLG Düsseldorf NJOZ 2012, 761 = MietRB 2012, 229; OLG Naumburg ZMR 2000, 291; *Herrlein* NZM 2013, 409, 413). 971

Unterwirft der Vermieter seine Mieteinnahmen erst nach Abschluss des Mietvertrags der Umsatzsteuer (§ 9 Abs. 2 UStG), so bedarf es ebenfalls einer **eindeutigen Vereinbarung**, wenn er zusätzlich zur Miete die Mehrwertsteuer beanspruchen will. Eine Formularklausel in einem Gewerberaummietvertrag, die den Mieter verpflichtet, auf Verlangen des Vermieters Mehrwertsteuer zu zahlen, falls dieser in Ausnutzung seiner steuerrechtlichen Möglichkeiten für die Umsatzsteuer optiert, ist wirksam (BGH NZM 2001, 952). Auf die Umsatzsteuerpflichtigkeit des Mieters kommt es nicht an (BGH NZM 2001, 952, 953; a.A. *Herrlein* NZM 2013, 409, 413). 972

Auch wenn die Weitergabe von Mehrwertsteuer nicht vereinbart ist, kann der Vermieter im Rahmen der Betriebskostenabrechnung (s. die Hinweise zu Teil 1 Rdn. 1048) die ihm von einem Dritten in Rechnung gestellte Umsatzsteuer auf den Mieter abwälzen. 973

VI. Zahlungspflicht des Mieters

1. Mahnung wegen rückständiger Miete

Ausweislich der im Original beigefügten Vollmacht zeige ich die Vertretung des Vermieters ¹ 974

oder

der Vermieter,

nämlich _____ **der an Sie vermieteten, im Hause** _____ **belegenen Räume an.**

Nach § _____ **des mit Ihnen bestehenden Mietvertrages vom** _____ **ist die Miete monatlich im Voraus, spätestens am** _____ **Werktag eines Monats zu zahlen. ²**

Die Miete für den Monat _____

oder

die Monate _____

ist bis heute noch nicht eingegangen. ³

Namens meiner Mandantschaft fordere ich Sie daher auf, die zurzeit offene Miete in Höhe von _____ **€ binnen einer Woche auf das Ihnen bekannte Mietkonto zu überweisen. ⁴**

Die Nachberechnung von Verzugszinsen bleibt ausdrücklich vorbehalten. Bitte zahlen Sie in Zukunft vereinbarungsgemäß. ⁴

Eventuell: ⁵

Um dieses sicherzustellen, rege ich Zahlung im Abbuchungsverfahren an.

Eventuell:

Wenn Sie Zahlung per Einzugsermächtigung (SEPA-Lastschriftmandat) wünschen, geben Sie bitte eine Einzugsermächtigung s.o. auf beigefügtem Vordruck her. Meine Mandantschaft wird dann aufgrund dieser Ermächtigung die Miete einziehen, Sie brauchen sich darum nicht mehr zu kümmern.

Erläuterungen

975 **1. Zeitpunkt.** Nach der gesetzlichen Regelung in § 556b Abs. 1 BGB hat der Mieter von Wohnraum die Miete **zu Beginn** der vereinbarten Zeitabschnitte, spätestens bis zum dritten Werktag zu entrichten. Entsprechendes gilt gemäß § 579 Abs. 2 BGB für Gewerberäume.

976 Darüber hinaus bestimmt § 556b Abs. 1 BGB den Zeitpunkt der **Fälligkeit** der Miete. Dies ist der dritte Werktag des Monats (Schmidt-Futterer/*Langenberg* § 556b Rn. 4; Blank/Börstinghaus/ *Blank* § 556b Rn. 4; Herrlein/Kandelhard/*Both* § 556b Rn. 6). Bei den drei Werktagen handelt ist sich somit nicht nur um eine Karenzzeit. § 556 Abs. 1 BGB ist dispositiv; abweichende Vereinbarungen sind also zulässig. Der Sonnabend ist nicht als **Werktag** mitzuzählen (BGH WuM 2010, 495 = ZMR 2010, 948).

977 **2. Rechtzeitigkeit/Übergangsrecht.** Zur **Rechtzeitigkeit** der Zahlung trifft § 556b Abs. 1 BGB keine Aussage. Maßgebend sind somit die allgemeinen Grundsätze; diese finden sich in §§ 269, 270 BGB. Danach hat der Mieter im Zweifel auf seine Gefahr und seine Kosten an dem Ort zu leisten, an dem er bei Entstehung des Schuldverhältnisses seinen Wohnsitz hat. Er trägt damit die Gefahr des Verlustes (sog. Transportgefahr), der Vermieter hingegen die Gefahr der zeitlichen Verzögerung (sog. Verzögerungsgefahr). Hat der Mieter im **bargeldlosen Zahlungsverkehr** zu leisten, so genügt es, wenn er die Miete so zeitig auf den Weg gebracht hat, dass mit dem rechtzeitigen Eingang beim Vermieter zu rechnen ist (Schmidt-Futterer/*Langenberg* § 556b BGB Rn. 7). Bei einer Banküberweisung hat der Mieter alles Erforderliche getan, wenn der Überweisungsauftrag bei entsprechender Kontodeckung rechtzeitig vor Fälligkeit unter Beachtung der Ausführungsfristen gemäß § 676a Abs. 2 BGB bei der Bank eingeht.

978 Allerdings gelten für den **Geschäftsverkehr** die Verzugsrichtlinie 2000/35/EG – neugefasst durch die Richtlinie 2011/7/EU – sowie die Entscheidung des EuGH vom 03.04.2008 (NJW 2008, 1935 = ZMR 2009, 262). Nach Art. 3 Abs. 1 lit. b der Richtlinie 2011/7/EU kann der Gläubiger Zinsen wegen Zahlungsverzugs verlangen, wenn er den fälligen Betrag nicht rechtzeitig erhalten hat, es sei denn, der Schuldner hat die Verzögerung nicht zu vertreten. Das bedeutet, dass bei einer Zahlung durch Banküberweisung der geschuldete Mietbetrag dem Konto des Vermieters rechtzeitig gutgeschrieben sein muss. Das herkömmliche Verständnis der §§ 269, 270 BGB verstößt nach Ansicht des EuGH gegen die Richtlinie. Streitig ist, ob diese Grundsätze auch im Zahlungsverkehr zwischen **Verbrauchern** gelten (in diesem Sinne Palandt/*Grüneberg* § 270 Rn. 6: PWW/*Zöchling-Jud* § 270 Rn. 1, 7; AG Kassel WuM 2010, 92; dagegen aber Schmidt-Futterer/ *Langenberg* § 556b Rn. 9; offen gelassen BGH WuM 2010, 495, 498). Jedenfalls muss sich der Mieter, der auf die bislang gängige Auslegung vertraut hat, auf einen entschuldbaren Rechtsirrtum berufen können (Palandt/*Grüneberg* § 270 Rn. 6).

979 Die Vertragsparteien können auch eine Veränderung des Leistungs(handlungs)ortes vereinbaren; ferner kann sich dies aus den Umständen ergeben. Bei einer Barzahlungsabrede liegt eine Bringschuld vor. Soweit die Miete im **Lastschriftverfahren** (s. dazu Teil 1 Rdn. 989 ff.) erbracht wird, handelt es sich um eine Holschuld; der Mieter hat das Erforderliche getan, wenn sein Konto am Fälligkeitstag gedeckt ist (Schmidt-Futterer/*Langenberg* § 556b BGB Rn. 10).

Zulässig ist auch eine Formularklausel, nach der es für die Rechtzeitigkeit der Leistung auf den 980
Zahlungseingang beim Vermieter ankommt. Das gibt für die Gewerberaummiete (BGH NJW
1998, 2664, 2665 = ZMR 1998, 612, 613), aber nach der hier vertretenen Ansicht auch bei der
Wohnraummiete (LG Berlin NJW-RR 1993, 144; *Junker* in: Lützenkirchen Anwalts-Handbuch
D 59; a.A. Blank/Börstinghaus/*Blank* § 556b Rn. 20; *Sternel* WuM 2009, 699; diff. Schmidt-Futterer/*Langenberg* § 556b Rn. 11). Jedenfalls seit der Entscheidung des EuGH vom 03.04.2008
(NJW 2008, 1935 = ZMR 2009, 262) dürfte die Zulässigkeit unproblematisch sein (PWW/*Feldhahn* § 543 Rn. 18).

Von Bedeutung ist die in Art. 229 § 3 Abs. 1 Nr. 7 EGBGB enthaltene **Übergangsregelung**. 981
Auch nach In-Kraft-Treten des MRRG richtet sich die Fälligkeit der Miete für am 01.09.2001 bestehende Mietverhältnisse nach altem Recht. Gemäß § 551 BGB a.F. war die Miete,
– wenn sie nach Zeitabschnitten bemessen war, nach Ablauf der einzelnen Zeitabschnitte (also
  bei der Wohnraummiete in der Regel am Ende des Monats),
– bei Grundstücken ansonsten nach Ablauf eines Vierteljahres
zu zahlen.

Diese gesetzliche Regelung konnte jedoch – auch formularmäßig – abbedungen werden. Allerdings ist nach dem Rechtsentscheid des BGH vom 26.10.1994 (NJW 1995, 254 = ZMR 1995, 982
60; dazu ausführlich *Junker* in: Lützenkirchen Anwalts-Handbuch D 28 ff.) eine **Vorauszahlungsklausel** in Wohnraummietverträgen unwirksam, wenn der Vertrag eine weitere Klausel enthält,
nach der die Aufrechnung mit streitigen Forderungen ausgeschlossen wird. Das gilt z.B. für Klauseln, nach denen der Mieter nur aufrechnen kann, wenn seine Forderungen unstreitig, zur Entscheidung reif oder rechtskräftig festgestellt sind. Anders verhält es sich, wenn die Klausel dem
Mieter das Aufrechnungsrecht für Rückforderungsansprüche wegen überzahlter Miete in den Folgemonaten belässt (BGH WuM 2008, 152 = GE 2008, 113; WuM 2011, 418, 419 = ZMR
2011, 708 mit Anm. *Niebling*; ferner BGH WuM 2012, 675, 676).

Auch nach In-Kraft-Treten des MRRG zum 01.09.2001 bleibt es für Altverträge bei dieser 983
Rechtslage. Zwar gilt seither uneingeschränkt § 556b Abs. 2 BGB; allerdings richtet sich die
Wirksamkeit der bisherigen Vorfälligkeitsklausel weiterhin nach dem **materiellen Regelungsgehalt** des Vertrags (in diesem Sinne BGH WuM 2008, 152 = GE 2008, 113; NZM 2006, 338,
340 = WuM 2006, 193, 196 = ZMR 2006, 425, 427 f.).

3. Mahnung. Hierbei handelt es sich um eine rechtsgeschäftsähnliche Handlung (BGH NJW 984
1987, 1546, 1547); sie muss bei Personenmehrheit auf Vermieterseite von allen erklärt werden,
jedoch ist Vollmachtserteilung zulässig.

Achtung! Der mit der Abmahnung beauftragte Rechtsanwalt sollte nicht vergessen, der schriftlichen Kündigungserklärung eine schriftliche Originalvollmacht beizufügen. Anderenfalls kann der
Empfänger die Erklärung nach § 174 S. 1 BGB **unverzüglich zurückweisen**, was zur Unwirksamkeit führt (vgl. BGH NZM 2002, 163 = ZMR 2002, 893).

4. Verzugszinsen/Mahngebühr. Der Anspruch auf **Verzugszinsen** folgt aus §§ 280 Abs. 2, 985
286, 288 BGB.
– Der regelmäßige Verzugszinssatz beträgt 5 % Punkte über dem Basiszinssatz p.a. (§ 288 Abs. 1
  BGB).
– Im Geschäftsverkehr können 8 % Punkte über dem Basiszinssatz p.a. verlangt werden (§ 288
  Abs. 2 BGB).

Nach § 288 Abs. 3 BGB kann der Gläubiger höhere Zinsen aus einem anderen Rechtsgrund verlangen, insbesondere aus einer **vertraglichen Vereinbarung**. Im Bereich des Formularvertrags sind 986
allerdings die Schranken des § 309 Nr. 5 BGB zu beachten. Das bedeutet, dass er bei der Zinshöhe das jeweilige Zinsniveau nicht überschreiten darf und dem Mieter ausdrücklich der Gegenbeweis offen bleiben muss, dass im konkreten Fall ein geringerer Zinsschaden entstanden ist

(*Lammel* § 555 Rn. 13 f.; s. auch PWW/*Riecke* § 555 Rn. 5). Höhere Zinsen als die gesetzlich vorgesehenen dürften somit kaum wirksam vereinbart werden können.

987 Der Vermieter kann aber einen höheren **Zinsschaden** geltend machen (§ 288 Abs. 3 BGB). Dieser kann entweder im Verlust von Anlagezinsen oder in der Aufwendung von Kreditzinsen liegen. Im Bestreitensfall muss der Vermieter den Zinsverlust bzw. seine Aufwendungen konkret darlegen und beweisen (vgl. BGH NJW-RR 1991, 1406).

988 Eine **pauschale Mahngebühr** kann nur verlangt werden, wenn dies vereinbart ist. Derartige Vereinbarungen – auch formularmäßig – werden bis zur Höhe von 1,50 € bis 2,50 € je Mahnung noch als wirksam angesehen (vgl. OLG Hamburg DB 1984, 2504; OLG Frankfurt MDR 1985, 765; AG Schöneberg ZMR 1999, 489).

989 **5. Lastschriftverfahren.** Hierbei ist zu unterscheiden zwischen
- der Erteilung eines Abbuchungsauftrags (Abbuchungsverfahren, Dauerauftrag),
- der Erteilung einer Einzugsermächtigung (Einzugsermächtigungsverfahren) bis zum 31.01.2014 und
- dem SEPA-Lastschriftverfahren.

990 **Abbuchungsverfahren.** Hier hat der Mieter seiner Bank (der Zahlstelle) im Voraus einen Abbuchungsauftrag erteilt. Die Bank belastet dementsprechend sein Konto mit seiner Zustimmung. Deshalb kann er nach Einlösung der Lastschrift die Kontobelastung nicht mehr rückgängig machen (vgl. BGH NJW 1996, 988, 989 = ZMR 1996, 248, 250 f.). Der Mieter muss somit Belastungen seines Kontos im Verhältnis zu seiner Bank grundsätzlich auch dann gegen sich gelten lassen, wenn der Lastschrift keine entsprechende Forderung des Vermieters zugrunde lag. Somit bringt das Abbuchungsverfahren für den Mieter ganz erhebliche Gefahren mit sich.

991 **Achtung!** Eine Formularklausel, die den Mieter zur Teilnahme am Abbuchungsverfahren verpflichtet, ist gemäß § 307 BGB als unwirksam angesehen worden (vgl. LG Köln WuM 1990, 380; Blank/Börstinghaus/*Blank* § 556b Rn. 38).

992 **Einzugsermächtigungsverfahren.** Hier erteilt der Mieter dem Vermieter eine Einzugsermächtigung, während er seiner Bank gegenüber keine Erklärung über den Einzug von Forderungen abgibt. Die Bank handelt deshalb nur aufgrund einer Weisung des einzugsermächtigten Vermieters und belastet das Konto des Mieters, ohne von ihm einen entsprechenden Auftrag zu haben. Nach dem Inhalt des zu seiner Bank bestehenden Girovertrags kann der Mieter deshalb der Kontobelastung – wie jeder anderen unberechtigten Buchung – widersprechen und Wiedergutschrift des abgebuchten Betrags verlangen (BGH NJW 1996, 988, 989 = ZMR 1996, 248, 250 f.).

993 **SEPA-Lastschriftverfahren.** Seit dem 01.02.2014 erfolgt der Zahlungsverkehr mit Banken in einem einheitlichen europäischen Rechtsrahmen nach dem »**Single European Payments Area**« (SEPA). Durch das SEPA-Mandat gestattet der Mieter nicht nur – wie bei der Einzugsermächtigung – dem Vermieter den Abruf der jeweiligen Beträge von seinem Konto; vielmehr erteilt seiner Bank vorab die Generalweisung, die vom Vermieter auf das Konto gezogenen SEPA-Lastschriften einzulösen (vgl. § 675f Abs. 2, 3 BGB). Der seiner Bank zu erteilende (Einzel-)Zahlungsauftrag wird dieser durch den Vermieter als Erklärungsboten (vgl. § 120 BGB) über dessen Bank übermittelt (vgl. BGH NZM 2010, 826, 828; Blank/Börstinghaus/*Blank* § 556b Rn. 37). Der Mieter hat dann gegen sein Kreditinstitut einen Anspruch auf Erstattung des Zahlbetrags nach Maßgabe des § 675x Abs. 1, 2, 4 BGB binnen acht Wochen seit der Belastungsbuchung (vgl. BGH NZM 2010, 826, 828 f.).

994 **Hinweis:** Eine Zahlung, die mittels des SEPA-Lastschriftverfahrens bewirkt wird, ist insolvenzfest. Der Anspruch des Zahlers aus § 675x BGB fällt in entsprechender Anwendung des § 377 Abs. 1 BGB nicht in die Insolvenzmasse (BGH NZM 2010, 826). Die Problematik des Widerrufs von nicht genehmigten Lastschriften durch den Insolvenzverwalter ist damit obsolet. Zum herkömmlichen Lastschriftverfahren s. BGH NZM 2010, 833; *Flatow* NZM 2011, 607, 610.

Der Vermieter hat einen **Anspruch** auf Erteilung einer Einzugsermächtigung nur, soweit dies vereinbart ist. Eine entsprechende **Formularklausel** im Mietvertrag ist wirksam
- wenn es sich um die Sollstellung geringfügiger Beträge handelt oder
- wenn es um größere Beträge geht, die in regelmäßigen Abständen und in gleichbleibender von vornherein festgestellter Höhe eingezogen werden (BGH NJW 1996, 988, 990 = ZMR 1996, 248, 251).

Steht dagegen die Höhe der Abbuchungsbeträge nicht von vornherein fest (z.B. bei **Betriebskostennachforderungen**), so benachteiligt die formularmäßige Erteilung einer Einzugsermächtigung den Mieter jedenfalls dann nicht unangemessen (vgl. § 307 BGB), wenn durch die Klauselgestaltung sichergestellt ist, dass diesem zwischen dem Zugang der Rechnung und dem Einzug des Rechnungsbetrags ausreichend Zeit verbleibt, die Rechnung zu prüfen und ggf. für ausreichende Deckung seines Girokontos zu sorgen (BGH NZM 2003, 367, 368).

Hat der Mieter eine Einzugsermächtigung erteilt, so ist er nur verpflichtet, ein Bankkonto mit einem ausreichenden Guthaben zu unterhalten. Der Vermieter ist verpflichtet, das zum Einzug Erforderliche zu tun; Verzögerungen beim Geldeingang, die nicht auf mangelndem Guthaben beruhen, gehen zu seinen Lasten.

Kann eine Einzugsermächtigung mangels Deckung oder infolge eines unbegründeten Widerrufs nicht durchgeführt werden, so steht dem Vermieter ein **Schadensersatzanspruch** gegenüber dem Mieter wegen Pflichtverletzung aus § 280 Abs. 1 BGB zu.

2. Widerruf eines dem Vermieter erteilten SEPA-Lastschriftmandates

Ausweislich der im Original beigefügten Vollmacht zeige ich die Vertretung des Mieters

oder

der Mieter,

nämlich _____ der von Ihnen mit Vertrag vom _____ gemieteten, im Hause _____ belegenen Räume an.

Hiermit widerrufe ich namens meiner Mandantschaft das Ihnen erteilte SEPA-Lastschriftmandat zum Einzug der Miete für das vorbezeichnete Mietobjekt. Ich habe Sie aufzufordern, ab sofort von diesem SEPA-Lastschriftmandat keinen Gebrauch mehr zu machen. [1]

Zum Widerruf des SEPA-Lastschriftmandats ist meine Mandantschaft berechtigt, da es wiederholt zu Fehlern beim Einzug gekommen ist, die Sie als Vermieter zu vertreten haben. Hierzu weise ich auf Folgendes hin: [2]

▶ Beispiel:

Das Ihnen erteilte SEPA-Lastschriftmandat bezieht sich ausdrücklich nur auf die laufende monatliche Miete. Trotzdem haben Sie sowohl eine Ihnen vermeintlich zustehende restliche Kaution von 530,00 € als auch einen Saldo in Höhe von 201,78 € aus der erteilten Betriebskostenabrechnung für das Jahr 2014 eingezogen, obwohl mein Mandant sofort Einwendungen gegenüber der Abrechnung erhoben und den Saldo nicht anerkannt hatte. Außerdem haben Sie noch einen Betrag als vermeintlichen Schadensersatzanspruch zu Ihren Gunsten in Höhe von 370,12 € eingezogen, weil Sie der Meinung sind, mein Mandant hätte als Mieter den Gartenzaun beschädigt, was aber tatsächlich gar nicht zutrifft.

Meine Mandantschaft wird zukünftig die monatliche Miete oder sonstige geschuldete Beträge per Einzelüberweisung auf Ihr Konto zahlen.

Erläuterungen

1000 **1. Einzugsermächtigung.** Diese bezieht sich nur auf **unbestrittene Forderungen**. Sie kann alle Forderungen aus dem Mietverhältnis erfassen, aber auch auf die laufenden Mietbeträge beschränkt werden. Sie gilt nicht für Mietrückstände, die vor ihrer Erteilung entstanden sind.

1001 Bucht der Vermieter Beträge ab, die nicht von dem SEPA-Lastschriftverfahren erfasst sind – insbesondere streitige Beträge –, so ist der Mieter zum Rückruf berechtigt.

1002 Liegt ein Minderungsgrund vor, darf der Vermieter das SEPA-Lastschriftverfahren nur hinsichtlich der nach § 536 Abs. 1 BGB herabgesetzten Miete Gebrauch machen (Schmidt-Futterer/*Eisenschmid* § 536 Rn. 360), auch wenn er die Mietminderung für unbegründet hält. Darin liegt kein Einverständnis mit der Minderung.

1003 **2. Widerrufsrecht.** Kommt es wiederholt zu Fehlern beim Einzug, die der Vermieter zu vertreten hat, so ist der Mieter berechtigt, die Einzugsermächtigung zu widerrufen. Der Vermieter muss den Widerruf selbst dann beachten, wenn er ihn für unbegründet hält. Versucht er trotz Widerrufs, Beträge vom Konto des Mieters abzubuchen, so gehen die Bankkosten zu seinen Lasten.

1004 Ein einmaliges Versehen des Vermieters rechtfertigt aber noch nicht den Widerruf der Abbuchungsermächtigung, sondern nur den Rückruf des zu Unrecht abgebuchten Betrags. Die Bankkosten gehen auch insoweit zu Lasten des Vermieters.

1005 Beachtet der Vermieter den Widerruf des SEPA-Lastschriftverfahrens nicht, kann der Mieter gegen die Abbuchung nicht geschuldeter Beträge auch im Wege der **einstweiligen Verfügung** vorgehen (vgl. Schmidt-Futterer/*Eisenschmid* § 536 Rn. 360). Diese ist zu richten auf die Unterlassung des Einzugs vom Konto (Kreditinstitut, Kontonummer) über einen Betrag von … € hinaus.

1006 Zur einstweiligen Verfügung s. die Hinweise zu Teil 1 Rdn. 325.

3. Abmahnung wegen laufend verspäteter Mietzahlung mit Androhung fristloser, hilfsweise fristgemäßer Kündigung

1007 **Ausweislich der im Original beigefügten Vollmacht zeige ich die Vertretung des Vermieters**

oder

der Vermieter,

nämlich _____ der an Sie vermieteten, im Hause _____ belegenen Räume an.

Nach § _____ des mit Ihnen bestehenden Mietvertrages vom _____ ist die Miete monatlich im Voraus, spätestens am _____ Werktag eines Monats zu zahlen. In der zurückliegenden Zeit haben Sie die Miete wiederholt zu spät gezahlt. [1]

Eventuell:

Bitte bedenken Sie, dass entscheidend ist der Eingang Ihrer Zahlung auf dem Konto meiner Mandantschaft.

Im Monat _____ zahlten Sie erst am _____, im Monat _____ erst am _____ und im Monat _____ erfolgte Gutschrift auf dem Konto meiner Mandantschaft erst am _____.

Ich fordere Sie hiermit auf, ab sofort für vertragsgemäße pünktliche Zahlung zu sorgen. Bei Fortsetzung der vertragswidrig verspäteten Zahlung müssen Sie damit rechnen, dass meine Mandantschaft von ihrem dann gegebenen Recht zur fristlosen, hilfsweise fristgemäßen Kündigung des Mietverhältnisses Gebrauch macht und anschließend, soweit erforderlich, Räumungsklage gegen Sie erhebt. ²

Erläuterungen

1. Zahlungssäumigkeit. Laufend verspätete Mietzahlungen können die außerordentliche fristlose Kündigung aus wichtigem Grund nach § 543 Abs. 1 BGB rechtfertigen (s. die Hinweise zu Teil 1 Rdn. 2047). Bei Wohnraummietverhältnissen auf unbestimmte Zeit kommt darüber hinaus eine ordentliche Kündigung nach § 573 Abs. 2 Nr. 1 BGB in Betracht (s. die Hinweise zu Teil 1 Rdn. 1650). Die Ausnahmetatbestände in § 543 Abs. 3 S. 2 Nr. 1. und 2 BGB werden bei der Kündigung wegen laufend verspäteter Mietzahlungen meist nicht einschlägig sein. 1008

Zur Rechtzeitigkeit der Zahlung s. die Hinweise zu Teil 1 Rdn. 977. 1009

2. Abmahnerfordernis. Die **außerordentliche fristlose Kündigung** wegen laufend verspäteter Mietzahlungen setzt regelmäßig eine Abmahnung voraus (§ 543 Abs. 3 S. 1 BGB). Anderenfalls kann der Mieter nicht erkennen, wie bedeutsam die pünktliche Mietzahlung für den Vermieter ist. Die (erste) Abmahnung sollte alsbald im Anschluss an die säumigen Mietzahlungen erfolgen. Wird der Fälligkeitstermin nur um wenige Tage überschritten, muss dem Mieter in der Abmahnung mitgeteilt werden, welche Monatsmiete **um wie viele Tage** zu spät eingegangen ist (LG Berlin GE 2012, 343; 2014, 195, 197; Schmidt-Futterer/*Blank* § 543 Rn. 179). Bei erheblich verspäteten Zahlungen ist dieser Hinweis aber nicht erforderlich. 1010

Achtung! Der mit der Abmahnung beauftragte Rechtsanwalt sollte nicht vergessen, der schriftlichen Kündigungserklärung eine schriftliche **Originalvollmacht** beizufügen. Anderenfalls kann der Empfänger die Erklärung nach § 174 S. 1 BGB unverzüglich zurückweisen, was zur Unwirksamkeit führt (vgl. BGH NZM 2002, 163 = ZMR 2002, 893).

Eine sog. **qualifizierte Abmahnung**, d.h. eine Abmahnung, in welcher die fristlose Kündigung angedroht wird, ist nicht erforderlich; die gegenteilige Auffassung ist seit der BGH-Entscheidung vom 13.06.2007 (NZM 2007, 561 = WuM 2007, 570 = ZMR 2007, 686) überholt ist (so Schmidt-Futterer/*Blank* § 543 Rn. 179; offen gelassen bei BGH WuM 2009, 228, 230). Allerdings erscheint eine qualifizierte Abmahnung nach wie vor zweckmäßig. 1011

Dagegen erfordert eine **ordentliche Kündigung** wegen Zahlungssäumigkeit nach § 573 Abs. 2 Nr. 1 BGB nicht unbedingt eine Abmahnung (s. BGH NZM 2008, 121 = WuM 2008, 31 = ZMR 2008, 196 mit Anm. *Rave*); eine solche wird aber verlangt, wenn der Kündigungsgrund auf eher leichteren Verfehlung beruht, so etwa bei einer unpünktlichen Zahlung nur an vereinzelten Terminen oder einer Verspätung um wenige Tage. Auch ist eine Abmahnung erforderlich, wenn der Vermieter die säumige Zahlungsweise jahrelang geduldet hat (AG Pinneberg NZM 2009, 432). 1012

4. Klage auf Zahlung rückständiger Miete

Namens und in Vollmacht des Klägers wird beantragt, ¹

den Beklagten zu verurteilen, an den Kläger ² 1013

▶ **Beispiel:**

1.800,00 € nebst Zinsen p.a. in Höhe von 5 Prozentpunkten über dem jeweiligen Basiszinssatz auf je 600,00 € ab 05.10, 05.11. und 04.12.2015 [3]

zu zahlen.

Begründung:

Auf der Grundlage des in Fotokopie als

Anlage K 1 nur für das Gericht

überreichten Mietvertrages ist der Kläger Vermieter, der Beklagte Mieter des im Vertrag im Einzelnen bezeichneten Mietobjekts.

Die monatlich von dem Beklagten geschuldete Miete beläuft sich z.Zt. auf insgesamt _____ **€;** sie ist nach den Vereinbarungen im Mietvertrag monatlich im Voraus zur Zahlung fällig, spätestens bis zum 3. Werktag des Monats. Der Beklagte ist seinen Zahlungsverpflichtungen leider nicht nachgekommen. **Rückständig sind z.Zt. folgende Mietbeträge:** [4]

▶ **Beispiel:**

Oktober 2015	600,00 €
November 2015	600,00 €
Dezember 2015	600,00 €
Gesamt	1.800,00 €

Dieser Betrag wird mit der vorliegenden Zahlungsklage geltend gemacht. Letztmalig wurde der Beklagte außergerichtlich mit dem in Kopie als [5]

Anlage K 2 [6]

überreichten Schreiben vergeblich aufgefordert, innerhalb der dort genannten Frist die rückständigen Beträge auszugleichen.

Erläuterungen

1014 **1. Zuständiges Gericht.** Zur gerichtlichen Zuständigkeit s. die Hinweise zu Teil 1 Rdn. 2334.

1015 **2. Klageantrag.** In diesem sind Hauptforderung sowie die Nebenforderungen (z.B. Zinsen, vorgerichtliche Mahnkosten) zu bezeichnen. Über die Kosten des Rechtsstreit entscheidet das Gericht von Amts wegen (§ 308 Abs. 2 ZPO). Ein **Zahlungsantrag** muss die genaue Summe enthalten; die Berechnung darf nicht dem Gericht überlassen werden.

1016 Bei der **Zinsforderung** ist zu beachten, dass bei kalendermäßig bestimmter Leistungszeit (§ 286 Abs. 2 Nr. 1 BGB) der Verzug mit dem Ablauf des Tages beginnt, an dem die Leistung zu erbringen war. Hat der Mieter die Miete jeweils zum dritten Werktag eines Monats zu leisten, beginnt der Zinslauf mit dem folgenden Tag.

Nach verbreiteter Ansicht hat der Großvermieter keinen Anspruch auf **Erstattung von Inkassokosten**, gleichgültig ob als Inkassogebühr, Mahngebühr oder Auslagenpauschale. Ihm wird abverlangt, Mahnungen und Folgeschreiben selbst zu verfassen (AG Dortmund WuM 2012, 492; AG Gießen WuM 2014, 216; AG Kehl Urt. v. 25.09.2013 – 5 C 461/13 zit. nach juris; *Streyl/Wietz* WuM 2012, 475).

3. Vertragsparteien. Mehrere **Vermieter** müssen grundsätzlich gemeinschaftlich klagen. Bilden sie allerdings eine Außen-GbR, so ist diese als solche sowohl rechtsfähig als auch parteifähig und kann somit als Klägerin auftreten; s. dazu die Hinweise zu Teil 1 Rdn. 19.

Klagt ausnahmsweise lediglich einer von mehreren Vermietern, so kann er nur Leistung an alle namentlich im Klageantrag aufzuführenden Vermieter verlangen. Dagegen haften die **Mieter** lediglich als Gesamtschuldner, können also einzeln verklagt werden. Die Erfüllung durch einen wirkt auch zugunsten der anderen (§ 422 Abs. 1 BGB).

4. Mietsaldo. Wird ein Mietsaldo eingeklagt, so genügt es zur **Bestimmtheit des Klageantrags** (vgl. § 253 Abs. 2 Nr. 2 ZPO) nach dem Urteil des BGH vom 09.01.2013 (WuM 2013, 179 = ZMR 2013, 271 mit Anm. *Rave*), wenn der Antrag
– den erhobenen Anspruch konkret bezeichnet,
– dadurch den Rahmen der gerichtlichen Entscheidungsbefugnis (§ 308 ZPO) absteckt,
– Inhalt und Umfang der materiellen Rechtskraft der begehrten Entscheidung (§ 322 ZPO) erkennen lässt,
– das Risiko eines Unterliegens des Klägers nicht durch vermeidbare Ungenauigkeit auf den Beklagten abwälzt und
– eine Zwangsvollstreckung aus dem Urteil ohne eine Fortsetzung des Streits im Vollstreckungsverfahren erwarten lässt.

Dem wird der Vermieter gerecht, indem er mitteilt, welche monatliche Miete ihm für den gesamten streitigen Zeitraum zugestanden hat und welchen Betrag der Mieter aus dem errechneten **Gesamtbetrag** schuldig geblieben sei. Indes braucht er nicht für jeden einzelnen Monat aufzuschlüsseln, welcher Betrag unter Berücksichtigung der mieterseitigen Zahlungen offen geblieben ist. Ob sich unter dem Strich ein geringerer als der vom Vermieter eingeklagte Betrag ergibt, ist für die Zulässigkeit der Zahlungsklage ohne Belang; es ist allein eine Frage ihrer Begründetheit (BGH WuM 2013, 179, 181 = ZMR 2013, 271 f. mit Anm. *Rave*).

Da die Instanzgerichte mitunter aber nach wie vor recht hohe Anforderungen an die Aufschlüsselung der Klageforderung stellen (s. etwa AG Gießen WuM 2014, 216), sollte aus Gründen **anwaltlicher Vorsorge** angegeben werden, aus welchen (Teil-)Beträgen und bezüglich welcher Mietzahlungszeiträume sich die Klageforderung zusammensetzt (instr. zur Thematik *Zehelein* NZM 2013, 638; *Junglas* ZMR 2014, 89).

5. Klageveranlassung. Der Hinweis auf die vorgerichtliche Mahnung empfiehlt sich, um zu verdeutlichen, dass der Beklagte Veranlassung zur Klageerhebung gegeben hat. Dann trägt er selbst im Falle eines sofortigen Anerkenntnisses die Kosten des Rechtsstreits (vgl. § 93 ZPO).

6. Anlagen. Der Klageschrift sowie den weiteren prozessualen Schriftsätzen sind die im Besitz der Partei befindlichen Urkunden als Anlage – **regelmäßig in Kopie** – beizufügen (§ 131 Abs. 1 ZPO). Sofern die Urkunden dem Prozessgegner bereits bekannt sind oder einen erheblichen Umfang haben, genügt ihre genaue Bezeichnung mit dem Erbieten, Einsicht zu gewähren (§ 131 Abs. 3 ZPO).

Ist der Kläger mit dem Beklagten durch einen **Mietvertrag** verbunden, so genügt es grundsätzlich, wenn die Vertragsurkunde in Kopie nur für das Gericht beigefügt wird; der Beklagte dürfte regelmäßig im Besitz eines Vertragsexemplars sein.

7. Gebührenstreitwert und Rechtsanwaltsgebühren. Der Streitwert einer Klage auf Zahlung rückständiger Mieten richtet sich gem. § 23 Abs. 1 RVG, § 48 Abs. 1 GKG nach §§ 3–9 ZPO, so dass der Wert des Zahlungsanspruchs ohne Nebenforderungen als Gebührenstreitwert der Abrechnung der Rechtsanwaltsgebühren zugrunde zu legen ist. Eine mietvertraglich geschuldete Umsatzsteuer ist in die Berechnung mit einzubeziehen.

Für die Einreichung der Klage fällt eine 1,3 Verfahrensgebühr der Nr. 3100 VV RVG an, die sich für mehrere Auftraggeber um jeweils 0,3 pro weiteren Auftraggeber gem. Nr. 1008 VV RVG erhöhen kann. Eine Ermäßigung der Verfahrensgebühr auf 0,8 tritt gem. Nr. 3101 Nr. 1 VV RVG ein, wenn sich der Auftrag vorzeitig erledigt.

1025 Für die Wahrnehmung des Gerichtstermins fällt eine 1,2 Terminsgebühr der Nr. 3104 VV RVG an. Eine Ermäßigung der Terminsgebühr auf 0,5 kommt gem. Nr. 3105 VV RVG dann in Betracht, wenn der Gegner zum Gerichtstermin nicht erscheint. Erscheint er, aber verhandelt er nicht, bleibt es bei der 1,2 Terminsgebühr der Nr. 3104 VV RVG. Eine Terminsgebühr kann auch dann entstehen, wenn der Rechtsanwalt die Angelegenheit zur Vermeidung oder Erledigung des Rechtsstreits mit dem Gegner oder dessen Prozessbevollmächtigten bespricht (auch telefonisch), vgl. Vorbem. 3 Abs. 3 VV RVG. Voraussetzung für die Entstehung einer Terminsgebühr ist jedoch der unbedingte Prozessauftrag.

5. Klage auf Zahlung rückständiger Miete im Urkundenprozess

1026 **Im Wege des Urkundenprozesses wird namens und in Vollmacht des Klägers beantragt, den Beklagten zu verurteilen, an den Kläger [1, 2]**

▶ Beispiel:

4.800,00 € nebst Zinsen p.a. in Höhe von 5 Prozentpunkten über dem jeweiligen Basiszinssatz auf je 1.600,00 € ab 05.10, 05.11. und 04.12.2015

zu zahlen.

Begründung:

Auf der Grundlage des im Original als

Anlage K 1 [3]

überreichten Mietvertrages vom _____ vermietete der Kläger an den Beklagten das dort im Einzelnen bezeichnete Mietobjekt zum Betrieb

▶ Beispiel:

eines Friseursalons.

Gemäß § _____ des oben überreichten Mietvertrages vereinbaren die Parteien eine monatliche Gesamtmiete von [4]

▶ Beispiel:

1.600,00 €.

oder

Abweichend von § _____ des Mietvertrages schuldet der Beklagte bei unveränderten Vorauszahlungen auf die Betriebskosten gemäß Mietvertrag eine erhöhte monatliche Nettokaltmiete von _____ €. Zu der Möglichkeit einer Mieterhöhung vereinbaren die Parteien unter § _____ des hier gewerblichen Mietvertrages das Folgende:

▶ Beispiel:

»Ist seit Beginn des Mietverhältnisses oder der letzten Änderung der Miete [5]

a) entweder ein Zeitraum von mehr als einem Jahr verstrichen oder

b) der vom Statistischen Bundesamt ermittelte Verbraucherpreisindex für Deutschland um mehr als 5 % gestiegen, soll die Angemessenheit der Miete überprüft und die Miethöhe neu vereinbart werden. Die zuletzt geschuldete Miete ist in jedem Fall die Mindestmiete.

Kommt es zu keiner Einigung über die künftige Miethöhe oder sind seit dem schriftlichen Verlangen des Vermieters zwei Monate verstrichen, ohne dass es zu einer Einigung gekommen ist, soll ein von der Handelskammer Hamburg zu ernennender Sachverständiger als Schiedsgutachter die ortsübliche Miete nach billigem Ermessen feststellen. Die festgestellte Miete gilt ab Beginn des Monats, der auf den Zeitpunkt folgt, zu dem der Vermieter das Verlangen auf Änderung der bisherigen Miete gestellt hat. Die Kosten des Gutachtens tragen die Parteien je zur Hälfte«.

Mit Schreiben vom _____, das als

Anlage K 1a

überreicht wird, beanspruchte der Kläger unter Bezugnahme auf diese Klauseln des Mietvertrages die aus dem Schreiben ersichtliche Mieterhöhung. Der Beklagte lehnte sie ab. Daraufhin hat der von der Handelskammer Hamburg benannte Sachverständige _____ als Schiedsgutachter die ortsübliche Miete auf den neuen Betrag von _____ € monatlich netto kalt festgelegt. Das Schiedsgutachten wird im Original als

Anlage K 1b

beigefügt.

Gemäß § _____ des oben im Original beigefügten Mietvertrages hat der Beklagte die Miete monatlich im Voraus, spätestens bis zum 3. Werktag des Monats an den Kläger zu zahlen.

Der Beklagte ist seinen Zahlungsverpflichtungen leider nicht nachgekommen. Rückständig sind z.Zt. folgende Beträge: [6]

▶ Beispiel:

Oktober 2015	1.600,00 €
November 2015	1.600,00 €
Dezember 2015	1.600,00 €

Der Verzug des Beklagten mit den jeweiligen monatlichen Mieten folgt aus § 286 Abs. 2 Ziff. 1 BGB, die Höhe des geltend gemachten Zinssatzes rechtfertigt sich aus § 288 Abs. 1 S. 2 BGB. [7]

Erläuterungen

1. Zuständiges Gericht. Zur gerichtlichen Zuständigkeit s. die Hinweise zu Teil 1 Rdn. 2334.

2. Statthaftigkeit. Der Urkundenprozess ermöglicht dem Kläger, seine Ansprüche in einem beschleunigten Verfahren mit **eingeschränkten Beweismitteln** geltend zu machen. Er ist bei Zahlungsklagen statthaft, wenn sämtliche zur Begründung des Anspruchs erforderlichen Tatsachen durch Urkunden bewiesen werden können (§ 592 S. 1 ZPO). Einzelne Tatsachen, die des Beweises nicht bedürfen, weil sie unstreitig, zugestanden oder offenkundig sind, brauchen indes nicht durch Urkunden belegt sein (BGH WuM 2014, 744, 746 = ZMR 2015, 205, 206). Allerdings ist der Urkundenprozess nicht mehr statthaft, wenn gar keine Tatsachen durch Urkunden belegt sind. Das gilt auch dann, wenn der Sachverhalt insgesamt unstreitig ist; es können also nur »**Lücken im Urkundenbeweis**« durch unstreitige Tatsachen geschlossen werden (*Flatow* DWW 2008, 88; tend. anders wohl *Schmid* ZMR 2015, 184, 185).

1029 Der Vermieter kann im Wege des Urkundenprozesses insbesondere **Ansprüche auf Mietzahlung** verfolgen, und zwar sowohl bei Gewerberaum- als auch bei Wohnraummietverhältnissen (BGH NZM 2005, 661 = WuM 2005, 526 = ZMR 2005, 773). § 592 ZPO eröffnet diese Verfahrensart grundsätzlich für alle Geldforderungen. Das gilt auch dann, wenn der Mieter eine **Mietminderung** geltend macht. Die Mangelfreiheit der Mietsache gehört nicht zu den zur Begründung des Anspruchs erforderlichen Tatsachen; die aus der Mangelhaftigkeit resultierende Mietminderung begründet eine materiell-rechtliche Einwendung gegen den Mietzahlungsanspruch, die der Mieter im Prozess darzulegen und zu beweisen hat. Gleiches gilt für die **Einrede des nicht erfüllten Vertrags** (§ 320 BGB) jedenfalls dann, wenn der Mieter diese auf nach Überlassung der Mietsache eingetretene Mängel stützt (BGH NZM 2007, 161 = ZMR 2007, 265); auch hier muss er darlegen und beweisen, dass ihm eine unter das Gegenseitigkeitsverhältnis fallende Gegenforderung zusteht.

1030 Die Klage ist auch dann im Urkundenprozess statthaft, wenn der Mieter, der wegen behaupteter anfänglicher Mängel der Mietsache die Einrede des nicht erfüllten Vertrages erhebt, die ihm vom Vermieter zum Gebrauch überlassene Wohnung **als Erfüllung angenommen** hat, ohne die später behaupteten Mängel zu rügen (BGH WuM 2009, 531 = ZMR 2010, 19). Denn nach Überlassung der Mietsache trägt der Mieter gem. § 363 BGB die Beweislast dafür, dass die Mietsache zum Zeitpunkt der Übergabe mangelhaft war, wenn er die ihm überlassene Sache als Erfüllung angenommen hat (s. auch *Flatow* DWW 2008, 81, 91).

1031 Nach dem Urteil des BGH vom 22.10.2014 (WuM 2014, 744 = ZMR 2015, 205) kann der Vermieter auch Ansprüche auf **Betriebskostennachzahlung** im Wege des Urkundenprozesses geltend machen. Dazu muss er die Mietvertragsurkunde, aus der sich die Umlagevereinbarung ergibt, die Betriebskostenabrechnung und einen Zugangsnachweis vorlegen. Sodann ist es Sache des Mieters, die materielle Richtigkeit der Abrechnung nach Einsichtnahme in die Belege innerhalb der Einwendungsfrist des § 556 Abs. 3 S. 5, 6 BGB substanziiert zu bestreiten (*Schmid* ZMR 2015, 184, 185). Sofern dies geschehen ist, muss der Vermieter den Beweis für die materielle Richtigkeit seines Betriebskostenansatzes führen, wobei er im Urkundenprozess auf die in §§ 592 S. 1, 595 Abs. 2 ZPO aufgeführten Beweismittel beschränkt ist (BGH WuM 2014, 744, 746 = ZMR 2015, 205, 206).

1032 Der Urkundenprozess steht grundsätzlich auch dem Mieter zur Verfügung. Zur Frage der Rückforderung einer Kaution im Urkundenprozess s. die Hinweise zu Teil 1 Rdn. 2771.

1033 **Achtung!** In der Klageschrift ist mitzuteilen, dass im Urkundenprozess geklagt wird (§ 593 ZPO).

1034 **3. Urkundenvorlage.** Die Urkunden müssen im Original oder in Kopie der Klage oder dem vorbereitenden Schriftsatz beigefügt werden (§ 593 Abs. 2 ZPO). Der **Beweisantritt** selbst erfolgt durch Vorlage der Urkunde in der mündlichen Verhandlung (§ 595 Abs. 3 ZPO); die §§ 421 ff. ZPO finden keine Anwendung (*Schmid* ZMR 2015, 184, 185). Urkunde i.S. der §§ 592 ff. ZPO bedeutet nur die schriftliche Fixierung eines Textes; es muss sich also nicht um eine öffentliche Urkunde (§§ 415, 417, 418 ZPO) oder um eine unterschriebene Privaturkunde handeln (*Flatow* DWW 2008, 88; *Schmid* ZMR 2015, 184).

1035 **4. Mietvertragsurkunde.** Bei der Klage auf Zahlung rückständiger Miete genügt es, wenn der Vermieter den Mietvertrag vorlegt. Hieraus ergeben sich regelmäßig die zur Begründung seines Zahlungsanspruchs maßgeblichen Tatsachen (§ 592 ZPO), insbesondere die Aktivlegitimation, die Höhe der vereinbarten Miete sowie die Fälligkeit. Hat der ursprüngliche Vermieter das Objekt veräußert, so muss der Erwerber bei Geltendmachung der Miete im Urkundenprozess auch den Grundbuchauszug vorlegen, aus dem sich der seine Vermieterstellung begründende Eigentumswechsel ergibt (vgl. § 566 BGB).

1036 Kann der Vermieter die anspruchsbegründenden Voraussetzungen nicht durch Urkunden nachweisen, so kann er nach Maßgabe des § 596 ZPO bis zum Schluss der mündlichen Verhandlung vom Urkundenprozess **Abstand nehmen**; der Einwilligung des (beklagten) Mieters bedarf es nicht.

5. Mieterhöhung. Macht der Vermieter eine von Mietvertrag abweichende Miete geltend, so muss er auch die Mieterhöhung durch Urkunden nachweisen. Im Beispiel (**Gewerberaum**) ergibt sich die Erhöhungsklausel aus dem Mietvertrag. Der erhöhte Mietpreis ergibt sich aus dem eingeholten Sachverständigengutachten, da es zu keiner Einigung der Parteien gekommen ist. Hängt die Wirksamkeit der Mieterhöhung von einer Erhöhungserklärung ab, so ist diese ebenfalls als Urkunde beizufügen. Außerdem muss der **Zugang der Erhöhungserklärung** urkundenbeweislich belegt werden, sofern dieser nicht unstreitig ist (s. oben Teil 1 Rdn. 1028). 1037

Zum Nachweis einer nach § 558 BGB (bis zur ortsüblichen Vergleichsmiete) erhöhten Miete (**Wohnraum**) muss der Vermieter sein **Erhöhungsverlangen** und die schriftliche Zustimmungserklärung des Mieters vorlegen. Allerdings hat der Vermieter auf die schriftliche Form regelmäßig keinen Anspruch. Zahlt der Mieter über viele Monate hinweg die erhöhte Miete, so wird dies als stillschweigende Zustimmung bewertet (vgl. BGH NZM 2005, 736, 737 = WuM 2005, 518, 519 = ZMR 2005, 847, 848); der Urkundenbeweis kann hier durch Vorlage der entsprechenden Kontoauszüge oder anderer Buchungsunterlagen (auch Ausdrucken des Homebanking) geführt werden (*Both* NZM 2007, 156; *Flatow* DWW 2008, 88, 90; *Schmid* ZMR 2015, 184, 186). Für die einseitig zu erklärende **Modernisierungsmieterhöhung** (§§ 559 ff. BGB) dürfte dasselbe gelten wie für Betriebskostennachforderungen. Solange der Mieter die materiell-rechtlichen Voraussetzungen der Mietanhebung nicht bestreitet, genügt die Vorlage der Mietvertragsurkunde, der Erhöhungserklärung und eines Zugangsbelegs. Bestreitet der Mieter allerdings die Berechtigung der Erhöhung, muss der Vermieter diese mit den Beweismitteln der §§ 592 S. 1, 595 Abs. 2 ZPO belegen. Das wird ihm wohl meist nicht gelingen (grds. gegen eine Geltendmachung von Modernisierungsmieterhöhungsbeträgen im Urkundenprozess: *Blank* NZM 2000, 1083 f.; *Flatow* DWW 2008, 88, 90). 1038

6. Situation des Mieters. Der Mieter kann seine **Einwendungen** im Urkundenprozess entweder durch Urkunden (z.B. die Mietzahlung durch Vorlage einer Quittung oder eines Kontoauszug) oder durch Parteivernehmung beweisen (§ 595 Abs. 2 ZPO). Anderenfalls sind Einwendungen als unstatthaft zurückzuweisen (§ 598 ZPO). Die **Widerklage** ist ausgeschlossen (§ 595 ZPO); das gilt auch für die Erhebung einer »Urkundenwiderklage«, die alle Voraussetzungen einer Klage im Urkundenprozess erfüllt (*Zöller/Greger* § 595 Rn. 2). Zulässig ist aber die **Aufrechnung** mit einer urkundlich belegten Forderung sowie die Hilfsaufrechnung (Einzelheiten dazu bei *Flatow* DWW 2008, 88, 89). 1039

Wird der Beklagte, der dem geltend gemachten Anspruch widersprochen hat, im Urkundenprozess verurteilt, so werden ihm die Ausführungen seiner Rechte im Nachverfahren vorbehalten (§ 599 Abs. 1 ZPO). Es ergeht ein **Vorbehaltsurteil** gemäß § 599 ZPO, das gemäß § 708 Nr. 4 ZPO ohne Sicherheitsleistung vorläufig vollstreckbar ist. Der Beklagte hat aber eine Abwendungsbefugnis nach § 711 ZPO. 1040

Achtung! Ist die Klage inhaltlich **unschlüssig**, unterliegt sie der endgültigen Abweisung (§ 597 Abs. 1, 1. Fall ZPO), und zwar auch dann, wenn sie im Urkundenprozess nicht statthaft wäre, weil die erforderlichen Urkunden fehlen (*Flatow* DWW 2008, 88, 89). 1041

Wird im Nachverfahren die Klage abgewiesen, ist der Kläger, soweit er aus dem Vorbehaltsurteil vollstreckt hat, dem Beklagten zum Ersatz des dadurch entstandenen Schadens verpflichtet (§ 600 i.V.m. § 302 Abs. 4 S. 4 ZPO). 1042

Sofern der Mieter den für seine Einwendungen erforderlichen Beweis gegen die mit Urkunden belegte Klageforderung nicht mit den zulässigen Beweismitteln führen kann, kann er die Forderung im Urkundenprozess auch unter dem Vorbehalt seiner Ausführungen im Nachverfahren **anerkennen**. Im Nachverfahren kann er sich dann auf sämtliche zulässigen Beweismittel beziehen. 1043

7. Verzugszinsen. Zum Anspruch auf Verzugszinsen s. die Hinweise zu Teil 1 Rdn. 985. 1044

1045 **8. Gebührenstreitwert und Rechtsanwaltsgebühren.** Der Gebührenstreitwert einer Klage auf Zahlung rückständiger Mieten im Urkundenprozess richtet sich ebenfalls gem. § 23 Abs. 1 RVG, § 48 Abs. 1 GKG nach §§ 3–9 ZPO, so dass der Wert des Zahlungsanspruchs ohne Nebenforderungen als Gebührenstreitwert der Abrechnung der Rechtsanwaltsgebühren zugrunde zu legen ist. Wird mit der Klage im Urkundenprozess die Erhöhung der Miete bei Wohnraum geltend gemacht, so gilt als Gegenstandswert für die Rechtsanwaltsgebühren der Jahreswert der geforderten Erhöhung, § 23 Abs. 1 S. 1 RVG i.V.m. § 41 Abs. 5 GKG. Bei Gewerberaum beträgt der Gegenstandswert das 3 ½fache der Erhöhung, § 23 Abs. 1 S. 1 RVG i.V.m. § 48 Abs. 1 GKG i.V.m. § 9 ZPO.

1046 Bezüglich der Rechtsanwaltsvergütung im Einzelnen, vgl. Teil 1 Rdn. 2343 ff.

VII. Abrechnung der Betriebskosten

1047 Zur Behandlung von Betriebskosten in der Zwangsverwaltung s. Formular Teil 8 Rdn. 169.

1. Betriebskostenabrechnung

1048

Betriebskostenabrechnung [1, 2]

Objekt	Straße, Abrechnungseinheit, PLZ und Ort		
Wohnung/Lage	Straße, PLZ und Ort		
Mieter	Mietername(n)		
Abrechnungszeitraum	(12 Monate)		
Nutzungszeitraum	(evtl. kürzer)		

1 Betriebskosten [3, 4] Betriebskostenart gem. § 2 BetrKV	Gesamt-kosten [5]	Umlage-schlüssel [6, 7]	Angaben in € Ihr Anteil
Grundsteuer	3.145,27	B.01-07	96,72
Wasserversorgung/Entwässerung s. gesonderte Aufstellung			
Kosten der Beleuchtung	578,76	B.01-07	17,80
Gartenpflege	11.600,00	B0115/L0107	118,46
Hauswart	6.341,40	B0115/L0107	4,76
Treppenhausreinigung	7.469,26	B0115/L0107	76,28
Kabelfernsehen	0,00	WE	0,00
Vers. Gebäude	1.812,93	B.01-07	55,75
Vers. Haftpflicht	679,68	B.01-07	20,90
Aufzug	3.820,00	B.01-07	
Winterdienst	1.273,18	B0115/L0107	13,00
Sonstige Betriebskosten namentlich:			
Wartung Rauchwarnmelder [8]	160,00	B.01-07	
Prüfung Elektroanlagen	680,00	B.01-	
Summe Betriebskosten	_____		_____
Ihre Vorauszahlungen [9]			_____
Ergebnis Betriebskostenabrechnung Nachzahlung/Guthaben			_____

2 Heiz- und Wasserkosten			Angaben in €
01 Ihre Vorauszahlungen			_____
02 Heiz- und Wasserkosten gemäß Abrechnung			_____
Ergebnis Heiz- und Wasserkostenabrechnung Nachzahlung/ Guthaben			_____

3 Abrechnungsergebnis gesamt   Angaben in €
01   Saldo Betriebskosten   Guthaben   _____
02   Saldo Heizkosten   Nachzahlung   _____
     Abrechnungsergebnis insgesamt   Guthaben   _____

Erläuterung der Umlageschlüssel

		Ihr Anteil Wohnfläche	Gesamt-anteil
Schlüssel und Erläuterung			
B.01-07 Fläche der Häuser _____ Straße 1–7		50,00 m²	1.626,00 m²
B.09-15 Fläche der Häuser _____ Straße 9–15			1.626,00 m²
L.01-03 Fläche der Häuser _____ Straße 1–3			822,00 m²
L.05-07 Fläche der Häuser _____ Straße 5–7			822,00 m²
L.01-07 Fläche der Häuser _____ Straße 1–7			1.644,00 m²
B0115/Lo107 Fläche der Häuser _____ Straße 1–15 und der Häuser _____ Straße 1–7		50,00 m²	4.896,00 m²

Bei diesen Umlageschlüsseln werden Ihre individuellen Kosten dem Verhältnis der Wohnfläche (Größe Ihrer Wohnung) zur Gesamtfläche (Summe aller Mietflächen der angegebenen Gebäude) für die Dauer Ihrer Nutzung ermittelt:

Gesamtkosten : Gesamtfläche : Abrechnungsdauer = €/m²/mtl.

Mietfläche × Nutzungszeitraum × €/m²/mtl. = Ihr Anteil

Wohneinheiten   1 WE   72 WE

Hier nehmen alle Wohneinheiten (ungeachtet ihrer jeweiligen Wohnfläche) im gleichen Verhältnis teil. Dies ist lediglich bei den Kosten für das Kabelfernsehen (ggf. Anbieter) der Fall.

Die Berechnungsformel lautet:

Gesamtkosten : Anzahl Wohneinheiten : Abrechnungsdauer = €/WE/mtl.

Ihre Wohneinheit × Nutzungszeitraum × €/WE/mtl. = Ihr Anteil

Weitere Erläuterungen

Position Hauswart: **10**

Erläuterungsbeispiel:

Hausmeisterkosten gesamt € _____, abzüglich Anteil für Instandsetzung und Verwaltung € _____

Nach den Regelungen im Hausmeistervertrag nimmt der Hausmeister auch kleine Reparaturarbeiten und Wohnungsabnahmen vor. Da es sich hierbei um nicht umlagefähige Verwaltungs- und Instandsetzungskosten nach § 1 Abs. 2 Nr. 1 und 2 BetrKV handelt, haben wir die darauf entfallenden Kosten von den Gesamtkosten vorweg in Abzug gebracht. Die Gesamtkosten für den Hausmeister betragen € _____. Die abzuziehenden Kostenanteile wurden nach den Stundenzetteln des Hausmeisters ermittelt und in Abzug gebracht. Sie betragen € _____/Alternativ: Die nicht umlagefähigen Kostenanteile haben wir nach den Regelungen im Hausmeistervertrag pauschal mit 20 % angesetzt.

Hinweise:

1. Für die Position Gartenpflege wird noch die Lieferantenrechnung der Firma _____ erwartet. Die Position Gartenpflege kann sich daher noch än-

dern. Wir behalten uns daher vor, die Abrechnung ggf. unter Hinzufügung der in der Lieferantenrechnung aufgeführten Kosten zu berichtigen. **11**

2. Alternativ: Durch die Wertsteigerung des Objektes aufgrund durchgeführter Modernisierungsarbeiten besteht die Möglichkeit, dass sich die Versicherungsprämie für das Objekt rückwirkend erhöht. Wir behalten uns daher vor, den erhöhten Betrag nachträglich in Rechnung zu stellen. Bezogen auf diese Position kann sich Ihr Abrechnungsergebnis daher noch ändern.

oder: Vorstehende Abrechnung ergeht unter dem ausdrücklichen Vorbehalt der Nachforderung von Kosten, die im Abrechnungszeitraum entstanden sind, für die jedoch bis zum Zeitpunkt der Mitteilung der Abrechnung eine Rechnungstellung noch nicht erfolgte. Dies betrifft hier die Position _____ , da wir die Rechnung der Firma _____ trotz unserer Bemühungen noch nicht erhalten haben.

3. Die Auszahlung eines etwaigen Nebenkostenguthabens ergeht ungeachtet der im Zeitpunkt der Auszahlung bestehenden (sonstigen) Forderungen seitens der Vermieter gegenüber dem Mieter/Nutzer. Ein Verzicht ist mit der Auszahlung ausdrücklich nicht verbunden.

4. Die Abrechnungsunterlagen können nach vorheriger Vereinbarung eines Termins in unseren Büroräumen zu den üblichen Geschäftszeiten eingesehen werden.

Erläuterungen

1049 **1. Betriebskostenabrechnung.** Der Vermieter hat über die Betriebskostenvorauszahlungen jährlich abzurechnen (§ 556 Abs. 3 S. 1 1. HS. BGB). Die Abrechnung muss dem Mieter spätestens 12 Monate nach Ablauf des Abrechnungszeitraumes mitgeteilt werden (§ 556 Abs. 3 S. 2 BGB). Der Abrechnungszeitraum muss nicht notwendig mit dem Kalenderjahr identisch sein. Von dem gesetzlich festgelegten Abrechnungszeitraum darf gemäß § 556 Abs. 4 BGB durch Vereinbarungen im Mietvertrag nicht abgewichen werden. Der BGH lässt einmalige Verlängerungsvereinbarungen zum Zwecke der Umstellung des Abrechnungszeitraumes auf das Kalenderjahr allerdings zu (BGH WuM 2011, 511). Darüber hinaus werden verlängerte Abrechnungszeiträume nach herrschender Auffassung und wegen des eindeutigen Gesetzeswortlautes als unzulässig angesehen (LG Düsseldorf ZMR 1998, 167; LG Bremen WuM 2006, 199; AG Frankfurt am Main ZMR 2010, 43). Für die Zulässigkeit kürzerer Abrechnungszeiträume vgl. Schmidt-Futterer/*Langenberg*, § 556, Rn. 299; Palandt/*Weidenkaff* § 556 Rn. 10). Die Parteien können **verschiedene Abrechnungskreise** für die Heiz-/Warmwasserkosten und die verbrauchsunabhängigen Betriebskosten vereinbaren (Blank/*Börstinghaus* § 556 Rn. 102; vgl. dazu auch *Langenberg* NZM 2001, 787). Für jede einzelne Abrechnung gelten dann die allgemeinen Abrechnungsgrundsätze. An die **Mitteilung** der Abrechnung werden nach herrschender Meinung keine formellen Anforderungen gestellt. Sofern die Parteien im Mietvertrag nicht ausdrücklich die Schriftform im Sinne des § 127 BGB vereinbart haben, muss die Abrechnung auch nicht eigenhändig unterschrieben werden. Da die Betriebskostenabrechnung nach den Grundsätzen des BGH (s. dazu unter 3) für den Empfänger in geordneter Zusammenstellung aus sich heraus nachvollziehbar und überprüfbar sein muss, ist nach herrschender Meinung eine mündliche Übermittlung nicht zulässig (*Schmid* Mietnebenkosten Rn. 3204; Blank/*Börstinghaus* § 556 Rn. 125; a.A. *Lützenkirchen* DWW 2002, 200).

1050 **2. Eigentümerwechsel.** Die Betriebskostenabrechnung muss durch den Vermieter erfolgen. Bei Vertretungsverhältnissen sollte daher unbedingt angegeben werden, in wessen Namen die Abrechnung erstellt wird. Ist ein Eigentumswechsel erfolgt, hat derjenige über Betriebskosten abzurechnen oder ein etwaiges Guthaben an den Mieter auszukehren, der am Ende eines Abrechnungszeitraumes Vermieter ist (BGH ZMR 2004, 250 = WuM 2004, 94). Auf die bloße

Fälligkeit des Zahlungsanspruches kommt es nicht an. Für den Vermieterwechsel ist die Eigentumsumschreibung im Grundbuch maßgebend (vgl. § 566 Abs. 1 BGB). Eine Vereinbarung im Grundstückskaufvertrag (Nutzen- und Lastenübergang) reicht nicht aus. Über zum Zeitpunkt des Eigentümerwechsels bereits beendete Abrechnungszeiträume hat der vorherige Vermieter abzurechnen. Ansprüche auf Nachzahlungen und Guthaben aus diesen Abrechnungen sind ausschließlich zwischen den alten Mietparteien abzuwickeln. Für laufende Abrechnungszeiträume ist der neue Vermieter verpflichtet abzurechnen. Ansprüche auf Guthaben und Nachzahlungen sind dann zwischen den Vertragsparteien auszugleichen. Für den Zwangsverwalter eines Grundstückes vgl. BGH NJW 2003, 2320.

Ist der neue Eigentümer zur Erstellung der Abrechnung verpflichtet, weil innerhalb eines Abrechnungszeitraumes ein Vermieterwechsel stattgefunden hat, kommt eine zeitanteilige **Teilabrechnung** von Erwerber und Veräußerer jeweils für die Zeit ihres Eigentums nicht in Betracht. Der Mieter muss eine Zwischenabrechnung nicht hinnehmen (BGH ZMR 2001, 17). 1051

Der neue Vermieter hat demzufolge auch sämtliche Vorauszahlungen des Mieters in der Abrechnung zu berücksichtigen und nicht nur diejenigen, die an ihn selbst gezahlt wurden. Wer die Vorauszahlungen erhalten hat, ist allein eine Frage des Ausgleiches im Innenverhältnis zwischen den Kaufvertragsparteien. Es empfiehlt sich daher bereits anlässlich des Kaufvertrages ein kalkulatorisches Risiko abzuschätzen und eine Regelung im Notarvertrag über die bisherigen Vorauszahlungen für das Abrechnungsjahr aufzunehmen. Dies könnte z.B. bei der Bestimmung der Kaufpreishöhe geschehen, wenn vorher kalkuliert wurde in welcher Höhe Kosten angefallen sind und wer diese gegenüber den Leistungsträgern bezahlt hat. 1052

Dem Mieter steht gegenüber dem neuen Vermieter kein **Zurückbehaltungsrecht** gemäß § 273 BGB an seinen Betriebskostenvorauszahlungen zu, wenn der alte Vermieter über den beendeten Abrechnungszeitraum nicht abrechnet (LG Berlin NZM 1999, 616). Sowohl für das Zurückbehaltungsrecht, als auch für die Aufrechnung nach § 387 BGB fehlt es am notwendigen Gegenseitigkeitsverhältnis der jeweiligen Forderungen (zu der fehlenden Aufrechnungsmöglichkeit BGH NZM 2004, 188, 189). 1053

3. Mindestangaben. Nach der ständigen Rechtsprechung des BGH (grundlegend BGH NJW 1982, 573 ff.; NZM 2005, 13 f.; beispielhaft Urteil vom 07.12.2011 – VIII ZR 118/11) muss die Betriebskostenabrechnung folgende Mindestangaben enthalten: 1054
– eine Zusammenstellung der Gesamtkosten,
– die Angabe und Erläuterung der zugrunde gelegten Verteilerschlüssel,
– die Berechnung des Anteils des Mieters,
– den Abzug der Vorauszahlungen des Mieters,
– eine gedanklich und rechnerisch nachvollziehbare Abrechnung, die auch für einen juristisch und betriebswirtschaftlich nicht vorgebildeten Laien übersichtlich und aus sich heraus verständlich ist.

Der BGH betont, dass Kostenpositionen, die ohne Erläuterung unverständlich bleiben würden, erläutert werden müssen. Verfügt der Mieter allerdings nach dem Mietvertrag oder aufgrund früherer Abrechnungen über die entsprechenden Informationen, ist eine Erläuterung nicht mehr erforderlich (BGH NJW 1982, 573 ff. für den Umlagemaßstab). Die Erläuterung ist auch außerhalb der Abrechnung möglich, wenn sie noch vor Ablauf der Abrechnungsfrist (Hinweise Teil 1 Rdn. 1091) erteilt wird (BGH NZM 2010, 784; LG Berlin Urteil vom 02.01.2015 – 65 S 525/13). Dem Mieter wird allerdings auch bei nicht einfachen Rechenvorgängen zugemutet, einigen Arbeits- und Zeitaufwand einzusetzen (so BGH WuM 1986, 214, 216 für eine Heizkostenabrechnung). Die Einsichtnahme in die zugrundeliegenden Rechnungsbelege ersetzt nicht die Anforderungen an eine nachvollziehbare Betriebskostenabrechnung. Die Belegeinsicht ist nur noch zur Kontrolle und zur Behebung von Zweifeln erforderlich. 1055

4. Fehlerfolgen. Wird ein Fehler in der Betriebskostenabrechnung festgestellt, ist zu prüfen, ob dieser Fehler zur formellen Unwirksamkeit der Betriebskostenabrechnung insgesamt, zu einer Tei- 1056 lunwirksamkeit oder nur zu einem inhaltlichen Fehler der Abrechnung führt. Die Abgrenzung kann im Einzelfall schwierig sein und wird in der Rechtsprechung nicht immer einheitlich beantwortet (vgl. Überblick bei FA MietR WEG/*Schmid* Kap. 5 Rn. 729 ff. und Hinweise Teil 1 Rdn. 1094). Liegt eine vollständig formell unwirksame Abrechnung vor, ergeben sich folgende Rechtsfolgen:

– Eine »Betriebskostenabrechnung« im Sinne des § 556 Abs. 3 S. 2 BGB gilt nur dann als mitgeteilt, wenn diese formell ordnungsgemäß ist (BGH NJW 2005, 219; BGH WuM 2007, 196). Liegt innerhalb der Abrechnungsfrist keine solche Abrechnung vor, folgt daraus der Nachforderungsverlust gemäß § 556 Abs. 3 S. 3 BGB.
– Eine Betriebskostennachforderung ist dann nicht im Sinne von § 271 BGB zur Zahlung fällig.
– Die Einwendungsfrist für den Mieter gemäß § 556 Abs. 3 S. 5 BGB beginnt nicht zu laufen (s. Hinweise unter Teil 1 Rdn. 1118).
– Gemäß § 560 Abs. 4 BGB können Betriebskostenvorauszahlungen nach einer Abrechnung erhöht werden. Die Erhöhung setzt auch eine formal ordnungsgemäße Abrechnung voraus (s. dazu Hinweise unter Teil 1 Rdn. 1413).
– Dem Mieter steht ein Zurückbehaltungsrecht gemäß § 273 BGB an den Vorauszahlungen für die laufende Abrechnungsperiode bis zur Erstellung einer formell ordnungsgemäßen Abrechnung zu (BGH WuM 2006, 383).
– Da der Anspruch des Mieters auf Erteilung der Abrechnung nicht erfüllt ist, steht diesem ein Anspruch auf Erteilung einer ordnungsgemäßen Abrechnung zu, der durch Klage auf Rechnungslegung geltend gemacht und durch Verhängung von Ordnungsgeld nach § 888 durchgesetzt werden kann (s. dazu Formular Teil 1 Rdn. 1088).

Nach Beendigung des Mietverhältnisses steht dem Mieter ein Anspruch auf Rückzahlung von Betriebskostenvorauszahlungen zu, wenn die Abrechnungsfrist zu diesem Zeitpunkt noch nicht abgelaufen war. (BGH NZM 2012, 832). Die bisherige Entscheidung (BGH WuM 2005, 337) wurde aufgegeben. In einem laufenden Mietverhältnis sei der Mieter bereits dadurch hinreichend geschützt, dass ihm bis zur ordnungsgemäßen Abrechnung des Vermieters ein Zurückbehaltungsrecht gemäß § 273 Abs. 1 BGB an den laufenden Nebenkostenvorauszahlungen und die Möglichkeit einer Klage auf Rechnungslegung (siehe Hinweise unter Teil 1 Rdn. 1089 ff.) zustehe (vorangehend schon BGH WuM 2006, 383; BGH NZM 2010, 857). Ein rechtskräftiges, der Klage stattgebendes, Urteil, hindert den in diesem Prozess unterliegenden Vermieter nicht, durch Erstellung einer ordnungsgemäßen Abrechnung die Fälligkeit seiner Gegenforderung nachträglich herbeizuführen und die Zahlung der Betriebskosten aus der Abrechnung zum Gegenstand einer neuen Klage zu machen. Gegen die Vollstreckung kann sich der Vermieter dann mit einer Vollstreckungsgegenklage gem. § 767 ZPO wehren (BGH NZM 2010, 783). Die rechtskräftige Beendigung des Vorprozesses steht der Rechtskraft der Klage des Vermieters nicht entgegen. Die ursprüngliche Klage war insoweit nur »zur Zeit« begründet, weil eine prüffähige Gegenrechnung nicht vorlag. Der Möglichkeit einer zweiten Klage durch den Vermieter steht auch der Nachforderungsverlust gemäß § 556 Abs. 3 S. 3 BGB nicht entgegen.

– Zieht sich der Fehler durchgängig durch die Abrechnung, ist sie insgesamt unwirksam. Soweit sich der Fehler nur auf einzelne Kostenansätze bezieht und diese Einzelpositionen unschwer herausgerechnet werden können, bleibt die Abrechnung im übrigen unberührt (Teilfälligkeit, BGH NJW 2007, 1059; BGH NZM 2010, 784).

1057 Inhaltliche Fehler einer Betriebskostenabrechnung stehen der Fälligkeit und der Erfüllung der Abrechnungsfrist nicht entgegen.

1058 **5. Gesamtkosten.** Der BGH (NZM 2007, 244) hat im Anschluss an die vorgegebenen Mindestangaben entschieden, dass dem Mieter auch dann die Gesamtkosten einer umgelegten Betriebskostenposition mitgeteilt werden müssen, wenn darin enthaltene Kostenanteile nicht umlagefähig sind. Die vorgenommenen Abzüge müssen dem Mieter im Rahmen der Erläuterungspflichten auch der Höhe nach offen gelegt werden. Zur Erfüllung der Mindestangaben genüge es nicht, nur die sog. bereinigten Kosten anzugeben. Entsprechendes gelte, wenn der Vermieter Kosten, die sich auf größere Wirtschaftseinheiten, als die in der Abrechnung zugrunde gelegte Einheit bezögen, in einem internen Rechenschritt auf die Wirtschaftseinheit umrechne und in der Abrechnung nur die so bereinigten Kosten mitteile (BGH NZM 2008, 35, 36; LG Hamburg WuM 2007, 694 für eine Mehrhauswohnungseigentumsanlage). Mit Beschluss vom 11.09.2007 (NZM 2007, 770) hat der BGH ferner klargestellt, dass dies auch für sog. »gemischte Kosten« gelte, die Kostenanteile enthielten, welche nicht zu den umlagefähigen Betriebskosten gehörten (dort Verwaltungskosten als Teil der Hausmeisterkosten).

Der BGH hat diese Grundsätze mittlerweile in mehreren Einzelfallentscheidungen aufgeweicht und deutet an, dass an seiner bisherigen Rechtsprechung möglicherweise nicht festzuhalten sein wird. So soll keine Angabe von Gesamtkosten notwendig sein, wenn für mehrere Gebäude einer Wirtschaftseinheit Leistungen von einem Dienstleister erbracht werden und dieser für jedes Objekt eine gesonderte Rechnung stellt (BGH ZMR 2014, 198 ff.). Nach BGH NZM 2010, 274 soll auch die Möglichkeit bestehen mit einem Hauswart separate Verträge über die reine Hausmeistertätigkeit und daneben übertragene nicht umlagefähige Leistungen abzuschließen und dann nur das im Rahmen der umlagefähigen Tätigkeiten gezahlte Entgelt ungekürzt in die Betriebskostenrechnung einzustellen.

Kein formeller Mangel wegen fehlender Angabe von Gesamtkosten wurde auch bei der Ermittlung von Energiekosten aus einer jahresübergreifenden Rechnung des Versorgers angenommen (BGH Urteil vom 02.04.2014 – VIII ZR 201/13). Der Vermieter hatte in dem zu entscheidenen Sachverhalt eine Simultanabrechnung erstellt, die auf internen Zwischenabrechnungen zum Jahresende basierte und so nur den auf das Kalenderjahr entfallenden Anteil der Gesamtabrechnung ermittelt. Dieser Betrag wurde ohne Erläuterung der Zwischenschritte als Gesamtenergiekosten in der Heizkostenabrechnung ausgewiesen.

Die Gesamtkosten sind grundsätzlich getrennt für jede einzelne Betriebskostenart abzurechnen. 1059
Eine Vermischung verschiedener Kostenarten ist nicht zulässig (OLG Dresden NJW-RR 2002, 801; OLG Hamburg WuM 2003, 268). Für die Positionen Wasser/Abwasser soll jedenfalls dann etwas anderes gelten, wenn die Umlage einheitlich nach dem durch Zähler erfassten Frischwasserverbrauch erfolgt ist oder von den Wasserwerken nur eine einheitliche Rechnung erstellt worden ist. Auch die Zusammenfassung von Sach- und Haftpflichtversicherung als »Versicherungen« soll zulässig sein (BGH NZM 2009, 906; kritisch dazu Schmid NZM 2010, 264).

6. Verteilerschlüssel. Die Angabe, gegebenenfalls Erläuterung des Verteilerschlüssels gehört zu 1060
den wesentlichen Elementen der Betriebskostenabrechnung (zu den Fehlerfolgen vgl. Hinweise unter Teil 1 Rdn. 1091, 1094). Gemäß § 556a Abs. 1 S. 1 BGB können die Parteien den Umlagemaßstab grundsätzlich frei vereinbaren. Liegt keine Vereinbarung vor, sind die Betriebskosten vorbehaltlich anderweitiger Vorschriften nach dem Anteil der Wohnfläche umzulegen. Sind daher andere Verteilerschlüssel, etwa die Umlage nach Miteigentumsanteilen oder nach Kopfanteilen, als § 556a Abs. 1 BGB gewollt, müssen diese im Mietvertrag als Verteilerschlüssel für die jeweilige Betriebskostenart ausdrücklich benannt werden.

Betriebskosten, die von einem erfassten Verbrauch (z.B. Wasser) oder einer erfassten Verursachung 1061
(z.B. Müll) abhängen, sind nach der gesetzlichen Regelung dagegen nach einem Maßstab umzulegen, der dem unterschiedlichen Verbrauch oder der unterschiedlichen Verursachung Rechnung trägt. Hier gilt die Verpflichtung des Vermieters zur verbrauchsbezogenen Abrechnung. § 556a Abs. 1, 2 BGB lässt es auch zu, dass bei verbrauchsabhängigen Betriebskosten verbrauchsunabhängige Kostenbestandteile wie z.B. die Grundgebühren oder Zählermiete für Wasser mit in die Umlegung nach erfasstem Verbrauch einbezogen werden (BGH NZM 2010, 855). Eine absolute Verteilungsgerechtigkeit wird nicht gefordert. Eine Klausel, die die Umlage solcher verbrauchsunabhängigen Kostenbestandteile zwingend nach dem erfassten Kaltwasserverbrauch in der Wohnung vorschreibt, ist unwirksam, wenn keine Ausnahmeregelung für den Fall von erheblichem Wohnungsleerstand getroffen ist (BGH a.a.O.).

1062 Die Vorschrift begründet für den Vermieter allerdings keine Verpflichtung zur Ausstattung der Mietobjekte mit Verbrauchserfassungsgeräten. Der Vermieter ist zu einer Umlage der **Wasserkosten** nach Verbrauch nicht verpflichtet, so lange nicht alle Mietwohnungen eines Gebäudes mit Wasserzählern ausgestattet sind (BGH WuM 2008, 288). Dafür reicht es nicht aus, wenn der Wasserverbrauch lediglich in einer Wohnung nicht erfasst werden kann. Der bloße Einbau eines Kaltwasserzählers in der Mietwohnung stellt nach dieser Entscheidung zwischen den Parteien auch keine stillschweigende Vereinbarung über einen zukünftigen verbrauchsabhängigen Verteilerschlüssel dar. Die Regelung unter § 556a Abs. 1 S. 2 BGB setzt voraus, dass eine Verbrauchserfassung für alle Mieter stattfindet. Legt der Vermieter die Wasserkosten gemäß § 556a Abs. 1 S. 1 BGB nach dem Anteil der Wohnfläche um, genügen Zweifel des Mieters an der Billigkeit dieses Maßstabes auch nicht, um eine Änderung des Umlageschlüssels zu rechtfertigen (BGH a.a.O.). Die Abrechnung der Wasserkosten ist auch dann nicht fehlerhaft, wenn nur der Verbrauch für die Gewerbeeinheiten über Zwischenzähler erfasst werden und der Verbrauch für die Wohnungen über die Differenz zwischen Hauptwasserzähler und Zwischenzähler erfasst wird. Eine entsprechende Verpflichtung zur Vorerfassung von Nutzergruppen wie sie in § 5 Abs. 2 S. 2 HeizkVO vorgesehen ist, ergibt sich aus § 556a Abs. 1 BGB gerade nicht (BGH NZM 2010, 195).

Es begegnet auch keinen formellen Bedenken, wenn die Kosten für Wasser, Abwasser und Niederschlagswasser einheitlich zusammengefasst und nach Wohnfläche abgerechnet werden, obwohl der Mietvertrag eine verbrauchsabhängige Abrechnung vorsieht. Es kommt aber ein Schadensersatzanspruch des Mieters gerichtet auf die Kürzung des Abrechnungsbetrages gemäß § 12 HeizkV analog in Betracht (BGH Urteil vom 13.03.2012 – VIII ZR 218/11)

Die durch geeichte Messgeräte erfassten Verbrauchswerte begründen im Prozess die widerlegbare Vermutung, dass diese Werte den Verbrauch richtig wiedergeben (BGH NZM 2011,117). Anderenfalls besteht nur die Möglickeit geeignete Grundlagen für eine tatrichterliche Schätzung gem. § 287 ZPO vorzutragen: zur Schätzung und Schätzgrundlagen vgl. *Wolbers* ZMR 2008, 417, 423).

Im Geltungsbereich der Heizkostenverordnung wird durch §§ 7, 10 HeizkV ein Verteilerschlüssel für die Heiz- und Warmwasserversorgung gesetzlich festgelegt, wonach mindestens 50 %, höchstens 70 %, nach dem erfassten Wärmeverbrauch, die übrigen Kosten nach Wohn- oder Nutzfläche oder nach umbautem Raum zu verteilen sind. Gemäß § 10 HeizkV kann zwischen den Parteien auch eine Kostenumlage ausschließlich nach dem Verbrauch vereinbart werden. Anders lautende Vereinbarungen sind unwirksam (§ 2 HeizkV).

1063 Nach wohl überwiegender Auffassung soll für die erforderliche Vereinbarung im Mietvertrag auch die Einräumung eines einseitigen Bestimmungsrechtes des Vermieters nach billigem Ermessen im Sinne von § 315 Abs. 3 BGB zulässig sein (*Schmid* Rn. 4076, 4071; Palandt/*Weidenkaff* § 556a Rn. 3; Staudinger/*Weitemeyer* § 556a Rn. 9; a.A. Schmidt-Futterer/*Langenberg* § 556a Rn. 17).

1064 Die Vereinbarung soll dem Vermieter die Bestimmung der Verteilungsmaßstäbe überlassen und klarstellen, wie oft dieses Bestimmungsrecht ausgeübt werden darf. Nach allen Ansichten bleibt es allerdings bei einem wirksamen einseitigen Bestimmungsrecht des Vermieters nach § 315 Abs. 3 BGB, wenn im Mietvertrag konkrete Abreden über Verteilerschlüssel fehlen und der Vermieter vor der Mietrechtsreform diese Lücke durch einverständliche Handhabung geschlossen hat.

1065 Ist vertraglich eine Umlegung der Betriebskosten nach der **Kopfzahl** der in einer Mietwohnung ständig lebenden Personen vereinbart, so muss der Vermieter für bestimmte Stichtage die tatsächliche Belegung feststellen. Das Register nach dem Melderechtsrahmengesetz ist dafür keine hinreichend exakte Grundlage für die Feststellung der wechselnden Personenzahl, da es auf die tatsächliche Benutzung, nicht auf die melderechtliche Registrierung ankommt (BGH NZM 2008, 242). Eine Vereinbarung im Mietvertrag, wonach die Kopfzahlen nach der aus dem Melderegister ersichtlichen Wohnungsbelegung zu ermitteln sind, lag in dem vom BGH zu entscheidenden Sachverhalt nicht vor. Aus der Abrechnung muss die Personenzahl für die konkrete Wohnung und die zugrunde gelegte Gesamtpersonenzahl für das ganze Haus ersichtlich sein. Die Angabe der Gesamtpersonenzahl mit einem Bruchteil ist unschädlich (BGH NZM 2010, 859).

Die Regelungen in §§ 556 ff. BGB legen den Vermieter bei Erstellung der Betriebskostenabrechnung nicht auf eine Abrechnung nach dem sog. **Leistungsprinzip** fest; auch eine Abrechnung nach dem sog. **Abflussprinzip** ist grds. zulässig (BGH WuM 2008, 285). Danach kann der Vermieter alle Kosten, die er in dem jeweiligen Abrechnungszeitraum tatsächlich bezahlt hat, in die Abrechnung einstellen (zum Leistungsprinzip vgl. Langenberg Kap. G Rn. 105). Der BGH hat in der Entscheidung ausdrücklich offengelassen, ob eine Korrektur gemäß § 242 BGB geboten ist, wenn es zu einem Mieterwechsel kommt oder der Vermieter allein durch sein Zahlungsverhalten eine Kostenverlagerung für den Abrechnungszeitraum vornimmt.

1066

Über Heiz- und Warmwasserkosten darf der Vermieter nicht nach dem Abflussprinzip abrechnen (BGH Urteil vom 01.02.2012 – VIII ZR 156/11). In die Abrechnung sind daher nicht die an den Energielieferanten geleisteten Abschlagszahlungen sondern nur die Kosten für den tatsächlichen Verbrauch an Brennstoff als Gesamtkosten einzustellen. Das gilt auch dann, wenn die Parteien die Abrechnung nach Abflussprinzip vereinbart haben (BGH Beschluss vom 14.02.2012 – VIII ZR 207/11). Tut er es dennoch, ist die Abrechnung nicht formell unwirksam, aber inhaltlich unrichtig. Ein Strafabzug gem. § 12 HeizkV kommt nicht in Betracht. Zu Änderungen des Verteilerschlüssels vgl. Hinweise Teil 1 Rdn. 1147, 1153.

Für die Anwendung eines Umlageschlüssels bei der Postion **Grundsteuer** ist kein Raum, wenn diese speziell für die einzelne Wohnung erhoben wird (Eigentumswohnung). Bloße wohnungsbezogene Kosten können ohne Rechenoperation durchgereicht werden, auch wenn die Wohnfläche als Umlageschlüssel vereinbart ist (BGH WuM 2013, 358). Für eine Doppelhaushälfte BGH NZM 2011, 581.

7. Wirtschaftseinheiten. Der BGH (ZMR 2005, 937 = WuM 2005, 579) entschied im Jahr 2005 zunächst noch unter Bezugnahme auf die alte Regelung in § 2 Abs. 2 S. 2 und 3 II. BV, in der der Begriff Wirtschaftseinheit ausdrücklich enthalten war, dass der Vermieter im Wege des einseitigen Leistungsbestimmungsrechtes nach billigem Ermessen gemäß §§ 314, 315 BGB grundsätzlich mehrere Gebäude zu einer Wirtschafts- und Abrechnungseinheit zusammenfassen kann, soweit nicht im Mietvertrag etwas anderes bestimmt ist. Die Entscheidung erging über die Berechtigung zu einer einheitlichen Heizkostenabrechnung, weil mehrere Gebäude durch eine Gemeinschaftsheizung versorgt wurden und eine getrennte Abrechnung für jedes einzelne Haus deshalb von Beginn des Mietverhältnisses an nicht möglich war. In §§ 1 BetrKV, 556 BGB fehlt dieser Begriff. Der Gesetzgeber hat den aus dem Kostenmietrecht stammenden Begriff der Wirtschaftseinheit nicht mehr in die Betriebskostendefinition dieser Regelungen aufgenommen. Nach dem Willen des Gesetzgebers (Amtl. Begründung zu § 1 Abs. 1 BetrKV WuM 2003, 675, 961; *Grundmann* NJW 2003, 3745, 3746 f.) soll damit zwar keine Änderung der Rechtslage verbunden sein; unter Verweis auf den klaren Wortlaut des neuen Gesetzes werden allerdings durchaus Bedenken gegen ein einseitiges Leistungsbestimmungsrecht des Vermieters erhoben (Blank/*Börstinghaus* § 556a Rn. 11).

1067

Inzwischen hat der BGH auch für die Anwendung von § 2 BetrKV entschieden, dass mehrere Wohngebäude für eine Heiz- und Warmwasserkostenabrechnung zusammengefasst werden können, wenn sie entweder von Anfang an oder auch erst im laufenden Mietverhältnis durch eine gemeinsame Heizungsanlage versorgt werden (NZM 2010, 781; WuM 2011, 684). Dies auch ohne vorherige Ankündigung gegenüber dem Mieter. Die Frage der Zulässigkeit der Abrechnung nach Wirtschaftseinheiten betrifft nicht die formelle Wirksamkeit. Die zugrunde gelegten Abrechnungseinheiten müssen von dem Vermieter auch nicht erläutert werden (BGH WuM 2012, 97).

1068

In einer weiteren Entscheidung (BGH NZM 2010, 896) wird zudem klargestellt, dass die Abrechnung nach Wirtschaftseinheiten nicht nur bei technischen Sachzwängen zulässig ist. Sie sei nur dann unzulässig, wenn die Parteien eine hausbezogene Vereinbarung getroffen hätten. Die bloße Angabe der postalischen Adresse reiche dafür nicht aus. Auch das Gesetz verpflichte nicht ausschließlich zur hausbezogenen Abrechnung. Eine grundstücksübergreifende Abrechnung entspräche durch die Möglichkeit von Kostenvorteilen auch dem Wirtschaftlichkeitsgebot gemäß § 556 Abs. 3 BGB.

1069 Die Bildung von Wirtschaftseinheiten muss außerdem billigem Ermessen am Maßstab des § 315 BGB entsprechen.

1070 Dafür müssen folgende zusätzlichen Voraussetzungen vorliegen (OLG Koblenz ZMR 1990, 297, 298 = WuM 1990, 268; Staudinger/*Weitemeyer*, § 556a, Rn. 27):
– Die Gebäude müssen einheitlich verwaltet werden,
– sie müssen in einem unmittelbaren örtlichen Zusammenhang stehen,
– dürfen keine wesentlichen Unterschiede im Wohnwert haben und
– müssen der gleichartigen Nutzung dienen und die gleiche Nutzungsart aufweisen.

1071 Für die Vertragsgestaltung gelten folgende **Hinweise:**
– Maßgeblich ist der Mietvertrag. Ist dort bereits festgelegt, dass nur eine Einzelabrechnung für das Gebäude zu erfolgen hat in dem auch die Mietwohnung liegt ist eine Abrechnung nach Wirschaftseinheiten nicht mehr möglich
– Nicht risikofrei ist auf der Grundlage des neuen Rechts die einseitige Bestimmung einer Abrechnungseinheit aufgrund der in Formularmietverträgen häufigen Klausel, wonach der Mieter von den Betriebskosten einen Anteil nach dem Verhältnis der Wohnfläche seiner Wohnung zur Summe der Fläche aller Wohnungen der jeweiligen Wirtschaftseinheit trägt. Schon unter dem Gesichtspunkt des Transparenzgebots (§ 307 BGB) bestehen Zweifel an der Wirksamkeit solcher Bestimmungen.
– Die in die Abrechnungseinheit einbezogenen Grundstücke sollten im Mietvertrag genau definiert und als Verteilungsschlüssel ausdrücklich festgelegt werden.

1072 **8. Rauchwarnmelder.** Die Wartung von Rauchwarnmeldern stellt nach den Vorgaben des BGH eine umlagefähige Betriebskostenpostion nach § 2 Nr. 17 BetrKV dar (AG Lübeck, Urteil vom 05.11.2007 – 21 C 1668/07). Rauchwarnmelder sind nach DIN 14676 Nr. 6 jährlich auf Beschädigungen und ihre Funktion zu warten. Umstritten ist dagegen die Umlagfähigkeit von Kosten der Anmietung des Rauchwarnmelders. Unter Hinweis auf die der Betriebskostenverordnung bekannten Kosten der Anmietung für Verbrauchserfassungsgeräte und die auch hier bestehende gesetzliche Ausstattungspflicht wird dies teilweise bejaht (LG Magdeburg Urteil vom 27.09.2011 – 1 S 171/11; AG HH-Altona Urteil vom 03.05.2013 – 318a C 337/12).

1073 **9. Vorauszahlungen.** In der Abrechnung hat der Vermieter die vom Mieter tatsächlich geleisteten Vorauszahlungen in Abzug zu bringen. Die Abrechnung auf der Basis von Sollvorauszahlungen führt allerdings nicht zu einem formellen Mangel (BGH NZM 2011, 627). Sind die Vorauszahlungen zu hoch oder zu niedrig angesetzt, liegt ein inhaltlicher Fehler vor, den der Vermieter auch noch nach Ablauf der Abrechnungsfrist korrigieren kann. Wird nach Sollvorauszahlungen abgerechnet, liegt ausnahmsweise auch kein inhaltlicher Fehler vor, wenn der Mieter zum Zeitpunkt der Abrechnung für den maßgeblichen Abrechnungszeitraum überhaupt keine Vorauszahlungen erbracht hat, der Vermieter die Rückstände bereits eingeklagt hat, und noch keine Abrechnungsreife eingetreten ist (BGH ZMR 2003, 334 f.)

Auch eine Betriebskostenabrechnung, in der keine Vorauszahlungen in Ansatz gebracht worden sind, ist nicht formell fehlerhaft (BGH Urteil vom 15.02.2012 – VIII ZR 197/11). Für den Mieter läuft daher die Einwendungsfrist (siehe Hinweise unter Teil 1 Rdn. 1118). Er muss daher dringend kontrollieren, ob seine gezahlten Vorauszahlungen in der richtigen Höhe abgezogen worden sind.

10. Hausmeisterkosten. In einem späteren Prozess über die Höhe der Hauswartkosten ist der Pauschalabzug nicht umlagefähiger Kosten für die Darlegungs- und Beweislast des Vermieters nicht ausreichend (BGH WuM 2008, 285, 287). Nach dieser Entscheidung ist der tatsächliche Zeitaufwand des Hauswartes für die jeweiligen Arbeiten entscheidend. Die Leistungsbeschreibung im Hauswartvertrag sei lediglich ein Indiz für den Umfang der nicht umlagefähigen Kosten. Dem Mieter stehe es daher zu, dem Pauschalabzug mit einfachem Bestreiten im Sinne von § 138 Abs. 2 ZPO entgegenzutreten, da es sich durchweg um Umstände aus der Sphäre des Vermieters handele. Der Vermieter hat sodann die Kosten der umlagefähigen Hauswarttätigkeit einerseits und die nicht umlagefähigen Verwaltungs-, Instandhaltungs- und Instandsetzungskosten andererseits so nachvollziehbar und konkret aufzuschlüsseln, dass die nicht umlagefähigen Kosten herausgerechnet werden können. Obwohl in dem zu entscheidenden Sachverhalt auch eine genauere Kostenaufschlüsselung in der Betriebskostenabrechnung selbst unterblieben war, ging der BGH von einer formell wirksamen Betriebskostenabrechnung aus. Unklar bleibt in dieser Entscheidung die Frage, ob, gegebenenfalls inwieweit, mit diesem prozessualen einfachen Bestreiten auch die materielle Einwendungsfrist nach § 556 Abs. 3 S. 5 BGB eingehalten ist und ob überhaupt Einwendungen in diesem Sinne vor Ablauf der Einwendungsfrist vorlagen. Zu der Möglichkeit getrennter Hauswartverträge siehe unter Teil 1 Rdn. 1058.

11. Vorbehalte. Gemäß § 556 Abs. 3 S. 4 BGB ist der Vermieter nicht verpflichtet, aufgrund einzelner schon vorliegender Belege eine Teilabrechnung vorzunehmen. Andererseits ist der Vermieter aber zu einer Teilabrechnung berechtigt, was für ihn von Interesse sein kann, wenn ihm die Belege für die wesentlichen Kosten bereits vorliegen. Erteilt der Vermieter eine Abrechnung, die noch nicht alle Belege berücksichtigen kann, ist darauf zu achten, dass mit wirksamen Vorbehalten bezüglich der noch abzurechnenden Kosten gearbeitet wird. Anderenfalls erhebt die Betriebskostenabrechnung Anspruch auf Vollständigkeit, so dass der Vermieter mit Forderungen aus einer späteren Endabrechnung ausgeschlossen sein kann. Für den Fall einer rückwirkenden Neufestsetzung der Grundsteuer durch das Finanzamt hat der BGH entschieden, dass der Vermieter jedenfalls dann eine spätere Nachberechnung gegenüber dem Mieter vornehmen kann, soweit er ohne Verschulden an einer rechtzeitigen Abrechnung gehindert war und sich die Nachberechnung einzelner Positionen vorbehalten habe (BGH Urteil vom 12.12.2012 – VIII ZR 264/12). Dabei beginnt die Verjährungsfrist erst mit Ablauf des Jahres zu laufen, in dem der Bescheid des Finanzamtes zugeht. Die Nachberechnung habe sodann innerhalb von drei Monaten ab Erhalt des neuen Grundsteuerbescheides zu erfolgen (BGH Urteil vom 05.07.2006 – VIII ZR 220/05).

Der Vorbehalt sollte dabei konkret und nicht pauschal und mit besonderer Hervorhebung erfolgen. Der Vorbehalt kann bereits im Mietvertrag wirksam vereinbart sein oder im Anschluss an die Betriebskostenabrechnung erklärt werden. Bei Formulierungen im Mietvertrag sollte darauf geachtet werden, dass die Klausel an die Stelle über die Regelung der Betriebskosten eingefügt wird. Mit der deutlichen Hervorhebung kann vermieden werden, dass die Klausel als überraschende Klausel gemäß § 305c BGB gewertet und damit nicht Vertragsbestandteil wird. Je konkreter der Vorbehalt daher für einen bestimmten Sachverhalt oder eine bestimmte Position ausgesprochen wird, desto größer ist die Wahrscheinlichkeit, dass es sich um einen zulässigen Vorbehalt handelt.

1077 **Formulierungsbeispiel** im Mietvertrag:

1078 **Der Vermieter behält sich vor, zukünftig zu erstellende Betriebskostenabrechnungen ggf. hinsichtlich weiterer Belegunterlagen zu korrigieren, wenn diese zum Zeitpunkt der Abrechnungserstellung von den beauftragten Firmen/Behörden noch nicht vorliegen und aus diesem Grund noch keine Berücksichtigung in den jeweiligen Betriebskostenabrechnungen finden können oder nachträglich geändert wurden (z.B. Grundsteuer).**

1079 Zu der Problematik von zu allgemein gehaltenen Formulierungen s. oben Teil 1 Rdn. 110.

1080 **12. Gegenstandswert und Rechtsanwaltsvergütung.** Wird der Rechtsanwalt mit der Erstellung der Betriebskostenabrechnung vom Vermieter beauftragt, so erhält er hierfür eine Geschäftsgebühr der Nr. 2300 VV RVG (zzgl. Auslagenpauschale, Nr. 7002 VV RVG und ggf. Umsatzsteuer, Nr. 7008 VV RVG). Der Rechtsanwalt kann innerhalb des Gebührenrahmens von 0,5 bis 2,5 seine Vergütung nach den Kriterien des § 14 RVG bestimmen. Der Rechtsanwalt darf mehr als 1,3 Geschäftsgebühr jedoch nur fordern, wenn die Kriterien »umfangreich« oder »schwierig« erfüllt sind. An sein einmal ausgeübtes Ermessen ist er gebunden. Es empfiehlt sich daher, einen entsprechenden Vorbehalt z.B. »Vorläufige Berechnung – Nachliquidation bleibt vorbehalten« aufzunehmen.

1081 Der Gegenstandswert für die Erstellung der Betriebskostenabrechnung ist gem. § 23 Abs. 3 RVG i.V.m. § 18 Abs. 2 KostO zu bestimmen. Er berechnet sich aus der Summe der dem Rechtsanwalt überlassenen Abrechnungspositionen. Die Umlagefähigkeit der Positionen spielt für die Berechnung des Gegenstandswertes keine Rolle.

1082 Wird der Rechtsanwalt mit der Überprüfung einer Betriebskostenabrechnung, gleich ob durch Vermieter oder Mieter, beauftragt, so bestimmt sich der Gegenstandswert ebenfalls nach § 23 Abs. 2 RVG i.V.m. § 18 Abs. 2 KostO, allerdings berechnet sich die Summe aus den abgerechneten (d.h. umgelegten) Positionen. Vorschusszahlungen des Mieters werden nicht abgezogen. Ist der Rechtsanwalt mit der Überprüfung einzelner Positionen beauftragt, bestimmt sich der Gegenstandswert nach § 48 Abs. 1 GKG über § 9 ZPO. Zugrunde zu legen ist demnach der 3,5fache Jahresbetrag der jeweiligen Position. Prüft der Rechtsanwalt eine Postition der Nebenkostenabrechnung für den Mieter, ist der 3,5fache Jahresbetrag des auf den Mieter entfallenden Anteils der Abrechnungsposition, sofern nicht die Dauer des Mietverhältnisses geringer ist.

1083 Wird der Rechtsanwalt mit der außergerichtlichen Einziehung der Betriebskostennachzahlung beauftragt, entsteht ebenfalls die Geschäftsgebühr der Nr. 2300 VV RVG (zzgl. Auslagenpauschale, Nr. 7002 VV RVG und ggf. Umsatzsteuer, Nr. 7008 VV RVG). Der Gegenstandswert bestimmt sich über § 23 Abs. 1 S. 1 RVG i.V.m. § 48 Abs. 1 GKG i.V.m. § 3 ZPO nach dem Wert des einzuziehenden Betrages.

1084 Sofern der Rechtsanwalt gleichzeitig mit der Überprüfung der Betriebskostenabrechnung und der anschließenden außergerichtlichen Geltendmachung beauftragt wird, sind die Werte für die Überprüfung (Summe aller abgerechneten Nebenkosten) und der Einziehung (einzelne Position des jeweiligen Mieters) gem. § 22 Abs. 1 RVG zu addieren und die Geschäftsgebühr der Nr. 2300 VV RVG (zzgl. Auslagenpauschale, Nr. 7002 VV RVG und ggf. Umsatzsteuer, Nr. 7008 VV RVG) aus diesem Wert zu berechnen. Wird der Rechtsanwalt mit der Geltendmachung der erhöhten Betriebskostenpauschale beauftragt, so bestimmt sich der Gegenstandswert über § 23 Abs. 1 S. 1 RVG i.V.m. § 41 Abs. 5 GKG (anders als der Verfahrensstreitwert, der sich über § 9 ZPO nach dem 3,5fachen Jahreswert bestimmt) nach dem Jahresbetrag der zusätzlich geforderten Vorauszahlung.

Wenn der Rechtsanwalt die Einsichtnahme in die Abrechnungsunterlagen (außergerichtlich) geltend machen soll, bestimmt sich der Gegenstandswert über § 23 Abs. 1 S. 1 i.V.m. § 48 Abs. 1 GKG i.V.m. § 3 ZPO nach dem Interesse des Klägers an den möglichen Rückzahlungen. Hier ist allerdings lediglich ein Bruchteil in Höhe von 1/5 bis 1/10 in Ansatz zu bringen (vgl. *Schneider/ Herget*, Streitwertkommentar für den Zivilprozess, Rn. 3748). Auch in diesem Fall kann eine Geschäftsgebühr der Nr. 2300 VV RVG (zzgl. Auslagenpauschale, Nr. 7002 VV RVG und ggf. Umsatzsteuer, Nr. 7008 VV RVG) geltend gemacht werden.

1085

Wird der Rechtsanwalt damit beauftragt, den Vermieter auf Abrechnung der Nebenkosten in Anspruch zu nehmen, ist der Gegenstandswert mit ca 1/4 des zu erwartenden Zahlungsanspruchs (auf Erstattung nicht verbrauchter Nebenkostenvorauszahlungen), zu dessen Vorbereitung der Rechnungslegungsanspruch gedient hat, anzusetzen (LG Bonn, Beschl. v. 31.10.1991, Az: 6 T 246/91).

1086

Wenn derselbe Rechtsanwalt für denselben Auftraggeber wegen desselben Gegenstandes zunächst außergerichtlich tätig wurde und hierfür eine Geschäftsgebühr der Nrn. 2300 bis 2303 VV RVG entstanden ist, verbleibt, wenn er anschließend auch mit der gerichtlichen Geltendmachung beauftragt wird, der nicht anrechenbare Teil der Geschäftsgebühr. Der Rechtsanwalt sollte mit seinem Auftraggeber in jedem Fall besprechen, ob und wie dieser Teil geltend gemacht werden soll. Die Geschäftsgebühr ist zur Hälfte, maximal mit 0,75 auf eine Verfahrensgebühr für ein gerichtliches Verfahren anzurechnen (Abs. 4 der Vorbem. 3 VV RVG). Die Anrechnung der Geschäftsgebühr erfolgt nur aus dem Wert, der in das gerichtliche Verfahren übergegangen ist. Sie unterbleibt gemäß § 15 Abs. 5 S. 2 RVG, wenn zwischen der Erledigung des Auftrags und dem weiteren Tätigwerden mehr als zwei volle Kalenderjahre liegen. Die Berechnung der Auslagenpauschale erfolgt nicht aus dem nach der Anrechnung verbleibenden Gebührenbetrag, sondern die Auslagenpauschale errechnet sich aus der zugrunde liegenden Gebühr, die noch vor der Anrechnung entsteht (*Gerold/Schmidt/v. Eicken/Madert/Müller-Rabe* RVG Rn. 37).

1087

2. Klage des Mieters auf Erteilung einer Abrechnung

An das Amtsgericht ¹

1088

**Klage
(volles Rubrum)**

wegen Rechnungslegung

Vorläufiger Streitwert: EUR _____

Namens und in Vollmacht des Klägers erheben wir Klage, zahlen für den Kläger einen Gerichtskostenvorschuss in Höhe von EUR _____ ein und werden beantragen, den Beklagten kostenpflichtig und vorläufig vollstreckbar zu verurteilen, Rechnung zu legen über die Betriebskosten für die im Hause __[Adresse]__ belegene _____ Zimmerwohnung im __[Stockwerk]__ , für den

Zeitraum 01.01._____ bis 31.12._____ durch Vorlage einer geordneten und schriftlichen Zusammenstellung einer formell ordnungsgemäßen Betriebskostenabrechnung. ²

Begründung:

Zwischen den Parteien besteht seit dem _____ ein Wohnraummietverhältnis über die Räume __[Adresse, Stockwerk]__ . Ausweislich des Mietvertrages ist der Beklagte verpflichtet, über die von dem Kläger geleisteten Betriebskostenvorauszahlungen jährlich abzurechnen.

Beweis: Mietvertrag vom _____ in Kopie als Anlage K 1.

Die Abrechnungsperiode läuft jeweils vom 01.01. bis zum 31.12. des jeweiligen Kalenderjahres. Dies ist zwar im Mietvertrag nicht ausdrücklich vorgesehen; der Beklagte hat gegenüber dem Kläger in den vergangenen Jahren allerdings immer über diesen Abrechnungszeitraum abgerechnet.

Beweis im Bestreitensfall: Vorlage der jeweiligen Abrechnungen.

Der Beklagte hätte daher über die Betriebskosten im Antrag spätestens bis zum _____ abrechnen müssen. [3]

Alternativ:

Dem Kläger liegt zwar eine Abrechnung über die Betriebskosten vor. Die Abrechnung erfüllt allerdings nicht die Mindestangaben und Kriterien, die die Rechtsprechung an eine formell ordnungsgemäße Abrechnung stellt (ist sodann näher auszuführen).

Liegt eine formell unwirksame Abrechnung vor, gilt diese gegenüber dem Mieter als nicht abgerechnet. [4]

Der Eintritt des Nachforderungsverlustes gemäß § 556 Abs. 3 S. 3 BGB lässt den Anspruch des Mieters auf Erteilung einer Abrechnung nicht untergehen. Das Rechtsschutzbedürfnis ergibt sich für den Kläger zum einen daraus, dass er die Kostenentwicklung während seiner Mietzeit nachvollziehen muss; zum anderen besteht auch die Möglichkeit, dass die Abrechnung mit einem Guthaben endet.

Der Beklagte wurde mit außergerichtlichem Anschreiben vom _____ unter Fristsetzung bis zum _____ zur Rechnungslegung gegenüber dem Kläger aufgefordert. [5, 6]

Beweis: Anschreiben vom _____ in Kopie als Anlage K 2.

Eine Reaktion erfolgte nicht, weswegen Klage geboten war.

Die Verpflichtung des Beklagten zur Abrechnung ergibt sich neben den Regelungen im Mietvertrag aus §§ 556 Abs. 3 S. 1, 259 BGB.

Rechtsanwalt

Erläuterungen

1089 **1. Zuständigkeit.** Bei Wohnraummietverhältnissen ist das Amtsgericht unabhängig vom Streitwert gemäß §§ 23 Nr. 2a, 71 GVG ausschließlich sachlich zuständig. Die örtliche Zuständigkeit ist sowohl für Wohnraummietverhältnisse, als auch für Gewerberaummietverhältnisse gemäß § 29a Abs. 1 ZPO ausschließlich bei dem Gericht gegeben, in dessen Bezirk sich die Räume befinden.

1090 **2. Anspruchsvoraussetzungen.** Ist innerhalb der Abrechnungsfrist durch den Vermieter keine Abrechnung vorgenommen worden oder liegt eine formell unwirksame Abrechnung vor, kann der Mieter auf Erteilung einer Abrechnung klagen. Der Vermieter bleibt auch nach Ablauf der Abrechnungsfrist gegenüber dem Mieter zur Erstellung einer Abrechnung verpflichtet. Eine solche Klage kann auch nicht als rechtsmissbräuchlich angesehen werden, wenn offensichtlich nicht mehr mit einem Nachforderungsanspruch aus der Abrechnung zu rechnen ist. Das Rechtsschutzbedürfnis für den Mieter ergibt sich daraus, dass dieser entweder mit einem Guthabenbetrag rechnet oder er die Abrechnung in einem laufenden Mietverhältnis zur besseren Vergleichbarkeit mit vorherigen Abrechnungen und der zukünftigen Kostenkalkulation benötigt. Neben dem Anspruch auf Rechnungslegung steht dem Mieter ein **Zurückbehaltungsrecht** nach § 273 BGB an den laufenden Nebenkostenvorauszahlungen zu, solange keine ordnungsgemäße Abrechnung vorliegt (BGH WuM 2006, 383). Wurde ein Zurückbehaltungsrecht bei einem **Gewerberaummietverhältnis** in einem Formularmietvertrag wirksam ausgeschlossen, bleibt in manchen Fallkonstellationen daher nur die Klagemöglichkeit als geeignetes Druckmittel. Auch bei Erfüllung des Klageanspruches nach Ablauf der Abrechnungsfrist tritt der Nachforderungsverlust gemäß § 556 Abs. 3 S. 3 BGB nur dann ein, wenn der Vermieter die verspätete Geltendmachung nicht zu vertreten hat. Kann der Vermieter daher darlegen und beweisen, dass die Nichtvornahme der Abrechnung unverschuldet erfolgt ist, kann auch die Abrechnungsklage für den Mieter zu einem Nachzahlungsbetrag führen. Auf dieses Risiko sollte der Mieter unbedingt hingewiesen werden. Bei einem zu erwartenden Guthaben kann die Klage auch im Wege der Stufenklage nach § 354 ZPO mit einem unbezifferten Rückzahlungsantrag verbunden sein.

3. Abrechnungsfrist. Gemäß § 556 Abs. 3 S. 2 BGB hat der Vermieter spätestens bis zum Ablauf des zwölften Monats nach Ende des Abrechnungszeitraumes abzurechnen. Das Gesetz knüpft für die Wahrung der Abrechnungsfrist an die rechtzeitige Mitteilung der Betriebskostenabrechnung an. Als maßgeblichen Zeitpunkt für diese Fristwahrung ist auf den **Zugang der Abrechnung** abzustellen (BGH WuM 2009, 236; AG Ripnitz-Dammgarten WuM 2007, 18; LG Düsseldorf NJW 2008, 1290, 132; a.A. AG Hamburg St.-Georg WuM 2005, 775, wonach die Abrechnung keine empfangsbedürftige Willenserklärung darstellt, so dass der bloße Eingang ausreicht). Der Zugang ist nur dann gewahrt, wenn die Betriebskostenabrechnung so in den Geschäftsbereich des Mieters gelangt, dass dieser unter normalen Umständen davon Kenntnis nehmen kann (BGH NZM 2008, 167; siehe dazu ausführliche Darstellung bei *Langenberg* Kap. G Rn. 62 ff.).

1091

Auf **Gewerberaummietverhältnisse** findet die Frist keine Anwendung (BGH NZM 2010, 240). Für eine Analogie ist mangels einer Regelungslücke kein Raum. § 578 BGB verweist gerade nicht auf § 556 Abs. 3 S. 3. BGB. Mit den Argumenten des BGH ist davon auszugehen, dass die Regelungen über die Einwendungsfrist (siehe Hinweise unter Teil 1 Rdn. 1118) auch keine direkte oder analoge Anwendung finden. In Gewerbemietverträgen könnte allerdings eine inhaltsgleiche Regelung gestaltet werden. Zu den Anforderungen vgl. OLG Jena NZM 2012, 642.

1092

Dem Mieter steht kein Anspruch auf gesetzliche **Verzugszinsen** aus § 288 Abs. 1 BGB zu, wenn ein Guthaben verspätet an den Mieter ausgezahlt wird, weil der Vermieter mit der Verpflichtung zur Erstellung der Betriebskostenabrechnung in Verzug geraten ist.§ 288 BGB findet nur Anwendung auf den Verzug mit einer Geldschuld (BGH WuM 2013, 168).

Innerhalb der Frist muss eine **formal ordnungsgemäße** Abrechnung zugehen. Auf die inhaltliche Richtigkeit kommt es für die Fristwahrung nicht an (BGH NJW 2005, 219). Nach Ablauf der Abrechnungsfrist ist die Geltendmachung einer Nachforderung für den Vermieter ausgeschlossen, es sei denn, er hat die verspätete Geltendmachung nicht zu vertreten. Es handelt sich um eine zwingende gesetzliche Ausschlussfrist (§ 556 Abs. 4 BGB), die auch nicht durch die Erhebung einer Klage gehemmt wird (BGH NZM 2009, 78). Die Abrechnungsfrist beginnt auch nicht dadurch neu zu laufen, dass ein Mieter erklärt hat, er werde die Nachforderung begleichen (BGH NZM 2008, 477). Der BGH führt in dieser Entscheidung aus, dass auf Ausschlussfristen, die für das Verjährungsrecht geltende Regelung unter § 212 Abs. 1 Nr. 1 BGB keine Anwendung findet. Inwieweit der Mieter mit der Zusage zum Ausgleich der Nachforderung ein deklaratorisches Schuldanerkenntnis abgegeben hat, wurde mit der Revision nicht angegriffen, so dass die Entscheidung dazu keine Ausführungen enthält.

1093

4. Fehlerkorrektur. Soweit ein formeller Fehler vorliegt, ist eine Korrektur zugunsten des Vermieters nur noch innerhalb der Abrechnungsfrist möglich. Inhaltliche Fehler können auch nach Fristablauf korrigiert werden (BGH WuM 2005, 61). Das Abrechnungsergebnis ist dann aber auf den ursprünglich ermittelten Betrag »gedeckelt« und darf nicht zu Lasten des Mieters ausfallen

1094

(BGH NJW 2005, 219). Dem Mieter kann daher bei einer Korrektur der Abrechnung nach Ablauf der Abrechnungsfrist auch ein einmal errechnetes Guthaben nachträglich nicht wieder entzogen werden (BGH WuM 2008, 150). Innerhalb der Abrechnungsfrist kann der Vermieter eine Korrektur zu Lasten des Mieters auch dann vornehmen, wenn er ein ursprünglich ermitteltes Guthaben ohne Vorbehalt an den Mieter ausbezahlt hat (BGH WuM 2011, 108). Für die Frage, ob ein formeller Mangel oder ein inhaltlicher Fehler vorliegt, kommt es darauf an, inwieweit der durchschnittlich gebildete, juristisch und betriebswirtschaftlich nicht geschulte Mieter bei einer Kontrolle der Abrechnung den vermeintlichen Fehler klar erkennen kann (BGH a.a.O. Entscheidungsgründe II 1b; BGH NZM 2008, 477). Bei der Verwendung eines **falschen Umlageschlüssels** entgegen den im Mietvertrag vereinbarten Miteigentumsanteilen oder einer fehlenden Umlagevereinbarung liegt nur ein inhaltlicher Fehler vor, weil der Mieter in die Lage versetzt wird vom Vermieter gezielt eine Neuberechnung auf der Grundlage des vertraglich vereinbarten Umlageschlüssels zu verlangen. Dies auch dann, wenn er die dafür maßgeblichen Bezugsdaten in Form der jeweiligen Miteigentumsanteile nicht kennt (BGH a.a.O.). Auch die unterschiedliche Angabe von Gesamtflächen ohne Erläuterung stellt keinen formellen Mangel dar (BGH NZM 2011, 546). Der BGH führt dazu aus, dass sich die Verteilung der Kosten auch dann aufgrund der in der Abrechnung enthaltenen Werte nachvollziehen lasse.

1095 Bei der Mitteilung von Brennstoffkosten in der Heizkostenabrechnung genügt für eine verständliche Form die Angabe des Gesamtverbrauches und der Gesamtkosten. Die Angabe von Anfangs- und Endbeständen ist für die formale Wirksamkeit nicht erforderlich (BGH NZM 2010, 315).

1096 **5. Unverschuldete Verspätung.** Die oben ausgeführten Grundsätze gelten gemäß § 556 Abs. 3 S. 3 BGB nicht, wenn der Vermieter die Verspätung nicht zu vertreten hat. Für entsprechende Umstände ist der Vermieter darlegungs- und beweispflichtig. In der Rechtsprechung wurden Entschuldigungsgründe für den Vermieter anerkannt, wenn es zu unerwarteten Verzögerungen auf dem Postweg kommt und der Vermieter bzw. seine Hausverwaltung zuvor alles getan hatte, um einen fristgerechten Zugang beim Mieter herbeizuführen (AG Leipzig ZMR 2006, 47 – 37 Tage vor Fristablauf versandt; AG Köln ZMR 2005, 543 – 16 Tage vor Fristablauf; AG Oldenburg ZMR 2005, 204 ff.; LG Potsdam GE 2005, 1357). Die Entscheidungen stellen auf eine Art Vertrauenstatbestand bei Postsendungen ab, wenn die Abrechnung mehrere Tage vor Fristablauf an die richtige Adresse des Mieters versandt worden ist und von dort nicht zurückgekommen ist.

1097 Mit einem Zugangsnachweis im Rechtssinne hat dies wenig zu tun. Selbst der Vertrauenstatbestand dürfte jedenfalls dann unterbrochen sein, wenn es für die Vermieterseite konkrete Anhaltspunkte dafür gibt, dass der Mieter das Anschreiben nicht erhalten hat (z.B. bei zusätzlicher Anfrage nach einem Besichtigungstermin oder der Erhöhung von Vorauszahlungen auf die nicht reagiert wird). Nach BGH WuM 2009, 236 ist bei einem fehlenden oder nicht rechtzeitigen Zugang der Betriebskostenabrechnung von einem Verschulden der Post auszugehen, den sich der Vermieter auch bei unerwarteten oder nicht vorhersehbaren Verzögerungen gemäß § 278 BGB zurechnen lassen muss. Auch das Abrechnungsunternehmen ist als Erfüllungsgehilfe des Vermieters anzusehen, dessen Versäumnisse sich der Vermieter zurechnen lassen muss (AG Wuppertal, NZM 2010, 901). Der Zwangsverwalter kann sich zur Entschuldigung der Fristversäumnis nicht darauf berufen, dass seine Bestellung erst zum Ende der Abrechnungsfrist erfolgt ist. Er tritt gemäß § 152 Abs. 2 ZVG mit dem Zeitpunkt der Beschlagnahme in alle Rechte und Pflichten aus dem bestehenden Mietvertrag ein (AG Dortmund NZM 2010, 239).

1098 Ein fehlendes Verschulden wird außerdem bei einem verspäteten Eingang von Rechnungsbelegen, trotz entsprechender Bemühungen angenommen (BGH WuM 2006, 516 für einen nachträglichen Grundsteuerbescheid; AG Köpenick WuM 2007, 577). Teilweise wird vertreten, dass ein nicht vorhersehbarer Datenverlust in der EDV (*v. Seldeneck*, Rn. 5200), hoher Krankenstand in der Verwaltung oder der längere Ausfall der EDV-Anlage die Verspätungen entschuldigen können, wenn die Ausfälle unvorhersehbar waren und mit zumutbaren Mitteln keine Abhilfe geschaffen werden konnte (*Langenberg* NZM 2001, 785; AG Siegburg WuM 2001, 245; a.A. *Sternel* ZMR 2001, 940, *Börstinghaus/Eisenschmidt* § 556, 207 f.). Zu Recht wird von der gegenteiligen Ansicht darauf hingewiesen, dass der Vermieter sich ein Verschulden Dritter gemäß § 278 BGB zurechnen lassen muss, wenn er diese mit der Erfüllung seiner eigenen Verpflichtung zur Erstellung der Abrechnung betraut. Der Vermieter kann sich auch nicht darauf berufen, dass der WEG-Verwalter die Abrechnung zu spät übersandt hat (AG Hamburg-Altona, Urteil vom 20.07.2004 – 316 C 642/03). Die Verpflichtung gegenüber der Wohnungseigentümergemeinschaft und die Verpflichtung zwischen den Mietvertragsparteien sind grundsätzlich voneinander zu trennen. Der Vermieter kann sich die fehlenden Unterlagen, insbesondere die Belege, notfalls auch im Klagewege, beim Wohnungseigentumsverwalter beschaffen (*Jennißen* NZM 2002, 236; *Schmid* Rn. 3165) und aus diesen Unterlagen selbst eine Abrechnung für den Mieter erstellen. Kann der Vermieter daher keine Bemühungen darlegen und beweisen, dass er entsprechende Schritte unternommen hat, muss ein fehlendes Verschulden abgelehnt werden.

6. Nachholung. Liegt ein anerkannter Fall des Vertretenmüssens vor, muss der Vermieter nach Fortfall des Hinderungsgrundes die Abrechnung unverzüglich übermitteln. In Anlehnung an die Vorschriften des § 560 Abs. 2 BGB und § 4 Abs. 8 S. 2 Halbsatz 2 NMV wird hier auf drei Monate, nach Wegfall der Hinderungsgründe abgestellt. Es handelt sich um keine starre Frist (BGH WuM 2006, 516). 1099

3. Aufforderungsschreiben zur Vorlage von Rechnungsbelegen

Adressierung 1100

Betriebskostenabrechnung
für den Abrechnungszeitraum _____ bis _____

Sehr geehrte Damen und Herren,

unter Vorlage einer auf uns lautenden Vollmacht zeigen wir Ihnen an, die Interessen von Herrn _____ hinsichtlich der oben näher bezeichneten Betriebskostenabrechnung zu vertreten.

Zur Überprüfung der inhaltlichen Richtigkeit der Abrechnung und der angefallenen Kostenpositionen bitten wir um Vorlage von Belegen zu folgenden Positionen: [1, 2]

a) Hausmeister (Hausmeistervertrag inkl. Leistungsverzeichnis und Tätigkeitsnachweis) [3]

b) Hausreinigung

c) Aufzugskosten nebst Wartungsverträgen

d) Brennstoffkosten in Höhe von € _____ zu einem Gesamtverbrauch in Höhe von _____ kWh

e) Mess-/Ableseprotokolle für die Verbrauchseinheiten Warmwasser/Heizung

Zug um Zug gegen Erstattung der im Amtsgerichtsbezirk üblichen Kopierkostenpauschale in Höhe von EUR 0,25 pro Kopie (nach Mitteilung der Anzahl der zu fertigenden Kopien auch als Vorschuss). [3, 4, 5]. Der Übersendung der Abrechnungsunterlagen sehen wir bis zum _____ entgegen. Selbstverständlich ist der Unterzeichner auch bereit, eine Belegeinsicht am Ort des Mietobjektes durchzuführen. Insoweit bitten wir um Benennung alternativer Belegeinsichtstermine.

Im Termin erwarten wir die Vorlage der Originalunterlagen [6] in geordneter und übersichtlicher Form. [7] Bis zur Vorlage der Belege machen wir höchst vorsorglich bereits jetzt für unseren Mandanten ein Zurückbehaltungsrecht gemäß § 273 BGB an dem Nachzahlungsbetrag geldend. [8, 9, 10]

Mit freundlichen Grüßen

Rechtsanwalt

Erläuterungen

1101 **1. Anspruchsgrundlagen.** Das Recht des Mieters, die Belege einzusehen, wird überwiegend aus § 259 BGB hergeleitet (Palandt/*Weidenkaff* § 556 Rn. 13; Staudinger/*Weitemeyer* § 556 Rn. 112), wenn sich die Anspruchsgrundlage nicht bereits aus einer Regelung im Mietvertrag ergibt. Für Mietverhältnisse über preisgebundenen Wohnraum ergibt sich ein umfassendes Einsichtsrecht aus §§ 8 Abs. 4 WoBindG, 29 Abs. 1 und 2 NMV 1970.

1102 **2. Anspruchsinhalt.** Nach der Rechtsprechung des BGH steht dem Mieter preisfreien Wohnraums ein Anspruch auf Einsichtnahme in die Originalbelege am Sitz des Vermieters oder der Hausverwaltung zu (BGH WuM 2006, 200; WuM 2006, 616). Ein Anspruch auf Übersendung von **Fotokopien** wird nur anerkannt, wenn die Einsichtnahme vor Ort für den Mieter unzumutbar ist. Das Gesetz sieht in § 259 BGB keinen Anspruch des Mieters auf Überlassung von Fotokopien der Abrechnungsbelege vor. Der Mieter preisgebundenen Wohnraums, für den öffentliche Fördermittel bis zum 31.12.2001 bewilligt waren, kann gemäß § 29 Abs. 2 NMV wahlweise auch die Übersendung von Belegkopien gegen Bezahlung der Kopierkosten verlangen. Für Wohnraum der erst seit dem 01.01.2002 öffentlich gefördert worden ist gilt die Vorschrift allerdings nicht mehr. Das neue Wohnraumförderungsgesetz vom 13.09.2001, dort § 50 WoFG in der Fassung des Art. 9 Förderalismus-Reformgesetz vom 05.09.2006 hat diese Regelung nicht mehr übernommen.

Ein Anspruch des Mieters auf Überlassung von Fotokopien wird auch nicht dadurch begründet, dass der Vermieter ihm aus Gefälligkeit bereits einige Belegkopien übersandt hat (BGH WuM 2006, 618). Darin liegt eine reine Gefälligkeit, die keine vertraglichen Verpflichtungen des Vermieters auslöst. Der Vermieter kann die Übermittlung weiterer Belege daher verweigern und den Mieter auf sein Einsichtsrecht verweisen (a.A. AG Mainz WuM 2006, 619 für den Fall, dass eine ausdrückliche Zusage zur Übersendung der Abrechnungsbelege abgegeben wird). Der Anspruch umfasst auch das Abfotografieren oder Einscannen von Belegen, wenn dabei keine Gefahr der Beschädigung besteht (AG München NJW 2010, 78) und die Einsicht in Verträge mit Dritten, deren Kosten geltend gemacht werden (für einen Wärmelieferungsvertrag BGH Beschluss vom 22.11.201 – VIII ZR 39/11). Nicht dagegen für die Vorlage der dem Wärmecontractor von dessen Vorlieferanten ausgestellten Rechnung (BGH WuM 2013, 540).

1103 **3. Unzumutbarkeit.** Ausnahmsweise soll ein Anspruch auf Übersendung von Belegkopien nach Treu und Glauben (§ 242 BGB) in Betracht kommen, wenn dem Mieter die Einsichtnahme in die Abrechnungsunterlagen am Sitz des Vermieters nicht zugemutet werden kann. Die Voraussetzungen für die **Unzumutbarkeit** werden in der Entscheidung des BGH nicht festgelegt. Der BGH nimmt lediglich Bezug auf die Entscheidungen der Landgerichte Frankfurt a.M. und Zwickau (ZMR 1999, 764; WuM 2003, 271)In diesen Entscheidungen spielte die räumliche Entfernung zwischen Mietwohnung und dem Ort der Belegeinsicht die entscheidende Rolle. Nach BGH NJW 2010, 2288 wurde es aufgrund der Feststellungen in der Vorinstanz für rechtsfehlerfrei gehalten, dass dem Mieter bei seiner umzugsbedingten Entfernung zum Aufbewahrungsort der Belegkopien eine persönliche Einsichtnahme unzumutbar ist. Die Entscheidung erging obwohl der Mieterverein vor Ort für sämtliche Tätigkeiten bevollmächtigt war. Nach BGH Urteil vom 19.01.2010 – VIII ZR 83/09 vorgehend LG Köln Urteil vom 05.03.2009 – 1 S 164/08 sei auch die Mandatierung eines Rechtsanwaltes bei Abschluss einer Vergütungsvereinbarung nicht mehr zumutbar. Nach BGH WuM 2011, 314 soll jedenfalls eine Entfernung von 21 km nicht zu beanstanden sein (vgl. auch AG Halle WuM 2014, 337, Grenze bei einer Entfernung von 30 km). In jedem Fall sind sämtliche Umstände des Einzelfalles zu berücksichtigen, die sowohl die Entfernung als auch die Fahrtzeit, den Kostenaufwand, vorhandene Einrichtungen des Vermieters bei großen Wohnlagen und die wirtschaftliche Bedeutung der zu prüfenden Abrechnung einzubeziehen haben (vgl. LG Köln Urteil vom 06.03.2014 – 1 S/13 für eine Entfernung von mehr als 70 km; AG Dortmund für eine Entfernung von 16 km, wenn der Vermieter in der Wohnanlage ein Büro mit Sprechzeiten unterhält) Als Unzumutbarkeitskriterien wurden von den Untergerichten außerdem anerkannt eine fehlende Barierrefreiheit, die Sehbehinderung einer 82-jährigen Mieterin (AG Dortmund WuM 2011, 631) und ein zerstrittenes Mietverhältnis (AG Bergisch-Gladbach ZMR 2012, 198).

4. Kopierkosten. Hinsichtlich der Höhe der Kopierkosten werden € 0,25 für angemessen erachtet (LG Duisburg WuM 2002, 32 f.; AG Neubrandenburg GE 2003, 55; AG Hamburg-Wandsbek WuM 2002, 362; AG Köln WuM 2005, 49 (€ 0,26; AG Halle WuM 2014, 337). 1104

5. Vorschussanspruch. Nach teilweise vertretener Auffassung darf der Vermieter die Überlassung der Kopien von einer vorherigen Zahlung der Kosten abhängig machen (OLG Düsseldorf WuM 2002, 32 f.; LG Leipzig ZMR 2006, 288; LG Duisburg WuM 2002, 32; a.A. OLG Düsseldorf WuM 2001, 344; AG Wedding MM 1989, 125). Wer den Vorschussanspruch des Vermieters bejaht, muss im Ergebnis ein Zurückbehaltungsrecht des Mieters am Nachzahlungsbetrag aus einer Betriebskostenabrechnung unter dem Gesichtspunkt einer verweigerten Belegeinsicht verneinen, wenn der Mieter den Vorschuss nicht entrichtet. 1105

6. Art der Belege. Das Einsichtsrecht bezieht sich auf alle Unterlagen, auf denen die Abrechnung beruht (LG Mannheim NJW 1969, 1857). Es sind daher sämtliche Unterlagen vorzulegen, die als Berechnungsfaktor für die erteilten Abrechnungen zugrunde gelegt worden sind (LG Berlin ZMR 1977, 303 f. m. Anm. *Nordmeier*). Der Sinn und Zweck des § 259 BGB, dem Berechtigten ein Kontrollrecht an die Hand zu geben, ist bei der Vorlage bloßer Eigenbelege oder hausinterner Zahlungsanweisungen nicht erfüllt. Soweit der Vermieter über Kosten abrechnet, die aufgrund von Zahlungen an Dritte entstanden sind, müssen daher Rechnungen oder Leistungsbescheide vorgelegt werden, die die entstandenen Kosten im Außenverhältnis zu diesen Leistungsträgern nachweisen (LG Kiel WuM 1996, 631). Eine Begrenzung des Umfanges der Belege unter **Datenschutzgesichtspunkten** findet nicht statt (AG Flensburg WuM 1985, 347; AG Dortmund WuM 1986, 378; AG Siegburg WuM 1991, 598; AG Münster WuM 2000, 198). Soweit die Belege schutzwürdige Daten ohne Betriebskostenrelevanz (z.B. Geburtsdatum des Hausmeisters im Arbeitsvertrag) enthalten, kann dem Datenschutz durch Schwärzen oder Zudecken der irrelevanten Informationen Rechnung getragen werden. (Zum Datenschutz im Wohnraummietrecht vgl. ausführlich *Weichert* WuM 1993, 723 ff.). Eine Einschränkung der Belegeinsicht kommt allerdings in Betracht, wenn der Mieter Daten und Unterlagen bereits kennt oder seinen eigenen Unterlagen entnehmen kann (BGH NJW 1982, 573). Auch die Vorlage **gescannter Belege** soll ausreichend sein, sofern eine Verfälschung aufgrund der technischen und administrativen Hürden praktisch ausgeschlossen ist (AG Mainz ZMR 1999, 114 m. zustimmender Anm. *Schmid*; LG Hamburg WuM 2004, 97). 1106

7. Geordnete Zusammenstellung. Die Einsichtnahme in die Belege soll nur noch zur Kontrolle und zur Behebung von Zweifeln erforderlich sein (BGH NJW 1982, 573, 574; OLG Nürnberg WuM 1995, 309). Der Prüfende muss die Einzelausgaben in der Abrechnung anhand der Belegsammlung nur noch abhaken können (LG Berlin WuM 1996, 154, 155). Das Gesetz trifft keine Aussage darüber, in welcher Form die Belege vorzulegen sind. § 259 Abs. 1 3. Halbsatz BGB spricht zwar davon, dass *dem Berechtigten eine geordnete Zusammenstellung der Einnahmen oder der Ausgaben enthaltene Rechnung mitzuteilen ist;* diese Vorgabe bezieht sich nach dem Wortlaut allerdings nur auf die Abrechnung selbst und nicht auf die vorzulegenden Belege. Nach einer Entscheidung des Landgerichtes Berlin (WuM 2006, 617) soll eine Verweigerung der Beleg- 1107 einsicht nicht vorliegen, wenn der Mieter sich in dem ausgehändigten Aktenordner nicht zurecht findet, weil er sich fachkundiger Hilfe hätte bedienen können. Es wird dennoch die Auffassung vertreten, dass dem Mieter die Belege in geordneter, vorsortierter Form zu präsentieren sind (Schmidt-Futterer/*Langenberg* § 556 Rn. 484 m.w.N.; AG Köln WuM 1996, 426). Für diese Auffassung spricht, dass die Vorlage von Rechnungsbelegen Bestandteil der in § 259 Abs. 1 BGB geregelten Rechenschaftspflicht ist. Es besteht daher keine Veranlassung, die Formulierung nicht ebenso auf die Präsentation der Belege anzuwenden. Hinzukommt, dass für den Umfang der Rechnungslegungspflicht auch bei Betriebskostenabrechnungen der Grundsatz der Zumutbarkeit gilt (BGH NJW 1982, 573, 574). Als Kriterium für die Interessenabwägung stellt der BGH auf eine sinnvolle Relation zwischen dem Arbeits- und Zeitaufwand des Vermieters einerseits und den schutzwürdigen Interessen des Mieters andererseits ab.

1108 Die oben beschriebene Kontrollfunktion wäre nicht erfüllt, wenn der Mieter bei der Einsichtnahme erst beginnen müsste, die Belege beispielsweise aus mehreren Aktenordnern – zusammenzusuchen, zu sortieren und sie den in der Abrechnung aufgeführten Summen zuzuordnen (vgl. zu Zumutbarkeitserwägungen auch *Schmid* Rn. 3294 ff.).

1109 **8. Zurückbehaltungsrecht.** Bei Verweigerung der Belegeinsicht durch den Vermieter steht dem Mieter ein Zurückbehaltungsrecht aus § 273 BGB gleichermaßen an den laufenden Betriebskostenvorauszahlungen und an dem ermittelten Nachzahlungsbetrag zu (BGH WuM 2006, 200, 202; ZMR 2012, 542). Zur Vermeidung einer auf die einbehaltenen Vorauszahlungen gestützten Kündigung muss das Zurückbehaltungsrecht vor Ausspruch der Kündigung rechtzeitig ausgeübt werden (BGH NZM 2012, 676).

1110 **9. Eigentumswohnung.** Bei der vermieteten Eigentumswohnung erhält der Wohnungseigentümer als Vermieter regelmäßig nur den Grundsteuerbescheid und die Jahresabrechnung als Belege. Die übrigen Belege befinden sich beim WEG-Verwalter. Da der Mieter selbst nicht an Beschlüsse der Eigentümergemeinschaft gebunden ist und auch keine Möglichkeit hat, auf diese Einfluss zu nehmen (vgl. dazu *Drasdo* ZMR 2008, 421 ff.) muss der Wohnungseigentümer dem Mieter nach herrschender Meinung die Möglichkeit einer Einsichtnahme in die Belege verschaffen (LG Düsseldorf DWW 1990, 207; LG Frankfurt WuM 1997, 52). Dem Wohnungseigentümer steht gegen den Verwalter ein eigenes Recht auf Einsicht in die Abrechnungsunterlagen zu (BayObLG NZM 2003, 905, m.w.N.; *Jennißen* NZM 2002, 238), die er dem Mieter sodann zur Verfügung stellen kann. Er kann den Mieter auch ermächtigen, sein eigenes Einsichtsnahmerecht beim Verwalter auszuüben. Um diese Umwege zu vermeiden, sollte bereits im **WEG-Verwaltervertrag** geregelt sein, dass der Verwalter auch verpflichtet ist, dem Mieter einer Eigentumswohnung Einsicht in die Belege zu ermöglichen.

1111 **10. Vertragliche Regelung.** Für die Ausübung von Kontrollrechten wird folgende vertragliche Regelung vorgeschlagen:

1112 **Der Mieter ist nach Zugang einer Betriebskostenabrechnung berechtigt Einsicht in die Abrechnungsunterlagen am Sitz des Vermieters oder dessen Verwalter in dessen Geschäftsräumen zu nehmen. Ein Anspruch auf Übersendung von Belegkopien gegen Kostenerstattung wird ausgeschlossen. Dies gilt nicht, wenn das Mietobjekt mehr als 50 km vom Sitz des Vermieters/seiner Hausverwaltung oder einer anderen zur Belegeinsicht angebotenen Stelle entfernt liegt oder für den Mieter ein wichtiger Grund vorliegt, dass er die oben vorgesehene Belegeinsicht nicht ausüben kann.**

4. Klage des Vermieters auf Bezahlung einer Nachforderung aus der Betriebskostenabrechnung

An das Amtsgericht [1]

Klage
(volles Rubrum)

wegen Forderung

Vorläufiger Streitwert: € _____

Namens und in Vollmacht des Klägers erheben wir Klage [2], zahlen für den Kläger einen Gerichtskostenvorschuss in Höhe von € _____ ein und werden beantragen, den Beklagten kostenpflichtig und vorläufig vollstreckbar zu verurteilen, an den Kläger € _____ nebst Zinsen in Höhe von 5 Prozentpunkten über dem Basiszins seit dem _____ zu bezahlen. sowie außergerichtliche Rechtsanwaltkosten in Höhe von € zu bezahlen.

Begründung:

Zwischen den Parteien besteht seit dem _____ ein Wohnraummietverhältnis über die Räume [Adresse, Stockwerk]. Auf den Beklagten wurden im Mietvertrag die Betriebskosten gemäß § 2 Nr. 1–17 BetrkV umgelegt und eine monatliche Vorauszahlung in Höhe von € _____ vereinbart.

Beweis: Mietvertrag vom _____ in Kopie als Anlage K 1.

Mit Anschreiben vom _____ rechnete der Kläger über die Betriebskosten für das Kalenderjahr _____ gegenüber dem Beklagten ab. Die Abrechnung ergab unter Berücksichtigung der geleisteten Vorauszahlungen eine Nachforderung [3] gegen den Beklagten in Höhe von € _____ .

Beweis: Betriebskostenabrechnung vom _____ .

Die Abrechnung ist dem Beklagten mit Postsendung vom gleichen Tag mitgeteilt worden/*alternativ:* Die Abrechnung ist dem Beklagten am selben Tag durch einen Boten in den Hausbriefkasten eingeworfen worden.

Beweis im Bestreitensfall: Zeugnis des Herrn _____ zu laden über die Hausverwaltung

Der Beklagte wurde in der Betriebskostenabrechnung ferner aufgefordert den Nachzahlungsbetrag innerhalb von 30 Tagen nach Zugang der Abrechnung zu bezahlen, verbunden mit dem Hinweis, dass er nach Ablauf dieser Zahlungsfrist in Verzug gerät. [4, 5]

Beweis: – wie vor –

Der Beklagte reagierte nicht, so dass die Prozessbevollmächtigten des Klägers mit anwaltlichem Schreiben vom _____ nochmal außergerichtlich zur Bezahlung der Forderung aufforderten.

Beweis: Anwaltliches Schreiben vom _____ .

Der Beklagte wird daher auch auf Erstattung der dafür angefallenen Rechtsanwaltgebühren in Höhe der unten aufgeführten Kostennote in Anspruch genommen.

Rechtsanwalt

Erläuterungen

1114 **1. Zuständigkeit.** (vgl. Hinweise unter Teil 1 Rdn. 1027).

1115 **2. Urkundenprozess.** Zu dem Urkundenprozess allgemein siehe die Hinweise unter Teil 1 Rdn. 1028 ff. Die Geltendmachung einer Betriebskostennachforderung im Urkundenprozess ist statthaft (BGH NJW 2015, 475). Der Anspruch ist ausreichend mit Urkunden belegt, wenn der Mietvertrag aus dem sich die Kostentragungspflicht ergibt sowie die Betriebskostenabrechnung mit einem Zugangsnachweis vorgelegt werden (zur Schlüssigkeit vgl. ausführlich *Langenberg* Kap. J 85). Die Richtigkeit der Abrechnung ist erst auf wirksames Bestreiten durch den Mieter zu beweisen.

3. Nachforderung. Werden materielle Fehler nach Fristablauf korrigiert, ist der Vermieter hinsichtlich Art und Höhe der einzelnen Kosten unabhängig von dem Ausmaß der Abweichung auf die Höhe des bisherigen Nachzahlungsbetrages begrenzt (BGH NZM 2010, 784; NJW 2007, 1059). Von dem Nachforderungsverlust i.S. des § 556 Abs. 3 S. 3 BGB sind allerdings nicht die von dem Mieter während der Abrechnungsperiode nicht geleisteten Vorauszahlungen betroffen (BGH NZM 2008, 35 ff.). Um eine Nachforderung i.S. des Gesetzeswortlautes handelt es sich nur, wenn der Vermieter nach Ablauf der Abrechnungsfrist einen Betrag verlangt, der eine bereits erteilte Abrechnung oder, falls er eine rechtzeitige Abrechnung nicht erstellt hat, die Summe der Vorauszahlungen des Mieters übersteigt (BGH NZM 2005, 373; BGH ZMR 2011, 25). Dies gilt entsprechend, soweit der Mieter die Vorauszahlungen nicht erbracht hat. Der Vermieter kann daher bis zu dem Betrag der geschuldeten Vorauszahlungen auch aufgrund einer nach Ablauf der Abrechnungsfrist erteilten Abrechnung diese Forderung geltend machen. Zur Begründung des Zahlungsanspruches ist die (wenn auch verspätete) Abrechnung vorzulegen und unter Bezugnahme hierauf darzulegen, dass dem Vermieter jedenfalls ein Nachzahlungsanspruch in Höhe der nicht geleisteten Vorauszahlungen zusteht.

4. Zahlungsverzug. Der Mieter kommt mit der Bezahlung einer Betriebskostennachforderung ohne Mahnung in Verzug, wenn er eine in der Abrechnung gesetzte Zahlungsfrist von 30 Tagen verstreichen läßt (§ 286 Abs. 3 BGB). Zur Fälligkeit siehe unter Ziff. 5. Die bloße Fälligkeit der Nachforderung während der Überprüfung kann keinen Verzug auslösen, weil der Mieter vor Ablauf einer angemessenen Prüffrist eine Nichtzahlung nicht zu vertreten hat (*Sternel* Mietrecht aktuell, Rn.V 377 m.w.N.; *Langenberg* Kap. I, Rn. 18). Die Dauer der Prüffrist ist umstritten, dürfte aber nach Maßgabe des § 286 Abs. 3 S. 1 BGB mit 30 Tagen zu bemessen sein. Der Verzugseintritt setzt bei einem Mieter, der als Verbraucher i.S.v. § 13 BGB anzusehen ist, neben der Zahlungsfrist von 30 Tagen außerdem den besonderen Hinweis voraus, das nach dieser Zeit die entsprechenden Verzugswirkungen eintreten (§ 286 Abs. 3 S. 1 2. HS).

5. Fälligkeit. Der Anspruch des Vermieters auf die Nachzahlung wird sofort nach Zugang einer formell ordnungsgemäßen Abrechnung fällig, wenn keine anderen Vereinbarungen getroffen sind. Die Fälligkeit setzt insbesondere nicht voraus, dass dem Mieter eine angemessene Prüffrist für die Abrechnung verbleibt (BGH NJW 2006, 1419); krit. dazu *Langenberg Kap. I.* Rn. 11 ff.). Der Lauf der Einwendungsfrist hat keine Auswirkungen auf die Fälligkeit der Nachforderung. Der Nachzahlungsbetrag kann vor Ablauf der Einwendungsfrist eingeklagt werden.

1116 Bei einer gesamtschuldnerischen Haftung von mehreren Mietern muss die Fälligstellung des Nachzahlungsbetrages nicht einheitlich gegenüber allen Mitmietern erfolgen. Die Fälligkeit gegenüber einem der Gesamtschuldner setzt nicht voraus, dass die Abrechnung auch den weiteren Mietern zugegangen und damit auch diesen gegenüber fällig geworden ist (BGH NZM 2010, 577).

5. Einwendungsschreiben des Mieters gegen eine Betriebskostenabrechnung

Adressierung

MV ＿＿＿＿＿ Betriebskostenabrechnung
für den Abrechnungszeitraum vom ＿＿＿＿＿ bis ＿＿＿＿＿

Sehr geehrte Damen und Herren,

unter Vorlage einer auf uns lautenden Vollmacht zeigen wir Ihnen an, die rechtlichen Interessen von Herrn ＿＿＿＿＿ hinsichtlich der oben näher bezeichneten Betriebskostenabrechnung zu vertreten. Die Betriebskostenabrechnung vom ＿＿＿＿＿ liegt hier zur Überprüfung vor. Wir können unserem Mandanten nicht raten, den von Ihnen ausgewiesenen Nachzahlungsbetrag zu bezahlen. Die Abrechnung ist sowohl formell, als auch inhaltlich fehlerhaft. Aus diesem Grund sind Sie zur Neuerstellung, mindestens aber zur Korrektur der Abrechnung verpflichtet. Ein Nachzahlungsbetrag ist gegenüber unserem Mandanten nicht fällig geworden. Aufgrund der formalen Fehler sind Sie mit der Nachforderung gemäß § 556 Abs. 3 S. 3 BGB ausgeschlossen. Gegen die Abrechnungen werden folgende Einwendungen geltend gemacht: [1, 2]

1. Von unserem Mandanten werden keine Betriebskosten geschuldet. Ausweislich des Mietvertrages liegt eine vereinbarte Teilinklusivmiete vor. Die weiteren Einwendungen werden daher nur hilfsweise geltend gemacht. [3]

Alternativ:

Mit der unklaren Regelung unter § 3 des Mietvertrages liegt keine wirksame Abwälzung von Betriebskosten auf unseren Mandanten vor. Die Umlagevereinbarung bedarf einer inhaltlich bestimmten und eindeutigen Vereinbarung. Die von Ihnen im Mietvertrag verwendete Formulierung »Der Mieter übernimmt die Zahlung aller Kosten die aus der Bewirtschaftung des Grundstückes entstehen, wie ＿＿＿＿＿« erfüllt dieses Bestimmtheitserfordernis sicherlich nicht. Angesichts der Spannweite der Kosten, die unter den Begriff der Nebenkosten fallen, kann unser Mandant weder kalkulieren, noch ermitteln, mit welchen zusätzlichen Kostenpositionen er zu rechnen hat. Ihre bisherige Abrechnungspraxis reicht für eine wirksame Umlagevereinbarung nicht aus. Für unseren Mandanten war zu keinem Zeitpunkt erkennbar, dass damit eine Vertragsänderung stattfinden sollte. [4]

Unser Mandant hatden Nachzahlungsbetrag zwar bezahlt; da die Einwendungsfrist nicht abgelaufen ist dürfte allerdings bekannt sein, dass damit kein Anerkenntnis der Forderung verbunden ist [5].

3. Bei dem angesetzten Verteilerschlüssel für die Warmwasserkosten haben Sie nicht berücksichtigt, dass es mittlerweile durch den hohen Leerstand in den Wohnungen zu einer erheblichen Kostenverschiebung zu Lasten der Mieter kommt.Sie sind daher verpflichtet einer Vertragsänderung dahingehend zuzustimmen, dass der nach dem Verbrauch zu berechnende Anteil auf das gesetzliche Mindestmaß von 50 % reduziert wird, um die Fixkosten angemessen zu verteilen [6].

4. In dem Objekt befinden sich Gewerberaumeinheiten. Sie haben den hierfür erforderlichen Vorwegabzug nicht vorgenommen. Unser Mandant wird im Zusammenhang mit dem durch den vorhandenen Friseurbetrieb und die Zahnarztpraxis entstehendem erhöhten Wasserverbrauch mit erheblichen Mehrkosten belastet, denen durch den fehlenden Vorwegabzug nicht hinreichend Rechnung getragen wird. [7]

5. Die gesamte Umlage der Position Hausmeister wird gerügt. Sie teilen mit, dass der Hausmeister für die Gebäude _____ und weitere Grundstücke tätig wird. Dagegen geben Sie lediglich Kosten des Hausmeisters an, die sich auf eine Fläche von _____ m² beziehen. Es ist völlig unklar, wie Sie den hierauf entfallenden Betrag ermittelt haben wollen und welche Gebäudeflächen dabei einbezogen worden sind. Nach den Regelungen im Mietvertrag haben Sie nur für das Gebäude _____ abzurechnen. Die Abrechnung ist auch schon deswegen formell fehlerhaft, da nicht die tatsächlich angefallenen Gesamtkosten eingestellt werden. Nach welchen Kriterien eine »Herunterrechnung« erfolgt ist, ist nicht nachvollziehbar. [8]

6. Im Hinblick auf die Positionen Treppenhausreinigung, Müllgebühren und Versicherung wird ein Verstoß gegen das Wirtschaftlichkeitsgebot gerügt. Erkundigungen unseres Mandanten haben ergeben, dass für vergleichbare Objekte lediglich Treppenhausreinigungskosten in Höhe von zwischen € _____ und € _____ anfallen. Die hier gegenüber unserem Mandanten aufgegebenen Kosten liegen 20 % darüber. Zudem erscheint sehr fraglich vor welchem Hintergrund der Ansatz von sieben Reinigungstagen in der Woche bei einem Gebäude mit nur 8 Mieteinheiten, die überwiegend aus Ein – Personenhaushalten ohne Tierhaltung bestehen, erforderlich ist. Sie haben daher darzulegen, unter welchem Gesichtspunkt eine wirtschaftliche Auswahl des beauftragten Reinigungsdienstes und des Reinigungsturnus vorgenommen wurde. Hinsichtlich der Position Müllgebühren ist seit Jahren bekannt, dass das gesamte Wohngebiet unter starkem Mülltourismus leidet; die Müllcontainer sind nicht verschlossen und werden durch unbefugte Dritte, die keine jeweiligen Mieter des entsprechenden Gebäudes sind, mit Sperrmüll und zusätzlichem Müll belastet. Es hätten hier längst technische Vorkehrungen zur Eindämmung des Mülltourismus getroffen werden können, dies etwa durch die Einführung sog. Müllschleusen oder durch verschließbare Container. Die Versicherungskosten enthalten Kosten für eine Glasversicherung. Hiebei handelt es sich um eine Spezialversicherung. Bei Wohngebäuden mit normalen Fensterflächen ist der Abschluss einer Glasversicherung unter Berücksichtigung des Gebotes der Wirtschaftlichkeit nicht anzuerkennen. Unser Mandant wird daher mit Mehrkosten belastet, die bei einer ordnungsgemäßen Wirtschaftsführung hätten vermieden werden können. [9]

7. Die von Ihnen angesetzten Verteilerschlüssel sind unrichtig. Eine Neuvermessung der Wohnfläche durch unseren Mandanten hat ergeben, dass die tatsächliche Wohnfläche nicht 74 m², sondern ledig 64,38 m² beträgt. Da die Abweichung daher mehr als 10 % ausmacht, ist mithin die tatsächliche Wohnfläche als Verteilerschlüssel zugrunde zu legen [10, 11]

Mit freundlichen Grüßen

Rechtsanwalt

Erläuterungen

1118 **1. Einwendungsfrist.** Gemäß § 556 Abs. 3 S. 5 BGB hat der Mieter dem Vermieter Einwendungen gegen die Abrechnung spätestens bis zum Ablauf des zwölften Monats nach Zugang der Abrechnung mitzuteilen, es sei denn er hat die verspätete Geltendmachung nicht zu vertreten. Für den Fristbeginn stellt das Gesetz auf den Zugang der Abrechnung ab (zum Zugang siehe Hinweise unter Teil 1 Rdn. 1091). Erstellt der Vermieter – etwa auf die Einwendungen des Mieters hin – eine neue Abrechnung, so beginnt die Einwendungsfrist erneut zu laufen. Wird die Abrechnung lediglich teilweise geändert, so gilt die neue Frist für den Umfang der Änderung (Staudinger/*Weitemeyer* § 556 Rn. 128; *Schmid* Rn. 3257). Eine analoge Anwendung auf Gewerbemietverhältnisse (BGH NJW 2011, 445) und preisgebundenen Wohnraum findet nicht statt. Da die Einwendungsfrist nach § 556 Abs. 3 S. 5 BGB bei der Gewerbemiete nicht gilt (§ 578 BGB), können dort vertragliche Regelungen zum Einwendungsausschluss aufgenommen werden (KG ZMR 2002, 955).

Bislang war umstritten und vom BGH offen gelassen, ob die Frist auch bei Zugang einer formell unwirksamen Abrechnung in Gang gesetzt wird (zu allem *Wolbers* NZM 2010, 841). Inzwischen ist entschieden, dass die Einwendungsfrist nur bei Zugang einer formell wirksamen Abrechnung zu laufen beginnt (BGH, WuM 2011, 101). Nur so werde ein angemessener Ausgleich zwischen den beiderseitigen fristgebundenen Pflichten zwischen den Parteien geschaffen. Bei nur teilweiser formeller Unwirksamkeit nimmt der BGH den fehlenden Fristbeginn nur für diese Positionen an.

2. Wahrung der Einwendungsfrist. Um die Frist zu wahren, müssen bis zum Fristablauf konkrete Beanstandungen gegenüber dem Vermieter vorgebracht werden (LG Bochum ZMR 2005, 863 f.; AG Pinneberg Urteil vom 29.09.2006 – 69 C 481/05; a.A. *Schmid* ZMR 2002, 727). Nach herrschender Meinung sind die Einwendungen so detailliert darzulegen, dass der Vermieter gegebenenfalls zu einer Korrektur der Abrechnung in der Lage ist (Blank/*Börstinghaus* § 556 Rn. 131; Staudinger/*Weitemeyer* § 556 Rn. 129; MüKo/*Schmid* § 556, Rn. 94). Ein schlichtes Bestreiten einer Kostenposition, solange keine Einsicht in die Rechnungsbelege vorgenommen wurde, ist unzulässig (OLG Düsseldorf NZM 2000, 762; LG Berlin GE 2003, 253), ebenso die Äußerung nur allgemeiner Bedenken oder pauschale Behauptungen einer fehlenden Nachvollziehbarkeit (LG Karlsruhe Urteil vom 30.03.2012 – 9 S 506/11). Der Mieter muss materiell-rechtliche Einwendungen gegen die Betriebskostenabrechnung auch dann innerhalb der Einwendungsfrist erheben, wenn er sie bereits gegenüber einer früheren Abrechnung erhoben hat (BGH NZM 2010, 470).

3. Reichweite des Einwendungsausschlusses. Die Ausschlusswirkung der Einwendungsfrist erstreckt sich nach der Rechtsprechung des BGH auch auf den Einwand nach § 556 Abs. 1 BGB, grundsätzlich umlagefähige Betriebskosten seien im Mietvertrag nicht wirksam vereinbart worden (BGH WuM 2007, 694). Eine Beschränkung des Einwendungsausschlusses sei dem Sinn und Zweck der Vorschrift nicht zu entnehmen. Die Vorschrift solle außerdem im Interesse der Ausgewogenheit für beide Parteien in absehbarer Zeit nach einer Abrechnung Klarheit über die jeweils geltend gemachten Ansprüche verschaffen. Die damit beabsichtigte Befriedungsfunktion wäre nicht gewährleistet, wenn die Einwendungsfrist derartige Einwendungen nicht umfassen würde. In Fortführung zu dieser Entscheidung hat der BGH auch klargestellt, dass zu den ausgeschlossenen Einwendungen auch der Einwand gehöre, dass der Vermieter Betriebskosten, die nach der mietvertraglichen Vereinbarung durch eine Teilinklusivmiete abgegolten sein sollten, abredewidrig konkret abgerechnet habe (BGH NZM 2008, 81; WuM 2008, 283; ebenso für eine Teilpauschale, NZM 2011, 240 und für eine vereinbarte Betriebskostenpauschale BGH Hinweisbeschluss vom 18.02.2014 – VIII ZR 83/13, wobei es unerheblich sei ob nur einzelne Betriebskostenarten oder für sämtliche Betriebskosten keine Umlagevereinbarung getroffen worden sei).

4. Stillschweigende Umlagevereinbarung. Der BGH und mehrere Instanzgerichte haben in der Vergangenheit mehrfach entschieden, dass eine Vereinbarung über den Umfang der von dem Mieter zu zahlenden Nebenkosten auch durch jahrelange rügelose Zahlung von Betriebskostenabrechnungen stillschweigend getroffen werden kann, wenn dafür im ursprünglichen Mietvertrag keine wirksame Vereinbarung vorhanden war (BGH NZM 2000, 961 bei einem Zeitraum von sechs Jahren; WuM 2004, 292 für die Zahlung der Kosten der Dachreinigung über einen Zeitraum von acht Jahren; LG Heilbronn NZM 2004, 459 bei einer anstandslosen Zahlung von vier Jahren; LG Aachen NZM 2001, 707 bei einer anstandslosen Zahlung von acht Jahren; für Umlageschlüssel BGH NZM 2006, 11). Die Entscheidungen wurden unter Hinweis auf die für einen

Änderungsvertrag fehlenden notwendigen rechtsgeschäftlichen Willenserklärungen der Parteien heftig kritisiert. In der Zusendung der Nebenkostenabrechnung läge kein Vertragsangebot der Vermieterseite zum Abschluss eines Änderungsvertrages (vgl. ausführlich LG Landau ZMR 2001, 457; AG Pinneberg ZMR 2004, 595, 597; so auch OLG Hamm WuM 1981, 62; LG Mannheim NZM 1999, 365).

1122 Der BGH (NZM 2008, 81 f.) hat seine bisherige Auffassung geändert und nun klargestellt, dass die Konstruktion einer stillschweigenden Änderungsvereinbarung nur dann in Betracht kommt, wenn der Vermieter nach den Gesamtumständen davon ausgehen kann, dass der Mieter einer solchen Änderungsvereinbarung mit Bezahlung der Abrechnung zustimmt. Aus der bloßen Übersendung einer Betriebskostenabrechnung, ginge der Wille des Vermieters auf Abschluss eines Änderungsvertrages (Angebot) gerade nicht hervor (ebenso für »Nichtabrechnung« BGH NZM 2008, 276; für Gewerbe BGH NZM 2010, 243; BGH NZM 2011, 121; BGH NJW 2008, 283).

Anders für den Fall einer vorherigen Ankündigung des Vermieters, wonach in der dann mitgeteilten Betriebskostenaberechnung auch zusätzliche Betriebskostenpositionen enthalten sein sollen, für die (noch) keine wirksame Umlagevereinbarung bestehe (BGH Urteil vom 09.07.2014 VIII ZR 36/14).

1123 *4.1 Schlüssige Umlagevereinbarungen und Schriftformverstoß gemäß § 550 BGB.* Wird der Mietvertrag für längere Zeit als ein Jahr nicht in schriftlicher Form geschlossen, so gilt er für unbestimmte Zeit. Die Kündigung ist jedoch frühestens zum Ablauf eines Jahres nach Überlassung des Wohnraums zulässig (§ 550 BGB). Die Regelung gilt über § 578 Abs. 1 BGB auch für geschäftsraummiete und hat dort in der Praxis bei befristeten Mietverhältnissen eine weitreichende Bedeutung. Für Wohnraummietverträge gilt die gesetzliche Schriftform bei Zeitmietverträgen gem. § 575 BGB und bei Verträgen in denen das ordentliche Kündigungsrecht insgesamt für länger als ein Jahr ausgeschlossen worden ist (BGH NZM 2008, 687). Schriftformverstöße führen nicht zur Unwirksamkeit des Vertrages. Als Rechtsfolge ergibt sich jedoch, dass der ursprüngliche Vertrag als auf unbestimmte Zeit geschlossen gilt und daher für beide Vertragsparteien mit den gesetzlichen Kündigungsfristen ordentlich kündbar ist.

1124 Das Formerfordernis gilt sowohl für alle notwendigen Vertragsinhalte, wie die Mietvertragsparteien, den Mietgegenstand, die Miethöhe und die Mietdauer, als auch für andere Vereinbarungen, die nach dem Willen der Parteien von wesentlicher Bedeutung sind (BGH NJW 2006, 139, 140). Abreden, die für einen potentiellen Grundstückserwerber nur von untergeordneter Bedeutung sind (BGH NZM 1999, 761), deren Gültigkeitsdauer weniger als ein Jahr beträgt (BGH NZM 2005, 456, 457) oder die nach dem Willen der Parteien nur unwesentliche Punkte betreffen (BGH NJW 2005, 884, 885) fallen nicht darunter. Obwohl Regelungen über Betriebskosten grundsätzlich zu dem wesentlichen Vertragsgegenstand »Miete« gehören, werden Vereinbarungen über Betriebskosten nicht automatisch als wesentliche Vertragsabreden anerkannt.

1125 Der BGH hat die Formbedürftigkeit für einen Fall bejaht, in dem die Herabsetzung einer Betriebskostenpauschale vereinbart wurde (BGH NJW 2007, 288, 290). Ausnahmsweise durfte sich der Mieter in dem dort zugrundeliegenden Sachverhalt allerdings gemäß § 242 BGB nicht auf den Schriftformverstoß berufen, weil die Änderung für ihn allein vorteilhaft war. Nach BGH NJW 2014, 1300 begegnet es keinen Bedenken, wenn die Parteien eines Gewerbemietvertrages in ihren Allgemeinen Geschäftsbedingungen vereinbaren, dass der Vermieter die Höhe der Vorauszahlungen im Anschluss an eine Abrechnung durch einseitige Erklärung anpassen darf. Die Ausübung dieses Anpassungsrechtes unterliegt nicht dem Schriftformerfordernis. Ohne Begründung verweist auch das OLG Koblenz (NZM 2002, 293) darauf, dass eine Vereinbarung über Nebenkosten in einem Mietvertrag nur eine unwesentliche Vereinbarung eines Nebenpunktes darstellt, die ohne Folgen für die Wahrung der Schriftform des Mietvertrages geändert werden kann.

5. Anerkenntnis durch Zahlung.

Die Konstruktion eines deklaratorischen Schuldanerkenntnisses bei einem vorbehaltlosem Ausgleich der Nachforderung oder der vorbehaltlosen Entgegennahme einer Gutschrift wird durch den BGH abgelehnt (BGH NZM 2011, 242; für Gewerbe BGH Urteil vom 28.05.2014 XII ZR 6/13). Neben den gesetzlichen Abrechnungs- und Einwendungsfristen bestünde kein Bedürfnis mehr für weitere Rechtssicherheit – und Klarheit. Es handele sich um abschließende Regelungen, die keinen Raum mehr für ein deklaratorisches Schuldanerkenntnis lassen würden. Trotz dieser Entscheidungen verbleiben in der Praxis natürlich Fallgestaltungen bei denen ein Anerkenntnis durch Bezahlung in Betracht kommt. Ein deklaratorisches Anerkenntnis setzt voraus, dass zwischen den Parteien vor Bezahlung Streit oder Unsicherheit über die Forderung bestand (vgl. zur Differenzierung *Ludley* NZM 2008, 74; *Sternel* ZMR 2010, 81). Ergibt sich aus den besonderen Umständen des Einzelfalles, dass der Streit mit der Bezahlung gerade beigelegt werden sollte steht einer solchen Konstruktion nichts im Weg.

1126

Dem Mieter, der eine verfristete Nachforderung im Sinne von § 556 Abs. 3 S. 2 BGB ausgleicht, steht außerdem ein Rückforderungsanspruch nach Bereicherungsrecht zu. § 214 Abs. 2 S. 1 BGB ist für diesen Sachverhalt auch nicht analog anzuwenden. § 556 Abs. 3 S. 2 BGB regelt eine gesetzliche Ausschlussfrist, die den Anspruch im Gegensatz zur Verjährung gänzlich untergehen lässt (BGH NZM 2006, 222).

1127

6. Leerstände.
Auch bei hohen Wohnungsleerständen hat es grundsätzlich bei der in §§ 9 Abs. 4, 8 Abs. 1 HeizkVO vorgeschriebenen anteiligen Umlage von Warmwasserkosten nach Verbrauch zu verbleiben. Im Einzelfall soll der Vermieter allerdings nach § 241 Abs. 2 BGB verpflichtet sein einer Vertragsänderung zuzustimmen und den nach Verbrauch zu berechnenden Teil der Warmwasserkosten auf 50 % der Gesamtkosten abzusenken (BGH NZM 2015, 205). Leerstandbedingten Kostenverschiebungen zu Lasten des Mieters könne im Einzelfall auch mit einer dem Prinzip von Treu und Glauben nach § 242 BGB abzuleitenden Kostenbegrenzung Rechnung getragen werden.

1128

7. Vorwegabzug.
S. Hinweise unter Teil 1 Rdn. 1143.

1129

8. Wirtschaftseinheiten und Gesamtkosten.
S. Hinweise unter Teil 1 Rdn. 1058 und 1067.

1130

9. Wirtschaftlichkeitsgebot.
Das Wirtschaftlichkeitsgebot ist seit der Mietrechtsreform in § 556 Abs. 3 S. 1 und § 560 Abs. 5 BGB gesetzlich normiert worden. Der Grundsatz der Wirtschaftlichkeit war in Rechtsprechung und Literatur auch zuvor seit langem anerkannt. Die Regelungen definieren den Begriff allerdings nicht. Nach einhelliger Meinung kann dafür auf die einschlägigen Bestimmungen für den preisgebundenen Wohnraum in § 20 Abs. 1 S. 2 NMV, 24 Abs. 2 II. BV zurückgegriffen werden (vgl. *Langenberg* Kap. H II Rn. 11; Eisenschmidt/Rips/*Wall* Vorb. §§ 556, 556a, 560 Rn. 1371).

1131

Für die Gewerberaummiete fehlt es an einer gesetzlichen Vorschrift. Das Gebot der Wirtschaftlichkeit wird allerdings auch dort als allgemeinrechtlicher Grundsatz nach Treu und Glauben gem. § 242 BGB anerkannt (BGH NZM 2010, 864).

1132

Danach dürfen nur solche Betriebskosten umgelegt werden, die »bei gewissenhafter Abwägung aller Umstände bei ordentlicher Geschäftsführung gerechtfertigt sind« (BGH NJW 2010, 3647). Der Vermieter ist danach gehalten, bei Maßnahmen, die Einfluss auf die Höhe der vom Mieter zu tragenden Betriebskosten haben, auf ein angemessenes Kosten-Nutzen-Verhältnis Rücksicht zu nehmen (BGH NJW 2008, 440). Dem Vermieter ist bei seinen Entscheidungen allerdings ein Ermessensspielraum zuzubilligen. Er ist insbesondere nicht gehalten, stets die billigste Lösung zu wählen (BGH NJW 2010, 3647; OLG Karlsruhe WuM 1985, 17; AG Leipzig WuM 2003, 452; Staudinger/*Weitemeyer* § 556 Rn. 91).

Der Gesetzgeber verfolgte mit der Aufnahme des Wirtschaftlichkeitsgebotes die Zielrichtung angesichts ständiger steigender Nebenkosten und im Hinblick auf den durch den Umweltschutz gebotenen sparsamen Umgang mit den Ressourcen eine kostenbewusste Vorgehensweise in den Vordergrund zu rücken (BT-DR 14/5663, S. 79).

1133 *9.1 Rechtsfolgen.* Das Gebot der Wirtschaftlichkeit wird als vertragliche Nebenpflicht des Vermieters angesehen, die ihm im laufenden Mietverhältnis bei der Bewirtschaftung des Objektes obliegt (BGH NJW 2008, 440; Staudinger/*Weitemeyer* § 556 Rn. 93 m.w.N.). Die schuldhafte Verletzung dieser vertraglichen Nebenpflicht führt zu einem Schadensersatzanspruch auf Freistellung überhöhter Mehrkosten (BGH a.a.O.; Schmidt-Futterer/*Langenberg* § 560 Rn. 114; dazu ausführlich *Schmid* ZMR 2007, 177 ff.).

1134 *9.2 Indizien und Abwägungskriterien.* Als Indizien für die Einhaltung der Wirtschaftlichkeit werden die Plausibilität und Ortsüblichkeit der Kostenansätze herangezogen. Bei Preissteigerungen über 10 % im Vergleich zum Vorjahr hat der Vermieter die Gründe dafür und deren Unvermeidbarkeit im Einzelnen darzulegen (KG ZMR 2006, 466 = NZM 2006, 294). Das Wirtschaftlichkeitsgebot bedeutet nicht, dass der Vermieter gehalten wäre, bei der Auswahl stets den Anbieter mit dem niedrigsten Preis zu bevorzugen (LG Hannover WuM 2003, 450) oder stets das billigste Angebot auszuwählen (BGH NZM 2010, 846). Dagegen sind allerdings Rabattmöglichkeiten auszuschöpfen und überflüssige Kosten zu vermeiden.Die Kosten für eine Terrorversicherung sollen dann noch dem Gebot der Wirtschaftlichkeit entsprechen, wenn für das Objekt eine konkerete Gefährdungslage (Symbolcharakter, Bahnhöfe etc.) objektiv nicht zu verneinen ist und der Vermieter alles unternommen hat, um die Kosten so gering wie möglich zu halten (BGH NZM 2010, 846). Soweit der Vermieter betriebskostenrelevante Leistungen durch Dritte erbringen lassen will oder muss, ist er allerdings gehalten, sich zunächst einen Überblick über die auf dem Markt vorhandenen Angebote zu verschaffen. Im Rahmen des ihm zustehenden Ermessens darf er neben dem Preisvergleich auch andere sachliche Gesichtspunkte bei seiner Entscheidung berücksichtigen. So etwa die erfolgreiche, zuverlässige bisherige Zusammenarbeit mit dem Anbieter und die Qualität oder die Größe des Wohnungsbestandes (BGH a.a.O. Zuverlässigkeit des Vertragspartners: Emmerich/Sonnenschein/*Weitemeyer* § 556 Rn. 52; zu den Abwägungskriterien vgl. *Langenberg* Kap. H II Rn. 13 ff.). Bei der Auftragsvergabe an sog. Regiebetriebe als Töchterunternehmen des Vermieters liegt allerdings häufig der Verdacht nahe, dass eine sachlich nicht gerechtfertigte Gewinnmaximierung zu Lasten des Mieters vorliegt (Eisenschmidt/Rips/*Wall* Vorb. §§ 556, 556a, 560, Rn. 1369; AG Nürnberg WuM 2003, 449 bei nachträglicher Ausgliederung; zu den bes. Darlegungen der Wirtschaftlichkeit AG Köln WuM 2007, 265; zu allem vgl. auch *v. Seldeneck* NZM 2002, 545 ff.). Das Ermessen des Vermieters ist aber begrenzt. Bei deutlichen Preisunterschieden (übliche Auslegung mehr als 20 %) schrumpft die Dispositionsfreiheit auf »Null« (AG Köln WuM 1999, 236; AG Tempelhof Kreuzberg GE 1998, 1465; *v. Seldeneck*, Rn. 2618). Der Vermieter ist auch nicht berechtigt, zu Lasten des Mieters einen überteuerten Versicherungsvertrag abzuschließen (AG Aachen Urteil vom 10.08.2011 – 109 C 128/09). Bei der Verschiebung des Nutzungszweckes von einer gewerblichen hin zu einer Wohnnutzung darf der Vermieter den erhöhten Anteil des Grundsteuerbetrages nicht auf die Wohnungen umlegen, wenn er die Änderung nicht beim Finanzamt angezeigt und auf einen neuen Grundsteuermessbetrag hingewirkt hat (AG Köln WuM 2015, 322).

1135 Das Gebot der Wirtschaftlichkeit betrifft einmal die Betriebskostenarten. So kann es unwirtschaftlich sein, dass eine bestimmte Kostenart unter den gegebenen Umständen überhaupt entsteht, wie etwa die Kosten eines Hauswartes bei einem kleinen Wohnobjekt. Darüber hinaus muss auch die Höhe der Kosten dem Wirtschaftlichkeitsgebot entsprechen. Dabei obliegt dem Vermieter die Kontrolle darüber, ob die von den Versorgungsträgern erbrachten Leistungen ihrem Umfang nach notwendig und die in Rechnung gestellten Kosten angemessen sind (AG Berlin-Mitte ZMR 2002, 760, 761; zu allem vgl. auch *Bayer* NZM 2007, 1 ff.; *Schmid* ZMR 2007, 177 ff.).

9.3 Kosten der Wärmelieferung. Der BGH hat bei Fragen des Wirtschaftlichkeitsgebotes bislang nur zu einzelnen Teilaspekten entschieden. In jüngster Zeit sind dazu insbesondere Entscheidungen im Hinblick auf die Umlage von Kosten der Wärmelieferung ergangen. Danach soll die Grundentscheidung des Vermieters, welche Art der Heizungsversorgung (vermieterseits betriebene Heizung oder Wärmelieferung) gewählt wird, nicht mit Hilfe des Wirtschaftlichkeitsgebotes hinterfragt werden können. Die dem Vermieter auferlegte Pflicht zur Rücksichtnahme auf die finanziellen Interessen seiner Mieter soll danach nicht so weit gehen, dass ein Mieter, der eine bei Abschluss des Mietvertrages mittels Wärmecontracting versorgte Wohnung anmietet und sich vertraglich zur anteiligen Kostentragung verpflichtet hat, dem Vermieter bei der Betriebskostenabrechnung entgegenhalten kann, die Mietwohnung hätte mittels Fernwärme oder einer vom Vermieter selbst betriebenen Zentralheizung preiswerter versorgt werden können (BGH NZM 2007, 563; LG Bochum NZM 2004, 779). Die zitierte Entscheidung des BGH wird allerdings auch auf das Argument gestützt, dass die speziell gewählte Wärmeversorgung bereits bei Vertragsschluss vorhanden war. Da der BGH an anderer Stelle (NZM 2007, 769) aber mit dem bloßen Weiterbetreiben einer bei Abschluss des Mietvertrages vorhandenen zentralen Heizungsanlage keine konkludente Festlegung oder Konkretisierung auf diese Heizungsart angenommen hat und auch die Betriebskostenverordnung die Umlage von Wärmelieferungskosten mit den darin enthaltenen zusätzlichen Kosten für Anschaffung und Reparaturen der Heizungsanlage gestattet (BGH NZM 2003, 757) spricht alles dafür, dass das Wirtschaftlichkeitsgebot hier nicht schon bei der besagten Grundentscheidung des Vermieters eingreifen soll. Aus dem Grundsatz der Wirtschaftlichkeit soll sich für den Vermieter auch keine Verpflichtung zur Modernisierung einer vorhandenen alten, die Wärmeversorgung der Wohnung jedoch sicherstellenden Heizungsanlage ergeben (BGH NZM 2008, 35). Nach BGH (NJW 2008, 440) sollen Entscheidungen, die der Vermieter vor Abschluss des konkreten Mietvertrages getroffen hat, aus der Reichweite des Wirtschaftlichkeitsgebotes herausfallen, weil der Verstoß gegen eine vertragliche Nebenpflicht das Bestehen eines Schuldverhältnisses voraussetzt. Die Verpflichtung auf niedrige Betriebskosten zu achten, würde daher erst mit Beginn des Mietverhältnisses, frühestens mit der Aufnahme von Vertragsverhandlungen einsetzen. Eine Verletzung dieser Pflicht unter dem Gesichtspunkt der Eingehung eines unwirtschaftlichen Vertrages kommt daher nicht in Betracht, wenn das Mietverhältnis zu diesem Zeitpunkt noch nicht bestand. Zu den Auswahlkriterien beim Abschluss eines Wärmelieferungsvertrages in Bezug auf das Wirtschaftlichkeitsgebot (vgl. *Milger* NZM 2008, 1, 9 f.).

9.4 Darlegungs- und Beweislast. Den Vermieter trifft regelmäßig keine sekundäre Beweislast für die Erfüllung des Wirtschaftlichkeitsgebotes. Der Mieter hat konkret vorzutragen, dass die beanstandeten Kosten tatsächlich überhöht sind. Er hat darzulegen, dass eine gleichwertige Leistung am Markt preiswerter durch einen anderen Anbieter am Markt offeriert wird. Die Bezugnahme auf einen Betriebskostenspiegel reicht dafür nicht aus (BGH NZM 2007, 563; 2011, 705). Die Entscheidung ist in der Literatur auf erhebliche Kritik gestoßen (vgl. *Derckx* InfoM 2008, 2). Der BGH begründet die Darlegungs- und Beweislast des Mieters damit, dass der Mieter nicht außerhalb des Geschehensablaufes stünde und es gerade nicht um Sachverhalte ginge, die nur der Vermieter kenne. Zu allem vgl. *Hinz* NZM 2012, 137; *Flatow* WuM 2012, 235; *Milger* NZM 2012, 657; *Streyl* NZM 2013, 97; *Langenberg* NZM 2013, 169.

10. Wohnflächenabweichung. Eine Wohnflächenabweichung ist auch bei einer Betriebskostenabrechnung relevant, wenn die Differenz zwischen der vereinbarten und der tatsächlichen Wohnfläche erheblich ist, d.h. mehr als 10 % beträgt (BGH NZM 2008, 35, 36). Der BGH wendet insoweit dieselbe Toleranzgrenze an, wie dies bereits für einen Mangel der Mietsache im Sinne von § 536 Abs. 1 S. 1 BGB bei einer entsprechenden Wohnflächenabweichung entschieden wurde (vgl. BGH NJW 2004, 1947; NJW 2007, 2626). Zu allem vgl. *Hinz* »Flächenabweichungen und Betriebskosten«, Vortrag Mietgerichtstag 2008, WuM 2008, 633.

11. Entschuldigungsgründe. Der Mieter kann Einwendungen nach Ablauf der Einwendungsfrist gemäß § 556 Abs. 3 S. 5 BGB nicht mehr geltend machen, es sei denn, er hat die verspätete Geltendmachung nicht zu vertreten (§ 556 Abs. 3 S. 6 BGB). Die Darlegungs- und Beweislast trifft den Mieter. Der Mieter soll die Fristversäumung nicht zu vertreten haben, wenn er vom Vermieter falsche Auskünfte erhält (Blank/*Börstinghaus* § 556 Rn. 132), der Vermieter ihm eine Belegprüfung nicht rechtzeitig ermöglicht (*Lützenkirchen* NZM 2002, 513; *Schmid* ZMR 2002, 731) oder ihn eine überraschende Erkrankung trifft (*Langenberg* NZM 2001, 787). Das Verschulden seiner Erfüllungsgehilfen (z.B. Mieterverein oder Rechtsanwalt) hat der Mieter nach § 278 BGB zu vertreten (BGH NJW 2007, 428).

1140 War der Mieter unverschuldet gehindert, hat er die Einwendungen spätestens innerhalb von drei Monaten nach Wegfall des Hindernisses nachzuholen (BGH NJW 2006, 3350).

6. Die Betriebskostenabrechnung bei gemischt genutztem Gebäude (Vorerfassung von Gewerberaum)

1141 **Für Ihre Wohnung ergibt sich folgende Betriebskostenabrechnung:**

▶ **Beispiel:**

Betriebskostenabrechnung [1]

Objekt	Straße, Abrechnungseinheit, PLZ und Ort
Wohnung/Lage	Straße, PLZ und Ort
Mieter	Mietername(n)
Abrechnungszeitraum	(12 Monate)
Nutzungszeitraum	(evtl. kürzer)

1 Betriebskosten [2]

Betriebskostenart gem. § 2 BetrKV	Gesamt-kosten	Umlage-schlüssel	Angaben in € Ihr Anteil
Strom allgemein	168,00	001	11,69
Wasser/Entwässerung	4853,23	001	337,67
Müllgebühren	3667,20	002	305,60
Schornsteinfeger	840,32	001	58,47
Treppenhausreinigung	2037,48	001	141,76
Gehwegreinigung	426,36	001	29,66
Aufzug	3000,00	001	208,73
Vers. Gebäude	…	001	…
Vers. Haftpflicht	…	001	…
Grundsteuer	…	001	…

Summe Betriebskosten _____
Ihre Vorauszahlungen _____
Ergebnis Betriebskostenabrechnung Nachzahlung/
Guthaben _____

Erklärung der Umlageschlüssel (US)	Einzelanteil/Gesamtanteil
001 m²-Fläche	104.0000/1494.7400
002 Wohnungen	1.000/12.000

Weitere Erläuterungen:

Wegen der in dem Objekt vorhandenen Gewerberaumeinheiten, nämlich den Büros und dem Friseursalon erfolgte ein Vorwegabzug der darauf entfallenden Kosten bei den nachfolgend aufgeführten Betriebskostenpositionen:

Position Strom Allgemein

Für die Position Strom Allgemein sind Gesamtkosten in Höhe von € 250,00 angefallen. Für die besondere Vordachbeleuchtung des Friseurladens sind davon gemäß den Zählerständen der Zwischenzähler € 82,00 zusätzliche Stromkosten angefallen. Auf Sie werden daher lediglich Gesamtkosten in Höhe von € 168,00 umgelegt. Für die Büroräume entstehen keine erheblichen Mehrkosten. [3]

Position Wasser/Entwässerung

Die Gesamtkosten für das Gebäude belaufen sich auf € 6.470,97 bei einem Gesamtverbrauch von _____ m³. Wegen des höheren Wasserverbrauches im Friseursalon sind die auf den Friseursalon entfallenden Mehrkosten für die Position Wasser/Entwässerung in Höhe von € 1.617,74 von den Gesamtkosten in Abzug gebracht worden. Die Mehrkosten wurden anhand des eingebauten Zwischenzählers nach dem Verbrauch im Friseurgeschäft ermittelt. Für die Büroeinheiten sind im Verhältnis zur Wohnraumnutzung keine erheblichen Mehrkosten beim Wasserverbrauch angefallen.

Treppenhausreinigung

Für die Position Treppenhausreinigung sind Gesamtkosten in Höhe von € 2.600,00 angefallen. Wegen der höheren Frequentierung der Büroräume durch Publikumsverkehr werden der Hauseingang, das Treppenhaus und das Treppenpodest zu diesen Büros zweimal wöchentlich zusätzlich gereinigt. Hierdurch entstehen Mehrkosten in Höhe von € 562,52, die von den Gesamtkosten in Abzug gebracht wurden. Mithin verbleibt der in der Abrechnung aufgeführte Restbetrag in Höhe von € 2.037,48, der auf Sie umgelegt wird.

Erläuterungen

1. Aufbau. Hinsichtlich des weiteren Aufbaus einer Betriebskostenabrechnung wird auf die Hinweise Teil 1 Rdn. 1049 verwiesen. 1142

2. Vorwegabzug. Aus § 556a Abs. 1 S. 1 BGB ergibt sich keine generelle Verpflichtung des Vermieters zum Vorwegabzug der auf Gewerbeflächen entfallenden Kosten (BGH WuM 2006, 200). Wenn die Parteien nichts anderes vereinbart haben, ist ein Vorwegabzug nach dieser Entscheidung daher nicht geboten, wenn die auf die Gewerbeflächen entfallenden Kosten nicht zu einer ins Gewicht fallenden Mehrbelastung für die Wohnraummieter führen (a.A. *Langenberg* Kap. F, Rn. 159). Der Vorwegabzug scheidet nach der Rechtsprechung des BGH daher auch schon dann aus, wenn eine gewisse Mehrbelastung zu vermuten ist. Nicht erforderlich ist er, wenn die auf Gewerbeeinheiten ermittelten Kosten separat ermittelt werden können (z.B. Wasserzähler BGH WuM 2012, 405). Die Nichtvornahme eines Vorwegabzuges für die gewerbliche Nutzung stellt selbst dann keinen formellen Mangel der Betriebskostenabrechnung dar, wenn durch die gewerbliche Nutzung ein erheblicher Mehrverbrauch verursacht wird und deshalb ein Vorwegabzug eigentlich geboten wäre (BGH NJW 2010, 3363; NZM 2011, 118; für preisgebundenen Wohnraum BGH NZM 2012, 155). Die Frage ob die in Ansatz gebrachten Kosten den vertraglichen und gesetzlichen Vorgaben entsprächen betreffe nur die materielle Richtigkeit der Abrechnung. Auch bei einer ausschließlichen Nutzung des Gebäudes zu Wohnzwecken, muss der Mieter die Abrechnung nach einem einheitlichen, generalisierenden Maßstab trotz gegebenenfalls unterschiedlicher Verursachungsanteile der Mietparteien grundsätzlich hinnehmen. 1143

Der BGH sah in dem zu entscheidenden Sachverhalt hinsichtlich der tatsächlichen Nutzungsart zwischen dem gewerblichen Mietverhältnis und den Wohnraummietverhältnissen keinen Unterschied. Da alle Bewohner zur Entstehung der verbrauchsabhängigen Gesamtkosten in unterschiedlichem Maße beitrügen – etwa durch unterschiedlichen Wasser- und Energieverbrauch – 1144 seien Ungenauigkeiten bei der Verteilung verbrauchsabhängiger Betriebskosten nach dem gesetzlich vorgeschriebenen Flächenmaßstab auch bei Wohnraummietverhältnissen im Regelfall nicht zu vermeiden und vom Mieter im Interesse der Praktikabilität und Vereinfachung der Abrechnung grundsätzlich hinzunehmen (BGH a.a.O.).

Zu der Ermittlung einer relevanten Mehrbelastung führt der BGH aus, dass die konkreten Gegebenheiten des Gebäudekomplexes einerseits und die Art der gewerblichen Nutzung andererseits zu beurteilen seien und den einzelnen Betriebskostenarten nach zu differenzieren sei (BGH NZM 2011, 118). In der Literatur wird eine Mehrbelastung bei einer Kostendifferenz zwischen 3 und 10 % angenommen (*Langenberg* a.a.O. 5 %).

1145 **3. Darlegungs- und Beweislast.** Die Darlegungs- und Beweislast für die Behauptung einer erheblichen Mehrbelastung trägt der Mieter (BGH WuM 2006, 684). Da § 556a Abs. 1 S. 1 BGB einen Vorwegabzug nicht generell fordert, ist es nach dieser Entscheidung Sache des Mieters, die Tatsachen vorzutragen und gegebenenfalls zu beweisen, die einen Vorwegabzug aus Gründen der Billigkeit ausnahmsweise geboten erscheinen lassen. Das gilt auch dann, wenn ein überwiegender Teil der Gesamtfläche gewerblich genutzt wird (BGH NJW 2010, 3363). Hinsichtlich der hierfür erforderlichen Informationen stehen dem Mieter ein Auskunftsrecht und Einsicht in die der Abrechnung zugrundeliegenden Belege zur Verfügung. Reichen diese Informationen nicht aus, während der Vermieter über die entsprechende Kenntnis verfügt und ihm nähere Angaben zumutbar sind, kommt zugunsten des Mieters eine Modifizierung seiner Darlegungslast nach den Grundsätzen über die sekundäre Behauptungslast in Betracht (vgl. dazu BGH NJW 2005, 2395 ff.). Der Verweis auf einen erheblichen Publikumsverkehr des Gewerbemieters wie auch der Hinweis auf einen Betriebskostenspiegel begründen ebenfalls keine allgemeine Verpflichtung des Vermieters zum Vorwegabzug (BGH NJW 2010, 3363).

7. Einführung eines verbrauchs- oder verursachungsabhängigen Abrechnungsmaßstabes durch den Vermieter (§ 556a Abs. 2 BGB)

1146 **Adressierung**

> Einführung eines verbrauchsabhängigen Abrechnungsmaßstabes für die Heiz- und Warmwasserkosten/Wasserkosten für den Abrechnungszeitraum vom _____ bis _____ **1**
>
> **Sehr geehrte Frau/Herr _____,**
>
> in vorbezeichneter Angelegenheit zeigen wir unter Vorlage der anliegenden Originalvollmacht an, mit der Wahrnehmung der rechtlichen Interessen Ihrer Vermieterin, Frau _____, beauftragt zu sein. **2**
>
> *1. Alternative*
>
> **Im Zusammenhang mit den durchgeführten Sanierungs- und Modernisierungsmaßnahmen der Wohnanlage wurde von unserer Mandantin eine eigene zentrale Heizungs- und Warmwasserversorgungsanlage installiert. Der Anschluss an eine eigene zentrale Warmwasseranlage ermöglicht die Heiz- und Warmwasserkosten zukünftig verbrauchsabhängig abzurechnen.**
>
> **Die Heiz- und Warmwasserkosten, die nun zukünftig verbrauchsabhängig abgerechnet werden sollen, sind in Ihrer bisherigen Miete enthalten, wurden bislang also nicht abgerechnet. Gemäß § 556a Abs. 2 S. 3 BGB ist die Miete daher entsprechend herabzusetzen. 3 Die jetzt noch in der Miete enthaltenen Heiz- und Warmwasserkosten kalkulieren wir wie folgt: 4**

Um den zuletzt genannten Betrag reduziert sich demnach Ihre bisherige Miete. Gleichzeitig ist unsere Mandantin berechtigt, für die Heiz- und Warmwasserkosten zukünftig Vorauszahlungen zu verlangen. Der Vorauszahlungsanteil wird von unserer Mandantin wie folgt kalkuliert:

_____

Die Vorauszahlung wird mit Wirkung ab Beginn der neuen Abrechnungsperiode, mithin ab dem _____, zur Zahlung fällig. Wir dürfen für unsere Mandantin ferner mitteilen, dass die künftigen Heiz- und Warmwassererwärmungskosten jeweils für die Abrechnungsperiode vom 01.07. bis zum 30.06. des Folgejahres abgerechnet werden und Sie die Abrechnung damit in der zweiten Hälfte eines Kalenderjahres erhalten. Die Verpflichtung zur Erstellung der Heizkostenabrechnung hat die Firma _____ übernommen. Ihre Vermieterin wird als Verteilerschlüssel für die Umlegung der Heiz- und Warmwasserkosten zukünftig das Verhältnis von 50 % Grundkosten und 50 % Verbrauchskosten für die Verwaltungseinheit zugrundelegen.

2. Alternative

Namens und in Vollmacht unserer Mandantin haben wir Ihnen mitzuteilen, dass vor Beginn der nächsten Abrechnungsperiode sowohl in Ihrer Wohnung, als auch in allen anderen Wohnungen der Wohnanlage Wohnungswasserzähler installiert werden. Über Beginn, Art und Umfang der erforderlichen Baumaßnahmen zur Installation der Wasserzähler werden Sie noch in einem gesonderten Ankündigungsschreiben informiert. Mit Wirkung [5] ab Beginn der nächsten Abrechnungsperiode werden die Kosten der Wasserversorgung und Entwässerung sodann entsprechend dem festgestellten Verbrauch durch Ablesung der Wohnungswasserzähler umgelegt.

Ihre laufende monatliche Mietzahlung in Form der Nettokaltmiete zuzüglich der Betriebskostenvorauszahlungen auf alle abrechnungsfähigen Betriebskosten ändert sich vorläufig nicht. Eine Anpassung des monatlichen Vorauszahlungsbetrages nach der ersten Abrechnung auf der Grundlage der sodann ermittelten Verbrauchskosten bleibt aber vorbehalten. [6]

Mit freundlichen Grüßen

Rechtsanwalt

Erläuterungen

1. Anwendungsbereich. Gemäß § 556a Abs. 2 BGB darf der Vermieter abweichend von einer Vereinbarung den Abrechnungsmaßstab für Betriebskosten durch einseitige Erklärung in Textform (§ 126b BGB) dahin ändern, dass die Betriebskosten künftig von einem erfassten Verbrauch oder einer erfassten Verursachung des Mieters erfasst werden. Die Vorschrift ist nicht mehr wie bisher auf Wasser-, Abwasser- und Müllkosten beschränkt. Sie findet allerdings keine Anwendung auf Betriebskostenarten, bei denen ein verbrauchs-/verursachungsabhängiger Verteilerschlüssel (z.B. Grundsteuer) nicht in Betracht kommt (LG Augsburg ZMR 2004, 269). Die Vorschrift erlaubt auch die Umstellung einer Brutto- oder (Teil-)Inklusivmiete oder Betriebskostenpauschale, sofern künftig nach Verbrauch oder Verursachung abgerechnet werden kann (vgl. § 556a Abs. 2 S. 3 BGB; Palandt/*Weidenkaff* § 556a, Rn. 7; Schmidt-Futterer/*Langenberg* § 556a, Rn. 129). Eine Direktabrechnung zwischen Mieter und Versorgungsunternehmen ist nur bei einer vertraglichen Vereinbarung zwischen den Beteiligten möglich (a.a.O.; im Einzelnen ausführlich Schmidt-Futterer/*Langenberg* § 556a, Rn. 138 ff.).

1148 **2. Formalien.** Vgl. Hinweise Teil 1 Rdn. 1414.

1149 **3. Herabsetzung der Miete nach § 556a Abs. 2, S. 3 BGB.** Liegt dem Mietvertrag eine Brutto- oder (Teil-)Inklusivmiete zugrunde, so hat der Vermieter in der Erklärung die betroffenen Kostenarten, den Wirksamkeitszeitpunkt, den erstmaligen Abrechnungszeitraum und den Umlageschlüssel zu bezeichnen. Darüber hinaus muss er in der Erklärung die Herabsetzung der Miete nach § 556a Abs. 2 S. 3 BGB nachvollziehbar darlegen und die Höhe der künftigen Vorauszahlungen mitteilen. Bei dem Formularbeispiel ist der errechnete Anteil an Heiz- und Warmwasserkosten von der Teilinklusivmiete abzuziehen, wodurch sich die Miete ohne Heiz- und Warmwasserkostenanteil errechnet. Soweit möglich, ist hier auf das Entgelt für die Heizkosten im Zeitpunkt des Vertragsschlusses abzustellen. Die Ermittlung des in der Miete enthaltenen Heizkostenanteils ist auf den damaligen Zeitpunkt fiktiv für das gesamte Gebäude nach der HeizKV vorzunehmen und dann mangels Verbrauchsmessung nach einem vom Vermieter zu wählenden Schlüssel auf die einzelnen Wohnungen zu verteilen. Ist das nicht mehr möglich, sind die üblichen Kosten zugrunde zu legen, wobei statistische Durchschnittswerte über die jährlichen Kosten der Raumheizung herangezogen werden können. Ist die Miete in ihrer Pauschalform insgesamt seit Vertragsabschluss geändert worden, ist auf den Zeitpunkt des Wirksamwerdens der letzten Änderung abzustellen, da davon auszugehen ist, dass bei der Abänderung die Relation zwischen Grundmiete und Nebenkosten neu festgesetzt worden ist.

> ▶ **Beispiel für die Herabsetzung bei in der Teilinklusivmiete enthaltenen Wasserkosten:**

1150 Für das gesamte Haus belaufen sich die Kosten der Wasserversorgung und Entwässerung auf € 20.435,26. Bei einer Gesamtwohnfläche von 600 qm und einer Größe Ihrer Wohnung von 80 qm entfällt auf Ihre Miträume ein jährlicher Betrag von € 2.724,70, monatlich € 227,05 (20.435,26 : 600 × 80 : 12).

Bisherige Miete ohne Vorauszahlungsbetrag:	€ 900,00
abzüglich darin enthaltener Kosten der Wasserversorgung und Entwässerung	€ 227,05
neue monatliche Teilinklusivmiete	€ 672,95

1151 **4. Form und Inhalt der Erklärung.** Die Erklärung muss erkennen lassen, woraus der unterschiedliche Verbrauch oder die unterschiedliche Verursachung berechnet werden. Der Umfang der Erläuterung hängt von der bisherigen Mietstruktur ab. Bei einer vereinbarten Nettokaltmiete hat der Vermieter in der Erklärung mitzuteilen, welche Betriebskosten von der Umstellung auf den verbrauchs- bzw. verursachungsabhängigen Umlagemaßstab betroffen sind. Zu den notwendigen Angaben bei einer Brutto-(Teil-)Inklusivmiete vgl. oben Teil 1 Rdn. 1149. Der neue Abrechnungsmaßstab muss dem Verbrauch oder der Verursachung besser als der frühere Maßstab Rechnung tragen. Das Gesetz erlaubt grundsätzlich auch eine Kombination mehrerer Maßstäbe. Enthält eine Kostenart unabhängig vom individuellen Verbrauch sog. Festanteile (z.B. Grund- und Servicepreise), ist auch eine teilweise Ausübung des Änderungsrechtes möglich. Der Vermieter hat dann bei Anwendung der Regelung des § 556a BGB die Kosten zum einen nach Fläche und zum anderen nach Verbrauch abzurechnen (Blank/*Börstinghaus* § 556a, Rn. 11; Staudinger/*Weitemeyer*, § 556a, Rn. 15).

1152 **5. Wirksamkeitszeitpunkt.** Die Erklärung wirkt für zukünftige Abrechnungszeiträume. Bei der teilweisen Umstellung der Mietstruktur kann der Vermieter den Beginn des Abrechnungszeitraumes frei festlegen, wenn nicht bereits eine Abrechnungsperiode feststeht. Mit dem Abrechnungszeitraum im Sinne von § 556a Abs. 2 S. 2 BGB ist die jährliche Abrechnung im Sinne von § 556 Abs. 3 S. 1 BGB gemeint. Die Erklärung muss daher spätestens am letzten Werktag des Vorjahres zugehen (§ 130 BGB) (Palandt/*Weidenkaff* § 556a, Rn. 7).

6. Besonderes Anpassungsrecht. Außerhalb des Anwendungsbereiches von § 556a Abs. 2 BGB hat der Vermieter grundsätzlich kein einseitiges Anpassungsrecht gegenüber dem Mieter (zum Verteilerschlüssel vgl. Hinweis Teil 1 Rdn. 1060). Nur ausnahmsweise und unter der Voraussetzung, dass für den Vermieter wegen des Leerstandes von Wohnungen eine unzumutbare Störung der Geschäftsgrundlage gemäß § 313 BGB vorliegen sollte, wird ein Anspruch des Vermieters auf eine Abänderung eines bestehenden Verteilerschlüssels für möglich gehalten (BGH NJW 2006, 2771). Grundsätzlich kann der Vermieter die auf leerstehende Wohnungen entfallenden Betriebskosten nicht auf den Mieter abwälzen, wenn als Verteilerschlüssel der Flächenmaßstab vereinbart wurde (BGH a.a.O.).

1153

8. Verwalterbescheinigung über Haushaltsnahe Dienstleistungen

Mieter-Nr.: [1]

1154

Immobilie:

Mieter: [2]

Anschrift:

I. Lohnkostenanteil der auf Mieter umlagefähigen Ausgaben

Haushaltsnahe Beschäftigungsverhältnisse (Minijob) gemäß § 35a Abs. 1 EStG

– entfällt (kein Haushaltcheckverfahren) –

Haushaltsnahe Dienstleistungen gemäß § 35a Abs. 2 S. 1 EStG

	Firma	Gesamtlohn	Umlageschlüssel	Ihr Anteil US	Ihr Anteil
Mülltransport	Stadtreinigung	€ 102,60	365,52 m²	€ 73,51	€ 20,63
Gärtner	Immergrün	€ 177,48	365,52 m²	€ 73,51	€ 35,69
Treppenhausreinigung	Cleanteam	€ 811,34	6 Wohnungen	1 Wohnung	€ 135,22
Ihr Gesamtanteil an den Lohn-, Maschinenlaufzeit- und Fahrtkosten für Haushaltsnahe Dienstleistungen (umlagefähig) für den Zeitraum vom 01.01. _____ bis 31.12. _____ (365 Tage) beträgt [3]					€ 191,55

Handwerkerleistungen gemäß § 35a Abs. 2, S. 2 EStG [4]

	Firma	Gesamtlohn	Umlageschlüssel	Ihr Anteil US	Ihr Anteil
Schornsteinfeger	_____	€ 54,17	100 %	18,86 %	€ 10,22
Heizungswartung	_____	€ 210,00	100 %	18,86 %	€ 39,61
Ihr Gesamtanteil an den Lohn-, Maschinenlaufzeit- und Fahrtkosten für Handwerkerleistungen (umlagefähig) für den Zeitraum vom 01.01. _____ bis 31.12. _____ (365 Tage) beträgt					€ 49,83

§ 35a Einkommensteuergesetz. Neben der Heiz- und Betriebskostenabrechnung übersenden wir Ihnen anbei die Verwalterbescheinigung bezüglich des § 35a EStG als Anlage für Ihre Steuererklärung. Wie Sie der Tagespresse entnehmen konnten, hat der Gesetzgeber mit Wirkung zum 01.07.2006 das »Gesetz zur steuerlichen Förderung von Wachstum und Beschäftigung« in Kraft gesetzt. Dabei sind unter anderem die Regelungen des § 35a EStG zur Steuerermäßigung bei Aufwendungen für haushaltsnahe Beschäftigungsverhältnisse sowie die Inanspruchnahme haushaltsnaher Dienstleistungen geändert worden (rückwirkend zum 01.01.2006). Die Anwendungsschreiben des BMF vom 03.11.2006 und vom 26.10.2007 haben entsprechende Rahmenbedingungen für die Anwendungspraxis bei den Finanzbehörden vorgegeben. Da die Anforderung der Übersichtlichkeit und Verständlichkeit an die Betriebskostenabrechnung bei einer Aufgliederung innerhalb der Abrechnung nicht mehr gewährleistet ist, wird Ihnen diese Bescheinigung künftig neben der normalen Betriebskostenabrechnung übermittelt.

Mieter können ggf. soweit ihr Anteil an den Lohn-, Fahrt- und Maschinenstunden entsprechend ausgefallen ist, seit dem 01.01.2006 ihre Steuerzahllast um folgende Höchstbeträge mindern:

§ 35a Abs. 1, Nr. 1 EStG	bis zu	€	510,00
§ 35a Abs. 1, Nr. 2 EStG	bis zu	€	2.400,00
§ 35a Abs. 2, S. 1 EStG	bis zu	€	600,00
§ 35a Abs. 2, S. 2 EStG	bis zu	€	600,00.

Hinweis: [5]

– Diese Bescheinigung stellt keine steuerliche Beratung dar.

Es handelt sich um eine Bescheinigung der anteiligen Lohnaufwendungen über Arbeiten, die seitens der Verwaltung im Namen und für Rechnung der Wohnungseigentümer vergeben wurden und den Mietern im Rahmen der Betriebs- und Heizkostenabrechnung in Rechnung gestellt worden sind. [6]

Die Verwaltung haftet nicht für etwaige Steuerbegünstigungen der Anspruchsberechtigten, die sich aus den jeweiligen in der Abrechnung ausgewiesenen steuerbegünstigten Arbeitskosten zu den einzelnen Kostenarten ergeben. [7]

Erläuterungen

1155   **1. Anspruchsgrundlagen.** Durch das Gesetz zur steuerlichen Förderung von Wachstum und Beschäftigung vom 26.04.2006 BGBl I 2006, 1091 f. ist die steuerliche Abzugsfähigkeit für Handwerkerleistungen wesentlich verbessert worden. Eine Änderung des § 35a EStG hat bewirkt, dass bereits seit dem 01.01.2006 nun auch Modernisierungs- und Instandhaltungsarbeiten in Privathaushalten steuerlich gefördert werden.

1156   **2. Anspruchsberechtigte.** Anspruchsberechtigter für die Steuerermäßigung ist der Auftraggeber, der die Maßnahme in seinem inländischen Privathaushalt durchführen lässt. Ist eine Wohnungseigentümergemeinschaft (oder deren Verwalter) Auftraggeber, kommt eine Steuerermäßigung für den einzelnen Wohnungseigentümer in Betracht, wenn die entsprechenden Rechnungen für Dienst- und Handwerkerleistungen, der darin enthaltene Teil der steuerbegünstigten Kosten und der nach den Beteiligungsverhältnissen auf den einzelnen Eigentümer entfallende Anteil in der Jahresabrechnung gesondert aufgeführt sind. Mieter einer Wohnung können die Steuerermäßigung unter den gleichen Voraussetzungen beanspruchen, wie Wohnungseigentümer, wenn die von ihnen zu zahlenden Nebenkosten Beträge für haushaltsnahe Dienstleistungen oder handwerkliche Tätigkeiten umfassen und deren Anteil an diesen Aufwendungen entweder aus der Betriebskostenabrechnung hervorgeht oder durch eine Bescheinigung des Vermieters bzw. seines

Verwalters nachgewiesen wird (BMF-Schreiben vom 03.11.2006, BStBl 2006, 711 = NZM 2007, 31; BMF Schreiben vom 26.10.2007, BStBl Teil I, WuM 2008, 72 ff.).

3. Höhe der Steuerermäßigung. Die Steuerermäßigung ist im Rahmen der Einkommensteuererklärung für das betreffende Jahr unter Beifügung der erforderlichen Unterlagen zu beantragen. 1157

Von den in der Verwalterbescheinigung ausgewiesenen Kosten für Lohn-, Fahrt- und Maschinenstunden können folgende Prozentsätze (bis zu den angegebenen Höchstbeträgen) in Anrechnung gebracht werden: 1158

Für haushaltsnahe Beschäftigungsverhältnisse nach § 35a Abs. 1 Nr. 1 EStG beträgt die Steuerermäßigung 10 %, höchstens € 510,00 bei geringfügiger Beschäftigung. Nach § 35a Abs. 1 Nr. 2 EStG beträgt die Steuerermäßigung 12 % des Arbeitslohnes, höchstens € 2.400,00 bei sozialversicherungspflichtigen Beschäftigungsverhältnissen. Für haushaltsnahe Dienstleistungen gemäß § 35a Abs. 2 S. 1 EStG, die nicht zu den handwerklichen Leistungen im Sinne des § 35a Abs. 2 S. 2 EStG gehören und die gewöhnlich durch Mitglieder des privaten Haushaltes erledigt werden und für die eine Dienstleistungsagentur oder ein selbständiger Dienstleister in Anspruch genommen wird, beträgt die Steuerermäßigung 20 % der Aufwendung für die Arbeitsleistung, höchstens € 600,00. Für alle handwerklichen Tätigkeiten für Renovierungs-, Erhaltungs- und Modernisierungsmaßnahmen, die in einem inländischen Haushalt des Steuerpflichtigen erbracht werden, beträgt die Steuerermäßigung ebenfalls 20 %, höchstens € 600,00 der Aufwendungen des Steuerpflichtigen. 1159

4. Begünstigte Leistungen. Das Gesetz unterscheidet zwischen haushaltsnahen Beschäftigungsverhältnissen (§ 35a Abs. 1 S. 1, 2 EStG), haushaltsnahen Dienstleistungen durch Selbständige (§ 35a Abs. 2 S. 1 EStG) und haushaltsnahen Handwerkerleistungen (§ 35a Abs. 2 S. 2 EStG). Allen Varianten ist gemein, dass Kosten, die bereits als Betriebsausgaben, Werbungskosten oder außergewöhnliche Belastungen steuerlich berücksichtigt werden und Neubaumaßnahmen nicht ansatzfähig sind. Die Höchstbeträge werden nur haushaltsbezogen und nicht personenbezogen gewährt. Gemischte Aufwendungen (z.B. eine Reinigungskraft, die auch das beruflich genutzte Arbeitszimmer reinigt) sind unter Berücksichtigung des zeitlichen Anteils der zu Betriebsausgaben oder Werbungskosten führenden Tätigkeiten an der Gesamtarbeitszeit aufzuteilen. 1160

4.1 Unter **haushaltsnahe Beschäftigungsverhältnisse** fallen Arbeiten durch eigene Arbeitnehmer, die einen engen Bezug zum Haushalt haben. Das BMF-Schreiben nennt als Beispiel die Gartenpflege und die Reinigung der Wohnung. Auch Reinigungsarbeiten im Treppenhaus, Winterdienst, allgemeine Hausmeisterleistungen und Wartungsarbeiten dürften daher darunter fallen. Eine Steuerermäßigung für geringfügige Beschäftigungsverhältnisse kommt dagegen für die unter Punkt 2 aufgeführten Anspruchsberechtigten nicht in Betracht. Diese werden derzeit nur begünstigt, wenn sie von einem Privathaushalt im sog. Haushaltscheckverfahren nach § 8a SGB IV angemeldet worden sind. Haushaltsnahe Beschäftigungsverhältnisse werden darüber hinaus nicht anerkannt, wenn sie zwischen Angehörigen desselben Haushaltes begründet werden (auch bei nichtehelichen Lebensgemeinschaften). Zwischen Angehörigen, die nicht im selben Haushalt leben, werden haushaltsnahe Beschäftigungsverhältnisse nur anerkannt, wenn die Verträge zivilrechtlich mit dem üblichen Inhalt abgeschlossen und die Verträge auch tatsächlich durchgeführt werden. 1161

4.2 **Haushaltsnahe Dienstleistungen** setzen die Einschaltung eines selbständigen Dienstleisters voraus. Es muss sich um Dienstleistungen handeln, die nicht zu den handwerklichen Leistungen i.S. des § 35a Abs. 2 S. 2 EStG gehören, die gewöhnlich durch Mitglieder des privaten Haushaltes erledigt werden. Inhaltlich handelt es sich um die oben aufgeführten Dienstleistungen, die nur unterschiedlich erbracht werden. Die Kosten des Hausverwalters/WEG-Verwalters werden nicht zu den privilegierten Kosten gehören, da es bei diesen an unmittelbarer Haushaltsnähe fehlt. Haushaltsnahe Dienstleistungen sind Tätigkeiten, die gewöhnlich durch Mitglieder des privaten Haushaltes oder entsprechend Beschäftigte erledigt werden. Keine haushaltsnahen Dienstleistun- 1162 gen sind solche, die in einem Haushalt des Steuerpflichtigen ausgeübt werden, aber keinen Bezug zur Hauswirtschaft haben. Die Renovierung einer Hausfassade fällt daher nicht unter diesen Tatbestand (vgl. BFH NZM 2007, 456). Auch personenbezogene Dienstleistungen (Friseur- und Kosmetikleistungen) zählen nicht darunter.

1163 *4.3* Unter **haushaltsnahen Handwerkerleistungen** sind alle handwerklichen Tätigkeiten durch Dritte zu verstehen, die der Instandsetzung oder Modernisierung des Gebäudes oder der Mietwohnung dienen (z.B. Austausch/Modernisierung der Einbauküche, Dach-/Fassadenarbeiten, Reparatur/Austausch von Fenstern und Türen). Das BMF-Anwendungsschreiben nennt darüber hinaus auch Kontrollarbeiten durch den Schornsteinfeger, an Blitzschutzanlagen und handwerkliche Leistungen für Hausanschlüsse (z.B. Kabel für Strom oder TV), soweit die Zuleitungen das Haus oder die Wohnung betreffen. Begünstigt sind dabei nur die Aufwendungen für den Arbeitslohn sowie die ggf. in Rechnung gestellten Maschinen und Fahrtkosten, einschließlich der auf diese Leistungen entfallenden Umsatzsteuer. Die Kosten für das Material fallen nicht darunter.

1164 **5. Erforderliche Nachweise.** Bei Wohnungseigentümern und Mietern ist erforderlich, dass die auf den einzelnen Wohnungseigentümer und Mieter entfallenden Aufwendungen für haushaltsnahe Beschäftigungsverhältnisse und Dienstleistungen sowie für Handwerkerleistungen entweder in der Jahresabrechnung gesondert aufgeführt oder durch eine Bescheinigung des Verwalters oder Vermieters nachgewiesen sind. Aufwendungen für regelmäßig wiederkehrende Dienstleistungen, wie z.B. die Reinigung des Treppenhauses, Gartenpflege, Hausmeister werden grundsätzlich anhand der geleisteten Vorauszahlungen im Jahr der Vorauszahlungen berücksichtigt; einmalige Aufwendungen (wie z.B. eine Handwerkerrechnung) dagegen erst im Jahr der Genehmigung der Jahresabrechnung. Es wird aber nicht beanstandet, wenn Wohnungseigentümer die gesamten Aufwendungen erst in dem Jahr geltend machen, in dem die Jahresabrechnung im Rahmen der Eigentümerversammlung genehmigt worden ist. Entsprechendes gilt für die Betriebskostenabrechnung der Mieter. Handwerkerleistungen, die im Jahr 2005 erbracht worden sind, sind aber auch dann nicht begünstigt, wenn die Jahresabrechnung 2005 im Jahr 2006 durch die Eigentümerversammlung genehmigt worden ist.

1165 Folgende Bescheinigungen sind demnach vorzulegen:
 – Bescheinigung über die im Kalenderjahr beauftragte und erbrachte Dienstleistung – für jede Leistung und für jede Kostenposition gesondert –,
 – Belege über die unbar gezahlten Beträge für jede Dienstleistung,
 – Bescheinigung über den Anteil der begünstigten Arbeits- und Fahrtkosten einerseits und der nicht begünstigten Materialkosten,
 – Bescheinigung über den Anteil des steuerpflichtigen Mieters an den Gesamtkosten anhand des maßgeblichen Verteilerschlüssels.

1166 Da Barzahlungen nicht anerkannt werden, dürfte es zweckmäßig sein, wenn der Vermieter bereits in der Abrechnung oder der Bescheinigung versichert, dass die Aufwendungen für die Kostenarten unbar beglichen und nicht im Rahmen eines geringfügigen Beschäftigungsverhältnisses (s. oben Teil 1 Rdn. 1159, 1161) erbracht wurden.

1167 **6. Pflicht des Vermieters zur Kostenausweisung.** Ob für den Verwalter eine vertragliche Nebenpflicht zur Ausweisung der haushaltsnahen Dienstleistungen in der Betriebskostenabrechnung besteht, ist in der Rechtsprechung noch nicht abschließend entschieden worden. Teilweise wird die Verpflichtung mit der Begründung bejaht, dass der Vermieter bei haushaltsnahen Beschäftigungsverhältnissen über die entsprechenden Lohn- bzw. Vergütungsunterlagen verfügt oder bei der Fremdvergabe von haushaltsnahen Dienstleistungen vom Auftragnehmer eine Aufschlüsselung der Rechnungen nach Arbeitslohn und Materialaufwand verlangen kann (vgl. *Herrlein* WuM 2007, 54; *Sauren* NZM 2007, 23 für den WEG-Verwalter). Bejaht man die Verpflichtung des Vermieters zur Kostenausweisung, besteht für den Mieter bei Unterlassung dieser Verpflichtung ein Schadensersatzanspruch nach §§ 280, 281 BGB. Der Schaden würde dann in der nicht oder nicht rechtzeitig erteilten Steuergutschrift begründet liegen.

7. Erstattung von Verwaltungskosten. Die Ausweisung der haushaltsnahen Dienstleistungen in der Betriebskostenabrechnung stellt einen zusätzlichen Verwaltungsaufwand dar. Es wird daher durchaus vertreten, dass zumindest der WEG-Verwalter ohne eine Sondervergütung nicht verpflichtet sein soll, eine Kostenausweisung vorzunehmen (ZMR 2007, 819 = WuM 2007, 474; AG Neuss, Beschl. v. 29.06.2007, Geschäftszeichen: 74 II 106/07 WEG). Nach einer Entscheidung des LG Düsseldorf (WuM 2008, 173) soll für einen WEG-Verwalter eine Kostenerstattung in Höhe von € 25,00 als Sondervergütung für die Erstellung einer Bescheinigung i.S. von § 35a EStG angemessen sein.

1168

E. Mietänderung bei preisfreiem Wohnraum

I. Einleitung

1169 Die Vorschriften über die Mieterhöhung finden sich seit dem 01.09.2001 in den §§ 557 ff. BGB. Das MHG ist mit diesem Zeitpunkt außer Kraft getreten (Art. 10 Nr. 1 MRRG).

1170 Das Gesetz sieht in § 557 BGB fünf **Möglichkeiten** zur Anpassung der Miete vor:
- Einvernehmliche Mieterhöhung während des Mietverhältnisses (§ 557 Abs. 1 BGB),
- Vorausschauende Mieterhöhungen durch Vereinbarung einer Staffelmiete oder einer Indexmiete (§ 557a bzw. § 557b BGB),
- Mieterhöhung bis zur ortsüblichen Vergleichsmiete (§ 558 BGB),
- Mieterhöhung bei Wohnraummodernisierung (§ 559 BGB),
- Anpassung von Betriebskosten (§ 560 BGB).

1171

Möglichkeiten der Anpassung der Miete		
§ 557 BGB		
Abs. 1	Abs. 2	Abs. 3
Einvernehmliche Mieterhöhung	Vorausschauende Mieterhöhungen durch – Vereinbarung einer Staffelmiete (§ 557a BGB) oder – einer Indexmiete (§ 557b BGB)	– Mieterhöhung bis zur ortsüblichen Vergleichsmiete (§§ 558 ff. BGB) – Mieterhöhung bei Wohnraummodernisierung (§§ 559 ff. BGB) – Anpassung von Betriebskosten (§ 560 BGB) soweit nicht eine Erhöhung durch Vereinbarung ausgeschlossen ist oder sich der Ausschluss aus den Umständen ergibt.

II. Anwendungsbereich

1172 Die §§ 557 ff. BGB gelten grundsätzlich für alle Mietverhältnisse über Wohnraum, bei denen die Miete frei vereinbart werden kann. Sie gelten auch für sog. Zeitmietverträge (§ 575 BGB), Untermietverträge sowie für Mietverträge über Werkwohnungen. Keine Anwendung finden die §§ 557 ff. BGB bei den sog. »ungeschützten« Mietverhältnissen nach § 549 Abs. 2 und 3 BGB, das sind:
- Mietverhältnisse über Wohnraum, der zum **vorübergehenden Gebrauch**, z.B. zu Urlaubszwecken überlassen ist (Abs. 2 Nr. 1),
- Mietverhältnisse über Wohnraum, der Teil der Vermieterwohnung ist und die der Vermieter überwiegend mit **Einrichtungsgegenständen** ausgestattet hat (sog. möblierter Wohnraum), es sei denn, der Wohnraum wurde dem Mieter zum dauernden Gebrauch mit seiner Familie oder mit Personen überlassen, mit denen er einen auf Dauer angelegten gemeinsamen Haushalt führt (Abs. 2 Nr. 2),
- Mietverhältnisse über Wohnraum, den ein öffentlich-rechtlicher oder privater Träger der **Wohlfahrtspflege** angemietet hat und an Personen mit **dringendem Wohnbedarf** weitervermietet, soweit er diese bei Vertragsschluss auf die Zweckbestimmung sowie auf die Ausnahme von den betreffenden Vorschriften hingewiesen hat (Abs. 2 Nr. 3),
- Mietverhältnisse über Wohnraum in **Studenten- und Jugendwohnheimen** (Abs. 3).

III. Ausschluss der Mieterhöhung

Eine Mieterhöhung nach Maßgabe der §§ 558 bis 560 BGB ist ausgeschlossen, wenn dies vereinbart ist oder sich der **Ausschluss** aus den Umständen ergibt (§ 557 Abs. 3 BGB). § 557 Abs. 3 BGB geht auf § 1 S. 3 MHG zurück, jedoch wurde in der Neuregelung der 2. HS. des § 1 S. 3 MHG, wonach sich ein Ausschluss der Mieterhöhung aus der Vereinbarung eines Mietverhältnisses auf bestimmte Zeit mit fester Miete ergibt, nicht übernommen. Diese Streichung sollte nach dem Willen des Gesetzgebers jedoch mit keinen inhaltlichen Änderungen verbunden sein, da dieser Halbsatz bloß klarstellenden Charakter gehabt habe, indem er den **Zeitmietvertrag** mit **fester Miete** als Beispiel für einen Ausschluss der Mieterhöhung angeführt habe (BT-Drucks. 14/4553, S. 52). So hat bereits das OLG Stuttgart im Rechtsentscheid vom 31.05.1994 (ZMR 1994, 401) festgestellt, dass die Vereinbarung einer bestimmten Vertragsdauer nicht automatisch zum Ausschluss einer Mieterhöhung führe, sondern zusätzlich die ausdrückliche oder schlüssige Vereinbarung einer festen Miete erforderlich sei (kritisch dazu Schmidt-Futterer/*Börstinghaus* § 557 Rn. 50). Mit der Neuregelung hat der Gesetzgeber diesen Rechtsentscheid kodifiziert. Damit kommt es beim Zeitmietvertrag für den Ausschluss der Mieterhöhung in erster Linie auf die Umstände des Einzelfalls an (vgl. BT-Drucks. 14/4553 S. 52, Schmidt-Futterer/*Börstinghaus* § 557 Rn. 50). Da die Intention des Abschlusses eines Zeitmietvertrags regelmäßig darin liegt, das Wiedererlangungsinteresse des Vermieters zu sichern, sprechen die Umstände in der Regel gegen einen Ausschluss der Mieterhöhung (Schmidt-Futterer/*Börstinghaus* § 557 Rn. 51). Nach anderer Ansicht ist auch die Dauer der Befristung von Bedeutung; ein kurzfristiger Vertrag spreche eher für einen Mieterhöhungsausschluss, ein längerfristiger Vertrag eher dagegen (*Hinz/Ormanschick/Riecke/Scheff* § 7 Rn. 9).

1173

IV. Einvernehmliche Mieterhöhung

Die Vorschriften über die Mieterhöhung sind zum Nachteil des Mieters **nicht abdingbar** (§ 557 Abs. 4 BGB). Allerdings lässt das Gesetz die **einvernehmliche Mieterhöhung** während des Mietverhältnisses zu (§ 557 Abs. 1 BGB). Grenzen der Vertragsfreiheit ergeben sich insoweit aus dem Verbot des Wuchers (§ 138 Abs. 2 BGB, §§ 134 BGB, 291 StGB) und der unerlaubten Mietpreisüberhöhung nach § 5 WiStG (s. die Hinweise zu Teil 1 Rdn. 1451).

1174

Das am 13.06.2014 in Kraft getretene Gesetz zur Umsetzung der Verbraucherrichtlinie hat das Verbraucherschutzrecht bei Haustür- und Fernabsatzgeschäften neu geregelt, die Regeln für das **Widerrufsrecht** wurden zusammengefasst und die bisherigen »Haustür-Tatbestände« wurden von einer enumerativen Aufzählung auf einen Generaltatbestand umgestellt (*Mediger* NZM 2015, 185). Teile dieses Regelungswerks (§ 312 Abs. 3 Nr. 1–7 BGB) finden über § 312 Abs. 4 BGB Anwendung auf das Mietrecht, sofern es sich um einen Verbrauchervertrag nach § 310 Abs. 3 BGB handelt; es gewährt dem Mieter (als Verbraucher) gegenüber dem Vermieter (als Unternehmer) bei bestimmten Geschäftsformen (bei außerhalb von Geschäftsräumen geschlossenen Verträgen sowie bei Fernansatzverträgen) ein Widerrufsrecht. Der Widerruf kann binnen 14 Tagen nach Vertragsabschluss bei Belehrung oder binnen 1 Jahr und 14 Tagen bei unterbliebener bzw. nicht ordnungsgemäßer Belehrung erklärt werden. Musterbelehrungen befinden sich auf www.bmjv.de/DE/Service/Formulare

1175

Einzelheiten zu dieser Neuregelung und deren Anwendbarkeit auf das Mietrecht finden sich bei *Gsell* WuM 2014, 375; *Hau* NZM 2015, 435; *Horst* DWW 2015, 2; *Mediger* NZM 2015, 185, kritisch zum Anwendungsbereich Schmidt-Futterer/*Blank* Vorbem. zu § 535 Rn. 75 ff.

1176

V. Übersicht über das Mieterhöhungsrecht

1177 Die gesetzliche Mieterhöhung bei der Wohnraummiete kennt folgende Systeme:

Systeme der Mieterhöhung	
Vergleichsmieteverfahren §§ 558 ff. BGB **Erhöhungsmaßstab** → »gedeckelte« Vergleichsmiete	Umlageverfahren §§ 559 ff., 560 BGB **Erhöhungsmaßstab** → dem Vermieter tatsächlich entstandene Kosten → Umlage auf den Mieter

VI. Anspruchsvoraussetzungen

1178 Für die **Mieterhöhung nach § 558 BGB** gelten folgende Anspruchsvoraussetzungen:
- die bisherige Miete muss seit einem Jahr unverändert sein,
- die bisherige Miete muss unterhalb der ortsüblichen Miete liegen,
- die Textform muss für das Erhöhungsverlangen eingehalten werden,
- die Höhe der verlangten Miete muss begründet werden, u.a. durch einen Mietspiegel, eine Auskunft aus einer Mietdatenbank, ein Sachverständigengutachten oder durch Vergleichsmieten.

1179 Das Zustimmungsverlangen wird begrenzt
- durch die ortsübliche Vergleichsmiete,
- durch die Kappungsgrenze (vgl. Muster und Hinweise zu Teil 1 Rdn. 1222 und Teil 1 Rdn. 1242),
- durch Kürzungsbeträge, wenn das Mietobjekt mit Hilfe von Mitteln aus öffentlichen Kassen oder des Mieters modernisiert worden ist (vgl. Muster und Hinweise zu Teil 1 Rdn. 1353 und 1374).

1180 Weitere Voraussetzungen kennt das Gesetz nicht. So ist ein Mieterhöhungsverlangen nicht deshalb unwirksam, weil sich bereits die Höhe der Ausgangsmiete innerhalb der Bandbreite der ortsüblichen Vergleichsmiete befindet (BGH ZMR 2005, 780 = WuM 2005, 516). Ferner nicht, wenn die Ausgangsmiete unter der – seit Vertragsbeginn unveränderten – Vergleichsmiete liegt (BGH ZMR 2007, 951 = WuM 2007, 452).

1181 Das Zustimmungsverlangen hat folgende **Wirkungen**:
- Fristen werden in Lauf gesetzt, nämlich
- die Überlegungsfrist für den Mieter bis zum Ablauf des zweiten Monats, der auf den Zugang des Erhöhungsverlangens folgt;
- die Klagefrist für den Vermieter, die sich unmittelbar an den Ablauf der Überlegungsfrist anschließt und (weitere) drei Monate beträgt;
- die Mieterhöhung wirkt vom Beginn des dritten Kalendermonats, der auf den Zugang des Zustimmungsverlangens folgt – d.h. unmittelbar im Anschluss an die Überlegungsfrist –, soweit der Mieter der Mieterhöhung zustimmt oder hierzu verurteilt worden ist;
- der Mieter kann das Mietverhältnis vorzeitig innerhalb der Überlegungsfrist, und zwar bis zum Ablauf zweiten Monats nach Zugang des Erhöhungsverlangens zum Ablauf des übernächsten Monats kündigen (§ 561 BGB).

VII. Fristen

1182 Die Überlegungsfrist endet grundsätzlich am Ende eines Kalendermonats. Etwas anderes gilt aber dann, wenn der letzte Tag des Monats, in dem die Zustimmungsfrist abläuft, auf einen **Samstag**, einen Sonntag oder einen am Erklärungsort, also dem Wohn- oder Geschäftssitz des Vermieters, staatlich anerkannten Feiertag fällt (§ 193 BGB). In diesem Fall endet die Zustimmungsfrist erst mit Ablauf des nächsten Werktags (s. *Börstinghaus* ZMR 2002, 834).

Im Anschluss an die Überlegungsfrist des Mieters läuft die **Klagefrist**. Diese ist eine volle Dreimonatsfrist. Endet die Überlegungsfrist grundsätzlich am Ende eines Monats, so beginnt die Klagefrist am ersten Tag des nächsten Monats und endet am letzten Tag des dann übernächsten Monats.

▶ Beispiel:

Wenn das Mieterhöhungsverlangen im Januar zugeht, endet die Überlegungsfrist Ende März. Die Klagefrist beginnt dann am 1. April und endet Ende Juni.

Anders ist es jedoch, wenn die Überlegungsfrist wegen § 193 BGB nicht am letzten Tag eines Monats endet, sondern erst am nächsten Werktag. Da die Klagefrist immer drei volle Monate beträgt, endet sie in diesem Fall gemäß §§ 187 Abs. 2, 188 Abs. 2 BGB einen Tag vor dem Tag, der durch seine Zahl dem Anfangstag der Frist entspricht (*Börstinghaus* ZMR 2002, 834).

▶ Beispiel:

Geht das Mieterhöhungsverlangen im Januar zu, endet die Überlegungsfrist grundsätzlich am 31. März. Ist dies jedoch ein Samstag, dann fällt das Fristende gemäß § 193 BGB auf den folgenden Montag, also den 2. April. Die Klagefrist beginnt sodann am 3. April und läuft volle drei Monate; sie endet also am 2. Juli.

Ein unwirksames Mieterhöhungsverlangen kann als Angebot an den Mieter gewertet werden, eine Mieterhöhungsvereinbarung abzuschließen.

VIII. Allgemeine Erhöhung auf das ortsübliche Niveau

1. Erhöhung der Miete bis zur ortsüblichen Miete (§§ 558, 558a BGB)

Ausweislich der im Original beigefügten Vollmacht zeige ich die Vertretung des Vermieters

oder

der Vermieter

der von Ihnen gemieteten Wohnung an.

Meine Mandantschaft ist gemäß § 558 BGB berechtigt, die Zustimmung zu einer Erhöhung der Miete bis zur ortsüblichen Vergleichsmiete zu verlangen, wenn die Miete in dem Zeitpunkt, zu dem die Erhöhung eintreten soll, seit 15 Monaten unverändert ist; das Mieterhöhungsverlangen kann frühestens 1 Jahr nach der letzten Mieterhöhung geltend gemacht werden; etwaige zwischenzeitliche Mieterhöhungen aufgrund von Modernisierungsmaßnahmen oder gestiegener Betriebskosten bleiben hier außer Betracht. [1]

Die genannten Voraussetzungen sind in Bezug auf den an Sie vermieteten Wohnraum erfüllt, der im Wesentlichen durch folgende Merkmale gekennzeichnet ist (Bezeichnung der Hauptmerkmale): [2]

▶ Beispiel:

Baualtersklasse: 1919 bis 1948
Wohnlage: gut

Größe: 96 m²
Ausstattung: mit Bad und Sammelheizung, Fahrstuhl, Einbauküche, Trennung von Bad und WC

Die ortsübliche Vergleichsmiete ergibt sich aus dem Mietenspiegel des Jahres _____ ³

oder

... aus dem qualifizierten Mietenspiegel des Jahres _____ der Gemeinde _____ . Aufgrund der oben bezeichneten Merkmale Ihrer Wohnung ist anzuwenden die Rubrik _____ mit einer Mietspanne von _____ € bis _____ € pro m² netto kalt bei einem Mittelwert von _____ € pro m² Wohnfläche. ⁴

oder

Die ortsübliche Miete ergibt sich aus den Vergleichsmieten, die in der beigefügten und von mir unterzeichneten Anlage näher nach Belegenheit und Art beschrieben werden; die darin aufgeführten Mietobjekte sind hinsichtlich Lage, Größe, Baualter und Ausstattung mit Ihrer Wohnung vergleichbar. ⁵

▶ Beispiel:

1. Vergleichswohnung: Schimmelmannstraße 22, 22043 Hamburg, 1. Stock links; Mieter: Fritz Seidel; Baualter des Hauses: 1938; Wohnlage: gut; Größe: 103 m²; wesentliche Ausstattung: mit Bad und Sammelheizung, isolierverglaste Fenster; gezahlte monatliche Nettokaltmiete: 8,50 € pro m².

2. Vergleichswohnung: Schimmelmannstraße 22, 22043 Hamburg, 2. Stock rechts, Mieter: Maria Fröhlich; Baualter des Hauses: 1938; Wohnlage: gut; Größe: 92 m²; wesentliche Ausstattung: mit Bad und Sammelheizung, isolier verglaste Fenster; gezahlte monatliche Nettokaltmiete: 8,70 € pro m².

3. Vergleichswohnung: Kielmannseggstraße 8, 22043 Hamburg, EG links; Mieter: Rolf Lieberich; Baualter des Hauses: 1934; Wohnlage: gut; Größe: 120 m²; wesentliche Ausstattung: mit Bad und Nachtspeicherheizung in allen Räumen, isolierverglaste Fenster; gezahlte monatliche Nettokaltmiete: 8,10 € pro m².

oder

Die ortsübliche Miete ergibt sich aus dem im Original beigefügten Sachverständigengutachten, auf dessen Inhalt zur Begründung im einzelnen Bezug genommen wird. ⁶

Danach ist eine Miete von monatlich _____ € pro m² netto kalt für Ihre Wohnung ortsüblich. ⁷

Im Hinblick auf die Größe des an Sie vermieteten Wohnraums von _____ m² ergibt sich somit eine
neue monatliche Nettokaltmiete von _____ €
zuzüglich monatlicher Vorauszahlungen auf Heizkosten von _____ €
zuzüglich monatlicher Vorauszahlungen auf sonstige, umlagefähige Betriebskosten _____ €
neue monatliche Gesamtmiete _____ €

Soweit eine Erhöhungsbegrenzung gemäß § 558 Abs. 3, 4 BGB zum Tragen kommt, wird sie durch das Erhöhungsverlangen beachtet, da die Miete innerhalb von 3 Jahren, von Erhöhungen wegen einer Modernisierung oder gestiegener Betriebskosten abgesehen, nicht um mehr als 20 %

oder

15 %

ansteigt. [8]

Die neue Miete gilt mit Beginn des 3. Kalendermonats nach dem Zugang dieses Erhöhungsverlangens, also ab _____ . [9]

Ich bitte Sie, die Zustimmung zu dieser Mieterhöhung bis spätestens zum Ablauf des 2. Kalendermonats nach dem Zugang dieses Schreibens, also bis zum _____ zu erklären. Soweit zwei oder mehrere Personen Mieter sind, ist die Zustimmung aller Mieter erforderlich. Die kommentarlose Zahlung der erhöhten Miete genügt grundsätzlich nicht. [10]

Erläuterungen

1. Voraussetzungen. *1.1* Zu den **Voraussetzungen** der Mieterhöhung s. die Hinweise zu Teil 1 Rdn. 1178.

1.2 Ein Erhöhungsverlangen, das vor Ablauf der einjährigen **Wartefrist** (§ 558 Abs. 1 S. 2 BGB) erklärt wird, ist unwirksam (BGH ZMR 1993, 453; WuM 2004, 345, 346). Es muss nach Ablauf der Wartefrist wiederholt werden und löst nicht etwa die Mieterhöhung zum frühestmöglichen Zeitpunkt aus. Mieterhöhungen aus der Zeit der Preisbindung wirken sich auf die Wartefrist zum Nachteil des Vermieters aus (OLG Hamm ZMR 1995, 247).

1.3 Mieterhöhungen nach §§ 559 bis 560 BGB lösen die Wartefrist nicht aus; das gilt auch für einvernehmliche Modernisierungsmieterhöhungen, wenn sie auf den in § 559 BGB genannten Gründen beruht (vgl. BGH ZMR 2008, 699 = WuM 2008, 355). Dies gilt ferner entsprechend für Erhöhungen der preisgebundenen Miete (vgl. OLG Hamm ZMR 1995, 247).

1.4 Das Erhöhungsverlangen bedarf der **Textform** gemäß § 126b BGB. Diese Form hat folgende Voraussetzungen:
– Abgabe einer Erklärung in einer Urkunde oder auf andere zur dauerhaften Wiedergabe in Schriftzeichen geeigneten Weise,
– Angabe der Person des Erklärenden,
– Erkennbarkeit des Abschlusses der Erklärung durch Nachbildung einer Namensunterschrift oder anders.

Damit erfüllen folgende Formen die Textform**voraussetzungen**:
– alle Schriftstücke, die bisher die Schriftform (§ 126 BGB) erfüllten,
– alle Schriftstücke, die vormals nach § 8 MHG privilegiert wurden, also die bis auf eine eigenhändige Unterschrift die Schriftform erfüllten,
– ferner Telefax, Telex, Teletext,
– E-Mail (streitig, a.A. *Lammel* ZMR 2002, 333, 334 ff., der hier die Eignung zur dauerhaften Wiedergabe bezweifelt).
– SMS (*Hannemann/Wiegner* § 47 Rn. 54, a.A. *Hinz* NZM 2004, 681, 683).

1.5 Der nach § 126b BGB erforderliche Abschluss der Erklärung ist durch die Formulierung: »Dieses Schreiben wurde maschinell erstellt und bedarf keiner Unterschrift« gewahrt (BGH BeckRS 2014, 17302). Der Nennung der natürlichen Person, die die Erklärung für die juristische Person abgefasst oder veranlasst hat, bedarf es nicht (BGH NZM 2010, 734). Die gleichwohl vorgenommene namentliche Benennung dieser Person ist unschädlich und führt insbesondere nicht dazu, dass der Vermieter darlegen und beweisen müsste, dass sie von den vertretungsberechtigten Organen der Gesellschaft bevollmächtigt war.

S. die Hinweise zu 1 Ziff. 1.

1195 *1.6* Ein in Textform erklärtes Mieterhöhungsverlangen ist selbst dann wirksam, wenn die Parteien die Schriftform für Änderungen und Ergänzungen des Mietvertrages vereinbart haben, da das einseitige Mieterhöhungsverlangen des Vermieters keine Vertragsänderung oder -ergänzung darstellt (BGH ZMR 2011, 277; WuM 2011, 32). Gleichwohl ist von der Verwendung der Textform unterhalb der Schriftformkriterien bei Mieterhöhungsverlangen bei **Verträgen mit einer Laufzeit von mehr als einem Jahr abzuraten,** denn solche Verträge müssen in schriftlicher Form geschlossen werden. Das gilt sowohl für Zeitmietverträge (§§ 542 Abs. 2, 575 BGB) als auch für Mietverträge auf unbestimmte Zeit (§ 542 Abs. 2 BGB), in denen die Parteien das ordentliche Kündigungsrecht für mehr als ein Jahr ausgeschlossen haben (s. dazu Teil 1 Rdn. 51). Ein per Telefax oder per E-Mail erklärtes Erhöhungsverlangen ist zwar gemäß § 558a BGB wirksam, bei Zustimmung des Mieters ist die Änderung jedoch nicht schriftlich vereinbart. Damit gilt der Mietvertrag mit fester Laufzeit fortan als Mietvertrag auf unbestimmte Zeit (LG Gießen ZMR 2002, 272; Schmidt-Futterer/*Börstinghaus* § 558a Rn. 10; Schmidt-Futterer/*Lammel* § 550 BGB Rn. 42). Bei der Änderung der Miethöhe muss also die **strenge Schriftform** – insbesondere die Bestimmung des § 126 Abs. 2 BGB – beachtet werden. Das bedeutet, dass beide Parteien auf derselben Urkunde unterschreiben müssen. Sofern über die Vertragsänderung mehrere gleich lautende Urkunden gefertigt werden, genügt es, wenn jede Partei die für den Anderen bestimmte Urkunde unterschrieben hat; die Unterschrift des Mieter unter eine isolierte Zustimmungserklärung reicht nicht.

1196 *1.7* Bei einer **Personenmehrheit** auf Mieterseite muss das Erhöhungsverlangen allen Mietern gegenüber erklärt werden. Erklärungs- und Empfangsvollmacht sind zulässig. Es genügt im Erhöhungsverlangen die Anrede »Herrn/Frau/Eheleute« mit Vornamen des Ehemannes (AG Hamburg ZMR 1988, 106); dagegen soll die Bezeichnung »Familie« und Nachname nicht ausreichen (BezG Chemnitz WuM 1993, 34; AG Greifswald WuM 1994, 268). Es sollte daher jeder Mieter namentlich genannt werden, um keinen Zweifeln zu begegnen.

1197 **2. Beschreibung des Mietobjektes.** *2.1* Die Angaben zur Mietwohnung sind keine notwendigen Bestandteile des Erhöhungsverlangens. Sie empfehlen sich jedoch, um die Vergleichbarkeit mit Vergleichswohnungen zu ermöglichen oder die Einordnung in einen Mietspiegel vorzunehmen.

1198 *2.2* Die **Baualtersklasse** bestimmt sich grundsätzlich nach dem Zeitpunkt der ersten Bezugsfertigkeit (§ 13 Abs. 4 WoBindG) der Wohnung, nicht des Gebäudes. Die Einstufung in eine jüngere Baualtersklasse kommt in Betracht, wenn in Anlehnung an § 16 Abs. 1 Nr. 4 WoFG wesentlicher Bauaufwand betrieben wurden und die Wohnung dadurch das Gepräge einer Neubauwohnung erhalten hat (LG Berlin NZM 1999, 172)

1199 *2.3* Grundsätzlich ist im Rahmen eines Mieterhöhungsverfahren auf die **vereinbarte Wohnfläche** abzustellen (BGH ZMR 2007, 681, WuM 2007, 450), auf die tatsächliche Fläche ist erst bei Flächenabweichungen von mehr als 10 % abzustellen (BGH ZMR 2007, 681; WuM 2007, 450 für den Fall, dass die tatsächliche Fläche die vereinbarte Fläche übersteigt und BGH NJW 2009, 2793; WuM 2009, 460 für den Fall, dass die tatsächliche Fläche die vereinbarte Fläche unterschreitet.). Im letzteren Fall besteht ein Anspruch des Mieters auf Rückzahlung der überzahlten Miete, wenn das Mieterhöhungsverlangen auf die die tatsächliche Fläche um mehr als 10 % übersteigende vereinbarte Fläche gestützt worden ist (BGH ZMR 2004, 740; WuM 2004, 485).

1200 **3. Mietspiegel.** *3.1* Der **Mietspiegel** braucht nicht beigefügt zu werden, wenn er allgemein zugänglich ist (BGH NJW 2008, 573 = WuM 2008, 88), er ist allgemein zugänglich, selbst wenn er gegen eine geringe Schutzgebühr erhältlich ist (BGH ZMR 2010, 274 = WuM 2009, 747). Dabei gilt ein Betrag von € 3,00 noch als gering (BGH NJW-RR 2009, 1021). Ferner reicht für

eine Allgemeinzugänglichkeit eine Einsichtnahme bei dem örtlichen Mieterschutzverein aus (BGH NJW 2009, 1667). Das Gesetz unterscheidet zwischen
– dem einfachen Mietspiegel (§ 558c Abs. 1 BGB) und
– dem qualifizierten Mietspiegel (§ 558d BGB).

Mietspiegel sollen im Abstand von zwei Jahren der Marktentwicklung **angepasst** werden (§ 558c Abs. 3 BGB). Für den qualifizierten Mietspiegel besteht eine Aktualisierungspflicht (§ 558d Abs. 2 BGB). Besteht im Zeitpunkt der Abgabe des Erhöhungsverlangens kein aktueller Mietspiegel, so kann auf einen veralteten Mietspiegel oder auf einen Mietspiegel einer vergleichbaren Gemeinde (BGH ZMR 2010, 846; WuM 2010, 505) zurückgegriffen werden (§ 558a Abs. 4 S. 2 BGB). Selbst wenn auf einen älteren Mietspiegel Bezug genommen worden ist, obwohl kurz zuvor ein neuer Mietspiegel veröffentlicht worden ist, ist das Mieterhöhungsverlangen nach dem Urteil des BGH vom 06.07.2011 (NZM 2011, 743 = WuM 2011, 517) formell wirksam. Die Rechtslage stellt sich nach der Auffassung des BGH ähnlich wie die Einordnung in ein falsches Mietspiegelfeld als inhaltlicher Fehler dar.

3.2 Der Vermieter ist nicht berechtigt, die Werte eines Mietspiegels durch »Zeitzuschläge« zu aktualisieren (OLG Hamburg WuM 1983, 11, 80; LG München II 1998, 726). Diese Befugnis ist vielmehr den Gerichten (und Sachverständigen) vorbehalten (OLG Stuttgart ZMR 1994, 109; OLG Hamm ZMR 1996, 601).

3.3 Es reicht aus, dem Mieter das einschlägige Rasterfeld des Mietspiegels mitzuteilen, denn schon aufgrund dieser Mitteilung kann der Mieter überprüfen, ob die von dem Vermieter vorgenommene Einordnung der Wohnung in das Rasterfeld zutrifft und ob die für die Wohnung geforderte Miete innerhalb der ausgewiesenen Mietpreisspanne liegt (BGH NJW 2008, 573; WuM 2008, 88). Der Angabe der Mietpreisspanne bedarf es nicht (BGH NJW 2008, 573; WuM 2008, 88). Auch die Einordnung des Mietobjektes in ein falsches Mietspiegelfeld führt nicht zur Unwirksamkeit des Mieterhöhungsverlangen (BGH ZMR 2009, 521; WuM 2009, 239). Enthält jedoch der Mietspiegel für die betreffende Wohnung ein Leerfeld, so ist das Erhöhungsverlangen unwirksam (LG Berlin ZMR 1990, 182).

3.4 Das Mieterhöhungsverlangen wird nach Auffassung des BGH (ZMR 2004, 325, WuM 2004, 93) auch nicht dadurch unwirksam, dass die darin verlangte Miete die im Mietspiegel genannte **Mietspanne überschreitet**. Der Umstand, dass der Mietspiegel die geforderte Mieterhöhung nicht deckt, ist allein eine Frage der materiellen Berechtigung des Mieterhöhungsverlangens. Das Begründungserfordernis nach § 558a BGB soll dem Mieter konkrete Hinweise auf die sachliche Berechtigung des Erhöhungsverlangens geben, damit er während der Überlegungsfrist (§ 558b Abs. 2 S. 2 BGB) die Berechtigung der Mieterhöhung überprüfen und sich darüber schlüssig werden kann, ob er dem Erhöhungsverlangen zustimmt oder nicht.

3.5 Die Werte eines Mietspiegels können auch zur Begründung von Mieterhöhungsverlangen bei **Ein- und Zweifamilienhäusern** herangezogen werden, wenn sich das Mieterhöhungsverlangen auf die Werte aus dem Mietspiegel beschränkt (BGH NJW-RR 2009, 1021; WuM 2008, 729).

3.6 Bei Verwendung von Mietspiegeln aus **vergleichbaren Gemeinden** (dazu *Hinz* NZM 2004, 681, 685 f.) genügt es, dass der Vermieter behauptet, die Gemeinde sei vergleichbar (LG Mönchengladbach WuM 1993, 197).

3.7 Weist der Mietspiegel Mietpreisspannen aus, so ist es für die Wirksamkeit des Erhöhungsverlangens nicht erforderlich, dass der Vermieter weitere Merkmale anführt, welche die von ihm verlangte Mieterhöhung rechtfertigen (vgl. § 558a Abs. 4 S. 1 BGB). Das wird er erst in einem späteren Rechtsstreit nachzuholen haben. Dabei dürfen grundsätzlich nur die vermieterseits gestellten Ausstattungsmerkmale berücksichtigt werden (BGH NJW-RR 2009, 1384, WuM 2010, 569; BayObLG ZMR 1982, 158; LG Hamburg WuM 1990, 441).

4. Qualifizierter Mietspiegel. *4.1* Besteht in der Gemeinde ein **qualifizierter Mietspiegel** (§ 558d BGB) und enthält dieser Daten über die betroffene Wohnung, so muss der Vermieter diese in der Begründung seines Mieterhöhungsverlangens immer angeben, auch wenn er sein Erhöhungsverlangen auf ein anderes Begründungsmittel stützt (§ 558a Abs. 3 BGB). Unterbleibt der Hinweis, ist das Erhöhungsverlangen unwirksam (Schmidt-Futterer/*Börstinghaus* § 558a Rn. 165).

1209 *4.2* Als weiteres Begründungsmittel wurde durch das MRRG die »Auskunft aus einer **Mietdatenbank**« (§§ 558a Abs. 2 Satz 2, 558e BGB) eingeführt. Im Unterschied zum Mietspiegel ist die Mietdatenbank dynamisch; es erfolgt eine fortlaufende Erfassung von Daten, während der Mietspiegel immer eine Momentaufnahme des Wohnungsmarktes darstellt. Dabei reicht die bloße Mitteilung eines Wertes aus der Datei zur Begründung des Erhöhungsverlangens nicht aus. Erforderlich ist vielmehr eine Auskunft mehrerer konkreter Mietdaten, zumindest aber die Angabe, dass in der Datenbank eine bestimmte Anzahl von Mieten vergleichbarer Objekte gespeichert ist, die in den letzten vier Jahren vereinbart (neu abgeschlossen oder verändert) wurden (FA MietRWEG/*Elzer/Fleindl* 4. Kap. Rn. 296). Zudem ist eine Mietspanne (Miete von […] bis […] €) oder ein Mittelwert mitzuteilen (vgl. Schmidt-Futterer/*Börstinghaus* § 558a Rn. 70 ff.). Eine praktische Relevanz besteht nicht, denn die bislang einzig vorhandene Mietdatenbank (in Hannover) ist eingestellt worden.

1210 **5. Vergleichswohnungen.** *5.1* Für die Begründung des Erhöhungsverlangens mit **Vergleichswohnungen** genügen folgende Mindestangaben (s. Muster oben Teil 1 Rdn. 1188):
– Genaue Bezeichnung der Vergleichsobjekte (Ort, Straße, Hausnummer), so dass der Mieter diese ohne weitere Nachforschungen auffinden kann (vgl. BGH ZMR 2003, 406, 407; WuM 2003, 149, 150; ZMR 1983, 69, 71).
– Befinden sich in einem **Mehrfamilienhaus** mit mehreren Geschossen auf derselben Ebene mehr als eine Wohnung, so sind für die Auffindbarkeit der Wohnung über die Angabe der Adresse und des Geschosses hinaus weitere Angaben erforderlich; z.B. die genaue Beschreibung der Lage im Geschoss, die Bezeichnung einer nach außen erkennbaren Wohnungsnummer oder der Name des Mieters (BGH ZMR 2003, 406, 407, WuM 2003, 149, 150; vgl. auch AG Pinneberg ZMR 2003, 583).
– Weiterhin ist die Quadratmetermiete anzugeben (BVerfG ZMR 1993, 558, NJW-RR 1993, 1485).

1211 Zu empfehlen sind darüber hinaus Angaben über
– Wohnfläche,
– Grundausstattung (Vorhandensein von Bad und/oder Sammelheizung),
– Gesamtmiete (LG Lübeck WuM 1985, 303).

1212 Der Vermieter kann nicht aus datenschutzrechtlichen Gründen von näheren Angaben absehen.

1213 *5.2* Die Vergleichsmieten dürfen dem Bestand des Vermieters – auch innerhalb desselben Hauses – entnommen werden. Die an die »Vergleichbarkeit« der zur Begründung eines Mieterhöhungsverlangens genannten Wohnungen zu stellenden Anforderungen sind dahingehend geklärt, dass ein großzügiger Maßstab anzulegen ist und eine Übereinstimmung oder gar »Identität« in allen wesentlichen Wohnwertmerkmalen nicht zu fordern ist (BGH NZM 2014, 747). Denn das Mieterhöhungsverlangen soll den Mieter lediglich in die Lage versetzen, der Berechtigung des Mieterhöhungsverlangens nachzugehen und diese zumindest ansatzweise nachzuvollziehen. Vielmehr reicht es aus, wenn die Vergleichswohnungen im Rahmen der anzustellenden Gesamtschau hinsichtlich der in § 558 Abs. 2 S. 1 genannten Wohnwertmerkmale ungefähr vergleichbar sind, sie können größer oder kleiner als die betroffene Wohnung sein (Blank/*Börstinghaus* § 558a Rn. 43), maßgebliche Bedeutung kommt dem Quadratmeterpreis zu (BVerfG NJW 1987, 313).

1214 *5.3* Der Vermieter ist bei der Benennung von Vergleichsmieten nicht auf eine bestimmte Zahl beschränkt; er kann mehr als drei Vergleichswohnungen benennen. Dabei ist dem formellen Begründungserfordernis Genüge getan, wenn die Mieten von (mindestens) drei Vergleichswohnungen der verlangten Miete entsprechen (BGH NZM 2012, 415). Unschädlich ist, wenn die Miete

E. Mietänderung bei preisfreiem Wohnraum

einer der benannten Wohnungen unterhalb der geforderten Miete liegt, denn das ist eine Frage der materiellen Begründetheit und nicht der Wirksamkeit des Erhöhungsverlangens.

5.4 Zur Begründung des Mieterhöhungsverlangens ist nicht erforderlich, dass die benannten Vergleichsmieten in den letzten vier Jahren vereinbart wurden. Die Vierjahresfrist des § 558 Abs. 2 BGB soll lediglich den Umfang der zu erfassenden und auszuwertenden Mieten zur Feststellung der ortsüblichen Vergleichsmiete beschränken; für die Miete der Vergleichswohnungen hat sie keine Bedeutung (Schmidt-Futterer/*Börstinghaus* § 558a Rn. 128; AG Pinneberg ZMR 2004, 123). 1215

Achtung! Allein dadurch, dass die vom Vermieter angegebenen Vergleichswohnungen der Mietwohnung entsprechen, wird die Ortsüblichkeit der angestrebten Miethöhe noch nicht bewiesen (LG Düsseldorf WuM 1990, 393; LG Bochum DWW 1991, 83). 1216

6. Sachverständigengutachten. *6.1* Bei der Begründung des Erhöhungsverlangens durch ein **Sachverständigengutachten** muss es sich um ein solches eines öffentlich bestellten und vereidigten Sachverständigen handeln, dessen Aufgabengebiet die Schätzung von Mieten einschließt (BGH ZMR 1982, 340). Der Sachverständige braucht nicht von der Handelskammer öffentlich bestellt und vereidigt zu sein, in deren Bezirk die zu begutachtende Wohnung liegt (BayObLG ZMR 1987, 426). 1217

6.2 Die Beifügung des Sachverständigengutachtens ist unbedingt erforderlich (OLG Braunschweig WuM 1982, 272). Zu den inhaltlichen Anforderungen an das Gutachten s. Muster und Hinweise zu Teil 1 Rdn. 1254. 1218

7. Mietstruktur. Bei der Berechnung der neuen Miethöhe muss die bisher geltende/vereinbarte **Mietstruktur** beachtet werden. Dem Vermieter steht kein Anspruch darauf zu, diese zu ändern (OLG Hamburg WuM 1983, 63; AG Tiergarten NZM 1998, 191, 192; Schmidt-Futterer/*Börstinghaus* § 558a Rn. 17; *Hinz* NZM 2004, 681, 684 f.), auch nicht bei der Entlassung der Wohnung aus der Preisbindung und Ablauf der Nachwirkungsfrist. Bei **Bruttomieten** kann der Vermieter 1219
– die von ihm für zulässig gehaltene Nettokaltmiete ansetzen und
– einen Zuschlag in Höhe des konkret auf die Mietwohnung entfallenden Betriebskostenanteils nach dem aktuellen Stand hinzurechnen (BGH ZMR 2006, 110, WuM 2006, 39). Dieser ergibt sich aus der Betriebskostenabrechnung für den dem Mieterhöhungsverlangen vorangegangenen Abrechnungszeitraum, wenn diese bereits vorliegt (BGH ZMR 2009, 102; WuM 2008, 689). Weder ist der auf Grund der letzten Vereinbarung oder Erhöhung in der Miete enthaltene Betriebskostenanteil maßgeblich noch ist die Angabe eines statistischen Durchschnittswerts für Betriebskosten ausreichend (BGH ZMR 2006, 916; WuM 2006, 569). Ausnahmsweise brauchen keine Angaben zur Höhe der in der Miete enthaltenen Betriebskosten gemacht zu werden, wenn die von dem Vermieter beanspruchte Inklusivmiete die ortsübliche Nettomiete nicht übersteigt (BGH ZMR 2008, 190; WuM 2007, 707). S. im Übrigen dazu auch die Hinweise zu Teil 1 Rdn. 1257.

Der Betriebskostenanteil darf allerdings die **ortsübliche Höhe** nicht überschreiten. Die Beweislast hierfür trägt – entgegen OLG Stuttgart ZMR 1983, 389 – der Vermieter. 1220

Gilt eine **Teilinklusivmiete**, so ist ähnlich wie bei Vereinbarung einer Bruttomiete zu verfahren. Der Vermieter ermittelt also die ortsübliche Miete für den Nettokaltmietanteil nach dem einschlägigen Begründungsmittel (z.B. Mietspiegel) und rechnet den aktuellen Betriebskostenanteil dazu. Dieser darf allerdings zusammen mit den Vorauszahlungen für die neben der Miete umgelegten Betriebskosten nicht die **ortsübliche Betriebskostenbelastung** insgesamt überschreiten. 1221

8. Kappungsgrenze. *8.1* Die Angabe und Berechnung der **Kappungsgrenze** nach § 558 Abs. 3 BGB ist nicht zwingender Bestandteil des Erhöhungsverlangens (LG Berlin GE 2002, 1433), jedoch zur eigenen Kontrolle zweckmäßig. Die Kappungsgrenze beträgt 20 %, berechnet auf die Miete, die drei Jahre vor dem Zeitpunkt der nunmehr geforderten Mieterhöhung liegt (sog. Ausgangsmiete). Im Zuge des Mietrechtsänderungsgesetzes wurde § 558 Abs. 3 um die Sätze 2 und 3 1222 ergänzt. Dadurch sind die Landesregierungen ermächtigt worden, durch Rechtsverordnung Gemeinden oder Teile von Gemeinden zu bestimmen, in denen die Kappungsgrenze auf 15 % herabgesenkt wird, wenn die ausreichende Versorgung der Bevölkerung zu angemessenen Bedingungen besonders gefährdet ist (Lützenkirchen/*Dickersbach* § 558 Rn. 178). Damit soll der Anstieg von Bestandsmieten in diesen Gemeinden oder Teilen davon gedämpft werden (BT-Drucks. 17/11894 S. 34). Eine Übersicht über die Gemeinden mit herabgesetzter Kappungsgrenze ist auf www.mietgerichtstag.de zu finden.

1223 *8.2* Bei Bruttomieten bemisst sich die Kappungsgrenze nach der wirksam vereinbarten Mietstruktur (Schmidt-Futterer/*Börstinghaus* § 558 Rn. 171). Bei Bruttowarmmieten ist das Urteil des BGH vom 19.07.2006 (ZMR 2006, 766; WuM 2006, 518) zu beachten. Danach verstößt die Vereinbarung einer Bruttowarmmiete gegen § 2 HeizkostenVO. Insoweit ist eine Teilnichtigkeit gegeben und die Kappungsgrenze ist nach der restlichen Miete ohne den Wärmekostenanteil zu berechnen. Ein gleichwohl diese Teilnichtigkeit nicht berücksichtigendes Mieterhöhungsverlangen ist nicht unwirksam (BGH ZMR 2006, 766; WuM 2006, 518).

1224 *8.3* Bei Teilinklusivmieten wird die Kappungsgrenze wie bei Geltung einer Bruttomiete ermittelt.

1225 *8.4* Zwischenzeitliche Mieterhöhungen innerhalb der drei Jahre bleiben außer Betracht, werden also nicht auf die Steigerungsquote von 20 % angerechnet. Ausgenommen sind **Mieterhöhungen nach §§ 559 bis 560 BGB**; diese werden zu der durch die Kappungsgrenze ermittelten Höchstgrenze hinzugerechnet; s. dazu den 3. Beispielsfall zu 5.1.3.

1226 *8.5* Die Kappungsgrenze kommt gemäß § 558 Abs. 4 S. 1 BGB nicht bzw. nur eingeschränkt zum Tragen, wenn die Mietwohnung bisher preisgebunden war, der Mieter eine **Fehlbelegungsabgabe** nach dem AFWoG oder eine Ausgleichszahlung nach §§ 34 bis 37 WoFG zu zahlen hatte (dazu Schmidt-Futterer/*Börstinghaus* § 558 Rn. 196) und die Zustimmung zur Mieterhöhung nach Ablauf der Bindungsfrist verlangt wird. Ausgangspunkt der Regelung ist die Mietbelastung des Mieters, die sich aus der Miete und der bisherigen Fehlbelegungsabgabe zusammensetzt. Dieser Betrag tritt an die Stelle der Kappungsgrenze, nicht aber an die Stelle der ortsüblichen Miete. Da die Regelung erst durch das 4. MietRÄndG vom 21.07.1993 (BGBl. I S. 1257) eingefügt worden ist, gilt sie nur für solche Fälle, in denen die Wohnung nach In-Kraft-Treten des Gesetzes zum 01.09.1993 aus der Mietpreisbindung entlassen worden ist.

1227 **9. Wirkungszeitpunkt.** Die Mieterhöhung wirkt nach § 558b Abs. 1 BGB ab Beginn des dritten Kalendermonats, der auf den Zugang des Erhöhungsverlangens folgt, d.h. im unmittelbaren Anschluss an die Überlegungsfrist nach § 558b Abs. 2 S. 2 BGB. Gibt der Vermieter als **Wirkungszeitpunkt** einen früheren Termin an, so ist das nach h.M. unschädlich; es bleibt beim gesetzlichen Wirkungszeitpunkt. Die ausdrückliche Festschreibung der 15-Monatsfrist in § 558 Abs. 1 S. 1 BGB durch das MRRG dürfte hieran nichts ändern (offengelassen bei BGH WuM 2004, 345, 346; zur Problematik *Hinz* WuM 2004, 380, 389 f.). Der Vermieter ist jedoch nicht gehindert, eine Mieterhöhung erst mit Wirkung zu einem späteren als dem in § 558 Abs. 1 BGB bestimmten Zeitraum geltend zu machen (BGH ZMR 2014, 197 = WuM 2013, 737). In diesem Fall kann sich der Mieter bis unmittelbar vor dem Zeitpunkt des Eintritts der Mieterhöhung vom Mietverhältnis durch außerordentliche Kündigung nach § 561 BGB zum Ende des übernächsten Monats lösen mit der sich anschließenden Rechtsfolge, dass dem Mieter bis zum Ende des Mietverhältnisses die Nutzungsmöglichkeit der Wohnung gegen Zahlung der nicht erhöhten Miete verbleibt.

1228 **10. Zustimmung.** Zur Zustimmung des Mieters s. nachfolgende Muster und Hinweise zu Teil 1 Rdn. 1229.

2. Antwortschreiben auf zulässiges Erhöhungsverlangen des Vermieters

Ausweislich der im Original beigefügten Vollmacht zeige ich die Vertretung des Mieters

oder

der Mieter an, für dessen

oder

deren

Wohnung Sie eine Mieterhöhung beanspruchen. Namens meiner Mandantschaft stimme ich nach Prüfung der Sach- und Rechtslage Ihrem Erhöhungsverlangen vom _____ uneingeschränkt zu. [1]

oder

Namens und in Vollmacht meiner Mandantschaft stimme ich Ihrem Erhöhungsverlangen vom _____ zu, muss aber gleichzeitig darauf verweisen, dass die von meiner Mandantschaft nicht zu vertretenden und Ihnen gegenüber gerügten Mängel der Wohnung, nämlich

▶ Beispiel:

ausgedehnter Schimmelpilzbefall an Wänden und Decken des Schlafzimmers und der Küche

noch nicht beseitigt wurden. Bis zu deren Behebung mindert sich die Miete um die Hälfte des Erhöhungsbetrages. Bezüglich der weiteren Hälfte berufe ich mich für meine Mandantschaft auf ein Zurückbehaltungsrecht. Bis zur Beseitigung der gerügten Mängel wird meine Mandantschaft daher die bisherige Miete zahlen. [2]

oder

Namens und in Vollmacht meiner Mandantschaft stimme ich Ihrem Erhöhungsverlangen vom _____ teilweise, nämlich bis zu einem Betrage von _____ € zu. Eine darüber hinausgehende Mieterhöhung ist aus folgenden Gründen nicht gerechtfertigt: [3]

▶ Beispiel:

Die von Ihnen hervorgehobenen Ausstattungsmerkmale Thermopaneverglasung und Gemeinschaftsantenne entsprechen dem üblichen Standard der vorliegenden Baualtersklasse. Ausstattung und Lage des Mietobjekts sind im Übrigen durchschnittlich. Eine Überschreitung des Mittelwertes aus dem einschlägigen Feld des Mietenspiegels ist daher nicht gerechtfertigt.

▶ Beispiel:

Zwar wird Ihre Auffassung geteilt, dass die Wohnung vermieterseits überdurchschnittlich gut ausgestattet ist und daher an sich die von Ihnen hervorgehobenen Ausstattungsmerkmale für sich betrachtet eine Überschreitung des Mittelwertes aus dem Mietenspiegel rechtfertigen könnten. Jedoch sind für die Wohnung überdurchschnittlich starke Lagenachteile gegeben. Insbesondere der starke Verkehrslärm von der ganz in der Nähe vorbeiführenden Autobahn ist für die Lage im negativen Sinne geradezu prägend. Hinzu kommt die schlechte Anbindung an das öffentliche Nahverkehrsnetz. Ferner bestehen in der Nähe keine Einkaufsmöglichkeiten. Die genannten Lagenachteile und die Merkmale besserer Ausstattung heben sich gegenseitig auf. Eine Überschreitung des Mittelwertes aus dem einschlägigen Feld des Mietenspiegels ist demnach nicht gerechtfertigt.

▶ Beispiel:

Aus mir zur Verfügung stehenden Unterlagen des Bauamtes kann ich entnehmen, dass die von Ihnen im Erhöhungsverlangen angegebene Baualtersklasse 1972 nicht zutreffend ist. Tatsächlich ist von der Baualtersklasse 1966 auszugehen. Es kommt somit ein anderes Feld des Mietenspiegels zur Anwendung. Den Mittelwert dieses Feldes hält meine Mandantschaft als ortsübliche Miete für gerechtfertigt.

▶ Beispiel:

Mit der von Ihnen vorgenommenen Ermittlung der rechnerischen ortsüblichen Nettokaltmiete ist meine Mandantschaft einverstanden. Die angesetzten Betriebskosten sind jedoch zu hoch. Ortsüblich ist eine Betriebskostenpauschale von 0,80 €/qm monatlich. Zusammen mit der von Ihnen beanspruchten Nettokaltmiete von 5,75 €/qm ergibt sich eine neue monatliche Bruttokaltmiete von 6,55 €/qm. Ihr darüber hinausgehendes Erhöhungsverlangen kann meine Mandantschaft nicht akzeptieren.

Erläuterungen

1230 **1. Zustimmungserklärung.** *1.1* Die **Zustimmung** muss bei einer Personenmehrheit auf Mieter- oder Vermieterseite von allen gegenüber allen erklärt werden (s. auch die Hinweise zu Teil 1 Rdn. 1189 ff.). Auch kann ein Ehegatte nicht im Rahmen der **Schlüsselgewalt** gemäß § 1357 Abs. 1 BGB für den anderen die Zustimmung zur Mieterhöhung erklären (LG Berlin GE 2003, 1210, 1211). Es handelt sich hierbei nicht um ein alltägliches Rechtsgeschäft; vielmehr ist die Zustimmung zur Mieterhöhung hinsichtlich des Umfangs ihrer rechtlichen Folgen mit der erstmaligen Anmietung der Wohnung vergleichbar (zur Schlüsselgewalt s. auch BGH WuM 2004, 293).

1231 *1.2* Die Zustimmung kann **formfrei** – auch schlüssig, z.B. durch Zahlung der erhöhten Miete – erklärt werden. Die wiederholte Einziehung der erhöhten Miete, ohne dass der Mieter dem Erhöhungsverlangen widersprochen hat, ist noch nicht als Zustimmung zu werten (LG Göttingen WuM 1991, 280; LG München I WuM 1996, 44).

1232 *1.3* Der Vermieter hat grundsätzlich keinen Anspruch auf **schriftliche Erklärung** (LG Hannover WuM 1990, 222). Eine Ausnahme gilt lediglich bei einem Mietvertrag, der für längere Zeit als ein Jahr abgeschlossen wird (§ 550 BGB) wegen der Formbedürftigkeit auch der Vertragsänderung (s. dazu Teil 1 Rdn. 11). Zur Zulässigkeit der Mieterhöhung beim Zeitmietvertrag s. die Hinweise zu Teil 1 Rdn. 1195. Zur Problematik der Textform s. Teil 1 Rdn. 1192.

1233 *1.4* Ist das Verhalten des Mieters nicht eindeutig als Zustimmung zu werten, so sollte der Vermieter den Mieter unter Klageandrohung darauf hinweisen. Erkennt der Mieter im Prozess den Zustimmungsanspruch sofort an, so muss er gleichwohl damit rechnen, die Kosten zu tragen, da er die Klage veranlasst hat (s. dazu LG Trier WuM 1994, 217). Auch kann die Zustimmung bis zur rechtskräftigen Erledigung des Mieterhöhungsverlangens des Vermieters erklärt werden; eine Ausschlussfrist besteht insoweit nicht.

1234 **2. Zustimmung und Mängel.** Weist die Mietwohnung **Mängel** auf, die behebbar sind, so kann der Mieter sie dem Erhöhungsverlangen des Vermieters nicht entgegenhalten. Ebenso wenig steht ihm ein Zurückbehaltungsrecht gegenüber dem Zustimmungsanspruch zu. Mietminderung und Zurückbehaltungsrecht zur Durchsetzung des Anspruchs auf einen vertragsgemäßen Zustand bestehen vielmehr nur gegenüber der Miete. Das gilt auch bezüglich des erhöhten Teils der Miete.

Hat der Mieter das Mietminderungsrecht nach § 539 BGB a.F. vor dem 01.09.2001 (s. dazu Teil 1 Rdn. 740) verloren, so lebt es bis zur Grenze des Betrags, um den die Miete erhöht worden ist, wieder auf (OLG Düsseldorf NJW-RR 1994, 399; LG Frankfurt/M. WuM 1990, 425; a.A. LG München I NZM 2000, 616; 2002, 986). Der Mieter muss von diesem Recht jedoch unverzüglich Gebrauch machen (LG Hamburg WuM 1990, 149; s. auch LG Berlin GE 2004, 480, 889). Gleiches gilt, wenn das Minderungsrecht nach dem 01.09.2001 infolge jahrelanger Zahlung der ungekürzten Miete nach § 242 BGB verwirkt ist (s. dazu Teil 1 Rdn. 743 und Teil 1 Rdn. 885).

3. Teilzustimmung. *3.1* Die Zustimmung des Mieters kann sich auf einen Teil des Erhöhungsverlangens beschränken. In diesem Umfang erlischt der Anspruch des Vermieters; im Rechtsstreit tritt insoweit eine Erledigung der Hauptsache ein. 1235

3.2 Der Vermieter kann die **Teilzustimmung** nicht zurückweisen (vgl. § 558b Abs. 1 BGB); er muss – wenn er das Erhöhungsverlangen im Übrigen durchsetzen will – innerhalb der Klagefrist die Zustimmungsklage erheben. 1236

3.3 Stimmt der Mieter einem Mieterhöhungsverlangen nur zum Teil zu, so ist das Erhöhungsverfahren erst dann vollständig abgeschlossen, wenn die Klagefrist verstrichen oder wenn über das Mieterhöhungsverlangen insgesamt rechtskräftig entschieden ist. Erhebt der Vermieter innerhalb der Klagefrist wegen des noch nicht ausgeschöpften Teils des Mieterhöhungsverlangens keine Zustimmungsklage, so wird er allerdings für die Dauer eines Jahres gerechnet vom Zeitpunkt des Wirksamwerdens der Teilzustimmung mit einem weiteren Mieterhöhungsverlangen ausgeschlossen (LG Mannheim ZMR 1994, 516, 517). 1237

3.4 Eine Teilzustimmung ist nur erheblich, wenn das Erhöhungsverlangen des Vermieters zulässig ist (LG Berlin WuM 1997, 51). War es unwirksam, so kann die teilweise Zustimmung des Mieters hierzu als Angebot auf Abschluss einer Mieterhöhungsvereinbarung gewertet werden (LG Mannheim ZMR 1994, 516). Der Vermieter kann die Annahme schlüssig dadurch erklären, dass er die erhöhte Miete mehrfach widerspruchslos entgegennimmt. 1238

Zum 2. Beispielsfall: 1239

Dauerbeeinträchtigungen können anders als behebbare Mängel (auch) bei Bildung der Vergleichsmiete berücksichtigt werden (LG Saarbrücken WuM 1989, 578 für Gaststättenlärm; AG Hamburg WuM 1985, 334: Flughafenlärm kompensiert den Vorteil isolierverglaster Fenster; AG Pankow/Weißensee GE 1998, 1217 für Asbest).

Zum 3. Beispielsfall: 1240

Die Zuordnung zu einer unrichtigen **Baualtersklasse** in einem Mietspiegel führt nicht ohne weiteres zur Unwirksamkeit des Erhöhungsverlangens. Das ist vielmehr nur der Fall, wenn bei richtiger Zuordnung der Mietspiegel keine Miete ausweist (sog. Leerfeld – vgl. dazu LG Berlin ZMR 1990, 20), nicht hingegen, wenn die Wohnung in das richtige Rasterfeld des Mietspiegels eingeordnet ist, die Miete aber die dortige Obergrenze überschreitet (BGH ZMR 2004, 325, WuM 2004, 93; s. dazu die Hinweise zu Teil 1 Rdn. 1200). Die Zuordnung zu einer späteren Baualtersklasse als derjenigen des Erstbezuges ist zulässig, wenn die Wohnung so umfassend modernisiert ist, dass von einem Neubau i.S. von § 16 Abs. 1 Nr. 4 WoFG ausgegangen werden kann.

Zum 4. Beispielsfall: 1241

Gilt eine Inklusiv- oder Teilinklusivmiete, so muss der **Betriebskostenanteil** in der erhöhten Miete dem Ortsüblichen entsprechen. Das muss im Streitfall der Vermieter beweisen; s. die Hinweise zu Teil 1 Rdn. 1219.

3. Antwortschreiben auf Erhöhungsverlangen des Vermieters, das die Kappungsgrenze überschreitet

1242 Ausweislich der im Original beigefügten Vollmacht zeige ich die Vertretung des Mieters

oder

der Mieter an, für dessen

oder

deren

Wohnung Sie eine Mieterhöhung beanspruchen. Namens meiner Mandantschaft stimme ich nach Prüfung der Sach- und Rechtslage Ihrem Erhöhungsverlangen vom _____ teilweise, nämlich bis zum Betrag von _____ zu. [1]

Eine weitere Mieterhöhung ist nicht möglich, da die vereinbarte Miete innerhalb eines Zeitraums von 3 Jahren um nicht mehr als

▶ Beispiel:

20 %

ansteigen darf. Diese Erhöhungsbegrenzung überschreiten Sie mit Ihrem Mieterhöhungsverlangen, was sich aus folgender Berechnung ergibt: [2]

▶ Beispiel:

Sie beanspruchen mit Wirkung ab 01.09.2015 eine monatliche Nettokaltmiete von 900,00 €. Die Vermietung der Wohnung erfolgte an mich mit Wirkung ab 01.02.2014 zu einer Nettokaltmiete von 700,00 €. Diese Miete kann z.Zt. um 20 % = 140,00 € erhöht werden, so dass sie mit Wirkung ab 01.09.2015 maximal eine Nettokaltmiete von 840,00 € fordern können. [3]

▶ Beispiel:

Sie fordern mit Wirkung ab 01.09.2015 eine monatliche Nettokaltmiete von 800,00 €. Am 01.09.2012 belief sich die Miete auf 600,00 €. Ab 01.02.2014 wurde die Miete zulässigerweise auf das ortsübliche Niveau mit einem Betrag von 700,00 € erhöht. Mithin ergibt sich folgende Berechnung:

Ausgangsmiete vor 3 Jahren (01.09.2012)	600,00 €
zuzüglich 20 %	120,00 €
höchstzulässige Miete	720,00 €

Ihr Erhöhungsverlangen mit Wirkung ab 01.09.2015 überschreitet daher die sog. Kappungsgrenze um 80,00 €.

▶ Beispiel:

Sie beanspruchen mit Wirkung ab 01.09.2015 eine monatliche Nettokaltmiete von 600,00 €. Am 01.09.2012 war eine monatliche Nettokaltmiete von 360,00 € vereinbart. Mit Wirkung ab 01.10.2013 erhöhten Sie diese Miete wegen der Durchführung von Wertverbesserungsmaßnahmen (Modernisierung) um 50 €. Die monatliche Miete wurde sodann zulässigerweise mit Wirkung ab 01.02.2014 auf das ortsübliche Niveau mit einem Betrag von 450,00 € netto kalt erhöht. Unter Berücksichtigung der Kappungsgrenze ist daher mit Wirkung ab

01.09.2015 nur eine Mieterhöhung auf 482,00 € netto kalt zulässig, das ergibt sich aus folgender Berechnung: [4]

Ausgangsmiete vor 3 Jahren (01.09.2012)	360,00 €
zuzüglich 20 %	72,00 €
Zwischensumme	432,00 €
zuzüglich Wertverbesserung (Modernisierungserhöhung)	50,00 €
maximal zulässige Miete netto kalt	482,00 €

Erläuterungen

1. Kappungsgrenze. *1.1* Die **Kappungsgrenze** (zur Berechnung s. unten Teil 1 Rdn. 1245) ist nach der jeweils vereinbarten Mietstruktur zu berechnen. Gilt also eine Inklusivmiete, so ist der Betriebskostenanteil mit einzubeziehen (BGH ZMR 2004, 327, WuM 2004, 213; Schmidt-Futterer/*Börstinghaus* § 558 Rn. 171, zu den Besonderheiten bei Vereinbarung einer Bruttowarmmiete BGH ZMR 2006, 766; WuM 2006, 518 und die Hinweise in Teil 1 Rdn. 1222). Sie ist auch auf solche Mieterhöhungen anzuwenden, die erstmals nach Wegfall einer Preisbindung verlangt werden (BGH WuM 2004, 345, 347; BayObLG ZMR 1984, 138). Für die Berechnung der Kappungsgrenze ist dann von der zuletzt zulässigerweise zu zahlenden Kostenmiete auszugehen (OLG Stuttgart ZMR 1989, 416; LG München I WuM 1989, 634). Zur Teilzustimmung s. die Hinweise Teil 1 Rdn. 1235. 1243

1.2 Übersteigt die geforderte Miete die Kappungsgrenze, so ist das Erhöhungsverlangen nicht unzulässig, sondern nur in demjenigen Umfang unbegründet, in dem die Kappungsgrenze überschritten wird (OLG Celle NJW-RR 1996, 331). Es kann aber Wirkungen auf den Zeitpunkt entfalten, zu dem die Dreijahresfrist abgelaufen wäre (BayObLG ZMR 1988, 228). 1244

2. Berechnung der Kappungsgrenze im Regelfall. Die Kappungsgrenze ist wie folgt **zu berechnen** (vgl. OLG Celle ZMR 1996, 194; LG Frankfurt/M. ZMR 1997, 474): 1245
– Ausgehend von dem Zeitpunkt, zu dem die neue erhöhte Miete gelten soll (z.B. 01.09.2015), ist zu fragen, welche Miete drei Jahre zuvor (z.B. 01.09.2012) galt,
– auf diese Miete (z.B. 600,00 €) werden 20 % (= 120,00 €) bzw. bei Geltung einer Kappungsgrenzenverordnung 15 % (= 90,00 €) hinzugerechnet,
– daraus resultiert eine Mietobergrenze (720,00 € bzw. bei Geltung einer Kappungsgrenzenverordnung 690,00 €).

Liegt die ortsübliche Miete darüber, so wird sie »gekappt«, liegt sie unter der Kappungsgrenze, so ist das Erhöhungsverlangen des Vermieters insoweit begründet. Es findet also eine Begrenzung durch die jeweils niedrigere Grenze (ortsübliche Miete oder Kappungsgrenze) statt. 1246

3. Berechnung der Kappungsgrenze bei kürzerer Mietzeit als drei Jahren. Zum 1. Beispielsfall: 1247

Hat das Mietverhältnis im Zeitpunkt des Wirksamwerdens der Mieterhöhung **noch keine drei Jahre** bestanden, so ist für die Berechnung der Kappungsgrenze die niedrigste Miete innerhalb der Laufzeit – meist die bei Beginn entrichtete Miete – als Ausgangsmiete maßgebend (OLG Hamburg ZMR 1996, 317, 319; LG Berlin GE 2002, 1433; Schmidt-Futterer/*Börstinghaus* § 558 Rn. 161). Eine zeitanteilige Herabsetzung der Kappungsgrenze erfolgt nicht. Die niedrigste Miete ist auch dann maßgebend, wenn innerhalb der Dreijahresfrist Mietermäßigungen erfolgt sind.

4. Kappungsgrenze und Mieterhöhungen nach §§ 559 bis 560 BGB. Zum 3. Beispielfall: 1248

4.1 In die Kappungsgrenze werden **Mieterhöhungen nach §§ 559 bis 560 BGB** aus den letzten drei Jahren nicht einbezogen, d.h., diese Mieterhöhungen führen im Ergebnis zu einer Auswei- 1249 tung der Kappungsgrenze. Im Beispiel wird die nach § 559 BGB erfolgte Mieterhöhung um 50,00 € der um 20 % erhöhten Ausgangsmiete hinzuaddiert.

1250 **4.2** Nach dem Urteil des BGH vom 28.04.2004 (ZMR 2004, 503, WuM 2004, 344) gilt das auch für **einvernehmliche** Mieterhöhungen, die auf den Gründen des § 559 BGB beruhen. Zu beachten ist aber, dass die vereinbarte Mieterhöhung nur insoweit aus der Kappungsgrenze ausgenommen wird, als es um die Umlegung von Aufwendungen geht, die eine förmliche Mieterhöhung nach § 559 BGB rechtfertigen würden (BGH ZMR 2004, 503; dazu *Hinz* WuM 2004, 380, 389; *Artz* NZM 2004, 609).

4. Antwortschreiben auf unzulässiges Erhöhungsverlangen des Vermieters

1251 **Ausweislich der im Original beigefügten Vollmacht zeige ich die Vertretung des Mieters**

oder

der Mieter an, für dessen

oder

deren

Wohnung Sie eine Mieterhöhung beanspruchen. Nach Prüfung der Sach- und Rechtslage kann das von Ihnen gestellte Erhöhungsverlangen vom _____ **aus nachstehend genannten Gründen nicht als wirksam angesehen werden, weshalb meine Mandantschaft zum gegenwärtigen Zeitpunkt die Zustimmung zu einer Mieterhöhung ablehnt:** [1]

▶ **Beispiel:**

Erst vor 6 Monaten wurde einverständlich eine angemessene Mieterhöhung mit meiner Mandantschaft vereinbart. Die Wartefrist gemäß § 558 Abs. 1 BGB ist daher nicht eingehalten und Ihr jetziges Erhöhungsverlangen unwirksam.

▶ **Beispiel:**

Das von Ihnen zur Begründung Ihres Erhöhungsverlangens vorgelegte Sachverständigengutachten ermittelt den Verkehrswert des Mietobjekts und hat eine hierauf bezogene Mietwertberechnung zum Gegenstand. Ob aber die von Ihnen beanspruchte Miete ortsüblich ist, kann dem Gutachten nicht entnommen werden, da es sich mit den üblicherweise gezahlten Mieten für Vergleichsobjekte nicht auseinandersetzt.

oder

Das von Ihnen gestellte Erhöhungsverlangen vom _____ **kann aus nachstehend genannten Gründen nicht als wirksam angesehen werden; gleichwohl stimmt meine Mandantschaft dem Erhöhungsverlangen teilweise, nämlich bis zu einem Betrag von** _____ **€ monatlich zu.** [2]

▶ **Beispiel:**

Vertraglich vereinbart ist eine Bruttokaltmiete, in der mit Ausnahme der Heizungskosten, auf die monatliche Vorauszahlungen geleistet werden sämtliche Nebenkosten enthalten sind. Mit Ihrem Erhöhungsverlangen beanspruchen Sie nunmehr ausdrücklich eine monatliche Nettokaltmiete zuzüglich Vorauszahlungen auf sämtliche Betriebskosten im Sinne der Betriebskostenverordnung. Mit einer Umstellung der vereinbarten Mietstruktur ist meine Mandantschaft jedoch nicht einverstanden. Dennoch stimmt meine Mandantschaft einer Anhebung der bisherigen monatlichen Bruttokaltmiete um einen Betrag von € 50,00 zu, da jedenfalls insoweit eine Anhebung der Miete sachlich gerechtfertigt sein dürfte.

Erläuterungen

1. Nichteinhaltung der Wartefrist. Zum 1. Beispielsfall: 1252

Ein Mieterhöhungsverlangen, das **vor Ablauf der einjährigen Wartefrist** gestellt wird, ist unwirksam (BGH ZMR 1993, 453; WuM 2004, 345, 366); s. die Hinweise zu Teil 1 Rdn. 1190.

Mieterhöhungen nach §§ 559 bis 560 BGB lösen indes die Wartefrist nicht aus. Unerheblich ist, 1253
ob diese Mieterhöhungen einseitig angefordert oder vereinbart worden sind (s. BGH WuM 2004, 344, 345 sowie die Hinweise zu Teil 1 Rdn. 1248).

Zum 2. Beispielsfall: 1254

Ein **Sachverständigengutachten**, das den Mietwert nicht auf der Grundlage der ortsüblichen Vergleichsmiete ermittelt, ist kein zur Mieterhöhung geeignetes Begründungsmittel. Das Gutachten muss zumindest erkennen lassen, dass dem Sachverständigen Vergleichswohnungen auf dem üblichen Wohnungsmarkt in ausreichender Zahl bekannt sind und er die zu beurteilende Wohnung in vergleichender Abwägung in das Mietpreisgefüge der Vergleichswohnungen eingeordnet hat (OLG Karlsruhe WuM 1983, 136). Es ist jedoch bei der Ermittlung der ortsüblichen Vergleichsmiete ein breites Spektrum an Vergleichswohnungen aus der jeweiligen Gemeinde zu berücksichtigen, die Beschränkung aus Vergleichswohnungen aus einer einzigen Siedlung (ehemalige Soldatensiedlung BGH NZM 2013, 610 = WuM 2013, 551 oder ehemalige Zechensiedlung BGH NZM 2013, 612) führt zur Unverwertbarkeit des Gutachtens. Einzelne Vergleichsobjekte brauchen allerdings in dem Gutachten nicht angegeben zu werden. Anders verhält es sich bei einem Sachverständigengutachten, das im Prozess zu Beweiszwecken eingeholt wird (dazu BVerfG ZMR 1995, 7, NJW 1995, 40).

Das Gutachten muss sich grundsätzlich auf die dem Mietvertrag zugrunde liegende Wohnung beziehen; der Sachverständige muss diese besichtigt haben (LG Koblenz DWW 1991, 22). Bei **Sammelgutachten** in Wohnanlagen genügt aber die Besichtigung einer Wohnung gleichen Typs, d.h. von annähernd gleicher Art, Größe, Ausstattung und Beschaffenheit (vgl. BGH ZMR 2010, 843; WuM 2010, 504; OLG Oldenburg WuM 1981, 50; OLG Celle ZMR 1982, 341; Schmidt-Futterer/*Börstinghaus* § 558a Rn. 88; *Both* in: Herrlein/Kandelhard § 558a Rn. 31). 1255

2. Teilzustimmung. Zur Teilzustimmung s. die Hinweise zu Teil 1 Rdn. 1235. 1256

Zum 3. Beispielsfall: 1257

Dem Vermieter steht ein Anspruch gegenüber dem Mieter auf Änderung der **Mietstruktur** nicht zu. Ein Mieterhöhungsverlangen, mit dem der Vermieter zugleich eine solche Veränderung verlangt, ist unwirksam, wenn es dem Mieter nicht hinreichend sicheren Aufschluss darüber gibt, in welchem Umfang es sich auf die vorgeschlagene Vertragsänderung stützt und in welcher Höhe es sich aus § 558 BGB rechtfertigt (OLG Hamburg WuM 1983, 49; LG München I WuM 1995, 113; AG Tiergarten, NZM 1998, 191, 192 AG Pinneberg ZMR 2004, 277; *Hinz* NZM 2004, 681, 684 f.).

5. Klage auf Zustimmung zur Mieterhöhung gemäß § 558b BGB

1258 Es wird beantragt, [1, 2]

den Beklagten zu verurteilen, einer Erhöhung

der monatlichen Nettokaltmiete

oder

der monatlichen Bruttokaltmiete

oder

der monatlichen Miete inklusive der Betriebskosten für (Bezeichnung der einzelnen Betriebskostenpositionen)

für die im Hause (Bezeichnung der Belegenheit) belegene Wohnung

von bisher

oder

von anerkannten

_____ € auf _____ € mit Wirkung ab _____ zuzustimmen. [3]

Begründung:

Der Kläger ist Vermieter, der Beklagte Mieter der im Antrag bezeichneten Wohnung. Diese ist nach Art, Größe, vom Vermieter stammender Ausstattung und Lage im Einzelnen wie folgt zu kennzeichnen: (Nennung der wesentlichen Merkmale).

▶ Beispiel:

Die 80 qm umfassende 3-Zimmer-Wohnung liegt im 1. Stock eines 1980 errichteten Mehrfamilienhauses und ist vom Vermieter mit Bad, Einbauküche und einer Gaszentralheizung ausgestattet. Die Wohnlage ist zentral, gleichwohl ruhig und durchgrünt.

Die bisher vereinbarte, ihrer Struktur nach aus dem Klageantrag kenntliche Miete ist – von Erhöhungen nach den §§ 559–560 BGB abgesehen – seit länger als einem Jahr bei Stellung des Erhöhungsverlagen gemäß Anlage K 1 unverändert gewesen. Mit Schreiben des Klägers vom _____, das in Fotokopie als

– Anlage K 1 –

beigefügt wird, wurde der Beklagte gebeten, einer Anhebung der monatlichen Miete in dem aus dem Schreiben ersichtlichen Umfange zuzustimmen. Dem Erhöhungsverlangen hat der Beklagte

nicht

oder

nur teilweise, nämlich bis zum Betrage von _____ €

zugestimmt. Es ist jedoch vollen Umfanges gerechtfertigt, da die verlangte Miete die ortsübliche Miete nicht übersteigt. Das ergibt sich aus Folgendem: (Darlegung zur Ortsüblichkeit der beanspruchten Miete).

▶ **Beispiel:**

Nach den vorhandenen Merkmalen ist anzuwenden die Rubrik _____ des Hamburger Mietenspiegels _____ mit einer Spanne von _____ bis _____ € monatlich netto kalt bei einem Mittelwert von _____ €/qm. Die genannten Merkmale besserer Ausstattung und die für Verhältnisse einer Großstadt sehr ruhige Wohnlage rechtfertigen einen Aufschlag von 15 % auf den Mittelwert. Somit ergibt sich eine ortsübliche Miete von _____ €/qm monatlich netto kalt.

Zum Beweise für die Ortsüblichkeit der von dem Kläger angestrebten Miete wird Bezug genommen auf [4]

1. eine vom Gericht durchzuführende Ortsbesichtigung,
2. Sachverständigengutachten.

Die gesetzlich vorgesehene Kappungsgrenze ist eingehalten. Vor drei Jahren – zurückgerechnet vom Wirkungszeitpunkt der neuen erhöhten Miete – [5]

oder

Bei Beginn des noch nicht 3 Jahre bestehenden Mietverhältnisses belief sich die Miete für den streitgegenständlichen Wohnraum auf _____ € netto kalt pro Quadratmeter

oder

auf _____ € brutto kalt pro Quadratmeter.

oder

auf _____ € inklusive der im Klageantrag bezeichneten Betriebskosten pro Quadratmeter.

Sie übersteigt die nunmehr verlangte Miete um nicht mehr als 20 %

oder

15 %.

Erläuterungen

1. Zustimmungsklage. *1.1* Für die **Zustimmungsklage** ist sachlich und örtlich ausschließlich das Amtsgericht zuständig, in dessen Bezirk die Wohnung liegt (§ 23 Nr. 2a GVG, § 29a Abs. 1 ZPO). 1259

1.2 Die Klage ist binnen drei Monaten nach Ablauf der sog. Überlegungsfrist zu erheben (§ 558b Abs. 2 S. 2 BGB). Die rechtzeitige Einreichung der Klage reicht, wenn sie demnächst zugestellt wird (§ 167 ZPO). 1260

1.3 Die **Klagefrist** kann nicht dadurch verlängert werden, dass der Vermieter dem Mieter eine längere Überlegungsfrist als die gesetzliche einräumt (LG Kiel WuM 1994, 547; AG Köln WuM 1997, 51). 1261

1.4 Die Klagefrist nach § 558b Abs. 2 S. 2 BGB ist eine **Ausschlussfrist**; ihre Versäumung führt zur Unzulässigkeit der Zustimmungsklage. Eine Wiedereinsetzung in den vorigen Stand (§ 233 ZPO) kommt nicht in Betracht, da es sich nicht um eine Notfrist handelt. 1262

1.5 Bei einer **Personenmehrheit** auf Vermieter- oder Mieterseite ist darauf zu achten, dass innerhalb der Klagefrist die Klage von allen gegenüber allen rechtzeitig erhoben sein muss (KG ZMR 1263

1986, 117). Auf Kläger- und Beklagtenseite liegt eine notwendige Streitgenossenschaft aus materiell-rechtlichen Gründen (§ 62 Abs. 1, 2. Alt. ZPO) vor. Hat bei einer Personenmehrheit auf Mieterseite bereits einer der Mieter der Mieterhöhung zugestimmt, so muss er also mit verklagt werden; seine Zustimmungserklärung allein entfaltet keinerlei Wirkungen.

1264 *1.6* Eine **Prozessstandschaft** ist für zulässig zu erachten; das kann aus dem Urteil des BGH vom 19.03.2014 (ZMR 2014, 620 = WuM 2014, 286) hergeleitet werden. Der BGH hat mit diesem Urteil eine Ermächtigung für zulässig gehalten. Der Käufer einer vermieteten Wohnung kann vom Verkäufer ermächtigt werden, schon vor der Eigentumsumschreibung im Grundbuch und des damit verbundenen Eintritts des Käufers in die Vermieterstellung im eigenen Namen ein Mieterhöhungsbegehren zu stellen (BGH NZM 2014, 385). Dann muss auch eine Prozessstandschaft zulässig sein (Schmidt-Futterer/Börstinghaus Vor zu § 558 Rn. 47).

Zur Prozessstandschaft s. die Hinweise zu Teil 1 Rdn. 2339.

1265 **2. Klageantrag.** Der **Klageantrag** muss den Umfang der erstrebten monatlichen Mieterhöhung und den Wirkungszeitpunkt enthalten.

1266 **3. Fehler in Klageantrag und -begründung.** Häufige Fehler im Klageantrag und in der Klagebegründung sind:
– Der im Mietvertrag vereinbarten Mietstruktur wird nicht Rechnung getragen,
– die im Mieterhöhungsverlangen zugrunde gelegte Mietstruktur wird nicht beachtet,
– eine Teilzustimmung des Mieters wird nicht berücksichtigt.

1267 Wird der Mieter zur Zustimmung verurteilt, wird seine Verpflichtung zur Zahlung der erhöhten Miete von dem Erhöhungszeitpunkt an erst mit Rechtskraft des Zustimmungsurteils fällig. Verzug kann somit erst nach Rechtskraft dieses Urteils begründet werden (BGH ZMR 2005, 699; WuM 2005, 496).

1268 Die Klage auf Zustimmung kann nach h.M. nicht mit einer Klage auf Zahlung der Erhöhungsbeträge verbunden werden (FA MietRWEG/*Elzer* 5. Kap. Rn. 338). Nimmt der Vermieter gleichwohl eine Verbindung vor, so bestehen zumindest im Berufungsverfahren gegen die Zulässigkeit der Zahlungsklage dann keine Bedenken mehr, wenn der Mieter in erster Instanz zur Zustimmung verurteilt worden ist und diese Verurteilung vor der Berufungsverhandlung in (Teil-)Rechtskraft erwachsen ist (BGH ZMR 2005, 697; WuM 2005, 458).

1269 Zur Mietstruktur s. die Hinweise zu Teil 1 Rdn. 88.

1270 **4. Beweismittel.** *4.1* Das Gericht ist bei der Wahl seiner **Beweismittel** nicht an die vom Vermieter angegebenen Begründungsmittel (z.B. Vergleichswohnungen) gebunden, sondern kann sich zu seiner Überzeugung auf andere Beweismittel (z.B. einen Mietspiegel) stützen. Aus verfassungsrechtlichen Gründen ist es dem Gericht nicht verwehrt, einen geeigneten Mietspiegel ohne zusätzliches Sachverständigengutachten heranzuziehen, um die ortsübliche Miete festzustellen (BVerfG WuM 1991, 523).

1271 *4.2* Es empfiehlt sich, in geeigneten Fällen eine gerichtliche **Augenscheinseinnahme** ausdrücklich zu beantragen und darauf hinzuweisen, dass der Mietspiegel nur das allgemeine Mietgefüge, nicht aber die konkrete Miete widerspiegelt, die es für die Mietwohnung zu ermitteln gilt. In der Praxis wird gerade nach Durchführung von gerichtlichen Augenscheinseinnahmen nicht selten ein Vergleich erreicht.

1272 *4.3* Ein **Sachverständigengutachten** wird – schon aus Kostengründen – nur in Betracht kommen, wenn ein Mietspiegel entweder nicht vorhanden oder ohne ausreichenden Beweiswert ist.

1273 **5. Wartefrist und Kappungsgrenze.** Die Angabe, dass die Wartefrist von einem Jahr eingehalten und die Kappungsgrenze gewahrt ist, gehört zur Schlüssigkeit der Klage.

Zur Kappungsgrenze s. die Hinweise zu Teil 1 Rdn. 1222 und 1243.

6. Klagerwiderung gegenüber der Klage auf Zustimmung zur Mieterhöhung

Es wird beantragt,

die Klage abzuweisen.

Begründung: **1**

Eventuell: Die Klage ist schon als unzulässig abzuweisen, da bereits die formellen Voraussetzungen eines wirksamen Mieterhöhungsverlangens nicht erfüllt sind. Das ergibt sich aus folgenden Umständen:

▶ Beispiel:

Das Erhöhungsverlangen, auf welches die Klage gestützt wird, richtet sich ausschließlich nur an den Beklagten zu 1, während beide Beklagte als Ehegatten Mieter sind, mithin das Verlangen ihnen beiden gegenüber hätte erklärt werden müssen. **2**

▶ Beispiel:

Im Erhöhungsverlangen, auf welches die Klage gestützt wird, fehlen jegliche konkreten Angaben über Art, Beschaffenheit und Lage des streitgegenständlichen Mietobjekts. Eine Einordnung in den Mietenspiegel, auf den zur Begründung des Erhöhungsverlangens Bezug genommen wird, ist dem Beklagten daher gar nicht möglich gewesen. Der Kläger hat zudem in seinem Mieterhöhungsbegehren auch nicht angegeben, welche Rubrik des Mietenspiegels seiner Auffassung nach zum Tragen kommen soll. **3**

Die Klage ist der Sache nach nicht gerechtfertigt. Denn die von dem Beklagten gegenwärtig gezahlte und geschuldete Miete unterschreitet die ortsübliche Miete für vergleichbare Objekte nicht. **4**

Beweis: – Anwendung des Mietenspiegels aus dem Jahre _____ der Gemeinde _____

– Sachverständigengutachten

Eine Erhöhung der Miete ist daher z.Zt. ausgeschlossen, dazu wird im Einzelnen vorgetragen:

▶ Beispiel:

Die von dem Kläger herangezogenen 3 Vergleichsobjekte, auf die er sein Erhöhungsverlangen stützt, sind nicht repräsentativ. Sie wurden offenbar im Hinblick auf hohe Mietwerte aus einer größeren Anzahl von Vergleichsobjekten, die auch zum Teil deutlich geringere Werte ausweisen dürften, ausgewählt. Der für die hier fragliche Gemeinde vorliegende Mietenspiegel beruht dagegen auf einer einwandfrei erhobenen und ausreichend breiten Datenbasis. Bei Anwendung des Mietenspiegels ist die Wohnung des Beklagten in die Rubrik _____ einzuordnen. Die jetzt gezahlte Miete überschreitet bereits den Höchstwert dieser Rubrik. Eine weitere Anhebung kann daher nicht in Betracht kommen. **5**

▶ Beispiel:

Der Kläger übersieht, dass Bad und Nachtspeicherheizung der Wohnung vom Vormieter auf dessen Kosten eingebaut wurden. Der Beklagte hat diese Einrichtungsgegenstände gegen Zahlung eines Abstandes vom Vormieter übernommen. **6**

> **Beweis:** – Zeugnis des Vormieters (Name, ladungsfähige Anschrift)
> – Vorlage der schriftlichen Abstandsvereinbarung
>
> Bei der Bewertung der Wohnung im hier in Rede stehenden Kontext ist daher von einer Ausstattung des Mietobjekts ohne Bad und ohne Heizung auszugehen. Bei Anwendung des Mietenspiegels ist daher von dem Rasterfeld _____ auszugehen; die gegenwärtige Miete überschreitet bereits deutlich den im Rasterfeld ausgewiesenen Mittelwert. Umstände, die eine Überschreitung dieses Mittelwerts rechtfertigen könnten, hat der Kläger nicht vorgetragen, sie sind auch nicht erkennbar.

Erläuterungen

1275 **1. Wirksames Mieterhöhungsverlangen.** *1.1* Ein **wirksames Mieterhöhungsverlangen** ist erforderlich, damit die Überlegungsfrist gemäß § 558b Abs. 2 BGB in Lauf gesetzt wird. Erst mit Ablauf der Überlegungsfrist beginnt die Klagefrist gemäß § 558b Abs. 2 S. 2 BGB zu laufen. Eine vor Ablauf der Überlegungsfrist erhobene Zustimmungsklage ist unzulässig.

1276 *1.2* Ein wirksames Erhöhungsverlangen ist ebenso wie der Ablauf der **Überlegungsfrist** Voraussetzung für ein Urteil in der Sache selbst (Sachurteilsvoraussetzung). Ohne diese Voraussetzungen darf keine materiell-rechtliche Entscheidung ergehen.

1277 **2. Personenmehrheiten.** Das Erhöhungsverlangen muss bei einer Personenmehrheit auf Mieterseite allen gegenüber erklärt werden; denn mehrere Mieter schulden die Zustimmung als Gesamthandschuldner. Sie sind daher **notwendige Streitgenossen** und müssen gemeinschaftlich verklagt werden, um widerstreitende Entscheidungen zu vermeiden. Das gilt auch dann, wenn nur einer der Mieter dem Erhöhungsverlangen vorprozessual zugestimmt hat.

1278 **3. Beschreibung des Mietobjektes.** Zur Konkretisierung der Angaben im Erhöhungsverlangen s. die Hinweise zu Teil 1 Rdn. 1197.

1279 **4. Ortsübliche Vergleichsmiete.** Eine Mieterhöhung ist nur begründet, wenn die bisher geschuldete Miete hinter der **ortsüblichen Miete** zurückbleibt. Das ist vom Vermieter im Rechtsstreit zu beweisen. Der Gegenbeweis des Mieters erfolgt also nur vorsorglich und hilfsweise.

1280 **5. Vergleichswohnungen.** Da das Gericht nicht an die vom Vermieter genannten Begründungs- und Beweismittel gebunden ist, kann der Mieter sich auch dann auf einen Mietspiegel berufen, wenn der Vermieter beispielsweise Beweis durch Sachverständigengutachten angeboten hat. Da eine Vergleichsmieten-Liste in der Regel keinen ausreichenden Beweiswert besitzt, werden an die **Vergleichbarkeit der Vergleichswohnungen** großzügige Maßstäbe angelegt, soweit es sich hierbei nur um das formelle Begründungsmittel handelt (BGH NZM 2014, 747 = WuM 2014, 494). Das gilt etwa für Angaben zur Wohnfläche (OLG Schleswig WuM 1987, 140) oder zur Mietstruktur (BVerfG ZMR 1993, 558).

1281 S. auch die Hinweise zu Teil 1 Rdn. 1210.

1282 **6. Ausstattungsmerkmale.** *6.1* Der Vermieter kann eine höhere Miete nur für solche **Ausstattungsmerkmale** verlangen, die er zur Verfügung gestellt hat und für die er demgemäß die Gebrauchsgewährpflicht trägt. Ausstattungsmerkmale, die der Mieter geschaffen oder von einem Vormieter übernommen hat, bleiben also für die Ermittlung der ortsüblichen Miete außer Betracht (BayObLG ZMR 1982, 158). Dabei kommt es auf das Alter und die Nutzungsdauer der Gegenstände nicht an.

6.2 Hat sich der Mieter nur an den **Kosten der Ausstattung** beteiligt, so wird seine Leistung in der Regel als Baukostenzuschuss zu verstehen sein, dessen Reduzierung (»Abwohnung«) sich nach dem BaukostenzuschussG (BGBl. 1961 I S. 969) richtet (Faustregel: Ein Betrag in Höhe einer Jahresmiete wird in 48 Monaten abgewohnt). Stammt hingegen die Ausstattung von dem Mieter, bleibt diese Ausstattung bei der Ermittlung der ortsüblichen Miete auf Dauer unberücksichtigt (BGH NJW-RR 2010, 1384; WuM 2010, 569). Zu den Einzelheiten s. Schmidt-Futterer/*Eisenschmid* § 535 Rn. 677 ff.

7. Erhöhung der Miete bis zur ortsüblichen Miete (§§ 558, 558a BGB) bei gemischt genutzten Räumen

Ausweislich der im Original beigefügten Vollmacht zeige ich die Vertretung des Vermieters

oder

der Vermieter

der von Ihnen gemieteten Wohnung an.

Meine Mandantschaft ist gemäß § 558 BGB berechtigt, die Zustimmung zu einer Erhöhung der Miete bis zur ortsüblichen Vergleichsmiete zu verlangen, wenn die Miete in dem Zeitpunkt, zu dem die Erhöhung eintreten soll, seit 15 Monaten unverändert ist; das Mieterhöhungsverlangen kann frühestens 1 Jahr nach der letzten Mieterhöhung geltend gemacht werden; Mieterhöhungen wegen Modernisierungsmaßnahmen oder gestiegener Betriebskosten werden hier nicht berücksichtigt. **1**

Die genannten Voraussetzungen sind in Bezug auf das an Sie vermietete Objekt mit überwiegendem Wohnanteil erfüllt, das im Wesentlichen durch folgende Merkmale gekennzeichnet ist (Bezeichnung der Hauptmerkmale): **2**

▶ Beispiel:

Baualtersklasse:	1919 bis 1948
Wohnlage:	gut
Größe:	96 m²
	(80 m² Wohnanteil, 16 m² Ladenanteil)
	oder
	(80 m² Wohnanteil, 16 m² Büroräume)
Ausstattung:	mit Bad und Sammelheizung, Fahrstuhl, Einbauküche, Trennung von Bad und WC.

Die ortsübliche Vergleichsmiete ergibt sich aus dem Mietenspiegel des Jahres _____ **3**

oder

Aus dem qualifizierten Mietenspiegel des Jahres _____ der Gemeinde _____. Aufgrund der oben bezeichneten Merkmale Ihrer Wohnung ist anzuwenden die Rubrik _____ mit einer Mietspanne von _____ € bis _____ € pro m² netto kalt bei einem Mittelwert von _____ € pro m² Wohnfläche. **4**

oder

Die ortsübliche Miete ergibt sich aus den Vergleichsmieten, die in der beigefügten und von mir unterzeichneten Anlage näher nach Belegenheit und Art beschrieben werden. Die darin aufgeführten Mietobjekte sind hinsichtlich Lage, Größe, Baualter und Ausstattung mit Ihrer Wohnung vergleichbar (vgl. Beispiel Teil 1 Rdn. 1210). [5]

oder

Die ortsübliche Miete ergibt sich aus dem im Original beigefügten Sachverständigengutachten, auf dessen Inhalt zur Begründung im Einzelnen Bezug genommen wird. [6]

Danach ist grundsätzlich eine Miete von monatlich _____ € pro m² netto kalt für Ihre Wohnung ortsüblich. Auf Grund der teilgewerblichen Nutzung halte ich jedoch einen Zuschlag zur Wohnungsmiete für angemessen. Diesen berechne ich unter entsprechender Anwendung vom § 26 Abs. 2 NMV mit einem Zuschlag von 50 % der auf den gewerblichen Teil entfallenden Miete. Im Hinblick auf die Größe des Mietobjekts von _____ m² ergibt sich aufgrund nachstehender Berechnung eine neue monatliche Nettokaltmiete von _____ €, dies entspricht einer Miete von _____ pro m²: [7]

▶ Beispiel:

Wohnanteil 80 m², Ladenanteil 16 m²

ortsübliche Miete für die Wohnung 9,00 €/m² monatlich

Mietberechnung:
Wohn- und Ladenanteil: 96 m² × 9,00 €   864,00 €
Gewerbemietzuschlag: 16 m² × 9,00 € : 2 =   72,00 €
neue monatliche Nettokaltmiete   936,00 €
= pro m² monatlich netto kalt   9,75 €

Es ergibt sich somit bei der oben genannten Größe des an Sie
vermieteten Objektes eine neue monatliche Nettokaltmiete von   _____ €
zuzüglich monatlicher Vorauszahlungen auf Heizungskosten von   _____ €
zuzüglich monatlicher Vorauszahlungen auf sonstige Betriebskosten im Sinne von § 2 BetrKV   _____ €
neue monatliche Gesamtmiete   _____ €

Soweit eine Erhöhungsbegrenzung gemäß § 558 Abs. 3, 4 BGB zum Tragen kommt, wird sie durch das Erhöhungsverlangen beachtet, da die Miete innerhalb von 3 Jahren, von Erhöhungen wegen einer Modernisierung oder gestiegener Betriebskosten abgesehen, nicht um mehr als 20 %

oder

15 %

ansteigt. [8]

Die neue Miete gilt mit Beginn des 3. Kalendermonats nach dem Zugang dieses Erhöhungsverlangens, also ab _____ . [9]

Ich bitte Sie, die Zustimmung zu dieser Mieterhöhung bis spätestens zum Ablauf des 2. Kalendermonats nach dem Zugang dieses Schreibens, also bis zum _____ zu erklären. Soweit zwei oder mehrere Personen Mieter sind, ist die Zustimmung aller Mieter erforderlich. [10]

E. Mietänderung bei preisfreiem Wohnraum

Erläuterungen

1. Anwendungsbereich. Die §§ 557 ff. BGB betreffen die Mieterhöhung bei Mietverhältnissen über Wohnraum, sie sind auf einheitliche Mietverhältnisse über Wohn- und Geschäftsräume nur anzuwenden, wenn die Nutzung als Wohnung überwiegt und sozusagen den Schwerpunkt darstellt. (BGH NJW-RR 1986, 877 = ZMR 1986, 278). Dabei ist auf die Umstände des Einzelfalls abzustellen, wobei beim Fehlen ausdrücklicher Abreden auf objektive (äußerliche) Umstände zurückgegriffen werden kann (BGH NZM 2014, 747 = WuM 2014, 494). Als derartige Indizien kommen in Betracht:

– der Zuschnitt des verwendeten Mietvertragsformulars (z.B. »Vermietung eines Hauses« unter Ausrichtung eines Formulars an für Wohnraummietverhältnisse typischen Vertragsbedingungen, obwohl es im selben Verlag auch Formulare zur Anmietung von Gewerberäumen gegeben hätte, insbesondere zur (für Gewerberaummiete ungewöhnliche, weil unbestimmte) Laufzeit, zur Mietkaution (nach dem Vorbild in § 551 BGB) und zu Kleinreparaturen;
– die Flächenverhältnisse Wohn- zu Gewerberaum;
– die Verteilung der Gesamtmiete auf die Nutzungsanteile, soweit gesondert ausgewiesen, und womöglich höhere Miete für gewerblich zu nutzende Flächen/Regelung der Umsatzsteuerfrage;
– die baulichen Gegebenheiten;
– vorvertragliche Umstände/nachträgliches Verhalten, soweit es zurückwirkende Schlüsse zulässt (Vorlage eines »Fragebogens zur Wohnungsbewerbung«, früherer Kündigungsversuch des Vermieters gestützt auf Eigenbedarf).

Lässt sich bei der gebotenen Einzelfallprüfung ein Überwiegen der gewerblichen Nutzung nicht feststellen, ist im Hinblick auf das Schutzbedürfnis des Mieters von der Geltung der Vorschriften der Wohnraummiete auszugehen (BGH NZM 2014, 747 = WuM 2014, 494).

Liegt danach ein **einheitlicher Gewerberaummietvertrag** vor, kann der Vermieter zur Durchsetzung einer Mieterhöhung eine Änderungskündigung aussprechen, sofern diese nicht vertraglich ausgeschlossen ist. S. dazu die Hinweise zu Teil 1 Rdn. 1824.

Liegt danach das Schwergewicht des Vertrags auf dem **Wohnzweck**, so bezieht sich das Mieterhöhungsverlangen nach § 558 BGB auf das gesamte Mietverhältnis und ergreift daher auch den gewerblich genutzten Teil der Mietfläche.

2. Beschreibung der Wohnung. Zur Wohnungsbeschreibung s. die Hinweise zu Teil 1 Rdn. 1197.

3. Mietspiegel. Ein **Mietspiegel** erfasst grundsätzlich nur Mietverhältnisse über Wohnraum, die allein zu Wohnzwecken genutzt werden. Da zunächst die Wohnraummiete und erst hierauf aufbauend der Wert der gewerblichen Nutzung zu ermitteln ist, ist ein Mietspiegel verwendbar.

Zur Begründung des Mieterhöhungsverlangens mit Hilfe eines Mietspiegels s. die Hinweise zu Teil 1 Rdn. 1200.

4. Qualifizierter Mietspiegel. Zum qualifizierten Mietspiegel s. die Hinweise zu Teil 1 Rdn. 1208.

5. Vergleichswohnungen. Zur Begründung des Erhöhungsverlangens mit Hilfe von Vergleichsmieten s. die Hinweise zu Teil 1 Rdn. 1210.

6. Sachverständigengutachten. Zur Begründung des Erhöhungsverlangens mit Hilfe eines Sachverständigengutachtens s. die Hinweise zu Teil 1 Rdn. 1217 und Teil 1 Rdn. 1254.

7. Zuschläge. *7.1* Grundsätzlich dürfen von dem Vermieter für besondere Merkmale seiner Wohnung keine Zuschläge erhoben werden (FA MietRWEG/*Elzer* 4. Kap. Rn. 291). So ist es auch dem Vermieter verwehrt, im Fall der Vereinbarung einer unwirksamen Schönheitsreparaturklausel einen Zuschlag auf die ortsübliche Vergleichsmiete zu erheben (BGH ZMR 2008, 879; WuM 2008, 560; ZMR 2009, 514; WuM 2009, 240).

1295 *7.2* Ausnahmen bestehen für die **teilgewerbliche Nutzung**. Die **teilgewerbliche Nutzung** ist eine Sondernutzung, die sich nach der Markterfahrung in einer höheren Miete niederzuschlagen pflegt. Die analoge Anwendung von § 26 Abs. 2 NMV auch für nicht preisgebundenen Wohnraum ist bejaht worden von LG Hamburg Urteile vom 18.09.1990 – 316 S 160/90, vom 16.02.1993 – 316 S 214/92 – und vom 23.11.1993 – 316 S 310/92; ähnlich OLG Hamburg WuM 1995, 650 für die Bewertung eines Schiedsgutachtens nach § 319 BGB.

1296 *7.3* Der **Gewerbezuschlag** nach § 26 Abs. 2 S. 2 NMV darf je nach dem Grad der wirtschaftlichen Mehrbelastung des Vermieters durch eine mögliche erhöhte Abnutzung bis zu 50 % der anteiligen Einzelmiete der Räume betragen, die zu gewerblichen Zwecken genutzt werden. Sofern die Genehmigung zur gewerblichen Nutzung von einer Ausgleichszahlung des Vermieters, insbesondere von einer höheren Verzinsung des öffentlichen Baudarlehens, abhängig gemacht wurde, kann nach Maßgabe des § 26 Abs. 2 S. 3 NMV ein höherer Zuschlag errechnet werden.

1297 **8. Kappungsgrenze.** Zur Bestimmung der Kappungsgrenze s. die Hinweise zu Teil 1 Rdn. 1222 und 1243.

1298 **Achtung!** Haben die Mietparteien einen Gewerbezuschlag vereinbart, so wird dieser von der Mieterhöhung nach § 558 BGB nicht erfasst. Er wird also der neu ermittelten Vergleichsmiete für die Wohnung wieder hinzugerechnet. Der Zuschlag kann durch Vereinbarung oder einen zugunsten des Vermieters vereinbarten Leistungsvorbehalt einseitig von diesem erhöht werden (BayObLG ZMR 1986, 193).

1299 **9. Wirkungszeitpunkt.** Der **Wirkungszeitpunkt** richtet sich nach § 558b Abs. 1 BGB, s. dazu die Hinweise zu Teil 1 Rdn. 1227.

1300 **10. Form der Zustimmung.** Die Zustimmung kann auch formlos, selbst durch **schlüssiges Verhalten** erklärt werden. Der Vermieter hat keinen Anspruch auf Wahrung einer bestimmten Form. Eine Ausnahme gilt lediglich bei einem Mietvertrag, der für längere Zeit als ein Jahr abgeschlossen wird (§ 550 BGB) wegen der Formbedürftigkeit auch der Vertragsänderung; s. dazu die Hinweise zu Teil 1 Rdn. 1230.

1301 Gleichwohl empfiehlt es sich, den Mieter nachhaltig zur Erklärung aufzufordern, um in einem späteren Rechtsstreit Kostennachteile zu vermeiden; s. wiederum die Hinweise zu Teil 1 Rdn. 1230 ff.

8. Erhöhung der Miete bis zur ortsüblichen Miete (§§ 558, 558a BGB) bei gemischt genutzten Räumen und Ausweisung getrennter Entgelte

1302 **Ausweislich der im Original beigefügten Vollmacht zeige ich die Vertretung des Vermieters**

oder

der Vermieter

der von Ihnen gemieteten Wohnung an.

Meine Mandantschaft ist gemäß § 558 BGB berechtigt, die Zustimmung zu einer Erhöhung der Miete bis zur ortsüblichen Vergleichsmiete zu verlangen, wenn die Miete in dem Zeitpunkt, zu dem die Erhöhung eintreten soll, seit 15 Monaten unverändert ist; das Mieterhöhungsverlangen kann frühestens 1 Jahr nach der letzten Mieterhöhung geltend gemacht werden; Mieterhöhungen wegen Modernisierungsmaßnahmen oder gestiegener Betriebskosten werden hier nicht berücksichtigt. [1]

E. Mietänderung bei preisfreiem Wohnraum

Die genannten Voraussetzungen sind in Bezug auf den an Sie vermieteten Wohnraum erfüllt, der im Wesentlichen durch folgende Merkmale gekennzeichnet ist (Bezeichnung der Hauptmerkmale): 2

▶ Beispiel:

Baualtersklasse:	1919 bis 1948
Wohnlage:	gut
Größe:	96 m²
Ausstattung:	mit Bad und Sammelheizung, Fahrstuhl, Einbauküche, Trennung von Bad und WC.

Die ortsübliche Vergleichsmiete ergibt sich aus dem Mietenspiegel des Jahres _____ 3

oder

aus dem qualifizierten Mietenspiegel des Jahres _____ der Gemeinde _____. Aufgrund der oben bezeichneten Merkmale Ihrer Wohnung ist anzuwenden die Rubrik _____ mit einer Mietspanne von _____ € bis _____ € pro m² netto kalt bei einem Mittelwert von _____ € pro m² Wohnfläche. 4

oder

Die ortsübliche Miete ergibt sich aus den Vergleichsmieten, die in der beigefügten und von mir unterzeichneten Anlage näher nach Belegenheit und Art beschrieben werden. Die darin aufgeführten Mietobjekte sind hinsichtlich Lage, Größe, Baualter und Ausstattung mit Ihrer Wohnung vergleichbar (vgl. Beispiel Teil 1 Rdn. 1210). 5

oder

Die ortsübliche Miete ergibt sich aus dem im Original beigefügten Sachverständigengutachten, auf dessen Inhalt zur Begründung im einzelnen Bezug genommen wird. 6

Danach ist eine Miete von monatlich _____ € pro m² netto kalt für Ihre Wohnung ortsüblich. Neben Ihrer Wohnung haben Sie im untergeordneten Umfange nicht zu Wohnzwecken dienende Räumlichkeiten auf dem Grundstück _____, nämlich 7

▶ Beispiel:

1 Garage

gemietet, für deren Überlassung ein ebenfalls seit länger als 1 Jahr unverändertes gesondert ausgewiesenes Entgelt im Rahmen des einheitlichen Mietverhältnisses vereinbart ist. Im Rahmen des vorliegenden Erhöhungsverlangens soll auch dieses Entgelt von bisher _____ € auf _____ € monatlich erhöht werden. Die Ortsüblichkeit des verlangten Betrages wird wie folgt begründet (im Folgenden ist die Ortsüblichkeit des erhöhten Betrages für den nicht zu Wohnzwecken vermieteten Teil zu begründen):

Aus den in der Anlage beigefügten Vergleichsobjekten können Sie ersehen, dass für vergleichbare Garagen Entgelte in Höhe von monatlich € 90,00 gezahlt werden. Der bisher vereinbarte Betrag von € 60,00 monatlich unterschreitet daher die ortsübliche Miete deutlich.

Im Hinblick auf die oben genannte Größe des an Sie vermieteten Objektes ergibt sich somit insgesamt eine [8]

neue monatliche Nettokaltmiete für den Wohnraum von _____ €
zuzüglich monatlicher Miete für die nicht zu Wohnzwecken dienenden Räumlichkeiten _____ €
zuzüglich monatlicher Vorauszahlungen auf Heizungskosten von _____ €
zuzüglich monatlicher Vorauszahlungen auf sonstige Betriebskosten im Sinne von § 2 BetrVK _____ €
neue monatliche Gesamtmiete _____ €

Soweit eine Erhöhungsbegrenzung gemäß § 558 Abs. 3, 4 BGB zum Tragen kommt, wird sie durch das Erhöhungsverlangen beachtet, da die Miete innerhalb von 3 Jahren, von Erhöhungen wegen einer Modernisierung oder gestiegener Betriebskosten abgesehen, nicht um mehr als 20 %

oder

15 %

ansteigt. [9]

Die neue Miete gilt mit Beginn des 3. Kalendermonats nach dem Zugang dieses Erhöhungsverlangens, also ab _____ . [10]

Ich bitte Sie, die Zustimmung zu dieser Mieterhöhung bis spätestens zum Ablauf des 2. Kalendermonats nach dem Zugang dieses Schreibens, also bis zum _____ zu erklären. Soweit zwei oder mehrere Personen Mieter sind, ist die Zustimmung aller Mieter erforderlich. [11]

Erläuterungen

1303 **1. Einheitliches Mietverhältnis.** Die Überlassung von Wohnraum und Garage stellt einen weiteren Sonderfall dar: Bei einem schriftlichen Wohnungsmietvertrag und einem separat abgeschlossenen Mietvertrag über eine Garage spricht eine tatsächliche Vermutung für die rechtliche Selbständigkeit der beiden Vereinbarungen (BGH ZMR 2012, 176 = WuM 2012, 14). Es bedarf dann der Widerlegung dieser Vermutung durch besondere Umstände, welche die Annahme rechtfertigen, dass die Mietverhältnisse über die Wohnung und die Garage nach dem Willen der Beteiligten eine rechtliche Einheit bilden sollen. Das ist im Regelfall dann anzunehmen, wenn Wohnung und Garage auf demselben Grundstück liegen (BGH ZMR 2012, 176 = WuM 2012, 14).

1304 Daher sollten stets getrennte Verträge abgeschlossen werden. Liegt ein solches **gesondertes Vertragsverhältnis über die Garage** vor, so kann der Vermieter zur Durchsetzung einer Mieterhöhung für die Garage eine Änderungskündigung aussprechen; § 573 Abs. 1 S. 2 BGB ist nicht anzuwenden, die Bestimmung gilt nur für Mietverhältnisse über Wohnraum.

1305 **2. Beschreibung der Wohnung.** Zur Beschreibung der Wohnung s. Muster und Hinweise zu Teil 1 Rdn. 1197.

1306 **3. Mietspiegel.** Zur Begründung des Erhöhungsverlangens mit Hilfe eines Mietspiegels s. die Muster und Hinweise zu Teil 1 Rdn. 1200.

1307 **4. Qualifizierter Mietspiegel.** Zur Begründung des Erhöhungsverlangens mit Hilfe eines Mietspiegels s. die Muster und Hinweise zu Teil 1 Rdn. 1208.

1308 **5. Vergleichswohnungen.** Zur Begründung des Erhöhungsverlangens mit Hilfe von Vergleichsmieten s. die Muster und Hinweise zu Teil 1 Rdn. 1210.

6. Sachverständigengutachten. Zur Begründung des Erhöhungsverlangens mit Hilfe eines Sachverständigengutachtens s. die Muster und Hinweise zu Teil 1 Rdn. 1217 und Teil 1 Rdn. 1254.

7. Mieterhöhung bei gemischt genutzten Objekten. *7.1* Eine isolierte Mieterhöhung nach § 558 BGB nur für den nicht zu Wohnzwecken dienenden Raum ist unzulässig (LG Mannheim NJW 1974, 1713; AG Brühl WuM 1985, 338; AG Köln MietRB 2004, 1). Entspricht bei einem **einheitlichen Mietverhältnis** über Wohnraum und Garage der Garagenanteil nicht mehr der Ortsüblichkeit, so kann nur die Gesamtmiete erhöht werden (AG Köln MietRB 2004, 1).

7.2 Ist bei einem einheitlichen Mietverhältnis für Wohnraum und Garage eine **getrennte Miete ausgewiesen**, so muss es anlässlich der Mieterhöhung nach § 558 BGB gleichwohl bei dieser Struktur bleiben. Denn der Vermieter muss in seinem Erhöhungsverlangen die Ortsüblichkeit beider Entgeltanteile begründen (*Sternel* Mietrecht, III Rn. 605c). Nach LG Rottweil NZM 1998, 432 kann der Vermieter ein Mieterhöhungsverlangen hinsichtlich des Wohnanteils auf den örtlichen Mietspiegel und hinsichtlich einer grundstückszugehörigen Garage auf die ortsübliche Garagenmiete stützen. Da es für Garagen keine dem Mietspiegel vergleichbare Erkenntnisquelle gibt, genügt es, wenn der Vermieter die Erhöhung der Garagenmiete allgemein auf die Ortsüblichkeit stützt, etwa durch Benennung von drei vergleichbaren Garagen (s. LG Rottweil NZM 2003, 432, 433) oder durch Bezugnahme auf ein mit Gründen versehenes Sachverständigengutachten (vgl. § 558a Abs. 2 Nrn. 3 und 4 BGB). Allerdings müssen die »**Vergleichsgaragen**« grundsätzlich aus einem einheitlichen Mietverhältnis mit Wohnraum und Garage resultieren; bei Objekten aus einem selbständigen Garagenmietmarkt besteht ein völlig anderes Preisgefüge. Zumindest sollte es sich um (wenn auch selbständige) Garagen handeln, die faktisch im Zusammenhang mit Wohnraum vermietet werden. Zum Teil stellen die Gerichte hier aber nicht so hohe Anforderungen.

7.3 Zur Garagenmieterhöhung bei einheitlichem Mietverhältnis Wohnung/Garage im preisgebundenen Wohnraum s. Teil 1 Rdn. 1501.

8. Mietstruktur. Zur Berücksichtigung der Mietstruktur s. die Hinweise zu Teil 1 Rdn. 1219.

9. Kappungsgrenze. Zur Berücksichtigung und Berechnung der Kappungsgrenze s. die Hinweise zu Teil 1 Rdn. 1222.

10. Wirkungszeitpunkt. Zum Wirkungszeitpunkt s. die Hinweise zu Teil 1 Rdn. 1227.

11. Zustimmung. Zur Zustimmung des Mieters s. Muster und Hinweise zu Teil 1 Rdn. 1228.

Der Vermieter hat nur einen Anspruch auf Zustimmung zur Mieterhöhung, nicht aber auf Einhaltung einer bestimmten Form, sofern diese für Vertragsänderungen nicht eindeutig vereinbart ist. Eine Ausnahme gilt lediglich bei einem Mietvertrag, der für längere Zeit als ein Jahr abgeschlossen wird (§ 550 BGB) wegen der Formbedürftigkeit auch der Vertragsänderung; s. dazu die Hinweise zu Teil 1 Rdn. 1230.

Um Kostennachteile daraus zu vermeiden, dass sich der Mieter auf eine vorprozessual schlüssig erklärte Zustimmung (z.B. durch Zahlung des erhöhten Betrages) beruft, empfiehlt es sich, den Mieter **unter Klageandrohung** zu einer ausdrücklichen Zustimmungserklärung aufzufordern.

9. Prozessuales, nachgebessertes Mieterhöhungsverlangen (§ 558b Abs. 3 BGB)

Ausweislich der im Original beigefügten Vollmacht zeige ich die Vertretung des Vermieters

oder

der Vermieter

der von Ihnen gemieteten Wohnung an.

Sie haben im z.Zt. beim Amtsgericht _____ unter dem Aktenzeichen _____ anhängigen Verfahren auf Zustimmung zur Mieterhöhung gerügt, dass das zugrundeliegende Mieterhöhungsverlangen nicht den Anforderungen des § 558a BGB entsprechen würde. Sie haben insoweit geltend gemacht: [1]

▶ Beispiel:

Dem Mieterhöhungsverlangen habe nicht das zur Begründung beigefügte Sachverständigengutachten beigelegen.

▶ Beispiel:

Im Mieterhöhungsverlangen sei das Baualter des Hauses nicht angegeben, so dass Sie Ihre Wohnung dem Mietenspiegel 2007 der Freien und Hansestadt Hamburg nicht hätten zuordnen können, da im Erhöhungsverlangen auch nicht konkret die Rubrik bezeichnet gewesen sei, deren Werte für die Begründung der Mieterhöhung herangezogen werden sollten. Sie hätten deswegen nicht beurteilen können, ob das Erhöhungsverlangen auf der Grundlage des genannten Mietenspiegels gerechtfertigt ist.

Unter erneuter Bezugnahme auf das Ihnen bereits vorliegende Erhöhungsverlangen möchte ich daher mit diesem Schreiben vorsorglich einen etwaigen Mangel beheben und teile Ihnen daher ergänzend Folgendes mit: [2]

▶ Beispiel:

Das dem Erhöhungsverlangen möglicherweise nicht beigefügte Sachverständigengutachten überreiche ich nunmehr anliegend und nehme auf den Inhalt Bezug. Daraus können Sie erkennen, dass die begehrte Mieterhöhung sachlich gerechtfertigt ist.

▶ Beispiel:

Das Haus, in dem sich Ihre Wohnung befindet, ist der Baualtersklasse bis 31.12.1918 zuzuordnen. Unter Berücksichtigung der weiter im Mieterhöhungsverlangen bereits mitgeteilten Kriterien von Lage und Ausstattung des Mietobjektes ist daher maßgeblich das Rasterfeld C/4 des Hamburger Mietenspiegels 2013 mit einer Mietspanne pro qm von 6,63 bis 11,04 € monatlich netto kalt bei einem Mittelwert von 8,36 €. Die von Ihnen geforderte Miete entspricht dem Mittelwert.

Die neue, von meiner Mandantschaft beanspruchte monatliche Miete ergibt sich nach Höhe und Zusammensetzung aus dem Ihnen bereits vorliegenden Erhöhungsverlangen. Unter Bezugnahme hierauf und die ergänzenden Angaben in diesem Schreiben werden Sie erneut um Zustimmung zur Mieterhöhung gebeten. [3]

Die auf das vorliegende Schreiben gestützte Miete gilt mit Beginn des 3. Kalendermonats nach dem Zugang dieses Schreibens, also ab _____ .

Ich bitte Sie, die Zustimmung zu dieser Mieterhöhung bis spätestens zum Ablauf des zweiten Kalendermonats nach Zugang dieses Schreibens, also bis zum _____ zu erklären. Soweit 2 oder mehrere Personen Mieter sind, ist die Zustimmung aller Mieter erforderlich. Die kommentarlose Zahlung der erhöhten Miete genügt grundsätzlich nicht.

Erläuterungen

1. Nachgebessertes Mieterhöhungsverlangen. Ist der Klage ein Erhöhungsverlangen vorausgegangen, das nicht den formellen Anforderungen des § 558a BGB entspricht, so kann der Vermieter in der Klage oder in einem anderen prozessualen Schriftsatz das **Erhöhungsverlangen** nachholen oder die Mängel desselben beheben (§ 558b Abs. 3 S. 2 BGB). Anders als nach altem Recht, das lediglich eine komplette Neuvornahme des Erhöhungsverlangens zuließ, darf der Vermieter seine Erklärung nunmehr auch **nachbessern**, insbesondere
– die Begründung ergänzen,
– ein nicht beigefügtes Sachverständigengutachten nachreichen,
– eine erfolgte Bezugnahme auf den Mietspiegel konkretisieren, z.B. durch Nachbenennung der Baualtersklasse, damit eine Zuordnung der Wohnung zu einem bestimmtem Rasterfeld ermöglicht wird
– bei (Teil-)Inklusivmieten die erforderlichen Angaben zu den in der Miete enthaltenen Betriebskosten nachholen (BGH ZMR 2010, 435; WuM 2010, 161) oder
– eine fehlende Vergleichswohnung nachbenennen.

Achtung! Eine Nachholung oder Nachbesserung gemäß § 558b Abs. 3 BGB setzt voraus, dass der Klage überhaupt ein Erhöhungsverlangen vorausgegangen ist. Das ist nicht der Fall, wenn die Klagefrist abgelaufen ist. In diesem Fall ist das außergerichtliche Erhöhungsverlangen völlig unbeachtlich und somit der Konstellation gleichzustellen, dass gar kein Erhöhungsverlangen erfolgt ist.

2. Form. Der Vermieter kann eine Wiederholung sowie eine Nachbesserung seines Erhöhungsverlangens sowohl außergerichtlich als auch in einem prozessualen Schriftsatz, z.B. in der Klageschrift vornehmen (*Hinz* NZM 2002, 633 f.). Der **prozessuale Schriftsatz** muss dem Mieter aber verdeutlichen, dass darin zugleich ein materielles Mieterhöhungsverlangen liegt. Wird nur eine Verurteilung durch das Gericht begehrt, ist hierin kein wirksames Erhöhungsverlangen zu sehen (Schmidt-Futterer/*Börstinghaus* § 558b Rn. 164; *Hinz* NZM 2004, 681, 687).

3. Fristen. *3.1* Mit Zugang des prozessualen Erhöhungsverlangens oder der Nachbesserung wird eine **erneute Überlegungsfrist** für den Mieter in Lauf gesetzt (§§ 558 Abs. 3 S. 2 i.V. mit Abs. 2 S. 1 BGB). Das bedeutet, dass diese Frist erst mit Ablauf des zweiten Kalendermonats nach Zugang des letzten Bestandteils der Erklärung beim Mieter endet (vgl. § 558b Abs. 2 S. 1 BGB). Zugleich erfolgt eine **Verschiebung des Wirksamkeitszeitpunkts** nach Maßgabe des § 558b Abs. 1 BGB auf den Beginn des dritten Kalendermonats nach Zugang des letzten Teils der Erklärung (*Hinz* NZM 2002, 633, 634).

3.2 Das Gericht braucht die neue Überlegungsfrist nicht zu beachten, wenn der Mieter schon vorher das Erhöhungsverlangen **endgültig abgelehnt** hat (OLG Celle ZMR 1996, 206).

3.3 Das Gericht muss bei seiner Terminierung grundsätzlich nicht auf die erneut angelaufene Überlegungsfrist Rücksicht nehmen, sollte es aber in der Regel so handhaben, wenn nicht besondere Gründe entgegenstehen (zurückhaltender *Hinz* NZM 2002, 633, 636 f.; 2004, 681, 688). Ist im Zeitpunkt der letzten mündlichen Verhandlung die Überlegungsfrist noch nicht abgelaufen, weist das Gericht die Klage als unzulässig ab.

3.4 Der Kläger (Vermieter) kann aber dadurch Zeit gewinnen, dass er in der mündlichen Verhandlung keinen Antrag stellt, somit »in die Säumnis flieht«. Es ergeht dann ein echtes **Versäumnisurteil** gegen den Kläger (§ 330 ZPO), gegen das er binnen einer Notfrist von zwei Wochen Einspruch einlegen kann (s. § 338 f. ZPO). Die Formalien der Einspruchsschrift (s. § 340 ZPO) sind zu beachten.

3.5 Im Übrigen wird der Vermieter sein erstinstanzlich geltend gemachtes Erhöhungsverlangen auch mit der **Berufung** weiter verfolgen können (dazu *Hinz* NZM 2002, 633, 638; Schmidt-Futterer/*Börstinghaus* § 558b Rn. 165). Die Präklusionsbestimmung des § 531 Abs. 2 ZPO steht nicht im Wege. Die Vorschrift dürfte auf solche Tatsachen nicht anwendbar sein, die bereits im

Rahmen der Rechtsanwendung durch das Gericht zu berücksichtigen sind und deswegen überhaupt nicht vorgetragen werden müssen (kein Angriffsmittel). Dies ist beim Ablauf einer gesetzlich vorgegebenen Frist der Fall. Hier muss die Partei lediglich die Tatsachen oder Erklärungen vorbringen, die den Fristbeginn auslösen. Das fristauslösende Ereignis jedoch – nämlich der Zugang des Erhöhungsverlangens – liegt bereits in erster Instanz abgeschlossen vor. Jedenfalls stellt sich der tatsächliche Ablauf einer gesetzlich vorgegebenen Frist als offenkundige Tatsache (§ 291 ZPO) dar, die das Gericht dem Akteninhalt entnehmen kann (vgl. *Hinz* NZM 2002, 633, 638). Zumindest dürfte der Tatbestand des § 531 Abs. 2 Nr. 3 ZPO greifen. Dem Vermieter wird eine Nachlässigkeit nicht anzulasten sein, wenn er die rechtliche Bewertung des Gerichts abgewartet und auf einen Hinweis rechtzeitig reagiert hat (dazu ausführlich *Hinz* NZM 2002, 633, 638).

IX. Erhöhung nach Modernisierung

1. Anwaltliches Schreiben zur Erhöhung der Miete nach baulichen Veränderungen (§ 559 BGB) ohne Inanspruchnahme öffentlicher Mittel

1328   Sehr geehrter Herr Mustermann,

hiermit zeigen wir Ihnen an, dass uns Herr Beispielhaft mit der Wahrnehmung seiner rechtlichen Interessen in der vorbezeichneten Angelegenheit beauftragt hat. Unsere Bevollmächtigung wird anwaltlich versichert. [1]

Unser Mandant hat folgende Modernisierungsmaßnahmen in der von Ihnen gemieteten Wohnung in dem Mehrfamilienhaus _____ bzw. an dem Mietobjekt durchgeführt und diese konnten nunmehr abgeschlossen werden (genaue Bezeichnung der ausgeführten Maßnahmen): [2]

▶ Beispiel:

Energetische Modernisierung (§ 555b Nr. 1 BGB)

Unser Mandant hat die gesamte Gebäudehülle des Mietobjekts mit einer hochwertigen Wärmedämmung versehen. Gleichzeitig wurden die bisher einfachverglasten Fenster durch neue isolierverglaste Fenster einschließlich neuer Fensterrahmen ausgewechselt. [3]

Die durchgeführten Maßnahmen werden zu einer nachhaltigen Einsparung von Heizenergie führen, was sich im Einzelnen aus folgenden Umständen ableiten lässt: (möglichst genaue Darlegungen zum Umfang der Energieeinsparung). [4]

Maßnahme zur Reduzierung des Wasserverbrauches (§ 555b Nr. 3 BGB)

Sämtliche Wohnungen in dem Mietshaus, in dem sich Ihre Wohnung befindet, wurden mit einem Wasserzähler ausgestattet. Darüber hinaus wurde eine aufwendige Regenwassernutzungsanlage eingebaut. [5]

▶ Beispiel:

Modernisierungsmaßnahmen, die den Gebrauch der Mietsache nachhaltig erhöhen und zur Verbesserung des Wohnwertes beitragen (§ 555b Nr. 4 und 5 BGB)

In sämtlichen Wohnungen im Hause wurde der Schallschutz verbessert. Ebenso wurden die sanitären Einrichtungen erneut sowie die Grünanlage verbessert und ein Kinderspielplatz errichtet. [6]

▶ Beispiel:

Maßnahme aufgrund des seitens des Vermieters nicht zu vertretenden Umständen (§ 555b Nr. 6 BGB)

Gemäß § 10 EnEV war unser Mandant verpflichtet, die heizungstechnischen Anlagen, die bisher ungedämmt waren und sich in nicht beheizten Räumen befinden, nach Anlage 5 zur Begrenzung der Wärmeabgabe, zu dämmen. Dies betraf die zugänglichen Wärmeverteilungs- und Warmwasserleitungen sowie die Armaturen. Ebenso musste Heizkessel ersetzt werden (vgl. § 10 (1) EnEV). [7]

Gemäß § 559 BGB ist unser Mandant berechtigt, nach Abschluss der Modernisierungsmaßnahmen, bzw. der genannten, von unserem Mandanten nicht zu vertretenden baulichen Änderungen, einer Erhöhung der jährlichen Miete von 11 % der für Ihre Wohnung aufgewandten Kosten zu verlangen. Öffentliche Mittel hat unser Mandant zur Finanzierung der genannten baulichen Maßnahmen nicht in Anspruch genommen.

Der Gesamtaufwand der Maßnahme für Ihre Wohnung beträgt € _____ und berechnet sich wie folgt: (Eine genaue Spezifikation des Aufwandes ist erforderlich.). [8]

▶ Beispiel:

Gemäß der in Fotokopie beiliegenden Schlussrechnung der seitens unseres Mandanten beauftragten Fachfirma belaufen sich die Gesamtkosten der energetischen Modernisierung, d.h. dem Aufbringen einer hochwertigen Wärmedämmung auf die gesamte Gebäudehülle des Mietobjekts sowie dem gleichzeitigen Austausch der bisher einfachverglasten Fenster und dem Einbau neuer isolierverglaste Fenster einschließlich Fensterrahmen auf € 150.000,00. Da sämtliche 10 Wohnungen im Hause etwa gleich groß sind und sich auch in den baulichen Gegebenheiten im Wesentlichen gleichen, kann der Gesamtaufwand gleichmäßig nach der Anzahl der Wohnungen verteilt werden. Danach entfällt auf Ihre Wohnung ein Aufwand von € 15.000,00 für die gesamte Modernisierungsmaßnahme.

oder

Der Gesamtaufwand der Maßnahme für Ihre Wohnung beträgt abzüglich ersparter Erhaltungsmaßnahmen € _____. Der vorstehende Betrag konnte durch eine Schätzung anhand der Aussage der seitens unseres Mandanten beauftragten Fachfirma ermittelt werden. [9]

▶ Beispiel:

Gemäß der in Fotokopie beigefügten Handwerkerrechnung ergeben sich für den Einbau von isolierverglasten Fenstern in Ihrer Wohnung Kosten in Höhe von	€ 18.000,00
Über notwendige Reparaturen an den bisherigen Fenstern hat unser Mandant vor Beginn der Modernisierungsmaßnahmen einen Kostenvoranschlag eingeholt, den wir Ihnen ergänzend in Fotokopie überlassen. Hieraus ergeben sich ersparte Aufwendungen in Höhe von	€ 3.000,00
sodass ein Gesamtaufwand von	€ 15.000,00
zu berücksichtigen ist. [10]	

Damit ergibt sich eine jährliche Erhöhung der Miete von € _____ **(11 % von € _____ = Gesamtaufwand), mithin eine monatliche Anhebung der Miete von €** _____ .

**Es ergibt sich somit eine
neue monatliche Nettokaltmiete
(bisherige Nettokaltmiete zzgl. Erhöhungsbetrag) von** € _____
zzgl. monatliche Vorauszahlungen auf Heizkosten von € _____
**zzgl. monatliche Vorauszahlungen auf sonstige Betriebskosten
im Sinne von § 2 BetrKV** € _____
neue monatliche Gesamtmiete € _____

oder

**Es ergibt sich somit eine
neue monatliche Bruttokaltmiete
(bisherige Bruttokaltmiete zzgl. Erhöhungsbetrag) von** € _____
zzgl. monatliche Vorauszahlungen auf Heizkosten von € _____
neue monatliche Gesamtmiete € _____

oder

**Es ergibt sich somit eine
neue monatliche Teilinklusivmiete
(bisherige Teilinklusivmiete zzgl. Erhöhungsbetrag) von** € _____
zzgl. monatliche Vorauszahlung auf die vertraglich ausgewiesenen Betriebskosten von € _____
**eventuell:
zzgl. monatliche Vorauszahlungen auf Heizkosten von** € _____
neue monatliche Gesamtmiete € _____

Die von unserem Mandanten durchgeführten Maßnahmen haben insgesamt zu einer nachhaltigen Einsparung von Energie geführt.

Diese stellt sich wie folgt dar:

Die um diesen Betrag erhöhte monatliche Miete ist mit Wirkung ab _____ *zu zahlen.* **11**

Erläuterungen

1329 Vorbemerkung

§ 559 ist durch das Mietrechtänderungsgesetz neu gefasst worden. Die Definition von Modernisierungsmaßnahme ist nunmehr in § 555b BGB und nicht mehr in § 559 BGB zu finden. § 559 Abs. 2 ist neu eingefügt worden und regelt, dass Erhaltungskosten von vornherein nicht zu den Modernisierungskosten zu zählen sind (BT-Drucks. 17/10485 S. 24), sie sind daher durch den Vermieter zu ermitteln und anteilig von den Gesamtkosten abzuziehen.

§ 559 Abs. 3 setzt die in § 555d begonnene Aufteilung der Härtegründe in personale und wirtschaftliche Härtegründe fort, letztere werden erst im Rahmen der Modernisierungsmieterhöhung geprüft (Lützenkirchen/*Dickersbach* § 559 Rn. 5). § 559 Abs. 4 S. 2 regelt Ausnahmen von dieser Härtefallabwägung und § 559 Abs. 5 stellt klar, dass Umstände, die eine Härte begründen, nur zu berücksichtigen sind, wenn sie von dem Mieter nach § 555d rechtzeitig mitgeteilt worden sind (BT-Drucks. 17/10485 S. 25) Eine Ausnahmeregelung davon findet sich in § 559 Abs. 5 S. 2.

E. Mietänderung bei preisfreiem Wohnraum

Voraussetzung für den Anspruch auf eine Mieterhöhung nach § 559 BGB ist, dass
- der Vermieter eine die bauliche Maßnahme durchgeführt oder zumindest veranlasst hat; er ist nicht bloß Kostenträger (z.B. bei Ausbau eines öffentlichen Weges). Der nach § 566 in das Mietverhältnis eingetretene Erwerber kann die Miete nach durchgeführter Modernisierung nach § 559 erhöhen, unabhängig davon, ob die Modernisierungsarbeiten vor (KG ZMR 2000, 757) oder nach (KG ZMR 200, 457) seinem Eintritt in das Mietverhältnis abgeschlossen worden sind.
- diese bauliche Maßnahme eine Modernisierung im Sinne des § 555b Nr. 1, 3, 4, 5 und 6 zum Gegenstand hat
- und die Mieterhöhung nach Grund und Höhe berechnet, erläutert und ordnungsmäßig angefordert wird.

1. Bevollmächtigung. s. Hinweise zu Teil 1 Rdn. 378. 1330

2. Modernisierungsmaßnahmen gem. § 555b Nr. 1, 3, 4, 5 BGB. Der Vermieter ist nur in bestimmten Fällen zur einseitigen Mieterhöhung nach § 559 berechtigt, nur die in § 555b Nr. 1, 3, 4, 5 und 6 genannten Modernisierungsmaßnahmen vermögen eine Mieterhöhung zu begründen. 1331

3. Nachhaltige Einsparung von Endenergie. Dieses Beispiel stellt auf eine energetische Modernisierung nach § 555b Nr. 1 ab. Danach wird eine energetische Modernisierung als eine bauliche Veränderung verstanden, durch die in Bezug auf die Mietsache Endenergie nachhaltig eingespart wird. 1332

Dabei wird als Endenergie die Menge an Energie verstanden, die der Anlagentechnik eines Gebäudes (Heizungsanlage, raumlufttechnische Anlage, Warmwasserbereitungsanlage) zur Verfügung stehen muss, um die für den Endverbraucher (also insbesondere den Mieter) erforderliche Nutzenergie sowie die Verluste der Anlagentechnik bei der Übergabe, der Verteilung, der Speicherung und der Erzeugung im Gebäude zu decken (BT-Drucks. 17/10485 S. 19).

Unter Nutzenergie wird wiederum diejenige Menge an Energie verstanden, die für eine bestimmte Energiedienstleistung am Ort des Verbrauchs (z.B. erwärmter Raum, warmes Wasser etc.) erforderlich ist. Die Umwandlungsverluste der Anlagentechnik (z.B. Heizkessel) und des Verteilungssystems (z.B. Leitungssystem einer Zentralheizung) sind nicht Teil der Nutzenergie. Nicht berücksichtigt wird außerdem die für den Betrieb der Anlagentechnik benötigte Hilfsenergie (z.B. Pumpenstrom) (BT-Drucks. 17/10485 S. 19).

Eine Einsparung von Endenergie kann auf drei Arten herbeigeführt werden, zunächst durch eine Verringerung der Nutzenergie (Optimierung der vorhandenen Heizanlage, Erneuerung der Anlage), dann durch Verminderung der Energieverluste (Maßnahmen zur Verbesserung der energetischen Gebäudebeschaffenheit, Wärmedämmung, Isolierung freiliegender Rohre, Fensteraustausch, Installation von Lüftungsanlagen mit Wärmerückgewinnung) und schließlich noch durch den Einsatz »kostenloser« Energien (Windenergie, Solarenergie) (Blank/*Börstinghaus* § 555b Rn. 6).

4. Form und Inhalt der Mieterhöhungserklärung – Erleichterung der Begründungsanforderungen. Die Mieterhöhungserklärung hat in Textform zu erfolgen. S. dazu die Hinweise zu Teil 1 Rdn. 1192. 1333

Der Vermieter muss in der Erklärung die Mieterhöhung aufgrund der entstandenen Kosten **berechnen und erläutern** (§ 559b BGB). Hierdurch soll dem Mieter Gelegenheit gegeben werden, die geforderte Mieterhöhung auf ihre Berechtigung zu überprüfen. Grundsätzlich muss die Erklärung so ausgestaltet sein, dass die Berechnung der Mieterhöhung ohne besondere Vorkenntnisse überprüft und deren Angemessenheit zumindest überschlägig bewertet werden kann (LG Halle/Saale ZMR 2003, 35; LG Berlin MM 1994, 326). Der Mieter muss Aufschluss über die Grundlagen der auf seine Wohnung entfallenden Modernisierungskosten erhalten und zwar für jede Maßnahme gesondert (LG Kassel NJW-RR 1992, 1361). Das bedeutet, dass der Vermieter in der

Erklärung darzulegen hat, inwiefern die von ihm durchgeführten baulichen Maßnahmen Modernisierungsmaßnahmen im Sinne von § 555b Nr. 1, 3, 4, 5 oder 6 sind. Dabei genügt es, wenn der Mieter den Grund der Mieterhöhung anhand der Erläuterung als plausibel nachvollziehen kann (BGH WuM 2004, 155, 156).

Bei **Baumaßnahmen**, für deren Beurteilung es umfangreicher technischer Darlegungen bedürfte, genügt es aber nach der Rechtsprechung des BGH (ZMR 2002, 503 = WuM 2002, 366; WuM 2004, 154, 155; dazu *Hinz* WuM 2004, 380, 391 f.), wenn der Vermieter die durchgeführte Maßnahme so genau beschreibt, dass der Mieter allein anhand dessen, ggf. unter Herbeiziehung einer sachkundigen Person, beurteilen kann, ob die Voraussetzungen der §§ 559, 559a BGB vorliegen.

Bei Maßnahmen zur energetischen Modernisierung muss der Vermieter neben einer schlagwortartigen Bezeichnung der Maßnahme und einer Zuordnung zu den Positionen der Berechnung diejenigen Tatsachen darlegen, anhand derer überschlägig beurteilt werden kann, ob die bauliche Änderung eine nachhaltige Einsparung von Endenergie bewirkt. Dafür reicht es aus, wenn der Vermieter nach Durchführung von Maßnahmen zur Einsparung von Energie die alten und neuen Wärmedurchgangskoeffizienten (k- bzw. u-Wert) der renovierten Bauteile mitteilt (BGH ZMR 2006, 272; WuM 2006, 157). Der Vorlage einer **Wärmebedarfsberechnung** bedarf es nicht mehr (BGH ZMR 2002, 503, 504; GE 2004, 231; WuM 2004, 155, 156; LG Halle/Saale ZMR 2003, 35).

Im Übrigen brauchen der Erhöhungserklärung **keine Belege** beigefügt zu werden. Der Mieter hat allerdings ein Recht auf Belegeinsicht.

1334 **5. Nachhaltige Reduktion des Wasserverbrauchs.** Dieses Beispiel bezieht sich auf eine Modernisierung nach § 555b Nr. 3. Zweck dieser Modernisierung ist die nachhaltige Einsparung jeder Art von Wasser. Maßnahmen zur Einsparung von Wasser dienen in erster Linie einer ökologischen Zielsetzung (BGH NZM 2004, 252 = ZMR 2004, 407 = WuM 2004, 155) und brauchen daher keine Verbesserung des Wohnwertes zu bewirken. Beispiele für solche Maßnahmen sind der Einbau von Wasserzählern, von Durchlaufbegrenzern sowie von Wasser reduzierenden Toilettenspülkästen, ferner Maßnahmen zur Erfassung und Verwendung von Regenwasser für die Zwecke der Gartenbewässerung oder der WC-Spülung (Schmidt-Futterer/Eisenschmid § 555b Rn. 70).

1335 **6. Nachhaltige Verbesserung des Wohnwertes/Erhöhung des Gebrauchswerts.** Dieses Beispiel stellt eine nachhaltige Erhöhung des Gebrauchswertes im Sinne des § 555b Nr. 4 (Schallschutz) und dauerhafte Verbesserungen der allgemeinen Wohnverhältnisse im Sinne des § 555b Nr. 5 vor.

Eine Modernisierungsmaßnahme nach § 555b Nr. 4 verlangt eine nachhaltige Erhöhung des Gebrauchswerts. Dazu muss das Wohnen bei objektiver Betrachtung auf Dauer angenehmer, bequemer, sicherer, gesünder oder weniger arbeitsaufwendig geworden sein. Beispiele für eine Erhöhung des Gebrauchswertes waren in dem inzwischen aufgehobenen § 4 ModEnG genannt, diese Regelung kann jedoch zur Auslegung des § 555b BGB noch immer herangezogen werden und mithin sind den Gebrauchswert der Wohnung erhöhende bauliche Veränderungen Maßnahmen zur Verbesserung des Zuschnitts der Wohnung, der Belichtung und Belüftung, des Schallschutzes, der Energieversorgung, der Wasserversorgung und der Entwässerung, der sanitären Einrichtungen, der Beheizung und der Kochmöglichkeiten, der Funktionsabläufe in Wohnungen und der Sicherheit vor Diebstahl und Gewalt. Erfasst werden noch bauliche Maßnahmen für behinderte und alte Menschen (MüKo/*Artz* § 559 Rn. 14).

Die Erhöhung des Gebrauchswertes der Mietsache geht oft einher mit der dauerhaften Verbesserung der allgemeinen Wohnwertverhältnisse nach § 555b Nr. 5, insoweit kommt letzterem Merkmal bloß geringe eigenständige Bedeutung zu (MüKo/*Artz* § 559 Rn. 16); es erfasst diejenigen baulichen Maßnahmen, die zwar keine für den Mieter unmittelbar eintretende Gebrauchswerterhöhung herbeiführen, die aber die allgemeinen Wohnwertverhältnisse in der Gesamtanlage nachhaltig verbessern. Hier kann sich an § 4 Abs. 2 ModEnG orientiert werden und es werden die Anlage und der Ausbau von nicht öffentlichen Gemeinschaftsanlagen wie Kinderspielplätze, Grünanlagen, Stellplätzen und anderen Verkehrsanlagen erfasst. Hierunter fallen auch die Einrichtung eines Fahrradkellers oder eines Wäschetrockenraums.

7. Modernisierung aufgrund gesetzlicher Vorschriften. Dieses Beispiel befasst sich mit Modernisierungsmaßnahmen nach § 555b Nr. 6. Die Regelung erfasst solche Maßnahmen, die auf Grund von Umständen durchgeführt werden, die der Vermieter nicht zu vertreten hat; es darf sich jedoch nicht um Erhaltungsmaßnahmen nach § 555a BGB handeln (*Horst* DWW 2013, 204). Dazu zählen insbesondere gesetzlich oder behördlich erforderliche Maßnahmen. Beispiele sind der Einbau von Wasserzählern (BGH NZM 2009, 150) oder Rauchwarnmeldern nach den jeweiligen Landesbauordnungen (AG Hamburg-Altona NZM 2012, 306; AG Hamburg-Barmbek ZMR 2012, 780, LG Hannover ZMR 2011, 826), der Einbau von Wärmezählern nach § 9 Abs. 2 HeizkostenVO und die Verpflichtungen aus der EnEV (Schmidt-Futterer/Eisenschmid § 555b Rn. 152, Lützenkirchen/Dickersbach § 555b Rn. 76; *Horst* DWW 2013, 204).

1336

8. Aufschlüsselung der angemessenen Verteilung der Kosten auf die einzelnen Wohnungen. Sofern von der baulichen Maßnahme nicht nur eine einzige Wohnung betroffen ist, sind die Kosten nach billigem Ermessen im Rahmen der §§ 315, 316 BGB zu verteilen. Sie können grundsätzlich nach dem Verhältnis der Wohnflächen der einzelnen Wohnungen zur Gesamtfläche verteilt werden (Schmidt-Futterer/Börstinghaus § 559 Rn. 172.) Davon kann bei separater Erfassung der Kosten abgewichen werden. Die Kosten des Einbaus von Wasserzählern oder neuer Fenster können nach der Anzahl der eingebauten Wasserzähler bzw eingebauten Fenster in der jeweiligen Wohnung verteilt werden. Darüber hinaus kommt noch die Verteilung nach Wohnungen in Betracht, wenn die Modernisierungsmaßnahme für jede Wohnung in gleichem Umfang durchgeführt wurde. Ferner können die Kosten des Fahrstuhleinbaus geschossweise mit unterschiedlichen Beteiligungsquoten verteilt werden (LG Hamburg ZMR 2002, 918).

1337

9. Abzugsfähige Erhaltungsmaßnahmen sind im Wege der Schätzung zu ermitteln. Die Kosten für fällige Erhaltungsmaßnahmen nach § 555a sind von den Gesamtkosten abzusetzen. Fiktive zukünftig erst fällig werdende Instandsetzungskosten muss der Vermieter sich hingegen nicht anrechnen lassen (Schmidt-Futterer/Börstinghaus § 559 Rn. 72).

1338

Nach der Neuregelung in § 559 Abs. 2 S. 2 können die auf die Erhaltungsmaßnahme entfallenden Kosten – soweit erforderlich – geschätzt werden (so schon zu § 559 a.F. BGH NZM 2015, 198 = WuM 2015, 165). Damit sollen überzogene Anforderungen an die Berechnung des Abzugs vermieden werden, der häufig ohnehin nur im Wege einer Schätzung zu ermitteln ist. Vor dem Hintergrund, dass es sich bereits bei der Modernisierungsmieterhöhung nach Absatz 1 von jährlich 11 Prozent der Kosten um eine pauschalierende Vorgehensweise handelt, wäre es nämlich unangemessen, bei der Berechnung des Kostenanteils, der auf die zugleich mit der Modernisierung erledigten Erhaltungsmaßnahmen entfällt, allzu strenge Anforderungen zu stellen (BT-Drucks. 17/10485 S. 24). Das gilt jedoch nicht uneingeschränkt. Soweit dem Vermieter eine genaue Bestimmung der durch die Maßnahme ersparten Erhaltungskosten möglich ist, muss er diese vornehmen. Nur wenn eine konkrete Berechnung nicht oder nur mit Hilfe eines Sachverständigen möglich ist, darf er eine (tendenziell grobe) Schätzung vornehmen (*Hinz* NZM 2013, 209). So lassen sich bspw. bei einem Fensteraustausch die aktuellen Kosten der vorhandenen, noch aus den 1970er Jahren resultierenden Fenster nur schwer bestimmen. Hier ist er auf eine Schätzung angewiesen, die nach Möglichkeit auf der Grundlage von Erfahrungswerten zu erfolgen hat. Vorsorglich sollte jedoch ein Kostenvoranschlag für die reinen Instandsetzungsmaßnahmen eingeholt werden.

Im Rechtsstreit trifft den Mieter eine erhöhte Darlegungslast hinsichtlich des Instandsetzungs-/Instandhaltungsbedarfs. Sofern er den vom Vermieter vorgenommenen prozentualen Abzug der diesbezüglichen Kosten bestreitet, muss er substantiiert vortragen, inwieweit in dem von der Modernisierungsmaßnahme betroffenen Bereich des Gebäudes vorher Mängel vorhanden waren

(BGH NZM 2004, 336 = ZMR 2004, 424 = WuM 2004, 285). Sodann ist es Sache des Vermieters, zu beweisen, dass die umgelegten Kosten allein auf der Modernisierung beruhen.

1339 **10. Mieterhöhungserklärung und Mietstruktur.** Durch die Mieterhöhung bleibt die vertraglich vereinbarte **Mietstruktur** unberührt. Der Mieterhöhungsbetrag wird in die Miete als deren Bestandteil integriert, ist also nicht selbständiger Bestandteil der Miete. Daher kann die Miete bis zur ortsüblichen Vergleichsmiete nach § 558 BGB erst dann erhöht werden, wenn die gezahlte Miete einschließlich der Mieterhöhung nach § 559 BGB hinter der ortsüblichen Miete zurückbleibt.

1340 **11. Wirkungsfrist.** Die Mieterhöhung ist **fällig** zum Beginn des dritten Monats nach dem Zugang der Mieterhöhungserklärung. Hat der Vermieter die Modernisierungsmaßnahme nicht nach § 555c Abs. 1 und 3 bis 5 angekündigt oder übersteigt die tatsächliche Mieterhöhung die angekündigte um mehr als 10 %, so verschiebt sich der Eintritt der Mieterhöhung um sechs Monate (s. § 559b Abs. 2 S. 2 BGB).

2. Anwaltliches Widerspruchsschreiben des Mieters gegenüber der vom Vermieter beabsichtigten Mieterhöhung gem. § 559 Abs. 4 und 5 BGB i.V.m. § 555d Abs. 2 S. 2 BGB

1341 Sehr geehrter Herr Mustermann,

hiermit zeigen wir Ihnen an, dass uns Herr Beispielhaft mit der Wahrnehmung seiner rechtlichen Interessen in der vorbezeichneten Angelegenheit beauftragt hat. Unsere Bevollmächtigung wird anwaltlich versichert. [1]

Namens und in Vollmacht unseres Mandanten haben wir den in Ihrem Schreiben vom _____ angekündigten Maßnahmen zu widersprechen. Aus folgenden Gründen ist unser Mandant nicht verpflichtet, die zu erwartende Mieterhöhung einschließlicher künftigen Betriebskosten zu dulden:

▶ Beispiel:

Die zu erwartende Mieterhöhung wäre bei dem jetzigen monatlichen Renteneinkommen in Höhe von _____ € nicht tragbar. [2] Dies gilt selbst bei Berücksichtigung der voraussichtlich künftig geringeren Betriebskosten. Die zu erwartende Mieterhöhung ist daher unter Würdigung der berechtigten Interessen unseres Mandanten nicht zu rechtfertigen.

Abschließend weisen wir darauf hin, dass unser Mandant mit dem vorliegenden Schreiben die einzuhaltende Frist gem. § 559 Abs. 5 BGB i.V.m. § 555d Abs. 3 BGB wahrt, da die Härtefallgründe bis zum Ablauf des Monats, der auf den Zugang Ihres Mieterhöhungsverlangen folgt, vorgetragen werden. [3]

Erläuterungen

1342 **1. Bevollmächtigung.** s. Hinweise zu Teil 1 Rdn. 378.

1343 **2. Wirtschaftliche Härtegründe.** Erst nach der Durchführung der Modernisierungsmaßnahme wird gesondert geprüft, ob die Mieterhöhung in wirtschaftlicher Hinsicht auch unter Einbeziehung der voraussichtlichen künftigen Betriebskosten eine Härte für den Mieter bedeuten würde. In diesem Fall ist der Vermieter zwar zur Modernisierung berechtigt, eine Mieterhöhung ist jedoch ausgeschlossen.

Bei der Beurteilung der Leistungsfähigkeit des Mieters sind neben seinem eigenen Einkommen die Einkünfte aller in der Wohnung lebenden Personen (einschließlich etwaiger Ausbildungsvergütungen und Studienförderungen der Kinder) anzusetzen (Lützenkirchen/Dickersbach § 559 Rn. 11); der Mieter ist ggfs. gehalten, öffentliche Hilfen (Wohngeld oder ähnliche Leistungen) in Anspruch zu nehmen (Bub/Treier/Schultz III Rn. 1631). Darüber hinaus sind noch seine Vermögensverhältnisse zu berücksichtigen (*Hinz* NZM 2013, 209).

Das auf diese Weise ermittelte Einkommen ist in das Verhältnis zur angekündigten Mieterhöhung zu setzen. Dabei ist eine Gesamtschau, in die neben den Einkommens- und Vermögensverhältnissen auch andere Umstände, wie etwa der bisherige Lebenszuschnitt des Mieters mit einfließen (*Hinz* NZM 2013, 209), vorzunehmen und die Belastungsgrenze wird dann überschritten sein, wenn das verbleibende Einkommen nicht mehr ausreicht, den sonstigen Lebensunterhalt zu bestreiten. Maßgeblich ist, ob der bisherige Lebensstandard im Wesentlichen beibehalten werden kann (Lützenkirchen/Dickersbach § 559 Rn. 117). Bei dieser Betrachtung bleibt jedoch ein verschwenderischer oder hoher Lebensstandard unberücksichtigt.

Fällt die Abwägung zu Gunsten des Mieters aus, ist eine Mieterhöhung nicht vollständig ausgeschlossen, sie ist auf das zumutbare Maß herabzusenken. Das ergibt sich bereits aus dem Wortlaut des § 559 Abs. 4, wonach die Mieterhöhung ausgeschlossen ist, soweit sie eine Härte für den Mieter bedeutet. Der Vermieter hat es mithin in der Hand, eine Härte auszuräumen, indem er von vornherein eine geringere Mieterhöhung verlangt.

3. Widerspruchsfrist. Umstände, die eine Härte begründen, sind nur zu berücksichtigen, wenn der Mieter sie nach § 555d Abs. 3 und 4 rechtzeitig mitgeteilt hat. Sie sind mithin bis zum Ablauf des Monats, der auf den Zugang der Modernisierungsankündigung folgt, mitzuteilen. Der Mieter kann sich jedoch nach § 559 Abs. 5 S. 2 auch nachträglich noch auf eine wirtschaftliche Härte berufen, wenn die tatsächliche Mieterhöhung die angekündigte um mehr als 10 % übersteigt. Denn in diesen Fällen konnte der Mieter vorab nicht beurteilen, inwieweit die Mieterhöhung eine unzumutbare wirtschaftliche Härte für ihn darstellt.

1344

3. Anwaltliches Schreiben des Vermieters bei üblicher Instandsetzung bzw. nicht zu vertretender Modernisierungsmaßnahmen gem. § 559 Abs. 4 Nr. 1 und Nr. 2 BGB

Sehr geehrter Herr Mustermann,

1345

hiermit zeigen wir Ihnen an, dass uns Herr Beispielhaft mit der Wahrnehmung seiner rechtlichen Interessen in der vorbezeichneten Angelegenheit beauftragt hat.

Unsere Bevollmächtigung wird anwaltlich versichert. [1]

Namens und in Vollmacht unseres Mandanten haben wir den von Ihrem Mandanten

im Schreiben vom _____ vorgetragenen Härtefallgründen zu widersprechen.

▶ **Beispiel:**

Die seitens unseres Mandanten geplanten Modernisierungsmaßnahmen werden lediglich dazu führen, dass sich die Mietsache im Anschluss in einem allgemein üblichen Zustand befindet, d.h. der veraltete Kohleofen wird durch eine Gaszentralheizung ersetzt. [2]

oder

▶ **Beispiel:**

Die seitens unseres Mandanten durchgeführten Modernisierungsmaßnahmen wurden aufgrund von Umständen veranlasst, die dieser nicht zu vertreten hat.

> Gem. § 10 EnEV ist unser Mandant verpflichtet, die heizungstechnischen Anlagen, die bisher ungedämmt waren und sich in nichtbeheizten Räumen befanden, nach Anlage 5 zur Begrenzung der Wärmeabgabe, zu dämmen. Dies betraf auch die zugänglichen Wärmeverteilungs- und Warmwasserleitungen sowie die Armaturen.

Erläuterungen

1, 2. Bevollmächtigung, Herstellung des üblichen Zustandes. § 559 Abs. 4 S. 2 regelt Ausnahmen von der Härtefallabwägung: Eine Berufung auf Härtegründe wegen der steigenden Miete ist von vornherein ausgeschlossen, wenn eine der dort genannten Alternativen vorliegt (BT-Drucks. 17/10485 S. 259).

Nach § 559 Abs. 4 S. 2 Nr. 1 findet eine Abwägung nicht statt, wenn die Mietsache lediglich in einen Zustand versetzt wurde, der allgemein üblich ist (Blank/Börstinghaus § 559 Rn. 36). Das ist der Fall, wenn dieser Zustand bei der überwiegenden Mehrzahl von Miträumen – mindestens zwei Drittel – in Gebäuden gleichen Alters innerhalb der Region angetroffen wird (BGH NJW 1992, 1386 = ZMR 1992, 234 = WuM 1992, 181).

Hauptfall der in Nr. 2 geregelten Alternative (Maßnahmen, die vom Vermieter nicht zu vertreten sind) sind Modernisierungsmaßnahmen, zu denen der Vermieter rechtlich verpflichtet ist (Lützenkirchen/Dickersbach § 559 Rn. 125). Das sind die in § 555b Nr. 6 genannten Maßnahmen.

4. Antwortschreiben des Vermieters auf den Widerspruch des Mieters gegen Modernisierungsmieterhöhungsverlangen

Sehr geehrter Herr Mustermann,

hiermit zeigen wir Ihnen an, dass uns Herr Beispielhaft mit der Wahrnehmung seiner rechtlichen Interessen in der vorbezeichneten Angelegenheit beauftragt hat.

Unsere Bevollmächtigung wird anwaltlich versichert. [1] Ausweislich § 559 Abs. 5 S. 1 BGB sind wirtschaftliche Härten nach § 559 Abs. 4 S. 1 BGB nur dann berücksichtigungsfähig, wenn diese rechtzeitig nach § 555d Abs. 3 bis 5 BGB mitgeteilt werden. [2]

Ausweislich § 555d Abs. 3 S. 1 BGB hat der Mieter dem Vermieter die Härtegründe hinsichtlich der Mieterhöhung sowie hinsichtlich der Duldung bis zum Ablauf des auf den Zugang der Modernisierungsankündigung folgenden Monats in Textform (§ 125b BGB) mitzuteilen. Unser ordnungsgemäßes Modernisierungsankündigungsschreiben ist Ihrem Mandanten am 01.06. zugegangen. Die Monatsfrist ist am 31.07. abgelaufen. Das Widerspruchsschreiben Ihres Mandanten ist bei unserem Mandanten am 10.08. eingegangen. Die Widerspruchsfrist Ihres Mandanten wurde insofern nicht gewahrt.

Ebenfalls finden seine Härtefalleinwände gemäß § 555d Abs. 4 S. 1 und S. 2 BGB keine Berücksichtigung, da er offensichtlich

– nicht unverschuldet an der Fristwahrung gehindert war,

– unserem Mandanten die Umstände und Gründe der Verzögerung nicht unverzüglich in Textform mitgeteilt wurden [4] und

– die Umstände, die eine Härte im Hinblick auf die Mieterhöhung begründen, nicht spätestens bis zum Beginn der Modernisierungsmaßnahme mitgeteilt wurden. [5]

Erläuterungen

1, 2. Bevollmächtigung, Ausschluss des Härtefalleinwandes. Nach § 559 Abs. 5 S. 1 sind Umstände, die eine Härte begründen, nur zu berücksichtigen, wenn der Mieter diese nach § 555d Abs. 3 und 4 rechtzeitig mitgeteilt hat (BT-Drucks. 17/10485 S. 25).

1348

3. Monatsfrist. Sie sind mithin bis zum Ablauf des Monats, der auf den Zugang der Modernisierungsankündigung folgt, mitzuteilen (Blank/Börstinghaus § 555d Rn. 21). Die Mitteilung hat in der Textform des § 126b BGB zu erfolgen (Schmidt-Futterer/Eisenschmidt § 555 Rn. 67).

1349

Die Frist beginnt mit dem Zugang der Modernisierungsankündigung bei dem Mieter und endet mit dem Ablauf des Monats, der auf den Zugang der Modernisierungsankündigung folgt. Zu diesem Zeitpunkt muss die Mitteilung dem Vermieter zugegangen sein (Blank/Börstinghaus § 555d Rn. 22).

1350

4. Unverschuldete Fristversäumung. Umstände, die eine Härte im Hinblick auf die Duldung oder die Mieterhöhung begründen, können nach dem Verstreichen der Frist nur noch berücksichtigt werden, wenn der Mieter ohne Verschulden an der Einhaltung der Frist gehindert war (BT-Drucks.17/10485 S. 21). Ein fehlendes Verschulden kann angenommen werden, wenn der Mieter wegen schwerer Krankheit nicht in der Lage war, rechtzeitig zu antworten (Schmidt-Futterer/Eisenschmid § 555d Rn. 72) oder die Gründe erst nach Ablauf der Frist entstanden sind (BT-Drucks. 17/10485 S. 21). Allerdings sind in diesem Fall die Umstände und die Gründe der Verzögerung dem Vermieter unverzüglich, also ohne schuldhafte Verzögerung in Textform mitzuteilen. Ein zu langes Abwarten führt mithin zum Verlust des Härteeinwandes.

1351

5. Rechtzeitige Ankündigung vor Beginn der Modernisierungsmaßnahme. Für Umstände, die eine Härte im Hinblick auf die Mieterhöhung nach § 559 Abs. 4 BGB begründen, gilt eine zusätzliche Einschränkung, denn sie müssen nach § 555d Abs. 4 S. 2 spätestens bis zum Beginn der Modernisierungsmaßnahme mitgeteilt werden (Lützenkirchen/Dickersbach § 555d Rn. 50). Sinn dieser Regelung ist es, insoweit bis zum Baubeginn klare Verhältnisse zu schaffen (BT-Drucks. 17/10485 S. 22). Diese Ausschlussfrist greift jedoch wiederum nicht, wenn die tatsächliche Mieterhöhung die angekündigte um mehr als 10 % übersteigt, denn in diesem Fall konnte der Mieter vorab nicht beurteilen, inwieweit die Mieterhöhung eine unzumutbare wirtschaftliche Härte für ihn darstellt (BT-Drucks. 17/10485 S. 25).

1352

5. Erhöhung der Miete bei baulichen Veränderungen (§§ 559, 559a BGB) unter Inanspruchnahme öffentlicher Mittel

Sehr geehrter Herr Mustermann,

1353

hiermit zeigen wir Ihnen an, dass uns Herr Beispielhaft mit der Wahrnehmung seiner rechtlichen Interessen in der vorbezeichneten Angelegenheit beauftragt hat.

Unsere Bevollmächtigung wird anwaltlich versichert. [1]

Folgende Modernisierungsmaßnahmen in der von Ihnen gemieteten Wohnung auf dem Grundstück _____ **konnten nunmehr abgeschlossen werden (genaue Bezeichnung der ausgeführten Maßnahmen).**

▶ Beispiel:

Im Hinblick auf den leider vorhandenen Fluglärm des nahegelegenen Flughafens wurden die einfach verglasten Fenster Ihrer Wohnung durch neue, hochwirksame Schallschutzfenster ausgewechselt. [3]

▶ **Beispiel:**

Zu Gunsten Ihrer Wohnung als auch der anderen Wohnungen im Hause wurde eine nachhaltig energiesparende Wärmepumpen- und Solaranlage installiert. Das Maß der Energieeinsparung ergibt sich im Einzelnen aus Folgendem

Hinweis:

Siehe Formular: Anwaltliches Schreiben zur Erhöhung der Miete nach baulichen Veränderungen. Die dortigen Ausführungen gelten auch hier.

Gemäß § 559 BGB ist unser Mandant berechtigt, nach Abschluss der Modernisierungsmaßnahmen

oder

der genannten baulichen Veränderungen

grundsätzlich eine Erhöhung der jährlichen Miete von 11 % der für Ihre Wohnung aufgewandten Kosten zu verlangen.

Zuschüsse aus öffentlichen Haushalten zur Deckung der Baukosten müssen vor Berechnung des Mieterhöhungszuschlages von dem Gesamtaufwand abgesetzt werden (§ 559a Abs. 1 BGB). [5]

oder (eventuell zusätzlich)

Werden zinsverbilligte oder zinslose Darlehen aus öffentlichen Haushalten zur Kostendeckung verwendet, verringert sich der jährliche Mieterhöhungszuschlag. Dieser ist zu kürzen um den Jahresbetrag der Zinsermäßigung, der sich für den Ursprungsbetrag des Darlehens aus dem Unterschied im Zinssatz gegenüber dem marktüblichen Zinssatz für erstrangige Hypotheken ergibt ...; dabei ist abzustellen auf den Zeitpunkt der Beendigung der baulichen Veränderung (§ 559a Abs. 2 S. 3 BGB).

oder (eventuell zusätzlich)

Werden Zuschüsse oder Darlehen zur Deckung von laufenden Aufwendungen gewährt, so verringert sich der Erhöhungsbetrag um den Jahresbetrag des Zuschusses oder Darlehens (§ 559a Abs. 2 S. 4 BGB).

Unser Mandant hat die im Folgenden bezeichneten öffentlichen Mittel zur Finanzierung der oben genannten baulichen Maßnahmen in Anspruch genommen (konkrete Angaben zum Grunde und zur Höhe der öffentlichen Förderung): [6]

▶ **Beispiel:**

Gemäß den einschlägigen Vorschriften, nämlich (Bezeichnung der gesetzlichen Grundlagen) wird unserem Mandanten von der zuständigen öffentlichen Stelle für die Installation hochwirksamer Schallschutzfenster ein jährlicher Aufwendungszuschuss von 7,2 % auf € 10 000,00 = € 720,00 zur Verfügung gestellt.

▶ **Beispiel:**

Gemäß den einschlägigen Vorschriften, nämlich (Bezeichnung der gesetzlichen Grundlagen) hat unser Mandant von der zuständigen öffentlichen Stelle ein zinsgünstiges (Zinssatz: 1,5 % p.a.) Darlehen in Höhe von € 8 000,00 zur Abdeckung eines Teils der Kosten der von ihm installierten, energieeinsparenden Wärmepumpen- und Solaranlage erhalten. [7]

▶ Beispiel:

Gemäß den einschlägigen Vorschriften, nämlich (Bezeichnung der gesetzlichen Grundlagen) wurde unserem Mandanten von der zuständigen öffentlichen Stelle für die oben genannten Modernisierungsmaßnahmen ein Zuschuss in Höhe von € 8 000,00 gewährt. [8]

Der berücksichtigungsfähige Gesamtaufwand der Maßnahmen für Ihre Wohnung beträgt € _____ und berechnet sich wie folgt: (Der Gesamtaufwand ist im Folgenden um Zuschüsse aus öffentlichen Haushalten zu kürzen – § 559a Abs. 1 BGB –).

▶ Beispiel:

Gemäß den einschlägigen Vorschriften, nämlich (Bezeichnung der gesetzlichen Grundlagen) wurde unserem Mandanten von der zuständigen Stelle ein Zuschuss in Höhe von € 8000,00 für die o.g. Modernisierungsmaßnahme gewährt. Der Gesamtaufwand von € 32 000,00 ist daher um € 8 000,00 = € 24.000,00 zu kürzen. [9]

Damit ergibt sich zunächst eine jährliche Erhöhung der Miete von € _____ (11 % von € _____ = berücksichtigungsfähiger Gesamtaufwand). Dieser Erhöhungsbetrag ist wegen der oben mitgeteilten Inanspruchnahme öffentlicher Mittel weiter wie folgt zu kürzen: [10]

▶ Beispiel:

Jährliche Mieterhöhung = 11 % von € 24 000,00	= € 2.640,00
Inanspruchnahme eines öffentlichen Darlehens von € 8 000,00 mit einem Zinssatz von 1,5 % p.a.; marktüblicher Zinssatz für erstrangige Hypotheken bei Abschluss der Modernisierungsmaßnahme: 9,5 % p.a. Zinsdifferenz: 9,5 % abzüglich 1,5 % = 8 % Kürzungsbetrag: 8 % p.a. von € 8 000,00	= € 640,00
Jährlicher Aufwendungszuschuss für die Modernisierungsmaßnahme von 7,2 % auf € 10 000,00, mithin Kürzungsbetrag	= € 720,00
Zulässige jährliche Mieterhöhung	€ 1.280,00

Damit ergibt sich eine jährliche Mieterhöhung von € _____, mithin eine monatliche Mieterhöhung von € _____. Die um diesen Betrag erhöhte monatliche Miete ist mit Wirkung ab _____ zu zahlen.

Es ergibt sich somit ab diesem Zeitpunkt eine neue monatliche Nettokaltmiete (bisherige Nettokaltmiete zuzüglich Erhöhungsbetrag) von € _____
zuzüglich monatlicher Vorauszahlung auf Heizungskosten von € _____
zuzüglich monatlicher Vorauszahlung auf sonstige Betriebskosten im Sinne von § 2 BetrKV € _____
neue monatliche Gesamtmiete € _____

oder

Damit ergibt sich eine jährliche Mieterhöhung von € _____, mithin eine monatliche Mieterhöhung von € _____. Die um diesen Betrag erhöhte monatliche Miete ist mit Wirkung ab _____ zu zahlen.

Es ergibt sich somit ab diesem Zeitpunkt eine neue monatliche Bruttokaltmiete (bisherige Bruttokaltmiete zuzüglich Erhöhungsbetrag) von € _____
zuzüglich monatliche Vorauszahlung auf Heizungskosten von € _____
neue monatliche Gesamtmiete € _____

oder

Damit ergibt sich eine jährliche Mieterhöhung von € _____, mithin eine monatliche Mieterhöhung von € _____. Die um diesen Betrag erhöhte monatliche Miete ist mit Wirkung ab _____ zu zahlen. Es ergibt sich somit ab diesem Zeitpunkt eine

neue monatliche Teilinklusivmiete (bisherige Teilinklusivmiete zuzüglich Erhöhungsbetrag) von € _____
zuzüglich monatliche Vorauszahlung auf die vertraglich ausgewiesenen Betriebskosten von € _____
eventuell: zuzüglich monatliche Vorauszahlung auf Heizungskosten von € _____
neue monatliche Gesamtmiete € _____

Erläuterungen

1354 **1. Voraussetzungen.** S. die Hinweise zu Teil 1 Rdn. 1329.

1355 **2. Vom Vermieter nicht zu vertretende Maßnahmen.** S. die Hinweise zu Teil 1 Rdn. 1336.

1356 **3. Verbesserung der Wohnqualität.** Maßnahmen zur Dämpfung von Flug- oder Verkehrslärm dienen dazu, die **Wohnungsqualität** zu **verbessern**. Umstritten ist allerdings, ob Lärmimmissionen dieser Art verkehrsübliche Erscheinungen sind, die vom Mieter hingenommen werden müssen, oder ob es sich um sog. Umweltmängel handelt, deren Behebung der Gebrauchsgewährpflicht des Vermieters nach § 535 Abs. 1 S. 2 BGB unterliegt (vgl. BayObLG WuM 1987, 112; LG Wiesbaden, WuM 1994, 430; Schmidt-Futterer/*Eisenschmid* § 536 Rn. 142 ff.). Nur im ersteren Fall ist eine Mieterhöhung nach § 559 BGB gerechtfertigt. Die Frage ist nicht einheitlich zu beantworten, sondern hängt von den Umständen ab. So wird insbesondere auf die Verhältnisse bei Vertragsabschluss sowie deren voraussehbare Entwicklung abgestellt werden müssen; denn sie kennzeichnen wesentlich den Umfang des vertragsgemäßen Gebrauchs.

1357 Nicht jede Modernisierungsmaßnahme im Sinne von § 555b berechtigt zur Modernisierungsmieterhöhung nach § 559; dieses Recht gewährt § 559 nur bei Maßnahmen nach § 555b Nr. 1 und Nr. 3–6. Das hier gewählte Beispiel ist als eine energetische Modernisierung nach § 555b Nr. 1 zu bewerten, wenn die mit der (Solar-)Anlage erzeugte Energie zur Deckung des Energiebedarfs des Gebäudes selbst eingesetzt wird und dadurch weniger zu bezahlende Endenergie beschafft werden muss (vgl. BT-Drucks. 17/10485 S. 19).

1358 **4. Einsparung von Energie.** S. § 4 Abs. 3 Nr. 5 ModEnG. Dieses Gesetz ist zwar aufgehoben worden; jedoch ist der Katalog der in der Vorschrift aufgeführten Modernisierungs- und Energieeinsparungsmaßnahmen für die Auslegung des § 559 BGB nach wie vor von Bedeutung (vgl. Schmidt-Futterer/Eisenschmid § 555b Rn. 71). S. dazu auch Teil 1 Rdn. 407, 1335.

1359 **5. Anrechnung von Drittmitteln.** Die komplizierte Regelung in § 559a BGB bei Förderung der Maßnahme durch **Mittel des Mieters oder eines Dritten** oder durch öffentliche Mittel soll systematisch wie folgt dargestellt werden:

1360 1. Der Vermieter muss vom Gesamtaufwand absetzen:
1361   1.1. Kosten, die vom Mieter oder für diesen von einem Dritten übernommen werden (§ 559a Abs. 1 BGB), s. Muster Teil 1 Rdn. 1374.

1.2. Zuschüsse zur Modernisierung aus **öffentlichen Kassen** (§ 559a Abs. 2 BGB), s. Muster Teil 1 Rdn. 1374.

2. Die Mieterhöhung von 11 % des Gesamtaufwandes verringert sich um folgende **Kürzungsbeträge**:
    2.1. Bei Förderung durch zinsverbilligte oder zinslose Darlehen aus öffentlichen Haushalten: Zinsermäßigung aus der Differenz zwischen dem Zinssatz des öffentlichen Darlehens und dem üblichen Zinssatz für erste Hypotheken zum Zeitpunkt der Beendigung der Maßnahme (s. Teil 1 Rdn. 1370).
    2.2. Bei Annuitätshilfen: Jahresbetrag des Zuschusses oder des Darlehens zur Deckung der laufenden Aufwendungen (s. Teil 1 Rdn. 1368).
    2.3. Bei Mieterdarlehen, Mietvorauszahlungen durch den Mieter oder einen Dritten: Zinsermäßigung aus der Differenz zwischen Darlehen bzw. Mietvorauszahlung und marktüblichem Zinssatz für erste Hypotheken zum Zeitpunkt der Beendigung der Maßnahme.

Erhöht der Vermieter die Miete nach § 558 BGB bis zur ortsüblichen Vergleichsmiete, so bestimmt § 558 Abs. 5 BGB, dass die **Kürzungsbeträge** (s. 2.1 bis 2.3, oben Teil 1 Rdn. 1364 ff.) vom Jahresbetrag der verlangten Mieterhöhung abzuziehen sind. Soweit Beträge bei einem Gesamtaufwand nach § 559 Abs. 1 BGB abzusetzen wären (s. Teil 1 Rdn. 1360–1362), sind hiervon 11 % als Kürzungsbeträge zu berücksichtigen.

6. Aktivitätshilfen. Kürzungsbetrag nach der systematischen Darstellung 2.2, Teil 1 Rdn. 1365.

Eine Übersicht über die Förderprogramme ist auf www.kfw.de und den Investitionsbanken der Länder (Übersicht auf www.investitionsbank.info) zu finden.

7. Zinsverbilligtes oder zinsloses Darlehen. Kürzungsbetrag nach der systematischen Darstellung 2.1, Teil 1 Rdn. 1364.

8. Zuschuss aus öffentlichen Kassen. Verringerung des Gesamtaufwandes nach der systematischen Darstellung 1.2, Teil 1 Rdn. 1362.

9. Zuschuss aus öffentlichen Kassen. Verringerung des Gesamtaufwandes nach der systematischen Darstellung 1.2, Teil 1 Rdn. 1362.

10. Erläuterung und Wirkungszeitpunkt. Zur Berechnung und Fälligkeit der Mieterhöhung s. Muster und Hinweise zu Teil 1 Rdn. 1341. Die Mietstruktur wird nicht verändert. Der Mieterhöhungsbetrag wird in die Miete als deren Bestandteil integriert.

6. Erhöhung der Miete bei baulichen Veränderungen (§§ 559, 559a BGB) bei Kostenbeteiligung des Mieters

Sehr geehrter Herr Mustermann,

hiermit zeigen wir Ihnen an, dass uns Herr Beispielhaft mit der Wahrnehmung seiner rechtlichen Interessen in der vorbezeichneten Angelegenheit beauftragt hat.

Unsere Bevollmächtigung wird anwaltlich versichert. [1]

Folgende Modernisierungsmaßnahmen in der von Ihnen gemieteten Wohnung auf dem Grundstück _____

Folgende Modernisierungsmaßnahmen

in der von Ihnen gemieteten Wohnung auf dem Grundstück _____ **konnten nunmehr abgeschlossen werden (genaue Bezeichnung der ausgeführten Maßnahmen):**

Gemäß § 559 BGB ist unser Mandant berechtigt, nach Abschluss der Modernisierungsmaßnahmen grundsätzlich eine Erhöhung der jährlichen Miete von 11 % der für Ihre Wohnung aufgewandten Kosten zu verlangen.

Kosten, die vom Mieter oder für diesen von einem Dritten übernommen werden, müssen vom Gesamtaufwand vor Berechnung des Mieterhöhungszuschlages abgesetzt werden (§ 559a Abs. 1 BGB). [2]

oder (eventuell zusätzlich)

Mieterdarlehen, Mietvorauszahlungen oder sonstige Leistungen Dritter für den Mieter für die baulichen Änderungen führen zu einer Kürzung des jährlichen Mieterhöhungszuschlages (§ 559a Abs. 3 BGB). Der jährliche Erhöhungsbetrag ist zu kürzen um den Jahresbetrag der Zinsermäßigung, der sich für das Ursprungskapital (Mieterleistung) aus dem Unterschied im Zinssatz gegenüber dem marktüblichen Zinssatz für erstrangige Hypotheken ergibt ...; dabei ist abzustellen auf den Zeitpunkt der Beendigung der baulichen Veränderung. [3]

Sie haben sich an den baulichen Maßnahmen wie folgt beteiligt:

▶ Beispiel:

Bei Abschluss des Mietvertrages zahlten Sie vereinbarungsgemäß an unseren Mandanten einen verlorenen Baukostenzuschuss in Höhe von € 5 000,00. [4]

▶ Beispiel:

Zur Abdeckung eines Teils der Baukosten für die oben genannten Maßnahmen stellten Sie mir ein zinsgünstiges Darlehen (Zinssatz: 2,5 % p.a.) in Höhe von € 4 000,00 zur Verfügung. [5]

▶ Beispiel:

Sie leisteten an unseren Mandanten zur Abdeckung eines Teils der Baukosten für oben genannte Maßnahmen eine zinslose Mietvorauszahlung in Höhe von € 2 000,00. [6]

Der berücksichtigungsfähige Gesamtaufwand der Maßnahmen für Ihre Wohnung beträgt € _____ und berechnet sich wie folgt: (Von dem Gesamtaufwand sind zunächst direkte Zuschüsse des Mieters abzusetzen).

▶ Beispiel:

Gemäß der in Fotokopie beiliegenden Handwerkerrechnung ergeben sich für den Einbau von isolierverglasten Fenstern in Ihrer Wohnung Kosten in Höhe von	€ 15 000,00
Hiervon ist abzusetzen der unserem Mandanten von Ihnen zur Verfügung gestellte Baukostenzuschuss in Höhe von	€ 5 000,00
Für die Berechnung des Mieterhöhungszuschlages maßgeblicher Gesamtaufwand	€ 10 000,00

Damit ergibt sich zunächst eine jährliche Erhöhung der Miete von € _____ (11 % von € _____ = berücksichtigungsfähiger Gesamtaufwand). Dieser Erhöhungsbetrag ist wegen der von Ihnen erbrachten Leistungen im Sinne von § 559a Abs. 3 S. 1 BGB wie folgt zu kürzen:

▶ Beispiel:

Jährliche Mieterhöhung = 11 % von € 10 000,00	= € 1 100,00
Zinslose Mietvorauszahlung in Höhe von € 2 000,00; marktüblicher Zinssatz für erstrangige Hypotheken bei Abschluss der baulichen Veränderungen: 9,5 % p.a. Kürzungsbetrag: 9,5 % Zinsen p.a. auf € 2 000,00	= € 190,00
Mieterdarlehen in Höhe von € 4 000,00 mit einem Zinssatz von 2,5 % p.a. Kürzungsbetrag: 9,5 % abzüglich 2,5 % = 7 % auf € 4 000,00 p.a.	€ 280,00
Zulässige jährliche Mieterhöhung	€ 630,00

Damit ergibt sich eine jährliche Mieterhöhung von € _____, mithin eine monatliche Mieterhöhung von € _____. Die um diesen Betrag erhöhte monatliche Miete ist mit Wirkung ab _____ zu zahlen. [7]

Es ergibt sich somit ab diesem Zeitpunkt eine neue monatliche
Nettokaltmiete (bisherige Nettokaltmiete zuzüglich Erhöhungsbetrag) von € _____
zuzüglich monatlicher Vorauszahlung auf Heizungskosten von € _____
zuzüglich monatlicher Vorauszahlung auf sonstige Betriebskosten im Sinne von § 2 BetrKV € _____
neue monatliche Gesamtmiete € _____

oder

Damit ergibt sich eine jährliche Mieterhöhung von € _____, mithin eine monatliche Mieterhöhung von € _____. Die um diesen Betrag erhöhte monatliche Miete ist mit Wirkung ab _____ zu zahlen.

Es ergibt sich somit ab diesem Zeitpunkt eine neue monatliche
Bruttokaltmiete (bisherige Bruttokaltmiete zuzüglich Erhöhungsbetrag) von € _____
zuzüglich monatliche Vorauszahlung auf Heizungskosten von € _____
neue monatliche Gesamtmiete € _____

oder

Damit ergibt sich eine jährliche Mieterhöhung von € _____, mithin eine monatliche Mieterhöhung von € _____. Die um diesen Betrag erhöhte monatliche Miete ist mit Wirkung ab _____ zu zahlen.

Es ergibt sich somit ab diesem Zeitpunkt eine neue monatliche
Teilinklusivmiete (bisherige Teilinklusivmiete zuzüglich Erhöhungsbetrag) von € _____
zuzüglich monatliche Vorauszahlung auf die vertraglich ausgewiesenen Betriebskosten von € _____
eventuell: zuzüglich monatliche Vorauszahlung auf Heizungskosten von € _____
neue monatliche Gesamtmiete € _____

Erläuterungen

1. Vom Mieter oder Dritten übernommene Kosten. Es wird auf die systematische Darstellung unter Teil 1 Rdn. 1359 ff. zu § 559a BGB verwiesen. 1375

1376 Das Muster behandelt die Verringerung des Gesamtaufwands durch die **Kosten**, die **vom Mieter** oder für diesen von einem Dritten **getragen** werden (Nr. 1.1 der systematischen Darstellung, Teil 1 Rdn. 1361), ferner die Kürzung der Mieterhöhung von 11 % des Gesamtaufwands, wenn der Mieter ein Mieterdarlehen oder eine Mietvorauszahlung geleistet hat oder ein Dritter für den Mieter eine entsprechende Leistung erbracht hat (2.3 der systematischen Darstellung, Teil 1 Rdn. 1366).

1377 **2. Berechnung der Ermäßigung.** Ermäßigung des Gesamtaufwands nach Nr. 1.1 der systematischen Darstellung bei Teil 1 Rdn. 1361. Es kann sich auch um Sach- oder Dienstleistungen des Mieters handeln, sofern eine entsprechende Vereinbarung zwischen den Mietparteien getroffen wird. Wichtig ist in diesem Fall, dass sich die Einigung auf den Wert der Mieterleistung bezieht.

1378 **3. Mieterdarlehen, Mietvorauszahlungen.** Kürzungsbetrag nach 2.3 der systematischen Darstellung, Teil 1 Rdn. 1366.

1379 Bei den Leistungen Dritter kann es sich um ein **Arbeitgeberdarlehen** handeln. Auf die Rechtsbeziehungen des Mieters zu dem Dritten kommt es nicht an.

1380 **4. Baukostenzuschuss.** Ermäßigung des Gesamtaufwands in Höhe des **Baukostenzuschusses** nach Nr. 1.1 der systematischen Darstellung.

1381 **5. Berechnung der Ermäßigung.** Kürzungsbetrag nach Nr. 2.3 der systematischen Darstellung, Teil 1 Rdn. 1366, berechnet nach der **Zinsdifferenz**, die sich aus dem marktüblichen Zinssatz für 1. Hypotheken und dem Zinssatz für das zinsgünstige Darlehen – hier 2,5 % p.a. – ergibt.

1382 **6. Berechnung der Ermäßigung bei zinslosen Vorauszahlungen.** Kürzungsbetrag nach Nr. 2.3 der systematischen Darstellung, Teil 1 Rdn. 1366.

1383 Da die Mietvorauszahlung zinslos ist, beläuft sich der Kürzungsbetrag auf den Zinsbetrag, der für erststellige Hypotheken aufzuwenden wäre.

1384 **7. Erläuterung und Wirkungszeitpunkt.** Zur Berechnung und Fälligkeit der Mieterhöhung s. Muster und Hinweise zu Teil 1 Rdn. 1339. Die Mietstruktur wird nicht verändert. Der Mieterhöhungsbetrag wird in die Miete als deren Bestandteil integriert.

7. Erhöhung der Miete bis zur ortsüblichen Miete (§§ 558, 558a BGB) in Kombination mit gleichzeitiger Erhöhung der Miete nach Abschluss baulicher Veränderungen (§ 559 BGB) bei Vereinbarung einer Nettokaltmiete

1385 **Sehr geehrter Herr Mustermann,**

hiermit zeigen wir Ihnen an, dass uns Herr Beispielhaft mit der Wahrnehmung seiner rechtlichen Interessen in der vorbezeichneten Angelegenheit beauftragt hat.

Unsere Bevollmächtigung wird anwaltlich versichert. [1]

Folgende Modernisierungsmaßnahmen _____

in der von Ihnen gemieteten Wohnung auf dem Grundstück _____ konnten nunmehr abgeschlossen werden (genaue Bezeichnung der ausgeführten Maßnahmen):

▶ Beispiel:

Die einfach verglasten Fenster wurden durch neue isolierverglaste Fenster einschließlich neuer Fensterrahmen ersetzt.

▶ Beispiel:

Die Beheizung Ihrer Wohnung mit Einzelkoksöfen wurde durch Installation einer Gas-Zentralheizung einschließlich Anbringung neuer Heizkörper in Ihrer Wohnung ersetzt.

▶ Beispiel:

Ihre Wohnung erhielt einen Anschluss an das Breitbandkabelnetz der Telekom, über das nunmehr ein erweiterter Fernsehempfang möglich ist. [3]

▶ Beispiel:

Im Treppenhaus wurde ein zuvor nicht vorhandener Fahrstuhl installiert. [4]

▶ Beispiel:

Die gesamten Außenwände Ihrer Wohnung wurden mit hochwertigen Materialien, nämlich (genaue Bezeichnung der neuen Bauteile) wärmegedämmt. Durch die Wärmedämmung der Fassade wird eine nachhaltige Einsparung der Heizenergie bewirkt. Der Anteil an Energieeinsparung im Vergleich zum bisherigen Zustand beläuft sich auf zumindest 20 % und ergibt sich auch aus einem Vergleich des alten und neuen Wärmedurchgangskoeffizienten (k-Wert) der renovierten Außenbauteile. Der alte k-Wert belief sich auf 34,7, der neue k-Wert auf 53,2. Gleichzeitig sind die bisher einfach verglasten Fenster durch isolierverglaste Fenster ersetzt worden. Alle durchgeführten Maßnahmen werden zu einer nachhaltigen Einsparung von Heizenergie führen.

Gemäß §§ 559 ff. BGB ist unser Mandant berechtigt, nach Abschluss [5]

der Modernisierungsmaßnahmen

eine Erhöhung der jährlichen Miete von 11 %, der für Ihre Wohnung aufgewandten Kosten zu verlangen. Öffentliche Mittel hat unser Mandant zur Finanzierung der genannten baulichen Maßnahmen nicht in Anspruch genommen.

Der Gesamtaufwand der Maßnahme für Ihre Wohnung beträgt _____ € und berechnet sich wie folgt: (genaue Spezifikation des Aufwandes ist erforderlich). [6]

▶ Beispiel:

Gemäß der in Fotokopie beiliegenden Schlussrechnung der von unserem Mandanten beauftragten Fachfirma belaufen sich die Gesamtkosten der neuen Gaszentralheizungsanlage auf 80.000,00 €. Da sämtliche 8 Wohnungen im Hause etwa gleich groß sind und sich auch in den baulichen Gegebenheiten im Wesentlichen gleichen, verteilt unser Mandant den Gesamtaufwand gleichmäßig nach der Anzahl der Wohnungen. Danach entfällt auf Ihre Wohnung ein Aufwand von 10.000,00 € für die genannte Modernisierungsmaßnahme.

oder

Der Gesamtaufwand der Maßnahme für Ihre Wohnung beträgt abzüglich ersparter Reparaturaufwendungen _____ € und berechnet sich wie folgt: (genaue Spezifikation des Aufwandes ist erforderlich). [7]

▶ Beispiel:

Gemäß der in Fotokopie beigefügten Handwerkerrechnung ergeben sich für den Einbau von isolierverglasten Fenstern in Ihrer Wohnung Kosten in Höhe von	15.000,00 €
Über notwendige Reparaturen an den bisherigen Fenstern hat unser Mandant vor Beginn der Modernisierungsmaßnahme einen Kostenvoranschlag eingeholt, den wir Ihnen ergänzend in Fotokopie überlasse. Hieraus ergeben sich ersparte Aufwendungen in Höhe von	3.000,00 €
so dass ein Gesamtaufwand von	12.000,00 €

zu berücksichtigen ist.

Damit ergibt sich eine jährliche Erhöhung der Miete von _____ € (11 % von _____ € = Gesamtaufwand, mithin eine monatliche Anhebung von _____ €.

Nach dem Gesetz (§ 558 BGB) ist unser Mandant darüber hinaus berechtigt, die Zustimmung zu einer Erhöhung der Miete bis zur ortsüblichen Vergleichsmiete zu verlangen, wenn die Miete in dem Zeitpunkt, zu dem die Erhöhung eintreten soll, seit 15 Monaten unverändert ist; das Mieterhöhungsverlangen kann frühestens 1 Jahr nach der letzten Mieterhöhung geltend gemacht werden; etwaige zwischenzeitliche Mieterhöhungen aufgrund von Modernisierungsmaßnahmen oder gestiegenen Betriebskosten bleiben hier außer Betracht. [8]

Die genannten Voraussetzungen sind in Bezug auf den an Sie vermieteten Wohnraum erfüllt, der im Wesentlichen durch folgende Merkmale gekennzeichnet ist (Bezeichnung der Hauptmerkmale), wobei die oben genannten, die Erhöhung gemäß §§ 559 ff. BGB begründenden Modernisierungsmaßnahmen hier unberücksichtigt bleiben: [9]

▶ Beispiel:

Baualtersklasse:	1919 bis 1948
Wohnlage:	gut
Größe:	96 m²
Ausstattung:	mit Bad, ohne Sammelheizung, Fahrstuhl, Einbauküche, Trennung von Bad und WC.

Die ortsübliche Vergleichsmiete ergibt sich aus dem Mietenspiegel des Jahres _____ [10]

oder

… aus dem qualifizierten Mietenspiegel des Jahres _____ der Gemeinde _____. Aufgrund der oben bezeichneten Merkmale Ihrer Wohnung ist anzuwenden die Rubrik _____ mit einer Mietspanne von _____ € bis _____ € pro m² netto kalt bei einem Mittelwert von _____ € pro m² Wohnfläche. [11]

oder

Die ortsübliche Miete ergibt sich aus den Vergleichsmieten, die in der beigefügten und von unserem Mandanten unterzeichneten Anlage näher nach Belegenheit und Art beschrieben werden. Die darin aufgeführten Mietobjekte sind hinsichtlich Lage, Größe, Baualter und Ausstattung mit Ihrer Wohnung vergleichbar (vgl. Beispiel Teil 1 Rdn. 1210). [12]

oder

Die ortsübliche Miete ergibt sich aus dem im Original beigefügten Sachverständigengutachten, auf dessen Inhalt zur Begründung im Einzelnen Bezug genommen wird. [13]

Danach ist eine Miete von monatlich _____ € pro m² netto kalt für Ihre Wohnung ortsüblich, ohne Berücksichtigung der eingangs bezeichneten Modernisierungsmaßnahmen. Im Hinblick auf die Größe des an Sie vermieteten Wohnraums von _____ m² ergibt sich somit eine [14]

neue monatliche Nettokaltmiete gemäß § 558 BGB von _____ €
zuzüglich Erhöhungsbetrag gemäß § 559 BGB (Wertverbesserungszuschlag) von _____ €
zuzüglich monatlicher Vorauszahlung auf Heizungskosten von _____ €
zuzüglich monatlicher Vorauszahlung auf sonstige Betriebskosten im Sinne von § 2 BetrVK _____ €
neue monatliche Gesamtmiete _____ €

Soweit eine Erhöhungsbegrenzung gemäß § 558 Abs. 3, 4 BGB zum Tragen kommt, wird sie durch das Erhöhungsverlangen beachtet, da die Miete innerhalb von 3 Jahren, von Erhöhungen wegen einer Modernisierung oder gestiegener Betriebskosten abgesehen, nicht um mehr als 20 % ansteigt. [15]

Die neue Miete gilt mit Beginn des 3. Kalendermonats nach dem Zugang dieses Erhöhungsverlangens, also ab _____ . [16]

Eventuell

Der monatliche Erhöhungsbetrag gemäß § 559 BGB (Wertverbesserungszuschlag) ist allerdings erst später, nämlich ab _____ zu zahlen, da unser Mandant Ihnen die zu erwartende Erhöhung der Miete nicht nach § 554 Abs. 3 S. 1 BGB mitteilte bzw. die tatsächliche Mieterhöhung mehr als 10 % höher ist als die mitgeteilte. [17]

Wir bitten Sie, die Zustimmung zur Mieterhöhung gemäß § 558 BGB bis spätestens zum Ablauf den 2. Kalendermonats nach dem Zugang dieses Schreibens, also bis zum _____ zu erklären. Soweit zwei oder mehrere Personen Mieter sind, ist die Zustimmung aller Mieter erforderlich. Die kommentarlose Zahlung der erhöhten Miete genügt grundsätzlich nicht. [18]

Die Modernisierungs-Mieterhöhung gemäß § 559 BGB bedarf nicht Ihrer Zustimmung, sie tritt unabhängig davon mit ihrer Anforderung zum oben genannten Zeitpunkt in Kraft.

Erläuterungen

1. Verhältnis von § 559 BGB zu § 558 BGB. *1.1* Der Vermieter kann wegen Maßnahmen zur Modernisierung oder Energieeinsparung eine Mieterhöhung entweder nach § 558 BGB oder nach § 559 BGB durchführen. Ihm steht ein **Wahlrecht** zu. Hat er die Modernisierung zum Anlass genommen, die Miete nach § 558 BGB unter Berücksichtigung der baulichen Maßnahme (z.B. Modernisierung) durchzuführen, so steht ihm die Möglichkeit, die Miete nach § 559 BGB zu erhöhen, nicht mehr zu Gebote.

1386

1387 *1.2* Bezieht der Vermieter den Kostenaufwand für die Modernisierung dergestalt in ein Mieterhöhungsverfahren nach § 558 BGB ein, dass er eine Anhebung der Miete auf die **Vergleichsmiete nach dem modernisierten Standard** verlangt, so sind die nach § 559 BGB umlagefähigen Modernisierungskosten bei der Berechnung der Kappungsgrenze auszuklammern (OLG Hamm ZMR 1993, 161).

1388 *1.3* Hat der Vermieter die Miete nach § 559 BGB erhöht, so kann er die Mieterhöhung nach § 558 BGB erst verlangen, wenn die erhöhte Miete hinter der ortsüblichen Miete zurückbleibt. Die Mieterhöhung nach § 559 BGB bildet also keinen Mietzuschlag; sie wird bei der späteren Mieterhöhung nach § 558 BGB nicht aus der Basismiete herausgerechnet (LG München I WuM 1996, 43).

1389 *1.4* Darüber hinaus kann der Vermieter unter bestimmten Voraussetzungen Mieterhöhungen nach § 558 BGB und nach § 559 BGB nebeneinander geltend machen:
– Wenn die Mieterhöhung nach § 559 BGB den Rahmen der ortsüblichen Miete noch nicht ausfüllt, kann der Vermieter die Miete für die baulich veränderte Wohnung auch nach § 558 BGB erhöhen.
– Hat der Vermieter eine bauliche Maßnahme nach § 559 BGB durchgeführt und liegen gleichzeitig alle Voraussetzungen für eine Mieterhöhung nach § 558 BGB vor, so kann er die Mieterhöhung nach § 558 BGB gemäß dem bisherigen (z.B. unmodernisierten) Zustand der Wohnung verlangen und gleichzeitig die Mieterhöhung nach § 559 BGB durchführen (OLG Hamm ZMR 1983, 102, WuM 1983, 17).

Auf den zuletzt genannten Fall bezieht sich das Muster.

1390 **Achtung:** Der Vermieter kann bei späteren Mieterhöhungen nach § 558 BGB nicht den Modernisierungszuschlag herausrechnen, seinem Erhöhungsverlangen den unmodernisierten Zustand zugrunde legen und dann den Modernisierungszuschlag wieder hinzurechnen (vgl. LG Berlin WuM 1998, 231).

1391 **2. Beispiele.** Zu Modernisierungs- und Energiesparmaßnahmen s. Muster und Hinweise zu Teil 1 Rdn. 1332, 1335 und 1358.

1392 **3. Breitbandkabelanschluss.** Der Anschluss an das Breitbandkabelnetz der Telekom wird im Allgemeinen als Modernisierungsmaßnahme anerkannt.

1393 **4. Einbau eines Fahrstuhls.** Für den Erdgeschossmieter wird der Einbau des Fahrstuhls selbst dann keine Verbesserung des Wohnkomforts bilden, wenn er Nebenräumlichkeiten im Dachgeschoss (z.B. Boden) hat; anders bei Mansardenzimmer im Dachgeschoss.

1394 Ein seit langer Zeit stillgelegter Fahrstuhl gilt nicht als mitvermietet, so dass die Neuinstallation eines Fahrstuhls als Modernisierung gewertet werden kann (AG Schöneberg GE 1995, 621).

1395 **5. Erläuterung der Mieterhöhungserklärung.** Zur Erhöhung der Miete nach Abschluss baulicher Maßnahmen gemäß § 559 BGB s. Muster und Hinweise zu Teil 1 Rdn. 1329 ff.

1396 **6. Verteilung der Kosten.** Die Kosten sind grundsätzlich **wohnungsbezogen** zu verteilen (s. die Hinweise zu Teil 1 Rdn. 1337). Bei baulichen Maßnahmen, die mehrere Wohnungen betreffen, steht dem Vermieter ein Bestimmungsrecht nach billigem Ermessen zu, wie die einzelnen Kosten zu verteilen sind. Im Regelfall wird sich eine Umlage nach anteiliger Wohnfläche empfehlen.

1397 **7. Berücksichtigung von Instandsetzungskosten.** Zur Berücksichtigung ersparter Instandsetzungskosten s. die Hinweise zu Teil 1 Rdn. 1338.

8. Voraussetzungen für eine Mieterhöhung der Nettokaltmiete auf die ortsübliche Vergleichsmiete. Zur Erhöhung der Miete bis zur ortsüblichen Miete (§ 558 BGB) s. Muster und Hinweise zu Teil 1 Rdn. 1188.

9. Beschreibung der Wohnung. Zur Wohnungsbeschreibung s. die Hinweise zu Teil 1 Rdn. 1197.

10. Mietspiegel. Zur Begründung des Erhöhungsverlangens mit Hilfe eines Mietspiegels s. die Hinweise zu Teil 1 Rdn. 1200.

11. Qualifizierter Mietspiegel. Zum qualifizierten Mietspiegel s. die Hinweise zu Teil 1 Rdn. 1208.

12. Vergleichswohnungen. Zur Begründung des Erhöhungsverlangens mit Hilfe von Vergleichsmieten s. die Hinweise zu Teil 1 Rdn. 1210.

13. Sachverständigengutachten. Zur Begründung des Erhöhungsverlangens mit Hilfe eines Sachverständigengutachtens s. die Hinweise zu Teil 1 Rdn. 1217 und 1252.

14. Mietstruktur. Zur Mietstruktur s. die Hinweise zu Teil 1 Rdn. 1219.

15. Kappungsgrenze. Zur Berücksichtigung und Berechnung der Kappungsgrenze s. die Hinweise zu Teil 1 Rdn. 1222 und 1245.

16. Wirkungszeitpunkt. *16.1* Zum **Wirkungszeitpunkt** der Mieterhöhung bis zur ortsüblichen Miete (§ 558 BGB) s. die Hinweise zu Teil 1 Rdn. 1227.

16.2 Nach § 559b Abs. 2 S. 1 BGB schuldet der Mieter die erhöhte Miete mit Beginn des dritten Monats nach dem Zugang der Erklärung. Durch die Mietrechtsreform wurde somit ein Gleichlauf hinsichtlich der Wirkungszeitpunkte der Mieterhöhung nach § 558 BGB und der Modernisierungsmieterhöhung (§ 559 BGB) geschaffen.

17. Zeitstrafe des § 559b Abs. 2 S. 2 BGB. Der Wirkungszeitpunkt der Modernisierungsmieterhöhung verzögert sich allerdings um sechs Monate, wenn der Vermieter dem Mieter die zu erwartende Erhöhung der Miete nicht nach § 554 Abs. 3 S. 1 BGB mitgeteilt hat oder wenn die zunächst im Rahmen der Modernisierungsmitteilung angekündigte Mieterhöhung um mehr als 10 % überschritten wird (§ 559b Abs. 2 S. 2 BGB).

18. Zustimmung. *18.1* Zur Zustimmung des Mieters s. zunächst die Muster und Hinweise zu Teil 1 Rdn. 1228.

18.2 Die Zustimmung kann auch **schlüssig** – etwa durch Zahlung der erhöhten Miete – erklärt werden. Der BGH (NZM 1998, 102) fordert für eine konkludente Zustimmung zur Vertragsänderung aber mehrere Zahlungen, wobei er offen lässt, wie viele es sein müssen. Nach Auffassung des LG Berlin (NJW-RR 1996, 526) kommt eine stillschweigende Zustimmung erst bei fünf Zahlungen in der geforderten Höhe in Betracht (kritisch *Both* in: Herrlein/Kandelhard § 558b Rn. 5, der eine konkludente Zustimmung bereits bei zwei Zahlungen erwägt).

18.3 Zieht der Vermieter die erhöhte Miete im Wege des Lastschriftverfahrens ein, wird eine konkludente Zustimmung auch bei Einzug über längere Zeiträume abgelehnt (AG Hamburg WuM 2000, 359).

18.4 Zum Lastschriftverfahren s. die Hinweise zu Teil 1 Rdn. 989.

X. Änderungen bei Betriebskosten, Staffelmiete und Indizes

1. Erhöhung der Betriebskostenvorauszahlungen durch den Vermieter

Adressierung

     Erhöhung der Betriebskostenvorauszahlungen [1]

Sehr geehrte Damen und Herren,

unter Vorlage einer auf uns lautenden Originalvollmacht zeigen wir Ihnen an, die rechtlichen Interessen von Herrn _____ zu vertreten. [2]

Unser Mandant hat Ihnen mit Anschreiben vom _____ **die Betriebskostenabrechnung für den Zeitraum** _____ **übermittelt.** [3] Die Abrechnung endet mit einem Nachzahlungsbetrag in Höhe von € 300,00. Wie Sie der Abrechnung entnehmen können, haben die von Ihnen im Vorjahr geleisteten monatlichen Vorauszahlungen zur Deckung der tatsächlichen Kosten nicht ausgereicht. Der Grund dafür liegt in einer Steigerung der Positionen Gartenpflege und Heizung. Durch die zusätzlich entstandenen Grünflächen musste der Leistungsumfang des Vertrages erweitert werden. Die Heizkosten sind gestiegen, weil im letzten Jahr die Preisanpassungsklausel des Wärmelieferungsvertrages eingesetzt hat.

Unserem Mandanten steht daher gemäß § 560 Abs. 4 BGB das Recht zu, die Vorauszahlungen auf eine angemessene Höhe anzupassen. Die Vorauszahlung wird daher um € 27,50 auf monatlich € _____ **angehoben.** Unser Mandant hat den Erhöhungsbetrag auf der Grundlage der oben geschilderten Kostensteigerungen ermittelt. Die Anhebung der Vorauszahlungen hat auch für Sie den Vorteil, dass Sie nach Ablauf des nächsten Abrechnungszeitraumes nicht mit einem überraschenden hohen Nachzahlungsbetrag rechnen müssen.

Die Erhöhung wird mit der nächsten Fälligkeit der Miete wirksam und ist von Ihnen daher spätestens zum 3. Werktag des Monats _____ **und auf das Ihnen bekannte Mietenkonto unseres Mandanten zu überweisen.** [5, 6, 7]

Mit freundlichen Grüßen

Rechtsanwalt

Erläuterungen

1413 **1. Anspruchsgrundlage.** Gemäß § 560 Abs. 4 BGB dürfen die Vertragsparteien durch einseitige Erklärung in Textform Betriebskostenvorauszahlungen auf eine angemessene Höhe anpassen. Eine Anpassung liegt auch bei der Ermäßigung von Vorauszahlungen durch den Mieter vor (BGH Urteil vom 06.02.2013 – VIII ZR 184/12). Vereinbarungen in Mietverträgen, die vor dem 01.09.2001 abgeschlossen wurden und die über die Voraussetzungen des § 560 Abs. 4 BGB zum Nachteil des Mieters hinausgehen, sind wegen Verstoßes gegen § 560 Abs. 6 BGB nach überwiegender Auffassung nicht mehr anwendbar (Staudinger/*Weitemeyer* § 549 Rn. 10; *Franke* ZMR 2001, 951, 952; *Lützenkirchen* PIG 65, 21, 22 f.). Mieterhöhungsvorbehalte nach neuem Recht sind ebenfalls mit Blick auf § 560 Abs. 6 BGB nach überwiegender Auffassung nicht mehr möglich, soweit sie über die Voraussetzungen des § 560 Abs. 4 BGB zu Lasten des Mieters hinausgehen (Blank/*Börstinghaus*, § 560 Rn. 27; *Sternel* ZMR 2001, 937, 938; Staudinger/*Weitemeyer* § 560 Rn. 47). § 560 Abs. 4 BGB setzt voraus, dass Betriebskostenvorauszahlungen vereinbart sind. Er stellt keine Anspruchsgrundlage dafür dar, Betriebskostenvorauszahlungen überhaupt erst einzuführen. Bei neu eingeführten Betriebskosten aufgrund einer Mehrbelastungsklausel oder nach Durchführung von Modernisierungsmaßnahmen bietet die Vorschrift allerdings die Anspruchsgrundlage dafür, den einmal vereinbarten Vorauszahlungsbetrag nach Maßgabe dieser Vorschrift zu erhöhen.

2. Formalien. Die Erhöhungserklärung stellt eine **einseitige empfangsbedürftige Erklärung** dar. Für sie gelten daher die allgemeinen rechtsgeschäftlichen Regeln. Dem Anschreiben ist daher eine Originalvollmacht beizufügen. Anderenfalls besteht für die Gegenseite die Möglichkeit, die Erklärung gemäß § 174 BGB unverzüglich zurückzuweisen. Die Erhöhung wäre dann unwirksam. Die Erklärung bedarf der Textform des § 126b BGB. Eine Begründung für das Erhöhungsschreiben ist gesetzlich nicht vorgeschrieben. Notwendiger Inhalt des Anschreibens ist daher lediglich die Anforderung der erhöhten Vorauszahlung mitzuteilen. Für den Vermieter besteht die Möglichkeit die Anpassung bereits zusammen mit der vorgelegten Betriebskostenabrechnung zu verlangen oder erst zu einem späteren Zeitpunkt »nach Erteilung der Abrechnung« eine separate Erhöhungserklärung abzugeben. Eine wenigstens kurze Begründung für die Erhöhung erscheint allerdings sinnvoll, um den Mieter von der Rechtmäßigkeit zu überzeugen.

1414

3. Anspruchsvoraussetzungen. Die Erhöhungserklärung setzt voraus, dass dem Mieter eine formell und inhaltlich korrekte Betriebskostenabrechnung vorgelegt wird (BGH Urteil vom 15.05.2012 – VIII/ZR 245/11). Die letzte Abrechnung muss insoweit Grundlage für die Erhöhung sein. Das Erhöhungsrecht besteht für den Vermieter auch dann, wenn bereits ein Nachforderungsverlust nach § 556 Abs. 3 S. 3 BGB eingetreten ist (BGH WuM 2010, 490). Auch mit einer verspäteten Abrechnung kann dargelegt werden, dass die bisherigen Vorauszahlungen für eine Abrechnungsperiode nicht ausgereicht haben.

1415

Bestreitet der Mieter das Abrechnungsergebnis, an das das Anpassungsrecht der Höhe nach anknüpft, ändert dies grundsätzlich nichts an seiner Zahlungspflicht. Er handelt auf eigene Gefahr, wenn sich das Abrechnungsergebnis als richtig erweist. Siehe dazu unten unter Ziff. 7, Teil 1 Rdn. 1420.

Dem Anspruch des Vermieters steht grundsätzlich nicht entgegen, dass das Abrechnungsergebnis aus der Betriebskostenabrechnung den vereinbarten Vorauszahlungsbetrag wesentlich übersteigt (OLG Hamm NZM 2003, 717; OLG Stuttgart, ZMR 1982, 366). Der Vermieter ist grundsätzlich nicht verpflichtet, Vorauszahlungen auf die umlegbaren Betriebskosten so zu kalkulieren, dass sie kostendeckend sind (BGH ZMR 2004, 347). Der BGH nimmt daher eine Pflichtverletzung des Vermieters im Zusammenhang mit der Vereinbarung von Vorauszahlungen bei Mietvertragsabschluss nur dann an, wenn besondere Umstände gegeben sind, so z.B., wenn der Vermieter den Mieter bei Vertragsschluss die Angemessenheit der Nebenkosten ausdrücklich zugesichert oder diese bewusst zu niedrig bemessen hat, um den Mieter über den Umfang der tatsächlichen Belastung zu täuschen und ihn auf diese Weise zur Begründung eines Mietverhältnisses zu veranlassen (für Gewerberaummietverhältnisse BGH ZMR 2004, 653; für Wohnraum BGH ZMR 2004, 347). Daraus ergibt sich, dass Aufklärungspflichten gegenüber dem Vertragspartner während der Vertragsverhandlung nur dann in Betracht kommen, wenn besondere Umstände hinzutreten.

1416

Liegt der äußere Tatbestand einer Pflichtverletzung vor, so ist der Beweis für fehlendes Verschulden vom Vermieter zu erbringen (§ 280 Abs. 1 S. 2 BGB). Der Schadensersatzanspruch des Mieters ist dann darauf gerichtet, den Mieter von den überhöhten Nachzahlungen freizustellen.

1417

4. Erhöhungsumfang. Die Anpassung hat auf eine angemessene Höhe zu erfolgen. Auch wenn die letzte Abrechnung als Grundlage für die Anpassung dient, können andere bereits eingetretene oder zukünftige Umstände, von denen die Kosten voraussichtlich beeinflusst werden, Berücksichtigung finden. Die konkret zu erwartende Entwicklung einzelner Kostenarten ist heranzuziehen und zu erläutern. Der vom BGH ursprünglich zugestandene Sicherheitszuschlag von 10 % wird nicht mehr anerkannt (BGH NZM 2011, 880).

1418

1419 **5. Wirksamkeitszeitpunkt.** Das Gesetz regelt keinen Wirksamkeitszeitpunkt. Nach einer Entscheidung des AG Köln (ZMR 2004, 920) soll die erhöhte Vorauszahlung, gestützt auf eine analoge Anwendung von § 560 Abs. 2 S. 1 BGB, mit Beginn des auf die Erklärung folgenden übernächsten Monats geschuldet sein. Gerade die Regelung in § 560 Abs. 2 BGB lässt im Umkehrschluss jedoch auch das Argument zu, dass für die Erhöhung von Vorauszahlungen etwas anderes gelten soll. Im Vergleich zu dieser Regelung, die für die Anhebung von Betriebskostenpauschalen gilt, haben Betriebskostenvorauszahlungen nur vorläufigen Charakter. Überwiegend wird daher auch vertreten, dass die Erhöhung bereits bei der nächsten Fälligkeit der Miete geschuldet wird (Blank/*Börstinghaus* § 560 Rn. 23; *Derckx* NZM 2004, 325; Hd. FA Miet/WEG/*Schmid* S. 480, Rn. 778; Schmidt-Futterer/*Langenberg* § 560 Rn. 53, wenn die Erklärung zum 15ten des Monats zugeht). Bei unterschiedlichen Erklärungen von Mieter und Vermieter gilt die mit der der Angabe der angemessenen Höhe am nächsten gekommen wird (BGH NZM 2010, 315; Palandt/*Weidenkaff* § 560, Rn. 17).

6. Verzugszinsen. Bereits aufgelaufene Verzugszinsen auf rückständige Vorauszahlungen für die Zeit bis zur Abrechnung oder bis zum Eintritt der Abrechnungsreife kann der Vermieter auch dann noch verlangen, wenn ein Anspruch auf Bezahlung der Vorauszahlungen selber nicht mehr besteht (BGH WuM 2012, 662).

1420 **7. Vorauszahlungen als Kündigungsrückstand.** Betriebskostenvorauszahlungen sind Bestandteil der Miete. Entstehen durch die Nichtbezahlung daher die Voraussetzungen für eine fristlose Kündigung wegen Zahlungsverzug, kann der Vermieter sofort Räumungsklage einreichen, ohne den Weg einer vorherigen Zahlungsklage beschreiten zu müssen (BGH Urteil vom 18.07.2012 – VIII ZR 1/11. § 569 Abs. 3 Nr. 3 BGB steht diesem Vorgehen nicht entgegen). Auf Rechtsirrtümer seines Beraters kann sich der Mieter i.d.R. nicht berufen.

2. Erhöhung der Miete wegen gestiegener Betriebskosten bei einer Betriebskostenpauschale

1421 **Adressierung**

Erhöhung der Betriebskostenpauschale [1]

Sehr geehrte/geehrter _____,

unter Vorlage der anliegenden Originalvollmacht zeigen wir an, mit der Wahrnehmung der rechtlichen Interessen Ihres/rer Vermieters/in, Herrn/Frau _____, **beauftragt zu sein. [2]**

Ausweislich des Mietvertrages schuldeten Sie gegenüber unserem Mandanten zuletzt eine monatliche Nettomiete in Höhe von € _____ **zuzüglich einer Betriebskostenpauschale in Höhe von €** _____

Gemäß der Klausel unter § _____ **des Mietvertrages ist unser Mandant berechtigt, die Betriebskosten gemäß § 2 BetrKV durch Erklärung in Textform nach Maßgabe der gesetzlichen Regelung unter § 560 Abs. 1, 2 BGB anteilig auf den Mieter umzulegen, wenn sich die Betriebskosten nach Abschluss des Mietvertrages erhöhen.**

Die Voraussetzungen für die Erhöhung der Betriebskostenpauschale liegen vor [3]. Seit Beginn des Mietverhältnisses am _____ **ist eine erhebliche Erhöhung der Betriebskosten eingetreten. Zur Erläuterung stellen wir Ihnen die Ausgaben zum Zeitpunkt der alten Mietvereinbarung und die Kostensteigerungen bis zum Jahr 2007 im Rahmen der Gesamtkosten für das Haus wie folgt gegenüber:**

E. Mietänderung bei preisfreiem Wohnraum

Betriebskosten	Bisherige, in Pauschale enthaltene Beträge jährlich in €	neue (erhöhte/ermäßigte) Beträge jährlich in €	Erhöhungs- oder Ermäßigungsbeträge in €
a) Wasserverbrauch – Sielbenutzung	20.435,26	22.445,07	2.009,81
b) Grundsteuer	7.430,76	7.430,76	./.
c) Aufzug	4.200,00	3900,00	– 300,00
d) Müllabfuhr	9.857,10	12.030,80	2.173,70
e) Sach- und Haftpflichtversicherung	3.959,15	4.252,00	292,85
f) Hauswart	4.601,26	5.564,23	962,97
g) Schornsteinfeger	1.200,35	1.200,15	0,20
		Summe der Erhöhung	5.139,53

Die Änderungen bei den jeweiligen Positionen erläutern wir wie folgt:

▶ Beispiel:

Wie Sie dem beigefügten Änderungsbescheid der Stadt _____ vom ____[Datum]____ entnehmen können, haben sich die Kosten der Müllbeseitigung von bisher € 9.857,10 jährlich mit Wirkung ab dem _____ auf € 12.030,80, jährlich mithin um € 2.173,70 erhöht. Die Kosten für die Sachversicherung wurden aufgrund einer vertraglichen Beitragsanpassungsklausel ab dem _____ heraufgesetzt. Das Entgelt für den Hauswart war seit vier Jahren unverändert, so dass eine Anpassung aufgrund des allgemeinen Anstieges der Lohn- und Lohnnebenkosten mit Wirkung zum _____ notwendig wurde. Auch unter Berücksichtigung der Erhöhung arbeitet der jetzige Hausmeister im Vergleich zu üblicherweise gezahlten Entgelten in Ihrer Region immer noch preisgünstig.

Die Erhöhung der Betriebskosten beträgt somit insgesamt € 5.139,53 jährlich. Die Gesamtwohnfläche des Hauses beträgt 1.000 m², die Wohnfläche Ihrer Wohnung 100 m². Der auf Sie entfallende Erhöhungsbetrag pro Monat errechnet sich danach wie folgt:

€ 5.139,53 : 1.000 × 100 : 12 = € 42,83.

Alternativ

Nach dem im Mietvertrag vereinbarten Verteilerschlüssel nach Miteigentumsanteilen errechnet sich der auf Ihre Wohnung entfallende Erhöhungsbetrag monatlich wie folgt:

€ 5.139,53 : 1.000 × 180 : 12 = € 77,09.

Es ergibt sich somit eine monatliche neue Betriebskostenpauschale (bisherige Pauschale zuzüglich Erhöhungsbetrag) von € _____ und eine neue Gesamtmiete, die sich nunmehr wie folgt zusammensetzt:

Teil 1 Mietrecht

monatliche Nettokaltmiete € _____
monatliche, erhöhte Betriebskostenpauschale € _____
monatliche Vorauszahlungen auf Heizkosten € _____
monatliche Gesamtmiete € _____ .

€ _____ .

Die erhöhte Miete ist mit Beginn des auf diese Erklärung folgenden übernächsten Monats, also mit Wirkung ab dem _____ zu zahlen. [4, 5]

Mit freundlichen Grüßen

Rechtsanwalt

Erläuterungen

1422 **1. Betriebskostenpauschale.** Eine Betriebskostenpauschale liegt vor, wenn der Mieter laut Vertrag für bestimmte Betriebskostenarten einen Betrag zu entrichten hat, der sich nicht aus genau errechneten einzelnen Positionen zusammensetzt, sondern in dem entweder die einzelnen Ansätze nach oben gerundet oder aufgrund einer überschlägigen Berechnung ermittelt wurden (*Langenberg* Kap. B Rn. 19). Über die vereinbarte Pauschale erfolgt keine Betriebskostenabrechnung. Der Vermieter kann in die Pauschale einen geschätzten Sicherheitszuschlag einkalkulieren, ohne dass hierüber oder über eine kostenorientierte Bewirtschaftung des Objektes eine Offenlegung gegenüber dem Mieter erfolgen muss. Im Gegensatz zu einer vereinbarten Brutto- oder Teilinklusivmiete werden die Betriebskosten bei der Pauschale von der Grundmiete betragsmäßig getrennt ausgewiesen. Bei einer Brutto-/oder (Teil-)Inklusivmiete kann der Vermieter eine Erhöhung nur nach § 558 BGB vornehmen.

1423 **2. Formalien.** vgl. Hinweise unter Teil 1 Rdn. 1414.

1424 **3. Anspruchvoraussetzungen.** Haben die Vertragsparteien eine Betriebskostenpauschale vereinbart, richten sich die Voraussetzungen für eine Erhöhung nach § 560 Abs. 1, 2 BGB. Das Gesetz macht die Erhöhungsmöglichkeit für den Vermieter ausdrücklich davon abhängig, dass dazu eine entsprechende vertragliche Vereinbarung (Mehrbelastungsabrede oder Änderungsvorbehalt) vorliegt. Die Abrede kann auch formularmäßig erfolgen. Aus ihr muss deutlich hervorgehen, dass sie sich nur auf Betriebskosten im Sinne von § 2 BetrKV bezieht. Das Vereinbarungserfordernis gilt auch für am 01.09.2001 bestehende Altverträge mit Brutto- oder (Teil-)inklusivmieten. § 560 Abs. 1, 2, 5 und 6 BGB sind auch nur hier entsprechend anzuwenden, wenn der Mietvertrag einen entsprechenden Änderungsvorbehalt enthält (Artikel 229, § 3 Abs. 4 EGBGB).

1425 **Ausnahmsweise** bedarf es keiner Mehrbelastungsabrede, wenn es sich um Betriebskostenerhöhungen handelt, die aus einer Modernisierungsmaßnahme resultieren. Selbst im Falle einer Teilinklusivmietabrede sollen neu eingeführte Betriebskosten die Erhöhung der Miete rechtfertigen, weil diese von der Teilinklusivmietabrede gerade nicht erfasst sind (vgl. BGH WuM 2004, 151 für den Einbau eines neuen Fahrstuhls). Durch den nachträglichen Einbau wird hier der Vertragsgegenstand selbst geändert. Die dadurch ausgelösten Folgekosten begründen die Änderung des Mietobjektes und damit einhergehend das Recht des Vermieters, die neuen Kosten auch umzulegen (so auch *Langenberg* Kap. C, Rn. 68 ff.; LG Berlin ZMR 2005, 192). Bei Modernisierungsmaßnahmen wäre allerdings darauf zu achten, dass die künftige Entstehung und voraussichtliche Höhe der Betriebskosten dem Mieter in der Modernisierungsankündigung gemäß § 555c Abs. 1 BGB angekündigt werden.

1426 Die Mieterhöhung ist nur zulässig, wenn sich die Gesamtbelastung des Vermieters an Betriebskosten, über den bei Vertragsabschluss bestehenden Umfang hinaus, erhöht hat. Steht der Erhöhung einzelner Betriebskostenarten die Ermäßigung anderer Positionen gegenüber, so dass die Summe unverändert geblieben ist, scheidet die Umlage der jeweils erhöhten Beträge aus (BGH, WuM 2011, 688; Schmidt-Futterer/*Langenberg* § 560 Rn. 19).

Dem Mieter steht ein Auskunftanspruch über die tatsächliche Höhe der Betriebskosten auch nur dann zu, wenn er konkrete Anhaltspunkte für eine nachträgliche Ermäßigung ohne das Kompensation in anderen Bereichen bestehen vortragen kann (BGH a.a.O.)

Im Gegensatz zur Erhöhung der Betriebskostenvorauszahlungen ist die Erhöhung der Pauschale nach dem Gesetzeswortlaut nur wirksam, wenn in der Erklärung der Grund für die Umlage bezeichnet und erläutert ist (§ 560 Abs. 1 S. 2 BGB). Dem Mieter muss auch ohne vorherige Belegeinsicht nachvollziehbar dargelegt werden, woraus sich der Grund für die Erhöhung ergibt. Wie hoch die inhaltlichen Anforderungen an die Bezeichnungs- und Erläuterungspflichten zu stellen sind, ist streitig (zu den Einzelheiten vgl. Schmidt-Futterer/*Langenberg* § 560, Rn. 25 f.; LG Kiel WuM 1995, 546). Um Risiken zu vermeiden, sollte die Erklärung daher die folgenden Angaben enthalten: 1427
– Die vollständige Gegenüberstellung der alten und neuen Betriebskostenbelastung, getrennt nach Betriebskostenarten.
– Den Grund für die Erhöhung und die Darlegung der hierauf beruhenden Berechnung.
– Die Nennung des errechneten Erhöhungsbetrages,
– unter Mitteilung des zugrunde gelegten Verteilerschlüssels.

Genügt das Erhöhungsschreiben nicht den gesetzlichen Anforderungen an Form und Inhalt, ist es unwirksam. Die Erklärung kann nicht durch nachträgliche Erläuterung nachgebessert werden. Vielmehr ist eine Neuvornahme notwendig, die eine entsprechend spätere Zahlungspflicht des Mieters auslöst. 1428

4. Wirksamkeitszeitpunkt. Die Mieterhöhung wirkt mit dem Beginn des auf die Erklärung folgenden übernächsten Monats (§ 560 Abs. 2, S. 1 BGB). Das Gesetz nimmt keine Rücksicht auf einen möglicherweise abweichenden mietvertraglichen Termin für die Zahlung der Miete. Wurde eine Zahlung etwa zum 15. eines Monats vereinbart, sind vom Mieter in Zukunft zwei Zahlungstermine zu beachten. 1429

Eine Vereinbarung, welche die Umlage gestiegener oder neu eingeführter Betriebskosten ab dem Zeitpunkt ihrer Entstehung zulässt, ist gemäß § 560 Abs. 6 BGB unwirksam, weil sie entgegen § 560 Abs. 2 BGB eine unbeschränkte Geltendmachung von rückwirkenden Kostensteigerungen ermöglicht (Schmidt-Futterer/*Langenberg* § 560, Rn. 13 ff.). 1430

Eine **rückwirkende Erhöhung** kommt gemäß § 560 Abs. 2 S. 2 BGB nur dann in Betracht, wenn sich eine Rückwirkung bereits aus der dem Vermieter vorliegenden Belastung ergibt und ihm gegenüber verlangt wird (z.B. Grundsteuerbescheid mit zwischenzeitlicher Erhöhung der Grundkosten). Die Geltendmachung ist auf die in § 560 Abs. 2 S. 2 BGB geregelte zeitliche Befristung und die positive Kenntnis des Vermieters von der Kostenerhöhung begrenzt. Erreicht die Kostenbelastung den Vermieter erst nach Beendigung des Mietverhältnisses, scheidet eine Nachbelastung gegenüber dem Mieter unabhängig von diesen Voraussetzungen aus (LG Frankfurt/M. NZM 2002, 336; Blank/*Börstinghaus* § 560, Rn. 12). 1431

5. Herabsetzung von Betriebskosten. Im Gegensatz zu einer Herabsetzung der Betriebskostenvorauszahlungen gemäß § 560 Abs. 4 BGB ist eine Herabsetzung der Pauschale gemäß § 560 Abs. 3 BGB einseitig nur durch den Vermieter möglich. Nach § 560 Abs. 3 S. 1 BGB ist der Mietzins vom Zeitpunkt der Ermäßigung an entsprechend herabzusetzen. Die Ermäßigung ist dem Mieter unverzüglich i.S. des § 121 BGB mitzuteilen und wirkt rechtsgestaltend erst mit dem Zugang beim Mieter. Ist die Herabsetzungserklärung unrichtig oder erfolgt sie nicht, kann der Mieter lediglich Klage auf Vornahme einer entsprechenden Herabsetzungserklärung gegen den Vermieter erheben. Für die Feststellung der Ermäßigung ist auf die Gesamtbelastung des Vermieters abzustellen (s. oben 3., Teil 1 Rdn. 1424). Eine bestimmte Form oder ein bestimmter Inhalt ist für die Herabsetzungserklärung nicht vorgeschrieben. Um die Richtigkeit der Herabsetzungs- 1432 erklärung für den Mieter nach Zeitpunkt und Umfang überprüfen zu können, steht diesem ein Auskunftsanspruch zu. Um Streitigkeiten und einem daran anknüpfenden Rechtsstreit vorzubeugen, empfiehlt es sich für den Vermieter Grund und Berechnung der Ermäßigung trotzdem bereits in der Erklärung offenzulegen.

1433 Der Vermieter ist in der Erklärung verpflichtet, die Ermäßigung ab dem Zeitpunkt ihres Entstehens an den Mieter weiter zu geben (AG Schöneberg MM 2004, 222; LG Mannheim NJW-RR 99, 808). Nach wohl überwiegender Auffassung soll eine Herabsetzung der Betriebskostenpauschale nicht davon abhängig sein, dass zuvor bereits eine Erhöhung der Betriebskostenpauschale erfolgt ist (so Schmidt-Futterer/*Langenberg* § 560 Rn. 39; FA MietR WEG/*Schmid* Kap. 5 Rn. 878; *Sternel* ZMR 2001, 943).

1434 **6. Gebührenstreitwert und Rechtsanwaltsgebühren.** Bei Ansprüchen auf Erhöhung der Miete für Wohnraum ist der Jahresbetrag der zusätzlich geforderten Miete maßgebend, § 23 Abs. 1 S. 1 RVG i.V.m. § 41 Abs. 5 GKG. Der Rechtsanwalt, der die Erhöhung der Betriebskostenpauschale außergerichtlich geltend macht (oder zurückweist) erhält hierfür eine Geschäftsgebühr der Nr. 2300 VV RVG (zuzüglich Auslagen gem. Nr. 7002 VV RVG und Umsatzsteuer gem. Nr. 7008 VV RVG). Der Rechtsanwalt kann seine Vergütung innerhalb eines Gebührenrahmens von 0,5 bis 2,5 nach den Kriterien des § 14 RVG bestimmen. Hierbei ist zu berücksichtigen, dass der Rechtsanwalt mehr als 1,3 nur fordern kann, wenn die Angelegenheit umfangreich oder schwierig war.

1435 Erhebt der Rechtsanwalt Feststellungsklage bezüglich des geschuldeten Entgelts, bestimmt sich der Wert ebenfalls nach dem Jahresbetrag der zusätzlich geforderten Miete, allerdings ist – wie bei Feststellungsklagen üblich – ein Abschlag in Höhe von 20 % vorzunehmen. Zu den Gebühren in gerichtlichen Verfahren vgl. Teil 1 Rdn. 2343.

3. Anforderung einer erhöhten Staffelmiete (§ 557a BGB)

1436 **Ausweislich der im Original beigefügten Vollmacht zeige ich die Vertretung des Vermieters**

oder

der Vermieter,

nämlich _____ der an Sie mit Vertrag vom _____ vermieteten, im Hause _____ belegenen Wohnung an.

In dem zugrunde liegenden Mietvertrag wurde eine Staffelmiete vereinbart. Nach einem Jahr einer unveränderten Miete tritt die nächste Staffel mit Wirkung ab _____ in Kraft. [1] Meine Mandantschaft hat mich gebeten, Sie vorsorglich auf diese bevorstehende Staffelmieterhöhung hinzuweisen.

oder

Nach einem Jahr einer unveränderten Miete ist die nächste Staffel mit Wirkung ab _____ in Kraft getreten. [2]

Ab diesem Zeitpunkt zahlen Sie bitte folgende monatliche Miete auf das Ihnen bekannte Konto:

▶ Beispiel:

Nettokaltmiete (bisher. 800,00 €) [3]	**824,00 €**
monatliche Vorauszahlung auf Heizungskosten (unverändert)	**100,00 €**

monatliche Vorauszahlungen auf alle sonstigen Betriebskosten
im Sinne von § 2 BetrKV (unverändert)   150,00 €
Gesamtmiete   1.074, 00 €

Erläuterungen

1. Automatische Mietänderung. Zur Staffelmietvereinbarung (§ 557a BGB) s. zunächst die Hinweise zu Teil 1 Rdn. 236.

Die Staffeln treten schon aufgrund der Staffelmietvereinbarung zu den jeweiligen Zeitpunkten automatisch in Kraft. Eine gesonderte Erhöhungserklärung ist nicht erforderlich (vgl. Schmidt-Futterer/Börstinghaus § 557a Rn. 49; Herrlein/Kandelhard/Both § 557a Rn. 14). Es kann sich aber gleichwohl – je nach Verlauf des Mietverhältnisses – empfehlen, den Mieter auf den Zeitpunkt der nächsten Staffel aufmerksam zu machen.

2. Nachträglicher Hinweis. Hat der Mieter den **Erhöhungszeitpunkt** versäumt, sollte er unmittelbar nach dem Fälligkeitstermin auf die eingetretene Mieterhöhung hingewiesen werden.

3. Berechnung. In dem Schreiben sollten die neue (eventuell zum Vergleich auch die bisherige) Nettomiete, die (unverändert gebliebenen) Vorauszahlungen sowie die Gesamtmiete aufgelistet werden.

4. Erhöhung der Miete bei Vereinbarung einer Index-Klausel (§ 557b BGB)

Ausweislich der im Original beigefügten Vollmacht zeige ich die Vertretung des Vermieters

oder

der Vermieter

nämlich _____ der an Sie mit Vertag vom _____ vermieteten, im Hause _____ . belegenen Wohnung an.

In dem geschlossenen Wohnraummietvertrag ist folgende Index-Klausel zu einer Änderung der Miete vereinbart (es empfiehlt sich im Folgenden die wörtliche Wiedergabe der entsprechenden Vertragsklausel): [1]

▶ Beispiel:

1. Die Parteien vereinbaren, dass die Miete durch den vom Statistischen Bundesamt ermittelten Verbrauchpreisindex für Deutschland bestimmt wird. Eine erste Änderung der Miete kann frühestens zum Ablauf eines Jahres nach Mietvertragsbeginn, mithin zum 01.11.2015 vorgenommen werden.

2. Jede Partei kann eine Anpassung der Nettomiete im gleichen prozentualen Verhältnis vornehmen, wie sich der vom Statistischen Bundesamt ermittelte Verbraucherpreisindex für Deutschland gegenüber der für den Monat des Beginns des Mietverhältnisses maßgeblichen bzw. der der jeweils letzten Mietänderung zugrunde gelegten Indexzahl verändert hat. Dabei ist zu beachten, dass die Miete, abgesehen von Erhöhungen nach dem § 559 bis 560 BGB, bei weiteren Anpassungen mindesten ein Jahr unverändert bleiben muss. Die Anpassung der Miete auf Grund dieser Vereinbarung muss durch Erklärung in Textform geltend gemacht werden. In der Erklärung sind die eingetretene Änderung des Preisindexes sowie die jeweilige Miete oder der Änderungsbetrag anzugeben. Die ge-

änderte Miete ist mit Beginn des übernächsten Monats nach dem Zugang der Erklärung zu entrichten.

Unter Bezugnahme auf diese Vereinbarung und § 557b BGB wird hiermit Ihre Miete wegen eines zwischenzeitlich gestiegenen Preisindexes erhöht. Der vom Statistischen Bundesamt ermittelte Verbraucherpreisindex für Deutschland hat sich seit der letzten Vereinbarung der Miete im (Monat, Jahr) von (Indexzahl) bis (Monat, Jahr) auf (Indexzahl) erhöht, ist also in diesem Zeitraum um _____ % gestiegen. [2]

Für Ihre Wohnung ergibt sich somit folgende neue Miete:
Bisherige monatliche Nettokaltmiete _____ €
multipliziert mit dem oben bezeichneten prozentualen Veränderungssatz = neue monatliche Nettokaltmiete von _____ €
zuzüglich monatlicher Vorauszahlung auf Heizungskosten von _____ €
zuzüglich monatlicher Vorauszahlung auf sonstige Betriebskosten _____ €
im Sinne von § 2 BetrKV
neue monatliche Gesamtmiete _____ €

oder

Für Ihre Wohnung ergibt sich somit folgende neue Miete:
Bisherige monatliche Bruttokaltmiete _____ €
multipliziert mit dem oben bezeichneten prozentualen Veränderungssatz = neue monatliche Bruttokaltmiete von _____ €
zuzüglich monatlicher Vorauszahlung auf Heizungskosten von _____ €
neue monatliche Gesamtmiete _____ €

Die geänderte Miete ist mit Beginn des übernächsten Monats nach dem Zugang dieser Erklärung zu entrichten, also ab _____; die bisherige Miete ist damit zugleich, von Erhöhungen nach den §§ 559–560 BGB abgesehen, ein Jahr unverändert. [3]

Erläuterungen

1442 **1. Keine Automatik.** Zur **Indexmiete** (§ 557b BGB) allgemein s. die Hinweise zu Teil 1 Rdn. 127.

1443 Die Anpassung der Miethöhe erfolgt bei der vereinbarten Indexmiete – anders als bei der Staffelmiete – nicht automatisch. Die Partei, die eine Anpassung erstrebt, muss diese durch Erklärung in **Textform** geltend machen (§ 557b Abs. 3 S. 1 BGB).

1444 Zur Textform s. die Hinweise zu Teil 1 Rdn. 1192.

1445 **2. Erhöhungserklärung.** Diese muss so gefasst sein, dass der Empfänger die geltend gemachte Mietänderung nachvollziehen kann (Schmidt-Futterer/Börstinghaus § 557b Rn. 42; Herrlein/Kandelhard/*Both* § 557b Rn. 20). Gemäß § 557b Abs. 3 S. 2 BGB muss die Erklärung die eingetretene Änderung des **Verbraucherpreisindexes** sowie entweder die geänderte Miethöhe oder den Erhöhungsbetrag enthalten.

1446 In der Erhöhungserklärung sind – wie im Beispiel – anzugeben:
– Der Verbraucherpreisindex bei Mietbeginn bzw. bei der letzten Anpassung,
– der aktuelle Preisindex,
– der Veränderungs-Prozentsatz, resultierend aus der Differenz der beiden Indexwerte umgerechnet in Prozent,
– die anzupassende Miete,

- die Multiplikation des Veränderungs-Prozentsatzes mit der bisherigen Miete in ihrer jeweiligen Struktur,
- die neue Miete oder der Erhöhungsbetrag.

Anschließend sollten die (unverändert gebliebenen) Heiz- und sonstigen Betriebskosten ausgewiesen und die neue Gesamtmiete errechnet werden. 1447

Gilt eine Nettokaltmiete, so nimmt nur diese an der Indexsteigerung teil. Ist bei Geltung einer Bruttokalt-, Teilinklusiv- oder Inklusivmiete keine Vereinbarung darüber getroffen, wie die indexbezogene Mietsteigerung zu berechnen ist, so ist hierfür das Gesamtentgelt zugrunde zu legen. 1448

3. Jahresfrist. Zu beachten ist die Jahresfrist nach § 557b Abs. 2 S. 1 BGB. Während der Geltung einer Indexmiete muss die Miete, von Erhöhungen nach §§ 559 bis 560 BGB abgesehen, jeweils mindestens ein Jahr unverändert bleiben. Die Änderungserklärung kann früher abgegeben werden. Sie wirkt auf den Beginn des übernächsten Monats nach Zugang (§ 557b Abs. 3 S. 3 BGB). 1449

XI. Mietänderung wegen Vereinbarung einer preiswidrig überhöhten Miete, insbesondere »Mitpreisbremse«

1. Grundsätzliches

Für Mietverhältnisse über preisfreien Wohnraum ist der Grundsatz der Vertragsfreiheit bei der Mietbildung eingeschränkt durch 1450
- das Verbot des Wuchers in §§ 138 Abs. 2 BGB, 134 BGB, 291 StGB,
- das Verbot der Mietpreisüberhöhung nach § 5 WiStG,
- die Mietpreisbegrenzung nach § 556d BGB i.V.m. einer landesrechtlichen Gebietsverordnung.

2. Mietwucher

Der Wuchertatbestand der §§ 138 Abs. 2 BGB, 291 StGB bezieht sich auf das Ausnutzen einer individuellen Not- oder Zwangslage oder der Unerfahrenheit einer Person (sog. Individualwucher). Ein auffälliges Missverhältnis zwischen Leistung und Gegenleistung wird angenommen, wenn die vereinbarte Miete knapp 100 % höher ist als die ortsübliche Miete (BGH NZM 2008, 770 = ZMR 2009, 19). 1451

Darüber hinaus ist ein Vertrag als **wucherähnliches Rechtsgeschäft** gem. § 138 Abs. 1 BGB nichtig, wenn Leistung und Gegenleistung in einem auffälligen Missverhältnis zueinander stehen und weitere sittenwidrige Umstände, z.B. eine verwerfliche Gesinnung des Vermieters, hinzutreten (s. dazu BGH NZM 2004, 907 = ZMR 2005, 29, 31; WuM 2011, 298). 1452

3. Mietpreisüberhöhung

Der Tatbestand der Mietpreisüberhöhung in § 5 WiStG bezieht sich auf das Ausnutzen einer beengten Marktsituation. Primärer Normzweck ist die Verhinderung von Wettbewerbsstörungen (sog. Sozialwucher); lediglich mittelbar wird der Mieter vor überhöhten Mieten geschützt (Schmidt-Futterer/*Blank* § 5 WiStG Rn. 1). 1453

Unangemessen hoch ist ein Entgelt dann, wenn die vereinbarte Miete die ortsübliche Miete um mehr als 20 % überschreitet (§ 5 Abs. 2 S. 1 WiStG). 1454

Das **Ausnutzen eines geringen Angebots** ist lediglich anzunehmen, wenn die Wohnungsmangellage der Grund für die hohe Mietforderung ist, wenn also das konkrete Entgelt bei einem ausgewogenen Wohnungsmarkt nicht vereinbart worden wäre. Das bedeutet nach der Rechtsprechung des BGH, dass das geringe Angebot auf dem Wohnungsmarkt für die Vereinbarung der Miete **im** 1455

Einzelfall ursächlich war (s. BGH WuM 2004, 294 = ZMR 2004, 410 mit Anm. *Breiholdt*). Dazu hat der Mieter darzulegen und gegebenenfalls zu beweisen, welche Bemühungen bei der Wohnungssuche er bisher unternommen hat, weshalb diese erfolglos geblieben sind und dass er mangels einer Ausweichmöglichkeit nunmehr auf den Abschluss des für ihn ungünstigen Mietvertrags angewiesen war. Daran fehlt es z.B., wenn der Mieter unabhängig von der Lage auf dem Wohnungsmarkt bereit ist, eine verhältnismäßig hohe Miete zu bezahlen, etwa deshalb, weil er aus persönlichen Gründen nur eine bestimmte Wohnung beziehen möchte. Gleiches gilt, wenn der Mieter die Wohnung mietet, ohne sich zuvor über ähnliche Objekte und die Höhe der üblichen Miete erkundigt zu haben. In allen diesen Fällen bedarf der Mieter nach Auffassung des BGH nicht des Schutzes durch § 5 WiStG. Damit ist die Vorschrift in der Praxis weithin bedeutungslos, denn den Beweis für den Ursachenzusammenhang zwischen dem geringen Angebot und der konkreten Preisvereinbarung kann der Mieter meist nicht führen.

4. Mietpreisbremse

a) Intention

1456 Die Vorschriften über die Mietpreisbegrenzung (§§ 556d ff. BGB) sind am 01.06.2015 in Kraft getreten. Sie sollen dem erheblichen **Anstieg der Mieten** bei der Wiedervermietung von Bestandswohnungen in prosperierenden Städten **entgegenwirken** und dadurch auch weniger leistungsstarken Bevölkerungsgruppen den Zugang zu bedarfsgerechtem, aber gleichwohl finanzierbarem Wohnraum sichern (BT-Drs. 18/3121 S. 15 f.). Die **Ausweisung der Gebiete**, in denen die Mietpreisbremse Geltung erlangt, obliegt in den Bundesländern im Rahmen einer Verordnungsermächtigung (s. § 556d Abs. 2 BGB).

b) Betroffene Miete

1457 Nach § 556d Abs. 1 BGB darf bei einem Mietvertrag über Wohnraum, der in einem durch Landesverordnung bestimmten Gebiet mit einem angespannten Wohnungsmarkt liegt, die Miete zu Beginn des Mietverhältnisses die ortsübliche Vergleichsmiete (§ 558 Abs. 2) um nicht mehr als 10 % übersteigen (sog. **110 %-Grenze**). Abzustellen ist auf die **Grundmiete** in ihrer jeweiligen Struktur ohne die Betriebskostenvorauszahlung oder -pauschale. Das wird bei Neuabschlüssen regelmäßig eine Nettokaltmiete sein.

c) Angespannter Wohnungsmarkt

1458 Ein solcher besteht nach § 556d Abs. 2 S. 2 BGB, wenn die ausreichende Versorgung der Bevölkerung mit Mietwohnungen in einer Gemeinde oder einem Teil der Gemeinde zu angemessenen Bedingungen besonders gefährdet ist. Wann dies der Fall ist, wird durch vier **Regelbeispiele** in Satz 3 der Bestimmung illustriert, nämlich wenn
– die Mieten deutlich stärker steigen als im bundesweiten Durchschnitt,
– die durchschnittliche Mietbelastung der Haushalte den bundesweiten Durchschnitt deutlich übersteigt,
– die Wohnbevölkerung wächst, ohne dass durch Neubautätigkeit insoweit erforderlicher Wohnraum geschaffen wird, oder
– geringer Leerstand bei großer Nachfrage besteht.

Insbesondere der letztgenannte Indikator dürfte darauf hindeuten, dass es für eine besonders **gefährdete Wohnraumversorgung** ausreicht, wenn eine Mangellage dergestalt besteht, dass die Nachfrage das Angebot übersteigt, es also an einer Leerstandreserve fehlt, so dass der Zugang zum Wohnungsmarkt für breitere Bevölkerungsschichten erschwert ist (in diesem Sinne LG Berlin WuM 2014, 554, 556 = ZMR 2014, 885, 887; *Blank* WuM 2014, 641, 644).

Die **Landesverordnung** muss die Gebiete mit angespannten Wohnungsmärkten für die Dauer von höchstens fünf Jahren ausweisen (s § 556d Abs. 2 S. 1 BGB). Sie muss bis zum Ablauf des Jahres 2020 in Kraft getreten sein (§ 556d Abs. 2 S. 4 BGB). Konkrete Vorgaben für den Verordnungsgeber finden sich in § 556d Abs. 2 S. 5 ff. BGB. Zur Überprüfbarkeit durch die Zivilgerichte s. BGH, Urt. v. 04.11.2015 – VIII 217/14.

d) Ortsübliche Vergleichsmiete

Maßstab für die Mietpreisbegrenzung ist die ortsübliche Vergleichsmiete i.S.d. § 558 Abs. 2 BGB; insoweit erfolgt in § 556d Abs. 1 BGB eine ausdrückliche Bezugnahme. Übersteigt die vereinbarte Miete die ortsübliche Vergleichsmiete um mehr als 10 %, ist die Preisabrede insoweit unwirksam; im Übrigen bleibt der Mietvertrag wirksam (s. § 556g Abs. 1 S. 1, 2 BGB).

1459

Die ortsübliche Vergleichsmiete ist nach denselben **Kriterien** zu ermitteln wie bei der Mieterhöhung nach § 558 BGB. Existiert in der Gemeinde ein qualifizierter Mietspiegel, so gilt dessen Vermutungswirkung (vgl. § 558d Abs. 2 BGB) auch für die Mietpreisbegrenzung (Schmidt-Futterer/*Börstinghaus* § 556d Rn. 49; NK-BGB/*Hinz* § 556d Rn. 20). Aber auch der einfache **Mietspiegel** bildet ein Indiz für die Richtigkeit der darin enthaltenen Werte, wobei die Reichweite von den Umständen des Einzelfalles, namentlich der Qualität des Mietspiegels abhängt (BGH WuM 2013, 110, 112; 551, 553). Im Zweifel sollte der Vermieter auf den Mittelwert des für die Wohnung einschlägigen Rasterfeldes abstellen. Nur wenn die Wohnung im Hinblick auf ihre Ausstattung, Beschaffenheit und Lage einem gehobenen Standard aufweist, wird er sich (vom Mittelwert ausgehend) in Richtung auf den Höchstwert der Spanne zubewegen dürfen.

Allerdings ist es Sache des Mieters, der die Miete für die Wohnung ja zunächst akzeptiert hat, darzulegen und zu **beweisen**, dass diese die ortsübliche Vergleichsmiete um mehr als 10 % übersteigt (Schmidt-Futterer/*Börstinghaus* § 555d Rn. 50).

e) Vormietenprivileg

Hatte der Vermieter mit dem vorherigen Mieter ein die ortsübliche Miete um mehr als 10 % übersteigendes Mietentgelt vereinbart, darf er dieses nach § 556e Abs. 1 S. 1 BGB aus Gründen des Bestandsschutzes auch bei der Wiedervermietung in Ansatz bringen (sog. **Vormiete**). Außer Betracht bleiben allerdings **Mieterhöhungen** aus dem letzten Jahr vor der Beendigung des Vormietverhältnisses (s. § 556e Abs. 1 S. 2 BGB). Dadurch soll vermieden werden, dass der Vermieter die Mietpreisbremse umgehen kann, indem er mit seinem Vormieter kurz vor Mietende noch eine drastische Mieterhöhung (uU gegen Verzicht auf Schönheitsreparaturen) vereinbart, um bei der Wiedervermietung mit einer hohen Vormiete aufwarten zu können. Maßgebend ist die vormalige Nominalmiete; Mietminderungen bleiben ebenfalls außer Betracht. Ob dies auch für unbehebbare Mängel gilt, ist streitig (dafür NK-BGB/*Hinz* § 556e Rn. 7; dagegen Lützenkirchen/*Abramenko* § 556e Rn. 19).

1460

f) Modernisierungsprivileg

Hat der Vermieter in den letzten drei Jahren vor Beginn des neuen Mietverhältnisses Modernisierungsmaßnahmen (§ 555b BGB) durchgeführt, so darf die 110 %-Grenze des § 556d Abs. 1 zulässige Miete um den Betrag überschritten werden, der sich bei einer Modernisierungsmieterhöhung nach §§ 559 Abs. 1 bis 3, 559a Abs. 1 bis 4 BGB ergäbe. Berücksichtigungsfähig sind alle **Modernisierungsmaßnahmen**, die eine Mieterhöhung nach § 559 BGB begründen können (vgl. § 555b Nr. 1, 3, 4, 5 u. 6 BGB), sofern ihr Abschluss in die letzten drei Jahre vor Überlassung der Mietsache an den Neumieter fällt (*Blank* WuM 2014, 641, 652; *Flatow* WuM 2015, 191, 200; Schmidt-Futterer/*Börstinghaus* § 556e Rn. 55).

1461

g) Ausnahmetatbestände

1462 Die Mietpreisbegrenzung gilt nach § 556f BGB nicht,
– wenn die Wohnung nach dem 01.10.2014 erstmals genutzt und vermietet wird (S. 1) oder
– bei der ersten Vermietung nach umfassender Modernisierung (S. 2).

Der Tatbestand des § 556 S. 1 BGB verlangt, dass sowohl die **erstmalige Nutzung** als auch die erstmalige Vermietung nach Ablauf des 01.10.2014, also ab dem 02.10.2014 stattfindet (s. nur Lützenkirchen/*Abramenko* § 556f Rn. 3). Ob die Wohnung nach dem Stichtag sogleich vermietet oder zunächst durch den Eigentümer/Vermieter oder dessen Angehörige genutzt und anschließend vermietet wird, ist ohne Belang (Schmidt-Futterer/*Börstinghaus* § 556f Rn. 14). *Bei der Vermietung kommt es drauf an, ob der* **Vertragsabschluss** *nach Ablauf des 01.10.1014 erfolgt ist* (Blank WuM 2014, 641, 653; Schmidt-Futterer/*Börstinghaus* § 556f Rn. 11; a.A. *Flatow* WuM 2015, 199, 202).

1463 Eine **umfassende Modernisierung** nach § 556f S. 2 BGB liegt vor, wenn die Maßnahme ihrem Umfang und ihrer Qualität nach die **Gleichstellung mit einem Neubau** rechtfertigt. Das ist der Fall, wenn die Investitionen
– etwa ein Drittel des für eine vergleichbare Neubauwohnung erforderlichen Aufwands erreichen und
– in mehreren wesentlichen Bereichen (z.B. Sanitäreinrichtungen, Heizungsanlage, Elektroinstallation, energetische Eigenschaften) eine nachhaltige Verbesserung der Wohnqualität bewirken (vgl. BT-Drs. 18/3121, S. 36).

Gleichgültig ist, wann die erste Vermietung stattfindet, dies kann vor oder nach Inkrafttreten der mietpreisbegrenzenden Vorschriften, aber auch der Gebietsverordnung geschehen.

h) Rückzahlungsanspruch

1464 Überzahlte Beträge kann der Mieter nach § 556g Abs. 1 S. 3, § 812 BGB zurückverlangen, allerdings nur dann, wenn er
– einen Verstoß gegen die Mietpreisbegrenzung gerügt hat und
– die zurückverlangte Miete nach Zugang der Rüge fällig geworden ist (sog. **qualifizierte Rüge**).

Der Mieter muss die qualifizierte Rüge in Textform (§ 126b BGB) erheben. Im Übrigen muss er darin dem Vermieter die **Tatsachen mitteilen**, auf denen die Beanstandung der vereinbarten Miete beruht (s. § 556g Abs. 2 BGB). Dies muss in konkreter Form geschehen; der Mieter muss durch Einordnung der vereinbarten Miete in einen Mietspiegel oder durch Bennung von Vergleichsmieten mitteilen, warum er die geforderte Miete als preiswidrig überhöht ansieht. Zur vorherigen Geltendmachung des Auskunftsanspruchs nach § 556g Abs. 3 BGB ist der Mieter nicht verpflichtet (*Fleindl* WuM 2015, 212, 216; Schmidt-Futterer/*Börstinghaus* § 556g Rn. 22).

i) Auskunftsanspruch

1465 Im Übrigen kann der Mieter vom Vermieter nach § 556g Abs. 3 BGB Auskunft über diejenigen Tatsachen verlangen, die für die Zulässigkeit der Miethöhe maßgeblich sind, soweit diese
– nicht allgemein zugänglich sind und
– der Vermieter hierüber unschwer Auskunft erteilen kann.

Der Anspruch umfasst lediglich solche Tatsachen, die für die Zulässigkeit der vereinbarten Miete nach den §§ 556d bis 556f BGB relevant sind. Das können etwa **Vergleichsdaten** oder ein Sachverständigengutachten sein, sofern der Vermieter die von ihm geforderte Miethöhe danach bemessen hat. Demgegenüber sind die Werte eines Mietspiegels allgemeinzugänglich. Das gilt auch für den Mietspiegel einer Nachbargemeinde. Über die **Vormietvereinbarung** kann der Mieter nur dann Auskunft verlangen, wenn der Vermieter damit die Höhe der verlangten Miete gerechtfertigt hat (*Blank* WuM 2014, 641, 656).

An der **Zumutbarkeit** der Auskunftserteilung fehlt es, wenn angeforderten Tatsachen den Rechtskreis anderer Personen, etwa des Vormieters oder der Mieter von herangezogenen Vergleichswohnungen, berührt und diese mit der Weitergabe ihrer Daten nicht einverstanden sind.

Hat der Mieter den Vermieter um eine Auskunft über **Modernisierungsmaßnahmen** gem. § 556e Abs. 2 BGB nachgesucht, muss dieser nach § 556g Abs. 3 S. 2 BGB die Auskunft in der Form des § 559b Abs. 1 S. 2, 3 BGB erteilen. Es gelten mithin dieselben **Anforderungen wie bei** einer **Modernisierungsmieterhöhungserklärung** in einem Bestandsmietverhältnis.

j) Bundesländer mit Mietpreisbegrenzung

In den nachfolgenden Bundesländern sind bislang (Stand: November 2015) Gebietsverordnungen in Kraft getreten (s. auch WuM 2015, 537, 660). Darüber hinaus planen derzeit die Länder Brandenburg, Bremen, Hessen und Thüringen eine Verordnung.

1466

Bundesländer	Geltungsdauer	Einbezogene Städte und Regionen
Baden-Württemberg	1.11.20 bis 15 bis 31.10.2020	68 Gemeinden
Bayern	01.08.2015 bis 31.07.2020 (VO vom 14.07.2015 – GVBl. 2015 S. 250)	144 Gemeinden
Berlin	01.06.2015 bis 31.05.2020 (VO vom 28.04.2015 – GVBl. 2015 S. 101)	
Hamburg	01.07.2015 bis 30.06.2020 (VO vom 23.06.2015 – GVBl. 2015, 122	
Nordrhein-Westfalen	01.07.2015 bis 30.06.2020 (VO vom 23.06.2015 – GVBl. 2015 S. 489)	14 Gemeinden
Schleswig-Holstein	1.12.2015 bis 30.11.2020 (VO vom 03.11.2015 – GVBl 2015 (noch unbekannt))	

5. Schreiben über Herabsetzung einer gemäß § 556d BGB überhöhten Miete

Ausweislich der in der Anlage beigefügten Vollmacht hat/haben mich _____ mit der Wahrnehmung ihrer rechtlichen Interessen Ihnen gegenüber beauftragt. Meine Mandantschaft mietete von Ihnen mit Vertrag vom _____ mit Wirkung ab _____ die im Hause _____ belegene Wohnung. [1]

1467

Wird ein Mietvertrag über Wohnraum abgeschlossen, der in einem durch Rechtsverordnung nach § 556d Abs. 2 BGB bestimmten Gebiet mit einem angespannten Wohnungsmarkt liegt, so darf die Miete zu Beginn des Mietverhältnisses die ortsübliche Vergleichsmiete (§ 558 Abs. 2 BGB) höchstens um 10 % übersteigen (§ 556d Abs. 1 BGB). Bei Abschluss des Mietvertrages mit meiner Mandantschaft war eine solche Rechtsverordnung, nämlich [2]

▶ Beispiel:

Die am 28.04.2015 beschlossene MietenbegrenzungsVO der Stadt Berlin

in Kraft getreten. [3]

Die mit meiner Mandantschaft vereinbarte Miete übersteigt die ortsübliche Vergleichsmiete um mehr als 10 %. Das ergibt [4] **sich aus Folgendem:**

> **Beispiel:**
>
> Nach dem zurzeit noch maßgeblichen Mietenspiegel 2013 der Freien und Hansestadt Hamburg ist die von meiner Mandantschaft gemietete Wohnung dem Rasterfeld C/4 zuzuordnen. Dort ist ausgewiesen eine Mietspanne von 6,63 € bis 11,04 € bei einem Mittelwert von 8,36 € jeweils pro qm netto kalt monatlich. Die von meiner Mandantschaft gemietete Wohnung ist nach Lage und Ausstattung durchschnittlich zu bewerten, somit ist der Mittelwert von 8,36 € pro qm netto kalt als ortsübliche Miete anzusehen; die Wohnung verfügt über keine Merkmale besserer Ausstattung im Sinne des Mietenspiegels und auch über keine sonstigen, besonderen Vorteile, die Küche wurde vermieterseits nur mit einer einfachen Spüle ausgestattet, das Bad ist nur 4 qm groß. Wird dieser Betrag um 10 % erhöht, ergibt sich bei einer Wohnfläche von 86 qm eine zulässige monatliche Nettokaltmiete von 790,34 € (9,19 € pro qm × 86). Tatsächlich wurde eine monatliche Nettokaltmiete von 1.030,00 € vereinbart. [5]
>
> Meine Mandantschaft wird daher nur die oben berechnete zulässige monatliche Nettokaltmiete zahlen. Hinzu kommen die vereinbarten monatlichen Vorauszahlungen auf Betriebskosten.

Erläuterungen

1468 **1. Einfache Rüge.** Will der Mieter die monatliche Miete von vornherein kürzen, bedarf es zur Geltendmachung eines Verstoßes gegen die Mietpreisbegrenzung keiner qualifizierten Rüge i.S.d. § 556g Abs. 2 BGB. Eine solche ist nur dann erforderlich, wenn er bereits geleistete Überzahlungen zurückverlangen will. Das Schreiben lässt sich aber wohl als **qualifizierte Rüge** auslegen, soweit es die formellen Voraussetzungen des § 556d Abs. 2 S. 2, Abs. 4 BGB aufweist.

Die einfache Mitteilung des Verstoßes gegen die Mietpreisbegrenzung ist keine Willenserklärung. Die Beifügung einer **Originalvollmacht** ist somit entbehrlich, uU aber zweckmäßig, um einer Diskussion um die unverzügliche Zurückweisung nach § 174 S. 1 BGB vorzubeugen. Ob es sich bei der qualifizierten Rüge ebenfalls um eine bloße rechtserhebliche Handlung (so *Fleindl* WuM 2015, 212, 217), oder bereits um eine geschäftsähnliche Handlung, auf welche die Vorschriften über die Willenserklärung entsprechend anwendbar sind (vgl. BGH NJW 1987, 1546, 1547), handelt, ist noch offen.

1469 **2. Länderverordnung.** Die Gebiete, in denen die Mietpreisbremse Geltung erlangt, werden nach § 556d Abs. 2 S. 1 BGB durch Rechtsverordnung der Landesregierungen für die Dauer von höchstens fünf Jahren bestimmt. Voraussetzung dafür ist, dass es sich um Gebiete mit angespannten Wohnungsmärkten handelt.

1470 **3. Übergangsbestimmung.** Nach Art. 229 § 35 Abs. 1 EGBGB sind die §§ 556d bis 556g BGB nur dann anwendbar, wenn der Mietvertrag **nach Inkrafttreten einer** aufgrund des § 556d Abs. 2 Satz 2 BGB-E ergangenen **Rechtsverordnung** geschlossen wurde.

1471 **4. 110 %-Grenze.** Die vereinbarte Miete darf die ortsübliche Vergleichsmiete um nicht mehr als 10 % übersteigen. Soweit eine Überschreitung dieser Grenze erfolgt, ist die Mietpreisvereinbarung unwirksam, im Übrigen bleibt sie wirksam (vgl. § 556g Abs. 1, 2 BGB).

1472 **5. Ortsübliche Vergleichsmiete.** Diese bestimmt sich nach § 558 Abs. 2 BGB, auf den § 556d Abs. 1 BGB ausdrücklich verweist. Besteht in der betreffenden Gemeinde ein **qualifizierter Mietspiegel**, so gilt die Vermutungswirkung (§ 558d Abs. 2 BGB) auch bei der Mietpreisbegrenzung (Schmidt-Futterer/*Börstinghaus* § 556d Rn. 49; NK-BGB/*Hinz* § 556d Rn. 20). Allerdings muss immer feststehen, dass es sich auch um einen qualifizierten Mietspiegel handelt. Das ist nach § 558d Abs. 1 BGB nur dann der Fall, wenn dieser nach **anerkannten wissenschaftlichen Grundsätzen** erstellt und von der Gemeinde oder von Interessenvertretern der Vermieter und Mieter anerkannt worden ist (BGH WuM 2013, 233 = ZMR 2013, 262; WuM 2014, 34 = ZMR 2014, 271). Allein die Bezeichnung des Mietspiegels als »qualifiziert« löst die Vermutungswirkung des § 558 Abs. 3 BGB nicht aus.

Liegen die Voraussetzungen des § 558d Abs. 1 BGB nicht vor, kann der Mietspiegel u.U. als **einfacher Mietspiegel** Bestand haben (s LG Berlin WuM 2015, 504). Auch dann kommt ihm eine Indizwirkung für die Richtigkeit der darin abgebildeten Werte jedenfalls dann zu, wenn er für die Bewertung der streitgegenständlichen Wohnung ausreicht (BGH WuM 2013, 551, 553), diese sich also ohne Weiteres in eines der dortigen Rasterfelder einordnen lässt. Dann kann der Mieter auch mithilfe eines einfachen Mietspiegels einen Verstoß gegen die Mietpreisbegrenzung begründen.

Im **Beispiel** geht der Mieter vom **Mittelwert** der für seine Wohnung maßgeblichen Spanne (bei einem Zuschlag nach 10 %) aus. Das kommt aber nur in Betracht, wenn die Wohnung ihrer Ausstattung, Beschaffenheit und Lage nach (vgl. § 558 Abs. 2 BGB) einen durchschnittlichen oder gar unterdurchschnittlichen Standard aufweist. Das muss der Mieter im späteren Rechtsstreit darlegen und beweisen.

Sofern der Mieter eine Kürzung der Miete beabsichtigt, sollte er im Zweifel vom **Oberwert** des jeweiligen Rasterfeldes (zzgl. 10 %) ausgehen. Denn sobald er einen Zahlungsrückstand von mehr als einer Monatsmiete über mindestens einen Monat auflaufen lässt, riskiert er eine ordentliche **Kündigung** nach § 573 Abs. 2 Nr. 1 BGB (BGH WuM 2012, 682 = ZMR 2013, 104; LG Bonn GE 2015, 383, 384; LG Berlin GE 2014, 60; AG Mitte/LG Berlin GE 2015, 386, 387). Eine unrichtige Einordnung der Wohnung in die Mietspiegelspanne dürfte ihn nicht exkulpieren. Zum Rechtsirrtum s. Teil 1 Rdn. 1420, 2014.

6. Antwortschreiben auf ein Herabsetzungsverlangen der Miete gemäß § 556d BGB

Ausweislich der beiliegenden Vollmacht hat/haben mich _____ mit der Wahrnehmung ihrer rechtlichen Interessen beauftragt.

1473

Das auf § 556d BGB gestützte Herabsetzungsverlangen der im Wohnraummietvertrag vereinbarten Miete wird als unbegründet zurückgewiesen. Die mit der Mietpartei vereinbarte Miete ist aus folgenden Gründen vollen Umfanges wirksam:

▶ Beispiel:

§ 556d BGB kommt zwar vorliegend grundsätzlich zur Anwendung, indes wird die ortsübliche Vergleichsmiete für das hier in Rede stehende Mietobjekt falsch berechnet. Zwar ist die Wohnung grundsätzlich dem Rasterfeld C/4 des gegenwärtig noch maßgeblichen Mietenspiegels 2013 der Freien und Hansestadt Hamburg zuzuordnen mit einer dort ausgewiesenen Mietspanne von 6,63 € bis 11,04 € bei einem Mittelwert von 8,36 € jeweils pro qm monatlich netto kalt. Entgegen der Annahme der Mietpartei ist indes die ortsübliche Miete nicht bei dem Mittelwert, sondern bei dem Höchstwert der Spanne einzuordnen. Denn die Wohnung weist zahlreiche Merkmale besserer Ausstattung auf: großzügige Badausstattung, zusätzliches Duschbad, zweiter Waschplatz, zweites WC, Bidet und aufwendige Fliesen, außerdem ist das Bad über 8 qm groß. Vermieterseits ist eine luxuriöse Einbauküche mit Geschirrspüler, Kühlschrank, Tiefkühlschrank etc. gestellt. Ferner ist hinzuweisen auf hochwertige Fußböden (Parkett) und Rollläden. Außerdem gehört zum Mietobjekt ein Fahrradkeller. Darüber hinaus weist die Wohnung viele Merkmale einer guten Wohnlage auf (ruhige Lage und Grünbezug, beidseitig großzügiger Baumbestand an der Straße), obwohl sie nach dem Mietenspiegel noch der normalen Wohnlage zugeordnet wird. Vereinbart wurde eine monatliche Nettokaltmiete von 1.030,00 €. Wird die anzunehmende ortsübliche Miete von 11,04 € pro qm monatlich netto kalt um 10 % erhöht, ergibt sich ein Betrag von 12,14 €. Bei einer Wohnfläche von 86 qm ergibt sich eine zulässige monatliche Nettokaltmiete von 1.044,04 €. Tatsächlich vereinbart ist eine monatliche Nettokaltmiete von 1.030,00 €. Diese übersteigt also die ortsübliche Vergleichsmiete nicht um mehr als 10 %. [1]

▶ Beispiel:

Sie verkennen, dass der hier geschlossene Wohnraummietvertrag unter Berücksichtigung von § 556f BGB überhaupt nicht der »Mietpreisbremse« unterliegt. Denn § 556d BGB ist nicht anzuwenden auf eine Wohnung, die nach dem 1. Okt. 2014 erstmals genutzt und vermietet wird (§ 556f Satz 1 BGB). Ein solcher Ausnahmefall ist hier gegeben. Zwar wurde die bezugsfertige Wohnung nach dem 01.10.2014 zunächst durch den Eigentümer genutzt und erst anschließend später an die Mietpartei vermietet. Der gesetzliche Ausnahmetatbestand ist danach gleichwohl einschlägig. [2]

▶ Beispiel:

Ob tatsächlich die mit der Mietpartei vereinbarte Miete die ortsübliche Vergleichsmiete um mehr als 10 % übersteigt, kann dahingestellt bleiben. Denn es wurde diejenige Miete vereinbart, die sich aus dem Vormietverhältnis ergibt. [3] Diese Vormiete wurde mit dem vorherigen Mieter auch nicht innerhalb des letzten Jahres vor Beendigung des Mietverhältnisses vereinbart. Zum Nachweis über die Höhe der vereinbarten Vormiete überreiche ich Ihnen in Ablichtung den Mietvertrag in Bezug auf das Vormietverhältnis. Daraus können Sie ersehen, dass mit Ihrer Mandantschaft keine höhere Miete als die Vormiete vereinbart wurde. Mit der Mietpartei wurde also im Ergebnis nur eine Miete bis zur Höhe der Vormiete vereinbart, so dass gemäß § 556e Abs. 1 Satz 1 BGB die jetzt vereinbarte Miete vollen Umfanges wirksam ist. [4]

Erläuterungen

1474 **1. Ortsübliche Vergleichsmiete.** Macht der Vermieter geltend, die ortsübliche Einzelmiete für das Mietobjekt liege oberhalb des Mittelwertes der Mietspiegelspanne, sollte er – wie im Beispielfall – wohnwerterhöhende Kriterien vortragen (vgl. BGH NZM 2012, 339, 341 = ZMR 2012, 528, 530 mit Anm. Muth und Bühler zur Mieterhöhung nach § 558 BGB). Dies erscheint schon deswegen sinnvoll, um der Mieter vielleicht doch noch dazu zu bewegen, von seiner Rüge Abstand zu nehmen und die vereinbarte Miete weiterhin zu zahlen.

Im Schrifttum zu § 556d BGB wird allerdings die Auffassung vertreten, dass ohne konkreten Sachvortrag des Mieters zum Zustand der Wohnungen, die vom **Oberwert** des betreffenden Mietspiegelfeldes auszugehen ist (Schmidt-Futterer/Börstinghaus § 556d Rn. 50). Dafür spricht, dass es Sache des Mieters ist, darzulegen und zu beweisen, dass die vereinbarte Miete, die er zunächst akzeptiert hatte, mehr als 10 % über dem ortüblichen Vergleichsmietniveau liegt. Insofern ist die Situation eine andere als bei der Mieterhöhung nach § 558 BGB, bei der sich die Parteien auf die Preisänderung nach Möglichkeit verständigen sollen (Schmidt-Futterer/Börstinghaus § 556d Rn. 50).

1475 **2. Neubauwohnung.** Die Mietpreisbegrenzung nach § 556d BGB findet gem. § 556f S. 1 BGB keine Anwendung bei Wohnung nach dem 01.10.2014 erstmals genutzt und vermietet werden. Das Neubauerfordernis ergibt sich zwar nicht aus dem Wortlaut des § 556f S. 1 BGB, aber mittelbar aus dem dortigen Tatbestandselement der erstmaligen Nutzung. Zur Konkretisierung kann auf § 16 Abs. 1 Nr. 1 bis 3 WoFG zurückgegriffen werden (vgl. Schmidt-Futterer/Börstinghaus § 556f Rn. 5 ff.; Lützenkirchen/Abramenko § 556f Rn. 4). Von einer Neubauwohnung ist somit auszugehen, wenn diese durch Baumaßnahmen

- in einem neuen selbständigen Gebäude (Nr. 1),
- durch Beseitigung von Schäden am Gebäude unter **wesentlichem Bauaufwand**, durch den dieses dauerhaft wieder zu Wohnzwecken nutzbar gemacht wird (Nr. 2) oder
- durch Änderung, Nutzungsänderung oder Erweiterung von Gebäuden unter wesentlichem Bauaufwand (Nr. 3)

geschaffen wird. Damit umfasst § 556f S. 1 BGB sowohl den »echten« Neubau von Wohnungen, als auch die zeitgemäße Herrichtung von entkernten Altbauobjekten unter wesentlichem Bauaufwand.

Die Wohnung muss nach dem 01.10.2014 erstmals genutzt und vermietet worden sein. Das bedeutet, dass sowohl die erstmalige Nutzung als auch die erstmalige Vermietung nach Ablauf des 01.10.2014 – also ab dem 02.10.2014 – stattfindet (s. nur Lützenkirchen/Abramenko § 556f Rn. 3). Ob die Wohnung nach dem Stichtag sogleich vermietet oder zunächst durch den Eigentümer selbst genutzt und erst anschließend vermietet wird, ist ohne Belang (Schmidt-Futterer/*Börstinghaus* § 556f Rn. 14). Selbst eine vorherige Vermietung als Gewerberaum ist unschädlich, immer vorausgesetzt, dass diese nach Ablauf des 01.10.2014 stattgefunden hat.

3. Vormietenprivileg. Sofern der Vermieter mit dem bisherigen Mieter eine die 110 %-Grenze des § 556d Abs. 1 BGB übersteigende Miete vereinbart hatte (sog. Vormiete), darf er diese auch bei einer Neuvermietung vereinbaren. Keine Berücksichtigung finden dabei allerdings Mieterhöhungen, die er mit dem Vormieter im letzten Jahr vor Beendigung des Vormietverhältnisses – maßgebend sich die letzten zwölf Monate vor Vertragsende – vereinbart hatte.

4. Nachweis. Die Höhe der Vormiete kann der Vermieter am einfachsten durch Vorlage einer anonymisierten Ablichtung der (Vor-)Mietvertragsurkunde belegen. Verpflichtet ist der Vermieter hierzu aber nicht. Auch im Rahmen des Auskunftsanspruchs nach § 556g Abs. 3 BGB kann der Mieter lediglich die Mitteilung der Vormiethöhe sowie des Zeitpunktes ihrer Vereinbarung verlangen. S. im Übrigen die Hinweise zu Teil 1 Rdn. 1465.

7. Klage auf Rückzahlung einer gemäß § 556d BGB überhöhten Miete

Namens und in Vollmacht der klagenden Partei wird beantragt, [1]

▶ Beispiel:

die Beklagten als Gesamtschuldner zu verurteilen, an die klagende Partei 1.437,96 € zuzüglich Zinsen p.a. hierauf in Höhe von 5 %-Punkten über dem jeweiligen Basiszinssatz ab 15.01.2016 zu zahlen. [2]

Begründung:

Die Parteien schlossen am _____ **den in Ablichtung als**

Anlage K 1

überreichten Mietvertrag mit Wirkung ab _____ über die im Mietvertrag bezeichnete Wohnung. Die klagende Partei als Mieterin beansprucht mit der vorliegenden Klage die Rückzahlung einer gemäß § 556d BGB überhöhten Miete.

Wird ein Mitvertrag über Wohnraum abgeschlossen, der in einem durch Rechtsverordnung nach § 556d Abs. 2 BGB bestimmten Gebiet mit einem angespannten Wohnungsmarkt liegt, so darf die Miete zu Beginn des Mietverhältnisses die ortsübliche Vergleichsmiete (§ 558 Abs. 2 BGB) höchstens um 10 % übersteigen (§ 556d Abs. 1 BGB). Bei Abschluss des oben überreichten Mietvertrages war eine solche Rechtsverordnung, nämlich [3]

▶ Beispiel:

die am 28.04.2015 beschlossene MietenbegrenzungsVO der Stadt Berlin

in Kraft getreten.

Die im oben überreichten Mietvertrag vereinbarte Miete übersteigt die ortsübliche Vergleichsmiete um mehr als 10 %. Das [4] ergibt sich aus Folgendem:

▶ Beispiel:

Nachdem zurzeit noch maßgeblichen Mietenspiegel 2013 der Freien und Hansestadt Hamburg ist die hier in Rede stehende Wohnung dem Rasterfeld C/4 zuzuordnen. Dort ist ausgewiesen eine Mietspanne von 6,63 € bis 11,04 € bei einem Mittelwert von 8,36 € jeweils pro qm netto kalt monatlich. Die streitgegenständliche Wohnung ist nach Lage und Ausstattung durchschnittlich zu bewerten, somit ist der Mittelwert von 8,36 € pro qm netto kalt als ortsübliche Miete anzusehen. Wird dieser Betrag um 10 % erhöht, ergibt sich bei einer Wohnfläche von 86 qm eine zulässige monatliche Nettokaltmiete von 790,34 € (919,00 € pro qm × 86). Tatsächlich wurde eine monatliche Nettokaltmiete von 1.030,00 € vereinbart. Die Vereinbarung der Miete ist daher teilweise unwirksam, nämlich in Höhe eines monatlichen Betrages von 239,60 €. [5]

Zum Beweise dafür, dass die oben bezeichnete monatliche Nettokaltmiete in genannter Höhe der ortsüblichen Vergleichsmiete entspricht, bezieht sich die klagende Partei vorsorglich auf [6]

Einholung eines Sachverständigengutachtens.

Der geltend gemachte Rückzahlungsanspruch bezieht sich auf den Zeitraum

▶ Beispiel:

01.08. bis 31.12.2015. Oben wurde dargelegt, dass ein monatlicher Teilbetrag der Nettokaltmiete von 239,60 € nicht wirksam vereinbart ist. Daraus errechnet sich für den Rückzahlungszeitraum ein Betrag von 1.437,96 €. [7]

Mit Schreiben vom _____.

Anlage K 2

Fotokopie

wurde die beklagte Partei vergeblich aufgefordert, den hier geltend gemachten Betrag an die klagende Partei zurückzuzahlen. Auch die Mahnung vom _____.

Anlage K 3

Fotokopie

führte nicht zum Ausgleich der Forderung. Mit der Rückzahlung der geschuldeten Beträge befindet sich die beklagte Partei daher ab _____ im Verzug. [8]

Dem hier geltend gemachten bereicherungsrechtlichen Rückforderungsanspruch der klagenden Partei liegt auch eine qualifizierte Rüge in Textform zugrunde (§ 556g Abs. 2, Abs. 4 BGB). Diese Rüge erfolgte mit dem in Kopie als

Anlage K 4

überreichten Schreiben der klagenden Partei an die beklagte Partei zu einem Zeitpunkt, der vor dem hier in Rede stehenden Rückerstattungszeitraum liegt. [9] In dem überreichten Schreiben

▶ Beispiel:

berief sich die klagende Partei auf den zurzeit noch maßgeblichen Mietenspiegel 2013 der Freien und Hansestadt Hamburg und ordnete dort zutreffend das Mietobjekt dem Rasterfeld C/4 zu. Unter Hinweis auf den Mittelwert von 8,36 € pro qm netto kalt als ortsübliche Miete errechnete die klagende Partei bei einer Wohnfläche von 86 qm eine zulässige monatliche Nettokaltmiete von 790,34 € (8,36 € + 10 % = 9,19 € × 86 qm). Damit war eine teilunwirksame monatliche Miete von 239,60 € bei einer tatsächlich vereinbarten monatlichen Nettokaltmiete von 1.030,00 € qualifiziert dargelegt.

Zu Unrecht hat sich die beklagte Partei außergerichtlich darauf berufen, dass die im Vormietvertrag vereinbarte Staffelmiete die zwischen den Parteien vereinbarte Miete legitimiert. Denn die Bezugnahme von § 557a Abs. 4 Satz 1 BGB auf § 556e Abs. 1 Satz 1 BGB ist in der Weise zu verstehen, dass Vormiete bei einer Staffelmiete im Vormietvertrag die zuletzt erreichte Staffel bei Beendigung des Vormietvertrages ist. Daraus ergibt sich Folgendes:

▶ Beispiel:

wie sich aus dem in Kopie als

Anlage K 5

überreichten Vormietvertrag ergibt, waren dort nach der Ausgangsmiete 5 weitere Staffelmieten vereinbart. Zum Zeitpunkt der Beendigung des Vormietvertrages war die 3. Staffel mit einer monatlichen Nettokaltmiete von 790,34 € erreicht. Erst die sich daran anschließende 4. Staffel sieht eine monatliche Nettokaltmiete von 1.030,00 € vor. Diese Miete konnte als Ausgangsmiete in dem nunmehr geschlossenen neuen Mietvertrag nicht wirksam vereinbart werden. [10]

Erläuterungen

1. Zuständiges Gericht. Zur gerichtlichen Zuständigkeit s. die Hinweise zu Teil 1 Rdn. 2334.   1479

2. Klageantrag. In diesem sind die Hauptforderung sowie die Nebenforderungen (z.B. Zinsen, vorgerichtliche Mahnkosten) zu bezeichnen. Über die Kosten des Rechtsstreit entscheidet das Gericht von Amts wegen (§ 308 Abs. 2 ZPO). Ein Zahlungsantrag muss die genaue Summe enthalten; die Berechnung darf nicht dem Gericht überlassen werden.   1480

Zum Zinsanspruch s. die Hinweise zu Teil 1 Rdn. 1016.

3. Gebietsverordnung. S. die Hinweise zu Teil 1 Rdn. 1450, 1463, 1466.   1481

4. 110 %-Grenze. S. die Hinweise zu Teil 1 Rdn. 1471.   1482

5. Ortübliche Vergleichsmiete. S. die Hinweise zu Teil 1 Rdn. 1472.   1483

6. Beweisangebot: Darlegungs- und beweispflichtig für einen Verstoß gegen die Mietpreisbegrenzung des § 556d Abs. 1 BGB ist der Mieter (*Blank* WuM 2014, 641, 657; Schmidt-Futterer/Börstinghaus, § 556d Rn. 71). Deshalb sollte er bereits in der Klageschrift Beweis für die hierfür maßgeblichen Tatsachen anbieten. In Betracht kommt hier insbesondere der Sachverständigenbeweis i.S.d. §§ 402 ff. ZPO. Der Beweisantritt erfolgt hier gemäß § 403 ZPO durch die   1484

Bezeichnung der zu begutachtenden Punkte. Dazu bedarf es lediglich einer summarischen Angabe der beweiserheblichen Tatsachen sowie des erwarteten Beweisergebnisses (BGH NJW 1995, 130, 132; Zöller/Greger); eine besondere Substanziierung ist nicht erforderlich.

1485 **7. Rückzahlungsanspruch.** Der Anspruch des Mieters aus §§ 556g Abs. 3, 812 BGB ist auf Rückerstattung der vom Vermieter preiswidrig erlangten Mietbeträge in Geld gerichtet (*Fleindl* WuM 2015, 212, 216). Es handelt sich um einen selbständigen vertraglichen Anspruch, der eine bloße **Rechtsfolgenverweisung** auf das Bereicherungsrecht beinhaltet (*Fleindl* WuM 2015, 212, 213; Schmidt-Futterer/*Börstinghaus* § 556g Rn. 15; a.A. Lützenkirchen/*Abramenko* § 556g Rn. 8: Rechtsgrundverweisung). Die Höhe des zurückzuerstattenden Betrags errechnet sich wie folgt: x = vereinbarte Miete abz. (ortsübliche Vergleichsmiete + 10 %).

▶ **Beispiel:**

Beträgt die vereinbarte Miete 1.000,00 € und die ortsübliche Vergleichsmiete 800,00 €, so ergibt sich folgende Berechnung: x = 1.000,00 € abz. (800,00 € + 80,00 €). Der rückforderbare Mietbetrag beläuft sich auf 120,00 €.

1486 **8. Qualifizierte Rüge.** Der Rückforderungsanspruch des Mieters erfordert eine qualifizierte Rüge des Verstoßes gegen die Mietpreisbegrenzung nach Maßgabe des § 556g Abs. 2 BGB. Er umfasst lediglich solche Mietbeträge, die nach Zugang der qualifizierten Rüge beim Vermieter fällig geworden sind.

Beachten Sie:
– Das Rügeerfordernis gilt auch, wenn der Mieter den Rückforderungsanspruch im Wege der Aufrechnung geltend macht.
– Demgegenüber gilt das Rügeerfordernis nicht, wenn der Vermieter Zahlungsrückstände einklagt; hier kann der Mieter einen Verstoß gegen die Mietpreisbegrenzung auch gegenüber Mietforderungen aus der Vergangenheit einwenden.

1487 **9. Formalien.** Der Mieter muss die qualifizierte Rüge in Textform (§ 126b BGB) abgegeben haben. Im Übrigen muss er darin die Tatsachen mitteilen, auf denen die Beanstandung der vereinbarten Miete beruht (s. § 556g Abs. 2 BGB). Dies kann – wie im Beispielsfall – durch Einordnung der vereinbarten Miete in einen Mietspiegel geschehen. S. im Übrigen die Hinweise zu Teil 1 Rdn. 1192, 1414.

1488 **10. Staffelmiete.** Bei einer Staffelmietvereinbarung sind die Bestimmungen über die Mietpreisbegrenzung nach § 557a Abs. 4 S. 1 BGB auf jede Mietstaffel anzuwenden. Die Mietpreisbremse gilt somit – anders als bei der Indexmiete (vgl. § 557b Abs. 4 BGB) – nicht nur bei der Ausgangsmiete, sondern bei jeder vereinbarten Staffelung. Die **Vormiete** (§ 556e Abs. 1 BGB) findet zunächst bei der Ausgangsmiete Berücksichtigung, wirkt sich dann aber auch auf die Folgestaffeln aus, da die Höhe der jeweils vorausgegangenen Mietstaffel über § 557a Abs. 4 S. 3 BGB Bestandsschutz erhält.

Allerdings kann der Vermieter mithilfe des Vormietenprivilegs keine Mietstaffeln aus einem **vorangegangenen** Mietvertrag, die wegen einer vorzeitigen Vertragsbeendigung noch nicht wirksam geworden sind, in Ansatz bringen. Berücksichtigungsfähig ist nur die zuletzt geschuldete Vormiete, d.h. die Vormiete, zu deren Entrichtung der vorherige Mieter tatsächlich verpflichtet gewesen ist, nicht hingegen eine erst für künftige Zeiträume vorausschauend vereinbarte, aber noch gar nicht wirksam gewordene Miete (*Flatow* WuM 2015, 191, 202 f.).

8. Klagerwiderung auf eine Klage wegen Rückzahlung einer gemäß § 556d BGB angenommenen überhöhten Miete

Namens und in Vollmacht der beklagten Partei wird beantragt,

die Klage abzuweisen.

Begründung:

Der von der klagenden Partei geltend gemachte bereicherungsrechtliche Rückforderungsanspruch ist unbegründet, da die mit ihr vereinbarte Miete aus folgenden Gründen vollen Umfanges wirksam ist:

▶ Beispiel:

§ 556d BGB kommt zwar vorliegend grundsätzlich zur Anwendung, indes wird die ortsübliche Vergleichsmiete für das hier in [1] Rede stehende Mietobjekt falsch berechnet. Zwar ist die Wohnung grundsätzlich dem Rasterfeld C/4 des gegenwärtig noch maßgeblichen Mietenspiegels 2013 der Freien und Hansestadt Hamburg zuzuordnen mit einer dort ausgewiesenen Mietspanne von 6,63 € bis 11,04 € bei einem Mittelwert von 8,36 € jeweils pro qm monatlich netto kalt. Entgegen der Annahme der klagenden Partei ist indes die ortsübliche Miete nicht bei dem Mittelwert, sondern bei dem Höchstwert der Spanne einzuordnen. Denn die Wohnung weist zahlreiche Merkmale besserer Ausstattung auf: großzügige Badausstattung, zusätzliches Duschbad, zweiter Waschplatz, zweites WC, Bidet und aufwendige Fliesen, außerdem ist das Bad über 8 qm groß. Vermieterseits ist eine luxuriöse Einbauküche mit Geschirrspüler, Kühlschrank, Tiefkühlschrank etc. gestellt. Ferner ist hinzuweisen auf hochwertige Fußböden (Parkett) und Rollläden. Außerdem gehört zum Mietobjekt ein Fahrradkeller. Darüber hinaus weist die Wohnung viele Merkmale einer guten Wohnlage auf (ruhige Lage und Grünbezug, beidseitig großzügiger Baumbestand an der Straße), obwohl sie nach dem Mietenspiegel noch der normalen Wohnlage zugeordnet wird. Vereinbart wurde eine monatliche Nettokaltmiete von 1.030,00 €. Wird die anzunehmende ortsübliche Miete von 11,04 € pro qm monatlich netto kalt um 10 % erhöht, ergibt sich ein Betrag von 12,14 €. Bei einer Wohnfläche von 86 qm ergibt sich eine zulässige monatliche Nettokaltmiete von 1.044,04 €. Tatsächlich vereinbart ist eine monatliche Nettokaltmiete von 1.030,00 €. Diese übersteigt also die ortsübliche Vergleichsmiete nicht um mehr als 10 %.

▶ Beispiel:

Die klagende Partei verkennt, dass der hier geschlossene Wohnraummietvertrag unter Berücksichtigung von § 556f BGB überhaupt nicht der »Mietpreisbremse« unterliegt. Denn § 556d BGB ist nicht anzuwenden auf eine Wohnung, die nach dem 1. Okt. 2014 erstmals genutzt und vermietet wird (§ 556f Satz 1 BGB). Ein solcher Ausnahmefall ist hier gegeben. Zwar wurde die bezugsfertige Wohnung nach dem 01.10.2014 zunächst durch den Eigentümer genutzt und erst anschließend später an die klagende Partei vermietet. Der gesetzliche Ausnahmetatbestand ist danach gleichwohl einschlägig. [2]

▶ Beispiel:

Ob tatsächlich die vereinbarte Miete die ortsübliche Vergleichsmiete um mehr als 10 % übersteigt, kann dahingestellt bleiben. Denn es wurde diejenige Miete vereinbart, die sich aus dem Vormietverhältnis ergibt. Diese Vormiete wurde mit dem vorherigen Mieter auch nicht innerhalb des letzten Jahres vor Beendigung des Mietverhältnisses vereinbart. Zum Nachweis über die Höhe der vereinbarten Vormiete wird überreicht in Ablichtung als

Anlage B 1

der Mietvertrag in Bezug auf das Vormietverhältnis. Daraus ist ersichtlich, dass mit der klagenden Partei nur eine Miete bis zur [3] Höhe der Vormiete vereinbart wurde, so dass gemäß § 556e Abs. 1 Satz 1 BGB die jetzt vereinbarte Miete vollen Umfanges wirksam ist.

▶ Beispiel:

Der Rückforderungsanspruch der klagenden Partei scheitert daran, dass diese vor dem Rückzahlungszeitraum die Höhe der [4] vereinbarten Miete weder in Textform noch qualifiziert beanstandete (§ 556g Abs. 2, Abs. 4 BGB). Lediglich anlässlich einer Ortsbesichtigung am 27. Juli 2015 beanstandete die klagende Partei mündlich, dass ihr die vereinbarte Miete doch überhöht erscheine, zumal die beklagte Partei im Ruf stehe, gesalzene Mieten zu vereinbaren und überall verlautbaren ließe, dass sie die »Mietpreisbremse« sowieso nicht interessiere.

▶ Beispiel:

Der Rückforderungsanspruch der klagenden Partei scheitert daran, dass diese vor dem Rückzahlungszeitraum die Höhe der [5] vereinbarten Miete nicht qualifiziert beanstandete (§ 556g Abs. 2 BGB). Mit dem in Kopie als

Anlage B 1

überreichten Schreiben vom 27. Juli 2015 äußerte die klagende Partei nur ganz allgemein, dass die Miete im Sinne von § 556d Abs. 1 BGB die ortsübliche Miete um mehr als 10 % übersteigen würde. Ohne Begründung und eine nähere Bezugnahme auf das konkrete Mietobjekt wurde darin ein Überhöhungsbetrag von 239,60 € monatlich angegeben. Dieses Schreiben genügt einer qualifizierten Rüge im Sinne von § 556g Abs. 2 BGB nicht.

Erläuterungen

1490 **1. Ortsübliche Vergleichsmiete.** Will der Vermieter im Prozess geltend machen dass die ortsübliche Einzelmiete für die Wohnung oberhalb des Mittelwertes der Mietspiegelspanne liegt, sollte der Rechtsanwalt höchst vorsorglich die wohnwerterhöhende Kriterien vortragen. Das ist im Beispielsfall geschehen. Im Schrifttum wird allerdings die Auffassung vertreten, dass bei fehlendem Sachvortrag des Mieters zum Zustand der Wohnung vom Oberwert des betreffenden Mietspiegelfeldes auszugehen ist (Schmidt-Futterer/Börstinghaus § 556d Rn. 50). S. die Hinweise zu Teil 1 Rdn. 1472.

1491 **2. Neubauwohnung.** Die Mietpreisbegrenzung findet keine Anwendung bei Wohnungen, die nach dem 01.10.2014 erstmals genutzt und vermietet werden. S. die Hinweise zu Teil 1 Rdn. 1475.

1492 **3. Vormietenprivileg.** S. zunächst die Hinweise bei Teil 1 Rdn. 1476.

Im Rechtsstreit erscheint es sinnvoll, die Höhe der Vormiete mithilfe des **Urkundenbeweises** zu belegen. Der Beweisantritt erfolgt gemäß § 420 ZPO durch Vorlegung der Originalurkunde; solange der Gegner deren Echtheit nicht bestreitet, genügt aber die Einreichung einer Fotokopie (BeckOK-ZPO/*Krafka* § 420 Rn. 5). Ergänzend – aber wohl eher ungern – kann der Vormieter als Zeuge benannt werden (s. § 373 ZPO).

1493 **4. Qualifizierte Rüge/Textform.** Der Mieter muss die qualifizierte Rüge nach § 556g Abs. 4 BGB in Textform geltend machen. Das bedeutet, dass er die Erklärung unter Bezeichnung seiner

Person auf einem dauerhaften Datenträger abgeben muss (s. § 126b BGB). Dieser muss dem Vermieter ermöglichen,
- die darauf befindliche Erklärung so aufzubewahren oder zu speichern, dass sie ihm während eines angemessenen Zeitraums zugänglich ist, und
- sie unverändert wiederzugeben (vgl. § 126b S. 2 BGB).

Hält der Mieter die Textform nicht ein, bleibt die Rüge nach § 125 S. 1 BGB ohne Wirkung (vgl. PWW/*Ahrens* 126b BGB Rn. 10).

5. Begründungserfordernis. Im Übrigen muss der Mieter in den Rüge die Tatsachen mitteilen, auf denen die Beanstandung der vereinbarten Miete beruht (s. § 556g Abs. 2 BGB). Eine allgemeine Beanstandung der Miethöhe – wie im Beispielsfall – reicht nicht aus. Vielmehr muss der Mieter durch Einordnung der vereinbarten Miete in einen Mietspiegel oder Benennung von Vergleichswerten begründen, warum er die von ihm geforderte Miete als preiswidrig überhöht ansieht. Zur vorherigen Geltendmachung des Auskunftsanspruchs nach § 556g Abs. 3 BGB ist der Mieter nicht verpflichtet (*Fleindl* WuM 2015, 212, 216; Schmidt-Futterer/*Börstinghaus* § 556g Rn. 22). Sofern ihm der Vermieter allerdings die gewünschte Auskunft (etwa über die Höhe der Vormiete oder die durchgeführten Modernisierungsmaßnahmen) erteilt hat, muss sich der Mieter auch damit auseinandersetzen (Lützenkirchen/*Abramenko* § 556g Rn. 21).

1494

Eine nicht ordnungsgemäß begründete Rüge ist unwirksam (Lützenkirchen/*Abramenko* § 556g Rn. 24).

F. Mietänderungen bei preisgebundenem Wohnraum

I. Erhöhung der Kostenmiete bei preisgebundenem Wohnraum

1495 **Adressierung**

Erhöhung der Kostenmiete bei preisgebundenem Wohnraum [1]

Sehr geehrter Herr/Frau _____,

in vorbezeichneter Angelegenheit zeigen wir an, mit der Wahrnehmung der rechtlichen Interessen Ihres Vermieters, Herrn _____, beauftragt zu sein.

Wir sind beauftragt auf der Grundlage der gesetzlichen Vorschriften [2] eine Erhöhung der Kostenmiete für preisgebundenen Wohnraum auszusprechen. Ihr Vermieter ist nach den Bestimmungen des Wohnungsbindungsgesetzes [3] berechtigt, auf der Grundlage einer neuen Wirtschaftlichkeitsberechnung eine entsprechend erhöhte Kostenmiete zu verlangen. Eine Wirtschaftlichkeitsberechnung auf der Grundlage der erhöhten Aufwendungen wird anliegend beigefügt. [4]

Die nachstehenden laufenden Aufwendungen [5] haben sich erhöht oder sind neu entstanden:

	Bisheriger Betrag €	Neuer (erhöhter) Betrag €	Erhöhung €
I. Kapitalkosten			
a) Zinsen für die Eigenleistung			
b) Zinsen für Fremdmittel			
c) Erbbauzinsen			
II. Bewirtschaftungskosten			
a) Abschreibung			
b) Besondere Abschreibungen			
c) Verwaltungskosten			
d) Instandhaltungskosten			
e) Mietausfallwagnis			
III. Weggefallene laufende öffentliche Beihilfen			
Summe der laufenden Aufwendungen			

Nach dem im Mietvertrag vereinbarten Verteilungsschlüssel [6] entfällt auf Ihre Wohnung ein Anteil am Erhöhungsbetrag von _____ € monatlich. Dieser errechnet sich wie folgt: Die Erhöhung der laufenden Aufwendungen (Mehrbelastungen) führt, umgerechnet auf die Gesamtwohnfläche des Hauses von _____ qm, zu einer monatlichen Mieterhöhung von _____ € pro qm Wohnfläche. Ihre Wohnung hat eine Wohnfläche von _____ qm, daraus ergibt sich pro Monat eine Mieterhöhung von _____ €. [6]

Die erhöhten und/oder neu entstandenen Aufwendungen erläutere und/oder berechne ich nachstehend im Einzelnen

(Im Folgenden sind genaue Erläuterungen und Berechnungen zu den Einzelpositionen erforderlich). [7]

Für Ihre Wohnung ergibt sich unter Berücksichtigung der Mehrbelastungen folgende Mietberechnung: [8]

Bisher gezahlte monatliche Nettokaltmiete	_____ €
zzgl. monatlicher Mieterhöhungsbetrag – wie oben angegeben –	_____ €
= neue monatliche Nettokaltmiete	_____ €
zzgl. monatlicher Betriebskostenvorauszahlung wie bisher	_____ €

oder

zzgl. einer erhöhten monatlichen Betriebskostenvorauszahlung gemäß beiliegender Berechnung [9]	_____ €
zzgl. monatlicher Heizkostenvorauszahlung	_____ €
neue monatliche Gesamtmiete	_____ €

Diese Erklärung gilt ab dem nächsten Monat. Sofern Ihnen diese Erklärung nach dem 15. des Monats zugeht, ist die erhöhte Miete vom 1. des übernächsten Monats an zu bezahlen [10]. Die Erklärung wird Ihnen per Boten zugestellt.

Mit freundlichen Grüßen

Rechtsanwalt

Erläuterungen

1. Einführung. Das Recht des öffentlich geförderten Wohnraums wurde durch das Gesetz zur Reform des Wohnungsbaurechtes vom 13.09.2001 (BGBl. I S. 2376 ff.) völlig neu geregelt. Kernstück des Gesetzes ist das zum 01.01.2002 in Kraft getretene Wohnraumfördergesetz (WoFG). Es ersetzt die bisherigen unterschiedlichen Förderwege. Im Gegensatz zum II WohnbauG enthält das WoFG nur noch Rahmenbedingungen. Die Zuständigkeit für den geförderten Wohnungsbau wurde vom Bund auf die Länder verteilt. Die bisherigen Bundesvorschriften gelten nur so lange fort bis die Länder eigene Gesetze erlassen.

Neue Förderbestimmungen. Bedeutsame Änderung ist hierbei die Bestimmung der Nettokaltmiete. Nach § 28 WoFG wird nicht mehr eine nach der Zweiten Berechnungsverordnung (II. BV) und der Neubaumietenverordnung (NMV) zu berechnende Kostenmiete ermittelt, sondern es wird zwischen öffentlichem Förderer und Bauherrn in der Förderzusage eine **höchstzulässige Miete** vereinbart. Gemäß § 28 Abs. 5 WoFG kann sich nun auch der Mieter auf die dort bestimmte höchstzulässige Miete berufen. Eine entgegenstehende mietvertragliche Vereinbarung ist nach § 28 Abs. 6 WoFG unwirksam.

In Abkehr zum bisherigen Recht gelten für die zulässige Miete gemäß § 28 Abs. 3 WoFG die Regelungen über Mieterhöhungen im preisfreien Wohnraum gemäß §§ 557 ff. BGB und die Regelungen zur Miethöhe in der Förderzusage nach § 13 Abs. 1 Nr. 2 WoFG. Damit sind auch im öffentlich geförderten Wohnraum die Grenzen des § 558 BGB – ortsübliche Vergleichsmiete und Kappungsgrenze – zu berücksichtigen. Insoweit wird auf die Ausführungen in Kapitel 5.1 verwiesen.

Die Umlage von Betriebskostenpositionen für die Zukunft durch einseitige Erklärung des Vermieters gem. § 10 Abs. 1 WoBindG (vgl. BGH Urteil vom 16.03.2011 – VIII ZR 121/10) ist nach neuem Recht nicht mehr möglich. Bei der mietrechtlichen Beratung sollten immer die maßgeblichen landesrechtlichen Förderbestimmungen und der Bewilligungsbescheid herangezogen werden. Der Mieter kann die Vorlage über sein Auskunftsrecht gem.§ 28 Abs. 5 WoFG verlangen.

1498 **2. Anwendungsbereich.** Während das Zweite Wohnungsbaugesetz (II. WoBauG) und das Wohnungsbaugesetz für das Saarland durch die Reform aufgehoben worden sind, gelten das Wohnungsbindungsgesetz (WoBindG), die NMV und die II. BV für eine Übergangszeit für sog. Altfälle weiter. Gemäß § 1 WoBindG i.V.m. § 50 WohnFG gelten diese Bestimmungen – ausschließlich – für alle Fälle, in denen öffentliche Mittel bis zum 31.12.2001 bewilligt worden sind (§ 50 Abs. 1 WohnFG) oder das Bewilligungsverfahren zumindest vor dem 01.01.2002 förmlich eingeleitet worden ist (§ 50 Abs. 2 WoFG). Gemäß §§ 50 Abs. 2, 46 Abs. 2 WoFG können die alten Vorschriften – alternativ – auch noch bei Verfahren mit förmlicher Einleitung vor dem 01.01.2003 angewendet werden. Damit finden die bisherigen Regelungen insbesondere noch auf Wohnraum Anwendung, der auf der Grundlage des Ersten und Zweiten Wohnungsbaugesetzes oder mit Aufwendungszuschüssen und -darlehen nach § 88 des II. WoBauG gefördert wurde. Nur für diese Altfälle gelten noch die besonderen Bestimmungen für Mieterhöhungen der Kostenmiete (vgl. ausführlich zur alten Rechtslage FA MietR WEG/*Schmid*, S. 1816 ff.). Die Regelungen über den preisgebundenen Wohnraum werden daher langfristig auslaufen (»auslaufendes Recht« BGH NZM 2000, 340).

1499 **3. Voraussetzungen.** Die Erhöhung der **Kostenmiete** ist nach § 10 Abs. 1 WoBindG an folgende Voraussetzungen geknüpft:
– Die Mieterhöhung muss **schriftlich** erklärt werden. Damit ist die gesetzliche Schriftform (§ 126 BGB) gemeint, so dass die Erklärung grundsätzlich vom Vermieter oder seinem Bevollmächtigten eigenhändig unterzeichnet werden muss. Textform (§ 126b BGB) genügt nicht. Die Eigenhändigkeit der Unterschrift ist gemäß § 10 Abs. 1 S. 5 WoBindG lediglich entbehrlich, wenn die Mieterhöhungserklärung mit Hilfe automatischer Einrichtungen gefertigt worden ist. Vervielfältigungsmaschinen sind nicht als automatische Einrichtungen anerkannt worden (OLG Schleswig ZMR 1984, 242). Ebenso wenig genügt es, dass die wesentlichen Daten der Mieterhöhungserklärung maschinen- bzw. handschriftlich in ein vorgefertigtes Formular nachgetragen werden.
– Die Mieterhöhung muss **erläutert und berechnet** werden. Das hat in einer Form zu geschehen, dass auch ein durchschnittlich, nicht wohnungswirtschaftlich vorgebildeter Mieter sie gedanklich und rechnerisch nachvollziehen kann (AG Pinneberg/LG Itzehoe ZMR 2003, 494). Bei der Erläuterung sind gemäß § 4 Abs. 7 S. 2 NMV die Gründe, aus denen sich die einzelnen laufenden Aufwendungen erhöht haben, sowie die auf die einzelnen laufenden Aufwendungen entfallenden Beträge anzugeben. Die Berechnung muss die Mieterhöhung nachvollziehbar machen. Die einzelnen erhöhten Positionen, ihre Verteilung und der den Mieter betreffende Anteil müssen berechnet werden.
– Berechnung und Erläuterung müssen **abschließend in einer Mieterhöhungserklärung** mitgeteilt werden. Sie können nicht nachträglich und auch nicht in mehreren Schritten erfolgen. Erläuterung und Berechnung werden nicht dadurch ersetzt, dass der Vermieter eine Wirtschaftlichkeitsberechnung oder den Genehmigungsbescheid der Bewilligungsstelle beifügt oder den Mieter auf sein Einsichtsrecht verweist (LG Berlin WuM 1988, 214; LG Münster ZMR 1988, 100).
– Neben der Berechnung und Erläuterung ist als **Begründungsmittel** alternativ beizufügen:
  – eine Wirtschaftlichkeitsberechnung oder ein Auszug daraus, der die Höhe der laufenden Aufwendungen wiedergibt (vereinfachte Wirtschaftlichkeitsberechnung),
  – eine Zusatzberechnung zur letzten (vereinfachten) Wirtschaftlichkeitsberechnung oder
  – der Genehmigungsbescheid der Bewilligungsstelle über die Miethöhe.

1500 **Wichtig!** Mieterhöhungserklärung, Berechnung/Erläuterung und Begründungsmittel sind eine untrennbare Einheit. Fehlt das Begründungsmittel, ist die Mieterhöhung unwirksam, eine rückwirkende Heilung durch nachträgliche Übersendung nicht möglich und eine Neuvornahme erforderlich.

Hinweis! Bei einem einheitlichen Mietverhältnis **über Wohnraum und Garage** im preisgebundenen Wohnraum kann die Garagenmiete unabhängig von der Wohnungsmiete erhöht werden (LG Berlin GE 2004, 625). In §§ 27, 28 NMV ist für die Überlassung einer Garage ausdrücklich die Erhebung einer angemessenen Vergütung neben der Einzelmiete für die Wohnung vorgesehen. Diese Angemessenheit nach § 27 NMV ist in einer Erhöhungserklärung nach § 10 WoBindG i.V.m. § 8a NMV zu begründen.

Eine Mieterhöhungserklärung ist auch erforderlich, wenn **vereinbart** ist, dass die jeweils zulässige Miete die vertragliche Miete ist. § 10 Abs. 1 WoBindG gilt insoweit gemäß § 4 Abs. 8 S. 1 NMV entsprechend. Allerdings ist die Erklärung in diesem Fall lediglich Voraussetzung für die Durchsetzbarkeit des Anspruchs. Anspruchsbegründend ist die vertragliche Regelung. Das hat zur Folge, dass dem Mieter hinsichtlich des Erhöhungsbetrags ein vorübergehendes Leistungsverweigerungsrecht i.S. des § 273 BGB zusteht, solange der Vermieter die Erhöhung nicht in der vorgeschriebenen Weise berechnet und erläutert (BGH ZMR 2004, 103, 105 f. = WuM 2004, 25, 27; NJW 1982 1587, 1588).

Konsequenz: Zahlt der Mieter die erhöhte Miete trotz formwidriger Erhöhungserklärung, kann er seine Leistung nicht – wie sonst – nach § 812 BGB zurückfordern.

Die in den **allgemeinen Vertragsbestimmungen** eines Wohnungsmietvertrages enthaltene Klausel

»*Bei preisgebundenem Wohnraum gilt die jeweils gesetzlich zulässige Miete als vertraglich vereinbart*«

verstößt nicht gegen das Transparenzgebot des § 307 Abs. 1 S. 2 BGB (BGH ZMR 2004, 103, 106 = WuM 2004, 25, 27 = NZM 2004, 93, 94).

4. Umfang der Begründungsmittel. Für die Wirksamkeit einer Mieterhöhung ist es nicht notwendig, Unterlagen in einem Umfang beizufügen, dass der Mieter die Entwicklung der Kostenmiete bis auf die ursprünglich von der Bewilligungsstelle genehmigte Durchschnittsmiete zurückverfolgen kann (BGH ZMR 1984, 209). Allerdings genügt die Beifügung einer **Zusatzberechnung** nur dann, wenn der Mieter zuvor eine Wirtschaftlichkeitsberechnung oder einen Auszug nach § 39 II. BV (vereinfachte Wirtschaftlichkeitsberechnung, s. Muster Teil 1 Rdn. 1519) erhalten hatte.

5. Laufende Aufwendungen. § 4 Abs. 7 S. 2 NMV setzt voraus, dass die einzelnen laufenden Aufwendungen, die sich erhöht haben, bezeichnet und die Erhöhungsbeträge ausgewiesen werden. Es reicht aus, lediglich die Kosten, die sich erhöht haben, einzeln aufzuschlüsseln und die übrigen Positionen mit den unveränderten Endbeträgen anzugeben (OLG Hamm WuM 1984, 148). Nicht hinreichend klare Erläuterungen und Berechnungen der Mietänderung führen – im Gegensatz zu bloßen Rechenfehlern – zur Unwirksamkeit des Mieterhöhungsverlangens (LG Dortmund WuM 1994, 81). Aus der beigefügten (vereinfachten) Wirtschaftlichkeitsberechnung müssen die bisherige und die neue Höhe der laufenden Aufwendungen und ihre Zusammensetzung eindeutig erkennbar sein (vgl. § 39 II. BV).

Der Vermieter preisgebundenen Wohnraums darf die Kostenmiete gemäß § 4 Abs. 8 S. 2 NMV (analog) rückwirkend um den Schönheitsreparaturen – Zuschlag nach § 28 Abs. 4 II BV erhöhen, wenn die Schönheitsreparaturklausel unwirksam ist (BGH NZM 2013, 312). Für preisgebundenen Wohnraum hat der BGH bereits im Jahr 2010 entschieden, dass der Vermieter die Kostenmiete einseitig um den Schönheitsreparaturen – Zuschlag erhöhen kann (BGH Urteil vom 24.03.2010 – VIII ZR 177/09). Nach dem Zweck der Kostenmiete sei der Fall, dass die Aufwendungen von vornherein höher als die Kostenmiete waren, ebenso zu behandeln wie eine nachträgliche Erhöhung der laufenden Aufwendungen. § 4 Abs. 8 S. 2 1. HS sei analog anwendbar

1509 **6. Verteilungsschlüssel.** Gemäß § 3 Abs. 3 NMV ist der Verteilungsschlüssel aus dem Verhältnis der Einzelwohnfläche zur Gesamtwohnfläche zu ermitteln, wobei jedoch der unterschiedliche Wohnwert der Wohnungen selbständig zu berücksichtigen ist. Abweichende Vereinbarungen – etwa nach Wohnungseigentumsanteilen – sind unzulässig (vgl. § 8 Abs. 1 WoBindG). Ist ein Verteilerschlüssel nicht vereinbart, so steht dem Vermieter ein **Bestimmungsrecht** nach § 315 BGB zu.

1510 Nach den §§ 8b Abs. 2 WoBindG, 2 Abs. 2 und 6 II. BV können mit der Genehmigung der Bewilligungsstelle mehrere Gebäude zu einer **Wirtschaftseinheit** zusammengefasst werden. Dies ist gegenüber dem Mieter offen zu legen. Ist im Mietvertrag kein Verteilungsschlüssel enthalten, so kann der Vermieter den gesetzlichen Maßstab zugrunde legen.

1511 **7. Erläuterung und Berechnung.** Zu den Anforderungen s. schon die Hinweise unter Teil 1 Rdn. 1499. Es genügt auch eine stichwortartige Begründung.

▶ **Beispiel:**

1512 Erhöhte Kapitalkosten aufgrund Zinsanhebung der XY-Bank von 6,4 % auf 6,8 %

oder

erhöhte Verwaltungskostenpauschale nach § 26 Abs. 2, 4 II. BV (zuletzt geändert durch Art. 3 VO zur Berechnung der Wohnfläche, über die Aufstellung von Betriebskosten und zur Änd. anderer VOen v. 25.11.2003 (BGBl. I S. 2346).

1513 **8. Mietstruktur.** Gemäß §§ 27 Abs. 3 II. BV, 20 Abs. 1 NMV ist die Nettokaltmiete im preisgebundenen Wohnraum als Mietstruktur zwingend vorgeschrieben. Soweit noch in einer Kostenmiete Betriebskostenanteile enthalten sind, liegt Preiswidrigkeit i.S. von § 8 Abs. 2 WoBindG vor.

1514 **9. Betriebskostenvorauszahlungen.** Das Mieterhöhungsverfahren gilt nach § 20 Abs. 4 NMV entsprechend, wenn der Vermieter die Betriebskostenvorauszahlungen erhöhen will. Zur Berechnung und Erläuterung wird die Bezugnahme auf eine ordnungsmäßige Betriebskostenabrechnung ausreichen, die eine Unterdeckung ergibt. Eine Erhöhung der Betriebskostenvorauszahlungen ist erst zulässig, nachdem über die vorangegangene Verbrauchsperiode abgerechnet worden ist; es gilt § 560 Abs. 4 BGB.

1515 **10. Wirksamkeitszeitpunkt.** Die Mieterhöhung wirkt nach § 10 Abs. 2 WoBindG auf den Ersten des folgenden Monats, wenn die Erklärung vor dem 15. des Monats abgegeben wird und auf den Ersten des übernächsten Monats, wenn die Erklärung erst nach dem 15. des Monats abgegeben wird.

1516 Eine **Rückwirkung** der Mieterhöhung kommt in zwei Fällen in Betracht:
– Die Kosten haben sich rückwirkend erhöht. Dabei ist erforderlich, dass sich die Erhöhung selbst Rückwirkung beimisst (z.B. bei der Grundsteuerveranlagung). Gemäß § 10 Abs. 2 S. 3 WoBindG wirkt die Mieterhöhung auf den Zeitpunkt der Erhöhung der Kosten, höchstens jedoch auf den Beginn des der Erklärung vorangegangenen Kalenderjahres zurück. Dagegen reicht nicht, dass der Vermieter erst am Ende des Wirtschaftsjahres einen erhöhten Aufwand, etwa wegen gestiegenen Verbrauchs oder wegen laufender Kostensteigerungen, die sich selbst keine Rückwirkung beilegen, feststellt.
– Im Mietvertrag ist vereinbart, dass die jeweils zulässige Kostenmiete als vertragliche Miete gelten soll. § 10 Abs. 2 WoBindG gilt für diesen Fall nicht, vielmehr ist § 4 Abs. 8 NMV einschlägig. Hier wirkt eine Mieterhöhung grundsätzlich noch ab Beginn des der Anforderung vorausgehenden Kalenderjahres (z.B. Mietanforderung: 1. Juni 2008; Rückwirkung möglich ab 1. Januar 2007). Ausnahmsweise kommt eine Nachforderung für einen weiter zurückliegenden Zeitraum in Betracht, wenn der Vermieter die Nachforderung unverschuldet erst später

geltend machen konnte und dies binnen dreier Monate nach Wegfall der unverschuldeten Hinderungsgründe tut.

Wichtig! Die Rückwirkung ist unzulässig, wenn die Mieterhöhung wegen einer erhöhten Verzinsung für öffentliche Baudarlehen nach den §§ 18a–18e WoBindG erfolgt (§ 18 f. Abs. 2 WoBindG). 1517

11. Gebührenstreitwert und Rechtsanwaltsvergütung. Zum Gebührenstreitwert und zur Rechtsanwaltsvergütung vgl. Teil 1 Rdn. 1434. 1518

II. Wirtschaftlichkeitsberechnung für öffentlich geförderte Wohnungen

Wirtschaftlichkeitsberechnung für öffentlich geförderte Wohnungen 1519

Beispielsberechnung: **1**

WK-Nr.:
Grundeigentümer:
Bevollmächtigter   Telefon:
Anschrift   Straße, PLZ und Ort

Wirtschaftlichkeitsberechnung für die
öffentlich geförderten Wohnungen

Bezugsfertigkeit: 01.09.1980
des Wohngebäudes/der Wirtschaftseinheit *Straße, PLZ und Ort* **2**

Das Wohngebäude/die Wirtschaftseinheit enthält jetzt **3**

50	öffentlich geförderte Wohnungen	mit insgesamt	2500	m²	Wohnfläche
25	nicht öffentlich geförderte Wohnungen	mit insgesamt	1750	m²	Wohnfläche
		mit insgesamt		m²	Nutzfläche
		mit insgesamt		m²	Nutzfläche

		für die öffentlich geförderten Wohnungen	für die nicht öffentlich geförderten Wohnungen und Gewerberäume
1	Gesamtkosten (lt. Schlussabrechnung)		
1.1	Kosten des Baugrundstücks	€ 70.000	€ 30.000
1.2	Baukosten	<u>€ 530.000</u>	<u>€ 320.000</u>
	Insgesamt	€ 600.000	€ 350.000
1.3	Erhöhung der Kosten (nach Schlussabrechnung)	€ _____	€ _____
1.3.1	Modernisierung **4**	€ 100.000	€ _____
1.3.2	sonstige Kosten (besondere Begründung erforderlich)	€ _____	€ _____
	Anteilige Gesamtkosten	<u>€ 700.000</u>	<u>€ 350.000</u>

2	Finanzierung der Gesamtkosten der öffentlich geförderten Wohnungen [5]		Nennbetrag	Bitte nicht ausfüllen	Zinsen und Verwaltungskosten		Tilgung	
					%	€	%	€
2.1	Vorrangige Mittel [6]			§§ 19, 21				
	Ia Hypothek	XY-Bank (Geldgeber)	300.000		7	21.000	2	6.000
	Ib Hypothek	S-Kasse (Geldgeber)	200.000		8	16.000	2	4.000
	Tilgungsstreckungsdarlehen, Erbbauzinsen/ Renten [7]		5.000		8	400	4	200
2.2	Öffentliche Mittel, Öffentliches Baudarlehen							
	Ic Darlehen	WBK (Geldgeber)	150.000		2	3.000	2	2.500
	Bundesmittel Id Darlehen	(Geldgeber)						
	WK-Baudarlehen							
2.3	Restfinanzierung							
2.3.1	Eigenleistung (echte) [8]							
		bis 15 %	25.000	§ 20	4	1000	–	–
		über 15 %						
2.3.2	Ersatz d. Eigenleistg., Aufbaudarlehen gem. § 254 Abs. 2.3 LAG Mieterdarlehen – Baukostenzuschüsse		20.000	§ 19	–	–	2	400
2.4	Unverzinslicher Gebäuderestwert							
2.5	Sonstige Darlehen							
	Gesamtfinanzierung = Gesamtkosten [9]		700.000		*	41.400		13.100

* s. 3.2.1

F. Mietänderungen bei preisgebundenem Wohnraum

3 Ertragsberechnung

3.1 Aufwendungen

3.1.1	Kapitalkosten laut 2	§ 19	€ 41.400
3.1.2	Zinsersatz [10]	§ 22	€ _____

3.1.3 Bewirtschaftungskosten [11]

a) Abschreibung § 25

1 % der Baukosten (bei Erbbaurechten der Gesamtkosten) € 6.300

% der Modernisierungskosten € _____

b) Besondere Abschreibungen für Anlagen und Einrichtungen [12]

3 %	€ 100.000	€ 3.000
%	€ _____	
%	€ _____	€ 3.000

c) Verwaltungskosten [13] § 26 50 Wohnungen je € 254,07 € 12.703,50

d) Instandhaltungskosten [14] § 28 2500 m² je € 8,78 € 21.950

Mieter tragen kleine Instandhaltungskosten: ja

e) Mietausfallwagnis = 2 % des Mietertrages € 1.741,21

Gesamtaufwendungen € 87.094,71

3.2 Erträge [15] § 31

Anzahl Wohnungen	Wohnfläche m²	Durchschnittsmiete je m² monatlich		Jahresertrag €
		ab	€	
50	2500	01.07.2008	2,90	87.094,71

Erläuterungen

1. Vereinfachte Wirtschaftlichkeitsberechnung. Das Muster enthält eine vereinfachte Wirtschaftlichkeitsberechnung i.S. von § 39 II. BV. Sie genügt als Begründungsmittel anstelle einer Wirtschaftlichkeitsberechnung, ersetzt aber nicht die Erläuterung und Berechnung der Mieterhöhung. Die im Muster angegebenen §§ beziehen sich auf die II. BV.

Zur Wirtschaftlichkeitsberechnung für öffentlich geförderten Wohnraum vgl. auch *Sternel* Mietrecht, Kap. III 904 ff.

2. Grundstücks- und Gebäudebeschreibung. Die Grundstücks- und Gebäudebeschreibung dient der Feststellung, ob es sich um ein oder mehrere Gebäude oder um eine Wirtschaftseinheit handelt. Ferner gibt sie Aufschluss darüber, ob das gesamte Gebäude öffentlich gefördert ist oder auch preisfreien Wohn- oder Geschäftsraum enthält. Die Unterscheidung ist für die Frage von Bedeutung, ob ggf. eine Teilwirtschaftlichkeitsberechnung nur für die Kosten, die auf preisgebundenen Wohnraum entfallen, aufzustellen ist (§§ 32, 33 bis 36 II. BV).

1523 Die Angabe der **Anzahl der Wohnungen** hat Bedeutung für die Ermittlung der Verwaltungskosten gemäß § 26 II. BV. Für die Berechnung der Wohnfläche im Bestand, der bis zum 31.12.2003 bezugsfertig geworden ist, sind die §§ 42 bis 44 II. BV anzuwenden (dazu *Schmid* ZMR-Sonderdruck 12/2003, 19; *Hinz* WuM 2004, 380, 383 f.).

1524 Der **Zeitpunkt der Bezugsfertigkeit** ist wichtig für die Höhe der Instandhaltungspauschale gemäß § 28 II. BV.

1525 **3. Berechnung der Gesamtkosten.** Die Gesamtkosten (§§ 5–8 II. BV) setzen sich zusammen aus:
– den Kosten des Baugrundstücks (§ 6 II. BV),
– den Baukosten (§ 7 II. BV) und
– den Baunebenkosten (§ 8 II.BV).

1526 Hinweis! Die Anlage 1 zu § 5 Abs. 5 II. BV gibt eine umfangreiche Aufstellung darüber, was zu den Kosten des Baugrundstücks und den Baukosten gehört.

1527 Maßgebend sind die Ansätze, die bei **Bewilligung der öffentlichen Mittel** berücksichtigt worden sind (sog. »Einfrierungsgrundsatz«).

1528 **4. Modernisierungskosten.** Die Kosten von baulichen Änderungen einschließlich Wertverbesserungen (Kosten der Modernisierung), die nachträglich entstanden sind, können gemäß § 11 Abs. 5 II. BV den Gesamtkosten hinzugerechnet werden.

1529 Wichtig! Dies gilt jedoch nicht für Kosten für Erneuerungen, Instandhaltungen und Instandsetzungen.

1530 **5. Finanzierungsplan.** Der Finanzierungsplan (§§ 12–16 II. BV) zeigt auf, wie der Vermieter die Gesamtkosten aufbringt. Die zur Deckung der Gesamtkosten aufgenommenen Fremd- und verwendeten Eigenmittel sind auszuweisen.

1531 **6. Fremdkapitalkosten.** Die entstandenen Fremdkapitalkosten (§§ 13, 19, 21 II. BV) dürfen grundsätzlich in der vereinbarten Höhe ausgewiesen werden, höchstens jedoch mit dem im Zeitpunkt der Bewilligung der öffentlichen Mittel marktüblichen Zinssatz für erste Hypotheken (§ 21 Abs. 3 II. BV). Spätere Senkungen sind zu berücksichtigen, Erhöhungen hingegen nur dann, wenn sie auf Umständen beruhen, die der Vermieter nicht zu vertreten hat (§ 23 Abs. 1 II. BV).

1532 **7. Tilgungsstreckungsdarlehen.** Das Tilgungsstreckungsdarlehen wird eingesetzt, wenn im Rahmen einer Zwischenfinanzierung ein Aufschlag oder Abschlag berechnet wird, der finanziert werden muss. Zur Rechtsnatur des Tilgungsstreckungsdarlehens s. BGH NJW 1985, 1831. Die Zinsen für dieses Darlehen sind Kosten der Zwischenfinanzierung, die als »einmalige Kosten« in der Wirtschaftlichkeitsberechnung berücksichtigt werden dürfen. Zum Ansatz der Zinsen s. Fischer-Dieskau/Pergande/Schwender/*Heix* II. BV § 11 Anm. 7.3.

1533 **8. Eigenleistungen.** Gemäß § 20 Abs. 2 II. BV darf für Eigenleistungen (§§ 15, 16 II. BV) eine Verzinsung wie folgt angesetzt werden:
– für den Teil, der 15 % der Gesamtkosten nicht übersteigt: 4 %,
– für den darüber hinausgehenden Teil
  – bei Bewilligung der öffentlichen Mittel vor dem 01.01.1974: der marktübliche Zinssatz für erste Hypotheken,
  – bei späterer Bewilligung der öffentlichen Mittel: 6,5 %.

1534 Für **verlorene Baukostenzuschüsse** ist der Ansatz von Kapitalkosten gemäß § 19 Abs. 3 II. BV unzulässig.

9. Kapitalkosten. Der Betrag der Kapitalkosten ergibt sich aus den Zinsen der Dauerfinanzierung. Sie sind nachfolgend als Teil der laufenden Aufwendungen anzusetzen.

10. Zinsersatz. Bei unverzinslichen Fremdmitteln deren Tilgungssatz 1 % übersteigt oder bei verzinslichen Fremdmitteln, deren Zinssatz niedriger als 4 % ist, dürfen gemäß § 22 Abs. 1 II. BV Tilgungen als Kapitalkosten angesetzt werden (Zinsersatz). Allerdings bedarf der Ansatz des Zinsersatzes für seine Wirksamkeit der Zustimmung der Bewilligungsstelle (§ 22 Abs. 3 II. BV).

11. Bewirtschaftungskosten. Unter den Bewirtschaftungskosten sind die Kosten zu verstehen, die zur Bewirtschaftung des Gebäudes bzw. der Wirtschaftseinheit laufend erforderlich sind (§ 24 II. BV): Abschreibungen (§ 25), Verwaltungskosten (§ 26), Betriebskosten (§ 27), Instandhaltungskosten (§ 28), Mietausfallwagnis (§ 29).

Wichtig! Betriebskostenanteile dürfen bei preisgebundenem Wohnraum nach § 27 Abs. 3 II. BV in der Wirtschaftlichkeitsberechnung nicht angesetzt werden.

12. Sonderabschreibungen. Besondere Abschreibungen für Anlagen und Einrichtungen dürfen zusätzlich in dem in § 25 Abs. 3 II. BV aufgeführten Umfang angesetzt werden.

13. Verwaltungskosten. Die Höhe der Verwaltungskosten ist gemäß § 26 Abs. 4 II. BV an den Verbraucherpreisindex für Deutschland gekoppelt. Der in Absatz 2 angegebene Wert von € 230 hat sich danach zum 01.01.2005 auf 240,21 € und zum 01.01.2008 auf 254,07 € erhöht.

14. Instandhaltungskosten. Die Höhe der jährlich pro m² in Ansatz zu bringenden Pauschale für Instandhaltungskosten richtet sich gemäß § 28 Abs. 2 II. BV nach dem Datum der Bezugsfertigkeit und ist ebenfalls an den Verbraucherpreisindex gekoppelt. Es gelten folgende Sätze (ab 01.01.2002/ab 01.01.2005/ab 01.01.2008):
– für Wohnungen, deren Bezugsfertigkeit am Ende des Kalenderjahres weniger als 22 Jahre zurückliegt: höchstens 7,10/7,42/7,84 €,
– für Wohnungen, deren Bezugsfertigkeit am Ende des Kalenderjahres mindestens 22 Jahre zurückliegt: höchstens 9,00/9,40/9,94 € und
– für Wohnungen, deren Bezugsfertigkeit am Ende des Kalenderjahres mindestens 32 Jahre zurückliegt: höchstens 11,50/12,01/12,70 €.

In **Abzug** zu bringen sind (ab 01.01.2002/ab 01.01.2005/ab 01.01.2008):
– bei eigenständiger gewerblicher Leistung von Wärme (§ 1 Abs. 2 Nr. 2 HeizKVO): 0,20/0,21/0,22 €,
– soweit der Mieter die Kosten für kleinere Instandhaltungen i.S. des § 28 Abs. 3 S. 2 II. BV trägt: 1,05/1,10/1,16 €.

Folgende **Zuschläge** sind möglich (ab 01.01.2002/ab 01.01.2005/ab 01.01.2008):
– bei Wohnungen mit einem maschinell betriebenen Aufzug: 1,00/1,04/1,10 €,
– je vermieteter Garage oder Einstellplatz: 68,00/71,02/75,12 €,
– bei Tragung der Schönheitsreparaturen durch den Vermieter: 8,50/8,88/9,39 €.

15. Erträge. Gemäß § 31 Abs. 1 II. BV sind unter Erträgen die Mieteinnahmen zu verstehen, die bei ordentlicher Bewirtschaftung des Gebäudes nachhaltig erzielt werden. Umlagen und Zuschläge, die neben der Einzelmiete erzielt werden (vgl. § 26 NMV), bleiben außer Betracht.

Die ertragsberechnete monatliche Kostenmiete (**Durchschnittsmiete**) errechnet sich wie folgt:

Gesamtaufwendungen : m²-Wohnfläche : 12.

G. Mietänderung bei Gewerberaum

I. Mieterhöhungsanforderung des Vermieters aufgrund einer Leistungsvorbehaltsklausel

1547 Adressierung

> Mieterhöhung aufgrund Leistungsvorbehaltsklausel [1]
>
> gemäß Mietvertrag [2] vom _____
>
> Sehr geehrte Damen und Herren,
>
> unter Vorlage einer auf uns lautenden Originalvollmacht zeigen wir Ihnen an, mit den rechtlichen Interessen Ihres Vermieters, Herrn/Frau _____, beauftragt zu sein.
>
> Gemäß § 7 Ziffer 2b des Mietvertrages vom _____ ist unser Mandant berechtigt, eine Neufestsetzung der Miete zu verlangen, wenn der vom Statistischen Bundesamt ermittelte Verbraucherpreisindex für Deutschland um mehr als 5 % gestiegen ist. Der vom Statistischen Bundesamt ermittelte Verbraucherpreisindex für Deutschland (Basis 2010 = 100) [3] hat sich seit der letzten Vereinbarung der Miete zum Januar 2011 von 100,7 bis zum Juni 2015 auf 107 erhöht. Daraus ergibt sich eine Steigerung um 6,25 %, so dass die Voraussetzung für einen Anspruch unseres Mandanten auf Neufestsetzung der Miete erfüllt ist. [4] Unter Berücksichtigung der vereinbarten Höhe der Indexveränderung als Bewertungsfaktor für die Mietänderung einerseits und der ortsüblichen Miete für vergleichbare Objekte andererseits, halten wir eine Erhöhung der monatlichen Nettokaltmiete auf der Grundlage der prozentualen Veränderung des Verbrauchpreisindexes für angemessen.
>
> Ihre neue Miete berechnet sich danach wie folgt:
> Bisherige Nettokaltmiete   EUR _____
> multipliziert mit dem vorgenannten prozentualen Veränderungssatz in Höhe von 6,25 % =   EUR _____
> Zwischensumme Neue Miete   EUR _____
>
> zzgl. Vorauszahlung auf Betriebskosten   EUR _____
> zzgl. Vorauszahlung auf Heizkosten   EUR _____
>
> Zwischensumme   EUR _____
> zzgl. 19 % Mehrwertsteuer   EUR _____
> Gesamtbetrag   EUR _____
>
> Die neue Miete ist zum Beginn des nächsten Monats, der auf dieses Verlangen folgt, zu bezahlen. [5]
>
> Für den Fall, dass Sie dem Verlangen auf Neufestsetzung der Miete nicht entsprechen und es innerhalb der nächsten zwei Monate zu keiner Einigung zwischen den Vertragsparteien kommt, werden wir unserem Mandanten empfehlen, den vertraglich vorgesehenen Schiedsgutachter einzuschalten [6]. Unser Mandant geht zunächst davon aus, dass es so weit nicht kommen muss.
>
> Mit freundlichen Grüßen
>
> Rechtsanwalt

G. Mietänderung bei Gewerberaum

Erläuterungen

1. Leistungsvorbehalt. Zum Leistungsvorbehalt im Allgemeinen vgl. die Hinweise zu Teil 1 Rdn. 237.

Eine Leistungsvorhebaltsklausel liegt auch vor, wenn dem Vermieter einseitig das Recht zugestanden wird regelmäßig nach Ablauf einer festgelegten Zeit oder Bezugsgröße zu überprüfen ob die Miete noch ortsüblich und sonst angemessen ist und bei Änderung den zusätzlichen oder geringeren Betrag nach billigem Ermessen (§ 315 BGB) festzusetzen. Die Klausel begründet zunächst nur einen Anspruch auf Neufestsetzung bei Veränderung der festgelegte Bezugsgröße (hier: Veränderung des Index).

In allgemeinen Geschäftsbedingungen ist eine solche Klausel nicht unangemessen benachteiligend, wenn sie den Anlass konkret bestimmt, den Umfang durch billiges Ermessen begrenzt und auch eine Herabsenkung der Mieter zugunsten des Mieters möglich macht (BGH NZM 2012, 457).

2. Umstellung von Altverträgen. Siehe Hinweise Teil 1 Rdn. 1564.

3. Neues Basisjahr. Siehe Hinweise unter Teil 1 Rdn. 1566.

4. Berechnungsformel. Die Indexentwicklung bei einer Prozentregelung errechnet sich nach der Formel:

((neuer Indexstand : alter Indexstand)) × 100) – 100

Mit dieser Formel kann geprüft werden, ob der für eine Anpassung erforderliche Prozentsatz (im Formular 5 %) bereits erreicht ist.

Haben die Parteien eine Mietvorauszahlung oder einen sonstigen auf die Miete anrechenbaren Finanzierungsbeitrag vereinbart, so wird nur derjenige Teil der Miete angepasst, der um die monatliche Anrechnungs- oder Tilgungsrate gekürzt ist (BGH ZMR 1986, 278).

5. Wirkungszeitpunkt. Das Formular enthält ein Mieterhöhungsverlangen aufgrund eines Leistungsvorbehaltes durch den Vermieter. Die Mieterhöhung wirkt beim Leistungsvorbehalt ab der Anforderung der erhöhten Miete. Da der Leistungsvorbehalt keine automatische Veränderung der Miete vorsieht (vgl. dazu Hinweise unter Teil 1 Rdn. 237) ändert sich die Miete erst, wenn die neue Miethöhe bestimmt worden ist. Hat ein Dritter die Miete festgesetzt, wirkt die Erhöhung auf den Zeitpunkt zurück, zu dem das Änderungsverlangen der Gegenseite zugegangen ist (BGH NJW 1978, 154). Abweichende Vereinbarungen sind möglich.

▶ Beispiel:

Als Wirksamkeitszeitpunkt wird unabhängig von dem Verlangen des Vermieters vereinbart, dass sich die Miete vom Beginn des nächsten, auf die erstmalige Erreichung der Prozentzahl folgenden Kalendermonats an, erhöht, auch wenn eine Einigung über den neuen Mietzins erst zu einem späteren Zeitpunkt erfolgt.

6. Mehrfache Anwendung. Die Leistungsvorbehaltsklausel sollte eindeutig regeln, ob von der Mietanpassung mehrfach während der Vertragszeit Gebrauch gemacht werden darf. Im Zweifel wird eine wiederholte Anwendung gewollt sein (OLG Hamburg MDR 1980, 848).

▶ Beispiel:

1557 Nach einer erfolgten Anpassung wird die Regelung jeweils erneut anwendbar, wenn sich der Index gegenüber dem Stand der vorherigen Anpassung wiederum um mindestens ... % geändert hat.

II. Nachtragsvereinbarung bei Wegfall bisheriger Preisindizes für bestehende Mietverhältnisse

1558 Anlage Nr. _____ zum Gewerberaummietvertrag vom _____

zwischen

_____

– Vermieter –

und

_____

– Mieter –

Präambel

Die Parteien haben im Gewerberaummietvertrag vom _____ betreffend das Objekt _____ und den Nachträgen vom _____ unter § 7 eine Wertsicherungsklausel vereinbart, die als Bezugsgröße auf den Preisindex für die Lebenshaltung aller privaten Haushalte abstellt. Dieser Preisindex ist weggefallen. Mit Wirkung zum 01.01.2003 sind beim Statistischen Bundesamt nur noch der Verbraucherpreisindex Deutschland und der harmonisierte Verbraucherpreisindex für die Mitgliedstaaten der EU verfügbar. Wegen der notwendigen Umstellung auf den Verbraucherpreisindex für Deutschland (VPI) vereinbaren die Parteien daher nachfolgendes: [1]

1.

Entsprechend der Anregung des Statistischen Bundesamtes wird der bisher verwendete Index »Alle privaten Haushalte« jetzt benannt »Verbraucherpreisindex für Deutschland (VPI)«.

2.

Aufgrund des Vertragsbeginns, des verwendeten Indizes, des verwendeten Basisjahres und aufgrund der verwendeten Prozentregelung ergibt sich als oberer Schwellenwert auf der Basis des Verbraucherpreisindexes für Deutschland ein Wert von _____ Punkten. Wie aus der Tabelle 2 Verbraucherpreisindex für Deutschland und Index der Einzelhandelspreise des Statistischen Bundesamtes, als Anlage 1 dieser Nachtragsvereinbarung beigefügt, ersichtlich ist, ist dieser Wert noch nicht erreicht. Die nächste Mietzinsänderung erfolgt bei Erreichen dieses Schwellenwertes.

Alternativ:

Ist dieser Wert im Monat _____ des Jahres _____ erreicht worden. Es ergibt sich damit folgende Mietzinsänderung:

Der Schwellenwert unter Berücksichtigung der Eingangsdaten ergibt sich aus der in der Anlage 2 beigefügten Berechnung (Internetprogramm: www.distatis.de).

Da die letzte Anpassung Ihres Vertrages nach Dezember 1999 erfolgt ist, musste eine Verkettung nicht erfolgen. Die Indexstände des VPI können der Tabelle 2b im Anhang II der Anleitung für die Berechnung zu Wertsicherungsklauseln im Internetprogramm des Statistischen Bundesamtes eingesehen werden. [2]

3.

Im übrigen bleibt es zwischen den Parteien bei allen bisherigen Regelungen im Mietvertrag vom _____ und den dazu erfolgten Nachträgen vom _____

Die Parteien verpflichten sich, diese Nachtragsvereinbarung umgehend nach Unterzeichnung jeweils fest mit ihrem eigenen Vertragsexemplar und den bisherigen Nachtragsvereinbarungen zu verbinden. Bei Verstoß gegen diese Verpflichtung sind sie nicht berechtigt, sich auf die Nichteinhaltung der gesetzlichen Schriftform zu berufen. [3]

Ort, Datum	Ort, Datum
_____	_____
Vermieter	Mieter

Erläuterungen

1. Nachtragsvereinbarung. Zur Umstellung von Altverträgen s. dazu Hinweise unter Teil 1 Rdn. 1564. Je nach der wirtschaftlichen Bedeutung des Vertrages (Miethöhe, Laufzeit) sollte eine Nachtragsvereinbarung bei Wegfall der bisherigen Indizes getroffen werden. 1559

2. Verkettungsmonat. Verkettungsmonat ist der Monat, in dem vom jeweils weggefallenen Index auf den VPI übergegangen wird. Das StBA geht davon aus, dass die Umstellung per Dezember 1999 erfolgen soll. Da auch das Internetprogramm zur Ermittlung der Schwellenwerte (www.distatis.de) auf diesen Verkettungsmonat ausgerichtet ist, wird aus praktischen Gründen auch hier davon ausgegangen (a.A. *Reul* DNotZ 2003, 92 ff.). Verkettet werden muss nur dann, wenn die letzte Anpassung/der Vertragsbeginn vor Dezember 1999 war. Erfolgte die letzte Anpassung/der Vertragsbeginn im Zeitraum ab Dezember 1999 wird nur der VPI verwendet. 1560

3. Schriftform. Zur Schriftform gemäß § 550 BGB s. Hinweise unter Teil 1 Rdn. 1 ff. 1561

III. Mieterhöhungsanforderung des Vermieters aufgrund einer Gleitklausel

Adressierung 1562

Mieterhöhung aufgrund Wertsicherungsklausel [1, 2]

Sehr geehrte Damen und Herren,

unter Vorlage der anliegenden Originalvollmacht, zeigen wir an, mit der Wahrnehmung der rechtlichen Interessen Ihres Vermieters, Herrn/Frau _____, beauftragt zu sein.

Gemäß § 7 Ziffer 3 des Mietvertrages vom _____ ändert sich die Miete, wenn der vom Statistischen Bundesamt ermittelte Verbraucherpreisindex für Deutschland gegenüber der letzten Vereinbarung oder Änderung der Miete um mehr als 3 % steigt oder fällt jeweils in dem gleichen prozentualen Verhältnis, und zwar von Beginn des nächsten auf die Überschreitung des vereinbarten Prozentsatzes folgenden Kalendermonats an.

Der vom Statistischen Bundesamt ermittelte Verbraucherpreisindex für Deutschland (Basis 2010 = 100) [3] hat sich seit der letzten Vereinbarung der Miete zum Februar 2012 von 103,5 bis März 2014 auf 106,7 erhöht.

Daraus ergibt sich eine Steigerung um 3,1 %, so dass die vereinbarte Veränderung der Bezugsgröße um mehr als 3 % eingetreten ist.

Ihre neue Miete berechnet sich danach wie folgt:
Bisherige Nettokaltmiete   EUR _____
multipliziert mit dem gleichen prozentualen Verhältnis in
Höhe von 3,1 % =   EUR _____
Zwischensumme Neue Miete   EUR _____

zzgl. Vorauszahlung auf Betriebskosten   EUR _____
zzgl. Vorauszahlung auf Heizkosten   EUR _____

Zwischensumme   EUR _____
zzgl. 19 % Mehrwertsteuer   EUR _____
Gesamtbetrag   EUR _____

Die neue Miete ist vom Beginn des nächsten auf die Überschreitung des vereinbarten Prozentsatzes folgenden Kalendermonats, also ab dem April 2014 zu entrichten. [4, 5]

Die Überschreitung des vereinbarten Prozentsatzes ergab sich erstmalig im März 2014. Zu diesem Zeitpunkt betrug der Verbraucherpreisindex 106,7. Der Zeitpunkt ab der die Anpassung erstmalig erfolgen konnte, wurde wie folgt berechnet: [6]

Oberer Schwellenwert:

Februar 2012 103, 5 (= Indexstand (Bezugsmonat)) × 1,03 = 106,6 = Indexstand, bei dem angepasst werden kann.

Für den Zeitraum Februar 2012 bis April 2014 ergibt sich daraus eine Nachforderung in Höhe von € _____.

Wir haben Sie aufzufordern, die Nachforderung zusammen mit der oben neu errechneten Miete bis zum _____ auszugleichen. [7]

Mit freundlichen Grüßen

Rechtsanwalt

Erläuterungen

1563   **1. Gleitklausel.** Zu Wertsicherungsklauseln im Allgemeinen vgl. die Hinweise zu Teil 1 Rdn. 249.

1564   **2. Umstellung von Altverträgen.** Wird ein Lebenshaltungskostenindex, der vereinbart ist, umbasiert, so hat das keinen Einfluss auf die Wirksamkeit der Klausel (*Reul* DNotZ 2003, 92 ff.). Trotzdem kann nur noch der Index verwendet werden, der noch fortgeführt wird. Der Verbraucherpreisindex Deutschland gilt ab dem 01.01.2003. Zu diesem Zeitpunkt galt das neue Basisjahr 2000 = 100. Hier wird in der Regel von einer Regelungslücke ausgegangen, die durch eine ergänzende Vertragsauslegung geschlossen werden kann (*Klingmüller/Wichert* ZMR 2003, 797, 799; BGH NJW 1986, 932, 933; ebenso OLG Köln ZMR 1987, 428, wenn der vereinbarte Index für das Ausgangsjahr nicht existiert). Umstritten ist teilweise, ob der neue Index automatisch im Wege der Auslegung gilt oder ob zwischen den Parteien nur ein schuldrechtlicher Anspruch auf Vertragsanpassung besteht (vgl. für eine unwirksame Wertsicherungsklausel BGH NJW 1979, 2250;

Reul DNotZ 2003, 92 f.; BGH NJW 1986, 932 und *Lützenkirchen* NZM 2001, 835, Anspruch auf Mitwirkung zur notwendigen Vertragsänderung). Für den Index der Lebenshaltung eines Vier-Personen-Arbeitnehmerhaushaltes hat der BGH entschieden, dass die entstandene Regelungslücke im Rahmen der ergänzenden Vertragsauslegung automatisch geschlossen werden muss. Hier ist der Verbraucherpreisindex als von beiden Parteien vereinbart anzunehmen (BGH NJW-RR 2009, 880). Jedenfalls wenn der der Anpassung zugrundeliegende Zeitraum ab dem 01.01.2000 beginnt, entspreche es dem Interesse der Parteien, für die automatische Anpassung der Miethöhe auf den allgemeinen Verbraucherpreisindex bereits ab dem Basisjahr 2000 abzustellen (im Anschluss BGH WuM 2013, 32). Berechnungshilfen für die Ersetzung eines nicht mehr fortgeführten Index durch den Verbraucherindex für Deutschland stellt das Statistische Bundesamt unter www.destatis.de zur Verfügung.

Vorsorglich sollte trotzdem eine klarstellende **Nachtragsvereinbarung** (s. dazu Formular Teil 1 Rdn. 1558) unter Beachtung der gesetzlichen Schriftform getroffen werden. Stimmt der Mieter nicht zu, kann eine gerichtliche Klärung durch die Einreichung einer Feststellungsklage oder eine Klage auf Abgabe einer Willenserklärung (§ 894 ZPO) zu einer entsprechenden Nachtragsvereinbarung herbeigeführt werden.

3. Neues Basisjahr. Der Verbraucherpreisindex wird im fünfjährigen Abstand einer turnusmäßigen Überarbeitung unterzogen. Im Januar 2013 erfolgte die Umstellung von der bisherigen Basis 2005 auf das Basisjahr 2010. Für die sog. Prozentregelungen ist das Basisjahr ohne Belang (vgl. dazu die Hinweise unter Teil 1 Rdn. 250). Für Altverträge mit Punkteregelungen muss eine Umrechnung auf das neue Basisjahr erfolgen (vgl. dazu *Schultz* NZM 2008, 425, 428 und Anleitung des StBA für die Berechnung von Schwellenwerten und Veränderungsraten für Wertsicherungsklauseln April 2008, S. 9 ff.).

4. Wirksamkeitszeitpunkt. Die Miethöhe ändert sich automatisch mit Veränderung der in der Gleitklausel verwendeten Bezugsgröße. Die Parteien können davon abweichend vereinbaren, dass noch ein schriftliches Aufforderungsschreiben erfolgen muss (BGH NJW 1980, 589). Die an die Änderung des Index gebundene Mietanpassung kann an eine bestimmte Punktzahldifferenz oder an einen bestimmten Änderungsprozentsatz anknüpfen (vgl. dazu Hinweise unter Teil 1 Rdn. 250). Für diesen Fall sind die Änderungstermine ungewiss. Zur Erleichterung der Berechnungsmethoden wird in neuen Verträgen von der Vereinbarung einer Punkteklausel abgeraten (siehe dazu Hinweise unter Teil 1 Rdn. 250).

5. Unwirksame Klauseln. Unwirksame Wertsicherungsklauseln führen nicht zur völligen Unwirksamkeit der Mieterhöhungsvereinbarung, sondern sind ebenfalls im Wege der ergänzenden Vertragsauslegung durch eine wirksame, dem Parteiwillen entsprechende Klausel zu ersetzen (BGH NJW 1979, 2250; NJW 1986, 932). Im Einzelfall kann eine unwirksame Wertsicherungsklausel als Leistungsvorbehalt umgedeutet werden (OLG Köln ZMR 1999, 633; OLG Rostock NZM 2005, 506; BGH NJW 1986, 932; Lindner-Figura/*Bartholomäi* Kap. 10, Rn. 137).

Zur Absicherung:

▶ Beispiel:

Die Parteien gehen davon aus, dass es sich um eine zulässige Preisklausel im Sinne von § 2, 3 PrKG handelt. Sollte deren Unwirksamkeit trotzdem nach den gesetzlichen Vorgaben festgestellt werden, sind sich die Parteien darüber einig, dass die Wertsicherungsklausel als Leistungsvorbehalt im Sinne einer Anpassungsklausel umgedeutet wird. Für diesen Fall gilt …

6. Berechnungsmethode. Das Formular legt eine automatische Wertsicherungsklausel mit einer Bezugsgröße bezogen auf eine Steigerung (oder Absenkung) des Verbraucherpreisindex für Deutschland um **mehr als** 3 % vor. Eine Umrechnung auf ein früheres Basisjahr ist daher nicht erforderlich, selbst wenn im Mietvertrag ein älteres Basisjahr genannt wäre.

Um zu ermitteln wann, eine Anpassung erstmalig erfolgen konnte, sind zunächst die Schwellenwerte des Verbraucherpreisindex nach folgenden Formeln zu ermitteln:

Oberer Schwellenwert : Index alt × (1+(X : 100))

Bsp.: 103.5 × 1,03 = 106,6

Unterer Schwellenwert: Index alt × (1 − (X : 100))

Bsp.: 103,5 × 0,97 = 100,4

Die so erhaltenen Schwellenwerte werden mit den Tabellenwerten für die Indizes verglichen, die auf den Bezugsmonat (der Monat auf den sich die letzte Anpassung oder der Mietvertragsbeginn bezieht) folgen, bis einer der Schwellenwerte genau erreicht oder überschritten/unterschritten ist, je nachdem wie es im Vertrag festgelegt ist. In dem hier vorliegenden Berechnungsbeispiel ist erstmals im März 2014 ein Schwellenwert von mehr als 106,6 nämlich 106,7 erreicht.

Ermittlung der tatsächlichen prozentualen Veränderung mit Monatsindizes:

Index aktuell : Index alt × 100 − 100

Bsp.: 106,7 : 103,5 × 100 − 100 = 3,1 %

1571 **7. Verwirkung.** Wenn der Vermieter trotz Eintritts der Voraussetzungen keine Mieterhöhung über einen längeren Zeitraum geltend macht, stellt sich die Frage, ob die Untätigkeit zu einer Verwirkung von Nachzahlungsansprüchen führt. Grundsätzlich führt allein der Zeitablauf und die Untätigkeit des Vermieters ohne Hinzutreten weiterer besonderer Umstände nicht automatisch zu einer Verwirkung (BGH ZMR 1984, 274; OLG Rostock NZM 2006, 773; OLG Brandenburg ZMR 2008, 780; Lindner-Figura/*Batholomäi* Kap. 10, Rn. 141; Wolf/Eckert/*Ball*, Rn. 419; OLG Düsseldorf NZM 1998, 480). Nach einer Entscheidung des LG München I ZMR 2003, 431 ist eine Verwirkung allerdings anzunehmen, wenn die Mieterhöhung im Gegensatz zur herkömmlichen Miete nicht durch Lastschriftverfahren eingezogen wird. Nach OLG Düsseldorf NZM 2001, 892 wurde eine Verwirkung angenommen, nachdem der Vermieter die indexbedingten Mieterhöhungen immer sofort eingefordert hat, in der Folgezeit dann aber für mehrere Jahre von der Anforderung weiterer Erhöhungen abgesehen hat. Als Umstandsmoment wurde hier auf das Vertrauen eines »einheitlichen Vermieterverhaltens« abgestellt. Nach OLG Düsseldorf DWW 1993, 199 wurde eine Verwirkung in einem Fall bejaht, in dem der Vermieter über einen Zeitraum von 4,5 Jahren keine Mieterhöhungsansprüche geltend machte und gleichzeitig trotz bestehender Verrechnungsmöglichkeit in dieser Zeit Schadensersatzbeträge an den Mieter auszahlte und Mietrückstände ohne Einbeziehung der bereits eingetretenen Erhöhungen aus der Wertsicherungsklausel anmahnte.

1572 Als weiteres Umstandsmoment werden Einwendungen des Mieters gegen die Mieterhöhung angesehen, wenn der Vermieter Ansprüche aus der Wertsicherungsklausel zwar verlangt dann aber nach Geltendmachung der Einwendungen durch den Mieter über einen längeren Zeitraum nicht weiter verfolgt (Bub/Treier/*Gramlich* Kap. VI, Rn. 94). Hat sich der Vermieter in der Vergangenheit mit dem Mieter über eine Miethöhe trotz bestehender Wertsicherungsklausel geeinigt, schließt dies ebenfalls Rückforderungen aus. Für die Zukunft muss er sich an diesem abweichenden Vorgehen nicht festhalten lassen, wenn in der Vergangenheit kein einheitliches Vorgehen zu erkennen ist (OLG Düsseldorf ZMR 1995, 155). Für die Zukunft verliert der Vermieter sein Recht zur Mietanpassung nicht durch Verwirkung. Dafür kommt es darauf an ob zwischen den Parteien ein rechtsgeschäftlicher Willen für eine Vertragsänderung ermittelt werden kann.

IV. Umsatzmiete

Gewerberaum-Mietvertrag

zwischen

– Vermieter –

und

– Mieter –

§ _____ Mietzins [1]

(1) Die Miete setzt sich zusammen aus [2]

a) einer Mindestmiete und

b) einer umsatzabhängigen Miete.

(2) Mindestmiete. Die monatliche Mindestmiete beträgt € _____ zuzüglich einer Nebenkostenvorauszahlung in Höhe von monatlich € _____

(3) Zusätzlich zu der in Absatz 2) genannten Mindestmiete ist der Mieter verpflichtet, an den Vermieter eine Umsatzmiete in Höhe von _____ % des vom Mieter in dem Mietobjekt erzielten Nettoumsatzes zu bezahlen. Die Mindestmiete gemäß Absatz 2) wird hierauf angerechnet. Zum Nettoumsatz im vorgenannten Sinne zählt der gesamte Umsatz aus sämtlichen Warenverkäufen einschließlich _____ , Werk- und Dienstleistungen und allen sonstigen Einnahmen, die der Mieter oder ein Dritter aus den im Mietobjekt betriebenen Tätigkeiten jede Art für sich selbst und/oder für andere erzielt. Ratengeschäfte sind Bargeschäften gleichzusetzen. Gleiches gilt für Zahlungen mit Kreditkarten. Für Vertragsverhältnisse, die während eines Kalenderjahres beginnen oder enden ist die tatsächliche Vertragsdauer während dieses Jahres und der innerhalb dieses Zeitraumes getätigte Umsatz maßgebend. Die vom Mieter vereinnahmte Mehrwertsteuer zählt nicht zum Nettoumsatz. [3]

(4) Höchstmiete. Die in Absatz 3) genannte Umsatzmiete wird auf € _____ begrenzt.

(5) Bei Verletzung der in § _____ dieses Vertrages vereinbarten Betriebspflicht hat der Mieter eine monatliche Festmiete in Höhe von € _____ zu zahlen. [4]

(6) Die Mindest- bzw. Festmiete ist spätestens bis zum 3. Werktag eines jeden Monats im voraus zu zahlen, die Umsatzmiete bis zum 15. des Folgemonats. [5]

(7) Der Mieter ist verpflichtet, dem Vermieter die Monatsumsätze 15 Tage nach Quartalsende unaufgefordert nachzuweisen. Dazu hat der Mieter eine eigenhändig unterzeichnete Aufstellung vorzulegen, aus der sich der Umsatz des jeweils vorangegangenen Kalendervierteljahres ergibt und in dem die im vorangegangenen Kalendervierteljahr bezahlte Mindestmiete sowie der Betrag, um den die Umsatzmiete die Mindestmiete gegebenenfalls übersteigt, ausgewiesen ist.

Der Mieter hat die Umsatzaufstellung auf seine Kosten von seinem Steuerberater schriftlich als richtig und vollständig bestätigen zu lassen und die Bestätigung dem Vermieter zu übersenden. Er ist außerdem verpflichtet, dem Vermieter alle erforderlichen Auskünfte, soweit sie den Umsatz betreffen, zu erteilen und die dafür erforderlichen Geschäftsunterlagen und Belege nach vorheriger Terminabsprache von einem Wirtschaftsprüfer, Steuerberater oder Rechtsanwalt des Vermieters einsehen zu lassen. ⁶

(8) Der Vermieter verpflichtet sich zum Stillschweigen über sämtliche erhaltenen Informationen.

Erläuterungen

1574 **1. Anwendungsbereich.** Die formularmäßige Vereinbarung einer umsatzabhängigen Miete ist grundsätzlich zulässig. Sie unterliegt auch keinem Preisklauselverbot. Lediglich bei Mietverträgen über Apothekenräume besteht gemäß § 8 S. 2 Apothekengesetz ein gesetzliches Verbot von Umsatzmietvereinbarungen.

1575 **2. Inhalt.** Bei der reinen Umsatzmiete steigt die Miete mit steigendem Umsatz und fällt mit sinkendem Umsatz. Für den Vermieter ergeben sich Nachteile, weil die Miethöhe in Abhängigkeit von den Erfolgen des Mieters und/oder der Marktentwicklung des jeweiligen Tätigkeitsfeldes des Mieters steht und damit einhergehend die Mieteinnahmen für die Zukunft kaum kalkulierbar sind.

1576 Um diese Risiken zu reduzieren, enthält das Formular zugunsten des Vermieters eine **Mindestmiete**, zugunsten des Mieters eine **Höchstmiete**, damit der Vermieter nur bis zu einer gewissen Grenze von den Erfolgen des Mieters bei überdurchschnittlichen Umsätzen profitieren kann ohne gleichzeitig auch für schlechte Umsätze haften zu müssen.

1577 **3. Umsatzdefinition.** Der Begriff »Umsatz« muss eindeutig definiert sein. Umsatz können sonst die Netto- oder Bruttoeinnahmen sein (vgl. zu allem *Linder-Figura* a.a.O.).

1578 **4. Betriebspflicht.** Die Vereinbarung einer Umsatzmiete allein begründet noch keine Betriebspflicht für den Mieter. Ohne Betriebspflicht kann folglich vom Mieter auch nicht verlangt werden, einen möglichst hohen Umsatz oder Gewinn zu erzielen (BGH NJW 1990, 2376). Damit der Vermieter bei fehlendem oder mangelhaftem Umsatz des Mieters nicht auf die Mindestmiete beschränkt bleibt, enthält das Formular deswegen die Vereinbarung einer Betriebspflicht.

1579 **5. Festmiete.** Bei Verletzung der Betriebspflicht ist der Mieter – sofern der Vertrag keine Regelung dazu enthält – verpflichtet, den Betrag an den Vermieter zu bezahlen, den der Mieter bei entsprechender Nutzung des Mietobjektes zu bezahlen hätte (BGH NJW 1979, 2351). Weiter bleibt dem Vermieter die Möglichkeit, den Mieter auf Erfüllung der Betriebspflicht zu verklagen und gegen ihn ein Zwangsgeld festsetzen zu lassen (OLG Celle NJW-RR 1996, 585). Um Streitigkeiten über die Zahlungsverpflichtung bei der hypothetischen Nutzung zu vermeiden, sieht das Formular die Bezahlung eines Festmietbetrages vor, der bei Verstoß gegen die Betriebspflicht zu zahlen ist.

1580 **6. Kontrollrecht des Vermieters.** Da der Vermieter bei einer Umsatzmietvereinbarung auf die Kontrolle der Umsätze angewiesen ist, sollte das Kontrollrecht des Vermieters über die vom Mieter angegebenen Umsatzzahlen so konkret wie möglich geregelt werden (zum Umfang der Rechenschaftspflicht vgl. OLG Düsseldorf NJW-RR 1990, 1098; OLG Bandenburg ZMR 2007, 778). Auch ohne eine ausdrückliche Abrede im Mietvertrag wird die Durchsetzung eines Kontrollrechtes für den Vermieter allerdings bejaht (*Wolf/Eckert* Rn. 420; Bub/Treier/*v. Brunn* III, Rn. 23; OLG Brandenburg ZMR 2007, 778; vgl. zu allem auch *Lindner-Figura* NZM 1999, 492).

H. Beendigung des Mietverhältnisses

I. Formen der Beendigung

Hinsichtlich der Beendigung des Mietverhältnisses unterscheidet § 542 BGB zwischen 1581
– dem Mietverhältnis auf **unbestimmte** Zeit und
– dem Mietverhältnis auf **bestimmte** Zeit.

Das Mietverhältnis auf unbestimmte Zeit (unbefristetes Mietverhältnis) endet insbesondere **durch** 1582 **Kündigung** einer der beiden Vertragsparteien (§ 542 Abs. 1 BGB). Darüber hinaus kann es insbesondere durch den Abschluss eines Aufhebungsvertrags beendet werden.

Das Mietverhältnis auf bestimmte Zeit (befristetes Mietverhältnis/Zeitmietvertrag) endet regel- 1583 mäßig mit Ablauf der vertraglich vereinbarten Mietzeit ohne weitere Erklärung, sofern es nicht verlängert oder von einer der Vertragsparteien außerordentlich gekündigt wird (§ 542 Abs. 2 BGB).

Ein unbefristetes Mietverhältnis liegt auch dann vor, wenn seine Beendigung von dem Eintritt ei- 1584 ner **auflösenden Bedingung** abhängen soll. Das Ende des Mietvertrags hängt hier von einem künftigen Ereignis ab, dessen Eintritt ungewiss ist. Ob eine Bedingung oder eine Befristung vorliegt, bestimmt sich nach der Vorstellung der Parteien: Ist danach der Eintritt des Ereignisses als sicher anzusehen, liegt eine Befristung vor, gilt er nur als möglich, handelt es sich um eine Bedingung (Schmidt-Futterer/*Blank* § 542 Rn. 165).

Die Vereinbarung eines Mietverhältnisses unter einer auflösenden Bedingung ist bei der Gewerbe- 1585 raummiete grundsätzlich zulässig. Bei der **Wohnraummiete** gilt uneingeschränkt – somit auch bei den ungeschützten Mietverhältnissen (§ 549 Abs. 2 und 3 – dazu Teil 1 Rdn. 1607) – § 572 Abs. 2 BGB. Danach kann sich der Vermieter nicht auf eine Vereinbarung berufen, nach der das Mietverhältnis zum Nachteil des Mieters auflösend bedingt ist. Ob die Vereinbarung einer auflösenden Bedingung zum Nachteil des Mieters unwirksam ist, mit der Folge, dass sich bei Bedingungseintritt keine der beiden Parteien darauf berufen kann (Schmidt-Futterer/*Blank* § 575 Rn. 77; Herrlein/Kandelhard § 572 Rn. 4), oder ob die Vereinbarung wirksam ist, sich aber nur der Mieter und nicht der Vermieter auf den Bedingungseintritt berufen kann (Lützenkirchen/ *Dickersbach* § 572 Rn. 25; *Lammel* § 572 Rn. 15, 16), ist streitig.

II. Vertragsbeendigung durch Kündigung

Sie steht in der Praxis im Vordergrund. Zu unterscheiden ist zwischen 1586
– ordentlicher Kündigung,
– außerordentlich befristeter Kündigung,
– außerordentlicher fristloser Kündigung aus wichtigem Grund.

Die **ordentliche Kündigung** führt zur Beendigung des Mietverhältnisses, das auf unbestimmte 1587 Zeit – also unbefristet – abgeschlossen worden ist, nachdem die Kündigungsfrist abgelaufen ist. Bei Mietverhältnissen über Wohnraum hängt die Wirksamkeit der ordentlichen Kündigung des Vermieters in der Regel davon ab, dass dieser ein berechtigtes Interesse an der Beendigung des Mietverhältnisses i.S. von § 573 BGB hat.

Die **außerordentliche befristete Kündigung** ist in den gesetzlich vorgesehenen Fällen zulässig 1588 (vgl. dazu Schmidt-Futterer/*Blank* § 542 Rn. 129 ff.; s. auch die Muster und Hinweise zu Teil 1 Rdn. 1851). Sie beruht auf Leistungsstörungen oder auf sonstigen Gründen, die eine vorzeitige Vertragsbeendigung geboten erscheinen lassen (z.B. Kündigung bei Tod des Mieters nach § 563 Abs. 4 BGB, Kündigung des Erstehers in der Zwangsversteigerung nach § 57a ZVG).

1589 Bei der außerordentlichen befristeten Kündigung ist zu unterscheiden zwischen
- der außerordentlichen Kündigung mit gesetzlicher Frist (Dreimonatsfrist außer bei möbliertem Wohnraum, s. §§ 573d, 575a BGB) und
- den Sonderkündigungsrechten mit einer kürzeren Kündigungsfrist (z.B. § 554 Abs. 3 S. 2 BGB, § 561 BGB).

1590 Die **außerordentliche fristlose Kündigung aus wichtigem Grund** ist in den gesetzlich zugelassenen Fällen möglich (s. auch die Muster und Hinweise zu Teil 1 Rdn. 1954). Sie ist dadurch gerechtfertigt, dass dem Kündigenden die Fortsetzung des Mietverhältnisses wegen erheblicher Leistungsstörungen des Kündigungsempfängers oder unter Berücksichtigung aller Umstände des Einzelfalls nicht mehr zugemutet werden kann (z.B. Nichtgewährung des vertragsgemäßen Gebrauchs nach § 543 Abs. 2 Nr. 1 BGB, Zahlungsverzug nach § 543 Abs. 2 Nr. 3 BGB oder nachhaltige Störung des Hausfriedens nach § 569 Abs. 2 BGB).

1591 Die **Arten der Kündigung** ergeben sich aus der nachfolgenden Übersicht:

1592

Ordentliche Kündigung	Außerordentliche befristete Kündigung	Außerordentliche fristlose Kündigung aus wichtigem Grund
Für <u>Wohnraummietverhältnisse</u> *Kündigung des Mieters* § 573c BGB *Kündigung des Vermieters* §§ 573 ff., 573c BGB Für <u>Mietverhältnisse über andere Sachen</u> § 580a BGB Beachte insbesondere für <u>Geschäftsräume</u> § 580a Abs. 2 BGB	Außerordentliche Kündigung mit gesetzlicher Frist *Tatbestände*: z.B. §§ 540 Abs. 1 S. 2, 544, 563 Abs. 4, 563a Abs. 2, 564 S. 2, 580, 1056 Abs. 1 BGB, 57a ZVG *Rechtsfolge*: §§ 573d, 575a, 580 Abs. 4 BGB Sonderkündigungsrecht z.B. §§ 554 Abs. 3 S. 2, 561 BGB	Für <u>alle Mietverhältnisse</u> § 543 BGB Sonderbestimmungen für <u>Wohnraum</u> § 569 BGB Für <u>andere Räume</u>: § 578 Abs. 2 i.V.m. § 569 Abs. 1, 2 BGB

III. Ordentliche Vermieter-Kündigung von Wohnraum

1. Kündigungserklärung

1593 Die Kündigung ist eine empfangsbedürftige rechtsgestaltende Erklärung. Sie kann vom **Erwerber des Grundstücks** erst abgegeben werden, nachdem er – regelmäßig durch Eintragung ins Grundbuch – gemäß § 566 BGB in die Vermieterstellung eingetreten ist. Das Recht zur Kündigung kann anders als der bereits entstandene Räumungsanspruch nicht abgetreten werden (LG Hamburg NJW-RR 1993, 145). Allerdings kann der Veräußerer des Grundstücks den Käufer ermächtigen, die Kündigung bereits vor Vollendung des Eigentumserwerbs auszusprechen (BGH NJW 1998, 896; ZMR 2002, 907, 909; KG WuM 2008, 153, 154; s. auch BGH WuM 2014, 286 = ZMR 2014, 620 für das Mieterhöhungsverlangen). Die Kündigungsgründe müssen aber in der Person des aktuellen Vermieters, also des Veräußerers, bestehen. Damit kommt insbesondere eine Eigenbedarfskündigung (§ 573 Abs. 2 Nr. 2 BGB) regelmäßig nicht in Betracht. Ein Eigenbedarf des Veräußerers besteht nicht, sonst hätte er das Grundstück nicht veräußert; der Erwerber kann noch keinen Eigenbedarf geltend machen, da er noch nicht Vermieter ist (*Flatow* WuM 2004, 316, 317 = NZM 2004, 281, 283).

1594 Die Kündigung kann von einem **Vertreter** ausgesprochen werden; es empfiehlt sich, die Vollmacht – ggf. auch Verwaltungsvollmacht – im Original beizufügen, um zu vermeiden, dass die Kündigung nach § 174 BGB zurückgewiesen wird. Eine Vollmacht kann sich auch auf den Empfang einer Kündigung beziehen. Vollmachtklauseln in Formularverträgen gelten aber in der Regel nur für Erklärungen im Rahmen des Mietverhältnisses und nicht für den Ausspruch von Kündigungen.

Eine **Formularklausel**, durch die sich mehrere Mieter wechselseitig zum Ausspruch einer Kündigung bevollmächtigen, ist wegen Verstoßes gegen § 307 BGB unwirksam. Die unangemessene Benachteiligung liegt darin, dass sich die Mieter schon bei Vertragsschluss gegenseitig zur Aufhebung des Vertrags bevollmächtigen müssen (OLG Koblenz WuM 1999, 694). Hingegen verstößt eine wechselseitige **Vermietervollmacht** nicht gegen § 307 BGB; der Mieter wird durch so eine Bestimmung nicht benachteiligt; der Vermieter ist als Verwender der Formularklausel nicht geschützt (Schmidt-Futterer/Blank § 542 Rn. 58).

Eine gegenseitige Bevollmächtigung der Mieter zur **Empfangnahme von Kündigungserklärungen** durch nachfolgende Klausel ist nach dem Rechtsentscheid des BGH vom 10.09.1997 (NZM 1998, 22 = WuM 1997, 599 = ZMR 1998, 17) zulässig:

> »Erklärungen, deren Wirkung die Mieter berührt, müssen von oder gegenüber allen Mietern abgegeben werden. Die Mieter bevollmächtigen sich jedoch gegenseitig zur Entgegennahme … solcher Erklärungen. Diese Vollmacht gilt auch für die Entgegennahme von Kündigungen, jedoch nicht für … Mietaufhebungsverträge.«

Eine solche Empfangsvollmacht kann aus wichtigem Grund widerrufen werden (BGH a.a.O.). Die Klausel ist in § 29 des Hamburger Mietvertrags für Wohnraum enthalten.

Bei einer **Personenmehrheit** auf Vermieter- oder Mieterseite muss die Kündigung von allen gegenüber allen Mitgliedern einer Vertragsseite erklärt werden. Es kann jedoch im Einzelfall gegen Treu und Glauben verstoßen, wenn sich der Kündigungsempfänger auf diesen Grundsatz beruft, weil etwa der Mitmieter die Mieträume seit Jahren verlassen hat, ohne dies dem Vermieter mitzuteilen (BGH NZM 2010, 815 = WuM 2010, 680; LG Essen ZMR 2008, 294, 295). So kann sich der Mieter nicht darauf berufen, die Kündigung nicht erhalten zu haben, wenn er es unterlassen hat, den Vermieter über seine neue Anschrift zu unterrichten (LG Mannheim DWW 1997, 190). Andererseits muss der Vermieter, sofern ihm die **neue Anschrift** des ausgezogenen Mieters bekannt ist, die Kündigung des laufenden Mietverhältnisses auch dorthin zustellen; eine Zustellung in die Mietwohnung wäre unwirksam (AG Charlottenburg GE 2008, 1433).

Ist die Kündigung gegenüber mehreren Personen zu erklären, muss sie sich ihrem Inhalt nach an jeden von ihnen richten. Dies kann sich aber auch aus einer Auslegung nach §§ 133, 157 BGB ergeben (BGH NZM 2015, 207, 208 = WuM 2015, 85, 86). Werden separate Kündigungserklärungen abgegeben, müssen diese, in unmittelbarem engen zeitlichen Zusammenhang stehen (OLG Düsseldorf ZMR 1987, 4232; LG München I WuM 1999, 218).

Die Kündigung muss sich inhaltlich auf die Beendigung des **gesamten Mietverhältnisses** beziehen. Eine Teilkündigung bezüglich einzelner Punkte des Vertrages oder Teile des Mietobjekts ist grundsätzlich unzulässig (BGH WuM 2012, 14 = ZMR 2012, 176). Zu den Ausnahmen s. § 573b BGB und die Hinweise zu Teil 1 Rdn. 1721.

Die Kündigung darf auch **nicht mit einer Bedingung** verknüpft werden (vgl. BGH WuM 2004, 271, 272). Eine Ausnahme besteht für solche Bedingungen, deren Eintritt vom Willen des Kündigungsempfängers abhängt, z.B. bei der Änderungskündigung. Sie ist bei Mietverhältnissen über Wohnraum unzulässig (§ 573 Abs. 1 S. 2 BGB). Regelmäßig unwirksam ist auch eine unbestimmt **befristete Kündigung** (BGH NZM 2004, 284 = ZMR 2004, 172: Kündigung zu dem Zeitpunkt, an dem der Erklärende andere Geschäftsräume beziehen kann). Zur außerordentlichen Kündigung mit »gewisser Frist« s. die Hinweise zu Teil 1 Rdn. 2082.

2. Schriftform

Die Kündigung ist grundsätzlich formfrei. Eine Kündigung durch schlüssiges Verhalten setzt aber voraus, dass der Kündigende ein Erklärungsbewusstsein und einen Erklärungswillen hat, der vom Kündigungsempfänger mit dem entsprechenden Inhalt auch erkannt wird.

1603 Die Kündigung bei Mietverhältnissen über **Wohnraum** bedarf aber der gesetzlichen Schriftform, muss also eigenhändig unterschrieben sein (§§ 126, 568 Abs. 1 BGB). Der Schriftform gleichgestellt ist die elektronische Form i.S. des § 126a BGB (mit qualifizierter elektronischer Signatur). Die Textform (§ 126b BGB) genügt nicht.

1604 Wird im **Prozess durch Schriftsatz** gekündigt, so ist die Form durch bloße Beglaubigung des Schriftsatzes noch nicht gewahrt; andererseits genügt die Beglaubigung, wenn der Prozessbevollmächtigte, der die Kündigung im Schriftsatz ausgesprochen hat, diesen selbst beglaubigt (BGH ZMR 1987, 56, 57; AG Wiesbaden NZM 2013, 424 = ZMR 2013, 642; dazu *Flatow* WuM 2004, 316, 318 = NZM 2004, 281, 283; *Hinz* NZM 2004, 681, 689; *ders.* in MietRWEG Kap. 14 Rn. 106 ff.). Durch eine Erklärung zu gerichtlichem Protokoll wird die gesetzliche Schriftform nicht eingehalten (Schmidt-Futterer/*Blank* § 568 Rn. 17 m.w.N.). Telefax genügt ebenfalls nicht.

3. Berechtigtes Interesse

1605 Die ordentliche Kündigung eines **Wohnraummietverhältnisses** durch den Vermieter ist nur zulässig, wenn dieser ein berechtigtes Interesse an der Beendigung des Mietverhältnisses hat. Solche Interessen sind insbesondere:
- schuldhafte nicht unerhebliche Vertragspflichtverletzungen (§ 573 Abs. 2 Nr. 1 BGB, s. Muster und Hinweise zu Teil 1 Rdn. 1649),
- Eigenbedarf des Vermieters oder einer Bedarfsperson (§ 573 Abs. 2 Nr. 2 BGB, s. Muster und Hinweise zu Teil 1 Rdn. 1669 und Teil 1 Rdn. 1690),
- Hinderung des Vermieters an einer angemessenen wirtschaftlichen Verwertung, wenn er dadurch erhebliche Nachteile erleiden würde (§ 573 Abs. 2 Nr. 3 BGB, s. Muster und Hinweise zu Teil 1 Rdn. 1706).

1606 Zur erleichterten Kündigungsmöglichkeit von Mietverhältnissen über Einliegerwohnungen s. § 573a BGB sowie Muster und Hinweise zu Teil 1 Rdn. 1729.

4. Ausnahmen vom Kündigungsschutz

1607 Dieser besteht nicht für die in § 549 Abs. 2 und 3 BGB aufgeführten Mietverhältnisse, das sind:
- Mietverhältnisse über Wohnraum, der zum **vorübergehenden Gebrauch,** z.B. zu Urlaubszwecken überlassen ist (Abs. 2 Nr. 1),
- Mietverhältnisse über Wohnraum, der Teil der Vermieterwohnung ist und die der Vermieter überwiegend mit **Einrichtungsgegenständen** ausgestattet hat (sog. möblierter Wohnraum), es sei denn, der Wohnraum wurde dem Mieter zum dauernden Gebrauch mit seiner Familie oder mit Personen überlassen, mit denen er einen auf Dauer angelegten gemeinsamen Haushalt führt (Abs. 2 Nr. 2),
- Mietverhältnisse über Wohnraum, den ein öffentlich-rechtlicher oder privater Träger der **Wohlfahrtspflege** angemietet hat und an Personen mit **dringendem Wohnbedarf** weitervermietet, soweit er diese bei Vertragsschluss auf die Zweckbestimmung sowie auf die Ausnahme von den betreffenden Vorschriften hingewiesen hat (Abs. 2 Nr. 3),
- Mietverhältnisse über Wohnraum in **Studenten- und Jugendwohnheimen** (Abs. 3).

1608 **Ausnahme:** Die Bestimmungen über den Kündigungswiderspruch nach der Sozialklausel (§§ 574 bis 574c BGB) gelten auch hier.

1609 Ob Wohnraum nur zum vorübergehenden Gebrauch (§ 549 Abs. 2 Nr. 1 BGB) vermietet ist, hängt in erster Linie von dem **vereinbarten Vertragszweck** ab (vgl. OLG Bremen ZMR 1982, 238). In Betracht kommt nur ein kurzfristiger Gebrauch, dessen Entzug den Mieter nicht schwer treffen kann (OLG Frankfurt ZMR 1991, 63; KG WuM 2008, 411, 412 = ZMR 2009, 30, 31; AG Schöneberg GE 2012, 756, 757). Wesentliches Abgrenzungsmerkmal ist, ob nur ein **vorüber-**

gehender besonderer **Wohnbedarf** oder aber ein allgemeiner Wohnbedarf – mangels anderweitiger Bleibe – vorübergehend gedeckt werden soll; nur im ersteren Fall liegt ein Mietverhältnis zum vorübergehenden Gebrauch vor. Typische Fälle sind die Vermietung von Hotelzimmern, Privatunterkünften oder Ferienwohnungen an Durchreisende, Feriengäste, Besucher oder aus beruflichen Gründen nur vorübergehende Bewohner. Nicht vorübergehend ist hingegen die Vermietung von Wohnraum an Studenten für die Dauer des Studiums (Schmidt-Futterer/*Blank* § 549 Rn. 5).

Bei **möbliertem Wohnraum** i.S. des § 549 Abs. 2 Nr. 2 BGB muss es sich um Wohnraum handeln, der Teil der vom Vermieter selbst bewohnten Wohnung ist. Das erfordert einen räumlichen oder wirtschaftlich-funktionalen Zusammenhang (AG Schöneberg GE 2012, 756, 757), der dann vorliegt, wenn dem Mieter ein einzelner Raum innerhalb der abgeschlossenen Vermieterwohnung zur Verfügung gestellt wird, ferner auch bei Mansarden- oder Souterrainräumen, soweit diese zum Wohnbereich des Vermieters wegen gemeinschaftlicher Nutzung von Küche, Bad oder Toilette in einem räumlichen Zusammenhang stehen (AG Tübingen WuM 1988, 59). Eine bloße Mitbenutzung des Treppenhauses oder von Wirtschafts- oder Nebenräumen reicht indessen nicht aus (AG Königswinter WuM 1994, 689). 1610

Zum Wohnraum für Personen mit **dringendem Wohnbedarf** (§ 549 Abs. 2 Nr. 3 BGB) s. die Hinweise zu Teil 1 Rdn. 1753. 1611

Zum Mietverhältnis über Wohnraum in **Studenten- und Jugendwohnheimen** (§ 549 Abs. 3 BGB) s. die Hinweise zu Teil 1 Rdn. 1743. 1612

5. Begründungserfordernis

Der Kündigung brauchen grundsätzlich keine Gründe beigegeben zu werden (BGH ZMR 1987, 51, 53). Eine weitreichende Ausnahme gilt für Mietverhältnisse über **Wohnraum**. Die Angabe des Kündigungsgrundes ist hier für Kündigungen des Vermieters (zur Teilkündigung i.S. des § 573b BGB, s. Teil 1 Rdn. 1725) zwingend, ferner für die außerordentliche fristlose Kündigung aus wichtigem Grund für Vermieter und Mieter. 1613

Gemäß § 573 Abs. 3 BGB muss der Vermieter die Gründe für sein berechtigtes Interesse **in dem Kündigungsschreiben** angeben; andere Gründe werden nur berücksichtigt, soweit sie nachträglich entstanden sind. Das gilt für die ordentliche Kündigung und entsprechend für die außerordentlich Kündigung mit gesetzlicher Frist (vgl. § 573d Abs. 1 BGB), mit Ausnahme der Kündigung gegenüber dem Erben des Mieters gem. § 564 S. 2 BGB. Ein Verstoß gegen das Begründungserfordernis führt zur Unwirksamkeit der Kündigung (BGH NZM 2010, 400 = WuM 2010, 301, 302). 1614

Zweck des Begründungserfordernisses ist es, dass der Mieter zum frühestmöglichen Zeitpunkt Klarheit über seine Rechtsposition erlangt und so in die Lage versetzt wird, rechtzeitig alles Erforderliche zur Wahrung seiner Interessen zu veranlassen (BGH WuM 2015, 677, 678; WuM 2014, 423 = ZMR 2014, 969, 970; WuM 2011, 518, 519; NZM 2010, 400 = WuM 2010, 301, 302). Dazu genügt die bloße Wiederholung des Gesetzestextes nicht. 1615

Der Vermieter muss den Kündigungsgrund so bezeichnen, dass er identifiziert und von anderen Kündigungsgründen unterschieden werden kann (BGH WuM 2015, 677, 678; WuM 2014, 423 = ZMR 2014, 969, 970; WuM 2011, 518, 519). 1616

Dabei genügt es, wenn der Vermieter die **Kerntatsachen** für den Kündigungsgrund in dem Schreiben mitteilt (LG Hannover GE 2014, 590). Tatsachen, die nur der näheren Erläuterung, Ergänzung, Ausfüllung sowie dem Beweis des geltend gemachten Kündigungsgrundes dienen (sog. **Ergänzungstatsachen**), können ggf. erst in prozessualen Schriftsätzen nachgeschoben werden. Das gilt zumindest dann, wenn sie dem Mieter bereits bekannt sind (BGH NZM 2007, 679, 681 = ZMR 2007, 772, 774). Was zu den Kerntatsachen und was letztlich zu den Ergänzungstatsachen gehört, kann sich auch nach den Umständen des Einzelfalls bestimmen (BayObLG ZMR 1617

1985, 96 = WuM 1985, 50). Nicht erforderlich ist, dass der Mieter durch das Kündigungsschreiben schon im Vorfeld eines etwaigen Räumungsrechtsstreits auf rechtliche Verteidigungsmöglichkeiten hingewiesen wird (BGH WuM 2015, 555, 557 [Tz. 19]).

Gleichwohl stellen die Instanzgerichte hier mitunter noch recht strenge Anforderungen gestellt (vgl. etwa AG Gelsenkirchen ZMR 2015, 130; AG Groß-Gerau WuM 2012, 563). Zur inhaltlichen Konkretisierung der Kündigungsgründe in dem Kündigungsschreiben s. die Hinweise zu Teil 1 Rdn. 1636, 1655.

1618 Eine **Bezugnahme** auf anderweitige schriftliche Erklärungen in dem Kündigungsschreiben ist zulässig (BGH WuM 2011, 169, 170 = ZMR 2011, 453; WuM 2011, 518, 519). Deshalb kann der Vermieter auf vorangegangene Kündigungen oder Abmahnungen Bezug nehmen. Allerdings müssen die betreffenden Urkunden dem Mieter zugegangen und die Bezugnahme **klar und eindeutig** sein.

1619 **Hinweis:** Mit Blick auf die bislang sehr restriktive Instanzrechtsprechung wird empfohlen, nach Möglichkeit von Bezugnahmen abzusehen, zumindest aber die in Bezug genommenen Urkunden an das Kündigungsschreiben anzuheften (s. LG Mannheim WuM 2004, 204, 205).

6. Kündigungsfristen

1620 Die ordentliche Kündigung führt erst nach Ablauf der Kündigungsfrist zur Beendigung des Mietverhältnisses.
– Bei der **Wohnraummiete** beträgt die Kündigungsfrist gem. § 573c Abs. 1 BGB
– für den Mieter grundsätzlich drei Monate (mit einer Karenzzeit von drei Werktagen),
– für den Vermieter beträgt sie zunächst ebenfalls drei Monate (mit drei Karenzwerktagen); nach fünf und acht Jahren seit der Überlassung des Wohnraums bei Mietverhältnissen verlängert sie sich um jeweils drei Monate, so dass sie sich auf maximal neun Monate beläuft.

1621 Eine kürzere Kündigungsfrist gilt für sog. möblierten Wohnraum i.S. des § 549 Abs. 2 Nr. 2 BGB. Hier ist die Kündigung spätestens am 15. eines Monats zum Ablauf dieses Monats zulässig (§ 573c Abs. 3 BGB). Für Wohnraum, der nur zum vorübergehenden Gebrauch vermietet worden ist, kann eine kürzere Kündigungsfrist vereinbart werden (§ 573c Abs. 2 BGB).

1622 Die Kündigungsfristen gem. § 573c Abs. 1 und 3 BGB sind insoweit **zwingend**, als zum Nachteil des Mieters abweichende Vereinbarungen der Bestimmung unwirksam sind (§ 573c Abs. 4 BGB).

1623 Vereinbarungsfähig sind lediglich:
– für den Mieter ein späterer Kündigungstag oder eine kürzere Kündigungsfrist,
– für den Vermieter ein früherer Kündigungstag oder eine längere Kündigungsfrist (vgl. Palandt/*Weidenkaff* § 573c Rn. 3; PWW/*Riecke* § 573 Rn. 9).

1624 Zur Fortgeltung der in **Altverträgen** vereinbarten Kündigungsfristen s. die Hinweise zu Teil 1 Rdn. 1803 ff.

7. Widerruf/Umdeutung

1625 Die Kündigung kann **nicht einseitig widerrufen** werden. Einigen sich die Parteien vor Ablauf der Kündigungsfrist darauf, den Mietvertrag fortzusetzen, so bleibt der abgeschlossene Vertrag in Kraft (BGH ZMR 1975, 49, 50). Dagegen ist von einem Neuabschluss des Vertrags auszugehen, wenn sich die Parteien erst nach Eintritt der Kündigungswirkungen dahin verständigen, dass der Mieter den Mietgebrauch fortsetzen darf (BGH NZM 1998, 628, 630 = WuM 1998, 599, 601; krit. dazu *Harke* ZMR 2015, 595, 596 ff.).

H. Beendigung des Mietverhältnisses

Eine nicht wirksame außerordentliche fristlose Kündigung kann in eine ordentliche Kündigung ausnahmsweise dann **umgedeutet** werden, wenn für den Empfänger zweifelsfrei erkennbar ist, dass der Kündigende das Mietverhältnis auf jeden Fall beenden will (BGH WuM 2013, 668, 669 f.; 2005, 584, 585; 1981, 105, 106); s. dazu die Hinweise zu Teil 1 Rdn. 1966. 1626

In ein Vertragsangebot zum Abschluss einer Mietaufhebungsvereinbarung (s. Muster und Hinweise Teil 1 Rdn. 2282) lässt sich eine unwirksame fristlose Kündigung grundsätzlich nicht umdeuten (BGH NJW 1984, 1028, 1030 = ZMR 1984, 163, 164; VerfG Brandenburg WuM 2015, 231 mit Anm. *Selk*). Anders kann es sich nur verhalten, wenn sich der Erklärende bei Ausspruch der Kündigung bewusst gewesen ist, dass sie u.U. nicht wirksam werden könne und es für diesen Fall der Zustimmung des Erklärungsempfängers bedürfe, um das Mietverhältnis aufzulösen (BGH NJW 1981, 43, 44; OLG Dresden NZM 2012, 84, 86). 1627

Wegen des Widerspruchs des Vermieters gegen die Gebrauchsfortsetzung durch den Mieter, nachdem das Mietverhältnis beendet ist, s. die Hinweise zu Teil 1 Rdn. 1581 und Teil 1 Rdn. 2153. 1628

8. Kündigung aufgrund Generalklausel (§ 573 Abs. 1 S. 1 BGB)

Herr Beispielhaft hat uns mit der Wahrnehmung seiner rechtlichen Interessen in der vorbezeichneten Angelegenheit beauftragt. Eine auf uns lautende Originalvollmacht liegt anbei. **1** 1629

Namens und in Vollmacht unseres Mandanten kündigen wir das bestehende Mietverhältnis über das Mietobjekt _____ gemäß Mietvertrag vom _____ zum nächstzulässigen Zeitpunkt. Das ist der _____. Die Kündigung wird wie folgt begründet: **2**

Gemäß § 573 Abs. 1 S. 1 BGB kann der Vermieter ein Mietverhältnis über Wohnraum kündigen, wenn er ein berechtigtes Interesse an der Beendigung des Mietverhältnisses hat. Dieses wird nachstehend im Einzelnen begründet (genaue und umfassende Mitteilung der tatsächlichen Umstände, die die Kündigung stützen). **3**

▶ Beispiel:

> Es ist für unseren Mandanten als Architekt aus betrieblichen und persönlichen Gründen unbedingt erforderlich, in _____ ein Bauplanungsbüro zu schaffen und zu unterhalten. So sind zurzeit u.a. zwei Projekte im Ort in der Planung, die sich im Moment bereits in der Genehmigungsphase befinden. Des Weiteren sind diverse in unmittelbarer örtlicher Nähe in der Akquisitionsphase. Dadurch besteht der Bedarf an einer Wohn- und Arbeitsstätte vor Ort, da es für unseren Mandanten nicht zumutbar ist, ständig von seinem jetzigen Heimatort anzureisen und dann im Hotel zu übernachten. Das von Ihnen bisher genutzte Haus ist im Hinblick auf seine Größe und seinen Zuschnitt besonders gut für den oben genannten Zweck geeignet. **4**

▶ Beispiel:

> Wie Ihnen bekannt ist, ist die Ehefrau unseres Mandanten freiberuflich im Bereich des Coaching und Consulting tätig. Sie übt ihre Tätigkeit zurzeit ausschließlich extern im Rahmen betrieblicher Coaching-Aufgaben aus. Da diese Art von Beratung sensible, vertrauliche Gespräche und Maßnahmen beinhaltet, wurde von zahlreichen Klienten der Wunsch nach einer Durchführung in einer diskreteren Umgebung außerhalb des Betriebes geäußert. Um dies zukünftig gewährleisten zu können, plant die Ehefrau unseres Mandanten die Einrichtung eines Büros in den von Ihnen zurzeit genutzten Räumlichkeiten. Es ist geplant,

dass von Ihnen zurzeit als Wohnzimmer samt Kochnische genutzte Zimmer als Empfangszimmer zu gestalten, das Schlafzimmer soll zukünftig als Übungszimmer genutzt werden. Wegen der geplanten Nutzung der Räumlichkeiten sei zur Verdeutlichung auch auf die beigefügten Anlagen zum Bescheid über die Nutzungsänderung von Wohnraum des Bezirksamts _____ vom _____ verwiesen, aus dem sich auch ergibt, dass die vorgesehene Nutzungsänderung für die freiberufliche Tätigkeit genehmigt wurde. [5]

▶ Beispiel:

Die von Ihnen bewohnte Wohnung ist eine Genossenschaftswohnung. Bei Überlassung der Wohnung waren Sie Mitglied der Genossenschaft. Aus dem auch Ihnen zugegangenen Gerichtsbeschluss wissen Sie, dass einer Ihrer Gläubiger Ihren Genossenschaftsanteil gepfändet und Auszahlung des Genossenschaftsguthabens an sich erwirkt hat. Dadurch ist Ihre Mitgliedschaft erloschen und damit auch Ihre Wohnberechtigung. Unsere Mandantin führt eine Warteliste für freiwerdende Wohnungen. Da sie nur über ganz wenige Wohnungen in der Größe Ihrer Wohnung verfügt, besteht ein gesteigerter Bedarf daran. Ihre Wohnung ist vorgesehen für das Mitglied Herrn/Frau _____ wohnhaft in einer für ihn viel zu kleinen Wohnung in der _____ Straße _____ in _____ _____, welches schon seit drei Jahren auf eine Wohnung dieser Art und Größe wartet und diese für sich, seine Frau und sein Kind dringend benötigt. Eine anderweitige Möglichkeit der Deckung dieses Wohnbedarfs besteht nicht. [6]

Entsprechend einer gesetzlichen Verpflichtung weisen wir Sie darauf hin, dass Sie der Kündigung nach dem Gesetz widersprechen und Fortsetzung des Mietverhältnisses verlangen können, wenn Sie meinen, dass die vertragsgemäße Beendigung des Mietverhältnisses für Sie/Ihre Familie oder einen anderen Angehörigen Ihres Haushalts eine Härte bedeuten würde, die auch unter Würdigung der berechtigten Vermieterinteressen nicht zu rechtfertigen ist. Der Widerspruch müsste schriftlich erfolgen und bis spätestens zwei Monate vor Beendigung des Mietverhältnisses eingehen. Der Widerspruch sollte begründet sein. [7]

Gemäß § 545 BGB erklären wir schon jetzt, dass eine stillschweigende Fortsetzung des Mietverhältnisses über den Beendigungszeitpunkt hinaus nicht in Betracht kommt. [8]

Erläuterungen

1630 **1. Originalvollmacht.** Der mit der Kündigung beauftragte Rechtsanwalt sollte der Kündigungserklärung unbedingt eine schriftliche Originalvollmacht beifügen. Anderenfalls kann der Kündigungsempfänger die Erklärung nach § 174 S. 1 BGB **unverzüglich zurückweisen**, was zur Unwirksamkeit führt (BGH NZM 2002, 163 = ZMR 2002, 893; zum Umfang des Zurückweisungsrechts s. KG WuM 2008, 153, 155 = GE 2008, 540, 541; GE 2010, 267; LG Heidelberg WuM 2013, 49, 50).

2. Kündigungserklärung. S. dazu die Hinweise zu Teil 1 Rdn. 1586.

1631 Zu den Kündigungsfristen für Wohnraummietverhältnisse s. die Hinweise zu Teil 1 Rdn. 1620. Abweichende Fristen dürfen zum Nachteil des Mieters nicht vereinbart werden.

1632 Die Angabe des Kündigungstermins, d.h. eines Zeitpunkts, zu dem das Mietverhältnis endet, ist nicht Wirksamkeitsvoraussetzung für die Kündigung. Wird eine unrichtige zu kurze Frist angegeben, so gilt gleichwohl die gesetzliche Frist. Wird eine längere als die gesetzliche Kündigungsfrist angegeben, so ist diese maßgebend.

3. Berechtigtes Interesse. Zum Erfordernis, die Kündigung für Mietverhältnisse über Wohnraum zu begründen, s. die Hinweise zu Teil 1 Rdn. 1613. 1633

Der Vermieter von Wohnraum kann eine ordentliche Kündigung grundsätzlich nur aussprechen, wenn er ein berechtigtes Interesse an der Beendigung des Mietverhältnisses hat (§ 573 Abs. 1 S. 1 BGB). Eine Ausnahme gilt für die Kündigung der Einliegerwohnung gemäß § 573a BGB, ferner für die in § 549 Abs. 2 und 3 BGB bezeichneten sog. ungeschützten Mietverhältnisse. 1634

In § 573 Abs. 2 BGB hat der Gesetzgeber Anwendungsfälle des berechtigten Interesses geregelt (sog. vertypte berechtigte Interessen). Die Kündigungsgründe, die auf die Generalklausel des § 573 Abs. 1 S. 2 BGB gestützt werden, müssen **genau so gewichtig** sein, wie die in Abs. 2 der Bestimmung geregelten Konstellationen. Insoweit sind sämtliche Kündigungsgründe gleichwertig (BGH NZM 2013, 22, 23 = ZMR 2013, 107; NZM 2012, 501 = WuM 2012, 388). 1635

Die **Begründung** muss einen konkreten Sachverhalt (Lebensvorgang) so ausführlich wiedergeben, dass er in einem späteren Rechtsstreit identifiziert und von anderen Gründen (Sachverhalten, Lebensvorgängen) unterschieden werden kann (BGH WuM 2014, 423 = ZMR 2014, 969, 970; NZM 2010, 400 = WuM 2010, 301, 302). Der Mieter muss in der Lage sein zu beurteilen, ob er die Kündigung akzeptieren oder sich gegen sie zur Wehr setzen soll (AG/LG Aachen WuM 2010, 37, 38). Nach dem Urteil des BGH vom 06.07.2011 (WuM 2011, 518, 519) soll die Wiedergabe von kündigungsrelevanten Umständen in dem Kündigungsschreiben insoweit entbehrlich sein, als sie dem Mieter bereits zuvor mitgeteilt wurden oder ihm sonst bekannt sind. 1636

Achtung! Hier ist aber Vorsicht geboten. Bestreitet der Mieter die (frühere) Kenntniserlangung, so ist es Sache des Vermieters, diese zu beweisen. Einfacher ist es meist, den Mieter in dem Kündigungsschreiben umfassend zu informieren. 1637

Eine **Bezugnahme** auf anderweitige schriftliche Erklärungen reicht aus (BGH WuM 2011, 169, 170 = ZMR 2011, 453; WuM 2011, 518, 519). Somit kann der Vermieter auf vorangegangene Kündigungen, Abmahnungen u.s.w. Bezug nehmen (LG Hamburg WuM 1993, 48). Voraussetzung ist jedoch, dass die betreffenden Urkunden dem Mieter zugegangen sind und die Bezugnahme **klar und eindeutig** ist. 1638

Achtung! Bezugnahmen sind immer mit dem Risiko der mangelnden Eindeutigkeit behaftet. Sie bilden daher eine vermeidbare Fehlerquelle. Es sollte daher möglichst von Bezugnahmen abgesehen werden. Zumindest empfiehlt es sich, die in Bezug genommenen Urkunden an das Kündigungsschreiben anzuheften. 1639

Der Vermieter ist gehalten, auch die **in seiner Sphäre liegenden Gründe** konkret und für den Mieter nachvollziehbar darzulegen; er kann sich insoweit nicht auf pauschale Darlegungen beschränken (BVerfG ZMR 1991, 418; ZMR 1992, 232). Die Grenze bildet das Informationsbedürfnis des Mieters (BVerfG a.a.O.). 1640

Andere Gründe können nur nachgeschoben werden, wenn sie nach Erklärung der Kündigung entstanden sind (§ 573 Abs. 3 S. 2 BGB). Das gilt aber nur, wenn zunächst eine wirksame Kündigung erklärt worden war! 1641

4. Teilweise berufliche Nutzung. Will der Vermieter seine Wohnung nur teilweise für eigene Wohnzwecke, überwiegend jedoch für eigene berufliche Zwecke (Architekturbüro) nutzen, sind diese im Hinblick auf die durch Art. 12 Abs. 1 GG geschützte Berufsfreiheit nicht geringer zu bewerten als der in § 573 Abs. 2 Nr. 2 BGB geregelte Eigenbedarf zu Wohnzwecken (BGH NZM 2005, 943). Es genügen demnach **vernünftige Gründe**, die den Nutzungswunsch des Vermieters nachvollziehbar erscheinen lassen. 1642

5. Ausschließliche berufliche Nutzung. Auch den Wunsch einer ausschließlich beruflichen bzw. gewerblichen Nutzung der vermieteten Wohnung durch den **Ehegatten des Vermieters** hat der BGH als berechtigtes Kündigungsinteresse anerkannt, allerdings bislang nur in einer Fallgestaltung, in der sich das Objekt in dem von beiden bewohnten Gebäude befindet (s. BGH NZM 2013, 22, 23 = ZMR 2013, 107). Es handele sich um ein dem Eigenbedarf (§ 573 Abs. 2 Nr. 2 BGB) artverwandtes Kündigungsinteresse dem – auch mit Blick auf Art. 12 Abs. 1 GG – ein gleichermaßen hohes Gewicht zukomme. Ob dies auch dann gilt, wenn sich die beanspruchten Räumlichkeiten nicht in **unmittelbarer Nähe der Vermieterwohnung** befinden (dafür LG Braunschweig Info M 2009, 466 [*Peters*]), ist noch nicht abschließend geklärt.

1643 **6. Genossenschaftsbedarf.** Der BGH hat in der Entscheidung vom 10.09.2003 (ZMR 2003, 904, 905 = WuM 2003, 691 = NZM 2004, 25) den **Genossenschaftsbedarf** als berechtigtes Interesse gemäß § 573 Abs. 1 S. 1 BGB anerkannt. Die Mitgliedschaft in einer Genossenschaft sei in erster Linie auf die Versorgung mit preisgünstigem Wohnraum gerichtet; sie verleihe dem Mitglied eine im Verhältnis zu Dritten bevorrechtigte Aussicht auf den Abschluss eines Mietvertrags zu günstigen Bedingungen. Der vertragstreue genossenschaftliche Mieter sei vor einer Kündigung wegen anderweitigen Bedarfs des Vermieters weitestgehend geschützt. Ein Eigenbedarf (§ 573 Abs. 2 Nr. 2 BGB) sei begrifflich ausgeschlossen; ein vorrangiger Wohnbedarf anderer Genossenschaftsmitglieder sei regelmäßig nicht anzuerkennen. Die an die Mitgliedschaft in der Genossenschaft gebundene Rechtsstellung rechtfertige es jedoch, das Erlöschen der Mitgliedschaft durch **freiwilligen Austritt** oder durch **Ausschluss** nach § 68 GenG grundsätzlich als eine Voraussetzung für die Geltendmachung eines berechtigten Interesses an der Beendigung des Dauernutzungsverhältnisses anzuerkennen. Denn mit dem Verlust der Mitgliedschaft auf diese Weise entfalle zugleich die innere Rechtfertigung für die gegenüber Dritten bevorzugte Berücksichtigung bei der Versorgung mit preisgünstigem Wohnraum (BGH ZMR 2003, 904, 905 = WuM 2003, 692, 692 = NZM 2004, 25, 26).

1644 Nicht abschließend geklärt ist, ob die Beendigung der Mitgliedschaft durch Tod, wenn Nichtmitglieder die Wohnung mitgenutzt haben oder im Falle einer **Gläubiger- oder Insolvenzverwalterkündigung** (§§ 66, 66a GenG) ein berechtigtes Interesse i.S. des § 573 Abs. 1 S. 1 BGB darstellt. Das dürfte jedenfalls dann der Fall sein, wenn der Mieter sich trotz mehrfacher Aufforderung und Kündigungsandrohung hartnäckig weigert, die Mitgliedschaft zu erwerben bzw. zu erneuern (Lützenkirchen/*Lützenkirchen* § 573 Rn. 62). Streitig ist schließlich, ob die Unter- oder **Fehlbelegung** einer Genossenschaftswohnung einen Kündigungsgrund bildet (s. dazu Drasdo NZM 2012, 585 [596]). Erforderlich ist jedoch zumindest, dass die »richtige« Belegung sowie die Vergabe genossenschaftlich geregelt sind; die lediglich allgemein formulierten satzungsgemäßen Zwecke der Genossenschaft reichen nicht aus (LG Heidelberg WuM 2014, 37 = ZMR 2014, 286).

1645 Hinweis: In der Kündigung muss nicht der Name des Mitglieds genannt werden, das die Wohnung erhalten soll. Es genügt, auf eine Warteliste von wohnungssuchenden Mitgliedern Bezug zu nehmen. Wird eine Warteliste von Wohnungssuchenden geführt, so braucht der Wohnbedarf nicht für diejenige Person bis zum Zeitpunkt der letzten mündlichen Verhandlung fortzubestehen, die im Kündigungsschreiben als Wohnungssuchender genannt ist (LG Stuttgart WuM 1990, 20).

1646 **7. Belehrung über Kündigungswiderspruch.** Die Obliegenheit des Vermieters, den Mieter über sein Recht zu belehren, der Kündigung zu widersprechen und Fortsetzung des Mietverhältnisses nach Maßgabe der §§ 574 bis 574b BGB zu verlangen, sowie über die Form und die Frist des Widerspruchs, ist in § 568 Abs. 2 BGB geregelt. Ein Verstoß hiergegen berührt die Wirksamkeit der Kündigung nicht. Die unterbliebene oder unrichtige Belehrung führt dazu, dass der Mieter den Kündigungswiderspruch noch im ersten Termin des Räumungsrechtsstreits erklären kann (s. § 574b Abs. 2 S. 2 BGB).

1647 **8. Fortsetzungswiderspruch.** Vergessen Sie nicht, der Gebrauchsfortsetzung innerhalb von zwei Wochen nach Beendigung des Mietverhältnisses gem. § 545 BGB zu widersprechen. Der

Widerspruch sollte **bereits im Kündigungsschreiben** erfolgen (vgl. BGH NZM 2010, 510 = WuM 2010, 418 = ZMR 2010, 671), s. im Übrigen die Muster und Hinweise zu Teil 1 Rdn. 2152.

Nur vorsorglich sollte sie den Widerspruch dann innerhalb der gesetzlichen Frist wiederholen. 1648

9. Kündigung wegen erheblicher Pflichtverletzungen des Mieters (§ 573 Abs. 1 Nr. 1 BGB)

Herr Beispielhaft hat uns mit der Wahrnehmung seiner rechtlichen Interessen in der vorbezeichneten Angelegenheit beauftragt. Eine auf uns lautende Originalvollmacht liegt anbei. 1649

Namens und in Vollmacht unseres Mandanten kündigen wir das Mietverhältnis über das Mietobjekt _____ gemäß Mietvertrag vom _____ fristgemäß zum nächstzulässigen Zeitpunkt. Das ist der _____. Wir fordern Sie auf, das Mietobjekt zum vorgenannten Zeitpunkt geräumt und in vertragsgemäßem Zustand an unseren Mandanten herauszugeben. [1]

Gemäß § 573 Abs. 1 BGB kann ein Mietverhältnis durch ordentliche Kündigung beendet werden, wenn der Kündigende ein berechtigtes Interesse an der Beendigung des Mietverhältnisses hat. Diese Voraussetzung liegt hier vor, wie nachstehende Umstände zeigen. [2]

▶ Beispiel:

Schon kurze Zeit nach Ihrem Einzug haben Sie, wie eine Befragung unbeteiligter Hausbewohner ergeben hat, ohne ersichtlichen Grund und ohne von diesen provoziert worden zu sein, die Mieter in der neben Ihnen liegenden Wohnung, die Eheleute _____ lautstark beleidigt und bedroht. Der erste Vorfall war am _____. Es musste die Polizei gerufen werden, wobei Sie die Tat leugneten und die herbeigerufenen Polizisten in offenbar angetrunkenem Zustand angriffen. Die anschließend genommene Blutprobe soll einen Blutalkoholgehalt von mehr als 2 Promille ergeben haben. [3]

Sie wurden dann von unserem Mandanten mit Schreiben vom _____ abgemahnt und aufgefordert, sich zukünftig gegenüber den anderen Hausbewohnern korrekt zu verhalten. Noch am Abend des Tages, als Ihnen die Abmahnung zuging, wiederholten Sie offenbar wieder in angetrunkenem Zustand Ihre Beleidigungen und Angriffe gegenüber Ihren Nachbarn, indem Sie diese als _____ und _____ bezeichneten. Weniger als 1 Woche später, nämlich am _____ begaben Sie sich gegen 24 Uhr an die Tür der über Ihnen liegenden Wohnung des Herrn _____. Sie beschweren sich lautstark über angeblich zu lautes Fernsehen und beschimpften Herrn _____ mit den Worten _____ und _____. [4]

Nach dem Eindruck unseres Mandanten hat Sie der beschimpfte Herr _____ nicht provoziert. Es handelt sich bei ihm um einen außerordentlich ruhigen Mieter, der noch nie auffällig geworden ist. Im Interesse eines gedeihlichen Zusammenwohnens aller Hausbewohner sieht sich unser Mandant gezwungen, das Mietverhältnis mit Ihnen zu kündigen. [5]

▶ Beispiel:

Ihr 16-jähriger Sohn hat in den zurückliegenden Monaten nicht nur das Treppenhaus mit Farbe beschmiert, zuletzt am _____. Er hat auch, was mehrere Mieter beobachtet haben, mehrfach den Mülleimer aus dem Küchenfenster Ihrer im 8. Obergeschoss gelegenen Wohnung gekippt und dadurch die Hausfassade und den Vorgarten verschmutzt. [6]

Unser Mandant hatte Sie mit Schreiben vom _____ gebeten, auf Ihren Sohn einzuwirken und dafür zu sorgen, dass derartige Vorfälle sich nicht mehr wiederholen. Das hat nichts genützt. Knapp eine Woche später, d.h. am _____ bemalte Ihr Sohn das neu gestrichene Treppenhaus im 1. Obergeschoß und kippte kurz darauf seine nassen Farbreste aus dem Fenster gegen die Hauswand. Bei dieser Sachlage ist eine Fortsetzung des Mietverhältnisses mit Ihnen leider nicht mehr möglich.

Die angegebenen Vertragsverletzungen würden unseren Mandanten auch zu einer fristlosen Kündigung berechtigen. Sollte diese Annahme indes nicht zutreffen, gilt Folgendes: [7]

Entsprechend einer gesetzlichen Verpflichtung weisen wir Sie darauf hin, dass Sie der Kündigung nach dem Gesetz widersprechen und Fortsetzung des Mietverhältnisses verlangen können, wenn Sie meinen, dass die vertragsgemäße Beendigung des Mietverhältnisses für Sie/Ihre Familie oder einen anderen Angehörigen Ihres Haushalts eine Härte bedeuten würde, die auch unter Würdigung der berechtigten Vermieterinteressen nicht zu rechtfertigen ist. Der Widerspruch müsste schriftlich erfolgen und bis spätestens zwei Monate vor Beendigung des Mietverhältnisses eingehen. Der Widerspruch sollte begründet sein. [8]

Gemäß § 545 BGB erklären wir schon jetzt, dass eine stillschweigende Fortsetzung des Mietverhältnisses über den Beendigungszeitpunkt hinaus nicht in Betracht kommt. [9]

Erläuterungen

1650 **1. Kündigungserklärung.** Zur Erklärung der Kündigung s. die Hinweise zu Teil 1 Rdn. 1593.

Zur Vorlage der **Originalvollmacht** s. die Hinweise zu Teil 1 Rdn. 1630.

1651 Zu den Kündigungsfristen für Wohnraummietverhältnisse s. die Hinweise zu Teil 1 Rdn. 1620.

1652 **2. Vertragspflichtverletzung.** Ein berechtigtes Interesse an der Beendigung des Mietverhältnisses hat der Vermieter nach § 573 Abs. 2 Nr. 1 BGB, wenn der Mieter schuldhaft seine vertraglichen Pflichten nicht unerheblich verletzt hat. Der Mieter muss durch sein Verhalten gegen vertragliche Pflichten verstoßen. Der Begriff der vertraglichen Pflichten ist in einem umfassenden Sinne zu verstehen, erfasst werden sowohl der vertragswidrige Gebrauch sowie alle Formen der Schlecht- und Nichterfüllung.

1653 Die Pflichtverletzung darf **nicht unerheblich** sein; das bedeutet, dass sie »fühlbar über bloße Belästigungen hinausgeht« (*Herrlein* in: Herrlein/Kandelhard, § 573 Rn. 16), mithin von »einigem Gewicht« (*Kinne* GE 2014, 844, 846) sein muss. Allerdings braucht die Pflichtverletzung nicht so intensiv zu sein, dass dem Vermieter eine Fortsetzung des Mietverhältnisses nicht zugemutet werden kann (BGH NZM 2006, 338, 339 = WuM 2006, 193, 195 = ZMR 2006, 425, 427). Hierin liegt das maßgebliche Unterscheidungskriterium zur außerordentlichen fristlosen Kündigung aus wichtigem Grund (§§ 543 Abs. 1, Abs. 2 Nr. 2, 569 Abs. 2 BGB). In jedem Fall ist – anders als bei der fristlosen Kündigung – ein **schuldhaftes Verhalten** des Mieters erforderlich.

Eine **Provokation** seitens des Vermieters kann dazu führen, dass dem Fehlverhalten des Mieters das zur Kündigung erforderliche Gewicht fehlt (BGH WuM 2014, 495, 497 = ZMR 2014, 963, 964 [Tz. 23]).

3. Begründungserfordernis. Zum Umfang der Begründungspflicht s. zunächst die Hinweise zu Teil 1 Rdn. 1613.

1654

Beruht das berechtigte Interesse des Vermieters auf Störungen und Belästigungen von Mitbewohnern, so müssen in dem Kündigungsschreiben die einzelnen Ereignisse **nach Art, Zahl, Dauer und Zeitpunkt** genau angegeben werden (LG Berlin GE 2015, 323; WuM 2014, 341 f.; ZMR 2011, 550 = GE 2010, 548 f.). Bei einer Kündigung des Mietverhältnisses wegen mehrfacher gleichartiger Pflichtverstöße kann nach LG Leipzig NZM 2004, 138 im Einzelfall der Gebrauch der Formulierung »erneutes Fehlverhalten« im Kündigungsschreiben die Angabe der einzelnen vorangegangenen Pflichtverstöße neben dem letzten Pflichtverstoß entbehrlich machen. Allerdings ist dies nicht gesichert; im Zweifel sollten sämtliche Ereignisse, auf die die Kündigung gestützt wird, im Kündigungsschreiben detailliert angegeben werden.

1655

4. Abmahnung. Der Kündigungstatbestand des § 573 Abs. 2 Nr. 1 BGB erfordert grundsätzlich keine vorausgegangene Abmahnung. Einer Anmahnung kann nur insofern Bedeutung zukommen, als ihre Missachtung der Vertragsverletzung des Mieters erst das für die Kündigung **erforderliche Gewicht** verleiht. (BGH WuM 2008, 31 = ZMR 2008, 196 mit Anm. *Rave*).

1656

5. Verantwortlichkeit. Das nach § 573 Abs. 2 Nr. 1 BGB erforderliche Verschulden setzt die Verantwortungsfähigkeit des Mieters voraus (vgl. § 276 Abs. 1 S. 2 i.V.m. §§ 827, 828 BGB). Lärmbelästigungen durch einen gemäß § 827 S. 1 BGB geisteskranken Mieter stellen somit keine schuldhafte Vertragspflichtverletzung dar; eine ordentliche Kündigung kann bei gravierenden Pflichtverletzungen aber auf die Generalklausel des § 573 Abs. 1 S. 1 BGB gestützt werden (s. Schmidt-Futterer/*Blank* § 573 Rn. 205).

1657

Hat sich jedoch der Mieter – wie im Beispielsfall – durch Alkohol- oder Drogenkonsum in einen Zustand des vorübergehenden Ausschlusses der freien Willensbestimmung gesetzt und in diesem Zustand die Vertragsverletzungen begangen, so hat er nach §§ 276 Abs. 1 S. 2, 827 S. 2 BGB für sein Verhalten einzustehen, als wenn ihm Fahrlässigkeit zu Last fiele. Etwas anderes gilt nur dann, wenn der Mieter ohne sein Verschulden in den Rauschzustand geraten ist.

1658

6. Zurechnung von fremdem Verschulden. Nach der grundlegenden Entscheidung des BGH vom 25.10.2006 (WuM 2007, 24 = NZM 2007, 35 = ZMR 2007, 103: »Mieterverein-Urteil«; ferner BGH NZM 2008, 121, 122 = WuM 2008, 31, 32 = ZMR 2008, 196 mit Anm. *Rave*) muss sich der Mieter auch das schuldhafte Verhalten von **Erfüllungsgehilfen** nach § 278 BGB zurechnen lassen; denn die ordentliche Kündigung nach § 573 Abs. 2 Nr. 1 BGB setzt nicht sein eigenes schuldhaftes Verhalten voraus. Der anderslautende Rechtsentscheid des KG vom 15.06.2000 (ZMR 2000, 822) ist damit überholt.

1659

7. Verhältnis zur fristlosen Kündigung. Sofern aufgrund der Schwere der Vertragspflichtverletzung sogar eine außerordentliche fristlose Kündigung (z.B. nach §§ 543 Abs. 1, 569 Abs. 2 BGB, s. dazu die Hinweise zu Teil 1 Rdn. 1972 und 2027) möglich wäre, ist – ein Verschulden des Mieters aber immer vorausgesetzt – eine ordentliche Kündigung nach § 573 Abs. 2 Nr. 1 BGB in jedem Falle zulässig. Denn die ordentliche Kündigung stellt das **mildere Mittel** zur Vertragsbeendigung dar (vgl. Herrlein/Kandelhard/*Herrlein*, § 573 Rn. 14). Ist zweifelhaft, ob die Schwere der Pflichtverletzungen des Mieters eine außerordentliche fristlose Kündigung rechtfertigen kann, stellt die ordentliche Kündigung den sicherern Weg dar.

1660

Zum hilfsweisen Ausspruch der ordentlichen Kündigung s. die Hinweise zu Teil 1 Rdn. 1966 f.

1661

Beachten Sie aber! Eine ordentliche Kündigung wegen schuldhafter Vertragspflichtverletzung kommt naturgemäß dann nicht in Betracht,
– wenn die Parteien einen Zeitmietvertrag abgeschlossen haben (vgl. § 542 Abs. 2 BGB) oder
– solange ein wirksamer Ausschluss des ordentlichen Kündigungsrechts besteht (s. dazu Teil 1 Rdn. 51 und 64).

1662

1663 In diesen Fällen kann der Vermieter das Vertragsverhältnis bei schuldhafter Pflichtverletzung des Mieters nur außerordentlich fristlos unter den restriktiven Voraussetzungen der §§ 543 Abs. 1, Abs. 2 Nr. 2, 569 Abs. 2 BGB kündigen.

1664 **8. Hinweis auf Kündigungswiderspruch/Fortsetzungswiderspruch.** Gegenüber einer ordentlichen Kündigung nach § 573 Abs. 2 Nr. 1 BGB steht dem Mieter das Widerspruchsrecht nach der **Sozialklausel** (§§ 574 bis 574b BGB) zu. Für die Anwendung der Sozialklausel ist aber dann kein Raum, wenn die Vertragsverletzung so schwer wiegt, dass sie den Vermieter zur außerordentlichen fristlosen Kündigung berechtigen würde (§ 574 Abs. 1 S. 2 BGB), dieser aber gleichwohl nur eine ordentliche Kündigung nach § 573 Abs. 2 Nr. 1 BGB ausspricht. Aus diesem Grunde erfolgt im Muster der Hinweis auf die außerordentliche fristlose Kündigung.

1665 **Hinweis:** In der Praxis werden die graduellen Unterschiede zwischen der ordentlichen Kündigung nach § 573 Abs. 2 Nr. 1 BGB und der außerordentlichen fristlosen Kündigung wegen schwerer Vertragspflichtverletzung (§§ 543 Abs. 1, Abs. 2 Nr. 2, 569 Abs. 2 BGB) vielfach verwischt. Wer ganz sicher gehen will und das Kostenrisiko scheut, sollte wegen Vertragspflichtverletzungen nur dann kündigen, wenn zugleich ein Tatbestand der außerordentlichen fristlosen Kündigung erfüllt ist.

1666 Zur Obliegenheit des Vermieters, den Mieter über sein Widerspruchsrecht zu belehren (§ 568 Abs. 2 BGB), s. die Hinweise zu Teil 1 Rdn. 1646.

1667 **9. Fortsetzungswiderspruch.** Vergessen Sie nicht, der Gebrauchsfortsetzung innerhalb von zwei Wochen nach Beendigung des Mietverhältnisses gemäß § 545 BGB zu widersprechen. Der Widerspruch sollte bereits **im Kündigungsschreiben** erfolgen (vgl. BGH NZM 2010, 510 = WuM 2010, 418 = ZMR 2010, 671); s. dazu Muster und Hinweise zu Teil 1 Rdn. 2152.

1668 Nur vorsorglich sollten Sie den Widerspruch dann innerhalb der gesetzlichen Frist wiederholen.

10. Kündigung wegen Eigenbedarfs (§ 573 Abs. 2 Nr. 2 BGB)

1669 **Herr Beispielhaft hat uns mit der Wahrnehmung seiner rechtlichen Interessen in der vorbezeichneten Angelegenheit beauftragt. Eine auf uns lautende Originalvollmacht liegt anbei.**

Namens und in Vollmacht unseres Mandanten kündigen wir das bestehende Mietverhältnis über das Mietobjekt _____ gemäß Mietvertrag vom _____ zum nächstzulässigen Zeitpunkt. Das ist der _____. [1]

Gemäß § 573 Abs. 2 Nr. 2 BGB kann der Vermieter ein Mietverhältnis über Wohnraum kündigen, wenn er ein berechtigtes Interesse an der Beendigung des Mietverhältnisses hat. Als ein berechtigtes Interesse in diesem Sinne ist es insbesondere anzusehen, wenn der Vermieter die Räume als Wohnung für sich, seine Familienangehörigen oder Angehörige seines Haushalts benötigt (Eigenbedarf). [2]

Die Kündigung erfolgt unter ausdrücklichem Hinweis auf die vorgenannte Bestimmung, wobei wir darauf hinweisen, dass

unser Mandant nicht Eigentümer einer anderen Eigentumswohnung bzw. eines Ein- oder Mehrfamilienhauses ist. [3]

oder

die anderen im Eigentum unseres Mandanten stehenden Wohnungen entweder langfristig vermietet oder von Lage, Größe und Zuschnitt nicht zur Deckung des Wohnbedarfs unseres Mandanten geeignet sind.

Der Eigenbedarf unseres Mandanten ergibt sich aus Folgendem: (genaue und umfassende Mitteilung der tatsächlichen Umstände, die die Kündigung rechtfertigen).

▶ Beispiel:

Unser Mandant lebt zurzeit in einer Mietwohnung unter der oben angegebenen Anschrift. Diese ist zwar ausreichend groß und gefällt ihm auch im Übrigen gut. Er fühlt sich aber als Mieter den Unwägbarkeiten eines Mietverhältnisses ausgesetzt, zumal sein Vermieter regelmäßig die Miete erhöht und ihm gegenüber angekündigt hat, dass sein Sohn demnächst seine Berufsausbildung abschließen werde und in die zurzeit von unserem Mandanten genutzte Wohnung einziehen möchte. Dieser ungewisse Zustand behagt unserem Mandanten nicht. Er hat im Übrigen die von ihm gegenwärtig genutzte Wohnung in der festen Absicht käuflich erworben, diese später selbst zu nutzen, weil er »Herr seiner eigenen vier Wände« sein möchte. [4]

▶ Beispiel:

Wie Ihnen bekannt ist, ist unser Mandant vor Kurzem mit seiner Familie nach A umgezogen. Er hat allerdings in B, wo sich die von Ihnen genutzt Wohnung befindet, eine im Jahre 2010 geborene, nicht eheliche Tochter, für die gemeinsam mit der Kindesmutter das Umgangs- und Sorgerecht hat. Um dieses auszuüben und sich regelmäßig, ggf. auch kurzfristig in familiärer bzw. häuslicher Atmosphäre mit seiner Tochter zu treffen, benötigt er die an Sie vermietete Wohnung. [5]

▶ Beispiel:

Der zurzeit 24 Jahre alte Sohn unseres Mandanten wohnt gegenwärtig in einem 12 qm großen Zimmer mit Bad und Küchenbenutzung im Studentenheim in _____, _____ Straße _____ . Dort kann er nur bis zur Beendigung seines Studiums bleiben. Er wird sein Jurastudium im nächsten Semester durch Referendarexamen abschließen, um anschließend hierher zurückzukehren und seinen juristischen Vorbereitungsdienst zu beginnen. Er hat hier keine Wohnung. Die bisher von Ihnen bewohnte Wohnung entspricht seinen Bedürfnissen und den Einkommensverhältnissen eines Referendars. [6, 7]

▶ Beispiel:

Die 25jährige Tochter unseres Mandant lebt seit mehreren Jahren mit ihrer Familie in _____, _____ Straße _____ . Dort war sie auch bis zur Geburt ihres zweiten Kindes berufstätig. Jetzt widmet sie sich nur noch der Erziehung ihrer Kinder und ist damit örtlich nicht mehr gebunden. Sie will sich wegen Scheiterns ihrer Ehe von ihrem Ehemann trennen und zusammen mit ihren zwei minderjährigen Kindern aus der bisherigen ehelichen Wohnung, die im Eigentum des Ehemannes steht, kurzfristig ausziehen. Dadurch entsteht ein Wohnbedarf, den die Tochter unseres Mandanten allein nicht decken kann. Die bisher von Ihnen genutzte Wohnung ist von Preis, Größe und Zuschnitt besonders gut für die Tochter unseres Mandanten und ihre Kinder geeignet. [8]

▶ Beispiel:

Mein Mandant steht jetzt im 78. Lebensjahr und möchte die von Ihnen bisher genutzte Erdgeschosswohnung in Zukunft selbst beziehen. Die Wohnung liegt unter der Wohnung seiner Tochter, die sich zukünftig verstärkt um ihn kümmern und ihn bei Bedarf pflegen wird. Jetzt lebt unser Mandant in einer 2-Zimmer-Wohnung im 4. Obergeschoss unter der Anschrift _____ ohne Fahrstuhl allein und weit entfernt von seiner Tochter. Das Treppensteigen fällt ihm zunehmend schwer. [9]

▶ Beispiel:

Unser Mandant ist jetzt 86 Jahre alt und möchte die von Ihnen bisher genutzte Erdgeschosswohnung baldmöglichst selbst nutzen, und zwar zusammen mit einer Pflegerin, die in der Wohnung untergebracht werden muss, damit sie sich ständig um unseren Mandanten kümmern kann. Wegen des angegriffenen Gesundheitszustandes (er leidet insbesondere unter erheblichen Sehproblemen und Herzbeschwerden) und der zeitweilig schon bestehenden Pflegebedürftigkeit hat er vor kurzem seine kleine Wohnung im 3. Obergeschoß des Hauses _____ aufgegeben und sich versuchsweise in das Seniorenwohnheim _____ unter der Anschrift _____ begeben. Da er sich dort aber gar nicht einleben konnte und sich sehr unglücklich fühlte, möchte er nunmehr in die ihm vertraute Wohngegend zurückkehren und seinen Lebensabend im eigenen Haus, nämlich in der jetzt von Ihnen genutzten Erdgeschosswohnung, verbringen. [10]

▶ Beispiel:

Im nächsten Jahr wird unser Mandant in den Ruhestand gehen. Es war schon bei Erwerb der Wohnung sein Wunsch, im Alter in der von Ihnen bisher genutzten Wohnung zu leben und dort seinen Lebensabend zu verbringen, zumal er jetzt mit seiner Ehefrau in einer lauten Großstadtwohnung unter der Ihnen bekannten Anschrift wohnt. Demgegenüber ist der Freizeit- und Erholungswert der sehr ruhigen und grünen Umgebung, in der die von Ihnen zurzeit genutzte Wohnung liegt, sehr hoch. [11]

Entsprechend einer gesetzlichen Verpflichtung weisen wir Sie darauf hin, dass Sie der Kündigung nach dem Gesetz widersprechen und Fortsetzung des Mietverhältnisses verlangen können, wenn Sie meinen, dass die vertragsgemäße Beendigung des Mietverhältnisses für Sie/Ihre Familie oder einen anderen Angehörigen Ihres Haushalts eine Härte bedeuten würde, die auch unter Würdigung der berechtigten Vermieterinteressen nicht zu rechtfertigen ist. Der Widerspruch müsste schriftlich erfolgen und bis spätestens zwei Monate vor Beendigung des Mietverhältnisses eingehen. Der Widerspruch sollte begründet sein. [12]

Gemäß § 545 BGB erklären wir schon jetzt, dass eine stillschweigende Fortsetzung des Mietverhältnisses über den Beendigungszeitpunkt hinaus nicht in Betracht kommt. [13]

Erläuterungen

1670 **1. Kündigungserklärung.** Zur Erklärung der Kündigung s. die Hinweise zu Teil 1 Rdn. 1594.

Zur Vorlage der **Originalvollmacht** s. die Hinweise zu Teil 1 Rdn. 1630.

1671 **2. Eigenbedarf.** Der Kündigungsgrund nach § 573 Abs. 2 Nr. 2 BGB ist gegeben, wenn der Vermieter die Mieträume selbst oder durch die im Gesetz aufgeführten Personen zu Wohnzwecken nutzen will und für seinen Willen **vernünftige sowie nachvollziehbare Gründe** vorliegen, dieser also nicht als rechtsmissbräuchlich erscheint (BGH WuM 2015, 304, 306; WuM 2015, 553, 554). Nach der Rechtsprechung des BVerfG (WuM 1989, 114) ist der Willensentschluss des Vermieters bezüglich einer bestimmten, seiner Lebensplanung entsprechenden Nutzung von den Gerichten grundsätzlich zu respektieren. Es ist jedoch verfassungsrechtlich zulässig und geboten,

die Verwirklichung des Entschlusses darauf hin zu prüfen, ob sie rechtsmissbräuchlich erscheint. Das ist in folgenden Konstellationen der Fall:
– Es ist eine Alternativwohnung vorhanden, durch die der Bedarf in gleicher Weise gedeckt werden kann (BGH NZM 2011, 30 = WuM 2010, 757, 758);
– es wird ein weit überhöhter Wohnbedarf geltend gemacht (BGH WuM 2015, 304);
– die herausverlangte Wohnung ist für die Bedarfsdeckung ungeeignet (BVerfG WuM 1989, 114);
– der Erlangungswunsch des Vermieters ist nicht durch gegenwärtige beachtliche Gründe motiviert (BVerfG ZMR 1990, 448; BGH WuM 2015, 677, 679).

Im Übrigen muss das Gericht den Einwänden des Mieters nachgehen und gegebenenfalls überprüfen, ob der Vermieter seinen **Selbstnutzungswunsch ernsthaft verfolgt**, die Kündigung also nicht nur vorgeschoben ist (BVerfG NJW-RR 1995, 392, 393 = ZMR 1995, 150, 151; BGH WuM 2011, 300 f = ZMR 2011, 538; Urt. v. 23.09.2015 – VIII ZR 297/14). 1672

3. Alternativwohnung. Der Vermieter sollte auf eine in Betracht kommende freie oder alsbald frei werdende Alternativwohnung hinweisen und darlegen, dass sie zur Deckung seines Bedarfs nicht geeignet ist. Ist die Alternativwohnung für den Vermieter nicht geeignet, so muss er sie dem Mieter zu angemessenen, für diesen zumutbaren Bedingungen anbieten; anderenfalls ist die ausgesprochene Kündigung rechtsmissbräuchlich und damit unwirksam (BGH NZM 2003, 681, 682 = WuM 2003, 464 f. = ZMR 2003, 664, 665; NZM 2003, 682 = WuM 2003, 463, 464 = ZMR 2003, 665, 666; NZM 2011, 30 = WuM 2010, 757). Allerdings besteht eine Pflicht des Vermieters zur Anbietung einer freigewordenen Alternativwohnung nach Ausspruch einer Eigenbedarfskündigung nur für solche Wohnungen, die er auch fortan vermieten will (BGH a.a.O.; LG Itzehoe ZMR 2015, 715). 1673

Im Übrigen erstreckt sich die Anbietpflicht nicht auf jede andere, dem Vermieter zur Verfügung stehende Wohnung; vielmehr beschränkt sie sich auf ein **im selben Haus** oder in derselben Wohnanlage befindliches Objekt (BGH ZMR 2003, 664, 665 = WuM 2003, 464 f. = NZM 2003, 681, 682). Die Anbietpflicht besteht aber auch dann, wenn die frei werdende Wohnung mit der gekündigten nicht vergleichbar erscheint. Es obliegt allein dem Mieter darüber zu entscheiden, ob die angebotene Wohnung seinen **Wohnvorstellungen** entspricht (BVerfG NJW 1992, 1220; LG Berlin ZMR 2010, 38; GE 2014, 1006; AG Mainz WuM 2007, 74; s. aber auch OLG Düsseldorf NZM 2010, 276, 277 = ZMR 2010, 176, 177 für ein qualitativ völlig anders beschaffenes Objekt; ferner LG Bonn ZMR 2010, 601, 603). Nur wenn die freigewordene Wohnung mit den vermieteten Räumlichkeiten völlig unvergleichbar ist, braucht der Vermieter sie dem Mieter nicht anzubieten, so etwa ein bislang als Gewerberaum genutztes Objekt (BGH WuM 2012, 160, 162 = ZMR 2012, 345; LG Itzehoe ZMR 2015, 715).

Die Anbietpflicht des Vermieters besteht auch für eine erst nach Ausspruch der Kündigung frei werdende Alternativwohnung, allerdings grundsätzlich **nur bis zum Ablauf der Kündigungsfrist** (BGH NZM 2003, 682 = WuM 2003, 463, 464 = ZMR 2003, 665; BGH NZM 2008, 642). Dabei muss die Wohnung dem Vermieter tatsächlich zur Verfügung stehen; ob er sie bereits vor Ablauf der Kündigungsfrist für die zur Eigennutzung beanspruchten Wohnung gekündigt hat, ist ohne Belang (BGH NZM 2008, 642). 1674

Der Vermieter erfüllt seine Anbietpflicht nur dann ordnungsgemäß, wenn er dem gekündigten Mieter die **wesentlichen Bedingungen** einer Anmietung mitteilt. Dazu gehörten neben der Größe und Ausstattung der Ersatzwohnung auch die Mietkonditionen, namentlich die Höhe der Miete und der Nebenkosten (BGH NZM 2011, 30, 31 = WuM 2010, 757, 758). 1675

Das Angebot darf die **ortsübliche Miete übersteigen**, sofern es sich im Rahmen des Mietpreisrechts bewegt (LG Berlin WuM 2015, 40). Indes verletzt der Vermieter seine Anbietpflicht, wenn er den Abschluss eines Mietvertrags über die Alternativwohnung ohne Anhaltspunkte für Zahlungsschwierigkeiten des Mieters von der Vorlage eines Einkommensnachweises abhängig macht (LG Berlin GE 2014, 1006). 1676

1677 **4. »Gekaufter« Eigenbedarf.** Der Wunsch des Vermieters, in seinem Eigentum zu wohnen stellt insbesondere dann einen vernünftigen und nachvollziehbaren Erlangungsgrund dar, reicht als Kündigungsgrund nicht aus (BGH ZMR 1988, 130). Anders verhält es sich aber, wenn er das Eigentum gerade in der Absicht erworben hat, darin zu wohnen (BVerfG ZMR 1994, 208; BGH WuM 2009, 519 = ZMR 2010, 99).

1678 **5. Zum Beispielfall** s. LG Berlin WuM 2013, 741 mit abl. Anm. *Artz*; bestätigt durch BVerfG WuM 2014, 399. Ein Eigenbedarf des Vermieters ist auch anerkannt worden, wenn dieser die anderenorts belegenen Räumlichkeiten als **(Zweit-)Wohnung** nutzen will, um sich regelmäßig und in häuslicher Atmosphäre mit seinem aus einer früheren nichtehelichen Beziehung stammenden (mittlerweile 13-jährigen) Kind treffen zu können, welches bei der Mutter lebt. Eine Wohnnutzung, wie § 573 Abs. 2 Nr. 2 BGB sie verlangt, erfordert nicht, dass der Vermieter bzw. die privilegierte Person in den Räumlichkeiten ihren Lebensmittelpunkt begründen. Es genügt, wenn sie das Objekt als Zweitwohnung in Anspruch nehmen wollen, sofern dieses Anliegen **nicht als rechtsmissbräuchlich** erscheint.

1679 **6. Bedarfsperson.** Zu den Bedarfspersonen, für die der Vermieter Eigenbedarf geltend machen kann, gehören neben dem Ehepartner (auch dem geschiedenen), dem Lebenspartner (§ 1 Abs. 1 S. 1 LPartG) und den Kindern des Vermieters aufgrund ihres **nahen Verwandtschaftsverhältnisses** auch dessen Geschwister (BGH NZM 2003, 681 = WuM 2003, 664 = ZMR 2003, 664; OLG Oldenburg DWW 1993, 171), weiterhin der Stiefsohn (LG München I WuM 1990, 23) sowie der Enkel (AG Nürnberg WuM 1991, 39). Auch **Nichten und Neffen** des Vermieters gehören nach der Entscheidung des BGH vom 27.01.2010 (NZM 2010, 271, 272 = WuM 2010, 163, 164 f.) noch zu den engeren Verwandten. Einen Anhaltspunkt dafür, wie weit der Kreis der engeren Familienmitglieder zu ziehen ist, sollen die Vorschriften des Zeugnisverweigerungsrechts aus persönlichen Gründen (§§ 383 ZPO, 52 StPO) bieten.

1680 Weiter entfernte Verwandte oder Verschwägerte wie etwa Nichten/Neffen werden nur dann als Bedarfspersonen anerkannt, wenn besondere Umstände vorliegen, die eine enge Bindung des Vermieters zu dieser Person ergeben. Die Bindung muss umso enger sein, je weitläufiger der Grad der Verwandtschaft oder Schwägerschaft ist (BGH NZM 2010, 271, 272 = WuM 2010, 163, 164). Der **Schwager** gehört nach Auffassung des BGH (NZM 2009, 353 = WuM 2009, 294 = ZMR 2009, 518) zumindest dann zum Kreis der Bedarfspersonen, wenn ein besonders enger Kontakt zum Vermieter besteht. Cousins und Cousinen sind indes als entfernte Verwandte anzusehen (LG Frankfurt/M. WuM 2004, 209).

1681 Zu den Bedarfspersonen gehören schließlich die **Angehörigen des Haushalts** des Vermieters. In Betracht kommen der Lebensgefährte des Vermieters, mit welchem er einen »auf Dauer angelegten Haushalt« führt, ferner Pflegekinder oder Kinder des Lebenspartners sowie alle Personen, die schon seit längerer Zeit und auf Dauer in den Haushalt des Vermieters aufgenommen sind und in enger Haushaltsgemeinschaft mit ihm leben (*Kinne* ZMR 2001, 511, 516).

1682 **7. Begründungserfordernis.** Im Kündigungsschreiben müssen die **Bedarfspersonen** und der **Bedarfsgrund** als konkreter Sachverhalt unverwechselbar gekennzeichnet sein (BGH WuM 2015, 677, 678; WuM 2014, 423 = ZMR 2014, 969). Im Einzelfall kann auch die Angabe wie die Bedarfsperson bisher untergebracht ist, erforderlich sein (LG Hamburg ZMR 2004, 39; WuM 2007, 457). Im Beispiel ist die herausverlangte Wohnung nach Größe und Preis für die Bedarfsdeckung zweifelsohne geeignet; lediglich die Geltendmachung eines weit überhöhten Wohnbedarfs wird als rechtsmissbräuchlich angesehen (s. BGH WuM 2015, 304). Zum Umfang der Begründungspflicht (§ 573 Abs. 3 BGB) im Übrigen s. die Hinweise zu Teil 1 Rdn. 1613.

8. Ehescheidung. Vgl. auch LG Heidelberg WuM 2013, 49 = ZMR 2013, 539: Beabsichtigt der Vermieter die Trennung vom Ehegatten und den Kindern, so kann er für sich oder die Angehörigen einen Eigenbedarf geltend machen. Gleiches gilt, wenn – wie im Beispielsfall – die Tochter oder eine sonst **privilegierte Person** die Trennung von ihrem Ehepartner beabsichtigt. Auf die Endgültigkeit der Trennungs- oder Scheidungsabsicht soll es nicht ankommen (s. auch LG Dortmund WuM 1989, 632 zum Eigenbedarf für den Ehepartner, nachdem sich der Mieter von diesem getrennt hat). Sollte es sich bei dem herausverlangten Mietobjekt um eine **öffentlich geförderte Wohnung** handeln, ist die Genehmigung der zuständigen Behörde erforderlich. Die Genehmigung muss zwar zum Zeitpunkt der Kündigungserklärung noch nicht erteilt sein. Vorgelegt werden muss jedoch eine Bescheinigung, in der die Behörde dem Vermieter zusagt, dass eine solche Genehmigung auf Grund der geltenden Bestimmungen ausgesprochen wird (LG München II NZM 2004, 907). 1683

9. Altersbedingter Wohnungswechsel. Für den Eigenbedarf kommt es nicht darauf an, ob der Vermieter ausreichend untergebracht ist. Erforderlich und ausreichend ist, dass die herausverlangte Wohnung geeignet ist, den **Selbstnutzungswunsch des Vermieters** zu befriedigen, z.B. weil sie einen besseren Schnitt oder eine bessere Ausstattung als die bisherige Wohnung des Vermieters hat (LG Landau ZMR 1992, 396 = WuM 1993, 678; LG Bochum ZMR 2007, 452, 453). Auch der Wunsch, eine Wohnung geringerer Größe und Kosten zu beziehen, ist als Eigenbedarf anerkannt (LG Koblenz ZMR 2010, 762, 763; LG Köln ZMR 2010, 764). 1684

10. Pflegebedarf. Ein solcher wird als Eigenbedarf schon dann anerkannt, wenn aufgrund äußerer Umstände mit einiger Sicherheit damit gerechnet werden kann, dass der Vermieter Pflege und Betreuung **in naher Zukunft** benötigen wird (BayObLG ZMR 1982, 368). Jedenfalls bei längerer Kündigungsfrist setzt der Kündigungsgrund nicht voraus, dass z.Z. der Kündigung die Pflegeperson, deren Dienste beansprucht werden sollen, schon feststeht (OLG Hamm ZMR 1986, 338). Der Vermieter kann nicht darauf verwiesen werden, dass er gegenwärtig – z.B. in einem Seniorenheim – würdig, angemessen und ausreichend untergebracht ist (BVerfG ZMR 1985, 154). 1685

11. Künftige Umstände. Der Eigenbedarf kann auch auf künftige Umstände gestützt werden. Eine unzulässige Vorratskündigung liegt deshalb nicht vor, wenn die Kündigung des Mietverhältnisses erst zu dem Zeitpunkt enden soll, zu dem der Bedarf des Vermieters **vorhersehbar gegeben** sein wird (BVerfG ZMR 1995, 198 für Kinderwunsch der Bedarfsperson; BGH WuM 2005, 521 = ZMR 2005, 702, 703: umfangreiche Sanierungsarbeiten vor beabsichtigtem Einzug). Zum Wunsch, eine besser belegene, geschnittene oder ausgestattete Wohnung zu beziehen, s.o. Teil 1 Rdn. 1684. 1686

12. Hinweis auf Kündigungswiderspruch/Fortsetzungswiderspruch. Zur Obliegenheit des Vermieters, den Mieter über das Recht zum Kündigungswiderspruch zu belehren, s. die Hinweise zu Teil 1 Rdn. 1646. 1687

13. Fortsetzungswiderspruch. Vergessen Sie nicht, der Gebrauchsfortsetzung innerhalb von zwei Wochen nach Beendigung des Mietverhältnisses gemäß § 545 BGB zu widersprechen. Der Widerspruch sollte bereits im Kündigungsschreiben erfolgen (vgl. BGH NZM 2010, 510 = WuM 2010, 418 = ZMR 2010, 671); s. dazu Muster und Hinweise zu Teil 1 Rdn. 2152. 1688

Nur vorsorglich sollten sie den Widerspruch dann innerhalb der gesetzlichen Frist wiederholen. 1689

11. Kündigung des Mietvertrages über eine Eigentumswohnung, an der erst nach Begründung des Mietverhältnisses Wohnungseigentum begründet wurde, wegen Eigenbedarfs (§§ 573 Abs. 2 Nr. 2, 577a BGB)

Herr Beispielhaft hat uns mit der Wahrnehmung seiner rechtlichen Interessen in der vorbezeichneten Angelegenheit beauftragt. Eine auf uns lautende Originalvollmacht liegt anbei. 1690

Namens und in Vollmacht unseres Mandanten kündigen wir das bestehende Mietverhältnis über das Mietobjekt _____ gemäß Mietvertrag vom _____ zum nächstzulässigen Zeitpunkt. Das ist der _____. Die Kündigung wird wie folgt begründet: **1**

Das Haus, in dem sich Ihre Wohnung befindet, wurde nach Begründung Ihres Mietverhältnisses in Wohnungseigentum aufgeteilt. Anschließend wurde die Wohnung an unseren Mandanten verkauft. Dieser wurde am _____ im Wohnungsgrundbuch als Eigentümer eingetragen. Die gesetzliche Kündigungssperrfrist von _____ Jahren ist abgelaufen, so dass eine Kündigung zulässig ist. **2**

Gemäß § 573 Abs. 2 Nr. 2 BGB kann der Vermieter ein Mietverhältnis über Wohnraum kündigen, wenn er ein berechtigtes Interesse an der Beendigung des Mietverhältnisses hat. Als ein berechtigtes Interesse in diesem Sinne ist es insbesondere anzusehen, wenn der Vermieter die Räume als Wohnung für sich, seine Familienangehörigen oder Angehörige seines Haushalts benötigt (Eigenbedarf). **3**

Die Kündigung erfolgt unter ausdrücklichem Hinweis auf die vorgenannte Bestimmung, wobei wir noch darauf hinweisen, dass

unser Mandant nicht Eigentümer einer anderen Eigentumswohnung bzw. eines Ein- oder Mehrfamilienhauses ist:

oder

die anderen im Eigentum unseres Mandanten stehenden Wohnungen entweder langfristig vermietet oder von Lage, Größe und Zuschnitt nicht zur Deckung seines Wohnbedarfs geeignet sind.

Der Eigenbedarf unseres Mandanten ergibt sich aus Folgendem: (genaue und umfassende Mitteilung der tatsächlichen Umstände, die die Kündigung rechtfertigen). Vgl. hierzu Beispiele für Eigenbedarfskündigungsgründe Muster Teil 1 Rdn. 1671 ff.

Entsprechend einer gesetzlichen Verpflichtung weisen wir Sie darauf hin, dass Sie der Kündigung nach dem Gesetz widersprechen und Fortsetzung des Mietverhältnisses verlangen können, wenn Sie meinen, dass die vertragsgemäße Beendigung des Mietverhältnisses für Sie/Ihre Familie oder einen Angehörigen Ihres Haushalts eine Härte bedeuten würde, die auch unter Würdigung der berechtigten Vermieterinteressen nicht zu rechtfertigen ist. Der Widerspruch müsste schriftlich erfolgen und bis spätestens zwei Monate vor Beendigung des Mietverhältnisses eingehen. Der Widerspruch sollte begründet sein.

Gemäß § 545 BGB erklären wir schon jetzt, dass eine stillschweigende Fortsetzung des Mietverhältnisses über den Beendigungszeitpunkt hinaus nicht in Betracht kommt. **4**

Erläuterungen

1691 **1. Kündigungserklärung.** Zur Erklärung der Kündigung s. die Hinweise zu Teil 1 Rdn. 1593.

Zur Vorlage der **Originalvollmacht** s. die Hinweise zu Teil 1 Rdn. 1630.

1692 **2. Umgewandelte Eigentumswohnung.** Bei der Kündigung einer Mietwohnung, die erst nach Vermietung in Wohnungseigentum umgewandelt worden ist, sind insbesondere folgende Umstände zu beachten:
– Der Erwerber der Wohnung ist Vermieter,
– Das Wohnungseigentum ist nach Überlassung der Räume an den Mieter begründet worden,

– die Kündigungssperrfrist (§ 577a BGB) ist abgelaufen,
– es liegt ein Kündigungsgrund i.S. von § 573 Abs. 2 Nr. 2 oder 3 BGB vor.

Achtung! Nach der Rechtsprechung des BGH (NZM 2008, 569 = WuM 2008, 415 = GE 2008, 861) finden die Bestimmungen über die Kündigungssperrfrist nach § 577a BGB auf die **Realteilung** eines Grundstücks mit vermieteten Reihenhäusern entsprechende Anwendung. Das gilt auch für Reihenhäuser mit zwei separaten Wohnungen (BGH NZM 2010, 821 = ZMR 2010, 939). 1693

Der Erwerber der Eigentumswohnung kann nur kündigen, wenn er **Vermieter der Eigentumswohnung** einschließlich aller mitvermieteten Zubehörräume wie Boden und Keller geworden ist. Das setzt nach § 566 Abs. 1 BGB den Erwerb des Sondereigentums (durch Eintragung des Erwerbers in das Wohnungsgrundbuch) an der Wohnung mit sämtlichen Nebenräumen voraus. Nach dem Rechtsentscheid des BGH vom 28.04.1999 (NZM 1999, 553 = WuM 1999, 390 = ZMR 1999, 546) wird der Erwerber einer vermieteten Eigentumswohnung jedoch mit der Umschreibung im Grundbuch auch dann alleiniger Vermieter, wenn die Wohnung nach Überlassung an den Mieter in Wohnungseigentum umgewandelt worden ist und zusammen mit der Wohnung ein Kellerraum vermietet wurde, der nach der Teilungserklärung im Gemeinschaftseigentum aller Wohnungseigentümer steht. Durch diese eingeschränkte Anwendung des § 566 Abs. 1 BGB erlangt der Erwerber des Sondereigentums die (alleinige) Vermieterstellung auch insoweit, als der Mieter Räume oder Gemeinschaftseinrichtungen aufgrund des Mietvertrags in Allein- oder Mitbesitz hat. Diese Erstreckung folgt nach Auffassung des BGH aus dem oben genannten Grundsatz der Einheitlichkeit des Mietverhältnisses (BGH ZMR 1999, 546, 549 = WuM 1999, 390 = NZM 1999, 553). 1694

Diese Entscheidung betrifft aber nur die Mitvermietung von Räumen, die nach Umwandlung zum Gemeinschaftseigentum gehören. Steht indes der **Nebenraum im Sondereigentum eines Dritten**, so werden diese gemeinsam Vermieter der betroffenen Wohnung (LG Hamburg NZM 2000, 656; BayObLG NJW-RR 1991, 651; a.A. AG Köln WuM 2007, 11: Aufspaltung des Mietverhältnisses) und müssen somit am Ausspruch der Kündigung mitwirken. 1695

Das Wohnungseigentum ist auch dann »nach der Überlassung an den Mieter« begründet worden, wenn dieser im Zeitpunkt der Begründung noch als **Familienangehöriger** in der Wohnung lebte und mit dem Tode des damaligen Mieters gemäß § 563 BGB in das Mietverhältnis eingetreten ist (BGH ZMR 2003, 819 = WuM 2003, 569 = NZM 2003, 847). Der Kündigungsschutz nach § 577a BGB kommt somit auch den nach § 563 BGB privilegierten Personen zugute; diese rücken hinsichtlich der Sperrfrist, die der Vermieter zu beachten hat, in die Rechtsposition des verstorbenen Mieters ein. 1696

Die **Sperrfrist**, vor deren Ablauf eine Eigenbedarfskündigung nicht ausgesprochen werden darf, beträgt drei Jahre seit der Veräußerung (§ 577a Abs. 1 BGB). Gemeint ist die erstmalige Veräußerung des Wohnungseigentums (vgl. BayObLG ZMR 2001, 794, 796). Die Frist beginnt mit der Vollendung des Wohnungseigentumserwerbs, d.h. mit der Eintragung des Erwerbers ins Wohnungsgrundbuch, zu laufen (AG Hamburg WuM 1991, 349). Vor ihrem Ablauf kann eine Kündigung nicht wirksam erklärt werden (OLG Hamm NJW 1981, 584). Einem späteren Erwerber kommt die zugunsten seiner Rechtsvorgänger schon verstrichene Sperrfrist zugute; sie beginnt also nicht bei jedem Erwerbsvorgang erneut zu laufen (BayObLG NJW 1982, 451). 1697

Ein **Erwerb von Wohnungseigentum** i.S. der Kündigungsschutzbestimmungen liegt vor, wenn der Eigentümer Wohnungseigentum nach § 8 WEG bildet und veräußert. Hingegen ist ein Erwerb verneint worden, wenn mehrere Eigentümer an dem Grundstück Wohnungseigentum nach § 3 WEG gebildet haben, indem sie das Miteigentum in der Weise beschränkt haben, dass jedem Miteigentümer Sondereigentum an einer bestimmten Wohnung eingeräumt worden ist (BGH ZMR 1994, 554). Hier beginnt die Sperrfrist erst, wenn der Wohnungseigentümer seinerseits veräußert. 1698

Die Kündigungssperrfrist gilt nach § 577a Abs. 1a BGB auch, wenn vermieteter Wohnraum nach der Überlassung an den Mieter

- an eine **Personengesellschaft** oder an mehrere Erwerber veräußert worden ist oder
- zugunsten einer Personengesellschaft oder mehrerer Erwerber mit einem Recht belastet worden ist, durch dessen Ausübung dem Mieter der vertragsgemäße Gebrauch entzogen wird.

Die Vorschrift ist bei sämtlichen Personengesellschaften (insb. GbR) einschließlich der Personenhandelsgesellschaften (oHG, KG), nicht jedoch bei Kapitalgesellschaften **anwendbar**. Darüber hinaus greift sie bei Personenmehrheiten ein, gleichgültig ob es sich um natürliche oder juristische Personen handelt (Lützenkirchen/*Dickersbach* § 577a Rn. 51). Auf das Bestehen einer Umwandlungsabsicht kommt es nicht an.

Nicht unmittelbar einschlägig ist § 577a Abs. 1a BGB, wenn der Eigentümer das Objekt in **ideellen Bruchteilen** sukzessive an mehrere Erwerber veräußert. Hier wird eine analoge Anwendung jedenfalls dann befürwortet, wenn der Bruchteilserwerb mit der Absicht erfolgt ist, Wohnungseigentum zu begründen (Blank/Börstinghaus/*Blank* § 577a Rn. 19).

Der Veräußerung des Mietobjekts an eine Personengesellschaft oder -mehrheit gleichgestellt wird in § 577a Abs. 1a Nr. 2 BGB die Belastung mit einem Recht, durch dessen Ausübung dem Mieter der vertragsgemäße Gebrauch entzogen wird. Erfasst werden sämtliche **dinglichen Rechte**, die ihrem Inhaber die Nutzung der belasteten Räumlichkeiten ermöglichen (*Abramenko*, Das neue Mietrecht, § 6 Rn. 10), also insbesondere das Erbbaurecht (§ 1 ErbbauRG), der Nießbrauch (§ 1030 BGB), das dingliche Wohnrecht (§ 1093 BGB) und das Dauerwohnrecht (§ 31 WEG).

Keine Anwendung findet die Sonderregelung des § 577a Abs. 1a BGB, wenn die Gesellschafter oder Erwerber derselben Familie oder demselben Haushalt angehören. Hier gelten dieselben Kriterien wie bei § 573 Abs. 2 Nr. 2 BGB; s. dazu Teil 1 Rdn. 1678.

1699 Die Dreijahresfrist kann nach § 577a Abs. 2 BGB auf **bis zu zehn Jahre** verlängert werden, wenn die ausreichende Versorgung der Bevölkerung mit Mietwohnungen zu angemessenen Bedingungen in einer Gemeinde oder einem Teil einer Gemeinde besonders gefährdet ist und diese Gebiete nach S. 2 bestimmt sind. Die Landesregierungen werden nach § 577a Abs. 2 S. 2 BGB ermächtigt, diese Gebiete und die Frist nach S. 1 der Vorschrift durch Rechtsverordnung für die Dauer von jeweils höchstens zehn Jahren zu bestimmen.

1700 Von der Verordnungsermächtigung des § 577a Abs. 2 S. 2 BGB machen derzeit (Stand: Juli 2015) **folgende Bundesländer** Gebrauch. Dem Rechtsanwender wird empfohlen, im Einzelfall die Situation in dem jeweiligen Bundesland noch einmal zu überprüfen, da fortlaufend Änderungen eintreten können.

1701

Bundesländer	Geltungsdauer	Einbezogene Städte und Regionen	Dauer der Sperrfrist
Baden-Württemberg	01.07.2015 bis 30.06.2020 (VO vom 19.06.2015 – GBl. 2015 S. 346	44 Gemeinden	5 Jahre
Bayern	01.07.2012 bis 30.06.2022 (VO vom 15.05.2012 – GVBl. 2012 S. 189)	145 Gemeinden	10 Jahre
Berlin	01.10.2013 bis 30.09.2023 (VO vom 13.08.2013 – GVBl. 2013 S. 488)		10 Jahre
Hamburg	01.02.2014 bis 31.01.2024 (VO vom 12.11.2013 – GVBl. 2013 S. 458)		10 Jahre

H. Beendigung des Mietverhältnisses

Bundesländer	Geltungsdauer	Einbezogene Städte und Regionen	Dauer der Sperrfrist
Hessen	01.01.2015 bis 31.12.2019 (VO vom 21.07.2004 – GVBl. I 2004 S. 262, geändert durch VO vom 02.12.2014 – GVBl. I 2014 S. 339) mit Übergangsregelung	Darmstadt, Frankfurt/M., Wiesbaden, Rüsselsheim, Kronberg i.T., Oberursel/T., Schwalbach a.T., Kelkheim, Bad Soden a.T.	5 Jahre
Nordrhein-Westfalen	25.01.2012 bis 31.12.2021 (VO vom 24.01.2012 – GVBl. 2012 S. 81)	34 Gemeinden	5 Jahre

Der kündigende Wohnungseigentümer wird also folgende Umstände und Daten zu beachten haben:
– Wann ist die Mietwohnung in Wohnungseigentum umgewandelt worden?
– Wann ist der Ersterwerb erfolgt?
– Ist Wohnungseigentum durch Teilung (§ 8 WEG) oder durch Vereinbarung (§ 3 WEG) gebildet worden?
– Wann ist der jetzige Erwerb erfolgt?
– Ist die Mietwohnung an eine Personengesellschaft oder Erwerbermehrheit veräußert worden?
– Welche Kündigungssperrfrist gilt? Ist sie abgelaufen?

Maßgeblich sind die Eintragungsdaten im Wohnungsgrundbuch. 1702

3. Kündigungsvoraussetzungen im Übrigen. S. insoweit die Hinweise zu Teil 1 Rdn. 1671 ff. 1703

4. Fortsetzungswiderspruch. Vergessen Sie nicht, der Gebrauchsfortsetzung innerhalb von zwei Wochen nach Beendigung des Mietverhältnisses gemäß § 545 BGB zu widersprechen. Der Widerspruch sollte bereits im Kündigungsschreiben erfolgen (vgl. BGH NZM 2010, 510 = WuM 2010, 418 = ZMR 2010, 671); s. dazu Muster und Hinweise zu Teil 1 Rdn. 2152. 1704

Nur vorsorglich sollten sie den Widerspruch dann innerhalb der gesetzlichen Frist wiederholen. 1705

12. Kündigung wegen Hinderung angemessener wirtschaftlicher Verwertung (§ 573 Abs. 2 Nr. 3 BGB)

Herr Beispielhaft hat uns mit der Wahrnehmung seiner rechtlichen Interessen in der vorbezeichneten Angelegenheit beauftragt. Eine auf uns lautende Originalvollmacht liegt anbei. 1706

Namens und in Vollmacht unseres Mandanten kündigen wir das bestehende Mietverhältnis über das Mietobjekt _____ gemäß Mietvertrag vom _____ zum nächstzulässigen Zeitpunkt. Das ist der _____. [1]

Gemäß § 573 Abs. 2 Nr. 3 BGB kann der Vermieter ein Mietverhältnis über Wohnraum kündigen, wenn er ein berechtigtes Interesse an der Beendigung des Mietverhältnisses hat. Als ein berechtigtes Interesse in diesem Sinne ist es auch anzusehen, wenn der Vermieter durch die Fortsetzung des Mietverhältnisses an einer angemessenen wirtschaftlichen Verwertung des Grundstücks gehindert und dadurch erhebliche Nachteile erleiden würde. Diese Voraussetzung liegt hier vor. Die Kündigung wird nachstehend im Einzelnen begründet (genaue und umfassende Mitteilung der tatsächlichen Umstände, die die Kündigung stützen): [2]

▶ Beispiel:

Unsere Mandanten müssen die von Ihnen genutzte Eigentumswohnung verkaufen, weil sie den Gegenwert in festverzinslichen Wertpapieren anlegen wollen. Die monatlichen Renteneinnahmen betragen lediglich € 750,00. In den zurückliegenden fünf Jahren betrug der Überschuss der Mieteinnahmen über die laufenden Kosten des Grundstücks (nicht umlagefähige Betriebskosten und Reparaturen) im Durchschnitt nur € 3000,00 jährlich, also ca. € 250,00 monatlich. Unseren Mandanten standen daher Gesamteinkünfte aus Renten- und Vermietungseinnahmen zur Verfügung in Höhe von nur rund € 1000,00 monatlich. Den aus dem Grundstücksverkauf erhofften Kaufpreis wollen sie daher besser verzinslich anlegen, um die laufenden Zinsen zur Aufbesserung der geringen Renteneinnahmen zu nehmen. Unsere Mandanten erwarten bei freier Lieferung einen Kaufpreis in Höhe von zumindest € 125000,00, den sie ohne Abzüge anlegen können. Die monatlichen, ganz überwiegend nicht zu versteuernden Zinseinkünfte werden sich auf ca. € 625,00 belaufen. Soweit unsere Mandanten dann immer noch nicht auskommen, soll nach und nach auch das Kapital langsam aufgebraucht werden. Unsere Mandanten haben selbst in den letzten sechs Monaten zehn Verkaufsanzeigen in der _____-Zeitung veröffentlicht. Die Maklerfirma _____ in _____ hat anschließend zwei Monate lang einen Verkauf intensiv durch zahlreiche Anzeigen versucht. Es gab zahlreiche Kaufinteressenten, die sofort kaufen und auch den geforderten Preis zahlen wollten unter der Bedingung, dass das Grundstück frei von Mietverhältnissen geliefert wird. Nur zwei Kaufinteressenten waren auch bereit, das Haus unter Übernahme des Mietverhältnisses zu erwerben. Sie boten allerdings nur einen um 25 % reduzierten Kaufpreis, nämlich € 93750,00. Es hat sich also leider kein Kapitalanleger gefunden, der auch nur annähernd bereit wäre, einen angemessenen Kaufpreis zu zahlen. So würde unseren Mandanten bei Verkauf in vermietetem Zustand ein erheblicher Schaden entstehen. [3, 4]

▶ Beispiel:

Die von Ihnen gemietete Wohnung befindet sich in einem Wohnblock, der zu einer ursprünglich aus rund 500 Wohneinheiten bestehenden, in der Zeit von 1934 bis 1939 als Behelfsheim errichteten Siedlung gehört. Zum jetzigen Zeitpunkt sind bereits alle Wohnhäuser der alten Siedlung bis auf den Block, in dem sich die von Ihnen gemietete Wohnung befindet, abgerissen und durch Neubauwohnungen ersetzt. Sie sind die einzig verbliebene Mieterin im letzten Block. [5]

Die Siedlung weist erhebliche städtebauliche Mängel auf. Neben der geringen baulichen Dichte und der fehlenden Zuordnung der gemeinschaftlichen Freiflächen zu den einzelnen Wohnungen fehlt auch eine Gliederung der Siedlung in überschaubare Nachbarschaften. Darüber hinaus bestehen auch gravierende gebäudetechnische Mängel. Die Wohnungen weisen unzulässig niedrige Raumhöhen auf, die Häuser haben eine geringe Tiefe und die Erschließung ist beengt. Auch sind die Wohnungen schlecht belichtet und nur mit einem kleinen WC-Raum und Waschbecken ausgestattet.

Die Kosten einer Modernisierung mit € 1 250,00 pro qm erreichen fast die mit € 1 650,00 je qm kalkulierten Neubaukosten. Da aber auch mit einer Modernisierung die städtebaulichen Mängel nicht beseitigt würden, wurde – auch im Interesse des Gemeinwohls – die Entscheidung für einen Abriss und den Neubau einer auch für größere Familien attraktiven Siedlung mit deutlich größerer Gesamtwohnfläche und besserer Nutzung der vorhandenen Flächen getroffen. Unsere Mandantin hat hierfür ein städtebauliches Konzept der neuen Siedlung mit aufeinander abgestimmten Neubauhäusern erstellt und öffentliche Fördermittel erhalten. Die Gemeinde _____ hat die erforderliche Abriss- und Zweckentfremdungsgenehmigung erteilt.

Entsprechend einer gesetzlichen Verpflichtung weisen wir Sie darauf hin, dass Sie der Kündigung nach dem Gesetz widersprechen und Fortsetzung des Mietverhältnisses verlangen können, wenn Sie meinen, dass die vertragsgemäße Beendigung des Mietverhältnisses für Sie/Ihre Familie oder einen anderen Angehörigen Ihres Haushalts eine Härte bedeuten würde, die auch unter Würdigung der berechtigten Vermieterinteressen nicht zu rechtfertigen ist. Der Widerspruch müsste schriftlich erfolgen und bis spätestens zwei Monate vor Beendigung des Mietverhältnisses eingehen. Der Widerspruch sollte begründet sein. [6]

Gemäß § 545 BGB erklären wir schon jetzt, dass eine stillschweigende Fortsetzung des Mietverhältnisses über den Beendigungszeitpunkt hinaus nicht in Betracht kommt.

Erläuterungen

1. Kündigungserklärung. Zur Erklärung der Kündigung s. die Hinweise zu Teil 1 Rdn. 1593. 1707

Zur Vorlage der **Originalvollmacht** s. die Hinweise zu Teil 1 Rdn. 1594, 1630.

2. Verwertung. Es genügt nicht, dass der Vermieter bei Fortsetzung des Mietverhältnisses an einer angemessenen wirtschaftlichen Verwertung gehindert werden würde. Hinzukommen muss, dass er durch Fortsetzung der bisherigen Nutzung **erhebliche Nachteile** erleiden würde. Es kommen insbesondere folgende **Formen der Verwertung** in Betracht (vgl. BGH NZM 2004, 377 = WuM 2004, 277 = ZMR 2004, 428): 1708
– Verkauf
– Bauliche Umgestaltung
– Vermietung zu gewerblichen Zwecken.

3. Begründungserfordernis. Die **erheblichen Nachteile** müssen im Kündigungsschreiben dargelegt werden (vgl. § 573 Abs. 3 S. 1 BGB). Der Mieter soll dadurch Klarheit über seine Rechtsposition erhalten und in die Lage versetzt werden, rechtzeitig alles Erforderliche zur Wahrung seiner Interessen zu veranlassen (BGH WuM 2011, 171, 172 = ZMR 2011, 458, 459; WuM 2008, 233, 235 = GE 2008, 402, 403 f.). Dafür genügt es, wenn der Vermieter dem Mieter mitteilt, aus welchen Gründen er die vorhandene Bausubstanz nicht für erhaltenswert hält und welche baulichen Maßnahmen er stattdessen plant. Dabei muss er den deren Umfang genau beschreiben, damit der Mieter die Erforderlichkeit einer Beendigung des Mietverhältnisses überprüfen kann. Nicht notwendig ist indes die Vorlage einer Wirtschaftlichkeitsberechnung (BGH WuM 2011, 171, 172 = ZMR 2011, 458, 459). 1709

4. Verkauf. Der Verkauf des Grundstücks darf als Verwertungsmöglichkeit (i.S.d. § 573 Abs. 2 Nr. 3 BGB) **von Verfassung wegen** nicht als Kündigungsgrund ausgeschlossen und auch nicht etwa auf Fälle sonst drohenden Existenzverlustes beschränkt werden (BVerfG NJW 1989, 972 = ZMR 1989, 136). Auch Vermögenseinbußen, welche die wirtschaftliche Existenz des Eigentümers noch nicht ernsthaft in Frage stellen, sind bei der Anwendung des Kündigungstatbestandes zu beachten. 1710

Anders als der Entschluss, die Wohnung selbst oder durch einen eng gezogenen Kreis privilegierter Dritter zu Wohnzwecken zu nutzen oder nutzen zu lassen, reicht das **Motiv der besseren wirtschaftlichen Verwertbarkeit** allein nicht aus, um das Interesse des Mieters an der Erhaltung seiner Lebensgrundlage zu überwinden (BVerfG WuM 1989, 607). Aus der verfassungsrechtlichen Ga- 1711 rantie des Grundeigentums lässt sich kein Anspruch auf Einräumung gerade der Nutzungsmöglichkeit herleiten, die dem Eigentümer den größtmöglichen wirtschaftlichen Vorteil verspricht (BVerfG WuM 1991, 663 = ZMR 1992, 50).

1712 Die auf Verkauf gestützte Kündigungsmöglichkeit des Vermieters entfällt nicht schon deshalb von vornherein, weil er die vermietete Eigentumswohnung zu einem früheren Zeitpunkt vermietet erworben hat; andererseits muss dieser Gesichtspunkt bei der Ermittlung des »erheblichen Nachteils« Berücksichtigung finden (BGH WuM 2008, 233, 235 = GE 2008, 402, 403). Ein solcher kann nicht allein deswegen verneint werden, weil das Mietverhältnis bereits bei Erwerb der Immobilie bestanden und sich der Verkehrswert seither nicht verschlechtert hat (BGH WuM 2011, 426, 427). Hat bereits dem Veräußerer wegen des desolaten Zustands der Immobilie ein Kündigungsrecht nach § 573 Abs. 2 Nr. 3 BGB zugestanden, so bleibt dies grundsätzlich auch dem Erwerber erhalten (vgl. LG München I ZMR 2013, 120, 122; LG Kiel GE 2008, 1427, 1428; *Beuermann* GE 2002, 366). Ein Nachteil im Sinne dieser Bestimmung ist insbesondere auch dann anzunehmen, wenn durch den geringeren Verkaufserlös die Wertsteigerung, die das Grundstück über einen längeren Zeitraum erfahren hat, im Wesentlichen verloren geht (OLG Stuttgart WuM 2006, 658, 660 = ZMR 2006, 42, 44; AG Hamburg ZMR 2005, 796, 798; 2006, 408 [Verfahrensausgang]). Andererseits hat der Vermieter kein generelles Anrecht darauf, das mitunter enorme Potenzial eines **Verkaufs im mietfreien Zustand** auszuschöpfen (s. etwa LG Berlin WuM 2014, 288 f. = GE 2014, 873 = ZMR 2014, 730 f.; LG Potsdam WuM 2014, 737).

1713 Der Vermieter muss seine konkreten Verkaufsbemühungen in der Kündigung darlegen (AG/LG Aachen WuM 2010, 37, 38). Ebenso muss er in der Kündigung die Höhe des erzielbaren Kaufpreises für das Mietobjekt in vermietetem und unvermietetem Zustand beziffern (LG Krefeld WuM 2010, 302, 304; AG/LG Aachen a.a.O.).

1714 **5. Abbruch und Neubau.** Die Notwendigkeit, das vorhandene **Gebäude abzubrechen** und das Grundstück anderweitig zu bebauen, kann eine Verwertungskündigung rechtfertigen (vgl. BGH NZM 2009, 234 = WuM 2009, 182; WuM 2011, 171, 172). Hingegen stellt der **ersatzlose Abriss** eines Gebäudes keine wirtschaftliche Verwertung dar; in Betracht kommt hier lediglich ein allgemeines berechtigtes Interesse nach § 573 Abs. 1 S. 1 BGB (WuM 2004, 277, 278 = ZMR 2004, 428, 429; s. ferner FA MietRWEG/*Hinz* Kap. 15 Rn. 203 ff.).

1715 Für die Wirksamkeit der Kündigung ist es grundsätzlich nicht erforderlich, dass bei ihrem Zugang schon die baurechtlichen Genehmigungen vorlagen; es genügt vielmehr, dass das Bauvorhaben genehmigungsfähig ist und später genehmigt wird. Lag eine behördliche Abbruch- oder Baugenehmigung bei der Kündigung schon vor, so braucht sie dem Kündigungsschreiben nicht beigefügt und darin nicht einmal erwähnt zu werden (BayObLG ZMR 1993, 560; LG Bonn ZMR 2014, 284).

1716 Anders verhält es sich mit der behördlichen **Zweckentfremdungsgenehmigung**. Diese ist Wirksamkeitsvoraussetzung für die Kündigung. Als solche muss sie zum Zeitpunkt der Kündigungserklärung vorliegen (BGH WuM 2011, 171, 172; OLG Hamburg ZMR 1982, 90 = WuM 1981, 155; a.A. LG Mannheim WuM 2004, 99). Ferner muss dies im Kündigungsschreiben erwähnt werden. Beigefügt werden muss sie dem Kündigungsschreiben nicht.

1717 **6. Hinweis auf Kündigungswiderspruch/Fortsetzungswiderspruch.** Zur Obliegenheit des Vermieters, den Mieter über das Recht zum Kündigungswiderspruch zu belehren, s. die Hinweise zu Teil 1 Rdn. 1646.

1718 **7. Fortsetzungswiderspruch.** Vergessen Sie nicht, der Gebrauchsfortsetzung innerhalb von zwei Wochen nach Beendigung des Mietverhältnisses gemäß § 545 BGB zu widersprechen. Der Widerspruch sollte bereits im Kündigungsschreiben erfolgen (vgl. BGH NZM 2010, 510 = WuM 2010, 418 = ZMR 2010, 671); s. dazu Muster und Hinweise zu Teil 1 Rdn. 2152.

1719 Nur vorsorglich sollten sie den Widerspruch dann innerhalb der gesetzlichen Frist wiederholen.

13. Kündigung eines bisher zu einer Wohnung gehörenden Bodenraumes (§ 573b BGB)

Herr Beispielhaft hat uns mit der Wahrnehmung seiner rechtlichen Interessen in der vorbezeichneten Angelegenheit beauftragt. Eine auf uns lautende Originalvollmacht liegt anbei.

Hiermit kündigen wir namens und in Vollmacht unseres Mandanten das Mietverhältnis über das von Ihnen genutzte Mietobjekt im Hause _____ gemäß Mietvertrag vom _____, soweit es sich um den zur Wohnung gehörenden Bodenraum handelt, fristgemäß zum nächstzulässigen Zeitpunkt. Das ist der _____. [1]

Gemäß § 573b BGB kann der Vermieter nicht zum Wohnen bestimmte Nebenräume oder Teile eines Grundstücks ohne ein berechtigtes Interesse im Sinne des § 573 BGB kündigen, wenn er die Kündigung auf diese Räume oder Grundstücksteile beschränkt und sie u.a. dazu verwenden will, Wohnraum zum Zwecke der Vermietung zu schaffen. [2]

Die oben ausgesprochene Kündigung erfolgt unter Hinweis auf diese gesetzliche Bestimmung (§ 573b BGB): Der jetzt noch von Ihnen genutzte Bodenraum wird zu Wohnraum ausgebaut und vermietet werden. [3]

Die Baugenehmigung liegt hierüber bereits vor. [4]

oder

Die Erteilung der Baugenehmigung hierüber bis zum Wirksamwerden der Kündigung ist sichergestellt, da unserem Mandanten ein positiver Vorbescheid bereits vorliegt.

oder

Die erforderliche Baugenehmigung hierüber wurde beantragt. Nach den gesetzlichen Bestimmungen ist mit der Erteilung einer Baugenehmigung bis zum Wirksamwerden dieser Kündigung zu rechnen. Wir werden Ihnen Mitteilung machen, sobald die Baugenehmigung vorliegt. Sollte diese wider Erwarten nicht erteilt werden, erhalten Sie selbstverständlich unverzüglich Nachricht.

Entsprechend einer gesetzlichen Verpflichtung weisen wir Sie darauf hin, dass Sie der Kündigung nach dem Gesetz widersprechen und Fortsetzung des Mietverhältnisses verlangen können, wenn Sie meinen, dass die vertragsgemäße Beendigung des Mietverhältnisses für Sie/Ihre Familie oder einen anderen Angehörigen Ihres Haushalts eine Härte bedeuten würde, die auch unter Würdigung der berechtigten Vermieterinteressen nicht zu rechtfertigen ist. Der Widerspruch müsste schriftlich erfolgen und bis spätestens zwei Monate vor Beendigung des Mietverhältnisses eingehen. Der Widerspruch sollte begründet sein. [5]

Gemäß § 545 BGB erklären wir schon jetzt vorsorglich namens unseres Mandanten, dass eine stillschweigende Fortsetzung des Mietverhältnisses über den Beendigungszeitpunkt hinaus nicht in Betracht kommt. [6]

Erläuterungen

1. Kündigungserklärung. Zur Erklärung der Kündigung s. die Hinweise zu Teil 1 Rdn. 1593.

Zur Vorlage der **Originalvollmacht** s. die Hinweise zu Teil 1 Rdn. 1630.

1722 **2. Teilkündigung.** Eine solche kann der Vermieter nach § 573b BGB ausnahmsweise für Wohnraummietverhältnisse unter folgenden Voraussetzungen aussprechen:
- Die Kündigung bezieht sich auf nicht zum Wohnen bestimmte **Nebenräume** (z.B. Boden oder Keller) oder andere Teile des Grundstücks (z.B. Mietergarten, Außenstellplatz),
- die Kündigung dient dazu,
- Wohnraum zum Zwecke der Vermietung zu schaffen,
- den neu zu schaffenden und den bereits vorhandenen Wohnraum mit Nebenräumen oder Grundstücksteilen auszustatten.

1723 Die Kündigungsmöglichkeit gilt für **alle unbefristeten Mietverhältnisse** über Wohnraum, auch für die sog. ungeschützten Mietverhältnisse gemäß § 549 Abs. 2 und 3 BGB; s. dazu die Hinweise zu Teil 1 Rdn. 1607.

1724 Die **Kündigungsfrist** beträgt unabhängig von der Dauer des Mietverhältnisses drei Monate (§ 573b Abs. 2 BGB). Verzögert sich der Beginn der Bauarbeiten, so kann der Mieter eine entsprechende Verlängerung verlangen (§ 573b Abs. 3 BGB). Außerdem kann er der Kündigung nach der Sozialklausel gemäß § 574 ff. BGB widersprechen und eine angemessene Senkung der Miete nach § 573b Abs. 4 BGB verlangen.

1725 **3. Begründungsanforderungen.** Die Kündigung muss auf die von ihr erfassten Nebenräume oder Grundstücksteile beschränkt und begründet werden. Fraglich ist, inwiefern der Vermieter den Grund für die Kündigung in dem Kündigungsschreiben angeben muss. Teilweise wird eine analoge Anwendung des § 573 Abs. 3 befürwortet (AG Frankfurt ZMR 2005, 794; *Sonnentag* ZMR 2006, 19 f.; *Sternel* Rn. X 98; überwiegend aber mit Blick auf die Intention der Vorschrift abgelehnt (Palandt/*Weidenkaff* § 573b Rn. 7; Schmidt-Futterer/*Blank* § 573b Rn. 18; Emmerich/Sonnenschein/Haug § 573b Rn. 12; Lützenkirchen/*Lützenkirchen* § 573b Rn. 42). Angesichts der noch ungeklärten Rechtslage sollte die Teilkündigung im Zweifel begründet werden. Der Vermieter sollte im Kündigungsschreiben die konkrete Bauabsicht, die baurechtliche Zulässigkeit und die Absicht darlegen, dass die Wohnungen zum Zwecke der Vermietung errichtet werden (LG Berlin NZM 1998, 328; AG Hamburg WuM 1994, 433). Zum Begründungserfordernis allgemein s. die Hinweise zu Teil 1 Rdn. 1613.

1726 **4. Genehmigungsfähigkeit.** Die bauliche Maßnahme muss zulässig sein, sie muss also durchgeführt und baurechtlich genehmigt werden können. Durchführbarkeit und Genehmigungsfähigkeit müssen bei Ausspruch der Kündigung vorliegen. Nicht erforderlich ist es, dass die Baugenehmigung bei Ausspruch der Kündigung oder mit Ablauf der Kündigungsfrist bereits erteilt ist (ebenso zur Eigenbedarfskündigung OLG Frankfurt/M. NJW 1992, 2300; zur Verwertungskündigung: BayObLG NJW-RR 1994, 78; s. auch LG Berlin ZMR 2002, 118, 119). Der Vermieter muss aber bei Ausspruch der Kündigung den Bauantrag bereits auf den Weg gebracht haben und mit einer Genehmigung rechnen können.

1727 **5. Hinweis auf Kündigungswiderspruch.** Zur Obliegenheit des Vermieters, den Mieter über das Recht zum Kündigungswiderspruch nach §§ 574 bis 574b BGB zu belehren, s. die Hinweise zu Teil 1 Rdn. 1646.

1728 **6. Fortsetzungswiderspruch.** Der Widerspruch gegen die Gebrauchsfortsetzung nach § 545 BGB sollte bereits im **Kündigungsschreiben** erfolgen (vgl. BGH NZM 2010, 510 = WuM 2010, 418 = ZMR 2010, 671). Nur Vorsorglich sollte er dann innerhalb der gesetzlichen Frist wiederholt werden. S. hierzu Muster und Hinweise zu Teil 1 Rdn. 2152.

14. Kündigung des Mietverhältnisses über eine Einliegerwohnung in einem Zweifamilienhaus (§ 573a BGB)

Herr Beispielhaft hat uns mit der Wahrnehmung seiner rechtlichen Interessen in der vorbezeichneten Angelegenheit beauftragt. Eine auf uns lautende Originalvollmacht liegt anbei.

Hiermit kündigen wir namens und in Vollmacht unseres Mandanten das bestehende Mietverhältnis über das Mietobjekt _____ gemäß Mietvertrag vom _____ zum nächstzulässigen Zeitpunkt. Das ist der _____. Die Kündigung wird wie folgt begründet: **1**

Gemäß § 573a BGB kann der Vermieter ein Mietverhältnis über Wohnraum auch ohne Vorliegen eines berechtigten Interesses an der Beendigung des Mietverhältnisses kündigen, wenn das Mietobjekt sich in einem Gebäude mit nicht mehr als 2 Wohnungen befindet und der Vermieter eine der beiden Wohnungen selbst nutzt. Diese Voraussetzungen liegen hier vor; nur auf sie wird die oben ausgesprochene Kündigung gestützt. Die Kündigung wird nicht auf § 573 Abs. 1 BGB gestützt, muss also nicht durch ein berechtigtes Vermieterinteresse legitimiert sein. Gleichwohl möchten wir Ihnen die tatsächlichen Gründe dieser Kündigung nicht vorenthalten (es folgt eine möglichst genaue und umfassende Mitteilung der Kündigungsgründe). **2**

▶ Beispiel:

> Unser Mandant möchte die gekündigte Wohnung seiner Tochter, Frau _____ als Zweitwohnung zur Verfügung stellen. Für diese ist es dann einfacher, unseren Mandanten zu betreuen und für ihn zu sorgen. Unser Mandant ist alleinstehend und aufgrund seines hohen Alters von 85 Jahren auf Unterstützung angewiesen. Seine Tochter behält zwar mit ihrer Familie unter der Anschrift _____ ihren Hauptwohnsitz. Daneben wird sie aber im Rahmen ihrer Betreuung zu Gunsten unseres Mandanten das jetzt noch von Ihnen bewohnte Mietobjekt zu Wohnzwecken nutzen. Sie wird dort sicher auch häufiger übernachten, zumal ihr Arbeitsplatz in unmittelbarer Nähe des Hauses unseres Mandanten liegt. **3**

Entsprechend einer gesetzlichen Verpflichtung weisen wir Sie darauf hin, dass Sie der Kündigung nach dem Gesetz widersprechen und Fortsetzung des Mietverhältnisses verlangen können, wenn Sie meinen, dass die vertragsgemäße Beendigung des Mietverhältnisses für Sie/Ihre Familie oder einen anderen Angehörigen Ihres Haushalts eine Härte bedeuten würde, die auch unter Würdigung der berechtigten Vermieterinteressen nicht zu rechtfertigen ist. Der Widerspruch müsste schriftlich erfolgen und bis spätestens zwei Monate vor Beendigung des Mietverhältnisses eingehen. Der Widerspruch sollte begründet sein. **4**

Gemäß § 545 BGB erklären wir schon jetzt, dass eine stillschweigende Fortsetzung des Mietverhältnisses über den Beendigungszeitpunkt hinaus nicht in Betracht kommt.

Erläuterungen

1. Kündigungserklärung. Zur Erklärung der Kündigung s. die Hinweise zu Teil 1 Rdn. 1594.

Zur Vorlage der **Originalvollmacht** s. die Hinweise zu Teil 1 Rdn. 1630.

1731 **2. Einliegerwohnraum.** Bei vermieteten Einliegerwohnraum kann der Vermieter nach § 573a BGB eine ordentliche Kündigung auch dann aussprechen, wenn er kein berechtigtes Interesse i.S. von § 573 Abs. 1 oder 2 BGB hat. Macht er von dieser Möglichkeit Gebrauch, so verlängert sich die **Kündigungsfrist** nach § 573a Abs. 1 S. 2 BGB um weitere drei Monate.

1732 Die Anwendung der **Sondervorschrift** für Einliegerwohnungen i.S.d. § 573a Abs. 1 S. 1 BGB erfordert nicht, dass Vermieter und Mieter im Zusammenhang mit der Benutzung ihrer Wohnungen in dem Wohngebäude eine Gelegenheit haben zusammenzutreffen. Insbesondere ist nicht erforderlich, dass ein gemeinsames Treppenhaus, ein gemeinsamer Hauseingang oder sonst gemeinschaftlich zu nutzende Räume oder Flächen vorhanden sind (BGH WuM 2008, 564, 565 = GE 2008, 1118, 1119; OLG Saarbrücken ZMR 1992, 492). Ebenso wenig ist es erforderlich, dass der Vermieter schon bei Vertragsabschluss eine der beiden Wohnungen bewohnt hat; ein Vertrauensschutz des Mieters einer Wohnung in einem Zweifamilienhaus besteht also nicht (BayObLG WuM 1991, 249; OLG Karlsruhe ZMR 1992, 105).

1733 Zu beachten ist, dass das Gebäude tatsächlich nicht mehr als zwei Wohnungen aufweisen darf; das Vorhandensein von weiteren, gewerblich genutzten Räumen ist ohne Belang (BGH WuM 2008, 564, 565 = GE 2008, 1118, 1119). Abzustellen ist dabei auf den Zeitpunkt des **Vertragsabschlusses**: Sind seinerzeit drei Wohnungen vorhanden gewesen und nutzt der Vermieter später eine davon als Gewerberaum, erwächst ihm dadurch kein Sonderkündigungsrecht nach § 573a Abs. 1 Satz 1 BGB (BGH WuM 2015, 209 = ZMR 2015, 375). Gleiches gilt wenn der Vermieter nach Vertragsschluss die in dem Gebäude vorhandene dritte Wohneinheit in seinen Wohnbereich integriert (BGH WuM 2011, 34 = ZMR 2011, 363).

Als Wohnung wird die Summe der Räume angesehen, welche die Führung eines Haushaltes ermöglichen; maßgebend ist insoweit die Verkehrsanschauung (BGH WuM 2015, 309, 310; 2011, 34; LG Berlin GE 2011, 823). Jedenfalls müssen die Wasser- und Energieanschlüsse, eine Kochgelegenheit sowie Ausguss und Abort (*Sonnenschein* NZM 2000, 1, 2; Schmidt-Futterer/*Blank* § 573a Rn. 21 m.w.N.). hinter dem Wohnungsabschluss liegen (*Sonnenschein* NZM 2000, 1, 2; Schmidt-Futterer/*Blank* § 573a Rn. 21 m.w.N.). Eine eigene Küche braucht indes nicht vorhanden zu sein; auch die gemeinsame Nutzung des Treppenhauses ist unschädlich. Abgeschlossenheit i.S.d. DIN 243 ist nach h.M. nicht erforderlich (LG Hamburg WuM 1994, 215; Schmidt-Futterer/*Blank* § 573a Rn. 21).

1734 Nach überwiegender Ansicht entfällt das Kündigungsrecht nach § 573a Abs. 1 BGB, wenn der Vermieter in der Absicht kündigt, nach dem Auszug des Mieters auch die eigene Wohnung aufzugeben und das **Haus** sodann freistehend zu **verkaufen** (LG Duisburg NZM 2005, 216; LG Stuttgart WuM 2007, 75; AG Bergheim WuM 2015, 39; a.A. AG Aschaffenburg WuM 2007, 460 mit abl. Anm. *Blank*). Ein solches Kündigungsinteresse soll nur im Rahmen des § 573 Abs. 2 Nr. 3 BGB anerkennenswert sein. Dabei lässt es die Instanzrechtsprechung teilweise genügen, wenn der Vermieter **vor Ablauf der Kündigungsfrist** den Versuch unternimmt, das Objekt zu verkaufen (AG Bergheim WuM 2015, 39).

Entsprechendes gilt, wenn der Vermieter das Zweifamilienhaus nicht länger bewohnen, sondern **abreißen** und an dessen Stelle einen Neubau mit sechs Wohnungen errichten will (LG Mannheim NZM 2004, 256 = WuM 2004, 9).

1735 Die erleichterte Kündigungsmöglichkeit besteht nach § 573a Abs. 2 BGB auch dann, wenn der vermietete Wohnraum innerhalb der **vom Vermieter selbst bewohnten Wohnung** in einem Mehrfamilienhaus liegt (KG ZMR 1981, 243).

1736 **3. Begründungsanforderungen.** Der Vermieter muss **ausdrücklich darauf hinweisen**, von der besonderen Kündigungsmöglichkeit Gebrauch zu machen. Die Angabe von berechtigten Interessen im Kündigungsschreiben ist nicht erforderlich, auch nicht im Hinblick auf einen Kündigungswiderspruch des Mieters nach der Sozialklausel. § 574 Abs. 3 BGB findet bei der Kündigung von Einliegerwohnraum keine Anwendung, da die Bestimmung lediglich auf § 573 Abs. 3

BGB Bezug nimmt. Die gegenteilige Rechtsprechung zu § 556a BGB a.F. (OLG Hamm ZMR 1992, 243 = WuM 1992, 230) ist obsolet (Schmidt-Futterer/*Blank* § 573a Rn. 37 § 574 Rn. 63; MüKo/*Häublein* § 573a Rn. 16 § 574 Rn. 24; *Skrobek* ZMR 2007, 511, 513; a.A. *Lammel* § 574 Rn. 41).

Gleichwohl kann es aus Gründen der Beschleunigung sinnvoll sein, den Mieter bereits im Kündigungsschreiben über den Grund der Kündigung zu informieren, um aussichtslose Widersprüche zu vermeiden. 1737

4. Hinweis auf Kündigungswiderspruch. Zur Obliegenheit des Vermieters, den Mieter über das Recht zum Kündigungswiderspruch zu belehren, s. die Hinweise zu Teil 1 Rdn. 1646. 1738

5. Fortsetzungswiderspruch. Vergessen Sie nicht, der Gebrauchsfortsetzung innerhalb von zwei Wochen nach Beendigung des Mietverhältnisses gemäß § 545 BGB zu widersprechen. Der Widerspruch sollte bereits im Kündigungsschreiben erfolgen (vgl. BGH NZM 2010, 510 = WuM 2010, 418 = ZMR 2010, 671); s. dazu Muster und Hinweise zu Teil 1 Rdn. 2152. 1739

Nur vorsorglich sollten Sie den Widerspruch dann innerhalb der gesetzlichen Frist wiederholen. 1740

15. Kündigung des Mietverhältnisses betreffend Wohnraum in einem Studentenwohnheim (§ 549 Abs. 3 BGB)

Herr Beispielhaft hat uns mit der Wahrnehmung seiner rechtlichen Interessen in der vorbezeichneten Angelegenheit beauftragt. Eine auf uns lautende Originalvollmacht liegt anbei. 1741

Namens und in Vollmacht unseres Mandanten kündigen wir das bestehende Mietverhältnis über das Mietobjekt _____ gemäß Mietvertrag vom _____ zum nächstzulässigen Zeitpunkt. Das ist der _____. Die Kündigung wird wie folgt begründet: [1]

▶ Beispiel:

Die Kündigung ist ohne das Vorliegen eines berechtigten Interesses gemäß § 573 Abs. 1 BGB möglich. Dennoch teilen wir Ihnen zur Begründung mit, dass Sie jetzt schon seit drei Jahren in dem von unserem Mandanten betriebenen Heim wohnen. Nach den hierfür geltenden Bestimmungen, die auch zum Gegenstand Ihres Mietvertrages gemacht wurden, sollen möglichst viele Studenten in den Genuss einer zweckmäßigen und preiswerten Unterbringung in unserem Studentenheim kommen. Daher soll die Unterbringungsdauer im Einzelfall den Zeitraum von drei Jahren nicht übersteigen. [2, 3]

Entsprechend einer gesetzlichen Verpflichtung weisen wir Sie darauf hin, dass Sie der Kündigung nach dem Gesetz widersprechen und Fortsetzung des Mietverhältnisses verlangen können, wenn Sie meinen, dass die vertragsgemäße Beendigung des Mietverhältnisses für Sie/Ihre Familie oder einen anderen Angehörigen Ihres Haushalts eine Härte bedeuten würde, die auch unter Würdigung der berechtigten Vermieterinteressen nicht zu rechtfertigen ist. Der Widerspruch müsste schriftlich erfolgen und bis spätestens zwei Monate vor Beendigung des Mietverhältnisses eingehen. Der Widerspruch sollte begründet sein. [4]

Gemäß § 545 BGB erklären wir schon jetzt, dass eine stillschweigende Fortsetzung des Mietverhältnisses über den Beendigungszeitpunkt hinaus nicht in Betracht kommt.

Erläuterungen

1742 **1. Kündigungserklärung.** Zur Erklärung der Kündigung s. die Hinweise zu Teil 1 Rdn. 1594.

Zur Vorlage der **Originalvollmacht** s. die Hinweise zu Teil 1 Rdn. 1630.

1743 **2. Studentenwohnheim.** Ein Mietverhältnis über ein Zimmer bzw. ein Appartement in einem Studentenwohnheim dient in der Regel nicht nur zu vorübergehendem Gebrauch (OLG Hamm ZMR 1986, 234; *Martinek* NZM 2004, 6, 10 f.). Diese Mietverhältnisse sind zwar vom Kündigungsschutz nach § 549 Abs. 3 BGB ausgenommen; jedoch hat der Mieter das Recht, der Kündigung nach §§ 574 ff. BGB zu widersprechen und Fortsetzung des Mietverhältnisses zu verlangen.

1744 Die wesentlichen **Begriffsmerkmale** eines Studentenwohnheims sind nach der Rechtsprechung:
– Das Gebäude muss nach seiner **baulichen Anlage und Ausstattung** ausschließlich und überwiegend zur entgeltlichen oder unentgeltlichen Unterbringung einer Vielzahl von Studenten gewidmet sein.
– Der Vermieter muss seine Vergabepraxis an dem sog. **Rotationsprinzip** orientieren; dieses erfordert ein Belegkonzept, das
  – möglichst vielen Studierenden einen Heimplatz gewährleistet und dabei alle Bewerber gleich behandelt, also eine effektive »Rotation« nach generell-abstrakten Kriterien vorsieht und
  – auf Rechtsnormen (z.B. § 2 Abs. 2 Studentenwerksgesetz i.V.m. der jeweiligen Satzung des Studentenwerks), entsprechender Selbstbindung (Stiftungs- oder Vereinssatzung) oder einer konstanten tatsächlichen Übung beruht (s. BGH WuM 2012, 447 f. = ZMR 2013, 98, 99).

Nicht erforderlich sind dagegen:
– Gemeinschaftseinrichtungen,
– ein im Vergleich zur ortsüblichen Miete günstiger Mietpreis,
– eine soziale, nicht auf Gewinnerzielung gerichtete Intention des Heimbetreibers (vgl. BGH WuM 2012, 447, 448 = ZMR 2013, 98, 100),
– die ausschließliche Nutzung durch Studenten (*Sieweke* WuM 2009, 86, 87).

1745 **3. Begründungsanforderungen.** Die Angabe von **berechtigten Interessen** im Kündigungsschreiben ist nicht erforderlich, auch nicht im Hinblick auf einen Kündigungswiderspruch des Mieters nach der Sozialklausel. § 574 Abs. 3 BGB nimmt lediglich auf § 573 Abs. 3 BGB Bezug; s. die Hinweise zu Teil 1 Rdn. 1736.

1746 Gleichwohl kann die Angabe von Gründen in der Kündigungserklärung unter Beschleunigungsaspekten zweckmäßig sein.

1747 Die Wahrung des Rotationsprinzips ist als berechtigtes Interesse anerkannt.

1748 **4. Hinweis auf Kündigungswiderspruch/Fortsetzungswiderspruch.** Zur Obliegenheit des Vermieters, den Mieter über das Recht zu belehren, die Fortsetzung des Mietverhältnisses nach §§ 574 bis 574b BGB zu verlangen (§ 568 Abs. 2 BGB), s. die Hinweise zu Teil 1 Rdn. 1646.

1749 **5. Fortsetzungswiderspruch.** Vergessen Sie nicht, der Gebrauchsfortsetzung innerhalb von zwei Wochen nach Beendigung des Mietverhältnisses gemäß § 545 BGB zu widersprechen. Der Widerspruch sollte bereits im Kündigungsschreiben erfolgen (vgl. BGH NZM 2010, 510 = WuM 2010, 418 = ZMR 2010, 671); s. Muster und Hinweise zu Teil 1 Rdn. 2152.

1750 Nur vorsorglich sollten sie den Widerspruch dann innerhalb der gesetzlichen Frist wiederholen.

H. Beendigung des Mietverhältnisses

16. Kündigung eines Mietverhältnisses betreffend Wohnraum, den eine juristische Person des öffentlichen Rechts im Rahmen der ihr durch Gesetz zugewiesenen Aufgaben zum Zwecke der Weitervermietung angemietet hat (§ 549 Abs. 2 Nr. 3 BGB)

Herr Beispielhaft hat uns mit der Wahrnehmung seiner rechtlichen Interessen in der vorbezeichneten Angelegenheit beauftragt. Eine auf uns lautende Originalvollmacht liegt anbei.

Namens und in Vollmacht unseres Mandanten kündigen wir das bestehende Mietverhältnis über das Mietobjekt _____ gemäß Mietvertrag vom _____ zum nächstzulässigen Zeitpunkt. Das ist der _____. Die Kündigung wird wie folgt begründet. [1]

▸ Beispiel:

Sie wurden bei Vertragsabschluss darauf hingewiesen, dass das Mietobjekt vom Vermieter im Rahmen der ihm durch Gesetz zugewiesenen Aufgaben angemietet wurde und dass die Mieterschutzbestimmungen des § 573 BGB auf das Mietverhältnis nicht anzuwenden sind. Obwohl danach die Kündigung nach dem Gesetz einer Begründung nicht bedarf, teilen wir Ihnen dennoch mit, dass Anlass der Kündigung die ständigen erheblichen Lärmbelästigungen durch Sie, Ihre Familie und Ihre Gäste sind. Den anderen Hausbewohnern ist es nicht zuzumuten, weiterhin derart gestört zu werden. Auch haben mehrere andere Mietparteien eine Mietminderung angedroht, wenn die Störungen zukünftig nicht unterbleiben. Sie haben Ihr Verhalten trotz mehrerer Abmahnungen leider fortgesetzt. [2]

▸ Beispiel:

Sie wurden bei Vertragsabschluss darauf hingewiesen, dass das Mietobjekt vom Vermieter im Rahmen der ihm durch Gesetz zugewiesenen Aufgaben angemietet wurde und dass die Mieterschutzbestimmungen des § 573 BGB auf das Mietverhältnis nicht anzuwenden sind. Obwohl danach die Kündigung nach dem Gesetz einer Begründung nicht bedarf, teilen wir Ihnen dennoch mit, dass die von Ihnen genutzte Wohnung unserem Mandanten vom Eigentümer nur für die Dauer von fünf Jahren überlassen worden ist. Die Überlassungsdauer läuft jetzt ab. Eine Verlängerung wurde vom Eigentümer abgelehnt. [3]

Gemäß § 545 BGB erklären wir schon jetzt, dass eine stillschweigende Fortsetzung des Mietverhältnisses über den Beendigungszeitpunkt hinaus nicht in Betracht kommt.

Erläuterungen

1. Kündigungserklärung. Zur Erklärung der Kündigung s. die Hinweise zu Teil 1 Rdn. 1594.

Zur Vorlage der **Originalvollmacht** s. die Hinweise zu Teil 1 Rdn. 1630.

2. Kein Mieterschutz. Mietet jemand Wohnraum an, um ihn an Dritte unterzuvermieten, so genießt das Hauptmietverhältnis keinen Kündigungsschutz, weil der Vertragszweck nicht in der Wohnraumgewährung, sondern in der Drittüberlassung besteht. Jedoch steht dem Untermieter im Verhältnis zum Hauptmieter Kündigungsschutz nach Maßgabe der §§ 573 ff. BGB zu. Dieser Schutz ist durch § 549 Abs. 2 Nr. 3 BGB für den Fall aufgehoben, dass eine juristische Person des öffentlichen Rechts oder ein anerkannter privater Träger der Wohlfahrtspflege den Wohnraum angemietet hat, um ihn **Personen mit dringendem Wohnbedarf** zu überlassen.

1754 Der **fehlende Kündigungsschutz** wirkt sich wie folgt aus:
– Der Vermieter benötigt kein berechtigtes Interesse zur Kündigung; der Mieter ist nicht berechtigt, Fortsetzung des Mietverhältnisses zu verlangen (§ 549 Abs. 2 BGB).
– Zulässig ist auch die sog. Änderungskündigung zur Erhöhung der Miete; § 573 Abs. 1 S. 2 sowie die Vorschriften über die Mieterhöhung finden ebenfalls keine Anwendung.
– Weder kann dem Mieter eine gerichtliche Räumungsfrist gewährt werden (§ 721 Abs. 7 S. 1 ZPO), noch kann eine in einem Vergleich eingeräumte Frist durch das Gericht verlängert werden (§ 794a Abs. 5 S. 1 ZPO).

1755 **3. Hinweisobliegenheit/Fortsetzungswiderspruch.** Der Kündigungsschutz entfällt nur dann, wenn der Dritte (= Untermieter) vom Mieter (= Untervermieter) bei Abschluss des Untermietvertrags – jedenfalls vor dessen Zustandekommen – auf die Zweckbestimmung des Wohnraums und auf den Ausschluss des Kündigungsschutzes **hingewiesen** wurde (vgl. § 549 Abs. 2 Nr. 3 a.E. BGB).

1756 **4. Fortsetzungswiderspruch.** Vergessen Sie nicht, der Gebrauchsfortsetzung innerhalb von zwei Wochen nach Beendigung des Mietverhältnisses gemäß § 545 BGB zu widersprechen. Der Widerspruch sollte bereits im Kündigungsschreiben erfolgen (vgl. BGH NZM 2010, 510 = WuM 2010, 418 = ZMR 2010, 671); s. Muster und Hinweise zu Teil 1 Rdn. 2152.

1757 Nur vorsorglich sollten Sie den Widerspruch dann innerhalb der gesetzlichen Frist wiederholen.

17. Kündigung des Mietverhältnisses über eine Werkmietwohnung nach Beendigung des Dienstverhältnisses (§ 576 Abs. 1 Nr. 1 BGB)

1758 **Die Firma Beispielhaft hat uns mit der Wahrnehmung seiner rechtlichen Interessen in der vorbezeichneten Angelegenheit beauftragt. Eine auf uns lautende Originalvollmacht liegt anbei.**

Namens und in Vollmacht unserer Mandantin kündigen wir das bestehende Mietverhältnis über das Mietobjekt _____ gemäß Mietvertrag vom _____ zum nächstzulässigen Zeitpunkt. Das ist der _____. Die Kündigung wird wie folgt begründet: (genaue und konkrete Mitteilung der Kündigungsgründe) [1]

▶ **Beispiel:**

Die Wohnung war Ihnen vor weniger als zehn Jahren im Zusammenhang mit Ihrer Einstellung als kaufmännischer Angestellter unserer Mandantin überlassen worden. Das Dienstverhältnis wurde gekündigt und ist beendet. [2]

Ihr Nachfolger (Herr _____) wohnt zur Zeit rund 50 km von seinem neuen Arbeitsplatz entfernt, nämlich unter der Anschrift _____. Es ist ihm bisher nicht gelungen, in erträglicher Entfernung von seinem zukünftigen Arbeitsplatz und zu angemessener Miete eine geeignete Wohnung zu finden. Auf Grund der arbeitsvertraglichen Fürsorgepflicht unserer Mandantin ist diese gehalten, ihn bei der Suche nach einer geeigneten Wohnung zu unterstützen. [3] Da eine andere Wohnung aus dem Bestand unserer Mandantin nicht verfügbar ist, benötigt diese die von Ihnen bisher genutzte Wohnung zur Unterbringung des neuen Mitarbeiters. [4]

Entsprechend einer gesetzlichen Verpflichtung weisen wir Sie darauf hin, dass Sie der Kündigung nach dem Gesetz widersprechen und Fortsetzung des Mietverhältnisses verlangen können, wenn Sie meinen, dass die vertragsgemäße Beendigung

des Mietverhältnisses für Sie/Ihre Familie oder einen anderen Angehörigen Ihres Haushalts eine Härte bedeuten würde, die auch unter Würdigung der berechtigten Vermieterinteressen nicht zu rechtfertigen ist. Der Widerspruch müsste schriftlich erfolgen und bis spätestens zwei Monate vor Beendigung des Mietverhältnisses eingehen. Der Widerspruch sollte begründet sein. [5]

Gemäß § 545 BGB erklären wir schon jetzt, dass eine stillschweigende Fortsetzung des Mietverhältnisses über den Beendigungszeitpunkt hinaus nicht in Betracht kommt. [6]

Erläuterungen

1. Kündigungserklärung. Zur Erklärung der Kündigung s. die Hinweise zu Teil 1 Rdn. 1594.   1759

Zur Vorlage der **Originalvollmacht** s. die Hinweise zu Teil 1 Rdn. 1630.

2. Werkwohnungen. Für die Kündigung von Werkwohnungen (= Arbeitnehmerwohnungen) finden sich Sondervorschriften in den §§ 576 bis 576b BGB, die der in solchen Fällen bestehenden typischen Verknüpfung von Dienstverhältnis und Wohnraumüberlassung Rechnung tragen (vgl. *Bruns* NZM 2014, 535, 538; Herrlein/Kandelhard/*Knops* Vorbem. v. §§ 576–576b Rn. 1).

Um eine **Werkmietwohnung** (§ 576 BGB) handelt es sich immer dann, wenn Wohnräume mit   1760
Rücksicht auf das Bestehen eines Arbeitsverhältnisses vermietet werden. Es bestehen nebeneinander ein Arbeits- und ein Mietverhältnis als zwei voneinander unabhängige Rechtsverhältnisse. Das Arbeitsverhältnis ist nur maßgeblicher, nicht notwendig einziger Grund für den Abschluss des Mietvertrags (BAG NZA 2000, 277 = ZMR 2000, 361 mit Anm. *Baron*). Das bedeutet, dass Mieter und Arbeitnehmer personengleich sein müssen. Vermieter und Arbeitgeber können verschiedene Personen sein; man spricht dann von einer »werkfremden« Werkmietwohnung (vgl. Herrlein/Kandelhard/*Knops* § 576 Rn. 11).

Das Gesetz unterscheidet   1761
– die ungebundene (gewöhnliche) Werkmietwohnung (§ 576 Abs. 1 Nr. 1 BGB) und
– die funktionsgebundene Werkmietwohnung (§ 576 Abs. 1 Nr. 2 BGB); s. dazu die Hinweise zu Teil 1 Rdn. 1774.

Während der Dauer des Dienstverhältnisses gelten für die ordentliche Kündigung von Mietverträ-   1762
gen auf unbestimmte Zeit über Werkmietwohnungen die allgemeinen Vorschriften über die Kündigungsfristen und die Sozialklausel. **Nach Beendigung des Dienstverhältnisses** wird dem Vermieter die ordentliche Kündigung des Mietvertrags über die Werkmietwohnung aber erleichtert.

3. Ungebundene Werkmietwohnung. Abweichend von § 573c Abs. 1 S. 2 BGB kann der   1763
Vermieter einer ungebundenen Werkmietwohnung, die dem Mieter weniger als zehn Jahre überlassen war, spätestens am dritten Werktag eines Kalendermonats zum Ablauf des übernächsten Monats, wenn der Wohnraum für einen anderen zur Dienstleistung Verpflichteten benötigt wird, kündigen. Da § 576 BGB nach Beendigung des Dienstverhältnisses gegenüber § 573c BGB die speziellere Vorschrift ist, muss die Länge der Kündigungsfrist im Kündigungsschreiben nicht gesondert angegeben werden (a.A. aber Schmidt-Futterer/*Blank* § 576 Rn. 7).

Die Kündigung muss in jedem Fall in **unmittelbarem zeitlichen Zusammenhang** mit der Beendi-   1764
gung des Dienstverhältnisses erklärt werden (LG Bochum WuM 1992, 438; *Sternel* Rn. XI 421; a.A. *Bruns* NZM 2014, 535, 540).

Liegen die Voraussetzungen des § 576 BGB nicht vollständig vor, so ist eine Kündigung nur mit   1765
den allgemeinen Fristen gemäß § 573c Abs. 1 BGB zulässig (LG Kassel ZMR 1972, 12). Eine Kündigung, die vor Beendigung des Arbeitsverhältnisses ausgesprochen wird, bedarf der **Zustimmung des Betriebsrats** nach § 87 Abs. 1 Nr. 9 BetrVerfG (OLG Frankfurt/M. ZMR 1992, 443). Ob das Zustimmungserfordernis auch noch nach Beendigung des Arbeitsverhältnisses gilt, ist

streitig (dafür BAG NZA 1993, 272; *Bruns* NZM 2014, 535, 539 f.; dagegen Schmidt-Futterer/ *Blank*, Vor § 576 Rn. 15; Lützenkirchen/*Lützenkirchen* § 576 Rn. 28; NK-BGB/*Hinz*, § 565 Rn. 10).

1766 **4. Berechtigtes Interesse.** Die Kündigung selbst unterliegt den allgemeinen Anforderungen der §§ 568, 573 BGB (s. dazu die Hinweise zu Teil 1 Rdn. 1605). Das bedeutet, dass der Vermieter ein berechtigtes Interesse benötigt. Ein solches besteht insbesondere, wenn der Mieter aus dem Arbeits- oder Dienstverhältnis ausscheidet und der Wohnraum für einen Dienstverpflichteten benötigt wird (sog. **Betriebsbedarf**). Die Kerntatsachen des Kündigungsgrundes müssen in dem Kündigungsschreiben angegeben werden (§ 573 Abs. 3 BGB). Andere **Kündigungsgründe** werden nur berücksichtigt, soweit sie erst nach Ausspruch der im Übrigen wirksamen Kündigung entstanden sind (§ 573 Abs. 3 S. 2 BGB). Die bloße Bezugnahme auf § 576 BGB reicht nicht. Es genügt also nicht der Hinweis, dass die Wohnung dringend für die Unterbringung eines aktiven Bediensteten benötigt wird (OLG Stuttgart ZMR 1986, 236). Die persönlichen Verhältnisse des Wohnungsbewerbers brauchen nicht offenbart zu werden (LG Berlin GE 2010, 1748; AG Schöneberg NZM 2010, 123). Allein aus Gründen der Vorsorge empfiehlt es sich, auch diese Umstände mitzuteilen.

1767 Zum Umfang der Begründungspflicht bei der Kündigung s. die Hinweise zu Teil 1 Rdn. 1613.

1768 **5. Kündigungswiderspruch.** Der Mieter ist nach §§ 574 ff. BGB berechtigt, der Kündigung zu widersprechen und Fortsetzung des Mietverhältnisses zu verlangen, so dass auch die **Belehrungspflicht** des Vermieters nach § 568 Abs. 2 BGB besteht; s. dazu die Hinweise zu Teil 1 Rdn. 1646.

1769 Nach § 576a BGB sind jedoch folgende **Besonderheiten** zu beachten:
– Das Recht zum Kündigungswiderspruch besteht bei einer ungebundenen Werkmietwohnung nicht, wenn der Mieter das Dienstverhältnis gelöst hat, ohne dass vom Dienstberechtigten ein gesetzlich begründeter Anlass gegeben war, oder der Mieter durch sein Verhalten dem Dienstberechtigten gesetzlich begründeten Anlass zur Auflösung des Dienstverhältnisses gegeben hat (Abs. 2 Nr. 1).
– Bei der Interessenabwägung nach § 574 Abs. 1 BGB sind auch die Belange des Dienstberechtigten zu berücksichtigen (§ 576a Abs. 1 BGB). Das ist bei sog. »werkfremden« Werkdienstwohnungen zu beachten.

1770 **6. Fortsetzungswiderspruch.** Vergessen Sie nicht, der Gebrauchsfortsetzung innerhalb von zwei Wochen nach Beendigung des Mietverhältnisses gemäß § 545 BGB zu widersprechen. Der Widerspruch sollte bereits im Kündigungsschreiben erfolgen (vgl. BGH NZM 2010, 510 = WuM 2010, 418 = ZMR 2010, 671); s. dazu Muster und Hinweise zu Teil 1 Rdn. 2152.

1771 Nur vorsorglich sollten Sie den Widerspruch dann innerhalb der gesetzlichen Frist wiederholen.

1772 **7. Rechtsweg.** Für Ansprüche aus einem Werkmietverhältnis ist der Rechtsweg zu den ordentlichen Gerichten eröffnet (BAG WuM 2000, 362, 363).

18. Kündigung des Mietverhältnisses über eine funktionsgebundene Werkmietwohnung nach Beendigung des Dienstverhältnisses (§ 576 Abs. 1 Nr. 2 BGB)

1773 **Die Firma Beispielhaft hat uns mit der Wahrnehmung ihrer rechtlichen Interessen in der vorbezeichneten Angelegenheit beauftragt. Eine auf uns lautende Originalvollmacht liegt anbei.**

Namens und in Vollmacht unserer Mandantin kündigen wir das bestehende Mietverhältnis über das Mietobjekt _____ gemäß Mietvertrag vom _____

zum nächstzulässigen Zeitpunkt. Das ist der _____. Die Kündigung wird wie folgt begründet _____: (genaue und konkrete Mitteilung der Kündigungsgründe) **1**

▶ Beispiel:

Sie waren bisher als Hauswart für unsere Mandantin tätig. Auf Grund des Hauswartdienstvertrages war Ihnen die oben genannte Hauswartwohnung überlassen worden. Das Dienstverhältnis wurde jetzt beendet. Die Wohnung liegt in dem Gebäude, in dem Sie bisher Ihren Arbeitspflichten als Hauswart nachgegangen sind. Die Wohnung wird für den neuen Hauswart, nämlich Herrn _____ und dessen Familie benötigt, um eine optimale Erledigung der Hauswartaufgaben sicherzustellen. **2** Der neu eingestellte Hauswart wohnt z.Zt. noch unter der Anschrift _____. **3** Die dadurch gegebene Entfernung zum Arbeitsplatz kann allenfalls vorübergehend in Kauf genommen werden.

▶ Beispiel:

Sie waren bisher als Arzt in dem von unserer Mandantin betriebenen Krankenhaus tätig. Auf Grund dieser Anstellung war Ihnen die seit ihrer Errichtung für angestellte Ärzte vorbehaltene Dienstwohnung, die sich in einem Anbau zum Krankenhaus befindet, überlassen worden. Das Dienstverhältnis ist beendet. Die Wohnung wird für Ihren Nachfolger benötigt, um eine optimale ärztliche Versorgung der im Krankenhaus befindlichen Patienten sicherzustellen. Die Entfernung zwischen dem jetzigen Wohnort Ihres Nachfolgers in _____ und dem Krankenhaus kann in zumutbarer Weise und im Interesse der Verfügbarkeit von Herrn _____ allenfalls vorübergehend in Kauf genommen werden. **4**

Ein Recht zum Widerspruch gegen die Kündigung steht Ihnen gem. § 576a Abs. 2 Nr. 1 BGB nicht zu. **5**

Gemäß § 545 BGB erklären wir schon jetzt, dass eine stillschweigende Fortsetzung des Mietverhältnisses über den Beendigungszeitpunkt hinaus nicht in Betracht kommt. **6**

Erläuterungen

1. Zu den Formalien der Kündigung s. die Hinweise zu Teil 1 Rdn. 1594.

Zur Vorlage der **Originalvollmacht** s. die Hinweise zu Teil 1 Rdn. 1630.

2. Funktionsgebundene Werkmietwohnung. Das Muster betrifft die Kündigung des Mietverhältnisses über eine funktionsgebundene Werkmietwohnung i.S. von § 576 Abs. 1 Nr. 2 BGB. Sie liegt vor, wenn die Wohnung einen Bezug – insbesondere räumlicher Art – zum Arbeitsplatz des Mieters hat, dem sie deswegen auch überlassen worden ist (vgl. LG Berlin GE 2010, 1748; *Bruns* NZM 2014, 535, 541). Das Mietverhältnis kann bis zum dritten Werktag eines Kalendermonats für den Ablauf dieses Monats gekündigt werden, wenn folgende **Voraussetzungen** vorliegen:
– Das Dienstverhältnis ist beendet.
– Die Wohnung wird für einen anderen zur Dienstleistung Verpflichteten benötigt, dessen Dienstleistung (ebenfalls) erfordert, dass die Wohnung in Bezug zum Arbeitsplatz steht.
– Die Kündigung wird in unmittelbarem zeitlichen Zusammenhang mit der Beendigung des Arbeitsverhältnisses – aber nicht vorher! – ausgesprochen.

1776 Liegen die Voraussetzungen nicht vollständig vor, so ist eine Kündigung nur nach den allgemeinen Regeln der §§ 573c, 574 BGB zulässig. Eine Kündigung, die vor Beendigung des Arbeitsverhältnisses ausgesprochen wird, bedarf der Zustimmung des Betriebsrats nach § 87 Abs. 1 Nr. 9 BetrVerfG (OLG Frankfurt/M. ZMR 1992, 443).

1777 Zu den Formalien der Kündigung s. die Hinweise zu Teil 1 Rdn. 1594.

1778 **3. Hauswart.** Insbesondere bei Überlassung von Wohnraum an einen Hauswart ist eine **Abgrenzung zur Werkdienstwohnung** geboten: Dort erfolgt die Wohnraumgewährung aufgrund des Arbeitsverhältnisses; mit dessen Ende erlischt automatisch die Wohnberechtigung (s. die Hinweise zu Teil 1 Rdn. 1787).

1779 Es ist nicht erforderlich, dass als Nachfolger für den gekündigten Mieter bereits ein neuer Hausmeister eingestellt worden ist (LG Köln ZMR 1996, 666; LG Berlin GE 2010, 1748, 1749). Im Übrigen genügt es, wenn der Hausmeister seine Dienstleistungen im Rahmen einer Nebenbeschäftigung erbringt (LG Berlin GE 2010, 1748).

1780 Zum Umfang der Begründungspflicht bei der Kündigung s. die Hinweise zu Teil 1 Rdn. 1613.

1781 **4. Dienstverhältnis.** Dieser Beispielfall betrifft eine für angestellte Ärzte vorbehaltene Dienstwohnung. Die Anwendung des § 576 BGB setzt ein Dienstverhältnis i.S.d. §§ 611 ff. BGB voraus (*Bruns* NZM 2014, 535, 537; Herrlein/Kandelhard/*Knops* § 576 Rn. 8). Bei Ärzten, die im Krankenhaus tätig sind, kommt die Vorschrift nur zum Zuge, wenn diese in einem Angestelltenverhältnis stehen. Wurde der Wohnraum dagegen einem verbeamteten Arzt überlassen, so findet § 576 BGB keine Anwendung; maßgebend sind dann die allgemeinen Kündigungsregeln.

1782 **5. Kein Kündigungswiderspruch.** Dem Mieter steht kein Recht zu, der Kündigung nach der Sozialklausel in §§ 574 ff. BGB zu widersprechen (s. § 576a Abs. 2 Nr. 1 BGB).

1783 **6. Fortsetzungswiderspruch.** Vergessen Sie nicht, der Gebrauchsfortsetzung innerhalb von zwei Wochen nach Beendigung des Mietverhältnisses gemäß § 545 BGB zu widersprechen. Der Widerspruch sollte bereits im Kündigungsschreiben erfolgen (vgl. BGH NZM 2010, 510 = WuM 2010, 418 = ZMR 2010, 671); s. dazu Muster und Hinweise zu Teil 1 Rdn. 2152.

1784 Nur vorsorglich sollten Sie den Widerspruch dann innerhalb der gesetzlichen Frist wiederholen.

1785 **7. Rechtsweg.** Für Ansprüche aus einem Werkmietverhältnis ist der **Rechtsweg** zu den ordentlichen Gerichten eröffnet (BAG WuM 2000, 362, 363).

19. Kündigung des »Mietverhältnisses« bei Überlassung einer Werkdienstwohnung (§ 576b BGB)

1786 **Herr Beispielhaft hat uns mit der Wahrnehmung seiner rechtlichen Interessen in der vorbezeichneten Angelegenheit beauftragt. Eine auf uns lautende Originalvollmacht liegt anbei.**

Namens und in Vollmacht unseres Mandanten kündigen wir das bestehende Vertragsverhältnis betreffend die Überlassung der Wohnung _____ Straße _____ in _____ _____ zum nächstzulässigen Zeitpunkt. Das ist der _____. [1]

Sie waren bisher als Hauswart für unseren Mandanten tätig. Aufgrund des Hauswartdienstvertrages war Ihnen die Hauswartwohnung überlassen worden. Das Dienstverhältnis ist beendet.

Die Wohnung wurde Ihnen unmöbliert überlassen. Sie haben die Wohnung selbst mit Möbeln ausgestattet. [2]

Oder:

Sie leben in der Wohnung zusammen mit Ihrer Ehefrau und Ihren beiden Kindern und führen darin einen auf Dauer angelegten Haushalt.

Nach dem hier anwendbaren § 573 BGB kann das mit Ihnen noch bestehende Vertragsverhältnis betreffend die Wohnungsüberlassung gekündigt werden, sofern nach den allgemeinen Mietvertragsvorschriften eine Kündigung zulässig ist. Dieses ist hier der Fall. [3]

(Hier können jetzt die Begründungen aus den Formularen in Teil 1 Rdn. 1629 bis 1706 verwendet werden).

Entsprechend einer gesetzlichen Verpflichtung weisen wir Sie darauf hin, dass Sie der Kündigung nach dem Gesetz widersprechen und Fortsetzung des Mietverhältnisses verlangen können, wenn Sie meinen, dass die vertragsgemäße Beendigung des Mietverhältnisses für Sie/Ihre Familie oder einen anderen Angehörigen Ihres Haushalts eine Härte bedeuten würde, die auch unter Würdigung der berechtigten Vermieterinteressen nicht zu rechtfertigen ist. Der Widerspruch müsste schriftlich erfolgen und bis spätestens zwei Monate vor Beendigung des Mietverhältnisses eingehen. Der Widerspruch sollte begründet sein. [4]

Gemäß § 545 BGB erklären wir schon jetzt, dass eine stillschweigende Fortsetzung des Mietverhältnisses über den Beendigungszeitpunkt hinaus nicht in Betracht kommt.

Erläuterungen

1. Kein Mietvertrag. Von der Werkmietwohnung grundsätzlich zu unterscheiden ist die in § 576b BGB geregelte **Werkdienstwohnung**. Hier wird der Gebrauch an der Wohnung im Rahmen eines Dienstverhältnisses als Teil der dem Dienstberechtigten obliegenden dienstvertraglichen Gegenleistung eingeräumt. Ein besonderer Mietvertrag wird daher nicht abgeschlossen (BAG WuM 2000, 362 = ZMR 2000, 361 m. Anm. *Baron*; WuM 1990, 284; LG Berlin ZMR 2013, 533, 534 = GE 2013, 57, 58). 1787

2. Anwendung des Mietrechts. Ist Wohnraum im Rahmen eines Dienstverhältnisses überlassen, so gelten für die Beendigung des Rechtsverhältnisses hinsichtlich des Wohnraums die **Vorschriften über Mietverhältnisse** gemäß § 576b Abs. 1 BGB entsprechend, 1788
– wenn der zur Dienstleistung Verpflichtete den Wohnraum überwiegend mit Einrichtungsgegenständen ausgestattet hat oder
– in dem Wohnraum mit seiner Familie oder Personen lebt, mit denen er einen auf Dauer angelegten gemeinsamen Haushalt führt.

Zum Begriff des »auf Dauer angelegten Haushalts« s. die Hinweise zu Teil 1 Rdn. 1607, 1681. 1789

3. Weitere Kündigungsvoraussetzungen/Kündigungsfristen. Die Kündigung des Vermieters richtet sich hinsichtlich der **Formalien** sowie der **Kündigungsgründe** nach den allgemeinen Vorschriften über die Kündigung von Wohnraum (§§ 568, 573 ff. BGB); s. dazu die Hinweise zu Teil 1 Rdn. 1594. Allerdings ist während der Dauer des Dienstverhältnisses eine auf den Wohnraum bezogene Teilkündigung nicht zulässig (BAG WuM 1990, 285; Bruns, NZM 2014, 535, 542). 1790

Die **Kündigungsfristen** richten sich nach § 573c BGB oder – soweit die Voraussetzungen vorliegen – nach § 576 BGB. 1791

Für den **Kündigungswiderspruch** nach der Sozialklausel gelten die §§ 574 ff. BGB soweit nicht die Voraussetzungen des § 576a vorliegen; s. dazu Teil 1 Rdn. 1768 f. und 1782. 1792

1793 **4. Fortsetzungswiderspruch.** Vergessen Sie nicht, der Gebrauchsfortsetzung innerhalb von zwei Wochen nach Beendigung des Mietverhältnisses gemäß § 545 BGB zu widersprechen. Der Widerspruch sollte **bereits im Kündigungsschreiben** erfolgen (vgl. BGH NZM 2010, 510 = WuM 2010, 418 = ZMR 2010, 671); s. dazu Muster und Hinweise zu Teil 1 Rdn. 2152.

1794 Nur vorsorglich sollten Sie den Widerspruch dann innerhalb der gesetzlichen Frist wiederholen.

1795 **5. Rechtsweg.** Für Streitigkeiten aus der Überlassung einer Werkdienstwohnung ist gemäß § 2 Abs. 1 Nr. 3a ArbGG der Rechtsweg zu den Arbeitsgerichten eröffnet (BAG ZMR 2000, 361 ff. = WuM 2000, 362 ff.). Ob die Arbeitsgerichte auch dann noch zuständig sind, wenn das Dienstverhältnis wirksam beendet worden ist, der Wohnraum aber gemäß § 576c BGB auf der Grundlage mietrechtlicher Vorschriften weiter benutzt wird, ist noch nicht entschieden (vgl. BAG ZMR 2000, 361, 363 = WuM 2000, 362, 364). Überwiegend wird eine ausschließliche Zuständigkeit der Amtsgerichte nach § 23 Nr. 2a GVG angenommen (*Schmitz-Justen* WuM 2000, 582, 583; Blank/Börstinghaus/*Blank* Vor §§ 576–576b Rn. 10; *Knops* in: Herrlein/Kandelhard, § 576b Rn. 10; für eine arbeitsgerichtliche Zuständigkeit *Julius* WuM 2000, 340; *Riecke* WuM 2003, 663, 668).

IV. Ordentliche Mieter-Kündigung von Wohnraum

1. Kündigung bei unbefristetem Mietverhältnis (§ 573c BGB)

1796 **Herr Beispielhaft hat uns mit der Wahrnehmung seiner rechtlichen Interessen in der vorbezeichneten Angelegenheit beauftragt. Eine auf uns lautende Originalvollmacht liegt anbei.** [1]

Namens und in Vollmacht unseres Mandanten kündigen wir das Mietverhältnis über das Mietobjekt _____ gemäß Mietvertrag vom _____ fristgemäß zum nächstzulässigen Zeitpunkt. Das ist der _____. Unser Mandant wird Ihnen das Mietobjekt nach Vereinbarung eines Termins übergeben. [2, 3, 4]

Erläuterungen

1797 1. Zu den Formalien der Kündigung s. die Hinweise zu Teil 1 Rdn. 1594.

Zur Vorlage der **Originalvollmacht** s. die Hinweise zu Teil 1 Rdn. 1630.

2. Schriftform. Die ordentliche Kündigung des unbefristeten Mietverhältnisses durch den Mieter erfordert lediglich die Einhaltung der Schriftform gemäß §§ 568 Abs. 1, 126 BGB. Textform (§ 126b BGB) genügt nicht. Der Schriftform gleichgestellt ist die elektronische Form i.S. des § 126a BGB (mit qualifizierter elektronischer Signatur).

1798 **3. Kündigungstermin.** Die Angabe des Kündigungstermins, d.h. eines Zeitpunkts, zu dem das Mietverhältnis endet, ist nicht Wirksamkeitsvoraussetzung für die Kündigung. Wird eine unrichtige zu kurze Frist angegeben, so gilt gleichwohl die gesetzliche Frist. Wird eine längere als die gesetzliche Kündigungsfrist angegeben, so gilt die gesetzliche Frist als Höchstfrist.

1799 **4. Kündigungsfrist.** Bei der Wohnraummiete beträgt die Kündigungsfrist für den Mieter gemäß § 573c Abs. 1 S. 1 BGB grundsätzlich drei Monate mit einer Karenzzeit von drei Werktagen.

1800 Eine kürzere Kündigungsfrist gilt für sog. **möblierten Wohnraum** i.S. des § 549 Abs. 2 Nr. 2 BGB (s. dazu Teil 1 Rdn. 1621). Hier ist die Kündigung spätestens am 15. eines Monats zum Ablauf dieses Monats zulässig (§ 573c Abs. 3 BGB).

1801 Für Wohnraum, der nur **zum vorübergehenden Gebrauch** (s. dazu Teil 1 Rdn. 1621) vermietet worden ist, kann eine kürzere Kündigungsfrist vereinbart werden (§ 573c Abs. 2 BGB).

H. Beendigung des Mietverhältnisses

Die Kündigungsfristen gem. § 573c Abs. 1 und 3 BGB sind insoweit **zwingend**, als zum Nachteil des Mieters abweichende Vereinbarungen der Bestimmung unwirksam sind (§ 573c Abs. 4 BGB). Vereinbarungsfähig ist somit für den Mieter nur ein späterer Kündigungstag oder eine kürzere Kündigungsfrist. 1802

Das gilt jedoch nicht, wenn Kündigungsfristen **vor dem 01.09.2001** »durch Vertrag vereinbart« wurden. Hier findet § 573c Abs. 4 BGB keine Anwendung; die vor In-Kraft-Treten des MRRG vereinbarten Kündigungsfristen beanspruchen nach Art. 229 § 3 Abs. 10 EGBGB weiterhin Geltung (BGH WuM 2003, 505 = NZM 2003, 711 = ZMR 2003, 655 mit Anm. *Börstinghaus*) ist dies auch dann der Fall, wenn die vor dem 01.09.2001 maßgebliche gesetzliche Regelung (§ 565 Abs. 2 BGB a.F.) in einer Formularklausel wörtlich oder sinngemäß wiedergegeben ist. Auch derartige Formularklauseln – wie sie in Altmietverträgen außerordentlich häufig zu finden sind – sind Gegenstand vertraglicher Vereinbarung. 1803

Allerdings sieht Art. 229 § 3 Abs. 10 S. 2 EGBGB eine weit reichende **Ausnahme** vor. Danach findet § 573c Abs. 4 BGB auch auf Altmietverträge Anwendung, 1804
– wenn die Kündigungsfristen des § 565 Abs. 2 S. 1 und 2 BGB in der bis zum 01.09.2001 geltenden Fassung durch **Allgemeine Geschäftsbedingungen** vereinbart wurden und
– die Kündigung dem Empfänger nach dem 31.05.2005 zugeht.

Das bedeutet, dass die zulasten des Mieters von § 573c Abs. 1 oder 3 BGB abweichenden Kündigungsfristen auch in einem Altmietvertrag unter den vorgenannten Voraussetzungen unwirksam sind. Für den Mieter gilt damit grundsätzlich die dreimonatige Kündigungsfrist des § 573c Abs. 1 S. 1 BGB. 1805

Zu beachten ist aber, dass Art. 229 § 3 Abs. 10 S. 2 EGBGB nur zur Anwendung gelangt, wenn die Parteien gerade die **Kündigungsfristen des § 565 Abs. 2 S. 1 und 2 BGB a.F.** formularmäßig vereinbart haben. Die vertragliche Regelung muss also die dortige Abstufung vollständig aufgenommen haben. Im Übrigen wird die Vorschrift nur bei **Kündigungen des Mieters** relevant. Für Kündigungen des Vermieters gelten vereinbarte Verlängerungen der Kündigungsfrist in jedem Fall fort, gleichgültig ob diese vor dem 01.09.2001 oder danach, individuell oder formularmäßig erfolgt sind (BGH WuM 2008, 290; *Börstinghaus* NJW 2005, 1900, 1901). 1806

Zur Berechnung der Überlassungszeit s. FAMietRWEG/*Hinz* Kap. 14 Rn. 138 f. 1807

2. Kündigung eines Mietverhältnisses mit befristetem Kündigungsausschluss (§ 573c BGB)

Herr Beispielhaft hat uns mit der Wahrnehmung seiner rechtlichen Interessen in der vorbezeichneten Angelegenheit beauftragt. Eine auf uns lautende Originalvollmacht liegt anbei. 1808

Namens und in Vollmacht unseres Mandanten kündigen wir das Mietverhältnis über das Mietobjekt _____ gemäß Mietvertrag vom _____ fristgemäß zum nächstzulässigen Zeitpunkt. Das ist der _____. Der Mietvertrag war – in Form eines Kündigungsausschlusses – befristet abgeschlossen worden und kann erst nach Verstreichen der insoweit festen Vertragszeit gekündigt werden. [1, 2]

▶ Beispiel:

Die feste Vertragszeit läuft zum _____ ab. Zu diesem Zeitpunkt ist also die Kündigung möglich. Von dieser Möglichkeit machen wir namens unseres Mandanten hiermit Gebrauch. [3]

> **Beispiel:**
>
> Die feste Vertragszeit lief bereits zum _____ aus. Seit dem läuft das Mietverhältnis auf unbestimmte Zeit und es besteht die Möglichkeit zur Kündigung. Von dieser Möglichkeit machen wir namens unseres Mandanten hiermit Gebrauch. ⁴

Erläuterungen

1809 **1. Ordentliche Kündigung.** Zur ordentlichen Kündigung des Mieters s. zunächst die Hinweise zu Teil 1 Rdn. 1797.

1810 **2. Kündigungsausschluss.** Bei einem Mietverhältnis auf unbestimmte Zeit können die Parteien vereinbaren, das Recht zur ordentlichen Kündigung für eine gewisse Zeit auszuschließen (sog. **Mindestmietzeit**); s. dazu die Hinweise zu Teil 1 Rdn. 51 und 64.

1811 **3. Zeitpunkt der Kündigungserklärung.** Es kommt auf die Formulierung des Vertrags an, ob bereits zum Ablauf der festen Vertragszeit die Kündigung ausgesprochen werden kann, oder ob die Kündigungserklärung erst mit Ablauf der Mindestmietzeit erklärt werden darf. Regelmäßig wird Ersteres der Fall sein; jedoch empfiehlt sich eine Klarstellung im Mietvertrag. S. dazu das Muster zu Teil 1 Rdn. 57.

1812 Der Mieter kann die Kündigung – wie im ersten Beispielsfall – zum vereinbarten Ablauf der festen Vertragszeit erklären. Dann muss sie dem Vermieter spätestens zum dritten Werktag des vorletzten Monats vor diesem Termin (vgl. § 573 Abs. 1 S. 1 BGB) zugehen (sog. **Kündigungstag**).

1813 Die Angabe einer unrichtigen Kündigungsfrist macht die Kündigung nicht unwirksam. Ist die Frist zu kurz bemessen, so gilt die gesetzliche; ist sie zu lang bemessen, gilt die gesetzliche Frist als Höchstfrist.

1814 Heißt es im Vertrag: »Die ordentliche Kündigung ist jedoch für beide Parteien frühestens zum 31.10.2018 zulässig« (s. Muster zu Teil 1 Rdn. 57), so ist Kündigungstag der dritte Werktag des Monats August 2018.

Achtung!

Endet die feste Vertragszeit – etwa bei einem formularvertraglichen Kündigungsausschluss von maximal vier Jahren (s. die Hinweise bei Teil 1 Rdn. 57) – infolge eines entsprechenden Vertragsabschlusstermins während des laufenden Monats, kann der Vermieter die erste zulässige Kündigung nur zum Ablauf des Vormonats aussprechen (s. BGH WuM 2011, 35 = ZMR 2011, 364; WuM 2011, 294).

1815 **4. Kündigung nach Ablauf der Mindestmietzeit.** Nach Ablauf der vereinbarten Mindestmietzeit kann der Mieter das Vertragsverhältnis jederzeit unter Beachtung der Fristen gem. § 573c BGB ordentlich kündigen.

3. Kündigung bei Staffelmietvereinbarung (§ 557a Abs. 3 BGB)

1816 **Herr Beispielhaft hat uns mit der Wahrnehmung seiner rechtlichen Interessen in der vorbezeichneten Angelegenheit beauftragt. Eine auf uns lautende Originalvollmacht liegt anbei.**

Namens und in Vollmacht unseres Mandanten kündigen wir das bestehende Mietverhältnis über das Mietobjekt _____ gemäß Mietvertrag vom _____ zum nächstzulässigen Zeitpunkt. Das ist der _____. Die Kündigung wird wie folgt begründet:

H. Beendigung des Mietverhältnisses

In dem zwischen Ihnen und unserem Mandanten bestehenden Mietvertrag wurde eine Staffelmiete vereinbart. Der Vertrag ist für mehr als 4 Jahre fest abgeschlossen. Nachdem 4 Jahre Vertragszeit abgelaufen sind, steht unserem Mandanten gemäß § 557a Abs. 3 BGB das Recht zur außerordentlichen Kündigung des an sich längerfristig abgeschlossenen Mietvertrages zu. Von diesem Recht machen wir hiermit namens unseres Mandanten Gebrauch. [1]

Oder:

Nachdem 4 Jahre Vertragszeit zum _____ ablaufen werden, steht unserem Mandanten gemäß § 557a Abs. 3 BGB das Recht zur außerordentlichen Kündigung des an sich längerfristig abgeschlossenen Mietvertrages zum Ablauf des 4-Jahreszeitraums zu. Von diesem Recht machen wir hiermit namens unseres Mandanten Gebrauch. [2, 3]

Erläuterungen

1. Staffelmietvereinbarung. Die Vereinbarung einer Staffelmiete (§ 557a BGB) hat an sich keinen Einfluss auf die Dauer des Mietverhältnisses sowie auf die Kündigungsmöglichkeit. Nach § 557a Abs. 3 S. 1 BGB darf jedoch das ordentliche Kündigungsrecht für **höchstens vier Jahre** seit Abschluss der Staffelmietvereinbarung ausgeschlossen werden. Die Frist beginnt mit dem Abschluss der Staffelmietvereinbarung, nicht hingegen mit dem Abschluss des Mietvertrags. Die gesetzliche Höchstfrist von vier Jahren ist auch dann maßgebend, wenn ihr Ende auf einen Kalendertag vor dem Ende eines Monats fällt (BGH WuM 2006, 385 = NZM 2006, 579 = GE 2006, 904). Eine abweichende Vereinbarung, namentlich ein längerer Ausschluss des Kündigungsrechts ist gem. § 557a Abs. 4 BGB unwirksam.

2. Laufzeit. Dem Mieter wird durch diese Regelung kein außerordentliches Sonderkündigungsrecht eingeräumt. Vielmehr wird nur untersagt, das ordentliche Kündigungsrecht für eine Frist von mehr als vier Jahren zu beschränken. Zum befristeten Ausschluss des ordentlichen Kündigungsrechts s. Teil 1 Rdn. 64.

Für eine Kündigung gilt die allgemeine Kündigungsfrist nach § 573 Abs. 1 S. 1 BGB von drei Monaten; s. dazu die Hinweise zu Teil 1 Rdn. 1799.

Die Kündigung des Mieters ist frühestens **zum Ablauf** der maximal vierjährigen Frist – also nicht erst nach Fristablauf – zulässig. Das bedeutet, dass der Mieter die Kündigung schon vorher unter Wahrung der Kündigungsfrist so rechtzeitig aussprechen kann, dass sie auf den Ablauf von vier Jahren seit Vereinbarung der Staffelmiete wirkt.

Die Kündigung bezieht sich immer auf den **gesamten Mietvertrag**; eine isolierte Kündigung der Staffelmietvereinbarung ist nicht möglich.

3. Zeitmietvertrag. § 557a Abs. 3 BGB gilt auch für qualifizierte Zeitmietverträge (s. Teil 1 Rdn. 72) mit einer Laufzeit von über vier Jahren. Dieser kann nach h.M. nicht ordentlich gekündigt werden (BGH WuM 2007, 319, 321 = ZMR 2007, 601, 603; WuM 2009, 48). Treffen die Parteien aber neben dem Zeitmietvertrag nach § 575 BGB eine Staffelmietvereinbarung, so hat dies zur Konsequenz, dass der Mieter den Zeitmietvertrag **zum Ablauf von vier Jahren kündigen** kann (Staudinger/*Weitemeyer* § 557a Rn. 20, 22).

V. Ordentliche Vermieter- und Mieter-Kündigung von Gewerberaum

1. Kündigung eines unbefristeten Gewerberaum-Mietvertrages (§ 580a Abs. 1 BGB), eventuell als Änderungskündigung

1823 Herr Beispielhaft hat uns mit der Wahrnehmung seiner rechtlichen Interessen in der vorbezeichneten Angelegenheit beauftragt. Eine auf uns lautende Originalvollmacht liegt anbei.

Namens und in Vollmacht unseres Mandanten kündigen wir das bestehende Mietverhältnis über das Mietobjekt _____ gemäß Mietvertrag vom _____ zum nächstzulässigen Zeitpunkt. Das ist der _____. [1, 2]

(ab hier nur für Vermieter-Kündigung)

Sie werden gebeten, das Mietobjekt zum Vertragsende geräumt und in einem vertragsgemäßen Zustand an unseren Mandanten zurückzugeben. [3]

Eventuell:

Wir bieten Ihnen namens unseres Mandanten, den Abschluss eines neuen Mietvertrags über das Mietobjekt zu den aus dem anliegenden Mietvertragsentwurf ersichtlichen Bedingungen an. [4]

Eventuell:

Die von Ihnen geleistete Kaution wird innerhalb einer angemessenen Frist nach Vertragsbeendigung ausgekehrt oder mit unserem Mandanten eventuell noch zustehenden Ansprüchen verrechnet werden. [5]

Im Falle einer Vermieter-Kündigung:

Gemäß § 545 BGB erklären wir schon jetzt, dass eine stillschweigende Fortsetzung des Mietverhältnisses über den Beendigungszeitpunkt hinaus nicht in Betracht kommt. [6]

Erläuterungen

1824 **1. Kündigungserklärung.** Zur Erklärung der Kündigung s. die Hinweise zu Teil 1 Rdn. 1593.

Zur Vorlage der **Originalvollmacht** s. die Hinweise zu Teil 1 Rdn. 1630.

1825 Abweichend von der Kündigung von Wohnraummietverhältnissen braucht die Kündigung nicht schriftlich zu erfolgen; jedoch empfiehlt sich die Wahrung der Schriftform aus Gründen der **Beweisbarkeit**. In vielen Verträgen ist sie als Formerfordernis vereinbart; für die Wahrung der vereinbarten Schriftform (§ 127 BGB) genügt telegrafische Übermittlung oder Telefax. Ist vereinbart, dass die Kündigung durch Einschreiben zu erklären ist, so dient das Erfordernis des Einschreibens nur dazu, den Zugang der Kündigung sicherzustellen, ist aber kein Formerfordernis für die Kündigungserklärung (BGH ZMR 2004, 344 = WuM 2004, 269 = NZM 2004, 258).

1826 Der Vermieter benötigt für die ordentliche Kündigung mit gesetzlicher oder vertraglicher Frist **kein berechtigtes Freimachungsinteresse** wie bei der Wohnraummiete.

1827 **2. Kündigungsfrist.** Bei Mietverhältnissen über **Geschäftsräume** muss die Kündigung spätestens am dritten Werktag eines Kalendervierteljahres zum Ablauf des nächsten Kalendervierteljahres erfolgen (§ 580a Abs. 2 BGB). Die **Kündigungsfrist** beträgt damit **sechs Monate** abzüglich der drei Karenztage. Geschäftsräume sind Räume, die den Erwerbszwecken des Mieters dienen (*Herrlein* in: Herrlein/Kandelhard § 580a Rn. 6).

H. Beendigung des Mietverhältnisses

Mietverhältnisse über **Grundstücke und Räume, die keine Geschäftsräume** sind, können, wenn die Miete nach Monaten oder längeren Abschnitten bemessen ist, spätestens am dritten Werktag eines Kalendermonats zum Ablauf des übernächsten Monats gekündigt werden, ein Mietverhältnis über ein gewerblich genutztes unbebautes Grundstück jedoch nur zum Ablauf eines Quartals. Die Kündigungsfrist beträgt damit **drei Monate** abzüglich der drei Karenztage. 1828

Die Kündigungsfrist kann hier durch Vereinbarung – anders als bei Wohnraummietverhältnissen (s. dazu die Hinweise zu Teil 1 Rdn. 1620) – für beide Parteien verlängert und verkürzt werden. 1829

3. Rückgabepflicht. Zur Räumungs- und Rückbaupflicht des Mieters s. die Hinweise zu Teil 1 Rdn. 2392 ff., 1398 f. und Teil 1 Rdn. 2436. 1830

4. Änderungskündigung. Der Vermieter kann auch eine Kündigung zur Durchsetzung einer Vertragsänderung, z.B. einer Mieterhöhung aussprechen, sofern eine solche Kündigung nicht vertraglich ausgeschlossen ist. Hier kündigt der Vermieter das Mietverhältnis und erklärt sogleich seine Bereitschaft zu dessen Fortsetzung, sofern der Mieter in die Änderung von bestimmten Vertragsbedingungen einwilligt (Schmidt-Futterer/*Blank* § 542 Rn. 16; Lützenkirchen/*Lützenkirchen* § 573 Rn. 338 f.). Eine vertragsgemäß ausgesprochene Änderungskündigung kann im Einzelfall sittenwidrig sein; z.B. wenn der Vermieter den Mieter dadurch zum Vertragsbruch mit anderen Geschäftspartnern verleitet. Allerdings stellt die Rechtsprechung hier sehr strenge Anforderungen (vgl. BGH NJW 1970, 855; WuM 1981, 60; OLG Hamburg GuT 2003, 183). 1831

5. Mietkaution. Zur Abrechnung der Mietkaution s. die Hinweise zu Teil 1 Rdn. 2722. 1832

6. Fortsetzungswiderspruch. Vergessen Sie nicht, der Gebrauchsfortsetzung innerhalb von zwei Wochen nach Beendigung des Mietverhältnisses gemäß § 545 BGB zu widersprechen. Der Widerspruch sollte bereits im Kündigungsschreiben erfolgen (vgl. BGH NZM 2010, 510 = WuM 2010, 418 = ZMR 2010, 671); s. dazu Muster und Hinweise zu Teil 1 Rdn. 2152. 1833

Nur vorsorglich sollten Sie den Widerspruch dann innerhalb der gesetzlichen Frist wiederholen. 1834

2. Kündigung eines befristeten Gewerberaum-Mietvertrages

Herr Beispielhaft hat uns mit der Wahrnehmung seiner rechtlichen Interessen in der vorbezeichneten Angelegenheit beauftragt. Eine auf uns lautende Originalvollmacht liegt anbei. 1835

Namens und in Vollmacht unseres Mandanten kündigen wir das Mietverhältnis über das Mietobjekt _____ gemäß Mietvertrag vom _____ fristgemäß zum nächstzulässigen Zeitpunkt. Das ist der _____. Die Kündigung wird wie folgt begründet: [1]

Der Mietvertrag war befristet abgeschlossen worden und kann erst nach Verstreichen der festen Vertragszeit gekündigt werden. [2]

▶ Beispiel:

   Die feste Vertragszeit läuft zum _____ ab. Zu diesem Zeitpunkt ist also die Kündigung möglich. Von dieser Möglichkeit machen wir hiermit namens unseres Mandanten Gebrauch. [3]

▶ Beispiel:

   Die feste Vertragszeit lief bereits zum _____ aus. Seit dem läuft das Mietverhältnis auf unbestimmte Zeit und es besteht die Möglichkeit zur Kündigung gemäß § 580a BGB. Von dieser Möglichkeit machen wir hiermit namens unseres Mandanten Gebrauch. [4]

(ab hier nur für Vermieter-Kündigung)

Sie werden gebeten, das Mietobjekt zum Vertragsende geräumt in einem vertragsgemäßen Zustand an unseren Mandanten zurückzugeben. [5]

Eventuell:

Die von Ihnen geleistete Kaution wird innerhalb einer angemessenen Frist nach Vertragsbeendigung ausgekehrt oder mit unserem Mandanten eventuell noch zustehenden Ansprüchen verrechnet werden. [6]

Im Falle einer Vermieter-Kündigung:

Gemäß § 545 BGB erklären wir schon jetzt, dass eine stillschweigende Fortsetzung des Mietverhältnisses über den Beendigungszeitpunkt hinaus nicht in Betracht kommt. [7]

Erläuterungen

1836 **1. Erklärung/Frist.** Zur Kündigung des Geweberaummietverhältnisses s. die Hinweise zu Teil 1 Rdn. 1824.

1837 **2. Befristetes Mietverhältnis.** Ist das Mietverhältnis befristet, so endet es zu dem vorgesehenen Zeitpunkt, ohne dass eine Kündigung erforderlich ist.

1838 Formulierungsvorschlag:

»**Das Mietverhältnis endet am …, ohne dass es einer Kündigung bedarf.**«

1839 Eine Kündigung ist jedoch erforderlich, wenn nur scheinbar eine Befristung vorliegt, in Wirklichkeit jedoch die Befugnis zur Kündigung zeitweilig ausgeschlossen ist.

1840 Formulierungsbeispiele:

»**Das Mietverhältnis endet am …, wird es nicht mit einer Frist von … gekündigt, so setzt es sich auf unbestimmte Zeit (… Monate/Jahre) fort.**«

oder:

1841 »**Das Mietverhältnis kann mit einer Frist von … Monaten (zum Quartalsende) gekündigt werden, frühestens jedoch zum …**«.

1842 Auf die beiden letztgenannten Vertragsformulierungen bezieht sich das vorliegende Muster.

1843 **3. Kündigungsausspruch während der Laufzeit.** Es kommt auf die Formulierung des Vertrags an, ob bereits zum Ablauf der festen Vertragszeit die Kündigung ausgesprochen werden kann, oder ob die Kündigungserklärung erst mit Ablauf der Befristung erklärt werden darf. Regelmäßig wird ersteres der Fall sein; jedoch empfiehlt sich eine Klarstellung im Mietvertrag.

1844 Will der Mieter das Mietverhältnis zum Ablauf der Befristung kündigen – erster Beispielsfall – so muss er anhand der Kündigungsfrist den genauen **Kündigungstag**, d.h. den Tag, zu dessen Ablauf die Kündigung spätestens zugehen muss, errechnen.

1845 Die Angabe einer unrichtigen Kündigungsfrist macht die Kündigung nicht unwirksam. Ist die Frist zu kurz bemessen, so gilt die gesetzliche; ist sie zu lang bemessen, ist der Vermieter hieran grundsätzlich aus dem Gesichtspunkt des Vertrauensschutzes gebunden.

H. Beendigung des Mietverhältnisses

4. Kündigungsausspruch nach der Laufzeit. Nach Ablauf der vereinbarten Mindestmietzeit kann der Mieter das Vertragsverhältnis jederzeit unter Beachtung der Fristen gem. § 580a BGB ordentlich kündigen – s. dazu den zweiten Beispielsfall. 1846

5. Rückgabepflicht. Zur Räumungs- und Rückbaupflicht des Mieters s. die Hinweise zu Teil 1 Rdn. 2392 ff., 1398 und Teil 1 Rdn. 2436. 1847

6. Mietkaution. Zur Abrechnung der Mietkaution s. die Hinweise zu Teil 1 Rdn. 2721 ff. 1848

7. Fortsetzungswiderspruch. Vergessen Sie nicht, der Gebrauchsfortsetzung innerhalb von zwei Wochen nach Beendigung des Mietverhältnisses gemäß § 545 BGB zu widersprechen. Der Widerspruch sollte bereits im Kündigungsschreiben erfolgen (vgl. BGH NZM 2010, 510 = WuM 2010, 418 = ZMR 2010, 671); s. dazu Muster und Hinweise zu Teil 1 Rdn. 2152. 1849

Nur vorsorglich sollten Sie den Widerspruch dann innerhalb der gesetzlichen Frist wiederholen. 1850

VI. Außerordentliche Vermieter-Kündigung mit gesetzlicher Frist

Bei der außerordentlichen befristeten Kündigung gelten für die Kündigung des Vermieters und des Mieters folgende **gemeinsame Grundsätze**: 1851

1. Außerordentliche befristete Kündigung

Das außerordentliche befristete Kündigungsrecht besteht nur in den gesetzlich geregelten Fällen zugunsten des Vermieters oder des Mieters. Es greift auch dann ein, wenn das Mietverhältnis befristet ist, also an sich nicht durch eine ordentliche Kündigung beendet werden könnte. Die Gründe für die außerordentliche befristete Kündigung liegen außerhalb der vertraglichen Rechte und Pflichten des Mietverhältnisses und haben deshalb nicht das Gewicht, um eine sofortige Vertragsbeendigung herbeizuführen. Zu unterscheiden ist zwischen 1852
– der außerordentlichen Kündigung mit gesetzlicher Frist und
– den Sonderkündigungsrechten mit einer kürzeren Kündigungsfrist.

2. Außerordentliche Kündigung mit gesetzlicher Frist

Diese ist geregelt: 1853
– für das Wohnraummietverhältnis auf unbestimmte Zeit in § 573d BGB,
– für das Wohnraummietverhältnis auf bestimmte Zeit in § 575a BGB,
– für andere Mietverhältnisse, insbesondere über Grundstücke und Gewerberäume in § 580a Abs. 4 BGB.

3. Kündigungsfrist

Bei der außerordentlichen Kündigung mit gesetzlicher Frist von **Wohnraummietverhältnissen** beträgt die Kündigungsfrist grundsätzlich drei Monate mit einer Karenzzeit von drei Werktagen. Eine Verlängerung der Kündigungsfrist für den Vermieter entsprechend der Wohndauer ist nicht vorgesehen (vgl. §§ 573d Abs. 2 S. 1; 575a Abs. 3 S. 1 BGB). 1854

Bei Mietverhältnissen über **Geschäftsräume** beträgt die Kündigungsfrist grundsätzlich sechs Monate, bei Mietverhältnissen über andere Gewerberäume und Grundstücke drei Monate, jeweils mit drei Karenzwerktagen (§ 580a Abs. 4 i.V. mit Abs. 1 Nr. 3 und Abs. 2 BGB). 1855

Achtung: Bei Mietverhältnissen über Geschäftsräume und über gewerblich genutzte unbebaute Grundstücke kann die Kündigung nur für den Ablauf eines **Kalendervierteljahres** ausgesprochen werden. 1856

4. Kündigungsschutz

1857 Der Vermieter von Wohnraum, der unter Kündigungsschutz steht, kann von einem Recht zur außerordentlichen Kündigung mit gesetzlicher Frist nur Gebrauch machen, wenn er ein **berechtigtes Interesse** an der Beendigung des Mietverhältnisses nach Maßgabe der §§ 573 und 573a BGB hat (BGH WuM 2015, 555; 2008, 233 f.). Eine Ausnahme gilt insoweit für die Kündigung gegenüber dem Erben des verstorbenen Mieters nach § 564 BGB. Anders als nach h.M. zur vormaligen Bestimmung in § 569 BGB a.F. ist ein berechtigtes Interesse nicht mehr erforderlich (s. §§ 573d Abs. 1, 575a Abs. 1 BGB).

1858 Dem Mieter von Wohnraum steht beim Mietverhältnis auf unbestimmte Zeit außerdem die Befugnis nach §§ 574 ff. BGB zu, der Kündigung zu **widersprechen** und Fortsetzung des Mietverhältnisses zu verlangen, s. dazu die Muster und Hinweise zu Teil 1 Rdn. 2113.

1859 Beim Zeitmietvertrag besteht dieses Recht mit der Einschränkung, dass eine Fortsetzung höchstens bis zum vertraglich bestimmten Beendigungszeitpunkt verlangt werden kann (s. § 575a Abs. 2).

5. Kündigungserklärung/Hinweis auf Kündigungswiderspruch

1860 Für Erklärung und Zugang der außerordentlichen Kündigung gelten die allgemeinen Grundsätze. Das gilt insbesondere für die Formalien der Kündigung. Bei Wohnraummietverhältnissen ist die **Schriftform** zu beachten (§§ 568 Abs. 1, 126 BGB). Der Schriftform gleichgestellt ist die elektronische Form i.S. des § 126a BGB (mit qualifizierter elektronischer Signatur). Die Textform (§ 126b BGB) genügt nicht. S. Muster und Hinweise zu Teil 1 Rdn. 1602.

1861 Außerdem obliegt es dem Vermieter, den Mieter über sein Recht zu belehren, der **Kündigung zu widersprechen** und Fortsetzung des Mietverhältnisses nach Maßgabe der §§ 574 bis 574b BGB zu verlangen, sowie über die Form und die Frist des Widerspruchs (§ 568 Abs. 2 BGB); s. Muster und Hinweise zu Teil 1 Rdn. 1646.

6. Fallgestaltungen

1862 Das Recht zur außerordentlichen Kündigung mit gesetzlicher Frist besteht insbesondere in folgenden Fällen:

1863 Für den **Vermieter**:
– nach dem Tod des Mieters (§ 563 Abs. 4 BGB),
– nach Erwerb des Grundstücks in der Zwangsversteigerung (§ 57a ZVG),
– nach Erlöschen eines Nießbrauchs (§ 1056 Abs. 1 BGB),
– nach Erlöschen eines Erbbaurechts (§ 30 Abs. 2 ErbbauVO).

1864 Für den **Mieter**:
– bei Verweigerung der Erlaubnis zur Gebrauchsüberlassung an Dritte (§ 540 Abs. 1 S. 2 BGB),
– im Falle des Todes eines Mitmieters (§ 563a Abs. 2 BGB).

1865 Für **beide Vertragsparteien**:
– bei Mietverhältnissen mit einer Dauer von über 30 Jahren (§ 544 BGB),
– bei Fortsetzung des Mietverhältnisses mit dem Erben (§ 564 S. 2 BGB für Wohnraum, § 580 BGB für sonstige Sachen).

1866 Ferner für den **Insolvenzverwalter**:
– bei Mietverhältnissen über unbewegliche Gegenstände oder Gewerberäume (§ 109 Abs. 1 S. 1 InsO – hier mit dreimonatiger Kündigungsfrist *ohne* Karenztage).

Ferner bestehen für den Mieter in folgenden Fällen **Sonderkündigungsrechte** mit kürzeren Fristen: 1867
- nach Modernisierungsmitteilung (§ 554 Abs. 3 S. 2 BGB),
- nach Mieterhöhung (§ 561 BGB, § 11 WoBindG).

7. Kündigung bei wichtigem Grund in der Person des in das Mietverhältnis eingetretenen Mieters (§ 563 Abs. 4 BGB)

Herr Beispielhaft hat uns mit der Wahrnehmung seiner rechtlichen Interessen in der vorbezeichneten Angelegenheit beauftragt. Eine auf uns lautende Originalvollmacht liegt anbei. **1** 1868

Namens und in Vollmacht unseres Mandanten kündigen wir hiermit unter Bezugnahme auf § 563 Abs. 4 BGB das mit Ihnen bestehende Mietverhältnis über das Mietobjekt _____ gemäß Mietvertrag vom _____ mit gesetzlicher Frist (§ 573d Abs. 2 BGB) zum nächstzulässigen Zeitpunkt. Das ist der _____. Hilfsweise wird diese Kündigung unter Anwendung der in § 573c geregelten Kündigungsfristen auch zum nächstzulässigen Zeitpunkt ausgesprochen; das ist der _____. **2**

Sie sind gemäß § 563 Abs. 1–3 BGB als Mieter in das hier fragliche Wohnraummietverhältnis eingetreten. Von Ihrem endgültigen Eintritt in das Mietverhältnis hat unser Mandant am _____ Kenntnis erlangt. **3**

Indes lehnt unser Mandant Sie als Mieter aus wichtigem Grund ab, der sich aus folgenden Umständen ergibt (eingehende Schilderung des Sachverhaltes, aus dem der wichtige Grund zur Ablehnung hergeleitet wird): **4**

▶ Beispiel:

Die Erkundigungen unseres Mandanten haben ergeben, dass Sie zahlungsunfähig sind. Vor weniger als 1 Monat haben Sie die Vermögensauskunft über Ihre Vermögensverhältnisse abgegeben. Der Erbe des verstorbenen Mieters hat unserem Mandanten vor 3 Tagen telefonisch berichtet, dass Sie sogar dem Verstorbenen die Rückzahlung eines Darlehens von 20.000,00 € schuldeten. Im Rahmen von Nachfragen unseres Mandanten im Hause wurde diesem von anderen Mietern berichtet, dass Sie offensichtlich schwer alkoholabhängig sind. Mehrfach in den vergangenen Monaten lagen Sie demzufolge volltrunken im Treppenhaus und lärmten erheblich im alkoholisierten Zustand in der Wohnung, obwohl Ihr verstorbener Lebenspartner immer noch darum bemüht war, einen mäßigenden Einfluss auszuüben. Nach seinem Tod muss unser Mandant befürchten, dass Sie jetzt jede Kontrolle über sich verlieren. **5, 6**

▶ Beispiel:

Der verstorbene Mieter war Mitglied unserer Mandantin, die eine gemeinnützige Wohnungsbaugenossenschaft ist. Sie als Mietnachfolger sind nicht Mitglied unserer Mandantin und haben deren zuständigen Sachbearbeiterin gegenüber in den letzten beiden Wochen mehrfach erklärt, Sie würden der Genossenschaft niemals beitreten. Nach dem Tode Ihrer Lebenspartnerin sowie dem Auszug der Tochter der Verstorbenen nutzen Sie die für Sie viel zu große 4-Zimmer-Wohnung allein. Damit ist die Wohnung erheblich unterbelegt. Eines der langjährigen Mitglieder unserer Mandantin, Herr _____ lebt mit Ehefrau und 3 Kindern in einer 50 qm großen 2-Zimmer-Wohnung in der _____

Straße _____ in _____. Er soll die von Ihnen bisher genutzte Wohnung erhalten. **7, 8**

Entsprechend einer gesetzlichen Verpflichtung weisen wir Sie darauf hin, dass Sie der Kündigung nach dem Gesetz widersprechen und Fortsetzung des Mietverhältnisses verlangen können, wenn Sie meinen, dass die vertragsgemäße Beendigung des Mietverhältnisses für Sie/Ihre Familie oder einen anderen Angehörigen Ihres Haushalts eine Härte bedeuten würde, die auch unter Würdigung der berechtigten Vermieterinteressen nicht zu rechtfertigen ist. Der Widerspruch müsste schriftlich erfolgen und bis spätestens zwei Monate vor Beendigung des Mietverhältnisses eingehen. Der Widerspruch sollte begründet sein. 9

Gemäß § 545 BGB erklären wir schon jetzt, dass eine stillschweigende Fortsetzung des Mietverhältnisses über den Beendigungszeitpunkt hinaus nicht in Betracht kommt. 10

Erläuterungen

1869 **1. Kündigungserklärung.** Zur Erklärung der Kündigung s. die Hinweise zu Teil 1 Rdn. 1593 ff.; zu den Formalien der außerordentlichen befristeten Kündigung s. Teil 1 Rdn. 1851 ff.

Zur Vorlage der **Originalvollmacht** s. die Hinweise zu Teil 1 Rdn. 1630.

2. Eintrittsrecht. Stirbt der Mieter, führt dies nicht automatisch zu einer Beendigung des Mietverhältnisses. Nach allgemeinen erbrechtlichen Bestimmungen (§§ 1922, 1967 BGB) geht dieses mit sämtlichen Rechten und Pflichten auf den Erben des verstorbenen Mieters über, soweit nicht für bestimmte Personen eine **Sonderrechtsnachfolge** eingreift (s. *Porer* NZM 2005, 488). Folgende Fallkonstellationen sind zu unterscheiden:
- Eintrittsrecht (§ 563 BGB): Mehrere Personen leben in der Wohnung; nur einer ist Mieter, dieser verstirbt.
- Fortsetzungsrecht (§ 563a BGB): Mehrere Personen leben in der Wohnung; alle sind Mieter; einer von ihnen verstirbt.
- Fortsetzung mit dem Erben (§ 564 BGB): Ein Mieter wohnt in der Wohnung und verstirbt.

1870 Das **Eintrittsrecht** der nach § 563 BGB privilegierten Personen erfolgt kraft Gesetzes. Einer besonderen rechtsgestaltenden Erklärung bedarf es nur für den Fall, dass der Eintritt nicht erfolgen soll (§ 563 Abs. 3 S. 1 BGB). S. dazu die Hinweise zu Teil 1 Rdn. 2132.

1871 Die Rangfolge der **privilegierten Personen** gestaltet sich wie folgt:

1872 Eintrittsberechtigte erster Ordnung:
- der überlebende Ehegatte.
- der (registrierte) Lebenspartner i.S. des § 1 Abs. 1 S. 1 LPartG – gleichrangig mit dem Ehegatten.

1873 Eintrittsberechtigte zweiter Ordnung:
- die Kinder des Mieters – nachrangig gegenüber dem Ehegatten, gleichrangig mit dem Lebenspartner.

1874 Eintrittsberechtigte dritter Ordnung:
- andere Familienangehörige – nachrangig gegenüber dem Ehegatten und dem Lebenspartner, gleichrangig mit den Kindern,
- Personen, die mit dem Mieter einen auf Dauer angelegten gemeinsamen Haushalt führen – nachrangig gegenüber dem Ehegatten und dem Lebenspartner, gleichrangig mit den Kindern des Mieters sowie mit anderen Familienangehörigen.

Nach § 563a Abs. 4 BGB kann der Vermieter das Mietverhältnis **außerordentlich mit gesetzlicher Frist kündigen**, wenn in der Person des nach § 563 Abs. 1 und 2 BGB Eintretenden ein wichtiger Grund vorliegt. Läuft das Mietverhältnis auf unbestimmte Zeit, so empfiehlt es sich, für den Fall, dass die außerordentliche Kündigung unwirksam sein sollte, **hilfsweise** eine **ordentliche Kündigung** auszusprechen.

3. Überlegungsfrist. Die außerordentliche befristete Kündigung nach § 563 Abs. 4 BGB muss **innerhalb eines Monats** erfolgen, nachdem der Vermieter von dem endgültigen Eintritt der Person Kenntnis erlangt hat.

4. Wichtiger Grund. Für das Vorliegen eines wichtigen Grundes in der Person des Eintretenden ist maßgebend, ob dem Vermieter die Fortsetzung des Mietverhältnisses zugemutet werden kann (BGH WuM 2010, 431 = GE 2010, 1050). Sind **mehrere Personen** in das Mietverhältnis eingetreten, so kann die außerordentliche befristete Kündigung nur allen gegenüber erfolgen (*Butenberg*, ZMR 2015, 189, 193; Schmidt-Futterer/*Streyl* § 563 Rn. 70; Blank/Börstinghaus/*Blank* § 563 Rn. 63; Lützenkirchen/*Lützenkirchen*, § 563 Rn. 108; a.A. *Sternel* ZMR 2004, 713, 718). Dafür spricht der Gedanke der Einheit des Mietvertrags.

5. Zahlungsunfähigkeit. Ein wichtiger Grund i.S. des § 563 Abs. 4 BGB ist z.B. die Zahlungsunfähigkeit des Eintretenden. Auch schon seine mangelnde finanzielle Leistungsfähigkeit stellt einen wichtigen Grund dar (*Kinne* GE 2010, 1015; *Hinz* ZMR 2002, 640, 643; diff. *Butenberg* ZMR 2015, 189, 193).

6. Alkoholismus. Auch Alkoholismus ist als wichtiger Grund in der Person des Eintretenden anerkannt; darüber hinaus auch die persönliche Feindschaft zwischen dem Vermieter und dem Eintretenden sowie dessen unsittlicher Lebenswandel.

7. Wohnberechtigung. Handelt es sich bei dem Mietobjekt um eine **Genossenschaftswohnung**, so kann ein wichtiger Grund in der Person des Eintretenden auch darin liegen, dass dieser nicht Mitglied der Genossenschaft ist. Allerdings entfällt der wichtige Grund, wenn der Eintretende zum Beitritt als Genosse bereit ist (vgl. BGH WuM 2010, 431 = GE 2010, 1050; Schmidt-Futterer/*Streyl* § 563 Rn. 69). Fehlt den eintretenden Personen bei einer nach WoFG **öffentlich geförderten Wohnung** die Wohnberechtigung und verlangt die zuständige Stelle nach § 27 Abs. 6 WoFG die Beendigung des Mietverhältnisses, so besteht ebenfalls ein wichtiger Grund i.S.d. § 563 Abs. 4 BGB. Dagegen benötigen die eintretenden Personen bei einer Wohnung, die nach altem Recht gefördert wird, gem. § 4 Abs. 7, 2. Halbs. WoBindG keinen Wohnungsberechtigungsschein, so dass eine außerordentliche Kündigung hier nicht in Betracht kommt (dazu *Porer* NZM 2005, 488, 489 ff.).

8. Berechtigtes Interesse. Das nach §§ 573d Abs. 1, 575a Abs. 1 BGB jeweils i.V.m. § 573 BGB grundsätzlich erforderliche berechtigte Freimachungsinteresse ist nach ganz überwiegender Auffassung bei Vorliegen eines **wichtigen Grundes in der Person des Eintretenden** gegeben (*Achenbach* NZM 2000, 741; *Hinz* ZMR 2002, 640, 643). Es handelt sich um das allgemeine berechtigte Interesse i.S. von § 573 Abs. 1 BGB; das Vorliegen eines der speziellen Kündigungstatbestände des § 573 Abs. 2 BGB ist nicht erforderlich. Allerdings muss der nach § 563 Abs. 4 BGB erforderliche wichtige Grund gerade in der Person des Eintretenden liegen. Allein die Voraussetzungen des § 573a BGB reichen für eine außerordentliche befristete Kündigung gegenüber dem Eintretenden nicht aus.

9. Kündigungswiderspruch. Der Eingetretene kann außerdem der Kündigung nach §§ 574 ff. BGB **widersprechen** und die Fortsetzung des Mietverhältnisses verlangen, wenn die Beendigung für ihn, seine Familie oder einen anderen Angehörigen seines Haushalts eine nicht zu rechtfertigende Härte bedeuten würde. Dementsprechend obliegt es dem Vermieter, alle Eingetretenen über das Widerspruchsrecht sowie über dessen Form und Frist zu belehren (vgl. § 568 Abs. 2 BGB); s. dazu die Hinweise zu Teil 1 Rdn. 1646.

1883 **10. Fortsetzungswiderspruch.** Vergessen Sie nicht, der Gebrauchsfortsetzung innerhalb von zwei Wochen nach Beendigung des Mietverhältnisses gemäß § 545 BGB zu widersprechen. Der Widerspruch sollte bereits im Kündigungsschreiben erfolgen (vgl. BGH NZM 2010, 510 = WuM 2010, 418 = ZMR 2010, 671); s. dazu die Hinweise zu Teil 1 Rdn. 2152.

1884 Nur vorsorglich sollten Sie den Widerspruch dann innerhalb der gesetzlichen Frist wiederholen.

8. Kündigung des Vermieters von Wohnraum nach Tod des Mieters (§ 564 BGB)

1885 **Herr Beispielhaft hat uns mit der Wahrnehmung seiner rechtlichen Interessen in der vorbezeichneten Angelegenheit beauftragt. Eine auf uns lautende Originalvollmacht liegt anbei.**

Namens und in Vollmacht unseres Mandanten kündigen wir das Mietverhältnis über das Mietobjekt _____ gemäß Mietvertrag vom _____ fristgemäß zum nächstzulässigen Zeitpunkt. Das ist der _____. Die Kündigung wird wie folgt begründet: [1]

Der vorbezeichnete Mietvertrag war abgeschlossen mit dem Mieter Herrn/Frau _____. Sie sind Erbe des verstorbenen Mieters. Sie haben mit dem Verstorbenen keinen gemeinsamen Haushalt in der Wohnung geführt und sind lediglich als Erbe gemäß den §§ 563, 563a BGB in das Mietverhältnis eingetreten. Auch mit anderen Personen wurde das Mietverhältnis gemäß den genannten Vorschriften nicht fortgesetzt. Gemäß § 564 BGB steht unserem Mandanten als Vermieter das Recht zur außerordentlichen Kündigung des Mietvertrages zum frühest zulässigen Zeitpunkt zu. Von diesem Recht machen wir hiermit namens unseres Mandanten Gebrauch. Auch wenn diese Kündigung kein berechtigtes Interesse im Sinne von § 573 BGB erfordert, teilen wir Ihnen gleichwohl die Gründe hierfür wie folgt mit (möglichst umfassende und genaue Darlegung der Umstände, derentwegen die Kündigung erfolgt): [2, 3]

Entsprechend einer gesetzlichen Verpflichtung weisen wir Sie darauf hin, dass Sie der Kündigung nach dem Gesetz widersprechen und Fortsetzung des Mietverhältnisses verlangen können, wenn Sie meinen, dass die vertragsgemäße Beendigung des Mietverhältnisses für Sie/Ihre Familie oder einen anderen Angehörigen Ihres Haushalts eine Härte bedeuten würde, die auch unter Würdigung der berechtigten Vermieterinteressen nicht zu rechtfertigen ist. Der Widerspruch müsste schriftlich erfolgen und bis spätestens zwei Monate vor Beendigung des Mietverhältnisses eingehen. Der Widerspruch sollte begründet sein. [4]

Gemäß § 545 BGB erklären wir schon jetzt, dass eine stillschweigende Fortsetzung des Mietverhältnisses über den Beendigungszeitpunkt hinaus nicht in Betracht kommt. [5]

Erläuterungen

1886 **1. Kündigungserklärung.** Zur Erklärung der Kündigung s. die Hinweise zu Teil 1 Rdn. 1593 ff. Zu den Formalien der außerordentlichen befristeten Kündigung s. Teil 1 Rdn. 1851.

Zur Vorlage der **Originalvollmacht** s. die Hinweise zu Teil 1 Rdn. 1630.

1887 **2. Fortsetzung mit dem Erben.** Eine Fortsetzung des Mietverhältnisses mit dem Erben erfolgt nur, wenn weder ein Eintritt der durch § 563 BGB privilegierten Personen, noch eine Fortsetzung des Mietverhältnisses durch diese (§ 563a BGB) in Betracht kommt (§ 564 S. 1 BGB).

H. Beendigung des Mietverhältnisses

Der Eintritt des Erben in das Mietverhältnis (§§ 1922, 1967 BGB) ist somit gegenüber der in §§ 563, 563a BGB angeordneten Sonderrechtsnachfolge **nachrangig**.

Der Vermieter – und ebenso der Erbe (s. dazu die Hinweise zu Teil 1 Rdn. 1865) – ist berechtigt, das **Mietverhältnis außerordentlich mit gesetzlicher Frist** von drei Monaten zu kündigen. Die Kündigungsbefugnis besteht nicht, wenn nur einer von mehreren Mietern stirbt (LG Köln ZMR 2001, 457; *Sternel* ZMR 2004, 713, 721; zur Problematik NK-BGB/*Hinz* § 564 Rn. 7 ff.). Ebenso wenig ist sie gegeben, wenn der Mieter die Wohnung mit seinem Ehegatten oder anderen nach § 563 BGB privilegierten Personen bewohnt hat; in diesem Fall geht deren Eintrittsrecht der gesetzlichen Erbfolge vor. Sind **mehrere Erben** des Mieters vorhanden, so kann die Kündigung wirksam nur allen gegenüber erklärt werden (*Butenberg* ZMR 2015, 189, 196; *Sternel* ZMR 2004, 713, 722).

1888

Das Gesetz räumt dem Vermieter wie dem Erben für die Ausübung des Kündigungsrechts eine **Überlegungsfrist** von einem Monat ein, gerechnet ab Kenntnis vom Tod des Mieters sowie von dem Umstand, dass ein Eintritt oder eine Fortsetzung nach §§ 563, 563a BGB nicht erfolgt ist.

1889

3. Kein berechtigtes Interesse. Wie die §§ 573d Abs. 1, 575a Abs. 1 BGB ausdrücklich klarstellen, entfällt für die außerordentliche befristete Kündigung des Vermieters das bisher von der h.M. (vgl. BGH NJW 1997, 1696; AG Köln ZMR 2001, 284) angenommene Erfordernis eines **berechtigten Interesses** an der Beendigung des Mietverhältnisses. Der Vermieter braucht auch im Hinblick auf einen Kündigungswiderspruch des Mieters nach der Sozialklausel keine berechtigten Interessen im Kündigungsschreiben anzugeben. § 574 Abs. 3 BGB ist nicht anwendbar, da die Bestimmung lediglich auf § 573 Abs. 3 BGB Bezug nimmt, der hier gerade nicht gilt. S. auch die Hinweise zu Teil 1 Rdn. 1736.

1890

Gleichwohl kann es sinnvoll sein, den Erben frühzeitig über bestehende Kündigungsgründe zu informieren, um etwaige Streitigkeiten zu vermeiden.

1891

4. Kündigungswiderspruch/Fortsetzungswiderspruch. Mehrere Erben können das Widerspruchsrecht nach der Sozialklausel nur gemeinschaftlich ausüben. Dementsprechend obliegt es dem Vermieter, alle Miterben darüber nach Maßgabe des § 568 Abs. 2 BGB zu belehren; s. die Hinweise zu Teil 1 Rdn. 1646.

1892

5. Fortsetzungswiderspruch. Vergessen Sie nicht, der Gebrauchsfortsetzung innerhalb von zwei Wochen nach Beendigung des Mietverhältnisses gemäß § 545 BGB zu widersprechen. Der Widerspruch sollte bereits im Kündigungsschreiben erfolgen (vgl. BGH NZM 2010, 510 = WuM 2010, 418 = ZMR 2010, 671); s. dazu die Hinweise zu Teil 1 Rdn. 2153.

1893

Nur vorsorglich sollten Sie den Widerspruch dann innerhalb der gesetzlichen Frist wiederholen.

1894

9. Kündigung des Vermieters von Geschäftsraum nach Tod des Mieters (§ 580 BGB)

Herr Beispielhaft hat uns mit der Wahrnehmung seiner rechtlichen Interessen in der vorbezeichneten Angelegenheit beauftragt. Eine auf uns lautende Originalvollmacht liegt anbei.

1895

Namens und in Vollmacht unseres Mandanten kündigen wir das bestehende Mietverhältnis über das Mietobjekt _____ gemäß Mietvertrag vom _____ zum nächstzulässigen Zeitpunkt. Das ist der _____. Die Kündigung wird wie folgt begründet: **1**

Der vorbezeichnete Mietvertrag war abgeschlossen mit dem Mieter Herrn/Frau _____. Sie sind Erbe des verstorbenen Mieters. Gemäß § 580 BGB steht unserem Mandanten als Vermieter das Recht zur außerordentlichen Kündigung des

Mietvertrages zum frühest zulässigen Zeitpunkt zu. Von diesem Recht machen wir hiermit namens unseres Mandanten Gebrauch. ²

Einer weiteren Begründung bedarf die Kündigung nicht. ³

Gemäß § 545 BGB erklären wir schon jetzt, dass eine stillschweigende Fortsetzung des Mietverhältnisses über den Beendigungszeitpunkt hinaus nicht in Betracht kommt. ⁴

Erläuterungen

1896 **1. Besonderheiten.** Es gelten die gleichen Grundsätze wie bei der Kündigung eines Mietverhältnisses über Wohnraum (s. die Hinweise zu Teil 1 Rdn. 1886) mit folgenden Ausnahmen:
- der Erbe kann nicht der Kündigung nach § 574 ff. BGB widersprechen und die Fortsetzung des Mietverhältnisses verlangen.
- Die Kündigung ist nur mit einer Frist von **sechs Monaten zum Ende eines Kalendervierteljahres** zulässig (§ 580a Abs. 4 i.V. mit Abs. 2 BGB).

1897 **2. Kündigungsempfänger.** Auch hier ist zu beachten, dass das Sonderkündigungsrecht nicht besteht, wenn nur einer von mehreren Mietern stirbt (s. oben Teil 1 Rdn. 1887). Ist der verstorbene Mieter von mehreren Personen beerbt worden, so muss die Kündigung gegenüber allen Miterben erklärt werden. Besteht Testamentsvollstreckung, so ist die Kündigung gegenüber dem Testamentsvollstrecker zulässig.

1898 **3. Kündigungsformalien.** Die Kündigung braucht – anders als bei der Wohnraummiete (s. §§ 568, 573 Abs. 3 BGB) – weder schriftlich zu erfolgen noch mit einer Begründung versehen zu sein. Jedoch empfiehlt sich die Schriftform zu **Beweiszwecken** und die Begründung, um etwaigen Streitigkeiten vorzubeugen.

1899 **4. Fortsetzungswiderspruch.** Vergessen Sie nicht, der Gebrauchsfortsetzung innerhalb von zwei Wochen nach Beendigung des Mietverhältnisses gemäß § 545 BGB zu widersprechen. Der Widerspruch sollte bereits im Kündigungsschreiben erfolgen (vgl. BGH NZM 2010, 510 = WuM 2010, 418 = ZMR 2010, 671); s. dazu die Hinweise zu Teil 1 Rdn. 2153.

1900 Nur vorsorglich sollten Sie den Widerspruch dann innerhalb der gesetzlichen Frist wiederholen.

10. Kündigung eines Wohnraummietverhältnisses durch Ersteher (Vermieter) nach Zuschlag im Zwangsversteigerungsverfahren (§§ 57a ZVG, 573 BGB)

1901 Herr Beispielhaft hat uns mit der Wahrnehmung seiner rechtlichen Interessen in der vorbezeichneten Angelegenheit beauftragt. Eine auf uns lautende Originalvollmacht liegt anbei.

Namens und in Vollmacht unseres Mandanten kündigen wir das bestehende Mietverhältnis über das Mietobjekt _____ gemäß Mietvertrag vom _____ zum nächstzulässigen Zeitpunkt. Das ist der _____. Die Kündigung wird wie folgt begründet: ¹

Gemäß anliegender Kopie des Zuschlagsbeschlusses des Amtsgerichts _____ vom _____ Geschäftszeichen _____ ist unser Mandant jetzt Eigentümer des von Ihnen genutzten Mietobjekts und damit Ihr Vermieter. Unser Mandant ist nach dem Gesetz in alle Rechte und Pflichten nach dem bisher mit Ihnen bestehenden Mietvertrags eingetreten. Er ist gemäß § 57a ZVG berechtigt, ein bestehendes Mietverhältnis zum erst zulässigen Termin unter Einhaltung der gesetzlichen Frist zu kündigen, und zwar auch vorzeitig bei an sich langfristig abgeschlossenen und damit an sich von keiner Vertragspartei vorzeitig kündbaren Verträgen. Von diesem außerordentlichen Kündigungsrecht machen wir hiermit namens unseres Mandanten Gebrauch. ²

Gemäß § 573 BGB kann der Vermieter ein Mietverhältnis über Wohnraum kündigen, wenn er ein berechtigtes Interesse an der Beendigung des Mietverhältnisses hat. Als ein berechtigtes Interesse in diesem Sinne ist es insbesondere anzusehen, wenn der Vermieter die Räume als Wohnung für sich, seine Familienangehörigen oder Angehörige seines Haushaltes benötigt (Eigenbedarf) oder wenn der Vermieter durch die Fortsetzung des Mietverhältnisses an einer angemessenen wirtschaftlichen Verwertung des Mietobjekts gehindert wird und dadurch erhebliche Nachteile erleidet. Vorliegend berufet unser Mandant auf ³, ⁴

▶ Beispiel:

Eigenbedarf ⁵

Zum Nachweis des berechtigten Interesses teilen wir Ihnen folgenden Sachverhalt mit: (es folgt eine genaue und umfassende Mitteilung der tatsächlichen Umstände, die die Kündigung stützen, vgl. Beispiele bei den Formularen Teil 1 Rdn. 1669, 1690 und 1706).

Entsprechend einer gesetzlichen Verpflichtung weisen wir Sie darauf hin, dass Sie der Kündigung widersprechen und Fortsetzung des Mietverhältnisses verlangen können, wenn Sie meinen, dass die vertragsgemäße Beendigung des Mietverhältnisses für Sie/Ihre Familie oder einen anderen Angehörigen Ihres Haushalts eine Härte bedeuten würde, die auch unter Würdigung der berechtigten Vermieterinteressen nicht zu rechtfertigen ist. Der Widerspruch müsste schriftlich erfolgen und bis spätestens zwei Monate vor Beendigung des Mietverhältnisses eingehen. Der Widerspruch sollte begründet sein. ⁶

Gemäß § 545 BGB erklären wir schon jetzt, dass eine stillschweigende Fortsetzung des Mietverhältnisses über den Beendigungszeitpunkt hinaus nicht in Betracht kommt.

Erläuterungen

1. Kündigungserklärung. Zur Erklärung der Kündigung s. die Hinweise zu Teil 1 Rdn. 1594. Zu den Formalien der außerordentlichen befristeten Kündigung s. die Hinweise zu Teil 1 Rdn. 1851. 1902

Zur Vorlage der **Originalvollmacht** s. die Hinweise zu Teil 1 Rdn. 1630.

2. Eintritt des Erstehens. Mit dem Zuschlag tritt der Ersteher des Grundstücks in der Zwangsversteigerung **in bestehende Mietverhältnisse** sein, sofern dem Mieter das Mietobjekt schon überlassen war (§ 57 ZVG). Da dieser Eintritt nicht freiwillig erfolgt, steht dem Ersteher ein außerordentliches Kündigungsrecht mit gesetzlicher Frist von drei Monaten zu (§ 57a ZVG). Es ist in folgenden Fällen ausgeschlossen: 1903
- wenn das Kündigungsrecht durch die allgemeinen Versteigerungsbedingungen ausgeschlossen worden ist,
- wenn der Schuldner das Grundstück selbst ersteigert,
- wenn es sich um eine Teilungsversteigerung nach §§ 180, 183 ZVG handelt.

Achtung! Nach LG Kassel WuM 1990, 138 (gebilligt durch BVerfG WuM 1990, 138) soll der Ersteher nicht an ein Mietverhältnis gebunden sein, das erst nach der Beschlagnahme des Grundstücks vom Schuldner entgegen einer ordnungsmäßigen Bewirtschaftung mit einem Dritten begründet worden ist. 1904

1905 **3. Zuschlag.** Der Eintritt in das Mietverhältnis erfolgt mit dem Zuschlag; eine Grundbucheintragung des Erstehers ist hierfür nicht rechtsbegründende Voraussetzung. Dementsprechend ist auch das Sonderkündigungsrecht ab dem Zuschlag gegeben.

1906 Der Ersteher kann nur **auf den ersten Termin** kündigen, zu dem die Kündigung zulässig ist. Abzustellen ist auf die Lage am Tage des Zuschlags. Dem Ersteher wird jedoch noch eine kurze Frist eingeräumt, um die Sach- und Rechtslage sowie die Umstände zu überprüfen, die für oder gegen ein Verbleiben des Mieters sprechen (OLG Düsseldorf WuM 2002, 674).

1907 **4. Kündigungsformalien/Kündigungsfrist.** Zu Form und Inhalt der Kündigung s. die Hinweise zu Teil 1 Rdn. 1593. Bei der Wohnraummiete muss insbesondere beachtet werden, dass die Kündigung schriftlich zu erfolgen hat (§§ 568 Abs. 1, 126 BGB).

1908 Die **Kündigungsfrist** beträgt drei Monate abzüglich einer Karenzzeit von drei Werktagen (§§ 573d Abs. 2, 575a Abs. 3 BGB). Das gilt auch dann, wenn das Mietverhältnis entweder für längere Zeit fest abgeschlossen worden ist oder schon längere Zeit besteht. Eine Verlängerung der Kündigungsfrist entsprechend der Wohndauer ist nicht vorgesehen.

1909 **5. Berechtigtes Interesse.** Der Ersteher kann ein Mietverhältnis über Wohnraum, das Kündigungsschutz genießt, nur kündigen, wenn er ein berechtigtes Interesse nach § 573 Abs. 1, 2 BGB hat (§§ 573d Abs. 1, 575a Abs. 1 BGB, vgl. auch BGH WuM 2008, 233 f. = GE 2008, 402 f.). Der Ersteher muss alle Kündigungsgründe **im Kündigungsschreiben angeben**; es werden nur die Gründe berücksichtigt, die in der Kündigung enthalten sind (§ 573 Abs. 3 BGB).

1910 **6. Kündigungswiderspruch.** Der Mieter von Wohnraum kann der Kündigung nach §§ 574 ff. BGB **widersprechen** und Fortsetzung des Mietverhältnisses verlangen. Deshalb muss er über dieses Recht sowie Form und Fristen nach § 568 Abs. 2 BGB belehrt werden.

1911 **7. Fortsetzungswiderspruch.** Vergessen Sie nicht, der Gebrauchsfortsetzung innerhalb von zwei Wochen nach Beendigung des Mietverhältnisses gemäß § 545 BGB zu widersprechen. Der Widerspruch sollte bereits im Kündigungsschreiben erfolgen (vgl. BGH NZM 2010, 510 = WuM 2010, 418 = ZMR 2010, 671); s. dazu die Hinweise zu Teil 1 Rdn. 2153.

1912 Nur vorsorglich sollten Sie den Widerspruch dann innerhalb der gesetzlichen Frist wiederholen.

11. Kündigung eines Geschäftsraummietvertrages nach Zuschlag im Zwangsversteigerungsverfahren (§ 57a ZVG)

1913 Herr Beispielhaft hat uns mit der Wahrnehmung seiner rechtlichen Interessen in der vorbezeichneten Angelegenheit beauftragt. Eine auf uns lautende Originalvollmacht liegt anbei.

Namens und in Vollmacht unseres Mandanten kündigen wir das bestehende Mietverhältnis über das Mietobjekt _____ gemäß Mietvertrag vom _____ zum nächstzulässigen Zeitpunkt. Das ist der _____. Die Kündigung wird wie folgt begründet: [1]

Gemäß anliegender Kopie des Zuschlagsbeschlusses des Amtsgerichts _____ vom _____ Geschäftszeichen _____ ist unser Mandant jetzt Eigentümer des von Ihnen genutzten Mietobjekts und damit Ihr Vermieter. Er ist nach dem Gesetz in alle Rechte und Pflichten nach dem bisher mit Ihnen bestehenden Mietvertrag eingetreten. Gemäß § 57a ZVG ist unser Mandant berechtigt, ein bestehendes Mietverhältnis zum erst zulässigen Termin unter Einhaltung der gesetzlichen Frist zu kündigen, und zwar auch bei an sich langfristig abgeschlossenen und damit von keiner Vertragspartei vorzeitig kündbaren Verträgen. Von diesem außerordentlichen Kündigungsrecht machen wir hiermit namens und in Vollmacht unseres Mandanten Gebrauch. Die Kündigung bedarf im Übrigen keiner weiteren Begründung. [2]

Gemäß § 545 BGB erklären wir schon jetzt, dass eine stillschweigende Fortsetzung des Mietverhältnisses über den Beendigungszeitpunkt hinaus nicht in Betracht kommt. [3]

Erläuterungen

1. Besonderheiten. Für das außerordentliche Kündigungsrecht des **Erstehers** bei Vermietung von **Geschäftsräumen** oder gewerblich genutzten unbebauten Grundstücken gilt das Gleiche wie für die Kündigung von Mietverhältnissen über Wohnraum (s. Muster und Hinweise zu Teil 1 Rdn. 1901), jedoch mit folgenden Einschränkungen:
– Die Kündigungsschutzvorschriften in §§ 573 ff. BGB sind nicht anzuwenden.
– Die Kündigung ist nur auf das **Ende eines Kalendervierteljahres** zulässig und zwar mit folgenden **Fristen**:
– drei Monate (mit drei Karenztagen) bei gewerblich genutzten unbebauten Grundstücken (§ 580a Abs. 4 i.V. mit Abs. 1 Nr. 3 BGB),
– sechs Monate (mit drei Karenztagen) bei Geschäftsräumen (§ 580a Abs. 4 i.V. mit Abs. 2 BGB).

1914

Die Kündigung braucht – anders als bei der Wohnraummiete (s. §§ 568, 573 Abs. 3 BGB) – weder schriftlich zu erfolgen noch mit einer Begründung versehen zu sein. Jedoch empfiehlt sich die Schriftform aus **Beweiszwecken** und die Begründung, um etwaigen Streitigkeiten vorzubeugen.

1915

2. Kollusives Zusammenwirken. Eine Kündigung kann **rechtsmissbräuchlich** sein, wenn Vermieter und Ersteher arglistig zusammenwirken, um ein längeres Mietverhältnis kündigen zu können. An einen Missbrauch werden aber hohe Anforderungen gestellt. So ist nach BGH ZMR 1979, 349 die Kündigung selbst dann keine unzulässige Rechtsausübung, wenn der Ersteher das Grundstück erwirbt, um die langfristigen Mietverhältnisse zu kündigen. Rechtsmissbräuchlich ist es aber, wenn das Zwangsversteigerungsverfahren allein deshalb betrieben wird, um dem Ersteher die Kündigung solcher Mietverhältnisse zu ermöglichen.

1916

3. Fortsetzungswiderspruch. Vergessen Sie nicht, der Gebrauchsfortsetzung innerhalb von zwei Wochen nach Beendigung des Mietverhältnisses gemäß § 545 BGB zu widersprechen. Der Widerspruch sollte bereits im Kündigungsschreiben erfolgen (vgl. BGH NZM 2010, 510 = WuM 2010, 418 = ZMR 2010, 671); s. dazu die Hinweise zu Teil 1 Rdn. 2153.

1917

Nur vorsorglich sollten Sie den Widerspruch dann innerhalb der gesetzlichen Frist wiederholen.

1918

Zu den allgemeinen Grundsätzen der außerordentlichen befristeten Kündigung s. Teil 1 Rdn. 1851.

1919

VII. Außerordentliche Mieter-Kündigung mit gesetzlich geregelter Frist

1. Kündigung des Mieters wegen Versagung der Untermieterlaubnis (§ 540 Abs. 1 BGB)

Herr Beispielhaft hat uns mit der Wahrnehmung seiner rechtlichen Interessen in der vorbezeichneten Angelegenheit beauftragt. Eine auf uns lautende Originalvollmacht liegt anbei.

1920

Namens und in Vollmacht unseres Mandanten kündigen wir das bestehende Mietverhältnis über das Mietobjekt _____ gemäß Mietvertrag vom _____ zum nächstzulässigen Zeitpunkt. Das ist der _____. Die Kündigung wird wie folgt begründet: [1, 2]

▶ Beispiel:

An sich ist der zwischen Ihnen und unserem Mandanten bestehende Mietvertrag noch fest bis zum _____ abgeschlossen und bis dahin für beide Vertragsparteien unkündbar. Unserem Mandanten steht jedoch das Recht zur außerordentlichen Kündigung gemäß § 540 Abs. 1 BGB zu, nach dem Sie auf seine Anfrage hin von vornherein und generell jegliche Untervermietung abgelehnt haben, ohne dass die Untervermietung schon nach dem Mietvertrag zulässigerweise ausgeschlossen ist. [3]

▶ **Beispiel:**

Unserem Mandanten steht das Recht zur außerordentlichen Kündigung des an sich fest abgeschlossenen Mietvertrages gemäß § 540 Abs. 1 BGB zu, nachdem Sie die Untervermietung an den vorgeschlagenen Untermieter Herrn/Frau _____ abgelehnt haben, obwohl die Untervermietung nach dem Mietvertrag nicht zulässigerweise ausgeschlossen ist und auch kein wichtiger Grund gegen die Person des vorgeschlagenen Untermieters vorliegt. [4]

Erläuterungen

1921 **1. Kündigungsrecht.** Das außerordentliche Kündigungsrecht nach § 540 Abs. 1 S. 2 BGB ist gegeben, wenn der Mieter das Mietobjekt entweder ganz oder zum Teil untervermieten will und der Vermieter die Erlaubnis verweigert, obwohl in der Person des Dritten objektiv kein wichtiger Grund vorliegt. Es kommt nicht darauf an, ob dem Mieter ein Recht zur **Untervermietung** nach dem Mietvertrag oder aus Gesetz zusteht. Allerdings muss der Untermietinteressent ein **tatsächliches Nutzungsinteresse** an dem Mietobjekt haben. Fehlt es daran und ist dies dem Hauptmieter bekannt, so ist die Kündigung rechtsmissbräuchlich und damit nach § 242 BGB unwirksam (BGH WuM 2010, 30 f.). Hat er ein **Recht zur** Untervermietung, so kann er bei unberechtigter Versagung der Erlaubnis das Mietverhältnis nach erfolgloser Abmahnung oder Fristsetzung zur Erlaubniserteilung außerordentlich fristlos nach § 543 Abs. 2 Nr. 1 BGB wegen nicht vollständiger Gewährung des vertragsgemäßen Gebrauchs kündigen und darüber hinaus Schadensersatz verlangen (BGH ZMR 1984, 275; OLG Düsseldorf WuM 1995, 585).

1922 **2. Kündigungsfrist.** Diese beträgt bei Mietverhältnissen über Wohnraum drei Monate mit einer Karenzzeit von drei Werktagen (§§ 573d Abs. 2, 575a Abs. 3 BGB); bei Mietverhältnissen über andere Sachen richtet sie sich nach § 580a Abs. 4 BGB. Der Mieter braucht nicht zum ersten möglichen Termin zu kündigen, sondern kann eine angemessene Überlegungsfrist in Anspruch nehmen.

Achtung! Der mit der Kündigung beauftragte Rechtsanwalt sollte nicht vergessen, der schriftlichen Kündigungserklärung eine schriftliche **Originalvollmacht** beizufügen. Anderenfalls kann der Kündigungsempfänger die Erklärung nach § 174 S. 1 BGB unverzüglich zurückweisen, was zur Unwirksamkeit führt (BGH NZM 2002, 163 = ZMR 2002, 893).

1923 Der Mieter kann von seinem außerordentlichen Kündigungsrecht dann keinen Gebrauch machen, wenn es vertraglich wirksam ausgeschlossen ist. Ein formularmäßiger Ausschluss ist sowohl bei der Wohnraum- als auch bei der Geschäftsraummiete unzulässig (BGH ZMR 1995, 397; LG Hamburg ZMR 1992, 452; Schmidt-Futterer/*Blank* § 540 Rn. 67).

1924 **3. Verweigerung.** Die Kündigungsbefugnis nach § 540 Abs. 1 S. 2 BGB besteht selbst dann, wenn das Mietverhältnis befristet und damit an sich nicht kündbar ist (vgl. § 575a Abs. 1 BGB). Einen Anspruch auf eine generelle, nicht personenbezogene Untervermietungserlaubnis hat der Mieter auch dann nicht, wenn der Vermieter die Zustimmung zur Untervermietung **generell verweigert** (BGH GE 2012, 825). Allerdings kann der Mieter, bevor er mit der (für ihn u.U. aufwendigen) Suche nach einem Untermieter beginnt, zunächst bei seinem Vermieter nachfragen, ob dieser einer Untervermietung **grundsätzlich zustimmt**. Lehnt der Vermieter von vornherein jegliche Untervermietung ab, kann der Mieter außerordentlich kündigen (Schmidt-Futterer/*Blank* § 540 Rn. 73; Lützenkirchen/*Lützenkirchen* § 540 Rn. 53).

Die (abstrakte) Anfrage des Mieters muss aber so beschaffen sein, dass dem Vermieter vorbehalten bleibt, nach konkreter Benennung eines Mietinteressenten dessen Bonität zu prüfen und bei Vorliegen eines **wichtigen Grundes** die konkrete Erlaubnis versagen zu dürfen (OLG Celle NZM 2003, 396, 397).

Eine Verweigerung der Untermieterlaubnis liegt auch dann vor, wenn der Vermieter die Erlaubnis unter **Auflagen** oder Bedingungen erteilt, die im Mietvertrag nicht vorgesehen sind. 1925

4. Konkreter Untermietinteressent. Das **Schweigen** des Vermieters innerhalb einer vom Mieter gesetzten Frist berechtigt diesen nach Fristablauf jedenfalls dann zur Kündigung nach § 540 Abs. 1 S. 2 BGB, wenn er einen konkreten Untermieter mit Namen und Anschrift benannt hat und mit der – angemessenen – Fristsetzung die Ankündigung verbunden hat, dass er ein Schweigen des Vermieters innerhalb der Frist als Verweigerung der Zustimmung werten werde (OLG Köln WuM 2000, 597 = ZMR 2001, 186; KG ZMR 2008, 128). 1926

Dagegen ist es nicht als generelle Erlaubnisverweigerung anzusehen, wenn der Vermieter sich nicht innerhalb der gesetzten Frist äußert, nachdem der Mieter ihn, ohne einen konkreten Untermietinteressenten zu benennen, um Erlaubniserteilung gebeten hat (OLG Koblenz ZMR 2001, 530 = WuM 2001, 272 = NZM 2001, 581; LG Berlin GE 2002, 668; LG Gießen ZMR 1999, 559). Der Vermieter kann die Frage, ob in der Person des Dritten ein wichtiger Grund vorliegt, nur dann beurteilen, wenn er den Dritten kennt. Er braucht sich eine generell ablehnende Erklärung durch entsprechende Bewertung seines Schweigens nicht aufdrängen zu lassen, indem der Mieter von ihm die Abgabe einer generellen Erklärung verlangt, ohne dass ihm alle maßgebenden Umstände – namentlich die **Person des Dritten** – bekannt sind (OLG Koblenz ZMR 2001, 530, 532 = WuM 2001, 272, 274 = NZM 2001, 581, 582; zur provozierten Erlaubnisverweigerung auch *Schönleber* NZM 1998, 948). 1927

Beabsichtigt der Mieter eine **gewerbliche Untervermietung**, kann der Vermieter auch Angaben zu den wirtschaftlichen Verhältnissen des Untermieters und zu den Bedingungen des Untermietvertrags (Miethöhe, Laufzeit) verlangen (BGH NZM 2007, 127, 128 = ZMR 2007, 184, 186; KG ZMR 2008, 128). 1928

Der Vermieter muss dem Mieter den **Grund für die Versagung** mitteilen. Unterlässt er dies trotz Nachfrage, so kann er sich auf etwaige Versagungsgründe nicht mehr berufen, es sei denn, dass er sie entschuldbar nicht gekannt hat oder sie erst später entstanden sind. 1929

2. Kündigung des überlebenden Mieters bei Tod eines Mieters (§ 563a BGB)

Frau Beispielhaft hat uns mit der Wahrnehmung ihrer rechtlichen Interessen in der vorbezeichneten Angelegenheit beauftragt. Eine auf uns lautende Originalvollmacht liegt anbei. 1930

Namens und in Vollmacht unserer Mandantin kündigen wir hiermit unter Bezugnahme auf § 563a BGB das mit Ihnen bestehende Mietverhältnis über das Wohnraummietobjekt _____ gemäß Mietvertrag vom _____ mit der gesetzlichen Frist (§ 573d Abs. 2 BGB) zum nächstzulässigen Zeitpunkt. Das ist der _____. [1]

Wir machen für unsere Mandantin von dem ihr zustehenden Kündigungsrecht Gebrauch, nachdem

> **Beispiel:**
>
> deren nicht ehelicher Lebenspartner, Herr _____, mit dem sie gemeinsam Mieter gewesen ist und mit dem sie im hier fraglichen Mietobjekt einen gemeinsamen Haushalt geführt hat, bei einem Verkehrsunfall am _____ ums Leben gekommen ist. Von diesem tragischen Ereignis hat unsere Mandantin noch am gleichen Tage Kenntnis erlangt. [2]

Das außerordentliche Kündigungsrecht besteht unabhängig von einer mit Ihnen fest vereinbarten Mietzeit. [3]

Erläuterungen

1931 **1. Fortsetzungsrecht.** Nach § 563a Abs. 1 BGB setzen die **überlebenden Mitmieter**, die nach § 563 BGB **eintrittsberechtigt** sind, das Mietverhältnis mit dem Vermieter fort. Erforderlich ist aber stets, dass die fortsetzenden Mieter mit dem Verstorbenen einen gemeinsamen Haushalt geführt haben. Dies folgt aus der Formulierung: »Personen im Sinne des § 563« in § 563a Abs. 1 BGB. Erfasst werden neben den bisher lediglich geschützten Ehegatten auch der Lebenspartner i.S. des § 1 Abs. 1 S. 1 LPartG, Kinder, andere Familienangehörige sowie sonstige Personen, die mit dem Mieter einen auf Dauer angelegten gemeinsamen Haushalt führen, soweit sie schon vor dessen Tod Mitmieter waren.

1932 Bedeutung erlangt § 563a BGB, wenn neben den Mietmietern noch ein Erbe vorhanden ist. Die Vorschrift räumt Mietern, soweit sie dem in § 563 BGB aufgeführten Personenkreis angehören, hinsichtlich des Anteils des Verstorbenen am Mietverhältnis den Vorrang vor dem Erben ein (*Butenberg* ZMR 2015, 189, 193 f.; *Hinz* ZMR 2002, 640, 644).

1933 **2. Kündigungsrecht.** Gemäß § 563a Abs. 2 BGB steht den überlebenden Mitmietern das Recht zur außerordentlichen Kündigung mit gesetzlicher Frist zu. Dies gilt natürlich auch, wenn nur ein überlebender Mitmieter vorhanden ist (*Achenbach* NZM 2002, 741, 742). Da es sich um ein Kündigungsrecht des Mieters handelt, ist ein berechtigtes Interesse nicht erforderlich (vgl. §§ 573d Abs. 1, 575a Abs. 1, jeweils i.V. mit § 573 BGB).

1934 **3. Überlegungsfrist.** Für die Ausübung des Kündigungsrechts steht dem überlebenden Mitmieter eine Überlegungsfrist von einem Monat zu. Die Frist beginnt mit dem Zeitpunkt, in dem er vom Tod des Mieters Kenntnis erlangt hat (§ 563a Abs. 2 BGB). **Mehrere Mitmieter** können das Kündigungsrecht nur gemeinsam ausüben (*Butenberg* ZMR 2015, 189, 194; *Hinz* ZMR 2002, 640, 644).

1935 Die Frist der außerordentlichen Kündigung nach § 563 Abs. 2 BGB beträgt in jedem Fall **drei Monate** (vgl. §§ 573d Abs. 2, 575a Abs. 3 BGB). Das Kündigungsrecht ist somit nur dann von Bedeutung, wenn sich der überlebende Mieter nicht durch ordentliche Kündigung mit dreimonatiger Frist (§ 573 Abs. 1 S. 1 BGB) aus dem Vertragsverhältnis lösen kann, also namentlich
– bei einem Zeitmietvertrag (§ 575 BGB – dazu Teil 1 Rdn. 72),
– bei einem befristeten Ausschluss des ordentlichen Kündigungsrechts (s. dazu Teil 1 Rdn. 51) oder
– wenn die vormaligen Kündigungsfristen (§ 565 Abs. 2 BGB a.F.) in Altverträgen gelten (s. dazu Teil 1 Rdn. 1803).

Achtung! Der mit der Kündigung beauftragte Rechtsanwalt sollte nicht vergessen, der schriftlichen Kündigungserklärung eine schriftliche **Originalvollmacht** beizufügen. Anderenfalls kann der Kündigungsempfänger die Erklärung nach § 174 S. 1 BGB unverzüglich zurückweisen, was zur Unwirksamkeit führt (BGH NZM 2002, 163 = ZMR 2002, 893).

3. Kündigung durch den Erben des verstorbenen Mieters (§§ 564, 580 BGB)

Herr Beispielhaft hat uns mit der Wahrnehmung seiner rechtlichen Interessen in der vorbezeichneten Angelegenheit beauftragt. Eine auf uns lautende Originalvollmacht liegt anbei.

Wir kündigen namens und in Vollmacht unseres Mandanten in seiner Eigenschaft als Erbe des am _____ verstorbenen _____ das Mietverhältnis gemäß Mietvertrag vom _____ betreffend das Mietobjekt _____ fristgemäß zum nächstzulässigen Zeitpunkt. Das ist der _____ . [1]

Das Mietverhältnis wurde nicht mit Haushalts- oder Familienangehörigen des Verstorbenen gemäß §§ 563, 563a BGB fortgesetzt. Daher steht unserem Mandanten das Recht zur außerordentlichen Kündigung des Mietverhältnisses gemäß § 580 BGB zu. [2]

Eventuell:

Das Mietobjekt wird bis spätestens _____ geräumt und zur Übergabe zur Verfügung stehen. Unser Mandant wird Sie anrufen, um einen Übergabetermin mit Ihnen zu vereinbaren. Unser Mandant würde es sehr begrüßen, wenn Sie sich schon recht bald um eine Neuvermietung bemühen würden, um ihn als Erben ggf. schon vorzeitig aus dem Mietverhältnis zu entlassen. Wenn Sie die Benennung eines Mietnachfolgers durch unseren Mandanten wünschen, der schon vor Wirksamwerden dieser Kündigung zum Abschluss eines Mietvertrages bereit ist, bitten wir Sie um Unterrichtung. [3]

Erläuterungen

1. Kündigungsrecht. Es gelten die gleichen Grundsätze wie für die Vermieterkündigung gegenüber dem Erben, außer dass die Vorschriften über den Kündigungswiderspruch nach der Sozialklausel (§§ 574 ff. BGB) keine Anwendung finden.

Mehrere Miterben können das Kündigungsrecht nur gemeinschaftlich ausüben. Besteht **Testamentsvollstreckung**, so ist nur der Testamentsvollstrecker zur Kündigung berechtigt.

Handelt es sich um ein Mietverhältnis über Geschäftsräume, so ist die Kündigung nur mit einer Frist von **sechs Monaten zum Ende eines Kalendervierteljahres** zulässig (§ 580a Abs. 4 i.V. mit Abs. 2 BGB). Für Grundstücke und Gewerberäume, die nicht Geschäftsräume sind, gelten die Fristen nach § 580a Abs. 4 i.V. mit Abs. 1 Nr. 3 BGB.

Dem Erben steht für die Ausübung des Kündigungsrechts eine **Überlegungsfrist** von einem Monat zu, gerechnet ab der Kenntniserlangung vom Tod des Mieters sowie von dem Umstand, dass ein Eintritt oder eine Fortsetzung nach §§ 563, 563a BGB nicht erfolgt ist. Maßgebend ist der Zeitpunkt, zu dem der Erbe vom Erbfall und seiner Erbenstellung sowie von dem Umstand erfahren hat, dass Personen in der Wohnung leben, die mit dem verstorbenen Mieter einen gemeinsamen Haushalt geführt hatten. Ihn trifft eine Ermittlungspflicht im Rahmen des Zumutbaren. Der Vermieter ist nicht berechtigt zu verlangen, dass der Erbe seine Kündigungsbefugnis mittels eines Erbscheins nachweist (vgl. *Herzog* NZM 2013, 175, 180).

2. Keine Sonderrechtsnachfolge. Bei der Wohnraummiete ist das **Sonderkündigungsrecht** des Erben **ausgeschlossen**, wenn der verstorbene Mieter mit seinem **Ehegatten**, dem registrierten Lebenspartner, Familienangehörigen oder mit einem Lebensgefährten in der Wohnung zusammengelebt und einen gemeinsamen Haushalt geführt hat und die Person nach Maßgabe des § 563 Abs. 1 oder 2 BGB in das Mietverhältnis eingetreten ist; s. dazu Muster und Hinweise zu Teil 1 Rdn. 1868.

1942 **3. Nachfolgevermietung.** Im Hinblick auf die kurze Restlaufzeit wird der Vermieter jedenfalls bei der Wohnraummiete in der Regel nicht verpflichtet sein, sich auf einen Nachfolgeinteressenten einzulassen. Bei der Geschäftsraummiete könnte angesichts der Sechsmonatsfrist zum Quartal unter bestimmten Voraussetzungen eine **Nachmietergestellung** in Betracht kommen. S. dazu die Hinweise zu Teil 1 Rdn. 2185 und Teil 1 Rdn. 2194.

4. Kündigung nach einer Mieterhöhung gemäß §§ 558, 559 BGB (§ 561 BGB)

1943 Herr Beispielhaft hat uns mit der Wahrnehmung seiner rechtlichen Interessen in der vorbezeichneten Angelegenheit beauftragt. Eine auf uns lautende Originalvollmacht liegt anbei.

Namens und in Vollmacht unseres Mandanten kündigen wir das bestehende Mietverhältnis über das Mietobjekt _____ gemäß Mietvertrag vom _____ zum nächstzulässigen Zeitpunkt. Das ist der _____. Die Kündigung wird wie folgt begründet: [1]

Gemäß § 561 BGB hat unser Mandant das Recht zur außerordentlichen Kündigung des Mietvertrages, unabhängig von den dort getroffenen Vereinbarungen über Kündigungsmöglichkeiten oder einer fest vereinbarten Mietzeit. Die Voraussetzungen dieser Vorschrift liegen vor, [2]

nachdem Sie mit Schreiben vom _____ die Zustimmung zur Erhöhung der Miete auf die ortsübliche Vergleichsmiete gemäß § 558 BGB verlangt haben.

oder

nachdem Sie aufgrund baulicher Veränderungen gemäß § 559 BGB eine Mieterhöhung verlangt haben.

Erläuterungen

1944 **1. Kündigungsrecht.** Dem Mieter von Wohnraum steht ein Sonderkündigungsrecht bei **Mieterhöhungen** zu und zwar bei Vermietung von preisfreiem Wohnraum nach § 561 BGB und bei Vermietung von preisgebundenem Wohnraum nach § 11 WoBindG. Die Kündigung ist bei Mietverhältnissen über preisfreien Wohnraum zulässig, wenn der Vermieter eine Mieterhöhung nach § 558 BGB oder nach § 559 BGB verlangt, nicht aber bei Mieterhöhungen wegen Betriebskostensteigerungen nach § 560 BGB. Weiterhin findet das Sonderkündigungsrecht des § 561 BGB keine Anwendung bei einvernehmlichen Mieterhöhungen, auch dann nicht, wenn die Einigung auf eine Erhöhungserklärung des Vermieters erfolgt (Herrlein/Kandelhard/*Both* § 561 Rn. 3; PWW/*Elzer* § 562 Rn. 2).

1945 Nach überwiegender Meinung steht dem Mieter das Sonderkündigungsrecht auch dann zu, wenn das Erhöhungsverlangen des Vermieters nicht wirksam war (vgl. Schmidt-Futterer/*Börstinghaus* § 561 Rn. 12 ff.). Das Kündigungsrecht kann vertraglich nicht ausgeschlossen oder eingeschränkt werden (§ 561 Abs. 2, § 11 Abs. 3 WoBindG). Kündigt der Mieter wirksam, so **tritt die Mieterhöhung nicht ein** (§ 561 Abs. 1 S. 2, § 11 Abs. 2 WoBindG).

1946 Für die Kündigung sind die allgemeinen Grundsätze zu beachten, s. dazu die Hinweise zu Teil 1 Rdn. 1593. Sie bedarf also der **Schriftform** (§§ 568 Abs. 1, 126 BGB), Textform (§ 126b BGB) genügt nicht. Die Kündigung nach § 561 BGB braucht nicht begründet zu werden (AG Tempelhof-Kreuzberg WuM 2006, 452).

1947 **2. Erklärungsfrist.** Das Kündigungsrecht kann nur **bis zum Ablauf des zweiten Monats**, der auf den Zugang des Erhöhungsverlangens nach § 558a BGB (= Überlegungsfrist nach § 558b

Abs. 2 BGB) bzw. der Erhöhungserklärung nach § 559b BGB folgt, ausgeübt werden. Die Kündigung wirkt zum Ablauf des übernächsten Monats und nicht etwa erst zum Ablauf der Klagefrist des § 558b Abs. 2 S. 2 BGB (vgl. AG Hamburg WuM 1996, 154).

Beispiel 1: Zugang des Erhöhungsverlangens (§ 558a BGB) am 12. Mai. 1948

Ablauf der Überlegungsfrist, innerhalb der der Mieter der Erhöhung zustimmen oder kündigen kann, am 31. Juli. 1949

Wirkung einer Kündigung, die innerhalb der Überlegungsfrist bis zum 31. Juli ausgesprochen werden müsste: 30. September. 1950

Beispiel 2: Zugang der Erhöhungserklärung (§ 559b BGB) am 12. Mai. 1951

Kündigungsmöglichkeit bis zum 31. Juli. 1952

Wirkung einer Kündigung, die innerhalb der Frist bis zum 31. Juli ausgesprochen werden müsste: 30. September. 1953

Hat der Vermieter in dem Mieterhöhungsverlangen einen **späteren** als den sich aus § 558b Abs. 1 BGB ergebenden **Wirksamkeitszeitpunkt** genannt, verlängert sich auch die Erklärungsfrist bis zum Ablauf des vor diesem Zeitpunkt endenden Monats (BGH WuM 2013, 737 = ZMR 2014, 197).

Achtung! Der mit der Kündigung beauftragte Rechtsanwalt sollte nicht vergessen, der schriftlichen Kündigungserklärung eine schriftliche Originalvollmacht beizufügen. Anderenfalls kann der Kündigungsempfänger die Erklärung nach § 174 S. 1 BGB **unverzüglich zurückweisen**, was zur Unwirksamkeit führt (BGH NZM 2002, 163 = ZMR 2002, 893).

VIII. Außerordentliche fristlose Vermieter-Kündigung

Für die außerordentliche fristlose Kündigung aus wichtigem Grund gelten die allgemeinen Grundsätze zur Kündigung, s. die Hinweise zu Teil 1 Rdn. 1593. Im Übrigen gelten folgende gemeinsame Grundsätze für die außerordentliche fristlose Kündigung des Vermieters und Mieters: 1954

1. Schriftform

Diese ist nur bei **Wohnraummietverhältnissen** eine Wirksamkeitsvoraussetzung (§§ 568 Abs. 1, 126 BGB); sie empfiehlt sich aber auch bei anderen Mietverhältnissen aus Beweisgründen. Textform (§ 126b BGB) genügt bei der Wohnraummiete nicht, wohl aber die (in der Praxis z.Z. aber kaum gebräuchliche) elektronische Form (§ 126a BGB). 1955

2. Zeitpunkt

Die fristlose Kündigung kann bereits vor Beginn des Mietverhältnisses ausgesprochen werden; die zur Kündigung berechtigte Partei braucht also nicht bis zum Beginn des Mietverhältnisses zu warten (OLG Düsseldorf ZMR 1995, 465 für den Fall der Nichtzahlung der Kaution bei einem Gewerberaummietverhältnis). 1956

3. Abmahnerfordernis

Die außerordentliche fristlose Kündigung erfordert gemäß § 543 Abs. 3 S. 1 BGB in allen Fällen der Vertragsverletzung – mit Ausnahme des Zahlungsverzuges (§ 543 Abs. 3 S. 2 Nr. 3 BGB) – eine vorherige erfolglose Abmahnung bzw. den erfolglosen Ablauf einer zur Abhilfe gesetzten angemessenen Frist. 1957

1958 Die Abmahnung bzw. die Fristsetzung ist jedoch nach § 543 Abs. 3 S. 2 BGB **entbehrlich**, wenn
- sie offensichtlich sinnlos (Nr. 1) oder
- die sofortige Kündigung aus besonderen Gründen unter Abwägung der beiderseitigen Interessen gerechtfertigt ist (Nr. 2).

4. Kündigungsausspruch binnen angemessener Frist

1959 Gemäß § 314 Abs. 3 BGB kann der zur außerordentlichen fristlosen Kündigung Berechtigte nur innerhalb einer angemessenen Frist kündigen, nachdem er vom Kündigungsgrund Kenntnis erlangt hat. Die Vorschrift findet nach h.M. auch im Mietrecht Anwendung (BGH [12 ZS] NZM 2007, 400, 401; KG GE 2013, 618, 619; LG Itzehoe ZMR 2010, 363, 364; AG Tempelhof-Kreuzberg GE 2012, 495; PWW/*Stürner* § 314 Rn. 4; *Häublein* ZMR 2005, 1 a.A. Palandt/*Grüneberg* § 314 Rn. 6; offen gelassen bei BGH [8. ZS] NZM 2009, 314, 315 = WuM 2009, 231, 232 und BGH [LwS] NZM 2010, 552, 553); die §§ 543, 569 BGB regeln nur die Kündigungsgründe abschließend, nicht aber die Formalien der Kündigung. Wird die Kündigung nicht binnen angemessener Frist erklärt, tritt bezogen auf den Kündigungsgrund mit Zeitablauf eine **Verwirkung** ein. Allerdings kann der Kündigungsberechtigte nach einer vom BGH (WuM 2010, 352 = GE 2010, 842, 843) als rechtsfehlerfrei gebilligten Auffassung bei einer fortdauernden Vertragsverletzung erneut abmahnen bzw. eine Frist setzen und bei Erfolglosigkeit die Kündigung wiederholen. Dies dürfte aber noch nicht gänzlich gesichert sein.

1960 Die Frist beginnt mit der Kenntniserlangung des Kündigungsgrundes durch den Berechtigten (BGH NZM 2007, 400, 401 = ZMR 2007, 525, 528; OLG Düsseldorf GE 2008, 54, 55). Dafür ist nach überwiegender Auffassung auf die Entstehung des Kündigungsgrundes, also den Zeitpunkt der **Vollendung** des Kündigungstatbestands abzustellen (*Beuermann* GE 2002, 786, 787; in diesem Sinne auch BGH NZM 2007, 400, 401 = ZMR 2007, 525, 528). Ist der Kündigung (wie im Regelfall) eine Abmahnung oder Fristsetzung zur Abhilfe vorausgegangen, so ist der Kündigungstatbestand erst nach fruchtlosem Ablauf der gesetzten Abhilfefrist bzw. nach erfolgloser Abmahnung vollendet. Anders soll es sich nach AG Tempelhof-Kreuzberg GE 2012, 495 aber verhalten, wenn der Kündigungsberechtigte schon mit dem Ausspruch der Abmahnung unangemessen lange zugewartet hat.

Die **Dauer** der dann beginnenden »angemessenen« Frist bestimmt sich nach den Umständen des Einzelfalls (OLG Düsseldorf GE 2008, 54, 55 f.). Eine Frist von ca. vier Monaten zwischen Kenntnis des Kündigungsgrundes und Kündigungsausspruch soll noch angemessen sein (BGH NZM 2007, 400, 401 = ZMR 2007, 525, 528; OLG Düsseldorf GE 2008, 54, 57; OLG Bremen ZMR 2007, 688; s. auch OLG Nürnberg Urt. v. 10.02.2010, 12 U 1306/09 Tz. 141 [gekürzt abgedr. in ZMR 2010, 524]: zwei bis sechs Monate; LG Itzehoe ZMR 2010, 363, 364: vier bis fünf Monate). Allerdings haben die Instanzgerichte teilweise auch kürzere Fristen postuliert (vgl. etwa LG Berlin GE 2005, 57: weniger als drei Monate; ähnlich LG Hamburg ZMR 2006, 695, 696). Klar ist jedoch, dass die kurze Frist von zwei Wochen in § 626 Abs. 2 BGB im Rahmen des § 314 Abs. 3 BGH nicht als Richtschnur gelten kann (KG GE 2011, 481, 482; OLG Köln ZMR 1995, 469; *Beuermann* GE 2002, 786, 787 f.). Andererseits ist ein Zuwarten von sieben Monaten in jedem Fall zu lang (LG Hamburg ZMR 2007, 199; AG Tempelhof-Kreuzberg GE 2012, 495: acht Monate).

5. Begründungserfordernis

1961 Nach § 569 Abs. 4 BGB ist die Angabe des zur Kündigung führenden wichtigen Grundes in dem Kündigungsschreiben auch bei der fristlosen Kündigung eines Wohnraummietverhältnisses erforderlich und zwar sowohl für den Vermieter als auch für den Mieter. Die Begründung soll dem Kündigungsempfänger ermöglichen zu erkennen, auf welche Vorgänge oder welches Verhalten der Erklärende die Kündigung stützt und ob bzw. wie er sich hiergegen verteidigen kann (BGH WuM 2004, 97, 98 = ZMR 2004, 254, 255). Nach der amtlichen Begründung des MRRG sind an das Begründungserfordernis bei der außerordentlichen fristlosen Kündigung keine zu hohen und übertrieben formalistischen Anforderungen zu stellen (BT-Drucks. 14/5663, 82). Dem ist der BGH in ständiger Rechtsprechung für die Kündigung wegen Zahlungsverzugs (§ 543 Abs. 2 Nr. 3 BGB) gefolgt (s. nur BGH NZM 2010, 548 = ZMR 2010, 839; WuM 2004, 97, 98 = ZMR 2004, 254, 255).

Andererseits wird § 569 Abs. 4 BGB vielfach dahingehend ausgelegt, dass hier dieselben Maßstäbe gelten wie bei der ordentlichen Kündigung nach § 573 BGB (z.B. LG Itzehoe ZMR 2010, 363, 364; LG Duisburg WuM 2006, 257; LG Stuttgart WuM 2006, 523; AG Bernau WuM 2009, 126; AG Lichtenberg GE 2011, 1239; *Flatow* NZM 2004, 281, 286 = WuM 2004, 316, 320; *Sternel* X Rn. 62). In der Praxis sollten diese Anforderungen sicherheitshalber bei der Abfassung von fristlosen Kündigungen eingehalten werden. Das bedeutet, dass die **Kerntatsachen** für den Kündigungsgrund in dem Schreiben mitgeteilt werden müssen, hingegen Tatsachen, die nur der näheren Erläuterung, Ergänzung, Ausfüllung sowie dem Beweis des geltend gemachten Kündigungsgrundes dienen (sog. **Ergänzungstatsachen**), ggf. erst in prozessualen Schriftsätzen nachgeschoben werden können (s. Teil 1 Rdn. 1617). In diese Richtung scheint auch der BGH in dem Urteil vom 12.05.2010 zu tendieren, indem er von einer vergleichbaren Interessenlage spricht (BGH NZM 2010, 548 = WuM 2010, 484 Tz. 36). Das bedeutet, dass der Kündigungssachverhalt jedenfalls **identifizierbar mitzuteilen** ist, so dass er von anderen Kündigungssachverhalten unterschieden werden kann. S. die Ausführungen unter Teil 1 Rdn. 1616. 1962

Eine **Bezugnahme** auf anderweitige schriftliche Erklärungen soll ausreichen (BGH WuM 2011, 169, 170 = ZMR 2011, 453; WuM 2011, 518, 51). Deshalb kann der Vermieter auf vorangegangene Kündigungen oder Abmahnungen Bezug nehmen. Voraussetzung ist jedoch, dass die betreffenden Urkunden dem Mieter zugegangen sind und die Bezugnahme **klar und eindeutig** ist. 1963

Hinweis: Es wird empfohlen, die in Bezug genommenen Urkunden an das Kündigungsschreiben anzuheften (s. LG Mannheim WuM 2004, 204, 205). 1964

Nach § 569 Abs. 5 BGB ist eine Vereinbarung, die zum Nachteil des Wohnraummieters von § 569 Abs. 1 bis 3 BGB oder von § 543 BGB abweicht, **unwirksam**. § 569 Abs. 4 BGB findet keine Erwähnung. Daraus ist teilweise geschlossen worden, dass das Begründungserfordernis zur vollen Disposition der Vertragsparteien steht (so *Lammel* § 569 Rn. 56; differenzierend *Staudinger/Emmerich* § 569 Rn. 61: nur Abweichungen zugunsten des Mieters zulässig). Für die Unabdingbarkeit des § 569 Abs. 4 BGB streitet indes der dargelegte Sinn und Zweck der Vorschrift (so im Ergebnis auch *Sternel* ZMR 2001, 1, 4 f.). Im Übrigen dürfte sich die Unabdingbarkeit des Begründungserfordernisses gem. Abs. 4 bereits aus seinem Charakter als Formvorschrift ergeben (Lützenkirchen/*Lützenkirchen* § 569 Rn. 18). 1965

6. Umdeutung

Eine unwirksame außerordentliche fristlose Kündigung kann ausnahmsweise dann in eine ordentliche Kündigung umgedeutet werden, wenn für den Empfänger der Wille des Erklärenden **zweifelsfrei erkennbar** ist, das Mietverhältnis auf jeden Fall zu beenden. Im Interesse des Rechtsverkehrs ist zu fordern, dass sich dieser Inhalt aus der Kündigungserklärung selbst ergibt (BGH WuM 2013, 668, 669 f.; 2005, 584, 585; BGH NJW 1981, 976, 977; OLG Brandenburg ZMR 2013, 624, 626). Nur wenn sich dem Kündigungsempfänger aus Umständen, die aus der Kündigungserklärung nicht ersichtlich sind, eindeutig ergibt, dass der Kündigende das Vertragsverhältnis auf alle Fälle zur Beendigung bringen will, kann auch in solchen Fällen eine fristlose Kündigung in eine ordentliche umgedeutet werden. Hat der Mieter dagegen ausdrücklich wegen einer nicht beseitigten Gebrauchsbeeinträchtigung außerordentlich fristlos gekündigt, so kommt eine Umdeutung in eine ordentlich Kündigung nicht in Betracht (KG GE 2003, 48, 49; in diesem 1966

Sinne auch AG Münster WuM 2008, 218, 219; großzügiger OLG Rostock OLGR 2003, 30 Tz. 31; LG Konstanz WuM 2013, 418, 421; *Hinz* ZMR 2010, 245, 250; wohl auch *Flatow* NZM 2004, 281, 285 = WuM 2004, 316, 319).

1967 **Achtung!** Wegen der Abgrenzungsprobleme empfiehlt es sich unbedingt, zu der fristlosen Kündigung hilfsweise eine ordentliche Kündigung auszusprechen, sofern das Mietverhältnis auf unbestimmte Zeit läuft.

7. Tatbestände

1968 Folgende Tatbestände berechtigen zur außerordentlichen fristlosen Kündigung aus wichtigem Grund:

1969 Für **alle Mietsachen:**
- Generalklausel (§ 543 Abs. 1 BGB),
- Gewährleistungskündigung des Mieters (§ 543 Abs. 2 Nr. 1),
- Kündigung des Vermieters wegen erheblicher Verletzung seiner Rechte (§ 543 Abs. 2 Nr. 2),
- Kündigung wegen Zahlungsverzugs (§ 543 Abs. 2 Nr. 3).

Für Mietverhältnisse über **Wohnraum:**
- Kündigung des Vermieters wegen Kautionsverzugs (§ 569 Abs. 2a BGB).

1970 Für Mietverhältnisse über Wohnraum und nach Maßgabe des § 580 Abs. 2 BGB auch für andere **Räume**
- Kündigung des Mieters bei gesundheitsgefährdender Beschaffenheit der Räume (§ 569 Abs. 1 BGB),
- die Kündigung wegen nachhaltiger Störung des Hausfriedens durch andere Vertragsparteien (§ 569 Abs. 2 BGB).

8. Fristlose Kündigung aus wichtigem Grund – Generalklausel – (§ 543 Abs. 1 S. 2 BGB)

1971 **Herr Beispielhaft hat uns mit der Wahrnehmung seiner rechtlichen Interessen in der vorbezeichneten Angelegenheit beauftragt. Eine auf uns lautende Originalvollmacht liegt anbei.**

Hiermit kündigen wir das Mietverhältnis über das Mietobjekt _____ gemäß Mietvertrag vom _____ aus wichtigem Grund fristlos und fordern Sie auf, das Mietobjekt binnen einer Woche ab Zugang dieses Schreibens geräumt an unseren Mandanten herauszugeben. Rein vorsorglich wird das Mietverhältnis hilfsweise auch fristgemäß zum nächstzulässigen Zeitpunkt gekündigt. Das ist der _____. [1]

Gemäß § 543 Abs. 1 BGB kann jede Vertragspartei das Mietverhältnis aus wichtigem Grund außerordentlich fristlos kündigen. Ein wichtiger Grund liegt vor, wenn dem Kündigenden unter Berücksichtigung aller Umstände des Einzelfalls, insbesondere eines Verschuldens des Vertragspartners und unter Abwägung der beiderseitigen Interessen die Fortsetzung des Mietverhältnisses bis zum Ablauf der Kündigungsfrist oder bis zur sonstigen Beendigung des Mietverhältnisses nicht zugemutet werden kann. Diese Voraussetzungen liegen hier vor, wie sich aus nachstehender Schilderung ergibt. [2]

H. Beendigung des Mietverhältnisses

▶ Beispiel:

In der letzten Woche suchte unser Mandant Sie zusammen mit seinen Hausverwalter in Ihrer Wohnung auf, um mit Ihnen über anstehende, das Mietverhältnis betreffende Fragen zu sprechen. Obwohl unser Mandant Ihnen in korrekter und sachlicher Form gegenübertrat, erregten Sie sich über seine Vorhaltungen derart, dass Sie sich zu schweren Beleidigungen, Beschimpfungen und Handgreiflichkeiten hinreißen ließen. In diesem Zusammenhang bezeichneten Sie unseren Mandanten in Gegenwart des Hausverwalters als »kriminelles Pack« und »Betrüger«. Sie behaupteten, dass er Sie im Zusammenhang mit der letzten Betriebskostenabrechnung vorsätzlich betrogen habe. Schließlich versetzten Sie ihm mehrere Ohrfeigen und warfen ihn aus der Wohnung. [3]

▶ Beispiel:

Bei Anmietung hatten Sie unserem Mandanten auf seine ausdrückliche Frage hin bestätigt, dass Sie Ihr bisheriges Mietobjekt freiwillig aufgegeben hätten, weil es Ihnen zu klein geworden sei. Außerdem versicherten Sie ihm, dass Sie bei Ihrem vorangegangenen Mietverhältnis Ihren Mietzahlungsverpflichtungen stets pünktlich und regelmäßig nachgekommen seien und im besten Einvernehmen mit Ihrem bisherigen Vermieter ausziehen würden. Die Nachforschungen unseres Mandanten haben aber ergeben, dass keine dieser Angaben zutraf und dass Ihnen vielmehr wegen Nichtzahlung der Miete seit mehr als einem Jahr fristlos gekündigt und Sie auf Räumung verklagt werden mussten. Außerdem hat unser Mandant erfahren, dass Sie gegenüber Ihrem vorangegangenen Vermieter mehrfach grundlos gewalttätig geworden sind. Die vorgenannten Umstände berechtigen unseren Mandanten zur fristlosen Kündigung des Mietverhältnisses. [4]

Ein Widerspruch gegen die fristlose Kündigung steht Ihnen nach dem Gesetz nicht zu. Für den Fall der vorsorglich ausgesprochenen fristgemäßen Kündigung weisen wir Sie darauf hin, dass Sie dieser fristgerechten Kündigung nach dem Gesetz widersprechen und Fortsetzung des Mietverhältnisses verlangen können, wenn Sie meinen, dass die vertragsgemäße Beendigung des Mietverhältnisses für Sie/Ihre Familie oder einen anderen Angehörigen Ihres Haushalts eine Härte bedeuten würde, die auch unter Würdigung der berechtigten Vermieterinteressen nicht zu rechtfertigen ist. Der Widerspruch müsste schriftlich erfolgen und bis spätestens 2 Monate vor Beendigung des Mietverhältnisses eingehen. Der Widerspruch sollte begründet sein. [5]

Gemäß § 545 BGB erklären wir schon jetzt, dass eine stillschweigende Fortsetzung des Mietverhältnisses über den Beendigungszeitpunkt hinaus nicht in Betracht kommt. [6]

Erläuterungen

1. Kündigungserklärung. S. dazu die Hinweise zu Teil 1 Rdn. 1955, zur hilfsweise erklärten ordentlichen Kündigung s. die Hinweise zu Teil 1 Rdn. 2027.

Zur Vorlage der **Originalvollmacht** s. die Hinweise zu Teil 1 Rdn. 1630.

2. Generalklausel. Die Kündigung nach der Generalklausel des § 543 Abs. 1 BGB ist als Grundtatbestand für die nicht in §§ 543 Abs. 2, 569 Abs. 1 und 2 BGB geregelten Fälle anzusehen. Allerdings können die Vertragsparteien nicht schon dann auf die Generalklausel zurückgreifen, wenn bei den anderen Kündigungstatbeständen eine oder mehrere Voraussetzungen nicht erfüllt sind. Vielmehr kommt eine Kündigung nach § 543 Abs. 1 BGB nur in Betracht, wenn der Kündigungsgrund genau so gewichtig ist, wie die speziellen Kündigungsgründe (Schmidt-Futterer/*Blank* § 543 Rn. 160). Maßgebend ist, ob die Durchführung des Mietvertrags wegen einer Zerstörung der das Schuldverhältnis tragenden Vertrauensgrundlage derart gefährdet ist, dass sie dem Kündigenden auch bei strenger Prüfung nicht mehr zumutbar ist (s. LG Berlin WuM 2015, 156; ZMR 2009, 208; AG Hamburg WuM 2009, 349; AG Merzig WuM 2005, 727, 729). Dabei kommt es für die Frage der **Unzumutbarkeit** auch auf die noch ausstehende Dauer des Mietverhältnisses an. Erforderlich ist stets eine umfassende Abwägung sämtlicher **Umstände des Einzelfalls**, des Verschuldens beider Vertragsparteien sowie der beiderseitigen Interessen. Ein Verschulden des Kündigungsempfängers ist nicht unbedingt erforderlich (*Hirsch* WuM 2006, 418 f.; *Kraemer* WuM 2000, 163, 167; *Hinz* NZM 2010, 57, 58 f.); allerdings darf der wichtige Grund nicht allein aus seinem Risikobereich resultieren (OLG Düsseldorf NZM 2008, 807 = ZMR 2009, 25; NZM 2001, 669: schwere Erkrankung des Mieters).

1974 Ein wichtiger Grund für eine fristlose Kündigung nach § 543 Abs. 1 BGB kann ausnahmsweise auch auf einer **Zerrüttung der Vertragsgrundlage** beruhen, wenn diese so schwerwiegend ist, dass dem Kündigenden ein Zuwarten bis zur ordentlichen Beendigung des Mietverhältnisses nicht zuzumuten ist (OLG Celle ZMR 2009, 192; *Kraemer* WuM 2000, 163, 167; zurückh. *Sternel* XII Rn. 32). Erforderlich ist, dass die Durchführung des Vertrags infolge einer Zerstörung der Vertragsgrundlage durch eine Vertragspartei dergestalt gefährdet ist, dass sie dem Kündigenden auch bei strenger Prüfung nicht mehr zuzumuten ist. Auf eine Zerrüttung kann sich allerdings derjenige nicht berufen, aus dessen Risikobereich die Zerrüttungsgründe stammen oder der die Zerrüttung verschuldet hat. Vielmehr muss der Grund für die Zerrüttung aus der Sphäre des Kündigungsempfängers herrühren, z.B. auf dem Verhalten eines nahen Angehörigen beruhen, so dass sich der Kündigungsempfänger dieses zurechnen lassen muss (*Kraemer* WuM 2001, 163, 165; Schmidt-Futterer/*Blank* § 543 Rn. 168; großzügiger wohl OLG Celle ZMR 2009, 192). Zudem wird auf Seiten des Vermieters von Wohnraum immer zu prüfen sein, ob er bei einer Zerrüttung des Mietverhältnisses nicht nach § 573 Abs. 1 S. 1 BGB kündigen kann (LG Halle/Saale ZMR 2012, 19, 20); s. auch die Hinweise zu Teil 1 Rdn. 1630.

1975 Von der fristlosen Kündigung aus wichtigem Grund ist die jetzt in § 313 BGB geregelte **Störung der Geschäftsgrundlage** zu unterscheiden. Rechtsfolge ist hier zunächst die Anpassung des Vertrags; nur soweit diese nicht möglich oder einem Vertragspartner nicht zumutbar ist, besteht für den benachteiligten Vertragspartner bei einem Dauerschuldverhältnis ein Kündigungsrecht (vgl. § 313 Abs. 3 S. 2 BGB). Ganz grob lässt sich sagen, dass bei der Störung der Geschäftsgrundlage die Vertragsbeeinträchtigung auf Umständen »von außen« beruht, während sie in den Fällen der fristlosen Kündigung aus wichtigem Grund aus der Sphäre einer Vertragspartei, nämlich des Kündigungsgegners resultiert. Gleichwohl mag die Abgrenzung beider Institute bisweilen Probleme bereiten (OLG Dresden ZMR 2013, 429, 430; ausf. dazu *Hirsch* NZM 2007, 110 ff.; s. auch *ders.* WuM 2006, 418, 422; ZMR 2007, 1, 5 f.; *Kluth/Freigang* NZM 2006, 41, 42; *Kraemer* WuM 2001, 163, 166).

1976 Eine fristlose Kündigung nach § 543 Abs. 1 S. 2 BGB kommt jedenfalls nicht in Betracht, wenn der wichtige Grund allein aus dem Risikobereich des Kündigenden resultiert. Demgemäß kann der Mieter das Mietverhältnis nicht wegen einer **schweren Erkrankung** kündigen (OLG Düsseldorf NZM 2008, 807 = ZMR 2009, 25; NZM 2001, 669).

1977 **3. Beleidigungen.** Zum Beispielsfall s. LG Hamburg HmbGE 1982, 363 (Kündigungsgrund bejahend: »kriminelles Pack«), aber auch LG Hamburg HmbGE 1990, 305 (Kündigungsgrund verneinend: »Scheißkerl«). Es wird auf die Umstände abgestellt, unter denen die Beleidigung begangen worden ist (AG München ZMR 2015, 725: Äußerung »Sie promovierter Arsch« rechtfertigt fristlose Kündigung ohne vorherige Abmahnung, wenn Mieter sich nicht zeitnah entschuldigt), auch darauf, ob es sich um situationsbedingte einmalige Entgleisungen handelt (LG Stuttgart DWW 1988, 45 für »Drecksack«, vgl. auch AG Charlottenburg GE 2015, 389). Diejenige Partei, die die andere zu einer Vertragsverletzung provoziert hat, kann deswegen in der Regel nicht kündigen (BGH WuM 1986, 60). Treten **Gewalttätigkeiten** oder ernst zu nehmende Bedrohungen mit Gewalt – auch gegenüber Mitmietern – hinzu, so wird eine fristlose Kündigung in der Regel gerechtfertigt sein (OLG Düsseldorf DWW 2006, 116 = NZM 2006, 295; LG Berlin GE 2008, 871, 1052; AG/LG Münster WuM 2007, 19, 21 f.; AG/LG München WuM 2006, 524; AG Lichtenberg GE 2011, 1239; AG Bernau WuM 2009, 735, 736, AG Coburg ZMR 2009, 373).

Liegt der Grund für die fristlose Kündigung in einem Dauerverhalten des Mieters, so ist regelmäßig eine vorherige erfolglose **Abmahnung** bzw. der erfolglose Ablauf einer zur Abhilfe gesetzten angemessenen Frist erforderlich (§ 543 Abs. 3 S. 1 BGB); zur Abmahnung s. die Hinweise zu Teil 1 Rdn. 584.

1978

Die Abmahnung bzw. die Fristsetzung ist hier nur **entbehrlich**, wenn
– sie offensichtlich sinnlos (§ 543 Abs. 3 S. 2 Nr. 1 BGB) oder
– die sofortige Kündigung aus besonderen Gründen unter Abwägung der beiderseitigen Interessen gerechtfertigt ist (§ 543 Abs. 3 S. 2 Nr. 2).

1979

Letzteres ist namentlich bei schweren, auch nur einmaligen Entgleisungen, insbesondere bei Tätlichkeiten der Fall. Wird die Kündigung auf § 543 Abs. 1 BGB gestützt, so hat hier ein weiteres Mal eine Interessenabwägung stattzufinden. Im Beispielsfall sind die Verfehlungen des Mieters jedoch so gravierend, dass eine sofortige Kündigung gerechtfertigt ist. Das gilt insbesondere im Hinblick auf die dem Vermieter verabreichten Schläge. Doch auch die in dem Beispiel beschriebenen groben Beleidigungen führen nach der hier vertretenen Auffassung dazu, dass dem Vermieter jedes weitere Festhalten am Vertrag unzumutbar wird. Wird die fristlose Kündigung allerdings auf die **Verfehlungen eines Dritten** gestützt, was nicht ganz unproblematisch ist (abl. AG Neukölln/LG Berlin GE 2013, 750; befürwortend AG München WuM 2004, 204), so bedarf es jedenfalls einer vorherigen Abmahnung (AG München WuM 2004, 204 bei Aggressionen und massiven Bedrohungen gegenüber Mitbewohnern durch den Bruder der Mieterin; s. auch LG Itzehoe ZMR 2010, 363, 364).

1980

Hinweis: Da die Gerichte an eine sofortige fristlose Kündigung ohne vorherige Abmahnung u.U. sehr strenge Anforderungen stellen und die beiden Ausnahmetatbestände in § 543 Abs. 3 S. 2 Nrn. 1 und 2 BGB aufgrund ihrer Formulierung (»offensichtlich«, »sofortig«) durchaus Streitpotential bergen, empfiehlt es sich, bei »nur« verbalen Verfehlungen zunächst eine Abmahnung auszusprechen.

1981

Achtung!
– Der Vermieter muss die außerordentliche fristlose Kündigung **innerhalb einer angemessenen Frist** aussprechen, nachdem er vom Kündigungsgrund Kenntnis erlangt hat (§ 314 Abs. 3 BGB); s. dazu die Hinweise zu Teil 1 Rdn. 1961.
– Für die **Kenntniserlangung** ist auf das Entstehen des Kündigungsgrundes, also den Zeitpunkt der Vollendung des Kündigungstatbestands abzustellen (vgl. BGH NZM 2007, 400, 401 = ZMR 2007, 525, 528).
– Ist der Kündigung (wie im Regelfall) eine Abmahnung oder Fristsetzung zur Abhilfe vorausgegangen, so ist der Kündigungstatbestand erst **nach Ablauf der gesetzten Abhilfefrist** bzw. nach erfolgloser Abmahnung vollendet.
– Die Dauer der dann beginnenden »angemessenen« Frist bestimmt sich nach den Umständen des Einzelfalls. Im Regelfall wird eine Frist von drei bis vier Monaten angemessen sein; s. die Hinweise zu Teil 1 Rdn. 2035.

1982

4. Unrichtige Angaben. Der Mieter ist grundsätzlich verpflichtet, berechtigte Fragen des Vermieters – insbesondere **Fragen zur Solvenz** – wahrheitsgemäß zu beantworten. Anderenfalls ist der Vermieter zur fristlosen Kündigung befugt (LG München I WuM 2009, 348 = ZMR 2010, 367; LG Itzehoe WuM 2008, 281 = ZMR 2008, 536). Auch die Vorlage einer gefälschten Mietschuldenfreistellungsbescheinigung berechtigt den Vermieter zur außerordentlichen fristlosen Kündigung (BGH WuM 2014, 333 = ZMR 2015, 201).

1983

1984 Darüber hinaus wird dem Vermieter, auch wenn das Mietverhältnis bereits »in Vollzug« gesetzt, dem Mieter also der Gebrauch überlassen wurde, das Recht eingeräumt, den Vertrag wegen arglistiger Täuschung nach § 123 BGB anzufechten. Nach der Rechtsprechung des BGH führt die **Anfechtung** auch nach Überlassung des Mietobjekts gem. § 142 Abs. 1 BGB zur Unwirksamkeit des Vertrags von Anfang an (s. BGH NZM 2008, 886 = ZMR 2009, 103; NZM 2010, 786, 788; ZMR 2011, 27, 28 f.). Die Entscheidungen sind zum **Gewerberaummietrecht** ergangen; sie dürften aber auch für die Wohnraummiete zutreffen.

1985 Indes reichen unrichtige Angaben in einer Selbstauskunft nicht zur Kündigung aus, wenn der Vermieter sie nicht erfragen durfte, z.B. nach Arbeitgeber, Vorstrafen, Art der Beendigung des früheren Mietverhältnisses (vgl. LG Itzehoe WuM 2008, 281 = ZMR 2008, 536; AG Rendsburg WuM 1990, 507, 508). Hier hat der Mieter sozusagen ein »**Recht zur Lüge**«; ausf. zur Problematik *Hinz* in MietPrax F1 Rn. 234 ff.

1986 **5. Hinweis auf Kündigungswiderspruch.** Dem Mieter steht gegenüber der fristlosen Kündigung **kein Widerspruchsrecht** nach der Sozialklausel zu (§ 574 Abs. 1 S. 2 BGB). Deshalb entfällt eine Belehrung nach § 568 Abs. 2 BGB.

1987 Spricht der Vermieter aber hilfsweise die ordentliche Kündigung aus, so sollte die Belehrung unbedingt erfolgen; s. dazu auch die Hinweise zu Teil 1 Rdn. 1661.

1988 **6. Fortsetzungswiderspruch.** Der Widerspruch gegen die Gebrauchsfortsetzung nach § 545 BGB sollte im **Kündigungsschreiben** ausdrücklich erfolgen; s. Muster und Hinweise zu Teil 1 Rdn. 2152.

9. Fristlose Kündigung wegen vertragswidrigen Gebrauchs (§ 543 Abs. 2 Nr. 2 BGB)

1989 **Herr Beispielhaft hat uns mit der Wahrnehmung seiner rechtlichen Interessen in der vorbezeichneten Angelegenheit beauftragt. Eine auf uns lautende Originalvollmacht liegt anbei.**

Namens und in Vollmacht unseres Mandanten kündigen wir das Mietverhältnis über das Mietobjekt _____ gemäß Mietvertrag vom _____ fristlos zum _____. Rein vorsorglich wird das Mietverhältnis hilfsweise auch fristgemäß zum nächstzulässigen Zeitpunkt gekündigt. Das ist der _____. Wir fordern Sie auf, das Mietobjekt binnen einer Frist von einer Woche ab Zugang dieses Schreibens zu räumen und an unseren Mandanten herauszugeben. [1]

Die Kündigung erfolgt wegen vertragswidrigen Gebrauchs gemäß § 543 Abs. 2 Nr. 2 BGB. Nach dieser Bestimmung kann der Vermieter das Mietverhältnis ohne Einhaltung einer Kündigungsfrist kündigen, wenn der Mieter dessen Rechte dadurch in erheblichem Maße verletzt, dass er die Mietsache durch Vernachlässigung der ihm obliegenden Sorgfalt erheblich gefährdet oder sie unbefugt einem Dritten überlasst. [2]

Mit Schreiben vom _____ wurden Sie wegen vertragswidrigen Gebrauchs abgemahnt. Gleichzeitig wurden Sie darauf hingewiesen, dass bei Fortsetzung des vertragswidrigen Verhaltens eine fristlose Kündigung des Mietverhältnisses erfolgen würde. [3]

Sie haben Ihr Verhalten trotz dieser Abmahnung fortgesetzt und den vertragswidrigen Zustand nicht beendet. Im Einzelnen wird die Kündigung auf folgende Vertragsverstöße nach Zugang der letzten Abmahnung gestützt (es folgen Ausführungen über das vertragswidrige Verhalten unter konkreter Aufzählung der Verstöße nach der Abmahnung): [4, 5]

H. Beendigung des Mietverhältnisses

▶ Beispiel:

Sie haben das Mietobjekt im Ganzen untervermietet, obwohl Ihnen die Untervermietung im Mietvertrag ausdrücklich untersagt ist. Der rechtswidrige Zustand hält auch nach Abmahnung an. [6]

Ein Widerspruch gegen die fristlose Kündigung steht Ihnen nach dem Gesetz nicht zu. Für den Fall der vorsorglich ausgesprochenen fristgemäßen Kündigung weisen wir Sie darauf hin, dass Sie dieser fristgerechten Kündigung nach dem Gesetz widersprechen und Fortsetzung des Mietverhältnisses verlangen können, wenn Sie meinen, dass die vertragsgemäße Beendigung des Mietverhältnisses für Sie/Ihre Familie oder einen anderen Angehörigen Ihres Haushalts eine Härte bedeuten würde, die auch unter Würdigung der berechtigten Vermieterinteressen nicht zu rechtfertigen ist. Der Widerspruch müsste schriftlich erfolgen und bis spätestens 2 Monate vor Beendigung des Mietverhältnisses eingehen. Der Widerspruch sollte begründet sein. [7]

Gemäß § 545 BGB erklären wir schon jetzt, dass eine stillschweigende Fortsetzung des Mietverhältnisses über den Beendigungszeitpunkt hinaus nicht in Betracht kommt. [8]

Erläuterungen

1. Kündigungserklärung. S. dazu die Hinweise zu Teil 1 Rdn. 1955, zur hilfsweise erklärten ordentlichen Kündigung s. die Hinweise zu Teil 1 Rdn. 1966.   1990

Zur Vorlage der **Originalvollmacht** s. die Hinweise zu Teil 1 Rdn. 1630.

2. Tatbestände. Kündigungsgrund des § 543 Abs. 2 Nr. 2 BGB ist nicht mehr wie in § 553   1991
BGB a.F. die Fortsetzung eines vertragswidrigen Gebrauchs trotz Abmahnung sondern der vertragswidrige Gebrauch als solcher, **der die Rechte des Vermieters in erheblichen Maße verletzt.** Dabei beschränkt sich die Regelung folgende (in der bisherigen Vorschrift beispielhaft aufgeführten) Tatbestände nämlich,
– die erhebliche Gefährdung der Mietsache durch Vernachlässigung der dem Mieter obliegenden Sorgfalt und
– die unbefugte Gebrauchsüberlassung an einen Dritten.

Alle anderen Fälle des vertragswidrigen Gebrauchs werden nicht von § 543 Abs. 2 Nr. 2 BGB   1992
erfasst; sie können aber unter die **Generalklausel** des § 543 Abs. 1 BGB fallen. Als Kündigungsgründe nach § 543 Abs. 2 Nr. 2 BGB scheiden somit insbesondere die Fälle einer vertragswidrigen Zweckentfremdung der Räumlichkeiten, einer unerlaubten Tierhaltung oder der eigenmächtigen Anbringung von Parabolantennen oder ähnlichen Einrichtungen aus (*Kraemer* WuM 2001, 163, 168 f.). Eine erhebliche Gefährdung der Mietsache ist hiermit regelmäßig nicht verbunden. Ob in diesen Fällen – freilich nach erfolgloser Abmahnung – eine Kündigung auf die Generalklausel des § 543 Abs. 1 BGB gestützt werden kann oder nur eine ordentliche Kündigung gemäß § 573 Abs. 2 Nr. 1 BGB in Frage kommt, hängt von den Umständen des Einzelfalls ab.

Während nach § 553 BGB a.F. die Erfüllung der beiden beispielhaft aufgeführten Tatbestände eine **erhebliche Verletzung** der Rechte des Vermieters indizierte (vgl. BGH ZMR 1985, 665), ist dieses Merkmal nach der Neuregelung selbständige Voraussetzung und muss demnach in jedem Fall gesondert geprüft werden (*Kraemer* WuM 2001, 163, 169; Schmidt-Futterer/*Blank* § 543 Rn. 58 f.).   1993

3. Abmahnerfordernis. Eine Abmahnung oder Fristsetzung zur Beendigung des vertragswidrigen Gebrauchs (s. Muster und Hinweise zu Teil 1 Rdn. 599) ist grundsätzlich wesentliche Voraussetzung für die Kündigung nach § 543 Abs. 2 Nr. 2 BGB (s. § 543 Abs. 3 BGB). Dieses Er-   1994 fordernis ist ausnahmsweise nach § 543 Abs. 3 S. 2 Nr. 1 BGB entbehrlich, wenn der Mieter vollendete Tatsachen geschaffen hat und Abmahnung bzw. Fristsetzung bloße Förmelei wären (vgl. BGH MDR 1975, 572) oder der Mieter nicht in der Lage ist, für Abhilfe zu sorgen (vgl. BGH WuM 1981, 92). Eine **Kündigungsandrohung** ist nicht erforderlich (BGH NZM 2007, 561 = WuM 2007, 570 = ZMR 2007, 686), aber zweckmäßig, um die Ernsthaftigkeit der Abmahnung zu unterstreichen.

1995 **4. Kündigungsausspruch binnen angemessener Frist.** Der Vermieter muss die außerordentliche fristlose Kündigung innerhalb einer angemessenen Frist aussprechen, nachdem er vom Kündigungsgrund Kenntnis erlangt hat (§ 314 Abs. 3 BGB). Probleme wirft die Frage der Kenntniserlangung bei **Dauertatbeständen** auf, etwa bei trotz Abmahnung fortgesetzter vertragswidriger Gebrauchsüberlassung an Dritte oder auch bei fortdauernder unpünktlicher Mietzahlung trotz Abmahnung. Abzustellen ist hier auf die **Vollendung** des Kündigungsgrundes und die entsprechende Kenntnis des Kündigenden (vgl. BGH NZM 2007, 400, 401 = ZMR 2007, 525, 528). Dabei ist zu berücksichtigen, dass die Kündigung regelmäßig erst nach fruchtlos abgelaufener Abhilfefrist oder nach erfolgloser Abmahnung zulässig ist (vgl. § 543 Abs. 3 S. 1 BGB). Der Kündigungstatbestand ist dann erst nach Ablauf der gesetzten Abhilfefrist bzw. nach erfolgloser Abmahnung vollendet. Allerdings muss auch die Fristsetzung bzw. die Abmahnung im engen zeitlichen Zusammenhang mit der Verfehlung erfolgen.

1996 Die Länge der Frist nach § 314 Abs. 3 BGB bestimmt sich nach den Umständen des Einzelfalls; regelmäßig sind **drei bis vier Monate ab Kenntniserlangung** angemessen (vgl. BGH NZM 2007, 400, 401 = ZMR 2007, 525, 528; OLG Düsseldorf GE 2008, 54, 57).

1997 **5. Sorgfaltspflichtverletzung.** Eine Vernachlässigung der dem Mieter obliegenden Sorgfalt kann sowohl durch Verletzung der Mängelanzeigepflicht nach § 536c Abs. 1 BGB als auch durch Verletzung allgemeiner Obhuts- und Verhaltenspflichten erfolgen (Schmidt-Futterer/*Blank* § 543 Rn. 54; Herrlein/Kandelhard/*Kandelhard* § 543 Rn. 47). Sie muss zu einer **erheblichen Gefährdung der Mietsache** führen; erforderlich ist insoweit eine Substanzgefährdung hinsichtlich der gemieteten Räume oder des Gebäudes, so dass der Eintritts eines Schadens unmittelbar droht (LG Berlin ZMR 2011, 873, 874; LG Siegen WuM 2006, 158, 159; Schmidt-Futterer/*Blank* § 543 Rn. 57). Eine zur Kündigung berechtigende Sorgfaltspflichtverletzung des Mieters kann z.B. darin liegen, dass er eine den bauseitigen Umständen angepasste Lüftung (entweder durch Öffnen der Fenster in jedem Raum 2–3 mal täglich oder durch eine Zuglüftung durch Öffnen der Balkontür und eines weiteren Fensters) trotz Abmahnung unterlassen und dadurch erheblichen Schimmelpilzbefall in der Wohnung verursacht hat (AG Hannover WuM 2005, 767).

1998 **6. Unbefugte Drittüberlassung.** Ist dem Mieter im Beispiel die Untervermietung durch vertragliche Vereinbarung untersagt – bei der Wohnraummiete ist § 553 Abs. 3 BGB zu beachten – und verstößt er gegen diese Regelung, so sind die Voraussetzungen des Kündigungstatbestandes nach § 543 Abs. 2 Nr. 2 BGB regelmäßig erfüllt. Hatte der Mieter einen **Anspruch auf Erteilung der Erlaubnis** zur Untervermietung, so ist eine fristlose Kündigung nach § 543 Abs. 2 Nr. 2 BGB regelmäßig unzulässig; die Gebrauchsüberlassung an den Untermieter stellt schon keine erhebliche Verletzung der Rechte des Vermieters dar (LG Berlin GE 2013, 1338; 2011, 1159; *Kraemer* WuM 2001, 163, 169; Schmidt-Futterer/*Blank* § 543 Rn. 74). Jedenfalls kann der Mieter in solchen Fällen dem Herausgabeanspruch des Vermieters (§ 546 Abs. 1 BGB) den Einwand der unzulässigen Rechtsausübung entgegen halten (OLG Düsseldorf ZMR 2003, 177).

1999 Allerdings kann die Nichteinholung der an sich erforderlichen Untermieterlaubnis den Vermieter u.U. zur ordentlichen Kündigung eines Wohnraummietverhältnisses nach § 573 Abs. 2 Nr. 1 BGB wegen schuldhafter Pflichtverletzung berechtigen (BGH WuM 2011, 169 = ZMR 2011, 453). Maßgebend sind die Umstände des Einzelfalls, namentlich die Gründe, die den Mieter dazu bewogen haben, die Mietsache unbefugt einem Dritten zu überlassen).

Hinweis: Fordert der Vermieter den Mieter auf, eine unerlaubte Untervermietung/Drittüberlassung zu beenden, muss er diesem für die Abwicklung eine angemessene Zeit einräumen; eine verfrüht ausgesprochene Kündigung ist unwirksam (s. BGH WuM 2014, 27, 28 = ZMR 2014, 435, 436).

7. Belehrung über Kündigungswiderspruch. Der **Ausschluss** des Widerspruchsrechts folgt aus § 574 Abs. 1 S. 2 BGB. Reichen die Gründe zwar nicht zur fristlosen Kündigung, wohl aber zu einer ordentlichen Kündigung wegen schuldhafter Pflichtverletzung nach § 573 Abs. 2 Nr. 1 BGB, so ist die Belehrung über das Widerspruchsrecht nach Maßgabe des § 568 Abs. 2 BGB erforderlich. Das Gleiche gilt, wenn eine ordentliche Kündigung auch nur hilfsweise ausgesprochen wird; s. die Hinweise zu Teil 1 Rdn. 1660.

Die Belehrung über das Widerspruchsrecht des Mieters entfällt, wenn es sich um ein Mietverhältnis über **Gewerberaum** oder um ein sog. Mischmietverhältnis mit überwiegendem Gewerbeanteil handelt. S. dazu die Hinweise zu Teil 1 Rdn. 1986.

8. Fortsetzungswiderspruch. Der Widerspruch gegen die Gebrauchsfortsetzung nach § 545 BGB sollte im **Kündigungsschreiben** ausdrücklich erfolgen; s. Muster und Hinweise zu Teil 1 Rdn. 2152.

10. Fristlose Kündigung wegen Zahlungsverzuges des Mieters (§ 543 Abs. 2 Satz 1 Nr. 3 BGB)

Herr Beispielhaft hat uns mit der Wahrnehmung seiner rechtlichen Interessen in der vorbezeichneten Angelegenheit beauftragt. Eine auf uns lautende Originalvollmacht liegt anbei.

Namens und in Vollmacht unseres Mandanten kündigen wir das Mietverhältnis über das Mietobjekt _____ gemäß Mietvertrag vom _____ fristlos zum _____ . Rein vorsorglich wird das Mietverhältnis hilfsweise auch fristgemäß zum nächstzulässigen Zeitpunkt gekündigt. Das ist der _____ . Wir fordern Sie auf, das Mietobjekt binnen einer Frist von einer Woche ab Zugang dieses Schreibens zu räumen und an unseren Mandanten herauszugeben. [1]

Der Vermieter kann das Mietverhältnis gemäß § 543 Abs. 2 Satz 1 Nr. 3 BGB ohne Einhaltung einer Kündigungsfrist kündigen, wenn der Mieter mit Mietzahlungen im Verzug ist. [2]

Nach dem Mietvertrag sind Sie verpflichtet, die Miete monatlich im Voraus bis zum dritten Werktag eines Monats auf mein Konto zu zahlen. Ihre Verpflichtung zur Zahlung der laufenden Miete ist nicht eingeschränkt oder gar aufgehoben, da Sie nicht berechtigt sind, die Miete zu mindern, ein Zurückbehaltungsrecht daran auszuüben oder gar mit bestehenden Schadensersatzansprüchen oder anderen Ansprüchen aufzurechnen. Die Miete ist daher entsprechend dem Vertrag zu zahlen. Es bestehen gegenwärtig folgende Mietrückstände: [3]

▶ Beispiel:

Von der zu zahlenden monatlichen Miete von € 600,00 haben Sie im vergangenen Monat (September 2015) nur € 250,00 und in diesem Monat nur € 300,00 gezahlt. Damit sind Sie für zwei aufeinanderfolgende Termine mit einem nicht unerheblichen Teil der Miete in Verzug geraten. [4]

▶ Beispiel:

Sie haben eine monatliche Miete von € 1.000,00 zu zahlen. Ohne dazu berechtigt zu sein, haben Sie in den zurückliegenden sechs Monaten, nämlich von Juni bis November 2015 jeweils nur € 600,00 gezahlt, so dass Sie mit insgesamt

€ 2.400,00 in Rückstand sind und damit insgesamt mehr als zwei Monatsmieten schulden. [5, 6]

▶ Beispiel:

Sie schulden eine monatliche Miete von 1.000,00 €. Es bestehen für folgende Monate folgende Rückstände: [7]

September 2015 =	1.000,00 €
November 2015 =	900,00 €
Dezember 2015 =	200,00 €

Ein Widerspruch gegen die fristlose Kündigung steht Ihnen nach dem Gesetz nicht zu. Für den Fall der vorsorglich ausgesprochenen fristgemäßen Kündigung weisen wir Sie darauf hin, dass Sie dieser fristgerechten Kündigung nach dem Gesetz widersprechen und Fortsetzung des Mietverhältnisses verlangen können, wenn Sie meinen, dass die vertragsgemäße Beendigung des Mietverhältnisses für Sie/Ihre Familie oder einen anderen Angehörigen Ihres Haushaltes eine Härte bedeuten würde, die auch unter Würdigung der berechtigten Vermieterinteressen nicht zu rechtfertigen ist. Der Widerspruch müsste schriftlich erfolgen und bis spätestens 2 Monate vor Beendigung des Mietverhältnisses eingehen. Der Widerspruch sollte begründet sein. [8]

Gemäß § 545 BGB erklären wir schon jetzt, dass eine stillschweigende Fortsetzung des Mietverhältnisses über den Beendigungszeitpunkt hinaus nicht in Betracht kommt. [9]

Erläuterungen

2004   1. **Kündigungserklärung.** S. dazu die Hinweise zu Teil 1 Rdn. 1955, zur hilfsweise erklärten ordentlichen Kündigung s. die Hinweise zu Teil 1 Rdn. 1966.

Zur Vorlage der **Originalvollmacht** s. die Hinweise zu Teil 1 Rdn. 1630.

2005   Wird wegen des **Zahlungsverzugs** hilfsweise eine ordentliche Kündigung ausgesprochen, so kann der Mieter diese nicht durch Zahlung innerhalb der zweimonatigen Schonfrist unwirksam machen; die Vorschrift des § 569 Abs. 3 Nr. 2 BGB ist nicht entsprechend anwendbar (BGH NZM 2005, 334 = WuM 2005, 250 mit krit. Anm. *Blank* = ZMR 2005, 356 mit Anm. *Schläger*; ferner BGH WuM 2012, 682, 684 = ZMR 2013, 104, 106). Anders als für die Kündigung nach § 543 Abs. 2 Nr. 3 BGB kommt es bei der **ordentlichen Kündigung** nach § 573 Abs. 2 Nr. 1 BGB aber darauf an, ob der Mieter Ursache und Umstände seiner verspäteten Zahlung verschuldet hat. Im Übrigen kann die nachträgliche Zahlung des Mieters im Rahmen der Verschuldensabwägung Berücksichtigung finden, weil sie sein Fehlverhalten in einem milderen Licht erscheinen lässt (ausf. dazu FA MietRWEG/*Hinz* Kap. 14 Rn. 153 ff.). Ausreichend ist für die ordentliche Kündigung bereits ein Zahlungsrückstand von mehr als einer Monatsmiete bei einer Verzugsdauer von mindestens einem Monat (BGH WuM 2013, 682 = ZMR 2013, 104; LG Bonn GE 2015, 383, 384; LG Berlin GE 2014, 60; AG Mitte/LG Berlin GE 2015, 386, 387).

2006   **Wichtig:** Für die Berechtigung der Kündigung nach § 543 Abs. 2 Nr. 3 BGB kommt es nicht darauf an, ob der zur Kündigung ausreichende Verzug bei Ausspruch der Kündigung noch besteht. Es reicht vielmehr, dass er einmal gegeben war und bis zur Erklärung der Kündigung nicht vollständig beseitigt worden ist (s. § 543 Abs. 2 S. 2 BGB sowie BGH ZMR 1988, 16; OLG Düsseldorf ZMR 2013, 628; LG Flensburg ZMR 2014, 984). Die Kündigung setzt nicht voraus, dass der Vermieter den Mieter zuvor abgemahnt hat (§ 543 Abs. 3 S. 2 Nr. 3 BGB).

H. Beendigung des Mietverhältnisses

Ausnahmsweise kann eine **Abmahnung** nach Treu und Glauben (§ 242 BGB) erforderlich sein, wenn sich dem Vermieter der Schluss aufdrängen muss, dass die Nichtzahlung der Miete nicht auf Zahlungsunfähigkeit oder -unwilligkeit sondern auf einem bloßen Versehen des Mieters oder auf sonst von ihm nicht zu vertretenden Umständen beruht (OLG Hamm ZMR 1998, 493 = WuM 1998, 485; OLG Düsseldorf ZMR 2004, 570). 2007

2. Kündigungsrelevanter Mietrückstand. Der Vermieter ist zur fristlosen Kündigung berechtigt, wenn der Mieter mit der Miete in einem durch § 543 Abs. 2 Nr. 3 BGB qualifizierten Umfang (dazu die Hinweise zu 3. bis 5.) in Verzug geraten ist, nämlich 2008
– für zwei aufeinander folgende Termine mit einem Betrag von mehr als einer Monatsmiete in Verzug ist (Buchst. a; § 569 Abs. 3 Nr. 1 BGB) oder
– über einen längeren Zeitraum mit einem Mietbetrag in Verzug ist, der die Miete für zwei Monate erreicht (Buchst. b).

Bei den rückständigen Beträgen muss es sich um **Miete** handeln, d.h. um die Grundmiete in der vertraglich vereinbarten und gesetzlich zulässigen (§§ 5 WiStG, 134 BGB) Höhe sowie die Betriebskosten (OLG Naumburg WuM 1999, 160; LG Leipzig ZMR 2006, 618). Nicht zur Miete gehören Rückstände aus Betriebskostennachzahlungen (OLG Koblenz WuM 1984, 269 = ZMR 1984, 351; AG Gelsenkirchen NZM 2002, 215; *Hinz* NZM 2010, 57, 58). **Bezugsgröße** für den kündigungsrelevanten Zahlungsrückstand ist also die vertraglich vereinbarte Gesamtmiete (Nominalmiete) und nicht etwa die geminderte Miete (so zutreffend *Paschke* GE 2011, 173, 174; *Bongard* GE 2011, 169; a.A. *Jablonski* GE 2010, 589; *Beuermann* GE 2011, 172). 2009

Achtung! Eine Kündigung nach § 543 Abs. 2 Nr. 3 BGB kommt nicht in Betracht bei einer Mietforderung aus einem **Prozessvergleich**, der angesichts einer ungewissen Rechtslage diese Forderung möglicherweise überhaupt erstmals begründet hat, auch wenn der Vergleichsbetrag rein rechnerisch die Summe mehrerer Monatsmieten umfasst (OLG München NZM 2003, 554). 2010

3. Zahlungsverzug. Der Verzug des Mieters richtet sich nach den §§ 286 ff. BGB. Eine Mahnung ist nicht erforderlich, da sich der Leistungszeitpunkt entweder aus dem Gesetz (§ 556b Abs. 1 BGB) oder aus den vertraglichen Vereinbarungen ergibt (§ 286 Abs. 2 Nr. 1 BGB). Für den Beginn des Verzugs kommt es nach §§ 270 Abs. 4, 269 Abs. 1 BGB auf den Zeitpunkt der **Leistungshandlung**, nicht auf den Eintritt des Leistungserfolgs an. Jedoch wird eine Rechtzeitigkeitsklausel ganz überwiegend für zulässig erachtet, soweit sie sich nicht an unpassender oder versteckter Stelle im Vertrag befindet (LG Berlin NJW-RR 1993, 144; LG Kleve WuM 1988, 261; ausf. zur Problematik FA MietRWEG/*Hinz* Kap. 14 Rn. 280 f.). 2011

Eine Zahlung des Mieters »unter Vorbehalt« führt nicht zum Zahlungsverzug (LG München I WuM 1987, 223). Bei Mietverträgen, die vor dem 01.09.2001 abgeschlossen wurden, ist im Auge zu behalten, ob eine **Vorauszahlungsklausel** wirksam ist (s. die Hinweise zu Teil 1 Rdn. 982). Der Mieter gerät nicht in Verzug, wenn er zur Minderung oder Zurückbehaltung der Miete berechtigt ist, so dass der qualifizierte Umfang von Mietrückständen nicht gegeben ist (BGH ZMR 1997, 567; MDR 2003, 1103). Allerdings ist er zur Minderung nicht berechtigt, solange der Vermieter infolge einer unterlassenen Mängelanzeige zur Abhilfe nicht in der Lage ist (vgl. § 536c Abs. 2 Nr. 1 BGB). Für das Zurückbehaltungsrecht nach § 320 BGB hat der BGH mit Urteil vom 03.11.2010 (WuM 2011, 12 = ZMR 2011, 275) entschieden, dass der Mieter dieses wegen eines Mangels, von dem der Vermieter keine Kenntnis hat, erst an den fällig werdenden Mieten geltend machen kann, nachdem er diesem den Mangel angezeigt hat. 2012

Hat der Mieter vor Zugang der Kündigung wirksam aufgerechnet – vertragliche Aufrechnungshindernisse beachten! –, so kann die Kündigung ebenfalls unwirksam sein, wenn dadurch der Zahlungsrückstand vollständig getilgt worden ist (vgl. § 543 Abs. 2 S. 2 BGB). Stand ihm die **Aufrechnungsbefugnis** vor Zugang der Kündigung zu, so kann er die Kündigung auch unwirksam machen, wenn er unverzüglich nach der Kündigung die Aufrechnung erklärt (vgl. § 543 Abs. 2 S. 3 BGB). Zur Befreiung des Wohnungsmieters von den Kündigungsfolgen durch Zahlung innerhalb der Schonfrist s. § 569 Abs. 3 Nr. 2 BGB sowie Teil 1 Rdn. 2366. 2013

2014　Der Mieter hat seine finanzielle Leistungsfähigkeit nach § 276 Abs. 1 S. 1 2. Halbs. BGB immer nach § 286 Abs. 4 BGB **zu vertreten**. Auch wenn die Leistungsunfähigkeit z.B. auf Krankheit oder Arbeitslosigkeit oder Nichtleistung durch das Jobcenter beruht, entlastet dies den Mieter nicht (grdl. BGH NZM 2015, 196 = WuM 2015, 152 = ZMR 2015, 287). Ein Verzug ist ausgeschlossen, wenn der Mieter irrtümlich, aber entschuldbar eine Mietminderung oder ein Zurückbehaltungsrecht oder eine Aufrechnungsbefugnis zu Unrecht angenommen hat (s. BVerfG ZMR 1989, 255; LG Hamburg ZMR 2003, 40). Allerdings werden an das Vorliegen eines entschuldbaren **Rechtsirrtums** strenge Anforderungen gestellt (s. BGH NZM 2007, 35 = WuM 2007, 24 = ZMR 2007, 103). Der Mieter muss die Rechtslage unter Einbeziehung der höchstrichterlichen Rechtsprechung sorgfältig prüfen; sein Rechtsirrtum ist nur dann entschuldigt, wenn er mit einer anderen Beurteilung durch die Gerichte nicht zu rechnen brauchte (BGH WuM 2014, 562, 565 = ZMR 2014, 710, 712; WuM 2014, 489, 494).

Bei einer **zweifelhaften Rechtsfrage** handelt der Schuldner jedoch bereits fahrlässig, wenn er sich erkennbar in einem Grenzbereich des rechtlich Zulässigen bewegt (BGH NZM 2007, 35, 37 = WuM 2007, 24, 26 = ZMR 2007, 103, 106; ferner BGH WuM 2014, 562, 565 = ZMR 2014, 710, 712; WuM 2014, 489, 494). Sofern er zur rechtlichen Einschätzung nicht in der Lage ist, muss er **Rechtsrat** einholen (BGH a.a.O.).

Die vom BGH zum entschuldbaren Rechtsirrtum aufgestellten Kriterien gelten grundsätzlich auch beim **Tatsachenirrtum**, wenn also der Mieter unzutreffenden Tatschen ausgeht oder die Miete trotz unklarer Sachlage einbehält (BGH NZM 2012, 637 = WuM 2012, 499 mit Anm. *Blank*; s. dazu *Selk* NZM 2012, 737; *Hinz* NJW 2013, 337). Geht es jedoch allein um die **Bemessung einer Mietminderung**, spricht einiges dafür, dass der Mieter bereits dann exkulpiert ist, wenn er sich in der richtigen Größenordnung bewegt. Denn die Höhe der Minderung ist immer Gegenstand einer Wertung, die einen gewissen Spielraum zulässt (*Milger* MDR 2013, 385). Gleichwohl sollte der Anwalt des Mieters im Zweifel zu einer zurückhaltenden Ausübung des Minderungsrechts, u.U. sogar zu einer **Zahlung unter Vorbehalt** raten.

2015　**4. Zwei aufeinanderfolgende Termine.** Das Beispiel bezieht sich auf den Kündigungsfall in § 543 Abs. 2 Nr. 3 Buchst. a BGB. Danach kann der Vermieter fristlos kündigen, wenn der Mieter für zwei aufeinanderfolgende Termine mit der Miete ganz oder mit einem nicht unerheblichen Teil in Verzug geraten ist. Ob der Mieter mit einem nicht unerheblichen Teil der Miete in Verzug ist, richtet sich nicht nach der für den einzelnen Termin rückständigen Miete, sondern nach dem gesamten Mietrückstand. Dieser ist jedenfalls dann nicht unerheblich, wenn er die **Miete für einen Monat übersteigt**; bei der Wohnraummiete ist ein Rückstand in dieser Höhe erforderlich (§ 569 Abs. 3 Nr. 1 BGB), sofern der Wohnraum nicht nur zum vorübergehenden Gebrauch (§ 549 Abs. 2 Nr. 1 BGB) vermietet wurde. Nebenkostenvorauszahlungen gehören zur Miete i.S. von § 543 Abs. 2 Nr. 3 BGB (LG Berlin WuM 1986, 94), nicht aber der Anspruch aus einem Abrechnungssaldo (OLG Koblenz WuM 1984, 269 = ZMR 1984, 269; AG Köpenick WuM 2013, 679; *Hinz* NZM 2010, 57, 58).

2016　**5. Längerer Zeitraum.** Das Beispiel bezieht sich auf den Kündigungsfall in § 543 Abs. 2 Nr. 3 Buchst. b BGB. Danach kann der Vermieter fristlos kündigen, wenn der Mieter in einem Zeitraum, der sich über mehr als zwei Zahlungstermine erstreckt, mit der Zahlung eines Betrags in Verzug geraten ist, der die **Miete von zwei Monaten** erreicht. Ob das der Fall ist, berechnet sich nach der Höhe der zum Kündigungszeitpunkt geschuldeten Miete. Der Vermieter kann nicht auf die früheren niedrigeren Mieten, die nicht gezahlt waren, zurückgreifen, wenn die Miete zwischenzeitlich erhöht worden ist (vgl. LG Osnabrück WuM 1988, 268; Staudinger/Emmerich § 543 Rn. 59).

2017　**6. Begründungserfordernis.** Der Begründungszwang nach § 569 Abs. 4 BGB (s. die Hinweise zu Teil 1 Rdn. 1961) gilt auch bei der Kündigung wegen Zahlungsverzugs. Nach der Rechtsprechung des BGH genügt es, wenn der Mieter die Kündigung mit Hilfe der Angaben im Kündigungsschreiben eigenständig **auf ihre Stichhaltigkeit überprüfen** und entscheiden kann, wie er darauf reagieren will. Dazu muss der Vermieter angeben, von welchem Mietrückstand er ausgeht und dass er diesen als Kündigungsgrund heranzieht (BGH NZM 2010, 548, 551 = WuM 2010, 484, 488 Tz. 37). Bei **einfacher und klarer Sachlage** braucht er lediglich den Zahlungsverzug als Kündigungsgrund und den Gesamtbetrag der rückständigen Miete zu benennen (BGH NZM 2004, 187 = WuM 2004, 97 = ZMR 2004, 254; WuM 2004, 489; NZM 2009, 315, 316 = WuM 2009, 228, 230). Stützt er die Kündigung indes nicht nur auf aktuelle Mietforderungen, sondern auch auf **frühere Rückstände**, so muss er mitteilen, welche konkreten Zahlungsrückstände er seiner Kündigung zugrunde legt oder für welchen Zeitraum der Mieter welche Zahlungen nachweisen muss, um dem Verzugsvorwurf zu begegnen (BGH NZM 2010, 548, 550 = WuM 2010, 484, 487 Tz. 30, 32).

Allerdings hat der BGH offengelassen, wie weit die Begründungspflicht reicht, wenn eine **unklare Verrechnungslage** besteht oder der Mieter nicht über die nötigen Informationen zu bestimmten Zahlungsvorgängen verfügt, während der Vermieter diese mit zumutbarem Aufwand geben kann (vgl. BGH NZM 2010, 548, 550 = WuM 2010, 484, 487 Tz. 30, 32). Insoweit bietet es sich an, auf die vom AG Dortmund (ZMR 2003, 579; WuM 2003, 389; DWW 2003, 189) aufgestellten Kriterien zurückzugreifen; danach muss der Rückstand

– sowohl der Höhe nach und nur hinsichtlich der kündigungsrelevanten Beträge – also ohne Einmalzahlungen (z.B. Betriebskostennachforderungen) – angegeben werden,
– ferner der Zeitpunkt, wann dieser Rückstand jeweils entstanden ist und
– wie die **Teilzahlungen** verrechnet wurden.

2018

Allerdings macht eine falsche Verrechnung die Kündigung dann nicht unwirksam, wenn die Tatsachen richtig mitgeteilt wurden und bei richtiger Rechtsanwendung ebenfalls ein Kündigungsrecht bestand.

2019

Zur Verrechnung von geleisteten Zahlungen s. FA MietRWEG/*Hinz* Kap. 14 Rn. 308 ff.

2020

Wird der Kündigungserklärung ein **Kontoauszug** beigefügt, so ist nach LG Mannheim WuM 2004, 204 die Schriftform (§ 568 Abs. 1 BGB) grundsätzlich nur gewahrt, wenn die Kündigungserklärung fest mit der Anlage verbunden ist. Fehlt es an daran und hat der Vermieter nur die Kündigungserklärung unterschrieben, so muss er in dieser auf die Anlage Bezug nehmen. Wird die Anlage lediglich beigefügt und enthält die Kündigung weder eine hinreichende Begründung noch eine konkrete Bezugnahme auf die Anlage, so ist die Kündigung unwirksam.

2021

7. Verwirkung. § 314 Abs. 3 BGB ist bei der Kündigung wegen Zahlungsverzugs zurückhaltend anzuwenden (BGH NZM 2009, 314, 315 = WuM 2009, 231, 232; OLG Bremen ZMR 2007, 688; Schmidt-Futterer/*Blank* § 543 Rn. 127), jedenfalls aber dahingehend teleologisch zu reduzieren, dass eine Verwirkung des Kündigungsrechts wegen Zahlungsverzugs nicht in Betracht kommt, wenn der Mieter zwischendurch lediglich **sporadische Zahlungen** erbringt. Anderenfalls hat es ein »pfiffiger Mieter« in der Hand, durch sporadische Zahlungen an passender Stelle, die Kündigung des Vermieters zu erschweren (so zutr. *Beuermann* GE 2002, 786, 788).

2022

Hat der Vermieter jedoch lange Zeit hingenommen, dass die Miete zögerlich gezahlt wird, so ist eine fristlose Kündigung **missbräuchlich**, wenn er den Mieter nicht zuvor abgemahnt oder zumindest darauf hingewiesen hat, dass er bei erneutem Rückstand von seinem Kündigungsrecht Gebrauch machen werde (vgl. OLG Hamm ZMR 1994, 560).

2023

8. Kein Kündigungswiderspruch. Dem Mieter steht ein Recht zum Widerspruch nach der Sozialklausel nicht zu (§ 574 Abs. 1 S. 2 BGB). Anders verhält es sich aber mit einer ordentlichen Kündigung, soweit sie auf nicht unerhebliche schuldhafte Pflichtverletzungen gemäß § 573 Abs. 2 Nr. 1 BGB gestützt wird.

2024

9. Fortsetzungswiderspruch. Der Widerspruch gegen die Gebrauchsfortsetzung nach § 545 BGB sollte im **Kündigungsschreiben** ausdrücklich erfolgen; s. Muster und Hinweise zu Teil 1 Rdn. 2152.

2025

11. Fristlose Kündigung von Wohnraum bei unzumutbarem Mietverhältnis – Störung des Hausfriedens (§ 569 Abs. 2 BGB)

2026 Herr Beispielhaft hat uns mit der Wahrnehmung seiner rechtlichen Interessen in der vorbezeichneten Angelegenheit beauftragt. Eine auf uns lautende Originalvollmacht liegt anbei.

Namens und in Vollmacht unseres Mandanten kündigen wir das Mietverhältnis über das Mietobjekt _____ gemäß Mietvertrag vom _____ fristlos zum _____. Wir fordern Sie auf, das Mietobjekt binnen einer Frist von einer Woche ab Zugang dieses Schreibens zu räumen und an unseren Mandanten herauszugeben. Rein vorsorglich wird das Mietverhältnis auch fristgemäß zum nächstzulässigen Zeitpunkt gekündigt. Das ist der _____. [1]

Gemäß § 569 Abs. 2 BGB kann ein Mietverhältnis ohne Einhaltung einer Kündigungsfrist gekündigt werden, wenn eine Vertragspartei den Hausfrieden nachhaltig stört, so dass dem Kündigenden unter Berücksichtigung aller Umstände des Einzelfalles, insbesondere eines Verschuldens der Vertragspartei, und unter Abwägung der beiderseitigen Interessen die Fortsetzung des Mietverhältnisses bis zu dessen ordentlicher Beendigung nicht zugemutet werden kann. Diese Voraussetzungen liegen hier vor, wie sich aus nachstehender Schilderung ergibt: [2]

▶ Beispiel:

Sie verstoßen seit Aufnahme Ihrer neuen Lebensgefährtin ständig gegen die Hausordnung und damit gegen Ihre mietvertraglichen Verpflichtungen. Das geschieht insbesondere durch überstarken Lärm in Ihrer Wohnung durch – auch nächtliche – Schreierei, lautes Türenschlagen und zu lauten Radio- und Fernsehempfang. Diese Lärmbelästigungen dauern oft bis 02:00 oder 03:00 Uhr morgens und führen dazu, dass angrenzende Mieter entweder gar nicht einschlafen können oder immer wieder im Schlaf gestört werden. [3]

Mit mehreren Schreiben u.a. vom _____ forderte unser Mandant Sie unter Androhung einer Kündigung des Mietvertrages erfolglos auf, Ihr vertragswidriges Verhalten zukünftig zu unterlassen. Nach Zugang der letzten Abmahnung vom _____ d.h. in den Nächten vom _____ bis _____ hielten sich offenbar mehrere Personen in Ihrer Wohnung auf, mit denen Sie bis 02:30 Uhr lautstark feierten, sich zuprosteten und extrem laut Rockmusik hörten. Als Ihre Gäste Ihre Wohnung verließen, grölten diese im Treppenhaus weiter und klingelten bei mehreren Hausbewohnern. [4, 5]

Ein Widerspruch gegen die fristlose Kündigung steht Ihnen nach dem Gesetz nicht zu. Für den Fall der vorsorglich ausgesprochenen fristgemäßen Kündigung weisen wir Sie darauf hin, dass Sie dieser fristgerechten Kündigung nach dem Gesetz widersprechen und Fortsetzung des Mietverhältnisses verlangen können, wenn Sie meinen, dass die vertragsgemäße Beendigung des Mietverhältnisses für Sie/Ihre Familie oder einen anderen Angehörigen Ihres Haushaltes eine Härte bedeuten würde, die auch unter Würdigung der berechtigten Vermieterinteressen nicht zu rechtfertigen ist. Der Widerspruch müsste schriftlich erfolgen und bis spätestens 2 Monate vor Beendigung des Mietverhältnisses eingehen. Der Widerspruch sollte begründet sein. [6]

Gemäß § 545 BGB erklären wir schon jetzt, dass eine stillschweigende Fortsetzung des Mietverhältnisses über den Beendigungszeitpunkt hinaus nicht in Betracht kommt. [7]

Erläuterungen

1. Kündigungserklärung. S. dazu die Hinweise zu Teil 1 Rdn. 1955. Zur Vorlage der **Originalvollmacht** s. die Hinweise zu Teil 1 Rdn. 1630.

Der Kündigende sollte in dem Kündigungsschreiben neben der außerordentlichen fristlosen Kündigung **hilfsweise die ordentliche Kündigung** des Mietverhältnisses nach § 573 Abs. 2 Nr. 1 BGB aussprechen, für den Fall, dass die Verfehlung für eine fristlose Kündigung nicht ausreicht; s. die Hinweise zu Teil 1 Rdn. 1966.

2. Hausfriedenstörung. Der Tatbestand der außerordentlichen fristlosen Kündigung wegen nachhaltiger Störung des Hausfriedens (§ 569 Abs. 2 BGB) ist vom Wortlaut her an die Generalklausel des § 543 Abs. 1 S. 2 BGB angelehnt. Er erhält aber durch die besondere Hervorhebung innerhalb des Wohnraummietrechts eine eigenständige Bedeutung. Der Kündigungstatbestand gilt für die Wohnraummiete sowie nach § 578 Abs. 2 S. 1 BGB auch für die Geschäftsraummiete.

Unter **Hausfrieden** i.S.d. § 569 Abs. 2 BGB versteht der BGH in der Zigarettendunst-Entscheidung vom 18.02.2015 (ZMR 2015, 376 = WuM 2015, 289 mit Anm. *Pielsticker*) versteht das Erfordernis gegenseitiger Rücksichtnahme, die das Zusammenleben mehrerer Personen in einem Haus überhaupt erst ermöglicht. Eine **nachhaltige Störung** des Hausfriedens ist regelmäßig nur anzunehmen, wenn die Beeinträchtigung entweder dauerhaft ist oder jedenfalls häufiger vorkommt (OLG Düsseldorf ZMR 2013, 706; AG München ZMR 2015, 458: wiederholte nächtliche quietschende Geräusche durch »Sexschaukel«; AG Wetzlar GE 2013, 1007; Herrlein/Kandelhard/*Herrlein* § 569 Rn. 17).

Im Übrigen muss die Vertragsverletzung so schwerwiegend sein, dass sie der betroffenen Partei die Fortsetzung des Mietverhältnisses bis zum Ablauf der ordentlichen Kündigungsfrist oder bis zum sonstigen Vertragsende **objektiv unzumutbar** macht. Hier liegt der deutliche Unterschied zu dem verschuldensabhängigen ordentlichen Kündigungsgrund nach § 573 Abs. 2 Nr. 1 BGB.

3. Begründungserfordernis. Zu den Kündigungsformalien s. zunächst die Hinweise zu Teil 1 Rdn. 1954. Im Kündigungsschreiben sollten die einzelnen Ereignisse **nach Art, Zahl, Dauer und Zeitpunkt** genau angegeben werden. Gerade die Instanzgerichte stellen an die Begründungspflicht (§ 569 Abs. 4 BGB) z.T. sehr hohe Anforderung. Pauschale Ausführungen (»Die Lärmbelästigungen dauerten oft bis spät in die Nacht«) sollen nicht genügen (beispielhaft LG Berlin GE 2015, 323).

4. Abmahnung. Auch dieser Kündigungstatbestand erfordert grundsätzlich eine vorausgegangene Abmahnung (§ 543 Abs. 3 S. 1 BGB). Eine Fristsetzung zur Abhilfe ist theoretisch ebenfalls möglich, bei schweren Hausfriedensstörungen, die umgehend zu beenden sind, aber kaum sinnvoll. Zu den Ausnahmen vom Abmahnerfordernis s. die Hinweise zu Teil 1 Rdn. 1957.

Die Abmahnung muss das beanstandete Verhalten so **konkret beschreiben**, dass ihr Empfänger erkennen kann, was ihm vorgeworfen wird (LG Berlin GE 2015, 323); s. dazu Teil 1 Rdn. 1961.

5. Lärmbelästigung. Auch häufige lautstarke Störungen durch **Gäste des Mieters** können die Unzumutbarkeit der Fortführung des Mietverhältnisses begründen. Dagegen rechtfertigt **Kinderlärm** bei normaler Wohnnutzung keine fristlose Kündigung wegen Störung des Hausfriedens. Hier wird von den Mitbewohnern erhöhte Toleranz gegenüber Lärm als Begleiterscheinung kindlichen und jugendlichen Freizeitverhaltens gefordert. Der BGH nimmt insoweit auf den Rechtsgedanken des § 22 Abs. 1a BImSchG Bezug, der auch im Bereich des allgemeinen Zivilrechts und namentlich des Mietrechts eine Ausstrahlungswirkung entfaltet. Demgemäß ist Kinderlärm jedenfalls bei Beachtung des Gebots der Rücksichtnahme lediglich unerhebliche Beeinträchtigung anzusehen (BGH ZMR 2015, 697, 699 f. = WuM 2015, 478, 481 f. mit Anm. *Föller*).

2035 **Achtung!** Der Vermieter muss die außerordentliche fristlose Kündigung innerhalb einer angemessenen Frist aussprechen, nachdem er vom Kündigungsgrund Kenntnis erlangt hat (§ 314 Abs. 3 BGB); s. dazu die Hinweise zu Teil 1 Rdn. 1959 und 1982.

2036 **6. Hinweise auf Kündigungswiderspruch.** Dem Mieter steht gegenüber der fristlosen Kündigung **kein Widerspruchsrecht** zu (§ 574 Abs. 1 S. 2 BGB). Deshalb entfällt eine Belehrung nach § 568 Abs. 2 BGB.

2037 Spricht der Vermieter aber hilfsweise die ordentliche Kündigung aus, so sollte die Belehrung unbedingt erfolgen; s. dazu auch die Hinweise zu Teil 1 Rdn. 1660.

2038 **7. Fortsetzungswiderspruch.** Der Widerspruch gegen die Gebrauchsfortsetzung nach § 545 BGB sollte im **Kündigungsschreiben** ausdrücklich erfolgen; s. Muster und Hinweise zu Teil 1 Rdn. 2152.

12. Fristlose Kündigung wegen Verzugs mit einer Sicherheitsleistung gemäß § 551 BGB (§ 569 Abs. 2a BGB)

2039 Herr Beispielhaft hat uns mit der Wahrnehmung seiner rechtlichen Interessen in der vorbezeichneten Angelegenheit beauftragt. Eine auf uns lautende Originalvollmacht liegt anbei.

Namens und in Vollmacht unseres Mandanten kündigen wir das Mietverhältnis über das Mietobjekt _____ gemäß Mietvertrag vom _____ fristlos zum _____ . ¹ Rein vorsorglich wird das Mietverhältnis hilfsweise auch fristgemäß zum nächstzulässigen Zeitpunkt gekündigt. Das ist der _____ . ²

Gemäß §§ 543 Abs. 1 und 569 Abs. 2a BGB kann ein Mietverhältnis ohne Einhaltung einer Kündigungsfrist gekündigt werden, wenn der Mieter mit einer Sicherheitsleistung nach § 551 BGB in Höhe eines Betrages in Verzug ist, der der zweifachen Monatsmiete ohne Betriebskostenvorauszahlungen entspricht. ³ Diese Voraussetzungen liegen hier vor, wie sie aus Nachfolgendem ergibt. ⁴

▶ Beispiel:
Nach § 12 des zugrunde liegenden Mietvertrages sind Sie verpflichtet, eine Mietsicherheit in Höhe von € 1.560,00 zu zahlen, wobei Sie zu drei gleichen monatlichen Teilzahlungen berechtigt waren. Die erste Teilzahlung wurde zu Beginn des Mietverhältnisses am 01.08.2015 fällig, die Folgeraten zusammen mit den Monatsmieten September und Oktober 2015. Sie zahlten jedoch lediglich einmalig am 02.08.2015 € 500,00, so dass die restliche Kaution in Höhe von € 1.060,00 noch offen ist. ⁵

Erläuterungen

2040 **1. Kündigungserklärung.** S. dazu die Hinweise zu Teil 1 Rdn. 1955, zur hilfsweise erklärten ordentlichen Kündigung s. die Hinweise zu Teil 1 Rdn. 1966.

2041 Zur Vorlage der **Originalvollmacht** s. die Hinweise zu Teil 1 Rdn. 1630.

2042 **2. Anwendungsbereich.** Der spezielle **Kündigungstatbestand** des § 569 Abs. 2a BGB gilt nur bei der Wohnraummiete. Bei der Gewerberaummiete kann die Nichtzahlung der Mietkaution lediglich einen wichtigen Grund nach der Generalklausel des § 543 Abs. 1 S. 2 BGB abgeben (BGH NZM 2007, 400 = ZMR 2007, 525; NZM 2007, 401 = ZMR 2007, 444).

§ 569 Abs. 2a BGB steht einer **hilfsweise ausgesprochenen ordentlichen Kündigung** wegen schuldhafter nicht unerheblicher Vertragspflichtverletzung nach § 573 Abs. 2 Nr. 1 BGB nicht entgegen. Diese erfordert einen »nicht unerheblichen« Rückstand des Mieters mit der Kautionsleistung. Das ist nach wohl überwiegender Ansicht nur dann der Fall, wenn der Rückstand eine Monatsmiete übersteigt (AG Neukölln GE 2013, 217; *Schmidt-Futterer/Blank* § 573 Rn. 29). Demgemäß kann ein Kündigungsrecht erst bei Fälligkeit der zweiten Kautionsrate (vgl. § 551 Abs. 2) bestehen. Jedenfalls wird die Nichtzahlung der Mietsicherheit in voller Höhe zur ordentlichen Kündigung berechtigen (AG Neukölln/LG Berlin GE 2008, 1431).

3. Kautionsverzug. Voraussetzung für eine außerordentliche fristlose Kündigung nach § 569 Abs. 2a BGB ist ein Verzug mit einem Kautionsbetrag, der der **zweifachen Monatsmiete** ohne Vorauszahlungen bzw. Pauschale entspricht. Das ist bei der (im Wohnraummietrecht üblichen) Geldsummenkaution dann der Fall, wenn der Mieter die zweite Kautionsrate nicht erbringt. Aufgrund der neuen gesetzlichen Fälligkeitsregelung in § 551 Abs. 2 S. 3 BGB gerät er damit sofort in Verzug; es liegt insoweit eine kalendermäßige Leistungsbestimmung vor (vgl. § 286 Abs. 2 Nr. 1 BGB).

2043

Allerdings gilt der Kündigungstatbestand für sämtliche **Arten der Mietsicherheit** (s. dazu die Hinweise zu Teil 1 Rdn. 139), also auch für die Bürgschaft (*Lützenkirchen/Lützenkirchen* § 569 Rn. 82, 85; *Abramenko* Das neue Mietrecht § 5 Rn. 8; NK-BGB/*Hinz* § 569 Rn. 50; a.A. *Wiek* WuM 2013, 195, 198; *Emmerich* WuM 2013, 323, 326). Dabei ist es ohne Belang, dass dem Mieter bei dieser Kautionsform kein Teilzahlungsrecht nach § 551 Abs. 2 BGB zusteht; denn dieses ist nicht Voraussetzung für eine Kündigung nach § 569 Abs. 2a BGB (NK-BGB/*Hinz* § 569 Rn. 50).

4. Besonderheiten. Eine **Abmahnung** oder Fristsetzung vor Kündigungsausspruch ist bei diesem Tatbestand nicht erforderlich (vgl. § 569 Abs. 2a S. 3 BGB). Der Mieter kann die Kündigungswirkungen aber nachträglich beseitigen, indem er den Kautionsrückstand bis zum Ablauf von zwei Monaten nach Rechtshängigkeit des Räumungsanspruchs begleicht oder sich eine öffentliche Stelle dazu verpflichtet (vgl. § 569 Abs. 2a S. 4, Abs. 3 Nr. 2 S. 1 BGB).

2044

Beachten Sie: Sofern der Vermieter sowohl wegen Kautionsverzugs (§ 569 Abs. 2a BGB) als auch wegen Mietzahlungsverzugs (§ 543 Abs. 2 Nr. 3 BGB) gekündigt hat, kann der Mieter die erstgenannte nur durch vollständige Kautionserbringung, die letztgenannte allein durch vollständige Begleichung der rückständigen Mieten und Nutzungsentschädigungsbeträge abwenden. Beide Schonfristsysteme dürfen nicht miteinander verquickt werden.

5. Begründungserfordernis. Dieses ist gewahrt, wenn der Vermieter in dem Kündigungsschreiben den Verzug mit Kautionsbeträgen als **Kündigungsgrund** und die **Höhe des Rückstands** bezeichnet. Sicherheitshalber sollte er auch noch die Art der vereinbarten Mietsicherheit und deren vorgesehene Höhe bezeichnen. Sind Teilzahlungen erfolgt, sollte er wiederum deren Höhe sowie die Verrechnung angeben. Eine unrichtige Verrechnung führt nicht zur Unwirksamkeit der Kündigung. S. auch die entsprechenden Hinweise zu Teil 1 Rdn. 2017.

2045

13. Fristlose Kündigung wegen ständig verspäteter Zahlung der Miete (§ 543 Abs. 1 S. 2 BGB)

Herr Beispielhaft hat uns mit der Wahrnehmung seiner rechtlichen Interessen in der vorbezeichneten Angelegenheit beauftragt. Eine auf uns lautende Originalvollmacht liegt anbei.

2046

Namens und in Vollmacht unseres Mandanten kündigen wir das Mietverhältnis über das Mietobjekt _____ gemäß Mietvertrag vom _____ fristlos zum _____. Rein vorsorglich wird das Mietverhältnis hilfsweise auch fristgemäß zum nächstzulässigen Zeitpunkt gekündigt. Das ist der _____. Wir fordern Sie auf, das Mietobjekt binnen einer Frist von einer Woche ab Zugang dieses Schreibens zu räumen und an unseren Mandanten herauszugeben. [1]

Gemäß § 543 Abs. 1 BGB kann jede Vertragspartei das Mietverhältnis aus wichtigem Grund außerordentlich fristlos kündigen. Ein wichtiger Grund liegt vor, wenn dem Kündigenden unter Berücksichtigung aller Umstände des Einzelfalls, insbesondere eines Verschuldens des Vertragspartners und unter Abwägung der beiderseitigen Interessen die Fortsetzung des Mietverhältnisses bis zum Ablauf der Kündigungsfrist oder bis zur sonstigen Beendigung des Mietverhältnisses nicht zugemutet werden kann. Diese Voraussetzungen liegen hier vor, wie sich aus nachstehender Schilderung ergibt. [2]

Nach dem Mietvertrag müssen Sie die Miete monatlich im Voraus auf das Konto unseres Mandanten zahlen. Mit Schreiben vom _____ wurden Sie wegen ständig verspäteter Zahlung der Miete abgemahnt und darauf hingewiesen, dass Sie bei Fortsetzung des vertragswidrigen Verhaltens mit einer fristlosen Kündigung des Mietverhältnisses und bei Nichträumung mit einer Räumungsklage rechnen müssen. Mit weiterem Schreiben vom _____ wurden Sie erneut abgemahnt und auf die genannten Folgen einer Fortsetzung des vertragswidrigen Verhaltens hingewiesen. [3, 4, 5]

Sie haben Ihr vertragswidriges Verhalten fortgesetzt und auch nach der Abmahnung die Miete mit nicht unerheblicher Verspätung gezahlt. Im Einzelnen gingen die Mietzahlungen der letzten Monate wie folgt auf dem Konto unseres Mandanten ein:

Es folgt eine Auflistung der verspäteten Zahlungen mit genauer Angabe des Zahlungsdatums.

Bei diesem Verhalten ist unserem Mandanten die Fortsetzung des Mietverhältnisses nicht mehr zuzumuten. [6, 7, 8]

Entsprechend einer gesetzlichen Verpflichtung weisen wir Sie darauf hin, dass Sie der Kündigung nach dem Gesetz widersprechen und Fortsetzung des Mietverhältnisses verlangen können, wenn Sie meinen, dass die vertragsgemäße Beendigung des Mietverhältnisses für Sie/Ihre Familie oder einen anderen Angehörigen Ihres Haushalts eine Härte bedeuten würde, die auch unter Würdigung der berechtigten Vermieterinteressen nicht zu rechtfertigen ist. Der Widerspruch müsste schriftlich erfolgen und bis spätestens zwei Monate vor Beendigung des Mietverhältnisses eingehen. Der Widerspruch sollte begründet sein. [9]

Gemäß § 545 BGB erklären wir schon jetzt, dass eine stillschweigende Fortsetzung des Mietverhältnisses über den Beendigungszeitpunkt hinaus nicht in Betracht kommt. [10]

Erläuterungen

2047 **1. Kündigungserklärung.** Zur Kündigungserklärung und zur Zweckmäßigkeit, hilfsweise eine ordentliche Kündigung auszusprechen, s. die Hinweise zu Teil 1 Rdn. 1955 und Teil 1 Rdn. 1966.

Zur Vorlage der **Originalvollmacht** s. die Hinweise zu Teil 1 Rdn. 1630.

2048 **2. Unpünktliche Mietzahlung.** Eine außerordentliche fristlose Kündigung wegen ständig verspäteter Mietzahlungen kann nur auf die Generalklausel des § 543 Abs. 1 S. 2 BGB gestützt werden. Der **Kündigungstatbestand** ist dreigliedrig, nämlich
- wiederholte Zahlungssäumigkeit,
- Abmahnung aus diesem Anlass,
- erneute wiederholte Zahlungssäumigkeit.

H. Beendigung des Mietverhältnisses

Eine einmalige Zahlungssäumigkeit nach Abmahnung genügt aber ausnahmsweise dann nicht, wenn sie lediglich **Bagatellcharakter** aufweist, weil sie auf einem leichten Versehen des Mieters beruht (LG Berlin GE 2014, 195, 196: Fehler bei der Überweisung) oder infolge von Krankheit oder plötzlichem Arbeitsplatzverlust überhaupt nicht von ihm zu vertreten ist (LG Berlin GE 2014, 1652).

3. Altmietverträge. Bei Mietverträgen, die vor dem 01.09.2001 geschlossen wurden ist vorab zu prüfen, ob die Vorauszahlungspflicht des Mieters abweichend von § 551 BGB a.F. wirksam vereinbart worden ist; s. die Hinweise zu Teil 1 Rdn. 977.   2049

4. Wiederholter Verstoß. Geringfügige Verspätungen rechtfertigen die fristlose Kündigung bereits dann, wenn sie über lange Zeit andauern (OLG Rostock OLGR 2003, 30; OLG Düsseldorf ZMR 1992, 192; OLG Düsseldorf ZMR 1992, 192; AG Tempelhof-Kreuzberg WuM 2013, 304). Als ausreichend für die Kündigung ist angesehen worden, wenn der Mieter sechsmal mehr als eine Woche verspätet gezahlt hat (LG Würzburg WuM 2014, 548 mit Anm. *Blank*; s. auch BGH WuM 1988, 125 = ZMR 1988, 16: siebenmalige Verspätung; LG Berlin ZMR 2014, 539: dreimalige Verspätung genügt nicht). Unerheblich ist es, ob im Zeitpunkt des Zugangs der Kündigung die Rückstände bereits ausgeglichen sind; § 543 Abs. 2 S. 2 BGB findet keine Anwendung (OLG Düsseldorf GE 2009, 51, 52 = MDR 2008, 1386).   2050

Achtung! Nimmt der Vermieter ein wiederkehrendes vertragswidriges Verhalten des Mieters über Jahre oder gar Jahrzehnte widerspruchslos hin, hat er diesem gegenüber zumindest den Anschein gesetzt, dass er die wiederkehrenden Vertragsverletzungen nicht für erheblich hält. Allerdings kann er diesen Anschein u.U. durch eine Abmahnung beseitigen (BGH WuM 2011, 418, 419 f. KG GE 2013, 618; weitergehend AG Neukölln/LG Berlin GE 2014, 322: stillschweigende Änderung des Fälligkeitstermins).   2051

5. Abmahnung. Der fristlosen Kündigung wegen wiederholter unpünktlicher Mietzahlung muss regelmäßig eine Abmahnung vorausgehen (§ 543 Abs. 3 BGB); die in § 543 Abs. 3 S. 2 Nr. 1 und 2 BGB formulierten Ausnahmen werden hier kaum jemals zum Tragen kommen. Ohne die Abmahnung kann der Mieter nicht erkennen, wie bedeutsam die pünktliche Mietzahlung für den Vermieter ist. Wird der Zahlungstermin nur um wenige Tage überschritten, muss der Vermieter in der Abmahnung mitteilen, welche Mieten mit welcher Verspätung eingegangen sind; nur so wird der Mieter in die Lage versetzt, ggf. Abhilfe zu schaffen (Schmidt-Futterer/*Blank* § 543 Rn. 179). Eine sog. **qualifizierte Abmahnung**, d.h. eine Abmahnung, in welcher die fristlose Kündigung angedroht wird, ist nicht erforderlich; die gegenteilige Auffassung ist seit der BGH-Entscheidung vom 13.06.2007 (NZM 2007, 561 = WuM 2007, 570 = ZMR 2007, 686) überholt (so auch Schmidt-Futterer/*Blank* § 543 Rn. 179; offen gelassen bei BGH WuM 2009, 228, 230). Allerdings erscheint eine qualifizierte Abmahnung nach wie vor zweckmäßig.   2052

Für die Kündigungsrelevanz des Mieterverhaltens sind auch **Zahlungsverzögerungen vor der Abmahnung** zu berücksichtigen. Denn die Abmahnung soll dem Mieter Gelegenheit zur Änderung seines Verhaltens geben; sie soll ihm vor Beendigung des Mietverhältnisses noch eine letzte Chance zu vertragsgerechtem Verhalten gewähren (BGH NZM 2006, 338 f. = WuM 2006, 193, 195 = ZMR 2006, 425, 426 mit Anm. *Schläger*; LG Berlin NZM 2007, 564 = ZMR 2006, 864 mit Anm. *Schläger*; BGH WuM 2011, 469, 470; 2009, 228, 230).   2053

Wird wegen der Zahlungsverzögerungen **hilfsweise ordentlich gekündigt**, bedarf es insoweit nicht zwingend einer Abmahnung (BGH WuM 2008, 31 = ZMR 2008, 196 mit Anm. *Rave*; AG Pinneberg NZM 2009, 432); gleichwohl empfiehlt sie sich.   2054

Achtung! Der Vermieter muss die Abmahnung wiederholen, wenn bis zum kündigungsauslösenden erneuten Zahlungsverzug eine geraume Zeit vergangen ist. Ein Zeitraum von acht Monaten ist jedenfalls zu lang (LG Berlin ZMR 2009, 285, 286).   2055

6. Unzumutbarkeit der Vertragsfortführung. An einer Unzumutbarkeit der Vertragsfortführung kann es u.U. fehlen, wenn die Zahlungen vom **Jobcenter** übernommen worden sind und   2056 der Mieter die schleppende Zahlungsweise des Amtes nicht zu vertreten hat (z.B. durch mangelnde Mitwirkung, etwa bei unvollständigen Angaben) zu vertreten hat (vgl. BGH NZM 2010, 37, 38 = WuM 2009, 736, 738; s. aber auch AG Bernau WuM 2010, 31).

2057 Ein vertragsgemäßes **Zahlungsverhalten nach Kündigungsausspruch** führt nicht zur Unwirksamkeit der Kündigung (BGH NJW-RR 1988, 77, 78 = WuM 1988, 125 = ZMR 1988, 16; LG Berlin GE 2013, 1342, 1343; tend. anders LG Berlin GE 1994, 459). Die Situation ist hier eine andere als bei der ordentlichen Kündigung wegen eines Zahlungsrückstands (s. dazu Teil 1 Rdn. 2004), denn dort wird das Fehlverhalten des Mieters durch den bloßen Zahlungsausgleich erheblich relativiert. Davon kann in den Fällen der ständigen unpünktlichen Mietzahlung nicht ausgegangen werden.

2058 **7. Begründungserfordernis.** Zum Begründungszwang nach § 569 Abs. 4 BGB s. die Hinweise zu Teil 1 Rdn. 2017. Der Vermieter muss in dem Kündigungsschreiben das aus seiner Sicht unzumutbare Zahlungsverhalten des Mieters nach Abmahnung darstellen. Hierzu muss er grundsätzlich die Zahlungseingänge der maßgeblichen Monate konkret mitzuteilen (BGH NZM 2006, 338, 339 = WuM 2006, 193, 195 = ZMR 2006, 425, 427; vgl. auch LG Hamburg WuM 2007, 710). U.U. genügt eine konkrete **Bezugnahme** auf den dem Kündigungsschreiben beigefügten Kontoauszug, soweit dieser übersichtlich gestaltet ist. Im Zweifel sollte aber auf Bezugnahmen verzichtet werden, da diese immer eine Fehlerquelle darstellen. Lediglich bei »einfacher Sachlage«, etwa wenn die Daten der Zahlungseingänge unstreitig sind, der Mieter die Überweisungen selbst vorgenommen hat und der Zeitraum überschaubar ist, werden geringere Anforderungen gestellt (BGH a.a.O).

2059 **8. Verwirkung.** Ist der Kündigungstatbestand vollendet – nach wiederholter Unpünktlichkeit trotz Abmahnung – muss die Kündigung **binnen angemessener Frist** ab Kenntniserlangung erfolgen (§ 314 Abs. 3 BGB; s. dazu die Hinweise zu Teil 1 Rdn. 2022.

2060 **9. Hinweis auf Kündigungswiderspruch.** Dem Mieter steht ein Widerspruchsrecht nach der Sozialklausel nicht zu (§ 574 Abs. 1 S. 2 BGB). Eine Belehrung hierüber ist aber wegen einer **hilfsweise ausgesprochenen ordentlichen Kündigung**, an die weniger strenge Anforderungen gestellt werden, geboten (§ 568 Abs. 2 BGB). Die Belehrung über das Widerspruchsrecht des Mieters entfällt, wenn es sich um ein Mietverhältnis über Gewerberaum oder um ein sog. Mischmietverhältnis mit überwiegendem Gewerbeanteil handelt.

2061 **10. Fortsetzungswiderspruch.** Der Widerspruch gegen die Gebrauchsfortsetzung nach § 545 BGB sollte im **Kündigungsschreiben** ausdrücklich erfolgen; s. Muster und Hinweise zu Teil 1 Rdn. 2152.

IX. Außerordentliche fristlose Mieter-Kündigung

1. Fristlose Kündigung aus wichtigem Grund – Generalklausel – (§ 543 Abs. 1 S. 2 BGB)

2062 **Herr Beispielhaft hat uns mit der Wahrnehmung seiner rechtlichen Interessen in der vorbezeichneten Angelegenheit beauftragt. Eine auf uns lautende Originalvollmacht liegt anbei.**

Namens und in Vollmacht unseres Mandanten kündigen wir das Mietverhältnis über das Mietobjekt _____ gemäß Mietvertrag vom _____ aus wichtigem Grund fristlos. Unser Mandant wird Ihnen das Mietobjekt zum _____ zurückgeben. [1]

Gemäß § 543 Abs. 1 BGB kann jede Vertragspartei das Mietverhältnis aus wichtigem Grund außerordentlich fristlos kündigen. Ein wichtiger Grund liegt vor, wenn dem Kündigenden unter Berücksichtigung aller Umstände des Einzelfalls, ins-

besondere eines Verschuldens des Vertragspartners und unter Abwägung der beiderseitigen Interessen die Fortsetzung des Mietverhältnisses bis zum Ablauf der Kündigungsfrist oder bis zur sonstigen Beendigung des Mietverhältnisses nicht zugemutet werden kann. Diese Voraussetzungen liegen hier vor, wie sich aus nachstehender Schilderung ergibt. [2]

▶ Beispiel:

Sie haben mehrfach unter Verwendung des bei Ihnen verbliebenen Wohnungsschlüssels in Abwesenheit unseres Mandanten dessen Wohnung betreten, ohne dass dafür ein objektives Bedürfnis vorlag. Offenbar haben Sie dabei dann auch Schränke und Schubladen geöffnet und dort herumgeschnüffelt. Obwohl Sie unserer Mandant mit Schreiben vom _____ abmahnte und aufforderte, seine Wohnung nicht ohne triftigen Grund zu betreten, haben Sie dieses am _____ nachweisbar erneut getan und die Wohnung in Unordnung zurückgelassen. Dabei hat Sie ein Hausbewohner beobachtet. [3]

▶ Beispiel:

Sie haben unseren Mandanten am _____ gegen _____ Uhr lautstark in Gegenwart anderer Hausbewohner beschimpft und bedroht. Daraufhin mahnte unser Mandant Sie mit Schreiben vom _____ ab und forderte Sie auf, Ihr beleidigendes und bedrohendes Verhalten zu unterlassen. Als unserer Mandant Sie gestern im Treppenhaus auf das jetzt schon seit 6 Monaten vor seinem Fenster befindliche Baugerüst sehr höflich hinwies und Ihnen sagte, dass die Bauarbeiten bereits seit mehreren Monaten ruhen, haben Sie ihn als _____ und _____ bezeichnet und ihm Schläge angedroht, wenn er sich weiterhin beschwere und nicht bald ausziehe. [4]

▶ Beispiel:

Sie haben unseren Mandanten am _____, ohne dass er Ihnen dazu Veranlassung gegeben hatte, auf das Übelste beleidigt, indem Sie ihn als Betrüger, Gauner und Schmarotzer bezeichneten. Als unserer Mandant Sie daraufhin zur Rede stellte, haben Sie ihm zwei Boxschläge gegen die Brust versetzt, so dass er ärztliche Hilfe in Anspruch nehmen musste. Strafanzeige wurde erstattet. Eine Fortsetzung des Mietverhältnisses mit Ihnen ist unserem Mandanten nicht mehr zuzumuten. Unserer Mandant behält sich vor, Sie für den ihm entstandenen Schaden verantwortlich zu machen. [5]

▶ Beispiel:

Bei den beiden vorangegangenen Betriebskostenabrechnungen hatte unser Mandant Ihnen jeweils erhebliche Fehler zu seinen Lasten nachgewiesen, die Sie auch nicht als eindeutiges Versehen beweisen konnten. Bei der jetzt unserem Mandanten vorgelegten Heizkostenabrechnung hat sich durch Vergleich der verbrauchten Ölmengen mit den Vorjahren herausgestellt, dass offenbar für andere Zwecke eingekauftes Heizöl in die Abrechnung eingeflossen ist. Dabei stellte unserer Mandant durch Befragung der Lieferfirma fest, dass das Heizöl für Ihr Privathaus geliefert wurde. [6]

Rein vorsorglich wird das Vertragsverhältnis auch fristgemäß zum nächstzulässigen Termin gekündigt. [7, 8]

Die bei Teil 1 Rdn. 1954 dargestellten allgemeinen Grundsätze gelten auch für die außerordentliche fristlose Kündigung des Mieters aus wichtigem Grund.

Erläuterungen

2063 1. **Kündigungserklärung.** S. dazu die Hinweise zu Teil 1 Rdn. 1954.

2064 2. **Generalklausel.** Zur Generalklausel gem. § 543 Abs. 1 BGB s. die Hinweise zu Teil 1 Rdn. 1973.

2065 Die Ausführungen zur außerordentlichen fristlosen Kündigung des Vermieters nach § 543 Abs. 1 S. 2 BGB gelten auch hier.

2066 3. **Unbefugtes Eindringen.** Betritt der Vermieter die Mieträume gegen den Willen des Mieters, so handelt es sich hierbei um einen dergestalt gravierenden Vertrauensverstoß, dass eine Kündigung auch ohne vorherige Abmahnung – eine Fristsetzung wäre hier ohnehin sinnlos – in Betracht kommen dürfte (OLG Celle WuM 2007, 201; AG Magdeburg WuM 2012, 676; a.A. OLG Düsseldorf ZMR 2013, 706, 707 bei einmaligem Betreten von Praxisräumen). Die sofortige Kündigung ist hier jedenfalls aus besonderen Gründen zur Wahrung der Interessen des Mieters gerechtfertigt (§ 543 Abs. 3 S. 2 Nr. 2 BGB).

2067 4. **Gewalttätige Übergriffe.** Auch hierbei kann nach neuem Recht ohne vorherige Abmahnung oder Fristsetzung gekündigt werden; s. die Hinweise zu Teil 1 Rdn. 1977.

2068 5. **Schwere Beleidigung.** Zum Beispielsfall s. LG Duisburg WuM 1980, 17. Schwere Verbalattacken rechtfertigen eine außerordentliche fristlose Kündigung (OLG Düsseldorf DWW 2006, 116 = NZM 2006, 29; AG München ZMR 2015, 725; AG Köln WuM 2006, 522, 523).

2069 6. **Vorsätzlich falsche Betriebskostenabrechnung.** Der Mieter ist zur außerordentlichen fristlosen Kündigung nach § 543 Abs. 1 BGB berechtigt, wenn der Vermieter über längere Zeit mehrfach über Betriebskosten vorsätzlich falsch abrechnet (LG Konstanz WuM 2013, 418; LG Berlin GE 2003, 1081; *Hinz* NZM 2010, 57, 69 ff.). Allein die Umlage von Kosten, die nicht zum Katalog des § 2 BetrKV gehören, stellt jedoch keine zur fristlosen Kündigung berechtigende Vertragsverletzung dar (vgl. LG Berlin GE 2003, 1081; *Hinz* NZM 2010, 57, 69 ff.). Zum Beispielsfall s. auch LG Gießen WuM 1996, 767: Verletzung der Abrechnungspflicht durch Vortäuschen nicht entstandener Betriebskosten.

2070 7. **Kündigungsformalien.** Das **Begründungserfordernis** gemäß § 569 Abs. 4 BGB gilt auch für die außerordentliche fristlose Kündigung des Mieters. Eine Ausnahme davon ist selbst dann nicht geboten, wenn der Kündigungsgrund in einer schweren Straftat des Vermieters gegen den Mieter liegt (z.B. Vergewaltigung, gefährliche Körperverletzung). Für Billigkeitserwägungen ist beim Begründungserfordernis kein Raum. Zum Begründungserfordernis s. im Übrigen die Hinweise zu Teil 1 Rdn. 1961.

2071 Auch der Mieter muss die Kündigung **binnen angemessener Frist** nach Kenntniserlangung vom Kündigungsgrund kündigen (§ 314 Abs. 3 BGB). Will der Mieter das Mietverhältnis wegen einer einmaligen schweren Verfehlung, z.B. einem Hausfriedensbruch des Vermieters ohne Abmahnung sofort kündigen, sollte er im Zweifel nicht länger als sechs Wochen warten. S. im Übrigen die Hinweise zu Teil 1 Rdn. 1959.

2072 8. **Befristete Kündigung.** Für den Fall, dass die Störung des Vertragsverhältnisses für eine außerordentliche fristlose Kündigung nicht ausreicht, sollte der Mieter **hilfsweise die ordentliche Kündigung** aussprechen. Sofern bei der Wohnraummiete die Kündigungsfrist nach § 573c Abs. 1 S. 1 BGB gilt (dazu Teil 1 Rdn. 1799), kann der Mieter das Mietverhältnis binnen drei Monaten

H. Beendigung des Mietverhältnisses

beenden. Bei der Geschäftsraummiete beträgt die Kündigungsfrist sechs Monate zum Quartal (dazu Teil 1 Rdn. 1827).

Zur Umdeutung einer unwirksamen außerordentlichen fristlosen in eine ordentliche Kündigung s. die Hinweise zu Teil 1 Rdn. 1966. 2073

Eine Kündigung mit »**gewisser Frist**« (z.B. Kündigung bis zum Ablauf des nächsten Monats) ist zulässig, solange die Frist die gesetzliche Dreimonatsfrist (§ 573c Abs. 1 S. 1 BGB) nicht überschreitet (s. BGH BeckRS 2001, 30176543 = BGHReport 2001, 539; LG Berlin NZM 2000, 543, 544; Schmidt-Futterer/*Blank* § 542 Rn. 17). 2074

2. Fristlose Kündigung wegen Nichtgewährung des vertragsgemäßen Gebrauchs (§ 543 Abs. 2 Nr. 1 BGB)

Herr Beispielhaft hat uns mit der Wahrnehmung seiner rechtlichen Interessen in der vorbezeichneten Angelegenheit beauftragt. Eine auf uns lautende Originalvollmacht liegt anbei. 2075

Namens und in Vollmacht unseres Mandanten kündigen wir das Mietverhältnis über das Mietobjekt _____ gemäß Mietvertrag vom _____ fristlos zum _____. Rein vorsorglich wird das Mietverhältnis hilfsweise auch fristgemäß zum nächstzulässigen Zeitpunkt gekündigt. Das ist der _____. [1]

Gemäß § 543 Abs. 2 Nr. 2 BGB kann der Mieter das Mietverhältnis ohne Einhaltung einer Kündigungsfrist kündigen, wenn dem Mieter der vertragsgemäße Gebrauch der gemieteten Sache ganz oder zum Teil nicht rechtzeitig gewährt oder wieder entzogen worden ist und der Vermieter eine ihm vom Mieter bestimmte angemessene Frist hat verstreichen lassen, ohne Abhilfe zu schaffen. Unter Berufung auf diese Vorschrift wird die ausgesprochene Kündigung wie folgt begründet: [2]

▶ Beispiel:

Nach dem Mietvertrag sind Sie verpflichtet, unserem Mandanten das Mietobjekt zum _____ in einem zum vertragsgemäßen Gebrauch geeigneten Zustand zu übergeben. Mit Schreiben vom _____ hat unser Mandant Sie unter Setzung einer angemessenen Frist aufgefordert, ihm das Mietobjekt nunmehr endlich zu übergeben. Sie haben unserem Mandanten daraufhin mitgeteilt, dass dieses noch nicht möglich sei, da der Vormieter bisher nicht geräumt habe. [3]

▶ Beispiel:

Durch den kürzlichen Brand wurde das Mietobjekt unbenutzbar. Seitdem behilft sich unserer Mandant in eilig angemieteten Ersatzräumen. Die Behebung der durch den Brand eingetretenen Schäden kommt nur sehr langsam voran. Da unserer Mandant seine Ersatzräume nur noch vorübergehend nutzen kann und Sie trotz seiner Aufforderung die Bauarbeiten innerhalb der gesetzten angemessenen Frist nicht abgeschlossen haben, muss unserer Mandant nunmehr endgültig auf ein anderes ihm kürzlich angebotenes Mietobjekt zurückgreifen und das Mietverhältnis mit Ihnen fristlos kündigen. [4, 5]

▶ Beispiel:

Unserer Mandant hat die Räume durch Untermietvertrag von Ihnen angemietet. Kürzlich schrieb der Eigentümer des Mietobjekts unseren Mandanten an und teilte ihm mit, dass er das Mietverhältnis mit Ihnen gekündigt habe, so dass er jetzt räumen müsse, wenn er nicht direkt mit ihm einen Hauptmietvertrag abschließe. Nachdem Sie unserem Mandanten trotz Aufforderung und Setzung einer angemessenen Frist mit Schreiben vom _____ die Berechtigung der weiteren Überlassung der Räume an ihn nicht nachgewiesen haben, sieht sich unser Mandant gezwungen, den Vertrag mit Ihnen zu beenden, um durch Abschluss eines Mietvertrages mit dem Eigentümer einer Räumungsklage vorzubeugen. [6]

▶ Beispiel:

Die Anmietung erfolgte zum Zwecke des Betriebs eines Papiergroßhandels mit Kontor- und Lagerraum. Die angemieteten Räume sind so feucht, dass die Einlagerung von Papier darin unmöglich ist. Es mussten wiederholt Waren als Schadenspartien preiswert verkauft oder aber ganz vernichtet werden. Auch leiden die in den Räumen tätigen Mitarbeiter ständig an Erkältungskrankheiten, die nach Ansicht der behandelnden Ärzte auf die Situation im Mietobjekt zurückzuführen sind. Sie haben trotz Aufforderung und Setzung einer angemessenen Frist mit Schreiben vom _____ nicht für Abhilfe gesorgt, so dass unsere Mandantin jetzt von dem Recht zur fristlosen Kündigung Gebrauch machen muss. [7]

Erläuterungen

2076 **1. Kündigungserklärung.** S. dazu die Hinweise zu Teil 1 Rdn. 1954, zur hilfsweise erklärten ordentlichen Kündigung s. die Hinweise zu Teil 1 Rdn. 1966.

2077 **2. Gewährleistungskündigung.** Die sog. Gewährleistungskündigung des Mieters gemäß § 543 Abs. 2 Nr. 1 BGB ist gegeben, wenn ihm das Mietobjekt
– nicht,
– nicht rechtzeitig,
– nicht vollständig oder
– nicht in mangelfreiem Zustand
übergeben wird,

darüber hinaus, wenn Mängel
– bei Abschluss des Mietvertrags vorhanden sind,
– nach Abschluss des Mietvertrags entstehen,
– wenn nachträglich der Gebrauch
– ganz oder teilweise wieder entzogen wird (vgl. auch BGH NZM 2007, 561; KG ZMR 2008, 790, 791 ff.).

2078 **Achtung!** Der vertragswidrige Zustand der Mietsache braucht nicht so gravierend zu sein, dass dem Mieter die Fortsetzung des Mietverhältnisses unzumutbar ist (BGH NZM 2009, 431 = WuM 2009, 349; BGH NZM 2006, 929 = ZMR 2007, 98, 99 Tz. 10) s. auch BGH NZM 2015, 196, 197 f. = WuM 2015, 152, 154 = ZMR 2015, 287, 288.

2079 Der Mieter muss dem Vermieter vor Ausspruch der Kündigung grundsätzlich eine angemessene **Frist zur Abhilfe** nach Maßgabe des § 543 Abs. 3 BGB setzen. Nach dem Wortlaut der Vorschrift ist auch eine Abmahnung zulässig; allerdings geht der BGH offenbar davon aus, dass es in jedem Fall der Setzung einer Abhilfefrist bedarf (BGH NZM 2007, 561 = WuM 2007, 570 = ZMR 2007, 686). Allein diese Vorgehensweise erscheint auch zweckmäßig.

2080 Das Kündigungsrecht ist nicht gegeben, wenn der Mieter bei Vertragsabschluss den Mangel kannte (§§ 543 Abs. 4 S. 1, 536b S. 1 BGB) oder grob fahrlässig nicht kannte, es sei denn, der Vermieter hat ihm den Mangel arglistig verschwiegen (§§ 543 Abs. 4 S. 1, 536b S. 2 BGB). Hat der

Mieter das Mietobjekt in Kenntnis des Mangels abgenommen, so kann er nach § 543 Abs. 2 Nr. 1 BGB nur kündigen, wenn er sich dieses Recht bei der Annahme vorbehalten hat (§§ 543 Abs. 4 S. 1, 536b S. 3 BGB).

Haben **mehrere Mieter** gemeinschaftlich eine Sache gemietet und wird ihnen der vertragsgemäße Gebrauch zum Teil nicht gewährt, so steht ihnen das Recht zur fristlosen Kündigung nach § 543 Abs. 2 Nr. 1 BGB nicht zu, wenn auch nur einem der Mieter bei Vertragsabschluss die Tatsachen bekannt waren, die den Gebrauch hinderten (vgl. BGH NJW 1972, 249 = ZMR 1972, 79; Schmidt Futterer/*Blank* § 543 Rn. 43). 2081

Der Mieter kann statt fristlos mit »gewisser Frist« kündigen (s. die Hinweise zu Teil 1 Rdn. 2074). Insbesondere bei Wohnraummietverhältnissen kann zweifelhaft sein, ob eine nicht wirksame außerordentliche fristlose Kündigung in eine ordentliche Kündigung **umgedeutet** werden darf (s. die Hinweise zu Teil 1 Rdn. 1966). Das KG (GE 2003, 48, 49) hat dies abgelehnt, sofern der Mieter die fristlose Kündigung ausdrücklich darauf stützt, dass der Vermieter der Aufforderung zur Mängelbeseitigung nicht nachgekommen ist. Es empfiehlt sich daher unbedingt, eine ordentliche Kündigung hilfsweise auszusprechen. 2082

3. Mangelnde Gebrauchsgewährung. Eine Gewährleistungskündigung kommt insbesondere in Betracht, wenn dem Mieter der Mietgebrauch ganz oder zum Teil nicht rechtzeitig gewährt oder wieder entzogen wird. Auch die unberechtigte **Verweigerung der Untermieterlaubnis** kann ein Recht zur fristlosen Kündigung begründen, wenn der Mieter aufgrund des Mietvertrags oder kraft Gesetzes (s. § 553 Abs. 1 BGB) einen Anspruch auf Erteilung der Erlaubnis hat (OLG Düsseldorf WuM 1995, 585; LG Berlin MM 1995, 144). 2083

Nach altem Recht (§ 542 Abs. 2 BGB a.F.) war eine Gewährleistungskündigung wegen einer **unerheblichen Hinderung** oder Vorenthaltung **des Gebrauchs** nur zulässig, wenn sie »durch ein besonderes Interesse des Mieters gerechtfertigt wird«. Eine entsprechende Regelung fehlt in § 543 Abs. 2 Nr. 1 BGB. Jedoch hat der Gesetzgeber mit der Neuregelung keine sachlichen Änderungen gegenüber § 542 Abs. 2 BGB a.F. bezweckt (BT-Drucks. 14/4553, 44). Im Übrigen folgt bereits aus dem Wesen der außerordentlichen fristlosen Kündigung als äußerstes Mittel im Rahmen des Mietverhältnisses, dass sie in Bagatellfällen nicht in Betracht kommen kann. Selbst für die Minderung reicht gemäß § 536 Abs. 1 S. 3 BGB eine unerhebliche Minderung der Gebrauchstauglichkeit nicht aus. Somit ist auch bei dem Kündigungstatbestand des § 543 Abs. 2 Nr. 1 BGB eine Erheblichkeitskontrolle vorzunehmen, da nur bei erheblichen Mängeln eine teilweise Nichtgewährung des vertraglich geschuldeten Gebrauchs vorliegen kann (BGH NZM 2005, 500, 501; KG GE 2014, 934; OLG Hamburg ZMR 2005, 856, 857 m.w.N.). 2084

4. Fristsetzung. Grundsätzlich muss eine angemessene Frist zur Behebung der Mängel gesetzt werden (s. oben bei 2., Teil 1 Rdn. 2079 ff.). Die **Angemessenheit** der Frist richtet sich nach der erforderlichen Dauer der Mängelbeseitigung. Ist die gesetzte Frist zu kurz, so tritt an ihre Stelle eine angemessene (LG Frankfurt/M. WuM 1987, 55). 2085

Eine Fristsetzung ist **entbehrlich** 2086
– nach § 543 Abs. 3 S. 2 Nr. 1 BGB, wenn der Vermieter zur Abhilfe nicht in der Lage ist (s. OLG Düsseldorf ZMR 2006, 923, 924: in die Kellerräume eingedrungenes Hochwasser; LG Augsburg WuM 1986, 137 bei Geruchsbelästigungen durch eine städtische Kläranlage; LG Hamburg WuM 1986, 313 bei erheblichem Lärm durch eine Großbaustelle); das Gleiche gilt, wenn der Vermieter die Behebung des Mangels endgültig ablehnt,
– nach § 543 Abs. 3 S. 2 Nr. 2 BGB, wenn die sofortige Kündigung aus besonderen Gründen gerechtfertigt ist, namentlich wenn die Vertragserfüllung infolge des die Kündigung rechtfertigenden Umstandes für den Mieter kein Interesse mehr hat.

Die **Beweislast** für die rechtzeitige Gebrauchsgewährung bzw. die Abhilfe vor Fristablauf trifft gemäß § 543 Abs. 4 S. 2 BGB den Vermieter. 2087

2088 **5. Unbewohnbarkeit.** Es kommt nicht darauf an, ob der Vermieter den Mangel (z.B. einen Brand) verschuldet hat; es genügt, wenn er **mit der Behebung in Verzug** gesetzt worden ist, s. auch AG Darmstadt WuM 1980, 131: Wird durch Umbauarbeiten eine Wohnung für einige Zeit unbewohnbar, so ist der Mieter ohne Fristsetzung zur fristlosen Kündigung berechtigt. Hat der Vermieter ihm gesetzte Fristen zur Herstellung des vertragsgemäßen Zustands wiederholt ungenutzt verstreichen lassen, so kann der Mieter selbst dann fristlos kündigen, wenn der Vermieter am Tage des Ablaufs einer neuerlich gesetzten Frist mit den Instandsetzungsarbeiten beginnt (OLG Düsseldorf ZMR 1995, 351).

2089 **6. Gebrauchsentziehung durch Dritte.** Auch eine Gebrauchsentziehung durch das Recht eines Dritten (§ 536 Abs. 3 BGB) kann eine fristlose Kündigung aus § 543 Abs. 2 Nr. 1 BGB rechtfertigen.

2090 Zum Beispielsfall s. BGH ZMR 1996, 15 und OLG Hamm ZMR 1987, 462: Dem **Untermieter** einer Wohnung wird der vertragsgemäße Gebrauch i.S. von § 536 Abs. 3 BGB entzogen, wenn der Hauptvermieter ihn nach Beendigung des Hauptmietverhältnisses, aber vor Beendigung des Untermietverhältnisses zur Mietzahlung an sich selbst auffordert mit der Drohung, er werde anderenfalls Räumung und Herausgabe der Wohnräume verlangen.

2091 Solange das Hauptmietverhältnis nicht beendet ist, bedeutet das Räumungsverlangen des Vermieters gegenüber dem Untermieter noch keine Gebrauchsentziehung (OLG Hamburg WuM 1990, 340). Ebenso wenig ist allein das Fehlen der Erlaubnis des Vermieters zur Untervermietung ein Grund für den Untermieter, das Untermietverhältnis nach § 543 Abs. 2 Nr. 1 BGB zu kündigen (BGH ZMR 1996, 15). Ein Kündigungsgrund kann sich aber aus der Generalklausel des § 543 Abs. 1 BGB (dazu Teil 1 Rdn. 2062) ergeben, wenn der Mieter sich außerstande sieht, dem Verlangen des Untermieters zu entsprechen und die Untermieterlaubnis beizubringen.

2092 Zum Schadensersatzanspruch des Untermieters gegenüber dem Mieter s. Muster und Hinweise zu Teil 1 Rdn. 2792.

2093 **7. Feuchtigkeitserscheinungen.** Dass die Kündigung auch auf § 569 Abs. 1 BGB gestützt werden kann, schließt die Kündigung aus § 543 Abs. 2 Nr. 1 BGB nicht aus (vgl. LG Hamburg WuM 1986, 313). Zu beachten sind vertragliche Gewährleistungsbeschränkungen für Feuchtigkeitsschäden, die sich allerdings nicht ohne weiteres auf anfängliche Mängel beziehen sollen (so OLG Hamburg ZMR 1990, 11; 1991, 262).

3. Fristlose Kündigung wegen Gesundheitsgefährdung (§ 569 Abs. 1 BGB)

2094 **Herr Beispielhaft hat uns mit der Wahrnehmung seiner rechtlichen Interessen in der vorbezeichneten Angelegenheit beauftragt. Eine auf uns lautende Originalvollmacht liegt anbei.**

Namens und in Vollmacht unseres Mandanten kündigen wir das Mietverhältnis über das Mietobjekt _____ gemäß Mietvertrag vom _____ fristlos zum _____. Rein vorsorglich wird das Mietverhältnis hilfsweise auch fristgemäß zum nächstzulässigen Zeitpunkt gekündigt. Das ist der _____. [1]

Ist eine Wohnung oder ein anderer zum Aufenthalt von Menschen bestimmter Raum so beschaffen, dass die Benutzung mit einer erheblichen Gefährdung der Gesundheit verbunden ist, so kann der Mieter gemäß §§ 543 Abs. 1, 569 BGB das Mietverhältnis ohne Einhaltung einer Kündigungsfrist kündigen, und zwar auch dann, wenn er die gefahrbringende Beschaffenheit beim Abschluss des Vertrages gekannt oder auf die Geltendmachung der ihm wegen dieser Beschaffenheit zustehenden Rechte verzichtet hat. Unter Berufung auf diese Vorschrift wird die ausgesprochene Kündigung wie folgt begründet: [2]

▶ **Beispiel:**

> Die von Ihnen gemieteten Räume sind für den Aufenthalt von Menschen nicht geeignet, weil von ihnen eine erhebliche Gesundheitsgefährdung ausgeht. Sie verfügen nur über ein kleines Kasemattenfenster und sind auch im Übrigen wegen der offenbar fehlenden Außenisolierung völlig durchfeuchtet mit der Folge der Schimmelpilzbildung in allen Räumen. Da nur in einem Raum eine viel zu klein dimensionierte Heizung vorhanden ist, lässt sich auch durch verstärktes Heizen keine Abhilfe schaffen. [3]

Erläuterungen

1. Kündigungserklärung. S. dazu die Hinweise zu Teil 1 Rdn. 1954, zur hilfsweise erklärten ordentlichen Kündigung s. die Hinweise zu Teil 1 Rdn. 1966.

2. Gesundheitsgefährdung. Das Recht zur fristlosen Kündigung wegen Gesundheitsgefährdung (§ 569 Abs. 1 BGB) besteht für Wohnraummietverhältnisse und gemäß § 578 Abs. 2 S. 2 BGB auch für Mietverhältnisse über andere **Räume**, soweit diese **zum Aufenthalt von Menschen** bestimmt sind. Das Kündigungsrecht nach § 569 Abs. 1 BGB ist unverzichtbar; der Mieter verliert es auch nicht nach § 536b BGB, wenn er bei Vertragsabschluss die gesundheitsgefährdende Beschaffenheit kannte (vgl. OLG Düsseldorf ZMR 1987, 263). Auch wird eine Verwirkung des Kündigungsrechts wegen Zeitlaufs nach § 314 Abs. 3 BGB (dazu Teil 1 Rdn. 1959) bei diesem Kündigungstatbestand nicht in Betracht kommen (*Schumacher* WuM 2004, 311, 314).

Grundsätzlich ist auch bei diesem Kündigungstatbestand die vorherige Setzung einer angemessenen **Abhilfefrist** bzw. die Erteilung einer Abmahnung gem. § 543 Abs. 3 S. 1 BGB erforderlich (BGH NZM 2007, 439 = WuM 2007, 319 = ZMR 2007, 401).

Eine **Verwirkung** des Kündigungsrechts wegen Zeitlaufs nach § 314 Abs. 3 BGB (dazu Teil 1 Rdn. 1959) findet hier nicht statt (*Schumacher* WuM 2004, 311, 314). Gegebenenfalls muss der Mieter in zeitlichem Zusammenhang vor Kündigungsausspruch eine erneute Frist setzen (vgl. BGH WuM 2010, 352 = GE 2010, 842, 843).

Dem Mieter ist das Kündigungsrecht wegen gesundheitsgefährdender Beschaffenheit der Räume aber verwehrt, wenn er diesen Zustand **selbst herbeigeführt** hat (s. BGH NZM 2004, 222, 223 = ZMR 2004, 338, 340 = WuM 2004, 206, 208).

3. Feuchtigkeitserscheinungen. Zum Beispielsfall s. LG Mannheim ZMR 1977, 154. Ob **Schimmelpilzbildungen** in Mieträumen eine Gesundheitsgefährdung i.S. des § 569 BGB darstellen, lässt sich nicht allgemein gültig beantworten, sondern ist eine Frage des Einzelfalls. Vielfach kann diese nur durch ein medizinisches Sachverständigengutachten geklärt werden (BGH NZM 2007, 439, 441 = WuM 2007, 319, 322 = ZMR 2007, 601, 604 f.; krit. *Selk/Hankammer* NZM 2008, 65 ff.; *Streyl* WuM 2007, 365 ff.). Erforderlich ist eine konkret drohende erhebliche Gesundheitsgefährdung für alle Bewohner oder Benutzer bzw. einzelne Gruppen durch toxinbildende Pilzstämme (KG ZMR 2004, 513; OLG Brandenburg ZMR 2014, 71). Der Mieter kann den ihm obliegenden Beweis, dass festgestellte Schimmelpilze toxinbildend sind, nicht schon durch Vorlage von ärztlichen Bescheinigungen führen, die ohne Laboruntersuchen erstellt wurden (KG ZMR 2004, 513, 514). Im Beispiel dürfte eine Gesundheitsgefährdung aber im Hinblick auf das Ausmaß der Mängel und die offensichtlich ungünstige Beschaffenheit der Räume gegeben sein.

Behauptet der Vermieter, dass Feuchtigkeitserscheinungen darauf beruhen, dass der Mieter zu wenig gelüftet und/oder geheizt hat, so muss er das **beweisen** (LG Braunschweig ZMR 2002, 916; AG Bremen WuM 2015, 46; zu Feuchtigkeitsschäden s. auch die Hinweise zu Teil 1 Rdn. 794). Dafür genügt es aber, wenn er alle Umstände, die als Ursache in Betracht kommen und in seiner Risikosphäre liegen, als Fehlerquelle ausschließt (z.B. Außenfeuchte, nicht ausreichende Wärmedämmung der Wände, Vorhandensein von Wärmebrücken).

4. Fristlose Kündigung bei unzumutbarem Mietverhältnis – Störung des Hausfriedens – (§ 569 Abs. 2 BGB)

2102 Herr Beispielhaft hat uns mit der Wahrnehmung seiner rechtlichen Interessen in der vorbezeichneten Angelegenheit beauftragt. Eine auf uns lautende Originalvollmacht liegt anbei.

Namens und in Vollmacht unseres Mandanten kündigen wir das Mietverhältnis über das Mietobjekt _____ gemäß Mietvertrag vom _____ fristlos zum _____. Rein vorsorglich wird das Mietverhältnis hilfsweise auch fristgemäß zum nächstzulässigen Zeitpunkt gekündigt. Das ist der _____. [1]

Gemäß §§ 543 Abs. 1 und 569 Abs. 2 BGB kann ein Mietverhältnis ohne Einhaltung einer Kündigungsfrist gekündigt werden, wenn eine Vertragspartei den Hausfrieden nachhaltig stört, so dass dem Kündigenden unter Berücksichtigung aller Umstände des Einzelfalles, insbesondere eines Verschuldens der Vertragspartei, und unter Abwägung der beiderseitigen Interessen die Fortsetzung des Mietverhältnisses bis zu dessen ordentlicher Beendigung nicht zugemutet werden kann. Diese Voraussetzungen liegen hier vor, wie nachfolgend aufgeführte Umstände zeigen.

▶ Beispiel:
Sie haben die Wohnung unter der unseres Mandanten an eine Musikkapelle vermietet. Seitdem wird darin ständig bis Mitternacht überlautstark Musik gemacht. Trotz Abmahnung hat sich nichts geändert. Die Polizei musste wiederholt gerufen werden. [2]

▶ Beispiel:
Sie haben die Wohnung über der unserer Mandanten an mehrere Damen vermietet, die offensichtlich in der Wohnung der Prostitution nachgehen. Besucher klingeln immer wieder bei unseren Mandanten. Auch ist es in der Wohnung bis in die späte Nacht sehr laut. Trotz einer Abmahnung durch unsere Mandanten vom _____ haben Sie den rechtswidrigen Zustand nicht abgestellt. [3, 4]

Erläuterungen

2103 **1. Kündigungserklärung.** S. zunächst die Hinweise zu Teil 1 Rdn. 1954.

2104 **2. Hausfriedensstörung.** Bei der Kündigung des Mieters wegen Störung des Hausfriedens gelten dieselben Grundsätze wie bei der Vermieterkündigung.

2105 Die Störung des Hausfriedens muss so **gravierend** sein, dass dem Mieter eine Fortsetzung bis zum regulären Beendigungszeitpunkt nicht zuzumuten ist. Angesichts der kurzen Kündigungsfrist des Mieters nach § 573 Abs. 1 S. 1 BGB ist auch zu prüfen, ob ihm ein Verbleiben im Vertrag für drei Monate noch zuzumuten ist.

2106 **3. Störungen durch Dritte.** Die Kündigung könnte auch auf § 543 Abs. 2 Nr. 1 BGB gestützt werden (s. Muster und Hinweise zu Teil 1 Rdn. 2075). Den Vermieter treffen zudem **Schutzpflichten**, den Mieter vor Störungen Dritter zu bewahren (LG Hamburg WuM 1987, 315: Gerüche und Lärm aus einer Gaststätte; LG Offenburg DWW 1990, 273: störendes Musizieren); s. dazu die Beispielsfälle.

2107 Unter Umständen kann der Vermieter verpflichtet sein, das Mietverhältnis mit dem Störer zu kündigen (s. AG Charlottenburg/LG Berlin GE 2011, 616).

2108 Der Kündigung muss im Allgemeinen eine Abmahnung vorangehen (s. § 543 Abs. 3 BGB sowie die Hinweise zu Teil 1 Rdn. 1957), von der nur bei besonders schweren Verfehlungen – insbesondere bei Gewaltanwendungen oder der Androhung von Gewalt – abgesehen werden kann. Gehen Störungen des Hausfriedens, die den Mietgebrauch beeinträchtigen, von Mitbewohnern aus, so kommt in erster Linie eine Kündigung gemäß § 543 Abs. 2 Nr. 1 BGB nach Abmahnung gegenüber dem Vermieter in Betracht. Dieser kann u.U. gehalten sein, das Mietverhältnis des Störers zu kündigen.

2109 **4. Prostitutionsausübung.** Der Mieter ist zur fristlosen Kündigung berechtigt, wenn in dem von ihm bewohnten Gebäude in einer anderen Wohnung der Prostitution nachgegangen wird (LG Kassel WuM 1987, 122; AG Osnabrück WuM 2008, 84; AG Köln WuM 2003, 145; a.A. AG Aachen ZMR 2006, 41 mit krit. Anm. *Sauren*). Dabei kann er schon abmahnen, wenn die Überlassung der Wohnung an Prostituierte droht.

I. Widerspruchsschreiben und Fortsetzungsverlangen

I. Schreiben Mieter

1. Personenmehrheiten

2110 **Mietermehrheit.** Mehrere Mieter können Erklärungen, die das Mietverhältnis betreffen, nur gemeinschaftlich abgeben. Eine **Bevollmächtigung** ist zulässig. Es empfiehlt sich, die Vollmacht im Original beizufügen, da sonst die Erklärung zurückgewiesen werden kann (§ 174 BGB). Etwas anderes gilt nur dann, wenn dem Vermieter die Bevollmächtigung bekannt ist. Das ist insbesondere der Fall, wenn der Mietvertrag eine sog. Vollmachtsklausel enthält. Auf deren AGB-rechtliche Unzulässigkeit kann sich der Vermieter nicht berufen, wenn er – wie im Regelfall – Verwender des Formularvertrages i.S.d. § 305 BGB ist (vgl. BGH WuM 1987, 259; WuM 2003, 436, 437 f. = ZMR 2003, 653, 654).

2111 **Vermietermehrheit.** Besteht die Vermieterseite aus mehreren Personen, so muss die Erklärung allen Vermietern gegenüber abgegeben werden. Aber auch auf der Empfängerseite ist eine Bevollmächtigung möglich, z.B., wenn eine Hausverwaltung eingeschaltet ist.

2. Schriftform

2112 Ist für eine Erklärung des Mieters die gesetzliche Schriftform (§ 126 BGB) vorgesehen – so für den Kündigungswiderspruch des Mieters nach §§ 574 ff. BGB (s. Hinweise und Muster zu Teil 1 Rdn. 2113) –, ist die **eigenhändige Unterschrift** erforderlich. Durch Telefaxschreiben oder ein per E-Mail übermitteltes Schriftstück wird die gesetzliche Schriftform nicht gewahrt. Die gesetzliche Schriftform kann durch die (in der Praxis allerdings kaum gebräuchliche) elektronische Form (§ 126a BGB) ersetzt werden. Die Textform (§ 126b BGB) genügt dagegen nicht.

3. Kündigungswiderspruch und Fortsetzungsverlangen des Wohnraum-Mieters wegen nicht zu rechtfertigender Härte (Sozialklausel) (§§ 574 ff. BGB)

2113 Herr Beispielhaft hat uns mit der Wahrnehmung seiner rechtlichen Interessen in der vorbezeichneten Angelegenheit beauftragt. Eine auf uns lautende Originalvollmacht liegt anbei.

Der Kündigung des Mietverhältnisses wird gemäß der geltenden Sozialklausel des § 574 BGB namens unseres Mandanten hiermit widersprochen, da die Beendigung des Mietverhältnisses auch unter Würdigung Ihrer berechtigten Vermieterinteressen für unseren Mandanten, seine Familie oder einen anderen Angehörigen seines Haushaltes eine unbillige Härte bedeuten würde, und zwar aus folgenden Gründen: [1]

▶ Beispiel:

Wir bitten für unseren Mandanten um unbefristete Fortsetzung des Mietverhältnisses. Seine Frau und er leben seit nunmehr 18 Jahren in der Wohnung und haben dadurch in diesem Wohnbezirk ihren Lebensmittelpunkt und sind hier stark verwurzelt. Alle Freunde und Bekannten leben in unmittelbarer Nähe. Die Frau unseres Mandanten erlitt vor drei Jahren einen schweren Schlaganfall, von dem sie sich nicht wieder erholt hat. Unser Mandant wird in Kürze das 80. Lebensjahr vollenden. Ein Umzug ist unserem Mandanten und seiner Frau unter den gegebenen Umständen nicht zumutbar. [2]

▶ Beispiel:

Wir bitten namens unserer Mandanten um Fortsetzung des Mietverhältnisses um ein Jahr. Die beiden schulpflichtigen Kinder unserer Mandanten besuchen das nahegelegene Gymnasium. Sie werden in knapp einem Jahr ihr Abitur machen, um anschließend ihr auswärtiges Studium aufzunehmen. Dann wird die Wohnung ohnehin zu groß, und unsere Mandanten werden sich nach einer neuen geeigneten Wohnung umsehen. Da ihnen ein doppelter Umzug nicht zuzumuten ist, zumal auch die Abiturvorbereitungen der Kinder jetzt nicht durch einen Umzug beeinträchtigt werden dürfen, wird eine befristete Verlängerung erbeten. [3]

▶ Beispiel:

Wir bitten namens unseres Mandanten um eine unbefristete Fortsetzung des Mietverhältnisses, da es unserem Mandanten bisher nicht gelungen ist, zu einer für ihn zumutbaren Miete eine andere Wohnung zu finden. Unser Mandant benötigt für sich und seine Familie mindestens 2 1/2-Zimmer und kann dafür nicht mehr als € 500,00 monatlich inklusive Betriebskosten ausgeben. Er verfügt zusammen mit seiner Frau über monatliche Renteneinnahmen von nur € 1450,00. Darin ist das Pflegegeld für das erwachsene behinderte Kind, das auf die Hilfe unserer Mandanten und Pflege in der Wohnung angewiesen ist, enthalten. Beim Wohnungsamt erhielt unser Mandant einen Dringlichkeitsschein. Man war aber trotz mehrfacher Vorsprachen nicht in der Lage, ihm eine Wohnung nachzuweisen. Bei mehreren Wohnungsgenossenschaften hat unser Mandant sich für eine Wohnung vormerken lassen, bisher aber vergeblich. In jeder Woche hat unser Mandant jeweils am Mittwoch und Sonnabend die _____-Zeitung gekauft und zahllose Vermieter und Makler angerufen. Die in der Anlage aufgezeichneten Interessenten hat unser Mandant angeschrieben bzw. angerufen. Die leider negativen Ergebnisse sind in der Anlage vermerkt. In der Anlage hat unser Mandant auch die Genossenschaften aufgeführt, bei denen er für eine Wohnung vorgemerkt ist. [4]

Bei allen angesprochenen Vermietern scheiterte die Anmietung meist an der zu hohen geforderten Miete, häufig aber auch an der Tatsache, dass unser Mandant ein behindertes Kind habt.

Erläuterungen

1. Kündigungswiderspruch. Der Kündigungswiderspruch mit Fortsetzungsverlangen des Mieters nach der Sozialklausel gem. § 574 BGB ist zulässig gegenüber allen Formen der ordentliche Kündigung des Vermieters, insbesondere auch bei der erleichterten Kündigung von Einliegerwohnraum (§ 573a BGB) sowie für die Teilkündigung (§ 573b BGB). Ferner gilt die Sozialklausel für die außerordentliche befristete Vermieterkündigung. § 574 Abs. 1 S. 2 BGB stellt ausdrücklich klar, dass dem Mieter nur dann kein Widerspruchsrecht zur Seite steht, wenn der Vermieter zur außerordentlichen fristlosen Kündigung berechtigt ist. Keine Geltung hat die Sozialklausel bei den in § 549 Abs. 2 BGB genannten Mietverhältnissen (s. dazu Teil 1 Rdn. 1609). Dagegen findet sie bei Mietverhältnissen nach § 549 Abs. 3 BGB (Wohnraum in einem Studenten- oder Jugendwohnheim) Anwendung.

2115 Beim **Zeitmietvertrag** sind die §§ 574 bis 574c BGB mit der Maßgabe anwendbar, dass eine Fortsetzung des Mietverhältnisses nur bis zum vertraglich bestimmten Beendigungszeitpunkt verlangt werden kann (§ 575a Abs. 2 BGB).

2116 § 574 BGB bezieht in die dort festgeschriebene Interessenabwägung neben den Härtegründen des Mieters und seiner **Familie** auch die der **Angehörigen seines Haushalts** mit ein. Damit werden nicht nur Personen in den Schutzbereich der Sozialklausel einbezogen, die mit dem Mieter einen auf Dauer angelegten gemeinsamen Haushalt führen, sondern auch andere Personen, die dauerhaft in dessen Haushalt leben. Dieser Begriff wird weit gefasst; geschützt werden insbesondere auch Pflegekinder des Mieters sowie Kinder des Lebenspartners (vgl. Schmidt-Futterer/*Blank* § 574 Rn. 21 f.).

2117 **Wichtig:** Auf den Kündigungswiderspruch kommt es nur an, wenn eine formgerechte und materiell begründete Kündigung des Vermieters vorliegt, d.h. der Vermieter ein berechtigtes Interesse an der Beendigung des Mietverhältnisses (Ausnahme § 573a BGB) tatsächlich hat.

2118 Der Widerspruch bedarf der **gesetzlichen Schriftform** nach § 126 Abs. 1 BGB (vgl. § 574 Abs. 1 S. 1 BGB); gleichgestellt ist die elektronische Form i.S.d. § 126a BGB (mit qualifizierter elektronischer Signatur), nicht aber die Textform (§ 126b BGB). S. auch die Hinweise zu Teil 1 Rdn. 2112.

2119 Zu beachten ist, dass das Fortsetzungsverlangen zwei Monate vor Beendigung des Mietverhältnisses erklärt sein muss (§ 574b Abs. 2 S. 1 BGB). Das setzt aber voraus, dass der Vermieter den Mieter rechtzeitig, regelmäßig im Kündigungsschreiben auf die Fortsetzungsmöglichkeit sowie Form und **Frist** des Fortsetzungsverlangens hingewiesen hat (§ 568 Abs. 2 BGB); s. dazu die Hinweise zu Teil 1 Rdn. 1646. Anderenfalls kann der Mieter die Fortsetzung noch im ersten Termin des Räumungsrechtsstreits verlangen (§ 574b Abs. 2 S. 1 BGB).

2120 Aufgrund eines ordnungsmäßigen Kündigungswiderspruchs kann das Mietverhältnis
– entweder auf unbestimmte Zeit oder
– auf bestimmte Zeit
fortgesetzt werden (§ 574a Abs. 1 S. 1 BGB). Ist dem Vermieter nicht zuzumuten, das Mietverhältnis unter den bisherigen Bedingungen fortzusetzen, so können die **Bedingungen angemessen geändert** werden (§ 574a Abs. 1 S. 2 BGB).

2121 Einigen sich die Parteien hierüber nicht, so entscheidet das Gericht über die Fortsetzung, gegebenenfalls deren Dauer und über die angemessenen Bedingungen (§ 574 Abs. 2 BGB; § 308a ZPO).

2122 Für die Wirksamkeit des Kündigungswiderspruchs ist es nicht erforderlich, dass Gründe mitgeteilt werden. Auf Verlangen des Vermieters soll der Mieter über die Gründe unverzüglich Auskunft erteilen. Unterlässt er dies, so kann das in einem späteren Räumungsrechtsstreit u.U. Kostennachteile haben (s. § 93b Abs. 2 ZPO). Der Mieter kann Gründe jederzeit nachschieben.

2123 **2. Härtegründe.** Die Härtegründe des Mieters müssen so schwer wiegen, dass sie das Interesse des Vermieters an der Rückerlangung der Wohnung überragen. Bei der **Interessenabwägung** werden nur die Gründe des Vermieters berücksichtigt, die er im Kündigungsschreiben angegeben hat (§ 574 Abs. 3 BGB). Das gilt aber nicht bei der Kündigung einer Einliegerwohnung; hier findet § 574 Abs. 3 BGB keine Anwendung (s. die Hinweise zu Teil 1 Rdn. 1736). U.U. kann aber die Gesamtheit von weniger schwerwiegenden Gründen eine nicht zu rechtfertigende Härte zugunsten des Mieters begründen (LG Lübeck WuM 1993, 613).

2124 Die lange Mietdauer allein begründet noch keine Härte für den Mieter. Gleiches gilt für das hohe Alter des Mieters (KG GE 2004, 752; LG Berlin ZMR 2012, 15, 18; AG Hamburg ZMR 2010, 453, 454). Auch aus der Kumulation beider Umstände muss sich noch nicht zwingend eine besondere Härte ergeben (OLG Köln WuM 2003, 465, 466 = ZMR 2004, 33, 35; AG Wiesbaden ZMR 2012, 368, 370). Anders ist es aber, wenn der betagte Mieter nach langer Wohndauer mit der Wohnung, dem Wohnhaus oder der Wohngegend in besonders starkem Maße verwurzelt ist (LG Bochum ZMR 2007, 452, 454). Dem Gesichtspunkt der **Verwurzelung** kommt vor allem dann ein hohes Gewicht zu, wenn ein betagter Mieter sich aufgrund seines hohen Alters oder weil er allein lebt, nicht mehr auf ein neues Wohnumfeld einstellen kann (BGH WuM 2005, 136, 137 = ZMR 2005, 843, 844; LG Berlin GE 2015, 1165; LG Bremen WuM 2003, 333, 334). Auch ein hohes Alter und **Krankheit** können eine Härte i.S. von § 574 BGB begründen, wenn der Mieter aufgrund seines Gesundheitszustands nicht mehr in der Lage ist, aus seiner bisherigen Wohnung in eine neue Wohnung zu ziehen (BGH WuM 2013, 739, 740 = ZMR 2014, 195, 196; KG GE 2004, 752) oder sich in einer neuen Wohnung zurechtzufinden (KG GE 2004, 752). Ein besonders hohes Alter (83 Jahre) kann eine soziale Härte auch dann begründen, wenn der Mieter auf nachbarschaftliche Hilfeleistung angewiesen ist (LG Stuttgart WuM 1993, 46). Indes stellt eine **schwere Erkrankung** des Mieters, auf deren Verlauf die mit einem Umzug einhergehenden physischen und psychischen Belastungen aller Voraussicht nach erheblichen negativen Einfluss haben werden, in der Regel eine Härte dar (BGH WuM 2013, 739, 740 f. = ZMR 2014, 195, 196; WuM 2005, 136, 137 = ZMR 2005, 843, 844; LG Lübeck WuM 2015, 97, 98). Auch eine drohende Suizidgefahr beim Mieter ist als Härtegrund angesehen worden (LG Berlin GE 2015, 859; 1165).

Eine Fortsetzung des Mietverhältnisses aus überwiegenden Härtegründen nach einer Eigenbedarfskündigung des Vermieters kann nach Auffassung des AG Lübeck (WuM 2003, 214) auch begründet sein, wenn die optimale Versorgung der hochbetagten Mutter (93 Jahre) der Mieterin vom Standort der Mietwohnung zu handhaben ist. Auch die Anpassungsschwierigkeiten eines **schwerbehinderten Kindes**, die bei einem Umgebungswechsel zu Verhaltensregression und erheblichem subjektivem Leid führen, werden als Härte i.S. des § 574 Abs. 1 BGB angesehen (AG Aachen WuM 2006, 692). 2125

Beachten Sie! Der Mieter muss im Rechtsstreit die Gründe für die von ihm geltend gemachte besondere Härte im Einzelnen darlegen. Der allgemeine Hinweis auf die angespannte Wohnungsmarktlage reicht nicht aus. 2126

3. Endphase der Ausbildung/Zwischenumzug. Steht der Abschluss der **Ausbildung** alsbald bevor, so kann die Beendigung des Mietverhältnisses eine Härte bedeuten (LG Krefeld WuM 2010, 302, 304: Abiturprüfung des Kindes; LG München II WuM 1993, 331: befristete Verlängerung auf den Ablauf eines späteren Schuljahres; AG Dortmund WuM 2004, 210: Vermeidung eines Schulwechsels kurz vor der Abschlussprüfung). 2127

Auch ein **doppelter Umzug** innerhalb verhältnismäßig kurzer Zeit ist als Härte anerkannt, wenn der Mieter in absehbarer Zeit eine Ersatzwohnung beziehen wird (AG Dortmund WuM 2004, 210: Zwischenumzug für etwa ein Jahr; s. ferner LG Köln WuM 1997, 46: Umzug in ein Seniorenheim in absehbarer Zeit; a.A. LG Krefeld WuM 2010, 302, 304: Risikobereich des Mieters). 2128

4. Fehlender Ersatzwohnraum. Auch das Fehlen einer angemessenen Ersatzwohnung zu zumutbaren Bedingungen kann einen Härtegrund bilden (vgl. § 574 Abs. 2 BGB). Voraussetzung ist, dass sich der Mieter nach Kräften hierum bemüht hat. Die Suche nach Ersatzwohnraum muss bereits nach Erhalt einer berechtigten Kündigung einsetzen (OLG Köln WuM 2003, 465, 466 = ZMR 2004, 33, 35; LG Berlin ZMR 2012, 15, 18; AG Wiesbaden ZMR 2012, 368, 371). Es genügt nicht, dass sich der Mieter auf die allgemein angespannte Situation auf dem örtlichen Wohnungsmarkt beruft. Er muss vielmehr (im Streitfall) nachweisen, dass und welche **konkreten Bemühungen** er unternommen hat und aus welchen Gründen diese gescheitert sind (vgl. BGH NZM 2010, 271, 272 = WuM 2010, 163, 165; OLG Köln WuM 2003, 465, 466 = ZMR 2004, 33, 35). Bietet der Vermieter dem Mieter geeigneten und zumutbaren Ersatzwohnraum an, so kann sich der Mieter nicht auf diesen Härtegrund berufen (LG Waldshut-Tiengen WuM 1993, 349). 2129

Notfalls muss der Mieter auch eine **höhere Miete** in Kauf nehmen, sofern dies unter Berücksichtigung des Familieneinkommens einschließlich eines eventuellen Anspruchs auf Wohngeld für ihn tragbar ist (OLG Köln WuM 2003, 465, 467 = ZMR 2004, 33, 35; AG Wiesbaden ZMR 2012, 368, 371). Auch ist dem Mieter bei Anmietung einer Ersatzwohnung eine gewisse Verschlechte- 2130

4. Erklärung des Familienangehörigen oder Lebenspartners, dass er nicht in das Mietverhältnis nach dem Tod des Mieters eintritt (§ 563 Abs. 3 BGB)

2131 Herr Beispielhaft hat uns mit der Wahrnehmung seiner rechtlichen Interessen in der vorbezeichneten Angelegenheit beauftragt. Eine auf uns lautende Originalvollmacht liegt anbei.

Wir teilen Ihnen namens unseres Mandanten mit, dass dieser nach dem Tode Ihrer Mieterin _____ nicht in das Mietverhältnis _____ gemäß Mietvertrag vom _____ eintritt. Vom Ableben der Mieterin hat unser Mandant am _____ Kenntnis erlangt. [1]

Zwar hat unser Mandant in der vorgenannten Wohnung zusammen mit der Verstorbenen einen gemeinsamen Hausstand geführt, der ihn berechtigen würde, das Mietverhältnis mit Ihnen fortzusetzen. Von diesem Recht möchte unser Mandant jedoch keinen Gebrauch machen. [2]

Erläuterungen

2132 **1. Eintrittsrecht.** Stirbt der Mieter, so treten die in § 563 BGB aufgeführten **privilegierten Personen** unabhängig von der erbrechtlichen Lage, in das Mietverhältnis ein, wenn sie mit dem Verstorbenen einen gemeinsamen Haushalt geführt haben. Zur Rangfolge des Eintritts s. die Hinweise zu Teil 1 Rdn. 1871.

2133 Der **Eintritt** erfolgt automatisch. Die Berechtigten können aber binnen eines Monats, nachdem sie vom Tode des Mieters Kenntnis erlangt haben, den Eintritt durch Erklärung gegenüber dem Vermieter **ablehnen**. Sind mehrere Personen berechtigt, so kann jeder für sich die Erklärung, nicht eintreten zu wollen, abgeben. Die Erklärung ist formfrei, kann also auch durch schlüssiges – aber eindeutiges! – Verhalten erfolgen. In diesem Fall gilt der Eintritt als nicht erfolgt. Dabei ist jede eintrittsberechtigte Person befugt, eine **selbständige** Erklärung abzugeben; es besteht also keine gesamthänderische Bindung (*Butenberg* ZMR 2015, 189, 192; *Sternel* ZMR 2004, 713, 717).

2134 Wird der Eintritt abgelehnt, so wird das Mietverhältnis entweder mit dem gemäß § 563 BGB nachrangig Berechtigten oder mit den Erben des verstorbenen Mieters fortgesetzt (vgl. Schmidt-Futterer/*Streyl* § 563 Rn. 59). Im letzteren Fall besteht sowohl für den Erben als auch für den Vermieter ein außerordentliches Kündigungsrecht nach § 564 BGB; s. hierzu Muster und Hinweise zu Teil 1 Rdn. 1885 und Teil 1 Rdn. 1936.

2135 Zur Ausübung des Ablehnungsrechts steht den privilegierten Personen eine **Überlegungsfrist** von einem Monat zu, nachdem sie vom Tod des Mieters Kenntnis erlangt haben. Maßgebend für den Fristbeginn ist die **positive Kenntnis** des Eintrittsberechtigten vom Tod des Mieters; vage Vermutungen und Gerüchte sind nicht ausreichend (Lützenkirchen/*Lützenkirchen* § 563 Rn. 92). Auf die Kenntnis des Ablehnungsrechts kommt es nicht an. Ob der Eintrittsberechtigte die Versäumung der Ablehnungsfrist analog § 1956 BGB (dazu) anfechten kann, ist streitig. Dafür spricht, dass seine Situation als Sonderrechtsnachfolger mit der des Erben vergleichbar ist (*Butenberg* ZMR 2015, 189, 192; *Sternel* ZMR 2004, 713, 717; Lützenkirchen/*Lützenkirchen* § 563 Rn. 97). Andererseits könnte man § 1956 BGB als eng zu fassende Ausnahmevorschrift betrachten, zumal ihre Anwendung für den Vermieter eine erhebliche Rechtsunsicherheit mit sich bringen kann (*Hinz* ZMR 2002, 640, 643; Schmidt-Futterer/*Streyl* § 563 Rn. 61).

2136 Bei **geschäftsunfähigen** oder in der Geschäftsfähigkeit beschränkten Personen endet die Frist für die Ablehnungserklärung nicht vor Ablauf eines Monats seit Beseitigung des Vertretungsmangels

I. Widerspruchsschreiben und Fortsetzungsverlangen

(§ 563 Abs. 3 i.V.m. § 210 BGB, dazu Schmidt-Futterer/*Streyl* § 563 Rn. 60). Die Vorschrift ist vor allem für minderjährige Familienangehörige von Bedeutung.

2. Haushaltsgemeinschaft. Auch Personen, die mit dem Mieter einen auf Dauer angelegten gemeinsamen Haushalt führen, können nach dem Tod des Mieters in das Mietverhältnis eintreten. Das hat zur Folge, dass auch sie den Eintritt ablehnen müssen, wenn sie die Wohnung nicht behalten wollen. Ein »**auf Dauer angelegten gemeinsamen Haushalt**« (§ 563 Abs. 2 S. 4 BGB) ist in Anlehnung an die Rechtsprechung des BGH zum Eintritt des nichtehelichen heterosexuellen Lebensgefährten nach altem Recht (BGH ZMR 1993, 261) anzunehmen, bei einer Lebensgemeinschaft
– die auf Dauer angelegt ist,
– keine weiteren Bindungen gleicher Art zulässt und
– sich durch innere Bindungen auszeichnet, die ein gegenseitiges Einstehen der Partner füreinander begründen, also über die Beziehungen in einer reinen Haushalts- und Wirtschaftsgemeinschaft hinausgeht.

2137

Entscheidend ist, dass eine besonders enge Lebensgemeinschaft zwischen den Partnern besteht, was namentlich bei hetero- und homosexuellen Partnerschaften der Fall ist. Aber auch das dauerhafte Zusammenleben **älterer Menschen** als Alternative zum Alten- oder Pflegeheim oder von Geschwistern, etwa wenn das gegenseitige Einstehen füreinander durch wechselseitige Vollmachten dokumentiert ist, wird ausreichen. Hingegen genügen reine Haushalts- und Wohngemeinschaften nicht (Blank/Börstinghaus/*Blank* § 563 Rn. 49; *Hinz* ZMR 2002, 640, 642; tend. großzügiger Schmidt-Futterer/*Streyl* § 563 Rn. 37). Auch bei Dreipersonenbeziehungen dürfte ein auf Dauer angelegter gemeinsamer Haushalts i.S. des § 563 Abs. 2 S. 4 BGB ausscheiden; hier fehlt es bereits an dem erforderlichen Exklusivitätsmoment (*Hinz* ZMR 2002, 640, 642).

2138

Auch die Rechtsprechung hat an das Vorliegen eines gemeinsamen Haushalts im Hinblick auf die Gefahr des Rechtsmissbrauchs bislang **strenge Anforderungen** gestellt (vgl. LG München I NZM 2005, 306; LG Berlin GE 2006, 1616; AG Görlitz WuM 2012, 505). **Indizien** für einen auf Dauer angelegten gemeinsamen Haushalt sind (Einzelheiten bei Lützenkichen*Lützenkirchen* § 563 Rn. 71 ff.):
– die (lange) Zeit des Bestehens der Haushaltsgemeinschaft sowie die Dauer des Zusammenlebens der Partner überhaupt,
– gemeinsame Anschaffungen, gemeinsames Konto, wechselseitige Vollmachten und Verfügungsbefugnis hinsichtlich des Einkommens und Vermögens des anderen Partners,
– keine bestehende eheliche Bindung der Partner,
– Versorgung gemeinsamer Kinder.

2139

Achtung!
– Will die nach dem Tod des Mieters in der Wohnung verbliebene Person, die mit diesem einen auf Dauer angelegten gemeinsamen Haushalt geführt hat, das Mietverhältnis nicht fortsetzen, muss sie den Eintritt nach § 563 Abs. 3 BGB ablehnen. Anderenfalls kann sie das unbefristete Mietverhältnis nur ordentlich kündigen.
– An einen mit dem verstorbenen Mieter abgeschlossenen Zeitmietvertrag ist der Eintretende bis zum Ende der vereinbarten Laufzeit gebunden, wenn er nicht nach § 563 Abs. 3 BGB der Fortsetzung widerspricht.
– Ist unklar, ob die nach dem Tod des Mieters in der Wohnung verbliebene Person mit diesem einen auf Dauer angelegten gemeinsamen Haushalt geführt hat und soll eine Fortsetzung des Mietverhältnisses nicht erfolgen, so sollte sie im Zweifel der Fortsetzung widersprechen, um Klarheit zu schaffen.

2140

5. Verlängerungsverlangen beim Zeitmietvertrag (§ 575 Abs. 2 und 3 BGB)

2141 Herr Beispielhaft hat uns mit der Wahrnehmung seiner rechtlichen Interessen in der vorbezeichneten Angelegenheit beauftragt. Eine auf uns lautende Originalvollmacht liegt anbei.

Der zwischen Ihnen und unserem Mandanten bestehende Zeitmietvertrag endet am _____ . Mit Schreiben vom _____ hatte Sie unser Mandant gebeten, ihm binnen eines Monats mitzuteilen, ob der Befristungsgrund noch besteht. [1]

Sie haben unserem Mandanten erst mit Schreiben vom _____ , hier eingegangen am _____ , mitgeteilt, dass der Kündigungsgrund noch besteht. Damit haben Sie die gesetzliche Monatsfrist für die Mitteilung nicht eingehalten. Wir verlangen namens unseres Mandanten deshalb Verlängerung des Mietverhältnisses um den Zeitraum der Verspätung gemäß § 575 Abs. 2 S. 2 BGB. [2]

oder:

Sie haben unserem Mandanten mitgeteilt, dass der Befristungsgrund erst später, nämlich zum _____ eintreten werde. Gemäß § 575 Abs. 3 S. 1 BGB verlangen wir namens unseres Mandanten eine Verlängerung des Mietverhältnisses um den Zeitraum der Verspätung.

oder:

Sie haben unserem Mandanten mitgeteilt, dass der Befristungsgrund weggefallen ist. Gemäß § 575 Abs. 3 S. 2 BGB verlangen wir namens unseres Mandanten Verlängerung des Mietverhältnisses auf unbestimmte Zeit.

Erläuterungen

2142 **1. Auskunftsanspruch.** Bei einem Zeitmietvertrag (§ 575 Abs. 2 S. 1 BGB) kann der Mieter vom Vermieter frühestens vier Monate vor Ablauf der Befristung Auskunft verlangen, ob der Befristungsgrund noch besteht. Der Vermieter hat die Auskunft binnen eines Monats nach Zugang des Auskunftsverlangens zu erteilen.

2143 **2. Verlängerungsverlangen. Verspätete Auskunft.** Erteilt der Vermieter die Auskunft später, so kann der Mieter gem. § 575 Abs. 2 S. 2 BGB eine Verlängerung des Mietverhältnisses um den Zeitraum der Verspätung verlangen. Das Verlängerungsverlangen des Mieters ist ein **Vertragsangebot** (§ 145 BGB), das darauf gerichtet ist, den befristeten Mietvertrag nach dem vereinbarten Endtermin um den Zeitraum der Verzögerung oder auf unbestimmte Zeit fortzusetzen (Blank/Börstinghaus/*Blank* § 575 Rn. 55). Der Mieter hat also einen Anspruch gegen den Vermieter, dass dieser eine Willenserklärung des Inhalts abgibt, dass er mit der Verlängerung des Mietverhältnisses zu den bisherigen Bedingungen einverstanden ist. Es gelten die allgemeinen Grundsätze für empfangsbedürftige Willenserklärungen einschließlich der Vertretungsregelungen. Das Verlängerungsverlangen bedarf weder der Schriftform, noch einer Begründung. Zu beachten ist aber, dass der Verlängerungsvertrag als solcher gem. § 550 BGB formbedürftig ist, wenn er für längere Zeit als ein Jahr abgeschlossen wird.

2144 Macht der Mieter **bis zum Ablauf der vereinbarten Mietzeit** weder ein Auskunftsverlangen, noch ein Verlängerungsverlangen geltend, so endet das Mietverhältnis (vgl. § 542 Abs. 2 BGB). Ein so beendetes Mietverhältnis kann nicht verlängert werden.

2145 **Prozessual** muss der Mieter das Verlängerungsverlangen im Wege einer Klage auf Abgabe einer Willenserklärung geltend machen. Hat der Vermieter Räumungsklage erhoben, so ist der Mieter zwecks Geltendmachung seines Fortsetzungsverlangens nach überwiegender Auffassung zur Erhebung einer **Widerklage** gehalten (zum Streitstand Schmidt-Futterer/*Blank* § 575 Rn. 60; NK-BGB/*Hinz* § 575 Rn. 68).

Der Mieter muss im Rechtsstreit den Zugang seines Auskunftsverlangens, der Vermieter den Zugang der Mitteilung über den Befristungsgrund beweisen. 2146

Späterer Eintritt des Befristungsgrundes. Wenn der Befristungsgrund später eintritt, kann der Mieter vom Vermieter eine Verlängerung des Mietverhältnisses um einen entsprechenden Zeitraum verlangen (§ 575 Abs. 3 S. 1 BGB). 2147

Wegfall des Befristungsgrundes. Entfällt der Befristungsgrund gänzlich, hat der Mieter einen Anspruch auf Verlängerung des Mietverhältnisses auf unbestimmte Zeit (§ 575 Abs. 3 S. 2 BGB). 2148

Der Verlängerungsanspruch besteht im Übrigen unabhängig vom Auskunftsanspruch. Weiß der Mieter etwa, dass der Befristungsgrund entfallen ist, so kann er sofort eine Verlängerung auf unbestimmte Zeit verlangen. 2149

Die **Beweislast** für den Eintritt des Befristungsgrundes sowie für die Dauer der Verzögerung liegt beim Vermieter (§ 575 Abs. 3 S. 3 BGB). 2150

Achtung! Setzt der Mieter nach Ablauf der vereinbarten Mietzeit die Nutzung des Mietobjekts fort, kann sich das Mietverhältnis auch unter den Voraussetzungen des § 545 BGB auf unbestimmte Zeit verlängern; s. dazu die Hinweise zu Teil 1 Rdn. 2153. 2151

II. Widerspruch gegen Gebrauchsfortsetzung (§ 545 BGB)

Herr Beispielhaft hat uns mit der Wahrnehmung seiner rechtlichen Interessen in der vorbezeichneten Angelegenheit beauftragt. Eine auf uns lautende Originalvollmacht liegt anbei. 2152

Das zwischen Ihnen und unserem Mandanten bestehende Mietverhältnis betreffend das Mietobjekt _____ gemäß Mietvertrag vom _____ endet am _____ . [1]

oder

Das zwischen Ihnen und unserem Mandanten bestehende Mietverhältnis betreffend das Mietobjekt _____ gemäß Mietvertrag vom _____ ist zum _____ beendet worden.

Namens unseres Mandanten teilen wir Ihnen gemäß § 545 BGB mit, dass ein Einverständnis mit einer stillschweigenden Verlängerung des Mietverhältnisses nicht besteht. [2]

Erläuterungen

1. Stillschweigende Verlängerung des Mietverhältnisses. Wird der Fortsetzung des Mietgebrauchs nicht innerhalb von zwei Wochen nach Beendigung des Mietverhältnisses durch den Vermieter oder den Mieter widersprochen, so verlängert sich das Mietverhältnis **auf unbestimmte Zeit** (§ 545 BGB). Diese Rechtsfolge gilt für alle Beendigungsformen des Mietverhältnisses, insbesondere auch nach fristloser Kündigung. Die Frist beginnt 2153
– für den Mieter mit der Fortsetzung des Gebrauchs,
– für den Vermieter mit dem Zeitpunkt, in dem er von der Fortsetzung Kenntnis erhält.

Die gesetzliche Regelung kann – auch durch Formularmietvertrag – **abbedungen** werden: Die Ausschlussklausel muss aber so formuliert sein, dass ein rechtlich nicht vorgebildeter Mieter ihren Sinn erkennen kann; der bloße Hinweis auf den Paragraphen reicht nicht aus (OLG Schleswig ZMR 1996, 254). 2154

2155 Folgende Klausel ist nach BGH ZMR 1991, 290, 291 wirksam:

2156 »*Setzt der Mieter den Gebrauch der Mietsache nach Ablauf der Mietzeit fort, so gilt das Mietverhältnis nicht als verlängert. § 545 BGB findet keine Anwendung.*«

2157 Folgende Klausel ist nach OLG Schleswig ZMR 1996, 254 **unwirksam**:

2158 »*Wird nach Ablauf der Mietzeit der Gebrauch der Sache vom Mieter fortgesetzt, so findet § 568 BGB keine Anwendung.*«

2159 Da die Vertragsbestimmung lediglich den Paragraphen aufführt, ohne dessen Inhalt im Wesentlichen wiederzugeben, verstehe sie nur ein Jurist; das reiche für eine wirksame Einbeziehung nach § 305 Abs. 2 BGB jedenfalls dann nicht aus, wenn eine klare und unzweideutige Fassung möglich und zumutbar sei. Anders hat indes das OLG Rostock (ZMR 2006, 692) entschieden. Es sei den Vertragsparteien zuzumuten, sich mit dem Gesetz zu befassen, wenn sie einen darin enthaltenen Paragraphen in der vertraglichen Regelung in Bezug nehmen.

2160 Auch bei wirksamem Ausschluss des § 545 BGB können die Parteien das Mietverhältnis durch schlüssiges Verhalten fortsetzen (OLG Oldenburg DWW 2001, 88). Allerdings sprechen die bloße Fortsetzung der Nutzung und Mietzahlung noch nicht für eine **stillschweigende Vertragsfortsetzung** (AG Wetzlar ZMR 2008, 548, 549).

2161 **2. Widerspruchserklärung.** Der Widerspruch gegen die Gebrauchsfortsetzung kann schon im Kündigungsschreiben erklärt werden (BGH NZM 2010, 2124 = WuM 2010, 418 = ZMR 2010, 671). Sofern dies geschieht, ist ein **zeitlicher Zusammenhang** zwischen Widerspruchserklärung und Ende der Mietzeit nicht erforderlich.

2162 Bei einer **Personenmehrheit** auf der Mieterseite muss der Fortsetzungswiderspruch allen Mietern gegenüber erklärt werden. Dagegen soll es bei einer Mehrheit von Vermietern genügen, wenn nur einer von ihnen seinen entgegenstehenden Willen äußert (OLG Rostock WuM 2004, 470; Schmidt-Futterer/*Blank* § 545 Rn. 20; *Staudinger/Emmerich* § 545 Rn. 10). Das wird damit begründet, dass das Mietverhältnis nur mit allen Vermietern fortgesetzt werden könne; diese Rechtsfolge werde bereits durch die Erklärung nur eines Vermieters verhindert. Diese Auffassung ist im Schrifttum auf Ablehnung gestoßen (s. etwa *Pütz* WuM 2004, 531); insofern kann sie noch nicht als gesichert angesehen werden. Im Zweifel sollten daher alle Vermieter der Gebrauchsfortsetzung widersprechen.

2163 Nach der Rechtsprechung (BGH ZMR 1988, 18 = WuM 1988, 59; OLG Brandenburg ZMR 2008, 116, 117) kann im Einzelfall in einer außerordentlichen fristlosen Kündigung zugleich der Widerspruch gegen die Gebrauchsfortsetzung liegen, wenn sich nach dem Inhalt der Erklärung aus Art und Schwere des Kündigungsgrundes (z.B. bei erheblichen Vertragspflichtverletzungen oder Störungen des Hausfriedens) ergibt, dass der Vermieter auf gar keinen Fall mit einer Fortsetzung des Mietverhältnisses einverstanden ist. Andererseits kann nicht in jeder außerordentlichen Kündigung bereits ein **schlüssiger Widerspruch** gesehen werden (BGH a.a.O); es empfiehlt sich daher, diesen ausdrücklich zu erklären.

2164 Durch eine vor Fristablauf eingereichte und gemäß § 167 ZPO »demnächst« zugestellte Räumungsklage wird die Widerspruchsfrist des § 545 ZPO gewahrt (BGH WuM 2014, 485 = ZMR 2014, 961). Soll der Fortsetzungswiderspruch allerdings in einem prozessualem Schriftsatz erklärt werden, so muss die Erklärung dem Kündigungsgegner binnen zwei Wochen nach Beendigung des Mietverhältnisses zugehen. Es genügt nicht der rechtzeitige Eingang bei Gericht.

J. Mietnachfolger, Mietergemeinschaften, Vorkaufsrecht

I. Schreiben des Mieters wegen Gestellung eines Mietnachfolgers bei Nachfolgeklausel

Ausweislich der im Original beigefügten Vollmacht zeige ich die Vertretung des Mieters

oder

der Mieter an,

an den

oder

an die Sie mit Vertrag vom _____ die im Hause _____ belegenen Räume vermietet haben.

Gemäß ausdrücklicher Vereinbarung im Mietvertrag ist meine Mandantschaft berechtigt, während der festen Vertragszeit einen Mietnachfolger zu benennen, der mit allen Rechten und Pflichten auf Mieterseite in das bestehende Mietverhältnis eintritt. [1]

Von diesem Recht möchte meine Mandantschaft mit Wirkung ab _____ Gebrauch machen und bittet zu diesem Zeitpunkt um Entlassung aus dem Mietvertrag.

Als Mietnachfolger benennt meine Mandantschaft [2]

a) _____

b) _____

und gibt Ihnen erläuternd noch folgende Informationen:

▶ Beispiel:

Beide Mietnachfolger sind als Beamte des höheren Dienstes in ungekündigter Stellung tätig. Damit dürften weder Bedenken gegen die Person noch gegen die Solvenz der Mietnachfolger bestehen. Die Mietinteressenten werden Sie ansprechen, um sich vorzustellen und Ihnen eine Entscheidung zu ermöglichen.

Die Mietnachfolger sind bereit, das Mietobjekt in dem jetzigen Zustand zu übernehmen. Die bei Mietvertragsbeginn geleistete Sicherheit einschließlich der bis zum Übernahmezeitpunkt aufgelaufenen Zinsen wird meine Mandantschaft mit dem Mietnachfolger verrechnen, so dass die Mietsicherheit für Rechnung der Mietnachfolger bei Ihnen verbleibt. [3]

oder

Meine Mandantschaft wird das Mietobjekt entsprechend der mietvertraglichen Absprache in renoviertem Zustand zurückgeben. Bitte treffen Sie mit den Mietnachfolgern eine Absprache wegen Leistung der vertraglich vereinbarten Mietsicherheit, so dass meine Mandantschaft die bei Mietvertragsbeginn gezahlte Kaution nebst Zinsen zurückerhält. [4]

Erläuterungen

2166 **1. Mietnachfolgeklauseln.** Das Muster bezieht sich auf eine sog. »**echte**« **Mietnachfolgeklausel**, die dem Mieter das Recht gibt, nicht nur aus einem längerfristigen Mietverhältnis auszuscheiden, sondern darüber hinaus einen geeigneten Mietnachfolger stellen, den der Vermieter grundsätzlich akzeptieren muss. Demgegenüber liegt eine »unechte« Mietnachfolgeklausel vor, wenn der Mieter lediglich das Recht erhält, vorzeitig aus dem Vertrag auszusteigen, nicht aber einen Nachmieter zu stellen. (OLG Frankfurt/M ZMR 1991, 382; OLG Düsseldorf ZMR 1995, 467; Schmidt-Futterer/*Blank* § 537 Rn. 25). Im Zweifel ist von einer echten Nachmieterklausel auszugehen (Schmidt-Futterer/*Blank* § 537 Rn. 25).

2167 Nach BGH ZMR 1977, 107 kann die Klausel »Der Mieter kann einen Ersatzmieter bestimmen, mit dem ein neuer Mietvertrag abzuschließen ist« bei langfristigen Verträgen und der Zweckrichtung, es dem Mieter zu ermöglichen, seine erheblichen Investitionen vom Nachfolger ersetzt zu verlangen, dahin ausgelegt werden, dass der Nachfolger in die bestehenden Rechte und Pflichten eintritt. Ein derartiger Zweck wird mit der Klausel regelmäßig verbunden sein, wenn der Mieter erhebliche Investitionen für das Mietobjekt oder den Mietzweck getätigt hat.

2168 **2. Geeigneter Mietnachfolger.** Die vom Mieter benannten Mietnachfolger müssen geeignet, insbesondere solvent sein. Sie müssen die **gleiche wirtschaftliche Sicherheit** wie der bisherige Mieter bieten. Die Ersatzmieter müssen sich also an der Person und den Verhältnissen des bisherigen Mieters messen lassen (OLG Düsseldorf ZMR 1995, 467). Allerdings müssen fern liegende Befürchtungen, bloße Antipathien und eine objektiv nicht begründete negative Einstellung des Vermieters zu bestimmten Mieterkreisen unberücksichtigt bleiben (vgl. BGH ZMR 2003, 413 f. = WuM 2003, 204, 205 = NZM 2003, 277). So ist die Befürchtung des Vermieters, der Einzug eines Nachmieters mit einem Kind lasse Beschwerden der Mieter der darunter liegenden Wohnung erwarten, nicht erheblich; normale Wohngeräusche von anderen Mietern, dazu gehören auch die von ihren Kindern ausgehenden Geräusche, sind hinzunehmen (vgl. BGH a.a.O.). Auch Nationalität und kulturelle Herkunft des Nachmietinteressenten stehen seiner objektiven Eignung nicht entgegen (OLG Frankfurt/M NZM 2001, 586 = ZMR 2000, 607; LG Saarbrücken WuM 1995, 313; AG Wetzlar WuM 2006, 374); das gilt insbesondere im Anwendungsbereich des § 19 AGG (instr. dazu LG Bückeburg Urt. v. 06.11.2013 – 1 S 38/13 zit. nach juris). Nach LG Hildesheim WuM 2005, 572 ist eine **Familie mit zwei Kleinkindern** als Nachmieter eines über der Wohnung der betagten Vermieterin belegenen Objekts nicht geeignet, wenn der bisherige Mieter alleinstehend bzw. mit erwachsenem Kind darin lebte.

2169 Ein Industriekaufmann kann als geeigneter Nachfolger für die Pacht einer Gaststätte in Frage kommen (BGH MDR 1984, 393 = ZMR 1984, 54); dagegen kann der Vermieter einen nicht branchenkundigen Nachfolger ablehnen (OLG Hamburg HmbGE 1984, 191).

2170 **Hinweis:** Hat der Vermieter begründete Zweifel an der Bonität des Mietnachfolgers, so kann er vom Nachfolger eine höhere Kaution oder vom bisherigen Mieter die Übernahme der Bürgschaft für die restliche Laufzeit des Vertrags verlangen (Schmidt-Futterer/*Blank* nach § 542 Rn. 26). Bei der Wohnraummiete ist die Höchstgrenze des § 551 Abs. 1 BGB zu beachten (s. die Hinweise zu Teil 1 Rdn. 153).

2171 **3. Identität des Mietverhältnisses.** Der Eintritt erfolgt in das Mietverhältnis so, wie es mit dem bisherigen Mieter bestanden hat (LG Bremen ZMR 2001, 545). Der Vermieter kann bei Geltung einer Ersatzmieterklausel grundsätzlich **keine** Änderung der Konditionen – auch nicht der Miethöhe – verlangen, sofern dies nicht vertraglich vorgesehen ist. Scheitert an einem derart unberechtigten Verlangen der Eintritt des Mietnachfolgers, so macht sich der Vermieter gegenüber dem bisherigen Mieter wegen Pflichtverletzung gem. § 280 Abs. 1 BGB schadensersatzpflichtig (vgl. BGH ZMR 1977, 107).

J. Mietnachfolger, Mietergemeinschaften, Vorkaufsrecht

Im Falle der Ersatzmieterklausel bleibt das Mietverhältnis – wenn auch mit einem Mieteraustausch – bestehen. Der Vermieter ist daher nicht verpflichtet, die Kaution dem ausscheidenden Mieter zu erstatten. Die Parteien können aber etwas anderes vereinbaren. 2172

4. Renovierungspflicht/neue Vereinbarungen. Bei **identischem Mietverhältnis** tritt der Ersatzmieter in die bestehende Renovierungspflicht des Vormieters ein, so dass ein Fristenplan zu seinen Lasten auch insoweit gilt, als Renovierungsfristen bereits abgelaufen sind. Der ausscheidende Mieter ist deshalb grundsätzlich nicht zu einer Renovierung verpflichtet, sofern diese nicht ohnehin gerade fällig war. Zu den Schönheitsreparaturen s. die Hinweise zu Teil 1 Rdn. 2448. 2173

Die Parteien können aber auch vereinbaren, dass mit dem Mietnachfolger ein **neues Mietverhältnis** begründet wird. In diesem Fall ist der bisherige Mieter zur Renovierung in dem Umfang verpflichtet, wie es bei Beendigung des Mietverhältnisses vereinbart ist. Andererseits kann er Rückerstattung der Kaution verlangen; s. dazu die Hinweise zu Teil 1 Rdn. 2755. 2174

II. Schreiben des Mieters wegen vorzeitiger Beendigung des Mietverhältnisses bei Nachfolgeklausel, aber Rücknahmerecht des Vermieters

Ausweislich der im Original beigefügten Vollmacht zeige ich die Vertretung des Mieters 2175

oder

der Mieter an,

an den

oder

an die Sie mit Vertrag vom _____ die im Hause _____ belegenen Räume vermietet haben.

Gemäß ausdrücklicher Vereinbarung im Mietvertrag ist meine Mandantschaft berechtigt, während der festen Vertragszeit einen Mietnachfolger zu benennen, der mit allen Rechten und Pflichten auf Mieterseite in das bestehende Mietverhältnis eintritt. [1]

Es ist weiterhin vereinbart, dass Sie in einem derartigen Falle berechtigt sind, innerhalb eines Monats ab Mitteilung über die beabsichtigte Benennung eines Mietnachfolgers zu entscheiden, ob Sie das Mietobjekt zum vorgeschlagenen Übergabezeitpunkt zurücknehmen wollen. [2]

Meine Mandantschaft möchte das Mietobjekt gern zum _____ aufgeben und Ihnen einen geeigneten Mietnachfolger benennen, um dann aus dem Mietverhältnis entlassen zu werden. Bitte teilen Sie mir innerhalb der vereinbarten Monatsfrist mit, ob Sie von Ihrem Rücknahmerecht Gebrauch machen wollen.

Für den Fall, dass dies nicht der Fall ist, benennt meine Mandantschaft schon jetzt als Mietnachfolger

a) _____

b) _____

und gibt Ihnen ergänzend noch folgende Informationen: [3]

▶ **Beispiel:**

Beide Mietnachfolger sind als Chefärzte der hiesigen Universitätsklinik in ungekündigter Stellung tätig. Damit dürften weder Bedenken gegen die Person noch gegen die Solvenz der Mietnachfolger bestehen. [4]

Die eventuellen Mietnachfolger würden Sie gern kennenlernen und sich bei Ihnen vorstellen wollen. Bitte vereinbaren Sie baldmöglichst ein Treffen, damit der vorgesehene Übernahmezeitpunkt eingehalten werden kann.

Die Mietnachfolger sind bereit, das Mietobjekt in dem jetzigen Zustand zu übernehmen. Die bei Mietvertragsbeginn geleistete Sicherheit einschließlich der bis zum Übernahmezeitpunkt aufgelaufenen Zinsen wird meine Mandantschaft mit dem Mietnachfolger verrechnen, so dass die Mietsicherheit für Rechnung der Mietnachfolger bei Ihnen verbleibt. [3]

oder

Meine Mandantschaft wird das Mietobjekt entsprechend der mietvertraglichen Absprache in renoviertem Zustand zurückgeben. Bitte treffen Sie mit den Mietnachfolgern eine Absprache wegen Leistung der vertraglich vereinbarten Mietsicherheit, so dass meine Mandantschaft die bei Mietvertragsbeginn gezahlte Kaution nebst Zinsen zurückerhält. [4]

Erläuterungen

2176 **1. Unechte Nachfolgeklausel.** Bei Nachfolgeklauseln mit einem **Eintritts- bzw. Rücknahmerecht des Vermieters** handelt es sich im Zweifel um »unechte« Nachfolgeklauseln. Bei ihnen steht im Vordergrund, dem Mieter das vorzeitige Ausscheiden aus einem langfristigen Mietvertrag zu ermöglichen.

2177 Bei der dem Vermieter eingeräumten Frist handelt es sich im Zweifel um eine **Ausschlussfrist**. Der Vermieter kann sich auf ihre Einhaltung nicht berufen, wenn er sich von vornherein auf den Standpunkt stellt, dass der Mieter sich um einen Mietnachfolger zu kümmern habe.

2178 **2. Vereinbarte Überlegungsfrist.** Der Vermieter braucht sich im Übrigen nicht vor Ablauf der Frist auf einen Mietnachfolger einzulassen.

2179 **3. Konkrete Benennung.** Die Mietnachfolger müssen so konkret benannt werden, dass der Vermieter mit ihnen in Verbindung treten kann. Allgemein gehaltene Angaben, die nur den Personenkreis bezeichnen, aus dem der Nachmieter stammt, genügen nicht.

2180 **4. Geeigneter Mietnachfolger.** Zur Eignung eines Mietnachfolgers s. die Hinweise zu Teil 1 Rdn. 2168. Lehnt der Vermieter den vorgeschlagenen Mietinteressenten unberechtigt ab, so macht er sich gegenüber dem bisherigen Mieter nach § 280 Abs. 1 BGB schadensersatzpflichtig. Der **Schadensersatz** bezieht sich zunächst darauf, den Mieter so zu stellen, als wäre er zu dem Zeitpunkt aus dem Mietverhältnis entlassen worden, zu dem der Mietnachfolger in das Vertragsverhältnis hätte eintreten können.

2181 Ob der Mieter darüber hinaus – wie bei der »echten« Ersatzmieterklausel – Ersatz der Leistungen verlangen kann, die der Nachfolgeinteressent ihm gegenüber erbracht hätte, hängt von der weiteren Vertragsauslegung ab. Es ist nämlich zu fragen, ob der Vermieter, hätte er von seinem Übernahmerecht Gebrauch gemacht, eine Zahlung an den Mieter etwa für Einbauten u.ä. hätte leisten müssen. Ist das nicht der Fall, so spricht das für eine sog. »unechte« Mietnachfolgeklausel, deren Wirkung sich auf die vorzeitige Entlassung des Mieters aus dem Mietverhältnis beschränkt.

J. Mietnachfolger, Mietergemeinschaften, Vorkaufsrecht

5. Identität der Mietverhältnisse. S. die Hinweise zu Teil 1 Rdn. 2171.   2182

6. Renovierungspflicht/neue Vereinbarungen. S. die Hinweise zu Teil 1 Rdn. 2173.   2183

III. Schreiben des Mieters wegen vorzeitiger Entlassung aus einem befristeten Mietvertrag aus wichtigem Grunde bei Stellung eines Mietnachfolgers, wenn der Mietvertrag keine Nachfolgeklausel enthält

Ausweislich der im Original beigefügten Vollmacht zeige ich die Vertretung des Mieters   2184

oder

der Mieter an,

an den

oder

an die Sie mit Vertrag vom _____ die im Hause _____ belegenen Räume vermietet haben.

Es besteht noch eine feste Laufzeit des Mietvertrages bis zum _____, das Mietverhältnis ist bis dahin durch meine Mandantschaft nicht kündbar. Gleichwohl werden Sie gebeten, meine Mandantschaft aus wichtigem Grunde ab _____ vorzeitig aus dem Mietverhältnis zu entlassen und den nachstehend genannten Mietnachfolger zu akzeptieren. Dieses Anliegen wird wie folgt begründet: [1]

▶ Beispiel:

Der bestehende Mietvertrag hat noch eine feste Laufzeit von knapp drei Jahren. Die Wohnung ist mit 53 qm zu klein für meinen Mandanten und dessen Familie, nachdem die Ehefrau meines Mandanten vor kurzem Zwillingen das Leben geschenkt hat. Die Familie meines Mandanten muss jetzt unbedingt eine größere Wohnung haben. Als Nachfolgemieter wird benannt _____. Er ist alleinstehend und als kaufmännischer Leiter in einem größeren Unternehmen tätig. Gegen seine Person und seine Solvenz können daher keine Bedenken bestehen. Bitte nennen Sie einen Vorstellungstermin für den vorgeschlagenen Mietnachfolger. [2]

▶ Beispiel:

Die 140 qm große Wohnung ist durch den plötzlichen Tod des Ehemannes meiner Mandantin viel zu groß. Durch Wegfall der Einkünfte des Ehemannes kann meine Auftraggeberin die Miete auch nicht mehr aufbringen. Wegen des Zuschnitts der Wohnung scheidet auch eine teilweise Untervermietung aus. Als geeigneten und solventen Mietnachfolger benennt meine Mandantin Ihnen das kinderlose Ehepaar _____. Beide sind als Journalisten tätig und wären bereit, die Wohnung in dem bestehenden Zustand mit Wirkung ab _____ zu übernehmen. [3] Da meiner Mandantin eine kleine, preiswertere und geeignet erscheinende Wohnung fest für eine Woche an Hand gegeben wurde, werden Sie um kurzfristige Rückäußerung gebeten. [4]

Erläuterungen

1. Wichtiger Grund. Nach dem Rechtsentscheid des OLG Karlsruhe vom 25.03.1981 (ZMR 1981, 269 = NJW 1981, 1741) ist der Vermieter nur dann verpflichtet, den Mieter, der ihm ei-   2185 nen geeigneten Nachmieter stellt, vorzeitig aus dem auf unbestimmte Zeit abgeschlossenen Wohnungsmietvertrag zu entlassen, wenn das **berechtigte Interesse** an der Aufhebung dasjenige des Vermieters am Bestand des Vertrages ganz erheblich überragt (ebenso OLG Hamm ZMR 1995, 525). Ein solches Interesse kann z.B. bei schwerer Krankheit, beruflich bedingtem Ortswechsel oder einer wesentlich vergrößerten Familie vorliegen. Neben der Stellung eines geeigneten Nachmieters ist weitere Voraussetzung, dass das **Mietverhältnis** noch einige Zeit andauern würde. Sofern dieses nur noch verhältnismäßig kurze Zeit dauern würde (etwa drei Monate), braucht der Vermieter in der Regel einen Ersatzmieter nicht zu akzeptieren (vgl. OLG Oldenburg ZMR 1982, 285). Diese restriktive Sichtweise wird in der Instanzrechtsprechung nach wie vor vertreten (s. LG Mannheim WuM 2009, 398, 399 mit Anm. *Blank*; LG Berlin GE 2004, 1529; AG Meldorf MDR 2010, 976).

2186 Zu Irritationen hinsichtlich der Voraussetzungen des Anspruchs des Mieters auf Vertragsaufhebung gegen Gestellung eines Nachmieters hat die Entscheidung des BGH vom 22.01.2003 (ZMR 2003, 413 = WuM 2003, 204 = NZM 2003, 277) geführt. Der BGH führt aus, dass der Mieter seine vorzeitige Entlassung nur verlangen könne, wenn er dem Vermieter einen geeigneten und zumutbaren Nachmieter stelle;»das gilt kraft Gesetzes (§ 242 BGB), *wobei noch ein berechtigtes Interesse des Mieters an der vorzeitigen Beendigung des Mietverhältnisses hinzutreten muss* (Hervorheb. d. Verf.), und ebenso dann, wenn die Parteien – wie hier – eine dahingehende Vereinbarung getroffen haben«. Verschiedentlich wurde die Frage aufgeworfen, ob der BGH in dem obiter dictum eine Abkehr von den bisherigen Grundsätzen zur Nachmietergestellung ankündigen will (*Fischer* WuM 2004, 123, 124; *Hinz* WuM 2004, 126, 128; *ders.* NZM 2003, 659, 660 f.). Stellt man allein auf das berechtigte Interesse des Mieters ab, so dürften u.U. bereits – spiegelbildlich zur ordentlichen Kündigung des Vermieters – jedwede **vernünftigen nachvollziehbaren Erwägungen** des Mieters für das Ausscheiden aus dem Vertrag genügen (vgl. nur BVerfG NZM 2001, 706; BGHZ 103, 91). Der BGH hat diese Problematik in der vorliegenden Entscheidung nicht weiter vertieft. Das könnte dafür sprechen, das »berechtigte Interesse« bis auf weiteres im Lichte der bisherigen Rechtsprechung eng auszulegen und nur dann zu bejahen ist, wenn die vom Mieter vorgetragenen Gründe für die Entlassung aus dem Vertrag wesentlich gewichtiger sind als die Motive des Vermieters, daran festzuhalten (so etwa LG Mannheim WuM 2009, 398, 399 mit Anm. *Blank*). Ob es z.B. ausreicht, wenn die Ehe oder eine eheähnliche Partnerschaft des Mieters scheitert oder ihm die Wohnung plötzlich zu groß oder zu teuer ist (so etwa *Blank* ZMR 2002, 797, 802) erscheint fraglich. Nach Auffassung von *Kandelhard* (WuM 2004, 249, 250 f.) soll dem Mieter indes bei jedem beruflich intendierten Ortswechsel ein Recht zur Ersatzmieterstellung zustehen, selbst dann, wenn der Mieter infolge einer Versetzung im Nahbereich einen Arbeitsweg von insgesamt mehr als eine Stunde pro Tag hat. Auch bestehe regelmäßig ein wichtiger Grund, wenn der Mieter nach Geburt eines weiteren Kindes die Wohnung als nicht mehr adäquat ansehe.

2187 Dieser Ansatz erscheint jedenfalls dann vertretbar, wenn das Interesse des Vermieters am Fortbestand des Vertrags (gerade mit einem bestimmten Mieter) besonders gering ist. Das wäre z.B. der Fall, wenn der Vermieter **Wohnraum in großem Umfang** vermietet, daher laufend mit einer erheblichen Zahl neuer Mieter Verträge abschließt und persönliche Beziehungen in keiner Weise begründet werden. Es bleibt abzuwarten, wie sich die Rechtsprechung entwickelt.

2188 Das Recht, unter den genannten Voraussetzungen einen Ersatzmieter zu stellen, gilt auch bei der Miete von **Geschäftsraum** oder unbebauten gewerblich genutzten Flächen. An das erhebliche Interesse des Mieters auf vorzeitige Entlassung werden bislang allerdings strenge Anforderungen gestellt. Wirtschaftliche Erwägungen, insbesondere enttäuschte Umsatzerwartungen, reichen in der Regel nicht, da sie im Verwendungsrisiko des Mieters liegen (s. OLG Naumburg WuM 2002, 537; OLG München ZMR 1995, 156, 579).

2189 **2. Familienzuwachs.** Zum Beispielsfall s. LG Oldenburg WuM 1995, 394. Auch durch eine wesentliche Vergrößerung seiner Familie kann das Bedürfnis des Mieters nach einer Verlegung des Lebensmittelpunkts so dringend werden, dass die berechtigten Belange des Vermieters dahinter zurücktreten müssen (OLG Karlsruhe ZMR 1981, 269 = NJW 1981, 1741). Der Mieter braucht die Solvenz des Ersatzmieters nur dann nachzuweisen, wenn der Vermieter diesbezügliche Zweifel äußert.

3. Untervermietung. Im Rahmen der Zumutbarkeit ist auch zu berücksichtigen, ob die den Mieter treffende Härte durch andere, weniger einschneidende Maßnahmen abgewendet werden kann, z.B. durch eine Untervermietung (vgl. OLG Naumburg WuM 2002, 537). Lehnt der Vermieter es ab, sich auf einen Ersatzmieter einzulassen, obwohl der Mieter ein dringendes berechtigtes Interesse an der vorzeitigen Entlassung aus dem noch längerfristigen Mietverhältnis hat, so kann dieser im Wege des **Schadensersatzes** nur verlangen, so gestellt zu werden, als wäre das Mietverhältnis zu dem Zeitpunkt vorzeitig beendet, zu dem der Vermieter einen neuen Mietvertrag mit dem Ersatzmieter hätte abschließen können. Dagegen ist er nicht berechtigt, zu verlangen, dass der Mieter gerade mit dem vorgeschlagenen Ersatzmieter abschließt; der Vermieter kann es also auch selbst übernehmen, für eine neue Vermietung zu sorgen. Deshalb hat der Mieter bei unberechtigter Weigerung des Vermieters keinen Anspruch auf Schadensersatz bezüglich derjenigen Beträge, die der Ersatzmieter an ihn gezahlt hätte.

Verlangt der Vermieter eine angemessene **Änderung der Vertragsbedingungen**, so ist das nicht ohne weiteres als Ablehnung des vorgeschlagenen Ersatzmieters zu werten; s. die Hinweise zu Teil 1 Rdn. 2203.

4. Überlegungsfrist. Dem Vermieter ist eine angemessene Prüfungs- und Überlegungsfrist einzuräumen, insbesondere ob er – anstatt sich auf einen Nachmieter einzulassen – sich selbst einen neuen Mieter sucht und ob der gebotene Nachmieter geeignet ist. Diese Frist kann bis zu drei Monaten betragen (LG Saarbrücken WuM 1995, 313; LG Gießen ZMR 1997, 80).

IV. Bitte des Mieters um vorzeitige Entlassung aus einem befristeten Mietverhältnis ohne wichtigen Grund und ohne Nachfolgeklausel bei Stellung eines Mietnachfolgers

Ausweislich der im Original beigefügten Vollmacht zeige ich die Vertretung des Mieters

oder

der Mieter an,

an den

oder

an die Sie mit Vertrag vom _____ die im Hause _____ belegenen Räume vermietet haben.

Das Mietverhältnis ist noch bis zum _____ **befristet und kann bis dahin von meiner Mandantschaft nicht gekündigt werden. Obwohl eine Nachfolgeklausel nicht vereinbart wurde, werden Sie gebeten, mit Wirkung ab** _____ **meine Mandantschaft gegen Stellung eines Nachfolgemieters vorzeitig aus dem Mietverhältnis zu entlassen** [1]

Als Gründe dieses Anliegens wird Folgendes angeführt:

▶ Beispiel:

Die bisher bewohnte Wohnung ist für die Wohnbedürfnisse meiner Mandantschaft an sich sehr gut geeignet. Dennoch möchte mein Mandant das sehr günstige Angebot seines Arbeitgebers nutzen und eine noch etwas schönere und preiswertere Dienstwohnung beziehen. **2**

Bitte geben Sie meiner Mandantschaft Ihr Einverständnis und akzeptieren Sie einen der nachfolgend aufgelisteten Interessenten als Nachfolgemieter, wobei für alle gilt, dass diese einwandfrei beleumundet sind und in guten wirtschaftlichen Verhältnissen leben. Die als Nachfolgemieter interessierten Personen sind auch bereit, eine angemessene Mieterhöhung zu akzeptieren. Nachstehend teile ich Ihnen die Namen, Telefonnummern und Anschriften der insgesamt (Zahl) vertragsbereiten Mietnachfolger wie folgt mit: 3

1. _____
2. _____
3. _____
4. _____
5. _____

Eventuell

Da meine Mandantschaft während der Mietzeit nach Einholung Ihrer Zustimmung mit erheblichem Kostenaufwand Einbauten im Mietobjekt vorgenommen hat, würde sie diese gern an den von Ihnen ausgewählten Mietnachfolger zum Zeitwert veräußern. Alle vorgeschlagenen potentiellen Mietnachfolger wären zur Übernahme bereit. Vor diesem Hintergrund wäre meine Mandantschaft Ihnen dankbar, wenn Sie nicht selbst einen Mietnachfolger suchen, sondern einen der hier vorgeschlagenen Interessenten als Mietnachfolger akzeptieren. 4

Erläuterungen

2194 **1. Anspruch auf Vertragsauflösung.** Die insbesondere in Laienkreisen verbreitete Meinung, der Mieter sei berechtigt, aus dem Mietverhältnis vorzeitig auszuscheiden, wenn er nur in der Lage sei, einen oder mehrere Nachmieter zu stellen, gegen die an sich keine Einwendungen erhoben werden können, ist unrichtig.

2195 **2. Wirtschaftliche Gesichtspunkte.** Nach OLG Karlsruhe ZMR 1981, 269 = NJW 1981, 1741 geben rein wirtschaftliche Erwägungen oder Wünsche nach persönlichen Annehmlichkeiten noch kein berechtigtes Interesse an einer vorzeitigen Beendigung des Mietverhältnisses ab. Auch *Kandelhard* (WuM 2004, 249, 252) weist darauf hin, dass es beim Auszug des Mieters allein zur **Verbesserung der Wohnsituation**, namentlich beim Umzug in eine größere oder schönere Wohnung, regelmäßig an einer »beachtenswerten Außenweltveränderung« fehle, die ein berechtigtes Interesse an der Lösung des Vertrags begründen könne. Gleiches wird für den bloßen Wunsch zu gelten haben, das Angebot einer preisgünstigeren Wohnung zu nutzen (s. Beispielsfall).

2196 Auch hier ist jedoch zu überlegen, ob es sich möglicherweise anders verhält, wenn das Interesse des Vermieters am Fortbestand des Vertrags mit einem bestimmten Mieter besonders gering ist, also insbesondere beim **Großvermieter** (s. dazu Teil 1 Rdn. 2187). Wiederum könnte die BGH-Entscheidung von 22.01.2003 (ZMR 2003, 413 = WuM 2003, 204 = NZM 2003, 277) ein Argument dafür bilden, dass dem Großvermieter die Ablehnung eines solventen Mietinteressenten nicht ohne weiteres möglich ist, wenn der Mieter vernünftige und nachvollziehbare Gründe für ein vorzeitiges Ausscheiden aus dem Mietverhältnis nennt. Die Rechtsprechung wird auch diese Frage abschließend klären müssen.

2197 **3. Neue Konditionen.** Ist der Vermieter – auch unter Berücksichtigung der Gesichtspunkte zu 2 – nicht verpflichtet, sich auf einen Ersatzmieter einzulassen, so kann er anstelle des Eintritts eines Ersatzmieters in das bestehende Mietverhältnis den **Abschluss eines neuen Mietvertrags** mit dem Ersatzmieter verlangen.

4. Einbauten im Mietobjekt. Der Vermieter sollte sicherstellen, dass der Nachmieter Einrichtungen des Vormieters übernimmt sowie die Entfernungs- und Rückbaupflicht bei späterer Beendigung des Mietverhältnisses trägt. 2198

V. Antwortschreiben des Vermieters auf Schreiben des Mieters wegen eines Nachfolgemieters ohne vereinbarte Nachfolgeklausel

Ausweislich der im Original beigefügten Vollmacht zeige ich die Vertretung des Vermieters 2199

oder

der Vermieter, nämlich _____ der an Sie mit Vertrag vom _____ vermieteten, im Hause _____ belegenen Räume an.

Sie baten meine Mandantschaft um eine vorzeitige Entlassung des noch bis zum _____ befristeten Mietvertrages. Ein Rechtsanspruch auf vorzeitige Entlassung aus dem Mietvertrag ist nicht ersichtlich.

Im Hinblick auf das bisherige, sehr angenehme Mietverhältnis mit Ihnen ist meine Mandantschaft indes grundsätzlich bereit, Ihrem Wunsch auf vorzeitige Entlassung aus dem Mietvertrag gegen Stellung eines Mietnachfolgers zu entsprechen. Der genaue Zeitpunkt Ihres Ausscheidens aus dem Mietverhältnis wäre noch zu vereinbaren. Das Einverständnis zum Eintritt eines Nachfolgemieters in das Mietverhältnis macht meine Mandantschaft allerdings von folgenden Bedingungen abhängig: [1]

▶ Beispiel:

Der neue Mieter müsste eine Anpassung der an sich noch für die Restlaufzeit Ihres Vertrags festgeschriebenen Miete akzeptieren. Meiner Mandantschaft schwebt insoweit eine monatliche Nettokaltmiete vor, die 10 % über dem Mittelwert des zurzeit noch geltenden Hamburger Mietenspiegels 2013 liegt (Rasterfeld C/4 mit einem Mittelwert von 8,36 € pro qm monatlich netto kalt). Mit dem Nachfolgemieter würde meine Mandantschaft dann einen neuen Mietvertrag auf unbestimmte Zeit abschließen. Die neu vereinbarte monatliche Nettokaltmiete könnte für drei Jahre fest vereinbart werden. [2]

▶ Beispiel:

Soweit Sie Einbauten zurücklassen, müsste der Mietnachfolger sich verpflichten, sich nach Beendigung seines Mietverhältnisses so behandeln zu lassen, als habe er selbst die Einbauten vorgenommen, so dass mein Mandant anschließend von ihm die Beseitigung dieser Einbauten und die Wiederherstellung des ursprünglichen Zustandes verlangen kann. [3]

▶ Beispiel:

Bisher verfügte meine Mandantschaft nicht über eine Mietsicherheit. Da diese die Mietnachfolger persönlich noch nicht kennt, müsste nunmehr mit dem neuen Mieter eine Mietsicherheit (Kaution) in Höhe von drei Monatsmieten netto kalt vereinbart werden. [4]

> **Beispiel:**
>
> Da mein Mandant die Wohnung in fünf Jahren nach seiner Pensionierung selbst beziehen möchte, kann er Nachfolgemietern nur den Abschluss eines qualifizierten Zeitmietvertrages gemäß § 575 BGB anbieten, der dann ohne Kündigung nach fünf Jahren endet. [5]
>
> Bitte klären Sie, ob die Mietinteressenten auf diese Bedingung(en) einzugehen bereit sind.

Erläuterungen

2200 **1. Mietaufhebungsvereinbarung.** Kann der Mieter wegen dringender berechtigter Interessen verlangen, unter Gestellung eines Mietnachfolgers vorzeitig aus dem Vertragsverhältnis entlassen zu werden, so zielt dies auf den Abschluss einer **Mietaufhebungsvereinbarung** ab. Erklärt sich der Vermieter grundsätzlich einverstanden, so ist das Einverständnis aufschiebend bedingt, bis die von ihm geforderten Voraussetzungen an den Ersatzmieter und die Vertragsbedingungen erfüllt sind. Das ist letztlich erst dann der Fall, wenn eine Vereinbarung mit dem Ersatzmieter über einen Mieteintritt oder einen Anschluss-Mietvertrag zustande gekommen ist. Von einer schlüssigen Entlassungsvereinbarung ist im Zweifel erst bei **Vollzug** und nicht schon bei Abschluss des Nachfolgevertrags auszugehen (LG Gießen NJW-RR 1997, 1441; weiter gehend AG Wetzlar WuM 2006, 374: aufschiebend bedingter Mietaufhebungsvertrag durch Gestellung eines geeigneter Ersatzmieters).

Achtung: Handelt es sich bei dem Mietvertrag um einen Verbrauchervertrag i.S.d. §§ 310 Abs. 3, 312 BGB, so kann der Mieter die Aufhebungsvereinbarung nach §§ 312 Abs. 4, 312g Abs. 1, 355 BGB widerrufen, sofern diese außerhalb der Geschäftsräume des Vermieters oder seiner Hilfsperson (s. § 312b BGB) im Wege der Fernkommunikation (s. § 312c BGB) getroffen wurde.

Der Vermieter sollte den Mieter hierüber bei Abschluss der Aufhebungsvereinbarung nach Maßgabe des § 312d Abs. 1 BGB i.V.m. Art. 246a EGBGB belehren. Anderenfalls wird die 14-tägige Widerrufsfrist nach § 355 Abs. 2 BGB nicht in Lauf gesetzt (vgl. § 356 Abs. 3 S. 1 BGB); dem Mieter steht das Widerrufsrecht dann bis zum Ablauf von einem Jahr und 14 Tagen nach Abschluss der Vereinbarung zu (s. § 356 Abs. 3 S. 2 BGB). S. zum Verbraucherwiderruf auch die Hinweise zu Teil 1 Rdn. 162 ff.

2201 **Hinweis:** Die Parteien sollten im Übrigen eine **ausdrückliche Regelung** dahingehend treffen, dass eine Entlassung des Vormieters erst mit Vollzug der Nachmietervereinbarung (Eintritt des Ersatzmieters in das bestehende Mietverhältnis oder Abschluss eines neuen Mietvertrags mit diesem) erfolgt.

2202 Lehnt der Vermieter die Entlassung des Mieters ohne Gründe ab oder **vereitelt** er den Abschluss einer Vereinbarung über den Mieteintritt oder einen Anschluss-Mietvertrag, muss er den Mieter so behandeln, als wäre es unter Beachtung einer eigenen Überlegungsfrist zu einer Beendigung des Mietverhältnisses gekommen (vgl. LG Bückeburg Urt. v. 06.11.2013 – 1 S 38/13 Tz. 18 zit. nach juris. Da dieses letztlich das Ziel des bisherigen Mieters ist, kann der Vermieter sich darauf beschränken, mit dem Mieter vorzeitig die Aufhebung des Mietverhältnisses zu vereinbaren.

2203 **2. Änderung der Konditionen.** In dem Wunsch des Vermieters nach einer Änderung der bisherigen Vertragsbedingungen liegt noch keine Ablehnung, die dazu führt, dass der Mieter nunmehr die Entlassung aus dem Mietverhältnis verlangen kann (s. LG Trier DWW 1986, 246 für eine Mieterhöhung um 20 %). Dem Vermieter ist es nämlich nicht verwehrt, marktgerechte Bedingungen mit dem künftigen Mieter auszuhandeln. Sie müssen sich aber im Vergleich zum Ausgangsmietvertrag **im angemessenen Rahmen** halten (OLG München ZMR 1995, 156). Das gilt insbesondere, wenn ein Eintritt in das weiter bestehende Mietverhältnis vereinbart wird. Allerdings darf der Vermieter weder selbst noch durch seine Hausverwaltung so ungünstige Bedingungen stellen, dass dadurch der Abschluss eines neuen Mietvertrages vereitelt wird (OLG München

ZMR 1995, 156: Unberechtigtes Verlangen nach einer Vermittlungsprovision durch die Verwaltungsfirma; LG Hamburg NJW-RR 1988, 723: Verlangen nach einer Mieterhöhung um 40 %).

3. Einbauten. Wird das Mietverhältnis mit dem Mietnachfolger fortgesetzt, ohne dass ein neuer Vertrag abgeschlossen wird, so ist der Nachfolger ohnehin verpflichtet, die Einbauten des Vormieters zu **entfernen** (OLG Köln ZMR 1998, 699; OLG Hamburg ZMR 1990, 341). Die diesbezügliche Vereinbarung hat nur klarstellende Bedeutung. Anders liegt es, wenn der Vermieter mit dem Ersatzmieter einen neuen Mietvertrag abschließt und ihm die zurückgelassenen Gegenstände mitvermietet. Übernimmt der Mietnachfolger Einbauten durch Vereinbarung mit dem bisherigen Mieter, so gelten sie gegenüber dem Vermieter als eigene Einbauten, die er bei Vertragsende entfernen muss. 2204

4. Mietsicherheit. Nach OLG Düsseldorf ZMR 1988, 174 = DWW 1989, 85 handelt der Vermieter, der Zweifel an der Bonität des Mietnachfolgers hat, nicht treuwidrig, wenn er von dem Mietnachfolger eine (höhere) Kaution oder von dem ausscheidenden Mieter die Übernahme einer Bürgschaft für die Restlaufzeit des Vertrags verlangt. Bei der Wohnraummiete darf die **Höchstgrenze** des § 551 Abs. 1 BGB aber nicht überschritten werden (s. die Hinweise zu Teil 1 Rdn. 153). 2205

5. Zeitmietvertrag. Den Abschluss eines Zeitmietvertrags kann der Vermieter nur zur Bedingung machen, wenn weder eine Ersatzmieterklausel vereinbart ist, noch der Mieter bei einem längerfristigen Mietverhältnis einen erheblichen Grund hat, vorzeitig aus dem Mietverhältnis entlassen zu werden. Anders kann es sich nur dann verhalten, wenn die Restlaufzeit des Vertrags verhältnismäßig kurz ist und der Vermieter alsbald ohnehin zur Neuvermietung berechtigt wäre. 2206

Bei der Vermietung von **Wohnraum** kommt der Abschluss eines Zeitmietvertrags ohnehin nur in Betracht, wenn einer der in § 575 Abs. 1 S. 1 BGB aufgeführten Qualifikationsgründe vorliegt. Zu den Voraussetzungen des qualifizierten Zeitmietvertrags s. die Hinweise zu Teil 1 Rdn. 73. 2207

Im Übrigen bleibt es dem Vermieter bei Fehlen einer »echten« Ersatzmieterklausel unbenommen, den Mieter ohne Gestellung eines Ersatzmieters aus dem Mietverhältnis vorzeitig zu entlassen und einen Anschluss-Mietvertrag nach seinen Vorstellungen abzuschließen. 2208

VI. Antwortschreiben des Vermieters auf Schreiben des Mieters wegen eines Nachfolgemieters bei vereinbarter Nachfolgeklausel

Ausweislich der im Original beigefügten Vollmacht zeige ich die Vertretung des Vermieters 2209

oder

der Vermieter, nämlich _____

der an Sie mit Vertrag vom _____ **vermieteten, im Hause** _____ **belegenen Räume an. Einer vorzeitigen Beendigung des Mietvertrages mit Eintritt eines Mietnachfolgers, wie Sie es von meiner Mandantschaft gewünscht haben, stimmt diese nicht zu.**

Zwar wurde in dem mit Ihnen geschlossenen Mietvertrag eine Ersatzmieterklausel mit der Maßgabe vereinbart, dass meine Mandantschaft nur bei Vorliegen eines wichtigen Grundes einem Mieterwechsel widersprechen kann; demzufolge sind Sie grundsätzlich berechtigt, auf Ihre Initiative hin einen Mieterwechsel zu bewirken. [1]

Der konkret von Ihnen vorgeschlagene Ersatzmieter muss indes aus wichtigem Grund von meiner Mandantschaft abgelehnt werden. Dies wird Einzelnen wie folgt begründet: [2]

▶ **Beispiel:**

Sie und Ihre Ehefrau haben bisher als Ärzte Ihre Praxis im Mietobjekt gemeinsam ausgeübt. Sie haften wegen aller Verpflichtungen aus dem Mietvertrag als Gesamtschuldner. Die gemeinsame Praxisausübung bietet eine gewisse Gewähr dafür, dass bei Erkrankung des einen der jeweils andere die Arztpraxis fortbetreiben kann, ohne dass es zu einer Abwanderung von Patienten oder zu erheblichen wirtschaftlichen Beeinträchtigungen infolge einer kostenträchtigen Vertretergestellung kommt. Dahingegen soll der vorgeschlagene Ersatzmieter als Einzelperson die Arztpraxis fortführen. Er bietet meinem Mandanten im Vergleich zu der bisherigen Vertragssituation keine vergleichbare wirtschaftliche Sicherheit. Die bisherige Personenmehrheit auf Mieterseite bleibt nicht erhalten. [3]

▶ **Beispiel:**

Mein Mandant hat in Erfahrung bringen können, dass der von Ihnen vorgeschlagene Ersatzmieter im Rahmen eines vor einem halben Jahr beendeten anderen Mietverhältnisses seinen dortigen Verpflichtungen auf Zahlung der Miete in einem nicht unerheblichen Umfang nicht nachgekommen ist. Dabei handelt es sich um die auf dem Grundstück _____ belegenen Miträume. Die Ansprüche des dortigen Vermieters auf Zahlung rückständiger Miete in Höhe von über € 5 000,00 sind tituliert, gegen den von Ihnen vorgeschlagenen Ersatzmieter wird die Zwangsvollstreckung betrieben. Auch wenn dieser zurzeit noch keine Vermögensauskunft abgegeben hat, kann dessen Solvenz unter den gegebenen Umständen nicht als hinreichend sicher bewertet werden. [4]

Wenn es Ihnen nicht doch noch gelingen sollte, einen anderen geeigneten und solventen Mietnachfolger zu benennen, muss das bestehende Mietvertragsverhältnis mit Ihnen daher fortgeführt werden. Sie sind nicht berechtigt, das Mietobjekt dem hier zu Recht abgelehnten Ersatzmieter zu überlassen. Sollte dies gleichwohl geschehen, müssen Sie mit einer fristlosen, hilfsweisen fristgemäßen Kündigung des Mietverhältnisses rechnen. [5]

Erläuterungen

2210 **1. Echte Mietnachfolgeklausel.** S. dazu die Hinweise zu Teil 1 Rdn. 2166.

2211 **2. Ablehnungsgrund.** Der Vermieter darf bei Vereinbarung einer echten Nachfolgeklausel den vorgeschlagenen Ersatzmieter nur dann ablehnen, wenn dieser **objektiv ungeeignet** erscheint (s. die Hinweise zu Teil 1 Rdn. 2168). Lehnt er ihn zu Unrecht ab, so macht er sich wegen Pflichtverletzung gem. § 280 Abs. 1 BGB **schadensersatzpflichtig**. Der Mieter kann nicht nur verlangen, so gestellt zu werden, als wäre er zu dem von ihm gewünschten oder im Rahmen der Nachfolgeklausel vereinbarten Zeitpunkt aus dem Mietverhältnis ausgeschieden, sondern er kann Ersatz des weiteren Schadens verlangen (z.B. Entschädigung für Einbauten, die ihm ein Nachfolger ersetzt hätte). Anders als bei sog. »unechten« Mietnachfolgeklausel (s. die Hinweise zu Teil 1 Rdn. 2176) oder bei einer Befugnis des Mieters, nach Treu und Glauben ein vorzeitiges Ausscheiden aus dem längerfristigen Mietverhältnis zu verlangen (s. die Hinweise zu Teil 1 Rdn. 2185), ist der Vermieter grundsätzlich nicht berechtigt, eine Änderung der Vertragsbedingungen, die über eine im Vertragsverhältnis vorgesehene Anpassung hinausgeht, zu fordern. Darin läge ein Verhalten, das als Ablehnung zu werten wäre.

2212 **3. Geeigneter Mietnachfolger.** Der Ersatzmieter muss sich an der Person und an den Verhältnissen des Mieters messen lassen (vgl. LG Bremen ZMR 2001, 545; Blank/Börstinghaus/*Blank*

§ 542 Rn. 231). Zum Beispielsfall s. OLG Düsseldorf ZMR 1995, 467, wonach die Zurückweisung des Ersatzmieters berechtigt war.

Grundsätzlich trifft den Mieter die **Beweislast** dafür, dass der Vermieter einen Ersatzmieter wider Treu und Glauben bzw. entgegen der getroffenen Vereinbarung abgelehnt hat. Ist der Vermieter aber selbst mit dem Mietinteressenten in Verbindung getreten und hat er mit diesem über die Anmietung der Wohnung verhandelt, so kann er sich nicht darauf beschränken, die Eignung des Mietinteressenten zu bestreiten. Da er nunmehr über bessere Kenntnisse hinsichtlich der maßgeblichen Umstände verfügt als der Vormieter, ist er zu einem substanziierten Gegenvorbringen gehalten (BGH ZMR 2003, 413 = WuM 2003, 204 = NZM 2003, 277, 278).

4. Solvenz. Der Mieter ist verpflichtet, einen solventen Nachfolger zu stellen. Er braucht jedoch ungefragt gegenüber dem Vermieter keine Angaben zu machen, wenn dieser keine Nachweise verlangt (LG Hamburg WuM 1979, 144). Im Streitfall muss der Mieter beweisen, einen solventen Nachfolger vorgeschlagen zu haben.

Maßgebend für die Vergleichbarkeit der Solvenz des Nachmieters sind die Vermögensverhältnisse des bisherigen Mieters **bei Eingehung des Mietvertrags** (OLG Bremen NZM 2001, 337). Würde man den Solvenzvergleich auf den Zeitpunkt der Auflösungsverhandlungen ausrichten, so hätte dies eine Besserstellung des zahlungsschwachen Mieters zur Folge, da es auf dem »Ersatzmietermarkt« mehr Mietinteressenten mit schwacher als mit starker Solvenz gibt. Im Übrigen kann der Vermieter, der die Bonität seines Mieters vor Beginn des Mietverhältnisses eingehend geprüft hat, darauf vertrauen, dass er im Falle von Auflösungsverhandlungen keine Schlechterstellung hinnehmen muss.

5. Unerlaubte Drittüberlassung. Das Recht des Mieters, einen geeigneten Ersatzmieter vorzuschlagen, bleibt unberührt. Überlässt der Mieter gleichwohl die Räume dem vermieterseits nicht akzeptierten Ersatzmieter, so liegt darin eine unerlaubte Drittüberlassung, die den Vermieter berechtigt, **Unterlassung** und Räumung des Dritten zu verlangen (§ 541 BGB) oder das Mietverhältnis nach erfolgloser Abmahnung oder Setzung einer angemessenen Frist zur Beendigung dieses vertragswidrigen Zustands außerordentlich fristlos zu kündigen (§ 543 Abs. 2 Nr. 2, Abs. 3 S. 1 BGB); s. dazu die Muster und Hinweise zu Teil 1 Rdn. 599 und Teil 1 Rdn. 1989.

VII. »Einführung« eines neuen Zwischenmieters bzw. -vermieters durch den bisherigen Zwischenmieter bzw. -vermieter

Ausweislich der im Original beigefügten Vollmacht zeige ich die Vertretung des Zwischenvermieters

oder

der Zwischenvermieter, nämlich _____ der an Sie als Endmieter mit Vertrag vom _____ vermieteten, im Hause _____ belegenen Räume an.

In dem mit Ihnen geschlossenen Mietvertrag über das vorbezeichnete Mietobjekt ist vereinbart, dass Sie im Falle einer Beendigung des Hauptmietverhältnisses zwischen meiner Mandantschaft und dem Eigentümer der Fortsetzung des Vertragsverhältnisses mit einem von dem Eigentümer bzw. meiner Mandantschaft zu bestimmenden neuen Zwischenvermieter zustimmen. [1]

Das Vertragsverhältnis zwischen meiner Mandantschaft und dem Eigentümer wird zum _____ beendet. Zugleich im Auftrage und in Vollmacht des Eigentümers teile ich Ihnen mit, dass neuer Zwischenvermieter ist: (Mitteilung des Namens der natürlichen oder juristischen Person oder der Firma). Das (Unter-)Mietverhältnis wird ab oben genanntem Datum zwischen Ihnen als Endmieter und dem neuen Zwischenvermieter fortgesetzt. [2]

Der neue Zwischenvermieter wird sich rechtzeitig mit Ihnen wegen der zukünftigen Mietzahlungen und sonstiger, das Mietverhältnis betreffender Umstände, in Verbindung setzen. [3]

Erläuterungen

2218 **1. Zwischenmietverhältnis.** Gemäß § 565 Abs. 1 BGB tritt bei Beendigung des Zwischenmietverhältnisses der Vermieter in die Rechte und Pflichten des Endmietverhältnisses ein. Er ist aber auch berechtigt, einen neuen Zwischenmietvertrag abzuschließen mit der Folge, dass der neue Zwischenmieter in die Rechte und Pflichten des bisherigen Endmietverhältnisses eintritt.

2219 Im Verhältnis zwischen Haupt- und Weitervermieter besteht ein Gewerberaummietverhältnis, dagegen handelt es sich bei dem Verhältnis zwischen Weitervermieter und Endmieter um Wohnraummiete. Erforderlich ist, dass ein Hauptmietverhältnis über den Wohnraum gerade **zum Zwecke der Weitervermietung** abgeschlossen wurde.

2220 Weiterhin muss der Weitervermieter »gewerblich« also gerade zum Zwecke der Erzielung von Gewinn handeln. Dabei stellt die Rechtsprechung auf die auf Dauer angelegte **Gewinnerzielungsabsicht** ab. Gewerblich (gewerbsmäßig) handelt somit, wer sich aus der Vermietung von Wohnungen an Dritte eine ständige – nicht notwendig die einzige oder primäre – Erwerbsquelle verschaffen will (BGH WuM 1996, 537 = ZMR 1996, 537, 539; KG NZM 2013, 313 = ZMR 2013, 108; GE 2014, 935). Zur Weitervermietung zu sozialen Zwecken s. BGH WuM 2003, 563 = NZM 2003, 759 = ZMR 2003, 817 mit Anm. *Baldus*; KG NZM 2013, 313 = ZMR 2013, 108; instr. *Kunze* NZM 2012, 740, 745 ff.

2221 **2. Gesetzlicher Eintritt.** Voraussetzung ist, dass das bisherige Zwischenmietverhältnis – unerheblich, aus welchem Grund – beendet wird. Der Rechtseintritt des (Haupt-)Vermieters bzw. des neuen Zwischenmieters erfolgt kraft Gesetzes »automatisch«. Die Mitteilung gegenüber dem Mieter hat keine rechtsbegründende Bedeutung. Der Rechtseintritt würde sich auch gegen den Willen des Eigentümers bzw. des neuen Zwischenmieters vollziehen.

2222 **3. Rechtswirkungen.** Der Eintritt in das Endmietverhältnis erfolgt in dessen jeweiligen Bestand einschließlich aller bisherigen Nebenabreden und Gestattungen. Dabei entfaltet der Eintritt des (Haupt-)Vermieters bzw. des neuen Zwischenmieters nach h.M. eine **Zäsurwirkung** dergestalt, dass das bisherige Endmietverhältnis erlischt und an dessen Stelle ein neues Mietverhältnis zwischen dem Eingetretenen und dem Endmieter tritt (ausf. dazu NK-BGB/*Hinz* § 565 Rn. 16). Eine vom Mieter geleistete Kaution geht entsprechend § 401 BGB auf den neu in das Mietverhältnis auf Vermieterseite eintretenden Dritten über. Der Rückgewähranspruch des Mieters bestimmt sich nach §§ 565 Abs. 2, 565a BGB.

2223 **Hinweis:** Vereinbarungen, die zum Nachteil des Endmieters von der Regelung des § 565 BGB abweichen, sind unzulässig (§ 565 Abs. 3 BGB).

VIII. Beendigung von Mieter-Gemeinschaftsverhältnissen

1. Kündigung des Gemeinschaftsverhältnisses

2224 **Ausweislich der im Original beigefügten Vollmacht zeige ich die Vertretung von _____ an. Sie haben mit meiner Mandantschaft gemeinsam die auf dem Grundstück _____ belegenen Räume auf der Grundlage des Mietvertrages vom _____ gemietet. Meine Mandantschaft möchte das mit Ihnen insoweit bestehende Gemeinschaftsverhältnis aus folgenden Gründen nicht länger fortsetzen:** [1]

▶ Beispiel:

Nach Eheschließung, die durch die in Kopie beigefügte Heiratsurkunde nachgewiesen wird, wird meine Mandantin in die Wohnung ihres Ehemannes im Hause _____ ziehen. Der Umzug ist für Ende des folgenden Monats vorgesehen. [2]

▶ Beispiel:

Die geschäftliche Zusammenarbeit mit meinem Mandanten hat sich leider entgegen dessen Erwartungen nicht bewährt. Die Umsätze sind rückläufig. Über Personaleinstellungen kam es zu schwerwiegenden Differenzen. Mein Mandant beabsichtigt daher, die Zusammenarbeit mit Ihnen zu beenden und nunmehr allein an anderer Stelle ein Geschäft innerhalb der gleichen Branche aufzubauen. [3]

Da vertragliche Vereinbarungen nicht entgegenstehen, kündige ich namens und in Vollmacht meiner Mandantschaft hiermit die mit Ihnen bestehende Gesellschaft/Gemeinschaft betreffend die gemeinsame Anmietung des eingangs erwähnten Mietobjekts mit sofortiger Wirkung.

Da die Gesellschaft/Gemeinschaft durch gemeinsame Kündigung zur mietvertraglichen Kündigungsfrist liquidiert wird, hat meine Mandantschaft einen Anspruch Ihnen gegenüber auf Abgabe einer gemeinsamen Kündigungserklärung betreffend das fragliche Mietvertragsverhältnis gegenüber dem Vermieter. [4]

Ich habe Sie hiermit namens meiner Mandantschaft aufzufordern, einer Kündigung des Mietverhältnisses bis spätestens zum _____ zuzustimmen. Ein rechtliches Interesse an der Beendigung des Mietverhältnisses liegt schon darin begründet, dass meine Mandantschaft aus der Haftung für Verbindlichkeiten entlassen werden will. [5]

Sollten Sie die geforderte Zustimmungserklärung innerhalb der gesetzten Frist nicht abgeben, würde sich die von mir vertretene Partei zu ihrem Bedauern gehalten sehen, Sie auf Abgabe dieser Erklärung gerichtlich in Anspruch zu nehmen; ein gerichtliches Urteil würde sodann Ihre Zustimmungserklärung ersetzen. [6, 7]

Schadensersatzansprüche wegen einer etwaigen verspäteten Abgabe Ihrer Zustimmungserklärung oder deren Verweigerung bleiben ausdrücklich vorbehalten.

Erläuterungen

1. Mietergemeinschaft. Mieten mehrere Personen ein Mietobjekt – Wohnung oder Gewerberaum – an, so sind sie im Verhältnis zum Vermieter (d.h. im sog. Außenverhältnis) durch den Mietvertrag gemeinschaftlich gebunden. An Rechtsgeschäften, die das Mietverhältnis betreffen – etwa Mieterhöhungen, Vertragsänderungen, Kündigungen –, müssen alle Mitmieter »gesamthänderisch« beteiligt werden. Ansprüche können sie grundsätzlich nur gemeinschaftlich geltend machen. Wegen Verbindlichkeiten aus dem Mietverhältnis haften sie gem. § 427 BGB im Zweifel als Gesamtschuldner (*Streyl* NZM 2011, 377, 384; *Jacobs* NZM 2008, 111, 113), d.h. jeder haftet auf die gesamte Schuld; der Ausgleich erfolgt dann untereinander (vgl. § 426 BGB).

Ihre Rechtsbeziehungen untereinander (das sog. Innenverhältnis) können die Partner vertraglich regeln. Ist nichts anderes vereinbart, so gelten in ihrem Verhältnis zueinander im Zweifel die Vorschriften der Gesellschaft bürgerlichen Rechts (OLG München ZMR 1994, 216 und AG Kiel NZM 2001, 95 für nichteheliche Lebensgemeinschaft; KG WuM 1992, 323, LG Berlin GE 2012, 1379 und WuM 2012, 192 für Mitglieder einer Wohngemeinschaft; *Streyl* NZM 2011,

377, 379; *Jacobs* NZM 2008, 111 ff.). Bei einer **nichtehelichen Lebensgemeinschaft** werden jedoch – sofern die Partner keine entsprechende Vereinbarung getroffen haben – persönliche und wirtschaftliche Leistungen nicht gegeneinander aufgerechnet (BGH NJW 1997, 3371; LG Berlin GE 2003, 1491). Leistungen und Zuwendungen gelten grundsätzlich als ersatzlos von demjenigen erbracht, der hierzu gerade in der Lage ist; Ausgleichsansprüche kommen nur in Ausnahmefällen in Betracht (LG Berlin GE 2003, 1491).

2227 Will ein Mieter aus dem Mietverhältnis ausscheiden, so müssen sowohl die übrigen Mitmieter als auch der Vermieter hiermit einverstanden sein. Dieser Fall kann bereits im Mietvertrag in der Weise geregelt werden, dass allen Mietern die Befugnis eingeräumt wird, einzeln unter Gestellung eines **Nachmieters** aus dem Vertrag auszuscheiden bzw. vom Vermieter die Zustimmung zum Mieterwechsel zu beanspruchen. Derartige Abreden können auch schlüssig vereinbart werden, z.B. bei Vermietung an eine **studentische Wohngemeinschaft** (LG Frankfurt/M. WuM 2012, 192; LG Berlin GE 2012, 1379; 2013, 1067, 1068 f.). Der Vermieter ist nicht berechtigt, einen einzelnen Mieter ohne Zustimmung der anderen aus dem Mietverhältnis zu entlassen (BayObLG ZMR 1983, 247). Etwas anderes kann nach dem Grundsatz von Treu und Glauben (§ 242 BGB) aber dann gelten, wenn der Vermieter mit dem aus der Wohnung ausgezogenen Mitmieter die Entlassung vereinbart hat und seither nur der andere Mitmieter die Wohnung nutzt und die Miete zahlt (BGH ZMR 2004, 492 = WuM 2004, 280 = NZM 2004, 420).

2228 Kommt es nicht zu einer Einigung zwischen den Parteien, so muss das Mietverhältnis gekündigt werden – sofern es kündbar ist. Das setzt jedoch die Mitwirkung aller Mitmieter voraus. Ein Anspruch des einzelnen Mitgliedes der Mietergemeinschaft gegenüber den anderen auf **Mitwirkung an der Kündigung** besteht aber nur dann, wenn die Gemeinschaft selbst aufgelöst wird und damit ins Liquidationsstadium eintritt. Die Voraussetzungen, unter denen die Mietergemeinschaft aufgelöst werden kann, richten sich zunächst nach den Vereinbarungen im »Innenverhältnis«. Ist dort nichts geregelt und ergibt sich auch keine Regelung aus dem Gesellschaftszweck, so kann die Innengesellschaft oder Gemeinschaft jederzeit gekündigt (bzw. deren Aufhebung verlangt) werden (§§ 723 Abs. 1 S. 1, 749 Abs. 1 BGB). Insbesondere nach Scheitern einer **nichtehelichen Lebensgemeinschaft** können die vormaligen Lebensgefährten regelmäßig wechselseitig die Mitwirkung bei der Kündigung des Mietverhältnisses über die bislang gemeinsame Wohnung verlangen (OLG Düsseldorf WuM 2007, 567 = ZMR 2007, 960). Auch ein Ehepartner kann nach endgültiger **Trennung der Eheleute** die Zustimmung zur Kündigung der ehemaligen Ehewohnung verlangen, wenn unterhaltsrechtliche Gründe oder auch der Gesichtspunkt nachehelicher Solidarität dem nicht entgegenstehen (OLG Köln WuM 2006, 511 = ZMR 2006, 770; Urt. v. 04.10.2010 – 4 UF 154/10).

2229 Der endgültige Auszug eines Lebensgefährten aus der gemeinsamen Wohnung ist gegenüber dem anderen als eine **konkludente Aufkündigung** der Gesellschaft bürgerlichen Rechts zu werten (LG Köln WuM 1993, 613; LG Gießen WuM 1996, 273). Hier liegt bereits eine Kündigung aus wichtigem Grund gem. § 723 Abs. 1 S. 2 BGB vor (OLG München ZMR 1994, 216, 217), da dem Partner einer nichtehelichen Lebensgemeinschaft bei einer grundlegenden Störung des Vertrauensverhältnisses die Fortsetzung der Gemeinschaft nicht zuzumuten ist (vgl. OLG Düsseldorf WuM 2007, 567 = ZMR 2007, 960; OLG München ZMR 1994, 216, 217).

2230 Dem steht nicht entgegen, dass die Auflösung des Innenverhältnisses durch Zeit oder durch eine Bedingung (z.B. Dauer des Mietverhältnisses) ausgeschlossen ist. Das Recht, die vorzeitige Auflösung der Gesellschaft bzw. Gemeinschaft zu verlangen, kann nicht durch Vereinbarung ausgeschlossen werden (§ 723 Abs. 3 BGB). Im **Außenverhältnis** zum Vermieter erwächst damit aber noch kein Recht, ein etwa sonst unkündbares Mietverhältnis aufzulösen. Vielmehr bleiben die Partner (auf Mieterseite) – nunmehr nur noch in einer sog. Liquidationsgesellschaft – an den Mietvertrag gebunden.

Die Kündigung der Mietergemeinschaft durch ein einzelnes Mitglied muss **allen Mitgliedern gegenüber** erklärt werden. Das Gleiche gilt für die Geltendmachung des Anspruchs auf Mitwirkung an der Kündigung gegenüber dem Vermieter. 2231

Achtung! Der mit der Kündigung beauftragte Rechtsanwalt sollte nicht vergessen, der schriftlichen Kündigungserklärung eine schriftliche Originalvollmacht beifügen. Anderenfalls kann der Kündigungsempfänger die Erklärung nach § 174 S. 1 BGB **unverzüglich zurückweisen**, was zur Unwirksamkeit führt (BGH NZM 2002, 163 = ZMR 2002, 893).

2. Kündigungsgründe. Die Angabe von Gründen gehört nicht zu den Formalien der Erklärung, durch welche die Mietergemeinschaft aufgelöst wird. Daher können Gründe, die bei Abgabe der Erklärung schon vorlagen, jederzeit nachgeschoben werden. Nachträglich entstandene Gründe können unterstützend zu einer wirksamen Kündigung, im Übrigen aber nur durch eine neue Kündigung geltend gemacht werden. 2232

3. Gesellschaft bürgerlichen Rechts (GbR). Zur Kündigung der GbR aus wichtigem Grund s. Teil 1 Rdn. 2229 f. Mit der wirksamen Kündigung gerät die Gesellschaft kraft Gesetzes ins Liquidationsstadium, muss also abgewickelt werden. 2233

4. Anspruch auf Mitwirkung an Kündigung. Das Mietverhältnis gehört nach Kündigung der Mietergemeinschaft zur Liquidationsmasse und muss daher »**abgewickelt**« werden. Daraus folgt der Anspruch jedes Mitmieters gegen die Übrigen auf Mitwirkung an der gemeinschaftlichen Kündigung, soweit deren berechtigte Interessen nicht entgegenstehen (BGH NZM 2005, 452, 453 = ZMR 2005, 522, 523). Das dürfte regelmäßig nicht der Fall sein, insbesondere ist kein Raum für eine analoge Anwendung der Kündigungsschutzvorschriften (so auch OLG Köln NZM 1999, 998). 2234

Vorauszusetzen ist allerdings, dass das Mietverhältnis überhaupt kündbar ist. Handelt es sich um ein **befristetes Mietverhältnis**, so erwächst den Mietern aus dem Scheitern ihrer Gemeinschaft noch kein Kündigungsrecht aus wichtigem Grund nach § 543 Abs. 1 S. 2 BGB; denn dieser Umstand liegt allein in ihrer Risikosphäre. Unberührt bleiben die Möglichkeiten einer außerordentlich befristeten oder einer fristlosen Kündigung, wenn ein entsprechender Tatbestand gegeben ist. Auch kommt eine Mietaufhebungsvereinbarung (s. insbes. Muster und Hinweise zu Teil 1 Rdn. 2294) in Betracht, an der alle Mitglieder der Gemeinschaft und der Vermieter mitwirken müssen.

5. Inhalt des Anspruchs. Dieser ist darauf gerichtet, der Kündigung desjenigen, der aus dem Mietverhältnis ausscheiden will, gegenüber dem Vermieter **zum nächst zulässigen Termin** – das ist im Zweifel der Ablauf der gesetzlichen Kündigungsfrist nach § 573c BGB – zuzustimmen (s. KG WuM 1992, 323; LG Gießen WuM 1996, 273; LG Hamburg WuM 1993, 343). 2235

6. Fristsetzung. Eine solche empfiehlt sich, um die Verzugsvoraussetzungen (für einen etwaigen Schadensersatzanspruch wegen verspäteter Abgabe der Erklärung) zu begründen. 2236

7. Klageandrohung. Zur Klage des Mitmieters auf Zustimmung zur Abgabe einer Kündigungserklärung gegenüber dem Vermieter s. Muster und Hinweise zu Teil 1 Rdn. 2238. 2237

2. Klage eines Mitmieters gegen einen anderen Mitmieter auf Zustimmung zur Abgabe einer Kündigungserklärung gegenüber dem Vermieter

Namens und in Vollmacht des Klägers wird beantragt, [1] 2238

den Beklagten zu verurteilen, einer ordentlichen Kündigung gegenüber (Bezeichnung einer natürlichen oder juristischen Person nebst Anschrift) als Vermieter/in des mit ihm/ihr über die auf dem Grundstück _____ belegenen Räume bestehenden Mietvertragsverhältnisses zum nächstzulässigen Termin zuzustimmen. [2]

Begründung:

Die Parteien mieteten gemeinsam von der in dem Klageantrag bezeichneten Vermieterpartei das dort genannte Mietobjekt auf der Grundlage des in Ablichtung als

Anlage K 1

beigefügten schriftlichen Mietvertrages. Das Mietvertragsverhältnis besteht unverändert fort.

Der Kläger hat zwischenzeitlich gegenüber dem Beklagten das mit diesem bestehende Gemeinschafts- bzw. Gesellschaftsverhältnis betreffend die Anmietung des hier fraglichen Mietobjekts gekündigt. Das entsprechende Kündigungsschreiben wird in Ablichtung als [3]

Anlage K 2

überreicht. Aufgrund der Kündigung des Gemeinschafts- bzw. Gesellschaftsverhältnisses hat der Kläger nunmehr gegenüber dem Beklagten einen Anspruch auf gemeinsame Kündigung des hier in Rede stehenden Mietvertrages gegenüber der genannten Vermieterpartei.

Der Beklagte weigert sich indes, eine entsprechende Kündigungserklärung abzugeben, so dass seine gerichtliche Inanspruchnahme erforderlich geworden ist. [4]

Das Interesse des Klägers besteht naturgemäß darin, aus dem hier fraglichen Mietvertragsverhältnis gegenüber der Vermieterpartei nicht mehr verpflichtet zu sein, nachdem das Gemeinschafts- bzw. Gesellschaftsverhältnis mit dem Beklagten aufgelöst wurde. Mangels entgegenstehender vertraglicher Vereinbarungen konnte dieses Gemeinschafts- bzw. Gesellschaftsverhältnis von dem Kläger gegenüber dem Beklagten gekündigt werden. Das rechtliche Interesse des Klägers an der Beendigung des Mietverhältnisses ergibt sich insbesondere aus folgenden Umständen:

▶ Beispiel:

Der Kläger ist aus der hier fraglichen Wohnung ausgezogen. Er wohnt jetzt bei seiner Ehefrau in einer Wohnung im Hause _____ . Der Vermieter hat sich geweigert, einvernehmlich den Kläger aus dem Mietvertragsverhältnis zu entlassen und den Mietvertrag allein mit dem Beklagten fortzusetzen. Dessen wirtschaftliche Situation ist prekär, nachdem über das Vermögen seiner Firma das Insolvenzverfahren eröffnet wurde. Es besteht daher die konkrete Gefahr, dass der Kläger von der Vermieterpartei auf Erfüllung von Verbindlichkeiten aus dem Mietvertragsverhältnis in Anspruch genommen wird.

Erläuterungen

2239 **1. Zuständiges Gericht.** Bei der Klage handelt es sich nicht um eine Mietsache, so dass die Zuständigkeitsregelungen in § 23 Nr. 2 Buchst. a GVG, § 29a Abs. 1 ZPO nicht gelten. Vielmehr gelangen die allgemeinen Vorschriften zur Anwendung. Die örtliche **Zuständigkeit** richtet sich nach dem allgemeinen Gerichtsstand des Beklagten. Die sachliche Zuständigkeit wird bei Wohngemeinschaften in der Regel beim Amtsgericht liegen, da der Streitwert kaum 5000,00 € übersteigen wird.

2. Klageantrag. Die Klage ist auf **Abgabe einer Willenserklärung** gerichtet, der Kündigung des Klägers gegenüber dem Vermieter betreffend das konkret bezeichnete Mietverhältnis zum nächstzulässigen Termin zuzustimmen; s. die Hinweise zu Teil 1 Rdn. 2235.

In der Klage sind sowohl das sog. Innenverhältnis zwischen den Mitmietern als auch das Außenverhältnis darzulegen. Im Zweifel ist das Innenverhältnis als Gesellschaft bürgerlichen Rechts zu werten; s. die Hinweise zu Teil 1 Rdn. 2225.

3. Aktivlegitimation/Kündigungserklärung. Verlangen mehrere Personen die Auflösung, so stehen sie zueinander in Rechtsgemeinschaft; das Gleiche gilt, wenn gegenüber mehreren Personen die Auflösung begehrt wird. Es besteht dann auf Kläger- und Beklagtenseite eine sog. **notwendige Streitgenossenschaft** gem. § 62 ZPO.

Zur Kündigungserklärung s. die Hinweise zu Teil 1 Rdn. 2225.

4. Wichtiger Grund. Im Rahmen des Rechtsstreits muss geklärt werden, ob dem Kläger – abgesehen von einer etwa gegebenen vertraglichen Möglichkeit – ein wichtiger Grund zur Seite steht, um die **Mietergemeinschaft** zu kündigen bzw. deren **Auflösung** zu verlangen. Der Grund muss auf das Mietverhältnis bezogen sein, dessen Fortsetzung dem Kläger unzumutbar sein muss (s. dazu die Hinweise zu Teil 1 Rdn. 2225). Dies beurteilt sich u.a. danach, ob die Auflösung das einzige Mittel ist, um aus dem Mietverhältnis auszuscheiden. Zu prüfen ist daher, ob eventuell eine einverständliche Entlassung des Klägers aus dem Mietverhältnis oder eine Untervermietung nach Maßgabe des § 553 Abs. 1 BGB in Betracht kommen könnte.

IX. Beendigung des Wohnraummietverhältnisses durch Ausübung des Vorkaufsrechts

1. Gesetzliches Vorkaufsrecht

Nach § 577 BGB steht dem Wohnraummieter im Falle der Veräußerung der umgewandelten Eigentumswohnung ein gesetzliches, schuldrechtliches Vorkaufsrecht zu. Primärer **Zweck** des Vorkaufsrechts ist es, den Mieter vor den Folgen einer spekulativen Umwandlung des Mietobjekts in eine Eigentumswohnung zu schützen. Darüber will es dem Mieter die Möglichkeit eröffnen, die Wohnung zu einem Kaufpreis zu erwerben, den auch ein Dritter für die Wohnung dafür zu zahlen bereit ist (BGH ZMR 2015, 534, 537 = WuM 2015, 240, 245 mit Anm. *Bühler*).

2. Anwendungsbereich

Die Vorschrift über das Mietervorkaufsrecht in § 577 BGB gilt nur für **Wohnraummietverhältnisse**, mit Ausnahme der sog. ungeschützten Mietverhältnissen gem. § 549 Abs. 2 und 3 BGB; s. dazu Teil 1 Rdn. 1607. Keine Anwendung findet sie bei der Gewerberaummiete. Bei Mischmietverhältnissen kommt es auf das Schwergewicht der Nutzung an (s. BGH WuM 2014, 539 = ZMR 2014, 871); liegt dieser beim Wohnen, besteht ein Vorkaufsrecht.

Nach der Rechtsprechung des BGH (NZM 2008, 569 = WuM 2008, 415; WuM 2010, 513 = ZMR 2010, 939) finden die Bestimmungen über das Vorkaufsrecht des Mieters nach § 577 BGB bei **Realteilung** eines Grundstücks mit vermieteten Reihenhäusern entsprechende Anwendung. Das gilt auch für Reihenhäuser mit zwei separaten Wohnungen (BGH NZM 2010, 821 = WuM 2010, 513 = ZMR 2010, 939).

3. Ausschluss

2248   Ein Vorkaufsrecht besteht nicht, wenn die Veräußerung an **Familienangehörige** des Vermieters oder an Angehörige seines Haushalts erfolgt ist. Es handelt sich um denselben Personenkreis wie bei § 573 Abs. 2 Nr. 2 BGB; s. dazu die Hinweise zu Teil 1 Rdn. 1678.

4. Unabdingbarkeit

2249   Die Bestimmungen über das Vorkaufsrecht sind gemäß § 577 Abs. 5 BGB insoweit unabdingbar, als abweichende Vereinbarungen zu Lasten des Mieters unwirksam sind. Das bedeutet, das ein Verzicht des Mieters auf das Vorkaufsrecht im Vorwege nicht möglich ist (Einzelheiten bei Schmidt-Futterer/*Blank*, § 577 Rn. 72 ff.; NK-BGB/*Hinz*, § 577 Rn. 48 f.).

5. Umwandlung

2250   Voraussetzung ist, dass die Umwandlung in Wohnungseigentum **nach Vermietung** und Überlassung der Wohnung erfolgt ist. Im Zeitpunkt der Überlassung darf das Wohnungsgrundbuch noch nicht angelegt sein (Herrlein/Kandelhard/*Kandelhard* § 577 Rn. 7; Lützenkirchen/*Dickersbach* § 577 Rn. 15). Es gilt also die nachstehende zeitliche Reihenfolge:
– Vermietung
– Überlassung
– Umwandlung.

6. Vorkaufsberechtigt

2251   Das ist der Mieter, dem der Wohnraum zur tatsächlichen Nutzung überlassen wurde (Herrlein/Kandelhard/*Kandelhard* § 577 Rn. 6). Die Mieterstellung muss im Zeitpunkt der Umwandlung bereits bestehen und im Zeitpunkt des Verkaufs (Notarielle Beurkundung des Kaufvertrags) noch gegeben sein. Ein Vorkaufsrecht besteht nach h.M. nicht mehr, wenn das Mietverhältnis im Zeitpunkt des Verkaufs bereits durch Kündigung oder durch Ablauf einer vereinbarten Mietzeit (§§ 542 Abs. 2, 575 BGB) beendet ist (Schmidt-Futterer/*Blank* § 577 Rn. 27).

7. Vorkaufsverpflichtet

2252   Das ist der Verkäufer des Grundstücks, der nicht unbedingt mit dem Vermieter identisch sein muss (FA MietRWEG/*Riecke* Kap. 12 Rn. 14).

2253   Bei **Untermietverhältnissen** steht das Vorkaufsrecht dem Hauptmieter zu, soweit zwischen ihm und dem Vermieter ein Wohnraummietverhältnis besteht. Hat der Hauptmieter das Objekt indes zum Zwecke der Weitervermietung gemietet, so liegt ein Gewerberaummietverhältnis vor (s. dazu 10.7); hier besteht kein Vorkaufsrecht. In diesen Fällen steht das Vorkaufsrecht dem Endmieter zu (dazu NK-BGB/*Hinz* § 577 Rn. 7).

8. Sonderrechtsnachfolge

2254   Stirbt der Mieter nach Begründung des Wohnungseigentums, so geht das Vorkaufsrecht gem. § 577 Abs. 4 BGB auf die nach § 563 Abs. 1 und 2 BGB **eintretenden Personen** über; das sind: der Ehepartner, der registrierte Lebenspartner, Kinder, sonstige Familienangehörige, soweit diese Personen im Haushalt des Mieters leben, ferner Personen, die mit dem Mieter einen auf Dauer angelegten gemeinsamen Haushalt führen (s. dazu die Hinweise zu Teil 1 Rdn. 1870 und Teil 1 Rdn. 2137). Hingegen kann der Erbe das Vorkaufsrecht nicht geltend machen, selbst wenn er in das Mietverhältnis eintritt; auch ist das Vorkaufsrecht nicht übertragbar (§ 473 i.V.m. § 577 Abs. 1 S. 3 BGB).

9. Mitteilung des Verkäufers/Vermieters an den Mieter über einen Verkauf der Wohnung (§ 577 Abs. 2 BGB)

Ausweislich der im Original beigefügten Vollmacht zeige ich die Vertretung des Vermieters

2255

oder

der Vermieter, nämlich _____,

der an Sie mit Vertrag vom _____ vermieteten, im Hause _____ belegenen Wohnung an.

Namens und in Vollmacht meiner Mandantschaft unterrichte Sie hiermit darüber, dass die von Ihnen gemietete Wohnung im Hause _____ an (= Angabe einer natürlichen oder juristischen Person) verkauft wurde. Eine vollständige Abschrift des notariellen Kaufvertrages füge ich in der Anlage diesem Schreiben bei. [1]

Nach Überlassung oben bezeichneter Wohnräume an Sie wurde an ihnen Wohnungseigentum begründet, das jetzt – wie angegeben – erstmals verkauft wurde. [2]

oder

An den Ihnen überlassenen Wohnräumen soll Wohnungseigentum begründet werden. Das an Ihrer Wohnung noch zu begründende Wohnungseigentum wurde als solches mit dem oben überreichten Kaufvertrag veräußert. [3]

Gemäß § 577 BGB steht Ihnen somit ein Vorkaufsrecht zu. Es ist schriftlich gegenüber meiner Mandantschaft auszuüben. Das Ihnen zustehende Vorkaufsrecht kann nur innerhalb einer Frist von 2 Monaten nach Zugang dieser Mitteilung ausgeübt werden. [4]

Mit wirksamer Ausübung des Ihnen zustehenden Vorkaufsrechts kommt zwischen Ihnen als Käufer und meiner Mandantschaft als Verkäuferpartei ein Kaufvertrag über die eingangs bezeichnete Wohnung zustande, und zwar zu den Bedingungen des anliegend beigefügten notariellen Kaufvertrages. [5]

Erläuterungen

1. Mitteilungspflicht. Gem. § 577 Abs. 1 S. 3 i.V.m. § 469 Abs. 1 S. 1 BGB ist der Vorkaufsverpflichtete (in der Regel der Vermieter) bei Eintritt des Vorkaufsfalls verpflichtet, dem Mieter den Inhalt des mit dem Erwerber geschlossenen Kaufvertrags mitzuteilen. Alternativ dazu kann die **Mitteilung** auch durch den Erwerber erfolgen (§ 577 Abs. 1 S. 3 i.V.m. § 469 Abs. 1 S. 2 BGB). Bei mehreren Mietern muss die Mitteilung gegenüber allen erfolgen und auch allen zugehen.

2256

Darüber hinaus bestimmt § 577 Abs. 2 BGB, dass die Mitteilung mit einer **Unterrichtung** des Mieters über sein Vorkaufsrecht (s. dazu unter Ziff. 3, Teil 1 Rdn. 2262) zu verbinden ist.

2257

Zur Erfüllung der Mitteilungspflicht muss der Verkäufer (bzw. der Dritte) dem Mieter den **vollständigen Inhalt des Kaufvertrags** zur Kenntnis bringen. Erforderlich ist insbesondere eine erschöpfende Information des Mieters über die mit dem Drittkäufer vereinbarte Gegenleistung (BGH WuM 2003, 281, 282 = ZMR 2003, 409, 410).

2258

2259 **Hinweis:** Der Vorkaufsverpflichtete sollte dem Mieter ein vollständiges Exemplar des notariell beurkundeten Kaufvertrags übergeben. Die Vertragsurkunde hat die Vermutung der Vollständigkeit und Richtigkeit für sich.

2260 **2. Umwandlung.** Das Vorkaufsrecht des Mieters setzt voraus, dass nach Überlassung der Wohnräume an den Mieter **Wohnungseigentum** daran **begründet** worden ist oder begründet werden soll (§ 577 Abs. 1 S. 1 BGB).

2261 **3. Umwandlungsabsicht.** Es genügt somit die äußere **Manifestation des Umwandlungswillens**; diese erfordert zumindest, dass
– der Veräußerer sich in dem Kaufvertrag zur Durchführung der Aufteilung gem. § 8 WEG verpflichtet und
– die von dem Vorkaufsrecht erfasste zukünftige Wohnungseigentumseinheit in dem Vertrag bereits hinreichend bestimmt oder zumindest bestimmbar ist (BGH WuM 2014, 98, 99 = ZMR 2015, 199).

Es muss sich jedenfalls im Wege der Auslegung des Kaufvertrags ergeben, dass der **Verkäufer die Aufteilung schuldet**. Dies kann auch aus einer Bezugnahme auf die Teilungserklärung folgen (BGH WuM 2014, 98, 100 = ZMR 2015, 199, 200)

2262 **4. Ergänzende Unterrichtungspflicht.** Die Pflicht zur **Unterrichtung** des Mieters über das Vorkaufsrecht trifft denjenigen, der die Mitteilung nach § 577 Abs. 1 S. 3 i.V.m. § 469 Abs. 1 BGB vornimmt. Anhand der Unterrichtung muss der Mieter erkennen können, dass ihm ein Vorkaufsrecht zusteht und wie er es ausüben kann; der bloße Hinweis auf § 577 BGB reicht keinesfalls aus (Schmidt-Futterer/*Blank* § 577 Rn. 39). Aus der Unterrichtung muss sich also der Empfänger der Ausübungserklärung ergeben; ferner die **Frist zur Ausübung** des Vorkaufsrechts, die gem. § 577 Abs. 1 S. 3 i.V.m. § 469 Abs. 2 BGB zwei Monate, beginnend mit dem Empfang der Mitteilung und der Unterrichtung, beträgt.

2263 **5. Rechtsfolgen bei unterbliebener Information.** Informiert der Verkäufer den Mieter nicht oder nur unzureichend über den Inhalt des mit dem Dritten geschlossenen Kaufvertrags oder über das Vorkaufsrecht, so kann dies **Schadensersatzansprüche** auslösen. Diese reduzieren sich nicht auf die finanziellen Folgen der Verdrängung des Mieters aufgrund einer Eigenbedarfskündigung des Erwerbers (Kosten des Umzugs, Mietdifferenz); sie umfassen auch das Erfüllungsinteresse des Mieters (BGH ZMR 2015, 534, 535 = WuM 2015, 240, 242 mit Anm. *Bühler*). Dieser ist so zu stellen ist, wie er stehen würde, wenn er den Kaufvertrag über die von ihm gemietete Wohnung zustande gebracht hätte (vgl. § 249 Abs. 1 BGB). Ist der **Kaufvertrag** mit dem Dritten **bereits vollzogen** und dieser als Eigentümer des Mietobjekts im Grundbuch eingetragen, kann der Mieter in zweierlei Weise vorgehen:
– Er kann sein Vorkaufsrecht noch ausüben, denn die Zweimonatsfrist des § 577 Abs. 1 S. 3 i.V.m. § 469 Abs. 2 BGB beginnt erst mit seiner vollständigen Aufklärung über den Inhalt des Kaufvertrags und das Vorkaufsrecht. Dann hat er den zweiten Kaufvertrag noch zustande gebracht und könnte »an sich« dessen Erfüllung verlangen (BGH ZMR 2015, 534, 536 = WuM 2015, 240, 243 mit Anm. *Bühler*). Sofern der Vermieter eine **anfängliche subjektive Unmöglichkeit** der Eigentumsübertragung geltend macht, kann der Mieter seinen Schadensersatzanspruch auf §§ 311a Abs. 1, 2 S. 1 i.V.m. §§ 275 Abs. 1, 280 Abs. 1 u. 3, 281 BGB stützen (s. BGH a.a.O.).
– Der Mieter kann aber auch sogleich – ohne sein Vorkaufrecht noch ausüben zu müssen – Schadensersatz wegen Nichterfüllung nach § 280 Abs. 1 BGB wegen Verletzung der **vertraglichen Nebenpflicht** aus § 577 Abs. 1 S. 3 i.V.m. §§ 469 Abs. 1, 577 Abs. 2 BGB verlangen (s. BGH a.a.O.; krit. insoweit *Fervers* ZMR 2015, 609, 610 ff.).

Der Anspruch geht auf die Differenz zwischen dem **Verkehrswert** der Wohnung und dem auf ihn (beim Verkauf en bloc anteilig) entfallenden Kaufpreis. Maßgebend ist der Verkehrswert im unvermieteten Zustand (*Bühler* WuM 2015, 245, 248; NK-BGB/*Hinz* § 577 Rn. 31).

Ob der Mieter Ersatz des **Verzögerungsschadens** beanspruchen kann, der daraus resultiert, dass der Vorkaufsverpflichtete seiner Mitteilungspflicht nicht unverzüglich nachgekommen ist, wird unterschiedlich beantwortet (dafür *Bruns* ZMR 2015, 529, 531; dagegen OLG Celle ZMR 2008, 119, 120).

10. Schreiben des Mieters zur Ausübung des ihm zustehenden Vorkaufsrechts (§§ 577, 464 BGB)

Ausweislich der im Original beigefügten Vollmacht zeige ich die Vertretung des Mieters

oder

der Mieter, nämlich _____ an, an den

oder

an die Sie mit Vertrag vom _____ die im Hause _____ belegene Wohnung vermietet haben.

Sie unterrichteten meine Mandantschaft über den Verkauf der Wohnung und fügten dieser Mitteilung eine vollständige Abschrift des notariellen Kaufvertrages bei.

Unter Bezugnahme auf diesen abschriftlich vorliegenden notariellen Erwerbsvertrag vom _____ zur Urkundenrolle Nr. _____ des in _____ ansässigen Notars _____ über die von mir gemietete Wohnung im Hause _____ übt meine Mandantschaft hiermit Ihnen gegenüber als Vorkaufsverpflichteten das ihr zustehende gesetzliche Vorkaufsrecht (§§ 577, 464 BGB) aus. Damit ist zwischen meiner Mandantschaft als Käuferpartei und Ihnen als Verkäuferpartei zu den Bedingungen des oben genannten Vertrages ein Kaufvertrag über die hier fragliche Mietwohnung zustande gekommen. [1]

Schon jetzt habe ich Sie namens und in Vollmacht meiner Mandantschaft zu bitten und aufzufordern, umgehend die Auflassung zu Gunsten meiner Partei zu erklären, sobald die im oben genannten Vertrag vereinbarten Voraussetzungen eines Auflassungsanspruches erfüllt sind. [2]

Erläuterungen

1. Ausübung des Vorkaufsrechts. Diese erfolgt durch schriftliche Erklärung des Mieters gegenüber dem Verkäufer (§ 577 Abs. 3 BGB). Erforderlich aber auch genügend ist die Schriftform gemäß § 126 BGB. Textform genügt nicht, wohl aber elektronische Form unter den Voraussetzungen des § 126a BGB, soweit eine »Unterzeichnung« durch qualifizierte elektronische Signatur erfolgt ist. Einer notariellen Beurkundung der Ausübungserklärung bedarf es nicht.

Das Vorkaufsrecht kann nur im Ganzen ausgeübt werden (§ 577 Abs. 1 S. 3 i.V.m. § 472 BGB); **mehrere Mieter** müssen es also gemeinschaftlich ausüben. Übt es einer von mehreren Mietern nicht aus, so können es die übrigen allein ausüben.

Hinweis: Bei der Ausübung des Vorkaufsrechts handelt es sich um eine Gestaltungserklärung. Sofern der Rechtsanwalt diese für den Mieter abgibt, sollte er unbedingt eine schriftliche **Originalvollmacht** beifügen. Anderenfalls kann der Verkäufer sie nach § 174 S. 1 BGB unverzüglich zurückweisen, was zur Unwirksamkeit führt (BGH NZM 2002, 163 = ZMR 2002, 893).

Das Vorkaufsrecht muss gemäß § 577 Abs. 1 S. 3 i.V.m. § 469 Abs. 2 BGB binnen einer Frist von **zwei Monaten** ausgeübt werden; die Frist beginnt mit dem Empfang der Mitteilung über den Inhalt des mit dem Dritten geschlossenen Kaufvertrags und der Unterrichtung.

2268 Das Vorkaufsrecht gilt nur für den **ersten Vorkaufsfall** nach der Umwandlung, nicht mehr hingegen für spätere Verkaufsgeschäfte (BGH WuM 2006, 260 = ZMR 2006, 511; WuM 2007, 464 = ZMR 2007, 770).

2269 Durch die Ausübung des Vorkaufsrechts wird zwischen dem Vorkaufsberechtigten (Mieter) und dem Verpflichteten (Verkäufer) ein **selbständiger Kaufvertrag** neu begründet, und zwar zu den gleichen Bedingungen, wie er zwischen dem Verpflichteten und dem Dritten abgeschlossen war. Der Mieter tritt also nicht in den ersten Kaufvertrag ein.

2270 Das bedeutet, dass der Mieter nicht nur den Kaufpreis zu zahlen, sondern sämtliche Leistungen zu erbringen hat, die dem Dritten nach dem Kaufvertrag oblegen hätten (BGH NZM 2007, 236 = MDR 2007, 641; NJW 1996, 65 = MDR 1996, 250: Maklerprovision). Allerdings wird der Vorkaufsberechtigte nicht aus Regelungen des Erstvertrags verpflichtet, die wesensmäßig nicht zum Kaufvertrag gehören und sich darin als **Fremdkörper** darstellen. Das ist in der Regel bei Vertragsgestaltungen der Fall, die bei objektiver Betrachtungsweise völlig außerhalb des Abhängigkeitsverhältnisses zwischen Leistung und Gegenleistung des Kaufs liegen, z.B. nur im Hinblick auf den Vorkaufsfall getroffen wurden und den Parteien des Erstvertrages bei dessen Durchführung keine irgendwie gearteten Vorteile bringen (BGH NJW 1996, 654 = MDR 1996, 250; s. auch BGH NZM 2007, 256, 257 = MDR 2007, 641 f.).

2271 **2. Auflassung.** Diese muss noch **notariell beurkundet** werden. Einer notariellen Beurkundung des durch Ausübung des Vorkaufsrechts neu begründeten Kaufvertrags bedarf es dagegen nicht (Schmidt-Futterer/*Blank* § 577 Rn. 65; Lützenkirchen/*Dickersbach* § 577 Rn. 42).

11. Antrag des Mieters auf Erlass einer einstweiligen Verfügung zur Eintragung einer Auflassungsvormerkung nach Ausübung des in § 577 BGB geregelten Vorkaufsrechts

2272 Im Wege der einstweiligen Verfügung und der Dringlichkeit halber ohne vorherige mündliche Verhandlung wird namens und in Vollmacht des Antragstellers beantragt wie folgt zu erkennen: [1]

Im Wohnungsgrundbuch von _____, geführt beim Amtsgericht _____ unter Blatt _____ wird zu Lasten des dort eingetragenen Wohnungseigentums – _____ Miteigentumsanteile, verbunden mit dem Sondereigentum an der Wohnung _____ gemäß Aufteilungsplan – des Antragsgegners in Abteilung II an rangbereiter Stelle eine Auflassungsvormerkung zur Sicherung des Anspruches des Antragstellers auf Eigentumsübertragung vorbezeichneten Wohnungseigentums (entsprechend dem Inhalt des notariellen Kaufvertrages vom _____ zur Urkundenrolle Nr. _____ des in _____ ansässigen Notars _____ zugunsten des Antragstellers eingetragen.

Ferner wird beantragt, [2]

den Antrag auf Eintragung der Auflassungsvormerkung durch das Gericht beim zuständigen Grundbuchamt einzureichen.

Begründung:

Der Antragsteller ist Mieter des im Antrag bezeichneten Wohnungseigentums, der gemäß §§ 577, 464 BGB gegenüber dem Antragsgegner als Vorkaufsverpflichteten das ihm gesetzlich zustehende Vorkaufsrecht ausgeübt hat. [3]

Die von dem Antragsteller gemieteten Wohnräume sind belegen im Hause _____, der geschlossene Mietvertrag vom _____ wird in Kopie als

Anlage ASt 1

überreicht.

Mit dem weiter in Ablichtung als

Anlage ASt 2

beigefügten Schreiben vom _____ wurde der Antragsteller vom Antragsgegner über einen Verkauf der Wohnräume gemäß dem oben bezeichneten notariellen Kaufvertrag unterrichtet.

Nach Überlassung der Wohnräume an den Antragsteller wurde an ihnen Wohnungseigentum begründet; es wurde nunmehr erstmals verkauft. [4]

oder

An den Wohnräumen, die dem Antragsteller zur Miete überlassen sind, soll Wohnungseigentum begründet werden und das noch zu begründende Wohnungseigentum wurde nunmehr mit dem im obigen Antrag bezeichneten notariellen Kaufvertrag veräußert.

Nachdem der Antragsteller – wie oben ausgeführt – gemäß § 577 Abs. 2 BGB von dem Antragsgegner über den Abschluss eines Kaufvertrages unterrichtet wurde, übte der Antragsteller form- und fristgemäß mit dem in Kopie als [5]

Anlage ASt 3

überreichten Schreiben vom _____ das ihm gesetzlich zustehende Vorkaufsrecht aus.

Damit ist zwischen den Parteien ein Kaufvertrag über das hier in Rede stehende Wohnungseigentum zustandegekommen, und zwar genau zu den Bedingungen, die der im Antrag bezeichnete notarielle Erwerbsvertrag vorsieht. Die Voraussetzungen für eine Auflassung nach den Bedingungen dieses Vertrages sind erfüllt, insbesondere hat der Antragsteller vertragsgemäß den Kaufpreis entrichtet.

Trotz einer entsprechenden Aufforderung hat der Antragsgegner bisher zugunsten des Antragstellers die Auflassung nicht erklärt.

Zur weiteren Glaubhaftmachung wird überreicht im Original eine eidesstattliche Versicherung des Antragstellers als

Anlage ASt 4

Zur Sicherung seines Eigentumsverschaffungsanspruches kann der Antragsteller im Wege der einstweiligen Verfügung die Eintragung einer Auflassungsvormerkung zu seinen Gunsten erwirken (§ 883 Abs. 1 BGB); die Gefährdung des zu sichernden Anspruches muss hierbei nicht glaubhaft gemacht werden (§ 885 Abs. 1 S. 2 BGB).

Um umgehenden Erlass der beantragten einstweiligen Verfügung wird das angerufene Gericht abschließend gebeten.

Erläuterungen

1. Zuständiges Gericht. Zur gerichtlichen Zuständigkeit s. die Hinweise zu Teil 1 Rdn. 326. Sachlich und örtlich zuständig ist zum einen das Gericht der Hauptsache (§§ 937 Abs. 1, 943 ZPO). Darüber hinaus ergibt sich aus § 942 Abs. 2 ZPO auch die Zuständigkeit des Amtsgerichts, in dessen Bezirk das Grundstück belegen ist. Eine besondere Dringlichkeit ist hier (anders als bei § 942 Abs. 1 ZPO) nicht erforderlich.

2274 **2. Eintragungsersuchen.** Nach § 941 ZPO ist das Gericht befugt, den Eintragungsantrag beim zuständigen Grundbuchamt zu stellen. Ein hierauf gerichteter Antrag des Antragstellers ist nicht erforderlich; er sollte aber gleichwohl erfolgen, um auf eine Beschleunigung der Sache hinzuwirken. Ob das Gericht den Eintragungsantrag stellt, liegt in seinem Ermessen (vgl. Zöller/*Vollkommer* § 941 Rn. 1). Weist das Gericht das Ersuchen des Antragstellers zurück, so muss dieser selbst beim Grundbuchamt die Eintragung der Auflassungsvormerkung beantragen.

2275 Dabei hat der Antragsteller zu beachten, dass die einstweilige Verfügung innerhalb eines Monats nach Zustellung des Beschlusses (bzw. nach Verkündung des Urteils) vollzogen sein muss (s. die Hinweise zu Teil 1 Rdn. 343). Die **Vollziehung** erfolgt hier durch Eintragung im Grundbuch, nicht durch Zustellung an den Antragsgegner. Die Frist wird durch den Eingang des Eintragungsersuchens beim Grundbuchamt gewahrt (Zöller/*Vollkommer* § 941 Rn. 2). Der Antrag des Gerichts wahrt die Frist nach §§ 929 Abs. 2, 936 ZPO.

2276 Die Vollziehung kann schon vor der Zustellung der einstweiligen Verfügung an den Antragsgegner erfolgen. Die Zustellung muss dann jedoch innerhalb einer Woche nach der Vollziehung und vor Ablauf der Monatsfrist des § 929 Abs. 2 ZPO erfolgt sein (§ 929 Abs. 3 ZPO). Anderenfalls ist die Vollziehung unwirksam; im Widerspruchsverfahren führt dies zur Aufhebung der einstweiligen Verfügung.

2277 **3. Sicherung des Auflassungsanspruchs.** Droht eine Umgehung des Vorkaufsrechts, so stehen dem Mieter auch **Beseitigungs- und Unterlassungsansprüche** (§§ 826, 1004 BGB) zu (BGH WuM 2007, 464 = ZMR 2007, 770; OLG München ZMR 1999, 549). Da es sich aber nur um ein schuldrechtliches Vorkaufsrecht handelt, kann der erste Erwerber, soweit die Parteien die Auflassung erklärt haben, die Eintragung ins Grundbuch betreiben. Bevor der Mieter von seinem Vorkaufsrecht Gebrauch gemacht hat, kann der erste Erwerber bereits im Grundbuch eingetragen sein. Vom Grundbuchamt erfolgt insoweit keine Überprüfung.

2278 Der Mieter kann aber zur Sicherung seines Eigentumsverschaffungsanspruchs im Wege der einstweiligen Verfügung die Eintragung einer **Auflassungsvormerkung** (§ 883 Abs. 1 BGB) zu seinen Gunsten erwirken (OLG München MittBayNot 2005, 306; LG Heilbronn ZMR 2014, 796). Dabei muss er eine Gefährdung des zu sichernden Anspruchs nicht glaubhaft machen (§ 885 Abs. 1 S. 2 BGB). Eine schon vorher eingetragene Vormerkung zugunsten des ersten Erwerbers hindert die Eintragung nicht, da nicht feststeht, ob der Eigentumsübergang an diesen erfolgt (AG Frankfurt/M. NJW 1995, 1034). Jedoch ist die erste Eintragung vorrangig (§ 883 Abs. 2 BGB).

2279 **4. Umwandlung.** Das Vorkaufsrecht des Mieters setzt voraus, dass nach Überlassung der Wohnräume an ihn **Wohnungseigentum** daran **begründet** worden ist oder begründet werden soll (s. § 577 Abs. 1 S. 1 BGB). Es genügt somit die äußere Manifestation der Umwandlungsabsicht, s. dazu die Hinweise bei Teil 1 Rdn. 2261.

2280 **5. Ausübung des Vorkaufsrechts.** Ein Anspruch des Mieters auf Eintragung einer Auflassungsvormerkung zur Sicherung seines Anspruchs auf Eintragung als Eigentümer kommt erst in Betracht, wenn er sein Vorkaufsrecht schon ausgeübt hat (Schmidt-Futterer/*Blank* § 577 Rn. 69).

2281 Wird der Mieter trotz vorrangiger Auflassungsvormerkung des **ersten Erwerbers** als Eigentümer im Grundbuch eingetragen, so kann der Ersterwerber vom Veräußerer die Auflassung (§ 433 Abs. 1 BGB) und vom Mieter die Zustimmung zur Löschung seiner Eintragung als Eigentümer verlangen (§§ 883 Abs. 2, 888 BGB). Im Verhältnis zwischen Ersterwerber und Mieter sind die Regelungen der §§ 987 ff. BGB entsprechend anzuwenden.

# K. Mietaufhebungsvereinbarung – Räumungsvergleich

I. Mietaufhebungsvereinbarung auf Veranlassung des Mieters

Mietaufhebungsvereinbarung

zwischen **1**

Vermieter _____

und

Mieter _____

betreffend das Mietobjekt _____

gemäß Mietvertrag vom _____

2282

Das Mietverhältnis über das oben genannte Mietobjekt wird einvernehmlich zum _____ beendet.

Ferner wird vereinbart:

▶ Beispiel:

Der Vermieter erklärt, das Mietobjekt in dem bei Rückgabe befindlichen dekorativen Zustand zu übernehmen; der Mieter ist demgemäß zur Ausführung von Schönheitsreparaturen nicht mehr verpflichtet. Beide Parteien erklären: Auf die

oder

auf eine weitere Abrechnung der Betriebskosten für die Zeit bis zur Mietaufhebung wird ausdrücklich verzichtet. Die vom Mieter bei Mietvertragsbeginn geleistete Kaution in Höhe von _____ € zuzüglich Zinsen wird dem Mieter bei Rückgabe des Mietobjektes in besenreinem Zustand in bar zurückgezahlt. **2**

▶ Beispiel:

Der Mieter wird bis zur Rückgabe des Mietobjekts noch folgende Mängelbeseitigungs-/Renovierungsarbeiten im Mietobjekt auf seine Kosten handwerksgerecht ausführen: (es folgt eine detaillierte Auflistung der noch auszuführenden Arbeiten). **3**

Weitere Mängelbeseitigungs-/Renovierungsarbeiten werden nicht geschuldet. Sollten die vorstehend näher bezeichneten Arbeiten bis zur Übergabe nicht ausgeführt sein, ist der Vermieter ohne weitere Mahnung berechtigt, diese auf Kosten des Mieters durch eine Fachfirma erledigen zu lassen.

▶ Beispiel:

Der Vermieter wird die vom Mieter gezahlte Mietkaution in Höhe von _____ € zuzüglich Zinsen, soweit sie nicht zur Verrechnung mit fälligen Verbindlichkeiten des Mieters verwendet wird, binnen _____ Wochen ab Rückgabe des Mietobjekts an den Mieter zurückzahlen. **4**

Erläuterungen

1. Mietaufhebungsvereinbarung. Diese bedarf nicht der Form, die für Vertragsänderungen im Mietvertrag vorgesehen ist; sie kann auch durch schlüssiges Verhalten zustande kommen. Da-

2283

für reicht das bloße Verlassen der Räume nicht aus (LG Köln WuM 1996, 266). Eine unwirksame (fristlose) Kündigung kann aber nicht ohne Weiteres in ein Angebot auf Abschluss einer Aufhebungsvereinbarung umgedeutet werden, das der Mieter durch Auszug seinerseits schlüssig annimmt (BGH NJW 1984, 1028, 1030 = ZMR 1984, 163, 164). Eine solche **Umdeutung** kommt nur in Betracht, wenn sich derjenige, der die (unwirksame) Kündigung erklärt hat, bewusst gewesen ist, dass die Kündigung als einseitige Erklärung nicht wirksam werden könnte, und es in diesem Falle der Zustimmung des Erklärungsempfängers bedürfte, um das Mietverhältnis zu beenden (BGH WuM 1981, 57 = ZMR 1981, 85; OLG Düsseldorf WuM 2003, 621, 622 = ZMR 2003, 921, 922). Der Erklärungsempfänger muss dies auch so verstehen können.

2284 Keine konkludente Vereinbarung ist anzunehmen, wenn ein Vermieter die Schlüssel für das Mietobjekt entgegennimmt, da er sich gegen die Entgegennahme nicht wehren kann (OLG Köln ZMR 1998, 91).

Nach einer Entscheidung des LG Aachen (ZMR 1997, 25) können aber beiderseitig erklärte unwirksame fristlose Kündigungen gem. §§ 133, 157 BGB als einverständliche Vertragsaufhebung auszulegen sein, wenn der offensichtliche objektive Wille beider Parteien vorliegt, das Mietverhältnis zu einem sofortigen Abschluss zu bringen.

2285 Bei einer **Personenmehrheit** auf der einen oder anderen Vertragsseite müssen alle Beteiligten mitwirken; treffen nur zwei von drei Mietern eine Aufhebungsvereinbarung mit dem Vermieter, so ist es nicht zu einer wirksamen Vereinbarung gekommen (LG München I WuM 1990, 335). Jedoch kann in der Vereinbarung die Abrede liegen, dass der Vermieter die ausscheidungswilligen Mitmieter nicht mehr auf Erfüllung in Anspruch nehmen will. Das würde aber ihre Haftung im Innenverhältnis zu dem oder den im Mietverhältnis verbleibenden Mitmieter/Mitmietern nicht berühren.

2286 U.U. kann sich aber aus der Vereinbarung, die der Vermieter nur mit einem Mitmieter über dessen Entlassung getroffen hat, nach Treu und Glauben (§ 242 BGB) ergeben, dass das Mietverhältnis fortan nur noch mit dem in der Wohnung Verbliebenen fortgesetzt wird (BGH ZMR 2004, 492 = WuM 2004, 280 = NZM 2004, 420).

2287 Auch Mietaufhebungsverträge können unter den Anwendungsbereich der Vorschriften über den Widerruf von Haustürgeschäften (§§ 312 f. BGB) fallen (LG Heidelberg WuM 1993, 397). Das Amtsgericht Halle verneint die Möglichkeit zum Widerruf, da die Räumungsverpflichtung nicht als Entgelt für eine Verpflichtung anzusehen sei, die der Vermieter übernommen habe (BeckRS 2009, 28397). Anders sieht dies das AG Freiburg (BeckRS 2013, 21916), wonach der Widerruf möglich ist, wenn der Mietaufhebungsvertrag in der Wohnung des Mieters mündlich verhandelt wird. Nachdem nunmehr nach neuem Recht auch Mietverträge widerrufen werden können, wird dies auch für Mietaufhebungsverträge gelten. S. dazu die Hinweise zu Teil 1 Rdn. 2200.

2288 Sind beide Parteien durch Rechtsanwälte vertreten, so können sie zur Vermeidung eines Rechtsstreits, einen Anwaltsvergleich abschließen, um die Abwicklung des Mietverhältnisses zu regeln (s. § 796a ZPO).

2289 **Beachten Sie aber!** Bei einem **Wohnraummietverhältnis** kommt eine Vollstreckbarkeitserklärung des Anwaltsvergleichs nicht in Betracht, wenn der Vergleich den Bestand des Mietverhältnisses betrifft (s. § 794a ZPO). Demgemäß kann auch ein anwaltlicher Räumungsvergleich über Wohnraum nicht für vollstreckbar erklärt werden; s. die Hinweise zu Teil 1 Rdn. 2321.

2290 **2. Vertragsinhalt.** Im Mietaufhebungsvertrag sollten insbesondere **folgende Fragen** geregelt werden:
 – Wann endet das Mietverhältnis?
 – In welchem Zustand sollen die Miträume zurückgegeben werden?
 – Soll eine Räumungsverpflichtung des Mieters in die Vereinbarung aufgenommen werden? S. dazu Muster und Hinweise zu Teil 1 Rdn. 2294.
 – Kann auf weitere Betriebskostenabrechnungen einvernehmlich verzichtet werden?

– Kann die Mietkaution bei Rückgabe des Mietobjekts ausgekehrt werden oder sind noch Forderungen des Vermieters mit dem Guthaben zu verrechnen?

3. Abnahmeprotokoll. S. dazu die Hinweise zu Teil 1 Rdn. 2404, 2410. Die Befugnis des Vermieters zur Ersatzvornahme nicht erledigter Schönheitsreparaturen ohne Fristsetzung zur Leistung oder Nacherfüllung (§ 281 Abs. 1 S. 1 BGB) kann individuell vereinbart werden. Dagegen kann die Fristsetzung formularvertraglich nicht abbedungen werden (§ 309 Nr. 4 BGB). 2291

Schönheitsreparaturen und Renovierungen sind nicht das Gleiche (OLG Koblenz, Beschluss vom 23.06.2014 – 3 O 182/14). Die Renovierung beinhaltet danach nicht nur die Durchführung von Schönheitsreparaturen, sondern nach dem allgemeinen Sprachverständnis auch Maßnahmen zur Instandsetzung von Bauwerken.

Ob nach aktueller Rechtsprechung überhaupt noch Schönheitsreparaturen geschuldet werden, auch wenn diese vertraglich vom Vermieter auf den Mieter übertragen worden sind, ist insbesondere nach den drei am 18.03.2015 veröffentlichten Entscheidungen des BGH zu den Geschäftszeichen VIII ZR 21/13, VIII ZR 242/13 und VIII ZR 185/14 äußerst fraglich. Obwohl im Zusammenhang mit Quotenabgeltungsklauseln entschieden, lässt der BGH durchblicken, dass eine wirksame Überbürdung von Schönheitsreparaturen in Zukunft nur noch möglich sein wird, wenn die Wohnung zu Beginn des Mietverhältnisses vom Vermieter renoviert war.

4. Abrechnung der Mietkaution. S. dazu die Hinweise zu Teil 1 Rdn. 2721. 2292

Vorsicht! Hat der Vermieter die Räume vorbehaltlos abgenommen und die Rückzahlung der Kaution zugesagt, so ist er hieran gebunden (LG Köln WuM 1981, 163). Hat er die Kaution ausgezahlt, so wird hierin vielfach ein Anerkenntnis dahingehend gesehen, dass der Zustand der Wohnung bei Rückgabe ordnungsgemäß war und auf Ersatz wegen erkennbarer Schäden verzichtet wird (s. OLG München NJW-RR 1990, 20; zur Problematik insgesamt *Horst* DWW 2014, 170). 2293

II. Mietaufhebungsvereinbarung auf Veranlassung des Vermieters

Mietaufhebungsvereinbarung 2294

zwischen [1]

Vermieter _____

und

Mieter _____

betreffend das Mietobjekt _____

gemäß Mietvertrag vom _____

1. Das Mietverhältnis über das obengenannte Mietobjekt wird einvernehmlich zum _____ beendet.

2. Dem Mieter wird eine Räumungsfrist von längstens zwölf Monaten eingeräumt, also bis zum _____ . [2]

3. Der Mieter verpflichtet sich demgemäß das oben bezeichnete Mietobjekt, dieses bestehend aus

   ▶ Beispiel:

   2 Zimmern, Küche, Flur, Bad, WC und den Kellerraum Nr. 1

   bis zum _____ geräumt an den Vermieter herauszugeben. [3]

4. Der Mieter zahlt für den Zeitraum der ihm gewährten Räumungsfrist die bisherige Miete nebst Betriebskosten als Nutzungsentschädigung bis zum Ende des Monats, in dem er das Mietobjekt geräumt an den Vermieter zurückgibt. **4**

Der Mieter kann das Mietobjekt in dem dekorativen Zustand zurückgeben, in dem es sich bei Auszug befindet. Auf die Durchführung an sich geschuldeter Schönheitsreparaturen wird verzichtet. Die Rückgabe des Mietobjekts hat in besenreinem Zustand zu erfolgen. **5**

oder

Der Vermieter verpflichtet sich, an den Mieter für die Rückgabe des Mietobjekts einen Abstand in Höhe von € _____ zu zahlen. Davon sind € _____ zu zahlen bis zum _____, restliche € _____ Zug um Zug gegen Rückgabe des Mietobjekts. Bei verspäteter Rückgabe des Mietobjekts entfällt die Abstandszahlung, bereits gezahlte Beträge sind zurückzuzahlen. **6**

oder

Die Abstandszahlung erhöht sich für jeden Monat der Rückgabe der Wohnung vor dem vereinbarten Räumungszeitpunkt um € _____. Die zweite Zahlungsrate erhöht sich dann entsprechend. **7**

oder

Die Abstandszahlung reduziert sich um € _____ für jeden vollen Monat verspäteter Rückgabe der Wohnung.

oder

Der Mieter verzichtet auf die ihm nach seiner Auffassung zustehenden Rückzahlungsansprüche gemäß §§ 556d, 556g BGB wegen Überzahlung von Miete. Der Vermieter nimmt den Verzicht an. **8**

oder

Etwaige Aufrechnungs- und Zurückbehaltungsrechte gegenüber Ansprüchen aus dieser Vereinbarung werden wechselseitig ausdrücklich ausgeschlossen. **9**

oder

Der Vermieter zahlt an den Mieter weiterhin Zug um Zug gegen Rückgabe der geräumten Wohnung die vom Mieter bei Mietvertragsbeginn geleistete Kaution von € _____ zuzüglich _____ % Zinsen seit dem _____. **10**

Erläuterungen

2295 **1. Mietaufhebungsvertrag.** Zum Zustandekommen und zur Form der Aufhebungsvereinbarung s. die Hinweise zu Teil 1 Rdn. 2283.

2296 **2. Räumungsfrist.** Es ist wichtig zu regeln, ob das Mietverhältnis
– bis zum **Räumungstermin** befristet wird oder
– sofort enden soll und dem Mieter eine **Räumungsfrist** eingeräumt wird.

2297 Die Verlängerung einer Räumungsfrist bei der 2. Alternative analog § 721 Abs. 3 ZPO ist nicht möglich, weil es sich nicht um eine gerichtlich zuerkannte Räumungsfrist handelt. Bei der 1. Alternative kann aber gemäß § 794a Abs. 1 ZPO bei Gericht die erstmalige Bewilligung einer Räumungsfrist beantragt werden.

Die Parteien können nach herrschender Meinung vereinbaren, dass der Mieter auf einen Antrag nach § 794a ZPO verzichtet (LG München I, NZM 2008, 839, Schmidt-Futterer/Lehmann-Richter, § 794a ZPO, Rn. 31).

3. Räumungspflicht. Die Vereinbarung der Räumungspflicht des Mieters ist aus der Sicht des Vermieters das Kernstück der Mietaufhebungsvereinbarung. Hierfür reicht eine Vereinbarung, nach der das Mietverhältnis zu einem bestimmten Termin endet, nicht aus. 2298

4. Betriebskosten. Es empfiehlt sich zu regeln, ob und in welcher Weise über die Betriebskosten – auch im Verhältnis zum Nachmieter – abgerechnet werden soll. Insbesondere für die Abrechnung von **Heizkosten** ist es zweckmäßig zu bestimmen, dass eine Zwischenablesung entbehrlich ist und die Kosten entweder zeitanteilig oder nach Gradtagszahlen aufgeteilt werden sollen (s. § 9b Abs. 4 HeizkV). 2299

5. Renovierungsarbeiten. Da auch die Auffassung vertreten wird, dass bei Abschluss einer Mietaufhebungsvereinbarung das bisherige Mietverhältnis auf eine neue Grundlage gestellt wird, empfiehlt sich die Regelung, dass sich die Rechtsbeziehungen zwischen den Parteien nach den bisherigen Vertragsvorschriften richten. Besonders zu beachten ist die Vorschrift des § 548 BGB, wenn die Räumungsfrist mehr als 6 Monate beträgt. Wenn man von einem neuen Vertragsverhältnis ausgeht, könnten dann Ansprüche aus der Rückgabe des Mietverhältnisses bereits verjährt sein. Zur Frage, ob Schönheitsreparaturen geduldet sind, siehe auch Teil 1 Rdn. 2291. 2300

Vereinbaren die Parteien die vorzeitige Rückgabe der Wohnung gegen eine **Abfindungszahlung** des Vermieters, so beinhaltet diese Regelung nach LG Stuttgart WuM 1995, 392 in der Regel die Rückgabe ohne weitere Schönheitsreparaturen. 2301

6. Abstandsvereinbarung. Die Vereinbarung einer Abstandszahlung durch den Vermieter ist ohne Rücksicht auf Anlass, Zusammensetzung und Höhe zulässig. Die Vereinbarung einer Abstandszahlung, heute häufig auch als Umzugsbeihilfe bezeichnet, erhöht nicht den Gegenstandswert der Vereinbarung und ist daher auch nicht einklagbar (OLG Hamm, NZM 2012, 535). 2302

Besondere Sorgfalt ist geboten, wenn Grundlage der Beendigung des Mietverhältnisses eine Eigenbedarfskündigung ist. Der BGH hat hierzu festgestellt (BGH VIII ZR 99/14), dass nur in Ausnahmefällen eine konkludente Zustimmung des Mieters vorliegt, dass er mit dem Erhalt der Abstandszahlung auf weitergehende Rechte, insbesondere bei vorgetäuschtem Eigenbedarf verzichtet. Der Vermieter-Anwalt sollte daher in den Vertragstext mit aufnehmen, dass auch solche Schadensersatzansprüche durch die Abstandszahlung abgegolten sind. Ein Vermietervertreter will sich solche Rechte möglicherweise vorbehalten.

Umstritten ist, ob der Vermieter zur Zahlung auch dann verpflichtet ist, wenn der Mieter **verspätet räumt** (verneinend: LG Frankfurt/M. WuM 1990, 196; LG Kassel NJW-RR 1994, 466; bejahend: LG Mannheim WuM 1988, 87; differenzierend nach dem Anlass der Vereinbarung: LG Nürnberg-Fürth NJW-RR 1993, 81 = WuM 1995, 181). Nach hier vertretener Ansicht ist zu unterscheiden, ob durch die Mietaufhebungsvereinbarung die zuvor streitige Räumungspflicht des Mieters im Vergleich erst festgelegt worden ist oder ob die Vereinbarung im Wesentlichen darauf abstellt, nur die Rechtzeitigkeit der Räumungspflicht festzulegen. Lediglich für den letzteren Fall dürfte ein Verfall der Abstandsforderung in Betracht kommen (ähnlich LG Nürnberg-Fürth NJW-RR 1993, 81 = WuM 1995, 181). 2303

7. Gestaffelte Abstandszahlung. Die Vereinbarung einer gestaffelten progressiven oder degressiven Abstandszahlung ist im Rahmen der Vertragsfreiheit zulässig. 2304

Bei der degressiven Abstandszahlung handelt es sich nicht um eine – unwirksame – Vertragsstrafe gemäß § 555 BGB.

8. Überzahlte Miete. Stehen Rückforderungsansprüche wegen mietpreiswidrig überzahlter Miete (s. dazu Teil 1 Rdn. 1459) im Raum, so empfiehlt es sich dringend, diese im Rahmen der 2305

Mietaufhebungsvereinbarung mitzuregeln, um mühsame Rechtsstreitigkeiten darüber zu vermeiden. Zur Verjährung der Rückzahlungen s. ebenda.

2306 **9. Aufrechnung und Zurückbehaltungsrecht.** Bezüglich der Zahlungspflichten empfiehlt sich aus Gründen der Effizienz zugunsten des Zahlungsempfängers, Aufrechnung und Zurückbehaltungsrecht des Zahlungspflichtigen auszuschließen. Ist nichts geregelt, so gilt die Aufrechnungsbefugnis des Vermieters als stillschweigend ausgeschlossen (LG München I WuM 1985, 114).

2307 **10. Mietkaution.** Die Klausel macht die Auszahlung der Kaution allein von der geräumten Rückgabe der Wohnung abhängig, verpflichtet also den Mieter nicht dazu, noch Schönheitsreparaturen auszuführen, sofern diese Pflicht nicht im Mietaufhebungsvertrag eindeutig geregelt ist. Zur Frage, ob der Mieter Schönheitsreparaturen schuldet, siehe Teil 1 Rdn. 2291.

III. Mietaufhebungsvereinbarung auf Veranlassung des Vermieters in der Form eines vollstreckbaren Räumungsvergleichs vor einer dazu berechtigten behördlichen Stelle (z.B. der Öffentlichen Rechtsauskunfts- und Vergleichsstelle (ÖRA) in Hamburg)

2308 Vorbemerkung:
Der Antragsteller als Vermieter hat an den Antragsgegner als Mieter das im _____ Geschoss des Hauses _____ belegene Mietobjekt vermietet. Der Antragsteller hat mit Schreiben vom _____ das Mietverhältnis fristgemäß zum _____ gekündigt. Im Hinblick auf diese Umstände schließen die Parteien folgenden Vergleich: **1**

1. Die Parteien sind sich darüber einig, dass das zwischen ihnen bestehende Mietvertragsverhältnis über das im _____ Geschoss des Hauses _____ belegene Mietobjekt zum _____ **2**

endet

oder

geendet hat.

2. Dementsprechend verpflichtet sich der Antragsgegner, das im _____ Geschoss des Hauses _____ belegene Mietobjekt, dieses bestehend aus _____ an den Antragsteller geräumt herauszugeben. **3**

3. Dem Antragsgegner wird eine Räumungsfrist bis längstens zum _____ eingeräumt. **4**

4. Der Antragsgegner ist berechtigt, das Mietobjekt auch schon vor dem _____ jeweils zum Monatsende unter Einhaltung einer Ankündigungsfrist von _____ Monat/en an den Antragsteller geräumt herauszugeben. Mit Rückgabe des Mietobjekts entfällt die Verpflichtung des Antragsgegners zur Zahlung von Miete/Nutzungsentschädigung. **5**

5. (Eventuell) Die Parteien sind sich ferner darüber einig, dass der Antragsgegner zur Ausführung von Schönheitsreparaturen im Mietobjekt nicht mehr verpflichtet und demgemäß zu seiner Rückgabe in einem besenreinen Zustand berechtigt ist.

6. Die Kosten des Güteverfahrens werden gegeneinander aufgehoben. **6**

K. Mietaufhebungsvereinbarung – Räumungsvergleich

Erläuterungen

1. Vergleich vor Gütestelle. In § 794 Nr. 1 Buchst. a ZPO ist geregelt, dass die Zwangsvollstreckung auch aus Vergleichen stattfindet, die vor einer durch die Landesjustizverwaltung eingerichteten oder anerkannten Gütestelle abgeschlossen sind. Zum Güteantrag und zum Güteverfahren s. die Hinweise zu Teil 1 Rdn. 2817. Vorteile des Verfahrens sind, dass es unkompliziert, sehr zügig und kostengünstig im Verhältnis zu einem gerichtlichen Verfahren ist. Andererseits baut es auf der Bereitschaft der Parteien auf, sich überhaupt gütlich verständigen zu wollen. Trotz offizieller Terminladung besteht keine Erscheinenspflicht; das Ausbleiben zum Termin hat keine nachteiligen Rechtsfolgen.

2. Mietaufhebungsvereinbarung. S. dazu die Muster und Hinweise zu Teil 1 Rdn. 2282 und 2294. Die dort vorgeschlagenen Regelungen können auch im Rahmen eines Güteverfahrens vereinbart werden. Soweit sie Leistungspflichten enthalten, bilden sie einen vollstreckbaren Titel; zur Erteilung der Vollstreckungsklausel s. § 797a ZPO.

3. Bestimmtheitsanforderungen. Die genaue **Bezeichnung** der herausverlangten Räumlichkeiten und Flächen ist erforderlich, um die Bestimmtheit des Vollstreckungstitels zu gewährleisten. In einem Hochhaus kann es durchaus vorkommen, dass es zwei Mieter mit dem gleichen Namen gibt. Wird dann nicht die Lage der Wohnung genau bezeichnet, kann dies die Vollstreckung des Titels hindern.

Für den Fall, dass Einbauten (z.B. ein vom Mieter installiertes Duschbad) zu entfernen sind, muss ein zusätzlicher **Rückbautitel** in den Vergleich aufgenommen werden (s. OLG Düsseldorf ZMR 1999, 814 = NZM 2000, 62 sowie die Hinweise zu Teil 1 Rdn. 2360).

4. Räumungsfrist. Zur Räumungsfrist s. die Hinweise zu Teil 1 Rdn. 2296 und 2904. Der Mieter kann eine **Verlängerung** der Räumungsfrist beim Amtsgericht, in dessen Bezirk die herausverlangte Wohnung liegt, mit einer Höchstdauer bis zu einem Jahr beantragen (§ 794a Abs. 1 ZPO, s. zu Form und Frist die Hinweise zu Teil 1 Rdn. 2904). Eine vereinbarte Räumungsfrist kann nicht abgekürzt werden, eine analoge Anwendung der §§ 721 Abs. 3, 794a Abs. 1 ZPO scheidet aus, auch dann, wenn ein Mieter die Kaution »abwohnt« (LG München I, ZMR 2014, 991). Es kann allerdings vereinbart werden, dass eine solche Verkürzung beantragt werden kann. Alternativ kann auch geregelt werden, dass keine Räumungsfrist gewährt wird, sondern dass das Mietverhältnis sofort beendet ist und der Vermieter auf die Vollstreckung verzichtet, solange der – dann ehemalige – Mieter die vereinbarte Nutzungsentschädigung zahlt. Bei unberechtigter Vollstreckung kann der Mieter dann durch Nachweis der Zahlung die Vollstreckung verhindern (BGH, VIII ZR 272/08).

5. Ankündigungsfrist. Ist zugunsten des Mieters nur eine Räumungsfrist vereinbart, so ist er grundsätzlich berechtigt, jederzeit vor deren Ablauf auszuziehen. Hier empfiehlt sich zum Schutz des Vermieters vor überraschender Räumung eine Ankündigungsfrist. Legt dagegen die Mietaufhebungsvereinbarung das Ende des Mietverhältnisses auf einen bestimmten Termin fest, so kann der Mieter zwar ebenfalls vorzeitig ausziehen, bleibt aber bis zum Ende der Vertragszeit zur Mietzahlung verpflichtet (s. § 537 Abs. 1 S. 1 BGB). In diesem Falle dient die Befugnis, vorzeitig mit einer Ankündigungsfrist ausziehen zu können, seinem Interesse.

6. Verfahrenskosten. Die Regelung besagt, dass die amtlichen Kosten geteilt werden und jede Partei ihre eigenen Kosten selbst übernimmt.

IV. Mietaufhebungsvereinbarung nach Erhebung einer Räumungsklage in der Form eines gerichtlichen Räumungsvergleichs

2316 Zur Erledigung des Rechtsstreits schließen die Parteien folgenden Vergleich: **1**

1. Der/die Beklagte(n) verpflichtet(n) sich, das in _____ belegene Mietobjekt, bestehend aus _____ nebst _____ geräumt bis zum _____ an den/die Kläger(in) herauszugeben. **2**

2. Das Mietobjekt wird in dem jetzt vorhandenen dekorativen Zustand zurückgegeben; demgemäß ist die beklagte Partei zur Ausführung von Schönheitsreparaturen nicht mehr verpflichtet. **3**

3. Zug um Zug gegen Übergabe der geräumten Wohnung zahlt(en) der Kläger/die Kläger(in) unter Ausschluss jedes eventuellen Zurückbehaltungs- oder Aufrechnungsrechts an den/die Beklagte(n) eine Umzugskostenpauschale in Höhe von € _____ Die Zahlung kann per Scheck erfolgen. **4**

4. Der/Die Kläger(in) zahlt weiterhin an den/die Beklagte(n) die von ihm/ihr geleistete Kaution in Höhe von € _____ zuzüglich _____ % Zinsen seit dem _____ zurück. Die Zahlung erfolgt gleichfalls bei Übergabe der geräumten Wohnung und kann per Scheck erfolgen. **5**

5. Die Kosten des Rechtsstreits trägt der/die _____ . **6**

oder

Die Kosten des Rechtsstreits werden gegeneinander aufgehoben. **7**

Erläuterungen

2317 **1. Gerichtlicher Vergleich.** Hierbei handelt es sich um einen materiell-rechtlichen Vertrag (§ 779 BGB) in einer prozessualen Form (s. BGH NJW 2005, 3576, 3577). Diese besteht in der gerichtlichen Protokollierung und verleiht dem Vergleich die Eigenschaft eines **Vollstreckungstitels** nach § 794 Nr. 1 ZPO. Das Gericht soll zwar in jeder Lage des Verfahrens auf eine gütliche Beilegung des Rechtsstreits bedacht sein (§ 278 Abs. 1 ZPO) und hat grundsätzlich vor der mündlichen Verhandlung eine Güteverhandlung zum Zwecke der gütlichen Beilegung des Rechtsstreits durchführen (§ 278 Abs. 2 bis 5 ZPO). Letztlich kann das Gericht aber nur Hilfestellungen zum Vergleichsabschluss geben. Nach § 278 Abs. 6 ZPO kann ein gerichtlicher Vergleich auch dadurch geschlossen werden, dass die Parteien dem Gericht einen **schriftlichen Vergleichsvorschlag** unterbreiten oder einen schriftlichen Vergleichsvorschlag des Gerichts durch Schriftsatz gegenüber dem Gericht annehmen. In diesem Fall bestätigt das Gericht das Zustandekommen des Vergleichs durch Beschluss.

Den Anwalt treffen bei der Beratung zum Abschluss eines Vergleichs erhebliche Sorgfaltspflichten. Er muss seinen Mandanten umfassend beraten und ihm Vor- und Nachteile darstellen, damit der Mandant die richtige Entscheidung treffen kann (BGH NJW 2009, 1589).

2318 Ist eine Vertretung durch Rechtsanwälte geboten (sog. **Anwaltsprozess**, § 78 ZPO), so ist das auch für den Abschluss eines gerichtlichen Vergleichs erforderlich. Ausnahmen vom sog. Anwaltszwang bestehen im Verfahren der Prozesskostenhilfe (§ 118 Abs. 1 S. 3 ZPO – dazu Zöller/*Greger* § 118 Rn. 10) sowie für einen Vergleich im Rahmen der Güteverhandlung vor dem beauftragten oder ersuchten Richter (§ 278 Abs. 5, § 78 Abs. 3 ZPO – dazu Zöller/*Greger* § 278 Rn. 5).

2319 Der Vergleich ist grundsätzlich unwiderruflich, es sei denn, dass die Parteien oder eine von ihnen sich einen Widerrufsvorbehalt ausbedungen haben. Bei einem Widerrufsvergleich sollte vereinbart werden, dass binnen einer bestimmten Frist (»binnen zwei Wochen« oder: »bis zum 31. März

2016«) durch schriftliche Erklärung, eingehend bei Gericht, widerrufen werden kann. Anderenfalls kann der Widerruf des Prozessvergleichs sowohl gegenüber dem Gericht als auch gegenüber dem Prozessgegner erklärt werden (BGH NJW 2005, 3576). Ein Widerruf kann auch lediglich hinsichtlich der Kosten vereinbart werden. Wenn eine der Parteien rechtsschutzversichert ist, darf sie nur Kostenregelungen eingehen, die ihrem Obsiegen/Unterliegen bei einer streitigen Entscheidung entsprächen. Der Widerruf kann daher beispielsweise unter der Bedingung erfolgen, dass die Rechtsschutzversicherung der Kostenregelung zustimmt. Sollte dies binnen einer bestimmten Frist nicht geschehen, könnte das Gericht aufgefordert werden, nur im Hinblick auf die Kosten gemäß § 91a ZPO zu entscheiden. Hiermit geben sich die Rechtsschutzversicherungen in der Regel einverstanden.

Anwaltsvergleich. Bei einen Mietverhältnis über **Gewerberaum** besteht neben dem gerichtlichen Räumungsvergleich die Möglichkeit des sog. **Anwaltsvergleichs** nach § 796a ff. ZPO (*Lebek/Latinovic* NZM 1999, 14; *Monschau* in: Lützenkirchen, Anwalts-Handbuch Mietrecht, M 400). Auch in einem solchen Vergleich kann eine vollstreckbare Verpflichtung zur Räumung begründet werden. Es handelt sich hierbei um einen von Rechtsanwälten im Namen und mit Vollmacht der von ihnen vertretenen Parteien abgeschlossenen Vergleich. Dieser wird gem. § 796a Abs. 1 ZPO auf Antrag einer Partei für vollstreckbar erklärt, wenn
– sich der Schuldner darin der sofortigen Zwangsvollstreckung unterworfen hat und
– der Vergleich unter Angabe des Tages seines Zustandekommens bei einem Amtsgericht niedergelegt wird, bei dem eine der Parteien bei Abschluss ihren allgemeinen Gerichtsstand hat. 2320

Der Vollstreckbarkeitserklärung eines Anwaltsvergleich über die Aufhebung eines **Wohnraummietverhältnisses** steht allerdings § 796a Abs. 2 ZPO entgegen. Auch ein reiner Räumungsvergleich impliziert die Frage nach dem Bestand des Mietverhältnisses und kann somit nicht nach § 796a Abs. 1 ZPO für vollstreckbar erklärt werden (vgl. *Lebek/Latinovic* NZM 1999, 14; anders offenbar *Monschau* in: Lützenkirchen, Anwalts-Handbuch Mietrecht, M 400). 2321

2. Vergleichsinhalt. S. dazu die Muster und Hinweise zu Teil 1 Rdn. 2282 und 2308. Der gerichtliche Vergleich kann auch Streitpunkte einbeziehen, die nicht Gegenstand des Rechtsstreits sind. 2322

Der Vergleich muss ausdrücklich die **Verpflichtung zur Räumung und Herausgabe** einer bestimmt bezeichneten Wohnung, bestimmter Räume oder Flächen enthalten. Die Formulierung »Die Parteien sind sich darüber einig, dass das Mietverhältnis zum … endet« reicht nicht, weil die Beendigung nur Voraussetzung für den Herausgabeanspruch ist. 2323

3. Renovierungspflicht. Zur Vereinbarung hinsichtlich etwaiger Renovierungsarbeiten s. die Hinweise zu Teil 1 Rdn. 2300. 2324

4. Abstandszahlung, Aufrechnungsausschluss u.a. Zur Verpflichtung des Vermieters, einen Abstand zu zahlen und zum Ausschluss von Aufrechnung und Zurückbehaltungsrecht s. die Hinweise zu Teil 1 Rdn. 2302. 2325

Die Zahlung durch Scheck erfolgt im Allgemeinen nur erfüllungshalber und ist erst bewirkt, wenn der Scheck eingelöst wird. 2326

5. Mietkaution. Zur Regelung über die Rückzahlung der Kaution s. die Hinweise zu Teil 1 Rdn. 2292 f., und 2307, ferner Teil 1 Rdn. 2755. 2327

6. Verfahrenskosten. Die Parteien können auch eine Aufteilung der Kosten vereinbaren. Sie sollten bedenken, dass dann, wenn Rechtsanwälte eingeschaltet sind, für diese eine besondere Einigungsgebühr entsteht (Nr. 1003 VVRVG). Können sie sich über die Kosten nicht verständigen, so besteht die Möglichkeit, dass sie sich darauf einigen, dass das Gericht über die Kosten **durch Beschluss** nach billigem Ermessen unter Berücksichtigung des Streitstandes gem. § 91a ZPO entscheiden soll. Insbesondere, wenn Rechtsschutzversicherungen eingeschaltet sind, empfiehlt sich eine solche Regelung. S. auch Rn. 2351. 2328

2329 **7. Kostenaufhebung.** Die Regelung besagt, dass die Gerichtskosten geteilt und jede Partei ihre eigenen (Anwalts-)Kosten selbst tragen muss. Eine Regelung, nach der die Kosten »geteilt« werden, besagt dagegen, dass alle Kosten des Verfahrens – die gerichtlichen und diejenigen der Parteien – addiert werden und die Kostensumme hälftig geteilt wird. Diese Regelung ist für diejenige Partei günstiger, die verhältnismäßig hohe eigene Kosten hat (z.B. wenn ein Korrespondenzanwalt eingeschaltet worden ist).

2330 **8. Gebührenstreitwert und Rechtsanwaltsvergütung.** Der Entwurf eines Mietaufhebungsvertrages fällt in den Anwendungsbereich der Geschäftsgebühr der Nr. 2300 VV RVG. Der Rechtsanwalt bestimmt innerhalb eines Gebührenrahmens von 0,5 bis 2,5 nach den Kriterien des § 14 RVG seine Gebühr. Diese kann sich bei Auftraggebermehrheit um 0,3 für jeden weiteren Auftraggeber erhöhen. Hinzu kommen die Auslagenpauschale der Nr. 7002 VV RVG (ggf. auch Einzelabrechnung) und die Umsatzsteuer gem. Nr. 7008 VV RVG.

2331 Der Gegenstandswert wird gem. § 23 Abs. 3 RVG i.V.m. § 25 Abs. 1 S. 2 KostO nach den Leistungen des Mieters während der gesamten Vertragsdauer, bei unbestimmten Verträgen begrenzt auf den Zeitraum von drei Jahren berechnet. Ist jedoch die Auflösung des Vertrags erst nach einem längeren Zeitraum zulässig, so ist dieser maßgebend. Der fünfundzwanzigfache Jahreswert darf jedoch keinesfalls überschritten werden. Neben der Miete sind auch alle sonstigen Leistungen des Mieters (Kaution, Heizung, Warmwasser, Versicherungen, Instandhaltungskosten, etc.) zu berücksichtigen. Wurde eine Staffelmiete vereinbart, so ist jeweils die höchste Staffel für die Berechnung des Gebührenstreitwertes ausschlaggebend (BGH NZM 2007, 935; BGH NZM 2005, 944).

2332 Zu den Gebühren im Räumungsklageverfahren vgl. Teil 1 Rdn. 2343.

L. Räumungsklagen

I. Räumungsklage nach fristloser Kündigung des Mietverhältnisses wegen Zahlungsverzuges (§ 543 Abs. 2 Nr. 3 BGB)

2333

Klage [1]

des Vermieters _____

Prozessbevollmächtigte: Rechtsanwälte _____

– Klägers – [2]

gegen

den Mieter _____

– Beklagter – [3]

wegen

Räumung.

Gegenstandswert (€ _____) [4]

Namens und in Vollmacht des Klägers wird um

Anberaumung eines kurzfristigen Termins gebeten,

in dem ich beantragen werde, wie folgt zu erkennen:

Der Beklagte wird verurteilt, das in _____ belegene Mietobjekt _____ bestehend aus _____ geräumt an den Kläger herauszugeben. [5]

Begründung:

Der Kläger ist Vermieter, der Beklagte Mieter des im Klageantrag näher bezeichneten Mietobjektes. Gemäß dem zwischen den Parteien bestehenden Mietvertrag ist die Miete monatlich im Voraus fällig. Das Mietverhältnis wurde gemäß § 543 Abs. 2 Nr. 3 BGB wegen Nichtzahlung der im Kündigungsschreiben [6]

Anlage K 1 vom _____

genannten Mieten fristlos gekündigt.

Eventuell (bei Wohnraum):

Zahlung der im Kündigungsschreiben genannten Mieten ist auch anschließend nicht erfolgt.

Der Beklagte schuldet bei Erstellung dieser Klage folgende Mieten:

Monat _____ € _____

Monat _____ € _____

Monat _____ € _____

Bereits im Kündigungsschreiben – Anlage K 1 – wurde darauf hingewiesen, dass eine Fortsetzung des Mietverhältnisses gemäß § 545 BGB nicht in Betracht kommt. Da der Beklagte das Mietobjekt nicht geräumt herausgegeben hat, ist Klage geboten. [7]

Sofern das Gericht das schriftliche Vorverfahren anordnet, wird für den Fall der nicht rechtzeitigen Verteidigungsanzeige bereits jetzt der

Erlass eines Versäumnisurteils

im schriftlichen Vorverfahren gemäß § 331 Abs. 3 S. 2 ZPO beantragt.

Erläuterungen

2334 **1. Zuständiges Gericht.** Es ist zwischen örtlicher und sachlicher Zuständigkeit der Gerichte zu unterscheiden.

2335 In Mietsachen ist für alle Rechtsstreitigkeiten das Gericht **örtlich zuständig**, in dessen Bezirk sich die herausverlangten Räume – gleichgültig, ob Wohn- oder Gewerberäume – liegen (§ 29a Abs. 1 ZPO). Diese Zuständigkeit ist ausschließlich und kann – auch im kaufmännischen Verkehr – nicht abbedungen werden; entgegenstehende Gerichtsstandsklauseln sind also unwirksam (s. § 40 Abs. 2, Nr. 2 ZPO).

2336 Eine Ausnahme gilt gemäß § 29 Abs. 2 ZPO lediglich nur für Mietverhältnisse nach § 549 Abs. 2 Nr. 1 bis 3 BGB (s. dazu Teil 1 Rdn. 1607); hier sind die allgemeinen Regelungen über die örtliche Zuständigkeit maßgebend, insbesondere die §§ 12 f., 29 ZPO.

2337 Für die **sachliche Zuständigkeit** ist zu unterscheiden, ob der Rechtsstreit ein Wohnraum- oder ein Geschäfts- bzw. Gewerberaummietverhältnis betrifft. Bezieht sich die Klage auf ein Wohnungsmietverhältnis, so ist für alle Rechtsstreitigkeiten stets das Amtsgericht sachlich ausschließlich zuständig (§ 23 Nr. 2 Buchst. a GVG). Das Gleiche gilt für ein Mischmietverhältnis, sofern der Wohnraum gegenüber dem Gewerberaum zumindest gleichwertig ist (zur Abgrenzung OLG Düsseldorf ZMR 2006, 685; OLG Köln ZMR 2007, 114; OLG München ZMR 2007, 119). Zur Abgrenzung siehe BGH MDR 1986, 482.

Betrifft die Klage ein Mietverhältnis über Geschäfts- oder Gewerberaum, so richtet sich die sachliche Zuständigkeit nach dem Streitwert. Bei Streitwerten bis zu 5000,00 € ist das Amtsgericht, bei höheren Streitwerten das Landgericht sachlich zuständig (§ 23 Nr. 1 GVG). Für die Berechnung des Streitwerts kommt es nicht auf den sog. Gebührenwert (s. dazu die Hinweise zu Ziff. 4, Teil 1 Rdn. 2343), sondern auf den sog. Zuständigkeitswert nach § 8 ZPO (Dauer der streitigen Vertragszeit) an.

2338 **2. Kläger. Mehrere Vermieter** können den Räumungsanspruch nur als Gesamthandgläubiger geltend machen, müssen also grundsätzlich gemeinschaftlich klagen.

2339 Für eine sog. gewillkürte **Prozessstandschaft** ist erforderlich, dass
– der Kläger von dem Mitvermieter ermächtigt wird, den Anspruch im eigenen Namen einzuklagen, und
– er ein eigenes schutzwürdiges Interesse an der Prozessführung im eigenen Namen hat (BGH NJW 2002, 1038; Zöller/*Vollkommer* Vor § 50 Rn. 44).

2340 Ein eigenes schutzwürdiges Interesse für die gerichtliche Geltendmachung des Anspruchs aus § 546 Abs. 1 BGB im eigenen Namen hat nach der Rechtsprechung des BGH der **Käufer eines Grundstücks**, den der Verkäufer ermächtigt hat, einen bestehenden Mietvertrag im eigenen Namen zu kündigen, schon bevor der Käufer mit der Eintragung im Grundbuch in den Mietvertrag eintritt (BGH NJW 1998, 896, 898; ferner BGH WuM 2008, 219, 220 = ZMR 2008, 519 f. mit Anm. *Scholz* für die Modernisierungsankündigung). Eine unwirksame Abtretung des Kündigungsrechts lässt sich nach § 140 BGB in eine wirksame Ermächtigung zur Kündigung nach § 185 Abs. 1 BGB umdeuten.

2341 **3. Beklagte.** *3.1* Mehrere Mieter schulden die Räumung als **Gesamtschuldner** und können gemeinschaftlich oder einzeln verklagt werden; da die geräumte Herausgabe geschuldet wird, kann auch derjenige Mieter verklagt werden, der bereits geräumt hat (BGH ZMR 1996, 182). Siehe auch BGH VIII ZR 24/14 zu Erbengemeinschaften eines verstorbenen Mieters.

3.2 Der Vermieter benötigt gegenüber dem **Untermieter** einen gesonderten Räumungstitel. Bevor er ihn auf Räumung (mit)verklagt wird, sollte er ihn unter Androhung der Räumungsklage zur Räumung auffordern; auf diese Weise kann er Kostennachteile vermeiden, die daraus folgen können, dass der Untermieter im Prozess den Räumungsanspruch sofort anerkennt und sich darauf beruft, keinen Anlass zur Räumungsklage gegeben zu haben. S. auch die Hinweise zu Teil 1 Rdn. 2845 ff. zum Kreis der Personen, die aufgrund eines Räumungstitels gegenüber dem Mieter räumen müssen. 2342

4. Wertangabe, Gebührenstreitwert und Rechtsanwaltsvergütung. Diese ist zweckmäßig, um die Gerichtskosten und den einzuzahlenden Vorschuss berechnen zu können (vgl. §§ 61, 12 ff. GKG). Die Angabe in der Klage erspart Rückfragen und beschleunigt daher das Verfahren. Der Streitwert, nach dem die Gerichts- und Anwaltskosten berechnet werden, beträgt grundsätzlich eine Jahresmiete (§ 16 GKG). Auszugehen ist von der **Netto-Jahresmiete**. Das folgt auch aus § 41 Abs. 1 GKG. Ist danach das Bestehen oder die Dauer eines Mietverhältnisses streitig, so ist der Betrag des auf die streitige Zeit fallenden Entgelts und wenn das einjährige Entgelt geringer ist, dieser Betrag maßgebend. Das Entgelt umfasst nach S. 2 der Bestimmung neben dem Nettogrundentgelt **Nebenkosten nur dann, wenn diese** als Pauschale vereinbart sind und **nicht gesondert abgerechnet werden**. Gem. § 41 Abs. 2 GKG ist bei Räumungsklagen über Grundstücke und Räume das einjährige Entgelt maßgebend, sofern sich nicht nach Abs. 1 der Bestimmung ein niedrigerer Streitwert ergibt. Hieraus ist zu folgern, dass bei vereinbarter Nettokalt- oder Teilinklusivmiete der Gebührenstreitwert nach der Jahresmiete ohne Betriebskostenvorauszahlungen zu bemessen ist. 2343

Werden neben dem Räumungsanspruch auch rückständige Mieten und künftig fällig werdende Nutzungsentschädigungen bis zur Herausgabe der Wohnung mit eingeklagt, so wird der Gebührenstreitwert wie folgt berechnet: 2344

Räumung: einjährige Nettokaltmiete (ggf. zzgl. USt) gem. § 41 Abs. 2 S. 1 GKG. 2345

Fällige Rückständige Mieten/Nutzungsentschädigung: Nominalwert (einschließlich Nebenkostenvorauszahlungen) Zeitpunkt der Einreichung der Klage, § 40 GKG. 2346

Zukünftige Nutzungsentschädigung: Die meisten Gerichte setzen einen Betrag von 6 Monatsmieten an. Die Rechtsprechung ist jedoch nicht einheitlich. Siehe auch Mack in ZMR 2013, 698. 2347

Der Rechtsanwalt erhält für die Erstellung und Einreichung der Räumungsklage eine 1,3 Verfahrensgebühr der Nr. 3100 VV RVG aus dem Gebührenstreitwert. Bei Vertretung mehrerer Auftraggeber in derselben Angelegenheit wegen desselben Gegenstandes erhöht sich die Verfahrensgebühr für jeden weiteren Auftraggeber um 0,3 gem. Nr. 1008 VV RVG. War der Rechtsanwalt zunächst außergerichtlich mit der Kündigung des Mietverhältnisses beauftragt und erhält er anschließend den Auftrag zur Erhebung der Räumungsklage, ist die Geschäftsgebühr des Rechtsanwalts für die vorgerichtliche Tätigkeit im Zusammenhang mit der Kündigung gem. § 23 Abs. 1 S. 3 RVG, § 41 Abs. 2 GKG nach dem einjährigen Bezug der Nettomiete zu berechnen und gem. Vorbemerkung 3 Abs. 4 VV RVG auf die Verfahrensgebühr eines nachfolgenden Räumungsrechtsstreits anzurechnen (BGH NZM 2007, 396). 2348

Erledigt sich der Auftrag, bevor der Rechtsanwalt die Klage einreichen kann, ermäßigt sich die Verfahrensgebühr auf 0,8 gem. Nr. 3101 Nr. 1 VV RVG. Auch die ermäßigte Verfahrensgebühr kann sich bei Auftraggebermehrheit erhöhen. 2349

Wenn derselbe Rechtsanwalt für denselben Auftraggeber wegen desselben Gegenstandes zunächst außergerichtlich tätig wurde und hierfür eine Geschäftsgebühr der Nrn. 2300 bis 2303 VV RVG entstanden ist, verbleibt, wenn er anschließend auch mit der gerichtlichen Geltendmachung beauftragt wird, der nicht anrechenbare Teil der Geschäftsgebühr. Der Rechtsanwalt sollte mit sei- 2350 nem Auftraggeber in jedem Fall besprechen, ob und wie dieser Teil geltend gemacht werden soll. Die Geschäftsgebühr ist zur Hälfte, maximal mit 0,75 auf eine Verfahrensgebühr für ein gerichtliches Verfahren anzurechnen (Abs. 4 der Vorbem. 3 VV RVG). Die Anrechnung der Geschäftsgebühr erfolgt nur aus dem Wert, der in das gerichtliche Verfahren übergegangen ist. Sie unterbleibt gem. § 15 V 2 RVG, wenn zwischen der Erledigung des Auftrags und dem weiteren Tätigwerden mehr als zwei volle Kalenderjahre liegen. Die Berechnung der Auslagenpauschale erfolgt sowohl für die außergerichtliche, wie auch noch einmal für das gerichtliche Verfahren, eine Anrechnung erfolgt nicht (Gerold/Schmidt/Mayer, RVG, § 34 Rn. 60).

Der BGH hat in seiner Entscheidung zum Geschäftszeichen VIII ZR 177/11 entschieden, dass ein professioneller Vermieter – bei einfach gelagerten Sachverhalten – nicht berechtigt ist, die Kosten für die Einschaltung eines Rechtsanwaltes geltend zu machen. Die ggf. gesondert einzuklagenden nicht anrechenbaren außergerichtlichen Rechtsanwaltskosten werden daher von vielen Instanzgerichten zurückgewiesen. Hierüber sollte die Mandantschaft aufgeklärt werden.

2351 Für die Wahrnehmung des Gerichtstermins fällt eine 1,2 Terminsgebühr der Nr. 3104 VV RVG an. Eine Ermäßigung der Terminsgebühr auf 0,5 kommt gem. Nr. 3105 VV RVG dann in Betracht, wenn der Gegner zum Gerichtstermin nicht erscheint. Erscheint er, aber verhandelt er nicht, bleibt es bei der 1,2 Terminsgebühr der Nr. 3104 VV RVG. Der Rechtsanwalt erhält eine Terminsgebühr auch dann, wenn er die Angelegenheit zur Vermeidung oder Erledigung des Rechtsstreits mit dem Gegner oder dessen Prozessbevollmächtigten bespricht (auch telefonisch), vgl. Vorbem. 3 Abs. 3 VV RVG. Voraussetzung hierfür ist allerdings, dass er bereits den unbedingten Auftrag zur Vertretung im Rechtsstreit hatte.

2352 Der Rechtsanwalt, der bereits Verfahrens- oder Prozessauftrag erhalten hat und außergerichtlich im Auftrag seines Mandanten an einer Besprechung teilnimmt, die eine Vermeidung oder Erledigung des Verfahrens zum Inhalt hat, erhält ebenfalls eine Terminsgebühr. Die Terminsgebühr kann also bereits entstehen, auch wenn der Rechtsstreit oder das Verfahren noch nicht anhängig ist (BGH AnwBl. 2007, 381 = JurBüro 2007, 237). Voraussetzung ist jedoch – wie bereits oben erwähnt – entsprechender Klageauftrag seitens des Mandanten. Besprechungen mit dem Auftraggeber fallen allerdings nicht hierunter.

2353 Es kommt für die Entstehung der Terminsgebühr nach Abs. 3 Vorbem. 3, 3. Alt. VV RVG nicht darauf an, ob ein Verfahren tatsächlich vermieden oder erledigt wird. Maßgeblich ist allein das Tätigwerden des Rechtsanwalts mit dem Ziel der Erledigung oder Vermeidung des Verfahrens und natürlich der vom Mandanten erteilte Auftrag, der sich auf ein solches Tätigwerden des Rechtsanwalts erstrecken muss. Eine Terminsgebühr entsteht also nicht, wenn der Anwalt nur mit der außergerichtlichen Vertretung beauftragt ist und aufgrund Verhandlungen mit der Gegenpartei ein gerichtliches Verfahren vermieden wird. Diese Tätigkeit kann nur innerhalb des Satzrahmens der Geschäftsgebühr berücksichtigt werden (AG Altenkirchen NJW-Spezial 2007, 556).

2354 Der BGH hat eine Terminsgebühr der Nr. 3104 VV RVG bereits dann zugesprochen, wenn der Rechtsanwalt eine auf die Erledigung des Verfahrens gerichtete Erklärung der Gegenseite zwecks Prüfung und Weiterleitung an seinen Mandanten zur Kenntnis nimmt (BGH AnwBl. 2007, 238).

2355 Der BGH hat die Terminsgebühr der Nr. 3104 VV RVG im Kostenfestsetzungsverfahren selbst dann für erstattungsfähig gehalten, wenn sich die maßgeblichen Tatsachen nicht ohne Weiteres aus der Gerichtsakte ergeben oder streitig sind. Des Weiteren stünde dem Ansatz einer Terminsgebühr durch eine außergerichtliche Erledigungsbesprechung nicht entgegen, dass der nicht anwaltlich vertretene Beklagte die Sache vor dem LG wegen des dort bestehenden Anwaltszwangs nicht selbst hätte erörtern können, da der Gebührentatbestand lediglich auf einer Seite die Mitwirkung eines Rechtsanwalts erfordert (BGH AGS 2008, 330).

2356 Die Terminsgebühr wurde durch die telefonische Besprechung der Prozessbevollmächtigten ausgelöst, die somit ohne Beteiligung des Gerichts zur Beilegung des Rechtsstreits beigetragen haben (vgl. *Enders* JurBüro 2005, 250). Das OLG Koblenz hat dem Rechtsanwalt schon dann eine Terminsgebühr zugebilligt, wenn dieser dem Klägervertreter die Zahlung der Klageforderung ankündigt und um Rücknahme der Klage bittet (OLG Koblenz JurBüro 2005, 416). Ebenso hält es den Anfall einer Terminsgebühr für gegeben, wenn der Prozessbevollmächtigte des Beklagten telefonisch beim Klägervertreter die Klagerücknahme anregt und dieser ankündigt, er werde die Angelegenheit mit dem Auftraggeber besprechen (OLG Koblenz JurBüro 2005, 417). Werden E-Mails zwischen den Prozessbevollmächtigten ausgetauscht, die die Vermeidung oder Erledigung eines gerichtlichen Verfahrens zum Ziel haben, entsteht ebenfalls eine Terminsgebühr (JurBüro 2007, 413 = AnwBl. 2007, 633). Das KG hat eine Terminsgebühr auch dann zugesprochen, wenn der Klägervertreter die Sache mit dem anwaltlichen Vertreter des Beklagten bezüglich der Abgabe von beiderseitigen Erledigungserklärungen bespricht (JurBüro 2007, 413).

Der BGH hat mit Beschluss vom 03.07.2006 (NJW-RR 2006, 1507; JurBüro 2006, 73) sowie mit Beschluss vom 03.07.2006 (NJW-RR 2006, 1507 = FamRZ 2007, 1013 = AnwBl. 2007, 462) entschieden, dass eine 1,2 Terminsgebühr nach Nr. 3104 VV RVG neben einer 1,3 Verfahrensgebühr und einer 1,0 Einigungsgebühr entsteht, wenn in einem in I. Instanz geführten Zivilprozess über den rechtshängigen Anspruch auf Vorschlag des Gerichts ein schriftlicher Vergleich gem. § 278 Abs. 6 ZPO geschlossen wird. Eine Terminsgebühr hat der BGH aber auch dann zugesprochen, wenn auf Antrag der Parteien ein entsprechender Beschlussvergleich geschlossen wird. Treffen die Parteien weiter die Regelung, dass eine Partei die Kosten des Verfahrens zu erstatten hat, betrifft dies ebenso die Terminsgebühr, auch wenn die Kosten des Vergleichs von dieser Vereinbarung nicht umfasst sind. Die Terminsgebühr kann demnach in Höhe von 1,2 (I. Instanz) abgerechnet werden, wenn in einem Verfahren, für das mündliche Verhandlung vorgeschrieben ist, ohne mündliche Verhandlung ein Beschlussvergleich gem. § 278 Abs. 6 ZPO zustande gekommen ist.

2357

Wirkt der Rechtsanwalt ursächlich an der Einigung der Parteien mit, erhält er hierfür eine Einigungsgebühr. Ist über den Gegenstand der Einigung ein anderes gerichtliches Verfahren als ein selbständiges Beweisverfahren anhängig, beträgt die Einigungsgebühr gem. Nr. 1003 VV RVG 1,0. Aus der Anmerkung zu Nr. 1003 VV RVG ergibt sich, dass die Einigungsgebühr auch dann 1,5 beträgt, wenn
– (nur) ein selbstständiges Beweisverfahren anhängig ist,
– lediglich Prozesskostenhilfe für die gerichtliche Vergleichsprotokollierung beantragt ist,
– sich die Beiordnung auf den Abschluss eines Vertrages i.S.d. Nr. 1000 erstreckt (§ 48 Abs. 3 RVG).

2358

5. Nebenräume/Einbauten. Der Klageantrag soll die **Zubehör- und Nebenräume** sowie die sonstigen Flächen (z.B. Garten, Hof, Stellplatz) angeben, die außerhalb der eigentlichen Mieträume liegen. Das dient der späteren Bestimmung des Vollstreckungsumfangs.

2359

Für den Fall, dass der Mieter Einbauten (z.B. ein Duschbad) zu entfernen hat, muss er zusätzlich auf **Rückbau** in Anspruch genommen werden. Bei einem nach § 885 ZPO zu vollstreckenden Räumungstitel hat der Gerichtsvollzieher lediglich den Schuldner »aus dem Besitz zu setzen« (§ 885 Abs. 1 ZPO) sowie bewegliche Sachen, die nicht Gegenstand der Zwangsvollstreckung sind, wegzuschaffen und dem Schuldner oder einer Vertrauensperson des Schuldners zur Verfügung zu stellen oder – falls der Schuldner oder seine Vertrauensperson nicht anwesend sind – in Verwahrung zu bringen (§ 885 Abs. 2 und 3 ZPO). Die Beseitigung von erheblichen Einbauten geht jedoch über das dem Gerichtsvollzieher obliegende »Wegschaffen« hinaus (OLG Düsseldorf ZMR 1999, 814 = NZM 2000, 62).

2360

6. Klagebegründung. Nur in einfach gelagerten Fällen wird die **Bezugnahme auf die Kündigung** ausreichen. In der Regel muss der Kündigungsgrund in der Klageschrift im Einzelnen dargelegt werden. Allerdings muss bei Kündigungen des Vermieters sowie bei allen außerordentlichen fristlosen Kündigungen aus wichtigem Grund wegen des Begründungserfordernisses (§§ 573 Abs. 3, 573d Abs. 1, 575a Abs. 1, 569 Abs. 4 BGB) bereits aus dem Kündigungsschrei-

2361

ben hervorgehen, aus welchem Grund gekündigt wird. Zum Begründungserfordernis s. die Hinweise zu Teil 1 Rdn. 1613 und Teil 1 Rdn. 1961.

2362 **7. Keine stillschweigende Fortsetzung.** Zur Schlüssigkeit der Räumungsklage gehört das Vorbringen, dass sich das Mietverhältnis nicht nach § 545 BGB verlängert hat; s. dazu die Hinweise zu Teil 1 Rdn. 2153. § 545 BGB ist abdingbar. Es gibt daher viele Mietvertragsformulare, in denen die Anwendbarkeit bereits ausgeschlossen ist. Sollte beispielsweise ein Vermieter vergessen haben, einer Fortsetzung des Mietverhältnisses zu widersprechen und ist auch nicht unmittelbar nach Ende des Mietverhältnisses eine Räumungsklage eingereicht worden, so ergibt sich das Tatbestandsmerkmal dann schon aus dem Mietvertrag.

II. Räumungsklage nach fristloser Kündigung des Mietverhältnisses über Wohnraum wegen Zahlungsverzuges gemäß § 543 Abs. 2 Nr. 3 BGB, nachdem bereits in den vorangegangenen zwei Jahren eine fristlose Kündigung wegen Zahlungsverzuges erfolgt ist (§ 569 Abs. 3 Nr. 2 BGB)

2363

Klage [1]

des Vermieters _____

Prozessbevollmächtigte: Rechtsanwälte _____

– Klägers –

gegen

den Mieter _____

– Beklagter –

wegen

Räumung.

Gegenstandswert (€ _____)

Namens und in Vollmacht des Klägers wird um

Anberaumung eines kurzfristigen Termins gebeten,

in dem ich beantragen werde, wie folgt zu erkennen:

Der Beklagte wird verurteilt, das in _____ belegene Mietobjekt _____ bestehend aus _____ geräumt an den Kläger herauszugeben.

Begründung: [2]

Der Kläger ist Vermieter, der Beklagte Mieter des im Klageantrag näher bezeichneten Mietobjekts. Gemäß dem zwischen den Parteien bestehenden Mietvertrag ist die Miete monatlich im Voraus fällig. Das Mietverhältnis wurde gemäß § 543 Abs. 2 Nr. 3 BGB wegen Nichtzahlung der im Kündigungsschreiben

Anlage K 1 vom _____

genannten Mieten fristlos gekündigt. Zahlung der offenen Mieten ist auch anschließend nicht erfolgt, auch nicht die Räumung des Mietobjekts, so dass Klage geboten ist.

Selbst wenn der Beklagte die aufgelaufenen Mietrückstände innerhalb der gesetzlichen Schonfrist noch ausgleichen sollte, bleibt es gemäß § 569 Abs. 2 Nr. 2 BGB bei dem Räumungsanspruch, da bereits in den zwei vorangegangenen Jahren eine fristlose Kündigung wegen Zahlungsverzuges erfolgte, und zwar mit Schreiben vom _____ gemäß ³

Anlage K 2.

Die seinerzeit bestehenden Rückstände wurden mit Zahlung(en) des Beklagten vom _____ in Höhe von _____ € damals rechtzeitig ausgeglichen.

Bereits im Kündigungsschreiben – Anlage K 1 – wurde darauf hingewiesen, dass eine Fortsetzung des Mietverhältnisses gemäß § 545 BGB nicht in Betracht kommt. ⁴

Sofern das Gericht das schriftliche Vorverfahren anordnet, wird für den Fall der nicht rechtzeitigen Verteidigungsanzeige bereits jetzt der

Erlass eines Versäumnisurteils

im schriftlichen Vorverfahren gemäß § 331 Abs. 3 S. 2 ZPO beantragt.

Erläuterungen

1. Prozessuales. Zur Zuständigkeit, Parteibezeichnung, Gegenstandswert und Klageantrag s. Muster und Hinweise zu Teil 1 Rdn. 2334–2360.

2. Klagebegründung. S. dazu die Muster und Hinweise zu Teil 1 Rdn. 2361.

3. Schonfristausschluss. Nach § 569 Abs. 3 Nr. 2 S. 2 BGB kann sich der Mieter nicht auf die Unwirksamkeit der Kündigung durch Zahlung innerhalb der zweimonatigen Schonfrist berufen, wenn der Kündigung vor **nicht länger als zwei Jahren** schon einmal eine zulässige Kündigung aufgrund Zahlungsverzugs vorausgegangen war, deren Wirkung der Mieter durch Zahlung innerhalb der Schonfrist oder durch Übernahme der Schulden durch das Sozialamt innerhalb der Schonfrist beseitigt worden ist.

Für die **Rechtzeitigkeit** der Zahlung kommt es auf die Rechtzeitigkeit der Zahlungshandlung – z.B. Erteilung des Überweisungsauftrags, Einzahlung bei der Empfängerbank – nicht auf die Rechtzeitigkeit des Leistungserfolgs – z.B. Gutschrift auf dem Konto des Vermieters – an (LG Heidelberg WuM 1995, 485; LG Aachen WuM 1993, 348; LG Hamburg WuM 1992, 124; a.A. PWW/*Elzer* § 569 Rn. 15). Anders lautende Klauseln im Mietvertrag sind in diesem Zusammenhang nicht wirksam. Für die rechtzeitige Übernahme durch das Sozialamt ist der Zugang der Übernahmeanzeige beim Vermieter maßgebend.

Der Vermieter muss auch vollständig befriedigt werden, deswegen muss der gesamte Mietrückstand zum Ausgleich gebracht werden, der bestanden hat, auch die Beträge, die für die Kündigung möglicherweise nicht herangezogen wurden. Erst ist einer Entscheidung zum Geschäftszeichen VIII ZR 236/14 hat der BGH jedoch nun entschieden, dass ein verbleibender offener Betrag von gut 40,00 € trotzdem dazu führen soll, dass eine Kündigung unwirksam wird. Zwar handelt es sich um eine Einzelfallentscheidung, da die Kündigung erfolgte, weil das Jobcenter nicht zahlte und der Vermieter ohne weitere Rückfragen kündigte, es ist jedoch davon auszugehen, dass die Instanzgerichte zukünftig bei nur geringfügigen Rückständen auf die Entscheidung des BGHs zurückgreifen werden.

Es ist nicht erforderlich, dass wegen der früheren Kündigung eine Räumungsklage anhängig war (KG ZMR 1985, 52). Die Ausschlusswirkung tritt aber nicht ein, wenn die frühere Kündigung aus anderen Gründen keine Wirkung erlangt hat (dazu FA MietRWEG/*Hinz* Kap. 14 Rn. 297 ff.).

Das vorsorgliche Vorbringen zur Ausschlusswirkung ist zweckmäßig, um bei Säumnis des Beklagten zu einem **Versäumnisurteil** zu gelangen. Wäre die Zahlung der Mietrückstände, die zur Kündigung geführt hat, unstreitig, und würde der Vermieter sich erst im Verhandlungstermin darauf berufen, dass die Folgen des § 569 Abs. 3 Nr. 2 S. 2 BGB gegeben sind, so wäre dies ein neues Vorbringen, das zu einer Vertagung führen müsste.

2370 **4. Keine stillschweigende Fortsetzung.** Zur Schlüssigkeit der Räumungsklage gehört das Vorbringen, dass sich das Mietverhältnis **nicht** nach § 545 BGB **verlängert** hat; s. dazu die Hinweise zu Teil 1 Rdn. 2153.

III. Kombinierte Räumungs- und Zahlungsklage nach fristloser Kündigung des Mietverhältnisses wegen Zahlungsverzuges

2371

Klage [1]

des Vermieters _____

Prozessbevollmächtigte: Rechtsanwälte _____

– Klägers –

gegen

den Mieter _____

– Beklagter –

wegen

Räumung.

Gegenstandswert Räumung: 12 × € _____ netto kalt _____ €
Zahlung: _____ €
zukünftige Nutzungsentschädigung: 6 × € _____ _____ €
Summe: _____ €

Namens und in Vollmacht des Klägers bitte ich um

Anberaumung eines kurzfristigen Termins.

Es wird beantragt, die beklagte Partei zu verurteilen,:

1. das in _____ belegene Mietobjekt _____, bestehend aus _____ geräumt an die klägerische Partei herauszugeben;

2. € _____ nebst Zinsen p.a. in Höhe von 5 Prozentpunkten über dem jeweiligen Basiszinssatz hierauf seit dem _____ an die klägerische Partei zu zahlen;

3. zukünftig ab _____ monatlich, jeweils bis zum 3. Werktag eines jeden Monats im Voraus, eine Nutzungsentschädigung von € _____ nebst Zinsen in Höhe 5 %-Punkten über dem jeweiligen Basiszinssatz seit dem jeweiligen Folgetag an die klägerische Partei zu zahlen, und zwar bis zur vollständigen Räumung und Herausgabe der im Klagantrag zu 1. bezeichneten Räume an die klägerische Partei;

4. weitere € _____ zzgl. Zinsen p.a. in Höhe von 5 %-Punkten über dem Basiszinssatz seit dem _____ an die klägerische Partei zu zahlen.

Begründung: [2, 3]

Der Kläger ist Vermieter, der Beklagte Mieter des im Klageantrag näher bezeichneten Mietobjektes. Gemäß dem zwischen den Parteien bestehenden Mietvertrag ist die Miete monatlich im Voraus fällig. Das Mietverhältnis wurde gemäß § 543 Abs. 2 Nr. 3 BGB wegen Nichtzahlung der im Kündigungsschreiben

Anlage K 1 vom _____

genannten Mieten fristlos gekündigt.

Eventuell (bei Wohnraum):

Zahlung der im Kündigungsschreiben genannten Mieten ist auch anschließend nicht erfolgt.

Der Beklagte schuldet bei Erstellung dieser Klage folgende Mieten:

Monat _____ € _____

Monat _____ € _____

Monat _____ € _____

Diese Beträge werden mit obigem Zahlungsantrag zu 2. geltend gemacht.

Der Antrag zu 3. rechtfertigt sich daraus, dass angesichts des Zahlungsverhaltens der beklagten Partei und der bestehenden Rückstände die Besorgnis besteht, dass die berechtigten Forderungen der klägerischen Partei nicht erfüllt werden. Zur Rechtslage wird insoweit verwiesen auf BGH, Urteil vom 04.05.2011 – VIII ZR 146/10.

Hinzu kommen die in der Anlage K 2 berechneten, im Zahlungsantrag zu 4. bereits erfassten Kosten der fristlosen Kündigung, die von der beklagten Partei als Verzugssachen der klagenden Partei zu erstatten sind.

Bereits im Kündigungsschreiben – Anlage K 1 – wurde darauf hingewiesen, dass eine Fortsetzung des Mietverhältnisses gemäß § 545 BGB nicht in Betracht kommt.

Da weder Räumung noch Zahlung erfolgt ist, ist Klage geboten.

Sofern das Gericht das schriftliche Vorverfahren anordnet, wird für den Fall der nicht rechtzeitigen Verteidigungsanzeige bereits jetzt der

Erlass eines Versäumnisurteils

im schriftlichen Vorverfahren gemäß § 331 Abs. 3 S. 2 ZPO beantragt.

Erläuterungen

1. Prozessuales. Zur Zuständigkeit, Parteibezeichnung, Gegenstandswert und Klageantrag und Antrag auf Erlass eines Versäumnisurteils im schriftlichen Vorverfahren s. Muster und Hinweise zu Teil 1 Rdn. 2334–2360.

2. Klageverbindung. Der Vermieter kann mit dem Räumungsantrag den Zahlungsantrag, gerichtet auf die rückständigen Mietbeträge **verbinden**. Das wird in der Praxis aus gebührenökonomischen Gründen vielfach so gehandhabt. Zum Teil werden die Zahlungsansprüche aber auch getrennt, zunächst im Wege des Mahnverfahrens (§§ 690 ff. ZPO) geltend gemacht, um auf diese Weise schneller zu einem vollstreckbaren Titel im Form eines Vollstreckungsbescheids (§§ 700, 794 Abs. 1 Nr. 4 ZPO) zu gelangen.

Bei der Sicherungsanordnung gemäß § 283a ZPO, eingeführt durch die Mietrechtsänderung 2013, ist eine Verbindung von Räumungs- und Zahlungsanspruch zwingend vorgegeben.

2374 **3. Klagebegründung.** S. dazu die Muster und Hinweise zu Teil 1 Rdn. 2361. Hat der Vermieter das Wohnraummietverhältnis gekündigt, weil der Mieter über mehrere Monate hinweg keine Miete gezahlt hatte und erhebt er Räumungsklage, so kann er zugleich die künftig fällig werdende Nutzungsentschädigung bis zur Herausgabe der Wohnung einklagen (BGH VIII ZR 246/10). Der BGH lässt es sogar ausreichen, dass mehr als eine Monatsmiete geschuldet wird. Nicht erforderlich sei es sogar, dass der Schuldner die Forderung ernsthaft bestreitet oder dessen Zahlungsunfähigkeit feststehe.

2375 Die Klage auf künftige Nutzungsentschädigung kann isoliert oder zusammen mit der Räumungsklage und einer etwaigen Zahlungsklage wegen rückständiger Mieten erhoben werden.

2376 **Beachten Sie aber:** Während für den titulierten Räumungs- und Zahlungsanspruch die 30-jährige Verjährungsfrist nach § 197 Abs. 1 Nr. 3 BGB gilt, verjährt der Anspruch auf zukünftige Leistung – selbst wenn er tituliert ist – bereits in drei Jahren (s. § 197 Abs. 2 BGB).

2377 Zum Anspruch des Vermieters auf Nutzungsentschädigung s. die Hinweise zu Teil 1 Rdn. 2696.

IV. Räumungsklage bei Beendigung des Mietverhältnisses aus sonstigen Gründen

2378

Klage [1]

des Vermieters _____

Prozessbevollmächtigte: Rechtsanwälte _____

– Klägers –

gegen

den Mieter _____

– Beklagter –

wegen

Räumung.

Gegenstandswert (€ _____)

Namens und in Vollmacht der klagenden Partei bitte ich um

Anberaumung eines kurzfristigen Termins,

in dem ich beantragen werde, wie folgt zu erkennen:

Der Beklagte wird verurteilt, das in _____ belegene Mietobjekt _____ bestehend aus _____ geräumt an den Kläger herauszugeben.

Begründung: [2]

Der Kläger ist Vermieter, der Beklagte Mieter des im Klageantrag näher bezeichneten Mietobjekts. Das zwischen den Parteien seinerzeit begründete Mietverhältnis endete durch Kündigung gemäß Schreiben vom _____ zum _____ , das in Kopie als

Anlage K 1

überreicht wird.

Der Beklagte hat das Mietobjekt nicht geräumt und dementsprechend auch nicht in geräumtem Zustand an den Kläger herausgegeben. Klage ist daher geboten.

Zur Begründung des Räumungsanspruches wird auf die Ausführungen in dem überreichten Kündigungsschreiben Bezug genommen. Ergänzend wird unter Beweisantritt im Einzelnen vorgetragen (es folgen weitere detaillierte Ausführungen zur Ergänzung bzw. Erläuterung der Umstände, die zur Beendigung des Mietvertrages geführt haben, und zwar einschließlich der erforderlichen Beweisangebote, soweit mit einem Bestreiten des klägerischen Tatsachenvortrages durch den Beklagten gerechnet werden muss):

Sofern das Gericht das schriftliche Vorverfahren anordnet, wird für den Fall der nicht rechtzeitigen Verteidigungsanzeige bereits jetzt der

Erlass eines Versäumnisurteils

im schriftlichen Vorverfahren gemäß § 331 Abs. 3 S. 2 ZPO beantragt.

Erläuterungen

1. Prozessuales. Zur Zuständigkeit, Parteibezeichnung, Gegenstandswert und Klageantrag s. die Hinweise zu Teil 1 Rdn. 2334–2360. 2379

2. Klagebegründung. S. zunächst die Hinweise zu Teil 1 Rdn. 2361. Es ist zu beachten, dass es sich bei den Anforderungen an die Begründung einer Kündigung (s. dazu die Hinweise zu Teil 1 Rdn. 1613 und Teil 1 Rdn. 1961) nur um Mindesterfordernisse für die förmliche Zulässigkeit der Kündigung handelt. Die **Begründung der Klage** wird daher regelmäßig eingehender den Sachverhalt wiedergeben müssen, auf den der Räumungsanspruch gestützt wird. 2380

Es ist darauf zu achten, dass die Gründe in der Kündigung und in der Klagebegründung deckungsgleich sind; anderenfalls riskiert der Vermieter die Abweisung seiner Klage, selbst wenn bei isolierter Betrachtung sowohl der eine wie der andere Sachverhalt ein Freimachungsinteresse begründen würde (LG Hamburg WuM 1993, 679). 2381

Der Vermieter kann jedoch keine Gründe mehr vortragen, die er schon im Kündigungsschreiben hätte geltend machen können (s. § 573 Abs. 3 BGB). 2382

Nach § 138 Abs. 1 ZPO haben die Parteien ihre Erklärungen über tatsächliche Umstände **vollständig** (und wahrheitsgemäß) abzugeben. Geschieht dies nicht innerhalb einer vom Gericht gesetzten Frist oder – falls eine Fristsetzung nicht erfolgt – so rechtzeitig, wie es einer sorgfältigen Prozessführung entspricht, so kann das verspätete Vorbringen gem. § 296 ZPO wegen Verzögerung zurückgewiesen werden. 2383

Stützt der Vermieter die Kündigung auf neue Gründe, so liegt darin eine **Klageänderung**, die nach § 263 ZPO nur zugelassen wird, wenn der Beklagte einwilligt oder das Gericht sie für sachdienlich hält. 2384

V. Räumung von Wohnraum durch einstweilige Verfügung (§ 940a ZPO)

Namens und in Vollmacht der antragstellenden Partei wird beantragt, 2385

die Antragsgegnerpartei im Wege der einstweiligen Verfügung – der Dringlichkeit wegen ohne mündliche Verhandlung – zu verurteilen, die im Hause _____ belegenen Wohnräume, diese bestehend aus _____ geräumt an die Antragstellerpartei herauszugeben.

Begründung:

Der auf § 940a ZPO gestützte Antrag auf Erlass einer einstweiligen Verfügung wird wie folgt begründet:

▶ Beispiel:

Die Antragsgegnerin ist im unmittelbaren Besitz der im obigen Antrag bezeichneten Wohnräume. Die antragstellende Partei hatte diese an den Ehemann der Antragsgegnerin vermietet. Ein vollstreckbarer Räumungstitel gegen den alleinigen Mieter der Wohnung, nämlich den Ehemann der Antragsgegnerin, liegt in Gestalt des in Ablichtung als

Anlage ASt 1

überreichten Urteils des Amtsgerichtes _____ vom _____ zum Aktenzeichen _____ vor. Die Antragsgegnerin als unmittelbare Besitzerin der Wohnung hat gegenüber dem Antragsteller kein Recht zum Besitz. Erst in der mündlichen Verhandlung, an deren Schluss das Räumungsurteil gegen den Mieter ergangen ist, erfuhr die antragstellende Partei den Namen der Antragsgegnerin. Zwar war im Räumungsprozess früher bereits vom Ehemann vorgetragen worden, dass er zusammen mit seiner Ehefrau die streitgegenständliche Wohnung bewohnt, indes war der antragstellenden Partei der Name dieser Ehefrau, also der Antragsgegnerin, bis zum Beginn der mündlichen Verhandlung, an deren Schluss das Räumungsurteil gegen den Mieter ergangen ist, unbekannt.

▶ Beispiel:

Gegen den Antragsgegner ist beim Amtsgericht _____ zum Aktenzeichen _____ in Bezug auf die im Antrag bezeichneten Wohnräume bereits eine Räumungsklage mit einer verbundenen Zahlungsklage anhängig. In dem dortigen Verfahren hat das Gericht gemäß § 283a ZPO eine Sicherungsanordnung erlassen. Diese Anordnung wird in Kopie als

Anlage ASt 2

überreicht. Innerhalb der vom Gericht gesetzten Frist hat der Antragsgegner diese Sicherheit nicht geleistet. Demgemäß kann der Antragsgegner nunmehr gemäß § 940a Abs. 3 ZPO im Wege der einstweiligen Verfügung zur Räumung der hier streitgegenständlichen Wohnung verurteilt werden.

Zur weiteren Glaubhaftmachung wird als

Anlage ASt 3

eine eidesstattliche Versicherung der antragstellenden Partei über die Richtigkeit des Vorbringens in diesem Antrag abschließend beigefügt.

Erläuterungen

2386 **1. Einstweilige Verfügung.** Die Räumung von Wohnraum im Wege der einstweiligen Verfügung ist nur in den in § 940a Abs. 1 bis Abs. 3 ZPO geregelten Fällen möglich. Die Räumung durch einstweilige Verfügung gemäß § 940a Abs. 1 ZPO kann u.a. angeordnet werden, bei einer **konkreten Gefahr für Leib oder Leben**. Die konkrete Gefahr für Leib oder Leben des Antragstellers oder Dritter muss nicht unerheblich sein; bloße Befürchtungen oder Angst reichen nicht aus; harmlose Gefährdungen reichen für eine Räumungsverfügung ebenfalls nicht aus, insbesondere, wenn ihr Provokationen durch den Antragsteller vorausgegangen sind (AG Bremen WuM 2015,

562). Zu den Fällen in § 940a Abs. 2 und Abs. 3 ZPO vgl. die nachfolgenden Erläuterungen zu den Beispielen.

2. Zuständiges Gericht. Sachlich zuständig ist das Amtsgericht (§ 23 Nr. 2 Buchstabe a GVG). Zur Zuständigkeit im Übrigen vgl. Teil 1 Rdn. 326 ff. 2387

3. Besitz Dritter. Liegt gegen den Mieter ein vollstreckbarer Räumungstitel vor, kann unter den Voraussetzungen von § 940a Abs. 2 auch ein Dritter, der im Besitz der Mietsache ist, im Wege der einstweiligen Verfügung zur Räumung verpflichtet werden. Nach dem Wortlaut der Vorschrift ist es erforderlich, dass der Vermieter vom Besitzerwerb des Dritten erst **nach** dem Schluss der mündlichen Verhandlung Kenntnis erlangt hat. In dem Beispielsfall lässt es das AG Hanau genügen, dass die Vermieterpartei erst in der mündlichen Verhandlung, an deren Schluss das Räumungsurteil gegen den Mieter ergangen ist, den Namen des Dritten (im Beispielsfalle den Namen der Ehefrau) erfuhr, NZM 2013, 728). § 940a Abs. 2 ZPO ist auf den Besitzdiener nicht anwendbar (AG Wiesbaden WuM 2015, 515). Nach herrschender Meinung besteht ein selbständiges Besitzrecht weder des minderjährigen noch des volljährigen Kindes eines Mieters (AG Wiesbaden a.a.O., m.w.N.). Deswegen lehnte das Gericht den Erlass einer Räumungsverfügung gegen den Sohn der Mieterin ab (er musste im Räumungstitel nach Auffassung des AG Wiesbaden nicht als Beklagter mit aufgeführt werden). 2388

§ 940a Abs. 2 ZPO ist bei Gewerberaummietverhältnissen nicht analog anwendbar (LG Köln ZMR 2013, 721 – Zwischenvermietung; KG NZM 2013, 791; OLG Celle NZM 2015, 166; **a.A.:** LG Hamburg NZM 2013, 860; das OLG Hamburg hält die analoge Anwendung der genannten Vorschrift für nicht hinreichend geklärt im Rahmen einer Kostenentscheidung nach § 91a ZPO: NZM 2015, 738).

4. Sicherungsanordnung. Die durch die Mietrechtsänderung 2013 eingeführte **Sicherungsanordnung gemäß § 283a ZPO** setzt zwingend eine Verbindung von Räumungs- und Zahlungsklage voraus. Kann im Hauptsacheverfahren von dem Vermieter eine solche Sicherungsanordnung erlangt werden und leistet der Mieter einer solchen nicht Folge, darf die Räumung von Wohnraum durch einstweilige Verfügung gemäß § 940a Abs. 3 ZPO angeordnet werden. Da die Anforderungen an eine Sicherungsanordnung gemäß § 283a ZPO sehr hoch sind (vgl. hierzu Streyl, NZM 2004, 1 (7); OLG Celle NZM 2013, 729), wird das angesprochene Instrument einer Räumungsverfügung gemäß § 940a Abs. 3 ZPO kaum praktische Bedeutung erlangen. Insbesondere muss die Sicherungsanordnung **zur Abwendung besonderer Nachteile für den Kläger** gerechtfertigt sein (§ 283a Abs. 1 Ziff. 2 ZPO). »Normaler« Zahlungsverzug des Mieters reicht hier nicht aus. Vorstellbar ist hier der Fall einer Rentnerin, die z.B. eine monatliche Rente von 800,00 € bezieht und zur Bestreitung ihres Lebensunterhaltes auf eine Miete von z.B. in gleicher Höhe dringend angewiesen ist. Mittlerweile werden aber Räumungs- und Zahlungsklagen im Hauptsacheverfahren von den Amtsgerichten recht zügig bearbeitet, so dass der Vermieter auch auf diesem Wege alsbald im Allgemeinen einen vollstreckbaren Räumungstitel erlangen kann. 2389

In den Fällen von § 940a Abs. 2 und 3 ZPO hat das Gericht **den Gegner vor Erlass einer Räumungsverfügung anzuhören** (§ 940a Abs. 4 ZPO).

5. Glaubhaftmachung. Vgl. hierzu Teil 1 Rdn. 342. Das Vorbringen des Antragstellers kann auch durch Vorlage von Urkunden glaubhaft gemacht werden, etwa durch Vorlage der gerichtlichen Sicherungsanordnung gemäß § 283a ZPO. 2390

M. Abwicklung des Mietverhältnisses

I. Rückgabe des Mietobjekts und Einbauten des Mieters

1. Besitzübergabe

2391 Die Rückgabe der Miträume setzt eine förmliche Besitzübergabe voraus, an welcher der Vermieter mitwirken muss. Es reicht nicht aus, dass der Mieter die Schlüssel in den Briefkasten des Vermieters einwirft oder in dem geräumten Mietobjekt zurücklässt; vielmehr muss er dem Vermieter den unmittelbaren Besitz verschaffen (OLG Düsseldorf ZMR 1987, 377; 1999, 326; OLG Hamburg ZMR 1995, 18).

2392 Solange sich noch ein **Untermieter** in den Räumen aufhält, hat der Mieter seine Rückgabepflicht nicht erfüllt. Da es sich um einen schuldrechtlichen Anspruch des Vermieters handelt, bleibt er zur Rückgabe auch dann verpflichtet, wenn er keinen Besitz mehr an den Miträumen hat (BGH MDR 1992, 1147; ZMR 1996, 182). Die Rechtskraft der gegen den Mieter ergangenen Entscheidung über den Rückgabeanspruch des Vermieters aus § 546 Abs. 1 BGB hat hinsichtlich der Frage der Beendigung des Mietverhältnisses keine Bindungswirkung für eine nachfolgende Entscheidung über einen gegen den Dritten gerichteten Rückgabeanspruch aus § 546 Abs. 2 BGB (BGH NJW-RR 2006, 1385; WuM 2010, 353).

2. Rückgabezeitpunkt

2393 Der Mieter schuldet die Rückgabe der Miträume gem. § 546 Abs. 1 BGB »nach Beendigung des Mietverhältnisses«, was dafür spricht, dass die Rückgabe nicht schon am letzten Tag der Mietzeit, sondern erst am darauf folgenden Werktag erfolgen muss (so AG Köln WuM 1985, 265). Allerdings ist § 546 Abs. 1 BGB nach überwiegender Auffassung dahin auszulegen, dass der Mieter das Objekt schon **am letzten Tag der Mietzeit** räumen muss (BGH NJW 1989, 451, 452; OLG Düsseldorf ZMR 2001, 181; Schmidt-Futterer/*Streyl* § 546 Rn. 74; *Kandelhard* in: Herrlein/Kandelhard § 546 Rn. 6). Die Vertragsparteien sollten die Frage im Mietvertrag regeln.

2394 Formulierungsvorschlag:

»Die Rückgabe hat am letzten Tag der Mietzeit bis 18 Uhr zu erfolgen.«

2395 Ist der letzte Tag der Mietzeit ein Sonntag, Sonnabend oder ein am Ort des Mietverhältnisses staatlich anerkannter Feiertag, so wird der Rückgabeanspruch des Vermieters gemäß § 193 BGB erst am **nächsten Werktag** fällig (Schmidt-Futterer/Streyl § 546 Rn. 75). Hierdurch kann eine Verlängerung des Mietverhältnisses um einige Tage eintreten. Für diese Tage steht dem Vermieter der anteilige vereinbarte Mietzins zu, da § 193 BGB die Zeit der vertraglichen Nutzungsberechtigung verlängert (OLG Frankfurt, NJW 1975, 1971).

3. Mietermehrheit

2396 Mehrere Mieter schulden die Räumung und Rückgabe als **Gesamtschuldner**; grundsätzlich bleibt auch derjenige Mitmieter zur Räumung verpflichtet, der selbst das Mietobjekt schon verlassen hat (BGH ZMR 1996, 182).

4. Veräußerung des Grundstücks

2397 Mit dem Eigentumserwerb geht der nach Beendigung des Mietverhältnisses entstandene Anspruch des Veräußerers (Vermieters) auf Herausgabe des Mietobjekts analog § 566 Abs. 1 BGB

5. Zustand der Räume

Nach der Entscheidung des BGH vom 10.01.1983 (NJW 1983, 1049 = ZMR 1983, 198) ist der Zustand der Räume für die Erfüllung der Rückgabepflicht als solcher grundsätzlich ohne Bedeutung (ebenso OLG Hamburg ZMR 1990, 141; Schmidt-Futterer/*Gather* § 546 Rn. 68). Allerdings hat der BGH in dem Urteil vom 10.07.2002 ausgeführt, dass der Mieter zur **Erfüllung der Rückgabepflicht** die Mietsache – abgesehen von den unvermeidlichen Veränderungen infolge des vertragsgemäßen Gebrauchs – in dem Zustand zurückzugeben hat, in dem sie sich bei der Überlassung befunden hatte (BGH NZM 2002, 913, 914 = ZMR 2002, 901, 902). Dort ging es um ein nach Beendigung des Mietverhältnisses herausgegebenes Tankstellengrundstück, das erhebliche Kontaminationsschäden aufwies. Die aufgezeigte Kontroverse ist insbesondere für die Frage bedeutsam, ob der Vermieter Schäden am Mietobjekt sogleich nach §§ 280 Abs. 1, 249 Abs. 2 BGB ersetzt verlangen kann oder ob er den Weg über § 281 BGB (mit vorheriger Fristsetzung zur Beseitigung) gehen muss (ausf. zur Problematik *Langenberg* Schönheitsreparaturen, II Rn. 110 ff., siehe auch zur Abgrenzung möglicher Schadensersatzansprüche und zur Notwendigkeit der Fristsetzung gemäß § 281 BGB im Falle der Schlechterfüllung von Rückgabepflichten, Schmidt-Futterer/Streyl, Kommentierung zu § 546a BGB). Jedenfalls hat der Mieter seine Rückgabepflicht auch dann erfüllt, wenn er noch einzelne, die Nutzung des Mietobjekts nicht wesentlich hindernde Sachen in den Räumen zurückgelassen und noch nicht alle Schlüssel zurückgegeben hat (OLG Düsseldorf ZMR 2004, 27, 28; DWW 1987, 129). Es kann allein darin, dass der Mieter dem Vermieter die Räume in verwahrlostem Zustand oder mit von ihm zu beseitigenden Einrichtungsgegenstände versehen überlässt, keine Vorenthaltung gesehen werden OLG Brandenburg, ZMR 2014, 28). Weigert sich der Vermieter in solchen Fällen, die Mietsache zurückzunehmen, so liegt keine Vorenthaltung seitens des Mieters i.S. des § 546a Abs. 1 BGB vor (OLG Düsseldorf ZMR 2004, 27, 28).

Keine Erfüllung der Rückgabepflicht ist jedoch anzunehmen, solange der Mieter noch eine **mehr als nur geringfügige Menge** von Gegenständen auf dem Grundstück belässt (BGH ZMR 1995, 13, 16; OLG Düsseldorf GE 2006, 189 = GuT 2006, 29). Der Rückgabeanspruch des Vermieters gemäß § 546 Abs. 1 BGB umfasst außer der Verschaffung der tatsächlichen Gewalt auch die Räumung. Überlässt der Mieter dem Vermieter zwar den Besitz, entfernt er aber die zum Zwecke der Gebrauchsnutzung auf das Grundstück geschafften Sachen nicht, so gibt er die Mietsache nicht zurück, sondern enthält sie dem Vermieter vor (BGH a.a.O.; OLG Düsseldorf a.a.O.).

Hingegen stellt der vom Mieter unterlassene Rückbau von drei Bädern und einer Zwischenwand in einem gewerblichen Mietobjekt keine zur Nutzungsentschädigung berechtigende Vorenthaltung des Mietobjekts im Sinne von § 546a Abs. 1 BGB dar, sofern die weitere Nutzung für den Vermieter zum bestimmungsgemäßen Zweck nicht vollständig ausgeschlossen ist (OLG Brandenburg, MietRB 11/2013, 321). Ohne Bedeutung für die Erfüllung der Rückgabepflicht ist allerdings der Umstand, dass die Wohnung unrenoviert ist (OLG Düsseldorf, MDR 1988, 866). Die Pflicht des Mieters, einen vertragsgemäßen Zustand zu schaffen und alle Sache zu entfernen, sämtliche Schlüssel herauszugeben und die geschuldeten Schönheitsreparaturen auszuführen, bleibt trotzdem bestehen.

Die mangelnde Ausführung nicht geschuldeter Schönheitsreparaturen durch den Mieter gibt diesem keinen Anspruch gegen den Vermieter wegen seiner Verpflichtung zur Erhaltung des vertragsgemäßen Zustands aus § 535 Abs. 1 S. 2 BGB (BGH, WuM 6/2015, 350).

6. Annahmeverzug

2401 Lehnt der Vermieter die Rückgabe der Räume ab, weil ihr Zustand nicht vertragsgerecht ist, so gerät er wegen des Anspruchs auf Rückgabe in Annahmeverzug (OLG Düsseldorf ZMR 2004, 27, 28; OLG Hamburg ZMR 1990, 141).

2402 Zur Begründung des Annahmeverzugs genügt es, wenn der Vermieter das **wörtliche Angebot** des Mieters (§ 295 BGB), die Schlüssel am Ort der belegenen Sache zurückzugeben, nicht annimmt (OLG Düsseldorf ZMR 2004, 27, 28).

7. Das Abnahmeprotokoll

2403 Das auf dem Grundstück _____ belegene Mietobjekt, bestehend aus _____ wurde heute im geräumten Zustand an den Vermieter zurückgegeben. Die Mietvertragsparteien bestätigen mit Unterzeichnung dieses Protokolls, dass nachstehende, vom Mieter zu vertretende Mängel bei der Übergabe festgestellt wurden: [1]

Bitte beachten Sie zunächst folgende Hinweise:

1. Der vorgefundene Zustand der Räumlichkeiten bzw. der Einrichtungsgegenstände ist zu beschreiben. [2]

   Es bedeuten:
   0 = nicht vorhanden
   1 = mangelbehaftet
   2 = mangelfrei

   Bitte kreuzen Sie unbedingt eine der angegebenen Ziffern entsprechend den von Ihnen näher getroffenen Feststellungen in den dafür vorgesehenen Kästchen an.

2. Falls 1 angekreuzt wird, bitte die Mängel genau, z.B. nach Art, Lage und Umfang detailliert unter der Rubrik sonstige Feststellungen/zusätzliche Vermerke aufführen.

Ebenso kann bei Nichtvorhandensein 0 bestimmter Ausstattungsgegenstände dieses in o.a. Rubrik vermerkt werden.

Wohnzimmer [3]

1.	Fußboden/Belag	0 1 2	_____
2.	Decke	0 1 2	_____
3.	Wände	0 1 2	_____
4.	Tapeten	0 1 2	_____
5.	Fenster/Rollladen	0 1 2	_____
6.	Türen/Zargen	0 1 2	_____
7.	Beschläge	0 1 2	_____
8.	Schalter/Steckdosen	0 1 2	_____
9.	Einbauschränke	0 1 2	_____
10.	Heizung/Heizkörper	0 1 2	_____

| 11. | Fußleisten | 0 1 2 | _____ |
| 12. | Sonstiges | 0 1 2 | _____ |

* Das Formular orientiert sich an dem vom Grundeigentümer-Verband Hamburg von 1832 e.V. herausgegebenen »Übergabeprotokoll«, das dort bezogen werden kann.

Schlafzimmer/Kinderzimmer

… (s. Beispiel Wohnzimmer)

Küche

1.	Fußboden/Belag	0 1 2	_____
2.	Decke	0 1 2	_____
3.	Wände	0 1 2	_____
4.	Fliesenspiegel/Tapeten	0 1 2	_____
5.	Fenster/Rollladen	0 1 2	_____
6.	Türen/Zargen	0 1 2	_____
7.	Beschläge	0 1 2	_____
8.	Schalter/Steckdosen	0 1 2	_____
9.	Spüle/Spülbecken	0 1 2	_____
10.	Warmwassergeräte	0 1 2	_____
11.	Herd	0 1 2	_____
12.	Armaturen	0 1 2	_____
13.	Heizung/Heizkörper	0 1 2	_____
14.	Einbaumöbel	0 1 2	_____
15.	Fußleisten	0 1 2	_____
16.	Sonstiges	0 1 2	_____

Flur

1.	Fußboden/Belag	0 1 2	_____
2.	Decke	0 1 2	_____
3.	Wände	0 1 2	_____
4.	Tapeten	0 1 2	_____
5.	Fenster/Rollladen	0 1 2	_____
6.	Türen/Zargen	0 1 2	_____
7.	Beschläge	0 1 2	_____
8.	Schalter/Steckdosen	0 1 2	_____
9.	Einbauschränke	0 1 2	_____
10.	Heizung/Heizkörper	0 1 2	_____

11.	Klingel/Türdrücker	0 1 2
12.	Gegensprechanlage	0 1 2
13.	Fußleisten	0 1 2
14.	Sonstiges	0 1 2

Bad/WC

1.	Fußboden/Belag	0 1 2
2.	Decke	0 1 2
3.	Wände	0 1 2
4.	Fliesen/Tapeten	0 1 2
5.	Fenster/Rollladen	0 1 2
6.	Entlüftung	0 1 2
7.	Toilettenbecken/-sitz	0 1 2
8.	Bidet	0 1 2
9.	Badewanne	0 1 2
10.	Dusche	0 1 2
11.	Armaturen/Mischbatterie	0 1 2
12.	Warmwassergeräte	0 1 2
13.	Waschtisch	0 1 2
14.	Türen/Zargen	0 1 2
15.	Beschläge	0 1 2
16.	Einbaumöbel	0 1 2
17.	Spiegel/Ablage	0 1 2
18.	Schalter/Steckdosen	0 1 2
19.	Heizung/Heizkörper	0 1 2
20.	Sonstiges	0 1 2

Nebenräume

1.	Keller	0 1 2
2.	Boden	0 1 2
3.	Abstellraum	0 1 2
4.	Balkon 1/Loggia	0 1 2
5.	Balkon 2	0 1 2
6.	Terrasse	0 1 2
7.	Wintergarten	0 1 2

8.	Garage	0 1 2	_____
9.	Garten	0 1 2	_____
10.	Außenanlage	0 1 2	_____
11.	Sonstiges	0 1 2	_____

Schlüssel

Folgende Schlüssel wurden übergeben:

1. _____
2. _____

Dieses Protokoll gibt den Zustand der Mietsache im Zeitpunkt der Besichtigung wieder.

Der Mieter verpflichtet sich, diese Mängel auf seine Kosten bis zum _____ fachgerecht zu beseitigen. Der Vermieter erklärt, dass ein etwaiger darüber hinausgehender Anspruch auf Mängelbeseitigung gegenüber dem Mieter nicht geltend gemacht wird. Der Vermieter behält sich vor, einen etwaigen Verzugsschaden erstattet zu verlangen. 4

Die Parteien haben am um Uhr die Mietsache besichtigt.

Zählerstände:

_____   _____
(Strom)   (Gas)

_____   _____
(Kaltwasser)   (Warmwasser)

_____, den _____

_____   _____
Unterschrift Vermieter/Verwalter   Unterschrift Mieter

Erläuterungen

1. Mängel bei Rückgabe. Soweit hier Mängel festgestellt werden und der Mieter das Protokoll unterzeichnet, liegt darin nur eine Tatsachenerklärung und noch kein Schuldanerkenntnis. Anders verhält es sich, wenn er sich zur Beseitigung der festgestellten Mängel verpflichtet (AG Münster WuM 1987, 53). Andererseits wird der Vermieter damit ausgeschlossen, sich auf solche Schäden zu berufen, die nicht im Abnahmeprotokoll vermerkt sind, obwohl er diese bei Abnahme hätte wahrnehmen können (OLG Düsseldorf ZMR 2004, 257 f.). Das gilt selbst für Schäden, die nur durch einen Fachmann erkannt werden können (BGH NJW 1983, 446, 448; KG GE 2003, 524; LG Hamburg NZM 2001, 339; LG Berlin GE 2003, 524). Ggf. muss der Vermieter bei Rückgabe eine fachkundige Person hinzuziehen. Kaschiert der Mieter jedoch bestimmte Mängel, so greift die Ausschlusswirkung nicht ein. 2404

Das Abnahmeprotokoll entfaltet die **Ausschlusswirkung** erst, wenn es der anderen Seite übergeben worden ist. 2405

Der Vermieter kann sich dann nicht mehr auf weitere Mängel berufen, wenn kein Abnahmeprotokoll erstellt wurde, der Vermieter aber nach Übergabe der Mietsache und Abnahme ihres Zu- 2406 stands **keinerlei Vorbehalte** gemacht hat, obgleich die Mängel erkennbar waren (KG GE 2003, 524, 525).

2407 Die vorstehenden Grundsätze gelten auch, wenn der Vermieter die Wohnung durch seinen Hausmeister als ordnungsmäßig abgenommen hat. Der Vermieter muss sich das Verhalten seines Hausmeisters entsprechend gemäß § 166 Abs. 2 Satz 1 BGB zurechnen lassen.

2408 Nach OLG Düsseldorf ZMR 2004, 257 steht es einem gemeinsamen Abnahmeprotokoll gleich, wenn die Parteien unmittelbar nach Durchführung der gemeinsamen Begehung die aus ihrer Sicht getroffenen Abreden wechselseitig bestätigen; insofern gelten die Grundsätze des **kaufmännischen Bestätigungsschreibens** entsprechend, sofern deren Voraussetzungen (dazu Palandt/Ellenberger § 147 Rn. 8 ff. vorliegen.

2409 **Hinweis:** Der Vermieter hat grundsätzlich keinen Anspruch auf Mitwirkung des Mieters an der Erstellung eines Übergabeprotokolls (LG Frankenthal WuM 2006, 700 = ZMR 2007, 276, 278). Die Parteien können aber im Mietvertrag vereinbaren, dass bei Rückgabe der Mietsache ein von der Handwerkskammer zu benennender Sachverständiger den Zustand der Mietsache klärt (§ 317 BGB).

2410 **2. Erstellung des Protokolls.** Zweckmäßig ist es, das Wohnungsabnahmeprotokoll tabellarisch aufzubauen, und zwar nach Räumen, einzelnen Gebäudeteilen (Wände, Decken, Fußböden, Fenster) und Installationen (Heizkörper, Bad und Kücheneinrichtung, Toilette), damit möglichst kein Raumteil oder -zubehör übersehen wird.

2411 Das sollte aber nicht so weit gehen, auch die (typischen) Mängel von vornherein in das Protokollmuster oder -formular aufzunehmen und ggf. nur noch durch Ankreuzen kenntlich zu machen.

2412 **3. Konkretisierung der Mängel.** Es empfiehlt sich, die Mängel **genau festzulegen**, um auf diese Weise einen etwaigen Schadensersatzanspruch wegen unterlassener Schönheitsreparaturen vorzubereiten. Eine allgemeine Zustandsbeschreibung, ohne zwischen vertragsgemäßem und vertragswidrigem Zustand zu unterscheiden, würde dafür nicht ausreichen (LG Hamburg WuM 1986, 242; Schmidt-Futterer/*Langenberg* § 538 Rn. 293).

2413 Enthält das Wohnungsabnahmeprotokoll keine Wohnungsmängel, sondern beschreibt die Wohnung in ordnungsmäßigem Zustand, so schuldet der Mieter keine Renovierungsarbeiten (AG Münster WuM 1990, 201; s. im Übrigen die Hinweise zu Ziff. 1, Teil 1 Rdn. 2404 ff.).

2414 **4. Vereinbarung der Mängelbeseitigung.** Auch eine solche kann im Abnahmeprotokoll festgehalten werden. Der Mieter kann den Vermieter auch ermächtigen, die noch erforderlichen **Arbeiten** ohne Fristsetzung nach § 281 Abs. 1 S. 1 BGB **durchzuführen**.

2415 Zur Ausschlusswirkung der Feststellungen im Abnahmeprotokoll s. oben Ziff. 1, Teil 1 Rdn. 2405 ff.

2416 **5. Gebührenstreitwert und Rechtsanwaltsvergütung.** Wird der Rechtsanwalt vom Vermieter mit der Geltendmachung von Mängelbeseitigungsansprüchen beauftragt, richtet sich der Gegenstandswert nach der Höhe der Kosten, die für die Beseitigung der Mängel aufzuwenden sind. Wird der Rechtsanwalt vom Mieter mit der Geltendmachung von Mängelbeseitigungsansprüchen beauftragt, richtet sich der Gegenstandswert gem. § 41 Abs. 5 S. 1 GKG nach dem Jahreswert des monatlichen Minderungsbetrages. Endet das Mietverhältnis vor Ablauf eines Jahres, ist ein entsprechend niedrigerer Betrag maßgebend (§ 41 Abs. 5 S. 2 GKG). Wird der Rechtsanwalt außergerichtlich tätig, erhält er hierfür eine Geschäftsgebühr der Nr. 2300 VV RVG (zzgl. Auslagenpauschale, Nr. 7002 VV RVG und Umsatzsteuer, Nr. 7008 VV RVG). Der Rechtsanwalt bestimmt innerhalb des Gebührenrahmens 0,5 bis 2,5 seine Gebühr, wobei eine Gebühr von mehr als 1,3 nur gefordert werden kann, wenn die Tatbestandsmerkmale »umfangreich« oder »schwierig« erfüllt sind. Bezüglich der Gebühren in gerichtlichen Verfahren vgl. Teil 1 Rdn. 2343.

M. Abwicklung des Mietverhältnisses

8. Anwaltliches Schreiben des Vermieters zur Übernahme von Einrichtungen/ Einbauten, die der Mieter auf seine Kosten vornahm

Sehr geehrter Herr Mustermann,

2417

hiermit zeigen wir Ihnen an, dass uns Herr Beispielhaft mit der Wahrnehmung seiner rechtlichen Interessen in der vorbezeichneten Angelegenheit beauftragt hat. Unsere Bevollmächtigung wird anwaltlich versichert. [1]

Zur Übernahme von Einrichtungen/Einbauten, die der Mieter auf seine Kosten installierte, ist unter § _____ des mit Ihnen geschlossenen Mietvertrages über das auf dem Grundstück _____ belegene Mietobjekt für den Fall der Beendigung des Mietverhältnisses Folgendes vereinbart: _____ . [2]

▶ Beispiel (für Gewerberaum):

Der Mieter ist verpflichtet, die von ihm vorgenommenen Einrichtungen/Einbauten nach Beendigung des Mietverhältnisses entschädigungslos zurückzulassen. [3]

▶ Beispiel (für Gewerberaum):

Der Mieter ist verpflichtet, die von ihm vorgenommenen Einrichtungen/Einbauten nach Beendigung des Mietverhältnisses entschädigungslos zurückzulassen. Bei einer Nutzungsdauer der Einrichtungen/Einbauten von weniger als zehn Jahren ist jedoch der Vermieter im Falle einer ihm freigestellten Übernahme zur Zahlung einer billigen Entschädigung an den Mieter verpflichtet. Diese ist zu ermitteln nach dem Wert zur Zeit der Anschaffung abzüglich eines Abschlages für die bisherige Abnutzung; dabei ist maßgeblich die technische Lebensdauer der von dem Mieter vorgenommenen Einrichtungen/Einbauten. Ein weiterer Abzug ersparter Kosten für Ausbau und Wiederherstellung des ursprünglichen Zustandes ist nicht

oder

ist vorzunehmen.

▶ Beispiel (für Wohnraum):

Will der Mieter Einrichtungen, mit denen er die Räume versehen hat, mitnehmen, hat er sie zunächst dem Vermieter zur Übernahme anzubieten. Dieser kann die Einrichtung übernehmen oder die Wiederherstellung des ursprünglichen Zustandes verlangen. Macht der Vermieter von seinem Übernahmerecht Gebrauch, hat er dem Mieter den Betrag zu erstatten, den die Herstellung der Einrichtungen nachweislich gekostet hat, abzüglich eines angemessenen Betrages für inzwischen erfolgte Abnutzung. Macht der Vermieter von diesem Recht keinen Gebrauch und nimmt der Mieter die Einrichtungen mit, hat er den ursprünglichen Zustand der Räume auf seine Kosten wiederherzustellen. [4]

Unter Bezugnahme auf diese vertraglichen Vereinbarungen werden Sie gebeten, entschädigungslos [5]

oder

gegen Zahlung einer Entschädigung in Höhe von _____ € folgende Einrichtungen/Einbauten nach Beendigung des Mietverhältnisses im Mietobjekt zurück zulassen _____ .

oder

Unter Bezugnahme auf die gesetzliche Regelung § 552a Abs. 1 und 2 BGB werden Sie gebeten, gegen Zahlung einer Entschädigung in Höhe von _____ € folgende Einrichtungen/Einbauten nach Beendigung des Mietverhältnisses im Mietobjekt zurückzulassen _____ . Den genannten Entschädigungsbetrag hält unser Mandant unter Berücksichtigung der bisherigen Abnutzung für angemessen. Ein Übernahmerecht seitens unseres Mandanten besteht nur dann nicht, wenn Sie Ihrerseits ein berechtigtes Interesse an der Mitnahme oben genannter Einrichtungen/Einbauten haben. Ein derartiges Interesse müsste ggf. von Ihnen im Einzelnen dargelegt werden. Unser Mandant geht davon aus, oben genannte Einrichtungen/Einbauten gegen Zahlung einer angemessenen Entschädigung übernehmen zu können, sofern wir keine gegenteilige Nachricht erhalten. [6]

Erläuterungen

2418   1. **Bevollmächtigung.** Sofern der Mieter zur Entfernung von Einrichtungen/Einbauten aufgefordert wird, handelt es sich nicht um eine gestaltende Willenserklärung, sodass es vorerst ausreichend ist, die Bevollmächtigung anwaltlich zu versichern. Sollte der Mieter die Bevollmächtigung bestreiten, muss eine Originalvollmacht nachgereicht werden.

2419   2. **Wegnahmerecht.** Der Mieter ist nach § 539 Abs. 2 BGB berechtigt, nach § 546 Abs. 1 BGB aber auch verpflichtet, **Einbauten** und Einrichtungen, die er installiert hat, wegzunehmen. Nach § 258 BGB muss er im Falle der Wegnahme den früheren Zustand wiederherstellen. Diese Rechte und Pflichten können vertraglich – auch durch Formularvertrag – geregelt werden; bei der Wohnraummiete kann nicht vereinbart werden, dass der Mieter seine Einrichtungen entschädigungslos zurücklässt (vgl. § 552 Abs. 2 BGB).

2420   Der Vermieter von Wohnraum kann die Ausübung des Wegnahmerechts dadurch abwenden, dass er dem Mieter eine angemessene Entschädigung zahlt, es sei denn, dass dieser ein besonderes Interesse an der Wegnahme hat (§ 552 Abs. 1 BGB). Diese Regelung gilt auch bei der Vermietung von Gewerberaum (vgl. § 578 Abs. 2 BGB).

2421   3. **Ausschluss der Entschädigung/Gewerberaum.** Nach BGH NJW 1967, 1223 verstößt eine in einem Pachtvertrag über gewerbliche Räume getroffene Vereinbarung, gemäß der der Verpächter bei Beendigung des Pachtverhältnisses unter Ausschluss von Entschädigungs- und Bereicherungsansprüchen des Pächters die von diesem eingebauten Anlagen behalten darf, nicht ohne Weiteres gegen die guten Sitten. Auch OLG Karlsruhe NJW-RR 1986, 1394 lässt den Ausschluss der Entschädigung bei anderen als Wohnraummietverhältnissen zu. Handelt es sich um einen langfristigen Vertrag und wird dieser vorzeitig beendet, so können Bereicherungsansprüche auch bei einem sonst vereinbarten Ausschluss der Entschädigung gegeben sein (OLG Hamburg MDR 1974, 854).

2422   Nach BGH ZMR 1996, 122 kann die Entschädigungspflicht sogar formularmäßig eingeschränkt oder ausgeschlossen werden. Wird im Mietvertrag dem Mieter der Umbau der Mietsache gestattet und über einen Wertausgleich bei Vertragsende keine Regelung getroffen, soll der Mieter nach Auffassung des OLG Düsseldorf auch nicht unter den Gesichtspunkten der GOA oder ungerechtfertigten Bereicherung Ansprüche gegen den Vermieter auf Wertersatz haben (OLG Düsseldorf, BeckRS 2010, 12225).

2423   4. **Ausschluss des Wegnahmerechts/Wohnraum.** Bei Vermietung von Wohnraum kann der Vermieter das Wegnahmerecht nur ausschließen, wenn ein **angemessener Ausgleich** vorgesehen ist (§ 552 Abs. 2 BGB). Eine Pflicht des Mieters, dem Vermieter die Einrichtungen anzubieten, besteht nicht von Gesetzes wegen, kann aber – auch formularvertraglich – vereinbart werden. Nach dem Wortlaut des Gesetzes besteht die Übernahmebefugnis des Vermieters nur, wenn er die Entschädigung zahlt (s. KG MDR 2001, 984); vereinzelt wird bereits ein verbindliches Angebot des Vermieters für ausreichend erachtet (AG Aachen WuM 1987, 123).

Die Pflicht des Mieters, den **ursprünglichen Zustand der Räume** wiederherzustellen, folgt aus 2424
§ 258 BGB. Zu den Fällen, in denen der Mieter zur Wegnahme nicht verpflichtet ist, s. Muster
und Hinweise zu Teil 1 Rdn. 2431 ff.

5. Entschädigungslose Zurücklassung. Zur Zulässigkeit von Vereinbarungen über den ent- 2425
schädigungslosen Ausschluss des Wegnahmerechts s. oben Ziff. 2, Teil 1 Rdn. 2425. Der Vermieter kann die entschädigungslose Zurücklassung von Einbauten und Einrichtungen nicht schon
deshalb verlangen, weil sie mit dem Grundstück **fest verbunden** sind. Selbst wenn sie damit Bestandteile des Gebäudes geworden sind (vgl. aber § 95 BGB), besteht das schuldrechtliche Wegnahmerecht des Mieters, soweit es nicht vertraglich wirksam ausgeschlossen oder eingeschränkt
ist. Es hängt – auch wenn ein Übernahmerecht des Vermieters besteht – nicht von einem Übernahmeangebot des Mieters ab (OLG Köln ZMR 1994, 509).

6. Zurücklassung gegen Entschädigung. Bei der Wohnraummiete folgt die Pflicht zur ange- 2426
messenen Entschädigung des übernehmenden Vermieters unabdingbar aus § 552 Abs. 2 BGB (s.
Ziff. 3, Teil 1 Rdn. 2426).

Ist vertraglich nichts anderes geregelt, so kann der Vermieter das Wegnahmerecht des Mieters 2427
nach § 552 Abs. 1 BGB nur abwenden, solange der Mieter die Einbauten **noch nicht abgebaut**
hat. Der Mieter ist weder zu einer vorherigen Anzeige noch zu einer Rückschaffung der entfernten Einrichtungen verpflichtet, sofern nichts anderes vereinbart ist. Ebenso wenig kommt es auf
ein vorheriges Übernahmeangebot des Vermieters an (OLG Köln ZMR 1994, 509).

Zur Angemessenheit der Entschädigung s. Muster und Hinweise zu Teil 1 Rdn. 2746, 2752. 2428

Das **berechtigte Interesse** des Mieters, das er der Abwendungsbefugnis des Vermieters nach § 552 2429
Abs. 1 BGB entgegensetzen darf, kann ein bloßes Liebhaberinteresse sein.

9. Anwaltliches Schreiben des Vermieters mit der Aufforderung zur Beseitigung von Einrichtungen/Einbauten des Mieters

Sehr geehrter Herr Mustermann, 2430

hiermit zeigen wir Ihnen an, dass uns Herr Beispielhaft mit der Wahrnehmung seiner rechtlichen Interessen in der vorbezeichneten Angelegenheit beauftragt hat. Unsere Bevollmächtigung wird anwaltlich versichert. [1]

Nach Beendigung des Mietverhältnisses über das auf dem Grundstück _____ belegene Mietobjekt sind Sie verpflichtet, die von Ihnen vorgenommenen Einrichtungen/Einbauten zu entfernen – soweit diese nicht einer objektiv erforderlichen, berechtigten Mängelbeseitigung dienten – und den ursprünglichen Zustand wiederherzustellen. [2]

Zur Übernahme dieser Einrichtungen/Einbauten bin ich weder nach den mit Ihnen getroffenen mietvertraglichen Vereinbarungen noch aufgrund gesetzlicher Bestimmungen verpflichtet. Ich bin an einer Übernahme auch nicht interessiert.

Wir haben Sie daher aufzufordern, bis spätestens _____ folgende Einrichtungen/Einbauten unter Wiederherstellung des ursprünglichen Zustandes zu entfernen (genaue Bezeichnung der zu entfernenden Gegenstände). [3]

▶ Beispiel:

Holzverkleidung an den Wänden von Flur und Schlafzimmer, abgehängte Decke im Wohnzimmer und Teppichböden in allen Wohnräumen.

Nach erfolglosem Fristablauf lehnt unser Mandant Leistungen durch Sie ab und wird auf Ihre Kosten die notwendigen Arbeiten zur Entfernung der Einbauten und zur Wiederherstellung des ursprünglichen Zustandes durchführen lassen.

Die zu entfernenden Gegenstände wird unser Mandant vorerst einlagern. Die Einlagerungskosten gingen ebenfalls zu Ihren Lasten. [4]

Erläuterungen

2431 **1. Bevollmächtigung.** Sofern der Mieter zur Beseitigung von Einrichtungen/Einbauten aufgefordert wird, handelt es sich nicht um eine gestaltende Willenserklärung, sodass es vorerst ausreichend ist, die Bevollmächtigung anwaltlich zu versichern. Sollte der Mieter die Bevollmächtigung bestreiten, muss eine Originalvollmacht nachgereicht werden.

2. Rückbaupflicht. Der Mieter ist grundsätzlich verpflichtet, seine **Einbauten zu entfernen**, selbst wenn er sie mit Erlaubnis des Vermieters vorgenommen hat (OLG Düsseldorf ZMR 1990, 218; OLG Hamburg ZMR 1990, 341). Ausnahmsweise braucht er die Einbauten und Einrichtungen nicht zu entfernen,
– wenn hierdurch der vertragsgemäße Zustand – auch durch Behebung von Mängeln – erst hergestellt werden sollte (s. LG Köln WuM 1995, 654 für Entfernung von Nachtspeicheröfen).
– wenn der Vermieter – sei es auch schlüssig – auf die Entfernung verzichtet hat. Das kommt bei auf Dauer angelegten Modernisierungsmaßnahmen des Mieters in Betracht. Aus der Kenntnis des Vermieters folgt aber noch nicht seine Zustimmung. Ebenso wenig bedeutet jede Zustimmung schon einen Verzicht auf den Beseitigungsanspruch.
– wenn das Wegnahmerecht des Mieters vertraglich zulässigerweise ausgeschlossen ist.

2432 Der Anspruch des Vermieters auf Wiederherstellung des früheren Zustandes entfällt außerdem, wenn er die Räumlichkeiten in der Weise **umbauen** will, dass der Wiederherstellungsaufwand des Mieters nutzlos wäre (BGH ZMR 1986, 48). Allerdings kommt dann ein Anspruch des Vermieters auf Geldersatz in Betracht, wenn der Mieter die Schönheitsreparaturen und Instandsetzungsmaßnahme nicht ausführen muss (OLG Koblenz ZMR 2013, 882).

2433 Die Berechtigung des Mieters, seine Einbauten und Einrichtungen mitzunehmen, schließt die Pflicht ein, das Mietobjekt auf seine Kosten wieder **in den früheren Zustand zu versetzen** (§ 258 BGB). Zu den Ausnahmen von dieser Pflicht s. die Hinweise zu Ziff. 1, Teil 1 Rdn. 2418 ff.

2434 **3. Fristsetzung.** Um den Mieter im Falle der Nichtbeseitigung der Einbauten auf Schadensersatz in Anspruch nehmen zu können, muss der Vermieter ihm eine angemessene Frist zur Leistung bestimmen (§ 281 Abs. 1 S. 1 BGB); s. dazu die Hinweise zu Teil 1 Rdn. 2514.

2435 Weil der Kostenaufwand nicht immer voraussehbar ist, empfiehlt es sich für den Vermieter im Zweifel, die Aufforderung zur Erfüllung der Rückbaupflicht mit Fristsetzung nach § 281 Abs. 1 S. 1 BGB zu verbinden.

2436 **Achtung!** Nach Auffassung des BGH (ZMR 1988, 378; 1995, 13, 16) erfüllt der Mieter seine Rückgabepflicht nicht vollständig, wenn er Einbauten und Einrichtungen in größerem Umfang und von nicht nur unwesentlichem Wert zurücklässt. Der Vermieter darf eine solche Teilleistung ablehnen und für die Dauer der Vorenthaltung Nutzungsentschädigung verlangen; s. dazu die Hinweise zu Teil 1 Rdn. 2696.

2437 **4. Schadensersatz.** Der Schadensersatzanspruch des Vermieters folgt aus der Verzögerung der Räumung (§§ 280 Abs. 2, 286 BGB). Er muss aber den Grundsatz der Verhältnismäßigkeit zwischen dem Wert der Sachen, den Einlagerungskosten und den Möglichkeiten, die Sachen des Mieters in nicht genutzten Nebenräumlichkeiten zu lagern, beachten. Anderenfalls muss er den Schaden selbst tragen (§ 254 Abs. 2 BGB). Es empfiehlt sich daher, den Mieter gegebenenfalls auf die Gefahr eines größeren Schadens – etwa die zu erwartenden Einlagerungskosten oder einen Mietausfall bei Verbleiben der Sachen in den Miträumen – hinzuweisen.

10. Anwaltliche Aufforderung zur Räumung gegenüber einem Untermieter (§ 546 Abs. 2 BGB)

Sehr geehrter Herr Mustermann, 2438

hiermit zeigen wir Ihnen an, dass uns Herr Beispielhaft mit der Wahrnehmung seiner rechtlichen Interessen in der vorbezeichneten Angelegenheit beauftragt hat. Unsere Bevollmächtigung wird anwaltlich versichert. **1**

Wir setzen Sie hiermit davon in Kenntnis, dass das Hauptmietverhältnis über das von Ihnen genutzte Mietobjekt wirksam aufgrund nachstehend bezeichneter Umstände zum _____ beendet wurde: **2**

oder

Unser Mandant unterrichtet Sie hiermit davon, dass das Hauptmietverhältnis über das von Ihnen genutzte Mietobjekt wirksam aufgrund nachstehend bezeichneter Umstände zum _____ beendet werden wird:

▶ Beispiel:

Das Hauptmietverhältnis wurde von unserem Mandanten wirksam wegen Zahlungsverzuges mit Schreiben vom _____ fristlos gekündigt. Eine Ablichtung des Kündigungsschreibens fügen wir bei.

▶ Beispiel:

Das Hauptmietverhältnis wurde fristgemäß aufgrund einer Kündigung des Hauptmieters mit Schreiben vom _____ zum _____ gekündigt. Eine Ablichtung des Kündigungsschreibens fügen wir anliegend bei.

▶ Beispiel:

Das Hauptmietverhältnis wird aufgrund der von seitens unseres Mandanten ausgesprochenen Eigenbedarfskündigung fristgemäß zum _____ enden. Eine Ablichtung des Kündigungsschreibens fügen wir anliegend bei.

Der Hauptmieter ist daher gegenüber unserem Mandanten zur Räumung verpflichtet. Unabhängig vom Bestand des Untermietvertrages sind auch Sie zur geräumten Herausgabe des Mietobjekts verpflichtet. Wir haben Sie daher aufzufordern, die Mietsache bis zum _____ geräumt von Ihren Sachen zur Verfügung zu stellen. Anderenfalls sieht sich unser Mandant gezwungen, Sie gerichtlich auf Räumung in Anspruch zu nehmen. **3**

In der Entgegennahme von Zahlungen durch Sie für die Nutzung des Mietobjekts bis zur Räumung liegt seitens unseres Mandanten kein stillschweigendes Einverständnis zur Begründung eines neuen Mietverhältnisses. Darauf weisen wir klarstellend ausdrücklich hin. **4, 5**

Erläuterungen

1. Bevollmächtigung. Sofern der Untermieter zur Räumung aufgefordert wird, handelt es sich 2439 nicht um eine gestaltende Willenserklärung, sodass es vorerst ausreichend ist, die Bevollmächtigung anwaltlich zu versichern. Sollte der Mieter die Bevollmächtigung bestreiten, muss eine Originalvollmacht nachgereicht werden.

2440 **1. Untermietverhältnis.** Der **Räumungsanspruch des Vermieters** gegenüber dem Untermieter setzt voraus, dass der Hauptmietvertrag rechtlich wirksam beendet und der Hauptmieter zur Räumung verpflichtet ist. Das ist z.B. nicht der Fall, solange eine dem Hauptmieter gewährte Räumungsfrist noch nicht abgelaufen ist (vgl. AG Aachen WuM 1990, 150) oder die Kündigung des Vermieters nachträglich (z.b. bei unterlassenem Widerspruch gegen die Gebrauchsfortsetzung nach § 545 BGB) unwirksam geworden ist. Der Anspruch des Vermieters wird erst fällig, wenn er den Untermieter zur Räumung aufgefordert hat; vorher gerät dieser nicht in Räumungsverzug (OLG Hamm WuM 1981, 40).

2441 **2. Frühzeitiger Hinweis.** Es empfiehlt sich, den Untermieter frühzeitig auf seine Räumungspflicht nach § 546 Abs. 2 BGB hinzuweisen, auch wenn diese erst mit wirksamer Beendigung des Hauptmietverhältnisses fällig wird. Der Untermieter erhält auf diese Weise Gelegenheit, sich nach Ersatzraum umzuschauen. Dadurch kann das Vollstreckungsrisiko verringert werden.

2442 Der Untermieter genießt gegenüber dem Vermieter grundsätzlich **keinen Kündigungsschutz**. Weder benötigt der Vermieter ein berechtigtes Interesse für seinen Räumungsanspruch, noch steht dem Untermieter gegenüber dem Vermieter ein Widerspruchsrecht nach der Sozialklausel zu.

2443 Eine Ausnahme gilt, wenn der Vermieter einen **Zwischenmieter** eingeschaltet hat, der seinerseits die Wohnung an einen Dritten gewerblich weitervermietet (untervermietet) hat. Endet das Zwischenmietverhältnis, so tritt der Vermieter in das Untermietverhältnis ein, oder er kann einen neuen Zwischenmieter einsetzen (§ 565 BGB); s. die Muster und Hinweise zu Teil 1 Rdn. 2217.

2444 **3. Räumungspflicht.** Zur Räumungspflicht des Mieters s. die Hinweise zu Teil 1 Rdn. 2440. Die Räumungspflicht **des Untermieters** ergibt sich aus § 546 Abs. 2 BGB. Der Untermieter kann sich gegenüber dem Vermieter grundsätzlich nicht darauf berufen, dass er gegenüber seinem Vermieter – dem Hauptmieter – nicht zur Räumung verpflichtet ist, etwa weil der Untermietvertrag befristet abgeschlossen oder noch nicht gekündigt ist. Er ist vielmehr auf Schadensersatzansprüche gegenüber dem Hauptmieter beschränkt (s. die Hinweise zu Teil 1 Rdn. 2793). Der Untermieter schuldet neben dem Hauptmieter die Räumung. Da der Vermieter aus einem Räumungstitel, den er gegen den Mieter erwirkt hat, nicht gegenüber dem Untermieter die Räumungsvollstreckung betreiben kann (BGH ZMR 2003, 826 = WuM 2003, 577), wird es sich empfehlen, den Untermieter **gleichzeitig mit dem Hauptmieter** auf Räumung zu verklagen – es sei denn, dass dieser seine Räumungspflicht vorbehaltlos anerkennt. s. die Hinweise zu Teil 1 Rdn. 2341 f.

2445 **Hinweis:** Beim Räumungsantrag gegen den Untermieter ist zu beachten, dass sich dieser nur auf die untervermieteten Räume, nicht auf das Gesamtobjekt bezieht.

2446 **4. Neues Mietverhältnis.** Die Rechtsprechung verneint das Zustandekommen eines Mietvertrages durch **schlüssiges Verhalten** in einem solchen Fall (OLG Düsseldorf ZMR 1988, 22). Etwas anderes kann dann gelten, wenn noch weitere Umstände hinzutreten, z.B. der Vermieter ein förmliches Mieterhöhungsverlangen durchführt, über die Nebenkosten wie gegenüber einem Mieter abrechnet, zur Duldung wegen Modernisierungen auffordert oder dem Untermieter Erlaubnisse für Sondernutzungen (z.B. Untervermietung, Tierhaltung) erteilt. Auch das Zeitmoment ist in diesem Zusammenhang zu beachten.

2447 Die **Fortsetzungsfiktion** des § 545 BGB findet keine Anwendung, weil es an einem Mietverhältnis zwischen dem Vermieter und dem Untermieter fehlt (Schmidt-Futterer/*Blank* § 545 BGB, Rn. 17).

II. Schönheitsreparaturen

Vorbemerkung 2448

Der Brennpunkt Schönheitsreparaturen berührt insbesondere folgende Fragen: 2449
– Welche Formulierungen sind noch wirksam?
– Welche Folgen ergeben sich bei unwirksamen Klauseln?
– Was gilt, wenn der Mieter trotz unwirksamer Klauseln renoviert?
und beschäftigt immer wieder die Rechtsprechung, mehrfach auch den BGH.

Der leichtfertige Umgang mit der Problematik führt schnell zu Haftungsfällen. In dem Formular Teil 1 Rdn. 2631 erfolgt daher eine kursorische Zusammenstellung von wirksamen/unwirksamen Schönheitsreparaturklauseln. 2450

Insbesondere ist bei der jeweiligen Prüfung der Wirksamkeit einer Schönheitsreparaturklausel zuvor zu prüfen, ob die Mieträume dem Mieter unrenoviert oder renovierungsbedürftig überlassen worden sind. Ausweislich der aktuellen Rechtsprechung des Bundesgerichtshofs hält die formularvertragliche Überwälzung der Verpflichtung zur Vornahme laufender Schönheitsreparaturen einer dem Mieter unrenoviert oder renovierungsbedürftig überlassenen Wohnung der Inhaltskontrolle am Maßstab des § 307 Abs, 1 S. 1 und Abs. 2, Nr. 1 BGB nicht stand, sofern der Vermieter dem Mieter keinen angemessenen Ausgleich gewährt (vgl. Urteil BGH vom 18.03.2015, VIII ZR 185/14; BGHZMR 2015, 685). 2451

Die Durchführung von Schönheitsreparaturen ist Teil der Instandhaltungspflicht und obliegt nach der gesetzlichen Ausgangsregelung in § 535 Abs. 1 S. 2 BGB dem Vermieter. Sie kann durch **eindeutige Vereinbarung** – auch formularmäßig – auf den Mieter übertragen werden. Dabei behält die Durchführung der Schönheitsreparaturen ihren Charakter als Hauptpflicht im Rahmen des mit wechselseitigen Rechten und Pflichten ausgestatteten Mietverhältnisses. Das bedeutet: 2452
– Durch die Übertragung der Schönheitsreparaturen auf den Mieter wird ihre Ausführung für diesen zu einer **Hauptpflicht**, die er neben der monatlichen Miete zu erbringen hat. Es handelt sich somit rechtlich und wirtschaftlich um einen Teil der Gegenleistung des Mieters für die Gebrauchsüberlassung der Räume (BGH ZMR 1988, 455).
– Die Durchführung von Schönheitsreparaturen stellt eine **geldwerte Leistung** dar, die der Vermieter regelmäßig bei der Mietkalkulation berücksichtigt. Bei preisgebundenem Wohnraum ergibt sich dies aus § 28 Abs. 4 II. BV. Ein in der Grundmiete einer preisgebundenen Wohnung enthaltener Kostenansatz für Schönheitsreparaturen im Sinne von Sinne von § 28 Abs. 4 II. BV berechtigt einen zur Durchführung der Schönheitsreparaturen verpflichteten Vermieter aber nicht, nach Entlassung der Wohnung aus der Preisbindung, die nunmehr als »Marktmiete« geschuldete Grundmiete über die im Mietenspiegel ausgewiesene ortsübliche Vergleichsmiete hinaus um einen Zuschlag für Schönheitsreparaturen zu erhöhen (BGH, WuM 2012, 27). Hingegen ist der Vermieter bei öffentlich gefördertem, preislich gebundenem Wohnraum – auch rückwirkend – berechtigt, die Kostenmiete einseitig um den Zuschlag nach § 28 Abs. 4 II BV zu erhöhen, wenn die im Mietvertrag enthaltene Klausel über die Abwälzung der Schönheitsreparaturen auf den Mieter unwirksam ist (BGH, WuM 2012, 27). Im öffentlich geförderten, preisgebundenen Wohnraum kann der Vermieter bei unwirksamer Schönheitsreparaturklausel die Kostenmiete auch dann einseitig um einen Zuschlag nach § 28 Abs. 4 der II. BV erhöhen, wenn er dem Mieter nicht zuvor angeboten hat, die unwirksame Schönheitsreparaturklausel durch eine wirksame zu ersetzen (LG Frankfurt, ZMR 2014, 210).
– Der Zuschlag nach § 28 Abs. 4 der II. BV dient dazu, die in unregelmäßigen Abständen – je nach Fälligkeit der Schönheitsreparaturen – anfallenden Kosten zeitanteilig auf die Mietzeit zu verteilen (BGH, NZM 2013, 312). Nach Ende der Preisbindung gilt die letzte Kostenmiete als Vertragsmiete fort; bei einem sog. Schönheitsreparaturzuschlag handelt es sich lediglich um eine Kostenposition, die im Rahmen der Kalkulation der Grundmiete von Bedeutung ist (LG Wiesbaden, ZMR 2013, 892).

- Sind die Schönheitsreparaturen wirksam auf den Mieter übertragen und führt dieser die Arbeiten nicht oder unzureichend aus, so liegt hierin eine nicht vollständige Erfüllung der Mietzahlungspflicht. Darüber hinaus vereinnahmt der Mieter auch den Vorteil eines günstigeren Geldanteils der Miete zu Lasten des Vermieters (Schmidt-Futterer/*Langenberg* § 538 Rn. 67).
- Sofern sich in einem Mietvertrag allgemeine Geschäftsbedingungen befinden, die sich aufgrund einer Änderung der höchstrichterlichen Rechtsprechung als unwirksam erweisen, ist grundsätzlich **kein Vertrauensschutz** zuzubilligen (BGH ZMR 2008, 30; BGH WM 2008, 278).
- Die Pflicht zur Vornahme von Schönheitsreparaturen ist, soweit sie dem Mieter im Mietvertrag auferlegt ist, eine einheitliche, nicht in Einzelmaßnahmen aufspaltbare Rechtspflicht mit der Folge, dass die Unwirksamkeit der einen Einzelaspekt dieser einheitlichen Rechtspflicht betreffenden Formularbestimmung in der gebotenen Gesamtschau der Regelung zur Unwirksamkeit der gesamten Vornahmeklausel führt (BGH ZMR 2015, 689).

2453 Bei der Übertragung von Schönheitsreparaturen ist zu unterscheiden zwischen den Verpflichtungen
- zur Anfangsrenovierung,
- zur Durchführung der laufenden Schönheitsreparaturen,
- zur Schlussrenovierung.

2454 In der Praxis ist geklärt, dass
- Formularklauseln, die den Mieter von Wohnraum verpflichten, eine **Anfangsrenovierung** innerhalb einer bestimmten Frist durchzuführen, unwirksam sind (OLG Hamburg ZMR 1991, 469),
- Formularklauseln, die den Mieter zur Durchführung der **laufenden Schönheitsreparaturen** verpflichten, grundsätzlich wirksam sind (BGHZ 92, 363; 105, 71; BGH WuM 2004, 333 mit Anm. *Wiek*),
- Formularklauseln, die den Mieter von Wohnraum zur **Schlussrenovierung** ohne Rücksicht auf die zuletzt durchgeführten Schönheitsreparaturen verpflichten, unwirksam sind (BGH ZMR 1998, 752 = WuM 1998, 592 = NJW 1998, 3114; BGH WuM 2007, 682),
- Formularklauseln, die den Mieter verpflichten, die Mieträume bei Beendigung des Mietverhältnisses unabhängig vom Zeitpunkt der Vornahme der letzten Schönheitsreparaturen zu übergeben, wegen unangemessener Benachteiligung des Mieters unwirksam sind; das gilt auch dann, wenn der Mieter zu laufenden Schönheitsreparaturen während der Dauer des Mietverhältnisses nicht verpflichtet ist (BGH WuM 2007, 684 = MietPrax-AK § 538 BGB Nr. 31).

2455 Bei Mietverträgen über **Gewerberaum** ist die formularvertragliche Überwälzung der Anfangsrenovierung auf den Mieter grundsätzlich zulässig (BGH ZMR 1987, 415; OLG Celle ZMR 1999, 496). Prinzipiell wirksam sind hier auch Schlussrenovierungsklauseln (BGH ZMR 1983, 93; OLG Celle ZMR 2003, 914; OLG Düsseldorf NZM 1999, 970; differenzierend Schmidt-Futterer/*Langenberg* § 538 Rn. 128). Unwirksam sind jedoch Formularbestimmungen, die den Mieter von unrenoviert überlassenen Gewerberäumen verpflichten, während der Mietzeit laufende Schönheitsreparaturen auszuführen und die Räume bei Beendigung der Mietzeit in voll renoviertem Zustand zurückzugeben (OLG Hamm ZMR 2002, 822). Sie stellen eine unangemessene Benachteiligung des Mieters nach § 307 Abs. 2 Nr. 1 BGB dar, denn dieser schuldet eine vollständige Renovierung bei Mietende auch dann, wenn er kurz vorher die laufenden Schönheitsreparaturen durchgeführt hat. Darüber hinaus hat der BGH im April 2005 entschieden, dass auch im Gewerbemietrecht die Kombination einer Endrenovierungsklausel mit einer Klausel über turnusmäßig vorzunehmende Schönheitsreparaturen wegen des dabei entstehenden Summierungseffekts zur Unwirksamkeit beider Klauseln führe (BGH MietRB 2005, 203 = MDR 2005, 1041). Die Formulierung »bezugsfertiger Zustand« in einem Gewerberaummietvertrag soll allgemein nicht als Verpflichtung zu einer umfassenden Renovierung zu bewerten sein (BGH WuM 2014, 326).

Gemäß § 535 Abs. 1 S. 2 BGB schuldet auch der Vermieter von Gewerberäumen die Durchführung von Schönheitsreparaturen. Der Gewerberaummieter ist somit im Hinblick auf die Wirksamkeit von Schönheitsreparaturklauseln, die diese Pflicht auf ihn überwälzen, nicht schlechter zu stellen als ein Wohnraummieter, sondern die Klausel ist auch hier an § 307 BGB zu messen. Eine Formularklausel im Gewerberaummietvertrag, welche bei Durchführung von Schönheitsreparaturen während der Vertragsdauer eine Abweichung von der bisherigen Ausführungsart der Zustimmung des Vermieters unterwirft, ist unwirksam (KG MietRB 3/2011, 75). Die formularmäßige Klausel in einem Gaststättenpachtvertrag »Der Mieter ist verpflichtet, Schönheitsreparaturen laufend auf eigene Kosten fachgerecht durchführen zu lassen, sobald der Grad der Abnutzung dies nach der Art des Gewerbebetriebes bzw. der vertraglichen Nutzung erfordert«, ist wegen Verstoßes gegen § 307 BGB unwirksam (BGH MK 2010, 170). 2456

Wird in einem Formularmietvertrag über gewerblich genutzte Räume der Mieter neben der bedarfsabhängigen Vornahme von Schönheitsreparaturen auch dazu verpflichtet, die Räume bei Beendigung des Mietverhältnisses in einem »bezugsfertigen Zustand« zurückzugeben, ergibt sich daraus kein Summierungseffekt, der Unwirksamkeit der beiden Klauseln führt (BGH NZM 2014, 306). 2457

Die vom Mieter geschuldeten Schönheitsreparaturen umfassen grundsätzlich nur die Beseitigung solcher Mängel, die durch den **vertragsgemäßen Gebrauch** der Miträume herbeigeführt wurden (BGH ZMR 1995, 577; OLG Düsseldorf ZMR 2003, 25, 26). Eine im Gewerberaummietvertrag enthaltene starre Fristenregelung führt ebenso zur Unwirksamkeit der Schönheitsreparaturklausel (BGH MK 2009, 10). 2458

Etwas anderes gilt nur, wenn die Klauseln **individualvertraglich** ausgehandelt wurden. Erklärt sich der Mieter einer Gewerberäumlichkeit über die klausulierte Vorgabe zu dem Umfang der bei Beendigung des Vertrages durchzuführenden Schönheitsreparaturen hinaus bereit, etwaige Beschädigungen des Teppichbodens zu beseitigen, kann er nicht mit Blick auf eine etwaige Unzulässigkeit nach dem Recht der Allgemeinen Geschäftsbedingungen Aufwendungsersatz für die Durchführung der Endrenovierung verlangen (BGH, ZMR 2009, 672). 2459

Eine Regelung im Rahmen einer formularvertraglichen Betriebspflichtvereinbarung, nach der dem Mieter zeitweise Schließungen untersagt werden, ist unwirksam, wenn der Mieter nach dem Vertrag auch Schönheitsreparaturen durchzuführen hat (KG MietRB 4/2010, 109). 2460

Ist der **Umfang der Schönheitsreparaturen** nicht näher vereinbart, so gilt auch für preisfreien Wohnraum der Inhalt des § 28 Abs. 4 S. 3 II. BV als Auslegungsrichtlinie (BGH ZMR 1985, 84 = NJW 1985, 480). Danach umfassen Schönheitsreparaturen »nur das Tapezieren, Anstreichen oder Kalken der Wände und Decken, das Streichen der Fußböden, Heizkörper einschließlich Heizrohre, der Innentüren und der Fenster sowie Außentüren von innen«. 2461

Da Fußböden heute zumeist einen Teppichbodenbelag enthalten, tritt an die Stelle des Streichens die **Reinigung des Teppichbodens** (Schmidt-Futterer/*Langenberg* § 538 Rn. 72; *Riecke*/Riecke/Mack, S. 23, OLG Stuttgart, WuM 1993, 528, BGH XII ZR 15/07). Entsprechendes muss jedoch vereinbart werden. Nicht zu den Schönheitsreparaturen zählt die Erneuerung eines verschlissenen Teppichbodens (OLG Hamm ZMR 1991, 219; OLG Stuttgart NJW-RR 1995, 1101). 2462

Der Begriff der Schönheitsreparaturen umfasst nicht die Erneuerung von Teppichböden (OLG Düsseldorf ZMR 2012, 488).

Andererseits umfasst die Definition in § 28 Abs. 4 S. 3 II. BV vom Wortlaut her nicht das Streichen von Versorgungsleitungen (Wasser- und Gasrohre), die sich auf dem Putz befinden. Gleichwohl meint sie nach ihrem Sinngehalt sämtliche Flächen, die sich im Inneren der Miträume befinden und bei denen in regelmäßigen Abständen eine Neudekoration erforderlich ist (Schmidt-Futterer/*Langenberg* § 538 Rn. 73). Somit spricht vieles dafür, diese Arbeiten zu den Schönheitsreparaturen zu rechnen. 2463

2464 Die Ausführung muss fachhandwerklichen Anforderungen entsprechen. Verlangt wird eine **fachgerechte Ausführung mittlerer Art und Güte** (§ 243 Abs. 1 BGB), ohne dass entsprechende Eigenleistungen des Mieters ausgeschlossen sind (BGH ZMR 1988, 455). Eine mittlere »Hobbymaler-Qualität« reicht indes nicht aus (LG Berlin GE 2000, 677).

2465 Klauseln, die den Mieter zur Ausführung der Schönheitsreparaturen durch einen Fachhandwerker oder einen »Fachbetrieb« bestimmen, sind wegen Verstoßes gegen § 307 BGB unwirksam (OLG Stuttgart ZMR 1993, 513, soweit sie die Ausführung durch Fachhandwerker betreffen). Eine formularmäßige Klausel in einem Wohnraummietvertrag, die den Mieter verpflichtet, sich anteilig an den Kosten zum Zeitpunkt der Beendigung des Mietverhältnisses noch nicht fälliger Schönheitsreparaturen anhand eines Kostenvoranschlages eines vom Vermieter auszuwählenden Malerfachgeschäftes zu beteiligen, ist unwirksam (BGH ZMR 2013, 791).

2466 Während der Mietzeit kann der Mieter seine Wohnung **farblich so gestalten**, wie es seinen Vorstellungen entspricht (BGH WuM 2014, 2324, Rn. 17 mit Verweis BGH WuM 2011, Rn. 8; BGH WuM 2007, 259). Eine Formularklausel, die den Mieter verpflichtet, die Wohnung in »weiß« dekoriertem Zustand zurückzugeben, benachteiligt den Mieter unangemessen i.S. des § 307 BGB (BGH WuM 2011, 96). Der BGH bestätigt damit seine Rechtsprechung zur (Un-)Wirksamkeit von Farbwahlklauseln. Diese benachteiligen den Mieter unangemessen und sind nach § 307 BGB unwirksam, wenn sie nicht auf den Zustand der Wohnung im Zeitpunkt der Rückgabe der Mietsache beschränkt sind, sondern den Mieter auch während des laufenden Mietverhältnisses zu einer Dekoration in der vorgeschriebenen Farbwahl verpflichten und diesem keinen gewissen Spielraum lassen (BGH MK 2008, 178; BGH WuM 2012, 194, Bestätigung der Senatsurteile, BGH NZM 2008, 605; BGH NJW 2009, 62).

2467 Eine in allgemeinen Geschäftsbedingungen eines Wohnraummietvertrages enthaltene Regelung, die dem Mieter die Verpflichtung zur Ausführung der Schönheitsreparaturen auferlegt und bestimmt, dass der Mieter nur mit Zustimmung des Wohnungsunternehmens von der »bisherigen Ausführungsart« abweichen darf, ist insgesamt – und nicht nur hinsichtlich der Ausführungsart – wegen unangemessener Benachteiligung des Mieters unwirksam, auch wenn die Verpflichtung als solche und ihre inhaltliche Ausgestaltung in zwei verschiedenen Klauseln enthalten ist (BGH ZMR 2007, 528; s. die Hinweise zu Teil 1 Rdn. 2591). Ebenso ist eine solche im Gewerberaummietvertrag enthaltene Formularklausel unwirksam (KG MietRB 2011, 75). Ebenfalls ist eine Klausel, die dem Mieter formularmäßig vorgibt, die Fenster und Türen »nur weiß« zu streichen, unangemessen. Dies führt zur Unwirksamkeit der Abwälzungen der Schönheitsreparaturverpflichtung auf den Mieter insgesamt (BGH NZM 2010, 236).

2468 Eine formularvertragliche Pflicht des Wohnungsmieters zum »Weißen« von Decken und Wänden während des laufenden Mietverhältnisses ist unwirksam (BGH WuM 2011, 618)

2469 Im Weiteren hat der BGH entschieden, dass eine Klausel, nach der der Mieter bei der Ausführung von Schönheitsreparaturen nur mit Zustimmung des Vermieters von der bisherigen Ausführungsart abweichen kann, auch dann unwirksam ist, wenn das Zustimmungserfordernis nur für **erhebliche Abweichungen** vorgesehen ist (BGH ZMR 2013, 108).

2470 Es wird insofern ausgeführt, dass bei der gebotenen mieterfeindlichsten Auslegung selbst die Beschränkung auf ein Zustimmungserfordernis des Vermieters betreffend erhebliche Abweichungen, zu Unwirksamkeit der Klausel führen muss. Ein anerkennenswertes Interesse des Vermieters für eine derartige Einschränkung des Gestaltungsfreiraums des Mieters soll nicht bestehen.

2471 Enthält die Schönheitsreparaturklausel eines Mietvertrages die Vorgabe, dass jegliche Malerarbeiten mit ölhaltigen Farben (Alkydharz-Farben) und keinesfalls mit wasserlöslichen Farben (Acrylfarben) vorzunehmen sind, so beschränkt sie den Mieter unangemessen in der Möglichkeit, sich in der Mietwohnung nach seinem Geschmack einzurichten, ohne dass für eine so weit gehende Beschränkung ein anerkennendes Interesse des Vermieters zu erkennen ist (LG Berlin MietRB 2014, 197–198). Ebenso verstößt der Vermieter gegen das Rücksichtnahmegebot aus § 241

Abs. 2 BGB, wenn er darauf beharrt, den Anstrich der Wohnung in hellblau auszuführen. Der Vermieter ist vielmehr gehalten, einen neutralen bzw. gedeckten Farbton zu wählen, damit die Farbwahl der Wände nicht von vornherein zu einer Unverträglichkeit mit den denkbaren Farben von Einrichtungsgegenständen führt (AG Berlin ZMR 2014, 799).

Die laufenden Schönheitsreparaturen werden je nach Zustand der Räume fällig (OLG Düsseldorf ZMR 2003, 25). In der Praxis sind hierfür Fristenpläne üblich. Die formularmäßig vereinbarten **Regelfristen des BMJ-Mustermietvertrages 1976** (3,5 und 7 Jahre) sind jedenfalls bei Altverträgen nicht so kurz, dass sie den Mieter unangemessen benachteiligen würden (BGH Info M 2005, 127). Ob Vorstehendes auch für »neuabzuschließende« Verträge (Vertragsabschluss nach In-Kraft-Treten der Mietrechtsreform vom 01.09.2001) gilt, ist bislang vom BGH nicht entschieden (BGH a.a.O.). Für in der Vergangenheit geschlossene Mietverträge hält der Senat an seiner Rechtsprechung fest, dass der Fristenplan des Mustermietvertrages auch im Falle der formularvertraglichen Vereinbarung zulässig ist. Allerdings wird im Schrifttum (*Langenberg* WuM 2006, 122; *ders.* WuM 2007, 231, 233; *Wiek* WuM 2006, 680, 681; *Blank/Börstinghaus* Miete, 2. Auflage § 535 Rn. 269; *Kappus* ZMR 2007, 31, 32; *Artz* NZM 2007, 265, 274) zunehmend die Dauer der Regelfristen von 3,5 und 7 Jahren als unangemessen kurz kritisiert. Sie entsprechen dem Fristenplan der in § 7 Fußnote 1 des vom Bundesministerium der Justiz herausgegebenen Mustermietvertrages 1976, Fassung I, enthalten ist (Beilage zum Bundesanzeiger Nr. 22/76, abgedruckt bei *Gelhaar* in BGB-RGRK, 12. Auflage, vor § 535 Rn. 87). Auf dieser historischen Grundlage ist festzustellen, dass die Fristen des § 7 MMV auch als Regelfristen den Mieter übermäßig belasten. Sie sind als zu kurze Fristen zu bewerten, die damit dasselbe Schicksal trifft wie bislang die schon von Vermietern vereinzelt festgeschriebenen, noch unter denen des § 7 MMV liegenden Fristen (Schmidt-Futterer/*Langenberg* § 538 Rn. 225). Empfehlenswert ist daher bei neu abzuschließenden Mietverträgen den **sichersten Weg** zu wählen und daher bei dem Renovierungsturnus für Schönheitsreparaturen »**5, 8 und 10**« **Jahre** zu vereinbaren. Ist hierüber nichts vereinbart, so können die Fristen im Muster-Mietvertrag 1976, der vom Bundesjustizministerium herausgegeben ist, als Auslegungsrichtlinie herangezogen werden (BGH ZMR 1985, 84 = NJW 1985, 480). Danach sind die Schönheitsreparaturen, sofern erforderlich, in folgenden Zeitabständen durchzuführen:
– Küche, Bäder, Duschen: 3 Jahre,
– Wohn- und Schlafräume, Flure, Diele, WC: 5 Jahre,
– sonstige Nebenräume: 7 Jahre.

2472

Allerdings ist das Landgericht Dresden auf Grund einer durchgeführten Beweisaufnahme zu der Überzeugung gelangt, dass sich eine verbesserte Haltbarkeit der heutigen Dekorationsmaterialien gegenüber 1976 nicht feststellen lässt (LG Dresden, ZMR 2014, 641).

2473

Fristenpläne können auch durch Formularvertrag vereinbart werden (BayObLG NJW-RR 1987, 1298). Ein Fristenplan, der die Renovierungsfristen im Hinblick auf den üblichen Renovierungsbedarf **unangemessen verkürzt**, führt zur Unwirksamkeit der gesamten Abwälzung (LG Berlin ZMR 2003, 487: Küche 2 Jahre, Bad 3 Jahre, übrige Räume 4 Jahre; LG Berlin GE 2004, 425 bei Fristen für das Streichen der Fenster [innen], Türen und Heizkörper von 4 Jahren; s. ferner LG Berlin GE 2003, 458; 2001, 1267).

2474

Der BGH hat eine Formularklausel, durch die dem Mieter die Ausführung der Schönheitsreparaturen nach einem sog. **starren Fristenplan** auferlegt wird, für unwirksam erklärt, da sie den Mieter i.S. des § 307 BGB unangemessen benachteilige (BGH ZMR 2004, 736 = NZM 2004, 653 = WuM 2004, 463). Hier ging es um eine Vertragsbedingung, die zum einen für Küche, Bad, Toilette und Nebenräume kürzere als die üblichen Fristen enthielt, zum anderen die Renovierung ausnahmslos nach Ablauf der jeweiligen Frist vorschrieb.

2475

Achtung! In der Formularvertragspraxis ist darauf zu achten, dass die Klausel die Formulierung: »Schönheitsreparaturen sind üblicherweise in folgenden Zeitabständen durchzuführen: ...« enthält.

2476

2477 Unzulässig ist auch eine Formularklausel, nach welcher der Mieter jeweils »**bei Bedarf**« renovieren muss, wenn ihm eine unrenovierte Wohnung überlassen worden und der Vermieter nicht zur Erstrenovierung verpflichtet ist (OLG Stuttgart ZMR 1989, 176 = WuM 1989, 121; LG Berlin GE 2004, 963, 964).

Ein (wirksamer) **flexibler Fristenplan** liegt vor bei Verwendung von Formulierungen wie »für den Regelfall«, »im Allgemeinen« und »regelmäßig nach Ablauf« (BGH ZMR 2012, 617).

2478 Schuldet der Mieter nach dem Vertrag die laufenden Schönheitsreparaturen und hat er diese nicht ausgeführt, kann der Vermieter bei Beendigung des Mietverhältnisses gemäß §§ 280 Abs. 3, 281 Abs. 1 S. 1 BGB **Schadensersatz** statt der Leistung verlangen, wenn
– der Erfüllungsanspruch fällig ist,
– der Vermieter den Mieter aufgefordert hat, die erforderlichen Arbeiten binnen einer bestimmten angemessenen Frist auszuführen und
– die Frist erfolglos verstrichen ist.

2479 Eine Fristsetzung ist aber nach § 281 Abs. 2 BGB nicht erforderlich,
– wenn der Mieter die Erfüllung **ernsthaft und endgültig verweigert** hat – das kann der Fall sein, wenn er auszieht, ohne offensichtlich erforderliche Schönheitsreparaturen ausgeführt zu haben (BGH NJW 1968, 491; LG Berlin GE 1995, 1419),
– wenn der Mieter nach Erhalt einer Aufforderung einen konkret beschriebenen vertragswidrigen Zustand zu beseitigen, erklärt, er sei seiner vertraglichen Verpflichtung ordnungsgemäß nachgekommen (KG GE 2007, 512 – für eine Rückbauverpflichtung des ausgezogenen Mieters entschieden),
– wenn **besondere Umstände** vorliegen, die unter Abwägung der beiderseitigen Interessen die sofortige Geltendmachung des Schadensersatzanspruchs rechtfertigen,
– zieht ein Mieter aus, ohne Schönheitsreparaturen auszuführen, liegt in diesem Verhalten dann keine endgültige Erfüllungsverweigerung, wenn dieser zuvor ein Vermieterschreiben erhalten hat, nach dessen Inhalt er davon ausgehen konnte, dass der Vermieter nach der vollständigen Räumung gesondert an ihn herantreten werde, wenn Schönheitsreparaturen auszuführen sein sollten (KG WuM 2008, 592).

2480 **Hinweis:** Im Zweifel sollte davon ausgegangen werden, dass diese Voraussetzungen nicht vorliegen.

2481 Anders als nach altem Recht (§ 326 BGB a.F.) wandelt sich der Erfüllungsanspruch nach Ablauf der vom Vermieter gesetzten Frist nicht automatisch in einen **Schadensersatzanspruch** um. Vielmehr bleibt der Erfüllungsanspruch zunächst neben dem Schadensersatzanspruch bestehen. Erst wenn der Vermieter Schadensersatz **verlangt hat**, kann er nicht mehr auf den Erfüllungsanspruch zurückgreifen (§ 281 Abs. 4 BGB).

2482 Gibt der Mieter einzelne Räume vertragsgemäß zurück, so kann der Vermieter Schadensersatz statt der ganzen Leistung nur verlangen, wenn er an der **Teilleistung** kein Interesse hat (§ 281 Abs. 4 BGB). Das wird regelmäßig nicht anzunehmen sein (*Pfeilschifter* WuM 2003, 543, 553).

2483 Der Anspruch des Vermieters auf Durchführung von Schönheitsreparaturen **verjährt** nach Ablauf von sechs Monaten seit Rückgabe der Miträume, § 548 Abs. 1 BGB (BGH ZMR 2005, 291). Somit ist zu beachten, dass jedenfalls die kurze Verjährungsfrist des § 548 BGB einheitlich ab dem 01.01.2002 mit der Rückgabe der Mietsache zu laufen beginnt (s. dazu die Muster und Hinweise zu Teil 1 Rdn. 2823 ff. sowie zur Verjährung von Mieteransprüchen nach Renovierung bei unwirksamen Schönheitsreparaturklauseln vgl. die Muster und Hinweise zu Teil 1 Rdn. 2609).

2484 **Hinweis:** Der Vermieter hat einen Anspruch auf Durchführung der laufenden Schönheitsreparaturen auch schon während der Mietzeit (BGH ZMR 1990, 450 = WuM 1990, 494 = NJW 1990, 2376; LG Berlin WuM 2004, 465). Bei laufendem Mietverhältnis kann der Vermieter bereits einen auf Geld gerichteten Vorschussanspruch, nicht erst bei substanzgefährdendem Unterlassen von Schönheitsreparaturen, geltend machen (BGH ZMR 2005, 523). Kommt der Mieter seiner Verpflichtung nicht nach, so ist der Vermieter zur Ersatzvornahme berechtigt und hat Anspruch auf Zahlung eines Aufwendungsvorschusses gemäß §§ 280, 281 BGB; s. Muster und Hinweise zu Teil 1 Rdn. 2516. Dieser erstrittene Betrag ist dann allerdings zweckgebunden für Schönheitsreparaturen zu verwenden. Außerdem muss der Vermieter über den Betrag, den er aufgewandt hat, gegenüber dem Mieter abrechnen (*Riecke/Mack* Schönheitsreparaturen, S. 94). Damit ist der Vermieter jedenfalls auf die ihm tatsächlich wegen der erforderlichen Arbeiten entstandenen Kosten beschränkt, sodass es ihm nicht möglich ist, auf der Basis eines Kostenvoranschlages einen Schadenersatzanspruch geltend zu machen (vgl. LG Frankfurt a.M., WuM 2012, 197 a.a.O.).

Ist ihm die Durchführung der laufenden Schönheitsreparaturen durch Formularvertrag übertragen worden, so ist er nach dem Rechtsentscheid des BGH vom 01.07.1987 (BGH ZMR 1987, 415 = WuM 1987, 306) bei Beendigung des Mietverhältnisses nur unter folgenden Voraussetzungen zur Renovierung verpflichtet: 2485
- Es ist ein Fristenplan vereinbart.
- Die Renovierungsfristen werden erst mit Beginn des Mietverhältnisses in Lauf gesetzt.
- Die Renovierungsfristen sind bei Beendigung des Mietvertrags bereits abgelaufen.
- Die Wohnräume befanden sich bei Übergabe und Abschluss des Mietvertrages in renoviertem Zustand bzw. verpflichtet sich der Vermieter dem Mieter einen angemessenen Ausgleich für die Durchführung der Schönheitsreparaturen zu zahlen (vgl. BGH Urteil vom 18.03.2015, VIII ZR 185/14).

Von dem Anspruch des Vermieters auf Vornahme von Schönheitsreparaturen zu unterscheiden sind **Schadensersatzansprüche wegen vertragswidrigen Gebrauchs** der Mietsache. 2486
- Bei den Schönheitsreparaturen geht es um die Beseitigung von Mängeln, die durch den vertragsgemäßen Gebrauch der Mietsache entstanden sind.
- Hat der Mieter hingegen die Grenzen des vertragsgemäßen Gebrauchs überschritten und dadurch die Sache beschädigt oder verschlechtert, so kann der Vermieter Schadensersatz wegen einer Pflichtverletzung gemäß § 280 Abs. 1 BGB verlangen (vgl. dazu BGH ZMR 1995, 577 = DWW 1995, 279).

Der Schadensersatzanspruch geht gemäß § 249 Abs. 1 BGB grundsätzlich auf **Naturalrestitution**, also auf Herstellung des Zustands, der bestehen würde, wenn der zum Ersatz verpflichtende Umstand nicht eingetreten wäre. Das bedeutet regelmäßig Beseitigung der Schäden, z.B. Reinigung des Teppichbodens oder Erneuerung der durch Flecken verunstalteten Wanddekoration. 2487

Ein Anspruch auf Geldersatz steht dem Vermieter nach § 250 BGB erst zu, wenn er dem Mieter eine angemessene Frist mit der Erklärung bestimmt hat, dass er die Herstellung nach Fristablauf ablehne. 2488

Bei **Beschädigung** der Mietsache kann der Vermieter jedoch sogleich statt der Herstellung den dazu erforderlichen Geldbetrag verlangen (§ 249 Abs. 2 S. 1 BGB). Hierbei ist jedoch der so genannte Abzug »Alt für Neu« zu beachten. Fünfzig bis sechzig Dübellöcher sollen in einem Zimmer nicht mehr die Folge vertragsgemäßen Gebrauchs sein. Insofern bedarf es im Rahmen der Räumung für ihre Beseitigung keiner Fristsetzung (AG Mönchengladbach – Rheydt, ZMR 2013, 724). 2489

Bei **übermäßiger Abnutzung** der Dekoration (z.B. durch starke Nikotinablagerungen) kann eine Renovierungspflicht vor Ablauf der üblichen Fristen in Betracht kommen. Bei dem Vorliegen von Rauchverfärbungen in der Mietwohnung bei Rückgabe wurde entschieden, dass die Verpflichtung zur »besenreinen« Rückgabe der Mietwohnung sich auf die Beseitigung grober Verschmutzungen beschränkt (vgl. BGH ZMR 2006, 843). 2490

Dem Vermieter steht ein Anspruch gegen den Mieter auf Schadensersatz statt der Leistung (§§ 280 Abs. 1 u. 3, 281 Abs. 1, 2 BGB) nicht zu. Dem Vermieter soll insofern ein Schadensersatzanspruch auch nicht wegen geltend gemachten Verunreinigungen der Wohnung durch Ta- 2491 bakkonsum zustehen. Dies soll nur dann der Fall sein, wenn eine das Rauchen in der Wohnung untersagende oder einschränkende wirksame Vereinbarung vorliegt, anderenfalls verhält sich der Mieter auch bei dem Vorliegen eines sog. **Raucherexzesses** und der dadurch verursachten Ablagerungen, grundsätzlich nicht vertragswidrig (vgl. BGH WuM 2008, 213). Rauchen gehe erst dann über den vertragsgemäßen Gebrauch hinaus und begründe eine Schadensersatzpflicht, wenn Verschlechterungen verursacht werden, die sich nicht mehr allein durch Schönheitsreparaturen i.S. des § 28 Abs. 4 S. 3 II. BV beseitigen lassen, sondern darüber hinausgehende Instandsetzungsarbeiten erfordern. Der BGH hat damit eine zuvor uneinheitliche Instanzenrechtsprechung nunmehr »raucherfreundlich« auf einen Nenner gebracht und den umfassenden Rauchverboten in Gaststätten, Behörden und anderen öffentlichen Einrichtungen Genüge getan (zum Streitstand *Pfeilschifter* WuM 2003, 543, 552). Anders ist allenfalls beim Raucherexzess zu entscheiden, wenn bereits nach kurzer Mietzeit ein erheblicher Renovierungsbedarf auftritt (LG Paderborn NZM 2000, 710: weniger als zwei Jahre nach Übernahme einer neu tapezierten Wohnung).

2492 Quotenabgeltungsklauseln halten jedenfalls einer Inhaltskontrolle nach § 307 Abs. 1 S. 1 BGB nicht stand. Sie benachteiligen den Mieter unangemessen, weil sie dem Mieter bei Vertragsabschluss keine realistische Einschätzung der auf ihn zukommenden Kostenbelastung ermöglichen (BGH, Urteil vom 18.03.2015 – VIII ZR 242/13, BGH ZMR 2015, 690). Selbst wenn nach der früheren Rechtsprechung des BGH Quotenabgeltungsklauseln dem Transparenzgebot gem. § 307 Abs. 1 S. 2 BGB genügen mussten und dem Mieter ein angemessener Ausgleich zuzugestehen war (BGH NJW 2006, 1056), kann dies nun dahinstehen.

1. Anwaltliche Aufforderung des Vermieters zur Durchführung von Schönheitsreparaturen bei bestehendem Mietverhältnis

2493 Sehr geehrter Herr Mustermann,

hiermit zeigen wir Ihnen an, dass uns Herr und Frau Beispielhaft mit der Wahrnehmung ihrer rechtlichen Interessen in der vorbezeichneten Angelegenheit beauftragt haben. Unsere Bevollmächtigung wird anwaltlich versichert. [1]

In dem mit Ihnen geschlossenen Mietvertrag haben Sie sich auf der Grundlage von Formularvereinbarungen verpflichtet, während der Dauer des Mietverhältnisses turnusgemäß im erforderlichen Umfange Schönheitsreparaturen auszuführen. Wir dürfen Ihnen an dieser Stelle die vereinbarten Klauseln in Erinnerung rufen: [2]

▶ Beispiel (Gewerberaum):

Die laufende Instandhaltung und Instandsetzung im Inneren der Räume sowie Schönheitsreparaturen ist Verpflichtung des Mieters. [3]

▶ Beispiel (Wohnraum):

Der Mieter verpflichtet sich, während der Mietzeit die erforderlichen Schönheitsreparaturen innerhalb der Wohnung durchzuführen. Zu den Schönheitsreparaturen gehören: Das Tapezieren, Anstreichen der Wände und der Decken, das Pflegen und Reinigen der Fußböden, das Streichen der Innentüren, der Fenster und Außentüren von innen sowie das Streichen der Heizkörper und

Versorgungsleitungen innerhalb der Wohnung. Die Arbeiten sind handwerksgerecht auszuführen. [4]

Üblicherweise werden Schönheitsreparaturen in den Mieträumen in folgenden Zeitabständen erforderlich sein: [5]

in Küchen, Bädern und Duschen alle 5 Jahre,

in Wohn- und Schlafräumen, Fluren, Dielen und Toiletten alle 8 Jahre,

in anderen Nebenräumen alle 10 Jahre.

Demgemäß sind die Mieträume zum Ende des Mietverhältnisses in dem Zustand zurückzugeben, der bestehen würde, wenn der Mieter die ihm obliegenden, oben genannten Schönheitsreparaturen durchgeführt hätte. Lackierte Holzteile sind in dem Farbton zurückzugeben, der bei Vertragsbeginn vorgegeben war; farbig gestrichene Holzteile können auch in Weiß oder in hellen Farbtönen gestrichen zurückgegeben werden. **6**

Anlässlich einer Besichtigung des Mietobjekts am _____ musste unsere Mandantschaft leider feststellen, dass erheblicher Bedarf an der Ausführung von Schönheitsreparaturen besteht. Im Einzelnen hat unsere Mandantschaft folgende Mängel festgestellt, die darauf schließen lassen, dass Schönheitsreparaturen nicht in den üblichen Fristen ausgeführt wurden (es folgt eine spezifizierte Angabe von Mängeln und gleichzeitig eine genaue Benennung der auszuführenden Malerarbeiten): **7**

▶ Beispiel:

Küche: Die nicht tapezierte, ursprünglich weiß gestrichene Decke ist unterschiedlich dunkel verfärbt, besonders stark oberhalb der Kochstelle. Die ursprünglich weiß gestrichene Raufasertapete der Wand, an der ein Küchentisch steht, ist stark verfleckt (offenbar aufgrund von Essenspritzern) und auch schon erheblich gräulich verfärbt. Die Decke und die bezeichnete Wand müssen daher mit Binderfarbe deckend neu gestrichen werden. **8**

Flur: Die Farbe der Wohnungstür von innen ist an einigen Stellen (augenscheinlich aufgrund äußerer Einwirkungen) abgeplatzt und zudem im unteren Bereich deutlich sichtbar an mehreren Stellen zerkratzt (wohl verursacht von der von Ihnen gehaltenen Katze). Es sind daher lose Farbteile zu beseitigen, die Fläche anzuschleifen, Unebenheiten evtl. zu spachteln, anschließend ist die Tür von innen mit Lackfarbe deckend neu zu streichen.

Wohnzimmer: Ihren Erklärungen zufolge wurden die mit Raufaser tapezierten Wände und die nicht tapezierte Decke seit Ihrem Einzug vor 10 Jahren nicht mehr gestrichen. Dementsprechend ist die Dekoration doch schon deutlich sichtbar verschmutzt und »angegraut«; beim Abnehmen von Bildern konnten dahinter schwarze Ränder festgestellt werden. Hingegen machen die Lackanstriche an den Heizkörpern und Holzteilen noch einen ordentlichen Eindruck. Somit müssen Decke und Wände mit Binderfarbe deckend neu gestrichen werden.

Wir haben Sie daher zu bitten und aufzufordern, die oben bezeichneten Malerarbeiten bis zum _____ handwerksgerecht auszuführen oder ausführen zu lassen. Sollten wir nach Fristablauf feststellen, dass die Arbeiten nicht entsprechend ausgeführt wurden, wird unsere Mandantschaft die Zahlung eines Vorschusses in Höhe der voraussichtlichen Mängelbeseitigungskosten beanspruchen, um dann die Malerarbeiten selbst zu beauftragen. **9**

Erläuterungen

1. Bevollmächtigung. Sofern der Mieter zur Durchführung von Schönheitsreparaturen aufgefordert wird, handelt es sich nicht um eine gestaltende Willenserklärung, sodass es vorerst ausreichend ist, die Bevollmächtigung anwaltlich zu versichern. Sollte der Mieter die Bevollmächtigung bestreiten, muss eine Originalvollmacht nachgereicht werden.

2495 **2. Verpflichtung zur Durchführung von Schönheitsreparaturen.** Zur Übertragung der laufenden Schönheitsreparaturen auf den Mieter, auch durch Formularvertrag, s. die Hinweise zu Teil 1 Rdn. 2449.

2496 Ein Gewohnheitsrecht, nach dem Schönheitsreparaturen vom Mieter auszuführen sind, besteht nicht. Die entsprechende Verkehrssitte macht eine Vereinbarung darüber, dass der Mieter Schönheitsreparaturen auszuführen hat, nicht überflüssig.

2497 Der Mieter schuldet Schönheitsreparaturen auch schon **während der Mietzeit** (s. den Sonderhinweis zu Teil 1 Rdn. 2484). Er gerät mit seiner Verpflichtung grundsätzlich erst durch Mahnung in Verzug.

2498 Teilweise wurde der **Erfüllungsanspruch** während des laufenden Mietverhältnisses davon abhängig gemacht, dass infolge der nicht ausgeführten Schönheitsreparaturen die Substanz der Mietsache verletzt oder gefährdet ist (LG Berlin WuM 1997, 210; LG München I WuM 1997, 616). Diese Auffassung ist indessen überholt, nachdem höchstrichterlich entschieden wurde, dass der Vermieter bereits einen auf Geld gerichteten Vorschussanspruch bei laufendem Mietverhältnis hat, selbst wenn ein substanzgefährdendes Unterlassen von Schönheitsreparaturen noch nicht vorliegt (BGH ZMR 2005, 523). Zudem vernachlässigt die gegenteilige Auffassung den Entgeltcharakter der Schönheitsreparaturen (s. dazu Teil 1 Rdn. 2452). Darüber hinaus belastet sie den Vermieter mit dem Risiko der Verwahrlosung der Wohnung und hoher finanzieller Aufwendungen im Falle einer Insolvenz des Mieters bei Beendigung des Mietverhältnisses (Schmidt-Futterer/*Langenberg* § 538 Rn. 232).

2499 Sofern ein **Fristenplan** vereinbart ist, besteht ein Erfüllungsanspruch des Vermieters während des laufenden Mietverhältnisses in jedem Fall unabhängig von einer drohenden Substanzverletzung (LG Berlin GE 1998, 181).

2500 **3. Instandhaltung- und Instandsetzungsarbeiten.** Bei der Gewerberaummiete darf der Vermieter neben den Schönheitsreparaturen (s. dazu Teil 1 Rdn. 2452) in bestimmtem Umfang auch die auf die Miträume bezogenen laufenden Instandhaltungs- und Instandsetzungsarbeiten auf den Mieter übertragen. Instandsetzungsklauseln dürfen aber keine Haftung des Mieters für anfängliche Mängel oder für Schäden begründen, die durch Dritte verursacht wurden und nicht auf dem Mietgebrauch beruhen bzw. muss eine Deckelung der zu tragenden Kosten vereinbart werden (vgl. zum Ganzen BGH ZMR 1987, 257; Schmidt-Futterer/*Langenberg* § 538 Rn. 29 ff.).

2501 **4. Begriff der Schönheitsreparaturen.** Zum Begriff der Schönheitsreparaturen s. zunächst die Hinweise zu Teil 1 Rdn. 2461.

2502 Die im Beispiel zitierte Klausel enthält eine an § 28 Abs. 4 S. 3 II. BV angelehnte Definition der Schönheitsreparaturen. An die Stelle des »Streichens« kann »das Pflegen und Reinigen der Fußböden« treten; die »Versorgungsleitungen« (s. dazu Teil 1 Rdn. 2463) sind ausdrücklich aufgeführt.

2503 Der Mieter, der die laufenden Schönheitsreparaturen vertraglich übernommen hat, schuldet nur die Beseitigung seiner Abnutzungsspuren, nicht die Behebung von Renovierungsschäden durch Fremdeinwirkung (z.B. Leckage, Brand, vermieterseits veranlasste Modernisierungen, s. BGH NJW 1985, 480 = ZMR 1985, 84). Schönheitsreparaturen umfassen grundsätzlich nur die Beseitigung solcher Mängel, die durch den vertragsgemäßen Gebrauch herbeigeführt worden sind. Wegen sonstiger Schäden, die er zu vertreten hat, haftet der Mieter dem Vermieter nach § 280 Abs. 1 BGB.

2504 **5. Renovierungsintervalle.** Zu den Renovierungsintervallen s. die Hinweise zu Teil 1 Rdn. 2472.

2505 **6. Streichen und Lackieren von Holzteilen.** Nicht unter die Schönheitsreparaturen im engeren Sinne fallen hingegen das Streichen/Lackieren von Holzverkleidungen an Wänden und Decken sowie Lackanstriche an Einbauten (Schmid/*Harsch* KK Mietrecht § 535 Rn. 318; *Riecke/ Mack* Schönheitsreparaturen S. 24; LG Marburg ZMR 2000, 539; a.A. Schmidt-Futterer/*Langenberg* § 538 Rn. 73). Die gegenteilige Auffassung wird damit begründet, dass es für die Malerarbeiten keinen substanziellen Unterschied begründet, ob der Vermieter die Wohnung mit Tapeten an Wänden und/oder Decken geliefert hat, die gestrichen werden müssen, oder eine Holzverkleidung, die zu lasieren oder ebenfalls zu streichen ist. Vermittelnd ist festzustellen, dass bei ausdrücklicher vertraglicher Vereinbarung das Streichen/Lackieren von Holzverkleidungen an den Wänden und Decken in die Pflicht zur Ausführung von Schönheitsreparaturen einbezogen wird (BGHZ 1992, 363; Soergel/*Heintzmann*, §§ 535, 536 Rn. 304). Ferner soll zu den Schönheitsreparaturen die Bearbeitung der Front von Einbauschränken gehören, wenn diesen die Funktion einer Wandverkleidung zukommt (LG Marburg ZMR 1980, 180; *Neuhaus* NZM 2002, 220, 221).

2506 Eine Klausel, die den Mieter verpflichtet, lackierte Holzteile in dem Farbton zurückzugeben, wie es bei Vertragsbeginn vorgegeben war und dem Mieter die Möglichkeit offen lässt, farbig gestrichene Holzteile auch in Weiß oder hellen Farbtönen gestrichen zurückzugeben, ist wirksam (BGH NZM 2008, 926, Urteil vom 22.10.2008 – VIII ZR 283/07; LG Hamburg Urteil vom 17.01.2008, 307 S 115/07). Eine Benachteiligung des Mieters soll nicht vorliegen, wenn sich die Klausel in ihrem unmittelbaren Anwendungsbereich auf den Zeitpunkt der Rückgabe der Mietwohnung bei Beendigung des Mietverhältnisses bezieht. Auf diesen Zeitpunkt bezogen soll sie – isoliert betrachtet – schon deswegen unbedenklich sein, weil für die Zeit nach Beendigung des Mietverhältnisses ein Interesse des Mieters an einer seinen Vorstellungen entsprechenden farblichen Gestaltungen der Wohnung nicht mehr besteht, das gegen das Interesse des Vermieters, die Mieträume in der von ihm gewünschten farblichen Gestaltung zurückzuerhalten, abzuwägen wäre (andere Auffassung LG Hamburg Urteil vom 09.10.2007 – 316 S 35/07).

2507 **Praxishinweis.** Die Entscheidung des BGH vom 14.12.2010 (vgl. die Hinweise zu Teil 1 Rdn. 2466) steht hierzu allerdings im Widerspruch.

2508 Das Abschleifen, Grundieren und Lasieren der Wand- und Deckenvertäfelung ist nicht als Schönheitsreparatur zu qualifizieren, weil es weit über das hinausgeht, was mit einem Streichen der Tapeten und Wände verbunden wäre. Eine entsprechende Formularklausel verstößt gegen § 307 BGB (LG Marburg ZMR 2000, 539). Auch das Abschleifen und Versiegeln von **Parkettboden** ist nicht vom Begriff der Schönheitsreparaturen umfasst. Eine entsprechende Formularklausel ist unabhängig von der vereinbarten Ausführungsfrist (OLG Düsseldorf GE 2003, 1608, 1610) unwirksam.

2509 **7. Renovierungsaufforderung.** Die Renovierungsaufforderung des Vermieters muss konkretisiert sein. Sie muss dem Mieter verdeutlichen
– welche konkreten Renovierungsmängel beanstandet werden und
– welche konkreten Arbeiten von ihm durchzuführen sind.

2510 Erforderlich ist zunächst eine **Zustandsbeschreibung**. Dabei sind die Mängel nach den einzelnen Räumen zu spezifizieren (OLG Hamburg WuM 1992, 70). Das Beispiel enthält eine sehr genaue Beschreibung des Zustands der einzelnen Räume mit Hinweis auf jeweils mängelbehaftete Bereiche (Wände, Decken). Möglicherweise genügt auch eine etwas weniger detaillierte Beschreibung, so z.B. dass in einen bestimmten Raum »die Tapeten verschmutzt« sind (vgl. Schmidt-Futterer/ *Langenberg* § 538 Rn. 296). Unbedingt zu vermeiden sind Alternativ- oder Mehrfachangaben (Beispiel: »Die Tapeten im Wohnzimmer sind vergilbt/verschmutzt/beschädigt). Infolge der Abtrennung durch Querstriche bleibt für den Mieter unklar, welche Beanstandungen gemeint sind. Zulässig soll dagegen eine Abtrennung durch Kommata sein (»vergilbt, verschmutzt, beschädigt«); hier handelt es sich um eine kumulative Aufzählung der Mängel (Schmidt-Futterer/*Langenberg* § 538 Rn. 297). Der Vermieter sollte jedoch im eigenen Interesse möglichst genaue Angaben vornehmen.

2511 Darüber hinaus sollte der Vermieter die dem Mieter **abverlangten Arbeiten** im Einzelnen genau bezeichnen, so dass der Mieter erkennen kann, was von ihm gefordert wird (KG ZMR 2003, 676, 677). Sofern der Mieter bereits Arbeiten vorgenommen hat und der Vermieter Beanstandungen erhebt, muss der Vermieter konkrete Mängel darlegen und den beanstandeten Zustand beschreiben, damit der Mieter erkennen kann, inwieweit der Vermieter den Vertrag als nicht erfüllt ansieht (KG ZMR 2003, 676, 677 f.; KG ZMR 2007, 450).

2512 Im Beispiel wird die Art des Anstrichmaterials (Binderfarbe) und der Umfang der zu erledigenden Arbeiten (deckend neu streichen) genau bezeichnet.

2513 **8. Übliche Gebrauchsspuren.** Im Beispielsfall handelt es sich bei den Erscheinungen in allen Räumen um Abnutzungen durch vertragsgemäßen Gebrauch. Das gilt auch für die Beschädigungen in der Küche durch die Essensspritzer sowie an der Wohnungstür innen. Die Flecken stellen übliche Gebrauchsspuren durch Kochen und Braten dar; auch bei den Kratzern handelt es sich bei erlaubter Tierhaltung um typische Erscheinungen.

2514 **9. Angemessene Frist.** Sofern sich der Mieter mit den Dekorationsarbeiten im Verzug befindet, kann der Vermieter von ihm Zahlung eines Vorschusses in Höhe der erforderlichen Renovierungskosten verlangen. S. dazu die Hinweise zu Teil 1 Rdn. 2517.

2515 Zur Begründung des Verzugs genügt regelmäßig eine Mahnung (§ 286 Abs. 1 S. 1 BGB). Um Klarheit zu schaffen, sollte der Vermieter dem Mieter zur Durchführung der geforderten Arbeiten eine angemessene Frist setzen.

2. Anwaltliche Aufforderung des Vermieters zur Zahlung eines Vorschusses für Schönheitsreparaturen bei bestehendem Mietverhältnis

2516 **Sehr geehrter Herr Mustermann,**

hiermit zeigen wir Ihnen an, dass uns Herr und Frau Beispielhaft mit der Wahrnehmung ihrer rechtlichen Interessen in der vorbezeichneten Angelegenheit beauftragt haben. Unsere Bevollmächtigung wird anwaltlich versichert. **1**

Wie unsere Mandantschaft anlässlich einer Besichtigung des Mietobjekts am _____ feststellen musste, haben Sie leider deren Aufforderung mit Schreiben vom _____ zur Ausführung der dort im Einzelnen bezeichneten, von Ihnen vertraglich geschuldeten Schönheitsreparaturen innerhalb der gesetzten Frist auszuführen, nicht beachtet. Die seitens unserer Mandanten gerügten Mängel der Dekoration bestehen weiterhin **3**

eventuell:

mit Ausnahme folgender, beseitigter Mängel (genaue Bezeichnung der beseitigten dekorativen Mängel):

fort.

Anliegend überreichen wir Ihnen ein Angebot der Fachfirma _____ über die zur Mängelbeseitigung erforderlichen Malerarbeiten, endend mit einem Bruttobetrag von _____ €. **3**

Wir müssen Sie auffordern, diesen Betrag als Vorschuss bis zum _____ an unsere Mandanten zu zahlen. Sollte die vorbezeichnete Frist ergebnislos verstreichen, wird unsere Mandantschaft eine Fachfirma mit der Ausführung von Schönheitsreparaturen, wie von diesem gefordert, im Mietobjekt beauftragen. Sie sind zur Duldung und Mitwirkung hierbei verpflichtet. Nach Ausführung der Arbeiten wird unser Mandantschaft über den geleisteten Vorschuss abrechnen, es wird sich dann entweder eine Nachforderung oder ein Guthaben zu Ihren Gunsten ergeben.

M. Abwicklung des Mietverhältnisses

Erläuterungen

1. Bevollmächtigung. Sofern der Mieter zur Zahlung eines Vorschusses aufgefordert wird, handelt es sich nicht um eine gestaltende Willenserklärung, sodass es vorerst ausreichend ist, die Bevollmächtigung anwaltlich zu versichern. Sollte der Mieter die Bevollmächtigung bestreiten, muss eine Originalvollmacht nachgereicht werden.

2. Vorschuss. Befindet sich der Mieter während des bestehenden Mietverhältnisses mit der Durchführung der vertraglich geschuldeten Schönheitsreparaturen im Verzug, so kann der Vermieter die Zahlung eines Vorschusses in Höhe der erforderlichen Renovierungskosten verlangen (BGH ZMR 1990, 450 = WuM 1990, 494 = NJW 1990, 2376; BGH ZMR 2005, 523; LG Berlin WuM 2004, 465; AG Hamburg-Wandsbek ZMR 2012, 23). Der Anspruch lässt sich aus §§ 280, 281 BGB herleiten (im Ergebnis und unter Anknüpfung an die frühere Rechtslage LG Berlin WuM 2004, 465)

Über den Vorschuss hat der Vermieter (ebenso wie über Betriebskostenvorschüsse) **abzurechnen** (s. dazu auch die Hinweise zu Teil 1 Rdn. 2484). Der erhaltene Geldbetrag muss tatsächlich zur Durchführung der Schönheitsreparaturen in der Mietwohnung verwendet werden. Enthält der Mietvertrag bezüglich der vom Mieter durchzuführenden Schönheitsreparaturen eine Ersatzvornahmeklausel, so kann der Vermieter Schadenersatz für Schönheitsreparaturen nicht auf der Basis eines Kostenvoranschlages verlangen, sondern nur die tatsächlich entstandenen Kosten vom Mieter fordern (LG Frankfurt a.a.O).

Der Mieter ist, wie im Falle der Ersatzvornahme nach § 887 ZPO, zur **Duldung** der Arbeiten durch das vom Vermieter beauftragte Unternehmen verpflichtet. Verweigert der Mieter den Zutritt, muss der Vermieter diesen im Klagewege erzwingen. Es besteht jedoch kein Anspruch des Vermieters auf Kostenvorschuss für die Durchführung formularvertraglich dem Mieter überbürdeter Schönheitsreparaturen, wenn diese laut Vertragsklausel noch nicht fällig sind (BGH, WuM 6/2015, 338).

Eine einstweilige Verfügung auf Duldung von Renovierungsarbeiten wird nur zugelassen, wenn es sich um Maßnahmen handelt, die keinen Aufschub erlauben (vgl. OLG Rostock MDR 1996, 1183). S. dazu auch die Hinweise zu Teil 1 Rdn. 385.

3. Angebot einer Fachfirma. Der Vermieter muss dem Mieter die voraussichtlichen Renovierungskosten in spezifizierter Form mitteilen. Insoweit kann auf den Kostenvoranschlag oder das Angebot einer Fachfirma Bezug genommen werden (s. Beispiel). Ist der Vermieter (auch) für Vermietung und Verpachtung vorsteuerabzugsberechtigt, so kann er nicht die Zahlung der Mehrwertsteuer verlangen.

3. Klage des Vermieters auf Zahlung eines Vorschusses für Schönheitsreparaturen bei bestehendem Mietverhältnis

Es wird beantragt, [1]

den Beklagten zu verurteilen, an den Kläger vorschussweise _____ € zuzüglich Zinsen p.a. hierauf in Höhe von 5 Prozentpunkten über dem Basiszinssatz ab Zustellung der Klage zu zahlen.

Begründung: [2]

Der Kläger ist Vermieter, der Beklagte Mieter eines auf dem Grundstück _____ belegenen Mietobjekts auf der Grundlage des in Fotokopie als

Anlage K 1
nur für das Gericht

überreichten schriftlichen Mietvertrages vom _____ . Formularmäßig wurde zur Ausführung von Schönheitsreparaturen ausweislich § _____ des Mietvertrages das Folgende vereinbart:

▶ Beispiel (Gewerberaum):

Die laufende Instandhaltung und Instandsetzung im Inneren der Räume sowie die Vornahme der üblichen Schönheitsreparaturen ist Verpflichtung des Mieters. [3]

▶ Beispiel (Wohnraum):

Der Mieter verpflichtet sich, während der Mietzeit die erforderlichen Schönheitsreparaturen innerhalb der Wohnung durchzuführen. Zu den Schönheitsreparaturen gehören: Das Tapezieren, Anstreichen der Wände und der Decken, das Pflegen und Reinigen der Fußböden, das Streichen der Innentüren, der Fenster und Außentüren von innen sowie das Streichen der Heizkörper und Versorgungsleitungen innerhalb der Wohnung. Die Arbeiten sind handwerksgerecht auszuführen. [4]

Üblicherweise werden Schönheitsreparaturen in den Mieträumen in folgenden Zeitabständen erforderlich sein:

in Küchen, Bädern und Duschen alle 5 Jahre,

in Wohn- und Schlafräumen, Fluren, Dielen und Toiletten alle 8 Jahre,

in anderen Nebenräumen alle 10 Jahre.

Demgemäß sind die Mieträume zum Ende des Mietverhältnisses in dem Zustand zurückzugeben, der bestehen würde, wenn der Mieter die ihm obliegenden, oben genannten Schönheitsreparaturen durchgeführt hätte. Lackierte Holzteile sind in dem Farbton zurückzugeben, der bei Vertragsbeginn vorgegeben war; farbig gestrichene Holzteile können auch in Weiß oder in hellen Farbtönen gestrichen zurückgegeben werden.

Nach dem Stand der Rechtsprechung sind diese Klauseln wirksam.

Anlässlich einer Besichtigung des Mietobjekts am _____ musste der Kläger feststellen, dass der Beklagte fällige Schönheitsreparaturen im Mietobjekt nicht ausgeführt hat. Daraufhin wurde er mit Schreiben des Klägers vom _____ , das in Kopie als [5]

Anlage K 2

überreicht wird, unter Fristsetzung aufgefordert, die dort im Einzelnen spezifiziert bezeichneten Mängel durch die weiter dort genannten Arbeiten zu beseitigen. Der dekorative Zustand des Mietobjektes ist weiterhin wie folgt zu bemängeln: [6]

▶ Beispiel:

Küche: Die nicht tapezierte, ursprünglich weiß gestrichene Decke ist unterschiedlich dunkel verfärbt, besonders stark oberhalb der Kochstelle. Die ursprünglich weiß gestrichene Raufasertapete der Wand, an der ein Küchentisch steht, ist stark verfleckt (offenbar aufgrund von Essensspritzern) und auch schon erheblich gräulich verfärbt. Die Decke und die bezeichnete Wand müssen daher mit Binderfarbe deckend neu gestrichen werden.

Flur: Die Farbe der Wohnungstür von innen ist an einigen Stellen (augenscheinlich aufgrund äußerer Einwirkungen) abgeplatzt und zudem im unteren Bereich deutlich sichtbar an mehreren Stellen zerkratzt (wohl verursacht von der vom Beklagten gehaltenen Katze). Es sind daher lose Farbteile zu beseitigen, die Fläche anzuschleifen, Unebenheiten evtl. zu spachteln, anschließend ist die Tür von innen mit Lackfarbe deckend neu zu streichen.

Wohnzimmer: Den Erklärungen des Beklagten zufolge wurden die mit Raufaser tapezierten Wände und die nicht tapezierte Decke seit Ihrem Einzug vor 10 Jahren nicht mehr gestrichen. Dementsprechend ist die Dekoration doch schon deutlich sichtbar verschmutzt und »angegraut«; beim Abnehmen von Bildern konnten dahinter schwarze Ränder festgestellt werden. Hingegen machen die Lackanstriche an den Heizkörpern und Holzteilen noch einen ordentlichen Eindruck. Somit müssen Decke und Wände mit Binderfarbe deckend neu gestrichen werden.

Beweis: 1. richterliche Augenscheinseinnahme
         2. Sachverständigengutachten

Da der Beklagte es unterließ, die erforderlichen Schönheitsreparaturen auszuführen, wurde er schließlich mit Schreiben des Klägers vom _____ [7]

Anlage K 3
Fotokopie

aufgefordert, an ihn einen Vorschuss in Höhe der mutmaßlichen Mängelbeseitigungskosten in Höhe der Klageforderung zu zahlen. Diesem Schreiben war beigefügt das Angebot einer Fachfirma vom _____, das ergänzend in Kopie als

Anlage K 4

beigelegt wird. Der geltend gemachte Vorschuss ist zur Mängelbeseitigung erforderlich und angemessen.

Beweis: Sachverständigengutachten

Da der Beklagte leider weiterhin nicht reagierte, ist nunmehr seine gerichtliche Inanspruchnahme auf Zahlung eines Vorschusses erforderlich geworden. [8]

Erläuterungen

1. Gerichtliche Zuständigkeit und Klageantrag. Zur gerichtlichen Zuständigkeit s. die Hinweise zu Teil 1 Rdn. 2334.   2523

Die Zinsen sind in die Abrechnung des Vorschusses nicht mit einzubeziehen (BGHZ 94, 330 = BauR 1985, 569; BGH, BauR 1988, 592, 594).   2524

2. Darlegungsverpflichtung des Vermieters. Im Prozess hat der Vermieter darzulegen und ggf. zu beweisen,   2525
– dass er die Schönheitsreparaturen überhaupt auf den Mieter abgewälzt hat, ferner
– dass gerade die angeforderten Arbeiten von der Übertragung erfasst sind.

Befindet sich im Mietvertrag eine detaillierte Bestimmung über die Durchführung der Schönheitsreparaturen, so kann der Vermieter diese in der Klageschrift zitieren (s. Beispiel) oder zumindest darauf Bezug nehmen. Der Mietvertrag sollte auch hier in Kopie der Klage als Anlage beigefügt werden.   2526

Im Beispiel (Wohnraum) handelt es sich um Ziff. 17 Abs. 2 des Hamburger Mietvertrags.   2527

2528 Die Darlegungs- und Beweislast für die **Erfüllung** der Verpflichtung zur Durchführung der Schönheitsreparaturen ist sodann Sache des Mieters.

2529 **3. Instandhaltung/Instandsetzung Gewerberaum.** Zur Übertragung der laufenden Instandhaltung und Instandsetzung auf den Mieter von Gewerberaum s. die Hinweise zu Teil 1 Rdn. 2500.

2530 **4. Laufende Schönheitsreparaturen.** Zur Übertragung der laufenden Schönheitsreparaturen auf den Mieter bei der Wohnraummiete s. die Hinweise zu Teil 1 Rdn. 2452 und Teil 1 Rdn. 2501 ff.

2531 **5. Verzug.** Der Vermieter hat in der Klageschrift weiterhin darzulegen, dass der Mieter während des bestehenden Mietverhältnisses mit der Durchführung der vertraglich geschuldeten Schönheitsreparaturen in Verzug geraten ist. Es bietet sich insoweit an, auf das verzugsbegründende Mahnschreiben Bezug zu nehmen.

2532 **6. Konkrete Aufforderung zur Durchführung von Schönheitsreparaturen.** Der Vermieter hat in der Klageschrift darzulegen, welche konkreten Renovierungsmängel beanstandet werden und welche konkreten Arbeiten von ihm durchzuführen sind, s. die Hinweise zu Teil 1 Rdn. 2509.

2533 **7. Konkrete Darlegung des Vorschussanspruches.** Weiterhin sind die Voraussetzungen des Vorschussanspruches konkret darzulegen. Zur Spezifizierung der Höhe s. die Hinweise zu Teil 1 Rdn. 2525.

2534 **8. Vorprozessuale Aufforderung.** Die vorprozessuale Aufforderung des Mieters zur Zahlung des Renovierungskostenvorschusses sollte in der Klageschrift mitgeteilt werden. Hat der Mieter auf die vorherige Zahlungsaufforderung nicht reagiert, so kann er sich im Prozess nicht darauf berufen, zur Klageerhebung keine Veranlassung gegeben zu haben (§ 93 ZPO).

4. Klageerwiderung des Mieters gegenüber der Vorschuss-Zahlungsklage des Vermieters in Höhe der voraussichtlichen Kosten verlangter Schönheitsreparaturen

2535 **Es wird beantragt,**

die Klage abzuweisen.

Begründung:

Richtig ist, dass zwischen den Parteien das in der Klage bezeichnete Mietverhältnis über das Mietobjekt auf dem Grundstück _____ besteht. Indes ist der Beklagte zur Ausführung von Schönheitsreparaturen nicht verpflichtet, weil die formularmäßigen Vereinbarungen unter § _____ des Mietvertrages unwirksam sind. Die Parteien vereinbaren insoweit das Folgende (es folgt ein wörtliches Zitat der formularmäßigen Vereinbarungen): **1**

▶ **Beispiel:**

Der Mieter verpflichtet sich, die Schönheitsreparaturen, d.h. das Tapezieren, Anstreichen der Wände und Decken, das Pflegen der Fußböden, das Streichen der Innentüren, der Fenster und Außentüren von innen sowie das Streichen der Heizkörper und Versorgungsleitungen innerhalb der Wohnung durchzuführen, und zwar in den üblichen Zeitabständen, je nach dem Grad der Abnutzung oder Beschädigung.

Der Mieter übernimmt die Mieträume in unrenoviertem Zustand bzw. sind ihm Abnutzungsspuren bekannt. Bei Auszug sind die Mieträume in gutem, dekorativem Zustand zurückzugeben. Lackierte Holzteile (mit Ausnahme von Naturholz) sind weiß lackiert zurückgegeben, nicht tapezierte Decken und Wände sowie Raufasertapeten mit einem deckenden wisch- und waschfesten Binderfarbanstrich. [3]

Alle sonst notwendigen Arbeiten sind handwerksgerecht auszuführen.

Diese dem Mieter formularmäßig aufgebürdeten Verpflichtungen benachteiligen ihn unangemessen im Sinne von § 307 BGB und sind daher unwirksam. Das ergibt sich aus Folgendem (an dieser Stelle sind im Einzelnen die Argumente vorzubringen, die für eine Unwirksamkeit der in Rede stehenden Formularklausel sprechen):

▶ Beispiel:

Dem Beklagten wurde das Mietobjekt im nicht renovierten Zustand übergeben. Im Einzelnen bestanden bei Übergabe folgende dekorative Mängel (spezifizierte Aufzählung der bei Übergabe bestehenden Mängel). Es musste daher vom Beklagten eine Anfangsrenovierung durchgeführt werden. Hierzu ist er formularmäßig auch verpflichtet worden. Die laufenden Schönheitsreparaturen hat der Beklagte innerhalb der hierfür üblichen Fristen durchgeführt. [4] Allerdings wurde kein angemessener Ausgleich vereinbart.

Die formularmäßige Verpflichtung, darüber hinaus bei Mietvertragsende die Mieträume in einem guten dekorativen Zustand zurückzugeben, kann keine Wirksamkeit beanspruchen. Denn im Ergebnis ist dem Beklagten damit formularmäßig eine Anfangs- und Schlussrenovierung aufgebürdet, letztere unabhängig davon, wann zuletzt turnusmäßig Schönheitsreparaturen ausgeführt wurden. Das benachteiligt den Beklagten unangemessen, mit der Folge, dass die gesamten Vereinbarungen über die Ausführung von Schönheitsreparaturen unwirksam sind.

oder (eventuell zusätzlich)

Auch wenn davon auszugehen ist, dass die Verpflichtung zur Ausführung von Schönheitsreparaturen zulässigerweise auf den Beklagten übertragen wurde, kann der Kläger keinen Vorschuss beanspruchen, da sich das Mietobjekt in Bezug auf den dekorativen Zustand durchaus in einem vertragsgemäßen Zustand befindet. [5]

Beweis: 1. richterliche Augenscheinseinnahme,
         2. Sachverständigengutachten

Innerhalb der üblichen Fristen wurden nämlich die erforderlichen Schönheitsreparaturen vom Beklagten ausgeführt. Hierzu kann im Einzelnen auf Folgendes hingewiesen werden:

▶ Beispiel:

Ausweislich der in Kopie als

Anlage B 1

überreichten Rechnung des Malereibetriebes _____ vom _____ wurden vor 3 Jahren Wohn- und Schlafräume, der Flur und die Toilette vollkommen neu gestrichen, sowohl die Decken und Wände als auch alle der dekorativen Verpflichtung unterliegenden Holzteile, Versorgungsleitungen und Heizkörper. Die turnusmäßige Frist zu einem erneuten Streichen dieser Räume ist noch nicht abgelaufen.

oder

Es soll nicht in Abrede genommen werden, dass der Beklagte zunächst seiner Verpflichtung, laufende Schönheitsreparaturen im Mietobjekt auszuführen, nicht nachgekommen ist. Richtig ist auch, dass der Beklagte qualifiziert abgemahnt und zur Zahlung eines Vorschusses aufgefordert wurde. Die notwendigen Malerarbeiten wurden aber nunmehr am _____ im Mietobjekt ausgeführt. [5.1]

Beweis: 1. richterliche Augenscheinseinnahme
2. Vorlage der Malerrechnung der Firma _____ vom _____

Hilfsweise ist die Höhe des von dem Kläger geltend gemachten Vorschussanspruches zu beanstanden. Das von ihm vorgelegte Angebot ist offensichtlich überhöht, wie sich aus Folgendem ergibt: [6]

▶ Beispiel:

Dem Beklagten ist es gelungen, bei zwei Fachfirmen Angebote einzuholen, die fast um die Hälfte niedriger ausfallen, als das von dem Kläger eingereichte. Die von der beklagten Partei eingeholten Angebote werden in Kopie als

Anlagen B 2 und B 3

überreicht.

Erläuterungen

2536   **1. Wirksame Übertragung der Schönheitsreparaturverpflichtung.** Ein Anspruch des Vermieters auf Zahlung eines Renovierungskostenvorschusses setzt in jedem Fall voraus, dass die Durchführung der Schönheitsreparaturen wirksam auf den Mieter übertragen ist. Die Übertragung kann individualvertraglich oder formularmäßig (in der Praxis der Regelfall) erfolgen.

2537   **2. Anfangsrenovierung/Verbot geltungserhaltender Reduktion/unrenoviert überlassener Wohnraum.** Im Beispielsfall ist im zweiten Absatz eine Klausel, wie sie im alten Hamburger Mietvertrag für Wohnraum vorgesehen war, dass nämlich der Mieter innerhalb von drei Monaten nach Vertragsbeginn Schönheitsreparaturen durchzuführen habe, vereinbart. Diese ist unwirksam (OLG Hamburg ZMR 1991, 469 = MDR 1991, 1166 = WuM 1991, 523). Abgesehen von Vorstehendem ist die Entscheidung des Bundesgerichtshofs (Urteil vom 18.03.2015, VIII ZR 185/14; BGH ZMR 2015, 689) zu beachten. Danach hält die formularvertragliche Überwälzung der Verpflichtung zur Vornahme laufender Schönheitsreparaturen einer dem Mieter unrenoviert oder renovierungsbedürftig überlassenen Wohnung der Inhaltskontrolle am Maßstab des § 307 Abs. 1 S. 1 Abs. 2 BGB nicht stand (insoweit Aufgabe von BGH, Rechtsentscheid vom 01.07.1987 – VIII ARZ 9/86, BGH Z101, 253).

2538   **3. Transparenzgebot.** Nach Auffassung des BGH soll das Transparenzgebot des § 307 I 2 BGB den Verwender allgemeiner Geschäftsbedingungen nach Treu und Glauben verpflichten, Rechte und Pflichten der Vertragspartner möglichst klar und durchschaubar darzustellen (BGHZ 283, 299 = NZM 2010, 123). Die Klausel nach der die Mieträume **bei Auszug in gutem, dekorativem Zustand** zurückzugeben sind, ist daher unwirksam. Ein »guter dekorativer Zustand« ist bereits nach dem üblichen Sprachgebrauch etwas anders als ein Zustand mit Abnutzungen oder Beschädigungen und setzt voraus, dass überhaupt noch keine oder nur minimale Abnutzungs- oder Beschädigungsspuren vorliegen. Dann aber wird der Mieter die Klausel nur so verstehen können, dass er vor Auszug immer renovieren muss, wenn er dies noch nicht kurz davor getan hat (so AG

Hamburg-Altona, Urteil vom 04.11.2002 – 314a C 188/01). Damit liegt eine **Schlussrenovierungsklausel** vor, die eine unangemessene Benachteiligung des Mieters im Sinne des § 307 BGB darstellt (BGH WuM 2007, 682; BGH NZM 2005, 504). Jedenfalls ist die vorliegende Bestimmung nach dem ganz herrschenden Grundsatz der kundenfeindlichsten Auslegung als Schlussrenovierungsklausel zu lesen.

Hinweis! Klauseln, nach denen die Wohnung »in ordnungsgemäßem Zustand« oder »in vertragsgemäßem Zustand« zurückzugeben sind, enthalten keine Schlussrenovierungspflicht (OLG Düsseldorf NJW-RR 1992, 1096; Schmidt-Futterer/*Langenberg* § 538 Rn. 169). 2539

4. Summierungseffekt. Ist der Mieter neben der Verpflichtung zur Durchführung der laufenden Schönheitsreparaturen zur Anfangsrenovierung und zur Schlussrenovierung verpflichtet, so führen diese Klauseln in ihrer Gesamtwirkung zu einer unangemessenen Benachteiligung des Mieters und damit zur Unwirksamkeit der Gesamtregelung (sog. Summierungseffekt, vgl. BGH ZMR 2003, 653, 654 = WuM 2003, 436, 437 f. = NZM 2003, 594, 595; WuM 2003, 561, 562; ZMR 1993, 216, BGH NZM 2005, 504). Daran ändert nichts, dass die Anfangs- sowie die Schlussrenovierungsklauseln schon für sich gesehen unwirksam sind. Eine Unwirksamkeit der Abwälzung insgesamt kann sich aus dem Zusammenwirken mehrerer Klauseln auch dann ergeben, wenn eine oder auch mehrere Klauseln schon für sich genommen unwirksam sind (BGH ZMR 2003, 653, 654 = WuM 2003, 436, 437 f. = NZM 2003, 594, 595; ZMR 1995, 60, 63). Dem Vermieter ist es nämlich wegen des Transparenzgebots verwehrt, sich zu seinen Gunsten auf die Unwirksamkeit dieser Klauseln zu berufen, damit die Übertragung der laufenden Schönheitsreparaturen fortbestehen kann (BGH ZMR 2003, 653, 654; Schmidt-Futterer/*Langenberg* § 538 Rn. 179; s. auch die Hinweise zu Teil 1 Rdn. 2538). Gegen die Verwendung einer Anfangsrenovierungsklausel spricht auch, dass der Vermieter sich nicht auf die Unwirksamkeit der von ihm selbst verwandten Klausel soll berufen dürfen (*Sternel* NZM 1998, 836). Der Vermieter sollte sich auch nicht darauf verlassen, dass andere Oberlandesgerichte oder der BGH sich der Tendenz einer Rechtsprechung (OLG Hamburg ZMR 1991, 469) bei der Kombination der Anfangsrenovierungsklausel mit der Verpflichtung zur laufenden Renovierung anschließen und hier trennbare Klauselinhalte nach dem sog. Blue-Pencil Test annehmen. Es kann durchaus von einem insgesamt unzulässigen Klauselverband ausgegangen werden (*Bub/Treier* III A1075; *Riecke/Mack* Schönheitsreparaturen, S. 4/5). 2540

5. Darlegungs- und Beweispflicht des Mieters. Beruft sich der Mieter auf die Erfüllung seiner Verpflichtung zur Durchführung der Schönheitsreparaturen, so hat er im Einzelnen **darzulegen** und ggf. zu beweisen, welche Arbeiten er vorgenommen hat. Erforderlich ist ein substantiiertes Vorbringen, wann in welchen Räumen welche konkreten Arbeiten ausgeführt wurden. Unter Umständen genügt die Bezugnahme auf die Rechnung eines Malereibetriebs, wenn sich aus dieser die einzelnen Arbeiten und der Zeitpunkt ihrer Ausführung ergeben. 2541

Ebenso braucht der Mieter bei der Bestimmung der Fälligkeit der Verpflichtung zur Vornahme von Schönheitsreparaturen nur darzutun und ggf. zu beweisen, dass aufgrund seiner konkreten Nutzung der Wohnung eine Renovierung nach den Regelfristen noch nicht erforderlich ist, bzw. – bei Fortsetzung des Mietverhältnisses – sein würde (BGH ZMR 2008, 34). 2542

Als **Beweisangebot** für die Durchführung der Schönheitsreparaturen kommt die Augenscheineinnahme in Betracht, daneben auch das Zeugnis der ausführenden Personen sowie die Vorlage der Rechnung eines Malereifachbetriebes. 2543

6. Höhe des Vorschussanspruchs. Hat der Vermieter die Höhe des Vorschussanspruchs unter Vorlage eines Angebots einer Fachfirma spezifiziert dargelegt, so genügt es grundsätzlich nicht, wenn der Mieter die Angemessenheit der einzelnen Positionen lediglich schlicht bestreitet. Sofern es allein um den Anstrich von Standardflächen (glatten Wänden, Türen) geht, ist es dem Mieter (in Grenzen) zumutbar, eigene Erkundigungen bei einem Malerfachbetrieb einzuholen um das Vorbringen des Vermieters **substantiiert bestreiten** zu können. Entsprechendes gilt bei Beschädi- 2544 gung von handelsüblichen Gegenständen, wie etwa Türen. Auch kann der Mieter die Höhe der Preise (etwa in einem Baumarkt) ermitteln.

2545 Etwas anderes gilt aber, wenn **aufwändige Dekorationsarbeiten** in Frage stehen, über deren Kosten auch ein Fachbetrieb keine Auskunft erteilen kann, ohne die Flächen in Augenschein genommen zu haben. Hier wird ein schlichtes positionenbezogenes Bestreiten der vom Vermieter angesetzten Kosten ausreichen. Es kann vom Mieter schwerlich verlangt werden, auf eigene Kosten sachverständige Auskünfte zum Kostenvoranschlag des Vermieters einzuholen (Schmidt-Futterer/ *Langenberg* § 538 Rn. 382).

5. Anwaltliche Aufforderung des Vermieters zur Durchführung von Schönheitsreparaturen nach oder anlässlich bevorstehender Räumung des Mieters

2546 Sehr geehrter Herr Mustermann,

hiermit zeigen wir Ihnen an, dass uns Herr und Frau Beispielhaft mit der Wahrnehmung ihrer rechtlichen Interessen in der vorbezeichneten Angelegenheit beauftragt haben. Unsere Bevollmächtigung wird anwaltlich versichert. [1]

Nach dem Inhalt des mit Ihnen geschlossenen Mietvertrages haben Sie sich im bestimmten Umfange zur Durchführung von Schönheitsreparaturen verpflichtet. [2] Nach Rückgabe des Mietobjektes

oder

Anlässlich der bevorstehenden Rückgabe des Mietobjektes

musste unsere Mandantschaft feststellen, dass Sie diese Verpflichtung bisher nicht erfüllt haben.

Es bestehen nämlich folgende, seitens unserer Mandantschaft nicht zu vertretende (es folgt eine spezifizierte Aufzählung der festgestellten Mängel und genaue Angaben darüber, welche Arbeiten ausgeführt werden sollen): [3]

▶ Beispiel:

Wohnzimmer:

Der Anstrich der Decke und Wände ist deutlich verschmutzt, an vielen Stellen zeichnen sich dunkel verfärbte Ränder ab. Der Lackanstrich der Tür ist an einigen Stellen abgeplatzt. Der lackierte Anstrich der Fußleiste wurde unsachgemäß mit Binderfarbe übergestrichen.

Dementsprechend sind Decke und Wände neu mit Binderfarbe deckend zu streichen. Die lackierten, beanstandeten Teile sind anzuschleifen, Unebenheiten evtl. zu spachteln und anschließend deckend mit Lackfarbe zu streichen.

Bad:

Der Lackanstrich des Heizkörpers ist deutlich sichtbar verschmutzt und weist darüber hinaus zahlreiche Abplatzungen auf. Auch hier ist der vorhandene Anstrich anzuschleifen, Unebenheiten ggf. zu spachteln und anschließend der Heizkörper mit Heizkörperfarbe deckend neu zu streichen.

Wir haben Sie aufzufordern, vorbezeichnete Mängel auf Ihre Kosten in der angegebenen Art und Weise fachgerecht bis zum _____ zu beseitigen und das Mietobjekt anschließend einwandfrei zu reinigen. [4]

M. Abwicklung des Mietverhältnisses

Nach Ablauf der gesetzten Frist unsere Mandantschaft Schadensersatz statt der Leistung verlangen.

Namens und in Vollmacht unserer Mandantschaft haben wir Sie ausdrücklich darauf hinweisen, dass Sie in diesem Falle u.a. auch den Mietausfall für die Zeit auszugleichen haben, die zur Durchführung der notwendigen Malerarbeiten erforderlich ist. [5]

Erläuterungen

1. Bevollmächtigung. Sofern der Mieter zur Durchführung von Schönheitsreparaturen nach oder anlässlich bevorstehender Räumung des Mieters aufgefordert wird, handelt es sich nicht um eine gestaltende Willenserklärung, sodass es vorerst ausreichend ist, die Bevollmächtigung anwaltlich zu versichern. Sollte der Mieter die Bevollmächtigung, muss eine Originalvollmacht nachgereicht werden. 2547

2. Schönheitsreparaturen bei Beendigung des Mietverhältnisses. Endet das Mietverhältnis durch Zeitablauf (befristeter Mietvertrag oder Ablauf der Kündigungsfrist), so sind während der Mietzeit fällig gewordene Schönheitsreparaturen **bis zum Mietende** auszuführen; der Mieter gerät mit Beendigung des Mietverhältnisses automatisch in Verzug (BGH WuM 1989, 141 f.). Wird das Mietverhältnis durch außerordentliche befristete oder fristlose Kündigung beendet, so bedarf es für den Verzug einer Mahnung. Diese kann aber mit der Fristsetzung zur Leistung oder Nacherfüllung gemäß § 281 Abs. 1 S. 1 BGB verbunden werden, was regelmäßig anzunehmen ist. Nicht zu verwechseln mit der Erforderlichkeit einer Fristsetzung als verzugsbegründender Moment ist, dass eine Leistungsaufforderung unter konkreter Darlegung der einzelnen Mängel (s. die Hinweise zu Teil 1 Rdn. 2412) immer vorzunehmen ist. 2548

3. Vertragsgemäßer Gebrauch. Der Mieter schuldet nicht die Rückgabe in frisch renoviertem Zustand. Hat er während der Mietzeit die Schönheitsreparaturen gemäß dem Fristenplan ordnungsmäßig durchgeführt, so braucht er seitdem eingetretene **Abnutzungsspuren durch vertragsgemäßen Gebrauch** (z.B. leichte Verfärbungen dort, wo Bilder gehangen oder Möbel gestanden haben) nicht zu beseitigen (BGH ZMR 1987, 415). 2549

4. Renovierungsaufforderung. Aufforderung und Fristsetzung zur Leistung oder Nacherfüllung nach § 281 Abs. 1 S. 1 BGB sind Voraussetzung dafür, dass sich der Erfüllungsanspruch des Vermieters in einen Schadensersatzanspruch umwandelt. Die Aufforderung muss sich auf die Durchführung der Arbeiten beziehen; es reicht nicht, den Mieter aufzufordern, sich zu erklären, ob er bereit ist, die für erforderlich gehaltenen Arbeiten auszuführen oder sicherzustellen, ob er zur Vornahme der Arbeiten bereit ist (OLG Düsseldorf DWW 1992, 339 = MDR 1993, 44). 2550

Die Renovierungsaufforderung muss hinreichend konkret sein. Sie muss dem Mieter verdeutlichen, welche konkreten Renovierungsmängel beanstandet werden und welche konkreten Arbeiten von ihm durchzuführen sind; s. die Hinweise zu Teil 1 Rdn. 2509. 2551

4.1 **Abnahmeprotokoll.** Vorbereitend wirkt das Abnahmeprotokoll (s. die Hinweise zu Teil 1 Rdn. 2410); dessen sorgfältige Erstellung ist zu empfehlen. 2552

Die dem Mieter gesetzte Frist muss so ausreichend bemessen sein, dass die von ihm verlangten Arbeiten handwerksgerecht ausgeführt werden können. Eine zu kurz bemessene Frist setzt regelmäßig eine angemessene Frist in Lauf. 2553

Eine Fristsetzung ist gemäß § 281 Abs. 2 BGB nicht erforderlich, 2554
– wenn der Mieter es **ernsthaft und endgültig abgelehnt** hat, die geschuldeten Schönheitsreparaturen durchzuführen, oder

– wenn besondere Umstände die sofortige Geltendmachung des Schadensersatzanspruchs rechtfertigen, insbesondere wenn die Ausführung durch den Mieter für den Vermieter nicht mehr von Interesse ist (s. Hinweise zu Teil 1 Rdn. 2482).

2555 **4.2 Endgültige Erfüllungsverweigerung.** An die endgültige Erfüllungsverweigerung werden von der Rechtsprechung strenge Anforderungen gestellt. Nicht in jedem Auszug des Mieters ohne Durchführung der erforderlichen Schönheitsreparaturen liegt schon eine endgültige Erfüllungsverweigerung. Auch an die zweite Alternative des § 281 Abs. 2 BGB sind strenge Anforderungen zu stellen.

2556 Fehlt die Fristsetzung, so kann der Vermieter seinen Erfüllungsanspruch nicht in einen Schadensersatzanspruch umwandeln. Eine spätere Nachholung des Versäumnisses führt nicht mehr zum Ziel, wenn in der Zwischenzeit der Erfüllungsanspruch verjährt ist (BGH ZMR 1988, 291). Zur Verjährung s. die Muster und Hinweise zu Teil 1 Rdn. 2816.

2557 **5. Schadensersatzanspruch wegen Mietausfall.** Der Schadensersatzanspruch des Vermieters wegen **Mietausfalls** bezieht sich auch darauf, dass die Neuvermietung infolge der erforderlichen Arbeiten hinausgezögert wird. Ein Mietausfall entsteht zunächst dann, wenn der Mieter auszieht und die Räume nicht sofort weiter vermietet werden können. Zum Schadensersatz ist der Mieter verpflichtet, wenn er eine in neutraler Dekoration übernommene Wohnung bei Mietende in einem ausgefallenen farblichen Zustand zurückgibt, der von vielen Mietinteressenten nicht akzeptiert wird und eine Neuvermietung der Wohnung praktisch unmöglich macht. Dies soll für eine in weißer Farbe übernommene Mietwohnung, die seitens des Mieters in kräftigen Farben (rot, gelb, blau) zurückgegeben wird (BGH, Urteil vom 06.11.2013 – VIII ZR 416/12; BGH, MK 2014, 22). Hier kann der Vermieter grundsätzlich denjenigen Betrag ersetzt verlangen, den der gekündigte Mieter beim Fortbestand des Mietverhältnisses hätte zahlen müssen (BGH ZMR 2005, 433). Allerdings obliegt dem Vermieter eine Schadensminderungspflicht. Deshalb kann der Schadensersatzanspruch entfallen oder in der Höhe gemindert sein, wenn sich der Vermieter nicht ausreichend um eine zügige Weitervermietung bemüht hat oder wenn die Weitervermietung deshalb gescheitert ist, weil der Vermieter die Wohnung zu marktfremden Bedingungen angeboten hat (vgl. *Schmidt-Futterer* § 542 Rn. 109). Ein Verstoß gegen die **Schadensminderungspflicht** kommt nicht in Betracht, wenn der Mieter selbst den Nachfolger ermittelt hat (OLG Düsseldorf DWW, 1991, 18). Im Streitfall muss der Vermieter seine Bemühungen um eine Weitervermietung substantiiert darlegen. Sache des Mieters ist es, eventuelle Versäumnisse aufzuzeigen (OLG Frankfurt ZMR 1993, 65 = WuM 1992, 463) dieser muss darlegen und beweisen, dass der Vermieter seine Schadensminderungspflicht verletzt hat (KG GE 1999, 41; BGH NZM 2005, 340) nach einer anderen Auffassung setzt der Schadensersatzanspruch regelmäßig voraus, dass der Vermieter bei Beendigung des Mietverhältnisses einen **konkreten Mietinteressenten** hatte, der die Wohnung nur wegen ihres unrenovierten Zustandes nicht angemietet hat (OLG Hamburg WuM 1990, 77; LG Berlin GE 2001, 210). S. dazu die Hinweise zu Teil 1 Rdn. 2580.

2558 Nach BGH ZMR 1982, 180 muss der Vermieter ohne Zeitverlust dafür sorgen, dass die Räume in einen bezugsgeeigneten Zustand gebracht werden, da er anderenfalls gegen seine Schadensminderungspflicht (§ 254 Abs. 2 BGB) bezüglich des Mietausfalls verstoßen würde.

6. Schadensersatzklage des Vermieters wegen vom Mieter nicht durchgeführter Schönheitsreparaturen

2559 **Es wird beantragt,** [1]

den Beklagten zu verurteilen, an den Kläger _____ € nebst Zinsen in Höhe von 5 Prozentpunkten über dem Basiszinssatz hierauf seit dem _____ zu zahlen.

M. Abwicklung des Mietverhältnisses

Begründung: ²

Der Kläger hatte an den Beklagten die im Hause _____ belegenen Räumlichkeiten vermietet. Diese sind in dem in Fotokopie als

Anlage 1

überreichten Mietvertrag näher bezeichnet. Das Mietverhältnis endete zum _____. Gemäß § _____ des oben überreichten Mietvertrages hat sich der Beklagte verpflichtet, in dem dort näher gekennzeichneten Umfange Schönheitsreparaturen durchzuführen.

Dieser Verpflichtung ist er nicht nachgekommen. ³

Bei Rückgabe des Mietobjekts bestanden folgende, vom Kläger nicht zu vertretende Mängel ...: (Es folgt eine spezifizierte Aufstellung der festgestellten Mängel).

▶ Beispiel:

Im Badezimmer der Wohnung waren zahlreiche Dübellöcher in den gekachelten Wänden unverschlossen. Im Wohnzimmer war die Raufasertapete an den Wänden verschmutzt und wies zahlreiche dunkle Ränder auf, zum Teil hingen die Tapetenbahnen herunter. Die Lackfarbe an den Innenfenstern und -türen war an zahlreichen Stellen abgeplatzt. ⁴

Von dem bei Rückgabe des Mietobjekts vorgefundenen Zustand hat der Kläger einige Farbaufnahmen angefertigt, die im Original als ⁵

Anlagenkonvolut 2

zur Illustration beigefügt werden. Zum Beweise dafür, dass bei Rückgabe des Mietobjekts die oben bezeichneten Mängel bestanden, beruft sich der Kläger auf das Zeugnis des/der

1. Name, ladungsfähige Anschrift)

2. ...

oder

Bei Rückgabe des Mietobjekts stellte der Kläger fest, dass in einem großen Umfange dekorative Mängel bestanden. Das nach erstem Eindruck erhebliche Ausmaß der Dekorationsschäden veranlasste den Kläger, einen Sachverständigen zu beauftragen, der aufgrund einer am _____ durchgeführten Besichtigung des Mietobjekts das als ⁵·¹

Anlage 2

im Original beigefügte Gutachten erstellte, in dem die dekorativen, vom Kläger nicht zu vertretenden Mängel im Einzelnen festgehalten und bezeichnet sind. Auf den Inhalt des Gutachtens nimmt der Kläger für seinen Sachvortrag Bezug.

Mit Schreiben des Klägers vom _____ wurde der Beklagte nach Rückgabe des Mietobjekts unter Fristsetzung aufgefordert, ⁶

die oben bezeichneten

oder

die im Gutachten genannten

Mängel auf seine Kosten zu beseitigen und die dort im Einzelnen genannten Malerarbeiten auszuführen. Dieser Aufforderung kam der Beklagte nicht

oder

nur teilweise

nach.

Er ist dem Kläger daher zum Ersatz des diesem entstandenen Schadens verpflichtet. Der Höhe nach setzt sich die aus dem Klageantrag ersichtliche Schadenssumme im Einzelnen aus folgenden Positionen zusammen: (spezifizierte Begründung der einzelnen Schadenspositionen). [7]

▶ Beispiel:

Ausweislich der in Ablichtung als

<u>Anlage 3</u>

überreichten Malerrechnung war zur Beseitigung der abgemahnten dekorativen Mängel ein Kostenaufwand von 4 000,00 € erforderlich.

Hätte der Beklagte das Mietobjekt vertragsgemäß ohne oben genannte Mängel zurückgegeben, wäre unmittelbar im Anschluss an das Ende der Vertragszeit eine Neuvermietung an die nachbenannten Zeugen zu einer monatlichen Miete von 500,00 € möglich gewesen. [8]

Beweis:

Zeugnis des/der

1. (Name, ladungsfähige Anschrift)

2. ...

Die Neuvermietung hat sich nunmehr aufgrund der notwendigen Durchführung von Mängelbeseitigungsarbeiten nach Ablauf der dem Beklagten gesetzten Frist um zwei Monate verzögert. Den Mietausfall für diese beiden Monate in Höhe von 1 000,00 € hat der schadensersatzpflichtige Beklagte ebenfalls zu tragen.

Dieser hat auch die dem Kläger erwachsenen Gutachterkosten gemäß der als [9]

<u>Anlage 4</u>

in Fotokopie beigefügten Rechnung des Sachverständigen in Höhe von 800,00 € zu erstatten.

Gesamtschaden des Klägers: 5 800,00 €.

Da der Beklagte vorgerichtlich einen Ausgleich dieses Schadens ablehnte, ist seine gerichtliche Inanspruchnahme erforderlich geworden.

Erläuterungen

2560 **1. Gerichtliche Zuständigkeit.** Zur gerichtlichen Zuständigkeit s. die Hinweise zu Teil 1 Rdn. 2334.

2561 Klagt der Vermieter aus mehreren Schadenspositionen nur **Teilbeträge** ein, so muss er diese beziffern und die Zusammensetzung der Klageforderung klarstellen. Das Gleiche gilt, wenn er seinen Schadensersatzanspruch zum Teil mit der Kaution des Mieters verrechnet und nur den überschießenden Teil einklagt. Er muss angeben, welche Ansprüche bzw. Teilansprüche vom Gericht geprüft werden und – soweit er sich auf Hilfsbegründungen stützt – in welcher Reihenfolge dies geschehen soll.

2. Formularklauseln. Zu Formularklauseln über die Vereinbarung von Schönheitsreparaturen und zur Inhaltskontrolle s. die Hinweise zu Teil 1 Rdn. 2448 und Teil 1 Rdn. 2535 sowie die kursorische Zusammenstellung von wirksamen/unwirksamen Klauseln am Ende des Kapitels. 2562

Aus dem Mietvertrag und aus dem **Vorbringen in der Klage** soll hervorgehen, ob der Vermieter sich auf eine Verletzung der Pflicht zur Durchführung der laufenden Schönheitsreparaturen oder – bei Gewerberaum – auf die Folgen einer unterlassenen Schlussrenovierung aufgrund besonderer Vereinbarung beruft. 2563

Daneben kommen aber auch Schadensersatzansprüche wegen Pflichtverletzung gem. § 280 Abs. 1 BGB in Betracht, soweit es sich um die Beseitigung von Folgen vertragswidrigen Gebrauchs oder nicht ordnungsmäßiger Renovierungsmaßnahmen handelt. 2564

Zum Schadensersatzanspruch wegen vertragswidrigen Gebrauchs s. unter Teil 1 Rdn. 2486. 2565

3. Spezifizierte Aufstellung von Mängeln. Zur Spezifizierung s. die Hinweise zu Teil 1 Rdn. 2510. 2566

Die Mängel sind für die einzelnen Räume so **genau zu beschreiben**, dass sie den Schadenspositionen im Einzelnen zugeordnet werden können. 2567

4. Dübellöcher. Für das Anbringen von **Dübellöchern** im Bad gilt Folgendes: 2568
– In angemessenem Umfang entspricht es jedenfalls dann dem vertragsgemäßen Gebrauch, wenn das Bad ohne die üblichen Installationen wie Handtuchhalter, Seifenschale, Spiegel usw. vermietet wird (LG Berlin GE 2003, 261).
– Allerdings ist der Mieter grundsätzlich gehalten, die Bohrlöcher möglichst schonend zu setzen.
– Ist dies jedoch wegen der Gestaltung des Badezimmerzubehörs nicht möglich, so ist der Mieter berechtigt, in den Nassräumen der Wohnung Fliesen zu durchbohren, um Halterungen anzubringen, soweit die Zahl der Dübellöcher nicht das übliche Maß übersteigt (OLG Köln WuM 1995, 582; *Riecke/Mack* S. 25).
– Das Bohren von Dübellöchern in Fliesenwänden von Bad, WC oder Küche, soweit es der Befestigung üblicher Einrichtungen in diesen Räumlichkeiten dient und sich die Anzahl der Dübellöcher im üblichen und erforderlichen Rahmen hält (vgl. BGH NJW 1993, 1061; ZMR 1993, 264 f.). Unter üblichen Einrichtungen sind insbesondere Handtuchhalter, Seifenschalen und Spiegel zu verstehen. Nach einer weiteren Ansicht aber auch die Befestigung einer Arbeitsplatte in der Küche (AG Reinbach NZM 2005, 822).
– Das Anbringen von Dübellöchern stellt jedoch dann eine **Pflichtverletzung** (§ 280 Abs. 1 BGB) dar, wenn es in einem ungewöhnlichen Ausmaß oder erkennbar ohne Rücksicht auf die Belange des Vermieters erfolgt (LG Berlin GE 2003, 261, dazu *Schach* GE 2003, 233). Eine Pflichtverletzung stellt das Anbringen von Dübellöchern ebenfalls dar, wenn **eine übermäßige Anzahl** in Fliesen gebohrt wird, die nicht durch die Notwendigkeit der üblichen Befestigungsmöglichkeiten gerechtfertigt ist (Schmidt-Futterer/*Langenberg* § 538 Rn. 48, 49, 369, 370) entsprechendes gilt für übermäßige Anbringung von Dübellöchern in Wohnbereichen für die Montage großer Regalwände (LG Göttingen WuM 1990, 199).
– Der Vermieter kann die Kosten für eine Neuverfliesung unter **Abzug neu für alt** verlangen, wenn Ersatzfliesen nicht mehr beschafft werden können (LG Göttingen ZMR 1990, 143; bei 30 Jahre alten Wandfliesen Abzug von 50 Prozent, LG Köln WuM 1997, 41).

5. Beweislast/Vertragswidrige Verursachung. Kann eine während der Dauer des Mietverhältnisses eingetretene Verschlechterung der Mietsache von ihrem objektiven Erscheinungsbild her sowohl auf einem vertragswidrigen Verhalten des Mieters beruhen als auch eine Folge vertragsgemäßer Abnutzung sein, so muss der Vermieter, der Schadensersatz verlangt, die vertragswidrige Verursachung **beweisen** (OLG Saarbrücken NJW-RR 1988, 652). Eine Abnutzung durch 2569 vertragsgemäßen Gebrauch, die der Renovierungspflicht entsprechend der Schönheitsreparaturklausel nicht zuzuordnen ist, hat der Mieter nicht zu vertreten (OLG Köln WuM 1995, 582).

2570 *5.1* **Selbständiges Beweisverfahren.** Für den Vermieter besteht auch die Möglichkeit der Einleitung eines selbständigen Beweisverfahrens (s. dazu die Hinweise zu Teil 1 Rdn. 770). Nachteilig ist, dass das Verfahren zeitaufwendig sein kann; nicht immer wird für dessen Dauer ein Schadensersatz wegen Mietausfalls zuerkannt (s. die Hinweise zu Ziff. 8, Teil 1 Rdn. 2578). Andererseits kommt dem im Beweisverfahren erstatteten Gutachten im späteren Hauptprozess die gleiche **Beweiskraft** wie einer Beweiserhebung im Prozess zu (§ 493 Abs. 1 ZPO).

2571 Beachte dazu OLG Düsseldorf ZMR 1988, 174: Hat im Beweisverfahren der Gegner eine mögliche und zumutbare **Einwendung unterlassen**, so trifft ihn im Hauptprozess die volle Beweislast dafür, dass das im Beweisverfahren erzielte Ergebnis unrichtig ist.

2572 Ein selbständiges Beweisverfahren **hemmt** im Übrigen die kurze Verjährungsfrist des § 548 BGB; s. dazu auch die Hinweise zu Teil 1 Rdn. 758 sowie zu 2817.

2573 Ein vom Vermieter außerhalb des selbständigen Beweisverfahrens eingeholtes Gutachten wird als Parteigutachten gewertet. Wegen der Kosten des Privatgutachtens s. die Hinweise zu Ziff. 9, Teil 1 Rdn. 2581.

2574 **6. Fristsetzung.** Zur Fristsetzung s. die Hinweise zu Teil 1 Rdn. 2556.

2575 Hat sich der Vermieter wie im Musterfall zur Begründung der Renovierungsmängel auf ein **Sachverständigengutachten** bezogen, so muss er darlegen, welche Positionen hieraus sich erledigt haben.

2576 **7. Schadensberechnung nach der abstrakten Methode.** Der Vermieter kann seinen Schaden auch nach der sog. abstrakten Methode berechnen, d.h. die **Kosten** verlangen, die zur Behebung der Schäden **objektiv erforderlich** sind, ohne dass er entsprechende Beträge aufgewendet hat (OLG Hamburg ZMR 1984, 342; OLG Köln WuM 1988, 108). In diesem Fall kann Mehrwertsteuer jedoch nicht angesetzt werden (§ 249 Abs. 2 S. 2 BGB). Sein Schadensersatzanspruch scheitert nicht daran, dass der Nachmieter später auf eigene Kosten renoviert hat und vom Vermieter dafür keinen Ersatz verlangen kann (BGHZ 49, 56 f. = NJW 1968, 491; OLG Hamburg ZMR 1984, 342). Die Schadenshöhe muss so dargelegt werden, dass die einzelnen Schadensbeträge den jeweiligen Schadenspositionen genau zugeordnet werden können.

2577 Zur Aufschlüsselung der Klageforderung s. die Hinweise zu Teil 1 Rdn. 2561.

2578 **8. Schadensersatzanspruch wegen Mietausfalls.** Nach überwiegender Ansicht (OLG Hamburg WuM 1990, 77; OLG Bamberg GuT 2002, 182; LG Berlin GE 2002, 462) setzt der Schadensersatzanspruch wegen Mietausfalls einen Tatsachenvortrag voraus, aus dem sich die Abschlussbereitschaft eines bestimmten Mietinteressenten zu bestimmten Konditionen ergibt; ein allgemeines Vorbringen, der Vermieter habe zu einem bestimmten Termin gewisse Interessenten gehabt, die bereit gewesen seien, eine Miete zwischen … € und … € zu zahlen, reicht nicht aus.

2579 Dagegen soll sich nach Auffassung des LG Frankfurt/M. (ZMR 2000, 763; 1997, 552) aus **§ 252 S. 2 BGB** ergeben, dass bei vertragswidrig unrenovierter Rückgabe der Wohnung dem Vermieter grundsätzlich ein Ausfallschaden zusteht. Da es sich bei Wohnraum um ein marktgängiges Wirtschaftsobjekt handele, sei davon auszugehen, dass dieser im renovierten Zustand auf dem Mietmarkt hätte weitervermietet werden können. Das mag für Frankfurter Verhältnisse sowie für andere Ballungszentren westdeutscher Großstädte zutreffen. Allerdings scheitert bei einem solchen Wohnungsmarkt der Neuabschluss regelmäßig nicht am Zustand der Wohnung, da der Bewerber diese angesichts des knappen Angebots auch im unrenovierten Zustand anmieten würde. Es wird somit regelmäßig an der Kausalität zwischen dem mangelhaften Zustand der Wohnung und dem Mietausfall fehlen (so zutreffend Schmidt-Futterer/*Langenberg* § 538 Rn. 401).

8.1 **Fehlen eines Mietinteressenten.** Ohne einen Mietinteressenten kann der Vermieter nur dann für einen kurzen Zeitraum – etwa einen Monat – Ersatz des Mietausfalls verlangen, wenn er gegen Ende des Mietverhältnisses (etwa aufgrund einer Vorbesichtigung) absehen kann, dass der Mieter nicht in der Lage sein wird, die Wohnung rechtzeitig in einen vertragsgerechten Zustand zu versetzen. In diesem Fall kann vom Vermieter nicht erwartet werden, dass er sich sogleich um die Weitervermietung bemüht (Schmidt-Futterer/*Langenberg* § 538 Rn. 403). 2580

9. Sachverständigenkosten. Nach der Entscheidung des BGH vom 26.05.2004 (WuM 2004, 466, 467 f. = NZM 2004, 615, 616 f.) kann der Vermieter regelmäßig auch **Ersatz der aufgewendeten Kosten** für einen mit der Feststellung des Zustands der Wohnung beauftragten Sachverständigen verlangen (BGH). Das wurde teilweise verneint, wenn die erforderlichen Feststellungen durch einen Laien hätten getroffen werden können (z.B. OLG Hamburg WuM 1990, 75) oder wenn eine Augenscheinseinnahme unter Einschaltung zuverlässiger Zeugen sowie die Fertigung von Lichtbildern ausgereicht hätte (*Sternel* Mietrecht, II Rn. 452). 2581

Der BGH hält derartige Einschränkungen jedenfalls in der Regel nicht für gerechtfertigt. Kosten, die der Geschädigte zur Wahrnehmung seiner Rechte für erforderlich und zweckmäßig hält, seien – eine Anspruchsgrundlage vorausgesetzt – als Schadensposten erstattungsfähig. Der Vermieter habe in der Regel ein dringendes und berechtigtes Interesse, vorhandene Mängel alsbald beseitigen zu lassen, um die Wohnung möglichst schnell wieder vermieten zu können; ein Beweis durch Augenschein könne bei Neuvermietung nicht mehr geführt werden. Auch müsse sich der Vermieter nicht aus Kostengründen auf weniger geeignete Beweismittel (Zeuge, Lichtbildern) verweisen lassen (s. BGH WuM 2004, 466, 468 = NZM 2004, 615, 617). 2582

7. Klageerwiderung des Mieters gegenüber der Schadensersatzklage des Vermieters wegen nicht durchgeführter Schönheitsreparaturen

Es wird beantragt, 2583

die Klage abzuweisen.

Begründung: **¹**

Der Beklagte ist in der Zeit vor Beendigung des Mietverhältnisses und Rückgabe des Mietobjektes zur Durchführung von Schönheitsreparaturen nicht verpflichtet gewesen. Formularmäßig wurde unter § _____ des Mietvertrages vereinbart (es folgt ein wörtliches Zitat der formularmäßigen Vereinbarungen).

▶ Beispiel:

Der Mieter verpflichtet sich, die Schönheitsreparaturen, d.h. das Tapezieren, Anstreichen der Wände und Decken, das Pflegen der Fußböden, das Streichen der Innentüren, der Fenster und Außentüren von innen sowie das Streichen der Heizkörper und Versorgungsleitungen innerhalb der Wohnung durchzuführen, und zwar in den üblichen Zeitabständen, je nach dem Grad der Abnutzung oder Beschädigung. **²**

Die erstmaligen Renovierungsarbeiten sind innerhalb von drei Monaten nach Vertragsbeginn durchzuführen. **³**

Bei Auszug sind die Miträume in gutem, dekorativem Zustand zurückzugeben. **⁴**

Lackierte Holzteile (mit Ausnahme von Naturholz) sind weiß lackiert zurückzugeben, nicht tapezierte Decken und Wände sowie Raufasertapeten mit einem deckenden wisch- und waschfesten Binderfarbanstrich. **⁵, ⁵·¹**

Alle sonst notwendigen Arbeiten sind handwerksgerecht auszuführen. **⁶**

Diese dem Mieter formularmäßig aufgebürdeten Verpflichtungen benachteiligen ihn unangemessen im Sinne von § 307 BGB und sind daher unwirksam. Das ergibt sich aus Folgendem: (An dieser Stelle sind im Einzelnen die Argumente vorzubringen, die für eine Unwirksamkeit der in Rede stehenden Formularklausel sprechen). [7]

▶ Beispiel:

Dem Beklagten wurde das Mietobjekt im nicht renovierten Zustand übergeben. Im Einzelnen bestanden bei Übergabe folgende dekorative Mängel (spezifizierte Aufzählung der bei Übergabe bestehenden Mängel). Es musste daher vom Beklagten eine Anfangsrenovierung durchgeführt werden. Hierzu ist er formularmäßig auch verpflichtet worden. Die laufenden Schönheitsreparaturen hat der Beklagte innerhalb der hierfür üblichen Fristen durchgeführt. Die formularmäßige Verpflichtung, darüber hinaus bei Mietvertragsende die Mieträume in einem guten dekorativen Zustand zurückzugeben, kann keine Wirksamkeit beanspruchen. Denn im Ergebnis ist dem Beklagten damit formularmäßig eine Anfangs- und Schlussrenovierung aufgebürdet. Das benachteiligt ihn unangemessen. [8]

oder (eventuell zusätzlich) [8.1]

Entgegen der Behauptung des Klägers bestanden bei Auszug keine dekorativen Mängel. Das Mietobjekt befand sich vielmehr insoweit in einem einwandfreien Zustand. [9]

Beweis:

Zeugnis des/der

1. (Name, ladungsfähige Anschrift)

2. ...

oder (eventuell zusätzlich)

Nach Auszug des Beklagten ließ der Kläger umfangreiche, von vornherein geplante Umbaumaßnahmen innerhalb des Mietobjekts durchführen. Der Kläger ließ im Einzelnen folgende bauliche Veränderungen vornehmen: [10]

▶ Beispiel:

Zwei Innenwände wurden abgerissen. Sämtliche Elektroleitungen wurden unter Putz verlegt. Ferner ließ der Kläger neue Heizungsrohre verlegen und neue Heizkörper setzen. Sämtliche Decken des Mietobjekts wurden mit Holz vertäfelt.

Vom Beklagten durchgeführte Renovierungsarbeiten im dekorativen Bereich wären durch die umfänglichen Umbauarbeiten des Klägers wieder zerstört worden oder hätten sich im Übrigen als sinnlos erwiesen. Nach dem Grundsatz von Treu und Glauben war der Kläger unter diesen Umständen nicht berechtigt, von dem Beklagten die Durchführung etwa geschuldeter Schönheitsreparaturen zu verlangen. Er kann daher auch keinen Schadensersatz beanspruchen.

Hilfsweise ist die Höhe des von dem Kläger geltend gemachten Schadensersatzanspruchs zu beanstanden (Auseinandersetzung mit den einzelnen Schadenspositionen). [11]

▶ Beispiel:

Die Beauftragung eines Gutachters durch den Kläger war nicht erforderlich. Zur Feststellung der gerügten Dekorationsmängel bedurfte es nicht der besonderen Fachkunde eines Gutachters. Eine Beweissicherung war auf einfache Weise durch Hinzuziehung von Zeugen und die Anfertigung von Fotografien zu bewerkstelligen. Gutachterkosten können daher vom Kläger nicht erstattet verlangt werden.

▶ Beispiel:

Nach Ablauf der vom Kläger gesetzten Frist zur Mängelbeseitigung hätten die notwendigen Malerarbeiten innerhalb von einer Woche durchgeführt werden können. Anschließend hätte das Mietobjekt sofort neu vermietet werden können. Insoweit mag ein Mietausfall für einen Monat zu erstatten sein. Unverständlich ist es hingegen, dass der Kläger einen Mietausfall für drei Monate gegenüber dem Beklagten geltend macht. [12]

▶ Beispiel:

Die Preise in dem von dem Kläger vorgelegten Kostenvoranschlag über die Durchführung bestimmter dekorativer Arbeiten sind überhöht. Es werden in Ablichtung zwei alternative Kostenvoranschläge bekannter Fachfirmen überreicht. Beide Firmen bieten die gleichen Leistungen um 30 % billiger an. [13]

Beweis: Zeugnis der Malermeister _____

Der Beklagte hat sich auch ergänzend bei der örtlichen Handwerkskammer erkundigt. Dort wurde ihm bestätigt, dass üblicherweise Malerarbeiten über die hier fraglichen Leistungen um 30 % billiger angeboten werden.

Beweis: Sachverständigengutachten

Der Kläger könnte daher höchstens 70 % der Endsumme aus dem von ihm vorgelegten Kostenvoranschlag beanspruchen.

▶ Beispiel:

In der von dem Kläger vorgelegten Malerrechnung sind folgende Positionen aufgeführt, die gegenüber dem Beklagten nicht abgemahnt wurden: [14]

Die Positionen 1, 4 und 8 der vorgelegten Malerrechnung weisen jeweils den Voranstrich und die Lackierung von Fußleisten aus. Der Beklagte wurde indes vom Kläger nicht aufgefordert, dekorative Mängel an den Fußleisten zu beseitigen. Soweit aber der Beklagte nicht zur Mängelbeseitigung aufgefordert wurde, kann der Kläger keinen Schadensersatz beanspruchen.

Erläuterungen

1. Unzulässige Übertragung der laufenden Schönheitsreparaturen. Die formularmäßige Übertragung der laufenden Schönheitsreparaturen ist dann unzulässig, wenn die Pflichten erheblich über das übliche Maß hinausgehen, was den Inhalt und die Häufigkeit der durchzuführenden Maßnahmen anbelangt (s. dazu die Hinweise zu Teil 1 Rdn. 2540).

2584

2. Umfang der Schönheitsreparaturen. Der Umfang der in der Klausel geregelten Schönheitsreparaturen entspricht im Wesentlichen dem Katalog in § 28 Abs. 4 S. 3 II. BV. Zum Pflegen der Fußböden zählt nicht das Abschleifen von Parkett. Die Wendung »in den üblichen Zeitabständen je nach dem Grad der Abnutzung oder Beschädigung«, »für den Regelfall«, »im All-

2585

gemeinen« und »regelmäßig nach Ablauf« lässt die ergänzende Auslegung zu, dass die Schönheitsreparaturen innerhalb des üblichen Fristenplanes durchzuführen sind, um dem geforderten **Transparenzgebot in Mietverträgen** Genüge zu tun, erscheint es jedoch sinnvoll, die üblichen Fristen mit Jahreszahlen zu versehen (s. die Hinweise zu Teil 1 Rdn. 2475).

2586 **3. Anfangsrenovierung.** Die Klausel zur Anfangsrenovierung ist unzulässig; s. dazu die Hinweise zu Teil 1 Rdn. 2537.

2587 **4. Auszug in gut dekoriertem Zustand.** Unzulässig ist auch die Klausel, dass die Mieträume bei Auszug in gutem dekorativen Zustand zurückzugeben sind, s. die Hinweise zu Teil 1 Rdn. 2538.

2588 **5. Farbwahlklausel.** Farbwahlklauseln, die den Mieter verpflichten, die Schönheitsreparaturen in »neutralen, hellen, deckenden Farben und Tapeten« während des laufenden Mietverhältnisses auszuführen, stellen eine unangemessene Benachteiligung des Mieters dar (§ 307 BGB), weil er in der Gestaltung seines persönlichen Lebensbereiches eingeschränkt werde. Die Unwirksamkeit der Farbwahlklausel soll zur Unwirksamkeit der gesamten Renovierungsklausel führen. Denn anderenfalls komme es zu einer Umgestaltung der Vereinbarung, was einer – klauselkontrollrechtlich unzulässigen – geltungserhaltenden Reduktion gleiche (BGH WuM 2008, 427; BGH ZMR 2012, 97; s. zum Ganzen auch LG Lübeck NZM 2002, 485; *Sternel* NZM 1998, 842, 843).

2589 Ebenfalls ist eine Formularklausel unwirksam, die den Mieter verpflichtet, die Wohnung in »weiß« dekoriertem Zustand bei Beendigung des Mietverhältnisses zurückzugeben (dazu die Hinweise zu Teil 1 Rdn. 2466).

2590 Der BGH hält daran fest, dass das berechtigte Interesse des Vermieters allein darin besteht, die Wohnung in einem Dekorationszustand zurückzuerhalten, der dem Geschmack eines größeren Interessenkreises entspricht und eine rasche Weitervermietung ermöglicht. Diesen Anforderungen genügt eine Dekoration in anderen dezenten Farbtönen. Eine in diesem Sinne formulierte Rückgabeklausel ist unbedenklich (BGH MK 2011, 63, vgl. auch BGH, Urteil vom 06.11.2013, VIII ZR 416/12, www.bundesgerichtshof.de).

2591 *5.1 Ausführungsart.* Die Verpflichtung des Mieters nur mit Zustimmung des Vermieters von der bisherigen Ausführungsart abzuweichen, ist als Formularklausel insgesamt unwirksam und lässt die Schönheitsreparaturverpflichtung des Mieters entfallen. Dies betrifft auch eine Klausel, wenn das Zustimmungserfordernis des Vermieters nur für erhebliche Abweichungen vorgesehen ist

2592 **6. Handwerksgerechte Ausführung.** Die Klausel, dass die Arbeiten handwerksgerecht durchzuführen sind, ist wirksam, anders dagegen eine Klausel, die den Mieter verpflichtet, einen Fachhandwerker zu beauftragen, so dass eine Eigenleistung ausgeschlossen ist (OLG Stuttgart ZMR 1993, 513 = WuM 1993, 528). Eine formularvertragliche Klausel in einem Wohnraummietvertrag, welche den Mieter verpflichtet, die Schönheitsreparaturen »ausführen zu lassen«, stellt eine unzulässige Fachhandwerkerklausel dar (LG München WE 2010, 186; GE 2010, 271 – nicht rechtskräftig).

2593 **7. Summierungseffekt.** Ist der Mieter neben der Verpflichtung zur Durchführung der laufenden Schönheitsreparaturen zur Anfangsrenovierung und zur Schlussrenovierung verpflichtet, so führen diese Klauseln in ihrer Gesamtwirkung zu einer unangemessenen Benachteiligung des Mieters und damit zur Unwirksamkeit der Gesamtregelung (sog. Summierungseffekt); s. dazu die Hinweise zu Teil 1 Rdn. 2540.

2594 **8. Anfänglich unrenovierte Wohnung.** Ist dem Mieter eine unrenovierte Wohnung überlassen worden, so braucht er frühestens mit Ablauf der ersten Renovierungsperiode, die mit Beginn des Mietverhältnisses anfängt, die laufenden Schönheitsreparaturen auszuführen (BGH ZMR 1987, 415). Im Weiteren muss tatsächlich ein Renovierungsbedarf bestehen. Insofern ist ein vertragsgemäß renovierter Zustand grundsätzlich schon dann anzunehmen, wenn dem Mieter der Bezug der Wohnung billigerweise zugemutet werden kann und er diese nicht alsbald herzurichten bräuchte; geringfügige Abnutzungsspuren des Mietvorgängers muss er hinnehmen (LG Hamburg MDR 1986, 938). Das Gegenstück einer unrenovierten Wohnung muss nicht eine »frisch renovierte Wohnung« sein. Als »frisch renoviert« gilt eine Wohnung im Übrigen auch dann noch, wenn sie »kurz vor Beginn des Mietverhältnisses gerichtet« worden ist (OLG Stuttgart NJW-RR 1989, 520). Wurde die Wohnung drei Monate vor Beginn des Mietverhältnisses renoviert, aber dann noch einem Vormieter überlassen, so ist sie nicht mehr als »frisch renoviert« gewertet worden (LG Karlsruhe WuM 1990, 201). Dagegen soll die Verpflichtung des Wohnraummieters, zum Ende der Mietzeit die »erforderlichen« Schönheitsreparaturen durchzuführen, wirksam sein, wenn die Wohnung in einem grundlegend renovierten Zustand überlassen war (AG Hamburg-Blankenese WuM 2008, 474).

8.1 **Isolierte Endrenovierungsklausel.** Zur Unzulässigkeit der Überbürdung einer Schlussrenovierung unabhängig von der letzten Durchführung laufender Schönheitsreparaturen s. BGH ZMR 1998, 752 = WuM 1998, 592 = NJW 1998, 3113. Unzulässig ist ebenfalls die Vereinbarung einer isolierten Endrenovierungsklausel, auch dann, wenn der Mieter zu laufenden Schönheitsreparaturen während der Dauer des Mietverhältnisses nicht verpflichtet ist (BGH WuM 2007, 682). Treffen dagegen starre und deshalb unwirksame Formularklauseln zur Vornahme der laufenden Schönheitsreparaturen und der Endrenovierung durch den Mieter mit einer später bei Einzug individuell vereinbarten Endrenovierungspflicht des Mieters zusammen, unterliegt die Individualvereinbarung weder der Inhaltskontrolle nach § 307 Abs. 1 S. 1 BGB noch wird sie gemäß § 139 BGB von der Unwirksamkeit der Formularklausel erfasst (BGH MK 2009, 149). 2595

9. Beweislast des Vermieters. Das Vorhandensein von Schäden muss der Vermieter **beweisen**; vom Mieter benannte Zeugen sind nur Mittel des Gegenbeweises. Beweist der Mieter, dass er die laufenden Schönheitsreparaturen ausgeführt hat oder bei Überlassung einer unrenovierten Wohnung nicht auszuführen brauchte, so muss der Vermieter darlegen und beweisen, dass Schäden an Tapeten und Anstrichen auf vertragswidrigem, übermäßigem Gebrauch beruhen. Dagegen muss der Mieter im Streitfall beweisen, dass er gemäß dem vereinbarten Fristenplan laufend renoviert hat, bzw. dass aufgrund seiner konkreten Nutzung der Wohnung eine Renovierung nach den Regelfristen noch nicht erforderlich ist (BGH ZMR 2007, 34). 2596

10. Umbauarbeiten. Führt der Vermieter Umbauarbeiten durch, welche die vom Mieter noch geschuldeten Renovierungsmaßnahmen überflüssig machen würden, so ist sein Anspruch auf Durchführung der Schönheitsreparaturen und Schadensersatz wegen unterlassener Schönheitsreparaturen missbräuchlich (vgl. OLG Hamburg ZMR 1984, 342). Dem Vermieter ist allerdings im Wege der **ergänzenden Vertragsauslegung** ein Ausgleichsanspruch zugebilligt worden; dieser geht aber nicht über den Betrag hinaus, den der Mieter zur Renovierung – auch im Wege der Eigenleistung – hätte aufwenden müssen (BGH ZMR 2002, 735; 1985, 84; OLG Düsseldorf ZMR 1994, 259). Ist anzunehmen, dass der Mieter nach dem Mietvertrag die Arbeiten in Eigenleistung bzw. durch Verwandte oder Bekannte hätte ausführen lassen dürfen, braucht er neben den Kosten für das notwendige Material nur den Betrag zu entrichten, den er für die Arbeitsleistung seiner Verwandten oder Bekannten hätte aufwenden müssen. Den Wert einer zulässigen Eigenleistung des Mieters hat das Gericht nach § 287 ZPO zu schätzen. Er wird im Allgemeinen nur einen Bruchteil des Betrages ausmachen, den der Mieter bei Beauftragung eines Handwerkers hätte aufbringen müssen (Vorschlag: ca. 1/3). 2597

Interessant ist insoweit die bei LG Potsdam GE 2004, 821, 282 vorgenommene Schätzung. Für die Renovierung einer Zwei-Zimmer-Wohnung mit 63 qm wurden ca. drei Tage für jeweils zwei Maler, also 48 Stunden zu 10 € = 480 € angesetzt. Hinzu kamen Materialkosten (insb. Farbe) von 250 € zzgl. 40 € MwSt, so dass sich die Gesamtkosten auf 770 € beliefen. 2598

11. Erforderliche Kosten eines Sachverständigen. Zur Erforderlichkeit von Kosten durch Einschaltung eines Sachverständigen s. die Hinweise zu Teil 1 Rdn. 2581. 2599

2600 **12. Mietausfallschaden.** Zum Mietausfallschaden und zur Pflicht des Vermieters, dafür zu sorgen, dass der bezugsfähige Zustand alsbald wieder hergestellt wird, s. die Hinweise zu Teil 1 Rdn. 2550 und 2578.

2601 **13. Schadensersatzanspruch des Vermieters.** Der Schadensersatzanspruch des Vermieters ist nicht auf den Ersatz der üblichen Kosten beschränkt. Der Vermieter ist nicht verpflichtet, den billigsten Handwerker zu beauftragen, sondern kann Gründe haben, auch den etwas teureren Handwerker seines Vertrauens einzuschalten. Es obliegt ihm aber aufgrund seiner Verpflichtung, den Schaden möglichst gering zu halten (§ 254 Abs. 2 BGB **Schadensminderungspflicht**), sorgfältig zu kalkulieren und sich an den üblichen Kosten zu orientieren. Alle Umstände, die ein Mitverschulden des Vermieters – auch zur Schadenshöhe – begründen sollen, muss der Mieter darlegen und beweisen. Er muss also im Rechtsstreit vortragen, dass die Einholung eines Gutachtens nicht erforderlich war und die Preise des Handwerkers überhöht sind. Häufig begnügt er sich damit, pauschal die Angemessenheit und die Üblichkeit zu bestreiten. Das ist zu wenig.

2602 **14. Abnahmeprotokoll.** Die Verpflichtung des Mieters zum Schadensersatz bezieht sich nicht auf die Schäden wegen solcher Mängel, die nicht im Abnahmeprotokoll enthalten sind; denn dessen Inhalt hat gleichsam Ausschlusswirkung (s. die Hinweise zu Teil 1 Rdn. 2404). In das Abnahmeprotokoll sollte daher im Zweifel aufgenommen werden, dass sich der Vermieter die Geltendmachung von Ansprüchen für bei Abnahme **nicht erkennbare** oder **später auftretende Mängel** ausdrücklich **vorbehält** (vgl. *Riecke/Mack* S. 114). Sie erstreckt sich auch nicht auf Schäden, zu deren Behebung der Mieter nicht unter Fristsetzung nach Maßgabe des § 281 Abs. 1 S. 1 BGB aufgefordert worden ist. Insoweit kann der Erfüllungsanspruch des Vermieters nicht gem. § 281 Abs. 4 BGB in einen Schadensersatzanspruch umgewandelt werden; s. die Hinweise zu Teil 1 Rdn. 2481.

2603 Anders verhält es sich, wenn es einer Fristsetzung nach § 281 Abs. 2 BGB nicht bedurfte; s. dazu die Hinweise zu Teil 1 Rdn. 2479.

8. Anwaltliches Schreiben des Mieters bei unwirksamer Schönheitsreparaturklausel

2604 **Sehr geehrter Herr Kollege Mustermann,**

hiermit zeigen wir Ihnen an, dass uns Herr und Frau Beispielhaft mit der Wahrnehmung ihrer rechtlichen Interessen in der vorbezeichneten Angelegenheit beauftragt haben. Unsere Bevollmächtigung wird anwaltlich versichert. [1]

Unsere Mandantschaft hat Sie aufgefordert, bestimmte Schönheitsreparaturen bei Auszug durchzuführen. Sämtliche Arbeiten haben diese fristgerecht erledigt. Nach Durchsicht des Mietvertrages haben wir nunmehr festgestellt, dass die darin vereinbarte Schönheitsreparaturklausel unwirksam ist. Denn es wurde vereinbart: [2]

> ▶ **Beispiel:**
>
> **Der Mieter ist verpflichtet, die laufenden Schönheitsreparaturen auszuführen sowie eine Endrenovierung bei dessen Auszug vorzunehmen.**

Die Arbeiten wurden seitens unserer Mandantschaft erledigt, da diese davon ausgegangen sind, dass die Klausel im Mietvertrag wirksam ist und daher verpflichtet waren, die erforderlichen Arbeiten durchzuführen. [3]

Wegen Unwirksamkeit dieser Vereinbarung beansprucht unsere Mandantschaft daher von Ihnen für die von diesen ausgeführten Malerarbeiten Aufwendungsersatz, da deren Durchführung ihrem Inhalt nach in deren Rechts- und Interessenkreis fällt. [4]

M. Abwicklung des Mietverhältnisses

Der Aufwendungsersatz erfasst die Kosten für die Malerarbeiten gemäß der anliegenden Rechnung in Höhe von (Zahl) €. [5]

oder

Da unsere Mandantschaft trotz unwirksamer Vereinbarung Schönheitsreparaturen ausgeführt hat, kann diese von Ihrem Mandanten einen Ausgleich verlangen. Die Ausführung der Schönheitsreparaturen erfolgte in Eigenleistung. Der Anspruch auf Wertersatz begründet sich wie folgt:

▶ Beispiel:

Um dem Verlangen Ihres Mandanten auf Durchführung einer Endrenovierung nachzukommen, hat unsere Mandantschaft – zusammen mit zwei Helfern – alle Wand- und Deckenflächen der Mieträume mit Binderfarbe geweißt. Ausweislich der in Ablichtung beigefügten Rechnung sind dafür Materialkosten in Höhe von   130,80 €

angefallen. Die beiden Helfer, hierbei handelt es sich um (namentliche Bezeichnung), und ich waren jeweils 6 Stunden mit der Ausführung der Malerarbeiten beschäftigt. Bei einem im Rahmen von Eigenleistungen angemessenen Stundensatz von 15,00 € berechne ich danach eine angemessene Vergütung von   270,00 €;

zusammen ergibt sich ein Anspruch von   480,80 €

Demgemäß haben wir Ihren Mandanten abschließend aufzufordern, den oben genannten Betrag bis zum (Datum) an unsere Mandantschaft zu zahlen. Sofern dies nicht erfolgt, sieht sich unsere Mandantschaft gezwungen, insbesondere um die drohende Verjährung zu hemmen, die erforderlichen Maßnahmen einzuleiten. [6]

Erläuterungen

1. Bevollmächtigung. Sofern der Mieter mittels eines anwaltlichen Schreiben die Aufforderung des Vermieters zur Durchführung von Schönheitsreparaturen auf Grund einer unwirksamen Schönheitsreparaturklausel abwehrt, handelt es sich nicht um eine gestaltende Willenserklärung, sodass es vorerst ausreichend ist, die Bevollmächtigung anwaltlich zu versichern. Sollte der Mieter die Bevollmächtigung bestreiten, muss eine Originalvollmacht nachgereicht werden.

2. Aufwendungsersatzanspruch bei nicht geschuldeten Schönheitsreparaturen. Die Rechtsgrundverweisung des § 539 BGB räumt dem Mieter bei objektiv erforderlichen Maßnahmen einen Kostenersatz über die **Grundsätze der GOA** ein (BGH WPM 1974, 348). Der dafür erforderliche Fremdgeschäftsführungswille, an dessen Vorliegen **strenge Anforderungen** zu stellen sind (BGH WuM 1994, 201), fehlt allerdings, wenn die Verwendungen nur den eigenen Zwecken und den eigenen Interessen des Mieters dienen (BGH ZMR 1999, 93). Davon ist regelmäßig auszugehen, wenn der Mieter im Hinblick auf ein langfristiges Mietverhältnis investiert (OLG Rostock ZMR 2005, 862).

3. Fremdgeschäftsführungswille. In diesem Sinne wird vertreten, dass grundsätzlich der Fremdgeschäftsführungswille des Mieters fehle. Der Mieter erneuere eben nur im guten Glauben an eine eigene vertragliche Verpflichtung die Dekoration im Mietobjekt (LG Berlin GE 2007, 517; AG München NZM 2001, 1030; *Lange* NZM 2007, 785). Es wird insofern argumentiert, dass dem Mieter der Wille fehle, in einen fremden Rechtskreis einzugreifen (**voluntatives Element**) und sich nicht darüber bewusst sei, dass er das Geschäft nicht für sich selbst, sondern für

Rechnung eines anderen vornimmt (**kognitives Element**). Vielmehr sei es so, dass der Mieter für sich handeln wolle, um die Renovierung für und gegen sich gelten zu lassen (*Lange* a.a.O.; LG Berlin GE 2007, 517).

2607 **4. Objektiv fremdes Geschäft.** Weiterhin wird vertreten, dass in Anlehnung an die ständige Rechtsprechung des BGH (NZM 2005, 356 (358); NZM 2004, 119) bei einem objektiv fremden Geschäft – und um ein solches handelt es sich bei dem Vorliegen einer nichtigen Dekorationsklausel (so auch *Lange* NZM 2007, 785) – der für eine GOA erforderliche Fremdgeschäftsführungswille grundsätzlich vermutet wird (LG Karlsruhe NZM 2006, 508 = DWW 2007, 68). Zudem soll für die Anwendung der GOA unschädlich sein, dass der Geschäftsführer irrig davon ausgegangen ist, vertraglich zur Leistung verpflichtet zu sein, wenn diese selbst nur fremdnützig erbracht wird (LG Karlsruhe a.a.O.; BGH NJW 1962, 2010). Nach der bejahenden Ansicht wird also dem die Schönheitsreparaturen ausführenden Mieter ein Fremdgeschäftsführungswille unterstellt. Auf diesem Wege soll – jedenfalls wenn die Dekorationspflichten als solche auch fällig waren (*Dötsch* NZM 2008, 109) – ein voller Aufwendungsersatzanspruch aus §§ 539 Abs. 1, 683, 670 BGB begründet werden (LG Wuppertal ZMR 2007, 973; LG Köln Urteil vom 04.04.2007 – 9 S 215/06 unveröff.; LG Landshut WuM 2008, 335). Vorstehendes soll jedenfalls für die in der Praxis wohl häufigsten Fälle einer Renovierung bei Auszug – bei der der Mieter selbst nichts mehr von der neuen Dekoration hat und insofern durchaus (auch) »für den **Vermieter**« renoviert – gelten (vgl. Schmidt-Futterer/*Langenberg* § 539 Rn. 30; *Sternel* NZM 2007, 545 (549); *Lehmann-Richter* WuM 2005, 747).

2608 **5. Wert der Renovierungsleistung.** Im Weiteren greift die Instanzenrechtsprechung auf die klassischen Regressinstrumentarien zurück. Viele stellen unmittelbar auf das Bereicherungsrecht ab. Hier ist dann nur unklar, wie das **erlangte** »etwas« und die herauszugebende Bereicherung (§ 818 Abs. 3 BGB) zu bestimmen sind. Zunehmend wird in der Praxis an den **Wert der Renovierungsleistung** angeknüpft, die zumeist einfach mit dem **vollen Betrag** der Handwerkerrechnung des Mieters gleichgesetzt wird (AG Nürtingen WuM 2007, 316). Andere stellen hingegen konkret die Frage nach der Bereicherung des Vermieters und ermitteln deswegen etwa die von diesem »ersparten« Renovierungsaufwendungen (*Lehmann-Richter* WuM 2005, 747; *Sternel* NZM 2007, 545; *Dötsch* NZM 2007, 275). Vorstehendes ist von Bedeutung, wenn der Vermieter die Dekorationsarbeiten günstig selbst hätte erbringen können oder er den Auftrag an Dritte zu besseren Konditionen hätte vergeben können. Wieder andere halten schließlich die Wertsteigerung der Immobilie durch die erbrachten Dekorationsleistungen für maßgeblich (LG Berlin GE 2007, 517; *Blank* in FS für Derleder 2005, 189; BGH WuM 1990, 248 = NJW 1990, 1789; OLG München NJW-RR 1997, 650; BGH ZMR 2006, 185). Schließlich hat der BGH entschieden, dass dem Mieter, der Schönheitsreparaturen aufgrund einer unerkannt unwirksamen Schönheitsreparaturklausel durchführt, jedenfalls ein Bereicherungsanspruch gegen den Vermieter zusteht, dessen Höhe sich nicht nach der Wertverbesserung des Grundstückes, sondern nach den Material- und Helferkosten des Mieters richtet (BGH WuM 2009, 395).

2609 **6. Verjährung.** Lange umstritten war die Frage, ob die kurze Verjährungsfrist von sechs Monaten des § 548 Abs. 2 BGB auch den Bereicherungsanspruch aus § 812 Abs. 1 S. 1, 1. Alt. BGB, nach rechtsgrundloser Durchführung einer Endrenovierung aufgrund einer unwirksamen Schönheitsreparaturklausel, umfasst. Der BGH hat in seiner Entscheidung im Jahre 2011 festgestellt, dass der Erstattungsanspruch des Mieters wegen durchgeführter Schönheitsreparaturen, die er in Unkenntnis der Unwirksamkeit einer Renovierungsklausel durchgeführt hat, innerhalb von sechs Monaten ab Beendigung des Mietverhältnisses gemäß § 548 Abs. 2 BGB verjährt (BGH, ZMR 2012, 766, Bestätigung und Fortführung vom BGH, Urteil v. 04.05.2011 – VIII ZR 195/10, ZMR 2011, 705).

Hinweis: Um die Verjährung des Bereicherungsausgleiches zu verhindern, ist daher der Mieter gehalten, die erforderlichen verjährungshemmenden Maßnahmen, wie die Beantragung eines Mahnbescheides oder die Einleitung eines Klageverfahrens gegen den Vermieter, zu veranlassen.

9. Negative Feststellungsklage des Mieters bei unwirksamer Schönheitsreparaturklausel

Es wird beantragt, [1]

festzustellen, dass der Kläger zur Ausführung von Schönheitsreparaturen in den Räumen des in _____ belegenen Mietobjektes – weder im Zusammenhang mit der Beendigung des Mietverhältnisses noch wegen in der Mietzeit über vorbezeichnetes Mietobjekt von ihm nicht ausgeführter Schönheitsreparaturen – verpflichtet ist.

Begründung:

Auf der Grundlage des in Kopie als

Anlage K 1

überreichten Mietvertrages mietete der Kläger vom Beklagten die dort näher bezeichneten Räumlichkeiten. Zur Ausführung von Schönheitsreparaturen durch den Mieter wurde formularmäßig vereinbart:

▶ Beispiel:

Der Mieter verpflichtet sich, die Schönheitsreparaturen, d.h. das Tapezieren, Anstreichen der Wände und Decken, das Pflegen der Fußböden, das Streichen der Innentüren, der Fenster und Außentüren von innen sowie das Streichen der Heizkörper und Versorgungsleitungen innerhalb der Wohnung durchzuführen, und zwar in den üblichen Zeitabständen, je nach dem Grad der Abnutzung oder Beschädigung.

Die erstmaligen Renovierungsarbeiten sind innerhalb von 3 Monaten nach Vertragsbeginn durchzuführen.

Bei Auszug sind die Mieträume in gutem, dekorativem Zustand zurückzugeben. Lackierte Holzteile (mit Ausnahme von Naturholz) sind weiß lackiert zurückgegeben, nicht tapezierte Decken und Wände sowie Raufasertapeten mit einem deckenden wisch- und waschfesten Binderfarbanstrich. Alle sonst notwendigen Arbeiten sind handwerksgerecht auszuführen.

Diese dem Mieter formularmäßig aufgebürdeten Verpflichtungen benachteiligen ihn unangemessen im Sinne von § 307 BGB und sind daher unwirksam. Das ergibt sich aus Folgendem (an dieser Stelle sind im Einzelnen die Argumente vorzubringen, die für eine Unwirksamkeit der in Rede stehenden Formularklauseln sprechen): [2]

▶ Beispiel:

Dem Beklagten wurde das Mietobjekt im nicht renovierten Zustand übergeben. Im Einzelnen bestanden bei Übergabe folgende dekorative Mängel (spezifizierte Aufzählung der bei Übergabe bestehenden Mängel). Es musste daher vom Beklagten eine Anfangsrenovierung durchgeführt werden. Hierzu ist er formularmäßig verpflichtet worden. Die laufenden Schönheitsreparaturen hat der Beklagte innerhalb der hierfür üblichen Fristen durchgeführt.

> Die formularmäßige Verpflichtung, bei Mietvertragsende die Mieträume in einem guten dekorativen Zustand zurückzugeben, kann jedoch keine Wirksamkeit beanspruchen. Im Ergebnis wäre dem Beklagten damit formularmäßig eine Anfangs- und Schlussrenovierung aufgebürdet, letztere unabhängig davon, wann zuletzt turnusmäßig Schönheitsreparaturen ausgeführt wurden. Das benachteiligt den Beklagten unangemessen mit der Folge, dass die gesamten Vereinbarungen über die Ausführung von Schönheitsreparaturen unwirksam sind.

Gemäß dem in Ablichtung als

Anlage K 2

beigefügtem Kündigungsschreiben

oder: durch Zeitablauf

wird das Mietverhältnis zum _____ enden

oder: _____ wurde das Mietverhältnis zum _____ beendet.

Mit Schreiben des Klägers vom _____, das in Kopie als ³

Anlage K 3

überreicht wird, wurde der Beklagte unter Fristsetzung bis zum _____ aufgefordert, rechtsverbindlich mitzuteilen, dass er nicht auf einer Ausführung von Schönheitsreparaturen im Zusammenhang mit der Beendigung des Mietverhältnisses oder wegen in der Mietzeit nicht erfolgter Schönheitsreparaturen bestehen werde. Hierauf erklärte sich der Beklagte nicht. ³

Der Kläger muss daher davon ausgehen, dass der Beklagte die ihm nach den oben zitierten Vertragsklauseln eingeräumten Rechte auch geltend machen wird. Dem Kläger ist nicht zuzumuten, die durch das Schweigen des Beklagten gegebene Rechtsunsicherheit klaglos hinzunehmen und sich darauf zu beschränken, passiv das weitere Verhalten des Beklagten abzuwarten. Ein Feststellungsinteresse im Sinne von § 256 Abs. 1 ZPO ist insofern gegeben.

Erläuterungen

2612 **1. Klage auf Feststellung.** Ein **Feststellungsinteresse** für eine negative Feststellungsklage besteht nur dann, wenn der Vermieter sich eines Anspruches gegen den Mieter »berühmt«. Hierfür soll ein bloßes Schweigen oder ein passives Verhalten in der Regel nicht ausreichen, es sei denn, der Mieter darf aufgrund vorangegangenen Verhaltens des Vermieters nach Treu und Glauben eine ihm endgültig sicherstellende Erklärung erwarten (BGH, MDR 1995, 716; NJW, 1995, 2032; BGH 16.09.2008, NJW 2009, 751).

2613 Dies ist stets dann der Fall, wenn der Vermieter die Beanstandung ihn begünstigender Vertragsklauseln unbeantwortet lässt.

2614 **2. Formularmäßige Verpflichtung.** Weitere Voraussetzung für die Geltendmachung einer negativen Feststellungsklage sowie eines Feststellungsinteresses i.S. des § 256 Abs. 1 ZPO ist, dass der Mieter unangemessen i.S. von § 307 BGB aufgrund der **Schönheitsreparaturklausel** benachteiligt wird. Dies führt zur **Unwirksamkeit** derselben. Aufgrund der Unangemessenheit der Benachteiligung des Mieters hat dieser ein Recht auf Feststellung, dass eine formularmäßige Verpflichtung zur Durchführung von Schönheitsreparaturen nicht besteht.

3. Rechtsunsicherheit. Ein rechtliches Interesse an einer einstweiligen Feststellung des Bestehens oder Nichtbestehens eines Rechtsverhältnisses ist dann gegeben, wenn dem Recht des Mieters eine gegenwärtige Gefahr der **Unsicherheit** droht und wenn das erstrebte Urteil geeignet ist, diese Gefahr zu beseitigen (BGH MietRB 2010, 99).

Sofern in dem zugrunde liegenden Mietvertrag tatsächlich eine Reihe vorformulierter Klauseln, welche von dem Mieter in Frage gestellt werden, vorhanden sind, hat dieser ein Recht auf Erklärung des Vermieters. Sofern der Vermieter die Fragen des Mieters im Hinblick auf die Wirksamkeit der Klauseln nicht beantwortet, entsteht für den Mieter eine Rechtsunsicherheit, da er nicht weiß, ob der Vermieter die ihm vertraglich eingeräumten Rechte auch tatsächlich geltend machen wird. Insofern hätte der Vermieter das Schreiben des Mieters nach **Treu und Glauben** beantworten müssen (BGH a.a.O.).

10. Anwaltliches Schreiben des Vermieters zur einvernehmlichen Vertragsänderung bei unwirksamer Schönheitsreparaturklausel

Sehr geehrter Herr Mustermann,

hiermit zeigen wir Ihnen an, dass uns Herr und Frau Beispielhaft mit der Wahrnehmung ihrer rechtlichen Interessen in der vorbezeichneten Angelegenheit beauftragt haben. Unsere Bevollmächtigung wird anwaltlich versichert. [1]

In dem mit Ihnen geschlossenen Mietvertrag haben Sie sich auf der Grundlage von Formularvereinbarungen verpflichtet, während der Dauer des Mietverhältnisses turnusgemäß im erforderlichen Umfange Schönheitsreparaturen auszuführen. [2]

In Bezug auf die Ausführung von Schönheitsreparaturen wurde im Mietvertrag allerdings eine unwirksame Renovierungsklausel vereinbart:

▶ Beispiel (Wohnraum):

Der Mieter verpflichtet sich, während der Mietzeit die erforderlichen Schönheitsreparaturen innerhalb der Wohnung durchzuführen. Zu den Schönheitsreparaturen gehören: das Tapezieren, Anstreichen der Wände und der Decken, das Pflegen und Reinigen der Fußböden, das Streichen der Innentüren, der Fenster und Außentüren von innen sowie das Streichen der Heizkörper und Versorgungsleitungen innerhalb der Wohnung. Die Arbeiten sind handwerksgerecht auszuführen.

Die Schönheitsreparaturen in den Mieträumen sind in folgenden Zeitabständen auszuführen:

in Küchen, Bädern und Duschen	alle drei Jahre,
in Wohn- und Schlafräumen, Fluren, Dielen und Toiletten	alle fünf Jahre,
in Nebenräumen	alle sieben Jahre.

▶ Beispiel:

Der Mieter ist nur mit Zustimmung des Vermieters berechtigt, von der bisherigen Ausführungsart der Schönheitsreparaturen abzuweichen.

Im Hinblick auf die Unwirksamkeit der vereinbarten Schönheitsreparaturklausel bietet unsere Mandantschaft Ihnen daher im Wege der Unterzeichnung einer Ergänzungsvereinbarung an, die Übernahme von Schönheitsreparaturen neu zu regeln.

Wir dürfen Sie deshalb bitten, innerhalb einer Frist von (Zahl) Tagen ab Erhalt dieses Schreibens einer Ergänzungsvereinbarung über die Neuregelung von Schönheitsreparaturen wie folgt zuzustimmen: [3]

▶ **Beispiel (Wohnraum):**

Der Mieter verpflichtet sich, während der Mietzeit die erforderlichen Schönheitsreparaturen innerhalb der Wohnung durchzuführen. Zu den Schönheitsreparaturen gehören: Das Tapezieren, das Anstreichen der Wände und der Decken, das Pflegen und Reinigen der Fußböden, das Streichen der Innentüren, der Fenster und Außentüren von innen sowie das Streichen der Heizkörper und Versorgungsleitungen innerhalb der Wohnung. Die Arbeiten sind handwerksgerecht auszuführen.

Üblicherweise werden Schönheitsreparaturen in den Miträumen in folgenden Zeitabständen erforderlich sein:

In Küchen, Bädern und Duschen	alle fünf Jahre,
in Wohn- und Schlafräumen, Fluren, Dielen, und Toiletten	alle acht Jahre,
in anderen Nebenräumen	alle zehn Jahre.

Demgemäß sind die Miträume zum Ende des Mietverhältnisses in dem Zustand zurückzugeben, der bestehen würde, wenn der Mieter die erforderlichen Schönheitsreparaturen durchgeführt hätte. Naturbelassene und nicht farbig lackierte Holzteile oder Flächen, auf denen eine Holzmaserung abgebildet ist, dürfen ohne Genehmigung des Vermieters nicht verändert werden.

Alternativ wird Ihnen angeboten, dass Sie einen Zuschlag in Höhe von monatlich _____ € zusätzlich zur bisherigen Miete zahlen. Die Schönheitsreparaturen sind dann auf Kosten unserer Mandantschaft auszuführen. Bitte äußern Sie sich zu diesem Alternativvorschlag innerhalb der oben genannten Frist. [4]

Erläuterungen

2618 **1. Bevollmächtigung.** Sofern der Vermieter mittels anwaltlichem Schreiben den Mieter, bei Vorliegen einer unwirksamen Schönheitsreparaturklausel, zur einvernehmlichen Vertragsänderung auffordert, handelt es sich nicht um eine gestaltende Willenserklärung, sodass es vorerst ausreichend ist, die Bevollmächtigung anwaltlich zu versichern. Sollte der Mieter die Bevollmächtigung bestreiten, muss eine Originalvollmacht nachgereicht werden.

2619 **2. Zuschlag für Schönheitsreparaturen nach § 558 BGB.** Ob der Vermieter die (unerwartete) Last der eigenen Renovierung, die durch die Unwirksamkeit der Renovierungsklausel eingetreten ist, durch eine Mieterhöhung nach § 558 BGB kompensieren kann, ist umstritten.

2620 Teilweise wird es für zulässig erachtet, dass ein Zuschlag auf die vereinbarte Miete bei Unwirksamkeit der Klausel über die Abwälzung der Schönheitsreparaturen auf den Mieter vorgenommen wird (AG Bretten DWW 2005, 293; AG Frankfurt/M. WuM 2005, 722; AG Langenfeld NZM 2006, 178; *Stürzer* WuM 2004, 512; *Warnecke* WuM 2006, 188; *Both* WuM 2007, 3). Da die Verpflichtung zur Durchführung von Schönheitsreparaturen **Entgeltcharakter** hat, (BGH WuM 1988, 294) habe sie Auswirkung auf die Höhe der ortsüblichen und angemessenen Vergleichsmiete i. S. von § 558 BGB.

2621 **3. Wahlrecht des Mieters Ergänzungsvereinbarung/Mieterhöhung.** Ergänzend besteht die Auffassung, (LG Düsseldorf WuM 2007, 456; LG Düsseldorf WuM 2006, 387; *Kappes* NJW 2006, 3031, 3033; Schmidt-Futterer/*Börstinghaus* Mietrecht, 9. Aufl., § 558a BGB Rn. 51; *ders.* NZM 2005, 931; *ders.* JurisPR-MietR 23/2005 Anm. 1) dass der Vermieter als Verwender einer unwirksamen Schönheitsreparaturklausel im Kompensationswege einen Zuschlag zur örtlichen Vergleichsmiete nur verlangen dürfe, wenn er zuvor dem Mieter Vertragsverhandlungen mit dem Ziel der Vereinbarung einer wirksamen Schönheitsreparaturübernahme durch den Mieter angeboten hat. Teilweise wird auch ein Wahlrecht des Mieters, entweder der Mieterhöhung zuzustimmen oder den Vermieter an der Renovierungsklausel festzuhalten, angenommen (*Blank* Folgen unwirksamer Schönheitsreparaturklauseln, S. 22).

Weiterhin wird die Meinung vertreten (LG Nürnberg-Fürth WuM 2006, 38), dass jedenfalls dann, wenn der Mieter zu erkennen gebe, dass er trotz Unwirksamkeit der Überbürdung der Schönheitsreparaturen wegen eines Verstoßes gegen § 307 BGB auch in Zukunft für den Erhalt der Wohnung, soweit es sich um die Folgen gewöhnlicher Abnutzung handelt, selbst zu sorgen bereit sei, es dem Vermieter nach § 242 BGB verwehrt ist, einen Zuschlag auf die Miete durchzusetzen. 2622

Schließlich besteht die Auffassung, dass bei Unwirksamkeit der Klausel über die Abwälzung der Schönheitsreparaturen auf den Mieter der Vermieter keinen Zuschlag auf die Miete verlangen kann. Dies wird zum Teil mit dem Strafcharakter des § 307 BGB begründet (*Ahlt* DWW 2005, 96 = GuT 2005, 47), teilweise wird auf das **Verbot geltungserhaltender Reduktion** unwirksamer Klauseln abgestellt (*Hemming* WuM 2005, 165; *Lehmann-Richter* ZMR 2005, 170, 173). *Emmerich* (*Emmerich* NZM 2006, 761) wendet sich bereits gegen das »Entgeltargument«, wonach Schönheitsreparaturen eine Gegenleistung des Mieters seien, und vertritt die Auffassung, dass die Gegenleistung des Mieters nur in der Miete bestehe, weshalb bei Unwirksamkeit der Klausel über die Abwälzung der Schönheitsreparaturen auf den Mieter auch kein Raum für eine Kompensation bestehe. 2623

Das OLG Karlsruhe (WuM 2007, 454) hat sich der zuerst wiedergegebenen Auffassung angeschlossen. Nach seiner Auffassung überzeugt es, dass die Verpflichtung zur Durchführung von Schönheitsreparaturen als **Hauptleistungspflicht aus dem Mietvertrag** Entgeltcharakter hat, da der Vermieter bei der Bemessung des verlangten Mietzinses einkalkulieren wird, ob er in regelmäßigen Abständen Aufwendungen für Schönheitsreparaturen hat oder nicht. Dann müsse die fehlende Verpflichtung des Mieters, Schönheitsreparaturen durchzuführen, aber Auswirkung auch auf die Miethöhe haben, wobei **kein sachlicher Grund** für eine **Differenzierung** ersichtlich sei, ob die Mietparteien von vornherein von einer Abwälzung der Schönheitsreparaturen auf den Mieter Abstand genommen haben oder ob sich nach Vertragsabschluss herausstellt, dass wegen der Unwirksamkeit einer Klausel im Formularmietvertrag der Mieter keine Schönheitsreparaturen leisten muss. Der »Strafcharakter« von § 307 BGB erschöpfe sich darin, dass der Vermieter keinen Anspruch auf Durchführung der Schönheitsreparaturen gegen den Mieter habe und für den Zeitraum vor dem nach § 558b BGB maßgeblichen Zeitpunkt für die Mieterhöhung keinen zusätzlichen Mietzins verlangen könne. Durch die Zulassung der Mieterhöhung trete auch **kein Verstoß** gegen das **Verbot der geltungserhaltenden Reduktion** ein. Die Klausel über die laufenden Schönheitsreparaturen sei unwirksam und solle auch nicht teilweise aufrechterhalten bleiben. Vielmehr gehe es darum, die ortsübliche Vergleichsmiete zu ermitteln. Im Übrigen habe der Mieter keinen Anspruch auf eine Vertragsänderung, und die Unwirksamkeit einer Klausel in Allgemeinen Geschäftsbedingungen sei von Amts wegen zu beachten. 2624

4. Pauschalbeträge gemäß § 28 Abs. 4 II. BV. Als Betrag für die anzusetzenden Schönheitsreparaturen übernimmt das OLG Karlsruhe die in § 28 Abs. 4 II. BV enthaltenen Pauschalbeträge mit dem Hinweis auf ein Sachverständigengutachten. Dies stößt auf Kritik, weil diese Beträge mit dem Markt nichts zu tun haben sollen (OLG Frankfurt WuM 2008, 82, 83). Danach soll die **pauschale Bezugnahme** auf die Regelung des § 28 Abs. 4 II. BV nicht zulässig sein, wenn für die **Berechnung** eines derartigen **Zuschlages** tatsächlich die Maßstäbe in dem **konkreten Mietverhältnis** der Parteien fehlen. 2625

Hinweis: Eine solche Aussage ist zumindest voreilig. Die Bundesrepublik Deutschland, als einer der größten Vermieter des Landes, orientiert sich schon bei Abschluss ihrer Mietverträge über 2626 preisfreien Wohnraum an den Sätzen des § 28 Abs. 4 II. BV und legt insoweit ihre Kalkulation offen, indem sie den entsprechenden Betrag für die Schönheitsreparaturen ausweist (OLG Frankfurt WuM 2001, 231). Auch wenn insoweit eine »interne Bindung« besteht (BayObLG WuM 1999, 103), wird damit in weiten Teilen die ortsübliche Miete geprägt. Den Meinungsstreit hat der BGH nunmehr entschieden (BGH WM 2008, 560). Nach Auffassung des BGH ist der jeweilige Vermieter nicht berechtigt, im Falle der Unwirksamkeit einer Klausel zur Vornahme der Schönheitsreparaturen durch den Mieter von diesem eine Mieterhöhung in Form eines Zuschlags zur ortsüblichen Vergleichsmiete zu verlangen. Einen Zuschlag zur ortsüblichen Vergleichsmiete sieht das Gesetz nicht vor. Nach § 558 Abs. 1 BGB kann der Vermieter eine Mieterhöhung nur bis zur ortsüblichen Vergleichsmiete und nicht darüber hinaus verlangen. Einem weitergehenden Anspruch auf Erhöhung der Miete durch die Gewährung eines Zuschlages steht auch der Sinn und Zweck des § 558 entgegen. Dieser geht dahin, es dem Vermieter zu ermöglichen, im Rahmen des Vergleichsmietensystems eine angemessene, am örtlichen Markt orientierte Miete zu erzielen (vgl. BVerfGE WuM 1974, 169; BGH NJW 2007, 2546 = WuM 2007, 452).

2627 Staudinger/*Emmerich* BGB (2006) § 558 Rn. 3; Schmidt-Futterer/*Börstinghaus* Mietrecht 9. Auflage, § 558a BGB Rn. 48 ff.

2628 Der BGH führt im Weiteren aus, dass nach dem Regelungskonzept des Gesetzgebers die Marktverhältnisse den Maßstab für die Berechtigung einer Mieterhöhung bilden. Sofern der jeweilige Vermieter einen Zuschlag für die Kosten nicht durchgeführter Schönheitsreparaturen fordern könne, würde bei der nicht preisgebundenen Wohnraummiete ein Kostenelement ohne Rücksicht auf seine Durchsetzbarkeit am Markt zur Begründung einer Mieterhöhung herangezogen werden. Hiermit wäre das vom Gesetzgeber vorgesehene System der Vergleichsmieten verlassen.

2629 Allerdings ist bei öffentlich gefördertem, preisgebundenem Wohnraum der Vermieter berechtigt, die Kostenmiete einseitig um den Zuschlag nach § 28 IV II. BV zu erhöhen, wenn die im Mietvertrag enthaltene Klausel über die Abwälzung der Schönheitsreparaturen auf den Mieter unwirksam ist (vgl. BGH NZM 2010, 396; Abgrenzung zu BGHZ 177, 186 = NZM 2008, 641 = NJW 2008, 2840).

2630 **Hinweis:** Das Formular Teil 1 Rdn. 2617 »Aufforderung des Vermieters zur einvernehmlichen Vertragsänderung bei unwirksamer Schönheitsreparaturklausel« enthält eine an den Mieter gerichtete Aufforderung, einem Zuschlag zur ortsüblichen Vergleichsmiete zuzustimmen bzw. eine Ankündigung, dass anderenfalls eine Mieterhöhung unter Bezugnahme auf die Pauschalbeträge gem. § 28 Abs. 4 II. BV erfolgt. Aufgrund der BGH-Rechtsprechung für preisfreien Wohnraum wird sich Entsprechendes in der Praxis nicht durchsetzen lassen (vgl. BGH a.a.O.).

11. Zusammenstellung wirksamer und unwirksamer Formularklauseln im Wohn- und Gewerberaummietvertrag

Definition Schönheitsreparaturen

2631 Die in einem Formularmietvertrag enthaltene Klausel, welche den Mieter verpflichtet, »Schönheitsreparaturen trägt der Mieter einschließlich Streichen von Außenfenstern, Balkontür und Loggia ... sowie der Türen und Fenster« ist unwirksam. Für den Begriff der Schönheitsreparaturen ist die Definition in § 28 IV 3. der II. BV maßgeblich. Eine Ausdehnung der vom Mieter durchzuführenden Schönheitsreparaturen ist unzulässig mit der Maßgabe, dass die Renovierungsverpflichtung insgesamt unwirksam ist (BGH Urteil vom 18.02.2009 – VIII ZR 210/08).

2632 Die Klausel in einem Formularvertrag, die vorgibt, »§ 4 Nr. 9: Schönheitsreparaturen trägt der Mieter (vgl. § 13) ...; § 13: ... Reinigen und Abziehen und Wiederherstellen der Versiegelung von Parkett ... das Streichen ... der Türen und Fenster ...« ist unwirksam (BGH Urteil vom 13.01.2010 – VIII ZR 48/09, NZM 2010, 157).

M. Abwicklung des Mietverhältnisses

Schönheitsreparaturklausel

Eine formularvertragliche Überwälzung der Verpflichtung zur Vornahme laufender Schönheitsreparaturen einer dem Mieter unrenoviert oder renovierungsbedürftig überlassenen Wohnung hält der Inhaltskontrolle am Maßstab des § 307 Abs. 1, S. 1, Abs. 2, Nr. 1 BGB nicht stand, sofern der Vermieter dem Mieter keinen angemessenen Ausgleich gewährt (BGH, Urteil vom 18.03.2015 – VIII ZR 185/14). 2633

Tapetenklausel

Die in einem formularmäßigen Mietvertrag enthaltene Klausel, nach der der Mieter verpflichtet ist, bei seinem Auszug alle von ihm angebrachten oder vom Vermieter übernommenen Tapeten zu beseitigen, ist wegen unangemessener Benachteiligung des Mieters unwirksam (BGH Urteil vom 05.04.2006 – VIII ZR 152/05, NZM 2006, 621). 2634

Ausführungsart

Die Klausel, »das Mitglied ist nicht berechtigt, ohne Zustimmung der Genossenschaft von der bisherigen Ausführungsart abzuweichen«, ist unklar und enthält eine versteckte Endrenovierungspflicht. Die Folge ist die Unwirksamkeit der gesamten Abwälzung der Schönheitsreparaturen (BGH Urteil vom 28.03.2007 – VIII ZR 199/06). 2635

Ausführungsart

Formularklauseln, welche den Mieter zur Dekoration der Wohnung in einer bestimmen Ausführungsart oder Farbwahl verpflichten, sind als unangemessene Benachteiligung unwirksam (BGH NJW RR 2009, 656 = NZM 2009, 313; BGH Urteil vom 18.02.2009 – VIII ZR 166/08, NJW RR 2009, 656 = NZM 2009, 313). 2636

Ausführungsart

»Die Durchführung der Schönheitsreparaturen obliegt dem Mieter. Diese umfassen insbesondere das Tapezieren, Anstreichen der Wände und Decken, das Pflegen der Fußböden, das Streichen der Innen- und Außentüren von innen, des sonstigen Holzwerks sowie das Streichen der Heizkörper und Versorgungsleitungen innerhalb der Miträume in neutralen Farbtönen.« 2637

Ausführungsart

Eine Schönheitsreparaturklausel in einem Mietvertrag, die vorgibt, dass jegliche Malerarbeiten mit ölhaltigen Farben (Alkydharz-Farben) und keinesfalls mit wasserlöslichen Farben (Acrylfarben) vorzunehmen sind, ist eine unwirksame allgemeine Geschäftsbedingung, denn sie benachteiligt den Mieter unangemessen (LG Berlin, Urteil vom 20.12.2013 – 63 S 216/13, MietRB 2014, 197–198, Anschluss an BGH, 11.09.2012 – VIII ZR 237/11 und BGH, 28.03.2007 – VIII ZR 199/09). 2638

Die vorstehende Klausel ist unwirksam, da die Verpflichtung Schönheitsreparaturen in neutralen Farbtönen auszuführen nicht auf das Ende des Mietverhältnisses beschränkt wird (BGH Urteil vom 18.02.2009, VIII ZR 166/08 = WuM 2009, 224). 2639

Farbwahlklausel

Eine formularvertragliche Klausel, die den Mieter dazu verpflichtet, die auf ihn abgewälzten Schönheitsreparaturen in »neutralen, hellen, deckenden Farben und Tapeten auszuführen«, ist wegen unangemessener Benachteiligung des Mieters unwirksam, wenn sie nicht auf den Zustand der Wohnung im Zeitpunkt der Rückgabe der Mietsache beschränkt ist, sondern auch für Schönheitsreparaturen gilt, die der Mieter im Laufe des Mietverhältnisses vorzunehmen hat. Die formularmäßige unangemessene Einengung des Mieters in der Art der Ausführung von Schönheitsrepa- 2640 raturen führt zur Unwirksamkeit der Abwälzung der Pflicht zur Vornahme der Schönheitsreparaturen schlechthin (BGH Urteil vom 18.06.2008 – VIII ZR 224/07, WuM 2008, 472, BGH Urteil vom 18.02.2009 – VIII ZR 166/08, NZM 2009, 313).

Farbwahlklausel

2641　Eine Formularklausel, die den Mieter verpflichtet, die Wohnung in »weiß« dekoriertem Zustand zurückzugeben, benachteiligt den Mieter unangemessen i.S. des § 307 BGB (BGH Urteil vom 15.12.2010, VIII ZR 198/10, MK 2011, 63).

2642　Die formularmäßige Verpflichtung des Mieters, Decken und Oberwände auch während der Mietzeit zu »weißen«, ist wegen unangemessener Benachteiligung des Mieters nach § 307 BGB unwirksam, da der Begriff »weißen« bei der nach § 305c Abs. 2 BGB gebotenen kundenfeindlichsten Auslegung jedenfalls auch dahin verstanden werden kann, dass der Mieter die Schönheitsreparaturen in weißer Farbe vorzunehmen hat (BGH Urteil vom 23.09.2009 – VIII ZR 344/08, ZMR 2010, 106).

Farbwahlklausel

2643　Bei formularmäßiger Übertragung der Pflicht zur Vornahme von Schönheitsreparaturen wird der Mieter durch die Vorgabe, Fenster und Türen »nur weiß« zu streichen, unangemessen benachteiligt. Dies führt zur Unwirksamkeit der Abwälzung der Schönheitsreparaturen auf den Mieter insgesamt (BGH Urteil vom 20.01.2010 – VIII ZR 50/09, NZM 2010, 236).

Farbwahlklausel

2644　Eine Klausel, die vorgibt, »bei der Ausführung von Schönheitsreparaturen sind die Türblätter, Türrahmen, Fensterflügel und Fensterrahmen (ausgenommen:) nur weiß zu lackieren«, ist unwirksam (BGH Urteil vom 20.01.2010 – VIII ZR 50/09, NZM 2010, 236).

Fachhandwerkerklausel

2645　Eine in Formularmietverträgen über Wohnraum enthaltene Klausel, wonach es dem Mieter obliegt, die Schönheitsreparaturen »ausführen zu lassen«, benachteiligt den Mieter unangemessen und ist deshalb unwirksam, wenn sie bei kundenfeindlichster Auslegung dem Mieter dadurch die Möglichkeit der kostensparenden Eigenleistung nimmt, dass sie als Fachhandwerkerklausel verstanden werden kann (BGH Urteil vom 09.06.2010 – VIII ZR 294/09, ZMR 2011, 190).

Farbwahlklausel

2646　Die formularmäßige Klausel in einem Gaststättenpachtvertrag »Der Mieter ist verpflichtet, Schönheitsreparaturen laufend auf eigene Kosten fachgerecht durchführen zu lassen, sobald der Grad der Abnutzung dies nach der Art des Gewerbebetriebes bzw. der vertraglichen Nutzung erfordert«, ist wegen Verstoßes gegen § 307 BGB unwirksam (OLG Düsseldorf Urteil vom 09.12.2010, I – 10 U 66/10).

Farbwahlklausel

2647　Eine formularvertragliche Klausel, die den Mieter verpflichtet, auf seine Kosten mindestens alle drei Jahre … Schönheitsreparaturen auf eigene Kosten durch Fachhandwerker ausführen zu lassen, ist unwirksam (BGH Urteil vom 08.10.2008 – VIII ZR 84/06).

Farbwahlklausel

Eine Klausel, die dem Mieter vorgibt, die Schönheitsreparaturen fachgerecht einschließlich der Heizrohre sowie der Türen und Fenster zu streichen, ist unwirksam, da bei kundenfeindlichster Auslegung auch die außen liegenden Fenster und Türen komplett gestrichen werden müssen (BGH Urteil vom 10.02.2010 – VIII ZR 222/09, WuM 2010, 231 = GE 2010, 692). 2648

Farbwahlklausel

Eine Klausel, die den Mieter verpflichtet, die Schönheitsreparaturen in der Wohnung ausführen zu lassen, kann von dem Mieter dahingehend verstanden werden, dass dies nur von einer Fachfirma ausgeführt werden darf. Diese kundenfeindliche Auslegung benachteiligt den Mieter unangemessen, damit ist die gesamte Klausel unwirksam (BGH Urteil vom 09.06.2010 – VIII ZR 294/09, NZM 2010, 17). 2649

Farbwahlklausel

Eine formularmietvertragliche Pflicht des Wohnungsmieters zum »Weißen« von Decken und Wänden während des laufenden Mietverhältnisses ist unwirksam (BGH, Urteil vom 21.09.2011 – VIII ZR 47/11). 2650

Farbwahlklausel

Eine im Formularmietvertrag über Wohnraum enthaltene Farbwahlklausel benachteiligt den Mieter, wenn er die Wohnung bei Mietbeginn mit einem neuen weißen Anstrich übernommen hat, nur dann nicht unangemessen, wenn sie ausschließlich für den Zeitpunkt der Rückgabe Geltung beansprucht und dem Mieter noch einen gewissen Spielraum lässt (BGH, Urteil vom 22.02.2012 – VIII ZR 205/11). 2651

Holzklausel

Eine formularvertragliche Klausel, die den Mieter dazu verpflichtet, bei Rückgabe der Mietsache bestimmte farbliche Vorgaben hinsichtlich der Gestaltung der Holzteile einzuhalten, ist wirksam (BGH Urteil vom 22.10.2008 – VIII ZR 283/07, NZM 2008, 926). »Lackierte Holzteile sind in dem Farbton zurückzugeben, wie er bei Vertragsbeginn vorgegeben war; farbig gestrichene Holzteile können auch in Weiß oder hellen Farbtönen gestrichen zurückgegeben werden.« 2652

Zustimmungsvorbehalt

Eine in allgemeinen Geschäftsbedingungen eines Wohnraummietvertrages enthaltene Regelung, die dem Mieter die Verpflichtung zur Ausführung der Schönheitsreparaturen auferlegt und bestimmt, dass der Mieter nur mit Zustimmung des Wohnungsunternehmens (d.h. des Vermieters) von der »bisherigen Ausführungsart« abweichen darf, ist auch dann insgesamt – und nicht nur hinsichtlich der Ausführungsart – wegen unangemessener Benachteiligung des Mieters unwirksam, wenn die Verpflichtung als solche und ihre inhaltliche Ausgestaltung in zwei verschiedenen Klauseln enthalten sind (im Anschluss an Senatsurteil vom 20.09.2004 VIII ZR 360/03, NJW 2004, 3775 unter II 1c; BGH Urteil vom 28.03.2007 – VIII ZR 199/06, ZMR 2007, 528). 2653

Zustimmungsvorbehalt

Eine Formularklausel im Gewerberaummietvertrag, welche bei Durchführung von Schönheitsreparaturen während der Vertragsdauer eine Abweichung von der bisherigen Ausführungsart der Zustimmung des Vermieters unterwirft, ist unwirksam (KG Beschluss vom 27.05.2010 – 8 U 17/10, MietRB 2011, 75). 2654

Zustimmungsvorbehalt

2655 Eine Klausel in einem Wohnraummietvertrag, nach der der Mieter bei der Ausführung von Schönheitsreparaturen nur mit Zustimmung des Vermieters von der bisherigen Ausführungsart abweichen kann, ist auch dann unwirksam, wenn das Zustimmungserfordernis nur für erhebliche Abweichungen vorgesehen ist (BGH, Beschluss vom 11.09.2012 – VIII ZR 237/11).

Weicher Fristenplan

2656 Vorformulierte Fristenpläne für die Ausführung von Schönheitsreparaturen müssen, um der Inhaltskontrolle standzuhalten, so abgefasst sein, dass der durchschnittliche, juristisch nicht vorgebildete Mieter ohne Weiteres erkennen kann, dass der Fristenplan nur ein Regelwert ist, von dem wegen des guten Erhaltungszustandes der Miträume auch nach oben abgewichen werden kann (BGH Urteil vom 23.06.2004 – VIII ZR 361/03, ZMR 2004, 736).

Weicher Fristenplan

2657 Die in einem Wohnraummietvertrag enthaltene Klausel, nach der Schönheitsreparaturen »in der Regel in Küchen, Bädern und Toiletten spätestens nach 3 Jahren, in Wohnräumen, Schlafräumen, Dielen ... spätestens nach 5 Jahren und in sonstigen Räumlichkeiten. spätestens nach 7 Jahren« durchzuführen sind, enthält keinen »starren« Fristenplan; sie ist deshalb nicht wegen unangemessener Benachteiligung des Mieters unwirksam. Auch die Kombination der Worte »in der Regel« und »spätestens« macht einen Fristenplan nicht »starr« im Sinne der BGH-Rechtsprechung, falls für den verständigen Mieter erkennbar eine Anpassungsmöglichkeit gemäß dem objektiven Renovierungsbedarf gegeben ist (BGH Urteil vom 13.07.2005 – VIII ZR 351/04, ZMR 2005, 934).

Weicher Fristenplan

2658 Ein formularmäßiger Schönheitsreparatur/Fristenplan, der Arbeiten »spätestens« nach Ablauf bestimmter Zeiträume auszuführen anordnet, wird durch die zusätzliche Klausel »lässt in besonderen Ausnahmefällen während der Mietzeit der Zustand einzelner Räume der Wohnung eine Verlängerung der vereinbarten Fristen zu oder erfordert er eine Verkürzung, so kann der Vermieter nach billigem Ermessen die Fristen des Planes bezüglich der Durchführung einzelner Schönheitsreparaturen verlängern oder verkürzen« zu einem »weichen« Fristenplan (BGH Urteil vom 16.02.2005 – VIII ZR 48/04, ZMR 2005, 768 = NZM 2005, 299).

Weicher Fristenplan

2659 Eine mietvertragliche Formularklausel über Schönheitsreparaturen, wonach der Mieter aller je nach dem Grad der Abnutzung oder Beschädigung erforderlichen Arbeiten unverzüglich auszuführen hat und die Schönheitsreparaturen im Allgemeinen in nach der Art der Räume gestaffelten Zeitabständen von 3, 5 und 7 Jahren erforderlich werden, ist nicht dahin auszulegen, dass die dem Mieter auferlegte Schönheitsreparaturverpflichtung unabhängig vom Beginn des Mietverhältnisses an einen objektiv bestehenden Renovierungsbedarf anknüpft. Die Klausel benachteiligt den Mieter nicht unangemessen und ist daher wirksam (BGH Urteil vom 09.03.2005 – VIII ZR 17/05, ZMR 2005, 437).

Weicher Fristenplan

2660 Hat der Mieter die Schönheitsreparaturen »grundsätzlich« in bestimmten Fristen auszuführen, wird hinreichend deutlich, dass die Renovierungspflicht nicht zwangsläufig nach Ablauf der genannten Fristen einsetzt, sodass kein starrer Fristenplan vorliegt (LG Berlin Urteil vom 10.02.2006 – 64 S 430/05, GE 2006, 449).

M. Abwicklung des Mietverhältnisses

Weicher Fristenplan

Ein (wirksamer) flexibler Fristenplan liegt vor bei der Verwendung von Formulierungen wie »für den Regelfall«, »im Allgemeinen« und »regelmäßig nach Ablauf ...« (BGH, Beschluss vom 20.03.2012, VIII ZR 192/11, ZMR 2012, 617).

2661

Starrer Fristenplan

Ein formularmäßiger Fristenplan für die vom Mieter vorzunehmenden Schönheitsreparaturen ist »starr« und benachteiligt einen Mieter unangemessen i.S. des § 307 BGB, wenn die Frist allein durch die Angabe eines nach Jahren bemessenen Zeitraumes ohne jeden Zusatz berechnet ist.

2662

Starrer Fristenplan

Die in einem formularmäßigen Mietvertrag enthaltene Klausel »der Mieter ist verpflichtet, die während der Dauer des Mietverhältnisses notwendig werdenden Schönheitsreparaturen ordnungsgemäß auszuführen«, auf die üblichen Fristen wird insoweit Bezug genommen (z.B. Küchen/Bäder: 3 Jahre, Wohn- und Schlafräume: 4–5 Jahre, Fenster/Türen/Heizkörper: 6 Jahre), enthält einen starren Fristenplan und ist deshalb gem. § 307 Abs. 1 BGB unwirksam (BGH Versäumnisurteil vom 05.04.2006 – VIII ZR 106/05, ZMR 2006, 597 = NZM 2006, 620).

2663

Starrer Fristenplan

Die in einem Wohnraummietvertrag enthaltene Klausel folgenden Inhalts: »Nach dem jeweiligen Grad der Abnutzung hat der Mieter die Schönheitsreparaturen regelmäßig nach Maßgabe folgenden Fristenplans durchzuführen:
– in Küchen, Bädern und Duschen alle 3 Jahre
– in Wohn-, Schlafräumen und Fluren, Dielen und Toiletten alle 5 Jahre
– in allen sonstigen Nebenräumen alle 7 Jahre.«
ist wegen unangemessener Benachteiligung unwirksam, weil sie dem Mieter ein Übermaß an Pflichten auferlegt (KG Urteil vom 06.12.2007 – 8 U 135/07 WuM 2008, 474).

2664

Quotenabgeltungsklausel

Quotenabgeltungsklauseln benachteiligen den Mieter nach § 307 Abs. 1 BGB unangemessen und sind daher unwirksam, weil sie von dem Mieter bei Vertragsschluss verlangen, zur Ermittlung der auf ihn im Zeitpunkt der Vertragsbeendigung zukommenden Kostenbelastung mehrfach hypothetische Betrachtungen anzustellen, die eine sichere Einschätzung der tatsächlichen Kostenbelastung nicht zulassen (vgl. BGH Urteil vom 18.03.2015 – VIII ZR 242/13).

2665

Klauselkombination (»Summierungseffekt«)

Die im Mietvertrag enthaltene Fristenklausel »spätestens«, mit Relativierung »in der Regel« ist unwirksam aufgrund eines unzulässigen Summierungseffekts. Dieser kann auch vorliegen, wenn jeweils für sich betrachtet zulässige Klauseln in der Summe die Mieter unangemessen benachteiligen (BGH Urteil vom 05.04.2006 – VIII ZR 163/05, NZM 2006, 623).

2666

Die kumulative formularmäßige Überbürdung der turnusmäßigen Schönheitsreparatur- und Endrenovierungspflicht auf den Mieter ist wegen unangemessener Benachteiligung unwirksam. Eine Unwirksamkeit der Gesamtregelung kommt auch dann in Betracht, wenn die Klauseln äußerlich getrennt sind und eine der Klauseln für sich betrachtet unwirksam ist (BGH Versäumnisurteil vom 25.06.2003 – VIII ZR 335/02, NZM 2003, 755).

2667

Klauselkombination (»Summierungseffekt«)

Eine Mietvertragsklausel zur Tragung von Schönheitsreparaturen durch den Mieter, wonach die schlichte Abwälzung derselben flankiert wird mit einer Fußnote »im Allgemeinen werden Schön-

2668

heitsreparaturen in den Mieträumen in folgenden Zeiträumen erforderlich sein: in Küchen, Bädern und Duschen alle 3 Jahre, in Wohn- und Schlafräumen, Fluren, Dielen und Toiletten alle 5 Jahre, in anderen Nebenräumen alle 7 Jahre«, die kombiniert ist mit der weiteren Klausel »hat der Mieter die Schönheitsreparaturen übernommen, so hat er spätestens bis Ende des Mietverhältnisses alle bis dahin je nach dem Grad der Abnutzung oder Beschädigung erforderlichen Arbeiten auszuführen, soweit nicht der neue Mieter sie auf seine Kosten – ohne Berücksichtigung im Mietpreis – übernimmt oder dem Vermieter die Kosten erstattet ...« hält der Inhaltskontrolle nach § 9 AGBG (§ 307 BGB) stand (BGH Urteil vom 28.04.2004 – VIII ZR 230/03, NZM 2004, 497).

2669 Eine mietvertragliche Regelung, durch die die Verpflichtung zur Durchführung von Schönheitsreparaturen auf den Mieter abgewälzt wird, ist auch dann wegen unangemessener Benachteiligung des Mieters unwirksam, wenn die Verpflichtung als solche und die für ihre Erfüllung maßgebenden starren Fristen zwar in zwei verschiedenen Klauseln enthalten sind, zwischen diesen Klauseln aus der Sicht eines verständigen Mieters jedoch ein innerer Zusammenhang besteht, so dass sie als einheitliche Regelung erscheinen (BGH Urteil vom 22.09.2004 – VIII ZR 360/03, ZMR 2005, 34).

2670 **Klauselkombination (»Summierungseffekt«)**

Sofern in einem Mietvertrag sowohl die laufenden Schönheitsreparaturen auf den Mieter abgewälzt werden, als auch Verpflichtung zur Rückgabe in Weiß und zur Erneuerung des Teppichbodens nach fünf Jahren enthalten ist, führt dies zur Unwirksamkeit der Abwälzung der Schönheitsreparaturen auf Grund des Summierungseffektes. In diesem Fall sind alle drei Regelungen unwirksam (AG Dortmund, Urteil vom 26.08.2014 – 425 C 2787/14, WuM 2015, 27).

Praxishinweis

2671 Bislang wurde von dem BGH die Frage offen gelassen, ob die Fristen des Mustermietvertrages des Bundesjustizministeriums von 1976 3, 5 und 7 Jahre noch wirksam sind. Aufgrund der Tendenz in Literatur und Rechtsprechung, die von einer Verlängerung der Fristen zumindest bei dem Neuabschluss von Mietverträgen auf 5, 8 und 10 Jahren ausgeht, wird empfohlen, diese in Formularmietverträgen zu vereinbaren (vgl. dazu BGH vom 26.09.2007 – VIII ZR 143/06, ZMR 2008, 30; *Seldenek* WuM 2007, 300, zur Wirksamkeit der Fristen des BJM-Mustermietvertrages 1976).

Klauselkombination (»Summierungseffekt«)

2672 Eine starre Fristenklausel in Kombination mit einer als Sondervereinbarung bezeichneten Regelung im Mietvertrag hinsichtlich der Endrenovierung stellt einen Verstoß gegen das Übermaßverbot des § 307 BGB dar. Der dadurch eingetretene Summierungseffekt hat zur Folge, dass beide Klauseln unwirksam sind (LG Frankenthal, Urteil vom 19.11.2014, 2 S 173/14, ZMR 2015, 552).

Klauselkombination (»Summierungseffekt«)

2673 Eine Vertragsklausel, die den Mieter verpflichtet, die Schönheitsreparaturen ausführen zu lassen und zugleich kleine Reparaturen ohne betragsmäßige Begrenzungen selbst auszuführen, ist unwirksam (LG München I, 30.09.2009, 15 S 6274/09, nicht rechtskräftig, die Revision wird beim BGH unter VIII ZR 294/09 geführt).

Klauselkombination (»Summierungseffekt«)

2674 Eine Klausel, die den Passus enthält:

»*Die Schönheitsreparaturen sind fachgerecht, dem Zweck und der Art der Mieträume entsprechend, regelmäßig auszuführen, wenn das Aussehen der Wohnräume mehr als unerheblich durch den Gebrauch beeinträchtigt ist.*«

ist wirksam (BGH, Urteil vom 20.03.2012 – VIII ZR 192/11, ZMR 2012, 617).

Klauselkombination (»Summierungseffekt«)

Wird in einem Formularmietvertrag über gewerblich genutzte Räume der Mieter neben der bedarfsabhängigen Vornahme von Schönheitsreparaturen auch dazu verpflichtet, die Räume bei Beendigung des Mietverhältnisses in einem »bezugsfertigen Zustand« zurückzugeben, ergibt sich daraus kein Summierungseffekt, der zur Unwirksamkeit der beiden Klauseln führt (BGH, Urteil vom 12.03.2014 – VIII ZR 108/13, NZM 2014, 306).

Isolierte Endrenovierungsklausel

Unzulässig ist jedenfalls die Vereinbarung einer isolierten Endrenovierungsklausel, auch dann, wenn der Mieter zu laufenden Schönheitsreparaturen während der Dauer des Mietverhältnisses *nicht* verpflichtet ist (BGH Urteil vom 12.09.2007 – VIII ZR 316/06, WuM 2007, 682).

2676

Isolierte Endrenovierungsklausel

Eine Schönheitsreparaturklausel, die den Mieter verpflichtet, »…, so hat er spätestens bis Ende des Mietverhältnisses …« Schönheitsreparaturen durchzuführen, ist gemäß § 307 BGB unwirksam (BGH Urteil vom 23.09.2009, VIII ZR 344/08, NZM 2009, 903).

2677

Verstoß gegen das Transparenzgebot

Die Klausel im Formularmietvertrag: »Die Schönheitsreparaturen werden regelmäßig in folgenden Zeiträumen erforderlich …« ist nach § 307 Abs. 1 BGB unwirksam (KG Urteil vom 22.05.2008 – VIII U 205/07, WuM 7/2008, 398).

2678

III. Sonstige Ansprüche des Vermieters

1. Anwaltliches Schreiben des Vermieters wegen Ausübung des Vermieterpfandrechts

Sehr geehrter Herr Mustermann,

2679

hiermit zeigen wir Ihnen an, dass uns Herr und Frau Beispielhaft mit der Wahrnehmung ihrer rechtlichen Interessen in der vorbezeichneten Angelegenheit beauftragt haben. Unsere Bevollmächtigung wird anwaltlich versichert. [1]

An den von Ihnen in den räumlichen Bereich des Mietobjekts eingebrachten Sachen machen wir namens und in Vollmacht unserer Mandantschaft das diesen gemäß § 562 BGB zustehende Vermieterpfandrecht geltend. Es erstreckt sich insbesondere auf folgende Gegenstände (konkrete Aufzählung der dem Pfandrecht unterliegenden Sachen, soweit sie dem Vermieter bekannt sind). Sachen, die nach den §§ 811, 812 ZPO nicht der Pfändung unterworfen sind, unterliegen allerdings nicht dem Vermieterpfandrecht. [2]

Wegen nachfolgend bezeichneter Forderung beruft sich unsere Mandantschaft auf das Vermieterpfandrecht (spezifizierte Darlegung der Ansprüche des Vermieters gegenüber dem Mieter). [3]

▶ Beispiel:

> Auf Grund Ihrer Kündigung endet das Mietverhältnis in drei Monaten. Mit der Entrichtung der vereinbarten Miete sind Sie für die Monate Januar und Februar 2011 (monatliche Miete: 700,00 €) in Höhe eines Gesamtbetrages von € 1 400 in Rückstand. [4]

Gegenüber unserer Mandantschaft erklärten Sie, zu weiteren Zahlungen nicht in der Lage zu sein und verwiesen auf die von Ihnen geleistete Kaution in Höhe von drei Monatsmieten netto kalt. [5]

Unsere Mandantschaft ist jedoch gegenwärtig nicht verpflichtet, sich wegen ihrer Ansprüche aus der Kaution zu befriedigen. Sowohl wegen der genannten Mietrückstände als auch wegen der zukünftig fälligen Miete bis zum Ablauf des Vertrages macht unsere Mandantschaft daher das gesetzliche Vermieterpfandrecht geltend.

Sie sind nicht berechtigt, die meinem Pfandrecht unterliegenden Sachen aus dem Mietobjekt zu entfernen. [6]

Wir weisen ausdrücklich darauf hin, dass unsere Mandantschaft auch ohne gerichtliche Entscheidung berechtigt ist, im Wege der Selbsthilfe die Entfernung der dem Pfandrecht unterliegenden Gegenstände zu verhindern und diese im Falle Ihres Auszuges in meinen Besitz zu nehmen. [7]

Erläuterungen

2680 **1. Bevollmächtigung.** Bei der Ausübung des Vermieterpfandrechts mittels anwaltlichem Schreibens, handelt es sich nicht um eine gestaltende Willenserklärung, sodass es vorerst ausreichend ist, die Bevollmächtigung anwaltlich zu versichern. Sollte der Mieter die Bevollmächtigung bestreiten, muss eine Originalvollmacht nachgereicht werden.

2681 **2. Vermieterpfandrecht.** Dieses bezieht sich nur auf Sachen, die im Eigentum des Mieters stehen und von ihm eingebracht worden sind (§ 562 Abs. 1 S. 1 BGB). Es erstreckt sich dagegen nicht auf Forderungen und deshalb auch nicht auf sog. Legitimationspapiere wie Sparkassenbücher, Versicherungspolicen oder Kfz-Briefe, deren Schicksal den darin verbrieften Sachen folgt. An den im Eigentum des Untermieters stehenden Sachen hat er kein Pfandrecht. Ist streitig, ob der Mieter Eigentümer ist, so muss der Vermieter dies **beweisen** (OLG Düsseldorf DWW 2002, 169; 1987, 330). Die Eigentumsvermutung des § 1006 BGB gilt nur zugunsten, nicht aber zu Lasten des besitzenden Mieters (Schmidt-Futterer/*Lammel* § 562 Rn. 21).

2682 Formularklauseln, die eine Erklärung des Mieters enthalten, dass die eingebrachten Sachen sein alleiniges und unbelastetes Eigentum sind, sind unwirksam (§ 309 Nr. 12 Buchst. b BGB).

2683 **3. Pfändbarkeit der Sache.** Das Vermieterpfandrecht erstreckt sich nicht auf Sachen, die der Pfändung nicht unterliegen (dazu *Spieker* ZMR 2002, 327, 328 f.). Dazu gehören
 – die in § 811 ZPO aufgeführten Gegenstände,
 – Tiere, die im häuslichen Bereich des Mieters und nicht zu Erwerbszwecken gehalten werden (§ 811c ZPO),
 – Hausratsgegenstände gemäß § 812 ZPO, jedenfalls wenn sie wegen ihres geringen erzielbaren Erlöses nicht gepfändet werden sollen (Schmidt-Futterer/*Lammel* § 562 Rn. 14; AG Köln WuM 1989, 296; weiter gehend Palandt/*Weidenkaff* § 562 Rn. 17).

2684 **4. Gesicherte Forderungen.** Das Vermieterpfandrecht sichert nach § 562 Abs. 2 BGB nur
 – bereits entstandene Forderungen aus dem Mietverhältnis – auch Schadensersatz- und Kostenerstattungsansprüche –, darüber hinaus
 – künftige Mietforderungen für einen Zeitraum bis zum Ablauf des folgenden Mietjahres, nicht dagegen künftige Ansprüche (etwa auf Nutzungsentschädigung, Mietausfall, noch nicht abgerechnete Betriebskosten, s. BGH NJW 1986, 2426, 2427 ZMR 1972, 185; OLG Hamm NJW-RR 1994, 695).

2685 Der Zeitraum für die Bestimmung der **künftigen Mietforderungen**, die durch das Vermieterpfandrecht gesichert werden, berechnet sich ab dem Zeitpunkt, zu dem der Vermieter zum ersten

Mal sein Pfandrecht geltend macht (BGH ZMR 1972, 185). Das Vermieterpfandrecht entsteht, auch soweit es erst künftig entstehende Forderungen sichert, mit der **Einbringung** der Sache in das Mietobjekt (BGH NZM 2007, 112 = ZMR 207, 190 = GuT 2007, 136).

5. Mietkaution. Der Mieter kann den Vermieter nicht auf eine geleistete Mietsicherheit verweisen, bevor sein Rückforderungsanspruch fällig geworden ist (BGH ZMR 1972, 185; LG Stade DWW 1987, 233); s. die Hinweise zu Teil 1 Rdn. 2757.

2686

6. Widerspruchsbefugnis. Ein Widerspruch des Vermieters gegen das Entfernen der dem Vermieterpfandrecht unterworfenen Sachen ist unbeachtlich, wenn
- die Entfernung den gewöhnlichen Lebensverhältnissen entspricht,
- der Gerichtsvollzieher die Sachen nach Pfändung entfernt oder
- die zurückgebliebenen Sachen zur Sicherung des Vermieters offenbar ausreichen (vgl. § 562a S. 2 BGB).

2687

So kann der Vermieter eines Ladens der täglichen Entfernung der Tageskasse nicht widersprechen und nicht verlangen, dass der Schuldner die Tageseinnahmen jeweils an ihn abliefert (OLG Braunschweig MDR 1980, 403).

2688

7. Selbsthilferecht. Der Vermieter darf von seinem Selbsthilferecht nach § 562b Abs. 1 BGB nicht vor Beendigung des Mietverhältnisses und vor Beginn des Auszugs des Mieters Gebrauch machen (OLG Düsseldorf ZMR 1983, 376). Es darf nicht als Präventivmaßnahme ausgeübt werden (z.B. durch Auswechseln der Schlösser); vielmehr setzt seine Anwendung voraus, dass der Mieter mit dem Entfernen gegen den Willen des Vermieters bereits begonnen hat (BGH NZM 2002, 217; OLG Koblenz NZM 2005, 784).

2689

Im Übrigen darf die Entfernung noch nicht beendet sein; die Gegenstände müssen sich noch in dem durch den Mietgebrauch konkretisierten Einflussbereich des Vermieters befinden (Schmidt-Futterer/*Lammel* § 562b Rn. 16).

2690

Der Vermieter muss bei Ausübung des Selbsthilferechts den **Grundsatz der Verhältnismäßigkeit** wahren; insbesondere darf er zur Sicherung der Pfandsachen grundsätzlich nicht die Türschlösser auswechseln und dem Mieter damit auch den Besitz an den Räumen dauerhaft entziehen (OLG Karlsruhe NZM 2005, 542; im Einzelfall weiter gehend OLG Koblenz NZM 2005, 784, 785).

2691

Hat der Mieter Sachen, die dem Vermieterpfandrecht unterliegen, ohne Wissen oder trotz Widerspruchs des Vermieters entfernt, so kann dieser nach § 562b Abs. 2 BGB die **Rückschaffung** beanspruchen. Ihm steht ein Auskunftsanspruch gegenüber dem Mieter zu, welche Sachen dieser entfernt hat (OLG Rostock WuM 2004, 471; OLG Brandenburg GE 2007, 1316 = GuT 2007, 302). Dieser kann im Wege der Stufenklage (§ 254 ZPO) mit der Klage auf Herausgabe der Sachen verbunden werden, wenn der Entfernende noch Besitzer ist. Ob eine auf Herausgabe zum Zwecke der Zurückschaffung gerichtete einstweilige Verfügung zulässig ist, wird unterschiedlich beurteilt (dafür OLG Rostock a.a.O.; dagegen OLG Brandenburg a.a.O.).

2692

Eine **Formularklausel**, nach welcher der Vermieter berechtigt ist, die Mieträume allein oder in Begleitung eines Zeugen zu betreten, um das Vermieterpfandrecht auszuüben, ist unwirksam (OLG München WuM 1989, 128, 132).

2693

Hinweis: Übt der Vermieter an einzelnen dem Mieter gehörenden und in den Mieträumen bzw. auf dem Grundstück befindlichen Gegenständen sein Vermieterpfandrecht aus, so steht ihm eine **Nutzungsentschädigung** nach § 546a BGB nicht zu; es fehlt an einer Vorenthaltung der Mietsache (OLG Rostock WuM 2007, 509 = ZMR 2008, 54).

2694

2. Schreiben des Vermieters über die Anforderung der ortsüblichen Nutzungsentschädigung bei Vorenthaltung des Mietobjekts und unstreitiger Beendigung des Mietverhältnisses

Ausweislich der im Original beigefügten Vollmacht zeige ich die Vertretung des Vermieters

oder

der Vermieter, nämlich _____ der an Sie mit Vertrag vom _____ vermieteten, im Hause _____ belegenen Räume an.

Der mit Ihnen geschlossene Mietvertrag endete unstreitig zum _____ . Sie nutzen jedoch das Mietobjekt auch über diesen Zeitpunkt hinaus ohne Rechtsgrund weiter. Bis zu der von meiner Mandantschaft geltend gemachten Räumung beansprucht diese mit Wirkung ab Zugang dieses Schreibens an Stelle der zuletzt vereinbart gewesenen Miete gemäß § 546a Abs. 1 BGB eine monatliche Nutzungsentschädigung in Höhe von _____ € netto kalt. Sie entspricht der Miete, die für vergleichbare Räume ortsüblich ist. Das ergibt sich aus Folgendem ... (Die Ortsüblichkeit des verlangten Entgelts sollte begründet werden). [1]

▶ Beispiel:

Nach dem Mietenspiegel 2013 der Stadt Hamburg ist unter Berücksichtigung der vermieterseits geschaffenen Ausstattung des Mietobjekts für die von Ihnen genutzte Wohnung die Rubrik L/6 mit einer Mietspanne von 8,62 bis 12,37 €/qm /qm netto kalt monatlich bei einem Mittelwert von 10,21 €/qm heranzuziehen. Es wird vom Mittelwert als ortsüblicher Miete ausgegangen. Bei einer Wohnfläche von _____ qm errechnet sich demnach eine monatliche ortsübliche Nettokaltmiete von _____ €. Hinzu kommen die Vorauszahlungen auf die nach dem Vertrag vereinbarten Nebenkosten in Höhe von _____ € monatlich. Insgesamt ergibt sich demnach eine ortsübliche Miete von _____ €, die als Nutzungsentschädigung geltend gemacht wird. [2]

▶ Beispiel:

Eine von meinem Mandanten vorgenommene Befragung mehrerer Hausmakler hat ergeben, dass für Gewerberäume vergleichbarer Art Mieten von 10 bis 14 € pro qm netto kalt monatlich gegenwärtig gezahlt werden. Mein Mandant hält demnach eine monatliche Nettokaltmiete von 12 € pro qm für ortsüblich. Bei einer Gesamtfläche des Mietobjekts von 200 qm ergibt sich mithin eine monatliche ortsübliche Miete = eine monatliche Nutzungsentschädigung von 2.400,00 € netto kalt zuzüglich Mehrwertsteuer. Hinzu kommen entsprechend den früheren vertraglichen Vereinbarungen die Vorauszahlungen auf Nebenkosten im bisherigen Umfange. Es ergibt sich mithin folgende monatliche Gesamtnutzungsentschädigung. [3]

Nettonutzungsentschädigung	2.400,00 €
zuzüglich Vorauszahlung auf Betriebskosten gemäß § 2 BetrVK ohne Heizungskosten	200,00 €
zuzüglich Vorauszahlung auf Heizungskosten einschließlich der Kosten für Warmwasser	150,00 €
Zwischensumme:	2.750,00 €
zuzüglich 19 % Mehrwertsteuer hierauf	522,50 €
Gesamtnutzungsentschädigung	3.752,50 €

M. Abwicklung des Mietverhältnisses

Erläuterungen

1. Nutzungsentschädigung. Der Anspruch des Vermieters auf Nutzungsentschädigung nach § 546a BGB setzt voraus, dass das Mietverhältnis beendet ist und der Vermieter den Besitz an der Mietsache noch nicht zurückerlangt hat, jedoch einen entsprechenden Rückerlangungswillen hat.

2696

Bleiben in den Mieträumen nur einzelne, wertlose Gegenstände zurück, sind die Mieträume nicht ordnungsmäßig renoviert oder hat der Mieter nicht alle Schlüssel zurückgegeben, so liegt darin noch kein **Vorenthalten** (OLG Hamburg ZMR 1995, 18; vgl. auch OLG Hamm ZMR 2003, 354). Anders verhält es sich, wenn der Mieter Einbauten und Einrichtungen in nicht nur unerheblichem Umfang zurücklässt, so dass nur eine Teilräumung vorliegt, die der Vermieter nicht als Erfüllung hinzunehmen braucht (BGH ZMR 1988, 378; MDR 1995, 687; OLG Hamburg ZMR 1996, 259). Nach anderer Auffassung soll eine Vorenthaltung der Mietsache im Sinne des § 546a BGB nicht schon dann vorliegen, wenn der Mieter die Mietsache in heruntergekommenen Zustand und/oder versehen mit seinerseits eingebrachten, aber nicht entfernten Einrichtungen zurückgibt; (OLG Brandenburg, Urteil vom 16.07.2013, Az. 6 U 11/12, IMR 2013, 415). Eine solche, soll lediglich eine Schlechterfüllung der Rückgabepflicht darstellen, die den Vermieter auch nicht zur Ablehnung der Rücknahme berechtigt.

2697

Ein Vorenthalten kommt nicht in Betracht, wenn der Vermieter die Herausgabe des Mietobjekts gar nicht ernsthaft wünscht, etwa weil er die Fortsetzung des Mietverhältnisses annimmt oder verlangt (BGH NZM 2004, 354, 356 = ZMR 2004, 256; OLG Düsseldorf GE 2006, 189 f. = GuT 2006, 29; LG Leipzig ZMR 2005, 195, 197). An dem erforderlichen **Rückerlangungswille** fehlt es auch dann, wenn der Vermieter die Rücknahme ablehnt, weil er zuvor die Durchführung von Schönheitsreparaturen fordert oder dem Mieter nach Vertragsende noch die Räume belässt, damit dieser Schönheitsreparaturen nachholen kann (KG WuM 2001, 437 = ZMR 2001, 890; OLG Hamburg ZMR 1990, 141; BGH WuM 2010, 632). Ein Anspruch auf Nutzungsentschädigung scheidet insofern aus. Ob dann ein Mietausfallschaden geltend gemacht werden kann, ist eine Frage des Einzelfalles und der Vermietungswahrscheinlichkeit am örtlichen Wohnungsmarkt (BGH a.a.O.). Ist zwar der Mieter ausgezogen, jedoch ein Untermieter in den Räumen zurückgeblieben, so ist ein »Vorenthalten« gegeben (BGH ZMR 1984, 380). Vereinbart der Vermieter für den Fall, dass seine Räumungsklage scheitert, eine Fortsetzung des gekündigten Mietvertrages unter bestimmten, geänderten Bedingungen, steht diese Vereinbarung dem Anspruch auf Nutzungsentschädigung nicht entgegen (vgl. OLG Düsseldorf IMR 2012, 1020).

2698

Der Anspruch auf Nutzungsentschädigung besteht nur für die Dauer des Vorenthaltens, nicht auch für den Zeitraum bis zur Neuvermietung, wenn etwa der Mieter im Verlaufe eines Monats räumt (BGH NZM 2006, 52 f. = ZMR 2006, 32, 33). Der Mieter haftet aber auf **Ersatz des Mietausfalls** u.U. wegen des Leerstandes bis zur Wiedervermietung, wenn er die Beendigung des Mietverhältnisses zu vertreten hat (sog. Kündigungsfolgeschaden, s. BGH NJW 19982, 870, 872; 1991, 221, 223) oder wenn er mit der Räumung in Verzug geraten ist (Verspätungsschaden). Der Ersatzanspruch ergibt sich insoweit aus §§ 280, 314 Abs. 4 BGB (s. Schmidt-Futterer/*Blank* § 542 Rn. 102). In welchem Zustand sich die Mietsache bei der (vorgesehenen) Rückgabe befindet, ist grundsätzlich ohne Bedeutung für die Frage der Vorenthaltung der Mietsache (BGH ZMR 2011, 22; WuM 2010, 632 = NZM 2010, 815).

2699

2. Ortsübliche Miete. Der Vermieter kann **statt der vereinbarten Miete** auch die ortsübliche Miete verlangen. Dies gilt nicht nur für Wohnraum sondern für alle Mietsachen. Der Anspruch auf Zahlung einer Nutzungsentschädigung in Höhe der ortsüblichen Miete entsteht nicht erst durch eine rechtsgestaltende Willenserklärung des Vermieters; vielmehr hat dieser **von vornherein** einen Anspruch auf Zahlung einer Nutzungsentschädigung mindestens in Höhe der vereinbarten Miete oder – wenn die ortsübliche Miete höher ist – in Höhe der ortsüblichen Miete (vgl. BGH ZMR 1999, 749 = NJW 1999, 2808).

2700

2701 Die **Höhe** der ortsüblichen Miete wird entsprechend der Kriterien ermittelt, die gemäß § 558 Abs. 2 BGB für die Mieterhöhung maßgebend sind. Darüber hinaus findet § 558 BGB keine Anwendung, insbesondere auch nicht die Kappungsgrenze (LG Freiburg WuM 1993, 671; Schmidt-Futterer/*Streyl* § 546a Rn. 60). Im Übrigen sind für die Bewertung der Nutzungsentschädigung – anders als bei Bestimmung der ortsüblichen Miete nach § 558 BGB – Mängel der Wohnung auch dann zu beachten, wenn sie behoben werden können (LG Hamburg WuM 1987, 390). Andererseits ist der (frühere) Mieter nicht mehr berechtigt, die Nutzungsentschädigung wegen neu auftretender Mängel zu mindern (OLG Düsseldorf DWW 1992, 52). Dagegen setzt sie eine früher berechtigte Mietminderung an der Nutzungsentschädigung fort (OLG Düsseldorf DWW 1991, 16, 236).

2702 Die Fälligkeit der Nutzungsentschädigung richtet sich nach der Vereinbarung zur Miete (BGH MDR 1974, 484); Aufrechnungsbeschränkungen gelten weiter (OLG Karlsruhe ZMR 1987, 261; OLG Düsseldorf ZMR 1995, 303).

2703 Der Anspruch auf Nutzungsentschädigung verjährt gemäß § 195 BGB nach drei Jahren. Wird hingegen wegen unterlassener Schönheitsreparaturen Ersatz eines darauf beruhenden Mietausfalls verlangt, gilt die kurze Verjährungsfrist von sechs Monaten (BGH, WuM 1991, 550).

2704 **3. Umsatzsteuer.** War neben der Miete Umsatzsteuer (s. dazu Teil 1 Rdn. 971) zu zahlen, so gilt das auch für die Nutzungsentschädigung (BGH NJW 1988, 2665; ZMR 1996, 131). Auch die Nebenkosten unterliegen der Umsatzsteuer (Lindner-Figura/Oprée/*Stellmann*, Geschäftsraummiete, 2. Auflage Kap. 11, Rn. 76 ff. u. 210 ff. m.w.N.).

3. Schreiben des Vermieters über die Anforderung der ortsüblichen Nutzungsentschädigung bei Vorenthaltung des Mietobjekts und strittiger Beendigung des Mietverhältnisses u.a. in Kombination mit einem hilfsweisen Erhöhungsverlangen gemäß §§ 558, 558a BGB

2705 **Ausweislich der im Original beigefügten Vollmacht zeige ich die Vertretung des Vermieters**

oder

der Vermieter, nämlich _____ der an Sie mit Vertrag vom _____ vermieteten, im Hause _____ belegenen Räume an.

Der mit Ihnen geschlossene Mietvertrag endete nach diesseitiger Auffassung zum _____. Sie bestreiten jedoch eine wirksame Beendigung des Mietverhältnisses und nutzen das Mietobjekt über den oben genannten Zeitpunkt hinaus weiterhin. Meine Mandantschaft hält jedoch in erster Linie an ihrer Auffassung zur Beendigung des Mietverhältnisses fest. Demgemäß beansprucht meine Mandantschaft bis zu der von ihr weiterhin geltend gemachten Räumung mit Wirkung ab Zugang dieses Schreibens an Stelle der zuletzt vereinbart gewesenen Miete gemäß § 546a Abs. 1 BGB eine monatliche Nutzungsentschädigung in Höhe von _____ € netto kalt. Sie entspricht der Miete, die für vergleichbare Räume ortsüblich ist. Das ergibt sich aus Folgendem: (Die Ortsüblichkeit des verlangten Entgelts sollte begründet werden). [1]

▶ Beispiel:

Nach dem Mietenspiegel 2013 der Stadt Hamburg ist unter Berücksichtigung der von mir geschaffenen Ausstattung des Mietobjekts für die von Ihnen genutzte Wohnung die Rubrik L/6 mit einer Mietspanne von 8,62 bis 12,37 €/m² netto kalt monatlich bei einem Mittelwert von 10,21 €/m² heranzuziehen. Es wird von einem Mittelwert als ortsüblicher Miete ausgegangen. Bei einer Wohnfläche von _____ m² errechnet sich demnach eine monatliche ortsübliche Nettokaltmiete von _____ €. Hinzu kommen die Vorauszahlungen auf die nach dem Vertrag vereinbarten Nebenkosten in Höhe von _____ € monatlich. Insgesamt ergibt sich demnach eine ortsübliche Miete von _____ €, die als Nutzungsentschädigung geltend gemacht wird. **2**

▶ Beispiel:

Eine von meiner Mandantschaft vorgenommene Befragung mehrerer Hausmakler hat ergeben, dass für Gewerberäume vergleichbarer Art Mieten von 10,00 bis 14,00 € pro m² netto kalt monatlich gegenwärtig gezahlt werden. Meine Mandantschaft hält demnach eine monatliche Nettokaltmiete von 12,00 € pro m² für ortsüblich. Bei einer Gesamtfläche des Mietobjekts von 200 m² ergibt sich mithin eine monatlich ortsübliche Miete = eine monatliche Nutzungsentschädigung von 2.400,00 € netto kalt zuzüglich Mehrwertsteuer. Hinzu kommen entsprechend den früheren vertraglichen Vereinbarungen die Vorauszahlungen auf Nebenkosten im bisherigen Umfange. Es ergibt sich mithin folgende monatliche Gesamtnutzungsentschädigung: **3**

Nettonutzungsentschädigung	2.400,00 €
zuzüglich Vorauszahlung auf Betriebskosten gemäß § 2 BetrKV ohne Heizungskosten	200,00 €
zuzüglich Vorauszahlung auf Heizungskosten einschließlich der Kosten für Warmwasser	150,00 €
Zwischensumme:	2.750,00 €
zuzüglich 19 % Mehrwertsteuer	522,50 €
Gesamtnutzungsentschädigung	3.752,50 €

Nur für Wohnraum:

Hilfsweise, nämlich für den Fall des Fortbestandes des eingangs bezeichneten Mietverhältnisses, beansprucht meine Mandantschaft eine Mieterhöhung gemäß §§ 558, 558a BGB. **4**

Nach dem Gesetz (§ 558 BGB) ist meine Mandantschaft berechtigt, die Zustimmung zu einer Erhöhung der Miete bis zur ortsüblichen Vergleichsmiete zu verlangen, wenn die Miete in dem Zeitpunkt, zu dem die Erhöhung eintreten soll, seit 15 Monaten unverändert ist; das Mieterhöhungsverlangen kann frühestens 1 Jahr nach der letzten Mieterhöhung geltend gemacht werden; etwaige zwischenzeitliche Mieterhöhungen aufgrund von Modernisierungsmaßnahmen oder gestiegener Betriebskosten bleiben hier außer Betracht.

Die genannten Voraussetzungen sind in Bezug auf den an Sie vermieteten Wohnraum erfüllt, der im Wesentlichen durch folgende Merkmale gekennzeichnet ist (Bezeichnung der Hauptmerkmale): **5**

▶ Beispiel:

Baualtersklasse:	1919 bis 1948
Wohnlage:	gut
Größe:	96 m²
Ausstattung:	mit Bad und Sammelheizung, Fahrstuhl, Einbauküche, Trennung von Bad und WC

Die ortsübliche Vergleichsmiete ergibt sich aus dem Mietenspiegel des Jahres _____ **6**

oder

... aus dem qualifizierten Mietenspiegel des Jahres _____ **7**
der Gemeinde _____ . Aufgrund der oben bezeichneten Merkmale Ihrer Wohnung ist anzuwenden die Rubrik _____ mit einer Mietspanne von _____ € bis _____ € pro m² netto kalt bei einem Mittelwert von _____ € pro m² Wohnfläche.

oder

Die ortsübliche Miete ergibt sich aus den Vergleichsmieten, die in der beigefügten und von meiner Mandantschaft unterzeichneten Anlage näher nach Belegenheit und Art beschrieben werden. Die darin aufgeführten Mietobjekte sind hinsichtlich Lage, Größe, Baualter und Ausstattung mit Ihrer Wohnung vergleichbar. **8**

oder

Die ortsübliche Miete ergibt sich aus dem im Original beigefügten Sachverständigengutachten, auf dessen Inhalt zur Begründung im Einzelnen Bezug genommen wird. **9**

Danach ist eine Miete von monatlich _____ € pro m² netto kalt für Ihre Wohnung ortsüblich.

Im Hinblick auf die Größe des an Sie vermieteten Wohnraums von _____ m² ergibt sich somit eine

neue monatliche Nettokaltmiete von _____ €
zuzüglich monatlicher Vorauszahlungen auf Heizungskosten von **10** _____ €
zuzüglich monatlicher Vorauszahlungen auf sonstige, umlagefähige Betriebskosten _____ €
neue monatliche Gesamtmiete _____ €

Soweit eine Erhöhungsbegrenzung gemäß § 558 Abs. 3, 4 BGB zum Tragen kommt, wird sie durch das Erhöhungsverlangen beachtet, da die Miete innerhalb von 3 Jahren, von Erhöhungen wegen einer Modernisierung oder gestiegener Betriebskosten abgesehen, nicht um mehr als 20 %

oder

15 %

ansteigt.

Die neue Miete gilt mit Beginn des 3. Kalendermonats nach dem Zugang dieses Erhöhungsverlangens, also ab _____ .

Sie werden gebeten, die Zustimmung zu dieser Mieterhöhung bis spätestens zum Ablauf des 2. Kalendermonats nach dem Zugang dieses Schreibens, also bis zum _____ zu erklären. Soweit zwei oder mehrere Personen Mieter sind, ist die Zustimmung aller Mieter erforderlich. Die kommentarlose Zahlung der erhöhten Miete genügt grundsätzlich nicht. **11**

Zur Klarstellung wird noch einmal darauf hingewiesen, dass vorrangig die eingangs bezeichnete Nutzungsentschädigung beansprucht wird, da meine Mandantschaft in erster Linie weiterhin an ihrer Rechtsauffassung über die wirksame Beendigung des Mietverhältnisses festhält.

oder (Nur für Gewerberaum – insgesamt alternativ zu Rn. 4–11) [12]

Hilfsweise, nämlich für den Fall des Fortbestehens des eingangs bezeichneten Mietverhältnisses, wird eine Mieterhöhung auf der Grundlage der vertraglichen Vereinbarungen beansprucht.

In dem mit Ihnen geschlossenen Mietvertrag ist zur Änderung der Miete vereinbart:

▶ Beispiel:

Ist seit Beginn des Mietverhältnisses oder der letzten Änderung der Miete

a) entweder ein Zeitraum von mehr als einem Jahr verstrichen oder

b) der vom Statistischen Bundesamt ermittelte Verbraucherpreisindex für Deutschland um mehr als 5 % gestiegen,

soll die Angemessenheit der Miete überprüft und die Miethöhe neu vereinbart werden. Die zuletzt geschuldete Miete ist in jedem Fall die Mindestmiete.

Kommt es zu keiner Einigung über die zukünftige Miethöhe oder sind seit dem schriftlichen Verlangen des Vermieters zwei Monate verstrichen, ohne dass es zu einer Einigung gekommen ist, soll ein von der Handwerkskammer Hamburg zu benennender Sachverständiger als Schiedsgutachter die ortsübliche Miete nach billigem Ermessen feststellen. Die festgestellte Miete gilt ab Beginn des Monats, der auf den Zeitpunkt folgt, zu dem der Vermieter das Verlangen auf Änderung der bisherigen Miete gestellt hat. Die Kosten des Gutachtens tragen die Parteien je zur Hälfte.

Seit Beginn der letzten Änderung der Miete ist ein Zeitraum von mehr als einem Jahr verstrichen. Da es zwischen Ihnen und meiner Mandantschaft nicht zu einer Einigung über die künftige Miethöhe kam, wurde das vertraglich vereinbarte Schiedsgutachten eingeholt. Danach wurde eine ortsübliche Nettokaltmiete von monatlich 10,00 € pro qm festgestellt. Somit ergibt sich folgende monatliche Gesamtmiete:

▶ Beispiel:

Monatliche Nettokaltmiete (200 m² × 10 €)	2.000,00 €
zuzüglich Vorauszahlung auf Betriebskosten gemäß § 2 BetrKV ohne Heizungskosten	200,00 €
zuzüglich Vorauszahlung auf Heizungskosten einschließlich Kosten für Warmwasser	150,00 €
Zwischensumme:	2.350,00 €
zuzüglich 19 % Mehrwertsteuer	446,50 €
Gesamtmiete	2.796,50 €

Auf der Grundlage der vertraglichen Vereinbarung ist diese Miete von Ihnen mit Wirkung ab _____ zu zahlen.

Zur Klarstellung wird noch einmal darauf hingewiesen, dass meine Mandantschaft vorrangig die eingangs genannte Nutzungsentschädigung beansprucht, da sie in erster Linie an ihrer Rechtsauffassung zur wirksamen Beendigung des Mietverhältnisses festhält.

Erläuterungen

2706 **1. Nutzungsentschädigung.** Zum Anspruch des Vermieters, als Nutzungsentschädigung anstelle der bisherigen Miete die ortsübliche Miete zu verlangen; s. die Hinweise zu Teil 1 Rdn. 2700.

2707 **2. Ortsübliche Miete.** Bei Wohnraummietverhältnissen hängt der Nutzungsentschädigungsanspruch in Höhe der ortsüblichen Miete nicht davon ab, dass die Formalien und Fristen der §§ 558 bis 558b BGB gewahrt werden.

2708 **3. Gewerberaum.** S. die Hinweise zu Teil 1 Rdn. 2704.

2709 **4. Hilfsweise geltend gemachtes Mieterhöhungsverlangen.** Ist die Beendigung des Mietverhältnisses streitig, so kann es sich empfehlen, neben dem Verlangen auf Nutzungsentschädigung in Höhe der ortsüblichen Miete ein **förmliches Mieterhöhungsverlangen** nach §§ 558 f. BGB zu stellen, um eventuelle Rechtsverluste zu vermeiden. Das Mieterhöhungsverlangen ist zwar grundsätzlich bedingungsfeindlich. Jedoch wird der Fall der Beendigung des Mietverhältnisses als bloße Rechtsbedingung, die unschädlich ist, behandelt.

2710 Zum Mieterhöhungsverlangen nach § 558 MHG s. Muster und Hinweise zu Teil 1 Rdn. 1188. Die Berechnung der Kappungsgrenze und die Mietstruktur richten sich nach dem jeweiligen Mietverhältnis.

2711 **5. Wohnungsbeschreibung.** S. die Hinweise zu Teil 1 Rdn. 1197.

2712 **6. Mietspiegel.** Zur Begründung des Erhöhungsverlangens mit Hilfe eines Mietspiegels s. die Hinweise zu Teil 1 Rdn. 1200.

2713 **7. Qualifizierter Mietspiegel.** S. dazu die Hinweise zu Teil 1 Rdn. 1208.

2714 **8. Vergleichsobjekte.** Zur Begründung des Erhöhungsverlangens mit Hilfe von Vergleichsobjekten s. die Hinweise zu Teil 1 Rdn. 1210.

2715 **9. Sachverständigengutachten.** Zur Begründung des Erhöhungsverlangens mit Hilfe eines Sachverständigengutachtens s. die Hinweise zu Teil 1 Rdn. 1217.

2716 **10. Mietstruktur.** Zur Berücksichtigung der Mietstruktur s. die Hinweise zu Teil 1 Rdn. 1219.

2717 **11. Zustimmung des Mieters.** S. dazu Muster und Hinweise zu Teil 1 Rdn. 1251.

2718 **12. Gewerberaum.** *12.1* Besteht das Mietverhältnis fort, so gelten die bisherigen Mieterhöhungsmöglichkeiten weiter. Der Vermieter kann dementsprechend bei der Gewerberaummiete von den vertraglichen Mieterhöhungsmöglichkeiten Gebrauch machen. Er kann dies auch für den Fall tun, dass die Kündigung aus Rechtsgründen nicht zum Erfolg führt; derartige Rechtsbedingungen sind ausnahmsweise zulässig.

2719 *12.2* Ist das Mietverhältnis beendet und galt zwischen den Parteien eine automatisch wirkende **Wertsicherungsklausel** (s. Muster und Hinweise zu Teil 1 Rdn. 1558), so ist sie auch auf die Nutzungsentschädigung anzuwenden. Das Gleiche gilt für eine vereinbarte Staffelmiete.

2720 *12.3* Dagegen kann sich der Vermieter nach Beendigung des Mietverhältnisses nicht mehr auf **sonstige Mieterhöhungsmöglichkeiten** (z.B. einseitigen Mieterhöhungsvorbehalt nach § 315 BGB) oder auf eine Schiedsgutachterklausel nach § 319 BGB berufen (s. die Hinweise zu Teil 1 Rdn. 1563). Ebenso wenig kommt eine Indexklausel nach § 557b BGB (s. dazu Muster und Hinweise zu Teil 1 Rdn. 1441) zum Tragen, weil sie an ein (nicht mehr gegebenes) Gestaltungsrecht des Vermieters anknüpft.

4. Schreiben des Vermieters über die Abrechnung einer in Geld geleisteten Kaution

Ausweislich der im Original beigefügten Vollmacht zeige ich die Vertretung des Vermieters

oder

der Vermieter, nämlich _____,

der an Sie mit Vertrag vom _____ vermieteten, im Hause _____ belegenen Räume an.

Nach Beendigung des Mietverhältnisses wird über die von Ihnen geleistete Kaution hiermit wie folgt abgerechnet: [1, 2]

Erhaltenes Kapital	_____ €
evtl.: zuzüglich Zinsen gemäß anliegender Zinsberechnung für die Zeit von _____ bis _____	_____ €
Gesamtbetrag	_____ €

Den Gesamtbetrag hat meine Mandantschaft auf Ihr Konto IBAN: _____, BIC: _____ überwiesen.

Der Gesamtbetrag kann nicht

oder

nur teilweise

zur Auskehrung kommen, da meiner Mandantschaft aus dem Mietverhältnis noch nicht erfüllte Forderungen zustehen, mit denen hiermit die Aufrechnung gegen die Mietsicherheit erklärt wird. Es ergeben sich noch folgende Ansprüche zu Gunsten meiner Mandantschaft (Bezeichnung der Beträge und des jeweiligen Grundes): [3]

▶ Beispiel:

Miete für Dezember 2015	€ 500,00
Saldo aus der Betriebskostenabrechnung vom 10.10.2015 für den Abrechnungszeitraum 2014	€ 237,40
Kosten für die Beschaffung von Briefkastenschlüsseln, da Sie die Ihnen überlassenen Schlüssel trotz Aufforderung nicht zurückgaben, gemäß in Kopie beigefügten Rechnung	€ 25,50
Kosten für Malerarbeiten gemäß der in Kopie beigefügten Rechnung, da Sie trotz Abmahnung mit Fristsetzung die bezeichneten dekorativen Mängel nicht beseitigten	€ 1.670,80
Summe	€ 2.433,70

▶ Beispiel:

Die noch ausstehende Betriebskostenabrechnung für das Jahr 2015 ergibt voraussichtlich einen Saldo zu Ihren Lasten in Höhe von € 200,00. Insoweit behält sich mein Mandant von der Kaution einen erstrangigen Betrag ein. [4]

Die Summe der Ansprüche übersteigt den Gesamtbetrag aus der Kaution um _____ €. Ich habe Sie daher aufzufordern, den von Ihnen noch geschuldeten Differenzbetrag bis zum _____ an meine Mandantschaft zu zahlen. [5]

oder

Nach Abzug der Summe der Ansprüche meiner Mandantschaft ergibt sich ein auszukehrender Restbetrag aus der Kaution in Höhe von _____ €. Diesen Betrag hat meine Mandantschaft auf Ihr Konto zur Konto IBAN: _____, BIC: _____ überwiesen.

Erläuterungen

2722 **1. Abrechnungsfrist.** Dem Vermieter steht nach Beendigung des Mietverhältnisses eine angemessene Frist zu, um seine Ansprüche, derentwegen er sich aus der Kaution befriedigen kann, zu überprüfen. Die Angemessenheit der Abrechnungsfrist richtet sich nach den Schwierigkeiten bei der Ermittlung der Ansprüche. Der BGH hat es abgelehnt, eine Höchstgrenze von sechs Monaten zu ziehen (NZM 2006, 343 = WuM 2006, 197 = ZMR 2006, 431). Ein Zeitraum von zwei Jahren ist selbst dann nicht mehr eine angemessene Abrechnungsfrist, wenn sich der Vermieter einen solchen Zeitraum für die Erstellung der Nebenkostenabrechnung ausbedungen hat (OLG Düsseldorf ZMR 1992, 191). Zur Kautionsvereinbarung s. die Hinweise zu Teil 1 Rdn. 139 und Teil 1 Rdn. 252.

2723 **2. Vorbehaltlose Rückzahlung.** Hat der Vermieter den Kautionsbetrag vorbehaltlos zurückgezahlt, so ist er mit der späteren Geltendmachung von Schadensersatzansprüchen wegen Schäden am Mietobjekt ausgeschlossen; das gilt aber nur wegen solcher Mängel, die bei der Abnahme erkennbar waren (OLG München NJW-RR 1990, 20).

2724 Entsprechendes gilt, wenn der Vermieter das Mietverhältnis unter Berücksichtigung der Kaution abgerechnet hat und das **Abrechnungsguthaben** an den Mieter auszahlt; auch hierin wird eine stillschweigende Erlassvereinbarung hinsichtlich etwaiger nicht berücksichtigter Forderungen des Vermieters gesehen (OLG Düsseldorf NZM 2001, 839; s. auch AG Tiergarten GE 2007, 855).

2725 **3. Aufrechnung gegen Rückzahlungsanspruch.** Der Vermieter kann gegenüber dem Kautionsrückzahlungsanspruch des Mieters auch mit bereits **verjährten Forderungen** aufrechnen, wenn seine Forderung zu der Zeit, zu welcher sie aufgerechnet werden konnte, noch nicht verjährt war (§ 215 BGB). Ist allerdings der Anspruch des Vermieters bereits während des laufenden Mietverhältnisses verjährt, kann er gegen den Kautionsrückzahlungsanspruch des Mieters nach Mietende nicht mehr aufrechnen (OLG Düsseldorf ZMR 2002, 658). Denn der Kautionsrückzahlungsanspruch des Mieters besteht bis zum Ende des Mietverhältnisses als aufschiebend bedingter Anspruch. Gegen einen solchen Anspruch kann noch nicht aufgerechnet werden, da er noch nicht erfüllbar ist (OLG Düsseldorf ZMR 2002, 658). Insofern haben sich die beiden Forderungen zu keiner Zeit aufrechenbar gegenübergestanden, wie § 215 BGB dies voraussetzt.

2726 **Achtung!** Gegen den Anspruch des Mieters auf Freigabe eines verpfändeten Sparkontos kann der Vermieter nicht mit einen Zahlungsanspruch aufrechnen (KG WuM 2011, 471 = GE 2011, 885; unrichtig insoweit KG GE 2010, 693). Es fehle bereits an der Gleichartigkeit beider Ansprüche i.S.d. § 387 BGB. Einschlägig ist hier § 216 BGB, wobei insbesondere § 216 Abs. 3 BGB zu beachten ist.

2727 **4. Zurückbehaltungsrecht.** Der Vermieter ist im Übrigen berechtigt, die Mietsicherheit ganz oder zumindest teilweise zurückzubehalten, wenn ihm gegen den Mieter noch Ansprüche aus der Betriebskostenabrechnung zustehen können (BGH NZM 2006, 343 = WuM 2006, 197 = ZMR 2006, 431). Zu den gesicherten Ansprüchen des Vermieters gehören auch Betriebskostennachforderungen, die bei Beendigung des Mietverhältnisses noch nicht fällig sind. Streitig ist indes, ob der Vermieter zur Abrechnung der (restlichen) Kaution die Abrechnungsfrist von zwölf Monaten nach Ende der Abrechnungsperiode (vgl. § 556 Abs. 3 S. 2 BGB) ausschöpfen darf (so AG Wiesbaden NZM 2006, 140, 141; *Geldmacher* DWW 2007, 269, 275; *Rave* GE 2006, 483, 484), oder ob er im Hinblick auf das Rückerstattungsinteresse des Mieters gehalten ist, schnellstmöglich abzurechnen (so LG Berlin GE 2011, 484; AG Ahrensburg WuM 2007, 444; offengelassen AG Rheine WuM 2009, 179).

Im Übrigen ist noch ungeklärt, in welcher Höhe der Vermieter die Kaution wegen künftiger Betriebskostennachforderungen einbehalten darf. Nach Ablauf von sechs Monaten seit Beendigung des Mietverhältnisses kommt nur noch ein im Hinblick auf die ausstehende Abrechnung verhältnismäßiger Anteil in Betracht. Folgende Auffassungen werden bislang vertreten: 2728
- Drei bis vier monatliche Vorauszahlungsbeträge (AG Hamburg WuM 1997, 213; ähnlich *Sternel* Mietrecht aktuell, III Rn. 196),
- Nachforderungsbetrag des Vorjahres zuzüglich Sicherheitszuschlag (*Lützenkirchen* WuM 2006, 63, 77; *Goetzmann* ZMR 2002, 566, 571 f.; *Hinz* WuM 2006, 347, 357; ders. in MietPrax F. 1 Rn. 564),
- durchschnittlicher Nachzahlungsbetrag der Vorjahre zuzüglich absehbare Kostensteigerungen der Versorger (*Rave* GE 2006, 483, 484),
- Pflicht des Vermieters, eine überschlägige Zwischenabrechnung vorzunehmen (*Antoni* WuM 2006, 359, 364).

5. Übersteigende Gegenansprüche. Ist das Kautionsguthaben geringer als die dem Vermieter zustehenden Gegenansprüche, so ist dieser nach § 396 Abs. 1 S. 1 BGB berechtigt, die Reihenfolge zu bestimmen, in der die gesicherten Forderungen mit der Kaution zu verrechnen sind (*Geldmacher* DWW 2000, 180, 181; 2001, 178). Wird die Aufrechnung ohne eine solche **Bestimmung** erklärt oder widerspricht der Mieter unverzüglich, so richtet sich die Tilgungsreihenfolge nach § 366 Abs. 2 BGB. Mehrere fällige Gegenforderungen des Vermieters werden in folgender Reihenfolge getilgt: 2729
- die Forderung, die dem Vermieter geringere Sicherheit bietet (BGH NJW 1987, 181, 182; OLG Düsseldorf NZM 2001, 1125),
- bei mehreren gleich sicheren, die dem Mieter lästigere Forderung,
- bei mehreren gleich lästigen, die ältere Forderung,
- bei gleichem Alter auf jede Forderung verhältnismäßig.

Anderenfalls ist die vom Vermieter erklärte Kautionsabrechnung, sofern die in Ansatz gebrachten Forderungen materiell bestehen, für beide Vertragsparteien bindend. 2730

Klagt der Vermieter den Differenzbetrag ein, der sich nach der Verrechnung mit der Kaution zu seinen Gunsten ergibt, so muss er die Ansprüche bezeichnen und beziffern, die er noch geltend macht. Hat er bereits gegenüber dem Mieter eine Verrechnungsbestimmung vorgenommen, so bleibt er hieran gebunden. 2731

5. Schreiben des Vermieters über die Anforderung einer Nutzungsentschädigung vom Untermieter

Ausweislich der im Original beigefügten Vollmacht zeige ich die Vertretung des Vermieters 2732

oder

der Vermieter, nämlich _____, der an den Hauptmieter (Bezeichnung der entsprechenden natürlichen oder juristischen Personen) mit Vertrag vom _____ vermieteten, im Hause _____ belegenen Räume an.

Sie nutzen (nutzten) das vorbezeichnete Mietobjekt (genaue Bezeichnung der Belegenheit) und haben (hatten) es als Untermieter im Besitz. [1]

Das Hauptmietverhältnis zwischen meiner Mandantschaft als Vermieter und der Mietpartei endet(e) zum _____ aufgrund folgender Umstände: [2]

▶ Beispiel:

Das Hauptmietverhältnis wurde von meinem Mandanten wirksam wegen Zahlungsverzuges mit Schreiben vom _____ fristlos gekündigt. Eine Ablichtung des Kündigungsschreibens füge ich bei.

▶ Beispiel:

Das Hauptmietverhältnis wurde fristgemäß aufgrund einer Kündigung des Hauptmieters mit Schreiben vom _____ zum _____ gekündigt. Eine Ablichtung des Kündigungsschreibens füge ich anliegend bei.

▶ Beispiel:

Das Hauptmietverhältnis wird aufgrund der von meinem Mandanten ausgesprochenen Eigenbedarfskündigung fristgemäß zum _____ enden. Eine Ablichtung des Kündigungsschreibens füge ich anliegend bei.

Ich unterrichte Sie hiermit über die Beendigung des Hauptmietverhältnisses und fordere Sie auf, das Mietobjekt bis zum _____ geräumt an meine Mandantschaft herauszugeben. Gleichzeitig beansprucht diese von Ihnen die Zahlung einer monatlichen Nutzungsentschädigung in Höhe von _____ € netto zuzüglich eines Betrages von _____ € zur Abdeckung der auf das Mietobjekt entfallenden Betriebskosten gemäß § 2 BetrVK ab Zugang dieses Schreibens bis zur Räumung. [3]

oder

Über die Beendigung des Hauptmietverhältnisses und die hierfür maßgeblichen Gründe hatte meine Mandantschaft Sie bereits am _____

oder

mit Schreiben vom _____

unterrichtet und Sie gleichzeitig unter Fristsetzung zur Räumung aufgefordert. Ab dem Zeitpunkt Ihrer Kenntnis über die Beendigung des Hauptmietverhältnisses bis zur Räumung beansprucht meine Mandantschaft von Ihnen die Zahlung einer monatlichen Nutzungsentschädigung in Höhe von _____ € netto zuzüglich eines Betrages von _____ € zur Abdeckung der auf das Mietobjekt entfallenden Betriebskosten gemäß § 2 BetrVK.

Die beanspruchte monatliche Nettonutzungsentschädigung entspricht dem objektiven Mietwert der von Ihnen genutzten Räume, nämlich der Miete, die für vergleichbare Räume ortsüblich ist. Das ergibt sich aus Folgendem (die Ortsüblichkeit des verlangten Entgeltes sollte begründet werden): [4]

▶ Beispiel:

Nach dem Mietenspiegel 2013 der Stadt Hamburg ist unter Berücksichtigung der von mir geschaffenen Ausstattung des Mietobjekts für die von Ihnen genutzte Wohnung die Rubrik L/6 mit einer Mietspanne von 8,62 bis 12,37 €/qm netto kalt monatlich bei einem Mittelwert von 10,21 €/qm heranzuziehen. Mein Mandant geht vom Mittelwert als ortsüblicher Miete aus. Bei einer Wohnfläche von _____ qm errechnet sich demnach eine monatliche ortsübliche Nettokaltmiete von _____ €. [5]

▸ Beispiel:

Eine von meinem Mandanten vorgenommene Befragung mehrerer Hausmakler hat ergeben, dass für Gewerberäume vergleichbarer Art Mieten von 10 bis 14 € pro qm netto kalt monatlich gegenwärtig gezahlt werden. Mein Mandant hält demnach eine monatliche Nettokaltmiete von 12 € pro qm für ortsüblich. Bei einer Gesamtfläche des Mietobjekts von 200 qm ergibt sich mithin eine monatliche ortsübliche Miete = eine monatliche Nutzungsentschädigung von 2.400,00 € netto kalt zuzüglich Mehrwertsteuer.

Überweisen Sie bitte das als Nutzungsentschädigung angeforderte Entgelt monatlich, jeweils für den abgelaufenen Monat zum Monatsende auf das nachfolgend bezeichnete Konto _____ **meiner Mandantschaft.** [6, 7]

oder

Zur Zahlung fällig sind bereits folgende Beträge (nachfolgend ist im Einzelnen die Nutzungsentschädigung unter Berücksichtigung der maßgeblichen Zeitpunkte bis zur Räumung oder bis zum Zeitpunkt dieses Aufforderungsschreibens zu spezifizieren): _____ **.**

Erläuterungen

1. Untermietverhältnis. Der Vermieter steht gegenüber dem **Untermieter** in keinem Vertragsverhältnis. Solange das Hauptmietverhältnis besteht, hat er ihm gegenüber keinen Anspruch auf ein Entgelt für dessen Nutzungen.

2. Beendigung des Hauptmietverhältnisses. Endet das Hauptmietverhältnis, so hat das keinen Einfluss auf den Fortbestand des Untermietverhältnisses. Diesem wird jedoch gleichsam das Fundament entzogen. Ist der Mieter gegenüber dem Vermieter nicht mehr zum Besitz berechtigt, so hat auch der Untermieter gegenüber dem Vermieter kein Recht mehr zum Besitz, gleichgültig, ob er sich gegenüber dem Mieter als Untermieter noch auf Fortbestand des Untermietverhältnisses berufen könnte.

Der Vermieter hat gegenüber dem Untermieter einen eigenständigen **Räumungsanspruch** (§ 546 Abs. 2 BGB), der demjenigen gegenüber dem Mieter nach § 546 Abs. 1 BGB entspricht. Der Anspruch reicht aber nicht weiter, als dem Untermieter der Besitz vom Hauptmieter überlassen worden ist; er kann sich also auf einen Teil der dem Hauptmieter überlassenen Räume beschränken.

3. Nutzungsentschädigung. Gibt der Untermieter die von ihm innegehaltenen Räume nicht heraus, so hat der Vermieter ihm gegenüber keinen Anspruch auf Nutzungsentschädigung wegen Vorenthaltung nach § 546a BGB. Ist der Vermieter gleichzeitig Eigentümer der Mietsache, so steht ihm aber ein Anspruch auf Nutzungsentschädigung aus dem sog. **Eigentümer-Besitzer-Verhältnis** gemäß §§ 991 Abs. 1, 990, 987 BGB zu (LG Kempten WuM 1996, 34; LG Köln WuM 1997, 46). Der Anspruch hängt von folgenden Voraussetzungen ab:
– Der Vermieter ist Eigentümer.
– Das Hauptmietverhältnis mit dem Mieter ist beendet.
– Der Mieter hat erfahren, dass er nicht zum Besitz berechtigt ist oder der Räumungsanspruch ist ihm gegenüber rechtshängig.
– Der Untermieter erfährt, dass er gegenüber dem Hauptvermieter nicht zum Besitz berechtigt ist.

Die Voraussetzungen müssen kumulativ gegeben sein. Indes bedarf es zur Beendigung der Besitzberechtigung des Unterpächters keiner zusätzlichen Aufforderung von Seiten des Verpächters, wie sie im Rahmen von § 546 Abs. 2 nach Wortlaut und Sinn dieser Vorschrift für erforderlich gehalten wird (OLG Hamburg ZMR 1999, 481; a.A LG Köln NJW-RR 1990, 1231, 1232; s. dazu Schmidt-Futterer/*Gather* § 546a Rn. 14).

2738 Ist der Vermieter nicht Eigentümer, so kommt ein Anspruch aus **ungerechtfertigter Bereicherung** nach § 812 Abs. 1 S. 1, 2. Alt. BGB (sog. Eingriffskondition) in Betracht.

2739 Die Haftung des Untermieters tritt ab dem **Zeitpunkt** seiner Kenntnis ein. Ist der Vermieter Eigentümer, so kommt eine Haftung des Untermieters aus § 812 BGB nicht zum Tragen; insoweit sind die Vorschriften des Eigentümer-Besitzer-Verhältnisses (§§ 987 ff. BGB) abschließend (BGH ZMR 1996, 18).

2740 **4. Rückwirkende Geltendmachung.** Der Anspruch auf Nutzungsentschädigung kann rückwirkend ab dem Zeitpunkt geltend gemacht werden, zu dem der Vermieter den Untermieter von der fehlenden Berechtigung zum Besitz unterrichtet hat (und die übrigen unter Ziff. 2, Teil 1 Rdn. 2734 genannten Voraussetzungen vorliegen). Mieter und Untermieter haften dem Vermieter als Gesamtschuldner.

2741 **5. Höhe.** Die Nutzungsentschädigung richtet sich nach dem **objektiven Mietwert** (BGH ZMR 1998, 137, 139). Das ist die ortsübliche Miete. Sie schließt die Betriebskosten im üblichen Umfang und in üblicher Höhe ein. Liegen keine gegenteiligen Anhaltspunkte vor, hat der Untermieter dem Hauptvermieter den Betrag zu entrichten, den er bislang mit dem Untervermieter vereinbart hatte (LG Stuttgart NJW-RR 1990, 655 f.).

2742 Zur Höhe der Nutzungsentschädigung s. Muster und Hinweise zu Teil 1 Rdn. 2700.

2743 **6. Fälligkeit.** Die Nutzungsentschädigung wird nicht im Voraus, sondern erst **nachträglich** fällig. Auf die Fälligkeitsregelung für die Miete kommt es nicht an.

2744 **7. Verzinsung.** Bereits fällig gewordene Ansprüche auf Nutzungsentschädigung sind nach den Regeln über den Schuldnerverzug (§§ 280 Abs. 2, 286, 288 BGB) zu verzinsen.

IV. Sonstige Ansprüche des Mieters

1. Schreiben des Mieters über die Anforderung einer Entschädigung für vom Vermieter übernommene Einrichtungen/Einbauten

2745 Ausweislich der im Original beigefügten Vollmacht zeige ich die Vertretung des Mieters

oder

der Mieter, nämlich _____ an,

an den

oder

an die Sie mit Vertrag vom _____ die im Hause _____ belegenen Räume vermieteten.

Nachdem das vorbezeichnete Mietverhältnis zum _____ endet(e), beansprucht meine Mandantschaft die Zahlung einer Entschädigung in Höhe von _____ € für nachstehend bezeichnete Einrichtungen/Einbauten, die sie auf ihre Kosten vornehmen ließ (Nennung der Einrichtungen/Einbauten im Einzelnen). [1]

▶ Beispiel:

In das Bad des Obergeschosses Ihres Einfamilienhauses ließ mein Mandant inklusive aller notwendigen Anschlüsse eine bisher nicht vorhandene Toilette installieren. Um den Platz hierfür zu schaffen, war auch die Entfernung eines alten gusseisernen Heizkörpers erforderlich, der durch einen modernen Plattenheizkörper ersetzt wurde.

Gemäß § _____ des Mietvertrages über oben genannte Räume ist hinsichtlich Art und Umfang einer Entschädigung Folgendes vereinbart: (Zitat der Vereinbarungen).

▶ Beispiel:

Der Mieter ist berechtigt, das Mietobjekt mit einer Gaszentralheizungsanlage auf seine Kosten auszustatten. Der Vermieter ist verpflichtet, bei einer Beendigung des Mietverhältnisses dem Mieter den Betrag zu erstatten, den die Herstellung der Heizungsanlage gekostet hat, abzüglich eines angemessenen Betrages für inzwischen erfolgte Abnutzung.

▶ Beispiel:

Will der Mieter Einrichtungen, mit denen er die Räume versehen hat, mitnehmen, hat er sie zunächst dem Vermieter zur Übernahme anzubieten. Dieser kann die Einrichtungen übernehmen oder die Wiederherstellung des ursprünglichen Zustandes verlangen. Macht der Vermieter von seinem Übernahmerecht Gebrauch, hat er dem Mieter den Betrag zu erstatten, den die Herstellung der Einrichtungen nachweislich gekostet hat, abzüglich eines angemessenen Betrages für inzwischen erfolgte Abnutzung. Macht der Vermieter von diesem Recht keinen Gebrauch und nimmt der Mieter die Einrichtung mit, hat er den ursprünglichen Zustand der Räume auf seine Kosten wiederherzustellen.

Entsprechend den vertraglichen Vereinbarungen wird die Höhe des oben genannten Entschädigungsbetrages wie folgt berechnet (es folgt eine genaue Berechnung unter Beifügung von Belegen):

▶ Beispiel:

Ausweislich der in Ablichtung beigefügten Rechnung der von meinem Mandanten beauftragten Fachfirma ist die Installation der Gaszentralheizungsanlage einschließlich aller notwendigen Nebenarbeiten mit einem Kostenaufwand in Höhe von 20 000 € verbunden gewesen. Unter Berücksichtigung einer technischen Lebensdauer der Heizungsanlage von 20 Jahren hält mein Mandant nach einer dreijährigen Mietvertragsdauer einen Abzug für die bisherige Abnutzung in Höhe von 3 000 € für angemessen. Somit ergibt sich eine Entschädigungsforderung in Höhe von 17 000 €.

oder

Nachdem das Mietverhältnis über die auf dem Grundstück _____ belegenen Räume zum _____ endet(e), beansprucht meine Mandantschaft gemäß der gesetzlichen Regelung § 552 Abs. 1 BGB die Zahlung einer angemessenen Entschädigung in Höhe von _____ € für nachstehend bezeichnete Einrichtungen/Einbauten, die sie auf ihre Kosten vornehmen ließ und deren Übernahme Sie verlangen. (Nennung der Einrichtungen im Einzelnen).

Gemäß der gesetzlichen Regelung § 552 Abs. 1 BGB ist die Höhe der Entschädigung nach billigem Ermessen zu bestimmen. Unter Berücksichtigung der technischen Lebensdauer vorgenannter Einrichtungen/Einbauten hat ein angemessener Abschlag für die bisherige Abnutzung zu erfolgen. Danach berechnet sich die Höhe der Entschädigungsforderung wie folgt (genaue Berechnung der Forderung unter Beifügung von Belegen):

▶ **Beispiel:**

> Gemäß der in Fotokopie beigefügten Handwerkerrechnung beliefen sich die Kosten der Modernisierung des Bades (Installation einer Toilette, Einbau einer neuen verkachelten Badewanne, Setzen eines neuen Waschbeckens und Herstellung einer Warmwasserbereitung durch Einbau eines Elektroboilers) auf insgesamt 15 000 €. Unter Berücksichtigung der technischen Lebensdauer vorgenannter Einrichtungen/Einbauten von angenommenen 20 Jahren hält mein Mandant nach nur zweijähriger Mietvertragsdauer einen Abzug für bisherige Abnutzung in Höhe von 1 500 € für angemessen. Danach ermittelt sich eine Entschädigungsforderung in Höhe von 13 500 €. [2]
>
> Ein darüber hinausgehender Abzug ersparter Kosten für Ausbau und Wiederherstellung des alten Zustandes ist nach dem Sinn der gesetzlichen Regelung nicht gerechtfertigt.
>
> Ich bitte Sie, oben genannte Entschädigungsforderung bis zum _____ auf das Konto meiner Mandantschaft IBAN: _____, BIC: _____ zu überweisen. [3]

Erläuterungen

2746 **1. Entschädigungsanspruch.** Der Mieter kann eine Entschädigung für zurückgelassene Einrichtungen und Einbauten nur verlangen,
– wenn er sie nicht zu entfernen braucht und der Vermieter sie nach dem Mietvertrag übernehmen muss oder
– der Vermieter sie nach § 552 BGB behalten will.

2747 Ist das nicht der Fall, lässt der Mieter aber die Einbauten zurück, ohne dass der Vermieter auf der Entfernung beharrt, so hat er grundsätzlich keinen Bereicherungsanspruch nach § 812 BGB, weil es sich um eine sog. aufgedrängte Bereicherung (dazu Palandt/*Bassenge* § 951 Rn. 18) handelt.

2748 Ist der Wegnahmeanspruch des Mieters **verjährt** (sechs Monate seit Beendigung des Mietverhältnisses, § 548 Abs. 2 BGB), so ist nach BGH (ZMR 1981, 367 = NJW 1981, 2564; NJW 1987, 2861; s. auch OLG Bamberg WuM 2004, 20 = NZM 2004, 342) der Vermieter fortan rechtmäßiger Besitzer der Einbauten und schuldet keine Entschädigung. S. im Übrigen die Hinweise zu Teil 1 Rdn. 2418.

2749 Hat sich der Mieter von Geschäftsräumen zu bestimmten **Ausbaumaßnahmen** verpflichtet, so hat er nach ordentlicher Beendigung des Mietverhältnisses hinsichtlich der geschaffenen Einrichtungen weder ein Wegnahmerecht nach § 539 Abs. 2 BGB noch einen Aufwendungsersatzanspruch nach § 539 Abs. 1 BGB (vgl. BGH ZMR 1996, 122, 123; dazu Schmidt-Futterer/*Langenberg* § 552 Rn. 14). Auch mit Zustimmung des Vermieters erfolgte Umbauten hat der Mieter zurückzubauen und den ursprünglichen Zustand wiederherzustellen (KG ZMR 2010, 956).

2750 Lässt der Mieter Ein- oder Umbauten in der Gewerberaummietsache vertragswidrig zurück, hat der Vermieter lediglich einen Anspruch auf Beseitigung und Wiederherstellung des ursprünglichen Zustandes. Reparaturen an den Ein- oder Umbauten kann er nicht verlangen (OLG Düsseldorf NZM 2011, 234). Im Geschäftsraummietverhältnis steht dem Mieter bei Beendigung des Mietverhältnisses auch hinsichtlich solcher Einbauten ein Wegnahmerecht zu, die wesentlicher Bestandteil der Mietsache geworden sind (OLG Düsseldorf BeckRS 2010, 12225). Andererseits soll der Gewerberaummieter nach dem Umbau der Mietsache einen Wertausgleich bei Vertragsende nicht geltend machen können, sofern hierüber im Mietvertrag keine Regelung getroffen wurde, auch nicht unter dem Gesichtspunkt der GOA oder ungerechtfertigten Bereicherung (OLG Düsseldorf Beck RS, 2010, 12519).

2. Höhe der Entschädigung. Sie bemisst sich nach dem gegenwärtigen Verkehrswert. Auszugehen ist von den Anschaffungs- und Errichtungskosten; von diesen ist ein Abschlag für die bisherige Abnutzung zu machen (LG Köln WuM 1998, 345; *Scholl* WuM 1998, 328; a.A. Schmidt-Futterer/*Langenberg* § 552 Rn. 9: maßgebend ist der Wert, den der Vermieter erhält). 2751

Umstritten ist, ob darüber hinaus weitere Abzüge wegen **ersparter Kosten** für den Ausbau und die Wiederherstellung des alten Zustandes vorzunehmen sind (so Palandt/*Weidenkaff* § 552 Rn. 3). Dagegen spricht, dass die Entschädigungspflicht des Vermieters dadurch ausgelöst wird, dass er die Einrichtung behalten will. Dem Zweck des Gesetzes entspricht es, dass er für den Wert, den er erstrebt, einen angemessenen Gegenwert zu leisten hat. Der Gesichtspunkt der Kosteneinsparung wäre nur berechtigt, wenn der Mieter befugt wäre, dem Vermieter eine Einrichtung gleichsam aufzudrängen (*Sternel* Mietrecht, IV 623; vermittelnd *Kandelhard* in: Herrlein/Kandelhard, § 552 Rn. 4). 2752

3. Inverzugsetzung. Will der Mieter den Vermieter in **Verzug** setzen, so muss er ihn grundsätzlich mahnen (§ 286 Abs. 1 S. 1 BGB). 2753

2. Schreiben des Mieters über die Rückforderung einer in Geld geleisteten Kaution

Ausweislich der im Original beigefügten Vollmacht zeige ich die Vertretung des Mieters 2754

oder

der Mieter, nämlich _____ an, an den

oder

an die Sie mit Vertrag vom _____ die im Hause _____ belegenen Räume vermieteten.

Zu Beginn des Mietverhältnisses über das auf dem Grundstück _____ belegene Mietobjekt zahlte meine Mandantschaft an Sie vereinbarungsgemäß eine [1]

unverzinsliche

oder

zu verzinsende [2]

Kaution in Höhe eines Betrages von _____ €.

Das Mietverhältnis ist seit dem _____ beendet, und das Mietobjekt wurde geräumt an Sie herausgegeben. Zwischenzeitlich stand Ihnen eine angemessene Frist zur Verfügung, um prüfen zu können, ob eine Inanspruchnahme der Mietsicherheit wegen etwaiger Ihnen zustehender Ansprüche erforderlich ist. Sie haben bisher keine Ansprüche geltend gemacht, jedoch auch die Kaution noch nicht zurückgewährt. [3]

oder

Das Mietverhältnis ist seit dem _____ beendet, und das Mietobjekt wurde geräumt an Sie herausgegeben. Die von Ihnen geltend gemachten Gegenansprüche, mit denen Sie die Aufrechnung gegenüber der Kaution erklären oder derentwegen Sie ein Zurückbehaltungsrecht an der Mietsicherheit ausüben, kann aus folgenden Gründen nicht als berechtigt anerkannt werden (Auseinandersetzung mit den Gegenforderungen des Vermieters). **4**

Ich habe Sie daher aufzufordern, **5**

die Kaution

oder

die Kaution nebst geschuldeter Zinsen gemäß anliegender Zinsberechnung **6**

spätestens bis zum _____ an meine Mandantschaft zurückzuzahlen. Sollte das nicht geschehen, müsste meine Mandantschaft zu ihrem Bedauern gerichtliche Hilfe in Anspruch nehmen.

Erläuterungen

2755 **1. Kautionsvereinbarung.** s. die Hinweise zu Teil 1 Rdn. 139 und 251.

2756 **2. Verzinsung.** s. die Hinweise zu Teil 1 Rdn. 156.

2757 **3. Rückzahlungsanspruch.** Der Anspruch auf Rückzahlung der Kaution wird erst angemessene Zeit nach Beendigung des Mietverhältnisses und Räumung fällig. Der Mieter ist nicht berechtigt, den Vermieter vor diesem Zeitpunkt auf die Kaution zu verweisen. Der Rückzahlungsanspruch unterliegt der **Regelverjährung** von drei Jahren (§ 195 BGB); die Frist beginnt grds. mit dem Schluss des Jahres, in dem der Anspruch entstanden ist; maßgebend ist dessen Fälligkeit (LG Berlin GE 2011, 484). Zur Verjährung s. die Hinweise zu Teil 1 Rdn. 2800; zur Angemessenheit der Abrechnungsfrist s. die Hinweise zu Teil 1 Rdn. 2722.

2758 **4. (Gegen-)Ansprüche des Vermieters.** Die **Verjährung** der Vermieteransprüche hindert die Aufrechnung gegenüber dem Kautionsrückforderungsanspruch nicht, wenn der Anspruch des Vermieters zu dem Zeitpunkt, zu dem er mit der Kaution hätte verrechnet werden können, noch nicht verjährt war (§ 215 BGB); s. dazu die Hinweise zu Teil 1 Rdn. 2725.

2759 Zur Verjährung s. Muster und Hinweise zu Teil 1 Rdn. 2799.

2760 Der Vermieter ist nicht berechtigt, die Kaution zurückzubehalten, um Erfüllungsansprüche (z.B. Durchführung von Schönheitsreparaturen) durchzusetzen, s. die Hinweise zu Teil 1 Rdn. 2725.

2761 **Während des Bestehens** des Mietverhältnisses darf der Vermieter nur dann auf die Kaution zugreifen, wenn seine Forderung entweder rechtskräftig festgestellt, unstreitig oder so offensichtlich begründet ist, dass ein Bestreiten des Mieters mutwillig erscheint (LG Mannheim WuM 1996, 269; OLG Celle NZM 1998, 265; AG Potsdam GE 2002, 403; *Kraemer* NZM 2001, 737, 741; a.A. LG Berlin GE 2003, 1161). Bei einem Streit über die Berechtigung einer Mietminderung oder einer Betriebskostenabrechnung darf der Vermieter somit nicht die entsprechenden Beträge der Mietsicherheit entnehmen. Anderenfalls hat der Mieter gem. § 280 Abs. 1 BGB einen Anspruch auf Wiederauffüllen des Kautionskontos; ein Anspruch auf Zahlung an sich selbst steht ihm demgegenüber nicht zu.

2762 Hat der Vermieter die Kaution zu Recht in Anspruch genommen, ist der Mieter nach § 240 BGB verpflichtet, das Konto **wieder aufzufüllen**, und zwar bis zu der Höhe, die vor der Entnahme durch den Vermieter bestand, also ggf. mit den bis dahin aufgelaufenen Zinsen (BGH WuM 1972, 57 = ZMR 1972, 182; OLG Düsseldorf ZMR 2000, 211).

2763 **Hinweis:** Beim Zugriff während des laufenden Mietverhältnisses handelt es sich nicht um eine Aufrechnung gegen den Anspruch des Mieters auf Rückzahlung der Kaution, sondern um die Inanspruchnahme einer vertraglich vereinbarten Sicherheit (OLG Frankfurt GE 2011, 885, 886 = MietRB 2011, 206).

5. Zahlungsaufforderung. In Verzug gerät der Vermieter erst, wenn ihn der Mieter gemahnt hat.

6. Zinsen. Der Mieter ist berechtigt, **Zinsen** auf die Kautionszinsen zu verlangen, weil diese Gegenstand der Kaution selbst geworden sind (§ 551 Abs. 3 S. 4 BGB).

Prozessrechtlich gesehen, sind die Kautionszinsen keine Nebenforderungen im Sinne von § 4 ZPO, sondern Bestandteil der Kaution; sie werden also bei der Berechnung des Gebühren- und des Berufungswerts hinzugerechnet (vgl. LG Köln WuM 1995, 719).

3. Klage des Mieters auf Rückzahlung einer von ihm geleisteten Kaution

Namens und in Vollmacht des Klägers wird beantragt, [1]

den Beklagten zu verurteilen, an den Kläger _____ € zuzüglich Zinsen p.a. in Höhe von 5 Prozentpunkten über dem jeweiligen Basiszinssatz auf diesen Betrag seit dem _____ zu zahlen.

Begründung:

Der Kläger war Mieter, der Beklagte Vermieter eines auf dem Grundstück _____ belegenen Mietobjekts auf der Grundlage eines schriftlichen Mietvertrages, der in Ablichtung als

Anlage 1

überreicht wird. Vereinbarungsgemäß leistete der Kläger bei Beginn des Mietverhältnisses an den Beklagten

eine nicht zu verzinsende

oder

eine zu verzinsende

Kaution in Höhe von _____ €. [2]

Das Mietverhältnis endete zum _____ . Das Mietobjekt wurde im vertragsgemäßen Zustand geräumt an den Beklagten herausgegeben. Zwischenzeitlich stand diesem eine angemessene Frist zur Verfügung, um prüfen zu können, ob eine Inanspruchnahme der Mietsicherheit wegen etwaiger ihm zustehender Ansprüche erforderlich ist. Der Anspruch auf Rückzahlung der Kaution ist damit fällig geworden. Der Beklagte hat keine Ansprüche geltend gemacht, jedoch bisher auch nicht die Kaution zurückgezahlt. [3]

oder

Das Mietverhältnis endete zum _____ . Das Mietobjekt wurde im vertragsgemäßen Zustand geräumt an den Beklagten herausgegeben. Dieser hat Gegenansprüche geltend gemacht und mit diesen vorprozessual die Aufrechnung gegenüber dem Kautionsrückzahlungsanspruch erklärt bzw. sich wegen der behaupteten Gegenforderungen auf ein Zurückbehaltungsrecht an der Mietsicherheit berufen. Gegenansprüche bestehen indes nicht (ggf. vorsorgliche Auseinandersetzung mit den behaupteten Forderungen des Vermieters). [4]

Mit Schreiben des Klägers vom _____ wurde der Beklagte vergeblich unter Fristsetzung bis zum _____ zur Rückzahlung der Kaution aufgefordert. [5]

Eine Verzinsung der Kaution ist vertraglich wirksam ausgeschlossen. [6]

oder

Aufgrund der vertraglichen Vereinbarungen unter § _____ des Mietvertrages

oder

gemäß § 551 Abs. 3 S. 1 BGB ist die Kaution mit Wirkung ab (Zeitpunkt der Zahlung an den Vermieter, soweit nicht ein anderer Zeitpunkt vereinbart wurde) nach Maßgabe folgender Berechnung zu verzinsen (hier folgt eine Berechnung der Zinsen im Einzelnen, es können verschiedene Zinssätze für unterschiedliche Zeiträume in Betracht kommen): [7]

Erläuterungen

2768 **1. Prozessuales.** Zur gerichtlichen Zuständigkeit s. die Hinweise zu Teil 1 Rdn. 2334.

2769 Da die **Kautionszinsen** die Hauptforderung erhöhen, sind sie dieser hinzuzurechnen; hierauf dürfen Verzugs- oder Prozesszinsen verlangt werden (s. die Hinweise zu Teil 1 Rdn. 2765).

2770 Mehrere Mieter können den Anspruch nur als **Gesamthandgläubiger** geltend machen, müssen also grundsätzlich gemeinsam klagen (vgl. LG Hamburg WuM 1989, 569 auch für den Fall, dass nur einer der Mieter die gemeinschaftlich geschuldete Kaution erbracht hat). Bei einer Mehrheit von Mietern hinsichtlich der rückzufordernden Kaution besteht also eine Mitgläubigerschaft nach § 432 BGB, bzw. eine gemeinschaftliche Gläubigerschaft, sodass jeder Gläubiger die ganze Leistung nicht an sich allein, sondern nur an alle gemeinsam, oder nur alle Berechtigten gemeinsam den Anspruch einfordern können (vgl. LG Flensburg, openjur 2011, 93594; OLG München, ZMR 1994, 216; LG Gießen, NJW-RR 1996, 1162; AG Hamburg, WuM 1997, 435; a.A. AG Itzehoe vom FamRZ 1991, 441). Jedoch wird eine Abtretung des Anteils an nur einen Mieter zugelassen, wenn die Innengesellschaft der Mieter, die durch die gemeinsame Anmietung begründet worden war, abgewickelt wird und alle Mieter zustimmen (LG Gießen ZMR 1996 S. XI Nr. 12; LG Saarbrücken, NJW-RR 1992, 781; AG Hamburg, a.a.O.).

2771 Ob der Mieter die Rückforderung der Kaution auch im **Urkundenprozess** geltend machen kann, ist streitig (dafür: *Schneider* in: Herrlein/Kandelhard M 60; tendenziell *Both* NZM 2007, 156, 159; dagegen LG Mönchengladbach Urt. v. 25.02.1994, 2 S 283/93; *Flatow* DWW 2008, 88,92 f.; *Krapf* MietRB 2006, 15, 16; *Blank* NZM 2000, 1083, 1084). Dagegen spricht der **Sicherungszweck** der Mietkaution; diesem würde es zuwiderlaufen, wenn der Mieter deren Rückerstattung mit einem vorläufig vollstreckbaren Vorbehaltsurteil erwirken könnte (vgl. § 708 Nr. 5 ZPO) und den Vermieter auf das Nachverfahren verweisen könnte (*Flatow, Blank, Krapf*, jew. a.a.O).

2772 **2. Mietkaution.** Zur Leistung und Verzinsung der Mietkaution s. die Hinweise zu Teil 1 Rdn. 156 ff.

2773 **3. Abrechnungsfrist u.a.** S. dazu die Hinweise zu Teil 1 Rdn. 2722.

2774 Zum Zurückbehaltungsrecht des Vermieters s. die Hinweise zu Teil 1 Rdn. 2727.

2775 Zum Verzug des Vermieters, die Kaution zu erstatten, s. die Hinweise zu Teil 1 Rdn. 2764.

2776 **4. Vermieteransprüche.** S. den Hinweis zu Teil 1 Rdn. 2758.

2777 **5. Vorprozessuale Aufforderung.** Die vorprozessuale Aufforderung gegenüber dem Vermieter zur Auskehrung des Kautionsguthabens sollte in der Klageschrift mitgeteilt werden. Hat der Vermieter auf die vorherige Zahlungsaufforderung nicht reagiert, so kann er sich im Prozess nicht darauf berufen, zur Klageerhebung keine **Veranlassung** gegeben zu haben (§ 93 ZPO).

6. Ausschluss der Verzinsung. Nur bei anderen als Wohnraummietverhältnissen kann die Verzinsung der Kaution durch Vereinbarung ausgeschlossen werden. Ein formularmäßiger Ausschluss ist allerdings auch bei der Geschäftsraummiete unzulässig (s. BGH ZMR 1995, 11). 2778

7. Höhere Zinsen. Hat der Vermieter höhere Zinsen aus der Kaution als die gesetzlichen gezogenen (z.B. durch Festanlage), so müssen diese dem Mieter nach der Neufassung des Gesetzes gutgebracht werden (§ 551 Abs. 3 S. 3, 2. Halbs. BGB: Die Erträge stehen dem Mieter zu). 2779

4. Schreiben des Mieters über die Geltendmachung von Schadensersatz wegen schuldhaft unberechtigter Kündigung des Vermieters

Ausweislich der im Original beigefügten Vollmacht zeige ich die Vertretung des Mieters 2780

oder

der Mieter, nämlich _____ an, an den

oder

an die Sie mit Vertrag vom _____ die im Hause _____ belegenen Räume vermieteten.

Sie hatten mit Schreiben vom _____ das Mietverhältnis über das vorbezeichnete Mietobjekt zum _____ gekündigt. Aufgrund dieser Kündigung hat meine Mandantschaft letztlich das Mietobjekt geräumt, ohne von einem Gericht rechtskräftig zur Räumung verurteilt worden zu sein. Zwischenzeitlich hat meine Mandantschaft feststellen müssen, dass Sie oben genannte Kündigung in schuldhafter Weise unberechtigt aussprachen bzw. noch bis zum Auszug aufrechterhielten. Ihr schuldhaftes Verhalten ergibt sich im Einzelnen aus folgenden Umständen: [1]

▶ Beispiel:

> Sie kündigten das Mietverhältnis über die hier fragliche, in Hamburg belegene Wohnung wegen eines angeblichen Eigenbedarfs Ihres Sohnes, dessen Absicht es nach Ihren Angaben gewesen sein soll, ein Studium an der Universität Hamburg zu beginnen und der deshalb eine Wohnung in Hamburg benötigen würde. Tatsächlich wurde die gekündigte Wohnung nach meinem Auszug an Dritte weiter vermietet. Ihr Sohn ist dort nie eingezogen. Zeugen können bestätigen, dass er zu keiner Zeit beabsichtigte, ein Studium in Hamburg zu beginnen. Vielmehr war von vornherein eine Banklehre in der Stadt Lüneburg vorgesehen, die Ihr Sohn dort auch tatsächlich absolviert. Mein Mandant muss daher annehmen, dass der geltend gemachte Eigenbedarf nur vorgeschoben war. [2]

Sie haben sich damit unter dem Gesichtspunkt einer Pflichtverletzung nach § 280 Abs. 1 BGB schadensersatzpflichtig gemacht. Die Höhe des mir entstandenen Schadens wird mit einem Betrag von _____ € beziffert. Dieser setzt sich aus folgenden Einzelpositionen zusammen: [3]

▶ Beispiel:

> Umzugskosten gemäß der in Ablichtung beiliegenden Rechnung des
> von meinem Mandanten beauftragten Umzugsunternehmens   4 000,00 €
> Maklerkosten gemäß der in Fotokopie beiliegenden Rechnung   2 000,00 €
> Diese Kosten sind im Zuge der Neuanmietung einer Wohnung
> entstanden.

> Mietdifferenz von monatlich 100 €, da mein Mandant um diesen Betrag teurere Räume anmieten musste, wie sich aus dem in Kopie beigefügten Mietvertrag über die neuen Räume ergibt; diese sind im Wesentlichen mit dem bisherigen Mietobjekt vergleichbar. Ein Ausgleich der Mietdifferenz wird vorerst für sechs Monate geltend gemacht. Das ergibt einen Betrag von   600,00 €
> Vorläufiger Gesamtschaden   6 600,00 €

Ich habe Sie aufzufordern, diesen Betrag bis zum _____ an meine Mandantschaft zu zahlen. Die Geltendmachung eines weiteren Schadens bleibt ausdrücklich vorbehalten.

Erläuterungen

2781 **1. Unberechtigte Kündigung.** Grundsätzlich ist jede schuldhaft unberechtigte Kündigung als Vertragspflichtverletzung zu werten, die den Kündigenden zum Schadensersatz gemäß § 280 Abs. 1 BGB verpflichtet (BGH NJW 2009, 2059, Rn. 11 m.w.N.; Urteil vom 13.06.2012 – VIII ZR 356/11).

Das ist auch für die unberechtigte Eigenbedarfskündigung anerkannt. Dem **Schadensersatzanspruch** steht nicht entgegen, dass die Kündigung formal nicht ordnungsmäßig war, wenn der Vermieter die Bedarfsgründe mündlich schlüssig dargetan hatte und der Mieter diesen Angaben nicht zu misstrauen brauchte (OLG Karlsruhe ZMR 1982, 50; BayObLG ZMR 1982, 277; LG Mannheim WuM 1995, 711). Ebenso wenig wird der Anspruch von vornherein dadurch ausgeschlossen, dass der Mieter mit dem Vermieter einvernehmlich die vorzeitige Beendigung des Mietverhältnisses **vereinbart**. Ob ein Räumungsvergleich den Zurechnungs-zusammenhang zwischen der Vortäuschung einer (Eigen-)Bedarfssituation und dem später vom Mieter geltend gemachten Schaden unterbricht, ist im Wege der Auslegung des Vergleichs und unter Würdigung der Umstände des Einzelfalls danach zu beurteilen, ob die Parteien durch gegenseitiges Nachgeben auch den Streit darüber beilegen wollen, ob die (Eigen-)Bedarfslage des Vermieters bestand oder nur vorgetäuscht war (BGH, NZM 14/2015).

Wollten die Parteien nur den Streit hinsichtlich der Schlüssigkeit und Beweisbarkeit des Eigenbedarfs beenden, kommt ein Schadensersatzanspruch des Mieters in Betracht. Anders verhält es sich, wenn sich die Parteien darüber gestritten haben, ob die Bedarfslage des Vermieters überhaupt besteht oder nur vorgetäuscht ist (s. OLG Frankfurt/M. ZMR 1995, 67, 68; OLG Celle MDR 1995, 252; LG Gießen WuM 1995, 589; NK-BGB/*Hinz* § 573 Rn. 131 ff.).

2782 War der Mieter aufgrund einer fristlosen Kündigung ohnehin zur Räumung verpflichtet, so kommt ein Schadensersatzanspruch nicht in Betracht (LG Gießen WuM 1995, 163).

2783 Auch eine nur **fahrlässige** Vertragsverletzung des Vermieters führt zum Schadensersatz nach § 280 Abs. 1 BGB: Fahrlässig handelt er, wenn er bei Ausspruch der Kündigung nicht alle ihm in zumutbarer Weise zugänglichen Informationen darüber, ob der Eigenbedarf sich verwirklichen lässt, ausgeschöpft hat (AG Memmingen ZMR 1995, 318; entsprechend LG Mannheim WuM 1995, 711 für die Verwertungskündigung nach § 573 Abs. 2 Nr. 3 BGB). Zur Frage, ob ein Rechtsirrtum eine Schadensersatzverpflichtung auslöst, s. die Hinweise zu Ziff. 2, Teil 1 Rdn. 2787.

2784 Dagegen ist die Angabe der Gründe für die Kündigung eines Wohnraummietverhältnisses eine bloße Obliegenheit des Vermieters, aus deren Verletzung der Mieter keine Schadensersatzansprüche (hier: Kosten eines außergerichtlich eingeschalteten Anwalts) herleiten kann (BGH WuM 2011, 33).

2785 **2. Darlegungs- und Beweislast.** *2.1* Diese trifft den Mieter, der geltend macht, der Eigenbedarf sei vorgespiegelt (BGH NZM 2005, 580 = WuM 2005, 521 = ZMR 2005, 702). Allerdings darf sich der Vermieter nicht darauf beschränken, die Behauptungen des Mieters schlicht zu bestreiten, sondern muss substantiiert und plausibel darlegen, aus welchem Grund der mit der Kündigung geltend gemachte Eigenbedarf nachträglich entfallen ist (sog. **sekundäre Darlegungslast**). Erst wenn der Vortrag des Vermieters dem nicht genügt, obliegt dem Mieter der Beweis, dass ein Selbstnutzungswille des Vermieters schon vorher nicht bestanden habe (BGH WuM 2005, 521, 523 = NZM 2005, 580, 581 f. = ZMR 2005, 702, 704; ferner LG Hamburg WuM 2008, 92, = ZMR 2007, 787, 788).

Der BGH hat es bislang offen gelassen, ob unter bestimmten Umständen der **Beweis des ersten Anscheins** zugunsten des Mieters dafür sprechen kann, dass ein Eigenbedarf schon ursprünglich nicht bestanden hat, wenn der mit der Kündigung behauptete Wohnbedarf nicht verwirklicht wird. Jedenfalls stellt er hohe Anforderungen hieran. Liegt zwischen der Räumung der Wohnung durch den Mieter und der Neuvermietung ein großer zeitlicher Abstand, sind die Voraussetzungen des Anscheinsbeweises nicht erfüllt (BGH WuM 2005, 521, 523 = NZM 2005, 580, 582 = ZMR 2005, 702, 704 f.). 2786

Achtung! Überwiegend wird eine fahrlässige Pflichtverletzung auch dann angenommen, wenn der Vermieter zwar die Beendigungsgründe zutreffend mitteilt, aber infolge eines vermeidbaren **Rechtsirrtums** (sog. Subsumtionsirrtum) übersieht, dass die geltend gemachten Gründe keine Kündigung rechtfertigen (BGH ZMR 1984, 163; 1988, 170; NZM 1998, 718; Schmidt-Futterer/*Blank* § 573 Rn. 79; a.A. OLG Hamm ZMR 1984, 129; LG Berlin ZMR 1994, 330; LG Kiel WuM 1995, 169). Dafür spricht, dass der Vermieter verpflichtet ist, dem Mieter den vertragsgemäßen Gebrauch zu gewähren und somit alles zu unterlassen hat, was diesen beeinträchtigt (Schmidt-Futterer/*Blank* § 573 Rn. 79). Sofern der Mieter sich nicht über die Rechtslage informiert hat, kann ihm allenfalls als Mitverschulden angerechnet werden. 2787

3. Anspruchsumfang. Der Schadensersatzanspruch des Mieters ist auf das sog. **Erfüllungsinteresse** gerichtet: Er ist so zu stellen, als hätte der Vermieter ordnungsmäßig erfüllt. Dann wären die Makler- und Umzugskosten für die neue Wohnung nicht angefallen (LG Düsseldorf DWW 1996, 280). Dagegen hat der Mieter keinen Anspruch auf Ersatz von Aufwendungen, die er im Vertrauen auf den Fortbestand des Mietverhältnisses gemacht hat (z.B. Renovierungskosten oder Maklerkosten für die bisherige Wohnung). Im Weiteren kann einer Schadensersatzklage des Mieters gegen den Vermieter auf Wiedereinsetzung der Besitz- und Mietrechte in der ehemaligen Wohnung, die der Mieter nach einer Eigenbedarfskündigung des Vermieters geräumt hat, auch nach Veräußerung der Wohnung durch den Vermieter nicht stattgegeben werden, ohne dass geklärt wird, ob dem Vermieter die Wiedereinräumung dieser Rechte noch möglich ist (BGH NJW-Aktuell 9/2010, 6; MK 2010, 113). 2788

Der Schaden des Mieters umfasst auch die **zusätzlichen Mietkosten**, die er für eine vergleichbare Wohnung aufwenden muss. Hierbei hat er die Pflicht zur Schadensminderung nach § 254 Abs. 2 BGB. Aus ihr ergibt sich auch die Begrenzung des Ersatzanspruchs für einen Zeitraum, innerhalb dessen es dem Mieter möglich sein muss, eine Ersatzwohnung zu finden, die der früheren Wohnung auch hinsichtlich der Miethöhe entspricht (vgl. *Horst* in: Lützenkirchen, Anwalts-Handbuch Mietrecht, K 535). Im Allgemeinen wird ein **Zeitraum** von drei (AG Solingen WuM 1997, 681; LG Wuppertal WuM 1997, 681 f.) bis vier Jahren (LG Darmstadt ZMR 1994, 165) angenommen. 2789

Der Schadensersatzanspruch des Mieters kann sich auch auf die **notwendigen Anschaffungskosten** für Gardinen, Lampen, Badeinbauten, Flurgarderobe u.ä. beziehen, wenn die vorhandenen Gegenstände nicht mehr in die neue Wohnung passen (LG Hamburg ZMR 1993, 281; LG Düsseldorf DWW 1996, 280). Ob der Mieter auch Ersatz vertaner Freizeit verlangen kann (so LG Hamburg WuM 1995, 175), erscheint zweifelhaft (AG Mannheim DWW 1995, 288). 2790

4. Gebührenstreitwert und Rechtsanwaltsvergütung. Der mit der Geltendmachung von Schadensersatzansprüchen beauftragte Rechtsanwalt erhält – sofern er außergerichtlich beauftragt wird – eine Geschäftsgebühr der Nr. 2300 VV RVG (zzgl. der üblichen Auslagen und Umsatz- 2791 steuer). Der Gegenstandswert ist aus der Summe der einzelnen Schadensersatzpositionen zu ermitteln, die gem. § 22 Abs. 1 RVG zu addieren sind. Bezüglich der Gebühren im Klageverfahren vgl. Teil 1 Rdn. 2343.

5. Schreiben des Untermieters über Geltendmachung von Schadensersatz gegenüber dem Untervermieter bei Beendigung des Hauptmietverhältnisses

2792 Ausweislich der im Original beigefügten Vollmacht zeige ich die Vertretung des Untermieters

oder

der Untermieter, nämlich _____ an, an den

oder

an die Sie mit Vertrag vom _____ die im Hause _____ belegenen Räume untervermieteten.

Mit dem in Ablichtung beigefügten Schreiben vom _____ ist meine Mandantschaft von dem Eigentümer/Hauptvermieter zur Räumung des vorbezeichneten Mietobjekts zum _____ aufgefordert worden. [1]

Meine Mandantschaft war verpflichtet, diesem Räumungsverlangen nachzukommen, da nach allen hier bekannten Umständen das Hauptmietverhältnis zwischen Ihnen und dem Eigentümer/Vermieter wirksam beendet wurde. Das mit Ihnen bestehende Untermietverhältnis bestand indes fort und konnte weder aufgrund gesetzlicher Bestimmungen noch nach den Vereinbarungen des Untermietvertrages durch Sie gekündigt werden. [2]

Da Sie infolge des berechtigten Räumungsverlangens des Eigentümers/Hauptvermieters den geschlossenen Untermietvertrag nicht erfüllen konnten, sind Sie gemäß §§ 536, 536a BGB zum Schadensersatz verpflichtet. Der Höhe nach beziffere ich vorläufig die einzelnen Schadenspositionen wie folgt:

▶ Beispiel:

Umzugskosten gemäß der in Ablichtung beiliegenden Rechnung des von meinem Mandanten beauftragten Umzugsunternehmens [3] € 4 000,00
Maklerkosten gemäß der in Fotokopie beiliegenden Rechnung € 2 000,00
Diese Kosten sind im Zuge der Neuanmietung einer Wohnung entstanden.
Mietdifferenz von monatlich 100 €, da mein Mandant um diesen Betrag teurere Räume anmieten musste, wie sich aus dem in Kopie beigefügten Mietvertrag über die neuen Räume ergibt; diese sind im Wesentlichen mit dem bisherigen Mietobjekt vergleichbar. Ein Ausgleich der Mietdifferenz wird vorerst für sechs Monate geltend gemacht. Das ergibt einen Betrag von € 600,00
Vorläufiger Gesamtschaden € 6 600,00

Ich habe Sie aufzufordern, diesen Betrag bis zum _____ an meine Mandantschaft zu zahlen. Die Geltendmachung eines weiteren Schadens bleibt ausdrücklich vorbehalten.

M. Abwicklung des Mietverhältnisses

Erläuterungen

1. Räumungsaufforderung. Zur Räumungsaufforderung des Vermieters gegenüber dem Untermieter s. die Hinweise zu Teil 1 Rdn. 2439.

2. Beendigung des Hauptmietverhältnisses. Diese ist von entscheidender Bedeutung (OLG Hamburg WuM 1990, 340). Allein das **Fehlen der** erforderlichen **Untermieterlaubnis** ist noch kein Rechtsmangel. Hinzukommen muss, dass der Hauptvermieter sein Recht in einer Weise geltend macht, die zu einer Gebrauchsbeeinträchtigung führt. Das ist schon dann der Fall, wenn er Herausgabe und Räumung verlangt (BGH ZMR 1996, 15).

Nach OLG Hamm ZMR 1987, 462 wird dem Untermieter der vertragsgemäße Gebrauch im Sinne von § 536 Abs. 3 BGB bereits dann entzogen, wenn der Hauptvermieter ihn nach Beendigung des Hauptmietverhältnisses, aber vor Beendigung des Untermietverhältnisses zur Mietzahlung an sich selbst auffordert mit der Drohung, er werde anderenfalls Räumung und Herausgabe der Wohnung verlangen.

3. Anspruchsumfang. Der Anspruch auf Ersatz der **Mietdifferenz** ist auf den Zeitraum begrenzt, zu dem das Mietverhältnis – durch Zeitablauf oder durch Kündigung – hätte beendet werden können.

Das sog. negative Interesse – d.h. die Kosten, die im Vertrauen auf den Fortbestand des Untermietverhältnisses entstanden sind, wie z.B. Makler- und Umzugskosten für die bisher angemieteten Räume – wird grundsätzlich nicht ersetzt. Anders verhält es sich bei angemieteten Geschäfts- oder Gewerberäumen: Dem Mieter bzw. Untermieter kommt die sog. Rentabilitätsvermutung zugute, nach der er seine Aufwendungen bei Fortbestand des Mietverhältnisses wieder erwirtschaftet hätte (BGH ZMR 1987, 138, 141; OLG Düsseldorf ZMR 1992, 446).

Zum Umfang des Schadens s. auch die Hinweise zu Teil 1 Rdn. 2788.

V. Verjährung von Ansprüchen

1. Verjährungsfristen

Nachfolgend eine Übersicht über die wichtigsten mietrechtlichen Verjährungsfristen:

Nach **sechs Monaten** verjähren gemäß § 548 BGB:
– Gerechnet von der Rückgabe des Mietobjekts:
– Die Ersatzansprüche des Vermieters wegen Veränderungen oder Beschädigungen der Mietsache, insbesondere wegen unterlassener Entfernung von Einbauten und Einrichtungen sowie wegen nicht durchgeführter Schönheitsreparaturen (§ 548 Abs. 1 BGB).
– Die Ersatzansprüche des Vermieters auf Erfüllung der vom Mieter vertraglich übernommenen Instandsetzungs- und Instandhaltungspflicht und auf Schadensersatz wegen Nichterfüllung (BGH, MietRB 4/2014).

Hinweis: Auch der Erfüllungsanspruch des Vermieters auf Durchführung von Schönheitsreparaturen verjährt innerhalb der kurzen Frist.
– Gerechnet von der Beendigung des Mietverhältnisses:
– Ansprüche des Mieters auf Ersatz von Aufwendungen nach §§ 536a Abs. 2, 539 BGB oder aus einer vertraglichen Vereinbarung (BGH ZMR 1986, 10) und
– Ansprüche auf Gestattung der Wegnahme sowie Entschädigung nach § 539 Abs. 2 BGB.
– Ansprüche des Mieters wegen Schönheitsreparaturen, die er in Unkenntnis der Unwirksamkeit an der Renovierungsklausel durchgeführt hat, verjähren nach § 548 Abs. 2 BGB innerhalb von 6 Monaten nach Beendigung des Mietverhältnisses (vgl. zum Ganzen die Hinweise zu Teil 1 Rdn. 2609 sowie BGH MK 2011, 91 = NZM 2011, 452 = MietRB 2012, 221).

Teil 1 Mietrecht

2802 Nach **drei Jahren** verjähren gemäß § 195 BGB,
– gerechnet ab dem Schluss des Jahres, in dem
– der Anspruch entstanden ist und
– der Gläubiger von den den Anspruch begründenden Umständen und der Person des Schuldners Kenntnis erlangt oder ohne grobe Fahrlässigkeit Kenntnis erlangen müsste (§ 199 Abs. 1 BGB),
– mit den aus § 199 Abs. 2 bis 4 BGB ersichtlichen Höchstfristen (genau lesen!).
– Ansprüche des **Vermieters**:
– auf Zahlung von Miete einschließlich Nebenkostenvorauszahlungen,
– auf Zahlung eines Abrechnungssaldos nach erteilter Betriebskostenabrechnung,
– auf Nutzungsentschädigung nach § 546a BGB oder konkurrierender Anspruchsgrundlagen.
– Ansprüche des **Mieters**:
– auf Rückerstattung überzahlter Miete und Nebenkosten.

2803 **Achtung!** Ansprüche auf Rückerstattung preiswidrig vereinbarter überhöhter Kostenmiete verjähren nach Ablauf von vier Jahren nach der jeweiligen Leistung, jedoch spätestens nach Ablauf eines Jahres von der Beendigung des Mietverhältnisses an (§ 8 Abs. 2 WoBindG).

2804 Nach Ablauf von **30 Jahren** verjähren gemäß § 197 Abs. 1 BGB:
– Herausgabeansprüche aus Eigentum und anderen dinglichen Rechten,
– rechtskräftig festgestellte Ansprüche,
– Ansprüche aus vollstreckbaren Vergleichen oder vollstreckbaren Urkunden,
– Ansprüche, die durch die im Insolvenzverfahren erfolgte Feststellung vollstreckbar geworden sind.

2805 **Ausnahme:** Für Ansprüche, die künftig fällig werdende regelmäßig wiederkehrende Leistungen zum Inhalt haben, gilt die dreijährige Verjährungsfrist (Ausnahme: § 497 Abs. 3 S. 4 BGB für Mieterdarlehen).

2806 **Hinweis:** § 193 BGB ist auf Verjährungsfristen entsprechend anzuwenden (BGH WuM 2008, 80).

2. Vereinbarungen

2807 Aus § 202 BGB ergibt sich, dass – anders als nach altem Recht (§ 225 BGB a.F.) – grundsätzlich auch Vereinbarungen über die Erweiterung der Verjährung, insbesondere auch über die Verlängerung der Verjährungsfrist zulässig sind. Das gilt nicht,
– bei Haftung wegen Vorsatzes,
– für Verlängerungen über eine Verjährungsfrist von 30 Jahren ab dem gesetzlichen Verjährungsbeginn hinaus.

3. Verjährungshemmung

2808 Durch das SchuModG wurde die bisherige Unterbrechung der Verjährung (§§ 208 ff., 217 BGB a.F.) abgeschafft. Ein **Neubeginn** der Verjährung ist nur noch beim Anerkenntnis des Schuldners sowie bei Vollstreckungshandlungen und -anträgen vorgesehen (§ 212 BGB).

2809 Im Übrigen kann die Verjährung nur **gehemmt** werden (§§ 203 ff. BGB). Die Wirkung der Verjährungshemmung ist in § 209 BGB geregelt: Der Zeitraum, während dessen die Verjährung gehemmt ist, wird in die Verjährungsfrist nicht eingerechnet.

2810 Zu den Maßnahmen der Hemmung der Verjährung s. §§ 203 bis 208 BGB. Eine der wichtigsten Maßnahmen ist die Hemmung durch Vertragsverhandlungen (§ 203 S. 1 BGB); s. dazu die Hinweise zu Teil 1 Rdn. 2840 f.

Als häufigste Mittel zur Hemmung der Verjährung dienen die folgenden **gerichtlichen Maßnahmen**: 2811
- die Erhebung der Klage (§ 204 Abs. 1 Nr. 1 BGB) auch dann, wenn zum Zeitpunkt der Klageerhebung – von der Sachbefugnis abgesehen – noch nicht alle Anspruchsvoraussetzungen vorliegen, etwa eine für einen Schadensersatzanspruch nach § 281 Abs. 1 Satz 1 BGB erforderliche Fristsetzung (BGH, MietRB 4/2014),
- die Einleitung des Mahnverfahrens (§ 204 Abs. 1 Nr. 3 BGB),
- die Geltendmachung der Aufrechnung im Prozess (§ 204 Abs. 1 Nr. 5 BGB),
- die Streitverkündung (§ 204 Abs. 1 Nr. 6 BGB),
- der Antrag auf Durchführung des selbständigen Beweisverfahrens (§ 204 Abs. 1 Nr. 7 BGB) sowie
- der Antrag auf einstweiligen Rechtsschutz (§ 204 Abs. 1 Nr. 9 BGB).

Zu beachten sind ferner die Bestimmungen der **Ablaufhemmung** 2812
- bei nicht voll Geschäftsfähigen (§ 210 BGB) sowie
- bei Ansprüchen, die zu einem Nachlass gehören oder sich gegen einen Nachlass richten (§ 211 BGB),
- nach Hemmung der Verjährung wegen schwebender Vergleichsverhandlungen (§ 203 S. 2 BGB).

4. Überleitungsvorschriften

Diese finden sich in Art. 229 § 6 EGBGB (dazu *Junker* in: Lützenkirchen, Anwalts-Handbuch 2813 Mietrecht, D 146 ff.; *Gather* GE 2003, 641):
- Grundregel: Neues Verjährungsrecht gilt grundsätzlich für die am 01.01.2002 bestehenden und noch nicht nach altem Recht verjährten Ansprüche (Artikel 229, § 6 Abs. 1 S. 1).
- War die alte Frist länger als die neue, gilt die neue. Sie beginnt jedoch frühestens am 01.01.2002. Voraussetzung, dass die neue Frist zu laufen beginnt, ist jedoch die Kenntnis oder grob fahrlässige Unkenntnis des Gläubigers von den anspruchsbegründenden Umständen und der Person des Schuldners. War die alte Frist aber weiter abgelaufen als die neue, bleibt es bei der alten (Artikel 229, § 6 Abs. 4).
- War indes die alte Frist kürzer als die neue, so bleibt es ebenfalls bei der alten (Artikel 229, § 6 Abs. 3).

Für die **Hemmung**, die Ablaufhemmung und den Neubeginn gilt: 2814
- Für die Zeit bis zum 31.12.2001 gilt altes Recht; danach gilt neues Recht (Artikel 229, § 6 Abs. 1 S. 2).
- Regelungen des alten Rechts, nach denen eine vor dem 01.01.2002 eingetretene Unterbrechung als nicht erfolgt oder als erfolgt gilt (insbesondere § 212 BGB a.F.), sind insoweit über den 31.12.2001 hinaus anzuwenden (Artikel 229, § 6 Abs. 1 S. 3).
- Eine vor dem 01.01.2002 nach altem Recht eingetretene Unterbrechung der Verjährung, die bis zum Ablauf des 31.12.2001 noch nicht beendet ist, gilt mit diesem Zeitpunkt als beendet. Die neue Verjährung ist mit Beginn des 01.01.2002 gehemmt (Artikel 229, § 6 Abs. 2). Das bedeutet: Aus der Unterbrechung wird am 01.01.2002 eine Hemmung.

Auf nach dem 01.01.2002 entstandene Ansprüche aus einem Schuldverhältnis, das vor diesem 2815 Stichtag unter der Geltung des alten Verjährungsrechts begründet wurde, finden die neuen Verjährungsvorschriften nach Art. 229 § 6 EGBGB zumindest analog Anwendung (BGH WuM 2008, 80).

5. Güteantrag des Vermieters oder Mieters bei einer Gütestelle der in § 794 Abs. 1 Nr. 1 ZPO bezeichneten Art (auch zur Verjährungshemmung)

2816 Namens und in Vollmacht des Antragstellers wird beantragt,

einen Gütetermin anzuberaumen.

Begründung:

Der Antragsteller ist

Vermieter,

oder

Mieter,

der Antragsgegner

Mieter

oder

Vermieter

des auf dem Grundstück _____ belegenen Mietobjekts (gewesen).

Das Mietverhältnis ist noch nicht beendet.

oder

Das Mietverhältnis wurde zum _____ beendet.

Der Antragsteller hat Ersatzansprüche gegenüber dem Antragsgegner geltend gemacht, die der kurzen Verjährungsfrist von sechs Monaten gemäß § 548 BGB unterliegen. Der Antragsgegner hat bisher die geltend gemachten Ersatzansprüche nicht erfüllt. Zugunsten des Antragstellers bestehen im Einzelnen folgende Ansprüche (es folgt eine spezifizierte Darlegung der geltend gemachten Ansprüche dem Grunde und der Höhe nach).

▶ Beispiel:

Der Antragsgegner hat sich gemäß § _____ des in Ablichtung als

Anlage 1

beigefügten schriftlichen Mietvertrages zur Durchführung von Schönheitsreparaturen in dem dort geregelten Umfange verpflichtet. Die dortigen Formularklauseln halten der Rechtsprechung des BGH stand, insbesondere ist darauf hinzuweisen, dass dem Antragsgegner bei Beginn des Mietverhältnisses vom Antragsteller ein frisch renoviertes Mietobjekt übergeben wurde. Nach Auszug des Antragsgegners stellte der Antragsteller folgende dekorative Mängel fest: Im Badezimmer der Wohnung waren zahlreiche Dübellöcher in den gekachelten Wänden unverschlossen. In allen Wohnräumen war die Raufasertapete an den Wänden verschmutzt und wies zahlreiche dunkle Ränder auf, zum Teil hingen die Tapetenbahnen herunter. Die Lackfarbe an den Innentüren und -fenstern war an zahlreichen Stellen abgeplatzt.

Einer schriftlichen Aufforderung des Antragstellers vom _____ unter Fristsetzung zur Beseitigung der genannten dekorativen Mängel kam der Antragsgegner nicht nach. Der Antragsteller kann nunmehr Schadensersatz beanspruchen. Ausweislich des in Ablichtung als

Anlage 2

beigefügten Kostenvoranschlages belaufen sich die Kosten der Mängelbeseitigung auf _____ €. Ferner ist ein Mietausfall in Höhe von _____ € für die Monate _____ entstanden, den der Antragsgegner ebenfalls zu ersetzen hat; hätte der Antragsgegner bis zur Übergabe des Mietobjektes die von ihm geschuldeten Schönheitsreparaturen durchgeführt, hätte unmittelbar anschließend eine Neuvermietung erfolgen können. Hierzu war der spätere Nachfolgemieter, nämlich _____ auch schon ab dem Zeitpunkt der Rückgabe des Mietobjektes bereit. Die Überlassung des Mietobjektes an ihn verzögerte sich dann bis zum _____, da zunächst nach Ablauf der Fristsetzung die erforderlichen Schönheitsreparaturen in dem Zeitraum bis _____ durchgeführt werden mussten.

▶ Beispiel:

Nach Beendigung des Mietverhältnisses erklärte der Antragsgegner in seiner Eigenschaft als Vermieter bestimmte, vom Antragsteller geschaffene Einrichtungen/Einbauten gegen Zahlung einer angemessenen Entschädigung übernehmen zu wollen. Die Parteien sind sich bisher über die Höhe einer angemessenen Entschädigung nicht einig geworden. Nach Auffassung des Antragstellers berechnet sich diese Entschädigung wie folgt:

Gemäß der in Fotokopie beigefügten Handwerkerrechnung beliefen sich die Kosten der Modernisierung des Bades (Installation einer Toilette, Einbau einer neuen gekachelten Badewanne, Setzen eines neuen Waschbeckens und Herstellung einer Warmwasserbereitung durch Einbau eines Elektroboilers) auf insgesamt 15 000 €. Unter Berücksichtigung der technischen Lebensdauer vorgenannter Einrichtungen/Einbauten von angenommenen 20 Jahren ist nach nur zweijähriger Mietvertragsdauer ein Abzug für bisherige Abnutzung in Höhe von 1 500 € angemessen. Danach ermittelt sich eine Entschädigungsforderung in Höhe von 13 500 €. Ein darüber hinausgehender Abzug ersparter Kosten für Ausbau und Wiederherstellung des alten Zustandes ist nach dem Sinn der gesetzlichen Regelung nicht gerechtfertigt. Der Antragsgegner hat sich lediglich zur Zahlung von 3.500,00 € bereit erklärt.

Der Antragsteller ist grundsätzlich bereit, mit dem Antragsgegner hinsichtlich vorstehend geltend gemachter Ansprüche zur Vermeidung einer gerichtlichen Auseinandersetzung eine gütliche Einigung vor der angerufenen Gütestelle zu erzielen.

Erläuterungen

1. Güteverfahren. Zur Hemmung der Verjährung s. zunächst die Hinweise zu Teil 1 Rdn. 2799. 2817

Eine wirkungsvolle und günstige Maßnahme zur Verjährungshemmung ist der **Güteantrag** nach § 204 Abs. 1 Nr. 9 BGB. Der Antrag muss bei einer durch die Landesjustizverwaltung eingerichteten oder anerkannten Gütestelle (§ 794 Abs. 1 Nr. 1 ZPO) oder, wenn die Parteien den Einigungsversuch einvernehmlich unternehmen, bei einer sonstigen Gütestelle, die Streitbeilegungen betreibt, eingereicht werden. Wird die Bekanntgabe des Antrags demnächst nach seiner Einreichung veranlasst, so tritt die Hemmung der Verjährung bereits mit der Einreichung des Antrags ein. Welche Gütestellen durch die Landesjustizverwaltungen eingerichtet oder anerkannt sind, ergibt sich aus den Landesgesetzen zu § 15a EGZPO (s. die Zusammenstellung in NJW 2001, Beilage zu Heft 51 mit Beitrag von *Zietsch/Roschmann*). 2818

2819 Die von den Landesjustizverwaltungen eingerichteten oder anerkannten Gütestellen besitzen im Geltungsbereich der Bundesrepublik eine **Allzuständigkeit**: So unterbricht etwa ein Güteantrag bei der öffentlichen Rechtsauskunft- und Vergleichsstelle Hamburg die Verjährungsfrist auch dann, wenn der Anspruchsgegner dort keinen Gerichtsstand nach prozessualen Vorschriften hat (BGH MDR 1994, 95). Entsprechendes gilt bei sachlicher Unzuständigkeit, es sei denn, der Antragsteller handelt wider besseres Wissen (Palandt/*Heinrichs* § 204 Rn. 19; zur örtlich oder sachlich unzuständigen Gütestelle s. auch *Friedrich* NJW 2003, 1781).

2820 Zum Teil wird angenommen, dass eine Hemmung der Verjährung nur eintrete, wenn **beide Parteien oder der Gläubiger alleine** das Güteverfahren beantragen. Der alleinige Güteantrag des Schuldners hemme die Verjährung nicht, weil dieser ebenso wie die negative Feststellungsklage des Schuldners zu behandeln sei (Palandt/*Heinrichs* § 204 Rn. 19); bei dieser beschränkt sich der Gläubiger auf die bloße Verteidigung und ergreift keine Maßnahme zur Rechtsverfolgung, wie § 204 BGB dies voraussetzt (MünchKomm/*Grothe* § 204 Rn. 31). Nach anderer Auffassung begründet auch der Güteantrag des Schuldners eine Verjährungshemmung (*Friedrich* NJW 2003, 1781, 1783); hierfür spricht der Grundgedanke des § 203 BGB sowie die Zielsetzung des Güteverfahrens, eine einvernehmliche Lösung herbeizuführen.

2821 Der Güteantrag kann schriftlich oder zu Protokoll der Gütestelle erklärt werden. Er ist darauf gerichtet, eine gütliche Einigung herbeizuführen. Der Antrag kann dem Gegner zugestellt werden; eine Zustellung ist aber nicht erforderlich (Palandt/*Heinrichs* § 204 Rn. 19). Zu dem alsbald anzuberaumenden Gütetermin werden die Parteien förmlich geladen; es besteht aber keine Erscheinenspflicht. Erscheint der Gegner nicht, so gilt der Güteversuch regelmäßig als gescheitert. Die Hemmung endet sechs Monate nach Beendigung des eingeleiteten Verfahrens (§ 204 Abs. 2 S. 1 BGB); das gilt auch, wenn das Verfahren durch Rücknahme des Antrags endet (s. Palandt/*Heinrichs* § 204 Rn. 33). Gerät das Verfahren in **Stillstand**, weil es nicht betrieben wird, so tritt an die Stelle der Beendigung des Verfahrens die letzte Verfahrenshandlung der Parteien oder der Gütestelle (§ 204 Abs. 2 S. 2 BGB). Die Hemmung der Verjährung beginnt erneut, wenn eine der Parteien das Verfahren weiter betreibt.

2822 Die Kosten, z.B. der Gütestelle in Hamburg sind gering. Die Antragsgebühr beträgt hier 20,– €, einschließlich Protokollierung und Zustellung des Güteantrags. Die Verfahrensgebühr hängt von der Höhe des Gegenstandswerts ab und beträgt ungefähr ⅕ bis ⅓ einer Gerichtsgebühr.

2823 **2. Kurze Verjährung.** Die kurze Verjährung von Ansprüchen des Vermieters nach § 548 Abs. 1 BGB (s. die Hinweise zu Teil 1 Rdn. 2799 und unten Ziff. 3, Teil 1 Rdn. 2831) knüpft allein an den Zeitpunkt an, zu dem der Vermieter das Mietobjekt zurückerhält und auf seinen Zustand überprüfen kann. Hierfür ist grundsätzlich der vollständige Besitzverlust des Mieters erforderlich (sog. **Veränderung der Besitzverhältnisse** zugunsten des Vermieters, s. BGH ZMR 2004, 108, 109 = WuM 2004, 21, 22 f.; ZMR 2000, 596, 599; 1991, 420, 421). Denn der Vermieter soll durch Ausübung der unmittelbaren Sachherrschaft in die Lage versetzt werden, sich ungestört ein umfassendes Bild von den Mängeln, Veränderungen und Verschlechterungen der Mietsache zu machen. Nicht notwendig ist hingegen, dass er sämtliche Schlüssel erhalten hat oder die Mieträume vollständig geräumt sind (OLG Hamburg ZMR 1995, 18). Unerheblich ist auch, ob das Mietverhältnis beendet ist; die Verjährung der Ansprüche des Vermieters nach § 548 Abs. 1 BGB kann auch bei fortbestehendem Mietverhältnis eintreten (vgl. BGH ZMR 1991, 420, 423).

2824 Der kurzen Verjährung unterliegt insbesondere der **Schadensersatzanspruch wegen unterlassener Schönheitsreparaturen** und Verletzung der mietvertraglichen Rückbaupflicht (BGH ZMR 1988, 291; ZMR 1989, 293). Die Verjährung bezieht sich auf alle Anspruchsgrundlagen, die aus dem Sachverhalt abgeleitet werden und die mit den mietrechtlichen Ansprüchen konkurrieren (BGH ZMR 1992, 96), etwa solchen aus unerlaubter Handlung (BGH ZMR 1988, 419) oder aus der Gefährdungshaftung nach § 22 WHG (OLG Düsseldorf ZMR 1988, 382).

2825 § 548 Abs. 1 BGB erfasst alle Vermieteransprüche wegen Veränderungen oder Verschlechterungen der Mietsache, insbesondere auch Ansprüche auf Vornahme fälliger Schönheitsreparaturen sowie

Schadensersatzansprüche wegen nicht durchgeführter Schönheitsreparaturen (§§ 280, 281 BGB). Die kurze Verjährung beginnt gemäß §§ 548 Abs. 1 S. 2, 200 S. 1 BGB bei allen vorgenannten Ansprüchen mit dem Zeitpunkt, in dem der Vermieter die Mietsache **zurückerhält** (BGH NZM 2005, 176 = WuM 2005, 126), und zwar auch dann, wenn der Mietvertrag erst später endet (BGH NZM 2006, 503 = WuM 2006, 319).

Verjährungsrechtlich wird eine Beendigung des Mietverhältnisses auch bei einem **Vermieterwechsel** nach § 566 BGB angenommen, soweit Ansprüche des Mieters noch gegenüber dem früheren Vermieter entstanden sind (z.B. auf Wegnahme von Einrichtungen oder Entschädigungen wegen Aufwendungen nach § 539 BGB). Der Mieter muss also einen schon gegenüber dem bisherigen Vermieter entstandenen Aufwendungsersatzanspruch diesem gegenüber binnen sechs Monaten geltend machen, selbst wenn das Mietverhältnis mit dem Erwerber fortgesetzt wird (BGH ZMR 1991, 369). Die kurze Verjährung beginnt mit dem Eigentumswechsel durch Eintragung des Erwerbers im Grundbuch. 2826

Die kurze Verjährung kann durch **Individualvereinbarung** innerhalb der Grenzen des § 202 BGB **abbedungen** werden. Eine Verlängerung der Verjährung kann jedoch im Einzelfall sittenwidrig sein (§ 138 BGB) bzw. die Berufung darauf auch gegen Treu und Glauben verstoßen (*Kandelhard* in: Herrlein/Kandelhard, § 548 Rn. 36). Hinweis für Verlag: Hier muss die Fundstelle überprüft werden, bzw. ob eine aktuellere Auflage des Buches vorhanden ist. Nach überwiegender Auffassung kann die Frist des § 548 Abs. 1 BGB auch **formularvertraglich** auf bis zu ein Jahr angehoben werden (*Kandelhard* NJW 2002, 3291, 3292; *Geldmacher* NZM 2003, 502, 504; Schmidt-Futterer/*Streyl* § 548 Rn. 62; MünchKomm-BGB/*Grothe* § 212 Rn. 4); Hinweis für Verlag: Hier muss die Fundstelle überprüft werden, bzw. ob eine aktuellere Auflage des Buches vorhanden ist. abschließend geklärt ist dies aber noch nicht (abl. insoweit *Mansel* NJW 2002, 89, 97; zweifelnd auch *Emmerich* in Emmerich/Sonnenschein § 548 Rn. 26). 2827

Zur Hemmung der Verjährung genügt es, wenn in dem Antrag die geltend gemachten Ansprüche nach § 690 Abs. 1 Nr. 3 ZPO **hinreichend individualisiert** werden; eine Substantiierung ist (zur Verjährungshemmung) nicht erforderlich (BGH NZM 2008, 202 = WuM 2008, 238, 239). Zu beachten ist aber, dass die Hemmung der Verjährung nicht generell, sondern **für jeden einzelnen Schaden** eintritt, auf den sich die hemmende Maßnahme – im Muster: der Güteantrag – bezieht (OLG Düsseldorf ZMR 1988, 57). So kann etwa der Schadensersatzanspruch wegen Mietausfalls infolge nicht durchgeführter Schönheitsreparaturen verjährt sein, obwohl bezüglich der geforderten Maler- oder Sachverständigenkosten die Verjährungsfrist gehemmt worden ist. Daher ist eine Individualisierung nicht nur für den Anspruchsgrund, sondern auch für die Schadensart und Schadenshöhe erforderlich. 2828

Diese Grundsätze gelten auch für die Verjährungshemmung durch Klageerhebung. Die Klageschrift muss den wesentlichen Erfordernissen des § 253 ZPO entsprechen, darüber hinaus im **Anwaltsprozess** von einem nach § 78 ZPO postulationsfähigen Rechtsanwalt unterzeichnet sein (Einzelheiten bei Palandt/*Heinrichs* § 204 Rn. 4). 2829

Achtung! Eine Individualisierung der geltend gemachten Ansprüche ist auch zur Verjährungshemmung durch den **Mahnbescheid** erforderlich (BGH NZM 2008, 202; NJW 2001, 305). Der im Mahnbescheid bezeichnete Anspruch muss durch die Kennzeichnung von anderen Ansprüchen so unterschieden und abgegrenzt werden können, dass er Grundlage eines der materiellen Rechtskraft fähigen Vollstreckungstitels sein kann und der Schuldner beurteilen kann, ob und in welchem Umfang er sich zur Wehr setzen will. 2830

3. Schönheitsreparaturen. S. Muster und Hinweise zu Teil 1 Rdn. 2493 und 2559. 2831

6. Anwaltliches Schreiben des Vermieters oder Mieters auf Abgabe eines Anerkenntnisses, um den Neubeginn der Verjährung zu erreichen (§ 212 BGB)

2832 Sehr geehrter Herr Mustermann,

hiermit zeigen wir Ihnen an, dass uns Herr und Frau Beispielhaft mit der Wahrnehmung ihrer rechtlichen Interessen in der vorbezeichneten Angelegenheit beauftragt haben. Unsere Bevollmächtigung wird anwaltlich versichert. **1**

Unserer Mandantschaft stehen die im Einzelnen nachstehend bezeichneten Ansprüche Ihnen gegenüber zu, die gemäß § 548 BGB der kurzen Verjährungsfrist von sechs Monaten unterliegen (es folgt eine spezifizierte Darlegung der geltend gemachten Ersatzansprüche dem Grunde und der Höhe nach). **2**

Wir haben Sie daher aufzufordern, diese Ansprüche nunmehr ausdrücklich schriftlich anzuerkennen. Zum Zeichen Ihres Anerkenntnisses können Sie das beigefügte Doppel dieses Schreibens von Ihnen unterzeichnet zurücksenden. Sollten Sie das gewünschte Anerkenntnis nicht abgeben, sieht sich unsere Mandantschaft zur Verjährungshemmung gezwungen, die ihnen zustehenden Ansprüche nunmehr gerichtlich geltend machen.

Erläuterungen

2833 **1. Bevollmächtigung.** Sofern der Mieter zur Zahlung aufgefordert wird, handelt es sich nicht um eine gestaltende Willenserklärung, sodass es vorerst ausreichend ist, die Bevollmächtigung anwaltlich zu versichern. Sollte der Mieter die Bevollmächtigung bestreiten, muss eine Originalvollmacht nachgereicht werden.

2834 **2. Anerkenntnis** Das zum Neubeginn der Verjährung geeignete **Anerkenntnis** nach § 212 Abs. 1 Nr. 1 BGB braucht zu seiner Wirksamkeit nicht schriftlich erklärt zu werden. Jedoch empfiehlt sich die Schriftform aus Beweisgründen. Das Anerkenntnis bewirkt nur dann einen Neubeginn der Verjährung, wenn es vor Ablauf der Verjährungsfrist dem Gläubiger zugegangen ist. Erklärt sich der Mieter zur Durchführung von Schönheitsreparaturen »aus Kulanz« zwar bereit, bestreitet er aber gleichwohl seine Verpflichtung, so wird dadurch die Verjährung nicht unterbrochen (vgl. OLG München DAR 1981, 13 für Versicherungsleistungen). In der Bereitschaft des Mieters kann aber ein **Verhandeln** gesehen werden, das zur Hemmung der Verjährungsfrist nach § 203 BGB führt (s. die Hinweise zu Teil 1 Rdn. 2840).

7. Anwaltliches Antwortschreiben des Vermieters oder Mieters auf die Einrede der Verjährung (§ 548 BGB)

2835 Sehr geehrter Herr Mustermann,

hiermit zeigen wir Ihnen an, dass uns Herr und Frau Beispielhaft mit der Wahrnehmung ihrer rechtlichen Interessen in der vorbezeichneten Angelegenheit beauftragt haben. Unsere Bevollmächtigung wird anwaltlich versichert. **1**

Die von Ihnen erhobene Einrede der Verjährung gegenüber unseren Mandanten geltend gemachten Ansprüchen ist nicht begründet.

Denn es sind seit dem Zeitpunkt **2**

der Rückgabe des Mietobjekts

oder

der Beendigung des Mietverhältnisses noch keine sechs Monate vergangen.

oder

Die Verjährungsfrist gemäß § 548 BGB wurde wirksam neu in Lauf gesetzt. Das ergibt sich aus Folgendem: ³

▶ Beispiel:

Mit Schreiben vom _____ haben Sie die seitens unserer Mandantschaft geltend gemachten Ansprüche ausdrücklich anerkannt. Die neue Verjährungsfrist ist noch nicht abgelaufen. ⁴

oder

In der Zeit vom _____ ist eine Hemmung der Verjährungsfrist gemäß § 548 BGB eingetreten. Das ergibt sich aus Folgendem: ⁵

▶ Beispiel:

Sie gaben das Mietobjekt noch vor Beendigung des Mietverhältnisses an unsere Mandantschaft am 01.01.2010 zurück. In der Zeit vom 15.02. bis 15.05.2010 wurden intensive Verhandlungen über die seitens meiner Mandantschaft geltend gemachten Ansprüche geführt. Erst nach dem 15.05.2010 erklärten Sie die Verhandlungen aus Ihrer Sicht für gescheitert und weigerten sich, diese fortzusetzen. Gemäß § 203 BGB ist die sechsmonatige Verjährungsfrist daher im Zeitraum vom 15.02. bis 15.05.2010 gehemmt gewesen. Unsere Mandantschaft hat am 15. September 2010, die ihr zustehenden Ansprüche gerichtlich geltend gemacht. Dadurch ist eine weitere wirksame Hemmung der noch nicht abgelaufenen Verjährungsfrist eingetreten.

Erläuterungen

1. Bevollmächtigung. Sofern der Mieter zur Zahlung aufgefordert wird, handelt es sich nicht um eine gestaltende Willenserklärung, sodass es vorerst ausreichend ist, die Bevollmächtigung anwaltlich zu versichern. Sollte der Mieter die Bevollmächtigung bestreiten, muss eine Originalvollmacht nachgereicht werden.

2. Fristbeginn für Vermieter. Für die Ersatzansprüche des Vermieters beginnt die kurze Verjährungsfrist gemäß § 548 Abs. 1 S. 2 BGB – unabhängig von dem Ende des Mietverhältnisses – ab dem Zeitpunkt, zu dem der Vermieter die **Mietsache zurückerhält**. Das setzt grundsätzlich eine Veränderung der Besitzverhältnisse voraus, so dass der Vermieter die unmittelbare Sachherrschaft erhält und sich ein Bild vom Zustand der Mietsache machen kann (BGH ZMR 2004, 108, 109 = WuM 2004, 21, 22 f.; ZMR 2000, 596, 599; 1991, 420, 423, vgl. auch die Hinweise zu Teil 1 Rdn. 2823).

3. Fristbeginn für Mieter. Für Ansprüche des Mieters auf Ersatz von Aufwendungen oder auf Gestattung der Wegnahme einer Einrichtung beginnt die kurze Verjährungsfrist gemäß § 548 Abs. 2 BGB mit der **Beendigung des Mietverhältnisses** (vgl. dazu die Hinweise zu Teil 1 Rdn. 2823).

4. Anerkenntnis. Zum Neubeginn der Verjährung aufgrund eines Anerkenntnisses s. die Hinweise zu Teil 1 Rdn. 2833.

5. Hemmung durch schwebende Verhandlungen.

2840 **5. Hemmung durch schwebende Verhandlungen.** Die Hemmung der Verjährung bewirkt, dass der Zeitraum, während dessen die Verjährung gehemmt ist, in die Verjährungsfrist nicht eingerechnet wird (§ 209 BGB).

2841 Die Verjährung von Ersatzansprüchen des Vermieters wegen Veränderungen der Mietsache (z.B. unterlassene Schönheitsreparaturen, Beschädigungen) ist ohne Rücksicht auf den Rechtsgrund des Anspruchs nach § 203 BGB gehemmt, solange Vermieter und Mieter über die Regulierung **verhandeln** und nicht der eine oder andere die Fortsetzung der Verhandlungen verweigert. Ein »Verhandeln« in diesem Sinne liegt nur und schon dann (!) vor, wenn die vom Anspruchsgegner abgegebene Erklärung den Anspruchsteller zu der Annahme berechtigt, dieser werde i.S. der Befriedigung der Ansprüche Entgegenkommen zeigen.

2842 Der Begriff der Verhandlung ist **weit auszulegen**; es genügt jeder Meinungsaustausch zwischen den Parteien über den Anspruch oder seine tatsächlichen Grundlagen (BGH NZM 2004, 583; NJW-RR 2001, 1168, 1169). Ausgangspunkt ist der Lebenssachverhalt, aus dem der Gläubiger seinen Anspruch herleitet. Im Zweifel ist davon auszugehen, dass sich die Verhandlung auf alle Ansprüche bezieht, die sich für den Gläubiger aus diesem Sachverhalt ergeben (Palandt/*Heinrichs* § 203 Rn. 3).

2843 Die Verjährungsfrist läuft weiter, wenn die **Verhandlungen abgebrochen** werden. Das ist auch dann der Fall, wenn es der Vermieter versäumt, auf die letzte Anfrage/das letzte Angebot des Mieters innerhalb der Frist zu antworten, während derer der Mieter eine Antwort erwarten konnte (OLG Karlsruhe ZMR 1994, 161: Antwort nach über neun Monaten). Die Verjährung tritt aber frühestens drei Monate nach Ende der Hemmung ein (§ 203 S. 2 BGB).

N. Zwangsvollstreckung, Räumungsschutz, Vollstreckungsabwehr- und Wiederaufnahmeklage

I. Räumungsauftrag an den Gerichtsvollzieher aus einem vollstreckbaren Räumungstitel

Anliegend überreiche ich Ihnen namens und in Vollmacht der im nachstehenden Titel bezeichneten Gläubigerpartei die vollstreckbare Ausfertigung des Räumungstitels vom _____ zum Aktenzeichen _____ und bitte um möglichst kurzfristige Anberaumung eines Räumungstermins. **1**

2844

oder

Anliegend überreiche ich Ihnen namens und in Vollmacht der im nachstehenden Titel bezeichneten Gläubigerpartei die vollstreckbare Ausfertigung des Räumungstitels vom _____ zum Aktenzeichen _____ und bitte um Anberaumung eines Räumungstermins nicht vor dem _____, da bis dahin dem Schuldner eine Räumungsfrist eingeräumt wurde. **1a**

oder

Anliegend überreiche ich Ihnen namens und in Vollmacht der im nachstehenden Titel bezeichneten Gläubigerpartei die vollstreckbare Ausfertigung des Räumungstitels vom _____ zum Aktenzeichen _____ und bitte um möglichst kurzfristige Anberaumung eines Räumungstermins. Die ursprünglich bewilligte Räumungsfrist ist entfallen, da der Räumungsschuldner seiner Verpflichtung nicht nachkam, die fällige Nutzungsentschädigung fristgemäß zu zahlen. Der entsprechende gerichtliche Beschluss vom _____ über die Aufhebung **1b**

oder

Abkürzung der ursprünglich bewilligten Räumungsfrist wird ergänzend beigefügt.

Anliegend überreiche ich Ihnen namens und in Vollmacht der im nachstehenden Titel bezeichneten Gläubigerpartei die vollstreckbare Ausfertigung des Räumungstitels vom _____ zum Aktenzeichen _____ und bitte um möglichst kurzfristige Anberaumung eines Termins nur zur Herausgabe des Mietobjekts. Ein Räumungsauftrag wird nicht erteilt. Wegen ausstehender Forderungen hat die Vermieterpartei mit dem in Ablichtung beigefügten Schreiben vom _____ sein Vermieterpfandrecht an den eingebrachten Sachen ausgeübt. **1c**

Meine nachstehend bezifferten Kosten bitte ich beizutreiben:

▶ Beispiel:

Gegenstandswert:	11 500,00 € (Jahreskaltmiete)
Verfahrensgebühr 3309 VV RVG 0,3	181,20 €
Auslagenpauschale 7002 VV RVG	20,00 €
19 % Mehrwertsteuer	38,23 €
insgesamt	239,43 €

▶ Beispiel:

(3 Räumungsschuldner)	
Gegenstandswert:	11 500,00 € (Jahreskaltmiete)
Verfahrensgebühr 3309 VV RVG 0,3	181,20 €
Auslagenpauschale 7002 VV RVG	20,00 €

19 % Mehrwertsteuer	38,23 €
Insgesamt	239,43 €
X 3 Schuldner =	718,29 €

Erläuterungen

2845 **1. Räumungstitel.** Es ist darauf zu achten, dass sich der Räumungstitel auf alle Personen bezieht, die **vollstreckungsrechtlichen Gewahrsam** an den Räumen haben, die also die unmittelbare Sachherrschaft ausüben. Denn die Räumungsvollstreckung nach § 750 Abs. 1 S. 1 ZPO kann – wie der BGH in der Entscheidung vom 18.07.2003 (ZMR 2003, 826) feststellt – nur gegen eine Person begonnen werden, die im Titel und in der Vollstreckungsklausel als Schuldner bezeichnet ist.

2846 Ein **eigener Gewahrsam** ist stets anzunehmen bei Mitmietern, einem Untermieter sowie dem Ehegatten oder Partner, der nach Auszug des Mieters allein in den Mieträumen zurückgeblieben ist. Überlässt der Mieter den Besitz an den Räumlichkeiten Dritten, nachdem ein Räumungsprozess rechtshängig geworden ist, kann der Vermieter gemäß §§ 727 Abs. 1, 325 Abs. 1 Alt. 2 ZPO die Erteilung einer Vollstreckungsklausel gegen den Dritten verlangen. Eine Umschreibung gegenüber dem Ehegatten, dem Lebenspartner i.S. des § 1 LPartG oder dem Lebensgefährten ist möglich, wenn der Mieter die Räume erst während des Rechtsstreits an diese Personen überlassen hat. Zur Titelumschreibung s. die Ausführungen bei Zöller/*Stöber* § 727 Rn. 1 ff.

2847 Unmittelbaren eigenen Gewahrsam (das Gesetz spricht in § 885 Abs. 1 ZPO von Besitz) an den heraus verlangten Räumen haben – auch wenn sie nicht Mieter sind – der **Ehegatte** des Mieters (BGH ZMR 2004, 738 = WuM 2004, 555) sowie der Lebenspartner gemäß § 1 Abs. 1 S. 1 LPartG. Bei diesen kann allein aus der Aufnahme in die Wohnung auf einen Mietbesitz geschlossen werden. Dagegen muss bei einem **nichtehelichen Lebensgefährten** anhand der tatsächlichen Umstände des Einzelfalls beurteilt werden, ob er Mitbesitzer oder lediglich Besitzdiener ist (BGH NZM 2008, 400). Gleiches gilt für die Eltern des Mieters (BGH GE 2008, 1118 f.). Kein selbständiger Räumungstitel ist indes bei **minderjährigen Kindern** erforderlich, die mit ihren Eltern zusammenleben; diese haben grundsätzlich keinen Mitbesitz an der gemeinsam benutzten Wohnung, sie sind bloße Besitzdiener (BGH NZM 2008, 400; ZfIR 2008, 472).

2848 Die Besitzverhältnisse an der Wohnung ändern sich im Regelfall nicht, wenn die **Kinder volljährig** werden und mit ihren Eltern weiter zusammenwohnen. Regelmäßig bleiben sie Besitzdiener, ohne dass es darauf ankommt, ob sie unter der Adresse gemeldet sind und der Vermieter die tatsächlichen Verhältnisse kennt. Anders kann es sich verhalten, wenn eine Änderung der Besitzverhältnisse volljähriger Kinder an der elterlichen Wohnung nach außen eindeutig erkennbar geworden ist (BGH NZM 2008, 400, 401; s. auch LG Essen ZMR 2008, 294, 295).

Bei Angehörigen muss geprüft werden, ob sie eigenen (Mit-)Besitz begründet haben. Wird das bejaht, bedarf es eines eigenen Räumungstitels gegen diese Personen. Keinen eigenen Besitz haben in der Regel Besucher oder Personal, die sich neben dem Titelschuldner in den Räumen aufhalten.

2849 Nach Auffassung des BGH (ZMR 2003, 826, 827 = WuM 2003, 577) ist im Rahmen der Zwangsvollstreckung für materiell-rechtliche Erwägungen oder **Gesichtspunkte der Billigkeit** kein Raum. Demgemäß darf die Räumungsvollstreckung nicht betrieben werden, wenn ein Dritter, der weder im Vollstreckungstitel noch in der diesem beigefügten Vollstreckungsklausel namentlich bezeichnet ist, im Besitz der Mietsache ist. Dies gilt selbst dann, wenn der Verdacht besteht, dem Dritten sei der Besitz nur eingeräumt worden, um die Zwangsräumung zu vereiteln (BGH Beschl. v. 14.08.2008 – I ZB 39/08, NZM 2008, 805 = ZMR 2009, 21).

N. Zwangsvollstreckung, Räumungsschutz

Der durch das MietrechtsÄndG 2013 eingeführte § 940a Abs. 2 ZPO regelt die Zulässigkeit einer einstweiligen Räumungsverfügung des Vermieters von Wohnraum gegen einen Drittbesitzer/Untermieter, der im Besitz der Mietsache ist. Anwendung findet diese einstweilige Räumungsverfügung nur auf Wohnraummietverhältnisse (OLG Celle, 24.11.2014 – 2 W 237/14; KG 05.09.2013 – 8 W 64/13; OLG München 10.04.2014 – 23 U 773/14).

Es muss sich dabei um einen Dritten handeln, der ohne Kenntnis des Vermieters (keine Kenntnis des Vermieters bis zum Schluss der mündlichen Verhandlung) (Mit-)Besitz an den Räumen begründet hat. Außerdem muss bereits ein vollstreckbarer, nicht aber bereits rechtskräftiger Räumungstitel gegen den Mieter existent sein. Diese Voraussetzungen sind vom Vollstreckungsgläubiger glaubhaft zu machen. Allein das Bestehen eines Räumungstitels macht die materiell rechtliche Prüfung, ob der Hauptmietvertrag tatsächlich beendet ist, aber nicht entbehrlich. Voraussetzung für den Erlass einer einstweiligen Verfügung nach § 940 Abs. 2 ZPO ist immer das Vorliegen eines Verfügungsanspruchs. Nur der Verfügungsgrund wird durch § 940a Abs. 2 ZPO ersetzt.

Ohne den Namen des Dritten zu kennen, kann kein Antrag nach § 940 Abs. 2 ZPO gestellt werden. Weigert sich der im Rahmen der Zwangsvollstreckung vom Gerichtsvollzieher angetroffene Dritte aber, seinen Namen zu nennen, kann die Zwangsvollstreckung fortgesetzt werden (so *Hinz*, ZMR 2012, 153 (165); Bedenken hiergegen *Dötsch*, ZMR 2012, 83. Das ergibt sich nicht aus Treu und Glauben, sondern daraus, dass ohne Namensnennung keine Prüfung eines tatsächlichen Vollstreckungshindernisses möglich ist, und somit die Zwangsvollstreckung zulässig bleibt (*Lützenkirchen*, Mietrecht Kommentar 2013 Anhang § 546 Rn. 121).

§ 283a ZPO ermöglicht es dem Vermieter, bei gleichzeitig eingereichter Klage auf Räumung und Zahlung aus demselben Rechtsverhältnis für die nach Rechtshängigkeit fällig werdende Geldforderung Sicherheit zu beantragen. Voraussetzung ist hierfür neben der Räumungsklage, dass die Klage auf künftige Zahlung hohe Aussicht auf Erfolg hat, sowie ein besonderes Sicherungsinteresse des Vermieters. Bei Nichterfüllung der aufgegebenen Sicherheit, kann dann im Wege der einstweiligen Verfügung nach § 940a Abs. 3 ZPO ein Räumungstitel ergehen. Der Antrag ist an das Gericht zu richten, bei dem die Räumungsklage anhängig ist.

1a. Räumungstermin. Die Anberaumung eines **Räumungstermins** kann schon vor Ablauf der Räumungsfrist beantragt werden. Wird der Räumungsschuldner zur Vermeidung von Obdachlosigkeit durch die Ordnungsbehörde in die bisherige Wohnung eingewiesen, ohne dass sie zuvor vollständig geräumt worden war, so ist der Räumungstitel nicht verbraucht. Zur Vermeidung von uneinbringlichen Kosten kann es zweckmäßig sein, den Gerichtsvollzieher gleichzeitig zu beauftragen, einen selbst ausgewählten (preisgünstigeren) **Möbelspediteur** einzusetzen. Der Gerichtsvollzieher darf dies nicht ablehnen, wenn gegen den vom Gläubiger ausgewählten Spediteur keine konkreten Bedenken bestehen (AG Mönchengladbach-Rheydt ZMR 1989, 312). 2850

1b. Wegfall der Räumungsfrist. Der Vermieter muss zunächst die Abkürzung bzw. Aufhebung der gerichtlichen Räumungsfrist nach § 721 Abs. 3 ZPO herbeiführen (s. dazu die Hinweise zu Teil 1 Rdn. 2921). 2851

1c. »Berliner Räumung«. Nach der Rechtsprechung des BGH kann der Vermieter den Auftrag zur Zwangsvollstreckung nach § 885 ZPO auf die Herausgabe beschränken, wenn er sich auf ein **Vermieterpfandrecht** nach § 562 BGB an den beweglichen, in der Wohnung befindlichen Gegenständen beruft. Der Gerichtsvollzieher hat in diesem Fall die Sachen des Mieters in der Wohnung zu belassen und zwar selbst dann, wenn umstritten ist, ob dadurch unpfändbare Gegenstände des Mieters in der Wohnung verblieben sind (BGH NZM 2006, 149, 150; 817; *Seiler* in Thomas/Putzo § 885 Rn. 10). Eine Prüfung, ob die bei Durchführung der Herausgabevollstreckung in der Wohnung befindlichen Gegenstände vom Vermieterpfandrecht erfasst werden, hat er als Vollstreckungsorgan regelmäßig nicht vorzunehmen. Denn das Vermieterpfandrecht hat Vorrang gegenüber der in § 885 Abs. 2 und 3 S. 1 ZPO bestimmten Entfernung der beweglichen Sachen, die nicht Gegenstand der Zwangsvollstreckung sind. Anstelle der in § 885 Abs. 3 Satz 1 2852

ZPO bestimmten Unterbringung der beweglichen Sachen des Schuldners durch den Gerichtsvollzieher hat der Gläubiger die in der Wohnung verbliebenen Sachen zu verwahren, §§ 1215, 1257 BGB. Auf Verlangen des Schuldners hat er die dem Vermieterpfandrecht nicht unterliegenden Sachen herauszugeben. Kommt der Gläubiger diesen Pflichten nicht nach, macht er sich nach näherer Maßgabe des § 280 Abs. 1 BGB und des § 823 Abs. 1 BGB schadensersatzpflichtig. Zudem kann der Schuldner auf Herausgabe der unpfändbaren beweglichen Sachen klagen und zur einstweiligen Regelung der Besitzverhältnisse vorläufigen Rechtsschutz nach §§ 935 ff. ZPO in Anspruch nehmen. Darüber hinaus kann der Gerichtsvollzieher nach § 765a Abs. 2 ZPO die auf Herausgabe der Wohnung beschränkte Vollstreckung nach § 885 Abs. 1 ZPO für die Dauer einer Woche verschieben, wenn der Schuldner glaubhaft macht, dass die Vollstreckungsmaßnahme gemäß § 765a Abs. 1 Satz 1 ZPO mit den guten Sitten nicht vereinbar ist und die rechtzeitige Anrufung des Vollstreckungsgerichts nicht möglich war. Dies kann etwa in Betracht kommen, wenn ansonsten in der herauszugebenden Wohnung bewegliche Sachen des Schuldners verbleiben würden, die offensichtlich unpfändbar sind und er glaubhaft macht, nicht in der Lage gewesen zu sein, für ihre Entfernung und Unterbringung zu sorgen (BGH NZM 2006, 149, 150; 817).

2853 **1d. Beschränkter Vollstreckungsauftrag nach § 885a ZPO.** Der Vermieter kann den Vollstreckungsauftrag auch auf die Herausgabe/Besitzverschaffung beschränken, ohne Ausübung des Vermieterpfandrechtes an den Sachen in der Wohnung. Der Gerichtsvollzieher hat in diesem Fall zu Beweiszwecken dann die frei ersichtlichen Sachen zu dokumentieren, beispielsweise durch Bildaufnahmen in elektrischer Form, § 885a Abs. 2 ZPO. Der Gläubiger kann in der Folge bewegliche Sachen, die nicht Gegenstand der Zwangsvollstreckung sind, wegschaffen und verwahren und Sachen, an denen offensichtlich kein Interesse des Schuldners besteht (Abfall), vernichten. Hierbei hat der Gläubiger nur Vorsatz und grobe Fahrlässigkeit zu vertreten, § 885a Abs. 3 ZPO. Hat der Vermieter das Inventar einen Monate seit dem Vollstreckungstermin verwahrt, kann er die Sachen im Wege der öffentlichen Versteigerung durch den Gerichtsvollzieher verwerten. Sachen, die nicht verwertete werden können, können vernichtet werden. Die Entscheidung obliegt dem Gerichtsvollzieher mit entsprechender Haftung § 885a Abs. 4 ZPO. Die Kosten der Verwahrung, der Vernichtung, der Verwertung sind Kosten der Zwangsvollstreckung.

2854 **2. Kosten.** Notwendige Kosten der Zwangsvollstreckung i.S. von § 788 ZPO entstehen auch dann, wenn der Gläubiger vor Ablauf der Räumungsfrist den Vollstreckungsauftrag erteilt, der Schuldner aber fristgerecht geräumt hat, sofern der Gläubiger nach den Umständen davon ausgehen durfte, dass der Schuldner nicht räumen werde (LG Freiburg WuM 1987, 267). Um das Kostenrisiko gering zu halten, kann es sich empfehlen, den Räumungsschuldner in angemessener Zeit vor Ablauf der Räumungsfrist darauf hinzuweisen, dass die Räumungsvollstreckung sobald wie möglich betrieben werde.

2855 **Keine notwendigen Kosten** der Zwangsvollstreckung, die vom Gläubiger zu tragen sind, liegen vor, wenn der Gläubiger die Räumungsvollstreckung einleitet, obwohl ihm der Antrag des Mieters auf Verlängerung der Räumungsfrist bekannt ist und eine alsbaldige Entscheidung hierüber zu erwarten ist, sofern der Verlängerungsantrag des Mieters Erfolg hat (LG Bielefeld DWW 1995, 47).

2856 **3. Gebührenstreitwert und Rechtsanwaltsvergütung.** Gebührenrechtlich stellt der Antrag auf Anberaumung eines Räumungstermins eine besondere Angelegenheit i.S. von § 18 Nr. 3 RVG dar (Vollstreckungsmaßnahme). Dagegen bildet die weitere Tätigkeit des Gerichtsvollziehers nach Beendigung der Wohnungsbeschlagnahme (weitere Vollstreckungshandlung) mit dem ursprünglichen Vollstreckungsauftrag eine Angelegenheit, die keine weitere Gebühr auslöst. Der Gegenstandswert der Räumungsvollstreckung ergibt sich gem. § 25 Abs. 1 S. 1 Nr. 2 RVG aus dem Jahresmietwert, i.d.R. aus der Jahresnettokaltmiete (§ 41 Abs. 1 GKG). Werden mit dem Räumungsauftrag auch rückständige Mieten vollstreckt, sind die Werte gem. § 22 RVG zu addieren. Der Rechtsanwalt erhält eine 0,3 Verfahrensgebühr der Nr. 3309 VV RVG, die sich für mehrere Auftraggeber um jeweils 0,3 bis zu einem Maximalsatz von 2,0 erhöhen kann. Zu beachten ist, dass die Gebühren für jeden Vollstreckungsschuldner gesondert entstehen, da Streitgenossenschaft gem. §§ 59 ff. ZPO nicht vorliegt, vgl. *Göttlich/Mümmler, fortgef. von Rehberg/Xanke* RVG »Zwangsvollstreckung« S. 1264; *Stöber*, Forderungspfändung, Rn. 859a. Für die Teilnahme des Rechtsanwalts an Räumungsterminen kann eine Termingebühr gem. Nr. 3310 VV RVG entstehen, wenn der Rechtsanwalt am Termin der zwangsweisen Räumung durch den Gerichtsvollzieher teilnimmt, vgl. Rehberg S. 1270; Enders JurBüro 2006, 303. vorgesehen. Die Entstehung der Einigungsgebühr nach erteiltem Räumungsauftrag ist denkbar. Die Anmerkung zu Nr. 1003 VV RVG stellt jedoch klar, dass das Verfahren vor dem Gerichtsvollzieher einem gerichtlichen Verfahren gleichsteht. Das heißt, dass die Einigungsgebühr nur in Höhe einer 1,0-Gebühr anfallen kann, wenn eine Einigung mit dem Schuldner getroffen wird, solange der Zwangsvollstreckungsauftrag anhängig ist. Neben den Gebühren entstehen bei Vorliegen der gesetzlichen Voraussetzungen natürlich auch immer die Auslagen der Nummern 7000 ff. VV RVG. Wird der Gerichtsvollzieher kombiniert mit der Räumung und der Sachpfändung beauftragt, kann der Auftrag ebenfalls mit dem Antrag auf Abgabe der eidesstattlichen Versicherung kombiniert werden. Für den Sachpfändungsauftrag an den Gerichtsvollzieher entsteht zunächst ebenfalls die 0,3 Verfahrensgebühr gem. Nr. 3309 VV RVG.

Fraglich erscheint zunächst, ob eine weitere Verfahrensgebühr gem. Nr. 3309 VV RVG für das Verfahren der Abgabe der eidesstattlichen Versicherung entsteht. **2857**

Der Rechtsanwalt kann, da es sich bei dem Verfahren der eidesstattlichen Versicherung gem. § 18 Nr. 16 RVG um eine besondere Angelegenheit handelt, gesonderte Gebühren berechnen. Das heißt, dass der Rechtsanwalt, der im Verfahren zur Abgabe der eidesstattlichen Versicherung tätig wird, eine gesonderte 0,3 Verfahrensgebühr gem. Nr. 3309 VV RVG erhält. **2858**

Dies gilt selbst für den Fall, dass der Rechtsanwalt ein bereits für einen anderen Gläubiger abgegebenes Vermögensverzeichnis auf Vollständigkeit, Richtigkeit, Ergänzungsbedarf und weitere Pfändungsmöglichkeiten überprüft. Zu beachten ist, dass der Gegenstandswert für die Abgabe der eidesstattlichen Versicherung gem. § 25 Abs. 1 S. 1 Nr. 4 VV RVG maximal 1.500,00 € beträgt. **2859**

II. Antrag gemäß § 888 ZPO zur Erzwingung eines Urteils über die Verpflichtung zur Abschaffung eines Haustieres

Namens und in Vollmacht der im nachstehenden Urteil bezeichneten Gläubigerpartei wird beantragt, [1] **2860**

gegen den Schuldner zur Erzwingung der Erfüllung seiner Verpflichtung aus dem vollstreckbaren Urteil des _____ Gerichts vom _____ zum Aktenzeichen _____ auf Abschaffung des im Titel bezeichneten Haustieres ein der Höhe nach in das Ermessen des Gerichts gestelltes [2]

Zwangsgeld

oder

erneutes Zwangsgeld festzusetzen [3]

und die Zwangshaft für den Fall anzuordnen, dass das festgesetzte Zwangsgeld nicht beigetrieben werden kann, oder anstelle der Festsetzung von Zwangsgeld die Zwangshaft anzuordnen.

Begründung: [4]

Nach dem im Antrag bezeichneten Urteil ist der Schuldner verpflichtet, das dort bezeichnete Haustier abzuschaffen und auch zukünftig eine entsprechende Tierhaltung innerhalb der ihm zur Miete überlassenen Räumlichkeiten zu unterlassen.

Der Schuldner ist bisher seiner Verpflichtung nach dem vollstreckbaren Urteil nicht nachgekommen. Er hält nach wie vor das im Titel bezeichnete Haustier in den an ihn überlassenen Mieträumen. Dieser Tatbestand ergibt sich für den Gläubiger im Einzelnen aus folgenden Umständen:

▶ Beispiel:

Mitbewohner des Hauses haben beobachtet, dass der Schuldner mit dem nach dem Urteil abzuschaffenden Hund die von ihm gemietete Wohnung am 01.07.2015 gegen 12 Uhr, am 03.07.2015 gegen 16 Uhr, am 04.07.2015 gegen 21 Uhr und am 06.07.2015 gegen 9 Uhr betrat oder verließ.

Beweis:

1. Zeugnis des/r _____

2. Zeugnis des/r _____

3. Zeugnis des/r _____

Darüber hinaus haben die benannten Zeugen, was sie bekunden können, in der Zeit vom 01. bis 07.07.2015 den Hund mehrfach in der Wohnung des Schuldners bellen gehört. Am 09.07.2015 traf der Zeuge _____ den Schuldner im Treppenhaus. Auf eine Weggabe des Hundes angesprochen erklärte der Schuldner, er denke nicht daran, das Tier aus seiner Wohnung zu entfernen. Aus Zuneigung zu seinem Hund sei er notfalls auch bereit, »in den Knast zu wandern«.

Beweis: Zeugnis des/r _____

Aufgrund eines geschickten Verhaltens des Schuldners, der das im Urteil genannte Tier zu keinem Zeitpunkt unbeaufsichtigt lässt, ist es dem Gläubiger trotz entsprechender Bemühungen bisher nicht gelungen, im Wege der Wegnahme durch einen Tierfänger die Zwangsvollstreckung aus dem genannten Titel durchzusetzen. Insoweit ist im Einzelnen auf folgende Umstände hinzuweisen (es folgen hier konkrete Ausführungen dazu, dass eine Vollstreckung gemäß § 887 ZPO nicht möglich war). [5]

Meine nachstehend bezifferten Kosten bitte ich beizutreiben:

Gegenstandswert: 1.000,00 €
Geschäftsgebühr 2300 VV RVG 1,3	*104,00 €*
Auslagenpauschale 7002 VV RVG	*20,00 €*
19 % Mehrwertsteuer	*23,56 €*
insgesamt	*147,56 €*

Erläuterungen

2861   **1. Gerichtliche Geltendmachung.** Der Antrag auf Festsetzung von **Zwangsgeld und Zwangshaft** ist an das Prozessgericht der ersten Instanz – in Wohnraummietsachen also an das Amtsgericht – zu richten; s. die Hinweise zu Teil 1 Rdn. 2334.

2862   Die **allgemeinen Voraussetzungen** der Zwangsvollstreckung müssen vorliegen, nämlich
– Vollstreckungstitel,
– Vollstreckungsklausel,
– Zustellung.

2. Unvertretbare Handlung. Die Zwangsvollstreckung durch Festsetzung eines Zwangsgeldes oder Zwangshaft ist nach § 888 ZPO nur zulässig, wenn wegen der Vornahme einer Handlung vollstreckt werden soll, die **nur der Schuldner persönlich** durchführen kann, die insbesondere ausschließlich von seinem Willen abhängt. Demgegenüber erfolgt die Zwangsvollstreckung wegen Vornahme vertretbarer Handlungen, die also auch durch einen Dritten durchgeführt werden können, dadurch, dass sich der Gläubiger durch das Vollstreckungsgericht ermächtigen lässt, die Handlung auf Kosten des Schuldners vorzunehmen, § 887 ZPO (s. Muster und Hinweise zu Teil 1 Rdn. 2875). 2863

Die Abgrenzung, ob es sich um eine vertretbare oder unvertretbare Handlung handelt, ist nicht immer eindeutig. 2864
– Eine **vertretbare Handlung** liegt dann vor, wenn sie irgendein anderer als der Schuldner in der Weise vornehmen kann, dass rechtlich und wirtschaftlich der gleiche Erfolg erzielt wird, als hätte sie der Schuldner vorgenommen.
– Eine **unvertretbare Handlung** ist dagegen anzunehmen, wenn sie ein anderer als der Schuldner nicht oder nicht mit dem gleichen rechtlichen oder wirtschaftlichen Erfolg vornehmen könnte.

Die Abgrenzung richtet sich in erster Linie nach den **Interessen des Gläubigers**. Darf dieser Wert darauf legen, dass der Schuldner in Person leistet, so spricht dies für eine unvertretbare Handlung (OLG Hamm WuM 1996, 568). Hängt die Ausführung einer Maßnahme, die regelmäßig von Dritten erledigt werden könnte, im Einzelfall von der **Duldung eines Dritten** ab, kann auch die Festsetzung eines Zwangsgeldes gegen den Schuldner beantragt werden. Denn diesem obliegt es aufgrund der titulierten Handlungspflicht, ggf. gerichtlich gegen den Dritten vorzugehen (OLG Naumburg Beschl. v. 11.07.2002, 5 W 29/02; JMBl ST 2003, 77). 2865

Hat der Vermieter nach dem Tenor einer Entscheidung dafür Sorge zu tragen, dass die Wohnung des Mieters ordnungsgemäß **beheizt** wird, so handelt es sich um eine unvertretbare Handlung gemäß § 888 ZPO (OLG Hamm WuM 1996, 568; s. ferner OLG Köln ZMR 1994, 325). Der Vermieter schuldet nicht einfach eine mechanische Tätigkeit, die jeder Dritte vornehmen könnte; vielmehr muss er die Ursache der fehlenden Beheizung klären, die erforderlichen Maßnahmen zur Beseitigung dieser Ursache einleiten und die Durchführung koordinieren. Schon wegen der maßgeblichen Einflussmöglichkeit des Vermieters auf die Ursachenbeseitigung darf der Mieter auf dessen Leistung in Person Wert legen. 2866

Auch die Verurteilung des Vermieters, eine **Betriebskostenabrechnung** zu erteilen, ist nach der Entscheidung des BGH vom 11.05.2006 (NZM 2006, 639 = WuM 2006, 401 = ZMR 2006, 608) als Verurteilung zu einer unvertretbaren Handlung (§ 888 ZPO) zu vollstrecken. Die früher herrschende Meinung ging von einer vertretbaren Handlung gemäß § 887 ZPO aus. 2867

Hat der Vermieter einen Antrag nach § 887 ZPO gestellt, kommt eine Umdeutung in einen Antrag nach § 888 ZPO ohne besondere Anhaltspunkte nicht in Betracht (OLG Hamm NJW 1985, 274). Es empfiehlt sich, im Zweifel auf eine vertretbare Handlung abzustellen, da die hierauf gerichtete Zwangsvollstreckung durch Ersatzvornahme nach § 887 ZPO häufig effektiver betrieben werden kann. Gegebenenfalls ist ein richterlicher Hinweis nach § 139 ZPO zu erbitten und dann eine Antragsänderung nach §§ 263 ff. ZPO oder Eventualhäufung nach § 260 ZPO vorzunehmen. 2868

3. Androhung der Zwangsmittel. Eine vorherige Androhung der Zwangsmittel ist nicht erforderlich, wird aber für nicht unzweckmäßig angesehen und kann bereits im Urteil ausgesprochen werden. Aus Gründen der Sicherheit kann es sich empfehlen, die Androhung der Zwangsmittel schon im Prozessverfahren zu beantragen, zumal dieser Antrag sich kostenmäßig nicht auswirkt. 2869

2870 **Hinweis:** Die Beitreibung des Zwangsgeldes erfolgt zugunsten der Staatskasse und wird nur auf Antrag des Gläubigers, nicht von Amts wegen eingeleitet (vgl. Zöller/*Stöber* § 888 Rn. 13).

2871 **4. Entfernung eines Haustiers.** Die Verpflichtung, einen in der Wohnung gehaltenen Hund zu entfernen, ist grundsätzlich nach § 887 ZPO zu vollstrecken (AG Bremen v. 11.09.2006 – 7 C 240/06; BGH v. 25.01.2007 – I ZB 58/06. Erst wenn die Zwangsvollstreckung sich als **undurchführbar** erweist, kann der Gläubiger nach § 888 ZPO vorgehen (OLG Hamm NJW 1966, 2415; LG Hamburg WuM 1989, 445 = ZMR 1985, 302; AG Bremen WuM 2007, 144; krit. *Hülsmann* NZM 2004, 841, 845). Das bedeutet, dass er zunächst die Vollstreckung über § 887 ZPO versuchen, d.h. sich ermächtigen lassen muss, den Hund mittels eines Tierfängers aus der Wohnung zu entfernen. Erst wenn sich diese Vollstreckung als undurchführbar erweist, wäre die Vollstreckung nach § 888 ZPO zulässig.

2872 **5. Vollstreckungsprobleme.** Das Erfordernis eines zweigleisigen Vollstreckungsverfahrens nach §§ 887, 888 ZPO verursacht einen hohen Zeit- und Kostenaufwand. Vor allem aber tritt die Ermächtigung an den Gläubiger, das Tier durch Einschaltung eines Tierfängers zu entfernen, in Konflikt zu dem Vollstreckungsgrundsatz in § 765a Abs. 1 S. 3 BGB. Danach hat das Vollstreckungsgericht bei Vollstreckungsmaßnahmen, von denen ein Tier betroffen wird, im Rahmen der Interessenabwägung nach § 765a BGB die **Verantwortung des Menschen für das Tier** zu berücksichtigen. Diese Vorschrift dürfte auch auf die Entscheidung über die Frage ausstrahlen, nach welcher Regelung ein Urteil auf Entfernung eines Tieres zu vollstrecken ist. Das spricht – auch im Hinblick auf die Belange des Tierschutzes – dafür, den Schuldner in der Verantwortung zu belassen und die Vollstreckung aus § 888 ZPO durchzuführen (im Erg. auch *Hülsmann* NZM 2004, 841, 845). Im Hinblick auf die unter Ziff. 4, Teil 1 Rdn. 2871 zitierte Rechtsprechung ist dies allerdings nicht risikofrei.

2873 **Achtung!** Auch bei der Räumungsvollstreckung ist der Gerichtsvollzieher nicht zuständig für die Entfernung und Unterbringung von Tieren des Räumungsschuldners (vgl. auch OLG Karlsruhe NJW 1997, 1789 = ZMR 1997, 78; zur Problematik *Hülsmann* NZM 2004, 841, 845).

2874 **6. Gebührenstreitwert und Rechtsanwaltsvergütung.** Für die Vollstreckung einer zu erwirkenden Handlung, Duldung oder Unterlassung wird deren Wert für den Gläubiger als Gegenstandswert angesetzt, § 25 Abs. 1 S. 1 Nr. 3 RVG. Hier wird der Rechtsanwalt den Wert in der Regel nach billigem Ermessen zu bestimmen haben, da sich dieser nicht am festgesetzten Zwangsgeld festmachen lässt. Der Rechtsanwalt kann hier jedoch auf eine im Erkenntnisverfahren erfolgte Streitwertfestsetzung zurückgreifen, sofern nicht lediglich eine Teilhandlung gefordert wird. Bei der Vollstreckung der vertretbaren Handlung (Ersatzvornahme gem. § 887 ZPO) sind die voraussichtlichen Kosten der Ersatzvornahme, also der Wert des Vorschussanspruchs anzusetzen. Der Rechtsanwalt, der mit dem Kostenvorschussantrag gem. § 887 ZPO beauftragt wird, erhält, weil es sich um eine besondere Angelegenheit nach § 18 Abs. 1 Nr. 12 RVG handelt, eine 0,3 Gebühr der Nr. 3309 VV RVG (ggf. kommt der Anfall einer 0,3 Terminsgebühr gem. Nr. 3310 VV RVG in Betracht). Gem. § 18 Nr. 3 RVG entsteht die 0,3 Gebühr jedoch nur einmal, auch wenn der Kostenvorschussantrag später gestellt wird. Muss der festgesetzte Kostenvorschuss vollstreckt werden, erwächst gem. § 18 Nr. 14 RVG dem Rechtsanwalt eine zusätzliche Gebühr gem. 3309 VV RVG. Die Festsetzung eines weiteren Vorschusses (Nachforderung) bildet zusammen mit dem Kostenvorschussantrag eine Angelegenheit, so dass der Rechtsanwalt keine weiteren Gebühren hierfür beanspruchen kann. Für Anträge gem. § 888 ZPO (Zwangsgeld/ersatzweise Zwangshaft oder Zwangshaft) erhält der Rechtsanwalt die 0,3 Verfahrensgebühr der Nr. 3309 VV RVG. Diese Gebühr entsteht für das gesamte Verfahren gem. § 888 ZPO, also bezüglich der Festsetzung und – sofern die Zwangsvollstreckung des Zwangsgeld- oder Zwangshaftbeschlusses erforderlich werden sollte – der Beitreibung/Vollziehung siehe *Rehberg* S. 1276 f.

III. Antrag an das Gericht gemäß § 887 ZPO zur Zwangsvollstreckung eines Urteils auf Mängelbeseitigung bei vertretbarer Handlung

Namens und in Vollmacht der im nachstehenden Urteil bezeichneten Gläubigerpartei wird beantragt, [1]

a) den Vollstreckungsgläubiger zu ermächtigen, diejenigen Mängelbeseitigungsarbeiten auf Kosten des Vollstreckungsschuldners vorzunehmen, zu denen der Vollstreckungsschuldner durch rechtskräftiges Urteil des _____ gerichts _____, vom _____, Geschäftszeichen _____ verurteilt wurde.

b) den Vollstreckungsschuldner zur Zahlung von _____ an den Vollstreckungsgläubiger zu verurteilen.

Begründung:

Der Vollstreckungsschuldner wurde durch das im Antrag näher bezeichnete Urteil zur Durchführung von Mängelbeseitigungsarbeiten an dem vom Vollstreckungsgläubiger gemieteten Objekt verurteilt.

Er ist dem Urteil trotz Aufforderung nicht nachgekommen, so dass eine zwangsweise Durchsetzung seiner Verpflichtungen erforderlich ist. [2]

Die Arbeiten können nicht nur vom Gläubiger, sondern auch von einem Dritten durchgeführt werden. Insoweit liegen vertretbare Handlungen vor, die auch der Vollstreckungsgläubiger durch eine Fachfirma ausführen lassen kann. [3]

Der Vollstreckungsgläubiger hat insgesamt drei Kostenangebote von Fachfirmen eingeholt, die in Kopie als [4]

Anlagen 1–3

überreicht werden. Nach dem günstigsten Angebot der fachlich durchaus anerkannten Firma _____ ist für die Durchführung der Arbeiten ein Betrag von _____ erforderlich. Dieser wird als Kostenvorschuss geltend gemacht.

Erläuterungen

1. Gerichtliche Geltendmachung. Ausschließlich zuständig für die Vollstreckung wegen einer **vertretbaren Handlung** ist das Prozessgericht der ersten Instanz.

Der Antrag auf **Ersatzvornahme** nach § 887 Abs. 1 ZPO ist zweckmäßigerweise mit dem Antrag auf Verurteilung des Schuldners zur Zahlung eines Vorschusses (§ 887 Abs. 2 ZPO) zu verbinden. Reicht dieser nicht aus, so kann der Gläubiger (hier der Mieter) eine Nachforderung beantragen.

Die (endgültigen) Kosten der Ersatzvornahme sind Kosten der Zwangsvollstreckung nach § 788 ZPO, die der Gläubiger festsetzen lassen kann, ohne einen besonderen Titel zu benötigen.

2. Erfüllungseinwand. Der Schuldner bleibt zur Erfüllung berechtigt und verpflichtet, bis der Gläubiger von der Ermächtigung Gebrauch gemacht hat. Lange Zeit war streitig, ob der Einwand der Erfüllung im Ermächtigungsverfahren nach § 887 ZPO zu prüfen ist. Nach überwiegender Auffassung war der Erfüllungseinwand nur berücksichtigungsfähig, wenn er liquide beweisbar ist, namentlich durch Vorlage von Urkunden (z.B. KG NJW-RR 2003, 214; OLG München NJW-RR 2002, 1034). Der BGH hat sich indes für eine grundsätzliche Berücksichtigung ausgesprochen. Der Schuldner ist somit **bereits im Zwangsvollstreckungsverfahren** mit seinem Einwand zu hören, der vollstreckbare Anspruch sei erfüllt. Das Gericht hat dann Beweis zu erheben, wenn die Erfüllung streitig ist (BGH NJW 2005, 367). Der Erhebung einer Vollstreckungsgegenklage (§ 767 ZPO) bedarf es dazu nicht.

2880 **3. Abgrenzung vertretbare und unvertretbare Handlung.** S. dazu die Hinweise zu Teil 1 Rdn. 2863. Der Gläubiger muss darlegen, dass der Titel eine vertretbare Handlung betrifft. Reparatur-, Instandsetzungs- und Beseitigungsarbeiten sind in der Regel vertretbare Handlungen (LG Berlin WuM 1994, 552).

2881 **4. Kostenvoranschläge.** Um dem Gericht eine Entscheidungshilfe zu geben, empfiehlt es sich, mehrere Kostenvoranschläge einzureichen.

2882 **Hinweis** für den Schuldner: Es ist darauf zu achten, ob die in den Kostenvoranschlägen enthaltenen Positionen mit der titulierten Mängelbeseitigung übereinstimmen.

2883 Wird die Höhe der Kosten bestritten, hat das Gericht Beweis zu erheben (BGH NJW 2005, 367).

2884 **5. Gebührenstreitwert und Rechtsanwaltsvergütung.** Vgl. Teil 1 Rdn. 2874.

IV. Antrag an das Gericht gemäß § 888 ZPO zur Zwangsvollstreckung eines Urteils bei unvertretbarer Handlung

2885 Namens und in Vollmacht der im nachstehenden Titel bezeichneten Gläubigerpartei wird beantragt, **1**

gegen den Schuldner zur Erzwingung seiner Verpflichtungen aus dem Urteil vom _____ ein der Höhe nach in das Ermessen des Gerichts gestelltes Zwangsgeld zu verhängen, ersatzweise für den Fall, dass dieses nicht beigetrieben werden kann, Zwangshaft oder sogleich Zwangshaft anzuordnen.

Begründung: **2**

Der Schuldner wurde durch das im Antrag näher bezeichnete Urteil zur Durchführung von Mängelbeseitigungsarbeiten an den vom Gläubiger gemieteten Räumen

oder

zur Abrechnung der Betriebskostenvorauszahlungen für das Jahr _____

oder

zur Unterzeichnung der Anmeldebestätigung für das Einwohnermeldeamt

verurteilt.

Der Beklagte ist dem rechtskräftigen Urteil nicht nachgekommen, so dass eine zwangsweise Durchsetzung seiner Verpflichtungen erforderlich ist. **3**

Die ausgeurteilte Handlung kann nur vom Schuldner persönlich vorgenommen werden. Insoweit liegt eine unvertretbare Handlung vor.

Erläuterungen

2886 **1. Gerichtliche Geltendmachung.** Zur Zuständigkeit s. die Hinweise zu Teil 1 Rdn. 2861.

2887 **2. Mängelbeseitigungsarbeiten.** Maßnahmen zur Beseitigung von Mängeln können dann eine unvertretbare Handlung darstellen, wenn ein Titel auf Durchführung von Instandsetzungsmaßnahmen gegen einen Wohnungseigentümer als Vermieter oder gegen einen Zwischenmieter vollstreckt werden soll und die Maßnahme sich auf **Gegenstände des Gemeinschaftseigentums** bezieht (OLG Zweibrücken WuM 1995, 144 = ZMR 1995, 119; KG ZMR 1990, 336) oder der Zwischenmieter selbst nicht berechtigt ist, die Arbeiten durchzuführen und er sich deswegen an den Eigentümer bzw. Hauptvermieter wenden muss. Auch dann, wenn sich die geschuldete Handlung nicht nur in einer mechanischen Tätigkeit erschöpft, sondern das Suchen nach der Fehlerquelle und die Erteilung von Reparaturaufträgen sowie Einleitung der erforderlichen Maßnahmen gebietet, wird eine unvertretbare Handlung vorliegen (OLG Hamm WuM 1996, 568).

3. Darlegung. Der Gläubiger muss darlegen, dass sich die Zwangsvollstreckung auf Vornahme einer unvertretbaren Handlung bezieht, s. die Hinweise zu Teil 1 Rdn. 2863. 2888

4. Gebührenstreitwert und Rechtsanwaltsvergütung. Vgl. Teil 1 Rdn. 2874. 2889

V. Antrag an das Gericht gemäß § 890 ZPO zur Erzwingung von Unterlassungen und Duldungen (Androhung)

Namens und in Vollmacht der im nachstehenden Urteil bezeichneten Gläubigerpartei wird beantragt, [1] 2890

dem Schuldner für den Fall, dass er innerhalb einer vom Gericht zu setzenden Frist dem gerichtlichen Urteil vom _____ nicht nachkommt, ein der Höhe nach in das Ermessen des Gerichts gestelltes Ordnungsgeld und für den Fall, dass dieses nicht beigetrieben werden kann, Ordnungshaft oder sogleich Ordnungshaft anzudrohen.

Begründung:

Der Schuldner wurde durch das im Antrag näher bezeichnete rechtskräftige Urteil verurteilt,

▶ Beispiel:

die Mitbenutzung des Gartens des Hauses _____, Straße _____ Nr. _____ durch den Gläubiger und seine Familie zu dulden und es zu unterlassen, den Gläubiger bei der Mitbenutzung zu behindern. Der Schuldner hat auch seit Rechtskraft des Urteils wiederholt gegen das gerichtliche Gebot gehandelt, indem er mehrfach u.a. am _____ gegen _____ Uhr die Kinder des Gläubigers aus dem Garten vertrieben und ihnen das Spielen im Garten verboten hat. [2]

Da das Urteil noch keine Androhung von Ordnungsgeld/Ordnungshaft enthält, ist dieser Antrag geboten.

Erläuterungen

1. Duldungs-/Unterlassungstitel. Zur Zuständigkeit s. die Hinweise zu Teil 1 Rdn. 2861. 2891

Der Antrag setzt voraus, dass ein Vollstreckungstitel vorliegt, der auf die Unterlassung oder Duldung einer Handlung gerichtet ist. Er ist unzulässig, wenn eine Handlungsverpflichtung vollstreckt werden soll, durch die ein bestehender Zustand aufrechtzuerhalten ist (z.B. bei Heizung: OLG Köln ZMR 1994, 325). In diesem Zusammenhang wird es auf die geschickte Formulierung des Klageantrags schon im Erkenntnisverfahren ankommen, z.B. bezüglich der Heizpflicht, dem beklagten Vermieter zu verbieten, die Temperaturen in der Wohnung des klagenden Mieters auf weniger als 20 °C absinken zu lassen (s. *Künzel* WuM 1982, 305). 2892

Zur **Abgrenzung** von Dulden bzw. Unterlassen gemäß § 890 Abs. 1 ZPO **zur Vornahme einer Handlung** nach § 888 Abs. 1 ZPO s. OLG Zweibrücken ZMR 2004, 268: Wenn das bloße Un- 2893 tätigbleiben des Schuldners nicht genügt, um die titulierte Verpflichtung zu erfüllen, ist nach § 888 ZPO zu vollstrecken.

2894 Die Vorschrift des § 890 ZPO ist analog angewendet worden, wenn es sich um die Vornahme einer Dauerpflicht handelt (LG Berlin WuM 1994, 552 für wöchentliche Reinigung des Treppenhauses).

2895 Der Antrag kann wiederholt werden.

2896 **2. Androhung des Ordnungsmittels.** Diese kann bereits im Vollstreckungstitel ausgesprochen werden. Es empfiehlt sich daher, einen solchen Antrag schon im Erkenntnisverfahren zu stellen, zumal sich dies kostenmäßig nicht auswirkt.

2897 **3. Gebührenstreitwert und Rechtsanwaltsvergütung.** Vgl. Teil 1 Rdn. 2874.

VI. Antrag an das Gericht gemäß § 890 ZPO zur Erzwingung von Unterlassungen und Duldungen (Verhängung von Ordnungsgeld/Ordnungshaft)

2898 Namens und in Vollmacht der im nachstehenden Titel bezeichneten Gläubigerpartei wird beantragt, [1]

den Schuldner wegen Nichtbeachtung des

▶ Beispiel:

gerichtlichen Vergleiches vom _____

zu einem Ordnungsgeld und für den Fall, dass es nicht beigetrieben werden kann, zu Ordnungshaft oder sogleich zu Ordnungshaft zu verurteilen.

Begründung: [2]

Der Schuldner ist aufgrund des im Antrag genannten Titels verpflichtet

▶ Beispiel:

den allein zur Wohnung des Gläubigers gehörenden Garten nicht ohne vorherige Ankündigung und Vereinbarung eines Termins zu betreten. Der Schuldner handelt dieser Verpflichtung ständig zuwider. Zuletzt betrat er den Garten während der Abwesenheit des Gläubigers unangemeldet am _____ gegen _____ Uhr und hielt sich dort unbefugt ca. 15 Minuten auf.

Beweis: Zeugnis des Nachbarn _____

▶ Beispiel:

Es zu unterlassen, Räume im Hause Glockengießerwall 19, 20095 Hamburg an die konkurrierende Rechtsanwaltskanzlei am Hauptbahnhof Dr. Manfred Möller und Partner zu vermieten und zu überlassen.

Eventuell: [3]

Das geschah, obwohl das Gericht dem Schuldner durch Beschluss vom _____ für den Fall der erneuten Zuwiderhandlung gegen seine Verpflichtungen Ordnungsgeld bzw. Ordnungshaft angedroht hatte.

N. Zwangsvollstreckung, Räumungsschutz

Erläuterungen

1. Duldungs-/Unterlassungstitel. *1.1* Zur Zuständigkeit s. die Hinweise zu Teil 1 Rdn. 2861.

1.2 Der Verstoß ist genau zu bezeichnen, wenn er sich nicht schon aus dem Titel ergibt. Ein **Ordnungsmittel** darf erst verhängt werden, nachdem es angedroht worden ist. Die Androhung kann schon im Erkenntnisverfahren beantragt werden.

2. Verschulden. Die Verhängung von Ordnungsmitteln setzt ein Verschulden des Schuldners voraus (BVerfG NJW 1991, 3139; MDR 1981, 905). Wird der **Titel aufgehoben**, bevor über den Vollstreckungsantrag entschieden worden ist, so ist es unzulässig, einen Ordnungsmittelbeschluss zu erwirken (anders OLG Braunschweig WuM 1995, 196 wegen des strafrechtlichen Elements in § 890 ZPO). Das Gleiche gilt für eine Erledigung des Rechtsstreits in der Hauptsache (vgl. dazu Zöller/*Stöber* § 890 Rn. 25).

Wegen der Fassung eines Klageantrages bei Konkurrenzschutz im Mietrecht und die Vollstreckung nach § 890 ZPO vgl. Jendrek/Ricker, NZM 2000, 229.

3. Wahl des Ordnungsmittels. Ordnungsmittel können wiederholt verhängt werden. Es liegt im **Ermessen des Gerichts**, ob es Ordnungsgeld oder Ordnungshaft verhängt. Hierbei ist es an einen Antrag des Gläubigers nicht gebunden, muss aber die Reichweite des Androhungsbeschlusses beachten und darf über ihn nicht hinausgehen.

4. Gebührenstreitwert und Rechtsanwaltsvergütung. Vgl. Teil 1 Rdn. 2874.

VII. Antrag auf Gewährung einer Räumungsfrist bei Wohnraum (§ 721 ZPO)

Namens und in Vollmacht des Beklagten (oder: des Räumungsschuldners) wird beantragt, [1]

dem Beklagten

oder

dem Räumungsschuldner [2]

eine Frist

oder

eine weitere Frist bis zum _____ [3]

zur Räumung der im Hause _____ belegenen Wohnung zu gewähren

eventuell zusätzlich

und bis zu einer Entscheidung über den vorbezeichneten Antrag auf Gewährung einer weiteren Räumungsfrist die Zwangsvollstreckung aus dem Räumungstitel vom _____ zum Aktenzeichen _____ wegen des Räumungsanspruchs vorläufig einzustellen. [4]

Begründung: [5]

Dem Beklagten

oder

Dem Räumungsschuldner

ist mit Rücksicht auf nachstehend bezeichnete Umstände die beantragte Räumungsfrist zu gewähren:

▶ **Beispiel:**

Der Beklagte erkennt den vom Kläger geltend gemachten Räumungsanspruch an, da die dem Räumungsverlangen zugrundeliegende fristlose Kündigung wegen Zahlungsverzuges gerechtfertigt ist. [6, 7]

Dem Beklagten, der gegenwärtig nur Arbeitslosengeld II bezieht, ist es leider nicht möglich gewesen, die Mietrückstände auszugleichen. Zum Nachweis wird als

Anlage 1

der Bescheid über den Bezug von Arbeitslosengeld II überreicht, der auch den monatlichen Unterstützungsbetrag ausweist. Mit finanzieller Unterstützung aus dem weiteren Familienkreis kann der Beklagte jedoch die laufende monatliche Nutzungsentschädigung in Höhe der bisherigen Miete an den Kläger zahlen. Er benötigt im Hinblick auf seine beengte wirtschaftliche Lage und den gerichtsbekannten, für Wohnungssuchende ungünstigen Wohnungsmarkt mindestens noch die beantragte Räumungsfrist, um eine zumutbare Ersatzwohnung finden zu können.

▶ **Beispiel:**

Seit Rechtskraft des gegen ihn ergangenen Räumungsurteils hat der Schuldner alle ihm zumutbaren Maßnahmen ergriffen, um ausziehen zu können. Jedoch ist es ihm im Hinblick auf die bestehende Wohnraummangellage trotz intensiver Bemühungen bisher nicht gelungen, zumutbaren Ersatzwohnraum zu finden. Der Schuldner verfügt ausweislich der in Ablichtung als [8]

Anlage 1

beiliegenden Gehaltsbescheinigung seines Arbeitgebers über ein durchschnittliches monatliches Nettoeinkommen in Höhe von 1 500 €. Seine Ehefrau ist nicht berufstätig und hat kein eigenes Einkommen. Zur Familie des Schuldners gehören minderjährige Kinder im Alter von drei, sechs und acht Jahren. Bei den geschilderten wirtschaftlichen und persönlichen Verhältnissen kommen von vorn herein nur verhältnismäßig wenige Wohnungsangebote in Betracht. Der Schuldner hat regelmäßig die einschlägigen Internetportale, Tageszeitungen und sonstige Blätter auf Wohnungsannoncen verfolgt. Die in der

Anlage 2

zusammengestellten Angebote wären grundsätzlich in Betracht gekommen. Der Schuldner hat sich auf die überreichten Angebote gemeldet. Entweder aber waren die Wohnungen bereits vergeben oder der Schuldner erhielt eine Absage.

Beweis:

Zeugnis seiner Ehefrau. (Name, ladungsfähige Anschrift)

Darüber hinaus hat der Schuldner sogar einen Wohnungsmakler beauftragt, der ihm indes bisher keine Ersatzwohnung vermitteln konnte.

Beweis:

Zeugnis des Wohnungsmaklers. (Name, ladungsfähige Anschrift)

Belange des Gläubigers stehen der beantragten Räumungsfrist nicht entgegen. Die laufende monatliche Nutzungsentschädigung wurde vom Schuldner vollen Umfanges entrichtet; hierzu wird er auch zukünftig in der Lage sein. Auch ein dringendes Interesse des Gläubigers an einer sofortigen Räumung ist nicht erkennbar.

▶ Beispiel:

Als der Schuldner sich in dem gerichtlichen Räumungsvergleich zur Räumung der von ihm genutzten Wohnung innerhalb der im Vergleich geregelten Frist verpflichtete, ging er sicher davon aus, dass bis dahin sein Bauvorhaben auf Errichtung eines Einfamilienhauses fertiggestellt sein würde. [9, 10]

Über das Vermögen der Bauträgerfirma wurde jedoch kurz nach Abschluss des Räumungsvergleichs das Insolvenzverfahren eröffnet. Die Firma stellte ihre Bautätigkeit ein, dadurch kam es zu einer Verzögerung im Baufortschritt. Die eingesprungene Baufirma wird aber aller Voraussicht nach innerhalb der jetzt beantragten Räumungsfrist den Bau bezugsreif fertigstellen. Zum Beweise dafür wird in Ablichtung als

Anlage 1

eine Bestätigung des jetzt beauftragten Werkunternehmers beigefügt und auf dessen Zeugnis ergänzend Bezug genommen. Belange des Gläubigers stehen ersichtlich der beantragten Räumungsfrist nicht entgegen.

Eventuell zusätzlich [11]

Der Antrag auf vorläufige Einstellung der Zwangsvollstreckung hinsichtlich des Räumungsanspruches rechtfertigt sich aus folgenden Umständen:

▶ Beispiel:

Der Gläubiger betreibt aus dem genannten Räumungstitel die Zwangsvollstreckung. Der Gerichtsvollzieher hat bereits am _____ einen Räumungstermin festgesetzt. Der Gläubiger hat sich nicht bereit erklärt, auch ohne gerichtliche Entscheidung im Hinblick auf die oben mitgeteilten Umstände den Räumungsauftrag an den Gerichtsvollzieher vorläufig zurückzunehmen.

Erläuterungen

1. Räumungsfrist. Zuständig für die Bewilligung oder die Verlängerung einer **Räumungsfrist** ist das Prozessgericht, das mit der Räumungssache befasst ist (§ 721 Abs. 4 ZPO). Schwebt der Räumungsrechtsstreit in der Berufungsinstanz, so ist das Berufungsgericht zuständig. Hatte das Berufungsgericht eine Räumungsfrist bewilligt, so ist für deren Verlängerung nach Abschluss des Berufungsverfahrens wieder das Prozessgericht der ersten Instanz – nämlich das Amtsgericht – zuständig. 2905

Die Räumungsfrist nach § 721 ZPO wird vom Gericht von Amts wegen oder auf Antrag gewährt. Sie kommt nur in Betracht, wenn es um die Räumung von **Wohnraum** geht. Eine Räumungsfrist kann aber auch gewährt werden, wenn die tatsächlich als Wohnung genutzte Wohnung Gegenstand eines gewerblichen Mietverhältnisses ist (gewerbliche Zwischenvermietung, Wohnheim für kranke oder betreuungsbedürftige Menschen), und der Wohnende diese beantragt LG Stuttgart v. 08.02.1990 – 16 S 416/89, NJW-RR 1990, 654. Wurden die Räume zu Wohnzwecken überlassen, aber tatsächlich anders genutzt, ist § 721 ZPO nach seinem Sinn und Zweck nicht anwendbar. Nutzt der Vertragspartner vertragswidrig zu Wohnzwecken findet § 721 ZPO keine Anwendung, anderenfalls würde vertragswidriges Verhalten noch honoriert (*Lützenkirchen*, Mietrecht Kommentar 2013 Anhang § 546 BGH Rn. 150). Voraussetzung ist nicht, dass ein Mietverhältnis zwischen den Prozessparteien bestanden hat. Daher kann auch der gegenüber dem Eigentümer räumungspflichtige Untermieter eine Räumungsfrist beantragen. Hat das Gericht ei- 2906 nen Antrag nach § 721 ZPO auf Gewährung einer Räumungsfrist übergangen, so ist das Urteil nach § 321 ZPO entsprechend der Bewilligung zu ergänzen, soweit binnen 2 Wochen ein entsprechender Antrag gestellt wird (§ 721 Abs. 1 S. 3 ZPO).

2907 Die Gewährung einer Räumungsfrist ist nach § 721 Abs. 7 ZPO nicht zulässig
– bei Beendigung eines Mietverhältnis über Wohnraum, den eine juristische Person des öffentlichen Rechts oder ein anerkannter privater Träger der Wohlfahrtspflege zur Überlassung an **Personen mit dringendem Wohnbedarf** angemietet hat, sofern sie den Mieter bei Vertragsschluss auf die Zweckbestimmung des Wohnraums, auf den fehlenden Mieterschutz nach § 549 Abs. 2 BGB hingewiesen hat. Ein weiter gehender Hinweis auch auf § 721 Abs. 7 ZPO ist nicht erforderlich.
– bei Beendigung eines **Zeitmietvertrags** nach § 575 BGB.

2908 Bei vorzeitiger Beendigung eines Zeitmietvertrags durch außerordentliche (fristlose oder befristete) Kündigung ist die Gewährung einer Räumungsfrist möglich, allerdings zeitlich begrenzt bis zum vertraglich vereinbarten Beendigungszeitpunkt (§ 721 Abs. 7 S. 2 ZPO).

2909 Handelt es sich um ein **Mischmietverhältnis**, bei dem der Gewerbeanteil überwiegt, so kommt ausnahmsweise eine Räumungsfrist in Betracht, wenn eine getrennte Herausgabe möglich ist (LG Mannheim ZMR 1993, 79; LG Hamburg ZMR 1993, 419; Schmidt-Futterer/*Lehmann-Richter* nach § 721 ZPO Rn. 7).

2910 Der **Antrag** auf Gewährung einer Räumungsfrist kann bis zum Schluss der mündlichen Verhandlung, auf die das Urteil ergeht, gestellt werden. Bestreitet der Schuldner in erster Linie seine Räumungspflicht, so kann er gleichwohl hilfsweise die Gewährung einer Räumungsfrist beantragen. Da § 721 ZPO der drohenden Obdachlosigkeit entgegenwirken soll, kann auch ohne Antrag das Gericht von Amts wegen die Voraussetzungen für den Erlass einer Räumungsfrist prüfen und eine solche zuerkennen, selbst bei Erlass eines Versäumnisurteils, wenn sich aus dem Sachvortrag des Vermieters Anhaltspunkte hierfür ergeben (LG München v. 15.01.1982 – 14 T 21414/81).

2911 **2. Künftige Räumung.** Im Verfahren über künftige Räumung kann das Gericht nicht von Amts wegen, nur auf Antrag eine Räumungsfrist gewähren. Ist der Räumungsschuldner zur künftigen Räumung verurteilt worden (§ 259 ZPO), ohne dass über eine Räumungsfrist entschieden worden ist, so kann er spätestens zwei Wochen vor dem Tag, an dem nach dem Urteil zu räumen ist, einen Antrag auf Gewährung einer Räumungsfrist stellen. Bei Fristversäumung ist die Wiedereinsetzung in den vorigen Stand nach §§ 233 ff. ZPO zulässig (§ 721 Abs. 2 ZPO).

2912 **3. Fristverlängerung.** Ist eine Räumungsfrist bewilligt worden, so kann der Räumungsschuldner eine Fristverlängerung beantragen (§ 721 Abs. 3 ZPO). Der Antrag muss spätestens zwei Wochen vor Ablauf der Räumungsfrist gestellt werden. Fällt das Ende der gerichtlichen Räumungsfrist auf einen Sonn- oder Feiertag, so berechnet sich die Zweiwochenfrist gemäß § 222 Abs. 2 ZPO nach dem ersten folgenden Werktag, an dem der Schuldner zur Räumung verpflichtet ist (Schmidt-Futterer/*Lehmann-Richter* § 721 ZPO Rn. 53; LG Hamburg WuM 1993, 470; *Münzberg* WuM 1993, 9; Zöller/*Stöber* § 721 Rn. 9; a.A. LG Berlin ZMR 1992, 394). Bei Fristversäumung ist die Wiedereinsetzung in den vorigen Stand nach §§ 233 f. ZPO zulässig (§ 721 Abs. 3 ZPO). Der Antrag auf Fristverkürzung (§ 721 Abs. 3 ZPO) ist an keine Frist gebunden (Schmidt-Futterer/*Lehmann-Richter*; § 721 ZPO Rn. 60).

2913 **4. Einstweilige Anordnung.** Das Gericht kann in folgenden Fällen im Wege der einstweiligen Anordnung ohne mündliche Verhandlung die Räumungsvollstreckung mit oder ohne Auflagen einstellen:
– wenn im Falle einer Verurteilung auf künftige Räumung über eine Räumungsfrist zu entscheiden ist (§§ 721 Abs. 2 und 4 S. 4, 732 Abs. 2 ZPO),
– wenn beantragt wird, die Räumungsfrist zu verlängern oder zu verkürzen (§§ 721 Abs. 3 und 4 S. 4, 732 Abs. 2 ZPO),

– wenn gegen die Gewährung oder Versagung einer Räumungsfrist sofortige Beschwerde eingelegt ist (§§ 721 Abs. 6, 570 Abs. 3 ZPO).

Im Übrigen kann das Gericht auf Antrag die Zwangsvollstreckung einstweilen einstellen, wenn es den Antrag auf Gewährung einer Räumungsfrist bei seiner Entscheidung **übergangen** hat (§ 721 Abs. 1 S. 3, 2. Halbs. ZPO). Die einstweilige Einstellung kann in diesem Fall nicht von einer Auflage oder einer Sicherheitsleistung abhängig gemacht werden. 2914

5. Gesamtdauer. Die Räumungsfrist darf insgesamt – also einschließlich einer etwaigen Verlängerung – **nicht mehr als ein Jahr** betragen. Diese Frist rechnet vom Tag der Rechtskraft des Urteils an. Ist bei einer Verurteilung zur künftigen Räumung erst an einem späteren Tag zu räumen, so ist dieser Tag maßgebend (§ 721 Abs. 5 ZPO), wenn er nach Rechtskraft des Urteils liegt. Der Mieter muss die Frist nicht gänzlich ausschöpfen und ist berechtigt, die Wohnung vor Ablauf der Räumungsfrist zu übergeben. Mit Übergabe endet der Anspruch auf Nutzungsentschädigung (§ 546a BGB). Zur Vermeidung von Schadensersatzansprüchen empfiehlt sich die rechtzeitige Ankündigung der Übergabe. Während der Räumungsfrist sind Schadenersatzansprüche wegen verspäteter Rückgabe der Wohnung gemäß § 571 Abs. 2 BGB ausgeschlossen 2915

6. Anerkenntnis. Das gleichzeitige Anerkenntnis der Räumungspflicht kann dem beklagten Mieter im Räumungsprozess Kostenvorteile bringen: Hatte er durch sein Verhalten zur Erhebung der Räumungsklage keine Veranlassung gegeben, so fallen bei einem sofortigen Anerkenntnis die Prozesskosten dem Kläger zur Last. Nach § 93b Abs. 3 ZPO kann das Gericht die **Kosten** aber auch dann ganz oder zum Teil **dem Kläger auferlegen**, wenn der Beklagte vor Erhebung der Klage unter Angabe von Gründen eine bestimmte und angemessene Räumungsfrist vergeblich begehrt hatte. In einem solchen Fall hat er nämlich nicht ohne weiteres Anlass zur Klage gegeben. 2916

7. Interessenabwägung. Ob eine Räumungsfrist gewährt werden kann, hängt von dem Ergebnis einer Interessenabwägung ab. Hierbei verdient das Interesse des Räumungsschuldners, noch eine kurze, absehbare Frist die Mieträume aus triftigem Anlass weiter nutzen zu müssen oder zu können, in der Regel den Vorrang (LG Hamburg WuM 1990, 216; LG Mainz WuM 1997, 233), um den Mieter in seiner Persönlichkeit und wirtschaftlichen Existenz zu schützen. 2917

Wichtige Gründe zugunsten des Gläubigers können sich aus dem Kündigungsgrund selbst ergeben, z.B. **dringender Eigenbedarf** des Vermieters oder erhebliche Lärmstörungen durch den Mieter. 2918

Befindet sich der Mieter in **Zahlungsverzug**, so ist die Gewährung einer Räumungsfrist für den Vermieter grundsätzlich unzumutbar, wenn die Zahlung der laufenden Miete oder Nutzungsentschädigung nach § 546a BGB für deren Dauer nicht gewährleistet ist (OLG Stuttgart WuM 2006, 530 = ZMR 2006, 863, 864; LG Berlin GE 2007, 1253). Einige Gerichte gewähren in solchen Fällen gleichwohl eine Räumungsfrist von mindestens sechs Wochen, um eine Obdachlosigkeit des Mieters zu vermeiden (so etwa LG Berlin ZMR 2001, 189; GE 2001, 1468). 2919

Das erscheint für den Vermieter kaum akzeptabel. Durch Gewährung einer Räumungsfrist sollte sein Schaden nicht vergrößert werden, indem die weitere Nutzungsentschädigung ganz oder teilweise nicht gezahlt wird. Diesen Belangen kann das Gericht durch eine Auflage Rechnung tragen (LG Hamburg WuM 1990, 216). 2920

Hinweis: Die Gewährung einer Räumungsfrist ist bedingungsfeindlich. Wird die Auflage nicht eingehalten, so kann der Gläubiger aber die Abkürzung der Räumungsfrist nach § 721 Abs. 3 ZPO beantragen. 2921

8. Fehlender Ersatzwohnraum. Ein Grund für die Gewährung der Räumungsfrist kann darin liegen, dass der Schuldner keine Ersatzwohnung zu **zumutbaren Bedingungen** hat finden können. Dabei bemisst sich die Dauer der Räumungsfrist nach dem Wohnungsangebot, das für den Mieter erschwinglich ist (LG Berlin WuM 1989, 300; AG Hamburg, Beschl. v. 28.11.2007, 46 C 24/07, zit. nach Juris). Scheitert allerdings die Anmietung von Ersatzwohnraum allein an der 2922 mangelnden Zahlungsfähigkeit des Schuldners, kann dieser Gesichtspunkt keine Berücksichtigung finden (OLG Stuttgart WuM 2006, 530 = ZMR 2006, 863, 864).

2923 Gefordert wird, dass der Räumungsschuldner seine Bemühungen um Ersatzraum im Einzelnen **darlegt**. Ihm wird zugemutet, genaue Aufzeichnungen über Art und Umfang der Ersatzraumsuche zu machen, etwa auf welche konkreten Wohnungsangebote er sich gemeldet hat und warum eine Anmietung gescheitert ist (LG Münster WuM 2007, 19, 22; LG Mannheim WuM 1993, 62).

2924 Seine Verpflichtung zur intensiven **Suche nach einer Ersatzwohnung** setzt zu dem Zeitpunkt ein, zu dem er bei vernünftiger Betrachtung damit rechnen muss, die Wohnung zu verlieren. Das ist nach der Entscheidung des OLG Köln vom 10.03.2003 (ZMR 2004, 33, 35 f. = WuM 2003, 465, 467) bereits nach Erhalt einer berechtigten Eigenbedarfskündigung der Fall. Zumindest aber ist der Mieter bei einer streitigen Eigenbedarfskündigung dann zur Suche von Ersatzwohnraum verpflichtet, wenn er – etwa auf Hinweis des Gerichts – die Begründetheit der Kündigung ernsthaft in Betracht ziehen muss (vgl. LG Verden WuM 1992, 637). Vor diesem Zeitpunkt besteht die Pflicht jedenfalls dann, wenn er sich gegenüber einer Kündigung nur mit fehlendem Ersatzraum verteidigt oder seine Räumungspflicht – auch für ihn erkennbar – auf der Hand liegt. Im Übrigen können dem Schuldner lediglich zumutbare Maßnahmen abverlangt werden. So wird man von einem Sozialhilfeempfänger nicht die Einschaltung von Maklern fordern dürfen (AG Lörrach WuM 1987, 66; LG Mannheim WuM 1993, 62 für sozialschwache Familie).

2925 **9. Gerichtlicher Räumungsvergleich.** Die Gewährung einer gerichtlichen Räumungsfrist nach Abschluss eines Räumungsvergleichs ist gemäß § 794a ZPO nur auf Antrag zulässig. Es muss sich um einen gerichtlichen oder vor einer Gütestelle abgeschlossenen Vergleich (s. Muster und Hinweise zu Teil 1 Rdn. 2308 und Teil 1 Rdn. 2316) handeln. Der Antrag muss bei dem Amtsgericht, in dessen Bezirk die zu räumende Wohnung liegt, spätestens zwei Wochen vor dem Tag, an dem nach dem Vergleich zu räumen ist, gestellt werden. Bei Fristversäumung ist eine Wiedereinsetzung in den vorigen Stand nach §§ 233 ff. ZPO zulässig.

2926 Die Höchstfrist beträgt auch hier ein Jahr seit Abschluss des Vergleiches. Ist nach dem Vergleich an einem späteren Tag als am Tage des Abschlusses zu räumen – was der Regelfall ist – so rechnet die Jahresfrist von diesem Tage an (§ 794a Abs. 3 S. 2 ZPO). Die im Vergleich vereinbarte Räumungsfrist ist also nicht in die Jahresfrist einzurechnen.

2927 **Hinweis** für den Vermieter: Die Parteien können insoweit aber eine abweichende Vereinbarung im Vergleich treffen (LG Aachen WuM 1996, 568).

2928 Verpflichtet sich der Schuldner in dem Vergleich sofort oder früher als 14 Tage nach Abschluss des Vergleiches zu räumen, wird die Ansicht vertreten, eine Räumungsfrist könne dann nicht gewährt werden (Thomas-Putzo/*Seiler* § 794a Rn. 4), ausnahmsweise wohl dann, wenn der Grund nach Abschluss des Vergleiches und vor dem Beginn der Vollstreckung entstanden ist (Schmidt-Futterer/*Lehmann-Richter* § 794a Rn. 12).

2929 **10. Doppelter Umzug.** Ein Grund für die Gewährung einer Räumungsfrist kann auch darin liegen, einen doppelten Umzug des Räumungsschuldners innerhalb verhältnismäßig kurzer Zeit, die jedenfalls bestimmbar sein muss, zu vermeiden (s. LG Osnabrück WuM 1980, 256; ferner LG Heidelberg WuM 1995, 661: wenn sich die Fertigstellung des Eigenheims des Mieters verzögert).

2930 **11. Nochmals: Einstweilige Anordnung.** Die einstweilige Anordnung (zur Zulässigkeit s. die Hinweise zu Ziff. 4, Teil 1 Rdn. 2913) ist bei dem Gericht zu beantragen, bei dem das Verfahren über die Gewährung oder Verlängerung der Räumungsfrist anhängig ist. Die Entscheidung ergeht in der Regel ohne mündliche Verhandlung. In Eilfällen braucht der Gläubiger zuvor nicht gehört zu werden. Es genügt die nachträgliche Anhörung. Das Gericht kann die von ihm erlassene einstweilige Anordnung abändern oder auch gänzlich aufheben. Ihr Erlass setzt voraus, dass der Hauptantrag zumindest Aussicht auf Erfolg hat. Es sind die gleichen Auflagen wie bei Anordnung einer Räumungsfrist zulässig, insbesondere die laufende Zahlung der Nutzungsentschädigung; s. den Hinweis zu Ziff. 7, Teil 1 Rdn. 2917).

Ein Rechtsmittel gegen eine einstweilige Anordnung ist grundsätzlich nicht zulässig. 2931

12. Gebührenstreitwert und Rechtsanwaltsvergütung. Der Gegenstandswert des isolierten Räumungsfristverfahrens ist nach § 41 Abs. 1 GKG nach dem während der Dauer der beantragten Räumungsfrist zu zahlenden Nutzungsentgelt zu bestimmen. Betriebskostenvorauszahlungen sind nur dann in die Berechnung mit einzubeziehen, wenn über diese nicht mehr gesondert abgerechnet wird. 2932

Vertritt der Rechtsanwalt seinen Auftraggeber in einem Verfahren vor dem Prozessgericht oder dem Amtsgericht auf Bewilligung, Verlängerung oder Verkürzung einer Räumungsfrist, das nicht mit der Hauptsache verbunden ist, erhält er hierfür eine Gebühr in Höhe von 1,0 gem. Nr. 3334 VV RVG. Im Falle der vorzeitigen Erledigung des Auftrags ermäßigt sich diese Gebühr auf eine 0,5 Verfahrensgebühr gem. Nr. 3337 VV RVG. Eine zusätzliche Vergütung entfällt, wenn das Verfahren mit der Hauptsache verbunden ist, auch wenn in einem vom Gericht bestimmten Termin nur über den Räumungsschutzantrag verhandelt wurde (*Gerold/Schmidt/von Eicken/Müller-Rabe* RVG 3334 VV Rn. 9). Neben der 1,0 Verfahrensgebühr können die Terminsgebühr der Nr. 3104 VV RVG und die Einigungsgebühr der Nr. 1003 VV RVG anfallen, was sich aus der Vorbemerkung 3.3.6 VV RVG ergibt. 2933

Nimmt der Rechtsanwalt also an einem Termin im Räumungsfristverfahren teil, entsteht eine 1,2 Terminsgebühr der Nr. 3104 VV RVG. Die Einigungsgebühr entsteht in einem solchen Verfahren in Höhe von 1,0 gem. Nr. 1003 VV RVG, da über den Gegenstand der Einigung ein gerichtliches Verfahren anhängig ist. Einigen sich die Parteien ohne gerichtliches Räumungsfristverfahren (nach Abschluss des Räumungsprozesses), entsteht neben der Geschäftsgebühr der Nr. 2400 eine Einigungsgebühr in Höhe von 1,5 gem. Nr. 1000 VV RVG, die jedoch zur Hälfte, maximal mit 0,75 auf die Prozessgebühr des Räumungsprozesses anzurechnen ist. 2934

VIII. Antrag auf Vollstreckungsschutz (§ 765a ZPO)

Namens und in Vollmacht der im nachstehenden Räumungstitel bezeichneten Schuldnerpartei wird beantragt, [1] 2935

die Zwangsvollstreckung aus dem Räumungstitel vom _____ zum Aktenzeichen _____ hinsichtlich des Räumungsanspruchs

bis zum _____

oder

zeitlich unbefristet

zu untersagen

Eventuell zusätzlich [2]

und bis zu einer Entscheidung über vorbezeichneten Antrag die Zwangsvollstreckung aus dem Räumungstitel hinsichtlich des Räumungsanspruchs einstweilen einzustellen.

Begründung: [3]

Die Zwangsvollstreckung zum gegenwärtigen Zeitpunkt bedeutet auch unter voller Würdigung des Schutzbedürfnisses des Gläubigers wegen ganz besonderer Umstände für den Schuldner eine Härte, die mit den guten Sitten nicht vereinbar ist. Die ganz besonderen Umstände ergeben sich aus folgendem Tatbestand:

▶ Beispiel:

Der Schuldner hat sich seit längerer Zeit sehr intensiv um eine Ersatzwohnung bemüht. Das gelang zunächst nicht. Ihm wurde daher insgesamt gemäß § 721 Abs. 5 ZPO eine Räumungsfrist von einem Jahr ab Rechtskraft des gegen ihn ergangenen Räumungsurteils gewährt. Diese Frist ist jetzt abgelaufen. [4]

Der Schuldner hat zwischenzeitlich eine Ersatzwohnung gefunden, die mit an Sicherheit grenzender Wahrscheinlichkeit in drei Monaten bezugsfertig ist. Zum Beweise dafür wird auf die in Ablichtung als [5]

Anlage 1

beigefügte Bestätigung des Vermieters sowie auf dessen Zeugnis Bezug genommen. Der geschlossene Mietvertrag über die Ersatzwohnung wird als

Anlage 2

in Fotokopie ergänzend überreicht. Es wäre eine unzumutbare Härte für den Schuldner, innerhalb einer kurzen Frist zweimal umziehen zu müssen. Belange des Gläubigers stehen einer Stattgabe des Antrages nicht entgegen. Seinen finanziellen Verpflichtungen, insbesondere derjenigen auf Zahlung der laufenden monatlichen Nutzungsentschädigung, ist der Schuldner vollen Umfanges nachgekommen. Der vom Gläubiger reklamierte Eigenbedarf für seinen Sohn ist erkennbar nicht dringlich.

▶ Beispiel:

Ausweislich des in Ablichtung als [6]

Anlage 1

beigefügten ärztlichen Berichtes erlitt der alleinlebende Schuldner vor kurzer Zeit einen schweren Herzinfarkt. Nach seiner Entlassung aus dem Krankenhaus benötigt er in den nächsten Wochen zur weiteren Genesung absolute Ruhe. Die Beschwernisse eines Umzuges oder gar einer Zwangsräumung während dieser Zeit würden die konkrete Gefahr mit sich bringen, dass der Schuldner erneut einen Herzinfarkt erleidet.

Beweis:

Sachverständigengutachten

Belange des Gläubigers stehen dem oben gestellten Antrag nicht entgegen. Die Räumungsverpflichtung des Schuldners beruht auf einer fristlosen Kündigung wegen Zahlungsverzuges. Der Schuldner hat zwischenzeitlich alle Rückstände ausgeglichen und zahlt die laufende monatliche Nutzungsentschädigung pünktlich.

▶ Beispiel:

Ausweislich des in Ablichtung als [7]

Anlage 1

beigefügten fachärztlichen Berichts unterzieht sich der Schuldner seit Jahren einer psychiatrischen Behandlung. Trotzdem leidet er auch heute noch unter schweren Depressionen. Schon der Gedanke an eine Aufgabe der Wohnung verursacht beim Schuldner panische Angstzustände und schwere depressive Verstimmungen. Im Falle einer Zwangsräumung besteht daher eine konkrete Suizidgefahr. Diese wird im oben überreichten fachärztlichen Bericht bestätigt.

Ergänzend beruft sich der Schuldner auf Einholung eines ärztlichen Sachverständigengutachtens.

Ferner ist der jetzt 75-jährige Schuldner an Angina pectoris erkrankt und leidet zudem an einer starken Hypertonie. Neben oben genannter Suizidgefahr besteht im Falle einer Zwangsräumung vor dem Hintergrund der psychischen Verfassung des Schuldners die konkrete Gefahr eines akuten Herzversagens.

Beweis:

Sachverständigengutachten.

Im Falle einer Zwangsräumung ist daher das Leben des Schuldners gefährdet.

Eine Besserung seines physischen und psychischen Zustandes ist nicht in Sicht. Ausnahmsweise ist es daher gerechtfertigt, die Zwangsvollstreckung ohne zeitliche Befristung zu untersagen. Etwaige Belange des Gläubigers müssen hinter dem verfassungsrechtlich garantierten Recht des Schuldners auf Leben zurücktreten.

Eventuell zusätzlich [8]

Der Antrag auf vorläufige Einstellung der Zwangsvollstreckung bis zu einer endgültigen Entscheidung rechtfertigt sich aus folgenden Umständen:

▶ Beispiel:

Der Gläubiger betreibt aus dem genannten Räumungstitel die Zwangsvollstreckung. Der Gerichtsvollzieher hat bereits am _____ einen Räumungstermin festgesetzt. Der Gläubiger hat sich nicht bereit erklärt, auch ohne gerichtliche Entscheidung im Hinblick auf die oben mitgeteilten Umstände den Räumungsauftrag an den Gerichtsvollzieher vorläufig zurückzunehmen.

Erläuterungen

1. Vollstreckungsschutz. Er wird nur auf Antrag des Schuldners, der spätestens 2 Wochen vor dem festgesetzten Räumungstermin gestellt werden muss, gewährt. Für die Gewährung von Vollstreckungsschutz nach § 765a ZPO ist das Amtsgericht, in dessen Bezirk die zu räumende Wohnung liegt, als Vollstreckungsgericht zuständig (§ 764 Abs. 2 ZPO); es entscheidet der Rechtspfleger (§ 20 Nr. 17 RpflG). § 765 ZPO gebietet eine Entscheidung des Vollstreckungsgerichts über die Notwendigkeit von Vollstreckungsschutz, die gerade soweit Leib, Leben und Gesundheit des Schuldners betroffen sind, nicht dem Gerichtsvollzieher überlassen werden darf (BVerfG, Beschluss v. 21.11.2012 – 2 BvR 1858/12).

2936

Die Vorschrift des § 765a ZPO ermöglicht grundsätzlich nur einen vorübergehenden Räumungsaufschub, um kurzfristigen, zwingenden Räumungshindernissen zu begegnen. Nur in eng begrenzten Ausnahmefällen kann die unbefristete Einstellung der Räumungsvollstreckung in Betracht kommen; s. Muster und Hinweise zu Teil 1 Rdn. 2948.

2937

Vollstreckungsschutz nach § 765a ZPO und die Beurteilung von Räumungsfristen nach §§ 721, 794a ZPO schließen sich nicht aus, sondern sind nebeneinander anwendbar. § 765a ZPO kommt jedoch nur in Betracht, wenn andere vollstreckungsrechtliche Schutzvorschriften erschöpft sind, oder nicht zur Anwendung kommen (BGH v. 04.07.2007 – VIII ZB 15/07). Anderenfalls fehlt einem Antrag nach § 765a ZPO das Rechtsschutzbedürfnis. Sind die Antragsfristen abgelaufen, wobei es auf Verschulden nicht ankommt, oder sollen sie überschritten werden, kommt ein Antrag nach § 765a ZPO wieder in Betracht OLG Köln, ZMR 1995, 535). Da bei anderen Räumen als Wohnraum Räumungsfristen nach

§§ 721, 794a ZPO ausscheiden, kann Vollstreckungsschutz dort nur über § 765a ZPO erlangt werden.

2938 Hat aber der (Gewerberaum)-Mieter gegen ein oberlandesgerichtliches Berufungsurteil auf Räumung und Herausgabe **Nichtzulassungsbeschwerde beim Revisionsgericht** eingelegt, kann er im so noch laufenden Erkenntnisverfahren Vollstreckungsschutz über §§ 544 Abs. 5 Satz 2, 719 Abs. 2 ZPO erhalten. **Ein Antrag nach § 765a ZPO ist damit unzulässig** (LG Frankfurt a.M. MietRB 2015, 141).

2939 **2. Einstweilige Anordnung.** Die einstweilige Anordnung nach §§ 765a Abs. 1 S. 2; 732 Abs. 2 ZPO ist bei dem Gericht zu beantragen, bei dem das Verfahren über die Gewährung von Vollstreckungsschutz anhängig ist. Die Entscheidung ergeht in der Regel ohne mündliche Verhandlung. In Eilfällen braucht der Gläubiger zuvor nicht gehört zu werden. Es genügt die nachträgliche Anhörung. Das Gericht kann die von ihm erlassene einstweilige Anordnung abändern oder auch gänzlich aufheben. Ihr Erlass setzt voraus, dass der Hauptantrag zumindest **Aussicht auf Erfolg** hat. Ein Rechtsmittel gegen die einstweilige Anordnung ist grundsätzlich nicht gegeben; zulässig ist nur die Erinnerung gegen die Entscheidung des Rechtspflegers (§ 11 Abs. 2 RpflG).

2940 **3. Interessenabwägung.** Die Entscheidung über die Gewährung von Vollstreckungsschutz ergeht aufgrund einer Interessenabwägung. Anders als bei der Bewilligung einer Räumungsfrist nach § 721 ZPO genießt hier das Interesse des Gläubigers eindeutig Vorrang. Die Gewährung von Vollstreckungsschutz bildet demnach die Ausnahme. So kann er nicht bewilligt werden, wenn der Schuldner seit Monaten mit der Nutzungsentschädigung im Rückstand und ein Ausgleich nicht erkennbar ist (LG Hildesheim DWW 1995, 316). Der Gefahr künftiger säumiger Zahlungen der Nutzungsentschädigung kann durch eine Auflage entgegengewirkt werden; vgl. die Hinweise zu Teil 1 Rdn. 2920. Der Anlass für die Kündigung ist nur insoweit erheblich, als die Umstände (z.B. Lärm oder unpünktliche Zahlungsweise) fortwirken.

2941 **4. Fehlender Ersatzwohnraum.** Das Fehlen einer angemessenen Ersatzwohnung zu zumutbaren Bedingungen kann nur dann als besondere Härte gewertet werden, wenn der Schuldner sich vergeblich um eine solche bemüht hat, und ihm Obdachlosigkeit droht. Die **Vermeidung eines Zwischenumzugs** rechtfertigt grundsätzlich keinen Räumungsschutz. Das gilt allenfalls bei **Familien** mit kleinen oder schulpflichtigen Kindern (Schmidt-Futterer/Lehmann-Richter, § 765a ZPO Rn. 25, 26). Hingegen rechtfertigt bei einem alleinstehenden Mieter der Umstand, dass er einen Monat nach dem angesetzten Räumungstermin eine Ersatzwohnung beziehen kann, nicht ohne Weiteres die Einstellung der Zwangsvollstreckung (LG Hamburg ZMR 2001, 802). Im Übrigen trifft den Mieter verstärkt die Pflicht zur Suche nach einer Ersatzwohnung. Nach OLG Celle WuM 1987, 63 gibt es aber keinen allgemeinen Erfahrungssatz, dass es dem Schuldner innerhalb bestimmter Zeit bei größerer Anstrengung hätte möglich sein müssen, eine angemessene Ersatzwohnung zu finden. Der Schuldner muss aber bis an die Grenze seiner eigenen Leistungsfähigkeit gehen. Dabei hat er seine Bemühungen im Einzelnen darzulegen (vgl. dazu die Hinweise zu Teil 1 Rdn. 2923).

2942 **5. Belange des Gläubigers.** Diese – insbesondere ein dringendes Interesse an der alsbaldigen Eigennutzung und an pünktlicher Zahlung der Nutzungsentschädigung, oder eine bereits erfolgte Weitervermietung – müssen stets beachtet werden.

2943 **6. Gesundheitsgefährdung.** Eine erhebliche **Gesundheitsgefährdung** – auch Schwangerschaft (s. OLG Frankfurt/M. WuM 1981, 46) – kann die Gewährung von Vollstreckungsschutz rechtfertigen. Die Praxis verlangt im Allgemeinen das Vorliegen von Umständen, die erwarten lassen, dass der Vollstreckungsschutz nur vorübergehend erforderlich werden wird. Ist aber nicht abzusehen, dass die Gefahren für Leib und Gesundheit ihrer Natur nach sich nicht zum Besseren ändern, so kann ausnahmsweise ein Räumungsschutz auf Dauer geboten sein (BVerfG ZMR 1992, 137 = NJW 1992, 1155).

7. Verhältnismäßigkeit. Nach der grundlegenden Entscheidung des BVerfG vom 03.10.1979 2944 (ZMR 1980, 12, 13 = NJW 1979, 2607) muss das Gericht bei seiner Entscheidung den Grundsatz der Verhältnismäßigkeit beachten. Dieser ist verletzt, wenn die Interessen des Schuldners, die der Zwangsvollstreckung entgegenstehen und unmittelbar der Erhaltung von Leben und Gesundheit dienen, im konkreten Fall erheblich schwerer wiegen als diejenigen Belange, deren Wahrung die staatlichen Vollstreckungsmaßnahmen dienen sollen (BVerfG NZM 2007, 739; ZMR 2004, 46). Die insoweit gebotene Würdigung aller Umstände kann in besonders gelagerten Einzelfällen dazu führen, dass die Vollstreckung für einen längeren Zeitraum und in absoluten Ausnahmefällen sogar auf unbestimmte Zeit einzustellen ist (BVerfG NZM 2005, 657; s. auch BGH WuM 2008, 96).

– Wird dem Schuldner – wie im Beispiel – fachärztlich eine konkrete **Suizidgefahr** für den Fall der Zwangsräumung bescheinigt, so kann dies die Gewährung von Vollstreckungsschutz gebieten (BVerfG WuM 2007, 563; NJW 1998, 295). Allerdings hat das Vollstreckungsgericht sorgfältig zu prüfen, ob dieser Gefahr nicht auch auf andere Weise als durch Einstellung der Zwangsvollstreckung wirksam begegnet werden kann (BGH WuM 2008, 36; 2005, 407; ZMR 2006, 33), namentlich durch **konkrete Auflagen** oder durch die Anordnung geeigneter Betreuungsmaßnahmen (BGH WuM 2006, 46). In Betracht kommt auch die Unterbringung des Suizidgefährdeten in einer psychiatrischen Klinik nach den Unterbringungsgesetzen der Länder (BGH NZM 2005, 517, 518; WuM 2008, 96, 97; s. auch Schmidt-Futterer/*Lehmann-Richter* § 765a Rn. 16 ff.); hierüber hat allerdings das Vormundschaftsgericht zu befinden. Bis zur Entscheidung über die **Unterbringung** und deren Vollzug hat das Vollstreckungsgericht die Zwangsvollstreckung einstweilen einzustellen (vgl. BGH WuM 2007, 582). Im Übrigen wird dem Vollstreckungsgericht, bevor es eine Unterbringung anregt, stets die Prüfung abverlangt, ob der Suizidgefahr bereits durch ambulante psychiatrische oder psychotherapeutische Maßnahmen begegnet werden kann (BGH WuM 2007, 582). Aber auch vom Schuldner selbst kann erwartet werden, dass er alles ihm Zumutbare unternimmt, um Gefahren für Leben und Gesundheit abzuwenden (BGH WuM 2005, 407; 2008, 36, 37). Informativ hierzu *Schuschke* NZM 2011/304 ff. Lesenswert ist hierzu der Beschluss des BGH vom 12.11.2014 – V ZB 99/14 (WuM 2015, 365), wonach die Einstellung des Zwangsversteigerungsverfahrens und die Versagung des Zuschlags wegen einer konkreten Suizidgefährdung des Schuldners im Falle eines rechtskräftigen Zuschlagsbeschlusses ohne Auflagen nur möglich ist, wenn der Gefahr der Selbsttötung nicht auf andere Weise begegnet werden kann. Übertragen auf den Vollstreckungsschutzantrag nach § 765a ZPO, gilt, dass sorgfältig zu prüfen ist, ob der Gefahr der Selbsttötung nicht auf andere Weise als durch Einstellung der Zwangsvollstreckung wirksam begegnet werden kann (BGH Beschluss v. 06.12.2007 V ZB 76/07, NJW 2008, 586). Mögliche Maßnahmen betreffen die Art und Weise, wie die Zwangsvollstreckung durchgeführt wird (Ingewahrsamnahme, nach polizeirechtlichen Vorschriften, betreuungsrechtliche Unterbringung). Kann der Suizidgefahr so begegnet werden, scheidet eine Einstellung aus. Kann der Selbsttötungsgefahr indes so nicht begegnet werden, so ist die Vollstreckung einzustellen, jedoch im Gläubigerinteresse nicht auf Dauer, da die staatliche Aufgabe, das Leben des Schuldners zu schützen, nicht durch ein Vollstreckungsverbot auf Dauer gelöst werden kann. Die Einstellung ist daher zu befristen und ggf. mit Auflagen zu versehen, soweit diese Erfolg versprechen, beispielsweise ärztliche oder therapeutische Hilfe in Anspruch zu nehmen. Dem Schuldner ist jede zumutbare Bemühung zur Verringerung des Suizidrisikos abzuverlangen (BGH V ZB 80/12, NZM 2013, 162). Leistet der Schuldner der Auflage keine Folge ist jedoch die Zwangsvollstreckung nicht ohne weiteres fortzusetzen, da ja die Suizidgefahr dadurch nicht aufgehoben ist. Nach der Rechtsprechung soll allerdings die Weigerung des Schuldners, sich ärztlich oder medikamentös behandeln zu lassen, zu Lasten des Schuldners berücksichtigt werden dürfen (BGH I ZB 27/10; LG Hamburg ZMR 2011, 131). Ob deswegen tatsächlich die Zwangsvollstreckung trotz akuter Suizidgefahr fortgesetzt werden kann, wird dort nicht ausdrücklich ausgesprochen (Schmidt-Futterer/*Lehmann-Richter* § 765a ZPO Rn. 19 ff.).

Behauptet der Schuldner eine **Gesundheitsgefährdung** durch die Räumung, so hat er diese – etwa durch Einreichung einer fachärztlichen Bescheinigung – konkret darzulegen. An die Darlegungslast werden strenge Anforderungen gestellt (OLG Köln NJW 1993, 2248, 2249 = ZMR 1993, 336, 337; 1990, 143; LG Mainz NZM 1998, 403). Es muss geprüft werden, ob im einzelnen Fall eine konkrete Gesundheits- oder Lebensgefahr gegeben ist. Deren Eintritt muss mit hinreichender Wahrscheinlichkeit anhand objektiv feststellbarer Merkmale nachgewiesen werden.

- Müttern ist – entsprechend dem arbeitsrechtlichen **Mutterschutz** – wenigstens sechs Wochen vor und bis zu acht Wochen nach der Niederkunft Räumungsschutz zu bewilligen (*Herrlein* in: Herrlein/Kandelhard Rn. 36 Schmidt-Futterer/*Lehmann-Richter* § 765a ZPO Rn. 24).

2945 **8. Nochmals einstweilige Anordnung.** Zur einstweiligen Anordnung s. oben Ziff. 2, Teil 1 Rdn. 2939.

2946 **9. Gebührenstreitwert und Rechtsanwaltsvergütung.** Der Gegenstandswert für den Antrag gem. § 765a ZPO bemisst sich grundsätzlich nach dem Interesse des Schuldners an der beantragten Maßnahme (vgl. *Schneider/Herget* Streitwertkommentar für den Zivilprozess, Rn. 6112). Das Interesse des Schuldners kann mit dem Wert der für den Zeitraum des Räumungsschutzes zu zahlenden Nutzungsentschädigung beziffert werden, der in Anwendung des § 25 Abs. 1 Nr. 2 RVG und § 41 Abs. 1 GKG auf den Jahreswert begrenzt ist. Aufgrund der nur begrenzten Wirkung der Entscheidung nach § 765a ZPO wird eine weitere Meinung vertreten, wonach zunächst der Jahresmietbetrag anzusetzen, dieser aber auf 1/5 zu ermäßigen ist (vgl. *Schneider/Herget* a.a.O).

2947 Der Rechtsanwalt erhält im Verfahren gem. § 765a ZPO eine (erhöhungsfähige) 0,3 Verfahrensgebühr der Nr. 3309 VV RVG, im Falle eines Verhandlungstermins eine 0,3 Terminsgebühr der Nr. 3310, zzgl. Auslagen (Nr. 7000 ff. VV RVG).

IX. Antrag auf Einstellung der Zwangsvollstreckung aus einem erstinstanzlichen Räumungsurteil im Berufungsverfahren (§ 719 ZPO)

2948 **Namens und in Vollmacht der im nachstehenden Räumungsurteil bezeichneten beklagten Partei wird beantragt, [1]**

die Zwangsvollstreckung aus dem Räumungsurteil des _____ Gerichts vom _____ zum Aktenzeichen _____ bis zur Entscheidung über die Berufung des Beklagten ohne Sicherheitsleistung, hilfsweise gegen Sicherheitsleistung oder Auflagen des Gerichts, hinsichtlich des Räumungsanspruches einstweilen einzustellen. [2]

Begründung:

Das gegen den Beklagten erstinstanzlich ergangene, im Antrag bezeichnete Räumungsurteil ist vorläufig vollstreckbar. Das Rechtsschutzbedürfnis für den gestellten Einstellungsantrag ergibt sich aus folgenden Umständen:

▶ **Beispiel:**

Der Kläger betreibt aus dem genannten Räumungstitel die Zwangsvollstreckung. Der Gerichtsvollzieher hat bereits am _____ einen Räumungstermin festgesetzt. Der Kläger hat sich nicht bereit erklärt, auch ohne gerichtliche Entscheidung im Hinblick auf das anhängige Berufungsverfahren den Räumungsauftrag gegenüber dem Gerichtsvollzieher zurückzunehmen und eine Vollstreckung bis zum Abschluss des Berufungsverfahrens zurückzustellen. Die

Mitteilung des Gerichtsvollziehers über die Anberaumung eines Räumungstermins wird in Ablichtung als [3]

Anlage B-ASt 1

überreicht.

Der Antrag auf vorläufige Einstellung der Zwangsvollstreckung ist auch begründet. Entgegen der Entscheidung der Vorinstanz ist davon auszugehen, dass das Mietverhältnis zwischen den Parteien bisher nicht wirksam beendet wurde; der Beklagte ist daher materiell-rechtlich zur Räumung nicht verpflichtet. Im Einzelnen nimmt der Beklagte [4]

auf die dem Gericht bereits vorliegende Berufungsbegründung

oder

auf die mit diesem Schriftsatz gleichzeitig eingereichte Berufungsbegründung Bezug.

Jedenfalls aber rechtfertigt sich der Einstellungsantrag unter dem Gesichtspunkt, dass zugunsten des Beklagten unter Berücksichtigung aller vorgetragenen Umstände die Gewährung

einer Räumungsfrist

oder

einer weiteren Räumungsfrist

in Betracht kommt.

Das angerufene Gericht wird um ganz kurzfristige Entscheidung gebeten. [5]

Erläuterungen

1. Gerichtliche Geltendmachung. Der Antrag auf **einstweilige Einstellung der Zwangsvollstreckung** nach § 719 ZPO ist beim Rechtsmittelgericht zu stellen. Er setzt voraus, dass
– ein vollstreckbares Urteil vorliegt,
– ein Rechtsmittel gegen das Urteil eingelegt worden ist.

Am Unterlassen eines Antrages nach § 712 ZPO darf die Einstellung nach § 719 Abs. 1 ZPO nicht scheitern (Thomas-Putzo/*Seiler* § 719 Rn. 3). Der BGH versagt jedoch in ständiger Rechtsprechung für den Regelfall die Einstellung aus § 719 Abs. 2 ZPO, wenn in der Berufungsinstanz ein möglicher und zumutbarer Antrag nach § 712 Abs. 1 ZPO nicht gestellt oder nicht begründet wurde (BGH WuM 10, 765), obwohl der unersetzbare Nachteil bereits erkennbar war, oder der Schuldner darauf vertrauen durfte, dass vor Rechtskraft des Urteils keine Vollstreckung erfolgt (Thomas-Putzo/*Seiler* § 719 Rn. 9).

2. Vollstreckbarkeit von Räumungsurteilen. Diese sind ohne Sicherheitsleistung des Gläubigers vorläufig vollstreckbar zu erklären (§ 708 Nr. 7 ZPO). Der Beklagte kann aber die vorläufige Vollstreckbarkeit durch eine Sicherheitsleistung in Geld (häufig in Höhe einer halben Jahresmiete zuzüglich der Verfahrenskosten des Prozessgegners) abwenden, sofern nicht der Kläger vor der Zwangsvollstreckung Sicherheit in gleicher Höhe leistet (§ 711 ZPO).

3. Rechtsschutzbedürfnis. Dem Einstellungsantrag fehlt das Rechtsschutzbedürfnis, wenn der Gläubiger die Zwangsvollstreckung nicht betreibt.

Die Zwangsvollstreckung aus einem für vorläufig vollstreckbar erklärten Urteil führt nicht dazu, dass der Räumungsrechtsstreit sich in der Hauptsache erledigt. Sie birgt für den Gläubiger das Risiko in sich, dass er sich (ohne Rücksicht auf Verschulden) schadensersatzpflichtig gegenüber dem Schuldner machen kann, wenn das Urteil aufgehoben oder abgeändert wird (§ 717 Abs. 2 ZPO).

2954 **4. Erfolgsaussicht des Rechtsmittels.** Der Antrag setzt voraus, dass das Rechtsmittel Aussicht auf Erfolg hat. Die überwiegende Wahrscheinlichkeit muss also dafür sprechen, dass die Räumungsverpflichtung aus dem erstinstanzlichen Urteil keinen Bestand haben wird.

2955 Dagegen kommt es auf die soziale Schutzbedürftigkeit des Räumungsschuldners in diesem Zusammenhang nicht an; dem Gesichtspunkt des Schuldnerschutzes kann allein durch Gewährung oder Verlängerung einer Räumungsfrist nach § 721 ZPO (s. Muster und Hinweise zu Teil 1 Rdn. 2904) oder Gewährung von Vollstreckungsschutz nach § 765a ZPO (s. Muster und Hinweise zu Teil 1 Rdn. 2935) Rechnung getragen werden.

2956 **5. Verfahren.** Die Entscheidung des Berufungsgerichts kann ohne mündliche Verhandlung durch Beschluss ergehen (§ 719 Abs. 3 ZPO), was die Regel ist. Der Kläger muss jedoch vor der Entscheidung **gehört** werden. In dringenden Fällen kann zunächst durch eine einstweilige Anordnung entsprechend § 732 Abs. 2 ZPO die Zwangsvollstreckung eingestellt werden.

2957 Die einstweilige Einstellung wird grundsätzlich mit der Anordnung einer **Sicherheitsleistung** zu Lasten des Beklagten verknüpft (vgl. §§ 719 Abs. 1 S. 1, 707 Abs. 1 ZPO). Zur Höhe der Sicherheitsleistung s. oben Ziff. 2, Teil 1 Rdn. 2951. Hiervon kann nur abgesehen werden, wenn der Räumungsschuldner glaubhaft macht, dass er zur Sicherheitsleistung nicht in der Lage ist und die Vollstreckung einen nicht zu ersetzenden Nachteil für ihn bringen würde.

2958 **Achtung!** Sofern das Berufungsgericht die **Revision nicht zugelassen** hat und gegen sein Urteil die Nichtzulassungsbeschwerde eingelegt wurde, ordnet der BGH auf Antrag die einstweilige Einstellung der Zwangsvollstreckung an, wenn diese dem Mieter einen nicht zu ersetzenden Nachteil bringen würde und kein überwiegendes Interesse des Vermieters entgegensteht (§§ 719 Abs. 2, 544 Abs. 5 S. 2 ZPO); in dieser Fallkonstellation ist ein Antrag nach § 765a ZPO auf Vollstreckungsschutz unzulässig (LG Frankfurt a.M. MietRB 2015, 141).

2959 Allerdings kann sich der Mieter auf einen nicht zu ersetzenden Nachteil nur berufen, wenn er in der Berufungsinstanz einen **Vollstreckungsschutzantrag nach § 712 ZPO** gestellt hat (BGH WuM 2004, 416, 553, 678; GE 2004, 1523; GuT 2004, 129). Dieser Antrag ist gemäß § 714 Abs. 1 ZPO vor Schluss der mündlichen Verhandlung zu stellen, auf die das Berufungsurteil ergeht.

2960 Eine **Ausnahme** gilt nur dann, wenn es dem Mieter **aus besonderen Gründen** nicht möglich war, den Antrag zu stellen (BGH WuM 2004, 678). Allerdings muss er alles tun, um etwaige Nachteile aus der Zwangsvollstreckung zu vermeiden, ggf. auch versuchen, eine Wiedereröffnung der mündlichen Verhandlung (§ 156 ZPO) zu erreichen (BGH WuM 2004, 553).

2961 **6. Gebührenstreitwert und Rechtsanwaltsgebühren.** Der Antrag auf einstweilige Einstellung im Rechtsmittelverfahren gem. § 719 ZPO bildet eine Angelegenheit mit dem Rechtsmittelverfahren, sofern hierüber keine gesonderte mündliche Verhandlung stattfindet. Der Rechtsanwalt kann hierfür keine gesonderten Gebühren verlangen, § 19 Abs. 1 Nr. 11 RVG. Sofern eine gesonderte mündliche Verhandlung stattfindet, fallen sowohl eine 0,5 Verfahrensgebühr der Nr. 3328 VV RVG und eine 0,5 Termingebühr der Nr. 3332 VV RVG (sowie die Auslagen gem. Nr. 7000 ff. VV RVG) an. Der Streitwert für dieses Verfahren ist über § 23 Abs. 1 S. 1 RVG i.V.m. § 48 Abs. 1 GKG i.V.m. § 3 ZPO nach dem Interesse des Schuldners am Aufschub der Vollstreckung zu bestimmen. Auch hier kann, da es sich nur um eine vorübergehende Entscheidung handelt, nur ein Bruchteil des Hauptsachewertes angesetzt werden.

X. Vollstreckungsabwehrklage gegen Räumungsurteil (§ 767 ZPO)

Namens und in Vollmacht der im nachstehenden Räumungsurteil bezeichneten Schuldnerpartei wird beantragt, **1**

1. die Zwangsvollstreckung aus dem Räumungsurteil des _____ Gerichts vom _____ zum Aktenzeichen _____ für unzulässig zu erklären;
2. die Zwangsvollstreckung aus dem unter Ziff. 1 bezeichneten Räumungsurteil wegen des Räumungsanspruches einstweilen bis zur Entscheidung in der Hauptsache ohne Sicherheitsleistung, hilfsweise gegen Sicherheitsleistung oder Auflagen des Gerichts, einzustellen.

Begründung: **2**

Der Kläger wurde rechtskräftig mit dem im Antrag bezeichneten Titel zur Räumung verurteilt, hat indes die ihm überlassenen Räume bisher tatsächlich nicht geräumt. Der Beklagte hat die Zwangsvollstreckung aus dem genannten Urteil, insbesondere wegen des Räumungsanspruches, angekündigt. Hierzu ist im Einzelnen vorzutragen:

▶ Beispiel:

Der Gerichtsvollzieher hat bereits am _____ einen Räumungstermin festgesetzt. Der Gläubiger hat sich nicht bereit erklärt, auch ohne gerichtliche Entscheidung den Räumungsauftrag zurückzunehmen und von einer Vollstreckung endgültig Abstand zu nehmen. Die Mitteilung des Gerichtsvollziehers über den anberaumten Räumungstermin wird in Ablichtung als

Anlage K 1

beigefügt.

Die Zwangsvollstreckung aus dem Räumungstitel ist unzulässig geworden, dies ergibt sich aus folgendem Sachverhalt (im Folgenden sind konkret die Einwendungen nach Maßgabe von § 767 Abs. 2 ZPO vorzutragen): **3**

▶ Beispiel:

Der Räumungstitel zugunsten des Beklagten ist jetzt älter als 5 Jahre. Seither hat er gegen den Kläger die Räumungsvollstreckung nicht betrieben. Der Kläger hat weiterhin an den Beklagten Nutzungsentschädigung/Miete monatlich im Hinblick auf die weitere Überlassung der nach dem Titel herauszugebenden Räume an den Beklagten gezahlt. Innerhalb des Zeitraums ab Titulierung ist der Kläger 3 mal wie folgt mit der Entrichtung der Nutzungsentschädigung in Rückstand gekommen: (es folgt hier die konkrete Darlegung der jeweils rückständig gewesenen Zahlungen). Im Zusammenhang mit den Zahlungsverzögerungen und auch darüber hinaus am _____ sowie am _____ hat der Beklagte die Vollstreckung des Titels für den Fall der Nichtzahlung angedroht. Tatsächlich ist es indes bisher nicht zu einer konkreten Zwangsvollstreckungsmaßnahme gekommen. Unter diesen Umständen ist der titulierte Räumungsanspruch als verwirkt anzusehen. **4**

Erläuterungen

1. Gerichtliche Geltendmachung. Die **Vollstreckungsabwehrklage** nach § 767 ZPO zielt darauf ab, die Zwangsvollstreckung aus einem Urteil (oder einem anderen Vollstreckungstitel) auf

Dauer zu beseitigen. Sie kann nur auf solche Tatsachen gestützt werden, die im Vorprozess nicht geltend gemacht werden konnten, weil sie erst nachträglich entstanden sind.

2964 **Zuständig** für die Klage ist das Prozessgericht des ersten Rechtszuges, bei dem der Vorprozess geschwebt hat (§ 767 Abs. 1 ZPO).

2965 Der **Klageantrag** muss das Urteil, gegen dessen Vollstreckbarkeit sich die Klage richtet, genau bezeichnen.

2966 Droht die Zwangsvollstreckung, so ist ein Antrag auf Erlass einer **einstweiligen Anordnung** angezeigt, durch die das Prozessgericht bis zum Urteil die Zwangsvollstreckung gegen oder ohne Sicherheitsleistung einstweilen einstellen kann (§ 769 Abs. 1 ZPO).

2967 **2. Klagevoraussetzung.** Erforderlich ist, dass ein **rechtskräftiges Urteil** vorliegt, mithin ein Rechtsmittel, das zur Überprüfung jenes Urteils führen könnte, nicht mehr gegeben ist. Angaben zur bevorstehenden Zwangsvollstreckung sind (nur) für den Antrag auf Erlass einer einstweiligen Anordnung nach § 769 Abs. 1 ZPO erforderlich.

2968 **3. Neue Tatsachen.** Die Klage kann nur auf **Umstände** gestützt werden, die **nach Abschluss der letzten Instanz**, in der sie hätten vorgetragen werden können, entstanden sind (§ 767 Abs. 2 ZPO). In der Klageschrift müssen alle nachträglich entstandenen Einwendungen, die zur Zeit der Erhebung der Vollstreckungsabwehrklage möglich sind, vorgetragen werden (sog. Konzentrationsprinzip). Spätere Einwendungen werden nur berücksichtigt, wenn sie erst nach Erhebung der Vollstreckungsabwehrklage entstanden sind.

2969 **4. Verwirkung des Räumungstitels.** Zum Beispielsfall s. OLG Hamm ZMR 1982, 13; ferner LG Hamburg WuM 1989, 32.

2970 Es gibt keine gesetzliche Vorschrift, die den Gläubiger zwingt, alsbald oder innerhalb geraumer Zeit nach Erlass des Räumungsurteils die Zwangsvollstreckung zu betreiben. Nach einer Entscheidung des LG Hamburg (ZMR 2006, 783) ist die Vollstreckung aus einem Räumungstitel auch nach Ablauf von zwei Jahren nicht generell unzulässig (a.A. AG Hamburg Beschl. v. 26.10.2005, 46 C 89/05, zit. nach Juris). Allerdings kann durch Hinzutreten weiterer Umstände in Betracht kommen, dass entweder durch schlüssiges Verhalten zwischen den Parteien ein neues Mietverhältnis begründet wird oder der Räumungsanspruch **verwirkt** ist.

– Voraussetzung ist in beiden Fällen, dass seit Erlass des Räumungsurteils eine lange Zeit verstrichen ist (sog. **Zeitmoment**, in dem vom OLG Hamm ZMR 1982, 13 entschiedenen Fall: acht Jahre). Hinzutreten muss ein Verhalten des Gläubigers, dem der Schuldner entnehmen kann, dass der Gläubiger ihn (wieder) als Mieter behandeln will (sog. **Umstandsmoment**, s. auch AG Wedding GE 2003, 1495, 1497). Ein solches Verständnis wird insbesondere gerechtfertigt sein, wenn der Schuldner seinen Verpflichtungen aus dem Nutzungsverhältnis ebenso wie ein vertragstreuer Mieter ständig nachgekommen ist.

– Aber auch dann, wenn der Schuldner mit der Zahlung der laufenden Nutzungsentschädigung wiederholt in Verzug geraten ist und erst unter wiederholter Androhung der Räumungsvollstreckung gezahlt hat, kann der Eindruck entstehen, als benutze der Gläubiger den Räumungstitel nur noch als Druckmittel für die rechtzeitige Zahlung der Nutzungsentschädigung. Dieser Gesichtspunkt kann zugleich als **Umstandsmoment** dienen, um eine Verwirkung des titulierten Räumungsanspruchs zu begründen (dagegen aber AG Wedding GE 2003, 1495, 1497). Um dem entgegenzuwirken, empfiehlt es sich für den Vermieter, eindeutig und immer wieder – nicht nur formular- und routinemäßig – darauf hinzuweisen, dass bei erneuter Zahlungssäumigkeit die Räumungsvollstreckung betrieben werde (s. LG Mönchengladbach WuM 1990, 161). Hierbei darf es sich aber nicht nur um »leere Worte« handeln.

– Eine Verwirkung des Räumungstitels ist aber angenommen worden, wenn der Vermieter diesen immer wieder dazu eingesetzt hat, den Mieter durch den davon ausgehenden Druck zur Mietzahlung zu veranlassen; das sei bei sechs Beauftragungen des Gerichtsvollziehers der Fall (AG München DGVZ 2006, 123; a.A. AG Horb DGVZ 2005, 182).

N. Zwangsvollstreckung, Räumungsschutz

5. Gebührenstreitwert und Rechtsanwaltsvergütung. Der Gegenstandswert einer Vollstreckungsgegenklage richtet sich nach denjenigen Beträgen des Titels, die mit der Vollstreckungsgegenklage angegriffen werden, wobei Kosten und Zinsen – sofern sie nicht isoliert angegriffen werden – außer Ansatz bleiben (a.A.: OLG Hamburg MDR 1988, 1060). Das heißt, der Wert bemisst sich nach dem Wert des vom Kläger begehrten Ausschlusses der Zwangsvollstreckung. 2971

Bezüglich der Rechtsanwaltsvergütung im gerichtlichen Verfahren vgl. die Hinweise zu Teil 1 Rdn. 2343. 2972

Bei einem isolierten Antrag auf einstweilige Anordnung von Räumungsschutz gem. § 769 ZPO (außerhalb einer Vollstreckungsabwehrklage) gehört die Tätigkeit des Rechtsanwalts zum Ausgangsverfahren und wird nicht gesondert vergütet (OLG Koblenz Beschl. v. 16.07.2007, JurBüro 2007, 640). 2973

XI. Wiederaufnahmeklage gegen Räumungsurteil (§ 580 ZPO)

Namens und in Vollmacht der im nachstehenden Räumungsurteil bezeichneten Schuldnerpartei wird beantragt, **1** 2974

das rechtskräftige Räumungsurteil umgekehrten Rubrums des _____ Gerichts vom _____ zum Aktenzeichen _____ aufzuheben und dem im dortigen Verfahren zuletzt vom Kläger (dort: Beklagten) gestellten Antrag, nämlich

▶ Beispiel:

die Berufung des dortigen Klägers gegen das die Räumungsklage abweisende Urteil des _____ Gerichts vom _____ zum Aktenzeichen _____ zurückzuweisen,

stattzugeben.

Begründung: **2**

Der Kläger wurde mit dem im Antrag genannten rechtskräftigen Urteil zur Räumung des dort bezeichneten Mietobjekts verurteilt. Es wird beantragt,

die Akte zum Rechtsstreit der Parteien im früheren Verfahren umgekehrten Rubrums beizuziehen und zum Gegenstand der mündlichen Verhandlung zu machen.

Die Zulässigkeit und Begründetheit der hier erhobenen Wiederaufnahmeklage gegen das bezeichnete rechtskräftige Räumungsurteil ergibt sich, insbesondere unter Berücksichtigung der Bestimmungen in § 580 ZPO, im Einzelnen aus folgenden Tatsachen (hier sind, je nach Fallgestaltung, die Voraussetzungen der Wiederaufnahmeklage im Einzelnen darzulegen): **3**

▶ Beispiel:

Die Verurteilung des Klägers im Vorprozess beruhte auf einer von dem Beklagten ausgesprochenen Eigenbedarfskündigung. Dabei wurde die Wohnung, die der Kläger seit längerer Zeit geräumt hat, für die Tochter des Beklagten, nämlich Frau _____ beansprucht. Diese bestätigte anlässlich ihrer Vernehmung im Vorprozess am _____ nach Belehrung gemäß § 395 ZPO die von dem Beklagten im Einzelnen dargelegten Eigenbedarfsgründe und ihre Absicht, die ehemalige Wohnung des Klägers zu beziehen. Dieser mochte indes trotz seiner erfolgten Verurteilung zur Räumung den Angaben der Zeugin keinen Glauben schenken und beobachtete deshalb die streitgegenständliche Wohnung nach seinem Auszug am _____ weiter. Dabei stellte er fest, dass in der Folgezeit nie Licht dort brannte. Eine Anfrage beim Einwohnermeldeamt nach der

Wohnanschrift der Zeugin ergab, dass diese unter einer anderen Adresse, nämlich unter der Anschrift _____ gemeldet war. Diese Beobachtungen veranlassten den Kläger, am _____ gegen den Beklagten und dessen Tochter Strafanzeige wegen aller in Betracht kommenden Delikte zu erstatten. Nach Abschluss der staatsanwaltschaftlichen Ermittlungen wurde ausweislich der in Ablichtung als [4]

Anlage K 1

überreichten Anklageschrift vom _____ der Staatsanwaltschaft beim Landgericht _____ zur Geschäfts-Nr. _____ gegen den Beklagten und dessen Tochter Anklage erhoben, und zwar gegen den Beklagten wegen Betruges und gegen dessen Tochter wegen Beihilfe zum Betrug sowie uneidlicher Falschaussage vor Gericht. Vor Eröffnung des Hauptverfahrens ordnete das Amtsgericht _____ durch den als

Anlage K 2

überreichten Beschluss vom _____ weitere Ermittlungen an. Insbesondere wurde die Durchsuchung der ehemals vom Kläger angemieteten Wohnung im Hause _____ angeordnet. Die Durchsuchung ergab, dass die Wohnung nach wie vor leer stand. Ausweislich des in Ablichtung als

Anlage K 3

beigefügten Durchsuchungsprotokolls vom _____ war die Wohnung noch im Wesentlichen so, wie sie von dem Kläger beim Auszug hinterlassen wurde. Es gab keinerlei Anhaltspunkte dafür, dass die Wohnung zwischenzeitlich anderweitig bewohnt wurde.

Beweis: Beiziehung der Strafakte des Amtsgerichts _____ zum Aktenzeichen _____

Nach Eröffnung des Hauptverfahrens fand im Strafprozess am _____ Termin zur Hauptverhandlung statt. Keiner der in der Hauptverhandlung nicht zur Familie des Beklagten gehörenden Zeugen konnte bestätigen, dass dessen Tochter jemals nach dem Auszug des Klägers in der streitgegenständlichen Wohnung wohnte. Selbst ihr damaliger Verlobter, Herr _____ vermochte derartiges nicht zu bestätigen. Die Nachbarin, Frau _____ hatte in der Zeit nach dem Auszug des Klägers zu keinem Zeitpunkt Licht in der streitgegenständlichen Wohnung brennen sehen und auch sonst keine Anhaltspunkte dafür erkennen können, dass die Wohnung bewohnt ist. Im Übrigen ergaben die Ermittlungen, dass die Tochter des Beklagten seit dem _____ einen Mietvertrag für die Wohnung im Hause _____ hatte.

Beweis: Inhalt der Strafakte

Nach Vernehmung der Zeugen wurde in der Hauptverhandlung das Strafverfahren gegen den Kläger und dessen Tochter gemäß § 153a StPO gegen Zahlung eines Geldbetrages eingestellt. Da das Räumungsurteil, gegen das sich die vorliegende Wiederaufnahmeklage richtet, auf das Zeugnis der Tochter des Beklagten gegründet war, findet gemäß § 580 Nr. 3 ZPO die Restitutionsklage statt. Die Klagefrist gemäß § 586 ZPO ist gewahrt, weil der Kläger mit der Einstellung des Verfahrens gegen die Tochter des Beklagten gemäß § 153a StPO seit dem Tage der Hauptverhandlung Kenntnis von dem Anfechtungsgrund hatte. Zum Beweise dafür, dass keinerlei Anzeichen auf einen tatsächlichen Einzug der Tochter des Beklagten in die streitgegenständliche Wohnung nach dem Auszug des Klägers hinwiesen, insbesondere in der Zeit bis zur Anmietung der Wohnung im Hause _____ durch die Tochter des Beklagten in der streitgegenständlichen Wohnung nie Licht brannte und auch im Übrigen keine Anzeichen eines Bewohnens zu erkennen waren, bezieht sich der Kläger auf das [5]

1. Zeugnis des/r _____

2. Zeugnis des/r _____

3. Zeugnis des/r _____

Zum Beweise dafür, dass der damalige Verlobte der Tochter des Beklagten diese nie in der streitgegenständlichen Wohnung aufsuchte und ihm auch nie mitgeteilt wurde, dass die Tochter des Beklagten dort wohne, wird Bezug genommen auf das

Zeugnis des Herrn _____

Zum Beweise dafür, dass in der Wohnung bei der Durchsuchung am _____ gemäß oben überreichter Anlage keine anderen als die in dem Beschluss des _____ Gerichts vom _____ aufgeführten, nur von dem Kläger »verursachten« Spuren vorgefunden wurden und damit auch insoweit keine Anzeichen erkennbar waren, dass die Wohnung nach dem Auszug des Klägers erneut bewohnt wurde, wird Bezug genommen auf das [6]

Zeugnis des Hauptkommissars beim zuständigen Landeskriminalamt _____ .

Aus alledem folgt, dass die Tochter des Beklagten nach dem Auszug des Klägers aus der Wohnung im Hause _____ nicht in diese Wohnung eingezogen ist und auch zu keinem Zeitpunkt entgegen ihrer Aussage als Zeugin im Vorprozess die Absicht hatte, in die Wohnung einzuziehen.

Erläuterungen

1. Allgemeines. Anders als die Vollstreckungsgegenklage zielt die **Wiederaufnahmeklage** nach § 580 ZPO darauf ab, ein rechtskräftiges Urteil zu beseitigen, weil es auf einer rechtswidrigen Tatsachengrundlage, insbesondere auf einem falschen oder verfälschten Beweismittel beruht oder weil eine andere Urkunde aufgefunden worden ist, die ein dem Kläger günstigeres Urteil bewirkt hätte.

Das Wiederaufnahmeverfahren besteht aus **zwei Teilen**:
— Im ersten Teil wird geprüft, ob neben den sonstigen Zulässigkeitsvoraussetzungen ein Wiederaufnahmegrund vorliegt.
— Ist das der Fall, so wird im zweiten Teil der alte Rechtsstreit neu verhandelt.

Zuständig ist das Gericht, dessen Urteil angegriffen wird (§ 584 ZPO).

Der **Klageantrag** muss sowohl auf die Beseitigung des früheren Urteils gerichtet sein als auch die begehrte andere Entscheidung in der Sache selbst wiedergeben (§ 588 Abs. 1 Nr. 3 ZPO), im Musterfall die Aufhebung des Räumungsurteils und die Abweisung der Räumungsklage.

Die Wiederaufnahmeklage muss innerhalb einer **Notfrist** von einem Monat erhoben werden (§ 586 Abs. 1 ZPO). Die Frist beginnt mit dem Tage, an dem die Partei von dem Wiederaufnahmegrund Kenntnis erlangt hat. Ist eine strafgerichtliche Verurteilung vorausgesetzt (vgl. § 581 ZPO), so beginnt die Frist erst mit Kenntnis von der rechtskräftigen Verurteilung.

2980 Die **Klageschrift** muss den Anfechtungsgrund bezeichnen und die Angabe der Beweismittel für die Tatsachen, die den Grund und die Einhaltung der Notfrist belegen (§ 588 Abs. 1 Nr. 1 und 2 ZPO).

2981 **2. Zulässigkeit.** Die Wiederaufnahmeklage ist nur zulässig, wenn der Kläger **ohne Verschulden** außerstande war, den Wiederaufnahmegrund im vorangegangenen Verfahren geltend zu machen (§ 582 ZPO).

2982 **3. Wiederaufnahmegründe.** Die Klage kann nur auf die in § 580 Nr. 1–7 ZPO aufgezählten Wiederaufnahmegründe gestützt werden. Wichtig ist, dass das Urteil auf dem Wiederaufnahmegrund beruht. Liegt dieser in einer Verletzung der Wahrheits- oder Eidespflicht oder einer sonstigen strafbaren Handlung § 580 Nr. 1–5 ZPO, so ist die Klage nur zulässig, wenn wegen der Tat eine rechtskräftige strafrechtliche Verurteilung erfolgt ist oder ein Strafverfahren aus anderen Gründen als wegen Mangels an Beweisen nicht durchgeführt wird (§ 581 ZPO); s. die Hinweise zu Ziff. 4.

2983 **4. Vorgetäuschter Eigenbedarf.** Hat der Vermieter den Eigenbedarf in der Kündigung **vorgetäuscht**, so liegt darin eine Pflichtverletzung nach § 280 Abs. 1 BGB, die zum Schadensersatz führen kann (s. Muster und Hinweise zu Teil 1 Rdn. 2780). Ist der Mieter rechtskräftig zur Räumung verurteilt worden, so kann in einem nachfolgenden Schadensersatzprozess die Frage des Eigenbedarfs aber nicht anders als im rechtskräftigen Vorprozess beurteilt werden (vgl. LG Köln WuM 1994, 212). Der Mieter kann nur Schadensersatz unter den Voraussetzungen des § 826 BGB verlangen, wenn der Vermieter das rechtskräftige Räumungsurteil erschlichen hat oder ausnutzt. Wird dagegen im Wiederaufnahmeverfahren das vorangegangene Räumungsurteil aufgehoben, so wird über den Räumungsanspruch des Vermieters erneut verhandelt.

2984 **Achtung!** Hat der verklagte Vermieter die Wohnung inzwischen wieder vermietet und ist er deshalb außerstande, sie dem klagenden Mieter zu überlassen, so hat das auf das Verfahren keinen Einfluss. Kann der Vermieter seine Gebrauchsgewährpflicht nicht erfüllen, so ist er dem Mieter nach § 536a Abs. 1 BGB schadensersatzpflichtig. Davon unberührt bleibt der Schadensersatzanspruch des Mieters aus Pflichtverletzung gemäß § 280 Abs. 1 BGB wegen der unberechtigten Kündigung. Das Wiederaufnahmeverfahren dient demnach in einem solchen Fall dazu, durch Beseitigung des im Vorprozess ergangenen Urteils günstigere Voraussetzungen für die Durchsetzung eines Schadensersatzanspruchs zu schaffen.

2985 **5. Falschaussage/Prozessbetrug.** Die Falschaussage der Tochter des früheren Räumungsklägers und jetzigen Beklagten sowie dessen eigener Prozessbetrug sind Wiederaufnahmegründe im Sinne von § 580 Nr. 3, 4 ZPO.

2986 Unschädlich ist, dass es nicht zu einer strafgerichtlichen Verurteilung gekommen, sondern das Verfahren nach § 153a StPO eingestellt worden ist; denn auch hierbei handelt es sich um einen Umstand, welcher der Durchführung des Verfahrens aus anderen Gründen als aus Mangel an Beweisen entgegensteht.

2987 **6. Rechtsfolge.** Ist der Wiederaufnahmegrund **bewiesen**, so wird das angefochtene **Urteil aufgehoben**. Der Rechtsstreit wird in der Hauptsache neu verhandelt (§ 590 Abs. 1 ZPO). Die Verfahrensergebnisse des Vorprozesses, die vom Wiederaufnahmegrund betroffen sind, scheiden aus. Es muss also in diesem Umfang eine erneute Beweisaufnahme durchgeführt werden. Wird die Räumungsklage nunmehr abgewiesen, so ist der Weg frei für einen Schadensersatzanspruch des Mieters; s. die Hinweise zu 4, Teil 1 Rdn. 2982.

2988 **7. Gebührenstreitwert und Rechtsanwaltsvergütung.** Der Wert der Wiederaufnahmeklage gem. § 580 ZPO richtet sich nach dem Klägerinteresse und dürfte sich daher mit dem Streitwert des abgeschlossenen Verfahrens decken, sofern die Beseitigung der früheren Entscheidung insgesamt begehrt wird. Zur Rechtsanwaltsvergütung in streitigen Verfahren vgl. Teil 1 Rdn. 2343.

Teil 2 Wohnungseigentumsrecht

A. Aufteilung nach WEG

I. Teilungserklärung

1. Kleinstaufteilung (§ 3 WEG)

Verhandelt in _____ **am** _____ **1, 2, 3**

Vor mir, dem Notar _____

erschienen heute

1. Herr A geb. B
2. Frau A

Sie erklärten zu meinem Protokoll:

I. Vormerkung

Wir sind in Gesellschaft bürgerlichen Rechts Eigentümer des Spekulatiusstraße 1, 27856 Reichenhausen belegenen, im Grundbuch des Amtsgerichts Reichenhausen von Spekulatius Blatt 12 verzeichneten Grundbesitzes, Flurstück 001 mit einer Größe von 1.000 m². An dieser Gesellschaft sind wir zu je ½ beteiligt. **4**

Das Grundstück ist bebaut mit einem Zweifamilienhaus. **5**

Wir beabsichtigten, das Grundstück nach Maßgabe des Wohnungseigentumsgesetzes aufzuteilen. Die baubehördliche Abgeschlossenheitsbescheinigung liegt vor. Hierauf wird verwiesen. **6**

II. Auseinandersetzung

Wir setzen hiermit die vorstehend genannte Gesellschaft bürgerlichen Rechts dergestalt auseinander, dass jeder von uns ½-Miteigentumsbruchteil gem. §§ 741 ff. BGB erwirbt.

Wir sind uns über den vorstehenden Eigentumsübergang einig (Auflassung) und bewilligen und beantragen die Eintragung in das Grundbuch.

III. Aufteilung

Sodann teilen wir den vorgenannten Grundbesitz nach Maßgabe des § 3 WEG wie folgt auf:

1.

Einen Miteigentumsanteil von ½ an dem Grundstück, verbunden mit dem Sondereigentum an sämtlichen in der baubehördlichen Abgeschlossenheitsbescheinigung mit Nr. 1 bezeichneten zu Wohnzwecken dienenden Räumen. Mit diesem Wohnungseigentum wird das ausschließliche Sondernutzungsrecht an der Gartenfläche gem. Anlage 1 zu diesem Protokoll verbunden. **7, 8, 9**

2.

Einen Miteigentumsanteil von ½ verbunden mit dem Sondereigentum an sämtlichen in der baubehördlichen Abgeschlossenheitsbescheinigung mit Nr. 2 bezeichneten Räumen im Ober- und Dachgeschoss.

Alleineigentümer der Einheit 1) soll Herr A geb. B., Alleineigentümerin der Einheit 2) Frau A sein.

Wir sind uns über den vorstehenden Eigentumsübergang einig (§ 4 Abs. 2 WEG) und bewilligen und beantragen die entsprechende Anlegung von Wohnungsgrundbüchern. [10]

Im Übrigen gelten die Vorschriften des WEG. [11]

IV. Durchführung, Vollmacht, Kosten

...

Erläuterungen

2 **1. Aufteilungsmotive.** *1.1* Die Schaffung **rechtlich selbstständig** veräußerbarer und belastbarer Einheiten ist der wichtigste Grund, Wohnungseigentum zu begründen. Ferner bietet sich eine WEG-Teilung als **Ersatzlösung** für eine nicht mögliche oder unzweckmäßige **reale** Grundstücksteilung an (dazu näher Muster Teil 2 Rdn. 28). Soweit mit Umwandlungsverboten (z.B. nach §§ 22, 172 BauGB) zu rechnen ist, kann eine Vorratsteilung **Bestandsschutz** schaffen. Möglich ist insbesondere auch die **vereinfachte Auseinandersetzung** von Personengesamtheiten (z.B. Gesellschaft bürgerlichen Rechts, Bruchteilsgemeinschaft oder Erbengemeinschaften). Oft spielen auch **steuerliche Gründe** eine Rolle: Durch die im Muster dargestellte Kleinstaufteilung lässt sich z.B. die steuerliche Zuordnung einzelner Erhaltungs- und Anschaffungskosten deutlich verbessern (zu den Anforderungen aktuell, BFH Beschluss vom 10.03.2008, AZ: IX B 232/07; vgl. ferner BFH BStBl II 2003, 389). Wegen § 93 Bewertungsgesetz (Wohnungseigentum als eigene wirtschaftliche Einheit) lassen sich unter bestimmten Voraussetzungen auch beachtliche **Grundsteuerersparnisse** durch eine WEG-Aufteilung erzielen. Zu weiteren steuerlichen Aspekten vgl. *Langhein* NotF WEG § 13 Rn. 1 ff.

3 *1.2* Die Gestaltungspraxis muss sich der **jeweiligen Motivlage** anpassen. Wenn, wie im hier dem Muster zugrunde liegenden Fall, lediglich eine formale Aufteilung beabsichtigt ist, erübrigen sich umfassende Gemeinschaftsordnungen. Anders kann es bei Aufteilungen im Falle von Erbengemeinschaften oder der Auflösung größerer Gesellschaften bürgerlichen Rechts liegen. Bei Großaufteilungen erfordert der **Verbandscharakter der Gemeinschaft** (vgl. § 10 Abs. 6 WEG; ausf. zur Teilrechtsfähigkeit FA MietRWEG/*Elzer/Schneider* 17. Kap. Rn. 144 ff.; Muster unten Teil 2 Rdn. 52), ähnlich wie im Gesellschaftsrecht, **umfängliche »Satzungen«**.

4 **2. Aufteilungsarten.** Wohnungseigentum kann gem. § 2 WEG entweder durch vertragliche Einräumung von Sondereigentum gem. § 3 WEG (**Teilungsvertrag**) oder durch einseitige Teilung durch den Eigentümer gem. § 8 WEG (**Teilungserklärung**) gebildet werden. Der **Alleineigentümer** kann nur nach Maßgabe des § 8 WEG aufteilen. **Personenmehrheiten** haben die Wahl, allerdings mit unterschiedlichen Konsequenzen. Die vertragliche Einräumung von Sondereigentum gem. § 3 WEG ermöglicht unmittelbar die Eigentumszuweisung an einzelne Beteiligte, während im Falle des § 8 WEG sich das bestehende Rechtsverhältnis an den neuen Einheiten fortsetzt und erst dort ggf. auseinandergesetzt werden muss. Zu den sonstigen Unterschieden vgl. FA MietRWEG/*Elzer* 18. Kap. Rn. 2.

5 **3. Form.** Für die vertragliche Einräumung von Sondereigentum gilt die besondere Formvorschrift des § 4 WEG (**notarielle Beurkundung**). Materiellrechtlich besteht im Falle des § 8 WEG Formfreiheit, für den Grundbuchvollzug ist jedoch mind. **Beglaubigungsform** einzuhalten (§ 29 GBO). In der Praxis werden allerdings auch Teilungserklärungen nach § 8 WEG überwiegend beurkundet, um eine **Bezugnahme** bei Abveräußerungen nach § 13a BeurkG zu ermöglichen.

6 **4. Gemeinschaftsverhältnis vor Aufteilung.** Die vertragliche Einräumung von Sondereigentum gem. § 3 WEG setzt bereits **bestehendes Bruchteilseigentum** voraus. Ohne weiteres möglich

ist es, im Rahmen des § 3 WEG im Zuge der Aufteilung das Bruchteilsverhältnis als solches zu ändern (FA MietRWEG/*Elzer/Schneider* Kap. 17 Rn. 6). Wollen sonstige Personenmehrheiten nach Maßgabe des § 3 WEG aufteilen (z.B. Gesellschaften bürgerlichen Rechts, Erbengemeinschaften), ist zuvor eine **Auseinandersetzung** (s. II. des Musters) erforderlich.

5. Grundstück. *5.1* Gem. § 1 Abs. 4 WEG kann Sondereigentum nur an **einem Grundstück im Rechtssinne** gebildet werden.

5.2 Sollen mehrere Grundstücke in eine Aufteilung einbezogen werden, so ist zuvor **Vereinigung** (§ 890 Abs. 1 BGB) oder **Bestandteilszuschreibung** (§ 890 Abs. 2 BGB) erforderlich. Wegen § 5 Abs. 2 GBO ist dafür allerdings in der Regel ein **unmittelbares Aneinandergrenzen** erforderlich, sofern nicht wegen gemeinsamer Anlagen (dies kann gerade bei großen Gemeinschaften der Fall sein) ein erhebliches Bedürfnis für die Vereinigung besteht.

6. Abgeschlossenheitsbescheinigung. *6.1* Gem. § 3 Abs. 2 WEG soll Sondereigentum nur eingeräumt werden, wenn die Wohnungen oder sonstigen Räume in sich **abgeschlossen** sind. Diese Vorschrift ist **materiellrechtlicher Natur** und bezweckt in Anlehnung an die katasterrechtlichen Verhältnisse bei Grundstücken eine eindeutige klare Abgrenzung der Eigentumssphären (FA MietRWEG/*Elzer/Schneider* 17. Kap. Rn. 90).

6.2 Der Eintragungsbewilligung für das Grundbuchamt sind jedoch gem. § 7 Abs. 4 WEG als **Anlagen** beizufügen:

a) eine von der Baubehörde mit Unterschrift und Siegel oder Stempel versehene Bauzeichnung, aus der die Aufteilung des Gebäudes sowie Lage und Größe der im Sondereigentum und der im gemeinschaftlichen Eigentum stehenden Gebäudeteile ersichtlich ist (**Aufteilungsplan**). Alle zu demselben Wohnungseigentum gehörenden Einzelräume sind mit der jeweils gleichen Nummer zu kennzeichnen;

b) eine **Bescheinigung** der Baubehörde, dass die Voraussetzungen des § 3 Abs. 2 WEG vorliegen.

6.3 Die Praxis spricht insoweit verkürzt von »**baubehördlicher Abgeschlossenheitsbescheinigung**« oder schlicht »**AB**«, was jedoch nicht darüber hinwegtäuschen darf, dass sie aus **zwei Elementen** besteht: Einerseits der Plananlage (Aufteilungsplan) sowie andererseits einer verbalen Bescheinigung.

6.4 In der Praxis sind **unvollständige**, **fehlerhafte** oder in sich **widersprüchliche** baubehördliche Abgeschlossenheitsbescheinigungen **nicht selten**. Verletzt das **Grundbuchamt** aufgrund fehlerhafter AB die Vorschrift des § 7 Abs. 4 WEG, entsteht allerdings Sondereigentum nach Maßgabe der Teilungserklärung (FA MietRWEG/*Elzer/Schneider* 17. Kap. Rn. 96).

7. Miteigentumsanteil. *7.1* Bei der Teilung muss die **Größe der Miteigentumsanteile** bestimmt werden. Das Gesetz enthält hierüber **keine Bestimmung**. Grundsätzlich können somit die Miteigentumsanteile nach **freiem Ermessen** festgelegt werden.

7.2 Zu beachten ist jedoch, dass sich die **Haftung** der Wohnungseigentümer im **Außenverhältnis** seit der WEG-Novelle zwingend nach dem Verhältnis der Miteigentumsanteile bemisst (§ 10 Abs. 8 WEG) und die Miteigentumsanteile mangels anderweitiger Regelung für die Verteilung der gemeinschaftlichen Lasten und Kosten maßgeblich sind (§ 16 Abs. 2 WEG). Sachgerecht ist zwar meist eine Verteilung der Miteigentumsanteile nach Maßgabe der Wohn- bzw. Nutzflächen; hier kann es zu **erheblichen Ungleichgewichten kommen** (vgl. im Einzelnen FA MietRWEG/*Elzer/Schneider* 17. Kap. Rn. 13 ff.).

8. Sondereigentum. *8.1* Den **Gegenstand** des Sondereigentums definiert § 5 Abs. 1 i.V.m. § 1 Abs. 2 u. 3 WEG.

8.2 Allerdings können die Wohnungseigentümer vereinbaren, dass Bestandteile des Gebäudes, die Gegenstand des Sondereigentums sein können, zum **gemeinschaftlichen Eigentum** gehören

(§ 5 Abs. 3 WEG). Theoretisch ließe sich somit durch Teilungserklärung das Sondereigentum auf den **reinen Luftraum** innerhalb der jeweiligen Einheit begrenzen, was allerdings im Rechtsverkehr auf wenig Akzeptanz stößt.

19 *8.3* Üblich sind daher gerade bei Großaufteilungen **umfangreiche Abgrenzungskataloge** (vgl. Muster Teil 2 Rdn. 52, 63).

20 **9. Sondernutzungsrechte.** *9.1* Das Sondernutzungsrecht ist ein **Zentralbegriff** in der Praxis des Wohnungseigentumsrechtes, obgleich eine ausdrückliche gesetzliche Regelung fehlt. Auch die WEG-Novelle hat lediglich dazu geführt, dass in § 5 Abs. 4 WEG an untergeordneter Stelle der Begriff erstmals im Gesetz auftaucht.

21 *9.2* Da **Sondereigentum** nach §§ 1 (Grundstücksflächen), 3 (fehlende Abgeschlossenheit) und 5 (zwingendes Gemeinschaftseigentum) WEG vielfach nicht gebildet werden kann, besteht ein **erhebliches praktisches Bedürfnis**, dennoch eine ausschließliche Nutzungsbefugnis einzelner oder mehrerer Berechtigter zu begründen.

22 *9.3* Zu **Rechtsnatur** und **Ausgestaltung** des Sondernutzungsrechtes vgl. eingehend *Hogenschurz* Sondernutzungsrecht (2008); *Häublein* Sondernutzungsrechte (2003); (Überblick bei FA MietRWEG/*Abramenko* 21. Kap. Rn. 514 ff.; vgl. auch die Muster unter Teil 2 Rdn. 220).

23 **10. Gemeinschaftsverhältnis nach Aufteilung.** *10.1* Wohnungseigentum entsteht grundsätzlich mit der **Anlegung der Wohnungs- bzw. Teileigentumsgrundbücher**.

24 *10.2* Unter bestimmten Voraussetzungen sind aber bereits auf die sog. **werdende Wohnungseigentümergemeinschaft** die Vorschriften des WEG unmittelbar anzuwenden (FA MietRWEG/*Elzer/Schneider* 17. Kap. Rn. 122 ff.; vgl. auch unten bei Teil 2 Rdn. 271).

25 *10.3* Der **teilrechtsfähige Verband** Wohnungseigentümergemeinschaft (§ 10 Abs. 6 WEG) entsteht erst mit der Anlegung der Grundbücher. Er erlischt im Falle der **nachträglichen Vereinigung** aller Bruchteile in einer Hand (vgl. näher FA MietRWEG/*Elzer/Schneider* 17. Kap. Rn. 138 ff.).

26 **11. Teilungserklärung/Gemeinschaftsordnung.** *11.1* Teilungsvertrag bzw. Teilungserklärung sind von der **Gemeinschaftsordnung** zu unterscheiden. Gem. § 10 Abs. 2 WEG gelten für das Verhältnis der Wohnungseigentümer untereinander die gesetzlichen Vorschriften; sie können aber von den Vorschriften des Gesetzes abweichende Regelungen treffen, soweit nicht etwas anderes ausdrücklich bestimmt ist.

27 *11.2* Die Schaffung einer **gesonderten Gemeinschaftsordnung** ist für die wirksame Aufteilung nicht Voraussetzung (vgl. FA MietRWEG/*Elzer/Schneider* 17. Kap. Rn. 35 ff.), allerdings bei größeren Anlagen durchweg **üblich** (vgl. unten Teil 2 Rdn. 68). Bei Kleinstanlagen – wie im Musterfall – kann hierauf verzichtet werden. Vgl. zu Vereinbarungen der Gemeinschaftsordnung eingehend FA MietRWEG/*Elzer/Scheider* 17. Kap. Rn. 30 ff. sowie die Muster Teil 2 Rdn. 28 und 52.

2. Quasi-Realteilung

28 **Quasi-Realteilung (Doppel-/Reihenhäuser)** [1]

Verhandelt in _____ **am** _____ [2]

I. Vorbemerkung

1.

_____ ist Eigentümer des _____ belegenen, im Grundbuch des Amtsgerichts _____ von _____ Blatt _____ verzeichneten Grundbesitzes, Flurstück _____ mit einer Größe von _____ m².

2.

Auf dem Grundstück wird ein Doppelwohnhaus/eine Reihenhausanlage errichtet.

3.

Die Einheiten sind in sich abgeschlossen, gemäß vorläufigem Aufteilungsplan (ANLAGE 1). [3]

4.

Die zukünftigen Eigentümer wollen ihre Häuser, die rechtlich Eigentumswohnungen sind, nutzungs-, verwaltungs- und kostenmäßig soweit wie möglich den Vorschriften über Eigentum an einzelnen Grundstücken unterstellen. Dementsprechend wollen sie ihre rechtlichen Verhältnisse so regeln, als entsprächen die einem Sondereigentum bzw. Sondernutzungsrecht unterliegenden Grundstücksteile getrennten und real vermessenen Grundstücken, und als stünden die Häuser bzw. Hausteile in ihrem jeweiligen Alleineigentum. [4]

II. Begründung von Wohnungs- und Teileigentum

§ 1 Teilung

1.

Hierdurch teilt der Eigentümer das vorbezeichnete Grundstück

in _____ Wohnungs- bzw. Teileigentumseinheiten wie folgt auf:

a) Miteigentumsanteil von _____

verbunden mit dem Sondereigentum an _____ Plan Nr. I und im Aufteilungsplan rot angelegt,

b) Miteigentumsanteil von _____

verbunden mit dem Sondereigentum an _____ Plan Nr. II, im Aufteilungsplan blau angelegt.

2.

Ich bewillige und beantrage die Eintragung der Teilung in das Grundbuch unter gleichzeitiger Anlegung von Grundbuchblättern.

§ 2 Sondereigentum

1.

Wegen der Aufteilung des Gebäudes sowie der Lage und Größe der im Sondereigentum und der im gemeinschaftlichen Eigentum stehenden Gebäudeteile verweist der Eigentümer auf dieser Urkunde als ANLAGE 1 beigefügten vorläufigen Aufteilungsplan. Die Bevollmächtigten gem. III. sind nach Erteilung der endgültigen baubehördlichen Abgeschlossenheitsbescheinigung berechtigt und beauftragt, diese in Bezug zu nehmen und der endgültigen Aufteilung zugrunde zu legen. Die Originalaufteilungspläne mit farblicher Unterlegung werden nur der Urschrift beigefügt. Den Ausfertigungen sind schwarz/weiß verkleinerte Kopien beizufügen. [5, 6]

2.

Soweit nach zwingenden gesetzlichen Bestimmungen Sondereigentum nicht gebildet werden kann, wird dem jeweiligen Eigentümer das ausschließliche Sondernutzungsrecht an seinem Grundstücksteil nebst sämtlicher konstruktiven und konstitutiven Bestandteile zugeordnet. [7]

§ 3 Gemeinschaftseigentum

1.

Gemeinschaftliches Eigentum sind das Grundstück sowie die Teile, Anlagen und Einrichtungen des Vorderhauses sowie die rückwärtigen Baulichkeiten, die nicht im Sondereigentum stehen. [8]

2.

§ 2 Ziff. 2 bleibt unberührt.

§ 4 Sondernutzungsrechte

1.

Hinsichtlich des Grundstückes werden folgende Sondernutzungsrechte begründet: [9]

die in der ANLAGE 2 rot dargestellte Fläche steht dem jeweiligen Eigentümer des Wohnungseigentums Nr. I des Aufteilungsplanes zu,

die in der ANLAGE 2 blau dargestellte Fläche steht dem jeweiligen Eigentümer des Wohnungseigentums Nr. II des Aufteilungsplanes zu.

2.

Die in Ziffer 1 und § 2 Ziff. 2 begründeten Sondernutzungsrechte gelten als Inhalt des jeweiligen Sondereigentums.

3.

Für Einfriedungen, Grünbepflanzung und Außengestaltung wird jedoch folgendes vereinbart _____ [10]

III. Gemeinschaftsordnung [11]

§ 1 Grundsatz

1.

Das Verhältnis der Wohnungs- bzw. Teileigentümer untereinander sowie die Verwaltung des Wohnungs- bzw. Teileigentums bestimmt sich nach den Vorschriften der §§ 10–29 WEG, soweit sich nicht aus den in II. eingeräumten Sondernutzungsrechten und den nachstehenden Bestimmungen etwas Abweichendes ergibt.

2.

Die in der ANLAGE 2 gelb unterlegte Fläche dient der gemeinschaftlichen Zuwegung, Ver- und Entsorgung. Ihre Nutzung zu sonstigen Zwecken (z.B. Abstellen von KfZ) ist nicht gestattet.

§ 2 Nutzung

1.

Jeder Wohnungs- bzw. Teileigentümer hat das Recht der alleinigen unbeschränkten Nutzung seines Sondereigentums und Sondernutzungsrechtes, soweit sich nicht Beschränkungen aus dem Gesetz ergeben. [12]

2.

Bei Einhaltung der gesetzlichen Bestimmungen ist jeder Miteigentümer auch unbeschränkt berechtigt, sein Sondereigentum zur Ausübung eines Berufes zu nutzen. Die Vermietung des Sondereigentums unterliegt gleichfalls keiner Beschränkung.

§ 3 Instandhaltung

1.

Jeder Wohnungs- bzw. Teileigentümer ist verpflichtet, die seinem Sondereigentum bzw. Sondernutzungsrecht unterliegenden Gebäude- und Grundstücksteile auf seine Kosten laufend in gutem Zustand zu erhalten.

2.

Für die in der ANLAGE 2 gelb unterlegten Fläche gelten §§ 741 ff. BGB sinngemäß.

§ 4 Kosten und Lasten

1.

Die Wohnungs- bzw. Teileigentümer tragen sämtliche ihr Sondereigentum oder die ihrem Sondernutzungsrecht unterliegenden Gebäudeteile und Grundstücksflächen betreffenden Kosten und Lasten allein. Das gilt insbesondere für Energie- und Wasserkosten, die durch Zähler oder sonstige Messinstrumente gesondert erfasst werden können.

2.

Alle nicht gemäß Abs. 1 zurechenbaren Kosten tragen die Wohnungs- bzw. Teileigentümer nach dem Verhältnis ihrer Miteigentumsanteile.

§ 5 Versicherung und Verkehrssicherungspflicht

1.

Für das Sondereigentum und das gemeinschaftliche Eigentum ist eine Versicherung zum gleitenden Neuwert bis zur Höhe der Wiederherstellungskosten gegen Feuer-, Sturm- und Leitungswasserschäden, ferner eine Haftpflichtversicherung in ausreichender Höhe abzuschließen.

2.

Soweit eine getrennte Versicherung möglich ist, liegt die Auswahl beim jeweiligen Wohnungs- bzw. Teileigentümer.

3.

Für die Streu- und Räumungspflicht des öffentlichen Weges und der in der ANLAGE 2 gelb unterlegten Fläche gilt folgendes _____

§ 6 Wiederherstellung

1.

Bei völliger oder teilweiser Zerstörung ist der frühere Zustand wiederherzustellen, wenn der Schaden durch die Versicherung oder sonstige Entschädigungszahlung gedeckt ist. Falls diese Voraussetzung nicht vorliegt, kann jeder Wohnungseigentümer die Aufhebung der Gemeinschaft verlangen. [13]

2.

Der Aufhebungsanspruch ist ausgeschlossen, wenn sich der andere Wohnungs- bzw. Teileigentümer oder ein von ihm benannter Dritter bereit erklärt, das Eigentum des Betroffenen gegen Wertersatz zu übernehmen.

§ 7 Bauliche Veränderungen [14]

1.

Jeder Wohnungs- bzw. Teileigentümer ist berechtigt, innerhalb seines Sondereigentums bzw. Sondernutzungsrechtes bauliche Veränderungen jeglicher Art ohne Zustimmung des anderen Miteigentümers vorzunehmen, soweit dadurch nicht eine unzumutbare Beeinträchtigung anderer Sondereigentümer erfolgt.

2.

Jeder Eigentümer ist ferner berechtigt, im Rahmen der baurechtlichen Vorschriften Anbauten vorzunehmen sowie in dem ihm zur Sondernutzung überlassenen Grundstücksteil Baulichkeiten wie z.B. Wintergärten, Gartenlauben, Garagen oder Teiche zu errichten.

3.

Sofern durch bauliche Veränderungen die öffentlich-rechtliche Baurechtsausnutzung anderer Einheiten beeinträchtigt werden kann, bedürfen bauliche Veränderungen jedoch der Zustimmung der anderen Eigentümer. Die Zustimmung ist zu erteilen, wenn die Beeinträchtigung dem Verhältnis der Grundstückssondernutzungsflächen entspricht. Ferner kann einer baulichen Veränderung widersprochen werden, wenn ein anderer Eigentümer hierzu berechtigt wäre, wenn das Grundstück real so geteilt wäre, wie die Sondernutzungsrechte abgegrenzt sind. [15]

IV. Grundbuchanträge

V. Vollzug, Durchführung, Vollmacht

Erläuterungen

29 **1. Aufteilungsmotive.** *1.1* Sog. **Quasi-Realteilungen** wurden in der Vergangenheit häufig auf der Grundlage des WEG durchgeführt, wenn eine Teilungsgenehmigung nach Maßgabe des § 19 BauGB a.F. nicht zu erlangen war. Nach den landesrechtlichen Bestimmungen kann aber weiterhin die **Realteilung** eines Grundstückes zum Zwecke der Bebauung **unmöglich** sein oder die bauliche Ausnutzbarkeit beeinträchtigen (z.B. durch notwenige Abstandsflächen zum Grundstücksnachbarn). Bauplanungsrechtliche Verstöße können im schlimmsten Falle zur Anordnung der »Rückvermessung« führen (vgl. BayVGH – 2 BV 12.760 – juris).

30 *1.2* Selbst wenn heute in vielen Fällen eine **echte Realteilung** durchführbar ist, empfiehlt sich gelegentlich eine Aufteilung nach WEG. Dies gilt insbesondere bei **umfangreichen gemeinsamen Ver- und Entsorgungsanlagen**, Zuwegungen, Stellplätzen und ähnlichem. Die wechselseitige Absicherung der Benutzungsbefugnisse und Duldungspflichten lässt sich hier nur durch **komplizierte wechselseitige Dienstbarkeiten** und/oder Reallasten bzw. Miteigentümervereinbarungen (§ 1010 BGB) sicherstellen, während über die Vorschriften des WEG und ergänzende Vereinbarungen entsprechende Rechten und Pflichten **einfach und sicher** begründet werden können.

A. Aufteilung nach WEG

2. Form. *2.1* Es geltend **keine besonderen Formvorschriften**. Steht das Grundstück bereits im Miteigentum mehrerer Bauwilliger, kann die Aufteilung nach § 3 WEG erfolgen. Im Muster steht das Grundstück noch im Alleineigentum des Bauträgers.

2.2 Die **Beurkundungsform** ist demgemäß nur notwendig, sofern bei anschließenden Abveräußerungen auf die Teilungserklärung gem. § 13a BeurkG verwiesen werden soll.

3. Vorläufiger Aufteilungsplan. *3.1* Zur baubehördlichen **Abgeschlossenheitsbescheinigung** vgl. oben Teil 2 Rdn. 9.

3.2 Die **Beurkundung** einer Teilungserklärung und **Abveräußerungen** können bereits wirksam vor Vorliegen der baubehördlichen Abgeschlossenheitsbescheinigung erfolgen (vgl. BayObLG DNotZ 1998, 383). Erforderlich ist dann i.d.R. zur Wahrung der schuld- und sachenrechtlichen Bestimmtheit die Beifügung eines sog. »**vorläufigen Aufteilungsplanes**«.

3.3 Bei **Neubauten** wird die baubehördliche Abgeschlossenheitsbescheinigung erst nach Vorliegen der **Baugenehmigung** erteilt (vgl. Ziff. 8 der allgemeinen Verwaltungsvorschrift für die Ausstellung von Bescheinigungen gem. § 7 WEG vom 19.03.1974 [WEG/*Riecke/Schmid* Anhang II. 2]).

4. Quasi-Realteilung. Die Musterformulierung enthält den **rechtlichen und wirtschaftlichen Kern** der angestrebten Gestaltung. Soweit nicht zwingende Vorschriften des WEG entgegenstehen, wollen die Eigentümer sich in der Regel so behandeln, als seien sie Alleineigentümer. Dies ist zulässig (vgl. OLG München ZMR 2008, 566). Anwendung finden sodann die allgemeinen Bestimmungen des Nachbarrechts (BGH ZMR 2007, 976).

5. Identitätserklärung. *5.1* Im Endergebnis muss **Identität** zwischen dem vorläufigen Aufteilungsplan und der baubehördlichen Abgeschlossenheitsbescheinigung bestehen. Ist dies nicht der Fall und trägt das Grundbuchamt die Aufteilung dennoch ein, entsteht grundsätzlich kein Sondereigentum (OLG Hamburg NZM 2003, 110). Bei nur formalen Fehlern der baubehördlichen Bescheinigung entsteht allerdings Sondereigentum (OLG München ZWE 2013, 450 f.; dazu *Langhein* NotF WEG, § 2 Rn. 22).

5.2 Nach § 7 Abs. 4 WEG ist dem Eintragungsantrag die baubehördliche Abgeschlossenheitsbescheinigung »**beizufügen**«. Hieraus wird teilweise ein Beurkundungs- bzw. Beglaubigungsbedürfnis gefolgert (so Staudinger/*Rapp* § 7 WEG Rn. 15). Die ganz h.M. versteht das Erfordernis des Beifügens aber **rein verfahrensrechtlich**. Sie lässt es genügen, wenn die baubehördliche Abgeschlossenheitsbescheinigung bei Antragstellung zusammen mit der Teilungsurkunde dem Grundbuchamt überreicht wird (BayObLG DNotZ 2003, 275).

5.3 Obwohl demgemäß eine **Nachbeurkundung** grundsätzlich nicht erforderlich ist, kann sie oft **zweckmäßig** sein. Gerade bei Neubauvorhaben stimmen vorläufiger Aufteilungsplan und die endgültige Abgeschlossenheitsbescheinigung nicht überein. Die Nachbeurkundung einer endgültigen Abgeschlossenheitsbescheinigung im Wege einer »**Identitätserklärung**« durch den Aufteiler, aufgrund Angestelltenvollmacht oder eine in der Teilungserklärung enthaltene Ermächtigung des Notars durch Eigenurkunde ist daher **empfehlenswert** (zur Beurkundungstechnik Kersten/Bühling/*Langhein* § 58 Rn. 43 f.). Sie ermöglicht für anschließende Erwerbsverträge eine Bezugnahme nach § 13a BeurkG.

6. Planbeifügung. Wegen § 7 Abs. 4 WEG (dazu Teil 2 Rdn. 37) muss die baubehördliche Abgeschlossenheitsbescheinigung weder zum Bestandteil der Urschrift der Urkunde noch von Ausfertigungen und beglaubigten Abschriften gemacht werden. Dies führt dann aber nach einigen Jahren dazu, dass die **einzige Planversion beim Grundbuchamt** verfügbar ist. Es mehren sich Fälle, in denen Planunterlagen beim Grundbuchamt infolge zahlreicher Faltungen und Entfaltungen zerstört bzw. nicht mehr entzifferbar sind. Nach Einführung des elektronischen Grundbuchs wird sich erweisen, ob die verlässliche Digitalisierung gelungen ist. Es **empfiehlt** sich daher, sämtlichen Ausfertigungen der Teilungserklärung zumindest **verkleinerte Plankopien** beizufügen.

41 **7. Fehlende Sondereigentumsfähigkeit.** *7.1* Die für die Bestimmung des Umfangs des Gemeinschaftseigentums **zwingenden Normen** der §§ 1 Abs. 5, 5 Abs. 2 WEG (Grundstück; Gemeinschaftseigentum an allen konstruktiven und konstitutiven Bestandteilen) geben nur relativ vage Vorgaben für die möglichen Gegenstände von **Sondereigentum**.

42 *7.2* Die Rechtsprechung hat sich daher in einer **unüberschaubaren Kasuistik** mit Fällen der fehlenden Sondereigentumsfähigkeit befassen müssen (ausf. FA MietRWEG/*Schneider* 18. Kap.).

43 *7.3* Zwar neigt die Rechtsprechung dazu, bei fehlender Sondereigentumsfähigkeit zumindest hilfsweise ein Sondernutzungsrecht anzunehmen (zur **Sondernutzung** eingehend *Schneider* a.a.O. Rn. 88 ff.). Darauf sollte man sich aber gerade im Falle der Quasi-Realteilung nicht verlassen.

44 **8. Gemeinschaftseigentum.** Zur oft problematischen Abgrenzung zwischen Gemeinschafts-/Sondereigentum vgl. Ziff. 7. Das Muster wiederholt zum Teil den Gesetzeswortlaut. Baulichkeiten oder gesonderte Baukörper können insgesamt im Gemeinschaftseigentum verbleiben (§ 5 Abs. 3 WEG).

45 **9. Sondernutzungsrechte.** *9.1* Zu **Rechtsnatur** und **Gegenstand** von Sondernutzungsrechten vgl. Teil 2 Rdn. 20 und unter Teil 2 Rdn. 220. Gerade bei gewünschter rechtlicher Selbständigkeit ist auf eine **exakte Abgrenzung** der Sondernutzungsflächen bei der Quasi-Realteilung zu achten. Möglich ist **Flurstückszerlegung** und katasterrechtliche Fortschreibung.

46 **10. Einzelfallregelungen.** Je nach dem speziellen Charakter der Anlage bedarf es im **Einzelfall ergänzender Regelungen**, wie sie im Muster angedeutet sind. Bei mehreren Beteiligten bzw. Erwerbsinteressenten sind ausführliche Vorbesprechungen i.d.R. unerlässlich, um diesen die Möglichkeit zur Konkretisierung ihrer individuellen Wünsche zu geben. Vgl. die unterschiedlichen Muster bei *Fabis*, Rn. 223 ff.; *Kreuzer*, Rn. 272 ff.; Beck'sches Formularbuch/*Müller*, S. 151 ff.; *Langhein* NotF WEG, § 2 Rn. 1 ff.

47 **11. Gemeinschaftsordnung.** Zur grundsätzlichen Bedeutung der Gemeinschaftsordnung vgl. Teil 2 Rdn. 23. Während es bei »normalen« Aufteilungen um allgemeine Verwaltungs- und Benutzungsregelungen geht, muss bei Quasi-Realteilungen eher der **negative Aspekt der Abgrenzung** der einzelnen Sondereigentumssphären kautelarjuristisch beachtet werden.

48 **12. Nutzungsbestimmungen.** Wegen der gewollten Annäherung an Alleineigentumsstellung hat die Musterformulierung eher **deklaratorische Bedeutung**. Sehr viel mehr Augenmerk ist auf Nutzungsangaben sowohl im Textteil von Teilungserklärung/Gemeinschaftsordnung sowie Aufteilungsplan zu richten (dazu unten Teil 2 Rdn. 72).

49 **13. Untergang.** Zur Frage der teilweisen oder vollständigen **Zerstörung des Gebäudes** vgl. §§ 9 Abs. 1 Nr. 2, 17 sowie 22 Abs. 4 WEG. Diese Vorschriften sind weitgehend **dispositiv** (Riecke/Schmidt/*Elzer* § 17 WEG Rn. 19). Je nach Charakter der Anlage (z.B. Reihenhäuser oder freistehende Einzelhäuser) sind **Einzelfallregelungen geboten**.

50 **14. Bauliche Veränderungen.** In der Konsequenz der Annäherung an die Rechtsstellung eines Alleineigentümers liegt die weitgehende Einräumung der **Befugnis zur Vornahme baulicher Veränderungen**. Eine (neue) Grenze ergibt sich aus § 22 Abs. 2 S. 2 WEG, wonach die Befugnis zur Beschlussfassung über bestimmte Modernisierungsmaßnahmen oder der Anpassung des gemeinschaftlichen Eigentums an den Stand der Technik dienen, **nicht** durch Vereinbarung der Wohnungseigentümer eingeschränkt oder **ausgeschlossen werden kann**. Grenzen können sich auch aus der Auslegung der TE/GO ergeben (z.B. keine Verdoppelung der Wohnfläche, BGH ZWE 2010, 33).

51 **15. Baurechtsausnutzung.** Bauplanungs- und bauordnungsrechtlich handelt es sich trotz WEG-Teilung weiterhin um **ein einheitliches Grundstück**. Dies kann zu Folgeproblemen führen, wenn einzelne Eigentümer ihr Ausbaurecht (s.o. Rn. 14) dergestalt ausgenutzt haben, dass die

baurechtliche Ausnutzbarkeit des Grundstückes **überproportional erschöpft** ist (vgl. OLG Celle v. 21.04.2008 – 4 W 2/6/07). Das gilt entsprechend für Baulasten zugunsten eines Nachbarn, die einer baulichen Veränderung gemäß §§ 22 WEG gleichzustellen sind (BGH 2010, 33).

3. Großaufteilung

a) Zinshaus (Bestand)

TEILUNGSERKLÄRUNG gem. § 8 WEG [1]

52

Teil I Begründung von Wohnungseigentum

§ 1 Grundstück

1.

_____ ist Eigentümer des _____ belegenen, im Grundbuch des Amtsgerichts _____ von _____ Blatt _____ verzeichneten Grundbesitzes, Flurstück _____ mit einer Größe von _____ m². [2]

2.

Das Grundstück ist bebaut mit _____ [3]

3.

Der Grundbesitz ist wie folgt belastet: [4]

Abt. II _____

Abt. III _____

Für diese Belastungen gilt im Zuge der nachfolgenden Aufteilung folgendes:

_____

§ 2 Teilung

1.

Der Eigentümer teilt das Eigentum an dem vorgenannten Grundstück gemäß § 8 WEG in Miteigentumsanteile in der Weise, dass mit jedem Miteigentumsanteil das Sondereigentum an bestimmten, zu Wohnzwecken dienenden Räumen (Wohnungseigentum Nr. _____) nebst Abstellraum gleicher Nr. sowie nicht zu Wohnzwecken dienenden Räumen (Teileigentum Nr. _____) verbunden ist. Die Aufteilung des Grundstückes erfolgt nach Maßgabe der ANLAGE 1 zu dieser Erklärung. [5]

<u>… Alternative (AB liegt nicht vor)</u> [6]

2.

Wegen der Aufteilung des Gebäudes sowie der Lage und Größe der im Sondereigentum und der im gemeinschaftlichen Eigentum stehenden Gebäudeteile verweist der Eigentümer auf die dieser Urkunde als ANLAGE 2 beigefügten vorläufigen Aufteilungspläne. Die Bevollmächtigten gem. III. sind nach Erteilung der endgültigen baubehördlichen Abgeschlossenheitsbescheinigung berechtigt und beauftragt, diese in Bezug zu nehmen und der endgültigen Aufteilung zugrunde zu legen. Die Originalaufteilungspläne mit farblicher Unterlegung werden nur der Urschrift beigefügt. Den Ausfertigungen sind schwarz/weiß verkleinerte Kopien beizufügen. [7]

... Alternative (AB liegt vor)

2.

Wegen der Aufteilung der Gebäude sowie der Lage und Größe der im Sondereigentum und der im gemeinschaftlichen Eigentum stehenden Gebäudeteile verweist der Eigentümer auf die dieser Urkunde in einfacher Abschrift als ANLAGE 2 beigefügte baubehördliche Abgeschlossenheitsbescheinigung der _____ , Bezirksamt _____ – AZ: _____ – vom _____ Die Originalaufteilungspläne mit farblicher Unterlegung werden nur der für das Grundbuchamt bestimmten Ausfertigung beigefügt. Den übrigen Ausfertigungen sind schwarz/weiß verkleinerte Kopien beizufügen. [8]

§ 3 Gegenstand des Wohnungseigentums

1.

Begriffsbestimmungen

a) Wohnungs- bzw. Teileigentum ist das Sondereigentum an einer Wohnung mit den dazugehörigen Nebenräumen einschließlich Balkon oder Loggia bzw. an nicht zu Wohnzwecken dienenden Räumlichkeiten in Verbindung mit dem Miteigentumsanteil an dem gemeinschaftlichen Eigentum, zu dem es gehört (§ 1 Abs. 2 WEG) – nachfolgend auch einheitlich »Wohnungseigentum« genannt –. [9]

b) Gemeinschaftliches Eigentum sind das Grundstück sowie die Teile, Anlagen und Einrichtungen des Gebäudes, die nicht im Sondereigentum oder im Eigentum eines Dritten stehen (§ 1 Abs. 5 WEG) sowie die konstruktiven und konstitutiven Bestandteile im Sinne des § 5 Abs. 2 WEG.

c) Sondernutzungsrecht ist das alleinige Recht eines Wohnungseigentümers zur Nutzung einer bestimmten Fläche oder eines Teiles des gemeinschaftlichen Eigentums.

2.

Gegenstand des Sondereigentums sind die § 2 zu dieser Teilungserklärung bezeichneten Räume sowie die zu diesen Räumen gehörenden Bestandteile des Gebäudes, die verändert, beseitigt oder eingefügt werden können, ohne dass dadurch das gemeinschaftliche Eigentum oder ein auf Sondereigentum beruhendes Recht eines anderen Wohnungseigentümers über das nach § 14 WEG zulässige Maß hinaus beeinträchtigt oder die äußere Gestaltung des Gebäudes verändert wird. [10]

Zum Sondereigentum gehören insbesondere:

a) der Fußbodenbelag einschließlich Estrich und der Deckenputz der im Sondereigentum stehenden Räume,

b) die nichttragenden Zwischenwände,

c) der Wandputz und die Wandverkleidung sämtlicher zum Sondereigentum gehörenden Räume, auch soweit die putztragenden Wände nicht zum Sondereigentum gehören,

d) sämtliche innerhalb der im Sondereigentum stehenden Räume befindlichen Anlagen, Einrichtungen und Ausstattungsgegenstände, soweit sie nicht zum gemeinschaftlichen Eigentum der Wohnungseigentümer gehören,

e) die Wasser- und Heizungsleitungen innerhalb der Wohnung ab der ersten Abgrenzungsmöglichkeit gegenüber dem Gemeinschaftseigentum,

f) die Ver- und Entsorgungsleitungen innerhalb der Wohnung ab der ersten Abgrenzungsmöglichkeit gegenüber dem Gemeinschaftseigentum,

g) die inneren Wand-, Decken- und/oder Dachverkleidungen im Dachgeschoss, ohne Dämmlage,

h) bei Balkonen und Loggien der durch deren Umfassung gebildete Raum und dessen Bodenbelag.

Sollte die Sondereigentumsfähigkeit vorstehender Bestandteile nicht gegeben sein, wird dem jeweiligen Eigentümer hieran ein umfassendes Sondernutzungsrecht eingeräumt, für dessen Instandhaltung § 7 Abs. 1 gilt. [11]

3.

Gegenstand des gemeinschaftlichen Eigentums sind die Räume, Gebäudeteile und Anlagen, die nicht nach Abs. 2 zum Sondereigentum erklärt sind. Zum gemeinschaftlichen Eigentum gehört weiterhin der Grund und Boden und das jeweils vorhandene Verwaltungsvermögen (§ 10 Abs. 7 WEG).

4.

Im Übrigen gilt § 5 WEG, dessen zwingende Bestimmungen unberührt bleiben sollen.

Teil II Gemeinschaftsordnung [12]

§ 4 Grundsatz

1.

Für das Verhältnis der Wohnungseigentümer zueinander und für die Verwaltung gelten die §§ 10 bis 29 WEG, soweit nachfolgend nichts Abweichendes bestimmt ist.

2.

Die Gemeinschaft der Wohnungseigentümer führt den Namen »Wohnungseigentümergemeinschaft _____«, der sich nach Anlage der Grundbücher um deren Bezeichnung und Blattnummern ergänzt. [13]

§ 5 Gebrauchsregelung und Nutzung

1.

Jeder Wohnungseigentümer hat das Recht der alleinigen Nutzung seines Sondereigentums, soweit sich nicht Beschränkungen aus dem Gesetz oder dieser Erklärung ergeben. Er hat ferner das Recht der Mitbenutzung der zum gemeinschaftlichen Gebrauch bestimmten Räume, Anlagen und Einrichtungen des Gebäudes und der gemeinschaftlichen Grundstücksflächen. [14]

2.

Der Wohnungseigentümer ist verpflichtet, Personen, die mit der Wartung und Instandsetzung von Anlageteilen, welche sich im gemeinschaftlichen Eigentum befinden, beauftragt sind, den Zutritt zu den im Sondereigentum stehenden Räumen zu ermöglichen und die mit der Wartung oder Instandsetzung verbundenen Arbeiten zu dulden. Dies gilt insbesondere für die Reinigung von Schornsteinen und Lüftungszügen, die nur vom Sondereigentum aus zugänglich sind.

3.

Zur Ausübung eines Gewerbes oder Berufes in der Eigentumswohnung bedarf der Wohnungseigentümer der schriftlichen Einwilligung des Verwalters – sofern nachfolgend nichts anderes bestimmt ist –; diese kann unter Auflagen erteilt werden. Der Verwalter kann die Einwilligung nur aus einem wichtigen Grund verweigern. Als wichtiger Grund ist insbesondere anzusehen, wenn die Ausübung des Gewerbes oder Berufes eine unzumutbare Beeinträchtigung anderer Wohnungseigentümer oder eine übermäßige Abnutzung des gemeinschaftlichen Eigentums mit sich bringt. Die Zustimmung kann widerrufen werden, wenn nachträglich eine unzumutbare Beeinträchtigung anderer Wohnungseigentümer oder eine übermäßige Abnutzung des gemeinschaftlichen Eigentums eintritt oder Auflagen nicht beachtet werden. Verweigert der Verwalter die Einwilligung, erteilt er sie unter Auflagen oder widerruft er sie, so kann seine Entscheidung durch Mehrheitsbeschluss der Wohnungseigentümerversammlung nach § 25 WEG korrigiert werden. In den Teileigentumseinheiten ist jede öffentlich-rechtlich zulässige Nutzung gestattet. [15]

4.

Die Gebrauchsüberlassung an Dritte (z.B. Vermietung) ist nur zulässig, soweit sich die Nutzung im Rahmen dieser Gemeinschaftsordnung hält. Für die Verletzung der Gemeinschaftsordnung und der Hausordnung durch Berechtigte, deren Familienangehörige, Besucher usw. sowie für die von diesen der Gemeinschaft oder einzelnen Wohnungseigentümern zugefügten Schäden, haftet der Wohnungseigentümer. Die Gebrauchsüberlassung an Dritte ist dem Verwalter unverzüglich mitzuteilen. [16]

5.

Art und Weise der Ausübung der dem Wohnungseigentümer zustehenden Rechte zur Nutzung des Sondereigentums und zur Mitbenutzung des gemeinschaftlichen Eigentums werden durch die vom Verwalter aufgestellte Hausordnung geregelt. Die Bestimmungen dieser Ordnung können durch die Eigentümerversammlung durch Beschluss geändert werden. [17]

6.

Jeder Wohnungseigentümer ist ohne Zustimmung der anderen Eigentümer berechtigt, auf seine Kosten

a) sein Sondereigentumsrecht zu teilen oder mit einem ihm gehörenden Sondereigentumsrecht zu verbinden und hierfür Wand- und Deckendurchbrüche vorzunehmen, sofern baurechtlich zulässig. Bei Unterteilung und Vereinigung können auch neue Türeingänge geschaffen bzw. geschlossen werden, sofern sie sich in die vorhandene Gestaltung einpassen. Sämtliche Baumaßnahmen sind vorab dem Verwalter anzuzeigen. Er kann den Nachweis fachgerechter Ausführung und üblicher Bauversicherungen verlangen. [18, 19]

b) sein Sondereigentumsrecht nach seinen Wünschen und auf seine Kosten um- oder auszubauen, und zwar auch dann, wenn dadurch das Gemeinschaftseigentum berührt wird, allerdings nur, wenn dadurch die übrigen Eigentümer nicht unzumutbar beeinträchtigt werden. Im Falles eines Eingriffes in Gemeinschaftseigentum (z.B. tragende Wände) gilt Satz 3 lit. a) entsprechend. [20]

c) sein Wohnungseigentumsrecht in ein Teileigentumsrecht umzuwandeln und umgekehrt, soweit baurechtlich zulässig. [21]

d) sein Sondereigentum auf einen anderen Wohnungseigentümer oder Teileigentümer zu übertragen oder zu tauschen.

7.

Die jeweiligen Eigentümer der Erdgeschosswohnungen Nr. _____ erhalten das ausschließliche Sondernutzungsrecht an den jeweils mit gleicher Nr. bezeichneten Gartenflächen gemäß ANLAGE 3. Sie sind befugt, zu ihrer jeweiligen Sondernutzungsfläche einen Zugang zu ihrer Einheit herzustellen und Terrassen, Wintergärten, Schuppen oder ähnliches zu errichten. Sie sind ferner befugt, die ihnen jeweils zur ausschließlichen Sondernutzung zugewiesenen Flächen wie ein Alleineigentümer zu benutzen. Sie tragen insofern die Kosten der Instandhaltung, Pflege und Einfriedung oder ähnliches. [22]

8.

Sollten Gemeinschafts- oder Sondereigentumsflächen mietrechtlich anders zuzuordnen sein, als es dem Verhältnis der Eigentümer untereinander entspricht, so bevollmächtigen sich bereits jetzt sämtliche Eigentümer wechselseitig, befreit von den Beschränkungen des § 181 BGB, bezüglich derjenigen Mietverhältnisse, bei denen sie Sondereigentümer bzw. Sondernutzungsberechtigter sind, sämtliche Erklärungen gegenüber dem/den Mieter(n) so abzugeben, als seien sie Alleineigentümer der betreffenden Fläche. Die übrigen Eigentümer sind von etwaigen Kosten freizuhalten. [23]

§ 6 Übertragung des Wohnungseigentums

1.

Das Wohnungseigentum ist veräußerlich und vererblich. [24]

Die Veräußerung bedarf der Zustimmung des Verwalters. [25]

2.

Nicht zustimmungsbedürftig sind

a) der Erstverkauf durch den aufteilenden Eigentümer,

b) Veräußerungen an Verwandte gerader Linie,

c) Veräußerungen im Wege eines Insolvenzverfahrens oder der Zwangsversteigerung bzw. durch Gläubiger eingetragener Grundpfandrechte, sofern sie das Sondereigentum zuvor erworben haben oder aufgrund Vollmacht bzw. mit Zustimmung des Eigentümers handeln.

3.

Sollte die Veräußerungsbeschränkung gem. § 12 Abs. 4 WEG aufgehoben werden, ist jede Veräußerung dem Verwalter unverzüglich nachzuweisen. Solange dieses nicht geschehen ist, haftet der Veräußerer weiterhin für sämtliche Lasten und der Erwerber hat in den Eigentümerversammlungen kein Stimmrecht. [26]

4.

Jeder Wohnungseigentümer ist verpflichtet, die Bestimmungen dieser Teilungserklärung und Gemeinschaftsordnung seinem Rechtsnachfolger im Eigentum aufzuerlegen und diesen bei einer Übertragung des Wohnungseigentums entsprechend zu verpflichten. [27]

Dazu sind diesem die diesbezüglichen Unterlagen auszuhändigen. Auf die in § 15 Abs. 5 enthaltene Verpflichtung wird hingewiesen.

§ 7 Instandhaltung

1.

Die Instandhaltung des Sondereigentums und des Sondernutzungsrechts obliegt dem jeweiligen Wohnungseigentümer. Dieser ist verpflichtet, sein Sondereigentum und Sondernutzungsrecht so instand zu halten, dass dadurch keinem der anderen Eigentümer über das bei einem geordneten Zusammenleben unvermeidliche Maß hinaus ein Nachteil erwächst. [28]

2.

Zum gemeinschaftlichen Eigentum gehören insbesondere die Wohnungseingangstüren und sämtliche Außenfenster. An deren Innenseite wird dem jeweiligen Eigentümer hieran ein umfassendes Sondernutzungsrecht eingeräumt, soweit es nicht die einheitliche Gestlatung des Gebäudes berührt (z.B. nach außen sichtbare ungewöhnliche farbliche Gestaltung). Die Behebung von Dekorations- und Glässchäden obliegt ohne Rücksicht auf die Ursache des Schadens dem jeweiligen Wohnungseigentümer. Er hat die üblichen Pflegeleistungen nach Maßgabe der Herstellerrichtlinien oder nach den üblichen Gepflogenheiten einschließlich Innenanstrich auf seine Kosten vorzunehmen. Im Übrigen obliegt die Wartung, Instandhaltung und Instandsetzung der Gemeinschaft der Wohnungseigentümer, die hierüber einschließlich der Kostentragung nach Maßgabe der gesetzlichen Bestimmungen zu entscheiden hat. [29]

3.

Die Instandhaltung der zum gemeinschaftlichen Eigentum gehörenden Teile des Gebäudes sowie des Grundstücks obliegt der Gemeinschaft der Wohnungseigentümer; sie ist vom Verwalter durchzuführen. Dies gilt insbesondere für die Instandhaltung von Teilen, die die einheitliche Gestaltung des Gebäudes berühren.

4.

Die Wohnungseigentümer sind zur Ansammlung einer Instandhaltungsrücklage für das gemeinschaftliche Eigentum verpflichtet, deren Höhe durch Beschluss der Wohnungseigentümer bestimmt wird. Falls die vorhandene Rückstellung nicht ausreicht, die Kosten für beschlossene oder dringend notwendige Arbeiten zu decken, sind die Wohnungseigentümer verpflichtet, Nachzahlungen zu leisten. [30]

5.

Im Übrigen gelten §§ 21, 22 WEG.

§ 8 Wiederaufbau und Wiederherstellungspflicht [31]

1.

Wird das Gebäude ganz oder teilweise zerstört, so sind die Wohnungseigentümer untereinander verpflichtet, den vor Eintritt des Schadens bestehenden Zustand wiederherzustellen. Decken die Versicherungssumme und sonstige Forderungen den vollen Wiederherstellungsaufwand nicht, so ist jeder Wohnungseigentümer verpflichtet, den nicht gedeckten Teil der Kosten in entsprechender Anwendung des § 17 WEG zu tragen.

2.

Jeder Wohnungseigentümer kann sich innerhalb eines Monats nach Bekanntgabe der festgestellten Entschädigungsansprüche und der nach dem Aufbauplan ermittelten Kosten des Wiederaufbaues oder der Wiederherstellung von der Verpflichtung zur Beteiligung an dem Wiederaufbau oder der Wiederherstellung durch Veräußerung seines Wohnungseigentums befreien. Er hat zu diesem Zweck dem Verwalter eine notariell beurkundete Veräußerungs-Vollmacht zu erteilen. Dabei ist der Verwalter zu ermächtigen, das Wohnungseigentum freihändig zu veräußern.

3.

Steht dem Wiederaufbau oder der Wiederherstellung ein unüberwindliches Hindernis entgegen, so ist jeder Wohnungseigentümer berechtigt, die Aufhebung der Gemeinschaft zu verlangen. In diesem Fall erfolgt die Auseinandersetzung im Wege der freihändigen Veräußerung oder der öffentlichen Versteigerung nach § 753 BGB und § 180 ZVG. Der Anspruch auf Aufhebung ist ausgeschlossen, wenn sich einer der anderen Wohnungseigentümer oder ein Dritter bereit erklärt, das Wohnungseigentum des die Aufhebung verlangenden Wohnungseigentümers zum Schätzwert zu übernehmen und gegen die Übernahme durch ihn keine begründeten Bedenken bestehen.

§ 9 Anzeigepflicht und Besichtigungsrecht

1.

Der Wohnungseigentümer ist verpflichtet, von ihm bemerkte Mängel und Schäden am Grundstück oder Gebäude und dessen Einrichtungen, deren Beseitigung den Wohnungseigentümern gemeinschaftlich obliegt, dem Verwalter unverzüglich anzuzeigen. [32]

2.

Der Verwalter ist berechtigt, in angemessenen zeitlichen Abständen nach vorheriger Anmeldung den Zustand der Wohnungen auf Instandhaltungsarbeiten im Sinne von § 7 Abs. 3 und den Zustand der sich im Bereich des Sondereigentums befindlichen Teile des gemeinschaftlichen Eigentums überprüfen zu lassen. Aus wichtigem Grund ist die Überprüfung auch sonst zulässig. [33]

§ 10 Mehrheit von Berechtigten an einem Wohnungseigentum

1.

Steht das Wohnungseigentum mehreren Personen zu, so haben diese aus ihrer Mitte einen Bevollmächtigten zu bestellen und dem Verwalter schriftlich zu benennen. Dieser ist berechtigt, für sie Willenserklärungen und Zustellungen, die im Zusammenhang mit dem Wohnungseigentum stehen, entgegenzunehmen und abzugeben. [34]

2.

Dieser Wohnungseigentümer gilt auch als Zustellungsbevollmächtigter. Solange kein Bevollmächtigter benannt worden ist, gilt eine Mitteilung des Verwalters an einen Wohnungseigentümer allen anderen Wohnungseigentümern gegenüber als zugegangen. Das Stimmrecht auf den Versammlungen kann nur von einem Wohnungseigentümer ausgeübt werden. Auf Verlangen ist eine schriftliche Vollmacht vorzulegen.

§ 11 Entziehung des Wohnungseigentums

1.

Hat ein Wohnungseigentümer sich einer so schweren Verletzung der ihm gegenüber anderen Wohnungseigentümern obliegenden Verpflichtungen schuldig gemacht, dass diesen die Fortsetzung der Gemeinschaft mit ihm nicht mehr zugemutet werden kann, so können die anderen Wohnungseigentümer von ihm die Veräußerung seines Wohnungseigentums verlangen. Die Ausübung des Entziehungsrechts steht der Gemeinschaft der Wohnungseigentümer zu, soweit es sich nicht um eine Gemeinschaft handelt, die nur aus zwei Wohnungseigentümern besteht. [35]

2.

Die Voraussetzungen des Absatzes 1 liegen insbesondere vor, wenn

a) der Wohnungseigentümer trotz Abmahnung wiederholt gröblich gegen die ihm nach § 14 WEG obliegenden Pflichten verstößt;

b) der Wohnungseigentümer sich mit der Erfüllung seiner Verpflichtungen zur Lasten- und Kostentragung (§ 16 Abs. 2 WEG) in Höhe eines Betrages, der drei vom Hundert des Einheitswerts seines Wohnungseigentums übersteigt, länger als drei Monate in Verzug befindet.

3.

Über das Verlangen nach Absatz 1 beschließen die Wohnungseigentümer durch Stimmenmehrheit. Der Beschluss bedarf einer Mehrheit von mehr als der Hälfte der stimmberechtigten Wohnungseigentümer. Die Vorschriften des § 25 Abs. 3, 4 WEG sind in diesem Fall nicht anzuwenden.

4.

Der in Absatz 1 bestimmte Anspruch kann durch Vereinbarung der Wohnungseigentümer nicht eingeschränkt oder ausgeschlossen werden.

5.

Die Voraussetzungen zur Entziehung des Wohnungseigentums liegen auch vor, wenn ein Wohnungseigentümer mit der Erfüllung seiner Verpflichtung zur Lasten- und Kostentragung länger als drei Monate oder mit mind. € 2.000,00 in Verzug ist.

6.

Steht das Wohnungseigentum mehreren Personen gemeinschaftlich zu, so kann die Entziehung des Eigentums zuungunsten sämtlicher Mitberechtigter verlangt werden, sofern auch nur in der Person eines Mitberechtigten die Voraussetzungen für das Entziehungsverlangen begründet sind.

§ 12 Lasten und Kosten [36]

1.

Die Vorauszahlungen auf die laufenden Kosten und Lasten werden auf Grund eines jährlich aufzustellenden Wirtschaftsplanes ermittelt. Der auf den einzelnen Wohnungseigentümer entfallende Anteil (Wohngeld) ist in monatlichen Raten bis zum 3. Werktag eines jeden Monats in der vom Verwalter festzulegenden Form zu zahlen. Gerät ein Wohnungseigentümer länger als 10 Werktage in Verzug, hat er sämtliche Vorauszahlungen des jeweiligen Wirtschaftsjahres auf einmal zu entrichten. [37, 38, 39]

2.

In Ergänzung und teilweiser Abänderung des § 16 WEG wird folgendes bestimmt:

a) Die Bewirtschaftungskosten sind unter den Wohnungseigentümern entsprechend der in der ANLAGE 1 ausgewiesenen Größe (m²-Wohn- bzw. Nutzfläche) zu verteilen. Sollte eine Neuvermessung abweichende Flächen ergeben, sind ab Feststellung der Flächendifferenzen durch den Verwalter die tatsächlichen Verhältnisse maßgebend. Zu den Bewirtschaftungskosten gehören insbesondere Wasser- und Sielgebühren, öffentliche Abgaben, Kosten der gemeinschaftlichen Einrichtungen, soweit deren Kosten nicht durch Benutzungsgebühren (z.B. Münzautomat) gedeckt sind, der Beleuchtung des gemeinschaftlichen Eigentums, einer evtl. von den Eigentümern beschlossenen Treppenhausreinigung, eines evtl. eingestellten Hausmeisters, für Gehwegreinigung, für Pflege der gemeinschaftlichen Außenanlagen, für Schornsteinfegergebühren, für Bankgebühren sowie die Kosten für Instandhaltung und Instandsetzung gemäß § 7 Abs. 3. Heizkosten sind zu 30 % nach Fläche und zu 70 % nach Verbrauch abzurechnen. [40]

b) Die Verwaltungskosten sind für jedes Wohnungseigentum gleich zu bemessen. Einzelheiten über die Höhe werden im Verwaltervertrag geregelt.

c) Für das Sondereigentum und das gemeinschaftliche Eigentum als Ganzes können folgende Versicherungen abgeschlossen werden:

– eine Versicherung gegen Inanspruchnahme aus der gesetzlichen Haftpflicht für das gemeinschaftliche Eigentum am Grundstück;

– eine Gebäudefeuer- und Sturmschadenversicherung, Leitungswasserschadenversicherung, Gewässerschadenhaftpflichtversicherung; soweit erforderlich.

– Die Prämien für vorstehende Versicherungen sind von den Wohnungseigentümern gem. § 12 Ziffer 2a zu tragen.

d) Jeder Eigentümer trägt die auf ihn bzw. sein Sondereigentum fallenden Kosten allein, soweit besondere Messvorrichtungen vorhanden sind oder sonst in einwandfreier Weise gesondert festgestellt werden können. [41]

3.

Die zwingenden gesetzlichen Vorschriften über eine abweichende Verteilung von Betriebskosten (§ 16 Abs. 3 WEG), Kosten der Instandhaltung, Instandsetzung und von baulichen Maßnahmen (§ 16 Abs. 4 WEG) bleiben unberührt. [42]

4.

Die Eigentümerversammlung kann mit einfacher Mehrheit beschließen, dass [43]

a) sich jeder Eigentümer in angemessener Höhe sicherungshalber wegen der Zahlung des Wohngeldes der sofortigen Zwangsvollstreckung in sein gesamtes Vermögen zu unterwerfen hat, und/oder

b) jeder Eigentümer eine entsprechende Sicherungshypothek oder -grundschuld (vollstreckbar nach § 800 ZPO) zur Grundbucheintragung zugunsten der Gemeinschaft der Wohnungseigentümer zu bewilligen und zu beantragen hat.

Als angemessen gilt im Zweifel ein Betrag von € 2.000,00, mindestens jedoch des dreifachen monatlichen Wohngeldes z. Zt. der Beschlussfassung.

5.

Sofern die Verteilung der Lasten und Kosten nicht der Haftung im Außenverhältnis entspricht (§ 10 Abs. 8 WEG), sind sämtliche Eigentümer verpflichtet, sich im Innenverhältnis entsprechend freizuhalten. Jeder Eigentümer ist berechtigt, in entsprechender Anwendung des § 10 Abs. 2 WEG eine Neuaufteilung der Miteigentumsanteile zu verlangen, sofern die interne Verteilung nicht der Außenhaftung entspricht. [44]

6.

Der Rechtsnachfolger eines Wohnungseigentümers haftet – außer im Falle der Zwangsversteigerung – für rückständige Lasten und Kosten. Im Falle einer Aufhebung der Veräußerungsbeschränkung gem. § 6 Ziff. 3 haftet der Rechtsvorgänger für Verbindlichkeiten seines Rechtsnachfolgers für die Dauer von 2 Jahren ab seinem Ausscheiden aus der Gemeinschaft als Gesamtschuldner. [45, 46]

§ 13 Wirtschaftsplan und Abrechnung

1.

Der Verwalter hat jeweils für ein Wirtschaftsjahr einen Wirtschaftsplan und eine Abrechnung zu erstellen. Diese sind von den Wohnungseigentümern zu beschließen. Das Wirtschaftsjahr umfasst 12 Monate. Der Beginn des 1. Wirtschaftsjahres wird vom Verwalter bestimmt. Insofern kann ein Rumpfgeschäftsjahr festgelegt werden. [47]

2.

Das Wohngeld wird jährlich einmal durch den Verwalter abgerechnet. Fehlbeträge des Wohngeldes sind vom Wohnungseigentümer unverzüglich nachzuleisten. Überzahlungen können mit den laufenden Wohngeldzahlungen verrechnet werden. [48]

3.

Eine Aufrechnung durch die Wohnungseigentümer ist ausgeschlossen, soweit nicht unbestrittene oder rechtskräftig festgestellte Forderungen geltend gemacht werden.

§ 14 Eigentümerversammlung

1.

Angelegenheiten, über die nach dem Wohnungseigentumsgesetz oder nach dem Inhalt dieser Teilungserklärung die Eigentümer durch Beschluss entscheiden können, werden durch Beschlussfassung in einer Versammlung der Wohnungseigentümer geordnet. [49]

2.

Der Verwalter hat mindestens einmal im Jahr die Wohnungseigentümerversammlung einzuberufen. Darüber hinaus muss der Verwalter die Wohnungseigentümerversammlung dann einberufen, wenn der Verwaltungsbeirat oder mehr als ¼ der Wohnungseigentümer die Einberufung unter Angabe des Gegenstandes verlangen. In den Fällen des § 5 Abs. 3 dieser Teilungserklärung muss der Verwalter die Wohnungseigentümerversammlung auf Verlangen des betroffenen Wohnungseigentümers einberufen.

3.

Für die Ordnungsmäßigkeit der Einberufung genügt die Absendung an die Anschrift, die dem Verwalter von dem Eigentümer zuletzt mitgeteilt worden ist mit mindestens zwei Wochen Ladefrist.

4.

Die Wohnungseigentümerversammlung ist beschlussfähig, wenn mehr als die Hälfte der Wohnungseigentümer vertreten ist. Ein Wohnungseigentümer kann sich nur durch seinen Ehegatten oder Lebenspartner nach dem LPartG, seine volljährigen Kinder, den Verwalter oder einen anderen Wohnungseigentümer der Gemeinschaft aufgrund schriftlicher Vollmacht vertreten lassen. Zulässig ist ferner die Erteilung einer Vollmacht auf den Erwerber eines Wohnungseigentums, sofern die Veräußerung dem Verwalter angezeigt worden ist. Die Vollmacht ist dem Verwalter auszuhändigen. [50, 51]

Ist die Versammlung nicht beschlussfähig, so hat der Verwalter eine zweite Versammlung mit gleichem Gegenstand einzuberufen. Diese zweite Eigentümerversammlung kann frühestens auf einen Zeitpunkt, der 30 Minuten nach Beginn der nichtbeschlussfähigen Eigentümerversammlung liegt, angesetzt werden. Diese Eigentümerversammlung ist in jedem Falle beschlussfähig. [52]

Zu der zweiten Eigentümerversammlung kann zusammen mit der ersten Eigentümerversammlung eingeladen werden. Auf die Beschlussfähigkeit der zweiten Eigentümerversammlung ist in der Einladung hinzuweisen.

5.

Zu Beginn der Eigentümerversammlung ist vom Verwalter die ordnungsgemäße Einberufung und die Beschlussfähigkeit festzustellen. Das Stimmrecht bestimmt sich nach dem WEG, wobei jedes einzelne Wohnungseigentumsrecht eine gesonderte Stimme gewährt. Die Beschlüsse sind mit den Mehrheiten zu fassen, wie sie das Gesetz oder diese Teilungserklärung vorschreiben. Bei Feststellung der Stimmenmehrheit wird von der Zahl der abgegebenen Stimmen ausgegangen, Stimmenthaltungen gelten als nicht abgegebene Stimmen. [53]

6.

Unterteilungen oder Vereinigungen von Wohnungseigentumsrechten verändern die Stimmgewichtung nur, sofern dies in dieser Vereinbarung ausdrücklich vorgesehen ist. [54]

7.

Auch ohne Wohnungseigentümerversammlung ist ein Beschluss gültig, wenn alle Wohnungseigentümer ihre Zustimmung zu diesem Beschluss in Textform erklären.

8.

In Ergänzung des § 23 WEG wird bestimmt, dass zur Gültigkeit eines Beschlusses der Wohnungseigentümerversammlung außer den dort genannten Bestimmungen die Protokollierung des Beschlusses erforderlich ist. Im Übrigen gelten die Vorschriften über die Beschluss-Sammlung (§ 24 Abs. 7 WEG).

9.

Soweit zwingende gesetzliche Bestimmungen nicht entgegenstehen, können die Wohnungseigentümer ihr Verhältnis untereinander abweichend von dieser Gemeinschaftsordnung und dem Gesetz regeln. Hierzu ist grundsätzlich eine Vereinbarung aller Wohnungs- und Teileigentümer erforderlich. Werden durch die Veränderung nicht alle Wohnungs- und Teileigentümer betroffen, genügt die Zustimmung aller durch die Änderung betroffenen Wohnungs- und Teileigentümer.

Eine Änderung der Gemeinschaftsordnung ist jedoch auch mit einer ¾-Mehrheit von allen durch die Veränderung betroffenen Wohnungs- und Teileigentümern möglich, wenn ein sachlicher Grund für die Änderung vorliegt und einzelne Eigentümer gegenüber dem früheren Rechtszustand nicht unbillig benachteiligt werden. Das Vorliegen eines sachlichen Grundes ist insbesondere bei einer wesentlichen Veränderung der tatsächlichen Verhältnisse gegeben. [55]

Jeder Wohnungs- und Teileigentümer ist verpflichtet, zu solchen abändernden Vereinbarungen auf Kosten der Gemeinschaft die zur Grundbucheintragung erforderliche Bewilligung zu erteilen. Die jeweiligen Wohnungs- und Teileigentümer bevollmächtigen hiermit den jeweiligen Verwalter unter Befreiung von den Beschränkungen des § 181 BGB, sie bei der Abgabe der zur Grundbucheintragung notwendigen und zweckdienlichen Erklärungen und Anträge gegenüber Grundbuchamt und Notar zu vertreten. Diese Vollmacht gilt gegenüber dem Grundbuchamt unbeschränkt. Der Verwalter ist weiterhin berechtigt, soweit erforderlich, im Namen der betreffenden Wohnungs- und Teileigentümer auf Kosten der Gemeinschaft die Zustimmung dinglich Berechtigter einzuholen und entgegenzunehmen. [56]

§ 15 Verwalter

1. [57]

Als erster Verwalter wird _____

bestellt.

Die Bestellung gilt für die Dauer von 3 Jahren gerechnet ab _____ Eine Verlängerung bzw. Wiederholung der Bestellung ist durch erneuten Beschluss der Wohnungseigentümerversammlung frühestens ein Jahr vor Ablauf der Bestellungszeit möglich.

2.

Soweit ein Verwalter nach Abs. 1 nicht bestellt ist oder wird, beschließen die Wohnungseigentümer mit Stimmenmehrheit über die Bestellung.

3.

Beim Vorliegen eines wichtigen Grundes können die Wohnungseigentümer jederzeit mit der Mehrheit aller Wohnungseigentümer die Abberufung des Verwalters beschließen.

4.

Die Aufgaben und Befugnisse des Verwalters ergeben sich aus dem Gesetz (§ 27 WEG), d.h. [58]

(1) Der Verwalter ist gegenüber den Wohnungseigentümern und gegenüber der Gemeinschaft der Wohnungseigentümer berechtigt und verpflichtet,

a) Beschlüsse der Wohnungseigentümer durchzuführen und für die Durchführung der Hausordnung zu sorgen;

b) die für die ordnungsmäßige Instandhaltung und Instandsetzung des gemeinschaftlichen Eigentums erforderlichen Maßnahmen zu treffen;

c) in dringenden Fällen sonstige zur Erhaltung des gemeinschaftlichen Eigentums erforderlichen Maßnahmen zu treffen;

d) Lasten- und Kostenbeiträge, Tilgungsbeträge und Hypothekenzinsen anzufordern, in Empfang zu nehmen und abzuführen, soweit es sich um gemeinschaftliche Angelegenheiten der Wohnungseigentümer handelt;

e) alle Zahlungen und Leistungen zu bewirken und entgegenzunehmen, die mit der laufenden Verwaltung des gemeinschaftlichen Eigentums zusammenhängen;

f) eingenommene Gelder zu verwalten;

g) die Wohnungseigentümer unverzüglich darüber zu unterrichten, dass ein Rechtsstreit gem. § 43 WEG anhängig ist;

h) die Erklärungen abzugeben, die zur Vornahme der in § 21 V Nr. 6 WEG bezeichneten Maßnahmen erforderlich sind.

(2) Der Verwalter ist berechtigt, im Namen aller Wohnungseigentümer und mit Wirkung für und gegen sie

a) Willenserklärungen und Zustellungen entgegenzunehmen, soweit sie an alle Wohnungseigentümer in dieser Eigenschaft gerichtet sind;

b) Maßnahmen zu treffen, die zur Wahrung einer Frist oder zur Abwendung eines sonstigen Rechtsnachteils erforderlich sind, insbesondere einen gegen die Wohnungseigentümer gerichteten Rechtsstreit gem. § 43 Nr. 1, Nr. 4 oder Nr. 5 WEG im Erkenntnis- und Vollstreckungsverfahren zu führen;

c) Ansprüche gerichtlich und außergerichtlich geltend zu machen, sofern er hierzu durch Vereinbarung oder Beschluss mit Stimmenmehrheit der Wohnungseigentümer ermächtigt ist;

d) mit einem Rechtsanwalt wegen eines Rechtsstreits gem. § 43 Nr. 1, Nr. 4 oder Nr. 5 zu vereinbaren, dass sich die Gebühren nach einem höheren als dem gesetzlichen Streitwert, höchstens nach einem gem. § 49a I 1 des Gerichtskostengesetzes bestimmten Streitwert bemessen.

(3) Der Verwalter ist berechtigt, im Namen der Gemeinschaft der Wohnungseigentümer und mit Wirkung für und gegen sie

a) Willenserklärungen und Zustellungen entgegenzunehmen;

b) Maßnahmen zu treffen, die zur Wahrung einer Frist oder zur Abwendung eines sonstigen Rechtsnachteils erforderlich sind, insbesondere einen gegen die Gemeinschaft gerichteten Rechtsstreit gem. § 43 Nr. 2 oder Nr. 5 WEG im Erkenntnis- und Vollstreckungsverfahren zu führen;

c) die laufenden Maßnahmen der erforderlichen ordnungsmäßigen Instandhaltung und Instandsetzung gemäß Absatz 1 Nr. 2 zu treffen;

d) die Maßnahmen gemäß Absatz 1 Nr. 3 bis 5 und 8 zu treffen;

e) im Rahmen der Verwaltung der eingenommenen Gelder gemäß Absatz 1 Nr. 6 Konten zu führen;

f) mit einem Rechtsanwalt wegen eines Rechtsstreits gem. § 43 Nr. 2 oder Nr. 5 WEG eine Vergütung gemäß Absatz 2 Nr. 4 zu vereinbaren;

g) sonstige Rechtsgeschäfte und Rechtshandlungen vorzunehmen, soweit er hierzu durch Vereinbarung oder Beschluss der Wohnungseigentümer mit Stimmenmehrheit ermächtigt ist. [59]

Fehlt ein Verwalter oder ist er zur Vertretung nicht berechtigt, so vertreten alle Wohnungseigentümer die Gemeinschaft. Die Wohnungseigentümer können durch Beschluss mit Stimmenmehrheit einen oder mehrere Wohnungseigentümer zur Vertretung ermächtigen.

(4) Der Verwalter ist insbesondere berechtigt, im Namen der Gemeinschaft der Wohnungseigentümer

a) Wohnungs- und Teileigentum innerhalb der Gemeinschaft zu erwerben; [60]

b) Wohnungs- und Teileigentum sowie Grundbesitz außerhalb der Gemeinschaft zu erwerben.

Im Innenverhältnis bedürfen Maßnahmen nach a) und b) eines vorherigen Beschlusses der Eigentümerversammlung. Das Grundbuchamt ist insoweit von jeder Prüfungspflicht befreit.

5.

Jeder Wohnungseigentümer hat im Falle der gänzlichen oder teilweisen Veräußerung seines Wohnungseigentums den Erwerber zum Eintritt in den mit dem jeweiligen Verwalter geschlossenen Vertrag zu verpflichten (vgl. § 6 Abs. 4). Der Erwerber hat dem Verwalter auf Verlangen eine Vollmacht zu erteilen, die ihn zu den Handlungen gemäß vorstehender Ziffer 4 ermächtigt. [61]

6.

Dem Verwalter steht für seine Tätigkeit eine angemessene Vergütung zu zzgl. MWSt in der jeweils gesetzlich angemessenen Höhe. Sie beträgt für das erste Wirtschaftsjahr € _____ netto. [62]

<u>... Alternative (DG-Ausbau)</u> [63]

§ 16 Dachgeschossausbau

Der jeweilige Eigentümer der im Aufteilungsplan mit Nr. _____ bezeichneten Einheit ist befugt, im Rahmen der erteilten Baugenehmigung seine Fläche endgültig zu Wohnraum auszubauen und zu nutzen. Er trägt sämtliche mit diesen Baumaßnahmen verbundenen Kosten und ist verpflichtet, etwaige hierdurch entstehende Schäden am Gemeinschafts- oder Sondereigentum anderer Einheiten unverzüglich auf eigene Kosten zu beseitigen.

Dieser Eigentümer ist weitestgehend befugt, sofern baurechtlich zulässig, auch insofern Gemeinschaftseigentum und, sofern erforderlich und baulich zweckmäßig, auch in Sondereigentum, zu ändern oder in dieses einzugreifen, als im Dachgeschoss Loggien, Terrassen, Dachfenster, Wintergärten, Gauben oder ähnliches eingebaut oder verändert werden sollen, soweit dies fachmännisch erfolgt und auf eigene Kosten geschieht. An den betreffenden Flächen wird ihm das alleinige Sondernutzungsrecht zugewiesen. Zur Durchführung von Brandschutzmaßnahmen ist er befugt, Wohnungseingangstüren entsprechend auszustatten.

Nicht in Benutzung befindliche Schornsteine oder deren Züge kann dieser Eigentümer auf eigene Kosten stilllegen bzw. abtragen, sofern baurechtlich zulässig.

Die Kosten der Errichtung und Instandhaltung der Dachterrasse trägt der Sondernutzungsberechtigte. Die Kosten der Instandhaltung des Daches selbst trägt die Wohnungseigentümergemeinschaft.

... Alternative (Fahrstuhlerrichtung)

§ 17 Fahrstuhlerrichtung

Die Wohnungseigentümer der Einheiten Nr. _____ sind mit Mehrheitsbeschluss berechtigt, auf eigene Kosten im Treppenhaus die Errichtung einer Fahrstuhlanlage nach Maßgabe des Aufteilungsplanes zu verlangen. Sämtliche Kosten und Aufwendungen tragen insoweit ausschließlich die Eigentümer der Einheiten Nr. _____ und zwar nach folgendem Schlüssel: [64]

1. OG	10 %
2. OG	15 %
3. OG	20 %
4. OG	25 %
DG	30 %

Befinden sich auf einem Stockwerk mehrere Wohnungen, so haben sie die vorgenannten Anteile untereinander nach Anzahl der Wohnungen zu tragen. Widersprechen beteiligte Wohnungseigentümer der Errichtung der Fahrstuhlanlage, so sind sie an deren Kosten einerseits nicht zu beteiligen und andererseits nicht zur Mitbenutzung der Fahrstuhlanlage berechtigt. Verlangen diese widersprechenden Eigentümer nachträglich die Mitbenutzung, so sind sie hierzu nur berechtigt, sofern sie sich an den Herstellungs-, Instandhaltungs- und Instandsetzungskosten unter Berücksichtigung angemessener Abschreibungen einschließlich Rücklagen für Ersatzbeschaffung beteiligen.

Vorsorglich wird den nutzungsberechtigten Eigentümern der Fahrstuhlanlage hiermit ein durch die Errichtung bzw. den Anschluss aufschiebend bedingtes, gemeinschaftliches Sondernutzungsrecht an dem in der ANLAGE 4 schraffiert dargestellten Raum, innerhalb dessen die Fahrstuhlanlage errichtet werden darf (»Treppenauge«) bestellt, und zwar vom Erdgeschoss bis zum Dachgeschoss.

Teil III Vollmacht [65]

Der Erschienene erteilt hiermit den Notariatsangestellten

_____

Vollmacht, die durch den Tod des Vollmachtgebers nicht erlischt, unter Befreiung von den Beschränkungen des § 181 BGB, alle zur Änderung dieser Urkunde erforderlichen Erklärungen abzugeben und entgegenzunehmen, insbesondere Anträge jeder Art beim Grundbuchamt zu stellen und zurückzunehmen. Diese Vollmacht erlischt drei Jahre nach Vollzug dieser Teilungserklärung im Grundbuch.

Teil IV Grundbuchanträge [66]

Der Eigentümer bewilligt und beantragt

a) die Aufteilung des Grundbesitzes in Wohnungseigentum gemäß § 2 der Teilungserklärung,

b) die Bestimmungen der §§ 3 bis 15 der Teilungserklärung als Gegenstand und Inhalt des Sondereigentums

… Alternative (DG-Ausbau)

c) die Bestimmungen der §§ 3 bis 16 der Teilungserklärung als Gegenstand und Inhalt des Sondereigentums

… Alternative (DG-Ausbau und Fahrstuhlerrichtung)

c) die Bestimmungen der §§ 3 bis 17 der Teilungserklärung als Gegenstand und Inhalt des Sondereigentums

in das Grundbuch einzutragen.

Eintragungsnachrichten soll nur der beurkundende Notar erhalten.

… Alternative (Notarkosten tragen Erwerber)

Die mit dieser Erklärung verbundenen Gerichtskosten trägt der Eigentümer, die Notarkosten sind im Innenverhältnis auf die Ersterwerber der einzelnen Wohnungs- und Teileigentumseinheiten nach Maßgabe der Miteigentumsanteile zu verteilen. [67]

Nebst Anlagen vorgelesen bzw. zur Durchsicht vorgelegt, genehmigt und unterschrieben:

Erläuterungen

53 **1. Form.** Vgl. oben Teil 2 Rdn. 1.

54 **2. Grundstück.** Vgl. oben Teil 2 Rdn. 7.

55 **3. Bebauung.** Die verbale Angabe der vorhandenen Bebauung ist **nicht notwendig**. Sie ergibt sich in der Regel aus dem Aufteilungsplan. Gerade bei unterschiedlichen Nutzungsarten (Wohnen/Gewerbe), Mehrhausanlagen oder geplanten Um-, An- und Ausbauten ist es aber **zweckmäßig**, eingangs die damit verbundenen Fragen zu thematisieren.

56 **4. Belastungen.** Im Falle der Aufteilung nach § 8 WEG werden grundsätzlich sämtliche Belastungen in Abt. II und III des Grundbuches auf die neu zu bildenden Wohnungs- und Teileigentumsgrundbücher übertragen, bei Rechten in Abt. III zur **Gesamthaft**. Dabei gibt es entgegen Kesseler (NJW 2010, 2317) keine Notwendigkeit der Zustimmung von Gläubigern (so nach divergierenden OLG Entscheidungen BGH NJW 2012, 1226 f.). Für Rechte in Abt. II (z.B. **Dienstbarkeit**) sollte dies jedoch nach h.M. nur insoweit gelten, als sie sich auf **konkrete einzelne Wohnungs- und Teileigentumseinheiten erstrecken** (OLG Oldenburg NJW-RR 1989, 273). **Probleme** können sich allerdings ergeben, wenn sich diese Rechte auf mehrere betroffene Sondereigentumseinheiten oder umfangreiches Gemeinschaftseigentum beziehen (z.B. Abstellräume, Gartenflächen). Befindet sich das Grundstück bereits in der Zwangsversteigerung, wirkt die Aufteilung gem. § 23 ZVG nicht gegenüber dem betreibenden Gläubiger (BGH ZWE 2012, 270).

57 **5. Dingliche Teilung.** *5.1* Zur **dinglichen Teilungserklärung** vgl. oben Teil 2 Rdn. 26.

58 *5.2* Auch für Großanlagen gelten insoweit rechtlich **keine Besonderheiten**. Es ist Geschmacksfrage, ob man im Text der Urkunde sämtliche Einheiten verbal umschreibt, oder, wie im Muster, auf eine tabellarische Anlage verweist. Bei größeren Anlagen und insbesondere noch zu erwartenden Änderungen ist das zweite Verfahren regelmäßig einfacher und übersichtlicher.

59 **6. Urkundsgestaltung.** Vgl. oben Teil 2 Rdn. 40.

60 **7. Ohne Abgeschlossenheitsbescheinigung.** Zum sog. vorläufigen Aufteilungsplan vgl. oben Teil 2 Rdn. 33; zur »**Identitätserklärung**« vgl. Teil 2 Rdn. 37; zur **Planbeifügung** vgl. Teil 2 Rdn. 40.

8. Mit Abgeschlossenheitsbescheinigung. Zur Technik der **Bezugnahme** und **Beifügung** 61
vgl. oben Teil 2 Rdn. 40. Beurkundungsrechtlich ausreichend wäre ein Verweis gem. § 13a Abs. 4
BeurkG.

9. Definitionen. Das Muster wiederholt hier und im Folgenden vielfach **wortwörtlich Vor-** 62
schriften des Gesetzes. Das ist an **sich überflüssig**, hat sich aber in der Praxis gerade bei größeren
Anlagen **durchgesetzt und bewährt.** Teilungserklärung und Gemeinschaftsordnung sind gewissermaßen die »**Vereinssatzung**« des Verbandes, die auch ohne ergänzende Lektüre des Gesetzestextes
aus sich heraus jedem Wohnungseigentümer eine grobe Orientierung über seine Rechte und
Pflichten bieten sollte. Da die Rechtsprechung die Abgrenzung von Gemeinschafts- und Sondereigentum aber zunehmend konkretisiert und dabei viele ältere Abgrenzungen aus heutiger Sicht
unwirksam sind, sollten zu detaillierte Regelungen vermieden werden.

10. Sondereigentum. *10.1* Zu **Abgrenzungsproblemen** vgl. eingehend *Langhein* NotF WEG, 63
§ 1 Rn. 79, § 3 Rn. 10 m.w.N.

10.2 Der im Muster dargestellte **Katalog** ist weit verbreitet, im Einzelfall allerdings nicht unpro- 64
blematisch (z.B. hält Jennißen/*Dickersbach* § 5 WEG Rn. 33 die **Sondereigentumsfähigkeit von**
Ver- und Entsorgungsleitungen für zweifelhaft; tabellarische Übersicht z.B. bei Riecke/Schmid/
Schneider/Förth § 5 WEG Rn. 27 ff.). Die Abgrenzung etwa bei Balkonen führt teilweise zu ab-
surden Ergebnissen (vgl. dazu *Langhein* notar 2008, S. 18 f.). Viele Formularbücher raten daher
gänzlich von ihm ab (*Elzer u.a./Elzer*, S. 64 ff. m.w.N.).

10.3 Die Rechtsprechung beschäftigt sich immer wieder aufs Neue mit der Frage nach der **Son-** 65
dereigentumsfähigkeit einzelner Gebäudebestandteile. So hält etwa das OLG Frankfurt (DNotZ
2007, 469) Markisen für zwingendes Gemeinschaftseigentum. Das kann aber auch anders liegen
(näher Jennißen/*Dickersbach* § 5 WEG, Rn. 35 m.w.N.). Die Geschossdecken einer als einheitliches Teileigentum ausgestalteten Tiefgarage sind notwendig Gemeinschaftseigentum (OLG München ZMR 2008, 232). Auch Thermostatventile waren nach h.M. zwingend Gemeinschaftseigentum (OLG Stuttgart ZMR 2008, 243; a.A. jetzt BGH NJW 2011, 2958). Zur ähnlichen
Problematik der Rauchwarnmelder vgl. den Überblick bei *Schultz* ZWE 2011, 21. Die **Kasuistik**
ist **kaum überschaubar**, teils **widersprüchlich** und unterliegt einem steten Fluss von **Veränderun-**
gen und/oder **neuen Erkenntnissen** (vgl. ausf. *Schneider* a.a.O. Rn. 18 ff.). Großzügig zu den Ei-
gentumsverhältnissen an Heizungsanlagen jetzt aber BGH NJW 2011, 2958. **Ver- und Entsor-**
gungenleitungen sind nach dem jetzigen Stand der Rechtsprechung sondereigentumsfähig (erst)
ab der ersten Absperrmöglichkeit innerhalb des räumlichen Bereiches des Sondereigentums (BGH
DNotZ 2012, 58; BGH ZWE 2013, 205, 207 f.); Außenfenster und Türen sind zwingend Gemeinschaftseigentum (BGH NJW 2012, 1722; BGH MDR 2014, 18). Ältere Gerichtsentschei-
dungen, Aufsätze, Kommentare und Formularbücher sind daher mit großer Vorsicht zu lesen!

10.4 Die von der Rechtsprechung und Literatur vorgenommenen Differenzierungen sind häufig 66
schwer nachvollziehbar; spätere bauliche Veränderungen können zum Wechsel von Gemeinschafts-
bzw. Sondereigentumsfähigkeit führen, z.B. nachträglicher Anschluss einer weiteren Einheit an eine
Fäkalienhebeanlage (vgl. OLG Schleswig RNotZ 2007, 279); Wechsel von Gesamtschließanlage zu
individuellen Schlössern (vgl. *F. Schmidt* ZWE 2014, 78). Schlussendlich können auch **technische**
Entwicklungen dazu führen, dass Abgrenzungskataloge unrichtig oder unvollständig werden. Die
Kautelarpraxis sollte daher Vorsicht walten lassen und mindestens mit **Auffangregelungen** (dazu
Ziff. 11) arbeiten. Musterformulierung für Gemeinschaftseigentum an allen Ver- und Entsorgungs-
gungsleitungen bei *H. Müller* in Beck'sches Formularbuch WEG D V § 6.

11. Hilfsregelungen. Wegen der in Teil 2 Rdn. 10 dargestellten Abgrenzungsprobleme emp- 67
fiehlt sich in der Urkunde eine ausdrückliche hilfsweise Bildung von Sondernutzungsrechten mit
entsprechender Instandhaltungsverpflichtung. Zur möglichen **Umdeutung** vgl. FA MietRWEG/
Schneider 18. Kap. Rn. 88 ff.

12. Gemeinschaftsordnung. Vgl. Teil 2 Rdn. 26. 68

69 **13. Name.** *13.1* Nach § 10 Abs. 6 S. 4 WEG muss die Gemeinschaft die **Bezeichnung** »Wohnungseigentümergemeinschaft«, gefolgt von der **bestimmten Angabe** des gemeinschaftlichen Grundstücks führen. Nach h.M. genügt die Bezeichnung der Lage und Angabe der Straße und Hausnummer (OLG Rostock ZWE 2014, 122; LG Bremen Rpfleger 2007, 315; ähnlich *Hügel* DNotZ 2007, 337).

70 *13.2* Um gerade bei Großanlagen Verwirrung zu vermeiden (besteht die XY-Str. 10–14 aus den Häusern 10, 11, 12, 13 und 14 oder – weiterhin üblich – aus 10, 12 und 14? Später vielleicht im dritten Bauabschnitt auch aus 14a bis e?), ist es empfehlenswert auf die **Grundbuchbezeichnungen** zurückzugreifen (dazu *Langhein* NotF WEG, § 3 Rn. 13).

71 **14. Nutzungsbefugnisse.** Das Muster wiederholt im Folgenden zunächst weitgehend die gesetzlichen Vorschriften der §§ 13 f. WEG. Dazu oben Ziff. 9.

72 **15. Nutzungsbestimmungen.** *15.1* Die Frage nach der **zulässigen Nutzung** von Sondereigentumseinheiten ist ein Problem, zu dem wohl die meisten Entscheidungen im Wohnungseigentumsrecht ergangen sind und weiterhin ergehen. Inwieweit Nutzungsangaben in der rein **dinglichen Teilung** (Festlegung als Wohn- oder Teileigentum), in der **Gemeinschaftsordnung** oder auch lediglich in den **Aufteilungsplänen** bindende **Vereinbarungswirkung** entfalten, hat die Rechtsprechung seit Inkrafttreten des WEG in einer nicht mehr überschaubaren Legion von Entscheidungen beschäftigt (vgl. statt aller Palandt/*Bassenge* § 15 WEG Rn. 12 ff.; Riecke/Schmidt/*Abramenko* § 14 WEG Rn. 12 ff.; aktuell z.B. OLG Düsseldorf ZMR 2008, 393 f. »freiberufliche Tätigkeit« deckt »Digital-Druckerei«; OLG Düsseldorf ZMR 2008, 395 – Dachboden und »Hobbynutzung«; OLG München ZMR 2008, 71 »Laden«; großzügiger jetzt für Nutzungsangaben in den Plänen aber BGH ZMR 2010, 461 f., BGH ZWE 2013, 20). Bloße deklaratorische Bezeichnungen des Architekten an Bauantragsplänen enthalten danach ohne besondere Hinweise grundsätzlich keine Nutzungsvereinbarung. Dennoch bleibt Vorsicht geboten, *Langhein* NotF WEG, § 1 Rn. 80.

73 *15.2* Grundsätzlich gilt für die **Gestaltungspraxis**:

74 a) Unbedingt zu vermeiden sind **Widersprüche** zwischen Teilungserklärung/Gemeinschaftsordnung und Plänen.

75 b) Enthalten Teilungserklärung und/oder Gemeinschaftsordnungsbeschrieb bzw. Pläne Nutzungsangaben, muss **klargestellt** werden, ob sie **verbindlich** sein sollen oder nicht.

76 c) Sodann ist im Einzelfall abzuwägen, ob man eher dem Bestandsinteresse der Ersterwerber oder einer gewissen Zukunftsoffenheit den Vorrang geben sollte.

77 *15.3* Das Muster geht einen **Zwischenweg**. Für die Ausübung eines Gewerbes oder Berufes in Wohnungseigentumseinheiten wird die Zustimmung des Verwalters gefordert; dieser kann diese Frage selbstverständlich der Eigentümerversammlung zur Entscheidung vorlegen. Bei den Teileigentumseinheiten wird hingegen jede gestattete **öffentlich-rechtliche Nutzung** als zulässig erklärt (letzter Satz). Je nach Charakter der Anlage sind insoweit **einzelfallbezogene Regelungen** notwendig.

78 *15.4* Der Teufel liegt natürlich im Detail. Wenn Gewerbebetriebe jeglicher Art zulässig sind, soll nach Auffassung des AG Hamburg (ZMR 2007, 831) zwar eine »härtere Form« sehr traditioneller gewerblicher Tätigkeiten unzulässig sein, nicht aber die »weichere Form« sexualbezogener Maßnahmen, jedenfalls in einem studentisch liberal geprägten Stadtteil (a.A. aber LG Hamburg ZMR 2008, 828; ähnlich OLG Zweibrücken IMR 2008, 169; differenzierend *Armbrüster* ZWE 2008, 365). Neben den Gegebenheiten des einzelnen Grundstücks ist somit auch der **Charakter der Umgebung** mit in die Betrachtung einzustellen. Zum Streitstand im Übrigen ausführlich *Böttcher* RPfleger 2006, 529 m.w.N.

79 **16. Überlassung an Dritte.** *16.1* Gem. § 14 Ziff. 2 WEG ist jeder Wohnungseigentümer verpflichtet, für die Einhaltung der in § 14 Ziff. 1 WEG bezeichneten Pflichten durch Personen zu sorgen, die seinem Hausstand oder Geschäftsbetrieb angehören oder denen er sonst die Benut-

zung der im Sonder- oder Miteigentum stehenden Grundstücks- oder Gebäudeteile überlässt. Diese Überlassung ist im Übrigen durch die allgemeinen **Befugnisse des Eigentümers** gedeckt, einschließlich der Vermietung (§ 13 WEG).

16.2 Zulässig sind aber durch Gemeinschaftsordnung **Vermietungs- oder sonstige Benutzungsbeschränkungen** (Riecke/Schmid/*Riecke* Anhang § 13 WEG Rn. 1 ff.). Die im Muster angeordnete **Haftung** entspricht der h.M.; allerdings muss der Dritte schuldhaft gehandelt haben (Riecke/Schmid/*Abramenko* § 14 WEG Rn. 31 m.w.N.). Zur gewerblichen Vermietung bei vereinbarter reiner Wohnnutzung KG ZMR 2008, 406; großzügiger BGH ZWE 2011, 78. Vgl. auch BGH ZWE 2011, 31 – Umzugspauschale bei häufigem Nutzerwechsel.

17. Hausordnung. *17.1* Muster Hausordnung s. unten VI.

17.2 Die Hausordnung kann auch unmittelbar mit als **Anlage** zur Urkunde genommen werden. Im Falle der Mitbeurkundung bzw. Beglaubigung ist sie im Zweifel aber auch dann als sog. »**unechte**« Vereinbarung zu werten, d.h. sie kann durch Mehrheitsbeschluss geändert werden (Riecke/Schmid/*Elzer* § 10 WEG Rn. 86; eingehend *Elzer* ZMR 2006, 733).

18. Unterteilung. Hierzu unten Teil 2 Rdn. 299.

19. Vereinigung. Hierzu unten Teil 2 Rdn. 292.

20. Ausbaurecht. *20.1* Zu etwaigen Eingriffen in das Gemeinschaftseigentum (insbesondere tragende Wände) vgl. unten Teil 2 Rdn. 297, 302.

20.2 **Umfassende Ausbaurechte** sollten **detailliert** und unter Beifügung von Plananlagen vereinbart werden (s. unten Ziff. 63, Teil 2 Rdn. 145 ff.).

21. Umwandlung Wohnung-/Teileigentum. *21.1* Nach ganz h.M. hat die **Festlegung** als Wohnungs- oder Teileigentum **Vereinbarungscharakter**, d.h. kann grundsätzlich nur einstimmig geändert werden (Riecke/Schmid/*Schneider* § 1 WEG Rn. 42 f.). Durch Benutzungsregelungen ist allerdings möglich, die Nutzung von Wohnungseigentum zu gewerblichen Zwecken oder umgekehrt die Nutzung von gewerblichen Räumen zu Wohnzwecken zu gestatten.

21.2 Selbst wenn dies der Fall ist, bedarf es für den grundbuchlichen Vollzug einer rechtlichen Umwandlung einer Vereinbarungsänderung. Zulässig ist die Einräumung einer **einseitigen Umwandlungsbefugnis** (BayObLG ZMR 2000, 316). In diesem Falle bedarf es keiner weiteren Zustimmung anderer Eigentümer (vgl. aber Riecke/Schmid/*Schneider* § 1 WEG Rn. 45; zur Abgeschlossenheitsbescheinigung *Schneider* a.a.O. § 7 WEG Rn. 284 ff.). Eine Unterteilung mit Nutzungszweckänderung ist allerdings ohne ausdrückliche Gestattung unzulässig (BGH V ZB 7/13 – juris).

22. Sondernutzungsrechte. Hierzu oben Teil 2 Rdn. 20 sowie unten Teil 2 Rdn. 220, 237.

23. Abweichungen Sachen-/Mietrecht. *23.1* Gerade bei der Aufteilung von Altbauten kommt es oft zum Auseinanderfallen der **mietrechtlichen Situation** und der (neuen) **dinglichen Berechtigung**. Dazu eingehend mit Vorschlägen de lege ferenda *Häublein* NZM 2014, 97 ff.

23.2 Die bloße Befugnis des Mieters, Gemeinschaftsflächen mit zu benutzen, führt zwar nach Auffassung des BGH infolge einer **eingeschränkten Anwendung der Bestimmung des § 566 BGB** nicht zu einer Vermehrung auf Vermieterseite (BGH NZM 1999, 553).

23.3 Dies gilt jedoch nicht, wenn ursprünglicher Mietgegenstand auch ein im **Sondereigentum eines Dritten** stehender Raum (z.B. Abstellraum, Garage) ist (vgl. BGH NZM 2005, 941; KG ZWE 2002, 324; zu den auch nach der Rechtsprechung des BGH verbleibenden Lücken ausführlich *Häublein* NZM 2014, 97 ff.; *Drasdo* NZM 2001, 13 ff.).

24. Veräußerung. Nach allgemeinen sachenrechtlichen Grundsätzen (§ 137 BGB) ist das Wohnungseigentum als echtes Grundstückseigentum **frei veräußerlich und vererblich**.

94 **25. Veräußerungsbeschränkung.** *25.1* Als **Abweichung** von diesem Grundsatz sieht § 12 Abs. 1 WEG vor, dass als Inhalt des Sondereigentums vereinbart werden kann, dass es zur Veräußerung der **Zustimmung** anderer Wohnungseigentümer oder Dritter bedarf. Nach ganz h.M. darf eine solche Zustimmung aber nur aus wichtigem Grund in der Person des Erwerbers versagt werden (Überblick über die Kasuistik und strenge Rechtsprechung bei Riecke/Schmid/*Schneider* § 12 WEG Rn. 110 ff.). Zumeist wird lediglich bezweckt, dass der Verwalter sichere Kenntnis über den Kreis der Wohnungseigentümer erhält. Dafür gibt es geeignetere Mittel:

95 *25.2* **Alternativvorschlag**: Jede Veräußerung des Wohnungseigentums ist dem Verwalter unverzüglich nachzuweisen. Solange dieses nicht geschehen ist, haftet der Veräußerer weiterhin für sämtliche Lasten; der Erwerber hat in der Eigentümerversammlung kein Stimmrecht (Analogie zu § 16 GmbHG a.F.; hinsichtlich des Stimmrechtsausschlusses zweifelhaft, s. unten Ziff. 53.1, Teil 2 Rdn. 132).

96 **26. Aufhebung Zustimmungserfordernis.** Veräußerungsbeschränkungen können gem. § 12 Abs. 4 WEG seit der WEG-Novelle durch einfachen Mehrheitsbeschluss **aufgehoben** werden. Diese neue Beschlusskompetenz ist zwingend und gilt auch für **Altfälle** (*Hügel* DNotZ 2007, 352). Die Wiedereinführung bedarf allerdings einer neuen Vereinbarung (OLG München ZWE 2014, 265).

97 **27. Rechtsnachfolger.** *27.1* Zur Haftung des Rechtsnachfolgers für Wohngeldrückstände vgl. unten Ziff. 45.

98 *27.2* Die Musterformulierung ist weit verbreitet, im Prinzip aber **überflüssig**. Vereinbarungen und Beschlüsse wirken in den Grenzen des § 10 Abs. 3 f. WEG für und gegen Rechtsnachfolger. Eines Eintrittes von Rechtsnachfolgern bedarf es nur für nachträgliche, nicht im Grundbuch verlautbarte Vereinbarungen oder in schuldrechtliche Verpflichtungen, die nicht zum Inhalt des dinglichen Rechts geworden sind.

99 **28. Instandhaltung.** Hierzu im Einzelnen § 14 Nr. 1 WEG sowie Riecke/Schmid/*Abramenko* § 14 WEG Rn. 2 ff.

100 **29. Außenfenster/-türen.** *29.1* Früher glaubte man teilweise, dass zumindest die Innenseiten von Türen und Fenstern im Bereich des Sondereigentums **sondereigentumsfähig** seien. Nach mittlerweile h.M. und gefestigter Rechtsprechung des BGH sind diese jedoch ohne Rücksicht auf bauliche Ausführung und insbesondere Verglasungsart **zwingendes Gemeinschaftseigentum** (BGH NJW 2012, 1722 – Außenfenster; BGH MDR 2014, 18 – Außentüren; dazu *Langhein* NotF WEG, § 3 Rn. 10). Belässt man es jedoch isoliert bei dieser Eigentumsabgrenzung, sind Streitigkeiten über die Gestlatung, Schönheitsreparaturen etc. vorprogrammiert. Das Muster bietet für den Standardfall einen angemessenen Zwischenweg zwischen Eigentumsabgrenzung, Regelungskompetenz und Kostentragung. Aber Vorsicht: Es kommt auf die individuelle Situation der Anlage an.

101 *29.2* Zu Markisen oben Ziff. 10.3., Teil 2 Rdn. 65.

102 *29.3* Die fehlende Sondereigentumsfähigkeit lässt sich allerdings durch **Kostentragungs- und Instandhaltungspflichten** überspielen, vgl oben Ziff. 10, Teil 2 Rdn. 63 ff. Ziff. 3 des Musters sieht insoweit aber bei allen Maßnahmen, die die einheitliche äußere Gestaltung berühren, eine **Gemeinschaftskompetenz** vor.

103 **30. Instandhaltungsrückstellung.** *30.1* Zur gesetzlichen Grundlage und zum Umfang s. § 21 Abs. 5 Ziff. 4.

104 *30.2* Der **gesetzliche Begriff** »Rückstellung« ist nicht handelsrechtlich zu verstehen. Die Praxis verwendet (auch) deswegen of die Formulierung »**Rücklage**«. Vgl. näher Riecke/Schmid/*Drabek* § 21 WEG Rn. 251 ff.

105 **31. Wiederaufbau.** Vgl. hierzu §§ 9, 17, 22 Abs. 4 WEG und oben Teil 2 Rdn. 49.

32. Anzeigepflicht. Die Musterformulierung ergänzt deklaratorisch die insbesondere aus § 14 WEG folgenden Pflichten eines Wohnungseigentümers.

33. Besichtigungsrecht. Es handelt sich um eine reine Ergänzung der aus § 14 Ziff. 4 WEG folgenden Pflicht. Dazu näher Riecke/Schmid/*Abramenko* § 14 WEG Rn. 33 ff.

34. Personenmehrheit. *34.1* Jedes Wohnungs- bzw. Teileigentum kann in den üblichen, auch sonst im Grundstücksrecht **zulässigen Beteiligungsformen** gehalten werden. Das Gesetz befasst sich mit einer mehrheitlichen Berechtigung nur an untergeordneter Stelle hinsichtlich des **Stimmrechts** (lediglich einheitliche Ausübung, § 25 Abs. 2 WEG).

34.2 Die Musterformulierung ist **zulässig** (*Fabis* Rn. 55 ff.) und **zweckmäßig**. Bei bestimmten Berechtigungsformen (z.B. Gesellschaft bürgerlichen Rechts) lässt sich weder aus dem Grundbuch noch aus sonstigen Registern verlässlich die Eigentümerstellung beurteilen.

35. Entziehung. Die Musterformulierung wiederholt im Wesentlichen die Vorschrift des § 18 WEG. Ihre Aufnahme ist letztlich Geschmacksfrage, zu Warnzwecken aber oft gewünscht. Das früher an das Entziehungsverfahren anschließende **notarielle Versteigerungsverfahren** (§§ 53 ff. WEG a.F.) ist mit der WEG-Novelle (sinnvollerweise) endgültig entfallen.

36. Lasten und Kosten. Gem. § 16 Abs. 2 WEG ist jeder Wohnungseigentümer den anderen Wohnungseigentümern verpflichtet, die gemeinschaftlichen Lasten nach dem Verhältnis seines Miteigentumsanteiles zu tragen (zur Bedeutung des **Miteigentumsanteiles** s. oben Teil 2 Rdn. 15).

37. Wirtschaftsplan. Gem. § 28 Abs. 1 WEG hat der Verwalter jeweils für ein Kalenderjahr einen Wirtschaftsplan aufzustellen; zu dessen Inhalt s. dort. Die **Beschlussfassung** obliegt der **Gemeinschaft** der Wohnungseigentümer (§ 21 Abs. 5 Ziff. 3). Näher hierzu Riecke/Schmid/*Abramenko* § 28 WEG Rn. 1 ff.

38. Wohn-/Hausgeld. Das Gesetz verwendet weder den in der Praxis verbreiten Begriff »Wohngeld« (in Norddeutschland üblich) noch »Hausgeld« (in Süddeutschland weithin verwandter Begriff). **Rechtsgrundlage** ist § 28 Abs. 2 WEG.

39. Zahlungsmodalitäten. Über Regelungen hinsichtlich der Art und Weise von Zahlungen, der Fälligkeit und der Folgen des Verzugs kann seit Inkrafttreten der WEG-Novelle mit **Stimmenmehrheit** beschlossen werden (§ 21 Abs. 7 WEG). Gerade bei größeren Anlagen empfehlen sich Maßnahmen zur Sicherung einer **soliden Finanzstruktur** der Gemeinschaft (unten Ziff. 43). Zur Reichweite der Neuregelung *B. Müller* ZMR 2008, 177 ff.

40. Abweichender Kostenverteilungsschlüssel. *40.1* Das Muster sieht eine vom Gesetz (§ 16 Abs. 2 WEG; s. oben Ziff. 36) **abweichende Verteilung** vor und ermöglicht durch das Verlangen nach Neuvermessung eine **Korrektur** unzutreffender Flächenangaben, die leider in der Praxis häufig anzutreffen sind.

40.2 Unberührt bleiben die Abänderungsansprüche aus § 10 Abs. 2 S. 3 WEG sowie die Beschlusskompetenzen aus § 16 Abs. 3 und 4 WEG. Da es weder für Wohn- noch Nutzflächen allgemein verbindliche gesetzliche Ermittlungsvorschriften gibt, sollte bei begründetem Anlass der Berechnungsmaßstab angegeben werden (für Wohnflächen z.B. **Wohnflächenberechnungsverordnung**). Sehr oft sachlich geboten sind auch **differenziertere Verteilungsschlüssel** (näher Riecke/Schmid/*Elzer* § 16 WEG Rn. 47 ff.).

41. Kosten des Sondereigentums. Kosten des Sondereigentums fallen auch ohne gesonderte Regelung dem jeweiligen Sondereigentümer an; allerdings hat die **Gemeinschaft** insoweit bestimmte **Beschlusskompetenzen** (z.B. Einbau von Kaltwasserzählern, dazu BGH NJW 2003, 3476; zu Rauchwarnmeldern vgl. BGH ZWE 2013, 358).

42. Beschlusskompetenz für Änderungen. Gem. § 16 Abs. 5 WEG sind die durch die WEG-Novelle eingeführten Beschlusskompetenzen über eine abweichende Verteilung von Betriebskosten und sonstigen Kosten im Sinne des Abs. 4 **zwingender Natur**, und zwar auch für **Altfälle**. Sog. **Öffnungsklauseln** (dazu unten Teil 2 Rdn. 265) können die diesbezüglichen Beschlusskompetenzen nur erweitern, nicht aber einschränken.

119 **43. Sicherung der Gemeinschaft.** *43.1* Zwar bestimmt § 10 Abs. 8 im Außenverhältnis lediglich eine **teilschuldnerische Haftung** eines jeden Miteigentümers. Im Innenverhältnis kommt aber trotzdem **volle Haftung** in Betracht, auf die durch Pfändung von außen zugegriffen werden kann (näher *Saumweber* MittBayNot 2007, 361; auch **öffentlich-rechtlich** kann **gesamtschuldnerische Haftung** eingreifen, BGH ZMR 2011, 142; BVerwG NZM 2006, 136; KG NJW 2006, 3647). Zur Vermeidung von Krisensituationen ist auf eine solide interne Finanzverfassung der Gemeinschaft zu achten. Kernanliegen ist die Sicherung eines **angemessenen Verwaltungsvermögens** und die **nötige Liquiditätsvorsorge**.

120 *43.2* Die Musterformulierung nimmt einige der in der Rechtsprechung anerkannten zulässigen Gestaltungsmittel auf.

121 *43.3* Darüber hinaus sind Regelungen zur schnellen und effizienten **Eintreibung** von Wohngeldrückständen (oben Ziff. 39), **Stimmrechtsbeschränkungen** für säumige Eigentümer, Vergabe von Aufträgen erst nach **vollständiger Zahlung** oder Sicherstellung von Sonderumlagen, Vorkehrungen gegen die Unterschlagung von Verwaltungsgeldern durch den Verwalter oder die Ausgestaltung von Versorgungssperren (**Ausfrieren und Austrocknen**) denkbar (zu letzterem Beschlussmuster bei *B. Müller* in Beck'sches Formularbuch WEG, S. 512).

122 **44. Haftung im Außenverhältnis.** Hierzu bereits oben Ziff. 43. Die teilschuldnerische Außenhaftung ist zwingend. Da es insbesondere aufgrund von Beschlüssen nach §§ 16, 22 WEG zum Auseinanderfallen zwischen anteiliger Kostentragung und Miteigentumsbruchteil kommen kann, empfehlen sich **ergänzende interne Ausgleichsregelungen**, da nach h.M. der Anpassungsanspruch aus § 10 Abs. 2 S. 3 WEG sachenrechtliche Veränderungen nicht umfasst (vgl. *Hügel* DNotZ 2007, 348; Begründung RegE BT-Drucks 16/887, S. 19).

123 **45. Haftung Rechtsnachfolger.** Die Rechtsprechung stellt im Grundsatz bei der Frage der Kostenhaftung im Innenverhältnis traditionell auf die **dingliche Situation** ab (näher *Hügel/Scheel* S. 200 ff.; Riecke/Schmid/*Elzer* § 16 WEG Rn. 195 ff.; sog. »Fälligkeitstheorie«, vgl. OLG Köln ZMR 2008, 479). Es ist allerdings zulässig, in der Gemeinschaftsordnung eine **Haftung des Rechtsnachfolgers** für Rechtsvorgänger zu normieren (BGH NJW 1999, 358, allerdings nicht für den Fall der Zwangsversteigerung, BGH NJW 1987, 1638). Obschon dies zu aus dem Grundbuch nicht ersichtlichen Belastungen des Wohnungseigentums führt, sollte eine entsprechende Regelung zur Stärkung der Finanzverfassung der Gemeinschaft (dazu oben Ziff. 43) **grundsätzlich** bei größeren Gemeinschaften **vorgesehen werden**.

124 **46. Haftung Rechtsvorgänger.** Da nunmehr der Rechtsvorgänger eines Wohnungseigentümers für die Dauer von fünf Jahren im Außenverhältnis teilschuldnerisch weiterhaftet (§ 10 Abs. 8 WEG), dürfte es zulässig sein, auch im **Innenverhältnis** generell eine entsprechende **Forthaftung** vorzusehen (näher *Langhein* notar 2008, S. 16; *Langhein* in Kersten/Bühling, § 58 Rn. 31 M; zur Rechtslage ohne Vereinbarung Riecke/Schmid/*Elzer* § 16 WEG Rn. 201). Die Musterformulierung geht einen **Zwischenweg** und ordnet diese Haftung nur für den Fall einer Aufhebung der Veräußerungsbeschränkung gem. § 12 WEG an. Solange kann zumindest präventiv die finanzielle Leistungsfähigkeit eines Rechtsnachfolgers geprüft werden.

125 **47. Wirtschaftsplan.** S. oben Ziff. 37.

126 **48. Abrechnung.** Zur Abrechnung näher FA MietRWEG/*Abramenko* 19. Kap. Rn. 78 ff.

127 **49. Eigentümerversammlung.** Ziff. 1 bis 3 des Mustervorschlages wiederholen und ergänzen partiell aus Zweckmäßigkeitsgründen die gesetzlichen Vorschriften der §§ 23 ff. WEG. Sie sind im Wesentlichen **dispositiv**. Hierzu im Einzelnen FA MietRWEG/*Riecke*/*Elzer* 20. Kap. Rn. 1 ff.

50. Beschlussfähigkeit. Das Gesetz stellt in § 25 Abs. 3 WEG auf die **Miteigentumsbruchteile** ab. Der Mustervorschlag erleichtert die Feststellung der Beschlussfähigkeit. Bei unterschiedlich strukturierten Anlagen (z.B. teils große, teils sehr kleine Einheiten) sind die ggf. **abweichende Regelungen** geboten, näher FA MietRWEG/*Riecke/Elzer* 20. Kap. Rn. 194 ff.

51. Vertretung. Vertretungsbeschränkungen sind grundsätzlich **zulässig** (vgl. *H. Müller* in Beck'sches Formularbuch WEG, D I 18). Sie entfalten allerdings **keine Wirkung**, wenn dringende berechtigte Interessen des Wohnungseigentümers eine Vertretung oder Begleitung nach Treu und Glauben (§ 242 BGB) gebieten (Jennißen/*Elzer* § 25 WEG Rn. 60 m.w.N.). Zur anwaltlichen Teilnahme *Jennißen/Intveen* NJW 2007, 2281 ff.

52. Eventualeinberufung. *52.1* Eine sog. Eventualeinberufung ohne Grundlage in der Gemeinschaftsordnung ist **unwirksam** (näher FA MietRWEG/*Riecke/Elzer* 20. Kap. Rn. 63 ff.). Wird sie – wie im Muster – vereinbart, sind entsprechende Einberufungen wirksam.

52.2 Alternativ ist es zulässig, **jede Eigentümerversammlung für beschlussfähig** zu erklären (dazu Kersten/Bühling/*Langhein* § 58 Rn. 33 ff.).

53. Stimmrecht. *53.1* § 25 Abs. 2 WEG folgt dem reinen **Kopfprinzip**, wonach jeder Eigentümer (nur) eine Stimme hat. Die Norm ist aber dispositiv (vgl. nur FA MietRWEG/*Riecke/Elzer* 20. Kap. Rn. 154 ff.). Einem Wohnungseigentümer, der mit der Zahlung von Beiträgen in Verzug ist, kann nicht das Teilnahme- und Stimmrecht entzogen werden, denn bei diesen Rechten handelt es sich um Kernbereichsrechte des Wohnungseigentums (BGH NJW 2011, 679; dazu ausf. *Schmid* NJW 2011, 1841 ff.).

53.2 Das im Formular vorgeschlagene Prinzip, wonach **jede Einheit eine gesonderte Stimme** gewährt, erleichtert zwar das Abstimmungsverfahren. Es ist jedoch unangemessen bei heterogen strukturierten Anlagen. Hier bietet sich Beschlussfassung nach **Miteigentumsbruchteilen** oder dem **Wertprinzip** an (näher FA MietRWEG/*Riecke/Elzer* 20. Kap. Rn. 204).

53.3 Sind **untergeordnete Einheiten** (z.B. Tiefgaragenstellplätze, Kellerräume) grundbuchrechtlich als eigene Teileigentumseinheiten verselbständigt, kommt auch eine **geringere Stimmengewichtung** in Betracht; ggf. kann auch Abstimmung im Rahmen von Untergemeinschaften vorgesehen werden (dazu unten Teil 2 Rdn. 259).

54. Stimmrecht bei Unterteilung/Vereinigung. *54.1* Unterteilung führt nach der Rechtsprechung grundsätzlich **nicht zur Stimmrechtsvermehrung** (vgl. FA MietRWEG/*Riecke/Elzer* 20. Kap. Rn. 208 ff.; vgl. auch unten Teil 2 Rdn. 299), wogegen nach überwiegender Meinung bei Vereinigung im Falle der Geltung des Stimmprinzips »je Einheit eine Stimme« **Stimmrechte untergehen**. Sofern nach dem Charakter der Anlage oder bereits konkret geplanten Aus- und Anbauten mit dem Entstehen zusätzlicher Einheiten oder Zusammenlegung zu rechnen ist, sollte die Gemeinschaftsordnung daher entsprechende Stimmrechtsregelungen vorsehen.

55. Öffnungsklausel. Durch die WEG-Novelle ist die frühere Bedeutung von sog. »Öffnungsklauseln« stark zurückgegangen, da nunmehr die wichtigsten Regelungsgegenstände der **Beschlusskompetenz der Gemeinschaft** unterliegen (insbesondere §§ 16, 22 WEG). Dennoch empfiehlt es sich bei größeren Gemeinschaften weiterhin **standardmäßige Öffnungsklausel** vorzusehen, vgl. dazu näher unten Teil 2 Rdn. 265.

56. Grundbucheintragung. Die Frage der Notwendigkeit oder auch nur Möglichkeit der Grundbucheintragung von **vereinbarungsändernden Beschlüssen** aufgrund einer Öffnungsklausel ist höchst strittig, näher unten Teil 2 Rdn. 265. Die Musterformulierung versucht insofern eine einfache und unkomplizierte Regelung.

57. Verwalterbestellung. *57.1* Gemäß § 20 Abs. 2 WEG kann die Bestellung eines Verwalters **nicht ausgeschlossen werden**. Die Bestellung des ersten Verwalters erfolgt üblicherweise mit der

Beurkundung bzw. Beglaubigung der Teilungserklärung, kann aber auch in separater Urkunde vorgenommen werden (näher FA MietRWEG/*Abramenko* 19. Kap. Rn. 2 ff.). Die Erstbestellung durch den aufteilenden Eigentümer ist zulässig (BGH ZMR 2002, 936).

139 *57.2* Auf wann der **Beginn der Bestellung** terminiert wird, hängt vom **Einzelfall** ab. Da die Verwaltereigenschaft zum Teil durch öffentlich beglaubigte Urkunde nachgewiesen sein muss (s. dazu § 26 Abs. 3 WEG), empfiehlt sich eine grundbuchrechtlich hinreichend bestimmte Regelung. Andererseits gibt es zumindest bis zum Bestehen einer werdenden Wohnungseigentümergemeinschaft (dazu unten Teil 2 Rdn. 271) keine WEG-Verwaltung; sie ist auch nicht erforderlich. Im Regelfall empfiehlt es sich, auf den voraussichtlichen ersten Eintritt eines weiteren Wohnungseigentümers und somit das endgültige Entstehen einer Gemeinschaft abzuheben.

140 **58. Befugnisse des Verwalters.** Das Muster wiederholt in Ziff. 1–3 lediglich den Gesetzeswortlaut. Das ist letztlich Geschmacksfrage (vgl. oben Ziff. 9).

141 **59. Öffnungsklausel.** Die Formulierung entspricht wortgleich § 27 Abs. 3 Ziff. 7 WEG. Sie enthält möglicherweise eine relativ **umfassende gesetzliche Öffnungsklausel** mit Beschlusskompetenzbegründung zugunsten der Eigentümerversammlung (s. dazu OLG Celle NJW 2008, 1537; zur aktuellen Diskussion vgl. Hügel/*Elzer* S. 181 f.; Riecke/Schmid/*Abramenko* § 27 WEG Rn. 58 ff.). Zur Verdinglichung (auch bei Altfällen OLG Hamburg, notar 2010, 115; a.A. OLG München ZMR 2010, 706 f.). Da nach gefestigter BGH-Rechtsprechung Verfügungen über das Gemeinschaftseigentum nur unter Mitwirkung aller Miteigentümer möglich sind (zuletzt BGH NJW 2013, 1962), dürfte diese Klausel allerdings nicht einmal als Grundlage von kleinen Straßengrundabtretungen geeignet sein, vgl. *Reymann* ZWE 2013, 315 und Rn. 60.

142 **60. Erwerb von Grundeigentum.** Das Muster deckt weitgehend inhaltsgleich die in Ziff. 59 angesprochene Problematik ab. Eine entsprechende Regelung ist insbesondere dann **zweckmäßig**, wenn bereits konkrete Planungen für z.B. den Erwerb von Arrondierungsflächen vorliegen. Eine Erweiterung auf **Veräußerungsfälle** ist insbesondere dann angezeigt, wenn Übertragungen von Teilflächen des gemeinschaftlichen Grundbesitz absehbar sind (z.B. Straßengrundabtretung, z. Zt. zweifelhaft, vgl. Teil 2 Rdn. 141. Speziell zum Eigentumserwerb vgl. OLG Celle a.a.O. sowie *Schneider* Rpfleger 2008, 291 ff.; OLG Hamm, notar 2010, 20. Über individuelle Rechte der Eigentümer kann der Verwalter allerdings nicht verfügen, OLG München ZMR 2010, 706 Ziff. 59 f. Zum Erwerb eines »isolierten Miteigentumsanteils« vgl. Langhein FS Zimmermann (2010), 203 ff.

143 **61. Verwaltervertrag bei Veräußerung.** Grundsätzlich tritt ein Erwerber mit Eintritt in die Gemeinschaft auch in den Verwaltervertrag ein, da dieser primär mit dem rechtsfähigen Verband abgeschlossen ist. Der Verwalter bleibt aber weiterhin auch für die Eigentümer tätig, so dass sich eine **ausdrückliche Übernahme** empfiehlt, näher FA MietRWEG/*Abramenko* 19. Kap. Rn. 141 ff.

144 **62. Vergütung des Verwalters.** Ähnlich wie im Falle der Aufnahme einer Hausordnung in die Teilungserklärung/Gemeinschaftsordnung handelt es sich i.d.R. um einen **unechten Vereinbarungsbestandteil** (*Abramenko* a.a.O. Rn. 11; zur Höhe Rn. 178 ff.)

145 **63. Aus- und Umbauten.** *63.1* Nachträgliche Aus- und Umbauten sowie insbesondere Dachgeschossausbau sind **sachenrechtlich nach den allgemeinen Regeln** zu beurteilen. Rechtstechnisch stellen sich im Wesentlichen die selben Fragen wie im Falle der bauabschnittsweisen Errichtung von Mehrhausanlagen (s. dazu unten Teil 2 Rdn. 237).

146 *63.2* Typologisch lassen sich **drei Fallgruppen** unterscheiden, die unterschiedliche Regelungsdichten in der Teilungserklärung erfordern:

147 a) **Umbau im Altbau**, d.h. Einbeziehung von Nebenräumen in schon bestehende Wohnungen bzw. Ausbau von vorhandenen Flächen zu Wohnzwecken.

A. Aufteilung nach WEG

b) **Neubau/Ausbau** im Altbau (früher Legaldefinition in § 17 Abs. 1 II. WoBauG, vgl. jetzt § 16 WoFG. 148

c) »**Aufstockung**«, Legaldefinition früher in § 17 Abs. 2 II. WoBauG. 149

Sind die auszubauenden Flächen (noch) vermietet, ist im Übrigen die **mietrechtliche Situation** zu berücksichtigen (erleichterte Teilkündigung – allerdings unter sehr eingeschränkten Voraussetzungen, vgl. Palandt/*Weidenkaff* § 573b BGB Rn. 3 ff.). Der Musterformulierung liegt die Variante a) zugrunde; zum Muster eines Aufstockungsfalles vgl. unten Teil 2 Rdn. 283. 150

63.3 Empfehlenswertes Vorgehen: 151

a) Beim reinen »Umbau im Altbau« kann es genügen, die auszubauenden Flächen als **Sondernutzungsrecht** dauerhaft zuzuordnen und möglichst präzise die zulässigen Veränderungen zu beschreiben. Allerdings sind Auswirkungen auf Kostentragung, Stimmrecht und ggf. Erhöhung des Miteigentumsanteils zu thematisieren. 152

b) Bei darüber hinausgehenden Maßnahmen ist dringend empfehlenswert, entweder unmittelbar **Wohnungseigentum** oder zumindest **Teileigentum** an den auszubauenden Flächen zu begründen. Hierbei ist darauf zu achten, dass die äußeren Grundrissabgrenzungen der auszubauenden Fläche exakt mit dem späteren Ausbauzustand übereinstimmen. 153

c) Den geringsten Schutz bieten reine **Vollmachtslösungen**. Von ihnen ist dringend abzuraten. Vgl. im Übrigen zum Ganzen ausführlich *Hügel* RNotZ 2005, S. 149 ff. 154

64. Nachträglicher Fahrstuhleinbau. *64.1* Der **nachträgliche Einbau** eines Fahrstuhles kann in der Regel nicht nach § 22 WEG beschlossen werden, sondern bedarf einstimmiger Vereinbarung (Ausnahmen s. AG Konstanz ZMR 2008, 494 ff.). Sofern nach dem Charakter der Anlage die Errichtung eines Fahrstuhles in näherer oder fernerer Zukunft (z.B. nach einem Dachgeschossausbau) im Interesse einzelner Eigentümer nahe liegend ist, muss daher entweder eine nachträgliche einstimmige Vereinbarung getroffen werden oder die entsprechende **Ausbaubefugnis** muss bereits in der ursprünglichen Gemeinschaftsordnung enthalten sein. 155

64.2 Da beim nachträglichen Einbau oft Interessen einzelner Eigentümer ausschlaggebend sind (z.B. Dachausbau), sieht das Muster eine **differenzierte Kostenverteilung** vor. Möglich sind aber auch **Pauschallösungen** (zum Fahrstuhl vgl. Riecke/Schmid/*Elzer* § 16 WEG Rn. 133; zur mietrechtlichen Situation BGH NJW 2006, 3557). Zu beachten ist aber § 16 Abs. 5 WEG (**zwingende Beschlusskompetenz**). 156

65. Änderungsvollmachten. *65.1* Ähnlich wie beim Bauträgervertrag (dazu unten Teil 2 Rdn. 163) sind auch bei der Aufteilung von Bestandsbauten **umfangreiche Vollmachten** auf den aufteilenden Eigentümer üblich. Angeraten scheint dies allerdings nur, wenn **bauträgerähnliche Maßnahmen** durchgeführt werden sollen. Im Übrigen genügt die Aufnahme in die entsprechenden Erwerbsverträge. 157

65.2 Regional verbreitet ist eine **Vollzugsvollmacht** auf **Notariatsmitarbeiter**. Derartige Vollmachten betreffen allerdings nur die Behebung von reinen Vollzugshindernissen, nicht aber die materiell-rechtliche Änderung, insbesondere von Erwerbsverträgen (BGH NZM 2002, 664). 158

66. Grundbuchanträge. *66.1* Nach den allgemeinen grundbuchverfahrensrechtlichen Bestimmungen (§§ 13 ff. GBO) bedarf es zur Eintragung eines **Antrages** und einer **Bewilligung**; ergänzend ist gem. § 7 Abs. 4 WEG der Eintragungsbewilligung als Anlage die **baubehördliche Abgeschlossenheitsbescheinigung** beizufügen. 159

66.2 Enthält die Urkunde rein **schuldrechtliche Bestimmungen**, müssen diese von der Antragstellung ausgenommen werden, da sie nicht verdinglicht werden können. 160

66.3 Umgekehrt ist akribisch darauf zu achten, dass **verdinglichungsfähige Bestandteile** der Urkunde mit von der Antragstellung bzw. Bewilligung umfasst werden. Sie nehmen ansonsten nicht 161 am dinglichen Inhalt des Grundbuchs teil (§ 7 Abs. 3 WEG). Ein Eintritt in diese Regelungen durch **Rechtsnachfolger** müsste später ausdrücklich erklärt werden und scheitert im Falle der Zwangsversteigerung kraft Gesetzes.

162 **67. Kostentragung TE/GO.** Kostenschuldner sowohl gegenüber dem Notar als auch dem Gericht ist zunächst nur der **aufteilende Eigentümer**. Da aber jeder Aufteiler bzw. Bauträger die Kosten der Aufteilung in seine Veräußerungspreise einkalkuliert (meist mit viel zu hohen Pauschalsätzen), ist es zulässig und sachgerecht, in den einzelnen Erwerbs- und Weiterveräußerungsverträgen die Ersterwerber die **anteilige Kostenhaftung** übernehmen zu lassen. Sie zahlen dann nur die effektiven rechtlichen Produktionskosten des von ihnen erworbenen Rechts.

b) Neubau Wohnungsanlage

Erstaufteilung

163 **§ 1 Grundstück und Bebauung** [1]

1.

_____ ist Eigentümer des _____ belegenen, im Grundbuch des Amtsgerichts _____ von _____ Blatt _____ verzeichneten Grundbesitzes, Flurstück _____ mit einer Größe von _____ m².

2.

Das vorbezeichnete Grundstück soll nach dem derzeitigen Planungsstand mit insgesamt 50 Eigentumswohnungen in 4 Blöcken bebaut werden. Baugenehmigung und baubehördliche Abgeschlossenheitsbescheinigung sind noch nicht erteilt. Blöcke 3 und 4 wurden erst in einem zweiten Bauabschnitt errichtet. Die Blöcke verfügen über gemeinsame Ver- und Entsorgungsanlagen, so dass die ggf. zu optimierende Gesamtherstellung im Interesse aller zukünftigen Eigentümer liegt. Der aufteilende Eigentümer behält sich daher vor, die nachfolgende Teilungserklärung nebst Gemeinschaftsordnung noch entsprechend zu ändern, soweit dabei Rechte einzelner Erwerber nicht wirtschaftlich benachteiligt werden. Zur Sicherung dieses Änderungsrechtes wird in sämtlichen Ersterwerbsverträgen die in V dieser Urkunde enthaltene Vollmacht wiederholt und erteilt werden. Alle Ersterwerber sollen verpflichtet sein, Folgeerwerber in die heraus resultierenden Verpflichtungen eintreten und die Vollmacht zu wiederholen bzw. bestätigen zu lassen (vgl. auch § 6 Ziff. 1a). [2, 3]

...

§ 6 Ziff. 1a)

Zur Sicherung des Änderungsrechtes gem. § 1 Ziff. 2 bedarf jede Weiterveräußerung der Zustimmung des aufteilenden Eigentümers bis zur Veräußerung der letzten Einheit. Soweit gesetzlich zulässig, darf er diese Zustimmung verweigern, wenn der Erwerber nicht in die Verpflichtungen aus § 1 Ziff. 2 eintritt. Diese Bestimmung entfällt mit Veräußerung der letzten Einheit; der betreffende Vermerk im Grundbuch soll sodann mit Eigentumsumschreibung gelöscht werden. [4]

V.

Jeder zukünftige Eigentümer erteilt dem aufteilenden Eigentümer mit dem Recht zur Unterbevollmächtigung unter Befreiung von den Beschränkungen des § 181 BGB und über den Tod hinaus Vollmacht, die Teilungserklärung mit Gemeinschaftsordnung einschließlich etwaiger Nachträge hierzu zu ändern und zu ergänzen sowie sämtliche in diesem Zusammenhang erforderlichen oder zweckmäßigen Erklärungen gegenüber dem Grundbuchamt, Behörden und Privaten abzugeben und entgegenzunehmen. Die Vollmacht berechtigt insbesondere auch dazu, die Zahl der Wohnungen und Sondernutzungsrechte zu ändern sowie Sonder- bzw. Teileigentum zu bilden und Räumlichkeiten nebst Grundstücksflächen dem Sonder- bzw. Gemeinschaftseigentum abweichend zuzuordnen einschließlich der Auflassung von Miteigentumsanteilen am Grundstück sowie an dem zu bildenden Sondereigentum. [5]

Soweit für den zukünftigen Eigentümer bereits eine Vormerkung eingetragen ist, umfasst vorstehende Vollmacht auch die Zustimmung seitens des Vormerkungsberechtigten zu vorgenannten Änderungen. Im Außenverhältnis ist diese Vollmacht uneingeschränkt; im Innenverhältnis ist der Bevollmächtigte jedoch insofern beschränkt, als Änderungen bei wirtschaftlicher Betrachtung Inhalt und Umfang des Sondereigentums des zukünftigen Eigentümers oder derjenigen Teile des Gemeinschaftseigentums, die ihm zur alleinigen Nutzung zugewiesen sind, nicht beeinträchtigen dürfen. Kosten dürfen dem zukünftigen Eigentümer durch etwaige Änderungen nicht entstehen.

Die Vollmacht erlischt, wenn sämtliche Eigentumseinheiten vom Verkäufer verkauft sind, frühestens mit Vollzug der vorgenannten Teilungserklärung sowie etwa erklärter Änderungen im Grundbuch.

Sämtliche vorstehenden Einschränkungen der Vollmacht gelten lediglich im Innenverhältnis. Das Grundbuchamt ist von jeder Prüfungspflicht befreit.

Von dieser Vollmacht kann nur vor dem amtierenden Notar, seinem Vertreter oder seinen Sozien Gebrauch gemacht werden.

Erläuterungen

1. Besonderheiten Neubau. *1.1* Kaum ein Neubau wird heute noch nach Maßgabe der ursprünglichen Planung realisiert. Die Ersterwerber wünschen häufig interne Grundrissänderungen, Änderungen des äußeren Zuschnitts der Wohnung oder es ergibt sich aus bauordnungs- und bauplanungsrechtlichen Gründen die **Notwendigkeit der Änderung** einer Planung. Die für die Bildung von Grundbüchern erforderliche baubehördliche Abgeschlossenheitsbescheinigung (§ 7 Abs. 4 WEG) wird erst erteilt, wenn die **endgültige Baugenehmigung** vorliegt (Ziff. 8 AVA, vgl. oben Teil 2 Rdn. 35). Um vor Erteilung der endgültigen Baugenehmigung Veräußerungen zu ermöglichen, bedarf es i.d.R. zur Wahrung der sachen- und schuldrechtlichen Bestimmtheit einer Teilungserklärung/Gemeinschaftsordnung nebst vorläufigen (vgl oben Teil 2 Rdn. 33). Aufteilungsplänen. Zwar ist grundsätzlich auch **vorher** bei ausreichender Individualisierung eine **Beurkundung möglich**. Die Ausgestaltung der Gemeinschaftsordnung kann dem billigem Ermessen des Verkäufers gem. § 315 BGB überlassen werden (BGH ZWE 2002, 519; NJW 1986, 845). Damit ist jedoch erhebliches späteres **Streitpotential** verbunden. Allgemein zu dem Problem der Änderung von Teilungserklärungen vgl. *Vogel* ZMR 2008, 270 ff.

164

1.2 Jede Teilungserklärung/Gemeinschaftsordnung für einen Neubau bedürfen daher einer gewissen **Flexibilität**. Umfassende Änderungsvollmachten sind unentbehrlich (unten Teil 2 Rdn. 176). Ferner sollte darauf geachtet werden, dass ausreichend Spielraum für die nachträgliche Bildung von Sondernutzungsrechten besteht (vgl. Muster unten Teil 2 Rdn. 226).

165

1.3 Insbesondere bei Großanlagen und/oder gemischt genutzten Anlagen ist bei der Konzeption der ursprünglichen Teilung darauf zu achten, dass einerseits die **Bestandsinteressen** der Erwerber und anderseits die notwendige **Zukunftsoffenheit** gewährleistet ist.

166

167 **2. Bauabschnittsweise Errichtung.** *2.1* **Allgemeines**: Bei der bauabschnittsweisen Errichtung von Großanlagen besteht oft mittelfristig noch keine Klarheit über die endgültige Bebauung. Zunächst werden z.B. ein oder zwei Wohnblöcke errichtet; der Bauträger möchte sich jedoch vorbehalten, auf der noch frei bleibenden Grundstücksfläche weiteres Wohn- oder Teileigentum zu errichten (vgl. im Einzelnen *Hügel/Scheel* S. 26 ff.).

168 *2.2* **Keine dingliche Ermächtigung.** Man glaubte früher, die bauabschnittsweise Errichtung wie folgt sicherstellen zu können: Mit einem untergeordneten Wohnungs- oder Teileigentum wurde ein **überdimensionaler Miteigentumsanteil** entsprechend den später hinzukommenden Wohn- und Nutzflächen verbunden. Hieran wurde das Sondernutzungsrecht an Flächen für die weiteren Bauabschnitte zugeordnet. Ferner enthielt die Teilungserklärung die **dingliche Ermächtigung** des Berechtigen, diesen überdimensionalen Miteigentumsanteil später mit neu gebildeten Sondereigentumseinheiten zu verbinden (vgl. etwa *Rapp* Beck'sches Notarhandbuch, 4. Aufl. A III Rn. 39; unten Teil 2 Rdn. 241). Auf dieser Grundlage sollte sodann eine spätere Bildung von Sondereigentumseinheiten durch einseitige Erklärung des aufteilenden Eigentümers ohne Zustimmung übriger Eigentümer und insbesondere dinglich Berechtigter möglich sein. Dieses Modell muss heute als **überholt** gelten. Nachdem zunächst das Bayrische Oberlandesgericht (z.B. DNotZ 2000, 466; DNotZ 2002, 149) eine solche verdinglichte Ermächtigung für unzulässig hielt, hat sich der BGH dem angeschlossen (vgl. z.B. BGH NJW 2003, 2165; BGH NJW 2013, 1962). Einer Vereinbarung der Wohnungseigentümer, die die sachenrechtliche Grundlage der Gemeinschaft zum Gegenstand hat, kann auch dann keine Wirkung gegen die Sondernachfolger gem. § 10 Abs. 2 f. WEG beigelegt werden, wenn nur eine schuldrechtliche Verpflichtung zur Eigentumsübertragung begründet werden soll.

169 *2.3* Für die Behandlung von **Altfällen** ist die Entscheidung des BGH vom 01.10.2004 (NZM 2004, 876) zu berücksichtigen. Wurde aufgrund einer – früher üblichen – dinglichen Ermächtigung eine spätere Bildung von Sondereigentum vorgenommen, ist diese nichtig. Ferner liegt eine inhaltlich unzulässige Eintragung vor, die **nicht Grundlage** eines anschließenden **gutgläubigen Erwerbs** sein kann.

170 *2.4* **Gestaltungsvarianten**: Aus rechtlicher Sicht sicher ist nur eine **endgültige Aufteilung**. Sofern sämtliche Wohnungs- und Teileigentumsgrundbücher bereits bei Erstveräußerung angelegt sind oder im Zuge deren Abwicklung angelegt werden können, bestehen keine Probleme. Allerdings besteht die Gefahr, am Markt vorbeizuplanen. Empfehlenswert ist oft eine **Realteilung** der Grundstücke für die einzelnen Bauabschnitte. Ver- und Entsorgungsleitungen sowie Mitbenutzungsrechte für gemeinsame Einrichtungen der Wohnanlage müssen dann allerdings durch entsprechende Grunddienstbarkeiten, beschränkt persönliche Dienstbarkeiten und/oder Reallasten bzw. durch Baulasten abgesichert werden. Das ist unter Umständen kompliziert; die Bildung von WEG-rechtlich zu beurteilenden »Obergemeinschaften« für solche Anlagen ist nicht möglich (OLG Hamm NZM 2004, 787). **Vormerkungslösungen** sind zwar möglich (unten Teil 2 Rdn. 237), allerdings kompliziert und teuer.

171 *2.5* Über **§ 12 WEG** lässt sich nach der WEG-Novelle nur beschränkt die weitere Bauabschnittserrichtung sicherstellen (unten Ziff. 4).

172 *2.6* Möglich ist prinzipiell die **Aussetzung der Eigentumsumschreibung** bis zur endgültigen Bildung aller Grundbücher (dazu krit. BGH DNotZ 2002, 41). Zieht sich diese aber über einen längeren Zeitraum hin, dürfte ein solches Verfahren für die Erwerber unzumutbar sein (vgl. dazu BGH a.a.O., 41).

173 *2.7* In der Praxis üblich sind daher reine **Vollmachtslösungen** nebst schuldrechtlichen Zustimmungsverpflichtungen (unten Ziff. 3, 5).

174 **3. Änderungsvollmachten.** Der richtige **Regelungsort** für solche Änderungsvollmachten ist prinzipiell der jeweilige **Erwerbsvertrag** (*Hügel/Scheel* S. 25 f.; *Vogel* ZMR 2008, 272). Beurkundungstechnisch möglich ist natürlich auch der ordnungsgemäße Verweis (§ 13a BeurkG) auf eine

bereits in der Teilungserklärung enthaltene Vollmacht. Praktisch empfehlenswert ist es, sowohl in Teilungserklärung wie auch Erwerbsverträge den vollständigen Text der Änderungsvollmachten aufzunehmen (**Warn- und Hinweisfunktion**). Zum **Transparenzgebot** vgl. BGH BauR 2005, 1473.

4. Besondere Veräußerungsbeschränkung. Für die mit der bauabschnittsweisen Errichtung verbunden Zustimmungsverpflichtungen der Ersterwerber ist es möglich und durchaus sachgerecht, einen **Zustimmungsvorbehalt des Bauträgers** zur Veräußerung gem. § 12 WEG vorzusehen und dabei zu bestimmen, dass die Zustimmung verweigert werden kann, wenn der Folgeerwerber nicht der nötigen Änderungsvollmacht beigetreten ist (so insbesondere *Hügel* DNotZ 2003, 517). Dieser Weg ist jedoch nach der WEG-Novelle nicht mehr sicher: Gem. § 12 Abs. 4 WEG kann mit einfacher Stimmenmehrheit die **Aufhebung** einer Veräußerungsbeschränkung erfolgen; diese Bestimmung gilt auch für **Altfälle** (dazu näher *Hügel/Scheel* S. 27). 175

5. Umfang der Änderungsvollmacht. Aus **grundbuchverfahrensrechtlichen Gründen** (§ 29 GBO) sind Einschränkungen einer Änderungsvollmacht nur hinsichtlich solcher Gegebenheiten sinnvoll, die durch öffentliche Urkunden nachgewiesen werden können. Dies ist praktisch selten der Fall (vgl. auch *Vogel* ZMR 2008, 270). Im Außenverhältnis muss daher jeder Änderungsvollmacht als gegenstandsbezogene **Generalvollmacht** erteilt werden; Einschränkungen dürfen lediglich Wirkung im Innenverhältnis entfalten (vgl. BayObLG NZM 2002, 950; ZWE 2003, 381). 176

c) Umplanungen Neubau

Verhandelt zu _____ **am** _____ **1** 177

erschien: **2**

Herr A, **3**

handelnd

a) für sich persönlich

b) für sämtliche Auflassungsvormerkungsberechtigten der Wohnungseigentumsanlage »XY-Straße«, vorgetragen in den Wohnungsgrundbüchern von _____ aufgrund der ihm in den jeweiligen Kaufverträgen erteilten Vollmacht.

Der Erschienene erklärte:

I. Vorbemerkung

Ich nehme Bezug auf die Teilungserklärung vom _____ (UR-Nr. _____ des amtierenden Notars).

Nunmehr wurde die baubehördliche Abgeschlossenheitsbescheinigung erteilt (Az.: _____). Hierauf wird Bezug genommen. **4**

Original lag bei Beurkundung vor und ist bekannt. Auf Verlesung wird nach Belehrung verzichtet.

II. Aktualisierung der Teilungserklärung **5**

Unter Zustimmung der zu b) vertretenen Erwerber einzelner Wohnungs- und Teileigentumseinheiten aktualisiere ich die unter I. genannte Teilungserklärung wie folgt:

1.

Neuberechnung der Miteigentumsanteile [6]

Da sich die Flächen einzelner Einheiten gegenüber der ursprünglichen Planung verändert haben, ersetze ich hiermit Anlage 1 zur ursprünglichen Teilungserklärung durch »Anlage 1 neu« zu diesem Protokoll.

2.

Aufteilungspläne [7]

Der ursprüngliche Aufteilungsplan gemäß Anlage 2 zur Teilungserklärung wird hiermit durch den baubehördlich bescheinigten Aufteilungsplan gemäß »Anlage 2 neu« zu diesem Protokoll ersetzt. Es handelt sich um auf DIN A 4 verkleinerte, schwarz-weiße Kopien (ohne farbliche Unterlegung) der baubehördlichen Abgeschlossenheitsbescheinigung, welche zur Durchsicht vorgelegt und genehmigt wurde.

3.

Weitere Änderungen

III. Antrag

Grundbucheintragungen wie vor in Verbindung mit der ursprünglichen Teilungserklärung wird hiermit bewilligt und beantragt.

IV. Durchführung, Vollmacht, Kosten

...

Erläuterungen

178 **1. Form.** *1.1* Zum Zeitpunkt der Zugrundelegung der endgültigen baubehördlichen Abgeschlossenheitsbescheinigung ist zwar typischerweise der aufteilende Eigentümer noch Alleineigentümer, so dass die **Form des § 8 WEG** genügen würde (näher oben Teil 2 Rdn. 5).

179 *1.2 Notarielle Beurkundung.* Dennoch ist die Einhaltung der **Form des § 4 WEG** aus zwei Gründen empfehlenswert:

180 (1) Sofern noch nicht sämtliche Einheiten abveräußert sind, kann bei anschließenden Erwerbsverträgen gem. § 13a BeurkG auf die Umplanungsurkunde verwiesen werden.

181 (2) Sehr häufig verändern sich bei der endgültigen Umsetzung von Umplanungen Miteigentumsanteile sowie Umfang und Ausmaß des jeweils veräußerten Sondereigentums. Für die damit verbundene **Änderung des Kaufgegenstandes** ist regelmäßig Beurkundungsform notwendig (§ 311b Abs. 1 BGB). Zumeist muss auch die Auflassung (§ 925 BGB) erneut erklärt werden.

182 **2. Zeitpunkt.** Es sollte vermieden werden, jede **einzelne Umplanung** unmittelbar in Änderungen der Teilungserklärung zu dokumentieren. Ansonsten entsteht ein für Erst- und Folgeerwerber kaum durchschaubares »Dickicht« von Änderungsurkunden.

183 **3. Urkundsbeteiligte.** Zum Zeitpunkt der Änderungsurkunde ist typischerweise der Bauträger noch Alleineigentümer, so dass er die Teilungserklärung einseitig ändern kann. Sofern aber – wie üblich – zugunsten einzelner Erwerber Auflassungsvormerkungen in die bereits gebildeten Grundbücher eingetragen sind, wirken Änderungen gegenüber Vormerkungsberechtigten nicht (§ 883 BGB). Darüber hinaus dienen die vorzunehmenden Änderungen in der Regel auch der Umsetzung der kaufvertraglich vereinbarten Leistungsinhalte. Formal **Urkundsbeteiligte** sollten

daher auch die **Erwerber** der bereits protokollierten Kaufverträge sein. Manche Grundbuchämter akzeptieren die im Muster enthaltene Pauschalformulierung; andere verlangen die namentliche Aufführung sämtlicher Beteiligter unter eindeutiger Bezeichnung der erteilten Vollmachten (Bezugnahme auf die jeweiligen UR-Nrn. der Kaufverträge).

4. Identitätserklärung. Hierzu oben Teil 2 Rdn. 37. 184

5. Anpassung des Planungsstandes. Vgl. oben Teil 2 Rdn. 182. Das Muster verwendet die Bezeichnung »Aktualisierung« und vermeidet daher die oft anzutreffende Formulierung »Änderung, Berichtigung« o.ä. 185

6. Miteigentumsanteile. Zur Bedeutung der Miteigentumsanteile vgl. oben Teil 2 Rdn. 15. Da fast jede Änderung der Planung zu Veränderungen der Wohn- und Nutzflächen führt, ist hier der Zeitpunkt gegeben, die Miteigentumsanteile endgültig zu bestimmen. 186

7. Aufteilungsplan. Hierzu und zur Beurkundungstechnik oben Teil 2 Rdn. 5, 9. 187

4. Anlagen mit Spezialcharakter

a) Gemischtnutzung Wohnen/Gewerbe

§ 1 Grundstück und Bebauung [1] 188

1.

_____ ist Eigentümer des _____

2.

Das vorbezeichnete Grundstück soll nach dem derzeitigen Planungsstand mit insgesamt 50 Eigentumswohnungen in 4 Blöcken bebaut werden. Sämtliche Erdgeschosseinheiten sollten gewerblich genutzt werden. Baugenehmigung und baubehördliche Abgeschlossenheitsbescheinigung sind noch nicht erteilt.

…

§ 5

3.

…

In den Teileigentumseinheiten ist jede öffentlich-rechtlich zulässige Nutzung gestattet. Soweit die Aufteilungspläne bzw. die baubehördliche Abgeschlossenheitsbescheinigung Nutzungs- und Zweckbestimmungsangaben enthalten, sind diese nicht maßgebend. [2]

Die im Lageplan als »Lieferungszone« bezeichnete Fläche darf montags bis sonnabends zwischen 6.00 bis 11.00 Uhr morgens zu Anlieferungszwecken genutzt werden. Eine weitergehende Nutzung ist nicht zulässig.

Dem jeweiligen Eigentümer des Teileigentums Nr. 2 (Gaststätte) steht das ausschließliche Sondernutzungsrecht an der im Lageplan mit »Gartenrestaurant« bezeichneten Fläche zu. Diese Fläche darf zur Außenbewirtung bis 22.00 Uhr abends genutzt werden.

Solange die Teileigentumseinheit Nr. 2 als Gaststätte betrieben wird, ist es allen anderen Teileigentumseinheiten untersagt, in ihrem jeweiligen Sondereigentum ein Konkurrenzunternehmen zu betreiben oder betreiben zu lassen. Dieser Konkurrenzschutz endet mit der erstmaligen Aufgabe der derzeitigen Nutzung. [3]

Sämtliche Teileigentümer sind berechtigt, Werbe- und Hinweisschilder im Rahmen des öffentlich-rechtlichen Zulässigen aufzustellen und zu unterhalten. [4]

Erläuterungen

189 **1. Besonderheiten.** Insbesondere bei **gemischt genutzten Einheiten** ist das Bestandsinteresse der Erwerber gegen die nötige Zukunftsoffenheit bei Gestaltung von Teilungserklärung/Gemeinschaftsordnung abzuwägen. Die Rechtsprechung zur zulässigen Umnutzung von in der ursprünglichen Teilungserklärung/Gemeinschaftsordnung oder in den Plänen bestimmten Nutzungsangaben ist relativ streng oder jedenfalls nur schwer prognostizierbar (oben Teil 2 Rdn. 72). Gerade bei Gewerbeeinheiten besteht das Bedürfnis, potenziellen Veränderungen der **Marktgegebenheiten** flexibel Rechnung tragen zu können.

190 **2. Nutzungsmöglichkeiten.** Zur Verbindlichkeit von Nutzungsangaben vgl. oben Teil 2 Rdn. 72. Abs. 1 der Musterformulierung verweist pauschal auf das **öffentliche Recht**, da in der Regel davon ausgegangen werden kann, dass die bauplanungs- und bauordnungsrechtlichen Vorschriften nachbarrechtliche Interessen angemessen ordnen. In Abs. 2 und 3 der Musterformulierung finden sich Beispiele für übliche Detailregelungen. Insbesondere bei Gaststätten, Restaurants etc. empfehlen sich gesonderte Regelungen wegen der damit verbundenen Emissionsbelästigung (Geruch, Lärm etc.).

191 **3. Konkurrenzschutz.** Es ist zulässig, in Teilungserklärung auch Konkurrenzschutzregelungen zu verdinglichen (vgl. *H. Müller* in Beck'sches Formularbuch WEG D IX 10).

192 **4. Werbeschilder.** Gerade bei teilweise oder insgesamt genutzten gewerblichen Einheiten ist dieser Punkt regelungsbedürftig. Die einseitige nachträgliche Anbringung von Werbe- und Hinweisschildern ist grundsätzlich ein unzulässiger Eingriff in das Gemeinschaftseigentum (§ 22 WEG). Die Musterformulierung verweist wiederum auf das **öffentliche Recht**; hier sind im Innenverhältnis der Eigentümer unter Umständen differenzierte Lösungen geboten.

b) Ferienhausanlagen

193 **§ 1 Grundstück und Bebauung**

1.

_____ ist Eigentümer des _____

2.

Auf diesem Grundstück wird eine Ferienhausanlage mit 50 schwedischen Holzhäusern errichtet. Diese dienen in erster Linie der Vermietung an wechselnde Feriengäste. Die entsprechende zugunsten der Gemeinde Dummendorf bestellte, noch nicht ins Grundbuch eingetragene persönliche beschränkte Dienstbarkeit ist als Anlage 0 dieser Urkunde beigefügt. Die Genehmigung gem. § 22 BauGB ist erteilt. Jeder Eigentümer ist demgemäß berechtigt und verpflichtet, seine Wohnung an ständig wechselnde Feriengäste zu vermieten. [1]

…

§ 5

...

4.

Die Gebrauchsüberlassung an Dritte (z.B. Vermietung) ist nur zulässig, soweit sich die Nutzung im Rahmen dieser Gemeinschaftsordnung hält. Hierfür ist in erster Linie Anlage 0 zu dieser Urkunde maßgebend. Jeder Eigentümer ist demgemäß berechtigt und verpflichtet, seine Wohnung an ständig wechselnde Feriengäste zu vermieten. Die Wohnungseigentümer können gem. § 21 Abs. 3 WEG eine gemeinsame Vermittlungsorganisation beauftragen, ohne dass der einzelne Wohnungseigentümer dadurch verpflichtet wäre, seine Wohnung über diese Einrichtung zur Vermietung anzubieten. Die Gebrauchsüberlassung ist jeweils dem Verwalter und ggf. der beauftragten Vermietungsvermittlungsorganisation zur Überlassung anzuzeigen. [2]

Erläuterungen

1. Spezialcharakter. Soll die Gesamtanlage nur für **bestimmte Zwecke** (z.B. Ferienhäuser, betreutes Wohnen) benutzt werden, kann dieser Zweck durch **Dienstbarkeiten** zu Lasten der jeweiligen Wohnungs- und Teileigentumsrechte **gesichert** werden (BGH NZM 2003, 440). Entsprechende Benutzungsregelungen sind aber nach h.M. auch unmittelbar durch **Teilungserklärung** und Gemeinschaftsordnung **verdinglichungsfähig** (BayObLG RPfleger 1982, 93; BayObLG DNotI-Rep. 1998, 140; BGH NJW 2007, 215). Gelegentlich findet sich wie im Muster eine Kombination beider Instrumente zur Erhöhung der **Gestaltungssicherheit**. Zu den Gestaltungsmöglichkeiten vgl. *Drasdo* NJW-Spezial 2008, 193 f.   194

2. Nutzungsregelungen. Wird durch die Teilungserklärung und Gemeinschaftsordnung selbst der Spezialcharakter der Anlage festgeschrieben (vgl. Ziff. 1), bedarf es möglichst **detaillierter Benutzungsregelungen** (Beispiele bei *H. Müller* Beck'sches Formularbuch WEG, D X). Hier sind wiederum Bestandsinteressen der ursprünglichen Beteiligen und die nötige Zukunftsoffenheit gegeneinander abzuwägen. Vorsorge ist insbesondere dafür zu treffen, dass sich die ursprünglich geplante Nutzung als dauerhaft nicht realisierbar oder sinnvoll erweist.   195

c) Betreutes Wohnen

§ 1

196

1.

_____ **ist Eigentümer des** _____

2.

Auf diesem Grundstück wird eine Wohnanlage mit 50 Appartements errichtet. Die Wohnanlage dient dem seniorengerechten Wohnen mit der Zielsetzung, im Falle der Pflegebedürftigkeit eines Bewohners auf dessen Wunsch hin den Umzug in ein Pflegeheim nach Möglichkeit auszuschließen. Jedes nachfolgend gebildete Sondereigentum darf deshalb nur von Personen genutzt werden, die das 60te Lebensjahr erreicht haben – bei mehreren nutzenden Personen muss mindestens eine das 60te Lebensjahr vollendet haben – oder die pflegebedürftig sind. Nutzt ein Wohnungseigentümer seine Einheit nicht persönlich, ist er verpflichtet, diese einer Person zur Nutzung zu überlassen, die entweder 60 Jahre alt ist oder pflegebedürftig. [1]

...

§ 5

3.

Die Eigentumswohnungen dürfen nur im Sinne von § 1 Ziff. 2 dieser Teilungserklärung genutzt werden. Aus wichtigem Grunde kann der Verwalter einer abweichenden Nutzung zustimmen. Als wichtiger Grund ist insbesondere anzusehen, wenn die Nutzung im Sinne des betreuten Wohnens unzumutbar wäre. Verweigert der Verwalter die Einwilligung, so kann seine Entscheidung durch Mehrheitsbeschluss der Wohnungseigentümerversammlung nach § 25 WEG korrigiert werden. [2]

V. Schuldrechtliche Betreuungsvereinbarungen [3]

...

Erläuterungen

197 **1. Heimcharakter.** *1.1* Eine besondere Ausprägung hat der Spezialcharakter von Anlagen in den letzten Jahren in der Form des »**betreuten Wohnens**« gefunden. Ziel dieser Wohnform ist es, den Umzug älterer Menschen in Alten- und Pflegeheime zu verhindern aber gleichwohl **seniorengerechtes Wohnen** zu ermöglichen. Regelmäßig ist gewünscht, durch Teilungserklärung und Gemeinschaftsordnung eine Bewohnerstruktur sicherzustellen, die zu dem baulichen und infrastrukturellen Konzept der Anlage passt. Grundsätzlich kann dies wohnungseigentumsrechtlich über § 15 Abs. 1 WEG weitgehend sichergestellt werden. Dabei ist jedoch **Vorsicht geboten**: Die Abgrenzung von sachenrechtlichen und/oder nur schuldrechtlichen Abreden bereitet im Einzelfall große Probleme. Auch sachenrechtlich mögliche Beschränkungen haben ihre Grenzen: So ist z.B. eine Verpflichtung, Betreuungsverträge mit einer Bindung von mehr als **zwei Jahren** abzuschließen, oft **sachenrechtlich unwirksam** (BGH NJW 2007, 215).

198 *1.2* Unter das frühere **Heimgesetz** fiel eine solche Teilung nur unter engen Voraussetzungen (§ 1 Abs. 2 HeimG; DNotI-Rep. 2002, 7). Auch die neuen landesrechtlichen Regelungen enthalten insoweit (bisher) keine Einschränkungen. Dennoch handelt es sich um eine komplexe Materie, bei der größte Gestaltungsvorsicht geboten ist (vgl. m.w.N. *Langhein* NotF WEG, § 4 Rn. 21 ff.; zu wohnungseigentumsrechtlichen Fragen eingehend *Henniges* in Handbuch Betreutes Wohnen, S. 150 ff.).

199 **2. Nutzungsregelungen.** Grundsätzlich sind mit **dinglicher Wirkung** umfassende Nutzungsregelungen möglich. Zu den Grenzen vgl. allerdings Ziff. 1, und insbesondere BGH NJW 2007, 215. Tendenziell ist eher davon abzuraten, den verdinglichungsfähigen Teil von Teilungserklärung und Gemeinschaftsordnung zu überfrachten. Zur Gewährleistung der nötigen Zukunftsoffenheit und Flexibilität sind in der Regel schuldrechtliche Nebenvereinbarungen besser geeignet (unten Ziff. 3).

200 **3. Schuldrechtliche Bedingungen.** Das Muster spricht ausdrücklich von **rein schuldrechtlichen Vereinbarungen**. Solche schuldrechtlichen Vereinbarungen sind selbstverständlich möglich, wirken aber weder nach § 10 Abs. 3 WEG noch § 10 Abs. 4 WEG gegen Rechtsnachfolger. Dies ist einerseits sinnvoll, um nicht später sich als unzweckmäßig erweisende Nutzungsregelungen auf Dauer zu verewigen. Andererseits besteht bei jeder Rechtsnachfolge (insbesondere Zwangsversteigerung bzw. Insolvenz) die Gefahr des einseitigen Durchbrechens nötiger schuldrechtlicher Bindungen. Über § 12 WEG kann dem nur beschränkt Rechnung getragen werden (vgl. oben Teil 2 Rdn. 175). Jedoch lässt sich durch schuldrechtliche **Weitergabeverpflichtungen** nebst entsprechender Schadensersatzbewehrung, **Pacht- und Mietverträge**, die auch das Sondereigentum betreffen, **Dienst- und Werkleistungsverträge**, die im Falle der Nichtweiterleitung fortgelten, im Wesentlichen ein Konstrukt herbeiführen, dass den Spezialcharakter der Anlage auf schuldrechtlicher Ebene absichert.

II. Aufhebung (§ 9 WEG)

Verhandelt zu _____ [1]

201

erschienen:

Herr AB,

Frau A

Die Erschienenen erklärten:

I. Vorbemerkung

1.

Im Grundbuch des Amtsgerichts _____, Grundbuchamt, Wohnungsgrundbuch von _____ Blatt _____ sind die Ehegatten AB/A als Miteigentümer zu je ½ des Wohnungseigentums eingetragen: [2]

2.

Ebenso sind die Ehegatten AB/A im Grundbuch des Amtsgerichtes _____, Grundbuchamt, Wohnungsgrundbuch von _____ Blatt _____ als Miteigentümer zu je ½ des nachstehend näher bezeichneten Wohnungseigentums eingetragen:

3.

Beide Wohnungsgrundbücher sind derzeit wie folgt belastet: [3]

Abt. II: frei

Abt. III: € 100.000,00 zugunsten XY-Bank

4.

Das vorbezeichnete Wohnungseigentum soll aufgehoben werden, da das Anwesen in Zukunft als eine Einheit genutzt werden soll.

II. Aufhebung von Wohnungseigentum

Wir, die Ehegatten AB/A heben hiermit das gesamte vorbezeichnete Wohnungseigentum auf. Unsere Miteigentumsanteile sollen sich durch die Aufhebung nicht verändern, sodass wir nach Vollzug dieser Urkunde Miteigentümer zu je ½ sind. Ein Ausgleich unter den Miteigentümer wegen Aufhebung der Gemeinschaft nach § 17 WEG ist nicht geschuldet. Wir sind uns über diese Rechtsänderung einig. Wir bewilligen und beantragen entsprechenden Grundbuchvollzug.

III. Durchführung, Vollmacht, Kosten

…

Erläuterungen

202 **1. Form.** Vgl. zunächst § 9 WEG. Je nach Sachverhalt ist zu differenzieren:

203 (1) Vereinbaren mehrere Miteigentümer die **Aufhebung** des Sondereigentums und somit Überführung in Miteigentum bzw. Alleineigentum, bedarf es der Form des § 4 WEG (**notarielle Beurkundung**).

204 (2) Ein Antrag in der Form des § 29 GBO genügt, wenn alle Sondereigentumsrechte durch völlige **Zerstörung** des Gebäudes gegenstandslos geworden sind und der Nachweis hierfür durch eine **Bescheinigung** der Baubehörde erbracht wird (§ 9 Abs. 1 Ziff. 2 WEG).

205 (3) Stehen sämtliche Sondereigentumseinheiten im Eigentum **eines Eigentümers**, genügt ein einfacher Antrag (§ 9 Abs. 1 Ziff. 3 WEG).

206 **2. Voraussetzungen.** Sind die Wohnungs- oder Teileigentumsgrundbücher **noch nicht gebildet**, genügt schlichte Antragsrücknahme. Die besonderen Vorschriften des § 9 sind nur zu beachten, wenn bereits Grundbücher angelegt worden sind.

207 **3. Belastungen.** Vgl. § 9 Abs. 2 WEG. Sofern Belastungen vorhanden sind, bedarf die Aufhebung des Wohnungseigentums in der Regel der Zustimmung der dinglich Berechtigten gem. §§ 875 ff. BGB. In Betracht kommen Pfandfreigaben, Zustimmungen unter Vorbehalt des Fortbestehens der Belastung auf dem Gesamtgrundstück oder alternativ einzelnen Miteigentumsanteilen.

III. Wohnungserbbaurecht (§ 30 WEG)

208 **§ 1**

1.

A ist Inhaber des _____ belegenen, im Erbbaugrundbuch des Amtsgerichts _____ von _____ Blatt _____ verzeichneten Erbbaurechtes, Flurstück _____ mit einer Größe von _____ m². [1]

2.

Das Grundstück ist bebaut mit _____

3.

Das Erbbaugrundbuch ist wie folgt belastet _____

4.

Das im Grundbuch des Amtsgerichts _____ von _____ Blatt _____ verzeichnete Stammgrundstück ist wie folgt belastet _____

Der Erbbauzins beträgt z. Zt. _____

§ 2 Teilung

1.

Der Erbbauberechtigte teilt das Eigentum an dem vorgenannten Grundstück gem. §§ 30, 8 WEG in Erbbaurechtsbruchteile in der Weise, dass mit jedem Erbbaurechtsbruchteil das Sondereigentum an bestimmten zu Wohnzwecken dienenden Räumen (Wohnungserbbaurecht Nr. _____) nebst Abstellraum gleicher Nr. sowie an nicht zu Wohnzwecken dienenden Räumen (Teilerbbaurecht

Nr. _____) verbunden ist. Die Aufteilung des Erbbaurechts erfolgt nach Maßgabe der Anlage 1 zu der Erklärung. [2]

...

IV. Eintritt in den Erbbaurechtsvertrag [3]

Sämtliche Wohnungs- und Teilerbbauberechtigte treten in den Erbbaurechtsvertrag vom (UR-Nr. _____) ein.

Erläuterungen

1. Erbbaurecht. *1.1* Nach § 30 Abs. 1 und 2 WEG kann ein Erbbaurecht durch Teilungsvertrag oder durch Teilungserklärung **Wohnungserbbaurecht** begründet werden. Für Wohnungserbbaurechte geltend sodann die Vorschriften über das Wohnungs- bzw. Teileigentum entsprechend (§ 30 Abs. 3 WEG). 209

1.2 Bei einer Wohnungs- und Erbbaurechtsaufteilung kommt es zu einer wechselseitigen **Überlagerung** von Wohnungseigentumsrecht und Erbbaurecht, die sowohl sachen- wie auch schuldrechtlich im Einzelfall **schwer überschaubar** sein kann. Wohnungserbbaurechte werden demgemäß im Rechtsverkehr gegenüber »normalen« Wohnungseigentumsrechten mit einem gewissen Abschlag gehandelt. Empfehlenswert ist das Wohnungserbbaurecht daher nur bei zwingenden Gestaltungsnotwendigkeiten; insofern ermöglicht es allerdings durch die **Kombination** von wohnungseigentums- und erbbaurechtlichen Nutzungsregelungen **weite Gestaltungsspielräume**. Dazu eingehend *Schneider* ZMR 2006, 660. 210

2. Aufteilung. Aufteilungsvertrag bzw. Teilungserklärung unterscheiden sich **rechtstechnisch** nicht von der **gewöhnlichen Aufteilung**. Insofern genügt es in der Regel, die üblichen Muster hinsichtlich der Formulierung »... Eigentum« durch »... Erbbaurecht« zu ersetzen, vgl. *Kreuzer* in Beck'sches Formularbuch WEG A II 6. 211

3. Erbbaurechtsvertrag. *3.1* Dinglich wird der Erbbaurechtsvertrag durch die Begründung von Wohnungserbbaurechten nicht verändert (BayObLGZ 1989, 35). Sämtliche Beschränkungen gelten auch für die Wohnungserbbauberechtigten, sofern nicht im Einzelfall eine abweichende Vereinbarung mit dem Erbbaurechtsausgeber getroffen wird. Problematisch ist dies insbesondere für Heimfallansprüche (§ 2 Nr. 4 ErbbauG), da der Heimfall auch eintreten kann, wenn **einzelne Wohnungserbbauberechtigte keinerlei Schuld** am Eintritt der Voraussetzungen trifft. 212

3.2 Höchst problematisch ist ferner die prinzipiell **gesamtschuldnerische Haftung** für den Erbbauzins (BayObLGZ 1978, 157). Teilungserklärung und Gemeinschaftsordnung können zwar insoweit Vorsorge für die interne Lastenverteilung treffen; im Außenverhältnis bedarf eine teilschuldnerische Haftung jedoch eines Vertrages zwischen den Wohnungserbbauberechtigten und dem Grundstückseigentümer. Vgl. hierzu im Einzelnen *Rapp* in Beck'sches Notarhandbuch Wohnungseigentum Rn. 62 ff. sowie *Schneider* ZMR 2006, 660. 213

IV. Dauerwohnrecht

Verhandelt zu _____ **am** _____ [1] 214

_____

Der Verkäufer behält sich an dem verkauften Grundstück ein Dauerwohnrecht des in der Anlage niedergelegten Inhalts vor. Die Anlage wurde vom Notar vorgelesen. Die Vertragsteile sind über die Begründung des Dauerwohnrechts einig und bewilligen und beantragen, es in das Grundbuch einzutragen. Der Käufer ist verpflich-

tet, die Zustimmung der vorrangigen Grundpfandrechtsgläubiger zur Vereinbarung in § 7 der Anlage zu beschaffen. [2]

Anlage:

§ 1. Das Dauerwohnrecht besteht in der Befugnis, die Wohnung im 11. Stockwerk, welche in der beigefügten, von der Baubehörde mit Unterschrift und Siegel versehene Bauzeichnung (Aufteilungsplan) in allen Räumen mit der Nummer 1 gekennzeichnet ist, unter Ausschluss des Eigentümers zu bewohnen oder gewerblich als Ferienwohnung zu vermieten; der Aufteilungsplan wurde den Beteiligten zur Durchsicht vorgelegt und von ihnen genehmigt. Zu den gemeinschaftlichen Einrichtungen, die der Dauerwohnberechtigte mitbenutzen darf, gehören auch das Hallenschwimmbad mit allen Nebeneinrichtungen sowie die Liegewiese vor der Schwimmhalle. Die Überlassung an Dritte zur Begründung eines Wohnsitzes ist nicht zulässig. [3]

§ 2. Das Dauerwohnrecht wird auf die Dauer von 80 Jahren, gerechnet ab _____, bestellt. [4]

§ 3. Die Instandhaltung und Instandsetzung der dem Dauerwohnrecht unterliegenden Gebäudeteile obliegt dem Dauerwohnberechtigten in dem Umfang, in dem ein Wohnungseigentümer sein Sondereigentum zu unterhalten hat. Im Übrigen obliegen Instandhaltung und Instandsetzung dem Eigentümer in dem Umfang, wie es zur ordnungsgemäßen Nutzung des Dauerwohnrechts einschließlich der zum gemeinschaftlichen Gebrauch bestimmten Teile, Anlagen und Einrichtungen des Gebäudes und des Grundstücks erforderlich ist.

§ 4. Der Dauerwohnberechtigte hat _____ /$_{1000}$ der laufenden öffentlichen Lasten des Grundstücks zu tragen. Zum selben Anteil trägt er die Betriebskosten. Der Umfang der umzulegenden Lasten und Betriebskosten, die Pflicht zur Vorauszahlung und die Abrechnung bestimmen sich nach den entsprechenden mietrechtlichen Bestimmungen. Die Verteilung der Kosten für Heizung und Warmwasser, zu denen auch die Kosten der laufenden Wartung der Heizungsanlage sowie die Kosten für den Stromverbrauch der Heizungsanlage gehören, richtet sich, solange solche bestehen, nach den gesetzlichen Vorschriften. Auch wenn keine gesetzlichen Vorschriften bestehen, kann der Eigentümer anordnen, dass diese Kosten nicht nach dem vorstehend vereinbarten Verhältnis, sondern in der Weise verteilt werden, dass der Eigentümer ein Fachunternehmen damit beauftragt, Wärmemesser anzubringen und den Verteilungsschlüssel nach seinem billigen fachlichen Ermessen unter Berücksichtigung der Messungen festzusetzen.

§ 5. Der Eigentümer hat das Gebäude zum gleitenden Neuwert gegen Feuer versichert zu halten und es im Falle der Zerstörung wieder aufzubauen.

§ 6. Der Dauerwohnungsberechtigte ist verpflichtet, das Dauerwohnrecht auf den Grundstückseigentümer oder einen von diesem zu bezeichnenden Dritten zu übertragen (Heimfallanspruch), wenn er

a) gegen die in § 1 vereinbarten Nutzungsbeschränkungen trotz wiederholter schriftlicher Abmahnung verstößt;

b) seinen Verpflichtungen zur Instandhaltung und Instandsetzung nach § 3 trotz wiederholter schriftlicher Abmahnung nicht nachkommt und sich dadurch schädliche Auswirkungen auf das Gebäude im Übrigen ergeben;

c) mit seinen Zahlungspflichten nach § 4 in Höhe eines Betrages in Verzug kommt, der höher als der zuletzt abgerechnete Jahresbetrag ist.

Macht der Eigentümer von dem Heimfallanspruch Gebrauch, so hat er dem Dauerwohnungsberechtigten eine Entschädigung in Höhe des zehnfachen Jahresmietwerts der Wohnung zu gewähren; beträgt die Restdauer des Dauerwohnrechts weniger als 15 Jahre, so reduziert sich die Entschädigung im Verhältnis der Restlaufzeit zu der Zahl 15.

§ 7. Es wird vereinbart, dass das Dauerwohnrecht im Falle der Zwangsversteigerung des Grundstücks abweichend von § 44 des Gesetzes über die Zwangsversteigerung und Zwangsverwaltung auch dann bestehen bleiben soll, wenn der Gläubiger einer dem Dauerwohnrecht im Range vorgehenden oder gleichstehenden Hypothek, Grundschuld, Rentenschuld oder Reallast die Zwangsversteigerung in das Grundstück betreibt.

Erläuterungen

1. Form. Der Vertrag über die Bestellung eines Dauerwohnrechtes (vgl. im Einzelnen §§ 31 ff. WEG) bedarf **keiner Form**. Lediglich die Eintragungsbewilligung für das dingliche Recht mit den in seinen Inhalt aufgenommenen Vereinbarungen ist nach **§ 29 GBO** formbedürftig. Das Dauerwohnrecht kann auch für den Eigentümer bestellt werden (BayObLGZ 1998, 374). Sofern allerdings ein Zusammenhang mit einem beurkundungspflichtigen Rechtsgeschäft besteht (z.B. Grundstücksveräußerung bei gleichzeitiger Einräumung eines Dauerwohnrechtes zugunsten des Veräußerers) gilt **Beurkundungspflicht** (§ 311b Abs. 1 BGB). 215

2. Rechtsnatur. Das Dauerwohnrecht ist ein **vererbliches und veräußerliches, aber nicht grundstücksgleiches Recht**. Es ähnelt der Dienstbarkeit, unterscheidet sich aber durch die Vererblichkeit und Veräußerlichkeit. Insbesondere ist auch die Bestellung zu gewerblichen Zwecken (§ 31 Abs. 2 WEG) möglich. Anders als beim Wohnungserbbaurecht (vgl. oben III) wird für das Dauernutzungsrecht **kein eigenes Grundbuchblatt** angelegt, so dass selbständige Belastungen nicht möglich sind. Zur Veräußerung und Vermietung vgl. §§ 35, 37 WEG. Auch ein **Erbbaurecht** kann mit einem Dauerwohnrecht belastet werden (§ 42 WEG). 216

3. Voraussetzungen. Die Voraussetzungen der Bildung eines Dauerwohnrechtes entsprechen denjenigen der normalen Aufteilung. Die Einheit muss **in sich abgeschlossen** sein, was des Nachweises durch eine **baubehördliche Abgeschlossenheitsbescheinigung** bedarf (§ 32 WEG). 217

4. Dauer. Die Nutzung kann auf Zeit oder auf ewig überlassen werden. Das Gesetz enthält insofern keine Beschränkung. 218

5. Rangstelle. Im Gegensatz zum Erbbaurecht erfordert das Dauernutzungsrecht nicht die erste Rangstelle, fällt also aus, wenn aus einem vor- oder gleichrangigen Recht die Zwangsversteigerung betrieben wird. Nach § 39 WEG kann aber als Inhalt des Dauernutzungsrechtes vereinbart werden, dass es im Falle der Zwangsversteigerung abweichend von § 44 ZVG **bestehen bleibt**. 219

V. Einzelfragen

1. Sondernutzungsrechte

a) Allgemein [1]

Die im beigefügten, den Beteiligten zur Durchsicht vorgelegten und von ihnen genehmigten Plan mit roter Farbe und den Nummern 1 und 2 gekennzeichneten Flächen dürfen von Montag jeder Woche 0:00 Uhr bis zum darauffolgenden Samstag 16:00 Uhr vom jeweiligen Inhaber des Teileigentums Nr. 1 (Ladenräume) unter Ausschluss der anderen Wohnungs- und Teileigentümer zum Abstellen von Kraftfahrzeugen benutzt werden; die Ausübung kann Dritten überlassen werden. Zu den 220 übrigen Zeiten steht die Benutzung der mit Nr. 1 gekennzeichneten Fläche in gleicher Weise dem jeweiligen Inhaber des Wohnungseigentums Nr. 5 und die Benutzung der mit Nr. 2 gekennzeichneten Fläche dem jeweiligen Inhaber des Wohnungseigentums Nr. 6 zu. [2]

Erläuterungen

221 **1. Allgemeines.** *1.1* Freie Grundstücksflächen sowie die konstruktiven und konstitutiven Teile des Gebäudes sind **nicht sondereigentumsfähig** (§ 1 Abs. 5 WEG, § 5 Abs. 2 WEG); die Bildung von Sondereigentum setzt im Übrigen **räumliche Abgeschlossenheit** voraus (§ 3 Abs. 2 WEG). Dennoch besteht das Bedürfnis, solche Flächen einzelnen Personen oder auch einer Gruppe von Eigentümern **zur ausschließlichen Nutzung** zuzuordnen. In der Praxis sehr weit verbreitet sind daher sog. **Sondernutzungsrechte.**

222 *1.2* **Rechtsnatur.** Grundlage von Sondernutzungsrechten ist nach herkömmlicher Meinung § 15 Abs. 1 WEG, wenngleich über Rechtsnatur und Charakter von Sondernutzungsrechten erhebliche Unsicherheiten bestehen. Sie sind zumeist allerdings eher **rechtstheoretischer Natur** (vgl. im Einzelnen *Hogenschurz* Sondernutzungsrechte 2008; *Häublein* Sondernutzungsrechte 2003, jeweils mit umf. w.N.). Die damit verbundenen Streitfragen spielen für die Praxis sehr selten eine Rolle. Sehr strittig ist z. Zt. allerdings die grundbuchliche Behandlung von – im Prinzip formfrei möglichen – Rechtsübertragungen, dazu *Langhein* NotF WEG, § 7 Rn. 210 ff.; OLG München Beschl. v. 04.07.2014, 34 Wx 153/2014 – juris m.w.N.

223 *1.3* **Berechtigte.** Das Sondernutzungsrecht wird gewöhnlich einzelnen Einheiten als Rechtsbestandteil (§ 96 BGB) zugeordnet. Möglich ist aber auch eine persönliche Berechtigung (*Häublein* a.a.O., S. 279). Berechtigt können **ausschließlich Miteigentümer** sein (allg. Meinung, vgl. *Hogenschurz* a.a.O., S. 13 ff.). Zum Gemeinschaftsverhältnis mehrerer Berechtigter vg. OLG Düsseldorf ZWE 2010, 368 (internes Berechtigungsverhältnis nicht eintragungsbedürftig) bzw. Langhein notar 2011, 159 (Vereinbarung gem. § 15 WEG oder hilfsweiser Verweis auf §§ 741 ff. BGB).

224 *1.4* **Inhalt.** Der **Bandbreite** von Sondernutzungsrechten sind kautelarjuristisch **kaum Grenzen gesetzt.** Sie können die Berechtigung der Alleineigentümerstellung annähern (vgl. oben Teil 2 Rdn. 20), Untergemeinschaften konstituieren (unten Teil 2 Rdn. 259) oder sich, wie im Muster, auf partielle Nutzungsbefugnisse beschränken. Daher ist bei der **Gestaltung** besonderes Augenmerk auf die **klare, eindeutige und präzise Abgrenzung** der Nutzungsbefugnis zu legen (vgl. im Einzelnen *Hogenschurz* a.a.O., S. 71 ff.).

225 **2. Bestimmtheit.** Sondernutzungsrechte müssen sowohl bei der Begründung von Wohnungseigentum als auch späteren Weiterveräußerungen **bestimmbar** sein (BGH NJW 2002, 2247; BayObLG NotBZ 2005, 158, KG ZMR 2003, 873; OLG Frankfurt DNotZ 2007, 470; Überblick bei *Schneider* in Beck'sches Formularbuch WEG E I). Dies setzt in der Regel Plananlagen mit eindeutiger Abgrenzung voraus (ein breiter Strich im Plan, der in der Natur zu ca. 50 cm Abweichungen führen kann, soll unzulässig sein, OLG Hamburg ZMR 2006, 468; dazu krit. *Langhein* notar 2008, 19).

b) Flexible Zuordnung von Sondernutzungsflächen

226 **Abstellräume** [1]

Entgegen der baubehördlichen Abgeschlossenheitsbescheinigung verbleiben sämtliche Kellerräume im Gemeinschaftseigentum. Jeder Eigentümer hat einen Anspruch auf einen Abstellraum in der baurechtlich erforderlichen oder sonst üblichen Größe. Aufschiebend bedingt durch Zuweisungserklärung des aufteilenden Eigentümers in der Form des § 29 GBO werden jedoch bereits jetzt alle Miteigentü-

mer vom Mitgebrauch der Kellerflächen (ohne notwendige Gemeinschaftsflächen) gem. Anlage 3 ausgeschlossen. Der aufteilende Eigentümer ist befugt, Abstellräume zur alleinigen Sondernutzung zuzuordnen. Nach Veräußerung der letzten Einheit geht die Zuweisungsbefugnis auf den Verwalter, ersatzweise die Eigentümerversammlung (Beschlussfassung mit einfacher Mehrheit genügt) über. Bei der Zuweisung ist in erster Linie auf die mietrechtlichen Verhältnisse, sodann auf die tatsächliche Nutzung sowie schließlich billiges Ermessen Rücksicht zu nehmen. Die Kosten etwa notwendiger baulicher Veränderungen trägt _____ [2]

Freiflächen

Sämtliche Miteigentümer werden aufschiebend bedingt durch Zuweisungserklärung des aufteilenden Eigentümers vom Mitgebrauch der in der Anlage XY gelb unterlegten Fläche ausgeschlossen. Der aufteilende Eigentümer ist berechtigt, insofern Gartenflächen (z.B. Terrassen, Gärten), Stellplätze, Wintergärten, Gartenlauben, Kinderspielplätze oder sonstige Anlagen zu errichten bzw. einzelnen Einheiten zur alleinigen oder gemeinschaftlichen Nutzung (z.B. Untergemeinschaften einzelner Blöcke) zuzuweisen. [3]

Konstruktive und konstitutive Teile

Den jeweiligen Eigentümern der Doppelhaushälften Nrn. 1 und 2 wird das ausschließliche Sondernutzungsrecht an den in der Anlage 3 blau (Nr. 1) bzw. rot (Nr. 2) umrandeten Grundstücksflächen sowie den darauf befindlichen Teilen, Anlagen und Einrichtungen des Gebäudes, die nicht im Sondereigentum stehen, eingeräumt. Dies gilt auch für alle konstruktiven und konstitutiven Teile, die zwingend im Gemeinschaftseigentum stehen. Die Kosten der Instandhaltung – und Instandsetzung tragen die jeweils Berechtigten. Sie sind befugt, wie ein Alleineigentümer hierüber zu verfügen bzw. zu verfahren. [4]

Erläuterungen

1. Gestaltungsmöglichkeiten. *1.1* Gerade bei der Erstaufteilung besteht oft das Bedürfnis nach einer **flexiblen Zuordnung** von Sondernutzungsrechten. In Betracht kommen mehrere Gestaltungsformen:

1.2 Das »**Parken von Sondernutzungsrechten**«, d.h. Sondernutzungsrechte werden bereits endgültig gebildet, aber zunächst der – voraussichtlich am wenigsten marktgängigen – Einheit zugeordnet und später dort abgespalten;

1.3 Reiner **Ausschluss von Mitgebrauch** (negative Komponente) mit einer späteren einseitigen Zuweisungsmöglichkeit (positive Komponente);

1.4 **Aufschiebend bedingte Sondernutzungsrechte**, die endgültig erst mit Eintritt bestimmter Umstände (z.B. Zuweisungserklärung des aufteilenden Eigentümers) entstehen (vgl. dazu eingehend *Häublein* Sondernutzungsrecht, 274 ff.; *Sommer* ZWE 2007, 235 ff.; div. Formulierungsvorschläge bei *Langhein* NotF WEG, § 5 Rn. 1 ff., 33 ff.; *Schneider* in Beck'sches Formularbuch WEG E I).

1.5 In der Praxis hat sich die **dritte Variante** als die in der Regel **eleganteste, einfachste und kostengünstige** Regelung durchgesetzt. Dabei ist allerdings auf klare und eindeutige Zuweisungen mit der nötigen grundbuchrechtlichen Bestimmtheit zu achten (vgl. *Langhein* notar 2008, 19). Zwar kann die Bedingung oder Zuweisung auch außerhalb des Grundbuchs erfolgen (OLG Zweibrücken notar 2008, 136), zweckmäßig dürfte aber Zuordnung in der Form des § 29 GBO sein (*Langhein* notar a.a.O). Auch hier stellt sich allerdings zur Zeit das ungelöste Problem der möglichen oder nötigen Grundbucheintragungsunterlagen (vgl. oben Ziff. 1.2.).

232 **2. Abstellräume.** *2.1* Nach den meisten Landesbauordnungen muss **öffentlich-rechtlich** jeder Wohnung ein Abstellraum in ausreichender Größe (meist 6 qm) zugeordnet werden (vgl. z.B. § 48 HBauO). Solche Vorschriften treffen indes keine Aussagen darüber, in welcher **zivilrechtlichen** Form die Zuordnung bei Wohnungseigentum zu erfolgen hat. Ziff. 5a der AVA (oben Teil 2 Rdn. 35) stellt lediglich klar, dass zu abgeschlossenen Wohnungen auch zusätzliche Räume außerhalb des Wohnungsabschlusses gehören können.

233 *2.2* Dennoch legten und legen die Bauämter in vielen Kommunen bei der Erteilung von Abgeschlossenheitsbescheinigungen Wert darauf, dass Abstellräume **unmittelbar Wohnungen** zugewiesen werden. Allerdings erfolgt die Zuordnung gerade bei der Aufteilung von Altbaubestand **meist fiktiv**. Entweder entsprechen die baulichen Gegebenheiten überhaupt nicht der planmäßigen Ausweisung oder korrespondieren nicht mit der tatsächlichen Nutzung durch Mieter und/oder Eigentümer.

234 *2.3* **Folgeprobleme.** Die Folgen können im Einzelfall **katastrophal** sein. Werden bei Verkauf und Auflassung irrtümlich falsche Kellerräume als zum Sondereigentum gehörend betrachtet, ist die tatsächlich erklärte Auflassung nicht im Grundbuch eingetragen (falsa demonstratio) und das später im Grundbuch eingetragene nicht gewollt (BayObLG RPfleger 2002, 19). Der nachträgliche Versuch, die dingliche Rechtslage mit der tatsächlichen Nutzung in Einklang zu bringen, ist fast **unüberwindlichen Hürden** ausgesetzt (vgl. z.B. OLG Saarbrücken NZM 2005, 423; OLG Düsseldorf ZMR 2008, 551). Mietrechtlich besteht zudem die Gefahr einer Vervielfältigung einer Vermieterstellung (oben Teil 2 Rdn. 90). Das Muster bringt insofern eine flexible Zuweisungsmöglichkeit, welche die dargestellten Probleme weitestgehend bereinigt.

235 **3. Freiflächen.** Kaum ein Neubau wird noch so errichtet, wie es die ursprünglichen Planungen vorgesehen haben. Auch bei der Sanierung von Altbauten ergeben sich oft nachträgliche Änderungsnotwendigkeiten. In solchen Fällen kann mit »überschießenden« Sondernutzungsrechten gearbeitet werden (vgl. *Langhein* NotF WEG, § 5 Rn. 33 ff.; ferner *H. Müller* in Beck'sches Formularbuch WEG D II sowie *Langhein* notar 2008, 19).

236 **4. Sonstiges.** Vgl. oben Muster Teil 2 Rdn. 36.

2. Bauabschnittsweise Errichtung

Überdimensionaler Miteigentumsanteil/Vormerkungsmodell

237 **Überdimensionaler Miteigentumsanteil [1]**

Die aus den Blöcken 1–4 bestehende Wohnanlage wird bauabschnittsweise errichtet. Da für die Blöcke 3–4 noch keine Baugenehmigung bzw. Abgeschlossenheitsbescheinigung vorliegt, kann insofern noch kein Sondereigentum gebildet werden. Dem jeweiligen Teileigentümer des Kellerraumes 001 wird hiermit das ausschließliche Sondernutzungsrecht an den in der Anlage 3 zur Urkunde blau umrandeten Flächen eingeräumt. Mit diesem Teileigentum ist bereits ein überdimensionaler Miteigentumsanteil verbunden, der der späteren Abspaltung von erforderlichen Sondereigentumsrechten an den neuen Wohnungen entspricht. [2]

Der jeweilige Teileigentümer des Kellerraumes 001 ist zu beliebigen Unterteilungen seines überdimensionalen Miteigentumsanteiles wie seines Sondernutzungsrechtes befugt. Sämtliche Eigentümer sind verpflichtet, alle Rechtshandlungen vorzunehmen, die zur Entstehung von weiterem Sondereigentum erforderlich oder zweckdienlich sind, einschließlich der Erklärung etwaiger Auflassungen. Sie sind verpflichtet, bei einer etwaigen Weiterveräußerung den Erwerber zu einer entsprechenden Vollmachtserteilung mit Weitergabeverpflichtung zu verpflichten. Bis zur Fertigstellung des letzten Bauabschnitts ist für die Veräußerung von Wohn- und

Teileigentum die Zustimmung des aufteilenden Eigentümers gemäß § 12 WEG erforderlich. Diese Zustimmung kann verweigert werden, wenn der Erwerber die erteilte Vollmacht nicht ebenfalls in seinem Namen erteilt bzw. bestätigt. **3**

Vormerkungsmodell

Die aus den Blöcken 1–4 bestehende Wohnanlage wird bauabschnittsweise errichtet. Da für die Blöcke 3–4 noch keine Baugenehmigung bzw. Abgeschlossenheitsbescheinigung vorliegt, kann insofern noch kein Sondereigentum gebildet werden. Dem jeweiligen Teileigentümer des Kellerraumes 001 wird hiermit das ausschließliche Sondernutzungsrecht an den in der Anlage 3 zur Urkunde blau umrandeten Flächen eingeräumt. 4

Der Sondernutzungsberechtigte ist berechtigt, auf dieser Fläche Block 3 und 4 nach Maßgabe des Aufteilungsplanes zu errichten. In diesem Zusammenhang sind die Miteigentumsanteile der Gesamtwohnanlage neu aufzuteilen. Sämtliche Ersterwerber der Blöcke 1 und 2 werden dem aufteilenden Eigentümer hierzu eine entsprechende Vollmacht erteilen und an rangerster Stelle folgende Auflassungsvormerkung zur Grundbucheintragung bewilligen und beantragen:

»Anspruch auf Übertragung eines dem Verhältnis der Wohnflächen der Gesamtwohnanlage entsprechenden Miteigentumsanteils und Bildung von Sondereigentum an den neuen Wohnungseigentumseinheiten Nr. 30 bis 50 gemäß Anlage 3 zur Teilungserklärung.

…

Erläuterungen

1. Problem. Vgl. oben Teil 2 Rdn. 167. Üblicherweise stellt sich das Problem der Sicherung weiterer Baumaßnahmen bei **Neubauten**. Rechtstechnisch geht es aber bei geplanten späteren Ausbauten oder Umbauten (zum Dachausbau vgl. unten Teil 2 Rdn. 283) um exakt dieselben Fragen. 238

2. Gestaltungsmöglichkeiten. *2.1* Das im Muster vorgestellte Verfahren des »überdimensionalen Miteigentumsanteiles« war früher weit verbreitet, um eine erleichterte Unterteilung von Sondereigentumseinheiten späterer Bauabschnitte zu ermöglichen (vgl. oben Teil 2 Rdn. 167; *Hügel* in Beck'sches Formularbuch WEG B II 2). 239

2.2 Sofern nicht mit einer alsbaldigen Unterteilung insbesondere vor Erstanlegung der Grundbücher zu rechnen ist, sollte hierauf nunmehr allerdings wegen der damit verbundenen **überdimensionalen Außenhaftung** (§ 10 Abs. 8 WEG) verzichtet werden. 240

3. Spätere Unterteilung. Für die spätere Unterteilung wird lediglich die grundbuchmäßige Buchung der Miteigentumsanteile erleichtert. Im Übrigen bedarf es der Mitwirkung sämtlicher Sondereigentümer; eine vorweggenommene »dingliche Ermächtigung« ist nicht möglich (vgl. oben Teil 2 Rdn. 168). 241

4. Vormerkung. Zur dinglichen Absicherung kann zwar der **Anspruch auf Unterteilung** durch Vormerkung gesichert werden (*Häublein* DNotZ 2000, 453; *Röll* ZWE 2000, 446; *Hügel/Scheel* S. 27). Problematisch ist insbesondere, dass die Vormerkung zugunsten des Bauträgers **Rang** vor den Finanzierungsgrundpfandrechten aller Käufer erhalten muss. Sie ist in jedem Grundbuch einzutragen und später zur Löschung zu bringen; dies ist **kostenintensiv**, veräußerungs- und belastungsbeeinträchtigend. 242

VI. Hausordnung

243 **§ 1 Gemeinschaftliche Einrichtungen** [1]

1.

Treppenhäuser, Flure, Gänge und Gartenflächen, die im Gemeinschaftseigentum stehen und für die Allgemeinheit zugänglich sind, sind pfleglich zu behandeln und sauber zu halten. Das längerfristige Abstellen und Lagern von Gegenständen jeglicher Art, insbesondere Garderoben- und Schirmständer, Schuhregale und Schuhe, Pflanzen und Blumentöpfe etc., auf diesen Flächen ist untersagt. [2]

Für die Reinigung des Treppenhauses gilt folgendes:

2.

Fahrräder und Kinderwagen sind in dem Fahrrad- und Kinderwagenraum abzustellen. Krafträder dürfen dort nicht abgestellt werden.

3.

Der Wasch- und Trockenraum und die dort vorhandenen Geräte sind pfleglich zu behandeln und sauber zu halten. Bereits gewaschene und trockene Wäsche ist umgehend abzuholen, damit die Wasch- und Trockenmöglichkeiten auch von den anderen Bewohnern genutzt werden können.

4.

Die Benutzung der Garage, des Gartens und des Spielplatzes wird in der Garagen-, Garten- und Spielplatzordnung geregelt. Kinder sind anzuhalten, das Spielen und Lärmen auf Gemeinschaftsflächen, insbesondere in den Treppenhäusern, einzuschränken.

§ 2 Sicherheits- und Schutzregelungen

1.

In den Abstellräumen dürfen keine brennbaren, explosiven, giftigen, ätzenden und übel riechenden Gegenstände gelagert werden.

2.

Die Treppenhaus- und Abstellraumfenster sind nachts, bei Unwettern sowie bei Minustemperaturen mit Ausnahme von Stoßlüftungen geschlossen zu halten.

3.

Die Hauseingangstür und die Kelleraußentür sind grundsätzlich geschlossen zu halten.

§ 3 Sonstiges

1.

Die Bewohner haben nach dem Gebot der gegenseitigen Rücksichtnahme darauf zu achten, dass ruhestörender Lärm so weit wie möglich vermieden wird. Besondere Rücksichtnahme ist innerhalb der Ruhezeiten zwischen 22.00 Uhr und 7.00 Uhr und 13.00 Uhr und 15.00 Uhr sowie an Sonn- und Feiertagen geboten.

2.

Das Musizieren ist in der Zeit zwischen 19.00 Uhr und 8.00 Uhr sowie 13.00 Uhr und 15.00 Uhr untersagt. Durch Baden und Duschen darf in der Zeit von 22.00 Uhr bis 6.00 Uhr nicht in vermeidbarer Weise gestört werden.

3.

Das Grillen mit einem Holzkohlegrill ist nur auf der im Garten hierfür vorgesehenen Fläche gestattet, nicht also auf den Balkonen und Terrassen. Laubbläser dürfen für die Reinigung der Sondernutzungsflächen nicht verwandt werden.

4.

Haustiere dürfen sich in den Außenanlagen, im Treppenhaus oder auf anderen Gemeinschaftsflächen nur mit Aufsicht aufhalten. Das Halten von Kampfhunden und Kampfhundmischlingen ist verboten. Für die übrigen Hunde gilt innerhalb der Wohnanlage Leinenzwang, sofern kein Hundeführerschein vorgelegt werden kann. Vom Spielplatz sind Hunde und Katzen fernzuhalten.

5.

Blumenkästen müssen sicher so angebracht sein, dass beim Gießen kein Wasser auf die Hauswand oder andere Balkone fließt.

6.

Auf den Balkonen und KFZ-Stellplätzen dürfen keine Gegenstände gelagert werden.

7.

Die beigefügten Hinweise zur Lüftung sind zu beachten.

§ 4 Müllgefäße

1.

Abfall und Unrat sind in die Müllgefäße zu verbringen. Außergewöhnliche Abfallmengen (z.B. Sperrmüll) sind gesondert zu entsorgen.

2.

Die Mülltrennung (gelbe Tonnen, blaue Tonnen) ist zu beachten.

§ 5 Miete

Jeder Eigentümer ist verpflichtet, im Falle einer Vermietung die vorstehenden Regelungen auch mietvertraglich zu vereinbaren. Der Verwalter kann einen entsprechenden Nachweis verlangen.

Erläuterungen

1. Rechtsnatur. Der Erlass einer Hausordnung unterliegt grundsätzlich der **Beschlusskompetenz** der Wohnungseigentümerversammlung (§ 21 Abs. 5 Ziff. 1 WEG). Auch wenn die Hausordnung als Bestandteil der Teilungserklärung festgeschrieben wurde, ist sie regelmäßig sog. »unechter Vereinbarungsbestandteil« und kann später durch Mehrheitsbeschluss geändert werden (vgl. *Elzer* ZMR 2006, 733 ff.).

2. Inhalt. Es ist kaum möglich, eine allgemein verwendbare Musterformulierung für eine Hausordnung zu entwerfen. Jede Hausordnung muss sich auf die **konkrete Wohnanlage** und deren

Struktur ausrichten (vgl. nur *Rüscher* in Beck'sches Formularbuch WEG, F I). Die vorgestellte Musterformulierung bietet daher für die Praxis lediglich eine erste Orientierung (vgl. näher *Elzer* a.a.O.).

VII. Tiefgaragen

246 **Tiefgaragen im Gemeinschaftseigentum** [1]

Die im Aufteilungsplan dargestellte Tiefgarage verbleibt im Gemeinschaftseigentum. Jeder Eigentümer ist zur Nutzung eines Stellplatzes berechtigt. Durch Mehrheitsbeschluss kann eine Benutzungsregelung erlassen werden. [2]

Tiefgaragen im Gemeinschaftseigentum/Sondernutzungsrechte [3]

Die im Aufteilungsplan dargestellte Tiefgarage verbleibt im Gemeinschaftseigentum. An den im Aufteilungsplan mit A – Z bezeichneten Stellplätzen werden jedoch ausschließliche Sondernutzungsrechte begründet. Sämtliche Miteigentümer werden bereits jetzt vom Mitgebrauch dieser Stellplätze ausgeschlossen (negative Komponente). Der aufteilende Eigentümer ist befugt, durch einseitige Zuweisungserklärung in der Form des § 29 GBO einzelnen Wohnungen Sondernutzungsrechte an Stellplätzen zuzuweisen (positive Komponente). Die Stellplätze dürfen nur zum Abstellen von Kfz aller Art benutzt werden. Die Kosten der Tiefgarage sind, soweit möglich, separat zu ermitteln und nur von den Sondernutzungsberechtigten im Verhältnis ihrer Stellplätze zu tragen.

Tiefgarage Teileigentum an einzelnen Stellplätzen

An den Stellplätzen Nr. 20–30 in der Tiefgarage werden die Teileigentumsrechte Nr. 20–30 begründet. Die Kosten der Tiefgarage sind, soweit möglich, separat zu ermitteln und nur von den Tiefgarageneigentümern im Verhältnis ihrer Stellplätze zu tragen. [4]

Duplex- und Mehrfachparker

Bei den im Aufteilungsplan mit Nr. 10 bis 20 bezeichneten Stellplätzen in der Tiefgarage handelt es sich um Duplexparker, die jeweils ein Teileigentum bilden. Sofern Miteigentumsanteile hieran an verschiedene Eigentümer veräußert werden, ist der aufteilende Eigentümer befugt, eine Nutzungsregelung hinsichtlich der Benutzung des oberen bzw. unteren Stellplatzes zu treffen. Die Miteigentümer sind auf Verlangen zusätzlich verpflichtet, eine entsprechende Vereinbarung gem. § 1010 BGB zur Grundbucheintragung zu bewilligen und zu beantragen. [5]

Erläuterungen

247 **1. Gestaltungsmöglichkeiten.** Gem. § 3 Abs. 2 S. 2 WEG gelten Garagenplätze als abgeschlossene Räume, wenn ihre Flächen durch **dauerhafte Markierungen** ersichtlich sind. Garagenstellplätze sind daher prinzipiell sondereigentumsfähig. Sie können also entweder mit dem Sondereigentum an einzelnen Einheiten unmittelbar verbunden werden oder als eigenständige Teileigentumseinheiten ausgestaltet werden. Strittig ist insofern lediglich die Frage der Sondereigentumsfähigkeit von Stellplätzen **auf Garagengebäuden** (vgl. dazu einerseits OLG Hamm ZMR 1998, 452, andererseits KG ZMR 1996, 216). Auch wenn dauerhafte Markierungen vorhanden sind, muss allerdings kein Sondereigentum gebildet werden (§ 5 Abs. 3 WEG). Damit steht die gesamte Palette der wohnungseigentumsrechtlichen **Gestaltungsmöglichkeiten** offen (vgl. Ziff. 2 ff.).

2. Gemeinschaftseigentum und Mitbenutzung. Zunächst einmal ist es möglich, die Tiefgarage insgesamt **im Gemeinschaftseigentum** zu belassen. Auch ohne gesonderte Regelung in der Teilungserklärung/Gemeinschaftsordnung greift dann die **Beschlusskompetenz** nach § 15 Abs. 2 WEG (d.h. Mehrheitsbeschluss; ggf. Vermietung OLG Hamburg ZMR 2003, 444; zeitliche Befristung oder Losentscheid BayObLG NJW-RR 1993, 205; vgl. ferner OLG Frankfurt ZMR 2008, 398). Eine solche Regelung wird allerdings nur zweckmäßig sein, wenn ausreichend Stellplätze zur Verfügung stehen und Streitpotenzial hinsichtlich der Nutzung einzelner Parkmöglichkeiten nicht zu befürchten steht (im Wesentlichen Kleinstanlagen). 248

3. Sondernutzung. *3.1* Zur flexiblen Zuordnung von Sondernutzungsrechten vgl. oben Teil 2 Rdn. 226. **Nachteil:** Sondernutzungsrechte sind nur innerhalb der Gemeinschaft verkehrsfähig; an Außenstehende kann nur Vermietung erfolgen (oben Teil 2 Rdn. 223). Vgl. ferner *Schneider* in Beck'sches Formularbuch, G V 6. 249

3.2 Die Begründung von Sondernutzungsrechten bietet sich daher an, wenn voraussichtlich alle Stellplätze in der Anlage von Wohnungs- und Teileigentümern der Anlage genutzt werden (vgl. ansonsten Teil 2 Rdn. 253). Sie vermeidet gesonderte Grundbücher für die Stellplätze und schafft auch bei späteren Veräußerungen keine steuerlichen Probleme (Stichwort: 3-Objekt-Grenze). 250

3.3 Nutzungsregelungen. Es sollte klargestellt werden, dass die Stellplätze nur zum Abstellen von Kfz benutzt werden dürfen. In manchen Anlagen wächst die Tendenz, offene Stellplätze zum Abstellen von Gerümpel zweckzuentfremden. 251

3.4 **Kosten.** Kosten der Tiefgarage sollten, soweit möglich, **gesondert ermittelt** werden, und zwar insbesondere, wenn nicht jeder Wohnungseigentümer selbst über einen Stellplatz verfügt. Ansonsten kann es zu erheblichen Ungleichgewichten bei der Verteilung der Kosten des nach wie vor vorhandenen Gemeinschaftseigentums kommen. 252

4. Teileigentum. *4.1* Mit Blick auf § 3 Abs. 2 S. 2 WEG bietet sich **in der Regel die Bildung von gesonderten Teileigentumseinheiten** pro Stellplatz an. 253

4.2 Der entscheidende Vorteil liegt darin, dass solche Teileigentumseinheiten auch an Erwerbsinteressenten außerhalb der Wohnungseigentümergemeinschaft veräußert werden können. Bei Sondernutzungsrechten ist dies nicht möglich (oben Teil 2 Rdn. 249). 254

5. Sonderproblem: Mehrfachparker. *5.1* Mehrfachparker kommen in verschiedenen Varianten vor. Entweder handelt es sich um Doppelgaragen mit oberem oder unterem Stellplatz. Teilweise finden sich verschiebbare Paletten. Bei abgeschlossenen Parkhäusern ist auch ein rotierendes System technisch verbreitet. An solchen einzelnen Stellplätzen kann nach h.M. mangels Abgeschlossenheit **kein eigenständiges Teileigentum** begründet werden (OLG Jena Rpfleger 2005, 309; OLG Celle NZM 2005, 871; OLG Düsseldorf NZM 1999, 571; a.A. z.B. *Hügel/Scheel* S. 10). 255

5.2 Möglich sind zunächst die Gestaltungen gem. Teil 2 Rdn. 248 und 249. 256

5.3 Ferner ist es möglich, den Befugten jeweils nur einen **Bruchteil** an der insgesamt in sich verselbständigten Teileigentumseinheit einzuräumen und eine **Miteigentümervereinbarung** nach § 1010 BGB zur Grundbucheintragung zu bringen. Das Muster sieht dies nur als zusätzliche Option vor. 257

5.4 Nach h.M. ist es zulässig, unter Verzicht auf die Eintragung einer gesonderten Miteigentümervereinbarung gem. 1010 BGB eine **interne Benutzungsregelung** gem. § 15 Abs. 1 WEG zu treffen (*Schneider* in Beck'sches Formularbuch, G V 8 Anm. 5; so jetzt auch BGH MittBayNot 2014, 442). Dies vermeidet die Schwächen einer Miteigentümervereinbarung, welche sich insbesondere aus § 751 S. 2 BGB ergeben (näher *Schneider* a.a.O.). In der Regel ist es empfehlenswert, diesen Weg zu gehen und lediglich hilfsweise eine Verpflichtung zur Eintragung einer Benutzungsregelung gem. § 1010 BGB zu vereinbaren. 258

VIII. Bildung von Untergemeinschaften

259 Vorderhaus (Altbau) und Hinterhaus (Neubau) bilden, soweit gesetzlich zulässig, selbständige Untergemeinschaften. Ihre jeweiligen Eigentümer sind zur ausschließlichen Nutzung der in der Anlage 3 zu dieser Urkunde rot (Vorderhaus) bzw. blau (Hinterhaus) umrandeten Fläche berechtigt. Sämtliche Lasten und Kosten der Gesamtanlage sind, soweit möglich, getrennt zu ermitteln und separat abzurechnen. Jede Untergemeinschaft bildet eine eigene Instandhaltungsrücklage. Über Angelegenheiten, die ausschließlich eine Untergemeinschaft betreffen, können nur die jeweiligen Eigentümer der Untergemeinschaft beschließen. Insofern sind Abstimmungen auch im Rahmen von Versammlungen der Untergemeinschaft zulässig. Über alle Belange, die die Gesamtgemeinschaft betreffen, kann der Verwaltungsbeirat beschließen, sofern nicht eine der Untergemeinschaften mit einer Mehrheit von ¾ die Beschlussfassung im Rahmen einer gemeinsamen Versammlung verlangt. [1, 2]

Erläuterungen

260 **1. Anwendungsbereich.** *1.1* Allgemeines. Bei Mehrhausanlagen, insbesondere **gemischt genutzten** (insbesondere Gewerbe/Wohnen) oder **verschiedener Bauweise** (vorne Altbau, hinten Neubau) ist die Bildung von Untergemeinschaften seit langem verbreitet, zulässig und sachgerecht. Sie ermöglicht insbesondere eine verursachungsgerechte Zuordnung von Lasten und Nutzungen sowie die Ordnung der damit verbundenen Beschlusskompetenzen (umfangreiches Muster für eine Großanlage bei *H. Müller* in Beck'sches Formularbuch WEG, D V).

261 **2. Reichweite.** *2.1* Die Bildung **gesonderter Abrechnungskreise** ist zulässig (KG ZMR 2008, 67; zum Wirtschaftsplan in diesen Fällen vgl. *H. Müller* in Beck'sches Formularbuch WEG, a.a.O. sowie *B. Müller* a.a.O., H I 3).

262 *2.2* Weiterhin ist es möglich, den Untergemeinschaften spezielle **Beschlusskompetenzen** für solche Gelegenheiten einzuräumen, die lediglich ihre Untergemeinschaft betreffen (*H. Müller* a.a.O. Anm. 20). Zu sog. »verdeckten Öffnungsklauseln« LG Hamburg ZMR 2008, 570.

263 *2.3* Bei **Großgemeinschaften**, die aus mehreren Untergemeinschaften bestehen, besteht ein Bedürfnis nach repräsentativen Beschlussorganen. Es ist grundsätzlich zulässig, einem »großen Verwaltungsbeirat« **Beschlusskompetenzen** für die Gesamtanlage einzuräumen (vgl. OLG Celle NJW 2007, 2781).

264 *2.4* Die Grenzen der Bildung von Untergemeinschaften ergeben sich aus den **zwingenden Vorschriften** des WEG. So muss die Gemeinschaft einen einheitlichen Verwalter haben (§ 20 Abs. 2 WEG). Selbstverständlich ist es möglich, dass die Untergemeinschaften für die Verwaltung ihrer Anlage eine gesonderte Verwaltung beauftragen. »Verwalter« im Sinne des WEG sind solche Auftragnehmer nicht.

IX. Öffnungsklausel

265 Soweit zwingende gesetzliche Bestimmungen nicht entgegenstehen, können die Wohnungseigentümer ihr Verhältnis untereinander abweichend von dieser Gemeinschaftsordnung und dem Gesetz regeln. Hierzu ist grundsätzlich eine Vereinbarung aller Wohnungs- und Teileigentümer erforderlich. Werden durch die Veränderung nicht alle Wohnungs- und Teileigentümer betroffen, genügt die Zustimmung aller durch die Änderung betroffenen Wohnungs- und Teileigentümer. [1]

Eine Änderung der Gemeinschaftsordnung ist ferner mit einer ¾-Mehrheit von allen durch die Veränderung betroffenen Wohnungs- und Teileigentümern möglich, wenn ein sachlicher Grund für die Änderung vorliegt und einzelne Eigentümer gegenüber dem früheren Rechtszustand nicht unbillig benachteiligt werden. Das Vorliegen eines sachlichen Grundes ist insbesondere bei einer wesentlichen Veränderung der tatsächlichen Verhältnisse gegeben.

Jeder Wohnungs- und Teileigentümer ist verpflichtet, zu solchen abändernden Vereinbarungen auf Kosten der Gemeinschaft die zur Grundbucheintragung erforderliche Bewilligung zu erteilen. Die jeweiligen Wohnungs- und Teileigentümer bevollmächtigen hiermit den jeweiligen Verwalter unter Befreiung von den Beschränkungen des § 181 BGB, sie bei der Abgabe der zur Grundbucheintragung notwendigen und zweckdienlichen Erklärungen und Anträge gegenüber Grundbuchamt und Notar zu vertreten. Diese Vollmacht gilt gegenüber dem Grundbuchamt unbeschränkt. Der Verwalter ist weiterhin berechtigt, soweit erforderlich, im Namen der betreffenden Wohnungs- und Teileigentümer auf Kosten der Gemeinschaft die Zustimmung dinglich Berechtigter einzuholen und entgegenzunehmen. Die Kosten der ggf. erforderlichen Zustimmungen trägt die Gemeinschaft der Wohnungseigentümer. [2]

Erläuterungen

1. Zweckmäßigkeit. *1.1* Mit der WEG-Novelle sind die Anwendungsbereiche der früher verbreiteten »Öffnungsklausel« weniger gewichtig (dazu FA MietRWEG/*Riecke* 20. Kap. Rn. 389 ff.). Bei Großgemeinschaften besteht aber weiterhin ein Bedürfnis, über die in § 16 Abs. 2 und 3 WEG sowie in § 22 WEG geregelten Beschlusskompetenzen hinaus eine Vereinbarungsänderung durch Mehrheitsentscheidung herbeiführen zu können (vgl. *Hügel/Scheel* S. 141). Bei ihnen lässt sich so gut wie nie Einstimmigkeit erzielen. 266

1.2 Gegen die Zulässigkeit sprechen nach allg. Meinung keine Bedenken; nach h.M. sind insbesondere **allgemeine Öffnungsklauseln** ohne konkrete oder punktuelle Bezeichnung der Beschlusskompetenz möglich (näher BGH DNotI-Rep. 2014, 183 f.). Grenzen ergeben sich nur bei einem Verstoß gegen §§ 134, 138, 242 BGB oder Eingriffen in den Kernbereich unentziehbarer Individualrechte (BGH a.a.O.). 267

2. Grundbucheintragung. *2.1* Strittig ist zunächst, ob nicht allgemein Vereinbarungsänderungen, auch soweit sie auf einer reinen Beschlusskompetenz beruhen, zumindest **erstmalig der Eintragung in das Grundbuch bedürfen** (vgl. Hügel/*Riecke/Elzer* S. 51; FA MietRWEG/*Elzer* 20. Kap. Rn. 402; OLG München notar 2010, 71 verneint Eintragungsfähigkeit). Neben den gesetzlichen Beschlusskompetenzen gilt dies auch für vereinbarte Öffnungsklauseln. 268

2.2 Zweckmäßigkeit. Aus Publizitätsgründen und zur Vereinfachung des Rechtsverkehrs ist zumindest der grundsätzliche Vermerk von Änderungen der Vereinbarungen im Grundbuch **dringend wünschenswert** (vgl. FA MietRWEG/*Riecke/Elzer* 20. Kap. Rn. 402). Die Musterformulierung bietet hierfür die ausdrücklich vereinbarte Grundlage. 269

2.3 Zur eventuell erforderlichen **Zustimmung dinglich Berechtigter** vgl. *Elzer* a.a.O., Rn. 396, sowie § 5 Abs. 4 WEG. 270

X. Werdendes Wohnungseigentum

Mit dem Wohnungseigentum verbundene Rechte und Befugnisse kann nur wahrnehmen, wer eingetragener Miteigentümer des gemeinschaftlichen Grundstücks geworden ist; Anwartschaften genügen nicht. Dasselbe gilt für die aus dem Wohnungseigentum fließenden Pflichten und Lasten. [1] 271

Erläuterungen

272 **1. Begriff.** *1.1* Im Falle einer sog. »**werdenden Gemeinschaft**« (Eintragung einer Vormerkung zugunsten des Erwerbers, Übergabe erfolgt), wendet die Rechtsprechung traditionell die Regelungen des WEG an (näher FA MietRWEG/*Elzer/Schneider* 17 Kap. Rn. 122 ff.; BGH ZWE 2008, 349 m. Anm. *Wenzel*; grundlegend ebenso BGH notar 2008, 370; NJW 2012, 2650).

273 *1.2* Nach überwiegender Auffassung geht dies so weit, dass der noch im Grundbuch eingetragene Eigentümer nicht einmal mehr das **Stimmrecht** in Eigentümerversammlungen ausüben kann (BGH NJW 2012, 2650; OLG Hamm ZMR 2007, 712 m. krit. Anm. *Elzer*).

274 *1.3* Neben den durchaus **positiv** zu beurteilenden **Mitwirkungsrechten** noch nicht im Grundbuch eingetragener Wohnungseigentümer gibt es allerdings auch zahlreiche **negative Aspekte**: Der »werdende« Eigentümer haftet auch für das laufende Wohngeld und größere Sonderumlagen (OLG Köln ZMR 2006, 383; LG Dresden ZMR 2006, 77). Ungeklärt ist das Schicksal der werdenden Gemeinschaft bei Rücktritt vom Erwerbsvertrag, Löschung der Vormerkung, stecken gebliebenem Bauvorhaben, u.v.m. (näher FA MietRWEG/*Elzer/Schneider* 17. Kap. Rn. 125 f.). Eine Zwangsverwaltung nach ZVG gegen den »werdenden Eigentümer« kann nicht angeordnet werden (BGH NZM 2009, 912). Zu weiteren Zweifelsfragen *Langhein* NotF WEG, § 6 Rn. 21 m.w.N.

275 **2. Abwehrklausel.** Bei geeigneten Sachverhalten – Bauträgerfällen, drohenden größeren Sonderumlagen oder Ähnlichem – empfiehlt es sich daher, durch Gestaltung der Teilungserklärung die **Rückkehr zu normalem Sachenrecht zu erzwingen** (Kersten/Bühling/*Langhein* Kap. 58 Rn. 49 f.).

XI. Haftung für Lasten

276 Rechtsnachfolger [1]

Wechselt der Inhaber eines Wohnungseigentums, so haftet der bisherige Wohnungseigentümer für alle Lasten, die fällig werden, bevor er dem Verwalter den Eigentumswechsel durch öffentliche Urkunden angezeigt hat. Andererseits haftet der neue Wohnungseigentümer für Leistungsrückstände des Voreigentümers, und zwar ohne Rücksicht auf die Art und Weise des Eigentumserwerbs, ausgenommen nur den Erwerb durch Zuschlag in der Zwangsversteigerung. Wechselt das Wohnungseigentum innerhalb eines Wirtschaftsjahres, so kann der Verwalter eine gemeinsame Abrechnung für das ganze Wirtschaftsjahr erstellen; für eine sich daraus ergebende Abschlusszahlung haften die ehemaligen und der gegenwärtige Eigentümer als Gesamtschuldner, während eine Rückzahlung demjenigen zusteht, der im Zeitpunkt des Zugangs der Abrechnung Eigentümer ist.

Rechtsvorgänger

Der bisherige Wohnungseigentümer haftet für alle Lasten, die vor Ablauf von zwei Jahren nach seinem Ausscheiden aus der Gemeinschaft fällig werden, gesamtschuldnerisch neben dem jeweiligen Rechtsnachfolger. [2]

Erläuterungen

277 **1. Gestaltungsmöglichkeiten.** *1.1* Allgemeines. Zur grundsätzlichen Abgrenzung der **Haftung des Rechtsnachfolgers und des Rechtsvorgängers** gegenüber der Gemeinschaft vgl. oben Teil 2 Rdn. 123.

1.2 Das Muster bezweckt dreierlei: 278

(1) Durch die **Anordnung der Weiterhaftung bis zur Anzeige** des Eigentumswechsels im Zuge 279
der Verwaltung kann auch bei fehlender Veräußerungsbeschränkung i.S. des § 12 WEG sichergestellt werden, dass der Eigentumswechsel dem Verwalter unverzüglich angezeigt wird.

(2) Die Mithaftung des Erwerbers sichert die **ordnungsgemäße Finanzverfassung** der Gemeinschaft, dazu oben Teil 2 Rdn. 123. 280

(3) Das Muster löst (teils deklaratorisch) zulässigerweise eine beliebte Streitfrage bei **Eigentumswechsel im unterjährigen Wirtschaftsjahr** (näher Riecke/Schmid/*Elzer* § 16 WEG Rn. 208 ff., 215, 222). 281

2. Haftung Innenverhältnis. Im **Außenverhältnis** haftet der Erwerber teilschuldnerisch fünf 282
Jahre fort, näher § 10 Abs. 8 WEG. Ungeklärt ist die Frage im **Innenverhältnis**. Auch hier besteht, jedenfalls bei Fehlen einer Veräußerungsbeschränkung gem. § 12 WEG (dazu oben Teil 2 Rdn. 123) ein Bedürfnis nach ausdrücklicher Haftungsanordnung.

XII. Aus- und Umbauten (Dachgeschoss)

Die jeweiligen Eigentümer der im Aufteilungsplan Nr. 10–15 bezeichneten Teileigentumsrechte (Garagen), denen das Sondernutzungsrecht an den Dachflächen gleicher Nr. gemäß Anlage 3 zur Teilungserklärung zugeordnet worden ist, sind berechtigt und gemeinschaftlich verpflichtet, sobald die behördlichen Genehmigungen dafür vorliegen, die vorhandene Dachkonstruktion abzutragen und eine Dachgeschossaufstockung mit maximal sechs Wohnungen gemäß dem in der Bezugsurkunde des amtierenden Notars enthaltenen Antrag auf Bauvorbescheid vom 01.02.2008 nebst Bauzeichnungen und Baubeschreibung – UR-Nr. _____/2008 – zu errichten und an den neu errichteten Wohnungen nebst Spitzböden Sondereigentum zu begründen. In diesem Zusammenhang wird das Treppenhaus nach oben erweitert. Abweichungen von der Bezugsurkunde sind zulässig, soweit sie auf baubehördlichen Auflagen beruhen oder zweckmäßig sind und die übrigen Eigentümer nicht unzumutbar beeinträchtigen. Das Grundbuchamt wird insoweit von jeder Prüfungspflicht befreit. [1, 2, 3] 283

Sie sind ferner unter anderem berechtigt, Fenster aller Art, Balkone, Loggien und Dachterrassen zu errichten und an den so geschaffenen Räumen weiteres Sondereigentum/Sondernutzungsrechte zu begründen. Sie sind schließlich berechtigt, sofern baurechtlich erforderlich, statische Verstärkungsmaßnahmen im Bereich des Gemeinschaftseigentums und des Sondereigentums vorzunehmen, sofern die anderen Eigentümer hierdurch nicht unzumutbar beeinträchtigt werden. Insgesamt ist stets die Ausführung zu wählen, die sachgerecht ist und/oder bestehenden Vorschriften entspricht. Die Miteigentumsanteile für die neu zu errichtenden Wohneinheiten im Dachgeschoss sind nach Rohbaufertigstellung von den derzeit vorhandenen Miteigentumsanteilen abzuspalten, und zwar im Verhältnis der Wohnflächen gemäß Wohnflächenberechnungsverordnung. Ab diesem Zeitpunkt nehmen die neu geschaffenen Wohnungen an der Verteilung der gemeinschaftlichen Lasten und Kosten teil. Jede neue Einheit verfügt über ein eigenes volles Stimmrecht.

Die jeweils Berechtigten tragen sämtliche mit dieser Aufstockung verbundenen Kosten und sind verpflichtet, alle Schäden, Aufwendungen oder sonstigen Vermögensnachteile – z.B. Mietminderungen oder Nutzungsbeeinträchtigungen – unverzüglich auszugleichen bzw. zu erstatten. Vor Baubeginn ist die Zustimmung des Verwalters zu den geplanten Maßnahmen einzuholen. Der Berechtigte ist ferner verpflichtet, zur Absicherung möglicher Schäden an Sonder- und Gemeinschaftseigentum übliche Versicherungen abzuschließen. Er hat den Abschluss dieser Versicherungen auf Verlangen des Verwalters nachzuweisen. Der Verwalter ist berechtigt, vor Baubeginn oder jederzeit während der Bauausführung zur Absicherung sämtlicher Ansprüche der Gemeinschaft und/oder einzelner Eigentümer die Stellung einer selbstschuldnerischen Bankbürgschaft einer deutschen Bank zu verlangen, höchstens jedoch in Höhe von € 200.000,00. Die Bankbürgschaft ist nach Abschluss und Abnahme der Bauarbeiten – soweit sie das Gemeinschaftseigentum betreffen hat die Abnahme durch den Verwalter zu erfolgen – zurückzugewähren. Ansprüche auf Mängelbeseitigung hinsichtlich des Gemeinschaftseigentums sind, sofern erforderlich, an die Gemeinschaft der Wohnungseigentümer abzutreten. Die Berechtigten haben dem Verwalter vierzehntägig Bautenstandsberichte unter Berücksichtigung der Fertigstellungsplanung auszuhändigen. Geraten sie aus von ihnen zu vertretenden Gründen mit der Fertigstellung mehr als zwei Wochen in Verzug, ist der Verwalter zur Ersatzvornahme ohne weitere Mahnung berechtigt, sofern dies zum Schutz des Gemeinschaftseigentums oder einzelner Sondereigentumsgemeinschaften erforderlich ist. [4, 5, 6]

Erläuterungen

284 **1. Allgemeines.** *1.1* Zur Problematik von Ausbaurechten allgemein vgl. oben Teil 2 Rdn. 85. **Standardmuster** sind insofern mit **Vorsicht** zu verwenden; umfassende Checkliste z.B. bei *Schneider* in Beck'sches Formularbuch WEG, E I 3.

285 *1.2* Je **umfassender** die Ausbauberechtigung sein soll, **umso detaillierter** muss sie in der ursprünglichen Teilungserklärung/Gemeinschaftsordnung beschrieben werden. Anderenfalls droht die Gefahr, dass später die sachenrechtliche Umsetzung infolge der verweigerten Mitwirkung anderer Eigentümer (zu deren Notwendigkeit oben Teil 2 Rdn. 85) unmöglich oder jedenfalls erheblich verzögert wird.

286 *1.3* Das Muster betrifft die beabsichtigte spätere Umwandlung von freien Dachgeschossflächen in Sondereigentum hinsichtlich **aufgestockter Wohnungen**. Sofern noch keine **sondereigentumsfähigen Dachflächen** vorhanden sind, sollten vorsorglich die Ausbauflächen als Sondernutzungsrecht mit dem Sondereigentum an untergeordneten Einheiten – hier Garagen – verbunden werden, um zumindest eine als Eigentum buchbare Rechtsposition zu erlangen.

287 **2. Umfang des Ausbaurechtes.** Das Ausbaurecht muss zur Vermeidung von Streitigkeiten so präzise wie irgend möglich beschrieben werden. Hierzu gehört die Beifügung von **Bauzeichnungen** und **Baubeschreibungen**, am besten auch des Baugenehmigungsantrages, eines Vorbescheides oder einer bereits erteilten **Baugenehmigung**. Sofern die Baugenehmigung bereits erteilt ist, kommt auch schon vor Beginn der eigentlichen Bauarbeiten die Erteilung einer baubehördlichen Abgeschlossenheitsbescheinigung nebst der entsprechenden Bildung von Wohnungsgrundbüchern in Betracht (vgl. oben Teil 2 Rdn. 35). Dies wäre der sicherste Weg.

288 **3. Bildung von Sondereigentum.** Die beabsichtigte Bildung von späterem Sondereigentum an den ausgebauten Einheiten kann **nicht** vorab im Wege der **dinglichen Ermächtigung** erfolgen (vgl. oben Teil 2 Rdn. 168). Es bedarf daher zumindest formal der Mitwirkung sämtlicher Eigentümer an der notwendigen Auflassung.

289 **4. Tragung von Lasten und Kosten.** Die Musterformulierung stellt auf die Rohbaufertigstellung ab. Hier kommt es auf die **besonderen Gegebenheiten der jeweiligen Anlage** an. Eine Kostenlast bei noch nicht nutzbarer Fläche ist i.d.R. wenig sachgerecht. Stellt man auf den reinen Baubeginn ab, bestehen ebenfalls unter Umständen teilweise nicht gerechtfertigte Kostenbelastungen für den Bauzeitraum. Gelegentlich wird die Bezugsfertigkeit als Stichtag festgelegt; dies ermöglicht es dem Ausbauer durch beliebige Verzögerung der Herstellung der Bezugsfertigkeit die Tragung der gemeinschaftlichen Lasten und Kosten hinauszuzögern. Unter Umständen ist auch

eine Differenzierung nach Kostenarten geboten (z.B. reine Verwaltungskosten, Verbrauchskosten, Instandhaltungsrücklage).

5. Stimmrecht. Sofern mit der Schaffung weiterer Einheiten zu rechnen ist, muss die Teilungserklärung/Gemeinschaftsordnung die Auswirkungen auf das **Stimmrecht** regeln. Ansonsten würde gem. § 25 Abs. 2 WEG grundsätzlich nur gemeinsames Stimmrecht vorliegen (näher unten Teil 2 Rdn. 299).

6. Absicherung der Gemeinschaft. Je umfangreicher die Ausbauarbeiten sind, desto mehr muss an die Absicherung der Gemeinschaft gedacht werden. Ist das Dach einmal geöffnet und geht anschließend der Ausbauer in die Insolvenz, kann das Gesamtgebäude erheblich beschädigt werden. Die Musterformulierung enthält insoweit lediglich unvollständige erste Hinweise, vgl. im Übrigen oben Teil 2 Rdn. 145.

XIII. Interne und Externe Veränderungen

1. Vereinigung

I. Grundbuchstand

1.

Im Grundbuch des Amtsgerichts _____, Grundbuchamt, Wohnungsgrundbuch von _____ Blatt _____ ist _____ als Eigentümer des nachstehend näher bezeichneten Wohnungseigentums eingetragen: [1, 2]

Miteigentumsanteil von 55/1.000 an Grundstück: [3]

verbunden mit dem Sondereigentum an der Wohnung 1 nebst Kellerraum, im Aufteilungsplan bezeichnet jeweils mit Nr. 1.

Das vorgenannte Eigentum ist nach Grundbuch derzeit wie folgt belastet:

Abt. II: frei

Abt. III: frei

2.

Im Grundbuch des Amtsgerichts _____

Miteigentumsanteil von 60/1.000 an Grundstück:

verbunden mit dem Sondereigentum an der Wohnung 15 nebst Kellerraum, im Aufteilungsplan bezeichnet jeweils mit Nr. 15.

Das vorgenannte Eigentum ist nach Grundbuch derzeit wie folgt belastet:

Abt. II: frei

Abt. III: frei

II. Vereinigung

Die beiden oben genannten Wohnungseigentumseinheiten sollen rechtlich zu einer Einheit vereinigt werden.

Es wird bewilligt und beantragt, diese beiden Eigentumswohnungen zu einem einzigen Wohnungseigentum zu vereinigen, das sich wie folgt beschreibt:

Miteigentumsanteil von _____ **(Summe der beiden Miteigentumsanteile)/1.000 an Grundstück:**

_____

verbunden mit dem Sondereigentum an der Wohnung 1/15 nebst Kellerräumen, im Aufteilungsplan bezeichnet jeweils mit Nr. 1/15.

Ein ergänzender Aufteilungsplan nebst Abgeschlossenheitsbescheinigung ist nicht erforderlich. Die Aufteilung richtet sich weiterhin nach dem bisherigen Aufteilungsplan.

III. Durchführung, Vollmacht, Kosten

...

Erläuterungen

293 **1. Form.** *1.1* Die **Vereinigung im eigenen Bestand** bedarf lediglich eines entsprechenden Grundbuchantrages, für den die Form des § 29 GBO zu wahren ist.

294 *1.2* Beabsichtigten **verschiedene Eigentümer**, ihre Einheiten zu vereinigen, handelt es sich schuldrechtlich um einen Tausch bzw. Kauf (Wechsel der Alleineigentümerstellung gegen Mitberechtigung), für den die **Form des § 311 b) Abs. 1 BGB** zu wahren ist. Ferner gilt § 925 BGB. Gleiches gilt sinngemäß bei Abveräußerung einer Einheit, wenn der Erwerber die Vereinigung mit einem bisherigen bereits bestehenden Eigentum beabsichtigt; für den eigentlichen Vereinigungsantrag genügt hier aber ebenfalls die Wahrung der Form des § 29 GBO.

295 **2. Motive.** *2.1* Das in der Praxis häufigste Motiv besteht in der **Vermeidung der Veräußerung mehrerer Objekte**. Durch eine Vereinigung kann insbesondere das Überschreiten der steuerlich kritischen 3-Objekt-Grenze vermieden werden (BFH NZM 2005, 515: Veräußerung eines einheitlichen, aber aufgeteilten Mehrfamilienhauses).

296 *2.2* Bei einer echten baulichen Vereinigung (dazu unten Ziff. 3.2) besteht häufig kein Bedürfnis mehr, zwei Grundbücher fortzuführen. Unter Umständen kann die Vereinigung von bisher rechtlich selbständigen Einheiten auch zu einer **Ersparnis von Verwaltergebühren** führen (so DNotI-Gutachten vom 25.02.2002, Fax-Dok. 11260).

297 **3. Zulässigkeit.** *3.1* Schon bei der **Erstaufteilung** kann nach h.M. der Miteigentumsanteil mit dem Sondereigentum an mehreren Einheiten verbunden werden (LG Passau MittbayNot 2004, 164). Auch später kann ein Sondereigentumseigentümer **ohne Zustimmung** der übrigen Wohnungseigentümer eine Vereinigung nach § 890 Abs. 1 BGB oder eine Bestandteilszuschreibung nach § 890 Abs. 2 BGB durchführen (FA MietRWEG/*Elzer/Schneider* 17. Kap. Rn. 110). Das durch die Vereinigung gebildete Wohnungseigentum braucht nicht in sich abgeschlossen zu sein (BayObLG MittbayNot 2000, 319). Es entsteht dabei ein einheitlicher, vereinigter Miteigentumsanteil, verbunden mit dem Sondereigentum an den vereinigten Wohnungen (BGH NotZ 1983, 487). Gilt für das Stimmrecht das Objektprinzip (vgl. oben Teil 2 Rdn. 135), dürfte sich durch die Vereinigung das Stimmrecht vermindern (so DNotI-Report 2004, 85 ff.; anders bei rein tatsächlicher Zusammenlegung, FA MietRWEG/*Elzer/Schneider* 17. Kap. Rn. 110).

298 *3.2* Häufig wird die Vereinigung mehrer zusammen liegender Eigentumswohnungen nicht nur rechtlich, sondern auch durch **Mauer- und/oder Deckendurchbrüche** gewünscht. Bei nicht tragenden Wänden bestehen keine Schwierigkeiten. Hier haben die anderen Wohnungseigentümer die Beseitigung der Wand ohne Weiteres hinzunehmen (OLG Schleswig NZM 2003, 483). Soll

der Durchbruch jedoch an einer **tragenden Wand** erfolgen, bedeutet dies eine bauliche Veränderung des gemeinschaftlichen Eigentums, die grundsätzlich wegen § 22 WEG einer Zustimmung aller betroffenen Wohnungseigentümer bedarf. Die Frage der »Betroffenheit« war früher streitig. Der BGH (NJW 2001, 1212) hat jedoch grundlegend entschieden, dass eine im Gemeinschaftseigentum stehende tragende Wand durchbrochen werden darf, wenn »**kein vernünftiger Zweifel daran besteht, dass keine Gefahr für die konstruktive Stabilität des Gebäudes und dessen Brandsicherheit geschaffen werden**«, was ggf. durch sachkundige Planung und statische Berechnung nebst Ausführung durch Fachunternehmen nachzuweisen ist. Dazu im Einzelnen FA MietRWEG/*Elzer/Schneider* 17. Kap. Rn. 113 ff. sowie ferner OLG Hamburg RNotZ 2004, 399; OLG Schleswig NZM 2003, 483; OLG Celle ZWE 2002, 533.

2. Unterteilung

I. Grundbuchstand

299

1.

Im Grundbuch des Amtsgerichts _____, Grundbuchamt, Wohnungsgrundbuch von _____ Blatt _____ ist _____ als Eigentümer der nachstehend näher bezeichneten Eigentumswohnung eingetragen: [1, 2]

Miteigentumsanteil von 100/1.000 an Grundstück: [3]

verbunden mit dem Sondereigentum an der Wohnung im _____ Obergeschoss und Dachgeschoss, im Aufteilungsplan bezeichnet mit Nr. _____.

Dem jeweiligen Sondereigentümer dieser Wohnung steht das Sondernutzungsrecht an den Pkw-Abstellplätzen ST 1 und ST 2 im Freien zu.

2.

Der vorgenannte Besitz ist nach Grundbuch derzeit wie folgt belastet:

Abt. II: frei

Abt. III: frei

II. Unterteilung

Das vorbezeichnete Wohnungseigentum soll in zwei getrennte Wohnungseigentumseinheiten unterteilt werden. Die Aufteilung erfolgt wie folgt:

1.

Miteigentumsanteil von _____/1.000 verbunden mit dem Sondereigentum an der Wohnung im _____ Obergeschoss im Aufteilungsplan jeweils mit Nr. _____ bezeichnet;

2.

Miteigentumsanteil von _____/1.000 verbunden mit dem Sondereigentum an der Wohnung im Dachgeschoss im Aufteilungsplan jeweils mit Nr. _____ bezeichnet;

Die Abgeschlossenheitsbescheinigung zu dieser Teilung sowie der Aufteilungsplan nach § 7 Abs. 4 Nr. 2 WEG liegen vor und sind beigefügt.

3.

Aufgrund von § 12 der Gemeinschaftsordnung verfügt mit Vollzug der Unterteilung jede Einheit über ein eigenes volles Stimmrecht. [4]

III. Verteilung der bestehenden Sondernutzungsrechte

Die zwei zum aufgeteilten Wohnungseigentum gehörenden Sondernutzungsrechte werden auf die beiden neu gebildeten Wohnungen verteilt. Das Sondernutzungsrecht am Stellplatz ST 1 wird der Wohnung _____, das Sondernutzungsrecht ST 2 der Wohnung _____ zugeordnet und damit zum Inhalt des jeweiligen Sondereigentums gemacht. [5]

IV. Grundbucherklärungen

Es wird bewilligt und beantragt im Grundbuch einzutragen:

die Unterteilung des Wohnungseigentums,

sowie die Verbindung der Sondernutzungsrechte zu den neu gebildeten Sondereigentumseinheiten.

V. Durchführung, Vollmacht, Kosten

...

Erläuterungen

300 **1. Form.** Es gelten die Ausführungen zu Teil 2 Rdn. 53 entsprechend.

301 **2. Motive.** Zumeist erfolgt eine Unterteilung als Vorstufe zu einer geplanten Abveräußerung. Sie kann aber auch zweckmäßig sein, um selbständig vermietbare Objekte zu schaffen und die Zuordnung steuerlich relevanter Aufwendungen transparent zu gestalten.

302 **3. Zulässigkeit.** *3.1* In entsprechender Anwendung des § 8 WEG kann nach allgemeiner Meinung ein Wohnungseigentümer durch Erklärung gegenüber dem Grundbuchamt sein Wohnungseigentum ohne Zustimmung anderer Wohnungseigentümer unterteilen (BGHZ 49, 250). Eine Änderung der Zweckbestimmung (Wohn- oder Teileigentum) ist aber nur bei ausdrücklicher Gestattung zulässig (BGH Beschl. v. 04.12.2014, V ZB 7/13 – juris).

303 *3.2* Wegen der Veränderung der räumlichen Abgeschlossenheit muss ein entsprechender **neuer baubehördlich bescheinigter Aufteilungsplan** vorliegen.

304 *3.3 Grenzen.* Die Unterteilung darf jedoch nur Räume erfassen, die zum Sondereigentum des unterteilten Sondereigentum gehören. Wird **Gemeinschaftseigentum** mit einbezogen oder wird Sondereigentum in Gemeinschaftseigentum überführt, bedarf es der Einigung aller Wohnungseigentümer in der Form des § 4 WEG (BGH NJW 2004, 3413). Ein sog. gemeinsamer »**Eingangsflur**« ist nicht möglich (OLG München DNotI-Rep. 2007, 164; BayObLG NotZ 1998, 379). Wird dies übersehen oder werden gar Räume, die zum unterteilenden Sondereigentum gehören »vergessen«, ist die **Unterteilung unwirksam** (BayObLG DWE 1996, 41; BGH NJW 1998, 3711; ausf. FA MietRWEG/*Elzer* 17. Kap. Rn. 109). Erfordert die Unterteilung bauliche Veränderungen des Gemeinschaftseigentums außerhalb der Wohnung (z.B. Schaffung einer weiteren Eingangstür) gilt § 22 WEG. Großzügig (entgegen der bisher h.M.) allerdings LG Mönchengladbach ZMR 2008, 77 mit zust. Anm. *Sauren* ZMR 2008, 78.

305 **4. Stimmrecht.** Allgemein Teil 2 Rdn. 135; zu den möglichen Varianten FA MietRWEG/*Elzer/ Schneider* 17. Kap. Rn. 100 ff.

A. Aufteilung nach WEG

5. Unterteilung von Sondernutzungsrechten. Wie auch das Sondereigentum selbst, so kann auch ein **Sondernutzungsrecht** prinzipiell ohne Zustimmung der übrigen Miteigentümer unterteilt werden. Grenzen können sich allerdings aus der in der ursprünglichen Gemeinschaftsordnung getroffenen **Nutzungsvereinbarung** ergeben. Verändert sich durch die Unterteilung des Sondernutzungsrechtes der Nutzungscharakter, kann dies der Zulässigkeit einer einseitigen Unterteilung entgegenstehen (vgl. Teil 2 Rdn. 224).

3. Raumtausch (Keller)

Verhandelt zu _____ [1]

I.

Im Grundbuch des Amtsgerichts _____ von _____ Blatt _____ ist eingetragen: Miteigentumsanteil zu $100/1000$ an dem Grundstück der Gemarkung _____ FlStNr. _____, verbunden mit dem Sondereigentum an der im Aufteilungsplan mit Nr. 7 bezeichneten Wohnung nebst Abstellraum im Kellergeschoss. Eigentümer: A.T. Belastungen: _____ [2]

Im Grundbuch des Amtsgerichts _____ von _____ Blatt _____ ist eingetragen: Miteigentumsanteil zu $100/1000$ an demselben Grundstück, verbunden mit dem Sondereigentum an der im Aufteilungsplan mit Nr. 11 bezeichneten Wohnung nebst Abstellraum im Kellergeschoss. Eigentümer: B.T. Belastungen sind nicht eingetragen.

II.

A.T. und B.T. tauschen hiermit die Abstellräume im Kellergeschoss, die jeweils Bestandteil der vorstehend bezeichneten Wohnungseigentumsrechte sind. Sie sind sich jeweils über den Eigentumsübergang einig und bewilligen und beantragen, ihn in das Grundbuch einzutragen. Über die Bedeutung der Unbedenklichkeitsbescheinigung hat der Notar belehrt. Sicherungen wünschen die Vertragsteile nicht.

Die Vertragsteile betrachten die Räume als gleichwertig, sodass keine Tauschaufgabe zu leisten ist.

III.

A.T. erstreckt hiermit die auf seinem Wohnungseigentum eingetragene fällige Grundschuld ohne Brief zu EUR 60.000,00 nebst 14 % Jahreszinsen vom _____ an auf den soeben erworbenen Kellerraum. In Ansehung dieses Raumes unterwirft er sich der sofortigen Zwangsvollstreckung aus dieser Urkunde wegen der Grundschuld samt Zinsen in der Weise, dass die Zwangsvollstreckung gegen den jeweiligen Wohnungseigentümer zulässig ist. [3]

Er bewilligt und beantragt, die Pfanderstreckung nebst Unterwerfung in das Grundbuch einzutragen.

...

IV. Durchführung, Vollmacht, Kosten

...

Erläuterungen

308 **1. Form.** *1.1* Bei der **Erstaufteilung** müssen alle zu demselben Sondereigentum gehörenden Räume mit der **gleichen Nummer** bezeichnet werden (§ 7 Abs. 4 WEG). Soll also eine Raumzuordnung vor Erstanlegung der Grundbücher verändert werden, bedarf es einer neuen baubehördlichen Abgeschlossenheitsbescheinigung. Für die Form gilt sodann Teil 2 Rdn. 2 entsprechend.

309 *1.2* Befinden sich die betroffenen Eigentumseinheiten **im Alleineigentum** eines Eigentümers, genügt für den Grundbuchvollzug die Einhaltung der Form des § 29 GBO.

310 *1.3* Erfolgt der Tausch zwischen **mehreren Eigentümern**, gilt für den schuldrechtlichen Vertrag wie auch den dinglichen Vollzug § 4 WEG i.V.m. §§ 311b Abs. 1, 925 BGB.

311 **2. Miteigentumsanteil.** *2.1* Die **Miteigentumsanteile** müssen nicht zwingend verändert werden. Spielt die Fläche der betroffenen Räume für die Kostenverteilung keine Rolle, ist dies auch **nicht erforderlich**. Anders kann es liegen, wenn die Räume unterschiedlich groß bzw. nutzbar sind.

312 *2.2* Eine neue **baubehördliche Abgeschlossenheitsbescheinigung** ist (ausgenommen oben Teil 2 Rdn. 308) nicht nötig, sofern die Lage der Räume durch den ursprünglichen Aufteilungsplan ausreichend bestimmt wird (OLG Zweibrücken MittBayNot 2001, 318).

313 *2.3* Tauschen Wohnungseigentümer in einer bestehenden Eigentümergemeinschaft Kellerräume oder Garagen (Nebenräume) bzw. ordnen sie derartige Räume einem anderen Sondereigentum zu, ist für den grundbuchamtlichen Vollzug der Änderung der Teilungserklärung ein neuerlicher Aufteilungsplan mit entsprechender Neunummerierung nicht erforderlich, denn bei derartigen Übertragungen ändern sich die Grenzen nicht. Die dingliche Zuordnung ergibt sich aus der Beschreibung in der geänderten Teilungserklärung. Dies genügt dem Bestimmtheitsgebot (OLG München 34. Zivilsenat v. 13.08.2010 – Az 34 WX 105/10 – juris).

314 **3. Belastungen.** Sind die betroffenen Einheiten unterschiedlich belastet, muss wechselseitige Pfandhaftentlassung und Pfandunterstellung erfolgen (BayObLGZ 1993, 166; OLG Hamm MittBayNot 1999, 290).

4. Änderungen von Teilungserklärung und Gemeinschaftsordnung

315 **I. Vorbemerkung**

Wir sind die sämtlichen Eigentümer der Wohnungseigentumsanlage XY-Straße, 22222 Hamburg, vorgetragen in den Grundbüchern des Amtsgerichts Hamburg von Altona Blätter 2222–2248. Wir nehmen Bezug auf die ursprüngliche Teilungserklärung nebst Gemeinschaftsordnung vom 01.01.1960 (UR-Nr. _____ des Notars _____). [1]

Dies vorausgeschickt erklären wir hiermit folgende

II. Vereinbarungsänderung

1. Die in § 6 der ursprünglichen Teilungserklärung enthaltene Veräußerungsbeschränkung gem. § 12 WEG wird hiermit aufgehoben. Stattdessen wird vereinbart: [2]

Jede Veräußerung ist dem Verwalter unverzüglich nachzuweisen. Solange dieses nicht geschehen ist, haftet der Veräußerer weiterhin für sämtliche Lasten; der Erwerber hat in den Eigentümerversammlungen kein Stimmrecht.

2. Die vorhandenen 26 Stellplätze im Innenhofbereich wurden bisher ohne feste Zuordnung benutzt. Die Lage der Stellplätze ergibt sich aus der Anlage 1 zur Urkunde. Jedem Wohnungseigentümer der Einheit Nr. 1–26 wird hiermit das ausschließliche Sondernutzungsrecht an dem mit gleicher Nummer bezeichneten Stellplatz gemäß Anlage 1 zu dieser Urkunde zugeordnet.

3. Durch Beschluss der Eigentümerversammlung vom 01.01.2008 wurde die ursprüngliche Verteilung der Lasten und Kosten nach Maßgabe des als Anlage 2 beigefügten Protokolls gemäß § 16 Abs. 3 WEG geändert. Dieser Beschluss wird hiermit als Vereinbarung (§ 10 Abs. 3 WEG) vorsorglich bestätigt und wiederholt. [3]
Grundbucheintragungen wie vor in sämtlichen Grundbüchern wird hiermit bewilligt und beantragt.

III. Durchführung, Vollmacht, Kosten

...

Erläuterungen

1. Form. Vereinbarungen im Sinne des § 10 Abs. 2 S. 2 BGB können grundsätzlich formfrei getroffen und verändert werden, auch konkludent. Sie wirken gegen den Sondernachfolger eines Wohnungseigentümers aber nur, wenn sie als Inhalt des Sondereigentums im **Grundbuch eingetragen sind** (§ 10 Abs. 3 WEG). Für jede **sachenrechtliche Veränderung** (d.h. Veränderung der Miteigentumsanteile, Verschiebung der Grenzen zwischen Gemeinschafts- und Sondereigentum) bedarf es darüber hinaus der Form des § 4 WEG, vgl. Teil 2 Rdn. 167. 316

2. Zustimmung von Gläubigern. *2.1* Grundsätzlich bedarf jede Vereinbarungsänderung der **Zustimmung** von dinglich Berechtigten, sofern ihre Rechte i.S. der §§ 875 ff. BGB rechtlich betroffen sind. Gerade bei Großanlagen hat dies in der Vergangenheit zu langwierigen und kostenintensiven (Bearbeitungsgebühren der Banken; s.u. 3.1) **Vollzugshindernissen** geführt. 317

2.2 Eine **gewisse Erleichterung** hat insofern § 5 Abs. 4 in der Fassung der WEG-Novelle gebracht. Insbesondere die Zustimmung von Gläubigern in Abt. III ist danach nur erforderlich, wenn ein **Sondernutzungsrecht** begründet oder ein mit dem Wohnungseigentum verbundenes Sondernutzungsrecht aufgehoben, geändert und übertragen wird (zu Einzelheiten vgl. *Langhein* notar 2008, 14; *Hügel* DNotZ 2007, 350 ff.). **Sachenrechtliche Änderungen** sind allerdings von § 5 Abs. 4 nicht erfasst (*Hügel/Elzer* S. 25 m.w.N.). Nicht geklärt sind durch § 5 Abs. 4 WEG auch die Probleme rechtlicher Verstöße gegen interne darlehensrechtliche Verpflichtungen gegenüber den Gläubigern oder das Verhältnis zu § 1134 BGB (vgl. *Saumweber* MittbayNot 2007, 359). Zu sonstigen dinglichen Berechtigten vgl. *Sauren* ZMR 2008, 514 ff. 318

2.3 Die Musterformulierung enthält gem. § 5 Abs. 4 WEG **zustimmungsfreie Änderungen**. 319

3. Kosten. *3.1* Allgemein. Für **Notarkosten** gilt die allgemeine Vorschrift des § 42 GNotKG. Diese sind daher vernachlässigungswert. Kostenintensiv sind hingegen bei nicht zustimmungsfreien Veränderungen die erforderlichen Zustimmung der Gläubiger in Abt. II und III des Grundbuches. Dabei geht es weniger um die anfallenden Beglaubigungskosten (§ 29 GBO), sondern darum, dass die meisten Banken erhebliche Bearbeitungsgebühren für die Erteilung von Zustimmungserklärungen fordern (zwischen € 50,00 – € 300,00 pro Zustimmung sind kein Einzelfall). Für die Gerichtskosten hat sich außerdem durch KV 14112 GNotKG eine erhebliche Kostenmehrbelastung ergeben (dazu *Gutfried* DNotZ 2013, 808; *Müller* MittBayNot 2015, 18 – »Kostenfalle«). 320

3.2 Die Veränderungen im Musterformular sind nach § 5 Abs. 4 WEG sämtlich zustimmungsfrei, so dass Notar- und Gerichtskosten anfallen. In anderen Fällen, die von **untergeordneter** 321 wirtschaftlicher Bedeutung sind, kann ggf. die Einholung eines **Unschädlichkeitszeugnisses** (BayObLGZ 2004, 275; OLG Hamburg, MittBayNot 2002, 399; restriktiv jetzt aber OLG Hamburg vom 02.03.2011 – Az. 13 W 12/11) weiterhelfen. Die Praxis der Grundbuchämter bei der Erteilung von Unschädlichkeitszeugnissen ist jedoch restriktiv.

XIV. Schiedsklausel

322 **1.** [1]

Streitigkeiten i.S.d. § 43 WEG können auf Beschluss der Eigentümerversammlung im Einzelfall oder generell durch Schlichtung bzw. ein Schiedsgericht endgültig entschieden werden. Der Beschluss und Änderungen des Beschlusses bedürfen einer Mehrheit von drei Vierteln der abgegebenen Stimmen; für die Aufhebung des Beschlusses genügt die einfache Mehrheit der abgegebenen Stimmen. Für Eigentümer und Verwalter, die vor Antragstellung ihre Rechtsstellung verloren haben, gilt Entsprechendes, soweit die Streitigkeiten aus der früheren Rechtsstellung resultieren. [2]

2.

Die Eigentümer können beschließen, dass mit dem Verwalter eine Schiedsvereinbarung über Streitigkeiten i.S.v. § 43 WEG zu vereinbaren ist. Der Beschluss bedarf der einfachen Mehrheit der abgegebenen Stimmen. Diese Schiedsvereinbarung ist als gesonderte Urkunde vom Vorsitzenden des Verwaltungsbeirats oder einem anderen hierzu Bevollmächtigten als Vertreter der Eigentümer und vom Verwalter zu unterzeichnen.

3.

Für die Durchführung des Schiedsverfahrens gilt grundsätzlich das Statut des Schlichtungs- und Schiedsgerichtshofs deutscher Notare nach Maßgabe des Statuts und der zugehörigen Kostenordnung, welche in der Urkunde des Notars Dr. Mustermann in Altstadt vom _____, UR-Nr. _____, niedergelegt sind. Die Beteiligten kennen die genannte Urkunde des Notars Dr. Mustermann und verzichten darauf, dass sie vorgelesen wird; sie ist gegenwärtiger Urkunde in beglaubigter Abschrift beizufügen.

4.

Statt dessen kann jedoch in dem Beschluss auch ein anderes Statut bzw. Schiedsgericht bestimmt werden, das mindestens den gesetzlichen Bestimmungen zu genügen hat.

Erläuterungen

323 **1. Zulässigkeit.** Die Zulässigkeit von Schiedsverfahren ist grundsätzlich unbestritten (vgl. nur Jennißen/*Suilmann* § 43 Rn. 9. Zu Alternativvorschlägen vgl. z.B. *Kreuzer* S. 51; sehr ausführlich hierzu Bärmann/*Klein* WEG § 43 WEG Rn. 199 ff.). Eine Mitbeurkundung des Statutes oder ein Verweis gemäß § 13a BeurkG dürfte nicht erforderlich sein (BGH v. 24.07.2014 III ZB 83/13 – juris).

324 **2. Zweckmäßigkeit.** Die Zweckmäßigkeit von **Schiedsgerichtsklauseln** lässt sich nur im Einzelfall unter Berücksichtigung des Charakters der Anlage (z.B. reine Gewerbenutzung) und unter Beurteilung der Frage, ob eine leistungsfähige ortsnahe Gerichtsbarkeit vorhanden ist, beurteilen. Da seit der WEG-Novelle für das **Verfahren** nach §§ 43 ff. WEG die **ZPO** gilt, können sich insofern auch **Kostenvorteile** ergeben. Bisher sind Schiedsklauseln anders als im Gesellschaftsrecht **wenig verbreitet**.

B. Der Verwalter

I. Verwaltervertrag

zwischen der Wohnungseigentümergemeinschaft [genaue Bezeichnung und Adresse]   325

– nachfolgend Wohnungseigentümergemeinschaft –

und

Herrn/Frau/Firma [genau Bezeichnung, Adresse]

– nachfolgend Verwalter –

§ 1 Laufzeit des Vertrages

1. Gemäß Eigentümerbeschluss vom _____ wurde Herr/Frau/Firma _____ für die Zeit vom _____ für die Dauer von _____ Jahren zum Verwalter bestellt.

2. Der Verwaltervertrag wird für die Dauer der Bestellung des Verwalters gemäß § 1 Ziffer 1 abgeschlossen. Wird die Bestellung des Verwalters verlängert, verlängert sich auch die Laufzeit dieses Vertrages entsprechend.

§ 2 Kündigung

Der Verwaltervertrag kann von beiden Vertragsparteien nur aus wichtigem Grunde gekündigt werden.

§ 3 Aufgaben und Befugnisse des Verwalters, Vertretungsbefugnis

1. Die Aufgaben und Befugnisse des Verwalters ergeben sich aus
   a) diesen Vertrag,
   b) der Teilungserklärung/Gemeinschaftsordnung,
   c) den Beschlüssen der Wohnungseigentümer,
   d) dem Wohnungseigentumsgesetz (WEG), insbesondere den §§ 24, 27 und 28 WEG und
   e) den Vorschriften über die entgeltliche Geschäftsbesorgung gem. § 675 BGB.

2. Der Verwalter hat seine Aufgaben mit der Sorgfalt und den Grundsätzen eines fachkundigen Kaufmanns zu erfüllen und alles zu tun, was im Rahmen zu einer ordnungsgemäßen Verwaltung des Gemeinschaftseigentums und Verwaltungsvermögens notwendig ist.

3. Der Verwalter ist insbesondere verpflichtet,
   a) die Versammlung der Wohnungseigentümer mindestens einmal im Jahre einzuberufen, den Vorsitz in der Wohnungseigentümerversammlung zu führen, sofern diese nichts anderes beschließt und über die in der Versammlung gefassten Beschlüsse eine Niederschrift aufzunehmen;
   b) eine Wohnungseigentümerversammlung in den durch Vereinbarung der Wohnungseigentümer bestimmten Fällen, im Übrigen dann einzuberufen, wenn dies schriftlich unter Angabe des Zwecks und der Gründe von mehr als einem Viertel der Wohnungseigentümer verlangt wird;

c) die Beschlusssammlung zu führen.

4. Der Verwalter ist gegenüber den Wohnungseigentümern und gegenüber der Gemeinschaft der Wohnungseigentümer berechtigt und verpflichtet,

   a) die Beschlüsse der Wohnungseigentümer durchzuführen und für die Durchführung der Hausordnung zu sorgen;

   b) die für die ordnungsgemäße Instandhaltung und Instandsetzung des Gemeinschaftseigentums erforderlichen Maßnahmen zu treffen. Soweit diese erforderlichen Maßnahmen einen Betrag in Höhe von _____ € nicht überschreiten, bedarf es keines vorherigen Beschlusses der Wohnungseigentümer. Gleiches gilt für unaufschiebbare Notreparaturen.
   Der Verwalter ist verpflichtet, bei einem Auftragsvolumen von voraussichtlich über _____ € mehrere Kostenvoranschläge einzuholen.
   Der Verwalter ist verpflichtet, in regelmäßigen Abständen – mindestens einmal pro Jahr – die Wohnanlage zu begehen;

   c) Lasten- und Kostenbeiträge anzufordern, in Empfang zu nehmen und abzuführen, soweit es sich um gemeinschaftliche Angelegenheiten der Wohnungseigentümer handelt;

   d) alle Zahlungen und Leistungen zu bewirken und entgegenzunehmen, die mit der laufenden Verwaltung des gemeinschaftlichen Eigentums zusammenhängen;

   e) die eingenommen Gelder getrennt von seinem Vermögen zu verwalten;

   f) bis zum _____ eines jeden Jahres die Jahres- und Einzelabrechnungen für das Vorjahr zu erstellen und zur Beschlussfassung vorzulegen. Gleiches gilt auch für den für das Folgejahr zu erstellenden Gesamtwirtschaftsplan und die Einzelwirtschaftspläne;

   g) die Wohnungseigentümer über einen Rechtsstreit gem. § 43 WEG unverzüglich zu informieren.

5. Der Verwalter ist berechtigt, im Namen aller Wohnungseigentümer und mit Wirkung für und gegen sie

   a) Willenserklärungen und Zustellungen entgegenzunehmen, soweit sie an alle Wohnungseigentümer in dieser Eigenschaft gerichtet sind;

   b) Maßnahmen zu treffen, die zu Wahrung einer Frist oder zur Abwendung eines sonstigen Rechtsnachteils erforderlich sind, insbesondere einen gegen die Wohnungseigentümer gerichteten Rechtsstreit gem. § 43 Nr. 1 WEG (Streit über Rechte und Pflichten der Wohnungseigentümer untereinander), § 43 Nr. 4 WEG (Beschlussanfechtungsklagen) oder § 43 Nr. 5 WEG (Klagen Dritter gegen Wohnungseigentümer, die sich auf das gemeinschaftliche Eigentum und seine Verwaltung beziehen) im Erkenntnis- und Vollstreckungsverfahren zu führen;

   c) Ansprüche gerichtlich und außergerichtlich geltend zu machen;

   d) mit einem Rechtsanwalt wegen eines Rechtsstreites gem. vorstehenden § 3 Ziffer 5 lit. b) alternativ eine Vergütung nach Zeitaufwand mit einem festzulegenden Stundensatz zu vereinbaren.

6. Der Verwalter ist berechtigt, im Namen der Gemeinschaft der Wohnungseigentümer und mit Wirkung für und gegen sie

   a) Willenserklärungen und Zustellungen entgegenzunehmen;

   b) Maßnahmen zu treffen, die zur Wahrung einer Frist oder zur Abwendung eines sonstigen Rechtsnachteils erforderlich sind, insbesondere einen gegen die Gemeinschaft gerichteten Rechtsstreit gemäß § 43 Nr. 2 WEG (Streit über Rechte und Pflichten zwischen der WEG und den Wohnungseigentümern) oder § 43 Nr. 5 WEG (Klage Dritter gegen die WEG) im Erkenntnis- und Vollstreckungsverfahren zu führen; einen Aktivprozess für die Wohnungseigentümergemeinschaft darf der Verwalter ohne Eigentümerbeschluss nur im Rahmen der Beitreibung rückständiger Hausgelder führen;

   c) die laufenden Maßnahmen der erforderlichen ordnungsmäßigen Instandhaltung und Instandsetzung zu treffen;

   d) die Maßnahmen gem. § 3 Ziffer 4 lit. c) – e) zu treffen:

   e) mit einem Rechtsanwalt wegen eines Rechtsstreits gemäß § 3 Ziffer 5 lit. b) alternativ eine Vergütung nach Zeitaufwand mit einem festzulegenden Stundensatz zu vereinbaren;

   f) einen Hausmeistervertrag abzuschließen, zu verlängern oder zu kündigen;

   g) die erforderlichen Versicherungen abzuschließen, zu verlängern oder zu kündigen.

7. Die Wohnungseigentümergemeinschaft erteilt dem Verwalter, soweit ihm nicht schon gesetzliche Vertretungsmacht zusteht, eine jederzeit widerrufliche Vollmacht zur umfassenden Wahrnehmung der vorstehend aufgeführten Befugnisse.
   Der Verwalter kann Untervollmacht nur an seine Mitarbeiter erteilen.
   Der Verwalter ist von den Beschränkungen des § 181 BGB nicht befreit.

8. Der Verwalter erhält in zwei Ausfertigungen eine separate Vollmachts- und Ermächtigungsurkunde zum Nachweis der vorstehenden Befugnisse.

§ 4 Hausgeld

1. Das Hausgeld ist der Beitrag der Wohnungseigentümer zu den Kosten und Lasten für das Grundstück und die auf ihm errichteten Gebäude.

2. Die Höhe des Hausgeldes bestimmt sich nach den Beschlüssen der Eigentümergemeinschaft.

3. Das Hausgeld ist jeweils im Voraus pünktlich zum 3. Werktag eines jeden Monats kostenfrei auf das Konto _____ der Gemeinschaft zu zahlen. Dabei ist jeder Eigentümer verpflichtet, am Lastschriftverfahren teilzunehmen. Im Falle der Ablehnung hat der betreffende Wohnungseigentümer € 5,00 je Buchungsmonat pro Hausgeldkonto als Aufwandserstattung an den Verwalter zu zahlen.

4. Umlagen und Nachzahlungen sind ebenfalls pünktlich und kostenfrei auf das Gemeinschaftskonto zu leisten.

5. Falls das Hausgeld nicht zur Erfüllung der Verwalteraufgaben ausreicht, ist der Verwalter berechtigt, das Verwaltungskonto ohne einen Beschluss der Wohnungseigentümer um bis zu _____ Monatsraten zu überziehen. Daraus entstehende Sollzinsen gehen zulasten der Wohnungseigentümergemeinschaft.

Der Verwalter ist jedoch gehalten, rechtzeitig eine Sonderumlage zu verlangen, wenn das Konto ins Minus gerät.

§ 5 Vergütung

1. Die Vergütung des Verwalters beträgt monatlich, zzgl. der gesetzl. MwSt.

    a) _____ € je Wohnungseigentum,

    b) _____ € je Stellplatz,

    c) _____ € je _____,

    d) _____

    Somit ergibt sich eine monatliche Gesamtvergütung in Höhe von _____ € zzgl. der gesetzlichen Mehrwertsteuer.

2. Der Verwalter ist berechtigt, die Vergütung monatlich am 3. Werktag eines Monats vom Konto der Wohnungseigentümergemeinschaft abzubuchen.

3. Mit der monatlichen Gesamtvergütung ist die gesamte Verwaltertätigkeit gem. § 3 dieses Vertrages abgegolten, soweit sich nicht aus § 5 Ziffer 4 etwas anderes ergibt.

4. Der Verwalter erhält für folgende Tätigkeiten eine Sondervergütung:

    a) Ingenieur- oder Architektenleistungen gem. HAOI;

    b) außergerichtliche Durchsetzung von Mängelgewährleistungsansprüchen gem. Stundensatz von _____ €;

    c) Veräußerungszustimmung; pauschal _____ €;

    d) Einberufung und Durchführung außerordentlicher Wohnungseigentümerversammlungen; je Versammlung pauschal _____ €;

    e) Zusendung des Versammlungsprotokolls; pauschal _____ €;

    f) Mahngebühr, pauschal 5,00 €;

    g) Fotokopien; _____ € je Seite;

    h) _____

    Vorgenannte Beträge verstehen sich zzgl. der gesetzlichen Mehrwertsteuer.

5. Entgelte für individuelle Zusatzleistungen an Sondereigentumseinheiten werden mit dem jeweiligen Wohnungseigentümer separat vereinbart.

§ 6 Veräußerung eines Sondereigentums

Zur Veräußerung eines Wohnungseigentums ist gem. § _____ der Teilungserklärung/Gemeinschaftsordnung die Zustimmung des Verwalters erforderlich. Der Verwalter darf die Zustimmung nur aus wichtigem Grund versagen.

§ 7 Haftung

1. Der Verwalter ist verpflichtet, eine Haftpflichtversicherung nachzuweisen, die Versicherungsschutz für aus einer Pflichtverletzung dieses Vertrages resultierenden Schäden in Höhe folgender Deckungssummen gewährleistet:

Personenschäden: _____ €
Sachschäden: _____ €
Vermögensschäden: _____ €

2. Schadensersatzansprüche gegen den Verwalter und seine Erfüllungsgehilfen sind ausgeschlossen, es sei denn die zum Schaden führende Pflichtverletzung wurde vorsätzlich oder grob fahrlässig begangen. Für Schäden aus der Verletzung des Lebens, des Körpers oder der Gesundheit haften der Verwalter und seine Erfüllungsgehilfen auch, wenn diese auf einer vorsätzlichen oder nur leicht fahrlässigen Pflichtverletzung beruhen.

§ 8 Pflichten bei Beendigung der Verwaltertätigkeit

1. Der Verwalter hat bei Beendigung der Verwaltertätigkeit umgehend die Rechnungslegung im Sinne von § 28 Abs. 4 WEG vorzunehmen.

2. Darüber hinaus ist der Verwalter verpflichtet, die Bestellungsurkunde und alle Vollmachten sowie alle in seinem Besitz befindlichen Unterlagen, die zu einer ordnungsgemäßen Fortführung der Verwaltung notwendig sind, unverzüglich in geschäftsmäßig geordneter Form herauszugeben. Ein Zurückbehaltungsrecht steht ihm an diesen Unterlagen nicht zu.

§ 9 Schlussvorschriften

1. Sämtliche Vorschriften dieses Vertrages gelten auch für Teileigentümer und Wohnungs- bzw. Teilerbbauberechtigte.

2. Die Wohnungseigentümergemeinschaft und der Verwalter können diesen Vertrag ändern, wenn die Wohnungseigentümer die Vertragsänderung mit Mehrheit beschließen und der Verwalter der Änderung zustimmt. Der vom Verwalter zum Zeichen seines Einverständnisses beigeheftete Änderungsbeschluss ist dem ursprünglichen Vertragsinhalt beizuheften.

3. Sollte eine Bestimmung in diesem Vertrag unwirksam sein oder werden, bleibt der Vertrag i.Ü. wirksam. Die unwirksame Klausel ist durch diejenige zulässige Bestimmung zu ersetzen, die ihre wirtschaftliche Zielsetzung am besten verwirklicht.

Ort, Datum: _____   Ort, Datum: _____

_____   _____
(Unterschrift Eigentümergemeinschaft)   (Unterschrift Verwalter)

Die Wohnungseigentümergemeinschaft [genaue Bezeichnung und Adresse]

– nachfolgend Wohnungseigentümergemeinschaft –

hat

Herrn/Frau/Firma [genau Bezeichnung, Adresse]

– nachfolgend Verwalter –

mit Beschluss der Eigentümerversammlung vom _____ mit Wirkung zum _____ zum Verwalter bestellt und mit ihm einen Verwaltervertrag abgeschlossen.

Die Wohnungseigentümergemeinschaft erteilt dem Verwalter zur Erfüllung seiner Aufgaben

VOLLMACHT.

1. Der Verwalter ist gegenüber den Wohnungseigentümern und gegenüber der Gemeinschaft der Wohnungseigentümer berechtigt,

   a) die zur ordnungsgemäßen Instandhaltung und Instandsetzung des Gemeinschaftseigentums erforderlichen Maßnahmen zu treffen, insbesondere die hierzu erforderlichen Verträge abzuschließen;

   b) alle Zahlungen und Leistungen zu bewirken und entgegenzunehmen, die mit der laufenden Verwaltung des gemeinschaftlichen Eigentums zusammenhängen;

   c) die eingenommen Gelder zu verwalten und hierzu die erforderlichen Bankverträge abzuschließen und Konten zu eröffnen, zu führen und zu schließen.

2. Der Verwalter ist berechtigt, im Namen aller Wohnungseigentümer und mit Wirkung für und gegen sie

   a) Willenserklärungen und Zustellungen entgegenzunehmen, soweit sie an alle Wohnungseigentümer in dieser Eigenschaft gerichtet sind;

   b) Maßnahmen zu treffen, die zu Wahrung einer Frist oder zur Abwendung eines sonstigen Rechtsnachteils erforderlich sind, insbesondere einen gegen die Wohnungseigentümer gerichteten Rechtsstreit gem. § 43 Nr. 1 WEG (Streit über Rechte und Pflichten der Wohnungseigentümer untereinander), § 43 Nr. 4 WEG (Beschlussanfechtungsklagen) oder § 43 Nr. 5 WEG (Klagen Dritter gegen Wohnungseigentümer, die sich auf das gemeinschaftliche Eigentum und seine Verwaltung beziehen) im Erkenntnis- und Vollstreckungsverfahren zu führen;

   c) Ansprüche gerichtlich und außergerichtlich geltend zu machen;

   d) mit einem Rechtsanwalt wegen eines Rechtsstreites gem. vorstehender Ziffer 2 lit. b) alternativ eine Vergütung nach Zeitaufwand mit einem festzulegenden Stundensatz zu vereinbaren.

3. Der Verwalter ist berechtigt, im Namen der Gemeinschaft der Wohnungseigentümer und mit Wirkung für und gegen sie

   a) Willenserklärungen und Zustellungen entgegenzunehmen;

   b) Maßnahmen zu treffen, die zur Wahrung einer Frist oder zur Abwendung eines sonstigen Rechtsnachteils erforderlich sind, insbesondere einen gegen die Gemeinschaft gerichteten Rechtsstreit gemäß § 43 Nr. 2 WEG (Streit über Rechte und Pflichten zwischen der WEG und den Wohnungseigentümern) oder § 43 Nr. 5 WEG (Klage Dritter gegen die WEG) im Erkenntnis- und Vollstreckungsverfahren zu führen; einen Aktivprozess für die Wohnungseigentümergemeinschaft darf der Verwalter ohne Eigentümerbeschluss nur im Rahmen der Beitreibung rückständiger Hausgelder führen;

   c) die laufenden Maßnahmen der erforderlichen ordnungsmäßigen Instandhaltung und Instandsetzung zu treffen und die hierzu notwendigen Verträge abzuschließen;

   d) mit einem Rechtsanwalt wegen eines Rechtsstreits gemäß Ziffer 3 lit. b) alternativ eine Vergütung nach Zeitaufwand mit einem festzulegenden Stundensatz zu vereinbaren;

4. Sofern die vorstehenden Befugnisse durch Beschluss gewährt worden sind, ist die Wohnungseigentümergemeinschaft jederzeit berechtigt, die Vollmacht zu widerrufen.
Der Verwalter ist von den Beschränkungen des § 181 BGB [nicht] befreit. Er darf [keine] Untervollmacht erteilen.
Diese Vollmacht erlischt mit dem Ende der Verwalterbestellung oder des Verwaltervertrages. Nach dem Erlöschen ist der Verwalter verpflichtet, die Vollmachtsurkunde unverzüglich an die Wohnungseigentümergemeinschaft herauszugeben. Dem Verwalter steht kein Zurückbehaltungsrecht an der Vollmachtsurkunde.

(Ort, Datum)

(Unterschrift der Wohnungseigentümer oder eines per Beschluss Bevollmächtigten)

Erläuterungen

1. Grundsatz. Zu unterscheiden ist die organschaftliche Ebene der Verwalterbestellung von der schuldrechtlichen Ebene, auf der der Verwaltervertrag abgeschlossen wird. Die Amtsstellung des Verwalters beruht auf seiner Bestellung. Hieraus kann der Verwalter jedoch keinen Vergütungsanspruch herleiten; dieser ergibt sich allein aus dem Verwaltervertrag. 326

2. Parteien des Verwaltervertrages. Vertragspartner des Verwaltervertrages sind auf der einen Seite der Verwalter und auf der anderen Seite die rechtsfähige Wohnungseigentümergemeinschaft (vgl. statt vieler *Merle*, in: Bärmann § 26 Rn. 124). Nach § 27 WEG obliegen dem Verwalter jedoch auch Rechte und Pflichten gegenüber den einzelnen Wohnungseigentümern. Diese werden dadurch jedoch nicht Vertragspartei. Wie man die Eigentümer in den Vertrag mit »einbezieht«, ob man ihn als Vertrag mit Schutzwirkung zugunsten Dritter (so *Merle*, in: Bärmann § 26 Rn. 124) oder als Vertrag zugunsten Dritter (OLG München ZMR 2006, 964) ansieht, dürfte eher eine akademische Frage sein. 327

3. Vertragsabschluss. *3.1* Der Verwaltervertrag kommt durch Angebot und Annahme zustande, wobei Angebot und Annahme auf verschiedene Weise erfolgen können. 328

3.2 Die Wohnungseigentümer können dem Verwalter im Rahmen des Bestellungsbeschlusses ein Angebot zum Abschluss des Verwaltervertrages unterbreiten. Der Verwaltervertrag kommt dann zustande, wenn der Gewählte die Bestellung annimmt. Dies kann ausdrücklich (mündlich oder schriftlich) oder konkludent durch Aufnahme der Verwaltertätigkeit geschehen. 329

3.3 Ging das Angebot zum Abschluss des Verwaltervertrages vor Fassung des Bestellungsbeschlusses vom Verwalter aus, so liegt in der Regel in dem Bestellungsbeschluss die Annahme des Angebotes (vgl. BayObLG WuM 1990, 236). 330

3.4 Haben die Parteien vor der Bestellung des Verwalters hingegen ausdrücklich klargestellt, dass zusätzlich zum Bestellungsbeschluss ein Verwaltervertrag abgeschlossen werden soll, dessen Vertragsbedingungen noch nicht feststehen, bedarf es eines separaten ausdrücklichen Vertragsabschlusses. Unterbleibt dieser, kann der Verwaltervertrag im Einzelfall jedoch stillschweigend zustande kommen, wenn der Gewählte über einen längeren Zeitraum die Verwalterleistungen erbringt und der fehlende Vertragsabschluss nicht beanstandet wird (vgl. OLG Köln NZM 2001, 991). 331

3.5 Zur Aushandlung des Verwaltervertrages beauftragt die Eigentümerversammlung regelmäßig einen oder mehrere Wohnungseigentümer durch Beschluss, diese Verhandlungen mit dem Verwalter zu führen mit dem Ziel, dass der Verwalter einen dem Verhandlungsergebnis entsprechen- 332 den Vertrag anbietet, den die Mehrheit der Eigentümer dann durch Beschluss annimmt. Dieses Verfahren erfordert es jedoch, eine Abstimmung über den ausgehandelten Verwaltervertrag im Rahmen einer zusätzlichen Eigentümerversammlung herbeizuführen. Daher wird oftmals nicht nur die Verhandlungsführung, sondern auch der Abschluss des Vertrages auf einen oder mehrere Wohnungseigentümer delegiert. Dies durch Mehrheitsbeschluss zu delegieren, sei jedenfalls dann möglich, wenn mit dem Bestellungsbeschluss die essentialia wie Vertragsdauer und Vergütung bestimmt worden sind (vgl. OLG Hamburg ZMR 2003, 864). Sind die essentialia hingegen nicht festgelegt, können Verhandlung und Abschluss nur durch Vereinbarung – und nicht durch Mehrheitsbeschluss – delegiert werden, da sowohl das Aushandeln als auch der Vertragsabschluss gem. § 26 WEG zu den ureigensten Aufgaben der Eigentümerversammlung gehören (vgl. OLG Hamburg ZMR 2003, 776; OLG Hamm ZMR 2003, 51, 53).

333 Werden ein oder mehrere Wohnungseigentümer mit einer Abschlussvollmacht ausgestattet, empfiehlt es sich, den Umfang der Vollmacht genau festzulegen. Ist dies nicht geschehen, ist die Vollmacht so auszulegen, dass diese auf den Abschluss eines Vertrages beschränkt ist, der ordnungsgemäßer Verwaltung entspricht (vgl. OLG Hamm ZMR 2001, 138, 141), denn auch durch Abschluss des Vertrages durch Mehrheitsbeschluss kann nur ein Vertrag geschlossen werden, der ordnungsgemäßer Verwaltung entspricht. Fehlte den Bevollmächtigten indes nur für einzelne Regelungen des Verwaltervertrages die Vollmacht, ist nicht der gesamte Vertrag zwingend unwirksam. Zum einen ist es möglich, den Verwaltervertrag im Übrigen durch eine Salvatorische Klausel aufrechtzuerhalten. Die Nichtigkeit des gesamten Vertrages folgt zum anderen auch nicht zwingend aus § 139 BGB, wenn anzunehmen ist, dass der Vertrag auch ohne die unwirksamen Regelungen geschlossen worden wäre (vgl. OLG Hamm ZMR 2001, 138, 142).

334 **4. Form.** Der Verwaltervertrag kann formfrei abgeschlossen werden.

335 **5. Rechtsnatur des Verwaltervertrages.** Der Verwaltervertrag ist seiner Rechtsnatur nach ein Dienstvertrag mit Geschäftsbesorgungscharakter gem. § 675 BGB (vgl. BGH NJW-RR 1993, 1227, 1228; OLG Düsseldorf ZMR 2006, 293, 294). Etwas anderes gilt nur, wenn der Verwalter seine Tätigkeit unentgeltlich vornimmt; dann liegt ein unentgeltlicher Auftrag im Sinne der §§ 662 ff. BGB vor. Über § 675 BGB finden jedoch wesentliche Vorschriften des Auftragsrecht Anwendung.

336 **6. Vertragspflichten.** *6.1* Der Verwalter schuldet die bestmöglichste Erfüllung seiner Aufgaben, wobei die vertraglichen Hauptpflichten des Verwalters im Wesentlichen seinen gesetzlichen Aufgaben, insbesondere gem. §§ 24, 27, 28 WEG, entsprechen.

337 *6.2* Darüber hinaus schuldet der Verwalter Auskunft, Rechenschaft und Einsicht in seine Unterlagen (vgl. § 675 i.V.m. § 666 BGB). Die Verpflichtung des Verwalters, den Wohnungseigentümern Einsicht in seine Verwaltungsunterlagen und Belege zu gewähren oder darüber Auskunft zu erteilen, steht häufig im Zusammenhang mit der Jahresabrechnung oder einer außerordentlichen Rechnungslegung des Verwalters bei Vertragsende.

338 *6.3* Gem. §§ 675, 667 BGB besteht auch eine Verpflichtung des Verwalters zur Herausgabe des bei der Verwaltung Erlangten. Dies hat vor allem dann Bedeutung, wenn die Bestellung des Verwalters endet, denn dann hat der Verwalter den Eigentümern seine Vollmachts- und Ermächtigungsurkunde (vgl. § 27 Abs. 6 WEG), alle seine Verwaltungsunterlagen und die seiner Vorgänger im Original (vgl. OLG Hamm NJW-RR 1988, 268, 269), sämtliche die Verwaltung betreffenden Dateien, die auf den Gemeinschaftskonten verbliebenen Gelder (vgl. BGH ZMR 1997, 308, 311; BayObLG ZMR 1999, 844, 845) und die Hausschlüssel (vgl. BayObLG ZMR 1985, 212) herauszugeben. Haben die Wohnungseigentümer zuvor noch nicht über die Jahresabrechnung oder Rechnungslegung des Verwalters beschlossen, steht diesem hinsichtlich der Herausgabe seiner Unterlagen kein Zurückbehaltungsrecht zu (vgl. BGH ZMR 1997, 308).

7. Verwaltervollmacht. Der Verwalter kann gem. § 27 Abs. 6 WEG verlangen, dass die Wohnungseigentümer ihm eine Vollmachtsurkunde ausstellen, aus der sich der Umfang der Vertretungsmacht des Verwalters ergibt.

339

8. Vergütung. *8.1* Anspruchsgrundlage des Verwalters für seine Vergütung ist im Fall der entgeltlichen Geschäftsbesorgung der Verwaltervertrag und nicht der Bestellungsbeschluss (vgl. BayObLG WuM 1996, 650).

340

8.2 Schuldner der Vergütung ist die Wohnungseigentümergemeinschaft als Vertragspartner (vgl. OLG Hamm ZMR 2006, 633). Gem. § 10 Abs. 8 WEG haftet jedoch jeder Wohnungseigentümer einem Gläubiger nach dem Verhältnis seines Miteigentumsanteils für Verbindlichkeiten der Gemeinschaft der Wohnungseigentümer, die während seiner Zugehörigkeit zur Gemeinschaft entstanden oder während dieses Zeitraums fällig geworden sind.

341

8.3 Die Höhe der Vergütung ergibt sich aus der vertraglichen Vereinbarung. Ist eine solche nicht getroffen worden, wird die übliche Vergütung geschuldet (vgl. BGH ZMR 1989, 265, 266; Niedenführ/Kümmel/Vandenhouten, § 26 Rn. 72 zur Höhe der üblichen Vergütung).

342

Soll neben der Verwaltergebühr auch Mehrwertsteuer gezahlt werden, muss dies ausdrücklich im Verwaltervertrag vereinbart sein.

343

8.4 Der Verwalter ist berechtigt, seine Vergütung vom Gemeinschaftskonto abzubuchen. Es widerspricht jedoch ordnungsgemäßer Verwaltung, wenn der Verwalter sein Honorar der Instandhaltungsrücklage entnimmt (vgl. OLG Düsseldorf ZMR 2005, 468).

344

8.5 Ob eine Erhöhung der Verwaltervergütung während der Laufzeit des Vertrages dem Grundsatz der ordnungsgemäßen Verwaltung entspricht, ist streitig. Jedenfalls ist eine Anpassungsklausel im Verwaltervertrag, aufgrund derer der Verwalter berechtigt sein soll, die Verwaltergebühren einmal jährlich an die Entwicklung der Verwaltungskosten anzupassen, gem. § 307 Abs. 1 BGB unwirksam (vgl. OLG Düsseldorf ZMR 2005, 468). Soll die Vergütung eines Wohnungseigentumsverwalters erhöht werden, so bedarf es dazu grundsätzlich eines Mehrheitsbeschlusses der Wohnungseigentümer, in dessen Ausführung sodann der Änderungsvertrag zwischen den Wohnungseigentümern und dem Verwalter zu schließen ist (vgl. OLG Düsseldorf ZMR 2005, 468). Sind indes ausweislich der Teilungserklärung alle Beschlüsse über die Verwaltung des gemeinschaftlichen Eigentums einstimmig zu fassen, gilt dies auch für einen Beschluss betreffend die nachträgliche Erhöhung der Vergütung (vgl. OLG Köln NZM 2003, 685).

345

8.6 **Sondervergütungen:** Durch die Vergütung werden die Aufgaben, die der Verwalter im Rahmen seiner gesetzlichen Pflichten zu erfüllen hat, abgedeckt. Es entspricht jedoch ordnungsgemäßer Verwaltung, mit dem Verwalter Vereinbarungen über Sondervergütungen zu treffen, die Verwalterleistungen betreffen, die über die Wahrnehmung der gesetzlichen Aufgaben des Wohnungseigentumsverwalters hinausgehen (vgl. OLG Hamm ZMR 2001, 138, 141). Solche Sondervergütungen müssen sich der Höhe nach in angemessenem Rahmen halten und den voraussichtlichen zusätzlichen besonderen Zeit- und Arbeitsaufwand im Einzelfall berücksichtigen, wobei auch eine pauschale Sondervergütung festgelegt werden kann (vgl. BGH ZMR 1993, 421 – V ZB 9/92). Um Streitfälle zu vermeiden, sollte im Verwaltervertrag abschließend geregelt sein, für welche Leistungen der Verwalter eine Sondervergütung verlangen kann.

346

8.7 **Fälligkeit:** Haben die Parteien eine monatliche Vergütung pro Wohnung vereinbart, so wird die Vergütung gem. § 614 S. 2 BGB jeweils mit Ablauf des Monats fällig, soweit die Parteien nichts anderes vereinbart haben. Ist keine monatliche Vergütung vereinbart und besteht auch sonst keine vertragliche Regelung, richtet sich die Fällgikeit nach § 614 S. 1 BGB. Die Vergütung ist erst nach Erbringung der Dienstleistung, insbesondere nach Vorlage der Jahresabrechnung zu entrichten (vgl. OLG Hamm NJW-RR 1993, 845).

347

348 **8.8 Verteilungsschlüssel:** Auch wenn im Verwaltervertrag geregelt ist, dass die Verwaltervergütung pro Wohneinheit zu bemessen ist, richtet sich die Verteilung der Kosten im Innenverhältnis der Wohnungseigentümer gem. § 16 Abs. 2 WEG nach den jeweiligen Miteigentumsanteilen oder nach dem vereinbarten Verteilungsschlüssel (vgl. OLG Köln NZM 2002, 615). Sind nach der Gemeinschaftsordnung die Betriebskosten nach der Zahl der Wohnungs- und Teileigentumsrechte zu verteilen, soweit dies »möglich, zweckmäßig und sachdienlich« ist, im Übrigen nach Miteigentumsanteilen, dann ist die Verwaltervergütung grundsätzlich nach der Zahl der Wohnungs- und Teileigentumsrechte umzulegen (vgl. BayObLG ZMR 2001, 827).

349 *8.9* **Verjährung:** Die Vergütungsansprüche des Verwalters verjähren gem. § 195 BGB innerhalb der regelmäßigen Verjährungsfrist von drei Jahren.

350 **9. Vertragsdauer.** *9.1* Nach § 26 Abs. 1 S. 2 WEG darf die Bestellung eines Verwalters auf höchstens fünf Jahre, bei der ersten Bestellung nach Begründung des Wohnungseigentums für höchstens drei Jahre, erfolgen. Aus dem Sinn und Zweck dieser Regelung ergibt sich, dass sie entgegen ihrem Wortlaut Geltung auch für den von der Bestellung zu unterscheidenden schuldrechtlichen Verwaltervertrag beanspruchen kann. Der Gesetzgeber wollte mit dieser Vorschrift die Praxis der aufteilenden Bauträger unterbinden, den ersten Verwalter unwiderruflich auf Jahrzehnte einzusetzen und damit die Wohnungseigentümer langfristig zu bevormunden. Mithin folgt aus § 26 Abs. 1 Sätze 2 und 4 WEG, dass auch eine vertragliche Bindung der Wohnungseigentümer an den Verwalter nicht über die vorgeschriebene Bestellungszeit hinausgehen darf, also ebenfalls nur für höchstens fünf Jahre eingegangen werden kann (vgl. BGH ZMR 2002, 766 – V ZB 39/01).

351 *9.2* Zu berücksichtigen ist weiterhin, dass die Amtszeitbeschränkung auf drei Jahre für den Erstverwalter auch für den schuldrechtlichen Verwaltervertrag gilt, da die Wohnungseigentümergemeinschaft nicht durch einen Verwaltervertrag mit einer längeren Laufzeit als drei Jahre dazu gedrängt werden soll, die Bestellung des Verwalters nach Ablauf von drei Jahren zu verlängern. Ein solcher Verwaltervertrag über fünf Jahre für den Erstverwalter wäre gem. § 134 BGB nichtig.

352 *9.3* Auch in einem Formularvertrag kann zulässigerweise eine Laufzeit von mehr als zwei Jahren vereinbart werden, ohne dass dies einen Verstoß gegen § 309 Nr. 9a BGB bedeuten würde, denn diese Vorschrift findet auf den Verwaltervertrag keine Anwendung (vgl. BGH ZMR 2002, 766 – V ZB 39/01.).

353 **10. Kündigung des Verwaltervertrages.** *10.1* Der Verwaltervertrag ist seiner Rechtsnatur nach ein Dienstvertrag mit Geschäftsbesorgungscharakter gem. § 675 BGB (vgl. BGH NJW-RR 1993, 1227 – VIII ZR 109/92). Nach der Trennungstheorie ist die Kündigung dieses Vertrages von der Abberufung des Verwalters zu unterscheiden.

354 *10.2* Auch im Verwaltervertrag kann vereinbart werden, dass dieser nur aus wichtigem Grund gekündigt werden kann. Liegt dieser wichtige Grund bei Kündigung nicht vor und ist ein Abberufungsgrund mangels Anfechtung bestandskräftig geworden, verliert der Verwalter seine organschaftliche Stellung als Verwalter. Er behält jedoch aufgrund des Verwaltervertrages seinen Anspruch auf Vergütung, wobei er sich ersparte Aufwendungen abziehen lassen muss; diese können auf 20 % des Verwalterhonorars geschätzt werden (vgl. OLG Hamburg ZMR 2005, 974).

355 *10.3* Andererseits können Verwaltervertrag und organschaftliche Stellung auch dadurch miteinander verknüpft werden, dass im Verwaltervertrag geregelt ist, dass dieser auch mit der vorzeitigen Abberufung aus wichtigem Grund endet (vgl. BayObLG WuM 1993, 306).

356 *10.4* Dass der Verwaltervertrag unter der auflösenden Bedingung der Abberufung steht, bedarf aber nicht in jedem Fall einer entsprechenden ausdrücklichen Abrede. Vielmehr kann es genügen, dass sich aus der förmlichen oder materiell-rechtlichen Verknüpfung von Verwalterstellung und -vertrag ergibt, dass die Vertragspartner die Bestellung und den Verwaltervertrag als Einheit be-

handelt wissen wollen (vgl. OLG Zweibrücken ZMR 2004, 63, 66). In diesen Fällen muss der Verwalter den Abberufungsbeschluss anfechten, um sich seine Rechte aus dem Verwaltervertrag zu erhalten.

10.5 Die Kündigungserklärung betreffend den Verwaltervertrag ist regelmäßig in der Abberufung enthalten und stellt eine empfangsbedürftige Willenserklärung dar. Ist der Verwalter auf der Eigentümerversammlung anwesend, erfolgt der Zugang der Erklärung dadurch, dass der Verwalter das Beschlussergebnis wahrnimmt. Ist der Verwalter nicht anwesend, muss für den Zugang gesorgt werden.

10.6 Kündigungsfristen des Verwaltervertrages. Wenn der Vertrag keine Regelung enthält, sind bei der ordentlichen Kündigung die gesetzlichen Kündigungsfristen maßgeblich, so dass die Kündigung bis zum fünfzehnten des Monats zum Monatsende zu erfolgen hat, wenn die Vergütung nach Monaten bemessen ist (§ 621 Nr. 3 BGB). Ist die Vergütung nach Vierteljahren oder längeren Zeitabschnitten bemessen, beträgt die Kündigungsfrist sechs Wochen zum Quartalsende (§ 621 Nr. 4 BGB).

Die Umdeutung einer unwirksamen außerordentlichen Kündigung in eine ordentliche Kündigung ist nur möglich, wenn das Recht zur ordentlichen Kündigung nicht ausgeschlossen ist (vgl. BGH NJW 2004, 3240, 3244).

10.7 **Fristlose Kündigung aus wichtigem Grund.** Nach der Bestimmung des § 626 Abs. 2 BGB kann die außerordentliche Kündigung eines Dienstvertrags nur innerhalb von zwei Wochen ausgesprochen werden; die Frist beginnt mit dem Zeitpunkt, in dem der Kündigungsberechtigte von den für die Kündigung maßgebenden Tatsachen Kenntnis erlangt (§ 626 Abs. 2 S. 1 und 2 BGB). Diese Frist findet nur mit der Maßgabe Anwendung, dass die Kündigung innerhalb angemessener Zeit zu erfolgen hat (vgl. OLG Hamburg ZMR 2005, 974, 975; BayObLG ZMR 2000, 321, 323), da zunächst ein entsprechender Beschluss durch die Wohnungseigentümer herbeizuführen ist. Maßgeblich für die Frage der angemessenen Dauer der Frist ist, wie schnell eine Beschlussfassung durch die Eigentümerversammlung erfolgen kann (vgl. OLG Frankfurt NJW-RR 1988, 1169, 1170).

10.8 Vorsicht ist vor einem übereilten Ausspruch einer fristlosen Kündigung aus wichtigem Grund geboten, denn wenn sich diese als unrechtmäßig erweist, liegt eine Verletzung der aus dem Verwaltervertrag resultierenden Treuepflicht vor, die eine Schadensersatzhaftung auslöst, insbesondere für erlittenen Verdienstausfall (vgl. OLG Karlsruhe ZMR 2004, 55).

10.9 **Kündigungsgründe.** Nicht erforderlich ist es, dass die Kündigungsgründe mitgeteilt werden; ausreichend ist, dass sie vorhanden sind. Aus der Kündigung muss jedoch hervor gehen, dass sie aus wichtigem Grund erfolgt (zum Vorliegen eines wichtigen Grundes vgl. Formular D.III.3 Ziffer 4.). Gem. § 626 Abs. 2 S. 3 WEG sind dem Verwalter die Kündigungsgründe jedoch auf dessen Verlangen hin unverzüglich schriftlich mitzuteilen.

10.10 Entscheidend ist, dass der Kündigungsgrund zum Zeitpunkt der Kündigung vorlag. Ist dies der Fall, kann ein Kündigungsgrund jedenfalls dann nachgeschoben werden, wenn er erst später bekannt geworden ist (vgl. OLG Düsseldorf ZMR 1997, 485, 487). Werden Kündigungsgründe nachgeschoben, kann in dem Nachschieben auch eine konkludente neue Kündigung erblickt werden. Zu beachten ist aber, dass für eine Kündigung ein Beschluss der Wohnungseigentümer erforderlich ist.

11. Schadensersatzansprüche. Verletzt der Verwalter seine Pflichten aus dem Verwaltervertrag, macht sich dieser schadensersatzpflichtig (vgl. auch Formular D.III.5.).

12. Gebührenstreitwert und Rechtsanwaltsvergütung. Der Rechtsanwalt, der mit dem Entwurf eines Verwaltervertrags beauftragt wird, erhält hierfür eine Geschäftsgebühr der Nr. 2300 VV RVG. Der Rechtsanwalt bestimmt hier innerhalb des Gebührenrahmens 0,5 bis 2,5 seine Gebühr, wobei eine Gebühr von mehr als 1,3 nur gefordert werden kann, wenn die Tatbestandsmerkmale »umfangreich« oder »schwierig« erfüllt sind. Die Rechtsmaterie in WEG-Sachen dürfte im Regelfall eher als schwierig einzustufen sein, so dass eine Begrenzung auf 1,3 selten in Frage kommen wird (vgl. *Norbert Schneider* AIM 2004, 233).

366 Der Gegenstandswert für die Berechnung der Rechtsanwaltsvergütung richtet sich gem. § 23 Abs. 3 RVG nach § 25 Abs. 2 KostO und ist mit dem Gesamtbetrag der Verwaltervergütung für die gesamte Vertragsdauer zu bewerten, allerdings auf maximal den dreifachen Jahreswert der Verwaltervergütung beschränkt.

II. Vollmacht für die Eigentümerversammlung

367 **Hiermit erteile ich, Frau Katja Kleist, als Eigentümerin der im Aufteilungsplan mit der Nr. 07 bezeichneten Wohnung der Wohnungseigentumsgemeinschaft** [genaue Bezeichnung]

Herrn Frank Meyer, geboren am 26.05.1963, wohnhaft in _____, Personalausweisnummer _____,

Vollmacht

mich auf der 15. Wohnungseigentümerversammlung der Wohnungseigentümergemeinschaft [genaue Bezeichnung] **am _____ um 19.00 Uhr bzw. 19.30 Uhr in _____ zu vertreten.**

Der Bevollmächtigte ist berechtigt, an der Wohnungseigentümerversammlung teilzunehmen, das Wort zu ergreifen, Anträge zu stellen und das Stimmrecht für mich auszuüben.

Die Vollmacht gilt für alle im Einberufungsschreiben vom 01.11.2007 aufgeführten Tagesordnungspunkte.

oder

Die Vollmacht ist auf die TOPe 3 und 6 beschränkt.

oder

Die Vollmacht ist nicht auf die mir bekannten Tagesordnungspunkte gemäß dem Einladungsschreiben vom 01.11.2007 beschränkt, sondern gilt auch für den Fall, dass die vollzählig erschienenen bzw. vertretenen Wohnungseigentümer eine Erweiterung der Tagesordnung beschließen.

Der Bevollmächtigte kann – keine – Untervollmacht erteilen.

Ggf.:

Dem Bevollmächtigten werden keine/folgende Weisungen für die Abstimmung zu den folgenden Tagesordnungspunkten erteilt: _____

Soweit Weisungen erteilt werden, ist ihre Einhaltung Voraussetzung für die Gültigkeit der Vollmacht bei der jeweiligen Abstimmung.

_____ _____
(Ort, Datum) **Unterschrift des Vollmachtgebers**

Erläuterungen

1. Rechtsgeschäftliche Vertretung. Die Ausübung des Stimmrechtes in der Eigentümerversammlung ist – im Gegensatz zum Vereinsrecht (vgl. § 38 S. 2 BGB) – kein höchstpersönliches Recht, so dass sich ein Wohnungseigentümer in der Eigentümerversammlung und bei der Abstimmung grundsätzlich gem. §§ 164 ff. BGB vertreten lassen kann, da weder die §§ 23 bis 25 WEG noch die §§ 741 ff. BGB darüber Bestimmungen enthalten, ob und inwieweit sich Wohnungseigentümer als Teilhaber einer Bruchteilsgemeinschaft bei Abstimmungen vertreten lassen können (vgl. BGH NJW 1987, 650; OLG München ZMR 2006, 322). Die Bevollmächtigung umfasst regelmäßig nicht nur das Recht zur Stimmabgabe, sondern ermächtigt den Vertreter auch zur Ausübung der anderen Rechte des Wohnungseigentümers, insbesondere des Rede- und Antragsrechts (vgl. Bärmann/*Merle* § 25 Rn. 65).

2. Beschränkungen der Vertretung. *2.1.* Die gesetzliche Vertretung (Kinder durch ihre Eltern, GmbH durch den Geschäftsführer) ist unproblematisch immer möglich. Auch die rechtsgeschäftliche Vertretung ist möglich; sofern die Gemeinschaftsordnung nichts anderes regelt, kann sich ein Wohnungseigentümer von jeder beliebigen Person in der Versammlung vertreten lassen. »Vertretung« bedeutet dabei aber, dass der Eigentümer selbst nicht anwesend ist (*Merle*, in Bärmann § 24 Rn. 82). Die Vollmacht eines Vertreters kann zwar generell formlos erfolgen, allerdings kann der Verwalter eine Stimmabgabe ohne schriftliche Vollmacht nach § 174 BGB zurückweisen (Staudinger/*Bub* (2005) WEG § 25 Rn. 192). Es sollten daher unbedingt schriftliche Vollmachten vorliegen. Eine Telefaxkopie ist nach den allgemeinen Regeln insoweit unzulässig (Staudinger/*Bub* (2005) WEG § 25 Rn. 190). Moniert der Verwalter die fehlende Schriftlichkeit der Vollmacht nicht und berücksichtigt die Stimmabgabe, so ist diese wirksam.

2.2 Häufig enthält die Gemeinschaftsordnung allerdings sog. **Vertreterklauseln**, welche die Vertretung einschränken oder an bestimmte Formen (i.d. Regel Schriftform) binden. Danach soll es z.B. nur zulässig sein, sich in der Wohnungseigentümerversammlung von dem Verwalter, einem anderen Eigentümer oder dem Ehegatten vertreten zu lassen. Solche Vertreterklauseln in der Gemeinschaftsordnung sind zulässig (BGHZ 121, 236, 238 – V ZB 24/92), sie sind weder gem. §§ 134, 138 BGB nichtig, noch verstoßen sie grundsätzlich gegen Treu und Glauben i.S. von § 242 BGB (BayObLG NJW-RR 1997, 463, 464. In seiner Entscheidung BGHZ 121, 236, 240 (ZMR 1993, 287) hat der BGH allerdings generell die Möglichkeit bejaht, dass die Gemeinschaft unter Umständen nach Treu und Glauben gehalten sein könne, auf der Vertretungsbeschränkung der Gemeinschaftsordnung nicht zu bestehen, hat aber keine konkreten Ausführungen dazu gemacht, unter welchen Voraussetzungen dies der Fall sein könne. Das OLG Braunschweig (NJW-RR 1990, 979, 980) hat es bei einer kleinen Eigentümergemeinschaft, deren Mitglieder die Wohnungen selbst bewohnen und untereinander zerstritten sind, für unzumutbar angesehen, einen Wohnungseigentümer an der in der Gemeinschaftsordnung niedergelegten Vertretungsregelung festzuhalten, wonach er sich in der Eigentümerversammlung nur durch den Ehegatten, einen anderen Wohnungseigentümer oder den Verwalter vertreten lassen darf (ähnlich auch BayObLG NJW-RR 1997, 463, 464).

Bezüglich einer **nichtehelichen Lebensgemeinschaft** hatte das BayObLG im Jahre 1997 entschieden, dass ein Partner einer solchen Lebensgemeinschaft nicht einem Ehegatten i.S.d. Vertreterklausel gleichzustellen sei (BayObLG NJW-RR 1997, 463). Das OLG Köln hatte im Jahre 2003 sodann eine Vertreterklausel in einer Teilungserklärung aus dem Jahre 1962 dahingehend ausgelegt, dass, der Partner einer nichtehelichen Lebensgemeinschaft einem Ehepartner gleichzustellen sei, wenn die Lebensgemeinschaft evident und unstreitig, auf Dauer angelegt sei und sich nach außen durch gemeinsame Kinder dokumentiere (OLG Köln ZMR 2004, 378). Da ein Verwalter diese Kriterien kaum wird zuverlässig prüfen können, sollten Beschränkungen durch Vertreterklauseln in der Gemeinschaftordnung eng am Wortlaut ausgelegt werden; damit wäre der und Partner einer nichtehelichen Lebensgemeinschaft bei entsprechender Vertreterklausel in der Teilungserklärung von vornherein nicht als Vertreter zuzulassen.

Ist eine Wohnung verkauft, der Erwerber aber noch nicht im Grundbuch eingetragen, so soll eine Vertreterklausel dahingehend auszulegen sein, dass der Erwerber zur Vertretung des »Noch«-Eigentümers berechtigt ist (*Niedenführ/Kümmel/Vandenhouten* § 24 Rn. 46)

371 **3. Vertreter ohne Vertretungsmacht.** Aus § 180 S. 1 BGB folgt, dass die Stimmabgabe durch einen Vertreter ohne Vertretungsmacht unzulässig ist. In den Fällen, in denen der Versammlungsleiter die von einem Vertreter behauptete Vertretungsmacht bei der Stimmabgabe nicht beanstandet, kann die Stimmabgabe gem. §§ 180 S. 2, 177 Abs. 1 BGB rückwirkend durch den vertretenen Wohnungseigentümer wirksam werden. Etwas anders gilt nur, wenn eine Vereinbarung der Wohnungseigentümer existiert, aufgrund derer die Stimmabgabe durch einen Bevollmächtigen nur dann wirksam ist, wenn dieser eine schriftliche Vollmachturkunde vorlegt. In diesen Fällen ist die Stimmabgabe ohne Vorlage der Vollmachtsurkunde unwirksam (vgl. *Merle*, in: Bärmann § 25 Rn. 66).

372 **4. Umfang der Vollmacht.** Sowohl in zeitlicher als auch in sachlicher Hinsicht obliegt es allein dem Vertretenen, den Umfang der Vollmacht zu bestimmen. Das bedeutet, dass die Vertretungsmacht sowohl für zukünftige Versammlungen, als auch lediglich für eine einzelne Versammlung oder nur für einzelne Tagesordnungspunkte erteilt werden kann (vgl. *Merle*, in: Bärmann § 25 Rn. 70).

373 **5. Form der Vollmacht.** Grundsätzlich kann die Erteilung einer Vollmacht formfrei erfolgen, § 167 Abs. 2 BGB, so dass auch eine mündliche Vollmachterteilung möglich ist. Die Wohnungseigentümer haben jedoch die Möglichkeit, eine hiervon abweichende Vereinbarung zu treffen, so dass insbesondere die Schriftform für die Erteilung der Vollmacht vorgeschrieben werden kann (vgl. *Merle*, in: Bärmann § 25 Rn. 65). Bestimmt die Gemeinschaftsordnung, dass die Vertretung durch schriftlich Bevollmächtigte zulässig ist, kann ein Vertreter zurückgewiesen werden, der in der Eigentümerversammlung keine schriftliche Vollmacht vorlegt. Wird er nicht zurückgewiesen, ist seine Stimmabgabe wirksam. Nicht ausreichend ist es, dass ein Vertreter darauf verweist, die schriftliche Vollmacht sei dem Verwalter oder dem Versammlungsleiter bekannt oder bei ihm hinterlegt. Ebenfalls kommt im Fall der Rüge ein Nachreichen der Vollmacht nicht in Betracht. Wird auf Verlangen das Original der Vollmachtsurkunde nicht vorgelegt, so ist vom Nichtbestand der Vollmacht auszugehen, wobei eine gegenteilige Handhabung die Anfechtbarkeit der gefassten Beschlüsse bedingt (vgl. OLG München NZM 2008, 92, 93).

374 **6. Gesetzliche Vertretung.** Wenn eine juristische Person Wohnungseigentümerin ist, übt deren gesetzlicher Vertreter das Stimmrecht in der Eigentümerversammlung aus.

III. Verwalterzustimmung zur Veräußerung

375 **Zustimmungserklärung des Verwalters**

Vertragsgegenstand des Kauf- und Übertragungsvertrag des Notars Karl-Heinz Müller in Hamburg (UR-Nr. 1234/2008) ist ein 34/1000 Miteigentumsanteil am Grundstück Flurstück Nr. 1477 der Gemarkung Hamburg-Neustadt-Süd, verbunden mit dem Sondereigentum an der im Aufteilungsplan mit Nr. 07 bezeichneten Wohnung im 4. Obergeschoss links nebst dem im Aufteilungsplan mit der Nr. 07 bezeichneten Kellerraum, verzeichnet im Wohnungsgrundbuch von _____ des Amtsgerichts Hamburg unter Blatt 7890, gelegen in 12345 Hamburg, Abc-Straße 123.

Erwerber der Eigentumswohnung sind die Eheleute Herr Thomas und Frau Astrid Müller zu je 1/2 Miteigentumsanteil.

Der Kaufpreis beträgt € 185.000,00.

B. Der Verwalter

Als Verwalter der im Wohnungsgrundbuch von _____ des Amtsgerichts Hamburg verzeichneten Wohnungseigentümergemeinschaft 12345 Hamburg, Abc-Straße 123, erteile ich hiermit gem. § _____ der Teilungserklärung/Gemeinschaftsordnung vom 27. Mai 1980 (Urkundenrolle Nr. 123/1980 des Notars Müller in Hamburg) meine Zustimmung.

Die Niederschrift der Wohnungseigentümerversammlung, in der ich bis zum 31.12.2009 zum Verwalter der vorgenannten Wohnungseigentümergemeinschaft bestellt worden bin, liegt bereits bei den Grundakten. Die Niederschrift enthält die notariell beglaubigten Unterschriften des Verwalters als Versammlungsleiter, des Verwaltungsbeiratsvorsitzenden Meier und des Wohnungseigentümers Schmitt.

_____
(Datum, Unterschrift des Verwalters)

_____
(Beglaubigungsvermerk durch den Notar)

Erläuterungen

1. Grundsätze. *1.1* Nach § 137 Satz 1 BGB kann die Befugnis zur Verfügung über ein veräußerliches Recht nicht durch Rechtsgeschäft ausgeschlossen oder beschränkt werden. Demnach kann ein Wohnungseigentümer seine Wohnung grundsätzlich frei veräußern. § 137 BGB ist indes unanwendbar, wenn ein Gesetz die Möglichkeit vorsieht, Vereinbarungen zu treffen. So eine Möglichkeit ergibt sich aus § 12 Abs. 1 WEG: als Inhalt des Sondereigentums kann als aufschiebende Bedingung vereinbart werden, dass ein Wohnungseigentümer zur Veräußerung seines Wohnungseigentums der Zustimmung anderer Wohnungseigentümer oder eines Dritten bedarf. Diese Zustimmung darf nur aus wichtigem Grund versagt werden. 376

1.2 Von § 12 Abs. 1 WEG ist nur die rechtsgeschäftliche Veräußerung umfasst. Die Rechtsnachfolge durch gesetzliche oder testamentarische Erbfolge kann nicht unter einen Zustimmungsvorbehalt gestellt werden. Andererseits erweitert § 12 Abs. 3 WEG den Anwendungsbereich auf zwei weitere Fälle: auf den Eigentumserwerb des Erstehers in der Zwangsversteigerung und die Veräußerung durch den Insolvenzverwalter. 377

2. Begründung und Aufhebung. *2.1* Zustimmungsvorbehalte können bereits durch den teilenden (Allein-)Eigentümer in der künftigen Gemeinschaftsordnung begründet werden (vgl. §§ 8 Abs. 2 Satz 2, 5 Abs. 4 WEG); genau so können sie durch Vereinbarung wieder aufgehoben werden. Darüber hinaus sieht § 12 Abs. 4 WEG nunmehr vor, dass ein Zustimmungserfordernis auch mit einfachem Mehrheitsbeschluss wieder aufgehoben werden kann. Diese Befugnis kann durch Vereinbarung der Wohnungseigentümer weder eingeschränkt noch ausgeschlossen werden (Vgl. dazu Formular D.V.1.). 378

2.2 Die Vereinbarung betreffend die Veräußerungsbeschränkung kann als »Inhalt des Sondereigentums« vereinbart werden und ist ins Grundbuch einzutragen, damit sie auch gegenüber dem Sondernachfolger wirkt (*Klein*, in: Bärmann, § 12 Rn. 5). 379

3. Verwalter als Zustimmungsberechtigter. *3.1* Die Veräußerungsbeschränkung kann an die Zustimmung aller oder einzelner Wohnungseigentümer oder eines Dritten geknüpft sein. 380

3.2 Dritter im Sinne der vorgenannten Vorschrift ist in der Regel der Verwalter. Zum Nachweis seiner Amtsstellung gegenüber dem Grundbuchamt hat der Verwalter entweder die Niederschrift der Beschlussfassung der Eigentümer oder – bei gerichtlicher Bestellung – die Ausfertigung der gerichtlichen Entscheidung inklusive Rechtskraftvermerk vorzulegen. Ist die Verwalterbestellung durch Beschluss der Eigentümer erfolgt, müssen die gem. § 24 Abs. 6 WEG zur Niederschrift erfolgten Unterschriften gem. § 26 Abs. 3 WEG notariell beglaubigt sein. Eine Legitimation des 381

Verwalters kann schließlich auch durch Vorlage der Teilungserklärung erfolgen, wenn bereits dort die Bestellung des Verwalters erfolgt ist.

382 *3.3* Der Verwalter nimmt bei der Ausübung seiner Zustimmungsbefugnis grundsätzlich kein eigenes Recht wahr, sondern ein solches der Wohnungseigentümer, als deren Treuhänder und mittelbarer Stellvertreter er handelt (vgl. BGH ZMR 1991, 61 – IV ZR 226/89). Verhindert werden soll der Eintritt unzuverlässiger Erwerber in die Eigentümergemeinschaft (vgl. OLG Hamm ZMR 2002, 146).

383 *3.4* Anerkannt ist, dass in Fällen, in denen ernstliche Zweifel bestehen, ob ein wichtiger Grund zur Versagung der beantragten Zustimmung vorliegt, der Verwalter berechtigt ist, zunächst von den Wohnungseigentümern eine Weisung einzuholen (vgl. BGH ZMR 1996, 274 – V ZB 4/94). Weiterhin kann die Eigentümergemeinschaft den Verwalter auch von sich aus anweisen, wie er sich zu verhalten hat (vgl. OLG Düsseldorf NJW 2005, 1254, 1255).

384 **4. Zustimmungserklärung.** *4.1* Bei der Zustimmung zur Veräußerung handelt es sich um eine einseitige empfangsbedürftige Willenserklärung, die gem. § 182 Abs. 1 BGB sowohl gegenüber dem Veräußerer als auch gegenüber dem Erwerber abgegeben werden kann und mit Zugang wirksam wird.

385 *4.2* Die Zustimmung kann nicht mehr widerrufen werden, wenn die Auflassungserklärung des Veräußerers gem. §§ 873 Abs. 2, 878 BGB bindend geworden ist und der Umschreibungsantrag bei Grundbuch gestellt wurde (vgl. OLG Hamm NZM 2001, 955, 956).

386 *4.3* Die Zustimmungserklärung kann formfrei erteilt werden, muss dem Grundbuchamt aber gem. § 29 GBO in öffentlich oder notariell beglaubigter Form nachgewiesen werden. Die Zustimmung des Verwalters bleibt auch dann wirksam, wenn seine Bestellung vor dem in § 878 BGB genannten Zeitpunkt endet (BGH NJW 2013, 299 – V ZB 2/12).

387 *4.4* Der Verwalter hat die Zustimmung unverzüglich, d.h. ohne schuldhaftes Zögern, zu erteilen, wenn keine Versagungsgründe vorliegen. Der Verwalter muss jedoch die Möglichkeit haben, das Vorliegen eines wichtigen Grundes zu prüfen. Hierzu ist eine angemessene Prüfungsfrist zu gewähren (vgl. BayObLG WE 1984, 60: 1 Woche; Riecke/Schmid/*Schneider*, § 12 Rn. 91: 3 bis 4 Wochen).

388 *4.5* Sämtliche Kosten, die durch die Erteilung der Veräußerungszustimmung anfallen (z.B. Notargebühren für die Beglaubigung der Verwalterbestellung), sind Kosten der Verwaltung und somit gem. § 16 Abs. 2 WEG von allen Wohnungseigentümern nach dem Verhältnis der Miteigentumsanteile zu tragen, sofern die Gemeinschaftsordnung keine andere Kostenverteilung regelt.

389 **5. Versagung nur aus wichtigem Grund.** *5.1* § 12 Abs. 2 Satz 1 WEG hat zwingenden Charakter, so dass durch Vereinbarung oder Teilungserklärung über den Rahmen der gesetzlichen Vorschrift hinaus keine weiteren Gründe zur Verweigerung der Zustimmung geschaffen werden können (vgl. OLG Hamm NJW-RR 1993, 279, 280). Demgemäß darf der Verwalter die Zustimmung nur aus wichtigem Grund versagen. Für das Vorliegen eines wichtigen Grundes muss ersichtlich sein, dass der Erwerber rechtlich geschützte Gemeinschaftsinteressen verletzen wird, wobei die Unzumutbarkeit des Eintritts des Erwerbers in die Gemeinschaft ihre Ursache in seiner persönlichen oder wirtschaftlichen Unzuverlässigkeit haben muss (vgl. BayObLG, ZMR 1988, 106; OLG Frankfurt/M. ZMR 1994, 124), ohne dass es auf ein Verschulden des Erwerbers ankommt (vgl. OLG Frankfurt/M. NZM 2006, 380). Weiterhin ist erforderlich, dass es sich um Umstände von Gewicht handelt, nicht nur um Unzuträglichkeiten, persönliche Spannungen oder Vorkommnisse, wie sie in jedem Gemeinschafts- und Nachbarschaftsverhältnis immer wieder einmal auftreten können. Eigenschaften des Erwerbers, die dem Zustimmungsberechtigten lediglich unerwünscht sind, oder bloße Antipathie reichen für die Versagung nicht aus (vgl. OLG Zweibrücken ZMR 2006, 219).

5.2 Die Wohnungseigentümer können durch Vereinbarung nicht regeln, welche Umstände einen wichtigen Grund darstellen. Sie können aber durch Vereinbarung bestimmen, welche Umstände keinen wichtigen Grund darstellen (Niedenführ/Kümmel/Vandenhouten § 12 Rn. 50).

5.3 Der Verwalter ist für das Vorliegen eines wichtigen Grundes darlegungs- und beweispflichtig; bloße Vermutungen und Spekulationen sind nicht ausreichend, um die Zustimmung zu verweigern (vgl. OLG Frankfurt NZM 2006, 380, 381).

5.4 Kein wichtiger Grund ist die soziale Homogenität der Gemeinschaft. Kinderreiche Familien, studentische Wohngemeinschaften, Ausländer oder Angehörige anderer Religionsgemeinschaften können nicht vom Erwerb abgehalten werden (vgl. Niedenführ/Kümmel/Vandenhouten § 12 Rn. 48).

5.5 Der Verwalter ist verpflichtet, das Vorliegen eines wichtigen Grundes zu prüfen. Nachforschungen hierzu sind nicht erforderlich, wenn die Gemeinschaftsordnung dies nicht bestimmt. Der Verwalter muss lediglich auf öffentlich bekannte oder gemeinschaftsbekannte Informationen zurückgreifen. Andererseits ist es dem Verwalter nicht untersagt, im Rahmen des Erlaubten Nachforschungen über den Erwerber anzustellen.

Der Veräußerer ist verpflichtet, dem Verwalter jede ihm mögliche Information über den Erwerber zu erteilen oder diesen zur Selbstauskunft zu veranlassen (vgl. OLG Hamburg ZMR 2004, 850, 851).

6. Durchsetzung des Zustimmungsanspruches. Liegt kein wichtiger Grund vor, ist die Zustimmung zu erteilen. Verweigert der Verwalter gleichwohl die Zustimmung, muss der Veräußerer den Klageweg beschreiten. Anspruchsgegner ist der Verwalter, es sei denn, dass die Gemeinschaftsordnung eine Regelung enthält, nach der die Verwalterzustimmung durch die Zustimmung aller Wohnungseigentümer ersetzt werden kann; in diesem Fall sind die Wohnungseigentümer passivlegitimiert. Der Erwerber hat keinen Anspruch auf Zustimmungserteilung.

7. Schwebende Unwirksamkeit. Haben die Wohnungseigentümer einen Zustimmungsvorbehalt vereinbart und in das Grundbuch eintragen lassen, so sind sowohl der schuldrechtliche Veräußerungsvertrag als auch die dingliche Einigung über den Eigentumsübergang bis zur Erteilung der Zustimmung schwebend unwirksam, § 12 Abs. 3 S. 1 WEG.

8. Schadensersatzansprüche. Wenn der Verwalter die Zustimmung verweigert, obwohl kein wichtiger Grund vorliegt, können dem Veräußerer Schadensersatzansprüche gem. § 280 BGB wegen Pflichtverletzung zustehen. Dem Erwerber stehen keine Schadensersatzansprüche gegen den Verwalter zu. Befindet sich der Verwalter in Verzug, kommt ein Ersatzanspruch des Veräußerers wegen Verzugsschäden in Betracht.

Erteilt der Verwalter die Zustimmung, obwohl es dies wegen Vorliegen eines wichtigen Grundes nicht hätte tun dürfen, kommt ein Schadensersatzanspruch der Wohnungseigentümer bzw. der Wohnungseigentümergemeinschaft gegen den Verwalter in Betracht.

IV. Zustimmung des Verwalters zu baulicher Veränderung

Sehr geehrter Herr Mustereigentümer,

wir nehmen Bezug auf Ihr Schreiben vom 08.06.2015. Sie baten uns um Zustimmung zur Anbringung einer Markise auf dem Balkon der Wohnung Nr. 3.

Gemäß § 5 Abs. 4 der Teilungserklärung der Wohnungseigentümergemeinschaft Musterstraße 11 bedürfen Veränderungen an der Außenfassade, insbesondere die Anbringung von Markisen, Rollläden und Werbeschildern, nur der Zustimmung des Verwalters und nicht der Miteigentümer.

Wir erteilen Ihnen hiermit die Zustimmung der Anbringung einer Markise auf dem Balkon der Wohnung Nr. 3 gemäß den von Ihnen vorgelegten Angebot der Firma _____ vom 01.06.2015 mit der Maßgabe, dass die Arbeiten durch ein Fachunternehmen durchzuführen sind und Sie uns nach Abschluss der Arbeiten die Durchführung durch das Fachunternehmern bestätigen lassen.

Mit freundlichen Grüßen

Erläuterungen

400 **1. Grundlage.** Während Instandsetzungen nach § 21 Abs. 5 Nr. 2 WEG mehrheitlich beschlossen und Modernisierungen mit einer qualifizierten Mehrheit nach § 22 Abs. 2 WEG durchgesetzt werden können, regelt § 22 Abs. 1 WEG die Zulässigkeit von baulichen Veränderungen im Gemeinschaftseigentum oder Aufwendungen, die über die ordnungsgemäße Instandhaltung und Instandsetzung des Gemeinschaftseigentums hinausgehen. Bauliche Veränderungen und Aufwendungen für solche Maßnahmen können beschlossen werden, wenn alle Eigentümer zustimmen, die hierdurch über das in § 14 Nr. 1 WEG bestimmte Maß hinaus beeinträchtigt werden. Damit hat die Eigentümergemeinschaft die Kompetenz, über bauliche Veränderungen zu entscheiden.

401 **2. Auslegung der Teilungserklärung.** Das Zustimmungserfordernis aus § 22 Abs. 1 BGB ist generell abdingbar. Oftmals finden sich daher in Teilungserklärungen Regelungen, wonach generell oder bestimmte Arten baulicher Veränderungen der Genehmigung des Verwalters bedürfen. Sofern die Teilungserklärung nicht ganz deutlich sagt, dass es »nur« der Zustimmung des Verwalters bedürfe und die notwendige Zustimmung der Miteigentümer verdrängt wird, ist davon auszugehen, dass die Zustimmung des Verwalters neben die Zustimmung der Eigentümer tritt, also ein zusätzliches Erfordernis geschaffen wird (LG München I ZMR 2012, 299; Riecke/Schmid/*Drabek* § 22 Rn. 34).

402 **3. Entscheidungsbefugnis des Verwalters:** Selbst wenn die Teilungserklärung die Entscheidung der Genehmigung ausdrücklich auf den Verwalter verlagert, kann der Verwalter diese Entscheidung trotzdem dem Eigentümern zur Beschlussfassung vorlegen (Riecke/Schmid/*Drabek* § 22 Rn. 34).

V. Löschungsbewilligung Zwangssicherungshypothek

403 **§ 1 Grundbuchbestand**

Im Grundbuch Amtsgericht Musterstadt, Blatt _____ ist folgender Grundbesitz verzeichnet: _____

Zur laufenden Nr. 3 in Abteilung III ist folgendes Recht eingetragen:

Zwangssicherungshypothek über EURO 3.154,45 nebst Zinsen in Höhe von 5 Prozentpunkten über dem Basiszins seit 03.04.2015 für die WEG Musterstraße 11, Musterstadt (nachfolgend: Gläubigerin).

§ 2 Erklärungen des Verwalters

Die Wohnungseigentümer haben in der Versammlung vom 01.06.2015 zu TOP 9 beschlossen, die Verwaltung zu bevollmächtigen, die Löschung des o.g. Rechts zu bewilligen. Der Beschluss mit den notariell beglaubigten Unterschriften liegt vor.

Namens und in Vollmacht der Gläubigerin bewillige ich die Löschung der o.g. Zwangssicherungshypothek.

Kosten werden nicht übernommen.

Erläuterungen

1. Grundlage. Mit der Rechtsfähigkeit der WEG ist diese auch grundbuchfähig geworden. Erlangt die Wohnungseigentümergemeinschaft also einen Vollstreckungstitel gegenüber einem Miteigentümer, z.B. auf Wohngeldzahlung, kann dieser Titel über eine Zwangssicherungshypothek abgesichert werden.

Erlischt die Forderung, z.B. durch Zahlung des Eigentümers, ist die Gemeinschaft diesem gegenüber verpflichtet, die zur Löschung notwendigen Erklärungen abzugeben.

2. Vollmacht des Verwalters: Für die Erteilung einer Löschungsbewilligung fehlt dem Verwalter die gesetzliche Vertretungsbefugnis. Diese findet sich nicht in § 27 Abs. 3 Nr. 1–6 (LG Köln ZWE 2011, 289; BeckOG WEG/*Dötsch* WEG § 10 Rn. 469). Soll daher nicht die einfachere Form der löschungsfähigen Quittung gewählt werden (dazu nachfolgend Formular B.VI), muss die Vollmacht des Verwalters in notariell beglaubigter Form nachgewiesen werden. Dazu reicht das Protokoll über den entsprechenden Beschluss nebst notariell beglaubigter Unterschriften entsprechend § 26 Abs. 3 WEG.

3. Form: Die Löschungsbewilligung muss gemäß § 29 GBO öffentlich beglaubigt sein.

VI. Löschungsfähige Quittung durch den Verwalter

§ 1 Grundbuchbestand

Im Grundbuch Amtsgericht Musterstadt, Blatt _____ ist folgender Grundbesitz verzeichnet: _____

Zur laufenden Nr. 3 in Abteilung III ist folgendes Recht eingetragen:

Zwangssicherungshypothek über EURO 3.154,45 nebst Zinsen in Höhe von 5 Prozentpunkten über dem Basiszins seit 03.04.2015 für die WEG Musterstraße 11, Musterstadt (nachfolgend: Gläubigerin).

§ 2 Erklärungen des Verwalters

Der Unterzeichnende als Verwalter der Gläubigerin nach dem Wohnungseigentumsgesetz bestätig hiermit, dass die durch die in Abteilung III. zur lfd. Nr. 3 eingetragene Zwangssicherungshypothek gesicherte Forderung vom Eigentümer am _____ vollständig erfüllt worden ist.

Kosten dieser Urkunde werden nicht übernommen.

Erläuterungen

1. Grundlage. Mit der Rechtsfähigkeit der WEG ist diese auch grundbuchfähig geworden. Erlangt die Wohnungseigentümergemeinschaft also einen Vollstreckungstitel gegenüber einem Miteigentümer, z.B. auf Wohngeldzahlung, kann dieser Titel über eine Zwangssicherungshypothek abgesichert werden.

Erlischt die Forderung, z.B. durch Zahlung des Eigentümers, ist die Gemeinschaft diesem gegenüber verpflichtet, die zur Löschung notwendigen Erklärungen abzugeben.

407 **2. Vollmacht des Verwalters.** Während der Verwalter für die Abgabe einer Löschungsbewilligung keine gesetzliche Vollmacht hat, darf er auf Grundlage seiner gesetzlichen Vollmacht sehr wohl den Empfang von Leistungen für die Wohnungseigentümergemeinschaft quittieren. Nach § 27 Abs. 1. Nr. 5 WEG ist er berechtigt und verpflichtet, alle Zahlungen und Leistungen zu bewirken und entgegenzunehmen, die mit der laufenden Verwaltung des gemeinschaftlichen Eigentums zusammenhängen. Ist er aber verpflichtet, Gelder entgegenzunehmen, muss er auch berechtigt sein, die notwendigen Quittungen gemäß § 368 BGB zu erteilen.

408 **3. Form:** Die löschungsfähige Quittung muss gemäß § 29 GBO öffentlich beglaubigt sein.

409 **4. Kosten:** Die Kosten einer Quittung hat der Schuldner zu tragen. Sofern der Verwalter den Notar mit der Erstellung des Textes und der Beglaubigung beauftragt, ist die Wohnungseigentümergemeinschaft allerdings Schuldnerin für die Notarkosten.

C. Eigentümerversammlung

I. Einladung zur Eigentümerversammlung durch Verwalter

Max Mustermann Verwaltungen
Mustermann Straße 1
Musterstadt

410

An den/die Wohnungseigentümer
Herrn/Frau _____
Beispielstraße 11
Beispielstadt

Einladung zur 11. Eigentümerversammlung der Wohnungseigentümergemeinschaft Beispielstraße 11, Beispielstadt

Sehr geehrte Damen und Herren,

hiermit lade ich Sie zur ordentlichen Eigentümerversammlung am 02.04.2105 um 18.00 Uhr im Gemeindehaus Beispielstadt, Anschrift, ein.

Die Tagesordnung lautet wie folgt:

1. Feststellung der Beschlussfähigkeit und der Tagesordnung
2. Bericht des Verwalters und des Verwaltungsbeirats
3. Genehmigung der Gesamtjahresabrechnung und der Einzeljahresabrechnungen für das Jahr 2104 (Anlagen)
4. Genehmigung des Gesamtwirtschaftsplans und der Einzelwirtschaftspläne für das Jahr 2015 (Anlagen)
5. Entlastung des Verwalters für das Jahr 2014
6. Entlastung des Beirats für das Jahr 2104
7. Neuer Anstrich des Fahrradkellers
8. Sonstiges

Die Verwaltung weist darauf hin, dass sich nach der Teilungserklärung ein Wohnungseigentümer in der Versammlung nur durch einen anderen Wohnungseigentümer oder den Verwalter vertreten lassen kann. Erteilte Vollmachten müssen schriftlich in der Versammlung vorliegen.

Mit freundlichen Grüßen

Max Mustermann

Erläuterungen

1. Verpflichtung zur Einberufung. *1.1* Nach § 24 Abs. 1 WEG hat der Verwalter mindestens einmal im Jahr eine ordentliche Eigentümerversammlung einzuberufen; gemeint ist hierbei das Kalenderjahr.

411

1.2 Darüber hinaus muss eine Versammlung in den in der Gemeinschaftsordnung vorgesehenen Fällen einberufen werden oder wenn mehr als ein Viertel der Eigentümer dieses schriftlich unter

412

Angabe des Zwecks und des Grundes fordern, § 24 Abs. 2 WEG. Bei diesem Minderheitenquorum des § 24 Abs. 2 WEG gilt das Kopfprinzip, und zwar unabhängig davon, welche Art der Abstimmung die Gemeinschaftordnung für Beschlussfassungen in der Versammlung vorsieht. Dabei zählt jeder Eigentümer als ein »Kopf«, auch wenn er mehrere Wohnungen besitzt. Gehört ihm allerdings eine Wohnung allein und eine weitere zusammen mit einem anderen Eigentümer gemeinschaftlich, z.B. als Erbengemeinschaft o.ä., so zählt dieser Eigentümer einmal für die ihm allein gehörende Wohnung als ein »Kopf« und einmal gemeinschaftlich mit seinen Mitberechtigten für die andere Wohnung (OLG Düsseldorf ZMR 2004, 696). Bruchteilseigentümer können sich einem Einberufungsverlangen nur einheitlich anschließen. Auch ein vom Stimmrecht ausgeschlossener Eigentümer kann an dem Einberufungsverlangen nach § 24 Abs. 2 WEG mitwirken. Das Einberufungsverlangen ist schriftlich unter Angabe von Zweck und Gründen gegenüber dem Verwalter zu stellen.

413 **2. Adressaten.** *2.1* Einzuladen sind die zum Zeitpunkt der Versendung der Einladung **jeweiligen im Grundbuch** eingetragenen Wohnungseigentümer, und zwar unabhängig davon, ob sie im Einzelfalle von der Beschlussfassung ausgeschlossen wären. Denn auch die **von der Beschlussfassung ausgeschlossenen** Eigentümer haben zumindest das Recht, an der Versammlung teilzunehmen.

414 Anders ist es bei den Mitgliedern einer sog. werdenden Eigentümergemeinschaft. Eine solche liegt vor, wenn z.B. im Rahmen der Erstellung einer neuen Anlage die Erwerber noch nicht im Grundbuch eingetragen sind (dort also noch der Bauträger als Eigentümer steht), die Erwerber aber eine sog. rechtlich verfestigte Erwerbsposition besitzen (BGH ZMR 2008, 805 – V ZB 85/07). Eine solche rechtlich verfestigte Erwerbsposition besteht, wenn ein wirksamer, auf die Übereignung von Wohnungseigentum gerichteter Erwerbsvertrag vorliegt, der Übereignungsanspruch durch eine Auflassungsvormerkung gesichert ist und der Besitz an der Wohnung auf den Erwerber übergegangen ist. Hier ist eine zeitliche Vorverlagerung der Regelungen des WEG geboten, so dass diese werdenden Eigentümer alle Rechte und Pflichten eines eingetragenen Eigentümers haben (BGH ZMR 2008, 805 – V ZB 85/07). Das gilt nach Auffassung des BGH auch dann, wenn der erste Erwerber im Grundbuch eingetragen wird, die werdende Gemeinschaft sich also in eine Vollzug gesetzte Eigentümergemeinschaft wandelt. Der Erwerber mit der rechtlich gesicherten Erwerbsposition, der noch nicht als Eigentümer im Grundbuch eingetragen ist, behält seine Rechte und Pflichten aus der werdenden Eigentümergemeinschaft (BGH ZMR 2008, 805 – V ZB 85/07).

415 *2.2* Ein nach **Versendung der Einladungen bis zur Versammlung eintretender Eigentümerwechsel** führt nicht zur Anfechtbarkeit der in der Versammlung gefassten Beschlüsse. Das Gesetz sieht keine Regelungen dafür vor, dass der Wohnungseigentumsverwalter von Amts wegen Kenntnis über einen Eigentümerwechsel erhält. Damit ist die Initiative zur Mitteilung und zum Nachweis des Eigentümerwechsels in die Hände sowohl des Veräußerers als auch des Erwerbers gelegt. Der Erwerber ist mit der Grundbuchnachricht in der Lage, sich gegenüber dem Verwalter zu legitimieren. Der Erwerber kann erwarten oder muss es sich zumindest zurechnen lassen, dass der Veräußerer kurz vor der Eigentumsumschreibung noch eine Einladung zu einer Eigentümerversammlung erhält. Auch wenn ein Verwalter nach Mitteilung des Eigentümerwechsels zwischen Einladung und Versammlungstermin den Erwerber davon unterrichten wird, kann eine rechtliche Verpflichtung zu einer nachträglichen Einladung nicht angenommen werden, zumal auch die Einladungsfrist häufig nicht mehr eingehalten werden kann (KG ZMR 1997, 318, 319).

416 *2.3* Steht das Wohnungseigentum einer Personenmehrheit zu (z.B. Bruchteilsgemeinschaft oder Erbengemeinschaft), so sind sämtliche Mitglieder dieser Gemeinschaft einzuladen. Das gilt auch bei Ehepartnern, denen ein Wohnungseigentum in Bruchteilsgemeinschaft zusteht (Riecke/Schmid/*Riecke* § 24 Rn. 44). Ist die Ladung nur an einen der Ehepartner adressiert, liegt ein Ladungsmangel vor. Steht das Sonder- oder Teileigentum im Eigentum einer juristischen Person, ist deren Organ einzuladen. Sind bei einer GmbH z.B. mehrere Geschäftsführer vorhanden, genügt die Einladung eines Geschäftsführers (entsprechend § 125 Abs. 2 S. 3 HGB). Steht anderen Personen anstelle

des Eigentümers das Stimmrecht zu, so sind diese einzuladen, z.B. Insolvenzverwalter und Nachlassverwalter. Im Falle der Zwangsverwaltung soll auch der betroffene Eigentümer ein Recht zur Teilnahme haben, so dass auch er einzuladen ist (*Niedenführ/Kümmel/Vandenhouten* § 24 Rn. 31). Bei Testamentsvollstreckung ist auch der Erbe zur Teilnahme berechtigt und einzuladen (Riecke/Schmid/*Riecke* § 24 Rn. 46). Der Nießbrauchsberechtigte ist nicht stimmberechtigt und damit auch nicht teilnahmeberechtigt (BGH ZMR 2002, 440 – V ZB 24/01).

2.4. Wird ein Eigentümer versehentlich nicht eingeladen führt dieses nur zur Anfechtbarkeit der in der Versammlung gefassten Beschlüsse, nicht aber zur Nichtigkeit (BGH NJW 2015, 3571 – V ZR 235/11). Zur Kausalität eines Ladungsmangels vgl. unten Ziffer 9.

2.5. Misslingt die Ladung eines Eigentümers zu der Eigentümerversammlung ohne Verschulden der Verwaltung, weil ein Wohnungseigentümer seine ladungsfähige Anschrift nicht oder falsch mitteilt, muss er sich die unterbliebene Ladung als Folge seiner Obliegenheitsverletzung zurechnen lassen. In der Versammlung gefasste Beschlüsse können dann nicht wegen der unterbliebenen Ladung angefochten werden (BGH ZMR 2013, 975 – V ZR 241/12).

3. Form. *3.1* Die Einberufung erfolgt in Textform, § 24 Abs. 2 WEG, § 126b BGB. Dazu genügt, dass die Einladung zumindest in einer Weise abgegeben wird, die zur dauerhaften Wiedergabe in Schriftzeichen geeignet ist. Die Person des Erklärenden muss genannt und der Abschluss der Erklärung erkennbar sein. Die Textform des § 126b BGB wird auch gewahrt durch E-Mail, SMS oder auch ein Computerfax. Der Verwalter könnte die Einladung also auch durch eine Rundmail oder SMS verschicken, wenn sämtliche Eigentümer über entsprechende technische Empfangseinrichtungen verfügen und deutlich gemacht haben, diese auch für den Empfang solcher Mitteilungen zur Verfügung zu stellen. Insbesondere bei Versand per SMS dürfte die reine Mitteilung der Mobiltelefonnummer durch den Eigentümer nicht zugleich das Einverständnis darstellen, hierüber auch Einladungen zur Eigentümerversammlung als SMS entgegennehmen zu wollen (*Häublein* ZMR 2004, 723, 724). Ein **Mehrheitsbeschluss**, wonach Einladungen in Zukunft nur per Telefax oder E-Mail verschickt werden, dürfte nichtig sein. Für solche Regelungen fehlt der Gemeinschaft von vornherein die Beschlusskompetenz. 417

3.2 Ein Verstoß gegen das Formerfordernis des § 24 Abs. 2 WEG führt nicht allein zur Unwirksamkeit der in der Versammlung gefassten Beschlüsse (Riecke/Schmid/*Riecke* § 24, Rn. 33). Lässt sich allerdings nicht ausschließen, dass der Formfehler Einfluss auf die Beschlussfassung hatte und bei Einhaltung der Form Beschlüsse anders gefasst worden wären, sind alle in der Versammlung gefassten Beschlüsse für ungültig zu erklären. Zur Kausalität siehe unten Ziff. 9. 418

4. Zugang. *4.1* Die Einladung zur Eigentümerversammlung ist eine geschäftsähnliche Handlung, so dass die Vorschriften über Willenserklärungen, also auch § 130 BGB, zumindest entsprechend gelten (Staudinger/*Bub* (2005) WEG, § 24 Rn. 34). Die Einladung kann daher generell erst dann Wirkung entfalten, wenn sie den Eigentümern bzw. den sonstigen einzuladenden Personen auch zugeht. Wird ein Eigentümer nicht geladen, weil die Einladung nicht zugeht, so ist dieses ein formeller Mangel, der zur Anfechtbarkeit der gefassten Beschlüsse führen kann (BGH NJW 1999, 3713, 3714 – V ZB 17/99); die Beschlüsse sind unwirksam, wenn sich nicht ausschließen lässt, dass bei Ladung des betroffenen Eigentümers die Entscheidung anders ausgefallen wäre. Zur Kausalität siehe darüber hinaus unten Ziff. 9. 419

4.2 Viele Gemeinschaftsordnungen sehen daher eine Zugangsfiktion vor. Danach reicht der Nachweis, dass der Verwalter die Einladung an die letzte dem Verwalter bekannte Adresse des Eigentümers versandt hat. Zwar bestehen gegen eine solche Zugangsfiktion Bedenken, da sie gegen § 308 Nr. 6 BGB verstößt. Aus diesem Grunde ist sie in einem Verwaltervertrag auch unwirksam. In einer Gemeinschaftsordnung kann diese Zugangsfiktion jedoch wirksam vereinbart werden (OLG Hamburg ZMR 2006, 704; Staudinger/*Bub* (2005) § 24 WEG Rn. 17); die Fiktion greift aber nur, wenn der Zugang mangels nicht mitgeteilter Adressänderung tatsächlich nicht erfolgt, andere Zugangshindernisse werden hierdurch nicht geheilt (OLG Hamburg ZMR 2006, 704). Im Einzelfall mag darüber nachgedacht werden, ob eine Berufung auf den fehlenden Zugang der 420

Einladung rechtsmissbräuchlich sein kann, wenn der betroffene Eigentümer seine neue Anschrift dem Verwalter nicht mitteilt, denn in diesem Falle trägt der betroffene Miteigentümer die alleinige Schuld am fehlenden Zugang (Staudinger/*Bub* (2005) § 24 WEG, Rn. 17a).

421 **5. Frist.** *5.1* Die Einberufungsfrist beträgt zwei Wochen, § 24 Abs. 4 WEG.

422 *5.2* Die Frist beginnt mit dem Zugang der Einladung bei dem letzten Eigentümer oder aber, bei Vereinbarung einer Zugangsfiktion, mit Versendung der Einladung durch den Verwalter. Für die Fristberechnung gelten die §§ 187, 188 BGB (Staudinger/*Bub* (2005), § 24 WEG Rn. 82). § 193 BGB, der die Folgen regelt, falls das Ende einer Frist auf einen Sonnabend oder einen Feiertag fällt, findet keine Anwendung, da es nicht um die Abgabe einer Willenserklärung geht (*Niedenführ/Kümmel/Vandenhouten* § 24 Rn. 18). Eine Unterschreitung der Frist in dringenden Fällen ist möglich, allerdings dürfen dann auch nur dringende Tagesordnungspunkte verhandelt werden. Eine Fristunterschreitung ohne Dringlichkeit führt nicht bereits automatisch zur Anfechtbarkeit der in der Versammlung geführten Beschlüsse, sondern nur dann, wenn ein Eigentümer aufgrund der unzulässigen Fristunterschreitung gehindert war, an der Versammlung teilzunehmen oder sich hinreichend hierauf vorzubereiten und dieses kausal für die dort gefassten Beschlüsse war, zur Kausalität vgl. unten Ziff. 9.

423 **6. Versammlungsort.** Zur Frage des Versammlungsortes schweigt das Gesetz; die Rechtsprechung hat aber relativ genaue Kriterien hierzu entwickelt. Soweit die Gemeinschaftsordnung nichts anderes aussagt, hat die Versammlung in **räumlicher Nähe** zu dem Objekt stattzufinden, und zwar auch dann, wenn die überwiegende Anzahl der Miteigentümer von auswärts kommt, z.B. bei einem reinen Anlageobjekt (OLG Köln ZMR 2006, 384). Der konkrete Versammlungsort muss so ausgestaltet sein, dass die Nichtöffentlichkeit der Versammlung gewährleistet ist. Der Stammtisch in einem Lokal unter Anwesenheit weiterer Lokalbesucher reicht dafür nicht (OLG Frankfurt NJW 1995, 3395). Wird ein Versammlungsort gewählt, den ein behinderter Miteigentümer aufgrund der besonderen Lage des Ortes nicht erreichen kann und hält der Einladende trotz Kenntnis daran fest, kommt dieses im Ergebnis einer vorsätzlichen Nichtladung des betroffenen Miteigentümers gleich. Dieses kann zur Nichtigkeit sämtlicher in der Versammlung gefassten Beschlüsse führen, denn eine bewusste Umgehung des Mitwirkungsrechtes des einzelnen Wohnungseigentümers darf nicht sanktionslos bleiben und kann daher umgekehrt nicht unter Berufung auf eine vermeintlich fehlende Kausalität des Verfahrensmangels für die Beschlussfassung geheilt werden (OLG Köln ZMR 2004, 299, 300).

424 **7. Die Zeit.** Zu unterscheiden sind der Wochentag und die Uhrzeit.

425 Unproblematisch ist die Einberufung einer Wohnungseigentümerversammlung auf einen **Werktag**. Werktage sind alle Wochentage, die nicht Sonntage sind oder durch Bundes- oder Landesgesetze zu Feiertagen erklärt worden sind. An diesen Tagen kann generell eine Eigentümerversammlung stattfinden, ohne gegen die ordnungsgemäße Verwaltung zu verstoßen.

426 Artikel 140 des Grundgesetzes in Verbindung mit Art. 139 der Weimarer Reichsverfassung schützt staatlich anerkannte Feiertage als Tage der Arbeitsruhe und der seelischen Erhebung. Diese Regelung entspricht in etwa den Regelungen in den Feiertagsgesetzen der einzelnen Bundesländer. Dort ist in etwa gleichlautend jeweils geregelt, dass an Sonntagen und den gesetzlichen Feiertagen öffentlich bemerkbare Arbeiten, die geeignet sind, die Ruhe des Tages zu beeinträchtigen, verboten sind. Darüber hinaus sind alle Handlungen zu vermeiden, die geeignet sind, die Gottesdienste zu stören. In Zeiten des Hauptgottesdienstes gelten darüber hinaus oftmals weitere Einschränkungen. Diese Zeit endet in der Regel gegen 11.00 Uhr.

427 Diese **Sonn- und Feiertage** sind im Hinblick auf die Abhaltung einer Wohnungseigentümerversammlung nicht ohne weiteres heilig. So werden Versammlungen am Sonntag nur vor 11.00 Uhr als unzulässig angesehen (BayObLG NJW-RR 1987, 1362; OLG Stuttgart NJW-RR 1986, 315). Eine Versammlung am Karfreitag von 16.00 bis 18.40 Uhr war ebenfalls als zulässig erachtet worden (OLG Schleswig NJW-RR 1987, 1362; anders noch das LG Lübeck als Vorinstanz (NJW-RR

1896, 813), das den Karfreitag als unzumutbar für die Durchführung der Versammlung erachtete; das Amtsgericht hatte die Versammlung wohl für zulässig gehalten (nicht veröffentlicht).

Die Zulässigkeit von Versammlungen am Sonntag nach 11.00 Uhr wird damit begründet, dass auch nach den öffentlich-rechtlichen Vorschriften zum Schutz der Feiertage als besonders schutzbedürftig die Zeit der Hauptgottesdienste, in der Regel bis 11.00 Uhr, angesehen werde (BayObLG NJW-RR 1987, 1362; OLG Stuttgart NJW-RR 1986, 315, 316). Darüber hinaus sei eine Eigentümerversammlung zulässig, sofern sie nicht öffentlich, sondern privat und in geschlossenen Räumen stattfinde, den Gottesdienst nicht störe und weder der Unterhaltung noch dem Vergnügen diene (OLG Schleswig NJW-RR 1987, 1362). Das OLG Schleswig hatte in dieser Entscheidung auch nicht das Argument gelten lassen, dieser Feiertag solle doch der seelischen Erhebung dienen, was den Besuch einer Eigentümerversammlung ausschließe; denn nach gewandelter Wertanschauung werde ein Feiertag von der weit überwiegenden Mehrheit der Bevölkerung praktisch ohnehin zu außerhalb der seelischen Erhebung stehenden Zwecken genutzt und sei deshalb nicht anders zu bewerten ist als die Freizeit an sonstigen arbeitsfreien Tagen auch. 428

Allgemeine **Schulferien** sollen nach teilweise vertretener Auffassung der Durchführung einer Eigentümerversammlung nicht entgegenstehen (Riecke/Schmid/*Riecke*, § 24, Rn. 24; Staudinger/*Bub* (2005), § 24 WEG, Rn. 49). Durch die Abhaltung jedenfalls einer außerordentlichen Versammlung in den örtlichen Schulferien werde den Wohnungseigentümern die Teilnahme nicht in unzumutbarer Weise erschwert, so das BayObLG im Jahre 2002 (BayObLG ZMR 2002, 774). Anders hat es das BayObLG im Jahre 2004 für die Mitgliederversammlung eines Vereins bewertet (Zur Anwendbarkeit der Regeln über den Verein vgl. OLG Frankfurt, OLGZ 1982, 418). Dort sollte die Einberufung einer Mitgliederversammlung eines Vereines mit 80 Mitgliedern während der Hauptferienzeit nicht verkehrsüblich und daher unangemessen sein, da der Verein noch nie zu dieser Zeit Mitgliederversammlungen durchgeführt hatte und auch kein Fall der Dringlichkeit vorlag (BayObLG NZM 2005, 280). Diese Grundsätze werden sich auch auf die Wohnungseigentümerversammlung übertragen lassen. Da die Eigentümerversammlung am Ort der Anlage stattzufinden hat, sollte zumindest die Hauptferienzeit in diesem Bundesland im Sommer für eine Wohnungseigentümerversammlung tabu sein, wenn nicht ein dringender Fall vorliegt. Zumindest ist mit hiereichender Vorlaufzeit einzuladen, wobei die normale gesetzliche Ladungsfrist von zwei Wochen hierbei nicht ausreichen soll (LG Karlsruhe NJW-RR 2014, 197). 429

Die Zeit zwischen **Weihnachten und Neujahr** ist für die Durchführung von Wohnungseigentümerversammlungen durchaus geeignet. Allerdings hatte das OLG Hamm im Jahre 2000 entschieden, dass der Verwalter in einer Anlage mit nur drei Einheiten auf den Verlegungswunsch eines einzelnen Miteigentümers Rücksicht nehmen müsse (OLG Hamm ZMR 2001, 383). 430

Bisher scheint noch kein Verwalter auf die Idee gekommen zu sein, eine Versammlung auf den Termin eines zumindest lokal **bedeutsamen Sportereignisses** anzuberaumen und sich damit eine Anfechtung einzuhandeln; denkbar wäre ja z.B. das Endspiel einer Fußballweltmeisterschaft oder aber auch der letzte Spieltag der Fußballbundesliga, bei der der örtliche Verein um die Meisterschaft kämpft. Rechtsprechung hierzu gibt es daher nicht. Die Literatur tendiert eher dazu, Sportereignisse nicht als Hinderungsgrund für eine Versammlung anzusehen und allenfalls vielleicht bei internationalen Sportgroßereignissen eine Ausnahme zu machen (Riecke/Schmid/*Riecke*, § 24, Rn. 25; Staudinger/*Bub* (2005), § 24, Rn. 49; Steinmeyer, in: Timme, in: BeckOK WEG § 24, Rn. 75). 431

Zur Frage, welche **Uhrzeit** für eine Versammlung zulässig sei und welche Zeit andererseits eine Terminierung zur »Unzeit« darstelle, gibt es einige Entscheidungen, die in der gängigen Kommentarliteratur auch immer wieder zitiert werden (OLG Düsseldorf WuM 1993, 305; OLG Köln ZMR 2005, 77; AG Köln ZMR 2004, 546; AG Hamburg-Wandsbek ZRM 2004, 224; LG München I NZM 2005, 591; OLG Stuttgart WE 1994, 146; OLG Zweibrücken WE 1994, 146 AG Köln ZMR 2004, 546). Letztlich ist der Verwalter auch bei der Auswahl der Uhrzeit gehal- 432 ten, sein Ermessen so auszuüben, dass es dem Interesse der Gesamtheit der Wohnungseigentümer nach billigem Ermessen entspricht: Der Zeitpunkt einer Eigentümerversammlung muss danach verkehrsüblich und zumutbar sein (AG Köln ZMR 2004, 546). Insbesondere müssen auch berufstätige Wohnungseigentümer Gelegenheit haben, selbst an der Versammlung teilzunehmen. Die Abhaltung einer Versammlung an einem Wochentag um 17.00 Uhr sei nach der Entscheidung des AG Köln unter Berücksichtigung normaler Arbeitszeiten nicht gerade nicht verkehrsüblich, denn bei einer solchen Versammlungszeit müssten selbst vor Ort oder in der näheren Umgebung wohnhafte berufstätige Wohnungseigentümer Urlaub nehmen, um persönlich an der Versammlung teilnehmen zu können. Das LG München I hat sogar eine Versammlung um 17.30 Uhr als »zu früh« beurteilt, wenn in einer Kleinanlage ein Eigentümer zu dieser Zeit beruflich an der Teilnahme gehindert ist und er hierauf auch hinweist (LG München I NZM 2005, 591).

433 Ob 16.00 oder 17.00 Uhr zulässig seien, hat das Amtsgericht Hamburg-Wandsbek dahin stehen lassen, die dort auf 14.00 Uhr anberaumte Versammlung hatte jedenfalls zur Unzeit stattgefunden (AG Hamburg-Wandsbek ZMR 2004, 224).

434 An einem Sonnabend nach einem Feiertag soll auch eine Versammlung um 20.00 Uhr akzeptabel sein (OLG Zweibrücken, WE 1994, 146). An einem Karfreitag war eine Versammlung, die um 16.00 Uhr begann, ebenfalls nicht beanstandet worden (OLG Schleswig NJW-RR 1987, 1362).

435 Formelle Mängel bei der Einladung zu einer Eigentümerversammlung führen in der Regel nicht zur Nichtigkeit, sondern nur zur Anfechtbarkeit der in der Versammlung gefassten Beschlüsse. Eine Nichtigkeit kommt nur in Ausnahmefällen in Betracht, z.B. bei etwa bei Sittenwidrigkeit des Beschlussinhalts, bei Verstößen gegen zwingende gesetzliche Verbote oder unabdingbare Regelungen des Wohnungseigentumsgesetzes oder bei absoluter Unzuständigkeit der Wohnungseigentümerversammlung (KG NJW-RR 1997, 1171 1172). Die Anfechtung hat nur dann Erfolg, wenn der Ladungsmangel für die Beschlussfassung kausal war. Zur Kausalität vgl. unten Ziffer 9.

436 **8. Tagesordnung.** *8.1* Nach § 23 Abs. 2 WEG ist der **Gegenstand des Beschlusses** bei der Einberufung zur Wohnungseigentümerversammlung zu bezeichnen. Dabei muss nicht schon der konkret zu fassende Beschluss formuliert werden. Es reicht, dass die Einladung die Tagesordnungspunkte richtig, eindeutig und verständlich formuliert (Staudinger/*Bub* (2005) § 23 WEG Rn. 187). Der Eigentümer soll verstehen und überblicken können, was in tatsächlicher und rechtlicher Hinsicht erörtert und beschlossen werden soll und welche Auswirkungen der vorgesehene Beschluss insoweit auf die Gemeinschaft und ihn selbst hat und ob er vor diesem Hintergrund an der Versammlung teilnehmen will (BGH ZMR 2012, 380 – V ZR 129/11; BGH ZMR 2013, 975 – V ZR 241/12). Je komplizierter ein Beschlussgegenstand, desto größer das Informationsbedürfnis des Miteigentümers. Es kann daher, z.B. bei Instandsetzungs- oder Sanierungsmaßnahmen, durchaus geboten sein, der Einladung Unterlagen, z.B. Angebotsübersichten o.ä., beizufügen. So reicht es bei der umfangreichen Sanierung einer mittelgroßen Wohnanlage nicht aus, in der Einberufung zur Eigentümerversammlung lediglich den »Beschluss über ergänzende und weiterführende Beschlüsse zur Großsanierung« anzukündigen, wenn sodann über konkrete bauliche Einzelmaßnahmen beschlossen werden soll (OLG München ZMR 2006, 954). Soll der Verwalter aus wichtigem Grund abberufen werden, reicht es nicht, dieses als »Diskussion und Beschlussfassung über den Verwalter« zu bezeichnen (Rechtshandbuch-Wohnungseigentum/*Scheel* Teil 12 Rn. 56). Bei der Neuwahl eines Teils der Mitglieder des Verwaltungsbeirats reicht es nicht aus, wenn sich in der Tagesordnung lediglich der Tagesordnungspunkt »Neuwahl des Verwaltungsbeirats« findet, ohne dass im Einzelnen dargelegt wird, welcher Mitglieder Amtszeit ausläuft (Riecke/Schmid/*Abramenko* § 29 Rn. 5).

437 *8.2* Die Tagesordnung wird vom Verwalter nach den Grundsätzen der ordnungsmäßigen Verwaltung erstellt. Auch ein einzelner Wohnungseigentümer kann – ohne dass ein Minderheitenquorum (§ 24 Abs. 3 WEG) gegeben ist – die Aufnahme von Verhandlungsgegenständen auf die Tagesordnung einer Eigentümerversammlung verlangen, wenn ihre Beratung ordnungsmäßiger

C. Eigentümerversammlung

Verwaltung entspricht (OLG Saarbrücken ZMR 2004, 533; OLG Frankfurt a.M. ZMR 2009, 133; LG MünchenZMR 2012, 135; LG Hamburg ZWE 2013, 135).

8.3 In der Versammlung kann die Tagesordnung nur dann **erweitert** werden, wenn alle Eigentümer persönlich erschienen sind und dieses bewusst billigen. Ist ein Eigentümer nur durch einen Bevollmächtigten vertreten, scheidet die Erweiterung aus (BayObLG WE 1988, 67; OLG Hamm NJW-RR 1993, 468, 469). Die **Reihenfolge** der Tagesordnung wird vom Einladenden bestimmt. In der Eigentümerversammlung ist diese Reihenfolge grundsätzlich einzuhalten. Es muss also Punkt für Punkt abgearbeitet werden. Davon kann allerdings aufgrund eines Geschäftsordnungsbeschlusses abgewichen werden. Wird hiergegen verstoßen und verlässt ein Wohnungseigentümer die Versammlung in der begründeten Annahme, ein ihn besonders interessierender Tagesordnungspunkt sei ohne Abstimmung erledigt, obwohl sodann später noch ein Eigentümerbeschluss zu diesem Punkt gefasst wird, ist dieser Beschluss anfechtbar (BayObLG NZM 1999, 672). Zum Geschäftsordnungsbeschluss s. Formular C.IX. 438

9. Kausalität von Ladungsmängeln Ein Verstoß gegen die Formalitäten der Einladung, führt nicht zur Nichtigkeit des dennoch gefassten Beschlusses, sondern nur zu dessen Anfechtbarkeit nach § 23 Abs. 4 WEG (OLG München NJW-RR 2007, 1245, 1246). 439

Die Anfechtung hat nur dann Erfolg, wenn der Ladungsmangel für die Beschlussfassung kausal war, wobei die Kausalität zunächst widerlegbar vermutet wird (KG ZMR 1999, 426; *Merle*, in: Bärmann, § 23 Rn. 102 – unwiderlegbare Vermutung). Die Darlegungs- und Beweislast dafür, dass das Beschlussergebnis nicht auf dem Ladungsmangel beruht, liegt bei den Beklagten (*Merle*, in: Bärmann, § 23 Rn. 185; *Rau* ZMR 1998, 1, 4); einen solchen Beweis zu führen, dürfte den Beklagten jedoch in der Regel schwerfallen, denn für die Feststellung, dass ein Einberufungsmangel sich nicht auf das Ergebnis eines angefochtenen Beschlusses ausgewirkt hat, müssen strenge Maßstäbe bei den Feststellungen zugrunde gelegt werden; die Einberufungsvorschriften sollen nämlich gewährleisten, dass jeder Wohnungseigentümer an der Willensbildung der Gemeinschaft mitwirken kann, und zwar auch dann, wenn er sich mit seinen Vorstellungen in einer Minderheitenposition befindet (OLG Hamm, Entscheidung v. 19.04.1995 – 15 W 26/95 zitiert nach juris). Eine Feststellung, ein Einberufungsmangel sei für den ergangenen Beschluss nicht kausal gewesen, ist nur dann zulässig, wenn kein vernünftiger Zweifel daran in Betracht kommt, dass auch bei ordnungsgemäßer Einberufung und Durchführung der Versammlung das Beschlussergebnis weder hätte beeinflusst noch im Ergebnis hätte anders lauten können. Dieser bedeutet, dass die Möglichkeit, dass bei einer ordnungsgemäßen Einladung die Wohnungseigentümerversammlung einen anderen Verlauf genommen hätte und das Beschlussergebnis anders ausgefallen wäre, nicht nur unwahrscheinlich sein muss, sondern bei vernünftiger Betrachtung unter gar keinen Umständen in Betracht kommt (OLG Düsseldorf ZMR 1998, 244, 245). Dass ein gleiches Beschlussergebnis bei ordnungsgemäßer Einladung nur sehr wahrscheinlich der Fall gewesen wäre, genügt nicht, um annehmen zu können, der Eigentümerbeschluss beruhe nicht auf dem Einberufungsmangel (BayObLG NJW-RR 1986, 813, 814). In diesem Sinne hatte es z.B. das Kammergericht als unzulässig angesehen, nicht erschienene Wohnungseigentümer danach zu fragen, wie sie abgestimmt hätten, wenn sie ihr Stimmrecht hätten ausüben können; da diese Wohnungseigentümer weder zur Eigentümerversammlung erschienen seien noch tatsächlich abgestimmt hätten, könne eben nicht mit Sicherheit festgestellt werden, dass der Einberufungsmangel auf die Beschlussfassung ohne Einfluss geblieben sei (KG NZM 1999, 850, 852). 440

10. Hinweis auf Vertretungsbeschränkungen. Ein solcher Hinweis ist nicht zwingend notwendig. Unterbleibt er, führt dieses nicht etwa zur Anfechtbarkeit der in der Versammlung gefassten Beschlüsse, auch wenn die Stimme eines Miteigentümers nicht berücksichtigt werden konnte, weil dieser bei seiner Bevollmächtigung die Beschränkungen der Teilungserklärung nicht beachtet hatte. Es ist den Miteigentümern stets zuzumuten, selbst anhand der Teilungserklärung zu überprüfen, welche Voraussetzungen ein von ihnen entsandter Vertreter erfüllen muss (KG ZMR 2005, 567). Ein Hinweis auf die Vertretungsbeschränkungen bietet sich aber an, um Unruhe in der Versammlung zu vermeiden. Es kann treuwidrig sein, eine nicht der Teilungserklärung ent- 441 sprechende Vollmacht zurückzuweisen, wenn diese in der Vergangenheit stets akzeptiert worden ist (OLG Hamm NJW-RR 1997, 846).

II. Einladung zur Eigentümerversammlung durch Verwalter mit Eventualeinberufung

442 **Muster: wie Formular C.I., aber mit folgendem Zusatz:**

Die Versammlung wird nur beschlussfähig sein, wenn die erschienenen und stimmberechtigten Eigentümer mehr als die Hälfte der Miteigentumsanteile repräsentieren oder vertreten.

Für den Fall, dass die Versammlung nicht beschlussfähig sein sollte, berufe ich hiermit unter Bezugnahme auf Ziffer XX. der Gemeinschaftordnung für den gleichen Tag, den 02.04.2015 um 19.00 Uhr im Gemeindehaus Beispielstadt, Anschrift, eine Ersatzversammlung mit gleicher Tagesordnung ein. Ich weise darauf hin, dass diese Versammlung unabhängig von der Anzahl der erschienenen oder vertretenen Miteigentumsanteile beschlussfähig sein wird.

Erläuterungen

443 **1. Ersatzversammlung/Eventualeinberufung.** *1.1* Gemäß § 25 Abs. 3 WEG ist eine Eigentümerversammlung nur beschlussfähig, wenn die erschienenen oder vertretenen Eigentümer mindestens 50 % der Miteigentumsanteile repräsentieren. Ist dieses nicht der Fall, hat der Verwalter nach § 25 Abs. 4 WEG eine Ersatzversammlung mit dem gleichen Gegenstand einzuberufen, die dann ohne Rücksicht auf die vertretenen Miteigentumsanteile beschlussfähig ist. Nur wenn die Gemeinschaftsordnung es ausdrücklich zulässt oder die Eigentümer es anderweitig vereinbart haben, kann die Einberufung zur Ersatzversammlung gleichzeitig mit der Einberufung zur Erstversammlung erfolgen (Riecke/Schmid/*Riecke* § 24, Rn. 65; OLG Frankfurt NZM 2007, 806), man spricht dann von einer Eventualeinberufung. Ohne solche Ermächtigung durch eine Vereinbarung der Eigentümer ist eine Eventualeinberufung rechtswidrig. In einer solchen, rechtswidrigen Zweitversammlung gefasste Beschlüsse sind nicht nichtig, aber anfechtbar, wenn die Beschlussfassung auf dem Einladungsmangel beruht (Staudinger/*Bub* (2005), § 26, Rn. 261) Zur Kausalität von Beschlussmängeln vgl. Formular C.I. Ziff. 9.

444 *1.2* Soweit in der Gemeinschaftsordnung nichts Entsprechendes geregelt ist, kann die Ersatzversammlung erst einberufen werden, wenn die Beschlussunfähigkeit der Erstversammlung feststeht (OLG Köln NJW-RR 1990, 26). Ein Mehrheitsbeschluss, der in Abweichung von § 25 Abs. 4 WEG vorsieht, dass mit der Einladung zur Eigentümerversammlung zugleich zur Ersatzversammlung am selben Tag geladen werden kann, weicht von der im Gesetz vorgesehenen Systematik ab und ist nichtig (OLG Köln NJW-RR 1990, 26; Riecke/Schmid/*Riecke* § 24 Rn. 64).

445 *1.3* Ist die Eventualeinberufung gleichzeitig mit der Erstversammlung in der Gemeinschaftsordnung ausdrücklich zugelassen, muss die Erstversammlung nach Eintritt der Beschlussunfähigkeit formell geschlossen werden, bevor die Ersatzversammlung eröffnet werden kann. Ein formloser Übergang von der einen in die andere Versammlung ist aus Gründen der Rechtssicherheit nicht zulässig, da für jeden Versammlungsteilnehmer ersichtlich sein muss, ob die Beschlussfähigkeit gegeben ist (OLG Frankfurt NZM 2007, 806, 810).

446 **2. Zeitpunkt.** Sieht die Gemeinschaftsordnung konkrete Vorgaben für den Zeitpunkt der Zweitversammlung vor, sind diese einzuhalten. Maßstab für die ordnungsgemäße Einberufung sind dann die Regelungen der Teilungserklärung und nicht mehr das Gesetz *(Staudinger/Bub* (2005) WEG, § 26 Rn. 263).

III. Einladung zur Ersatzversammlung durch den Verwalter

Wie Formular C.I., hinter TO aber folgender Text: 447

Die Eigentümerversammlung am 02.04.2015 war nicht beschlussfähig, da nicht mindestens di e Hälfte aller Miteigentumsanteile anwesend oder vertreten war. Ich berufe daher hiermit eine zweite Versammlung mit der gleichen Tagesordnung ein für den _____ um _____ Uhr in _____ .

Ich weise darauf hin, dass diese Versammlung unabhängig von der Anzahl der erschienenen oder vertretenen Miteigentumsanteile beschlussfähig sein wird.

_____
(Unterschrift)

Erläuterungen

1. Ersatzversammlung. Gemäß § 25 Abs. 3 WEG ist eine Eigentümerversammlung nur beschlussfähig, wenn die erschienenen oder vertretenen Eigentümer mindestens 50 % der Miteigentumsanteile repräsentieren. Ist dieses nicht der Fall, hat der Verwalter nach § 25 Abs. 4 WEG eine Ersatzversammlung mit dem gleichen Gegenstand einzuberufen, die dann ohne Rücksicht auf die vertretenen Miteigentumsanteile beschlussfähig ist. Soweit in der Gemeinschaftsordnung nichts Entsprechendes geregelt ist, kann die Ersatzversammlung erst einberufen werden, wenn die Beschlussunfähigkeit der Erstversammlung feststeht (OLG Köln NJW-RR 1990, 26). Lediglich wenn dieses in der Gemeinschaftsordnung ausdrücklich zugelassen ist, kann bereits mit der Einladung zur ersten Versammlung auch die zweite Versammlung als sog. Eventualversammlung einberufen werden (Riecke/Schmid/*Riecke*, § 24 Rn. 65; OLG Frankfurt NZM 2007, 806). Ein Mehrheitsbeschluss, der in Abweichung von § 25 Abs. 4 WEG vorsieht, dass mit der Einladung zur Eigentümerversammlung zugleich zur Ersatzversammlung am selben Tag geladen werden kann, ist nichtig (OLG Köln NJW-RR 1990, 26). 448

IV. Einberufung durch Vorsitzenden des Beirats

Friedel Vorsitz 449
Beispielstraße 11
Beispielstadt

An den/die Wohnungseigentümer
Herrn/Frau _____
Beispielstraße 11
Beispielstadt

Einladung zur 11. Eigentümerversammlung der Wohnungseigentümergemeinschaft Beispielstraße 11, Beispielstadt

Sehr geehrte Damen und Herren,

das Amtsgericht hat die Wahl der Firma Mustermann zur Verwalterin unserer Wohnungseigentumsanlage für unwirksam erklärt. Das Urteil ist rechtskräftig. Die Wohnungseigentümergemeinschaft hat damit zurzeit keinen Verwalter.

Als Vorsitzender des Verwaltungsbeirats lade ich Sie daher gem. § 24 Abs. 3 WEG zur ordentlichen Eigentümerversammlung am 20.10.2015 um 18.00 Uhr im Gemeindehaus Beispielstadt, Anschrift, ein.

Die Tagesordnung lautet wie folgt:

1. **Feststellung der Beschlussfähigkeit und der Tagesordnung**
2. **Wahl eines neuen Verwalters**
3. **Entlastung des bisherigen Verwalters für seine Tätigkeit bis zur Rechtskraft des Urteils**
4. **Sonstiges**

Mit freundlichen Grüßen

Friedel Vorsitz

Erläuterungen

450 **1. Grundlage.** Nach § 24 Abs. 3 WEG kann der Vorsitzende des Beirats eine Versammlung einberufen, wenn ein Verwalter fehlt oder dieser sich pflichtwidrig weigert, eine Versammlung einzuberufen. Der Verwalter fehlt, wenn seine Bestellungszeit ausgelaufen, seine Wahl rechtskräftig für unwirksam erklärt worden oder er tatsächlich, z.B. durch andauernde Krankheit, verhindert ist. Wäre der existierende Verwalter verpflichtet, eine Versammlung einzuberufen, tut er dieses aber nicht, besteht ebenfalls das Einberufungsrecht des Beiratsvorsitzenden oder seines Vertreters. Ist kein Beirat gewählt, wird es schwierig. Ist noch ein Verwalter vorhanden, weigert sich dieser aber pflichtwidrig, eine Versammlung einzuberufen, kann ein einzelner Eigentümer den Verwalter zur Einberufung einer Eigentümerversammlung gerichtlich zwingen. Der Anspruch resultiert aus § 21 Abs. 4 WEG als Anspruch auf ordnungsmäßige Verwaltung *(Niedenführ/Kümmel/Vandenhouten* § 24 Rn. 15). Existiert weder ein Verwalter noch ein Verwaltungsbeirat, so kann ein einzelner Wohnungseigentümer eine Versammlung einberufen, wenn er hierzu von allen Eigentümern ermächtigt worden ist. Verweigert ein einzelner Eigentümer seine Ermächtigung hierzu, kann er auf Erteilung der Ermächtigung verklagt werden, wenn die Durchführung der Versammlung ordnungsmäßiger Verwaltung entspricht *(Niedenführ/Kümmel/Vandenhouten* § 24 Rn. 4).

V. Einberufung einer außerordentlichen Versammlung durch den Verwalter auf Antrag der Eigentümer

451 **Max Mustermann Verwaltungen**
Mustermann Straße 1
Musterstadt

An den/die Wohnungseigentümer
Herrn/Frau _____
Beispielstraße 11
Beispielstadt

Einladung zur 12. Eigentümerversammlung (außerordentliche Eigentümerversammlung) der Wohnungseigentümergemeinschaft Beispielstraße 11, Beispielstadt

Sehr geehrte Damen und Herren,

hiermit lade ich Sie zur außerordentlichen Eigentümerversammlung am 22.04.2015 um 18.00 Uhr im Gemeindehaus Beispielstadt, Anschrift, ein.

Die Tagesordnung lautet wie folgt:

1. Feststellung der Beschlussfähigkeit und der Tagesordnung
2. Abberufung des Verwalters und Kündigung des Verwaltervertrages
3. Sonstiges

Die Einberufung erfolgt nach § 24 Abs. 2 WEG auf Antrag von mehr als einem Viertel der Wohnungseigentümer. Das entsprechende Schreiben dieser Wohnungseigentümer ist der Einladung in Kopie beigefügt.

Die Verwaltung weist darauf hin, dass sich nach der Teilungserklärung ein Wohnungseigentümer in der Versammlung nur durch einen anderen Wohnungseigentümer oder den Verwalter vertreten lassen kann. Erteilte Vollmachten müssen schriftlich in der Versammlung vorliegen.

Mit freundlichen Grüßen

Max Mustermann

Erläuterungen

1. Verpflichtung zur Einberufung. Nach § 24 Abs. 2 WEG ist der Verwalter u.a. dann zur Einberufung einer außerordentlichen Eigentümerversammlung verpflichtet, wenn mehr als ein Viertel der Eigentümer dieses schriftlich unter Angabe des Zwecks und der Gründe verlangen. 452

2. Antragsberechtigte. Der Antrag muss von mehr als einem Viertel der Wohnungseigentümer gestellt werden. Dazu gehören auch die Teileigentümer (§ 1 Abs. 6 WEG). 453

3. Formelle Voraussetzungen. *3.1* Der Antrag muss **schriftlich** unter Angabe von **Zweck und Gründen** an den Verwalter gerichtet werden. Hinsichtlich des Formerfordernisses gelten §§ 126 ff. BGB. Ein Telefaxschreiben wahrt also nicht die Schriftform (OLG Hamburg NJW 1990, 613). Das Einberufungsverlangen muss nicht von allen Eigentümern, die dieses unterstützen, auf einer Urkunde unterschrieben sein. Es genügt, wenn entsprechende gleichlautende Schreiben beim Verwalter eingehen oder ein Eigentümer das Verlangen in Vollmacht seiner Miteigentümer stellt (Staudinger/*Bub* (2005) § 24 WEG Rn. 66a). Im Falle einer Vollmacht bedarf diese nicht der für das Einberufungsverlangen notwendigen Form. Der Verwalter kann das Einberufungsverlangen ohne Vorlage einer entsprechenden Vollmacht allerdings unter den Voraussetzungen des § 174 BGB zurückweisen (*Niedenführ/Kümmel/Vandenhouten* § 24 Rn. 11). 454

3.2 Die Angabe des **Zwecks** ist notwendig, um den Beschlussgegenstand und somit die Angaben für eine Tagesordnung zu konkretisieren. Hinsichtlich des **Grundes** ist darzulegen, warum diese Angelegenheit nicht bis zur nächsten ordentlichen Eigentümerversammlung warten kann. Insgesamt dürfen an diese Angaben aber keine zu hohen Anforderungen gestellt werden. 455

3.3 Der Verwalter hat kein **materielles Prüfungsrecht**. Ob der Grund tatsächlich vorhanden ist oder die Angelegenheit nicht bis zur nächsten ordentlichen Versammlung warten kann, darf der Verwalter nicht bewerten. Er hat allerdings die **formellen Voraussetzungen** hinsichtlich Form, Angabe von Grund und Zweck sowie das notwendige Quorum zu prüfen. Allerdings soll der Verwalter das Recht haben, sich über offenkundig rechtsmissbräuchliche Einberufungsverlangen hinwegzusetzen (Staudinger/*Bub* (2005) § 24 WEG Rn. 68a). Ein solches soll z.B. vorliegen, wenn die Angelegenheit nicht in die Beschlusskompetenz der Eigentümergemeinschaft fällt oder diese in der Sache bereits entschieden hat und keine neuen, bisher unberücksichtigten Gesichtspunkte vorgetragen werden (Staudinger/*Bub* (2005) § 24 WEG Rn. 68a). Da die Willensbildung der Gemeinschaft sich in der Eigentümerversammlung konstituiert und § 24 Abs. 2 WEG der Minder- 456 heit das Recht zur Initiative zur Einberufung einer solchen zuspricht, muss die Schwelle für eine Verweigerung durch den Verwalter aber sehr hoch liegen.

457 **4. Notwendiges Quorum.** Bei dem Minderheitenquorum des § 24 Abs. 2 WEG gilt das Kopfprinzip, und zwar unabhängig davon, welche Art der Abstimmung die Gemeinschaftsordnung für Beschlussfassungen in der Versammlung vorsieht. Dabei zählt jeder Eigentümer als ein »Kopf«, auch wenn er mehrere Wohnungen besitzt. Gehört ihm allerdings eine Wohnung allein und eine weitere zusammen mit einem anderen Eigentümer gemeinschaftlich, z.B. als Erbengemeinschaft o.ä., so zählt dieser Eigentümer einmal für die ihm allein gehörende Wohnung als ein »Kopf« und einmal gemeinschaftlich mit seinen Mitberechtigten für die andere Wohnung (OLG Düsseldorf ZMR 2004, 696). Bruchteilseigentümer können sich einem Einberufungsverlangen nur einheitlich anschließen. Auch ein vom Stimmrecht ausgeschlossener Eigentümer kann an dem Einberufungsverlangen nach § 24 Abs. 2 WEG mitwirken.

VI. Einberufung durch einen vom Gericht ermächtigten Eigentümer

Emil Eigentümer
Musterstraße 255
Musterstadt

An den/die Wohnungseigentümer
Herrn/Frau _____
Musterstraße 255
Musterstadt

Einladung zur außerordentliche Eigentümerversammlung der Wohnungseigentümergemeinschaft Musterstraße 255, Musterstadt

Sehr geehrte Miteigentümer,

das Amtsgericht Musterstadt hat mich mit Urteil vom 29.12.2014 ermächtigt, eine Eigentümerversammlung einzuberufen mit den nachstehenden Tagesordnungspunkten. Das Urteil ist rechtskräftig. Eine Kopie des Urteils füge ich bei. Ein Verwalter für die Gemeinschaft existiert seit Abberufung des Vorverwalters zum 30.09.2013 nicht mehr und ein Verwaltungsbeirat, dessen Vorsitzender eine Einberufung hätte vornehmen können, existiert nicht.

Ich lade Sie daher hiermit zur außerordentlichen Eigentümerversammlung der WEG Musterstraße 255 am 22.04.2015 um 18.00 Uhr im Gemeindehaus Musterstadt, Anschrift, ein.

Die Tagesordnung lautet wie folgt:

1. **Feststellung der Beschlussfähigkeit**
2. **Wahl eines Versammlungsleiters**
3. **Wahl eines Verwalters**
4. **Abschluss eines Verwaltervertrages**

Ich weise darauf hin, dass sich nach der Teilungserklärung ein Wohnungseigentümer in der Versammlung nur durch einen anderen Wohnungseigentümer oder den Verwalter vertreten lassen kann. Erteilte Vollmachten müssen schriftlich in der Versammlung vorliegen.

Mit freundlichen Grüßen

Emil Eigentümer

Erläuterungen

1. Es kann Fälle geben, in denen ein Verwalter nicht mehr oder gar nicht existiert und auch kein Verwaltungsbeirat gewählt ist, dessen Vorsitzender eine Eigentümerversammlung einberufen könnte. In diesen Fällen kann ein einzelner Eigentümer gegen alle anderen Eigentümer auf Ermächtigung zur Einberufung einer Eigentümerversammlung klagen (*Merle in: Bärmann § 24 Rn. 27*).

2. Da ein Urteil, das zur Einberufung einer Eigentümerversammlung ermächtigt, nach § 894 ZPO vollstreckt wird, darf die Einladung durch den ermächtigten Eigentümer erst nach Rechtskraft des Urteils erfolgen.

3. Da ein Verwalter, dem nach § 24 Abs. 5 WEG die Versammlungsleitung oblägen, nicht existiert, ist vor Beschlussfassung über die Versammlungsleitung zu beschließen.

VII. Geschäftsordnungsbeschluss Versammlungsleitung

Zum Versammlungsleiter der 11. ordentlichen Eigentümerversammlung vom 30.08.2008 wird die Vorsitzende des Beirates, Frau Sommer, gewählt.

Ergebnis: 18 Ja-Stimmen   0 Nein-Stimmen   0 Enthaltungen

Feststellung des Ergebnisses: Der Beschluss ist angenommen.

Erläuterungen

1. Geschäftsordnungsbeschlüsse. *1.1* Geschäftsordnungsbeschlüsse sind keine Entscheidungen über das Verhältnis der Miteigentümer untereinander im Rahmen der Eigentümergemeinschaft, sondern Organisationsbeschlüsse, die den weiteren Ablauf der Versammlung regeln. Als solche können sie auch spontan gefasst werden. Sie müssen nicht in der Einladung angekündigt werden (Staudinger/*Bub* (2005) § 23 WEG, Rn. 189).

1.2 Auch über Geschäftsordnungsbeschlüsse muss abgestimmt und das Ergebnis verkündet werden. Umstritten ist, ob für die Abstimmung über solche Geschäftsordnungsanträge ein etwaiges Wertprinzip aus der Gemeinschaftsordnung (Miteigentumsanteile) oder zwingend das Kopfprinzip gilt (für das Kopfprinzip: *Merle*, in Bärmann § 24 Rn. 110; für das Wertprinzip: Staudinger/*Bub* (2005) § 24 WEG Rn. 92).

1.3 Da der Geschäftsordnungsbeschluss nur das Verfahren regelt, ist er gesondert nicht anfechtbar. Er erledigt sich in der Sache sofort und kann auch bei gerichtlicher Ungültigerklärung nicht rückabgewickelt werden, selbst wenn er vom Gericht für ungültig erklärt würde (Riecke/Schmid/*Riecke* § 24 Rn. 50). Allerdings ist ein Beschluss in der Sache, der auf einer fehlerhaften Entscheidung zur Geschäftsordnung beruht, anfechtbar, wenn sich auf die spätere Beschlussfassung in der Sache auswirkt (*Merle*, in: Bärmann § 24 Rn. 109; *Niedenführ/Kümmel/Vandenhouten* § 24 Rn. 64); das praktische Problem dürfte hierbei in der nachzuweisenden Kausalität des fehlerhaften Geschäftsordnungsbeschlusses für den angefochtenen Beschluss liegen. Als reiner Organisationsbeschluss ist ein Geschäftsordnungsbeschluss auch nicht in die Beschluss-Sammlung aufzunehmen.

462 **2. Versammlungsleitung.** *2.1* Nach § 24 Abs. 5 WEG führt der Verwalter den Vorsitz der Wohnungseigentümerversammlung, solange die Versammlungsteilnehmer nichts anderes beschließen. Wählen die Wohnungseigentümer eine GmbH für die Verwaltung des gemeinschaftlichen Eigentums aus, so ergibt sich aus den Umständen, dass Verwaltungsaufgaben, also auch die Versammlungsleitung, auch von Mitarbeitern der GmbH und nicht vom Geschäftsführer persönlich erledigt werden müssen (LG Flensburg NJW-RR 1999, 596).

463 *2.2* Ob die Versammlungsleitung auch dann zunächst beim Verwalter liegt, wenn die Versammlung nicht vom Verwalter, sondern gemäß § 24 Abs. 3 WEG vom Vorsitzenden des Beirates einberufen wurde, ist in der Literatur umstritten (Leitung durch Verwalter: Staudinger/*Bub* (2005) WEG, § 24, Rn. 84; Leitung durch den Beiratsvorsitzenden: *Merle*, in Bärmann § 24 Rn. 60). Es empfiehlt sich hier in jedem Falle, über die Leitung der Versammlung durch Geschäftsordnungsbeschluss zu beschließen.

464 *2.3* Darüber hinaus kann die Eigentümerversammlung jederzeit mit Mehrheit zur Geschäftsordnung die Übertragung der Versammlungsleitung an eine andere Person beschließen, und zwar auch, wenn die Teilungserklärung vorsieht, dass die Versammlung vom Verwalter zu leiten ist. Eine solche Regelung in der Teilungserklärung hat keinen eigenen konstitutiven Regelungscharakter, sondern wiederholt lediglich die gesetzliche Regelung. Soll die Versammlungsleitung einer anderen Person übertragen werden, muss sichergestellt sein, dass der neue Versammlungsleiter eine Person ist, die auch zur Teilnahme an der Versammlung berechtigt ist. Ein nicht teilnahmeberechtigter Lebenspartner kann somit auch nicht Versammlungsleiter werden.

465 **3. Aufgaben des Versammlungsleiters.** Der Versammlungsleiter eröffnet die Sitzung, prüft die ordnungsgemäße Einberufung und die Beschlussfähigkeit. Zweckmäßigerweise bedient er sich hierzu einer Teilnehmerliste.

466 Er sorgt dafür, dass die Tagesordnungspunkte in der beschlossenen Reihenfolge abgehandelt werden, lässt über Geschäftsordnungsanträge abstimmen und erteilt das Wort für Diskussionsbeiträge. Hierbei kann er nach Überschreiten einer festgesetzten Redezeit und vorheriger Androhung auch das Wort entziehen (BVerfG NJW 2000, 349 für die Hauptversammlung einer AG – 1 BvR 636/95).

467 Er übt gegenüber allen Personen das Hausrecht aus und kann somit Personen, die nicht zur Teilnahme an der Versammlung berechtigt sind, der Versammlung verweisen. Auch einen teilnahmeberechtigten Eigentümer kann der Versammlungsleiter als ultima ratio bei gravierendem Mißverhalten der Versammlung verweisen.

468 Der Versammlungsleiter beendet auch die Versammlung. Gerade in der Endphase einer Eigentümerversammlung mag es oftmals zu »Auflösungserscheinungen« kommen und sodann im Nachgang zu Unklarheiten, ob ein Beschluss noch innerhalb der Versammlung gefasst worden ist.

VIII. Geschäftsordnungsbeschluss Protokollführung

469 **Zur Protokollführerin der 11. ordentlichen Eigentümerversammlung vom 30.08.2015 wird die Miteigentümerin Frau Winter gewählt.**

Ergebnis: 18 Ja-Stimmen 0 Nein-Stimmen 0 Enthaltungen

Feststellung des Ergebnisses: Der Beschluss ist angenommen.

Erläuterungen

1. Geschäftsordnungsbeschlüsse. S. hierzu Formular C.VII. 470

2. Protokollführer. *2.1* Über die in der Versammlung gefassten Beschlüsse ist eine Niederschrift, ein Protokoll, aufzunehmen, § 24 Abs. 6 WEG. Wer dieses Protokoll anzufertigen hat, sagt das Gesetz nicht. Die Zuständigkeit dürfte nach dem Normzweck und dem systematischen Zusammenhang mit § 24 Abs. 5 WEG zunächst beim Versammlungsleiter liegen (Staudinger/*Bub* (2005) WEG § 24 Rn. 113; BGH ZMR 2001, 809, 811 – V ZB 10/01). Es ist aber üblich, einen gesonderten Protokollführer zu wählen. Oftmals wird dieser ein Mitarbeiter des Verwalters sein, der sodann in seiner Funktion als Mitarbeiter des Verwalters auch zur Teilnahme an der Versammlung berechtigt ist, ohne dass dieses gegen das Gebot der Nichtöffentlichkeit verstößt (KG ZMR 2001, 223). Davon abgesehen, kann als Protokollführer nur eine Person gewählt werden, die von vornherein ein Teilnahmerecht an der Versammlung hat. 471

2.2 Nach dem Gesetzeswortlaut ist die Unterschrift des Protokollführers nicht vorgesehen, vgl. den Wortlaut des § 24 Abs. 6 WEG. 472

IX. Geschäftsordnungsbeschluss Tagesordnung

Der Wohnungseigentümer Heinz beantragt, über den Tagesordnungspunkt 4 – Instandsetzung des Belages der Tiefgarageneinfahrt – heute nicht abzustimmen, sondern diesen Punkt erst auf der ordentlichen Versammlung im nächsten Jahr zu diskutieren und zu beschließen. Die Verwaltung möge für die Sanierung zwei weitere Angebote einholen. 473

Ergebnis: 10 Ja-Stimmen   5 Nein-Stimmen   0 Enthaltungen

Feststellung des Ergebnisses: Damit ist der Beschluss angenommen.

Erläuterungen

1. Geschäftsordnungsbeschlüsse. S. hierzu Formular C.VII. 474

2. Tagesordnung. *2.1* S. hierzu zunächst Formular C.I. 475

2.2 In der Versammlung kann die Tagesordnung nur dann **erweitert** werden, wenn alle Eigentümer persönlich erschienen sind und dieses bewusst billigen. Ist ein Eigentümer nur durch einen Bevollmächtigten vertreten, scheidet die Erweiterung aus (BayObLG WE 1988, 67; OLG Hamm NJW-RR 1993, 468, 469). Die **Reihenfolge** der Tagesordnung wird vom Einladenden bestimmt. In der Eigentümerversammlung ist diese Reihenfolge grundsätzlich einzuhalten. Es muss also Punkt für Punkt abgearbeitet werden. Davon kann allerdings aufgrund eines Geschäftsordnungsbeschlusses abgewichen werden. Wird hiergegen verstoßen und verlässt ein Wohnungseigentümer die Versammlung in der begründeten Annahme, ein ihn besonders interessierender Tagesordnungspunkt sei ohne Abstimmung erledigt, obwohl sodann später noch ein Eigentümerbeschluss zu diesem Punkt gefasst wird, ist dieser Beschluss anfechtbar (BayObLG ZMR 1999, 570). Wie bei allen formalen Mängeln der Beschlussfassung, hat die Anfechtung aber nur dann Erfolg, wenn der Mangel für die Beschlussfassung kausal war, vgl. hierzu die Ausführungen oben Formular C.I. Ziff. 9. 476

Die Wohnungseigentümerversammlung kann aber beschließen, einen bestimmten Tagesordnungspunkt nicht zu behandeln und diesen z.B. auf eine nächste Versammlung zu verschieben. 477

X. Geschäftsordnungsbeschluss Teilnahme Dritter

478 Der Wohnungseigentümer Heinz beantragt, Herrn Rechtsanwalt Winkel die Teilnahme an der Versammlung zu gestatten. Herr Rechtsanwalt Winkel berät den Miteigentümer Heinz.

Ergebnis: 10 Ja-Stimmen   6-Nein-Stimmen   2 Enthaltungen

Feststellung des Ergebnisses: Der Beschluss ist nicht angenommen.

Der Verwalter beantragt, dem Architekten Steinfels die Teilnahme an der Versammlung während der Diskussion und Beschlussfassung zum TOP 6, Sanierung der Tiefgarage, zu gestatten, um der Eigentümergemeinschaft das erarbeitete Sanierungskonzept zu erläutern.

Ergebnis: 18 Ja-Stimmen   0 Nein-Stimmen   0 Enthaltungen

Feststellung des Ergebnisses: Der Beschluss ist angenommen.

Erläuterungen

479 **1. Geschäftsordnungsbeschlüsse.** S. hierzu Formular C.VII.

480 **2. Nichtöffentlichkeit.** Für die Wohnungseigentümerversammlung gilt der Grundsatz der Nichtöffentlichkeit (BGH ZMR 1993, 287 – V ZB 24/92). Das bedeutet zum einen, dass die Versammlung in einem nur für diese vorgesehenen Raum stattfinden sollte. Die Versammlung in einem offenen Raum einer Gaststätte, in dem auch andere Gaststättenbesucher anwesend sind, verletzt den Grundsatz der Nichtöffentlichkeit (KG NJW-RR 1997, 1171). Das bedeutet zum anderen, dass an der Versammlung nur Wohnungseigentümer oder deren Vertreter teilnehmen dürfen. Zur Vertretung berechtigt sind gesetzliche Vertreter (Geschäftsführer einer GmbH, Betreuer) oder Vertreter, denen Vollmacht zur Vertretung in der Versammlung erteilt worden ist. Der Grundsatz der Nichtöffentlichkeit soll gewährleisten, dass die Willensbildung unbeeinflusst von äußeren Einwirkungen erfolgen kann. Diskussion, Auseinandersetzungen und Beschlussfassungen innerhalb der Eigentümergemeinschaft sind eine interne Angelegenheit. Als teilnahmeberechtigte Eigentümer gelten auch die Erwerber in einer sog. werdenden Wohnungseigentümergemeinschaft (Riecke/Schmid/*Riecke* § 24 Rn. 39). Zu den originären Aufgaben des Versammlungsleiters der Eigentümerversammlung gehört es, für einen geordneten, gesetzmäßigen, reibungslosen und zügigen Versammlungsablauf zu sorgen. Auf welche Art und Weise der Versammlungsleiter dieser Aufgabe gerecht wird, ist grundsätzlich seine Sache (KG ZMR 2001, 223, 224). Die Feststellung, ob ein Beschluss zustande gekommen ist, obliegt dem Versammlungsleiter. Diese Aufgabe kann er aber nur erfüllen, wenn er sich vergewissern kann, dass tatsächlich nur teilnahmeberechtigte Personen an der Versammlung teilnehmen und abstimmen. In begründeten Einzelfällen wird der Versammlungsleiter daher darauf bestehen können, dass Teilnehmer sich ausweisen; dieses gilt insbesondere bei Vertretern juristischer Personen.

481 **3. Vertreter und Vertretungsbeschränkungen.** *3.1* Die gesetzliche Vertretung (Kinder durch ihre Eltern, GmbH durch den Geschäftsführer) ist unproblematisch immer möglich. Auch die rechtsgeschäftliche Vertretung ist möglich; sofern die Gemeinschaftsordnung nichts anderes regelt, kann sich ein Wohnungseigentümer von jeder beliebigen Person in der Versammlung vertreten lassen. »Vertretung« bedeutet dabei aber, dass der Eigentümer selbst nicht anwesend ist (*Merle*, in Bärmann § 24 Rn. 82). Die Vollmacht eines Vertreters kann zwar generell formlos erfolgen, allerdings kann der Verwalter eine Stimmabgabe ohne schriftliche Vollmacht nach § 174 BGB zurückweisen (Staudinger/*Bub* (2005) WEG § 25 Rn. 192). Es sollten daher unbedingt schriftliche Vollmachten vorliegen. Eine Telefaxkopie ist nach den allgemeinen Regeln insoweit unzulässig (Staudinger/*Bub* (2005) WEG § 25 Rn. 190). Moniert der Verwalter die fehlende Schriftlichkeit der Vollmacht nicht und berücksichtigt die Stimmabgabe, so ist diese wirksam.

C. Eigentümerversammlung

3.2 Häufig enthält die Gemeinschaftsordnung allerdings sog. **Vertreterklauseln**, welche die Vertretung einschränken oder an bestimmte Formen (i.d. Regel Schriftform) binden. Danach soll es z.B. nur zulässig sein, sich in der Wohnungseigentümerversammlung von dem Verwalter, einem anderen Eigentümer oder dem Ehegatten vertreten zu lassen. Solche Vertreterklauseln in der Gemeinschaftordnung sind zulässig (BGHZ 121, 236, 238 – V ZB 24/92), sie sind weder gem. §§ 134, 138 BGB nichtig, noch verstoßen sie grundsätzlich gegen Treu und Glauben i.S. von § 242 BGB (BayObLG NJW-RR 1997, 463, 464). In seiner Entscheidung BGHZ 121, 236, 240 (ZMR 1993, 287) hat der BGH allerdings generell die Möglichkeit bejaht, dass die Gemeinschaft unter Umständen nach Treu und Glauben gehalten sein könne, auf der Vertretungsbeschränkung der Gemeinschaftsordnung nicht zu bestehen, hat aber keine konkreten Ausführungen dazu gemacht, unter welchen Voraussetzungen dies der Fall sein könne. Das OLG Braunschweig (NJW-RR 1990, 979, 980) hat es bei einer kleinen Eigentümergemeinschaft, deren Mitglieder die Wohnungen selbst bewohnen und untereinander zerstritten sind, für unzumutbar angesehen, einen Wohnungseigentümer an der in der Gemeinschaftsordnung niedergelegten Vertretungsregelung festzuhalten, wonach er sich in der Eigentümerversammlung nur durch den Ehegatten, einen anderen Wohnungseigentümer oder den Verwalter vertreten lassen darf (ähnlich auch BayObLG NJW-RR 1997, 463, 464). 482

Bezüglich einer **nichtehelichen Lebensgemeinschaft** hatte das BayObLG im Jahre 1997 entschieden, dass ein Partner einer solchen Lebensgemeinschaft nicht einem Ehegatten i.S.d. Vertreterklausel gleichzustellen sei (BayObLG NJW-RR 1997, 463). Das OLG Köln hatte im Jahre 2003 sodann eine Vertreterklausel in einer Teilungserklärung aus dem Jahre 1962 dahingehend ausgelegt, dass, der Partner einer nichtehelichen Lebensgemeinschaft einem Ehepartner gleichzustellen sei, wenn die Lebensgemeinschaft evident und unstreitig, auf Dauer angelegt sei und sich nach außen durch gemeinsame Kinder dokumentiere (OLG Köln ZMR 2004, 378). Da ein Verwalter diese Kriterien kaum wird zuverlässig prüfen können, sollten Beschränkungen durch Vertreterklauseln in der Gemeinschaftordnung eng am Wortlaut ausgelegt werden; damit wäre der und Partner einer nichtehelichen Lebensgemeinschaft bei entsprechender Vertreterklausel in der Teilungserklärung von vornherein nicht als Vertreter zuzulassen. 483

Ist eine Wohnung verkauft, der Erwerber aber noch nicht im Grundbuch eingetragen, so soll eine Vertreterklausel dahingehend auszulegen sein, dass der Erwerber zur Vertretung des »Noch«-Eigentümers berechtigt ist (*Niedenführ/Kümmel/Vandenhouten* § 24 Rn. 46). 484

4. Berater. Im Unterschied zu einem Vertreter nimmt ein Berater nicht aktiv anstelle des Wohnungseigentümers an der Versammlung teil, sondern hat lediglich passive, beratende Funktion. Da die Wohnungseigentümerversammlung nicht öffentlich ist, dürfen aber generell auch keine Berater daran teilnehmen. 485

Allerdings gibt es insoweit Ausnahmen, wenn der Wohnungseigentümer nachweisen kann, dass er an der Hinzuziehung seines Beraters ein berechtigtes Interesse hat. Ein solches berechtigtes Interesse kann sich aus der Komplexität der in der Versammlung zu entscheidenden Sachverhalte ergeben oder aber aus der Tatsache, dass der Wohnungseigentümer sich aus einem in seiner Person liegenden beachtlichen Grund (z.B. bei hohem Lebensalter) oder wegen des Schwierigkeitsgrades der Angelegenheit nicht in der Lage sieht, seine Rechte in der Versammlung angemessen wahrzunehmen (BGH ZMR 1993, 287, 288 – V ZB 24/92). In solchen Fällen kann auch die Beschränkung der Teilnahme eines Beraters auf bestimmte Tagesordnungspunkte erfolgen. Ob es bereits ausreicht, dass die Eigentümer untereinander zerstritten sind und somit kontroverse Diskussionen zu erwarten sind, ist zweifelhaft (so auch BayObLG ZMR 1997, 478, 479). Letztlich ist immer auf den konkreten Einzelfall abzustellen (Riecke/Schmid/*Riecke* § 24 Rn. 54). Ist ein Eigentümer der deutschen Sprache nicht hinreichend mächtig, kann er einen Anspruch auf Teilnahme eines Dolmetschers haben (AG Wiesbaden ZMR 2013, 319). 486

Spricht sich auch nur ein Eigentümer in der Versammlung gegen die Teilnahme eines Beraters aus, ist dieser von der Teilnahme ausgeschlossen, da das Recht auf Einhaltung der Nichtöffent- 487 lichkeit nicht zur Disposition der Mehrheit steht (Niedenführ/Kümmel/*Vandenhouten* § 24, Rn. 51; Riecke/Schmid/*Riecke* § 24 Rn. 50; OLG Köln ZMR 2009, 869 a.A. Staudinger/*Bub* (2005) § 24 WEG, Rn. 96: Da es sich um einen Beschluss zur Geschäftsordnung handelt, soll die Mehrheit reichen).

488 Dem Grundsatz der Nichtöffentlichkeit steht es nicht entgegen, wenn der Verwalter zu einzelnen Punkten im Interesse der Gemeinschaft einen Rechtsanwalt hinzuzieht, solange nicht ein konkreter Interessengegensatz zwischen einem einzelnen Eigentümer und den übrigen Eigentümern ersichtlich ist und niemand widerspricht (OLG Köln ZMR 2009, 689).

489 **5. Gäste.** *5.1* Nach den o.g. Grundsätzen zur Teilnahme von Beratern können auch Gäste nur dann zugelassen werden, wenn alle anwesenden Miteigentümer diesem zustimmen.

490 *5.2* Dem **Mitglied des Verwaltungsbeirats**, welches nicht zugleich Wohnungseigentümer ist, steht ein Anwesenheitsrecht in der Eigentümerversammlung jedenfalls in dem Umfang zu, in dem der Aufgabenbereich des Verwaltungsbeirats betroffen ist (OLG Hamm ZMR 2007, 133, 135).

491 *5.3* Der Verwalter ist stets zur Teilnahme an der Versammlung berechtigt, auch wenn er diese nicht leitet.

492 **6. Anfechtbarkeit.** Wird einem Nichteigentümer, ob nun Berater oder Gast, durch Mehrheitsbeschluss die Teilnahme gestattet, so ist dieser Geschäftsordnungsbeschluss, obwohl nach hier vertretener Ansicht Einstimmigkeit erforderlich ist, an sich nicht anfechtbar. Gleiches gilt, wenn die Teilnahme fehlerhaft nicht zugelassen wurde. Allerdings sind später in der Sache gefasste Beschlüsse anfechtbar, wenn der anfechtende Eigentümer nachweisen kann, dass bei korrektem Ausschluss oder bei gebotener Zulassung des Nichteigentümers ein anderes Ergebnis tatsächlich denkbar gewesen wäre (BayObLG ZMR 1997, 478). Auf die Ausführungen in C.I. Ziff. 9 zur Kausalität bei Ladungsmängeln kann entsprechend verwiesen werden.

493 Nimmt ein Nichteigentümer ohne Beschlussfassung hierüber an der Versammlung teil (z.B. Hausmeister) und ist dieses für die Teilnehmer erkennbar, so müssen sie dieses vor Ort in der Versammlung unverzüglich rügen. Unterbleibt eine solche Rüge, kann hierin ein stillschweigender Verzicht auf die Einhaltung der Nichtöffentlichkeit liegen. Eine spätere Anfechtung der Beschlüsse wegen eines Verstoßes gegen die Nichtöffentlichkeit der Eigentümerversammlung ist den Eigentümern dann aus den Grundsätzen von Treu und Glauben verwehrt (OLG Hamburg ZMR 2007, 550, 552).

XI. Eigentümerversammlung – Protokoll

494 **Protokoll über die 11. ordentliche Eigentümerversammlung der Wohnungseigentümergemeinschaft Beispielstraße 11, Beispielstadt am 02.04.2015 um 18.00 Uhr im Gemeindehaus Beispielstadt**

Die Versammlung beginnt um 18.00 Uhr.

TOP 1: Der Verwalter übernimmt den Vorsitz und stellt fest, dass zur heutigen Versammlung mit Schreiben vom 02.03.2015 unter Mitteilung der Tagesordnung ordnungsgemäß eingeladen worden ist.

Der Verwalter stellt fest, dass von 18 Eigentümern zehn erschienen sind. Weitere drei sind durch dem Verwalter erteilte Vollmachten vertreten. Zusammen repräsentieren die erschienenen oder vertretenen Miteigentümer 7.200/10.000 der Miteigentumsanteile. Die Versammlung ist damit beschlussfähig.

Zur Protokollführerin wird einstimmig die Miteigentümerin Herbst gewählt.

Die Tagesordnung wird gemäß Einladungsschreiben festgestellt. Anträge zur Tagesordnung liegen nicht vor.

C. Eigentümerversammlung

TOP 2. Verwalter und Verwaltungsbeirat berichten über das vergangene Kalenderjahr. Der Verwaltungsbeirat verweist bezüglich der Jahresabrechnung und des Wirtschaftsplans auf seine mit der Einladung versandte Stellungnahme.

Der Eigentümer Emmerich verlässt um 18.30 Uhr die Versammlung. Damit sind nur noch zwölf Eigentümer erschienen oder vertreten, die zusammen nur noch 6.800/10.000 Miteigentumsanteile vertreten.

TOP 3. Genehmigung der mit der Einladung übersandten Gesamtjahresabrechnung und der Einzelabrechnungen für das Jahr 2014.

Antrag: Die Gesamtjahresabrechnung 2014 wird genehmigt.

Ja-Stimmen: 10   Nein-Stimmen: 2   Enthaltungen: 1

Ergebnis: Die Gesamtjahresabrechnung 2014 ist genehmigt.

Antrag: Die Einzelabrechnungen 2014 werden genehmigt.

Ja-Stimmen: 9   Nein-Stimmen: 3   Enthaltungen: 1

Ergebnis: Die Einzelabrechnungen 2014 sind genehmigt.

Etc. (zu weiteren Beschlussmustern vgl. unten)

Unterschriften: Verwalter   Miteigentümer   Beiratsvorsitzender

Erläuterungen

1. Grundlage des Protokolls. *1.1* Die Pflicht zur Erstellung eines Protokolls ergibt sich aus § 24 Abs. 6 WEG. Wer dieses Protokoll anzufertigen hat, sagt das Gesetz nicht. Die Zuständigkeit dürfte nach dem Normzweck und dem systematischen Zusammenhang mit § 24 Abs. 5 WEG zunächst beim Versammlungsleiter liegen (Staudinger/*Bub* WEG, § 24, Rn. 113; BGH ZMR 2001, 809, 811 – V ZB 10/09). Es ist aber üblich, einen gesonderten Protokollführer zu wählen. Vgl. hierzu Formular C.VIII.

1.2 Das nach § 24 Abs. 6 WEG zu erstellende Protokoll ist, soweit die Gemeinschaftsordnung keine weiteren Anforderungen stellt, ein Ergebnisprotokoll (KG NJW 1989, 532), das neben den Formalitäten zum Tag und Ort der Versammlung und zur Beschlussfähigkeit lediglich den Wortlaut der gefassten Beschlüsse sowie die Anzahl der jeweiligen Stimmen und das verkündete Beschlussergebnis enthalten muss. Ob weitere Tatsachen oder gegebenenfalls kurze Darstellungen der Diskussion zu einzelnen Punkten in das Protokoll aufgenommen werden, steht im Ermessen des Protokollführers (Riecke/Schmid/*Riecke* § 24 Rn. 76; *Niedenführ/Kümmel/Vandenhouten* § 24 Rn. 67). Die Niederschrift über die in der Versammlung der Wohnungseigentümer gefassten Beschlüsse dient der Information über Inhalt und Zustandekommen der Beschlüsse und damit der Vorbereitung einer etwaigen Beschlussanfechtung. Sie darf, weil das zum besseren Verständnis des Beschlussinhalts notwendig und zweckmäßig sein kann, neben dem Inhalt der gefassten Beschlüsse auch Anträge, Erklärungen und Ereignisse in der Versammlung wiedergeben (sog. Ablaufprotokoll); Aufgabe des Protokolls ist es jedoch nicht, einen detaillierten Überblick über Diskussion und Meinungsäußerungen zu geben (BayObLG WuM 1990, 173). Die ordnungsgemäße Protokollierung ist keine Voraussetzung für die Wirksamkeit der in der Versammlung gefassten Beschlüsse, soweit nicht die Gemeinschaftsordnung abweichendes regelt.

2. Beschlussfähigkeit. Nach § 25 Abs. 3 WEG ist die Wohnungseigentümerversammlung nur beschlussfähig, wenn die erschienenen (oder ordnungsgemäß vertretenen) und stimmberechtigten Miteigentümer mehr als die Hälfte der Miteigentumsanteile vertreten. Vom Stimmrecht ausgeschlossene Eigentümer zählen bei der Frage der Beschlussfähigkeit daher nicht mit. Ist die Versammlung von vornherein nicht beschlussfähig, ist nach § 25 Abs. 4 WEG eine Ersatzversammlung einzuberufen.

498 Die Beschlussfähigkeit muss für jeden Tagesordnungspunkt und nicht nur zu Versammlungsbeginn vorhanden sein (OLG Zweibrücken ZMR 2002, 786; BayObLG NJW-RR 1987, 595, 596). Die Beschlussfähigkeit kann sich z.B. dadurch verändern, dass Eigentümer die Versammlung verlassen oder zu bestimmten Punkten nicht stimmberechtigt sind (§ 25 Abs. 5 WEG). Ändert sich die Beschlussfähigkeit, ist dieses im Protokoll zu vermerken.

499 § 25 Abs. 3 WEG ist dispositiv und kann durch Vereinbarung, in der Regel in der Gemeinschaftsordnung, abbedungen werden (OLG München ZMR 2006, 231, 232). Häufig anzutreffen sind z.B. Regelungen, wonach es auf die Anzahl der vertretenen Wohnungseigentümer und nicht der vertretenen Miteigentumsanteile ankommt oder wonach die Beschlussfähigkeit in jedem Falle gegeben ist, unabhängig von der Zahl der erschienenen oder vertretenen Eigentümer.

500 **3. Stimmrecht.** Das Stimmrecht steht dem jeweiligen im Grundbuch zum Zeitpunkt der Versammlung eingetragenen Wohnungseigentümer zu oder dem Mitglied der werdenden Wohnungseigentümergemeinschaft. Bei **Nachlassverwaltung** und **Testamentsvollstreckung** liegt das Stimmrecht bei dem Verwalter oder Vollstrecker des Nachlasses. Gleiches gilt bei einem **Insolvenzverfahren** über das Vermögen des Wohnungseigentümers.

501 Bei einer Zwangsverwaltung steht das Stimmrecht dem **Zwangsverwalter** zu, sofern der Beschlussgegenstand auch nur ansatzweise den Zweck der Zwangsverwaltung berührt, der in dem Erwirtschaften eines Ertrages aus dem Sondereigentum liegt. Das dürfte direkt oder indirekt bei fast allen Fragen der Fall sein (*Niedenführ/Kümmel/Vandenhouten* § 25 Rn. 4). Umstritten ist die Frage, wie der Zwangsverwalter stimmen kann, wenn ein Eigentümer mehrere Sondereigentumseinheiten besitzt, von denen nicht alle unter Zwangsverwaltung stehen, und in der Gemeinschaft das Kopfprinzip für die Abstimmung gilt. Hier wird vertreten, dass der Zwangsverwalter ein eigenes Stimmrecht erhalten soll (*Niedenführ/Kümmel/Vandenhouten* § 25 Rn. 4), Zwangsverwalter und Eigentümer nur gemeinsam stimmberechtigt sein sollen und bei abweichender Abstimmung keine gültige Stimmabgabe vorliegt (KG NJW-RR 1989, 1162; *Staudinger/Bub* (2005) § 25 WEG, Rn. 141), oder aber das Stimmrecht zwischen dem Zwangsverwalter und dem Eigentümer nach Bruchteilen aufgeteilt werden soll (*Merle*, in: Bärmann § 25 Rn. 26; Riecke/Schmid/*Riecke* § 25 Rn. 12). Eine herrschende Meinung ist hier nicht auszumachen. Es spricht aber viel für die vom Kammergericht vertretene Ansicht, dass Eigentümer und Zwangsverwalter nur gemeinsam und einheitlich abstimmen können. Das Stimmrecht eines Wohnungseigentümers, der mehrere Wohnungen innehat, kann nur einheitlich ausgeübt werden und kann durch die Zwangsverwaltung nicht erweitert werden. Solange der Zwangsverwalter nicht für sämtliche Wohnungen des Schuldners eingesetzt ist, kann das Gewicht seiner Meinung nicht höher bewertet werden als das Mitspracherecht aufgrund der nicht von der Zwangsverwaltung erfassten Wohnungseigentumsrechte (KG NJW-RR 1989, 1162).

502 **Dinglich Berechtigte**, wie z.B. Grundpfandgläubiger oder auch Nießbrauchsberechtigte (BGH ZMR 2002, 440, 442 – V ZB 24/01), haben kein Stimmrecht. Das Stimmrecht geht auch hinsichtlich einzelner Beschlussgegenstände nicht auf den Nießbraucher über. Der Wohnungseigentümer muss sein Stimmrecht auch weder allgemein noch in einzelnen Angelegenheiten gemeinsam mit dem Nießbraucher ausüben. Aus dem zwischen dem Wohnungseigentümer und dem Nießbraucher bestehenden Schuldverhältnis kann der Wohnungseigentümer jedoch im Einzelfall gegenüber dem Nießbraucher verpflichtet sein, bei der Stimmabgabe dessen Interessen zu berücksichtigen, nach dessen Weisungen zu handeln oder ihm eine Stimmrechtsvollmacht zu erteilen. Durch eine solche Verpflichtung wird die Gültigkeit der Beschlussfassung jedoch nicht berührt (BGH ZMR 2002, 440, 442 – V ZB 24/01).

503 Daher haben schuldrechtlich Berechtigte, wie Mieter oder Pächter, erst recht kein Stimmrecht.

Steht ein Wohnungseigentum mehreren Beteiligten gemeinschaftlich zu (z.B. Erbengemeinschaft, Bruchteilsgemeinschaft), können diese auch nur einheitlich abstimmen, wie es sich bereits aus dem Wortlaut des § 25 Abs. 2 S. 2 WEG ergibt. Geben die Berechtigten abweichende Voten ab, wirkt dieses wie eine Enthaltung (OLG Köln NJW-RR 86, 698). 504

4. Stellvertretung bei der Stimmabgabe. Vgl. hierzu Formular C.X. Ziff. 3. 505

5. Stimmrechtsausschluss. *5.1* Nach § 25 Abs. 5 WEG ist ein Eigentümer nicht stimmberechtigt, wenn die Beschlussfassung entweder die Vornahme eines Rechtsgeschäfts mit ihm zum Inhalt hat, das die Verwaltung des gemeinschaftlichen Eigentums betrifft, oder wenn der Beschluss die Einleitung oder Erledigung eines Rechtsstreits der anderen Wohnungseigentümer gegen ihn zum Inhalt hat. Weiterhin ist das Stimmrecht ausgeschlossen, wenn der Eigentümer nach § 18 WEG rechtskräftig zur Veräußerung seines Wohnungseigentums verurteilt wurde. 506

§ 25 Abs. 5 WEG regelt Fälle der **Interessenkollision**. In den vom Gesetz genannten Fällen wird die Interessenkollision generell vermutet, unabhängig davon, ob tatsächlich eine Interessenkollision vorliegt. 507

Allerdings sind die Regelungen eng auszulegen, um nicht das Stimmrecht des Eigentümers als elementaren Bestandteil des Mitgliedschaftsrechtes auszuhöhlen. Die Vornahme eines Rechtsgeschäftes umfasst alle Arten von Verträgen mit dem Eigentümer, bei welchen dieser überwiegend ein privates Interesse verfolgt. Für den Stimmrechtsausschluss reicht es, wenn nicht der Eigentümer selbst von dem Rechtsgeschäft profitiert, sondern z.B. die Gegenleistung an ein Unternehmen fließt, mit welchem der Eigentümer rechtlich oder wirtschaftlich so eng verflochten ist, dass man sie interessengemäß als Einheit betrachten kann (OLG Düsseldorf ZMR 1999, 60). Die Auftragsvergabe an einen Ehepartner des Eigentümers soll an sich noch keine Interessenkollision darstellen (OLG Saarbrücken ZMR 1998, 50, 53). 508

Bei der **Wahl eines Miteigentümers zum Verwalter** hat der Eigentümer ein Stimmrecht, da hier die gemeinschaftsbezogenen Interessen im Vordergrund stehen. Das gilt auch, wenn parallel oder zeitgleich über die wirtschaftlichen Bedingungen des Verwaltervertrages abgestimmt werden soll. Auch hier stehen gemeinschaftsbezogene Interessen des auch privat betroffenen Eigentümers im Vordergrund (BGHZ 152, 46, 61 – V ZB 30/02). Das gilt erst recht bei der Wahl eines Miteigentümers als Mitglied des Verwaltungsbeirates. 509

Bei der **Abberufung des Eigentümers als Verwalter** ist dieser stimmberechtigt, sofern nicht die Abberufung aus wichtigem Grund erfolgt (BGHZ 152, 46, 61 – V ZB 30/02). Ist der Eigentümer auch Verwalter oder Beirat, kann er allerdings nicht über seine Entlastung mitentscheiden (OLG Zweibrücken ZMR 2002, 786). 510

Ist ein Eigentümer vom Stimmrecht ausgeschlossen, kann er sich nach h.M. nicht von einem anderen stimmberechtigten Mitglied der Eigentümerversammlung **vertreten** lassen. Seine Stimme ist insgesamt ausgeschlossen, egal ob er sie selbst oder über einen Vertreter abgibt (*Niedenführ/Kümmel/Vandenhouten* § 25 Rn. 32). Ist der Eigentümer aber mit seinem eigenen Stimmrecht ausgeschlossen, kann er nach h.M. umgekehrt auch nicht als Vertreter für andere Eigentümer auftreten (OLG Düsseldorf ZMR 2002, 143; OLG Zweibrücken ZMR 2002, 786). Er kann in diesem Fall aber die ihm erteilten Vollmachten auf einen Dritten übertragen, der sie dann in Untervollmacht ausübt (Staudinger/*Bub* (2002) WEG, § 25 Rn. 198). Ist über das Vermögen eines Eigentümers ein Insolvenzverfahren eröffnet, ist der **Insolvenzverwalter** auch dann nicht mit dem Stimmrecht ausgeschlossen, wenn für den Eigentümer selbst die Voraussetzungen eines Stimmverbotes vorlägen, denn der Insolvenzverwalter ist nicht Vertreter des Eigentümers (*Vallender* NZI 2002, 401, 403). 511

Will die Eigentümergemeinschaft gerichtlich Ansprüche gegen einen Miteigentümer verfolgen, ist dieser von seinem Stimmrecht in der Beschlussfassung hierüber ausgeschlossen. Dabei ist es unerheblich, ob er in seiner Funktion als Miteigentümer in Anspruch genommen werden soll (z.B. 512

Kühnemund

wegen Beseitigung einer baulichen Veränderung) oder aber in seiner Funktion als Verwalter oder Beirat (z.B. wegen Schadensersatzansprüchen der Gemeinschaft gegen ihn). Unter der »Einleitung oder Erledigung eines Rechtsstreits« sind alle Arten von gerichtlichen Auseinandersetzungen zu verstehen sowie vorbereitende Handlungen hierzu, wie z.B. die Beauftragung eines Rechtsanwaltes oder aber auch bereits die Beschlussfassung über eine Sonderumlage für die hierfür notwendigen Kosten (BayObLG ZMR 1998, 44).

513 5.2 Außerhalb der Regelung in § 25 Abs. 5 WEG ist ein Stimmrecht ausnahmsweise in den Fällen der Majorisierung ausgeschlossen. Von einer **Majorisierung** wird gesprochen, wenn ein Wohnungseigentümer über die Mehrheit der Stimmen in einer Eigentümergemeinschaft verfügt und er diese Mehrheit dazu einsetzt, ohne Rücksicht auf die Gemeinschaft und somit gemeinschaftswidrig seine eigenen Interessen zu verfolgen (Riecke/Schmid/*Riecke* § 25 Rn. 33 ff.; BGH ZMR 2002, 930, 935). Ob eine unzulässige Majorisierung vorliegt, ist immer eine Frage des Einzelfalls. Allein die Tatsache, dass ein Eigentümer die Mehrheit besitzt und sich damit durchsetzt, reicht sicherlich nicht. Liegt eine rechtsmissbräuchliche Majorisierung vor, zählen die von diesem Eigentümer abgegebenen Stimmen nicht mit. Wird die unzulässige Majorisierung bei Feststellung des Beschlussergebnisses vom Verwalter nicht erkannt, ist der so gefasste Beschluss anfechtbar (BGHZ 152, 46, 61 – V ZB 30/02). Auch ein Stimmrechtsausschluss aufgrund unzulässiger Majorisierung kann dazu führen, dass die Versammlung insgesamt oder zu dem konkreten Tagesordnungspunkt nicht beschlussfähig ist.

514 Im Übrigen folgt aus § 25 Abs. 5 WEG aber gerade kein allgemeines Stimmverbot beim Vorliegen einer Interessenkollision. Ein Wohnungseigentümer ist daher auch dann stimmberechtigt, wenn er zwar erhebliche private Sonderinteressen bei der Beschlussfassung hat, aber ein Fall des § 25 Abs. 5 WEG nicht vorliegt (BayObLG ZMR 1998, 173, 174).

515 *5.3* Regelungen in einer Teilungserklärung, wonach ein Eigentümer mit seinem Stimmrecht ausgeschlossen ist, wenn er über gewisse Zeiträume mit seinen Wohngeldzahlungen in Verzug ist, sind nichtig, unter Ausschluss des Eigentümers gefasste Beschlüsse anfechtbar (BGH NJW 2011, 679 – V ZR 60/10).

516 **6. Abstimmungsverfahren und Stimmenzählung.** *6.1* Über die Art und Weise der Abstimmung sagt das Gesetz nichts. Haben die Wohnungseigentümer die Art der Abstimmung in der Eigentümerversammlung weder durch Vereinbarung noch durch Eigentümerbeschluss geregelt, so bestimmt der Versammlungsleiter nach seinem Ermessen, wie abgestimmt und das Abstimmungsergebnis ermittelt wird (BayObLG WuM 1989, 459). Denkbar ist das Abstimmen durch Handheben, schriftlich per Stimmzettel, geheim, mit Zählmaschinen etc. Insbesondere die elektronische Abstimmung mag bei größeren Einheiten und den doppelt qualifizierten Mehrheiten z.B. nach § 22 Abs. 2 WEG zukünftig an Bedeutung gewinnen. Die geheime Abstimmung soll dort ausgeschlossen sein, wo das Abstimmungsverhalten für bestimmte Eigentümer Rechtsfolgen haben kann, so z.B. die Kostenbefreiung nach § 16 Abs. 3 WEG (Staudinger/*Bub* (2005) WEG, § 24 Rn. 101).

517 *6.2* Eine andere Frage ist, wie die Stimmen gewichtet werden. Das Gesetz geht in § 25 II WEG von einem **Kopfstimmrecht** aus. Dabei hat jeder Eigentümer eine Stimme, auch wenn er mehrere Wohnungen besitzt. Gehört ihm allerdings eine Wohnung allein und eine weitere zusammen mit einem anderen Eigentümer gemeinschaftlich, z.B. als Erbengemeinschaft o.ä., so kann dieser Eigentümer einmal für die ihm allein gehörende Wohnung abstimmen und einmal gemeinschaftlich mit seinen Mitberechtigten für die andere Wohnung (OLG Düsseldorf ZMR 2004, 696).

518 In Teilungserklärungen findet sich daneben oftmals das sog. **Objektstimmrecht** (jede Einheit hat eine Stimme) oder das Stimmrecht nach **Miteigentumsanteilen**.

519 Wird beim **Kopfstimmrecht** eine Einheit in **zwei selbstständige Einheiten geteilt**, hat der ursprüngliche Eigentümer auch nur weiterhin eine Stimme für alle Einheiten. Verkauft er später eine

Einheit, vermehren sich die Stimmrechte nicht. Es bleibt bei einer Stimmen, welche die verschiedenen Eigentümer nach Bruchteilen ausüben müssen (BGH ZMR 2012, 639 – V ZR 211/11).

Genauso ist es, wenn beim **Objektstimmrecht** eine Einheit in zwei selbstständige Einheiten aufgeteilt und eine sodann verkauft wird. Da hier das Stimmrecht an die Zahl der Wohnungen geknüpft ist, ist eine Verschiebung der Stimmgewichte auch durch Unterteilung von Wohneinheiten nicht möglich, so dass es zu einer Aufspaltung des Stimmrechts kommt (BGH ZMR 2004, 834; KG ZMR 2004, 705, 707). Ob eine Aufteilung des Stimmrechtes in Bruchteile erfolgt oder ob jedes eine halbe Stimme hat, wird jeweils eine Frage der Auslegung sein (Staudinger/*Bub* (2005) WEG § 25 Rn. 157: solange die neue Einheit nicht verkauft ist: Bruchteil; danach: je eine halbe Stimme).

Unproblematisch ist die Aufteilung bei einem Stimmrecht nach **Miteigentumsanteilen**; hier bleiben die Stimmen gleich, allenfalls ändert sich die Zahl der Eigentümer, die diese Stimmen abgeben können.

6.3 **Stimmenthaltungen** sind bei der Bestimmung der Mehrheit im Sinne von § 25 Abs. 1 WEG nicht mitzuzählen. Entscheidend ist allein, ob die abgegebenen Ja-Stimmen die Nein-Stimmen überwiegen (BGHZ 106, 179 – V ZB 3/88).

6.4 Die ganz h.M. lässt bei der Stimmenauszählung die sog. **Subtraktionsmethode** zu. Sofern nicht durch die Teilungserklärung oder einen entsprechenden Beschluss bestimmte Verfahren zur Auszählung der Stimmen vorgegeben sind, ist es ohne weiteres zulässig, wenn sich der Versammlungsleiter bei der Auszählung der Subtraktionsmethode bedient und bereits nach der Abstimmung über zwei von drei – auf Zustimmung, Ablehnung oder Enthaltung gerichteten – Abstimmungsfragen die Zahl der noch nicht abgegebenen Stimmen als Ergebnis der dritten Abstimmungsfrage wertet. Bei größeren Eigentümerversammlungen, zumal wenn in Abweichung von § 25 Abs. 2 WEG eine Stimmkraft nach der Größe der Miteigentumsanteile vereinbart ist (Wert- oder Anteilsstimmrecht), sind mit diesem Verfahren deutliche Erleichterungen bei der Stimmauszählung verbunden (BGH ZMR 2002, 936 – V ZB 37/02). Bei der Substraktionsmethode wird das Stimmverhalten der Teilnehmer ausgelegt. Der Eigentümerbeschluss, der durch die Abstimmung zustande kommt, ist ein mehrseitiges Rechtsgeschäft in der besonderen Form eines Gesamtaktes, durch den mehrere gleichgerichtete Willenserklärungen der Wohnungseigentümer gebündelt werden; die von den Wohnungseigentümern abgegebenen Einzelstimmen sind hiernach empfangsbedürftige Willenserklärungen gegenüber dem Versammlungsleiter. Auf sie finden die allgemeinen zivilrechtlichen Regeln Anwendung. Auch eine Auslegung der Stimmabgabe nach § 133 BGB ist demnach möglich (BGH ZMR 2002, 936, 938– V ZB 37/02). Es dürfte sinnvoll (wenn auch nicht zwingend notwendig – BGH ZMR 2002, 936, 939 – V ZB 37/02) sein, die abstimmenden Eigentümer vor Anwendung der Subtraktionsmethode hierauf hinzuweisen; nur so kann sichergestellt werden, dass sich jeder Eigentümer der Wirkung seines Schweigens in den ersten beiden Abstimmungsalternativen auch tatsächlich bewusst ist; ist den Eigentümern nämlich überhaupt nicht klar, dass es gerade um eine Abstimmung geht, wirkt das Schweigen auch nicht als Willenserklärung (LG München I ZMR 2010, 876).

7. Feststellung und Verkündung des Beschlussergebnisses. *7.1* Die Feststellung des Beschlusses durch den Versammlungsleiter hat konstitutive Wirkung (BGH ZMR 2001, 809 – V ZB 10/01). Zur Wirksamkeit des Beschlusses reicht nicht lediglich eine Mehrheit der abgegebenen Stimmen. Es ist darüber hinaus erforderlich, dass der Versammlungsleiter aufgrund der Abstimmung feststellt und verkündet, ob ein Beschluss zustande gekommen ist oder nicht. Der Gesetzgeber hat diese Rechtsprechung in § 24 Abs. 7 S. 2 umgesetzt; danach muss die Beschluss-Sammlung die »in der Versammlung verkündeten« Beschlüsse enthalten.

Die Probleme, die aus dieser konstitutiven Wirkung der Verkündung resultieren, sind erheblich, denn mit Verkündung ist das Ergebnis in der Welt, ob es richtig ist oder nicht. Irrt sich der Versammlungsleiter z.B. über die Wirksamkeit einer Vollmacht, berücksichtigt er diese Stimme nicht und verkündet infolge dessen einen Beschlussantrag als nicht angenommen, so ist dieses Ergebnis wirksam, wenn es nicht angefochten wird; auch wenn der Beschlussantrag bei Berücksichtigung der Vollmacht eigentlich als angenommen hätte verkündet werden müssen.

526 *7.2* Auch die formal einwandfrei zustande gekommene **Ablehnung eines Beschlussantrages** durch die Wohnungseigentümer hat Beschlussqualität. Ein solcher **Negativbeschluss** ist kein Nichtbeschluss (BGH ZMR 2001, 809, 813 – V ZB 10/01) und muss daher ebenfalls verkündet werden. Vgl. zur Anfechtung Formular E.I.12.

527 Davon zu unterscheiden ist der sog Nichtbefassungsbeschluss; hierunter versteht man die Entscheidung der Wohnungseigentümer, über einen bestimmten Beschlussantrag nicht abstimmen zu wollen. Dieser Nichtbefassungsbeschluss hat keine Beschlussqualität und ist nicht anfechtbar (OLG Frankfurt a.M. IBR 2009, 167 – 20 W 468/07).

528 **8. Unterschriften.** *8.1* Das Protokoll ist von dem Vorsitzenden, also dem Versammlungsleiter, einem weiteren Wohnungseigentümer und, sofern ein Beirat existiert, von dessen Vorsitzenden oder seinem Vertreter zu unterschreiben (§ 24 Abs. 6 WEG), soweit diese an der Versammlung teilgenommen haben (OLG Hamm ZMR 2009, 217; OLG München ZMR 2007, 883). Die Unterschrift des Protokollführers ist nach dem Gesetzeswortlaut nicht notwendig. Die im Gesetz vorgesehenen Unterschriften sind allerdings keine Voraussetzung für die Wirksamkeit der in der Versammlung gefassten Beschlüsse. Diese sind auch dann wirksam, wenn die Unterschriften teilweise oder vollständig fehlen, egal, ob sie vergessen wurden oder sich die jeweiligen Personen weigern, das Protokoll zu unterschreiben (*Niedenführ/Kümmel/Vandenhouten* § 24 Rn. 69). Soweit das Protokoll unterschrieben ist, gilt es im Sinne von § 416 ZPO als Privaturkunde, die aber nicht beweist, dass das dort Niedergelegte richtig ist, sondern nur, dass der Unterzeichner den Inhalt des Protokolls als aus seiner Sicht wahrheitsgemäß bestätigt (BayObLG NJW-RR 2002, 1308).

529 *8.2* Allerdings gibt es Gemeinschaftsordnungen, die explizit festlegen, dass das Protokoll von dem Versammlungsleiter und zwei von der Versammlung zu bestimmenden Eigentümern zu unterzeichnen ist (vgl. BGH NJW 1997, 2956 – V ZB 2/97). In diesen Fällen sind die notwendigen Unterschriften konstitutiv für die Gültigkeit der Beschlüsse. Fehlen die Unterschriften, sollen die gefassten Beschlüsse indes nicht nichtig, sondern nur anfechtbar sein (BGH NJW 1997, 2956 – V ZB 2/97; OLG Schleswig ZMR 2006, 721). Sieht die Gemeinschaftsordnung eine solche Regelung vor, sind die zur Unterzeichnung des Protokolls vorgesehenen Eigentümer zum Beginn der Versammlung per Mehrheitsbeschluss zu wählen. Ist die Wahl unterblieben, kann sie auch nicht mehr nachgeholt werden (OLG Schleswig ZMR 2006, 721). Anders sieht es aus, wenn die Teilungserklärung nur generell die Unterschrift zweier Miteigentümer fordert, ohne zu verlangen, dass diese explizit von der Versammlung zu bestimmen sind; in diesem Fall kann die Unterschrift der zwei Miteigentümer noch im gerichtlichen Verfahren nachgeholt und der Mangel somit geheilt werden (OLG München ZMR 2007, 883). In diesen Fällen müssen allerdings auch zwei verschiedene Eigentümer unterschreiben, es reicht nicht, wenn ein Eigentümer für sich und in Vertretung eines weiteren Eigentümers unterschreibt, da hierbei das Vier-Augen-Prinzip nicht erfüllt wird (BGH ZMR 2012, 644 – V ZR 178/11).

530 Es empfiehlt sich daher für alle Beteiligten, die zusätzlichen Anforderungen der Gemeinschaftsordnung an die Form des Protokolls genau zu befolgen.

531 **9. Frist zur Erstellung des Protokolls.** *9.1* Das Gesetz sieht keine Frist vor, innerhalb derer das Protokoll spätestens erstellt sein muss. Die Rechtsprechung fordert jedoch in der Regel, dass das Protokoll spätestens eine Woche vor Ablauf der Beschlussanfechtungsfrist – also rund drei Wochen nach Versammlungszeitpunkt – fertiggestellt ist (OLG Frankfurt a.M., WuM 1990, 461). Parallel zur Erstellung des Protokolls ist der Verwalter auch verpflichtet, die Beschlüsse in die Beschluss-Sammlung einzutragen, und zwar unverzüglich. Die Legaldefinition hierfür findet sich in § 121 BGB: unverzüglich meint »ohne schuldhaftes Zögern«. Die Gesetzesbegründung hat auf die konkrete Festlegung einer Frist verzichtet, geht aber davon aus, dass die Eintragung bei ordnungsmäßiger Verwaltung unmittelbar im Anschluss an die Verkündung erfolgt und somit

eine Eintragung, die mehrere Tage später vorgenommen wird, in der Regel nicht mehr unverzüglich ist (BT-Drucks. 16/887, S. 34; so auch *Merle*, in: Bärmann § 24 Rn. 156; Riecke/Schmid/*Riecke* § 24 Rn. 122; LG München I NZM 2008, 410). Damit muss der Eintrag in die Beschluss-Sammlung in der Regel eher erfolgen als die Fertigstellung des Protokolls. Will der Eigentümer also Klarheit über die in der Versammlung gefassten Beschlüsse haben, liegt das Protokoll aber noch nicht vor, kann er beim Verwalter Einsicht in die Beschluss-Sammlung nehmen – immer vorausgesetzt, der Verwalter hat diese zeitnah und ordnungsgemäß geführt.

9.2 Eine Pflicht zur Vervielfältigung des Protokolls und zum Versand an die Miteigentümer ergibt sich aus dem Gesetz nicht. Der Verwalter ist hierzu nur verpflichtet, wenn sich dieses aus dem Verwaltervertrag ergibt oder der Verwalter in der Vergangenheit durch Übersenden von Kopien das Vertrauen der Eigentümer geschaffen hat, dass er es auch in Zukunft so halten werde (Staudinger/*Bub* (2005) WEG § 24, Rn. 141 f.).

10. Berichtigungsanspruch. Aus § 21 Abs. 4 WEG ergibt sich der Anspruch eines Eigentümers auf Berichtigung des Protokolls. Die gerichtliche Durchsetzung ist nach bisher herrschender Rechtsprechung an die Monatsfrist zur Beschlussanfechtung gebunden (KG NJW-RR 1991, 213; a.A. große Teile der Literatur, vgl. Staudinger/*Bub* (2005), WEG, § 24, Rn. 124; Niedenführ/Kümmel/Vandenhouten § 24 Rn. 72) und bedarf eines konkreten Rechtsschutzinteresses. Ein solches Rechtsschutzinteresse ist zu bejahen, wenn sich die Rechtsposition des betroffenen Eigentümers durch die Berichtigung verbessern oder zumindest erheblich ändern würde (Staudinger/*Bub* (2005) WEG, § 24 Rn. 126). Vgl. hierzu Formular E.IV.5.

Der Anspruch auf Protokollberichtigung ist gegen die Personen zu richten, die das Protokoll unterschrieben haben, also in der Regel gegen den Verwalter, den Beiratsvorsitzenden und den mitunterschreibenden Eigentümer (BayObLG ZMR 2002, 951, 952).

11. Einsichtsrecht. § 24 Abs. 6 WEG gibt jedem Eigentümer das Recht, das Protokoll der aktuellen Versammlung, aber auch die älteren Protokolle einzusehen. Dieses impliziert bereits, dass die Einsicht nur in den Räumen des Verwalters geschehen kann und der Verwalter im Regelfall nicht verpflichtet ist, dem Eigentümer Kopien zur Verfügung zu stellen. Bezüglich der aktuellen Versammlung ist der Verwalter ebenfalls nicht verpflichtet, Kopien des Protokolls zu versenden. Der Verwalter ist hierzu nur verpflichtet, wenn sich dieses aus dem Verwaltervertrag ergibt oder der Verwalter in der Vergangenheit durch Übersenden von Kopien das Vertrauen der Eigentümer geschaffen hat, dass er es auch in Zukunft so halten werde (Staudinger/*Bub* (2005) WEG, § 24 Rn. 141 f.).

Im Rahmen einer Einsichtnahme in den Räumen des Verwalters darf sich der Eigentümer Notizen fertigen und sich auf seine Kosten Kopien der Protokolle fertigen (Staudinger/*Bub* (2005) WEG § 24 Rn. 140).

XII. Umlaufbeschluss

Die Eigentümergemeinschaft Beispielstraße 11, Beispielstadt, beschließt auf Veranlassung des Verwalters im Wege eines schriftlichen Umlaufbeschlusses folgendes:

Der Verwalter wird ermächtigt, der Firma Holzhau & Consorten im Namen der Eigentümergemeinschaft den Auftrag zur Ausführung der Arbeiten gemäß Nachtragsangebot vom 01.07.2015 zu erteilen.

Die Zustimmung zu diesem Beschluss beinhaltet gleichzeitig die Zustimmung zur Beschlussfassung im schriftlichen Verfahren. Ein Beschluss ist nur dann zustande gekommen, wenn alle Eigentümer diesem schriftlich zustimmen, der Verwalter das Zustandekommen des Beschlusses festgestellt und dieses allen Eigentümern mitgeteilt hat.

Erläuterungen

538 **1. Initiator.** Nach § 23 Abs. 3 WEG können Beschlüsse auch ohne Versammlung zustande kommen, wenn alle Eigentümer ihre Zustimmung zu diesem Beschluss schriftlich erklären. Es handelt sich hier um den sog. Umlaufbeschluss. Dieser kann vom Verwalter, aber auch von jedem Miteigentümer initiiert werden.

539 **2. Einstimmigkeit.** Der Beschluss kommt zustande, wenn alle Eigentümer dem Beschluss und der Beschlussfassung im schriftlichen Verfahren ausdrücklich zustimmen. Nach wohl herrschender, aber nicht unumstrittener Ansicht muss auch ein Miteigentümer, der eigentlich nach § 25 Abs. 5 WEG vom Stimmrecht ausgeschlossen ist, nicht nur dem Procedere im schriftlichen Verfahren, sondern auch dem inhaltlichen Beschluss zustimmen (Staudinger/*Bub* (2005) § 23 Rn. 216; BayObLG ZMR 2002, 138, 141; a.A: *Niedenführ/Kümmel/Vandenhouten* § 23 Rn. 71). Der herrschenden Ansicht ist zuzustimmen, da sie sich bereits aus dem Wortlaut des Gesetzes ergibt. § 23 Abs. 3 WEG spricht von »allen« Eigentümern, während z.B. § 25 Abs. 3 WEG die nicht stimmberechtigten Eigentümer ausdrücklich ausnimmt (Staudinger/*Bub* (2005) § 23 Rn. 216).

540 **3. Form.** Die Eigentümer müssen ihre Zustimmung schriftlich erklären. Dieses fordert gemäß § 126 BGB von jedem zustimmenden Eigentümer die eigenhändige Unterschrift unter seine Zustimmungserklärung. Die Zustimmung kann entweder von allen Eigentümern unter das gleiche Schriftstück gesetzt werden, das dann im Umlaufverfahren von Tür zu Tür gereicht wird. Es kann aber auch jeder Eigentümer mit gesondertem Schreiben gegenüber dem Initiator des Beschlusses seine Zustimmung hierzu erklären (Riecke/Schmid/*Drabek* § 23 Rn. 51). Dementsprechend ist eine Beschlussfassung z.B. in einer Telefonkonferenz nichtig (AG Königstein i.T. NZM 2008, 171). Im Grundbuchverfahren ist ein Umlaufbeschluss nur dann ein taugliches Nachweismittel, wenn die Zustimmung jedes Miteigentümers öffentlich beurkundet oder die Unterschrift notariell beglaubigt ist (OLG Hamm ZWE 2012, 489).

541 **4. Zustandekommen des Beschlusses.** Wegen der auch hier zu beachtenden konstitutiven Wirkung der Beschlussverkündung kommt im schriftlichen Verfahren ein Beschluss erst mit der Feststellung und einer an alle Wohnungseigentümer gerichteten Mitteilung des Beschlussergebnisses zustande. Da es nur um eine entsprechende Anwendung der Regeln zur Beschlussfeststellung und Bekanntgabe in der Wohnungseigentümerversammlung gehen kann, ist dieses nicht im Sinne des Zugangs der Mitteilung bei jedem einzelnen Eigentümer zu verstehen. Es genügt jede Form der Unterrichtung (etwa durch einen Aushang oder ein Rundschreiben), die den internen Geschäftsbereich des Feststellenden verlassen hat, und bei der den gewöhnlichen Umständen nach mit einer Kenntnisnahme durch die Wohnungseigentümer gerechnet werden kann. Bereits zu dem Zeitpunkt, in dem diese Voraussetzungen erfüllt sind, ist ein Beschluss im schriftlichen Verfahren existent geworden (BGH ZMR 2001, 809, 813 – V ZB 10/01). Die Notwendigkeit der Bekanntgabe findet sich seit der Novelle vom 01.07.2007 auch in § 24 Abs. 7 WEG, wenn es dort heißt, dass in die Beschluss-Sammlung auch die schriftlichen Beschlüsse unter Angabe von Ort und Datum der Verkündung aufgenommen werden müssen.

542 Stimmen nicht alle Eigentümer dem Beschluss zu, handelt es sich nach h.M. im Gegensatz zur Beschlussfassung in einer Eigentümerversammlung nicht um einen Negativbeschluss (BGH ZMR 2001, 809, 813 – V ZB 10/01), sondern um einen Nichtbeschluss, der keiner Anfechtung bedarf. Jedoch ist die deklaratorische Feststellung seines Nichtbestehens im Verfahren nach § 43 Abs. 1 Nr. 4 WEG zulässig (BayObLG ZMR 2002, 138, 139).

543 Eine Regelung in der Teilungserklärung oder durch Vereinbarung, wonach auch Mehrheitsbeschlüsse im schriftlichen Verfahren möglich sein sollen, ist wohl unwirksam (str. vgl. *Merle*, in Bärmann § 23 Rn. 121 f. m.w.N.).

544 Soweit es Teilungserklärungen gibt, nach denen die Zustimmung eines Eigentümers als erteilt gilt, wenn er nicht innerhalb der im Beschlusswortlaut vorgegebenen Frist antwortet, ist deren Rechtmäßigkeit insbesondere auch unter dem Gesichtspunkt von § 308 Nr. 5b BGB äußerst zweifel-

haft (vgl. Rechtshandbuch-Wohnungseigentum/*Scheel* Teil 12, Rn. 219). Hingegen gibt es auch hier gewichtige Stimmen, die eine solche Regelung für möglich halten (Staudinger/*Bub* (2005) § 23 WEG Rn. 54).

XIII. Der Zweitbeschluss

1) Die Gemeinschaftsordnung sieht vor, dass die Balkone im Gemeinschaftseigentum stehen. Trotzdem hatte die Gemeinschaft auf der Versammlung vom 01.04.1994 beschlossen, dass Sanierungen von den Wohnungseigentümern in Eigenregie und auf Kosten der jeweiligen Eigentümer vorzunehmen sind. Die Eigentümer der Wohnung Nr. 8 haben 1997 ihren Balkon auf eigene Kosten saniert und hierfür Kosten in Höhe von umgerechnet Euro 4.000 aufgewandt.

545

Auf der ordentlichen Eigentümerversammlung 2015 beschließt die Gemeinschaft folgendes:

Beschluss: Der Beschluss der Gemeinschaft aus der Versammlung vom 01.04.1994 wird aufgehoben. Balkonsanierungen sind wieder durch die Gemeinschaft und auf Kosten der Gemeinschaft durchzuführen. Eigentümer, die aufgrund des Beschlusses vom 01.04.1994 auf eigene Kosten Sanierung vorgenommen haben, erhalten diese Kosten auf Nachweis von der Gemeinschaft erstattet.

Abstimmung:

Ja-Stimmen: 10   Nein-Stimmen: 2   Enthaltungen: 1

Ergebnis: Der Beschluss ist angenommen.

2) Die Gemeinschaft hat auf der Versammlung im Jahre 2014 zu TOP 9 beschlossen, die im hinteren Gartenbereich stehende Sandkiste im Winter durch eine Plastikplane abdecken zu lassen. Es hat sich gezeigt, dass sich unter der Plane im Winter Ungeziefer angesiedelt hat.

Beschluss: Der Beschluss der Eigentümerversammlung vom _____ zu TOP 9 wird aufgehoben.

Abstimmung:

Ja-Stimmen: 10   Nein-Stimmen: 2   Enthaltungen: 1

Ergebnis: Der Beschluss ist angenommen.

Erläuterungen

1. Beschlusskompetenz. Die Gemeinschaft ist nicht gehindert, über Themen, die bereits Gegenstand vorangegangener Beschlüsse waren, erneut zu beschließen (BGHZ 113, 197 – V ZB 8/90). Dieses gilt zunächst unabhängig davon, ob ein vorangegangener Erstbeschluss bestätigt, abgeändert oder aufgehoben werden soll. Auch wenn ein Erstbeschluss in gleicher Sache nach Anfechtung gerichtlich für ungültig erklärt worden ist, kann trotzdem in gleicher Sache mit gleichem Inhalt nochmals der gleiche Beschluss gefasst werden. Eine Ungültigerklärung in einem Verfahren nach § 46 WEG betrifft nur den gefassten und angefochtenen Erstbeschluss, sie entfaltet keine Sperrwirkung für gleichlautende zukünftige Beschlüsse.

546

2. Ordnungsmäßige Verwaltung. *2.1* Auch ein Zweitbeschluss muss ordnungsmäßiger Verwaltung entsprechen. Neben den Anforderungen, die auch an einen Erstbeschluss zu stellen sind, muss ein Zweitbeschluss weitere Voraussetzungen erfüllen. Der Zweitbeschluss muss eine Interessenabwägung im Hinblick auf die Tatsache vornehmen, dass Eigentümer im Vertrauen auf den Erstbeschluss ggf. Dispositionen vorgenommen haben oder der Erstbeschluss sogar subjektive

547

Rechte einzelner Eigentümer begründet hat (OLG Hamm ZMR 2007, 296; BGHZ 113, 197 – V ZB 8/90). Haben Eigentümer im Vertrauen auf den Erstbeschluss Vermögensverfügungen getroffen, wie im Fall 1 zu obigem Formularmuster, muss ein Zweitbeschluss Aussagen dazu treffen, wie damit umzugehen ist. Das OLG Hamm, dessen Entscheidung in ZMR 2007, 296 der Fall nachgebildet ist, hielt einen Zweitbeschluss für anfechtbar, der sich nicht mit der Frage auseinandersetzte, wie die von den Eigentümern in der Vergangenheit direkt aufgewandten Kosten ausgeglichen werden sollten, und zwar unabhängig von der Frage, dass der Erstbeschluss aus dem Jahre 1994 sogar nichtig gewesen sein dürfte (OLG Hamm ZMR 2007, 296). Nach einer Entscheidung des OLG Düsseldorf (WuM 2008, 68) entspricht es auch ordnungsgemäßer Verwaltung, wenn ein Erstattungsanspruch pauschaliert wird, wenn Belege nicht mehr vorhanden sind (€ 1.000,00 bei Fenstersanierung durch Eigentümer).

548 Ein Zweitbeschluss widerspricht ordnungsmäßiger Verwaltung, wenn der Beschluss lediglich in der Hoffnung erfolgt, er möge mangels Anfechtung nunmehr bestandskräftig werden, nachdem ein Erstbeschluss in gleicher Sache nach Anfechtung für ungültig erklärt worden war (KG NJW-RR 1994, 1358).

549 *2.2* Noch nicht geklärte Probleme wird die in § 16 Abs. 4 WEG vorgesehene gesetzliche Öffnungsklausel verursachen, wonach die Verteilung von Kosten für bestimmte bauliche Maßnahmen abweichend von Gesetz oder Teilungserklärung geregelt werden kann. Denkbar ist z.B., dass die Beschlussfassung über eine bauliche Veränderung zunächst mit dem in Gesetz und Teilungserklärung vorgesehenen Verteilungsschlüssel erfolgt, mit der Folge, dass ein nicht zustimmender Eigentümer nach § 16 Abs. 6 S. 1 WEG zunächst auch nicht mit den Kosten der Maßnahme zu belasten ist. Beschließt die Wohnungseigentümerversammlung sodann aber in einem Zweitbeschluss eine abweichende Kostenverteilung auf Grundlage des § 16 Abs. 4 WEG, wäre auch der Eigentümer, welcher der Maßnahme im Erstbeschluss nicht zugestimmt hat und von den Kosten daher freizuhalten war, nunmehr an diesen Kosten zu beteiligen, § 16 Abs. 6 S. 2 WEG. Man wird wohl richtigerweise fordern müssen, dass ein solcher Zweitbeschluss nur dann ordnungsmäßiger Verwaltung entspricht, wenn sich die maßgeblichen Umstände seit dem Erstbeschluss und der dort gewählten Kostenverteilung wesentlich geändert haben, also ein sachlicher Grund vorliegt (*J.H. Schmidt* ZMR 2007, 913, 916; LG Itzehoe ZMR 2011, 998).

550 **3. Verfahrensrechtliche Auswirkungen.** Wird ein Zweitbeschluss gleichen Inhalts bestandskräftig, entfällt das Rechtsschutzbedürfnis für die Anfechtung des Erstbeschlusses, weil die Beteiligten wegen dessen Bestandskraft an den Zweitbeschluss mit gleichem Inhalt gebunden sind (BGH ZMR 2002, 930, 932). Das gilt auch, wenn der Zweitbeschluss im Vergleich zum Regelungsgehalt des Erstbeschlusses über diesen hinausgeht, ihn aber mit umfasst (BayObLG 12.01.2005 – 2 Z BR 187/04 – zitiert nach juris). Das Rechtsschutzbedürfnis bleibt aber trotz Zweitbeschlusses bestehen, wenn die Anfechtung eines Negativbeschlusses in Verbindung mit dem Antrag auf Feststellung eines korrespondierenden positiven Eigentümerbeschlusses verbunden ist (BGH ZMR 2002, 930, 932 – V ZB 30/02). Ist bezüglich des Erstbeschlusses ein Anfechtungsverfahren anhängig und wird auch der Zweitbeschluss angefochten, so hat dieses keine Auswirkung auf das Verfahren zur Anfechtung des früheren Beschlusses (BGH NJW-RR 1989, 1087 – V ZB 6/88).

D. Beschlüsse im Einzelnen

I. Finanzverfassung

1. Beschlussfassung: Wirtschaftsplan

TOP 3: Beschluss über den Wirtschaftsplan 551

Der Verwalter legt den Gesamt- und die Einzelwirtschaftspläne für das Kalenderjahr 2015 vor. Der Beirat hat diese geprüft und die den Eigentümern vor der Versammlung übermittelte Stellungnahme hierzu abgegeben.

Beschluss: Die Eigentümerversammlung genehmigt den vom Verwalter vorgelegten Gesamtwirtschaftsplan und die Einzelwirtschaftspläne für das Jahr 2015 vom 04.10.2014. Dieser Wirtschaftsplan soll auch für das jeweilige nächste Kalenderjahr fortgelten, sofern kein neuer Wirtschaftsplan beschlossen wird. Das sich aus den Einzelwirtschaftsplänen ergebende Hausgeld ist in zwölf gleichen monatlichen Raten jeweils bis zum 1. eines Monats fällig. Die sich aus dem Wirtschaftsplan ergebende Erhöhung des Hausgeldes für die zurückliegenden Monate des Kalenderjahres ist sofort fällig. Anteilige Zahlungen der Monatsraten sind, sofern der zahlende Eigentümer keine Leistungsbestimmung trifft, zunächst auf die Bewirtschaftungskosten und erst danach auf die Instandhaltungsrücklage zu verbuchen.

Abstimmung:

Ja-Stimmen: 10   Nein-Stimmen: 2   Enthaltungen: 1

Ergebnis: Der Beschluss ist angenommen.

Erläuterungen

1. Grundlage des Wirtschaftsplans. Die Gemeinschaft braucht Geld, um die Gemeinschafts- 552
aufgaben wahrzunehmen. Hierzu gehören neben Instandhaltung und Instandsetzung des Gemeinschaftseigentums auch die notwendigen Kosten des Gemeinschaftseigentums, wie z.B. Versicherungen, Allgemeinstrom etc. § 16 Abs. 2 WEG sieht daher vor, dass jeder Wohnungseigentümer den anderen gegenüber verpflichtet ist, nach dem Verhältnis seines Miteigentumsanteils seinen Teil an diesen gemeinschaftlichen Kosten zu tragen. § 16 WEG sagt aber noch nichts darüber, wie und wann die Eigentümer diese Beträge zu leisten haben. Diese regelt § 28 Abs. 1 und 2 WEG. Danach hat der Verwalter jeweils für ein Kalenderjahr einen Wirtschaftsplan aufzustellen Die Wohnungseigentümer sind verpflichtet, nach Abruf durch den Verwalter dem beschlossenen Wirtschaftsplan entsprechende Vorschüsse zu leisten (§ 27 Abs. 2 WEG). Dieser Wirtschaftsplan, den die Versammlung der Wohnungseigentümer mit Mehrheit beschließt, ist Anspruchsgrundlage für die Forderungen der Gemeinschaft gegenüber dem einzelnen Eigentümer auf Zahlung von Lasten- und Kostenbeiträgen für das jeweilige laufende Wirtschaftsjahr.

Die Regelungen über den Wirtschaftsplan sind weitestgehend dispositiv (BayObLG ZMR 2005, 553
384).

2. Inhalt des Wirtschaftsplans. Den Inhalt des Wirtschaftsplans gibt § 28 Abs. 1 WEG vor: 554
Er muss die voraussichtlichen Einnahmen und Ausgaben bei der Verwaltung der gemeinschaftlichen Aufgaben erfassen, die anteilmäßige Verpflichtung des einzelnen Miteigentümers ausweisen und die Zuführungen zur Instandhaltungsrücklage ausweisen. Dementsprechend wird zwischen dem sog. Gesamtwirtschaftsplan und den Einzelwirtschaftsplänen unterschieden. Der Gesamtwirtschaftsplan enthält die voraussichtlichen Einnahmen und Ausgaben der gesamten Gemeinschaft. In den Einzelwirtschaftsplänen ist sodann für jede Einheit konkret zu entnehmen, welche

Kosten für das Kalenderjahr voraussichtlich auf diese Einheit entfallen werden, und zwar auch aufgeschlüsselt nach einzelnen Kostenpositionen. Die Gemeinschaft hat bei dem Ansatz der voraussichtlichen Einnahmen und Kosten einen Ermessensspielraum (KG ZMR 1991, 188, 189). Es obliegt allein der Entscheidung der Gemeinschaft, ob sie lieber großzügig bemessene Vorauszahlungen leisten will, oder ob die Vorauszahlungen knapp bemessen werden sollen, was dann in der Regel zu einer Nachzahlung im Rahmen der Jahresabrechnung führt (BayObLG ZMR 2001, 815). Allerdings muss das ausgeübte Ermessen vertretbar sein. Wesentlich überhöhte Vorschüsse können genauso ordnungsmäßiger Verwaltung widersprechen wie wesentlich zu niedrige Vorschüsse (BayObLG NJW-RR 1998, 1624).

555 **3. Geltungszeitraum.** Nach § 28 Abs. 1 und Abs. 3 WEG gilt der Wirtschaftsplan zunächst nur für das Kalenderjahr, für welches er beschlossen worden ist. Allerdings ist diese Regelung dispositiv. Oftmals sieht bereits die Teilungserklärung vor, dass ein Wirtschaftsplan solange gilt, bis ein neuer beschlossen wird. Anderenfalls können die Eigentümer dieses durch Vereinbarung regeln.

556 Ein Mehrheitsbeschluss, wonach zukünftig Wirtschaftspläne generell immer solange gelten sollen, bis ein neuer Wirtschaftsplan beschlossen wird, ist nichtig, er überschreitet die Beschlusskompetenz der Eigentümerversammlung (OLG Düsseldorf ZMR 2003, 862). Allerdings liegt es in der Kompetenz der Eigentümerversammlung, zu beschließen, dass ein konkreter Wirtschaftsplan solange weiter gelten soll, bis ein neuer beschlossen wird (OLG Düsseldorf ZMR 2003, 862; BayObLG ZMR 2003, 279). Wird dann im Folgejahr kein neuer Wirtschaftsplan beschlossen, bleibt automatisch der alte Wirtschaftsplan in Kraft. Er gilt so lange, bis positiv ein neuer beschlossen wird, der Negativbeschluss über einen neuen Plan setzt den alten nicht außer Kraft (LG Stuttgart ZMR 2010, 319).

557 **4. Wirkung des Wirtschaftsplans.** Der Beschluss über den Gesamtwirtschaftsplan und die Einzelwirtschaftspläne ist die Rechtsgrundlage für die Verpflichtung der Eigentümer zur Zahlung von Vorschüssen (BayObLG ZMR 2003, 279). Diese Zahlungspflicht besteht für den gesamten, durch den Wirtschaftsplan vorgegebenen Zeitraum, auch dann, wenn er angefochten wird, und zwar solange, wie er nicht rechtskräftig für ungültig erklärt worden ist, § 23 Abs. 4 S. 2 WEG. Das bedeutet, dass auch ein angefochtener Beschluss über einen Wirtschaftsplan einen Anspruch auf Zahlung der sich daraus ergebenden Vorschüsse darstellt, solange das Anfechtungsverfahren nicht rechtskräftig abgeschlossen worden ist.

558 Mit der Beschlussfassung über die Jahresabrechnung verliert der Wirtschaftsplan nicht etwa seine Wirkung, denn mit der Jahresabrechnung wollen die Eigentümer den Wirtschaftsplan nicht ändern, sondern umsetzen, es findet keine Novation statt (BGH ZMR 2010, 300, 301 – V ZBR 44/09). Rechtsgrundlage für Wohngelder ist auch nach Beschluss über eine Jahresabrechnung weiterhin der zugrundeliegende Wirtschaftsplan und nicht die Jahresabrechnung (BGH ZMR 2012, 976 – V ZR 171/11).

559 **5. Gläubiger und Schuldner.** *5.1* Gläubigerin der Ansprüche aus dem Wirtschaftsplan ist die Wohnungseigentümergemeinschaft als rechtsfähiger Verband nach § 10 Abs. 7 S. 3 WEG.

560 *5.2* **Schuldner** der Ansprüche ist, wer zum Zeitpunkt der Fälligkeit **Eigentümer** ist. Dabei kann zunächst darauf abgestellt werden, wer als Eigentümer im Grundbuch eingetragen ist (zur Vorfälligkeit s. auch unten Formular D.I.3.). Bei **Verkauf einer Wohnung** ist also exakt nach dem Eintragungsdatum zu unterscheiden. Bis dahin fällige Vorschüsse sind vom bisherigen Eigentümer zu leisten. Regelungen im Kaufvertrag, wonach der Erwerber auch schon vorher die »Kosten und Lasten« tragen soll, wirken nur im Innenverhältnis zwischen Käufer und Verkäufer, nicht im Außenverhältnis zur Gemeinschaft (KG NJW-RR 1997, 1232). Allerdings kann die Teilungserklärung vorsehen, dass der Erwerber auch für Verbindlichkeiten des Veräußerers haftet. Eine solche Regelung ist grundsätzlich wirksam (BGH ZMR 1994, 271).

D. Beschlüsse im Einzelnen

Bruchteilseigentümer einer Einheit haften für die Wohngelder als Gesamtschuldner jeweils auf den vollen Betrag (LG Saarbrücken ZWE 2010, 416).

561

Gegebenenfalls findet aber auch ein **Eigentumswechsel außerhalb des Grundbuches** statt, z.B. durch Erbfolge, § 1922 BGB, oder durch Zwangsversteigerung, § 90 ZVG. Dann kommt es nicht auf die Stellung als Grundbucheigentümer, sondern auf die tatsächliche Eigentümerstellung an, denn das Grundbuch ist in diesen Fällen unrichtig geworden.

562

Wer den Erwerb von Wohnungs- oder Teileigentum wirksam nach **§ 123 BGB angefochten** hat, haftet, auch wenn er noch im Grundbuch eingetragen ist, also noch **Bucheigentümer** ist, nicht in entsprechender Anwendung des § 16 Abs. 2 WEG für Verbindlichkeiten, die nach seiner Grundbucheintragung begründet und fällig werden (BGH ZMR 1995, 37 – V ZB 2/94; BGH ZMR 2012, 971 – V ZR 241/11). Das gilt auch, wenn der sachenrechtliche Erwerb unwirksam war, weil die zugrunde liegenden Treuhändervollmachten nichtig waren (Schrottimmobilien – LG Stralsund ZMR 2007, 146).

563

Unabhängig von der Stellung im Grundbuch haften auch die Mitglieder einer sog. werdenden Eigentümergemeinschaft. Eine solche liegt vor, wenn z.B. im Rahmen der Erstellung einer neuen Anlage die Erwerber noch nicht im Grundbuch eingetragen sind (dort also noch der Bauträger als Eigentümer steht), die Erwerber aber eine sog. rechtlich verfestigte Erwerbsposition besitzen (BGH ZMR 2008, 805 – V ZB 85/07). Dieses ist der Fall, wenn ein wirksamer, auf die Übereignung von Wohnungseigentum gerichteter Erwerbsvertrag vorliegt, der Übereignungsanspruch durch eine Auflassungsvormerkung gesichert ist und der Besitz an der Wohnung auf den Erwerber übergegangen ist. Hier ist eine zeitliche Vorverlagerung der Regelungen des WEG geboten, so dass diese Eigentümer alle Rechte und Pflichten eines eingetragenen Eigentümers haben, also auch die Pflicht zur Wohngeldzahlung (BGH ZMR 2008, 805 – V ZB 85/07). Das gilt nach Auffassung des BGH auch dann, wenn der erste Erwerber im Grundbuch eingetragen wird, die werdende Gemeinschaft sich also in eine Vollzug gesetzte Eigentümergemeinschaft wandelt. Der Erwerber mit der rechtlich gesicherten Erwerbsposition, der noch nicht als Eigentümer im Grundbuch eingetragen ist, behält seine Rechte und Pflichten aus der werdenden Eigentümergemeinschaft (BGH ZMR 2008, 805 – V ZB 85/07). Voraussetzung ist aber stets ein »wirksamer« Erwerbsvertrag; ist ein solcher Erwerbsvertrag z.B. wegen Sittenwidrigkeit unwirksam, haftet der werdende Eigentümer nur im Hinblick auf ein eventuelles widersprüchliches Verhalten nach § 242 BGB (OLG Dresden ZMR 2010, 462).

564

Die Anordnung der **Zwangsverwaltung** für eine Eigentumswohnung hat zur Folge, dass der Zwangsverwalter für Wohngeldansprüche, die nach Anordnung der Zwangsverwaltung fällig geworden sind, zur Zahlung verpflichtet ist und diese nach § 155 Abs. 1 ZVG berichtigen muss. Damit haftet der Zwangsverwalter allerdings nicht für Wohngeldforderungen aus Jahresabrechnungen, die vor Beginn der Zwangsverwaltung beschlossen wurden. Die Haftung des Zwangsverwalters führt jedoch nicht dazu, dass der Verwalter an die Stelle des Eigentümers tritt. Dieser haftet, unabhängig vom Zwangsverwalter, auch persönlich für die Hausgeldansprüche, soweit der Zwangsverwalter diese nicht beglichen hat (OLG München ZMR 2007, 216, 217).

565

Forderungen der Wohnungseigentümergemeinschaft gegenüber einem Eigentümer, die nach Eröffnung des **Insolvenzverfahrens** über das Verfahren dieses Eigentümers fällig werden sind bevorrechtigte Masseverbindlichkeiten nach § 55 Abs. 1 Nr. 1 InsO (OLG Köln ZMR 2008, 988; BGH NJW 1994, 1866 – IX ZR 98/93 zur KO). Solche Masseverbindlichkeiten sind vom Insolvenzverwalter vorweg zu begleichen, § 53 InsO. Sind die Wohngelder monatlich zu zahlen, gehören also auch die nach dem Datum der Insolvenzeröffnung fällig werdenden monatlichen Wohngeldzahlungen zu den bevorrechtigten Masseverbindlichkeiten (OLG Köln ZMR 2008, 988). Insoweit ist eine sog. Verfallklausel, wonach die Gesamtjahresforderung fällig wird, wenn der Eigentümer mit Wohngeldern in Verzug gerät, durchaus problematisch. Ist vor Eröffnung des Insolvenzverfahrens eine solche Gesamtfälligkeit des Jahresbetrages herbeigeführt worden, ist der gesamte Betrag nur noch Insolvenzforderung.

566

567 **6. Anspruch auf Erstellung.** Da die Aufstellung eines Wirtschaftsplans zur ordnungsmäßigen Verwaltung gehört, kann jeder einzelne Wohnungseigentümer vom Verwalter die Erstellung des Wirtschaftsplans fordern und den Verwalter hierauf auch gerichtlich in Anspruch nehmen. Die ordnungsmäßige Verwaltung fordert auch die Beschlussfassung über den Wirtschaftsplan, so dass ein einzelner Eigentümer auch gegenüber seinen Miteigentümern die Beschlussfassung hierüber gerichtlich erzwingen kann (*Niedenführ/Kümmel/Vandenhouten* § 28 Rn. 9). Erstellt die Eigentümergemeinschaft keinen Wirtschaftsplan oder wird dieser nach Anfechtung aufgehoben, so kann das Gericht auf Antrag nach billigem Ermessen einen solchen Wirtschaftsplan nach § 21 Abs. 8 WEG festsetzen.

568 **7. Beschlussfassung.** Die Beschlussfassung über den Wirtschaftsplan erfolgt nach § 28 Abs. 5 WEG durch Mehrheitsbeschluss der Wohnungseigentümerversammlung. Diese Zuständigkeit kann durch die Teilungserklärung, aber nicht per Mehrheitsbeschluss auf den Verwaltungsbeirat delegiert werden (*Niedenführ/Kümmel/Vandenhouten* § 28 Rn. 32).

569 Der Beschluss muss sich ausdrücklich auf den Gesamtwirtschaftsplan und auch auf die Einzelwirtschaftspläne beziehen. Enthält ein Wirtschaftsplan lediglich die Gesamtbeträge der zu erwartenden Einnahmen und Ausgaben, ohne den Aufteilungsschlüssel und die auf jeden einzelnen Wohnungseigentümer entfallenden Wohngeldbeträge anzugeben, so entspricht er nicht ordnungsmäßiger Verwaltung (BayObLG ZMR 2005, 384).

570 Die Beschlussfassung ist mindestens dergestalt vorzubereiten, dass den Wohnungseigentümern mit der Einladung zur Versammlung der Entwurf des zu beschließenden Gesamtwirtschaftsplans und der ihre Einheit betreffende Einzelwirtschaftsplan zur Verfügung gestellt werden. Gleiches gilt für die nach § 29 Abs. 3 WEG vom Verwaltungsbeirat abzugebende Stellungnahme. Ob der Beschluss über den Wirtschaftsplan bereits allein deshalb anfechtbar ist, weil der Beirat ihn nicht geprüft hat, ist umstritten (**für** Anfechtbarkeit: *Merle*, in: Bärmann § 28 Rn. 35; **dagegen**: BayObLG ZMR 2004, 358; KG NZM 2003, 901; LG Berlin ZMR 2013, 735); da eine Prüfung des Wirtschaftsplans durch den Beirat von der Gemeinschaft nicht erzwungen werden kann (KG ZMR 1997, 544), spricht indes vieles dafür, dass die unterlassene Prüfung auch nicht zur Anfechtbarkeit des Beschlusses über den Wirtschaftsplan führen kann (*Niedenführ/Kümmel/Vandenhouten* § 29 Rn. 17; LG Berlin ZMR 2013, 735).

571 Die Gemeinschaft muss nicht den vom Verwalter vorgeschlagenen Wirtschaftsplan beschließen. Sie kann diesen Vorschlag auch vor Beschlussfassung abändern.

572 **8. Fälligkeit.** Wird kein Beschluss zur Fälligkeit gefasst, gilt die Regelung in der Teilungserklärung, hilfsweise die gesetzliche Regelung. Nach § 28 Abs. 2 WEG sind die Vorschüsse vom Verwalter abzurufen, die Forderungen würden dann also mit Abruf durch den Verwalter fällig.

573 In den Teilungserklärungen finden sich die verschiedensten Modelle: Fälligkeit als Jahresbetrag in seiner Summe sofort, quartalsmäßige Zahlungen, monatliche Zahlung, etc. § 21 Abs. 7 WEG gibt der Eigentümerversammlung jetzt die Möglichkeit, von sämtlichen bisherigen Regelungen mit Mehrheitsbeschluss abzuweichen. Diese Möglichkeit sollte die Gemeinschaft nutzen. Zu abweichenden Fälligkeiten vergleiche unten Formular D.I.3.

574 Nach der Entscheidung des BGH vom 04.12.2009 zur Darstellung der Instandhaltungsrücklage ist in der Jahresabrechnung konkret darzustellen, welche Zuführungen zur Instandhaltungsrücklage geschuldet und welche tatsächlich gezahlt worden sind. Das führt zu Problemen, wenn ein Eigentümer nur Teilzahlungen leistet; worauf sind diese zu verbuchen, wenn keine konkrete Tilgungsbestimmung erfolgt, auf die Bewirtschaftungskosten, auf die Instandhaltungsrücklage oder quotal auf beide Positionen? Hier bietet sich an, eine Tilgungsbestimmung bereits in der Beschlussfassung zu verankern; diese dürfte zulässig sein, die Beschlusskompetenz folgt aus § 21 Abs. 7 WEG. Rechtsprechung hierzu liegt bisher kaum vor (zur Literatur vgl. *Merle* ZWE 2011, 237; *Becker* ZWE 2010, 231; *Puls/Kolbig* ZMR 2010, 928). Ein Beschluss, wonach Teilzahlungen zuerst auf die Instandhaltungsrücklage zu verbuchen sind, soll nicht ordnungsmäßiger Verwaltung

entsprechen, da er im Extremfall dazu führen kann, dass die Instandhaltungsrücklage wohl gefüllt ist, es aber an der notwendigen Liquidität für die laufenden Ausgaben fehlt (LG Köln ZMR 2012, 662).

9. Keine Aufrechnung mit Gegenforderungen/Zurückbehaltungsrecht. Gegen Wohngeldforderungen kann ein Wohnungseigentümer nach ständiger Rechtsprechung nur mit Gegenforderungen aufrechnen, wenn sie anerkannt, rechtskräftig festgestellt sind oder auf eigener Notgeschäftsführung (§ 21 Abs. 2 WEG oder §§ 680, 683 BGB) beruhen (BayObLG ZMR 2005, 214; OLG Hamm NJOZ 2009, 3671). Dieses gilt grundsätzlich auch in einer Zweiergemeinschaft (LG München I NJW-RR 2009, 1166). Untersagt die Teilungserklärung explizit eine Aufrechnung, mag man darüber nachdenken, ob damit auch Forderungen aus einer Notgeschäftsführung erfasst werden (AG Hamburg ZMR 2010, 560). Ein Zurückbehaltungsrecht ist ebenfalls in der Regel zumindest gegenüber laufenden Wohngeldzahlungen unzulässig (Riecke/Schmid/Elzer § 16 Rn. 260).

2. Sonderumlage

TOP 4: Die Eigentümer der Einheiten 3 und 4 haben seit Jahresanfang die fälligen Wohngelder nicht gezahlt. Gleiches gilt für die Forderungen aus der Jahresabrechnung 2013. Die Beitreibung der Forderungen ist eingeleitet. Die fehlenden Gelder führen aber zu einer eingeschränkten Liquidität der Gemeinschaft.

Beschluss: Zum Ausgleich der Forderungsausfälle beschließt die Gemeinschaft eine Sonderumlage von gesamt Euro 7.500,00, die gemäß den Miteigentumsanteilen auf die jeweiligen Miteigentümer umzulegen ist. Die Sonderumlage ist auf Abruf durch den Verwalter sofort fällig.

Abstimmung:

Ja-Stimmen: 10   Nein-Stimmen: 2   Enthaltungen: 1

Ergebnis: Der Beschluss ist angenommen.

Erläuterungen

1. Grundsatz. Es ist nie auszuschließen, dass besondere Entwicklungen dazu führen, dass die im Wirtschaftsplan vorgesehenen Zuflüsse an Liquidität nicht ausreichen. Grund hierfür können Zahlungsausfälle bei Miteigentümern, aber auch unerwartete Instandsetzungsmaßnahmen sein. In diesem Fall können die Wohnungseigentümer eine Sonderumlage beschließen. Diese stellt einen Nachtrag zum Wirtschaftsplan dar und ändert bzw. ergänzt diesen (BGHZ 108, 44 – V ZB 22/88). Insoweit haben die Eigentümer ein weites Ermessen (BGH ZMR 2012, 380 – V ZR 129/11). Dabei ist zu beachten, dass der Beschluss über eine Instandsetzungsmaßnahme und deren Durchführung noch keine Aussage über die Verpflichtung zur Kostentragung enthält. Hierfür bedarf es einer gesonderten Beschlussfassung über die Sonderumlage (OLG Köln ZMR 1998, 463).

2. Inhalt der Sonderumlage. Der Beschluss über die Sonderumlage muss zum einen die Gesamtsumme nennen und zum anderen die Angabe, wie dieser Betrag auf die Mitglieder der Gemeinschaft verteilt werden soll. Dabei reicht es aus, wenn die Einzelbeiträge der Wohnungseigentümer nach objektiven Maßstäben eindeutig bestimmbar sind (KG ZMR 1991, 354); wird im Rahmen einer Sanierung z.B. beschlossen einen bestimmten Betrag aus der Instandhaltungsrücklage zu entnehmen und einen weiteren Betrag per Sonderumlage einzufordern, ergibt sich hieraus, dass auch für die Sonderumlage die Miteigentumsanteile als Verteilungsmaßstab gelten (AG Hamburg ZMR 2010, 235). Wird ein von der Teilungserklärung abweichender Verteilungsschlüssel beschlossen, der nicht durch § 16 Abs. 3 oder 4 WEG gedeckt ist, ist der Beschluss anfechtbar, nicht nichtig (BayObLG ZMR 2003, 950). Der Beschluss muss auch eine Aussage zur Fälligkeit der Sonderumlage treffen, wobei im Zweifelsfalle von einer sofortigen Fälligkeit ausgegangen wird (KG ZMR 1991, 354).

579 Sofern die Sonderumlage wegen des Zahlungsrückstandes eines Miteigentümers erfolgt, muss auch dieser durch den Beschluss verpflichtet werden. In der Regel bietet sich dadurch die Möglichkeit, die während des Insolvenzverfahrens entstandene Forderung aus der Sonderumlage als bevorrechtigte Masseforderung im Insolvenzverfahren geltend zu machen, während die ggf. vor Insolvenzeröffnung entstandenen Wohngeldrückstände nur einfache Insolvenzforderungen wären. Eine solche Gestaltung ist auch insolvenzrechtlich nicht zu beanstanden (OLG Köln NZI 2008, 377 und *Sinz*, in Uhlenbruck, Insolvenzordnung, 13. Auflage, § 55 Rn. 36).

3. Aufechnung/Zurückbehaltungsrecht Vgl. hierzu Formular D.I.1., Anmerkung 9. Dieses gilt auch für Sonderumlagen (*Staudinger/Bub* (2005) WEG § 28, Rdn. 228; 235)

3. Vorfälligkeit bei Verzug mit Hausgeldzahlungen

580 **TOP 5: Beschluss: Zukünftig ist das sich aus den beschlossenen Wirtschaftsplänen ergebende Hausgeld in zwölf gleichen monatlichen Raten jeweils bis zum 1. eines Kalendermonats fällig. Gerät ein Eigentümer mit einem Betrag von mehr als zwei Monatsraten in Rückstand, so wird der gesamte für das Kalenderjahr auf seine Einheit entfallende Betrag auf einmal fällig, ohne dass es einer vorhergehenden Mahnung bedarf.**

Abstimmung:

Ja-Stimmen: 10   Nein-Stimmen: 2   Enthaltungen: 1

Ergebnis: Der Beschluss ist angenommen.

Gegebenenfalls ergänzend: Scheidet ein Wohnungseigentümer während des Kalenderjahres aus der Gemeinschaft aus oder wird die Zwangsverwaltung angeordnet oder über sein Vermögen das Insolvenzverfahren eröffnet, lebt die monatliche Zahlungsverpflichtung wieder auf. Der Wohnungseigentümer ist dann verpflichtet, die auf ihn bis zum Zeitpunkt des Ausscheidens oder der Verfahrenseröffnung entfallenden Beträge zu zahlen (Formulierungsvorschlag nach *Häublein* ZWE 2004, 48 und *Greiner* Rn. 1154).

Erläuterungen

581 **1. Grundsatz.** Wird kein Beschluss zur Fälligkeit gefasst, gilt die Regelung in der Teilungserklärung. Dort gibt es verschiedenste Modelle. § 21 Abs. 7 WEG gibt der Eigentümerversammlung die Möglichkeit, von sämtlichen bisherigen Regelungen mit Mehrheitsbeschluss abzuweichen. § 21 Abs. 7 WEG hat nach dem Willen des Gesetzgebers eine große Reichweite. Er umfasst alle Entscheidungen der Wohnungseigentümer zur Art und Weise von Zahlungen sowie zur Fälligkeit von Forderungen und der Verzugsfolgen, soweit sie sich im Rahmen einer ordnungsmäßigen Verwaltung halten. Die Ermächtigung zur Regelung »der Folgen des Verzugs« ermöglicht etwa die Einführung von übergesetzlichen Verzugszinsen bei Beitragsrückständen, die Ermächtigung zur Regelung von »Kosten für eine besondere Nutzung des gemeinschaftlichen Eigentums oder für einen besonderen Verwaltungsaufwand«, etwa die Festsetzung einer Umzugskostenpauschale (BT-Drucks. 16/887 S. 27). Diese Möglichkeit sollte die Gemeinschaft nutzen.

582 **2. Gestaltungsmöglichkeiten.** Mit der durch § 21 Abs. 7 WEG eingeräumten Regelungsbefugnis haben die Eigentümer zahlreiche Gestaltungsmöglichkeiten. Denkbar ist die Fälligkeit des Jahresbetrages in einer Summe, gegebenenfalls zusätzlich mit der Stundung der noch offenen

Beträge bei Ratenzahlung in zwölf gleichen Raten. Üblich ist darüber hinaus die Aufteilung auf zwölf Raten, die dann jeweils mit jedem Kalendermonat fällig werden.

3. Probleme. *3.1* Die ratierliche Fälligkeit eines Teilbetrages in jedem Kalendermonat führt bei zahlungsunwilligen oder zahlungsunfähigen Miteigentümern zu Schwierigkeiten, da die Gemeinschaft nicht den gesamten Jahresbetrag zwangsweise eintreiben kann, sondern jeder Monatsrate »hinterherlaufen« muss. Daher werden oftmals sog. Verfallklauseln verwendet, wonach bei Rückstand mit einem bestimmten Betrag oder einer bestimmten Anzahl von Raten der gesamte Jahresbetrag auf einmal fällig wird. Die Gemeinschaft kann dann den Gesamtbetrag in einer Summe gerichtlich geltend machen. Problematisch wird dieses, wenn die Einheit verkauft, unter Zwangsverwaltung gestellt oder über das Verfahren des Eigentümers das Insolvenzverfahren eröffnet wird. Dann wird nämlich die Frage interessant, wann denn die Forderung fällig geworden ist, denn nach der völlig herrschenden Fälligkeitstheorie haftet derjenige für die Lasten und Kosten, der im Zeitpunkt der Fälligkeit die Eigentümerstellung innehat (BGHZ 104, 197 – V ZB 10/87). Der neue Erwerber, der Zwangsverwalter und auch der Insolvenzverwalter schulden danach nämlich nur Forderungen, die während ihrer »Herrschaft« fällig werden. Ist der Gesamtbetrag aufgrund Verzugs aber vorher fällig geworden, bleibt der Gemeinschaft nur noch der ersichtlich zahlungsschwache Eigentümer bzw. Ex-Eigentümer. 583

3.2 Teilweise wird daher die o.g. Klausel im Sinne einer auflösenden Bedingung empfohlen. Erfahrungen mit dieser Klausel sind bisher nicht bekannt. Allerdings dürfte die Klausel problematisch sein, weil sie andere Insolvenzgläubiger durch die »willkürliche« Umwandlung von Insolvenzforderungen in Masseforderungen benachteiligt. 584

4. Anfechtbarkeit. Überschreitet ein Beschluss die Grenzen ordnungsmäßiger Verwaltung, ist er lediglich anfechtbar und nicht nichtig. 585

5. Vereinbarungsvorbehalt/Abdingbarkeit. Im Gegensatz zu anderen Neuregelungen (z.B. § 16 Abs. 3 und 4 i.V.m. Abs. 5 WEG) fehlt es an einer Regelung, die es verbietet, von den durch § 21 Abs. 7 WEG eingeräumten Möglichkeiten durch Vereinbarung abzuweichen oder diese Gestaltungsmöglichkeiten durch Vereinbarung auszuschließen. Andererseits rechtfertigt die Gesetzesbegründung die Verortung dieser Vorschrift in einem neuen Absatz 7 mit dem Hinweis, ein neuer Absatz sei erforderlich gewesen, weil eine Erweiterung des Katalogs des § 21 Abs. 5 WEG (Einzelbeispiele einer ordnungsmäßigen Verwaltung) die Kompetenz unter den Vereinbarungsvorbehalt des § 21 Abs. 3 WEG gestellt und damit bei *bereits* entgegenstehenden Vereinbarungen die Möglichkeit einer Nutzung der Kompetenz verhindert hätte (BT-Drucks. 16/887 S. 27). Es spricht daher vieles dafür, dass die Beschlusskompetenz des § 21 Abs. 7 WEG durch Vereinbarungen, also auch durch Gemeinschaftsordnungen, die zum Zeitpunkt des Inkrafttretens der Novelle am 01.07.2007 bereits bestanden, nicht eingeschränkt werden kann. Darüber hinaus jedoch ist die Regelung dispositiv und kann durch Vereinbarung abbedungen werden (Riecke/Schmid/*Drabek* § 21 Rn. 288; *Merle*, in Bärmann § 21 Rn. 171. 586

4. Einführung des Lastschriftverfahrens

TOP 6: Die Miteigentümer sollen verpflichtet werden, dem Verwalter eine Einzugsermächtigung für das jeweils fällige Wohngeld zu erteilen. 587

Beschluss: Alle Wohnungseigentümer sind verpflichtet, dem Verwalter die widerrufliche Ermächtigung zum Einzug der nach dem Wirtschaftsplan jeweils fälligen Wohngeldvorauszahlungen und etwaiger Nachzahlungsbeträge aus den Jahresabrechnungen zu erteilen. Der Einzug darf nur zugunsten des Verwaltungskontos der Gemeinschaft erfolgen. Der Einzug der Wohngelder soll zum dritten Werktag des jeweiligen Monats erfolgen, der Einzug etwaiger Nachzahlungen aus der Jahresabrechnung nach Beschlussfassung hierüber. Die Einzugsermächtigung ist bis zum _____ zu erteilen. Für den Fall, dass einzelne Eigentümer die Einzugsermächtigung nicht erteilen, kann der Verwalter für die jeweilige Einheit von den jeweiligen Eigentümern eine Vergütung für Mehraufwand in Höhe von € 2,00 je Monat erheben.

Abstimmung:

Ja-Stimmen: 10   Nein-Stimmen: 2   Enthaltungen: 1

Ergebnis: Der Beschluss ist angenommen.

Alternativ:

TOP 6: Die Miteigentümer sollen verpflichtet werden, ihrem kontoführenden Institut zugunsten des Verwalters eine Lastschrift im Sinne einer Abbuchungsermächtigung für jeweils fällige Wohngelder, Sonderumlage und Nachzahlungsbeträge aus einer Jahresabrechnung zu erteilen.

Beschluss: Alle Wohnungseigentümer sind verpflichtet, ihrem kontoführenden Institut zugunsten des Verwalters eine Lastschrift im Sinne einer Abbuchungsermächtigung für jeweils fällige Wohngelder, Sonderumlage und Nachzahlungsbeträge aus einer Jahresabrechnung zu erteilen. Die Abbuchung darf nur zugunsten des Verwaltungskontos der Gemeinschaft erfolgen. Die Abbuchung der Wohngelder soll zum dritten Werktag des jeweiligen Monats erfolgen, die Abbuchung etwaiger Nachzahlungen aus der Jahresabrechnung nach Beschlussfassung hierüber. Der Abbuchungsauftrag ist bis zum _____ zu erteilen. Für den Fall, dass einzelne Eigentümer den Abbuchungsauftrag nicht erteilen, kann der Verwalter für die jeweilige Einheit von den jeweiligen Eigentümern eine Vergütung für Mehraufwand in Höhe von € 2,00 je Monat erheben.

Erläuterungen

588 **1. Grundlage.**

589 *1.1* § 21 Abs. 7 WEG gibt der Gemeinschaft die Möglichkeit, Zahlungsangelegenheiten umfassend per Mehrheitsbeschluss zu regeln. Dazu gehört auch die Verpflichtung zur Teilnahme am Lastschriftverfahren. Der Gesetzgeber hat sich damit der Erkenntnis in der obergerichtlichen Rechtsprechung angeschlossen, dass es im Hinblick auf die Kostenvorteile des Lastschriftverfahrens, denen für den Zahlungspflichtigen keine beachtlichen Nachteile gegenüberstehen, im Rahmen ordnungsmäßiger Verwaltung liegt, die Wohnungseigentümer durch Eigentümerbeschluss zur Teilnahme an diesem Verfahren zu verpflichten (vgl. OLG Hamm ZMR 2000, 48, 484).

590 Nach dieser Vorschrift können aber auch Kosten für einen besonderen Verwaltungsaufwand mit Stimmenmehrheit beschlossen werden. Entsteht der besondere Verwaltungsaufwand beim Verwalter dadurch, dass einzelne Eigentümer nicht am Lastschriftverfahren teilnehmen, können diese zur Erstattung der beim Verwalter entstehenden Mehrkosten verpflichtet werden (vgl. bereits zur alten Rechtslage, aber instruktiv OLG Hamm ZMR 2000, 48, 484). Die Vergütung für den Mehraufwand muss sich in angemessenem Rahmen halten.

591 *1.2* Das Lastschriftverfahren, das seine Grundlagen im Abkommen über dem Lastschriftverkehr hat, dem sämtliche Banken und Sparkassen beigetreten sind, kannte zwei verschiedene Arten von Lastschriftverfahren: Die Einzugsermächtigung und den Abbuchungsauftrag. Bei der Einzugsermächtigung erteilte der Zahlungspflichtige dem Zahlungsempfänger die Ermächtigung, vom Konto des Zahlungspflichtigen bestimmte Gelder abzubuchen; die Vereinbarungen spielten sich also zwischen Gläubiger und Schuldner ab und ließen das Kreditinstitut des Schuldners außen vor. Bei dem Abbuchungsauftrag erteilte der Schuldner selbst seiner Bank den Auftrag, Lastschriften eines bestimmten Zahlungsempfängers einzulösen.

1.3 **Risiken der Lastschriftverfahren in Deutschland.** Beim klassischen Einzugsermächtigungsverfahren wurde die Belastung des Schuldnerkontos erst durch die anschließende Genehmigung des Schuldners wirksam (BGH NJW 2008, 63, 64 – IX ZR 217/06). Daher war die Forderung des Gläubigers auch nach Gutschrift auf dessen Konto noch nicht erfüllt; vielmehr hatte der Gläubiger weiterhin gegen den Schuldner den Erfüllungsanspruch, der nunmehr auf Genehmigung gerichtet war. Dabei handelte es sich lediglich um einen schuldrechtlichen Anspruch, der mit der Verfahrenseröffnung zu einer Insolvenzforderung im Sinne von § 38 InsO wurde (BGH NJW 2008, 63, 65 – IX ZR 217/06). Für den Fall, dass über das Vermögen eines Wohnungseigentümers das Insolvenzverfahren eröffnet wurde, konnte der Insolvenzverwalter solchen noch nicht genehmigten Lastschrifteinzügen widersprechen.

592

Bei dem Abbuchungsauftragsverfahren war eine nachträgliche Genehmigung hingegen des Zahlungsschuldners nicht erforderlich, da dieser selbst seiner Bank den entsprechenden Auftrag erteilte, Belastungen durch eine dritte Person vorzunehmen. Die beim Einzugsermächtigungsverfahren aufgezeigten Risiken bestanden hier also nicht.

1.4 **SEPA-Lastschriftverfahren.** Im November 2009 wurde zur Schaffung eines einheitlichen bargeldlosen Euro-Zahlungsverkehrsraums das SEPA-Lastschriftverfahren eingeführt. Im März 2013 bestimmte das Europäische Parlament und Rat mit der Verordnung (EU) Nr. 260/2012 (sogenannte SEPA-Verordnung), dass die in den einzelnen EU-Mitgliedstaaten gebräuchlichen inländischen Überweisungs- und Lastschriftverfahren ab dem 1. Februar 2014 grundsätzlich auszulaufen haben.

Durch die Umstellung auf die SEPA-Lastschriftverfahren wurde das in Deutschland gebräuchliche Lastschriftverfahren in Form des Abbuchungsauftrags zum 1. Februar 2014 endgültig eingestellt. Das Einzugsermächtigungsverfahren kann in Deutschland noch innerhalb einer Übergangsfrist bis 1. Februar 2016 eingeschränkt genutzt werden.

Das neue SEPA-Zahlungsverfahren sieht zwei Arten von Lastschriften vor: die SEPA-Basislastschrift und die SEPA-Firmenlastschrift. Die SEPA-Basislastschrift ähnelt im Wesentlichen dem deutschen Einzugsermächtigungsverfahren, während die SEPA-Firmenlastschrift Ähnlichkeiten mit dem Abbuchungsverfahren aufweist und nur unter Unternehmern Anwendung finden kann. Die Besonderheit einer SEPA-Firmenlastschrift liegt im Verzicht des Widerspruchsrechts, da anders als bei einer SEPA-Basislastschrift keine Widerspruchsmöglichkeit für den Zahlungspflichtigen besteht.

1.5 **SEPA-Mandat.** Beide SEPA-Lastschriftverfahren werden durch das sogenannte SEPA-Mandat autorisiert (§ 675j BGB). Das SEPA-Mandat beinhaltet die Gestattung des Zahlungsempfängers, den Betrag vom Konto des Zahlungspflichtigen einzuziehen und darüber hinaus enthält es die an die Zahlstelle gerichtete Weisung, die vom Zahlungsempfänger auf das Schuldnerkonto gezogene SEPA-Lastschrift einzulösen. Durch letztere Weisung unterscheidet sich die SEPA-Lastschrift von der klassischen Einzugsermächtigung.

1.6 Durch das SEPA-Mandat entfallen deshalb die Risiken rundum das ehemalige Lastschriftverfahren in Form der Einzugsermächtigung bei einer Insolvenz des Zahlungsschuldners.

Die SEPA-Lastschriften gelten deshalb als insolvenzfest. Die Forderung des Gläubigers ist nämlich bereits mit vorbehaltloser Gutschrift des Zahlbetrags auf seinem Konto erfüllt. Hat die Gutschrift bis zur Eröffnung eines Insolvenzverfahrens über das Vermögen des Schuldners Bestand, ist der Lastschriftgläubiger von vorneherein schon kein Insolvenzgläubiger. (BGH NJW 2010, 3510, 3512 – XI ZR 236/07).

Sollte eine SEPA-Lastschrift allerdings nicht autorisiert sein, dürfte auch keine Insolvenzfestigkeit bestehen. Unautorisierte SEPA-Lastschriften sind 13 Monate widerrufbar (§ 676b BGB) und wurden gerade nicht durch den Zahlungspflichtigen genehmigt, sodass eine solche Lastschrift nach den Grundsätzen der vom BGH vertretenen Genehmigungstheorie (WM 1989, 520, 521 – XI ZR 141/88) wiederum durch einen Insolvenzverwalter zurückgefordert werden könnte.

593 **2. Anfechtbarkeit.** Überschreitet ein Beschluss die Grenzen ordnungsmäßiger Verwaltung, ist er nicht nichtig, sondern lediglich anfechtbar.

594 **3. Vereinbarungsvorbehalt/Abdingbarkeit.** Vgl. hierzu oben Formular D.I.3. Ziff. 5.

5. Verzugszins bei Verzug mit Hausgeld

595 **TOP 7: Beschluss: Zahlt ein Eigentümer die sich aus dem Wirtschaftsplan ergebenden Beträge nicht rechtzeitig, oder sorgt er im Falle des Einzugs durch Lastschrift nicht für entsprechende Deckung, so dass die Lastschrift nicht eingelöst wird, ist der offene Betrag ab Fälligkeit mit einem Zinssatz von 8 Prozentpunkten über dem Basiszinssatz zu verzinsen.**

Erläuterungen

596 **1. Grundlage.** § 21 Abs. 7 WEG gibt der Gemeinschaft die Möglichkeit, auch die Folgen des Verzugs per Mehrheitsbeschluss zu regeln. Dazu gehört z.B. die Höhe der geschuldeten Verzugszinsen. Regelt die Gemeinschaft nichts und findet sich auch in der Teilungserklärung keine entsprechende Regelung, gilt der gesetzliche Verzugszins von 5 Prozentpunkten über dem Basiszinssatz nach § 288 Abs. 1 BGB. Die Gemeinschaft kann mehrheitlich einen höheren Verzugszins vereinbaren (BT-Drucks. 16/887 S. 27), solange er ordnungsmäßiger Verwaltung entspricht, also z.B. nicht sittenwidrig ist.

597 **2. Anfechtbarkeit.** Wird der Rahmen der ordnungsmäßigen Verwaltung mit dem Beschluss überschritten, ist der Beschluss nicht nichtig, sondern nur anfechtbar.

598 **3. Vereinbarungsvorbehalt/Abdingbarkeit.** Vgl. hierzu oben Formular D.I.3. Ziff. 5.

6. Jahresabrechnung

599 **TOP 8: Der Verwalter legt die Gesamtjahresabrechnung 2014 sowie die Einzelabrechnungen 2014 vor, die sämtlichen Eigentümern mit der Einladung zur Versammlung im Entwurf übersandt wurden. Der Beirat hat diese geprüft und die den Eigentümern vor der Versammlung übersandte Stellungnahme abgegeben.**

Beschluss: Die Gesamtjahresabrechnung und Einzelabrechnungen 2014 vom 23.06.2015 werden genehmigt. Nachzahlungsbeträge sind sofort fällig.

Abstimmung:

Ja-Stimmen: 10   Nein-Stimmen: 2   Enthaltungen: 1

Ergebnis: Der Beschluss ist angenommen.

Erläuterungen

600 **1. Grundlage.** Nach § 28 Abs. 3 WEG hat der Verwalter nach Ablauf des Kalenderjahres eine Abrechnung aufzustellen. § 28 Abs. 3 WEG ist die spezialgesetzliche Ausformung der §§ 666, 675 BGB.

601 Die Abrechnungsverpflichtung hat damit eine Doppelfunktion: Sie verpflichtet zum einen den Verwalter zur Rechnungslegung, indem dieser sämtliche tatsächlich geflossenen Einnahmen und Ausgaben darstellt und damit eine Kontrolle durch die Gemeinschaft ermöglicht. Zum anderen dient die Jahresabrechnung der Verteilung der im Abrechnungszeitraum tatsächlich entstandenen Kosten auf die jeweiligen Eigentümer, und zwar auf Grundlage des vereinbarten Verteilungs-

schlüssels. Vor diesem Hintergrund kann zwar eine Gesamtjahresabrechnung ohne Einzelabrechnungen beschlossen werden, aber nicht umgekehrt die Einzelabrechnungen ohne vorherige oder zumindest gleichzeitige Beschlussfassung über die Gesamtjahresabrechnung (OLG Düsseldorf NZM 2008, 171).

2. Einnahmen-/Ausgaben-Abrechnung. Im Gegensatz zu einer Bilanz, die das Vermögen eines Unternehmens zu einem bestimmten Zeitpunkt darstellt und die daher nicht nur den reinen Mittelfluss, sondern auch bis zu diesem Zeitpunkt erfolgte Wertschöpfungen oder eingegangene Verpflichtungen ausweisen muss, stellt die Jahresabrechnung des Verwalters primär nur den tatsächlichen Mittelfluss dar. In die Jahresabrechnung sind daher alle tatsächlichen Einnahmen und tatsächlichen Ausgaben aufzunehmen (BGH ZMR 2011, 573 – V ZR 156/10). Auch von einem Vorverwalter veruntreute Mittel müssen in die Abrechnung aufgenommen werden. Hat der Verwalter z.B. eine Handwerkerrechnung zu Unrecht bezahlt, weil aus Sicht der Gemeinschaft Zurückbehaltungsrechte wegen Mängeln an den Gewerken geboten gewesen wären, hat dieses auf die Abrechnung keinen Einfluss: Die Zahlung muss als Ausgabe mit aufgenommen werden, die Abrechnung wird dadurch nicht etwa anfechtbar. Diese oftmals auftretenden Auseinandersetzungen müssen auf der Ebene der Entlastung der Verwaltung und etwaiger Schadensersatzansprüche der Gemeinschaft geklärt werden.

602

In der Regel findet keine Abgrenzung statt (zu den Heizkosten als Ausnahme s.u. Ziff. 4).

603

Die Gesamtabrechnung muss eine Darstellung der noch geschuldeten, aber nicht ausgeglichenen Wohngeldforderungen enthalten.

Wollen die Wohnungseigentümer die Abrechnung in Form einer Bilanz vom Verwalter erstellen lassen, bedarf es dafür zunächst einer Vereinbarung aller Wohnungseigentümer; ein Mehrheitsbeschluss wäre mindestens anfechtbar (BayObLG ZMR 2000, 687), nach anderer Ansicht sogar nichtig (*Niedenführ/Kümmel/Vandenhouten* § 28 Rn. 52).

604

3. Gestaltung der Abrechnung. Die Abrechnung muss eine geordnete und übersichtliche, inhaltlich zutreffende Zusammenstellung aller Einnahmen und Ausgaben enthalten sowie eine Aufteilung des Ergebnisses der Gesamtabrechnung auf die einzelnen Eigentümer. Sie muss für einen durchschnittlichen Wohnungseigentümer auch ohne Zuziehung eines Buchprüfers oder sonstigen Sachverständigen verständlich sein (BGH ZMR 2010, 300 – V ZR 44/09; LG München I ZMR 2009, 298; ZMR 2010, 554). Dabei sind insbesondere die Einnahmen und Ausgaben so aufzuschlüsseln, dass sich ihre Berechnung überprüfen lässt (LG Köln ZMR 2007, 652). Dieses ist nicht gewährleistet, wenn die Wohnungseigentümer die Gesamtabrechnung und den Vermögensstatus nur nachvollziehen können, wenn sie das maßgebende Zahlenwerk erst aufgrund einer erläuternden Darstellung des Verwalters durch eine Vielzahl von Zu- und Abrechnungen nachrechnen (OLG Hamm ZMR 2001, 1001).

605

4. Ausnahme Heizkosten. Eine Abgrenzung nach Aufwand und nicht nach tatsächlichem Geldfluss ist bei den Heizkosten notwendig. Die HeizkostenVO findet nach § 3 HeizkostenVO auf Wohnungseigentum unmittelbar Anwendung, ohne dass es einer Vereinbarung oder eines Beschlusses hierüber bedarf. In die Gesamtabrechnung sind alle im Abrechnungszeitraum geleisteten Zahlungen, die im Zusammenhang mit der Anschaffung von Brennstoff stehen, aufzunehmen. Für die Verteilung in den Einzelabrechnungen sind dagegen die Kosten des im Abrechnungszeitraum tatsächlich verbrauchten Brennstoffs maßgeblich. Der Unterschiedsbetrag ist in der Abrechnung verständlich zu erläutern (BGH ZMR 2013, 372 – V ZR 251/10).

606

5. Instandhaltungsrücklage. Die Instandhaltungsrücklage (vom Gesetz in § 21 Abs. 5 Nr. 4 WEG als Instandhaltungsrückstellung bezeichnet) stellt eine Besonderheit in der Abrechnung dar, denn sie ist im Ergebnis ein durchlaufender Posten. Die tatsächlichen Einzahlungen in die Instandhaltungsrücklage sind als Einnahmen zu verbuchen. Die Zuführung dieser Beträge zur Instandhaltungsrücklage stellt nach der Rechtsprechung des BGH aber keine Ausgabe dar (BGH

607

ZMR 2010, 300 – V ZR 44/09), da es sich lediglich um eine interne Umbuchung, nicht aber um einen Mittelabfluss der Gemeinschaft handelt. Die Abrechnung soll und muss nach dieser Entscheidung des BGH auch eine Übersicht darüber enthalten, welche Beträge zur Instandhaltungsrücklage geschuldet waren (Soll), und welche tatsächlich gezahlt wurden (Ist).

608 **6. Vermögensübersicht.** Darüber hinaus muss die Jahresabrechnung eine Vermögensübersicht enthalten, der sich die Entwicklung der jeweiligen Bankkonten der Gemeinschaft entnehmen lässt (LG München I ZMR 2009, 398; *Becker*, in: Bärmann § 28 Rn. 129)

609 **7. Beschlusskompetenz und Beschlussfassung.** Die **Beschlusskompetenz** liegt bei der Wohnungseigentümergemeinschaft als Ganzes, sofern nicht die Teilungserklärung etwas anderes vorsieht. Das gilt auch dann, wenn bei Mehrhausanlagen die Kosten für die einzelnen Häuser gesondert erfasst werden könnten. Solange die Teilungsklärung solche Abrechnungseinheiten nicht ausdrücklich vorsieht, muss die gesamte Gemeinschaft über die Jahresabrechnung abstimmen. Auch wenn eine Untergemeinschaft ausweislich der Teilungserklärung eigene Jahresabrechnungen aufstellen und beschließen darf, wird diese Abrechnung notwendigerweise auch Beträge enthalten, welche die gesamte Liegenschaft betreffen. Letztlich müssen alle Wohnungseigentümer über die Verteilung dieser Kosten entscheiden, und nicht nur die Untergemeinschaften (BGH V ZR 231/11 – ZMR 2012, 979).

610 Selbst wenn ein Teilbereich nur bestimmten Eigentümern zur Nutzung zugewiesen ist (KG ZMR 1997, 247 für ein Schwimmbad), müssen die Ausgaben dennoch in die Gesamtjahresabrechnung eingestellt werden; umgelegt werden sie in den Einzelabrechnungen dann aber nur auf die nutzungsberechtigten Eigentümer.

611 Hinsichtlich der Beschlussfassung gelten die Ausführungen zum Wirtschaftsplan entsprechend (vgl. Formular D.I.1 Ziff. 7).

612 **8. Wirkung der Jahresabrechnung.** Durch die Beschlussfassung über die Jahresabrechnung verliert der Wirtschaftsplan nicht seine Wirkung. Bisher nicht gezahlte Vorschüsse können weiterhin auf der Grundlage des Wirtschaftsplans geltend gemacht werden, es findet keine Novation statt (BGHZ 131, 228 – V ZB 16/95; BGH ZMR 2010, 300 – V ZR 44/09; ZMR 2012, 976 – V ZR 171/11). Die Jahresabrechnung hat regelmäßig nur eine bestätigende oder verstärkende Wirkung. Eine originäre Anspruchsgrundlage bildet die Jahresabrechnung nur für die sog. Abrechnungsspitze, also die Differenz zwischen Wohngeldbelastung gemäß Abrechnung und Summe der nach dem Wirtschaftsplan geschuldeten Vorauszahlungen (BGHZ 131, 228, 232 – V ZB 16/95; BGH ZMR 2010, 300 – V ZR 44/09). Findet nach Ablauf des Wirtschaftsjahres aber vor Beschlussfassung über die Jahresabrechnung ein Eigentümerwechsel statt, haftet der neue Eigentümer auch nur für diese Abrechnungsspitze (BGH ZMR 1999, 834 – V ZB 17/99). Ist der Gesamtbetrag aus der Jahresabrechnung geringer als nach dem Wirtschaftsplan festgesetzt, ist die Forderung der Wohnungseigentümergemeinschaft aus dem Wirtschaftsplan in Höhe der Gesamtbelastung aus der Jahresabrechnung begrenzt. Das gilt allerdings nur, sofern diese auch beschlossen worden ist. Ist sie wirksam und rechtskräftig angefochten, kann die Gemeinschaft den Gesamtbetrag aus dem Wirtschaftsplan geltend machen, ohne dass sich der Eigentümer darauf berufen kann, aus der Jahresabrechnung, wenn sie denn nicht angefochten worden wäre, würde sich ja ein wesentlich niedrigerer Gesamtbetrag ergeben.

Verpflichtet werden durch die Jahresabrechnung nur die bei der Beschlussfassung eingetragenen Wohnungseigentümer, nicht aber deren Rechtsvorgänger, denn sonst läge insoweit ein – unzulässiger – Gesamtakt zu Lasten Dritter vor (BGH ZMR 2012, 284 – V ZR 113/11).

613 Im Hinblick auf offene Wohngeldrückstände gemäß Wirtschaftsplan führt die Beschlussfassung über die Jahresabrechnung nicht zu einem Neubeginn der Verjährung (BGH ZMR 2012, 976 – V ZR 171/11).

9. Die Einzelabrechnung. Neben der Gesamtabrechnung für die Gemeinschaft müssen die Kosten gemäß des Verteilungsschlüssels, der sich aus der Teilungserklärung oder aus § 16 Abs. 2 WEG ergibt, auf die einzelnen Wohnungseigentümer umgelegt werden (zur Änderung per Mehrheitsbeschluss s. Formular D.I.7). Dieses geschieht mittels der sog. Einzelabrechnung. Die Beschlussfassung muss deutlich machen, dass Jahresgesamt- und Einzelabrechnung beschlossen werden sollen. Der Beschluss, es werde »die Abrechnung« beschlossen, reicht nicht, ein solcher Beschluss ist anfechtbar. Die Einzelabrechnungen können nicht ohne vorherige oder zumindest gleichzeitige Beschlussfassung über die Gesamtjahresabrechnung beschlossen werden, da sie sich aus dieser ableiten (OLG Düsseldorf NZM 2008, 171).

614

Verbindlichkeiten eines Wohnungseigentümers **aus Vorjahren** sind in die Abrechnung über das aktuelle Wirtschaftsjahr nicht aufzunehmen, sie sind ja keine Ausgabe der Gemeinschaft in diesem Jahr, sondern lediglich Forderungen der Gemeinschaft gegen den einzelnen Eigentümer. Trotzdem finden sich oftmals Abrechnungen, in denen neben dem Ergebnis aus der aktuellen Abrechnung auch Rückstände aus vorangegangenen Abrechnungszeiträumen aufgeführt werden. Sofern dieses lediglich informatorisch geschieht, ist dieses unschädlich. Wird der Rückstand vergangener Abrechnungsperioden aber in die aktuelle Abrechnung mit eingerechnet und sodann unter Berücksichtigung des Saldos aus der vergangenen Wirtschaftsperiode ein Gesamtsaldo errechnet, der sodann beschlossen wird, ist dieser Beschluss nichtig (BGH ZMR 2012, 642 – V ZR 147/11).

615

7. Änderung der Kostenverteilung mit Mehrheitsbeschluss

TOP 9: Die Kosten des Wasserverbrauches sowohl des Gemeinschaftseigentums wie auch des Sondereigentums werden von der Gemeinschaft gegenüber den Wasserwerken abgerechnet. Die Umlage der Kosten für Wasser und Abwasser erfolgt gemäß der Teilungserklärung nach Miteigentumsanteilen. Die Gemeinschaft hat im vergangenen Jahr in den Wohnungen jeweils Kaltwasserzähler installiert. Sie beabsichtigt nun, die Kosten für Wasser und Abwasser zukünftig nach Verbrauch auf die Wohnungen umzulegen.

616

Beschluss: Die Kosten für Kaltwasser und Abwasser werden in Zukunft abweichend von der Teilungserklärung nicht mehr nach Miteigentumsanteilen, sondern nach Verbrauch abgerechnet. Maßstab für die Abrechnung ist der Verbrauch der einzelnen Wohnung im Verhältnis zur Summe des Verbrauches, die sich aus allen Wohnungswasserzählern ergibt.

Abstimmung:

Ja-Stimmen: 10   Nein-Stimmen: 2   Enthaltungen: 1

Ergebnis: Der Beschluss ist angenommen.

Erläuterungen

1. Grundsatz der Kostenverteilung. An den Kosten und Lasten des gemeinschaftlichen Eigentums ist jeder Wohnungseigentümer beteiligt. Der Verteilungsschlüssel hierzu ergibt sich entweder aus der Teilungserklärung oder, sofern diese nichts Abweichendes regelt, durch das Verhältnis der Miteigentumsanteile (§ 16 Abs. 2 und Abs. 1 WEG).

617

2. Abänderung der Kostenverteilung. Mit der WEG-Novelle sind zwei Mechanismen zur Änderung der Kostenverteilung geschaffen worden: Nach § 10 Abs. 2 S. 3 WEG hat ein einzelner Eigentümer in bestimmten Fällen einen individuellen Anspruch auf Änderung der Vereinbarung. Nach § 16 Abs. 3 WEG kann die Gemeinschaft in bestimmten Fällen generell die Verteilung von Kosten und Lasten ändern, und zwar sowohl für das Gemeinschaftseigentum wie auch für das

618

Sondereigentum, sofern Kosten und Lasten dort nicht direkt vom Eigentümer gegenüber einem Dritten abgerechnet werden. Nach § 16 Abs. 3 WEG kann jeder bisher angewandte Verteilungsschlüssel geändert werden, auch wenn er auf der Teilungserklärung beruht (BGH NJW 2010, 2654, 2655 – V ZR 202/09; BGH ZMR 2010, 970 – V ZR 221/09). Die Vorschrift ist insoweit eine gesetzlich normierte Öffnungsklausel.

619 **3. Reichweite der Beschlusskompetenz.** § 16 Abs. 3 WEG spricht von Betriebskosten und von Kosten der Verwaltung und bezieht sich jeweils sowohl auf die Frage der Erfassung wie auch der Verteilung dieser Kosten. Bezüglich der Betriebskosten sind sowohl solche des Gemeinschaftseigentums als auch des Sondereigentums erfasst. Die Vorschrift erspart sich eine eigene Definition der Betriebskosten und verweist stattdessen auf § 556 Abs. 1 BGB und damit auf die Betriebskostenverordnung. Diese vom Gesetzgeber gewollte Harmonisierung von WEG-Recht und Mietrecht ist im Vorwege der Reform erheblich kritisiert worden (vgl. *Köhler* ZMR 2005, 20). Einige dieser Kritikpunkte sind sodann aufgegriffen worden, so dass eine Beschlusskompetenz der Gemeinschaft bezüglich der Betriebskosten des Sondereigentums nur insoweit besteht, als diese Kosten nicht vom Eigentümer unmittelbar mit Dritten, z.B. Versorgungsträgern (aber auch Finanzamt bezüglich der Grundsteuer), abgerechnet werden; als praktisch relevante Kosten verbleiben somit im Wesentlichen die Kosten für Wasser und Abwasser und Beheizung. Letztlich werden die Besonderheiten des Wohnungseigentums bei dieser Verweisung auf § 556 Abs. 1 BGB immer zur berücksichtigen sein (*Becker*, in: Bärmann § 16 Rn. 85).

620 Insgesamt steht den Eigentümern im Rahmen des § 16 Abs. 3 ein sehr **weiter Ermessensspielraum** zu und es dürfen hieran nicht zu strenge Anforderungen gestellt werden (BGH NJW 2011, 2202 – V ZR 162/10).

621 Kosten der Verwaltung sind nach § 16 Abs. 2 WEG zunächst auch Kosten der Instandhaltung und Instandsetzung, die hier aber durch § 16 Abs. 3 WEG nicht erfasst werden; hierfür sieht § 16 Abs. 4 WEG eine Sonderregelung vor. Offen ist, wie z.B. Wartungsverträge zu behandeln sind, die auch Instandhaltungs- oder Instandsetzungskosten enthalten, wie z.B. Verträge über Aufzugswartung. Vor dem Hintergrund der gesonderten Regelung zur Neuverteilung von Instandhaltungs- und Instandsetzungskosten in § 16 Abs. 4 WEG, wird man die Regelung in § 16 Abs. 3 WEG wohl sehr eng verstehen müssen: Sind in einer zu verteilenden Kostenposition auch Instandhaltungskosten enthalten, ist für eine Neuverteilung der Kosten nach § 16 Abs. 3 WEG kein Raum (*Becker*, in: Bärman, § 16 Rn. 92; LG Düsseldorf ZMR 2010, 59 zur Neuverteilung von Fahrstuhlbetriebskosten)

622 Der Begriff der »Änderung« des Verteilungsschlüssels impliziert, dass es sich um einen in der Zukunft liegenden Sachverhalt handeln muss und sich diese Änderung auch nicht nur auf einen Einzelfall erstrecken darf. Es kann also z.B. nicht für die aktuell anstehende Jahresabrechnung rückwirkend für das bereits abgelaufene Geschäftsjahr ein abweichender Verteilungsschlüssel beschlossen werden. Auch die einmalige abweichende Abrechnung deckt der Wortlaut nicht. Die Vorschrift erlaubt nur, den Verteilungsschlüssel für sämtliche in der Zukunft liegende Abrechnungsperioden zu ändern (BGH NJW 2010, 2654, 2655 – V ZR 202/09; BGH NJW 2011, 2202 – V ZR 162/10). Eine rückwirkende Änderung im Zusammenhang mit einer Jahresabrechnung würde dem Vertrauen der Eigentümer zuwiderlaufen, wonach Kosten nach dem Verteilungsschlüssel abzurechnen sind, der zum Zeitpunkt ihrer Entstehung galt (BGH NJW 2010, 2654, 2655 – V ZR 202/09; OLG Hamm ZMR 2007, 293).

623 **4. Ordnungsmäßige Verwaltung.** Ein Beschluss nach § 16 Abs. 3 WEG muss ordnungsmäßiger Verwaltung entsprechen. Das ist der Fall, wenn er im Interesse aller Eigentümer der Erhaltung oder Verbesserung dient oder auf einen entsprechenden Gebrauch ausgerichtet ist, der dem vereinbarten Zweck des gemeinschaftlichen Eigentums entspricht (Riecke/Schmid/*Drabek* § 21 Rn. 118). Letztlich ist die ordnungsmäßige Verwaltung aber ein auslegungsbedürftiger Rechtsbegriff (OLG Hamburg ZMR 2003, 449). Die Überprüfung eines Beschlusses ist also immer eine Frage des Einzelfalls. Selbst wenn der Ermessensspielraum der Gemeinschaft überschrit-

ten wird und der Beschluss nicht ordnungsmäßiger Verwaltung entspricht, ist er dennoch nur anfechtbar, nicht nichtig (Riecke/Schmid/*Elzer/Abramenko* § 16 Rn. 91).

5. Beschlusskompetenz/Quorum. *5.1* Über die Kostenverteilung können »die **Wohnungseigentümer**« mit Mehrheit beschließen. Stimmberechtigt sind alle Wohnungs- und Teileigentümer, und zwar auch bei **Mehrhausanlagen**. Selbst die Bildung von wirtschaftlichen Untergemeinschaften ermächtigt diese nicht, über eine abweichende Kostenverteilung allein zu entscheiden, solange nicht die Teilungserklärung der Untergemeinschaft solche Beschlusskompetenz ausdrücklich zuweist.

5.2 Zur Änderung des Verteilungsschlüssels nach § 16 Abs. 3 WEG reicht die Stimmenmehrheit, also die Mehrheit der in der Versammlung abgegebenen Stimmen, sofern diese denn zu diesem Tagesordnungspunkt beschlussfähig ist. Die Stimmenzählung erfolgt nach dem in der Teilungserklärung vorgesehenen Schlüssel (z.B. Miteigentumsanteile), ansonsten nach Köpfen gem. § 25 Abs. 2 WEG.

6. Wirkung gegenüber Rechtsnachfolgern. Bei der Willensbildung nach § 16 Abs. 3 WEG handelt es sich um einen Beschluss. Beschlüsse wirken für und gegen Rechtsnachfolger. Sie bedürfen nach § 10 Abs. 4 WEG zur Wirkung gegenüber Rechtsnachfolgern nicht der Eintragung in das Grundbuch, und zwar auch dann nicht, wenn damit aufgrund einer im Gesetz vorgesehenen Möglichkeit (§ 16 Abs. 3, Abs. 4, § 21 Abs. 7 WEG) oder einer sog. Öffnungsklausel die Teilungserklärung oder eine andere Vereinbarung abgeändert wird (§ 10 Abs. 4 S. 2 WEG). Eintragungsbedürftig und damit eintragungsfähig sind nach dem Gesetzeswortlaut nur Vereinbarungen, nicht aber Beschlüsse, auch nicht gesetzes- oder vereinbarungsändernde Beschlüsse (BT-Drucks. 16/887 S. 20; OLG München ZMR 2010, 393). Nach teilweise vertretener Ansicht werden durch einen Beschluss nach § 16 Abs. 3 WEG die Kostenverteilungsregelung in der Teilungserklärung und damit auch das Grundbuch unrichtig, so dass zwar nicht der Beschluss im Grundbuch einzutragen, aber eine Grundbuchberichtigung vorzunehmen ist (im Einzelnen zum Streitstand Riecke/Schmid/*Elzer/Abramenko* § 16 Rn. 92).

7. Zwingendes Recht. Die Befugnis des § 16 Abs. 3 WEG darf nicht eingeschränkt oder ausgeschlossen werden. Soweit sich in »alten« Teilungserklärungen Öffnungsklauseln finden, die ein höheres Quorum fordern (z.B. drei Viertel aller Miteigentumsanteile), sind diese unwirksam (BGH ZMR 2010, 970 – V ZR 221/09). Abweichende Regelungen, die die Anforderungen herabsetzen, sind und bleiben wirksam.

II. Bauen, modernisieren und instandsetzen

1. Instandsetzung

TOP 10: Die Fassade des Gebäudes ist vor zehn Jahren mit einem Wärmedämmverbundsystem und mit einem neuen Anstrich versehen worden. Der Anstrich ist zwischenzeitlich fleckig. Es zeigen sich Laufspuren von Wasser und Vermoosung. In einigen Teilbereichen ist der Anstrich abgängig. Die Verwaltung hat die Angebote von drei Malerfirmen eingeholt zur Frage der Kosten eines Neuanstriches der Fassade.

Beschluss: Die Fassade soll im ursprünglichen Farbton neu gestrichen werden. Die Verwaltung wird beauftragt, im Namen der Eigentümergemeinschaft den Malermeister M auf Grundlage seines Angebotes vom 01.05.2014 mit der Durchführung der Arbeiten zu Gesamtkosten von EURO 27.500,00 zu beauftragen. Die Finanzierung dieser Arbeiten erfolgt aus der Instandhaltungsrücklage.

Abstimmung:

Ja-Stimmen: 10   Nein-Stimmen: 2   Enthaltungen: 1

Ergebnis: Der Beschluss ist angenommen.

Erläuterungen

629 **1. Grundlage.** Nach § 21 Abs. 4 WEG kann jeder Eigentümer eine ordnungsmäßige Verwaltung des Eigentums verlangen. Dazu gehört nach § 21 Abs. 5 Nr. 2 WEG auch die ordnungsmäßige Instandhaltung und Instandsetzung des Gemeinschaftseigentums.

630 **2. Definitionen.** Generell sind drei verschiedene Begrifflichkeiten gegeneinander abzugrenzen: Auf der einen Seite stehen die Instandhaltung/Instandsetzung, auf der anderen Seite die baulichen Veränderungen. Instandhaltung und Instandsetzung gehören zur ordnungsmäßigen Verwaltung i.S. von § 21 Abs. 4 WEG. Bauliche Veränderungen können nicht mehr als Maßnahme ordnungsmäßiger Verwaltung mit einfacher Stimmenmehrheit nach § 21 Abs. 3 WEG beschlossen werden. Dazwischen steht die modernisierende Instandsetzung, die zwar für sich allein genommen eine bauliche Veränderung darstellen könnte, aber so eng mit einer Instandsetzungsmaßnahme verbunden ist, dass sie noch in den Bereich der ordnungsmäßigen Verwaltung fällt.

631 Bei der **Instandhaltung** handelt es sich um die Erhaltung eines ursprünglich vorhandenen Zustandes, bei der **Instandsetzung** um die Wiederherstellung eines ehemals vorhandenen Zustandes. Letztlich kommt der begrifflichen Unterscheidung beider Maßnahmen wegen der identischen Rechtsfolgen keine praktische Bedeutung zu (BGH ZMR 1999, 647, 648 – V ZB 28/98). Zur Instandsetzung gehört auch die Beseitigung anfänglicher bauseitiger Mängel am Gemeinschaftseigentum.

632 Eine **modernisierende Instandsetzung** knüpft an einen Instandsetzungsbedarf an, will aber nicht lediglich den alten, vielleicht technisch veralteten Zustand, wieder herstellen, sondern im Rahmen einer Instandhaltung eine sinnvolle Modernisierung der Anlage vornehmen, die die Vorteile neuerer technischer Entwicklungen nutzt (BayObLG ZMR 2004, 442). Das Gesetz verwendet diesen von der Rechtsprechung entwickelten Begriff jetzt in § 22 Abs. 3 WEG, ohne ihn jedoch zu definieren.

633 Die **baulichen Veränderungen** gehen nach § 22 Abs. 1 WEG über die ordnungsmäßige Instandhaltung oder Instandsetzung hinaus. Sie wollen den ursprünglichen Zustand nicht bewahren – ggf. modernisierend –, sondern verändern.

634 Die Abgrenzung zwischen Instandhaltung/Instandsetzung auf der einen und baulicher Veränderung auf der anderen Seite ist oft schwierig und stets eine Abwägung des Einzelfalles. Bezüglich der umfangreichen Kasuistik muss auf die einschlägigen Gesetzeskommentare verwiesen werden.

635 **3. Vergleichsangebote.** Ein Beschluss der Eigentümergemeinschaft, mit dem über die Durchführung einer größeren Baumaßnahme entschieden wird, entspricht nur dann ordnungsmäßiger Verwaltung, wenn zum Zeitpunkt der Beschlussfassung mehrere Alternativ- oder Konkurrenzangebote vorliegen (BayObLG ZMR 2000, 39). Hinsichtlich der konkreten Anzahl der Alternativ- oder Konkurrenzangebote kommt dem Verwalter ein gewisser Gestaltungsspielraum zu (OLG Köln ZMR 2004, 148). Die Wohnungseigentümer hingegen besitzen einen Beurteilungsspielraum zwischen mehreren möglichen Alternativen und müssen weder zwangsläufig die aufwendigste noch die kostengünstigste ergreifen (BayObLG ZMR 2003, 951). Wird ein Beschluss auf Grundlage nur eines Angebotes gefasst, entspricht er nicht ordnungsmäßiger Verwaltung und ist anfechtbar.

636 Bei der Beauftragung von Ingenieur- oder Architektenleistungen kann auch nur ein Angebot ausreichend sein, wenn sich das Honorar nach dem Mindestsatz der HOAI richtet (OLG München NJW-RR 2009, 1466).

4. Verteilung und Aufbringung der Kosten. Die Gemeinschaft muss auch beschließen, wie die Kosten einer Maßnahme aufgebracht werden sollen: durch eine Sonderumlage oder durch Entnahme aus der Instandhaltungsrücklage (LG Hamburg ZWE 2013, 31). Sofern nichts Abweichendes beschlossen wird (vgl. hierzu Formular D.II.2.), sind die Kosten nach § 16 Abs. 2 WEG oder nach dem in der Teilungserklärung vorgesehenen Schlüssel zu verteilen. 637

5. Notwendiges Quorum. Da es sich hierbei um ordnungsmäßige Verwaltung handelt, erfolgt die Beschlussfassung gemäß § 21 Abs. 3 WEG mit Stimmenmehrheit. 638

6. Beschlussinhalt: Beschlüsse wirken nach § 10 Abs. 4 WEG auch gegenüber Sonderrechtsnachfolgern, ohne dass sie im Grundbuch eingetragen sein müssen. Das bedeutet wiederum, dass ein Beschluss auch noch nach vielen Jahren aus sich heraus verständlich sein muss. Er muss daher hinreichend konkret formuliert werden. Da Beschlüsse letztlich wie Grundbucherklärungen wirken, sind sie auch wie solche auszulegen. Die Beschlüsse sind deshalb aus sich heraus – objektiv und normativ – auszulegen. Umstände außerhalb des protokollierten Beschlusses dürfen nur herangezogen werden, wenn sie nach den besonderen Verhältnissen des Einzelfalls für jedermann ohne weiteres erkennbar sind, z.B. weil sie sich aus dem – übrigen – Versammlungsprotokoll ergeben (BGH NJW 1998, 3713 – V ZB 11-98). Ein Beschluss über Sanierung oder Instandsetzung muss daher entweder die durchzuführende Maßnahme ganz konkret bezeichnen oder auf ein ganz konkretes oder konkretisierbares Angebot eines Handwerkers Bezug nehmen.

2. Modernisierende Instandsetzung mit Kostenverteilung

Die Fassaden des Hauses und die gemauerten Brüstungen auf den Balkonen der Liegenschaft sind dringend sanierungsbedürftig. Alle Wohnungen sind mit einem Balkon ausgestattet. Der Gemeinschaft liegt das Gutachten des Sachverständigen S nebst Leistungsverzeichnis vor. Danach sollen u.a. die Balkonbrüstungen durch neue Balkongeländer aus Leichtmetall ersetzt werden. Die Verwaltung hat aufgrund des Gutachtens drei Kostenvoranschläge von Fachfirmen eingeholt. Hiervon empfiehlt der Sachverständige S das Angebot der Firma A (Fall nach OLG München ZMR 2006, 302). 639

Der Verwalter weist die Gemeinschaft auf die Besonderheiten der nachfolgenden Beschlussfassung hin: Da die Kostenverteilung von dem in der Teilungserklärung vorgesehenen Schlüssel abweicht, kommt ein Beschluss nur zustande, wenn mindestens drei Viertel aller stimmberechtigten Miteigentümer zustimmen, die gleichzeitig mehr als die Hälfte der Miteigentumsanteile vertreten. In Abweichung von der in der Teilungserklärung vorgesehenen Art und Weise der Abstimmung hat hierbei jeder Eigentümer nur eine Stimme. Steht das Eigentum mehreren gemeinschaftlich zu, können sie nur gemeinsam abstimmen.

Beschluss: Die Eigentümergemeinschaft beschließt, alle Fassadenseiten sowie die vorspringenden Balkone – einschließlich der Erneuerung der Balkongeländer des Hauses T. – Straße 11 und 13 entsprechend dem Gutachten des Sachverständigen S zu sanieren. Der Verwalter wird ermächtigt, die Firma A auf Grundlage des Angebotes vom 05.05.2008 mit der Durchführung der Arbeiten namens der Gemeinschaft zu beauftragen.

Die Kosten der Sanierung werden durch eine Sonderumlage in Höhe von Euro 150.000 finanziert, die auf Anforderung durch den Verwalter gegenüber den jeweiligen Eigentümern fällig wird.

Die Verteilung der Kosten gemäß Sonderumlage erfolgt in Abweichung von dem in der Teilungserklärung vorgesehenen Maßstab nicht nach Miteigentumsanteilen, sondern nach Eigentumseinheiten.

Abstimmung:

Einheit Nr.	ME-Anteile	Stimmt ja	Stimmt nein	Enthaltung	Nicht erschienen
1	650	650			
2	650	650			
3	650		650		
4	650	650			
5	660	660			
6	660	660			
7	660	660			
8	660	660			
9	675	675			
10	675	675			
11	675	675			
12	675	675			
13	675	675			
14	1030				1030
15	1030			1030	
Ergebnis	10.000	Ja WE: 12 Ja ME: 7.290	Nein WE: 1 Nein ME: 650	Ent. WE: 1 Ent. ME: 1.030	Nicht erschienen: 1 WE = 1.030 ME

Ergebnis: Für den Antrag stimmen zwölf von 15 stimmberechtigten Wohnungseigentümern, also mindestens drei Viertel. Diese repräsentieren 7.290 von 10.000 Miteigentumsanteilen, also mehr als die Hälfte. Der Beschluss ist damit angenommen.

Erläuterungen

640 **1. Grundlage.** Nach § 21 Abs. 4 WEG kann jeder Eigentümer eine sog. ordnungsmäßige Verwaltung des Eigentums verlangen. Dazu gehört nach § 21 Abs. 5 Nr. 2 WEG auch die ordnungsmäßige Instandhaltung und Instandsetzung des Gemeinschaftseigentums.

641 **2. Modernisierende Instandsetzung.** Das Gesetz verwendet diesen von der Rechtsprechung entwickelten Begriff jetzt in § 22 Abs. 3 WEG, ohne ihn jedoch zu definieren, so dass auf die von der Rechtsprechung entwickelte Definition zurückgegriffen werden kann.

642 Eine modernisierende Instandsetzung setzt zunächst einen Instandsetzungsbedarf voraus, will aber nicht lediglich den alten, vielleicht technisch veralteten Zustand, wieder herstellen, sondern im Rahmen einer Instandhaltung eine sinnvolle Modernisierung der Anlage vornehmen, die die Vorteile neuerer technischer Entwicklungen nutzt (BayObLG ZMR 2004, 442). Voraussetzung ist daher zunächst ein Instandsetzungsbedarf, also ein schwerwiegender Mangel des Gemeinschafts-

eigentums, der dessen Reparatur von einem gewissen Gewicht oder dessen Erneuerung erforderlich machen würde (OLG Schleswig ZMR 2007, 562).

Balkonaußenverkleidungen gehören zum Gemeinschaftseigentum und können somit gemäß § 21 Abs. 3 WEG grundsätzlich Gegenstand einer Beschlussfassung der Wohnungseigentümer im Rahmen der ordnungsmäßigen Verwaltung sein. Die beschlossene Sanierung der Balkonbrüstungen dient der ordnungsmäßigen Instandsetzung des gemeinschaftlichen Eigentums nach § 21 Abs. 5 Nr. 2 WEG und stellt keine nur einstimmig zu beschließende bauliche Veränderung i.S. von § 22 Abs. 1 WEG dar (OLG München ZMR 2006, 302, 303). 643

3. Vergleichsangebote. Vgl. Formular D.II.1. Ziff. 3. 644

4. Generelle Kostenverteilung. Maßnahmen der Instandsetzung und Instandhaltung gehören nach § 21 Abs. 5 Nr. 2 WEG zur ordnungsmäßigen Verwaltung. Die hieraus resultierenden Kosten sind nach § 16 Abs. 2 WEG nach dem in der Teilungserklärung vorgesehenen Maßstab, ansonsten nach dem Verhältnis der Miteigentumsanteile gemäß § 16 Abs. 1 WEG zu verteilen. Das gilt auch für Maßnahmen der modernisierenden Instandsetzung, für die § 22 Abs. 3 WEG ausdrücklich auf § 21 Abs. 3 bis 5 WEG verweist. 645

5. Abweichende Kostenverteilung. *5.1* § 16 Abs. 4 WEG gibt die Möglichkeit, im Einzelfall bei bestimmten Maßnahmen die Kosten abweichend von § 16 Abs. 2 WEG zu verteilen. Voraussetzung ist, dass die abweichende Verteilung dem Gebrauch oder der Möglichkeit des Gebrauches durch die Wohnungseigentümer Rechnung trägt. § 16 Abs. 4 WEG regelt dabei im Wesentlichen drei verschiedene Bereiche: Die Instandsetzung/Instandhaltung nebst modernisierender Instandsetzung (§ 21 Abs. 5 Nr. 2 WEG), die Modernisierung (§ 22 Abs. 2 WEG) und die bauliche Veränderung (§ 22 Abs. 1 WEG). 646

5.2 Über die Kostenverteilung können »die **Wohnungseigentümer**« beschließen. Die Beschlussfassung erfolgt in der Regel in der Wohnungseigentümerversammlung. Stimmberechtigt sind alle Wohnungs- und Teileigentümer, und zwar auch bei **Mehrhausanlagen**. Selbst die Bildung von wirtschaftlichen Untergemeinschaften ermächtigt diese nicht, über eine abweichende Kostenverteilung allein zu entscheiden, solange nicht die Teilungserklärung der Untergemeinschaft solche Beschlusskompetenz ausdrücklich zuweist. 647

5.3 Im Gegensatz zur Kostenverteilung der Betriebskosten nach § 16 Abs. 3 WEG ist die Beschlussfassung nach § 16 Abs. 4 WEG nur für einen Einzelfall möglich, also für eine ganz konkret anstehende Maßnahme der Instandsetzung, Modernisierung oder baulichen Veränderung (BGH ZMR 2010, 866 – V ZR 164/09). Dieses ergibt sich bereits aus dem Wortlaut. Ein Beschluss, der künftig alle Instandsetzungen oder baulichen Maßnahmen nach einem abweichenden Schlüssel verteilen will, nicht mehr von der Beschlusskompetenz des § 16 Abs. 4 WEG gedeckt und damit nichtig (BGH V ZR 202/09 – ZMR 2010, 775); möglich wäre aber die Beschlussfassung über eine abweichende Kostenverteilung bei einer Baumaßnahme, die sich über mehrere Bauabschnitte erstreckt. Trotz mehrerer Abschnitte läge hier nur ein »Einzelfall« vor. Der Wortlaut deckt als argumentum a maiore ad minus auch einen Beschluss, für eine erst zukünftig anstehende Maßnahme für den konkreten Einzelfall eine Rücklage in den nächsten Jahren anzusparen und bei der Verteilung dieser Sonderumlage einen vom Gesetz oder von der Teilungserklärung abweichenden Verteilungsschlüssel zu beschließen (BT-Drucks. 16/887, S. 31). 648

§ 16 Abs. 4 WEG deckt nicht einen Beschluss, der mit der Kostenverteilung der Maßnahme gleichzeitig auch die Kosten der zukünftigen Instandsetzung dieser Maßnahme neu definiert. Im Beispielfall wäre ein Beschluss nichtig, der gleichzeitig bestimmen würde, dass die Kosten der Instandhaltung der Balkongeländer zukünftig ebenfalls nach Eigentumseinheiten abzurechnen wären. 649

5.4 Die Kosten müssen bei einer abweichenden Regelung nach dem **Gebrauch oder der Möglichkeit des Gebrauchs** des Gemeinschaftseigentums durch die Wohnungseigentümer verteilt werden. Die Formulierung »Gebrauch oder Möglichkeit des Gebrauchs« ist vom Gesetzgeber bewusst in 650

Abgrenzung zu dem Begriff der »Nutzung« in § 16 Abs. 1 WEG gewählt worden, um deutlich zu machen, dass tatsächlich zwei verschiedene Bereiche gemeint sind.

651 Die Formulierung »Rechnung tragen« verdeutlicht, dass die Wohnungseigentümer einen Spielraum haben, insbesondere also pauschalisieren dürfen oder neben dem in erster Linie anzuwendenden »Gebrauchsmaßstab« auch andere Kriterien bei der Entscheidung über den Kostenverteilungsschlüssel berücksichtigen können, um im Rahmen ordnungsmäßiger Verwaltung zu einer sachgerechten Lösung zu kommen (BT-Drucks. 16/887 S. 24; BGH ZMR 2010, 866 – V ZR 164/09). Ob ein Eigentümer den Mitgebrauch also tatsächlich ausübt, ist irrelevant, er muss lediglich die Möglichkeit dazu haben. Im obigen Beispielfall bedeutet dieses, dass auch ein Beschluss zulässig gewesen wäre, wonach nur die Wohnungen, die tatsächlich über einen Balkon verfügen, auch die entsprechenden Kosten zu tragen haben (wenn z.B. Erdgeschosswohnungen keinen Balkon hätten). Bei der Sanierung des Daches eines Hauses in einer Mehrhausanlage können die Kosten nicht auf die Eigentümer dieses einen Hauses überbürdet werden, da es hinsichtlich des Daches an einer gesteigerten »Gebrauchsmöglichkeit« dieser Eigentümer fehlt (BGH ZMR 2010, 866 – V ZR 164/09). Weicht die beschlossene Kostenverteilung von der tatsächlichen oder hypothetischen Gebrauchsmöglichkeit ab, ist ein solcher Beschluss nicht nichtig, aber anfechtbar (*J.H. Schmidt* ZMR 2007, 913, 920).

652 *5.5* Mit der beschlossenen Kostenverteilung können die Wohnungseigentümer von der gesetzlichen und der vereinbarten Kostenverteilung abweichen. Insbesondere ist es ihnen also möglich, Wohnungseigentümer, die einer Maßnahme gemäß § 22 Abs. 1 oder 2 WEG nicht zustimmen möchten, entgegen der generellen Regelung des § 16 Abs. 6 S. 1 WEG zur anteiligen Kostentragung zu verpflichten (BT-Drucks. 16/887 S. 24). Hierbei mag es zukünftig zu Auseinandersetzungen kommen, wenn der Beschluss zur baulichen Maßnahme und der Beschluss über die Kostenverteilung getrennt erfolgen. Es ist durchaus denkbar, dass die Maßnahme zunächst mit dem in der Teilungserklärung vorgesehenen Verteilungsschlüssel erfolgt und sodann im Rahmen einen Zweitbeschlusses eine abweichende Kostenverteilung nach § 16 Abs. 4 WEG erfolgt, die sodann auch die bisher § 16 Abs. 6 WEG von den Kosten befreiten Wohnungseigentümer in die Pflicht nimmt. Zu dieser Problematik vgl. oben Formular C.XIII Ziff. 2.2.

653 **6. Notwendiges Quorum.** Während die eigentliche Instandsetzung und auch die modernisierende Instandsetzung nur der einfachen Mehrheit bedürfen (vgl. Formular D.II.1. Ziff. 5), ergeben sich aus der Verknüpfung mit der abweichenden Kostenverteilung erhöhte Anforderungen.

654 Der Beschluss ist, soweit er die abweichende Kostenverteilung betrifft, nur dann wirksam, wenn drei Viertel aller stimmberechtigten Wohnungseigentümer zustimmen, die gleichzeitig mehr als die Hälfte der Miteigentumsanteile repräsentieren. Die Regelung kombiniert das qualifizierte Kopfprinzip (drei Viertel aller Wohnungseigentümer) mit dem einfachen Wertprinzip (mehr als die Hälfte aller ME-Anteile) (*J.H. Schmidt* ZMR 2007, 913, 919). Hinsichtlich der stimmberechtigten Eigentümer verweist die Vorschrift auf § 25 Abs. 2 WEG, d.h., jeder Eigentümer hat eine Stimme. Zur Verteilung bei mehreren Eigentümern einer Einheit oder einem Eigentümer, dem mehrere Einheiten gehören, s. oben Formular C.XI. Ziff. 6.2. Gerade bei größeren Einheiten wird eine sinnvolle Stimmenauszählung nur im Rahmen einer namentlichen Abstimmung und unter Zuhilfenahme entsprechender Kalkulationsprogramme möglich sein.

655 Kommt die notwendige Mehrheit nicht zustande, ist der Beschluss hinsichtlich der abweichenden Kostenverteilung abgelehnt, die Kostenverteilung erfolgt dann dem in der Teilungserklärung oder dem in § 16 Abs. 2 vorgesehenen Verteilungsschlüssel. Stellt der Versammlungsleiter trotzdem das Zustandekommen des Beschlusses auch hinsichtlich des Verteilungsschlüssels fest, ist dieser Beschluss nicht nichtig, aber anfechtbar. Er ist nach § 23 Abs. 4 WEG gültig, solange er nicht durch rechtskräftiges Urteil für ungültig erklärt worden ist.

656 **7. Zwingendes Recht.** Die Befugnis des § 16 Abs. 4 WEG darf nicht eingeschränkt oder ausgeschlossen werden. Soweit sich in »alten« Teilungserklärungen Öffnungsklauseln finden, die ein höheres Quorum fordern (z.B. drei Viertel aller Miteigentumsanteile), sind diese unwirksam. Ab-

weichende Regelungen, die die Anforderungen herabsetzen, sind und bleiben wirksam. § 16 Abs. 4 WEG schließt auch § 16 Abs. 6 WEG aus, wonach in der Regel ein Eigentümer, der einer baulichen Maßnahme nach § 22 Abs. 1 WEG nicht zugestimmt hat, auch nicht deren Kosten tragen muss. Mit einem Beschluss nach § 16 Abs. 4 WEG weicht die Gemeinschaft gerade von den sonstigen in der Teilungserklärung oder dem Gesetz vorgesehenen Verteilungsschlüsseln ab, so dass § 16 Abs. 6 WEG in diesen Fällen ebenfalls nicht gelten soll, § 16 Abs. 6 S. 2 WEG.

3. Zustimmung zu baulicher Veränderung

1. Beschluss: Die Eigentümergemeinschaft beschließt, in der Grünanlage der Gemeinschaft drei Parkbänke gemäß dem Angebot der Firma A aufzustellen.

Die Kosten der Maßnahme werden durch eine Sonderumlage in Höhe von € 5.000 gedeckt, die auf Anforderung durch den Verwalter sofort fällig ist. Die Sonderumlage wird gemäß dem in der Teilungserklärung vorgesehenen Schlüssel auf alle Eigentümer umgelegt.

Abstimmung (bei 15 Einheiten):

Ja-Stimmen: 10   Nein-Stimmen: 2   Enthaltungen: 1

Ergebnis: Der Beschluss ist nicht angenommen.

2. Beschluss: 1. Die Eigentümerversammlung beschließt, dem jeweiligen Sondereigentümer der Einheit Nr. 10 gemäß Aufteilungsplan die Vornahme folgender baulicher Veränderung nach Maßgabe der folgenden Bedingungen zu genehmigen: Einbau eines Dachflächenfensters gemäß der Beschlussfassung und dem Protokoll beigefügter Skizze nach Maßgabe der Planung des Architekten _____ und dem Angebot der Firma _____ vom 01.04.2015.

2. Sämtliche Kosten des Einbaus des Dachflächenfensters trägt der jeweilige Eigentümer der Einheit Nr. 10. Der Eigentümer der Einheit Nr. 10 ist verpflichtet, alle behördlichen Auflagen und sonstigen öffentlich-rechtlichen Vorschriften auf eigene Kosten einzuhalten.

Die Genehmigung steht unter der Bedingung, dass eine entsprechende Baugenehmigung dem Verwalter vor Baubeginn vorgelegt oder dem Verwalter durch Bestätigung der Behörde nachgewiesen wird, dass es einer Baugenehmigung nicht bedarf. Der jeweilige Eigentümer der Einheit Nr. 10 ist verpflichtet, die Maßnahme durch ein Fachunternehmen sowie nach den anerkannten Regeln der Technik durchführen zu lassen. Er ist verpflichtet, diese Art der Durchführung nach Abschluss der Arbeiten von einem Fachunternehmen bestätigen zu lassen und diese Bestätigung dem Verwalter vorzulegen.

3. Der jeweilige Eigentümer der Einheit Nr. 10 ist verpflichtet, sämtliche zukünftigen Kosten in Bezug auf das neu eingebrachte Dachflächenfenster, wie z.B. die Kosten der Instandsetzung und Instandhaltung, aber auch z.B. im Rahmen einer Dacheindeckung durch das Dachflächenfenster verursachte Mehrkosten zu tragen und die übrigen Eigentümer hiervon freizuhalten. Sollte die Regelung zur Kostentragung nichtig sein, so steht die obige Zustimmung zum Einbau des Dachflächenfensters unter der auflösenden Bedingung, dass ein Eigentümer der Einheit Nr. 10 im Hinblick auf das Dachflächenfenster von den übrigen Miteigentümern eine Beteiligung an den Kosten der Instandsetzung oder Instandhaltung verlangt. In diesem Falle entfällt die Zustimmung rückwirkend.

Abstimmung: (bei 15 Einheiten)

Ja-Stimmen: 10 Nein-Stimmen: 2 Enthaltungen: 1

Ergebnis: Der Beschluss ist angenommen.

Erläuterungen

658   1. **Grundlage.** *1.1.* Während Instandsetzungen nach § 21 Abs. 5 Nr. 2 WEG mehrheitlich beschlossen und Modernisierungen mit einer qualifizierten Mehrheit nach § 22 Abs. 2 WEG durchgesetzt werden können, regelt § 22 Abs. 1 WEG die Zulässigkeit von baulichen Veränderungen im Gemeinschaftseigentum oder Aufwendungen, die über die ordnungsgemäße Instandhaltung und Instandsetzung des Gemeinschaftseigentums hinausgehen. Bauliche Veränderungen und Aufwendungen für solche Maßnahmen können beschlossen werden, wenn alle Eigentümer zustimmen, die hierdurch über das in § 14 Nr. 1 WEG bestimmte Maß hinaus beeinträchtigt werden. Damit hat die Eigentümergemeinschaft die Kompetenz, über bauliche Veränderungen zu entscheiden.

1.2. Abdingbarkeit: Das Zustimmungserfordernis aus § 22 Abs. 1 BGB ist generell abdingbar. Oftmals finden sich daher in Teilungserklärungen Regelungen, wonach generell oder bestimmte Arten baulicher Veränderungen der Genehmigung des Verwalters bedürfen. Sofern die Teilungserklärung nicht ganz deutlich sagt, dass es »nur« der Zustimmung des Verwalters bedürfe und die notwendige Zustimmung der Miteigentümer verdrängt wird, ist davon auszugehen, dass die Zustimmung des Verwalters neben die Zustimmung der Eigentümer tritt, also ein zusätzliches Erfordernis geschaffen wird (LG München I ZMR 2012, 299; Riecke/Schmid/*Drabek* § 22 Rn. 34).

659   2. **Definition: Bauliche Veränderungen.** Bauliche Veränderungen sind Eingriffe in die Substanz des gemeinschaftlichen Eigentums, durch die dauerhaft eine andere Funktionalität oder eine andere Optik geschaffen werden (Riecke/Schmid/*Drabek* § 22 Rn. 6). Die **besonderen Aufwendungen** im Sinne dieser Vorschrift sind Arbeiten an dem Objekt, die nicht zur Instandsetzung erforderlich sind, aber auch keine bauliche Veränderung oder Modernisierung darstellen, z.B. die Neueindeckung eines Daches, das eigentlich nicht instandsetzungsbedürftig wäre.

660   Schwierigkeiten ergeben sich oftmals bei der Frage, ob eine Maßnahme noch Instandsetzung und Instandhaltung, modernisierende Instandsetzung oder doch schon eine bauliche Veränderung ist. Die Rechtsprechung hat hierzu eine umfangreiche Kasuistik entwickelt, so dass auf die entsprechenden Kommentierungen verwiesen werden muss.

661   3. **Beeinträchtigung.** Eine Beeinträchtigung liegt vor, wenn Miteigentümer durch die Maßnahme benachteiligt werden. In Betracht kommen dabei nur konkrete und objektive Nachteile, die von einer gewissen Erheblichkeit sein müssen. Da § 22 Abs. 1 WEG eine Ausnahmeregelung darstellt, mit der auch in die Eigentumsrechte der einzelnen Miteigentümer eingegriffen werden kann, ist jedoch die Schwelle für die Erheblichkeit niedrig anzusetzen (BVerfG ZMR 2005, 634, 635 – 1 BvR 1806/04). Eine solche Beeinträchtigung liegt z.B. auch in der Veränderung des optischen Gesamteindrucks der Anlage (z.B. auch mit Kabelbindern an der Balkonbrüstung angebrachte Lichterketten – LG Köln ZMR 2008, 993), in einer Nutzungsänderung (Hobbyraum als Wohnraum), in einer Einschränkung der Nutzungsmöglichkeit (z.B. des Gartens), der finanziellen Belastung (Belastung der Gemeinschaft mit zukünftigen Instandhaltungskosten) oder bei Eingriffen in die Substanz mit Folgewirkungen (z.B. Gefährdung der Statik bei Wanddurchbrüchen). Aufstockung des Gebäudes – LG Hamburg ZMR 2010, 550); erheblicher Rückschnitt einer Hecke – LG Hamburg ZMR 2010, 983. An der Beeinträchtigung kann es fehlen, wenn durch die Maßnahme der bisherige Zustand sogar verbessert wird (LG Itzehoe ZMR 2010, 640; BGH ZMR 2013, 292 – V ZR 224/11). Allerdings können z.B. Wand- oder Deckendurchbrüche durchaus zustimmungsfreie bauliche Veränderungen darstellen, wenn nämlich durch die Maßnahme kein wesentlicher Eingriff in die Substanz erfolgt und hierdurch keine Gefahr für die konstruktive Stabilität des Gebäudes und dessen Brandsicherheit geschaffen wird (BGH ZMR 2001,

289 – V ZB 45/00; LG Hamburg ZMR 2001, 918). Nicht jede bauliche Veränderung beeinträchtigt also zwangsläufig die Miteigentümer.

4. Vergleichsangebote. S. hier Formular D.II.1. Ziff. 3. 662

5. Notwendiges Quorum. Nicht abschließend geklärt ist die Frage der notwendigen Mehrheiten für einen positiven Beschluss. 663

1. Beispiel: Es gibt 10 Eigentümer. Davon werden vier durch die bauliche Veränderung beeinträchtigt. In der Versammlung stimmen die vier beeinträchtigten Eigentümer dafür, die anderen sechs dagegen (Beispiel bei *Kümmel* ZMR 2009, 932, 933). Ist der Beschluss jetzt zustande gekommen? Das hängt davon ab, ob die nicht beeinträchtigten Miteigentümer an der Abstimmung über die Maßnahme überhaupt mitwirken dürfen. Die soweit ersichtlich überwiegende Ansicht geht davon aus, dass alle Eigentümer stimmberechtigt sind, in dem vorliegenden Falle also ein notwendiger Mehrheitsbeschluss nicht zustande gekommen ist (*Merle*, in: Bärmann § 22 Rn. 139; *Niedenführ/Kümmel/Vandenhouten* § 22 Rn. 126; *Elzer*, in: Timme § 22 Rn. 78; *Kümmel* ZMR 2007, 932; *Häublein* NZM 2007, 752 a.A. *Lücke* ZfIR 2009, 225, 229). Der zu verkündende Negativbeschluss wäre in diesem Falle auch nicht anfechtbar, da das Ergebnis ja rechtmäßig ist. § 22 Abs. 1 WEG gesteht dem bauwilligen Eigentümer in diesem Falle aber einen Gestattungsanspruch gegenüber den ablehnenden Eigentümer zu, den er im Rahmen einer Klage auf Gestattung auch gerichtlich durchsetzen kann (*Niedenführ/Kümmel/Vandenhouten* § 22 Rn. 126). Dieser Gestattungsanspruch kann aber wiederum nur geltend gemacht werden, wenn der Eigentümer zuvor eine Beschlussfassung herbeigeführt hat, da es ihm ansonsten an dem Rechtsschutzbedürfnis fehlt (LG München I ZMR 2011, 60). 664

2. Beispiel: Es gibt 10 Eigentümer. Davon werden vier durch die bauliche Veränderung beeinträchtigt. In der Versammlung stimmen nur zwei der beeinträchtigten Eigentümer dafür, zwei dagegen; die restlichen sechs Eigentümer stimmen für die Maßnahme. Ist der Beschluss zustande gekommen, auch wenn zwei der beeinträchtigten Eigentümer nicht zugestimmt haben? Außerdem stellt sich dem Verwalter bei der Feststellung des Beschlussergebnisses ja dann die Frage, wer tatsächlich wie und in welchem Umfang durch eine Maßnahme beeinträchtigt wird. Insbesondere diese Überlegung dürfte zu dem Ergebnis führen, dass der Verwalter eine Beeinträchtigung und deren Umfang nicht prüfen muss; hat der Beschluss insgesamt eine Mehrheit, ist er als zustande gekommen zu verkünden (Jennißen/*Hogenschurz* § 22 Rn. 21; AG Oberhausen ZMR 2011, 76, 77; a.A. Merle, in: Bärmann § 22 Rn. 139; einschränkend *Niedenführ/Kümmel/Vandenhouten* § 22 Rn. 129, wonach der Beschluss nicht zustande gekommen ist, wenn es für den Versammlungsleiter offenkundig sei, dass nicht alle beeinträchtigten Eigentümer zugestimmt hätten). 665

6. Kosten der Maßnahme. Nach § 16 Abs. 6 S. 1 WEG kann ein Eigentümer, der einer Maßnahme nach § 22 Abs. 1 WEG nicht zugestimmt hat auch nicht zu den Kosten für diese Maßnahme herangezogen werden; das gilt unabhängig davon, ob er durch die Maßnahme beeinträchtigt worden wäre oder nicht (BGH ZMR 2012, 213 – V ZR 65/11). Dieses gilt allerdings gemäß § 16 Abs. 6 S. 2 nicht, wenn eine von Gesetz oder Teilungserklärung abweichende Verteilung der Kosten der Maßnahme nach § 16 Abs. 4 beschlossen worden ist. Zur nachträglichen Änderung einer bereits beschlossenen Kostenverteilung im Rahmen eines Zweitbeschlusses vgl. Formular C.XIII Ziff. 2.2. 666

7. Zustandekommen der Zustimmung. Nach herrschender Rechtsprechung zur alten Rechtslage bedurfte die Zustimmung zur baulichen Veränderung nicht der Form eines Eigentümerbeschlusses, sie konnte vielmehr auch außerhalb der Versammlung erfolgen und auch formlos, sogar konkludent, erteilt werden (BayObLG ZMR 2003, 514, 515). Dieses ist nach der Neufassung des § 22 Abs. 1 WEG jetzt nicht mehr ausreichend. Die notwendige Zustimmung eines beeinträchtigten Eigentümers kann nur durch positive Stimmabgabe im Rahmen eines Beschlussverfahrens erfolgen (*Merle*, in: Bärmann § 22 Rn. 142; LG Hamburg ZMR 2013, 373; offengelassen BGH NJW 2014, 1090 – V ZR 25/13). 667

668 Soweit der Gesetzeswortlaut davon spricht, Maßnahmen i.S.d. § 22 Abs. 1 WEG könnten beschlossen und verlangt werden, meint dieses nicht, dass der bauwillige Eigentümer einen Anspruch gegen die Gemeinschaft auf Durchführung dieser Maßnahme hat. Es bedeutet vielmehr nur, dass auf Verlangen eines einzelnen Eigentümers eine Willensbildung der Gemeinschaft zu erfolgen hat, mit der über das Einverständnis der Gemeinschaft mit der Durchführung der Maßnahme durch den Einzelnen befunden wird (BT-Drucks. 16/887, S. 29). Stimmen aber alle beeinträchtigten Eigentümer zu, hat der bauwillige Eigentümer einen Anspruch gegenüber den nicht beeinträchtigten Eigentümer auf Gestattung der Maßnahme, vgl. oben Ziff. 5.

669 **8. Kein zwingendes Recht.** Im Gegensatz zu § 22 Abs. 2 und zu § 16 Abs. 3 und 4 WEG enthält § 22 Abs. 1 WEG keinen Hinweis, wonach von dieser Regelung nicht abgewichen werden dürfe. § 22 Abs. 1 WEG ist daher in jeder Hinsicht erweiterbar und/oder beschränkbar. In der Teilungserklärung eventuell vorhandene Öffnungsklauseln haben daher weiter Bestand.

4. Bauliche Veränderung mit Kostenverteilung

670 Das Haus besteht aus 15 Wohnungen, wovon zwei Wohnungen im Erdgeschoss liegen. Die Eigentümer wollen im hinteren Bereich des Hauses mittels Ständerwerk Balkone errichten.

Beschluss: Die Eigentümergemeinschaft beschließt, an der rückwärtigen Fassade des Grundstückes Balkone für die Wohnungen 3–15 auf Grundlage des Konzeptes des Architekten A zu errichten. Die Verwaltung wird beauftragt, den Unternehmer U auf Grundlage seines Kostenvoranschlages vom 01.04.2015 mit der Durchführung der Arbeiten namens der Gemeinschaft zu beauftragen.

Die Kosten der Maßnahme werden sich auf voraussichtlich € 40.000 belaufen. Hierfür wird eine Sonderumlage erhoben, die nach Abforderung durch den Verwalter sofort fällig ist. An den Kosten der Maßnahme sind nur die Eigentümer der Einheiten 3–15 zu beteiligen, und zwar untereinander nach Wohnungseigentumseinheiten.

Abstimmung (bei 15 Einheiten):

Ja-Stimmen: 15   Nein-Stimmen: 0   Enthaltungen: 0

Ergebnis: Der Beschluss ist angenommen.

Erläuterungen

671 **1. Grundlage.** Nach § 16 Abs. 4 WEG kann bei Maßnahmen nach § 22 Abs. 1 WEG von dem im Gesetz oder in der Teilungserklärung vorgesehenen Verteilungsschlüssel für die Kosten abgewichen werden. Zu den Einzelheiten vgl. oben Formular D.II.2., zu baulichen Veränderungen D.II.3.

672 **2. Notwendiges Quorum.** Da die Maßnahme alle Eigentümer beeinträchtigt, müssen zunächst auch alle Eigentümer der Maßnahme zustimmen, damit diese i.S. von § 22 Abs. 1 WEG beschlossen werden kann. Auf die für die Verteilung der Kosten notwendige doppelt qualifizierte Mehrheit nach § 16 Abs. 4 WEG kommt es daher in dieser konkreten Fallkonstellation nicht mehr an.

673 Nach unserer Ansicht wäre es auch falsch, den Beschluss aufzusplitten in Beschlussfassung über die Maßnahme zum Einen (Allstimmigkeit vorliegend notwendig, da zumindest optische Beeinträchtigung) und über die Kosten zum Anderen (nur doppelt qualifizierte Mehrheit nach § 16 Abs. 4 WEG notwendig). Denn die letztlich auch benachteiligten, aber von der Maßnahme nicht profitierenden Eigentümer der Erdgeschosswohnungen würden der Maßnahme ja vielleicht nur

zustimmen, wenn sie denn keine Kosten trügen. Würde man die Beschlussfassung aufsplitten, käme der Beschluss über die Maßnahme vielleicht allstimmig zustande, der über die Kostenverteilung aber ggf. nicht. Die Kosten würden dann nach Teilungserklärung verteilt werden; unter diesen Umständen hätten die Erdgeschosseigentümer aber der Maßnahme an sich vielleicht gar nicht zugestimmt.

Im Übrigen vergleiche die Ausführungen zu D.II.2. und D.II.3. zur doppelt qualifizierten Mehrheit. 674

5. Modernisierung

Das Haus hat 15 Einheiten in sechs Stockwerken. Es ist älteren Baujahrs und verfügt über keinerlei Fahrstuhl. Es soll der Einbau eines Fahrstuhls beschlossen werden. Es liegen drei Kostenvoranschläge für die Ausführung der Maßnahme vor. 675

Der Verwalter weist die Gemeinschaft auf die Besonderheiten der nachfolgenden Beschlussfassung hin: Da es sich um eine Modernisierung im Sinne von § 22 Abs. 2 WEG handelt, kommt ein Beschluss nur zustande, wenn mindestens drei Viertel aller stimmberechtigten Miteigentümer zustimmen, die gleichzeitig mehr als die Hälfte der Miteigentumsanteile vertreten. In Abweichung von der in der Teilungserklärung vorgesehenen Art und Weise der Abstimmung hat hierbei jeder Eigentümer nur eine Stimme. Steht das Eigentum mehreren gemeinschaftlich zu, können sie nur gemeinsam abstimmen.

Beschluss: Es soll ein Fahrstuhl gemäß den Planungen des Architekten A errichtet werden. Die Gemeinschaft beauftragt den Verwalter, den Unternehmer U auf Grundlage seines Angebotes vom 01.04.2015 namens der Gemeinschaft mit der Durchführung der Arbeiten zu beauftragen.

Abstimmung:

Einheit Nr.	ME-Anteile	Stimmt ja	Stimmt nein	Enthaltung	Nicht erschienen
1	650	650			
2	650	650			
3	650		650		
4	650	650			
5	660	660			
6	660	660			
7	660	660			
8	660	660			
9	675	675			
10	675	675			
11	675	675			
12	675	675			
13	675	675			
14	1030				1030

Einheit Nr.	ME-Anteile	Stimmt ja	Stimmt nein	Enthaltung	Nicht erschienen
15	1030			1030	
Ergebnis	10.000	Ja WE: 12￼Ja ME: 7.290	Nein WE: 1￼Nein ME: 650	Ent. WE: 1￼Ent. ME: 1.030	Nicht erschienen: 1 WE = 1.030 ME

Ergebnis: Für den Antrag stimmen zwölf von 15 stimmberechtigten Wohnungseigentümern, also mindestens drei Viertel. Diese repräsentieren 7.290 von 10.000 Miteigentumsanteilen, also mehr als die Hälfte. Der Beschluss ist damit angenommen.

Erläuterungen

676 **1. Grundlage.** Nach § 22 Abs. 2 WEG können Maßnahmen nach § 22 Abs. 1 WEG, also bauliche Veränderungen und Aufwendungen, die über die Instandsetzung oder Instandhaltung hinausgehen, mit einer doppelt qualifizierten Mehrheit beschlossen werden, wenn sie der Modernisierung i.S. von § 559 Abs. 1 BGB oder der Anpassung des gemeinschaftlichen Eigentums an den Stand der Technik dienen, die Eigenart der Wohnanlage nicht ändern und keinen Wohnungseigentümer gegenüber den anderen unbillig beeinträchtigen.

677 **2. Definitionen: Modernisierung.** *2.1* Das Gesetz bedient sich hinsichtlich der Definition einer Anleihe im BGB und verweist auf die entsprechende Anwendung des § 559 Abs. 1. Diese entsprechende Anwendung einer mietrechtlichen Vorschrift soll zu einer großzügigen Handhabung des Modernisierungsbegriffs führen (BGH NJW 2011, 1220 – V ZR 82/10; BGH NJW 2013, 1439 – V ZR 224/11). Zum einen komme dem Wohnungseigentümer auch solche Verbesserungen zugute, von denen im Mietrecht nur der Vermieter, nicht aber der Mieter profitiere; zum anderen soll § 22 Abs. 2 WEG den Eigentümern die Möglichkeit geben, einer Wertminderung der Anlage durch Anpassung der Wohnanlage an die Erfordernisse der Zeit entgegenzuwirken. Die Maßnahme müsse daher aus Sicht eines verständigen Eigentümers eine sinnvolle Neuerung darstellen, die voraussichtlich geeignet ist, den Gebrauchswert zu erhöhen (BGH NJW 2011, 1220 – V ZR 82/10). Unter diesem Gesichtspunkt sind die nachfolgenden Darstellungen zu bewerten.

678 *2.2* **Modernisierungen** sind daher bauliche Maßnahmen, die der nachhaltigen Erhöhung des Gebrauchswertes, der dauerhaften Verbesserung der Wohnverhältnisse oder der Einsparung von Energie und Wasser dienen. Nach Ansicht des Gesetzgebers umfasst die Befugnis nach § 22 Abs. 2 WEG kleinere und größere Vorhaben, etwa das Aufstellen eines Fahrradständers, das nachträgliche Anbringen einer Gegensprechanlage oder auch den Einbau eines Fahrstuhls (BT-Drucks. 16/887, S. 30). Der Einbau zusätzlicher Fenster stellt keine Modernisierung dar (AG Konstanz ZMR 2008, 494), der Austausch von Holz- gegen Kunststofffenster soll eine Modernisierung sein (LG München I ZMR 2009, 945). Die Wiederherstellung eines Schornsteinzuges zum Anschluss eines Kamins ist ebenfalls ein Modernisierung (BGH NJW 2011, 1220 – V ZR 82/10).

679 *2.3* Mit dem **Stand der Technik** ist das Niveau einer anerkannten und in der Praxis bewährten, fortschrittlichen technischen Entwicklung gemeint, das das Erreichen des gesetzlich vorgegebenen Ziels gesichert erscheinen lässt (BT-Drucks. 16/887, S. 30). Das Anforderungsniveau hierbei ist höher als bei sonst üblichen Formulierung der »anerkannten Regeln der Technik«, um den Streit innerhalb der Gemeinschaft darüber zu vermeiden, welcher Grad der Modernisierung mit einer bestimmten Maßnahme erreicht werden kann. Maßstab ist immer der Stand der Technik, nicht der »Stand von Wissenschaft und Technik«. Letzeres ginge nach Ansicht des Gesetzgebers zu weit (BT-Drucks. 16/887, S. 30) und würde wohl in der Tat jede Gemeinschaft überfordern.

2.4 Die Maßnahme muss der Modernisierung oder der Anpassung an den Stand der Technik **dienen**. Das ist der Fall, wenn sie nach dem Maßstab eines vernünftigen, wirtschaftlich denkenden und sinnvollen Neuerungen aufgeschlossenen Hauseigentümers voraussichtlich geeignet ist, diesen Zweck zu erfüllen (BT-Drucks. 16/887 S. 30). 680

2.5 Die Maßnahme darf nicht zu einer **Umgestaltung der Wohnanlage** führen, die deren bisherige Eigenart ändert. Der Gesetzgeber geht davon aus, dass das Vertrauen eines Erwerbers in den inneren und äußeren Bestand der Eigentumsanlage in der Regel Grundlage seiner Kaufentscheidung war. Dieses Vertrauen ist ebenso schützenswert wie das Vertrauen in den Fortbestand der Gemeinschaftsordnung (BT-Drucks. 16/887, S. 30). Zu einer die Eigenart verändernden Umgestaltung der Anlage gehören z.B. Anbauten (Wintergarten – AG Konstanz ZMR 2008, 494), Aufstockung oder Abriss von Gebäudeteilen (LG Hamburg ZMR 2010, 550 zur Aufstockung), Umwandlung eines Wohnhauses einfacher Qualität im Rahmen einer Luxussanierung, Ausbau bisher nicht zu Wohnzwecken genutzter Speicherräume; Umwidmung einer Grünfläche zum Parkplatz, optische Veränderungen, z.B. Schaffung eines uneinheitlichen Gesamteindrucks durch Verglasung einzelner Balkone, Veränderung der Symmetrie durch Schaffung einer Dachgaube in einer Dachgeschosswohnung (sämtlichst BT-Drucks. 16/887, S. 30), Errichtung eines Außenaufzuges (AG Konstanz ZMR 2008, 494). 681

2.6 Die Maßnahme darf keinen Eigentümer **unbillig beeinträchtigen**. Es kommt darauf an, ob die Maßnahme zu einem Nachteil für einen oder mehrere Eigentümer führt und welches Maß die Beeinträchtigung hat. Für die Frage, ob eine unbillige Benachteiligung vorliegt, sind alle Umstände des Einzelfalles sorgfältig abzuwägen (BT-Drucks. 16/887, S. 30). Während die Schwelle für die Beeinträchtigung bei einfachen baulichen Veränderungen nach § 22 Abs. 1 WEG eher niedrig liegt (vgl. Formular D.II.3. Ziff. 3), wird durch das Merkmal »unbillig« diese Schwelle für Modernisierungen angehoben. Umstände, die zwangsläufig mit Modernisierungen verbunden sind, reichen noch nicht für eine unbillige Benachteiligung. Hierzu gehören z.B. die nach einer technischen Anpassung erhöhte Wartungs- oder Reparaturanfälligkeit, die Kompliziertheit einer neuen technischen Anlage, die mit dem Einbau eines Fahrstuhles verbundene Einschränkung der Gebrauchsmöglichkeit des Treppenhauses oder eine intensivere Nutzung von Obergeschossen (BT-Drucks. 16/887, S. 30). 682

Zwar können auch die **Kosten der Maßnahme** eine Beeinträchtigung darstellen. Diese Kosten sind aber nur im Ausnahmefall unbillig, nämlich dann, wenn sie das Maß der Aufwendungen übersteigen, die dazu dienen, das gemeinschaftliche Eigentum in einen Zustand zu versetzen, wie er allgemein üblich ist, etwa zur Energieeinsparung oder zur Schadstoffminderung. Mit solchen Maßnahmen muss jeder Eigentümer rechnen und ggf. Rücklagen bilden, um sie zu finanzieren (BT-Drucks. 16/887, S. 30). Würde die Finanzierung der Maßnahme dazu führen, dass ein Eigentümer sein Wohnungseigentum verkaufen müsste, wäre dieses wohl unbillig. Die darin liegende Unbilligkeit kann aber damit umgangen werden, dass für die Modernisierung zunächst eine Rücklage angespart wird. Diese Kompetenz leitet die Gesetzesbegründung ausdrücklich aus § 16 Abs. 4 i.V.m. § 22 Abs. 2 WEG als argumentum a maiore ad minus her (BT-Drucks. 16/887, S. 30). 683

3. Kein durchsetzbarer Anspruch. § 22 Abs. 2 WEG gibt einem einzelnen Eigentümer keinen Anspruch gegenüber den Miteigentümern auf Zustimmung zu einer Modernisierung. Die Neuregelung des § 22 Abs. 2 WEG dient allein der Einschränkung des Einstimmigkeitsprinzips und will Mehrheitsrechte damit stärken. Einen durchsetzbaren Anspruch auf Gestattung einer Modernisierung hat ein einzelner Eigentümer nur unter den Voraussetzungen des § 22 Abs. 1 WEG, wenn also alle von der Maßnahme benachteiligten Eigentümer der Maßnahme zustimmen. 684

4. Vergleichsangebote. S. hierzu Formular D.II.1. Ziff. 3. 685

686 **5. Notwendiges Quorum.** Auch § 22 Abs. 2 WEG fordert für die Durchbrechung des Einstimmigkeitsprinzips eine doppelt qualifizierte Mehrheit. Zu den Einzelheiten kann auf das Formular D.II.2. verwiesen werden.

687 **6. Zwingendes Recht.** Die Befugnis des § 22 Abs. 2 WEG darf nicht eingeschränkt oder ausgeschlossen werden. Soweit sich in »alten« Teilungserklärungen Öffnungsklauseln finden, die ein höheres Quorum fordern (z.B. drei Viertel aller Miteigentumsanteile), sind diese unwirksam. Abweichende Regelungen, die die Anforderungen herabsetzen, sind und bleiben wirksam.

6. Ansichziehen von Mängelgewährleistungsansprüchen hinsichtlich Gemeinschaftseigentum gegenüber Bauträger

688 Die Wohnungseigentumsanlage ist in den Jahren 2012 und 2013 von der Bauträgerin, der B. Wohnungsbau GmbH errichtet worden. Von dieser haben alle Eigentümer ihr Sondereigentum erworben. In den vergangenen Monaten hat sich gezeigt, dass der Fußboden im Treppenhaus erheblich zerkratzt ist, und zwar in allen drei Hauseingängen. Ein von der Verwaltung hinzugezogener Sachverständiger kommt in einer ersten Stellungnahme zu dem Schluss, dass der Fußboden vermutlich bauseits nicht richtig versiegelt worden ist.

Dieses vorausgeschickt, beschließend die Eigentümer wie folgt:

1) Die Wohnungseigentümergemeinschaft zieht Mängelgewährleistungsansprüche der einzelnen Wohnungseigentümer gegenüber der B. Wohnungsbau GmbH aus deren jeweiligen Kaufverträgen im Hinblick auf die Mängelbeseitigung am Fußboden der Treppenhäuser in allen drei Hauseingängen an sich.

2) Die Wohnungseigentümer ermächtigen und beauftragen den Verwalter, namens und in Vollmacht der Wohnungseigentümergemeinschaft ein selbständiges Beweisverfahren gegenüber der B. Wohnungsbau GmbH zur Frage der Mangelhaftigkeit der Fußböden im Treppenhaus aller drei Hauseingänge sowie der Kosten einer etwaigen Mängelbeseitigung einzuleiten. Der Verwalter soll hierzu die Kanzlei Hauweg und Partner hinzuziehen. Er ist ermächtigt, mit dieser für die Durchführung des selbständigen Beweisverfahrens eine Gebührenvereinbarung auf Basis eines Stundensatzes von EURO 300,00 netto zzgl. USt zu vereinbaren.

3) Die Kosten für das selbständige Beweisverfahren werden aus dem laufenden Etat entnommen.

4) Über das weitere Vorgehen gegenüber dem Bauträger entscheiden die Eigentümer nach Vorlage des Ergebnisses des selbständigen Beweisverfahrens.

Abstimmung:

10 Ja   2 Nein   3 Enthaltungen

Damit ist der Beschluss angenommen.

Erläuterungen

689 **1. Grundlagen.** Eine Rechtsbeziehung mit dem Bauträger im Hinblick auf die Verpflichtung zur mangelfreien Errichtung des Bauwerkes haben nur die einzelnen Erwerber, die einzelnen Eigentümer. Dem Verband der Wohnungseigentümergemeinschaft stehen insoweit keine eigenen Rechte zu. Das gilt sowohl für das Sondereigentum, aber auch für das Gemeinschaftseigentum.

Bei Mängeln am Gemeinschaftseigentum führt das zu einer schwierigen Gemengelage: Der Bauträger sieht sich verschiedenen Vertragspartnern ausgesetzt, die ihn mit eventuell unterschiedlichen Interessen und Zielrichtungen hinsichtlich der Mängel am Gemeinschaftseigentum in Anspruch nehmen können. Dabei gibt es Rechte, wie die Minderung oder der kleine Schadensersatz, die ihrer Natur nach bereits gemeinschaftsbezogen sind und der Gemeinschaft somit als geborene Ausübungsbefugnis zustehen. Die Ansprüche auf Mängelbeseitigung hingehen sind nicht zwingend durch die Gemeinschaft geltend zu machen. Die Gemeinschaft kann diese Ansprüche aber zur gemeinsamen Verfolgung an sich ziehen, es handelt sich um eine gekorene Ausübungsbefugnis (vgl. BGH NJW 2014, 1377 – VII ZR 266/13; ZMR 2011, 54 – VII ZR 113/09; ausführliche Darstellung zum Gesamtkomplex bei Riecke/Schmid/*Riecke/Vogel*, Anhang zu § 8).

2. Aktivlegitimation/Prozessführungsbefugnis. Nach vorgesagtem stehen die Ansprüche auf Mängelbeseitigung zunächst den einzelnen Erwerbern jeweils zu. Die Wohnungseigentümer können im Rahmen der ordnungsgemäßen Verwaltung des Gemeinschaftseigentums gem. § 21 WEG die Ausübung der auf die ordnungsgemäße Herstellung des Gemeinschaftseigentums gerichteten Rechte der einzelnen Erwerber aus den Verträgen mit dem Veräußerer, die nicht ihrer Natur nach gemeinschaftsbezogen sind, durch Mehrheitsbeschluss auf die rechtsfähige Wohnungseigentümergemeinschaft übertragen, man spricht hier vom sog. sog Ansichziehen. In diesem Falle ist dann für die Durchsetzung der auf die Beseitigung von Mängeln des Gemeinschaftseigentums gerichteten Ansprüche die Wohnungseigentümergemeinschaft als rechtsfähiger Verband zuständig (BGH NJW 2014, 1377 – VII ZR 266/13). Es reicht, wenn noch ein Erwerber unverjährte Mängelgewährleistungsansprüche gegenüber dem Bauträger hat und die Gemeinschaft diese an sich zieht (BGH NJW 2010, 933 – V ZR 80/09).

690

3. notwendiges Quorum. Zu einer ordnungsmäßigen, dem Interesse der Gesamtheit der Wohnungseigentümer entsprechenden Verwaltung gehört nach § 21 Abs. V Nr. 2 WEG die ordnungsgemäße Instandhaltung und Instandsetzung des gemeinschaftlichen Eigentums. Unter den Begriff der Instandhaltung und Instandsetzung in diesem Sinne fällt auch die erstmalige Herstellung des Gemeinschaftseigentums (BGH NJW 2007, 1952 – VII ZR 236/05). Die Eigentümer können Ansprüche einzelner Erwerber gegenüber dem Bauträger nach § 21 Abs. 3 WEG also im Beschlusswege an sich ziehen. Es genügt die Mehrheit der abgegebenen Stimmen. Grundsätzlich entspricht es auch einer ordnungsgemäßen Verwaltung, wenn auf das Gemeinschaftseigentum bezogene Erfüllungs- und Nacherfüllungsansprüche auf die Wohnungseigentümergemeinschaft zur Ausübung übertragen werden. Die ordnungsgemäße Verwaltung erfordert es in aller Regel, einen gemeinschaftlichen Willen darüber zu bilden, wie die Herstellung oder Instandsetzung des Gemeinschaftseigentums zu bewerkstelligen ist (BGH NJW 2010, 933 – V ZR 80/09).

691

4. Kostenverteilung: Die Einleitung von Prozessen kostet Geld. Es ist daher auch darüber zu beschließen, wie die Gemeinschaft diese Mittel aufbringen will, z.B. durch Sonderumlage oder durch Entnahme aus dem laufenden Etat.

692

7. Geltendmachung von Mängelgewährleistungsansprüchen gegenüber Werkunternehmer

Die Gemeinschaft hatte im Jahre 2014 die Firma Fixundweg damit beauftragt, die alten Geländer an den Balkonen durch neue Geländer zu ersetzen. Es zeigen sich jetzt erste Roststellen an diesen neuen Geländern. Die Verwaltung hat die Firma Fixundweg mit Schreiben vom 3. April 2015 zur Beseitigung dieser Mängel aufgefordert. Eine Reaktion hierauf ist nicht erfolgt.

693

Dieses vorausgeschickt, beschließend die Eigentümer wie folgt:

1) Der Verwalter wird beauftragt, Namens und in Vollmacht der Wohnungseigentümergemeinschaft Ansprüche auf Kostenvorschuss zur Mängelbeseitigung gegenüber der Firma Fixundweg betreffend die mit Rechnung vom _____ zur Rng.Nr. _____ abgerechneten Arbeiten an den Balkongeländern der Liegenschaft gerichtlich unter Einschaltung eines Rechtsanwaltes geltend zu machen.

Kühnemund

2) Die Kosten für das Gericht und Rechtsanwalt werden aus dem laufenden Etat entnommen.

4) Über das weitere Vorgehen im Hinblick auf die Mängelbeseitigung entscheiden die Eigentümer nach Abschluss des Kostenvorschussprozesses.

Abstimmung:

10 Ja   2 Nein   3 Enthaltungen

Damit ist der Beschluss angenommen.

Erläuterungen

694 **1. Grundlagen.** Die Wohnungseigentümergemeinschaft ist im Hinblick auf das Gemeinschaftseigentum rechtsfähig und kann nach § 10 Abs. 6 WEG insoweit Vertragspartner werden. Mängelgewährleistungsansprüche aus solchen Werkverträgen stehen somit direkt der Wohnungseigentümergemeinschaft zu. Der Sachverhalt darf nicht verwechselt werden mit der Verfolgung von Gewährleistungsansprüchen gegenüber dem Bauträger aus den Erwerbsverträgen der einzelnen Eigentümer, siehe dazu Formular D.II.6.

695 **2. Pflichten des Verwalters:** Der Verwalter ist nach § 27 Abs. I Nr. 2 WEG gegenüber der Wohnungseigentümergemeinschaft verpflichtet, die für die ordnungsmäßige Instandhaltung und Instandsetzung des gemeinschaftlichen Eigentums erforderlichen Maßnahmen zu treffen. Dazu gehört auch, dass er die Leistungen von Handwerkern, welche die Gemeinschaft beauftragt hat, zu kontrollieren hat. Stellt er mögliche Mängel fest, hat er die Wohnungseigentümer darüber zu unterrichten und deren Entscheidung über die weiteren Schritte herbeizuführen (OLG Frankfurt ZMR 2009, 861). Der Verwalter ist nicht befugt, aus eigenem Recht Gewährleistungsansprüche gegenüber dem Handwerker zu verfolgen oder geltend zu machen. Der Verwalter ist gegenüber der Gemeinschaft und den Wohnungseigentümern kein Entscheidungs-, sondern weisungsgebundener Sachwalter des Gemeinschaftsvermögens und in erster Linie Vollzugsorgan mit einem Ausführungsermessen im Rahmen der ordnungsgemäßen Verwaltung (LG Hamburg ZMR 2013, 131). Der Verwalter muss also eine entsprechende Beschlussfassung herbeiführen.

696 **3. Beschlussinhalt:** Beschlüsse wirken nach § 10 Abs. 4 WEG auch gegenüber Sonderrechtsnachfolgern, ohne dass sie im Grundbuch eingetragen sein müssen. Das bedeutet wiederum, dass ein Beschluss auch noch nach vielen Jahren aus sich heraus verständlich sein muss. Er muss daher hinreichend konkret formuliert werden. Da Beschlüsse letztlich wie Grundbucherklärungen wirken, sind sie auch wie solche auszulegen. Die Beschlüsse sind deshalb aus sich heraus – objektiv und normativ – auszulegen. Umstände außerhalb des protokollierten Beschlusses dürfen nur herangezogen werden, wenn sie nach den besonderen Verhältnissen des Einzelfalls für jedermann ohne weiteres erkennbar sind, z.B. weil sie sich aus dem – übrigen – Versammlungsprotokoll ergeben (BGH NJW 1998, 3713 – V ZB 11–98). Ein Beschluss über die Verfolgung von Mängelgewährleistungsansprüchen muss daher konkret benennen, welcher Handwerker wegen welcher Mängel mit welcher Rechtsfolge in Anspruch genommen werden soll. Im Hinblick auf die Bezeichnung der Mängel dürfte es, analog der Rechtsprechung des BGH zur Mängelrüge, reichen, wenn die Symptome des vermeintlichen Mangels benannt werden. Sodann ist darüber zu beschließen, welche Rechte geltend gemacht werden sollen (Nachbesserung, Kostenvorschuss etc.).

697 **4. Kostenverteilung:** Die Einleitung von Prozessen kostet Geld. Es ist daher auch darüber zu beschließen, wie die Gemeinschaft diese Mittel aufbringen will, z.B. durch Sonderumlage oder durch Entnahme aus dem laufenden Etat.

III. Verwalter

1. Wahl des Verwalters

TOP 5: Nachdem dem Verwaltungsbeirat bereits 4 Wochen vor dieser Eigentümerversammlung verschiedene Angebote von Verwalter-Unternehmen vorgelegt worden sind, ist auf Initiative des Verwaltungsbeirates die Fa. ABC-Hausverwaltung GmbH, vertreten durch den Geschäftsführer Herrn Meyer, zur heutigen Eigentümerversammlung eingeladen worden und hat sich und ihr Angebot den Eigentümern vorgestellt und erläutert.

Beschluss: Die Fa. ABC-Hausverwaltung GmbH wird für die Dauer von fünf Jahren, beginnend ab dem 01.07.2008, zur Verwalterin der Wohnungseigentümergemeinschaft [genaue Bezeichnung] bestellt. (Eine Abberufung kann nur aus wichtigem Grund erfolgen.)

Der Beirat wird ermächtigt, den Verwaltervertrag mit der Fa. ABC-Hausverwaltung GmbH entsprechend dem dem Protokoll beizufügenden Entwurf vom _____ für die Wohnungseigentümergemeinschaft abzuschließen.

Abstimmung:

Ja-Stimmen: 10   Nein-Stimmen: 2   Enthaltungen: 1

Ergebnis: Der Beschluss ist angenommen.

698

Erläuterungen

1. Grundsätze. *1.1* Das Gesetz normiert in § 20 Abs. 2 WEG, dass die Bestellung eines Verwalters nicht ausgeschlossen werden kann, d.h. dass Beschlüsse oder Vereinbarungen, die die Bestellung eines Verwalters ausschließen, erschweren oder aufschieben, nicht möglich sind (vgl. Bärmann/*Merle* § 20 Rn. 13). Entgegen dieser gesetzlichen Bestimmung können die Wohnungseigentümer die Aufgaben des Verwalters selbst übernehmen, solange kein Antrag eines Wohnungseigentümers gem. § 21 Abs. 4 WEG ans Gericht gestellt worden ist (vgl. BayObLG NJW-RR 1989, 461). Zur Vermeidung von Rechtsunsicherheit und Haftungsrisiken sollte aber stets ein Verwalter bestellt werden, der den Aufgaben, die ein Verwalter zu leisten hat, auch gewachsen ist.

699

1.2 Als Verwalter kommen zum einen natürliche Personen in Betracht, wobei auch ein Wohnungseigentümer selbst zum Verwalter bestellt werden kann. Zum anderen kann auch eine juristische Person (z.B. GmbH) oder eine Personenhandelsgesellschaft (OHG oder KG) zum Verwalter bestellt werden (vgl. BGH ZMR 2006, 375, 376). Auch haftungsbeschränkte Unternehmergesellschaften können zum Verwalter bestellt werden, sofern keine Anhaltspunkte für eine fehlende Bonität vorliegen (BGH ZMR 2012, 885 – V ZR 190/11).

700

1.3 Nicht möglich ist es hingegen, zwei oder mehr Personen zum Verwalter zu bestellen; ein entsprechender Beschluss ist nichtig (BGH NJW 2012, 3232 – V ZR 241/11).

701

1.4 Nach der Rechtsprechung des BGH (V ZB 132/05 – ZMR 2006, 375, 377) kann eine Gesellschaft bürgerlichen Rechts nicht Verwalter sein. Ein solcher Beschluss ist nichtig.

702

2. Bestellung durch die Wohnungseigentümer. *2.1* Der Verwalter kann von den Wohnungseigentümern durch Mehrheitsbeschluss gem. § 26 Abs. 1 S. 1 WEG oder durch Vereinbarung aller Wohnungseigentümer gem. § 10 Abs. 2 S. 2 WEG bestellt werden. Auch ein Wohnungseigentümer, der zum Verwalter bestellt werden soll, ist grundsätzlich stimmberechtigt (vgl. BGH NZM 2002, 995, 999). Er ist nicht gem. § 25 Abs. 5 WEG bzw. § 181 BGB von der Abstimmung über die Verwalterbestellung ausgeschlossen, da er mit der Kandidatur zum Verwalter-

703

amt keine Privatinteressen verfolgt. Selbst dann, wenn die Wohnungseigentümer zugleich über den Abschluss des Verwaltervertrages mit dem kandidierenden Wohnungseigentümer abstimmen, überwiegen die Gemeinschaftsinteressen das Eigeninteresse des Kandidaten am Abschluss des Vertrages (vgl. OLG Hamm ZMR 2007, 63).

704 *2.2* Des Weiteren kann auch ein Stimmenübergewicht eines Wohnungseigentümers bei der Entscheidung über seine Bestellung zum Verwalter nicht ausreichend sein, um unter dem Gesichtspunkt einer Majorisierung einen Stimmenmissbrauch zu begründen, der die abgegebenen Stimmen unwirksam machen würde (vgl. BGH NZM 2002, 995, 999).

705 **3. Quorum.** *3.1* Zur Wahl des Verwalters ist es ausreichend, dass sich ein einziger Kandidat zur Abstimmung stellt; allerdings sind bei Neubestellung eines Verwalters mehrere, in der Regel drei Vergleichsangebote einzuholen; bei der Verlängerung der Bestellung des amtierenden Verwalters sind keine Vergleichsangebot notwendig (BGH ZMR 2011, 735 – V ZR 96/10). Der Kandidat ist gewählt, wenn er eine einfache Mehrheit (mehr als die Hälfte der abgegebenen Stimmen) erzielt (vgl. BayObLG ZMR 2004, 125, 126), wobei Stimmenthaltungen bei der Bestimmung der Mehrheit im Sinne von § 25 Abs. 1 WEG nicht mitzuzählen sind (vgl. BGH NJW 1989, 1090 f.).

706 *Beispiel 1 (Enthaltungen zählen nicht):*

Kandidat A: *Ja-Stimmen: 11*   *Nein-Stimmen: 10*   *Enthaltungen: 4*

Der Kandidat A ist gewählt.

707 Bestimmt die Gemeinschaftsordnung hingegen, dass Stimmenthaltungen den Nein-Stimmen zuzurechnen sind (vgl. BayObLG NJW-RR 1992, 83), wäre Kandidat A im vorangehenden Beispiel nicht gewählt worden.

708 *3.2* Kandidieren mehrere Personen, bedarf es zu einer erfolgreichen Wahl ebenfalls der einfachen Mehrheit. Die relative Stimmenmehrheit ist nicht ausreichend. Soweit die Wohnungseigentümer im Beschlussweg einen abweichenden Abstimmungsmodus festgelegt haben, dass derjenige unter mehreren Bewerbern zum Verwalter bestellt ist, der die meisten Stimmen erhält, also bereits die relative Mehrheit genügen würde, fehlt der Versammlung die Beschlusskompetenz mit der Folge, dass ein solcher Beschluss nichtig ist (vgl. BayObLG ZMR 2004, 125, 126).

709 *3.3 Beispiele (Enthaltungen zählen nicht):*

	Stimmenzahl Bsp. 2	*Stimmenzahl Bsp. 3*
Kandidat A:	*11*	*10*
Kandidat B:	*10*	*8*
Kandidat C:	*–*	*7*
Enthaltungen:	*4*	*–*

In Beispiel 2 ist Kandidat A gewählt, da er mehr als die Hälfte der zählenden Stimmen (einfache Mehrheit) hat. In Beispiel 3 verfügt Kandidat A nur über eine relative, nicht ausreichende Mehrheit.

710 Wirken Enthaltungen hingegen als fehlende Stimmen zur geforderten Zustimmung, ähnlich wie Nein-Stimmen, benötigt ein Kandidat zu seiner Wahl die absolute Mehrheit (mehr als die Hälfte aller möglichen Stimmen).

711 *3.4 Beispiele (Enthaltungen sind zu berücksichtigen):*

	Stimmenzahl Bsp. 4	*Stimmenzahl Bsp. 5*
Kandidat A:	*13*	*12*
Kandidat B:	*8*	*8*
Kandidat C:	*–*	*3*
Enthaltungen:	*4*	*2*

In Beispiel 4 ist Kandidat A gewählt; er hat mehr als die Hälfte aller möglichen 25 Stimmen. In Beispiel 5 verfügt Kandidat A zwar über die meisten Stimmen (relative Mehrheit); er vereinigt aber weniger als die Hälfte aller möglichen Stimmen auf sich, so dass er nicht gewählt ist.

3.5 Neben einer Abstimmung »nach Köpfen« (vgl. § 25 Abs. 2 S. 1 WEG) kann die Gemeinschaftsordnung auch eine Abstimmung nach Miteigentumsanteilen vorsehen. 712

4. Amtszeit. *4.1* Hier sind zum einen die zwingenden Vorgaben des § 26 Abs. 1 und 2 WEG zu berücksichtigen. Zum anderen ist strikt zwischen dem organschaftlichen Akt der Bestellung des Verwalters und dem Abschluss des nur schuldrechtlich bindenden Anstellungsvertrages zwischen Wohnungseigentümergemeinschaft und Verwalter zu unterscheiden (vgl. BGH ZMR 2002, 766; BayObLG ZMR 2003, 438), sog. Trennungstheorie. 713

4.2 Gem. § 26 Abs. 1 S. 2 WEG kann ein Verwalter nicht auf eine längere Zeit als fünf Jahre bestellt werden. Im Fall der ersten Bestellung eines Verwalters nach der Begründung von Wohnungseigentum beträgt die Höchstdauer drei Jahre. 714

4.3 Wird eine Verwalterbestellung beschlossen, die den Zeitraum von drei bzw. fünf Jahren überschreitet, so ist der Beschluss nicht insgesamt unwirksam, sondern nur hinsichtlich des den drei bzw. fünf Jahre überschreitenden Zeitraumes (vgl. Bärmann/*Merle* § 26 Rn. 49). Dies entspricht auch der Regelung des § 139 BGB. Wird ein Verwalter zunächst nur für einen kürzeren Zeitraum bestellt und zugleich beschlossen, dass sich die Bestellung jeweils automatisch um ein Jahr verlängert, so ist die Verlängerung ab Erreichen der Höchstbestelldauer unwirksam. 715

4.4 Wenn eine Bestellung auf unbestimmte Zeit erfolgt, gilt die gesetzliche Höchstdauer von drei bzw. fünf Jahren. In diesem Fall kann der Verwalter jederzeit durch Mehrheitsbeschluss wieder abberufen werden (vgl. Bärmann/*Merle* § 26 Rn. 57). 716

5. Fristbeginn. Die 3- bzw. 5-Jahresfrist beginnt mit dem Beginn der Amtszeit des Verwalters, d.h. sobald ein Bestellungsbeschluss der Wohnungseigentümer vorliegt, der Verwalter seiner Bestellung zugestimmt hat und – bei Erstbestellung in der Teilungserklärung – die Anlegung der Wohnungsgrundbücher und die Eintragung des ersten Erwerbers neben dem Bauträger erfolgt ist (vgl. KG WuM 1990, 467). 717

6. Laufzeit des Verwaltervertrages. *6.1* Nach dem geltenden Trennungsprinzip sind die Verwalterbestellung und der Verwaltervertrag streng voneinander zu trennen. Gleichwohl besteht ein enger Zusammenhang, so dass sich aus § 26 Abs. 1 S. 2 WEG auch für den Verwaltervertrag eine maximale Laufzeit von fünf Jahren ergibt (vgl. BGH ZMR 2002, 766, 772). 718

6.2 Handelt es sich bei dem Verwaltervertrag um einen Formularvertrag, folgt aus den Vorschriften des AGB-Rechts keine weitere Laufzeitbeschränkung. Insbesondere gilt § 309 Nr. 9a BGB, der eine maximale Laufzeit von zwei Jahren für Dauerschuldverhältnisse normiert, nicht für den Verwaltervertrag (vgl. BGH ZMR 2002, 766, 772). 719

6.3 Des Weiteren ist zu berücksichtigen, dass die Beschränkung der Amtszeit auf drei Jahre für den Erstverwalter auch für den Verwaltervertrag gilt. Die Wohnungseigentümergemeinschaft kann nicht durch einen Verwaltervertrag mit einer Laufzeit von fünf Jahren dazu gedrängt werden, die Bestellung des Verwalters nach Ablauf von drei Jahren zu verlängern. Ein solcher Anstellungsvertrag für den Erstverwalter wäre nach § 134 BGB nichtig. 720

7. Bedingte Verwalterbestellung. Die Bestellung eines Verwalters darf nicht unter eine aufschiebende oder auflösende Bedingung gestellt werden, da Klarheit im Rechtsverkehr darüber herrschen soll, durch wen die Wohnungseigentümergemeinschaft verwaltet und vertreten wird (vgl. Staudinger/*Bub*, § 26 Rn. 121; a.A. Bärmann/*Merle* § 26 Rn. 61 ff.). 721

722 **8. Beschränkungen der Verwalterbestellung.** Der Gesetzgeber lässt außer der zeitlichen Beschränkung auf drei bzw. fünf Jahre keine Beschränkungen bei der Verwalterbestellung zu. Dies folgt aus § 26 Abs. 1 S. 5 WEG. Unzulässig sind demnach Regelungen, die für die Bestellung eine qualifizierte Mehrheit vorsehen oder die zur Bestellung eines bestimmten Verwalters verpflichten (vgl. Bärmann/*Merle* § 26 Rn. 76/77). Nach der Rechtsprechung ist beispielsweise eine Bestimmung nichtig, nach der die Neubestellung eines Verwalters nur mit ¾-Mehrheit erfolgen kann (vgl. BayObLG WuM 1994, 230; 1996, 497).

723 **9. Ungeeigneter Verwalter.** Wird die Bestellung eines ungeeigneten Verwalters beschlossen, liegt hierin ein Verstoß gegen das Gebot der ordnungsgemäßen Verwaltung gem. § 21 Abs. 4 WEG. Ungeeignetheit liegt vor, wenn gegen die Bestellung des in Aussicht genommenen Verwalters ein wichtiger Grund vorliegt. Dabei haben die Eigentümer jedoch einen Beurteilungsspielraum. Dieser ist erst überschritten, wenn die Wahl des Verwalters objektiv nicht mehr vertretbar erscheint (BGH ZMR 2012, 885 – V ZR 190/11).

724 Ein entsprechender Beschluss ist anfechtbar (vgl. OLG Stuttgart NJW-RR 1986, 315, 317). Die Rechtsprechung hat einen wichtigen Grund für die Nichtbestellung beispielsweise bejaht, wenn der Geschäftsführer einer Verwaltungs-GmbH Vermögensstraftaten begangen hat (vgl. LG Berlin ZMR 2001, 143). Bei der Bestellung einer haftungsbeschränkten Unternehmergesellschaft zur Verwalterin kann es angezeigt sein, die Bonität zu prüfen (BGH ZMR 2012, 885 – V ZR 190/11). Der wichtige Grund muss zum Zeitpunkt des Bestellungsbeschlusses bereits vorgelegen haben. Später eingetretene Gründe können nicht nachträglich angeführt werden (vgl. BayObLG ZMR 2001, 128).

2. Verlängerung der Verwalterbestellung

725 **TOP 5: Die Bestellung der ABC-Hausverwaltung GmbH als Verwalterin der Wohnungseigentümergemeinschaft Musterstraße 11 läuft zum 31.12.2015 ab.**

Beschluss: Die Fa. ABC-Hausverwaltung GmbH wird für die Dauer von weiteren fünf Jahren, also vom 01.01.2016 bis 31.12.2020, erneut zur Verwalterin der Wohnungseigentümergemeinschaft Musterstraße 11 bestellt. Die Laufzeit des Verwaltervertrages soll auf diese Bestellungsdauer angepasst werden. Der Beirat wird ermächtigt, eine entsprechende Vertragsverlängerung bei ansonsten unveränderten Bedingungen des Verwaltervertrages mit dem Verwalter zu vereinbaren.

Abstimmung:

Ja-Stimmen: 10   Nein-Stimmen: 2   Enthaltungen: 1

Ergebnis: Der Beschluss ist angenommen.

Erläuterungen

726 **1. Grundsätze.** Vgl. zunächst oben Formular D.III.1.

727 **2. Wiederwahl.** *2.1* § 26 Abs. 2 WEG regelt, dass die Wohnungseigentümer einen Verwalter nach Ablauf seiner Amtszeit unbegrenzt häufig wiederbestellen können. Eine Wiederwahl des Verwalters ist durch Beschluss herbeizuführen, der frühestens ein Jahr vor dem Ablauf der Amtsdauer des Verwalters gefasst werden kann, vgl. § 26 Abs. 2 2. Halbs. WEG. Ratio legis dieser Bestimmung ist es zu verhindern, dass durch eine frühzeitige Verlängerung der Bestellungszeit der Normzweck des § 26 Abs. 1 S. 2 WEG – keine Bindung der Eigentümer über fünf Jahre hinaus – unterlaufen wird. Es wäre gesetzeswidrig, wenn ein Verwalter im zweiten Jahr seiner fünfjährigen Bestellungszeit mit Wirkung zum Zeitpunkt des Ablaufs dieser Bestellungszeit erneut auf die Dauer von fünf Jahren bestellt würde, mithin eine Bindung über noch acht weitere Jahre eintreten würde (vgl. BGH NJW-RR 1995, 780, 781).

2.2 Diesem Gesetzeszweck steht es nicht entgegen, wenn die erneute Bestellung zwar zeitlich mehr als ein Jahr vor Ablauf der Bestellungszeit erfolgt, aber mit sofortiger Wirkung beschlossen wird, also eine Bindung der Wohnungseigentümer über fünf Jahre hinaus nach Beschlussfassung nicht eintritt (vgl. BGH NJW-RR 1995, 780, 781).

3. Abberufung eines Verwalters

TOP 7: Die Mitglieder des Beirates haben den Verwalter mehrfach aufgefordert, Ihnen die Einsicht in die Verwaltungsbelege zu ermöglichen, um die Jahresabrechnung zu prüfen. Im Rahmen der dann erfolgten Einsichtnahme konnten die Mitglieder des Beirates feststellen, dass der Verwalter mehrfach Beträge vom Verwaltungskonto auf andere von ihm verwaltete Objekte umgebucht hat. Außerdem waren zu Lasten der Instandhaltungsrücklage Ausgaben für andere Verwaltungsobjekte gebucht worden. Auf Nachfrage erläuterte der Verwalter, dass es dort Liquiditätsengpässe gegeben habe, die Beträge aber selbstverständlich demnächst wieder an die Gemeinschaft zurücküberwiesen würden.

Der Verwalter hat damit Gelder der Gemeinschaft veruntreut, auch wenn er zusichert, die Beträge zurückzuüberweisen.

Beschluss: Die Fa. ABC-Hausverwaltung GmbH wird mit sofortiger Wirkung als Verwalter aus wichtigem Grund abberufen. Zugleich wird der Verwaltervertrag aus wichtigem Grund fristlos gekündigt. Der Verwaltungsbeirat wird bevollmächtigt, den Verwaltervertrag gegenüber dem Verwalter namens und in Vollmacht der Gemeinschaft entsprechend zu kündigen.

Abstimmung:

Ja-Stimmen: 10   Nein-Stimmen: 2   Enthaltungen: 1

Ergebnis: Der Beschluss ist angenommen.

Erläuterungen

1. Grundsätze Es gibt verschiedene Möglichkeiten, wie es zu einer Beendigung der Amtszeit des Verwalters kommen kann

1.1 Das Verwalteramt kann durch Zeitablauf enden wenn die im Bestellungsbeschluss vorgesehene Zeit abgelaufen ist und die Wohnungseigentümer den Verwalter nicht erneut bestellen (vgl. Bärmann/*Merle* § 26 Rn. 172). Ist der Verwalter für mehr als fünf Jahre bestellt, endet die Bestellung mit Ablauf der fünf Jahre.

1.2 Hiervon zu unterscheiden sind die Fälle, in denen die Bestellung des Verwalters durch Beschlussfassung der Wohnungseigentümer endet. Diese können den Verwalter gem. § 26 Abs. 1 S. 1 WEG abberufen. Wie auch im Rahmen der Verwalterbestellung ist die Trennungstheorie zu beachten: Die Abberufung des Verwalters berührt die organschaftliche Ebene; auf der schuldrechtlichen Ebene ist der Verwaltervertrag durch Kündigung zu beenden.

2. Abberufung des Verwalters durch Mehrheitsbeschluss. *2.1* In der Regel erfolgt die Abberufung eines Verwalters durch ausdrückliche Beschlussfassung hierüber. Bestellen die Wohnungseigentümer während der bestehenden Amtszeit eines Verwalters einen neuen Verwalter, so enthält der Bestellungsbeschluss konkludent die Abberufung des bisherigen Verwalters, da die Annahme, die Wohnungseigentümer hätten eine Doppelverwaltung gewollt, abwegig ist (vgl. BayObLG ZMR 2003, 438).

732 **2.2** Für die Abberufung ist gem. § 26 Abs. 1 S. 1 WEG ein Mehrheitsbeschluss ausreichend. Eine Bestimmung in der Teilungserklärung oder eine Vereinbarung, die eine qualifizierte Mehrheit vorsieht, ist nach § 26 Abs. 1 S. 5 WEG unzulässig.

733 **2.3** Für einen zum Verwalter bestellten Wohnungseigentümer besteht bei der Beschlussfassung über seine Abberufung auch bei gleichzeitiger Entscheidung über die Beendigung des Verwaltervertrags nur bei Vorliegen eines wichtigen Grundes ein Stimmverbot gem. § 25 Abs. 5 WEG (vgl. BGH NJW 2002, 3704). Zum Streitstand zu dieser äußerst strittigen Frage s. BGH NJW 2002, 3704, 3706 ff.

734 Besteht ein Stimmrechtsausschluss, darf der Verwalter auch nicht als Bevollmächtigter anderer Wohnungseigentümer an der Abstimmung teilnehmen (vgl. OLG Düsseldorf NZM 1999, 285). Der mit Vollmacht ausgestattete Verwalter kann jedoch grundsätzlich anderen Wohnungseigentümern wirksam Untervollmacht erteilen, sofern er eine Weisung für das Abstimmungsverhalten unterlässt, denn der Unterbevollmächtigte vertritt nicht den Bevollmächtigten, sondern den Vollmachtgeber (vgl. BayObLG NZM 1998, 668, 669).

735 **3. Beendigung der Organstellung.** Die Organstellung des Verwalters endet mit dem Zugang der Abberufungserklärung, die entweder im Abberufungsbeschluss mitenthalten ist oder aufgrund dieses Beschlusses gesondert abgegeben wird (vgl. BGH ZMR 2002, 766, 768). Da der Verwalter durch die Abberufung seine Organstellung verloren hat, ist er nach §§ 675, 667 BGB verpflichtet, alle Verwaltungsunterlagen und Belege an die Wohnungseigentümer zu Händen des neuen Verwalters herauszugeben (vgl. BGH ZMR 2002, 766, 768).

736 **4. Abberufung aus wichtigem Grund.** *4.1* Nach dem Gesetz können die Wohnungseigentümer jederzeit die Abberufung des Verwalters beschließen. Regelmäßig wird jedoch von der Möglichkeit des § 26 Abs. 1 S. 3 WEG Gebrauch gemacht, die Abberufung des Verwalters auf das Vorliegen eines wichtigen Grundes zu beschränken. Eine solche Beschränkung kann die Teilungserklärung oder eine sonstige Vereinbarung enthalten. Sie kann auch im Bestellungsbeschluss selbst begründet werden, selbst wenn die Teilungserklärung die Abberufung nicht auf das Vorliegen eines wichtigen Grundes beschränkt.

737 Andere Beschränkungen der Abberufung als auf das Vorliegen eines wichtigen Grundes sind gem. § 26 Abs. 1 S. 5 WEG nicht zulässig.

738 *4.2* Ist die Abberufung des Verwalters auf das Vorliegen eines wichtigen Grundes beschränkt worden, stellt sich regelmäßig die Frage, wann ein wichtiger Grund vorliegt.

739 Das Gesetz selbst gibt hierüber kaum Aufschluss. Lediglich aus § 26 Abs. 1 S. 4 WEG geht hervor, dass ein wichtiger Grund insbesondere dann vorliegt, wenn der Verwalter entgegen seiner Pflicht gem. § 24 Abs. 8 S. 1 WEG die Beschlusssammlung nicht ordnungsgemäß führt bzw. diese den Anforderungen des § 24 Abs. 7 WEG nicht entspricht. Den Verwalter trifft in einem solchen Fall regelmäßig schon bei einer einmaligen Verletzung ein schwerer Vorwurf, denn die Beschlusssammlung stellt einerseits keine besonderen Anforderungen an den Verwalter, sie hat aber andererseits für die Wohnungseigentümer als auch für den Verwalter selbst große Bedeutung. Eine nicht ordnungsmäßig geführte Beschlusssammlung lässt im Übrigen generell negative Rückschlüsse auf die Art der Verwaltung zu (vgl. BT-Drucks. 16/887 S. 34/35). Bei § 26 Abs. 1 S. 4 WEG handelt es sich um ein Regelbeispiel (vgl. BT-Drucks. 16/887, 35), das im Ausnahmefall widerlegbar ist.

740 *4.3* Allgemein formuliert die Rechtsprechung zum Vorliegen eines wichtigen Grundes, dass dieser gegeben sei, wenn den Wohnungseigentümern unter Berücksichtigung aller Umstände nach Treu und Glauben auch unter Berücksichtigung der Interessen des Verwalters die Zusammenarbeit mit dem Verwalter nicht mehr zugemutet werden kann und deshalb das erforderliche Vertrauensverhältnis zerstört ist (vgl. BayObLG NZM 1998, 486, 487). Nicht jeder wichtiger Grund führt aber dazu, dass der Verwalter von den Eigentümern zwingend abberufen werden muss. Die Eigentümer haben einen sog. »Verzeihungsermessen«. Erst wenn eine Ablehnung einer Abberufung aus ob-

jektiver Sicht unvertretbar erscheint, ist das Ermessen der Eigentümer im Hinblick auf die Abberufung auf Null reduziert (BGH ZMR 2012, 565 – V ZR 105/11).

Darüber hinaus gibt es zahlreiche Einzelfallentscheidungen zu »wichtigen Gründen«. Insoweit sei auf die Kommentarliteratur verwiesen (vgl. *Merle*, in: Bärmann § 26 Rn. 209 ff.;)

5. Zeitpunkt. *5.1* Der Grund für die Abberufung eines Verwalters muss zum Zeitpunkt der Beschlussfassung bereits vorgelegen haben (vgl. BayObLG ZMR 2001, 128, 129).

5.2 Die Abberufung aus wichtigem Grund muss zwar nicht innerhalb der Zweiwochenfrist des § 626 Abs. 2 BGB erfolgen. Aus dem Rechtsgedanken der Vorschrift ergibt sich jedoch in entsprechender Anwendung, dass die Abberufung innerhalb angemessener Frist geschehen muss (vgl. BayObLG ZMR 2000, 321, 323).

6. Amtsniederlegung. *6.1* Neben dem automatischen Ende des Verwalteramtes und dem durch Abberufung herbeigeführten Ende kann das Verwalteramt auch durch Amtsniederlegung des Verwalters erfolgen. Der Verwalter kann sein Amt jederzeit niederlegen; tut er dieses jedoch ohne wichtigen Grund oder zur Unzeit, kann dieses Schadensersatzansprüche der Gemeinschaft begründen.

Auch bei der Amtsniederlegung handelt es sich um eine einseitige empfangsbedürftige Willenserklärung, die der Wohnungseigentümergemeinschaft als teilrechtsfähigem Verband (§ 10 Abs. 6 WEG) zugehen muss. Da jedoch der Verwalter den Verband vertritt, treten wegen der bestehenden Interessenkollision an seine Stelle die Wohnungseigentümer; vgl. § 27 Abs. 3 S. 2 WEG. Bei der sog. Passivvertretung genügt für den Zugang einer Willenserklärung stets der Zugang bei einem der Gesamtvertreter. Ausreichend ist also, wenn die Amtsniederlegung des Verwalters bei einem Miteigentümer zugeht (*Merle*, in: Bärmann, § 26, Rn. 247; *Niedenführ*/Kümmel/Vandenhouten § 26 Rn. 121).

6.2 Umstritten ist, ob auch bei der Amtsniederlegung durch den Verwalter zwischen der Amtsniederlegung auf organschaftlicher Ebene und der Kündigung des Verwaltervertrages auf schuldrechtlicher Ebene zu unterscheiden ist; das dürfte in der Regel eine Frage der Auslegung sein. Will der Verwalter nur sein Amt niederlegen, aber seine Ansprüche aus dem Verwaltervertrag bis zum Ende der Laufzeit behalten, muss er einen entsprechenden Vorbehalt erklären (*Merle*, in: Bärmann § 26 Rn. 249).

6.3 Erfolgt die Amtsniederlegung aus einem nicht vom Verwalter zu vertretenden Grund, kann ihm ein Schadensersatzanspruch gem. § 628 Abs. 2 BGB zustehen. Dieser Anspruch kann sogar gegenüber nur einem einzelnen Wohnungseigentümer und Mitglied des Verwaltungsbeirats bestehen, der die außerordentliche Kündigung des Verwalters durch schuldhaftes vertragswidriges Verhalten (hier: wiederholte schriftliche beleidigende und herabsetzende Äußerungen gegenüber dem Geschäftsführer der Verwalterin) ausgelöst hat (vgl. BayObLG ZMR 2000, 45).

4. Beschluss über die Herausgabe von Unterlagen gegenüber Vorverwalter

TOP 9: Vorstehend zu TOP 7 ist die ABC-Hausverwaltung GmbH mit sofortiger Wirkung von ihrem Amt als Verwalter abberufen worden, gleichzeitig ist der Verwaltervertrag fristlos gekündigt worden. Zu TOP 8 ist die Verwaltung Mustermann Nachfolger GmbH zur neuen Verwalterin mit sofortiger Wirkung bestellt worden. Infolge des Verhaltens der Vorverwalterin im Rahmen der Belegeinsichtnahme steht zu befürchten, dass es bei der Übergabe der Verwaltung an den neuen Verwalter zu Problemen kommen könnte. Damit die neue Verwaltung in der Lage ist, entsprechend und schnell zu reagieren, beschließen die Eigentümer wie folgt:

Beschluss: Die Verwaltung Mustermann Nachfolger GmbH wird ermächtigt, Namens und in Vollmacht der WEG von der ABC-Hausverwaltung GmbH die Herausgabe sämtlicher Unterlagen betreffend die Wohnungseigentümergemeinschaft _____ zu verlangen, insbesondere sämtliche Rechnungen, das Objekt betreffenden Schriftverkehr mit Handwerkern und Behörden, sämtliche Kontoauszüge betreffend die Konten _____; darüber hinaus wird die Verwaltung Mustermann Nachfolger GmbH ermächtigt, Namens und in Vollmacht der WEG von der ABC-Hausverwaltung GmbH die Herausgabe sämtlichen Verwaltungsvermögens zu verlangen, insbesondere der auf den Konten _____ bei der _____-Bank vorhandenen Gelder der Gemeinschaft.

Die Verwaltung Mustermann Nachfolger GmbH wird ermächtigt, diese Ansprüche Namens und in Vollmacht der WEG auch mittels anwaltlicher Hilfe und gerichtlich durchzusetzen.

Abstimmung:

Ja-Stimmen: 10   Nein-Stimmen: 2   Enthaltungen: 1

Ergebnis: Der Beschluss ist angenommen.

Erläuterungen

748 **1. Grundsätze.** Nach Beendigung der Verwaltung ist der Verwalter gemäß § 667 BGB verpflichtet, sämtliche sich auf die Verwaltung beziehenden Unterlagen herauszugeben. Dem ehemaligen Verwalter steht gegen diese Forderung **kein Zurückbehaltungsrecht** zu; da die Gemeinschaft bei einem Verwalterwechsel zur Fortführung der Verwaltung auf die Unterlagen dringend angewiesen ist, würde ein Zurückbehaltungsrecht, z.B. wegen angeblich noch offener Verwalterhonorare, Treu und Glauben widersprechen (OLG Frankfurt a.M. ZMR 1994, 376). Die Herausgabepflicht besteht auch dann, wenn der Verwalter von der Gemeinschaft abberufen worden ist, diesen Beschluss angefochten hat und die Beschlussanfechtung noch nicht rechtskräftig entschieden ist (OLG Celle NZM 2005, 748).

749 **2. Prozessführungsbefugnis.** Der Anspruch auf Herausgabe der Unterlagen steht der Wohnungseigentümergemeinschaft nach § 10 Abs. 6 S. 3 zu, da es um dort genannte gemeinschaftsbezogene Rechte und Pflichten handelt (OLG München ZMR 2006, 552). Fehlt ein Verwalter, kann die Gemeinschaft trotzdem vertreten durch ihre Wohnungseigentümer klagen, § 27 Abs. 3 S. 2 WEG. Voraussetzung für die Geltendmachung ist ein Beschluss der Wohnungseigentümergemeinschaft (Staudinger/Bub (2005) § 26 Rn. 403b). Die Gemeinschaft kann mit einem solchen Beschluss auch den Verwalter oder einen einzelnen Eigentümer ermächtigen, den Anspruch geltend zu machen.

5. Schadensersatzansprüche gegenüber Verwalter

750 **TOP 9:** Der Verwalter ist mit Beschluss vom 01.04.2014 ermächtigt und bevollmächtigt worden, Mängelgewährleistungsansprüche gegenüber der Firma _____ wegen der Installation der Heizungsanlage im Jahre 2009 verjährungshemmend und unter Einschaltung eines Rechtsanwaltes geltend zu machen. Wie sich herausstellte, ist der Verwalter untätig geblieben. Gewährleistungsansprüche gegenüber der Firma _____ sind daher zwischenzeitlich verjährt. Die Kosten für die Mängelbeseitigung werden sich auf rund EURO 5.000,00 belaufen.

Beschluss: Die Gemeinschaft beschließt, Schadensersatzansprüche gegenüber der Firma ABC-Hausverwaltung GmbH wegen folgenden Sachverhaltes geltend zu machen: Fehlende Umsetzung des Beschlusses aus der Versammlung vom 01.04.2014 zur verjährungshemmenden Geltendmachung von Mängelgewährleistungsansprüchen gegenüber der Fa. _____ unter Einschaltung eines Rechtsanwaltes und der daraus resultierend eingetretenen Verjährung der Mängelgewährleistungsansprüche.

Der Verwaltungsbeirat, vertreten durch den Vorsitzenden B. wird ermächtigt, Namens und in Vollmacht der WEG Herrn Rechtsanwalt Fürchtenicht mit der Durchsetzung der Ansprüche, auch gerichtlich, gegenüber der ABC-Hausverwaltung GmbH zu beauftragen.

Abstimmung:

Ja-Stimmen: 10   Nein-Stimmen: 2   Enthaltungen: 1

Ergebnis: Der Beschluss ist angenommen.

Erläuterungen

1. Grundsätze. Der Verwalter ist den Wohnungseigentümern bei schuldhafter Verletzung seiner Pflichten aus dem Verwaltervertrag und aus dem organschaftlichen Bestellungsverhältnis zum Schadensersatz verpflichtet. Der Verwalter haftet nach § 276 BGB für jedes Verschulden bei Verletzung seiner Pflichten (vgl. BGH NJW 1996, 1216). 751

2. Anspruchsinhaber. Grundsätzlich ist bei einer schuldhaften Pflichtverletzung des Verwaltervertrages der teilrechtsfähige Verband als Vertragspartner Anspruchsinhaber. Steht einem Wohnungseigentümer ein Schadensersatzanspruch allein zu (z.B. wenn der Verwalter die erforderliche Veräußerungszustimmung unrechtmäßig nicht erteilt hat), ist der Wohnungseigentümer berechtigt, den Anspruch allein geltend zu machen (vgl. BayObLG NJW-RR 1993, 280). Aber auch wenn Schadensersatzansprüche aus schuldhafter Verletzung des Verwaltervertrags grundsätzlich dem teilrechtsfähigen Verband als Vertragspartner zustehen, kann ein einzelner Wohnungseigentümer wegen einer Beschädigung seiner Sachen einen Schadensersatzanspruch aus Schlechterfüllung des Verwaltervertrags geltend machen, da der Vertrag insoweit eine Schutzwirkung für Dritte entfaltet (vgl. OLG Düsseldorf NZM 2007, 137, 138). 752

3. Pflichten. Sofern der Verwaltervertrag keine zusätzlichen Pflichten festlegt, hat der Verwalter die ihm in den §§ 24, 27 und 28 WEG auferlegten Pflichten zu erfüllen. 753

4. Verschulden. *4.1* Da der Verwaltervertrag seiner Rechtsnatur nach ein Dienstvertrag mit Geschäftsbesorgungscharakter gem. § 675 BGB ist (vgl. BGH NJW-RR 1993, 1227, 1228; OLG Düsseldorf ZMR 2006, 293, 294), schuldet der Verwalter den Wohnungseigentümern nur die sorgfältige Leistung der vereinbarten Dienste, nicht dagegen die Herbeiführung eines bestimmten Erfolges. Dabei setzt die Haftung des Verwalters eine schuldhafte Pflichtverletzung im Sinne des § 276 Abs. 1 S. 1 BGB, mithin Vorsatz oder Fahrlässigkeit, voraus. Maßstab hinsichtlich der Fahrlässigkeit ist dabei die Sorgfalt, die ein durchschnittlicher und gewissenhafter Verwalter bei der zu erfüllenden Aufgabe aufgewandt hätte (vgl. OLG München ZMR 2006, 716, 717). 754

4.2 Des Weiteren ist zu berücksichtigen, ob der Verwalter auf bestimmten Gebieten über eine besondere Sachkunde verfügt (vgl. BayObLG ZMR 1990, 65, 67). 755

4.3 Auch bei einer unentgeltlichen Verwaltertätigkeit eines Verwalters ist der Haftungsmaßstab nicht generell reduziert, wobei bei einem sog. Amateur-Verwalter, der das Amt gefälligkeitshalber übernommen hat, im Einzelfall geringere Sorgfaltsanforderungen gestellt werden können, als dies bei einem professionellen, im Regelfall kaufmännisch geschulten Hausverwalter der Fall sein mag (vgl. OLG München ZMR 2006, 716, 717). 756

757 **5. Haftung für Erfüllungsgehilfen.** Gemäß § 278 BGB hat der Verwalter auch für ein Verschulden seiner Erfüllungsgehilfen einzustehen. Entscheidend kann es daher auf die Frage ankommen, ob eine Person als Erfüllungsgehilfe des Verwalters einzustufen ist. Begeht beispielsweise ein Architekt einen Planungsfehler, so hat der Verwalter hierfür nicht gemäß § 278 BGB einzustehen, da der Architekt nicht im Pflichtenkreis des Verwalters und damit nicht als dessen Erfüllungsgehilfe tätig wird (vgl. BayObLG ZMR 1992, 352).

758 **6. Haftungsausschluss.** Regelmäßig ist der Verwaltervertrag ein Vertrag zwischen dem teilrechtsfähigen Verband als Verbraucher im Sinne des § 13 BGB und dem Verwalter als Unternehmer im Sinne des § 14 BGB, so dass Haftungsbeschränkungen oder -ausschlüsse dem Anspruch auf ordnungsgemäße Verwaltung gem. § 21 Abs. 4 WEG entgegenstehen können. Darüber hinaus sind Haftungsbeschränkungen und -ausschlüsse aber auch an den Vorschriften für Allgemeine Geschäftsbedingungen zu messen, so dass ein Verwalter seine Haftung und die für seine Erfüllungsgehilfen hinsichtlich vorsätzlicher und grob fahrlässiger Schädigungen gem. § 309 Nr. 7 BGB unter keinen Umständen ausschließen kann.

759 **7. Schaden.** Einen durch schuldhafte Pflichtverletzung verursachten Schaden muss der Verwalter gem. §§ 249 ff. BGB ersetzen.

760 **8. Mitverschulden.** Trifft die Wohnungseigentümer ein Mitverschulden, gilgt, § 254 BGB. In diesem Falle kann die Pflicht des Verwalters zum Schadensersatz eingeschränkt sein (vgl. OLG Köln WE 1989, 31), bei besonders grobem Mitverschulden sogar ausgeschlossen sein. Führt der Verwalter lediglich einen Beschluss der Wohnungseigentümer durch, kann ein haftungsausschließendes Mitverschulden der WEG vorliegen, insbesondere z.B. dann, wenn der Verwalter vor Beschlussfassung noch auf Risiken hingewiesen hat (vgl. *Niedenführ*/Kümmel/Vandenhouten § 27 Rn. 118).

761 **9. Verjährung.** Die Ansprüche aus der vertraglichen Haftung verjähren gem. § 195 BGB in drei Jahren, wobei die Verjährungsfrist erst beginnt, wenn der Gläubiger von dem Anspruch und der Person des Schuldners Kenntnis erlangt hat oder ohne grobe Fahrlässigkeit hätte erkennen müssen (§ 199 Abs. 1 Nr. 2 BGB). Des Weiteren sind die Maximalfristen von 10 und 30 Jahren gem. § 199 Abs. 2 bis 4 BGB zu beachten.

6. Entlastung des Verwalters

762 **TOP 8: Beschluss: Der Fa. ABC-Hausverwaltung GmbH als Verwalterin der WEG wird für die Verwaltertätigkeit im Kalenderjahr _____ Entlastung erteilt.**

Abstimmung:

Ja-Stimmen: 10   Nein-Stimmen: 2   Enthaltungen: 1

Ergebnis: Der Beschluss ist angenommen.

Erläuterungen

763 **1. Grundsätze.** Der Begriff der Entlastung entstammt dem Gesellschaftsrecht. Entlastung bedeutet die Billigung und das Einverständnis mit der zurückliegenden Geschäftsführung und der Verzicht auf hieraus entstandene Ersatz- oder Schadensersatzansprüche.

764 **2. Inhalt des Entlastungsbeschlusses.** *2.1* Die Entlastung des Verwalters stellt ein negatives Schuldanerkenntnisses dar. Schadensersatzansprüche und konkurrierende Ansprüche wegen solcher Vorgänge« die bei der Beschlussfassung den Wohnungseigentümern bekannt oder für sie bei Anwendung zumutbarer Sorgfalt erkennbar waren, sind nach der Entlastung ausgeschlossen (vgl. BGH ZMR 1997, 308; BayObLG ZMR 2001, 567; OLG Köln ZMR 2001, 913).

2.2 Die Entlastungswirkung bezieht sich nicht nur auf die Jahresabrechnung selbst, sondern auch auf das den Zahlungsvorgängen zugrunde liegende Verwaltungshandeln (vgl. OLG Köln ZMR 2001, 913).

2.3 Weiterhin ist der Verwalter nicht mehr nach § 667 BGB verpflichtet, das aus der Geschäftsbesorgung Erlangte herauszugeben (vgl. BayObLG WuM 1994, 43). Eine Abberufung oder Kündigung des Verwalters kann nicht mehr auf solche Gründe gestützt werden, die zeitlich vor dem Entlastungsbeschluss liegen (vgl. BayObLG ZMR 1985, 390).

2.4 Eine Freizeichnung von Schadensersatzansprüchen bei strafbaren Handlungen rechtfertigt sich indes auch unter Berücksichtigung des objektiven Erklärungswerts einer Entlastung nicht, denn jeder vernünftige Wohnungseigentümer und Verwalter kann redlicherweise diese Entlastung nur dahin verstehen, dass der Verwalter für die Folgen von Unzulänglichkeiten und Fehlern nicht mehr soll einstehen müssen. Der Verwalter selbst kann nicht ernstlich annehmen, die Eigentümer, die ein strafbares Verhalten nicht erkannt haben, hätten damit gegen ihn auf Schadensersatz verzichten wollen (vgl. OLG Celle NJW-RR 1991, 979, 980).

2.5 Des Weiteren bezieht sich die Entlastung des Verwalters lediglich auf die Verwaltung des gemeinschaftlichen Eigentums und Vermögen der Wohnungseigentümer, nicht hingegen auf Schadensersatzansprüche gegen den Verwalter wegen einer Beeinträchtigung von Sondereigentum (vgl. Bärmann/*Merle* § 28 Rn. 132).

2.6 Schließlich steht es den Wohnungseigentümern frei, die Entlastung des Verwalters auf einzelne Tätigkeitsbereiche seiner Verwaltung einzugrenzen.

3. Beschlussfassung. Bei der Beschlussfassung ist zu beachten, dass ein Verwalter, der zugleich Wohnungseigentümer ist oder einen Wohnungseigentümer vertritt, gem. § 25 Abs. 5 WEG nicht über seine eigene Entlastung abstimmen kann (vgl. Bärmann/*Merle* § 28 Rn. 133).

4. Anspruch auf Entlastung. Ohne eine entsprechende Regelung in der Teilungserklärung/Gemeinschaftsordnung hat der Verwalter keinen Anspruch auf Entlastung. Es gibt weder im Schuldrecht noch im Gesellschafts- und Vereinsrecht einen Anspruch darauf, dass der Vertragspartner vorsorglich auf etwaige Schadensersatzansprüche verzichtet (*Becker*, in: Bärmann § 28 Rn. 204).

IV. Beirat

1. Wahl des Beirats

Die Gemeinschaftsordnung sieht hinsichtlich der Wahl eines Verwaltungsbeirats vor, dass ein solcher zu wählen ist. Sie verweist darüber hinaus nur auf § 29 WEG. Bisher ist kein Verwaltungsbeirat bestellt.

Es soll daher ein aus drei Mitgliedern bestehender Verwaltungsbeirat gewählt werden. Die Wahl erfolgt für drei Jahre.

Zur Wahl stehen die Eigentümer A, B, C und D. Es wird über jeden Bewerber einzeln abgestimmt. Gewählt ist, wer von den vier Bewerbern die meisten Ja-Stimmen auf sich vereinen kann und darüber hinaus die einfache Mehrheit der in der Versammlung anwesenden und vertretenen Stimmen erhält. Erhalten mehr als drei Bewerber die einfache Mehrheit, sind die drei Bewerber gewählt, die die meisten Stimmen auf sich vereinigen können, der weitere Bewerber wird Ersatzmitglied. Werden weniger als drei Bewerber gewählt, wird unter den verbleibenden Kandidaten nochmals eine Wahl durchgeführt. Führt auch diese nicht dazu, dass mindestens drei Kandidaten gewählt sind, ist die Wahl gescheitert.

Beschlussantrag: Zu Mitgliedern des Verwaltungsbeirats werden gewählt die Eigentümer A, B, C und D.

Abstimmung (bei 15 anwesenden und vertretenen Eigentümern):

Kandidat	Ja	Nein	Enthaltungen
A	8	2	5
B	2	5	8
C	7	0	8
D	10	5	0

Beschluss: Die Eigentümer A, C und D sind für die Zeit von drei Jahren zu Mitgliedern des Verwaltungsbeirats bestellt.

Die Eigentümer A, C und D nehmen die Bestellung an.

Erläuterungen

773 **1. Grundlage.** Der Verwaltungsbeirat ist neben der Wohnungseigentümerversammlung und dem Verwalter das dritte Organ der Gemeinschaft. Während die anderen beiden zwingend sind, ist der Verwaltungsbeirat aber **fakultativ** (BGH ZMR 2005, 547, 550 – ZB 32/05). Die den Verwaltungsbeirat betreffenden rudimentären Vorschriften in § 29 WEG können vollumfänglich durch Vereinbarung, allerdings nicht durch Mehrheitsbeschluss, abbedungen werden (BayObLG ZMR 1994, 69).

774 Seine Grundlage hat der Verwaltungsbeirat zumeist in der Gemeinschaftsordnung, wo seine Einrichtung geregelt ist. Einen Anspruch auf Errichtung eines Verwaltungsbeirats gibt es allerdings nur, wenn die Gemeinschaftsordnung diesen zwingend vorschreibt. Ob es einen Anspruch auf Errichtung des Verwaltungsbeirats auch dann gibt und dieser dann nach §§ 21 Abs. 4, 43 Nr. 1 WEG erzwungen werden kann, wenn eine entsprechende Regelung in der Gemeinschaftsordnung fehlt oder diese nur auf den Gesetzeswortlaut verweist, ist umstritten (dagegen *Niedenführ/Kümmel/Vandenhouten* § 29 Rn. 1; dafür. *Merle*, in Bärmann, § 29, Rn. 8).

775 **2. Bestellung/Wahl.** Die Bestellung des Verwaltungsbeirats liegt in der Wahl seiner Mitglieder. Eines gesonderten Beschlusses über die Einsetzung eines Verwaltungsbeirats bedarf es nicht. Es reicht aus, über die Kandidaten abzustimmen. Kommt es hierbei zu einem positiven Ergebnis, so besteht der Verwaltungsbeirat (*Drasdo* ZMR 2005, 596).

776 Aussagen über ein **Wahlverfahren** finden sich in § 29 WEG nicht. Der Gestaltungsmöglichkeit der Eigentümergemeinschaft sind daher keine Grenzen gesetzt.

777 Umstritten ist, ob über jeden Bewerber einzeln abzustimmen ist, oder ob auch eine **Blockwahl** möglich ist, wenn z.B. nur drei Bewerber für die drei Posten zur Wahl stehen. Einerseits wird vertreten, die Blockwahl führe zu unter demokratischen Gesichtspunkten nicht zu vereinbarenden Nachteilen, weil Miteigentümer bei dem Blockwahlsystem gezwungen seien, ihnen eventuell nicht angenehme Kandidaten mitzuwählen, denen sie bei einer Einzelwahl nicht ihre Stimme geben würden (*Merle*, in: Bärmann, § 29 Rn. 19; *Drasdo* ZMR 2005, 596, 597; LG Düsseldorf NJW-RR 2004, 1310). Andere sind der Ansicht, die Blockwahl widerspreche jedenfalls dann nicht dem Verständnis von demokratischem Wahlverhalten, wenn hiergegen in der Versammlung keine Einwendungen erhoben würden (Riecke/Schmid/*Abramenko* § 29 Rn. 5; OLG Hamburg ZMR 2005, 395, 396; KG ZMR 2004, 775), und schone einen eher missliebigen Kandidaten, dessen Wahl hinzunehmen die Wohnungseigentümer jedoch bereit seien, etwa schon deshalb, um

die Anzahl der erforderlichen Verwaltungsbeiratsmitglieder zusammenzubekommen (OLG Hamburg ZMR 2005, 395, 396). Um diesen Unwägbarkeiten aus dem Weg zu gehen, dürfte es sich anbieten, über die jeweiligen Kandidaten einzeln abzustimmen.

Ein Kandidat ist gewählt, wenn er die **einfache Mehrheit** der anwesenden Stimmen auf sich vereinigt, sofern nicht die Gemeinschaftsordnung abweichende Quoren festlegt. Sieht die Gemeinschaftsordnung höhere Anforderungen vor (qualifizierte Mehrheiten oder Allstimmigkeit), ist ein mit nur einfacher Mehrheit zustande gekommener Beschluss nicht nichtig, sondern nur anfechtbar (BayObLG NZM 2002, 529). Der Beschluss sollte auch Vorgaben zu den **Wahlmodalitäten** machen: Wie oft soll die Wahl wiederholt werden, wenn im ersten Wahldurchgang nicht mindestens die notwendige Zahl an Kandidaten die einfache Mehrheit erreicht? Was soll geschehen, wenn mehr als drei Kandidaten die notwendige Mehrheit erreichen? Da die Gemeinschaft in der Regelung des Wahlablaufes frei ist, sollte dieses am Anfang des Wahlverfahrens stehen. Ein **Losentscheid**, z.B. bei Stimmengleichheit, dürfte nicht mehr im Rahmen der Gestaltungsmöglichkeiten der Gemeinschaft liegen, denn dieser stellt keine Mehrheitsentscheidung dar (*Drasdo* ZMR 2005, 596). 778

Wird ein Kandidat gewählt, bedarf es noch der Annahme des Amtes durch den gewählten Kandidaten. In der Entscheidung, ob er das Amt annimmt, ist er frei. Allein in der Kandidatur für das Beiratsamt liegt noch keine vorweggenommene Annahme für den Fall der Wahl. 779

3. Aktives Wahlrecht. Ein Wohnungseigentümer, der für die Wahl zum Beirat kandidiert, ist bei der Wahl stimmberechtigt, da die Wahl kein Rechtsgeschäft zwischen Eigentümer und Gemeinschaft i.S von § 25 Abs. 5 WEG ist. 780

4. Passives Wahlrecht. Bereits der Wortlaut des § 29 Abs. 1 WEG schreibt vor, dass nur Wohnungseigentümer zum Beirat gewählt werden können. Eine Person, die **nicht Wohnungseigentümer** ist, kann nicht zum Verwaltungsbeirat gewählt werden (BayObLG ZMR 1993, 127, 129; LG Karlsruhe ZMR 2009, 550). Allerdings kann durch anderslautende Vereinbarung der Wohnungseigentümer i.S. des § 10 Abs. 1 S. 2 WEG entweder bereits in der Gemeinschaftsordnung oder nachträglich etwas anderes geregelt werden. Probleme können sich dann ggf. ergeben, weil der Beirat eigentlich an der Eigentümerversammlung teilnehmen sollte, diese aber nichtöffentlich ist (vgl. Formular C.X. Ziff. 2). Allerdings steht dem Mitglied des Verwaltungsbeirats, welches nicht zugleich Wohnungseigentümer ist, ein Anwesenheitsrecht in der Eigentümerversammlung jedenfalls in dem Umfang zu, in dem der Aufgabenbereich des Verwaltungsbeirats betroffen ist (OLG Hamm ZMR 2007, 133, 135). 781

Da jeder Eigentümer in den Verwaltungsbeirat gewählt werden kann, gilt dieses auch für eine juristische Person, und zwar unabhängig davon, wie viele Wohnungen ihr gehören. Rechtsprechung existiert zu dieser Frage, soweit ersichtlich, nicht. Die insoweit des Öfteren zu findende Verweisung auf OLG Frankfurt (OLGZ 1986, 432) hilft hier nicht weiter, das OLG Frankfurt sagt lediglich, dass die Wahl des gesetzlichen Vertreters einer Miteigentümer-KG zulässig sein solle, da dieser gesetzliche Vertreter kein »Außenstehender« i.S. des § 29 WEG sei. Die Literatur ist sich nicht so recht einig (Für die Wählbarkeit: *Häublein* ZMR 2003, 233; Rechtshandbuch-Wohnungseigentum/*Hügel* Teil 10, Rn. 20 jeweils m.w.N.; *Greiner* Rn. 1744; *Munzig*, in: Timme § 29 Rn. 16; gegen die Wählbarkeit: Staudinger/*Bub* (2005) WEG, § 29 Rn. 83; *Niedenführ/ Kümmel/Vandenhouten* § 29 Rn. 11). Zwar ist das Amt des Verwaltungsbeirats höchstpersönlich, das ändert aber nichts daran, dass auch eine juristische Person dieses Amt höchstpersönlich wahrnehmen kann. Auch eine juristische Person ist eine »Person«. Die teilweise vertretene Ansicht, nur der gesetzliche Vertreter einer juristischen Person könne Mitglied des Verwaltungsbeirats werden (Riecke/Schmid/*Abramenko*, § 29, Rn. 31; *Merle*, in: Bärmann § 29 Rn. 12; Jennißen/*Hogenschurz* § 29 Rn. 8), findet im Gesetz keinerlei Stütze und widerspricht der Rechtsnatur der juristischen Person. 782

783 **5. Amtszeit.** Das Gesetz macht keinerlei Vorgaben für eine Amtszeit, so dass, wenn keine Befristung vorgenommen wird, die Bestellung unbefristet erfolgt, was auch nicht ordnungsmäßiger Verwaltung widersprechen würde. Allerdings dürfte es Sinn machen, die Amtsdauer auf einen bestimmten Zeitraum zu befristen. Dieser sollte sich, um bei Verwalterwechsel eine gewisse Kontinuität zu sichern, nicht mit der Bestellungsdauer des Verwalters decken. Da die Verwalterbestellung in der Regel auf fünf Jahre erfolgt, bietet sich eine Bestellung des Verwaltungsbeirats für zwei oder drei Jahre an.

784 **6. Wiederwahl.** Auch die Wiederwahl (oder Bestätigung) eines Beirates ist eine Bestellung i.S. von § 29 Abs. 1 WEG (*Drasdo* ZMR 2005, 596, 598), so dass auch insoweit alle bisherigen Ausführungen, auch zur Blockwahl, gelten.

785 **7. Ersatzvertreter.** Einen Ersatzvertreter für während der Amtszeit ausscheidende Mitglieder des Verwaltungsbeirats sieht das Gesetz nicht vor. Da die Eigentümer aber in der Gestaltung der Bestellung überwiegend frei sind, spricht nichts dagegen, z.B. aufgrund schlechterer Abstimmungsergebnisse nicht als Mitglieder gewählte Kandidaten von vornherein zu Ersatzmitgliedern zu benennen.

786 **8. Zahl der Mitglieder.** § 29 Abs. 1 S. 2 WEG sieht vor, dass der Verwaltungsbeirat aus drei Mitgliedern besteht, nämlich dem Vorsitzenden und zwei weiteren Wohnungseigentümern als Beisitzern. Die Gemeinschaftsordnung kann aber auch eine hiervon abweichende Anzahl an Mitgliedern bestimmen. Die Gemeinschaft kann auch durch Vereinbarung (nicht durch Beschluss) eine abweichende Anzahl festsetzen (BGH NZM 2010, 325 – V ZR 126/09). Wird durch Beschluss die Zahl der Beiratsmitglieder generell geändert, ist dieser Beschluss nicht nur anfechtbar, sondern nichtig, da dieses nicht von der Beschlusskompetenz der Eigentümerversammlung gedeckt ist. Wird aber nur einmalig eine abweichende Anzahl an Mitgliedern bestellt, liegt hierin kein genereller Verstoß gegen Gemeinschaftsordnung oder Gesetz, so dass dieser Beschluss nicht nichtig, sondern nur anfechtbar ist (BGH NZM 2010, 325 – V ZR 126/09; BayObLG ZMR 2003, 760, 761); das gilt nicht nur dann, wenn eine höhere Zahl von Beiräten gewählt wird, als sie in der Teilungserklärung oder in § 29 Abs. 1 WEG vorgesehen ist, sondern auch, wenn sich z.B. in einer kleineren Anlage nur zwei Bewerber für den Posten des Beirats finden, während § 29 Abs. 1 WEG drei Mitglieder fordert; § 29 Abs. 1 WEG setzt keine Mindestzahl an Mitgliedern fest, sondern fordert exakt drei Mitglieder. Sobald die vom Gesetz oder der Teilungserklärung vorgesehene Zahl an Mitgliedern über- oder unterschritten wird, ist der Beschluss anfechtbar (BGH NZM 2010, 325 – V ZR 126/09).

787 Die in der Gemeinschaftsordnung oder im Gesetz vorgesehene Anzahl der Beiratsmitglieder wird auch nicht dadurch geändert, dass die Gemeinschaft in ständiger Übung über die Jahre hinweg immer eine abweichende Anzahl gewählt hat (BayObLG ZMR 2003, 760, 761 zu dreißigjähriger Übung).

788 **9. Aufgaben.** *9.1* Der Verwaltungsbeirat unterstützt den Verwalter bei der Durchführung seiner Aufgaben (§ 29 Abs. 2 WEG). Er prüft Wirtschaftsplan, Abrechnung und Rechnungslegung vor der Beschlussfassung durch die Eigentümerversammlung (§ 29 Abs. 3 WEG), und sein Vorsitzender oder Stellvertreter haben das Protokoll der Eigentümerversammlung mit zu unterzeichnen (§ 24 Abs. 6 WEG). Darüber hinaus kann der Vorsitzende des Verwaltungsbeirats in bestimmten Fällen eine Eigentümerversammlung einberufen (vgl. Formular C.IV). In Ergänzung der gesetzlich normierten Aufgaben kann der Beiratsvorsitzende auch die Tagesordnung in analoger Anwendung des § 24 Abs. 3 WEG gestalten, wenn der Verwalter sich pflichtwidrig weigert, einen Tagesordnungspunkt für die Versammlung aufzunehmen (OLG Frankfurt a.M. ZMR 2009, 133).

789 *9.2* Die **Unterstützung des Verwalters** ist eine recht vage Formulierung. Weder bedeutet dieses, dass der Verwaltungsbeirat den Verwalter zu überwachen hat, noch hat er ein Weisungsrecht diesem gegenüber (Rechtshandbuch-Wohnungseigentum/*Hügel* Teil 10 Rn. 28). Der Verwaltungsbeirat ist kein »kleiner« Verwalter oder »Notverwalter«, der etwa im Falle der Schlechtleistung oder des Fortfalls des eigentlichen Verwalters dessen Aufgaben zu übernehmen hätte. Er ist im

Rahmen der Unterstützung des Verwalters vielmehr Bindeglied zwischen diesem und der Gemeinschaft und unterstützt diesen bei der Vorbereitung der Versammlung sowie z.B. der Vorbereitung und Umsetzung von Baumaßnahmen in der Liegenschaft. Daher kann ein wichtiger Grund für eine vorzeitige Abberufung des Verwalters vorliegen, wenn eine vertrauensvolle Zusammenarbeit zwischen dem Verwalter und dem Verwaltungsbeirat nicht mehr möglich ist (BayObLG ZRM 1999, 269).

9.3 Zu der **Prüfung von Wirtschaftsplan, Abrechnung und Rechnungslegung gemäß § 29 Abs. 3 WEG** gehört neben der Prüfung der rechnerischen Schlüssigkeit der Abrechnung zumindest auch eine stichprobenhafte Prüfung der sachlichen Richtigkeit, die nur durch Prüfung der Belege erfolgen kann (OLG Düsseldorf ZMR 1998, 104). Die Prüfung auf rechnerische Schlüssigkeit umfasst das »Nachrechnen« der Abrechnung, die Prüfung, ob der Anfangsbestand unter Berücksichtigung der Einnahmen und Ausgaben zum Endbestand führt. Im Rahmen der sachlichen Richtigkeit kontrolliert der Verwaltungsbeirat, ob den Einnahmen und Ausgaben auch entsprechende Belege korrespondieren, ob diese durch Belege nachgewiesenen Einnahmen und Ausgaben den Beschlüssen der Gemeinschaft entsprechen und ob die in der Abrechnung angegebenen Endbestände der Konten tatsächlich vorhanden sind. 790

Bei der Prüfung des Wirtschaftsplans hat der Verwaltungsbeirat eine Schlüssigkeitsprüfung des vom Verwalter vorgelegten Entwurfes vorzunehmen; diese hat sich auf die rechnerische Richtigkeit, insbesondere auch hinsichtlich des Verteilungsschlüssels, und auf die Übereinstimmung mit den Zahlen der Vorjahre zu erstrecken. 791

Der Verwaltungsbeirat kann vom Verwalter aus eigenem Recht und ohne vorherige Ermächtigung durch die Eigentümerversammlung Einsicht in alle Unterlagen und Vorlage aller Belege verlangen. Das Recht erstreckt sich aber nur auf die Einsichtnahme, nicht auf die Überlassung der Originalbelege, weshalb als Ort der Prüfung nur die Geschäftsräume des Verwalters in Betracht kommen (Riecke/Schmid/*Abramenko* § 29 Rn. 18). Der Verwaltungsbeirat kann sich bei der Prüfung von Wirtschaftplan und Abrechnung der Hilfe Dritter, so z.B. eines Wirtschaftsprüfers als Hilfsperson, bedienen. Ein Anspruch auf Erstattung der dadurch entstehenden Kosten hat der Verwaltungsbeirat aber nur, wenn die Gemeinschaft der Einschaltung unter Kostenübernahme entweder im Vorwege zugestimmt (Rechtshandbuch-Wohnungseigentum/*Hügel* Teil 10, Rn. 34) oder diese im Nachhinein genehmigt hat. 792

Die Stellungnahme des Verwaltungsbeirats nach § 29 Abs. 3 WEG ist an keinerlei Form gebunden. 793

9.4 Da der Verwaltungsbeirat nur fakultativ und seine Funktionsbeschreibung in § 29 Abs. 3 WEG nur unvollständig ist, können seine Aufgaben durch die Gemeinschaftsordnung oder eine spätere Vereinbarung **beschränkt, aber auch beliebig erweitert** werden, soweit damit nicht zwingende Befugnisse des Verwalters oder der Eigentümerversammlung beeinträchtigt werden. So kann dem Verwaltungsbeirat die Genehmigung des Wirtschaftsplans und der Jahresabrechnung übertragen werden. Gleiches gilt für Zustimmungsvorbehalte bei bestimmten Ausgaben (Riecke/Schmid/*Abramenko* § 29 Rn. 2). 794

Eine solche **Erweiterung oder Einschränkung** der Befugnisse durch Mehrheitsbeschluss der Eigentümerversammlung ist aber nicht möglich, da der Eigentümerversammlung für die Abänderung dieser gesetzlich vorgesehenen Aufgabenverteilung die Beschlusskompetenz fehlt. Nach diesen Grundsätzen ist eine Wohnungseigentümergemeinschaft nicht berechtigt, den Beirat zu ermächtigen, mit bestimmten Miteigentümern wegen derer Zahlungsrückstände eine Vergleichslösung auszuhandeln und für die Gemeinschaft eine entsprechende Vereinbarung abzuschließen (OLG Hamburg ZMR 2008, 152). 795

Anders ist es bei der konkreten **Ausgestaltung** der dem Verwaltungsbeirat bereits durch Gesetz oder Gemeinschaftsordnung übertragenen Aufgaben; diese ist mehrheitlich möglich. 796

9.5 Das **Rechtsverhältnis zwischen der Gemeinschaft und dem Verwalter** (Bestellung, Vertrag, Abberufung) kann der Verwaltungsbeirat nicht ohne weiteres im Namen der Gemeinschaft gestal- 797 ten. Diese Aufgabe ist nämlich nach § 26 Abs. 1 S. 1 WEG der Wohnungseigentümergemeinschaft übertragen, und zwar zwingend (§ 26 Abs. 1 S. 5 WEG). Allerdings kann sich die Eigentümergemeinschaft beim Abschluss des Verwaltervertrages des Verwaltungsbeirats als Vertreter mit gebundener Vollmacht bedienen, wenn sie zuvor die wesentlichen Eckpunkte eines abzuschließenden Vertrages mit dem Verwalter im Rahmen eines Mehrheitsbeschlusses festlegt. Dazu gehören mindestens die Laufzeit und die Vergütung. Zweckmäßigerweise sollte bereits bei der Beschlussfassung über die Bestellung ein Entwurf des Verwaltervertrages vorliegen und die Gemeinschaft den Verwaltungsbeirat bevollmächtigen, diesen Vertrag mit dem Verwalter abzuschließen. Ein Mehrheitsbeschluss, der den Verwaltungsbeirat ermächtigt, ohne weitere Vorgaben einen Vertrag mit dem Verwalter auszuhandeln, ist nicht nichtig, sondern lediglich anfechtbar (OLG Köln ZMR 2003, 604; OLG Frankfurt ZMR 2008, 985). Die Wohnungseigentümerversammlung kann dem Verwaltungsbeirat nicht die Kompetenz übertragen, einen Verwalter zu bestellen oder abzuberufen.

798 **10. Verhältnis des Verwaltungsbeirats zur WEG.** *10.1* Wie bei allen Organen tritt neben die rein organschaftliche Stellung des Verwaltungsbeirats noch die **schuldrechtliche Beziehung** zur WEG. Erhält der Verwaltungsbeirat keine Vergütung, was die Regel darstellt, liegt ein Auftragsverhältnis vor. Wird zwischen Verwaltungsbeirat und Gemeinschaft ein Entgelt für die Beiratstätigkeit vereinbart, finden die Regelungen des Dienstvertrages und des Geschäftsbesorgungsvertrages Anwendung (Riecke/Schmid/*Abramenko* § 29 Rn. 14). In der Regel wird die schuldrechtliche Seite des Verhältnisses zwischen Verwaltungsbeirat und WEG nicht explizit vereinbart, was aber insbesondere für das unentgeltliche Auftragsverhältnis auch nicht notwendig sein dürfte; es kommt konkludent zustande durch Wahl und Annahme der Wahl. Umgekehrt dürfte in der Abberufung gleichzeitig die konkludente Aufhebung des schuldrechtlichen Verhältnisses liegen (Riecke/Schmid/*Abramenko* § 29 Rn. 14).

799 *10.2* Ob die **Vereinbarung einer Vergütung** für den Verwaltungsbeirat ordnungsmäßiger Verwaltung entspricht, ist umstritten (ja: OLG Köln ZMR 1999, 790; im Regelfall nein: KG ZMR 2004, 775, 776). Eine Vergütung dürfte nur dann ordnungsmäßiger Verwaltung entsprechen, wenn Anhaltspunkte vorliegen, die es rechtfertigen, ausnahmsweise von dem Grundsatz abzuweichen, dass alle Mitglieder des Verwaltungsbeirats unentgeltlich tätig werden. Allein eine zerstrittene Gemeinschaft reicht hierfür nicht.

800 Auch ohne Vereinbarung einer gesonderten Vergütung kann der Verwaltungsbeirat nach § 670 BGB Anspruch auf Ersatz seiner Aufwendungen oder Auslagen verlangen, die er im Zusammenhang mit seiner Tätigkeit hatte und den Umständen nach für erforderlich halten durfte (OLG Schleswig ZMR 2005, 735, 736).

801 **11. Innenverfassung des Verwaltungsbeirats.** Das Gesetz enthält nur rudimentäre Aussagen zur Innenverfassung: Der Verwaltungsbeirat muss einen Vorsitzenden haben (§ 29 Abs. 1 S. 2 WEG). Der Vorsitzende beruft den Verwaltungsbeirat nach Bedarf ein (§ 29 Abs. 4 WEG). Bereits zur Frage, wie sich der Vorsitzende bestimmt, sagt das Gesetz nichts. Dieser kann also sowohl durch die Eigentümerversammlung gewählt als auch durch den Verwaltungsbeirat selbst bestimmt werden. Im Übrigen gibt sich der Beirat seine Geschäftsordnung selbst, oder es wird ihm eine solche durch Beschluss der Eigentümerversammlung vorgegeben. Gibt sich der Beirat selbst eine Geschäftsordnung, so gilt diese nur für die Amtszeit dieses Beirats und bindet nicht nachfolgende Beiräte.

802 **12. Beschlussmängel.** *12.1* Ein Beschluss über die Wahl des Verwaltungsbeirats ist nach den allgemeinen Regeln anfechtbar – entweder wenn er unter formellen Mängeln leidet oder aber nicht ordnungsmäßiger Verwaltung entspricht.

803 *12.2* Die **Wahl eines Nichteigentümers** in den Verwaltungsbeirat ist nur anfechtbar, nicht nichtig (OLG Hamm ZMR 2007, 133).

12.3 Anfechtbar ist die Wahl des Verwaltungsbeirats auch, wenn **schwerwiegende Umstände** bekannt sind, die **gegen die Wahl** des oder eine im Falle der Blockwahl eines bestimmten Mitglieds sprechen. Da dem Verwaltungsbeirat Entscheidungsbefugnisse fehlen und die Eigentümermehrheit Vorschläge des Beirats in Verwaltungsangelegenheiten annehmen oder ablehnen kann, beides zudem gerichtlich überprüfbar ist, können an Beiratsmitglieder nicht die persönlichen Anforderungen wie etwa an den Verwalter gestellt werden. Vielmehr widerspricht eine Beiratswahl nur dann Grundsätzen ordnungsmäßiger Verwaltung, wenn schwerwiegende Umstände gegen die Person des Gewählten sprechen. Bei Zwistigkeiten in der Gemeinschaft reicht es regelmäßig nicht aus, wenn bei der überstimmten Minderheit das Vertrauen in die persönliche Eignung fehlt. Auch die Verfolgung eigener Interessen oder die einer Mehrheitsgruppe ist nicht ausreichend, um die Qualifikation als Beiratsmitglied auszuschließen (KG ZMR 2004, 458, 459).

2. Wahl von Ersatzmitgliedern des Beirats

Beschluss: Der gemäß obigem Beschluss zu TOP _____ nicht in den Beirat gewählte Eigentümer B wird zum Ersatzmitglied des Beirates bestellt. Er rückt für ein bisheriges Mitglied als Mitglied in den Beirat nach, wenn ein bisheriges Mitglied sein Amt niederlegt, aus der Wohnungseigentümergemeinschaft ausscheidet oder verstirbt. Seine Amtszeit endet mit der des bisherigen Mitgliedes, für das er nachrückt.

Die Eigentümer B nimmt diese Bestellung an.

Erläuterungen

1. Grundätze. Ein Ersatzmitglied für während der Amtszeit ausscheidende Mitglieder des Verwaltungsbeirats sieht das Gesetz nicht vor. Da die Eigentümer aber in der Gestaltung der Bestellung überwiegend frei sind, spricht nichts dagegen, z.B. aufgrund schlechterer Abstimmungsergebnisse nicht als Mitglieder gewählte Kandidaten von vornherein zu Ersatzmitgliedern zu benennen. Da es an jeglichen gesetzlichen Regelungen hierfür fehlt, empfiehlt es sich, mit der Beschlussfassung genau zu regeln, wann die Amtsstellung des Ersatzmitgliedes beginnt und wann sie endet.

2. Beginn der Amtszeit: Die Amtszeit des Ersatzmitgliedes kann erst dann beginnen, wenn ein zu ersetzendes Mitglied aus dem Beirat ausgeschieden ist, sei es durch Amtsniederlegung, Ausscheiden aus der Gemeinschaft (*Merle*, in: Bärmann § 29 Rn. 27) oder Tod. Nur zeitweilige Verhinderung des Mitgliedes kann nicht zum Aufrücken des Ersatzmitgliedes führen, da in diesem Falle der Beirat mehr als drei Mitglieder hätte, was unzulässig ist, wenn die Teilungserklärung es nicht zulässg.

3. Haftungsbeschränkung des Beirats

Die Eigentümerversammlung hat zum vorangegangenen Tagesordnungspunkt die Eigentümer A, C und D zu Mitgliedern des Verwaltungsbeirats und den Eigentümer B zum Ersatzmitglied des Verwaltungsbeirats gewählt, und zwar für die Dauer von drei Jahren.

Beschluss: Die Haftung der Eigentümer A, B, C und D gegenüber der Gemeinschaft für ihre Tätigkeit als Beirat wird auf Vorsatz und grobe Fahrlässigkeit begrenzt.

Abstimmung (bei 15 Einheiten):

Ja-Stimmen: 8   Nein-Stimmen: 4   Enthaltungen: 3

Ergebnis: Der Beschluss ist angenommen.

Erläuterungen

807 **1. Haftung des Verwaltungsbeirats.** Verletzt der Verwaltungsbeirat seine Pflichten gegenüber der Eigentümergemeinschaft, haftet er dieser gegenüber nach §§ 280, 276 BGB für Vorsatz und jeden Grad der Fahrlässigkeit. Da der Verwaltungsbeirat an sich keine eigene Rechtspersönlichkeit ist, haftet er nicht als »Organ«. Vielmehr haftet jedes Mitglied des Verwaltungsbeirats nur für sein eigenes Verschulden; haben mehrere die Pflichtverletzung zu vertreten, haften sie als Gesamtschuldner (Staudinger/*Bub* (2005) WEG § 29 Rn. 64). Delegieren die Verwaltungsratsmitglieder Aufgaben untereinander, so kann sich eine gemeinsame Haftung auch aus Verletzung der aus der Aufgabenverteilung resultierenden Aufsichtspflicht ergeben (OLG Düsseldorf ZMR 2008, 104).

808 **2. Haftungsbeschränkung.** Die Gemeinschaftsordnung kann eine Beschränkung der Haftung auf Vorsatz und grobe Fahrlässigkeit vorsehen. Durch Mehrheitsbeschluss kann eine solche generelle Haftungsbeschränkung für Verwaltungsbeiräte der Gemeinschaft nicht eingeführt werden. Ein solcher Beschluss läge außerhalb der Kompetenz der Eigentümerversammlung, weil damit von gesetzlichen Vorschriften abweichen würde (Riecke/Schmid/*Abramenko* § 29 Rn. 26). Allerdings kann die Eigentümergemeinschaft im Einzelfall für konkrete Mitglieder des Verwaltungsbeirats im Rahmen der Bestellungsdauer die Haftung beschränken. Mit einer solchen Einzelfallregelung wird nicht generell von der gesetzlichen Regelung abgewichen, so dass ein solcher Beschluss nicht nichtig wäre. Teilweise wird angemerkt, ein solcher Beschluss könne ordnungsmäßiger Verwaltung widersprechen und wäre somit anfechtbar (Riecke/Schmid/*Abramenko* § 29 Rn. 26). Dieses dürfte aber nur dort der Fall sein, wo die Mitglieder des Beirats eine Vergütung erhalten oder erkennbar insbesondere aufgrund ihrer Fachkunde (Architekt, Steuerberater) in den Verwaltungsbeirat gewählt werden. In allen anderen Fällen dürfte eine Haftungsbeschränkung für den ehrenamtlich tätigen Miteigentümer ordnungsmäßiger Verwaltung entsprechen, da sie auch dazu dient, überhaupt Kandidaten für ein solches Amt zu motivieren.

4. Haftpflichtversicherung des Beirats

809 **Beschluss: Die Eigentümergemeinschaft hat mit Beschluss zu TOP _____ die Eigentümer A, C und D zu Beiräten und den Eigentümer B. zum Ersatzmitglied des Beirates gewählt. Die Eigentümergemeinschaft wird gemäß Angebot der V-Versicherung vom 02.05.2015 eine Haftpflichtversicherung für die Tätigkeit dieser 4 Eigentümer als Verwaltungsbeirats abschließen.**

Abstimmung (bei 15 Einheiten):

Ja-Stimmen: 8   Nein-Stimmen: 4   Enthaltungen: 3

Ergebnis: Der Beschluss ist angenommen.

Erläuterungen

810 **1. Grundlage.** Zur Haftung des Verwaltungsbeirats und möglichen Haftungsbeschränkungen vgl. Formular Teil 2 Rdn. 806.

811 **2. Haftpflichtversicherung.** Die h.M. geht im Anschluss an KG ZMR 2004, 780 davon aus, dass es im Interesse der Gewinnung von Wohnungseigentümern für die Aufgaben des Verwaltungsbeirats regelmäßig ordnungsmäßiger Verwaltung nicht widerspricht, im Zusammenhang mit der konkreten Bestellung eines Verwaltungsbeirats als nähere Ausgestaltung des Beiratsvertrages den Abschluss einer Vermögensschadenshaftpflichtversicherung für den Beirat auf Kosten der Gemeinschaft zu beschließen (*Niedenführ/Kümmel/Vandenhouten* § 29 Rn. 35; Riecke/Schmid/*Abramenko* § 29 Rn. 27; Staudinger/*Bub* WEG § 29 Rn. 68 m.w.N; a.A. aber *Köhler* ZMR 2002, 891, 893; AG Hamburg-Wandsbek ZMR 2008, 336, 337).

D. Beschlüsse im Einzelnen

5. Aufwandsentschädigung für den Beirat

Beschluss: Die zum Beirat gewählten Mitglieder A. B und D., sowie, im Falle des Nachrückens das Ersatzmitglied C, erhalten für Ihre Tätigkeit als Mitglieder des Beirates eine Aufwandsentschädigung wie folgt:

812

EURO 20,00 je Person für jede Sitzung, begrenzt auf maximal 2 Sitzungen monatlich, sowie für die notwendigen Termine zur Prüfung der Jahresabrechnung.

Fahrtkosten gemäß Nachweis, bei Benutzung des eigenen PKW EURO 0,30 je gefahrenem Kilometer.

Die Mitglieder des Beirates sind nicht gehindert, darüber hinausgehende Aufwendungen geltend zu machen.

Die Aufwandsentschädigung ist von den Beiräten quartalsweise abzurechnen und vom Verwalter an die Beiräte zu zahlen.

Die Kosten werden als allgemeine Kosten der Verwaltungstätigkeit gemäß dem in der Teilungserklärung hierfür vorgesehenen Schlüssel in der Jahresabrechnung

Abstimmung (bei 15 Einheiten):

Ja-Stimmen: 9   Nein-Stimmen: 3   Enthaltungen:

Ergebnis: Der Beschluss ist angenommen.

Erläuterungen

1. Grundlage: Die Tätigkeit des Beirates ist eine ehrenamtliche Tätigkeit, für die eine Vergütung nicht geschuldet wird. Allerdings kann ein Beirat nach § 670 BGB Ersatz seiner Aufwendungen oder Auslagen verlangen, die er im Zusammenhang mit seiner Tätigkeit hatte und die er den Umständen nach für erforderlich halten durfte (OLG Schleswig ZMR 2005, 735, 736).

813

2. Pauschalierung: Es ist grundsätzlich zulässig, die Aufwendungsersatzansprüche aus Gründen der Vereinfachung zu pauschalieren (OLG Schleswig ZMR 2005, 735). Ein solcher Beschluss entspricht ordnungsmäßiger Verwaltung und kann mehrheitlich gefasst werden. Unzulässig dürfte es allerdings sein, mit der Pauschalierung alle Ansprüche abzudecken und darüber hinausgehende tatsächlich entstandene Aufwendung eines Beirates auszuschließen; ein solcher Beschluss ginge zu Lasten Dritter, und dafür fehlt der Gemeinschaft die Beschlusskompetenz (Riecke/Schmid/*Abramenko* § 29 Rn. 15).

3. Verteilung der Kosten: Die Aufwendungsersatzansprüche der Beiräte sind allgemeine Kosten der Verwaltung und insoweit entsprechend der Teilungserklärung zu verteilen.

6. Abberufung des Beirates oder eines Beiratsmitglieds

Beschluss: Der Verwaltungsbeirat, bestehend aus den Miteigentümern A, C und D wird mit sofortiger Wirkung abberufen. Der Miteigentümer H. wird bevollmächtigt, den Miteigentümern A, C. und D. die Abberufung mitzuteilen.

Abstimmung:

Ja-Stimmen: 9   Nein-Stimmen: 3   Enthaltungen:

Ergebnis: Der Beschluss ist angenommen.

ALTERNATIV:

Beschluss: Der Miteigentümern A wird als Mitglied des Verwaltungsbeirates mit sofortiger Wirkung abberufen. Der Miteigentümer H. wird bevollmächtigt, dem Miteigentümer A. die Abberufung mitzuteilen.

Abstimmung:

Ja-Stimmen: 9   Nein-Stimmen: 3   Enthaltungen:

Ergebnis: Der Beschluss ist angenommen

Erläuterungen

1. Grundlage: Als Pendant zur Bestellung des Verwaltungsbeirates ist die jederzeitige Abberufung des gesamten Beirates oder einzelner Mitglieder möglich. Eine § 26 Abs. 1 S. 3 WEG entsprechende Regelung, wonach die Abberufung auf wichtige Gründe beschränkt werden kann, fehlt für den Verwaltungsbeirat.

2. Kein wichtiger Grund notwendig?: Ist der Beirat oder das einzelne Mitglied nicht für eine bestimmte Zeit bestellt, bedarf es keines wichtigen Grundes für die Abberufung, eine solche ist dann jederzeit möglich. Umstritten ist, ob eine Abberufung auch ohne Grund möglich ist, wenn eine bestimmte Bestelldauer vorliegt (dagegen z.B. *Merle*, in: Bärmann § 29 Rn. 28). Das OLG Hamm (ZMR 1999, 280) zieht § 671 BGB zur Begründung für eine jederzeitige Abberufung heran.

3. wichtiger Grund: Liegt ein wichtiger Grund vor, ist eine Abberufung jederzeit möglich.

4. Beschlussfassung: Die Abberufung erfolgt mehrheitlich per Beschluss. Der abzuberufende Beirat ist stimmberechtigt.

5. Procedere: Da die Abberufung erst mit Erklärung gegenüber dem Beirat wirksam wird (*Merle*, in: Bärmann § 29 Rn. 28), sollte der Beschluss regeln, wer dem Beirat dem Beschluss übermittelt, falls die betreffenden Beiratsmitglieder in der Versammlung nicht anwesend sind. Wird nur ein Beiratsmitglied abberufen, rückt ein eventuell vorhandenes Ersatzmitglied auf. Fehlt ein Ersatzmitglied, verringert sich die Zahl der Beiratsmitglieder, der Beirat bleibt in der verbliebenen Besetzung im Amt; insoweit gilt nichts anderes, als wenn z.B. ein Beiratsmitglied sein Amt niederlegen würde (*Merle*, in: Bärmann § 29 Rn. 28).

7. Entlastung des Beirates

Beschluss: Dem Verwaltungsbeirat wird für seine Tätigkeit im Kalenderjahr 2014 Entlastung erteilt.

Abstimmung (bei 15 Einheiten):

Ja-Stimmen: 9   Nein-Stimmen: 3   Enthaltungen:

Ergebnis: Der Beschluss ist angenommen.

Erläuterungen

1. Grundlage. Da der Verwaltungsbeirat für Fehler seiner Tätigkeit haftet, hat er ein Interesse daran, für abgeschlossene Zeiträume eine Bestätigung darüber zu erhalten, dass für diese Zeiträume keine Haftungsansprüche drohen. Die Entlastung ist im WEG nicht geregelt.

2. Wirkung. Die Entlastung hat die Wirkung eines negativen Schuldanerkenntnisses der Wohnungseigentümer gegenüber dem Verwaltungsbeirat, das im Umfang der Entlastung Schadensersatzansprüche und konkurrierende Ansprüche wegen solcher Vorgänge ausschließt, die bei der Beschlussfassung den Wohnungseigentümern bekannt oder für sie bei Anwendung zumutbarer Sorgfalt erkennbar waren (OLG Hamburg ZMR 2003, 773).

Ein Augenmerk ist auf den sachlichen und zeitlichen Umfang der Entlastung zu legen. Sachlich umfasst die Entlastung, wenn keine Einschränkungen vorgenommen werden, sämtliche Tätigkeiten in dem genannten Zeitraum. Zeitlich sollte dieser Zeitraum benannt werden. Üblicherweise erfolgen Entlastungen für ein zurückliegendes Geschäftsjahr. Dieses würde bei einem Beschluss in 2015 eine Entlastung für Tätigkeiten im Jahre 2014 bedeuten. Davon nicht umfasst wäre dann die Prüfung des Jahresabschlusses 2014, die ja erst im Kalenderjahr 2015 erfolgt. 817

3. Ordnungsmäßige Verwaltung. Nach ständiger Rechtsprechung steht auch der Beschluss über die Entlastung des Verwaltungsbeirats nicht schon grundsätzlich im Widerspruch zu einer ordnungsmäßigen Verwaltung. Mit dem Eigentümerbeschluss billigen die Wohnungseigentümer die zurückliegende Amtsführung des Verwaltungsbeirats im jeweils genannten Zeitraum als dem Gesetz, der Gemeinschaftsordnung und seinen vertraglichen Pflichten entsprechend und als zweckmäßig; sie sprechen ihm auf diese Weise gleichzeitig für die künftige Tätigkeit das Vertrauen aus. Hingegen widerspricht die Entlastung im Hinblick auf das darin liegende negative Schuldanerkenntnis einer ordnungsmäßigen Verwaltung, wenn Ansprüche gegen den Verwaltungsbeirat erkennbar in Betracht kommen (BayObLG ZMR 2006, 137, 138). 818

Ob eine Pflichtverletzung des Verwaltungsbeirats vorliegt, wird abschließend in einem eventuellen Schadensersatzprozess der Gemeinschaft gegen den Verwaltungsbeirat geklärt. Dieses ist keine Frage der Entlastung. Die Entlastung ist im Sinne einer ordnungsmäßigen Verwaltung bereits dann zu verweigern, wenn solche Ansprüche auch nur ansatzweise erkennbar in Betracht kommen (OLG München ZMR 2008, 905). Davon wird z.B. ausgegangen, wenn die vom Beirat geprüfte Abrechnung fehlerhaft ist und berichtigt werden muss (BGH NJW 2010, 2127 – V ZR 44/09; LG Berlin ZMR 2010, 711). Unschlüssige Behauptungen zu vermeintlichen Schadensersatzansprüchen gegen den Verwaltungsbeirat stehen seiner Entlastung allerdings nicht entgegen (OLG Hamburg ZMR 2004, 452). 819

Ein Anspruch auf Entlastung besteht danach nicht, sofern nicht die Gemeinschaftsordnung oder eine spätere Vereinbarung etwas anderes vorsehen. 820

4. Stimmrechtsausschluss. Ein Mitglied des Verwaltungsbeirats ist bei der Abstimmung über dessen Entlastung gemäß § 25 Abs. 5 WEG vom Stimmrecht ausgeschlossen. Dieses Stimmrechtsverbot erstreckt sich auch auf die Ausübung von Stimmrechtsvollmachten anderer Wohnungseigentümer (OLG Zweibrücken ZMR 2002, 786). 821

V. Sonstiges

1. Aufhebung Veräußerungszustimmung durch Verwalter

In der Gemeinschaftsordnung gemäß Urkunde des Notars _____ (Ur.Nr _____) vom _____ ist vorgesehen, dass die Veräußerung eines Sondereigentums/Teileigentums der Zustimmung des Verwalters bedarf. 822

Beschluss: Die in der Gemeinschaftsordnung gemäß Urkunde des Notars _____ (Ur.Nr _____) vom _____ vorgesehene Zustimmung des Verwalters für den Fall der Veräußerung eines Sondereigentums/Teileigentums wird hiermit aufgehoben.

Abstimmung: (bei 15 Einheiten)
Ja-Stimmen: 9   Nein-Stimmen: 6   Enthaltungen: 0
Ergebnis: Der Beschluss ist angenommen.

Erläuterungen

823 **1. Grundlage.** In der Gemeinschaftsordnung oder durch nachträgliche Vereinbarung kann festgelegt werden, dass ein Eigentümer zur Veräußerung seines Sonder- oder Teileigentums der Zustimmung anderer Wohnungseigentümer oder eines Dritten bedarf (§ 12 Abs. 1 WEG). Üblich sind Formulierungen in der Gemeinschaftsordnung, wonach der Verwalter einer Veräußerung zustimmen muss. Die Regelung lehnt sich an §§ 5 bis 8 ErbbauVO an und enthält eine Ausnahme von der Vorschrift des § 137 BGB, wonach rechtsgeschäftliche Verfügungsbeschränkungen gegenüber einem Dritten unwirksam sind. § 12 Abs. 1 WEG gibt den Wohnungseigentümern die Möglichkeit, sich gegen das Eindringen unerwünschter Personen in die Gemeinschaft oder gegen sonstige unerwünschte Veränderungen im Kreis der Miteigentümer zu schützen.

824 Allerdings war der Gesetzgeber im Rahmen der zum 01.07.2007 in Kraft getretenen Novelle der Ansicht, dass dieser vom Gesetz erstrebte Zweck in der Praxis jedenfalls bei mittleren und größeren Wohnanlagen kaum erreicht werden könne. Zum einen sei die Absicht einer für die Gemeinschaft unzumutbaren Nutzung durch den Erwerber und dessen finanzielle Situation in der Regel nicht rechtzeitig erkennbar. Zum anderen kann die Zustimmung nach § 12 Abs. 2 WEG nur aus wichtigem Grund versagt werden, und die Schranken werden von der Rechtsprechung sehr eng gezogen (BT-Drucks. 16/887, S. 21). Anstatt die Regelung des § 12 Abs. 1 aber abzuschaffen, was ebenfalls angedacht worden war, hat der Gesetzgeber der Eigentümergemeinschaft mit § 12 Abs. 4 WEG die Kompetenz zugesprochen, etwaige vorhandene Veräußerungsbeschränkungen nach § 12 Abs. 1 WEG per Mehrheitsbeschluss aufzuheben.

825 **2. Umfang der Beschlusskompetenz.** § 12 Abs. 4 WEG umfasst vom Wortlaut her nur die Aufhebung einer Veräußerungsbeschränkung nach § 12 Abs. 1 WEG. Soll eine Veräußerungsbeschränkung neu (oder wieder) geschaffen werden, ist dieses nach § 12 Abs. 1 WEG nur durch Vereinbarung möglich. Die Begründungs- und die Aufhebungskompetenz fallen damit auseinander (Bärmann/*Pick* § 12 Rn. 28).

826 Fraglich ist, ob sich aus der Vorschrift auch die Kompetenz herleiten lässt, eine Veräußerungsbeschränkung nicht vollständig aufzuheben, sondern nur teilweise zu modifizieren. Denkbar wäre z.B., die Veräußerungsbeschränkung für Übertragungen des Sondereigentums aufzuheben, nicht aber für Teileigentumseinheiten, oder aber für Veräußerungen an bestimmte Personen, z.B. Familienangehörige. Im Sinne eines argumentum a maiore ad minus wird man wohl davon ausgehen können, dass die Eigentümerversammlung auch die Kompetenz zur teilweisen Aufhebung hat (*Klein* in: Bärmann § 12 Rn. 50).

827 **3. Notwendiges Quorum.** Es reicht eine einfache Mehrheit der in der Versammlung abgegebenen Stimmen. Da ein Verweis auf § 25 Abs. 2 WEG, wie z.B. in § 16 Abs. 4 WEG fehlt, kommt es bei der Stimmenauszählung auf den in der Teilungserklärung vorgesehenen Abstimmungsmodus an. Der Beschluss ist durch alle Eigentümer der Gemeinschaft zu fassen, selbst wenn die Teilungserklärung weitestgehend verselbständigte Untergemeinschaften vorsieht (OLG Hamm ZWE 2012, 489).

828 **4. Abwicklung.** Der Beschluss wirkt, sobald er gefasst wurde, er ist konstitutiv. Die Eintragung der Aufhebung im Grundbuch ist hingegen lediglich deklaratorisch. Es handelt sich lediglich um die Berichtigung des insoweit unrichtig gewordenen Grundbuches. Formal wird dabei auch nicht der Beschluss im Grundbuch eingetragen, Beschlüsse sind nach dem eindeutigen Wortlaut des § 10 Abs. 4 WEG bereits nicht eintragungsbedürftig und im Umkehrschluss somit auch nicht eintragungsfähig (BGH ZMR 1995, 34, 36 – V ZB 2/93). Soll das Grundbuch jedoch berichtigt werden, muss der Beschluss in Form des § 26 Abs. 3 WEG dem Grundbuch vorgelegt werden, also mit den notariell beglaubigten Unterschriften des Versammlungsleiters und des Vorsitzenden des Verwaltungsbeirats. Dieser Nachweis reicht, um die Unrichtigkeit des Grundbuches zu belegen, und damit zur Löschung der Veräußerungszustimmung. Einer sonst nach § 19 GBO notwendigen Löschungsbewilligung aller Eigentümer bedarf es hier nicht. Der Zustimmung von Grundpfandgläubigern bedarf es bereits nach § 5 Abs. 4 S. 2 WEG nicht. Bei Beschlussfassung

mittels Umlaufbeschlusses muss die Unterschrift eines jeden Eigentümers öffentlich beurkundet oder unterschriftsbeglaubigt ist (OLG Hamm ZWE 2012, 489).

Der Berichtigungsantrag ist vom Verwalter zu stellen, dieses gehört zu seinen Aufgaben nach § 27 Abs. 1 Nr. 1 WEG, ohne dass es hierüber eines gesonderten Beschlusses bedarf.

5. Zwingendes Recht. Die Beschlusskompetenz nach § 12 Abs. 4 S. 1 WEG kann nicht durch Vereinbarung der Wohnungseigentümer eingeschränkt oder ausgeschlossen werden, § 12 Abs. 4 S. 2 WEG. Etwaige in alten Gemeinschaftsordnungen enthaltene abweichende Regelungen sind damit insoweit unwirksam.

2. Beseitigung einer baulichen Veränderung

Beschluss:

1) Die Gemeinschaft zieht Ansprüche der Eigentümer auf Beseitigung der über dem südlichen Balkon der Wohnung Nr. 10 angebrachten Markise an sich. Die Gemeinschaft beschließt, den Eigentümer der Einheit Nr. 10 auf Entfernung der Markise und auf Wiederherstellung des vormaligen Zustandes in Anspruch zu nehmen.

2) Der Verwalter wird ermächtigt, den Eigentümer der Wohnung Nr. 10 namens und in Vollmacht der Gemeinschaft aufzufordern, die über dem südlichen Balkon der Wohnung Nr. 10 angebrachte Markise zu entfernen und vorhandene Bohrlöcher fachgerecht zu verschließen. Der Verwalter wird weiter ermächtigt, diese Forderung namens und in Vollmacht der Gemeinschaft gegenüber dem Eigentümer der Wohnung Nr. 10 auch gerichtlich durchzusetzen, sofern der Eigentümer der Wohnung Nr. 10 einer außergerichtlichen Aufforderung innerhalb angemessener Frist nicht nachkommt, und hierfür namens und in Vollmacht der Gemeinschaft einen Rechtsanwalt zu beauftragen.

Abstimmung: (bei 15 Einheiten)

Ohne Stimmrecht: 1 Einheit

| Ja-Stimmen: 9 | Nein-Stimmen: 5 | Enthaltungen: 0 |

Ergebnis: Der Beschluss ist angenommen.

Erläuterungen

1. Grundlage. Bauliche Veränderungen können nach § 22 Abs. 1. S. 1 WEG nur dann beschlossen und verlangt werden, wenn jeder Eigentümer, dessen Rechte über das in § 14 Nr. 1 WEG vorgesehene Maß hinaus beeinträchtigt werden, zustimmt. Vgl. zu den notwendigen Quoren Formular D.II.3. **Bauliche Veränderungen** sind Eingriffe in die Substanz des gemeinschaftlichen Eigentums, durch die dauerhaft eine andere Funktionalität oder eine andere Optik geschaffen werden (Riecke/Schmid/*Drabek* § 22 Rn. 6) und die nicht bereits Instandsetzung oder Instandhaltung sind.

2. Anspruchsgrundlage/Aktivlegitimation. Erfolgt eine bauliche Veränderung im Gemeinschaftseigentum, kann jeder Miteigentümer, der hierdurch über das in § 14 Nr. 1 WEG vorgesehene Maß hinaus in seinen Rechten beeinträchtigt wird und der Maßnahme nicht zugestimmt hat, gegenüber dem »Störer« einen eigenen Anspruch auf Unterlassung und Beseitigung geltend machen. Dieser Anspruch folgt aus §§ 15 Abs. 3, 14 Nr. 1 WEG i.V.m. § 1004 BGB. Die Verfolgung dieses Anspruches ist also an keinen Beschluss und keine Ermächtigung der Gemeinschaft gebunden. Jeder beeinträchtigte Eigentümer hat ein eigenes Recht auf Beseitigung oder Unterlassung (BGHZ 116, 392 – V ZB 27/90). Hierauf hat auch die zwischenzeitlich in § 10 Abs. 6 S. 1 WEG normierte Rechtsfähigkeit der Eigentümergemeinschaft keine Auswirkungen. Der Verband ist weder Mitglied der Eigentümergemeinschaft noch Miteigentümer des Grundstücks. Unterlassungsansprüche aus dem Miteigentum an dem Grundstück stehen daher weder dem Verband zu, noch können sie ohne einen entsprechenden Beschluss der Wohnungseigentümer von dem Verband gerichtlich geltend gemacht werden (BGH ZMR 2006, 457 – V ZB 17/06).

834 Die Gemeinschaft als zumindest teilrechtsfähiger Verband kann diese Beseitigungsansprüche aber im Rahmen eines Mehrheitsbeschlusses an sich ziehen (BGH ZMR 2006, 457 – V ZB 17/06; OLG München ZMR 2010, 222), sie gehören zu den sonstigen der Gemeinschaft zustehenden Rechten nach § 10 Abs. 6 S. 3 WEG, für die eine gekorene Ausübungsbefugnis der Gemeinschaft als Verband besteht (LG Hamburg ZWE 2013, 25). Ein solches Ansichziehen der Gemeinschaft, entspricht ordnungsgemäßer Verwaltung, wenn eine in Erwägung gezogene Klage hinreichende Aussicht auf Erfolg hat und die Rechtsauffassung, die dem Mehrheitsbeschluss zugrunde liegt, nicht offensichtlich unhaltbar ist (LG Karlsruhe ZWE 2012, 183).

Allerdings ist zu differenzieren: Die Ansprüche auf Wiederherstellung des vormaligen Zustandes resultieren aus § 823 BGB. Sie stehen der Gemeinschaft daher von vornherein zu und müssen nicht erst an die Gemeinschaft gezogen werden (BGH ZMR 2014, 554 – V ZR 25/13).

Zu beachten ist, dass die Wohnungseigentümer nur die Durchsetzung und Geltendmachung von Ansprüchen beschließen können, die sich bereits aus dem Gesetz ergeben. Sie haben keine Beschlusskompetenz, darüber hinaus Pflichten eines Miteigentümers zu begründen (BGH ZMR 2010, 777 – V ZR 193/09)

835 **3. Prozessführungsbefugnis.** Zieht die Gemeinschaft Ansprüche an sich, fehlt dem einzelnen Eigentümer die Prozessführungsbefugnis für diese Ansprüche. Diese entfällt auch dann, wenn der einzelne Eigentümer bereits Klage auf Unterlassung erhoben hat. Die Klage wird mit Beschluss unzulässig (BGH ZMR 2015, 248 – V ZR 5/14).

836 **4. Passivlegitimation.** Zur Beseitigung einer baulichen Veränderung ist zunächst nur derjenige verpflichtet, der sie auch herbeigeführt hat, also der tatsächliche Handlungsstörer. Ein Erwerber einer Wohnung ist im Regelfalle also nicht verpflichtet, eine bauliche Veränderung im Gemeinschaftseigentum zu beseitigen, die der Voreigentümer herbeigeführt hat. Der Erwerber mag zwar Zustandsstörer sein, trotzdem trifft ihn keine aktive Beseitigungspflicht. Er ist allerdings verpflichtet, eine Beseitigung der baulichen Veränderung durch die Eigentümergemeinschaft zu dulden (BayObLG NJW-RR 2002, 660). Anders sieht dieses aus, wenn der Zustandsstörer tatsächlich und rechtlich in der Lage ist, die Störung zu beseitigen und die Störung bei objektiver Betrachtung durch seinen Willen zumindest aufrecht erhalten wird; in diesem Fällen trifft auch den Zustandsstörer die Pflicht zur aktiven Beseitigung (BGH ZMR 2010, 622 = NZM 2010, 365 – V ZB 130/09 für den Fall eines Heckenrückschnitts).

837 **5. Quorum/Stimmrecht.** Der auf Beseitigung und Wiederherstellung in Anspruch genommene Miteigentümer ist bei der Beschlussfassung hierüber von seinem Stimmrecht ausgeschlossen, § 25 Abs. 5 WEG.

3. Bestellung Ersatzzustellungsvertreter und Kostenentschädigung mit abweichender Kostenverteilung

838 **Beschluss: Zum Ersatzzustellungsvertreter der Wohnungseigentümergemeinschaft Musterstraße 11 gemäß § 45 Abs. 2 WEG wird bestellt: Herr _____; zu seiner Vertreterin wird bestellt: Frau _____ Die Bestellung erfolgt zeitlich unbefristet.**

Dem Ersatzzustellungsvertreter bzw. seinem Vertreter wird eine Aufwandsentschädigung für den Fall zugebilligt, dass das Gericht die Zustellung an ihn nach § 45 Abs. 2 S. 2 anordnet. Der Ersatzzustellungsvertreter bzw. sein Vertreter erhalten nach Abrechnung die tatsächlich getätigten Aufwendungen für Telefon, Telefax,

D. Beschlüsse im Einzelnen

Porto und Kopien erstattet. Kopien werden wie folgt erstattet: Für die ersten 50 Kopien je 0,50 Euro, für jede weitere Kopie 0,30 Euro. Die Zählung beginnt mit jeder an den Ersatzzustellungsvertreter bzw. seinen Vertreter bewirkten Zustellung von neuem. Darüber hinaus erhält er pauschal für jede an ihn bewirkte Zustellung eine pauschale Abgeltung von Euro 25,00.

Die Verteilung dieser Kosten auf die Miteigentümer erfolgt abweichend von dem in der Teilungserklärung vorgesehenen Verteilungsschlüssel nicht nach Miteigentumsanteilen, sondern nach Einheiten.

Die Haftung des Ersatzzustellungsvertreters Herrn _____ und seiner Vertreterin Frau _____ wird für die Dauer ihrer Tätigkeit auf Vorsatz und grobe Fahrlässigkeit beschränkt.

Abstimmung:

Ja-Stimmen: 10   Nein-Stimmen: 3   Enthaltungen: 2

Ergebnis: Der Beschluss ist angenommen.

Erläuterungen

1. Grundlage. Zustellungsvertreter ist zunächst der gewählte Verwalter der Eigentümergemeinschaft. Das ergibt sich aus § 27 Abs. 3 S. 1 Nr. 1 WEG für die teilrechtsfähige Wohnungseigentümergemeinschaft und aus § 27 Abs. 2 Nr. 1 WEG für die einzelnen Wohnungseigentümer, sofern eine Zustellung von einem außerhalb der Wohnungseigentümergemeinschaft stammenden Dritten an ausnahmslos alle Wohnungseigentümer gerichtet ist. § 45 Abs. 1 WEG stellt jetzt klar, dass der Verwalter auch dann Zustellungsbevollmächtigter der Wohnungseigentümer ist, wenn es sich um Streitigkeiten der Wohnungseigentümer untereinander handelt. Letzteres gilt allerdings nicht, wenn der Verwalter selbst Beteiligter des Rechtsstreits ist oder die Gefahr einer Interessenkollision besteht. Aus diesem Grunde verpflichtet das Gesetz in § 45 Abs. 2 WEG die Gemeinschaft, einen Ersatzzustellungsvertreter und dessen Vertreter zu bestellen. Ist ein solcher nicht bestellt, kann das Gericht nach § 45 Abs. 3 WEG einen Ersatzzustellungsvertreter bestellen.

2. Verpflichtung zur Bestellung. Der Wortlaut des § 45 Abs. 2 WEG sagt es bereits deutlich, wenn er formuliert, die Gemeinschaft »hat« einen Ersatzzustellungsvertreter zu bestellen. Das Gesetz legt der Gemeinschaft eine Pflicht zur Bestellung auf. Diese Pflicht besteht unabhängig davon, ob ein Rechtsstreit anhängig ist oder nicht. Es handelt sich bei dem Ersatzzustellungsvertreter vielmehr um den generell und prophylaktisch zu bestellenden »kleinen Notverwalter« (*Hogenschurz* ZMR 2005, 764). Allerdings bleibt die unterlassene Pflichterfüllung sanktionslos. Das Gericht kann bei fehlendem Ersatzzustellungsvertreter lediglich auf die Ermächtigung nach § 45 Abs. 3 WEG zurückgreifen und selbst einen Ersatzzustellungsvertreter bestellen.

3. Aufgaben des Ersatzzustellungsvertreters. Der Ersatzzustellungsvertreter tritt erst dann in Aktion, wenn der Verwalter als Zustellungsvertreter ausgeschlossen ist. Das ist zum einen der Fall in **Verfahren, in welchen der Verwalter mit involviert** ist, entweder weil es sich um ein gegen ihn gerichtetes Verfahren nach § 43 Nr. 3 WEG handelt, weil er selbst einen Beschluss der Wohnungseigentümerversammlung angefochten hat oder weil er einer Anfechtungsklage als Nebenintervenient beitritt. Ein Ausschluss des Verwalters als Zustellungsvertreter ergibt sich zum anderen auch ohne direkte Beteiligung am Verfahren, wenn aufgrund einer **möglichen Interessenkollision** die konkrete Gefahr besteht, dass der Verwalter die Eigentümer nicht richtig unterrichten könnte. Eine solche Gefahr könnte z.B. bei allen Verfahren bestehen, bei denen die Stellung des Verwalters und seine Pflichten Mittelpunkt sind, z.B. Anfechtung von Beschlüssen auf Wahl oder Abberufung eines Verwalters oder aber auch hinsichtlich der Verfolgung von Ersatzansprüchen gegenüber dem Verwalter. Maßgeblich für diese Beurteilung ist der Zeitpunkt der Entscheidung des Gerichtes über die Durchführung der Zustellung (BGH ZMR 2012, 567 – V ZR 170/11).

842 Dem Wortlaut nach ist der von den Eigentümern nach § 45 Abs. 2 WEG gewählte Ersatzzustellungsvertreter nicht für den Fall zuständig, dass ein **Verwalter gar nicht oder nicht mehr existiert**. *Klein*, in: Bärmann § 45 Rn. 25 geht davon aus, dass in diesem Falle der nach § 45 Abs. 2 gewählte Zustellungsvertreter nicht zuständig sei, dass Gericht könne aber nach § 45 Abs. 3 WEG einen Ersatzzustellungsvertreter bestellen. Richtigerweise wird man aber davon ausgehen müssen, dass der nach § 45 Abs. 2 WEG von den Eigentümern gewählte Ersatzzustellungsvertreter auch dann zuständig ist, wenn ein Verwalter nicht oder nicht mehr existiert (anders noch die Vorauflage, ebenso *Niedenführ/Kümmel/Vandenhouten* § 45 Rn. 14; *Riecke/Schmid/Abramenko* § 45 Rn. 6 – »analoge Anwendung«). Ansonsten könnte nämlich die paradoxe Situation entstehen, dass die Eigentümer einen Ersatzzustellungsvertreter gewählt haben, der aber mangels Verwalter nicht zuständig ist, so dass das Gericht dann nach § 45 Abs. 3 WEG gesondert einen Ersatzzustellungsvertreter bestellten müsste.

843 Mit der Anordnung des Gerichtes, an ihn zuzustellen, tritt der Ersatzzustellungsvertreter nur in die dem Verwalter als Zustellungsvertreter der Wohnungseigentümer zustehenden **Aufgaben und Befugnisse** ein. Er hat also die Wohnungseigentümer in einer der Situation angemessenen und geeigneten Weise über die Zustellung zu unterrichten. Das bedeutet gerade für den Fall, dass prozessualen Fristen laufen, dass eine zügige Information und Weiterleitung an alle Eigentümer sichergestellt werden muss. Ein Aushang an einem schwarzen Brett dürfte hier nicht ausreichen.

844 **4. Aufgaben des Stellvertreters.** Zu dessen Aufgaben und vor allem seinem »Einsatzzeitpunkt« schweigt sich die Gesetzesbegründung aus. Ein Stellvertreter kommt natürlich dann zum Einsatz, wenn der eigentliche Amtsinhaber verhindert ist. Wann aber ist das der Fall? Wenn er im Urlaub ist (und woher weiß das Gericht das?), oder erst, wenn er nicht mehr Eigentümer ist? Diese Regelung ist nicht durchdacht und praktisch nicht umsetzbar.

845 **5. Person des Ersatzzustellungsvertreters/Freiwilligkeit.** Nach der Gesetzesbegründung kann jede **natürliche Person** zum Ersatzzustellungsvertreter bestellt werden. Der Gesetzeswortlaut gibt eine solche Einschränkung aber nicht her. Allerdings wird man die Betonung der Gesetzesbegründung nicht auf »natürliche Person«, sondern auf »jede« natürliche Person sehen müssen, denn die Gesetzesbegründung will klarstellen, dass bei natürlichen Personen jede Person in Betracht kommt, ob sie nun Eigentümer ist oder nicht (BT-Drucks. 16/887, S. 37). Auch **juristische Personen** können somit Ersatzzustellungsvertreter sein (*Riecke/Schmid/Abramenko* § 45 Rn. 7).

846 Erforderlich ist die **Bereitschaft** der Person **zur Übernahme** der Aufgaben und Befugnisse eines Ersatzzustellungsvertreters, da ein Beschluss zu Lasten Dritter nach allgemeinen Grundsätzen unzulässig ist (BT-Drucks. 16/887, S. 37).

847 **6. Zeitliche Befristung/Befugnisse.** Zu den konkreten Ausgestaltungen der Tätigkeit des Ersatzzustellungsvertreters und auch zu der **Zeitdauer** seiner Berufung schweigt sich das Gesetz aus. Die Begründung verweist darauf, dass solche Regelungen der ordnungsmäßigen Verwaltung unterliegen und somit von der Eigentümergemeinschaft im Einzelnen geregelt werden können (BT-Drucks. 16/887, S. 37).

848 Wird daher nichts Abweichendes geregelt, dürfte die Berufung einer Person zum Ersatzzustellungsvertreter »**bis auf weiteres**« gelten, nämlich so lange, bis die Person das Amt niederlegt oder durch die Eigentümergemeinschaft ein neuer Ersatzzustellungsvertreter gewählt wird.

849 Die Eigentümergemeinschaft kann auch konkrete **Einzelheiten der Tätigkeit** des Ersatzzustellungsvertreters beschließen, z.B. dass dieser verpflichtet sein soll, im Falle einer Zustellung an ihn stets Kopien der Schriftstücke an alle Eigentümer weiterzuleiten.

7. Kostenentschädigung. Ebenfalls von der ordnungsmäßigen Verwaltung gedeckt ist der Beschluss über eine **Kostenerstattung oder Aufwandsentschädigung** für den Ersatzzustellungsvertreter (BT-Drucks. 16/887, S. 37). Hier sind verschiedene Modelle denkbar. Bezüglich der Erstattung für Kopierkosten mag man sich am GKG orientieren. Soweit es sonstige Telekommunikationskosten angeht, kann es sinnvoll sein, neben den tatsächlich nachgewiesenen Kosten auch eine Pauschale je Zustellung zuzubilligen, da die tatsächlich angefallenen Kosten im Zeitalter einer Flatrate kaum noch aufzusplitten sind. 850

Treffen die Eigentümer keine Regelung, kann der Ersatzzustellungsvertreter nach § 670 BGB Ersatz der ihm im jeweiligen Einzelfall entstandenen Kosten von den von ihm vertretenen Eigentümern verlangen (Riecke/Schmid/*Abramenko* § 45 Rn. 7a). 851

8. Abweichende Verteilung der Kosten. Die Kostenerstattung für den Ersatzzustellungsvertreter gehört zu den Kosten der Verwaltung nach § 16 Abs. 3 WEG, über deren Verteilung nach Verbrauch oder Verursachung abweichend von dem in der Teilungserklärung oder im Gesetz vorgesehenen Verteilungsschlüssel beschlossen werden kann. Da die Kosten für jede Einheit entstehen, ist es sinnvoll, diese Kosten auch entsprechend nach Einheiten, und nicht etwa nach Miteigentumsanteilen umzulegen. 852

9. Haftung. Der Ersatzzustellungsvertreter haftet den jeweiligen Eigentümern gegenüber für jede Pflichtverletzung im Rahmen seiner Tätigkeit nach § 280 BGB (Riecke/Schmid/*Abramenko* § 45 Rn. 7a). Die Folgen einer solchen Pflichtverletzung können insbesondere in Anbetracht kurzer prozessualer Fristen durchaus gravierend sein. Bringt der Ersatzzustellungsvertreter die ihm zugestellte Klage einem Eigentümer erst nach Ablauf der Frist zur Verteidigungsanzeige zur Kenntnis, ist vielleicht zwischenzeitlich ein Versäumnisurteil ergangen. Die Aufgabe, die übrigen Wohnungseigentümer über den anhängigen Rechtsstreit zu informieren, ist gerade in den Fällen, wo ein Ersatzzustellungsvertreter zur Entlastung des Gerichts führen könnte, nämlich den sehr großen Eigentümergemeinschaften mit vielen auswärtigen Wohnungseigentümern, mit erheblichem Aufwand verbunden (*Hogenschurz* ZMR 2005, 764, 765). 853

Es dürfte daher ordnungsmäßiger Verwaltung entsprechen die Haftung entsprechend den von der Rechtsprechung zur Haftungsbeschränkung des Verwaltungsbeirats anerkannten Grundsätzen zu beschränken. Danach kann die Haftung für den jeweils zu bestellenden oder bestellten Ersatzzustellungsvertreter auf Vorsatz und grobe Fahrlässigkeit beschränkt werden. Ein Beschluss, wonach die Haftung von Ersatzzustellungsvertretern der Gemeinschaft zukünftig immer auf Vorsatz und grobe Fahrlässigkeit beschränkt sein soll, wäre mangels Beschlusskompetenz nichtig. Eine solche generelle Haftungsbeschränkung könnte nur durch Vereinbarung erfolgen. 854

Ebenfalls dürfte es ordnungsmäßiger Verwaltung entsprechen, eine Vermögensschadenhaftpflichtversicherung für den Ersatzzustellungsvertreter abzuschließen (Riecke/Schmid/*Abramenko* § 45 Rn. 7a). Vgl. hierzu entsprechend die Darstellung zur Haftpflichtversicherung des Beirats, Formular D.IV.4. 855

10. Notwendige Quoren. Die Bestellung des Ersatzzustellungsvertreters entspricht ordnungsmäßiger Verwaltung und kann daher nach § 21 Abs. 3 WEG mit der Mehrheit der in der Versammlung abgegebenen Stimmen beschlossen werden. 856

Das Gleiche gilt für die abweichende Kostenverteilung nach § 16 Abs. 3 WEG. S. hier das Formular D.I.7. und die dortigen Anmerkungen. 857

11. Gerichtliche Bestellung. Nach § 45 Abs. 3 WEG kann das Gericht, wenn die Wohnungseigentümer entgegen § 45 Abs. 2 WEG keinen Ersatzzustellungsvertreter bestellt haben oder eine Zustellung aus sonstigen Gründen scheitert, seinerseits einen Ersatzzustellungsvertreter bestellen. Auch wenn das Gesetz und die Begründung hierzu schweigen, spricht einiges dafür, dass auch der vom Gericht zu bestellende Ersatzzustellungsvertreter nicht gegen seinen Willen bestellt werden kann, sondern diesem zustimmen muss (Riecke/Schmid/*Abramenko* § 45 Rn. 8a; LG Nürnberg-Fürth ZMR 2009, 640). Die Gesetzesbegründung bestätigt dieses ausdrücklich für 858 den von der Eigentümerversammlung zu bestellenden Ersatzzustellungsvertreter, und es ist nicht ersichtlich, dass der Gesetzgeber dieses beim vom Gericht zu bestellenden Ersatzzustellungsvertreter ausdrücklich anders regeln wollte. Letztlich ersetzt die Bestellung durch das Gericht nur die ansonsten notwendige Erklärung durch die Eigentümergemeinschaft, es bedarf aber immer noch des Aktes der Annahme durch den Bestellten (*Klein*, in: Bärmann, § 45 Rn. 40; LG Nürnberg-Fürth ZMR 2009, 640).

859 Gegen die gerichtliche Bestellung eines Ersatzzustellungsvertreters gibt es kein Rechtsmittel (LG Nürnberg-Fürth ZMR 2009, 640; LG Berlin ZMR 2008, 992); sofern der vom Gericht Bestellte mit dieser Entscheidung nicht einverstanden ist, muss er aber gar nicht gegen die Entscheidung vorgehen, er kann schlicht die Annahme der Bestellung verweigern (siehe instruktiv die Ausführungen des LG Nürnberg-Fürth ZMR 2009, 640).

860 Der gerichtlich bestellte Ersatzzustellungsvertreter kann von den von ihm vertretenen Eigentümern Ersatz für seine **Aufwendungen** nach § 670 BGB analog verlangen (LG München I ZMR 2010, 803). Ist der Ersatzzustellungsvertreter gleichzeitig Rechtsanwalt, kann er auch seine **Gebühren nach Nr. 3403 RVG** verlangen. Die für den Anwaltsvertrag notwendige Willenserklärung der Eigentümer wird durch die gerichtliche Bestellung ersetzt (*Jennißen/Suilmann* § 45, Rn. 57). Die Kosten und Auslagen des Ersatzzustellungsvertreters können von der obsiegenden Partei als Kosten der notwendigen Rechtsverfolgung im Kostenfestsetzungsverfahren geltend gemacht werden (*Jennißen/Suilmann* § 45 Rn. 57; BGH ZMR 2009, 777 – V ZB 172/08).

4. Tierhaltung

861 **Beschluss: Die Haltung von Haustieren ist zukünftig nur beschränkt erlaubt. Zulässig sind ein Hund oder eine Katze je Wohneinheit, darüber hinaus alle Arten von Kleintieren in Käfigen und Fische, allerdings nur in üblicherweise zu haltender Anzahl. Die Haltung von Schlangen und ähnlichen Gifttieren ist nicht zulässig. Bereits zum Zeitpunkt dieses Beschlusses vorhandene Tiere dürfen bis zum ihrem Versterben weiter gehalten werden. Hunde sind auf dem Gelände der Liegenschaft stets angeleint zu führen.**

Abstimmung:

Ja-Stimmen: 10   Nein-Stimmen: 3   Enthaltungen: 2
Ergebnis: Der Beschluss ist angenommen.

Erläuterungen

862 **1. Grundlage.** Jeder Eigentümer ist verpflichtet, sein Sondereigentum und das Gemeinschaftseigentum nur so zu nutzen, dass andere Miteigentümer nicht über das bei einem geordneten Zusammenleben unvermeidliche Maß hinaus beeinträchtigt werden, § 14 Nr. 1 WEG. Durch die Haltung von Tieren kann das Zusammenleben beeinträchtigt werden, insbesondere bringt die unbeschränkte Tierhaltung in einer Eigentumswohnung generell die objektive Gefahr unzulässiger Belästigungen anderer Wohnungseigentümer mit sich (OLG Celle ZMR 2003, 440, 441). Es ist deshalb anerkannt, dass es den Grundsätzen ordnungsmäßiger Verwaltung i.S. von § 15 Abs. 2 WEG entspricht, wenn die Wohnungseigentümer eine Regelung beschließen, welche die Haustierhaltung einschränkt. Auch ein völliger Ausschluss der Haltung bestimmter Tiere (z.B. Hunde – BGH ZMR 1995, 416 – V ZB 5/95; Schweine – LG Stuttgart ZWE 2012, 290) wird für zulässig erachtet; die Möglichkeit der Hundehaltung gehört nicht zum wesentlichen Inhalt der Nutzung von Wohnungseigentum. Ein Beschluss, der die Tierhaltung völlig verbietet, ist allerdings nichtig. Diese Nichtigkeit ergibt sich nicht aus einer etwa fehlenden Beschlusskompetenz, sondern aus § 134 BGB, da ein generelles Haustierhaltungsverbot gegen den zwingenden Regelungsgehalt des § 13 Abs. 1 WEG verstößt (OLG Saarbrücken ZMR 2007, 308)

2. Zukünftige Regelung. Die Beschränkung der Tierhaltung kann nur für die Zukunft erfolgen. Über die beschlossene Anzahl hinaus bei Beschlussfassung gehaltene Tiere können dann, wenn sie versterben, nicht ersetzt werden.

3. Belästigung. Ob eine konkrete Belästigung vorliegt, ist irrelevant. Eine übermäßige Haustierhaltung in einer Eigentumswohnung stellt generell, auch wenn die Teilungserklärung keine Beschränkung vorsieht, eine unzumutbare Belastung der Wohnungseigentümer dar. Sie ist damit unbillig, ohne dass es auf die konkrete Geruchs- oder Geräuschbelästigung einzelner Wohnungseigentümer ankommt. Angesichts der beim Zusammenleben mehrerer Personen gebotenen gegenseitigen Rücksichtnahme genügt bereits die Besorgnis der Belästigung (OLG Zweibrücken ZRM 1999, 853, 854). Auch ein »Unbehagen« im Hinblick auf die besondere Art von Tier (Schweine – LG Stuttgart ZWE 2012, 290) reicht aus. Vor diesem Hintergrund kann sich auch ein Leinenzwang rechtfertigen.

Die Zulässigkeit der hier beschlossenen Tierhaltung rechtfertigt allerdings nicht die durch solche Tiere eventuell konkret ausgehenden Belästigungen. Kommt es zu solchen (z.B. lautes Bellen eines Hundes in der Nacht), stehen den beeinträchtigten Eigentümern hiergegen immer noch die üblichen Unterlassungsansprüche zu (OLG Hamburg ZMR 1998, 584 zum Leinenzwang).

5. Nachträgliche Einräumung eines Sondernutzungsrechtes (Vereinbarung)

Die Unterzeichner sind sämtlichst Miteigentümer der Eigentümergemeinschaft Beispielstrasse 11–15 in Hamburg, eingetragen im Grundbuch von _____, Blätter _____ bis _____.

Wir ändern die Teilungserklärung des Hamburger Notars _____ vom _____ gemäß Urkundenrollennummer _____ wie folgt:

Den jeweiligen Eigentümern der Wohnungen 1 bis 10 gemäß Teilungserklärung soll ein Sondernutzungsrecht jeweils an einem der entsprechend nummerierten Parkplätze Nr. 1 bis 10 im hinteren Bereich des Grundstückes gemäß beigefügter Skizze zustehen. Dem jeweils sondernutzungsberechtigten Eigentümer obliegt die Verkehrssicherungspflicht, insbesondere die Verpflichtung zur Beseitigung von Eis und Schnee für den ihm jeweils zur Sondernutzung zugewiesenen Parkplatz.

Wir beantragen und bewilligen hiermit die Eintragung der Sondernutzungsrechte in die für das oben genannte Grundstück gebildeten Wohnungsgrundbücher.

Erläuterungen

1. Sondernutzungsrecht. Der Begriff des Sondernutzungsrechts ist eine Schöpfung der Rechtspraxis. Er findet sich nach der zum 01.07.2007 in Kraft getretenen Novelle nun zwar in § 5 Abs. 4 S. 2 WEG, ohne dort jedoch definiert zu werden. Auf eine solche Definition hat der Gesetzgeber ausdrücklich verzichtet, da die von der Rechtsprechung entwickelten Kriterien des Sondernutzungsrechts sich bewährt haben (BT-Drucks. 16/887, S. 16). Mit einem Sondernutzungsrecht wird einem Eigentümer eine bestimmte Fläche des Gemeinschaftseigentums zur ausdrücklichen alleinigen Nutzung zugewiesen, während andererseits die anderen Miteigentümer von der Nutzung dieses Teils des Gemeinschaftseigentums ausgeschlossen werden. Es handelt sich also um eine Zuweisung von Rechten und Pflichten hinsichtlich des Gemeinschaftseigentums innerhalb der Eigentümergemeinschaft. Eine Zuweisung an einen außenstehenden Dritten ist nicht möglich (BGHZ 73, 145 – V ZB 11/77). Das Sondernutzungsrecht kann für den jeweiligen Eigentümer einer bestimmten Einheit vereinbart werden; es kann aber auch auf eine bestimmte Person beschränkt werden, solange diese nur Miteigentümer ist. Möglich ist auch, das Sondernutzungsrecht nur einem Miteigentumsanteil an Wohnungs- oder Teileigentumseinheit zuzuordnen (BGH ZMR 2012, 795 – V ZB 279/11). Das Sondernutzungsrecht wird in der Regel dort verwendet, wo Flächen einzelnen Eigentümern zur Nutzung zugewiesen werden sollen, die nicht sondereigentumsfähig sind, wie z.B. Parkplätze, aber auch Abstellräume; denkbar ist aber zum Beispiel auch das als Sondernutzungsrecht ausgestattete Recht zur Nutzung einer Hauswand als Werbefläche.

868 Auch wenn das Sondernutzungsrecht im Grundbuch eingetragen ist, ist es im Ergebnis nur eine schuldrechtliche Vereinbarung der Eigentümer untereinander, es begründet kein dingliches Recht, auch wenn es bei Eintragung im Grundbuch in gewisser Weise verdinglicht wird.

869 **2. Begründung.** Das Sondernutzungsrecht kann nur **durch Vereinbarung** begründet werden, und zwar entweder in der Teilungserklärung oder durch nachträgliche Vereinbarung aller Eigentümer (KG ZMR 2007, 384). Sondernutzungsrechte können in der Teilungserklärung auch aufschiebend bedingt dadurch begründet werden, dass die übrigen Wohnungseigentümer bereits in der Teilungserklärung vom Mitgebrauch des gemeinschaftlichen Eigentums ausgeschlossen werden und der teilende Eigentümer sich vorbehält, Sondernutzungsrechte bestimmten Miteigentümern zuzuordnen. Eine solche Regelung soll sich im Hinblick auf die negative Komponente des Sondernutzungsrechts als aufschiebende Bedingung darstellen. Das Ereignis, mit dessen Eintritt der Ausschluss wirksam werden soll, ist die Zuordnungserklärung des teilenden Eigentümers. Die Regelung in der Teilungserklärung bewirkt, dass die Miteigentümer bis auf den durch die Zuordnungserklärung Begünstigten mit Eintritt der Bedingung vom Mitgebrauch des betreffenden gemeinschaftlichen Eigentums ausgeschlossen sind (OLG Hamm ZMR 2000, 123, 124). Diese aufschiebend bedingte Begründung wird dann gewählt, wenn der teilende Eigentümer noch nicht genau abschätzen kann, welcher Erwerber welche oder wie viele Sondernutzungsrechte erwerben will.

870 Eine Begründung **durch Mehrheitsbeschluss** ist nicht möglich, auch nicht, wenn dieser unangefochten bleibt. Da der Gemeinschaft die absolute Beschlusskompetenz zur Begründung von Sondernutzungsrechten fehlt, ist ein entsprechender Beschluss nicht nur anfechtbar, sondern nichtig (BGH ZMR 2000, 771, 772 – V ZB 58/99; Riecke/Schmid/*Lehmann-Richter* § 10 Rn. 123).

871 Die h.M. geht davon aus, dass ein Sondernutzungsrecht auch **konkludent** begründet werden kann, wenn eine langjährige unwidersprochene Nutzung vorausgegangen und ein entsprechender Rechtsbindungswille der Miteigentümer feststellbar ist (*Klein*, in: Bärmann § 13 Rn. 80 und § 10 Rn. 67; *Hügel*, in: BeckOG BGB § 10 WEG Rn. 25; Sommer ZWE 2007, 235; LG Hamburg ZMR 2010, 311); da sich ein solcher auf alle Miteigentümer erstrecken muss, auch auf zwischenzeitlich ggf. neu eingetretene Rechtsnachfolger, wird sich diese Situation in der Praxis kaum ergeben. Die unwidersprochene alleinige Nutzung eines Bereiches des Gemeinschaftseigentums durch einen einzelnen Eigentümer reicht für die konkludente Begründung eines Sondernutzungsrechts nicht aus (LG Hamburg ZMR 2010. 311).

872 **3. Bestimmtheit.** Das Sondernutzungsrecht muss hinreichend bestimmt sein, und zwar sowohl bei lediglich schuldrechtlicher Vereinbarung, wie auch und insbesondere bei Eintragung der Vereinbarung im Grundbuch. Sondernutzungsrechte bestimmen den Inhalt des im Grundbuch eingetragenen Sondereigentums. Zur näheren Bezeichnung des Gegenstandes und des Inhalts des Sondereigentums kann nach § 7 Abs. 3 WEG auf die Eintragungsbewilligung Bezug genommen werden. Der Bestimmtheitsgrundsatz verlangt, dass die Eintragungsbewilligung klar und bestimmt bezeichnet, an welcher Fläche das Sondernutzungsrecht bestehen soll. Den Anforderungen kann wahlweise durch eine Beschreibung der Fläche in der Teilungserklärung oder durch Bezugnahme auf einen Lageplan, der nicht zwingend Teil des Aufteilungsplans sein muss, Rechnung getragen werden. Es genügt, dass die Sondernutzungsfläche bestimmbar ist (OLG Hamm ZMR 2000, 691, 694). Zur Frage der Bestimmbarkeit eines im Grundbuch eingetragenen Sondernutzungsrechtes ist die Teilungserklärung oder die Bewilligung auszulegen. Hierbei ist jedoch zu berücksichtigen, dass bei der Auslegung notarieller Urkunden nur die Kriterien zur Auslegung herangezogen werden können, die in der Urkunde zumindest angedeutet sind (BGHZ 87, 150 – V ZR 268/81). Maßgebend für die Auslegung der Teilungserklärung ist der Wortlaut und Sinn, wie er

sich für einen unbefangenen Betrachter als nächstliegende Bedeutung ergibt. Was sich der Notar oder der Bauträger dabei gedacht haben, als sie einen Strich in einer Anlage zur Teilungserklärung gerade an dieser Stelle gezogen haben, ist hiernach ohne Bedeutung (OLG Hamburg ZMR 2003, 448). Lässt sich aus der Urkunde selbst kein Anhaltspunkt für eine anderweitige Auslegung entnehmen, gilt das, was in der Anlage gekennzeichnet ist, auch wenn der tatsächliche Bautenstand hiervon erheblich abweicht (OLG Hamburg ZMR 2003, 448).

Ist die Bewilligung nicht hinreichend bestimmt, entsteht das Sondernutzungsrecht nicht (OLG Hamm ZMR 2000, 691, 694). 873

4. Formerfordernisse. Ein nachträglich vereinbartes Sondernutzungsrecht ist generell formfrei, solange es nicht im Grundbuch eingetragen werden soll. Ist eine Eintragung im Grundbuch gewollt, was wegen der Bindungswirkung gegenüber Rechtsnachfolgern dringend zu empfehlen ist, ist die notariell oder öffentlich beglaubigte Bewilligung der Eintragung aller durch das Sondernutzungsrecht Beeinträchtigten erforderlich, § 29 GBO. 874

5. Zustimmungserfordernisse. *5.1* Eine Vereinbarung, die in das Grundbuch eingetragen wird, modifiziert nachträglich den Inhalt des Sondereigentums als dinglichem Recht. Entsprechend §§ 877, 876 BGB ist daher zur Eintragung eines Sondernutzungsrechts im Grundbuch und auch zu dessen Änderung generell die Zustimmung aller dinglich Berechtigten notwendig, die durch diese Eintragung in ihren Rechten beeinträchtigt werden. Notwendig ist eine rechtliche, nicht nur eine tatsächliche oder wirtschaftliche Beeinträchtigung (BayObLG ZMR 2002, 773). Zu den dinglich Berechtigten gehören alle Grundpfandgläubiger, aber auch Nießbrauchsberechtigte und Inhaber einer Auflassungsvormerkung. Auch Inhaber einer Grunddienstbarkeit können von dem Sondernutzungsrecht betroffen sein, wenn sich der Inhalt des Sondernutzungsrechts auf die dem aus der Dienstbarkeit Berechtigten zugewiesenen Fläche erstreckt (BayObLG ZMR 2002, 773). 875

5.2 § 5 Abs. 4 S. 2 und 3 WEG modifiziert dieses Zustimmungserfordernis. Danach ist die Zustimmung der Grundpfandgläubiger und der aus einer Reallast Berechtigten nicht bei allen Vereinbarungen, sondern nur bei der Begründung, Aufhebung, Änderung oder Übertragung von Sondernutzungsrechten erforderlich. Auch hier entfällt das Zustimmungserfordernis aber, wenn durch die Vereinbarung gleichzeitig das zu Gunsten des Berechtigten belastete Wohnungseigentum mit einem Sondernutzungsrecht verbunden wird. Der Gesetzgeber ging dabei von einem Fall aus, in welchem jedem Wohnungseigentümer z.B. ein Stellplatz zur Sondernutzung zugewiesen wird. Müssten hier tatsächlich alle dinglich Berechtigten zustimmen, würde das den Schutz überdehnen (BT-Drucks. 16/887 S. 14). Allerdings ist die Regelung problematisch, weil nichts darüber gesagt wird, ob und inwieweit die jeweils zugewiesenen Sondernutzungsrechte gleichwertig sein müssen. Reicht es, wenn einer von zwanzig Einheiten ein Parkplatz zur Sondernutzung zugewiesen wird, und den anderen, um das Zustimmungserfordernis zu umgehen, jeweils 1 m^2 der Gartenfläche (Beispiel bei Rechtshandbuch-Wohnungseigentum/*Hügel* Teil 6, Rn. 63)? Letztlich wird man sich streng am Wortlaut orientieren müssen, so dass es nicht darauf ankommt, ob die begründeten Sondernutzungsrechte gleichartig oder gleichwertig sind (OLG München ZMR 2009, 870, 871; *Armbrüster*, in: Bärmann § 5 Rn. 145; Bärmann/*Pick* § 5 Rn. 33; Rechtshandbuch-Hügel, Teil 6, Rn. 63; a.A. *Niedenführ/Kümmel/Vandenhouten* § 5 Rn. 62 (gleichartig aber nicht gleichwertig); OLG Düsseldorf NJOZ 2010 1254; einschränkend Riecke/Schmid/*Schneider* § 5 Rn. 106 bei offensichtlichem Umgehungsgeschäft. 876

Die Zustimmung der Grundpfandgläubiger kann entfallen, wenn die nach Landesgesetz zuständige Stelle gemäß § 120 EGBGB in Verbindung mit den jeweiligen landesrechtlichen Bestimmungen die Unschädlichkeit der Veränderung im Sinne eines sog. **Unschädlichkeitszeugnisses** attestiert. Ein solches ersetzt die ansonsten notwendige Bewilligung der dinglich Berechtigten. 877

6. Rechtsnachfolger. Vereinbarungen, also auch die Vereinbarung eines Sondernutzungsrechts, wirken gegenüber Sondernachfolgern eines Wohnungseigentümers nur, wenn sie im Grundbuch eingetragen sind, § 10 Abs. 3 WEG. Ein nicht im Grundbuch eingetragenes Sondernutzungsrecht 878 wirkt also nur solange, wie der Bestand der Eigentümergemeinschaft, die dieses Sondernutzungsrecht vereinbart hat, unverändert bleibt. Scheidet auch nur ein Eigentümer aus der Gemeinschaft aus und tritt sein Sondernachfolger i.S. des § 10 Abs. 3 WEG in die Gemeinschaft ein, erlischt das nicht im Grundbuch eingetragene Sondernutzungsrecht, wenn der Sondernachfolger der Vereinbarung nicht beitritt (OLG Köln ZMR 2002, 73, 75).

879 Ist ein Sondernutzungsrecht erst einmal im Grundbuch eingetragen, kann es nach § 892 BGB auch gutgläubig erworben werden, selbst wenn die zugrundeliegende Vereinbarung unwirksam ist (LG München I ZWE 2011, 232; *Klein*, in: Bärmann, § 13 Rn. 127).

880 **7. Nutzungseinschränkungen.** Ein Sondernutzungsrecht gestattet lediglich eine intensive, aber nicht schrankenlose Nutzung des Gemeinschaftseigentums (OLG Hamburg ZMR 2003, 524). Da das Sondernutzungsrecht lediglich ein schuldrechtliches Nutzungsrecht bietet, kann seine Reichweite nicht weiter gehen als das dingliche Sondereigentum. Wie dieses darf das Sondernutzungsrecht also nur so genutzt werden, dass die anderen Wohnungseigentümer in ihren Rechten nicht über das bei einem geordneten Zusammenleben unvermeidliche Maß hinaus beeinträchtigt werden (§ 14 Nr. 1 WEG). Das Sondernutzungsrecht an einem als »Garten« ausgewiesenen Grundstücksteil berechtigt zur normalen gärtnerischen Gestaltung, nicht aber zur grundlegenden Veränderungen des Grundstücksteils, soweit diese über das normale unvermeidliche Maß hinausgehen, sofern dieses nicht in der Teilungserklärung ausdrücklich gestattet ist. Insbesondere in Reihenhausanlagen findet sich in der Teilungserklärung oftmals die Ermächtigung, gärtnerisch den zur Sondernutzung zugewiesenen Gartenteil nach freiem Belieben gestalten zu können. Enthält die Teilungserklärung eine solche Ermächtigung nicht, muss sich der Inhaber des Sondernutzungsrechts auf die normalen gärtnerischen Tätigkeiten beschränken. Ein Sondernutzungsrecht an einer Gartenfläche rechtfertigt nicht die Entfernung von Bäumen, die das Bild der Anlage prägen. Entfernt der Sondernutzungsberechtigte sie trotzdem, haben die anderen Wohnungseigentümer nach § 823 Abs. 1, §§ 249, 1004 Abs. 1 BGB, § 14 Nr. 2 WEG einen Anspruch auf Wiederherstellung des ursprünglichen Zustands (BayObLG ZMR 2000, 846, 849). Umgekehrt kann auch das Anpflanzen von Pflanzen oder Büschen, die das Gepräge verändern, unzulässig sein.

881 Das Sondernutzungsrecht ermächtigt auch nicht zu baulichen Veränderungen sonstiger Art. Nicht gestattet ist z.B. die Vergrößerung einer Terrasse (BayObLG NJW-RR 1997, 971), das Aufstellen von Gartenhäusern (OLG Köln ZMR 1995, 606) oder eines Schwimmbeckens (KG NJW-RR 2008, 25).

6. Beauftragung eines Rechtsanwalts durch den Verwalter für Wohngeldansprüche

882 **Beschluss: Der Verwalter wird ermächtigt, Wohngeldzahlungen oder Rückstände auf beschlossene Sonderumlagen gegenüber säumigen Wohnungseigentümern nach fruchtlosem Ablauf einer gesetzten Zahlungsfrist auch gerichtlich unter Einschaltung eines Rechtsanwalts seiner Wahl namens und in Vollmacht der Eigentümergemeinschaft beizutreiben.**

Abstimmung:

Ja-Stimmen: 10   **Nein-Stimmen: 3**   **Enthaltungen: 2**

Ergebnis: Der Beschluss ist angenommen.

Erläuterungen

883 **1. Aktivlegitimation für Wohngeldansprüche.** Mit dem Beschluss des Wirtschaftsplans, der Jahresabrechnung oder einer Sonderumlage wird ein Zahlungsanspruch gegen den jeweiligen

Wohnungseigentümer begründet. Dieser steht nach § 10 Abs. 7 WEG der Wohnungseigentümergemeinschaft als Verband zu.

2. Gesetzliche Vollmacht des Verwalters. Das Anfordern und die Empfangnahme dieser Lasten- und Kostenbeiträge obliegt dem Verwalter nach § 27 Abs. 1 Nr. 4 bzw. Abs. 3 Nr. 4 WEG. Allerdings beschränkt sich diese Vollmacht zum einen nur auf die außergerichtliche Geltendmachung (Riecke/Schmid/*Abramenko* § 27 Rn. 27), zum anderen ermächtigt sie nicht zur Einschaltung eines Rechtsanwalts (OLG Düsseldorf ZMR 2001, 298, 300). Für jede Art von Aktivprozessen und für die dafür notwendige Einschaltung eines Rechtsanwalts fehlt es an einer gesetzlichen Ermächtigung des Verwalters.

3. Gerichtliche Geltendmachung. Die Gemeinschaft kann den Verwalter aber nach § 27 Abs. 3 S. 1 Nr. 7 WEG durch Beschluss ermächtigen, sonstige Rechtsgeschäfte und Rechtshandlungen vorzunehmen. Nach dieser Vorschrift könnte die Eigentümergemeinschaft den Verwalter auch zur gerichtlichen Beitreibung von Wohngeldrückständen, auch unter Einschaltung eines Rechtsanwalts, ermächtigen. Diese Ermächtigung kann dem Verwalter für den Einzelfall, aber auch generell erteilt werden (BayObLG ZMR 2002, 61, 63; *Schmid* ZWE 2010, 305). Eine solche generelle Vollmacht des Verwalters ist zu empfehlen, da dieser ansonsten im Regelfall die jährliche Eigentümerversammlung abwarten müsste, um dort über die gerichtliche Geltendmachung bis dahin aufgelaufener Rückstände zu beschließen.

Der Beschluss sollte hinreichend bestimmt sein und deutlich machen, welche Ansprüche gerichtlich geltend gemacht werden können (nicht nur Wohngelder, sondern auch Sonderumlagen), und ob dem Verwalter ein bestimmter Rechtsanwalt »an die Hand« gegeben wird, oder ob er diesen selbst auswählen darf. Im Zweifelsfalle soll die Ermächtigung zur gerichtlichen Geltendmachung von Hausgeldrückständen allerdings nicht nur für das »normale Wohngeld«, sondern auch für Sonderumlagen gelten (OLG Schleswig ZMR 2002, 468, 469).

7. Beschluss über die Entziehung des Wohnungseigentums

Der Miteigentümer Mustermann ist mit dem Wohngeld für die Monate Januar bis November 2015 im Verzug. Trotz mehrerer Mahnungen der Verwaltung hat er den Rückstand nicht ausgeglichen. Die Verwaltung hat den Miteigentümer Mustermann zuletzt mit Schreiben vom 15. Oktober 2015 darauf hingewiesen, dass er mit einer Entziehung seines Eigentums rechnen müsse, wenn der Rückstand nicht bis zum 31. Oktober ausgeglichen sei. Es erfolgten keine Zahlungen.

Von 15 Eigentümern sind 10 anwesend, darunter der Eigentümer Mustermann.

Beschluss: Das Wohnungseigentum des Miteigentümers Mustermann, belegen Musterstraße 11 in Musterstadt, bestehend aus einem 675/10.000 Miteigentumsanteil an dem Grundstück, verbunden mit dem Sondereigentum an der Wohnung Nr. 10 nebst Kellerraum Nr. 10, eingetragen in Grundbuch von Musterstadt, Band 12, Blatt 8940, soll diesem nach §§ 18, 19 WEG entzogen werden; der Miteigentümer Mustermann wird aufgefordert, sein Eigentum zu veräußern. Die Verwaltung wird ermächtigt, mit der Durchführung des Verfahrens sowie der nach Vorliegen eines Urteils notwendigen Veräußerung im Rahmen der Zwangsversteigerung Namens und in Vollmacht der Wohnungseigentümergemeinschaft die Rechtsanwälte Klagefroh zu beauftragen.

Ergebnis: 9 Ja-Stimmen   0 Nein-Stimmen   0 Enthaltungen

– Der Miteigentümer Mustermann ist nicht stimmberechtigt.

Feststellung des Ergebnisses: Der Beschluss ist angenommen.

Erläuterungen

888 **1. Grundlage.** Eine Wohnungseigentümergemeinschaft kann nicht durch Kündigung aufgelöst werden, die Gemeinschaft ist unauflöslich, § 11 WEG. Der einzelne Eigentümer kann sein Wohnungs- oder Teileigentum auch nicht durch Verzicht aufgeben (BGH NJW 2007, 2547 – V ZB 18/07). Die Wohnungseigentümergemeinschaft ist also auf Dauer angelegt; bereits in § 314 BGB kommt aber zum Ausdruck, dass auch in auf Dauer angelegten Rechtsverhältnissen unter bestimmten Voraussetzungen die Möglichkeit gegeben sein muss, einen »Störer« auszuschließen. Im Wohnungseigentumsrecht ist diese Möglichkeit in den §§ 18, 19 WEG mit der Entziehung des Eigentums geregelt. Unter den dort geregelten Voraussetzungen kann ein Eigentümer gezwungen werden, sein Eigentum zu veräußern. Auch wenn mit der Regelung in das Eigentum und damit in Art. 14 GG eingegriffen wird, ist sie dennoch verfassungsgemäß (BVerfG ZMR 1993, 503 – 1 BvR 1523/92).

889 Die Einziehung erfolgt durch ein zur Veräußerung verpflichtenden Urteils im Rahmen der Zwangsversteigerung nach dem ZVG.

890 **2. Ausübungsbefugnis.** Das Recht, die Veräußerung zu verlangen, steht nach § 18 Abs. 1 S. 1 zwar »den anderen Wohnungseigentümern« zu. § 18 Abs. 1 S. 2 begründet für die Ausübung dieses Rechts aber eine Beschlusskompetenz der Wohnungseigentümergemeinschaft; eine Ausnahme macht das Gesetz, wenn eine Gemeinschaft nur aus zwei Wohnungseigentümern besteht, hier kann der andere Eigentümer allein entscheiden. Hier bedarf es auch keines Beschlusses als Voraussetzung für den Anspruch auf Veräußerung, anstelle des Beschlusses tritt in einer solchen Zweiergemeinschaft die Klagerhebung (BGH ZMR 2010, 621 – V ZR 75/09).

891 **3. »Gegner«.** Der Anspruch richtet sich gegen den störenden Eigentümer. Gehört eine Wohnung mehreren Beteiligten in Bruchteilsgemeinschaft, ist umstritten, ob der Veräußerungsanspruch nur gegenüber dem »Störer« (so *Niedenführ/Kümmel/Vandenhouten* § 18, Rn. 6) oder gegenüber allen Bruchteilseigentümern (Staudinger/*Kreuze*r (2005) WEG, § 18, Rn. 21) besteht. Gehört das Sondereigentum einer Gesamthandsgemeinschaft, z.B. einer GbR, ist diese zur Veräußerung verpflichtet, auch wenn die Störung auch nur von einem ihrer Mitglieder bzw. Gesellschafter ausgeht.

892 **4. Voraussetzungen.** *4.1* Die **Generalklausel** des § 18 Abs. 1 S. WEG fordert, dass ein Wohnungseigentümer sich einer so schweren Verletzung der ihm gegenüber anderen Wohnungseigentümern obliegenden Verpflichtung schuldig gemacht hat, dass den anderen Wohnungseigentümern die Fortsetzung der Gemeinschaft mit ihm nicht mehr zugemutet werden kann.

893 *4.2* Zunächst muss also eine **schwere Pflichtverletzung** vorliegen. Diese Pflichtverletzung kann aus verschiedenen Bereichen resultieren: Aus der Nutzung der Wohnung (Fäkalgerüche, LG Tübingen ZMR 1995, 179), aus dem Verhalten gegenüber Miteigentümern (Beleidigung KG NJW 1967, 2268; sonstige Straftaten gegenüber Miteigentümern, z.B. Diebstahl) und aus der Eigentümerstellung selbst heraus (querulatorische Beschlussanfechtungen mit Sachmangelqualität, Riecke/Schmid/*Riecke* § 18, Rn. 18 mit Verweis auf KG NJW 1992, 1901).

894 *4.3* Der Wortlaut des § 18 Abs. 1 WEG fordert zwar, dass der Störer sich »**schuldig**« gemacht hat. Es ist aber anerkannt, dass auch ein **schuldunfähiger** Miteigentümer eine Pflichtverletzung nach § 18 Abs. 1 WEG begehen und sich damit der Entziehung seines Eigentums ausgesetzt sehen kann (LG Tübingen ZMR 1995, 179), wenn es sich denn um besonders schwerwiegende und erhebliche Pflichtverletzungen handelt.

895 *4.4* § 18 Abs. 2 WEG definiert nicht abschließend **Regelbeispiele**, in denen eine Entziehung des Eigentums begründet ist. Dazu gehört zum einen der mehrfache, trotz Abmahnung **wiederholte gröbliche Verstoß gegen die Pflichten aus § 14 WEG.** Das Erfordernis der Abmahnung und Wiederholung führt dazu, dass es mindestens dreier Vorfälle bedarf, nämlich einen vor der Abmahnung und zwei danach, um eine Entziehung auf dieser Basis begründen zu können (Riecke/

Schmid/*Riecke* § 18, Rn. 33). Diese einzelnen Pflichtverstöße müssen nicht den gleichen Tatbestand und die gleiche Intensität haben, sie sollen sich vielmehr nach Art und Ausmaß unterscheiden können (Rechtshandbuch-Wohnungseigentum/*Scheel*, Teil 16, Rn. 13). Allerdings wird man dieses einschränkend betrachten müssen. Aus dem Arbeitsrecht gibt es den Grundsatz, dass eine verhaltensbedingte Sanktion immer voraussetzt, dass der Betroffene wegen dieses Verhaltens abgemahnt worden ist, er also weiß, dass er im Wiederholungsfalle mit einer Kündigung rechnen muss, und trotzdem genau dieses Fehlverhalten wieder an den Tag legt. Der Wortlaut des § 18 Abs. 2 Nr. 1 WEG fordert zwar nur »wiederholte« Pflichtverletzungen trotz Abmahnung. Man wird also schon eine vergleichbare Qualität der Verstöße vor und nach Abmahnung fordern müssen, damit das Abmahnungserfordernis überhaupt seinen Zweck erfüllen kann.

Die Abmahnung bedarf keines vorangegangenen Beschlusses. Ausgehend vom Sinn und Zweck der Abmahnung, dem Eigentümer sein Fehlverhalten vor Augen zu führen und ihm die Möglichkeit zur Besserung zu geben, genügt auch eine ohne vorhergehenden Beschluss ausgesprochene Abmahnung durch den Verwalter.

Im Rahmen der Anfechtung eines Beschlusses über die Entziehung ist nur zu prüfen, ob es entsprechende Abmahnungen gibt. Ob diese korrekt sind und ob danach erneut gegen die Pflichten verstoßen wurde, wird hingegen erst im Rahmen der Entziehungsklage geprüft (BGH ZMR 11, 978 – V ZR 2/11).

Ein Spezialfall liegt nach § 18 Abs. 2 Nr. 2 WEG auch dann vor, wenn der Eigentümer sich mit der **Zahlung des Wohngeldes** in Höhe eines Betrages, der drei Prozent des Einheitswertes seines Wohnungseigentums übersteigt, im **Verzug** befindet. Da der Einheitswert eines Sondereigentums in der Regel relativ niedrig liegen wird, ist auch der zur aktiven Zwangsversteigerung durch die Wohnungseigentümergemeinschaft berechtigende Betrag in der Regel schnell erreicht. Ob die Grenze von 3 % tatsächlich erreicht worden ist, überprüft nicht das Gericht in einem möglichen Beschlussanfechtungsverfahren, sondern erst das Gericht im Rahmen eines Verfahrens nach § 19 WEG (OLG Braunschweig ZMR 2006, 700; BayObLG NJW-RR 1999, 887). Hinsichtlich des Einheitswertes kann die Wohnungseigentümergemeinschaft vom Finanzamt Auskunft verlangen, § 18 II Nr. 2, 2. HS WEG.   896

Der Rückstand muss noch im Zeitpunkt des Schlusses letzten mündlichen Verhandlung bestehen (*Klein*, in: Bärmann, § 18, Rn. 48). Nach § 19 Abs. 2 WEG kann der betroffene Wohnungseigentümer die Zwangsversteigerung noch bis zur Erteilung des Zuschlags abwenden, wenn er den rückständigen Betrag nebst Kosten sowie sämtliche weiteren fälligen Lasten und Kosten erfüllt.   897

5. Beschlussfassung/Quorum. *5.1* Voraussetzung ist ein Beschluss, der vom Eigentümer die Veräußerung seines Eigentums verlangt. Die Formulierung, das Eigentum »werde entzogen«, reicht nicht aus, denn solches kann die Gemeinschaft qua Beschluss nicht bewirken. Sie kann nur das Entziehungsverfahren mit der Aufforderung zur Veräußerung einleiten (AG Duisburg ZMR 2007, 314).   898

5.2 Der Beschluss kommt nur zustande, wenn ihm mehr als die Hälfte aller stimmberechtigten Wohnungseigentümer zustimmen, § 18 Abs. 3 WEG. Es kommt also nicht auf die Zahl der in der Versammlung vertretenen Eigentümer an, sondern auf alle stimmberechtigten Eigentümer. Der betroffene Eigentümer, dessen Eigentum entzogen werden soll, ist nicht stimmberechtigt, § 25 Abs. 5 WEG. Abgestimmt wird nach Köpfen. Das gilt auch, wenn die Teilungserklärung generell ein anderes Abstimmungsverfahren (z.B. nach Miteigentumsanteilen) vorsieht. Lediglich wenn die Teilungserklärung ausdrücklich bestimmt, dass auch für die Abstimmung nach § 18 WEG das abweichende Abstimmungsverfahren angewendet werden soll, verdrängt dieses die gesetzliche Regelung (BayObLG ZMR 1999, 724; OLG Rostock ZMR 2009, 470).   899

Das notwendige Quorum kann durch die Teilungserklärung herauf- oder herabgesetzt werden (Riecke/Schmid/*Riecke* § 18, Rn. 8 f.).   900

901 **6. Gegenstandswert und Rechtsanwaltsvergütung.** Der Gegenstandswert im Verfahren auf Entziehung des Wohnungseigentums richtet sich nach dem Verkehrswert des zu entziehenden Wohnungseigentums (BGH NJW 2006, 3428). Wird der Entziehungsbeschluss angefochten, sind als Gegenstandswert 20 % des Wertes des Sondereigentums zugrunde zu legen.

902 Der Rechtsanwalt, der mit der Entziehungsklage beauftragt wird, erhält hierfür die Gebühren des 3. Teils RVG. Der Gegenstandswert richtet sich nach dem Verkehrswert des zu entziehenden Wohnungseigentums. Wird der Rechtsanwalt mit der Beschlussanfechtung beauftragt, entstehen ebenfalls die Gebühren des 3. Teils RVG. Bezüglich der Erhöhung muss differenziert werden. Nimmt die Wohnungseigentümergemeinschaft bei der Verwaltung des gemeinschaftlichen Eigentums am Rechtsverkehr teil, ist für eine Erhöhung der Geschäfts- oder Verfahrensgebühr kein Raum. Ist jedoch die Willensbildung innerhalb der Gemeinschaft betroffen, hat der Rechtsanwalt in diesem Verfahren mehrere Auftraggeber, nämlich die einzelnen Wohnungseigentümer. Im Beschlussanfechtungsverfahren ist die interne Willensbildung betroffen, so dass die Erhöhung in diesem Fall eintritt.

VI. Beschluss-Sammlung

903

Lfd.Nr	Beschluss	Gerichtliche Entscheidung	Inhalt	Status/Bezug	Eintragungsvermerk
1.	1. Versammlung 2008, 22607 Hamburg 14.03.2008 TOP 2		Die Gesamtjahresabrechnung und Einzelabrechnungen 2007 werden genehmigt. Nachzahlungsbeträge sind sofort fällig	– mehrheitlich angenommen – angefochten durch Klage vom 17.03.2008, zugestellt am 26.03.2008 – für ungültig erklärt durch AG Hamburg-Altona, Urteil vom 20.07.2008, Lfd. Nr. 9	16.03.2008 V. Verwalter 27.03.2008 V. Verwalter 31.07.2008 V. Verwalter
2.	1. Versammlung 2008, 22607 Hamburg 14.03.2008 TOP 3		Die Eigentümerversammlung genehmigt den vom Verwalter vorgelegten Gesamtwirtschaftsplan und die Einzelwirtschaftspläne für das Jahr 2008. Dieser Wirtschaftsplan soll auch für das jeweilige nächste Kalenderjahr fortgelten, sofern kein neuer Wirtschaftsplan beschlossen wird. Das sich aus den Einzelwirtschaftsplänen ergebende Hausgeld ist in zwölf gleichen monatlichen Raten jeweils bis zum 1. eines Monats fällig. Die sich aus dem Wirtschaftsplan ergebende Erhöhung des Hausgeldes für die zurückliegenden Monate des Ka-	mehrheitlich angenommen	16.03.2008 V. Verwalter

D. Beschlüsse im Einzelnen

Lfd.Nr	Beschluss	Gerichtliche Entscheidung	Inhalt	Status/Bezug	Eintragungsvermerk
			lenderjahres ist sofort fällig.		
3.	1. Versammlung 2008, 22607 Hamburg 14.03.2008 TOP 4		Dem Verwalter wird für seine Tätigkeit im Kalenderjahr 2007 Entlastung erteilt.	mehrheitlich angenommen	16.03.2008 V. Verwalter
4.	1. Versammlung 2008, 22607 Hamburg 14.03.2008 TOP 5		Dem Verwaltungsbeirat wird für seine Tätigkeit im Kalenderjahr 2007 Entlastung erteilt.	mehrheitlich angenommen	16.03.2008 V. Verwalter
5.	1. Versammlung 2008, 22607 Hamburg 14.03.2008 TOP 6		Zum neuen Mitglied des Verwaltungsbeirates an Stelle des ausgeschiedenen Herrn M. wird bis zum 30.06.2009 Frau W. gewählt	mehrheitlich angenommen	16.03.2008 V. Verwalter
6.	1. Versammlung 2008, 22607 Hamburg 14.03.2008 TOP 7		Die auf der Gartenfläche zur Straße hin befindlichen drei Linden werden gefällt. Der Verwalter wird bevollmächtigt, die Firma L. mit der Durchführung der Arbeiten zu beauftragen	lediglich Mehrheit, keine Allstimmigkeit, daher abgelehnt	16.03.2008 V. Verwalter
7.	1. Versammlung 2008, 22607 Hamburg 14.03.2008 TOP 8		Dem Eigentümer der Einheit Nr. 14 wird gestattet, über seinem Balkon eine Markise anzubringen. Dieses geschieht auf seine eigenen Kosten, und er hat die Gemeinschaft von etwaigen Folgekosten freizuhalten.	allstimmig angenommen	16.03.2008 V. Verwalter
8.	1. Versammlung 2008, 22607 Hamburg 14.03.2008 TOP 9		Der Verwalter wird ermächtigt, die rückständigen Wohngeldzahlungen des Eigentümers Seumenicht nach fruchtlosem Ablauf einer gesetzten Zahlungsfrist auch gerichtlich unter Einschaltung eines Rechtsanwalts seiner Wahl namens und in Vollmacht der Eigentümergemeinschaft beizutreiben.	mehrheitlich angenommen	16.03.2008 V. Verwalter

Lfd.Nr	Beschluss	Gerichtliche Entscheidung	Inhalt	Status/Bezug	Eintragungsvermerk
9.		AG Hamburg-Altona, 315c C 234/08 Urteil vom 20.07.2008 Max Mustermann gegen die übrigen Eigentümer der Eigentümergemeinschaft	1. Der Beschluss der Eigentümerversammlung vom 14.03.2008 zu TOP 2 wird für ungültig erklärt. 2. Die Kosten des Rechtsstreits tragen die Beklagten.	hebt lfd. Nr. 1 auf	31.07.2008 V. Verwalter
10.		AG Hamburg-Altona, 315c C 528/08 Urteil vom 14.09.2008 Eigentümergemeinschaft gegen Sepp Seumenicht	1. Der Beklagte wird verurteilt, an die Klägerin € 1.845,23 nebst Zinsen in Höhe von 5 Prozentpunkten über dem Basiszinssatz seit 15.04.2008 zu zahlen. 2. Der Beklagte trägt die Kosten des Rechtsstreits.	In Ausführung der lfd. Nr. 8	21.09.2008 V. Verwalter

Erläuterungen

904 **1. Grundlage.** Nach § 24 Abs. 7 WEG ist eine Beschluss-Sammlung zu führen. Diese enthält den Wortlaut der in der Wohnungseigentümerversammlung verkündeten Beschlüsse mit Angaben von Ort und Datum der Versammlung, den Wortlaut der schriftlichen Beschlüsse mit Angabe von Ort und Datum der Verkündung sowie den Wortlaut der Urteilsformeln der gerichtlichen Entscheidungen in einem Rechtsstreit nach § 43 WEG mit Angabe ihres Datums, des Gerichts und der Parteien.

905 **2. Sinn und Zweck.** Vereinbarungen wirken gegen den Sondernachfolger eines Wohnungseigentümers nur dann, wenn sie im Grundbuch eingetragen sind, § 10 Abs. 3 WEG. Anders ist es mit Beschlüssen und gerichtlichen Entscheidungen gemäß § 43 WEG. Diese bedürfen zur Wirksamkeit gegen den Sondernachfolger eines Wohnungseigentümers gerade nicht der Eintragung in das Grundbuch, § 10 Abs. 4 WEG.

906 Die Beschlusssammlung gemäß § 24 Abs. 7 WEG, die mit der Novelle 2007 eingeführt wurde, soll es einem Erwerber von Wohnungseigentum ermöglichen, sich über Beschlüsse der Wohnungseigentümer zu unterrichten, die diese vor seinem Beitritt zur Gemeinschaft gefasst haben und die aus dem Grundbuch aufgrund § 10 Abs. 4 WEG gerade nicht ersichtlich sind. Gleiches gilt für Entscheidungen eines Gerichtes in Verfahren nach § 43 WEG, die für die Beschlusslage der Gemeinschaft von Bedeutung sind. Der Erwerber soll wissen, was auf ihn zukommt, wenn er sich danach erkundigt. Die Sammlung ist aber auch für die Wohnungseigentümer selbst sinnvoll, denn auch sie haben ein Interesse daran, die ergangenen gerichtlichen Entscheidungen und die von ihnen und ihren Voreigentümern gefassten Beschlüsse in ihrer Gesamtheit einsehen zu können. Dadurch ist gewährleistet, dass ein einmal gefasster Beschluss oder eine ergangene Entscheidung des Gerichts später nicht übersehen wird und damit unbeachtet bleibt. Schließlich ist die Beschluss-Sammlung gerade bei einem Verwalterwechsel für den neuen Verwalter praktisch unentbehrlich, weil er sich ohne sie in der Vergangenheit oftmals nur sehr mühsam ein Bild von der Beschlusslage der Gemeinschaft machen konnte (BT-Drucks. 16/887, S. 11).

3. Verpflichteter. Die Pflicht zur Führung der Beschluss-Sammlung liegt beim Verwalter, § 24 Abs. 8 WEG. Führt er keine Beschluss-Sammlung, ist dieses in der Regel ein wichtiger Grund für seine Abberufung, § 26 Abs. 1 S. 4 WEG. Fehlt ein Verwalter, wie es insbesondere bei kleinen Gemeinschaften oftmals der Fall ist, führt diese Gemeinschaft aber trotzdem eine Versammlung durch, in welcher Beschlüsse gefasst werden, so hat der Vorsitzende dieser Versammlung nach § 24 Abs. 8 S. 2 WEG die Beschluss-Sammlung zu führen. 907

4. Wirkung. Die Beschluss-Sammlung ist kein öffentliches Register. Ihr kommt daher auch kein Gutglaubensschutz zu. Die Beschluss-Sammlung hat auch keinerlei konstitutive Wirkung. Die Eintragung oder die unterbliebene oder fehlerhafte Eintragung in die Beschluss-Sammlung hat keine Auswirkung auf den Inhalt und das Zustandekommen des Beschlusses. Ein Beschluss wird allein so, wie er verkündet worden ist, wirksam, unabhängig davon, ob und wie er in die Beschluss-Sammlung eingetragen wird. 908

5. Inhalt. *5.1* In die Beschluss-Sammlung gehören zunächst alle verkündeten **Beschlüsse**. Dieses sind sowohl Beschlüsse aus einer Eigentümerversammlung wie auch Beschlüsse im Umlaufverfahren. Findet ein Beschlussantrag nicht die notwendige Mehrheit, ist auch dieser Negativbeschluss (BGH ZMR 2001, 809 – V ZB 10/01) einzutragen. Nicht eingetragen werden müssen Geschäftsordnungsbeschlüsse, da diese sich mit Ablauf der Versammlung erledigt haben und isoliert auch nicht anfechtbar sind, sondern erst im Rahmen eines später gefassten Sachbeschlusses auf ihre Ordnungsmäßigkeit mit überprüft werden (OLG München ZMR 2007, 304, 305). 909

Jeder Beschluss ist einzutragen, auch wenn der Verwalter der Ansicht ist, dieser sei gegebenenfalls rechtswidrig oder gar nichtig. Denn auch ein rechtswidriger Beschluss erwächst in Bestandskraft, wenn er nicht angefochten und durch rechtskräftiges Urteil für ungültig erklärt wird (§ 23 Abs. 4 S. 2 WEG). Und die Frage, ob ein Beschluss sogar nichtig sei (§ 23 Abs. 4 S. 1 WEG), wird der Verwalter nicht mit letzter Sicherheit beantworten können und wollen. Der Wortlaut von § 24 Abs. 7 S. 2 Ziffer 1 ist daher eindeutig: die in der Versammlung verkündeten Beschlüsse und schriftliche Beschlüsse sind mit in die Beschluss-Sammlung aufzunehmen. 910

5.2 Weiterhin sollen in die Beschluss-Sammlung alle Urteilsformeln der **gerichtlichen Entscheidungen** in einem Rechtsstreit gemäß § 43 WEG aufgenommen werden. Auf den Katalog des § 43 WEG wird verwiesen. 911

Nicht geklärt und umstritten ist die Frage, inwieweit gerichtliche **Vergleiche** in Verfahren der Wohnungseigentümergemeinschaft nach § 43 WEG in die Beschluss-Sammlung eingetragen werden müssen. Der Wortlaut des § 24 Abs. 7 S. 2 Nr. 3 WEG deckt die Eintragung von gerichtlichen Vergleichen nicht. Letztlich wird ein gerichtlicher Vergleich aber in der Regel entweder einen zuvor von der Eigentümerversammlung gefassten Beschluss umsetzen oder aber er wird auflösend bedingt vor Gericht abgeschlossen und im Nachgang von der Eigentümergemeinschaft genehmigt. In diesen Fällen taucht er bereits als »Beschluss« in der Sammlung auf. Die Diskussion (ausführlich hierzu Riecke/Schmid/*Riecke* § 24 Rn. 111), ist also eher akademischer Natur. 912

5.3 Die Beschluss-Sammlung muss **Einzelheiten zu den eingetragenen Ereignissen** enthalten. Bei Beschlüssen aus der Versammlung sind Ort und Datum der Versammlung anzugeben, bei schriftlichen Beschlüssen Ort und Datum der Verkündung. Gerichtliche Entscheidungen sollen das Datum, das Gericht und die Parteien enthalten. Die Beschluss-Sammlung ist nicht statisch, sondern der Verwalter muss jeden Beschluss hinsichtlich Aktualität und Wirksamkeit immer wieder korrigieren, wenn hierzu Anlass besteht. Ein einmal gefasster Beschluss ist zu vermerken. Wird er angefochten, ist auch diese Information hinter dem Beschluss anzubringen. Wird er sodann für ungültig erklärt, findet sich diese Eintragung einmal als neue laufende Nummer hinsichtlich der gerichtlichen Entscheidung, zum anderen als Vermerk bei dem ungültigen Beschluss. Das Gesetz sagt zwar, ein aufgehobener Beschluss könne in der Beschluss-Sammlung auch gelöscht werden. Dieses ist aber nicht ratsam, da dieses im Laufe der Zeit insbesondere hinsichtlich der Nummerierungen Lücken entstehen lässt und Fragen aufwirft. Im Ergebnis sollte die Beschluss-Sammlung 913 wie eine gute Buchhaltung geführt werden, in der auch keine einmal erfolgte Buchung einfach gelöscht werden darf.

914 **6. Form/Frist.** *6.1* Das Gesetz sieht ganz bewusst davon ab, das äußere Erscheinungsbild der Beschluss-Sammlung zu definieren. Einzelfragen will der Gesetzgeber im konkreten Fall unter Berücksichtigung von Sinn und Zweck der Vorschrift gelöst wissen (BT-Drucks. 16/887, S. 33). Danach kommt es darauf an, dass der Inhalt der Sammlung den zur Einsicht Berechtigten in übersichtlicher Form Kenntnis von der aktuellen Beschlusslage der Gemeinschaft und damit zusammenhängenden gerichtlichen Entscheidungen verschafft.

915 Dieses kann in herkömmlicher schriftlicher Form geschehen, entweder in Tabellenform oder mit jeweils einer einzelnen fortlaufend nummerierten Seite je Beschluss in einem Stehordner. Die Gesetzesbegründung lässt aber auch die elektronische Form zu, soweit dabei eine ungehinderte Einsicht, etwa durch einen Ausdruck, ermöglicht wird. Der Gesetzgeber geht davon aus, dass es je nach den Umständen angezeigt sein kann, ein Inhaltsverzeichnis anzulegen, in dem der Gegenstand eines Beschlusses in Kurzform bezeichnet wird (BT-Drucks. 16/887, S. 33).

916 *6.2* Die Eintragungen in die Beschluss-Sammlung sind unverzüglich vorzunehmen. Die Legaldefinition hierfür findet sich in § 121 BGB: unverzüglich meint »ohne schuldhaftes Zögern«. Die Gesetzesbegründung hat auf die konkrete Festlegung einer Frist verzichtet, geht aber davon aus, dass die Eintragung bei ordnungsmäßiger Verwaltung unmittelbar im Anschluss an die Verkündung erfolgt. Eine Eintragung, die mehrere Tage später vorgenommen wird, ist in der Regel nicht mehr unverzüglich (BT-Drucks. 16/887, S. 34; Riecke/Schmid/*Riecke* § 24 Rn. 122; LG München I NZM 2008, 410; drei Tage sind zu spät, LG Karlsruhe ZWE 2013, 36, eine Woche erst recht LG München I WuM 2008, 243).

917 Umstritten ist, wann ein Beschluss einzutragen ist, für den die Tagesordnung bestimmte Wirksamkeitserfordernisse vorsieht, z.B. die Protokollierung des Beschlusses (sofort nach Verkündung: Riecke/Schmid/*Riecke* § 24 Rn. 123; erst wenn die Wirksamkeitserfordernisse erfüllt sind: *Merle*, in: Bärmann § 24 Rn. 157).

918 **7. Einsichtsrechte.** Nach § 24 Abs. 7 S. 8 WEG hat jeder Eigentümer ein Recht auf Einsichtnahme in die Beschluss-Sammlung. Gleiches gilt für einen Dritten, den ein Eigentümer ermächtigt hat, Einsicht zu nehmen.

919 *7.1* Der Wortlaut der Regelung zeigt deutlich, dass das Recht der Einsichtnahme ein Recht ist, dass ausschließlich dem Eigentümer zusteht und nur von diesem auf Dritte delegiert werden kann. Außenstehende Dritte ohne eine solche Ermächtigung eines Eigentümers haben kein Recht auf Einsicht, selbst wenn sie vielleicht ein nachvollziehbares Interesse an der Einsichtnahme nachweisen können, wie z.B. ein Interessent im Rahmen der Zwangsversteigerung. Auch finanzierende Banken haben kein Recht auf Einsichtnahme, sofern es ihnen nicht vom bisherigen Eigentümer gestattet wird. Insbesondere für die Fälle der Zwangsversteigerungen mag es Sinn machen, dass eine finanzierende Bank sich von vornherein ermächtigen lässt, Einsicht zu nehmen und diese Ermächtigung sodann im Falle einer auf ihre Initiative betriebenen Zwangsversteigerung ggf. im Sinne einer Untervollmacht an mögliche Interessenten weiterreicht. Darüber hinaus kann sich ein Interessent natürlich aber von jedem Eigentümer, der ein Interesse daran hat, dass das zur Versteigerung stehende Eigentum zügig in neue Hände gerät, zur Einsichtnahme ermächtigen lassen (*Abramenko*, Das neue WEG, § 2 Rn. 89).

920 Da das Recht auf Einsichtnahme an die Rechtsstellung des Eigentümers anknüpft, haben Personen wie Zwangsverwalter oder Insolvenzverwalter, die zumindest partiell in die Eigentümerrechte eintreten, ebenfalls einen Anspruch auf Einsichtnahme in die Beschluss-Sammlung.

921 *7.2* Einsichtnahme in die Beschluss-Sammlung bedeutet bereits begrifflich, dass diese vor Ort beim Verwalter »eingesehen« werden kann, ein Anspruch auf Herausgabe von Unterlagen besteht nicht. Im Rahmen der Einsichtnahme hat der Wohnungseigentümer grundsätzlich gegen Kostenerstattung Anspruch auf Fertigung und Aushändigung von Kopien, da es ihm in aller Regel nicht

zugemutet werden kann, handschriftliche Abschriften zu fertigen. Dies muss auch im Hinblick auf den unterschiedlichen Beweiswert von handschriftlicher Abschriften und Kopien gelten. Seine Grenze findet dieses Recht auf Fertigung von Kopien aber im Schikane- und Missbrauchsverbot der §§ 226, 242 BGB. Das Ersuchen des Wohnungseigentümers muss sich daher grundsätzlich auf vorhandene und hinreichend genau bezeichnete Unterlagen beziehen, die ohne nennenswerten Vorbereitungsaufwand und ohne Störungen des Betriebsablaufs der Verwaltung herausgesucht und fotokopiert werden können (OLG München ZMR 2006, 881, 883 zur Einsichtnahme in Abrechnungsbelege). In Anbetracht der Tatsache, dass sich die Führung der Beschluss-Sammlung als elektronisches Dokument anbietet, dürfte der Aufwand für einen entsprechenden Ausdruck überschaubar sein.

8. Haftung bei Pflichtverletzung. Verletzt der Verwalter seine Pflicht zur Führung der Beschluss-Sammlung, indem er diese entweder gar nicht oder aber fehlerhaft führt, haftet er den Eigentümern nach den allgemeinen Vorschriften auf Grundlage des Verwaltervertrages, des Gesetzes und der in der Gemeinschaftsordnung vorgesehenen Pflichten (BT-Drucks. 16/887, S. 34). Entstehen der Gemeinschaft hierdurch Schäden, sind diese auch von der Gemeinschaft geltend zu machen (*Deckert* WE 2007, 100). Allerdings dürfte die Pflicht zur Führung der Beschluss-Sammlung nicht nur der Gemeinschaft als Verband gegenüber bestehen, sondern von ihrem Schutzzweck auch den einzelnen Eigentümer einbeziehen, so dass auch dieser, wenn denn ihm persönlich ein Schaden entsteht, direkt Ansprüche gegen den Verwalter geltend machen können muss. Stellt man auf den Verwaltervertrag ab, über welchen sodann den Verwalter erst die im Gesetz normierte Verpflichtung zur Führung der Beschluss-Sammlung trifft, ist dieser als Vertrag mit Wirkung (Schutzwirkung) zugunsten Dritter anzusehen, so dass der geschädigte Eigentümer insoweit einen direkten Anspruch gegen den Verwalter hat (*Abramenko* Das neue WEG, § 2 Rn. 85). 922

Umstritten ist, ob auch ein Erwerber Ansprüche gegen den Verwalter aus fehlerhafter Führung der Beschluss-Sammlung geltend machen kann. Die Gesetzesbegründung scheint dieses verneinen zu wollen, sie führt aus, der Entwurf sehe eine Haftung gegenüber einem Erwerber, der Einsicht in die Beschluss-Sammlung nehmen, ausdrücklich nicht vor (BT-Drucks. 16/887, S. 34). Tatsächlich besteht zwischen einem Erwerbsinteressenten und dem Verwalter keine direkte vertragliche Beziehung. Allerdings muss man u.E. wohl zumindest eine drittschützende Wirkung der Pflicht zur Führung der Beschluss-Sammlung in Erwägung ziehen (so auch *Merle*, in Bärmann § 24 Rn. 159; Riecke/Schmid/Riecke § 24 Rn. 140). 923

E. Klagen

I. Streitigkeiten über die Gültigkeit von Beschlüssen, § 43 Nr. 4 WEG

1. Beschlussanfechtung mit Begründung (§ 43 Nr. 4 WEG)

924 Klage

des Wohnungseigentümers Max Mustermann, Musterstraße 11, Musterstadt

– Klägers –

Prozessbevollmächtigte: Rechtsanwälte Fürchtenicht _____

gegen

die übrigen Wohnungseigentümer der Wohnungseigentümergemeinschaft Musterstraße 11, Musterstadt gemäß beigefügter Eigentümerliste

– Beklagte –

Verwalter: V. Musterverwalter, Beispielstraße 11, Musterstadt

Ersatzzustellungsvertreter: E. Eigentümer, Musterstraße 11, Musterstadt

Wegen: Beschlussanfechtung

vorläufiger Gegenstandswert: € _____

Namens und in Vollmacht des Klägers erhebe ich Klage mit den Anträgen,

1) den zu TOP 3 auf der Eigentümerversammlung vom 26.03.2015 der Wohnungseigentümergemeinschaft Musterstraße 11 gefassten Beschluss für ungültig zu erklären;

2) den Beklagten die Kosten des Verfahrens aufzuerlegen;

3) im Falle des Vorliegens der Voraussetzungen Versäumnisurteil im schriftlichen Verfahren zu erlassen.

Begründung:

Die Parteien sind Mitglieder der Wohnungseigentümergemeinschaft Musterstraße 11, Musterstadt. Die Wohnungseigentümergemeinschaft hat auf ihrer Versammlung vom 26.03.2015 mehrheitlich beschlossen, sämtliche straßenseitig belegenen Fenster der Liegenschaft zu erneuern, statt Holzfenstern nunmehr Aluminiumfenster einzubauen und mit der Durchführung der Maßnahme die Firma F. Fenster auf Basis deren Kostenschätzung vom 10.03.2008 zu beauftragen. Die Firma F. Fenster hatte eine Kostenschätzung vorgelegt, mit welcher sie »23 Fenster in Aluminium, thermisch getrennt, mit Wärmeschutzverglasung K 1,3, Kosten ca. € 55.000,– + ggf. Schallschutzmaßnahmen« anbot.

Der Beschluss widerspricht ordnungsmäßiger Verwaltung. Zwar sind einzelne Fenster nicht mehr dicht und teilweise auch trübe, die Beschläge für diese Art von Fenstern sind teilweise ausgeleiert und nur noch schlecht reparierbar, und die Fenster weisen keine spezielle Wärmedämmung und Schallisolierung auf. Die Beschlussfassung über den Austausch und die Erneuerung der Fenster hätte jedoch nicht nur auf Grundlage einer einzelnen Kostenschätzung erfolgen dürfen. Allein aufgrund dieser pauschalen Kostenschätzung, die nicht einmal ein verbindliches Angebot darstellt, vermochten die Wohnungseigentümer die Wirtschaftlichkeit der Erneuerung der Fenster in Alu-Ausführung – mit deren Kosten sie belastet werden sollten – nicht ausreichend zu beurteilen. Es hätte vielmehr vor Beschlussfassung der Einholung eines konkreten Angebotes der Firma F. Fenster bedurft sowie weiterer Vergleichsangebote.

Die Verteilung der Kosten der Maßnahme sollte nach Miteigentumsanteilen erfolgen. Der Kläger hält 6.600/100.000 ME, er wäre also mit € 3.630,00 belastet worden. Der Streitwert beträgt somit € 18.150,00. Gerichtskosten zahlen wir demnach in Höhe von € _____ ein.

Unterschrift: Rechtsanwalt

Erläuterungen

1. Verfahrensordnung. Auf Verfahren in Wohnungseigentumssachen, für die früher das FGG galt, werden seit der Novelle vom 01.07.2007 nunmehr die Vorschriften der ZPO angewandt.

Es gibt damit nunmehr für das Verfahren in Wohnungseigentumsangelegenheiten generell keine Besonderheiten mehr zu sonstigen privatrechtlichen Streitigkeiten. Das angerufene Gericht entscheidet nunmehr strikt nach den Regeln des Zivilprozesses auf Grundlage der ZPO. Das bedeutet auch, dass das Gericht der mündlichen Verhandlung eine Güteverhandlung vorzuschalten hat (§ 278 Abs. 2 ZPO) und bei Streitwerten bis zu € 600,00 im vereinfachten Verfahren nach § 495a ZPO entscheiden kann.

Eine **Einschränkung des zivilprozessualen Dispositionsgrundsatzes** findet sich allerdings in § 21 Abs. 8 WEG. Treffen die Eigentümer eine nach dem Gesetz erforderliche Maßnahme danach nicht, so kann das Gericht an ihrer Stelle in einem Rechtsstreit nach billigem Ermessen entscheiden, wenn sich diese Maßnahme nicht aus dem Gesetz, einer Vereinbarung oder einem Beschluss der Eigentümer ergibt. Zu diesen nach dem Gesetz erforderlichen Maßnahmen gehört z.B. die Aufstellung eines Wirtschaftsplans oder einer Jahresabrechnung.

2. Zulässigkeit. *2.1 Sachliche Zuständigkeit:* Für Verfahren in WEG-Sachen nach § 43 Nr. 1–4 und 6 WEG ist das Amtsgericht ausschließlich zuständig. Dieses wird jetzt durch § 23 Nr. 2c GVG geregelt. Die Zuständigkeit des Amtsgerichts ist danach ausschließlich und somit unabhängig vom Streitwert. Die Parteien können nicht etwa streitwertabhängig die Zuständigkeit des Landgerichts vereinbaren. Die ausschließliche sachliche Zuständigkeit des Amtsgerichts gilt nicht für Verfahren nach § 43 Nr. 5 WEG, also Klagen Dritter gegen die Wohnungseigentümergemeinschaft oder gegen Wohnungseigentümer im Hinblick auf das gemeinschaftliche Eigentum, seine Verwaltung oder das Sondereigentum. Für diese Verfahren bleibt es bei der streitwertabhängigen Zuständigkeit von Amts- oder Landgericht.

2.2 Örtliche Zuständigkeit: Örtlich ist das Gericht zuständig, in dessen Bezirk das Grundstück liegt, § 43 WEG. Auch diese Zuständigkeit ist nach dem Wortlaut des Gesetzes ausschließlich. Die Parteien können also keine abweichenden Vereinbarungen treffen und eine solche auch nicht durch rügelose Einlassung im Verfahren begründen.

2.3 Schiedsverfahren: Auch in WEG-Verfahren ist eine Schiedsgerichtsklausel gültig, wenn die Parteien sie vereinbaren. Enthält die Teilungserklärung eine Schiedsklausel oder wird eine solche nachträglich vereinbart und im Grundbuch eingetragen, bindet sie alle Eigentümer und auch deren Rechtsnachfolger. Ist vereinbart, dass das Schiedsgericht anstelle des ordentlichen Gerichts entscheiden soll, ist eine trotzdem vor dem Amtsgericht erhobene Klage unzulässig (BayObLG NJW-RR 1996, 910). Probleme insoweit ergeben sich hinsichtlich der einmonatigen Anfechtungsfrist des § 46 Abs. 1 WEG; die Klage bei einem unzuständigen Gericht kann diese Frist nur wahren, wenn das Verfahren von dort später an das zuständige Gericht verwiesen wird (*Niedenführ/Kümmel/Vandenhouten* § 46 Rn. 62). Eine Verweisung des ordentlichen Gerichts an das Schiedsgericht ist aber nicht möglich, so dass insoweit Fristversäumnis droht. In Anbetracht der zunehmenden Verbreitung von Schiedsgerichtsvereinbarungen sollte vor Klagerhebung in jedem Falle die Teilungserklärung entsprechend geprüft werden.

931 Entsprechend einer Entscheidung des BGH zu Schiedsklauseln in GmbH-Verträgen (BGH NJW 2009, 1962 – II ZR 255/08) gilt jedoch auch in WEG-Verfahren, dass eine solche Schiedsklausel bestimmten Anforderungen genügen muss, um nicht nach § 138 BGB nichtig zu sein. Insbesondere muss sichergestellt sein, dass sich alle Miteigentümer an der Auswahl der Schiedsrichter und am Schiedsverfahren beteiligen können und dass alle denselben Beschluss betreffenden Anfechtungsstreitigkeiten bei einem Schiedsgericht konzentriert werden (AG München ZMR 2010, 649; LG München I NJW-RR 2011, 162).

932 *2.4* **Vorschaltverfahren:** Teilweise finden sich in Teilungserklärungen auch Klauseln zu sog. Vorschaltverfahren. Diese stellen keine Schiedsgerichtsklauseln im engeren Sinne dar, zwingen aber die Beteiligten z.B., Streitigkeiten zwischen den Sondereigentümern, die das Teil- und Gemeinschaftseigentum betreffen, vor der Einleitung gerichtlicher Schritte dem Verwaltungsbeirat vorzutragen, der sodann im Einvernehmen mit dem Verwalter auf eine gütliche Einigung hinwirken soll. Solche Klauseln sind zulässig. Allerdings ist ihr Wirkungsbereich durch Auslegung dahingehend einzuschränken, dass sie nicht für Anfechtungsverfahren gelten. Dort ist aufgrund der kurzen Anfechtungsfrist des § 46 Abs. 1 Satz WEG kein Raum für ein Vorschaltverfahren (AG Merseburg ZMR 2008, 747; *Elzer*, in: BeckOK WEG § 43 Rn. 87; str.).

933 Durch eine solche Regelung in der Teilungserklärung wird zumindest für Streitigkeiten zwischen den Wohnungseigentümern i.S. von § 43 Abs. 1 Nr. 1 WEG das Verfahrenshindernis eines Vorschalt- oder Güteverfahrens geschaffen mit der Folge, dass der Antrag beim Wohnungseigentumsgericht solange unzulässig ist, wie das Verfahren nicht durchgeführt und erfolglos geblieben ist (OLG Frankfurt a.M. NJW-RR 2008, 535). Es handelt sich allerdings nicht um eine von Amts wegen zu berücksichtigende Zulässigkeitsvoraussetzung, sondern um eine auf Rüge zu berücksichtigende Einrede (*Klein*, in: Bärmann § 43 Rn. 199).

934 *2.5* **Schlichtungsverfahren:** Mit der Überführung des WEG-Verfahrens in die ZPO gilt auch § 15a EGZPO. Danach kann durch Landesgesetz vorgesehen werden, dass in vermögensrechtlichen Streitigkeiten vor dem Amtsgericht eine Klage bei Beträgen von unter € 750,00 erst zulässig ist, wenn ein entsprechender Schlichtungsversuch vor einer festgelegten Gütestelle stattgefunden hat. Diese Regelung findet keine Anwendung bei Klagen, die innerhalb einer gesetzlich vorgesehenen Frist zu erheben sind (im WEG-Verfahren: Beschlussanfechtungen) oder bei Ansprüchen, die im gerichtlichen Mahnverfahren geltend gemacht werden.

935 **3. Prozessführungsbefugnis.** *3.1* Jeder Eigentümer ist berechtigt, allein oder mit anderen Miteigentümern zusammen (§ 46 Abs. 1 S. 1 WEG) einen Beschluss anzufechten, und zwar unabhängig davon, ob er an der Versammlung teilgenommen hat oder nicht. Das Rechtsschutzbedürfnis für eine Anfechtung besteht grundsätzlich auch für den Eigentümer, der dem angefochtenen Beschluss zugestimmt hat, denn das Anfechtungsrecht dient nicht allein dem persönlichen Interesse des anfechtenden Wohnungseigentümers oder dem Minderheitenschutz, sondern auch dem Interesse der Gemeinschaft an einer ordnungsmäßigen Verwaltung (OLG Karlsruhe ZMR 2004, 290, 291). Daher ist auch der in der Beschlussfassung vom Stimmrecht nach § 25 Abs. 5 WEG ausgeschlossene Eigentümer anfechtungsberechtigt. Hinsichtlich der Eigentümerstellung kommt es in der Regel auf die Grundbucheintragung zum Zeitpunkt der Anfechtung an, denn das Anfechtungsrecht folgt nicht zwingend dem Stimmrecht in der Versammlung. § 46 WEG spricht von der »Klage eines Wohnungseigentümers«, stellt also lediglich auf die Eigentümerstellung zum Zeitpunkt der Klagerhebung ab; wer erst nach Beschlussfassung, aber vor Ablauf der Anfechtungsfrist im Grundbuch als Eigentümer eingetragen wird, ist somit anfechtungsberechtigt (OLG Frankfurt NJW-RR 1992, 1170). Das gilt allerdings nur, soweit er nicht lediglich Bucheigentümer ist. Ist die Eintragung eines Bucheigentümers materiell unwirksam, weil er den Kauf-

vertrag z.B. angefochten hat, ist der Bucheigentümer nicht zur Anfechtung berechtigt (BGH ZMR 2012, 972 – V ZR 241/11).

Ein **Erwerber** im Rahmen eines sog. Zweitwerbers, der also **innerhalb einer bereits bestehenden Wohnungseigentümergemeinschaft** eine Wohnung erwirbt, hat kein eigenes Anfechtungsrecht, wenn er noch nicht im Grundbuch eingetragen ist. Er kann aber u.U. in Prozessstandschaft anfechten, siehe hierzu Formular E.I.3. 936

In einer **werdenden Wohnungseigentümergemeinschaft** ist zu unterscheiden: Nach Vollzug der Wohnungseigentümergemeinschaft durch Eintragung des ersten Erwerbers in das Grundbuch neben dem teilenden Eigentümer können danach hinzutretende Wohnungskäufer erst mit Umschreibung im Grundbuch Wohnungseigentümer werden; sie haben noch kein eigenes Anfechtungsrecht, sondern können nach den o.g Grundsätzen ein solches lediglich in Verfahrensstandschaft für den aufteilenden Veräußerer geltend machen. Diejenigen Wohnungskäufer allerdings, die bis zur Invollzugsetzung der Gemeinschaft eine Eigentumsverschaffungsvormerkung im Grundbuch und den Besitz an der Wohnung erlangt haben, behalten ihren Status als sog. werdende Wohnungseigentümer mit der Folge eines eigenen Stimm- und Antragsrechts (KG NJW-RR 2004, 878, 879). 937

3.2 Im Falle eines Insolvenzverfahrens ist der Insolvenzverwalter, im Falle einer Zwangsverwaltung der Zwangsverwalter jedenfalls hinsichtlich der Beschlussfassung über die Jahresabrechnung anfechtungsberechtigt (Riecke/Schmid/*Abramenko* § 46 Rn. 4; LG Berlin ZMR 2009, 474). 938

Bruchteilseigentümer sind jeweils einzeln zur Anfechtung berechtigt, sollte aber darauf achten, auf Beklagtenseite ausdrücklich seinen weiteren Bruchteilseigentümer als Beklagten auszunehmen (LG Frankfurt ZWE 2013, 469). Ist eine Gesellschaft bürgerlichen Rechts Eigentümer, können die einzelnen Gesellschafter nicht anfechten. Dieses Recht steht nur der auch insoweit teilrechtsfähigen GbR selbst zu. 939

Nach dem Wortlaut des § 46 Abs. 1 WEG ist auch der Verwalter – ohne Einschränkungen – zur Anfechtung berechtigt. *Klein*, in: Bärmann § 46 Rn. 31 weist allerdings zu Recht darauf hin, dass es sich bei dieser Vorschrift nur um Regelungen zur Passivvertretung handelt, nur sofern der Verwalter zur Anfechtung berechtigt ist, ergeben sich aus § 46 entsprechende Folgen. Es ist also nach wie vor umstritten, wie weit das Anfechtungsrecht des Verwalters geht, insbesondere, ob er im Sinne einer altruistischen Befugnis zur Sicherung der ordnungsmäßigen Verwaltung ohne eigene Betroffenheit Beschlüsse anfechten darf (vgl. u.a. Riecke/Schmid/*Abramenko* § 46 Rn. 3). Richtig dürften vielmehr die Überlegungen des LG Nürnberg-Fürth (ZMR 2009, 483, 484) sein. Danach ist der Verwalter gemäß § 27 Abs. 1 Nr. 1 WEG grundsätzlich verpflichtet, auch fehlerhafte Beschlüsse auszuführen. Die Gewährung einer umfassenden Anfechtungsbefugnis würde nach Ansicht des LG Nürnberg-Fürth im Ergebnis dazu führen, dass dem Verwalter gegenüber der Wohnungseigentümergemeinschaft, der das Gesetz die Befugnis für die Ausgestaltung des Zusammenlebens zubilligt, eine allzu starke und im Gesetz nicht angelegte Stellung eingeräumt würde. Ein Blick in die Aufgaben- und Befugniskataloge des § 27 WEG zeige, dass der Verwalter im Wesentlichen darauf beschränkt sei, die Willensbildung der Gemeinschaft umzusetzen und die Gemeinschaft demgemäß zu verwalten. Eine Befugnis des Verwalters, jedweden Beschluss, den er für rechtswidrig hält, anzufechten, passe hierzu nicht und schränke die Eigentumsrechte der Miteigentümer übermäßig ein. 940

4. Passivlegitimation. *4.1* Nach § 46 Abs. 1 S. 1 WEG ist die Klage eines Wohnungseigentümers gegen die übrigen Wohnungseigentümer, die Klage des Verwalters gegen die (alle) Wohnungseigentümer zu richten ist. Das gilt auch, wenn der Beschluss einer Untergemeinschaft angefochten wird (BGH ZWE 2012, 233 – V ZR 145/11; ZMR 2012, 979 – V ZR 89/11). 941

4.2 Bei Einreichung der Klage genügt nach § 44 Abs. 1 WEG zunächst für die nähere Bezeichnung der Beklagten die bestimmte Angabe des gemeinschaftlichen Grundstücks. Erst bis zum Schluss der mündlichen Verhandlung muss die namentliche Bezeichnung der Wohnungseigentü- 942 mer erfolgt sein (§ 44 Abs. 1 S. 2 WEG). Damit will der Gesetzgeber der Tatsache Rechnung tragen, dass einerseits nach § 253 Abs. 2 Nr. 1 ZPO die Parteien in der Klageschrift so genau bezeichnet werden müssen, dass kein Zweifel an der Person besteht, es andererseits aber für den Kläger, der die einmonatige Anfechtungsfrist gemäß § 46 Abs. 1 WEG einhalten muss, in der Kürze der Zeit nicht immer ganz einfach sein kann, eine richtige und vollständige Liste beizufügen. Er muss unter Umständen erst das Grundbuchamt um Auskunft ersuchen oder den Verwalter zur Übergabe einer Eigentümerliste auffordern; hierbei kann es zu Verzögerungen kommen. Ihm soll daher noch nach der Klageerhebung ein Zeitraum verbleiben, in dem er die für § 253 Abs. 2 Nr. 1 ZPO erforderliche Parteibezeichnung vervollständigen kann (BT-Drucks. 16/887, S. 36). Das Beibringen der Parteibezeichnung kann für den Kläger aber gerade in größeren Gemeinschaften mit erheblichen Schwierigkeiten verbunden sein. Er hat zwar gegenüber dem Verwalter einen direkten Anspruch auf eine Liste der weiteren Eigentümer nebst Anschriften (BayObLG WuM 1985, 165; LG Köln ZWE 2011, 234). Dieses hilft ihm aber nur insoweit weiter, als der Verwalter tatsächlich den aktuellen Sachstand zur Verfügung stellen kann. Da auch der Verwalter auf die Angaben angewiesen ist, die ihm die Eigentümer übermitteln, sind insbesondere in großen Gemeinschaften auch die aktuellen Informationen des Verwalters oftmals nicht bis in das letzte Detail korrekt.

943 Letztlich ist es die Pflicht des anfechtenden Eigentümers, bis zum Schluss der mündlichen Verhandlung die Gegner namentlich zu bezeichnen. Unterlässt er dieses, ist die Klage als unzulässig abzuweisen (LG Köln ZWE 2011, 234). Allerdings kann er die Angabe auch noch in der Berufungsinstanz nachholen (BGH ZMR 2011, 976 – V ZR 34/11 und ZWE 2012, 82 – V ZR 29/11).

Auf Anregung des Klägers muss das Gericht der Verwaltung aufgeben, eine aktuelle Liste der Wohnungseigentümer vorzulegen, und die Anordnung nach Fristablauf gegebenenfalls mit Ordnungsmitteln nach § 142 ZPO analog durchsetzen (BGH ZMR 2013, 291. V ZR 162/11).

944 *4.3* Lässt sich auch durch Auslegung nicht ermitteln, dass die Wohnungseigentümer verklagt werden sollen, weil sich die Klage z.B. ausdrücklich gegen »die Wohnungseigentümergemeinschaft richtet, ist nach der Auffassung des BGH (ZMR 2010, 210 = NZM 2010, 46 – V ZR 73/09; auch BGH ZMR 2011, 483 – V ZR 140/10) ein Parteiwechsel vorzunehmen, der im Übrigen auch nach Ablauf der Anfechtungsfrist des § 46 Abs. 1 Satz 2 WEG zulässig sein soll, und zwar tatsächlich bis zum Schluss der letzten mündlichen Verhandlung (BGH ZMR 2010, 210 – V ZR 73/09; es reicht auch eine Prozesserklärung in der mündlichen Verhandlung BGH NJW 2010, 3376 – V ZR 10).

945 Eines Parteiwechsels bedarf es nicht, wenn sich durch Auslegung ermitteln lässt, dass die Klage nicht gegen den Verband, sondern gegen die einzelnen Eigentümer gerichtet sein soll – BGH ZMR 2010, 210 – V ZR 73/09; BGH ZMR 2010, 547 – V ZR 62/09). Bei einer solchen Auslegung der Parteibezeichnung soll der ganze Inhalt der Klagschrift nebst Anlagen heranzuziehen sein. Ergebe sich hieraus unzweifelhaft, welche Partei wirklich gemeint ist, steht dem nicht entgegen, dass der Kläger irrtümlich die Bezeichnung einer tatsächlich existierenden, am Rechtsstreit aber nicht beteiligten dritten Person gewählt hat (BGH NJW-RR 2008, 582 – X ZR 144/06). Dafür, dass eigentlich die Wohnungseigentümer, und nicht die Wohnungseigentümergemeinschaft gemeint sind, spricht z.B. wenn das Rubrum zwar die Gemeinschaft nennt, sich im weiteren aber Begriffe wie »die Beklagten« etc. finden (LG Nürnberg-Fürth ZMR 2009, 79; LG Hamburg ZMR 2006, 396, 397) oder ausdrücklich die Nachreichung einer Wohnungseigentümerliste angekündigt wird (LG Hamburg ZMR 2010, 64). Nennt die Klage überhaupt keinen Beklagten sondern lediglich das Grundstück bzw. die Belegenheit der WEG, so führt die Auslegung zu dem Ergebnis, dass natürlich die übrigen Wohnungseigentümer verklagt werden sollten (BGH NJW-RR 2013, 458 – V ZR 102/12).

4.4 Wird ein Eigentümer auf der Passivseite »vergessen«, stellt sich die Frage, ob und inwieweit die Anfechtung eines Beschlusses auch gegen ihn wirkt, der ja nicht an dem Anfechtungsverfahren beteiligt war. Der Gesetzgeber geht davon aus, dass ein Urteil, durch das ein Beschluss der Gemeinschaft für ungültig erklärt wird, auch gegenüber den Wohnungseigentümern materiell-rechtliche Wirkungen entfaltet, die von dem Kläger versehentlich nicht in der Eigentümerliste aufgeführt wurden, in der die Beklagten näher bezeichnet werden. Wird ein Beschluss vom Gericht für ungültig erklärt, so ist diese **materielle Gestaltungswirkung** nicht auf die Parteien des Rechtsstreits beschränkt, sondern tritt im Verhältnis zu jedermann ein. Diese Rechtsfolge soll sich aus § 23 Abs. 4 WEG ergeben (BT-Drucks. 16/887, S. 75).

5. Rubrum. Da sich eine Beschlussanfechtung nach §§ 46, 43 Nr. 4 WEG gegen alle Eigentümer richtet, ist die Problematik der Beiladung nach § 48 bei den Verfahren nach § 43 Nr. 4 WEG nur hinsichtlich des Verwalters relevant. Dieser ist nach § 48 Abs. 1 S. 2 WEG, wenn er nicht selbst Partei ist, zwingend beizuladen. Der Verwalter ist daher gesondert im Rubrum aufzuführen, § 44 Abs. 1 S. 1, 2. HS WEG.

In jedem Falle ist der von der Gemeinschaft nach § 45 Abs. 2 WEG bestellte Ersatzzustellungsvertreter anzugeben, § 44 Abs. 1 S. 1, 2. HS WEG. Nach dem Wortlaut des Gesetzes bedarf es nicht der Angabe des Vertreters des Ersatzzustellungsvertreters. Wird der Ersatzzustellungsvertreter nicht oder falsch angegeben und verzögert sich dadurch die Zustellung, kann die Klage eventuell nicht mehr demnächst i.S. von § 167 ZPO zugestellt werden (AG Düsseldorf ZMR 2010, 807; *Klein*, in: Bärmann § 44 Rn. 8).

6. Anfechtungsfrist. *6.1* § 46 Abs. 1 S. 2 bestimmt, dass die Anfechtungsklage innerhalb eines Monats nach Beschlussfassung zu erheben ist. Es handelt sich bei der Anfechtungsfrist um eine materiell-rechtliche Ausschlussfrist, nicht etwa um eine Zulässigkeitsvoraussetzung für die Anfechtungsklage. Insoweit gilt nichts anderes als für die aktienrechtliche Anfechtungsklage, für die ebenfalls eine Anfechtungsfrist vorgeschrieben ist, die unbeschadet des Standorts in einer Vorschrift, die überwiegend verfahrensrechtliche Bestimmungen trifft, als materiell-rechtliche Frist eingestuft wird (BT-Drucks. 16/887, S. 38; BGH ZMR 2009, 296 – V ZR 74/08).

Für die Wahrung der Anfechtungsfrist ist die Rechtshängigkeit maßgeblich (§ 253 i.V.m. § 261 Abs. 1 ZPO), wobei § 167 ZPO anwendbar ist; es genügt also die rechtzeitige Einreichung der Klageschrift bei Gericht, wenn nur die Zustellung demnächst erfolgt (BT-Drucks. 16/887, S. 38). Soweit die Verzögerung der Zustellung von der klagenden Partei zu vertreten ist, erfolgt die Zustellung nur dann »demnächst«, wenn sich diese Verzögerung in einem hinnehmbaren Rahmen hält. Im Hinblick auf Verzögerungen bei der Einzahlung des Gerichtskostenvorschusses muss dieser innerhalb eines Zeitraumes gezahlt werden, der sich »um die zwei Wochen bewegt oder nur geringfügig darüber liegt« (BGH ZMR 2009, 296, 299 – V ZR 74/08).

Führt die unterbliebene oder falsche Angabe eines Ersatzzustellungsvertreters zu Verzögerungen, kann es unter Umständen an einer Zustellung »demnächst« fehlen (AG Düsseldorf ZMR 2010, 807; *Klein*, in: Bärmann § 44 Rn. 8).

Als materiell-rechtliche Ausschlussfrist ist die Anfechtungsfrist **von Amts wegen zu beachten**. Ist sie nicht eingehalten, führt dieses zur Abweisung der Klage als unbegründet, nicht als unzulässig. Ob und inwieweit die Anfechtungsfrist durch Vereinbarung, z.B. in der Teilungserklärung, verlängert oder verkürzt werden kann, ist umstritten (vgl. dazu Riecke/Schmid/*Abramenko* § 46 Rn. 6. Da die Anfechtungsfrist keine Verjährungsfrist ist, gelten die zivilrechtlichen Regelungen über Hemmung oder Unterbrechung nicht, auch nicht entsprechend.

6.2 Die **Frist beginnt** gemäß § 187 Abs. 1 BGB mit dem Tag des Ereignisses, also der Beschlussfassung. Erfolgt die Beschlussfassung in einer Eigentümerversammlung, ist also der Tag der Versammlung maßgeblich. Wird ein Umlaufbeschlusses gefasst, beginnt die Frist mit der Beschlussfeststellung und Beschlussverkündung durch den Initiator des Umlaufbeschlusses (s. hierzu oben Formular C.12.).

954 **6.3** Die **Frist endet** nach § 188 Abs. 2 BGB mit Ablauf des Tages im Folgemonat, der seiner Zahl nach dem Tag des Datums der Beschlussfassung entspricht (Beschlussfassung 24.02; Fristablauf 24.03.). Bei kürzeren Monaten ist § 188 Abs. 3 BGB zu beachten (Beschlussfassung 30.01; Fristablauf 28. oder 29.02.). Bei Fristablauf an einem Sonnabend, Sonntag oder gesetzlichen Feiertag gilt § 193 BGB, wonach die Frist erst am nächsten Werktag abläuft.

955 Die Frist kann vom Gericht nicht verlängert werden (BGH ZMR 2010, 126 – V ZR 235/08).

956 Bei unverschuldeter Fristversäumnis ist durch die Verweisung in § 46 Abs. 1 S. 3 WEG auf die §§ 233 bis 238 ZPO die **Wiedereinsetzung in den vorigen Stand** möglich. Allerdings kann eine Wiedereinsetzung generell nur erfolgen kann, wenn der Betroffene an der Einhaltung der maßgeblichen Frist ohne sein Verschulden gehindert war. Bereits nach der Rechtsprechung zum alten Recht konnte sich ein Eigentümer nur sehr eingeschränkt darauf zurückziehen, er habe erst zu spät konkrete Kenntnis über die gefassten Beschlüsse erhalten. So hat z.B. ein Eigentümer, der an der Versammlung selbst teilgenommen hat, stets Kenntnis über die dort gefassten Beschlüsse und kann daher rechtzeitig anfechten, auch wenn ihm bis zum Ablauf der Anfechtungsfrist kein Protokoll vorliegt (BayObLG ZMR 2004, 212, 213).

957 Hat der Eigentümer Kenntnis von der Versammlung, ohne an dieser teilgenommen zu haben, muss er sich durch Einsicht in die Beschluss-Sammlung Kenntnis über die dort gefassten Beschlüsse verschaffen (LG Karlsruhe ZMR 2010, 715, 716) und sodann ggf. rechtzeitig anfechten. An der Einhaltung der Anfechtungsfrist war er ohne sein Verschulden nur dann gehindert, wenn er innerhalb der Anfechtungsfrist weder ein Protokoll erhalten hat noch den Inhalt aus der Beschluss-Sammlung entnehmen konnte, weil z.B. der Verwalter seinen Pflichten insoweit nicht nachgekommen war. Allerdings wird man gegebenenfalls vom Eigentümer fordern müssen, dass dieser den Verwalter zur Eintragung in die Beschluss-Sammlung auffordert. Nur wenn er trotz dieser Aufforderung keine Kenntnis von den gefassten Beschlüssen erhält, dürfte es an einem Verschulden des Eigentümers fehlen.

958 Ob ein Antrag auf **Prozesskostenhilfe** die Anfechtungsfrist wahrt oder nach einem rechtzeitig innerhalb der Anfechtungsfrist gestellten Prozesskostenhilfeantrag sodann über einen Wiedereinsetzungsantrag der Einstieg in das Verfahren möglich ist, ist umstritten. Es spricht jedoch einiges dafür, dass der PKH-Antrag die Klagfrist nicht wahrt, so dass nach Gewährung der Prozesskostenhilfe dann für die Klagfrist und ggf. auch für die dann versäumte Begründungsfrist ein Antrag auf Wiedereinsetzung nach §§ 233 ff. ZPO zu stellen ist (Riecke/Schmid/*Abramenko*, § 46 Rn. 6a; *Klein*, in: Bärmann, § 46, Rn. 47 ff.).

959 **7. Begründungsfrist.** Die Klage muss innerhalb von zwei Monaten nach Beschlussfassung begründet werden, § 46 Abs. 1 S. 2 WEG. Zu Fristbeginn und Fristende gelten die Ausführungen zur Anfechtungsfrist entsprechend.

960 Auch diese Frist ist eine materiell-rechtliche Ausschlussfrist (BGH ZMR 2009, 296 – V ZR 74/08) und kann durch das das Gericht nicht verlängert werden (BGH ZMR 2010, 126 – V ZR 235/08).

961 Der Anfechtungskläger muss innerhalb der Begründungsfrist zumindest den wesentlichen tatsächlichen Kern der Gründe vortragen, auf die er seine Anfechtung stützt. Nach Ablauf der Frist kann er keine neuen Gründe nachschieben (BGH ZMR 2009, 296, 299 – V ZR 74/08). Der BGH fordert zwar keine Substantiierung im Einzelnen, fordert aber, dass der Lebenssachverhalt wenigstens in Umrissen vorgetragen wird (BGH ZMR 2009, 698, 699 – V ZR 196/08).

962 Der anfechtende Eigentümer, der die Begründungsfrist versäumt oder nicht alle Gründe innerhalb der Frist vorgetragen hat, kann sich auch nicht auf das Vorbringen anderer, ebenfalls anfechtender Eigentümer, berufen. Die Wirkung des § 62 Abs. 1 ZPO greift hier nicht, da es sich bei der Begründungsfrist gerade nicht um eine prozessuale, sondern um eine materiell-rechtliche Frist handelt. Hat er die Frist versäumt, wird seine Klage abgewiesen, auch wenn andere klagende Eigentümer ihre Klagen innerhalb der Begründungsfrist rechtzeitig begründet haben (BGH ZMR

2009, 698, 700 – V ZR 196/08). Hat er ggf. wesentliche Anfechtungsgründe nicht innerhalb der Begründungsfrist vorgetragen, so kann seine Klage abgewiesen werden, während andere Eigentümer mit ihren Klagen durchdringen können, das Urteil in den Verfahren mehrere anfechtender Eigentümer muss nicht einheitlich ausfallen, auch wenn die Verfahren miteinander verbunden worden sind (BGH ZMR 2009, 698, 700 – V ZR 196/08).

8. Form. Die Anfechtung muss in Form einer Klagschrift erfolgen, für die § 253 ZPO gilt. Die Klageschrift muss demnach die Bezeichnung der Parteien und des Gerichts, die bestimmte Angabe des Gegenstandes und des Grundes des erhobenen Anspruchs sowie einen bestimmten Antrag enthalten. Sie soll ferner die Angabe des Wertes des Streitgegenstandes enthalten. Die Klageschrift sowie sonstige Anträge und Erklärungen einer Partei, die zugestellt werden sollen, sind bei dem Gericht schriftlich unter Beifügung der für ihre Zustellung oder Mitteilung erforderlichen Zahl von Abschriften einzureichen. 963

9. Prozessverbindung. *9.1* § 47 WEG ordnet **zwingend** an, dass mehrere Prozesse, in denen Klagen auf Erklärung oder Feststellung der Ungültigkeit desselben Beschlusses der Wohnungseigentümer erhoben werden, zur gleichzeitigen Verhandlung und Entscheidung zu verbinden sind. Durch die Verbindung sollen die Kläger der vorher selbstständigen Prozesse zu Streitgenossen werden. 964

Wie im aktienrechtlichen Anfechtungsverfahren (vgl. § 246 Abs. 3 S. 3 AktG) soll auch in Wohnungseigentumssachen gewährleistet werden, dass die Entscheidung in allen Anfechtungsklagen, die denselben Beschluss der Wohnungseigentümer betreffen, einheitlich ergeht. Dieses Erfordernis beruht auf der Rechtskraftwirkung der Entscheidung für und gegen alle Wohnungseigentümer und den Verwalter, die sich aus § 325 ZPO sowie § 48 Abs. 3 WEG ergibt. Die Notwendigkeit einer Prozessverbindung in Beschlussanfechtungsverfahren folgt darüber hinaus aus der Identität des Streitgegenstandes. Aus den gleichen Gründen sind nicht nur Anfechtungsprozesse zu verbinden, sondern alle Prozesse, in denen es um die Gültigkeit desselben Beschlusses der Wohnungseigentümer geht, unabhängig davon, ob die Erklärung oder die Feststellung der Ungültigkeit begehrt wird. Es kommt nicht darauf an, ob die Klage auf ein Gestaltungsurteil (Anfechtungsklage) oder ein Feststellungsurteil (Nichtigkeitsklage) abzielt, da ein einheitlicher Streitgegenstand vorliegt (BT-Drucks. 16/887, S. 38 f.). 965

9.2 Eine Verbindung nach § 47 WEG setzt die Identität des Streitgegenstandes voraus. Es muss sich also um denselben Beschluss handeln, und es muss dieser Beschluss auch jeweils identisch angegriffen werden. Fechten zwei verschiedene Verfahren den Beschluss über die Jahresabrechnung zu jeweils unterschiedlichen Kostenpositionen an, ist der Streitgegenstand nicht identisch (Riecke/Schmid/*Abramenko* § 47 Rn. 3). Auch in diesen Fällen dürfte sich aber eine Verbindung der Verfahren nach § 147 ZPO anbieten. 966

9.3 Als Folge **der zwingenden Prozessverbindung** verlieren die einzelnen Anfechtungsprozesse ihre bisherige Selbstständigkeit und werden untrennbar zu einem einzelnen Prozess verbunden. Die Kläger der vormaligen Einzelprozesse stehen jetzt als notwendige Streitgenossen nach § 62 Abs. 1 ZPO auf Klägerseite, die übrigen Wohnungseigentümer mit Ausnahme der Kläger auf Beklagtenseite. 967

9.4 Unterbleibt eine Verbindung der Prozesse irrtümlich, dürfte es bei den bisher von der Rechtsprechung entwickelten Grundsätzen bleiben, da der Gesetzgeber letztlich nur die bisher schon praktizierte Rechtsprechung in Gesetzesform gießen wollte (BT-Drucks. 16/887, S. 39). Wird danach ein Eigentümerbeschluss von mehreren Wohnungseigentümern jeweils selbstständig angefochten, und unterbleibt eine Verfahrenszusammenführung, so tritt in den weiteren Anfechtungsverfahren Erledigung der Hauptsache ein, wenn in einem Verfahren der Antrag auf Ungültigerklärung des Beschlusses rechtskräftig abgewiesen wird und die übrigen anfechtenden Wohnungseigentümer an diesem Verfahren auch formell beteiligt waren (BayObLG ZMR 2007, 395). 968

969 **10. Streitwert und Rechtsanwaltsvergütung.** Aus Furcht, die Beteiligten im Rahmen von Binnenstreitigkeiten zu sehr mit Kosten zu belasten, die aus der Überführung des Verfahrens unter die Ägide der ZPO resultieren, hat der Gesetzgeber den für die Kostenberechnung maßgeblichen Streitwert mit § 49a GKG begrenzt. Gleichzeitig hat er aber dem Verwalter die Möglichkeit gegeben, mit Wirkung für und gegen die Eigentümer und die Gemeinschaft mit Rechtsanwälten höhere Streitwerte für die Kostenberechnung zu vereinbaren, § 27 Abs. 2 Nr. 4, Abs. 3 Nr. 6 WEG, ohne dass daraus resultierende höhere Gebühren allerdings im gerichtlichen Verfahren festsetzbar wären.

970 Nach § 49a GKG ist der Streitwert auf 50 % des Interesses der Parteien und aller Beigeladenen an der Entscheidung festzusetzen. Er darf das Interesse des Klägers und der auf seiner Seite Beigetretenen an der Entscheidung nicht unterschreiten und das Fünffache des Wertes ihres Interesses nicht überschreiten. Der Wert darf in keinem Fall den Verkehrswert des Wohnungseigentums des Klägers und der auf seiner Seite Beigetretenen übersteigen. Richtet sich eine Klage gegen einzelne Wohnungseigentümer, darf der Streitwert das Fünffache des Wertes ihres Interesses sowie des Interesses der auf ihrer Seite Beigetretenen nicht übersteigen.

971 Ficht ein Eigentümer also, wie hier im Formular, eine Sonderumlage (in Höhe von € 100.000) an, so beläuft sich das Interesse aller Beteiligten auf die Höhe der Sonderumlage. Der maximale Wert liegt also zunächst bei 50 %, im vorliegenden Fall bei € 50.000. Würde der anfechtende Eigentümer durch die Sonderumlage mit € 3.630 belastet, stellt dieses den untersten Wert des möglichen Streitgegenstandes dar. Nach oben wird der Streitwert hierdurch auf das Fünffache begrenzt, das wären hier € 18.150. Darüber hinaus darf der Streitwert den Verkehrswert des Wohnungseigentums der Kläger nicht überschreiten.

972 Wird der Beschluss über die Sonderumlage von € 100.000 z.B. von mehreren Eigentümern angefochten, die zusammen mit € 60.000 aus der Sonderumlage belastet würden, greift die Begrenzung auf 50 % des Gesamtinteresses aller Beteiligter; der Streitwert läge also bei maximal € 50.000.

973 Mit der ersten Tätigkeit des Rechtsanwalts nach Erteilung des Verfahrensauftrages, also i.d.R. mit der Entgegennahme der Information, fällt die Verfahrensgebühr an. In gerichtlichen Verfahren I. Instanz entsteht sie in Höhe einer 1,3 Gebühr (Nr. 3100 VV RVG). Die Verfahrensgebühr entsteht in jedem Rechtszug gesondert (§ 15 Abs. 2 RVG). Die Verfahrensgebühr entsteht nicht in voller Höhe, sondern fällt nur in Höhe von 0,8 an, wenn der Auftrag des Rechtsanwalts endet, bevor er
— eine Klage (Nr. 3101 Nr. 1 1. Alt. VV RVG) oder
— den ein Verfahren einleitenden Antrag (Nr. 3101 Nr. 1 2. Alt. VV RVG),
— einen Schriftsatz mit Sachanträgen (Nr. 3101 Nr. 1 3. Alt. VV RVG),
— einen Schriftsatz mit Sachvortrag, (Nr. 3101 Nr. 1 4. Alt. VV RVG),
— die Klagerücknahme (Nr. 3101 Nr. 1 5. Alt. VV RVG) oder
— die Antragsrücknahme (Nr. 3101 Nr. 1 6. Alt. VV RVG)
eingereicht oder einen gerichtlichen Termin wahrgenommen (Nr. 3101 Nr. 1 7. Alt. VV RVG) hat.

974 Bei Vertretung mehrerer Auftraggeber in derselben Angelegenheit wegen desselben Gegenstandes erhöht sich die Verfahrensgebühr für jeden weiteren Auftraggeber um 0,3 gem. Nr. 1008 VV RVG. Im Beschlussanfechtungsverfahren ist die interne Willensbildung betroffen, so dass die Erhöhung in diesem Fall eintritt (BGH ZMR 2012, 203 – V ZB 39/11).

975 Die Terminsgebühr entsteht gemäß Abs. 3 der Vorbemerkung 3 VV RVG für:

976 »die Vertretung in einem Verhandlungs-, Erörterungs- oder Beweisaufnahmetermin oder die Wahrnehmung eines von einem gerichtlich bestellten Sachverständigen anberaumten Termins oder die Mitwirkung an auf die Vermeidung oder Erledigung des Verfahrens gerichteten Besprechungen ohne Beteiligung des Gerichts«

Die Terminsgebühr kann grundsätzlich nur in gerichtlichen Verfahren entstehen, was sich bereits 977
daraus ergibt, dass sich die Tatbestandsvoraussetzungen in der Vorbemerkung 3 (also der Vorbemerkung des 3. Teils »Bürgerliche Rechtsstreitigkeiten, Verfahren der freiwilligen Gerichtsbarkeit, der öffentlich-rechtlichen Gerichtsbarkeit, Verfahren nach dem Strafvollzugsgesetz und ähnliche Verfahren«) finden. Es muss zumindest ein Prozess- oder Verfahrensauftrag erteilt worden sein.

Nimmt der Rechtsanwalt, der noch keinen Prozess- oder Verfahrensauftrag hat, an Terminen (z.B. 978
Besichtigungstermin, Abnahmetermin) teil, muss er dies bei der Bemessung seiner Geschäftsgebühr innerhalb des vorgegebenen Gebührenrahmens berücksichtigen »Umfang der anwaltlichen Tätigkeit«) bzw. eine entsprechende Vergütungsvereinbarung mit seinem Mandanten treffen.

In erster Instanz entsteht die Terminsgebühr gemäß Nr. 3104 VV RVG grundsätzlich in Höhe 979
von 1,2 aus dem Wert des verhandelten Gegenstands, der der Höhe nach durch den Wert der
Verfahrensgebühr begrenzt ist. Die Terminsgebühr kann also maximal aus dem Wert der Verfahrensgebühr entstehen (*Gerold/Schmidt/von Eicken/Madert/Müller-Rabe* RVG N 3104 VV RVG,
Rn. 97).

Für die Wahrnehmung des Gerichtstermins fällt eine 1,2 Terminsgebühr der Nr. 3104 VV RVG 980
an. Eine Ermäßigung der Terminsgebühr kommt in WEG-Verfahren grundsätzlich nicht in Betracht. Mit Beschluss vom 20.11.2006 hat der BGH die Entstehung einer 1,2 Terminsgebühr in
den Verfahren der freiwilligen Gerichtsbarkeit in Wohnungseigentumssachen auch dann bejaht,
wenn im Einverständnis mit den Beteiligten oder aus besonderen Gründen ausnahmsweise ohne
mündliche Verhandlung entschieden wird (BGH NJW 2006, 2495, Festhaltung an Senatsbeschl.
v. 24. Juli 2003, V ZB 12/03, NJW 2003, 3133 zu § 31 Abs. 1 Nr. 2 BRAGO).

11. Gerichtskostenvorschuss. Nach § 12 Abs. 1 S. 1 GKG, soll die Klage erst nach Zahlung 981
der Gebühr für das Verfahren im Allgemeinen zugestellt werden. Es sind also nach Nr. 1210 VV-
GKG drei Gerichtsgebühren an Vorschuss einzuzahlen. Wichtig ist diese Vorschrift, wenn es um
die Wahrung der Anfechtungsfrist von einem Monat nach § 46 WEG geht. Die Frist ist nur gewahrt, wenn die Klage zwar nach Ablauf der Anfechtungsfrist, aber »demnächst« nach Einreichung zugestellt wird. Das geschieht wiederum nur, wenn ein Gerichtskostenvorschuss eingezahlt
wird. Verzögert sich dieses aus Gründen, die in der Sphäre des Klägers liegen, kann Verfristung
drohen. Es ist daher immer anzuraten, zumindest einen vorläufigen Gegenstandswert in der Klage
zu berechnen und nach diesem drei Gerichtsgebühren bereits mit Einreichung der Klagschrift einzuzahlen.

12. Kosten/Kostenerstattung. *12.1* Es gelten die §§ 91 ff. ZPO: Die Kosten sind im Verhält- 982
nis des Obsiegens zum Unterliegen zu verteilen. Wer das Verfahren vollen Umfangs verliert, trägt
nicht nur die eigenen Kosten, sondern auch die Kosten der Gegenseite und die Gerichtskosten.
Zwar hat die WEG-Novelle die potenzielle Kostenlast durch Verringerung bzw. Begrenzung der
Streitwerte beschränkt. Das Risiko einer Kostenerstattung darf aber trotzdem nicht unterschätzt
werden.

Insbesondere im Beschlussanfechtungsverfahren, in dem auf Beklagtenseite alle übrigen Woh- 983
nungseigentümer stehen, die sich jeder einzeln durch einen eigenen Anwalt vertreten lassen könnten, wäre die Kostenlast für den anfechtenden Eigentümer bei Verlust des Prozesses enorm. § 50
WEG regelt daher, dass den Wohnungseigentümern als zur zweckentsprechenden Rechtsverfolgung oder Rechtsverteidigung notwendige Kosten nur die Kosten eines bevollmächtigten Rechtsanwalts zu erstatten sind, wenn nicht aus Gründen, die mit dem Gegenstand des Rechtsstreits zusammenhängen, eine Vertretung durch mehrere bevollmächtigte Rechtsanwälte geboten war. § 50
WEG beschränkt dabei den Kostenerstattungsanspruch einer Mehrzahl von Anfechtungsklägern
nicht; fechten mehrere Kläger mit verschiedenen Anwälten den gleichen Beschluss an und obsiegen, sind die Kosten für alle beteiligten Rechtsanwälte zu erstatten (BGH ZMR 2011, 50 – V ZB
153/09). Auf Beklagtenseite sind in der Regel nur die Kosten des Rechtsanwaltes erstattungsfähig,

der vom Verwalter mit der Vertretung der Miteigentümer beauftragt worden ist (BGH ZMR 2010, 51 – V ZB 11/09).

984 *12.2* Die **Rechtsmittel gegen einen Kostenfestsetzungsbeschluss** sind differenziert zu betrachten:

985 Solange die Beschwer unter € 200,00 liegt (§ 567 Abs. 2 ZPO), ist die befristete Rechtspflegererinnerung nach § 11 Abs. 2 S. 1 RPflG zulässig. Der Rechtspfleger kann der Erinnerung abhelfen, hierzu hat er vorher die Gegenseite anzuhören, § 11 Abs. 2 S. 2 RPflG. Anderenfalls muss er sie dem Richter vorlegen, der dann abschließend entscheidet. Außer der Gehörsrüge nach § 321a ZPO ist gegen die Entscheidung des Richters kein Rechtsmittel zulässig.

986 Liegt die Beschwer über € 200,00, ist das zulässige Rechtsmittel die sofortige Beschwerde nach §§ 104 Abs. 3 S. 1 i.V.m. § 567 ZPO. Die sofortige Beschwerde ist binnen einer Notfrist von zwei Wochen bei dem Gericht, dessen Entscheidung angefochten wird, oder bei dem Beschwerdegericht einzulegen, § 569 Abs. 1 ZPO. Nach § 572 Abs. 1 ZPO kann der Rechtspfleger der Beschwerde abhelfen, nachdem er der Gegenseite rechtliches Gehör gewährt hat. Anderenfalls muss er die sofortige Beschwerde dem Beschwerdegericht vorlegen, dieses ist bei Entscheidungen des Amtsgerichts das zuständige Landgericht. Gegen die Entscheidung des Landgerichts ist die Rechtsbeschwerde nach § 574 ZPO nur zulässig, wenn sie vom Landgericht ausdrücklich zugelassen wird.

987 *12.3* Nach § 49 Abs. 2 WEG kann das Gericht die Prozesskosten auch dann dem Verwalter auferlegen, wenn die Tätigkeit des Gerichts durch ihn veranlasst wurde, ihn ein grobes Verschulden trifft und er nicht Partei des Rechtsstreits ist. Diese Regelung ermöglicht es also, dem Verwalter auch dann Prozesskosten aufzuerlegen, wenn §§ 91 ff. ZPO hierfür keine Handhabe bieten. Dies ist insbesondere dann der Fall, wenn er an dem Rechtsstreit nicht (als Partei) oder nur als Nebenintervenient beteiligt ist. Es schien aus Sicht des Gesetzgebers geboten, die Kostentragung auf grobes Verschulden zu begrenzen (BT-Drucks. 16/887, S. 41). In einer älteren Entscheidung ging das OLG München noch davon aus, dass. Mängel in der Einberufung es ohne weiteres rechtfertigen würden, dem Verwalter die Kosten aufzuerlegen (OLG München ZMR 2006, 954, 955); aktuell führen u.U. fehlerhafte Beschlussvorlagen (LG Nürnberg-Fürth ZWE 2011, 227) oder fehlerhafte Jahresabrechnung (LG Dessau-Roßlau ZMR 2010, 741) sowie Stimmenauszählung entgegen der Teilungserklärung (AG Dresden ZMR 2010, 804; a.A. in der Berufung LG Dresden ZMR 2011, 318) zur Kostenhaftung des Verwalters. Allerdings ist in jedem Einzelfall die Kostenhaftung unter dem Gesichtspunkt des Haftungsmaßstabes zu prüfen. Grobes Verschulden erfordert mehr als grobe Fahrlässigkeit, in der Regel ein leichtfertiges Verhalten (*Drasdo* NJW Spezial 2011, 97) und damit eine objektive und eine subjektive Komponente. Alleine der objektive Pflichtenverstoß kann noch nicht zu einer Kostenhaftung des Verwalters führen. Es bedarf im Rahmen der subjektiven Komponente stets einer schlechthin unentschuldbaren Pflichtverletzung (LG München I ZMR 2010, 799); eine solche soll nach Ansicht des LG München I nicht vorliegen, wenn der Verwalter Beschlussgegenstände in der Einberufung nicht hinreichend bezeichnet, der Verwalter müsse die obergerichtliche Rechtsprechung zur Bestimmtheit von Sonderumlagebeschlüssen nicht kennen (LG München I ZMR 2010, 799). Wir haben erhebliche Zweifel, ob diese Maßstäbe für einen Berufsverwalter wirklich zutreffend sind (ebenso LG Nürnberg-Fürth ZWE 2011, 227). Bei einer Kostenentscheidung zu Lasten des Verwalters muss das grobe Verschulden vom Gericht ohne Beweisaufnahme festgestellt werden können (LG Hamburg ZMR 2010, 987). Zur weiteren, umfangreichen Rechtsprechung vgl. Riecke/Schmid/*Abramenko* § 49 Rn. 4d.

988 Vor einer Kostenentscheidung zu Lasten des Verwalters ist diesem vom Gericht rechtliches Gehör zu gewähren, auch wenn er zuvor als Beigeladener am Verfahren beteiligt war (Riecke/Schmid/*Abramenko* § 49, Rn. 5). Gegen eine zu seinen Lasten ergangene Kostenentscheidung steht dem Verwalter, der nicht gleichzeitig Partei des Rechtsstreits ist, das Rechtsmittel der sofortigen Beschwerde zu. Zwar kennt die ZPO die isolierte Anfechtung einer Kostenentscheidung nicht, wie sich aus § 99 Abs. 1 ZPO ergibt. Diese Vorschrift geht aber auch davon aus, dass die von der Kostenent-

scheidung betroffene Partei gleichzeitig auch von der Sachentscheidung betroffen ist; § 99 Abs. 1 ZPO findet daher bei einer Kostenentscheidung gegenüber einem Dritten, der nicht Prozesspartei ist, keine Anwendung (BGH NJW 1988, 49 – IVb ZR 5/86). Das zulässige Rechtsmittel ist daher die sofortige Beschwerde (LG Frankfurt ZMR 2009, 228; LG München I 2009, 874; LG Nürnberg-Fürth ZWE 2011, 227; OLG Köln ZMR 2011, 984), die nicht notwendig einen Gegner voraussetzt, sondern sich auch allein gegen das Gericht richten kann (BGH NJW 1988, 49 – IVb ZR 5/86). Etwas anderes dürfte allerdings gelten, wenn der Verwalter auch Partei des Rechtsstreits war und gegen die Sachentscheidung Berufung einlegen könnte (LG Frankfurt ZMR 2009, 228).

2. Beschlussanfechtung ohne Begründung (§ 43 Nr. 4 WEG)

Klage 989

des Wohnungseigentümers Max Mustermann, Musterstraße 11, Musterstadt

– Klägers –

Prozessbevollmächtigte: Rechtsanwälte Fürchtenicht _____

gegen

die übrigen Wohnungseigentümer der Wohnungseigentümergemeinschaft Musterstraße 11, Musterstadt gemäß beigefügter Eigentümerliste,

– Beklagte –

Verwalter: V. Musterverwalter, Beispielstraße 11, Musterstadt

Ersatzzustellungsvertreter: E. Eigentümer, Musterstraße 11, Musterstadt

Wegen: Beschlussanfechtung

vorläufiger Gegenstandswert: € _____

Namens und in Vollmacht des Klägers erhebe ich Klage mit den Anträgen,

1) den in der Eigentümerversammlung vom 26.03.2015 der Wohnungseigentümergemeinschaft Musterstraße 11 gefassten Beschluss zu TOP 4, soweit er die Jahreseinzelabrechnung betrifft, für ungültig zu erklären;

2) den Beklagten die Kosten des Verfahrens aufzuerlegen;

3) im Falle des Vorliegens der Voraussetzungen Anerkenntnis- bzw. Versäumnisurteil im schriftlichen Verfahren zu erlassen.

Begründung:

Die Parteien sind Miteigentümer der Wohnungseigentümergemeinschaft Musterstraße 11 in Musterstadt.

Am 26.03.2015 fand die ordentliche Eigentümerversammlung der Wohnungseigentümergemeinschaft Musterstraße 11 statt. Dort wurde zu TOP 4 u.a. die Jahreseinzelabrechnung beschlossen, gegen welche der Kläger sich wendet. Eine Kopie des Protokolls der Versammlung überreichen wir als Anlage K 1, eine Kopie der angefochtenen Abrechnung als Anlage K 2. Die abschließende Begründung erfolgt innerhalb der Zwei-Monatsfrist.

Gerichtskosten zahlen wir nach einem vorläufigen Gegenstandswert von € _____ in Höhe von € _____ ein.

Erläuterungen

990 **1. Formalien.** S. hierzu oben Formular E.I.1.

991 **2. Anfechtungsfrist.** S. hierzu oben Formular E.I.1. Ziff. 6; da die Anfechtungsfrist nur gewahrt wird, wenn die Klage demnächst zugestellt wird und die Zustellung wiederum die Einzahlung eines Gerichtskostenvorschusses voraussetzt, sollte in der Anfechtungsklage zumindest ein vorläufiger Gegenstandswert errechnet und nach diesem der Gerichtskostenvorschuss mit Klageinreichung entrichtet werden.

992 **3. Begründungsfrist.** Die Klage muss innerhalb von zwei Monaten nach Beschlussfassung begründet werden, § 46 Abs. 1 S. 2 WEG. Zu Fristbeginn und Fristende gelten die Ausführungen zur Anfechtungsfrist entsprechend.

993 Auch diese Frist ist eine materiell-rechtliche Ausschlussfrist (BGH ZMR 2009, 296 – V ZR 74/08) und kann durch das das Gericht nicht verlängert werden (BGH ZMR 2010, 126 – V ZR 235/08).

994 Der Anfechtungskläger muss innerhalb der Begründungsfrist zumindest den wesentlichen tatsächlichen Kern der Gründe vortragen, auf die er seine Anfechtung stützt. Nach Ablauf der Frist kann er keine neuen Gründe nachschieben (BGH ZMR 2009, 296, 299 – V ZR 74/08). Der BGH fordert zwar keine Substantiierung im Einzelnen, fordert aber, dass der Lebenssachverhalt wenigstens in Umrissen vorgetragen wird (BGH ZMR 2009, 698, 699 – V ZR 196/08).

995 Der anfechtende Eigentümer, der die Begründungsfrist versäumt oder nicht alle Gründe innerhalb der Frist vorgetragen hat, kann sich auch nicht auf das Vorbringen anderer, ebenfalls anfechtender Eigentümer, berufen. Die Wirkung des § 62 Abs. 1 ZPO greift hier nicht, da es sich bei der Begründungsfrist gerade nicht um eine prozessuale, sondern um eine materiellrechtliche Frist handelt. Hat er die Frist versäumt, wird seine Klage abgewiesen, auch wenn andere klagende Eigentümer ihre Klagen innerhalb der Begründungsfrist rechtzeitig begründet haben (BGH ZMR 2009, 698, 700 – V ZR 196/08). Hat er ggf. wesentliche Anfechtungsgründe nicht innerhalb der Begründungsfrist vorgetragen, so kann seine Klage abgewiesen werden, während andere Eigentümer mit ihren Klagen durchdringen können, das Urteil in den Verfahren mehrerer anfechtender Eigentümer muss nicht einheitlich ausfallen, auch wenn die Verfahren miteinander verbunden worden sind (BGH ZMR 2009, 698, 700 – V ZR 196/08).

3. Beschlussanfechtung in Prozessstandschaft

996 **Klage**

des Herrn Max Mustermann, Musterstraße 11, Musterstadt

– Klägers –

Prozessbevollmächtigte: Rechtsanwälte Fürchtenicht

gegen

die Wohnungseigentümer der Wohnungseigentümergemeinschaft Musterstraße 11, Musterstadt gemäß beigefügter Eigentümerliste mit Ausnahme des Wohnungseigentümers Kummerland

– Beklagte –

Verwalter: V. Musterverwalter, Beispielstraße 11, Musterstadt

Ersatzzustellungsvertreter: E. Eigentümer, Musterstraße 11, Musterstadt

Wegen: Beschlussanfechtung

vorläufiger Gegenstandswert: € _____

Namens und in Vollmacht des Klägers erhebe ich Klage mit den Anträgen,

1) den in der Eigentümerversammlung vom 26.03.2015 der Wohnungseigentümergemeinschaft Musterstraße 11 gefassten Beschluss zu TOP 4, soweit er die Jahreseinzelabrechnung betrifft, für ungültig zu erklären;

2) den Beklagten die Kosten des Verfahrens aufzuerlegen;

3) im Falle des Vorliegens der Voraussetzungen Anerkenntnis- bzw. Versäumnisurteil im schriftlichen Verfahren zu erlassen.

Begründung:

Die Beklagten sind Miteigentümer der Wohnungseigentümergemeinschaft Musterstraße 11 in Musterstadt.

ALTERNATIVE 1: Der Kläger ist Käufer der in der Teilungserklärung mit der Nr. 15 bezeichneten Einheit. Er hat diese Einheit mit Kaufvertrag vom _____ vom Eigentümer Kummerland erworben. Zu seinen Gunsten ist eine Auflassungsvormerkung im Grundbuch eingetragen, die Umschreibung ist aber noch nicht erfolgt. Ausweislich des Kaufvertrages vom _____ zur dortigen Ziffer _____ ist der Kläger ermächtigt, nach Eintragung der Auflassungsvormerkung bis zur Eigentumsumschreibung das Stimmrecht des Veräußerers in der Eigentümergemeinschaft auszuüben und gefaßte Beschlüsse in eigenem Namen anzufechten.

ALTERNATIVE 2: Der Kläger ist Nießbrauchsberechtigter bezüglich der in der Teilungserklärung mit der Nr. 15 bezeichneten Einheit. Eigentümer der Einheit Nr. 15 ist sein Sohn, Max Kummerland. Der Kläger ist von seinem Sohn ermächtigt worden, das Stimmrecht in der Eigentümerversammlung wahrzunehmen und etwaige Beschlüsse in eigenem Namen in Prozessstandschaft anzufechten.

Am 26.03.2015 fand die ordentliche Eigentümerversammlung der Wohnungseigentümergemeinschaft Musterstraße 11 statt. Dort wurde zu TOP 4 u.a. die Jahreseinzelabrechnung beschlossen, gegen welche der Kläger sich wendet. Eine Kopie des Protokolls der Versammlung überreichen wir als Anlage K 1, eine Kopie der angefochtenen Abrechnung als Anlage K 2. Die abschließende Begründung erfolgt innerhalb der Zwei-Monatsfrist.

Gerichtskosten zahlen wir nach einem vorläufigen Gegenstandswert von € _____ in Höhe von € _____ ein.

Erläuterungen

1. Formalien. S. hierzu oben Formular E.I.1.

2. Anfechtungsfrist. S. hierzu oben Formular E.I.1. Ziff. 6; da die Anfechtungsfrist nur gewahrt wird, wenn die Klage demnächst zugestellt wird und die Zustellung wiederum die Einzahlung eines Gerichtskostenvorschusses voraussetzt, sollte in der Anfechtungsklage zumindest ein vorläufiger Gegenstandswert errechnet und nach diesem der Gerichtskostenvorschuss mit Klageinreichung entrichtet werden.

3. Begründungsfrist. Die Klage muss innerhalb von zwei Monaten nach Beschlussfassung begründet werden, § 46 Abs. 1 S. 2 WEG. Zu Fristbeginn und Fristende gelten die Ausführungen zur Anfechtungsfrist entsprechend. Zu den Besonderheiten bezüglich der Anfechtungsfrist siehe gleich Anm. 4.

1000 **4. Prozessstandschaft:** Die Prozessstandschaft ist eine Frage der Prozessführungsbefugnis. Die Prozessführungsbefugnis ist gegeben, wenn ein Kläger berechtigt ist, über das behauptete (streitige) Recht einen Prozess als Partei im eigenen Namen zu führen (BGH, NJW 2005, 1656 – I ZR 145/02) Eine sog. gewillkürte Prozessstandschaft liegt vor, wenn der Prozessführende ermächtigt ist, den geltend gemachten Anspruch im eigenen Namen einzuklagen und ein eigenes rechtliches Interesse an der Prozessführung hat. Ein rechtsschutzwürdiges Eigeninteresse an der Prozessführung ist gegeben, wenn die Entscheidung Einfluss auf die eigene Rechtslage des Prozessführungsbefugten hat BGH NJW 2005, 1656 – I ZR 145/02; LG Hamburg ZMR 2013, 826)

Eine Ermächtigung zur Anfechtung in eigenem Namen wir regelmäßig vermutet, wenn ein Erwerber im Kaufvertrag ermächtigt ist, vor Eigentumsumschreibung das Stimmrecht des Veräußerers in der Eigentümerversammlung wahrzunehmen (Klein, in: Bärmann § 46 Rn. 26); aber auch ein Nießbrauchsberechtigter kann durch Vollmacht des Eigentümers das Recht erhalten, Beschlüsse der Gemeinschaft in Prozessstandschaft anzufechten. Ein so ermächtigter Niessbraucher hat auch ein eigenes rechtliches Interesse an der Prozessführung, weil er aufgrund seines dingliches Nutzungsrechts an dem Wohnungseigentum in die Rechtsstellung des Eigentümers einrückt, wenn er gleichzeitig eine entsprechende Vollmacht des Eigentümers hat (LG Hamburg ZMR 2013, 826) Die berechtigten Belange der übrigen Eigentümer werden durch diese Prozessführung auch nicht unzumutbar beeinträchtig (LG Hamburg ZMR 2013, 826).

Allerdings muss die Prozessstandschaft innerhalb der Anfechtungsfrist offengelegt werden (Klein, in: Bärmann § 46 Rn. 26; LG Berlin ZMR 2012, 119; OLG Celle ZWE 2001, 34). Die Offenlegung erst nach Ablauf der Anfechtungsfrist, aber innerhalb der Anfechtungsbegründungsfrist, reicht nicht.

1001 **5. Passivlegitimation:** Bei der Bezeichnung der Beklagten ist zu beachten, dass der Eigentümer, von welchem der Kläger sein Recht zur Anfechtung ableitet, natürlich nicht auf Beklagtenseite erscheinen darf.

4. Beschlussanfechtung Jahresabrechnung (§ 43 Nr. 4 WEG)

1002 **Klage**

des Wohnungseigentümers Max Mustermann, Musterstraße 11, Musterstadt

– Klägers –

Prozessbevollmächtigte: Rechtsanwälte Fürchtenicht _____

gegen

die übrigen Wohnungseigentümer der Wohnungseigentümergemeinschaft Musterstraße 11, Musterstadt gemäß beigefügter Eigentümerliste

– Beklagte –

Verwalter: V. Musterverwalter, Beispielstraße 11, Musterstadt

Ersatzzustellungsvertreter: E. Eigentümer, Musterstraße 11, Musterstadt

Wegen: Beschlussanfechtung

Vorläufiger Gegenstandswert: € _____

Namens und in Vollmacht des Klägers erhebe ich Klage mit den Anträgen,

E. Klagen

1) **1. Alternative**: den in der Eigentümerversammlung vom 26.03.2015 der Wohnungseigentümergemeinschaft Musterstraße 11 zu TOP 3 gefassten Beschluss über die Genehmigung der Einzeljahresabrechnungen 2014 insoweit für ungültig zu erklären, als die Kosten der Treppenhausreinigung nicht nach Miteigentumsanteilen, sondern nach Einheiten umgelegt worden sind;

2. Alternative: den in der Eigentümerversammlung vom 26.03.2015 der Wohnungseigentümergemeinschaft Musterstraße 11 zu TOP 3 gefassten Beschluss über die Genehmigung der Einzeljahresabrechnungen 2014 insgesamt für ungültig zu erklären;

3. Alternative: die in der Eigentümerversammlung vom 26.03.2015 der Wohnungseigentümergemeinschaft Musterstraße 11 zu TOP 3 beschlossene Jahresgesamt- und Einzelabrechnung insoweit zu ergänzen, als der Stand der gemeinschaftlichen Konten, insbesondere der Instandhaltungsrücklage und der Zinsbeträge, ausgewiesen werden;

2) den Beklagten die Kosten des Verfahrens aufzuerlegen;

3) im Falle des Vorliegens der Voraussetzungen Versäumnisurteil im schriftlichen Verfahren zu erlassen.

Begründung: 1. Alternative: Die Parteien sind Mitglieder der Wohnungseigentümergemeinschaft Musterstraße 11, Musterstadt. Dem Gemeinschaftsverhältnis liegt die Gemeinschaftsordnung vom 12.12.1979 zur Urkundenrollennummer 2329/1979 des Hamburger Notars Ehrenwert zugrunde, die wir als Anlage K 1 überreichen. In der Versammlung vom 26.03.2015 beschloss die Eigentümerversammlung die Genehmigung der Jahresgesamt- und Einzelabrechnungen für das Jahr 2014. Das Protokoll der Versammlung überreichen wir als Anlage K 2, die Jahresgesamt- und Einzelabrechnung als Anlage K 3.

Der Beschluss über die Genehmigung der Einzeljahresabrechnungen 2014 widerspricht insoweit ordnungsmäßiger Verwaltung als die Kosten der Treppenhausreinigung nicht nach Miteigentumsanteilen, sondern nach Einheiten umgelegt worden sind. Die Teilungserklärung sieht vor, dass die Lasten und Kosten des Gemeinschaftseigentums nach Miteigentumsanteilen umzulegen sind. In den Einzelabrechnungen werden die Kosten aber nach Einheiten umgelegt. Ein solcher von der Teilungserklärung abweichender Umlageschlüssel widerspricht ordnungsmäßiger Verwaltung.

2. Alternative: Die Parteien sind Mitglieder der Wohnungseigentümergemeinschaft Musterstraße 11, Musterstadt. Dem Gemeinschaftsverhältnis liegt die Gemeinschaftsordnung vom 12.12.1979 zur Urkundenrollennummer 2329/1979 des Hamburger Notars Ehrenwert zugrunde, die wir als Anlage K 1 überreichen. In der Versammlung vom 26.03.2015 beschloss die Eigentümerversammlung die Genehmigung der Einzelabrechnungen für das Jahr 2014, die Genehmigung der Jahresgesamtabrechnung wurde jedoch zurückgestellt, da einige Positionen nach der Prüfung des Verwaltungsbeirates noch der weiteren Aufklärung bedurften. Das Protokoll der Versammlung überreichen wir als Anlage K 2. Es widerspricht ordnungsmäßiger Verwaltung, über die Einzelabrechnung zu beschließen, ohne gleichzeitig auch die Jahresgesamtabrechnung zu beschließen, da sich die Einzelabrechnungen aus der Gesamtabrechnung ableiten. Ohne beschlossene Gesamtabrechnungen gibt es keine Grundlage für die Verteilung irgendwelcher Kosten per Einzelabrechnung auf die einzelnen Eigentümer.

3. Alternative: Die Parteien sind Mitglieder der Wohnungseigentümergemeinschaft Musterstraße 11, Musterstadt. Dem Gemeinschaftsverhältnis liegt die Gemeinschaftsordnung vom 12.12.1979 zur Urkundenrollennummer 2329/1979 des Hamburger Notars Ehrenwert zugrunde, die wir als Anlage K 1 überreichen. In der Versammlung vom 26.03.2015 beschloss die Eigentümerversammlung die Genehmigung der Jahresgesamt- und Einzelabrechnungen für das Jahr 2014. Das Protokoll der Versammlung überreichen wir als Anlage K 2, die Jahresgesamt- und Einzelabrechnung als Anlage K 3 Die Abrechnung entspricht nicht ordnungsmäßiger Verwaltung, weil in ihr die Angaben zum Stand der gemeinschaftlichen Konten, insbesondere der Instandhaltungsrücklage und der Zinserträge fehlen. Diese Angaben gehören aber zwingend in eine Jahresabrechnung.

Gerichtskosten zahlen wir nach dem vorläufig berechneten Gegenstandswert von € _____ in Höhe von € _____ mit beigefügtem Verrechnungsscheck ein.

Rechtsanwalt

Erläuterungen

1003 **1. Formelle Voraussetzungen/Anfechtungs- und Begründungsfristen.** Vergleiche hierzu oben Formular E.I.1. und E.I.2.

1004 **2. Jahresabrechnung.** Vergleiche hierzu oben Formular D.I.6.

1005 **3. Anfechtung.** *3.1* Wird der Beschluss über die Jahresgesamt- und Einzelabrechnung nicht angefochten, erwächst er in Bestandskraft sofern er nicht nichtig ist, § 23 Abs. 4 WEG. Eine bloß fehlerhafte Jahresabrechnung ist aber nicht nichtig, sondern in der Regel nur anfechtbar. Will ein Eigentümer also verhindern, dass die fehlerhafte Abrechnung verbindliche Gültigkeit erlangt, muss er diese rechtzeitig anfechten.

1006 *3.2* Die Beschlussfassung ist mindestens dergestalt vorzubereiten, dass den Wohnungseigentümern mit der Einladung zur Versammlung der Entwurf der zu beschließenden Gesamtjahresabrechnung und die seine Einheit betreffende Einzelabrechnung zur Verfügung gestellt werden. Gleiches gilt für die nach § 29 Abs. 3 WEG vom Verwaltungsbeirat abzugebende Stellungnahme. Unterbleibt die Prüfung durch den Verwaltungsbeirat, führt dieses nicht zur Anfechtbarkeit (BayObLG ZMR 2004, 358; Staudinger/*Bub* (2005) WEG § 29 Rn. 109).

1007 *3.3* Ist die Abrechnung nur unvollständig, führt dieses nicht ohne Weiteres zur Ungültigkeit der Abrechnung. Selbst wenn der Stand der gemeinschaftlichen Konten, insbesondere der Instandhaltungsrücklage und der Zinserträge, in der Abrechnung nicht ausgewiesen ist, führt das Fehlen dieser Bestandteile nicht zwingend zur Ungültigkeit des Eigentümerbeschlusses über die Jahresgesamt- und Einzelabrechnung. Die fehlenden Angaben sind vielmehr nachholbar, die Abrechnung kann ergänzt werden (BayObLG ZMR 2003, 692). Erst wenn eine Abrechnung so viele Mängel und Lücken enthält, dass die ordnungsmäßigen Teile für sich allein keine hinreichende Aussagekraft mehr haben, der verbleibende Teil nur noch einen Torso darstellen und damit die Abrechnung jeder Nachvollziehbarkeit entbehren würde, ist der Beschluss über die Genehmigung der Jahresabrechnung insgesamt für ungültig zu erklären (h.M., vgl. BayObLG ZMR 2003, 761; 2003, 692).

1008 Fehlt in der Jahresabrechnung die Summe der Gesamteinnahmen, ist diese allerdings zu Recht insgesamt für ungültig zu erklären und nicht nur zu ergänzen (LG Berlin ZMR 2010, 711).

1009 *3.4* Sind also nur konkrete Teile der Abrechnung falsch, kann und sollte die Anfechtung der Jahresabrechnung auf diese einzelnen Teile beschränkt werden (BGH ZMR 2013, 212 – V ZR 233/11). Eine solche Beschränkung ergibt sich jedoch nicht schon daraus, dass der Antrag auf

Ungültigerklärung der Abrechnung lautet, in der Begründung sodann aber nur zu einzelnen Posten der Abrechnung konkrete Rügen vorgebracht werden (BayObLG ZMR 2003, 692). Sollen also nur bestimmte Teile der Abrechnung angefochten werden, ist dieses im Antrag deutlich zu machen. Allerdings ist dann auch der Streitgegenstand auf diese konkreten Punkte beschränkt, nach Ablauf der Anfechtungsfrist kann die Abrechnung darüber hinaus nicht mehr angegriffen werden (BayObLG NJW-RR 1992, 1169).

3.5 Verbindlichkeiten eines Wohnungseigentümers **aus Vorjahren** sind in die Abrechnung über das aktuelle Wirtschaftsjahr nicht aufzunehmen, sie sind ja keine Ausgabe der Gemeinschaft in diesem Jahr, sondern lediglich Forderungen der Gemeinschaft gegen den einzelnen Eigentümer. Trotzdem finden sich oftmals Abrechnungen, in denen neben dem Ergebnis aus der aktuellen Abrechnung auch Rückstände aus vorangegangenen Abrechnungszeiträumen aufgeführt werden. Sofern dieses lediglich informatorisch geschieht, ist dieses unschädlich. Wird der Rückstand vergangener Abrechnungsperioden aber in die aktuelle Abrechnung mit eingerechnet und sodann unter Berücksichtigung des Saldos aus der vergangenen Wirtschaftsperiode ein Gesamtsaldo errechnet, der sodann beschlossen wird, ist dieser Beschluss nichtig (BGH ZMR 2012, 642 – V ZR 147/11).

4. Gerichtskostenvorschuss. Es gilt auch § 12 Abs. 1 S. 1 GKG, wonach in bürgerlichen Rechtsstreitigkeiten die Klage erst nach Zahlung der Gebühr für das Verfahren im Allgemeinen zugestellt werden soll. Es sind also nach Nr. 1210 VV-GKG drei Gerichtsgebühren an Vorschuss einzuzahlen. Wichtig ist diese Vorschrift, wenn es um die Wahrung der Anfechtungsfrist von einem Monat nach § 46 WEG geht. Die Frist ist nur gewahrt, wenn die Klage zwar nach Ablauf der Anfechtungsfrist, aber »demnächst« nach Einreichung zugestellt wird. Das geschieht wiederum nur, wenn ein Gerichtskostenvorschuss eingezahlt wird. Verzögert sich dieses aus Gründen, die in der Sphäre des Klägers liegen, kann Verfristung drohen. Es ist daher immer anzuraten, zumindest einen vorläufigen Gegenstandswert in der Klage zu berechnen und nach diesem drei Gerichtsgebühren bereits mit Einreichung der Klagschrift einzuzahlen.

5. Beschlussanfechtung Wirtschaftsplan (§ 43 Nr. 4 WEG)

Klage

des Wohnungseigentümers Max Mustermann, Musterstraße 11, Musterstadt

– Klägers –

Prozessbevollmächtigte: Rechtsanwälte Fürchtenicht _____

gegen

die übrigen Wohnungseigentümer der Wohnungseigentümergemeinschaft Musterstraße 11, Musterstadt gemäß beigefügter Eigentümerliste

– Beklagte –

Verwalter: V. Musterverwalter, Beispielstraße 11, Musterstadt

Ersatzzustellungsvertreter: E. Eigentümer, Musterstraße 11, Musterstadt

Wegen: Beschlussanfechtung

Vorläufiger Streitwert: € _____

Namens und in Vollmacht des Klägers erhebe ich Klage mit den Anträgen:

1. Alternative 1): Der in der Eigentümerversammlung vom 26.03.2015 der Wohnungseigentümergemeinschaft Musterstraße 11 zu TOP 4 gefasste Beschluss über die Genehmigung der Einzelwirtschaftspläne wird insoweit für ungültig erklärt, als

die Kosten der Treppenhausreinigung nicht nach Miteigentumsanteilen, sondern nach Einheiten umgelegt werden;

2) Das Gericht möge nach § 21 Abs. 8 WEG an Stelle der Wohnungseigentümergemeinschaft einen Wirtschaftsplan festsetzen;

3) den Beklagten die Kosten des Verfahrens aufzuerlegen;

4) im Falle des Vorliegens der Voraussetzungen Versäumnisurteil im schriftlichen Verfahren zu erlassen.

2. Alternative: 1) Der in der Eigentümerversammlung vom 26.03.2015 der Wohnungseigentümergemeinschaft Musterstraße 11 zu TOP 4 gefasste Beschluss über die Genehmigung des Wirtschaftsplanes wird für ungültig erklärt;

2) den Beklagten die Kosten des Verfahrens aufzuerlegen;

3) im Falle des Vorliegens der Voraussetzungen Versäumnisurteil im schriftlichen Verfahren zu erlassen.

Begründung: 1. Alternative:

Die Parteien sind Mitglieder der Wohnungseigentümergemeinschaft Musterstraße 11, Musterstadt. Dem Gemeinschaftsverhältnis liegt die Gemeinschaftsordnung vom 12.12.1979 zur Urkundenrollennummer 2329/1979 des Hamburger Notars Ehrenwert zugrunde, die wir als Anlage K 1 überreichen. In der Versammlung vom 26.03.2015 beschloss die Eigentümerversammlung zu TOP 4 die Genehmigung der Jahresgesamt- und Einzelwirtschaftspläne für das Jahr 2014. Das Protokoll der Versammlung überreichen wir als Anlage K 2. Den Gesamtwirtschaftsplan und den die Wohnung des Klägers betreffenden Einzelwirtschaftsplan 2014 überreichen wir als Anlagen K 3 und K 4.

Der Beschluss über die Genehmigung des Einzelwirtschaftsplans 2014 widerspricht insoweit ordnungsmäßiger Verwaltung, als die Kosten der Treppenhausreinigung nicht nach Miteigentumsanteilen, sondern nach Einheiten umgelegt worden sind. Die Teilungserklärung sieht vor, dass die Lasten und Kosten des Gemeinschaftseigentums nach Miteigentumsanteilen umzulegen sind. In den Einzelabrechnungen werden die Kosten aber nach Einheiten umgelegt. Ein solcher von der Teilungserklärung abweichender Umlageschlüssel widerspricht ordnungsmäßiger Verwaltung.

Der Kläger ist sich aber bewusst, dass die Kosten der Treppenhausreinigung insgesamt entstehen und auch zu verteilen sind. Das Gericht möge daher nach § 21 Abs. 8 WEG nach billigem Ermessen eine entsprechende an der Teilungserklärung ausgerichtete Regelung über den Wirtschaftsplan treffen.

Gerichtskosten zahlen wir nach dem vorläufig berechneten Gegenstandswert von € _____ in Höhe von € _____ mit beigefügtem Verrechnungsscheck ein.

2. Alternative: Die Parteien sind Mitglieder der Wohnungseigentümergemeinschaft Musterstraße 11, Musterstadt. Dem Gemeinschaftsverhältnis liegt die Gemeinschaftsordnung vom 12.12.1979 zur Urkundenrollennummer 2329/1979 des Hamburger Notars Ehrenwert zugrunde, die wir als Anlage K 1 überreichen. In der Versammlung vom 26.03.2015 beschloss die Eigentümerversammlung zu TOP 4 die Genehmigung des Wirtschaftsplans für das Jahr 2015. Das Protokoll der Versammlung überreichen wir als Anlage K 2. Eine Beschlussfassung über Einzelwirtschaftspläne, mit denen die Kosten auf die Eigentümer umgelegt worden wären, erfolgte

nicht; der Verwalter führte in der Versammlung aus, diesen werde er noch nachreichen, da es dort noch Korrekturbedarf gebe. Den beschlossenen Gesamtwirtschaftsplan überreichen wir als Anlage K 3.

Der Beschluss über die Genehmigung des Wirtschaftsplans 2015 widerspricht ordnungsmäßiger Verwaltung, da es an den notwendigen Einzelwirtschaftsplänen 2015 fehlt. Der Einzelwirtschaftsplan gehört zu den unverzichtbaren Bestandteilen des Wirtschaftsplans. Die Genehmigung eines Wirtschaftsplans ohne Einzelwirtschaftsplan ist für ungültig zu erklären.

Gerichtskosten zahlen wir nach dem vorläufig berechneten Gegenstandswert von € _____ in Höhe von € _____ mit beigefügtem Verrechnungsscheck ein.

Rechtsanwalt

Erläuterungen

1. Formelle Voraussetzungen. Vergleiche hier oben Formular E.I.1.

2. Wirtschaftsplan. Vergleiche hierzu oben Formular D.I.1.

3. Anfechtung. *3.1* Der Beschluss über den Gesamtwirtschaftsplan und die Einzelwirtschaftspläne ist die Rechtsgrundlage für die Verpflichtung der Eigentümer zur Zahlung von Vorschüssen (BayObLG ZMR 2003, 279). Diese Zahlungspflicht besteht für den gesamten, durch den Wirtschaftsplan vorgegebenen Zeitraum, und zwar auch dann, wenn er angefochten wird, und zwar solange, wie er nicht rechtskräftig für ungültig erklärt worden ist, § 23 Abs. 4 S. 2 WEG. Es ist also ein Irrglaube, wenn ein Eigentümer meint, sich der Zahlungspflicht aus dem Wirtschaftsplan durch bloße Anfechtung entziehen zu können. Will ein Eigentümer die Wirkung des Wirtschaftsplans verhindern, muss er fristgerecht anfechten und den Wirtschaftsplan rechtskräftig für unwirksam erklären lassen.

3.2 Der Beschluss über den Wirtschaftsplan ist wie jeder Beschluss anfechtbar, wenn die formalen Voraussetzungen seines Zustandekommens nicht erfüllt sind und nicht ausgeschlossen werden kann, dass der Beschluss hierauf beruht. Darüber hinaus sind auch die besonderen, für die Beschlussfassung über den Wirtschaftsplan geltenden, Formalitäten zu berücksichtigen:

Die Beschlussfassung erfolgt nach § 28 Abs. 5 WEG durch Mehrheitsbeschluss der Wohnungseigentümerversammlung. Diese Zuständigkeit kann auch nicht per Mehrheitsbeschluss auf den Verwaltungsbeirat delegiert werden; allerdings kann die Teilungserklärung vorsehen, dass über den Wirtschaftsplan der Beirat entscheidet (*Niedenführ/Kümmel/Vandenhouten* § 28 Rn. 32).

Der Beschluss muss sich ausdrücklich auf den Gesamtwirtschaftsplan und auch auf die Einzelwirtschaftspläne beziehen. Enthält ein Wirtschaftsplan lediglich die Gesamtbeträge der zu erwartenden Einnahmen und Ausgaben, ohne den Aufteilungsschlüssel und die auf jeden einzelnen Wohnungseigentümer entfallenden Wohngeldbeträge anzugeben, so entspricht er nicht ordnungsmäßiger Verwaltung (BGH ZMR 2005, 547, 556 – V ZB 32/05).

Die Beschlussfassung ist mindestens dergestalt vorzubereiten, dass den Wohnungseigentümern mit der Einladung zur Versammlung der Entwurf des zu beschließenden Gesamtwirtschaftsplanes und der seine Einheit betreffende Einzelwirtschaftsplan zur Verfügung gestellt werden. Gleiches gilt für die nach § 29 Abs. 3 WEG vom Verwaltungsbeirat abzugebende Stellungnahme. Unterbleibt die Prüfung durch den Verwaltungsbeirat, führt dieses nicht zur Anfechtbarkeit (BayObLG ZMR 2004, 358; Staudinger/*Bub* (2005) WEG, § 29 Rn. 109).

3.3 Darüber hinaus sind verschiedene inhaltliche Gründe denkbar, warum sich ein Eigentümer gegen den Wirtschaftsplan wendet: Entweder ist die Beschlussfassung formell rechtswidrig. Das ist zum Beispiel der Fall, wenn über einen Einzelwirtschaftsplan ohne Gesamtwirtschaftsplan beschlossen wird. Denkbar ist auch, dass aus Sicht des anfechtenden Eigentümers die Verteilung der Gesamtkosten aus dem Wirtschaftsplan in den Einzelwirtschaftsplänen fehlerhaft ist, weil z.B. ein falscher Verteilungsschlüssel angewandt wird. Der Eigentümer mag sich auch gegen den Wirtschaftsplan wenden, weil dieser bestimmte Kostenpositionen zu Unrecht oder überhaupt nicht enthält. Oder aber der Eigentümer ist der Ansicht, dass die im Rahmen des Gesamtwirtschaftsplans angesetzten Positionen insgesamt zu hoch oder zu niedrig bemessen sind.

1021 In jedem Falle muss der anfechtende Eigentümer sein Ziel im Klagantrag genau formulieren. Führt dieser Antrag dazu, dass der Wirtschaftsplan insgesamt für ungültig erklärt wird, kann dieses für die Liquiditätslage der Gemeinschaft erhebliche Auswirkungen haben, denn diese hätte dann keine Anspruchsgrundlage mehr zur Verfügung, um Vorschüsse aus zu erwartenden Ausgaben bei den Eigentümern anzufordern. In diesen Fällen kann das Gericht auf Antrag einer der Parteien nach § 21 Abs. 8 WEG anstelle der Eigentümergemeinschaft eine entsprechende Regelung erlassen; das Gericht kann also einen für ungültig erklärten Wirtschaftsplan durch einen eigenen nach billigem Ermessen ersetzen, wenn dieses denn beantragt wird. Einen solchen Antrag können entweder bereits der anfechtende Eigentümer stellen oder aber die beklagten Eigentümer im Rahmen einer entsprechenden Hilfswiderklage (Riecke/Schmid/*Abramenko* § 28 Rn. 32).

1022 **4. Gerichtskostenvorschuss.** Es gilt § 12 Abs. 1 S. 1 GKG, wonach in bürgerlichen Rechtsstreitigkeiten die Klage erst nach Zahlung der Gebühr für das Verfahren im Allgemeinen zugestellt werden soll. Es sind also nach Nr. 1210 VV-GKG drei Gerichtsgebühren an Vorschuss einzuzahlen. Wichtig ist diese Vorschrift, wenn es um die Wahrung der Anfechtungsfrist von einem Monat nach § 46 WEG geht. Die Frist ist nur gewahrt, wenn die Klage zwar nach Ablauf der Anfechtungsfrist, aber »demnächst« nach Einreichung zugestellt wird. Das geschieht wiederum nur, wenn ein Gerichtskostenvorschuss eingezahlt wird. Verzögert sich dieses aus Gründen, die in der Sphäre des Klägers liegen, kann Verfristung drohen. Es ist daher immer anzuraten, zumindest einen vorläufigen Gegenstandswert in der Klage zu berechnen und nach diesem drei Gerichtsgebühren bereits mit Einreichung der Klagschrift einzuzahlen.

6. Anfechtung Verwalterbestellung

1023 **Klage**

des Wohnungseigentümers Max Mustermann, Musterstraße 11, Musterstadt

– Klägers –

Prozessbevollmächtigte: Rechtsanwälte Fürchtenicht ＿＿＿＿＿＿＿

gegen

die übrigen Wohnungseigentümer der Wohnungseigentümergemeinschaft Musterstraße 11, Musterstadt gemäß beigefügter Eigentümerliste

– Beklagte –

Verwalter: König & Kaiser GmbH, Beispielstraße 11, Musterstadt

Ersatzzustellungsvertreter: E. Eigentümer, Musterstraße 11, Musterstadt

Wegen: Beschlussanfechtung

Vorläufiger Streitwert: € ＿＿＿＿＿＿＿

Namens und in Vollmacht des Klägers erhebe ich Klage mit folgenden Anträgen:

1) Der in der Eigentümerversammlung vom 26.03.2015 der Wohnungseigentümergemeinschaft Musterstraße 11 zu TOP 9 gefasste Beschluss über die Bestellung

der König und Kaiser GmbH zum Verwalter der WEG Musterstraße 11 wird für ungültig erklärt.

2) den Beklagten die Kosten des Verfahrens aufzuerlegen;

3) im Falle des Vorliegens der Voraussetzungen Versäumnisurteil im schriftlichen Verfahren zu erlassen

Gegenstandswert: € 3.650,00

Begründung:

Die Parteien sind Mitglieder der Wohnungseigentümergemeinschaft Musterstraße 11, Musterstadt. Dem Gemeinschaftsverhältnis liegt die Gemeinschaftsordnung vom 12.12.1979 zur Urkundenrollennummer 2329/1979 des Hamburger Notars Ehrenwert zugrunde, die wir als Anlage K 1 überreichen. In der Versammlung vom 26.03.2015 beschloss die Eigentümerversammlung zu TOP 9 die Bestellung der König & Kaiser GmbH zur Verwalterin der WEG Musterstraße 11 mit sofortiger Wirkung bis zum Ablauf des 31.12.2017. Wir überreichen das Protokoll als Anlage K 2. Die Beschlussfassung erfolgte mit 8 Ja und 7 Nein-Stimmen bei keinen Enthaltungen.

Der Beschluss ist für ungültig zu erklären, da er nicht ordnungsmäßiger Verwaltung entspricht.

Die Amtszeit des Vorverwalters hat am 31.12.2014 geendet, es bestand also ein verwalterloser Zustand. Demgemäß hatte der Vorsitzende des Verwaltungsbeirates zur Versammlung am 26.03.2015 mit dem Tagesordnungspunkt »Neuwahl eines Verwalters« eingeladen. Wir überreichen die Einladung zur Tagesordnung als Anlage K 3.

In der Versammlung stand nur die Firma König & Kaiser GmbH als Verwalterin zur Wahl. Der Vorsitzende des Verwaltungsbeirates teilte mit, dass er auch keine anderen Angebote eingeholt habe. Der Einwand, des Klägers, er habe noch ein Angebot der Firma Wieselflink Verwaltungen, dass er kurz vorstellen wolle, wurde verworfen und gleich zur Abstimmung über die Bestellung der Firma König & Kaiser übergegangen.

Der Beschluss widerspricht ordnungsmäßiger Verwaltung, weil nicht mindestens drei Angebote potentieller Verwalterkandidaten eingeholt wurden. Nach ständiger Rechtsprechung sind bei der Neubestellung eines Verwalters mindestens drei Vergleichsangebot notwendig.

Der Gesellschafter-Geschäftsführer der Verwalterin, Herr Muster König, ist im Jahre 2013 vom Amtsgericht Hamburg wegen Untreue zu einer Bewährungsstrafe von 2 Jahren verurteilt worden, nachdem er Verwaltungsgelder einer von ihm verwalteten Gemeinschaft, zur Deckung einer Liquiditätslücke bei einer anderen von ihm verwalteten Gemeinschaft entnommen und diese erst zurückgeführt hatte, als der Verwaltungsbeirat im Rahmen der Belegprüfung diese Entnahme bemerkte. Die Bestellung einer Gesellschaft mit einem Gesellschafter-Geschäftsführer, der wegen Vermögensdelikten vorbestraft ist, entspricht nicht ordnungsmäßiger Verwaltung.

Den Streitwert beziffern wir mit € 3.650,00 und zahlen hiernach den entsprechenden Gerichtskostenvorschuss ein. Das Verwalterhonorar für den Bestellungszeitraum beläuft sich auf insgesamt € 10.500 (15 Einheiten mit monatlich € 20,00 und 35 Monaten Bestellungszeit). Der Kläger hält 7/100 Miteigentumsanteil, sein Interesse beträgt somit € 735,00, der fünffache Betrag hiervon also € 3.675,00.

Erläuterungen

1024 **1. Allgemeines.** Zu den Formalien und Fristen bei Anfechtungsklagen vergleiche oben Erläuterungen zu Formular E.I.1. bzw. E.I.2.

1025 **2. Verwalterwahl.** Bei der Neubestellung eines Verwalters sind mehrere, in der Regel drei Vergleichsangebote einzuholen (BGH ZMR 2011, 735 – V ZR 96/10); LG Hamburg ZWE 2012, 188).

1026 **3. Geeignetheit des Verwalters.** Wird die Bestellung eines ungeeigneten Verwalters beschlossen, liegt hierin ein Verstoß gegen das Gebot der ordnungsgemäßen Verwaltung gem. § 21 Abs. 4 WEG. Ungeeignetheit liegt vor, wenn gegen die Bestellung des in Aussicht genommenen Verwalters ein wichtiger Grund vorliegt. Dabei haben die Eigentümer jedoch einen Beurteilungsspielraum. Dieser ist erst überschritten, wenn die Wahl des Verwalters objektiv nicht mehr vertretbar erscheint (BGH ZMR 2012, 885 – V ZR 190/11). Objektiv nicht mehr vertretbar ist die Wahl einer juristischen Person, wenn der Geschäftsführer einer Verwaltungs-GmbH Vermögensstraftaten begangen hat (vgl. LG Berlin ZMR 2001, 143).

1027 **4. Streitwertberechnung:** Der Streitwert bemisst sich auch hier nach § 49a GKG, als nach dem hälftigen Interesse aller Beteiligter, jedoch gedeckelt auf das fünffache Interesse des Klägers. Wie dessen Interesse zu bemessen ist, wird t.w. unterschiedlich beurteilt. Der BGH geht bei der Anfechtung einer Verwalterabberufung aber davon aus, dass sich das Interesse des Klägers auf seinen Anteil an diesen Kosten bis zur vorgesehenen Beendigung der Verwalterbestellung beläuft (BGH ZMR 2012, 565 – V ZR 105/11).

7. Anfechtung Negativbeschluss mit Verbindung positiver Feststellung (§ 43 Nr. 4 WEG)

1028 **Klage**

des Wohnungseigentümers Max Mustermann, Musterstraße 11, Musterstadt

– Klägers –

Prozessbevollmächtigte: Rechtsanwälte Fürchtenicht _____

gegen

die übrigen Wohnungseigentümer der Wohnungseigentümergemeinschaft Musterstraße 11, Musterstadt gemäß beigefügter Eigentümerliste

– Beklagte –

Verwalter: V. Musterverwalter, Beispielstraße 11, Musterstadt

Ersatzzustellungsvertreter: E. Eigentümer, Musterstraße 11, Musterstadt

Wegen: Beschlussanfechtung Negativbeschluss und positiver Beschlussfeststellung

Vorläufiger Streitwert: € _____

Namens und in Vollmacht des Klägers erhebe ich Klage mit den Anträgen:

1) der in der Eigentümerversammlung vom 26.03.2015 der Wohnungseigentümergemeinschaft Musterstraße 11 zu TOP 7 gefasste Beschluss, wonach Rückzahlungsansprüche der Gemeinschaft gegenüber dem Bauunternehmer U nicht geltend gemacht werden sollen, wird für ungültig erklärt;

2) der Verwalter wird ermächtigt, ggf. unter Einschaltung eines Rechtsanwaltes, die Forderung der WEG Musterstraße 11 namens und in Vollmacht der WEG ge-

genüber dem Bauunternehmer U aus Überzahlung seiner Schlussrechnung vom _____ in Höhe von € 4.000,00 zunächst außergerichtlich, nach fruchtlosem Ablauf einer außergerichtlichen Zahlungsfrist auch gerichtlich, namens und in Vollmacht der Gemeinschaft geltend zu machen;

3) den Beklagten die Kosten des Verfahrens aufzuerlegen;

4) im Falle des Vorliegens der Voraussetzungen Versäumnisurteil im schriftlichen Verfahren zu erlassen.

Begründung:

Die Gemeinschaft, vertreten durch den Verwalter, hatte im Jahre 2012 den Bauunternehmer U damit beauftragt, die Zuwegungen zum Haus sowie den Parkplatz neu zu pflastern. Es war ein Pauschalfestpreis von € 25.000,00 brutto vereinbart worden. Der Unternehmer U stellte die Abschlagsrechnungen 1 bis 4 über jeweils € 5.000,00 brutto, die von der Verwaltung auch ausgeglichen wurden. Am 04.10.2012 stellte der Unternehmer seine Schlussrechnung über einen Betrag von € 10.000,00. Er hatte hierbei vergessen, die bereits ausgeglichene Abschlagsrechnung Nr. 4 in Höhe von € 5.000,00 in Abzug zu bringen. Der Verwalter glich die Schlussrechnung vom 04.10.2012 jedoch in Höhe von € 10.000,00 am 20.10.2012 aus. Der Unternehmer U hat also € 4.000,00 zuviel von der Gemeinschaft erhalten und ist zur Rückzahlung verpflichtet. Wir überreichen die Rechnung als Anlage K 1. Auf eine Aufforderung durch den Verwalter zur Rückzahlung im Jahre 2013 hat U nicht reagiert.

In der Versammlung vom 26.03.2015 sollte zu TOP 7 darüber beschlossen werden, dass diese Überzahlung vom Bauunternehmer U ggf. auch mit Hilfe eines Rechtsanwalts und gerichtlich zurückgefordert wird, nachdem U auf eine Aufforderung des Verwalters nicht reagiert hatte. Für den Beschluss stimmten 4, dagegen 6 Eigentümer. 2 Eigentümer enthielten sich. Der Verwalter stellte daher fest, dass der Beschluss nicht zustande gekommen sei. Die Mehrheit der anwesenden Eigentümer begründete die Ablehnung damit, dass U nur einen kleinen Familienbetrieb führe. Der Pauschalfestpreis für die Arbeiten sei sehr eng kalkuliert gewesen. Man sei mit den Arbeiten sehr zufrieden gewesen und wolle U daher die Überzahlung für die Anerkennung seiner guten Arbeit zukommen lassen. Die Gemeinschaftsordnung sieht ein Kopfstimmrecht vor. Wir überreichen eine Kopie der Gemeinschaftsordnung als Anlage K 2, das Protokoll der Versammlung vom 26.03.2015 als Anlage K 3.

Die Ablehnung des Beschlusses stellt einen Negativbeschluss dar, der, sofern er nicht in Bestandskraft erwachsen soll, ebenfalls innerhalb der Monatsfrist angefochten werden muss. In einem solchen Falle kann die Anfechtung gleichzeitig mit einem Antrag verbunden werden, der auf die gerichtliche Feststellung des positiven Beschlussergebnisses gerichtet ist.

Die Ablehnung des Antrags zu TOP 7 widerspricht ordnungsmäßiger Verwaltung. Die Gemeinschaft und den U verbindet ein Vertrag, der für die Arbeiten einen Pauschalfestpreis vorsah. Es liegt unstreitig eine Überzahlung vor, und zwar in nicht unerheblicher Höhe. Es ist kein rechtlich relevanter Grund ersichtlich, warum die Gemeinschaft diesen Betrag nicht zurückfordern sollte. Der Rückforderungsanspruch der Gemeinschaft gegenüber U unterliegt einer dreijährigen Verjährungsfrist, die Ende 2015 abläuft.

Rechtsanwalt

Erläuterungen

1029 **1. Formalien/Generelles.** Vgl. zur Beschlussanfechtung insgesamt oben die Formulare E.I.1. und E.I.2; insbesondere gilt auch für einen Negativbeschluss die Anfechtungsfrist von einem Monat gemäß § 46 Abs. 1 S. 2 WEG.

1030 **2. Negativbeschluss.** Auch die formal einwandfrei zustande gekommene Ablehnung eines Beschlussantrages durch die Wohnungseigentümer hat Beschlussqualität. Entgegen früherer h.M. ist ein solcher Negativbeschluss spätestens seit der Entscheidung des BGH vom 23.08.2001 (BGH ZMR 2001, 809 – V ZB 10/01) kein Nichtbeschluss. Auch ein negatives Abstimmungsergebnis hat Beschlussqualität; es ist Ausdruck der Willensbildung der Gemeinschaft. Die Gemeinschaft macht mit dem negativen Abstimmungsergebnis deutlich, die beantragte Rechtsänderung gerade nicht billigen zu wollen. Insoweit unterscheidet sich die Ablehnung eines Antrags auf Vornahme bestimmter Handlungen oder Rechtsänderungen nicht von der Annahme des Antrags, eine bestimmte Handlung oder Rechtsänderung nicht vorzunehmen oder zu unterlassen (BGH ZMR 2001, 809).

1031 Wird ein solcher Negativbeschluss nicht angefochten, erlangt er Bestandskraft. So wie die Gemeinschaft generell nicht gehindert ist, über Themen, die bereits Gegenstand vorangegangener Beschlüsse waren, erneut zu beschließen (BGHZ 113, 197 – V ZB 8/90), so entfaltet auch ein Negativbeschluss keine Sperrwirkung für eine erneute Beschlussfassung der Wohnungseigentümer über denselben Gegenstand (OLG München ZMR 2007, 304, 306). Widerspricht der Negativbeschluss ordnungsmäßiger Verwaltung, kann er angefochten werden. Wendet sich ein Wohnungseigentümer gegen einen Negativbeschluss, weil er diesen entweder aus formalen Gründen (falsche Feststellung eines ablehnenden Beschlussergebnisses durch den Versammlungsleiter) oder aus materiellen Gründen (keine ordnungsmäßige Verwaltung) für unrichtig hält, so kann er die Beschlussanfechtung mit einem Antrag verbinden, der auf gerichtliche Feststellung eines positiven Beschlussergebnisses gerichtet ist. Zwingend notwendig ist eine solche Verbindung mit einem auf die Feststellung eines positiven Beschlussergebnisses gerichteten Antrag aber nicht. Da ein Eigentümer durch die rechtswidrige Ablehnung eines Beschlusses in seinem Recht auf ordnungsmäßige Verwaltung verletzt wird, ergibt sich hieraus bereits ein Rechtsschutzinteresse für eine isolierte Anfechtung eines Negativbeschlusses (BGH NJW 2010, 2129 = ZMR 2010, 542 – V ZR 114/09; LG Itzehoe ZMR 2010, 148).

1032 **3. Rechtsschutzbedürfnis.** Wegen der fehlenden Sperrwirkung eines Negativbeschlusses ist z.T. umstritten, ob ein Eigentümer ein Rechtsschutzinteresse an einer Anfechtung haben kann. Beschlüsse, durch die ein Antrag abgelehnt wird, weil die erforderliche Mehrheit fehlt, sind jedoch grundsätzlich Ausdruck der Willensbildung der Wohnungseigentümer in dem hierfür vorgesehenen Verfahren und damit auch anfechtbar. Das Anfechtungsrecht dient der Durchsetzung einer ordnungsmäßigen Verwaltung. Ein Rechtsschutzbedürfnis ist im Beschlussanfechtungsverfahren deshalb in der Regel nicht zu prüfen. Einem Antragsteller soll jedoch ausnahmsweise das Rechtsschutzbedürfnis für die Anfechtung eines Negativbeschlusses fehlen, wenn der bestandskräftige Beschluss einem späteren Verpflichtungsantrag nicht entgegengehalten werden kann (OLG München ZMR 2007, 304). Ob dieses der Fall ist, soll durch Auslegung des Beschlussinhalts im Einzelfall zu ermitteln sein. Beschlüsse der Wohnungseigentümer sind dabei aus sich heraus objektiv und normativ auszulegen, ohne dass es auf die subjektiven Vorstellungen der Beteiligten an der Beschlussfassung ankommen soll (OLG München ZMR 2007, 304). In jedem Fall soll ein Rechtsschutzbedürfnis vorliegen, wenn der Versammlungsleiter das Ergebnis falsch feststellt (Ablehnung trotz Mehrheit der Ja-Stimmen), es sich also um einen formalen Mangel handelt (BGH ZMR 2002, 930 – V ZB 30/02). Nach der aktuellen Rechtsprechung wird man eine solche Abgrenzung aber wohl nicht mehr vornehmen müssen; das Anfechtungsrecht dient auch dem Interesses des Einzelnen und der Gemeinschaft an einer ordnungsmäßigen Verwaltung, woraus sich bereits das Rechtsschutzinteresse ergibt (LG Itzehoe ZMR 2010, 148). Der Verbindung mit einem auf positive Feststellung gerichteten Antrag bedarf es dafür nicht, vgl. oben Anmerkung zu Ziff. 2.

Im vorliegenden Formularmuster dürfte sich allerdings jenseits dieser Diskussion das Rechtsschutzbedürfnis bereits daraus ergeben, dass bis zur nächsten ordentlichen Versammlung in 2016 Rückforderungsansprüche der Gemeinschaft verjährt sein könnten.

4. Gerichtskostenvorschuss. Es gilt § 12 Abs. 1 S. 1 GKG, wonach in bürgerlichen Rechtsstreitigkeiten die Klage erst nach Zahlung der Gebühr für das Verfahren im Allgemeinen zugestellt werden soll. Es sind also nach Nr. 1210 VV-GKG drei Gerichtsgebühren an Vorschuss einzuzahlen. Wichtig ist diese Vorschrift, wenn es um die Wahrung der Anfechtungsfrist von einem Monat nach § 46 WEG geht. Die Frist ist nur gewahrt, wenn die Klage zwar nach Ablauf der Anfechtungsfrist, aber »demnächst« nach Einreichung zugestellt wird. Das geschieht wiederum nur, wenn ein Gerichtskostenvorschuss eingezahlt wird. Verzögert sich dieses aus Gründen, die in der Sphäre des Klägers liegen, kann Verfristung drohen. Es ist daher immer anzuraten, zumindest einen vorläufigen Gegenstandswert in der Klage zu berechnen und nach diesem drei Gerichtsgebühren bereits mit Einreichung der Klagschrift einzuzahlen.

8. Nichtigkeit Beschluss (§ 43 Nr. 4 WEG)

Klage

des Wohnungseigentümers Max Mustermann, Musterstraße 11, Musterstadt

– Klägers –

Prozessbevollmächtigte: Rechtsanwälte Fürchtenicht _____

gegen

die übrigen Wohnungseigentümer der Wohnungseigentümergemeinschaft Musterstraße 11, Musterstadt gemäß beigefügter Eigentümerliste,

– Beklagte –

Verwalter: V. Musterverwalter, Beispielstraße 11, Musterstadt

Ersatzzustellungsvertreter: E. Eigentümer, Musterstraße 11, Musterstadt

Wegen: Feststellung der Nichtigkeit eines Beschlusses

Vorläufiger Streitwert: € _____

Namens und in Vollmacht des Klägers erhebe ich Klage mit den Anträgen:

1) der in der Eigentümerversammlung vom 26.03.2015 der Wohnungseigentümergemeinschaft Musterstraße 11 zu TOP 6 gefasste Beschluss, wonach dem Miteigentümer M ein Sondernutzungsrecht am hinteren Gartenteil eingeräumt wird, ist nichtig;

2) den Beklagten die Kosten des Verfahrens aufzuerlegen;

3) im Falle des Vorliegens der Voraussetzungen Versäumnisurteil im schriftlichen Verfahren zu erlassen.

Begründung:

Die Beteiligten sind Mitglieder der Wohnungseigentümergemeinschaft Musterstraße 11, Musterstadt. Am 26.03.2015 fand die ordentliche Eigentümerversammlung für das Jahr 2008 statt. Zu TOP 6 hat die Versammlung mehrheitlich beschlossen, dem Miteigentümer M das Sondernutzungsrecht an der hinteren Gartenfläche einzuräumen. Der Verwalter hat das Zustandekommen des Beschlusses festgestellt.

Wir überreichen eine Kopie des Protokolls als Anlage K 1. Eine Kopie der Gemeinschaftsordnung überreichen wir als Anlage K 2.

Der Beschluss ist nichtig. Der Eigentümerversammlung fehlt zur Einräumung eines Sondernutzungsrechtes per Beschluss die Beschlusskompetenz. Ein Sondernutzungsrecht kann nur durch allseitige Vereinbarung begründet werden. Fehlt der Eigentümerversammlung aber generell die Beschlusskompetenz für einen Gegenstand, ist ein trotzdem gefasster Mehrheitsbeschluss nicht nur anfechtbar, sondern nichtig.

Rechtsanwalt

Erläuterungen

1036 **1. Formalien.** Hinsichtlich der Verfahrensordnung, Zulässigkeit, Aktivlegitimation, Passivlegitimation, Rubrum und Form kann auf die Ausführungen oben im Formular E.I.1. verwiesen werden.

1037 **2. Nichtigkeit.** *2.1* Nach § 23 Abs. 4 S. 1 WEG ist ein Beschluss nichtig, der gegen eine Rechtsvorschrift verstößt, auf deren Einhaltung rechtswirksam nicht verzichtet werden kann.

1038 Hierzu gehören zum einen Verstöße gegen die **guten Sitten** (§ 138 BGB) oder gegen **gesetzliche Verbote** (§ 134 BGB). Ob ein Verstoß gegen die guten Sitten vorliegt, wird immer eine Frage des Einzelfalls sein und bleiben. Gegen die guten Sitten verstößt z.B. das völlige Verbot jedweden Musizierens in der Anlage (BGH ZMR 1999, 41 – V ZB 11/98). Auch ein Beschluss, der das Abstellen eines Rollstuhls im Treppenhaus verbietet, kann gegen die guten Sitten verstoßen (*Niedenführ/Kümmel/Vandenhouten* § 23 Rn. 80). Gleiches dürfte wohl auch für einen Beschluss gelten, der das Abstellen eines Kinderwagens im Treppenhaus generell verbietet, wenn es keine anderweitigen Abstellmöglichkeiten hierfür gibt, oder z.B. das Herauftragen des Kinderwagens in obere Stockwerke bei Fehlen eines Aufzuges nicht oder nur schwer möglich ist.

1039 *2.2* Nichtig ist auch ein Beschluss, der **nicht hinreichend bestimmt** oder in sich widersprüchlich ist. Einem Beschluss, der bestimmte Verhaltensweisen in der Anlage einschränkt, muss sich klar entnehmen lassen, in welchen Fällen und unter welchen Umständen welche Verhaltensweisen konkret nicht gestattet sind. Der einzelne Wohnungseigentümer oder auch ein Rechtsnachfolger muss anhand der verwendeten Formulierung erkennen oder zumindest ermitteln können, welches Maß der Nutzung ihm noch gestattet und wann die zulässige Grenze überschritten ist (BGH ZMR 1999, 41, 43 – V ZB 11/98).

1040 *2.3* Der nichtige Beschluss ist vom »Nichtbeschluss« abzugrenzen. Bei einem nichtigen Beschluss sind zumindest die Formalien der Willensbildung und Beschlussfassung zunächst gewahrt. Bei einem Nichtbeschluss ist es gar nicht zu einer entsprechenden Willensbildung und Beschlussfassung gekommen. Typische Fälle des Nichtbeschlusses sind z.B. Umlaufbeschlüsse, denen nicht alle Eigentümer zustimmen (vgl. hierzu oben Formular C.XII.) oder Beschlüsse in der Wohnungseigentümerversammlung, die nicht, nicht einmal konkludent, festgestellt und bekanntgegeben werden. Da die Feststellung und Bekanntgabe Voraussetzung für das Zustandekommen eines Beschlusses überhaupt ist (BGH ZMR 2001, 809 – V ZB 10/01), liegt ein »Nichtbeschluss« vor, wenn es daran fehlt.

1041 *2.4* Fehlt der Wohnungseigentümerversammlung jegliche **Beschlusskompetenz**, ist ein trotzdem gefasster Beschluss nicht anfechtbar, sondern ebenfalls nichtig (BGH ZMR 2000, 771 – V ZB 58/99). Die Beschlusskompetenz steht der Wohnungseigentümerversammlung nur in Angelegenheiten zu, über die nach dem Wohnungseigentumsgesetz oder nach einer Vereinbarung durch Beschluss entschieden werden darf. Besteht eine Beschlusskompetenz generell, wird sie aber im konkreten Fall überschritten, führt dieses nicht zur Nichtigkeit, sondern nur zur Anfechtbarkeit des Beschlusses.

Sondernutzungsrechte können ausschließlich durch Vereinbarung begründet werden. Es fehlt hierfür an der Beschlusskompetenz der Eigentümerversammlung, so dass ein trotzdem gefasster Beschluss nichtig ist (BGH ZMR 2000, 771 – V ZB 58/99).

3. Geltendmachung der Nichtigkeit. Die Nichtigkeitsklage kann von einem oder mehreren Eigentümern geltend gemacht werden, wobei auch hier, wie bei der Anfechtungsklage nach § 26 WEG, mehrere Klagen nach § 47 WEG zu verbinden sind. Die Nichtigkeitsklage ist an keinerlei Frist gebunden, insbesondere ist die Anfechtungsfrist des § 46 Abs. 1 S. 2 WEG unbeachtlich. Eine Einschränkung macht allerdings § 48 Abs. 4 WEG: Ist eine Anfechtungsklage gegen einen Beschluss nach § 43 Abs. 1 Nr. 4 WEG rechtskräftig abgewiesen worden, kann im Nachgang nicht mehr geltend gemacht werden, der Beschluss sei nichtig. Während nach altem Recht die Prüfung, ob ein Beschluss ggf. nichtig war, von Amts wegen zu erfolgen hatte, prüft das Gericht den Aspekt nach dem jetzt geltenden Beibringungsgrundsatz nur, wenn sich eine Partei darauf beruft. Allerdings hat das Gericht darauf hinzuweisen, wenn eine Partei erkennbar Tatsachen übersehen hat, die zu einer Nichtigkeit des Beschlusses führen könnten, § 46 Abs. 2 WEG.

4. Streitwert und Kosten. Vgl. dazu Formular E.I.1. Ziff. 10 und 12.

II. Binnenstreitigkeiten (§ 43 Nr. 1 WEG)

1. Beseitigung baulicher Veränderung (§ 43 Nr. 1 WEG)

Klage

der Wohnungseigentümergemeinschaft Musterstraße 11, Musterstadt, vertreten durch den Verwalter, V. Musterverwalter, Beispielstraße 1, Musterstadt

– Klägerin –

Prozessbevollmächtigte: Rechtsanwälte Fürchtenicht _____

gegen

Herrn M. Miteigentümer, Musterstraße 11, Musterstadt,

– Beklagten –

Wegen: Beseitigung einer baulichen Veränderung

Vorläufiger Streitwert: € _____

Namens und in Vollmacht des Klägers erhebe ich Klage mit den Anträgen:

1) den Beklagten zu verurteilen, das im Garten des Grundstückes Musterstraße 11 in der hinteren linken Ecke aufgestellte Gartenhaus mit den Maßen ca. 1,80 m × 1,50 m, gemäß der als Anlage 1 diesem Antrag beigefügten Skizze, bestehend aus Kiefernholz, rot gestrichen, zu entferne, die Fläche mit Mutterboden einzuebnen und dort Rasen anzusäen;

2) dem Beklagten die Kosten des Verfahrens aufzuerlegen;

3) im Falle des Vorliegens der Voraussetzungen Versäumnisurteil im schriftlichen Verfahren zu erlassen.

Begründung:

Die Klägerin ist die Wohnungseigentümergemeinschaft Musterstraße 11. Der Beklagte ist Eigentümer der im Erdgeschoss links belegenen, in der Teilungserklärung mit der Nr. 1 bezeichneten Wohnungen. Wir überreichen die Teilungserklärung und die Gemeinschaftsordnung als Anlagenkonvolut K 1.

Dem Sondereigentum des Beklagten ist laut Teilungserklärung das Sondernutzungsrecht an der in der Anlage zur Teilungserklärung gekennzeichneten Gartenfläche zugewiesen, es handelt sich hierbei um den im hinteren Grundstücksteil von der Straße aus gesehen linken Bereich des Gartens mit einer Fläche von ca. 100 m². Dieser Gartenbereich ist seit Errichtung des Hauses mit kleinen Hecken, Sträuchern und Blumenrabatten gestaltet. Die Teilungserklärung trifft keine Aussage dazu, wie der Beklagte sein Sondernutzungsrecht ausüben darf.

Vor zwei Monaten errichtete der Beklagte im hinteren linken Teil des Gartens das im Antrag zu Ziffer 1 bezeichnete Gartenhaus, das er zu allem Überfluss auch noch rot anstreichen ließ. Wir überreichen eine entsprechende Fototafel als Anlage K 2.

Dieses Gartenhaus fügt sich in keiner Weise in die bisherige Gestaltung der Wohnanlage und des Gartens ein. Es war bisher an keiner Stelle, auch nicht auf dem benachbarten Sondernutzungsrecht am rechten Gartenteil der Wohnung Nr. 2, ein Gartenhaus vorhanden. Aus sämtlichen Wohnungen ab dem 1. OG hat man einen uneingeschränkten Blick auf das Gartenhaus, welches das bisherige Gepräge der Anlage deutlich stört.

Beweis: Augenscheinseinnahme

Die Wohnungseigentümer haben in der Versammlung vom 26.03.2015 beschlossen, Ansprüche auf Beseitigung des Gartenhauses anzuziehen, sowie diese Ansprüche und die Ansprüche auf Wiederherstellung des ordnungsmäßigen Zustandes durch die Verwaltung mittels Einschaltung eines Rechtsanwaltes auch gerichtlich durchzusetzen. Wir überreichen den Beschluss vom 26.03.2015 als Anlage K 3.

Der Beklagte war mit Schreiben des Unterzeichners vom 01.04.2015 aufgefordert worden, das Gartenhaus zu entfernen und den vormaligen Zustand, nämlich eine Rasenfläche, wiederherzustellen. Der Beklagte hat daraufhin erwidert, er könne in seinem Garten machen, was er wolle. Vor diesem Hintergrund ist Klage geboten. Dem Beklagten steht zwar ein Sondernutzungsrecht an der Fläche zu. Dieses Sondernutzungsrecht berechtigt ihn aber nicht zu grundlegenden Veränderungen der Anlage.

Rechtsanwalt

Erläuterungen

1046 **1. Verfahrensordnung/Zulässigkeit.** Vgl. oben Formular E.I.1. Ziff. 1 und 2.

1047 Nach § 43 Nr. 1 WEG gehören zu den Wohnungseigentumsangelegenheiten alle Streitigkeiten über die sich aus der Gemeinschaft der Wohnungseigentümer und aus der Verwaltung des gemeinschaftlichen Eigentums ergebenden Rechte und Pflichten der Wohnungseigentümer untereinander. Der Anwendungsbereich ist weit zu fassen. Es kommt darauf an, ob die in Rede stehenden Rechte und Pflichten in einem inneren Zusammenhang mit einer Gemeinschaftsangelegenheit stehen. Im Wesentlichen fallen unter diese Norm Abwehr- und Unterlassungsansprüche, aber auch umgekehrt Ansprüche auf Duldung oder Vornahme bestimmter Handlungen. Zu den Abwehr- und Unterlassungsansprüchen gehören insbesondere der Anspruch auf die Beseitigung baulicher Veränderungen, jegliche Fragen des Gebrauchs des gemeinschaftlichen Eigentums, Unterlassungsansprüche bezüglich Störungen, die von anderen Sondereigentümern ausgehen, zweckwidrige Nutzungen des Sondereigentums, aber auch der Anspruch auf Feststellung der Zulässigkeit bestimmter Maßnahmen oder Nutzungen. Letztlich fällt hierunter auch der Anspruch auf Anpassung der Teilungserklärung nach § 10 Abs. 2 S. 3 WEG.

2. Prozessführungsbefugnis. Prozessführungsbefugt ist, wem materiell-rechtlich die Ansprüche zustehen. Die dargestellten Abwehr- und Unterlassungsansprüche aus § 1004 BGB i.V.m. § 22 Abs. 1 BGB sind zunächst Ansprüche des einzelnen Wohnungseigentümers aus seinem Miteigentum. Die Wohnungseigentümergemeinschaft als teilrechtsfähiger Verband ist weder Mitglied der Eigentümergemeinschaft noch Miteigentümer des Grundstücks. Unterlassungsansprüche aus dem Miteigentum an dem Grundstück stehen daher weder dem Verband zu, noch können sie ohne einen entsprechenden Beschluss der Wohnungseigentümer von dem Verband gerichtlich geltend gemacht werden (BGH ZMR 2006, 457 – V ZB 17/06); sie stehen allein dem betroffen Miteigentümer oder den betroffenen Miteigentümern als Individualansprüche zu (BT-Drucks. 16/887, S. 62). Von diesen kann jeder seine Rechte allein verfolgen, sie können aber auch gemeinsam klagen. Allerdings kann die Gemeinschaft diese Individualansprüche an sich ziehen und ebenfalls verfolgen (OLG München ZMR 2006, 304 für die Beseitigung einer Parabolantenne; BGH ZMR 2007, 627 – VII ZR 236/05 – für die Beseitigung von Baumängeln; OLG Hamm ZMR 2010, 389), die Befugnis hierzu ergibt sich aus § 10 Abs. 6 S. 3 WEG. Erforderlich hierfür ist ein Mehrheitsbeschluss der Wohnungseigentümergemeinschaft; ein solcher Beschluss würde also ordnungsmäßiger Verwaltung entsprechen. Allerdings besteht kein Anspruch darauf, dass die Wohnungseigentümergemeinschaft solche Individualansprüche tatsächlich an sich zieht.

Anders sieht es jedoch mit Schadensersatzansprüchen aus, die auf Verletzung des Gemeinschaftseigentums gestützt werden, wozu auch die aus § 823 BGB resultierenden Ansprüche auf Wiederherstellung des vormaligen Zustandes gehören. Solche Ansprüche sind geborene Ansprüche der Wohnungseigentümergemeinschaft, sie stehen von vornherein der Gemeinschaft zu, sie muss diese nicht mehr an sich ziehen (BGH ZMR 2014, 554 – V ZR 25/13). Damit der Verwalter diese für die Gemeinschaft gerichtlich durchsetzen kann, bedarf es aber ebenfalls eines Beschlusses.

Der einzelne Eigentümer wäre also nur zur Beseitigung prozessführungsbefugt, den Anspruch auf Wiederherstellung des vormaligen Zustandes könnte er in eigenem Namen nicht durchsetzen.

3. Bauliche Veränderungen. *3.1* Während Instandsetzungen nach § 21 Abs. 5 Nr. 2 WEG mehrheitlich beschlossen und Modernisierungen mit einer qualifizierten Mehrheit nach § 22 Abs. 2 WEG durchgesetzt werden können, ist die Zulässigkeit von baulichen Veränderungen im Gemeinschaftseigentum oder Aufwendungen, die über die ordnungsgemäße Instandhaltung und Instandsetzung des Gemeinschaftseigentums hinausgehen, in § 22 Abs. 1 WEG geregelt. Bauliche Veränderungen und Aufwendungen für solche Maßnahmen können beschlossen werden, wenn alle Eigentümer zustimmen, die hierdurch über das in § 14 Nr. 1 WEG bestimmte Maß hinaus beeinträchtigt werden. Das bedeutet im Umkehrschluss, dass bauliche Veränderungen nur dann zulässig sind, wenn alle Miteigentümer, die davon beeinträchtigt werden, dieser zustimmen. Der Zustimmung von Miteigentümern, die nicht durch die bauliche Veränderung beeinträchtigt werden, bedarf es nicht; diese haben eine entsprechende Maßnahme zu dulden.

3.2 **Bauliche Veränderungen** sind Eingriffe in die Substanz des gemeinschaftlichen Eigentums, durch die dauerhaft eine andere Funktionalität oder eine andere Optik geschaffen wird (Riecke/Schmid/*Drabek* § 22 Rn. 6). Die **besonderen Aufwendungen** im Sinne dieser Vorschrift sind Arbeiten an dem Objekt, die nicht zur Instandsetzung erforderlich sind, aber auch keine bauliche Veränderung oder Modernisierung darstellen, z.B. die Neueindeckung eines Daches, das eigentlich nicht instandsetzungsbedürftig wäre. Auch eine Gartenfläche, an der ein Sondernutzungsrecht bestellt ist, bleibt Gemeinschaftseigentum. Wird diese Sondernutzungsfläche von einem Eigentümer verändert, kann dieses eine bauliche Veränderung darstellen.

1051 *3.3* Eine **Beeinträchtigung** liegt vor, wenn Miteigentümer durch die Maßnahme benachteiligt werden. In Betracht kommen dabei nur konkrete und objektive Nachteile, die von einer gewissen Erheblichkeit sein müssen. Da § 22 Abs. 1 WEG eine Ausnahmeregelung darstellt, mit der auch in die Eigentumsrechte der einzelnen Miteigentümer eingegriffen werden kann, ist jedoch die Schwelle für die Erheblichkeit niedrig anzusetzen (BVerfG ZMR 2005, 634, 635 – 1 BvR 1806/04). Eine solche Beeinträchtigung liegt z.b. auch in der Veränderung des optischen Gesamteindrucks der Anlage (Gartenhaus; mit Kabelbindern an der Balkonbrüstung angebrachte Lichterketten – LG Köln ZMR 2008, 993), in einer Nutzungsänderung (Hobbyraum als Wohnraum), in einer Einschränkung der Nutzungsmöglichkeit (z.B. des Gartens), der finanziellen Belastung (Belastung der Gemeinschaft mit zukünftigen Instandhaltungskosten) oder bei Eingriffen in die Substanz mit Folgewirkungen (z.B. Gefährdung der Statik bei Wanddurchbrüchen; Aufstockung des Gebäudes – LG Hamburg ZMR 2010, 550; erheblicher Rückschnitt einer Hecke – LG Hamburg ZMR 2010, 983). An der Beeinträchtigung kann es fehlen, wenn durch die Maßnahme der bisherige Zustand sogar verbessert wird (LG Itzehoe ZMR 2010, 640). Allerdings können z.B. Wand- oder **Deckendurchbrüche** durchaus zustimmungsfreie bauliche Veränderungen darstellen, wenn nämlich durch die Maßnahme kein wesentlicher Eingriff in die Substanz erfolgt und hierdurch keine Gefahr für die konstruktive Stabilität des Gebäudes und dessen Brandsicherheit geschaffen wird (BGH ZMR 2001, 289 – V ZB 45/00; LG Hamburg ZMR 2001, 918). Nicht jede bauliche Veränderung beeinträchtigt also zwangsläufig die Miteigentümer. Die Anbringung einer Videoanlage am gemeinschaftlichen Klingeltableau wurde vom BGH z.B. unter bestimmten Voraussetzungen als zulässig erachtet (BGH ZWE 2011, 259 – V ZR 210/10).

1052 *3.4* Ansprüche auf Beseitigung einer baulichen Veränderung unterliegen der dreijährigen **Regelverjährung**; der Anspruch aus § 1004 BGB ist kein dinglicher Anspruch, § 902 BGB gilt hier nicht (OLG Hamm ZMR 2009, 368).

2. Unterlassung unzulässigen Gebrauches des Gemeinschaftseigentums (§ 43 Nr. 1 WEG)

1053 **Klage**

des Wohnungseigentümers Max Mustermann, Musterstraße 11, Musterstadt

– Klägers –

Prozessbevollmächtigte: Rechtsanwälte Fürchtenicht _____

gegen

Herrn M. Miteigentümer, Musterstraße 11, Musterstadt,

– Beklagten –

Verwalter: V. Musterverwalter, Beispielstraße 11, Musterstadt

Weitere Beteiligte: Die nach § 48 Abs. 1 WEG beizuladenden weiteren Wohnungseigentümer gemäß beigefügter Liste

Ersatzzustellungsvertreter: E. Eigentümer, Musterstraße 11, Musterstadt

Wegen: Unterlassung Nutzung des Gemeinschaftseigentums

Vorläufiger Streitwert: € _____

Namens und in Vollmacht des Klägers erhebe ich Klage mit den Anträgen:

1) den Beklagten zu verurteilen, den im Kellergeschoss des Hauses, links von dem in der Anlage zur Teilungserklärung mit der Nr. 1 bezeichneten Keller, aufgestellten Kiefernschrank in den Maßen 1,70 × 1,00 × 0,40 m zu entfernen;

2) dem Beklagten die Kosten des Verfahrens aufzuerlegen;

3) im Falle des Vorliegens der Voraussetzungen Versäumnisurteil im schriftlichen Verfahren zu erlassen.

Begründung:

Die Parteien sind Miteigentümer der Wohnungseigentümergemeinschaft Musterstraße 11. Der Kläger ist Eigentümer der im 4. OG links belegenen, in der Teilungserklärung mit der Nr. 9 bezeichneten Wohnung. Der Beklagte ist Eigentümer der im Erdgeschoss links belegenen, in der Teilungserklärung mit der Nr. 1 bezeichneten Wohnung. Dem Beklagten ist laut Teilungserklärung das Sondernutzungsrecht an dem Kellerraum Nr. 1 zugewiesen. Wir überreichen die Teilungserklärung und die Gemeinschaftsordnung als Anlagenkonvolut K 1. Teil der Gemeinschaftsordnung ist eine Hausordnung. Diese sieht vor, dass in den zum Gemeinschaftseigentum gehörenden Kellerräumen, sofern kein Sondernutzungsrecht zugewiesen ist, keine Gegenstände gelagert oder länger als nur vorübergehend abgestellt werden dürfen.

Der Beklagte hat links von dem ihm zur Sondernutzung zugewiesenen Kellerraum Nr. 1 den im Antrag bezeichneten Schrank aufgestellt und die Schranktür mit einem Schloss versehen. Der Kläger hat den Verwalter hierauf hingewiesen. Der Verwalter hat den Beklagten daraufhin mit Schreiben vom _____ aufgefordert, den Schrank zu entfernen, da die Kellerfläche, auf welcher der Schrank stehe, Gemeinschaftseigentum sei, auf welches sich das Sondernutzungsrecht des Beklagten nicht erstrecke. Wir überreichen das Schreiben als Anlage K 2. Der Beklagte hat hierauf erwidert, er könne diese Fläche genauso nutzen wie jeder andere. Da die Fläche aber direkt neben seinem Kellerraum liege, sei es doch selbstverständlich, dass er dort einen Schrank aufstelle, wer solle dieses denn sonst dort tun wollen. Schließlich sei der Kellerraum doch auch viel zu klein.

Die Ansicht des Beklagten ist falsch. Jeder Miteigentümer ist zur Nutzung des Gemeinschaftseigentums nur nach Maßgabe der §§ 14, 15 WEG berechtigt, § 13 Abs. 2 WEG. Die Nutzung des Sondereigentums können die Eigentümer durch Vereinbarung (§ 15 Abs. 1 WEG) oder, sofern eine Vereinbarung nicht entgegensteht, im Rahmen des ordnungsgemäßen Gebrauchs durch Beschluss regeln (§ 15 Abs. 2 WEG). Insoweit ist jeder Eigentümer verpflichtet, von dem gemeinschaftlichen Eigentum nur in solcher Weise Gebrauch zu machen, dass dadurch keinem anderen Wohnungseigentümer über das bei einem geordneten Zusammenleben unvermeidliche Maß hinaus ein Nachteil entsteht, § 14 Nr. 1 WEG.

Die Eigentümer der Gemeinschaft haben über die Hausordnung den ordnungsmäßigen Gebrauch der Kellerflächen geregelt. Danach ist es dem Beklagten untersagt, auf der im Gemeinschaftseigentum stehenden Fläche, die nicht mehr von seinem Sondernutzungsrecht gedeckt ist, den streitgegenständlichen Schrank aufzustellen. Dem Kläger steht ein Unterlassungsanspruch aus § 1004 BGB i.V.m. § 15 Abs. 3 WEG zu.

Gerichtskosten zahlen wir in Höhe von € _____ ein.

Rechtsanwalt

Erläuterungen

1054 **1. Verfahrensordnung/Zulässigkeit.** Vgl. oben Formular E.I.1. und Formular E.I.2.

1055 **2. Prozessführungsbefugnis.** *2.1* Prozessführungsbefugt ist, wem materiell-rechtlich die Ansprüche zustehen. Dieses ist hinsichtlich von Ansprüchen auf Unterlassung und Beseitigung zunächst jeder Eigentümer selbst. Zur Möglichkeit der Wohnungseigentümergemeinschaft, diese Ansprüche als teilrechtsfähiger Verband an sich zu ziehen, vgl. oben Formular E.II.1 und D.II.7.

1056 *2.2* Jeder Miteigentümer ist zur Nutzung des Gemeinschaftseigentums nur nach Maßgabe der §§ 14, 15 WEG berechtigt, § 13 Abs. 2 WEG. Die Nutzung des Gemeinschaftseigentums können die Eigentümer durch Vereinbarung (§ 15 Abs. 1 WEG) oder, sofern eine Vereinbarung nicht entgegensteht, im Rahmen des ordnungsgemäßen Gebrauchs durch Beschluss regeln (§ 15 Abs. 2 WEG). Insoweit ist jeder Eigentümer verpflichtet, von dem gemeinschaftlichen Eigentum nur in solcher Weise Gebrauch zu machen, dass dadurch keinem anderen Wohnungseigentümer über das bei einem geordneten Zusammenleben unvermeidliche Maß hinaus ein Nachteil entsteht, § 14 Nr. 1 WEG. Verstößt ein Eigentümer gegen diese Regelung, steht jedem beeinträchtigten Miteigentümer ein Unterlassungsanspruch aus § 1004 BGB i.V.m. § 15 Abs. 3 WEG zu. Wann ein Nachteil i.S. des § 14 Nr. 1 WEG vorliegt, der sodann die Schwelle der Erheblichkeit überschreitet, ist immer eine Frage des Einzelfalls, eine Generalisierung ist kaum möglich (Staudinger/*Kreuzer* (2005) § 14 WEG Rn. 15).

1057 **3. Einzelfälle. Gartenzwerge** auf Sondernutzungsfläche können unzulässig sein, OLG Hamburg NJW 1988, 2052; das **Spielen auf Gartenflächen** ist im Zweifel zulässig, wenn die Gemeinschaftsordnung nichts abweichendes regelt, OLG Frankfurt ZMR 1991, 353; im **Hausflur** ist das regelmäßige **Abstellen von Mülltüten** (OLG Düsseldorf ZMR 1996, 446) und **Möbeln** unzulässig (OLG München ZMR 2006, 712). Der Anschluss weiterer **Heizkörper** ist unzulässig, wenn die Heizungsanlage hierfür nicht dimensioniert ist, OLG Schleswig NJW-RR 1993, 24. Das Versprühen von **Parfum im Treppenhaus** ist ebenfalls nicht gestattet, OLG Düsseldorf ZMR 2004, 52. **Spruchbänder mit politischen Parolen** an der Fassade sind unzulässig, KG NJW-RR 1988, 846; auch das **Zigarettenrauchen im Treppenhaus** kann einen nicht hinzunehmenden Nachteil darstellen (AG Hannover NZM 2000, 520 für fünf Zigaretten täglich).

1058 **4. Beizuladende.** Nach § 48 Abs. 1 S. 1 WEG sind in einem Rechtsstreit eines Wohnungseigentümers nach § 43 Nr. 1 oder Nr. 3 WEG, der einen ihm allein zustehenden Anspruch geltend macht und in dem sich die Klage nur gegen einen oder einzelne Wohnungseigentümer richtet, die übrigen Wohnungseigentümer beizuladen, es sei denn, ihre rechtlichen Interessen sind erkennbar nicht betroffen. An dem Verfahren, das ein Eigentümer gegen einen anderen Eigentümer wegen Beeinträchtigung des gemeinschaftlichen Eigentums führt, sind i.d.R. die übrigen Eigentümer zwingend zu beteiligen (OLG München ZMR 2006, 712 zu § 43 Abs. 4 Nr. 1 a.F. WEG). Zum weiteren vgl. die Darstellungen oben zu Formular Teil 2 Rdn. 1097.

3. Unterlassung zweckwidriger Nutzung des Sondereigentums (§ 43 Nr. 1 WEG)

1059 **Klage**

des Wohnungseigentümers Max Mustermann, Musterstraße 11, Musterstadt

– Klägers –

Prozessbevollmächtigte: Rechtsanwälte Fürchtenicht _____

gegen

Herrn M. Miteigentümer, Musterstraße 11, Musterstadt,

– Beklagten –

Verwalter: V. Musterverwalter, Beispielstraße 11, Musterstadt

Weitere Beteiligte: Die nach § 48 Abs. 1 WEG beizuladenden weiteren Wohnungseigentümer gemäß beigefügter Liste

Ersatzzustellungsvertreter: E. Eigentümer, Musterstraße 11, Musterstadt

Wegen: Unterlassung zweckwidriger Nutzung des Sondereigentums

Vorläufiger Streitwert: € _____

Namens und in Vollmacht des Klägers erhebe ich Klage mit den Anträgen:

1) den Beklagten zu verurteilen, es zu unterlassen, in dem in seinem in der Liegenschaft Musterstraße 11, Musterstadt, im Erdgeschoss links belegenen, in der Teilungserklärung mit der Nr. 1 bezeichneten Teileigentum, die Prostitution ausüben zu lassen.

Für jeden Fall des Zuwiderhandlung wird dem Beklagten ein Ordnungsgeld von bis zu € 250.000, ersatzweise Ordnungshaft bis zu sechs Monaten, angedroht;

2) dem Beklagten die Kosten des Verfahrens aufzuerlegen;

3) im Falle des Vorliegens der Voraussetzungen Versäumnisurteil im schriftlichen Verfahren zu erlassen.

Begründung:

Die Parteien sind Miteigentümer der Wohnungseigentümergemeinschaft Musterstraße 11. Der Kläger ist Eigentümer der im 4. OG links belegenen, in der Teilungserklärung mit der Nr. 9 bezeichneten Wohnung. Der Beklagte ist Eigentümer des im Erdgeschoss links belegenen, in der Teilungserklärung mit der Nr. 1 bezeichneten Teileigentums. Wir überreichen die Teilungserklärung als Anlage K 1.

Die Teilungserklärung sieht in § _____ zur Frage der Nutzung Folgendes vor: »Der Wohnungseigentümer ist berechtigt, die Wohnung nach Belieben zu nutzen, soweit sich nicht Beschränkungen aus dem Gesetz oder dieser Teilungserklärung ergeben. Im Interesse des friedlichen Zusammenlebens der Hausgemeinschaft aller Hausbewohner ist das Wohnungseigentum derart auszuüben, dass weder einem anderen Wohnungseigentümer noch einem Hausbewohner über das bei einem geordneten Zusammenleben unvermeidliche Maß hinaus ein Nachteil erwächst. Die zur gemeinschaftlichen Benutzung bestimmten Räume, Anlagen, Einrichtungen und Teile des Eigentums sind schonend und pfleglich zu behandeln und dürfen nur im Rahmen der Hausordnung genutzt werden. Entsprechendes gilt für die Teileigentümer, wobei die üblicherweise mit Gewerbebetrieben jeglicher Art verbundenen Nachteile innerhalb der gesetzlichen Bestimmungen von den übrigen Eigentümern hingenommen werden.«

Der Beklagte hat sein Teileigentum an eine Frau xy vermietet. Frau xy geht in diesen Räumen der Prostitution nach. Sie annonciert regelmäßig in den einschlägigen Tageszeitungen und bietet ihre entsprechenden Dienste an. Dieses dürfte auch unstreitig bleiben. Der Beklagte hat sich vorprozessual allerdings auf den Standpunkt gestellt, der Betrieb eines Gewerbes sei in dem Teileigentum gestattet und durch die Ausübung der Prostitution in der Einheit würden keine Nachteile entstehen, die über die mit Gewerbebetrieben jeglicher Art verbundenen und laut der Teilungserklärung hinzunehmenden Nachteile hinausgehen. Dem ist allerdings

mitnichten so. Die Ausübung der Prostitution in der Einheit zieht bestimmte Arten von Menschen an, und es verstößt dieses gegen das Sittlichkeitsempfinden weil

Gerichtskosten zahlen wir in Höhe von € _____ **ein.**

Rechtsanwalt

Erläuterungen

1060 **1. Verfahrensordnung/Zulässigkeit.** Vgl. oben Formular E.I.1. und Formular E.II.1.

1061 **2. Prozessführungsbefugnis/Passivlegitmation.** *2.1* Prozessführungsbefugt ist, wem materiell-rechtlich die Ansprüche zustehen. Dieses ist zunächst jeder Eigentümer selbst. Zur Möglichkeit der Wohnungseigentümergemeinschaft, diese Ansprüche als teilrechtsfähiger Verband an sich zu ziehen, vgl. oben Formular E.II.2. Ziff. 2.

1062 *2.2* Jeder Miteigentümer kann, soweit das Gesetz oder Rechte Dritter nicht entgegenstehen, mit den im Sondereigentum stehenden Gebäudeteilen nach Belieben verfahren, insbesondere diese bewohnen, vermieten, verpachten oder in sonstiger Weise nutzen und andere von der Einwirkung ausschließen, § 13 Abs. 1 WEG. Allerdings wird auch die Nutzung des Sondereigentums durch die Rechte Dritter, nämlich der Miteigentümer und der Gemeinschaft, eingeschränkt, die ihre Grundlage in §§ 14, 15 WEG finden. Den Gebrauch des Sondereigentums können die Eigentümer durch Vereinbarung (§ 15 Abs. 1 WEG) oder, sofern eine Vereinbarung nicht entgegensteht, im Rahmen des ordnungsmäßigen Gebrauchs durch Beschluss regeln (§ 15 Abs. 2 WEG). Maßgeblich für die Nutzung des Sondereigentums ist also die Vorgabe der Gemeinschaftsordnung. Üblich sind z.B. Regelungen, wonach das Sondereigentums nicht zur Ausübung eines Gewerbes genutzt werden darf. Soweit es sich um Teileigentum handelt, ist die Form der zulässigen Gewerbeausübung oftmals definiert (z.B. Gaststätte). Teilweise ergibt sich der Zweck der Nutzung auch aus der Bezeichnung (Hobbyraum, Abstellraum, Partykeller). Auch im Rahmen des von der Gemeinschaftsordnung vorgegebenen Nutzungsrahmens ist jeder Eigentümer verpflichtet, von seinem Sondereigentum nur in solcher Weise Gebrauch zu machen, dass dadurch keinem anderen Wohnungseigentümer über das bei einem geordneten Zusammenleben unvermeidliche Maß hinaus ein Nachteil entsteht, § 14 Nr. 1 WEG. Verstößt ein Eigentümer gegen diese Regelung, steht jedem beeinträchtigten Miteigentümer ein Unterlassungsanspruch aus § 1004 BGB i.V.m. § 15 Abs. 3 WEG zu. Wann ein Nachteil i.S. des § 14 Nr. 1 WEG vorliegt, der sodann die Schwelle der Erheblichkeit überschreitet, ist immer eine Frage des Einzelfalls, eine Generalisierung ist kaum möglich (Staudinger/*Kreuzer* (2005) § 14 WEG Rn. 15).

1063 *2.3* Ob und inwieweit die Teilungserklärung eine Nutzungsbeschränkung vorsieht ist durch die objektive Auslegung der Teilungserklärung zu ermitteln. Hierbei ist zu berücksichtigen, dass bei der Auslegung notarieller Urkunden nur die Kriterien zur Auslegung herangezogen werden können, die in der Urkunde zumindest angedeutet sind (BGHZ 87, 150 – V ZR 268/81). Maßgebend für die Auslegung der Teilungserklärung ist der Wortlaut und Sinn, wie er sich für einen unbefangenen Betrachter als nächstliegende Bedeutung ergibt. Was sich der Notar oder der Bauträger bei irgendeiner Formulierung gedacht haben oder was ihr Motive waren, ist hiernach ohne Bedeutung (OLG Hamburg ZMR 2003, 448 zur Markierung eines Sondernutzungsrechts). Auch die Angaben eines Architekten in den Plänen zur Abgeschlossenheitsbescheinigung sind für die Auslegung nicht heranzuziehen (BGH ZMR 2010, 461 – V ZR 40/09).

1064 *2.4* Denkbar ist auch, den Eigentümer und dessen störenden Mieter gemeinsam als Streitgenossen vor dem gleichen Gericht zu verklagen, vorausgesetzt, der Rechtsstreit gegen den störenden Mieter gehört wertmäßig in die Zuständigkeit des Amtsgerichts (OLG München ZMR 2008, 818).

3. Einzelfälle. Die Bezeichnung eines Raums als **Abstellraum** verbietet die Nutzung dieses Raums zu Wohnzwecken, OLG Hamburg ZMR 2003, 697. 1065

Die Errichtung eines **Architekturbüros** in einer Wohnung ist zumindest in großen Wohnungen in einer noch im innerstädtischen Bereich gelegenen großen Wohnungseigentumsanlage nicht unüblich und deshalb als sozial adäquat anzusehen, KG NJW-RR 1995, 334; aus dem Recht der Nutzung in dieser Form folgt auch der Anspruch auf Anbringung eines entsprechenden Praxisschildes, KG NJW-RR 1995, 334. 1066

Bei **Arztpraxen** in Büroräumen oder Wohnungen hängt die Zulässigkeit davon ab, ob von diesen für die Mitbewohner keine größeren als die üblichen Störungen ausgehen. Abgestellt wird hierbei auf den Zuschnitt der Praxis (z.B. Bestellpraxis) und den Umfang des Patientenverkehrs, auf die Sprechstundenzeiten, aber auch auf die Lage im Gebäude und die Größe des Gebäudes, in dem die Praxis betrieben wird, OLG München ZMR 2005, 727, 728. 1067

Ein **Bistro in einer Wohnung** ist generell unzulässig; sieht die Gemeinschaftsordnung eine Zweckbestimmung als **Laden** vor, soll nach BayObLG ZMR 1993, 427 die Nutzung als **Bistro** ausscheiden. Nach OLG Hamburg ZMR 2002, 455 soll die Nutzung als Bistro zumindest dann zulässig sein, wenn keine über einen normalen Ladenbetrieb hinausgehenden Beeinträchtigungen zu erwarten sind. Ein **Bistro mit Spielgeräten** soll unzulässig sein, wenn die Gemeinschaftsordnung als Nutzungszweck ein Café vorsieht, OLG Zweibrücken ZMR 1997, 481. 1068

Die Nutzung als **Bordell** ist in der Regel unzulässig, auch wenn die Gemeinschaftsordnung die gewerbliche Nutzung des Sondereigentums zulässt, BayObLG MDR 1985, 325; HansOLG Hamburg ZMR 2005, 644; differenzierend für **Massagesalon** mit nur »weicherer« Form sexualbezogener Massagen AG Hamburg ZMR 2007, 821 und bei »Besonderheiten« der Umgebung (Unterbringung von Obdachlosen) OLG Köln ZMR 2009, 387). 1069

Eine **freiberufliche Tätigkeit** in einer Wohnung ist in der Regel zulässig, soweit Beeinträchtigung nicht wesentlich über Wohnnutzung liegt (Staudinger/*Kreuzer* (2005) § 13 WEG, Rn. 34), z.B. bei einem **Patentanwaltsbüro** mit nur einer Angestellten und kaum Besucherverkehr, OLG Köln ZMR 2002, 380. 1070

Eine **Garage** darf nicht als Wohnraum genutzt werden, OLG Hamburg ZMR 2003, 697. 1071

Die Bezeichnung als **Gewerbe** (ohne jede Einschränkung) lässt auch den Betrieb einer Spielothek zu, LG Karlsruhe ZWE 2011, 99. 1072

Auch die Nutzung eines **Hobbyraums** zu Wohnzwecken ist nicht zulässig (BayObLG NJW-RR 1991, 139). 1073

Gleiches gilt für einen **Kellerraum**; auch dieser darf nicht als Wohnung (BayObLG ZMR 1993, 530) und auch nicht als Büroraum genutzt werden. 1074

Die Zweckbestimmung als **Laden** ermöglicht jede Verkaufs- oder Handelstätigkeit während normaler Ladenöffnungszeiten (BayObLG NJOZ 2003, 1230); verändern sich die gesetzlich zulässigen Öffnungszeiten, wirkt sich dieses auch auf die Nutzung des Ladens aus; der Eigentümer ist nicht an die zur Zeit der Erstellung der Teilungserklärung geltenden gesetzlichen Öffnungszeiten gebunden, OLG München ZMR 2009, 628. Die Bezeichnung als Laden ist kein »Freibrief« für sonstige gewerbliche Tätigkeiten (BayObLG WuM 1993, 697), insbesondere nicht für die Nutzung als Gaststätte oder Restaurant. Die Bezeichnung als **Laden** deckt auch nicht die Nutzung als **Spielsalon**, BayObLG NJW-RR 1990, 594. Das Aufstellen von Tischen außerhalb des Ladens ist nicht erlaubt, OLG München ZMR 2009, 628. 1075

Der Betrieb einer **Tierarztpraxis** in Büroräumen oder in einer Wohnung ist unzulässig, und zwar wohl generell, ohne auf den Zuschnitt der Praxis, den Umfang des Patientenverkehrs, auf die Sprechstundenzeiten oder die Lage im Gebäude und die Größe des Gebäudes abzustellen, OLG München ZMR 2005, 727, 728. 1076

1077 **Überbelegung:** Die Belegung einer 3-Zimmer-Wohnung in einer mehrheitlich von den Eigentümern selbst bewohnten Anlage mit neun ausländischen Bauarbeitern rechtfertigt einen Unterlassungsanspruch (OLG Frankfurt a.M. NJW-RR 2004, 662, 663).

1078 Die **Vermietung von Sonder- und Teileigentum** ist generell zulässig, sofern die Teilungserklärung nicht die Zustimmung des Verwalters oder eines Dritten analog § 12 WEG fordert; solche Klauseln sind in der Regel zulässig (OLG Frankfurt a.M. NJW-RR 2004, 662, 663). Sieht die Teilungserklärung ein Zustimmungserfordernis vor, kann diese analog § 12 WEG nur aus wichtigem Grund in der Person des Mieters verweigert werden. Erfolgt die Vermietung ohne Zustimmung, so ist der Mietvertrag trotzdem wirksam, nicht nur schwebend unwirksam (Staudinger/*Kreuzer* (2005) § 13 WEG Rn. 76). Auch eine Vermietung an **täglich oder wöchentlich wechselnde Feriengäste** ist Teil der zulässigen Nutzung einer Wohnung, sofern die Teilungserklärung keine gegenteiligen Regelungen enthält (BGH ZMR 2010, 378 – V ZR 72/09).

1079 **4. Klagantrag.** *4.1* Wird von einem Miteigentümer das Unterlassen bestimmter von seinem Sondereigentum ausgehender Störungen nach § 15 Abs. 3 WEG i.V.m. § 1004 Abs. 1 S. 2 BGB verlangt, kann diesem Miteigentümer nicht vorgeschrieben werden, auf welche Weise er einen geschuldeten Erfolg erreicht. Ist das Sondereigentum vermietet, und geht die Störung von dem Mieter aus, steht es dem vermietenden Miteigentümer frei, welche Maßnahmen er ergreift, um die von seinem Mieter ausgehende Störung zu unterbinden. Der zur Unterlassung bestimmter Verhaltensweisen verpflichtete Miteigentümer setzt sich bei Zuwiderhandlungen gegen das Verbot der Zwangsvollstreckung nach § 890 ZPO aus; erst im Zwangsvollstreckungsverfahren ist dann zu prüfen, ob er die Zuwiderhandlung verschuldet hat, weil er als mittelbarer Störer nicht alles ihm Mögliche und Zumutbare unternommen hat, um den geschuldeten Erfolg zu erreichen (BGH ZMR 1995, 416, 418 – V ZB 5/95; KG ZMR 2000, 402, 403). Der Vermietende Eigentümer, von dessen Mietern Störungen ausgehen, kann jedoch unmittelbar auf Unterlassung in Anspruch genommen werden, denn er handelt als mittelbarer Handlungsstörer (BGH ZMR ZMR 2014, 894 – V ZR 131/13).

1080 *4.2* Der Verurteilung zu einem Zwangsgeld nach § 890 Abs. 1 ZPO muss eine Androhung vorausgehen, § 890 Abs. 2 ZPO. Diese Androhung kann entweder auf Antrag des Klägers bereits im Urteil erfolgen oder nachträglich durch Beschluss. Zuständig für die Festsetzung des Zwangsmittels und auch für die nachträgliche Androhung ist das Prozessgericht erster Instanz. Das Ordnungsmittel ist konkret zu bezeichnen und ein Höchstmaß anzugeben; ein bloßer Verweis auf mögliche Ordnungsmittel ohne Angabe der möglichen Höhe oder des Umfangs reicht nicht (OLG Hamm NJW 1980, 1289).

1081 **5. Beizuladende.** Nach § 48 Abs. 1 S. 1 WEG sind in einem Rechtsstreit eines Wohnungseigentümers nach § 43 Nr. 1 oder Nr. 3 WEG, der einen ihm allein zustehenden Anspruch geltend macht und in dem sich die Klage nur gegen einen oder einzelne Wohnungseigentümer richtet, die übrigen Wohnungseigentümer beizuladen, es sei denn, ihre rechtlichen Interessen sind erkennbar nicht betroffen. An dem Verfahren, das ein Eigentümer gegen einen anderen Eigentümer wegen zweckwidriger Nutzung des Sondereigentums oder wegen von diesem ausgehender Störungen dürften die übrigen Eigentümer zwingend zu beteiligen sein, da auch ihre rechtlichen Interessen betroffen sind. Zum weiteren vgl. die Darstellungen oben zu Formular Teil 2 Rdn. 1097.

1082 **6. Streitwert.** Nach § 49a GKG ist der Streitwert auf 50 Prozent des Interesses der Parteien und aller Beigeladenen an der Entscheidung festzusetzen. Er darf das Interesse des Klägers und der auf seiner Seite Beigetretenen an der Entscheidung nicht unterschreiten und das Fünffache des Wertes ihres Interesses nicht überschreiten. Der Wert darf in keinem Fall den Verkehrswert des Wohnungseigentums des Klägers und der auf seiner Seite Beigetretenen übersteigen. Richtet sich eine Klage gegen einzelne Wohnungseigentümer, darf der Streitwert das Fünffache des Wertes ihres Interesses sowie des Interesses der auf ihrer Seite Beigetretenen nicht übersteigen.

1083 Für die Unterlassung einer bestimmten Nutzung des Sondereigentums bei Vermietung hat das BayObLG in einer Entscheidung vom 20.09.2001 (2 Z BR 39/01 – hinsichtlich des Streitwertes veröffentlicht in IBRS 47090) auf den vereinbarten Jahresmietzins abgestellt. Dieses erscheint weiterhin sachgerecht, wobei sodann die Begrenzungen des § 49a GKG zu berücksichtigen sind.

7. Gerichtskosten und Rechtsanwaltsvergütung. Vgl. oben Formular E.I.1. Ziff. 11.

8. Kosten. Vgl. oben Formular E.I.1. Ziff. 12.

4. Abänderung der Teilungserklärung nach § 10 Abs. 2 S. 3 WEG (§ 43 Nr. 1 WEG)

Klage

des Wohnungseigentümers Max Mustermann, Musterstraße 11, Musterstadt

– Klägers –

Prozessbevollmächtigte: Rechtsanwälte Fürchtenicht _____

gegen

1) Herrn M. Miteigentümer, Musterstraße 11, Musterstadt,

2) Herrn A. Aucheigentümer, Musterstraße 11, Musterstadt

– Beklagte –

Verwalter: V. Musterverwalter, Beispielstraße 11, Musterstadt

Weitere Beteiligte: Die nach § 48 Abs. 1 WEG beizuladenden weiteren Wohnungseigentümer gemäß beigefügter Liste

Ersatzzustellungsvertreter: E. Eigentümer, Musterstraße 11, Musterstadt

Wegen: Abänderung der Teilungserklärung

Vorläufiger Streitwert: € _____

Namens und in Vollmacht des Klägers erhebe ich Klage mit den Anträgen:

1) die Beklagten werden verurteilt, folgender Änderung der Teilungserklärung zuzustimmen:

Die Verteilung der Lasten und Kosten gemäß Ziffer 16. der Teilungserklärung des Hamburger Notars Dr. Schneider vom 11.04.1983 zur Urk.Nr. 567/1983 wird dahingehend geändert, dass die Verteilung nicht nach Miteigentumsanteilen, sondern entsprechend dem in Anlage 1 dargelegten Schlüssel erfolgt;

2) die Beklagten tragen die Kosten des Verfahrens;

3) für den Fall des Vorliegens der Voraussetzungen beantragen wir, Versäumnisurteil im schriftlichen Verfahren zu erlassen.

Alternativ:

1) die Beklagten werden verurteilt, folgender Änderung der Teilungserklärung zuzustimmen:

Die Fläche der den Einheiten Nr. 1 und 2 zugewiesenen Sondernutzungsrechte am hinteren Gartenteil gemäß Ziffern I.1. und I.2. der Teilungserklärung des Hamburger Notars Dr. Schneider vom 11.04.1983 zur Urk.Nr. 567/1983 ergibt sich aus dem Lageplan gemäß Anlage 1;

2) die Beklagten tragen die Kosten des Verfahrens;

3) für den Fall des Vorliegens der Voraussetzungen beantragen wir, Anerkenntnis- bzw. Versäumnisurteil im schriftlichen Verfahren zu erlassen.

Begründung:

1. Alternative

Die Kläger nehmen die Beklagten auf Änderung des Verteilungsschlüssels in Anspruch, nachdem sich die Wohnfläche der Liegenschaft durch einen Dachgeschossausbau wesentlich erweitert hat.

Die Parteien sind Miteigentümer der Wohnungseigentümergemeinschaft Musterstraße 11. Der Gemeinschaft liegt die Teilungserklärung des Hamburger Notars Dr. Schneider vom 11.04.1983 zur Urk.Nr. 567/1983 zugrunde, die wir als Anlage K 1 überreichen.

Der Kläger ist Eigentümer der Einheit Nr. 1, der Beklagte zu 1. ist Eigentümer der Einheit Nr. 11, der Beklagte zu 2. ist Eigentümer der Einheit Nr. 12.

Die Teilungserklärung sieht vor, dass die Lasten und Kosten der Gemeinschaft nach Miteigentumsanteilen zu verteilen sind. Die Miteigentumsanteile gemäß Teilungserklärung entsprechen in etwa dem Verhältnis der Wohnfläche der einzelnen Einheiten zur ursprünglichen Gesamtwohnfläche der Liegenschaft.

Gemäß Ziffer 19. der Teilungserklärung war dem jeweiligen Eigentümer der Einheit Nr. 12 das Recht eingeräumt worden, das Dachgeschoss zu Wohnzwecken auszubauen, dabei um ein zusätzliches Geschoss aufzustocken, diese Fläche der Einheit Nr. 12 zuzuschlagen und sodann ggf. später in weitere Einheiten aufzuteilen. Den Ausbau hat der Beklagte zu 2. als Eigentümer der Einheit Nr. 12 im Dezember 2007 durchgeführt. Ausweislich der Teilungserklärung verfügten alle bis dahin vorhandenen 12 Einheiten zusammen über rund 850 m² Wohnfläche, verteilt auf 4 Etagen. Die Wohnfläche der Einheit des Klägers, der Einheit Nr. 1, beläuft sich auf rund 68 m², sein Anteil an der Gesamtwohnfläche betrug somit ca. 8 %. Entsprechend waren seiner Wohnung auch 80/1.000 Miteigentumsanteile zugewiesen, nach denen die Kosten zu verteilen waren. Durch den Ausbau des Dachgeschosses ist die Wohnfläche jetzt erheblich vergrößert worden. Auf zwei Etagen sind nunmehr rund 425 m² hinzugekommen. Die Gesamtwohnfläche beträgt damit nunmehr rund 1.275 m², der Anteil des Klägers hieran nur noch 5,3 %. Trotzdem trägt der Kläger gemäß dem in der Teilungserklärung vorgesehenen Verteilungsschlüssel 8 % der Kosten. Dieses ist unbillig im Sinne von § 10 Abs. 2 S. 3 WEG. Die bisherige Belastung des Klägers mit den Kosten beträgt das 1,5-fache dessen, was bei Umlegung der Kosten nach jetzt tatsächlich vorhandener Wohnfläche auf seine Wohnung entfallen würde.

Der Kläger hat in der letzten Eigentümerversammlung den Antrag gestellt, die bisherige Kostenverteilung im Rahmen einer Vereinbarung an die geänderten Verhältnisse anzupassen. Hierzu haben sich alle Miteigentümer außer den Beklagten bereit erklärt.

2. Alternative

Der Kläger nimmt die Beklagten auf Einräumung eines Sondernutzungsrechtes in Anspruch, dass aufgrund fehlerhafter Einzeichnung in der Teilungserklärung nicht wirksam entstanden ist.

Die Parteien sind Miteigentümer der Wohnungseigentümergemeinschaft Musterstraße 11. Der Gemeinschaft liegt die Teilungserklärung des Hamburger Notars Dr.

Schneider vom 11.04.1983 zur Urk.Nr. 567/1983 zugrunde, die wir als Anlage K 1 überreichen.

Der Kläger ist Eigentümer der Einheit Nr. 1, der Beklagte zu 1. ist Eigentümer der Einheit Nr. 11, der Beklagte zu 2. ist Eigentümer der Einheit Nr. 12.

Die Teilungserklärung sieht in § 1 Abs. 2 vor, dass das Sondereigentum der Einheiten 1. und 2. mit einem ebenfalls jeweils als Nr. 1 und Nr. 2 bezeichneten Sondernutzungsrecht verbunden ist, wobei hinsichtlich der Lage dieser Flächen auf einen Lageplan Bezug genommen wird. Dieser Lageplan zeigt zwar das Grundstück mit aufstehendem Gebäude und Gartenfläche. Es fehlt aber an der in § 1 Abs. 2 der Teilungserklärung in Bezug genommenen Einzeichnung der Sondernutzungsrechte.

Der Kläger hat in der letzten Versammlung den Antrag gestellt, die Teilungserklärung im Rahmen einer Vereinbarung dergestalt zu ergänzen, dass der tatsächliche Verlauf der Sondernutzungsrechte vereinbart und im Grundbuch eingetragen wird. Dem haben alle zugestimmt außer den Beklagten.

Gerichtskosten zahlen wir in Höhe von € _____ ein.

Rechtsanwalt

Erläuterungen

1. Verfahrensordnung/Zulässigkeit. Vgl. oben Formular E.I.1. und Formular E.II.1. 1087

2. Grundlage. *2.1* Nach § 10 Abs. 1 S. 3 WEG kann jeder Wohnungseigentümer eine vom Gesetz abweichende Vereinbarung oder die Anpassung einer Vereinbarung verlangen, soweit ein Festhalten an der geltenden Regelung aus schwerwiegenden Gründen unter Berücksichtigung aller Umstände des Einzelfalls, insbesondere der Rechte und Interessen der anderen Wohnungseigentümer, unbillig erscheint. 1088

2.2 § 10 Abs. 2 S. 3 WEG ist **durch die Novelle zum 01.07.2007 eingeführt** worden. 1089

Eine Änderung der Gemeinschaftsordnung kann grundsätzlich nur durch Vereinbarung erfolgen. Lässt sich ein solches Einvernehmen nicht erzielen, so kann die fehlende Zustimmung allein durch gerichtliche Entscheidung herbeigeführt werden. Ein Anspruch auf Zustimmung zur Änderung einer Vereinbarung stand einem Wohnungseigentümer gegenüber einem anderen nach der bis zum 01.07.2007 geltenden Rechtsprechung nur dann zu, wenn außergewöhnliche Umstände ein Festhalten an der geltenden Regelung als grob unbillig und damit als Verstoß gegen den Grundsatz von Treu und Glauben (§ 242 BGB) erscheinen ließen (BT-Drucks. 16/887 S. 17). 1090

Die Rechtsprechung bejahte einen solchen Anspruch nur in seltenen Ausnahmefällen, weil sie zur Feststellung der groben Unbilligkeit einen strengen Maßstab anlegte. Zur Begründung stellten die Gerichte meist darauf ab, der Grundsatz, dass Vereinbarungen bindend sind, dürfe aus Gründen der Rechtssicherheit nicht ausgehöhlt werden. Dem Wohnungseigentümer sei die Gemeinschaftsordnung bei dem Erwerb der Wohnung bekannt gewesen oder sie hätte ihm bekannt sein können und er hätte sich auf die Folgen einstellen können und müssen (BT-Drucks. 16/887 S. 18). Diese hohen Anforderungen hielt der Gesetzgeber für nicht gerechtfertigt, er wollte die Voraussetzungen eines Anspruchs auf Anpassung der Teilungserklärung gesetzlich normieren und dabei die Anforderungen herabsetzen. Die Neuregelung in § 10 Abs. 2 S. 3 WEG lässt die bisherige Rechtslage im Kern zwar unverändert. Sie zwingt die Gerichte aber, bei der Bewertung der Frage, wann ein Anspruch zu bejahen ist, von der früheren Rechtsprechung abzuweichen und die bisherige Schwelle zu senken. Allerdings hat der Gesetzgeber davon abgesehen, einen konkreten Schwellenwert im Hinblick auf die Frage festzulegen, ab wann von einer unbilligen Kostenverteilung auszugehen ist. Die Gesetzesbegründung verweist aber ausdrücklich auf eine Entscheidung des KG 1091

(ZMR 2004, 705), wonach eine Unbilligkeit vorliegt, wenn die Wohn- oder Nutzfläche von dem für die Kostenverteilung maßgeblichen Miteigentumsanteil mehr als 25 Prozent abweicht, und zwar unabhängig davon, ob die Kostenregelung von Anfang an verfehlt war oder aufgrund geänderter Umstände unbillig erscheint (BT-Drucks. 16/887 S. 19). Der Gesetzgeber wollte ausdrücklich vermeiden, dass ein Anspruch wegen eines Missverhältnisses der Kostenregelung – soweit es nicht um kleinere und damit nicht spürbar belastende Geldbeträge geht – erst bejaht wird, wenn das Mehrfache dessen zu bezahlen ist, was bei sachgemäßer Kostenverteilung zu tragen wäre (BT-Drucks. 16/887, S. 19).

1092 *2.3* Die Regelung des § 10 Abs. 2 S. 3 WEG ist aber nicht auf Änderungen des Kostenverteilungsschlüssels begrenzt, sondern erfasst **jegliche Art der Anpassung der Teilungserklärung,** wenn die Voraussetzungen vorliegen. Ein mögliches Beispiel zeigt die 2. Alternative des Formulars, welche der Entscheidung des OLG Hamm (ZMR 2000, 691) nachgebildet ist. Gerade Fehler oder Unvollständigkeiten in der Teilungserklärung können dazu führen, dass eigentlich vorgesehene Rechte nicht oder nicht wie beabsichtigt entstehen, z.B. weil eigentlich in Bezug genommene Zeichnungen nicht vorliegen oder unvollständig sind. Auch hier kann sich unter den Voraussetzungen des § 10 Abs. 2 S. 3 WEG ein Anpassungsanspruch ergeben.

1093 *2.4* Die Änderung der Teilungserklärung im Rahmen von § 10 Abs. 2 S. 3 WEG ist **nur durch Vereinbarung möglich, nicht durch Mehrheitsbeschluss** (BGH ZMR 2010, 542 – V ZR 114/09). Die Gegenansicht von *Abramenko* (Das neue WEG § 3 Rn. 58, ebenso *Klimesch* ZMR 2009, 342), der Wortlaut, wonach eine solche Änderung »verlangt« werden könne, spreche für eine Beschlusskompetenz, findet weder im Gesetz noch in der Gesetzesbegründung eine Stütze und ist jedenfalls für den Praktiker durch die Entscheidung BGH ZMR 2010, 543 – V ZR 114/09 – irrelevant geworden.

1094 *2.5* § 10 Abs. 2 S. 3 WEG erlaubt nur Änderungen von Vereinbarungen, die das **Gemeinschaftsverhältnis** betreffen. Vereinbarungen, welche die **sachenrechtliche Grundlage** der Gemeinschaft betreffen (z.B. Zuordnung der Miteigentumsanteile oder des Sondereigentums) können aufgrund der systematischen Stellung dieser Vorschrift und ihrer Historie nicht nach § 10 Abs. 2 S. 3 WEG geändert werden.

1095 *2.6* Soweit es um die Abänderung bestimmter Lasten oder Kosten geht, für welche die Gemeinschaft nach § 16 Abs. 3 WEG eine Beschlusskompetenz hätte, ist der Weg einer Klage über § 10 Abs. 2 S. 3 WEG nicht der richtige Weg. In diesem Falle muss der Eigentümer einen Beschluss herbeiführen und das Ergebnis anfechten. Das Gericht kann dann nach § 21 Abs. 8 WEG einen neuen Verteilungsschlüssel festsetzen (BGH ZWE 2011, 170 – V ZR 131/10).

1096 **3. Prozessführungsbefugnis.** Der Anspruch aus § 10 Abs. 2 S. 3 WEG steht ausdrücklich dem »Wohnungseigentümer« zu. Nur dieser, natürlich auch mehrere zusammen, sind dem Wortlaut nach befugt, eine entsprechende Änderung der Teilungserklärung zu verlangen. Die Wohnungseigentümergemeinschaft als rechtsfähiger Verband hat keinen eigenen Anspruch auf Änderung der Teilungserklärung« denn sie ist ja nicht »Mitglied«, sondern Ergebnis des durch die Teilungserklärung begründeten Verbands.

1097 **4. Passivlegitimation/Beiladung.** *4.1* Der Anspruch auf Zustimmung zur Änderung der Teilungserklärung soll sich gegen die Miteigentümer richten, die vorprozessual ihre Zustimmung verweigert haben. Weder der Verband noch die Miteigentümer in ihrer Gesamtheit sind Anspruchsgegner, sondern nur die konkret die Zustimmung verweigernden Miteigentümer (Riecke/Schmid/*Lehmann-Richter*, § 10, Rn. 221; *Klein*, in: Bärmann § 10 Rn. 163). Die Gesetzesbegründung erwähnt dieses am Rande, wenn sie ausführt, auch nach der bisherigen Rechtslage habe »ein Anspruch auf Zustimmung zur Änderung einer Vereinbarung einem Wohnungseigentümer gegenüber **einem anderen** ...« unter bestimmten Voraussetzungen zugestanden (BT-Drucks. 16/887, S. 17). Die übrigen Eigentümer sind als notwendige Streitgenossen nach § 48 Abs. 1 WEG beizuladen. Fraglich ist, woran man die »Verweigerung« festmachen will. Geht man nur danach, welche Eigentümer ihre Bereitschaft zur Zustimmung bekundet haben, ohne dass eine solche bisher in notariell beglaubigter Form vorliegt, kann es passieren, dass sich ein solcher Eigentümer später an seine formlose Zustimmung nicht mehr erinnern mag. Passivlegitimiert sind daher auch Miteigentümer, die binnen einer bestimmten Frist keine notariell beglaubigte Zustimmung vorgelegt haben. Es mag daher sinnvoll sein, eine notarielle Änderungsvereinbarung vorzubereiten und die Miteigentümer zur Unterzeichnung in der erforderlichen Form aufzufordern. Sodann werden nur die Eigentümer auf Abgabe der entsprechenden Erklärung verklagt, die zuvor keine Erklärung gegenüber dem Notar abgegeben haben (*Greiner* Rn. 239), siehe zu weiteren taktischen Überlegungen unten Ziff. 5.3.

4.2 Da es sich um einen Rechtsstreit nach § 43 Nr. 1 WEG handelt, sind die übrigen Wohnungseigentümer nach § 48 Abs. 1 WEG beizuladen. Das Urteil wirkt nach § 48 Abs. 3 WEG auch gegen sie. 1098

5. Klageart/Klageantrag. *5.1* Der betroffene Eigentümer muss die Eigentümer, die ihre Zustimmung bisher verweigert haben, im Rahmen einer Leistungsklage auf Zustimmung zu einer konkreten Änderung der Teilungserklärung in Anspruch nehmen. Nach § 894 ZPO gilt die darin enthaltene Willenserklärung mit Rechtskraft des Urteils als abgegeben. Für die Eintragung der Änderung im Grundbuch ist die Einwilligung aller Eigentümer in notariell beglaubigter Form nach §§ 19, 29 GBO, § 129 BGB erforderlich. Diese Form wird durch das rechtskräftige Urteil nach § 894 ZPO ersetzt (ganz h.M. vgl. *Gruber*, in: MüKo ZPO § 894 Rn. 15). 1099

5.2 Der Antrag muss auf Zustimmung zu einer konkreten, im Antrag benannten Änderung der Teilungsklärung, ggf. auch auf Zustimmung zu einer bereits konkret vorbereiteten notariellen Urkunde lauten. Gegebenenfalls ist auf Anlagen zum Antrag Bezug zu nehmen, falls eine wörtliche Schilderung nicht ausreichend ist, insbesondere bei Lageplänen etc. Eine Gestaltung der Teilungserklärung durch das Gericht scheidet aus. § 21 Abs. 8 WEG ist nicht anwendbar, dieser bezieht sich nur auf die Maßnahmen der Verwaltung, hierzu gehört nicht die Änderung der Teilungserklärung (Riecke/Schmid/*Lehmann-Richter* § 10 Rn. 223). 1100

5.3 Wichtig ist, sich über das **taktisch sinnvolle Vorgehen** vorher klar zu werden: Man kann eine Urkunde entwerfen lassen, welcher die Eigentümer, die dazu bereit sind, gegenüber dem Notar in der notwendigen Form zustimmen. Der störrische Eigentümer wird dann auf Zustimmung zu dieser Urkunde verklagt. 1101

Dieses Prozedere wird schwierig, wenn sich im Prozess herausstellt, dass der Kläger ggf. durch Klagänderung sein bisheriges Ziel anpassen muss, so dass es nicht mehr konkret der vorbereiteten Urkunde entspricht. 1102

Wird nur gegen den störrischen Eigentümer auf Zustimmung zu einer Erklärung, nicht zu einer Urkunde, geklagt, könnte sich am Ende in bisher zustimmungswilliger Eigentümer es sich anders überlegt haben, so dass eine weitere Klage notwendig wäre, auch wenn der wankelmütige Eigentümer über die notwendige Beiladung nach § 48 Abs. 1 i.v.m. Abs. 3 WEG an den Tenor der Entscheidung gebunden wäre. Trotzdem könnte es der wankelmütige Eigentümer auf einen weiteren Prozess ankommen lassen. Einer Klage gegen alle Eigentümer, also auch gegen jene, die vorprozessual ihre »formunwirksame« Zustimmung bzw. ihre Bereitschaft zur Zustimmung erklärt haben, dürfte in Anbetracht der Rechtskrafterstreckung infolge Beiladung das Rechtsschutzbedürfnis fehlen. 1103

6. Rechtsschutzbedürfnis. Ein Rechtsschutzbedürfnis für die verlangte Änderung liegt nur dann vor, wenn der Kläger vorher außergerichtlich versucht hat, die Zustimmung zu einer solchen Änderung zu erlangen. Sodann darf er auch nur die Eigentümer verklagen, die einer Änderung bisher nicht zugestimmt haben (Jenißen/*Jenißen* § 10 Rn. 41). Da die Eigentümer allerdings keine Beschlusskompetenz zur Änderung der Teilungserklärung haben, ist es nicht notwendig, die Wohnungseigentümer zuvor in der Versammlung im Sinne einer Vorbefassung mit der Sache zu befassen (BGH ZMR 2010, 542 – V ZR 114/09). 1104

1105 **7. Voraussetzungen.** Erforderlich sind **schwerwiegende Gründe**, die unter Berücksichtigung aller **Umstände des Einzelfalls** ein Festhalten an der geltenden Regelung **unbillig** erscheinen lassen.

1106 Gegenüber der früheren Rechtslage wird die Schwelle dadurch herabgesetzt, dass statt auf die »außergewöhnlichen Umstände« nunmehr auf »schwerwiegende Gründe« abgestellt wird. Diese liegen eher vor als außergewöhnliche Umstände. Zudem muss die bestehende Regelung in der Gemeinschaftsordnung künftig nicht mehr grob unbillig sein und damit gegen Treu und Glauben verstoßen. Ausreichend ist vielmehr, dass ein Festhalten an der geltenden Regelung unbillig erscheint. Der Wortlaut macht deutlich, dass für den Betroffenen kein so großer Nachteil erforderlich ist wie bei dem bisherigen Maßstab der groben Unbilligkeit (BT-Drucks. 16/887, S. 19).

1107 Bei der Frage der Kostenbelastung hält die Gesetzesbegründung mit Verweis auf das KG (ZMR 2007, 705) eine Unbilligkeit bereits dann gegeben, wenn die Wohn- oder Nutzfläche von dem für die Kostenverteilung maßgeblichen Miteigentumsanteil mehr als 25 Prozent abweicht (BT-Drucks. 16/887, S. 19). Der Gesetzgeber will mit den gewählten Formulierungen ausdrücklich ausschließen, dass ein Anspruch wegen eines Missverhältnisses der Kostenregelung – soweit es nicht um kleinere und damit nicht spürbar belastende Geldbeträge geht – erst bejaht wird, wenn das Mehrfache dessen zu bezahlen ist, was bei sachgemäßer Kostenverteilung zu tragen wäre (BT-Drucks. 16/887, S. 19). Die Überlegungen des Gesetzgebers hat der BGH jetzt in seine Rechtsprechung übernommen; dabei kommt es alleine auf die Kostenmehrbelastung des Eigentümers an, der die Änderung des Verteilungsschlüssels verlangt (BGH ZMR 2010, 778 – V ZR 174/09).

1108 **8. Verjährung.** Ein besonderes Augenmerk ist auf die Frage einer etwaigen Verjährung des Anspruchs auf Anpassung der Teilungserklärung zu richten. Ob und inwieweit der Anspruch verjährt, ist umstritten. Zum Teil wird davon ausgegangen, es handele sich um einen normalen schuldrechtlichen Anspruch, der innerhalb der Regelverjährungsfrist nach § 195 BGB nach drei Jahren verjähre (*Abramenko* ZRM 2010, 737); andere gehen von einer zehnjährigen Verjährungsfrist nach § 196 BGB aus, weil es sich um eine Änderung des Sondereigentums handele (*Niedenführ/Kümmel/Vandenhouten* § 10 Rn. 63). Andere gehen von einer Dauerverpflichtung aus, die nicht verjährt. Dafür könnte einiges sprechen, denn der BGH hat festgestellt, dass der Anspruch auf ordnungsmäßige Verwaltung ebenfalls nicht verjähre (BGH ZMR 2012, 713 – V ZR 177/11).

1109 **9. Streitwert.** Das Interesse des Klägers und der weiteren Beteiligten im Sinne von § 49a Abs. 1 GKG dürfte bei Streitigkeiten über die Kostenverteilung in der Ersparnis liegen, die der Kläger sich von der Neuverteilung verspricht. Hieraus ergibt sich das Interesse der Beteiligten (BayObLG WuM 1998, 750).

1110 **10. Gerichtskosten/Kosten.** Vgl. hierzu oben Formular E.I.1. Ziff. 11 und 12.

5. Einberufungsermächtigung Eigentümerversammlung (§ 43 Nr. 1 WEG)

1111 **Klage**

des Wohnungseigentümers Max Mustermann, Musterstraße 11, Musterstadt

– Klägers –

Prozessbevollmächtigte: Rechtsanwälte Fürchtenicht und Klagefroh,

Gerichtsstraße 15, Musterstadt

gegen die übrigen Eigentümer der Wohnungseigentümergemeinschaft Musterstraße 11 gemäß beigefügter Eigentümerliste

– Beklagte –

Ersatzzustellungsvertreter der Beklagten: E. Eigentümer, Musterstraße 11, Musterstadt

Wegen: Ermächtigung zur Durchführung einer Eigentümerversammlung

Namens und in Vollmacht des Klägers erheben wir Klage mit dem Antrag:

1) der Kläger wird ermächtigt, für die Wohnungseigentümergemeinschaft Musterstraße 11 eine Eigentümerversammlung mit dem Tagesordnungspunkt »Neuwahl eines Verwalters« einzuberufen;

2) die Beklagten tragen die Kosten des Verfahrens;

3) für den Fall des Vorliegens der gesetzlichen Voraussetzungen beantragen wir Erlass eines Versäumnisurteils im schriftlichen Verfahren.

Begründung:

Die Parteien sind Mitglieder der Wohnungseigentümergemeinschaft Musterstraße 11. Der Antragsteller ist Eigentümer der Einheit Nr. 1, die Antragsgegner sind jeweils Eigentümer der Einheiten Nr. 2 bis 5. Die Gemeinschaft besteht aus 5 Einheiten und 5 verschiedenen Eigentümern. Es handelt sich um eine Reihenhausanlage, die nach WEG geteilt ist. Wir überreichen eine Kopie der Teilungserklärung der Wohnungseigentümergemeinschaft als Anlage K 1.

Wohnungseigentumsverwalter der Anlage war bis zum 30.09.2014 Herr V. Verwalter. Seine Bestellung lief zu diesem Zeitpunkt aus. Ein neuer Verwalter ist nicht gewählt worden. Es fanden seitdem auch keine Eigentümerversammlungen statt. Ein Beirat existiert nicht. Der Kläger hat die Beklagten mit Schreiben vom 20.10.2014 gebeten, ihn zu ermächtigen, eine Eigentümerversammlung einzuberufen. Diesem Ansinnen haben die Beklagten zu 2 und 4, die Eigentümer der Einheiten 2 und 4, nicht zugestimmt. Es fehlt daher an einer einstimmigen Ermächtigung zur Einberufung. Die Wohnungseigentümergemeinschaft bedarf nach der Teilungserklärung aber eines Verwalters, so dass die Durchführung einer Eigentümerversammlung mit entsprechendem Tagesordnungspunkt geboten ist.

Rechtsanwalt

Erläuterungen

1. Grundlage. *1.1* Zuständig ist hierfür nach § 43 Nr. 1 WEG i.V.m. § 23 Nr. 2c GVG ausschließlich das Amtsgericht, in dessen Bezirk das Grundstück der Gemeinschaft liegt. 1112

1.2 Zu den Personen, die zur Einberufung einer Wohnungseigentümerversammlung nach dem Gesetz ermächtigt sind, vgl. 3.1. Allerdings können die Eigentümer auch durch Vereinbarung einen bestimmten Eigentümer zur Einberufung ermächtigen (Staudinger/*Bub* (2005) WEG § 24 Rn. 9). Darüber hinaus kann sich auch jeder einzelne Eigentümer vom Gericht zur Einberufung einer Wohnungseigentümerversammlung ermächtigen lassen. Diese Möglichkeit wird auf die entsprechende Anwendung von § 37 Abs. 2 WEG gestützt (OLG Hamm ZMR 1997, 49, 50; OLG Zweibrücken NZM 2011, 79; AG Wangen ZMR 2008, 580). 1113

Funktionell zuständig für die Klage ist das Prozessgericht, und nicht der Rechtspfleger (OLG Zweibrücken NZM 2011, 79; AG Berlin Charlottenburg ZMR 2010, 76). 1114

2. Prozessführungsbefugnis. Das Recht, sich zur Einberufung ermächtigen zu lassen, steht jedem Eigentümer einzeln zu. 1115

1116 **3. Passivlegitimation.** Da es sich um eine Frage der Willensbildung innerhalb der Wohnungseigentümergemeinschaft handelt, ist die Klage gegen alle anderen Eigentümer zu richten. Es handelt sich damit um einen Rechtsstreit nach § 43 Nr. 1 WEG.

1117 **4. Begründetheit.** Jeder Eigentümer hat im Rahmen der ordnungsmäßigen Verwaltung einen Anspruch auf Bestellung eines Verwalters. Da sich ein Eigentümer aber auch durch Vereinbarung, also eine allseitige Übereinkunft, zur Einberufung einer Versammlung ermächtigen lassen kann, wird man zumindest in einer kleineren Gemeinschaft fordern müssen, dass der Eigentümer zunächst versucht hat, von den Miteigentümern die Ermächtigung zur Einberufung einer solchen Versammlung zu erlangen. Anderenfalls könnte es am Rechtsschutzbedürfnis für die gerichtliche Ermächtigung fehlen. Ohne ein solches vorheriges Verlangen könnte der Kläger auch ein sofortiges Anerkenntnis mit der Kostenfolge des § 97 ZPO riskieren.

III. Verbandsstreitigkeiten

1. Wohngeldrückstände (§ 43 Nr. 2 WEG)

1118 Klage

der Wohnungseigentümergemeinschaft Musterstraße 11, Musterstadt, vertreten durch den Wohnungseigentumsverwalter, die Firma V. Musterverwalter, Beispielstraße 11, Musterstadt

– Klägerin –

vertreten durch die Rechtsanwälte Fürchtenicht und Klagefroh,

Gerichtsstraße 15, Musterstadt

gegen

Herrn M. Miteigentümer, Musterstraße 11, Musterstadt,

– Beklagten –

wegen: Zahlung von Wohngeld

Namens und in Vollmacht der Klägerin erheben wir Klage mit dem Antrag:

1) den Beklagten zu verurteilen, an die Klägerin € 860,00 nebst Zinsen in Höhe von 5 Prozentpunkten über dem Basiszinssatz auf jeweils € 430,00 seit dem 02.06. und 02.07.2015 zu zahlen;

2) bei Vorliegen der Voraussetzungen Versäumnisurteil im schriftlichen Verfahren zu erlassen.

Begründung:

Die Klägerin nimmt den Beklagten auf Zahlung von Wohngeld in Anspruch.

Die Klägerin ist die Wohnungseigentümergemeinschaft Musterstraße 11. Der Beklagte ist Miteigentümer der Gemeinschaft und Eigentümer der Wohnung Nr. 6 gemäß Teilungserklärung vom 11.11.1990 (Urk.Nr. 1111/90 des Notars Ehrenvoll). Wir überreichen die Teilungserklärung als Anlage K 1.

Die Klägerin beschloss auf Ihrer Versammlung vom 23.09.2014 den Wirtschaftsplan für das Jahr 2015, und zwar sowohl den Gesamtwirtschaftsplan wie auch die Einzelwirtschaftspläne für die jeweiligen Wohnungen. Wir überreichen den Gesamtwirtschaftsplan als Anlage K 2, den Einzelwirtschaftsplan für die Wohnung des Beklagten als Anlage K 3 sowie das Protokoll der Versammlung vom 23.09.2014 als Anlage K 4.

Aus dem Wirtschaftsplan ergibt sich, dass auf die Wohnung des Beklagten ein monatliches Wohngeld in Höhe von € 430,00 entfällt. Der Betrag ist nach der Teilungserklärung jeweils zum 1. des Kalendermonats fällig und an die Verwaltung zu zahlen.

Der Beklagte hat die Wohngelder für die Monate Juni und Juli 2015 nicht gezahlt.

Der Verwalter ist laut Verwaltervertrag ermächtigt, im Falle von Wohngeldrückständen einen Rechtsanwalt namens und in Vollmacht der Wohnungseigentümergemeinschaft mit der Beitreibung zu beauftragen.

Gerichtskosten zahlen wir in Höhe von € _____ ein.

Rechtsanwalt

Erläuterungen

1a. Grundlage. *1a.1* § 43 Nr. 2 WEG regelt die Zuständigkeit für die Fälle, in denen die Wohnungseigentümergemeinschaft als Partei beteiligt ist. Auch für diese Fälle ist nach § 23 Nr. 2c GVG ausschließlich das Amtsgericht **zuständig**, und zwar unabhängig vom Streitwert. Die Parteien können nicht etwa streitwertabhängig die Zuständigkeit des Landgerichts vereinbaren. Örtlich ist das Gericht zuständig, in dessen Bezirk das Grundstück liegt, § 43 WEG. Auch diese Zuständigkeit ist nach dem Wortlaut des Gesetzes ausschließlich. Die Parteien können also keine abweichenden Vereinbarungen treffen und eine solche auch nicht durch rügelose Einlassung im Verfahren begründen.

Ergänzend vgl. Formular E.I.1; insbesondere ist auf § 15a EGZPO hinzuweisen. Danach kann durch Landesgesetz vorgesehen werden, dass in vermögensrechtlichen Streitigkeiten vor dem Amtsgericht eine Klage bei Beträgen von unter € 750,00 erst zulässig ist, wenn ein entsprechender Schlichtungsversuch vor einer festgelegten Gütestelle stattgefunden hat. Das gilt auch für Klagen auf Zahlung von Wohngeld. Diese Regelung findet allerdings u.a. keine Anwendung bei Ansprüchen, die im gerichtlichen Mahnverfahren geltend gemacht werden.

1a.2 zu Wohngeld/Wirtschaftsplan vgl. das Formular D.I.1. und die dortigen Erläuterungen.

1b. Zulässigkeit. Örtliche Zuständigkeit. Zur Zuständigkeit generell vgl. oben Anm. 1a.1; Probleme können sich im Rahmen der **internationalen Zuständigkeit** ergeben, wenn der säumige Wohnungseigentümer keinen Wohnsitz in Deutschland hat, wie es oftmals bei Kapitalanlegern in guten Wohnlagen der Fall ist. Im Anwendungsbereich des EuGVVO und des insoweit wortlautgleichen Lugano-Übereinkommens gibt es divergierende Rechtsprechung zu der Frage, ob bei Wohngeldklagen tatsächlich der Ort der Belegenheit der Anlage der ausschließliche Gerichtsstand ist, oder ob es insoweit nicht ausschließlich auf den Wohnsitz des säumigen Eigentümers ankommt (*Klein*, in: Bärmann § 43 Rn. 9 m.w.N.).

2. Prozessführungsbefugnis. Nach § 10 Abs. 7 WEG ist das Verwaltungsvermögen, und dazu gehören auch die Forderungen auf Wohngeldzahlung, der Wohnungseigentümergemeinschaft als rechtsfähigem Verband zugewiesen. Nur die Wohnungseigentümergemeinschaft kann diese Forderungen geltend machen, nicht die Wohnungseigentümer selbst. Vergleiche hierzu im einzelnen unten »Vertretungsbefugnis des Verwalters«. Eine Geltendmachung von Wohngeldrückständen durch den Verwalter in eigenem Namen in Prozessstandschaft ist im Gegensatz zur früheren Rechtslage nicht mehr zulässig (BGH NJW 2011, 1361 – V ZR 145/10).

3. Passivlegitimation. Die Zahlungsklage richtet sich gegen den oder die säumigen Miteigentümer, die zum Zeitpunkt der Fälligkeit der Forderung als solche im Grundbuch eingetragen waren (Fälligkeitstheorie, BGHZ 104, 197 – V ZB 10/87). Bei Personengesellschaften (GbR, OHG, KG) sind neben der Gesellschaft auch die Gesellschafter (bei der KG nur die Komplementäre) mit zu verklagen, die persönlich für die Forderungen haften.

1125 **4. Rubrum.** Als Klägerin ist die Wohnungseigentümergemeinschaft mit der Bezeichnung ihrer Belegenheit aufzuführen (§ 10 Abs. 6 S. 4 WEG), im Formular die »Wohnungseigentümergemeinschaft Musterstraße 11«. Es wäre falsch und folgenreich, als Kläger »die Wohnungseigentümer der Wohnungseigentümergemeinschaft ...« aufzuführen. Wohnungseigentümergemeinschaft und die Wohnungseigentümer selbst sind unterschiedliche Rechtspersönlichkeiten.

1126 Auf Beklagtenseite sind die haftenden Eigentümer aufzuführen, bei juristischen Personen ist der Geschäftsführer zu bezeichnen. Im Zweifelsfall lohnt ein Blick in das Grundbuch.

1127 **5. Vertretungsbefugnis des Verwalters.** Eine gesetzliche Vertretungsmacht für die Führung von Rechtsstreiten hat der Verwalter nur für Passivprozesse, sie ergibt sich aus § 27 Abs. 3 Nr. 2 WEG. Für Aktivprozesse ergibt sich aus dem Gesetz keine gesetzliche Vertretungsmacht des Verwalters, und zwar weder für die Gemeinschaft, noch für die Wohnungseigentümer. Die Gemeinschaft kann den Verwalter aber nach § 27 Abs. 3 S. 1 Nr. 7 WEG durch Beschluss ermächtigen, sonstige Rechtsgeschäfte und Rechtshandlungen vorzunehmen. Nach dieser Vorschrift könnte die Eigentümergemeinschaft den Verwalter auch zur gerichtlichen Beitreibung von Wohngeldrückständen, auch unter Einschaltung eines Rechtsanwalts, ermächtigen. Diese Ermächtigung kann dem Verwalter für den Einzelfall, aber auch generell erteilt werden (BayObLG ZMR 2002, 61, 63). Eine solche generelle Vollmacht des Verwalters ist zu empfehlen, da dieser ansonsten im Regelfall die jährliche Eigentümerversammlung abwarten müsste, um dort über die gerichtliche Geltendmachung bis dahin aufgelaufener Rückstände zu beschließen. Nicht abschließend geklärt ist die Frage, inwieweit der Verwalter in einem Wohngeldprozess vor Gericht für die Wohnungseigentümergemeinschaft auftreten darf. Er ist im Rahmen von Aktivprozessen ja, wie oben zu Ziffer 2 dargelegt, nicht gesetzlicher Vertreter der Gemeinschaft. Einer Prozessführung durch den Verwalter könnte also § 79 ZPO in der ab 01.07.2008 durch das Rechtsdienstleistungsgesetz in Kraft getretenen Fassung entgegenstehen. Danach würde der rechtsgeschäftlich bevollmächtigte Verwalter nicht unter die zur Prozessführung berechtigten Personen fallen, was nach dem Wortlaut des § 79 Abs. 2 ZPO selbst für die Einleitung gerichtlicher Mahnverfahren gelten würde; man könnte aber auch § 27 Abs. 3 Nr. 7 WEG als lex specialis zu § 79 Abs. 2 ZPO verstehen, so dass der Verwalter mit entsprechender rechtsgeschäftlicher Vollmacht der Wohnungseigentümergemeinschaft ausgestattet zur Vertretung vor Gericht berechtigt wäre (*Elzer* ZMR 2008, 772, 774; ausführlich zum Sach- und Streitstand Greiner ZWE 2015, 149).

1128 Eine Geltendmachung der Forderungen durch den Verwalter in eigenem Namen in Prozessstandschaft ist nicht mehr zulässig (BGH NJW 2011, 1361 – V ZR 145/10).

1129 **6. Inhalt der Klagbegründung.** Zu einem schlüssigen Vortrag gehören die Angaben und Belege zu den Fragen, wer wem was warum schuldet. Im Regelfall ist dieses zunächst das Protokoll, aus dem sich der Beschluss über die Zahlungspflicht entnehmen lässt. Ergibt sich daraus nicht sofort zwingend der Betrag, ist darzulegen und mit entsprechenden Unterlagen zu belegen, woraus sich die konkret geltend gemachte Summe ergibt (z.B. Jahreseinzelabrechnung, Anforderung der Sonderumlage durch den Verwalter, Wirtschaftsplan). Sodann ist darzulegen und zu belegen, inwieweit der Verwalter zur Beauftragung des Rechtsanwaltes ermächtigt war (in der Regel Beschluss, Teilungserklärung oder Verwaltervertrag).

Die Zulässigkeit der Saldoklage im Mietrecht (BGH NJW 2013, 1367 – VIII ZR 94/12) läßt sich nicht ohne weiteres auf Wohngeldklagen übertragen (zu den Problemen vgl. *Abramenko* ZMR 2013, 864). Vieles spricht gegen eine solche Zulässigkeit. Eine solche Saldoklage ist zumindest nicht zu empfehlen, weil es sonst im Rahmen einer späteren Zwangsversteigerung Probleme geben könnte, das zeitliche Vorrecht nach § 10 Abs. 1 Nr. 2 ZVG darzulegen.

Soweit nicht eindeutig, sollten auch ein paar Worte zur Person des Schuldners verloren werden, z.B. wenn die Wohnung verkauft worden ist, eine Umschreibung im Grundbuch aber noch nicht stattgefunden hat. Streiten die Parteien des Kaufvertrags über Mängel und verhindert dieses die Eigentumsumschreibung, kann es sich ergeben, dass oftmals der Verkäufer noch jahrelang formaler Schuldner der Lasten und Kostenbeiträge bleibt.

7. Aufrechnung/Zurückbehaltungsrechte. *7.1* Eine Aufrechnung gegenüber den Wohngeldforderungen der Wohnungseigentümergemeinschaft ist nach völlig herrschender Ansicht in Rechtsprechung und Literatur in der Regel ausgeschlossen (zuletzt OLG München NJW-RR 2007, 735; Riecke/Schmid/*Elzer/Abramenko* § 16 Rn. 257 m.w.N.). Zulässig ist die Aufrechnung nur mit Forderungen aus sog. Notgeschäftsführung und mit Forderungen, die anerkannt oder rechtskräftig festgestellt sind. So kann selbstverständlich gegenüber einer Nachzahlung aus einer Jahresabrechnung mit einem Guthaben aus einer Vorjahresabrechnung aufgerechnet werden, wenn denn beide beschlossen worden und nicht auf Anfechtung hin für ungültig erklärt worden sind.

7.2 Ein Zurückbehaltungsrecht ist ebenfalls in der Regel zumindest gegenüber laufenden Wohngeldzahlungen unzulässig (Riecke/Schmid/*Elzer/Abramenko* § 16 Rn. 260).

8. Gerichtskosten/Kosten/Prozesskostenhilfe. Im Einzelfall kann der Gemeinschaft für die Durchsetzung ihrer Ansprüche Prozesskostenhilfe gewährt werden (BGH ZMR 2010, 780 – V ZB 26/10).

2. Eigentumsentziehung (§ 43 Nr. 2 WEG)

Klage

der Wohnungseigentümergemeinschaft Musterstraße 11, Musterstadt, vertreten durch den Wohnungseigentumsverwalter, die Firma V. Musterverwalter, Beispielstraße 11, Musterstadt

– Klägerin –

Prozessbevollmächtigte: Rechtsanwälte Klagefroh, Gerichtsstraße 15, Musterstadt

gegen

Herrn M. Miteigentümer, Musterstraße 11, Musterstadt,

– Beklagten –

wegen: Entziehung von Wohnungseigentum

vorläufiger Streitwert: € 75.000,00

Namens und in Vollmacht der Klägerin erheben wir Klage mit den Anträgen:

1) der Beklagte wird verurteilt, sein Wohnungseigentum, belegen Musterstraße 11 in Musterstadt, bestehend aus einem 675/10.000 Miteigentumsanteil an dem Grundstück, verbunden mit dem Sondereigentum an der Wohnung Nr. 10 nebst Kellerraum Nr. 10, eingetragen in Grundbuch von Musterstadt, Band 12, Blatt 8940 zu veräußern;

2) der Beklagte trägt die Kosten des Rechtsstreits;

3) bei Vorliegen der Voraussetzungen Versäumnisurteil im schriftlichen Verfahren zu erlassen.

Begründung:

Die Klägerin nimmt den Beklagten auf Veräußerung seines Wohnungseigentums nach §§ 18, 19 WEG in Anspruch.

Die Klägerin ist eine Wohnungseigentümergemeinschaft. Grundlage des Rechtsverhältnisses ist die Teilungserklärung vom 11.11.1990 (Urk.Nr. 1111/90 des Notars Ehrenvoll). Wir überreichen die Teilungserklärung als Anlage K 1. Der Beklagte ist Eigentümer der Wohnung Nr. 10.

In der Versammlung vom 03.03.2014 beschloss die Wohnungseigentümergemeinschaft den Wirtschaftsplan für die Gemeinschaft für das Jahr 2015. Dieser sieht für die Wohnung des Beklagten ein monatlich zu zahlendes Wohngeld von € 356,00 vor. Wir überreichen den Gesamt- und Einzelwirtschaftsplan als Anlage K 2.

Der Beklagte zahlte die Wohngelder für die Monate Januar bis September 2015 nicht. Trotz mehrerer Mahnungen der Verwaltung hat er den Rückstand nicht ausgeglichen. Die Verwaltung hat den Beklagten zuletzt mit Schreiben vom 15. Oktober 2015 darauf hingewiesen, dass er mit einer Entziehung seines Eigentums rechnen müsse, wenn der Rückstand nicht bis zum 31. Oktober ausgeglichen sei. Es erfolgten keine Zahlungen. Wir überreichen die Mahnung der Verwaltung als Anlage K 3.

In der Wohnungseigentümerversammlung vom 12.12.2015 beschloss die Wohnungseigentümergemeinschaft, dass dem Beklagten das Eigentum entzogen werden sollte; er wurde aufgefordert, sein Wohnungseigentum zu veräußern. Wir überreichen das Protokoll der Versammlung vom 12.12.2015 als Anlage K 4. Gleichzeitig wurde die Verwaltung ermächtigt, zur Durchsetzung der Entziehung namens und in Vollmacht der Gemeinschaft den Unterzeichner zu beauftragen.

Der Beklagte ist mit Wohngeldern von mehr als drei Monaten in Rückstand, und es übersteigt dieser Betrag auch 3 % des Einheitswertes. Darüber hinaus stellt die massive Nichtzahlung eine schuldhafte Pflichtverletzung nach § 18 WEG dar, die eine Fortsetzung der Gemeinschaft mit dem Beklagten unzumutbar macht.

Den Streitwert berechnen wir nach dem Verkehrswert der Wohnung, den wir zunächst vorläufig mit € 37.500,00 beziffern.

Rechtsanwalt

Erläuterungen

1135 **1. Grundlage.** Zur Eigentumsentziehung vgl. zunächst das Formular D.V.7; veräußert der Störer sein Eigentum nicht freiwillig, kann die Wohnungseigentümergemeinschaft ihn auf Veräußerung verklagen. Diese Klage wurde früher als sog. »Abmeierungsklage« bezeichnet, der Begriff ist heute aber kaum noch gebräuchlich. Aus dem Urteil kann die Zwangsvollstreckung im Wege der Zwangsversteigerung betrieben werden, § 19 WEG.

1136 **2. Zulässigkeit.** *2.1 Sachliche Zuständigkeit*: Für die Entziehungsklage ist nach § 43 Nr. 2 i.V.m. § 23 Nr. 2c GVG ausschließlich das Amtsgericht zuständig, und zwar unabhängig vom Streitwert. Die Parteien können nicht etwa streitwertabhängig die Zuständigkeit des Landgerichts vereinbaren.

1137 *2.2 Örtliche Zuständigkeit*: Örtlich ist das Gericht zuständig, in dessen Bezirk das Grundstück liegt, § 43 WEG. Auch diese Zuständigkeit ist nach dem Wortlaut des Gesetzes ausschließlich. Die Parteien können also keine abweichenden Vereinbarungen treffen und eine solche auch nicht durch rügelose Einlassung im Verfahren begründen.

2.3 Sieht die Gemeinschaftsordnung eine **Schiedsgerichtsvereinbarung** vor, ist diese zulässig (*Niedenführ/Kümmel/Vandenhouten* § 18 Rn. 23). 1138

3. Prozessführungsbefugnis. Prozessführungsbefugt ist die Wohnungseigentümergemeinschaft, § 18 Abs. 1 S. 2 WEG. Besteht die Gemeinschaft nur aus zwei Eigentümern, ist der andere Eigentümer prozessführungsbefugt. 1139

4. Antrag. Da die Wohnungseigentümergemeinschaft nach dem Wortlaut des § 18 WEG von dem Miteigentümer verlangen kann, sein Wohnungseigentum zu veräußern, muss auch der Antrag dahin lauten, den Eigentümer zu verpflichten, das Wohnungseigentum zu veräußern, und nicht, dem Eigentümer das Wohnungseigentum zu entziehen. 1140

5. Begründung. Voraussetzung ist zunächst ein bestandskräftiger Beschluss, mit dem der Miteigentümer zur Veräußerung seines Wohnungseigentums aufgefordert wird. Ist der Beschluss angefochten, ist eine zwischenzeitlich erhobene Entziehungsklage nach § 148 ZPO auszusetzen, da ein wirksamer Beschluss Voraussetzung für die Veräußerungspflicht ist (OLG Hamburg WuM 1991, 310). 1141

Ob das Veräußerungsverlangen materiell gerechtfertigt ist, ist nicht etwa in einem Beschlussanfechtungsverfahren gegen den Entziehungsbeschluss zu prüfen, sondern im Rahmen der Begründetheit der Entziehungsklage (BayObLG NJW-RR 1999, 887; BGH ZMR 2011, 978 – V ZR 2/11). In der Klageschrift ist daher konkret zu den Voraussetzungen des Veräußerungsverlangens vorzutragen. Zu den möglichen Voraussetzungen vgl. das Formular D.V.7. 1142

Ob die rückständigen Beträge tatsächlich 3 % des Einheitswertes überschreiten, kann nur durch die Darlegung des Einheitswertes nachgewiesen werden (BGH NZM 2008, 450 – V ZB 13/08 zu § 10 ZVG). Nach § 18 Abs. 2 Nr. 2, 2. HS WEG hat das Finanzamt der Gemeinschaft den Einheitswert mitzuteilen. 1143

6. Streitwert. Das Interesse des Beklagten bei einer Entziehungsklage nach §§ 18, 19 WEG bemisst sich nach dem Verkehrswert des Eigentums. Weder das Interesse des Eigentümers am Behaltendürfen noch die ggf. zugrundeliegenden Wohngeldschulden sind maßgeblich, sondern allein der Verkehrswert der Wohnung (BGH ZMR 2007, 791 – V ZR 28/06). Nach der Regelung in § 49a Abs. 1 S. 1 GKG dürfte nunmehr aber nicht mehr der volle Verkehrswert für den Streitwert maßgeblich sein, sondern nur noch die Hälfte des Verkehrswertes (a.A. OLG Köln ZMR 2010, 977: voller Verkehrswert). 1144

IV. Streitigkeiten über die Rechte und Pflichten des Verwalters, § 43 Nr. 3 WEG

1. Veräußerungszustimmung Verwalter (§ 43 Nr. 3 WEG)

Klage 1145

des Wohnungseigentümers Max Mustermann, Musterstraße 11, Musterstadt

– Klägers –

Prozessbevollmächtigte: Rechtsanwälte Fürchtenicht und Klagefroh,

Gerichtsstraße 15, Musterstadt

gegen Firma V. Musterverwalter, Beispielstraße 11, Musterstadt

– Beklagte –

Beizuladen: die übrigen Eigentümer der Wohnungseigentümergemeinschaft Musterstraße 11 gemäß beigefügter Eigentümerliste

Ersatzzustellungsvertreter der Beizuladenden: E. Eigentümer, Musterstraße 11, Musterstadt

Wegen: Zustimmung zur Veräußerung eines Wohnungseigentums

Vorläufiger Streitwert: € 17.000

Namens und in Vollmacht des Klägers erheben wir Klage mit den Anträgen:

1) der Beklagte wird verurteilt, einer Veräußerung des Wohnungseigentums des Klägers, belegen Musterstraße 11, Einheit Nr. 5, eingetragen im Grundbuch von Musterstadt, Blatt 1234 an Herr Karl Käufer gemäß Kaufvertrag des Notars Theo Treu vom 11.11.2008 (Urk.Nr. 2001/2008), zuzustimmen;

2) der Beklagte trägt die Kosten des Verfahrens;

3) für den Fall des Vorliegens der Voraussetzungen beantragen wir Erlass eines Versäumnisurteils im schriftlichen Verfahren.

Begründung:

Der Beklagte ist Wohnungseigentumsverwalter der Wohnungseigentümergemeinschaft Musterstraße 11. Der Kläger nimmt den Beklagten auf Zustimmung zur Veräußerung seines Wohnungseigentums in Anspruch.

Die Teilungserklärung der Gemeinschaft gemäß Urkunde des Notars Dr. Zuverlässig vom 04.05.2000 (Urk.Nr. 234/00) sieht in Ziffer 7 vor, dass es zur Veräußerung eines Sondereigentums der Zustimmung des jeweiligen Wohnungseigentumsverwalters bedarf. Wir überreichen die Teilungserklärung als Anlage K 1.

Der Kläger ist Eigentümer der in der Teilungserklärung mit Nr. 5 bezeichneten Wohnung. Der Kläger hat gemäß Kaufvertrag des Notars Theo Treu vom 11.11.2008 (Urk.Nr. 2001/2008) seine Wohnung an Herrn Karl Käufer veräußert. Den Kaufvertrag überreichen wir als Anlage K 2.

Der mit der Abwicklung des Kaufvertrages beauftragte Notar Treu erbat am 14.11.2008 bei dem Beklagten die Zustimmung zur Veräußerung – Anlage K 3. Der Beklagte verweigerte diese mit Schreiben vom 16.11.2008 – Anlage K 4. Er begründete die Verweigerung zum einen damit, dass die Wohnungseigentümergemeinschaft noch Forderungen gegenüber dem Kläger habe, dieser habe das Wohngeld Juni 2008 noch nicht bezahlt. Außerdem habe der Erwerber eine Familie mit zwei kleinen Kindern. Da die Wohnanlage überwiegend von älteren Eigentümern bewohnt werde, passe der Erwerber nicht in die Struktur der Anlage.

Dieses sind jedoch allesamt keine Gründe, die den Beklagten zur Verweigerung der Zustimmung berechtigen würden.

Der Kaufpreis für die Wohnung beträgt € 85.000, so dass wir den Streitwert vorläufig mit € 17.000 bemessen haben.

Rechtsanwalt

Erläuterungen

1. Grundlage. *1.1* Nach § 12 Abs. 1 WEG kann als Inhalt des Sondereigentums vereinbart werden, dass ein Wohnungseigentümer zur Veräußerung seines Wohnungseigentums der Zustimmung anderer Wohnungseigentümer oder eines Dritten bedarf. Dieser Dritte ist in der Regel der Wohnungseigentumsverwalter. Zu den Einzelheiten vgl. Formular B.III.

1.2 Verweigert der Verwalter die Zustimmung, ist er im Verfahren nach § 43 Nr. 3 WEG auf Zustimmung zu verklagen. Zuständig hierfür ist ausschließlich das Amtsgericht, in dessen Bezirk das Grundstück liegt, § 43 WEG i.V.m. § 23 Nr. 2c GVG.

2. Prozessführungsbefugnis. Diese steht dem Eigentümer zu, der sein Eigentum veräußern möchte.

3. Passivlegitimation. Sieht die Teilungserklärung vor, dass ausschließlich der Verwalter für die Zustimmung zuständig ist, ist die Klage gegen ihn zu richten. Kann die Zustimmung des Verwalters nach der Teilungserklärung durch die Zustimmung der Wohnungseigentümer ersetzt werden, sind alle Wohnungseigentümer zu verklagen (Riecke/Schmid/*Schneider* § 12 Rn. 77) und nicht die Wohnungseigentümergemeinschaft als rechtsfähige Person. Die Klage ist auch dann gegen die Wohnungseigentümer zu richten, wenn nach der Teilungserklärung die Zustimmung zwar dem Verwalter obliegt, die Wohnungseigentümerversammlung dem Verwalter aber Vorgaben hierzu macht (BGH BeckRS 2011, 16296 – V ZR 166/10).

4. Beizuladende. Vgl. Formular E.II.1.

5. Antrag. Der Antrag muss lauten, den Verwalter zu verpflichten, einer Veräußerung zuzustimmen. Das Gericht ist nicht berechtigt, die Zustimmung zu ersetzen (BayObLG ZMR 2001, 41, 42). Die vom Verwalter abzugebende Zustimmung wird durch das rechtskräftige Urteil nach § 894 ZPO ersetzt.

6. Verweigerungsgründe. Vgl. hierzu die Ausführungen im Formular B.III.

7. Streitwert. Der Streitwert wurde vor der Reform in der Regel mit 10 bis 20 % des Kaufpreises angesetzt, hierin sah man das Interesse des Verkäufers (OLG Frankfurt a.M. ZMR 1994, 124). Ob die Rechtsprechung vor dem Hintergrund der Regelung in § 49a Abs. 1 GKG hiervor jetzt abweichen und lediglich 5 bis 10 % ansetzen wird, bleibt abzuwarten.

2. Einsichtnahme in Beschluss-Sammlung (§ 43 Nr. 3 WEG)

Klage

des Wohnungseigentümers Max Mustermann, Musterstraße 11, Musterstadt

Prozessbevollmächtigte: Rechtsanwälte Fürchtenicht

– Klägers –

gegen

den Verwalter, Herrn V. Musterverwalter, Beispielstraße 11, Musterstadt

– Beklagten –

Nach § 48 Abs. 1 WEG beizuladen: Sämtliche Wohnungseigentümer der Wohnungseigentümergemeinschaft Musterstraße 11 gemäß beigefügter Liste

Ersatzzustellungsvertreter der Beizuladenden: E. Eigentümer, Musterstraße 11, Musterstadt

Wegen: Einsichtnahme in Beschluss-Sammlung

Vorläufiger Streitwert: € 500,00

Namens und in Vollmacht des Klägers erhebe ich Klage mit den Anträgen:

1) den Beklagten zu verurteilen, dem Kläger, vertreten durch Herrn Rechtsanwalt Fürchtenicht, Einsicht in die für die Wohnungseigentümergemeinschaft Muster-

straße 11 geführte Beschluss-Sammlung in den Geschäftsräumen des Beklagten während der üblichen Bürozeiten zu gewähren;

2) dem Beklagten die Kosten des Rechtsstreits aufzuerlegen;

3) für den Fall des Vorliegens der gesetzlichen Voraussetzungen Versäumnisurteil im schriftlichen Verfahren zu erlassen.

Begründung:

Der Kläger als Wohnungseigentümer nimmt den Beklagten als Wohnungseigentumsverwalter auf Einsicht in die Beschluss-Sammlung nach § 24 Abs. 7 WEG in Anspruch.

Der Kläger ist Miteigentümer der Wohnungseigentümergemeinschaft Musterstraße 11. Ihm gehört die Wohnung Nr. 10. Er hat die Wohnung mit Kaufvertrag vom 06.07.2008 erworben und ist am 10.10.2008 als Eigentümer im Grundbuch eingetragen worden. Wir gehen davon aus, dass dieses unstreitig bleiben wird.

Der Beklagte ist in der Wohnungseigentümerversammlung vom 01.04.2007 zum Verwalter der Gemeinschaft nach §§ 26, 27 WEG gewählt worden.

Auf der Versammlung vom 11.11.2008 bat der Kläger den Beklagten, ihm einen Termin zu nennen, an welchem er in den Geschäftsräumen des Beklagten die Beschluss-Sammlung einsehen könne; der Kläger wollte sich über die seit 01.07.2007 gefassten Beschlüsse informieren. Der Beklagte verweigert dieses Ansinnen mit dem Hinweis, der Kläger möge sich bei dem Voreigentümer schlau machen. Auch auf eine schriftliche Aufforderung des Unterzeichners reagierte der Beklagte nicht.

Der Kläger hat jedoch nach § 24 Abs. 7 Nr. 3 S. 8 einen Anspruch auf Einsichtnahme in die Beschluss-Sammlung, entweder persönlich oder über einen von ihm beauftragten Dritten. Gründe, die den Beklagten berechtigen würden, dem Kläger eine solche Einsicht zu verweigern, sind nicht ersichtlich.

Den Gegenstandswert haben wir zunächst mit einem pauschalen Interesse des Klägers in Höhe von € 1.000,00 bemessen.

Rechtsanwalt

Erläuterungen

1155 **1. Grundlage.** *1.1* Für Streitigkeiten über die Rechte und Pflichten des Verwalters bei der Verwaltung des gemeinschaftlichen Eigentums ist nach § 43 Nr. 3 i.V.m. § 23 Nr. 2c GVG ausschließlich das Amtsgericht zuständig. Die örtliche Zuständigkeit ergibt sich aus dem Bezirk, in dem das Grundstück liegt. Sieht die Gemeinschaftsordnung vor Klagerhebung ein Schlichtungsverfahren vor oder enthält sie eine Schiedsgerichtsvereinbarung, so ist diese zu beachten, vgl. Formular E.I.1.

1156 *1.2* Nach § 24 Abs. 7 WEG ist eine Beschluss-Sammlung zu führen. Diese enthält den Wortlaut der in der Wohnungseigentümerversammlung verkündeten Beschlüsse mit Angaben von Ort und Datum der Versammlung, den Wortlaut der schriftlichen Beschlüsse mit Angabe von Ort und Datum der Verkündung sowie den Wortlaut der Urteilsformeln der gerichtlichen Entscheidungen in einem Rechtsstreit nach § 43 WEG mit Angabe ihres Datums, des Gerichts und der Parteien. Im Einzelnen vgl. das Formular D.VI. mit den dortigen Anmerkungen.

2. Prozessführungsbefugnis. Nach § 24 Abs. 7 S. 8 WEG hat jeder Eigentümer ein Recht auf Einsichtnahme in die Beschluss-Sammlung. Jeder Eigentümer kann also für sich eine Einsicht verlangen und dieses Recht bei Verweigerung auch gerichtlich durchsetzen.

3. Verpflichteter. Die Pflicht zur Führung der Beschluss-Sammlung liegt beim Verwalter, § 24 Abs. 8 WEG. Führt er keine Beschluss-Sammlung, ist dieses in der Regel ein wichtiger Grund für seine Abberufung, § 26 Abs. 1 S. 4 WEG. Fehlt ein Verwalter, wie es insbesondere bei kleinen Gemeinschaften oftmals der Fall ist, führt diese Gemeinschaft aber trotzdem eine Versammlung durch, in welcher Beschlüsse gefasst werden, so hat der Vorsitzende dieser Versammlung nach § 24 Abs. 8 S. 2 WEG die Beschluss-Sammlung zu führen

4. Beizuladende. Vgl. Formular E.II.1.

5. Einsichtsrechte. *5.1* Nach § 24 Abs. 7 S. 8 WEG hat jeder Eigentümer ein Recht auf Einsichtnahme in die Beschluss-Sammlung. Gleiches gilt für einen Dritten, den ein Eigentümer ermächtigt hat, Einsicht zu nehmen.

5.2 Der Wortlaut der Regelung zeigt deutlich, dass das Recht der Einsichtnahme ein Recht ist, dass ausschließlich dem Eigentümer zusteht und nur von diesem auf Dritte delegiert werden kann. Außenstehende Dritte ohne eine solche Ermächtigung eines Eigentümers haben kein Recht auf Einsicht, selbst wenn sie vielleicht ein nachvollziehbares Interesse an der Einsichtnahme nachweisen können, wie z.B. ein Interessent im Rahmen der Zwangsversteigerung. Auch finanzierende Banken haben kein Recht auf Einsichtnahme, sofern es ihnen nicht vom bisherigen Eigentümer gestattet wird.

Da das Recht auf Einsichtnahme an die Rechtsstellung des Eigentümers anknüpft, haben Personen wie Zwangsverwalter oder Insolvenzverwalter, die zumindest partiell in die Eigentümerrechte eintreten, ebenfalls einen Anspruch auf Einsichtnahme in die Beschluss-Sammlung.

5.3 Einsichtnahme in die Beschluss-Sammlung bedeutet bereits begrifflich, dass diese vor Ort beim Verwalter »eingesehen« werden kann, ein Anspruch auf Herausgabe von Unterlagen besteht nicht. Im Rahmen der Einsichtnahme hat der Wohnungseigentümer grundsätzlich gegen Kostenerstattung Anspruch auf Fertigung und Aushändigung von Kopien, da es ihm in aller Regel nicht zugemutet werden kann, handschriftliche Abschriften zu fertigen (BGH NJW 2011, 1137 – V ZR 66/10 zur Belegeinsichtnahme). Dies muss auch im Hinblick auf den unterschiedlichen Beweiswert von handschriftlicher Abschriften und Kopien gelten. Seine Grenze findet dieses Recht auf Fertigung von Kopien aber im Schikane- und Missbrauchsverbot der §§ 226, 242 BGB. Das Ersuchen des Wohnungseigentümers muss sich daher grundsätzlich auf vorhandene und hinreichend genau bezeichnete Unterlagen beziehen, die ohne nennenswerten Vorbereitungsaufwand und ohne Störungen des Betriebsablaufs der Verwaltung herausgesucht und fotokopiert werden können (OLG München ZMR 2006, 881, 883 zur Einsichtnahme in Abrechnungsbelege). In Anbetracht der Tatsache, dass sich die Führung der Beschluss-Sammlung als elektronisches Dokument anbietet, dürfte der Aufwand für einen entsprechenden Ausdruck überschaubar sein.

5. Streitwert Der Streitwert beziffert sich nach § 49a GKG nach dem hälftigen Interesse aller Beteiligten. Er darf jedoch das Interesse des Klägers nicht unterschreiten. Das Interesse des Klägers an einer Einsichtnahme in die Beschlusssammlung kann man nur pauschal schätzen. Ein Wert von € 1.000,00 wäre angemessen.

3. Herausgabe Verwaltungsunterlagen (§ 43 Nr. 3 WEG)

1164 **Klage**

der Wohnungseigentümergemeinschaft Musterstraße 11, Musterstadt, vertreten durch den Wohnungseigentumsverwalter, die Firma V. Musterverwalter, Beispielstraße 11, Musterstadt

– Klägerin –

Prozessbevollmächtigte: Rechtsanwälte Klagefroh, Gerichtsstraße 15, Musterstadt

gegen

Herrn T. Unicht, Siebenschläfergasse 25, Musterstadt

– Beklagten –

Wegen: Herausgabe von Verwaltungsunterlagen

Vorläufiger Streitwert: € 3.000

Namens und in Vollmacht der Klägerin erheben wir Klage mit dem Antrag:

1) den Beklagten zu verurteilen, an die Klägerin zu Händen der Firma V. Musterverwalter sämtliche Kontoauszüge und sonstigen Unterlagen betreffend das Konto bei der Sparkasse Musterstadt 1111 123, 456 herauszugeben;

2) dem Beklagten die Kosten des Verfahrens aufzuerlegen;

3) für den Fall des Vorliegens der gesetzlichen Voraussetzungen Versäumnisurteil im schriftlichen Verfahren zu erlassen.

Alternativ:

1) den Beklagten zu verurteilen, an die Klägerin zu Händen der Firma V. Musterverwalter sämtliche Unterlagen betreffend die Verwaltung der Wohnungseigentümergemeinschaft Musterstraße 11 im Zeitraum 01.01.2003 bis 31.12.2007 herauszugeben;

2) dem Beklagten die Kosten des Verfahrens aufzuerlegen;

3) für den Fall des Vorliegens der gesetzlichen Voraussetzungen Versäumnisurteil im schriftlichen Verfahren zu erlassen.

Begründung:

Die Klägerin nimmt den Beklagten als vormaligen Wohnungseigentumsverwalter auf Herausgabe von Verwaltungsunterlagen in Anspruch.

Der Beklagte war im Zeitraum 01.01.2003 bis 31.12.2007 Wohnungseigentumsverwalter der Klägerin. Wir überreichen das Protokoll über seine fünfjährige Bestellung als Anlage K 1. Seine Bestellung hat mit Ablauf des 31.12.2007 geendet. Neuer Verwalter ab 01.01.2008 ist die Firma V. Musterverwalter, die auf der Versammlung vom 11.11.2007 zum neuen Verwalter ab 01.01.2008 bestellt wurde. Wir überreichen das Protokoll als Anlage K 2.

Trotz mehrfacher Aufforderung zur Herausgabe der Kontoauszüge ist der Beklagte dieser Verpflichtung bisher nicht nachgekommen. Die Eigentümer haben in der außerordentlichen Versammlung vom 15.02.2009 beschlossen, den Verwalter zu ermächtigen und zu beauftragen, die Beklagte gerichtlich unter Einschaltung eines Anwaltes auf Herausgabe der Unterlagen zu verklagen.

Alternativ:

Trotz mehrfacher Aufforderung zur Herausgabe der Verwaltungsunterlagen ist der Beklagte dieser Verpflichtung bisher nicht nachgekommen. Die Gemeinschaft verfügt über keinerlei Unterlagen aus der Zeit der Verwaltung durch den Beklagten. Dieses betrifft beispielsweise Kontounterlagen, Korrespondenz, Abrechnungen mit Versorgungsträgern etc.

Die Eigentümer haben in der außerordentlichen Versammlung vom 15.02.2009 beschlossen, den Verwalter zu ermächtigen und zu beauftragen, die Beklagte gerichtlich unter Einschaltung eines Anwaltes auf Herausgabe der Unterlagen zu verklagen.

Den Streitwert beziffern wir vorläufig mit € 3.000,00.

Rechtsanwalt

Erläuterungen

1. Grundlage. *1.1* Für Streitigkeiten über die Rechte und Pflichten des Verwalters bei der Verwaltung des gemeinschaftlichen Eigentums ist nach § 43 Nr. 3 i.V.m. § 23 Nr. 2c GVG ausschließlich das Amtsgericht zuständig. Die örtliche Zuständigkeit ergibt sich aus dem Bezirk, in dem das Grundstück liegt. Sieht die Gemeinschaftsordnung vor Klagerhebung ein Schlichtungsverfahren vor oder enthält sie eine Schiedsgerichtsvereinbarung, so ist diese zu beachten, vgl. Formular E.I.1.

1.2 Nach Beendigung der Verwaltung ist der Verwalter gemäß **§ 667 BGB** verpflichtet, sämtliche sich auf die Verwaltung beziehenden Unterlagen herauszugeben. Dem ehemaligen Verwalter steht gegen diese Forderung **kein Zurückbehaltungsrecht** zu; da die Gemeinschaft bei einem Verwalterwechsel zur Fortführung der Verwaltung auf die Unterlagen dringend angewiesen ist, würde ein Zurückbehaltungsrecht, z.B. wegen angeblich noch offener Verwalterhonorare, Treu und Glauben widersprechen (OLG Frankfurt a.M. ZMR 1994, 376). Die Herausgabepflicht besteht auch dann, wenn der Verwalter von der Gemeinschaft abberufen worden ist, diesen Beschluss angefochten hat und die Beschlussanfechtung noch nicht rechtskräftig entschieden ist (OLG Celle NZM 2005, 748).

2. Prozessführungsbefugnis. Der Anspruch auf Herausgabe der Unterlagen steht der Wohnungseigentümergemeinschaft nach § 10 Abs. 6 S. 3 zu, da es um dort genannte gemeinschaftsbezogene Rechte und Pflichten handelt (OLG München ZMR 2006, 552). Fehlt ein Verwalter, kann die Gemeinschaft trotzdem vertreten durch ihre Wohnungseigentümer klagen, § 27 Abs. 3 S. 2 WEG. Voraussetzung für die Geltendmachung ist ein Beschluss der Wohnungseigentümergemeinschaft (Staudinger/*Bub* (2005) § 26 Rn. 403b). Die Gemeinschaft kann mit einem solchen Beschluss auch den Verwalter oder einen einzelnen Eigentümer ermächtigen, den Anspruch geltend zu machen.

3. Klagantrag. *3.1* Mit der Klage kann zum einen die Herausgabe konkreter Unterlagen verlangt werden. Diese sind dann im Antrag genau zu bezeichnen, damit der Gerichtsvollzieher bei der in diesen Fällen nach § 883 ZPO erfolgenden Vollstreckung genau weiß, was er eigentlich wegzunehmen hat.

Geht es um die Gesamtheit der Verwaltungsunterlagen, kann zum anderen auch die Herausgabe der Verwaltungsunterlagen insgesamt verlangt werden, ggf. mit ansatzweiser Konkretisierung (alle Unterlagen betreffend …, insbesondere …). Die hiermit eingeklagte Pflicht ist Teil der Rechenschaftspflicht des ehemaligen Verwalters, so dass eine Vollstreckung hier nach § 888 ZPO als unvertretbare Handlung erfolgen kann (OLG Hamburg ZMR 2008, 148). Ob tatsächlich alle Unterlagen herausgegeben worden sind, ist dann in einem anschließenden Bestrafungsverfahren zu klären.

1170 **3.2** Unter Umständen kann auch der Erlass einer **einstweiligen Verfügung** in Betracht kommen. Hierbei ist allerdings zu beachten, dass die Herausgabe von Unterlagen im Wege einer einstweiligen Verfügung die Hauptsache vorwegnimmt, was eine solche Leistungsverfügung in der Regel unzulässig macht (LG Hamburg ZMR 2008, 326). Zulässig wäre im Eilverfahren aber in jedem Fall ein Antrag auf befristete Gewährung von Einsicht (AG Kehlheim ZMR 2008, 82).

4. Streitwert Der Streitwert beziffert sich nach § 49a GKG nach dem hälftigen Interesse aller Beteiligten. Er darf jedoch das Interesse des Klägers nicht unterschreiten. Das Interesse der klagenden Gemeinschaft an den Unterlagen dürfte sich an dem wirtschaftlichen Wert dieser Unterlagen orientieren. In Anbetracht der Tatsache, dass eine Gemeinschaft ohne Unterlagen durch den neuen Verwalter nur sehr schwer zu verwalten ist, dürfte ein Betrag von € 3.000 angemessen sein (AG Hamburg ZMR 2009, 232: € 2.000,00).

4. Tagesordnungsergänzung (§ 43 Nr. 3 WEG)

1171 **Klage**

des Wohnungseigentümers Max Mustermann, Musterstraße 11, Musterstadt

– Klägers –

Prozessbevollmächtigte: Rechtsanwälte Fürchtenicht _____

gegen

den Verwalter, Herrn V. Musterverwalter, Beispielstraße 11, Musterstadt

– Beklagten –

Nach § 48 Abs. 1 WEG beizuladen: Sämtliche Wohnungseigentümer der Wohnungseigentümergemeinschaft Musterstraße 11 gemäß beigefügter Liste

Ersatzzustellungsvertreter der Beizuladenden: E. Eigentümer, Musterstraße 11, Musterstadt

Wegen: Aufnahme bestimmter Tagesordnungspunkte

Vorläufiger Streitwert: € 2.500,00

Namens und in Vollmacht des Klägers erheben wir Klage mit folgenden Anträgen:

1) der Beklagte wird verpflichtet, auf die Tagesordnung der nächsten Eigentümerversammlung der Wohnungseigentümergemeinschaft Musterstraße 11, Musterstadt folgenden Tagesordnungspunkt aufzunehmen:

Beschlussfassung über die Sanierung des Schwimmbades auf Grundlage des Sanierungskonzeptes des Architekten A;

2) der Beklagte trägt die Kosten des Verfahrens;

3) für den Fall des Vorliegens der Voraussetzungen beantragen wir Erlass eines Versäumnisurteils im schriftlichen Verfahren.

Begründung:

Der Kläger als Wohnungseigentümer nimmt den Beklagten als Wohnungseigentumsverwalter auf Aufnahme des im Tenor benannten Beschlussgegenstandes auf die Tagesordnung der nächsten Wohnungseigentümerversammlung in Anspruch.

E. Klagen

Der Kläger ist Miteigentümer der Wohnungseigentümergemeinschaft Musterstraße 11. Ihm gehört die Wohnung Nr. 10. Der Beklagte ist in der Wohnungseigentümerversammlung vom 01.04.2005 zum Verwalter der Gemeinschaft nach §§ 26, 27 WEG gewählt worden. Wir gehen davon aus, dass dieses unstreitig bleiben wird.

Die Teilungserklärung der Gemeinschaft überreichen wir als Anlage K 1.

Zu der Anlage gehört ein Schwimmbad im Keller. Dort ist seit einigen Monaten die Pumpe kaputt. Im Rahmen von Reparaturarbeiten stellte sich sodann heraus, dass es einer umfangreichen Sanierung des Schwimmbades bedarf. Unter anderem ist der Sanitärbereich komplett zu überarbeiten und zu erneuern, da von dort Feuchtigkeit in das Mauerwerk dringt. Der Architekt A hat ein Sanierungskonzept erstellt. Der Kläger hat den Beklagten bereits vor der letzten ordentlichen Versammlung gebeten, die Sanierung des Schwimmbades auf die Tagesordnung zu setzen. Dieses hat der Verwalter mit Hinweis auf die viel zu hohen Kosten der Sanierung verweigert. Die in der Anlage wohnenden älteren Eigentümer hätten kein Interesse an der Sanierung, der Kläger sei einer der wenigen, die das Schwimmbad noch nutzen würden.

Das Schwimmbad gehört aber zur Liegenschaft. Es ist in der Teilungserklärung ausdrücklich erwähnt und steht allen Eigentümern zur Nutzung offen. Es widerspricht daher ordnungsmäßiger Verwaltung, dieses nicht instandzusetzen, zumindest hat der Kläger einen Anspruch darauf, dass die Wohnungseigentümergemeinschaft über die Sanierung beschließt. Es entspricht nicht ordnungsmäßiger Verwaltung, wenn der Verwalter sich zum Vormund der Wohnungseigentümergemeinschaft aufschwingt und ihr Gegenstände zur Beschlussfassung einfach dadurch vorenthält, dass er diese nicht auf die Tagesordnung nimmt.

Den Streitwert bemessen wir mit € 2.500,00.

Rechtsanwalt

Erläuterungen

1. Grundlage. *1.1* Für Streitigkeiten über die Rechte und Pflichten des Verwalters bei der Verwaltung des gemeinschaftlichen Eigentums ist nach § 43 Nr. 3 i.V.m. § 23 Nr. 2c GVG ausschließlich das Amtsgericht zuständig. Die örtliche Zuständigkeit ergibt sich aus dem Bezirk, in dem das Grundstück liegt. Sieht die Gemeinschaftsordnung vor Klagerhebung ein Schlichtungsverfahren vor oder enthält sie eine Schiedsgerichtsvereinbarung, so ist diese zu beachten, vgl. Formular E.I.1. 1172

1.2 Die Tagesordnung wird vom Verwalter nach den Grundsätzen der ordnungsmäßigen Verwaltung erstellt. Auch ein einzelner Wohnungseigentümer kann – ohne dass ein Minderheitenquorum (§ 24 Abs. 3 WEG) gegeben ist – die Aufnahme von Verhandlungsgegenständen auf die Tagesordnung einer Eigentümerversammlung verlangen, wenn ihre Beratung ordnungsmäßiger Verwaltung entspricht (OLG Saarbrücken ZMR 2004, 533). 1173

Das Recht eines einzelnen Eigentümers, die Aufnahme von bestimmten Verhandlungsgegenständen auf die Tagesordnung zu verlangen, ergibt sich nicht direkt aus dem Gesetz. Das Recht ist dann zu bejahen, wenn die Aufnahme dieser Verhandlungsgegenstände ordnungsmäßiger Verwaltung entspricht, oder im Umkehrschluss: Der Verhandlungsgegenstand ist aufzunehmen, wenn es ordnungsmäßiger Verwaltung widersprechen würde, ihn nicht aufzunehmen und nicht in der Wohnungseigentümerversammlung hierüber zu beraten oder zu beschließen (OLG Saarbrücken ZMR 2004, 533; LG München I ZMR 2012, 135). 1174

1175 **2. Prozessführungsbefugnis.** Das Recht steht jedem Eigentümer einzeln zu, da jeder Eigentümer persönlich einen Anspruch auf ordnungsmäßige Verwaltung nach § 21 Abs. 4 WEG hat.

1176 **3. Passivlegitimation.** Solange ein Verwalter existiert, obliegt diesem die Einberufung der Wohnungseigentümerversammlung, § 24 Abs. 1 WEG. Lediglich wenn er fehlt oder er sich pflichtwidrig weigert, eine Versammlung einzuberufen, kann der Verwaltungsbeirat aktiv werden, vgl. hier Formular C.IV. Das bedeutet, dass zunächst der Verwalter Anspruchsgegner ist. Nur in den Fällen des § 24 Abs. 3 WEG, wenn die Versammlung also durch den Beirat einzuberufen wäre, wäre auch dieser Adressat des Ergänzungsverlangens.

1177 **4. Antrag.** Der Antrag muss dahingehend lauten, einen bestimmten Verhandlungsgegenstand auf die Tagesordnung aufzunehmen. Entsprechend § 23 Abs. 2 WEG ist der Gegenstand zu bezeichnen. Dabei muss nicht schon der konkret zu fassende Beschluss formuliert werden. Es reicht, dass, entsprechend einer Einladung, der Verhandlungsgegenstand richtig, eindeutig und verständlich formuliert wird. Auf dieser Grundlage ist der Verwalter dann bei der Umsetzung nicht sklavisch an die Formulierung des Themas durch den Antragsteller gebunden. Solange er das Anliegen eines Wohnungseigentümers, über eine ordnungsmäßige Verwaltung in Bezug auf von ihm bezeichnete Gesichtspunkte zu beraten, erschöpfend aufnimmt, darf er es auch neu formulieren, aufspalten oder in einen größeren Zusammenhang stellen (OLG Saarbrücken ZMR 2004, 533).

5. Streitwert Der Streitwert beziffert sich nach § 49a GKG nach dem hälftigen Interesse aller Beteiligten. Er darf jedoch das Interesse des Klägers nicht unterschreiten. Das Interesse des klagenden Eigentümers dürfte sich an dem wirtschaftlichen Wert orientieren, den dieses Thema für ihn hat. Er kann letztlich nur durch Schätzung ermittelt werden.

5. Protokollberichtigung gegen Verwalter u.a. (§ 43 Nr. 3 WEG)

1178 **Klage**

des Wohnungseigentümers Max Mustermann, Musterstraße 11, Musterstadt

– Klägers –

Prozessbevollmächtigte: Rechtsanwälte Fürchtenicht

gegen

1) den Verwalter, Herrn V. Musterverwalter, Beispielstraße 11, Musterstadt

2) den Beiratsvorsitzenden Herrn B. Eirat, Musterstraße 11, Musterstadt

3) die Miteigentümerin M. Musterfrau, Musterstraße 11, Musterstadt

– Beklagte –

Nach § 48 Abs. 1 WEG beizuladen: Sämtliche Wohnungseigentümer der Wohnungseigentümergemeinschaft Musterstraße 11 gemäß beigefügter Liste

Ersatzzustellungsvertreter der Beizuladenden: E. Eigentümer, Musterstraße 11, Musterstadt

Wegen: Protokollberichtigung

Streitwert: € 2.500,00

Namens und in Vollmacht des Klägers erheben wir Klage mit den Anträgen:

1) Der Beklagte zu 1. wird verurteilt, das Protokoll der Wohnungseigentümerversammlung der Wohnungseigentümergemeinschaft Musterstraße 11, Musterstadt vom 11.11.2008 durch Erstellung eines Nachtrages mit nachfolgendem Wortlaut zu berichtigen: »Entgegen der bisherigen Protokollierung zu TOP 4 hat der Eigen-

tümer Max Mustermann nicht erklärt, er verzichte darauf, dass die Gemeinschaft die Verfliesung im Bad seiner Wohnung Nr. 10, die im Rahmen der Strangsanierung beschädigt wurde, wieder herstellt. Der Eigentümer Mustermann besteht vielmehr darauf, dass diese Arbeiten von der Gemeinschaft auf deren Kosten durchgeführt werden.«

2) Die Beklagten zu 1.–3. werden verurteilt, den Nachtrag zu unterzeichnen und mit dem Protokoll der Wohnungseigentümerversammlung zu verbinden.

3) Der Beklagte zu 1. trägt die Kosten des Rechtsstreits.

4) Für den Fall des Vorliegens der gesetzlichen Voraussetzungen beantragen wir den Erlass eines Versäumnisurteils im schriftlichen Verfahren.

Begründung:

Der Kläger nimmt die Beklagten auf Berichtigung des Protokolls einer Eigentümerversammlung in Anspruch.

Der Kläger ist Miteigentümer der Wohnungseigentümergemeinschaft Musterstraße 11. Ihm gehört die Wohnung Nr. 10. Am 11.11.2008 fand eine Eigentümerversammlung statt. Diese wurde vom Beklagten zu 1. geleitet; der Beklagte zu 1. ist Wohnungseigentumsverwalter der Gemeinschaft. Das Protokoll der Versammlung führte der Beklagte durch seinen Mitarbeiter M. Es wurde sodann unterzeichnet vom Beklagten zu 1. als Verwalter, dem Beklagten zu 2. als Beiratsvorsitzender und der Beklagten zu 3. als Miteigentümerin. Die Teilungserklärung der Gemeinschaft, die wir als Anlage K 1 überreichen, sieht keine Besonderheiten zur Protokollerstellung vor, so dass § 24 Abs. 6 WEG gilt. Das in der Versammlung erstellte Protokoll überreichen wir als Anlage K 2.

Zu TOP 4 hatten die Eigentümer die Folgen einer sog. Strangsanierung diskutiert. Es waren sämtliche Steigeleitungen, die im Gemeinschaftseigentum stehen, in Laufe des Jahres 2008 erneuert worden. Hierbei war es notwendig, in den Badezimmern die im Sondereigentum stehenden Fliesen zu beschädigen. Es wurde erörtert, ob und inwieweit die Wiederherstellung der Fliesen durch die Sondereigentümer selbst und auf eigene Rechnung oder von der Gemeinschaft und auf deren Rechnung durchgeführt werden soll. Zu TOP 4 ist im Protokoll gemäß Anlage K 2 festgehalten, der Kläger wolle diese Arbeiten auf eigene Rechnung und selbst durchführen. Dieses ist falsch, dieses hat der Kläger nie gesagt.

Beweis: Zeugnis des Herrn Ypsilon, Musterstraße 11

Der Kläger macht vielmehr seinen Anspruch auf Wiederherstellung des vorherigen Zustandes durch die Gemeinschaft geltend. Er hat daher ein rechtliches Interesse daran, dass die falsche Aussage im Protokoll korrigiert wird. Die Beklagten haben eine Korrektur des Protokolls außergerichtlich verweigert.

Die Wiederherstellung des ordnungsgemäßen Zustandes der Fliesen wird Kosten von rund € 2.500 verursachen, so dass wir diesen Betrag als Gegenstandswert zunächst ansetzen.

Rechtsanwalt

Erläuterungen

1179 **1. Grundlagen.** *1.1* Für Streitigkeiten über die Rechte und Pflichten des Verwalters bei der Verwaltung des gemeinschaftlichen Eigentums ist nach § 43 Nr. 3 i.V.m. § 23 Nr. 2c GVG ausschließlich das Amtsgericht zuständig. Die örtliche Zuständigkeit ergibt sich aus dem Bezirk, in dem das Grundstück liegt. Sieht die Gemeinschaftsordnung vor Klagerhebung ein Schlichtungsverfahren vor oder enthält sie eine Schiedsgerichtsvereinbarung, so ist diese zu beachten, vgl. Formular E.I.1.

1180 *1.2* Zu Einzelheiten zum Protokoll s. Formular C.XI.

1181 **2. Prozessführungsbefugnis/Fristen.** Aus § 21 Abs. 4 WEG ergibt sich der Anspruch eines Eigentümers auf Berichtigung des Protokolls. Die gerichtliche Durchsetzung ist nach bisher herrschender Rechtsprechung an die Monatsfrist zur Beschlussanfechtung gebunden (KG NJW-RR 1991, 213; AG Wiesbaden ZMR 2008, 165; a.A. große Teile der Literatur, vgl. Staudinger/*Bub* (2005) WEG, § 24 Rn. 124; *Niedenführ/Kümmel/Vandenhouten* § 24 Rn. 72; *Merle*, in: Bärmann § 24 Rn. 130). Ob es sich tatsächlich um eine herrschende Rechtsprechung handelt, darf in Anbetracht der wenigen Fundstellen, die hierzu zu finden sind, bezweifelt werden. Allerdings ist dem Klagenden Eigentümer zu raten, seinen Antrag innerhalb der Monatsfrist einzureichen, um sämtliche Risiken auszuschließen.

1182 Der Antrag auf Berichtigung des Protokolls bedarf eines konkreten Rechtsschutzinteresses. Ein solches Rechtsschutzinteresse ist zu bejahen, wenn sich die Rechtsposition des betroffenen Eigentümers durch die Berichtigung verbessern oder zumindest erheblich ändern würde (Staudinger/*Bub* (2005) WEG § 24 Rn. 126; LG Dresden ZWE 2014, 54).

1183 **3. Passivlegitimation.** Der Anspruch auf Protokollberichtigung ist gegen die Personen zu richten, die das Protokoll unterschrieben haben, also in der Regel gegen den Verwalter, den Beiratsvorsitzenden und den mitunterschreibenden Eigentümer (BayObLG ZMR 2002, 951, 952; LG Hamburg ZMR 2012, 654). Allerdings obliegt die Pflicht zur Erstellung des Protokolls dem Verwalter, so dass sich der Anspruch auf Berichtigung zunächst nur gegen ihn richten dürfte. Beirat und unterzeichnender Eigentümer sind sodann nur für die Unterschriften unter dem Nachtrag zuständig.

1184 **4. Beizuladende.** Vgl. Formular E.II.1.

1185 **5. Antrag.** Dadurch, dass bestimmte Passagen des Protokolls unrichtig sind, wird nicht das gesamte Protokoll falsch. Der Antrag ist also darauf zu richten, einen korrigierenden Nachtrag zum bisherigen Protokoll zu erstellen, der dann wiederum von allen Personen, die das bisherige Protokoll unterschrieben haben, zu unterzeichnen und mit dem »alten« Protokoll zu verbinden ist (Staudinger/*Bub* (2005) WEG § 24 Rn. 124).

6. Streitwert Der Streitwert beziffert sich nach § 49a GKG nach dem hälftigen Interesse aller Beteiligten. Er darf jedoch das Interesse des Klägers nicht unterschreiten. Das Interesse des klagenden Eigentümers dürfte sich an dem wirtschaftlichen Wert orientieren, den dieses Thema für ihn hat. Er kann letztlich nur durch Schätzung ermittelt werden.

6. Klage gegen den Verwalter auf Erstellung der Jahresabrechnung (§ 43 Nr. 3 WEG)

1186 **Klage**

der Wohnungseigentümerin Maxime Mustermann, Musterstraße 11, Musterstadt

– Klägerin –

Prozessbevollmächtigte: Rechtsanwälte Fürchtenicht

E. Klagen

Gegen

den Verwalter, Herrn V. Musterverwalter, Beispielstraße 11, Musterstadt

– Beklagte –

Nach § 48 Abs. 1 WEG beizuladen: Sämtliche Wohnungseigentümer der Wohnungseigentümergemeinschaft Musterstraße 11 gemäß beigefügter Liste

Ersatzzustellungsvertreter der Beizuladenden: E. Eigentümer, Musterstraße 11, Musterstadt

Wegen: Erstellung von Jahresabrechnungen nach § 28 Abs. 3 WEG

Streitwert: € 20.000,00

Namens und in Vollmacht der Klägerin erheben wir Klage mit den Anträgen

1. Die Beklagte wird verurteilt, für die Wohnungseigentümergemeinschaft Musterstraße 11, Musterstadt eine Jahresabrechnung jeweils für die Wirtschaftsjahre 2009, 2010, 2011 und 2012 zu erstellen, und zwar als Gesamt- und Einzelabrechnung unter Beifügung der Belege.
2. Die Beklagte trägt die Kosten des Rechtsstreits.
3. Für den Fall des Vorliegens der gesetzlichen Voraussetzungen beantragen wir Erlass eines Versäumnisurteils im schriftlichen Verfahren.

Begründung:

Die Klägerin ist Eigentümerin der Wohnung Nr. 1a gemäß Teilungserklärung und insoweit Miteigentümerin der Wohnungseigentümergemeinschaft Musterstraße 11, Musterstadt.

Die Beklagte ist die amtierende Wohnungseigentumsverwalterin.

Die maßgebliche Teilungserklärung der Gemeinschaft vom 19.12.2000 überreichen wir in der Anlage als Anlage K 2.

Die Beklagte als Verwalterin hat gemäß § 19 Abs. 4 der Teilungserklärung über jedes abgelaufene Rechnungsjahr innerhalb von sechs Monaten des folgenden Rechnungsjahres abzurechnen.

Die Beklagte ist seit dem 01.04.2010 Verwalterin der Anlage. Als solche oblag ihr auch bereits die Abrechnung des Jahres 2009. Für keines der im Antrag genannten Jahre sind bisher Abrechnungen erfolgt. Die Abrechnungen für die Jahre 2009 und 2010 bzw. die insoweitigen Beschlüsse hat das Gericht auf Anfechtung der Klägerin hin jeweils für ungültig erklärt (Az.: 539 C 27/10 bzw. Az.: 539 C 11/12).

Die Beklagte hatte zuletzt in der Eigentümerversammlung vom 12.12.2012 bezüglich der Abrechnungen bis 2011 um eine Fristverlängerung zur Erstellung der Abrechnungen bis zum 15.02.2013 gebeten. Passiert ist bisher nichts.

Eine Gemeinschaft, die seit mittlerweile vier Jahren über keine ordnungsmäßige Abrechnung verfügt, ist im Ergebnis wirtschaftlich kaum zu führen. Die Beklagte ist daher durch das Gericht anzuhalten, die entsprechenden Abrechnungen zu erstellen.

Den vorläufigen Gegenstandswert haben wir wie folgt errechnet: Die Klägerin ist z.B. in der – aufgehobenen – Jahresabrechnung 2010 mit Kosten von € 6.180,00 belastet worden. Gegenständlich sind die Abrechnungen für vier Jahre, so dass wir hier pauschal für jedes Jahr ein Interesse von € 5.000,00, gesamt € 20.000,00 als

Kosteninteresse angenommen haben. Wir haben uns an der Entscheidung OLG Frankfurt, 02.06.2009, Az. 3 W 34/09, ZWE 2009, 358 orientiert. Dementsprechend zahlen wir Gerichtskosten in Höhe von € 1.035,00 ein.

Erläuterungen

1187 **1. Grundlagen.** *1.1* Für Streitigkeiten über die Rechte und Pflichten des Verwalters bei der Verwaltung des gemeinschaftlichen Eigentums ist nach § 43 Nr. 3 i.V.m. § 23 Nr. 2c GVG ausschließlich das Amtsgericht zuständig. Die örtliche Zuständigkeit ergibt sich aus dem Bezirk, in dem das Grundstück liegt. Sieht die Gemeinschaftsordnung vor Klageerhebung ein Schlichtungsverfahren vor oder enthält sie eine Schiedsgerichtsvereinbarung, so ist diese zu beachten, vgl. Formular E.I.1.

1.2 Nach § 28 Abs. 3 WEG hat der Verwalter nach Ablauf des Kalenderjahres eine Abrechnung aufzustellen. § 28 Abs. 3 WEG ist die spezialgesetzliche Ausformung der §§ 666, 675 BGB. Diese Pflicht bleibt bei dem jeweiligen Verwalter, in dessen Amtszeit die Abrechnung fällig geworden ist; sie geht nach Beendigung des Verwalteramtes nicht auf einen neuen Verwalter über.

1188 **2. Prozessführungsbefugnis.** Der Anspruch auf Erstellung der Jahresabrechnung nach § 28 Abs. 3 WEG ist ein Individualanspruch eines jeden einzelnen Eigentümers gegenüber dem Verwalter; er leitet sich aus dem Anspruch auf ordnungsmäßige Verwaltung nach § 21 Abs. 4 WEG ab. Jeder Eigentümer kann einzeln den Verwalter auf Erfüllung der Abrechnungsverpflichtung gerichtlich in Anspruch nehmen (Riecke/Schmid/*Abramenko* § 28 Rn. 60; *Becker*, in: Bärmann § 28 Rn. 113; BGH NJW 1985, 912 – VII ZB 1/84; LG Saarbrücken ZMR 2010, 318).

1189 **3. Passivlegitimation.** Der Anspruch richtet sich gegen den Verwalter, der zur Erstellung der Abrechnung verpflichtet ist/war, weil die Pflicht während der Zeit seiner Verwaltung entstanden und fällig geworden ist. Der Anspruch kann sich daher auch gegen einen bereits ausgeschiedenen Verwalter richten (LG Saarbrücken ZMR 2010, 318).

1190 **4. Beizuladende.** Vgl. Formular E.II.1.

1191 **5. Antrag.** Der Antrag muss konkret bezeichnen, für welche Gemeinschaft und für welche Wirtschaftsjahre die Abrechnung verlangt wird.

1192 **6. Vollstreckung.** Es ist umstritten, ob die Erstellung einer Jahresabrechnung als vertretbare oder unvertretbare Handlung anzusehen ist. Die aber wohl überwiegende Meinung sieht die Verpflichtung zur Erstellung der Jahresabrechnung nach § 28 Abs. 3 WEG als einen Fall der vertretbaren Handlung an. Die Zwangsvollstreckung erfolgt daher nach § 887 ZPO.

1193 **7. Streitwert.** Der Streitwert beziffert sich nach § 49a GKG nach dem hälftigen Interesse aller Beteiligten. Er darf jedoch das Interesse des Klägers nicht unterschreiten bzw. sein fünffaches Interesse nicht überschreiten. Die im Antragsformular zitierte Entscheidung ist an gleicher Stelle in einer Anmerkung von *Drabek* kritisiert worden. Letztlich verfolgt der klagende Eigentümer aber nicht nur ein eigenes Interesse, sondern das Interesse der Gesamtheit der Wohnungseigentümer. Am Ende lässt sich auch hier nur mit Schätzungen arbeiten.

F. Verfahrensanträge

I. Einstweilige Verfügung – Durchführungsverbot Eigentümerversammlung

Antrag auf Erlass einer einstweiligen Verfügung

des Wohnungseigentümers Max Mustermann, Musterstraße 13, Musterstadt

– Antragstellers –

Verfahrensbevollmächtigte: Rechtsanwälte Fürchtenicht

gegen

den Wohnungseigentümer F. Leißig, Beispielstraße 13, Musterstadt

– Antragsgegner –

Wegen: Verbot der Durchführung einer Eigentümerversammlung

Namens und in Vollmacht des Antragstellers bitten wir im Wege der einstweiligen Verfügung, der Dringlichkeit halber ohne vorherige Anhörung des Antragsgegners und ohne mündliche Verhandlung, zu erkennen:

1. Dem Antragsgegner wird bei Meidung eines Ordnungsgeldes von bis zu € 250.000 für jeden Fall der Zuwiderhandlung, im Wiederholungsfalle Ordnungshaft, untersagt, am 11.11.2008 eine Wohnungseigentümerversammlung der Wohnungseigentümergemeinschaft Musterstraße 11 abzuhalten sowie auf einer solchen Versammlung Beschlüsse zur Entziehung des Wohnungseigentums des Klägers zu fassen oder fassen zu lassen.

2. Der Antragsgegner trägt die Kosten des Verfahrens.

Wir wären für kurze telefonische Nachricht über den Erlass der einstweiligen Verfügung verbunden, damit wir eine Ausfertigung sodann zum Zwecke der Zustellung bei der Geschäftsstelle abholen lassen können.

Begründung:

Die Parteien sind Mitglieder der Wohnungseigentümergemeinschaft Musterstraße 11. Der Antragsteller ist Eigentümer der Einheit Nr. 1, der Antragsgegner Eigentümer der Einheit Nr. 2. Wir überreichen eine Kopie der Teilungserklärung der Wohnungseigentümergemeinschaft als Anlage ASt 1.

Die Gemeinschaft besteht aus fünf Einheiten und fünf verschiedenen Eigentümern. Es handelt sich um eine Reihenhausanlage, die nach WEG geteilt ist. Wohnungseigentumsverwalter der Anlage war bis zum 30.09.2007 Herr V. Verwalter. Seine Bestellung lief zu diesem Zeitpunkt ab. Ein neuer Verwalter ist nicht gewählt worden. Es fanden seitdem auch keine Eigentümerversammlungen statt. Ein Beirat existiert nicht.

Der Antragsgegner hat nunmehr für den 11.11.2008 eine Wohnungseigentümerversammlung einberufen mit dem einzigen Tagesordnungspunkt, dem Antragsteller das Eigentum an seinem Sondereigentum zu entziehen. Wir überreichen die Einladung als Anlage ASt 2. Unabhängig von der Frage, ob die Voraussetzungen einer solchen Eigentumsentziehung vorliegen, ist die Einberufung zu dieser Versammlung in jedem Falle rechtswidrig. Der Antragsgegner gehört nicht zu den zur Einberufung einer Wohnungseigentümerversammlung ermächtigten Personen und es liegt auch keine Ermächtigung zur Einberufung seitens des Gerichts vor.

Der Verfügungsgrund ergibt sich vorliegend daraus, dass in Anbetracht der kurzen Zeitspanne in einem Hauptsacheverfahren keine Untersagung der Versammlung mehr erreicht werden kann. Es kann dem Antragsteller aber auch nicht zugemutet werden, die rechtswidrig einberufene Versammlung abzuwarten, um sodann dort gefasste Beschlüsse anzufechten.

Wir nehmen zur Glaubhaftmachung Bezug auf die als Anlage ASt 3 beigefügte eidesstattliche Versicherung des Antragstellers.

Rechtsanwalt

Erläuterungen

1195 **1. Grundlage.** Nachdem das WEG-Verfahren der ZPO unterstellt worden ist, sind auch die Regelungen über die einstweilige Verfügung nach §§ 935 ff. ZPO anwendbar.

1196 **2. Zulässigkeit.** Zuständig ist das Gericht der Hauptsache, § 943 ZPO. Dieses ist das Amtsgericht, das für den Bezirk, in dem das Grundstück liegt, zuständig ist, § 43 WEG i.V.m. § 23 Nr. 2c GVG; bei dem vorliegenden Antrag handelt es sich um eine Streitigkeit nach § 43 Nr. 1 WEG. Darüber hinaus bedarf es der allgemeinen Prozessvoraussetzungen. Das Gericht kann nach freiem Ermessen auch ohne mündliche Verhandlung durch Beschluss entscheiden, §§ 936, 922 ZPO.

1197 **3. Rubrum.** Bei der Parteibezeichnung kann § 44 WEG, der seinem Wortlaut nach nur für Klagen gilt, entsprechend herangezogen werden. Einer Beiladung nach § 48 WEG bedarf es vorliegend nicht, da § 48 WEG ausdrücklich nur von Klagen spricht, nicht von Eilverfahren. Ob das Gericht u.B. den Verwalter trotzdem beilädt, liegt aber in seiner Entscheidung. Es mag sich empfehlen, da der Verwalter Beschlüsse ausführen muss, deren Ausführung ggf. durch die Verfügung einstweilen untersagt wird (*Elzer*, in: Elzer/Fritsch/Meier, § 4, Rn. 84, Fn. 3).

1198 **4. Begründetheit.** Zur Begründetheit bedarf es eines Verfügungsanspruchs und eines Verfügungsgrundes. Diese müssen dargelegt und glaubhaft gemacht werden.

1199 *4.1* Der **Verfügungsanspruch** ist die Rechtsgrundlage, auf die der Antragsteller seinen Anspruch stützt. Ein Wohnungseigentümer, der nicht zu den Personen gehört, die kraft Gesetz oder gerichtlicher Ermächtigung befugt sind, eine Eigentümerversammlung einzuberufen, handelt gegenüber den Miteigentümern pflichtwidrig, weil § 23 Abs. 3 WEG für nicht befugte Wohnungseigentümer ein Verbot enthält, die Wohnungseigentümerversammlung einzuberufen. Eine solche Pflichtwidrigkeit kann jeder Wohnungseigentümer nach § 43 Nr. 1 WEG gerichtlich verbieten lassen (KG NJW 1987, 386).

1200 Soll mit der einstweiligen Verfügung die Umsetzung eines Beschlusses der Gemeinschaft verhindert werden, ist dieses nur in Ausnahmefällen möglich; der Gesetzgeber hat mit dem fehlenden Suspensiveffekt einer Anfechtungsklage deutlich gemacht, dass Beschlüsse bis zur Aufhebung umzusetzen sind (LG Frankfurt a.M. ZMR 2010, 787; LG München I ZMR 2009, 146).

1201 *4.2* Der **Verfügungsgrund** ist der im einzelnen darzulegende und glaubhaft zu machende Umstand, aus dem sich ergibt, warum ohne ein einstweiliges Einschreiten des Gerichts die Verwirklichung des Rechts einer Partei vereitelt oder wesentlich erschwert werden könnte, § 935 ZPO. Es können aber auch die Voraussetzungen einer sog. Regelungsverfügung vorliegen. Danach sind einstweilige Verfügungen auch zum Zwecke der Regelung eines einstweiligen Zustandes in Bezug auf ein streitiges Rechtsverhältnis zulässig, sofern diese Regelung, insbesondere bei dauernden Rechtsverhältnissen, zur Abwendung wesentlicher Nachteile oder zur Verhinderung drohender Gewalt oder aus anderen Gründen nötig erscheint.

Unabhängig von der Frage, welche Folgen an die Einberufung einer Eigentümerversammlung durch eine unzuständige Person zu knüpfen sind (in der Regel nur Anfechtbarkeit, aber keine Nichtigkeit – Riecke/Schmid/*Riecke* § 24 Rn. 13; BayObLG ZMR 2005, 559), konnte bereits nach altem Recht jeder Eigentümer bereits im Vorwege einer solchen Versammlung, die durch eine unzuständige Person einberufen worden war, diese per einstweiliger Anordnung verbieten lassen (KG NJW 1987, 386). Dieses gilt nunmehr nach neuem Recht auch für die einstweilige Verfügung. Den betroffenen Eigentümern kann nicht zugemutet werden, die Versammlung abzuwarten und sodann die dort gefassten Beschlüsse mit Hinweis auf den Verfahrensmangel anzufechten (KG NJW 1987, 386; aktuell AG Wangen ZMR 2008, 580; AG Hamburg ZMR 2010, 477; AG Niebüll ZMR 2009, 82).

4.3 Der Verfügungsanspruch und der Verfügungsgrund sind **glaubhaft** zu machen, §§ 936, 920 ZPO. Zur Glaubhaftmachung ist auch die eidesstattliche Versicherung des Antragstellers zulässig, § 294 ZPO.

5. Vollziehung der einstweiligen Verfügung. Die einstweilige Verfügung muss nach §§ 936, 929 ZPO innerhalb eines Monats vollzogen werden. Bei der Unterlassungsverfügung genügt für den Vollzug die Zustellung der einstweiligen Verfügung. Die Zustellung erfolgt im Parteibetrieb. In Anbetracht der Eilbedürftigkeit ist es in der Regel geboten, mit der Geschäftsstelle des Gerichts die Abholung der zu erlassenden einstweiligen Verfügung abzuklären und sich vorher auch mit dem für die Zustellung zuständigen Gerichtsvollzieher telefonisch abzustimmen. Auf diesem Wege kann eine Zustellung der einstweiligen Verfügung oftmals noch am Tag des Erlasses bewerkstelligt werden.

6. Gerichtskosten. Ein Prozesskostenvorschuss muss im Eilverfahren nicht eingezahlt werden, das Gericht entscheidet auch ohne einen solchen. § 12 GKG bestimmt, dass »die Klage erst nach Zahlung der Gebühr für das Verfahren im Allgemeinen zugestellt werden« soll, und bezieht sich damit nicht auf Anträge in Eilverfahren.

7. Streitwert und Rechtsanwaltsvergütung. Der Gegenstandswert für die anwaltlichen Gebühren ist gem. § 53 GKG nach pflichtgemäßem Ermessen unter Abwägung der Einzelumstände nachdem Interesse des Antragstellers i.V.m. § 3 ZPO durch das Gericht zu schätzen. Dieser wird – da es sich nur um eine vorläufige Maßnahme handelt – jedoch den Wert der Hauptsache nicht erreichen, kann sich ihr jedoch nähern (vgl. *Hartmann* Kostengesetze, § 53 GKG, Rn. 2 und 3). Im einstweiligen Verfügungsverfahren kann der Rechtsanwalt die Gebühren des 3. Teils VV RVG abrechnen (1,3 Verfahrensgebühr gem. Nr. 3100 VV RVG, 1,2 Terminsgebühr gem. Nr. 3104 VV RVG). Die Vollziehung (hier: Zustellung) der einstweiligen Verfügung, durch die dem Schuldner etwas verboten oder geboten wird, stellt gem. § 19 Abs. 1 S. 2 Ziff. 15 eine Tätigkeit im Rechtszug dar, sofern der Rechtsanwalt auch Prozessbevollmächtigter war (vgl. *Hartmann* Kostengesetze, § 18 RVG Rn. 24; *Göttlich/Mümmler* (fortgef. von *Rehberg/Xanke* RVG, einstweilige Verfügung, 298). Der Rechtsanwalt des Antragsgegners verdient ebenfalls eine 1,3 Verfahrensgebühr der Nr. 3100 VV RVG, sofern er den Antrag stellt, den Eilantrag zurückzuweisen, für den Widerspruch oder den Antrag, die einstweilige Verfügung abzuändern oder aufzuheben (vgl. *Gerold/Schmidt* Rechtsanwaltsvergütungsgesetz, Anhang D, Rn. 60).

II. Berufung

Landgericht Musterstadt

Berufung

des Wohnungseigentümers Max Mustermann, Musterstraße 11, Musterstadt

– Klägers –

Prozessbevollmächtigte: Rechtsanwälte Fürchtenicht und Klagefroh

gegen

die übrigen Wohnungseigentümer der Wohnungseigentümergemeinschaft Musterstraße 11, Musterstadt gemäß beigefügter Eigentümerliste

– Beklagte –

Prozessbevollmächtige: Rechtsanwälte Haudrauf

Verwalter: V. Musterverwalter, Beispielstraße 11, Musterstadt

Ersatzzustellungsvertreter: E. Eigentümer, Musterstraße 11, Musterstadt

Aktenzeichen der ersten Instanz: 32 C 507/08

Namens und in Vollmacht des Klägers/Berufungsklägers legen wir hiermit gegen das Urteil des Amtsgerichts Musterstadt vom 11.11.2008 zum Aktenzeichen 32 C 507/08, dem Kläger zugestellt am 13.11.2008

Berufung

ein. Eine beglaubigte Kopie des angefochtenen Urteils fügen wir bei. Die Begründung der Berufung erfolgt innerhalb der weiteren Frist.

Rechtsanwalt

Erläuterungen

1208 **1. Grundlage.** Nachdem das WEG-Verfahren ein reines zivilprozessuales Verfahren geworden ist, hat sich auch das Rechtsmittelrecht komplett geändert. Dieses richtet sich nicht mehr nach dem FGG, sondern allein nach der ZPO und den dort vorgesehenen Rechtsmitteln. Das bedeutet, dass gegen Urteile des Amtsgerichts unter den Voraussetzungen der §§ 511 ff. ZPO die Berufung zulässig ist.

1209 **2. Übergangsrecht.** Für die Verfahren, die am 01.07.2007 bereits anhängig waren, gilt nach der Übergangsvorschrift des § 62 WEG das bis dahin geltende Recht. Das heißt, dass für alle bis zu diesem Zeitpunkt, in welchem Verfahrensstadium oder in welcher Instanz auch immer, anhängigen Verfahren das »alte« Verfahrensrecht anzuwenden ist. Das gilt auch für die sog. Konzentrationszuständigkeit, die auf bis zu diesem Zeitpunkt anhängige Verfahren keine Anwendung findet (OLG München ZMR 2008, 411; OLG Frankfurt a.M. NZM 2008, 168).

1210 **3. Zulässigkeit.** Die Zulässigkeit einer Berufung ergibt sich aus § 511 ZPO: Danach muss entweder der Wert des Beschwerdegegenstandes € 600,00 übersteigen, oder das erstinstanzliche Gericht muss die Berufung zugelassen haben.

1211 *3.1* Der Wert des Beschwerdegegenstandes muss nicht unbedingt mit dem Streitwert identisch sein, wie es sich z.B. bei Verurteilungen zur Gewährung von Einsicht in Unterlagen oder bei Auskunftsansprüchen zeigt: Der Streitwert bemisst sich nach dem Interesse des Klägers an der Einsichtnahme und ist mit einem Bruchteil dieses Interesses anzunehmen (BGH NJW 1995, 664 – GSZ 1/94). Das Interesse kann im konkreten Fall z.B. der Wert eines mit der Einsichtnahme vorbereiteten weiteren Anspruches sein. Die Beschwer des zur Auskunft Verurteilten ist stets nur mit dem Aufwand an Zeit und Kosten, die die Erfüllung des titulierten Anspruchs erfordert, sowie einem etwaigen Geheimhaltungsinteresse des Verurteilten, nicht aber nach dem Wert des Auskunftsanspruchs zu bemessen (BGH NJW 1995, 664 – GSZ 1/94).

1212 Die Beschwer muss auch nicht unbedingt dem Kostenstreitwert nach § 49a GKG entsprechen. Dieser Kostenstreitwert berücksichtigt auch das Gesamtinteresse, während sich die Beschwer nur am Einzelinteresse des Berufungsklägers orientiert. Bei der Anfechtung einer Jahresabrechnung beläuft sich die Beschwer des anfechtenden Eigentümers damit nur auf den Wert seines Anteils an der Jahresabrechnung (LG Lüneburg ZMR 2010, 473).

3.2 Das Amtsgericht kann auch bei einem Beschwerdegegenstand von weniger als € 600,00 die Berufung zulassen, wenn die Rechtssache grundsätzliche Bedeutung hat oder die Berufung zur Fortbildung des Rechts oder der Sicherung einer einheitlichen Rechtsprechung erforderlich ist, § 511 Abs. 4 ZPO. Das Berufungsgericht ist an diese Zulassung gebunden. 1213

4. Zuständigkeit. In Streitigkeiten nach § 43 Nr. 1 bis 4 und 6 WEG ist das für den Sitz des Oberlandesgerichts zuständige Landgericht gemeinsames Berufungs- und Beschwerdegericht für den Bezirk des Oberlandesgerichts, in dem das Amtsgericht seinen Sitz hat. Das gilt auch für Sachen mit Auslandsbezug, § 72 Abs. 2 GVG. Allerdings können die Landesregierungen durch Rechtsverordnung anstelle dieses Gerichts ein anderes Landgericht im Bezirk des Oberlandesgerichts als zuständig bestimmen. 1214

Es gibt also einen wichtigen Unterschied zum normalen Zivilprozess: Es ist nicht immer zwingend das Landgericht zuständig, in dessen Bezirk das Amtsgericht liegt, sondern u.U. ein ganz anderes von der Landesregierung bestimmtes Landgericht im Bundesland (Konzentrationszuständigkeit). Der Rechtsanwalt vor Ort, der erstmals mit der Materie befasst ist, aber insbesondere auch der auswärtige Rechtsanwalt, sollten sich vorher genauestens kundig machen, ob und wie die jeweiligen Bundesländer von der Möglichkeit, eine Konzentrationszuständigkeit zu schaffen, Gebrauch gemacht haben. Eine Übersicht über die zu diesem Zeitpunkt aktuellen Zuständigkeiten findet sich in ZMR 2007, 1004 bzw. NJW 2008, 1790. Wer sich als Anwalt in einem ihm nicht so geläufigen Bundesland bewegt, sollte aber zuvor direkt klären, ob es zwischenzeitliche Veränderungen gegeben hat. Eine Wiedereinsetzung in den vorigen Stand scheidet bei Versäumung der Berufungsfrist aus, wenn diese darauf beruht, dass Vorhandensein einer abweichenden Zuständigkeitsregelung und deren Inhalt nicht geprüft wurde (BGH ZMR 2010, 624 – V ZB 224/09; BGH ZMR 2010, 774 – V ZB 170/09). 1215

Die Regelung gilt nicht für Altverfahren, also solche, die am 01.07.2007 bereits anhängig waren; nachdem dieses nach Inkrafttreten der Reform zunächst umstritten war, hat sich relativ schnell eine herrschende Meinung hierzu herausgebildet (OLG München ZMR 2008, 411; OLG Frankfurt a.M. NZM 2008, 168; LG Konstanz ZMR 2008, 326; Musielak ZPO, § 72 GVG Rn. 7b; a.A. LG Leipzig ZMR 2008, 331). 1216

5. Form. *5.1* Die Berufung ist in Form einer Berufungsschrift beim Berufungsgericht einzulegen. Während nach altem Recht die sofortige Beschwerde gegen die Entscheidung des Amtsgerichts auch beim Amtsgericht selbst eingelegt werden konnte, ist die Einlegung der Berufung beim erstinstanzlichen Amtsgericht unwirksam. Dieses ist nicht zuständig, und die Einlegung eines Rechtsmittels bei einem unzuständigen Gericht kann keine Wirkung entfalten. Das Amtsgericht wäre zwar gehalten, die dort eingereichte unzulässige Berufung an das Berufungsgericht weiterzuleiten (*Musielak* ZPO, § 511, Rn. 17). Die Berufungsfrist ist aber erst mit Eingang beim Berufungsgericht gewahrt. 1217

5.2 Die Berufungsschrift muss die in § 519 Abs. 2 ZPO bezeichneten Angaben enthalten. Die Regelung in § 519 Abs. 3 ZPO, wonach eine Ausfertigung oder beglaubigte Abschrift des Urteils beigefügt werden soll, ist bereits dem Wortlaut nach nur eine »Soll«-Regelung. Hält man sich jedoch daran, kann dieses im Einzelfall eine sonst verunglückte Berufung »retten«. So führen fehlende oder fehlerhafte Angaben zu den Parteirollen oder zur Parteibezeichnung zur Unzulässigkeit der Berufung (BGH NJW-RR 2000, 1371 – VI ZB 1/00 – fehlende Angabe des erstinstanzlichen Gerichts und Bezeichnung des Rechtsmittelführers). Dieser Mangel ist aber unschädlich, wenn sich die Einzelheiten aus der beigefügten Urteilsabschrift ergeben (BGH NJW-RR 2000, 1661 – VI ZB 12/00). 1218

Bei Beschlussanfechtungen sind sämtliche Beklagten notwendige Streitgenossen. Jeder ist berechtigt, alleine Berufung einzulegen. Diese kommt dann allen Streitgenossen zugute, diese werden 1219 ebenfalls Partei im Berufungsverfahren und sind in der Berufungsschrift als Berufungskläger aufzuführen (LG München ZWE 2011, 283).

1220 **6. Frist.** Die Berufungsfrist beträgt nach § 517 ZPO einen Monat. Sie ist eine Notfrist (also nicht verlängerbar) und beginnt mit Zustellung des in vollständiger Form abgefassten Urteils. Wird ein Urteil nicht zugestellt, beginnt die Frist spätestens mit dem Ablauf von fünf Monaten nach der Verkündung.

1221 Die Frist zur Berufungsbegründung beträgt zwei Monate und beginnt ebenfalls mit Zustellung des in vollständiger Form abgefassten Urteils. Wird ein Urteil nicht zugestellt, beginnt auch die Begründungsfrist spätestens mit dem Ablauf von fünf Monaten nach der Verkündung. Eine Verlängerung ist nach Maßgabe von § 520 Abs. 2 S. 2 ZPO möglich.

1222 Der Fristbeginn für beide Fristen ist also einheitlich.

1223 **7. Anwaltszwang.** Vor dem Landgericht herrscht Anwaltszwang, 78 ZPO. Da die Berufung beim Landgericht eingelegt werden muss, gilt also im Gegensatz zum alten Recht zwingend: Ohne Anwalt keine wirksame Berufung (nach dem alten Recht konnte die sofortige Beschwerde auch ohne Anwalt eingelegt werden).

G. Wohnungseigentum und Insolvenz

I. Anschreiben an Insolvenzverwalter

Max Mustermann Verwaltungen
Mustermann Straße 1
Musterstadt

Herrn/Frau Insolvenzverwalter/in
Sammelich
Insolvenzverfahren über das Vermögen des Herrn xy
Amtsgericht Beispielstadt, Az: _____

Sehr geehrte/r Herr/Frau _____

ich wende mich an Sie als Verwalter der Wohnungseigentümergemeinschaft Beispielstraße 11, Beispielstadt.

Nach meinen Informationen ist über das Vermögen des Herrn xy am 13.05.2008 das Insolvenzverfahren eröffnet und Sie zum Insolvenzverwalter ernannt worden.

Herr xy ist Mitglied der Wohnungseigentümergemeinschaft und Eigentümer eines 55,5/10.000 Miteigentumsanteils, verbunden an dem Sondereigentum der Wohnung Nr. 11 gemäß Teilungserklärung.

Für die Wohnung bestehen erhebliche Wohngeldrückstände, die wir mit gesonderten Schreiben zur Tabelle anmelden werden. Darüber hinaus möchte ich Sie jedoch über die nach Insolvenzeröffnung fällig gewordenen laufenden Beiträge informieren: In der Eigentümerversammlung vom 15.05.2008 hat die Gemeinschaft den Wirtschaftsplan für das Jahr 2008 beschlossen. Danach entfallen auf das Sondereigentum des Herrn xy monatliche Wohngeldvorauszahlungen von € 150,00. Darüber hinaus hat die Gemeinschaft die Jahresabrechnung 2007 beschlossen. Für das Sondereigentum des Herrn xy ergibt sich hieraus ein Nachzahlungsbetrag von € 1.500,00, der jedoch nur in Höhe von € 1.350,00 auf nicht gezahlte Wohngelder in 2007 beruht und im Übrigen aus der sog. Abrechnungsspitze besteht. Ich überreiche Ihnen zur Kenntnis das Protokoll der Versammlung vom 15.05. sowie den Gesamt- und Einzelwirtschaftsplan und die Gesamt- und Einzeljahresabrechnung 2008.

Ich wäre Ihnen dankbar, wenn Sie mir kurz mitteilen, inwieweit Sie in der Lage sein werden, die laufenden Wohngelder und die sich aus der Abrechnung ergebende Abrechnungsspitze aus der Masse zu begleichen. Darüber hinaus bitte ich Sie, mich umgehend zu informieren, falls die Wohnung zukünftig aus der Masse freigegeben werden sollte.

Erläuterungen

1. Wirkung des Insolvenzverfahrens. Mit der Eröffnung des Insolvenzverfahrens tritt der Insolvenzverwalter in die Rechte und Pflichten des Eigentümers auch hinsichtlich des Sondereigentums ein, die Verfügungs- und Verwaltungsbefugnis geht auf ihn über, §§ 35, 80 InsO.

2. Fälligkeitstheorie. Nach der Fälligkeitstheorie haftet ein Sondernachfolger nur für Forderungen der Gemeinschaft, die nach dem Übergang der Verfügungsbefugnis auf ihn fällig werden (BGH ZMR 1999, 834, 837 – V ZB 17/99). Bei einem Erwerb ist dieser Zeitpunkt z.B. die Eintragung im Grundbuch. Im Falle der Eröffnung eines Insolvenzverfahrens über das Vermögen eines Eigentümers ist dieser Zeitpunkt das Datum der Eröffnung des Insolvenzverfahrens (nicht das Datum der Bestellung eines vorläufigen Insolvenzverwalters).

1227 **3. Rückstände und laufende Wohngelder.** Bis zum Zeitpunkt der Insolvenzeröffnung fällig gewordene Ansprüche der Gemeinschaft sind daher einfache Insolvenzforderungen gemäß § 38 InsO, die von der Gemeinschaft entsprechend zur Tabelle anzumelden sind. Mit Glück erhält die Gemeinschaft bei Abschluss des Verfahrens hierauf eine Quote (zur Möglichkeit einer späteren Deckungsumlage s.u.).

1228 Anders sieht es mit Forderungen aus, die nach Eröffnung des Insolvenzverfahrens fällig werden. Diese Forderungen sind bevorrechtigte Masseverbindlichkeiten nach § 55 Abs. 1 Nr. 1 InsO. Solche Masseverbindlichkeiten sind vorweg zu begleichen, § 53 InsO. Sind die Wohngelder monatlich zu zahlen, gehören also auch die nach dem Datum der Insolvenzeröffnung fällig werdenden monatlichen Wohngeldzahlungen dazu. Insoweit ist eine sog. Verfallklausel, wonach die Gesamtjahresforderung fällig wird, wenn der Eigentümer mit Wohngeldern in Verzug gerät, durchaus problematisch (vgl. oben Formular Teil 2 Rdn. 580). Ist vor Eröffnung des Insolvenzverfahrens eine solche Gesamtfälligkeit des Jahresbetrags herbeigeführt worden, ist der gesamte Betrag nur noch Insolvenzforderung.

1229 Ob auch Wohngelder, die bei Bestellung eines sog. starken vorläufigen Insolvenzverwalters im Insolvenzeröffnungsverfahren fällig geworden sind, Masseforderungen darstellen, ist umstritten und mit guten Gründen abzulehnen (i.E. *Vallender* NZI 2002, 401, 406 ff.).

1230 **4. Jahresabrechnung.** Wird nach Insolvenzeröffnung die Jahresabrechnung für das zurückliegende Jahr beschlossen, stellt nur die sog. Abrechnungsspitze eine Masseforderung dar, d.h. die Differenz zwischen eigentlich zu zahlenden Wohngeldern und tatsächlich auf das Sondereigentum entfallender Belastung (BayObLG ZMR 1999, 119). Dieses ergibt sich bereits daraus, dass die Jahresabrechnung keine Novation der Forderung bezweckt (BGHZ 131, 228, 231 – V ZB 16/95). Im Abrechnungszeitraum nicht gezahlte Wohngelder bleiben somit einfache Insolvenzforderungen (*Niedenführ/Kümmel/Vandenhouten* § 16 Rn. 141).

1231 **5. Sonderumlagen.** Auch eine Sonderumlage, die nach Eröffnung des Insolvenzverfahrens beschlossen wird, ist eine Masseforderung. Das gilt in jedem Falle, soweit es sich um eine Sonderumlage für Instandsetzungsbedarf oder ähnlichen Kapitalbedarf handelt (*Niedenführ/Kümmel/ Vandenhouten* § 16 Rn. 140). Problematischer ist dieses bei der sog. Deckungsumlage. Der Gemeinschaft ist es zunächst unbenommen, den Kapitalbedarf, der durch die ausgebliebenen Wohngeldzahlungen des Insolvenzschuldners vor Eröffnung des Insolvenzverfahrens entstanden ist und der zunächst im Insolvenzverfahren nur Insolvenzforderung ist, im Rahmen einer Sonderumlage auf alle Eigentümer zu verteilen. Nach der Fälligkeitstheorie haftet der Insolvenzverwalter auch für die nach Eröffnung des Insolvenzverfahrens insoweit fällig gewordene Sonderumlage (zur KO: BGH NJW 1989, 3018 – V ZB 22/88). Ob dieses auch noch nach Inkrafttreten der Insolvenzordnung gelten kann, hat der BGH in einer Entscheidung vom 14.08.2002 ausdrücklich offen gelassen (BGH ZMR 2002, 929 – IX ZR 161/01). Der dem Insolvenzrecht zugrunde liegende Grundsatz der Gleichbehandlung aller Gläubiger dürfte dafür sprechen, nur solche Forderungen der Gemeinschaft als Masseforderungen anzuerkennen, deren **anspruchsbegründender** Tatbestand nach Eröffnung des Insolvenzverfahrens liegt (*Wenzel* ZWE 2005, 277, 280). Andernfalls würde die Gemeinschaft mit der Möglichkeit, für »Altforderungen« nach Verfahrenseröffnung einen neuen Schuldgrund zu schaffen und diese »Altforderungen« somit in Masseforderungen zu verwandeln, gegenüber allen anderen Insolvenzgläubigern bevorzugt (*Vallender* NZI 2002, 401, 406).

1232 **6. Masseunzulänglichkeit.** Erkennt der Insolvenzverwalter in einem laufenden Verfahren, dass zwar die Kosten des Verfahrens gedeckt sind, er die Masseverbindlichkeiten aber nicht wird befriedigen können, kann er nach § 208 InsO die Masseunzulänglichkeit anzeigen. Das Gericht hat die Anzeige der Masseunzulänglichkeit öffentlich bekanntzumachen und den Massegläubigern zuzustellen. Nach Anzeige der Masseunzulänglichkeit entstandene Wohngeldforderungen sind dann sog. Neumasseverbindlichkeiten. Nur hinsichtlich dieser ist eine Leistungsklage gegenüber dem Verwalter dann noch möglich, bis er ggf. erneut Masseunzulänglichkeit anzeigt (OLG Düsseldorf ZMR 2007, 204). Die Befriedigung der Masseverbindlichkeiten erfolgt in der Reihenfolge des § 209 Abs. 1 InsO: Kosten, Neumasseverbindlichkeiten, sonstige Masseverbindlichkeiten inkl. Altmasseverbindlichkeiten.

7. Freigabe. Es steht im pflichtgemäßen Ermessen des Insolvenzverwalters, ob er die Wohnung »behält« oder diese aus der Insolvenzmasse freigibt. Die Freigabe bedeutet den Verzicht auf die Massezugehörigkeit des Objekts (*Vallender* NZI 2002, 401, 405). Der Insolvenzverwalter wählt die Freigabe einer Immobilie, wenn aufgrund hoher Grundpfandrechte oder anderer Umstände kein Ertrag für die Masse zu erwarten ist, die Masse andererseits aber durch laufende Lasten, z.B. Wohngelder, belastet würde. Mit der Freigabe fällt das Sondereigentum wieder in die Verwaltungs- und Verfügungsbefugnis des Insolvenzschuldners zurück. Es ist dann wieder freies Vermögen des Insolvenzschuldners und keinen insolvenzrechtlichen Beschränkungen mehr unterworfen. Die bis zur Eröffnung des Verfahrens aufgelaufenen Beitragsforderungen der Gemeinschaft bleiben allerdings auch nach Freigabe weiterhin Insolvenzforderungen; die ab Eröffnung bis zur Freigabe aufgelaufenen Beitragsforderungen bleiben Masseforderungen. Für den Zeitraum ab Freigabe ist der Insolvenzschuldner persönlich für die Wohngelder haftbar. Sie können jetzt auch ihm gegenüber tituliert werden, und es kann aus einem solchen Titel die Zwangsvollstreckung in sein freies Vermögen stattfinden (das allerdings wohl eher gering sein dürfte). Nach der vorrangigen Befriedigung von Beitragsforderungen der Gemeinschaft in der Zwangsversteigerung ist aber auch eine hohe Belastung des Sondereigentums kein Hinderungsgrund mehr, für die laufenden Rückstände einen Titel zu erwirken und hieraus sodann die Zwangsversteigerung zu betreiben. 1233

II. Forderungsanmeldung im Insolvenzverfahren

Für die Anmeldung von Insolvenzforderungen im Insolvenzverfahren verwenden die Insolvenzverwalter in der Regel eigene Formulare, die auch genutzt werden sollten. Auf ein Formular wird daher hier verzichtet. 1234

Der Anmeldung sind die anspruchsbegründenden Unterlagen beizufügen, das sind in der Regel das Protokoll, dem sich die entsprechende Beschlussfassung entnehmen lässt, sowie die Abrechnungen, die den auf das mit Insolvenzbeschlag belegte Sondereigentum entfallenden Beitrag erkennen lassen. 1235

Wird der Rechtsanwalt mit der Anmeldung der Forderung beauftragt, so entsteht hierfür eine 0,5 Gebühr der Nrn. 3320, 3317 VV RVG aus dem Nennwert der angemeldeten Forderung. 1236

Teil 3 Bauträgerrecht

A. Bauträgervertrag Wohnungseigentumseinheit

Bauträgervertrag Wohnungseigentumseinheit

Vor mir, dem unterzeichnenden Notar, [1]

amtansässig Hamburg, _____

erschienen heute:

1. Herr _____, geb. _____
   wohnhaft in Schwerin, _____
   handelt nicht für sich persönlich sondern als Einzelvertretungsberechtigter, von den Bestimmungen des § 181 BGB befreiter Geschäftsführer der Gründlich-Bau GmbH mit Sitz in Schwerin, AG Schwerin HRB _____, diese wiederum handelt als alleinvertretungsberechtigte Komplementärin der Kommanditgesellschaft Gründlich-Bau Bauträger GmbH & Co. KG mit Sitz in Schwerin, (AG Schwerin HRA _____) dienstansässig ebenda,

   – nachstehend: Verkäuferin genannt –

2. Herr _____, geb. _____
   wohnhaft Hamburg, _____
   handelt im eigenen Namen und als vollmachtloser Vertreter für seine Ehefrau [2]

3. Frau _____, geb. _____
   wohnhaft, ebenda

   – nachfolgend: Käufer genannt –

die Erschienenen erklären sodann:

I.

Wir schließen folgenden

Wohnungskaufvertrag [3]

§ 1 Grundstück/Teilung

1. Die Verkäuferin ist alleinige Eigentümerin der im Grundbuch des Amtsgerichts Hamburg von _____ Blatt _____ und Blatt _____ eingetragenen Grundstücke, bestehend aus den Flurstücken _____ (Blatt _____) und (Blatt _____) _____ qm und _____ qm groß, Gemarkung _____, belegen in Hamburg.

2. Größe und Lage ergeben sich aus dem der Teilungserklärung beigefügten Lageplan.

3. Das Grundstück ist derzeit noch mit einem Einfamilienhaus bebaut. Dieses Haus wird abgerissen und das Grundstück wird von der Verkäuferin mit 12 Eigentumswohnungen nebst 12 Tiefgaragenstellplätzen und den dazugehörigen Einrichtungen und Außenanlagen bebaut.

4. Die Verkäuferin hat das Grundstück mit Teilungsurkunde vom _____ (Urkundenrolle Nr. _____/2015) des amtierenden Notars gemäß § 8 WEG in 24 Einheiten aufgeteilt.

5. Die Teilungserklärung nebst Gemeinschaftsordnung und ihre Beurkundung vom _____ (Urkundenrolle Nr. _____/2015 und Nr. _____/2015 des amtierenden Notars) sind in Abschrift dieser Urkunde als Anlagen I und II beigelegt und werden Vertragsinhalt. Die Parteien verzichten auf ein Verlesen. [4]

§ 2 Kaufgegenstand [5]

1. Die Verkäuferin verkauft hiermit an die Käufer

    1.1. 348/10000stel Miteigentumsanteil an dem in § 1, 1. bezeichneten Grundstück, verbunden mit dem Sondereigentum an der im Aufteilungsplan mit Nr. 3 bezeichneten Wohnung sowie das Sondernutzungsrecht an dem Kellerraum Nr. 3, gelegen in Hamburg _____

    1.2. 100/10000stel Miteigentumsanteil an dem in § 1, 1. bezeichneten Grundstück, verbunden mit dem Sondereigentum an dem im Aufteilungsplan mit Nr. 3 bezeichneten Stellplatz in der Tiefgarage,

    in der Folge als »Wohnungs-/Teileigentum« bezeichnet.

2. Die Fläche des zu erstellenden Wohnungseigentums beträgt 82 qm, Balkone und Kellerräume werden je zur Hälfte den Wohnflächen zugerechnet.

Für den gesamten Kaufgegenstand wird ein neues Grundbuchblatt angelegt.

§ 3 Erstellungsverpflichtung

1. Die Verkäuferin verpflichtet sich, das in der Bezugsurkunde gemäß § 1, 1.1 bezeichnete Wohnungs-/Teileigentum nach den zurzeit des Vertragsabschlusses geltend anerkannten Regel der Technik zu erstellen. [6]

2. Abweichungen von den in der Bezugsurkunde festgehaltenen Bauausführungen behält sich die Verkäuferin vor, wenn sie zweckmäßig oder notwendig sind bzw. die Änderung ihre Grundlage in einer behördlichen Auflage hat. Die Änderungen dürfen sich nicht negativ auf den Wert oder die Gebrauchsmöglichkeit des Kaufgegenstands auswirken und müssen den Käufern zumutbar sein. Sie sind innerhalb angemessener Frist und vor der Durchführung von der Änderung zu unterrichten. [7]
Der unter § 5 vereinbarte Festpreis ändert sich hierdurch nicht.

3. Die Wohnung soll bis spätestens _____ bezugsfertig hergestellt sein. Die Käufer werden von der Verkäuferin sechs Wochen vor dem Übergabetermin hiervon in Kenntnis gesetzt.

§ 4 Leistungsumfang [8]

1. Grundlage für die Herstellung des Kaufgegenstandes sind

    1.1. dieser Vertrag,

    1.2. die Bezugsurkunde zur Urkundenrolle Nr. _____/2014,

    1.3. die Baubeschreibung,

    1.4. die Bauzeichnung nebst Wohnflächenberechnung,

    1.5. der Prospekt und

    1.6. das Bürgerliche Gesetzbuch.

Die Käufer sind berechtigt, im Rahmen der Baugenehmigung und unter Berücksichtigung des Baufortschritts Sonderwünsche zu äußern. Sie bedürfen der Genehmigung der Verkäuferin und sind gesondert zu vergüten. Sofern sich durch die Sonderwünsche der Zeitpunkt der Bezugsfertigkeit verzögert, hat die Verkäuferin hierauf hinzuweisen und für die Verzögerung nicht einzustehen. [9]

§ 5 Kaufpreis und Nebenkosten [10]

1. Der Kaufpreis beträgt für

das Wohnungseigentum	EUR	246.000,00
das Teileigentum	EUR	14.000,00
Kaufpreis insgesamt	EUR	260.000,00

Der endgültige Kaufpreis wird nach Erstellung des Wohnungseigentums durch Aufmaß bestimmt. Sollte sich nach Aufmaß eine Fläche ergeben, die um mehr als ein qm von der vertraglich festgehaltenen abweicht, so ist die sich ergebene Differenz bei Zahlung der letzten Rate gemäß Zahlungsplan auszugleichen, wobei sich der Kaufpreis um EUR 3.000,00 brutto je qm Abweichung ändert.

Nicht im Kaufpreis enthalten sind die Kosten der Durchführung und des Vollzugs dieses Vertrages, Grunderwerbssteuer und Gebühren. Gleiches gilt für die Kosten der Finanzierung des Kaufpreises durch den Käufer nebst grundbuchrechtlicher Absicherung.

§ 6 Zahlungsplan

1. Der Kaufpreis ist von den Käufern ratenweise wie folgt zu leisten: [11]

EUR	78.000,00	nach Beginn der Erdarbeiten,
EUR	72.800,00	nach Rohrbaufertigstellung einschließlich Zimmerarbeiten,
EUR	14.560,00	nach Herstellung der Dachflächen und Dachrinnen,
EUR	16.380,00	nach Rohrinstallation der Heizungsanlagen, der Sanitäranlagen und der Elektroanlagen,
EUR	18.200,00	nach Fenstereinbau, einschließlich der Verglasung,
EUR	20.020,00	nach Fertigstellung des Innenputzes, ausgenommen Beiputzarbeiten, des Estrichs und der Fliesenarbeiten im Sanitärbereich,
EUR	21.840,00	bei Bezugsfertigkeit und Übergabe und
EUR	14.560,00	nach vollständiger Fertigstellung einschließlich Fassadenarbeiten.

   Die für die Fälligkeit der einzelnen Raten maßgeblichen Bautenstände werden von der Verkäuferin schriftlich angezeigt und sind innerhalb der in der Anzeige angegebenen Frist zum Ausgleich zu bringen.

2. Weitere Voraussetzung für die Fälligkeit der Rate ist eine Bestätigung des Notars, dass [12]

   2.1. alle erforderlichen Genehmigungen vorliegen und der Vertrag rechtskräftig ist;

   2.2. eine Auflassungsvormerkung für den Vertragsgegenstand für die Käufer im Rang nach den zu Übernehmenden sowie den Finanzierungsbelastungen des Verkäufers bestellten Grundstücksbelastungen im Grundbuch eingetragen ist;

   2.3. eine Abgeschlossenheitsbescheinigung vorliegt;

2.4. die Lastenfreistellung durch Vorlage einer Freistellungsverpflichtung der das Gesamtbauvorhaben finanzierenden Globalgläubigerin gesichert ist, wonach nicht zu übernehmende Grundpfandrechte gelöscht werden und zwar unverzüglich nach Zahlung des aus dem Zahlungsplan zu entnehmenden Teils des geschuldeten Kaufpreises durch die Käufer; [13]

2.5. eine Baugenehmigung oder eine entsprechende Bestätigung vorliegt. Sollte das Bauvorhaben nicht vollendet werden, hat die Globalgläubigerin ein Wahlrecht, welches ihr erlaubt, anstelle der Freistellung die von den Käufern geleisteten Zahlungen zurückzuzahlen.

3. Die Zahlungen sind nach Mitteilung auf das Konto der Verkäuferin bei der _____ Bank, IBAN _____ zu leisten.

4. Die Verkäuferin kann die vorstehenden Fälligkeitsvoraussetzungen gemäß § 7 MaBV durch Übergabe einer Bankbürgschaft ersetzen und damit auch dann die entsprechende Zahlung verlangen, wenn einzelne oder mehrere Voraussetzungen nicht vorliegen. Der Notar wird ermächtigt, diese Bürgschaft für die Käufer in Empfang zu nehmen und nach Erfüllung der Voraussetzungen an die Verkäuferin zurückzureichen. Der Notar muss die Bürgschaftsurkunde jederzeit auf Verlangen der Käufer an diese _____ geben. Ein Zurückbehaltungsrecht besteht nicht. [14]

§ 7 Lasten und Beschränkungen

1. Der Vertragsgegenstand wird den Käufern lastenfrei übereignet, soweit dieser Vertrag nichts anders bestimmt. Beschränkungen die sich im Hinblick auf das Wohnungseigentum aus der Teilungserklärung ergeben, sind hiervon ausgenommen.

2. Der Vertragsgegenstand ist in der Abteilung II und III wie folgt belastet:
Abteilung II: Auflassungsvormerkung für die Verkäuferin
Abteilung III: EUR 2,5 Mio. Grundschuld – ohne Brief –

3. Die für die Käufer einzutragende Auflassungsvormerkung geht dem Grundpfandrecht in der Abteilung III nach. Die Verkäuferin wird für eine Lastenfreistellung gemäß § 3 Abs. 1 Satz 2 MaBV sorgen oder eine entsprechende Bürgschaft gemäß § 7 MaBV vorlegen.

§ 8 Abnahme

1. Nach Bezugsfertigkeit wird eine Abnahme durchgeführt. Eine getrennte Übergabe und Abnahme von Wohnungs- und Teileigentum ist zulässig.

2. Bei der Abnahme wird ein von beiden Vertragsparteien zu unterzeichnendes Protokoll angefertigt. In dieses sind alles sichtbaren Mängel und noch nicht erbrachten Leistungen aufzunehmen. Wird ein von den Käufern gerügter Mangel oder eine Teilleistung von der Verkäuferin nicht anerkannt, so ist dies zu vermerken. Daneben gilt § 641a BGB. [15]

3. Erscheinen die Käufer zur vereinbarten Abnahme nicht und trifft sie hierfür ein Verschulden, so sind sie erneut durch eingeschriebenen Brief zur Abnahme zu laden. Wird dieser Termin ebenfalls nicht wahrgenommen, so gilt dieser Vertragsgegenstand zu diesem Termin als abgenommen. [15a]

4. Mit dem Tag der Übergabe und Abnahme findet auch der Nutzen-/Lastenwechsel statt.

5. Die Verkäuferin bevollmächtigt die Käufer unter Befreiung der Beschränkung des § 181 BGB bereits jetzt mit der Wahrnehmung ihrer Interessen betreffend den Vertragsgegenstands, dies gilt insbesondere auch für die Teilnahme an Eigentümerversammlungen.

§ 9 Haftung [16]

1. Die Verkäuferin übernimmt keine Haftung für Größe und Bodenbeschaffenheit des Grundstücks, solange sie nicht vorsätzlich handelt. Schadensersatz kann nur verlangt werden, wenn die Verkäuferin Vorsatz oder grobe Fahrlässigkeit trifft und der Schaden nicht auf der Verletzung einer Hauptvertragspflicht beruht oder zu einer Verletzung von Leben und Körper führt.
2. Bei mangelhafter Ausführung der Leistung hat die Verkäuferin das Recht zur Nacherfüllung. Im Übrigen stehen den Käufern die Gewährleistungsrechte des BGB zu.

§ 10 Auflassungsvormerkung [17]

Um den bis zur Eintragung der Käufer in das Grundbuch noch möglichen Zugriff Dritter zu vermeiden, die den Eigentumserwerb der Käufer gefährden würden, billigt die Verkäuferin und beantragen die Käufer die

Eintragung einer Auflassungsvormerkung.

Bereits jetzt wird von den Käufern die Löschung dieser Auflassungsvormerkung bewilligt und beantragt, sobald das Eigentum auf sie umgeschrieben ist und keine Zwischeneintragungen erfolgen und beantragt sind.

§ 11 Auflassung und Vollmacht

Sobald die Wohnungsgrundbücher angelegt und die Käufer ihre Vertragspflichten erfüllt haben, soll die Auflassung erklärt werden.

Die Vertragsparteien bevollmächtigten daher die Notarfachangestellten

1. Frau _____,
2. Herrn _____,

jeder für sich alleine und unter Befreiung der Beschränkungen des § 181 BGB, alle zur Durchführung dieses Vertrages notwendigen Erklärungen abzugeben, auch für Änderungen und Ergänzungen, sofern sie für den Vollzug des Vertrages notwendig sind. Gleichermaßen können sie entsprechende Erklärungen entgegennehmen.

§ 12 Verwalter [18]

1. Die ABC GmbH in Hamburg ist in der Teilungsurkunde zum Verwalter bestellt worden.
2. Mit der ABC GmbH ist auch ein Verwaltervertrag geschlossen worden, in den die Käufer mit Abschluss dieses Vertrages eintreten.

§ 13 Hinweise

1. Die Käufer werden darauf hingewiesen, dass das Eigentum am Vertragsgegenstand erst mit Eintragung im Wohnungsgrundbuch auf sie übergeht.
2. Die Umschreibung ist erst möglich, wenn alle Voraussetzungen vorliegen und vom Notar bestätigt worden sind.

3. Die Parteien ermächtigen den Notar, alle zur Vollziehung dieses Vertrages notwendigen Genehmigungen einzuholen.

§ 14 Sonstiges

1. Die Käufer haften der Verkäuferin gesamtschuldnerisch. Die Käufer bevollmächtigen sich gegenseitig, die für den Vollzug dieses Vertrages notwendigen Erklärungen verbindlich auch für den anderen abzugeben oder zu empfangen.
2. Sämtliche Rechte und Pflichten dieses Vertrages gelten auch für Rechtsnachfolger der Vertragsparteien.
3. Sollte sich im Nachhinein herausstellen, dass eine dieser Regelungen des Vertrages unwirksam ist, so berührt das die Wirksamkeit der übrigen Regelungen nicht.

Erläuterungen

2   **1. Bauträgervertrag Wohnungseigentumseinheit.** *1.1* Mit dem Bauträgervertrag verpflichtet sich der Verkäufer, lastenfreies Eigentum am Grundstück zu verschaffen und ein mangelfreies Werk herzustellen. Beide Teile bilden eine rechtliche Einheit, im Hinblick auf § 311b BGB muss dieser Vertrag beurkundet werden (BGH BauR 1981, 67). Anderenfalls ist der Vertrag nichtig. Der Formmangel wird jedoch mit der Umschreibung des Eigentums geheilt (BGH 22.03.2007, Az. VII ZR 268/05).

3   *1.2* Bauträgerverträge sind Verbraucherverträge i.S. der §§ 305 ff. BGB. Die einzelnen Klauseln unterliegen daher der Inhaltskontrolle.

4   **2. Vollmachtloser Vertreter.** *2.1* In diesem Falle soll der Ehemann als vollmachtloser Vertreter für seine Ehefrau auftreten. Diese muss nachträglich ebenfalls in notarieller Form die Vertretung genehmigen.

5   *2.2* Im Vertragsmuster wird davon ausgegangen, dass beide Vertragsparteien bei der Unterzeichnung des Vertrages zugegen sind. Häufig kommt es jedoch auch zu so genannten Sukzessivbeurkundungen. Der Bauträger lässt sich ein notarielles Angebot des potenziellen Erwerbers geben, welches er später in einer weiteren Beurkundung annimmt. Der Bauträger behält sich daher die Annahme des Angebots vor, da er sich nicht sicher sein kann, ob er sämtliche Einheiten eines geplanten Neubauvorhabens veräußern kann. Allerdings ist dabei zu beachten, dass die Bindungsfrist des potenziellen Käufers nicht unangemessen lang sein darf. Der BGH hat in seiner Entscheidung vom 11.06.2010 festgestellt, dass im Rahmen eines beurkundungspflichtigen Bauträgervertrages der in § 147 Abs. 2 BGB festgelegte Zeitrahmen regelmäßig mit vier Wochen zu bemessen ist. Eine längere Frist stellt nur dann keine unangemessene Beeinträchtigung i.S. des § 308 Nr. 1 BGB dar, wenn der Bauträger ein schutzwürdiges Interesse geltend machen kann (BGH NZM 2010, 587). Dieses ist aber nicht schon deshalb gegeben, weil der Bauträger im EU-Ausland sitzt, so dass eine 6-wöchige Frist für unwirksam erklärt wurde (BGH 17.01.2014, AZ V ZR 5/12).

Unwirksam ist eine Klausel, nach der ein Angebot nach Ablauf einer Frist von 4 Wochen weiter wirksam sein soll, allerdings unter der Maßgabe, dass es dann widerruflich sei. Der Verwender der Klausel kann nach Ablauf der Bindungsfrist den Vertrag nicht mehr dadurch zustande kommen lassen, dass er das – nicht widerrufene – Angebot annimmt, da die Klausel gegen § 308 Nr. 1 BGB verstößt (BGH 07.06.2013, AZ V ZR 10/12).

6   **3. Wohnungskaufvertrag.** Auch wenn hier der Begriff »Wohnungskaufvertrag« benutzt wird, so gilt für die Herstellungsverpflichtung Werkvertragsrecht mit der entsprechenden verschuldensunabhängigen Erfolgshaftung (BGH 22.12.2000, Az. VII ZR 310/99). Unerheblich ist im Übrigen, ob die Wohnung bei Vertragsschluss noch im Bau ist, oder bereits vollständig hergestellt.

A. Bauträgervertrag Wohnungseigentumseinheit

Maßgeblich ist das Tatbestandsmerkmal neu errichteten Wohnungseigentums (KG NZM 2012, 38).

4. Beurkundung. § 13a BeurkG erlaubt es, auf andere notarielle Urkunden zu verweisen, ohne sie erneut verlesen zu müssen. Voraussetzung ist jedoch, dass sie den Parteien des Vertrages bekannt sind und sie auf die Verlesung verzichtet haben.

5. Kaufgegenstand. § 2 beschreibt den kaufrechtlichen Teil des Vertrages.

6. Anerkannte Regeln der Technik. Grundsätzlich ist ohne gesonderte Vereinbarung auf die anerkannten Regeln der Technik bei der Abnahme abzustellen (BGH 14.05.1998, VII ZR 184/97). Da sich die anerkannten Regeln jedoch zwischen Vertragsunterzeichnung und Abnahme ändern können, sollte der Zeitpunkt festgelegt werden, um Planungssicherheit für den Bauträger zu schaffen.

Eine ungeschriebene anerkannte Regel der Technik ist dabei ebenso relevant wie eine geschriebene (BGH 21.11.2013 AZ VII ZR 275/12).

7. Abweichungen. Änderungsvorbehalte unterliegen als allgemeine Geschäftsbedingungen auch einer Inhaltskontrolle nach §§ 307 ff. BGB. Insbesondere ist § 308 Nr. 4 BGB zu beachten, so dass ein Änderungsvorbehalt vereinbart werden kann, wenn er der anderen Vertragspartei zumutbar ist. Zu Formulierungsbeispielen s. FAMietWEGR/*Ott* Kap. 27 Rn. 29.

8. Leistungsumfang. *8.1* Der Umfang der Herstellung ergibt sich aus den im Vertrag aufgeführten Unterlagen, wobei diese nicht abschließend sein müssen. Enthält bspw. eine Baubeschreibung bestimmte Elemente des Werkes nicht, so sind diese dennoch geschuldet, wenn die Neuherstellung eines Gebäudes vereinbart ist. Dies gilt bspw. auch, wenn es sich bei dem Vertragsgegenstand um eine sanierte Altbauwohnung handelt. Zur weiteren Erläuterung s. FAMietWEGR/*Ott* Kap. 27 Rn. 33 ff.

8.2 Zur Besonderheit einer Beschaffenheitsvereinbarung durch Beurkundung einer Baubeschreibung, s. auch *Vogel* BauR 2008, 273 ff.

9. Sonderwünsche. Sonderwünsche ziehen in der Regel eine Änderung des Vertrages nach sich. Grundsätzlich wären diese Änderungen erneut beurkundungspflichtig. Dies gilt jedoch nicht, wenn im Bauträgervertrag bereits die Auflassung erklärt worden ist (BGH NJW 1985, 266).

10. Kaufpreis und Nebenkosten. Der Kaufpreis kann für verschiedene Leistungen aufgeteilt werden. Dies ist zum einen für die Fälligkeit des Preises ausschlaggebend, zum anderen für die Berechnung einer möglichen Minderung. Wenn ein Garagenstellplatz nicht ordnungsgemäß hergestellt ist, muss sich eine mögliche Minderung nicht auch auf das Wohnungseigentum auswirken (*Blank* Bauträgervertrag Rn. 128).

11. Ratenzahlung. Die Raten im Zahlungsplan dürfen die in § 3 Abs. 2 Nr. 2 MaBV festgelegten Prozentsätze nicht überschreiten, da die Klausel sonst unwirksam ist (BGH 22.12.2000, Az. VII ZR 310/99). Dies führt nicht zur Gesamtunwirksamkeit des Bauträgervertrages, aber dazu, dass dann das gesetzliche Leitbild gilt, welches nicht die MaBV als öffentliches Recht sondern das BGB ist. Zahlung muss dann gemäß § 641 BGB erst bei Abnahme des Werkes erfolgen.

12. Voraussetzungen der MaBV. Die weiteren Voraussetzungen sind § 3 Abs. 1 MaBV entnommen. Zur Bedeutung vgl. FAMietWEGR/*Ott* Kap. 27 Rn. 52 ff.)

13. Freistellung gem. § 3 Abs. 1 S. 2 MaBV. Die Freistellung gemäß § 3 Abs. 1 S. 2 MaBV ist nur gesichert, wenn gewährleistet ist, dass die vorgehenden Rechte gelöscht werden, im Falle der Vollendung nach Zahlung der gesamten Vertragssumme, im Falle der Nichtvollendung nach Zahlung des dem erreichten Bautenstand entsprechenden Teils des Kaufpreises. Diese Freistellung wird in der Regel durch eine entsprechende Erklärung der Bank gewährleistet, über die der Bauträger seinerseits das Bauvorhaben finanziert. Oft verwandt wird das Muster der Bundesnotarkammer, abgedruckt in DNotZ 2002, 402 ff. In dieser Erklärung enthalten ist ein Wahlrecht für die Globalgläubigerin für den Fall, dass das Bauvorhaben (durch den Bauträger) nicht vollendet wird. In diesem Falle kann die Gläubigerin entscheiden, den Vertragsgegenstand freizugeben, wenn der Käufer die dem Bautenstand entsprechenden Zahlungen geleistet hat oder die bezahlten Raten Zug um Zug gegen Löschung der Auflassungsvormerkung zurückzuzahlen.

18   *13.1* Für den Fall, dass der Bauträger das Bauvorhaben beendet, muss sich der Erwerber überlegen, ob er das Vertragsverhältnis rückabwickelt oder das Bauvorhaben selbst zu Ende führen möchte. Sollte er sich für die zweite Variante entscheiden, muss er mit der Globalgläubigerin abstimmen, dass diese das Kaufobjekt freigibt. Anderenfalls bestände die Gefahr, dass er mit eigenen Mitteln das Bauvorhaben beendet und die Globalgläubigerin nicht die Freigabe wählt sondern die Rückzahlung der an die Globalgläubigerin geleisteten Zahlungen (FABauArchR/*Kromik* Kap. 5 D., Rn. 5).

19   **14. Fälligkeit gem. § 7 MaBV.** *14.1* Der Bauträger kann gemäß § 7 MaBV gegen Stellung einer Bankbürgschaft die Fälligkeitsvoraussetzung des § 3 Abs. 1 MaBV ersetzen. Dies bedeutet, dass er Kaufpreiszahlungen auch dann entgegen nehmen darf, wenn bspw. noch nicht alle erforderlichen Genehmigungen vorliegen. Die Bankbürgschaft ersetzt jedoch nicht den entsprechenden Baufortschritt, dieser muss vorliegen. Der BGH vertrat zwar zunächst eine gegenteilige Ansicht (BGH NZBau 2002, 499), legte aber dem Europäischen Gerichtshof zur Entscheidung vor. Dieser entschied am 01.04.2004, dass das nationale Gericht entscheiden müsse, ob ein Käufer gegen Übergabe einer Bürgschaft gemäß § 7 MaBV eine Totalvorauszahlung leisten müsse. Daraufhin erhielten die Parteien einen Brief des Senatsvorsitzenden der 7. Zivilkammer vom 22.12.2004, mit welchem er mitteilte, dass der Senat seine Ansicht geändert habe und eine solche Vorauszahlung für unwirksam wegen Verstoß gegen das AGBG halte. Die Revision wurde seinerzeit zurückgenommen.

20   *14.2* Die Besicherung durch eine Bürgschaft gemäß § 7 MaBV ist weit reichend. Umfasst werden die Rechte aus Gewährleistungsansprüchen wegen Baumängeln (BGHZ 151, 147), Rückgewähransprüche nach einem Rücktritt vom Vertrag gemäß § 326 BGB a.F. (BGHZ 160, 277) als auch Rückzahlungsansprüche des Käufers nach einvernehmlicher Aufhebung oder bei Nichtigkeit des Bauträgervertrages, BGHZ 162, 378; BGH BauR 2008, 986). Auf ein Vertreten oder Verschulden des Bauträgers kommt es dabei nicht an, nur wenn Käufer und Bauträger den Bürgschaftsfall einvernehmlich bewusst zum Nachteil des Bürgen herbeiführen, kann die Bürgenhaftung noch eingeschränkt sein (BGH wie vor). Dies sei jedoch nicht der Fall, wenn eine Bürgeninanspruchnahme auf der Nichtigkeit eines Vertrages wegen Nichtbeachtung des Beurkundungsgebotes gemäß § 311b BGB erfolge (BGH 29.01.2008, Az. XI ZR 160/07). Im Umkehrschluss bedeutet dies, dass Ansprüche, die nicht als Rückzahlungsansprüche nachzuweisen sind, auch nicht durch eine Bürgschaft gemäß § 7 MaBV besichert werden. Hierzu gehören bspw. erwartete Steuervorteile (BGH 18.06.2002, XI ZR 359/01). Gedeckt sind auch Ansprüche wegen solcher Mängel, die bereits vor Abnahme geltend gemacht werden (BGH 14.01.1999, Az. IX ZR 140/98). Gleiches gilt für einen Verzugsschaden, den der Käufer wegen Überschreitung der Bauzeit durch den Bauträger erleidet (BGH 21.01.2003, Az. XI ZR 145/02). Ebenfalls gesichert wird der Anspruch auf Verschaffung des Eigentums an dem verkauften Grundstück (BGH BauR 2009, 644).

21   *14.3* Eine Klausel, nach der die Bürgschaft nach § 7 MaBV beim Notar hinterlegt wird, ist grundsätzlich unwirksam, da ein Verstoß gegen die §§ 7 Abs. 1 S. 2, 2 Abs. 4 S. 3 MaBV vorliegt, da die Sicherheit dem Erwerber ausgehändigt werden muss (BGH 11.01.2007, Az. VII ZR 129/05). Die Verwahrung durch den Notar kann daher nur dann vereinbart werden, wenn der jederzeitige Zugriff des Erwerbers auf die Bürgschaftsurkunde gesichert ist, ohne dass es weitere Voraussetzungen als das Herausgabeverlangens bedarf.

22   *14.3a* Die Fälligkeit der Forderung aus einer selbstschuldnerischen Bürgschaft tritt, sofern nicht anders vereinbart, ohne Leistungsaufforderung des Gläubigers mit der Fälligkeit der Hauptforderung ein (BGH BauR 2008, 986).

14.4 Die Bürgschaft kann vom Käufer solange in Anspruch genommen werden, bis er den Vertragsgegenstand mangelfrei abgenommen hat bzw. die bei der Abnahme festgestellten Mängel abgearbeitet wurden (BGH 22.10.2002, Az. XI ZR 393/01). Nach mängelfreier Abnahme ist jedoch eine Inanspruchnahme ausgeschlossen (BGH BauR 2011, 510).

15. Protokoll. *15.1* § 640 Abs. 1 S. 1 BGB verpflichtet den Besteller, hier Käufer, das vertragsgemäß hergestellte Werk abzunehmen. Neben der Zahlung ist dies die Hauptpflicht des Käufers. Der Bauträger kann sie gegebenenfalls einklagen (BGH 27.02.1996, Az. X ZR 3/94). Der Bauträger hat ein großes Interesse an der Abnahme, da diese mit weit reichenden rechtlichen Konsequenzen verbunden ist (vgl. hierzu: FAMietWEGR/*Ott* Kap. 27 Rn. 93 ff.).

15.2 Abgenommen werden müssen sowohl das Sonder- als auch das Gemeinschaftseigentum. Umstritten ist hierbei, ob die Abnahme des gemeinschaftlichen Eigentums bereits in der Gemeinschaftsordnung geregelt werden kann. Unwirksam ist eine Regelung, nach der der Bauträger selbst oder eine Tochterfirma oder jemand aus seinem Interessenbereich das Gemeinschaftseigentum abnehmen kann (LG München, BauR 2009, 1444). Gleiches gilt für eine Abnahme aufgrund Mehrheitsbeschluss (FAMietWEGR/*Ott* Kap. 27, Rn. 103 ff.). Ebenfalls unwirksam ist eine Klausel, nach der ein vom Verkäufer bestimmter Sachverständiger, der Verwalter oder der Verwaltungsbeirat die Abnahme stellvertretend für die einzelnen Wohnungseigentümer durchführen darf (BGH 27.09.2013, AZ VII ZR 308/12). Das OLG Frankfurt (NZM 2013, 772) hat darüber hinaus entschieden, dass »Nachzügler« an eben vorstehend dargestellte Abnahmen nicht gebunden sind.

16. Haftung. Ein Haftungsausschluss ist nur begrenzt zu vereinbaren. Er findet seine Grenzen in den §§ 276 Abs. 3, 309 Nr. 7a. und b BGB.

17. Auflassungsvormerkung. Wird im Bauträgervertrag bereits die Auflassung beurkundet, so sind anschließende Vertragsänderungen nicht mehr beurkundungspflichtig (BGH 28.09.1984, Az. V ZR 43/83).

18. Verwalter. Sofern nicht bereits in anderen Urkunden, welche Vertragsgegenstand geworden sind, geregelt, kann auch der Bauträgervertrag selbst die Verwalterbestellung regeln. Gemäß § 26 Abs. 1 S. 2 WEG ist jedoch die Erstbestellung auf drei Jahre begrenzt, soweit die Bestellung ab dem 01.07.2007 erfolgte. Hintergrund dieser zeitlichen Begrenzung ist der Umstand, dass der Erstverwalter oftmals vom Bauträger eingesetzt und er daher in einem besonderen Näheverhältnis zu diesem steht, woraus sich Interessenkonflikte, bspw. bei der Geltendmachung von Gewährleistungsansprüchen, ergeben können (Niedenführ/Kümmel/Vandenhouten, WEG, § 26, Rn. 32).

B. Klage auf Auflassung

29

Klage auf Auflassung

Klage

der Käufer _____

Prozessbevollmächtigte: Rechtsanwälte _____

– Kläger –

gegen

die Verkäuferin _____

– Beklagte –

wegen: Abgabe einer Willenserklärung

vorläufiger Gegenstandswert: EUR 250.000,00

namens und im Auftrage der Kläger bitten wir um Anberaumung eines möglichst nahen Termins zur Güteverhandlung, in der wir beantragen werden:

Die Beklagte zu verurteilen, den in Hamburg _____ amtansässigen Notar anzuweisen, die in seine zur Urkundenrolle Nr. _____ /2015 erklärte Auflassung zu vollziehen und damit alles Erforderliche zu veranlassen, damit das Eigentum an der in vorbezeichnetem Vertrag beurkundeten Wohnung auf die Kläger übergeht und diese als Eigentümer im Grundbuch eingetragen werden können.

Bei Anordnung des schriftlichen Vorverfahrens und Säumnis wird

Erlass eines Versäumnisurteils

beantragt.

Begründung:

Die Parteien haben mit Datum vom _____ einen Bauträgervertrag geschlossen, mit welchem sich die Beklagte verpflichtet, eine mangelfreie Eigentumswohnung herzustellen und den Klägern lastenfreies Eigentum zu verschaffen.

Die Kläger verpflichteten sich, hierfür einen »Kaufpreis« zu zahlen, wobei die Zahlungen in Raten zu erfolgen hatten, die die in § 3 Abs. 2 Nr. 2 MaBV festgelegten Beträge nicht überschreiten. [1, 2]

Die Kläger sind ihrer Zahlungspflicht aus dem Vertrag nachgekommen, wobei die Ansprüche der Beklagten teilweise durch Zahlung, teilweise durch Aufrechnung mit Gegenansprüchen erloschen sind. Die Beklagte weigert sich jedoch, den im Kaufvertrag beurkundeten Notar anzuweisen, alles Erforderliche für die Eigentumsumschreibung zu erledigen. [3]

Grundlage dieses Rechtsstreits ist der bereits im Rubrum bezeichnete und als

Anlage K 1

vorzulegenden Vertrag des Notars _____, der als Kaufvertrag bezeichnet und rechtlich als Bauträgervertrag einzuordnen ist. Ziel des Vertrages ist die mangelfreie Herstellung und lastenfreie Erwerbserschaffung der im Aufteilungsplan mit Nr. 7 gekennzeichneten Wohnung, bestehend aus dem Sondereigentum in Verbindung mit 315/10000stel Gemeinschaftseigentumsanteil am Grundstück und den darauf zu errichtenden Gebäuden. **4**

Als Kaufpreis war gemäß des § 6 des Vertrages ein Betrag in Höhe von EUR 200.000,00 vereinbart. Dieser Betrag sollte den in § 3 Abs. 2 Nr. 2 MaBV festgelegten Höchstbeträgen gezahlt werden. Die Beklagte hatte sich ausweislich des § 10 des vorbezeichneten Vertrages verpflichtet, die Wohnung bis zum 30.06.2015 bezugsfertig herzustellen. Eine Schonfrist wurde nicht vereinbart. **5**

Wenngleich die Kläger den vereinbarten Kaufpreis nicht in voller Höhe belegen, haben sie dennoch Anspruch auf Eigentumsverschaffung, da ihnen zur Aufrechnung gestellte Gegenansprüche zustehen, die den »Restkaufpreis« übersteigen.

Zunächst hat die Beklagte die Wohnung zum vereinbarten Zeitpunkt bezugsfertig hergestellt.

Bezugsfertigkeit ist gegeben, wenn die gekaufte Wohnung ohne Gefahr für Leib und Leben zweckentsprechend genutzt werden kann. Dieser Zustand war erst am 17.09.2015 erreicht und an diesem Tag fand eine Übergabe der Wohnung statt. **6**

Den Klägern ist aus der verspäteten Übergabe ein wirtschaftlicher Schaden entstanden. Sie konnten die Wohnung entgegen des vertraglichen Versprechens in den Monaten Juli, August und anteilig im September 2015 nicht nutzen und mussten in dieser Zeit eine Ersatzunterkunft bezahlen. Glücklicherweise konnten sie die vor dem 30.06.2015 bereits genutzte Mietwohnung monatsweise weiter anmieten. Die für diese Mietwohnung gezahlte monatliche Nettomiete belief sich auf EUR 1.500,00, so dass den Klägern ein Schaden in Höhe von EUR 4.500,00 entstanden ist. Die monatliche Nettomiete in Höhe von EUR 1.500,00 entspricht auch einer zu erzielenden Miete für den in diesem Rechtsstreit zugrunde liegenden Vertragsgegenstand und die Kläger beziehen sich insofern auf die

Einholung eines Sachverständigengutachtens. **7**

Der Schaden ist auch in voller Höhe für den Monat September 2015 anzusetzen, da es den Klägern nicht möglich war, diese Wohnung nur wochenweise anzumieten. Sie beziehen sich insofern auf das

Zeugnis ihres Vermieters

und die Einmietung in ein Objekt, welches wochenweise gemietet werden kann, wäre insbesondere unter Hinzuziehung der notwendigen Umzugskosten noch teurer gewesen.

Darüber hinaus ist der Teil des Vertragsgegenstands, welcher gemäß § 5 WEG dem Sondereigentum zuzurechnen ist, mangelhaft erstellt worden. 8

Ausweislich der dem Vertrag beigefügten Baubeschreibung, hatte sich die Beklagte verpflichtet, eine Einbauküche der Marke _____ zu liefern. Diese sollte sämtliche, dem heutigen Standard entsprechende Elektrogeräte, insbesondere ein Induktions-Kochfeld, eine Mikrowelle und eine Kühl-/Tiefkühlkombination mit Eiswürfelfunktion enthalten. **9**

Tatsächlich lieferte die Beklagte lediglich eine Küche der Marke _____ , wobei der Herd herkömmliche Elektroplatten aufweist. Anstelle der vereinbarten Kühl-/Tiefkühlkombination mit Eiswürfelfunktion wurde lediglich ein Kühlschrank geliefert.

Die Kosten für den Ausbau der jetzigen und den Einbau der vertraglich vereinbarten Küche belaufen sich ausweislich des als [10]

Anlage K 2

vorzulegenden Kostenvoranschlages der Firma _____ auf EUR 30.000,00.

Am Gemeinschaftseigentum haben sich Mängel gezeigt. Die Wohnungseigentümergemeinschaft hat daher auf der außerordentlichen Eigentümerversammlung am _____ beschlossen, dass ein Privatgutachten zur Feststellung der Mängel am Gemeinschaftseigentum in Auftrag gegeben werden muss. Der öffentlich bestellte und vereidigte Sachverständige _____ hat im Rahmen dieses Privatgutachtens die folgenden Mängel festgestellt: [11]

Der von der Beklagten in der Wohnanlage eingebaute Fahrstuhl zieht bei Benutzung eine Geräuschentwicklung nach sich, die die in der DIN 4109 festgeschriebenen Dezibelwerte überschreitet. Für die Beseitigung dieses Mangels, die eine Verstärkung des Fahrstuhlschachts und eine Trittschallentkopplung beinhaltet, zieht ausweislich des als

Anlage K 3

vorzulegenden Privatgutachtens des Sachverständigen _____ Kosten in Höhe von EUR 100.000,00 nach sich.

Weiter hat der Sachverständige festgestellt, dass bei Einbau der Fenster der zuvor eingebrachte Estrich noch nicht vollständig ausgetrocknet war. Die im Anschluss nicht vorgenommene ausreichende Bautrocknung führte dazu, dass Feuchtigkeitsbildung auftrat, die zu Niederschlägen an den Fensterinnenseiten führte. Die dann ablaufende Nässe lief in das ebenfalls zu früh eingebrachte Parkett, welches die Feuchtigkeit aufnahm und aufweichte.

Das Parkett muss großenteils aufgenommen und neu verlegt werden. Die Kläger beziehen sich erneut auf das bereits vorgelegte

Privatgutachten

und halten fest, dass die Mängelbeseitigung hinsichtlich der in das Parkett eingedrungenen Feuchtigkeit Kosten in Höhe von EUR 180.000,00 nach sich zieht.

Die Wohnungseigentümergemeinschaft hatte die Beklagte mit dem als

Anlage K 4

vorzulegenden Schreiben zur Nacherfüllung aufgefordert. Die gesetzte Frist ließ die Beklagte verstreichen und die Wohnungseigentümergemeinschaft ging, wie in der Anlage angekündigt zum Schadensersatzanspruch statt der Leistung gemäß §§ 634 Nr. 4, 281 BGB über. [12]

Eine entsprechende fruchtlose Nachbesserungsaufforderung ließen die Kläger durch ihren Prozessbevollmächtigten gemäß

Anlage K 5

vorlegen, so dass auch hinsichtlich der Mängel am sog. Sondereigentum Schadensersatzansprüche geltend gemacht werden. [13]

Nach allem haben die Kläger den vereinbarten »Kaufpreis« durch Zahlung bzw. Aufrechnung mit Gegenansprüchen zum Erlöschen gebraucht.

Im Einzelnen:

Ausweislich der als

Anlagenkonvolut K 6

vorzulegenden Kontenzüge haben die Kläger auf den vereinbarten Kaufpreis in Höhe von EUR 250.000,00 Zahlungen in Höhe von EUR 210.000,00 geleistet. Es verblieb damit vom vereinbarten Preis eine Differenz von EUR 40.000,00. Dieser restliche Zahlungsanspruch ist jedoch durch Aufrechnung erloschen.

Die Gegenansprüche der Kläger berechnen sich wie folgt:

Als Verzugsschaden sind den Klägern die Mietkosten entstanden, die durch die nicht vertragsgemäße Übergabe entstanden sind. Der Schaden beläuft sich auf EUR 4.500,00. [14]

Für die vertragsgemäße Lieferung der Küche steht den Klägern ein Schadensersatzanspruch in Höhe von EUR 30.000,00 zu.

Schließlich steht den Klägern ein ihrem Anteil entsprechender Schadensersatzanspruch an den Mängeln am Gemeinschaftseigentum zu. Diese summieren sich auf insgesamt EUR 180.000,00, wobei ausweislich des als

Anlage K 7

vorzulegenden Versammlungsprotokolls vom _____ die Wohnungseigentümergemeinschaft beschlossen hat, dass den jeweiligen Eigentümern Schadensersatzansprüche entsprechend ihrer 10000stel Anteile zustehen sollen. Bei einem Miteigentumsanteil in Höhe von 348/10000stel, Anlage K 1, steht bei einem Gesamtschadensvolumen am Gemeinschaftseigentum in Höhe von EUR 180.000,00 den Klägern ein Anteil in Höhe von EUR 9.744,00 zu. [15]

Der Gesamtschadensersatzanspruch summiert sich daher auf EUR 44.244,00 und überschreitet rechnerisch den verbleibenden Zahlungsanspruch der Beklagten. Mit Schreiben der Prozessbevollmächtigten der Kläger vom _____,

Anlage K 8,

wurde mit den oben dargestellten Gegenansprüchen die Aufrechnung gegen den noch offenen Restkaufpreis erklärt. Der Kaufpreis ist damit vollständig zum Erlöschen gebracht und die Kläger haben Anspruch auf Abgabe der im Antrag geltend gemachten Erklärungen.

Die Geltendmachung weiterer Ansprüche, insbesondere der Rückforderung überzahlten Kaufpreises behalten sich die Kläger ausdrücklich vor. [16]

Für den Kläger

Der Rechtsanwalt:

Erläuterungen

1. Kaufpreis. Auch wenn in dem notariellen Vertrag von einem »Kaufpreis« die Rede ist, so gilt für die Herstellungsverpflichtung Werkvertragsrecht mit der entsprechenden verschuldensunabhängigen Erfolgshaftung (BGH 22.12.2000, Az. VII ZR 310/99).

2. Beträge. Die Raten im Zahlungsplan dürfen die in § 3 Abs. 2 Nr. 2 MaBV festgelegten Prozentsätze nicht überschreiten, da die Klausel sonst unwirksam ist (BGH a.a.O.). Dies führt nicht zur Gesamtunwirksamkeit des Bauträgervertrages, aber dazu, dass dann das gesetzliche Leitbild gilt, welches nicht die MaBV als öffentliches Recht sondern das BGB ist. Zahlung muss dann gemäß § 641 BGB erst bei Abnahme des Werkes erfolgen.

32 **3. Aufrechnung.** Der Käufer kann offene Zahlungsansprüche des Bauträgers, insbesondere wenn es sich um Forderungen aus dem zugrunde liegenden Bauträgervertrag handelt, durch Aufrechnung zum Erlöschen bringen (BGH 08.11.2001, Az. VII ZR 459/99).

33 **4. Mangelfreie Herstellung und lastenfreie Erwerbserschaffung.** § 1 der »Verordnung über Abschlagszahlungen bei Bauträgerverträgen« (BGBl. 2001 Nr. 24 vom 28.05.2001).

34 **5. Schonfrist.** Eine Schonfrist kann zugunsten des Bauträgers vereinbart werden, sie führt dazu, dass vor Ablauf der Schonfrist der Käufer keine Ansprüche geltend machen kann, unabhängig davon, ob die Verzögerung durch den Bauträger zu vertreten ist oder nicht.

35 **6. Bezugsfertigkeit.** Zur Definition, vgl. OLG Koblenz 31.10.2002, Az. 6 U 1166/01.

36 **7. Darlegung und Beweis.** Die Kläger müssen die Gegenansprüche, mit denen sie aufrechnen wollen, darlegen und beweisen. Ist dies durch Urkunden nicht möglich, muss ein entsprechendes Sachverständigengutachten beantragt werden.

37 **8. Sondereigentum/Gemeinschaftseigentum.** Zur Abgrenzung von Sonder- und gemeinschaftlichen Eigentum, vgl. FAMietRWEG/*Schneider* 18. Kap. Rn. 7 ff.

38 **9. Baubeschreibung.** Sofern dem Vertrag eine Baubeschreibung beigefügt ist, sind die Angaben verbindlich. Ein Anspruch der Käufer könnte sich auch unter dem Aspekt der Prospekthaftung ergeben (bspw. BGH 11.07.1997, V ZR 246/96), wobei es in diesem Fall um die Größe der verkauften Wohnung ging. Preist ein Bauträger in seinem Werbematerial von ihm zu erstellende Doppelhäuser als hochwertig mit großzügiger Raumaufteilung und einer Bauqualität für anspruchsvolles Wohnen an, müssen auch Treppen im Keller- und Erdgeschoss einer solchen Qualität entsprechen (OLG Brandenburg, BauR 2014, 1005).

39 **10. Soll-/Istausführung.** Gegebenenfalls muss auch für die Abweichung der Istausführung von der vertraglich zugesicherten Beweis angeboten werden. Dieser kann durch eine Inaugenscheinnahme oder ein Sachverständigengutachten geführt werden.

40 **11. Mängel am Gemeinschaftseigentum.** Auch die erstmalige mangelfreie Herstellung des Gemeinschaftseigentums gehört zur ordnungsgemäßen Instandhaltung und Instandsetzung des gemeinschaftlichen Eigentums gemäß § 21 Abs. 5 Nr. 2 WEG. Die Wohnungseigentümergemeinschaft kann daher durch Mehrheitsbeschluss die Durchsetzung des auf ordnungsgemäße Herstellung des Gemeinschaftseigentums gerichteten Rechtes an sich ziehen (BGH 12.04.2007, Az. VII ZR 236/05).

41 **12. Nacherfüllung.** In § 634 Abs. 1 BGB sind verschiedene Gewährleistungsrechte nebeneinander aufgeführt. Tatsächlich gilt jedoch der Vorrang des Nacherfüllungsanspruches gemäß §§ 634 Nr. 1, 635 BGB (Handbuch FABauArchR/*Maifeld,* 2. Art. B Rn. 60).

42 **13. Mängel am sog. Sondereigentum.** Im Gegensatz zum Gemeinschaftseigentum sieht das Wohnungseigentumsgesetz keine Ermächtigungsgrundlage für den teilrechtsfähigen Verband vor, Mängel am Sondereigentum geltend zu machen. Diese kann der Wohnungseigentümer daher selbständig verfolgen, solange gemeinschaftsbezogene Interessen der Wohnungseigentümer nicht beeinträchtigt sind (BGH 27.07.2006, Az. VII ZR 276/02).

43 **14. Verzugsschaden.** Da der Bauträger die Bezugsfertigkeit nicht bis zum vertraglich festgehaltenen Datum hergestellt hat, befindet er sich danach in Verzug.

44 **15. Eigentumsanteil.** Es muss ein Beschluss herbeigeführt werden, welcher die Kläger als einzelne Wohnungseigentümer berechtigt, die ihren Eigentumsanteil entsprechenden Schadensersatzansprüche geltend zu machen, da grundsätzlich eine Aufrechnung mit Ansprüchen wegen

Mängeln am Gemeinschaftseigentum gegen geschuldete Restvergütung nicht möglich ist (BGH 12.04.2007, Az. VII ZR 50/06).

16. Weitere Ansprüche. Bei der Geltendmachung weiterer Ansprüche muss die Problematik der Verjährung beachtet werden. Insbesondere wenn der Bauträger eine Bürgschaft gestellt hat, und aus dieser vorgegangen werden soll. Die Fälligkeit der Forderung aus der Bürgschaft tritt mit der Fälligkeit der Hauptschuld ein (BGH 29.01.2008, Az. XI ZR 160/07). Während die Gewährleistungsansprüche gemäß § 634a Abs. 1 Nr. 2 BGB in fünf Jahren verjähren, verjähren die Ansprüche aus der Bürgschaft gemäß § 195 BGB bereits in drei Jahren. Es ist daher darauf zu achten, dass bei Vertragsabschluss vereinbart wird, dass die Verjährung der Forderung aus der Bürgschaft an die Hauptforderung (Gewährleistungsrecht) angepasst wird.

C. Klage auf Rückabwicklung

46

Klage auf Rückabwicklung

Klage [1, 2]

des Wohnungseigentümers _____

Prozessbevollmächtigte: Rechtsanwälte _____

– Kläger –

gegen

die Verkäuferin Gründlich Bau GmbH, vertreten durch den Geschäftsführer, Schwerin

Prozessbevollmächtigte: Rechtsanwälte _____

– Beklagte –

wegen Schadensersatz

vorläufiger Gegenstandswert: EUR 275.000,00

Namens und im Auftrage des Klägers bitten wir um Anberaumung eines möglich nahen Termins zur Güteverhandlung, in der wir beantragen werden,

die Beklagte zu verurteilen, an den Kläger EUR 268.750,00 zzgl. 5 % Zinsen über dem Basiszinssatz der EZB seit dem _____ Zug um Zug gegen Rückgabe und Rückübereignung der Eigentumswohnung Nr. 7, _____ Hamburg, zu zahlen. [3]

Begründung:

Die Parteien haben mit Datum vom _____ einen Bauträgervertrag geschlossen, mit welchem sich die Beklagte verpflichtete, eine mangelfreie Eigentumswohnung herzustellen und der Klägerin lastenfreies Eigentum an dieser zu verschaffen. Der als

Anlage K 1

vorzulegende »Kaufvertrag« verpflichtete die Beklagte, die in der dem Kaufvertrag beigefügten Teilungserklärung mit Nr. 3 bezeichnete Eigentumswohnung in der Wohnungseigentumsanlage _____ zu einem Preis von EUR 250.000,00 zu erstellen. Dem Kaufvertrag ebenfalls beigefügt waren die Baubeschreibung und die Baupläne. [4, 5]

Der Vertragsgegenstand sowie die gesamte Wohnanlage wurden vertragsgemäß bis zum 15.05.2015 erstellt, die Klägerin nahm ihr Sondereigentum bei Übergabe an diesem Tage ab, das Gemeinschaftseigentum wurde vier Wochen später am 12.06.2015 abgenommen. Die entsprechenden Protokolle werden als [6]

Anlagen K 2 und K 3

in den Rechtsstreit eingeführt. Nach Einzug musste die Klägerin feststellen, dass sich erhebliche Mängel am Gemeinschaftseigentum der Wohnungseigentumsanlage herausgestellt haben. An mehreren Wänden des Kellergeschosses zeigten sich Feuchtigkeitserscheinungen und die Einschaltung eines Privatgutachters hat ergeben, dass bei der Isolierung des Kellergeschosses durch die Beklagte die erforderliche Schichtdicke gemäß DIN 18318 nicht eingehalten worden ist. Zur Beseitigung des Mangels müsste das Kellergeschoss komplett freigelegt werden. Die Feststellung des Sachverständigen wird durch Vorlage des Sachverständigengutachtens,

Anlage K 4

unter Beweis gestellt. Darüber hinaus beruft sich die Klägerin auf die

Einholung eines gerichtlichen Sachverständigengutachtens.

Die Klägerin hat die Beklagte mit Schreiben vom _____ zur Mängelbeseitigung am Gemeinschaftseigentum und damit zur Nacherfüllung aufgefordert. Die in dem als [7]

Anlage K 5

vorzulegenden Schreiben gesetzte Frist hat die Beklagte jedoch untätig verstreichen lassen.

Die in der Anlage K 5 angedrohte Ablehnung führte dazu, dass die Klägerin nunmehr die Rückabwicklung des Vertrages und den Ersatz des so genannten großen Schadens verlangt. Die Beklagte ist bereits mit außergerichtlichem Schreiben vom _____ zur Rückabwicklung unter Fristsetzung aufgefordert worden. Die Aufforderung wurde jedoch mit Schreiben vom _____

Anlage K 6

zurückgewiesen, begründet wurde dies mit einem zwischen der Beklagten und der Wohnungseigentümergemeinschaft am _____ geschlossenen Vergleich hinsichtlich der am Gemeinschaftseigentum bestehenden Mängel. Da durch diesen Vergleich sämtliche Mängel des Gemeinschafseigentums betroffen seien, könne die Klägerin die Rückabwicklung des Kaufvertrages nicht mehr verlangen. [8]

Zudem sei in dem zwischen den Parteien abgeschlossen Vertrag geregelt, dass der Rücktritt ausgeschlossen und die Geltendmachung des großes Schadensersatzes nur im Fall grober Fahrlässigkeit und Vorsatz möglich sei.

Mit dieser Ansicht wird die Beklagte jedoch nicht durchdringen, da der Schadensersatzanspruch der Klägerin zum Zeitpunkt des Vergleichsschlusses zwischen der Beklagten und Wohnungseigentümergemeinschaft bereits entstanden war. Der außergerichtlich vorgebrachte vertragliche Ausschluss greift nicht durch, da er gegen die §§ 307 ff. BGB verstößt. [9]

Die Höhe des geltend gemachten Schadens errechnet sich wie folgt: [10]

Der ursprünglich vereinbarte Kaufpreis sollte EUR 250.000,00 betragen. Hiervon hat die Klägerin bisher die letzte Rate aus dem Zahlungsplan in Höhe von 3,5 %, entsprechend EUR 8.750,00 nicht entrichtet. Es verbleibt ein gezahlter Kaufpreis in Höhe von EUR 241.250,00. Dieser erhöht sich um die von der Klägerin gezahlte Maklercourtage in Höhe von 6 % des Kaufpreises, entsprechend EUR 15.000,00 sowie Grunderwerbssteuer in Höhe 3,5 %, entsprechend EUR 8.750,00 sowie Notargebühren in Höhe von EUR 3.700,00, nachzuweisen durch die entsprechenden Rechnungen

Anlagenkonvolut K 7.

Für die Klägerin

der Rechtsanwalt:

Erläuterungen

47 **1. Rückabwicklung.** Bei der Klage auf Rückabwicklung wird der so genannte große Schadensersatz gemäß §§ 636, 280 ff. BGB geltend gemacht. Alternativ könnte auch Rücktritt gewählt werden, bei dem neben der Rückabwicklung gemäß § 325 BGB auch der darüber hinausgehende Schaden verlangt werden kann.

48 **2. Örtliche Zuständigkeit.** Die örtliche Zuständigkeit des Gerichts ergibt sich entweder aus dem Sitz der Beklagten gemäß §§ 2, 17 ZPO oder am Sitz deren gewerblichen Niederlassung, § 21 ZPO. Darüber hinaus gibt es den Gerichtsstand des Erfüllungsortes gemäß § 29 ZPO.

49 **3. Rückgabe und Rückübereignung.** Es muss eine Zug um Zug-Verurteilung beantragt werden, da der Kaufgegenstand zurückzugewähren ist. Für den Fall, dass bereits Rechte für den Kläger im Grundbuch eingetragen worden sind, sei es eine Auflassungsvormerkung oder Grundpfandrechte seines finanzierenden Kreditinstitutes, so sollte in den Antrag auch die Löschung dieser Rechte mit aufgenommen werden.

50 **4. Kaufvertrag.** Mit dem Bauträgervertrag verpflichtet sich der Verkäufer, lastenfreies Eigentum am Grundstück zu verschaffen und ein mangelfreies Werk herzustellen. Beide Teile bilden eine rechtliche Einheit im Hinblick auf § 311b BGB muss dieser Vertrag beurkundet werden (BGH BauR 1981, 67). Anderenfalls ist der Vertrag nichtig. Der Formmangel wird jedoch mit der Umschreibung des Eigentums geheilt (BGH 22.03.2007, Az. VII ZR 268/05).

51 **5. Baubeschreibung, Baupläne.** Sofern dem Vertrag eine Baubeschreibung beigefügt ist, sind die Angaben verbindlich. Ein Anspruch der Käufer könnte sich auch unter dem Aspekt der Prospekthaftung ergeben (bspw. BGH 11.07.1997, V ZR 246/96, wobei es sich in diesem Fall um die Größe der verkauften Wohnung ging.

52 **6. Abnahme.** § 640 Abs. 1 S. 1 BGB verpflichtet den Besteller, hier Käufer, das vertragsgemäß hergestellte Werk abzunehmen. Neben der Zahlung ist dies die Hauptpflicht des Käufers. Der Bauträger kann sie gegebenenfalls einklagen (BGH 27.02.1996, Az. X ZR 3/94). Der Bauträger hat ein großes Interesse an der Abnahme, da diese mit weit reichenden rechtlichen Konsequenzen verbunden ist (vgl. hierzu: FAMietWEGR/*Ott* Kap. 27 Rn. 93 ff.). Zur Form der Abnahme und deren weit reichende Bedeutung, insbesondere tritt mit der Abnahme eine Beweislastumkehr ein (BGH 29.06.1981, Az. VII ZR 299/80). Dies gilt nur dann nicht, wenn die der Rückabwicklung zugrunde liegenden Mängel bereits im Abnahmeprotokoll aufgenommen worden wären.

53 **7. Mängelbeseitigung am Gemeinschaftseigentum.** Obwohl die Mängelbeseitigung am Gemeinschaftseigentum sämtliche Wohnungseigentümer betreffen, kann der einzelne Wohnungseigentümer vom Bauträger die Beseitigung der Mängel am Gemeinschaftseigentum mit Fristsetzung und Ablehnungsandrohung zum Zweck verlangen, Voraussetzungen für den großen Schadensersatzanspruch zu schaffen (BGH 27.07.2006, Az. VII ZR 276/05). Allerdings kann die Wohnungseigentümergemeinschaft die Durchsetzung der Gewährleistungsansprüche an sich ziehen. Tut sie dies, begründet dies ihre alleinige Zuständigkeit (BGH 12.04.2007, Az. VII ZR 236/05). Der Kläger sollte sich daher vor der Geltendmachung von Gewährleistungsansprüchen hinsichtlich von Mängel am Gemeinschaftseigentum zuvor absichern, dass die Wohnungseigentümergemeinschaft nicht entsprechende Ansprüche gegenüber dem Bauträger geltend gemacht hat.

54 **8. Vergleich der WEG.** Ein solcher Vergleich hindert den Klägern nicht, den großen Schadensersatzanspruch geltend zu machen. Voraussetzung ist jedoch, dass zum Zeitpunkt des Vergleichsabschlusses bereits die Frist mit Ablehnungsandrohung gesetzt wurde und fruchtlos verstrichen ist (BGH 23.02.2006 Az. VII ZR 84/05).

9. Ausschluss von Gewährleistungsrechten. Der von der Beklagten vorgerichtlich erhobene Einwand, die Gewährleistungsrechte seien eingeschränkt, ist unwirksam, da er gegen die §§ 307 ff. BGB verstößt (BGH 27.07.2006, Az. VII ZR 276/05 – dort noch zur Wandlung und zu § 9 Abs. 1 AGBG). 55

10. Schadensberechnung. Beim großen Schadensersatzanspruch kann der Kläger die Rückzahlung der vertragsgemäß vereinbarten Raten verlangen und darüber hinaus auch die Mehrkosten (*Werner/Pastor*/Pastor Rn. 491). 56

D. Klage einer Wohnungseigentümergemeinschaft auf Vorschuss

57 Klage

der Wohnungseigentümergemeinschaft _____ **1**

Prozessbevollmächtigte: Rechtsanwälte

– Klägerin –

gegen

die Gründlich Bau GmbH, vertreten durch den Geschäftsführer, Schwerin

Prozessbevollmächtigte: Rechtsanwälte _____

– Beklagte –

wegen Vorschuss **1a**

vorläufiger Gegenstandswert: EUR 50.000,00

namens und im Auftrage der Klägerin bitten wir um Anberaumung eines möglichst nahen Termins zur Güteverhandlung, in der wir beantragen werden:

Die Beklagte zu verurteilen, EUR 50.000,00 zzgl. 5 % Zinsen über dem Basiszinssatz der EZB seit dem 30.06.2015 an die Klägerin zu zahlen.

Bei Anordnung des schriftlichen Vorverfahrens und Säumnis wird

Erlass eines Versäumnisurteils

beantragt.

Begründung:

Die Klägerin ist eine Wohnungseigentümergemeinschaft, deren einzelne Mitglieder jeweils einzelne als »Kaufvertrag« bezeichnete Verträge über den Erwerb und die Herstellung von Eigentumswohnungen abgeschlossen haben. An der von der Beklagten erstellten Gesamtanlage sind Mängel aufgetreten, für deren Beseitigung die Klägerin einen Vorschuss geltend macht. **2**

Es wird zunächst beispielhaft ein zwischen den Eigentümern _____ und der Beklagten abgeschlossener Vertrag als

Anlage K 1

vorgelegt, welcher als Bauträgervertrag zu klassifizieren ist. Danach hat die Beklagte eine mangelfreie Wohnanlage herzustellen. Darüber hinaus verpflichtet sie sich, das lastenfreie Eigentum an der im Aufteilungsplan mit Nr. 3 beizeichneten Wohnung zu verschaffen. Der Anlage K 1 beigefügt waren die Teilungserklärung nebst Gemeinschaftsordnung **3**

Anlage K 2

sowie eine Baubeschreibung nebst Bauplänen

Anlagen K 3 und K 4.

Nachdem die von der Beklagten erstellte Anlage abgenommen worden ist, stellten sich diverse Mängel heraus. Diese ergeben sich wie folgt: **4, 5**

D. Klage einer Wohnungseigentümergemeinschaft auf Vorschuss

1. Das von der Beklagten im Rahmen der Erstellung einer Tiefgarage gelieferte Tor schließt nicht richtig und verursacht darüber hinaus über die durch die anerkannten Regeln der Technik festgelegten Grenzen hinausgehende Geräusche.

2. Die von der Beklagten auf der Zuwegung an der Grundstücksgrenze zum Hauseingang verlegten Gehwegplatten sind nicht rutschfest und entsprechen nicht den gesetzlichen Vorgaben.

3. Die von der Beklagten gemäß Baubeschreibung geschuldeten Fenster weisen keine ausreichende Isolierung auf und nehmen bei Regen Wasser auf. Diese sind dadurch aufgequollen und müssen ausgetauscht werden.

4. Darüber hinaus sind auch Mängel am Sondereigentum der Eigentümer _____, _____ und _____ festgestellt worden. Die in den jeweiligen Badezimmern der Eigentümer angebrachten Wandfliesen weisen dunkle Verschattungen auf und müssen daher zum Teil ausgewechselt werden.

Auf der Eigentümerversammlung vom 12.08.2015 hat die Klägerin zu Top 7 beschlossen, zunächst die Mängel durch Privatgutachten feststellen zu lassen. Das von der Firma _____ erstellte Gutachten wird als

Anlage K 5

in den Rechtsstreit eingeführt und ergab die zuvor aufgeführten Mängel an Gemeinschafts- und Sondereigentum. Auf der Wohnungseigentümerversammlung wurde zudem zu TOP 8 beschlossen, dass die Klägerin im Falle der Mängelfeststellung ermächtigt werden soll, Gewährleistungsansprüche gegen die Beklagte sowohl außergerichtlich als auch gerichtlich im Wege der gesetzlichen bzw. gewillkürten Prozessstandschaft geltend zu machen. Die Beklagte wurde sodann mit Schreiben vom _____ aufgefordert, ihre Pflichten aus den Verträgen mit den einzelnen Wohnungseigentümern nachzuerfüllen. Die Beklagte ließ die Ansprüche jedoch durch ihre Prozessbevollmächtigten mit Schreiben vom _____ [6]

Anlage K 6

mit der Begründung zurückweisen, es seien schon Ersatzmaßnahmen durchgeführt worden. Zugleich erklärten letztere ihre Zustellungsbevollmächtigung für den Klagefall. [6a]

Die Klägerin will nunmehr ihre Ansprüche im Wege des Kostenvorschusses geltend machen. Ausweislich des bereits als Anlage K 5 vorgelegten Privatgutachtens belaufen sich die Kosten der Mängelbeseitigung auf EUR 50.000,00. Die Klägerin bezieht sich hinsichtlich der Angemessenheit des geltend gemachten Vorschuss und auf das Vorliegen der gerügten Mängel auf ihr Privatgutachten sowie auf die

Einholung eines gerichtlichen Sachverständigengutachtens.

Für die Klägerin

der Rechtsanwalt:

Erläuterungen

1. Teilrechtsfähigkeit des Verbandes. In seiner Entscheidung vom 02.06.2005 (Az. V ZB 32/05) hat der BGH entschieden, dass die Gemeinschaft der Wohnungseigentümer teilrechtsfähig ist. Die Rechtsfähigkeit ist nicht umfassend, sondern auf die Rechtsgeschäfte beschränkt, die die Wohnungseigentümer im Rahmen der Verwaltung des gemeinschaftlichen Eigentums wahrnehmen. Der Verband ist daher berechtigt und parteifähig, wenn es um die Geltendmachung von Gewährleistungsrechten wegen Mängeln am Gemeinschaftseigentum geht. Dies ist zumindest dann der Fall, wenn es sich bei der Wahrnehmung der Rechte im Rahmen der ordnungsgemäßen Verwaltung handelt. Um diese handelt es sich gemäß § 21 Abs. 5 Nr. 2 WEG bei der Instandhaltung und Instandsetzung, wozu auch die erstmalige Herstellung des Gemeinschaftseigentums zu zählen ist. Grundlage für die Geltendmachung, bei der der Verband dann als gesetzlicher Prozessstandschafter auftritt, ist jedoch, dass die Wohnungseigentümergemeinschaft die Verfolgung der Rechte durch Mehrheitsbeschluss an sich zieht (BGH 12.04.2007, Az. VII ZR 236/05).

59 **1a. Vorschuss.** Ein Urteil, mit welchem einem Auftraggeber Vorschuss auf Mängelbeseitigungskosten zugesprochen wird, enthält regelmäßig auch die Feststellung, dass der Auftragnehmer verpflichtet ist, die gesamten Mängelbeseitigungskosten zu tragen, gegebenenfalls auch die den gezahlten Vorschuss übersteigenden Selbstvornahmekosten (BGH NZM 2009, 37).

60 **2. Gemischter Vertrag.** Auch wenn die so genannten Bauträgerverträge in der Regel als »Kaufverträge« bezeichnet werden, so unterliegt jedoch der Teil des Vertrages, mit welchem sich der Bauträger zur mangelfreien Herstellung verpflichtet hat, dem Werkvertragsrecht.

61 **3. Bauträgerpflicht.** Mit dem Bauträgervertrag verpflichtet sich der Verkäufer, lastenfreies Eigentum am Grundstück zu verschaffen und ein mangelfreies Werk herzustellen. Beide Teile bilden eine rechtliche Einheit, im Hinblick auf § 311b BGB muss dieser Vertrag beurkundet werden (BGH BauR 1981, 67). Anderenfalls ist der Vertrag nichtig. Der Formmangel wird jedoch mit der Umschreibung des Eigentums geheilt (BGH 22.03.2007, Az. VII ZR 268/05).

62 **4. Abnahme.** § 640 Abs. 1 S. 1 BGB verpflichtet den Besteller, hier Käufer, das vertragsgemäß hergestellte Werk abzunehmen. Neben der Zahlung ist dies die Hauptpflicht des Käufers. Der Bauträger kann sie gegebenenfalls einklagen (BGH 27.02.1996, Az. X ZR 3/94). Der Bauträger hat ein großes Interesse an der Abnahme, da diese mit weit reichenden rechtlichen Konsequenzen verbunden ist (vgl. hierzu: FAMietWEGR/*Ott* Kap. 27 Rn. 93 ff.). Zur Form der Abnahme und deren weit reichende Bedeutung, insbesondere tritt mit der Abnahme eine Beweislastumkehr ein (BGH 29.06.1981, Az. VII ZR 299/80). Dies gilt nur dann nicht, wenn die der Rückabwicklung zugrunde liegenden Mängel bereits im Abnahmeprotokoll aufgenommen worden wären. Unter bestimmten Umständen können Gewährleistungsrechte auch schon vor Abnahme geltend gemacht werden. Dies gilt, wenn der Unternehmer sein Werk als fertiggestellt ansieht, die Abnahme wegen Mängel aber verweigert wird und der Unternehmer wiederum eine Mängelbeseitigung endgültig ablehnt (OLG Hamm, NZM 2015, 351).

63 **5. Mängel.** Für das Vorhandensein eines Mangels ist der Anspruchsteller darlegungs- und beweisbelastet. Hierzu gehört Vortrag zur vereinbarten Beschaffenheit bzw. zur Funktionstauglichkeit für die gewöhnliche Verwendung gem. § 633 Abs. 2 BGB. Es reicht jedoch aus, die Schadstellen und die aufgetretenen Schäden zu beschreiben, die Ursache muss nicht benannt werden (BGH Urt. v. 26.03.1992, Az. VII ZR 258/90; sog. Symptomtheorie).

64 **6. Gesetzliche bzw. gewillkürte Prozessstandschaft.** *6.1* Die Wohnungseigentümergemeinschaft kann gem. § 21 Abs. 5 Nr. 2 WEG die Durchsetzung der auf ordnungsgemäße Herstellung des Gemeinschaftseigentums gerichteten Rechte der einzelnen Erwerber von Wohnungseigentum an sich ziehen. Erfasst sie einen entsprechenden Beschluss geht sie im Wege der gesetzlichen Prozessstandschaft vor. Eine ohne Ermächtigungsbeschluss erhobene Klage ist unzulässig (OLG München, BauR 2009, 1609). Für Ansprüche, die in einem engen rechtlichen und wirtschaftlichen Zusammenhang mit der Verwaltung des gemeinschaftlichen Eigentums stehen und an deren Durchsetzung sie ein eigenes Interesse hat, kann sie von den einzelnen Wohnungseigentümern ermächtigt werden, wenn neben Mängel am Gemeinschaftseigentum auch solche am Sondereigentum behandelt werden. In diesem Falle tritt der Verband als gewillkürter Prozessstandschafter auf (BGH Urt. v. 12.04.2007 – Az. VII ZR 236/05). Nach der WEG Novelle im Jahre 2007 ist zudem in § 10 Abs. 4 S. 3 2. Alt. WEG eine Prozessstandschaft normiert, die als gewillkürt anzuse-

hen ist (*Schmid* »Vergemeinschaftung von Individualrechten der Wohnungseigentümer und Prozessstandschaft«, NZM 2009, 721).

6.2 Wenn die Gemeinschaft Ansprüche an sich zieht, steht der Geltendmachung nicht entgegen, dass nur noch einem Mitglied der Gemeinschaft ein Anspruch auf ordnungsgemäße Herstellung oder Instandsetzung des Gemeinschaftseigentums zusteht (BGH BauR 2010, 774).

6.3 Der Verband wird auch wenn er die gerichtliche Geltendmachung an sich gezogen hat, nicht Inhaber der Rechte. Bei einem Vergleich mit einem Bauträger, können die Wohnungseigentümer im Anschluss die Ansprüche wieder an sich ziehen und beispielsweise beschließen, dass der Vergleichsbetrag ausgeschüttet wird (LG Nürnberg/Fürth, NZM 2013, 428).

6a. Einwendungen. *6a.1* Lässt der Auftraggeber nur die nachteiligen Auswirkungen eines Baumangels auf die Gebrauchstauglichkeit durch bauliche Maßnahmen beseitigen, so liegt hierin keine Ersatzmaßnahme im Sinne des Gesetzes und der Auftragnehmer bleibt zur Mängelbeseitigung verpflichtet (BGH Urt. v. 07.09.2009 – Az. VII ZR 15/08).

6a.2 Der Bauträger kann nicht mit Restkaufpreisansprüchen gegen einzelne Wohnungseigentümer aufrechnen, wenn er vom Verband auf Zahlung eines Vorschusses in Anspruch genommen wird (KG NZM 2011, 80).

E. Klage eines Erwerbers auf Minderung wegen Mängeln am Gemeinschaftseigentum

68 **Klage**

des Wohnungseigentümers _____

Prozessbevollmächtigte: Rechtsanwälte

– Kläger –

gegen

die Verkäuferin Gründlich Bau GmbH, vertreten durch den Geschäftsführer, Schwerin

Prozessbevollmächtigte: Rechtsanwälte _____

– Beklagte –

wegen Minderung [1]

vorläufiger Gegenstandswert: EUR 32.000,00

namens und im Auftrage des Klägers bitten wir um Anberaumung eines möglich nahen Termins zur Güteverhandlung, in der wir beantragen werden:

Die Beklagte zu verurteilen, an die Wohnungseigentümergemeinschaft ABC Straße, Hamburg, zu Händen der Verwaltung XY GmbH EUR 32.000,00 zzgl. 5 % Zinsen über dem Basiszinssatz der EZB seit dem 30.06.2015 zu zahlen. [2]

Bei Anordnung des schriftlichen Vorverfahrens und Säumnis wird

Erlass eines Versäumnisurteils

beantragt.

Begründung:

1. (s. Vorformular) [3]

2. Nachdem die Klägerin die von der Beklagten erstellte Wohnung sowie das weitere Gemeinschaftseigentum an der gesamten Wohnanlage abgenommen hat, haben sich in den der Klägerin gemäß Teilungserklärung zugewiesenen Kellerräumen Feuchtigkeitserscheinungen gezeigt. Auf einer Eigentümerversammlung am _____ wurde die Mangelerscheinung zur Tagesordnung genommen. Die Wohnungseigentümergemeinschaft hat beschlossen, es der Klägerin zu überlassen, Gewährleistungsrechte gegenüber der Beklagten geltend zu machen, da die übrigen Wohnungseigentümer das finanzielle Risiko einer Auseinandersetzung nicht tragen wollten. Das Protokoll mit dem entsprechenden Beschluss wird als [4, 5]

Anlage K 5

in den Rechtsstreit eingeführt.

Nachdem die Beklagten außergerichtlich Mängel zurückgewiesen hat, wurde bereits ein selbständiges Beweisverfahren zum Aktenzeichen _____ in die Wege geleitet, welches zum Ergebnisses hatte, dass die Bitumendickbeschichtung der

Außenwände nicht die der DIN 18318 entsprechenden Mindestschichtdicke aufweist. Nach dem als

Anlage K 6

vorzulegenden Gutachten aus dem selbständigen Beweisverfahren muss die Bitumendickbeschichtung erneuert werden. Die Klägerin forderte die Beklagte mit Schreiben vom _____

Anlage K 7

zur Nacherfüllung auf, was die Beklagte jedoch mit Schreiben vom _____ [6]

Anlage K 8

ablehnte. Die Klägerin holte daraufhin einen Kostenvoranschlag zur Beseitigung der festgestellten Mängel ein und das Angebot der Bautenschutz GmbH vom _____

Anlage K 9

ergab Mängelbeseitigungskosten in Höhe von EUR 32.000,00.

Die Beklagte wurde mit Schreiben vom _____ unter Vorlage des Kostenvoranschlages und Fristsetzung bis zum _____

Anlage K 10

zur Zahlung aufgefordert, ließ jedoch die gesetzte Frist fruchtlos verstreichen, so dass nunmehr Klage geboten ist.

Die Klägerin macht Minderung des Kaufpreises geltend. Die Höhe der Minderung ergibt sich aus dem als Anlage K 9 vorgelegten Angebot der Firma Bautenschutz GmbH, da die gesamte Wohnanlage ihrem Wert entsprechend der Mangelbeseitigungskosten gemindert ist. Die Klägerin bezieht sich insofern auf [7]

1. das Sachverständigengutachten aus dem selbständigen Beweisverfahren

2. die Einholung eines neuen Sachverständigengutachtens.

Da durch die Mängel am Gemeinschaftseigentum die gesamte Wohnungseigentümergemeinschaft betroffen ist, verlangt die Klägerin die Zahlung des Minderungsbetrages an den teilrechtsfähigen Verband der Wohnungseigentümer, zu Händen der von der Wohnungseigentümergemeinschaft bestellten und beauftragten Verwaltung.

Für die Klägerin

der Rechtsanwalt:

Erläuterungen

1. Minderung. Eine Minderung gem. § 638 BGB kann verlangt werden, wenn eine Frist zur Nachbesserung fruchtlos verstrichen ist. Die Androhung einer Nacherfüllung bedarf es nach neuem Recht nicht mehr. Die Minderung ist auch dann möglich, wenn keine Frist gesetzt wurde und die Voraussetzungen des § 636 BGB vorliegen.

2. Wohnungseigentümergemeinschaft. Hier macht ein Wohnungseigentümer Minderungsansprüche geltend, die aus mangelhafter Bauleistung der zum Gemeinschaftseigentum zu zählenden Bauteile resultiert. Die Ansprüche stehen jedoch nicht dem einzelnen Wohnungseigentümer sondern sämtlichen Wohnungseigentümern zu. Der einzelne Wohnungseigentümer kann daher nicht Zahlung an sich sondern an die Gemeinschaft verlangen. Die Zahlung an die Verwaltung wird beantragt, da diese auch das Vermögen der Gemeinschaft verwaltet.

71 **3. S. Vorformular.** s. Formular Teil 3 Rdn. 60–62.

72 **4. Abnahme.** Zur Abnahme s. Handbuch FAMietWEGR/*Ott* Kap. 27, Rn. 94 ff.

73 *4.1* Zu den Besonderheiten bei der Abnahme in Verbindung mit dem Wohnungseigentumsgesetz s. auch *Lotz* BauR 2008, 740 ff.; *Vogel* »Die Abnahme des Gemeinschaftseigentums – ein (immer noch) ungelöstes Problem der Bauträgerpraxis«, NZM 2010, 377 ff.

74 **5. Gewährleistungsrechte.** *5.1* Während ein einzelner Erwerber durchaus ohne Beteiligung der übrigen Wohnungseigentümer großen Schadensersatz geltend machen kann, gilt dies für die Minderung und den kleinen Schadensersatz nicht. Auch die Herbeiführung dieser Rechte kann nur die Wohnungseigentümergemeinschaft schaffen (BGH Urteil vom 23.02.2006, Az. VII ZR 84/05). Hat eine Wohnungseigentümergemeinschaft Gewährleistungsansprüche an sich gezogen, so kann ein einzelner Wohnungseigentümer, der – erlaubterweise – für sich alleine großen Schadensersatz geltend macht, daran gehindert sein, eine fristgebundene Aufforderung zur Beseitigung des maßgeblichen Mangels mit Ablehnungsandrohung auszusprechen, wenn diese Frist den Interessen des Verbandes entgegensteht. Dies kann beispielsweise der Fall sein, weil es weiterer Aufklärung bedarf (BGH 06.03.2014, AZ VII ZR 266/13).

75 *5.2* Die Wohnungseigentümergemeinschaft kann die Durchsetzung der auf ordnungsgemäße Herstellung des Gemeinschaftseigentums gerichteten Rechte an sich ziehen, wobei dies dann ihre alleinige Zuständigkeit begründet (BGH Urteil vom 12.04.2007, Az. VII ZR 236/05). Sie tritt dann in gesetzlicher Prozessstandschaft auf. Gleichwohl kann sie – wie hier – einzelne Wohnungseigentümer durch Beschluss ermächtigen, die Rechte durchzusetzen. In diesem Falle tritt der Kläger in gewillkürter Prozessstandschaft auf (BGH Urteil vom 24.06.2005, Az. V ZR 350/03).

76 **6. Nacherfüllung.** *6.1* Wenngleich in § 634 Abs. 1 BGB verschiedene Gewährleistungsrechte nebeneinander aufgeführt sind, gilt der Vorrang des Nacherfüllungsanspruches gem. §§ 634 Nr. 1, 635 BGB (Handbuch FABauArchR/*Maifeld,* 2. Art. B Rn. 60).

77 *6.2* Die Fristsetzung kann durch jeden einzelnen Wohnungseigentümer erfolgen, da alleine die Nachfristsetzung die Wahl zwischen den übrigen Mängelrechten nicht ausschließt und daher auch noch durch den Verband wahrgenommen werden könnte.

78 **7. Mangelbeseitigungskosten.** Die Minderung bemisst sich gem. § 638 Abs. 3 S. 1 BGB nach dem Verhältnis zwischen dem wirklichen Wert und dem Wert der mangelfreien Leistung zum Zeitpunkt des Vertragsschlusses. Dieser Wert kann durch das Gericht gem. § 638 Abs. 3 S. 2 BGB geschätzt werden. Es kann jedoch auch auf die Kosten der Mängelbeseitigung abgestellt werden, sofern diese nicht in einem krassen Missverhältnis zum Wert der Werkleistung stehen.

Teil 4 Maklerrecht

A. Käufer-Maklervertrag

Tonio Texter, Texterstraße 6, 93047 Regensburg

– im Folgenden *Auftraggeber* –

und

Maklermix GmbH, Meisterstraße 10, 85057 Ingolstadt, vertreten durch Markus Markinger

– im Folgenden *Makler* –

schließen folgenden Maklervertrag: **1**

§ 1 Maklertätigkeit

(1) Der Auftraggeber sucht folgendes Kaufobjekt: _____ **2**

(2) Der Auftraggeber beauftragt den Makler mit dem Nachweis der Gelegenheit zum Abschluss eines derartigen Kaufvertrags und/oder der Vermittlung eines solchen Vertrags. **3**

§ 2 Maklerprovision **4**

(1) Der Auftraggeber verpflichtet sich, an den Makler eine Provision zu zahlen, wenn infolge des Nachweises und/oder infolge der Vermittlung der Kaufvertrag zustande kommt.

(2) Der Provisionsanspruch entsteht auch dann, wenn der Kaufvertrag erst nach Beendigung des Maklervertrags infolge des Nachweises und/oder der Vermittlung des Maklers zustande kommt.

(3) Als Kaufvertrag i.S. des Absatz 1 gilt auch der Kaufvertrag über einen ideellen oder realen Anteil am Grundstück oder die Einräumung eines Erbbaurechts oder die Übertragung von Rechten an dem Grundstück durch eine andere Rechtsform (z.B. die Übertragung von Gesellschaftsrechten), wenn dies wirtschaftlich dem in § 1 umschriebenen Kaufvertrag entspricht. **5**

(4) Als Kaufvertrag gilt auch ein Kaufvertrag mit einer natürlichen oder juristischen Person, die zum Auftraggeber in dauerhafter enger rechtlicher oder persönlicher Verbindung steht.

(5) Die Höhe der Provision beträgt _____ % des Gesamtkaufpreises einschließlich der gesetzlichen Umsatzsteuer. **6**

(6) Die Provision ist mit Abschluss des wirksamen Kaufvertrags fällig. **7**

§ 3 Rechte und Pflichten des Maklers

(1) Der Makler ist berechtigt, auch für den Verkäufer entgeltlich tätig zu werden, sofern er die Tätigkeit auf einen Nachweis beschränkt. Der Makler verpflichtet sich bei einer Doppeltätigkeit zu strenger Unparteilichkeit. **8**

(2) Der Makler ist zu einer Tätigkeit nicht verpflichtet. **9**

(3) Der Makler verpflichtet sich, den Auftraggeber über alle ihm bekannten Umstände aufzuklären, die für die Entschließung des Auftraggebers zum Kaufver-

tragsabschluss von Bedeutung sein können. Er ist jedoch nicht verpflichtet, eigene Nachforschungen anzustellen. [10]

(4) Der Makler führt diesen Vertrag mit der Sorgfalt eines ordentlichen Kaufmanns aus. Er haftet für Vorsatz und Fahrlässigkeit. [11]

(5) Der Makler ist zur Verschwiegenheit verpflichtet. [12]

§ 4 Rechte und Pflichten des Auftraggebers

(1) Der Auftraggeber ist berechtigt, mehrere Makler zu beauftragen. [13]

Er darf sich auch ohne Einschaltung des Maklers selbst um den Abschluss eines Kaufvertrags bemühen. [14]

(2) Der Auftraggeber verpflichtet sich, dem Makler unverzüglich alle ihm bekannten Umstände mitzuteilen, die für die Durchführung der Maklertätigkeit von Bedeutung sind. Dazu gehört auch die Aufgabe oder Änderung der Kaufabsicht seitens des Auftraggebers.

(3) Der Auftraggeber verpflichtet sich, alle vom Makler erhaltenen Informationen vertraulich zu behandeln und diese nicht an Dritte weiterzugeben. Jede unbefugte Weitergabe der Angebote an Dritte führt in voller Höhe zur Provisionspflicht, wenn der Dritte daraufhin einen Kaufvertrag über das Objekt abschließt. [15]

§ 5 Vertragsdauer und Kündigung [16]

(1) Der Vertrag endet sechs Monate nach Vertragsschluss zum Monatsende, ohne dass es einer Kündigung bedarf.

(2) Der Vertrag kann von beiden Parteien jederzeit mit einer Frist von einem Monat jeweils zum Monatsende gekündigt werden.

(3) Das Recht zur außerordentlichen Kündigung aus wichtigem Grund bleibt unberührt.

(4) Jede Kündigung bedarf der schriftlichen Form.

§ 7 Datenschutz [17]

Der Auftraggeber willigt ein, dass der Makler Daten, die er im Zusammenhang mit diesem Vertrag erhält, verarbeiten und im erforderlichen Umfang an Interessenten weitergeben darf.

§ 8 Gerichtsstand [18]

Ist der Auftraggeber ebenfalls Kaufmann, so ist der Gerichtsstand für etwaige Rechtsstreitigkeiten Ingolstadt.

§ 9 Salvatorische Klausel [19]

Sind Regelungen dieses Vertrags ganz oder teilweise unwirksam oder lückenhaft, so bleibt der Vertrag im Übrigen wirksam.

_____
Ort und Datum

_____
Ort und Datum

_____
Unterschrift Makler

_____
Unterschrift Auftraggeber

A. Käufer-Maklervertrag

Erläuterungen

1. Maklervertrag. Der Maklervertrag kommt – wie jeder Vertrag – durch Antrag und Annahme zustande (§§ 145 ff. BGB). Branchenüblich ist auch der Begriff »Auftrag«, der nicht i.S. der §§ 662 ff. BGB zu verstehen ist. Der Maklervertrag kann *grundsätzlich* formfrei abgeschlossen werden. Maklerverträge bedürfen *ausnahmsweise* nach § 311b Abs. 1 S. 1 BGB der notariellen Beurkundung, wenn sie eine ausdrückliche Pflicht des Auftraggebers zum Abschluss eines Kaufvertrags über das Grundstück enthalten oder wenn sie einen unangemessenen Druck und somit einen indirekten Zwang zum Abschluss des Grundstücksgeschäfts durch Vereinbarung empfindlicher Vertragsstrafen oder erfolgsunabhängiger Provisionen ausüben (Beschränkung der Entschließungsfreiheit des Auftraggebers). Zum Widerruf des Maklervertrags siehe *D. Fischer* NJW 2013, 3410, 3411; BVerfG NJW 2013, 2881; *Lechner* NZM 2013, 751. Seit dem 13.06.2014 können im Fernabsatz geschlossene Maklerverträge unter den Voraussetzungen des § 312c BGB (unstreitig) widerrufen werden (*Lange/Werneburg* NJW 2015, 193).

Die Schriftform ist empfehlenswert. Der Makler dokumentiert damit eindeutig sein Provisionsverlangen. Die in der Praxis immer wieder auftauchende Frage, ob ein Maklervertrag konkludent zustande gekommen ist, stellt sich dann nicht mehr. Für einen konkludenten Abschluss setzt der BGH grundsätzlich hohe Hürden an. Dies liegt darin begründet, dass der Makler, der in aller Regel auch der Geschäftserfahrenere ist, für klare Verhältnisse sorgen kann (dazu BGH WuM 2007, 27; *Mydlak* ZfIR 2007, 237; *Grziwotz* ZfIR 2006, 58); BGH NJW 2012, 2268, dazu *H. Roth* LMK 2012, 334936; *Hogenschurz* MDR 2013, 253; *Schrader* JA 2015, 561, 564).

1.1 **Immobilienmakler ist Zivilmakler.** Es finden die Vorschriften der §§ 652 ff. BGB Anwendung. Das Recht des zivilen Maklers hat in den §§ 652 ff. BGB eine nur spärliche Regelung erfahren. Maklerrecht ist Richterrecht. Es ist Fallrecht reinsten Wassers (MüKo-BGB/*H. Roth* § 652 Rn. 2; *D. Fischer* Maklerrecht, 3. Aufl. 2015, S. 2) und gilt als »Spezialistenreservat« (zur Korrekturfunktion der ergänzenden Vertragsauslegung im Maklerrecht: *Würdinger* ZfIR 2006, 6). Das Recht der Handelsmakler ist in §§ 93 bis 104 HGB geregelt. § 652 Abs. 1 S. 1 BGB wird dahingehend modifiziert, dass der Maklerlohn von jeder Partei zur Hälfte zu entrichten ist (§ 99 HGB). Der persönliche und sachliche Anwendungsbereich dieser Vorschrift wird in § 93 HGB wie folgt bestimmt: Der Makler muss Kaufmann bzw. Kleingewerbetreibender i.S. des § 2 S. 2 HGB sein, der von seiner Möglichkeit, die Kaufmannseigenschaft zu erlangen, nicht Gebrauch gemacht hat (§ 93 Abs. 3 HGB). Die Vertragsabschlüsse müssen sich auf Gegenstände des Handelsverkehrs beziehen (§ 93 Abs. 1 HGB), von denen Geschäfte über unbewegliche Sachen nach § 93 Abs. 2 HGB ausgenommen sind. Der Immobilienmakler unterfällt somit nicht den handelsrechtlichen Sonderbestimmungen.

1.2 Abgrenzung zum Handelsvertretervertrag (§§ 84 ff. HGB). Nach § 87a Abs. 1 HGB ist der Provisionsanspruch des Handelsvertreters im Gegensatz zu § 652 Abs. 1 S. 1 BGB von der Ausführung des Geschäfts abhängig. Das entscheidende Merkmal des Handelsvertreters liegt darin, dass er aufgrund einer beiderseitigen, auf Dauer berechneten Bindung ständig verpflichtet ist, für den Unternehmer aktiv Geschäfte zu vermitteln (BGH NJW 1992, 2818). Typisch für die Handelsvertretertätigkeit ist – im Gegensatz zur Maklertätigkeit – eine unbestimmte Vielzahl von Vermittlungsfällen.

2. Gesuchtes Objekt. Insbesondere Art und Größe des gesuchten Grundstücks sowie der bebauten Fläche sind ebenso wie die Kaufpreisvorstellungen anzugeben. Der gewerbliche Makler ist nach § 10 Abs. 3 Nr. 1 MaBV buchführungspflichtig. Die genauen Angaben können auch in einer Anlage, auf die im Maklervertrag verwiesen wird, erfasst werden.

Je genauer die Angaben sind, desto enger ist der Rahmen für eine wirtschaftliche Gleichwertigkeit, die ebenfalls zu einer Provisionspflichtigkeit führt, wenn beabsichtigter und zustande gekommener Hauptvertrag nicht im formellen, jedoch im wirtschaftlichen Sinne deckungsgleich sind.

8 **3. Nachweis und/oder Vermittlung.** Beide Maklertätigkeiten sollen jeweils alternativ und kumulativ provisionstauglich sein. Dies ist mit der Formulierung »und/oder« eindeutig ausgesagt (besser als das interpretationsbedürftige »bzw.«; dazu *Mäschle* Immobilien-Maklervertrag, S. 2). Zur aktuellen Rechtsprechung: *Hogenschurz* ZfIR 2011, 77; *D. Fischer* NJW 2013, 3410; *Langemaack* NZM 2008, 18; *Moraht* DWW 2012, 203; *Würdinger* JZ 2009, 349.

9 **3.1 Nachweis.** Unter einem »Nachweis der Gelegenheit zum Abschluss eines Vertrags« (s. § 652 Abs. 1 S. 1 BGB) ist eine Mitteilung des Maklers an seinen Kunden gemeint, durch die dieser in die Lage versetzt wird, in konkrete Verhandlungen über den von ihm angestrebten Hauptvertrag einzutreten (BGH NZM 2010, 629, 630; BGH NJW 2006, 3062, OLG Koblenz VersR 2014, 374). Anders gewendet: Der Makler muss seinem Auftraggeber eine hinreichende Wissensgrundlage geben.

10 *Grundsätzlich* muss der Makler nicht nur das Objekt, sondern auch den Namen und die Anschrift des abschlussbereiten Hauptvertragspartners benennen (BGH WuM 1999, 290). Das Verschaffen einer reinen Ermittlungsmöglichkeit stellt keinen ausreichenden Nachweis dar (OLG Düsseldorf NJW-RR 1997, 1282). Die Namhaftmachung des Vertragspartners ist *ausnahmsweise* entbehrlich, wenn bei der Mitteilung der Angaben über das Objekt keine weiteren Nachforschungen erforderlich sind, etwa weil die Anschrift des Verkäufers bzw. Vermieters mit der örtlichen Bezeichnung des Objekts übereinstimmt (BGH NJW 2006, 3062) oder wenn der Hauptvertragspartner ohne weitere Nachforschungen zu ermitteln ist (KG ZMR 2000, 33 m. Anm. *Bethge*). Die benannte Person muss abschlussbereit sein. Weist der Makler einen Kaufinteressenten auf ein Objekt hin, das nicht zum Verkauf ansteht, dann kann er auch dann keine Nachweisprovision verlangen, wenn der Eigentümer sich zu einem späteren Zeitpunkt zur Veräußerung entschließt, und der Auftraggeber ohne weitere Mitwirkung des Maklers das Objekt dann erwirbt (BGH NJW-RR 1992, 687; BGH NJW-RR 1997, 884).

11 **3.2 Vermittlung.** Eine Vermittlung liegt vor, wenn der Makler auf den potenziellen Vertragspartner mit dem Ziel eines Vertragabschlusses einwirkt. Eine Vermittlungstätigkeit ist die bewusste finale Herbeiführung der Abschlussbereitschaft des Vertragspartners des zukünftigen Hauptvertrags (BGH NJW-RR 1997, 884). Der Vermittlungsmakler muss mit beiden Parteien verhandeln. Dies muss jedoch nicht gleichzeitig geschehen. Das notwendige Verhandeln mit dem Kunden liegt bereits im Abschluss des Maklervertrags. Eine zusätzliche Verhandlung zwischen Makler und Kunde ist daher nicht geboten. Entscheidend ist die Herstellung des Kontakts mit der Gegenseite. Auf diese muss der Makler einwirken mit dem Ziel, das Geschäft mit dem Auftraggeber zu Stande zu bringen (BGH NJW 1974, 460). Eine provisionspflichtige Vermittlungsleistung kann auch dann erbracht werden, wenn der Kunde von der Abschlussgelegenheit bereits Kenntnis hatte. Ein Einwand der Vorkenntnis ist – anders als bei der Nachweisleistung – nicht möglich.

12 **4. Provisionsanspruch.** Ein Maklerprovisionsanspruch kann sich aufgrund eines Maklervertrags, eines selbständigen Provisionsversprechens (BGH WuM 2006, 632) oder einer Maklerklausel im Hauptvertrag (BGH WM 2007, 696) ergeben (»drei Säulen des Maklerprovisionsrechts«; *Würdinger* JZ 2009, 349; *Schrader* JA 2015, 561, 563). Die Rechtsprechung wird oft als »maklerfeindlich« umschrieben (dazu *D. Reuter* NJW 1990, 1321).

13 **4.1** Hier geht es um die »erste Säule«. Anspruchsgrundlage ist bei einem nachgewiesenen und/oder vermittelten Kaufvertrag § 652 Abs. 1 S. 1 BGB. Bei Mietverträgen über Wohnräume ist § 2 Abs. 1 WoVermG einschlägig (näher Schmid/*Gahn*, Fachanwaltskommentar MietR, § 2 Wo-VermittG, Rn. 1 ff.). Zu prüfen sind zunächst die folgenden vier Voraussetzungen:
– **Zustandekommen eines Maklervertrags**, s. Teil 4 Rdn. 2.
– **Maklertätigkeit** (Nachweis oder Vermittlung), s. Teil 4 Rdn. 8.
– **Zustandekommen des Hauptvertrags**: Der Provisionsanspruch des Zivilmaklers setzt nach § 652 Abs. 1 S. 1 BGB u.a. voraus, dass der schuldrechtliche Hauptvertrag zustande kommt. Auf eine Erfüllbarkeit oder gar Erfüllung des Hauptvertrages stellt der Gesetzeswortlaut nicht ab. Der Makler trägt das Abschluss- und Wirksamkeitsrisiko. Maklerlohn ist Erfolgslohn. Der

Auftraggeber schultert hingegen grundsätzlich das Erfüllungs- oder Ausführungsrisiko. In ständiger Rechtsprechung verweist der BGH auf folgende Formel: »§ 652 BGB macht die Entstehung des Provisionsanspruchs nur vom Zustandekommen des Hauptvertrages, nicht – wie § 87a Abs. 1 S. 1 HGB – von der Ausführung des Geschäfts abhängig. Umstände, die das wirksame Zustandekommen des Hauptvertrages verhindern oder ihn als von Anfang an unwirksam erscheinen lassen, schließen demgemäß die Entstehung eines Provisionsanspruchs aus. Umstände dagegen, die lediglich die Leistungspflicht aus dem wirksam zustande gekommenen Vertrag beseitigen – wie einverständliche Aufhebung des Vertrages, nachträgliche Unmöglichkeit, Kündigung –, lassen die Provisionspflicht unberührt« (BGH NJW-RR 1991, 820, 821). Diese Risikoverteilung entwickelte sich zur ständigen Rechtsprechung. So unangefochten diese *Grundsätze* des Maklerprovisionsrechts sind, so umstritten sind die *Ausnahmen* bei anfänglichen Unvollkommenheiten des Hauptvertrages, wie z.B. der anfänglichen Unmöglichkeit der Leistung im Hauptvertrag, dem anfänglichen Sach- bzw. Rechtsmangel, einem von Anfang bestehendem Vorkaufsrecht, der anfänglichen Störung der Geschäftsgrundlage, Vorbehalten im Hauptvertrag wie der aufschiebenden Bedingung, der auflösenden Bedingung und dem Rücktrittsvorbehalt (zu den einzelnen Fallgruppen ausführlich *Würdinger* Allgemeine Rechtsgeschäftslehre und Unvollkommenheiten des Hauptvertrages im Immobilienmaklerrecht, 2005, S. 55 ff., zuletzt BGH NZM 2009, 671; BGH ZfIR 2008, 415 m. Anm. *Grziwotz*; OLG Stuttgart ZMR 2013, 586, 587; zur anfänglichen Unmöglichkeit etwa *Würdinger* ZMR 2005, 324 sowie *Meier* ZMR 2015, 100; zur Störung der Geschäftsgrundlage des Maklervertrags *Würdinger* NZM 2006, 167; zu vorvertraglichen Pflichtverletzungen im Maklerrecht *Würdinger* NZM 2009, 535; zu den Fällen der Normenkonkurrenz *Waas* NZM 2001, 453; *Würdinger* NZM 2010, 305).

Zur inhaltlichen und persönlichen Identität s. Abs. 4 und 5. 14
– **Kausalität zwischen Maklertätigkeit und Zustandekommen des Hauptvertrages:** Der Hauptvertrag muss nach § 652 Abs. 1 S. 1 BGB »*infolge*« des Nachweises oder der Vermittlung des Maklers zwischen dem Auftraggeber (Maklerkunden) und dem Dritten zustande gekommen sein. Die Kausalität bereitet im Maklerrecht ähnliche Schwierigkeiten wie im Schadensersatzrecht *Diebold* Voraussetzung des Provisionsanspruchs, 1987; *Begemann* Beziehungen zwischen Maklertätigkeit und Abschluss des Hauptvertrages, 1989; *Schneevogl* Kausalität und Zurechnung im englischen und deutschen Maklerrecht, 2001. Maßgebend ist im Letzten eine Wertung, die Rechtsprechung und Schrifttum wie folgt umschreiben: Der Hauptvertrag muss sich als Ergebnis einer für den Erwerb wesentlichen Maklerleistung darstellen. Es genügt nicht, dass die Maklertätigkeit für den Erfolg auf anderem Weg adäquat kausal geworden ist. Denn der Makler wird nicht für den Erfolg schlechthin belohnt, sondern für einen *Arbeitserfolg* (BGH ZMR 1996, 248 = WuM 1996, 274). Es reicht aus, dass die Maklerleistung für den Abschluss des Hauptvertrags mitursächlich ist (BGH NJW 1971, 1133; *Sachs* ZMR 1980, 321). Die Darlegungs- und Beweislast für die Ursächlichkeit des Nachweises oder der Vermittlung trägt der Makler. Allerdings ergibt sich nach dem BGH »von selbst« ein Schluss auf den ursächlichen Zusammenhang zwischen der Nachweistätigkeit und dem Vertragsschluss. Anders gewendet: Die Kausalität wird vermutet. Der BGH führt aus, dass dies allerdings nicht mehr gilt, wenn jedenfalls ein Jahr (oder mehr) zwischen dem Nachweis und dem Hauptvertragsschluss vergangen ist (BGH NJW 2006, 3062; *Mydlak* ZfIR 2006, 794).

Nach h.M. ist zudem ein ungeschriebenes subjektives Tatbestandsmerkmal zu beachten: Der **Auftraggeber** muss **von der Maklertätigkeit**, die für den Vertragsschluss kausal war, **Kenntnis** haben (BGH NJW-RR 1994, 1260; kritisch etwa MüKo-BGB/*H. Roth* § 652 Rn. 196). Der Maklerkunde soll bei der Bemessung des Kaufpreises die Provisionsbelastung berücksichtigen können (Kalkulationsargument). 15

Zu denken ist ferner an die drei »Ver«-Fragen: Ver-flechtung, Ver-wirkung, Ver-jährung. 16
– **Verflechtung**: Für das Maklerrecht prägend ist die Dreierbeziehung zwischen Makler – Auftraggeber – Hauptvertragspartner (Dritter). § 652 Abs. 1 S. 1 BGB ist wie folgt zu lesen: »Wer

für den Nachweis der Gelegenheit zum Abschluss eines Hauptvertrages mit einem Dritten ...«
Bei einer Identität zwischen Makler und Drittem (sog. Eigengeschäfte des Maklers) besteht daher keine Provisionspflicht. Der Makler kann bereits begrifflich keine Maklertätigkeit entfalten. Ebenso ist nach der Rechtsprechung zu entscheiden, wenn die Drittbeziehung der Maklerleistung bei wirtschaftlicher Betrachtungsweise nicht gegeben ist, d.h. wenn der Dritte im Lager des Maklers steht, anders gewendet wenn eine Verbundenheit, eine Verflechtung zwischen dem Makler und dem Dritten besteht (BGH NJW 1998, 1552; BGH NJW 1992, 2818). Zu unterscheiden sind die echte und die unechte Verflechtung (dazu *R. Breiholdt* ZMR 2009, 85; *Zerres/Hauck* ZfIR 2003, 137; *Drasdo* NJW-Spezial 2007, 497).

– Eine **echte Verflechtung** liegt vor, wenn Makler und Hauptvertragspartei (Dritter) derart wirtschaftlich identisch sind (rechtliche oder wirtschaftliche Beteiligung, Beherrschungsverhältnis), dass die Fähigkeit zu einer selbständigen unabhängigen Willensbildung nicht mehr besteht (BGH NJW 1985, 2473). An der unabhängigen Willensbildung fehlt es, wenn der Makler einen Vertrag mit einer von ihm beherrschten Kapitalgesellschaft vermittelt oder umgekehrt. Maßgebend ist die Frage, ob der Makler so sehr in den Organisationsbereich des Dritten eingeplant ist, dass von einer eigenverantwortlichen Maklertätigkeit nicht mehr gesprochen werden kann. Das ist z.B. der Fall, wenn der alleinige geschäftsführende Gesellschafter eines Bauträgers zugleich zu 50 % an der Maklergesellschaft beteiligt ist, deren Geschäftsführerin seine Ehefrau ist (OLG Brandenburg NJW-RR 1998, 1433). Echte Verflechtungen werden auch angenommen, wenn es sich bei dem Makler und dem Dritten um Kapitalgesellschaften handelt, die von ein- und derselben Person wirtschaftlich beherrscht werden (BGH NJW 1985, 2473). Eine echte Verflechtung liegt nur vor, wenn sie den wirklichen gesellschaftsrechtlichen und wirtschaftlichen Verhältnissen entspricht. Das Handelsregister und damit § 15 Abs. 1 HGB spielen bei der Ermittlung keine Rolle (BGH NZM 2009, 366).

– Eine **unechte Verflechtung** besteht, wenn der Makler zum Dritten in einer solchen Beziehung steht, dass er sich im Falle eines Streits bei regelmäßigem Verlauf auf dessen Seite stellen wird. Dabei muss die Interessenbindung des Maklers so institutionalisiert sein, dass sie ihn – unabhängig von seinem Verhalten im Einzelfall – als ungeeignet für die dem gesetzlichen Leitbild entsprechende Tätigkeit des Maklers erscheinen lässt (BGH ZMR 1998, 576). Institutionalisiert bedeutet dabei eine Verfestigung durch Übernahme einer tendenziell dauerhaften Funktion (BGH NZM 2009, 366, 367). Ein institutionalisierter Interessenkonflikt wird insbesondere im Fall eines makelnden Handelsvertreters bejaht. Ebenso liegt eine Verflechtung vor, wenn der Makler gleichzeitig als Stellvertreter der Gegenseite über den Abschluss des von ihm »vermittelten« Hauptvertrags entscheidet. Ein Fall »unechter Verflechtung« aufgrund eines institutionellen Interessenkonflikts liegt beim (Käufer-)Makler, der zugleich Haus- bzw. Wohnungsverwalter des Grundstücks-(Wohnungs-)Verkäufers ist, ohne weitere Anhaltspunkte nicht vor (BGH ZMR 2006, 50; *J. Breiholdt* IBR 2005, 449; *Joussen* NZM 2004, 761). Anders ist zu entscheiden, wenn zur Gültigkeit des Kaufvertrags die Zustimmung des Verwalters nach § 12 WEG erforderlich ist und somit die Befugnisse des Verwalters über die Verwaltung des gemeinschaftlichen Eigentums gemäß §§ 27, 28 WEG hinausgehen (BGH ZMR 2003, 359 m. Anm. *R. Breiholdt* = WuM 2003, 221; BGH ZMR 1991, 61 = WuM 1991, 45; a.A. LG Hamburg ZMR 2002, 523 unter ausdrücklicher Abweichung vom BGH). Will ein Verwalter in dieser durch die Befugnisse aus § 12 WEG ausgeweiteten Rechtsposition gleichzeitig Makler des Käufers einer Eigentumswohnung sein, so steht er in einem Interessenkonflikt. Er hat die Interessen seines Kunden ebenso wahrzunehmen wie die der Wohnungseigentümer, die unter Umständen gegenläufig sind. Seine selbständige, unabhängige Willensbildung ist dadurch zumindest gefährdet.

– **Verwirkung**, § 654 BGB (analog): Direkt gilt § 654 BGB für die unzulässige Doppeltätigkeit. Der BGH misst dieser schadensunabhängigen Ausnahmevorschrift einen Straf-/Sanktionscharakter zu. § 654 BGB wird nach ständiger Rechtsprechung für andere Fälle schwerwiegender Treuepflichtverletzungen des Maklers analog in Ansatz gebracht, wenn der Makler vorsätzlich, wenn nicht gar arglistig, mindestens aber in einer dem Vorsatz nahe kommenden grob leichtfertigen Weise gehandelt hat und angesichts dieses Fehlverhaltens nach allgemeinem Rechts-

und Billigkeitsempfinden den Lohn nicht verdient (Lohnunwürdigkeit; vgl. dazu die Grundsatzentscheidung des BGH, in der das subjektive Korrektiv einer besonderen Vorwerfbarkeit der Pflichtverletzung entwickelt wurde und seitdem ständige Rechtsprechung ist: BGHZ 36, 323; ausführlich *D. Fischer* NZM 2001, 573).
- **Verjährung, §§ 214, 195 ff. BGB**: Die Verjährungsfrist beträgt für Maklerprovisions- und Aufwendungsersatzansprüche seit der Schuldrechtsreform für nach dem 01.01.2002 abgeschlossene Maklerverträge einheitlich drei Jahre ab dem Schluss des Jahres, in dem der Anspruch entstanden ist und der Makler von den Anspruch begründenden Umständen und der Person des Schuldners Kenntnis erlangt oder ohne grobe Fahrlässigkeit erlangen müsste (§§ 195, 199 BGB). Als absolute Höchstfrist gilt nach § 199 Abs. 3 S. 1 Nr. 1 BGB die 10 Jahresfrist.

4.2 Durch Individualvereinbarungen sind Abreden, wonach der Zivilmakler unabhängig vom Zustandekommen des Hauptvertrages provisionsberechtigt ist, grundsätzlich zulässig (*Gerauer* ZMR 1988, 288). Der BGH hat jedoch die Anforderungen an ein Aushandeln i.S. des § 305 Abs. 1 S. 3 BGB rigoros hochgeschraubt. Aushandeln bedeutet nach der höchstrichterlichen Rechtsprechung mehr als Verhandeln. Der Verwender müsse den in seinen AGB enthaltenen »gesetzesfremden« Kerngehalt inhaltlich ernsthaft zur Disposition stellen und dem Verhandlungspartner Gestaltungsfreiheit zur Wahrung eigener Interessen einräumen mit zumindest der realen Möglichkeit, die inhaltliche Ausgestaltung der Vertragsbedingungen zu beeinflussen (BGH NJW 1988, 410).

Aufgrund der äußerst strengen Anforderungen an das Aushandeln tendiert die gefestigte Rechtsprechung dazu, Individualvereinbarungen nur selten anzunehmen.

Vielmehr liegen Allgemeine Geschäftsbedingungen des Maklers vor (ausführlich *Hättig* NZM 2000, 113; *Niebling* ZMR 2008, 183). Die Rechtsprechung bringt über § 307 Abs. 2 Nr. 1 BGB all jene Vertragsbestimmungen zu Fall, die zulasten des Auftraggebers wirken und mit wesentlichen Grundgedanken der §§ 652 ff. BGB nicht in Einklang stehen.

Die Judikaturlinie lässt sich schlaglichtartig so zusammenfassen, dass die gesetzlichen Tatbestandsvoraussetzungen des § 652 Abs. 1 S. 1 BGB mit den wesentlichen Grundgedanken der gesetzlichen Regelung identifiziert (gesetzliches Leitbild) und so tendenziell alle AGB in Maklerverträgen verworfen werden, die vom Gesetzesrecht abweichen (Schwerdtner NJW 1990, 369, 370).

Eine erfolgsunabhängige Maklerprovision lässt sich durch AGB nicht wirksam vereinbaren (BGH WM 1987, 471, 473; *Gerauer* ZMR 1988, 288, *Michalski* NZM 1998, 209, 211; *Hättig* NZM 2000, 113, 117). Klauseln, die die Erfolgsabhängigkeit der Provision und die Entschließungsfreiheit des Auftraggebers einzuschränken, scheitern stets an § 307 Abs. 2 Nr. 1 BGB. Freilich ist es möglich, durch AGB die Risikoverteilung zugunsten des Auftraggebers zu verschieben. So lässt sich die Courtageberechtigung an die Durchführung des Hauptvertrages knüpfen (BGH NJW 1966, 1404).

5. Kongruenz. Nach § 652 Abs. 1 S. 1 BGB reicht es nicht aus, dass irgendein Hauptvertrag zustande kommt. Es muss der beabsichtigte Vertrag zustande kommen. Führt die Tätigkeit des Maklers zum Abschluss eines Vertrags mit anderem Inhalt, so entsteht grundsätzlich kein Provisionsanspruch. Eine Ausnahme von diesem Grundsatz kommt lediglich dann in Betracht, wenn der Kunde mit dem tatsächlich abgeschlossenen Vertrag wirtschaftlich denselben Erfolg erzielt, d.h. wenn eine wirtschaftliche Identität (Kongruenz, Gleichwertigkeit) zwischen dem beabsichtigten und dem tatsächlich zustande gekommenen Hauptvertrag besteht. Für die Frage der wirtschaftlichen Identität kommt es darauf an, wie konkret der beabsichtigte Vertrag im Maklervertrag festgelegt worden ist (BGHZ 78, 269 = WuM 1981, 59; zu den Fallgruppen: *D. Fischer* DB 2009, 887; *Pauly* ZMR 2009, 662; *Stark* NZM 2008, 832). Zu unterscheiden sind die Fälle der persönlichen und der inhaltlichen Kongruenz (zur verdeckten wirtschaftlichen Gleichwertigkeit: *Würdinger* NZM 2005, 327; *Büchner* ZfIR 2005, 310).

5.1 **Inhaltliche Kongruenz.** Inhaltliche Abweichungen zwischen dem nach dem Maklervertrag beabsichtigten und dem tatsächlich zustande gekommenen Hauptvertrag sind grundsätzlich provisionsschädlich (BGH NJW 1995, 3311). Hinsichtlich der rechtlichen Ausgestaltung ist allerdings keine vollständige Identität des zustande gekommenen mit dem beabsichtigten Hauptvertrag erforderlich; entscheidend ist vielmehr, ob durch den Hauptvertrag der vom Auftraggeber erstrebte wirtschaftliche Erfolg eintritt (BGH ZMR 2000, 102). Es muss eine wirtschaftliche Kongruenz (Identität, Gleichwertigkeit) zwischen dem beabsichtigten und dem tatsächlich geschlossenen Hauptvertrag bestehen. Maßstab hierfür ist die Beschreibung des beabsichtigten Hauptvertrags im Maklervertrag. Je präziser die Wünsche des Kunden im Maklervertrag festgelegt wurden, desto enger ist der Rahmen, innerhalb dessen Abweichungen keine Bedeutung haben (zu Preisunterschieden zwischen Maklervertrag und Kaufvertrag *J. Breiholdt* MDR 1990, 973). Zu berücksichtigen sind die gesamten Einzelumstände, insbesondere die Dauer der Bemühungen, die Immobilie zu veräußern, die Nachfragesituation und die Preisangabe im Maklervertrag mit »circa« (OLG Zweibrücken NJW-RR 1999, 1502). Preisnachlässe von bis zu 15 % stellen die wirtschaftliche Kongruenz im Allgemeinen nicht in Frage (BGH NZM 2008, 174, 176); bei Preisnachlässen von mehr als 50 % ist diese regelmäßig zu verneinen (BGH MDR 2014, 448; großzügiger OLG Hamm MietRB 2013, 174).

24 *5.2 Persönliche Kongruenz.* Beim Erwerb des nachgewiesenen Objekts durch einen Dritten kann die wirtschaftliche Identität der Verträge bejaht werden, sofern zwischen dem Auftraggeber und dem Dritten besonders enge persönliche oder besonders ausgeprägte wirtschaftliche Beziehungen bestehen. Dabei kommt es stets auf die Besonderheiten des Einzelfalls an. Ob sie vorliegen, ist daher in erster Linie eine Frage der tatrichterlichen Beurteilung. Maßgeblich für die Bejahung eines Provisionsanspruchs ist nach der Rechtsprechung des BGH, dass der Auftraggeber im Hinblick auf seine Beziehungen zu dem Erwerber gegen Treu und Glauben verstoßen würde, wenn er sich darauf beriefe, der ursprünglich von ihm erstrebte Vertrag sei nicht mit ihm, sondern mit einem Dritten abgeschlossen worden (BGH ZfIR 2008, 186 m. Anm. *Würdinger*). In allen diesen Fällen ist weiterhin nur der Auftraggeber provisionspflichtig, nicht etwa der Dritte. M.E. sollte sich die Rechtsprechung am Maßstab des § 138 InsO orientieren (*Würdinger* ZfIR 2008 188, 190). Dort wird die nahe stehende Person legal definiert.

25 **6. Provisionshöhe.** Die Höhe der Provision richtet sich nicht nach dem Umfang der aufgewendeten Maklertätigkeit (*Jauernig/Mansel* § 652 Rn. 26). Maßgebend ist die Parteivereinbarung, bei deren Fehlen § 653 BGB. Die Provision wird üblicherweise in einem Prozentsatz des Kaufpreises vereinbart. Zum Gesamtkaufpreis, der als Bezugsgröße gewählt wurde, zählen nicht etwa die Grunderwerbssteuer, die Gebühren des Grundbuchamts sowie die Beurkundungskosten. Umsatzsteuer ist nur geschuldet, wenn dies ausdrücklich vereinbart wird. Die Klausel »zuzüglich der jeweiligen gesetzlichen Umsatzsteuer« verstößt außerhalb des kaufmännischen Verkehrs gegen § 309 Nr. 1 BGB (BGH NJW 1980, 2133 zu § 11 Nr. 1 AGBGB).

26 **7. Fälligkeit.** Der Provisionsanspruch ist fällig (§ 271 BGB), wenn die Provisionsvoraussetzungen des § 652 Abs. 1 S. 1 BGB vorliegen. Die Parteien können einen späteren Fälligkeitszeitpunkt bestimmen (z.B. mit Auflassung). Im nicht kaufmännischen Bereich können die Parteien keine Fälligkeitszinsen (wie etwa nach § 353 HGB unter Kaufleuten) wirksam vereinbaren *Hamm/Schwerdtner* Maklerrecht, 6. Aufl. 2012, Rn. 764).

27 **8. Doppeltätigkeit.** Die Doppeltätigkeit des Maklers ist im Immobilienbereich üblich. Für die einzelne Partei sinkt dadurch in der Regel der Provisionssatz. Jedoch ist der Provisionsanspruch nach der Einwendung des § 654 BGB bei einer unzulässigen Doppeltätigkeit (insbesondere bei einem Parteiverrat) ausgeschlossen. Jede Doppeltätigkeit ist unzulässig, wenn sie zu einer Interessenkollision mit dem anderen Auftraggeber führt. Zu unterscheiden sind drei Fallkonstellationen:
– Der Makler wird auf beiden Seiten als Nachweismakler tätig.
– Der Makler fungiert auf der einen Seite als Nachweis- und auf der anderen Seite als Vermittlungsmakler.
– Der Makler ist jeweils vermittelnd tätig.

28 Der BGH hält eine Tätigkeit des Maklers für beide Seiten nach »dem Inhalt des Vertrags« für grundsätzlich zulässig, sofern er für beide Teile als Nachweismakler oder für den einen als Ver-

mittlungs- und für den anderen als Nachweismakler tätig geworden ist (BGH NJW-RR 2003, 991). Das gilt in der Regel auch ohne ausdrückliche Gestattung selbst dann, wenn dem Maklerkunden die Doppeltätigkeit des Maklers unbekannt gewesen war.

Hat der Makler für beide Hauptvertragsparteien eine Vermittlungstätigkeit ausgeübt, so muss der Doppelauftrag für beide Seiten wenigstens eindeutig erkennbar oder absehbar sein. 29

Eine unzulässige Doppeltätigkeit besteht auch dann, wenn im Einzelfall ein konkreter Interessenkonflikt vorliegt (BGH ZMR 1998, 576) oder der Makler aufgrund einer engen Bindung die Position eines Vertrauensmaklers für eine Seite erlangt hat (OLG Hamm NJW-RR 1998, 844). Dies ist z.B. bei einem langfristigen Alleinauftrag (BGH ZMR 1998, 576) oder auch dann der Fall, wenn der Makler ein umfassender Interessenvertreter ist (OLG Dresden NZM 1998, 1017). Der Doppelmakler hat die schutzwürdigen Interessen beider Seiten zu wahren. Dieser Aufgabe kann er nur gerecht werden, wenn er streng unparteilich ist. Er muss bei der Vertragsgestaltung die Interessen beider Seiten berücksichtigen (OLG Düsseldorf NZM 1998, 528, 530). 30

9. Keine Tätigkeitspflicht des Maklers. Der Makler ist nach dem Leitbild des § 652 BGB zu einer Tätigkeit nicht verpflichtet. Der Maklervertrag ist damit zum Zeitpunkt seines Zustandekommens ein Vertrag ohne primäre Leistungspflichten. Beim in der Praxis häufig vorkommenden Alleinauftrag trifft hingegen den Makler eine Tätigkeitspflicht (dazu Formular Teil 4 Rdn. 76). 31

10. Aufklärungspflichten des Maklers. Der Makler steht zu seinem Auftraggeber als dessen Interessenvertreter in einem besonderen Treueverhältnis. Daraus ergeben sich für ihn bei der Erfüllung seiner Aufgaben bestimmte Nebenpflichten. Eine Pflichtverletzung kann einen Schadensersatzanspruch nach § 280 Abs. 1 BGB auslösen (dazu *Büchner* ZfIR 2003, 453). Eine sachgemäße Interessenwahrung gebietet es regelmäßig, den Auftraggeber über alle dem Makler bekannten Umstände aufzuklären, die für die Entschließung des Auftraggebers von Bedeutung sein können, also nicht nur über das, was unerlässlich ist, damit dieser vor Schaden bewahrt wird. Die Erklärungen des Maklers müssen insgesamt so beschaffen sein, dass sie seinem Kunden keine unzutreffenden Vorstellungen vermitteln (BGH NJW-RR 2003, 700). Der Makler verletzt unter anderem seine Pflichten, wenn er Eigenschaften des Objekts behauptet oder sonstige – eigene oder sich zu Eigen gemachte – Informationen über dieses erteilt, ohne sich die dafür erforderlichen Grundlagen verschafft zu haben. Steht ihm eine solche hinreichende Grundlage nicht zur Verfügung, muss er zumindest diesen Umstand offen legen. Der Makler darf Informationen, die er vom Veräußerer erhalten hat, grundsätzlich ungeprüft weitergeben. Das setzt allerdings voraus, dass der Makler die betreffenden Informationen – insbesondere, wenn er diese in einem eigenen Exposé über das Objekt herausstellt – mit der erforderlichen Sorgfalt eingeholt und sondiert hat. Dazu gehört, dass der Makler keine Angaben der Verkäuferseite in sein Exposé aufnimmt, die nach den in seinem Berufsstand vorauszusetzenden Kenntnissen ersichtlich als unrichtig, nicht plausibel oder sonst als bedenklich einzustufen sind. Hiervon abgesehen schuldet jedoch der Makler seinem Auftraggeber grundsätzlich keine Ermittlungen. Insbesondere darf er im Allgemeinen auf die Richtigkeit der Angaben des Verkäufers vertrauen (BGH NJW-RR 2007, 711; *Langemaack* NZM 2011, 185). 32

11. Haftungsmaßstab. Nach § 276 Abs. 1 S. 1 BGB haftet der Makler für Vorsatz und Fahrlässigkeit. Diesen gesetzlichen Maßstab gibt das Formular wieder. 33

Der Makler kann durch AGB seine Haftung nicht ausschließen (OLG Hamm NJW-RR 1993, 506, 507 zu § 11 Nr. 7 AGBG, jetzt § 309 Nr. 7 BGB), jedoch auf vorsätzliches und grob fahrlässiges Verhalten begrenzen (§ 276 Abs. 1 S. 1 BGB: »mildere Haftung bestimmt«). 34

Der Makler kann in den AGB auch klarstellen, dass er für die Richtigkeit der Exposéangaben nicht haftet. 35

12. Verschwiegenheit des Maklers. Zu den Treuepflichten des Maklers zählt seine Verschwiegenheitspflicht als vertragliche Nebenpflicht. Das Formular stellt dies klar. 36

37 **13. Andere Makler.** Anders als beim einfachen Alleinauftrag darf der Maklerkunde auch andere Makler einschalten.

38 **14. Eigengeschäft.** Anders als beim qualifizierten Alleinauftrag darf der Maklerkunde auch Eigengeschäfte tätigen.

39 **15. Verschwiegenheit des Auftraggebers.** Der Auftraggeber hat die vom Makler zugeleiteten Informationen vertraulich zu behandeln. Er darf sie nicht an Dritte weitergeben (BGH WM 1983, 1287) Die Verschwiegenheitspflicht ist aber keine absolute. Der Maklerkunde darf das ihm vom Makler zugegangene Exposé mit seinen Familienangehörigen besprechen (*Dehner* Maklerrecht 2001, Rn. 283). Nach dem OLG München soll die Berichterstattung der Tochtergesellschaft an die Muttergesellschaft ebenfalls keine (unerlaubte) Weitergabe darstellen (OLG München NJW-RR 1995, 1525; kritisch *Dehner* Maklerrecht 2001 Rn. 283). Verstößt der Maklerkunde gegen die Pflicht zur Vertraulichkeit, kann der Makler nach § 280 Abs. 1 BGB Schadensersatz in Höhe der vollen Provision verlangen, wenn er nachweist, dass die Weitergabe tatsächlich zum Erwerb eines Dritten geführt hat und er ohne die Verletzungshandlung in der Lage gewesen wäre, die Vertragsgelegenheit einem anderen Interessenten nachzuweisen oder zu vermitteln und dieser den Hauptvertrag abgeschlossen hätte (BGH ZMR 1987, 259). In der Praxis sind solche Nachweise trotz der Beweiserleichterung nach § 287 ZPO schwer zu erbringen. Daher ist nach dem BGH eine formularmäßige Pauschalisierung des Ersatzanspruchs in Höhe der entgangenen Provision auch in AGB wirksam (BGH ZMR 1987, 259). Eine derartige zulässige Klausel liegt dem Formular zugrunde.

40 **16. Vertragsdauer.** Die §§ 652 ff. BGB enthalten keine Regelung über die Vertragsdauer. Der Maklervertrag ist – ohne anderweitige Vereinbarung wie sie hier standardmäßig erfolgt ist – auf unbestimmte Zeit geschlossen und kann von beiden Parteien jederzeit gekündigt werden. Das Formular fordert (in der Formulierung des § 568 BGB) für die Wirksamkeit der Kündigung die Schriftform (§ 126 BGB). Aus einem Umkehrschluss zu § 309 Nr. 13 BGB ergibt sich die Vereinbarkeit einer solchen Klausel mit den §§ 307 ff. BGB (Palandt/*Grüneberg* § 309 Rn. 104).

41 **17. Datenschutzklausel.** Die Einwilligungsklausel entspricht den Anforderungen des § 4a BDSG.

42 **18. Gerichtsstandsklausel.** Die Gerichtsstandsvereinbarung trägt den Anforderungen des § 38 ZPO Rechnung.

43 **19. Salvatorische Klausel.** Solche Klauseln sind in der Praxis weit verbreitet. Damit soll ein in Teilen nichtiges Rechtsgeschäft im Übrigen »gerettet« werden (salvare = retten). Zu unterscheiden sind Erhaltungs- und Ersetzungsklauseln.

44 *19.1 Erhaltungsklausel.* Bei solchen Klauseln geht es nur um den Erhalt des Restvertrags bei einer Teilnichtigkeit (entgegen der grundsätzlichen Gesamtnichtigkeit nach § 139 BGB). Das Formular wählt bewusst nur eine solche Klausel, die in Einklang mit § 306 Abs. 1 BGB steht und daher rechtlich unbedenklich ist (BGH ZMR 2005, 691).

45 *19.2 Ersetzungsklausel.* Problematischer sind Ersetzungsklauseln, die noch einen Schritt weiter gehen und die für unwirksam erklärte Regelung durch eine Bestimmung ersetzen wollen, die dem wirtschaftlichen Sinn der ursprünglichen Regelung möglichst nahe kommt. Eine typische Klausel dieser Art lautet etwa:

46 *»Sollte eine Bestimmung dieses Vertrags unwirksam oder nicht durchführbar sein, so tritt an deren Stelle eine Regelung die dem Parteiwillen am nächsten kommt.«*

47 Solche Klauseln modifizieren die Regelung des § 306 Abs. 2 BGB und sind daher in Allgemeinen Geschäftsbedingungen unwirksam (MüKo/*Basedow* § 306 Rn. 30; *Niebling* ZMR 2008, 183, 185).

19.3 **Schriftformklausel.** In den Schlussbestimmungen findet sich neben einer salvatorischen Klausel häufig auch eine Bestimmung, wonach Änderungen und Ergänzungen der Schriftform bedürfen. Eine häufig verwendete Klausel dieser Art lautet etwa:

»*Änderungen oder Ergänzungen bedürfen der Schriftform.*«

Die Klausel weicht von dem Grundsatz ab, dass Individualvereinbarungen vorgehen. Sie verstößt gegen das gesetzliche Leitbild und ist nach § 307 BGB unwirksam (BGH NJW 1995, 1488; BGH ZMR 2006, 104, 105; *Niebling* ZMR 2008, 183, 185). In diesem Formular ist daher bewusst auf eine solche Bestimmung verzichtet worden.

B. Verkäufer-Maklervertrag

51 Tonio Texter, Texterstraße 6, 93047 Regensburg

– im Folgenden *Auftraggeber* –

und

Maklermix GmbH, Meisterstraße 10, 85057 Ingolstadt, vertreten durch Markus Markinger

– im Folgenden *Makler* –

schließen folgenden Maklervertrag: [1]

§ 1 Maklertätigkeit

(1) Der Auftraggeber ist Eigentümer des folgenden Grundstücks (nachfolgend »Verkaufsobjekt«). _____ [2]

Er beabsichtigt das Objekt zu verkaufen. Der Kaufpreis soll ca. _____ € betragen.

Der Auftraggeber ist zum Abschluss des Maklervertrags von etwaigen Miteigentümern und sonstigen Verfügungsberechtigten bevollmächtigt.

(2) Der Auftraggeber beauftragt den Makler mit dem Nachweis der Gelegenheit zum Abschluss eines derartigen Kaufvertrags und/oder der Vermittlung eines solchen Vertrags. [3]

§ 2 Maklerprovision [4]

(1) Der Auftraggeber verpflichtet sich, an den Makler eine Provision zu zahlen, wenn infolge des Nachweises und/oder der Vermittlung der Kaufvertrag zustande kommt.

(2) Der Provisionsanspruch entsteht auch dann, wenn der Kaufvertrag erst nach Beendigung des Maklervertrags infolge des Nachweises und/oder der Vermittlung des Maklers zustande kommt.

(3) Als Kaufvertrag i.S. des Absatz 1 gilt auch der Kaufvertrag über einen ideellen oder realen Anteil am Grundstück oder die Einräumung eines Erbbaurechts oder die Übertragung von Rechten an dem Grundstück durch eine andere Rechtsform (z.B. die Übertragung von Gesellschaftsrechten), wenn dies wirtschaftlich dem in § 1 umschriebenen Kaufvertrag entspricht. [5]

(5) Die Höhe der Provision beträgt _____ % des Gesamtkaufpreises einschließlich der gesetzlichen Umsatzsteuer. [6]

(6) Die Provision ist mit Abschluss des wirksamen Kaufvertrags fällig. [7]

§ 3 Aufwendungsersatz [8]

(1) Der Auftraggeber hat dem Makler die nachgewiesenen Aufwendungen zu ersetzen, wenn der Auftraggeber die Durchführung des Maklervertrags vorsätzlich oder fahrlässig erheblich behindert. Das Gleiche gilt, wenn der Makler diesen Vertrag aus wichtigem Grund kündigen konnte.

(2) Zu den Aufwendungen des Maklers gehören insbesondere die Kosten für Inserate, Exposés und sonstige Prospekte, Telekommunikationsdienstleistungen wie Telefon, Telefax, Porti sowie Besichtigungsfahrten.

(3) Die allgemeinen Geschäftsunkosten des Maklers sowie seine Arbeitszeit sind nicht ersatzfähig.

(4) Fahrtkosten des Maklers sind mit __0,30 EUR__ pro gefahrenen Kilometer einschließlich der jeweils geltenden gesetzlichen Umsatzsteuer pauschal zu vergüten. Die Kosten für Porto und Telekommunikationsdienstleistungen wie Telefon, Telefax sind pauschal mit __20 EUR__ zu vergüten. Der Makler kann nachweisen, dass seine konkreten Aufwendungen im Einzelfall höher waren. Dem Auftraggeber steht es frei nachzuweisen, dass dem Makler im konkreten Fall niedrigere Aufwendungen als die Pauschale entstanden sind.

§ 4 Rechte und Pflichten des Maklers

(1) Der Makler ist berechtigt, auch für den Käufer entgeltlich tätig zu werden, sofern er die Tätigkeit auf einen Nachweis beschränkt. Der Makler verpflichtet sich bei einer Doppeltätigkeit zu strenger Unparteilichkeit. [9]

(2) Der Makler darf das Verkaufsobjekt – auch mit Kaufinteressenten – besichtigen.

(3) Der Makler ist zu einer Tätigkeit nicht verpflichtet. [10]

(4) Der Makler verpflichtet sich, den Auftraggeber über alle ihm bekannten Umstände aufzuklären, die für die Verkaufsentscheidung von Bedeutung sein können. Er ist jedoch nicht verpflichtet, eigene Nachforschungen anzustellen. [11]

(5) Der Makler führt diesen Vertrag mit der Sorgfalt eines ordentlichen Kaufmanns aus. Er haftet für Vorsatz und Fahrlässigkeit. [12]

(6) Der Makler ist zur Verschwiegenheit verpflichtet. [13]

§ 5 Rechte und Pflichten des Auftraggebers

(1) Der Auftraggeber ist berechtigt, mehrere Makler zu beauftragen. [14]

Er darf sich auch ohne Einschaltung des Maklers selbst um den Abschluss eines Kaufvertrags bemühen. [15]

(2) Der Auftraggeber verpflichtet sich, dem Makler unverzüglich alle ihm bekannten Umstände mitzuteilen, die für die Durchführung der Maklertätigkeit von Bedeutung sind. Dazu gehört auch die Aufgabe oder Änderung der Kaufabsicht seitens des Auftraggebers.

(3) Der Auftraggeber verpflichtet sich, alle vom Makler erhaltenen Informationen vertraulich zu behandeln und diese nicht an Dritte weiterzugeben. [16]

(4) Der Auftraggeber bevollmächtigt den Makler, das Grundbuch mitsamt den Grundakten, Versicherungsunterlagen, Baugenehmigungsunterlagen sowie alle Dokumente einzusehen, in denen das Verkaufsobjekt verzeichnet ist. Der Auftraggeber überlässt dem Makler bei Bedarf für die Dauer dieses Vertrags Kopien von den genannten Dokumenten.

§ 6 Vertragsdauer und Kündigung [17]

(1) Der Vertrag endet sechs Monate nach Vertragsschluss zum Monatsende, ohne dass es einer Kündigung bedarf.

(2) Der Vertrag kann von beiden Parteien jederzeit mit einer Frist von einem Monat jeweils zum Monatsende gekündigt werden.

(3) Das Recht zur außerordentlichen Kündigung aus wichtigem Grund bleibt unberührt.

(4) Jede Kündigung bedarf der schriftlichen Form.

§ 7 Datenschutz [18]

Der Auftraggeber willigt ein, dass der Makler Daten, die er im Zusammenhang mit diesem Vertrag erhält, verarbeiten und im erforderlichen Umfang an Interessenten weitergeben darf.

§ 8 Gerichtsstand [19]

Ist der Auftraggeber ebenfalls Kaufmann, so ist der Gerichtsstand für etwaige Rechtsstreitigkeiten Ingolstadt .

§ 9 Salvatorische Klausel [20]

Sind Regelungen dieses Vertrags ganz oder teilweise unwirksam oder lückenhaft, so bleibt der Vertrag im Übrigen wirksam.

_____   _____
Ort und Datum   Ort und Datum

_____   _____
Unterschrift Makler   Unterschrift Auftraggeber

Erläuterungen

52 **1. Maklervertrag.** S. Formular Teil 4 Rdn. 2.

53 **2. Verkaufsobjekt.** S. auch Formular Teil 4 Rdn. 6. Die Parteien können das geschuldete Leistungsprogramm des Maklers vertraglich erweitern (dazu *Niebling* ZMR 2008, 183, 185 f.). Beispiele:

54 *Der Makler ist verpflichtet,*
 – *ein Exposé mit Beschreibung des Verkaufsobjekts (mit Bebilderung) auszuarbeiten und zu vervielfältigen,*
 – *das Verkaufsobjekt an den vorgemerkten Kunden XY anzubieten,*
 – *Besichtigungstermine durchzuführen,*
 – *Werbemaßnahmen durchzuführen, z.B. Inserate, Einstellen in bestimmte Internetportale,*
 – *den notariellen Kaufvertrag vorzubereiten,*
 – *das Grundstück an den Käufer zu übergeben.*

55 **3. Nachweis und/oder Vermittlung.** S. Formular Teil 4 Rdn. 8.

56 **4. Provisionsanspruch.** S. Formular Teil 4 Rdn. 12.

57 **5. Kongruenz.** S. Formular Teil 4 Rdn. 22.

58 **6. Provisionshöhe.** S. Formular Teil 4 Rdn. 25.

59 **7. Fälligkeit.** S. Formular Teil 4 Rdn. 26.

60 **8. Aufwendungen.** Ein Aufwendungsersatzanspruch des Maklers besteht kraft Gesetzes nicht. Es bedarf einer gesonderten Vereinbarung der Parteien (§ 652 Abs. 2 BGB). Wie § 652 Abs. 2

S. 2 BGB klarstellt, gilt dies auch, wenn kein Hauptvertrag zustande kommt und damit kein Provisionsanspruch des Maklers besteht. Eine Vereinbarung ist in Form einer Individualvereinbarung oder in Form von AGB möglich.

8.1 **Konkreter Aufwand.** »Erfolgsunabhängige« Aufwendungen können nur im Wege einer Individualvereinbarung vereinbart werden. Solche Abreden sind allerdings wegen der strengen Anforderungen der Rechtsprechung an ein Aushandeln i.S. des § 305 Abs. 1 S. 3 BGB selten. Aufwendungsersatzklauseln in AGB müssen sich »wirklich und ausschließlich auf den Ersatz von konkretem Aufwand beziehen«. Darunter fallen Reisekosten, Post-, Schreib- und vor allem Veröffentlichungsgebühren (Inserate, Einstellen von Verkaufsobjekte ins Internet), nicht hingegen die allgemeinen Geschäftsunkosten des Maklers und seine Arbeitszeit. Wird im Gewande des Aufwendungsersatzes in Wahrheit eine erfolgsunabhängige Provision vereinbart, so hält eine solche Klausel der Inhaltskontrolle nach § 307 BGB nicht stand (BGH NJW 1987, 1634). Die Höhe des Auslagenersatzes darf nicht als Prozentsatz der Preisvorstellung oder des Wertes oder des letztlich erzielten Preises ausgedrückt werden, weil die Auslagen nicht mit dem Wert des Objektes steigen. Unwirksam ist daher z.B. folgende Klausel (BGH NJW 1987, 1634): 61

> »Kommt es während der Dauer dieses Vertrages zu keinem wirksamen Kaufvertragsabschluss, so erhält die Maklerfirma vom Auftraggeber lediglich einen Auslagenersatz in Höhe von 0,4 % + USt aus der Preisvorstellung. Das gilt auch dann, wenn der Auftraggeber seine Verkaufsabsicht tatsächlich aufgibt.« 62

8.2 **Pauschalen.** Pauschalierungen sind möglich. Voraussetzung ist, dass die Pauschale am wirklichen Aufwand ausgerichtet ist. 63

9. Doppeltätigkeit. S. Formular Teil 4 Rdn. 27. 64

10. Keine Tätigkeitspflicht des Maklers. S. Formular Teil 4 Rdn. 31. 65

11. Aufklärungspflichten des Maklers. S. Formular Teil 4 Rdn. 32. 66

12. Haftungsmaßstab. S. Formular Teil 4 Rdn. 33. 67

13. Verschwiegenheit des Maklers. S. Formular Teil 4 Rdn. 36. 68

14. Andere Makler. Anders als beim einfachen Alleinauftrag darf der Maklerkunde auch andere Makler einschalten (keine Exklusivität des einen Maklers). 69

15. Eigengeschäft. Anders als beim qualifizierten Alleinauftrag darf sich der Auftraggeber auch ohne Einschaltung des Maklers selbst um den Abschluss eines Kaufvertrags bemühen. Anders gesagt: Eigengeschäfte sind erlaubt. 70

16. Verschwiegenheit des Auftraggebers. S. Formular Teil 4 Rdn. 39. 71

17. Vertragsdauer. S. Formular Teil 4 Rdn. 40. 72

18. Datenschutzklausel. Die Einwilligungsklausel entspricht den Anforderungen des § 4a BDSG. 73

19. Gerichtsstandsklausel. Die Gerichtsstandsvereinbarung trägt den Anforderungen des § 38 ZPO Rechnung. 74

20. Salvatorische Klausel. S. Formular Teil 4 Rdn. 43. 75

C. Verkäufer-Makleralleinauftrag

76 Tonio Texter, Texterstraße 6, 93047 Regensburg

– im Folgenden *Auftraggeber* –

und

Maklermix GmbH, Meisterstraße 10, 85057 Ingolstadt,
vertreten durch Markus Markinger

– im Folgenden *Makler* –

schließen folgenden Makleralleinauftrag: [1]

§ 1 Maklertätigkeit

(1) Der Auftraggeber ist Eigentümer des folgenden Grundstücks (nachfolgend »Verkaufsobjekt«). _____ [2]

_____

beabsichtigter Kaufpreis: ca. _____ €.

Der Auftraggeber ist zum Abschluss des Maklervertrags von etwaigen Miteigentümern und sonstigen Verfügungsberechtigten bevollmächtigt.

(2) Der Auftraggeber beauftragt den Makler mit dem Nachweis der Gelegenheit zum Abschluss eines derartigen Kaufvertrags und/oder der Vermittlung eines solchen Vertrags. [3]

§ 2 Maklerprovision [4]

(1) Der Auftraggeber verpflichtet sich, an den Makler eine Provision zu zahlen, wenn infolge des Nachweises und/oder der Vermittlung der Kaufvertrag zustande kommt.

(2) Der Provisionsanspruch entsteht auch dann, wenn der Kaufvertrag erst nach Beendigung des Maklervertrags infolge des Nachweises und/oder der Vermittlung des Maklers zustande kommt.

(3) Als Kaufvertrag i.S. des Absatz 1 gilt auch der Kaufvertrag über einen ideellen oder realen Anteil am Grundstück oder die Einräumung eines Erbbaurechts oder die Übertragung von Rechten an dem Grundstück durch eine andere Rechtsform (z.B. die Übertragung von Gesellschaftsrechten), wenn dies wirtschaftlich dem in § 1 umschriebenen Kaufvertrag entspricht. [5]

(5) Die Höhe der Provision beträgt _____ % des Gesamtkaufpreises einschließlich der gesetzlichen Umsatzsteuer. [6]

(6) Die Provision ist mit Abschluss des wirksamen Kaufvertrags fällig. [7]

§ 3 Aufwendungsersatz [8]

(1) Der Auftraggeber hat dem Makler die nachgewiesenen Aufwendungen zu ersetzen, wenn der Auftraggeber die Durchführung des Maklervertrags vorsätzlich oder fahrlässig erheblich behindert. Das Gleiche gilt, wenn der Makler diesen Vertrag aus wichtigem Grund kündigen konnte. Etwaige Schadensersatzansprüche bleiben unberührt.

(2) Zu den Aufwendungen des Maklers gehören insbesondere die Kosten für Inserate, Exposés und sonstige Prospekte, Telekommunikationsdienstleistungen wie Telefon, Telefax, Porti sowie Besichtigungsfahrten.

(3) Die allgemeinen Geschäftsunkosten des Maklers sowie seine Arbeitszeit sind nicht ersatzfähig.

(4) Fahrtkosten des Maklers sind mit __0,30 EUR__ pro gefahrenen Kilometer einschließlich der jeweils geltenden gesetzlichen Umsatzsteuer pauschal zu vergüten. Die Kosten für Porto und Telekommunikationsdienstleistungen wie Telefon, Telefax sind pauschal mit __20 EUR__ zu vergüten. Der Makler kann nachweisen, dass seine konkreten Aufwendungen im Einzelfall höher waren. Dem Auftraggeber steht es frei nachzuweisen, dass dem Makler im konkreten Fall niedrigere Aufwendungen als die Pauschale entstanden sind.

§ 4 Rechte und Pflichten des Maklers

(1) Der Makler ist berechtigt, auch für den Käufer entgeltlich tätig zu werden, sofern er die Tätigkeit auf einen Nachweis beschränkt. Der Makler verpflichtet sich bei einer Doppeltätigkeit zu strenger Unparteilichkeit. [9]

(2) Der Makler darf das Verkaufsobjekt – auch mit Kaufinteressenten – besichtigen.

(3) Der Makler verpflichtet sich, unverzüglich tätig zu werden. Der Makler wird den Verkauf durch Aushänge und Einstellung des Verkaufsobjekts in das Internet fördern. [10]

(4) Der Makler verpflichtet sich, den Auftraggeber über alle ihm bekannten Umstände aufzuklären, die für die Verkaufsentscheidung von Bedeutung sein können. Er ist jedoch nicht verpflichtet, eigene Nachforschungen anzustellen. [11]

(5) Der Makler führt diesen Vertrag mit der Sorgfalt eines ordentlichen Kaufmanns aus. Er haftet für Vorsatz und Fahrlässigkeit. [12]

(6) Der Makler ist zur Verschwiegenheit verpflichtet. [13]

§ 5 Rechte und Pflichten des Auftraggebers

(1) Der Auftraggeber ist berechtigt, sich auch ohne Einschaltung des Maklers selbst um den Abschluss eines Kaufvertrags zu bemühen. [14]

(2) Der Auftraggeber verpflichtet sich, für die Dauer dieses Vertrags keine anderen Makler zu beauftragen. Anderen tätigen Maklern untersagt er eine Fortsetzung ihrer Bemühungen. [15]

(3) Der Auftraggeber verpflichtet sich, dem Makler unverzüglich alle ihm bekannten Umstände mitzuteilen, die für die Durchführung der Maklertätigkeit von Bedeutung sind. Dazu gehört auch die Aufgabe oder Änderung der Kaufabsicht seitens des Auftraggebers.

(4) Der Auftraggeber verpflichtet sich, alle vom Makler erhaltenen Informationen vertraulich zu behandeln und diese nicht an Dritte weiterzugeben. [16]

(5) Der Auftraggeber bevollmächtigt den Makler, das Grundbuch mitsamt den Grundakten, Versicherungsunterlagen, Baugenehmigungsunterlagen sowie alle Dokumente einzusehen, in denen das Verkaufsobjekt verzeichnet ist. Der Auftraggeber überlässt dem Makler bei Bedarf für die Dauer dieses Vertrags Kopien von den genannten Dokumenten.

§ 6 Vertragsdauer und Kündigung [17]

(1) Der Vertrag endet sechs Monate nach Vertragsschluss zum Monatsende, ohne dass es einer Kündigung bedarf.

(2) Der Vertrag kann von beiden Parteien jederzeit mit einer Frist von einem Monat jeweils zum Monatsende gekündigt werden.

(3) Das Recht zur außerordentlichen Kündigung aus wichtigem Grund bleibt unberührt. Ein wichtiger Grund liegt insbesondere vor, wenn der Makler seine Tätigkeitspflicht trotz Abmahnung verletzt oder der Auftraggeber trotz Abmahnung seine Pflicht, andere Makler nicht zu beauftragen, verletzt.

(4) Jede Kündigung bedarf der schriftlichen Form.

§ 7 Datenschutz [18]

Der Auftraggeber willigt ein, dass der Makler Daten, die er im Zusammenhang mit diesem Vertrag erhält, verarbeiten und im erforderlichen Umfang an Interessenten weitergeben darf.

§ 8 Gerichtsstand [19]

Ist der Auftraggeber ebenfalls Kaufmann, so ist der Gerichtsstand für etwaige Rechtsstreitigkeiten Ingolstadt .

§ 9 Salvatorische Klausel [20]

Sind Regelungen dieses Vertrags ganz oder teilweise unwirksam oder lückenhaft, so bleibt der Vertrag im Übrigen wirksam.

_____
Ort und Datum

_____
Ort und Datum

_____
Unterschrift Makler

_____
Unterschrift Auftraggeber

Erläuterungen

77 **1. Makleralleinauftrag.** S. zunächst Formular Teil 4 Rdn. 2.

78 Mit dem Alleinauftrag (Festauftrag, Fest-an-Hand-Gabe) hat der Rechtsverkehr einen eigenständigen Vertragstyp herausgebildet. Die Rechtsprechung sieht den Alleinauftrag als eine unselbständige Form des Maklerdienstvertrags an, der trotz der Verpflichtung des Maklers zum Tätigwerden im Kern dem Maklerrecht nach §§ 652 ff. BGB unterstehen soll. Allgemeine Geschäftsbedingungen sind am Leitbild der §§ 652 ff. BGB zu messen (so die h.M.: *Dehner* Maklerrecht 2001, Rn. 370; a.A. MüKo/*H. Roth*, § 652 Rn. 227).

79 Zu unterscheiden ist zwischen dem einfachen und dem qualifizierten (erweiterten) Alleinauftrag. Zu einem Makleralleinauftrag in englischer Sprache (exclusive agency agreement: *Schäfer* in: Walz B.II.8.).

80 *1.1 einfacher Alleinauftrag.* Beim einfachen oder normalen Alleinauftrag, der diesem Formular zugrunde liegt, verpflichtet sich der Auftraggeber, während der Laufzeit des Vertrags keinen anderen Makler einzuschalten (Verzicht auf die Konkurrenztätigkeit anderer Makler; BGH NJW 1961, 307; BGH NJW-RR 1998, 1260). Der Makler schützt sich so vor Konkurrenten. Eigengeschäfte des Auftraggebers sind aber erlaubt. Als »Ausgleich« dafür verpflichtet sich der Makler, tätig zu werden. Es kommt damit sowohl beim Auftraggeber als auch beim Makler zu einer

Pflichtenvermehrung (MüKo/*H. Roth* § 652 Rn. 228). Eine solche Vereinbarung ist AGB rechtlich unbedenklich. Das Formular wird gegenüber dem Formular »Verkäufer-Maklervertrag« insoweit erweitert.

1.2 **qualifizierter Alleinauftrag.** Bei einem qualifizierten oder erweiterten Alleinauftrag sind dem Maklerkunden auch Eigengeschäfte untersagt. Der Kunde kann auch verpflichtet werden, Interessenten an den Makler zu verweisen bzw. diesen bei Vertragsgesprächen hinzuzuziehen. Eine solche Vertragsgestaltung ist nur individualvertraglich möglich (BGH NJW-RR 1994, 511; *Hättig* NZM 2000, 113, 116). Verstöße seitens des Auftraggebers gegen das Verbot von Eigengeschäften sind Pflichtverletzungen, die einen Schadensersatzanspruch des Maklers nach § 280 Abs. 1 BGB begründen können. Dieser umfasst in erster Linie Ersatz der Auslagen und eine angemessene Entschädigung für den nutzlosen Arbeitsaufwand. Ein Schadensersatzanspruch des Maklers in Höhe der entgangenen Provision setzt voraus, dass der Makler nachweisbar in der Lage gewesen wäre, das Geschäft ebenfalls zustande zu bringen und dass diese Möglichkeit durch das vertragswidrige Verhalten des Auftraggebers vereitelt worden ist (BGH WM 1973, 682). 81

Etwas anderes soll gelten, wenn die Parteien individualvertraglich eine wirksame Hinzuziehungs- und Verweisungspflicht vereinbart und damit das Kausalitätserfordernis des § 652 Abs. 1 S. 1 BGB abbedungen haben (BGH NJW-RR 1994, 511). 82

2. Verkaufsobjekt. S. auch Formular Teil 4 Rdn. 6 sowie Formular 28 Ziff. 2. 83

3. Nachweis und/oder Vermittlung. S. Formular Teil 4 Rdn. 8. 84

4. Provisionsanspruch. S. Formular Teil 4 Rdn. 12. 85

5. Kongruenz. S. Formular Teil 4 Rdn. 22. 86

6. Provisionshöhe. S. Formular Teil 4 Rdn. 25. 87

7. Fälligkeit. S. Formular Teil 4 Rdn. 26. 88

8. Aufwendungen. S. Formular Teil 4 Rdn. 27. 89

Schadensersatzansprüche bleiben unberührt. Verstößt der Auftraggeber innerhalb der Bindungsfrist gegen das Alleinauftragsrecht des beauftragten Maklers, indem er vertragswidrig einen anderen Makler (Zweitmakler) zusätzlich beauftragt, so haftet er dem zuerst beauftragten Makler grundsätzlich auf Schadensersatz nach § 280 Abs. 1 BGB. Dies gilt aber nicht, wenn der Zweitmakler das Objekt unmittelbar vom Auftraggeber selbst erwirbt (OLG Koblenz NJW-RR 1999, 1000). 90

9. Doppeltätigkeit. S. Formular Teil 4 Rdn. 27. 91

10. Tätigkeitspflicht des Maklers. Anders als beim »normalen« Maklervertrag verpflichtet sich der Makler tätig zu werden. 92

11. Aufklärungspflichten des Maklers. S. Formular Teil 4 Rdn. 32. 93

12. Haftungsmaßstab. S. Formular Teil 4 Rdn. 33. 94

13. Verschwiegenheit des Maklers. S. Formular Teil 4 Rdn. 36. 95

14. Eigengeschäft. Anders als beim qualifizierten Alleinauftrag darf der Auftraggeber beim hier vorliegenden einfachen Alleinauftrag Eigengeschäfte tätigen. Bei Alleinaufträgen werden in der Praxis nicht selten Hinzuziehungs- und Verweisungsklauseln verwendet. Damit möchte der Makler eine Provisionssicherung installieren. Der Auftraggeber wird verpflichtet, im Falle eines Eigengeschäfts den Makler hinzuzuziehen bzw. seinen Interessenten an den Makler zu verweisen, damit dieser noch die Möglichkeit hat, sich einen Provisionsanspruch zu sichern. Solche Klauseln sind überraschend; der Auftraggeber braucht mit einer solchen Pflicht nicht zu rechnen; sie werden nicht Vertragsbestandteil (§ 305c BGB). Enthalten solche Klauseln auch Sanktionen, wie eine 96

Provisionszahlungs- oder Schadensersatzpflicht bei Verletzung, verstoßen sie ferner gegen § 307 Abs. 2 Nr. 1 BGB (*Hättig* NZM 2000, 113, 116).

97 **15. Andere Makler.** Der Auftraggeber verpflichtet sich, während der Laufzeit des Vertrags keinen anderen Makler einzuschalten (BGH NJW-RR 1998, 1260). Wie aus dem Begriff »Alleinauftrag« hervorgeht (allein dieser Makler und kein anderer wird beauftragt) handelt es sich bei dieser Exklusivität um das »Herzstück« dieser Vertragsgestaltung.

98 **16. Verschwiegenheit des Auftraggebers.** S. Formular Teil 4 Rdn. 39.

99 **17. Vertragsdauer.** S. Formular Teil 4 Rdn. 40.

100 *17.1* **Bindungsklausel (Laufzeitklausel).** Bei Grundstücksgeschäften wird eine Bindungsdauer von sechs Monaten jedenfalls als angemessen angesehen (*Hättig* NZM 2000, 113, 116). Auch längere Fristen können angemessen sein (sogar eine Laufzeit von fünf Jahren: BGH NJW 1974, 460). Maßgebend sind die Umstände des Einzelfalls.

101 Unbefristete oder unangemessen lange Laufzeiten sind unwirksam. Sie schränken die Entscheidungsfreiheit des Maklerkunden in nicht hinnehmbarer Weise ein (BGH NZM 1998, 677). Ob deshalb der gesamte Maklervertrag nach § 138 Abs. 1 BGB nichtig ist oder nur eine Bindung der Parteien für eine angemessene Zeit eintritt, hat der BGH bisher dahingestellt sein lassen können, da in den zu entscheidenden Fällen die Laufzeit durch Auslegung zu ermitteln war (BGH NJW-RR 1994, 559, 560) oder eine Vertragsbeendigung durch Kündigung erfolgt ist (BGH NZM 1998, 677).

102 *17.2* **Außerordentliche Kündigung.** Das Formular nennt zwei Regelbeispiele für eine außerordentliche Kündigung, die mit den »Prägemerkmalen« des einfachen Alleinauftrags zu tun haben. Die Tätigkeitspflicht des Maklers einerseits und die Alleinauftragsbindung des Auftraggebers andererseits. Derartige Pflichtverletzungen trotz Abmahnung rechtfertigen eine außerordentliche Kündigung.

103 **18. Datenschutzklausel.** Die Einwilligungsklausel entspricht den Anforderungen des § 4a BDSG.

104 **19. Gerichtsstandsklausel.** Die Gerichtsstandsvereinbarung trägt den Anforderungen des § 38 ZPO Rechnung.

105 **20. Salvatorische Klausel.** S. Formular Teil 4 Rdn. 43.

D. Mieter-Maklervertrag

Tonio Texter, Texterstraße 6, 93047 Regensburg

– im Folgenden *Auftraggeber* –

und

Maklermix GmbH, Meisterstraße 10, 85057 Ingolstadt, vertreten durch Markus Markinger

– im Folgenden *Wohnungsvermittler* –

schließen folgenden Maklervertrag:

§ 1 Maklertätigkeit [1]

(1) Der Auftraggeber sucht folgendes Mietobjekt: _____ . [2]

(2) Der Auftraggeber beauftragt den Wohnungsvermittler mit dem Nachweis der Gelegenheit zum Abschluss eines derartigen Mietvertrags und/oder der Vermittlung eines solchen Vertrags. [3]

§ 2 Maklerprovision [4]

(1) Der Auftraggeber verpflichtet sich, an den Wohnungsvermittler eine Provision zu zahlen, wenn infolge des Nachweises und/oder der Vermittlung der Mietvertrag zustande kommt.

(2) Der Provisionsanspruch entsteht auch dann, wenn der Mietvertrag erst nach Beendigung des Maklervertrags infolge des Nachweises und/oder der Vermittlung des Wohnungsvermittlers zustande kommt.

(3) Als Mietvertrag gilt auch ein Mietvertrag mit einer natürlichen oder juristischen Person, die zum Auftraggeber in dauerhafter enger rechtlicher oder persönlicher Verbindung steht. [5]

(4) Die Höhe der Provision beträgt zwei Monatsmieten zuzüglich der gesetzlichen Umsatzsteuer. [6]

(5) Die Provision ist mit Abschluss des wirksamen Mietvertrags fällig. [7]

§ 3 Rechte und Pflichten des Wohnungsvermittlers

(1) Der Wohnungsvermittler ist berechtigt, auch für den Vermieter entgeltlich tätig zu werden, sofern er die Tätigkeit auf einen Nachweis beschränkt. Der Wohnungsvermittler verpflichtet sich bei einer Doppeltätigkeit zu strenger Unparteilichkeit. [8]

(2) Der Wohnungsvermittler ist zu einer Tätigkeit nicht verpflichtet. [9]

(3) Der Wohnungsvermittler verpflichtet sich, den Auftraggeber über alle ihm bekannten Umstände aufzuklären, die für die Entschließung des Auftraggebers zum Mietvertragsabschluss von Bedeutung sein können. Er ist jedoch nicht verpflichtet, eigene Nachforschungen anzustellen. [10]

(4) Der Wohnungsvermittler führt diesen Vertrag mit der Sorgfalt eines ordentlichen Kaufmanns aus. Er haftet für Vorsatz und Fahrlässigkeit. [11]

(5) Der Wohnungsvermittler ist zur Verschwiegenheit verpflichtet. [12]

§ 4 Rechte und Pflichten des Auftraggebers

(1) Der Auftraggeber ist berechtigt, mehrere Wohnungsvermittler zu beauftragen. Er darf sich auch ohne Einschaltung des Wohnungsvermittlers selbst um den Abschluss eines Mietvertrags bemühen. [13]

(2) Der Auftraggeber verpflichtet sich, dem Wohnungsvermittler unverzüglich alle ihm bekannten Umstände mitzuteilen, die für die Durchführung der Maklertätigkeit von Bedeutung sind. Dazu gehört auch die Aufgabe oder Änderung der Absicht seitens des Auftraggebers das Mietobjekt zu mieten. [14]

(3) Der Auftraggeber verpflichtet sich, alle vom Wohnungsvermittler erhaltenen Informationen vertraulich zu behandeln und diese nicht an Dritte weiterzugeben. Jede unbefugte Weitergabe der Angebote an Dritte führt in voller Höhe zur Provisionspflicht, wenn der Dritte daraufhin einen Mietvertrag über das Objekt abschließt. [15]

§ 5 Vertragsdauer und Kündigung [16]

(1) Der Vertrag endet sechs Monate nach Vertragsschluss zum Monatsende, ohne dass es einer Kündigung bedarf.

(2) Der Vertrag kann von beiden Parteien jederzeit mit einer Frist von einem Monat jeweils zum Monatsende gekündigt werden.

(3) Das Recht zur außerordentlichen Kündigung aus wichtigem Grund bleibt unberührt.

(4) Jede Kündigung bedarf der schriftlichen Form.

§ 7 Datenschutz [17]

Der Auftraggeber willigt ein, dass der Wohnungsvermittler Daten, die er im Zusammenhang mit diesem Vertrag erhält, verarbeiten und im erforderlichen Umfang an Interessenten weitergeben darf.

§ 8 Gerichtsstand [18]

Ist der Auftraggeber ebenfalls Kaufmann, so ist der Gerichtsstand für etwaige Rechtsstreitigkeiten _Ingolstadt_ .

§ 9 Salvatorische Klausel [19]

Sind Regelungen dieses Vertrags ganz oder teilweise unwirksam oder lückenhaft, so bleibt der Vertrag im Übrigen wirksam.

_____   _____
Ort und Datum   Ort und Datum

_____   _____
Unterschrift Wohnungsvermittler   Unterschrift Auftraggeber

Erläuterungen

1. Maklervertrag. S. Formular Teil 4 Rdn. 2. Für den Nachweis und die Vermittlung von Mietverträgen über Wohnräume enthält das Wohnungsvermittlungsgesetz (WoVermG) zwingende Sondervorschriften. Der Anwendungsbereich des WoVermG enthält in § 1 Abs. 2, 3 WoVermG einerseits eine Erweiterung für die Vermietung von Geschäftsräumen zusammen mit Wohnräumen wegen ihres räumlichen oder wirtschaftlichen Zusammenhangs (§ 1 Abs. 2 WoVermG) und andererseits eine Einschränkung für Wohnräume im Fremdenverkehr (§ 1 Abs. 3 WoVermG).

Zweck dieses Gesetzes ist die Beseitigung von Missständen im Bereich der Wohnungsvermittlung sowie der Schutz der Wohnungssuchenden. Es statuiert Pflichten des Maklers gegenüber dem Wohnungssuchenden. Ein Maklervertrag mit einem Wohnungseigentümer oder Vermieter unterfällt nicht dem Wohnungsvermittlungsgesetz mit der Folge, dass der Eigentümer bzw. Vermieter Provisionen z.B. bei Verstößen gegen § 2 Abs. 2 WoVermG nicht zurückfordern kann (OLG Naumburg NZM 2005, 151).

Die allgemeinen Vorschriften der §§ 652 ff. BGB bleiben unberührt, soweit das WoVermG keine abweichende Regelung trifft. Wohnungsvermittler ist nach § 1 Abs. 1 WoVermG, wer den Abschluss von Mietverträgen über Wohnräume vermittelt oder die Gelegenheit zum Abschluss von Mietverträgen über Wohnräume nachweist.

Nach § 6 Abs. 1 WoVermG darf ein Wohnungsvermittler Wohnräume nur anbieten, wenn er dazu vom Vermieter oder einem anderen Berechtigten beauftragt wurde. Durch diesen Verbotstatbestand sollen dem Wohnungssuchenden Zeit und Unkosten für vergebliche Besichtigungen von Wohnräumen erspart werden (BT-Drucks. VI/1549, S. 13 zu § 6). Zu den Folgen eines Verstoßes gegen § 6 Abs. 1 WoVermG: *D. Fischer* NZM 2005, 731; kritisch *Würdinger* FAZ vom 19.02.2010, S. 43 mit der Forderung an den Gesetzgeber: »Keine Provision für den Makler ohne Auftrag!«:

- Schuldhafte Verstöße sind bußgeldbewehrt (§ 8 Abs. 1 Nr. 3 WoVermG).
- Ein Verstoß führt aber nicht zur Nichtigkeit des mit dem Wohnungssuchenden geschlossenen Maklervertrags nach § 134 BGB (BGH ZMR 2002, 927). Schließlich hat sich die Gefahr eines unnützen Zeit- und Kostenaufwands nicht verwirklicht.
- Bei einem vorsätzlichen Verstoß kommt ein Ausschluss des Provisionsanspruchs nach § 654 BGB analog in Betracht.
- Wettbewerbsrechtlich ist ein solches Fehlverhalten als Zuwiderhandeln gegen Marktregulierungsbestimmungen gemäß § 4 Nr. 11 UWG unlauter. Bereits bei unverschuldeten Verstößen haben Mitbewerber des Maklers sowie klagebefugte Verbraucherschutz- und Unternehmensverbände Unterlassungsansprüche nach § 8 Abs. 1, 2 UWG.

2. Gesuchtes Objekt. S. Formular Teil 4 Rdn. 6.

3. Nachweis und/oder Vermittlung. S. Formular Teil 4 Rdn. 8.

4. Provisionsanspruch. *4.1 Anspruchsgrundlage.* Anspruchsgrundlage ist § 2 Abs. 1 WoVermG – lex specialis zu § 652 Abs. 1 S. 1 BGB. Die Voraussetzungen des Anspruchs sind zulasten des Auftraggebers nicht abdingbar (zwingendes Recht). Nach § 2 Abs. 5 WoVermG ist eine abweichende Vereinbarung unwirksam, so z.B. wenn ein Verein, dessen Zweck die Wohnungsvermittlung ist von seinen Mitgliedern einen regelmäßigen Beitrag erhebt (LG Karlsruhe MDR 1984, 227: Eintragung ins Vereinsregister ist unzulässig). Rechtspolitisch umstritten ist das sog. Bestellerprinzip, das im Jahre 2015 in § 2 Abs. 1a WoVermG aufgenommen wurde. Danach darf der Wohnungsvermittler grundsätzlich vom Wohnungssuchenden für die Vermittlung oder den Nachweis der Gelegenheit zum Abschluss von Mietverträgen über Wohnräume kein Entgelt fordern, sich versprechen lassen oder annehmen. Eine Ausnahme macht das Gesetz für den Fall, dass der Wohnungsvermittler ausschließlich wegen des Vermittlungsvertrags mit dem Wohnungssuchenden vom Vermieter oder von einem anderen Berechtigten den Auftrag einholt, die Wohnung anzubieten (§ 6 Absatz 1). Siehe dazu *D. Fischer* NJW 2015, 1560; *Duchstein* NZM 2015, 417. Der Standardfall ist daher bei Mietverträgen über Wohnräume der Vermieter-Maklervertrag. Das WoVermG gilt hier nicht, so dass im Kern auf das Formular »Verkäufer-Maklervertrag« zurückgegriffen werden kann.

114 **4.2 Spezielle Ausschlussgründe.** § 2 Abs. 2 WoVermG enthält spezielle Ausschlussgründe:
– § 2 Abs. 2 Nr. 1 WoVermG: Danach ist es provisionsschädlich, wenn durch den Mietvertrag ein Mietverhältnis über dieselben Wohnräume fortgesetzt, verlängert oder erneuert wird.
– § 2 Abs. 2 Nr. 2 WoVermG: Eine Courtageberechtigung scheidet danach aus, wenn der Mietvertrag über Wohnräume abgeschlossen wird, deren Eigentümer, Verwalter, Mieter oder Vermieter der Wohnungsvermittler ist. Nach dem BGH ist der (gewöhnliche) Verwalter nach §§ 20 ff. WEG, der also nicht auch für die Mietverwaltung zuständig ist, kein Verwalter i.S. des § 2 Abs. 2 S. 1 Nr. 2 WoVermG (BGH ZMR 2003, 431). Eine Provisionszusage des Mieters an den Wohnungsvermittler ist nicht schon deshalb unwirksam, weil dieser gegenüber dem Eigentümer oder Vermieter eine Mietgarantie übernommen hatte. § 2 Abs. 2 Nr. 2 WoVermG ist nicht einschlägig (BGH ZMR 2006, 537). Es kommt auch eine analoge Anwendung nicht in Betracht (restriktive Auslegung des § 2 Abs. 2 WoVermG; fehlende Vergleichbarkeit zum »Mieter« und »Vermieter« i.S. des § 2 Abs. 2 WoVermG). § 2 Abs. 2 S. 1 Nr. 2 (3. Fall) WoVermG ist nach dem BGH auch dann einschlägig, wenn für den Wohnungsvermittler beim Nachweis oder der Vermittlung des Mietvertrages an den Wohnungssuchenden als Mitarbeiter oder Gehilfe der bisherige Mieter der Wohnung tätig wird, der einen Nachmieter sucht (BGH ZMR 2006, 621).
– § 2 Abs. 2 Nr. 3 WoVermG: Danach entfällt der Provisionsanspruch, wenn der Mietvertrag über Wohnräume abgeschlossen wird, deren Eigentümer, Verwalter oder Vermieter eine juristische Person ist, an der der Wohnungsvermittler rechtlich oder wirtschaftlich beteiligt ist. Das gleiche gilt, wenn eine natürliche oder juristische Person Eigentümer, Verwalter oder Vermieter von Wohnräumen ist und ihrerseits an einer juristischen Person, die sich als Wohnungsvermittler betätigt, rechtlich oder wirtschaftlich beteiligt ist.

115 **4.3 Vorschüsse.** Nach § 2 Abs. 4 WoVermG ist das Fordern, Vereinbaren oder die Annahme von Vorschüssen untersagt.

116 **4.4 Koppelungsgeschäfte.** Solche Geschäfte sind nach § 3 Abs. 4 S. 1 WoVermG unwirksam.

117 **4.5 Vertragsstrafe.** Nach § 4 WoVermG ist eine Vertragsstrafenregelung nur unter den dort geregelten Einschränkungen möglich. Die Vertragsstrafe darf 10 Prozent des nach § 2 Abs. 1 vereinbarten Entgelts, höchstens jedoch 25 Euro nicht übersteigen. Das Formular verzichtet auf eine derartige in der Praxis unübliche Vertragsstrafenklausel.

118 **4.6 Aufwendungsersatz.** Nach § 3 Abs. 3 S. 1 WoVermG ist in Abweichung von § 652 Abs. 2 BGB eine Auslagenerstattung durch Vereinbarung grundsätzlich ausgeschlossen. Nur für den Erfolgsfall darf nach § 3 Abs. 3 S. 2 WoVermG ein Auslagenersatz vereinbart werden, soweit die nachgewiesenen Auslagen eine Monatsmiete übersteigen. Kommt ein Mietvertrag nicht zustande, so können nach § 3 Abs. 3 S. 3 WoVermG die in Erfüllung des Auftrags nachweisbar entstandenen Auslagen als ersatzfähig vereinbart werden. Die allgemeinen Geschäftsunkosten zählen nicht zu den Auslagen i.S. des § 3 Abs. 3 WoVermG.

119 Wird entgegen § 3 Abs. 3 S. 2 WoVermG ein umfassender Auslagenersatz vereinbart, so ist die Regelung nicht unwirksam. Vielmehr beschränkt sich ihre Gültigkeit auf den die Monatsmiete übersteigenden Auslagenbetrag (geltungserhaltende Reduktion; dazu MüKo/*H. Roth* § 652 Rn. 215).

120 **5. Kongruenz.** S. Formular Teil 4 Rdn. 22.

121 **6. Provisionshöhe.** Nach § 3 Abs. 2 WoVermG besteht eine Preisbindung: maximal zwei Monatmieten zuzüglich der gesetzlichen Umsatzsteuer (Kappungsgrenze). Nebenkosten bleiben diesbezüglich unberührt.

7. Fälligkeit. S. Formular Teil 4 Rdn. 26.	122
8. Doppeltätigkeit. S. Formular Teil 4 Rdn. 27.	123
9. Keine Tätigkeitspflicht des Maklers. S. Formular Teil 4 Rdn. 31.	124
10. Aufklärungspflichten des Maklers. S. Formular Teil 4 Rdn. 32.	125
11. Haftungsmaßstab. S. Formular Teil 4 Rdn. 33.	126
12. Verschwiegenheit des Maklers. S. Formular Teil 4 Rdn. 36.	127
13. Andere Makler. S. Formular Teil 4 Rdn. 37.	128
14. Eigengeschäft. S. Formular Teil 4 Rdn. 38.	129
15. Verschwiegenheit des Auftraggebers. S. Formular Teil 4 Rdn. 39.	130
16. Vertragsdauer. S. Formular Teil 4 Rdn. 40.	131
17. Datenschutzklausel. Die Einwilligungsklausel entspricht den Anforderungen des § 4a BDSG.	132
18. Gerichtsstandsklausel. Die Gerichtsstandsvereinbarung trägt den Anforderungen des § 38 ZPO Rechnung.	133
19. Salvatorische Klausel. S. Formular Teil 4 Rdn. 43.	134

E. Maklerklausel im notariellen Grundstückskaufvertrag

135 *Kaufvertrag*

Maklerprovision

Der Käufer verpflichtet sich, auch dem Verkäufer gegenüber, an den Makler _____ die Provision in Höhe von _____ % aus dem Kaufpreis zu zahlen. Der Makler erhält mit dieser Vereinbarung einen selbständig begründeten Anspruch (echter Vertrag zugunsten Dritter, § 328 Abs. 1 BGB).

Erläuterungen

136 **1. Definition.** Unter einer »Maklerklausel« versteht man eine Regelung zwischen den Hauptvertragsparteien über die Provision des Maklers. Hauptsächlich sind damit Fälle gemeint, bei denen der Makler einen Provisionsanspruch aus dem zwischen den Hauptvertragsparteien zustande gekommenen Kaufvertrag ableitet (Außenwirkung der Maklerklausel). Aber auch eine Provisionsregelung, die nur zwischen den Kaufvertragsparteien wirkt (z.B. Erfüllungsübernahme i.S. des § 329 BGB) fällt unter den Sammelbegriff der Maklerklausel (bloße Innenwirkung der Maklerklausel).

137 **2. Wirksamkeit und Berechtigung.** Über die Berechtigung von Maklerklauseln wurde im Schrifttum vor allem Anfang der 1980er Jahre heftig gestritten (*von Gerkan* NJW 1982, 1742; *ders.* NJW 1983, 859; *Hitzlberger* NJW 1982, 2854; *ders.* NJW 1983, 860; *Piehler* DNotZ 1983, 22). Gegen Maklerklauseln wurde ins Feld geführt, dass es zu dieser Vertragsgestaltung zumeist komme, weil der Makler mit dem Notar (oft nur mit dem Bürovorsteher!) den Vertragsinhalt abspreche und dabei die Gelegenheit wahrnehme, sich wegen seiner Provision in der geschilderten Weise abzusichern ...« (*von Gerkan* NJW 1982, 1742). Solche Klauseln erhöhten ohne Notwendigkeit den Geschäftswert für den Vertrag und in entsprechendem Umfange die Notar- und die Grundbuchumschreibungsgebühren sowie die für die Grunderwerbsteuer maßgebende Gegenleistung. Im Schrifttum wurde die Berechtigung von Maklerklauseln insbesondere in den Fällen der Abwälzung und bei einem drohenden Vorkaufsrecht überzeugend dargelegt (*Hitzlberger* NJW 1982, 2854; *Piehler* DNotZ 1983, 22). Seitdem sollte Einigkeit darüber bestehen, dass Maklerklauseln weder per se verwerflich noch bedenklich sind (*Wälzholz* MittBayNot 2000, 357, 358). Gleichwohl gilt es zu betonen, dass die Aufnahme einer Maklerklausel dem Willen der Parteien entsprechen muss und sich eine standardmäßige Integration in das Vertragswerk verbietet. Andernfalls verstößt der Notar gegen § 17 BeurkG sowie gegen § 14 Abs. 1 S. 2 BNotO und setzt sich der Gefahr einer Haftung nach § 19 BNotO aus.

138 **3. Rechtliche Ausgestaltung.** Für eine rechtliche Ausgestaltung einer Maklerklausel besteht eine immense Bandbreite (*H. Roth* ZfIR 2014, 85; *Althammer* ZfIR 2012, 765; *Suppliet* DNotZ 2012, 270; *Frohne* NotBZ 2008, 58; *Grziwotz* MDR 2004, 61; *Bethge* NZM 2002, 193; *Wälzholz* MittBayNot 2000, 357).

139 In der Immobilienpraxis ist die im Formular verwendete Konstellation des Vertrags zugunsten Dritter am häufigsten (s. dazu BGH NJW 1998, 1552). In Betracht kommen aber auch
– eine Vertragsübernahme,
– eine befreiende Schuldübernahme (§§ 414 ff. BGB),
– ein Schuldbeitritt,
– ein deklaratorisches bzw. konstitutives Schuldanerkenntnis,
– ein unechter Vertrag zugunsten Dritter,

– eine Freistellungserklärung,
– eine Erfüllungsübernahme (§§ 329, 415 Abs. 3 BGB).

Nicht selten ist die Maklerklausel in der Praxis unklar formuliert. Dieser Umstand erhöht die Streitanfälligkeit. Zur Anwendbarkeit der Zwei-Wochen-Frist des § 17 Abs. 2a Satz 2 Nr. 2 BeurkG n.F. siehe *Althammer* MittBayNot 2014, 297.

4. Maklerklausel und Vorkaufsrechte. Gerade im Zusammenhang mit drohenden Vorkaufsrechten finden sich in notariellen Kaufverträgen häufig Maklerklauseln, aus denen der Makler eine Courtageberechtigung – meistens gegenüber dem Vorkaufsberechtigten – ableitet. Die Maklerklausel hat dann die Funktion, dass der Provisionsanspruch des Maklers gegenüber dem Käufer im Vorkaufsfall überdauert. Durch die Ausübung des Vorkaufsrechts zwischen dem Vorkaufsberechtigten und dem Verpflichteten (Verkäufer) wird ein selbständiger Kaufvertrag zu den gleichen Bedingungen neu begründet, wie er zwischen dem Verpflichteten und dem Dritten (Erstkäufer) abgeschlossen war. Daraus folgt der Grundsatz, dass der Vorkaufsberechtigte nicht nur den Kaufpreis, sondern schlechthin diejenigen Leistungen zu erbringen hat, die dem Erstkäufer nach dem Kaufvertrag oblegen hätten. Nach § 464 Abs. 2 BGB kommt jedoch nur »der Kauf« zwischen dem Vorkaufsberechtigten und Verpflichteten zustande, so dass solche Bestimmungen des Erstvertrages den Vorkaufsberechtigten nicht verpflichten, die wesensgemäß nicht zum Kaufvertrag gehören und sich darin als Fremdkörper darstellen. Letzteres ist in der Regel bei einer Vertragsgestaltung der Fall, die – bei objektiver Betrachtungsweise – völlig außerhalb des Abhängigkeitsverhältnisses von Leistung und Gegenleistung (Synallagma) des Kaufs liegt, so nur für den Vorkaufsfall getroffen wurde und den Parteien des Erstvertrages bei dessen Durchführung keine irgendwie gearteten Vorteile bringt. Bestimmungen über die Verteilung der Maklerkosten werden in der Regel nicht als Fremdkörper im Kaufvertrag angesehen, wenn diese Kosten sich im üblichen Rahmen hielten. Maklerkosten sind wirtschaftlich gesehen Erwerbskosten. Diese Fremdkörperrechtsprechung des BGH betrifft allerdings nur die Verteilung von zur Anbahnung des (Haupt-)Geschäfts bereits »entstandenen« Maklerkosten im Kaufvertrag. Es muss also bei Abschluss des Kaufvertrages bereits eine maklervertragliche Rechtsgrundlage durch einen Vertrag des Verkäufers und/oder des Käufers mit dem Makler bestehen (BGH WM 2007, 696; dazu *Würdinger* ZfIR 2007, 685; *Lindemann/Mormann* MDR 2007, 1113; *H. Roth* ZfIR 2014, 85).

F. Reservierungsvereinbarung

142 Tonio Texter, Texterstraße 6, 85057 Ingolstadt

– im Folgenden *Auftraggeber* –

und

Maklermix GmbH, Meisterstraße 5, 85057 Ingolstadt,

vertreten durch Markus Markinger

– im Folgenden *Makler* –

schließen folgende Reservierungsvereinbarung: [1]

§ 1 Maklervertrag, Kaufobjekt

(1) Der Auftraggeber hat den Makler am 10.06.2015 mit dem Nachweis der Gelegenheit zum Abschluss eines Kaufvertrags und/oder der Vermittlung eines solchen Vertrags beauftragt. Die Maklerprovision beträgt 3,48 % einschließlich der gesetzlichen Umsatzsteuer.

(2) Der Auftraggeber beabsichtigt, einen Kaufvertrag über folgendes vom Makler nachgewiesene und/oder vermittelte Objekt abzuschließen.

Objekt: Frühlingstraße 4, 85057 Ingolstadt,

Verkäufer und Eigentümer: Gustav Gottwald,

3. Etage; 2-Zimmer; Wohnfläche: ca. 64 qm

Kaufpreis: EUR 284.700

(3) Der Auftraggeber ist nicht verpflichtet, den Kaufvertrag mit dem Verkäufer abzuschließen. [2]

(4) Der Verkäufer hat den Makler beauftragt, den Verkauf des vorgenannten Objekts durchzuführen. Die Reservierung erfolgt mit Zustimmung des Verkäufers und Eigentümers. Zwischen dem Verkäufer und dem Makler besteht ein qualifizierter Alleinauftrag. [3,4]

§ 2 Reservierung

(1) Der Makler reserviert dem Auftraggeber das Objekt vom Tage der Unterzeichnung dieser Vereinbarung an bis zum 25.09.2015 (Reservierungszeit). [5]

(2) Der Makler verpflichtet sich, während dieses Zeitraums das Objekt keinen anderen Interessenten nachzuweisen und auch keine Vertragsverhandlungen über dieses Objekt mit anderen Interessenten zu führen.

§ 3 Reservierungsgebühr

(1) Der Auftraggeber zahlt an den Makler eine Reservierungsgebühr in Höhe von 900 EUR einschließlich der gesetzlichen Umsatzsteuer. [6]

(2) Der Auftraggeber kann die Vereinbarung bis zum Ablauf der halben Reservierungszeit kündigen. Die Kündigung bedarf der Schriftform. Die Reservierungsgebühr mindert sich dann um 25 %.

(3) Die Reservierungsgebühr ist mit Abschluss dieser Vereinbarung fällig.

(4) Verstößt der Makler gegen eine seiner in § 2 genannten Pflichten, so entfällt der Anspruch auf die Reservierungsgebühr. Ansprüche auf Schadensersatz bleiben unberührt.

(5) Der Anspruch auf die Reservierungsgebühr ist ausgeschlossen, wenn der Verkäufer während der Reservierungszeit die Vertragsverhandlungen mit dem Auftraggeber abbricht oder einen Kaufvertrag mit einem anderen Interessenten abschließt.

(6) Kommt der Kaufvertrag zwischen dem Verkäufer und dem Auftraggeber zustande, so erstattet der Makler dem Auftraggeber die Reservierungsgebühr unverzinst zurück. Der Makler ist berechtigt, die Reservierungsgebühr auf die Maklerprovision anzurechnen.

Ingolstadt, den 03.09.2015   Ingolstadt, den 03.09.2015

Unterschrift Makler   Unterschrift Auftraggeber

Erläuterungen

1. Reservierungsvereinbarung: *1.1* **Definition.** Bei einer Reservierungsvereinbarung handelt es sich um keinen Maklervertrag. Der Makler verpflichtet sich gegenüber dem Kaufinteressenten, das Kaufobjekt ohne Vorbehalt zu reservieren und keinem anderen Interessenten anzubieten oder jedenfalls dem jeweiligen Kaufinteressenten den Vorzug vor anderen zu geben. Reservierungsvereinbarungen werden von Maklern in der Regel abgeschlossen, um sich gegen ein Abspringen des Kunden vor der Beurkundung des Kaufvertrags abzusichern (BGH NJW 1988, 1716, 1717). Aber auch der Käufer ist an einer derartigen Regelung häufig interessiert: Er lässt sich das Grundstück reservieren, indem er die Tätigkeit des Maklers mit anderen Kaufinteressenten »unterbricht«. Er kann innerhalb der Reservierungszeit seine Kaufentscheidung überdenken und die Finanzierung regeln (zur »doppelnutzigen« Reservierungsvereinbarung ausf. *Würdinger* NZM 2011, 539). 143

1.2 **Wirksamkeitshindernisse.** Die Wirksamkeit von Reservierungsvereinbarungen wird im Schrifttum kontrovers diskutiert und weitgehend verneint (*Dehner*, Maklerrecht, 2001 Rn. 383 ff.: »bedenkliches Rechtsgeschäft«; »schlechthin sittenwidrig«; *Hamm/Schwerdtner* Maklerrecht, 6. Aufl. 2012, Rn. 844 ff.; *Hättig* NZM 2000, 113, 117). Die Kautelarpraxis kann trotz der grundlegenden Entscheidung des BGH aus dem Jahr 1988 (BGH NJW 1988, 1716; dazu *J. Breiholdt* MDR 1989, 31) auf keine höchstrichterliche Rechtsprechung zurückgreifen, die eine hohe »Wirksamkeitswahrscheinlichkeit« garantieren könnte. Dieses Risikos müssen sich die Parteien bewusst sein. Ein rechtlicher Berater muss darauf hinweisen. 144

Im Kern werden drei Wirksamkeitsschranken erörtert: 145
– die Sittenwidrigkeit einer solchen Vereinbarung nach § 138 Abs. 1 BGB,
– die Formnichtigkeit nach § 125 S. 1 BGB, wenn die Vereinbarung nicht notariell beurkundet wurde (analog § 311b Abs. 1 BGB),
– die Unwirksamkeit nach § 307 BGB, wenn die Vereinbarung – wie in der Regel – nicht individuell ausgehandelt wurde.

a) **Sittenwidrigkeit.** Nach einer Auffassung im Schrifttum sind Reservierungsvereinbarungen »schlechthin sittenwidrig« und daher nach § 138 Abs. 1 BGB nichtig (Vertragsbruchstheorie, *Dehner* Maklerrecht 2001, Rn. 385). Der BGH hat zwei Fälle der Sittenwidrigkeit solcher Vereinbarungen benannt: 146
– Eine Reservierungsverpflichtung, die zeitlich unbegrenzt gilt, ist nach § 138 Abs. 1 BGB nichtig. Vertragsverletzungen sind zwar als solche nicht sittenwidrig; wohl aber werden die Schran-

ken der guten Sitten überschritten, wenn eine Abrede bewusst darauf gerichtet ist, jemanden zum Vertragsbruch anzuhalten, sei es hinsichtlich einer Haupt- oder einer Nebenpflicht. Diese Voraussetzungen sind bei einer unbefristeten Reservierungsvereinbarung gegeben, bei der sich der Makler und Verkaufsbeauftragte vom Käufer eine Vergütung dafür versprechen lässt, dass er seine Verpflichtungen gegenüber dem Verkäufer nicht korrekt erfüllt, also eine ihm übertragene Machtstellung dazu ausnutzt, sich einen unangemessenen Sondervorteil zu Lasten seines Auftraggebers zu verschaffen (BGH NJW 1988, 1716, 1717).
- Eine befristete Reservierungsvereinbarung ist ebenso nach § 138 Abs. 1 BGB nichtig, wenn der Kaufinteressent nur zur Zahlung eines unangemessen niedrigen Kaufpreises bereit ist (BGH NJW 1988, 1716, 1717).

147 **b) Formbedürftigkeit.** Eine Formbedürftigkeit ergibt sich nicht aus dem Gesichtspunkt, dass ein indirekter Zwang zur Veräußerung ausgeübt wird. Der Druck, der durch die Reservierungsvereinbarung ausgeübt wird, richtet sich nicht gegen den Veräußerer, sondern gegen den Makler und den Kaufinteressenten. Die zwischen den Parteien getroffene Abmachung kann nicht einer Veräußerungsverpflichtung, sondern allenfalls einem (schuldrechtlichen) Veräußerungsverbot gleichgestellt werden. Es ist jedoch in Rechtsprechung und Schrifttum allgemein anerkannt, dass auch ein Eigentümer ein solches Veräußerungsverbot formfrei mit einem Dritten vereinbaren kann (BGH NJW 1963, 1602). Das muss dann erst recht gelten, wenn eine solche negative Verpflichtung nicht vom Eigentümer (oder sonst Verfügungsberechtigten) selbst, sondern von einem Makler übernommen wird (BGH NJW 1988, 1716, 1717).

148 Entgeltliche Reservierungsvereinbarungen können aber deshalb formbedürftig nach § 311b Abs. 1 BGB analog sein, weil durch sie auf den Kaufinteressenten ein unzulässiger Druck zum Erwerb des Grundstücks ausgeübt werde. Nach ihrem Zweck und in ihren wirtschaftlichen Auswirkungen entsprechen Reservierungsvereinbarungen den Vertragsklauseln, durch die der Maklerkunde auch für den Fall, dass er die Beurkundung des Vertrages ablehnt oder verhindert, sich voll oder teilweise zur Zahlung der vereinbarten Provision verpflichtet. Der BGH wendet daher auf Reservierungsvereinbarungen die Grundsätze an, die für die Formbedürftigkeit der Vereinbarung erfolgsunabhängiger Provisionen gelten. Die Reservierungsgebühr darf die Grenze von 10 % der erwarteten Maklerprovision nicht übersteigen; auch andere Gründe, die für einen unangemessenen Druck sprechen, dürfen nicht vorliegen (BGH NJW 1988, 1716, 1717).

149 **c) Unwirksamkeit aus AGB-rechtlichen Gründen.** Selbst wenn die Reservierungsgebühr der Höhe nach nicht zu beanstanden ist, kann eine Reservierungsvereinbarung dennoch in Allgemeinen Geschäftsbedingungen unzulässig und nach § 307 BGB unwirksam sein. Dies ist der Fall, wenn die Reservierungsvereinbarung einen Teil der dem Maklervertrag zugrunde liegenden Allgemeinen Geschäftsbedingungen bildet. Maßgeblich ist, ob der Makler die Reservierungsvereinbarung dem Kunden zusätzlich zum Maklervertrag angeboten und ihm freigestellt hat, ob er den Maklervertrag mit oder ohne Reservierungsvereinbarung abschließen wolle (BGH NJW 1988, 1716, 1717). Nach der jüngsten Rechtsprechung des BGH ist der Nutzen einer solchen Vereinbarung für den Kunden mithin sehr eingeschränkt (BGH NZM 2010, 871, 873). Schließlich bleibe zum einen das Recht des Verkaufsinteressenten unberührt, die Verkaufsabsicht aufzugeben. Zum anderen hätte der Verkaufsinteressent auch ohne Einschaltung des Maklers an Dritte veräußern können. Derartige Eigengeschäfte des Verkäufers sind ihm nur dann untersagt, wenn er sich an einen Makler in einem sog. qualifizierten Alleinauftrag gebunden hat. Nur dann kann der Makler überhaupt das Grundstück »reservieren«; nur dann kann er einen Verkauf an einen anderen Interessenten zuverlässig verhindern. Allerdings ist hierfür eine Individualvereinbarung erforderlich. Nur der einfache Alleinauftrag kann auch in Allgemeinen Geschäftsbedingungen wirksam vereinbart werden. Der BGH geht nicht darauf ein, ob er die Interessenabwägung im Falle eines qualifizierten Alleinauftrags möglicherweise anders bewerten würde. Zudem ist die Leistung des Maklers nach dem BGH in der Regel keine ins Gewicht fallende Verzichtsleistung (BGH NZM 2010, 871). Offen lässt der BGH, ob die Beurteilung anders ausfallen könnte, wenn die Zeitdauer der Reservierung erhöht würde. Dabei ist allerdings zu beachten, dass eine Überlänge wiederum die

Sittenwidrigkeit der Vereinbarung auslöst. Eine andere Justierung, die Leistung und Gegenleistung in ein Gleichgewicht bringen könnte, ist eine Reduzierungsklausel beim Entgelt. Festzusetzen ist dann kein starres Reservierungsentgelt für die Reservierungszeit. Das Entgelt sollte sich abgestuft nach der tatsächlich in Anspruch genommenen Überlegungsfrist des Interessenten orientieren. M.E. ist eine solche Klausel nunmehr unbedingt erforderlich, um überhaupt aus dem Schatten des § 307 BGB herauswachsen zu können (in diesem Sinne *Würdinger* NZM 2011, 539, 541).

2. Keine Abschlusspflicht. Das Formular stellt klar, dass der Auftraggeber nicht verpflichtet ist, den Kaufvertrag abzuschließen. Seine Abschluss- und Entschließungsfreiheit bleibt *de iure* unberührt, auch wenn *de facto* durch die Reservierungsgebühr eine Beeinträchtigung nicht von der Hand zu weisen ist. Daher sind die nachfolgenden Grenzen einer Reservierungsvereinbarung strikt einzuhalten.

3. Zustimmung des Verkäufers und Eigentümers. Der Makler muss die Reservierung mit dem Verkäufer abstimmen, schließlich verpflichtet er sich in der Reservierungsvereinbarung etwas zu unterlassen, was er dem Verkäufer aufgrund des Alleinauftrags mit diesem schuldet (*Dehner* Maklerrecht 2001,Rn. 383). Eine Zustimmung des Eigentümers des reservierten Grundstücks ist erforderlich (*J. Breiholdt* MDR 1989, 31; *Staudinger/Reuter* §§ 652, 653 Rn. 195). Der Makler sollte sich diese Zustimmung vom Verkäufer und Eigentümer schriftlich bestätigen lassen.

Frühlingstraße 4, 85057 Ingolstadt,

»*Ich bin damit einverstanden, dass Sie das Kaufobjekt …*

3. Etage; 2-Zimmer; Wohnfläche: ca. 64 qm 25.09.2011

… bis zum … zum

Kaufpreis von … für ihren Auftraggeber … reservieren.«

4. Qualifizierter Alleinauftrag. Teilweise wird für die Wirksamkeit einer Reservierungsvereinbarung ein qualifizierter Alleinauftrag des Verkäufers mit dem Makler eingefordert. Jedenfalls dann sollten diese Vereinbarungen in AGB nicht deshalb an § 138 BGB scheitern, weil Interessen des Kunden verletzt sind (MüKo/*Roth* § 652 Rn. 73a). Nur beim qualifizierten Alleinauftrag sind dem Verkäufer auch Eigengeschäfte untersagt, so dass der Makler überhaupt das Grundstück »reservieren« kann; nur dann kann er einen Verkauf an einen anderen Interessenten zuverlässig verhindern (*Dehner* Rn. 383). Das Formular geht den »sichersten Weg« und fordert einen qualifizierten Alleinauftrag, der nur bei einer Individualvereinbarung wirksam ist und daher in praxi selten vorkommt.

5. Zeitliche Befristung. Wie ausgeführt, ist eine Reservierungsverpflichtung, die zeitlich unbegrenzt gilt, nach § 138 Abs. 1 BGB nichtig (BGH NJW 1988, 1716, 1717). Die Reservierungsvereinbarung muss anders gewendet eine zeitlich begrenzte Gültigkeitsdauer haben.

5.1 Reservierungszeit. Die sachgerechte Reservierungszeit richtet sich nach den Umständen des Einzelfalls. Sie sollte in etwa ein Monat betragen (LG Frankfurt NJW 1984, 2419: »verkehrsüblicher, geringer Zeitraum«). Eine zu kurze Frist wird dem Auftraggeber in der Regel wenig nützen.

5.2 Kündigung. Die Parteien können vereinbaren, dass sich die Reservierungsgebühr um einen bestimmten Prozentsatz reduziert, wenn der Auftraggeber die Reservierung rechtzeitig kündigt (zum Erfordernis s. Ziff. 1.2c). Noch rechtssicherer ist freilich eine Reduzierung bereits bei einer Kündigung nach einem Viertel der Reservierungszeit und eine noch stärkere Reduzierung des Entgelts.

6. Höhe der Reservierungsgebühr. Zu beachten ist – wie dargelegt – die 10 % Grenze: Die Reservierungsgebühr darf die Grenze von 10 % der erwarteten Maklerprovision nicht übersteigen (BGH NJW 1988, 1716, 1717). Andernfalls bedarf die Reservierungsvereinbarung zu ihrer Wirksamkeit der notariellen Beurkundung.

G. Provisionsklage

158 **An das**

Landgericht Regensburg **1**

Klage

In Sachen

Maklermix GmbH, Meisterstraße 10, 85057 Ingolstadt

vertreten durch den Geschäftsführer Markus Markinger, ebendort

– Klägerin –

Prozessbevollmächtigter: RA Dr. Felix Bergmeister, Börgstraße 10, 85055 Ingolstadt

gegen

Tonio Texter, Texterstraße 6, 93047 Regensburg

– Beklagter –

wegen Maklerprovision

Streitwert: 9.907,56 €

Namens und in Vollmacht der Klägerin erhebe ich Klage und werde beantragen:

I. Der Beklagte wird verurteilt, an die Klägerin 9.907,56 € nebst Zinsen hieraus in Höhe von fünf Prozentpunkten über dem Basiszinssatz p.a. seit 17.10.2015 zu zahlen. **2**

II. Der Beklagte trägt die Kosten des Rechtsstreits.

III. Das Urteil ist vorläufig vollstreckbar.

Kommt es zu einem schriftlichen Vorverfahren (§ 276 Abs. 1 ZPO), so beantrage ich für den Fall, dass der Beklagte seine Verteidigungsbereitschaft nicht rechtzeitig anzeigt, gegen ihn ein Versäumnisurteil zu erlassen (§ 331 Abs. 3 ZPO).

Begründung:

I. In tatsächlicher Hinsicht ist auszuführen:

1. Die Parteien schlossen am 10.06.2015 einen schriftlichen Maklervertrag. Der Beklagte erteilte der Klägerin einen Makler-Alleinauftrag. Danach sollte die Klägerin der Beklagten als Käuferin das Objekt: Frühlingstraße 4, 85057 Ingolstadt (3. Etage; 2-Zimmer; Wohnfläche: ca. 64 qm) nachweisen und/oder vermitteln. Der Beklagte versprach der Klägerin eine Maklerprovision in Höhe von 3,48 % des Kaufpreises, wenn infolge der Tätigkeit der Klägerin der Kaufvertrag zustande kommt.

Beweis: Maklervertrag vom 10.06.2015 in Anlage K 1

2. Der Geschäftsführer der Klägerin, Markus Markinger, gab dem Beklagten am 04.09.2015 Informationen über das Objekt in der Frühlingstraße 4 (insbesondere die genauen Angaben zum Grundstück sowie Name und Adresse des verkaufsbereiten Eigentümers Gustav Gottwald). Der Beklagte konnte so selbständig in Verhandlungen mit dem Eigentümer eintreten.

Beweis: Nachweisschreiben der Klägerin an den Beklagten vom 04.09.2015 in Anlage K 2

Außerdem wirkte der Geschäftsführer der Klägerin am 05.09.2015 auf die Abschlussbereitschaft des Eigentümers und Verkäufers Gustav Gottwald ein, dem er den Beklagten bei einem Besichtigungstermin am selben Tag auch persönlich vorstellte.

Beweis: Zeugnis des Herrn Gustav Gottwald

3. Am 25.09.2015 schloss der Beklagte daraufhin mit dem Zeugen Gottwald einen notariell beurkundeten Kaufvertrag über das vorbenannte Objekt zum Kaufpreis von 284.700 € .

In Ziffer 10. des Kaufvertrags heißt es:

»Der Käufer verpflichtet sich, auch dem Verkäufer gegenüber, an die Maklermix GmbH, Meisterstraße 10, 85057 Ingolstadt die Provision in Höhe von 3,48 % aus dem Kaufpreis zu zahlen. Der Makler erhält mit dieser Vereinbarung einen selbständig begründeten Anspruch (echter Vertrag zugunsten Dritter, § 328 Abs. 1 BGB).«

Beweis: Kaufvertrag vom 25.09.2015 in Anlage K 3

4. Die Klägerin stellte der Beklagten am 03.10.2015 eine Rechnung in Höhe von 9.907,56 € (3,48 % von 284.700 €).

Beweis: Rechnung vom 03.10.2015 in Anlage K 4

Der Beklagte zahlte den Rechnungsbetrag nicht. Die Klägerin forderte den Beklagten mit Schreiben vom 16.10.2015 unmissverständlich auf, den Betrag sofort zu zahlen.

Beweis: Schreiben vom 16.10.2015 in Anlage K 5

II. In rechtlicher Hinsicht ist auszuführen: [3]

1. Der Klageanspruch ergibt sich sowohl aus § 652 Abs. 1 S. 1 BGB als auch aus § 328 Abs. 1 BGB i.V.m. Ziff. 10 des notariellen Kaufvertrags.

a) Die Parteien schlossen einen Maklervertrag i.S. des § 652 BGB. Die Klägerin erbrachte sowohl einen Nachweis als auch eine Vermittlungsleistung, die jeweils für das Zustandekommen des notariellen Kaufvertrags vom 25.09.2015 kausal waren.

Die Darlegungs- und Beweislast für die Ursächlichkeit des Nachweises oder der Vermittlung trägt der Makler. Allerdings ergibt sich nach der höchstrichterlichen Rechtsprechung »von selbst« ein Schluss auf den ursächlichen Zusammenhang zwischen der Nachweistätigkeit und dem Vertragsschluss. Anders gewendet: Die Kausalität wird vermutet. Der BGH führt aus, dass dies allerdings nicht mehr gilt, wenn jedenfalls ein Jahr (oder mehr) zwischen dem Nachweis und dem Hauptvertragsschluss vergangen ist (BGH NJW 2006, 3062; *Mydlak* ZfIR 2006, 794). 3 ½ Monate sah der BGH ausdrücklich als angemessenen Zeitabstand für eine Kausalitätsvermutung an (BGH NJW 2008, 651). Hier beträgt der Zeitraum deutlich unter 3 ½ Monate.

b) Bei der Maklerklausel in Ziff. 10 des notariellen Kaufvertrags handelt es sich um einen echten Vertrag zugunsten der Klägerin. Nach § 328 Abs. 1 BGB i.V.m. dieser Maklerklausel erwarb die Klägerin einen unmittelbaren Anspruch gegenüber dem Beklagten (BGH NJW 1998, 1552).

c) Die Höhe der Provision ergibt sich aus dem Kaufpreis in Höhe von 284.700 € multipliziert mit der vereinbarten Maklerprovision von 3,48 % .

2. Der Zinsanspruch ergibt sich aus §§ 286 Abs. 1, 288 Abs. 1 BGB. [4]

Der Provisionsanspruch war mit dem Zustandekommen des nachgewiesenen und vermittelten Kaufvertrags am 25.09.2015 fällig. Die eindeutige Zahlungsaufforderung vom 16.10.2015 ist eine Mahnung. Sie wurde auch ausdrücklich als solche von der Klägerin bezeichnet. Der Beklagte nahm die Leistungshandlung zu diesem Zeitpunkt nicht vor. Somit kam der Beklagte in Schuldnerverzug (§ 286 Abs. 1 BGB). Das Vertretenmüssen des Beklagten wird nach § 286 Abs. 4 BGB vermutet. Gemäß § 187 Abs. 1 BGB analog besteht der Zinsanspruch ab dem 17.10.2015 .

 Unterschrift .

 (Rechtsanwalt Dr. Bergmeister) .

Erläuterungen

159 **1. Zuständigkeit des Gerichts.** *1.1 Internationale Zuständigkeit.* Bei einem Fall mit Auslandsberührung ist zu klären, ob die Verordnung (EG) Nr. 44/2001 des Rates vom 22.12.2000 über die gerichtliche Zuständigkeit und die Anerkennung und Vollstreckung von Entscheidungen in Zivil- und Handelssachen (EuGVVO) anwendbar ist: Nach dem Obersten Gerichtshof Österreichs (OGH) zählt der Maklervertrag zu den Dienstleistungsverträgen i.S. des Art. 7 Nr. 1 lit. b EuGVVO, so dass es im Anwendungsbereich der EuGVVO zu einem einheitlichen Gerichtsstand des Erfüllungsorts kommt. Dies ist der Ort der Maklertätigkeit (BGH NJW 2015, 2339; zum Maklervertrag im europäischen Zuständigkeitsrecht s. auch *Kienle* IPRax 2006, 614). Gegebenfalls kommt aber vorrangig der ausschließliche Verbrauchergerichtsstand nach Art. 18 Abs. 2, 17 Abs. 1 lit. c EuGVVO am Wohnsitz des Verbrauchers zum Zuge.

160 *1.2 Sachliche Zuständigkeit.* Es gibt für das Maklerprovisionsrecht keine streitwertunabhängige Zuständigkeit, so dass bei Streitwerten bis 5.000 EUR das Amtsgericht, im Übrigen das Landgericht sachlich zuständig ist (§ 1 ZPO i.V.m. §§ 23 Nr. 1, § 71 Abs. 1 GVG).

161 *1.3 Örtliche Zuständigkeit.* Der allgemeine Gerichtsstand liegt am Wohnsitz des Beklagten (§§ 12, 13 BGB; speziell zum Maklerprovisionsrecht BayObLG NJW-RR 1998, 1291).

162 Im Raum steht auch der besondere Gerichtsstand des Erfüllungsorts (§ 29 ZPO), den der Kläger wahlweise geltend machen kann (§ 35 ZPO). Nach § 29 Abs. 1 ZPO ist das Gericht des Ortes zuständig, an dem die streitige Verpflichtung zu erfüllen ist. Dieser Erfüllungsort bestimmt sich – sofern keine gesetzlichen Sonderregelungen eingreifen – nach dem Leistungsort, der aus § 269 Abs. 1 und 2 BGB folgt. Die dispositive Norm des § 269 Abs. 1 BGB stellt die Regel auf, dass die Leistung an dem Ort zu erfolgen hat, an welchem der jeweilige Schuldner zur Zeit der Entstehung des Schuldverhältnisses seinen Wohnsitz hatte. Dies ist beim Provisionsanspruch des Maklers als Geldschuld der Wohnsitz des Maklerkunden (§§ 270 Abs. 4, 269 Abs. 1 BGB). Die Entstehung des Schuldverhältnisses i.S. von § 269 Abs. 1 BGB liegt für die Maklerprovision schon im Abschluss des Maklervertrages und nicht erst im Abschluss des die Maklerprovision auslösenden Geschäfts. (OLG Stuttgart NJW-RR 1987, 1076; *Zöller/Vollkommer* § 29 Rn. 25). Beim Maklervertrag ist nicht ohne weiteres von einem einheitlichen Erfüllungsort der beiderseitigen Leistungen auszugehen. Der Umstand, dass der Schwerpunkt der vertraglichen Beziehungen am Ort der Tätigkeit des Maklers liegt, reicht für sich allein nicht aus, diesen Ort als Erfüllungsort auch für die Gegenleistung des Auftraggebers anzusehen (OLGR Koblenz 2000, 298).

2. Klageantrag. *2.1 Zahlungsklage.* Zur Berechnung der Maklerprovision ist der Kaufpreis mit dem vereinbarten Provisionssatz zu multiplizieren. Die Umsatzsteuer schuldet der Maklerkunde nur, wenn dies ausdrücklich vereinbart wurde.

2.2 Auskunftsanspruch/Stufenklage. §§ 652 ff. BGB enthalten zwar keinen spezial gesetzlichen Auskunftsanspruch. Der Makler kann dennoch gemäß § 242 BGB von seinem Auftraggeber Auskunft über die für die Entstehung und Berechnung seines Provisionsanspruchs maßgeblichen Umstände verlangen (BGH NJW-RR 2001, 705; BGH NJW-RR 1990, 1370). Der Auskunftsanspruch setzt voraus, dass ein Provisionsanspruch wahrscheinlich besteht. Eine Auskunft muss nicht erteilt werden, wenn ein Provisionsanspruch von vornherein ausscheidet (*Hamm/Schwerdtner* Rn. 643).

Bei der Bemessung des Streitwerts der Auskunftsklage ist in erster Linie auf den für die Auskunftserteilung erforderlichen Zeit- und Kostenaufwand abzustellen; ggf. ist auch ein Geheimhaltungsinteresse zu berücksichtigen (BGH NJW-RR 1995, 764).

Der Makler kann den Auskunftsanspruch gegenüber dem Auftraggeber mit einer etwaigen Zahlungsklage in einer Stufenklage kombinieren (§ 254 ZPO). Der Vorteil der Stufenklage liegt darin, dass der noch nicht bezifferbare Provisionsanspruch schon mit Erhebung der Stufenklage rechtshängig wird. Die Stufenklage hemmt die Verjährung des Provisionsanspruchs (§ 204 Abs. 1 Nr. 1 BGB; nach altem Recht: Unterbrechung der Verjährung, BGH NJW 1992, 2563). Es handelt sich um eine dreistufige Klage:
– 1. Stufe: Auskunft,
– 2. Stufe: eidesstattliche Versicherung,
– 3. Stufe: Leistung.

1. Der Beklagte wird verurteilt, der Klägerin Auskunft darüber zu erteilen, ob er einen Kaufvertrag über das Grundstück … Frühlingstraße 4, 85057 Ingolstadt abgeschlossen hat, wer der Verkäufer ist und bejahendenfalls die Höhe und genaue Zusammensetzung des Kaufpreises mitzuteilen.

2. Der Beklagte wird erforderlichenfalls verurteilt, die Richtigkeit und Vollständigkeit der Auskünfte nach Ziffer I eidesstattlich zu versichern.

3. Der Beklagte wird, gegebenenfalls nach Erledigung von Ziffer II, verurteilt, an die Klägerin einen sich nach Erteilung der Auskunft zu bestimmenden Betrag (… 3,48 % von dem sich aus Ziffer II. ergebenden Kaufpreis) nebst Zinsen in Höhe von fünf Prozentpunkten über dem Basiszinssatz seit Rechtshängigkeit zu zahlen.

Zum Grundbucheinsichtsrecht (§ 12 GBO) eines Immobilienmaklers: OLG Dresden NZM 2010, 447: »allenfalls dann, wenn eine beträchtliche Wahrscheinlichkeit für die behauptete Entstehung eines nach der Kaufpreishöhe zu berechnenden Provisionsanspruchs spricht.« Umfassend *Grziwotz* MDR 2013, 433.

3. Anspruchsgrundlagen. Bei Sachverhalten mit Auslandsberührung ist das anwendbare Recht nach Art. 3 Abs. 1, 4 Rom I-VO zu ermitteln (FA MietRWEG/*Fehrenbacher* Kap. 24 Rn. 10, Art. 27 ff. EGBGB wurden gestrichen; ausführlich zum alten Recht noch *Klingmann* Maklerverträge im Internationalen Privatrecht, 1999). Bei vorliegendem reinem Inlandssachverhalt besteht kein *conflict of laws*; es kommt deutsches Recht zur Anwendung.

Ein Maklerprovisionsanspruch kann sich aufgrund eines Maklervertrags, eines selbständigen Provisionsversprechens (BGH WuM 2006, 632) oder einer Maklerklausel im Hauptvertrag (BGH WM 2007, 696) ergeben (»drei Säulen des Maklerprovisionsrechts«; *Würdinger* JZ 2009, 349). *In casu* waren die beiden Hauptspuren einschlägig: § 652 Abs. 1 S. 1 BGB (Maklervertrag) und § 328 Abs. 1 BGB i.V.m. dem Kaufvertrag (Maklerklausel). Zu den einzelnen Voraussetzungen: Formular Käufer Maklervertrag und Formular Maklerklausel.

4. Zinsanspruch. Ein Zinsanspruch kann sich insbesondere aufgrund eines Schuldnerverzugs (Verzugszinsen) oder aufgrund eintretender Rechtshängigkeit (Prozesszinsen) ergeben.

173 **4.1 Verzugszinsen.** *In casu* ergab sich der Zinsanspruch aufgrund eines Schuldnerverzugs, der durch eine Mahnung ausgelöst wurde (§§ 288, 286 Abs. 1 BGB). Die Mahnung kann nach § 286 Abs. 2 BGB entbehrlich sein. Ist eine Mahnung nicht erfolgt und auch nicht entbehrlich, so tritt Schuldnerverzug 30 Tage nach Fälligkeit und Zugang einer Rechnung oder gleichwertigen Zahlungsaufstellung ein (§ 286 Abs. 3 BGB). Die Zinspflicht beginnt am Tag nach Eintritt des Verzugs (hier also am Tag nach der Mahnung), § 187 Abs. 1 BGB analog (Palandt/*Grüneberg* § 286 Rn. 35; MüKo-BGB/*Ernst* § 288 Rn. 16).

174 **4.2 Prozesszinsen.** Liegen die Voraussetzungen des § 286 BGB nicht vor, so können jedenfalls »Zinsen in Höhe von fünf Prozentpunkten über dem Basiszinssatz seit Rechtshängigkeit« als Prozesszinsen (§§ 291, 288 BGB) geltend gemacht werden.

175 **4.3 Zinshöhe.** Die Höhe von Verzugs- und Rechtshängigkeitszinsen beträgt – abweichend vom gesetzlichen Zinssatz von 4 % bzw. 5 % bei beiderseitigen Handelsgeschäften (§ 246 BGB, § 352 HGB) – fünf Prozentpunkte über dem Basiszinssatz i.S. des § 247 BGB. Ist der Maklerkunde ebenfalls kein Verbraucher i.S. des § 13 BGB, so ist der Zinssatz acht Prozentpunkte über dem Basiszinssatz (§ 288 Abs. 2 BGB). Ein höherer Zinssatz kommt in Frage, wenn sich der Beklagte in Verzug befand und der Kläger dadurch einen höheren Schaden erlitten hat (§ 288 Abs. 3 BGB, etwa Aufwendung von Kreditzinsen, Verlust von Anlagezinsen). Hierzu muss entsprechend vorgetragen werden.

Teil 5 Nachbarrecht

A. Beseitigungs- und Unterlassungsansprüche (Abwehransprüche)

I. Abmahnung

An [1]
Name
Anschrift

Ruhestörung

Sehr geehrte _____,

ausweislich anliegender Vollmacht vertrete ich Ihren Nachbarn,

Herrn _____

In den vergangenen Wochen ist es immer wieder zu erheblichen Lärmbelästigungen gekommen, die von Ihrem Grundstück ausgegangen sind.

Im Einzelnen sind folgende Vorfälle dokumentiert:

1. Datum
Art der Störung
Dauer der Störung
Zeugen

2. Datum
Art der Störung
Dauer der Störung
Zeugen

…

Diese Lärmemissionen sind wesentlich und nicht ortsüblich. Daher hat mein Mandant diese Belästigungen auch nicht zu dulden (§ 906 BGB). Vielmehr hat er nach § 1004 BGB einen Anspruch darauf, dass Sie diese Lärmemissionen unterlassen.

Sofern Sie nicht in Person für die Störungen verantwortlich sind, haben Sie alles Ihnen Zumutbare zu tun, um künftige Störungen zu unterbinden.

Mein Mandant beabsichtigt, seinen Unterlassungsanspruch gerichtlich geltend zu machen, wenn es zu weiteren Störungen kommen sollte.

Mit freundlichem Gruß,

Erläuterungen

1. Notwendigkeit einer Abmahnung. *1.1* Eine Abmahnung ist grundsätzlich nicht Voraussetzung für die Geltendmachung eines nachbarrechtlichen Unterlassungsanspruchs (hier wegen ruhestörenden Lärms). Da aber in der Regel zwischen dem Beginn der Störungen und der gerichtlichen Auseinandersetzung ein längerer Zeitraum liegen wird, ist es zu empfehlen, recht frühzeitig die Störungen in einem »Lärmprotokoll« zu dokumentieren. Das erleichtert die spätere gerichtliche Auseinandersetzung (*Horst* Nachbarrecht, Rn. 778). Außerdem kann vor Gericht besser dargelegt werden, dass zunächst außergerichtlich versucht wurde, den Störer von seinem störenden Verhalten abzubringen.

3   *1.2* Außerdem sind Fälle denkbar, in denen der angegangene Nachbar seinerseits zunächst Unterlassungsansprüche gegenüber Dritten, etwa Mietern, geltend machen muss. Auch hierfür würde es eines solchen Protokolls bedürfen.

4   *1.3* Mit einer Abmahnung auf der Grundlage eines Lärmprotokolls wird auch deutlich gemacht, dass bisheriges Zuwarten nicht als konkludente Duldung des störenden Verhaltens verstanden werden darf.

II. Schlichtungsantrag

5   **An die [1]**

_____ [2]

als Güte- und Schlichtungsstelle

In Sachen

_____

– Antragsteller –

Bevollmächtigter: Rechtsanwalt _____ [3]

gegen

_____

– Antragsgegner –

bitte ich um Durchführung eines Schlichtungsverfahrens.

Der Antragsteller ist Eigentümer des Grundstücks _____ in _____ (Flurstück). Der Antragsgegner ist Eigentümer des benachbarten Grundstücks _____ in _____ (Flurstück). [4]

Der Antragsteller begehrt von dem Antragsgegner die Mitwirkung an der Beauftragung eines Fachunternehmens mit der Fällung eines Baumes sowie der notwendigen Nebenarbeiten und die Übernahme der hälftigen Kosten dieser Maßnahme.

Begründung:

Auf der Grundstücksgrenze steht eine etwa 65 Jahre alte Fichte. Diese Fichte ist von Schädlingen befallen und infolge der vorhandenen Schädigungen nicht mehr standsicher. Ein entsprechendes Baumgutachten liegt vor und ist diesem Antrag als Anlage beigefügt. [5]

Eine Fällgenehmigung liegt ebenfalls bereits vor. [6]

Bisherige Verhandlungen mit dem Antragsgegner über die erforderliche Beseitigung dieses Baumes blieben bislang erfolglos.

Ich bitte um zeitnahe Anberaumung eines Schlichtungstermins und beantrage bereits jetzt die Erteilung einer Bescheinigung über die Erfolglosigkeit des Schlichtungsverfahrens, wenn [7]

- ein Vergleich im Schlichtungsverfahren nicht zustande gekommen ist,
- der Antragsgegner zum Schlichtungstermin nicht erschienen ist oder diesen vorzeitig verlassen hat,

- das Schlichtungsverfahren nicht innerhalb von drei Monaten nach Antragstellung und vollständiger Einzahlung des Kostenvorschusses durchgeführt wurde oder
- die Schlichtungsstelle der Auffassung ist, dass die Voraussetzungen für die Durchführung des Schlichtungsverfahrens nicht vorliegen.

Datum

Unterschrift

Erläuterungen

1. Schlichtungsverfahren. In einigen Bundesländern ist für eine Vielzahl nachbarrechtlicher Streitigkeiten vorgeschrieben, dass eine Klage erst zulässig ist, wenn vorher ein außergerichtliches Schlichtungsverfahren durchgeführt wurde. Rechtsgrundlagen sind § 15a EGZPO und aufgrund dieser Vorschrift erlassene Landesgesetze (Übersicht bei *Zietsch/Röschmann* Beilage zu NJW Heft 5/2001 sowie bei *Zöller/Heßler* ZPO, Rn. 27 zu § 15a EGZPO). Schlichtungsgesetze gibt es in Rheinland-Pfalz, Sachsen-Anhalt, Bayern, Brandenburg, Hessen, Nordrhein-Westfalen, Saarland und Schleswig-Holstein. Die Gesetze sind teils noch befristet. Es ist aber davon auszugehen, dass die Befristungen sukzessive aufgehoben und die Schlichtungsgesetze Dauerrecht werden.

2. Zuständigkeit. Welche Gütestelle zuständig ist, bestimmt das Landesrecht. Die Regelungen sind uneinheitlich, ebenso die Struktur der Güte- und Schlichtungsstellen. Teils sind Schlichtungsstellen die Notare oder hierfür registrierte Rechtsanwälte (Bayern), teils die von den Kommunen gewählten Schiedsleute (Hessen, Saarland). Örtlich zuständig ist in der Regel die Schiedsstelle in dem Amtsgerichtsbezirk, in dem der Gegner des Antragstellers seinen Wohnsitz oder Sitz hat. Unter mehreren grundsätzlich zuständigen Schiedsstellen hat der Antragsteller die Wahl.

3. Beteiligte/Bevollmächtigte. Die Antragsschrift hat die Beteiligten anzugeben und – sofern solche bereits beauftragt sind – deren Bevollmächtigte. Die Wohnsitze der Beteiligten sind maßgeblich für die Notwendigkeit eines Schlichtungsverfahrens. Denn in fast allen Landesgesetzen ist geregelt, dass ein Schlichtungsverfahren nur erforderlich ist, wenn die Beteiligten ihren Wohnsitz oder Sitz im selben Landgerichtsbezirk haben (Ausnahmen sind **Baden-Württemberg**: Schlichtungsverfahren auch, wenn die Beteiligten ihren Wohnsitz in benachbarten Landgerichtsbezirken haben und **Saarland**: Schlichtungsverfahren immer, wenn die Parteien im Saarland wohnen).

4. Begehren. Die Antragsschrift muss keine ausdrücklichen Anträge enthalten. Jedoch muss das Begehren des Antragstellers in der Antragsschrift deutlich werden.

5. Verfahrensgegenstand. Die Schlichtungsgesetze nennen zumeist als notwendigen Inhalt der Antragsschrift neben dem Begehren auch die (kurze!) Darstellung des Verfahrensgegenstandes. Das dient nicht nur der sachgerechten Verfahrensvorbereitung durch die Schlichtungsstelle, sondern auch der Überprüfung darauf, ob ein Schlichtungsverfahren überhaupt erforderlich ist. Der Vorschrift in § 15a Abs. 1 S. 1 Ziff. 2 EGZPO folgend nennen die Landesschlichtungsgesetze ausdrücklich Ansprüche nach den §§ 910, 911, 923 sowie 906 BGB und verweisen im Übrigen in die nachbarrechtlichen Bestimmungen des jeweiligen Landesrechts.

6. Naturschutz. In vielen Kommunen und in den Stadtstaaten existieren öffentlich-rechtliche Vorschriften zum Baumschutz. Der nachbarrechtliche Anspruch auf Beseitigung eines Baumes, wie ihn § 923 BGB regelt, ist nicht durchsetzbar, wenn das Fällen des Baumes nach diesen öffentlich-rechtlichen Vorschriften nicht zulässig ist und die zuständige Behörde keine Ausnahmegenehmigung erteilt (BGH Beschluss vom 13. Januar 2005, V ZR 83/04, NZM 2005, 318; dort zu dem Anspruch aus § 1004 BGB). Es wäre verfahrensökonomisch unsinnig, den zivilrechtlichen Anspruch bereits geltend zu machen, bevor eine öffentlich-rechtliche Fällgenehmigung vorliegt. Allenfalls aus Gründen der Zeitersparnis mag es angeraten sein, das Schlichtungsverfahren anzustrengen, wenn eine Einigung ausgeschlossen erscheint und die Erteilung der Fällgenehmigung sicher zu erwarten ist.

12 **7. Bescheinigung über die Erfolglosigkeit.** Der Versuch einer außergerichtlichen Streitbeilegung ist Prozessvoraussetzung für ein anschließendes Verfahren vor den ordentlichen Gerichten (Zöller/*Heßler* ZPO Rn. 22 zu § 15a EGZPO). Dass ein solcher Versuch unternommen wurde und erfolglos geblieben ist, weist der Kläger durch eine Bescheinigung der Güte- oder Schlichtungsstelle nach (§ 15a Abs. 1 S. 2 EGZPO).

III. Einstweilige Verfügung

13 **An das ¹**
Gericht, Ort

Antrag auf Erlass einer einstweiligen Verfügung in Sachen

des ____[Name]____, ____[Anschrift]____,

Antragstellers,

Prozessbevollmächtigter: _____,

gegen

den ____[Name]____, ____[Anschrift]____,

Antragsgegner,

Prozessbevollmächtigter: _____,

wegen Unterlassung der Inanspruchnahme eines Grundstücks.

Wert:

Im Namen und in Vollmacht des Antragstellers beantrage ich, durch Erlass einer einstweiligen Verfügung – wegen der Dringlichkeit ohne mündliche Verhandlung –

1. dem Antragsgegner zu untersagen, Baumaterial jeglicher Art auf dem Grundstück _____ des Antragstellers in _____ abzulagern oder lagern zu lassen, ²

2. dem Antragsgegner zu untersagen, das Grundstück des Antragstellers _____ in _____ mit Fahrzeugen jeglicher Art, insbesondere Baufahrzeugen, zu befahren oder befahren zu lassen,

3. dem Antragsgegner für jeden Fall der Zuwiderhandlung ein, der Höhe nach ins Ermessen des Gerichts gestelltes, Ordnungsgeld in Höhe von bis zu € 250.000, ersatzweise Ordnungshaft bis zur Dauer von sechs Monaten anzudrohen. ³

Begründung:

Der Antragsteller ist Eigentümer des Grundstücks _____ in _____ (Flurstück _____). Der Antragsgegner ist Eigentümer des Grundstücks _____ in _____ (Flurstück _____).

Der Antragsgegner führt seit zwei Wochen umfangreiche Bauarbeiten an dem, auf seinem Grundstück befindlichen, Wohnhaus aus.

In diesem Zuge lagerten die am Bau beschäftigten Handwerker auf Veranlassung des Antragsgegners umfangreich Baumaterial, darunter Bauholz, Paletten mit Zementsäcken und Dachpfannen auf einer Teilfläche des Grundstücks des Antragstellers ab. Diese Teilfläche ist auf dem, als

Anlage Ast 1

beigefügten Lageplan rot gekennzeichnet.

Außerdem befahren Bau- und Lieferfahrzeuge im Auftrag und auf Veranlassung des Antragsgegners den in der Anlage Ast 1 grün gekennzeichneten Weg auf dem Grundstück des Antragstellers, um so auf den rückwärtigen Teil der Baustelle zu gelangen.

Die Inanspruchnahme des Grundstücks des Antragstellers ist unberechtigt. Weder besteht zwischen den Beteiligten eine Vereinbarung über die Grundstücksnutzung. Noch besteht eine Notwendigkeit für den Antragsgegner, das Grundstück des Antragstellers für die Bauarbeiten zu nutzen (Hammerschlag- und Leiterrecht). **4**

Durch die beschriebene Inanspruchnahme entstehen dem Antragsteller laufend weitere Schäden an den Anpflanzungen auf dem Grundstück und an der Pflasterung der Wegefläche.

Zur Glaubhaftmachung beziehe ich mich auf die anliegenden Eidesstattlichen Versicherungen des Zeugen Z und des Antragstellers.

Für den Antragsteller

Erläuterungen

1. Zuständigkeit, Streitwert. Zuständig ist das Gericht der Hauptsache (§ 937 ZPO). Für Besitzschutzansprüche im Zusammenhang mit Grundstücken gibt es einen ausschließlichen Gerichtsstand nach § 24 ZPO (Zöller/*Vollkommer* ZPO Rn. 17 zu § 24, Belegenheit des Grundstücks). Ansonsten bestimmt sich die Zuständigkeit nach dem Gegenstandswert; hier nach dem gemäß § 3 ZPO zu schätzenden Interesse des Antragstellers, das sich nach dem Wert der Beeinträchtigung, deren Unterlassung begehrt wird, bemisst.

2. Unterlassungsverfügung. Auf Unterlassung einer Besitzstörung gerichtete einstweilige Verfügungen sind grundsätzlich ohne besonderen Verfügungsgrund zulässig, auch wenn hinsichtlich der begehrten Unterlassung gleichsam eine »endgültige« Befriedigungswirkung eintritt (Palandt/ *Bassenge* BGB Rn. 11 zu § 861, Zöller/*Vollkommer* ZPO Rn. 1 zu § 940).

3. Ordnungsgeld. Zur Vorbereitung der Zwangsvollstreckung aus einem Unterlassungstitel kann der Antrag auf Androhung von Ordnungsgeld und Ordnungshaft mit dem Antrag oder der Klage gestellt werden. Die Androhung erfolgt dann mit dem Beschluss oder dem Urteil (Zöller/ *Stöber* ZPO Rn. 12a zu § 890). Ein solcher Antrag ist zweckmäßig, weil er Zeitvorteile mit sich bringt, wenn später die Zwangsvollstreckung erforderlich wird.

4. Hammerschlags- und Leiterrecht. Der Eigentümer kann verpflichtet sein, die Mitbenutzung seines Grundstücks im Zusammenhang mit Bauarbeiten an Gebäuden auf dem Nachbargrundstück zu dulden (Hammerschlags- und Leiterrecht, s. dazu Formular Teil 5 Rdn. 65). Die Duldungspflicht ist an Voraussetzungen geknüpft. Aber auch ein solcher Duldungsanspruch rechtfertigt nicht die eigenmächtige Inanspruchnahme von benachbarten Grundstücken.

IV. Unterlassungsklage

18 **An das** [1]
Gericht
Ort

Klage

des ____[Name]____, ____[Anschrift]____,

Klägers,

Prozessbevollmächtigter: _____,

gegen

den ____[Name]____, ____[Anschrift]____,

Beklagten,

Prozessbevollmächtigter: _____,

wegen Unterlassung.

Wert:

Im Namen und in Vollmacht des Klägers erhebe ich Klage und bitte um zeitnahe Anberaumung eines Termins zur mündlichen Verhandlung, in dem ich beantragen werde,

1. den Beklagten zu verurteilen, die Haltung von Bienen auf seinem Grundstück _____ in _____ (Flurstück _____) zu unterlassen,

2. dem Beklagten für den Fall der Zuwiderhandlung ein, der Höhe nach ins Ermessen des Gerichts gestelltes, Ordnungsgeld in Höhe von bis zu € 250.000, ersatzweise Ordnungshaft bis zur Dauer von sechs Monaten anzudrohen. [2]

Begründung:

Der Kläger ist Eigentümer des Grundstücks _____ in _____ (Flurstück _____). Der Beklagte ist Eigentümer des benachbarten Grundstücks _____ in _____ (Flurstück _____).

Der Beklagte hat im Gartenbereich seines Grundstücks insgesamt sieben Bienenkörbe aufgestellt und betreibt dort eine private Bienenzucht. Die Bienen schwärmen regelmäßig auch über und auf das Grundstück des Klägers. [3]

Beweis: Zeugnis Z; Augenscheineinnahme

Die fünfjährige Tochter des Klägers leidet an einer allergischen Überempfindlichkeit, die im Falle von Bienenstichen zu Hautrötung und Juckreiz führt und im Extremfall auch zu akuter Atemnot führen kann. [4]

Beweis: anliegendes Attest des behandelnden Arztes Dr. _____

Der Kläger hat daher große Sorge um die Gesundheit seiner Tochter, die er – insbesondere im Früh- und im Spätsommer nicht im Garten allein spielen lassen kann.

Diese Beeinträchtigung der Nutzung des klägerischen Grundstücks ist wesentlich. Sie ist auch nicht ortsüblich, denn in dem Wohngebiet wird ansonsten an keiner weiteren Stelle Bienenzucht betrieben. [5]

Beweis: Augenscheineinnahme

A. Beseitigungs- und Unterlassungsansprüche (Abwehransprüche)

Dem Beklagten ist daher die Bienenzucht zu untersagen.

(Der Kläger hat unter dem _____ ein außergerichtliches Schlichtungsverfahren eingeleitet. Dieses Verfahren war erfolglos. Die entsprechende Bescheinigung der Gütestelle vom _____ liegt dieser Klage an.) [6]

Für den Kläger

Erläuterungen

1. Zuständigkeit, Streitwert. *1.1* Es gibt einen ausschließlichen Gerichtsstand nach § 24 ZPO (Zöller/*Vollkommer* ZPO Rn. 8 zu § 24, Belegenheit des Grundstücks). Ansonsten bestimmt sich die Zuständigkeit nach dem Gegenstandswert; hier nach dem gemäß § 3 ZPO zu schätzenden Interesse des Antragstellers, das sich nach dem Wert der Beeinträchtigung, deren Unterlassung begehrt wird, bemisst (Zöller/*Herget* ZPO Rn. 16 zu § 3).

2. Ordnungsgeld. S. hierzu Formular Teil 5 Rdn. 16.

3. Ähnliche Einwirkungen. Kleintiere können zu »ähnlichen Einwirkungen« gemäß § 906 Abs. 1 S. 1 BGB gehören. Der Flug von Bienen über oder auf ein benachbartes Grundstück kann eine Beeinträchtigung nach dieser Vorschrift sein, die bei Vorliegen der weiteren Voraussetzungen nach § 1004 BGB abgewehrt werden kann (BGH, Urteil vom 24.01.1994, V ZR 274/90, OLG Hamm, Urteil vom 03.07.1989, 22 U 204/88, Palandt/*Bassenge* BGB Rn. 11 zu § 906).

4. Wesentliche Beeinträchtigung. Eine wesentliche Beeinträchtigung kann auch darin begründet sein, dass der Nachbar gesundheitsbedingt einer größeren Gefährdung durch Insektenstiche ausgesetzt ist.

5. Ortsüblichkeit. In ländlichen Regionen wird private Bienenzucht eher ortüblich sein, als in Städten. Insoweit kommt es auf die Nutzung in der näheren Umgebung an (OLG Hamm, s. Teil 5 Rdn. 25).

6. Schlichtungsverfahren. Ein nach Landesrecht grundsätzlich bestehendes Erfordernis eines außergerichtlichen Schlichtungsverfahrens gilt über den Wortlaut von § 15a EGZPO und der landesrechtlichen Vorschriften hinaus auch für nachbarrechtliche Ansprüche nach § 1004 BGB. Maßgeblich ist, dass der sachliche Regelungsbereich des § 906 BGB betroffen ist (Zöller/*Heßler* ZPO Rn. 5 zu § 15a EGZPO).

V. Beseitigungsklage

An das [1]
Gericht, Ort

Klage

des ___[Name]___, ___[Anschrift]___,

Klägers,

Prozessbevollmächtigter: _____,

gegen

den ___[Name]___, ___[Anschrift]___,

Beklagten,

Prozessbevollmächtigter: _____,

wegen Beseitigung eines Zaunes.

Im Namen und in Vollmacht des Klägers erhebe ich Klage und bitte um zeitnahe Anberaumung eines Termins zur mündlichen Verhandlung, in dem ich beantragen werde,

den Beklagten zu verurteilen, den auf der gemeinsamen Grenze der Grundstücke _____ in _____ (Flurstück) und _____ in _____ (Flurstück) auf einer Länge von 15 Metern, gemessen von der hinteren Grundstücksgrenze, stehenden, etwa 2,50 Meter hohen, Flechtmattenzaun zu beseitigen.

Begründung:

Der Kläger ist Eigentümer des Grundstücks _____ in _____ (Flurstück _____). Der Beklagte ist Eigentümer des benachbarten Grundstücks _____ in _____ (Flurstück _____).

Der Beklagte hat auf der gemeinsamen Grundstücksgrenze im hinteren Gartenbereich einen etwa 2,50 Meter hohen Flechtmattenzaun aus Holz aufgestellt. Der Standort des Zaunes ist auf dem als

Anlage K 1

beigefügten Lageplan blau gekennzeichnet.

Beweis: Zeugnis Z, Vorlage eines amtlichen Vermessungsplans

Dieser Zaun ist nicht ortsüblich. Eine einheitliche Gestaltung von Grundstückseinfriedigungen, die prägend für das Erscheinungsbild der Gartenflächen wäre, gibt es nicht. Die vorhandenen Zäune haben aber durchgehend eine Höhe von höchstens einem Meter und sind sämtlich durchbrochen. [2]

Beweis: Augenscheineinnahme

Daher gilt für die Einfriedigung § _____ Landesnachbargesetz. Der von dem Beklagten errichtete Zaun ist daher unzulässig und demgemäß zu beseitigen.

(Der Kläger hat unter dem _____ ein außergerichtliches Schlichtungsverfahren eingeleitet. Dieses Verfahren war erfolglos. Die entsprechende Bescheinigung der Gütestelle vom _____ liegt dieser Klage an.) [3]

Für den Kläger

Erläuterungen

26 **1. Zuständigkeit, Streitwert.** S. hierzu Formular Teil 5 Rdn. 19.

27 **2. Zaunrecht.** *2.1* Für Einfriedigung von Grundstücken gilt zunächst allgemein § 921 BGB. Daneben enthalten die Nachbarrechtsgesetze der Länder Vorschriften über die Einfriedigungspflicht (FAMietRWEG/*Büttner* Kap. 25/213), den Standort sowie Art und Beschaffenheit der Einfriedigung und die hierfür aufzuwenden Kosten für Errichtung und Instandsetzung. Einfriedigungen **auf der Grundstücksgrenze** dürfen grundsätzlich nur mit Einwilligung des Nachbarn errichtet werden, wobei eine Zustimmungspflicht bestehen kann, wenn das jeweilige Landesgesetz eine Einfriedigungspflicht vorsieht.

28 *2.2* Einfriedigungen, die nicht **ortsüblich** sind, weil sie weder den örtlichen Gegebenheiten, noch der Fiktion des jeweils einschlägigen Nachbarrechtsgesetzes entsprechen, sind unzulässig, auch wenn sie ausschließlich auf dem Grundstück des einfriedigenden Nachbarn errichtet wurden.

2.3 Gegen unzulässige Einfriedigungen steht dem Nachbarn ein Beseitigungsanspruch nach § 1004 BGB in Verbindung mit den jeweilgen nachbarrechtlichen Vorschriften zu (*Horst* Nachbarrecht Rn. 1506). 29

2.4 Sofern nachbarrechtliche Bestimmungen im Landesrecht fehlen und nur § 921 BGB gilt, wäre ein Beseitigungsanspruch nur gegeben, wenn die Einfriedigung auf der Grundstücksgrenze errichtet wurde, nicht hingegen, wenn die Einfriedigung ausschließlich auf dem Grundstück des einfriedigenden Eigentümers steht (Beispiel: **Hamburg**, wo es für Zäune in hinteren Gartenbereichen keinerlei öffentlich-rechtliche oder nachbarrechtliche Beschränkungen mehr gibt). 30

2.5 Regelungen über Standort und Beschaffenheit von Einfriedigungen können sich aber auch aus Vereinbarungen ergeben. 31

3. Schlichtungsverfahren. *3.1* S. hierzu Formular Teil 5 Rdn. 24. 32

B. Auf Geldleistung gerichtete Ansprüche

I. Klage auf nachbarrechtliche Entschädigung

33 An das [1]
Gericht, Ort

Klage

des ____[Name]____ , ____[Anschrift]____ ,

Klägers,

Prozessbevollmächtigter: _____ ,

gegen

den ____[Name]____ , ____[Anschrift]____ ,

Beklagten,

Prozessbevollmächtigter: _____ ,

wegen Zahlung einer Entschädigung.

Im Namen und in Vollmacht des Klägers erhebe ich Klage und bitte um zeitnahe Anberaumung eines Termins zur mündlichen Verhandlung, in dem ich beantragen werde,

den Beklagten zu verurteilen, an den Kläger € _____ zuzüglich _____ Prozent Zinsen seit dem _____ zu zahlen.

Begründung:

Der Kläger ist Eigentümer des Grundstücks _____ in _____ (Flurstück _____). Auf diesem Grundstück befindet sich ein Mehrfamilienwohnhaus mit 12 Wohnungen. Der Beklagte ist Eigentümer des Grundstücks _____ in _____ (Flurstück _____).

Der Beklagte führt seit etwa zwei Monaten umfangreiche Bauarbeiten an dem, auf seinem Grundstück befindlichen, Wohnhaus aus.

Unter anderem wurde und wird abschnittsweise der Fassadenputz abgeschlagen und erneuert. Außerdem wurden die Balkone abgerissen und auf Metall-Ständerwerk erneuert. Hierdurch kam und kommt es auch weiterhin zu erheblichen Geräuschemissionen und zu beträchtlicher Staubentwicklung. Die Balkone der Wohnungen auf dem klägereigenen Grundstück waren für mehrere Wochen nicht nutzbar. Die Lärmbelästigungen dauerten phasenweise von morgens um 7 Uhr ohne Unterbrechungen bis abends um 19 Uhr an.

Wegen der Einzelheiten der Beeinträchtigungen nehme ich zur Vermeidung von Wiederholungen Bezug auf das als

Anlage K 1

beigefügte »Mängel- und Störungsprotokoll«, das die Mieter M1 und M2 für den Zeitraum von _____ bis _____ erstellt und dem Kläger am _____ übermittelt haben.

Zum Beweis für die Beeinträchtigungen beziehe ich mich auf das [2]

Zeugnis der Mieter M1 _____ M12.

Die Mieter vertreten die Ansicht, dass der Mietzins infolge der Störungen gemindert war. Sie haben ihre Mietzahlungen bisher für den Zeitraum von _____ bis _____ wie folgt gekürzt:

Mieter M1
Soll _____ Ist _____ Saldo

...

Mieter M12
Soll _____ Ist _____ Saldo.

Beweis: Vorlage der Mietenabrechnung der Hausverwaltung H vom _____; Zeugnis der Sachbearbeiterin S der Hausverwaltung

Dem Kläger steht daher wegen der wirtschaftlichen Einbußen infolge der Geräusch- und Schmutzbeeinträchtigungen ein nachbarrechtlicher Ausgleichsanspruch nach § 906 Abs. 2 BGB zu, der mit dieser Klage geltend gemacht wird. [3]

Insgesamt umfasst die Mietkürzung für den genannten Zeitraum fast 30 Prozent der geschuldeten Bruttowarmmiete und übersteigt damit den Rahmen dessen, was der Kläger an wirtschaftlichen Einbußen infolge ortsüblicher Nutzung des Nachbargrundstücks hinnehmen muss.

(Der Kläger hat unter dem _____ ein außergerichtliches Schlichtungsverfahren eingeleitet. Dieses Verfahren war erfolglos. Die entsprechende Bescheinigung der Gütestelle vom _____ liegt dieser Klage an.) [4]

Für den Kläger

Erläuterungen

1. Zuständigkeit. Ausschließlich zuständig ist gemäß § 24 ZPO das Gericht der Belegenheit (Zöller/*Vollkommer* ZPO Rn. 8 zu § 24). 34

2. Beeinträchtigung. *2.1* In den Mietminderungsfällen ist der vermietende Nachbar zumeist nicht unmittelbar durch die Emissionen beeinträchtigt, sondern nur mittelbar durch die vorgenommene Mietminderung. Auch diese wirtschaftliche Beeinträchtigung löst Ansprüche nach § 906 BGB aus (LG Hamburg, Urteil vom 13. Dezember 1998, 327 S 97/98, NZM 1999, 169; s. auch *Steger* Hamburger Grundeigentum 2007, 370, *Schelinski* NZM 2005, 211). 35

2.2 Die Tatbestandsvoraussetzungen des § 906 BGB werden Beeinträchtigungen durch Baulärm und Schmutz regelmäßig erfüllen, und Emissionen durch die Neu- oder Umbaumaßnahmen sind im Rahmen des baurechtlich zulässigen auch ortsüblich. Die typischen Beeinträchtigungen im Zusammenhang mit größeren Baumaßnahmen werden sich regelmäßig nicht mit zumutbaren Maßnahmen verhindern lassen. 36

2.3 Der vermietende Nachbar muss sich entscheiden, ob er zunächst die einbehaltenen Mieten gerichtlich geltend macht und in diesem Verfahren dem Bauherrn den Streit verkündet oder direkt gegen den Bauherrn vorgeht mit der Folge, dass die Berechtigung der Mietkürzungen inzident in diesem Verfahren geprüft werden muss. Für beide Varianten kann es, je nach den Umständen des Einzelfalls gute Gründe geben. 37

2.4 Sofern sich die Gelegenheit bietet, sollte insbesondere der Umgang mit Mietminderungen in einer **nachbarschaftlichen Vereinbarung** zwischen dem Bauherrn und dem Nachbarn geregelt werden (hierzu Formular Teil 5 Rdn. 64). 38

39 **3. Opfergrenze.** *3.1* Wirtschaftliche Einbußen sind nur insoweit entschädigungspflichtig, wie sie die Grenze des Zumutbaren (Opfergrenze) überschreiten. Die Bestimmung der Opfergrenze ist umstritten (*Steger* a.a.O. Anmerkung 2, *Schelinski* a.a.O. Anmerkung 2). Als Richtschnur mag gelten, dass die Opfergrenze überschritten ist, wenn die Mietminderung sechs Prozent der geschuldeten Miete übersteigt (LG Hamburg a.a.O. Anmerkung 2).

40 *3.2* Aufwendungen für vorgeschaltete Prozesse gegen die Mieter sind nicht zu entschädigen.

41 **4. Schlichtungsverfahren.** S. hierzu zunächst Formular Teil 5 Rdn. 24. Der BGH hat für Hessen entschieden, dass der Vorrang des Schlichtungsverfahrens für Geldansprüche nicht gilt. Begründet wurde das mit der Herausnahme der vermögensrechtlichen Ansprüche aus dem Geltungsbereich des Schlichtungsgesetzes (Urteil vom 10.07.2009, V ZR 69/08). Mit dieser Begründung lässt sich auch für andere Bundesländer die Zulässigkeit der Zahlungsklage ohne vorheriges Schlichtungsverfahren rechtfertigen.

C. Sonstige nachbarrechtliche Ansprüche

I. Aufforderung zur Beseitigung von Überhang

An 42
Name
Anschrift

Überhängende Zweige der Rotbuche an unserer Grundstücksgrenze [1]

Sehr geehrte _____,

ausweislich anliegender Vollmacht vertrete ich Ihren Nachbarn, Herrn _____

Im rückwärtigen Teil Ihres Grundstücks steht an der gemeinsamen Grundstücksgrenze eine Rotbuche. Einzelne Äste dieses Baums sind über die Grundstücksgrenze hinaus gewachsen und ragen jetzt in das Grundstück meines Mandanten. [2]

Drei Äste ragen in einer Höhe von 1,70 bis 2,00 Meter und einer Länge von bis zu 2,50 Metern über die Grundstücksgrenze. Nach Regenfällen hängen diese Äste noch tiefer. Sie beeinträchtigen erheblich die Nutzung der in diesem Bereich verlaufenden Grundstückszufahrt meines Mandanten. _____ [3]

Ich fordere Sie auf, die Rotbuche fachgerecht zurückzuschneiden und insbesondere die drei unteren Äste auf der, dem Grundstück meines Mandanten zugewandten, Seite zu entfernen oder zumindest bis auf die Grundstücksgrenze zurückzunehmen. [4]

Hierfür setze ich Ihnen eine Frist bis zum

(_____)

Nach Fristablauf wird mein Mandant von seinem Selbsthilferecht Gebrauch machen und die Äste selbst entfernen. [5]

Die hierfür anfallenden Kosten wird mein Mandant bei Ihnen geltend machen.

Mein Mandant behält sich vor, Sie unabhängig von seinem Selbsthilferecht auch auf Beseitigung der Äste gerichtlich in Anspruch zu nehmen. [6]

Mit freundlichem Gruß,

Erläuterungen

1. Grenzbepflanzung. Streitigkeiten um Grenzbepflanzung nehmen in nachbarrechtlichen 43 Auseinandersetzungen breiten Raum ein. Die Landesnachbarrechtsgesetze regeln, welche Abstände von der Grundstücksgrenze bei Anpflanzungen einzuhalten sind und gewähren dem Nachbarn einen Anspruch auf Einhaltung und Wiederherstellung des Grenzabstandes durch Zurückschneiden oder gar Beseitigen der Pflanzen. Außerdem regeln sie, unter welchen Voraussetzungen die Durchsetzung dieses Anspruchs ausgeschlossen ist (i FAMietRWEG/*Büttner* Kapitel 25/206). Demgegenüber kennt das BGB keine Grenzabstände, so dass in Regionen, in denen kein spezielles Nachbarrechtsgesetz gilt, Anpflanzungen auch unmittelbar an der Grundstücksgrenze zulässig sind.

2. Überhang, Überwuchs. Während die Landesnachbarrechte unter bestimmten Voraussetzungen den Nachbarn Einfluss auf die Bepflanzung auf dem jeweiligen Nachbargrundstück ein- 44 räumen, greift § 910 BGB erst ein, wenn die Bepflanzung über die Grundstücksgrenze hinaus gewachsen ist; und zwar entweder ober- oder unterirdisch. § 910 BGB ermächtigt den Eigentümer des Grundstücks, in das die nachbarliche Bepflanzung hineingewachsen ist, den Überhang oder Überwuchs selbst zu beseitigen.

45 **3. Beeinträchtigung.** Das Selbsthilferecht setzt eine Beeinträchtigung voraus. Dabei kommt es nicht darauf an, dass die Beeinträchtigung wesentlich ist. Auch kleinere Beeinträchtigungen in der Grundstücksnutzung müssen nicht hingenommen werden.

46 **4. Beseitigungsaufforderung.** Die Beseitigungsaufforderung mit Fristsetzung ist bei **Überhang** (Äste) Voraussetzung für das Selbsthilferecht. Bei **Überwuchs** (Wurzeln) fordert das Gesetz keine Beseitigungsaufforderung. Gleichwohl ist vor der Beseitigung von Wurzeln im Wege des Selbsthilferechts eine vorherige Ankündigung unabdingbar, weil dieser Eingriff gegenüber der Beseitigung von Ästen oder Zweigen schwerer wiegt und dem Nachbarn Gelegenheit gegeben werden muss, Vorkehrungen zum Erhalt der Pflanzen zu treffen.

47 **5. Selbsthilferecht.** Nach Fristablauf (bei Wurzeln auch ohne vorherige Fristsetzung) darf der Eigentümer die über die Grenze gewachsenen Teile der Pflanzen abschneiden und behalten. Dabei hat er öffentlich-rechtliche Vorschriften zum Naturschutz zu beachten und muss insbesondere Genehmigungen nach einer örtlichen Baumschutzsatzung einholen. Die Arbeiten sind fachgerecht auszuführen und dürfen nicht zu einer Zerstörung der Pflanzen führen (**zu den Kosten der Selbsthilfe** s. Formular Teil 5 Rdn. 49 und die Anmerkungen dazu).

48 **6. Beseitigungsanspruch.** Der Anspruch auf Beseitigung des Überwuchses nach § 1004 BGB bleibt neben dem Selbsthilferecht bestehen (BGH Beschl. v. 13.01.2005, V ZR 83/04, NZM 2005, 318; Palandt*Bassenge* § 910 Rn. 1).

II. Klage auf Kostenerstattung nach Beseitigung von Überhang

49 **An das**
Gericht

Klage

des ___[Name]___ , ___[Anschrift]___ ,

Klägers,

Prozessbevollmächtigter: _____ ,

gegen

den ___[Name]___ , ___[Anschrift]___ ,

Beklagten,

Prozessbevollmächtigter: _____ ,

wegen Zahlung.

Wert:

Im Namen und in Vollmacht des Klägers erhebe ich Klage und bitte um zeitnahe Anberaumung eines Termins zur mündlichen Verhandlung, in dem ich beantragen werde, den Beklagten zu verurteilen, an den Kläger € _____ **zuzüglich Zinsen in Höhe von** _____ **seit** _____ **zu zahlen.**

C. Sonstige nachbarrechtliche Ansprüche

Begründung: **1**

Der Kläger ist Eigentümer des Grundstücks _____ in _____ (Flurstück _____). Der Beklagte ist Eigentümer des benachbarten Grundstücks _____ in _____ (Flurstück _____).

Im rückwärtigen Teil des Grundstücks des Beklagten steht an der gemeinsamen Grundstücksgrenze eine Rotbuche. Einzelne Äste dieses Baums waren über die Grundstücksgrenze hinaus gewachsen und ragten in das Grundstück des Klägers.

Drei Äste ragten in einer Höhe von 1,70 bis 2,00 Meter und einer Länge von bis zu 2,50 Metern über die Grundstücksgrenze. Nach Regenfällen hingen diese Äste noch tiefer. Sie beeinträchtigten erheblich die Nutzung der in diesem Bereich verlaufenden Grundstückszufahrt des Klägers. _____

Beweis: Zeugnis Z, Zeugnis des Inhabers des Gartenbaubetriebes G, Zeugnis des Sachbearbeiters S des Gartenbauamtes _____

Der Kläger forderte den Beklagten unter dem _____ auf, diese drei Äste zu entfernen oder zumindest auf die Grundstücksgrenze zurückzunehmen. Das Schreiben liegt dieser Klage als

Anlage K 1

bei.

Nach fruchtlosem Fristablauf beantragte der Kläger bei dem zuständigen Gartenbauamt eine Genehmigung für das Zurückschneiden der drei benannten Äste und ließ die notwendigen Arbeiten nach Erteilung der Genehmigung durch den Gartenbaubetrieb G ausführen.

Firma G rechnete hierüber mit Rechnung vom _____ in Höhe von _____ ab. Die Erstattung dieses Betrages wird mit dieser Klage geltend gemacht. **2**

(Der Kläger hat unter dem _____ ein außergerichtliches Schlichtungsverfahren eingeleitet. Dieses Verfahren war erfolglos. Die entsprechende Bescheinigung der Gütestelle vom _____ liegt dieser Klage an.) **3**

Für den Kläger

Erläuterungen

1. Selbsthilferecht. Zu den Voraussetzungen für das Selbsthilferecht zur Beseitigung von Überhang s. die Anmerkungen zu Formular Teil 5 Rdn. 47. 50

2. Bereicherungsanspruch. Nach Ausübung des Selbsthilferechts ist der Eigentümer berechtigt, von dem Nachbarn Ersatz seiner Aufwendungen nach § 812 BGB verlangen. Dogmatisch gesehen handelt es sich dabei um einen Folgeanspruch aus dem, neben dem Selbsthilferecht bestehenden, Beseitigungsanspruch (BGH, Beschl. v. 13.01.2005, V ZR 83/04, NZM 2005, 318, Palandt/Bassenge, § 910 Rn. 4 51

3. Schlichtungsverfahren. S. hierzu Formular Teil 5 Rdn. 41. 52

III. Aufforderung zur Duldung eines Notwegs

53 An
Name
Anschrift

Überfahrt über Ihr Grundstück (Notweg)

Sehr geehrte _____ ,

ausweislich anliegender Vollmacht vertrete ich Ihren Nachbarn,

Herrn _____

Auf dem Grundstück meines Mandanten befinden sich, wie Ihnen bekannt ist, mehrere Gebäude: Ein Mehrfamilienwohnhaus, das sich auf der Seite an der A-Straße über die gesamte Grundstücksbreite erstreckt und ein Büro- und Werkstattgebäude auf dem rückwärtigen Grundstücksteil.

Das Büro- und Werkstattgebäude wurde bisher über einen Weg auf dem Grundstück B-Straße _____ angefahren. Dies erfolgte aufgrund freiwilliger Übereinkunft mit den früheren Eigentümern dieses Nachbargrundstücks. Nach Verkauf und anschließender Neubebauung dieses benachbarten Grundstücks ist die Möglichkeit der Zufahrt zu dem Büro- und Werkstattgebäude auf dem Grundstück meines Mandanten entfallen.

Nunmehr besteht nur noch die Möglichkeit, über Ihr Grundstück zu dem Büro- und Werkstattgebäude zu gelangen und zwar entweder durch die auf Ihrem Grundstück befindliche Tordurchfahrt und den Garagenhof oder über einen neu anzulegenden Weg entlang der östlichen Grundstücksgrenze. Zur Verdeutlichung verweise ich auf den beigefügten Lageplan, auf dem die beiden Möglichkeiten farblich gekennzeichnet sind. [1]

Es ist für die ordnungsmäßige Nutzung des Grundstücks meines Mandanten erforderlich, an das Büro- und Werkstattgebäude auch mit Fahrzeugen heranzufahren. Dass eine fußläufige Verbindung zur A-Straße durch das Wohngebäude meines Mandanten besteht, reicht für die bestimmungsgemäße Nutzung des rückwärtigen Gebäudes nicht aus.

Daher sind die Voraussetzungen für ein Notwegerecht nach § 917 BGB gegeben. Ich fordere Sie daher auf, die Nutzung Ihres Grundstücks zur Herstellung einer Verbindung zwischen dem rückwärtigen Grundstück meines Mandanten und dem öffentlichen Weg und zwar sowohl durch Fußgänger, als auch durch Kraftfahrzeuge zu dulden.

Die hierdurch entstehenden Kosten trägt mein Mandant. Die Auswahl zwischen den aufgezeigten Alternativen bliebe Ihnen überlassen. [2]

Meinem Mandanten ist bekannt, dass er Sie für die Duldung des Notwegs durch eine Notwegerente zu entschädigen hat. Angemessen dürfte unter Berücksichtigung aller Umstände des vorliegenden Falles ein Betrag in Höhe von € _____ im Monat sein. [3]

Ich bitte Sie, mit mir bis zum _____ Kontakt zur Regelung weiterer Einzelheiten aufzunehmen.

Mit freundlichem Gruß,

C. Sonstige nachbarrechtliche Ansprüche

Erläuterungen

1. Notwegerecht. Nach § 917 BGB hat der Eigentümer einen Notweg auf seinem Grundstück zu dulden, wenn ein benachbartes Grundstück nur auf diesem Weg eine Verbindung zu einem öffentlichen Weg erhält. Dabei dürften Fälle, in denen ein Grundstück komplett von öffentlichen Wegen abgeschnitten ist, eher selten sein. In der Praxis relevanter dürften diejenigen Fälle sein, in denen ein vorhandener Zugang zu einem öffentlichen Weg für die (auch über längere Zeit gewandelte) ordnungsmäßige Nutzung des »abgeschnittenen« Grundstücks nicht (mehr) ausreicht. Streitig ist häufig, inwieweit eine fußläufige Verbindung ausreicht oder der Verpflichtete auch das Befahren des Notwegs mit Kraftfahrzeugen dulden muss (zum Heranfahren an **Wohngebäude**: BGH Urteil vom 12.12.2008, V ZR 106/07).

2. Umfang der Inanspruchnahme. Zu dulden ist nur der zur Sicherung der ordnungsmäßigen Nutzung notwendige Eingriff. Das Recht ist so schonend wie möglich auszuüben. Bequemere oder kostengünstigere Alternativen kann der Berechtigte nicht durchsetzen (Palandt/*Bassenge* BGB Rn. 6a zu § 917). Kosten für die Herstellung und Unterhaltung des Weges hat der Berechtigte zu tragen.

3. Notwegrente. Zu Berechnung einer Notwegrente s. Formular Teil 5 Rdn. 75 und die Anmerkungen dazu.

IV. Klage auf Duldung eines Notwegs

An das ¹
Gericht
Ort

Klage

des ____[Name]____ , ____[Anschrift]____ ,

Klägers,

Prozessbevollmächtigter: _____ ,

gegen

den ____[Name]____ , ____[Anschrift]____ ,

Beklagten,

Prozessbevollmächtigter: _____ ,

wegen Duldung eines Notwegs.

Wert: ²

Im Namen und in Vollmacht des Klägers erhebe ich Klage und bitte um zeitnahe Anberaumung eines Termins zur mündlichen Verhandlung, in dem ich beantragen werde,

den Beklagten zu verurteilen, die Nutzung der Tordurchfahrt und des Garagenhofs auf dem Grundstück _____ in _____ (Flurstück _____) als Verbindung zwischen der A-Straße und dem Grundstück _____ in _____ (Flurstück _____) für Fußgänger und Kraftfahrzeuge zu dulden, ³

hilfsweise den Beklagten zu verurteilen, die Nutzung eines 2,50 Meter breiten Streifens auf dem Grundstück _____ in _____ (Flurstück _____) parallel entlang der östlichen Grundstücksgrenze als Verbindung zwischen der B-Straße und dem Grundstück _____ in _____ (Flurstück _____) für Fußgänger und Kraftfahrzeuge zu dulden,

hilfsweise den Beklagten zu verurteilen, die Benutzung seines Grundstücks _____ in _____ (Flurstück _____) in einem vom Gericht festzulegenden Umfang als Verbindung zwischen dem Grundstück _____ in _____ (Flurstück _____) und einem öffentlichen Weg für Fußgänger und Kraftfahrzeuge zu dulden,

und zwar jeweils Zug um Zug gegen eine monatlich im Voraus zu zahlenden Notwegrente in Höhe von _____.

Begründung: [4]

Der Kläger ist Eigentümer des Grundstücks _____ in _____ (Flurstück _____). Der Beklagte ist Eigentümer des benachbarten Grundstücks _____ in _____ (Flurstück _____).

Auf dem Grundstück des Klägers befinden sich mehrere Gebäude: Ein Mehrfamilienwohnhaus, das sich auf der Seite an der A-Straße über die gesamte Grundstücksbreite erstreckt und ein Büro- und Werkstattgebäude auf dem rückwärtigen Grundstücksteil.

Das Büro- und Werkstattgebäude wurde bisher über einen Weg auf dem Grundstück B-Straße _____ angefahren. Dies erfolgte aufgrund freiwilliger Übereinkunft mit den früheren Eigentümern dieses Nachbargrundstücks. Nach Verkauf und anschließender Neubebauung dieses benachbarten Grundstücks ist die Möglichkeit der Zufahrt zu dem Büro- und Werkstattgebäude auf dem Grundstück des Klägers entfallen.

Beweis: Zeugnis Nachbar N, Augenscheineinnahme

Nunmehr besteht nur noch die Möglichkeit, über das Grundstück des Beklagten zu dem Büro- und Werkstattgebäude zu gelangen und zwar entweder durch die auf dessen Grundstück befindliche Tordurchfahrt und den Garagenhof oder über einen neu anzulegenden Weg entlang der östlichen Grundstücksgrenze. Zur Verdeutlichung verweise ich auf den als

Anlage K 1

beigefügten Lageplan, auf dem die beiden Möglichkeiten farblich gekennzeichnet sind.

Beweis: Augenscheineinnahme

Es ist für die ordnungsmäßige Nutzung des Grundstücks des Klägers erforderlich, an das Büro- und Werkstattgebäude auch mit Fahrzeugen heranzufahren. Dass eine fußläufige Verbindung zur A-Straße durch das Wohngebäude des Klägers besteht, reicht für die bestimmungsgemäße Nutzung des rückwärtigen Gebäudes nicht aus.

Daher sind die Voraussetzungen für ein Notwegerecht nach § 917 BGB gegeben.

Der Beklagte war mit dem als

Anlage K 2

beigefügten Schreiben vom _____ zur Duldung der Benutzung seines Grundstücks als Notweg aufgefordert worden. Er hat dies mit dem als [5]

Anlage K 3

beigefügten Schreiben ausdrücklich abgelehnt.

Der im Hauptantrag bezeichnete Weg ist die kürzeste Verbindung, die ohne weitere Kosten sofort nutzbar wäre. Mit dem Hilfsantrag wird eine weitere Verbindungsmöglichkeit aufgezeigt. Weiter hilfsweise wird um Bestimmung des Notwegs durch das Gericht gebeten (§ 917 Abs. 1 S. 2 BGB).

Unter Berücksichtigung der Umstände des vorliegenden Falles dürfte eine Notwegrente in Höhe von monatlich _____ angemessen sein. Die Höhe der Notwegrente bemisst sich nach der mit der Duldung des Notwegs verbundenen Wertminderung des dienenden Grundstücks. 6

Für den Kläger

Erläuterungen

1. Zuständigkeit. Gemäß § 24 Abs. 1 ZPO ist das Gericht der Belegenheit ausschließlich zuständig (Zöller/*Vollkommer* ZPO Rn. 8 zu § 24). Im Übrigen richtet sich die Zuständigkeit nach dem Gegenstandswert. 58

2. Gegenstandswert. Der Gegenstandswert ist analog §§ 7, 9 ZPO zu schätzen. Maßgeblich ist das Interesse der Berechtigten (§ 3 ZPO), mithin die Wertsteigerung des begünstigten (herrschenden) Grundstücks (Zöller/*Herget* ZPO Rn. 16 zu § 3). 59

3. Antrag. Der Umfang der Duldungspflicht und damit auch Lage und Beschaffenheit des Notwegs richten sich nach objektiven Gesichtspunkten. Daher regelt § 917 Abs. 1 S. 2 BGB, dass erforderlichenfalls das Gericht die Richtung des Notwegs und den Umfang des Benutzungsrechts bestimmt. In der Klage muss der Notweg nicht näher bezeichnet werden (Palandt/*Bassenge* BGB Rn. 13 zu § 917). Es kann aber zweckmäßig sein, den bevorzugt begehrten Notweg ausdrücklich in den Antrag aufzunehmen. 60

4. Notwegerecht. S. hierzu Formular Teil 5 Rdn. 54. 61

5. Duldungsverlangen. Das Duldungsverlangen ist Voraussetzung für die gerichtliche Geltendmachung des Duldungsanspruchs (Palandt/*Bassenge* BGB Rn. 7 zu § 917). 62

6. Notwegrente. Zu Berechnung einer Notwegrente s. Formular Teil 5 Rdn. 75 und die Anmerkungen dazu. 63

V. Nachbarrechtliche Vereinbarung über Duldung und Folgen von Baumaßnahmen

Vereinbarung 64

zwischen

_____

– nachfolgend Bauherr –

und

_____

– nachfolgend Nachbar –

Der Bauherr beabsichtigt, das auf dem Grundstück _____ in _____ (Flurstück) befindliche Gebäude abzureißen und das Grundstück wie folgt neu zu bebauen: [1]

(_____)

Ein entsprechender Bauantrag ist bei der zuständigen Behörde gestellt. Im Baugenehmigungsverfahren eventuell erforderliche nachbarliche Zustimmungen zu dem Bauvorhaben sind nicht Gegenstand dieser Vereinbarung. [2]

Zur Regelung der zivil- und nachbarrechtlichen Fragen im Zusammenhang mit dem Bauvorhaben vereinbaren die Beteiligten:

1. Der Nachbar gestattet dem Bauherrn die Nutzung der in dem anliegenden Plan gekennzeichneten Garten- und Hoffläche zum Zwecke der Zwischenlagerung von Werkzeug, Maschinen und Baumaterial für die Dauer der Bauarbeiten, längstens aber bis zum _____ . [3]

   Der Bauherr wird die Fläche ordnungsgemäß einzäunen und übernimmt die Verkehrssicherungspflicht für die Zeit der Nutzung. Er wird den Nachbarn von allen Ansprüchen Dritter freihalten, die – gleich aus welchem Rechtsgrund – wegen der hier vereinbarten Nutzung der Fläche erhoben werden. Nach Abschluss der Arbeiten wird der Bauherr die Fläche räumen, reinigen und gärtnerisch wieder herstellen. [4]

   Der Bauherr zahlt dem Nachbarn für die Inanspruchnahme dieser Fläche eine Entschädigung in Höhe von _____, die spätestens bei Beginn der Inanspruchnahme der bezeichneten Fläche fällig ist. [5]

2. Der Bauherr wird dem Nachbarn alle Schäden ersetzen, die infolge der Bauarbeiten an dessen Gebäude und an dem Grundstück _____ in _____ entstehen. [6]

   Die Parteien vereinbaren die Erstellung eines Zustandsberichts über das Gebäude zur Beweissicherung. Der Bericht wird durch einen vom Bauherrn auf eigene Kosten im Einvernehmen mit dem Nachbarn zu beauftragenden Bausachverständigen auf Grundlage einer gemeinsam durchgeführten Besichtigung erstellt. Nach Abschluss der Baumaßnahme wird erneut eine gemeinsame Besichtigung zur Ermittlung etwaiger Schäden durchgeführt.

   Der Nachbar wird dem Bauherrn eingetretene Schäden unverzüglich melden.

3. In dem Gebäude des Nachbarn befinden sich Mietwohnungen und Gewerbeeinheiten. Der Bauherr ersetzt dem Nachbarn die finanziellen Einbußen, die dadurch entstehen, dass Mieter wegen der Baumaßnahmen (Schmutz, Lärm) die Miete kürzen (Minderung). Hierzu vereinbaren die Beteiligten im einzelnen: [7]

   a) Der Nachbar wird jede Ankündigung einer Mietminderung unverzüglich dem Bauherrn anzeigen, um diesem Gelegenheit zu geben, für Abhilfe zu sorgen.

   b) Der Nachbar wird jeder Mietminderung zunächst vorsorglich widersprechen und sich ansonsten gegenüber den Mietern jeder verbindlichen Äußerung über die Berechtigung der Mietminderung enthalten.

   c) Haben die Beteiligten Zweifel über die Berechtigung der Mietminderung, so wird der Nachbar die Kürzungsbeträge ganz oder teilweise gerichtlich geltend machen, sofern und soweit der Bauherr dies wünscht. Der Bauherr hält den Nachbarn von allen Gerichtskosten und außergerichtlichen Kosten frei. Die Auswahl des vom Nachbarn einzuschaltenden Rechtsanwalts trifft der

Bauherr. Der Bauherr wird alle erforderlichen Kostenvorschüsse unverzüglich nach Anforderung zahlen.

4. Zur Sicherung aller Ansprüche des Nachbarn aus dieser Vereinbarung stellt der Bauherr eine unbedingte, unwiderrufliche und unbefristete selbstschuldnerische Bürgschaft mit einem Gesamtbetrag in Höhe von _____ Diese Bürgschaft ist von einem Kreditinstitut, das in Deutschland zum Geschäftsbetrieb befugt ist, unter Verzicht auf die dem Hauptschuldner zustehenden Einreden, sowie die Einreden der Anfechtbarkeit und der Aufrechenbarkeit zu übernehmen.

5. Der Bauherr wird dem Nachbarn den Termin für den konkreten Baubeginn spätestens drei Wochen vor Beginn der Baumaßnahme mitteilen und eine Woche vor dem Beginn der Baumaßnahme folgende Angaben übermitteln:

– Name und Anschrift des Ingenieurbüros, das mit der Bauleitung beauftragt ist,
– Name und Telefonnummer des für die Baustelle zuständigen Poliers,
– Vertragsnummer der für das Bauvorhaben bestehenden Bauherrenhaftpflichtversicherung, Name und Anschrift der Gesellschaft,
– Name und Anschrift der Generalunternehmers,
– Vollständige Liste der auf der Baustelle tätigen Handwerksunternehmen.

Datum

Unterschrift

Erläuterungen

1. Hammerschlags- und Leiterrecht. *1.1* Die Nachbarrechtsgesetze der Länder regeln – im Wesentlichen gleich, allerdings mit einigen Unterschieden im Detail – das so genannte Hammerschlags- und Leiterrecht. Damit wird das Recht eines Grundeigentümers bezeichnet, ein benachbartes Grundstück für Arbeiten am eigenen Gebäude zu nutzen, wenn und soweit dies erforderlich ist, weil die Arbeiten nur so zweckmäßig ausgeführt werden oder nur auf diesem Wege unverhältnismäßige Kosten für die Ausführung der Arbeiten vermieden werden können (i FA-MietRWEG/*Büttner* 25/218). In Ländern ohne Nachbarrechtsgesetze kann dieses Recht aus den Grundsätzen des nachbarrechtlichen Gemeinschaftsverhältnisses abgeleitet werden (*Horst* Nachbarrecht Rn. 1423). In Hamburg bestehen Regelungen in der Hamburgischen Bauordnung (HBauO), die sogar eine behördliche Durchsetzung ermöglichen, wenn eine Verständigung der Nachbarn nicht möglich war.

1.2 Trotz dieser bestehenden Vorschriften ist den Beteiligten anzuraten, alle Fragen zu dem Bauvorhaben möglichst sorgfältig und umfassend durch eine Vereinbarung zu regeln.

2. Öffentliches Nachbarrecht. Die hier vorgeschlagene Vereinbarung klammert Fragen des öffentlichen Nachbarrechts aus. Das empfiehlt sich, solange nicht klar ist, welche nachbarrechtlichen Belange die Baugenehmigungsbehörde als betroffen ansieht. Das können zwingend zu beachtende Nachbarbelange (Abstandsflächen) sein. Denkbar ist aber auch, dass Ermessensentscheidungen der Bauaufsicht von nachbarlicher Zustimmung oder Voraussetzungen für die Durchführung des Vorhabens von nachbarlicher Mitwirkung (etwa durch Bereitstellung von Stellplatzflächen und durch Bewilligung von Wegebaulasten) abhängen. Insoweit kann eine Regelung sinnvoll erst gefunden werden, wenn sich die Baugenehmigungsbehörde erklärt hat.

68 **3. Mitbenutzungsrecht.** *3.1* Kern der landesrechtlich kodifizierten Hammerschlags- und Leiterrechte ist die Befugnis, das Nachbargrundstück für die Ausführung von Arbeiten am eigenen Gebäude zu benutzen. Der Umfang der Nutzung kann sehr unterschiedlich sein. In Betracht kommen etwa der Transport von Material, die Lagerung von Baustoffen, das Aufstellen von Gerüsten oder das Überschwenken von Kranen. In dem erforderlichen Umfang kann der Bauherr dieses Recht auch gegen den Willen des Nachbarn durchsetzen. Die Praxis zeigt aber, dass ein eigenmächtiges Vorgehen des Bauherrn oder eine gerichtliche Auseinandersetzung die Baumaßnahme nur verzögern und sich damit zum Schaden beider Beteiligten auswirken würden.

69 *3.2* Es ist zweckmäßig (und erfordert eine sorgfältige Vorbereitung der Baumaßnahme), den Umfang der beabsichtigten Mitbenutzung des Nachbargrundstücks so umfassend wie möglich zu regeln.

70 **4. Verkehrssicherungspflicht.** Da der Eigentümer des Nachbargrundstücks verkehrssicherungspflichtig bleibt und für Störungen und Schäden jedenfalls als Zustandsstörer weiter haftet, sollte das zusätzliche Risiko aus der Mitbenutzung des Grundstücks für eine fremde Baumaßnahme jedenfalls durch den Freihalteanspruch gemildert werden.

71 **5. Entschädigung.** *5.1* Die Nachbarrechtsgesetze regeln die Entschädigungspflicht uneinheitlich. So kennt etwa das Hessische Nachbarrechtsgesetz keine Entschädigungspflicht, andere Gesetze normieren eine Entschädigungspflicht bei längerer Inspruchnahme des Nachbargrundstücks (Niedersachsen: zehn Tage, Thüringen u.a.: zwei Wochen). Aus dem nachbarrechtlichen Gemeinschaftsverhältnis kann eine Entschädigungspflicht nicht abgeleitet werden (hierzu *Horst* Nachbarrecht Rn. 1441). Daher gehören Regelungen über die Entschädigung zwingend in eine nachbarliche Vereinbarung.

72 *5.2* Die Höhe der Entschädigung hängt naturgemäß vom Umfang der beabsichtigten Inanspruchnahme ab. Für die Inanspruchnahme von Flächen mag die ortsübliche Miete für einen entsprechenden Lagerplatz einen Anhaltspunkt bieten (so auch die meisten Nachbarrechtsgesetze).

73 **6. Schadensersatz, Beweissicherung und Sicherheit.** Die Nachbarrechtsgesetze normieren (verschuldensunabhängige) Schadensersatzansprüche. Fehlt eine solche Regelung, besteht dringender Bedarf für die Vereinbarung einer solchen Schadensersatzpflicht. Gleiches gilt für die Sicherheit. Nach den Landesnachbarrechtsgesetzen hat der Bauherr auf Verlangen des Nachbarn Sicherheit zu leisten. Die Beweissicherung liegt vor allem im Interesse des Bauherrn, der auf diesem Wege bereits vorhandene Schäden am benachbarten Grundstück und Gebäude feststellen lassen kann.

74 **7. Mietminderung.** Der Anspruch das Nachbarn auf Ersatz maßnahmebedingter Mietminderungen ergibt sich aus den Schadensersatzregelungen der Landesnachbarrechtsgesetze (*Horst* Nachbarrecht Rn. 1440) oder aus § 906 Abs. 2 S. 2 BGB (hierzu s. Formular Teil 5 Rdn. 35). Es empfiehlt sich dringend, nicht nur festzulegen, in welchem Umfang Mietkürzungen zu erstatten sind, sondern auch, wie das Vorgehen gegenüber den Mietern koordiniert werden soll, wenn Zweifel an der Berechtigung der Mietkürzungen bestehen, gleichwohl aber aus wirtschaftlichen Gründen Kosten für vorgeschaltete gerichtliche Auseinandersetzungen mit den Mietern vermieden werden sollen.

VI. Hilfen zur Berechnung von Notwege- und Überbaurenten

75 **Überbau**

R = Überbaurente [1]
F = überbaute Fläche
RW = Bodenrichtwert des überbauten Grundstücks
p = Zinssatz

$R = F \times RW \times p$

Notweg [2]

R = Notwegerente
Wvalt = Verkehrswert alt (ohne Notweg)
Wvneu = Verkehrswert neu (mit Notweg)
p = Zinssatz

R = (Wvalt − Wvneu) × p

oder [3]

R = Notwegerente
F = belastete Fläche
RW = Bodenrichtwert der belasteten Fläche
pL = Liegenschaftszinssatz

bei Mitbenutzungsrecht des belasteten Eigentümers:

R = F × RW × pL/2

bei ausschließlichem Nutzungsrecht des Begünstigten

R = F × RW × pL

Erläuterungen

1. Überbau. Gemäß § 912 Abs. 1 BGB ist ein unverschuldeter oder fahrlässiger Überbau zu dulden, wenn der beeinträchtigte Nachbar nicht unverzüglich nach der Grenzüberschreitung Widerspruch erhoben hat. Der Nachbar ist durch eine jährlich vorschüssige Rente zu entschädigen. Für die Höhe der Rente sind die Verhältnisse zum Zeitpunkt der Grenzüberschreitung maßgeblich (§§ 912 Abs. 2, 913 BGB). Eine Anpassung der Rente an gestiegene Grundstückswerte findet nicht statt (Palandt/Bassenge § 912 Rn. 4); *Simon* Handbuch B.2 Rn. 50). 76

1.1 **Berechnungsansatz.** Die Überbaurente soll eine angemessene Verzinsung des Wertverlustes des überbauten Grundstücks darstellen (PWW/*Lemke* BGB § 912 Rn. 23; *Simon* Handbuch B.2 Rn. 51). Angestrebt wird also ein angemessener Ausgleich für den Wertverlust, den das belastete Grundstück durch den zu duldenden Überbau erlitten, nicht eine Abschöpfung des Wertzuwachses, den das Nachbargrundstück durch die Duldungspflicht erfahren hat. 77

1.2 **Berechnungsgrößen.** Die überbaute Fläche bestimmt sich nach den Außenmaßen des Baukörpers und der – gegebenenfalls durch Vermessung festzustellenden – Grundstücksgrenze. 78

Maßgeblich für die Berechnung ist der Bodenrichtwert des überbauten Grundstücks nach den Festsetzungen durch den örtlich zuständigen Gutachterausschuss. Ein gesonderter Bodenwertansatz für die überbaute Teilfläche kommt auch dann nicht in Betracht, wenn diese Teilfläche für die bauliche Nutzung des belasteten Grundstücks ohne Bedeutung ist. Es gibt für das überbaute Grundstück nur einen einheitlichen Bodenwert. 79

Als Zinssatz kommen gleichermaßen der Kapitalmarktzins, der Liegenschaftszins oder der ortsübliche Zins für Erbbaurechte in Betracht. 80

Bei den vorstehenden Hinweisen wurde davon ausgegangen, dass der Überbau über die schlichte Duldungspflicht hinaus **keine Auswirkungen auf das belastete Grundstück oder dessen Nutzung** hat. Wäre das nämlich der Fall (etwa wenn der zu duldende Überbau zu **Einschränkungen der Bebaubarkeit** des überbauten Grundstücks führt), ist der damit verbundene Wertverlust zusätzlich in der Rentenberechnung zu berücksichtigen. 81

2. Notweg. Der zur Duldung eines Notwegs Verpflichtete ist durch eine angemessene Rente zu entschädigen (§ 917 Abs. 2 BGB). 82

83 *2.1* **Berechnungsansatz.** Ebenso wie die Überbaurente dient auch die Notwegerente dem Ausgleich der mit der Duldungspflicht verbundenen Wertminderung des belasteten Grundstücks, nicht hingegen der Abschöpfung des Wertzuwachses, den das begünstigte Grundstück durch den Notweg erfährt. Maßgeblich sind die Wertverhältnisse zum Zeitpunkt des Duldungsverlangens. Spätere Anpassungen der Rente finden nicht statt.

84 *2.2* **Berechnungsgrößen.** Streng genommen sind die Verkehrswerte des belasteten Grundstücks, je nach Nutzung im Sach- oder Ertragswertverfahren, ohne und mit Belastung durch den Notweg zu ermitteln. Hierfür ist eine Einzelfallbetrachtung erforderlich, die durchaus auch dazu führen kann, dass gar keine Wert mindernde Beeinträchtigung vorliegt.

85 Als Zinssatz kommen wiederum der Kapitalmarktzins, der Liegenschaftszins oder der ortsübliche Erbbauzins in Betracht.

86 **3. Vereinfachte Berechnung.** Zur Vermeidung aufwendiger und streitanfälliger Verkehrswertberechnungen wird hier ein vereinfachtes Berechnungsschema vorgeschlagen, das lediglich der Erleichterung dient, eine wissenschaftlich fundierte Berechnung im Streitfall aber nicht entbehrlich macht.

87 Es wird von dem Gedanken einer Vergütung für das Nutzungsrecht ausgegangen und dafür zunächst von der für den Notweg erforderlichen Fläche und deren Bodenrichtwert (hierzu oben Teil 5 Rdn. 78).

88 Für die Verzinsung wird der Liegenschaftszins angesetzt, der vom örtlich zuständigen Gutachterausschuss veröffentlicht wird. Der Liegenschaftszins wird im Zweifel etwas unter dem Kapitalmarktzins liegen und drückt am besten die ortsübliche Verzinsung des im Boden gebundenen Kapitals aus.

89 Sodann wird noch danach differenziert, ob der Eigentümer des belasteten Grundstücks zur Mitbenutzung der Wegefläche berechtigt ist.

Teil 6 Immobilienrecht

A. Wohnungsrecht

Wohnungsrecht

A ist Eigentümer des in _____ belegenen, im Grundbuch von _____ Blatt _____ eingetragenen Grundstücks. A gewährt dem B (mehreren Gesamtberechtigten gemäß § 428 BGB) an diesem Grundstück ein lebenslanges Wohnungsrecht, beginnend mit dem _____. [1, 2]

Der Berechtigte darf unter Ausschluss des Eigentümers folgende Räume zu Wohnzwecken nutzen: _____. Er darf außerdem die Nebenräume, wie Keller und Dachboden, sowie alle sonstigen dem gemeinsamen Gebrauch dienenden Einrichtungen und Anlagen mit benutzen und Familienangehörige bzw. Hauspersonal aufnehmen. Die Ausübung des Wohnungsrechts kann dritten Personen überlassen/nicht überlassen werden. [3, 4, 5, 6]

Alternative 1

Für dieses Recht gelten § 1093 BGB und die dort enthaltenen Verweisungen auf das Nießbrauchsrecht.

Zu den Pflichten des Berechtigten gehört es u.a., die zur gewöhnlichen Unterhaltung der von ihm genutzten Wohnung gehörenden Ausbesserungen und Erneuerungen vorzunehmen und die Wohnnebenkosten, wie Strom, Gas, Wasser, Heizung, Müllabfuhr zu tragen. Außergewöhnliche Ausbesserungen und Erneuerungen und die Lasten der Wohnung hat der Wohnungseigentümer zu tragen. [7]

Alternative 2

Für dieses Recht gelten § 1093 BGB und die dort enthaltenen Verweisungen auf das Nießbrauchsrecht, jedoch mit der Maßgabe, dass abweichend von § 1093 i.V.m. § 1041 S. 2 BGB von dem Berechtigten auch die außergewöhnlichen Ausbesserungen und Erneuerungen auf seine Kosten vorzunehmen sind. [8]

Das vorgenannte Wohnungsrecht soll durch Eintragung einer entsprechenden beschränkt persönlichen Dienstbarkeit an erster Rangstelle/im Rang nach _____/an nächstoffener Rangstelle dinglich gesichert werden, was hiermit von den Vertragsschließenden bewilligt und beantragt wird. [9]

Der Jahreswert des Wohnungsrechts beträgt ca. € _____. [10]

Erläuterungen

1. Begriff und Abgrenzung. *1.1* Das Wohnungsrecht nach § 1093 BGB ist seiner Struktur nach beschränkt persönliche Dienstbarkeit (§ 1090 BGB). Hauptinhalt muss die Nutzung eines Gebäudes oder Teile eines Gebäudes zu **Wohnzwecken** unter **Ausschluss des Eigentümers vom Mitgebrauch** sein. Es besteht inhaltliche Nähe zum Nießbrauch, dessen Vorschriften teilweise Anwendung finden. Für den Eigentümer begründet das Wohnrecht lediglich die Pflicht, die Wohnungsnutzung durch den Wohnberechtigten zu dulden. Zur Gebäudeunterhaltung ist der Eigentümer dagegen nicht verpflichtet, denn eine Dienstbarkeit schafft keine Pflichten zu eigenen Aktivitäten. **Rechtsgrund** für die Vereinbarung eines Wohnungsrechts ist in der Praxis oft ein entsprechender Vorbehalt des Veräußerers im Rahmen einer Grundstücksüberlassung. Zur **Rechtsnatur** im Einzelnen FA MietR WEG/*Finger* 26. Kap. Rn. 107 ff.

3 *1.2* Das Recht, Räumlichkeiten als Wohnraum zu nutzen, kann auf unterschiedliche Art und Weise gesichert werden. Abzugrenzen ist das Wohnungsrecht nach § 1093 BGB daher von weiteren Arten der Bestellung von Wohnrechten:

4 *1.3* Damit § 1093 BGB zur Anwendung gelangt, muss der Ausschluss der Eigentümernutzung in der Vereinbarung und Eintragungsbewilligung klar zum Ausdruck kommen (a.A. OLG Frankfurt MittBayNot 2007, 402 mit Anmerkung *Adam*). Soll der Eigentümer dagegen zur **Mitbenutzung** berechtigt sein, dient zur Sicherung die »normale« beschränkte persönliche Dienstbarkeit gemäß § 1090 BGB (**Wohn- und Mitbenutzungsrecht**):

5 **Der Eigentümer, Frau/Herr** _____, **räumt hiermit**

Herrn/Frau _____,

geboren am _____,

wohnhaft: _____,

das lebenslängliche Wohnrecht, beginnend mit dem heutigen Tage, an sämtlichen Räumen des Hauses _____, eingetragen im Grundbuch des Amtsgerichts _____ von _____ Blatt _____ ein.

Für dieses Recht gelten § 1090 BGB und die dort enthaltenen Verweisungen auf die Vorschriften über die Grunddienstbarkeiten und das Nießbrauchsrecht, jedoch mit der Maßgabe, dass die zur gewöhnlichen Unterhaltung des genutzten Hauses gehörenden Ausbesserungen und Erneuerungen sowie die Wohnnebenkosten der Eigentümer zu tragen hat (§ 1021 BGB). Der Eigentümer bleibt zur Mitbenutzung berechtigt.

Das vorgenannte Wohnrecht soll durch Eintragung einer entsprechenden beschränkten persönlichen Dienstbarkeit dinglich gesichert werden, was hiermit von dem Eigentümer bewilligt und beantragt wird und zwar unter der Maßgabe, dass zur Löschung des Rechts die Vorlage der Sterbeurkunde des Berechtigten genügt.

Schuldrechtlich wird die Unentgeltlichkeit vereinbart.

Der Jahreswert des Wohnrechts beträgt ca. € _____ .

Erläuterungen

6 *1.4* Vom **Nießbrauch** nach §§ 1030 ff. BGB (s. dazu Formular Teil 6 Rdn. 20) unterscheidet sich das Wohnungsrecht dadurch, dass es nur das Recht zur Eigennutzung zu Wohnraum vermittelt, während der Nießbrauch ein **umfassendes Nutzungsrecht** (d.h. einschließlich des Rechtes der Fruchtziehung gem. §§ 100 ff. BGB) gewährt. Soll z.B. auch eine nicht nur nebengeordnete **mietrechtliche** oder **gewerbliche Nutzung** des Grundstücks erfolgen, ist zur Wahl des Nießbrauchsrechts und nicht des Wohnungsrechts zu raten.

7 *1.5* Das **Dauerwohnrecht** gemäß § 31 WEG ist im Gegensatz zum Wohnungsrecht veräußerlich und vererblich (vgl. Formular Teil 2 Rdn. 214). Anders als beim Wohnungsrecht muss sich die räumliche Beschränkung der Ausübung auf eine abgeschlossene – ggf. auch noch nicht existente – Wohnung beziehen, die die Führung eines Haushalts ermöglicht. Zur Bestellung des Dauerwohnrechts bedarf es daher eines Aufteilungsplanes und der Abgeschlossenheitsbescheinigung im Sinne des WEG.

8 **2. Berechtigter.** Das Wohnungsrecht kann für eine oder mehrere Personen bestellt werden. Bei Personenmehrheit ist das **Beteiligungsverhältnis** in der Eintragungsbewilligung und in der Eintragung gemäß § 47 GBO anzugeben. Es kann als Gesamthandsgemeinschaft ausgestaltet werden,

als Gesamtgläubigerschaft im Sinne des § 428 BGB, oder es können mehrere gleichrangig nebeneinander stehende Wohnungsrechte an denselben Räumen bestellt werden (vgl. *Schöner/Stöber* Rn. 1245 m.w.N.). Eine Gemeinschaft nach **Bruchteilen** ist ebenfalls zulässig (str., vgl. Staudinger/*Langhein* § 741 BGB, Rn. 128; a.A. FAMietRWEG/*Finger* 26. Kap. Rn. 113). Das Wohnungsrecht kann auch einer **juristischen Person** eingeräumt werden, die es anderen zur Ausübung überlassen kann (BayObLG DNotZ 2001, 73).

3. Belastungsgegenstand. Belastet werden kann ein **Grundstück**, ein **Wohnungseigentum** 9
oder ein **Erbbaurecht**. Das Grundstück muss zu Wohnzwecken geeignet sein, es muss somit bebaut oder zumindest zur Bebauung bestimmt sein. Die Begründung eines Wohnungsrechts an **Teileigentum** (z.B. an einer Garage) ist daher nicht möglich, stattdessen kann jedoch eine sonstige beschränkt persönliche Dienstbarkeit als Nutzungsrecht bestellt werden:

A ist auch Eigentümer des im Teileigentumsgrundbuch des Amtsgerichts 10
_____ Blatt _____ eingetragenen Teileigentums, bestehend aus einem Miteigentumsanteil von _____ an dem vorbezeichneten Grundstück, verbunden mit dem Sondereigentum an dem im Aufteilungsplan mit Nr. _____ bezeichneten Stellplatz in der Tiefgarage. A gewährt dem B an diesem Teileigentum ein Nutzungsrecht folgenden Inhalts: Der Berechtigte ist befugt, das Teileigentum unter Ausschluss des Eigentümers zum Abstellen von Kraftfahrzeugen zu benutzen. Die Ausübung der Dienstbarkeit kann dritten Personen überlassen/nicht überlassen werden. Das vorgenannte Nutzungsrecht soll durch Eintragung einer entsprechenden beschränkten persönlichen Dienstbarkeit dinglich gesichert werden, was hiermit von den Vertragsschließenden bewilligt und beantragt wird.

Ein **ideeller Miteigentumsanteil** kann nicht mit einem Wohnungsrecht belastet werden, wohl 11
aber ein **realer Grundstücksteil**. Soll dieser Grundstücksteil Eintragungsgegenstand (und nicht nur Ausübungsbereich) sein, muss dem Grundbuchamt eine amtliche Karte vorgelegt werden, vgl. FA MietR WEG/*Finger* 26. Kap. Rn. 110.

4. Ausübungsbereich. Falls sich das Wohnungsrecht nicht auf das gesamte Gebäude bezieht, 12
müssen die **Räume**, auf die sich das Recht erstrecken soll, bestimmt bezeichnet werden. Jedenfalls darf die endgültige Festlegung nicht dem Eigentümer oder dem Wohnungsberechtigten überlassen bleiben (FA MietRWEG/*Finger* 26. Kap. Rn. 112 m.w.N.).

5. Mitbenutzung gemeinschaftlicher Anlagen. Bereits nach § 1093 Abs. 3 BGB gehört 13
zum Wohnungsrecht auch die Befugnis des Berechtigten, **gemeinschaftliche Anlagen und Einrichtungen** mit zu benutzen. Was tatsächlich hierzu zählt, bestimmt sich nach der allgemeinen **Verkehrsanschauung**. Zur Vermeidung späterer Streitigkeiten empfiehlt es sich, die im Einzelfall in Betracht kommenden gemeinschaftlichen Anlagen und Einrichtungen ausdrücklich einzeln anzugeben, sofern sich das Wohnungsrecht nicht ohnehin auf das gesamte Gebäude bezieht. Es wird als allgemein zulässig angesehen, auch die Mitbenutzung von unbebauten Teilen des Grundstücks, z.B. dem **Garten**, als Inhalt des Wohnungsrechts zu bestimmen (OLG Frankfurt MDR 1983, 131; *Schöner/Stöber* Rn. 1248a). Darüber hinausgehende Mitbenutzungsrechte sind als einfache beschränkte persönliche Dienstbarkeit nach § 1090 BGB eintragungsfähig.

6. Mitbenutzung durch Dritte. Familienangehörige und **Pflegepersonen** können nach 14
§ 1093 Abs. 2 BGB aufgenommen werden (FAMietRWEG/*Finger* 26. Kap. Rn. 122). Ohne ausdrückliche Gestattung durch den Eigentümer nicht erlaubt ist allerdings die alleinige Überlassung ohne Nutzung durch den Berechtigten selbst (OLG Oldenburg NJW-RR 1994, 467). Im Übrigen ist für die Zulässigkeit der Überlassung an Dritte eine ausdrückliche Vereinbarung erforderlich.

15 **7. Kosten- und Lastenverteilung.** Der Wohnungsberechtigte hat gem. § 1041 BGB die **gewöhnlichen Unterhaltskosten** zu tragen, also die laufenden Reparaturen. Auch **Wohnnebenkosten**, beispielsweise für Strom, Telefon, Müllabfuhr, Wasser, trägt der Wohnungsberechtigte. Kraft Gesetzes verbleiben dem Eigentümer die **öffentlichen Lasten** wie Grundsteuer, Erschließungsbeiträge oder Anliegerbeiträge, sowie **privatrechtliche Lasten** wie Zinsen von Grundpfandrechten und die Gebäudeversicherung.

16 **8. Änderungsmöglichkeiten.** Stets können die Beteiligten abweichende, **schuldrechtliche Vereinbarungen** treffen (dazu Palandt/*Bassenge* § 1093 BGB Rn. 11 m.w.N.). Oft ist gewollt, dass auch für öffentliche und private Lasten, die sonst der Eigentümer zu tragen hätte, der Wohnungsberechtigte aufzukommen hat. Ob über rein schuldrechtliche Abreden hinaus auch mit **dinglicher Wirkung** eine abweichende Vereinbarung der gesetzlichen Rechte und Pflichten als Inhalt des Wohnungsrechts möglich ist, ist vielfach unklar (*Schöner/Stöber* Rn. 1251, 1253; *Amann* DNotZ 1989, 541). Vorsichtshalber kann es sich empfehlen, vereinbarte Leistungspflichten des Eigentümers durch eine **Reallast** zu sichern. Näher FA MietRWEG/*Finger* 26. Kap. Rn. 109.

17 **9. Grundbucheintragung.** *9.1* Als Grundstücksrecht entsteht das Wohnungsrecht mit **Einigung** der Beteiligten und **Eintragung** im Grundbuch. Die Eintragung erfolgt auf **Antrag** (§ 13 Abs. 1 GBO), wenn der Betroffene sie in der Form des § 29 GBO **bewilligt** (§ 19 GBO). Die **Rangstelle** im Grundbuch ist von entscheidender Bedeutung. Wie andere im Grundbuch eingetragene Rechte erlöschen gem. § 91 Abs. 1 ZVG alle Wohnrechte, wenn die Zwangsversteigerung aus einem vorrangigen Recht betrieben wird. Ein Wohnungsrecht, das für den Berechtigten existentielle Bedeutung hat, sollte daher stets die erste Rangstelle haben.

18 *9.2* Einer **Löschungserleichterung** im Sinne des § 23 GBO dahingehend, dass zur Löschung des Wohnungsrechts der Nachweis des Todes des Berechtigten genügen soll (vgl. Formular Teil 6 Rdn. 34), bedarf es regelmäßig nicht, da das Wohnungsrecht mangels Leistungsverpflichtung des Eigentümers Rückstände nicht kennt. Anders mag dies ausnahmsweise sein, wenn der Wohnungsberechtigte Gemeinschaftsanlagen mitbenutzen darf, wegen der dort geregelten Verpflichtung zur ordnungsgemäßen Instandhaltung durch den Eigentümer (OLG Düsseldorf MittRhNotK 1994, 346).

19 **10. Wertangabe.** Kein zwingender Urkundsbestanteil, jedoch sowohl für die Notar- wie auch Gerichtskosten zweckmäßig, vgl. näher § 24 KostO.

B. Nießbrauch

Nießbrauch 20

A ist Eigentümer des in _____ belegenen, im Grundbuch von _____ Blatt _____ eingetragenen Grundstücks. A gewährt dem B (mehreren Gesamtberechtigten gemäß § 428 BGB) an diesem Grundstück das unentgeltliche Nießbrauchsrecht an diesem Grundbesitz, beginnend mit dem _____. [1, 2, 3]

Alternative 1

Für dieses Recht gelten die gesetzlichen Bestimmungen der §§ 1030 ff. BGB. Danach stehen dem Nießbraucher sämtliche Nutzungen aus dem Grundstück zu. Zu seinen Pflichten gehört es u.a., die zur gewöhnlichen Unterhaltung des Grundstücks gehörenden Ausbesserungen und Erneuerungen vorzunehmen und die auf dem Grundstück ruhenden öffentlichen sowie die privatrechtlichen Lasten zu tragen, welche zur Zeit der Bestellung des Nießbrauchs bestehen. [4]

Außergewöhnliche Ausbesserungen und Erneuerungen und außerordentliche öffentliche Lasten – z.B. Anlieger- und Erschließungskosten – sowie die Tilgungsleistungen auf die bestehenden Hypotheken und Grundschulden hat der Grundstückseigentümer zu tragen.

Alternative 2

Für dieses Recht gelten die gesetzlichen Bestimmungen der §§ 1030 ff. BGB, jedoch mit der Maßgabe, dass

– abweichend von § 1041 Satz 2 BGB der Nießbraucher auch verpflichtet ist, die außergewöhnlichen Ausbesserungen und Erneuerungen auf seine Kosten vorzunehmen, [5]

– abweichend von § 1047 BGB der Nießbraucher sämtliche bestehenden, auf dem Grundstück ruhenden privatrechtlichen Lasten und öffentlichen Lasten einschließlich der außerordentlichen Lasten zu tragen hat.

Das Nießbrauchsrecht endet mit dem Tod des Berechtigten. Zur Löschung genügt die Vorlage der Sterbeurkunde. [6]

Das Nießbrauchsrecht soll durch Eintragung im Grundbuch gesichert werden, was hiermit von den Vertragsschließenden bewilligt und beantragt wird. [7]

Der Jahreswert des Nießbrauchs beträgt ca. € _____.

Erläuterungen

1. Inhalt. *1.1* Der Nießbrauch nach §§ 1030 BGB ist eine besondere Form der **Dienstbarkeit** 21 (FAMietRWEG/*Finger* 26. Kap. Rn. 124 ff.). Anders als bei beschränkt persönlichen Dienstbarkeiten umfasst der Nießbrauch an Grundstücken das Recht, **sämtliche Nutzungen** des belasteten Grundbesitzes zu ziehen. Dem Eigentümer verbleibt jedoch die rechtliche Verfügungsmacht, d.h. der Berechtigte kann das Grundstück weder veräußern noch belasten. Der Nießbrauch stellt ein **Duldungs- und Unterlassungsrecht** dar. Danach ist der Eigentümer lediglich verpflichtet, die Nutzung durch den Nießbraucher zu dulden, aber nicht zu positiven Leistungen verpflichtet. Zur Abgrenzung von anderen dinglichen Nutzungsrechten vgl. Formular Teil 6 Rdn. 1).

1.2 Eher selten wird der Nießbrauch isoliert bestellt (**Zuwendungsnießbrauch**), etwa im Familienkreis zur Einkunftsverlagerung. Viel häufiger erfolgt die Bestellung im Rahmen von Überlas- 22

sungsverträgen im Rahmen der vorweggenommenen Erbfolge (**Vorbehaltsnießbrauch**). Dabei ermöglicht der Nießbrauch einen stufenweisen Übergang des Grundstücks auf die nachfolgende Generation (vgl. zu weiteren Motiven Handbuch des FAMietRWEG/*Finger* 26. Kap. Rn. 130).

23 **2. Berechtigter.** *2.1* Der Nießbrauch kann für eine natürliche oder juristische Person bestellt werden. Bei Personenmehrheit kommen als **Beteiligungsverhältnisse** in Betracht: Gesamthandsgemeinschaften, quotal nebeneinander Berechtigte, Berechtigte selbständiger Rechte (§ 1060 BGB), Mitberechtigte nach Bruchteilen, Gesamtgläubiger nach § 428 BGB (BGH NJW 1981, 176). Das Gemeinschaftsverhältnis ist in der Eintragungsbewilligung und in der Eintragung gemäß § 47 GBO anzugeben.

24 *2.2* Auch für den Eigentümer selbst ist die Bestellung eines **Eigentümernießbrauchs** bei Grundstücken möglich, zumindest bei Vorliegen eines begründeten schutzwürdigen Interesses an der Eintragung (str., vgl. *Schöner/Stöber* Rn. 1373). Dies geschieht häufig in Form des Nießbrauchs zugunsten von Eheleuten als Gesamtgläubiger, wenn nur ein Ehegatte Eigentümer des Grundstücks ist.

25 **3. Belastungsgegenstand.** Der Nießbrauch kann bestellt werden an Grundstücken, Erbbaurechten, Wohnungs- und Teileigentum, Wohnungserbbaurechten, Dauerwohn- und -nutzungsrechten, dabei jeweils auch an ideellen **Miteigentumsanteilen** (§ 1066 BGB) oder einem Erbteil.

26 Auch die Bestellung eines sog. **Bruchteilsnießbrauchs** an einem unabgeteilten, ideellen Miteigentumsanteil soll möglich sein (str., vgl. Palandt/*Bassenge* § 1066 Rn. 4).

27 Beim **Quotennießbrauch** steht dem Nießbraucher nur ein bestimmter Bruchteil der Nutzungen zu, der Rest dem Eigentümer (BGH DNotZ 2004, 140 = BGH NJW-RR 2003, 1290). Belastungsgegenstand bleibt jedoch – anders als beim Bruchteilsnießbrauch – das gesamte Grundstück.

28 Als Belastungsgegenstand kann ebenfalls eine **reale Grundstücksteilfläche** dienen. Wenn Verwirrung nicht zu besorgen, bedarf es hierfür nicht einmal einer vorherigen Abschreibung und rechtlichen Verselbständigung der Teilfläche. Für die Eintragung im Grundbuch muss dann jedoch ein amtlicher Lageplan vorgelegt werden (§ 7 Abs. 2 i.V.m. § 2 Abs. 3 GBO).

29 Dagegen ist es nicht möglich, den Nießbrauch **vertikal** zu beschränken, etwa durch eine Regelung, wonach er sich nur auf eine bestimmte Wohnung oder bestimmte Räume beziehen soll (BGH NJW 2006, 1881).

30 **4. Kosten- und Lastenverteilung.** Kraft Gesetzes (§ 1041 BGB) hat der Nießbraucher für die Erhaltung der Sache zu sorgen, er trägt die **laufenden Unterhaltungskosten**, etwa Kosten für Schönheitsreparaturen. **Außergewöhnliche Unterhaltungskosten** trägt dagegen der Eigentümer, z.B. im Rahmen einer Generalrenovierung oder des Austauschs der Heizungsanlage. Gemäß § 1047 BGB hat der Nießbraucher die **ordentlichen öffentlichen Lasten** zu tragen wie Grundsteuer, Gebühren für Abwasser, Müllabfuhr, Schornsteinfeger. Der Eigentümer kommt dagegen für die **außergewöhnlichen öffentlichen Lasten** auf wie Anlieger- und Erschließungskosten.

31 **5. Änderungsmöglichkeiten.** *5.1* Modifikationen des gesetzlichen Schuldverhältnisses zwischen Nießbraucher und Eigentümer sind durch Eintragung im Grundbuch **mit dinglicher Wirkung** insoweit zulässig, als das Wesen des Nießbrauchs nicht beeinträchtigt wird, also der Grundsatz der Substanzerhaltung des Grundstücks nicht verletzt und keine Leistungspflicht des Eigentümers zum Inhalt des dinglichen Rechts gemacht werden (FAMietRWEG/*Finger* 26. Kap. Rn. 131 m.w.N.). Möglich ist etwa der Erlass der laufenden Unterhaltungskosten i.S. des § 1041 S. 2 BGB zugunsten des Nießbrauchers (BayObLG DNotZ 1986, 151). Ebenso kann die Übernahme der außergewöhnlichen Ausbesserungen oder Erneuerungen durch den Nießbraucher entgegen § 1041 S. 2 BGB mit dinglicher Wirkung vereinbart werden. In der Praxis wird dies äußerst häufig gewünscht, insbesondere beim Vorbehaltsnießbrauch, da dann aus steuerlichen Gründen (AfA) möglichst viele Belastungen beim Nießbraucher verbleiben sollen. Auch die Lastentragung des § 1047 BGB und die Versicherungspflicht des Nießbrauchers nach § 1045 BGB

können mit dinglicher Wirkung modifiziert werden. Gleiches gilt für eine oftmals gewünschte Abweichung von § 1059 S. 2 BGB (BGHZ 95, 99):

»*Das Recht, die Ausübung des Nießbrauchs einem Dritten zu überlassen, wird ausgeschlossen*«. 32

5.2 Sofern vom Gesetz abweichende Regelungen nicht mit dinglicher Wirkung vereinbart werden 33 können, ist es selbstverständlich möglich, entsprechende rein **schuldrechtliche Abreden** zu treffen. So kann der Nießbrauch etwa schuldrechtlich mit dem Bestand eines **Mietvertrags** verknüpft werden (Palandt/*Bassenge* vor § 1018 Rn. 2 f. m.w.N.).

6. Löschungserleichterung. Nach § 1061 BGB erlischt der Nießbrauch mit dem **Tod des Be-** 34 **rechtigten**. Es besteht das grundbuchtechnische Problem, dass zur Löschung gemäß § 23 Abs. 1 GBO grundsätzlich entweder die Löschungsbewilligung aller Erben eingeholt werden oder seit dem Tod des Berechtigten mindestens ein Jahr vergangen sein muss. Um eine beschleunigte Löschung zu ermöglichen, sollte daher nach § 23 Abs. 2 GBO in die Eintragungsbewilligung des Bestellers aufgenommen werden, dass alleine der Löschungsantrag des Eigentümers unter Vorlage der Sterbeurkunde des Berechtigten in grundbuchtauglicher Form ausreicht.

7. Grundbucheintragung. Der Nießbrauch an Grundstücken entsteht durch (formlose) Eini- 35 gung und Eintragung im Grundbuch. Für die Eintragung bedarf es der **Bewilligung** des Eigentümers in der Form des § 29 GBO und des **Antrags** nach § 13 Abs. 1 GBO.

C. Erbbaurecht

36   **Erbbaurechtsbestellungsvertrag**

A. Vorbemerkungen [1, 2]

A ist Eigentümer des in _____ belegenen, im Grundbuch von _____ Blatt _____ eingetragenen Grundstücks. [3]

Der Grundbesitz ist in Abteilung II und III unbelastet.

B. Bestellung des Erbbaurechts [4]

A

         – nachstehend »Eigentümer« genannt –

bestellt hiermit

B [bei mehreren Berechtigten: als Mitberechtigte zu je _____ Anteil]

         – nachstehend »Erbbauberechtigter« genannt –

an dem vorgenannten Grundstück ein Erbbaurecht mit dem in dieser Urkunde niedergelegten Inhalt und im Übrigen nach Maßgabe des Erbbaurechtsgesetzes.

Das Erbbaurecht erstreckt sich auch auf den für das Gebäude nicht erforderlichen Teil des Grundstücks, wobei das Bauwerk wirtschaftlich die Hauptsache bleiben muss. [5]

Das Erbbaurecht beginnt mit seiner Eintragung im Grundbuch und gilt bis _____. [6]

C. Vertraglicher (dinglicher) Inhalt des Erbbaurechts

Als dinglicher Inhalt des Erbbaurechts werden die folgenden Vereinbarungen getroffen:

§ 1 Bau- und Unterhaltungsverpflichtung

Der Erbbauberechtigte ist verpflichtet, bis _____ und auf eigene Kosten unter Beachtung aller öffentlich-rechtlichen Vorschriften auf dem Grundstück folgendes Bauwerk einschließlich der dazu erforderlichen Nebenanlagen wie Straßen, Wege, Garagen etc. zu errichten: Einfamilienhaus mit folgenden baulichen Maßgaben _____. [7]

Der Erbbauberechtigte hat das Bauwerk nebst Zubehör sowie das gesamte Erbbaugrundstück im ordnungsmäßigen und zweckentsprechenden Zustand zu erhalten und die hierzu erforderlichen Instandsetzungen und Erneuerungen unverzüglich vorzunehmen.

§ 2 Versicherung und Wiederaufbau

Der Erbbauberechtigte ist verpflichtet, das auf dem Grundstück befindliche Bauwerk – soweit möglich schon während der Bauphase – gegen Brand-, Sturm- und Leitungswasserschäden in Form einer gleitenden Neuwertversicherung auf eigene Kosten zu versichern und fortdauernd versichert zu halten. [8]

Der Erbbauberechtigte ist verpflichtet, bei Eintritt des Versicherungsfalls das Bauwerk in dem vorherigen Umfang wieder aufzubauen.

C. Erbbaurecht

§ 3 Lasten und Abgaben

Der Erbbauberechtigte hat alle auf das Grundstück und das Erbbaurecht entfallenden öffentlichen und privatrechtlichen Lasten, Abgaben und Pflichten, die den Grundstücks- oder Gebäudeeigentümer als solchen betreffen, zu tragen. Er hat den Eigentümer freizuhalten, falls dieser deswegen in Anspruch genommen wird. [9]

§ 4 Zustimmungserfordernis/Verfügungsbeschränkung

Der Erbbauberechtigte bedarf der schriftlichen Zustimmung des Eigentümers [10]

a) zu allen baulichen Veränderungen und etwaigen weiteren Bauwerken, soweit hierzu eine baurechtliche Genehmigung erforderlich ist,

b) zur Veräußerung des Erbbaurechts im Ganzen oder in Teilen,

c) zur Belastung des Erbbaurechts mit Grundpfandrechten, Dauerwohn- und Dauernutzungsrechten oder Reallasten.

D. Erbbauzins und Anpassungsklausel

Der jährliche Erbbauzins beträgt € _____, in Worten Euro _____. Er ist monatlich im Voraus bis zum fünften eines jeden Monats zu entrichten. [11]

Der Erbbauzins ist im Hinblick auf die lange Laufzeit des Erbbaurechts wie folgt an die veränderten wirtschaftlichen Verhältnisse anzupassen: Er ändert sich ohne weiteres, erstmals mit dem 1. Januar des auf den Vertragsabschluss folgenden vierten Kalenderjahres und sodann jeweils wieder nach Ablauf von 3 Jahren, in demselben prozentualen Verhältnis, wie sich der vom Statistischen Bundesamt ermittelte Verbraucherpreisindex in dem Zeitraum seit Vertragsschluss bzw. der letzten Anpassung bis zum Monat Oktober, der der Anpassung vorausgeht, in Prozenten nach oben oder unten verändert hat. Klargestellt wird, dass § 9a ErbbauRG, über dessen Inhalt und die hierzu ergangene Rechtsprechung der Notar belehrte, unberührt bleibt. [12]

Der Erbbauzins samt Anpassungsklausel ist im Grundbuch als Reallast einzutragen.

Als dinglicher Inhalt des Erbbauzinses wird vereinbart, dass die Reallast abweichend von § 52 Abs. 1 ZVG mit ihrem Hauptanspruch bestehen bleibt, wenn der Eigentümer aus der Reallast oder der Inhaber eines im Range vorgehenden oder gleichstehenden dinglichen Rechts die Zwangsversteigerung des Erbbaurechts betreibt. [13]

Im Zeitraum zwischen Besitzübergabe und Eintragung des Erbbaurechts im Grundbuch hat der Erbbauberechtigte an den Eigentümer den vereinbarten Erbbauzins als Nutzungsentschädigung zu leisten. [14]

E. Schuldrechtliche Vereinbarungen

§ 1 Besitzübergang

Besitz, Nutzen und Gefahr sowie die Verkehrssicherungspflicht gehen am _____ auf den Erbbauberechtigten über. [15]

§ 2 Rechts- und Sachmängel

Der Eigentümer haftet dafür, dass das Erbbaurecht die erste Rangstelle erhält. [16]

Als Beschaffenheit des Grundstücks wird vereinbart, dass es sich um Bauland handelt und dieses zur Errichtung des vorgenannten Bauwerks in rechtlicher wie in tatsächlicher Hinsicht geeignet ist. Ansprüche und Rechte des Erbbauberechtigten wegen eines Sachmangels des Grundbesitzes sind im Übrigen ausgeschlossen. Das gilt auch für Ansprüche auf Schadensersatz, es sei denn, der Eigentümer handelt vorsätzlich.

Baulasten sind dem Eigentümer nicht bekannt. Es wurde auf die Möglichkeit hingewiesen, das Baulastenverzeichnis einzusehen.

Von allen vorstehenden Haftungsbeschränkungen sind Schäden aus der Verletzung des Lebens, des Körpers oder der Gesundheit sowie wesentlicher Vertragspflichten ausgenommen, wenn der Eigentümer die Pflichtverletzung zu vertreten hat, und sonstige Schäden, die auf einer vorsätzlichen oder grob fahrlässigen Pflichtverletzung des Eigentümers beruhen. Einer Pflichtverletzung des Eigentümers steht die seines gesetzlichen Vertreters oder Erfüllungsgehilfen gleich.

§ 3 Gesamtschuldner

Mehrere Erbbauberechtigte haften für alle Verpflichtungen aus diesem Vertrag als Gesamtschuldner.

§ 4 Rechtsnachfolge

Soweit die Verpflichtungen dieses Vertrags nur schuldrechtlich wirken, verpflichten sich beide Vertragsteile wechselseitig, alle Verpflichtungen aus diesem Vertrag ihren sämtlichen Sonderrechtsnachfolgern mit Weiterübertragungsverpflichtung aufzuerlegen. [17]

§ 5 Kosten

Alle durch diese Urkunde veranlassten Kosten für Beurkundung, grundbuchamtlichen Vollzug etc. sowie die Grunderwerbsteuer trägt der Erbbauberechtigte.

§ 6 Salvatorische Klausel

Sollte eine Bestimmung dieses Vertrags unwirksam sein oder werden, so wird dadurch die Wirksamkeit des Vertrags und des Erbbaurechts im Übrigen nicht berührt. Die Vertragsteile sind dann verpflichtet, den Vertrag durch eine Regelung zu ergänzen, die der unwirksamen Bestimmung wirtschaftlich am nächsten kommt.

Sofern Vereinbarungen dieses Vertrages nicht mit dinglicher Wirkung möglich sind, bleiben sie mit schuldrechtlicher Wirkung bestehen.

F. Grundbucherklärungen

Die Vertragsteile sind darüber einig, dass das Erbbaurecht mit dem vorgenannten Inhalt entsteht. Sie bewilligen und beantragen, in das Grundbuch einzutragen:

In das Grundstücksgrundbuch: [18]

das vereinbarte Erbbaurecht mit dem in Abschnitt C. festgelegten dinglichen Inhalt zugunsten von B [*bei mehreren Berechtigten*: im angegebenen Anteilsverhältnis].

In das Erbbaugrundbuch: [19]

den wertgesicherten, vollstreckungsfesten Erbbauzins gemäß Abschnitt D. zugunsten des jeweiligen Eigentümers des Erbbaugrundstücks (Reallast).

G. Vollzug/Hinweise

[es folgen Vollzugsauftrag an den vertragsdurchführenden Notar und abschließende Hinweise durch den Notar]

Erläuterungen

1. Begriff/Inhalt. *1.1* Mit dem Erbbaurecht begründet der Eigentümer an seinem Grundstück zugunsten des Berechtigten »das veräußerliche und vererbliche Recht, auf oder unter der Oberfläche ein Bauwerk zu haben« (§ 1 Abs. 1 ErbbauRG). Das Eigentum am Bauwerk und Grundstückseigentum fallen damit auseinander. Hieraus folgt die Doppelnatur des Erbbaurechts: Es ist einerseits **Grundstücksbelastung**. Anderseits wird es nach Entstehung wie ein Grundstück behandelt (**grundstücksgleiches Recht**), das übertragbar und belastbar ist und dessen untrennbarer Bestandteil das Gebäude ist. Der **Kaufvertrag** über ein Erbbaurecht unterscheidet sich daher nur unwesentlich von dem Kaufvertrag über ein Grundstück (vgl. im Einzelnen FA MietRWEG/*Finger*, 26. Kap. Rn. 150 ff.).

1.2 § 1 ErbbauRG beschreibt den **gesetzlichen Mindestinhalt** des Erbbaurechts: die Veräußerlichkeit und Vererblichkeit sowie die Verwendung als Baugrund. §§ 2–8, 27, 32 ErbbauRG sehen darüber hinaus vor, dass eine Reihe von schuldrechtlichen Vereinbarungen als **Inhalt des Erbbaurechts** mit **dinglicher Wirkung** vereinbart werden können. Mit Eintragung des Erbbaurechts im Grundbuch wirken diese Vereinbarungen damit auch gegenüber Rechtsnachfolgern, während die sonstigen schuldrechtlichen Abreden nur die Vertragsbeteiligten binden.

Es ist darauf zu achten, dass nicht Vereinbarungen als Inhalt des Erbbaurechts zur Eintragung bewilligt und beantragt werden, die nicht im Katalog der §§ 2–8, 27 Abs. 1 und 32 Abs. 1 ErbbauRG enthalten sind und damit nicht Inhalt des Erbbaurechts sein können. Das Muster sieht daher eine **Differenzierung des dinglichen Inhalts von den sonstigen schuldrechtlichen Abreden** vor.

1.3 Im Rahmen des genannten Gesetzeskatalogs werden bei Begründung des Erbbaurechts neben den im Muster unter Abschnitt C. enthaltenen Bestimmungen oftmals auch die folgenden Vereinbarungen gewünscht und zum dinglichen Inhalt des Erbbaurechts gemacht:

Meist finden sich Regelungen zum **Heimfallrecht** nach § 2 Nr. 4 ErbbauRG. Es gewährt dem Eigentümer einen Anspruch gegenüber dem Erbbauberechtigten und jedem Rechtsnachfolger, bei Eintritt bestimmter Fälle, z.B. Nichterfüllung der Bauverpflichtung oder Zahlungsverzug, die Übertragung des Erbbaurechts auf sich verlangen zu können. In diesem Zusammenhang werden oft auch Vereinbarungen über Höhe und Art der Zahlung oder der Ausschluss von **Entschädigungsansprüchen** nach §§ 27 Abs. 1 S. 2, 32 Abs. 1 S. 2 ErbbauRG getroffen.

Für bestimmte, meist mildere Fälle und Vertragsverletzungen als diejenigen, die einen Heimfallanspruch auslösen, werden zugunsten des Eigentümers häufig **Vertragsstrafen** gemäß § 2 Nr. 5 ErbbauRG vorgesehen.

Die Einräumung eines **Vorrechts auf Erneuerung des Erbbaurechts** nach dessen Ablauf gemäß § 2 Nr. 6 ErbbauRG ermöglicht es dem früheren Erbbauberechtigten, in einen Erbbaurechtsbestellungsvertrag einzutreten, den der Grundstückseigentümer mit einem Dritten vor Ablauf von drei Jahren nach Beendigung des früheren Erbbaurechtes hinsichtlich desselben Grundstücks zu einem vergleichbaren wirtschaftlichen Zweck geschlossen hat.

Weiterer Inhalt des Erbbaurechts kann schließlich gemäß § 2 Nr. 7 ErbbauRG eine **Verkaufszwangklausel** sein, nach der der Eigentümer verpflichtet ist, das Grundstück an den Erbbauberechtigten zu verkaufen. Eine **Ankaufsverpflichtung des Erbbauberechtigten** lässt sich dagegen nur mit schuldrechtlicher Wirkung vereinbaren (BGH NJW 1977, 761).

45 **2. Form.** Der Rechtsgrund der dinglichen Einigung ist stets der schuldrechtliche Verpflichtungsvertrag. Dieser bedarf nach § 11 Abs. 2 ErbbauRG i.V.m. § 311b Abs. 1 BGB der **notariellen Beurkundung**.

46 **3. Belastungsgegenstand.** Nur ein Grundstück im Ganzen kann belastet werden. Bestellung an einem **Miteigentumsanteil** oder an einer **unvermessenen Teilfläche** des Grundstücks ist ausgeschlossen. Ein Erbbaurecht kann auch an mehreren Grundstücken bestellt werden, selbst wenn diese im Eigentum verschiedener Personen stehen (**Gesamterbbaurecht**, BGH NJW 1976, 519).

47 **4. Vertragsparteien.** Vertragsparteien sind der Grundstückseigentümer und der künftige Erbbauberechtigte. Eine **Mehrheit** von Berechtigten kann das Erbbaurecht in Bruchteils- oder Gesamthandsberechtigung erwerben. Auch die Bestellung eines **Eigentümererbbaurechts** zugunsten des Eigentümers selbst ist nach h.M. möglich (vgl. BGH JZ 1982, 419).

48 **5. Bauwerk.** *5.1* Ein Bauwerk ist eine unbewegliche Sache, die durch eine feste Verbindung zum Grundstück aus bodenfremdem Material hergestellt wird (BGHZ 117, 19, 25). Hierunter fallen zunächst alle **Gebäude**. Auch **Tiefgaragen** sind erbbaurechtsfähig, ebenso **Golfplätze**, nicht dagegen **Sportanlagen**, bei denen nur Planierungen oder Aufschüttungen vorgenommen werden müssen und keine Gebäude errichtet werden (vgl. zu weiteren Fallgruppen FAMietRWEG/*Finger* 26. Kap. Rn. 160).

49 *5.2* Nach dem **Bestimmtheitsgrundsatz** ist eine nähere Konkretisierung erforderlich, welches Bauwerk aufgrund des Erbbaurechts zu errichten ist. Demnach bedarf das Bauwerk einer näheren Bezeichnung nach Art und Umfang der zulässigen Bebauung. Nach ständiger Rechtsprechung reicht dabei die Angabe der Anzahl der zulässigen Bauwerke und deren ungefähre Beschaffenheit aus (BGHZ 47, 190, 193).

50 Die Rechtsprechung hat die Anforderungen zunehmend gelockert. In der Regel soll sogar schon eine Formulierung wie »Gebäude aller Art in Übereinstimmung mit dem zu erstellenden Bebauungsplan« dem Bestimmtheitserfordernis genügen (BGHZ 101, 143; BGH NJW 1994, 2024).

51 **6. Dauer.** Das Erbbaurecht beginnt mit der **Eintragung** im Grundbuch. Die Beteiligten sind jedoch frei, einen späteren Beginn festzulegen. Eine Mindest- und Höchstdauer gibt es nicht, üblich sind aber Laufzeiten von 10 (sale and lease back), 75 oder 99 Jahren. Das Erbbaurecht erlischt durch **Aufhebung**, § 11 Abs. 1 ErbbauRG i.V.m. § 875 BGB, oder durch **Zeitablauf**.

52 Der Untergang des Bauwerks, der Eintritt des Heimfalls oder die Zwangsversteigerung des Grundstücks tangieren die Fortdauer des Erbbaurechts dagegen nicht.

53 **7. Errichtung und Instandhaltung des Bauwerks.** Grundsätzlich verleiht das Erbbaurecht dem Berechtigten ein Recht zum Bauen, ohne ihn hierzu zu verpflichten. Nach § 2 Nr. 1 ErbbauRG kann jedoch eine **Pflicht zum Bauen** als Inhalt des Erbbaurechts vereinbart werden.

54 Auch **Verwendungsregelungen** sind möglich, z.B. kann der Eigentümer die gewerbliche Nutzung untersagen, die Vermietung nur an bestimmte Personen zulassen o.ä. Die Abrede über ein generelles Mitspracherecht des Grundstückseigentümers beim Abschluss eines jeden **Miet- oder Pachtvertrags** soll nach dem BayObLG jedoch nicht zum eintragungsfähigen Inhalt des Erbbaurechts gemacht werden können (BayObLG NZM 2002, 887).

55 **8. Versicherung des Bauwerks und sein Wiederaufbau im Fall der Zerstörung.** Eine allgemeine Pflicht zu **gebäudebezogenen Sachversicherungen** lässt sich gemäß § 2 Nr. 2 ErbbauRG mit dinglicher Wirkung festlegen. Das Muster enthält eine Konkretisierung im Hinblick auf Feuer-, Sturm- und Wasserschäden. Die Pflicht, sonstige Versicherungen (etwa eine **Haftpflichtversicherung**) abzuschließen, kann dagegen nur schuldrechtlich vereinbart werden.

56 **9. Öffentliche und privatrechtliche Lasten und Abgaben.** In der Praxis ist eine Vereinbarung nach § 2 Nr. 3 ErbbauRG üblich, wonach der Berechtigte alle **Lasten und Abgaben** zu tragen hat. Hierzu zählen Reallasten und gleichgestellte Verpflichtungen, Zinsen aus Hypotheken

und Grundschulden (nicht aber die Tilgung), sowie alle an den Staat, die Gemeinden und andere öffentlich-rechtlichen Verbände zu erbringenden Leistungen wie Grundsteuer, Gemeindegebühren, Erschließungskosten und Anschlussgebühren.

10. Verfügungsbeschränkungen. *10.1* §§ 5 und 8 ErbbauRG enthalten einen abschließenden Katalog der Rechtsgeschäfte, die als Inhalt des Erbbaurechts einer **Zustimmungsbedürftigkeit** unterworfen werden können. Die Beteiligten sind in der Auswahl unter diesen Sachverhalten frei. 57

10.2 Bei der Vertragsgestaltung ist darauf zu achten, dass die Vereinbarung nicht als Veräußerungsverbot ausgestaltet wird. Dies würde dem Grundsatz der Veräußerlichkeit widersprechen, der zum gesetzlichen Mindestinhalt des Erbbaurechts gehört. 58

Veräußerung. ist jede Übertragung des Erbbaurechts durch Rechtsgeschäft unter Lebenden. 59

10.3 Der Vorbehalt bei Veräußerungen kann auch in nur eingeschränkter Form vereinbart werden, z.B. können Übertragungen an Verwandte ersten Grades, Ehegatten o.ä. von der Zustimmungspflicht ausgenommen werden. 60

Im Gesetzeskatalog enthalten sind **Belastungen** mit einer Hypothek, Grund- oder Rentenschuld oder einer Reallast. Ist diesbezüglich ein Zustimmungsvorbehalt vereinbart, so kann auch eine Inhaltsänderung, die eine weitere Belastung des Erbbaurechts enthält, nicht ohne die Zustimmung des Grundstückseigentümers erfolgen (z.B. Zinserhöhungen, Erhöhungen der Nebenleistungen, Erschwerung der Kündigungsmöglichkeiten). 61

Für sonstige Belastungen des Erbbaurechts, z.B. mit einem Nießbrauch oder einer Dienstbarkeit, lässt sich eine Zustimmungspflicht dagegen nur **schuldrechtlich** vereinbaren. 62

11. Erbbauzins. *11.1* § 9 ErbbauRG definiert den Erbbauzins als ein Entgelt in wiederkehrenden Leistungen. Eine dingliche Sicherung des Erbbauzinses erfolgt nach § 9 Abs. 1 S. 1 ErbbauRG durch **Eintragung** des Erbbauzinses in Abteilung II des Grundbuchs. Sachenrechtlich handelt es sich um eine **dingliche Belastung des Erbbaurechts** in Form einer **Reallast**, §§ 1105 ff. BGB. 63

11.2 **Berechtigter** aus der Reallast kann immer nur der jeweilige Grundstückseigentümer sein, nicht dagegen eine dritte Person (OLG Düsseldorf DNotZ 1977, 305). 64

12. Anpassung (Wertsicherung). *12.1* Nach § 9 Abs. 2 ErbbauRG können **Anpassungsklauseln** zum Inhalt des Erbbaurechts erklärt werden. Entsprechende Absprachen zur **Wertsicherung** binden damit jeden Rechtsnachfolger. Für die Wertsicherung gelten die allgemeinen Grundsätze der Reallast, d.h. **Bestimmbarkeit** ist erforderlich. 65

Um dem Bestimmtheitserfordernis zu genügen, sind die Anpassungsvoraussetzungen, der Bewertungsmaßstab (z.B. Verbraucherpreisindex, bestimmte Tarif- oder Beamtengehälter) und der Anpassungszeitpunkt (z.B. »alle vier Jahre«, »bei Änderung des maßgeblichen Index um mindestens 10 %« o.ä.) genau zu bezeichnen. 66

Entscheidend für die Annahme einer hinreichenden Bestimmbarkeit ist stets, dass anhand objektiver Kriterien zumindest im Zeitpunkt der Erhöhung der Umfang der Erhöhung zu ermitteln ist. Bei einer automatischen Anpassung (**Gleitklausel**) wie im Muster ist jeweils die Höhe gesichert, die sich aus der Wertsicherung ergibt, ohne dass es einer entsprechenden Neueintragung im Grundbuch bedarf (vgl. BayObLG NJW 1997, 468). 67

Anpassungsmaßstäbe, die dem Ermessen eines Beteiligten oder eines Dritten überlassen und nicht hinreichend bestimmbar sind (z.B. **Leistungsvorbehalte**), können dagegen nicht Inhalt einer Erbbauzinsreallast sein. Sie können nur schuldrechtlich vereinbart und – soweit in diesem Rahmen noch genügend bestimmbar – durch eine **Vormerkung** gesichert werden. 68

Das bisherige Genehmigungserfordernis für Wertsicherungsklauseln durch das Bundesamt für Wirtschaft und Ausfuhrkontrolle ist mit dem am 14. September 2007 in Kraft getretenen **Preisklauselgesetz** entfallen. Unproblematisch zulässig sind nach § 4 PreisKlG Preisklauseln in Erb- 69 baurechtsbestellungsverträgen und Erbbauzinsreallasten mit einer Laufzeit von mindestens 30 Jahren.

70 *12.2* Dient das aufgrund des Erbbaurechts errichtete Bauwerk Wohnzecken, ist zusätzlich § 9a ErbbauRG zu beachten. Die Vorschrift beschränkt nicht die inhaltliche Zulässigkeit von Anpassungsklauseln, sondern bildet eine gesetzlich zwingende Grenze für den einzeln geltend gemachten Erhöhungsanspruch. Der Erhöhungsanspruch ist dann nur in dem Umfang umsetzbar, den § 9a ErbbauRG zulässt. Außerdem dürfen Anpassungen nur nach **Ablauf von drei Jahren** seit der Vereinbarung der Anpassungsklausel bzw. der letzten Anpassung geltend gemacht werden.

71 **13. Vollstreckungsfester Erbbauzins.** Nach § 9 Abs. 3 Nr. 1 ErbbauRG kann als Inhalt der Erbbauzinsreallast vereinbart werden, dass der Erbbauzins mit seinem Hauptanspruch **versteigerungsfest** ist. Im Fall der Zwangsversteigerung bleibt dann das Stammrecht bestehen, so dass wie beim Verkauf des Erbbaurechts der Erbbauzins fortbesteht und der volle Erlös für die Befriedigung der Grundpfandrechte und etwaiger rückständiger Erbbauzinsen zur Verfügung steht.

72 **14. Nutzungsentschädigung.** Der Anfangszeitpunkt des dinglichen Erbbauzinses kann nicht vor dessen Eintragung liegen. Für den Zeitraum zwischen Übergabe und Eintragung empfiehlt sich vor diesem Hintergrund die Vereinbarung eines **Nutzungsentgelts**. Dieses hat allerdings lediglich schuldrechtliche Wirkung.

73 **15. Verkehrssicherungspflicht.** Die Übernahme der Verkehrssicherungspflicht und der sich daraus ergebenden Haftung durch den Berechtigten kann nur mit schuldrechtlicher Wirkung vereinbart werden (BayObLG NJW-RR 2000, 162).

74 **16. Rangstelle.** Nach § 10 ErbbauRG muss das Erbbaurecht am belasteten Grundstück ausschließlich **erste Rangstelle** erhalten, um den Bestand des Erbbaurechts zu sichern. Unschädlich sind aber solche Eintragungen, die in keinem Rangverhältnis stehen, etwa Umlegung-, Sanierungs- oder Entwicklungsvermerke, ein Nacherbenvermerk oder frühere Heimstättenvermerke.

75 **17. Pflicht zur Weiterübertragung.** Schuldrechtliche Vereinbarungen wirken grundsätzlich nur zwischen den Beteiligten. Bei Veräußerung des Erbbaurechts oder des Grundstücks binden sie den Erwerber ansonsten nur, wenn sie von diesem übernommen werden. Vor diesem Hintergrund sieht das Muster eine **Weitergabeverpflichtung** vor.

76 **18. Grundbucheintragung.** Das Erbbaurecht entsteht erst mit seiner Eintragung im Grundbuch. Die Eintragung setzt neben der Einigung die Eintragungsbewilligung des Grundstückseigentümers nach § 19 GBO und den Eintragungsantrag nach § 13 GBO voraus. Die Eintragung erfolgt in Abteilung II des Grundstücksgrundbuchs.

77 Bei mehreren Berechtigten muss gemäß § 47 GBO das **Gemeinschaftsverhältnis** ausdrücklich angegeben werden.

78 **19. Erbbaugrundbuch.** Dieses wird für das Erbbaurecht bei Eintragung in das Grundbuch von Amts wegen als besonderes Grundbuchblatt angelegt (§ 14 ErbbauRG).

Teil 7 Verwaltungsrecht

A. Widerspruch des Nachbarn gegen einen dem Bauherrn erteilten Baugenehmigungsbescheid

Ausweislich der im Original beigefügten Vollmacht zeige ich die Vertretung des Nachbarn, nämlich _____ an.

Gegen den Baugenehmigungsbescheid vom _____ zum Aktenzeichen _____ lege ich hiermit namens und in Vollmacht meines Mandanten **1**

Widerspruch **2**

ein. Der dem Bauherrn erteilte Baugenehmigungsbescheid ist rechtswidrig und verletzt Nachbarrechte. Zur Begründung des Widerspruches im Einzelnen wird auf Folgendes hingewiesen: **3**

▶ Beispiel:

Die dem Discounter »Lidl« erteilte Genehmigung zum Bau eines SB-Marktes mit einer Geschossfläche von ca. 1.759 qm und einer Verkaufsfläche von ca. 1.280 qm verstößt unmittelbar gegen nachbarschützendes Bauplanungsrecht. Der zugrunde liegende Bebauungsplan weist sowohl für das Baugrundstück als auch für das benachbarte Grundstück meiner Mandantschaft ein Mischgebiet (MI) – § 6 BauNVO – aus. Der von »Lidl« beabsichtigte großflächige Einzelhandelsbetrieb ist außer in Kerngebieten (MK) – § 7 BauNVO – nur in einem festgelegten Sondergebiet (SO) – § 11 Abs. 3 BauNVO) – zulässig. Die von mir vertretene Nachbarpartei beruft sich insoweit auf einen Gebietserhaltungsanspruch. **4**

▶ Beispiel:

Die dem Bauherrn erteilte Genehmigung zum Bau und Betrieb einer Kindertagesstätte für 60 Kinder bis zum Alter von 12 Jahren bei einer vorgesehenen Betriebszeit von montags bis freitags, 8–17 Uhr ohne Lärmschutzmaßnahmen und ohne eine Beschränkung der Nutzung von Außenflächen verstößt unter Berücksichtigung eines nach dem Bebauungsplan festgesetztem besonders geschütztem Wohngebiet gegen das aus § 15 BauNVO folgende nachbarschützende Rücksichtnahmegebot. Da das Grundstück meiner Mandantschaft in voller Länge mit 42 m an das für die Kindertagesstätte vorgesehene Grundstück angrenzt, sind die Auswirkungen des Kinderlärms als nicht mehr zumutbar nicht hinzunehmen. **5**

Erläuterungen

1. Baugenehmigungsbescheid. Nach den Landesbauordnungen (z.B. § 72 Abs. 1 HBauO) **2** hat der Bauherr einen **Rechtsanspruch** auf Erteilung der **Baugenehmigung**, wenn dem Vorhaben öffentlich-rechtliche Vorschriften nicht entgegenstehen (zum behördlichen Verfahren im Einzelnen vergl. *Junker* in: Handbuch des Fachanwalts Miet- und Wohnungseigentumsrecht, 5. Auflage, Kapitel 30, Rn. 233 ff.). Das in den Bauordnungen der Länder (z.B. § 63 HBauO) geregelte Institut des **Vorbescheids** gibt dem Bauherrn eine preiswerte Möglichkeit, einzelne Fragen seines Bauvorhabens vorab verbindlich klären zu lassen, ohne dass schon ein vollständiger Baugenehmigungsantrag gestellt werden müsste, der mit erheblich höheren Kosten – z.B. wegen Anfertigung einer Statik – verbunden sein kann. Der Vorbescheid ist bereits ein vorweggenommener Teil der späteren Baugenehmigung (BVerwGE 48, 242; BVerwG NJW 1984, 1473). Demgemäß tritt durch einen positiven Vorbescheid eine **Bindungswirkung** für das nachfolgende Baugenehmigungsverfahren ein. Aus Sicht des Nachbarn ist aufgrund dieser Bindungswirkung des Vorbescheids von großer Bedeutung, auch gegen ihn Widerspruch einzulegen, wenn er konkret von der Existenz eines Vorbescheids Kenntnis erlangt. Erst mit Erteilung eines Baugenehmigungsbescheides ist der Bauherr legitimiert, mit Baumaßnahmen zu beginnen. Dazu legitimiert ihn der Vorbescheid noch nicht.

3 **2. Widerspruch.** Ist die dem Bauherrn erteilte Baugenehmigung dem Nachbarn zugestellt worden, so muss dieser gegen den Bescheid innerhalb eines Monats Widerspruch einlegen (§ 70 VwGO). Vom Zeitpunkt der Möglichkeit der sicheren Kenntniserlangung an muss sich der Nachbar nach Treu und Glauben so behandeln lassen, als ob ihm die Baugenehmigung amtlich bekannt gegeben worden wäre (BVerwG NJW 1988, 839; BVerwG NVwZ 1988, 532). Weil in diesem Falle keine Rechtsmittelbelehrung vorliegt, beträgt regelmäßig die Widerspruchsfrist 1 Jahr vom Zeitpunkt der Möglichkeit der sicheren Kenntniserlangung (vergl. § 58 Abs. 2 VwGO). Unter Umständen kann auch schon vor Ablauf der Jahresfrist eine **Verwirkung der Widerspruchsbefugnis** eintreten (*Junker* in Handbuch des Fachanwalts Miet- und Wohnungseigentumsrecht, 5. Auflage, Kapitel 30, Rn. 256).

4 **3. Nachbarrechte.** Der Widerspruch des Nachbarn ist nicht schon dann erfolgreich, wenn er darlegen kann, dass die Baugenehmigung in irgendeiner Art und Weise objektiv rechtswidrig ist. Der Widerspruch hat nur dann Aussicht auf Erfolg, wenn öffentlich-rechtliche Vorschriften verletzt sind, die jedenfalls auch dem Schutz des Nachbarn zu dienen bestimmt sind (vgl. hierzu im Einzelnen *Junker* in Handbuch des Fachanwalts Miet- und Wohnungseigentumsrecht, 5. Auflage, Kapitel 30, Rn. 254 ff.). Weder **Wohnungseigentümer nach dem WEG** untereinander noch einzelne Wohnungseigentümer im Verhältnis zur Wohnungseigentümergemeinschaft insgesamt sind Nachbarn i.S.d. öffentlichen Bau-Nachbarrechts. Damit ist z.B. ausgeschlossen, dass ein Wohnungseigentümer subjektiv-öffentliche Nachbarrechte gegen die Nutzungsänderung einer Wohnung geltend macht, die im Sondereigentum eines anderen Wohnungseigentümers derselben Wohnungseigentümergemeinschaft steht (BVerwG BRS 60 Nr. 173; BVerwG BauR 1989, 75; zu weiteren Einzelheiten vgl. Junker in Handbuch des Fachanwalts Miet- und Wohnungseigentumsrecht, 5. Auflage, Kapitel 30, Rn. 263).

Eine andere Fragestellung ist, ob die **Wohnungseigentümergemeinschaft** als Verband oder einzelne **Sondereigentümer** berechtigt sind, **Beeinträchtigungen aus Bauvorhaben Dritter**, die außerhalb der Gemeinschaft stehen, abzuwehren (vgl. zu dieser Thematik im Einzelnen Junker in Handbuch des Fachanwalts Miet- und Wohnungseigentumsrecht, 5. Auflage, Kapitel 30, Rn. 263).

5 **4. Nachbarschützendes Bauplanungsrecht.** Nach der Rechtsprechung des Bundesverwaltungsgerichts sind Festsetzungen in einem Bebauungsplan über die **Art** der baulichen Nutzung (Baugebiete i.S.v. § 1 Abs. 2 BauNVO) **generell nachbarschützend** (BVerwG BauR 1994, 223; BVerwG BauR 2000, 1306). Der widersprechende Nachbar kann sich insoweit auf einen **Gebietserhaltungsanspruch** berufen (OVG Hamburg Beschluss v. 15.10.2008, Az. 2 Bs 171/08: der Gebietserhaltungsanspruch des Nachbarn führt zur Rechtswidrigkeit einer Kindertagesstätte für 60 Kinder in einem besonders geschützten Wohngebiet, s.a. nachfolgend Ziff. 5). Die im Beispiel genannte Fallgestaltung liegt Beschlüssen des VG Schleswig vom 07.09.2004, Aktenzeichen 5 B 66/04 und des OVG Schleswig vom 26.10.2004, Aktenzeichen 1 MB 24/04 zugrunde.

6 **5. Nachbarschützendes Rücksichtnahmegebot.** Zugunsten des Nachbarn ist von der Rechtsprechung das **Gebot der Rücksichtnahme** ihm gegenüber entwickelt worden. Danach kann ein Bauvorhaben mit Rücksicht auf nachbarliche Belange im Einzelfall gemäß § 15 BauNVO unzulässig sein, auch wenn die Planausweisung der Art nach das Bauvorhaben grundsätzlich nicht ausschließt, im Beispielsfalle eine Kindertagesstätte in einem besonders geschützten Wohngebiet. Ein Verstoß gegen das Gebot der Rücksichtnahme nimmt die Rechtsprechung nur dann an, wenn der Nachbar im Ergebnis konkret unzumutbar beeinträchtigt wird, was im Beispielsfall vom Verwaltungsgericht Hamburg in einem Beschluss vom 29.08.2008 zum Aktenzeichen 9 E 2161/08 bejaht wurde (im Ergebnis bestätigt durch Beschluss des Hamburgischen OVG v. 15.10.2008 zum

A. Widerspruch des Nachbarn gegen Baugenehmigungsbescheid

Aktenzeichen 2 Bs 171/08). Das Gebot der Rücksichtnahme findet auch in anderen gesetzlichen Bestimmungen seinen Niederschlag. Fehlt z.B. ein Bebauungsplan, richtet sich die Zulässigkeit von Vorhaben innerhalb der im Zusammenhang bebauten Ortsteile nach § 34 BauGB. Danach ist ein Vorhaben u.a. zulässig, wenn es sich »in die Eigenart der näheren Umgebung einfügt«. Aus diesem Erfordernis hat die Rechtsprechung auch hier das Gebot der Rücksichtnahme gegenüber dem Nachbarn entwickelt (Ernst/Zinkahn/Bielenberg/Krautzberger, BauGB Rn. 141 zu § 34 BauGB m.w.N.). Ein Bauvorhaben fügt sich eben nicht ein, wenn es gegenüber dem Nachbarn als rücksichtslos erscheint.

B. Antrag des Nachbarn auf Aussetzung der Vollziehung eines dem Bauherrn erteilten Baugenehmigungsbescheides (§§ 80a Abs. 1 Nr. 2, 80 Abs. 4 VwGO)

7 Ausweislich der im Original beigefügten Vollmacht zeige ich die Vertretung des Nachbarn, nämlich _____ an.

Nachdem meine Mandantschaft gegen den Baugenehmigungsbescheid vom _____ zum Aktenzeichen _____ mit Schreiben vom _____ Widerspruch eingelegt habe, wird nunmehr beantragt, [1, 2]

die Vollziehung des Baugenehmigungsbescheides auszusetzen und einstweilige Maßnahmen zur Sicherung meiner Rechte zu treffen.

Das Rechtsschutzbedürfnis für diesen Antrag ergibt sich daraus, dass die Realisierung des genehmigten Vorhabens in Kürze bevorsteht. Dies ergibt sich aus Folgendem: [3]

▶ Beispiel:

Mit dem in Ablichtung beigefügten Schreiben hat der Bauherr den Beginn der Bauarbeiten in 2 Wochen angekündigt.

▶ Beispiel:

Nach den Erklärungen des Bauherrn, die in den in Fotokopie beigefügten Presseberichten zitiert werden, soll der Betrieb des genehmigten Vorhabens in 2 Wochen aufgenommen werden.

Die Vollziehung des angefochtenen Baugenehmigungsbescheides ist auszusetzen, da der Bescheid rechtswidrig ist und Nachbarrechte meiner Mandantschaft verletzt; auch die gebotene Interessenabwägung ergibt, dass das Interesse meiner Partei an der Aussetzung der Vollziehung das Interesse der Bauherrenpartei, die Baugenehmigung auszunutzen, überwiegt. Hierfür sind folgende Gesichtspunkte maßgeblich: [4, 5]

▶ Beispiel:

Die dem Discounter »Lidl« erteilte Genehmigung zum Bau eines SB-Marktes mit einer Geschossfläche von ca. 1.759 qm und einer Verkaufsfläche von ca. 1.280 qm verstößt unmittelbar gegen nachbarschützendes Bauplanungsrecht. Der zugrunde liegende Bebauungsplan weist sowohl für das Baugrundstück als auch für mein benachbartes Grundstück ein Mischgebiet (MI) – § 6 BauNVO – aus. Der von »Lidl« beabsichtigte großflächige Einzelhandelsbetrieb ist außer in Kerngebieten (MK) – § 7 BauNVO – nur in einem festgelegten Sondergebiet (SO) – § 11 Abs. 3 BauNVO) – zulässig. Die von mir vertretene Nachbarpartei beruft sich insoweit auf einen Gebietserhaltungsanspruch. Mit Rücksicht auf die offenkundige Rechtswidrigkeit der Genehmigung kann meiner Mandantschaft auch nicht vorübergehend für die Dauer des Widerspruchsverfahrens die erheblich störenden Immissionen, insbesondere ausgehend von einem großen Parkplatzgelände des Discounters – unmittelbar an mein Grundstück angrenzend – zugemutet werden. [6]

▶ **Beispiel:**

Die dem Bauherrn erteilte Genehmigung zum Bau und Betrieb einer Kindertagesstätte für 60 Kinder bis zum Alter von 12 Jahren bei einer vorgesehenen Betriebszeit von montags bis freitags, 8–17 Uhr ohne Lärmschutzmaßnahmen und ohne eine Beschränkung der Nutzung von Außenflächen verstößt unter Berücksichtigung eines nach dem Bebauungsplan festgesetztem besonders geschütztem Wohngebiet gegen das aus § 15 BauNVO folgende nachbarschützende Rücksichtnahmegebot. Da das Grundstück meiner Partei in voller Länge mit 42 m an das für die Kindertagesstätte vorgesehene Grundstück angrenzt, sind die Auswirkungen des Kinderlärms als nicht mehr zumutbar nicht hinzunehmen. Bei Verwirklichung des Vorhabens besteht demgemäß die Gefahr, dass von ihm unzumutbare Belästigungen ausgehen, die auch für die Dauer des Widerspruchsverfahrens für meine Mandantschaft nicht zumutbar sind. 7

Erläuterungen

1. Baugenehmigungsbescheid. Vgl. hierzu die Erläuterungen zum Formular Teil 7 Rdn. 2. 8

2. Widerspruch. Der Widerspruch ist zu richten an diejenige Behörde, die den Baugenehmigungsbescheid zu Gunsten des Bauherrn erteilt hat. Zur Widerspruchsfrist vgl. die Ausführungen zum Formular Teil 7 Rdn. 3. 9

3. Rechtsschutzbedürfnis. Das Rechtsschutzbedürfnis für den Antrag, der entweder an die Behörde, die den Baugenehmigungsbescheid zu Gunsten das Bauherrn erteilt hat, oder an die Widerspruchsbehörde zu richten ist, ergibt sich zum einen daraus, dass der Widerspruch des Nachbarn gemäß § 212a Abs. 1 BauGB **keine aufschiebende Wirkung** hat. Zum anderen resultiert das Rechtsschutzbedürfnis aus dem Interesse der widersprechenden Nachbarpartei vorläufig negative Auswirkungen des bekämpften Bauvorhabens abzuwehren. § 212a BauGB gilt auch für den Bauvorbescheid (Ernst/Zinkahn/Bielenberg/Krautzberger, BauGB, Rn. 25 zu § 212a BauGB m.w.N., strittig; zum Bauvorbescheid vgl. die Anmerkungen im Formular Teil 7 Rdn. 2). 10

4. Nachbarrechte. Der Antrag des Nachbarn ist nicht schon dann erfolgreich, wenn er darlegen kann, dass die Baugenehmigung in irgendeiner Art und Weise objektiv rechtswidrig ist. Sein Antrag auf Aussetzung der Vollziehung hat nur dann Aussicht auf Erfolg, wenn öffentlich-rechtliche Vorschriften verletzt sind, die jedenfalls auch dem Schutz des Nachbarn zu dienen bestimmt sind (vgl. hierzu im Einzelnen die Anmerkungen beim Formular Teil 7 Rdn. 4 ff.). 11

5. Interessenabwägung. Sie wird in erster Linie bestimmt von der Beurteilung, ob der Widerspruch des Nachbarn gegen den erteilten Baugenehmigungsbescheid voraussichtlich erfolgreich sein wird oder nicht. Bei voraussichtlich erfolgreichem Widerspruch wird dem Nachbarinteresse regelmäßig der Vorzug zu geben sein; erweist sich indes sein Widerspruch als voraussichtlich unbegründet, muss regelmäßig dem Interesse der Bauherrenpartei der Vorrang gegeben werden. 12

6. Nachbarschützendes Bauplanungsrecht. Dem Beispielsfall liegen zugrunde Beschlüsse des VG Schleswig vom 07.09.2004, Aktenzeichen 5 B 66/04 und des OVG Schleswig vom 26.10.2004, Aktenzeichen 1 MB 24/04; vgl. im Übrigen die Anmerkungen zum Formular Teil 7 Rdn. 5. 13

7. Nachbarschützendes Rücksichtnahmegebot. Der Beispielsfall ist so entschieden worden vom VG Hamburg, Beschluss vom 29.08.2008 zum Aktenzeichen 9 E 2161/08; vgl. im Übrigen die Anmerkungen zum Formular Teil 7 Rdn. 6. 14

C. Antrag des Nachbarn an das Verwaltungsgericht, die aufschiebende Wirkung seines Widerspruches gegen einen dem Bauherrn erteilten Baugenehmigungsbescheid anzuordnen (§§ 80a Abs. 3, 80 Abs. 5 VwGO)

15 Ausweislich der im Original beigefügten Vollmacht zeige ich die Vertretung der antragstellenden Partei an.

Für diese wird beantragt,

die aufschiebende Wirkung des Widerspruchs der antragstellenden Partei vom _____ gegen den dem Beizuladenden erteilten Baugenehmigungsbescheid vom _____ anzuordnen. [1]

Begründung:

Die Antragsgegnerpartei erteilte der beizuladenden Bauherrenpartei den in Kopie als

Anlage ASt 1

überreichten Baugenehmigungsbescheid. Mit dem weiter in Kopie als

Anlage ASt 2

beiliegendem Schreiben vom _____ hat die antragstellende Partei gegen diesen Baugenehmigungsbescheid Widerspruch eingelegt, dem gemäß § 212a Abs. 1 BauGB keine aufschiebende Wirkung zukommt. Die aufschiebende Wirkung ist indes gemäß §§ 80a Abs. 3, 80 Abs. 5 VwGO anzuordnen, da der angefochtene Bescheid rechtswidrig ist und die antragstellende Partei in Nachbarrechten verletzt; auch die gebotene Interessenabwägung ergibt, dass das Interesse der antragstellenden Partei an der Anordnung der aufschiebenden Wirkung des Widerspruches das Interesse der Bauherrenpartei, die Genehmigung auszunutzen, überwiegt. Folgende Gesichtspunkte im Einzelnen rechtfertigen den hier gestellten Antrag: [2, 3, 4]

▶ Beispiel:

Die dem Discounter »Lidl« erteilte Genehmigung zum Bau eines SB-Marktes mit einer Geschossfläche von ca. 1.759 qm und einer Verkaufsfläche von ca. 1.280 qm verstößt unmittelbar gegen nachbarschützendes Bauplanungsrecht. Der zugrunde liegende Bebauungsplan weist sowohl für das Baugrundstück als auch für mein benachbartes Grundstück ein Mischgebiet (MI) – § 6 BauNVO – aus. Der von »Lidl« beabsichtigte großflächige Einzelhandelsbetrieb ist außer in Kerngebieten (MK) – § 7 BauNVO – nur in einem festgelegten Sondergebiet (SO) – § 11 Abs. 3 BauNVO) – zulässig. Die antragstellende Partei beruft sich insoweit auf einen Gebietserhaltungsanspruch. Mit Rücksicht auf die offenkundige Rechtswidrigkeit der Genehmigung kann der antragstellenden Partei auch nicht vorübergehend für die Dauer des Widerspruchsverfahrens und eines sich eventuell anschließenden gerichtlichen Hauptsacheverfahrens die erheblich störenden Immissionen, insbesondere ausgehend von einem großen Parkplatzgelände des Discounters – unmittelbar an das Grundstück der antragstellenden Partei angrenzend – zugemutet werden. [5]

▶ Beispiel:

Die dem Bauherrn erteilte Genehmigung zum Bau und Betrieb einer Kindertagesstätte für 60 Kinder bis zum Alter von 12 Jahren bei einer vorgesehenen Betriebszeit von montags bis freitags, 8–17 Uhr ohne Lärmschutzmaßnahmen und ohne eine Beschränkung der Nutzung von Außenflächen verstößt unter Berücksichtigung eines nach dem Bebauungsplan festgesetztem besonders geschütztem Wohngebiet gegen das aus § 15 BauNVO folgende nachbarschützende Rücksichtnahmegebot. Da das Grundstück der antragstellenden Partei in voller Länge mit 42 m an das für die Kindertagesstätte vorgesehene Grundstück angrenzt, sind die Auswirkungen des Kinderlärms als nicht mehr zumutbar nicht hinzunehmen. Bei Verwirklichung des Vorhabens besteht demgemäß die Gefahr, dass von ihm unzumutbare Belästigungen ausgehen, die auch für die Dauer des Widerspruchsverfahrens und eines sich eventuell anschließenden gerichtlichen Hauptsacheverfahrens für die antragstellende Partei nicht zumutbar sind. [6]

Erläuterungen

1. Beiladung. Auf der Grundlage von § 65 VwGO wird der vom Baugenehmigungsbescheid begünstigte Bauherr vom Verwaltungsgericht beigeladen, da seine rechtlichen Interessen berührt werden. Die Rechtsstellung des Beigeladenen ist in § 66 VwGO geregelt. Er kann gegen einen stattgebenden Beschluss des Verwaltungsgerichts selbständig von dem Rechtsmittel der Beschwerde an das Oberverwaltungsgericht Gebrauch machen. Sie ist innerhalb von 2 Wochen nach Bekanntgabe des Beschlusses beim Verwaltungsgericht einzulegen (§ 147 VwGO). Die Beschwerdefrist wird auch gewahrt, wenn die Beschwerde innerhalb der Frist beim Oberverwaltungsgericht eingeht. Die Beschwerde ist innerhalb eines Monats nach Bekanntgabe der Entscheidung (§ 146 Abs. 4 VwGO) zu begründen. Entsprechendes zu der Beschwerde gilt für die anderen Beteiligten des Verfahrens, also für die antragstellende Partei und die Antragsgegnerpartei, sofern sie durch die Entscheidung des Verwaltungsgerichts beschwert sind.

Achtung: Insbesondere die anwaltlich vertretene beigeladene Partei sollte sich gut überlegen, ob es ratsam ist, im gerichtlichen Verfahren **eigene Anträge** zu stellen. Denn dem Beigeladenen können Kosten nur auferlegt werden, wenn er Anträge gestellt oder Rechtsmittel eingelegt hat (§ 154 Abs. 3 VwGO). Andererseits hat der Beigeladene im Falle einer Ablehnung des Antrages der antragstellenden Partei bei Stellung von Anträgen und aktiver Verfahrensbeteiligung in der Regel einen Kostenerstattungsanspruch (§ 154 Abs. 1 VwGO i.V.m. § 162 Abs. 3 VwGO). Wie die beigeladene Partei agiert, ist demnach abhängig von einer Beurteilung der Erfolgsaussichten des Antrages der antragstellenden Partei.

2. Keine aufschiebende Wirkung. Die Notwendigkeit eines Antrags an das Verwaltungsgericht ergibt sich daraus, dass dem Widerspruch des Nachbarn gemäß § 212a Abs. 1 BauGB keine aufschiebende Wirkung zukommt (vgl. hierzu die Anmerkungen im Formular Teil 7 Rdn. 10, Rechtsschutzbedürfnis).

3. Nachbarrechte. Der Antrag des Nachbarn ist nicht schon dann erfolgreich, wenn er darlegen kann, dass die Baugenehmigung in irgendeiner Art und Weise objektiv rechtswidrig ist. Der Antrag hat nur dann Aussicht auf Erfolg, wenn öffentlich-rechtliche Vorschriften verletzt sind, die jedenfalls auch dem Schutz des Nachbarn zu dienen bestimmt sind (vgl. im Einzelnen *Junker*, in: Handbuch des Fachanwalts für Miet- und Wohnungseigentumsrecht, 5. Auflage, Kapitel 30 Rn. 254 ff.; vgl. auch die Ausführungen im Formular Teil 7 Rdn. 4 ff.).

4. Interessenabwägung. Das Verwaltungsgericht nimmt die angesprochene Interessenabwägung vor, die in erster Linie bestimmt wird durch die Beurteilung des angefochtenen Baugenehmigungsbescheides (vgl. hierzu im Einzelnen die Anmerkungen zum Formular Teil 7 Rdn. 12, Interessenabwägung).

20 **5. Nachbarschützendes Bauplanungsrecht.** Der Sachverhalt aus dem Beispiel liegt Beschlüssen des VG Schleswig vom 07.09.2004, Aktenzeichen 5 B 66/04 und des OVG Schleswig vom 26.10.2004, Aktenzeichen 1 MB 24/04 zugrunde. Auf die Anmerkungen zum Formular Teil 7 Rdn. 5 nachbarschützendes Bauplanungsrecht, wird verwiesen.

21 **6. Nachbarschützendes Rücksichtnahmegebot.** Den Beispielsfall hat das VG Hamburg, Beschluss vom 29.08.2008 zum Aktenzeichen 9 E 2161/08 so entschieden; zum nachbarschützenden Rücksichtnahmegebot vgl. die Anmerkungen zu Formular Teil 7 Rdn. 5, nachbarschützendes Rücksichtnahmegebot.

D. Antrag des Bauherrn an das Verwaltungsgericht auf Abänderung einer im vorläufigen Rechtsschutz ergangenen gerichtlichen Entscheidung (§ 80 Abs. 7 VwGO)

Ausweislich der im Original beigefügten Vollmacht zeige ich die Vertretung der antragstellenden Partei an.

Für diese wird beantragt,

unter Abänderung des gerichtlichen Beschlusses vom _____ zum Aktenzeichen _____ über die Anordnung der aufschiebenden Wirkung des Widerspruchs festzustellen, dass der Widerspruch der Nachbarpartei keine aufschiebende Wirkung hat. [1]

Begründung:

Der antragstellenden Partei wurde ein Baugenehmigungsbescheid erteilt. Hiergegen legte der Nachbar Widerspruch ein und erreichte mit dem im obigen Antrag bezeichneten Beschluss, dass die aufschiebende Wirkung seines Widerspruches gegen den erteilten Baugenehmigungsbescheid gemäß § 80a Abs. 3, 80 Abs. 5 VwGO angeordnet wurde. [2, 3, 4]

Mit dem vorliegenden Verfahren wird eine Abänderung des gerichtlichen Beschlusses beansprucht. Gemäß § 80 Abs. 7 Satz 2 VwGO kann jeder Beteiligte die Änderung oder Aufhebung wegen veränderter oder im ursprünglichen Verfahren ohne Verschulden nicht geltend gemachte Umstände beantragen. Die Voraussetzungen dieser Bestimmung sind erfüllt, dies ergibt sich im Einzelnen aus folgenden Umständen:

▶ Beispiel:

Im Einvernehmen mit einer in Schleswig-Holstein belegenen Gemeinde erteilte der Landrat des Kreises der antragstellenden Partei dieses Verfahrens, einem Discounter, die Genehmigung zum Bau eines SB-Marktes mit einer Geschossfläche von ca. 1.759 qm und einer Verkaufsfläche von ca. 1.280 qm. Gegen diesen Baugenehmigungsbescheid legte der unmittelbar angrenzende Nachbar Widerspruch ein. Sowohl für das Baugrundstück als auch für das Nachbargrundstück wies der zugrunde liegende Bebauungsplan ein Mischgebiet (MI) – § 6 BauNVO – aus. Das Verwaltungsgericht ordnete die aufschiebende Wirkung des Widerspruches des Nachbarn an, da der beabsichtigte großflächige Einzelhandelsbetrieb außer in Kerngebieten (MK) – § 7 BauNVO – nur in einem festgelegten Sondergebiet (SO) – § 11 Abs. 3 BauNVO – zulässig ist. [5]

Zwischenzeitlich hat die Gemeinde im Wege einer förmlichen Änderung des Bebauungsplans das bisherige Mischgebiet (MI) – § 6 BauNVO – in ein Sondergebiet (SO) – § 11 Abs. 3 BauNVO – umgewandelt, die erteilte Baugenehmigung wurde noch nicht aufgehoben. Aufgrund dieser Änderung des Bebauungsplans hat der genehmigte großflächige Einzelhandelsbetrieb nunmehr eine einwandfreie bauplanungsrechtliche Rechtsgrundlage, es sind keine Gesichtspunkte erkennbar, die gegen die materielle Rechtswirksamkeit des geänderten Bebauungsplans sprechen.

Somit kann die ursprüngliche Entscheidung des Verwaltungsgerichts jetzt keinen Bestand mehr haben. Dem Widerspruch des Nachbarn kann nicht länger eine aufschiebende Wirkung zugebilligt werden, da nunmehr sein Widerspruch voraussichtlich ohne Erfolg bleiben wird.

Erläuterungen

23 **1. Abänderung.** Gelingt es dem Nachbarn, im verwaltungsgerichtlichen Verfahren gemäß §§ 80a Abs. 3, 80 Abs. 5 VwGO die Anordnung der aufschiebenden Wirkung seines Widerspruchs gegen die Baugenehmigung – also einen vorläufigen Baustopp – zu erwirken (vgl. hierzu das Formular Teil 7 Rdn. 15), hat der Bauherr die Möglichkeit, gemäß §§ 80a Abs. 3, 80 Abs. 7 VwGO wegen veränderter oder im ursprünglichen Verfahren ohne Verschulden nicht geltend gemachter Umstände eine Abänderung dieser gerichtlichen Entscheidung zu beantragen. Der Bauherr ist im verwaltungsgerichtlichen Verfahren förmlich als Beigeladener beteiligt (§ 65 VwGO, vgl. hierzu auch die Anmerkungen im Formular Teil 7 Rdn. 16, Beiladung) und hat demgemäß auch die Möglichkeit, Anträge zu stellen. Alternativ zu der im Formular vorgeschlagenen Antragsformulierung könnte auch in Betracht kommen, zu beantragen,

24 **unter Abänderung des gerichtlichen Beschlusses vom _____ zum Aktenzeichen _____ den Antrag der antragstellenden Nachbarpartei, die aufschiebende Wirkung ihres Widerspruchs gegen den Baugenehmigungsbescheid vom _____ anzuordnen, nunmehr abzulehnen.**

25 **2. Baugenehmigungsbescheid.** Zur Bedeutung eines Baugenehmigungsbescheides wird verwiesen auf das Formular Teil 7 Rdn. 1 Baugenehmigungsbescheid.

26 **3. Nachbarwiderspruch.** Auf das Formular Teil 7 Rdn. 1 und die dortigen Anmerkungen wird verwiesen.

27 **4. Beschluss.** Das Formular Teil 7 Rdn. 15 behandelt den zugrunde liegenden Antrag des Nachbarn, um einen solchen Beschluss zu erreichen.

28 **5. Beispiel.** Die Fallgestaltung wurde gerichtlich zu Gunsten des Nachbarn entschieden, solange im Bebauungsplan ein Mischgebiet (MI) – § 6 BauNVO – ausgewiesen war (VG Schleswig vom 07.09.2004, Aktenzeichen 5 B 66/04 und OVG Schleswig vom 26.10.2004, Aktenzeichen 1 MB 24/04). Nach der Änderung des Bebauungsplans durch die Gemeinde (Umwandlung des bisherigen Mischgebiets (MI) – § 6 BauNVO – in ein Sondergebiet (SO) – § 11 Abs. 3 BauNVO –) hat der Abänderungsantrag des Discounters Aussicht auf Erfolg.

E. Widerspruch des Grundstückseigentümers gegen einen ihn belastenden behördlichen Verwaltungsakt (Eingriffsverfügung)

Ausweislich der im Original beigefügten Vollmacht hat mich die Grundeigentümerpartei, nämlich _____ mit der Wahrnehmung ihrer rechtlichen Interessen beauftragt. 29

Namens und in Vollmacht meiner Mandantschaft lege ich hiermit gegen die Anordnung vom _____ zum Aktenzeichen _____ lege ich hiermit

Widerspruch [1]

ein.

Sie haben folgenden Sachverhalt mitgeteilt, der Ihrer Anordnung zugrunde liegt:

▶ Beispiel:

> Die Gründung des Hauses meiner Mandantschaft an der Südostseite, unmittelbar angrenzend zum Nachbarhaus, weise vermutlich Mängel auf. Bei einer Untersuchung durch Grundbauingenieure durch Schürfen sei festgestellt worden, dass an zwei Stellen das aufgehende Mauerwerk des Hauses nicht mehr kraftschlüssig mit den vorhandenen drei Holzpfählen verbunden sei. Es bestehe daher die begründete Gefahr, dass die bauliche Anlage nicht mehr im Ganzen und nicht mehr in ihren einzelnen Teilen für sich allein standsicher sei. Eine Schlussfolgerung eines Gutachters sei es, dass sich das Haus aufgrund der nur stark eingeschränkt wirksamen Pfahlgründung im Laufe der Jahre an das Nachbarhaus angehängt habe. [2]

Auf der Grundlage dieses Sachverhaltes haben sie folgende Anordnung erlassen:

▶ Beispiel:

> Es ist die Einhaltung der Anforderungen an die eigene Standsicherheit des Gebäudes durch Einreichen eines, durch einen Fachplaner erstellten Standsicherheitsnachweises mit Darstellung des Tragzustandes der aufgehenden Wand (zum Nachbargebäude) und Untersuchung des Gesamtzustandes der Gründung des Gebäudes nachzuweisen. Es ist nachzuweisen, dass sich das Gebäude nicht an die nachbarliche Anlage stützt und für sich allein standsicher ist (bautechnischer Nachweis). [3]

> Die bautechnischen Nachweise zur Standsicherheit sind von einem anerkannten Prüfsachverständigen für Bautechnik prüfen zu lassen und das Ergebnis der Bauaufsichtsbehörde vorzulegen.

Diese Anordnung ist nicht rechtmäßig. Zur Begründung des Widerspruches im Einzelnen wird auf Folgendes hingewiesen:

▶ Beispiel:

> An dem Gebäude bestehen keine äußeren Anzeichen dafür, dass es nicht standsicher ist. Es gibt weder Schiefstellungen noch bauliche Schäden, die auf eine Instabilität hindeuten. Auf der Grundlage des mitgeteilten Sachverhalts ist das Bestehen einer Gefahr nicht hinreichend sicher. Deswegen hat die Bauaufsichtsbehörde den Sacherhalt zunächst von Amts wegen weiter aufzuklären. [4]

Erläuterungen

30 **1. Widerspruch.** Gemäß § 80 Abs. 1 S. 1 VwGO hat der Widerspruch des Grundstückseigentümers aufschiebende Wirkung. Die Behörde, die die Anordnung erlassen hat, hat aber gemäß § 80 Abs. 2 Nr. 4 VwGO die Möglichkeit, **die sofortige Vollziehung** im öffentlichen Interesse oder im überwiegenden Interesse eines Beteiligten anzuordnen; diese Möglichkeit hat auch die Behörde, die über den Widerspruch zu entscheiden hat; bei Anordnung der sofortigen Vollziehung entfällt die aufschiebende Wirkung des Widerspruchs. In diesem Falle hat der widersprechende Eigentümer die Möglichkeit, einen Antrag an das Verwaltungsgericht zu stellen, die aufschiebende Wirkung seines Widerspruchs wiederherzustellen (auf einen solchen Antrag bezieht sich das Formular Teil 7 Rdn. 32).

31 **2., 3., 4. Beispiele.** Der durch die Beispiele gekennzeichnete Sachverhalt lag Beschlüssen des VG Hamburg vom 28.09.2007 zum Aktenzeichen 7 E 3095/07 und des OVG Hamburg vom 19.12.2007 zum Aktenzeichen 2 Bs 243/07 zugrunde. Im Zuge eines benachbarten Bauvorhabens wurde von der Bauaufsichtsbehörde die Standsicherheit des angrenzenden Hauses infrage gestellt. Gemäß § 15 Abs. 1 HBauO muss jede bauliche Anlage im Ganzen und in ihren einzelnen Teilen für sich allein standsicher sein. Ist dies nicht der Fall, kann die Behörde auch bei bestehenden Gebäuden die zur Herstellung der Standsicherheit erforderlichen Maßnahmen treffen (§ 58 Abs. 1 HBauO). Im Beispielsfall konnte sich der widersprechende Grundstückseigentümer aber mit Erfolg darauf berufen, dass eine Gefahrenlage noch nicht hinreichend sicher bejaht werden konnte und deswegen die Bauaufsichtsbehörde zunächst verpflichtet war, den Sachverhalt von Amts wegen weiter aufzuklären.

F. Antrag an das Verwaltungsgericht, die aufschiebende Wirkung des Widerspruchs gegen einen belastenden Verwaltungsakt (Eingriffsverfügung) wiederherzustellen (§ 80 Abs. 5 VwGO)

Ausweislich der im Original beigefügten Vollmacht zeige ich die Vertretung der antragstellenden Partei an.

Für diese wird beantragt,

die aufschiebende Wirkung des Widerspruchs gegen die Anordnung vom _____ zum Aktenzeichen _____ wiederherzustellen.

Begründung:

Die der antragstellenden Partei am _____ zugegangene behördliche Anordnung vom _____ zum Aktenzeichen _____ wird in Kopie als

Anlage ASt 1

überreicht.

Mit dem weiter in Kopie als

Anlage ASt 2

beiliegendem Schreiben vom _____ hat die antragstellende Partei gegen diese Anordnung Widerspruch eingelegt.

Das Rechtsschutzbedürfnis für den hier gestellten Antrag ergibt sich daraus, dass von der Antragsgegnerpartei die sofortige Vollziehung der hier streitgegenständlichen Anordnung angeordnet wurde. [1]

Der Antrag ist auch begründet, weil der Widerspruch gegen die Anordnung voraussichtlich Erfolg haben wird. An der Vollziehung eines voraussichtlich rechtswidrigen Bescheides kann kein öffentliches Interesse oder ein überwiegendes Interesse eines Beteiligten bestehen. Im Einzelnen rechtfertigen folgende Gesichtspunkte den hier gestellten Antrag: [2]

▶ Beispiel:

Die Antragsgegnerpartei hat geltend gemacht, dass die Gründung des Hauses der antragstellenden Partei unter der Anschrift _____ an der Südostseite, unmittelbar angrenzend zum Nachbarhaus, vermutlich Mängel aufweise. Bei einer Untersuchung durch Grundbauingenieure durch Schürfen sei festgestellt worden, dass an zwei Stellen das aufgehende Mauerwerk oben genannten Hauses nicht mehr kraftschlüssig mit den vorhandenen drei Holzpfählen verbunden sei. Es bestehe daher die begründete Gefahr, dass die bauliche Anlage nicht mehr im Ganzen und nicht mehr in ihren einzelnen Teilen für sich allein standsicher sei. Eine Schlussfolgerung des Gutachters sei es, dass sich das Haus aufgrund der nur stark eingeschränkt wirksamen Pfahlgründung im Laufe der Jahre an das Nachbarhaus angehängt habe. [3]

Von diesem Sachverhalt ausgehend hat die zuständige Behörde folgende Anordnung erlassen:

– Es ist die Einhaltung der Anforderungen an die eigene Standsicherheit für das Gebäude der antragstellenden Partei durch Einreichen eines, durch einen Fachplaner erstellten Standsicherheitsnachweises mit Darstellung des Tragzustandes der aufgehenden Wand (zum Nachbargebäude) und Untersuchung des Gesamtzustandes der Gründung des Gebäudes nachzuweisen. Es ist nachzuweisen, dass sich das Gebäude nicht an die nachbarliche Anlage stützt und für sich allein standsicher ist;

– die bautechnischen Nachweise zur Standsicherheit sind von einem anerkannten Prüfsachverständigen für Bautechnik prüfen zu lassen und das Ergebnis der Bauaufsichtsbehörde vorzulegen.

Gegen die Rechtmäßigkeit dieser für sofort vollziehbar erklärten Anordnungen ist im Wesentlichen Folgendes einzuwenden: Vorliegend wurden keine konkreten Maßnahmen zur Sicherung der Standfestigkeit des Gebäudes aufgegeben, sondern die Durchführung von Erforschungsmaßnahmen auferlegt, die ihrerseits Grundlage weiterer Maßnahmen sein sollen. Die Bauaufsichtsbehörde kann von einer Gefahrermittlung auf eigene Kosten aber nur dann absehen, wenn das Bestehen einer Gefahr bereits hinreichend sicher feststeht. Ist dies noch nicht der Fall und besteht deshalb erst noch die Notwendigkeit zu ermitteln, ob ein bauordnungsrechtlich unzureichender Zustand gegeben ist, so hat die Bauaufsichtsbehörde den Sachverhalt zunächst von Amts wegen aufzuklären. Nach dem hier gegebenen Sachverhalt steht aber noch nicht hinreichend sicher fest, dass überhaupt eine Gefahrensituation besteht. Der von der Antragsgegnerpartei eingenommene Standpunkt ist auch widersprüchlich. Denn obwohl sie davon ausgeht, dass es dem Gebäude der antragstellenden Partei an der erforderlichen Standsicherheit mangele und eine Gefahr für Leben und Gesundheit der Bewohner bestehe, erlegt die getroffene Anordnung keine konkreten Maßnahmen zur Beseitigung eines unterstellten Gefahrzustandes auf. Die angegriffene Verfügung ist daher ungeeignet, einen bestehenden Gefahrenzustand zu beseitigen.

Erläuterungen

33 **1. Rechtsschutzbedürfnis.** Grundsätzlich hat der Widerspruch gegen einen belastenden Verwaltungsakt aufschiebende Wirkung (§ 80 Abs. 1 S. 1 VwGO). Die aufschiebende Wirkung entfällt nur
– bei der Anforderung von öffentlichen Abgaben und Kosten,
– bei unaufschiebbaren Anordnungen oder Maßnahmen von Polizeivollzugsbeamten,
– in anderen durch Bundesgesetz oder für Landesrecht durch Landesgesetz vorgeschriebenen Fällen, insbesondere für Widersprüche und Klagen Dritter gegen Verwaltungsakte, die Investitionen oder Schaffung von Arbeitsplätzen betreffen,
– in den Fällen, in denen die sofortige Vollziehung im öffentlichen Interesse oder im überwiegenden Interesse eines Beteiligten von der Behörde, die den Verwaltungsakt erlassen oder über den Widerspruch zu entscheiden hat, besonders angeordnet wird (§ 80 Abs. 2 VwGO).

34 Das vorliegende Formular betrifft den Fall der Anordnung der sofortigen Vollziehung gemäß § 80 Abs. 2 Nr. 4 VwGO. In den Fällen von § 80 Abs. 2 Nr. 1–3 VwGO, in denen schon gesetzlich die aufschiebende Wirkung des Widerspruchs entfällt, muss der entsprechende Antrag an das Verwaltungsgericht lauten:

35 **Die aufschiebende Wirkung des Widerspruchs gegen den Bescheid vom _____ zum Aktenzeichen _____ anzuordnen.**

36 **2. Antragsbegründung.** Der Erfolg des Antrages ist regelmäßig davon abhängig, ob der Widerspruch gegen die Anordnung voraussichtlich Erfolg haben wird. Denn an der sofortigen Voll-

ziehung eines voraussichtlich rechtswidrigen Bescheides kann regelmäßig kein öffentliches Interesse oder ein überwiegendes Interesse eines Beteiligten bestehen.

3. Beispiel. Der Beispielsfall ist so übereinstimmend vom VG Hamburg, Beschluss vom 28.09.2007 zum Aktenzeichen 7 E 3095/08 und vom OVG Hamburg, Beschluss vom 19.12.2007 zum Aktenzeichen 2 Bs 243/07 zu Gunsten des antragstellenden Grundstückseigentümers entschieden worden. 37

G. Klage bei Untätigkeit der Behörden (§ 75 VwGO)

38 Ausweislich der im Original beigefügten Vollmacht zeige ich die Vertretung der klagenden Partei an.

Für diese wird beantragt, **1**

die beklagte Partei zu verurteilen,

- der klagenden Partei die Genehmigung zur Ausführung des mit Antrag vom _____ beantragten Vorhabens über

    ▶ Beispiel:

    die Errichtung eines Kohlekraftwerkes

    zu erteilen;

- (alternativ) den Bescheid vom _____ zum Aktenzeichen _____ aufzuheben.

Begründung:

Die Klage ist ohne Einhaltung eines Vorverfahrens (§ 68 VwGO) zulässig. Denn die beklagte Partei hat ohne zureichenden Grund in angemessener Frist sachlich nicht entschieden. Das ergibt sich aus dem bisherigen Ablauf des Verwaltungsverfahrens, das sich im Wesentlichen wie folgt darstellt:

▶ Beispiel:

Vor länger als 2 Jahren hat die klagende Partei bei der zuständigen Behörde den Antrag auf Genehmigung zur Errichtung eines Kohlekraftwerkes gestellt. Auch unter Berücksichtigung der Komplexität des Verfahrens war der bisherige Prüfungszeitraum für die beklagte Partei ausreichend. Insbesondere die Einholung weiterer Gutachten ist nicht erforderlich. Es drängt sich der Verdacht auf, dass dieses Bauvorhaben politisch nicht gewollt ist und die beklagte Partei daher krampfhaft auf der Suche nach etwaigen Ablehnungsgründen ist. **2**

Die materielle Rechtmäßigkeit des klägerischen Begehrens ergibt sich vollen Umfanges aus den Verwaltungsunterlagen, auf die Bezug genommen werden kann.

Erläuterungen

39 **1. Antrag.** Die Errichtung, Änderung oder Nutzungsänderung baulicher Anlagen unterliegt traditionell einem in den Landesbauordnungen der Bundesländer normierten Gesetzesvorbehalt. Dabei gehen die einzelnen Bundesländer etwas unterschiedliche Wege hinsichtlich der Systematik der verschiedenen Genehmigungsarten. In Hamburg gilt beispielsweise ein 4-stufiges System mit einem »Standard«-Genehmigungsverfahren, einem vereinfachten Genehmigungsverfahren, einem Anzeigeverfahren und freigestellten Vorhaben. Im **vereinfachten** Baugenehmigungsverfahren (z.B. § 61 HBauO) werden (z.B. gemäß § 61 Abs. 2 HBauO) nur noch die bauplanungsrechtlichen Zulässigkeitsvoraussetzungen des Vorhabens, die Einhaltung der Abstandsflächen, beantragte Abweichungen von den bauodnungsrechtlichen Anforderungen sowie die Anforderungen der naturschutzrechtlichen Eingriffsregelung geprüft. Hierbei ist eine **Bearbeitungsfrist** gesetzt, nach deren Ablauf **die Genehmigung als erteilt gilt** (z.B. § 61 Abs. 3 HBauO). Nach Ablauf der Frist wird auf Antrag der Bauherrenpartei der Eintritt der Genehmigungsfiktion bestätigt. In solchen Fällen bedarf es also keiner Klage gemäß § 75 VwGO, da bei Ablauf der Bearbeitungsfrist die Genehmi-

G. Klage bei Untätigkeit der Behörden (§ 75 VwGO)

gung als erteilt gilt, wenn sie nicht zuvor versagt wurde. Hier schützt also eine Genehmigungsfiktion den Bürger, der einen ihn begünstigenden Verwaltungsakt anstrebt. Ansonsten kann die Behörde durch die in § 75 VwGO geregelte Untätigkeitsklage zum Handeln gezwungen werden. Ist über einen Widerspruch oder über einen Antrag auf Vornahme eines Verwaltungsaktes ohne zureichenden Grund in angemessener Frist sachlich nicht entschieden worden, ist die Klage abweichend von § 68 VwGO zulässig (§ 75 S. 1 VwGO). Der alternative Klageantrag bezieht sich auf den Fall, dass über einen Widerspruch gegen einen belastenden Verwaltungsakt nicht innerhalb angemessener Frist sachlich entschieden wurde. Die Klage kann grundsätzlich nicht vor Ablauf von 3 Monaten seit der Einlegung des Widerspruchs oder seit dem Antrag auf Vornahme des Verwaltungsaktes erhoben werden (§ 75 S. 2 VwGO). Liegt ein zureichender Grund dafür vor, dass über den Widerspruch noch nicht entschieden oder der beantragte Verwaltungsakt noch nicht erlassen ist, so setzt das Gericht das Verfahren bis zum Ablauf einer von ihm bestimmten Frist, die verlängert werden kann, aus (§ 75 S. 3 VwGO).

Die **sachliche Zuständigkeit** für die Klage nach § 75 VwGO richtet sich nach den allgemeinen Vorschriften (§§ 45 ff. VwGO). In der Regel ist das Verwaltungsgericht erstinstanzlich zuständig (§ 45 VwGO). Es gibt aber auch eine erstinstanzliche Zuständigkeit des OVG (§ 48 VwGO). 40

2. Beispiel. Der Fall bezieht sich auf die von Vattenfall erhobene Untätigkeitsklage gegen die Freie und Hansestadt Hamburg im Zusammenhang mit der Errichtung eines Kohlekraftwerkes in Hamburg-Moorburg. Hier ist die erstinstanzliche Zuständigkeit des OVG gemäß § 48 Abs. 1 Nr. 3 VwGO gegeben. 41

Teil 8 Immobiliarvollstreckung

A. Zwangsversteigerung

I. Antrag auf Anordnung der Zwangsversteigerung wegen titulierter Hausgeldschulden

Rechtsanwalt Redlich

An das Amtsgericht
Beispielstadt

Antrag auf Anordnung der Zwangsversteigerung wegen Hausgeldforderungen

In der Zwangsvollstreckungsangelegenheit

der Wohnungseigentümergemeinschaft Beispielstraße 11, Beispielstadt, vertreten durch den Wohnungseigentumsverwalter, die Max Mustermann Hausverwaltungen, Mustermannstraße 1, Musterstadt

Verfahrensbevollmächtigter: Rechtsanwalt Redlich

– Gläubigerin –

gegen

Bodo Beispiellos, Beispielstraße 11, Beispielstadt

– Schuldner –

vertreten wir die Gläubigerin.

Der Schuldner ist Mitglied der Wohnungseigentümergemeinschaft Beispielstraße 11. Die Gläubigerin kann nach dem rechtskräftigen Urteil des Amtsgerichts Beispielstadt vom _____ (Aktenzeichen: _____) von dem Schuldner einen Betrag von € 1.234,34 nebst Zinsen und Kosten fordern. Wir nehmen Bezug auf die beigefügte Forderungsaufstellung. Es handelt sich hierbei um rückständige Hausgelder für die Wohnung des Schuldners.

Wir überreichen das Urteil als Anlage 1, die Forderungsaufstellung als Anlage 2.

Alternativ: Zum Nachweis des Bezugszeitraumes der Hausgeldzahlungen/zum Nachweis des Objektbezuges fügen wir weiterhin als Anlage 3 eine entsprechende Eidesstattliche Versicherung des Verwalters der Wohnungseigentumsanlage Beispielstraße bei.

Der Schuldner ist Alleineigentümer eines 55,7/10.000 stel Miteigentumsanteils an dem Grundstück Beispielstraße 11, verbunden mit dem Sondereigentum an der in der Teilungserklärung mit Nr. 12 bezeichneten Wohnung, eingetragen im Grundbuch von Beispielstadt Blatt 4356.

Zum Nachweis nehmen wir Bezug auf das entsprechende Grundbuch.

Wegen der o.g. Forderung sowie der Kosten dieses Verfahrens wird die Anordnung der Zwangsversteigerung beantragt hinsichtlich des Anspruchs auf Zahlung der Beiträge zu den Lasten und Kosten des gemeinschaftlichen Eigentums (§ 16 Abs. 2, § 28 Abs. 2 u. Abs. 5 WEG)

a) im Rang des § 10 Abs. 1 Nr. 2 ZVG, jedoch begrenzt auf Beträge in Höhe von nicht mehr als 5 % des nach § 74a Abs. 5 ZVG noch festzusetzenden Verkehrswertes;

b) im Rang des § 10 Abs. 1 Nr. 5 ZVG wegen des gesamten Anspruchs.

Nach Ziffer _____ der Teilungserklärung ist zur Veräußerung des Wohnungseigentums die Zustimmung des Verwalters erforderlich.

Verwalter ist die Max Mustermann Hausverwaltungen, die der Veräußerung im Wege der Zwangsversteigerung nach Kenntnis des Meistbietenden ggf. zustimmen wird.

Alternativ: Verwalter ist die Max Mustermann Hausverwaltungen, die der Veräußerung im Wege der Zwangsversteigerung bereits jetzt zustimmt. Wir fügen diese Zustimmung als Anlage 4 bei.

Die Wohnung ist an den Mieter xy vermietet. Wir beantragen, den Anordnungsbeschluss auch dorthin zuzustellen.

Alternativ: Die Wohnung ist vermietet, Einzelheiten über den Mieter sind nicht bekannt. Wir beantragen, Nachforschungen über den Mieter anzustellen.

Redlich

Rechtsanwalt

Erläuterungen

2 **1. Allgemeines.** *1.1 Zwangsversteigerung als Immobiliarvollstreckung.* Die Zwangsversteigerung des Wohnungseigentums ist eine Möglichkeit der Zwangsvollstreckung bei rückständigen Hausgeldzahlungen. Neben der Mobiliarvollstreckung (ggf. Pfändung der Mieten bei vermietetem Eigentum) kann der »Verband Wohnungseigentümergemeinschaft« auch auf das Wohnungseigentum selbst zugreifen. Hier bieten sich die bekannten Möglichkeiten der Immobiliarvollstreckung (§ 866 Abs. 1 ZPO): Eintragung einer Zwangssicherungshypothek (dazu s. Formular Teil 8 Rdn. 187), Zwangsversteigerung oder Zwangsverwaltung (dazu s. Formular Teil 8 Rdn. 108). Gesetzestechnisch bildet dabei das Gesetz über die Zwangsversteigerung und Zwangsverwaltung (ZVG) einen Teil der ZPO (§ 869 ZPO), so dass mangels besonderer Regelungen die Bestimmungen der ZPO Anwendung finden.

3 *1.2 Umfang der Beschlagnahme in der Zwangsversteigerung.* Der Beschluss, durch den die Zwangsversteigerung angeordnet wird, gilt zugunsten des Gläubigers als Beschlagnahme des Wohnungseigentums (§ 20 Abs. 1 ZVG). Die Beschlagnahme in einem Zwangsversteigerungsverfahren umfasst nicht nur das Wohnungseigentum als solches, sondern auch wesentliche Bestandteile, Zubehör, mit dem Eigentum verbundene Rechte, bestimmte land- und forstwirtschaftliche Erzeugnisse sowie Versicherungsforderungen (vgl. FAHandbuch Kapitel 33 Rn. 215 m.w.N.). Die Beantragung eines Zwangsversteigerungsverfahrens ist demnach **nicht** geeignet, auf **Mietforderungen** des Eigentümers zuzugreifen. Die Beschlagnahme in der Zwangsversteigerung erfasst solche Ansprüche nämlich nicht (vgl. § 21 Abs. 2 ZVG). Insoweit s. Formular Teil 8 Rdn. 111.

4 Sollte im Grundbuch als Inhalt des Sondereigentums (§ 5 Abs. 4 S. 1 WEG) ein Sondernutzungsrecht zugunsten des Schuldners eingetragen worden sein, so erfasst die Beschlagnahme des Wohnungseigentums im Wege der Immobiliarvollstreckung auch das mit dem Wohnungseigentum verbundene Sondernutzungsrecht (BGH ZWE 2015, 97; OLG Stuttgart Justiz 2002, 407; vgl. auch OLG Stuttgart NZM 2002, 884 = Rpfleger 2002, 576 = ZMR 2003, 56). Dies gilt auch dann, wenn die Eintragung im Grundbuch lediglich unter Bezugnahme auf die Eintragungsbewilligung erfolgt sein sollte.

A. Zwangsversteigerung

1.3 **Gründe für die gesetzliche Neuregelung zum 01.07.2007.** In der Vergangenheit war zunehmend zu beobachten, dass Hausgeldansprüche bei vermögenslosen oder zahlungsunwilligen Wohnungseigentümern nicht eintreibbar waren und deren Kostenanteile von den übrigen Wohnungseigentümern mitgetragen werden mussten. Auf der Grundlage des bis zum 30.06.2007 geltenden Zwangsversteigerungsrechts fielen rückständige Hausgeldansprüche bei der Vollstreckung in das Wohnungseigentum nämlich in der Praxis regelmäßig aus, da sie jeweils nur nachrangig – entweder in der Rangklasse 4 bei Eintragung einer Zwangshypothek oder in der Rangklasse 5 als persönliche Forderungen – geltend gemacht werden konnten. Um dem Ausfall von Hausgeldansprüchen in der Zwangsversteigerung entgegenzuwirken, sollte deshalb den gem. § 16 Abs. 2, § 28 Abs. 2 u. Abs. 5 WEG geregelten Hausgeldansprüchen der Wohnungseigentümer in der Zwangsversteigerung ein begrenztes Vorrecht durch Änderung der Rangklassen des § 10 ZVG eingeräumt werden. Rückständige Hausgelder können jetzt nach der Novelle des WEG ab 01.07.2007 (WEGÄndG v. 26.03.2007 – BGBl. I S. 370) in bestimmtem Umfang in der Rangklasse 2 noch vor den öffentlichen Lasten und den Forderungen der dinglich gesicherten Gläubiger berücksichtigt werden. Über dieses begrenzte Vorrecht für rückständige Hausgeldforderungen verspricht die Zwangsversteigerung von Wohnungs- und Teileigentum zukünftig eine realistische Chance auf Realisierung der Hausgeldrückstände. Das Gleiche gilt nun auch für etwaige Rückgriffsansprüche einzelner Wohnungseigentümer (§ 10 Abs. 8 WEG).

Darüber hinaus vermag das eigene Betreiben der Zwangsversteigerung der Gemeinschaft ein neues, dann hoffentlich zahlungsfähigeres Mitglied zuzuführen. Betreibt nämlich ein Gläubiger wegen einer Forderung die Zwangsversteigerung einer Immobilie, kommt es für den Erfolg der Versteigerung entscheidend darauf an, aus welchem Rang die Versteigerung betrieben wird. § 10 Abs. 1 ZVG definiert verschiedene Rangklassen. Persönliche, also nicht dinglich gesicherte Forderungen von »normalen« Gläubigern sind der Rangklasse 5 zuzuordnen. In der Rangklasse 4 finden sich die dinglich gesicherten Gläubiger; hierzu zählen auch Auflassungsvormerkungsberechtigte (BGHZ 201, 157 = NJW 2014, 2445 = ZMR 2014, 896). Da im Falle eines Zuschlages die Rechte, die dem betreibenden Gläubiger vorgehen, auch zu Lasten des Erstehers bestehen bleiben (§ 52 Abs. 1 ZVG), würde sich für ein hoch belastetes Wohnungseigentum kaum ein Bieter finden. Hieran sind in der Vergangenheit oftmals Zwangsversteigerungen auf Antrag der Wohnungseigentümergemeinschaften gescheitert (sog. Vollstreckungsparadoxon: »Unversteigerbarkeit durch Überschuldung«).

Die Möglichkeit der Eigentumsentziehung nach § 18 WEG wird demgegenüber wohl auch in Zukunft keine besondere Bedeutung erlangen, da die Versteigerung aufgrund eines Entziehungsurteils nur ein Betreiben aus der Rangklasse 5 ermöglichen soll und das Entziehungsurteil – im Vergleich zu einem Vollstreckungsbescheid – schwieriger herbeizuführen ist (BT-Drucks. 16/887, S. 45). Richtigerweise wird man wohl ein Zwangsversteigerungsverfahren zur Vollstreckung eines Entziehungsurteils völlig selbständig zu führen haben; eine Verbindung mit einer Vollstreckungsversteigerung scheidet nach dem hier zugrunde gelegten Verständnis aus (Schneider NZM 2014, 498; vgl. auch FAHandbuch 5. Aufl. Kapitel 33 Rn. 457 ff. m.w.N.).

2. Verfahrensvoraussetzungen. *2.1* **Zuständigkeiten.** Zuständig für die Entscheidung über den Versteigerungsantrag ist das Amtsgericht als Vollstreckungsgericht, in dessen Bezirk das Vollstreckungsobjekt belegen ist (§ 1 Abs. 1 ZVG). Funktionell werden Zwangsversteigerungssachen ausschließlich von Rechtspflegern bearbeitet (§ 3 Nr. 1 lit. i) RpflG).

2.2 **Antrag.**

2.2.1 **Angabe der Parteien.** Der verfahrensrechtlich notwendige Antrag (§ 15 ZVG) hat die Parteien zu bezeichnen. Gläubigerin einer Hausgeldforderung wird dabei jetzt regelmäßig die Wohnungseigentümergemeinschaft als Verband sein, der diese Forderungen nach § 10 Abs. 7 WEG zugewiesen sind. Schuldner ist die sich aus dem Vollstreckungstitel ergebende Person, die – von der Ausnahme des § 17 ZVG abgesehen – auch gleichzeitig Eigentümer des Wohnungseigentums sein muss.

11 Ist der Schuldner lediglich Bruchteilseigentümer des Wohnungseigentums, kann auch nur die Zwangsversteigerung des dem Schuldner gehörenden Miteigentumsanteils beantragt werden (vgl. § 864 Abs. 2 ZPO).

12 Sind mehrere Personen in Gesellschaft bürgerlichen Rechts im Grundbuch eingetragen, bedarf es eines Titels gegen diese GbR (BGHZ 146, 341 = NJW 2001, 1056 = ZMR 2001, 338), ein alleine gegen einen Mitgesellschafter gerichteter Titel reicht zur Vollstreckung in das Gesellschaftsvermögen nicht. Vielmehr streitet nach der aktuellen Rechtsprechung des BGH die Vermutung des § 1148 S. 1 BGB für die eingetragenen Gesellschafter einer GbR (vgl. § 47 Abs. 2 S. 1 GBO) auch dann entsprechend, wenn einer davon verstorben sein sollte. Es bedarf in diesem Fall auch keiner Rechtsnachfolgeklausel analog § 727 ZPO, wenn die aus dem Titel ausgewiesenen Gesellschafter einer GbR bei Anordnung der Zwangsversteigerung mit den im Grundbuch eingetragenen übereinstimmen (BGH NJW 2011, 1449).

13 Ist der Schuldner im Wege der Erbfolge Eigentümer geworden und richtet sich der Titel gegen ihn, ist er aber im Grundbuch noch nicht als neuer Eigentümer eingetragen, so ist die Erbfolge glaubhaft zu machen (§ 17 Abs. 3 ZVG). In diesem Zusammenhang kommt dem Wohnungseigentümerverband nach § 792 ZPO ein Anspruch gegenüber dem Nachlassgericht auf Erteilung einer Erbscheinsausfertigung zu.

14 Es bedarf weiterhin der Angabe einer ladungsfähigen Anschrift des Schuldners, da das Gericht diesem den Anordnungsbeschluss unmittelbar zuzustellen hat; eine Zustellung an einen Zustellungsbevollmächtigten oder Zustellungsvertreter ist bei der Anordnung des Verfahrens genauso ausgeschlossen wie eine Zustellung durch Aufgabe zur Post (§ 8 ZVG). Gelingt die Zustellung unter der letzten bekannten Wohnanschrift nicht, kommt nur eine öffentliche Zustellung des Anordnungsbeschlusses gem. §§ 185 ff. ZPO in Betracht. Dazu dürfte anders als beim Erlass eines Pfändungs- und Überweisungsbeschlusses die Vorlage aktueller Auskünfte des für den letzten bekannten Wohnort des Schuldners zuständigen Einwohnermelde- und Postamts nicht ausreichend sein. Im Hinblick auf das bei einer Eigentumsentziehung gesteigerte Schutzbedürfnis des Schuldners und den mit der Zustellung des Anordnungsbeschlusses in Lauf gesetzten Fristen (vgl. § 30a, § 30b Abs. 1 S. 1 ZVG), dürften weitergehende Ermittlungen angezeigt sein (zu den erforderlichen Nachweisen in einem Zwangsvollstreckungsverfahren, hier Erlass eines Pfändungs- und Überweisungsbeschlusses, vgl. BGH NJW 2003, 1530 = Rpfleger 2003, 307).

15 *2.2.2 Angabe des Vollstreckungsobjekts.* Gem. § 16 Abs. 1 ZVG soll das konkrete Wohnungs- und/oder Teileigentum benannt werden, dessen Versteigerung beantragt wird. Das Eigentum muss individualisierbar bezeichnet werden. In der Regel sollten die Angaben in Übereinstimmung mit dem Grundbuchblatt erfolgen. Dabei ist die Eigentümerstellung des Schuldners nachzuweisen; gehören Vollstreckungs- und Grundbuchgericht demselben Gericht an, genügt die Bezugnahme auf das Grundbuch (§ 17 Abs. 2 ZVG).

16 Ist der Eigentümer lediglich Miteigentümer des Vollstreckungsobjekts, dürfte sich im Hinblick auf die bessere Verwertbarkeit eines Anteils für die weitere Vollstreckung die Pfändung und Überweisung des Anspruchs des Miteigentümers auf Teilung und Auszahlung des Erlöses gem. §§ 857, 829, 835 ZPO empfehlen (vgl. BGHZ 90, 207 = NJW 1984, 1968 = Rpfleger 1984, 283; BGH NJW 2006, 849 = Rpfleger 2006, 204 m.w.N.). Im Anschluss könnte dann die Zwangsversteigerung zum Zwecke der Aufhebung der Gemeinschaft gem. §§ 180 ff. ZVG in das gesamte Vollstreckungsobjekt betrieben werden. § 11 WEG steht dieser Verfahrensweise nicht entgegen, da nur die Gemeinschaft an dem Wohnungseigentum, nicht aber an dem aufgeteilten Grundstück aufgehoben werden soll.

17 *2.2.3 Angaben zu Forderung und Titel.* Weiterhin muss die zu vollstreckende Forderung bezeichnet und der Titel in vollstreckbarer Ausfertigung beigefügt werden (§ 16 ZVG).

18 Um das Verfahren aus dem Vorrang betreiben zu können, muss deshalb darauf hingewiesen werden, dass bis zur Höhe des noch festzusetzenden Verkehrswertes die Vollstreckung aus der Rang-

klasse 2 des § 10 Abs. 1 ZVG betrieben werden soll. Ein späteres »Umwechseln« aus der Rangklasse 5 kann durch eine bloße Erklärung nicht erreicht werden; hierzu bedarf es vielmehr eines separaten Beitrittsbeschlusses zugunsten des Verbandes (BGH NJW 2008, 1956 = Rpfleger 2008, 375 = ZMR 2008, 724; s. Formular Teil 8 Rdn. 62; anders möglicherweise BGH ZMR 2012, 798). Um Ausfälle zu vermeiden, empfiehlt sich daher wie im Muster eine maximale Antragstellung für die Rangklassen 2 und 5 (so auch *Stöber* ZVG-Handbuch 9. Aufl. 2010 Rn. 399o).

2.3 **Parteifähigkeit.** Seit der Entscheidung des BGH vom 02.06.2005 (BGHZ 163, 154 = NJW 2005, 2061 = Rpfleger 2005, 521 = ZMR 2005, 547) bestehen keine Zweifel mehr an der Parteifähigkeit des »Verbandes Wohnungseigentümergemeinschaft«. Der Gesetzgeber hat dies in § 10 Abs. 6 S. 5 WEG jetzt noch einmal ausdrücklich bestätigt.

19

2.4 **Rechtsschutzinteresse.** Eine Begründung des Anordnungsantrages ist nicht erforderlich. Das Rechtsschutzinteresse für eine Zwangsversteigerung wird selbst dann zu bejahen sein, wenn das Verfahren lediglich wegen einer Bagatellforderung betrieben werden soll (BGH NJW 2004, 3635 = Rpfleger 2004, 722; BGH NJW 1973, 894). Eine betragliche Mindestgrenze wie für die Eintragung einer Zwangshypothek existiert hier nicht. Der Schutz des Schuldners vor einem unverhältnismäßigen Eingriff in sein Eigentumsrecht kann mit den Einstellungsmöglichkeiten des Verfahrensrechts gewährleistet werden (*Stöber* Einl. 48.4; *Schiffhauer* ZIP 1981, 832; a.A. *Hintzen* Teil C Rn. 101, der wegen des Grundsatzes der Verhältnismäßigkeit und des Übermaßverbotes zunächst einen Nachweis über die Erfolglosigkeit der für den Schuldner weniger einschneidenden Mobiliarvollstreckung fordert).

20

Allerdings wird es als rechtsmißbräuchlich angesehen, wenn Hausgeldrückstände für mehrere Wohnungen desselben Eigentümers von der Wohnungseigentümergemeinschaft jeweils in Einzelverfahren geltend gemacht werden, obwohl die Durchsetzung der Ansprüche auch in einem (einzigen) Verfahren möglich ist, und bei der späteren Vollstreckung aus dem Urteil im Wege der Zwangsversteigerung keine ernsthaften Schwierigkeiten zu erwarten waren. Die in den Einzelverfahren festzusetzenden Erstattungsbeträge sind in diesem Fall auf einen Anteil an den Kosten herabzusetzen, die bei Durchsetzung aller Rückstände in einem Verfahren entstanden wären. Der Anteil entspricht dem Anteil des Streitwerts des Einzelverfahrens an dem Streitwert des an sich einzuleitenden Gesamtverfahrens (BGH ZMR 2013, 552).

Noch weitergehend sind dem Gläubiger entstehende Kosten nicht als notwendige Kosten der Zwangsvollstreckung iSd § 788 Abs. 1 ZPO anzusehen, wenn die Befriedigung des betreibenden Gläubigers aus dem Versteigerungserlös von vornherein erkennbar nicht einmal teilweise erreicht werden wird (BGH ZfIR 2015, 38).

3. Allgemeine Vollstreckungsvoraussetzungen. *3.1* **Grundsatz.** Für den Beginn der Zwangsvollstreckung wegen Hausgeldansprüchen bedarf es wie bei jedem Zwangsvollstreckungsverfahren neben des Nachweises der allgemeinen Vollstreckungsvoraussetzungen (wie Titel, Klausel und Zustellung) ggf. auch noch des Nachweises etwaig zu beachtender besonderer Voraussetzungen (wie z.B. des Nachweises einer angeordneten Sicherheitsleistung).

21

Für die Vollstreckung in der Rangklasse 2 genügt dabei ein Zahlungstitel (§ 10 Abs. 3 S. 2 ZVG). Der Gesetzgeber hielt diese Klarstellung für erforderlich, da ansonsten Zweifel bestehen könnten, ob zum Betreiben der Zwangsvollstreckung aus der Rangklasse 2 ein Duldungstitel erforderlich ist. Ein solcher Titel ist jedoch nicht erforderlich, da sich die Vollstreckung andernfalls unnötig verzögern würde; ein Duldungstitel kann nämlich im Mahnverfahren nicht erlangt werden (BT-Drucks. 16/887, S. 46).

22

Der maßgebliche Zeitpunkt der Beschlagnahme bestimmt sich gem. § 22 ZVG. Die Wirkungen der Beschlagnahme können nicht in entsprechender Anwendung des § 167 ZPO auf den Zeitpunkt zurückbezogen werden, in dem der Antrag auf Anordnung der Zwangsversteigerung bei dem Vollstreckungsgericht eingeht (BGH NJW 2011, 528 = ZMR 2011, 51).

23

24 **3.2 Problem der Rechtsinhaberschaft bei »Alttiteln«.** Schwierigkeiten zeigen sich bisweilen in der Praxis im Umgang mit sog. Alttiteln. Wegen der insoweit zu beachtenden Besonderheiten s. das Formular Teil 8 Rdn. 221.

25 Ein auf den WEG-Verwalter (in Prozeßstandschaft) lautender Titel ist wegen Hausgeldansprüchen zwar zulässig (BGHZ 148, 392 = NJW 2001, 3627 = Rpfleger 2002, 17; jetzt für das neue Recht verneint von BGHZ 188, 157 = NJW 2011, 1361 = ZMR 2011, 487), kann aber ohne vorherige Umschreibung auf den Verband nicht zu einem Betreiben im Vorrang der Rangklasse 2 des § 10 Abs. 1 ZVG berechtigen (vgl. OLG München NJW-RR 2010, 744). Ebenso ist es nicht ausreichend, wenn der zugrundeliegende Vollstreckungstitel auf »übrige Eigentümer der WEG« lautet (OLG München Rpfleger 2013, 611 = ZWE 2013, 425).

26 **4. Besondere Voraussetzungen für das Betreiben wegen Hausgeldansprüchen.** Das Vorrecht des § 10 Abs. 1 Nr. 2 ZVG ist im Betreibensfalle in mehrfacher Hinsicht begrenzt (§ 10 Abs. 1 Nr. 2 und Abs. 3 ZVG):

27 *4.1 Anforderungen an den Anspruch.* Es muss sich um einen bevorrechtigten und fälligen Anspruch handeln. Hierunter fallen gem. § 10 Abs. 1 Nr. 2 ZVG nur Ansprüche des »Verbandes Wohnungseigentümergemeinschaft« auf Zahlung der Beiträge zu den Lasten und Kosten des gemeinschaftlichen Eigentums und des Sondereigentums gem. § 16 Abs. 2, § 28 Abs. 2 und 5 WEG. Dies können im Einzelnen sein:
– Ansprüche aus einem Einzelwirtschaftsplan (Vorschüsse und Rückstellungen);
– Ansprüche aus dem Negativsaldo einer Jahresabrechnung (sog. Abrechnungsspitze);
– Ansprüche aus einem Sonderumlagenbeschluss;
– Erstattungsansprüche für Kosten eines Sondereigentums, die über die Gemeinschaft abgerechnet werden;
– Nebenleistungen (insbes. Zinsen – nach zutr. Auffassung auch nicht titulierte Verzugszinsen; *Alff* ZWE 2010, 105, 106; *Schneider* ZWE 2011, 341, 343);
– Kosten der die Befriedigung aus dem Wohnungseigentum bezweckenden Rechtsverfolgung gem. § 10 Abs. 2 ZVG (nach zutreffender Auffassung auch Titelbeschaffungskosten; *Schneider* ZMR 2011, 398; a.A. zu weit gehend LG Bonn ZWE 2012, 139 = ZMR 2011, 985, das sämtliche Prozesskosten als Kosten der Verwaltung i.S.d. § 16 Abs. 2 WEG im Vorrang des § 10 Abs. 1 Nr. 2 ZVG berücksichtigen will);
– Rückgriffsansprüche einzelner Wohnungseigentümer.

28 Die Fälligkeit der Ansprüche tritt mangels anders lautender Regelung mit dem Abruf durch den Verwalter ein (§ 28 Abs. 5 WEG). Keine Voraussetzung für die Geltendmachung ist der Nachweis der Bestandskraft der Ansprüche.

29 Vertragliche und deliktische Ansprüche des Verbandes fallen nicht unter den Vorrang.

30 *4.2 Zeitliche Begrenzung.* Zeitlich können zum einen die laufenden Beträge geltend gemacht werden. Dies sind gem. § 13 Abs. 1 ZVG der letzte vor der Beschlagnahme fällig gewordene Betrag sowie die später fällig werdenden Beträge. Die Geltendmachung rückständiger Beträge ist auf das Jahr der Beschlagnahme und die vorangegangenen zwei Jahre beschränkt, wobei unter dem Begriff »Jahr« das Kalenderjahr zu verstehen ist. Eine Rückwirkung der Anordnung auf den Zeitpunkt einer früheren Antragstellung entsprechend § 167 ZPO ist ausgeschlossen (BGH NJW 2011, 528 = ZMR 2011, 51).

31 Hinsichtlich der Beschlagnahme ist zunächst auf den Zeitpunkt der Beschlagnahme im Rahmen der beantragten Zwangsversteigerung abzustellen. Danach wird die Beschlagnahme mit dem Zeitpunkt wirksam, in welchem der Anordnungsbeschluss dem Schuldner zugestellt wird oder das Eintragungsersuchen bei dem Grundbuchgericht eingeht, wobei der frühere Zeitpunkt maßgebend ist (§ 22 Abs. 1 ZVG, § 13 Abs. 4 S. 1 WEG). Erfolgt die Anordnung z.B. im Juni 2008, sind durch die Rangklasse 2 die Rückstände 2006, 2007 bis Juni 2008 und die ab Juli 2008 laufenden Beiträge gedeckt. Ist der Zwangsversteigerung zudem eine Zwangsverwaltung vorangegan-

gen, die bis zur Beschlagnahme im Zwangsversteigerungsverfahren fortgedauert hat, so gilt die im Rahmen der Zwangsverwaltung erwirkte Beschlagnahme als maßgeblicher Zeitpunkt für die Berechnung (§ 13 Abs. 4 S. 2 WEG). Hat also z.B. im Rahmen einer noch fortdauernden Zwangsverwaltung die Beschlagnahme im August 2007 stattgefunden und erfolgt die Beschlagnahme im Rahmen der Zwangsversteigerung im Juni 2008, so fallen unter das Vorrecht der Rangklasse 2 alle rückständigen Forderungen ab einschließlich dem Jahr 2005 sowie die laufenden Beiträge. Dabei sollen nach den Vorstellungen des Gesetzgebers Forderungen, die sich wirtschaftlich auf einen früheren Zeitraum beziehen, selbst dann nicht privilegiert sein können, wenn die entsprechende Beschlussfassung innerhalb des fraglichen Zeitraums erfolgt (vgl. BT-Drucks. 16/887 S. 45; dem folgend *Alff* ZWE 2010, 105, 107 und *Stöber* § 10 Rn. 4.5); der Wortlaut des Gesetzes spiegelt diese Auffassung allerdings nicht wider (ablehnend daher *Bärmann/Seuß/Bergerhoff* F Rn. 739; *Niedenführ/Kümmel/Vandenhouten* Anh. IV Rn. 9; *Schneider* ZWE 2011, 341, 342).

4.3 **Betragsmäßige Begrenzung.** Summenmäßig ist das Vorrecht auf 5 % des im Zwangsversteigerungsverfahren gem. § 74a Abs. 5 ZVG festgesetzten Verkehrswertes beschränkt (§ 10 Abs. 1 Nr. 2 S. 3 ZVG). Kosten und Zinsen sind in diesen Höchstbetrag einzurechnen. 32

Soweit in der Rangklasse 2 des § 10 Abs. 1 ZVG neben Verbandsansprüchen auch Regressansprüche eines einzelnen Wohnungseigentümers zulässigerweise geltend gemacht werden, wird sich bei einem Überschreiten der Höchstgrenze des § 10 Abs. 1 Nr. 2 S. 3 ZVG die Frage nach der Aufteilung des Vorrangs stellen. Hier dürfte richtigerweise unter Beachtung des einführenden Satzes von § 10 Abs. 1 ZVG das Gleichrangprinzip zur Anwendung kommen (*Schneider* ZfIR 2008, 161, 164). Demgegenüber möchte *Derleder* (ZWE 2008, 13, 20) in diesem Fall auf den Entstehungszeitpunkt der Forderungen abstellen. 33

4.4 **Objektmäßige Begrenzung.** Die Forderungen sind darüber hinaus nur objektbezogen privilegiert. Das heißt, nur die auch konkret auf das jeweilige Wohnungs- oder Teileigentum entfallenden Beträge können im Rahmen der Versteigerung genau dieser Einheiten bevorrechtigt geltend gemacht werden. Sollte der Vollstreckungsschuldner Eigentümer mehrerer Einheiten in derselben Anlage sein, könnten die vom Verband an einem anderen Wohnungseigentum geltend gemachten Ansprüche nur nach den allgemeinen Grundsätzen berücksichtigt werden. Eine Zwangsvollstreckung käme dann insoweit lediglich in den Rangklassen 4 bzw. 5 des § 10 Abs. 1 ZVG in Betracht. 34

Als problematisch können sich die Fälle erweisen, in denen neben dem Wohnungseigentum auch ein im Grundbuch selbständig gebuchter Tiefgaragenstellplatz vorhanden ist. Werden hier Wirtschaftsplan und Jahresabrechnung nicht nach den Kosten für Wohnung und Stellplatz getrennt erstellt, bestehen Schwierigkeiten, die tatsächlich auf die Einzelobjekte entfallenden Beträge auch zuzuweisen. Anbieten dürfte sich insoweit ebenfalls eine entsprechende Eidesstattliche Versicherung des WEG-Verwalters, die die Erhebung der Hausgeldzahlungen objektmäßig aufschlüsselt (vgl. auch LG Passau Rpfleger 2008, 381). 35

4.5 **Überschreiten des Mindestbetrages.** Will die Gemeinschaft aus Beitragsrückständen selbst die Zwangsversteigerung betreiben, muss der Rückstand 3 % des Einheitswertes des Wohnungs- bzw. Teileigentums übersteigen (§ 10 Abs. 3 S. 1 ZVG i.V.m. § 18 Abs. 2 Nr. 2 WEG). Die Harmonisierung zwischen der zur aktiven Zwangsversteigerung durch die Gemeinschaft und der nach § 18 WEG zum Entzug des Wohnungseigentums berechtigenden Forderung ist erforderlich, um eine Verhältnismäßigkeit zwischen dem Fehlverhalten und der Sanktion (Pflicht zur Veräußerung) zu wahren. Ohne eine solche Vorschrift träte ein Wertungswiderspruch auf, weil in das Wohnungseigentum aus Rangklasse 2 zu einem niedrigeren Betrag als dem in § 18 Abs. 2 Nr. 2 WEG festgelegten Verzugsbetrag vollstreckt werden könnte. Dies ist insbesondere vor dem Hintergrund beachtlich, dass es bei Zahlungsrückständen in der Praxis wohl vornehmlich zu Versteigerungen aufgrund eines Zahlungstitels aus der Rangklasse 2 kommt, da die Versteigerung aufgrund eines Entziehungsurteils nur ein Betreiben aus Rangklasse 5 ermöglichen soll (vgl. Ziff. 1.3) und das Entziehungsurteil – im Vergleich zum Vollstreckungsbescheid – schwieriger herbeizuführen ist 36

(BT-Drucks. 16/887, S. 45). Die Mindesthöhe des Verzugsbetrages gilt allerdings nur, wenn die Wohnungseigentümer die Zwangsversteigerung aus der Rangklasse 2 selbst betreiben. In den Fällen, in denen ein anderer Gläubiger das Verfahren betreibt, kann von den Wohnungseigentümern in Rangklasse 2 auch ein geringerer Betrag angemeldet werden. In diesen Fällen betreibt der Wohnungseigentümerverband keine Entziehung, so dass die Voraussetzungen des § 18 Abs. 2 Nr. 2 WEG nicht zu berücksichtigen sind (BT-Drucks. 16/887, S. 45). Stehen dem Wohnungseigentümerverband Ansprüche aus mehreren Titeln zu, können diese zur Überschreitung des Grenzwertes addiert werden.

37 Da der Einheitswert eines Sondereigentums in der Regel relativ niedrig liegen wird, ist auch der zur aktiven Zwangsversteigerung durch die Wohnungseigentümergemeinschaft berechtigende Betrag in der Regel schnell erreicht. Nach einer Faustregel soll in der Regel 1 % des Einheitswertes dem durchschnittlichen monatlichen Hausgeld entsprechen (*Greiner* Rn. 1273). Der Rückstand mit dem Hausgeld für drei Monate kann daher in der Regel bereits die Voraussetzungen für die Zwangsversteigerung durch die Gemeinschaft begründen, aber auch die für die Entziehung nach § 18 WEG. In diesem Zusammenhang wird teilweise gefordert, der Gesetzgeber müsse den Schwellenwert in § 18 WEG anheben, nachdem das Bundesverfassungsgericht festgestellt habe, dass der Einheitswert im Erbschaftssteuerrecht zu untragbaren Fehlbewertungen führe (BVerfGE 93, 121 = DNotZ 1995, 763 = NJW 1995, 2615 = ZMR 1995, 543 Ls.). Gleiches müsse auch im WEG im Rahmen der Entziehung des Eigentums und des damit einhergehenden Eingriffes in das Grundrecht aus Art. 14 GG gelten (*Staudinger/Kreuzer* (2005), § 18 WEG, Rn. 23; zu weiteren Nachweisen FaKoWEG/*Riecke* § 18 Rn. 35 ff.). Da der Gesetzgeber aber keine Anstalten macht, diesen Wert zu ändern, ihn durch den Verweis im Rahmen von § 10 Abs. 3 ZVG vielmehr bestätigt, wird bis zu einer Änderung hieran ohne weiteres festzuhalten sein.

38 **5. Zusammentreffen von titulierten und nicht titulierten Forderungen des Verbandes.** Soweit bei der Anordnung des Verfahrens der Vorrangsbereich mit 5 % des festgesetzten Verkehrswertes noch nicht ausgeschöpft sein sollte, bedarf es einer Titulierung der laufend fällig werdenden Hausgeldansprüche für die Zukunft. Eine solche Titulierung ist bisher in der Praxis nicht üblich und kann auch nur auf der Grundlage des laufenden Wirtschaftsplanes erfolgen. Ob es zur Geltendmachung der nach der Beschlagnahme fällig gewordenen Hausgeldansprüche einer Nachtitulierung bedarf, ist umstritten (wohl bejahend *Derleder* ZWE 2008, 13, 17). Ausreichend dürfte aber nach der hier vertretenen Auffassung eine Anmeldung (s. Formular Teil 8 Rdn. 71) im Vorrang sein (*Schneider* ZfIR 2008, 161, 163 f.). Stellt sich dabei heraus, dass die angemeldete Forderung zusammen mit der titulierten Forderung den für den Vorrang zulässigen Höchstbetrag gem. § 10 Abs. 1 Nr. 2 S. 3 übersteigt, dürfte nach dem Rechtsgedanken des § 366 Abs. 2 BGB zu verfahren sein. Die lediglich angemeldeten und bisher nicht titulierten Hausgeldforderungen würden in einem solchen Falle vorrangig in der Rangklasse 2 des § 10 Abs. 1 ZVG zu berücksichtigen sein, weil sie dem Gläubiger eine geringere Sicherheit bieten.

39 **6. Kein Vollstreckungsverbot bei Insolvenz des Wohnungseigentümers.** Den im Vorrang der Rangklasse 2 des § 10 Abs. 1 ZVG gesicherten Hausgeldansprüchen der Wohnungseigentümerverbände steht nunmehr nach der Novelle ein **Absonderungsrecht** gem. § 49 InsO zu, weil nach der hier unverändert zugrunde gelegten Auffassung in ihnen dinglich gesicherte Ansprüche zu sehen sind (so auch BGH ZIP 2011, 1723; BGH NZM 2009, 439 = Rpfleger 2009, 407 [obiter dictum]; LG Berlin ZMR 2010, 142 = ZWE 2010, 228; AG Koblenz Rpfleger 2010, 282 = ZMR 2010, 568; *Alff* ZWE 2010, 105, 106; *Böttcher* § 10 Rn. 19; *Hintzen/Alff* ZInsO 2008, 480, 484; *Hügel/Elzer* NZM 2009, 457, 472; *Kexel* EWiR 2009, 545; *Palandt/Bassenge* 69. Aufl. 2010 § 16 Rn. 30b; *Schneider* ZfIR 2008, 161, 166; *ders.* ZMR 2009, 165; 170; *Stöber* § 15 Rn. 23.4). Sie unterliegen damit auch ohne Eintragung einer Zwangshypothek nicht dem Vollstreckungsverbot des § 89 Abs. 1 InsO. Wohnungseigentümerverbände können also wegen ihres dinglichen Anspruchs, nicht jedoch wegen des daneben bestehenden persönlichen Anspruchs, auch während eines Insolvenzverfahrens Befriedigung aus dem Wohnungseigentum im Wege der Zwangsvollstreckung suchen. Zu diesem Zweck kann der dingliche Duldungsanspruch

auch noch nach Eröffnung des Insolvenzverfahrens gegen den Insolvenzverwalter tituliert werden (BGH ZIP 2011, 1723; LG Berlin ZMR 2010, 142; AG Koblenz Rpfleger 2010, 282 = ZMR 2010, 568; *Hintzen/Alff* ZInsO 2008, 480, 484; *Schneider* ZfIR 2008, 161, 166 f.; *ders.* ZMR 2009, 165, 171). Nicht ganz verständlich ist, warum der BGH die Absonderungsberechtigung lediglich auf vor der Insolvenzeröffnung fällig gewordene Hausgeldansprüche beschränken will und im übrigen auf die Masseklage verweist (BGH ZIP 2011, 1723). Richtigerweise wird die Vollstreckung aus dem dinglichen Anspruch auch noch nach Eröffnung des Insolvenzverfahrens möglich sein müssen (wie hier auch LG Berlin ZMR 2010, 142; AG Koblenz Rpfleger 2010, 282 = ZMR 2010, 568; *Alff* ZWE 2010, 105, 111; *Niedenführ/Kümmel/Vandenhouten* Anh. IV Rn. 44 f.).

Gegen die bisher h.M. verneint der V. Zivilsenat des BGH nun allerdings die dingliche Wirkung des Vorrechts (BGHZ 198, 216 = NJW 2013, 3515 = ZfIR 2013, 806 = ZMR 2014, 80 = ZWE 2013, 466). Gleichwohl soll auch nach dieser Auffassung ein Absonderungsrecht trotz persönlichen Charakters der).

7. Nachweise. *7.1 Nachweis des Titels und der Forderung.* Bei der Antragstellung sind die 40
vollstreckbare Ausfertigung des Titels mit Zustellungsnachweis und die sonstigen für den Vollstreckungsbeginn erforderlichen Unterlagen vorzulegen. Nach der Anordnung des Verfahrens müssen diese Unterlagen jedoch nicht ununterbrochen bei den Gerichtsakten verbleiben, so dass durchaus noch parallele Mobiliarzwangsvollstreckungsmaßnahmen möglich sind. Bei der Versteigerung und der Erteilung des Zuschlags muss die vollstreckbare Ausfertigung des Vollstreckungstitels allerdings wieder vorliegen (BGH DNotZ 2011, 113; BGH ZfIR 2004, 489).

Soweit die Art und der Bezugszeitraum des Anspruches sowie seine Fälligkeit nicht aus dem Titel 41
zu erkennen sind (z.B. bei Anerkenntnis- oder Versäumnisurteilen), genügt die Glaubhaftmachung in sonstiger Weise (§ 10 Abs. 3 S. 3 ZVG). Diese kann z.B. durch eine Kopie der Klagschrift erfolgen (BT-Drucks. 16/887, S. 46). In Zweifelsfällen dürfte hier schon bei der Antragstellung die Beifügung einer entsprechenden Eidesstattlichen Versicherung des WEG-Verwalters zur Glaubhaftmachung angezeigt sein. Soweit sich die Objektbezogenheit nicht aus dem Titel ersehen lässt (insbesondere bei »Alttiteln«), wird insoweit ebenfalls eine Eidesstattliche Versicherung des Verwalters für zulässig gehalten.

7.2 **Nachweis des Einheitswertes.** Eine Zwangsvollstreckung im Vorrang der Rangklasse 2 ist nur 42
zulässig, wenn der **Verzugsbetrag** des § 18 Abs. 2 Nr. 2 WEG mit 3 % des steuerlichen Einheitswertes überschritten wird (§ 10 Abs. 3 S. 1 ZVG). Der für die Verfahrensanordnung unerlässliche Nachweis bereitete in der Vergangenheit im Hinblick auf das mutmaßlich auch bzgl. des steuerlichen Einheitswertes bestehende Steuergeheimnis (so FG Düsseldorf Rpfleger 2009, 258 = ZMR 2009, 213) große Schwierigkeiten und führte zu einer Reihe höchstrichterlicher Entscheidungen (u.a. BGH NJW 2008, 1956 = Rpfleger 2008, 375 = ZMR 2008, 724; BGH NJW 2009, 1888 = Rpfleger 2009, 399 = ZMR 2009, 701; BGH NJW 2009, 2066 = Rpfleger 2009, 518 = ZMR 2009, 775; BGH NZM 2009, 707).

Das Nachweisproblem ist nunmehr durch eine Ergänzung des § 10 Abs. 3 S. 1 behoben worden 43
(Art. 8 des Gesetzes zur Reform des Kontopfändungsschutzes v. 07.07.2009 (BGBl. I 2009, 1707). Danach steht § 30 der Abgabenordnung nunmehr einer Mitteilung des Einheitswerts an die in § 10 Abs. 1 Nr. 2 ZVG genannten Gläubiger nicht mehr entgegen, wenn ein vollstreckbarer Titel vorliegt. Zur Kritik an dieser Lösung s. insbesondere *Commans* ZfIR 2009, 489 und *Drasdo* ZMR 2009, 742. Zutreffend ist, dass auch nach der gesetzlichen Ergänzung unklar ist, ob eine Verpflichtung der Finanzbehörden zur Mitteilung des Einheitswertes überhaupt besteht und ggf. welcher Art diese Mitteilung zu sein hat (EW-Bescheid, formlose Mitteilung ohne Namensnennung, Art der Grundstücksbezeichnung pp.). Nach der auch insoweit noch anwendbaren BGH-Rechtsprechung wird auch zukünftig der Nachweis des Überschreitens des Mindestbetrages zur Anordnung der Zwangsversteigerung im Vorrang auch durch Hinweis auf den bereits festgesetzten Verkehrswert in einem bereits von dritter Seite betriebenen Zwangsversteigerungsverfahren in Betracht kommen (BGH NJW 2009, 1888 = Rpfleger 2009, 399 = ZMR 2009, 701).

Nicht möglich ist dagegen die Vorlage eines Einheitswertbescheides über eine nach Lage, Zuschnitt und Größe vergleichbare Einheit in derselben Anlage zum Nachweis des steuerlichen Einheitswertes für das Vollstreckungsobjekt (BGH NJW 2008, 1956 = Rpfleger 2008, 375 = ZMR 2008, 724).

44 Ferner kann ein nachträgliches Absinken der Hausgeldforderungen unter den in § 10 Abs. 3 S. 1 ZVG genannten Mindestbetrag nicht zum Wegfall des Vorrangs führen. So vermag eine **teilweise Befriedigung** des Verbandes durch den säumigen Wohnungseigentümer nichts daran zu ändern, dass der einmal erlangte Vorrang in der Rangklasse 2 bis zur vollständigen Tilgung der geltend gemachten Beträge einschließlich der Kosten fortbesteht (*Bräuer/Oppitz* ZWE 2007, 326, 329; *Derleder* ZWE 2008, 13, 15; *Hügel/Elzer* § 15 Rn. 15; *Schneider* ZMR 2010, 340, 343).

45 *7.3 Nachweis der Verwalterzustimmung.* Sieht die im Grundbuch eingetragene Gemeinschaftsordnung vor, dass die Veräußerung des Wohnungseigentums nur mit Zustimmung anderer Wohnungseigentümer oder eines Dritten erfolgen darf (§ 12 Abs. 1 WEG), darf der Zuschlag in der Zwangsversteigerung ebenfalls nicht ohne diese Zustimmung erteilt werden (§ 12 Abs. 3 S. 2 WEG), wenn nicht für den Fall der Zwangsversteigerung eine Ausnahme vereinbart worden ist. Das gilt auch dann, wenn der »Verband Wohnungseigentümergemeinschaft« selbst die Zwangsversteigerung betreibt.

46 Eine erforderliche Zustimmung zur Veräußerung braucht jedoch für die Anordnung des Verfahrens noch nicht nachgewiesen zu werden, weil zu diesem Zeitpunkt weder ein Übertragungsvorgang vorliegt noch eine Beurteilung der Person des Erstehers möglich ist (LG Berlin Rpfleger 1976, 149). Die Zustimmung muss allerdings bis zur Erteilung des Zuschlages vorliegen. Das Vollstreckungsgericht wird daher ggf. einen besonderen Verkündungstermin zu bestimmen haben, wenn nach dem Schluss der Versteigerung die Erklärung nicht vorliegt. Wird eine notwendige Zustimmung binnen angemessener Frist nicht nachgewiesen, ist der Zuschlag zu versagen (§ 83 Nr. 6 ZVG).

47 Gleichwohl erscheint es bedenklich, eine entsprechende Zustimmungserklärung des Verwalters bereits mit dem Zwangsversteigerungsantrag einzureichen. Die Prüfung der persönlichen und wirtschaftlichen Verhältnisse durch den Verwalter kann nämlich erst erfolgen, wenn der Meistbietende im Zwangsversteigerungsverfahren auch bekannt ist. Die Erteilung einer Blanko-Zustimmung kann daher eine Pflichtverletzung des Verwalters darstellen. Als zulässig ist es dagegen anzusehen, wenn die Zustimmungserklärung des Verwalters nach dem Ende der Bietzeit im Rahmen des § 74 ZVG zu Protokoll des Versteigerungsgerichts erklärt wird.

48 Wegen der weiteren Einzelheiten im Falle einer vereinbarten Veräußerungsbeschränkung gem. § 12 WEG s. ausführlich im FAHdb Miet- und Wohnungseigentumsrecht Kapitel 33 Rn. 334 ff. m.w.N.

49 **8. Vermietetes Sondereigentum.** Soweit es nach §§ 566b, 566c und 566d BGB für die Wirkung von Verfügungen und Rechtsgeschäften über die Miete auf den Übergang des Grundstücks ankommt, ist im Rahmen einer Zwangsversteigerung die Beschlagnahme der Immobilie maßgebend. Wird dem Mieter der Beschlagnahmebeschluss zugestellt, so gilt die Beschlagnahme mit Zustellung als bekannt (§ 57b Abs. 1, S. 2 und 2 ZVG). Auf diese Weise können wirksame Verfügungen des Mieters verhindert werden. Die Zustellung an den Mieter hat allerdings nur auf Antrag zu erfolgen (§ 57b Abs. 1 S. 2, 2. Halbs. ZVG). Ist der Mieter nicht bekannt, hat das Gericht auf Antrag des Gläubigers zur Feststellung des Mieters Ermittlungen zu veranlassen, z.B. durch den Gerichtsvollzieher (§ 57b Abs. 1 S. 4 ZVG). Ohne einen solchen Antrag ist der Mieter nicht ohne weiteres vom Gericht über die Beschlagnahme zu informieren. Ein Mieter wird nur durch Anmeldung Beteiligter des Zwangsversteigerungsverfahrens (§ 9 Nr. 2 ZVG).

50 **9. Erwerb durch den »Verband Wohnungseigentümergemeinschaft«.** Es entspricht inzwischen ganz überwiegender Meinung, dass der Zuschlag in einem Zwangsversteigerungsverfahren auch an den »Verband Wohnungseigentümergemeinschaft« selbst erteilt werden kann (OLG

Frankfurt Beschl. v. 28.04.2014 – 20 W 32/14; OLG Hamm ZMR 2010, 785; OLG Hamm NJW 2010, 1464 = ZMR 2010, 216; OLG Celle NZM 2008, 370 = Rpfleger 2008, 296 = ZMR 2008, 210 m.w.N.). Wegen der hierfür erforderlichen Nachweise s. *Schneider* Rpfleger 2007, 175 und Rpfleger 2008, 291.

10. Kosten. 51

10.1 Rechtsanwaltsvergütung. 52

10.1.1 **Gegenstandswert.** Bei Vertretung des Gläubigers ist der Wert für die Berechnung der Rechtsanwaltsgebühren die gesamte Forderung des Gläubigers einschließlich aller Nebenforderungen (§ 26 Nr. 1 RVG), begrenzt durch den Verkehrswert des Objekts. Bei der Erlösverteilung ist der insgesamt zur Verteilung kommende Erlös maßgeblich, sofern dieser niedriger ist, als die beizutreibende Forderung. 53

Bei Vertretung des Schuldners ist für die Rechtsanwaltsgebühren der Verkehrswert des Grundstückes maßgeblich (§ 26 Nr. 2 RVG). Bei der Erlösverteilung ist der insgesamt zur Verteilung kommende Erlös maßgeblich. 54

10.1.2 **Gebühren.** Bei Vertretung des Gläubigers oder des Schuldners erhält der Anwalt eine Verfahrensgebühr in Höhe von 4/10 (Nr. 3311 Ziff. 1 VVRVG). Für die Teilnahme an einem Versteigerungstermin erhält der Anwalt eine weitere 4/10-Gebühr (Nr. 3311 Ziff. 2 VVRVG), und zwar nur einmal, ohne Rücksicht darauf, wie viele Termine stattfinden. Eine weitere Gebühr in Höhe von 4/10 erhält der Anwalt für die Mitwirkung bei der Erlösverteilung (Nr. 3311 Ziff. 2 VVRVG). Daneben kann eine weitere Gebühr von 4/10 anfallen, wenn der Anwalt bei Anträgen auf einstweilige Einstellung des Verfahrens mitwirkt oder bei Verhandlungen zwischen Gläubiger und Schuldner mit dem Ziel der Aufhebung des Zwangsversteigerungsverfahrens (Nr. 3311 Ziff. 6 VVRVG). 55

10.2 **Gerichtskosten.** Das Gericht erhält für die Entscheidung über die Anordnung der Zwangsversteigerung eine Pauschale von € 50,00 (Nr. 2210 KVGKG). Zusammen mit den erforderlichen Zustellungsauslagen von derzeit max. 3,50 € (Nr. 9002 KVGKG) können diese Kosten im Range der geltend gemachten Forderung beansprucht werden (§ 10 Abs. 2 ZVG). 56

Die darüber hinaus anfallenden Gebühren nach Nrn. 2211 ff. KVGKG sind als Kosten des Verfahrens gem. § 109 ZVG vorab aus dem Versteigerungserlös zu entnehmen. Die Gebühr für die Erteilung des Zuschlags nach Nr. 2214 KVGKG ist von dem Ersteher zu tragen (§ 26 Abs. 2 S. 1 GKG). 57

11. Rechtsmittel. *11.1* **Schuldner.** Für den Schuldner ist die Anordnung der Zwangsversteigerung, da er vorher nicht gehört wird, keine gerichtliche Entscheidung im engeren Sinn, sondern nur eine Vollstreckungsmaßnahme (*Hock/Klein/Hilbert/Deimann* Rn. 130). Dem Schuldner steht daher insoweit das Rechtsmittel der unbefristeten Vollstreckungserinnerung gem. § 766 ZPO zu. Über diese entscheidet nach §§ 3 Nr. 3a, 20 Nr. 17 RPflG der Richter, wobei der Rechtspfleger der Erinnerung abhelfen kann. Gegen die Entscheidung des Richters ist die sofortige Beschwerde nach §§ 793, 567 ff. ZPO zulässig, über die das Landgericht entscheidet. 58

11.2 **Gläubiger.** Dem Gläubiger gegenüber stellt die Ablehnung des Zwangsversteigerungsantrages nicht nur eine Maßnahme der Zwangsvollstreckung, sondern eine Entscheidung des Gerichts dar (*Hock/Klein/Hilbert/Deimann* Rn. 133), so dass ihm bei einer gänzlichen oder teilweisen Zurückweisung seines Antrags die sofortige Beschwerde nach § 11 Abs. 1 RPflG i.V.m. § 793 ZPO zur Verfügung steht, über die das Landgericht entscheidet. 59

11.3 **Instanzen.** Sowohl für Schuldner wie für Gläubiger ist eine Rechtsbeschwerde gegen die Entscheidung des Landgerichts zum BGH nur gegeben, wenn sie vom Landgericht zugelassen wird (§§ 574 ff. ZPO). 60

61 **12. Entsprechende Anwendbarkeit.** Die vorstehenden Ausführungen gelten nicht nur für Wohnungseigentumsrechte, sondern auch für Teileigentumsrechte (vgl. § 1 Abs. 6 WEG) sowie Wohnungserbbaurechte und Teilerbbaurechte (vgl. § 30 Abs. 3 S. 2 WEG). Hinsichtlich der an einem Erbbaurechtsanteil verbunden mit Sondereigentum gebildeten Einheiten wird ggf. bei der Zuschlagerteilung zusätzlich ein gem. § 5 Abs. 1, § 8 ErbbauRG bestehendes Zustimmungserfordernis des Grundstückseigentümers zu beachten sein, das neben ein bereits nach § 12 WEG vereinbartes treten kann.

II. Antrag auf Beitritt zur Zwangsversteigerung wegen titulierter Hausgeldschulden

62 Rechtsanwalt Redlich

**An das Amtsgericht
Beispielstadt**

Beitritt zum Zwangsversteigerungsverfahren Az: _____K_____/08

In der Zwangsvollstreckungsangelegenheit

der Wohnungseigentümergemeinschaft Beispielstraße 11, Beispielstadt, vertreten durch den Wohnungseigentumsverwalter, die Max Mustermann Hausverwaltungen, Mustermannstraße 1, Musterstadt

Verfahrensbevollmächtigter: Rechtsanwalt Redlich

– Gläubigerin –

gegen

Bodo Beispiellos, Beispielstraße 11, Beispielstadt

– Schuldner –

vertreten wir die Gläubigerin.

Der Schuldner ist Mitglied der Wohnungseigentümergemeinschaft Beispielstraße 11. Die Gläubigerin kann nach dem rechtskräftigen Urteil des Amtsgerichts Beispielstadt von dem Schuldner einen Betrag von € 1.234,34 nebst Zinsen und Kosten fordern. Wir nehmen Bezug auf die beigefügte Forderungsaufstellung. Es handelt sich hierbei um rückständige Hausgeldzahlungen für die Wohnung des Schuldners.

Wir überreichen das Urteil als Anlage 1, die Forderungsaufstellung als Anlage 2.

Alternativ: Zum Nachweis dafür, auf welche Zeiträume sich die Hausgeldforderungen beziehen, fügen wir als Anlage 3 eine Kopie der dem Urteil zugrunde liegenden Klageschrift bei.

Der Schuldner ist Alleineigentümer des im o.g. Verfahren zur Zwangsversteigerung anstehenden 55,7/10.000stel Miteigentumsanteils an dem Grundstück Beispielstraße 11, verbunden mit dem Sondereigentum an der in der Teilungserklärung mit Nr. 12 bezeichneten Wohnung, eingetragen im Grundbuch von Beispielstadt Blatt 4356.

Zum Nachweis nehmen wir Bezug auf das entsprechende Grundbuch.

Wegen der o.g. Forderung sowie der Kosten dieses Verfahrens beantragen wir,

den Beitritt zu dem o.g. Zwangsversteigerungsverfahren zuzulassen

hinsichtlich des Anspruchs auf Zahlung der Beiträge zu den Lasten und Kosten des gemeinschaftlichen Eigentums (§ 16 Abs. 2, § 28 Abs. 2 u. Abs. 5 WEG)

a) im Rang des § 10 Abs. 1 Nr. 2 ZVG, jedoch begrenzt auf Beträge in Höhe von nicht mehr als 5 % des nach § 74a Abs. 5 ZVG noch festzusetzenden Verkehrswertes;

b) im Rang des § 10 Abs. 1 Nr. 5 ZVG wegen des gesamten Anspruchs.

Nach Ziffer _____ der Teilungserklärung ist zur Veräußerung des Wohnungseigentums die Zustimmung des Verwalters erforderlich.

Verwalter ist die Max Mustermann Hausverwaltungen, die der Veräußerung im Wege der Zwangsversteigerung nach Kenntnis des Meistbietenden ggf. zustimmen wird.

Alternativ: Verwalter ist die Max Mustermann Hausverwaltungen, die der Veräußerung im Wege der Zwangsversteigerung bereits jetzt zustimmt. Wir fügen diese Zustimmung als Anlage 4 bei.

Die Wohnung ist an den Mieter xy vermietet. Wir beantragen, sofern bisher noch nicht geschehen, den Anordnungsbeschluss auch dorthin zuzustellen.

Alternativ: Die Wohnung ist vermietet, Einzelheiten über den Mieter sind nicht bekannt. Wir beantragen, sofern bisher noch nicht geschehen, Nachforschungen über den Mieter anzustellen.

Redlich

Rechtsanwalt

Erläuterungen

1. Allgemeines. *1.1* **Voraussetzung und Wirkung eines Beitritts.** Wird nach der Anordnung der Zwangsversteigerung von einem weiteren Gläubiger ein Antrag auf Zwangsversteigerung des Wohnungseigentums gestellt, so wird statt eines weiteren Anordnungsbeschlusses der Beitritt dieses weiteren Gläubigers zu dem bereits laufenden Versteigerungsverfahren zugelassen (§ 27 Abs. 1 ZVG). Dieser Beitrittsgläubiger hat dieselben Rechte, als wenn auf seinen Antrag die Versteigerung angeordnet worden wäre (§ 27 Abs. 2 ZVG). Dabei ist es unbeachtlich, ob der Beitrittsgläubiger in Unkenntnis der bereits laufenden Zwangsversteigerung ebenfalls einen Antrag auf Anordnung der Versteigerung stellt, oder in Kenntnis des bereits laufenden Verfahrens die Zulassung seines Beitritts beantragt; läuft bereits ein Zwangsversteigerungsverfahren, wird stets der Beitritt zugelassen. Der Beitrittsgläubiger hat alle Rechte und Pflichten eines Gläubigers in dem Verfahren. Dabei bleibt es auch, wenn der Anordnungsgläubiger seinen Antrag später zurücknehmen sollte. 63

1.2 **Zweck des Beitritts zu einer laufenden Zwangsversteigerung.** Die Wohnungseigentümergemeinschaft könnte sich darauf beschränken, ihre Forderung nur im laufenden Verfahren anzumelden, ohne selbst die Stellung eines betreibenden Gläubigers einzunehmen (dazu sogleich Formular Teil 8 Rdn. 71). Die Stellung eines aktiv betreibenden Gläubigers hat für den Wohnungseigentümerverband aber verschiedene Vorteile; sie kann insbesondere dazu verhelfen, eine hoch belastete Wohnung erst »marktfähig« zu machen. 64

65 Im Rahmen der Zwangsversteigerung bleiben nach den gesetzlichen Versteigerungsbedingungen nämlich diejenigen Rechte bestehen, die dem bestbetreibenden Gläubiger im Rang vorgehen und nicht durch Zahlung zu decken sind (§§ 52 Abs. 1 S. 1 ZVG). Solche bestehen bleibenden Rechte werden im sog. geringsten Gebot berücksichtigt (§§ 44, 45 ZVG: eine Art »Mindestkaufpreis«) und sind vom Ersteher im Rahmen seines Meistgebotes zu berücksichtigen. Betriebe also z.B. ein persönlicher Gläubiger des Eigentümers die Zwangsversteigerung aus der Rangklasse 5 und wäre das Eigentum mit Grundpfandrechten belastet, so blieben diese in der Rangklasse 4 des § 10 Abs. 1 ZVG einzuordnenden Rechte bestehen und wären in das geringste Gebot aufzunehmen. Dies könnte dazu führen, dass bereits das geringste Gebot eine Höhe erreicht, die dem festgesetzten Verkehrswert nahe kommt oder ihn sogar übersteigt. In einem solchen Fall wären Gebote potentieller Interessenten nicht mehr zu erwarten. Träte bei dieser angenommenen Konstellation der Wohnungseigentümerverband mit seinen titulierten Hausgeldforderungen dem Verfahren aus der Rangklasse 2 rechtzeitig bei (vgl. § 44 Abs. 2 ZVG: Zustellung des Beitrittsbeschlusses an den Schuldner mindestens vier Wochen vor dem Versteigerungstermin!), dürfte er in der Regel als bestbetreibender Gläubiger der Feststellung des geringsten Gebotes zugrunde zu legen sein. Infolge dessen würde das geringste Gebot mangels bestehen bleibender Rechte entsprechend gering ausfallen, so dass es unter diesen Bedingungen erheblich leichter fallen dürfte, Interessenten für das Versteigerungsobjekt zu begeistern.

66 **2. Einzelheiten.** Da sich die Anordnung einer Zwangsversteigerung im Hinblick auf die Verfahrens- und Vollstreckungsvoraussetzungen nicht von der Zulassung eines Beitritts unterscheidet, kann insoweit auf die Ausführungen zum Formular Teil 8 Rdn. 1 verwiesen werden.

67 **3. Übergangsregelung.** *3.1 Anwendbarkeit der Neuregelung.* Die Neuregelung des § 10 Abs. 1 Nr. 2 ZVG gilt nach der Übergangsvorschrift des § 62 WEG nur für Verfahren, die ab dem 01.07.2007 bei Gericht anhängig geworden sind (vgl. Art. 4 des WEGÄndG v. 26.03.2007 – BGBl. I S. 370). Nach dieser Vorschrift sind für die am 01.07.2007 bei Gericht bereits anhängigen Verfahren in Zwangsversteigerungssachen die durch Artikel 2 des Gesetzes geänderten Vorschriften des ZVG in ihrer bis dahin geltenden Fassung weiter anzuwenden. Das bedeutet, dass es für die Anwendbarkeit des neuen Rechts allein darauf ankommt, ob am 01.07.2007 bereits ein Zwangsversteigerungsverfahren anhängig war oder nicht. Nicht maßgebend ist also, ob der zugrunde liegende Anspruch oder seine Titulierung vor diesem Stichtag liegen. Nach den allgemeinen Grundsätzen des Verfahrensrechts wird ein Zwangsversteigerungsverfahren für den jeweiligen Gläubiger mit dem Eingang seines Antrags gem. § 15 ZVG anhängig. Im Gegensatz zu diesem im ZVG gebräuchlichen – gläubigerorientierten – Verfahrensbegriff geht der Gesetzgeber bei der Übergangsregelung dagegen von einem Verfahrensbegriff aus, der sich auf das **Gesamt**verfahren der Zwangsversteigerung bezieht. Auf diese Weise soll sichergestellt werden, dass die Einführung eines begrenzten Vorranges für Hausgeldforderungen die im Zeitpunkt des Inkrafttretens anhängigen Verfahren nicht berührt, weil es ansonsten zu Verzögerungen und Erschwerungen kommen könnte. War somit am 01.07.2007 ein Zwangsversteigerungsverfahren über die betreffende Immobilie überhaupt anhängig, so ist für die Geltendmachung von Hausgeldansprüchen nicht mehr auf die Person des Gläubigers oder den Rang seines Anspruchs abzustellen. Auch ist unerheblich, ob die Wohnungseigentümergemeinschaft das Verfahren selbst betreiben oder lediglich ihre Ansprüche anmelden will. Ebenfalls ist eine »Umwandlung« von (nach bisherigem Recht) rangschlechteren Ansprüchen in nunmehr rangbessere der Rangklasse 2 nicht möglich, weil sonst in ein und demselben (Gesamt-)Verfahren unterschiedliches – und sich bzgl. der Rangklasse 2 widersprechendes – Recht zur Anwendung kommen müsste. In einem am 01.07.2007 anhängigen (Gesamt-)Verfahren ist somit weder auf Anmeldung eine Berücksichtigung im geringsten Gebot noch ein vorrangiges Betreiben aus der Rangklasse 2 für Hausgeldansprüche der Wohnungseigentümergemeinschaft denkbar (BGH NJW 2008. 1383 = Rpfleger 2008, 321 = ZMR 2008, 385; Böhringer/Hintzen Rpfleger 2007, 353, 360; *Bräuer/Oppitz* ZWE 2007, 326, 332; Schneider ZfIR 2008, 161, 162; a.A. *Elzer* ZAP 2007, 1025, 1032 für den Fall einer Anmeldung nach dem 01.07.2007 in einem nicht selbst vom Verband betriebenen Zwangsversteigerungsverfahren). Maßgeblicher Zeitpunkt soll nach Auffassung des BGH in einem Zwangsversteigerungsverfahren

insoweit der Erlass des Anordnungsbeschlusses sein (BGH NJW 2008. 1383 = Rpfleger 2008, 321 = ZMR 2008, 385).

3.2 Praktische Auswirkungen der Übergangsregelung. Nach dem zuvor Gesagten wird es also u.U. noch auf Jahre hinaus ein Nebeneinander von Zwangsversteigerungsverfahren nach altem und solchen nach neuem Recht geben. Auch in dem vom BGH entschiedenen Fall dauerte das »Altverfahren« bereits seit Mai 2002 an. Nicht nur für WEG-Verwalter kann dies mit beträchtlichen Haftungsgefahren verbunden sein, wenn die fortdauernde Anwendung alten Rechts auf anhängige Zwangsversteigerungsverfahren aus der Zeit vor dem 01.07.2007 verkannt wird und eine Beteiligung des »Verbandes Wohnungseigentümergemeinschaft« am »Altverfahren« mangels einer eingetragenen Zwangshypothek gänzlich unterbleibt. 68

4. Kosten. Es gelten die Ausführungen zur Anordnung der Zwangsversteigerung entsprechend. 69

5. Rechtsmittel. Es gelten die Ausführungen zur Anordnung der Zwangsversteigerung entsprechend. 70

III. Anmeldung von Forderungen des »Verbandes Wohnungseigentümergemeinschaft« in der Zwangsversteigerung eines Wohnungseigentums

Rechtsanwalt Redlich 71

**An das Amtsgericht
Beispielstadt**

**Anmeldung von Forderungen zum Zwangsversteigerungsverfahren
Az: _____K_____/08**

In der Zwangsvollstreckungsangelegenheit

der Wohnungseigentümergemeinschaft Beispielstraße 11, Beispielstadt, vertreten durch den Wohnungseigentumsverwalter, die Max Mustermann Hausverwaltungen, Mustermannstraße 1, Musterstadt

Verfahrensbevollmächtigter: Rechtsanwalt Redlich

– Gläubigerin –

gegen

Bodo Beispiellos, Beispielstraße 11, Beispielstadt

– Schuldner –

vertreten wir die Gläubigerin.

Der Schuldner ist Alleineigentümer des im o.g. Verfahren zur Zwangsversteigerung anstehenden 55,7/10.000stel Miteigentumsanteils an dem Grundstück Beispielstraße 11, verbunden mit dem Sondereigentum an der in der Teilungserklärung mit Nr. 12 bezeichneten Wohnung, eingetragen im Grundbuch von Beispielstadt Blatt 4356. Zum Nachweis nehmen wir Bezug auf das entsprechende Grundbuch.

Die Gläubigerin kann nach dem rechtskräftigen Urteil des Amtsgerichts Beispielstadt von dem Schuldner einen Betrag von € 1.234,34 nebst Zinsen und Kosten fordern. Wir nehmen Bezug auf die beigefügte Forderungsaufstellung. Es handelt sich hierbei um rückständige Hausgelder für die Wohnung des Schuldners.

Wir überreichen das Urteil als Anlage 1, die Forderungsaufstellung als Anlage 2. Eine Kopie der zugrunde liegenden Klagschrift überreichen wir als Anlage 3.

Alternativ: Die Gläubigerin kann auf Grundlage des Wirtschaftsplanes für das Jahr 2008 von dem Schuldner monatliche Vorauszahlungen auf das Hausgeld von € 187,00 für die hier gegenständliche Wohnung verlangen. Wir fügen den Gesamt- und den Einzelwirtschaftsplan für das Jahr 2008 als Anlagen 1 und 2 bei. Der Wirtschaftsplan ist in der Versammlung vom 05.04.2008 zu TOP 4 beschlossen worden und nicht angefochten worden, wir fügen das Protokoll als Anlage 3 bei. Die Richtigkeit der vorstehenden Angaben wird belegt durch die beigefügte Eidesstattliche Versicherung der Verwalterin – Anlage 4.

Der Schuldner hat für das Kalenderjahr 2008 keine Hausgelder mehr gezahlt, so dass sämtliche Hausgelder bis heute offen sind. Nach der Teilungserklärung, die wir als Anlage 4 beifügen, sind rückständige Hausgeldzahlungen mit 8 Prozentpunkten über dem Basiszinssatz p.a. zu verzinsen.

Die Forderungen der Gläubigerin im Einzelnen sind in der Forderungsaufstellung enthalten, die wir als Anlage 5 überreichen.

Die vorstehend genannten Forderungen melden wir für die Gläubigerin zur Berücksichtigung im Rang des § 10 Abs. 1 Nr. 2 ZVG an.

Redlich

Rechtsanwalt

Erläuterungen

72 **1. Allgemeines.** *1.1 Grundsatz.* Vgl. zunächst zum Zwangsversteigerungsverfahren und zu den Einzelheiten der Rangklasse 2 die Formulare Teil 8 Rdn. 1 und 62.

73 Die Wohnungseigentümergemeinschaft muss einem von dritter Seite initiierten Zwangsversteigerungsverfahren nicht unbedingt beitreten. Eine solche Zurückhaltung wird insbesondere dann angebracht erscheinen, wenn wegen einer bestehenden Kosten- oder Gebührenfreiheit des bisher einzig betreibenden Gläubigers mit einem Beitritt für den »Verband Wohnungseigentümergemeinschaft« das Risiko der Vorschusszahlung (z.B. für die Gutachterauslagen in regelmäßig vierstelliger Höhe) verbunden sein könnte. Auch wenn ein Beitritt im Einzelfalle ratsam sein mag (vgl. Formular Teil 8 Rdn. 64), kann die Gemeinschaft sich darauf beschränken, in einem laufenden Zwangsversteigerungsverfahren die rückständigen Beitragsforderungen lediglich zum Verfahren anzumelden.

74 *1.2 Rechtsnatur der Anmeldung.* Eine Anmeldung zur Geltendmachung eines Anspruchs dient allein der verfahrensrechtlich vorgesehenen Rechtswahrung (*Stöber* § 37 Rn. 5.1). Sie ist damit lediglich eine Prozesshandlung, für die eine bestimmte Form nicht vorgeschrieben ist (BGHZ 21, 30 = WM 1956, 1023). Die Anmeldung wirkt ausschließlich in dem Verfahren, in dem sie erklärt worden ist. Weder eine Anmeldung in einem (parallelen) Zwangsverwaltungsverfahren, noch eine Anmeldung in einem früheren, inzwischen aber aufgehobenen Versteigerungsverfahren können in einem jetzt durchzuführenden Zwangsversteigerungsverfahren Bedeutung erlangen (*Stöber* Rn. 5.13).

75 *1.3 Verhältnis der Anmeldung zu anderen Sicherungsmöglichkeiten.* Betreibt der »Verband Wohnungseigentümergemeinschaft« die Zwangsversteigerung wegen Hausgeldforderungen nicht aktiv durch Anordnung des Verfahrens bzw. Beitritt zu einem laufenden Zwangsversteigerungsverfahren, so muss er die von ihm beanspruchten Zahlungen zum geringsten Gebot anmelden, weil sie nicht aus dem Grundbuch ersichtlich sind (§ 45 Abs. 1 ZVG). Im Rahmen der in § 10 Abs. 1 Nr. 2 S. 3 ZVG normierten Obergrenze in Höhe von 5 % des nach § 74a Abs. 5 ZVG festgesetzten Verkehrswertes können die angemeldeten Ansprüche des Wohnungseigentümerverbandes

A. Zwangsversteigerung

dann im geringsten Gebot (vgl. § 44 Abs. 1 ZVG) und später bei der Zuteilung (vgl. § 114 Abs. 1 S. 1 ZVG) Berücksichtigung finden.

Soweit die vom Verband angemeldeten Forderungen den im Vorrang der Rangklasse 2 zur Verfügung stehenden Rahmen übersteigen sollten, droht die Wohnungseigentümergemeinschaft in der Zwangsversteigerung auszufallen. Ein solcher Ausfall ließe sich nur verhindern, wenn der Verband selbst das Verfahren betreibt, weil dann nicht im Vorrang abgesicherte Forderungsteile zumindest noch in Rangklasse 5 berücksichtigt werden könnten. Ebenfalls könnte den Vorrang übersteigenden Beträge noch durch eine bereits im Grundbuch für die Hausgelder eingetragene Zwangshypothek zur Durchsetzung verholfen werden (s. Formular Teil 8 Rdn. 201). 76

2. Besonderheiten für eine Anmeldung von Hausgeldrückständen in der Rangklasse 2 des § 10 Abs. 1 ZVG. Die Voraussetzungen unterscheiden sich in einigen Punkten von den im Formular Teil 8 Rdn. 26 genannten. 77

2.1 Anforderungen an den Anspruch. Auch einer Anmeldung muss ein bevorrechtigter und fälliger Anspruch zugrunde liegen. Wegen der näheren Einzelheiten kann insoweit auf die im Formular Teil 8 Rdn. 27 genannten Voraussetzungen verwiesen werden. 78

2.2 Titulierung der Ansprüche. Die geltend gemachten Ansprüche sind bei der Anmeldung durch den Verband gem § 45 Abs. 3 ZVG entweder durch einen entsprechenden Titel (insoweit s. Formular Teil 8 Rdn. 38) oder durch Vorlage einer Niederschrift über die Beschlüsse der Wohnungseigentümer einschließlich ihrer Anlagen oder in sonst geeigneter Weise glaubhaft zu machen. Das Gesetz erlaubt hier also eine Berücksichtigung der Hausgeldansprüche ohne Titel! In diesem Fall muss sich aus dem Vorbringen dann die Zahlungspflicht, die Art und der Bezugszeitraum des Anspruchs sowie seine Fälligkeit ergeben (§ 45 Abs. 3 S. 2 ZVG). Hier dürfte sich erst recht bereits bei der Antragstellung eine entsprechende Eidesstattliche Versicherung des WEG-Verwalters empfehlen, wenn die erforderlichen Angaben nicht mit Sicherheit nachgewiesen werden können. 79

2.3 Begrenzung der angemeldeten Ansprüche durch Höchstbetrag und Zeitdauer. Insoweit kann auf die Ausführungen im Formular Teil 8 Rdn. 30 und 32 verwiesen werden. Damit darf insbesondere auch im Falle einer Anmeldung der Höchstbetrag des § 10 Abs. 1 Nr. 2 S. 3 ZVG nicht überschritten werden. 80

2.4 Überschreiten des Mindestbetrages bei der Anmeldung. Bei einer Anmeldung können auch geringere Beträge angemeldet werden, weil der Mindestbetrag von 3 % des steuerlichen Einheitswertes nicht überschritten werden muss. Zur näheren Begründung s. Formular Teil 8 Rdn. 36 m.w.N. 81

2.5 Rechtzeitigkeit der Anmeldung und der Glaubhaftmachung. Im Hinblick auf § 45 Abs. 1 u 3 ZVG ist eine rechtzeitige Anmeldung der Hausgeldansprüche und ihre Glaubhaftmachung für eine Berücksichtigung im sog. geringsten Gebot und bei der späteren Verteilung des Versteigerungserlöses unerlässlich. Die Anmeldung samt Glaubhaftmachung hat deshalb spätestens bis zur Aufforderung zur Abgabe von Geboten im Versteigerungstermin zu erfolgen, da andernfalls ein Rangverlust gem. § 37 Nr. 4 i.V.m. § 110 ZVG eintritt. 82

Der Rangverlust wird selbst dann nicht zu verhindern sein, wenn sich die Wohnungseigentümergemeinschaft bei einem früheren Beitritt zur Zwangsversteigerung zunächst auf den Vorrang des § 10 Abs. 1 Nr. 2 ZVG berufen hat, diesen Antrag aber im weiteren Verlauf zurückgenommen hat; eine erst nach der Aufforderung zur Abgabe von Geboten eingehende Anmeldung auf der Grundlage desselben Titels ist auch in diesem Fall verspätet (LG Heilbronn ZfIR 2010, 288).

3. Anmeldung zum Verteilungstermin. In den nach Erteilung des Zuschlags gem. § 113 Abs. 1 ZVG von dem Vollstreckungsgericht aufzustellenden Teilungsplan können Ansprüche nur dann aufgenommen werden, wenn sie spätestens im Verteilungstermin angemeldet werden, es sei denn, der Betrag ist zur Zeit der Eintragung des Versteigerungsvermerks aus dem Grundbuch er- 83 sichtlich (§ 115 Abs. 1 S. 1 ZVG). Lediglich die Ansprüche eines betreibenden Gläubigers gelten als angemeldet, soweit sie sich aus dem Versteigerungsantrag ergeben (§ 115 Abs. 1 S. 2 ZVG).

84 Meldet also der nicht selbst die Zwangsversteigerung betreibende »Verband Wohnungseigentümergemeinschaft« erstmals zum Verteilungstermin seine Hausgeldansprüche an, sind diese zwar gem. § 115 Abs. 1 S. 1 ZVG zu berücksichtigen, sie erhalten aber in der Verteilung im Hinblick auf § 37 Nr. 4 i.V.m. § 110 ZVG Rang nach allen übrigen Rechten.

85 **4. Übergangsregelung.** Auch bei der Anmeldung von Forderungen im Zwangsversteigerungsverfahren gilt die Neuregelung des § 10 Abs. 1 Nr. 2 ZVG nach der Übergangsvorschrift des § 62 WEG nur für Verfahren, die ab dem 01.07.2007 bei Gericht anhängig geworden sind. Maßgeblicher Zeitpunkt ist insoweit wiederum der Erlass des Anordnungsbeschlusses (BGH NJW 2008. 1383 = Rpfleger 2008, 321 = ZMR 2008, 385). Zu einem Altverfahren, das am 01.07.2007 bereits anhängig war, kann die Gemeinschaft daher ihre Forderungen nicht bevorrechtigt anmelden. Wegen der damit verbundenen Haftungsgefahren s. Formular Teil 8 Rdn. 68.

86 **5. Kosten.**

87 *5.1 Rechtsanwaltsvergütung.*

88 *5.1.1* **Gegenstandswert.** Bei Vertretung des Gläubigers ist der Wert für die Berechnung der Rechtsanwaltsgebühren die angemeldete Forderung des Gläubigers einschließlich aller Nebenforderungen (§ 26 Nr. 1 RVG), begrenzt durch den Verkehrswert des Objekts. Bei der Erlösverteilung ist der insgesamt zur Verteilung kommende Erlös maßgeblich, sofern dieser niedriger ist, als die beizutreibende Forderung.

89 *5.1.2* **Gebühren.** Für die Vertretung eines Gläubigers bei der Anmeldung zum Versteigerungstermin erhält der Anwalt eine Verfahrensgebühr in Höhe von 4/10 (Nr. 3311 Ziff. 1 VVRVG). Erfolgt die Anmeldung zum Verteilungstermin, erhält er eine weitere 4/10 Gebühr (Nr. 3311 Ziff. 2 VVRVG). Erfolgte die Beauftragung erst zum Verteilungstermin, entfällt insoweit die Verfahrensgebühr.

90 *5.2* **Gerichtskosten.** Die Entgegennahme von Anmeldungen löst über die in Formular Teil 8 Rdn. 56 dargestellten Gebühren hinaus keine separaten Gerichtskosten aus.

91 **6. Rechtsmittel.** *6.1* **Rechtsmittel bei Anmeldung zum Versteigerungstermin.** Die Nichtberücksichtigung einer Anmeldung zum Versteigerungstermin kann nicht mit einem eigenständigen Rechtsmittel angefochten werden. Dem »Verband Wohnungseigentümergemeinschaft« bleibt insoweit nur die Zuschlagsbeschwerde gem. § 83 Nr. 1 ZVG.

92 *6.2* **Rechtsmittel bei Anmeldung zum Verteilungstermin.** Wird eine geltend gemachte Forderung nicht im Teilungsplan berücksichtigt, kann der Gläubiger Widerspruch gegen den Teilungsplan erheben (§ 115 Abs. 1 ZVG). Wird ein vor dem Termin angemeldeter Anspruch nicht antragsgemäß in den Teilungsplan aufgenommen, so gilt die Anmeldung als Widerspruch gegen den Plan (§ 115 Abs. 2 ZVG). Im Widerspruchsfall hat der Gläubiger die Erhebung der Widerspruchsklage vor dem Prozessgericht binnen eines Monats dem Versteigerungsgericht nachzuweisen (§ 115 Abs. 1 ZVG, § 878 Abs. 1 ZPO). Bei Fristversäumung kann ein Gläubiger sein vermeintlich besseres Recht immer noch im Wege der Bereicherungsklage geltend machen (§ 115 Abs. 1 ZVG, § 878 Abs. 2 ZPO).

93 Der Schuldner kann sich gegen einen in den Teilungsplan aufgenommenen vollstreckbaren Anspruch nur mit der Vollstreckungsgegenklage wenden (§ 115 Abs. 3 ZVG). Dies dürfte jetzt auch entsprechend auf angemeldete, aber nicht titulierte Hausgeldforderungen anzuwenden sein, soweit darauf Zuteilungen erfolgen sollen.

IV. Antrag auf Umschreibung einer Zwangsvollstreckungsklausel wegen titulierter Hausgeldschulden

Rechtsanwalt Redlich

An das Amtsgericht
Beispielstadt

Antrag auf Umschreibung einer Zwangsvollstreckungsklausel wegen Hausgeldforderungen

In der Wohnungseigentumssache

der Wohnungseigentümergemeinschaft Beispielstraße 11, Beispielstadt, vertreten durch den Wohnungseigentumsverwalter, die Max Mustermann Hausverwaltungen, Mustermannstraße 1, Musterstadt

Verfahrensbevollmächtigter: Rechtsanwalt Redlich

– Klägerin –

gegen

Bodo Beispiellos, Beispielstraße 11, Beispielstadt

– Beklagter –

vertreten wir die Klägerin.

Der Beklagte war Mitglied der Wohnungseigentümergemeinschaft Beispielstraße 11 und wurde durch rechtskräftiges Urteil des Amtsgerichts Beispielstadt vom _____ (Aktenzeichen: _____) zur Zahlung von Hausgeldbeiträgen i.H.v. € 1.234,34 nebst Zinsen und Kosten an die Klägerin verurteilt.

Wir überreichen nunmehr in der Anlage die vollstreckbare Ausfertigung des genannten Urteils und beantragen für die Klägerin

> Umschreibung der Vollstreckungsklausel gem. § 727 ZPO

hinsichtlich der sich aus § 10 Abs. 1 Nr. 2 ZVG ergebenden (dinglichen) Ansprüche bis zu maximal 5 % des noch gem. § 74a Abs. 5 ZVG festzusetzenden Verkehrswertes für das im Wohnungsgrundbuch von Musterstadt Blatt 4356 eingetragene Wohnungseigentum

gegen Herrn _____ als Insolvenzverwalter über das Vermögen des Bodo Beispiellos, Beispielstraße 11, Beispielstadt

Alternativ:

> Umschreibung der Vollstreckungsklausel gem. § 727 ZPO

hinsichtlich der sich aus § 10 Abs. 1 Nr. 2 ZVG ergebenden (dinglichen) Ansprüche bis zu maximal 5 % des noch gem. § 74a Abs. 5 ZVG festzusetzenden Verkehrswertes für das im Wohnungsgrundbuch von Musterstadt Blatt 4356 eingetragene Wohnungseigentum

gegen Herrn _____ als vorläufigen Insolvenzverwalter über das Vermögen des Bodo Beispiellos, Beispielstraße 11, Beispielstadt

Alternativ:

> Umschreibung der Vollstreckungsklausel gem. § 727 ZPO

hinsichtlich der sich aus § 10 Abs. 1 Nr. 2 ZVG ergebenden (dinglichen) Ansprüche bis zu maximal 5 % des noch gem. § 74a Abs. 5 ZVG festzusetzenden Verkehrswertes für das im Wohnungsgrundbuch von Musterstadt Blatt 4356 eingetragene Wohnungseigentum

gegen Herrn _____ als Rechtsnachfolger des Bodo Beispiellos, Beispielstraße 11, Beispielstadt hinsichtlich des im Wohnungsgrundbuch von Beispielstadt Blatt 4356 eingetragenen Wohnungseigentums.

Durch Beschluss des Amtsgerichts _____ (Aktenzeichen) ist am _____ das Insolvenzverfahren über das Vermögen des Beklagten eröffnet worden und Herr _____ zum Insolvenzverwalter bestellt worden.

Zum Nachweis der Eröffnung des Insolvenzverfahrens füge ich eine Ausfertigung des gerichtlichen Eröffnungsbeschlusses bei/nehme ich Bezug auf die dort geführten Akten des Insolvenzverfahrens.

Alternativ:

Durch Beschluss des Amtsgerichts _____ (Aktenzeichen) hat das Insolvenzgericht am _____ ein allgemeines Verfügungsverbot gegen den Schuldner erlassen und Herrn _____ zum vorläufigen Insolvenzverwalter bestellt.

Zum Nachweis der Bestellung des vorläufigen Insolvenzverwalters füge ich eine Ausfertigung des gerichtlichen Anordnungsbeschlusses bei/nehme ich Bezug auf die dort geführten Akten des Insolvenzgerichts.

Alternativ:

Der Beklagte hat das den Hausgeldansprüchen zugrunde liegende Wohnungseigentum an Herrn _____ rechtsgeschäftlich übertragen. Zum Nachweis des Eigentumswechsels nehmen wir auf das bei dem dortigen Grundbuchgericht geführte Wohnungsgrundbuch und die dort in Bezug genommene Gemeinschaftsordnung _____ Bezug/überreiche ich einen beglaubigten Grundbuchauszug für das o.g. Wohnungsgrundbuch und eine beglaubigte Abschrift der dort in Bezug genommenen Gemeinschaftsordnung.

Redlich

Rechtsanwalt

Erläuterungen

95 **1. Allgemeines.** Nach der WEG-Novelle 2007 stellen sich in zunehmendem Maße Fragen nach der Umschreibung einer erteilten Vollstreckungsklausel, wenn sich die Immobiliarvollstreckung nicht mehr (nur allein) gegen den im Grundbuch ursprünglich verlautbarten Schuldner richten soll. Diese Fragen gehören systematisch vor den Beginn der Zwangsvollstreckung und setzen deshalb einen entsprechenden **Antrag** an das **Prozeßgericht** des ersten Rechtszuges voraus, wenn nicht der Rechtsstreit bei einem höheren Gericht anhängig ist (§§ 724, 727 ZPO). Funktionell **zuständig** für die Erteilung der sog. qualifizierten Klausel ist der Rechtspfleger (§ 20 Nr. 12 RPflG); die Erteilung einer Rechtsnachfolgeklausel durch den Urkundsbeamten der Geschäftsstelle ist wegen Überschreitung seiner Zuständigkeit unwirksam (KG DNotZ 1999, 998; OLG Frankfurt Rpfleger 1991, 12).

96 **2. Vollstreckbare Ausfertigung gegen den Rechtsnachfolger des Schuldners.** Eine Zwangsvollstreckungsklausel gegen den Rechtsnachfolger des schuldnerischen Wohnungseigentümers kann nur in Betracht kommen, wenn dieser nach Rechtshängigkeit des geltend gemachten

Hausgeldanspruchs die schuldnerische Rechtsposition in der Weise eingenommen hat, dass ihm im Klagefall nunmehr selbst die Passivlegitimation zukäme (vgl. § 325 ZPO). Vor der WEG-Novelle beschränkten sich solche Rechtsnachfolgeklauseln typischerweise auf erbrechtliche Konstellationen, weil ein Wechsel des Schuldners im Wege der Einzelrechtsnachfolge an der Immobilie die persönliche Schuldrechtsbeziehung des Schuldners mit dem Wohnungseigentümerverband nicht berühren konnte.

Für eine Klauselumschreibung scheiden damit von vornherein all die Fallgestaltungen aus, in denen der Schuldner lediglich eine Änderung seiner Bezeichnung bzw. seines Namens, nicht aber seiner Identität erfährt; hier genügt eine sog. »Beischreibung« der Vollstreckungsklausel (zu einer Namensänderung s. BGH NJW-RR 2011, 1335). 97

2.1 Vollstreckbare Ausfertigung gegen den Insolvenzverwalter des schuldnerischen Wohnungs- 98 *eigentümers.* Die entsprechende Anwendbarkeit des § 727 ZPO auf den Insolvenzverwalter über das Vermögen des Schuldners als Partei kraft Amtes ist im Hinblick auf die übergegangene Verfügungsbefugnis grundsätzlich anerkannt. Sie scheiterte in der Vergangenheit jedoch am persönlichen Charakter der Hausgeldansprüche, die mit Eröffnung des Insolvenzverfahrens unter das Vollstreckungsverbot des § 89 Abs. 1 InsO fielen.

Diese Ansicht zur Rechtsqualität von Hausgeldansprüchen hat sich jedoch nach der WEG-Novel- 99 le gewandelt. Hausgeldansprüche werden von der überwiegenden Meinung numehr zu Recht als Ansprüche qualifiziert, denen im Umfang des Vorrechts des § 10 Abs. 1 Nr. 2 ZVG ein dinglicher Charakter zukommt (OLG Dresden ZWE 2011, 365; OLG Frankfurt ZWE 2011, 89; LG Berlin ZMR 2011, 156 = ZWE 2011, 97; AG Koblenz Rpfleger 2010, 282 = ZMR 2010, 568; *Alff* ZWE 2010, 105, 106; Bärmann/*Becker* § 16 Rn. 185; *Böttcher* § 10 Rn. 19; *ders.* ZfIR 2010, 345, 347; *ders.* ZfIR 2010, 521, 531; *Hügel/Elzer* NZM 2009, 457, 472; *Müller* FS Merle (2010), S. 255, 261; *ders.* Praktische Fragen 5. Aufl. (2010) 6. Teil Rn. 85 u. 10. Teil Rn. 61; Palandt/*Bassenge* 69. Aufl. (2010) § 16 WEG Rn. 29; *Schmidberger/Slomian* ZMR 2010, 579; *Schneider* ZMR 2009, 165; *ders.* ZWE 2010, 341, 347; *Stöber* § 10 Rn. 4.7; *Suilmann* NotBZ 2010, 365; *ders.* ZWE 2010, 385; a.A. *Kesseler* NJW 2009, 121; *Fabis* ZfIR 2010, 354). Diese Auffassung wird jedenfalls insoweit auch vom IX. Zivilsenat des BGH geteilt, wenn er dem Verband Wohnungseigentümergemeinschaft in der Insolvenz eines Wohnungseigentümers zumindest wegen der vor der Insolvenzeröffnung fälligen Hausgeldansprüche gem. § 10 Abs. 1 Nr. 2 ZVG ein Absonderungsrecht zugesteht (BGH NJW 2011, 3098 = ZIP 2011, 1723). Sofern der Verband gegen den säumigen Wohnungseigentümer vor der Insolvenzeröffnung noch keinen Zahlungstitel erlangt haben sollte, kann der Verband nach dieser Entscheidung den das Absonderungsrecht bestreitenden Insolvenzverwalter mit der Pfandklage auf Duldung der Zwangsversteigerung in die Eigentumswohnung in Anspruch nehmen (insoweit auch bestätigt vom V. Zivilsenat BGHZ 198, 216 = NJW 2013, 3515 = ZMR 2014, 80). Kommt damit dem Verband Wohnungseigentümergemeinschaft zumindest für die vor Insolvenzeröffnung fällig gewordenen Hausgeldansprüche ein Absonderungsrecht im Vorrechtsbereich des § 10 Abs. 1 Nr. 2 ZVG zu (vgl. § 49 InsO), so kann dieses nunmehr trotz des Vollstreckungsverbots des § 89 InsO gegen den Insolvenzverwalter durchgesetzt werden. Damit kann dann aber auch ein bereits gegen den schuldnerischen Wohnungseigentümer erstrittener Vollstreckungstitel nunmehr hinsichtlich des insoweit dinglich wirkenden Anspruchs gegen den Insolvenzverwalter umgeschrieben werden, wie Hausgeldansprüche im Vorrang des § 10 Abs. 1 Nr. 2 ZVG vollstreckt werden sollen (*Derleder* ZWE 2008, 13, 20; *Hintzen/Alff* ZInsO 2008, 480, 484; *Schneider* ZfIR 2008, 161, 166; *ders.* ZMR 2009, 165, 170). Einem Zahlungstitel kommt insoweit ein hybride Struktur zu (vgl. dazu *Schneider* ZMR 2011, 398). Antrag und Klausel müssen allerdings die Begrenzung der Zwangsvollstreckung auf den Vorrangsbereich abstrakt ausweisen.

2.2 Vollstreckbare Ausfertigung gegen den vorläufigen Insolvenzverwalter des schuldnerischen 100 *Wohnungseigentümers.* Erlässt das Insolvenzgericht als vorläufige Sicherungsmaßnahme ein allgemeines Verfügungsverbot gem. § 21 Abs. 2 Nr. 2 1. Alt InsO gegen den schuldnerischen Wohnungseigentümer, geht die Verwaltungs- und Verfügungsbefugnis insoweit auf den sog. »starken«

vorläufigen Insolvenzverwalter über (§ 22 Abs. 1 S. 1 InsO). Zur Zwangsvollstreckung bedarf es daher in diesem Fall nach überwiegender Auffassung eines gegen den vorläufigen Insolvenzverwalter gerichteten Vollstreckungstitels (LG Cottbus NZI 2000, 183; LG Cottbus Rpfleger 2000, 465; *Deimann* RpflegerStud 2005, 145; *Hintzen* Rpfleger 1999, 256, 258; *Klawikowski* InVo 1999, 37; HdbFA Miet- und Wohnungseigentumsrecht/*Schneider* Kapitel 33 Rn. 82; a.A. LG Halle Rpfleger 2002, 89 m. abl. Anm. *Alff; Böttcher* § 28 Rn. 20; *Stöber* Hdb ZVG Rn. 140g). Dies muss dann auch für die Zwangsvollstreckung in das schuldnerische Wohnungseigentum gelten. Soweit in dieser Phase die Zwangsvollstreckung auch wegen persönlicher Ansprüche jenseits des Vorrechtsbereichs des § 10 Abs. 1 Nr. 2 ZVG betrieben werden soll, wird ggf. die Rückschlagsperre der §§ 88, 312 Abs. 1 S. 3 InsO zu beachten sein.

101 **2.3 Vollstreckbare Ausfertigung gegen den rechtsgeschäftlichen Sondernachfolger des schuldnerischen Wohnungseigentümers.** Kommt den Hausgeldansprüchen nach der WEG-Novelle im Vorrechtsbereich des § 10 Abs. 1 Nr. 2 ZVG – wie hier vertreten – ein dinglicher Charakter zu, haftet auch der rechtsgeschäftliche Erwerber in diesem Umfang für die Hausgeldansprüche seines Rechtsvorgängers (ausf. *Schneider* ZWE 2014, 61; *Schneider* ZMR 2009, 165 m.w.N.); er hat insoweit die Zwangsvollstreckung zu dulden (vgl. § 1147 BGB). Eine Zwangsvollstreckung könnte in diesem Bereich nach entsprechender Umschreibung der Vollstreckungsklausel somit richtigerweise auch gegen den persönlich nicht für die Altschulden seines Rechtsvorgängers haftenden Erwerber in die die Rückstände verursachende Eigentumswohnung erfolgen (in diese Richtung unter Berücksichtigung der seinerzeitigen notariellen Praxis ursprünglich auch *Schmidt-Ränsch* ZWE 2011, Heft 12, anders jetzt aber ZWE 2013, 429, 432). Die Höchstgrenze der dinglichen Haftung ist dabei bereits in die Klausel aufzunehmen, weil andernfalls das Vollstreckungsorgan von einer unbeschränkten Vollstreckungsmöglichkeit ausgehen würde (vgl. auch Schneider NotBZ 2013, 249 für eine Zwangsvollstreckungsunterwerfung). So wurde der der Entscheidung des LG Stuttgart ZMR 2010, 643 = ZWE 2010, 276 zugrunde liegende Vollstreckungsbescheid am 21.12.2009 durch das Mahngericht Stuttgart (Az. 07-0144814-0-1) mit folgender Rechtsnachfolgeklausel umgeschrieben: »*Vorstehende Ausfertigung des Vollstreckungsbescheides des Amtsgerichts Stuttgart wird gegen … als Rechtsnachfolgerin der bisherigen Antragsgegnerin wegen dinglicher Ansprüche nach § 10 Abs. 1 Nr. 2 ZVG zum Zwecke der Zwangsvollstreckung erteilt. Die Rechtsnachfolge wurde mit einem vom Grundbuchamt … beglaubigten Auszug aus dem Wohnungsgrundbuch von … Blatt … nachgewiesen.*«

Nach der inzwischen vom V. Zivilsenat des BGH abgelehnten dinglichen Haftung für Hausgeldansprüche im Vorrang des § 10 Abs. 1 Nr. 2 ZVG dürfte sich diese Möglichkeit zur Umschreibung der Zwangsvollstreckungsklausel für die Praxis wohl erledigt haben (BGHZ 198, 216 = NJW 2013, 3515 = ZMR 2014, 80).

Gleichwohl hält Becker auch nach dieser BGH-Rechtsprechung zum vermeintlich allein persönlichen Rechtscharakter von privilegierten Hausgeldansprüchen eine Umschreibung dann noch für möglich, wenn die Gemeinschaftsordnung eine entsprechende Haftungsübernahme des Erwerbers eines Wohnungseigentums vorsieht (Becker MietRB 2014, 282; zweifelnd allerdings Dötsch ZWE 2015 Heft 5). Folgt man diesem Ansatz, wäre neben der Grundbucheintragung des rechtsgeschäftlichen Erwerbers auch die entsprechende Regelung in der Gemeinschaftsordnung nachzuweisen.

102 Erfolgt der Rechtserwerb durch den freihändig veräußernden Insolvenzverwalter über das Vermögen des schuldnerischen Wohnungseigentümers, war nach bisheriger Rechtsauffassung ebenfalls auf eine lastenfreie Übertragung des Eigentums im dinglichen Vorrechtsbereich zu achten, die ggf. durch eine Lastenfreistellungserklärung des Wohnungseigentümerverbandes gesichert werden könnte (krit. zur Lastenfreistellungsbescheinigung *Häublein* ZMR 2011, Heft 11). Wird in der Insolvenz des Bauträgers das Wohnungseigentum durch den Insolvenzverwalter freihändig veräußert, könnte der Verband Wohnungseigentümergemeinschaft anschließend keine abgesonderte Befriedigung aus dem Veräußerungserlös verlangen. Wegen der bei einem rechtsgeschäftlichen Erwerb fortbestehenden dinglichen Haftung müssten die dinglich wirkenden Hausgeld-

ansprüche den vergleichbaren öffentlichen Lasten in der Rangklasse 3 auch insoweit gleichgestellt sein (vgl. dazu BGH NZI 2010, 482, mit der sub. III. 1 a.E. gezogenen Parallele von den in der Rangklasse 3 gesicherten Ansprüchen zu den übrigen in § 10 Abs. 1 ZVG genannten Absonderungsrechten). Das Übernahmerisiko hätte der Erwerber damit in die Kaufpreisbildung einzubeziehen (*Schneider* ZWE 2010, 341, 351). Legt man demgegenüber die o.g. Rechtsauffassung des V. Zivilsenats zugrunde, so lässt dessen Entscheidung (BGHZ 198, 216 = NJW 2013, 3515 = ZMR 2014, 80) gerade offen, ob und wie das Absonderungsrecht bei einer freihändigen Veräußerung durch den Insolvenzverwalter abzugelten ist.

3. Besonderheiten beim »werdenden Wohnungseigentümer«. Die Frage einer Titelumschreibung wird sich insbesondere beim sog. werdenden Wohnungseigentümer (dazu grundlegend BGHZ 177, 53 = DNotZ 2008, 930 = NJW 2008, 2639 = Rpfleger 2008, 564 = ZMR 2008, 805 = ZWE 2008, 378) stellen, nachdem inzwischen auch der BGH (BGHZ 193, 219 = NJW 2012, 2650 = ZfIR 2012, 603 = ZMR 2012, 711 = ZWE 2012, 369) nicht von einer gesamtschuldnerischen Haftung des teilenden Bauträgers und des erwerbenden Käufers für die Hausgeldschulden ausgeht, sondern allein den Erwerber als zahlungspflichtig ansieht (ebenso zuvor bereits BeckOK/*Hügel* § 16 Rn. 28; *Schneider* ZWE 2010, 341, 342; *Wenzel* NZM 2008, 625, 629). Unter dieser Prämisse ist jedoch das die Hausgeldschulden erst verursachende Wohnungseigentum mit den Mitteln der Immobiliarvollstreckung nicht mehr erreichbar (vgl. im Detail HdbFA 5. Aufl. Kapitel 33 Rn. 447 ff.). Auch der V. Zivilsenat musste einräumen, dass nur eine dingliche Haftung bei Hausgeldrückständen eines werdenden Wohnungseigentümers die Vollstreckung in das Wohnungseigentum ermöglichen könnte, weil der werdende Wohnungseigentümer zwar Hausgeldschuldner, aber (noch) nicht eingetragener Eigentümer ist (BGHZ 198, 216 = NJW 2013, 3515 = ZMR 2014, 80). Für die Rechtsfigur des werdenden Wohnungseigentümers hat der BGH bisher keine Lösung angeboten, so dass in diesem Bereich derzeit ein Vollstreckungsnotstand besteht, der auf der nicht abgestimmten Rechtsprechung des V. Zivilsenats beruht.

103

Die Umschreibung eines allein gegen den werdenden Wohnungseigentümer erwirkten Vollstreckungstitels wegen der gem. § 10 Abs. 1 Nr. 2 ZVG bevorrechtigten Ansprüche gegen den noch im Grundbuch eingetragenen teilenden Eigentümer scheidet allerdings aus. Der teilende Eigentümer ist nicht Rechtsnachfolger des werdenden Wohnungseigentümers (*Schneider* ZWE 2010, 341, 350).

104

4. Kosten. *4.1* Für die (erstmalige) Umschreibung der Vollstreckungsklausel entstehen keine gesonderten Rechtsanwaltsgebühren (vgl. § 19 Abs. 1 S. 2 Nr. 13 RVG und OLG Köln JurBüro 1995, 474).

105

4.2 Gerichtskosten für die Umschreibung der Vollstreckungsklausel entstehen nicht.

106

5. Rechtsmittel. Gegen die Versagung der Rechtsnachfolgeklausel kann der Gläubiger sofortige Beschwerde einlegen (§ 567 Abs. 1 ZPO; § 11 Abs. 1 RpflG). Der abgewiesene Gläubiger kann weiterhin Klage auf Erteilung der Vollstreckungsklausel erheben (§ 731 ZPO). Der Schuldner kann die Erteilung der Rechtsnachfolgeklausel Erinnerung gem. § 732 ZPO einlegen. Die Klauselgegenklage gem. § 768 ZPO gibt ihm die Möglichkeit zur Geltendmachung materieller Einwendungen.

107

B. Wohnungseigentum und Zwangsverwaltung

I. Antrag auf Anordnung der Zwangsverwaltung wegen Hausgeldforderungen

108 Rechtsanwalt Redlich

**An das Amtsgericht
Beispielstadt**

Antrag auf Anordnung der Zwangsverwaltung wegen Hausgeldforderungen

In der Zwangsvollstreckungsangelegenheit

der Wohnungseigentümergemeinschaft Beispielstraße 11, Beispielstadt, vertreten durch den Wohnungseigentumsverwalter, die Max Mustermann Hausverwaltungen, Mustermannstraße 1, Musterstadt

Verfahrensbevollmächtigter: Rechtsanwalt Redlich

– Gläubigerin –

gegen

Bodo Beispiellos, Beispielstraße 11, Beispielstadt

– Schuldner –

Der Schuldner ist Mitglied der Wohnungseigentümergemeinschaft Beispielstraße 11.

Die Gläubigerin kann nach dem rechtskräftigen Urteil des Amtsgerichts Beispielstadt vom _____ (Aktenzeichen: _____) von dem Schuldner einen Betrag von € 1.234,34 nebst Zinsen und Kosten fordern. Wir nehmen Bezug auf die beigefügte Forderungsaufstellung. Es handelt sich hierbei um rückständige Hausgelder für die Wohnung des Schuldners.

Wir überreichen das Urteil als Anlage 1, die Forderungsaufstellung als Anlage 2.

Der Schuldner ist Alleineigentümer eines 55,7/10.000stel Miteigentumsanteils an dem Grundstück Beispielstraße 11, verbunden mit dem Sondereigentum an der in der Teilungserklärung mit Nr. 12 bezeichneten Wohnung, eingetragen im Grundbuch von Beispielstadt Blatt 4356.

Zum Nachweis nehmen wir Bezug auf das entsprechende Grundbuch.

Wegen der o.g. Forderung sowie der Kosten dieses Verfahrens wird die Anordnung der Zwangsverwaltung hinsichtlich des Anspruchs auf Zahlung der Beiträge zu den Lasten und Kosten des gemeinschaftlichen Eigentums (§ 16 Abs. 2, § 28 Abs. 2 u. Abs. 5 WEG) aus der Rangklasse 2 des § 10 Abs. 1 ZVG beantragt.

Redlich

Rechtsanwalt

Erläuterungen

109 **1. Allgemeines.** *1.1 Zwangsverwaltung als Immobiliarvollstreckung.* Die Zwangsverwaltung des Wohnungseigentums stellt eine der drei vom Gesetz angebotenen Möglichkeiten der Immobiliarvollstreckung bei rückständigen Hausgeldzahlungen dar (vgl. § 866 Abs. 1 ZPO). Die Zwangsverwaltung kann selbständig und unabhängig von einer zur Eintragung beantragten Zwangshypothek oder einem Zwangsversteigerungsverfahren betrieben werden (§ 866 Abs. 2 ZPO). Laufen Zwangsversteigerung und Zwangsverwaltung zeitlich parallel, sind die Verfahren rechtlich und tatsächlich getrennt zu behandeln. Anmeldungen in dem einen Verfahren können keine Wirkung in dem anderen entfalten. Gesetzestechnisch folgt auch die Zwangsverwaltung durch die allgemeine Verweisung in § 869 ZPO den Bestimmungen der ZPO, soweit nicht das ZVG besondere Regelungen enthält.

1.2 **Wirkung der Zwangsverwaltung.** Anders als bei der Zwangsversteigerung verbleibt in der Zwangsverwaltung das Eigentum an der Immobilie weiterhin beim Schuldner; die Befriedigung eines Gläubigers erfolgt lediglich aus den Nutzungen der Immobilie (§ 151 Abs. 1 ZVG). Hierfür wird vom Vollstreckungsgericht ein Zwangsverwalter bestellt, der zur Inbesitznahme und Verwaltung der Immobilie befugt ist (§ 150 ZVG). Zu rechtlichen Verfügungen über das Eigentum ist der Zwangsverwalter nicht berechtigt (*Böttcher* § 148 Rn. 15). 110

1.3 **Umfang der Beschlagnahme in der Zwangsverwaltung.** Die Beschlagnahme in der Zwangsverwaltung umfasst zunächst alle Gegenstände, die auch von der Beschlagnahme in der Zwangsversteigerung erfasst werden (§§ 146 Abs. 1, 20, 21 ZVG). Darüber hinaus erfasst die Beschlagnahme in der Zwangsverwaltung u.a. auch die Mietforderungen des Eigentümers (§§ 148 Abs. 1 S. 1 i.V.m. § 21 Abs. 2 ZVG). Erfasst werden laufende Mietforderungen gem. § 1124 Abs. 2 BGB; für rückständige gilt § 1123 Abs. 2 S. 1 BGB. Zu den Einzelheiten der gegenüber der Zwangsversteigerung in der Zwangsverwaltung erweiterten Beschlagnahme s. FAHdb Kapitel 33 Rn. 530 f. Wegen der verschiedenartigen Zugriffsmöglichkeiten eines Gläubigers auf Mietforderungen des Eigentümers und ihren unterschiedlichen Wirkungen s Schneider, ZMR 2008, 595. 111

2. Verfahrens- und Vollstreckungsvoraussetzungen. *2.1* **Grundsatz.** Auf die Anordnung der Zwangsverwaltung finden die Vorschriften über die Anordnung der Zwangsversteigerung entsprechende Anwendung, soweit sich nicht aus den §§ 147 bis 151 ZVG etwas anderes ergibt (§ 146 Abs. 1 ZVG). Dies gilt auch für einen evtl. Beitritt zu einem bereits angeordneten Verfahren. Es kann deshalb wegen der Verfahrens- und Vollstreckungsvoraussetzungen zunächst auf die Erläuterungen Teil 8 Rdn. 8 verwiesen werden. Allerdings sind für die Zwangsverwaltung einige Besonderheiten zu beachten: 112

2.2 **Rechtsschutzinteresse.** 113

2.2.1 **Mutmaßlich zweckloser Antrag wegen fehlender Befriedigungsaussicht.** Eine Begründung des Zwangsverwaltungsantrages ist nicht erforderlich. Ähnlich wie bei der Zwangsversteigerung hat der BGH auch für die Zwangsverwaltung festgestellt, dass aus dem Rechtsgedanken des § 803 Abs. 2 ZPO wegen einer mutmaßlich zwecklosen Zwangsverwaltung eine Ablehnung des Antrags nicht zulässig ist (BGHZ 151, 384 = NJW 2002, 3178 = Rpfleger 2002, 578). Auch wenn die Befriedigung im Zeitpunkt der Antragstellung möglicherweise aussichtslos erscheint, kann sich das Rechtsschutzinteresse dennoch daraus ergeben, dass die Immobilie einer einträglicheren Nutzung zugeführt oder einer drohenden Verwahrlosung Einhalt geboten werden kann. 114

2.2.2 **Keine Einnahmen bei selbst genutztem Wohnungseigentum.** Auch für ein selbst genutztes Wohnungseigentum des Vollstreckungsschuldners kommt eine Aufhebung der Zwangsverwaltung mangels Rechtsschutzinteresses nicht in Betracht, wenn derzeit und in absehbarer Zukunft keine Einnahmen daraus erzielt werden können (LG Frankfurt NZM 1998, 635). Allerdings stellen in diesem Fall die Aufwendungen des Gläubigers keine vom Schuldner zu erstattenden notwendigen Kosten der Zwangsvollstreckung i.S.d. § 788 ZPO dar, wenn deren Zweck nach den konkreten Umständen nicht darin besteht, die Befriedigung der titulierten Forderung zu erreichen (BGH NJW 2005, 2460 = Rpfleger 2005, 552). 115

2.2.3 **Zwangsverwaltung zur Sicherung nicht titulierter Hausgeldforderungen.** Die Anordnung einer Zwangsverwaltung ist ebenfalls zulässig, wenn eine Wohnungseigentümergemeinschaft das 116

Verfahren auch zur Sicherung ihrer bisher nicht titulierten zukünftigen Forderungen betreibt. Die Situation wäre nicht anders, wenn ein Dritter die Zwangsverwaltung betreiben würde (BGH NJW 2003, 2162).

117 *2.2.4 Zwangsverwaltung nur zur Verschaffung des Zutritts.* Umstritten ist das Rechtsschutzinteresse des Gläubigers, wenn die beantragte Zwangsverwaltung mit der damit verbundenen Besitzverschaffung durch den Zwangsverwalter nur dazu dienen soll, in einem parallel laufenden Zwangsversteigerungsverfahren dem dort bestellten Sachverständigen oder den Bietinteressenten gegen den Willen des Schuldners den Zutritt zum Objekt zu ermöglichen (abl. LG Ellwangen Rpfleger 1995, 427; *Haarmeyer/Wutzke/Förster/Hintzen* § 146 Rn. 29 allerdings in § 5 Rn. 8 ZwVwV mit der Empfehlung, bei der Antragstellung den ausschlaggebenden Grund zu verschweigen; *Hock/Klein/Hilbert/Deimann* Rn. 1515; befürw. *Böttcher/Keller* § 146 Rn. 6).

118 *2.3 Zwangsverwaltung bei Eigenbesitz des Schuldners.* Anders als bei der Zwangsversteigerung kann eine Zwangsverwaltung auch angeordnet werden, wenn der Schuldner zwar nicht Eigentümer der zu verwaltenden Immobilie ist, aber das Objekt im Eigenbesitz hat (§ 147 Abs. 1 ZVG, § 872 BGB). Wegen der weiteren Besonderheiten in diesem Fall s. zunächst FAHdb Miet- und Wohnungseigentumsrecht Kapitel 33 Rn. 502 ff. Nach h.M. können nur dingliche Ansprüche aus einem eingetragenen Grundpfandrecht oder einer Reallast gegen den Eigenbesitzer vollstreckt werden (BGH ZMR 2010, 125; a.A. *Schneider* ZWE 2010, 204). Konsequenz dieser Ansicht wäre dann, dass eine Zwangsverwaltung gegen einen werdenden Wohnungseigentümer aufgrund rückständiger Hausgeldzahlungen damit ausgeschlossen ist.

119 Umgekehrt genügt es zur Verhinderung der Anordnung einer Zwangsverwaltung nicht, wenn ein Dritter ohne weitere Nachweise behauptet, das Vollstreckungsobjekt befinde sich in seinem Eigenbesitz (BGH Rpfleger 2004, 510).

120 *2.4 Eingetragenes Nießbrauchs-, Altenteils- oder Wohnungsrecht.* Ist eines der vorgenannten Rechte im Grundbuch verlautbart, betreffen die Berechtigungen aus diesen Rechten dieselben Ansprüche, auf die auch im Rahmen der Zwangsverwaltung zugegriffen werden soll. Eine Anordnung des Verfahrens ist deshalb nur mit Zustimmung des Berechtigten möglich. Selbst wenn die Zwangsverwaltung aus einem dinglichen Recht im Rang vor einem der genannten Rechte betrieben werden soll, benötigt der Gläubiger insoweit einen umgeschriebenen Duldungstitel (BGH NJW 2003, 2164 = NZM 2003, 490 = Rpfleger 2003, 378 m. Anm. *Alff* Rpfleger 2003, 523). Zur sog. titelerweiternden Klausel s. nun BGH NJW 2014, 1740 = ZfIR 2014, 488. m. Anm. *Alff*). Wird die Zwangsverwaltung aus einem Recht betrieben, dass dem eingetragenen Nießbrauchs-, Altenteils- oder Wohnungsrecht im Rang nachgeht, so ist lediglich eine beschränkte Anordnung der Zwangsverwaltung möglich, die jedoch kaum sinnvoll sein dürfte, weil der Zwangsverwalter in diesem Fall keinerlei Zugriffsrechte auf die Nutzungen des Objekts hat (*Hock/Klein/Hilbert/Deimann* Rn. 1527).

121 *2.5 Veräußerungszustimmung gem. § 12 WEG.* Eine im Grundbuch eingetragene Veräußerungszustimmung gem. § 12 WEG hindert weder die Anordnung noch die Durchführung des Verfahrens, weil die Zwangsverwaltung im Gegensatz zur Zwangsversteigerung keine Veräußerung darstellt (*Haarmeyer/Wutzke/Förster/Hintzen* § 146 Rn. 14).

122 **3. Besondere Voraussetzungen für das Betreiben der Zwangsverwaltung wegen Hausgeldansprüchen.** *3.1 Grundsatz.* Die Rückverweisung in § 146 Abs. 1 ZVG umfasst auch die für das Betreiben des Verfahrens erforderlichen besonderen Voraussetzungen.

123 *3.2 Keine Beachtung des Höchstbetrages in der Zwangsverwaltung.* Soll ein Zwangsverwaltungsverfahren betrieben werden, so entfällt allerdings gem. § 156 Abs. 1 S. 3 ZVG die Beschränkung der berücksichtigungsfähigen Ansprüche auf 5 % des gem. § 74a Abs. 5 ZVG festgesetzten Verkehrswertes. Auch bisher mussten sich die Gläubiger schon Hausgeldansprüche während der gesamten Dauer des Verfahrens vorgehen lassen, so dass sie durch die fehlende Deckelung in der Zwangsverwaltung nicht benachteiligt werden (BT-Drucks. 16/887 v. 09.03.2006, S. 48).

3.3 Keine Beachtung des Mindestbetrages in der Zwangsverwaltung. Nach dem Sinn und Zweck der Regelung kann auch auf die Einhaltung des Mindestbetrages mit 3 % des steuerlichen Einheitswertes im Betreibensfall verzichtet werden (vgl. § 10 Abs. 3 S. 1 ZVG i.V.m. § 18 Abs. 2 Nr. 2 WEG). In der Zwangsverwaltung findet nämlich im Gegensatz zur Zwangsversteigerung kein Eigentumsverlust statt, so dass es hier eines Schwellenwertes nicht bedarf.

124

Darüber hinaus ist es dem betreibenden Verband jederzeit möglich, eine Anordnung der Zwangsverwaltung zu erreichen, indem er das Verfahren aus der Rangklasse 5 – unbeschränkt – betreibt. Der Unterschied wird sich ggf. erst nach Deckung aller laufenden wiederkehrenden Ansprüche der Rangklassen 2 bis 4 bei der – in der Praxis so gut wie nie vorkommenden – Zahlung auf die sonstigen Ansprüche in der Rangklasse 5 zeigen. Zum Meinungsstreit über das Rangverhältnis der dort zu berücksichtigenden Gläubiger s. einerseits *Haarmeyer/Wutzke/Förster/Hintzen* § 155 Rn. 24 und *Stöber* § 155 Rn. 7.2, die zu Recht für eine Reihenfolge nach dem Beschlagnahmezeitpunkt plädieren; a.A. demgegenüber *Steiner/Hagemann* § 155 Rn. 90, die die Reihenfolge nach dem Rang des zugrunde liegenden Anspruch bestimmen möchten.

125

Im Ergebnis muss es also in der Zwangsverwaltung nicht zu den noch beim Formular Teil 8 Rdn. 40 bestehenden Nachweisproblemen kommen.

126

4. Verteilungsgrundsätze in der Zwangsverwaltung. *4.1 Zahlungen ohne Aufstellung eines Teilungsplanes.* Das Zwangsverwaltungsverfahren ist als Dauerverfahren konzipiert, in dem fortlaufend die gezogenen Nutzungen zu verteilen sind. Infolgedessen erschöpft sich das Verfahren – anders als in der Zwangsversteigerung – nicht in einer einmaligen Verteilung der erwirtschafteten Überschüsse. Die zur Erhaltung der Substanz des Verwaltungsobjektes erforderlichen Ausgaben der Verwaltung müssen daher zusammen mit den Kosten des Verfahrens – in durchaus wechselndem Umfang – jeweils vorab beglichen werden. Hierzu ist der Zwangsverwalter auch ohne Aufstellung eines gerichtlichen Teilungsplanes berechtigt (§ 155 Abs. 1 ZVG, § 11 Abs. 1 ZwVwV). Ebenfalls dürfen – ohne Rücksicht auf ihre Rangposition – die laufenden Beträge der öffentlichen Lasten (insbes. Grundsteuerzahlungen) und – nach neuem Recht (dazu s. Ziff. 5.2.2) – die laufenden Hausgeldzahlungen gem. § 16 Abs. 2, § 28 Abs. 2 und 5 WEG ohne weiteres Verfahren von dem Zwangsverwalter berichtigt werden (§ 156 Abs. 1 S. 1 u. 2 ZVG).

127

4.2 Zahlungen mit Aufstellung eines Teilungsplanes. Ist zu erwarten, dass aus den erwirtschafteten Überschüssen auch noch auf andere Ansprüche Zahlungen geleistet werden können, hat das Vollstreckungsgericht einen Verteilungstermin zu bestimmen (§ 156 Abs. 2 ZVG). Spätestens in diesem nicht öffentlichen Verteilungstermin sind diejenigen Ansprüche anzumelden, die nicht bereits aus dem Grundbuch ersichtlich sind (§§ 156 Abs. 2 S. 4, 114 Abs. 2 ZVG). Dazu gehören auch die laufenden Hausgeldzahlungen, soweit nicht der »Verband Wohnungseigentümergemeinschaft« ihretwegen das Verfahren betreibt (§ 156 Abs. 2 S. 4, 114 Abs. 1 S. 2 ZVG).

128

Der Teilungsplan in der Zwangsverwaltung wird nach der Rangfolge des § 10 Abs. 1 ZVG aufgestellt; er hat dabei allerdings die sich aus § 155 ZVG ergebenden Besonderheiten zu berücksichtigen. Außer den bereits vorab zu entnehmenden Beträgen erfolgt die Überschussverteilung in der Zwangsverwaltung nur auf Ansprüche der Rangklassen 1 bis 5 des § 10 Abs. 1 ZVG (§ 155 Abs. 2 S. 1 ZVG). Die Rangklassen 6 bis 8 entfallen somit. Weiterhin werden in den Rangklassen 2 bis 4 nur Ansprüche auf laufende wiederkehrende Leistungen aufgenommen. Ansprüche auf Kapitalzahlungen und rückständige Hausgeldforderungen können im Betreibensfalle nur und erst in der Rangklasse 5 des § 10 Abs. 1 ZVG und dann auch nur unter den Voraussetzungen des § 158 ZVG (besonderer Kapitalzahlungstermin) Berücksichtigung finden (§ 155 Abs. 2 S. 2 ZVG). Dies gilt auch für rückständige Hausgeldzahlungen, wegen derer das Verfahren betrieben wird. Demgemäß spielt ein Betreiben wegen des dinglichen Anspruchs aus der Rangklasse 2 des § 10 Abs. 1 ZVG nur bei einem eröffneten Insolvenzverfahren eine Rolle, um das Vollstreckungsverbot des § 89 InsO überwinden zu können (ebenso wohl *Hock/Klein/Hilbert/Deimann* Rn. 1678 ff.; hierin sieht *Greiner* Rn. 1241 i.V.m. Rn. 1265 einen Widerspruch).

129

130 **4.3 Konsequenzen für das Betreiben der Zwangsverwaltung wegen rückständiger Hausgeldansprüche.** In der Praxis erschöpft sich eine Zwangsverwaltung nach Deckung der vorrangigen Verwaltungs- und Verfahrenskosten im Allgemeinen in der Zahlung der laufenden wiederkehrenden Leistungen des bestrangig gesicherten Grundpfandrechtsgläubigers. Das Verfahren ist daher regelmäßig nicht geeignet zur Erfüllung titulierter Ansprüche; es verhindert lediglich das Auflaufen weiterer Zahlungsrückstände (so zutreffend *Staudinger/Wenzel* § 45 Rn. 78).

131 Für einen »Verband Wohnungseigentümergemeinschaft« wird es daher unter Berücksichtigung der Ausführungen zum Rechtsschutzinteresse im Allgemeinen nur dann Sinn machen, ein Zwangsverwaltungsverfahren zu betreiben, wenn bei einer vermieteten Einheit dadurch zumindest die Zahlung der laufenden Hausgelder sichergestellt werden kann. Andernfalls muss damit gerechnet werden, dass die ohnehin schon bestehenden Forderungen des Verbandes durch vom Gericht angeforderte Vorschusszahlungen noch weiter ansteigen oder aber das Verfahren mangels Zahlung wieder aufgehoben wird (vgl. § 161 Abs. 3 ZVG).

132 Die früher gängige Praxis von Eigentümergemeinschaften, die Zwangsverwaltung auch bei leer stehenden oder vom Eigentümer selbst genutzten Einheiten zu beantragen und diese dann über Vorschüsse zu finanzieren, die in einem parallelen Zwangsversteigerungsverfahren in der Rangklasse 1 des § 10 Abs. 1 ZVG erstattet werden konnten, hat der BGH stark eingeschränkt. Eine Erstattung des Vorschusses ist jedenfalls nur dann möglich, wenn die Vorschusszahlungen ausschließlich zur Erhaltung und notwendigen Verbesserung des Versteigerungsobjektes (also des Sonder- und des Gemeinschaftseigentums) aufgewendet wurden. Vorschussbeträge zur Deckung der im Hausgeld enthaltenen Betriebskosten können demnach nicht bevorrechtigt sein (BGHZ 154, 387 = NJW 2003, 2162 = Rpfleger 2003, 454 = ZMR 2005, 637). Zu den nach dieser Rechtsprechung in Rangklasse 1 des § 10 Abs. 1 ZVG überhaupt noch berücksichtigungsfähigen Hausgeldbestandteilen s. J.-H. Schmidt NZM 2002, 847; Gaier ZWE 2004, 323 je m.w.N.

133 Wegen der Alternative bei einem vom Schuldner selbst genutzten Wohnungseigentum durch Verhängung einer Versorgungssperre (»Ausfrieren«) s. insbes. BGH NJW 2005, 2622 = ZMR 2005, 880; OLG Dresden ZMR 2008, 140; OLG Frankfurt/M. NZM 2006, 869; KG ZMR 2005, 905 = NZM 2006, 23; OLG München NZM 2005, 304 = ZMR 2005, 311 und KG ZMR 2002, 458 = NZM 2002, 221.

134 **5. Die Behandlung von Hausgeldansprüchen nach altem und neuem Recht. 5.1 Die Behandlung von Hausgeldansprüchen nach altem Recht.** War für ein Wohnungseigentum Zwangsverwaltung angeordnet, hatte der Zwangsverwalter anstelle des Vollstreckungsschuldners das Hausgeld gem. § 16 Abs. 2 WEG zu begleichen (*Gaier* ZWE 2004, 323). Die Verpflichtung bezog sich allerdings nur auf die nach der Beschlagnahme fällig gewordenen Beträge (OLG Hamm Rpfleger 2004, 369 = ZMR 2004, 456; OLG Hamburg ZMR 1993, 342; BayObLG NJW-RR 1991, 723 = Rpfleger 1991, 332; AG Heilbronn Rpfleger 2003, 606). Betroffen waren sowohl die Vorauszahlungen nach dem Wirtschaftsplan einschließlich der in den Vorschüssen enthaltenen Beiträge zur Instandhaltungsrücklage (Gaier ZWE 2004, 323, 326; *Armbrüster* WE 1999, 14, 19) als auch etwaige nach der Beschlagnahme beschlossene Sonderumlagen (OLG Köln NZM 1999, 94; OLG Düsseldorf NJW-RR 1991, 724).

135 Laufende Hausgeldzahlungen waren dabei gem. § 155 Abs. 1 ZVG als Ausgaben der Verwaltung der Masse vorweg zu entnehmen (BayObLG NJW-RR 1999, 1458 = Rpfleger 1999, 408 = ZMR 1999, 577; BayObLG NJW-RR 1991, 723 = Rpfleger 1991, 332; *Böttcher* § 155 Rn. 10; Steiger Rpfleger 1985, 474). Im Rahmen der Hausgeldzahlungen waren auch die Kosten des Wohnungseigentumsverwalters vorab aus der Masse zu bestreiten (OLG Hamm Rpfleger 2004, 369 = ZMR 2004, 456). Keine Ausgaben im Sinne der Verwaltung waren im Hausgeld enthaltene Aufwendungen für die Verzinsung oder Tilgung von gemeinschaftlichen Grundpfandrechten oder Leistungen aus Reallasten; diese waren deshalb herauszurechnen und unterlagen der Auszahlung nach dem Teilungsplan (*Böttcher* § 155 Rn. 10; *Stöber* § 152 Rn. 19.3; **a.A.** *Staudinger/Bub* § 28 Rn. 217).

Der Zwangsverwalter hatte die Zahlungen unverzüglich zu leisten, wenn entsprechende Mittel zur Verfügung standen. Zur Bildung von Rückstellungen aus eingehenden Mieten für zukünftig möglicherweise ausbleibende Hausgeldzahlungen war der Zwangsverwalter nicht berechtigt (LG Köln Rpfleger 1987, 325 m. Anm. *Meyer-Stolte*). Wurden aus einem Wohnungseigentum keine Einnahmen erzielt, hatte der betreibende Gläubiger zur Vermeidung der Verfahrensaufhebung den erforderlichen Betrag gem. § 161 Abs. 3 ZVG vorzuschießen. 136

Rückständige Hausgeldzahlungen aus der Zeit vor der Beschlagnahme gehörten nicht zu den Ausgaben der Zwangsverwaltung (LG Rostock Rpfleger 2003, 680; AG Heilbronn Rpfleger 2003, 606; BayObLG NJW-RR 1999, 1458 = Rpfleger 1999, 408 = ZMR 1999, 577; *Haarmeyer/Wutzke/Förster/Hintzen* § 9 ZwVwV Rn. 18; *Steiger* Rpfleger 1985, 474; *Stöber* § 152 Rn. 19.3). Dabei war maßgeblich auf den Zeitpunkt der Fälligkeit abzustellen (»Fälligkeitstheorie«). Sie trat durch die entsprechende Beschlussfassung der Wohnungseigentümer ein (BGH NJW 1985, 912). Bei Nachzahlungen haftete der Zwangsverwalter nur für die sog Abrechnungsspitze (BGHZ 142, 290 = NJW 1999, 3713 = ZMR 1999, 834 m. Anm. *Riecke* MDR 2000, 22; AG Heilbronn Rpfleger 2003, 606). 137

Diese Rechtsprechung wurde insbesondere unter insolvenzrechtlichen Gesichtspunkten in Frage gestellt, wenn zwar die Beschlussfassung der Wohnungseigentümer nach Eröffnung des Verfahrens erfolgt ist, die Forderung ihren wirtschaftlichen Ursprung aber in der Zeit davor hatte (»Aufteilungstheorie«). In diesem Sinne sollen die betreffenden Ansprüche nach ihrem Schuldgrund auf die Zeit vor und während der Zwangsverwaltung aufgeteilt werden (*Jennißen* Verwalterabrechnung VIII Rn. 32 ff.; *Wenzel* ZWE 2005, 277, 282; dem zuneigend auch die Rechtsprechung des IX. Zivilsenates BGHZ 179, 336 = NJW 2009, 1674 und BGHZ 150, 305 = ZMR 2002, 929; dagegen die zitierte h.M. und zuletzt noch unter bewusster Auseinandersetzung mit der Aufteilungstheorie OLG München NZM 2007, 452 = Rpfleger 2007, 416 = ZMR 2007, 721; OLG Köln FGPrax 2008, 55; *Drasdo* ZWE 2006, 68, 71 ff. m.w.N.). Allerdings hat der IX. Zivilsenat seine Bedenken zuletzt nicht mehr weiter verfolgt (vgl. BGH NJW 2011, 3098 = ZMR 2012, 788). 138

5.2 **Die Behandlung von Hausgeldansprüchen nach neuem Recht.** 139

5.2.1 **Grundsatz.** Aufgrund der allgemeinen Verweisung in § 155 Abs. 2 S. 1 ZVG finden die Regelungen zur geänderten Rangklasse 2 des § 10 Abs. 1 ZVG grundsätzlich auch in der Zwangsverwaltung Anwendung. Damit sind nach der Gesetzesänderung auch in der Zwangsverwaltung eines Wohnungseigentums die fälligen Ansprüche auf Zahlung der Beiträge zu den Lasten und Kosten des gemeinschaftlichen Eigentums oder des Sondereigentums eigentlich in der Rangklasse 2 zu berücksichtigen. Hausgeldzahlungen hätten somit ihre bisherige Qualität als »Ausgaben der Verwaltung« verloren und stellten nunmehr rangklassengebundene Ansprüche dar. In der Folge könnten nur noch die laufenden Hausgelder (§ 155 Abs. 2 S. 2 ZVG), nicht dagegen mehr einmalige Beträge wie eine Sonderumlage und die sog. Abrechnungsspitze in der Zwangsverwaltung Berücksichtigung finden. Wenn Hausgeldzahlungen keine Ausgaben der Verwaltung sind, hätte ihre Begleichung durch den Zwangsverwalter eigentlich die Aufstellung eines Teilungsplanes erforderlich gemacht. Zur Vermeidung der damit verbundenen Schlechterstellung der Wohnungseigentümer sind Hausgeldansprüche nach der Novelle wie öffentliche Lasten zu behandeln. Gem. § 156 Abs. 1 S. 2 ZVG können die laufenden Hausgeldzahlungen deshalb auch vorab ohne Aufstellung eines Teilungsplanes erfolgen. 140

Zum Meinungsstreit über die Einordnung wohnungseigentumsrechtlicher Hausgeldansprüche in der Zwangsverwaltung nach der WEG-Novelle s. ausführlich die 1. Auflage. 141

5.2.2 **Umfang des Vorrechts für Hausgeldansprüche.** Die Einordnung wohnungseigentumsrechtlicher Hausgeldansprüche in der Zwangsverwaltung war bis zum 15.10.2009 fraglich. Der BGH hat dann entschieden, dass die Änderungen des ZVG in § 10 Abs. 1 Nr. 2 und § 156 Abs. 1 sich nicht dahingehend auswirken, dass die Forderungen der Wohnungseigentümergemeinschaften auf das *laufende Hausgeld* nicht mehr als Ausgaben der Verwaltung zu erfüllen wären. Hausgeld- 142 zahlungen seien vielmehr zwingend als Ausgaben der Verwaltung gem. § 155 Abs. 1 ZVG zu qualifizieren und daher auch weiterhin vorschussfähig (BGHZ 182, 361 = NJW 2010, 1003 = Rpfleger 2010, 35 = ZMR 2010, 296). Die Entscheidung ordnet das System der Einnahmen- und Überschussverteilung in der Zwangsverwaltung neu und widerspricht der Systematik des Gesetzes (zur Kritik s. *Schneider* ZWE 2010, 77). Die in § 156 Abs. 1 S. 1 und 2 genannten Ansprüche (laufende öffentliche Lasten und laufende Hausgelder) werden nunmehr aus der Überschussverteilung des § 155 Abs. 2 ZVG i.V.m. § 10 Abs. 1 ZVG herausgenommen und wie Aufwendungen i.S.d. § 155 Abs. 1 behandelt. Die Vorschrift des § 156 Abs. 1 ZVG soll nach der vom V. Senat vertretenen Lesart für diese Forderungen eine Sonderstellung zwischen den aus den Nutzungen vorab zu bestreitenden Verwaltungsausgaben sowie Verfahrenskosten einerseits und den andererseits nach § 155 Abs. 2 S. 1 ZVG mit Rang nach diesen zu erfüllenden Ansprüchen begründen.

143 Allerdings bleibt auch nach dem Beschluss des BGH ungeklärt, ob **Sonderumlagen** und **Abrechnungsspitzen** nun wieder wie vor der Gesetzesänderung als Ausgaben der Verwaltung zu behandeln sein sollen. Die Entscheidung verhält sich lediglich über **laufende Hausgeldzahlungen**. Hierzu sollen allerdings nach einer Auffassung auch Sonderumlagen und Abrechnungsspitzen zu zählen sein (so *Alff/Hintzen* Rpfleger 2008, 165, 173; *Dassler u.a./Engels*, § 156 Rn. 11; *Stöber*, § 156 Rn. 3.4; a.A. zu Recht *Böttcher/Keller* § 155 Rn. 10b f.; *Hock/Klein/Hilbert/Deimann* Rn. 1888).

144 **5.2.3 Beendigung des Theorienstreits.** Der noch zu Zeiten des alten Rechts bestehende Theorienstreit über die Frage, welche Ansprüche vom Zwangsverwalter zu begleichen sind (s.o. Ziff. 5.1: Fälligkeitstheorie vs. Aufteilungstheorie), hat sich durch die Änderung des ZVG zumindest für Zwangsverwaltungsverfahren erledigt (a.A. *Müller* ZMR 2007, 747, 752). Nach § 156 Abs. 1 S. 2 ZVG sind nämlich jetzt die »daraus fälligen Ansprüche« ohne weiteres Verfahren vorab zu berichtigen, so dass die Aufteilungstheorie insoweit nicht mehr vertretbar ist (zutr. FaKoWEG/*Elzer* 3. Aufl. § 16 Rn. 227).

145 **5.2.4 Vorschüsse des betreibenden Gläubigers.** Reichen die Überschüsse der zwangsverwalteten Einheit nicht zur Begleichung der laufend wiederkehrenden Hausgeldbeträge aus, sollen nach Auffassung des BGH auch zukünftig wie nach bisherigem Recht Kostenvorschüsse zu ihrer Sicherung beim betreibenen Gläubiger angefordert werden können (BGHZ 182, 361 = NJW 2010, 1003 = Rpfleger 2010, 35 = ZMR 2010, 296; zum Meinungsstreit vor der genannten Entscheidung vgl. noch die 1. Aufl.). Nach der zu Ziff. 5.2.2 dargestellten Problematik ist allerdings insoweit wiederum streitig, ob einmalige Beträge wie Abrechnungsspitzen und Sonderumlagen von der Vorschusspflicht erfasst werden können.

146 Sollte der »Verband Wohnungseigentümergemeinschaft« selbst die Zwangsverwaltung betreiben, wäre von ihm ebenfalls ein evtl. Kostenvorschuss einzufordern. Dies würde zu dem befremdlichen Ergebnis führen, dass der Verband einerseits seine eigenen Hausgeldzahlungen als Ausgaben der Verwaltung vorzuschießen hätte, aber andererseits auch die nunmehr vom BGH ebenfalls dem § 155 Abs. 1 ZVG zugeordneten öffentlichen Lasten. Im Hinblick auf die Rechtsprechung des BGH zur möglichen gesamtschuldnerischen Haftung der Wohnungseigentümer für Benutzungskosten (BGH ZMR 2011, 143 für § 6 Abs. 5 KAG-NW) können damit exorbitante Zahlungspflichten auf den Gläubiger zukommen, die geradezu zu einer Antragsrücknahme nötigen.

147 **6. Übergangsregelung.** *6.1 Anwendbarkeit der neuen Bestimmungen.* Auch die geänderten Bestimmungen zur Zwangsverwaltung sind am 01.07.2007 in Kraft getreten (Art. 4 des Gesetzes zur Änderung des Wohnungeigentumsgesetzes und anderer Gesetze v 26.03.2007, BGBl. I S. 370). Die in § 62 Abs. 1 WEG enthaltene Übergangsvorschrift spricht zunächst ausdrücklich nur von »Zwangsversteigerungssachen«. Mit *Wedekind* (ZflR 2007, 704, 707) wird man jedoch annehmen können, dass der umgangssprachlich anmutende Begriff das ZVG in seiner Gesamtheit meint, zumal der Gesetzgeber nicht zu erkennen gegeben hat, dass er für Zwangsverwaltungen vom Grundsatz des Gesamtverfahrens abweichen wollte (im Ergebnis ebenso *Weis* ZflR 2007,

477, 481). Damit ist auch für Zwangsverwaltungssachen maßgebend, ob am 01.07.2007 bereits ein Verfahren anhängig war oder nicht (BGH NJW 2009, 598 = ZMR 2009, 294). Die geänderten Bestimmungen können deshalb nach der hier vertretenen Auffassung erst auf Neuverfahren nach dem 01.07.2007 Anwendung finden (so schon LG Frankenthal Rpfleger 2008, 519; *Dassler* u.a./*Engels* § 155 Rn. 56; *Schneider* ZfIR 2008, 161, 168).

6.2 Auswirkungen in der Praxis. Folgt man dieser hier vertretenen Auffassung zur Anwendbarkeit des neuen Rechts in Zwangsverwaltungsverfahren, eröffnet diese Sichtweise zumindest für laufende Altverfahren aus der Zeit vor dem 01.07.2007 noch die Möglichkeit, Hausgeldansprüche über Vorschusszahlungen des betreibenden Gläubigers umfassend abzusichern. Die Berücksichtigung der Ansprüche des Verbandes in einem solchen Altverfahren kann noch in dem bisherigen erweiterten Umfang erfolgen und ist nicht auf laufende wiederkehrende Leistungen beschränkt. Die Änderungen ab dem 01.07.2007 können dann in den genannten Punkten im Einzelfall zu einer verschlechterten Berücksichtigung von Hausgeldansprüchen in einer Zwangsverwaltung führen. Dieses Ergebnis wird jedoch angesichts der vom Gesetzgeber erkannten Auswirkungen als gesetzgeberische Grundentscheidung hinzunehmen sein. 148

7. Mietrechtliche Besonderheiten in der Zwangsverwaltung. *7.1 Grundsatz.* Der Zwangsverwalter tritt in bestehende Mietverträge gem. § 152 Abs. 2 ZVG ein. Er hat die Mieter über die Besitzerlangung und die Beschlagnahme zu informieren und sie zur Zahlung an sich aufzufordern (§ 4 ZwVwV). Der Zwangsverwalter handelt dabei zwar in eigenem Namen, aber doch für Rechnung des Schuldners/Vermieters und hat dessen Rechte wahrzunehmen und Verpflichtungen zu erfüllen. Er wird in allen Fällen, in denen Rechte und Pflichten aus dem Mietverhältnis berührt sind, wie ein Vermieter behandelt. Aufgrund dieser Eintrittspflicht bindet ein zuvor abgeschlossener Mietvertrag den Zwangsverwalter mit seinem gesamten Vertragsinhalt (BGH NZM 2005, 596 = Rpfleger 2005, 460 = ZMR 2005, 603). 149

7.2 Erhöhung der Mietzahlungen. Nach dem zuvor entwickelten Grundverständnis hat der Zwangsverwalter nicht nur die fälligen Mieten einzuziehen (*Haarmeyer/Wutzke/Förster/Hintzen* § 6 ZwVerwV Rn. 2), sondern diese auch – bei Vorliegen der gesetzlichen Voraussetzungen – zu erhöhen (BGH NZM 2005, 596 = Rpfleger 2005, 460 = ZMR 2005, 603; *Depré/Mayer* Rn. 491; zurückhaltender *Stöber* ZVG-Handbuch Rn. 605a). 150

7.3 Abschluss neuer Mietverträge. Beim Abschluss neuer Mietverträge hat der Zwangsverwalter neben dem Schriftformerfordernis des § 6 Abs. 1 ZwVwV die zusätzlichen Anforderungen des § 6 Abs. 2 ZwVwV zu beachten. Danach sind bestimmte Regelungen über Anspruchs- und Haftungsausschlüsse sowie Freistellungen in die Neuverträge aufzunehmen, die sich aus den Besonderheiten eines parallel laufenden Zwangsversteigerungsverfahrens und einem dort ggf erteilten Zuschlag ergeben. Die vom Zwangsverwalter abgeschlossenen Miet- oder Pachtverträge binden den Vollstreckungsschuldner auch nach dem Ende der Zwangsverwaltung (BGH NJW 1992, 3041 = Rpfleger 1992, 403). 151

Aus diesem Grunde sind beim Abschluss eines neuen langfristigen Vertrages (allerdings nicht mehr Wohnraummietvertrages aufgrund des MietrechtsreformG vom 19.06.2001, BGBl I S. 1149) die Belange des Gläubigers an einer wirtschaftlichen Nutzung des Objektes mit denjenigen des Schuldners an einer möglichst freien Disposition über das Objekt nach Aufhebung der Zwangsverwaltung abzuwägen. Ohne besonderen Anlass haben die Belange des Schuldners dabei Vorrang (OLG Köln Rpfleger 1999, 502; *Böttcher/Keller* § 152 Rn. 43). 152

7.4 Vereinbarung einer Kautionszahlung. Beim Abschluss eines neuen Miet- oder Pachtvertrages ist der Zwangsverwalter im Interesse des Gläubigers verpflichtet, das Risiko eines Mietausfalls durch die Vereinbarung einer Kautionszahlung zu verringern. Diese Kaution ist getrennt von den Erträgnissen und vom Vermögen des Zwangsverwalters anzulegen (KG NJW-RR 1999, 738; LG Stuttgart ZMR 1997, 472; *Haarmeyer/Wutzke/Förster/Hintzen* § 6 ZwVwV Rn. 31; *Stöber* § 152 Rn. 12.13). Die Anlage erfolgt gem. § 551 BGB. 153

154   *7.5 Behandlung von Kautionszahlungen in der Zwangsverwaltung.*

155   *7.5.1* **Noch nicht geleistete Kaution.** Eine vom Mieter gegenüber dem Schuldner/Eigentümer noch nicht geleistete Kaution ist vom Zwangsverwalter einzufordern, weil sich die Beschlagnahme auch hierauf erstreckt. Hat der Mieter aber die Kautionsabrede bereits gegenüber dem Vermieter erfüllt, so kann der Zwangsverwalter keine nochmalige Zahlung fordern, auch wenn der Vermieter ihm die Kaution nicht übergeben hat. Der Mieter kann sich dem Zwangsverwalter gegenüber auf die frühere Zahlung an den Vermieter berufen. (BGH NZM 2005, 596 = Rpfleger 2005, 460 = ZMR 2005, 603).

156   *7.5.2* **Herausgabe einer an den Schuldner/Eigentümer geleisteten Kaution an den Zwangsverwalter.** Hat der Mieter seine Kautionszahlung bereits gegenüber dem Schuldner/Eigentümer erbracht, so ist dieser zur Herausgabe an den Zwangsverwalter verpflichtet. Mit dem Objekt ist dem Zwangsverwalter daher auch die Kautionszahlung entweder als Bargeld oder in Form der Unterlagen, die einen Zugriff auf den angelegten Geldbetrag ermöglichen (z.B. Sparbuch), auszuhändigen (BGH NZM 2006, 71 = Rpfleger 2005, 463 m. Anm. *Schmidberger*). Zur Durchsetzung des Herausgabeanspruchs bedarf es jedoch keiner weiteren Titulierung, so dass es einer entsprechenden Klage am Rechtsschutzinteresse fehlen würde. Der Anspruch kann vielmehr im Wege der Herausgabevollstreckung gem. § 883 ZPO durchgesetzt werden. Vollstreckungstitel ist der Anordnungsbeschluss, wenn der Zwangsverwalter dort zur Besitzverschaffung gem. § 150 Abs. 2 ZVG ermächtigt ist (BGH NZM 2006, 71 = Rpfleger 2005, 463 m. Anm. *Schmidberger*).

157   Bleibt die Vollstreckung allerdings erfolglos, weil der Schuldner in der vom Gerichtsvollzieher abgenommenen eidesstattlichen Versicherung angibt, die Kaution wegen Mietrückständen verrechnet bzw. einbehalten zu haben, hat der Zwangsverwalter keinen Anspruch, im Wege der Herausgabevollstreckung hinsichtlich des die Mietkaution verkörpernden Gegenstands vom Schuldner auch Auskunft über die von diesem vorgenommene Verrechnung der Mietkaution mit rückständigen Mieten sowie über die Miethöhe zu erhalten. Die Offenbarungspflicht des Schuldner erschöpft sich im Rahmen des § 883 Abs. 2 ZPO vielmehr darin, über die ihm erinnerlichen Wahrnehmungen und Mitteilungen sowie über angestellte Nachforschungen alles anzugeben, was geeignet ist, den Verbleib der herauszugebenden Sache aufzuklären. Wenn aber die eidesstattliche Versicherung – mit welchem Inhalt auch immer – abgegeben worden ist, kann der Gläubiger grundsätzlich nur die sich daraus möglicherweise ergebenden Vollstreckungsmöglichkeiten nutzen, einen etwa bestehenden Schadensersatzanspruch gem. § 893 ZPO geltend machen oder strafrechtliche Ermittlungen wegen falscher eidesstattlicher Versicherung veranlassen. Eine erneute eidesstattliche Versicherung kann er ausnahmsweise nur dann verlangen, wenn er gem. § 294 ZPO glaubhaft macht, dass der Schuldner nach der Abgabe der ersten eidesstattlichen Versicherung in den Besitz der Sache gelangt ist oder Kenntnis von deren Verbleib erlangt hat (BGH NJW 2008, 1598 = Rpfleger 2008, 435 = ZfIR 2008, 583 m.w.N.).

158   Auch reicht der Bestellungsbeschluss zusammen mit der Ermächtigung zur Inbesitznahme nicht aus, um in das beschlagnahmefreie Vermögen des Schuldners/Eigentümers im Wege der Forderungspfändung zu vollstrecken, wenn der Schuldner/Eigentümer die Mietkaution entgegen § 551 Abs. 3 BGB nicht getrennt von seinem Vermögen angelegt hat. Hierfür bedarf es dann eines eigenen Zahlungstitels. Für eine solche Zahlungsklage ist der allgemeine Gerichtsstand des Schuldners maßgeblich; es handelt sich insoweit nicht um eine Mietsache mit ausschließlichem Gerichtsstand (AG Neukölln GE 2005, 495).

159   *7.5.3* **Bildung einer Kaution durch den Zwangsverwalter.** Im Anschluss an seine nachfolgend dargestellte Rechtsprechung zur Rückzahlung einer geleisteten Kaution bei Beendigung eines Miet- oder Pachtverhältnisses soll nach Auffassung des BGH den Zwangsverwalter die Pflicht des Vermieters zur Anlage einer vom Mieter als Sicherheit geleisteten Kaution selbst dann treffen, wenn der Vermieter die Kaution nicht an den Zwangsverwalter ausgefolgt hat (NJW 2009, 1673 = Rpfleger 2009, 468 = ZMR 2009, 422). Demnach soll der Zwangsverwalter auch zur Bildung einer Kaution für ein nicht beendetes Mietverhältnis verpflichtet sein (abl. *Wedekind/Wedekind*

ZfIR 2009, 315). Aufgrund eines nicht näher begründeten »einer Treuhand ähnlichen Verhältnisses« bestehe für den Mieter ein Zurückbehaltungsrecht gegenüber dem Zwangsverwalter wegen einer vom Vermieter nicht gem. § 551 Abs. 3 BGB angelegten Kaution (BGH NJW 2009, 3505 = Rpfleger 2010, 99 = ZMR 2010, 105). Diese Rechtsprechung führt letztlich dazu, dass ein Zwangsverwalter zunächst die Auffüllung der Kautionskonten der Mieter vornehmen muss, bevor eine Verteilung der Einnahmen erfolgen kann (*Berger* ZfIR 2010, 221). Nicht geklärt ist dann aber noch, an wen ggf. eine solchermaßen (u.U. sogar aus Gläubigervorschüssen) angesparte Kaution vom Zwangsverwalter zu übergeben ist, wenn das Zwangsverwaltungsverfahren nach einer Antragsrücknahme aufgehoben werden sollte. Für eine Rückgabe an den Gläubiger plädiert in diesem Fall *Böttcher/Keller* (§ 152 Rn. 42), weil andernfalls der Mieter durch die Anordnung des Verfahrens einen Vorteil erlangt hätte (ebenso *Berger* ZfIR 2010, 221).

7.5.4 Rückgabe der Kaution nach Beendigung des Mietverhältnisses. Nach Beendigung eines Mietverhältnisses hat der Zwangsverwalter die Pflicht, eine nicht benötigte Kaution zurückzugeben. Dies gilt nach der Rechtsprechung des BGH selbst dann, wenn der Zwangsverwalter diese vom Schuldner/Eigentümer nicht erhalten hat (vgl. §§ 146 Abs. 1, 57 ZVG, § 566a BGB). Die Verpflichtung ergibt sich aus den Obliegenheiten des Schuldners im Rahmen der mietvertraglichen Abwicklung und dem Umstand, dass der Zwangsverwalter in das Vertragsverhältnis gem. § 152 Abs. 2 ZVG eingetreten ist (BGH NJW 2003, 3342 = Rpfleger 2003, 678 = ZMR 2003, 903). Entscheidend ist nur, dass der Mieter die Kaution an den vermietenden Schuldner/Eigentümer gezahlt hat. Trotz erheblicher Kritik insbesondere aus vollstreckungsrechtlicher Sicht (*Alff/Hintzen* Rpfleger 2003, 635; *Haarmeyer/Wutzke/Förster/Hintzen* § 155 Rn. 10 ff.; *Mayer* Rpfleger 2006, 175; *Stöber* § 152 Rn. 9.14; *Walke* WuM 2004, 185) hat der BGH an dieser Rechtsprechung festgehalten (BGH NJW-RR 2005, 1029 = Rpfleger 2005, 460 = ZMR 2005, 603). Die Rechtslage ist damit vergleichbar der Rückzahlungspflicht eines Erstehers in der Zwangsversteigerung nach der Zuschlagserteilung (vgl. § 57 ZVG i.V.m. § 566a BGB). 160

Zwangsverwaltungsverfahren sind durch diese Rechtsprechung für den Gläubiger weniger attraktiv geworden, weil er damit rechnen muss, u.U. zur Vermeidung einer Verfahrensaufhebung gem. § 161 Abs. 3 ZVG für die Rückzahlung einer vom Zwangsverwalter nicht erlangten Kaution einen Vorschuss leisten zu müssen. 161

7.5.5 Rückgabeverpflichtung des Zwangsverwalters nach Inkrafttreten des MietrechtsreformG. 162
Die Rückzahlungsverpflichtung trifft den Zwangsverwalter auch dann, wenn noch altes Recht zur Anwendung kommen sollte (bis zum 31.08.2001; vgl. MietrechtsreformG v. 19.06.2001 – BGBl I, S. 1149). Eine analoge Anwendung des früheren § 572 BGB a.F. scheidet nach Auffassung der Obergerichte mangels entsprechender Verweisung nämlich aus (BGH NJW 2003, 3342 = Rpfleger 2003, 678 = ZMR 2003, 903; ebenso zuvor schon OLG Hamburg NJW-RR 2002, 878 = Rpfleger 2002, 216 m. abl Anm. *Alff*). Lediglich wenn der Schuldner/Eigentümer das Mietobjekt vor dem 01.09.2001 erworben und die Kaution selbst nicht ausgehändigt erhalten und auch keine Rückgewährspflicht übernommen hat, trifft ihn keine Herausgabepflicht, weil § 556a S. 1 BGB auf Veräußerungsgeschäfte mit dem Schuldner/Eigentümer vor dem 01.09.2001 keine Anwendung findet. Dementsprechend hat der Zwangsverwalter dem Mieter eine geleistete Kaution nur dann herauszugeben, wenn eine derartige Verpflichtung auch den Vollstreckungsschuldner selbst getroffen hätte (BGH NZM 2005, 639 = Rpfleger 2005, 459 = ZMR 2005, 686; BGH NZM 2006, 179 = Rpfleger 2006, 214 = ZMR 2006, 348).

7.5.6 Keine Verpflichtung zur Rückgabe der Kaution aus einem beendeten Mietverhältnis und bei Mietererwerb durch Zuschlag. § 152 Abs. 2 ZVG bezieht sich nur auf zum Zeitpunkt des Wirksamwerdens der Beschlagnahme in der Zwangsverwaltung bestehende Mietverhältnisse. Der Zwangsverwalter einer Mietwohnung ist deshalb nicht zur Auszahlung einer vom Mieter an den Vermieter geleisteten und von diesem nicht an den Zwangsverwalter weitergegebenen Kaution verpflichtet, wenn das Mietverhältnis bereits beendet und die Wohnung geräumt ist, bevor die Anordnung der Beschlagnahme wirksam wird (BGH NZM 2006, 680 = Rpfleger 2006, 489 = ZMR 2006, 603). 163

164 Der Zwangsverwalter einer Mietwohnung ist dem Mieter gegenüber zur Herausgabe einer Mietkaution, die der Vermieter vom Mieter erhalten, aber nicht an den Zwangsverwalter ausgefolgt hat, auch nicht verpflichtet, wenn das Mietverhältnis dadurch beendet wird, dass der Mieter das Eigentum an der Wohnung durch Zuschlag in der Zwangsversteigerung selbst erwirbt (BGH ZfIR 2010, 652).

165 *7.5.7 Keine Aufrechnung nach Beendigung des Mietverhältnisses.* Nach Beendigung des Mietverhältnisses darf der Mieter mit einem Kautionsrückzahlungsanspruch nicht mehr gegen einen Anspruch des Zwangsverwalters auf Nutzungsentschädigung aufrechnen. Zwar tritt der Anspruch auf Nutzungsentschädigung an Stelle des ursprünglichen Mietzahlungsanspruchs. Er ist jedoch nicht mit diesem identisch, weil er durch ein weiteres Geschehen, nämlich das Vertragsende und die anschließende Rückgabeverweigerung ausgelöst wird (OLG Rostock ZfIR 2005, 474).

166 *7.5.8 Rückgabe der Kaution nach Beendigung des Zwangsverwaltungsverfahrens.* Tritt der Schuldner/Eigentümer nach Beendigung des Zwangsverwaltungsverfahrens in einen vom Zwangsverwalter abgeschlossenen Mietvertrag ein, so ist ihm die Kaution auszuhändigen (*Böttcher/Keller* § 152 Rn. 46).

167 *7.5.9 Prozessführungsbefugnis des Zwangsverwalters nach Verfahrensaufhebung.* Für die Klage eines Mieters auf Rückgabe seiner Mietsicherheit muss der Zwangsverwalter passivlegitimiert sein. Ist die Zwangsverwaltung allerdings vor der Rechtshängigkeit der Streitsache durch Beschluss (vgl. BGH ZfIR 2008, 876) aufgehoben worden, mangelt es dem Zwangsverwalter an der notwendigen Prozessführungsbefugnis, so dass die Klage abzuweisen ist (BGH NZM 2006, 312 = Rpfleger 2005, 559 = ZfIR 2006, 484). Dies macht in der Praxis vor einer Klageerhebung Überlegungen erforderlich, ob evtl. zeitnah mit einer Aufhebung des Verfahrens – insbesondere nach Zuschlagserteilung in einem parallelen Zwangsversteigerungsverfahren – zu rechnen ist. Erscheint eine rechtzeitige Klageerhebung gegen den Zwangsverwalter auch unter Berücksichtigung möglicher Zustellungsverzögerungen nicht gesichert, sollte darüber nachgedacht werden, ob nicht eine Geltendmachung des Rückzahlungsverlangens gegenüber dem ebenfalls rückzahlungsverpflichteten Ersteher der Immobilie (vgl. § 57 ZVG, § 566a BGB) in Betracht kommt.

168 Zum aktuell wieder auflebenden Meinungsstreit über die fortdauernde Prozessführungsbefugnis des Zwangsverwalters s. BGH ZfIR 2010, 731 (m. abl. Stellungnahme *Ganter* ZfIR 2011, 229; dagegen wiederum *Mayer* ZfIR 2011, 635).

169 *7.6 Behandlung von Betriebskosten in der Zwangsverwaltung.*

170 *7.6.1 Grundsatz.* Der hinsichtlich des beschlagnahmten Objektes an die Stelle des Eigentümers tretende Zwangsverwalter ist gem. § 556 BGB verpflichtet, die Betriebskosten zu erfassen und nach Abrechnung auf die Mieter zu verteilen (BGH NJW-RR 2005, 1029 = Rpfleger 2005, 460 = ZMR 2005, 603; BGH NJW 2003, 2320 = Rpfleger 2003, 456 = ZMR 2004, 568). Das gilt sowohl hinsichtlich der von ihm neu abgeschlossenen als auch hinsichtlich der von ihm übernommenen Verträge. Nur auf diese Weise kann festgestellt werden, ob ggf. Nachforderungen bestehen. Solche entstehen aber erst mit Zugang der Abrechnung (BGHZ 113, 188 = NJW 1991, 836 = ZMR 1991, 133). Der Zwangsverwalter wird dabei die Jahresfrist des § 556 Abs. 3 BGB zu beachten haben. Allerdings wird wegen der möglicherweise bestehenden Schwierigkeiten bei der Beschaffung der Informationen und Unterlagen hinsichtlich einer schuldhaften Fristversäumung dafür plädiert, insoweit einen großzügigen Maßstab anzulegen (AG Zwickau Rpfleger 2005, 101).

171 *7.6.2 Umfang der Abrechnungspflicht des Zwangsverwalters.* Der Hypothekenhaftungsverband erfasst mit der Beschlagnahme in der Zwangsverwaltung auch die Rückstände aus dem letzten Jahr (§§ 148 Abs. 1 S. 1, 20 Abs. 2, 21 Abs. 2 ZVG, § 1123 Abs. 2 S. 1 BGB). Aus diesem Grunde ist der Zwangsverwalter verpflichtet, eine etwaig noch ausstehende Abrechnung auch für diesen Zeitraum zu erstellen und die sich daraus ggf. ergebenden Nachforderungen geltend zu machen (BGH NJW 2003, 2320 = Rpfleger 2003, 456 = ZMR 2004, 568).

Dieser auf § 152 Abs. 1 S. 1 ZVG gestützte Anspruch wird noch dadurch erweitert, dass der Zwangsverwalter gem. § 152 Abs. 2 ZVG auch dann die auf dem Mietvertrag beruhende Verpflichtung des Vermieters zur jährlichen Abrechnung der Betriebskosten und zur Auszahlung eines daraus sich ergebenden Guthabens des Mieters zu erfüllen hat, wenn die Betriebskosten für einen Zeitraum abzurechnen sind, der vor der Beschlagnahme liegt und hinsichtlich dessen die Geltendmachung einer etwaigen Nachforderung zugunsten der Haftungsmasse nach § 152 Abs. 1 S. 1 ZVG i.V.m. § 556 Abs. 3 S. 3 BGB wegen Verstreichens der Ausschlussfrist bereits ausgeschlossen ist. Maßgeblich für diese Sichtweise ist, dass § 152 Abs. 2 ZVG die Wirksamkeit des Mietvertrages gegenüber dem Zwangsverwalter nicht auf nach der Beschlagnahme entstandene Ansprüche des Mieters begrenzt. Vielmehr wirkt das Vertragsverhältnis unabhängig vom Eintritt der Wirkungen der Beschlagnahme (BGH NZM 2006, 581 = Rpfleger 2006, 488 = ZMR 2006, 601; zur Kritik an dieser Rechtsprechung s. *Böttcher/Keller* § 152 Rn. 41b).

172

7.6.3 **Rückzahlung von Guthaben durch den Zwangsverwalter.** Ergibt die Betriebskostenabrechnung ein Guthaben zugunsten des Mieters, so hat der Zwangsverwalter den Betrag selbst dann an den Mieter auszuzahlen, wenn die Vorauszahlungen noch vor der Beschlagnahme in der Zwangsverwaltung an den Schuldner/Eigentümer geflossen sind (BGH NJW 2003, 2320 = Rpfleger 2003, 456 m. krit. Anm. *Haut* Rpfleger 2003, 602 = ZMR 2004, 568; **a.A.** *Haarmeyer/Wutzke/Förster/Hintzen* § 6 ZwVwV Rn. 30, die wegen der problematischen Rangordnung den Mieter auf den Prozessweg verweisen wollen).

173

7.6.4 **Abrechnung nach Aufhebung der Zwangsverwaltung.** Wird die Zwangsverwaltung aufgehoben, hat der Zwangsverwalter die abgeschlossenen Abrechnungszeiträume abzurechnen. Wird das Verfahren nach Erteilung des Zuschlages in der Zwangsversteigerung aufgehoben, ist wegen §§ 57 ZVG, 566, 556 Abs. 3 ZVG wie bei einem Vermieterwechsel zu verfahren, sodass die Abrechnungspflicht für die laufende Abrechnungsperiode den Ersteher trifft (Stöber § 152 Rn. 12.9 a.E.).

174

7.6.5 **Abrechnung nach Zuschlagserteilung.** Dauert die Zwangsverwaltung über den Zuschlag hinaus, ist der Zwangsverwalter verpflichtet, die von dem Mieter des Grundstücks für die Zeit vor dem Zuschlag vereinnahmten, aber nicht verbrauchten Nebenkostenvorauszahlungen an den Ersteher auszukehren, soweit diesem die Abrechnung der Nebenkostenvorauszahlungen und die Rückzahlung des Überschusses obliegt (BGH NZM 2008, 100 = Rpfleger 2008, 89 m. Anm. *Engels* = ZfIR 2008, 25). Dies wird immer dann der Fall sein, wenn der Vermieterwechsel während des laufenden Abrechnungszeitraumes stattfindet, weil der Ersteher in diesem Fall über den gesamten Abrechnungszeitraum abzurechnen hat (vgl. BGH NZM 2001, 158 = ZMR 2001, 17).

175

8. Wohnrecht des Schuldners in der Zwangsverwaltung. Während der Zwangsverwaltung hat der Schuldner für sich und seine Familie Anspruch auf Überlassung derjenigen Räumlichkeiten, die für seinen Hausstand unentbehrlich sind (§ 149 Abs. 1 ZVG). Die Überlassung der unentbehrlichen Wohnräume an den Schuldner hat nach h.M. mangels einer entsprechenden Anspruchsgrundlage kostenlos zu erfolgen (*Böttcher/Keller* § 149 Rn. 4; *Haarmeyer/Wutzke/Förster/Hintzen* § 149 Rn. 4 und 7; *Stöber* § 149 Rn. 2.3; *Dassler ua./Engels* § 149 Rn. 11). Dem entspricht die Regelung in § 5 Abs. 2 Nr. 2 ZwVwV. Einigkeit besteht allerdings darüber, dass der Vollstreckungsschuldner die auf ihn entfallenden Nebenkosten zu tragen hat (*Böttcher/Keller* § 149 Rn. 4; *Dassler u.a./Engels* § 149 Rn. 11; *Haarmeyer/Wutzke/Förster/Hintzen* § 149 Rn. 7 a.E.; *Stöber* § 149 Rn. 2.3).

176

Der Schuldner muss die Räumlichkeiten zwingend benötigen. Andernfalls gehört es zum Pflichtenkreis des Zwangsverwalters, die Ansprüche auf Nutzungsentschädigung und Schadensersatz wegen rechtswidriger Vorenthaltung von Räumen, die sonst anderweitig hätten vermietet werden können, durchzusetzen (Haarmeyer/Wutzke/Förster/Hintzen § 149 Rn. 7). Wohnt der Schuldner zur Zeit der Beschlagnahme auf dem Grundstück und umfasst die Wohnung Räume, die für seinen Hausstand entbehrlich sind, aber mangels baulicher Trennung nicht selbstständig vermietet werden können, kann der Zwangsverwalter verlangen, dass der Schuldner in eine andere Wohnung umzieht, die ihm vom Zwangsverwalter mietfrei überlassen wird, wenn dem Schuldner und seinen mitwohnenden Angehörigen ein Umzug zuzumuten ist. Der Schuldner kann den zumutbaren Umzug abwenden, wenn er für die Nutzung der entbehrlichen Räume seiner Wohnung dem Zwangsverwalter einen angemessenen Wertersatz zahlt (BGH Rpfleger 2013, 635 = ZfIR 2013, 740 = ZMR 2013, 929).

177 Gefährdet der Schuldner oder ein Mitglied seines Hausstandes das Objekt oder die Verwaltung, so hat auf Antrag eines Verfahrensbeteiligten (h.M. vgl. *Stöber* § 149 Rn. 3.4) oder des Zwangsverwalters das Gericht dem Schuldner die Räumung des Objektes aufzugeben (§ 149 Abs. 2 ZVG). Die Gefährdung muss schuldhaft, nicht zwingend vorsätzlich erfolgen (*Böttcher/Keller* § 149 Rn. 7; *Hock/Klein/Hilbert/Deimann* Rn. 1566) und den Ertrag des zwangsverwalteten Objektes beeinträchtigen (LG Bremen MDR 1956, 49).

178 In jüngster Zeit wurde vermehrt die Auffassung vertreten, dass auch die beharrliche Weigerung zur Zahlung der Nebenkosten einen solchen Gefährdungstatbestand darstellen könnte, wenn dadurch die ordnungsgemäße Durchführung der Zwangsverwaltung betroffen ist (AG Heilbronn Rpfleger 2004, 236 m. Anm. *Schmidberger*; LG Zwickau Rpfleger 2004, 646 Ls; *Böttcher* § 149 Rn. 7; *Hock/Mayer/Hilbert/Deimann* 4. Aufl. Rn. 1521 m.w.N.; *Stöber* § 149 Rn. 3.2). Bei einem in Wohnungs- und Teileigentumseinheiten aufgeteilten Grundstück sollte danach die Nichtzahlung der Betriebs- und Verbrauchskosten durch einen einzelnen Eigentümer den Bestand der gesamten Anlage und damit die Verwaltung gefährden können (so insbes AG Heilbronn Rpfleger 2004, 236 m. Anm. *Schmidberger*; LG Zwickau Rpfleger 2004, 646 Ls; AG Schwäbisch Hall NZM 2006, 600; LG Dresden NZM 2006, 665; *Böttcher* 4. Aufl. § 149 Rn. 7; Dassler ua/*Engels* § 149 Rn. 20; *Haarmeyer/Wutzke/Förster/Hintzen* § 149 Rn. 9; *Hock/Mayer/Hilbert/Deimann* 4. Aufl. Rn. 1521; *Stöber* § 149 Rn. 2.3 und zuletzt *Schmidberger* Rpfleger 2008, 105, 112 f. mit umfangreichen Nachweisen). Nunmehr hat der BGH jedoch klargestellt, dass die Nichtzahlung des laufenden Hausgeldes keinen Grund für den Erlass einer Räumungsanordnung gegen den sein Wohnungseigentum selbst nutzenden Schuldner darstellt (BGH NZM 2008, 209 = Rpfleger 2008, 268 = ZMR 2008, 471; so auch schon *Drasdo* NZM 2006, 765 und *ders.* NJW 2007, 1569, 1572; a.A. unverändert *Böttcher/Keller* § 149 Rn. 7a; vgl. auch BVerfG NJW 2009, 1259).

Zur Abgrenzung der unterschiedlichen Kompetenzbereiche von Insolvenz- und Zwangsverwaltung, wenn das Wohnrecht einem Schuldner zusteht, der sich im Insolvenzverfahren befindet s. BGH NJW 2013, 3518 = ZfIR 2013, 596 = ZInsO 2013, 1075).

179 **9. Kosten.**

180 *9.1 Rechtsanwaltsvergütung.*

181 *9.1.1* **Gegenstandswert.** Der Gegenstandswert in der Zwangsverwaltung bestimmt sich bei der Vertretung des Gläubigers nach dem Anspruch, wegen dessen das Verfahren beantragt wird; Nebenforderungen sind mitzurechnen. Bei wiederkehrenden Leistungen ist der Jahreswert maßgebend (§ 27 S. 1 RVG).

182 Bei der Vertretung des Schuldners bestimmt sich der Gegenstandswert nach dem zusammengerechneten Wert aller Ansprüche, wegen derer das Verfahren beantragt ist (§ 27 S. 2 RVG).

183 *9.1.2* **Gebühren.** Die anwaltlichen Gebühren entsprechen denen in der Zwangsversteigerung (s. Formular Teil 8 Rdn. 55).

184 *9.2* **Gerichtskosten.** Das Gericht erhält für die Entscheidung über die Anordnung der Zwangsverwaltung eine Pauschale von € 50,00 (Nr. 2220 KVGKG). Für die Durchführung des Vefahrens fällt für jedes Kalenderjahr eine halbe Gebühr an, die pro Kalenderjahr mindestens € 100,00,

im ersten und im letzten Kalenderjahr jedoch mindestens € 50,00 betragen muss (Nr. 2221 KVGKG).

10. Rechtsmittel. Es gelten die Ausführungen zur Anordnung der Zwangsversteigerung entsprechend (Formular Teil 8 Rdn. 58). 185

11. Entsprechende Anwendbarkeit. Die vorstehenden Ausführungen gelten nicht nur für Wohnungseigentumsrechte, sondern auch für Teileigentumsrechte (vgl. § 1 Abs. 6 WEG) sowie Wohnungserbbaurechte und Teilerbbaurechte (vgl. § 30 Abs. 3 S. 2 WEG). 186

C. Wohnungseigentum und Zwangshypothek

I. Antrag auf Eintragung einer Zwangshypothek wegen Hausgeldzahlungen

187 Rechtsanwalt Redlich

**An das Amtsgericht
– Grundbuchamt –
Beispielstadt**

Grundbuch von Beispielstadt Blatt 4356

In der Zwangsvollstreckungsangelegenheit

der Wohnungseigentümergemeinschaft Beispielstraße 11, Beispielstadt, vertreten durch den Wohnungseigentumsverwalter, die Max Mustermann Hausverwaltungen, Mustermannstraße 1, Musterstadt

Verfahrensbevollmächtigter: Rechtsanwalt Redlich

– Gläubigerin –

gegen

Bodo Beispiellos, Beispielstraße 11, Beispielstadt

– Schuldner –

vertreten wir die Gläubigerin.

Der Gläubigerin steht gegen den Schuldner eine Forderung zu aus dem vollstreckbaren Urteil des Amtsgerichts Beispielstadt vom _____ (Aktenzeichen _____).

Nach der anliegend beigefügten Forderungsaufstellung per _____ belaufen sich die Ansprüche der Gläubigerin derzeit auf:

1. (Rest-)Hauptforderung	2.400,00 €
2. Zinsen auf die Hauptforderung	112,07 €
3. Unverzinsliche Kosten	367,20 €
Summe:	2.879,27 €

Hinzu kommen die weiteren Zinsen seit dem _____ (Folgetag nach der Antragstellung) gemäß der beiliegenden Forderungsaufstellung.

Namens und in Vollmacht der Gläubigerin beantrage ich wegen dieser Forderung die

Eintragung einer Zwangssicherungshypothek

zulasten des nachfolgend bezeichneten, auf den Namen des Schuldners eingetragenen Grundbesitzes:

a) <u>Grundbuch von Beispielstadt Blatt 4356:</u>

Das unter laufender Nr. 1 des Bestandsverzeichnisses verzeichnete Wohnungseigentumsrecht (bestehend aus einem 55,7/10.000stel Miteigentumsanteil an dem Grundstück Gemarkung Beispielstadt, Flur 222, Flurstück 250, Hof- und Gebäudefläche, Beispielstr. 11 verbunden mit dem Sondereigentum an der in der Teilungserklärung mit Nr. 12 bezeichneten Wohnung im zweiten Obergeschoss links);

b) Grundbuch von Beispielstadt Blatt 4356:

Der unter laufender Nr. 2 des Bestandsverzeichnisses verzeichnete 1/150stel Miteigentumsanteil an dem Grundstück Gemarkung Beispielstadt, Flur 222, Flurstück 251, Weg, Beispielstraße, 24 m² groß.

Die Gesamtforderung soll wie folgt verteilt werden:

a) das unter lit. a) genannte Wohnungseigentum soll haften für die Hauptforderung i.H.v. 2000,– € sowie anteiligen Zinsen aus der Hauptforderung i.H.v. bisher 93,40 € und den weiteren noch anfallenden Zinsen;

b) der unter lit. b) genannte Wegeanteil soll haften für die Hauptforderung i.H.v. 400,– € sowie anteiligen Zinsen aus der Hauptforderung i.H.v. 18,67 € und den weiteren noch anfallenden Zinsen sowie den entstandenen Kosten i.H.v. 367,20 €.

Ich füge mit der Bitte um Rückgabe bei:

– Vollstreckbare Ausfertigung des Urteils des Amtsgerichts Beispielstadt vom _____ (Aktenzeichen _____)
– Nachweise zu den Vollstreckungskosten
– Forderungsaufstellung vom _____

Redlich

Rechtsanwalt

Erläuterungen

1. Allgemeines. *1.1 Zwangshypothek als Immobiliarvollstreckung.* Die Eintragung einer Sicherungshypothek in das Grundbuch für eine Forderung des Gläubigers im Wege der Zwangsvollstreckung gem. § 866 Abs. 1 ZPO stellt neben der Zwangsversteigerung und der Zwangsverwaltung die dritte Möglichkeit zur Immobiliarvollstreckung dar. Sie kann unabhängig oder auch neben den beiden anderen Vollstreckungsmöglichkeiten betrieben werden (§ 866 Abs. 2 ZPO). 188

1.2 Wirkung der Zwangshypothek. Die Grundbucheintragung bewirkt das Entstehen eines dinglichen Verwertungsrechts; sie führt jedoch noch nicht zur unmittelbaren Befriedigung des Gläubigers. Der Vollstreckungsgläubiger erhält mit der Eintragung eine Rangposition im Grundbuch, die ihm für den Versteigerungsfall einen Befriedigungsanspruch in der Rangklasse 4 des § 10 Abs. 1 ZVG sichert, sofern nicht schon bei Eintragung des Rechts ein solches Verfahren anhängig sein sollte (dann lediglich Rangklasse 6 bei Anmeldung des Rechts im Versteigerungsverfahren). 189

1.3 Sinn und Zweck der Eintragung. Mit der Grundbucheintragung erlangt der bisherige persönliche Gläubiger die Stellung eines von Amts wegen zu berücksichtigenden Verfahrensbeteiligten in einem Zwangsversteigerungs- oder Zwangsverwaltungsverfahren (§ 9 Nr. 1 ZVG). Darüber hinaus erwirbt er mit der Eintragung des Rechts einen gesetzlichen Anspruch auf Löschung vorrangiger oder gleichrangiger Eigentümergrundpfandrechte (§ 1179a BGB). Im Verkaufsfall sichert die eingetragene Zwangshypothek eine Beteiligung des Gläubigers, da die Veräußerung der belasteten Immobilie regelmäßig nur lastenfrei erfolgen wird (vgl. § 442 Abs. 2 BGB). 190

1.4 Unterschiedliches Verfahrensrecht. Die Eintragung einer Zwangshypothek wird von der h.M. sowohl als Maßnahme der Zwangsvollstreckung wie auch verfahrensrechtlich als Grundbuchgeschäft begriffen, sodass das Grundbuchgericht in doppelter Funktion tätig wird (BGHZ 148, 392 = NJW 2001, 3627 = ZMR 2002, 134; BGHZ 27, 310 = NJW 1958, 1090; OLG München NJW 2009, 1358; OLG Hamm Rpfleger 1973, 440). Es hat daher einerseits die zwangsvollstre- 191 ckungsrechtlichen und andererseits auch die grundbuchrechtlichen Eintragungsvoraussetzungen selbständig zu prüfen (BGHZ 148, 392 = NJW 2001, 3627 = ZMR 2002, 134; OLG München NJW 2009, 1358; BayObLG Rpfleger 1982, 466). Richtigerweise ist die Antragstellung primär unter vollstreckungsrechtlichen Gesichtspunkten zu sehen, da die Eintragung einer Zwangshypothek vorrangig dem Bereich der Zwangsvollstreckung zugeordnet ist (§ 867 Abs. 1 ZPO). Lediglich für die vom Gesetz angeordnete Grundbucheintragung müssen zusätzlich noch die Voraussetzungen erfüllt sein, die das Grundbuchrecht weitergehend verlangt (*Böttcher* Zwangsvollstreckung Rn. 56; *Dümig* Rpfleger 2004, 1, 16; Hintzen ZIP 1991, 474, 475; a.A. Schöner/*Stöber* Rn. 2164; *Demharter* Anh. zu § 44 Rn. 69).

192 **2. Eintragungsvoraussetzungen.** *2.1 Zuständigkeiten.* Für die Eintragung einer Zwangshypothek ist sachlich und örtlich dasjenige Grundbuchgericht als Vollstreckungsgericht zuständig, in dessen Bezirk das zu belastende Wohnungseigentum belegen ist (§ 1 Abs. 1 GBO). Funktionell ist für die Bearbeitung ausschließlich der Rechtspfleger zuständig (§ 3 Nr. 1h RpflG).

193 *2.2 Antrag.*

194 *2.2.1* **Antragstellung und Bevollmächtigung.** Der Gläubiger hat gem. § 867 Abs. 1 ZPO die Eintragung der Zwangshypothek in das Grundbuch zu beantragen. Dabei ist Stellvertretung im Rahmen der allgemeinen ZPO-Vorschriften zulässig (str.; a.A. FamFG-Vorschriften). Soweit nicht als Bevollmächtigter ein Rechtsanwalt auftritt (§ 88 Abs. 2 ZPO), ist die Vollmacht in schriftlicher Form nachzuweisen (§ 80 ZPO). Die Bezeichnung des Bevollmächtigten im Schuldtitel genügt (§ 81 ZPO), wenn nicht der Titel ohne Prüfung der Bevollmächtigung eines Nichtanwaltes zustande gekommen ist (wie z.B. beim Vollstreckungsbescheid). Tritt als Bevollmächtigter keine der in § 79 Abs. 2 ZPO (i.d.F. des Gesetzes zur Neuregelung des Rechtsberatungsrechts v. 11.10.2007 – BGBl. I S. 2840, in Kraft getreten zum 01.07.2008) genannten Personen auf, ist der Antrag zurückzuweisen. Zur Antragstellung durch einen WEG-Verwalter s. Formular Teil 8 Rdn. 269 m.w.N. Die Antragstellung beim Grundbuchgericht ist nicht formgebunden; Schriftform ist wegen des erforderlichen Präsentats des Gerichts deshalb ausreichend.

195 *2.2.2* **Antragsinhalt.** Der Antrag auf Eintragung einer Zwangshypothek sollte mindestens enthalten:
– Angaben zur Person des Gläubigers und bei mehreren Gläubigern zu deren Beteiligungsverhältnis;
– Angaben zur Person des Schuldners;
– Angaben zum Belastungsgegenstand in Übereinstimmung mit dem Grundbuch und bei mehreren Belastungsobjekten Angaben zur Verteilung der Forderung;
– Angaben zur Höhe der zu sichernden Forderung mit Kosten und Nebenleistungen.

196 *2.2.3* **Antragsrücknahme.** Nach h.M. soll die Antragsrücknahme der grundbuchrechtlichen Form des § 29 GBO bedürfen (OLG Hamm v. 21.01.2015 – 15 W 492/14; OLG Düsseldorf Rpfleger 2000, 62; OLG Hamm Rpfleger 1985, 231; *Demharter* § 31 Rn. 2; *Schiffhauer* Rpfleger 1995, 478; *Schöner/Stöber* Rn. 2203; *Schuschke/Walker* § 867 Rn. 16). Betrachtet man den Antrag jedoch vornehmlich unter vollstreckungsrechtlichen Gesichtspunkten wird man konsequenterweise für die Antragsrücknahme keine besondere Form verlangen können (wie hier *Böttcher* Zwangsvollstreckung Rn. 56; *Dümig* Rpfleger 2004, 1, 16; *Hintzen* ZIP 1991, 474, 475).

197 **3. Zwangsvollstreckungsrechtliche Eintragungsvoraussetzungen.** *3.1 Grundsatz.* Wie bei allen Zwangsvollstreckungsmaßnahmen müssen die allgemeinen Prozessvoraussetzungen (u.a. Partei- und Prozessfähigkeit) vorliegen.

198 *3.2 Rechtsschutzinteresse.*

199 *3.2.1* **Rechtsschutzinteresse bei mutmaßlicher Aussichtslosigkeit.** Dem Grundbuchgericht steht keine Prognoseentscheidung über das mutmaßliche Ergebnis einer Zwangsversteigerung zu. Auch wenn die Höhe der eingetragenen Vorlasten oder der zu erwartende Wert des Versteigerungsobjektes keine Befriedigung erwarten lassen, kann die Eintragung einer Zwangshypothek nicht aus diesen Gründen abgelehnt werden (LG Marburg Rpfleger 1984, 406; *Hintzen* ZIP 1991, 474, 476).

3.2.2 **Rechtsschutzinteresse bei Doppelsicherung durch Grundpfandrechte.** Die Eintragung einer Zwangshypothek ist wegen der rechtlichen Unabhängigkeit von einer bereits eingetragenen Grundschuld sogar an demselben Objekt zulässig, wenn dort nicht lediglich eine (Doppel-)Sicherung wegen der sofort vollstreckbaren persönlichen Schuld für die Zahlung des Grundschuldbetrages erfolgen soll (BayObLG Rpfleger 1991, 53; *Schöner/Stöber* Rn. 2208). Demgegenüber besteht für die Eintragung einer rechtsgeschäftlich bestellten Hypothek für dieselbe Forderung kein Rechtsschutzinteresse (str., wenn die Eintragung an einem anderen Objekt erfolgen soll; vgl. *Schuschke/Walker* § 867 Rn. 6 m.w.N.). 200

3.2.3 **Rechtsschutzinteresse für Hausgeldansprüche.** Nach der Einführung des gesetzlichen Vorranges für Hausgeldansprüche mit der neu belegten Rangklasse 2 des § 10 Abs. 1 ZVG (dazu s. ausführlich Formular Teil 8 Rdn. 5) stellt sich die Frage, ob angesichts der nunmehr bestehenden vorrangigen Beitreibungsmöglichkeit für die Eintragung von Zwangshypotheken wegen Hausgeldansprüchen überhaupt noch ein Rechtsschutzbedürfnis bestehen kann (uneingeschränkt bejahend mit allerdings fragwürdiger Begründung LG Düsseldorf NJW 2008, 3150 = ZMR 2008, 819 m. krit. Anm. *Schneider*). In Anlehnung an die Regelung für öffentliche Lasten, bei denen § 322 Abs. 5 AO ausdrücklich die Eintragung einer Zwangshypothek im Verwaltungszwangsverfahren unter der aufschiebenden Bedingung erlaubt, dass das Vorrecht der Rangklasse 3 des § 10 Abs. 1 ZVG wegfällt, vertritt *Zeiser* (Rpfleger 2008, 58, 59; ihm folgend *Böhringer* Rpfleger 2009, 124, 132; *Böttcher* Rpfleger 2009, 181, 182) die Auffassung, dass eine Zuteilung auf die eingetragene Zwangshypothek erst nach Deckung der Ansprüche in der vorrangigen Rangklasse 2 in Betracht kommen kann. Demzufolge sei ein Rechtsschutzbedürfnis des Gläubigers für die Eintragung im Grundbuch auch nur anzuerkennen, wenn die Zwangshypothek unter der aufschiebenden Bedingung eingetragen wird, dass das Vorrecht nach § 10 Abs. 1 Nr. 2 ZVG entfällt. 201

Dem kann nicht gefolgt werden. In einer Reihe denkbarer Fallgestaltungen kann gerade keine vorrangige Befriedigung in der Rangklasse 2 erfolgen oder zumindest wird bei Eintragung der Zwangshypothek für die Hausgeldansprüche eine solche für das Grundbuchgericht nicht ersichtlich sein (*Schneider* ZfIR 2008, 161, 169 f.; *ders.* ZMR 2008, 820 je mit Beispielen). Die Prüfungskompetenz liegt insoweit aber ausschließlich beim Versteigerungsgericht und nicht beim Grundbuchgericht. Insbesondere ist die Eintragung von Zwangshypotheken wegen Hausgeldforderungen nicht objektgebunden (anders bei der Zwangsversteigerung; dazu s. Formular Teil 8 Rdn. 34). Aus diesem Grunde wird die Eintragung einer Zwangshypothek für Hausgeldansprüche in das Grundbuch unverändert wie bisher unbedingt erfolgen können (OLG Dresden ZWE 2011, 365, OLG Frankfurt ZMR 2011, 401 = ZWE 2011, 89; LG Düsseldorf NJW 2008, 3150 = ZMR 2008, 819 m. Anm. *Schneider*; *Demharter* § 54 Rn. 12; *Hügel/Wilsch* GBO 2. Aufl. Sonderbereich Zwangssicherungshypothek Rn. 114; *Hock/Klein/Hilbert/Deimann* Immobiliarvollstreckung 5. Aufl. Rn. 2188; *Schneider* ZfIR 2008, 161, 169 f.; *Zöller/Stöber* § 867 Rn. 8a; a.A. AG Neuss NZM 2008, 691). Doppelzahlungen sind infolge der Prüfung durch das Versteigerungsgericht ausgeschlossen. Die Entscheidung des BGH v. 20.07.2011 (ZfIR 2011, 802 = ZWE 2011, 401) bestätigt demgegenüber lediglich, dass ein Gläubiger selbstverständlich der Eintragung eine Bedingung hinzufügen kann. 202

3.3 **Allgemeine Voraussetzungen der Zwangsvollstreckung.** Wie bei jeder Maßnahme der Zwangsvollstreckung müssen die allgemeinen Voraussetzungen der Zwangsvollstreckung vorliegen (Titel, Klausel, Zustellung, Parteiidentität). Sie treten an die Stelle der im Grundbuchverfahren sonst erforderlichen Eintragungsbewilligung und sind gem. § 29 Abs. 1 S. 2 GBO in öffentlicher Urkunde nachzuweisen. Eine Ausnahme besteht insoweit lediglich für den Nachweis entstandener Kosten der Zwangsvollstreckung (OLG Rostock v. 12.12.2014 – 3 W 18/14; *Dümig* Rpfleger 2004, 1, 16 m.w.N.). 203

204 Grundsätzlich ist dabei als Gläubiger einer Zwangshypothek im Grundbuch einzutragen, wer im Vollstreckungstitel als Vollstreckungsgläubiger ausgewiesen ist (OLG München Beschl. v. 18.08.2011 – 34 Wx 153/11 zit. juris). Lautet der zugrundeliegende Vollstreckungstitel auf einen anderen Gläubiger als die Wohnungseigentümergemeinschaft (z.B. den WEG-Verwalter in Prozessstandschaft), darf zu deren Gunsten eine Zwangshypothek nicht eingetragen werden (OLG München NZM 2010, 478).

205 Eine Neutitulierung zugunsten des WEG-Verwalters in gewillkürter Prozessstandschaft als Gläubiger von Hausgeldansprüchen dürfte jetzt nicht mehr zulässig sein (BGHZ 188, 157 = NJW 2011, 1361 = ZMR 2011, 487).

206 **3.4 Besondere Voraussetzungen der Zwangsvollstreckung.**

207 *3.4.1 Grundsatz.* Auch bei der Eintragung einer Zwangshypothek kann die Beachtung besonderer Voraussetzungen der Zwangsvollstreckung in Betracht kommen. Hierher gehören z.B der Eintritt eines bestimmten Kalendertages (§ 751 Abs. 1 ZPO), der Nachweis einer Zug-um-Zug-Leistung (§ 765 ZPO) und die Beachtung von Wartefristen (vgl. § 798 ZPO).

208 Der vorherige Nachweis einer dem Gläubiger obliegenden Sicherheitsleistung (§ 751 Abs. 2 ZPO) hat für die Eintragung einer Zwangshypothek im Hinblick auf die Möglichkeit einer Sicherungsvollstreckung gem. § 720a Abs. 1 S. 1 lit. b) ZPO keine Bedeutung mehr.

209 *3.4.2* **Mindestbetrag einer Zwangshypothek.** Eine Zwangshypothek darf nur für einen Betrag von mehr als 750,00 € in das Grundbuch eingetragen werden (§ 866 Abs. 3 S. 1 ZPO). Mehrere Forderungen des Gläubigers dürfen dabei zusammengerechnet werden (§ 866 Abs. 3 S. 2 ZPO). Der Mindestbetrag von 750,01 € gilt nunmehr gem. § 867 Abs. 2 ZPO auch für die verteilten Einzelhypotheken an mehreren Objekten des Schuldners (vgl. Ziff. 3.4.3).

210 Zur Problematik und insbesondere zur Frage der Kapitalisierung von Zinsen zur Überschreitung des Mindestbetrages s. ausführlich im Handbuch des FA Miet- und Wohnungseigentumsrecht Kapitel 33 Rn. 55 ff.

211 *3.4.3* **Verteilung der Forderung.** Sollen mehrere Wohnungs- oder Teileigentumsrechte desselben Schuldners mit der Zwangshypothek belastet werden, so ist der Betrag der Forderung auf die einzelnen Grundstücke zu verteilen (§ 867 Abs. 2 S. 1 ZPO). Die Größe der Forderungsteile bestimmt der Gläubiger, wobei allerdings nunmehr die verteilten Beträge ebenfalls mehr als 750,– € betragen müssen (§§ 867 Abs. 2 S. 2 2. Hs. ZPO i.V.m. § 866 Abs. 3 S. 1 ZPO). Zinsen sind als Nebenleistungen bei den jeweiligen Teilbeträgen einzutragen und können nicht auf einem der Grundstücke allein oder über die gesicherte Teilforderung hinaus eingetragen werden (Zöller/*Stöber* § 867 Rn. 15). Die Verteilungserklärung unterliegt als vollstreckungsrechtliches Eintragungserfordernis nicht den grundbuchrechtlichen Formerfordernissen des § 29 GBO. Aus diesem Grund kann eine fehlende Verteilung infolge einer Zwischenverfügung auch in schriftlicher Form nachgeholt werden (Schöner/*Stöber* Rn. 2195; vgl. auch OLG München Beschl. v. 01.12.2009 – 34 Wx 114/09 zit. juris).

212 Sollen der Grundbucheintragung mehrere Vollstreckungstitel zugrundegelegt werden, müssen die Verteilung und die nachfolgende Eintragung erkennen lassen, welcher Teil der Forderung aus welchem der Vollstreckungstitel auf welchem der Grundstücke gesichert werden soll. Andernfalls kann die Eintragung inhaltlich unzulässig sein (OLG Zweibrücken Rpfleger 2001, 586; Zöller/*Stöber* § 867 Rn. 15).

213 Die Eintragung einer gegen § 867 Abs. 2 ZPO verstoßenden Zwangshypothek als Gesamtrecht an mehreren Objekten desselben Schuldners führt zur inhaltlichen Unzulässigkeit der Eintragung (RGZ 163, 121, 125). Wegen der insoweit bei der dann vorzunehmenden Amtslöschung gem. § 53 Abs. 1 S. 2 GBO zu beachtenden Besonderheiten s. im Handbuch des FA Miet- und Wohnungseigentumsrecht Kapitel 33 Rn. 71.

Zu den Ausnahmen vom Verbot einer originären Gesamtzwangshypothek (insbesondere zur Zwangsvollstreckung gegen mehrere Gesamtschuldner) s. im Handbuch des FA Miet- und Wohnungseigentumsrecht Kapitel 33 Rn. 73 ff. m.w.N. **214**

3.5 Keine Vollstreckungshindernisse. **215**

3.5.1 **Insolvenz des Schuldners und Rückschlagsperre.** Die Eintragung einer Zwangshypothek ist nach Eröffnung des Insolvenzverfahrens unzulässig (§ 89 Abs. 1 InsO). Ist eine Zwangshypothek innerhalb eines Monats vor dem Antrag auf Eröffnung des Insolvenzverfahrens oder nach diesem Zeitpunkt in das Grundbuch eingetragen worden, unterfällt sie der Regelung des § 88 InsO. Danach wird die Zwangshypothek rückwirkend unwirksam, wenn über das Vermögen des Schuldners das Insolvenzverfahren eröffnet wird. Die Frist beträgt im vereinfachten Insolvenzverfahren auf Antrag des Schuldners drei Monate (§ 312 Abs. 1 S. 3 InsO). Die wirksam eingetragene Zwangshypothek gewährt im Insolvenzverfahren einen (dinglichen) Anspruch auf abgesonderte Befriedigung (§ 49 InsO). **216**

3.5.2 **Zwangshypothek und Eröffnungsverfahren.** Im insolvenzrechtlichen Eröffnungsverfahren ist die Eintragung einer Zwangshypothek trotz der Anordnung von Sicherungsmaßnahmen noch möglich, weil eine Untersagung der Zwangvollstreckung gem. § 21 Abs. 2 Nr. 3 InsO sich nach dem Wortlaut der Bestimmung ausdrücklich nicht auf das unbewegliche Vermögen bezieht. Ist in einem solchen Fall allerdings die Verwaltungs- und Verfügungsbefugnis über das Vermögen des Schuldners/Eigentümers auf einen vorläufigen Insolvenzverwalter übergegangen (§ 22 Abs. 1 S. 1 InsO), ist der Titel zunächst auf den vorläufigen Insolvenzverwalter umzuschreiben und nebst Klausel entsprechend §§ 727, 748, 749 ZPO zuzustellen (LG Cottbus NZI 2000, 183 = Rpfleger 2000, 294 Ls; LG Cottbus Rpfleger 2000, 465; *Klawikowski* InVo 1999, 37; *Hintzen* Handbuch Teil B Rn. 108; a.A. Zöller/*Stöber* § 727 Rn. 18). **217**

4. Grundbuchrechtliche Eintragungsvoraussetzungen. *4.1* **Angaben zum Berechtigten der Zwangshypothek.** Die Eintragung von Wohnungseigentümern als Berechtigte einer Zwangshypothek kann wegen Hausgeldforderungen nach Inkrafttreten der WEG-Novelle (BGBl. I S. 370) am 01.07.2007 nicht mehr in der Weise erfolgen, dass sämtliche Wohnungseigentümer einzeln unter Angabe der nach § 15 GBV erforderlichen Merkmale und des nach § 47 GBO maßgeblichen Gemeinschaftsverhältnisses im Grundbuch eingetragen werden. Nicht mehr zulässig sind daher Titel mit dem Rubrum »Wohnungseigentümergemeinschaft ... bestehend aus ...«. Nach Anerkennung der Rechtsfähigkeit des »Verbandes Wohnungseigentümergemeinschaft« durch den BGH (BGHZ 163, 154 = NZM 2005, 543 = Rpfleger 2005, 521 = ZMR 2005, 547) und den Gesetzgeber in § 10 Abs. 6 WEG ist Rechtsträger des Verwaltungsvermögens der Wohnungseigentümer nämlich ausschließlich der Verband unabhängig von der konkreten Zusammensetzung der Wohnungseigentümer. Dieser »Verband Wohnungseigentümergemeinschaft« ist auch grundbuchfähig, wenn es um die Eintragung einer Zwangshypothek wegen Hausgeldforderungen geht (so schon BGH ZMR 2005, 547, 553 Ziff. 7). **218**

Gem. § 10 Abs. 6 S. 4 WEG muss »die Gemeinschaft die Bezeichnung »Wohnungseigentümergemeinschaft« gefolgt von der bestimmten Angabe des gemeinschaftlichen Grundstücks führen«. Zur Abgrenzung von der gewöhnlichen Miteigentümergemeinschaft sollte der zwingend vorgeschriebenen Bezeichnung »Wohnungseigentümergemeinschaft« der Zusatz »Verband« vorangestellt werden Die darüber hinaus der Bezeichnung »Verband Wohnungseigentümergemeinschaft« hinzuzufügende bestimmte Angabe des gemeinschaftlichen Grundstücks kann auf unterschiedliche Weise erfolgen und steht zur Disposition des Verbandes. Folgende Varianten sind – auch in Kombination und unter Hinzufügung von Phantasienamen – denkbar: **219**
– »*Verband Wohnungseigentümergemeinschaft*« *unter Angabe der Lage des Grundstücks nach Ort, Straße und Hausnummer;*
– »*Verband Wohnungseigentümergemeinschaft*« *unter Angabe der katastermäßigen Bezeichnung nach Gemarkung, Flur und Flurstück;*

– »*Verband Wohnungseigentümergemeinschaft*« unter Angabe der grundbuchmäßigen Buchungsstellen nach Grundbuchblattnummern (Schneider Rpfleger 2008, 291, 293 m.w.N.).

220 Einer weitergehenden Angabe zum Sitz des Personenverbandes bedarf es nicht (*Böhringer/Hintzen* Rpfleger 2007, 353, 354; *Dümig* Rpfleger 2005, 528, 529).

221 **4.2 Probleme mit »Alttiteln«.** Das Grundbuchgericht kann als Berechtigten nur denjenigen im Grundbuch eintragen, der auch im Titel als Gläubiger genannt wird. Die Bezeichnung hat dabei in Übereinstimmung mit der Benennung im Titel erfolgen (BGHZ 148, 392 = NZM 2001, 1078 = Rpfleger 2002, 17 = ZMR 2002, 134). Die Eintragung einer Zwangshypothek für den »Verband Wohnungseigentümergemeinschaft« setzt deshalb voraus, dass auch der zugrundeliegende Titel den Verband als Gläubiger ausweist. Dies wird für zukünftige Titel unproblematisch sein. Schwierigkeiten können sich jedoch mit »Alttiteln« ergeben, die noch aus der Zeit vor der »Entdeckung des Verbandes« herrühren und deshalb die Wohnungseigentümer einzeln als Forderungsinhaber benennen. In diesem Bereich ist vieles bis zum heutigen Tage ungeklärt.

222 Nach der hier vertretenen Auffassung müssen zugunsten der Wohnungseigentümer titulierte Ansprüche nicht zwingend auf den Verband übergegangen sein (vgl. BGH ZMR 2006, 457 und BGH NZM 2007, 411 = Rpfleger 2007, 479 = ZMR 2007, 875). Eine auch nur entsprechende Anwendung des § 727 ZPO zur Erteilung einer Vollstreckungsklausel scheidet aus, weil kein Fall der Rechtsnachfolge vorliegt. Allerdings kann nach hiesigem Verständnis eine bloße Beischreibung einer bereits erteilten Vollstreckungsklausel erfolgen, wenn nachgewiesenermaßen ein verbandsbezogener Anspruch (Hausgeldzahlungen) tituliert worden ist. Zur Problematik und näheren Begründung des hier eingenommenen Standpunktes s. ausführlich im Handbuch des Fachanwalts Kapitel 33 Rn. 92 m. zahlreichen Nachweisen (wie hier jetzt wohl auch *Hock/Klein/Hilbert/Deimann* Rn. 2195 mit der Empfehlung einer gebührenfreien Titelberichtigung).

223 **4.3 Angaben zur geltend gemachten Forderung.** Die zu vollstreckenden Geldbeträge sind gem. § 28 S. 2 GBO entweder in Euro oder in den Währungen der Schweiz oder der Vereinigten Staaten von Amerika anzugeben (VO vom 30.10.1997 BGBl I S. 2683).

224 Wird die Zwangsvollstreckung lediglich wegen eines Restbetrages betrieben, braucht der Antrag keine Gesamtabrechnung der Gläubigerforderung und auch keine Darstellung evtl. Ratenzahlungen des Schuldners zu enthalten (*Schöner/Stöber* Rn. 2164).

225 **4.4 Angaben zum Belastungsgegenstand.** Das mit der Zwangshypothek zu belastende Wohnungseigentum ist vom Gläubiger in Übereinstimmung mit dem Grundbuch oder durch Hinweis auf das Grundbuchblatt gem. § 28 S. 1 GBO zu bezeichnen.

226 Wie bei einem selbstständig gebuchten Grundstück ist auch die Eintragung auf einem ideellen Bruchteil eines Wohnungseigentums möglich, wenn der Anteil in dem Anteil eines Miteigentümers besteht (§ 864 Abs. 2 ZPO). Einzelne Gesamthandsanteile können nicht mit dinglichen Rechten belastet werden.

227 **4.5 Voreintragung des Schuldners.** Der Vollstreckungsschuldner muss gem. § 39 GBO als Eigentümer im Grundbuch voreingetragen sein. Eine Ausnahme regelt lediglich § 40 GBO, wenn der Titel gegen den Erblasser, den Nachlasspfleger oder den Testamentsvollstrecker ergangen ist und der Schuldner Erbe des eingetragenen Eigentümers ist.

228 Mangelt es danach an der erforderlichen Voreintragung des Schuldners im Grundbuch, muss der Gläubiger sie gem. §§ 14, 22 Abs. 2 GBO durch Berichtigung des Grundbuches erst herbeiführen. Dazu bedarf es lediglich des Nachweises der Grundbuchunrichtigkeit in der Form des § 29 GBO, nicht aber der Mitwirkung des Schuldners. Die für die Berichtigung notwendigen Urkunden kann der Gläubiger sich über § 792 ZPO, § 357 FamFG beschaffen.

229 **4.6 Besonderheiten bei Wohnungserbbaurechten.** Als Inhalt eines Wohnungs- oder Teilerbbaurechts kann vereinbart sein, dass der Erbbauberechtigte zur Belastung mit einem Grundpfandrecht der Zustimmung des Grundstückseigentümers bedarf (§ 5 Abs. 2 ErbbauRG). Eine solche

Regelung ist dann gem. § 8 ErbauRG auch für Verfügungen im Wege der Zwangsvollstreckung zu beachten. Das Grundbuchgericht wird daher in einem solchen Fall zur Eintragung einer Zwangshypothek den Nachweis der Zustimmung des Grundstückseigentümers verlangen (§ 15 ErbbauRG). Das Zustimmungserfordernis ist selbst dann zu beachten, wenn Grundstückseigentümer und Erbbauberechtigter dieselbe Person sind (BayObLG Rpfleger 1996, 447 = NJW-RR 1996, 975; OLG Hamm Rpfleger 1985, 233).

5. Beanstandungen des Grundbuchgerichts. Liegen Eintragungshindernisse vor, wird das Grundbuchgericht den Eintragungsantrag mittels einer Zwischenverfügung beanstanden. 230

5.1 »Echte« – rangwahrende – Zwischenverfügung. Stehen der beantragten Eintragung grundbuchrechtliche Hindernisse entgegen (wie z.B. fehlende Angaben zum Gemeinschaftsverhältnis mehrerer Gläubiger oder eine fehlende Voreintragung des Vollstreckungsschuldners im Grundbuch), ist eine sog. »echte« Zwischenverfügung i.S.v. § 18 Abs. 1 GBO zu erlassen. Geht vor Behebung des Hindernisses ein weiterer erledigungsreifer Antrag ein, kann dieser wegen der rangwahrenden Wirkung der Zwischenverfügung nur unter Beachtung des vorrangigen, jedoch noch nicht eintragungsreifen Antrages bearbeitet werden. 231

5.2 »Unechte« – nicht rangwahrende – Zwischenverfügung. Liegen dagegen vollstreckungsrechtliche Eintragungshindernisse vor (wie z.B. eine fehlende Verteilungserklärung gem. § 867 Abs. 2 ZPO bei mehreren Vollstreckungsobjekten oder ein fehlender Zustellungsnachweis), so ist eine »unechte« Zwischenverfügung (Hinweisverfügung) i.S.v. § 139 ZPO zu erlassen. Geht vor Behebung des Hindernisses in diesem Fall ein weiterer erledigungsreifer Antrag ein, kann ohne Beachtung des vorrangig eingegangenen und noch nicht erledigungsreifen Antrags die Eintragung des späteren an der nächst offenen Rangstelle im Grundbuch vollzogen werden. 232

Daran vermag – nach allerdings bestrittener Auffassung – auch ein schlüssiger Vortrag nichts zu ändern, wonach zwar die Voraussetzungen der Zwangsvollstreckung vorliegen sollen, lediglich die entsprechenden Nachweise aber noch nicht geführt werden können (Zöller/Stöber § 867 Rn. 4; a.A. Stein/Jonas/Münzberg § 867 Rn. 33). 233

6. Besonderheiten bei der Grundbucheintragung einer Zwangshypothek. *6.1 Kein Grundpfandrechtsbrief.* Die Zwangshypothek ist bei der Grundbucheintragung als Sicherungshypothek zu bezeichnen (§ 1184 Abs. 2 BGB). Sie ist kraft Gesetzes brieflos (§ 1185 Abs. 1 BGB). 234

6.2 Keine Eintragung der Eintragungskosten. Die Kosten für die Eintragung der Zwangshypothek (Rechtsanwalts- und Gerichtskosten) können weder bei der Bestimmung des Mindestbetrages noch bei der Grundbucheintragung berücksichtigt werden. Insoweit haftet das Wohnungseigentum bereits kraft Gesetzes (§ 867 Abs. 1 S. 3 ZPO). 235

6.3 Keine Eintragung eines vereinbarten Höchstzinssatzes. Für die – konstitutive – Grundbucheintragung rechtsgeschäftlich vereinbarter Zinsen entfällt die lange Zeit geforderte Angabe eines Höchstzinssatzes, wenn die Parteien die Vereinbarung der Verzinsung an § 288 Abs. 1 BGB ausgerichtet haben. (BGH NJW 2006, 1341 = Rpfleger 2006, 313). Dies gilt erst recht für gesetzliche Zinsen (*Wagner* Rpfleger 2004, 668; s. Ziff. 6.4). 236

6.4 Keine Eintragung gesetzlicher Zinsen. Für gesetzliche Zinsen haftet das Wohnungseigentum bereits kraft Gesetzes gem. § 1118 BGB. Aus diesem Grunde sind sie nicht eintragungsfähig. Dies gilt insbesondere auch für Verzugszinsen gem. § 288 Abs. 1 und Abs. 2 BGB und § 497 Abs. 1 BGB (MünchKomm/*Eickmann* § 867 Rn. 45). 237

7. Kosten. 238

7.1 Rechtsanwaltsvergütung. 239

7.1.1 Gegenstandswert. Für die Berechnung der Rechtsanwaltsgebühren richtet sich der Gegenstandswert nach der zu vollstreckenden Forderung einschließlich der Nebenforderungen (§ 25 240

Abs. 1 Nr. 1 RVG). Anwalts- und Gerichtskosten für die Eintragung der beantragten Zwangshypothek rechnen dabei jedoch nicht mit.

241 *7.1.2 Gebühren.* Der Rechtsanwalt erhält gem. § 18 Nr. 13 RVG eine gesonderte Verfahrensgebühr in Höhe von 3/10 (Nr. 3309 VVRVG). Ist im Hinblick auf § 867 Abs. 2 ZPO die Forderung auf mehrere Vollstreckungsobjekte zu verteilen, erhält der Anwalt die 3/10-Verfahrensgebühr nach dem zusammengerechneten Wert der verteilten Forderung.

242 *7.2 Gerichtskosten.* Für die Eintragung der Zwangshypothek wird vom Gericht eine 10/10 Gebühr nach dem Nennbetrag des eingetragenen Rechtes erhoben (§§ 53 Abs. 1 3 GNotKG). Ist im Hinblick auf § 867 Abs. 2 ZPO die Forderung auf mehrere Vollstreckungsobjekte zu verteilen, wird die Eintragungsgebühr für jede Zwangshypothek gesondert erhoben (§ 55 Abs. 2 GNotKG).

243 Die Gebühren für die Rücknahme eines Antrags auf Eintragung der Zwangshypothek bzw. dessen Zurückweisung richten sich nach KV-GNotKG Nr. 14400 und 14401.

244 **8. Rechtsmittel.** *8.1 Einwendungen gegen eine Zwischenverfügung.* Gegen eine (»echte«) Zwischenverfügung gem. § 18 GBO und gegen eine (»unechte«) Aufklärungsverfügung gem. § 139 ZPO kann der Gläubiger die unbefristete Beschwerde gem. § 71 Abs. 1 GBO, § 11 Abs. 1 RPflG erheben.

245 *8.2 Einwendungen gegen eine Zurückweisung des Antrags.* Gegen die Zurückweisung eines Eintragungsantrages steht dem Gläubiger ebenfalls die unbefristete Beschwerde gem. § 71 Abs. 1 GBO, § 11 Abs. 1 RPflG zu. Wird die Zurückweisung des Eintragungsantrages im Rechtsmittelverfahren aufgehoben, ist der Antrag unerledigt. Die Rangwirkungen leben zu dem dann gegebenen Zeitpunkt wieder auf; inzwischen eingetragene Rechte bleiben davon jedoch unberührt (*Zöller/Stöber* § 867 Rn. 24).

246 *8.3 Einwendungen gegen die Eintragung einer Zwangshypothek.* Gegen die Eintragung einer Zwangshypothek kann der Schuldner Beschwerde mit dem Ziel einer Amtslöschung oder Eintragung eines Amtswiderspruches gem. § 53 GBO einlegen (§ 71 Abs. 2 ZPO); die zivilprozessualen Rechtsbehelfe der §§ 766 und 793 ZPO sind hier nicht einschlägig (OLG Hamm ZfIR 2005, 825; OLG Zweibrücken Rpfleger 2001, 174; OLG Köln Rpfleger 1996, 189; BayObLG Rpfleger 1995, 106; KG Rpfleger 1987, 301; MüKo/*Eickmann* § 867 Rn. 73; *Musielak/Becker* § 867 Rn. 12; *Stein/Jonas/Münzberg* § 867 Rn.; *Zöller/Stöber* § 867 Rn. 24; **a.A.** wohl nur Habermeier 119). Dabei kommt eine Amtslöschung nur dann in Betracht, wenn gutgläubiger Erwerb nicht möglich ist, d.h. die Zwangshypothek erkennbar unzulässig ist. Dies gilt dann allerdings auch bei einer zwar inhaltlich zulässigen Zwangshypothek, wenn nach dem konkreten Inhalt des Grundbuchs die Möglichkeit eines gutgläubigen Erwerbs sowohl für die Vergangenheit als auch für die Zukunft rechtlich ausgeschlossen ist (BGHZ 64, 194 = NJW 1975, 1282 = Rpfleger 1975, 246; BayObLG NJW-RR 2003, 1668; OLG Frankfurt FGPrax 1998, 205; *Schöner/Stöber* Rn. 2199).

247 *8.4 Materiell-rechtliche Einwendungen.* Materiell-rechtliche Einwendungen gegen die Vollstreckungsforderung muss der Schuldner mit der Vollstreckungsabwehrklage gem. § 767 ZPO geltend machen (OLG Köln Rpfleger 1991, 149; *Schuschke/Walker* § 867 Rn. 29).

II. Antrag auf Eintragung der Löschung einer Zwangshypothek wegen Hausgeldansprüchen mit entsprechender Löschungsbewilligung

248 **Bodo Beispiellos**
Beispielstr. 11
Beispielstadt

An das Amtsgericht
– Grundbuchamt –
Beispielstadt

Grundbuch von Beispielstadt Blatt 4356

In der Zwangsvollstreckungsangelegenheit

der Wohnungseigentümergemeinschaft Beispielstraße 11, Beispielstadt, vertreten durch den Wohnungseigentumsverwalter, die Max Mustermann Hausverwaltungen, Mustermannstraße 1, Musterstadt

Verfahrensbevollmächtigter: Rechtsanwalt Redlich

– Gläubigerin –

gegen

Bodo Beispiellos, Beispielstraße 11, Beispielstadt

– Schuldner –

sind im Grundbuch von Beispielstadt Blatt 4356 in Abt. III unter lfd. Nr. 3 und 4 zwei Zwangshypotheken zugunsten des »Verbandes Wohnungseigentümergemeinschaft« eingetragen.

Ich überreiche nunmehr die notariell beglaubigte Löschungsbewilligung des Verwalters vom _____ und beantrage

Löschung der Rechte Abt. III Nr. 3 und 4

im o.g. Grundbuch. Die anfallenden Kosten können bei mir erhoben werden.

Der Nachweis der Verwalterbestellung befindet sich bereits bei den Grundakten von Beispielstadt Blatt _____

Bodo Beispiellos

UR-Nr. _____ / _____

Die Echtheit der vorstehenden, heute vor mir vollzogenen Unterschrift des mir persönlich bekannten Herrn Bodo Beispiellos, Beispielstr. 11 in Beispielstadt beglaubige ich hiermit.

Beispielstadt, den _____

Sigel
(Notar)

Löschungsbewilligung

Im Grundbuch von Beispielstadt Blatt 4356 sind in Abt. III unter den lfd. Nrn. 3 und 4 zwei Zwangshypotheken über insgesamt 2.879,27 Euro mit weiteren Zinsen zugunsten des »Verbandes Wohnungseigentümergemeinschaft Beispielstrasse 11« eingetragen.

Als alleiniger Inhaber der Max Mustermann Hausverwaltungen bewillige ich hiermit die gänzliche Löschung dieser beiden Zwangshypotheken in dem genannten Grundbuch.

Max Mustermann

UR-Nr. _____ / _____

Die Echtheit der vorstehenden, heute vor mir vollzogenen Unterschrift des mir persönlich bekannten Herrn Max Mustermann, Mustermannstraße 1 in Musterstadt

beglaubige ich hiermit. Herr Max Mustermann ist ausweislich des von mir heute eingesehenen Handelsregisters A _____ bei dem Amtsgericht Musterstadt alleiniger Inhaber der dort eingetragenen Max Mustermann Hausverwaltungen.

Musterstadt, den _____

**Stempel
(Notar)**

Erläuterungen

249   **1. Allgemeines.** Die Löschung einer im Grundbuch eingetragenen Zwangshypothek aufgrund Bewilligung richtet sich allein nach grundbuchrechtlichen Vorschriften (a.A. – aber abwegig – BGH ZinsO 2012, 46 = ZfIR 2012, 58 m. abl. Anm. Schneider = Rpfleger 2012, 61 m. abl. Anm. Bestelmeyer; ebenfalls abl. Böttcher notar 2012, 111; konsequent dagegen weiterhin KG ZfIR 2014, 188 m. zust. Anm. Böttcher). In diesem Zusammenhang erforderliche Nachweise sind dem Grundbuchgericht mit der Antragstellung daher in der Form des § 29 GBO (zumindest öffentlich beglaubigt) vorzulegen.

250   **2. Grundbuchverfahren.** *2.1* Zuständigkeiten. S. Formular Teil 8 Rdn. 192.

251   *2.2* **Antrag.** Der verfahrensrechtlich notwendige Antrag kann gem. § 13 Abs. 1 S. 2 GBO sowohl vom unmittelbar betroffenen »Verband Wohnungseigentümergemeinschaft« als auch vom unmittelbar begünstigten Schuldner/Wohnungseigentümer gestellt werden. Für den bloßen Antrag ist Schriftform ausreichend (vgl. § 30 GBO); vgl. aber auch Teil 1 Rdn. 273. Mit der Antragstellung ist die Kostentragungspflicht verbunden (§ 22 Abs. 1 GNotKG).

252   *2.3* **Bewilligung.** Gem. § 19 GBO muss die Löschungsbewilligung von dem Betroffenen abgegeben werden. Dies wird entsprechend der Vermutung des § 891 Abs. 1 BGB der im Grundbuch eingetragene Berechtigte sein. Es kommt also entscheidend darauf an, wer im Grundbuch als Berechtigter der Zwangshypothek verlautbart worden ist.

253   Soweit die Löschung einer noch zugunsten der Wohnungseigentümer persönlich eingetragenen Zwangshypothek in Rede steht (»Altrecht«), ist die erforderliche Bewilligung von sämtlichen im Grundbuch verlautbarten Berechtigten abzugeben. Mangels ausreichender Vertretungsbefugnis für die Wohnungseigentümer (nach altem Recht) scheidet insoweit die Abgabe einer Löschungsbewilligung durch den Verwalter aus (LG Frankfurt RNotZ 2006, 63; jetzt auch *Hock/Klein/Hilbert/Deimann* Rn. 2362). Allerdings war auch schon nach früherem Rechtsverständnis der WEG-Verwalter im Zahlungsfalle als berechtigt angesehen worden, eine löschungsfähige Quittung selbst dann zu erteilen, wenn die eingetragenen Gläubiger zum Zeitpunkt der Erteilung der Quittung nicht mit den Wohnungseigentümern identisch sind (BayObLG Rpfleger 2001, 296 = ZMR 2001, 369; BayObLG Rpfleger 1995, 410; *Zeiser* Rpfleger 2003, 550, 553).

254   Erst bei der Löschung von zugunsten des »Verbandes Wohnungseigentümergemeinschaft« eingetragenen Zwangshypotheken wird dieser zukünftig durch den Verwalter vertreten. Der Verwalter ist dann in Bezug auf solche »Neurechte« sowohl für die Erteilung löschungsfähiger Quittungen als auch für die Abgabe von Löschungsbewilligungen allein zuständig (Riecke/Schmid 4. Aufl. § 1 Rn. 161a.E.; *Timme/Dötsch* WEG § 10 Rn. 430; *Hügel* DNotZ 2007, 326 f.; *Böttcher* Rpfleger 2009, 181, 182; *Hock/Klein/Hilbert/Deimann* Rn. 2361; *Hügel/Elzer* § 3 Rn. 58). Nach Auffassung des OLG München soll dies allerdings nur dann gelten, wenn dem WEG-Verwalter für die Erteilung der Löschungsbewilligung eine besondere Ermächtigung gem. § 27 Abs. 3 S. 1 Nr. 7 WEG erteilt worden ist (OLG München Rpfleger 2011, 429 = ZWE 2011, 180; ebenso LG Köln ZWE 2011, 289).

255   Ist im Vollstreckungstitel als Gläubiger der WEG-Verwalter genannt, so konnte auch die Zwangshypothek im Grundbuch nur für ihn persönlich eingetragen werden (dazu BGHZ 148, 391 =

NJW 2001, 3627 = Rpfleger 2002, 17). In diesem Fall kann auch nur von ihm allein die Löschung der Eintragung bewilligt werden. Dabei ist unerheblich, ob der Verwalter selbst Forderungsinhaber oder nur Verfahrensstandschafter ist. Ebenfalls kommt es in diesem Fall nicht darauf an, ob er bei Abgabe der Löschungsbewilligung überhaupt noch Verwalter ist.

2.4 **Eigentümerzustimmung.** Zur Löschung einer Zwangshypothek im Grundbuch bedarf es gem. § 27 GBO der Zustimmung des eingetragenen Eigentümers, dessen Wohnungseigentum/ dessen Miteigentumsanteil mit dem Recht belastet ist. Die Zustimmung kann im Löschungsantrag des Eigentümers gesehen werden, bedarf dann allerdings als sog. gemischter Antrag mindestens der Unterschriftsbeglaubigung (§ 30 GBO). 256

2.5 **Nachweise.** Löschungsbewilligung bzw. löschungsfähige Quittung und Eigentümerzustimmung sind jeweils in der Form des § 29 GBO vorzulegen. 257

Der Nachweis der Verwaltereigenschaft kann durch Vorlage des Bestellungsbeschlusses mit den notariell beglaubigten Unterschriften der in § 26 Abs. 3, § 24 Abs. 6 WEG genannten Personen geführt werden (Versammlungsleiter und ein Wohnungseigentümer sowie ggf. der Beiratsvorsitzende). 258

Das Gleiche gilt für den Nachweis einer besonderen Ermächtigung, wenn man mit dem OLG München für die Abgabe einer Löschungsbewilligung durch den WEG-Verwalter eine solche für erforderlich halten will (OLG München Rpfleger 2011, 429 = ZWE 2011, 180). 259

2.6 **Voreintragung.** Gem. § 39 GBO muss der von der Löschung Betroffene (Verband, WEG-Verwalter, Wohnungseigentümer) im Grundbuch als Berechtigter voreingetragen sein. 260

3. Kosten. *3.1* **Gerichtskosten.** Für die Löschung der Zwangshypothek wird vom Gericht eine 5/10 Gebühr nach dem Nennbetrag des eingetragenen Rechtes erhoben (§§ 53 Abs. 1, 3 GNotKG; KV-GNotKG Nr. 14140). 261

3.2 **Notarkosten.** Für die Beglaubigung einer Unterschrift wird eine Gebühr i.H.v. 0,2 mindestens 20,– erhoben, höchstens jedoch ein Betrag von 70,– Euro (KV-GNotKG Nr. 25100). Betrifft die Unterschriftsbeglaubigung eine Zustimmung gemäß § 27 GBO sowie einen damit verbundenen Löschungsantrag gemäß § 13 GBO, beträgt die Gebühr 20,–Euro. Für die Beurkundung des Löschungsantrags und der Zustimmung gem. § 27 GBO würde eine halbe Gebühr gem. KV-GNotKG Nr. 21201 Ziffer 4 entstehen, mindestens jedoch 30,–Euro. Der Geschäftswert richtet sich nach dem Wert der eingetragenen Zwangshypothek (§§ 53 Abs. 1, 3 GNotKG). 262

Hinzu kommen ggf. noch Beglaubigungsgebühren für die vom Notar zu fertigenden Ablichtungen der Verwalterbestellung (KV-NotKG Nr. 25102, mindestens 10,–Euro). 263

III. Antrag auf Eintragung des Verzichts bei einer eingetragenen Zwangssicherungshypothek mit entsprechender Bewilligung

Max Mustermann Hausverwaltungen 264
Mustermannstraße 1
Musterstadt

An das Amtsgericht –
Grundbuchamt –
Beispielstadt

Grundbuch von Beispielstadt Blatt 4356

In dem Grundbuch von Beispielstadt Blatt 4356 sind auf dem Wohnungseigentum und dem Wegeanteil des Bodo Beispiellos in Abt. III unter lfd. Nr. 3 und 4 zwei

Zwangshypotheken zugunsten des »Verbandes Wohnungseigentümergemeinschaft Beispielstrasse 11« eingetragen.

Die Wohnungseigentümergemeinschaft Beispielstraße 11, Beispielstadt, vertreten durch den Wohnungseigentumsverwalter, die Max Mustermann Hausverwaltungen, Mustermannstraße 1 in Musterstadt verzichtet nunmehr auf die genannten Hypotheken. Die entsprechende

Eintragung des Verzichts

im o.g. Grundbuch wird hiermit bewilligt und beantragt.

Die anfallenden Kosten können beim Unterzeichner erhoben werden.

Der Nachweis der Verwalterbestellung befindet sich bereits bei den Grundakten von Beispielstadt Blatt _____

Max Mustermann

UR-Nr. _____ / _____

Die Echtheit der vorstehenden, heute vor mir vollzogenen Unterschrift des mir persönlich bekannten Herrn Max Mustermann, Mustermannstraße 1 in Musterstadt beglaubige ich hiermit. Herr Max Mustermann ist ausweislich des von mir heute eingesehenen Handelsregisters A _____ bei dem Amtsgericht Musterstadt alleiniger Inhaber der dort eingetragenen Max Mustermann Hausverwaltungen.

Musterstadt, den _____

Stempel
(Notar)

Erläuterungen

265 **1. Allgemeines.** *1.1 Problematik eines erst nach Eintragung bekannt gewordenen Grundbesitzes.* Die Eintragung des Verzichts auf eine Zwangshypothek kann für den eingetragenen Gläubiger dann in Betracht kommen, wenn nachträglich zur dinglichen Absicherung ein werthaltigerer Grundbesitz des Schuldners bekannt geworden ist, der eine bessere Realisierung der Forderung erwarten lässt. Zwar unterliegt der »Verband Wohnungseigentümergemeinschaft« als Gläubiger bei der Eintragung einer Zwangshypothek nicht der Objektgebundenheit wie in der Zwangsversteigerung (vgl. Formular Teil 8 Rdn. 34), jedoch kann aufgrund des in § 867 Abs. 2 ZPO geregelten Verbotes einer Gesamtzwangshypothek die geltend gemachte Forderung nicht gleichzeitig an mehreren Vollstreckungsobjekten eingetragen sein. Da die materiell-rechtlich und verfahrensrechtlich notwendige Mitwirkung des Vollstreckungsschuldners bei der Aufhebung des Rechts (§ 1183 S. 1 BGB; § 27 GBO) kaum zu erwarten sein dürfte, wird die zwingend erforderliche Löschung auf dem bisher belasteten Pfandobjekt für den Gläubiger kaum erreichbar sein. In einem solchen Fall kann der Gläubiger ohne Mitwirkung des Schuldners auf die Hypothek gem. § 1168 BGB verzichten (Bruder NJW 1990, 1163). Durch den Verzicht entsteht an dem bisher belasteten Objekt eine Eigentümergrundschuld (§§ 1168 Abs. 1, 1177 Abs. 1 BGB).

266 *1.2 Erklärung des Verzichts.* Der Verzicht ist gegenüber dem Grundbuchgericht oder gegenüber dem Eigentümer zu erklären. Er bedarf der Eintragung in das Grundbuch (§ 1168 Abs. 2 S. 1 BGB). Die bloße Aushändigung einer Löschungsbewilligung an den Schuldner genügt dafür jedoch nicht (KG JW 1938, 2847). Möglich ist auch ein nur teilweiser Verzicht zur Erhaltung der Rangstelle an dem bisherigen Objekt (OLG Oldenburg Rpfleger 1996, 242). Dazu müssten die freigegebenen Forderungsteile dann aber genau bezeichnet sein. Die Eintragung des Verzichts muss entsprechend § 867 Abs. 1 S. 1 ZPO auf dem Titel vermerkt werden. Nach Eintragung des

Verzichts könnte der Gläubiger sodann wegen seiner Forderung ein anderes Objekt des Schuldners mit einer neuerlichen Zwangshypothek – als Einzelrecht – belasten.

1.3 Keine Umgehung durch Mobiliarvollstreckung. Die durch den Verzicht entstehende Eigentümergrundschuld stünde allerdings wiederum der Mobiliarvollstreckung durch den verzichtenden Gläubiger zur Verfügung (§§ 830, 857 Abs. 6 ZPO), sodass zur Vermeidung einer Umgehung auch das Nebeneinander von Zwangshypothek (als Pfandrecht am Grundstück) und Pfandrecht am Grundpfandrecht dem Schutzzweck des § 867 Abs. 2 ZPO unterfallen muss (MüKo/*Eickmann* § 867 Rn. 66). 267

2. Grundbuchverfahren. *2.1 Zuständigkeiten.* S. Formular Teil 8 Rdn. 250. 268

2.2 Antrag. Der verfahrensrechtlich notwendige Antrag kann gem. § 13 Abs. 1 S. 2 GBO sowohl vom unmittelbar betroffenen »Verband Wohnungseigentümergemeinschaft« als auch vom unmittelbar begünstigten Schuldner/Wohnungseigentümer gestellt werden. Für den bloßen Antrag ist Schriftform ausreichend (vgl. § 30 GBO). Mit der Antragstellung ist die Kostentragungspflicht verbunden (§ 2 Nr. 1 KostO). 269

Beantragt wie im vorliegenden Fall der WEG-Verwalter für den »Verband Wohnungseigentümergemeinschaft« die Grundbucheintragung, stellt sich die Frage, ob dies nach dem Inkrafttreten des Gesetzes zur Neuregelung des Rechtsberatungsrechts am 01.07.2008 (BGBl. I S. 2840) überhaupt noch möglich ist. Tritt danach nämlich als Bevollmächtigter keine der in § 10 Abs. 2 FamFG genannten Personen auf, ist der Antrag durch Beschluss zurückzuweisen (§ 10 Abs. 3 S. 1 FamFG). Das Gesetz nennt jedoch in § 10 Abs. 2 FamFG als möglichen Bevollmächtigten den WEG-Verwalter nicht. 270

Eine vergleichbare Situation ergäbe sich, wenn der Antrag auf Eintragung einer Zwangshypothek vom WEG-Verwalter selbst gestellt würde, weil die für den insoweit anwendbaren § 79 Abs. 2 ZPO neu geregelten Anforderungen in dem hier interessierenden Zusammenhang denen des § 10 FamFG entsprechen. Auch dort ist der WEG-Verwalter als möglicher Bevollmächtigter nicht aufgeführt. 271

Allerdings beruht das Handeln des WEG-Verwalters in den genannten Fällen nicht auf einer rechtsgeschäftlich erteilten Vollmacht. Der WEG-Verwalter wird vielmehr als Organ des »Verbandes Wohnungseigentümergemeinschaft« tätig, wenn er Maßnahmen trifft, um einen gegen den Verband gerichteten Rechtsstreit gem. § 43 Nr. 2 oder Nr. 5 WEG in einem Erkenntnis- und Vollstreckungsverfahren zu führen (§ 27 Abs. 3 S. 1 Nr. 2 WEG). Der Bereich der gesetzlichen Vertretungsmacht des WEG-Verwalters kann auch für die aktive Prozessführung erweitert werden, wenn und soweit die Wohnungseigentümer den WEG-Verwalter hierzu gem. § 27 Abs. 3 S. 1 Nr. 7 WEG ermächtigen. Ist aber eine solche Ermächtigung erfolgt, handelt der WEG-Verwalter in den angesprochenen Fällen nicht als Bevollmächtigter i.S.d. § 10 Abs. 2 FamFG, § 79 Abs. 2 ZPO, sondern als gesetzlich bestimmtes Organ des Verbandes. Damit finden die geänderten Vertretungsvorschriften des FamFG und der ZPO insoweit auf den WEG-Verwalter keine Anwendung (*Elzer* ZMR 2008, 772, 774). 272

2.3 Bewilligung. Gem. § 19 GBO muss der Verzicht von dem Betroffenen bewilligt werden. Dies wird entsprechend der Vermutung des § 891 Abs. 1 BGB der im Grundbuch eingetragene Berechtigte sein. Es kommt also auch hier darauf an, wer im Grundbuch als Berechtigter der Zwangshypothek verlautbart worden ist (dazu s. Formular Teil 8 Rdn. 252). Die materiell-rechtliche Verzichtserklärung selbst muss nicht vorgelegt werden. 273

Folgt man der Rechtsauffassung des OLG München und verlangt zur Abgabe einer Löschungsbewilligung für den »Verband Wohnungseigentümergemeinschaft« den Nachweis einer besonderen Ermächtigung gem. § 27 Abs. 3 S. 1 Nr. 7 WEG (s. Formular Teil 8 Rdn. 252) dürfte auch die vorstehende Abgabe einer Bewilligung zur Eintragung des Verzichts durch den WEG-Verwalter nicht ohne eine solche Ermächtigung möglich sein (vgl. OLG München Rpfleger 2011, 429 = ZWE 2011, 180). 274

275 *2.4* **Keine Eigentümerzustimmung.** Zur Eintragung des Verzichts bei einer Zwangshypothek bedarf es nicht der Zustimmung des eingetragenen Eigentümers (kein Fall des § 27 GBO; *Schöner/Stöber* Rn. 2708).

276 *2.5* **Nachweise.** Die Bewilligung zur Eintragung des Verzichts ist in der Form des § 29 GBO vorzulegen.

277 Der Nachweis der Verwaltereigenschaft kann durch Vorlage des Bestellungsbeschlusses mit den notariell beglaubigten Unterschriften der in § 26 Abs. 3, § 24 Abs. 6 WEG genannten Personen geführt werden (Versammlungsleiter und ein Wohnungseigentümer sowie ggf. der Beiratsvorsitzende).

278 Für die nach Ansicht des OLG München nachzuweisende Bewilligungsermächtigung gilt das im Formular Teil 8 Rdn. 257 Ausgeführte entsprechend.

279 *2.6* **Voreintragung.** Gem. § 39 GBO muss der von der Eintragung Betroffene, also der Verzichtende (Verband, WEG-Verwalter, Wohnungseigentümer) im Grundbuch als Berechtigter voreingetragen sein.

280 **3. Kosten.** *3.1* **Gerichtskosten.** Für die Eintragung des Verzichts wird vom Gericht eine 5/10 Gebühr nach dem Nennbetrag des eingetragenen Rechtes erhoben (§§ 53 Abs. 1, 3 Abs. 2 GNotKG, KV-GNotKG Nr. 14130).

281 *3.2* **Notarkosten.** S. Formular Teil 8 Rdn. 262.

Teil 9 Steuerrecht

A. Umsatzsteuer bei der Gewerberaummiete

I. Miete

(1) Die Miete für den Mietgegenstand beträgt € _____ pro Monat (netto zuzüglich Nebenkostenvorauszahlung gemäß § _____).

(2) Die nach Absatz 1 vereinbarte Miete ist zuzüglich der jeweiligen gesetzlichen Umsatzsteuer, derzeit 19 %, zu bezahlen. **1**

(3) Der Mieter hat demnach monatlich die folgenden Zahlungen zu leisten:

Miete	€ _____
Nebenkostenvorauszahlung **2**	€ _____
USt (derzeit 19 %) **3**	€ _____
monatliche Zahlung	€ _____

(4) Der Vermieter wird dem Mieter über die Miete monatlich eine den gesetzlichen Vorschriften entsprechende Rechnung stellen. **4**

alternativ:

Der Vermieter wird dem Mieter über die Miete vor Beginn eines jeden Kalenderjahres eine den gesetzlichen Vorschriften entsprechende Dauerrechnung stellen.

alternativ:

Die Parteien vereinbaren, dass dieser Mietvertrag Dauerrechnung im Sinne des Umsatzsteuergesetzes sein soll. **5**

Zu diesem Zweck macht der Vermieter folgende Angaben: **6**

– Steuernummer/Umsatzsteueridentifikationsnummer

– Vertragsnummer/Rechnungsnummer

Erläuterungen

1. Umsatzsteuer als Teil der Miete. *1.1* Zur Frage, wann ein Vermieter zur Umsatzsteuer optieren kann, s. die Anmerkungen zu Formular Teil 9 Rdn. 10.

Zivilrechtlich ist die vom Mieter zu zahlende USt Teil des Mietpreises. Ändert sich der gesetzliche Umsatzsteuersatz (von derzeit 19 %) könnte der Vermieter die Differenz zwischen altem und neuen Umsatzsteuersatz (also eine Mietpreiserhöhung) nicht vom Mieter verlangen, wenn der Vertrag hierfür keine Anpassungsmöglichkeit vorsähe. Zwar hat der Gesetzgeber dies bei vergangenen Umsatzsteuererhöhungen stets durch eine gesetzliche Anpassungsvorschrift (zuletzt § 29 UStG) geregelt, da aber kein Verlass darauf ist, dass solche Regelungen auch in künftigen Fällen verabschiedet werden, empfiehlt sich eine vertragliche Vereinbarung zur Zahlung des jeweils geltenden Umsatzsteuersatzes.

2. Umsatzsteuer auch auf Nebenleistungen. *2.1* Hat der Vermieter zur USt optiert, unterliegen neben der reinen Miete auch die Nebenkosten und die Nebenkostenvorauszahlungen der Umsatzbesteuerung. Dies ergibt sich daraus, dass steuerlich Nebenleistungen dem Schicksal der Hauptleistung folgen. Dies gilt unabhängig davon, ob die Nebenkosten ihrerseits mit USt (Vorsteuer) belastet sind oder nicht (LG Hamburg, ZMR 1998, 294). Eine solche Regelung ist auch formularvertraglich zulässig (BGH, NJW 1972, 874).

5 **3. Notwendige Angaben zur Umsatzsteuer in der Rechnung.** *3.1* Nach § 14 Abs. 4 UStG, Ziff. 14.1 Abs. 2 UStAE[1] erfordert eine ordnungsgemäße Rechnung unter anderem folgende Angaben:
– getrennte Angabe von **Miete** und
– **ausgerechneter Umsatzsteuer** darauf und
– den anzuwendenden **Steuersatz**

6 **4. Mietvertrag als Rechnung.** *4.1* Um den Vorsteuerabzug zu ermöglichen, muss der Vermieter entweder über die Miete eine Rechnung ausstellen oder der Mietvertrag muss die Qualität einer Rechnung (OLG Düsseldorf NZM 2006, 262, 263; zu Einzelheiten vgl. auch *Pump/Fittkau* UStB 2006, 335) haben. So muss die Rechnung üblicherweise auf Papier und im Original vorliegen, soweit nicht unter den strengen Voraussetzungen des § 14 Abs. 3 UStG eine elektronisch übermittelte (signierte E-Mail, Datenaustausch, Telefax) Rechnung zulässig ist (vgl. *Weimann* UStB 2006, 309).

7 **5. Steuerausweis in der Rechnung.** *5.1* Ersetzt der Mietvertrag die Rechnung, muss zur Inanspruchnahme der Vorsteuer die Erbringung der Leistung aber noch durch ergänzende Belege nachgewiesen werden. Es müssen also Leistungsbelege (bspw. Quittungen oder Kontoauszüge) mit Angabe der jeweiligen Monate als Leistungsabschnitte vorliegen (BFH UR 1989, 30; BFH, BFH/NV 2003, 393). Die Rechtsprechung fordert hierbei zusätzlich, dass nicht nur aus dem Mietvertrag, sondern auch aus dem Zahlungsbeleg der gesonderte Steuerausweis erkennbar sein muss (BFH UR 2001, 118; diese Rechtsprechung wird derzeit von der Finanzverwaltung nicht angewendet, vgl. OFD Hannover Erlass v. 02.05.2002, UR 2002, 443, dauerhafter Verlass hierauf besteht jedoch nicht; vorsorglich sollten deshalb bei der Überweisung die entsprechenden Angaben gemacht werden).

8 **6. Notwendige Angaben zu Vermieter und Mieter in der Rechnung.** *6.1* Nach § 14 Abs. 4 UStG, Ziff. 14.1 UStAE erfordert eine ordnungsgemäße Rechnung seit 01.01.2004 unter anderem folgende Angaben:
– vollständiger **Name** und die vollständige **Anschrift** von Vermieter und Mieter,
– die dem Vermieter vom Finanzamt erteilte **Steuernummer** oder die ihm vom Bundesamt für Finanzen erteilte Umsatzsteuer-Identifikationsnummer,
– das Ausstellungsdatum (der Mietvertrag muss also mit **Datum** unterzeichnet sein),
– eine fortlaufende Nummer des Mietvertrags, die zur Identifizierung vom Vermieter einmalig vergeben wird (**Rechnungsnummer**),
– exakte **Bezeichnung der Mietsache** (Straße, Hausnummer, Etage, Lage im Objekt),
– **Vertragslaufzeit**.

II. Umsatzsteueroption

9 **Der Vermieter hat zur Umsatzsteuer gemäß § 9 UStG optiert.** [1, 2]

Es gelten deshalb folgende zusätzliche Vereinbarungen: [3]

(1) Der Mieter ist verpflichtet, auf Miete, Betriebskosten und Verwaltungskosten Umsatzsteuer in jeweiliger gesetzlicher Höhe zu zahlen. [4]

Soweit dieser Mietvertrag als Rechnung im Sinne des Umsatzsteuergesetzes dient, verpflichten die Parteien sich hiermit, die Veränderung des Mietpreises durch eine Änderung des gesetzlichen Steuersatzes der Umsatzsteuer in Form eines schriftlichen Nachtrags zu diesem Mietvertrag festzuhalten. [5]

---

1 Der UStAE hat aktuell den Stand vom 1. Oktober 2010 (BStBl I, 2010, S. 846), ist aber bis September 2015 durch 17 BMF-Schreiben teilweise modifiziert worden. Eine fortlaufend konsolidierte Fassung ist auf der Homepage des Bundesfinanzministeriums zum Download verfügbar.

(2) Der Mieter darf nur Umsätze tätigen, die den Vorsteuerabzug bei der Vermieterin nicht ausschließen. **6**

Abweichungen von dieser Verpflichtung hat der Mieter dem Vermieter unverzüglich schriftlich anzuzeigen.

(3) Der Mieter muss dem Vermieter alle zur Kontrolle dieser Verpflichtung und zur Führung der entsprechenden Nachweise bei den Finanzbehörden erforderlichen Informationen zur Verfügung stellen. Insbesondere ist der Mieter verpflichtet, dem Vermieter jederzeit schriftlich zu bestätigen, dass er nur Umsätze im Sinne der Ziff. 2 tätigt. **7**

(4) Der Mieter verpflichtet sich, dem Vermieter Ersatz für alle Schäden zu leisten, die diesem daraus entstehen, dass der Mieter oder sein Untermieter nicht ausschließliche umsatzsteuerpflichtige Geschäfte im Sinne von Ziff. 2 tätigt. **8**

Insbesondere ist der Vermieter berechtigt, für die Zeit, in der der Mieter nicht ausschließlich umsatzsteuerpflichtige Geschäfte tätigt, die Miete um den Betrag der ansonsten geschuldeten Umsatzsteuer zu erhöhen; somit würde die angesetzte nicht anfallende Umsatzsteuer die Miete entsprechend erhöhen. Diese Regelung gilt auch rückwirkend. Umsatzsteuer wird dem Mieter im Falle einer solchen Mietanpassung nicht mehr in Rechnung gestellt.

(5) Der Mieter ist verpflichtet, die vorstehenden Verpflichtungen gegebenenfalls an Untermieter weiterzugeben. Ein Verstoß hiergegen ist als wichtiger Grund zu qualifizieren, der den Vermieter berechtigt, die Genehmigung zur Untervermietung zu verweigern oder zu widerrufen. **9**

Erläuterungen

1. Umsatzsteuerfreie Geschäfte. *1.1* Nach § 4 Nr. 12a–c UStG sind Umsätze aus 10
– der Vermietung und Verpachtung von Grundstücken (§ 4 Nr. 12a),
– der Überlassung von Grundstücken oder Grundstücksteilen zur Nutzung auf Grund eines auf Übertragung des Eigentums gerichteten Vertrages oder Vorvertrages (§ 4 Nr. 12b),
– der Bestellung, der Übertragung und der Überlassung der Ausübung von dinglichen Nutzungsrechten an Grundstücken (§ 4 Nr. 12c)
umsatzsteuerfrei, sofern es sich nicht um
– die Vermietung von Wohn- und Schlafräumen, die ein Unternehmer zur kurzfristigen Beherbergung von Fremden bereithält,
– die Vermietung von Abstellplätzen für Fahrzeuge,
– die kurzfristige Vermietung von Campingplätzen oder
– die Vermietung und Verpachtung von Maschinen und sonstigen Vorrichtungen aller Art, die zu einer Betriebsanlage gehören (Betriebsvorrichtungen), auch wenn sie wesentlicher Bestandteil eines Grundstücks sind,
handelt. Auf diese Befreiung von der Verpflichtung zur Entrichtung von Umsatzsteuer auf seine Mieteinnahmen kann der Vermieter nach § 9 Abs. 2 UStG verzichten und den Umsatz aus der Vermietung als steuerpflichtig behandeln. Dieser Vorgang – Verzicht auf die Steuerfreiheit – wird als Option zur Umsatzsteuer oder kurz als Umsatzsteueroption bezeichnet. Voraussetzung für die Option ist zunächst, dass der Vermieter als Unternehmer (§ 2 UStG) an einen anderen Unternehmer für dessen Unternehmen vermietet (zur Erläuterung des Begriffs vgl. OLG Düsseldorf, NZM 2006, 262). Liegt zudem ein Fall des § 27 Abs. 2 UStG vor, muss der Mieter das Grundstück ausschließlich für Umsätze verwenden oder zu verwenden beabsichtigen, die den Vorsteuerabzug nicht ausschließen, es sei denn, es handelt sich um ein Altgebäude gemäß § 27 Abs. 2 UStG.

11 **2. Ausübung der Option zur Umsatzsteuer.** *2.1* Ob der Vermieter zur Umsatzsteuer optiert oder nicht, ist seine **freie Entscheidung** (BGH, ZMR 1981, 113). Zur Umsatzsteueroption ist der Vermieter auch dann nicht verpflichtet, wenn der Mieter ein starkes Interesse daran hat (BGH, ZMR 1991, 171).

12 *2.2* Den Finanzbehörden gegenüber muss der Vermieter **keine besondere Erklärung** hinsichtlich der Umsatzsteueroption abgeben. Es genügt, dass er entweder dem Mieter gegenüber die Umsatzsteuer gesondert ausweist (BFH BStBl II 2004, 795) und abrechnet oder den Umsatz in seiner Umsatzsteuervoranmeldung als umsatzsteuerpflichtig behandelt (BFH BB 1995, 1337 und DStR 1997, 1606). Führt der Vermieter noch keine Umsätze aus, bspw. weil das Mietobjekt noch in der Bauphase ist, reicht es für die Sicherung des Vorsteuerabzugs aus, wenn der Vermieter den Finanzbehörden erklärt und nachweist, dass er die **Absicht** habe, optionsfähige Umsätze auszuführen (BFH DStR 2001, 700; BStBl II 2003, 433; DStR 2006, 1597).

13 **3. Schadensersatzpflicht des Mieters.** Entsteht dem Vermieter durch das aus seiner Sicht vorsteuerabzugsschädliche Verhalten des Mieters ein Schaden, ist letzterer nur dann zum Schadensersatz verpflichtet, wenn er schuldhaft, also vorsätzlich oder fahrlässig gehandelt hat. Dies kann – von Ausnahmen, wie der Vermietung an einen Steuerberater abgesehen – regelmäßig nur angenommen werden, wenn der Vermieter den Mieter über die Problematik aufgeklärt hat.

14 **4. Erforderlichkeit vertraglicher Vereinbarung.** *4.1* Der Mieter ist zur Zahlung von Umsatzsteuer auf die Miete nur verpflichtet, wenn dies vertraglich vereinbart ist (BGH NJW-RR 1991, 647). Eine solche Regelung ist auch formularvertraglich zulässig, erfordert aber, dass der Mieter zum Vorsteuerabzug berechtigt ist (BGH NZM 2001, 952).

15 *4.2* Fehlt eine vertraglich geregelte Belastung des Mieters mit der Umsatzsteuer, kann der Vermieter zwar trotzdem zur Umsatzsteuer optieren (BGH NJW-RR, NJW-RR 1991, 647), er kann die Umsatzsteuer dann aber wegen der fehlenden mietvertraglichen Regelung nicht auf die Miete aufschlagen, denn die vereinbarte Miete gilt dann als Bruttomiete, so dass der Vermieter die Umsatzsteuer aus der Miete an das Finanzamt abführen muss (OLG Naumburg ZMR 2000, 291). Dadurch wird zwar einerseits der Mietertrag des Vermieters um die Höhe der aus der Miete entnommenen Umsatzsteuer geschmälert, aber andererseits um zu verrechnende Vorsteuer erhöht. Der Mieter kann in diesem Fall eine Reduzierung seiner Miete nicht verlangen, denn für ihn ist die vertraglich vereinbarte Miete der zu zahlende Endpreis, gleich, ob der Vermieter daraus Umsatzsteuer abführt oder nicht (OLG Naumburg ZMR 2000, 291).

16 **5. Mietvertrag als Rechnung.** Wird der Mietvertrag als Rechnung genutzt, muss er den umsatzsteuerlichen Vorschriften an die Qualität einer Rechnung genügen. Dies erfordert im Falle einer Änderung grundsätzlich den Abschluss eines Nachtragsvertrags, in welchem der neue Umsatzsteuersatz und der ausgerechnete Steuerbetrag festgehalten werden (BMF-Schreiben vom 11.08.2006, BStBl I 2006, 477, Rn. 23). Zwar soll auch ausreichend sein, dass der geänderte Steuerbetrag und der Steuersatz aus dem Überweisungsbeleg der monatlichen Mietzahlung erkennbar sind (BFH UR 2001, 118), hiervon ist jedoch abzuraten, weil im beleglosen Zahlungsverkehr keine Kontrolle darüber besteht, welche Informationen auf dem Kontoauszug des Vermieters ankommen.

17 **6. Folgen fehlerhafter Vertragsgestaltung.** *6.1* Entspricht der – nach dem 31.12.2003 geschlossene (auf vor dem 01.01.2004 geschlossene Verträge ist die Neuregelung nicht anzuwenden; vgl. BMF-Schreiben v. 29.01.2004, BStBl I 2004, 258, Rn. 40) – Mietvertrag nicht den gesetzlichen Erfordernissen, schuldet der Vermieter dem Finanzamt nach § 14c Abs. 2 S. 1 UStG den als Umsatzsteuer ausgewiesenen Betrag, hat aber selbst keine Möglichkeit zum Vorsteuerabzug. Leistet der Mieter trotz fehlender oder unrichtiger Angaben im Mietvertrag oder der Rechnung Zahlung, kann er die gezahlte Summe nicht als Vorsteuer geltend machen.

6.2 Verstößt der Vermieter gegen § 14 UStG, ist dies aber nicht nur hinsichtlich seines Vorsteuerabzugs gefährlich, denn eine vertragliche Verpflichtung des Mieters, zusätzlich zur Miete Umsatzsteuer zu zahlen, ist jedenfalls dann unwirksam, wenn der Mietvertrag die Umsatzsteuer nicht betragsmäßig ausweist (BGH NZM 2004, 785 mit Anm. *Drasdo* NJW-Spezial 2004, 294). Für den Vermieter hat dies zur Folge, dass er die nicht betragsmäßig im Vertrag genannte, vom Mieter aber gezahlte Umsatzsteuer als unberechtigt vereinnahmt nach § 14c UStG an das Finanzamt abzuführen hat – sofern er nicht eine Berichtigung nach § 14c Abs. 2 S. 3 UStG vornehmen kann – während gleichzeitig der Mieter den gezahlten (vermeintlichen) Umsatzsteuerbetrag möglicherweise bei ihm nach § 812 BGB kondizieren kann (BGH NZM 2004, 785), es sei denn die Parteien hätten ausnahmsweise einen von der Wirksamkeit der Option unabhängigen Gesamtpreis vereinbart (BGH ZMR 2009, 436).

18

7. Verpflichtung des Mieters zur Auskunft. Verwehrt die Finanzbehörde dem Vermieter den Vorsteuerabzug mit Hinweis auf ein steuerabzugsschädliches Verhalten des Mieters, ist der Vermieter wegen des zu seinen Ungunsten wirkenden Steuergeheimnisses des Mieters schutzlos, wenn er den Mieter nicht mietvertraglich zur Auskunft verpflichtet hat.

19

8. Rechtsgrundlage für Schadensersatz. Um die Diskussion darüber zu vermeiden, ob der dem Vermieter entstehende Schaden ein solcher nach § 823 BGB ist, bedarf es einer vertraglichen Vereinbarung.

20

9. Weiterbelastung an Untermieter. Die Möglichkeit der Umsatzsteueroption hängt für den Vermieter von der konkreten Nutzung des Mietobjekts auch durch den Endnutzer, also durch den Mieter oder den Untermieter ab. Es genügt also nicht die Vermietung an einen Unternehmer, sondern dieser Unternehmer muss auch Umsätze tätigen, die den Vorsteuerabzug nicht ausschließen. Verhält der Mieter sich vertragsgemäß, vermietet er aber an einen Untermieter unter, welcher den Vorsteuerabzug ausschließende Umsätze tätigt, verliert der (Haupt-)Vermieter trotz rechtmäßigen Verhaltens des Mieters seinen Vorsteuerabzug.

21

III. Ausübung der Umsatzsteueroption

Finanzamt		22
(Name und Anschrift des Finanzamt)	(Name und Anschrift des Vermieters)	

[Betreff]

(Steuernummer)

Liegenschaft (genaue Bezeichnung der Liegenschaft, bei welcher optiert werden soll)

hier: Umsatzsteueroption

Sehr geehrte Damen und Herren,

hiermit zeige ich Ihnen an, dass ich hinsichtlich meiner vorbezeichneten Liegenschaft ab _____ zur Umsatzsteuer optiere. [1]

[Alternativ:]

hiermit zeige ich Ihnen an, dass ich hinsichtlich des Mietverhältnisses mit der XY-GmbH in meiner vorbezeichneten Liegenschaft ab _____ zur Umsatzsteuer optiere. ²

Mit freundlichen Grüßen

(Unterschrift Vermieter)

Erläuterungen

23   **1. Ausübung der Option zur USt.** *1.1* Den Finanzbehörden gegenüber muss der Vermieter **keine besondere Erklärung** hinsichtlich der Umsatzsteueroption abgeben. Es genügt, dass er entweder dem Mieter gegenüber die Umsatzsteuer gesondert ausweist (BFH BStBl II 2004, 795) und abrechnet oder den Umsatz in seiner Umsatzsteuervoranmeldung als umsatzsteuerpflichtig behandelt (BFH BB 1995, 1337 sowie DStR 1997, 1606). Handelt es sich beim Vermieter um eine Miteigentümergemeinschaft, muss die Umsatzsteueroption einheitlich, also von jedem Miteigentümer, erklärt werden (BayObLG NJW-RR 1997, 79).

24   *1.2* Führt der Vermieter noch keine Umsätze aus, bspw. weil das Mietobjekt noch in der Bauphase ist, reicht es für die Sicherung des Vorsteuerabzugs aus, wenn der Vermieter den Finanzbehörden erklärt und nachweist, dass er die **Absicht** habe, optionsfähige Umsätze auszuführen (BFH DStR 2001, 700 und BStBl II 2003, 433).

25   **2. Teiloption zur USt zulässig.** *2.1* Die **Optionsmöglichkeit** besteht **für jede einzelne Leistung**. Der Vermieter kann deshalb in einem Gebäude, soweit die Option zulässig ist, jede einzelne Mietfläche und jeden einzelnen Mietvertrag der Umsatzsteuer unterwerfen (EuGH, BStBl II 2003, 452). Eine bloß quotale Aufteilung ist dabei jedoch nicht zulässig (BFH BStBl II 1997, 98).

IV. Widerruf der Umsatzsteueroption

Finanzamt	
(Name und Anschrift des Finanzamt)	(Name und Anschrift des Vermieters)

26

[Betreff]

(Steuernummer)

Liegenschaft (genaue Bezeichnung der Liegenschaft, bei welcher optiert werden soll)

hier: Umsatzsteueroption

Sehr geehrte Damen und Herren,

hiermit zeige ich Ihnen an, dass ich hinsichtlich meiner vorbezeichneten Liegenschaft mit Wirkung ab _____ nicht mehr zur Umsatzsteuer optiere. (1) ¹

[Alternativ:]

hiermit zeige ich Ihnen an, dass ich hinsichtlich des Mietverhältnisses mit der XY-GmbH in meiner vorbezeichneten Liegenschaft mit Wirkung ab _____ nicht mehr zur Umsatzsteuer optiere.

Mit freundlichen Grüßen

(Unterschrift Vermieter)

Erläuterungen

1. Widerruf der Option zu Umsatzsteuer. *1.1* Die Erklärung zur Umsatzsteueroption kann der Vermieter nach § 14c Abs. 1 S. 3 UStG gegenüber der Finanzbehörde unter Berücksichtigung von § 14c Abs. 2 S. 3–5 UStG widerrufen. Dies ist solange möglich, als die Steuerfestsetzung noch nicht bestandskräftig geworden ist (Ziff 9.1. Abs. 3 UStAE; krit. dazu *Prätzler* DStR 2011, 507). In diesem Fall verliert auch der Mieter gem. § 175 Abs. 1 S. 1 Nr. 2 AO rückwirkend den Vorsteuerabzug (BFH DStR 2006, 466; Herrlein, NZM 2015, 73).

B. Haushaltsnahe Dienstleistungen bei der Wohnraummiete

I. Nebenkostenabrechnung

28 **Der Vermieter ist verpflichtet, dem Mieter zur Vorlage bei dessen Finanzamt zusammen mit der jährlichen Nebenkostenabrechnung eine Bescheinigung über die darin enthaltenen Positionen im Sinne des § 35a EStG (Haushaltsnahe Dienstleistungen) zu erteilen. [1]**

Erläuterungen

29 1. *Vereinbarung der Bescheinigung haushaltsnaher Dienstleistungen.* *1.1* Zur Bekämpfung der Schwarzarbeit wurde mit Wirkung ab 01.01.2003 § 35a EStG zur steuerlichen Förderung haushaltsnaher Beschäftigungsverhältnisse und Dienstleistungen neu in das Gesetz eingefügt. Die Besonderheit für den Mieter liegt darin, dass die Finanzverwaltung (BMF-Schreiben vom 15.02.2010) die dem Gesetzeswortlaut nach nur dem vermietenden Eigentümer zustehende steuerliche Vergünstigung auch einem Mieter zugesteht, sofern ihm mit der Nebenkostenabrechnung oder Wohngeldabrechnung bestimmte Angaben bescheinigt werden.

30 § 35a EStG enthält allerdings keine Verpflichtung des Vermieters zur Ausstellung von Steuerbescheinigungen. Ob der Vermieter als Teil einer mietvertraglichen Nebenpflicht zur Ausstellung einer Steuerbescheinigung verpflichtet ist, ist streitig (dafür *Herrlein* WuM 2007, 2007, 54; *Sauren* NZM 2007, 231). Es empfiehlt sich deshalb eine klarstellende Regelung im Mietvertrag. Der dem Vermieter durch die Erteilung der Steuerbescheinigung entstehende Mehraufwand stellt bei der Wohnraummiete nicht umlagefähige Verwaltungskosten dar (*Herrlein* a.a.O).

II. Bescheinigung nach § 35a EStG

31 **Bescheinigung (1) [1]**

_____	_____
_____	_____
_____	_____
(Name und Anschrift des Finanzamt)	(Name und Anschrift des Vermieters)

Anlage zur Jahresabrechnung für das Jahr/Wirtschaftsjahr _____. [2]

Ggf. Datum der Beschlussfassung der Jahresabrechnung: _____

In der Jahresabrechnung für das nachfolgende Objekt

_____.

(Ort, Straße, Hausnummer und ggf. genaue Lagebezeichnung der Wohnung)

sind Ausgaben im Sinne des § 35a Einkommensteuergesetz (EStG) enthalten, die wie folgt zu verteilen sind: [3]

B. Haushaltsnahe Dienstleistungen bei der Wohnraummiete

A) Aufwendungen für sozialversicherungspflichtige Beschäftigungen (§ 35a Abs. 2 S. 1, 1. Alt. EStG) **4**				
Bezeichnung	Gesamtbetrag (in Euro)			Anteil des Mieters
B) Aufwendungen für die Inanspruchnahme von haushaltsnahen Dienstleistungen (§ 35a Abs. 2 S. 1, 2. Alt. EStG) **5**				
Bezeichnung	Gesamtbetrag (in Euro)	nicht zu berücksichtigende Materialkosten (in Euro)	Aufwendungen bzw. Arbeitskosten (in Euro)	Anteil des Mieters
C) Aufwendungen für die Inanspruchnahme von Handwerkerleistungen für Renovierungs-, Erhaltungs- und Modernisierungsmaßnahmen (§ 35a Abs. 2 S. 2 EStG)				
Bezeichnung	Gesamtbetrag (in Euro)	nicht zu berücksichtigende Materialkosten (in Euro)	Aufwendungen bzw. Arbeitskosten (in Euro)	Anteil des Mieters
(Ort und Datum)			(Unterschrift des Vermieters)	

Erläuterungen

1. Muster einer Bescheinigung. *1.1* Die Finanzverwaltung hat als Anlage 2 zu dem BMF-Schreiben vom 15.02.2010 dieses Muster einer Bescheinigung veröffentlicht. Verpflichtend ist die Verwendung des Muster der Finanzverwaltung allerdings mangels gesetzlicher Vorschrift nicht. Eine Bescheinigung, aus welcher sich die Art der Leistung, die Höhe der Gesamtkosten unter Abzug der Material- und sonstigen, nicht begünstigten Kosten, sowie der auf den einzelnen Eigentümer entfallende Kostenanteil ergibt, ist vielmehr ausreichend (*Tank* MietRB 2008, S. 124, 127). 32

2. Bescheinigung nach Veranlagungszeitraum. *2.1* Nach der gesetzlichen Regelung müssten die in den Nebenkosten enthaltenen Beträge im Sinne des § 35a EStG vom Mieter im entsprechenden Veranlagungsjahr deklariert werden. Der Mieter müsste also beispielsweise die Bescheinigung des Vermieters zur Nebenkostenabrechnung für das Kalenderjahr 2007 mit seiner Steuererklärung für das Jahr 2007 beim Finanzamt einreichen. Da dies regelmäßig dann, wenn der Vermieter die Abrechnungsfrist des § 556 Abs. 3 BGB voll ausschöpft nicht möglich ist, erlaubt die Finanzverwaltung – contra legem – Vorlage der Bescheinigung mit der Steuererklärung in dem Jahr, in welchem der Mieter die Bescheinigung erhält (BMF-Schreiben vom 15.02.2010, Tz. 42 f.). 33

3. Art der steuerbegünstigten Aufwendungen. *3.1* Nach § 35a EStG sind nicht sämtliche Ausgaben des Vermieters steuerbegünstigt. Die Steuerermäßigung ist demnach ausgeschlossen, wenn die Aufwendungen zu den Betriebsausgaben oder Werbungskosten gehören. Liegen gemischte Aufwendungen vor, muß eine zeitanteilige Aufteilung erfolgen. Reinigt also beispielsweise eine Kraft in ⅔ ihrer Arbeitszeit das Treppenhaus und in ⅓ der Zeit das berufliche Arbeitszimmer des Mieters, kann der Mieter ⅔ der Aufwendungen als haushaltsnahe Dienstleistung geltend machen und 1/3 als Betriebsausgaben oder Werbungskosten. 34

35 *3.2* Die Steuerermäßigung ist außerdem ausgeschlossen, wenn die betreffenden Aufwendungen als Sonderausgaben oder als außergewöhnliche Belastung berücksichtigt werden. Gegebenenfalls ist auch insofern eine Aufteilung vorzunehmen.

36 *3.3* Eine Aufspaltung von Positionen ist nicht zulässig. Läßt der Vermieter beispielsweise zum Abschluss einer nicht als Nebenkosten umlagefähigen Baumaßnahme das Treppenhaus einer Sonderreinigung unterziehen, können die in der Rechnung des Bauhandwerkers enthaltenen Reinigungskosten selbst dann nicht als haushaltsnahe Dienstleistungen geltend gemacht werden, wenn der Handwerker diese mit ihrem Arbeitslohnanteil in seiner Schlußrechnung separat ausweist (vgl. FG Rheinland-Pfalz DStRE 2004, 1341; FG Niedersachsen DStRE 2006, 715; FG Thüringen DStRE 2006, 1125; krit. dazu *Sauren* NZM 2007, 23, 27).

37 *3.4* Der Mieter kann die Steuerermäßigung beanspruchen, wenn
– in den von ihm zu zahlenden Nebenkosten Beträge enthalten sind, die für ein haushaltsnahes Beschäftigungsverhältnis, für haushaltsnahe Dienstleistungen oder für handwerkliche Tätigkeiten geschuldet werden und
– sein Anteil an den vom Vermieter unbar gezahlten Aufwendungen entweder aus der Nebenkostenabrechnung hervorgeht oder ihm durch eine separate Bescheinigung des Vermieters oder dessen Verwalters nachgewiesen wird (BMF-Schreiben vom 15.02.2010, Tz. 42).

38 **4. Beschäftigung von Angestellten.** *4.1* Beschäftigt der Vermieter Angestellte (§ 35a Abs. 1 oder 2 EStG), ergeben sich die begünstigten Aufwendungen aus den Lohnabrechnungen. Welche Tätigkeiten begünstigt sind, ergibt sich nicht aus dem Gesetz. Kennzeichnend ist nach Ansicht der Finanzverwaltung, dass der Vermieter Aufwendungen als Arbeitgeber an einen abhängig Beschäftigten hat. Dies verlangt eine Tätigkeit mit engem Bezug zum Haushalt. Beispielhaft werden genannt die Reinigung der Wohnung des Steuerpflichtigen und die Gartenpflege (BMF-Schreiben vom 15.02.2010, Tz. 4). Geht man davon aus, sind auch die Treppenhausreinigung, Schneebeseitigung und allgemeine Hausmeistertätigkeiten begünstigte Leistungen, denn zwischen der Gartenpflege und der Schneebeseitigung oder dem Auswechseln einer Glühbirne ist kein sachlicher Unterschied ersichtlich.

39 **5. Definition der haushaltsnahen Dienstleistungen.** *5.1* Als haushaltsnahe Dienstleistungen will die Finanzverwaltung Tätigkeiten verstanden wissen, die nicht zu den handwerklichen Leistungen i.S. des § 35a Abs. 2 S. 2 EStG gehören und welche typischerweise durch Mitglieder des privaten Haushalts erledigt werden und für die ein selbständiger Dienstleister in Anspruch genommen wird. Eine ausführliche Aufzählung von Beispielen für begünstigte Tätigkeiten (wie Hausreinigung, Wohnungsreinigung, Gartenpflege) enthält Anlage 1 zum BMF-Schreiben vom 15.02.2010. Wegen der Vergleichbarkeit mit dem haushaltsnahen Beschäftigungsverhältnis ist auch hier von der Begünstigung von Arbeiten wie der Treppenhausreinigung, der Schneebeseitigung und allgemeinen Hausmeistertätigkeiten auszugehen.

40 *5.2* Die Rechtsprechung benutzt in diesem Zusammenhang den Begriff der hauswirtschaftlichen Tätigkeit. Keine haushaltsnahen Dienstleistungen sind demnach solche, die zwar im Haushalt ausgeübt werden, aber keinen Bezug zur Hauswirtschaft haben (BFH DStR 2007, 530).

41 *5.3* Ein besonderes Risiko für den Vermieter bei der Ausstellung einer Bescheinigung besteht darin: Bei Dienstleistungen, die sowohl auf öffentlichem Gelände als auch auf Privatgelände durchgeführt werden, sind **nur die Aufwendungen für den das Privatgelände** betreffenden Teil begünstigt (BMF-Schreiben vom 15.02.2010, Tz. 12). Das bedeutet, dass zur Inanspruchnahme der Steuerverminderung der Dienstleister beispielsweise bei der Schneeräumung in seiner Rechnung ausweisen muss, wieviel Arbeitslohn und Materialkosten in der Beseitigung des Schnees auf der öffentlichen Straße vor einem Haus in seiner Rechnung enthalten ist und welcher Teil der Schneeräumung den privaten Zuweg zum Haus betrifft. Dies wird die Erstellung korrekter Abrechnungen und Steuerbescheinigungen deutlich erschweren.

B. Haushaltsnahe Dienstleistungen bei der Wohnraummiete

5.4 Bei von Selbständigen oder Handwerkern erbrachten Leistungen (§ 35a Abs. 3 EStG), muss der Anteil der Arbeitskosten in jeweiligen Rechnung ausgewiesen werden; lediglich bei Wartungsverträgen kann der Anteil der Arbeitskosten, welcher sich auch pauschal aus einer Mischkalkulation ergeben kann, aus einer Anlage zur Rechnung hervorgehen (BMF-Schreiben vom 15.02.2010, Tz. 36). Der Vermieter muss also künftig bereits bei Auftragserteilung darauf achten, die Erteilung einer entsprechenden Rechnung zu vereinbaren. 42

5.5 Haushaltsnahe handwerkliche Tätigkeiten sind nach Ansicht der Finanzverwaltung (BMF-Schreiben vom 15.02.2010, Tz. 20) alle handwerklichen Tätigkeiten für Renovierungs-, Erhaltungs- und Modernisierungsmaßnahmen, die in einem Haushalt erbracht werden, und zwar unabhängig davon, ob es sich um regelmäßig vorzunehmende Renovierungsarbeiten handelt oder kleinere Ausbesserungsarbeiten, die gewöhnlich durch Mitglieder des privaten Haushalts erledigt werden oder um Erhaltungs- und Modernisierungsmaßnahmen, die im Regelfall nur von Fachkräften durchgeführt werden (vgl. die Katalogbeispiele in Anlage 1 zum genannten BMF-Schreiben). 43

Stichwortverzeichnis

Die fett gedruckten Zahlen bezeichnen die Teile. Die mager gedruckten Zahlen verweisen auf die Randnummern.

Abänderung einer im vorläufigen Rechtsschutz ergangenen gerichtlichen Entscheidung **7** 22 ff.
Abberufung des Verwalters **2** 728 ff.
– Mehrheitsbeschluss **2** 731
– Wichtiger Grund **2** 736 ff.
Abbuchungsauftrag
– Abbuchungsverfahren **1** 990
Abflussprinzip **1** 1066
Abgeschlossenheitsbescheinigung **2** 9, 60 f.
Abmahnung **1** 584 ff., 1007
– Abhilfefrist **1** 588
– Androhung der fristlosen Kündigung **1** 1007
– Drittüberlassung des gesamten Mietobjekts **1** 599
– Drittüberlassung eines Teils der Miteträume **1** 590
– Hellhörigkeit **1** 615
– Kündigungsandrohung **1** 586
– Laufend verspätete Mietzahlung **1** 1007
– Qualifizierte Abmahnung **1** 1011, 1022
– Rechtsschutz **1** 589
– Schadensersatzanspruch **1** 619
– Störungen des Hausfriedens **1** 613
– Überbelegung des Mietobjekts **1** 621
– Unbefugte Untervermietung **1** 591, 599
– Unerlaubte Änderung des Geschäftscharakters bei Gewerberaum **1** 641
– Unerlaubte gewerbliche Nutzung von Wohnraum **1** 630
– Vermietung an Touristen **1** 630
– Unerlaubte Tierhaltung **1** 606
– Wohngeräusche **1** 614
Abnahmeprotokoll **1** 2403
Abrechnungsfrist
– Betriebskostenabrechnung **1** 1056
Abrisskündigung **1** 1714
Abstandsflächen **5** 67
Abstandszahlung **1** 2302
Abstellräume **2** 232
Abstimmungsverfahren **2** 516 ff.
– Kopfstimmrecht **2** 517 ff.
– Objektstimmrecht **2** 518 ff.
– Stimmenthaltungen **2** 522
– Stimmrecht nach Miteigentumsanteilen **2** 521
– Subtraktionsmethode **2** 523
Abwicklung des Mietverhältnisses
– Rückgabe des Mietobjekts **1** 2391
Ähnliche Einwirkungen
– § 906 Abs. 1 S. 1 BGB **5** 21
Alleinauftrag **4** 76 ff.
Allgemeine Geschäftsbedingung **1** 67

Altmietvertrag
– Kündigungsfrist **1** 1805
Änderungen von Teilungserklärung und Gemeinschaftsordnung **2** 315
– Form **2** 316
– Kosten **2** 320
– Zustimmung von Gläubigern **2** 317
Änderungskündigung **1** 1823, 1828, 1831
Anerkannte Regeln der Technik **3** 9
Anerkenntnis **1** 1126
Anfangsrenovierung **1** 2453
Anfechtungsfrist **2** 949
Anlagen mit Spezialcharakter **2** 188
Annuitätshilfen **1** 1365
Anrechnung von Drittmitteln **1** 1359
Anwaltsvergleich **1** 2320
Anzeigepflicht
– Mangel **1** 739, 747
Aufhebung (§ 9 WEG) **2** 201
– Belastungen **2** 207
– Form **2** 202
– Voraussetzungen **2** 206
Auflassung
– Klage auf ~ **3** 29
Auflassungsvormerkung
– Bauträgervertrag Wohnungseigentumseinheit **3** 27
Auflösende Bedingung **1** 1584
Aufrechnung **1** 889
– Erhalt des Aufrechnungsrechts **1** 900, 928
– Formularklausel **1** 898
– Kaution **1** 2767
– Überzahlte Miete **1** 952
Aufteilung nach WEG
– Großaufteilung **2** 25 ff.
– Kleinstaufteilung **2** 1 ff.
– Quasi-Realteilung **2** 28 ff.
– Teilungserklärung **2** 2
Aufwandsentschädigung
– Beirat **2** 812
Aufwendungsersatz **1** 376, 891, 923
– Bauliche Veränderungen **1** 376
– Klage des Mieters auf ~ nach Mängelbeseitigung **1** 931
– Mängelbeseitigung **1** 891
Augenscheinseinnahme **1** 1271
Aus- und Umbauten **1** 283
– Absicherung der Gemeinschaft **2** 291
– Bildung von Sondereigentum **2** 288
– Standardmuster **2** 284
– Stimmrecht **2** 290

Stichwortverzeichnis

- Tragung von Lasten und Kosten 2 289
- Umfang des Ausbaurechtes 2 287

Auskunft
- Zeitmietvertrag 1 82

Ausschluss der Mieterhöhung 1 1173
Außen-GbR 1 19
Außenfenster/türen 2 65, 100
Außenrollladen 1 437, 449
Außerordentliche befristete Kündigung 1 1588, 1590, 1851, 1954, 2062
Außerordentliche fristlose Kündigung
- Ablauf einer zur Abhilfe gesetzten Frist 1 1957
- Abmahnung 1 1957
- Ausspruch binnen angemessener Frist 1 1959
- Begründungserfordernis 1 1961
- Beleidigung 1 1977
- Betriebspflicht bei Gewerberäumen 1 650
- Generalklausel 1 1971, 2062
- Gewalttätigkeit 1 1977
- Hilfsweises Aussprechen einer ordentlichen Kündigung 1 1967
- Konkurrenzschutz 1 700
- Schriftform 1 1955
- Ständig verspätete Zahlung der Miete 1 2046
- Störung der Geschäftsgrundlage 1 1975
- Störung des Hausfriedens 1 2026
- Tierhaltung 1 575
- Umdeutung in ordentliche Kündigung 1 1626, 1966
- Unbefugte Untervermietung 1 1998
- Unrichtige Angaben in einer Selbstauskunft 1 1983
- Verfehlung eines Dritten 1 1980
- Vertragswidriger Gebrauch 1 1989
- Verwirkung 1 1959
- Zahlungsverzug 1 2003
- Zerrüttung der Vertragsgrundlage 1 1974

Außerordentliche fristlose Mieter-Kündigung 1 2062
- Begründungserfordernis 1 2070
- Fristlose Kündigung aus wichtigem Grund; Generalklausel 1 2062
- Kündigung binnen angemessener Frist 1 2071
- Kündigung mit »gewisser Frist« 1 2074
- Unbefugtes Eindringen des Vermieters 1 2066
- Vorsätzliche falsche Abrechnung der Betriebskosten 1 2069

Außerordentliche Kündigung mit gesetzlicher Frist 1 1851
- Belehrung über Kündigungswiderspruch 1 1860
- Berechtigtes Interesse 1 1857
- Fortsetzung des Mietverhältnisses mit dem Erben 1 1888
- Fortsetzungsrecht des überlebenden Mieter 1 1933
- Kündigungsfrist 1 1854
- Kündigungswiderspruch nach der Sozialklausel 1 2114

- Sonderkündigungsrecht 1 1867
- Zeitmietvertrag 1 1859

Ausstattungsmerkmale 1 1282

Bagatellgrenze 1 230
Barrierefreies Wohnen 1 453
Basisjahr 1 1566
Bauabschnittweise Errichtung 2 237
Baualter 1 1198
Baualtersklasse 1 1198, 1240
Bauaufsicht 5 67
Baugenehmigungsbescheid
- Antrag des Nachbarn auf Aussetzung der Vollziehung eines dem Bauherrn erteilten ~ 7 7 ff.
- Antrag des Nachbarn, die aufschiebende Wirkung seines Widerspruches gegen einen dem Bauherrn erteilten ~ anzuordnen 7 15 ff.
- Widerspruch des Nachbarn gegen ~ 7 1 ff.

Baukostenzuschuss 1 1380
Baulärm 5 36
Bauliche Veränderungen 1 368, 438
- Abdingbarkeit des Zustimmungserfordernisses 2 658
- Ankündigung 1 393
- Ankündigungspflicht 1 429
- Anschluss an das Breitbandkabelnetz 1 421, 1392
- Aufwendungen für Schönheitsreparaturen 1 376
- Aufwendungsersatz 1 376
- Auslegung der Teilungserklärung 2 401
- Barrierefreies Wohnen 1 453
- Beeinträchtigung 2 661
- Beseitigung 1 451; 2 831 ff.; s.a. Beseitigung baulicher Veränderung
- Definition 2 659
- Durch den Mieter 1 372
- Eingriffe in die Bausubstanz 1 459
- Einstweilige Verfügung 1 430
- Energieeinsparung 1 394
- Entscheidungsbefugnis des Verwalters 2 402
- Erhaltungsmaßnahme 1 374
- Fahrstuhl 1 474
- Gebot der Wirtschaftlichkeit 1 427
- Gesonderte Sicherheit 1 448
- Grundlage 2 657
- Interessenabwägung 1 472
- Isolierverglaste Fenster 1 393
- Klage des Mieters bei von ihm beabsichtigten ~ 1 478
- Klageantrag 1 423
- Kosten der Maßnahme 2 666
- Mietgebrauch 1 372
- Mit Kostenverteilung 2 670 ff.
- Modernisierung 1 418 ff.
- Modernisierungsmaßnahme 1 368
- Modernisierungsvereinbarung 1 370
- Neu anfallende Betriebskosten 1 394
- Parabolantenne 1 441

Stichwortverzeichnis

- Rückbaukosten 1 448
- Sonstige Einrichtungen 1 452, 455
- Teich 1 373
- Veränderungen im Außenbereich 1 827
- Voraussichtlicher Beginn 1 394
- Vorschuss 1 382
- Wirtschaftliche Bauausführung 1 427
- Wohnungseigentum 1 475
- Zentralheizung 1 431
- Zu erwartende Mieterhöhung 1 394
- Zusätzliche Sicherheit 1 466 ff.
- Zustandekommen der Zustimmung 2 667
- Zustimmung des Verwalters 2 399 ff.

Baumaßnahmen
- Einstweilige Verfügung 5 13
- Nachbarrechtliche Vereinbarung über Duldung und Folgen von - 5 64 ff.

Baumschutz 5 11

Bausubstanz
- Eingriffe in die - 1 459

Bauträgerrecht
- Bauträgervertrag Wohnungseigentumseinheit 3 1
- Klage auf Auflassung 3 29
- Klage auf Rückabwicklung 3 46
- Klage einer WEG-Gemeinschaft auf Vorschuss 3 57
- Klage eines Erwerbers auf Minderung wegen Mängeln am Gemeinschaftseigentum 3 68 ff.

Bauträgervertrag Wohnungseigentumseinheit
- Abweichungen 3 10
- Anerkannte Regeln der Technik 3 9
- Auflassungsvormerkung 3 27
- Beurkundung 3 7
- Fälligkeit gem. § 7 MaBV 3 19
- Freistellung gem. § 3 Abs. 1 S. 2 MaBV 3 17
- Haftung 3 26
- Kaufgegenstand 3 8
- Kaufpreis und Nebenkosten 3 14
- Leistungsumfang 3 11
- Protokoll 3 24
- Ratenzahlung 3 15
- Sonderwünsche 3 13
- Verbraucherverträge 3 3
- Verwalter 3 28
- Vollmachtloser Vertreter 3 4
- Voraussetzungen der MaBV 3 16
- Wohnungskaufvertrag 3 6

Bedingung 1 218

Begründungsmittel 1 1209

Beheizungsmängel
- Darlegungslast des Mieters 1 790

Beirat
- Abberufung 2 813
- Aktives Wahlrecht 2 780
- Amtszeit 2 783
- Aufgaben 2 788
- Aufwandsentschädigung 2 812
- Beschlussmängel 2 802
- Blockwahl 2 777
- Entlastung 2 814
- Ersatzvertreter 2 785
- Haftpflichtversicherung 2 811
- Haftungsbeschränkung 2 808
- Innenverfassung 2 801
- Passives Wahlrecht 2 781
- Vergütung 2 799
- Verhältnis zur WEG 2 798
- Wahl 2 772 ff.
- Wahl von Ersatzmitgliedern 2 805
- Wahlverfahren 2 776
- Zahl der Mitglieder 2 786

Belegeinsicht 1 1102

Beleidigung
- Außerordentliche fristlose Kündigung 1 1977

Berliner Räumung 1 2852

Berufung im WEG Verfahren 2 1207 ff.

Beschäftigung von Angestellten 9 38

Beschluss
- Nichtigkeit 2 1035

Beschlussanfechtung
- Anfechtungsfrist 2 949
- Begründungsfrist 2 959
- Jahresabrechnung 2 1002
- Kosten 2 982
- Mit Begründung 2 924
- Ohne Begründung 2 989
- Passivlegitimation 2 941
- Prozessführungsbefugnis 2 935
- Prozessstandschaft 1 996
- Prozessverbindung 2 964
- Wirtschaftsplan 2 1012

Beschlusssammlung 2 903 ff., 906
- Anspruch auf Einsichtnahme 2 1154 ff.

Beseitigung baulicher Veränderung 2 1045 ff.
- Bauliche Veränderungen 2 1049 ff.
- Prozessführungsbefugnis 2 1048
- Verfahrensordnung 2 1046
- Zulässigkeit 2 1046

Beseitigungs- und Unterlassungsanspruch
- Vorkaufsrecht 1 2277

Beseitigungs- und Unterlassungsansprüche 5 1 ff.
- Abmahnung 5 2 ff.

Beseitigungsanspruch
- Konkurrenzschutz 1 699

Beseitigungsklage
- Nachbarrecht 5 25 ff.

Beseitigungsrecht 5 44

Besichtigung des Mietobjekts 1 344
- Ankündigungsfrist 1 351
- Besonderer Anlass 1 344
- Einstweilige Verfügung 1 363
- Formularklausel 1 349
- In regelmäßigen Abständen 1 345
- Kaufinteressent 1 356
- Schadensersatz 1 359

Stichwortverzeichnis

- Terminvorschlag 1 353
- **Betreutes Wohnen** 2 196
- Heimcharakter 2 197
- Nutzungsregelungen 2 199
- Schuldrechtliche Bedingungen 2 200

Betriebskosten
- Mietaufhebungsvereinbarung 1 2290
- Modernisierungsvereinbarung 1 370, 431
- Urkundenprozess 1 1031
- Zwangsverwaltung 8 170 ff.

Betriebskostenabrechnung 1 1048
- Abrechnungsfrist 1 1056
- Einwendungsschreiben des Mieters gegen eine - 1 1117 ff.
- Fehlerfolgen 1 1056
- Klage des Vermieters auf Bezahlung einer Nachforderung 1 1113 ff.

Betriebskostenerhöhung 1 21, 1421
Betriebskostenpauschale 1 1421
Betriebskostenvorauszahlungen 1 1049
- Mietänderung bei preisgebundenem Wohnraum 1 1514
- Rückzahlung 1 1056

Betriebspflicht bei Gewerberäumen 1 645
- Außerordentliche fristlose Kündigung 1 650
- Bei gleichzeitig ausgeschlossenem Konkurrenzschutz 1 663
- Einkaufszentrum 1 657
- Einstweilige Verfügung 1 677
- Erfüllungsanspruch 1 647
- Formularklausel 1 646, 661
- Gesundheitliche Beeinträchtigung des Mieters 1 648
- Klage auf Erfüllung 1 651
- Klage des Vermieters auf Erfüllung einer mit dem Mieter vereinbarten - 1 651
- Klageerwiderung 1 658
- Kündigung 1 650
- Schadensersatzanspruch 1 650
- Schreiben mit Forderung der Erfüllung 1 645
- Sortimentsbindung 1 666
- Streitwert 1 653
- Unterlassungsklage 1 655
- Vereinbarte Betriebspflicht 1 646
- Verhinderung einer Betriebseinstellung 1 677

Beweissicherung 5 73
Bezugsfertigkeit 1 59
Bienenzucht 5 21
Bildung von Untergemeinschaften 2 259
- Anwendungsbereich 2 260 ff.
- Reichweite 2 261

Blockwahl 2 777
Bodenrichtwert 5 75, 79
Breitbandkabelnetz
- Anschluss an das - 1 421, 1392

Bruttokaltmiete 1 94
Bruttomiete 1 1219

Darlehen 1 1296, 1370
Datenschutz 1 1106
Dauerwohnrecht 2 214; 6 7
- Dauer 2 218
- Form 2 215
- Rangstelle 2 219
- Rechtsnatur 2 216
- Voraussetzungen 2 217

Doppelvermietung 1 323
Drittmittel 1 1359
Drittüberlassung 1 485
- Ablehnung 1 532
- Anspruch auf Erlaubniserteilung 1 490
- Anzeige zur Aufnahme einer Person in das Mietobjekt 1 485 ff.
- Berechtigtes Interesse des Mieters 1 492
- Ehegatte 1 491
- Eintritt eines Gesellschafters 1 497
- Familienangehörige 1 491
- Formularklausel 1 603
- Gesamtes Mietobjekt 1 525
- Hilfs- und Pflegepersonen 1 495
- Klageantrag 1 535
- Kündigungsrecht 1 487
- Lebensgefährte 1 492
- Registrierte Lebenspartner 1 491
- Überbelegung 1 521

Dübellöcher 1 2568
Duldung baulicher Maßnahmen
- Klage 1 421

Ehegatten 1 27
- Drittüberlassung 1 491

Eigenbedarf 1 1669
- Alternativwohnung 1 1673
- Anbietpflicht 1 1674
- Angehörige des Haushalts 1 1681
- dringender - 1 2918
- Kündigungsschreiben 1 1676
- Künftige Umstände 1 1686
- Pflegebedarf 1 1685
- Vorgetäuschter - 1 2983; s.a. dort
- Vorhersehbarer - bei Vertragsschluss 1 1686
- Vorratskündigung 1 1686

Eigenbedarfskündigung 1 1642, 1669, 2125, 2263, 2302, 2781
- Darlegungs- und Beweislast 1 2785

Eigenleistungen des Mieters
- Schönheitsreparaturen 1 2464, 2592

Eigennutzung 1 79
Eigentümer-Besitzer-Verhältnis 1 2782
Eigentümerwechsel 1 1050
Eigentumswohnung 1 1110
- Kündigung 1 1690

Einbauten 1 2417
- Entschädigung für zurückgelassene - 1 2211

Einfamilienhäuser 1 1205
Einfriedigung 5 27

Stichwortverzeichnis

Eingriffsverfügung 7 29 ff., 32 ff.
Einheitliches Mietverhältnis 1 1303
Einkaufszentrum
– Betriebspflicht 1 657
Einlagerung
– Möbel 1 315
Einliegerwohnung 1 1729
Einrichtungen
– Übernahme durch den Vermieter 1 2417
Einrichtungen/Einbauten des Mieters
– Aufforderung zur Beseitigung 1 2430
Einsparung von Energie 1 1333, 1357
Einsparung von Wasser 1 1333
Einstellung der Zwangsvollstreckung
– Erstinstanzliches Räumungsurteil im Berufungsverfahren 1 2948
Einstweilige Verfügung 1 325
– Antrag 1 337
– Auf Duldung von Reparaturmaßnahmen 1 385
– Bauliche Veränderungen 1 430
– Baumaßnahmen 5 13
– Besichtigung des Mietobjekts 1 363
– Eintragung einer Auflassungsvormerkung nach Ausübung des Vorkaufsrechts 1 2272
– Eintragungsantrag 1 2274
– Einzugsermächtigung 1 1005
– Erhaltung der Mietsache 1 388
– Konkurrenzschutz 1 713
– Ordnungsgeld 1 387
– Streitwert 1 331
– Verbotene Eigenmacht 1 338
– Verhinderung einer Betriebseinstellung 1 677
– Vollziehung 1 343, 2275
– Vollziehungsfrist 1 343
– Widerspruch 1 335
– Wiedereinräumung des entzogenen Besitzes 1 323, 333, 338
– Zur Verhinderung der Überlassung von Gewerberäumen an einen Konkurrenten 1 713
– Zuständigkeit 1 326 ff., 2273
Eintritt eines Gesellschafters
– Drittüberlassung 1 497
Eintrittsrecht 1 1869
– Ablehnungsrecht 1 2133
– Außerordentliche Kündigung mit gesetzlicher Frist 1 1869
– Dreipersonenbeziehung 1 2138
– Geschäftsunfähige Person 1 2136
– Haushaltsgemeinschaft 1 2137
– Homosexuelle Partnerschaft 1 2138
– Rangfolge der privilegierten Personen 1 1871
– Zahlungsunfähigkeit des Eintretenden 1 1878
Einvernehmliche Mieterhöhung 1 1174, 1250
Einwendungsfrist 1 1118 ff.
Einzugsermächtigung 1 992
– Einstweilige Verfügung 1 1005
– Formularklausel 1 995
– Schadensersatzanspruch 1 998

– Widerruf 1 999
Empfangsvollmacht 1 1598
Energetische Modernisierung 1 393, 1328 ff.
– Minderungsausschluss 1 867
Energieeinsparung
– Bauliche Veränderungen 1 394
Entfernungs- und Rückbaupflicht
– Nachmieter 1 2198
Entgangener Gewinn
– Schaden 1 942, 947
Entschädigung 5 71
Entschuldigungsgründe 1 1139
Erbbaurecht 6 36 ff.
Erbengemeinschaft 1 201
Erhaltung der Mietsache
– Einstweilige Verfügung 1 388
Erhaltungsmaßnahme 1 374
Erhöhung des Gebrauchswertes 1 1334
Erlaubnisvorbehalt
– Tierhaltung 1 580
Erledigung des Rechtsstreits 1 922
Ermäßigung 1 1377
Ersatzmieter 1 2167; s.a. Nachmieter
– Identität des Mietverhältnisses 1 2171
– Neues Mietverhältnis 1 2174
– Renovierungspflicht 1 2173
Ersatzvornahme Zwangsvollstreckung 1 2875
– Einwand der Erfüllung 1 2879
Ersatzzustellungsvertreter 2 838 ff.
– Aufgaben 2 841
– Aufgaben des Stellvertreters 2 844
– Gerichtliche Bestellung 2 858
– Haftung 2 853
– Kostenentschädigung 2 850
– Notwendige Quoren 2 856
– Person 2 845
– Verpflichtung zur Bestellung 2 840
– Verteilung der Kosten 2 852
– Zeitliche Befristung 2 847

Fahrstuhl
– Bauliche Veränderungen 1 474
– Nachträglicher Einbau 2 155
Familienangehörige
– Drittüberlassung 1 491
Fehlbelegungsabgabe 1 1226
Fehlerkorrektur
– Betriebskostenabrechnung 1 1094
Ferienhausanlagen 2 193 ff.
– Nutzungsregelungen 2 195
– Spezialcharakter 2 194
Festmiete 1 1579
Feuchtigkeitsschäden
– Beweislast 1 794
– Mangel 1 862
Flächenberechnung 1 40
Flexible Zuordnung von Sondernutzungsflächen 2 226 ff.

1099

Stichwortverzeichnis

– Abstellräume 2 232
– Freiflächen 2 235
– Gestaltungsmöglichkeiten 2 227
– Sonstiges 2 236
Fortsetzung des Mietgebrauchs 1 2152
– Formularvertragliche Abbedingung 1 2154
– Personenmehrheit 1 2162
– Widerspruch durch Klage oder Prozessschriftsatz 1 2164
– Widerspruch im Kündigungsschreiben 1 2161
Fortsetzung des Mietverhältnisses mit dem Erben 1 1887
– Außerordentliche Kündigung mit gesetzlicher Frist 1 1888
– Berechtigtes Interesse 1 1890
– Überlegungsfrist 1 1889
Fortsetzungsrecht der überlebenden Mieter
– Außerordentliche Kündigung mit gesetzlicher Frist 1 1933
– Personenkreis 1 1931
– Überlegungsfrist 1 1934
Fortsetzungswiderspruch 1 1647, 1664, 1667, 1687, 1688, 1704, 2164
– bei Personenmehrheit 1 2162
Freiberufler
– Konkurrenzschutz 1 719
Freistellung
– Gem. § 3 Abs. 1 S. 2 MaBV 3 17
Fristlose Kündigung wegen Gesundheitsgefährdung 1 2094
– Ärztliche Bescheinigung 1 2100
– Schimmelpilzbildung 1 2100
– Verwirkung des Kündigungsrechts wegen Zeitlaufs 1 2098
Fristlose Kündigung wegen nachhaltiger Störung des Hausfriedens 1 2026, 2102
Fristlose Kündigung wegen Nichtgewährung des vertragsgemäßen Gebrauchs 1 2075

Garantiehaftung 1 298
Gebäudeabbruch
– Verwertungskündigung 1 1714
Gebot der Wirtschaftlichkeit 1 1068, 1117, 1131
Geltungserhaltende Reduktion 1 2531, 2667
Gemeinschaftseigentum, unzulässiger Gebrauch
– Unterlassung 2 1053 ff.
Gemeinschaftseinrichtung 1 42
Gemeinschaftsordnung 2 26
Gemischtnutzung Wohnen/Gewerbe 2 188 ff.
– Besonderheiten 2 189
– Konkurrenzschutz 2 191
– Nutzungsmöglichkeiten 2 190
– Werbeschilder 2 192
Genossenschaftsbedarf
– Ordentliche Kündigung 1 1643
Geordnete Zusammenstellung 1 1107
Gerichtlicher Vergleich 1 2316; s.a. Vergleich

Gerichtskostenvorschuss
– Beschlussanfechtung 2 981
Gerüst 5 68
Gesamtkosten 1 1058
Geschäftsführung ohne Auftrag
– Mängelbeseitigung 1 925
Geschäftsordnungsbeschluss 2 459 ff.
– Protokollführung 2 469 ff.
– Tagesordnung 2 475
– Teilnahme Dritter 2 478
– Versammlungsleitung 2 462 ff.
Geschäftsräume 1 200, 1827
– Kündigungsfrist 1 1828
Geschäftsraummiete 1 200
Gesellschaft bürgerlichen Rechts
– Außengesellschaft 1 19
– Innengesellschaft 1 19
– Vertretungsverhältnis 1 20
Gesetzliche Schriftform 1 3
Gesundheitsgefährdung
– Vollstreckungsschutz 1 2943
Gewährleistung 1 723
Gewährleistungsausschluss 1 737
Gewährleistungskündigung 1 2077
– Ausspruch binnen angemessener Frist 1 2085
– Beweislast 1 2087
– Frist zur Abhilfe 1 2079
– Mangelkenntnis 1 2081
– Unerhebliche Hinderung des Gebrauchs 1 2084
Gewalttätigkeit 1 1977, 2067
– Außerordentliche fristlose Kündigung 1 1977
Geweberaummiete
– Bezeichnung der Vertragsparteien 1 201 ff.
– Mietgegenstand und Mietzweck 1 206
– Mietsicherheit 1 251
– Mietzeit, Kündigung Option 1 212
Gewerberaum
– Untervermietung 1 504
Gewerberaum-Mietvertrag 1 2455
– Kündigung 1 1823
Gewerberaummiete 1 200
– Bedingung 1 218
– Bewirtschaftungskosten 1 190
– Kostenelementeklausel 1 247
– Leistungsvorbehalt 1 236
– Mietänderung 1 1547
– Optionsrecht 1 220
– Spannungsklausel 1 247
– Staffelmiete 1 232 ff.
– Umsatz- oder Gewinnbeteiligungsklausel 1 234 ff., 247
– Umsatzsteuer 1 226
– Wertsicherungsklausel 1 238
Gewerbliche Nutzung 1 630
– Kündigung 1 639
– Mietzuschlag 1 633
– Unerlaubte Änderung des Geschäftscharakters 1 641

Stichwortverzeichnis

Gewerblicher Eigenbedarf
– Kündigung 1 1642, 2125, 2263, 2302
Gleichbehandlung
– Tierhaltung 1 568
Gleitklausel 1 234 ff., 249
GmbH 1 3, 204
Grenzbepflanzung 5 43
Großaufteilung 2 25 ff., 52
Güteantrag 1 2816
– Rücknahme 1 2821
– Verjährungshemmung 1 2818
Gütestelle 1 2818; 5 7
Güteverfahren 1 2817

Haftung
– Bauträgervertrag Wohnungseigentumseinheit 3 26
Haftung für Lasten 2 276
– Gestaltungsmöglichkeiten 2 277
– Haftung Innenverhältnis 2 282
Haftungsausschluss 1 61
Hammerschlags- und Leiterrecht 5 17, 65
Handelsgesellschaft 1 203
Hausfrieden 1 614, 2026, 2102
Hausgeldrückstände
– Antrag auf Anordnung der Zwangsverwaltung wegen – 8 108 ff.
– Antrag auf Beitritt zur Zwangsversteigerung wegen titulierter – 8 62 ff.
– Antrag auf Eintragung der Löschung einer Zwangshypothek wegen – 8 248 ff.
– Antrag auf Eintragung einer Zwangshypothek wegen – 8 187 ff.
– Antrag auf Umschreibung einer Zwangsvollstreckungsklausel wegen titulierter – 8 94 ff.
– Zwangsversteigerung wegen – 8 1 ff.
Haushaltsnahe Dienstleistungen 9 28
– Definition 9 39
– Musterbescheinigung 9 32
– Verwalterbescheinigung über – 1 1154
Hausmeisterkosten 1 1075
Hausordnung 2 243
– Inhalt 2 245
– Rechtsnatur 2 244
Hausratsgegenstände
– Vermieterpfandrecht 1 2730
Haustürgeschäft 1 1175
Heimfallrecht 6 41
Heizkosten
– Jahresabrechnung 2 606 f.
Hellhörigkeit
– Abmahnung 1 615
Hemmung der Verjährung 1 2816
– Individualisierung des Anspruchs 1 2828
– Mahnbescheid 1 2830
Herausgabe von Unterlagen
– Beschluss über – gegenüber Vorverwalter 2 747

Hilfs- und Pflegepersonen
– Drittüberlassung 1 495
Höchstmiete 1 1576
Hundehaltung 1 550

Immobiliarvollstreckung 8 1 ff.
Indexmiete 1 126, 1441
– Anspruch auf Anpassung 1 133
– Erhöhung 1 135
– Erhöhungserklärung 1 1445
– Jahresfrist 1 1449
Individualvereinbarung 1 69
Inklusivmiete 1 1219
Insolvenzverfahren über Wohnungseigentum 2 1224 ff.
– Forderungsanmeldung 2 1234 ff.
Instandhaltungs-/Instandsetzungskosten
– Übertragung 1 192
Instandhaltungsrücklage 2 103, 289, 607
Instandsetzung 2 628 ff.
– Beschlussinhalt 2 638
– Definitionen 2 630 ff.
– Grundlage 2 629
– Notwendiges Quorum 2 638
– Vergleichsangebote 2 635
– Verteilung und Aufbringung der Kosten 2 637
Instandsetzungskosten 1 1344
Isolierte Endrenovierungsklausel 1 2717
Isolierverglaste Fenster
– Bauliche Veränderungen 1 393

Jahresabrechnung 2 599 ff.
– Beschlussanfechtung 2 1002
– Beschlusskompetenz 2 609
– Einnahmen-/Ausgaben-Abrechnung 2 602 ff.
– Einzelabrechnung 2 614
– Gestaltung 2 605
– Heizkosten 2 606 f.
– Instandhaltungsrücklage 2 607
– Klage gegen den Verwalter auf Erstellung 2 1186 ff.
– Vermögensübersicht 2 608
– Wirkung 2 612 f.
Jahresfrist 1 1180

Kampfhund 1 569, 575
Kappungsgrenze 1 1222, 1243
Käufer-Maklervertrag 4 1
– Aufklärungspflichten 4 32
– Doppeltätigkeit 4 27
– Erhaltungsklausel 4 44
– Ersetzungsklausel 4 45
– Fälligkeit des Provisionsanspruchs 4 26
– Gesuchtes Objekt 4 6
– Haftungsmaßstab 4 33
– Kongruenz 4 22
– Nachweis und/oder Vermittlung 4 8
– Provisionsanspruch 4 12

Stichwortverzeichnis

- Provisionshöhe 4 25
- Schriftformklausel 4 48
- Vermittlung 4 11
- Verschwiegenheit des Auftraggebers 4 39
- Verschwiegenheit des Maklers 4 36
- Vertragsdauer 4 40
- Widerruf 4 2

Kaution 1 138 ff., 252, 2767, 2800, 2813
- Abrechnung 1 2767
- Abrechnungsfrist 1 2768, 2803
- Anspruch auf Zahlung nach Beendigung des Mietverhältnisses 1 145
- Aufrechnung 1 2771
- Aufrechnung mit verjährten Forderungen 1 2771
- Barkaution 1 141
- Betriebskosten 1 2767
- Geltungserhaltende Reduktion 1 155
- Höchstgrenze 1 148
- Insolvenzfeste Anlage 1 156
- Klage auf Rückzahlung 1 2813
- Kündigung wegen Nichtzahlung 1 1956
- Mietaufhebungsvereinbarung 1 2307
- Rückzahlungsanspruch 1 2803
- Spekulative Anlageform 1 158
- Teilunwirksamkeit einer Kautionsvereinbarung 1 155
- Teilzahlungsrecht 1 154
- Tilgungsreihenfolge 1 2767
- Urkundenprozess 1 2817
- Verzinsung 1 156
- Vorbehaltlose Rückzahlung 1 2769
- Zugriff des Vermieters während des Bestehen des Mietverhältnisses 1 2809

Kautionskündigung 1 2039
- Begründungserfordernis 1 2045

Kettenmietvertrag 1 52
Kinderlärm 1 2034
Klage
- Abschaffung eines Tieres 1 576
- Auf Beseitigung von Mängeln der Mietsache 1 783
- Auf künftige Nutzungsentschädigung 1 2374
- Auf Rückzahlung einer Kaution 1 2767
- Auf Schadensersatz 1 308
- Auf Schadensersatz wegen vom Mieter nicht durchgeführter Schönheitsreparaturen 1 2559
- Auf Zahlung eines Vorschusses für Schönheitsreparaturen bei bestehendem Mietverhältnis 1 2515
- Auf Zahlung eines Vorschusses zur Mängelbeseitigung 1 902
- Auf Zahlung rückständiger Miete 1 1013
- Auf Zahlung rückständiger Miete im Urkundenprozess 1 1026
- Auf Zustimmung zur Mieterhöhung 1 1258
- Auf Zustimmung zur Untervermietung 1 533
- Augenscheinseinnahme 1 1271
- Des Mieters auf Aufwendungsersatz nach Mängelbeseitigung 1 931
- Des Mieters bei von ihm beabsichtigten baulichen Änderungen 1 478
- Des Vermieters auf Beseitigung von Mängeln 1 809
- Des Vermieters auf Besichtigung des Mietobjekts 1 361
- Duldung baulicher Maßnahmen 1 421
- Erfüllung von Konkurrenzschutz 1 698
- Klagefrist 1 1261
- Kombination mit Räumungsklage 1 2371
- Notwendige Streitgenossen 1 1263
- Personenmehrheit 1 1263
- Prozessstandschaft 1 2339
- Veranlassung zur Klageerhebung 1 2823
- Vorprozessuale Aufforderung 1 2823

Klage bei Untätigkeit der Behörden 7 38
Klage des Vermieters
- Auf Erfüllung einer mit dem Mieter vereinbarten Betriebspflicht 1 651

Klage gegen Mitmieter auf Abgabe einer Kündigungserklärung 1 2238
- Notwendige Streitgenossenschaft 1 2242
- Örtliche Zuständigkeit 1 2239
- Sachliche Zuständigkeit 1 2239

Klageänderung
- Räumungsklage 1 2384

Klageantrag 1 1265
Klagefrist 1 1261
Kleinstaufteilung 2 1 ff.
Kleintiere 1 548, 553; 5 21
Konkurrenzschutz 1 692; 2 191
- Außerordentliche fristlose Kündigung 1 700
- Beseitigungsanspruch 1 699
- Einstweilige Verfügung 1 713
- Erfüllungsanspruch 1 698
- Formularmäßiger Ausschluss 1 709
- Freiberufler 1 719
- Hauptartikel 1 695
- Klage auf Erfüllung 1 698
- Konkurrenzschutzklausel 1 720
- Nebenartikel 1 710
- Supermarkt in einem Einkaufszentrum 1 711
- Unterlassungsklage 1 704
- Vertragsimmanenter - 1 693, 707, 721
- Vertrieb konkurrierender Waren 1 701

Konkurrenzschutzklage 1 701
- Erlass einer einstweiligen Verfügung 1 713
- Klageerwiderung 1 706

Kopfstimmrecht 2 517 ff.
Kostenelementeklausel 1 247
Kostenerstattung
- Beschlussanfechtung 2 982 ff.

Kostenmiete 1 1495
Kostenverteilung 2 616 ff., 645 ff.
- Abänderung 2 618
- Bauliche Veränderung 2 670 ff.

Stichwortverzeichnis

- Beschlusskompetenz 2 619 ff.
- Grundsatz 2 617
- Ordnungsmäßige Verwaltung 2 623
- Wirkung gegenüber Rechtsnachfolgern 2 626
- Zwingendes Recht 2 627

Kran 5 68

Krankheit
- Kündigungswiderspruch nach der Sozialklausel 1 2124

Kündigung 1 1587
- Abrisskündigung 1 1714
- Änderungskündigung 1 1831
- Befristeter Gewerberaum-Mietvertrag 1 1835
- Bei wichtigem Grund in der Person des eingetretenen Mieters 1 1877
- Berechtigtes Interesse 1 1605, 1633
- Des überlebenden Mieters bei Tod eines Mieters 1 1933
- Durch den Erben des verstorbenen Mieters 1 1936
- Eigenbedarf 1 1669
- Eigentumswohnung 1 1690
- Einliegerwohnung 1 1729
- Erhebliche Pflichtverletzungen des Mieters 1 1649
- Funktionsgebundene Werkmietwohnung 1 1773
- Gegenüber dem Erben 1 1888
- Geisteskranker Mieter 1 1657
- Gewährleistungskündigung 1 2077
- Gewerberaum-Mietvertrag 1 1823
- Gewerblicher Eigenbedarf 1 1642
- Kündigungstermin 1 1632
- Mietverhältnis mit befristetem Kündigungsausschluss 1 1808
- Mietverhältnis über Grundstücke und Räume die keine Geschäftsräume sind 1 1828
- Nach Mieterhöhung 1 1943
- Nach Zuschlag im Zwangsversteigerungsverfahren 1 1901
- Nach Zuschlag im Zwangsversteigerungsverfahren (Geschäftsraum) 1 1913
- Nicht mit einer Bedingung 1 1601
- Schadensersatz wegen unberechtigter Kündigung 1 2826
- Schriftform 1 1602
- Staffelmietvereinbarung 1 1816
- Teilkündigung 1 1600
- Versagung der Untermieterlaubnis 1 1920
- Von Geschäftsraum nach Tod des Mieters 1 1895
- Werkdienstwohnung 1 1786
- Werkmietwohnung 1 1758
- Wohnraum für Personen mit dringendem Wohnbedarf 1 1751
- Wohnraum in einem Studentenwohnheim 1 1741

Kündigung durch Erben des verstorbenen Mieters 1 1936
- Testamentsvollstreckung 1 1938
- Überlegungsfrist 1 1940

Kündigung wegen Gesundheitsgefährdung 1 2094 ff.

Kündigung wegen nachhaltiger Störung des Hausfriedens 1 2026
- Abmahnung 1 2032
- Gäste des Mieters 1 2034
- Hilfsweise ordentliche Kündigung 1 2027
- Kinderlärm 1 2034
- Kündigungsschreiben 1 2033

Kündigung wegen ständig verspäteter Mietzahlung 1 2046
- Abmahnung 1 2052
- Begründungserfordernis 1 2058
- Hilfsweise ausgesprochene ordentliche Kündigung 1 2047, 2054
- Kündigung binnen angemessener Frist 1 2059
- Qualifizierte Abmahnung 1 2052
- Zahlungen des Sozialamts 1 2056
- Zahlung unter Vorbehalt 1 2003

Kündigung wegen Zahlungsverzugs 1 2003
- Aufrechnung 1 2013
- Begründungserfordernis 1 2017
- Hilfsweise erklärte ordentliche Kündigung 1 2004
- Mietforderung aus einem Prozessvergleich 1 2010
- Verwirkung 1 2022
- Vorauszahlungsklausel 1 2012
- Zurückbehaltungsrecht 1 2012

Kündigungsausschluss 1 51, 64 ff., 216
- Formularvertraglich 1 65
- Individual-vertraglich 1 52
- Mietvertrag über Gewerberaum 1 216

Kündigungsfrist 1 1620, 1799, 1806
- Altmietvertrag 1 1805
- Berechnung der Überlassungszeit 1 1807
- Formularklausel 1 1803

Kündigungsschreiben (außerordentliche fristlose Kündigung)
- Bezugnahme auf anderweitige Erklärungen 1 1963
- Ergänzungstatsachen 1 1962
- Kerntatsachen 1 1962
- Ständige verspätete Mietzahlung 1 2048

Kündigungsschreiben (ordentliche Kündigung) 1 1614
- Belehrung über Kündigungswiderspruch 1 1646

Kündigungssperrfrist 1 1697
- Bundesländer mit längerer Kündigungssperrfrist 1 1700
- Erwerb von Wohnungseigentum 1 1698
- Familienangehöriger in der Wohnung 1 1696
- Personen die nach dem Tod des Mieters in das Mietverhältnis eingetreten sind 1 1696

Stichwortverzeichnis

- Rechtsverordnungen der Landesregierungen 1 1699

Kündigungstag 1 1812
Kündigungstermin 1 1632
Kündigungswiderspruch nach der Sozialklausel 1 2113
- Abschluss der Ausbildung 1 2127
- Alter 1 2124
- Doppelter Umzug 1 2128
- Fehlen einer angemessenen Ersatzwohnung 1 2129
- Geschützter Personenkreis 1 2116
- Gesetzliche Schriftform 1 2118
- Härtegründe 1 2123
- Interessenabwägung 1 2123
- Krankheit 1 2124
- Verwurzelung 1 2124
- Zeitmietvertrag 1 2115

Lärmbelästigung 1 874
Lärmprotokoll 5 2 ff.
Lastschriftverfahren 1 979, 989
- Wohngeld 2 587 ff.

Lebensgefährte
- Auszug aus der gemeinsamen Wohnung 1 2229
- Drittüberlassung 1 492

Lebenspartner 1 27
- Drittüberlassung 1 491

Leistungsbestimmungsrecht 1 968
- Formularvereinbarungen 1 968
- Leistungsverweigerungsrecht 1 731, 846
- Mehrwertsteuer 1 971

Leistungsvorbehalt 1 236, 1548
- Mieterhöhungsanforderung 1 1547

Leistungsvorbehaltsklausel 1 1547

Löschungsbewilligung
- Zwangssicherungshypothek 2 403

Mahnung 1 892
- Verzug 1 984

Makler 1 29; 4 76 ff., 158 ff.
Maklercourtage
- Schadensersatz 1 314
- Vorkaufsrecht 1 2270

Maklerklausel
- Berechtigung 4 137
- Definition 4 136
- Im notariellen Grundstückskaufvertrag 4 135
- Keine Abschlusspflicht 4 150
- Rechtliche Ausgestaltung 4 138
- Vorkaufsrechte 4 141
- Wirksamkeit 4 137

Maklervertrag 4 1 ff.
Mangel
- Anzeigepflicht 1 739, 747
- Beweislast 1 794
- Beweislast bei Feuchtigkeitsschäden 1 794
- Darlegungslast 1 872

- Darlegungslast bei länger dauernden Belästigungen 1 872
- Darlegungslast des Mieters bei Beheizungsmängeln 1 790
- Erfüllungsanspruch 1 730, 735, 805
- Feuchtigkeitsschäden 1 862
- Fristsetzung 1 782
- Glaubhaftmachung 1 768
- Hemmung der Verjährung 1 758
- Kenntnis bei Abschluss des Vertrages 1 737, 864
- Klage auf Beseitigung von Mängeln der Mietsache 1 783
- Klage des Vermieters auf Beseitigung von Mängeln 1 809
- Klage eines Erwerbers auf Minderung wegen am Gemeinschaftseigentum 3 68 ff.
- Klageantrag 1 786
- Mängelanzeige 1 777 f.
- Mangelbegriff 1 724
- Möblierung 1 793
- Opfergrenze 1 780
- Schadensersatz wegen Pflichtverletzung 1 799
- Wohnfläche 1 34
- Wohnverhalten 1 795
- Zuständigkeit 1 759

Mängelanzeige 1 777 f.
Mängelaufnahme
- Rückgabe des Mietobjekts 1 2404

Mangelbegriff 1 724
Mängelbeseitigung 1 783, 889 ff., 911
- Aufwendungsersatz 1 891
- Geschäftsführung ohne Auftrag 1 925
- Mahnung 1 892
- Mangelfolgeschäden 1 944
- Notreparatur 1 893
- Schadensersatzanspruch 1 941
- Schönheitsreparaturen 1 945
- Vorschuss 1 895

Mangelfolgeschäden 1 944
Mängelgewährleistungsansprüche
- Geltendmachung gegenüber Werkunternehmer 2 693 ff.
- Hinsichtlich Gemeinschaftseigentum gegenüber Bauträger 2 688 ff.

Mehrbelastungsklauseln 1 198
Mehrfachparker 2 255
Mehrfamilienhaus
- Tierhaltung 1 569

Mietänderung bei Gewerberäumen 1 1547
- Leistungsvorbehalt 1 1548

Mietänderung bei preisgebundenem Wohnraum 1 1495
- Betriebskostenvorauszahlung 1 1514
- Laufende Aufwendungen 1 1508
- Mieterhöhungserklärung 1 1502
- Wirksamkeitszeitpunkt 1 1515
- Wirtschaftlichkeitsberechnung 1 1499, 1519

Mietaufhebungsvereinbarung 1 2282

- Abfindungszahlung des Vermieters 1 2301
- Abstandszahlung 1 2302
- Anwaltsvergleich 1 2316
- Auf Veranlassung des Mieters 1 2282
- Auf Veranlassung des Vermieters 1 2294
- Betriebskosten 1 2290
- Bezeichnung der Räumlichkeit 1 2311
- Kaution 1 2307
- Kosten 1 2315
- Personenmehrheit 1 2285
- Räumungsfrist 1 2296
- Rückbautitel 1 2312
- Umdeutung einer Kündigung 1 2283
- Verlängerung der Räumungsfrist 1 2313

Mietdatenbank 1 1209

Miete 1 958
- Mehrere Mietschulden 1 964
- Tilgungsreihenfolge 1 965
- Vorbehalt der Rückforderung 1 963

Mieter-Maklervertrag 4 106 ff.
- Aufwendungsersatz 4 118
- Ausschlussgründe des Provisonsanspruchs 4 114
- Bestellerprinzip 4 113
- Koppelungsgeschäfte 4 116
- Provisionsanspruch 4 113 ff.
- Provisionshöhe 4 121
- Vertragsstrafe 4 117
- Vorschüsse 4 115
- Wohnungsvermittlungsgesetz 4 107

Mietergemeinschaft 1 2165, 2225
- Anspruch auf Mitwirkung an der Kündigung 1 2234
- Auflösung 1 2244
- Beendigung 1 2224
- Innenverhältnis 1 2226
- Klage gegen Mitmieter auf Abgabe einer Kündigungserklärung 1 2238
- Kündigung 1 2231
- Mitwirkung an der Kündigung 1 2228
- Nachmieter 1 2227
- Nichteheliche Lebensgemeinschaft 1 2226, 2228
- Studentische Wohngemeinschaft 1 2227

Mieterhöhung
- Klage auf Zustimmung zur ~ 1 1258

Mieterhöhung auf das ortsübliche Niveau 1 1188
- Anwortschreiben auf unzulässiges Erhöhungsverlangen 1 1251
- Klage auf Zustimmung 1 1258
- Klageerwiderung des Mieters gegen Zustimmungsklage 1 1274
- Zustimmungserklärung des Mieters 1 1230

Mieterhöhung bei baulichen Veränderungen
- Ohne Inanspruchnahme öffentlicher Mittel 1 1328
- Unter Inanspruchnahme öffentlicher Mittel 1 1353

Mieterhöhung nach Modernisierung 1 1328

Mietgebrauch 1 277
- Formularklausel 1 295
- Öffentlichrechtliche Hindernisse 1 287
- Technische Neuerungen 1 288
- Überlassung 1 293

Mietkaution 1 138 ff., 252, 2767, 2800; s.a. Kaution

Mietminderung 1 732, 846 ff.; 5 35, 64
- Ausschluss 1 836
- Berechnung 1 850
- Subjektive Gesichtspunkte 1 849
- Unerhebliche Beeinträchtigung 1 863
- Verlust des Minderungsrechts für die Zukunft 1 741
- Verwirkung 1 885
- Widerspruchlose Hinnahme 1 745

Mietnachfolgeklausel 1 2166, 2175
- Eintritts- bzw. Rücknahmerecht des Vermieters 1 2176
- Unechte ~ 1 2176

Mietnachfolger 1 2168

Mietpreisbremse 1 1456 ff.
- angespannter Wohnungsmarkt 1 1458
- Auskunftsanspruch 1 1465
- Bundesländer mit Mietpreisbegrenzung 1 1466
- Indexmiete 1 127
- ortsübliche Vergleichsmiete 1 1459
- Länderverordnung 1 1466
- Modernisierung 1 1461
- Neubauwohnung 1 1475
- Vormiete 1 1460

Mietpreisüberhöhung 1 1450, 1453
- Ausnutzung eines geringen Angebots 1 1455
- Bemühungen bei der Wohnungssuche 1 1455
- Fremdkapitalkosten 1 1531
- Geringes Angebot an Wohnraum 1 1458
- Laufende Aufwendungen 1 1495
- Mietspiegel 1 1487, 1490, 2712
- Qualifizierter Mietspiegel 1 1459, 1472
- Rückforderungsanspruch 1 1486, 2305
- Verwaltungskosten 1 1540
- Voraussetzung 1 1455
- Wesentlichkeitsgrenze 1 1475
- Wirtschaftlichkeitsberechnung 1 1495, 1499
- Wuchergrenze 1 1451

Mietsicherheit 1 448, 466, 826; s.a. Kaution
- Gewerberaummiete 1 200, 260

Mietspanne 1 1204

Mietspiegel 1 1200, 1474
- Qualifizierter ~ 1 1472

Mietstruktur 1 88, 1219, 1257, 1339, 1513

Mietverhältnis
- Auf bestimmte Zeit 1 47; s.a. Zeitmietvertrag
- Auf unbestimmte Zeit 1 47

Mietverhältnis unter auflösender Bedingung 1 1584

Mietwucher 1 1451

Mietzeit 1 46

Stichwortverzeichnis

Mietzuschlag
- Gewerbliche Nutzung 1 633

Mietzweck 1 206

Minderung 1 732, 830, 846
- Ankündigung 1 830
- Auf Null 1 837
- Ausschluss 1 836
- Klage eines Erwerbers auf - wegen Mängeln am Gemeinschaftseigentum 3 68 ff.
- Verwirkung des Mietzahlungsanspruchs durch Hinnahme der - 1 745

Mindestmiete 1 1576

Mindestmietzeit 1 1810 f., 1815, 1846; s.a. Kündigungsausschluss

Möblierter Wohnraum
- Ordentliche Kündigung 1 1610, 1621, 1800

Modernisierende Instandsetzung 2 630, 632, 641 ff.
- Abweichende Kostenverteilung 2 646 ff.
- Begriff 2 641
- Kostenverteilung 2 639, 645 ff.
- Notwendiges Quorum 2 653
- Vergleichsangebote 2 644
- Zwingendes Recht 2 656

Modernisierung 1 393, 1329
- Bauliche Veränderungen 1 368 ff.
- Definition 2 677 ff.
- Grundlage 2 676
- Kein durchsetzbarer Anspruch 2 684

Modernisierungsmaßnahmen 1 393

Modernisierungsvereinbarung 1 370, 431
- Neue Betriebskosten 1 400 ff.
- Schönheitsreparaturen 1 431

Modernisierungszuschlag 1 1390

Nachbarrechte 7 4, 11, 18

Nachbarrechtliche Entschädigung
- Klage auf - 5 33 ff.

Nachgebessertes Mieterhöhungsverlangen 1 1320

Nachmieter 1 2165, 2184, 2193; s.a. Ersatzmieter
- Abschluss eines neuen Mietvertrags 1 2197
- Änderung der Vertragsbedingungen 1 2191, 2203
- Berechtigtes Interesse 1 2185
- Beruflich intendierter Ortswechsel 1 2185
- Beweislast 1 2213
- Eignung 1 2212
- Einbauten des Vormieters 1 2198, 2204
- Einrichtungen des Vormieters 1 2198
- Entfernungs- und Rückbaupflicht 1 2198
- Geschäftsraummiete 1 2188
- Großvermieter 1 2196
- Kaution 1 2205
- Mietaufhebungsvereinbarung 1 2200
- Prüfungs- und Überlegungsfrist 1 2192
- Schadensersatz 1 2190
- Versetzung 1 2186
- Wirtschaftliche Erwägungen 1 2195
- Zeitmietvertrag 1 2206

Nachtragsvereinbarung 1 11, 1558
- Schriftform 1 11

Nebenkostenabrechnung 9 1, 28

Nebenleistung 9 4

Negativbeschluss 2 526, 1028 ff.

Nettomiete 1 91

Neubau Wohnungsanlage 2 163 ff.
- Änderungsvollmachten 2 174
- Bauabschnittsweise Errichtung 2 167
- Besondere Veräußerungsbeschränkung 2 175
- Besonderheiten Neubau 2 164
- Erstaufteilung 2 163
- Umfang der Änderungsvollmacht 2 176

Nichteheliche Lebensgemeinschaft 1 28, 2226, 2228
- Vertreterklauseln 2 369

Nichtigkeit, Beschluss 2 1035

Nießbrauch 6 6, 20 ff.

Notreparatur 1 893

Notweg
- Aufforderung zur Duldung eines - 5 53 ff.
- Klage auf Duldung eines 5 57 ff.

Notwege- und Überbaurenten
- Berechnung von - 5 75 ff.

Notwendige Streitgenossen 1 1263, 1277

Nutzungsentschädigung 1 2694, 2696, 2706, 2736, 2741
- Anforderung der ortsüblichen Nutzungsentschädigung 1 2695, 2705, 2741
- Durchführung von Schönheitsreparaturen 1 2698
- Eigentümer-Besitzer-Verhältnis 1 546, 2736
- Höhe 1 2751
- In Kombination mit hilfsweisen Erhöhungsverlangen 1 2709
- Ortsübliche Miete 1 2741
- Umsatzsteuer 1 2704
- Ungerechtfertigte Bereicherung 1 2738, 2750
- Untermieter 1 2736 ff.
- Vorenthaltung des Mietobjekts 1 2705, 2736

Objektstimmrecht 2 518 ff.

Öffnungsklausel 2 265
- Grundbucheintragung 2 268
- Zweckmäßigkeit 2 266

Opfergrenze 5 39
- Mangel 1 780

Optionsrecht 1 220

Ordentliche Kündigung 1 1587, 1593, 1796, 1823
- Änderungskündigung 1 1831
- Begründungserfordernis 1 1654
- Berechtigtes Interesse 1 1633
- Bezugnahme auf anderweitige Erklärungen 1 1618

Stichwortverzeichnis

- Ergänzungstatsachen 1 1617
- Generalklausel 1 1629
- Genossenschaftsbedarf 1 1643
- Gewerberaum 1 1823
- Gewerblicher Eigenbedarf 1 1642
- Kerntatsachen 1 1617
- Kündigungsfrist 1 1799, 1806
- Möblierter Wohnraum 1 1610
- Personenmehrheit 1 1599
- Widerspruchsrecht nach der Sozialklausel 1 1664
- Wohnraum für Personen mit dringendem Wohnbedarf 1 1607
- Wohnraum zum vorübergehenden Gebrauch 1 1609

Ordnungsgeld 1 2898; 5 16
Originalvollmacht 1 501, 1010, 1468, 1630

Parabolantenne 1 441
Personenmehrheit 1 2, 18
Pflegebedarf
- Eigenbedarf 1 1685

Pflichtverletzung 1 359, 619, 640
Preisgebundener Wohnraum
- Sonderkündigungsrecht bei Mieterhöhung 1 1944

Preisklauselgesetz 1 246, 250; 6 69
Privatgutachten 1 772
Protokoll
- Bauträgervertrag Wohnungseigentumseinheit 3 24
- Berichtigungsanspruch 2 533
- Einsichtsrecht 2 535
- Frist zur Erstellung 2 531
- Unterschriften 2 528

Protokollberichtigung 2 1178 ff.
Provisionsanspruch
- Käufer-Maklervertrag 4 12, 25 ff.
- Mieter-Maklervertrag 4 113 ff.

Provisionsklage 4 158 ff.
- Auskunftsanspruch/Stufenklage 4 164
- Internationale Zuständigkeit 4 159
- Klageantrag 4 163
- Örtliche Zuständigkeit 4 161
- Prozesszinsen 4 174
- Sachliche Zuständigkeit 4 160
- Verzugszinsen 4 173
- Zahlungsklage 4 163
- Zinshöhe 4 175
- Zuständigkeit 4 159

Prozessstandschaft 1 2339
Prozessual nachgebessertes Mieterhöhungsverlangen 1 1319
- Form 1 1322
- Fristen 1 1323

Prozessverbindung
- Beschlussanfechtung 2 964

Prüffrist 1 115

Qualifizierter Mietspiegel 1 1208, 1291
Quasirealteilung 2 28
- Aufteilungsmotive 2 29
- Bauliche Veränderungen 2 50
- Baurechtsausnutzung 2 51
- Einzelfallregelungen 2 46
- Fehlende Sondereigentumsfähigkeit 2 41
- Form 2 31
- Gemeinschaftseigentum 2 44
- Gemeinschaftsordnung 2 47
- Identitätserklärung 2 37
- Nutzungsbestimmung 2 48
- Planbeifügung 2 40
- Sondernutzungsrechte 2 45 f.
- Untergang 2 49
- Vorläufiger Aufteilungsplan 2 33

Quotenabgeltungsklausel 1 2665
Quotennießbrauch 6 27

Ratenzahlung
- Bauträgervertrag Wohnungseigentumseinheit 3 15

Raucherexzess 1 2484
Raumtausch (Keller) 2 307
- Belastungen 2 314
- Form 2 308
- Miteigentumsanteile 2 311

Räumungsfrist 1 2296, 2904
- Einstweilige Anordnung 1 2913
- In der Berufungsinstanz 1 2905
- Interessenabwägung 1 2917
- Mischmietverhältnis 1 2909
- Räumungsvergleich 1 2925
- Suche nach einer Ersatzwohnung 1 2924
- Verlängerung 1 2912
- Verurteilung zur künftigen Räumung 1 2911
- Wiedereinsetzung in den vorigen Stand 1 2911 f.
- Zeitmietvertrag 1 2907

Räumungsklage 1 2333
- Begründung der Klage 1 2380
- Bei Beendigung des Mietverhältnisses aus sonstigen Gründen 1 2378
- Flucht in die Klageänderung 1 2384
- Gebührenstreitwert 1 2343
- Käufer eines Grundstücks 1 2340
- Klageänderung 1 2384
- Kombination mit Zahlungsklage 1 2371
- Nach fristloser Kündigung wegen Zahlungsverzuges 1 2363
- Nach vorausgegangener fristloser Kündigung innerhalb der letzten zwei Jahre 1 2363
- Örtliche Zuständigkeit 1 2335
- Prozessstandschaft 1 2339
- Rechtzeitigkeit der Zahlung 1 2367
- Rückbautitel 1 2360
- Sachliche Zuständigkeit 1 2337
- Schonfrist 1 2366

Stichwortverzeichnis

- Streitwert 1 2343
- Verjährungsfrist 1 2376
- Versäumnisurteil 1 2369
- Zubehör- und Nebenräume 1 2359

Räumungstitel 1 2844
- Ehegatten 1 2846
- Gegenüber Untermieter 1 2342, 2846
- Gesichtpunkte der Billigkeit 1 2849
- Nichtehelicher Lebensgefährte 1 2847
- Untermieter 1 2846

Räumungsvergleich 1 2308, 2925
Räumungsvollstreckung 1 2844
Rechnung 9 1
- Mietvertrag als - 9 6, 16
- Notwendige Angaben 9 5, 8
- Steuerausweis 9 7

Rechtsirrtum 1 1420, 2014, 2787
Rechtsmangel 1 728
Rechtsschutz
- Abmahnung 1 589

Rechtzeitigkeitsklausel 1 2011
Registrierte Lebenspartner 1 27, 491
Renovierungspflicht
- Ersatzmieter 1 2173

Reservierungsvereinbarung 4 142
- Definition 4 143
- Formbedürftigkeit 4 147
- Höhe der Reservierungsgebühr 4 157
- Keine Abschlusspflicht 4 150
- Kündigung 4 156
- Qualifizierter Alleinauftrag 4 153
- Reservierungszeit 4 155
- Sittenwidrigkeit 4 146
- Unwirksamkeit aus AGB-rechtlichen Gründen 4 149
- Wirksamkeit 4 144
- Zeitliche Befristung 4 154
- Zustimmung des Verkäufers und Eigentümers 4 151

Rückabwicklung
- Klage auf - 3 46

Rückbaukosten 1 448
Rückforderungsanspruch
- Mietpreisüberhöhung 1 1459 f., 1478 ff.

Rückgabe des Mietobjekts 1 2391
- Abnahmeprotokoll 1 2403
- Annahmeverzug 1 2401
- Besitzübergabe 1 2391
- Einlagerungskosten 1 2437
- Mängelaufnahme 1 2404
- Nach Veräußerung 1 2397
- Untermieter 1 2392
- Zurücklassen von Sachen in den Räumen 1 2398

Rückzahlungsanspruch
- Kaution 1 2767 ff.

Sachverständigengutachten 1 1217, 1293
Sachverständigenkosten
- Schönheitsreparaturen 1 2581

Schaden
- Entgangener Gewinn 1 942, 947
- Schätzung 1 947

Schadensersatz 1 298
- Besichtigung des Mietobjekts 1 359
- Dauer der Ersatzpflicht 1 320
- Einlagerung der Möbel 1 315
- Gegenüber Untervermieter bei Beendigung des Hauptmietverhältnisses 1 2840
- Klage 1 308 ff.
- Künftiger Differenzschaden 1 321
- Maklercourtage 1 29, 314
- Mietdifferenz 1 318
- Miete eines Hotelzimmers 1 316
- Negatives Interesse 1 2797
- Nichtüberlassung des Mietobjekts 1 308
- Unberechtigte Kündigung 1 2826
- Vorherige Zahlungsaufforderung 1 322
- Zeitungsannonce 1 314

Schadensersatz statt der Leistung 1 308
Schadensersatz wegen unberechtigter Kündigung 1 2826
- Rechtsirrtum 1 2787

Schadensersatzanspruch
- Betriebspflicht bei Gewerberäumen 1 650
- Mängelbeseitigung 1 941
- Vorkaufsrecht 1 2263

Schadensersatzansprüche gegenüber Verwalter 2 747 ff.
- Anspruchsinhaber 2 752
- Haftungsausschluss 2 758
- Mitverschulden 2 760
- Verjährung 2 761
- Verschulden 2 754

Schiedsklausel
- Zulässigkeit 2 323
- Zweckmäßigkeit 2 324

Schiedsverfahren 2 930
Schimmelpilzbildung
- Fristlose Kündigung wegen Gesundheitsgefährdung 1 2100

Schlichtungsantrag
- Nachbarrecht 5 5

Schlichtungsgesetz 5 6, 10
Schlichtungsverfahren 2 934
Schlussrenovierung 1 2454, 2455, 2538 f., 2540
Schönheitsreparaturen 1 2448 ff.
- Anfangsrenovierung 1 2456
- Auszug in gut dekoriertem Zustand 1 2587
- Begriff 1 2448 ff.
- Darlegungs- und Beweispflicht des Mieters 1 2541
- Darlegungsverpflichtung des Vermieters 1 2525

- Dübellöcher 1 2489, 2568
- Eindeutige Vereinbarung 1 2452
- Fachgerechte Ausführung 1 2456, 2464
- Farbwahlklauseln 1 2588
- Fremdgeschäftsführungswille 1 2605, 2606
- Gewerberaum 1 2455
- Hauptpflicht 1 2452
- Isolierte Endrenovierungsklausel 1 2595, 2676, 2677
- Laufende ~ 1 2455
- Mängelbeseitigung 1 943
- Modernisierungsvereinbarung 1 370 f.
- Objektiv fremdes Geschäft 1 2607
- Raucherexzess 1 2491
- Renovierungsaufforderung 1 2509, 2550 f.
- Renovierungsintervalle 1 2504
- Sachverständigenkosten 1 2581
- Schadensersatzanspruch wegen Mietausfall 1 2558
- Schlussrenovierung 1 2454, 2455, 2538 f., 2540
- Starrer Fristenplan 1 2475, 2662 ff.
- Summierungseffekt 1 2540, 2593, 2666 ff.
- Transparenzgebot 1 2492, 2538, 2585
- Übliche Gebrauchsspuren 1 2513
- Umfang 1 2585
- Verjährung 1 2609
- Vertragsgemäßer Gebrauch 1 2458
- Vorschuss 1 2484, 2498, 2516 f.
- Weicher Fristenplan 1 2656 ff.
- Wert der Renovierungsleistung 1 2608
- Zustimmungsvorbehalt 1 2653 ff.

Schriftform 1 1232
- Anlagen 1 7
- Gesetzliche 1 3
- Mieterhöhung 1 1193
- Nachtragsvereinbarung 1 11
- Treuwidrigkeit 1 12

Schriftformverstoß 1 1123
Selbständiges Beweisverfahren 1 755, 769
- Antrag des Mieters auf Einleitung 1 755
- Antrag des Vermieters 1 769
- Fristsetzung zur Klageerhebung 1 909
- Kosten 1 907

Selbstauskunft
- Unrichtige Angaben in einer ~ 1 1983

Selbsthilferecht 5 47
Selbsthilferecht des Vermieters 1 2689
SEPA-Lastschriftverfahren
- Wohngeld 2 592 ff.

Sondereigentum, zweckwidriger Gebrauch 2 1059 ff.
- Beizuladende 2 1081
- Einzelfälle 2 1065 ff.
- Klagantrag 2 1079
- Passivlegitmation 2 1061
- Prozessführungsbefugnis 2 1061
- Streitwert 2 1082

Sonderkündigungsrecht 1 419, 1867

Sonderkündigungsrecht bei Mieterhöhung 1 1944
- Ausübungsfrist 1 1947
- Preisfreier Wohnraum 1 1944
- Preisgebundener Wohnraum 1 1944

Sondernutzungsrecht 2 220 ff.
- Begriff 2 867
- Begründung 2 869
- Berechtigte 2 223
- Bestimmtheit 2 225, 872
- Formerfordernisse 2 874
- Nachträgliche Einräumung 2 866 ff.
- Nutzungseinschränkungen 2 880
- Rechtsnachfolger 2 878
- Rechtsnatur 2 222
- Zustimmungserfordernisse 2 875

Sonderumlage 2 576 ff.
Sonderwünsche
- Bauträgervertrag Wohnungseigentumseinheit 3 13

Sortimentsbindung 1 666
Sozialamt
- Zahlungen des ~ 1 2056

Sozialklausel
- Kündigungswiderspruch nach der ~ 1 1768, 1782
- Widerspruchsrecht nach der ~ 1 1664
- Zeitmietvertrag 1 75

Spannungsklausel 1 234, 240
- Gewerberaummiete 1 247

Staffelmiete 1 65, 113, 236, 1436, 1816
- Anforderung einer erhöhten ~ 1 1436
- Definition 1 114
- Gewerberaummiete 1 232 ff.
- Kündigungsausschluss 1 1817
- Mindestdauer 1 119
- Schriftform 1 115
- Zeitmietvertrag 1 1822

Störung der Geschäftsgrundlage 1 1975
Störungen des Hausfriedens
- Abmahnung 1 613

Streitwert
- Beschlussanfechtung 2 969

Studentenwohnheim 1 1172, 1607, 1743 ff.
- Kündigung 1 1741
- Rotationsprinzip 1 1747

Suizidgefahr 1 2944
Summierungseffekt 1 2540, 2593, 2666, 2670 ff.

Tagesordnungsergänzung 2 1171 ff.
Teich
- Bauliche Veränderungen 1 373

Teilabrechnung 1 1076
Teilgewerbliche Nutzung 1 1295, 1310
Teilinklusivmiete 1 1221, 1241, 1320, 1374
Teilkündigung 1 1600, 1722
- Begründungserfordernis 1 1725

Stichwortverzeichnis

- Widerspruch gegen Gebrauchsfortsetzung 1 1647, 1728, 2152

Teilungserklärung 2 1
- Abänderung 2 1086 ff.
- Abgeschlossenheitsbescheinigung 2 9
- Aufteilungsarten 2 4
- Aufteilungsmotive 2 2
- Form 2 5
- Gemeinschaftsordnung 2 26
- Gemeinschaftsverhältnis nach Aufteilung 2 23
- Gemeinschaftsverhältnis vor Aufteilung 2 6
- Grundstück 2 7
- Miteigentumsanteil 2 15
- Sondereigentum 2 17
- Sondernutzungsrechte 2 20

Teilzustimmung 1 1256

Testamentsvollstreckung
- Kündigung durch Erben des verstorbenen Mieters 1 1937 ff.

Textform
- Mieterhöhung 1 1192 f.

Tiefgaragen 2 246
- Gemeinschaftseigentum und Mitbenutzung 2 248
- Gestaltungsmöglichkeiten 2 247
- Mehrfachparker 2 255
- Sondernutzung 2 249
- Teileigentum 2 253

Tierhaltung 1 547
- Außerhalb städtischer Wohngebiete 1 552
- Außerordentliche fristlose Kündigung 1 575
- Erlaubnisvorbehalt 1 580
- Formularklausel 1 553
- Gleichbehandlung 1 569 f.
- Kampfhund 1 568
- Klage auf Abschaffung eines Tieres 1 576
- Kleintiere 1 548, 553
- Mehrfamilienhaus 1 568
- Rechtsmissbräuchliche Erlaubnisverweigerung 1 583
- Selbstbindung 1 568
- Tod des Tieres 1 563
- Unerlaubte ~ 1 606
- Widerrufsvorbehalt 1 564
- Wohnungseigentumsanlage 2 861 ff.

Überbau 5 76
- Berechnung von Überbaurenten 5 75

Überbelegung 1 621
- Abmahnung 1 621
- Kündigung 1 628

Überdimensionaler Miteigentumsanteil 2 237
Übergabe des Mietobjekts 1 293 ff.
Übergabeprotoll 1 300
- Formularmäßige Übergabeerklärung 1 302

Überhang
- Aufforderung zur Beseitigung von ~ 5 42 ff.

- Klage auf Kostenerstattung nach Beseitigung von 5 49 ff.

Überlegungsfrist 1 1182, 1185, 1204
Überwuchs 5 44
Umdeutung außerordentliche fristlose Kündigung in ordentliche Kündigung 1 359

Umlagevereinbarung
- Schlüssige ~ 1 1123

Umlaufbeschluss 2 537 ff.
Umplanungen Neubau 2 177
- Anpassung des Planungsstands zum angemessenen Zeitpunkt 2 185
- Aufteilungsplan 2 187
- Form 2 178
- Identitätserklärung 2 184
- Miteigentumsanteile 2 186
- Notarielle Beurkundung 2 179 ff.
- Urkundsbeteiligte 2 183
- Zeitpunkt 2 182

Umsatz- oder Gewinnbeteiligungsklausel
- Gewerberaummiete 1 234 ff., 240

Umsatzmiete 1 1573 ff.
Umsatzsteuer 9 9
- Auskunftspflichten des Mieters 9 19
- Ausübung der Option 9 11, 22 f.
- Falscher Ausweis 9 17
- Gewerberaummiete 1 226; 9 1 ff.
- Nebenleistungen 9 4
- Notwendige Angaben zur ~ in der Rechnung 9 5
- Schadensersatzpflicht 9 13
- Teiloption 9 25
- Untermiete 9 21
- Vereinbarung 9 14
- Widerruf der Option 9 26

Umsatzsteuererhöhung 9 3
Umweltmangel 1 723
Unpünktliche Mietzahlungen *s. Kündigung wegen ständig verspäteter Mietzahlungen*
Untätigkeit der Behörden 7 38 ff.
Unterlassungsansprüche, WEG 2 1053 ff., 1059 ff.

Unterlassungsklage
- Betriebspflicht bei Gewerberäumen 1 655
- Konkurrenzschutz 1 704
- Nachbarrecht 5 18

Untermiete *s. Untervermietung*
Untermieter
- Kündigungsschutz 1 2442
- Nutzungsentschädigung 1 2744
- Räumungsanspruch des Vermieters 1 2439
- Räumungstitel 1 2444, 2845

Untermieterlaubnis 1 501
- Verweigerung 1 1920

Untermietzuschlag 1 511
Unterteilung 2 299
- Form 2 300
- Motive 2 301

Stichwortverzeichnis

- Sondernutzungsrecht 2 306
- Stimmrecht 2 305
- Zulässigkeit 2 302

Untervermietung 1 487
- Ablehnung 1 532
- Angaben zur Person des Untermieters 1 503
- Formularklausel 1 536
- Gesamtes Mietobjekt 1 525
- Gewerberaum 1 504
- Klage auf Zustimmung zur ~ 1 533
- Klageantrag 1 535
- Kündigungsrecht 1 525
- Überbelegung 1 521
- Unbefugte ~ 1 591, 599, 1998

Unverschuldete Verspätung 1 1096

Urkunde
- Grundsatz der Einheitlichkeit 1 5
- Vermutung der Vollständigkeit und Richtigkeit 1 15

Urkundenprozess
- Anerkenntnis 1 1043
- Ansprüche auf Mietzahlung 1 1029
- Betriebskosten 1 1031
- Kaution 1 2771
- Klage auf Zahlung rückständiger Miete im ~ 1 1026
- Nachverfahren 1 1040

Ver- und Entsorgungsleitungen 2 65
Veranlagungszeitraum 9 33
Veräußerungszustimmung 2 375 ff.
- Schadensersatzansprüche 2 397 f.
- Versagung aus wichtigem Grund 2 389
- Zustimmungserklärung 2 384 ff.

Veräußerungszustimmung durch Verwalter 2 1145 ff.
- Aufhebung 2 822 ff.

Verbesserung der Wohnverhältnisse 1 1356
Verbotene Eigenmacht 1 338
Verbraucherverträge 1 68
- Bauträgervertrag Wohnungseigentumseinheit 3 3
- Widerrufsbelehrung 1 163
- Widerrufsrecht 1 162

Vereinigung 2 292
- Form 2 293
- Motive 2 295
- Zulässigkeit 2 297

Vergleich 1 2309, 2316
- Anwaltsprozess 1 2318
- Widerrufsvergleich 1 2319

Vergleichsmiete 1 1279
Vergleichsobjekte 1 1210
Vergleichswohnungen 1 1210, 1280
Vergütung des Verwalters 2 144, 340 ff.
Verhinderung einer Betriebseinstellung 1 677
Verjährung 1 2799
- Ablaufhemmung 1 2812
- Anerkenntnis 1 2832
- Beginn der kurzen Verjährung 1 2825
- Ersatzanspruch des Vermieters 1 2825 ff.
- Formularmäßige Verlängerung 1 2827
- Hemmung 1 2808 ff.
- Hemmung durch gerichtliche Maßnahmen 1 2811
- Kurze Verjährung 1 2823
- Mietpreisüberhöhung 1 1460
- Neubeginn 1 2808
- Rückzahlungsanspruch 1 1460
- Schönheitsreparaturklausel 1 2647
- Überleitungsvorschrift 1 2813
- Vereinbarung 1 2807
- Verhandlung über den Anspruch 1 2834
- Vermieterwechsel 1 2826

Verkäufer-Makleralleinauftrag 4 76 ff.
- Andere Makler 4 97
- Aufklärungspflichten des Maklers 4 93
- Außerordentliche Kündigung 4 102
- Begriff 4 78
- Bindungsklausel 4 100
- Eigengeschäft 4 96
- Einfacher Alleinauftrag 4 80
- Laufzeitklausel 4 100
- Qualifizierter Alleinauftrag 4 81
- Tätigkeitspflicht des Maklers 4 92

Verkäufer-Maklervertrag 4 51 ff.
- Aufwendungen 4 60
- Eigengeschäft 4 70
- Pauschalen 4 63
- Verkaufsobjekt 4 53

Verkehrssicherungspflicht 5 70
Verlängerungsverlangen beim Zeitmietvertrag 1 2141
- Klage auf Abgabe einer Willenserklärung 1 2145

Vermieterpfandrecht 1 2727
- Auskunftsanspruch gegenüber dem Mieter 1 2739
- Hausratsgegenstände 1 2730
- Selbsthilferecht 1 2736
- Umfang 1 2728 ff.

Versammlungsleitung 2 462 ff.
Verschulden 1 1657
- Eigenes ~ 1 1657
- Erfüllungsgehilfe 1 1659
- Verantwortungsfähigkeit 1 1657

Versetzung
- Nachmieter 1 2186

Verteilerschlüssel 1 1060, 1147
Vertragsformular 1 1 ff.
Vertragsrubrum 1 18 ff., 23
Vertragswidriger Gebrauch 1 584
Vertreterklauseln 2 369 ff., 482
Verwalter
- Abberufung 2 728 ff.
- Amtsniederlegung 2 744
- Amtszeit 2 713 ff.

1111

Stichwortverzeichnis

- Aufhebung der Veräußerungszustimmung durch Verwalter 2 822 ff.
- Bauträgervertrag Wohnungseigentumseinheit 3 28
- Bedingte Verwalterbestellung 2 721
- Beschränkungen der Verwalterbestellung 2 722
- Bestellung 2 703 ff.
- Einladung zur Wohnungseigentümerversammlung 2 410 ff.
- Entlastung 2 762 ff.
- Gesellschaft bürgerlichen Rechts 2 702
- Löschungsfähige Quittung 2 407
- Schadensersatzansprüche gegenüber ~ 2 747
- Ungeeigneter Verwalter 2 723
- Veräußerungszustimmung 2 375
- Vergütung 2 340 ff.
- Verlängerung der Verwalterbestellung 2 725
- Vollmacht 2 339
- Wahl 2 698 ff.
- Wiederwahl 2 727

Verwalterbescheinigung
- Haushaltsnahe Dienstleistungen 1 1154

Verwalterbestellung
- Anfechtung 2 1023

Verwaltervertrag 2 325 ff.
- Form 2 334
- Kündigung 2 353
- Kündigungsfristen 2 358
- Laufzeit 2 350 ff., 718 ff.
- Parteien 2 327
- Rechtsnatur 2 335
- Trennungsprinzip 2 326
- Vertragsabschluss 2 328
- Vertragspflichten 2 336

Verwaltervollmacht
- Beschränkungen 2 369
- Form 2 373
- Für die Eigentümerversammlung 2 367 ff.
- Umfang 2 372
- Vertreter ohne Vertretungsmacht 2 371
- Vertreterklauseln 2 369 ff.

Verwaltungsgesellschaft 1 25
Verwaltungskosten 1 195
- Mietpreisüberhöhung 1 1540

Verwaltungsrecht 7 1 ff.
Verwaltungsunterlagen, Herausgabe 2 1164 ff.
Verwertungskündigung 1 1706
- Errichtung eines Neubaus 1 1714
- Erwerb vermieteter Wohnung 1 1712
- Gebäudeabbruch 1 1714
- Kündigungsschreiben 1 1706
- Zweckentfremdungsgenehmigung 1 1716

Verwirkung 1 743, 885, 1571
- Außerordentliche fristlose Kündigung 1 1959
- Kündigung wegen Zahlungsverzugs 1 2022
- Mietminderung 1 743
- Räumungsanspruch 1 2969

Verzug
- Beendigung 1 921
- Mahnung 1 984
- Pauschale Mahngebühr 1 988
- Verzugszinsen 1 985
- Zinsschaden 1 987

Verzugszinsen 1 985

Vollmachtloser Vertreter
- Bauträgervertrag Wohnungseigentumseinheit 3 4

Vollstreckungsabwehrklage 1 2962
- Klageantrag 1 2965
- Verwirkung des Räumungsanspruchs 1 2969
- Zuständigkeit 1 2964

Vollstreckungsschutz 1 2935
- Antrag 1 2935
- Doppelter Umzug 1 2929
- Einstweilige Anordnung 1 2930
- Fehlen einer angemessenen Ersatzwohnung 1 2922
- Gesundheitsgefährdung 1 2943
- Lebensgefahr 1 2944
- Suizidgefahr 1 2944

Vorbehalte 1 1076

Vorenthaltung der Mietsache
- Durchführung von Schönheitsreparaturen 1 2744
- Ersatz des Mietausfalls bis zur Wiedervermietung 1 2745

Vorgetäuschter Eigenbedarf 1 2983 ff.

Vorkaufsrecht 1 2245
- Auflassung 1 2271
- Ausübung 1 2265
- Beseitigungs- und Unterlassungsanspruch 1 2277
- Einstweilige Verfügung zur Eintragung einer Auflassungsvormerkung 1 2272
- Eintretende Personen 1 2254
- Maklercourtage 1 2270
- Mitteilung über den Kaufvertrag 1 2255
- Realteilung 1 2246
- Schadensersatzanspruch 1 2263
- Tod des Mieters 1 2254
- Umfang 1 2266
- Untermietverhältnis 1 2253
- Unterrichtung über ~ 1 2257
- Veräußerung an Familienangehörige 1 2248
- Voraussetzungen 1 2250
- Vorkaufsberechtigter 1 2251
- Vorkaufsverpflichteter 1 2252
- Wohnungseigentum 1 2250

Vormerkungsmodell 2 237
- Gestaltungsmöglichkeiten 2 239
- Problem 2 238
- Spätere Unterteilung 2 241
- Vormerkung 2 242

Vorratskündigung
- Eigenbedarf 1 1686

Stichwortverzeichnis

Vorschaltverfahren 2 932
Vorschuss 1 895
– Bauliche Veränderungen 1 382
– Klage auf Zahlung eines – zur Mängelbeseitigung 1 902
– Klage einer WEG-Gemeinschaft auf 3 57
Vorschussanspruch 1 1105
Vorwegabzug 1 1129

Wärmebedarfsberechnung 1 1349
Wartefrist 1 1252, 1273
– Mieterhöhung 1 1190
Wegnahmerecht 1 2418, 2795
– Abwendung durch angemessene Entschädigung 1 2426
– Angemessene Entschädigung 1 2426
– Angemessener Ausgleich 1 2423
– Ausschluss 1 2795
– Ausschluss der Entschädigung 1 2421
– Entschädigungsanspruch 1 2792
– Ersparte Kosten 1 2798
Werbeschilder 2 192
Werdende Wohnungseigentümergemeinschaft
– Beschlussanfechtung 2 937
Werdendes Wohnungseigentum 2 24, 271 ff.
– Abwehrklausel 2 275
– Begriff 2 272
Werkdienstwohnung 1 1786
– Kündigungsfrist 1 1791
– Kündigungsgrund 1 1790
– Rechtsweg 1 1795
Werkmietwohnung 1 1758
– Funktionsgebundene – 1 1761, 1773
– Kündigungsgrund 1 1766
– Kündigungswiderspruch nach der Sozialklausel 1 1768, 1782
– Rechtsweg 1 1772
– Ungebundene – 1 1763
– Werkfremde – 1 1760
Werkwohnung 1 1759
– Werkdienstwohnung s.a. dort
– Werkmietwohnung s.a. dort
Wert der Renovierungsleistung
– Schönheitsreparaturen 1 2646
Wertsicherungsklausel 1 238, 1562
Wertverbesserungszuschlag 1 1385
Widerrufsbelehrung 1 162
– Außergeschäftsraumvertrag 1 169
– Besichtigung 1 172
– Fernabsatzvertrag 1 169
– Widerrufsfrist 1 178
– Widerrufsrecht (Verbrauchervertrag) 1 163
Widerrufsvorbehalt
– Tierhaltung 1 564
Widerspruch gegen Baugenehmigungsbescheid 7 1 ff.
Widerspruch gegen Gebrauchsfortsetzung 1 2152; s.a. Fortsetzung des Mietgebrauchs

Widerspruchsschreiben 1 2110
Wiederaufnahmeklage 1 2974
– Vorgetäuschter Eigenbedarf 1 2983
– Wiederaufnahmegrund 1 2982
– Zuständigkeit 1 2977
Wiederherstellung einer Eingriffsverfügung 7 32 ff.
Wirkungszeitpunkt 1 1227, 1299, 1352, 1373
Wirtschaftlichkeitsberechnung 1 1487, 1499, 1519
Wirtschaftlichkeitsgebot 1 1131, 1333
Wirtschaftseinheiten 1 1058, 1067
Wirtschaftsplan 2 551
– Anspruch auf Erstellung 2 567
– Beschlussanfechtung 2 1012
– Beschlussfassung 2 568 ff.
– Fälligkeit 2 572 ff.
– Geltungszeitraum 2 555
– Gläubigerin 2 559
– Grundlage 2 552 f.
– Inhalt 2 554
– Schuldner 2 560 ff.
– Wirkung 2 557
Wohnfläche 1 34 ff., 1199
– Ca. Angabe 1 36
– Mangel 1 34
Wohnflächenabweichung 1 1138
Wohngeld 2 558, 561, 564 ff.
– Aufrechnung 2 575
– Fälligkeit 2 581
– Geltendmachung 2 882 ff.
– Lastschriftverfahren 2 587 ff.
– SEPA-Lastschriftverfahren 2 592 ff.
– Verzugszins 2 595
– Vorfälligkeit 2 580
– Zurückbehaltungsrecht 2 575
Wohngeldrückstände
– Geltendmachung 2 1118 ff.
Wohngemeinschaft 1 2227
Wohnlage 1 1188
Wohnraum für Personen mit dringendem Wohnbedarf 1 1751
Wohnungseigentum
– Anmeldung von Forderungen in der Zwangsversteigerung 8 71 ff.
– Bauliche Veränderungen 1 475
– Kündigungssperrfrist 1 1698
– Vorkaufsrecht 1 2250
Wohnungseigentum, Entziehung 2 887 ff., 1134 ff.
– Beschlussfassung 2 898
– Voraussetzungen 2 892 ff.
Wohnungseigentümerversammlung
– Abstimmungsverfahren 2 516
– Beschlussfähigkeit 2 497
– Beschlussfeststellung 2 524
– Beschlussverkündung 2 524

1113

Stichwortverzeichnis

- Durchführungsverbot durch Einstweilige Verfügung 2 1194 ff.
- Eigentümerwechsel 2 415
- Einberufung einer außerordentlichen Versammlung 2 451
- Einberufungsermächtigung 2 1111 ff.
- Einberufungsfrist 2 421
- Einladung durch Beirat 2 449
- Einladung durch Verwalter 2 410 ff.
- Einladung zur Ersatzversammlung durch den Verwalter 2 447
- Einladung, Form 2 417
- Ersatzversammlung/Eventualeinberufung 2 443 ff.
- Gäste 2 489
- Geschäftsordnungsbeschlüsse 2 459
- Hinweis auf Vertretungsbeschränkungen 2 441
- Kausalität von Ladungsmängeln 2 439 f.
- Majorisierung 2 513
- Nichtöffentlichkeit 2 480
- Ort 2 423
- Protokoll, Berichtigungsanspruch 2 533
- Protokoll, Einsichtsrecht 2 535
- Protokoll, Frist zur Erstellung 2 531
- Protokoll, Inhalt 2 494 ff.
- Protokoll, Unterschriften 2 528
- Protokollberichtigung 2 1178 ff.
- Protokollführung 2 471
- Stellvertretung bei der Stimmabgabe 2 505
- Stimmenzählung 2 516
- Stimmrecht 2 500
- Stimmrechtsausschluss 2 506
- Tagesordnung 2 436 ff., 475
- Tagesordnung, Ergänzung 2 1171 ff.
- Teilnehmer 2 413, 481
- Verpflichtung zur Einberufung 2 411
- Versammlungsleitung 2 462 ff.
- Vertretung/Vertretungsbeschränkung 2 481, 505
- Zeit 2 424 ff.
- Zugang der Einladung 2 419

Wohnungseigentümerversammlung, außerordentliche
- Antragsberechtigte 2 453
- Einberufung durch einen vom Gericht ermächtigten Eigentümer 2 457 ff.
- Form des Antrags 2 454 ff.
- Minderheitenquorum 2 457

Wohnungserbbaurecht 2 208 ff.
- Aufteilung 2 211
- Erbbaurecht 2 209
- Erbbaurechtsvertrag 2 212

Wohnungsrecht 6 1 ff.
- Begriff und Abgrenzung 6 2
- Grundbucheintragung 6 17

Wohnungsvermittlung 4 106 ff.

Wucher 1 1450, 1455

Zahlungspflicht des Mieters 1 974
- Bargeldloser Zahlungsverkehr 1 977
- Lastschriftverfahren 1 979
- Rechtzeitigkeit 1 977
- Vorauszahlungsklausel 1 982

Zaun 5 27

Zeitmietvertrag 1 52, 72 ff., 2141
- Auskunft 1 82
- Außerordentliche Kündigung mit gesetzlicher Frist 1 1859
- Auswechseln der Befristungsgründe 1 81
- Beweislast für den Eintritt des Befristungsgrundes 1 85
- Eigennutzung 1 79
- Einfacher ~ 1 52, 73
- Formularvertraglich vereinbarte Laufzeit 1 76
- Kündigungswiderspruch nach der Sozialklausel 1 2115
- Nachmieter 1 2206
- Qualifizierter ~ 1 73
- Räumungsfrist 1 2907
- Sozialklausel 1 75
- Später eintretender Befristungsgrund 1 2147
- Staffelmiete 1 1822
- Verlängerung 1 75
- Verlängerungsverlangen 1 2143
- Vermietung an einen Dienstverpflichteten 1 74
- Verwendungsabsicht 1 74
- Vollstreckungsschutz 1 75
- Wegfall des Befristungsgrunds 1 2148
- Wesentliche Veränderung 1 74

Zeitstrafe 1 1408

Zentralheizung
- Bauliche Veränderungen 1 431

Zinshaus
- Abrechnung 2 126
- Abweichender Kostenverteilungsschlüssel 2 115
- Abweichungen Sachen/Mietrecht 2 90
- Änderungsvollmachten 2 157
- Anzeigepflicht 2 106
- Aufhebung Zustimmungserfordernis 2 96
- Aus- und Umbauten 2 145
- Ausbaurecht 2 85
- Außenfenster/türen 2 65, 100
- Bebauung 2 55
- Befugnisse des Verwalters 2 140
- Belastungen 2 56
- Beschlussfähigkeit 2 128
- Beschlusskompetenz für Änderungen 2 118
- Besichtigungsrecht 2 107
- Definition 2 62
- Dingliche Teilung 2 57
- Eigentümerversammlung 2 127
- Entziehung 2 110
- Erwerb von Grundeigentum 2 142
- Eventualeinberufung 2 130 ff.

Stichwortverzeichnis

- Form 2 53
- Gemeinschaftsordnung 2 68
- Grundbuchanträge 2 159
- Grundbucheintragung 2 137
- Grundstück 2 54
- Haftung im Außenverhältnis 2 122
- Haftung Rechtsnachfolger 2 123
- Haftung Rechtsvorgänger 2 124
- Hausordnung 2 81
- Hilfsregelungen 2 67
- Instandhaltung 2 99
- Instandhaltungsrückstellung 2 103
- Kosten des Sondereigentums 2 117
- Kostentragung 2 162
- Lasten und Kosten 2 111
- Mit Abgeschlossenheitsbescheinigung 2 61
- Nachträglicher Fahrstuhleinbau 2 155
- Name 2 69
- Nutzungsbefugnisse 2 71
- Nutzungsbestimmungen 2 72
- Öffnungsklausel 2 141
- Ohne Abgeschlossenheitsbescheinigung 2 60
- Personenmehrheit 2 108
- Rechtsnachfolger 2 97
- Sicherung der Gemeinschaft 2 119
- Sondereigentum 2 63 ff.
- Sondernutzungsrechte 2 89
- Stimmrecht 2 132
- Stimmrecht bei Unterteilung/Vereinigung 2 135
- Überlassung an Dritte 2 79
- Umwandlung Wohn/Teileigentum 2 87
- Unterteilung 2 83
- Urkundsgestaltung 2 59
- Veräußerung 2 93
- Veräußerungsbeschränkung 2 94
- Vereinigung 2 84
- Vergütung des Verwalters 2 144
- Vertretung 2 129
- Verwalterbestellung 2 138
- Verwaltervertrag bei Veräußerung 2 143
- Wiederaufbau 2 105
- Wirtschaftsplan 2 112, 125
- Wohn-/Hausgeld 2 113
- Zahlungsmodalitäten 2 114

Zinsschaden 1 987

Zugesicherte Eigenschaft 1 727

Zurückbehaltungsrecht 1 735, 830, 838, 853, 1109
- Ausschluss 1 738
- Kündigung wegen Zahlungsverzugs 1 2012
- Verstoß gegen Treu und Glauben 1 736
- Wohngeld 2 575

Zuschläge 1 1294

Zuschuss 1 1371

Zustimmung 1 1228, 1230, 1300, 1409

Zustimmungsklage 1 1259

Zwangshypothek 8 187 ff.
- Antrag auf Eintragung 8 187 ff.
- Antrag auf Eintragung des Verzichts bei einer eingetragenen - 8 264 ff.
- Gerichtskosten 8 242
- Grundbucheintragung 8 234 ff.
- Löschungsantrag 8 248 ff.
- Rechtsanwaltsvergütung 8 239 ff.
- Rechtsmittel 8 244
- Verzicht auf eine - 8 264

Zwangssicherungshypothek
- Löschungsbewilligung 2 403

Zwangsversteigerung 8 108
- Alttitel 8 24
- Anmeldung von Forderungen 8 71
- Antrag auf Anordnung 8 1 ff.
- Antrag auf Beitritt 8 62
- Gerichtskosten 8 56
- Rechtsanwaltsvergütung 8 52 ff.
- Rechtsmittel 8 58
- Umfang der Beschlagnahme 8 3
- Voraussetzungen 8 21
- Zuständigkeiten 8 8 ff.

Zwangsverwaltung 8 108 ff.
- Antrag auf Anordnung 8 108 ff.
- Betriebskosten 8 170 ff.
- Rechtsanwaltsvergütung 8 180 ff.

Zwangsvollstreckung 1 2844
- Allgemeine Voraussetzung 1 2862
- Androhung von Zwangsmitteln 1 2869
- Antrag auf Festsetzung von Zwangsgeld 1 2861
- Beheizung der Wohnung 1 2866
- Berliner Räumung 1 2852
- Einstweilige Einstellung 1 2949
- Ersatzvornahme 1 2875
- Erstellung einer Betriebskostenabrechnung 1 2867
- Erzwingung der Abschaffung eines Haustieres 1 2860
- Erzwingung von Unterlassungen und Duldungen (Androhung) 1 2890
- Erzwingung von Unterlassungen und Duldungen (Verhängung von Ordnungsgeld/Ordnungshaft) 1 2898
- Kosten 1 2854
- Ordnungsgeld 1 2898
- Ordnungshaft 1 2898
- Räumungstermin 1 2850
- Sicherheitsleistung 1 2957
- Unvertretbare Handlung 1 2863, 2885
- Urteil auf Mängelbeseitigung bei unvertretbarer Handlung 1 2885
- Urteil auf Mängelbeseitigung bei vertretbarer Handlung 1 2875
- Vertretbare Handlung 1 2864, 2876
- Verwirkung des Räumungsanspruchs 1 2969 ff.
- Vollstreckungsabwehrklage 1 2962
- Vollstreckungsauftrag 1 2853
- Vollstreckungsrechtliches Gewahrsam 1 2845
- Vorläufige Vollstreckbarkeit 1 2951

Stichwortverzeichnis

– Vornahme einer Handlung 1 2863
Zwangsvollstreckungsklausel
– Antrag auf Umschreibung einer – 8 94 ff.
Zweckentfremdungsgenehmigung
– Verwertungskündigung 1 1714

Zweifamilienhäuser 1 1205
Zweitbeschluss 2 545 ff.
Zwischenmietverhältnis 1 2217
– Gewinnerzielungsabsicht 1 2220
– Weitervermietung zu sozialen Zwecken 1 2220